国家出版基金项目
NATIONAL PUBLICATION FOUNDATION

海上絲綢之路文獻集成

總主編　陳支平　陳春聲

科技與文化編

38

主编　王揚宗　葉　農

海峽出版發行集團
THE STRAITS PUBLISHING & DISTRIBUTING GROUP
福建人民出版社

本册目次

談天十八卷附表一卷

〔英〕侯失勒撰　〔英〕偉烈亞力口譯　〔清〕李善蘭删述

《談天》十八卷附表一卷，英國侯失勒撰，英國偉烈亞力口譯，清李善蘭删述。侯失勒（John Herschel，一七九二—一八七一），今譯赫歇爾，英國天文學家、物理學家，早年就學於劍橋大學，於恒星天文學、光譜學、光化學實驗及雙星軌道計算方法等領域頗有成就，曾任英國皇家天文學會會長。偉烈亞力（Alexander Wylie，一八一五—一八八七），英國傳教士，一八四七年來華，曾主持上海墨海書館，與李善蘭等合譯多部重要科技書籍。李善蘭（一八一一—一八八二），字競芳，號秋紉，浙江海寧人，著名數學家，同治七年（一八六八）任京師同文館天文算學總教習，著有《則古昔齋算學》十三種二十四卷，與偉烈亞力合譯《幾何原本》、《代數學》等。是書據侯失勒著*Outlines of Astronomy*譯出。首爲英文前言、英漢對照術語表。正文十八卷，依次爲論地、命名、測量之理、地理、天圖、日躔、月離、動理、諸行星、諸月、彗星、攝動、橢圓諸根之變、逐時經緯度之差、恒星、恒星新理、星林、曆法等。書中論及關於恒星之較多新發現與天體力學之重要發現，如以萬有引力定律論證「日心説」之正確性，以恒星之視差和光行差論證地動與地球橢圓軌道等理論之正確性，於近代天文學在中國之確立甚具貢獻。據中國國家圖書館藏清咸豐九年（一八五九）墨海書館排印本影印。

TRANSLATION OF HERSCHELL'S OUTLINES OF ASTRONOMY.

From a very early period, the Chinese had been diligent observers of celestial appearances; many volumes of facts in the history of astronomy had been collected; and on the principle of recurring sequence, they were enabled to predict within certain limits, the various phenomena which presented themselves to the eye. To ascertain the causes of the complex movements observable among the heavenly bodies, was not so much an object with them, as to employ these various irregularities in perfecting a system of mathematical chronology, which should stand the test of ages unimpaired; and if they failed in this respect, their failure was attributable to their imperfect means of observation. Their skill in calculating astronomical formulæ was all that could be desired; but the want of efficient instruments prevented their gaining a knowledge of those delicate perturbations, which if left out of account, must ultimately derange the best-conceived theories of computation.

Such appears to have been preeminently the case when the Jesuit missionaries reached China in the 17th century; Astronomy had been for a long time in a declining condition, and formulæ which had been in use for four hundred years were found so inadequate, as to be producing inextricable confusion in the state calendar. Schaal, Terence, and others improved the opportunity thus afforded them, by introducing the knowledge of this science which they had brought with them from Europe, and the precision with which they were able to predict celestial phenomena, procured a ready admission for the system which they taught as a whole. The improved solar and lunar tables, and the corrected elements of planetary motion, were an indisputable advance; other parts of the new system however were of more equivocal benefit; while the success with which an exploded theory of the heavens was introduced, gave currency to a doctrine, which the Chinese in general have not yet been able to unlearn.

The great work *Tsung chíng leih shoo* in 100 books, compiled under imperial patronage, by Schaal, Terence, Rho, and Longobardi, with the aid of some native scholars of high rank, is a record of the astronomical knowledge which they imparted to the Chinese. The system of Ptolemy with the theory of circular motion forms the basis of the whole, while the complex network of cycles and epicycles superadded in later ages, is detailed in a clear and masterly style. Although the system of Copernicus had already been before the world for more than a century, and the achievements of Galileo had furnished an important link in the evidence by which that system was supported, yet there is little more than some incidental notices of Copernicus, the hypothesis on which his fame rests being kept out of view, while even the name of the other is passed by in silence. Tycho Brahe is largely quoted as an astronomical observer of great celebrity, and his numbers are generally adopted, but there is no notice of his peculiar theory of the planetary motions. His discovery of the variation in the obliquity of the ecliptic is stated, the rotundity of the earth maintained, and the sexagesimal numeration introduced. At a later date Schaal expounded the equation of time, as also the principles of parallax and refraction.

Not many years after this, a native student Wâng Seih-tan wrote several works on astronomy, in which, without giving in his adherence to the European doctrine as then understood in China, he generally adopts its numbers, and proposes something like a *tertium quid* between the new and old theories; still retaining the earth immovable in the centre of the universe, and making the planets revolve about the sun in its circuit round the earth, being thus far identical with the system of Tycho Brahe. Yet there is no evidence to shew that he derived his notions on this subject from any of the Europeans who had come to China; he does not allude to such an event, there is no mention of such a theory in any of the books written by the missionaries prior to that period, and we know that it was in direct opposition to the principles being published at the time under authority, by Schaal and his coadjutors.

The second emperor of the present dynasty caused a large astronomical work, the *Leih sëáng k'aòu chíng* to be compiled by native scholars. This embodies substantially the theory of Schaal's teaching, with refinements and improvements in the tables and elementary numbers. Towards the middle of the 18th century, a supplement was written to the above, chiefly under the direction of Pereyra and Kegler, embracing many of the more recent discoveries in Europe, inclusive of Kepler's laws of elliptic orbits, and the description of equal areas in equal times.

Some few years later, a European missionary, known to the Chinese by the name of Tsëang Yĕw-jîn, presented the draft of a work to the emperor, containing a clear and faithful description of the solar system. He relates the different theories held by Copernicus, Tycho Brahe and others, and states the proofs ordinarily adduced in favour of the earth's motion, noticing the ring and five satellites of Saturn, the four attendants on Jupiter, the phases of Venus, the spheroidal form of the earth, and spots on the sun indicating revolution on its axis. As this document does not appear to have been published, it is only known to Chinese readers generally, by quotations from it in other works. These revelations in sidereal science, and the discrepancies between the teachings of the earlier and later missionaries, naturally suggested doubts in the minds of thinking natives, who seem now much more disposed to try the statements that are laid before them. This, however it may cast a temporary odium on foreigners, will doubtless ultimately subserve the cause of truth.

Since the above-named period, little if anything new seems to have been communicated to the Chinese on the subject of astronomy, till recent times. In 1849, Dr. Hobson published a popular treatise on the modern science, including the discovery of Uranus, and the four asteroids Ceres, Pallas, Juno, and Vesta, the influence of Gravitation, the Tidal theory, the theory of Comets, and the resolution of the Milky way into stars.

The accompanying work, which is a translation of the enlarged edition of Herschell's "Outlines of Astronomy," will it is believed, give a more complete theoretical view of this science as it now stands in Europe, than has yet been presented; embracing as it does all points of recent interest. The Newtonian theory of Gravitation, corroborating Kepler's laws,—the very remarkable way in which this theory is found to account for every one of the almost innumerable perturbations hitherto discovered among the orbitual motions, and particularly exhibited in the history of the discovery of Neptune,—the great addition to the number of the planetary system, in the discovery of more than fifty Asteroids, most of whose elements, and some other peculiarities have been ascertained,—the motion of Light, with its consequences as developed in the theory of Aberration and Parallax,—the recent researches concerning Comets, and their ascertained subjection to the laws of gravitation, forcibly demonstrated in the successful prediction of long-period returns,—the remarkable phenomena of Variable and Binary stars, and the magnificent discoveries in Nebular astronomy, powerfully suggesting the force of gravitation in those remote regions,—to say nothing of the speculations on the motion of the Sun in space, the probable explanation of the appearance of Shooting stars and Meteorolites, with numerous other questions of modern research, highly interesting and instructive,—cannot fail to awaken in inquisitive minds of a certain order, a desire to become better acquainted with these and kindred facts in nature, which is calculated to exercise a healthful influence on the intellectual character. That such facts may lead to juster and more exalted conceptions of "Him who hath created these orbs,—who bringeth forth their host by number, and calleth them all by their names;—who hath made the earth by his power, established the world by his wisdom, and stretched out the heavens by his understanding;" is the sincere desire of the translator.

Some slight additions have been made to the original, in order to bring the narration of discovery down to the latest possible period; and the translator takes this opportunity to acknowledge the assistance kindly afforded by Capt. Shadwell of H. M. S. Highflyer, in regard to astronomical data; as also aid received from Dr. Parker of Ningpo, Rev. A. Williamson, and other friends, who have furthered the execution of the work. The funds for this and other publications already issued, have been most liberally provided by a few gentlemen, which the undersigned desires thankfully to acknowledge by the following statement.

Contributions towards the publication of works in Chinese.

A friend (for the publication of Herschell's Astronomy),...............	Taels	300. 00
A friend,...	,,	50. 00
W. Lockhart, Esqr...	,,	50. 00
T. C. Beale, Esqr.......	,,	500. 00
Edward Webb, Esqr..	,,	100. 00
	Taels	1000. 00

Disbursements for the publication of works in Chinese.

500	copies of	De Morgan's Algebra,..	Taels	146. 00
355	do.	Loomis' Algebraic Geometry, and Differential and Integral Calculus,*....................................	,,	323. 00
1000	do.	Herschell's Astronomy,..................................	,,	622. 00
			Taels	1091. 00

A. WYLIE,

SHANGHAE, December, 1859.

* This is engraved on wooden blocks, and future copies may be printed as required, at a moderate expense.

14. Irene 和女 *Hô neù.*
15. Eunomia 時女 *Shê neù.*
16. Psyche 靈女 *Lîng neù.*
17. Thetis 海女 *Haè neù.*
18. Melpomene 歌女 *Ko neù.*
19. Fortuna 吉女 *Keĭh neù.*
20. Massilia 王女 *Wâng neù.*
21. Lutetia 琴女 *K'in neù.*
22. Calliope 詩女 *She neù.*
23. Thalia 戲女 *Hé neù.*
24. Themis 公女 *Kung neù.*
25. Phocea 福女 *Fŭh neù.*
26. Proserpine 陰女 *Yin neù.*
27. Euterpe 簫女 *Seaou neù.*
28. Bellona 戰女 *Chén neù.*
29. Amphitrite 洋女 *Yâng neù.*
30. Urania 天女 *T'ëen neù.*
31. Euphrosyne 麗女 *Lé neù.*
32. Pomona 果女 *Kwò neù.*
33. Polyhymnia 瑟女 *Sĭh neù.*
34. Leucothea 巫女 *Woô neù.*
35. Atalanta 沉女 *Ch'in neù.*
36. Fides 馳女 *Che neù.*
37. Leda 信女 *Sín neù.*
38. Lætitia 卵女 *Lwàn neù.*
39. Harmonia 喜女 *Hé neù.*
40. Daphne 律女 *Leŭh neù.*
41. Isis 桂女 *Kwei neù.*
42. Ariadne 地女 *T'é neù.*
43. Nysa 愛女 *Gaé neù.*
44. Eugenia 使女 *Shè neù.*
45. Hestia 香女 *Hëang neù.*
46. Aglaia 家女 *Këa neù.*
47. Doris 仁女 *Jîn neù.*
48. Pales 溟女 *Mîng neù.*
49. Virgina 牧女 *Mŭh neù.*
50. Nemausa 貞女 *Ching neù.*

Aberration 光行差 *Kwang hîng ch'a.*

Altitude 高度 *Kaou t'oó.*

Altitude instrument 高度儀 *Kaou t'oó ê.*

Angle of position 方位角 *Fang weî këŏ.*

Angular motion 行度速率 *Hîng t'oó sŭh sŭh.*

Annual equation of the moon 月之年差 *Yuĕ che nëên ch'a.*

Annular eclipse 金錢食 *Kin tsëên shĭh.*

Annular nebula 環形星氣 *Hwan hîng sing k'é.*

Anomalistic year 卑點年 *Pe tëèn nëên.*

Anomaly of a planet 星距最卑度 *Sing k'eú tsúy pe t'oó.*

Antarctic circle 南寒帶圈 *Nân hân taé k'euen.*

Aphelion 最高點 *Tsúy kaou tëèn.*

Apogee 最高點 *Tsúy kaou tëèn.*

Apside 長徑界 *Ch'âng king keaé.*

Arctic circle 北寒帶圈 *Pĭh hân taé k'euen.*

Artificial horizon 借地平 *Tsëáy t'é pîng.*

Ascending node 正交點 *Chíng keaou tëèn.*

Asteroid 小星 *Seaòu sing.*

1. Ceres 穀女 *Kŭh neù.*
2. Pallas 武女 *Woò neù.*
3. Juno 天后 *T'ëen hów.*
4. Vesta 火女 *Hò neù.*
5. Astræa 嚴女 *Yên neù.*
6. Hebe 稺女 *Ché neù.*
7. Iris 虹女 *Hung neù.*
8. Flora 花女 *Hwa neù.*
9. Metis 慧女 *Hwúy neù.*
10. Hygeia 醫女 *E neù.*
11. Parthenope 處女 *Ch'oó neù.*
12. Victoria 勝女 *Shíng neù.*
13. Egeria 傅女 *Foó neù.*

Circle of perpetual apparition 恒見圈 *Hăn këèn k'euen.*
Circle of perpetual occultation 恒隱圈 *Hăn yìn k'euen.*
Clepsydra 水漏 *Shwùy lów.*
Clock 鐘表 *Chung peaòu.*
Cloud 雲 *Yûn.*
Cluster of stars 星團 *Sing t'wăn.*
Collimator 視軸準 *Shé ch'ŭh chùn.*
Coloured star 有色之星 *Yèw sĭh che sing.*
Comet 彗星 *Weí sing.*
Biela's Comet 比乙拉彗 *Pé yĭh la weí.*
Brorsen's „ 勃陸孫彗 *P'ŏ lŭh sun weí.*
De Vico's „ 迪未谷彗 *T'eĭh wê kŭh weí*
Encke's „ 因格彗 *Yin kĭh weí.*
Faye's „ 飛彗 *Fei weí.*
Halley's „ 好里彗 *Haòu lè weí.*
Lexell's „ 勒石力彗 *Lĭh shĭh leĭh weí.*
Peter's „ 彼得彗 *Pè tĭh weí.*
Commensurability 有等數者 *Yèw tăng soó chày.*
Compensation 補 *Poò.*
Compound oval orbit (of upper focus) 重橢曲道 *Chùng t'ŏ k'eŭh taòu.*
Compression 扁率 *Pëen sŭh.*
Conjunction 合 *Hŏ.*
Constellation 星座 *Sing tsó.*
Correction 改 *Kaè.*
Culmination 過子午圈 *Kwó tszè woò k'euen.*
Cycle 會終 *Hwúy chung.*
Cycle of indictions 律會 *Leŭh hwúy.*
Day 日 *Jĭh.*
Declination 赤緯度 *Ch'ĭh weí t'oó.*

51. Europa 禽女 *K'in neù.*
52. Calypso 虜女 *Loó neù.*
53. Alexandra 島女 *Taòu neù.*
54. Pandora 哲女 *Chĕ neù.*

Astrometer 量星鏡 *Lëáng sing kíng.*
Astronomer 歷家 *Leĭh këa,* 天文家 *T'ëen wăn këa.*
Astronomy 天文 *T'ëen wăn.*
Astronomical observation 測望 *Ts'ĭh wáng.*
Atmosphere 氣 *K'é.*
Attraction 攝力 *Shĕ leĭh.*
Augmentation 較大率 *Keaóu tá sŭh.*
Aurora borealis 北曉 *Pĭh heaóu.*
Autumnal equinox 秋分 *Ts'ew fun.*
Axis 軸 *Ch'ŭh.*
Azimuth 地平經度 *T'é pîng king t'oó.*
Azimuth instrument 地平經儀 *T'é pîng king ê.*
Barometer 風雨表 *Fung yù peaòu.*
Belt (of a planet) 帶 *Taé.*
Binary star 聯星 *Lëen sing.*
Calendar 通書 *T'ung shoo.*
Callippic cycle 蔀 *Poo.*
Celestial horizon 天空地平界 *T'ëen k'ung t'é pîng keaé.*
Celestial perspective 天視學 *T'ëen shé hëŏ.*
Centre of gravity 公重心 *Kung chùng sin.*
Central mean upper focus 本心中點 *Pùn sin chung tëèn.*
Centrifugal force 離心力 *Lê sin leĭh.*
Centripetal force 向心力 *Hëáng sin leĭh.*
Chart 圖 *T'oô.*
Chronometer 度時表 *T'ŏ shê peaòu.*
Circle 圈 *K'euen.*
Circle of declination 天赤緯圈 *T'ëen ch'ĭh weí k'euen.*

king k'euen.
Equinox 分點 *Fun tëèn.*
Error 差 *Ch'a.*
Ether 薄氣 *Pŏ k'é.*
Evection 出差 *Ch'ŭh ch'a.*
Evening tide 汐 *Seĭh.*
Excentricity 兩心差 *Lëàng sin ch'a.*
First quarter of moon 上弦 *Sháng hëên.*
Fixed star 恒星 *Hăn sing.*
Focus of a lens 聚光點 *Tseú kwang tëèn.*
Force 力 *Leĭh.*
Forced vibration 感動 *Kàn t'úng.*
Full moon 望 *Wáng.*
Galactic circle 天河大圈 *T'ëen hô tá k'euen.*
Galaxy 天河 *T'ëen hô.*
Geocentric latitude 地心緯度 *T'é sin weí t'oó.*
Geocentric longitude 地心經度 *T'é sin king t'oó.*
Geocentric parallax 地半徑差 *T'é pwán king ch'a.*
Globular cluster of stars 球狀星團 *K'ew chwáng sing t'wân.*
Heat 熱氣 *Jĕ k'é.*
Heliocentric latitude 日心緯度 *Jĭh sin weí t'oó.*
Heliocentric longitude 日心經度 *Jĭh sin king t'oó.*
Heliocentric parallax 黄道半徑差 *Hwâng taòu pwán king ch'a.*
Heliometer 量日鏡 *Lëáng jĭh king.*
Hemisphere 半球 *Pwán k'ew.*
Horizon 地平 *T'é pîng.*
Horizontal parallax 地平視差 *T'é pîng shé ch'a.*
Hour angle 時度 *Shê t'oó.*
Hour circle 時圈 *Shê k'euen.*
Inclination of orbit 道斜交 *Taòu sëay keaou.*
Degree 度 *T'oó.*
Density 疏密率 *Soo meĭh sŭh.*
Descending node 中交點 *Chung keaou tëèn.*
Diameter 徑 *King.*
Direct motion 正行 *Chíng hîng.*
Disappearance (from proximity to the sun) 伏 *Fŭh.*
Distance 距 *K'eú.*
Disturbed body 受攝動體 *Shów shĕ t'úng t'é.*
Disturbing body 發攝動體 *Fă shĕ t'úng t'é.*
Disturbing force 攝動力 *Shĕ t'úng leĭh.*
Diurnal motion of the heavens 天體左旋 *T'ëen t'è tsò seuen.*
Diurnal rotation of the earth 地球自轉 *T'é k'ew tszé chuèn.*
Double refraction 成雙象 *Chîng shwang sëáng.*
Double stars 雙星 *Shwang sing.*
Earth 地 *T'é.*
Ecliptic 黄道 *Hwâng taòu.*
Element 根數 *Kăn soó.*
Ellipse 撱圜 *T'ò yuen.*
Elliptic motion 行撱圜道 *Hîng t'ò yuen taòu.*
Ellipticity 撱率 *T'ò sŭh.*
Elongation 離日度 *Lê jĭh t'oó.*
Epoch 元 *Yuên.*
Equation of light 光道差 *Kwang taòu ch'a.*
Equation of the centre 均數 *Keun soó.*
Equation of time 時差 *Shê ch'a.*
Equator 赤道 *Ch'ĭh taòu.*
Equatorial instrument 赤道儀 *Ch'ĭh taòu ê.*
Equilibrium 相定 *Sëang tíng.*
Equinoctial 天赤道 *T'ëen ch'ĭh taòu.*
Equinoctial colure 二分經圈 *Urh fun*

Neptune 海王 *Haè wâng.*
New moon 合朔 *Hŏ sŏ.*
New style 新歷 *Sin leĭh.*
Node 交點 *Keaou tëèn.*
Nonogesimal point 黄平象限 *Hwâng pîng sëáng hëén.*
Normal force 法力 *Fă leĭh.*
Nucleus (of a comet) 中體 *Chung t'è.*
Nutation 章動 *Chang t'úng.*
Obliquity of the ecliptic 黄道交角 *Hwâng taòu keaou këŏ.*
Occultation (of a star) 掩 *Yèn.*
Old style 舊歷 *K'éw leĭh.*
Opposition (of a planet) 衝 *Ch'ung.*
Orbit 道 *Taòu.*
Orthogonal force 垂力 *Ch'uy leĭh.*
Orthographic projection 簡平儀法 *Këèn pîng ê fă.*
Parallax 視差 *Shé ch'a.*
Parallel of declination 天赤緯圈 *T'ëen ch'ĭh weí k'euen.*
Pendulum 鐘擺 *Chung paé.*
Pendulum clock 擺鐘 *Paé chung.*
Penumbra 外虛 *Waé heu.*
Perigee 最卑點 *Tsúy pe tëèn.*
Perihelion 最卑點 *Tsúy pe tëèn.*
Periodic time 周時 *Chow shê.*
Periodic variation 短差 *Twàn ch'a.*
Periodical stars 變星 *Pëen sing.*
Perspective 視學 *Shé hëŏ.*
Perturbation 攝動 *Shĕ t'úng.*
Planet 行星 *Hîng sing.*
Planetary nebula 行星氣 *Hîng sin k'é.*
Plumb-line 垂線準 *Ch'uy sëén chùn.*
Point of equidistance 等距點 *Tăng k'eú tëèn.*
Polar distance 距極度 *K'eú keĭh t'oó.*
Pole 極 *Keĭh.*
Position micrometer 方位分微尺

Inferior conjunction 下合 *Hëá hŏ.*
Jupiter 木星 *Mŭh sing.*
Last quarter of moon 下弦 *Hëá hëên.*
Latitude 黄緯度 *Hwâng weí t'oó.*
Length of year 歲實 *Súy shĭh.*
Libration 天平動 *T'ëen pîng t'úng.*
Light 光 *Kwang.*
Line of collimation 視軸 *Shé ch'ŭh.*
Lower focus 餘心 *Yû sin.*
Longitude 黄經度 *Hwâng king t'oó.*
Lunation 月 *Yuĕ.*
Magellanic clouds 墨瓦臘尼雲 *Mĭh wà lă nê yûn.*
Magnitude (of stars) 等 *tăng.*
Mars 火星 *Hò sing.*
Mass 體積 *T'è tseĭh.*
Mean longitude 平經度 *Pîng king t'oó.*
Mean upper focus 中心點 *Chung sin tëèn.*
Menstrual equation 月差 *Yuĕ ch'a.*
Mercator's projection 墨加禱法 *Mĭh këa taòu fă.*
Mercury 水星 *Shwùy sing.*
Meridian 午線 *Woó sëén.*
Meridian circle 子午圈 *Tszè woó k'euen.*
Meteorolite 隕石 *Yùn shĭh.*
Metonic cycle 章 *Chang.*
Micrometer 分微尺 *Fun wê ch'ĭh.*
Microscope 顯微鏡 *Hëèn wê kíng.*
Momentary variation 一剎那之變 *Yĭh ch'ă nà che pëen.*
Moon 太陰 *T'aé yin,* 月 *Yuĕ.*
Moon's parallactic inequality 月角差 *Yuĕ këŏ ch'a.*
Moon's variation 二均差 *Urh keun ch'a.*
Morning tide 潮 *Chaôu.*
Multiple star 多合星 *To hŏ sing.*
Mural circle 牆環 *Tsëâng hwan.*
Nadir 天底點 *T'ëen tè tëèn.*
Nebula 星氣 *Sing k'é.*

Sidereal day 恒星日 *Hăn sing jĭh.*
Sidereal time 恒星時 *Hăn sing shê.*
Sidereal year 恒星年 *Hăn sing nëên.*
Sign of zodiac 宮 *Kung.*
Solar cycle 太陽會 *T'aé yâng hwúy.*
Solar day 太陽日 *T'aé yâng jĭh.*
Solar radiation 日光射 *Jĭh kwang sháy.*
Solstitial colure 二至經圈 *Urh ché king k'euen.*
Sphere 球 *K'ew.*
Spirit level 酒平 *Tsèw pîng.*
Spot (on sun) 斑 *Pan.*
Spurious disc 假體 *Këà t'è.*
Star 星 *Sing.*
Stationary point (of planets) 留 *Lêw.*
Stereographic projection 渾蓋通憲法 *Hwăn kaé t'ung hëên fă.*
Summer solstice 夏至 *Hëá ché.*
Sun 太陽 *T'aé yâng,* 日 *Jĭh.*
Sunrise 日出 *Jĭh ch'ŭh.*
Sunset 日入 *Jĭh jŭh.*
Superior conjunction 上合 *Sháng hŏ.*
Synodic month 朔望月 *Sŏ wáng yuĕ.*
Syzygies 合衝 *Hŏ ch'ung.*
Tangential force 切力 *Ts'ëë leĭh.*
Telescope 遠鏡 *Yuèn king.*
Temperature 熱氣 *Jĕ k'é.*
Temporary stars 客星 *K'ĭh sing.*
Theodolite 地平尺 *T'é pîng ch'ĭh.*
Tides 潮汐 *Chaôu seĭh.*
Time 時 *Shê.*
Trade winds 貿易風 *Mow yĭh fung.*
Transit (of a planet) 過 *Kwó.*
Transversal force 横力 *Hwăng leĭh.*
Trigonometrical survey 三角法測地 *San këŏ fă ts'ĭh t'é.*
Triple star 三合星 *San hŏ sing.*
Tropic of Cancer 晝長圈 *Chów ch'âng k'euen.*

Fang weî fun wê ch'ĭh.
Precession of equinoxes 歲差 *Súy ch'a.*
Prime vertical 卯酉圈 *Maòu yèw k'euen.*
Proper motion (of the stars) 自行 *Tszé hîng.*
Quadrature of a planet 距日九十度 *K'eú jĭh kèw shĭh t'oó.*
Quadrature of moon 弦點 *Hëên tëèn.*
Quadruple star 四合星 *Szé hŏ sing.*
Radial force 半徑力 *Pwán king leĭh.*
Reflecting circle 回光環 *Hwûy kwang hwan.*
Reflecting telescope 回光遠鏡 *Hwûy kwang yuèn king.*
Reflection 回光 *Hwûy kwang.*
Refraction 蒙氣差 *Mûng k'é ch'a.*
Repetition 疊測 *T'ëĕ ts'ĭh.*
Resistance 阻 *Tsoò.*
Retrograde motion 逆行 *Neĭh hîng.*
Right ascension 赤經度 *Ch'ĭh king t'oó.*
Ring (of Saturn) 光環 *Kwang hwan.*
Satellite 月 *Yuĕ.*
Satellites of Saturn.

1. Mimas 密麻 *Meĭh ma.*
2. Enceladus 安起拉 *Gan k'è la.*
3. Tethys 特提 *T'ĭh te.*
4. Dione 弟渥泥 *Té ŭh nê.*
5. Rhea 利亞 *Lé yá.*
6. Titan 低單 *Te tan.*
7. Hyperion 希伯廉 *He pĭh lëen.*
8. Jepetus 雅比都 *Ya pé too.*

Saturn 土星 *T'oò sing.*
Seasons 四時 *Szé shê.*
Secular acceleration of moon's mean motion 月平速長差 *Yuĕ pîng sŭh ch'âng ch'a.*
Secular variation 長差 *Ch'âng ch'a.*
Sextant 紀限儀 *Kè hëên ê.*
Shadow 影 *Yìng.*
Shooting star 流星 *Lêw sing.*

Venus 金星 *Kin sing.*
Vernal equinox 春分 *Ch'un fun.*
Vernier 佛逆 *Fŭh neĭh.*
Vertical circle 垂圈 *Ch'uy k'euen.*
Weight 輕重 *K'ing chúng.*
Winter solstice 冬至 *Tung ché.*
Zenith 天頂 *T'ëen tìng.*
Zenith sector 天頂尺 *T'ëen tìng ch'ĭh.*
Zodiac 黃道帶 *Hwâng taòu taé.*
Zodical light 黃道光 *Hwâng taòu kwang.*
Zone 帶 *Taé.*
Tropic of Capricorn 晝短圈 *Chów twàn k'euen.*
Tropical year 太陽年 *T'aé yâng nëĕn.*
True place 眞位 *Chin weí.*
Twilight 朦朧 *Mung lung.*
Umbra in eclipses 闇虛 *Gan heu.*
Upper focus 本心 *Pùn sin.*
Uranography 天圖 *T'ëen t'oó.*
Uranus 天王 *T'ëen wâng.*
Vanishing point 合點 *Hŏ tëèn.*
Variation (of elements) 變 *Pëen.*
Velocity 速率 *Sŭh sŭh.*

譚天

雲間胡遠題

咸豐己未仲秋
墨海活字版印

每部紋銀肆兩

談天序

西士言天者曰、恒星與日不動、地與五星俱繞日而行、故一歲者、地球繞日一周也、一晝夜者、地球自轉一周也、議者曰、以天爲靜、以地爲動、動靜倒置、違經畔道、不可信也、西士又曰、地與五星及月之道、俱係橢圜、而歷時等、則所過面積亦等、議者曰、此假象也、以本輪均輪推之而合、則設其象爲本輪均輪、以橢圜面積推之而合、則設其象爲橢圜面積、其實不過假以推步、非眞有此象也、竊謂議者未嘗精心考察、而拘牽經義、妄生議論、甚無謂也、古今談天者、莫善于子輿氏苟求其故之

一語、西士蓋善求其故者也、舊法火木土皆有歲輪、而金水二星則有伏見輪、同爲行星、何以行法不同、歌白尼求其故、則知地球與五星皆繞日、火木土之歲輪、因地繞日而生、金水之伏見輪、則其本道也、由是五星之行、皆歸一例、然其繞日非平行、古人加一本輪推之不合、則又加一均輪推之、其推月且加至三輪四輪、然猶不能盡合、刻白爾求其故、則知五星與月之道、皆爲橢圜、其行法面積與時、恒有比例也、然俱僅知其當然、而未知其所以然、奈端求其故、則以爲皆重學之理也、凡二球環行空中、則必共繞其重心、而日之質積甚大、五

星與地俱甚微、其重心與日心甚近、故繞重心即繞日也、凡物直行空中、有他力旁加之、則物即繞力之心而行、而物直行之遲速、與旁力之大小、適合平圜率、則繞行之道爲平圜、稍不合、則恒爲撱圜、惟歷時等、所過面積亦等、與平圜同也、今地與五星本直行空中、日之攝力加之、其行與力不能適合平圜、故皆行撱圜也、由是定論如山、不可移矣、又證以距日立方與周時平方之比例、及恒星之光行差、地道半徑視差、而地之繞日益信、證以煤坑之墜石、而地之自轉益信、證以彗星之軌道、雙星之相繞、多合撱圜、而地與五星及日之行撱圜益信、余與偉烈君所譯談天一書、皆主地動及撱圜立說、此二者之故不明、則此書不能讀、故先詳論之、

咸豐己未重陽後八日海甯李善蘭序于崑山舟次

序

天文之學、其源遠矣、太古之世、旣知稼穡、每觀天星、以定農時、而近赤道諸牧國、地炎熱、多夜放羣羊、因以觀天、間嘗上攷諸文字之國、肇有書契、即記及天文、如舊約中屢言天星、希臘古史亦然、而中國堯典亦言中星、歷家據以定歲差焉、其後積測累推、至漢太初三統而立七政統母諸數、從此代精一代、至郭太史授時術、法已美備、惟測器未精、得數不密、此其缺陷也、中國言天者三家、曰渾天、曰蓋天、曰宣夜、然其推歷但言數不言象、而西國則自古及今、恒依象立法、昔多祿某謂地居中心、外包諸天、層層硬殼、傳其學者、又創立本輪均輪諸象、法綦繁矣、後代測天之器益精、得數益密、往往與多氏說不合、歌白尼乃更創新法、謂太陽居中心、地與諸行星繞之、第谷雖譏其非、然恒得確證、人多信之、至刻白爾推得三例、而歌氏之說始爲定論、然刻氏僅言其當然、至奈端更推求其所以然、而其說益不可搖矣、夫地球大矣、統四大洲計之、能盡歷其面者、無幾人焉、然地球乃行星之一耳、且非其最大者、計繞太陽有小行星五十餘、大行星八、其最大者、體中能容地球一千四百倍、其次能容九百倍也、設以五百地球平列、土星

之光環能覆之而諸行星又或有月繞之、總計諸月、共二十餘、設盡并諸行星及諸月之積、不及太陽積五百分之一、太陽體中能容太陰六千萬倍、可謂大之至矣、而恒星天視之、亦只一點耳、設人能飛行空中、如最速礮子、亦須四百萬年、方能至最近之恒星、故目能見之恒星最小者、可比太陽、其大者、或且過太陽數十萬倍也、夫恒星多至不可數計、秋冬清朗之夕、昂首九霄、目能見者約三千、設一恒星爲一日、各有行星繞之、其行星當不下十五萬、況恆星又有雙星及三合四合諸星、則行星之數當更不止于此矣、然此僅論目所能見之

恆星耳、古人論天河皆云是氣、近代遠鏡出、知爲無數小星、遠鏡界內所已測見之星、較普天空目所能見者、多二萬倍、天河一帶、設皆如遠鏡所測之一界、其數當有二千零十九萬一千、設一星爲一日、各有五十行星繞之、則行星之數當有十億零九百五十五萬、意必俱有動植諸物、如我地球、偉哉造物、其力之神、能之鉅、眞不可思議矣、而測以更精之遠鏡、知天河亦有盡界、非佈滿虛空也、而其界外別有無數星氣、意天河亦爲一星氣、無數星氣、實即無數天河、我所居之地球在本天河中、近、故覺其大、在別星氣外、遠、故覺其小耳、星氣已

測得者三千餘、意其中必且有大于我天河者、初人疑星氣爲未成星之質、至羅斯伯之大遠鏡成、始知亦爲無數小星聚而成、而更別見無數星氣、則亦但覺如氣、不能辨爲星之聚、設異日遠鏡更精、今所見者俱能辨、恐更見無數遠星氣、仍不能辨也、如是累推、不可思議、動法亦然、月繞行星、行星繞太陽、近代或言太陽率諸行星更繞他恆星、與雙星同、然則安知諸雙星不又同繞一星、而所繞之星、不又繞別星耶、如是累推、亦不可思議、偉哉造物、神妙至此、蕩蕩乎民無能名矣、昔大闢有詩曰、觀爾所造之穹蒼、又星月之輝光、世人爲誰兮、

爾垂念之、人子爲誰兮、爾眷顧之、夫大闢所見天空、理非甚深也、尙歡欣贊歎、不能自已、況我人得知天空、如此精奇神妙耶、夫造物主之全智鉅力、大至無外、小至無內、罔不涖臨、罔不鑒察、故人雖至微、無時不蒙其恩澤、試觀地球上萬物、莫不備具、人生其間、渴飲飢食、夏葛冬裘、何者非造物主之所賜、竊意一切行星、亦必萬物備具、生其間者、休養樂利、如我地上、造物主大仁大慈、必當如是也、設他行星之人類、淳樸未雕、與天合一、見我地球天性盡失、欺僞爭亂、厥罪甚大、而造物主猶不棄絕、令愛子降生、舍身代贖、當必贊歎造物主之深

仁厚澤有加無已而身受者反不知感激圖報可乎余與李君同譯是書欲令人知造物主之大能尤欲令人遠察天空因之近察己躬謹謹焉修身事天無失秉彝以上答宏恩則善矣

咸豐己未孟冬之月英國偉烈亞力序於春申浦上

談天

凡例

一此書原本爲侯失勒約翰所撰約翰今爲英國天文公會之首其父曰維廉日爾曼之阿諾威人遷居英國專精天文不假師授有盛名維廉有妹曰加羅林相助測天功亦不細侯失勒氏言天者凡三人學者勿混爲一云

一此書原本咸豐元年刊行其後測天家屢有新得今一一附入如小行星最後有咸豐八年所得者非原書所有也

一凡年月日時原本皆用西國法準倫敦經度今用中國法準順天經度譯改以便讀者如十六卷三頁六行本文爲耶穌降世一千八百四十六年正月三日○時九分五十三秒今譯改道光二十五年十二月初五日戌初三刻十分五十三秒是也亦間有用各國本地時者如十一卷十六頁七行午後三小時六分若改用中國時則在夜中不能見日與下文測見中體距日心句不合故仍原文也

一中國步天黃經赤經皆用度分西國黃經用度分赤經用時分例見二卷緯度分南北條今依中法亦譯

改度分、如十六卷六頁十七行、本文爲十六時五十一分一秒五、今譯改二百五十二度四十五分二十二秒五是也、

一、凡數俱直書、單位下帶小數、則以。別之、如六卷二頁十二行、一。○一六七九、其小數即十萬分之一千六百七十九也、間有橫書者、則因與代數記號相雜、依代數例、不便直書也、

一、凡度里尺諸數、皆遵數理精蘊、每度二百里、每里一千八百尺、近代西國細測地球、密推赤道徑、得英尺四千一百八十四萬七千一百九十二、赤道周得英

尺一億三千一百四十六萬六千八百二十八。七一七、以三百六十度除之、則一度得英尺三十六萬五千一百八十五。六三五、設一度爲中尺三十六萬、乃以一度之英尺爲一率、一度之中尺爲二率、一爲三率、求得四率○。九八五八、是英國一尺、爲中尺九寸八分五厘八毫也、凡原文英尺、譯改中尺、俱準此、又英國一里、得英尺五千二百八十、中國一里、得英尺一千八百二十五。九二八、依此推得英一里、當中國二里八九一六八、凡原文英里、譯改中里、俱準此、

一、書中各圖、除木刻外、有用原書鋼版印者、此諸圖重刻不易故也、而其字皆英文、書中引此諸圖、亦用英文、恐讀者難曉、今一一釋之、凡每版右上角之字、如 Plate I. 譯即一版、Plate II. 譯即二版、書中或用此英文、亦指一二諸版也、又每版中如 Fig. 1. 譯即一圖、Fig. 2. 譯即二圖、書中或用此英文、亦指一二諸圖也、又圖中有 a b c A B C 等字、乃英國字母、猶之中國用甲乙丙丁等字也、又 Plate A. 版中有諸數目字、指度與秒之若干、50 即五十、100 即一百、60 即六十、110 即一百十、160 即一百六十、210 即二百十、260 即二百六十、310 即三百十、0 即○、150 即一百五十、200 即二百、250 即二百五十、300 即三百、

350 即三百五十也、又字右上角作" 乃指秒、如 50" 即五十秒、無" 則爲度也、

一、中國天圖、有新舊二種、舊圖與步天歌合、新圖與經天該合、書中諸星、凡舊圖所有者、則云某座第幾星、如角宿第一星之類是也、若舊圖無而新圖有者、則云某座西幾星、如老人西二之類是也、若二圖俱無、則或云近某座、如近四瀆之類是、或依西圖立新名、如鶴翼王騕之類是也、又變星條中言某座變星、雙星條中言某座雙星、亦指其相近而言、如輦道變星、貫索雙星之類是也、或有二星相近之座同、則言第

一第二以別之，如貫索第一變星，貫索第二變星，是也。又有目視僅爲一星，而以遠鏡視之，見有數星者，欲指其中一星，則言某星之幾星，如牛宿第二之次星，織女第二之四星，第二之五星之類是也。

已著譯書目

數學啟蒙	二卷
幾何原本七卷至十五卷	
代數學	十三卷
代微積拾級	十八卷

談天目錄

談天卷一

英國侯失勒原本

英國　偉烈亞力　口譯
海甯　李善蘭　删述

論地

欲知經緯星之大小遠近方位軌道、及相屬之理、必先於地面測之、不明地之理、則所測得之理俱誤、故以論地居首、

地爲球體、乃行星之一也、第憑目所見、則地甚大、行星俱只一點、地無光、行星俱有光、地不覺動、行星刻刻移動、悉皆相反、是以人非大智、聞此說、未有不駭異者、然

強分地與行星爲二類、則推步諸曜、俱扞格不通矣、故天學入門、當首明此理、

假如空中有諸物、欲悉定其方位、必先知我身之或動或靜、若我身實動、而誤爲靜、則所定方位、俱不合矣、我身居地面、動靜因乎地、故欲定諸曜方位、必先考地之爲動爲靜、此實天學中最要事也、

地係行星、故地亦動、地動而所載之物、如山岳河海風雲之類、莫不隨之俱動、故人不能覺、譬如舟不遇風浪、車在坦道、以平速行、所載什物、與之俱行、人坐其中、如居安宅、初不覺動、其理一也、

以地爲不動者、由於未明地之狀、蓋常人之心、必以地爲無限之平面、面之上爲虛空、面之下爲無窮深、皆土也、果如此、日東出西沒、將洞穿堅實之地底而過乎、抑地中有穴、自西通東、爲日出入之路乎、而日出入之方位、日日不同、且月與諸星、亦每日出入、將地有無數穴、如蜂窠乎、必不然矣、故地不能無限廣且厚、其體必有盡界、而浮於空中、四周無他物相連、若然、則地不難於動、而反難於靜、蓋無他物粘連之令不動、則有力加之、即動矣、故地動無疑、

欲明地之形狀、必于大平原或大海面、無林木峯巒礙

目之處測之、凡陸登高塔、海居艙頂、升桅末、所見地面水面、必有一定界線、四周成大平圓、界線外不能見、非蒙氣遮隔也、登高山頂、則界線之周更大、亦成平圓、此事無論何地皆然、凡體無論何方視之、其見界恒成平圓、則必爲球體、

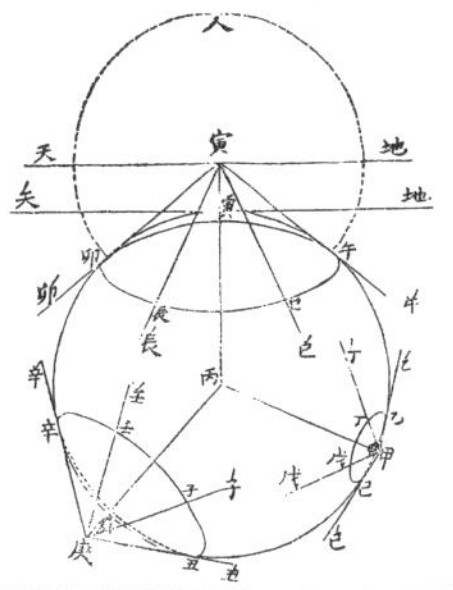

如圖、丑辛夘午球爲地、丙爲心、甲庚寅爲高出地面之三點、正距地面申庚寅三點、遠近不同、從寅作地面之切線寅夘卯、夘爲切點、即寅點所見地面界線

內之一點、以寅寅爲軸、將切線旋轉一周、必經過寅辰辰寅巳巳寅午午諸切線、切點夘、必行成夘辰巳午平圓、人在寅、則平圓內之地面可見、其外不可見、故名地面界線、夘寅午爲對平圓全徑之角、（蒙氣不論）名測深角、即地之視徑度、寅距寅愈遠、則夘辰巳午圓面愈大、寅夘距亦愈遠、而夘寅午角愈銳、地之視徑度愈小、寅庚甲三點、高卑不同、各有地面界線、今但論最高者、以例其餘、假設以夘寅寅午爲規尺之二股、寅點爲活銷、中銜一球、則寅點愈近球、二股愈開、寅寅合爲一點、則尺爲球面之切線夫地、

寅寅正交地面、于寅點垂準線、必與寅寅合、于寅點作地平線天地、必正交寅寅、而與寅點之切線夫地平行、人在寅點、不僅見天地地平線上之天空、并見天寅夘地寅午二角內之天空、故所見天空較半球多地午天夘一段、其較角地寅午、名地面界深度、深度四周皆同、故地面界爲平圓無疑、

地面必有平圓界線者、此非爲平面而爲球面之証、蓋界外不見、非目力不能及、乃目之視線直行、不能如弧線之彎、故不見也、是以地形大略如球、海陸皆在球面、雖山谷有高深、不過如橘皮之微不平耳、

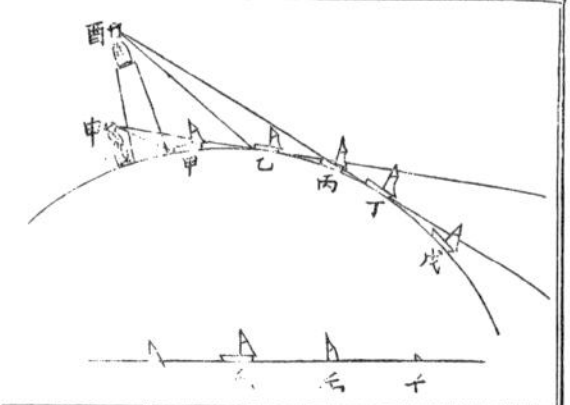

凡海舶出洋、人在海岸申望之、未過地面界、雖漸遠漸小、然俱見全身、過界乙後、則一若沉入水中、而漸不見、至丙、一若船身全入水、僅見桅、至丁、則并桅入水、幾全不見矣、若人在高處酉、令地面界展遠至丁、則船至丁時、尚全見、過丁而漸不見、然則船非因漸遠而不見、乃地面界遮隔而然也、

昔阿爾蘭國都伯林之地、有人曰煞特拉、乘氣球上升、風吹過海、近威勒士、球忽下墜、將入海、時日已昏黑、急

去藤床中之石、復上升至極高、仍見太陽、行至威勒士、乃下墜至地、再見日入、此亦地非平面之証也、

設有二峯等高、登此頂、僅望見彼頂、若無蒙氣差、則測其高及相距、即可推地球大小、

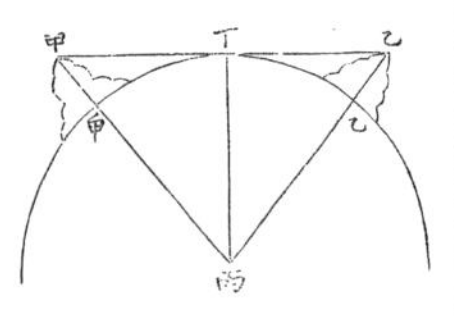

如圖、甲乙二峯、其高相等、爲甲申、乙乙、相距爲申丁乙、丁爲中點、丙丁爲地半徑、設峯高與距俱甚小、則乙乙與丁乙比、若丁乙與倍丙丁比、故測得高與距、即可推地球半徑也、以數推之、有二點高于地面十尺、相距二十二里、無蒙氣時、相望與地面界參相直、別

得十尺爲一百八十分里之一、置二十二折半、得十一
以一百八十乘之、得一千九百八十、則一與一千九百
八十比、爲高與半距比、同于半距與地徑比、故以半距
十一里乘一千九百八十、得二萬一千七百八十里、爲
地球徑、然地面有蒙氣差、此所推斷難密合、不過得其
大約耳、

山之最高者、不能至十五里、較地徑、約得一千六百分
之一、假如有球徑十六寸、其微凸處、不及百分寸之一、
則其高略如一厚紙耳、故諸高山不過如諸細沙、而高
原不過如一薄紙、壑之最深者、不過一里半、此如球面

針芒之孔、非顯微鏡不能見也、而海之最深處、略如山
之最高、則僅若點墨之着紙矣、前條以橘皮之凹凸、喻
地面之高山深谷、猶未確切也、

凡人或乘氣球上升、或登高山、去地漸遠、氣漸輕而薄、
呼吸必漸苦、用風雨表測之、高一千尺、氣輕三十分之
一、高一萬零六百尺、輕三分之一、高一萬八千尺、輕二
分之一、準此推之、則氣愈高愈薄、而無盡界、雲最高不
過二十九里、測其氣重、爲海面氣重八分之一、故氣居
地球之外、近地最重、漸上漸輕、離地未遠、已甚薄無迹
矣、無論地面何處、離地若干、則氣輕若干、皆同、故氣全
包地球、可任分爲無數層、逐層以漸而輕也、

或云、氣如水、有盡界、亦近理、蓋高如地徑一百分之一、
氣已薄極、不能生物、故無論氣有盡界與否、但高過地
徑一百分之一外、作無氣論可也、

氣能變光道、令生差角、所謂蒙氣差也、如圖、子甲子爲
地面、丑丑寅寅卯卯爲氣之諸層、與地面子子同圜心、
人在甲、申爲星、在氣之外、若無蒙氣差、則人視星、其視
線之方向、當爲申甲、而準光學理、申甲光線遇氣面于
丁、必曲向下、如丁丙、在上氣甚薄、曲甚微、漸下氣漸厚、
曲漸大、故申甲光線、變爲申丁丙乙甲曲線、遇地面不

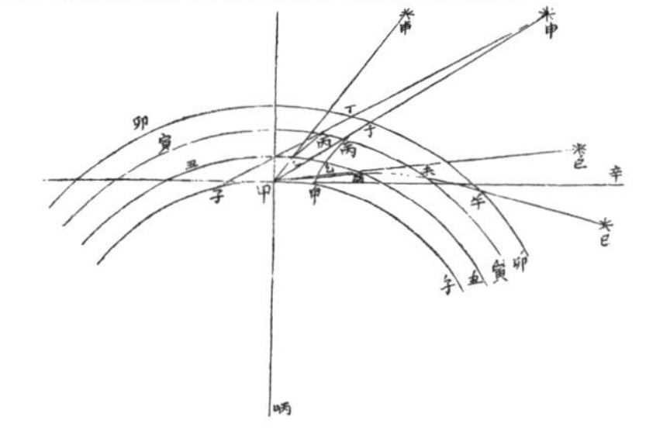

在甲而在申、另有申子光線、無
蒙氣差、當遇地面于子、因蒙氣
變爲申丁丙乙甲曲線、而遇地
面于甲、故人目不能由甲申直
線見星、而由甲乙丙丁申曲線
見星、準光學理、光線入目之方
向、即目見物之方向、故人見星、
不在甲申方向、而在甲申方向、
即申丁丙乙甲曲線內甲點之
切線也、光線恒曲而下、視線方向恒差而上、故視高度

恒大于眞高度焉光線但有上下差而無旁差因環人目甲四周其氣皆同故也故其差角恒在星地心人目三點所居之申丙甲平面內

蒙氣恒映卑為高故諸曜在地平線時視之亦有高度不第此即在地平下視之反在地平上如日在地平下巳點光線成巳午未酉甲曲線故人見在地平上巳點即甲點切線之方向也

曜在申見在串故必測定其差角串甲申以減視高度串甲辛方得眞高度申甲辛然測差角最難其故有三氣漸高漸薄而漸薄之率未能定一也氣之厚薄每因

寒暖而變二也燥濕亦能變差角而氣之逐層燥濕未有測法三也因此三端差角未能測定故天文有數事亦未能定以近時推步之精言之雖未定其差亦甚微但精益求精則必思求定耳列蒙氣差角諸例于左

一凡天頂點無差角諸曜至此點與無蒙氣同

一漸遠天頂差角漸大至地平為最大

一差角漸大之比略如視點距天頂度切線漸大之比此例近天頂則合近地平則不合蓋切線驟增大且有氣變諸事故也

一視點高四十五度差角約一分而在地平面差角得三十三分大于日月視徑故人見日月全體初出地平其眞體尚俱在地平下也

一凡風雨針以五十五度為中數升則差角變大降則差角變小升降十分寸之一差角變三百分之一

一凡寒暑針降則差角變大升則差角變小升降一度差角變四百二十分之一

蒙氣差角表詳列各處自地平至天頂諸高度之差角再用風雨寒暑二針隨時校正之以加減諸視度可畧得諸眞度

準蒙氣差角之理則視日月在地平上之時刻必大于

眞時刻而夜之時刻小于眞時刻不特此也日之視體入地平後尚有朦朧影成晨昏分此其故由蒙氣回太陽之光返照地面而然也蓋光線遇物即返射氣中有無數細質點能令光返照試于暗室中開微隙日光僅漏入一線而滿室皆明此其証也如圖甲乙丙丁為地面甲點見日在地平申寅光線恰切甲點而過串卯申辰二光線在甲點之上三線出蒙氣在巳午未三點二線入蒙氣皆微曲向下故出蒙氣成折勢申巳寅折勢最大申午卯略小至申辰切蒙氣界未點而過不復折甲寅線為暗界乙丙丁諸點遞遠于甲入暗遞深甲點

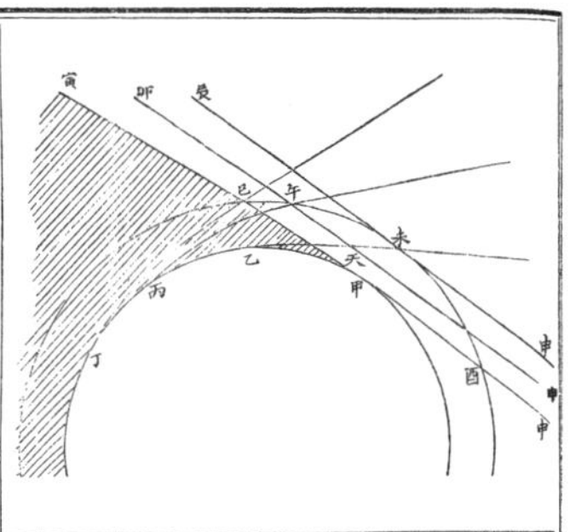

尙有日之一線眞光、又有巳未酉甲一段蒙氣回光、乙點日已入地、不能得眞光、回光亦少、僅有地平乙未上巳午未天一段蒙氣返射而已、未點回光最盛、漸近巳漸微、至巳而無、丙點則僅有地平丙午上巳午人一段回光更小于乙點、至丁點則無回光而爲夜矣、

凡光線斜入氣中、無論自上至下、自下至上、不能直射、必曲向下、故或測星或測高山、皆有差角、但蒙氣差逐

層不同、地面之物、僅有下諸層差、而無上諸層差、與諸曜異、故名地蒙氣差以別之、

蒙氣差不獨變物之高度、且能變物之形狀、如太陽近天頂時、則見爲平圓、近地平則橫徑大于直徑、而見爲橢圓、最近地平、則下半更匾于上半、既非平圓、亦不成正橢圓、蓋漸近地平、差角漸變大、下差角大于上差角、故直徑變小、而橫徑不變也、人視日月近地平時、覺大于近天頂時、此非由蒙氣差、亦非目誤、乃意會之誤、蓋近地平、有遠樹相襯、而覺大、近天頂、無物相襯、而覺小、用器測之、則近地平時、日之視徑與近天頂時畧同、月之視徑、非特不變大、且反變小、離人目更遠故也、

準上諸條、蒙氣界與地面相距線、較之地半徑爲甚小、天空諸曜距地俱甚遠、不在蒙氣內、與地不相涉也、

諸曜距地遠近不一、近則見大、遠則見小、人視月大小無異于日者、因遠近相懸而然、視日月俱大于恒星、亦然、實則日與恒星大小畧同、而甚大于月也、

設人不附地、立于空中、盡見上下四周天空諸曜、一若爲一大球、諸曜皆在球殼而己在球心也、人居地面、則不能見地平下諸曜、升最高處、有地面界深度、加蒙氣差所見亦不過二度、且不能了了、蒙氣昏濁故也、故若

人不遠行、星不自移、地球不自轉、則地平下半諸曜、永不能見矣、人在地面、略移其處、則所見天空界、亦必畧移、譬人背大樹而立、樹後諸物、俱不能見、環樹而轉、則盡見四周之物、故人每日向南行、則每夜必見南方新出地平之星、地平界漸移而南、反若天星漸移而北也、觀圖中甲乙丙三點之地平界、理自明、

地球自轉、人居地面、亦隨之而轉、然不覺者、因地平上諸物與之俱轉、一切山河林木房屋俱不變狀、大塊全

動極安穩故也、而天空諸曜、不與地連、反若刻刻移動、與人繞地球行無異焉、故前圖、或人不動而地轉、人隨之自甲至乙至丙、或地不動而人行、自甲至乙至丙、見天空界移換同也、譬人或繞樹轉、或倚樹、樹轉而人隨之轉、理無異、所異者、一則能見樹全體、一則僅見樹之一面也、

地球自轉、故地平界之東半向下行、而西半向上行、然其行人不能覺、故反疑諸曜漸移、見地平界吐星、而曰星出地平焉、見地平界掩星、而曰星入地平焉、嗚呼、亦傎矣、

準重學理、地自轉、必有定則二、一、其轉不變方向、恒用平速、一、轉必有軸、軸之兩端不變方位、或曰、物既自轉則軸未始不可變方位、曰、正體行於空中、不遇他物、亦無他力加之、其軸斷無變方位之理也、

設自轉不用平速、或軸變方位、則視天星、必有變行、而自古測諸星周時、載於典籍者、俱與今同、故云地球之轉、必依二定則焉、

欲知地球自轉之說、于理合否、當先考天體左旋、與地球自轉、目所見盡同與否、

一、設居赤道北、夜觀天、則見諸星、皆行平圓線、圓之大小各不同、在地平界上之度多少亦不同、正當地平圈午點之星、纔出即入、其度最少、自午點迤東、地平所出諸星、其度漸增、平圓漸大、自出至入、歷時亦漸久、出地點在午點東若干度、則入地點在午點西亦若干度、而出夘點者、必入酉點、自出至入、恰得六時、在地平界上之度、恰得半周、其平圓爲最大、自夘點迤北、地平所出諸星、其時遞增于六時、其度遞增于半周、而平圓漸小、至子點之星、則漸降切地平而過、又漸升、不復入地、子點上面諸星、則常在地平界之上、平圓俱全見而漸小、至于一點、即北極也、北極無星、而有相近之星、名極星、

極星之平圓最小、非細測、幾疑不動焉、諸星每日皆于本平圓行一匝、而其相距之方位不變、聯一切星爲諸星座、諸座向地平界之體勢、刻刻不同、最甚者、北方諸星座、常見不隱者、其向地平界體勢、有時相反、然各星座、距極之體勢、永不變、故無論何時、無論離地平若干度、測各座之形狀、亦永不變、然則聯周天星爲一大座、必如一星圖、畫于球殼、地爲球心、球之軸貫北極、斜交地平、

一、冬時澈夜觀天、則昏所見沒于西方之星、旦必見其復出東方、昏所見初出東方之星、旦必見其已沒西方、

故昏所見半球諸星、旦已全沒、而旦所見半球諸星、乃昏所不見者、然則一夜中已盡見全球之星、故上所云、聯周天星爲一大星座者、此大星座布滿全球也、是則地平上之半天球、恒有星、晝不見者、爲日光所奪耳、若用最精遠鏡、當正午能見最小星、而坐深井或煤洞中、雖無遠鏡、亦能見金木二星、若知其經緯度、不須遠鏡亦不必坐深井、但竭目力察之、亦能見也、又日食既大星俱見、此尤明証焉、

一、全球之星、雖依次遞隱遞見、然地平上近北極一段、常見不隱、地平下近南極一段、常隱不見、其常隱段界

上之星、每漸升切地平界而過、復漸降、猶之常見段界上之星、每漸降切地平界而過、復漸升也、蓋球面每點必有正相對之點、地平界既中分球面、則有出地之北極點、即有入地之南極點、繞北極既有常見界中諸點、則繞南極即有常隱界中諸點、一一相對也、

欲觀常隱界中之星、必向南行、向南行、則前所見北方諸星、或切地平界而過、或并不切地平者、今俱見其入地矣、其初入地即出、漸南則入地漸久、然繞北極如故、蓋北極漸低故也、北極低若干度、則南極于地平下升若干度、故愈南則見常隱界中之星愈多、直至赤道、則二極俱在地平界、而全見天球諸星、此即前繞樹而轉之理也、

準上諸條、則謂諸星不動、而地球每日自轉一周、于理亦合也、

假如人定立一處、四望峯巒林屋、遠近不一、略移數武則諸物之近者、方位各大變、如向北行、則初見在正東西者、俱漸退後、一若物之向南行也、初見一線上之物、若相合者、今見其相離、初見其相離者、今適在一線、而見其相合、而遠物則但覺微變、如初見在正東者、行三四里仍見在正東也、此何故、蓋由人心有一虛空之平

圓周、以己目爲圓心、人行則此平圓隨之而行、設行于

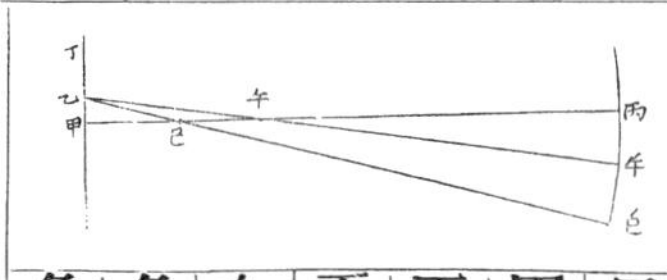

甲丁線、在甲時、見巳午二物同在一半徑線甲丙內、行至乙、則甲巳丙變爲乙巳㔾、甲午丙變爲乙午牛、此二視線、以巳午爲心而旋、而二線遇虛空圓周之點向後而移、巳物近、㔾點之移速、午物遠、牛點之移遲、故甲巳乙角、大于甲午乙角、即丙巳㔾角、大于丙午牛角、凡視線漸移、所生視差角、即今視線與原視線之交角也、如人于甲乙二點望巳物、其視差角爲丁乙巳丁甲巳二角之較、夫丁乙巳爲乙甲巳三角形

乙角之外角依三角例必等于甲巳二角之和故丁乙巳丁甲巳二角之較等于甲巳乙角也準此理則視差角之大小由于物距人目之遠近若物甚遠則視差角

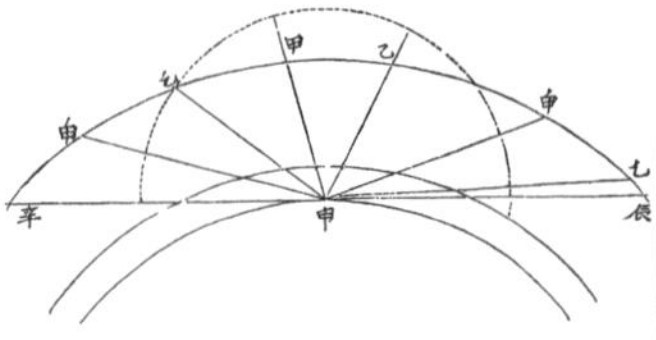

甚小而不覺人視之若不變方位也星之距地必甚遠否則在天頂時其視徑及星座所占之度必大于在地平時以圖明之如申乙甲乙申乙三弧俱等人在申望之則甲申乙角必大于申申乙角而星則無論在甲乙在申乙用最精之器測之不見有差角任于地面何

處測之皆然故星距地必甚遠以視地半徑蓋甚微矣于高平之地以數百步為徑作大平圓任取其周甲乙

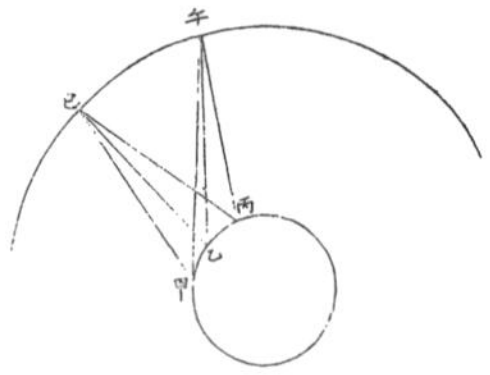

丙三點用象限儀測地面界上巳午二物成巳甲午巳乙午巳丙午三角目中雖不覺有視差然察儀器實有微差物之距目縱十萬倍于平圓徑用最精儀器測之亦能得其差而于地球赤道上用最精器測星略無微差故星距地球必遠于十萬倍地徑也

假若有人居恒星上用我所用之儀器以望我地球必不能見又當恒星處設有體大若地球我用器望之亦不能見故若自我目至恒星作一平面又于地心作一平面與之平行此二面雖永不相遇然自地望至恒星處則二面若合為一不能分也命地心之平面為眞地平我目之平面為視地平至極遠若合為一處為天空地平界則或居地心依眞地平界望星或居地面依視地平界望星俱見在天空地平界上無纖毫異也

觀上諸說則或人居一處而星環行或星不動而人依正東西線繞地球行所見無少異也又或地不動而諸星西轉繞地或諸星不動而地球東轉所見無少異也

談天卷一終

談天卷二

英國侯失勒原本

英國　偉烈亞力　口譯
海甯　李善蘭　删述

命名

古有諸層玻璃天載星而轉之說、此于恒星環繞之理、未始不可通、而于日月及諸行星之理、則殊不合、然即以恒星天言之、如此大玻璃球、每日自轉一周、亦大不易、或古人力大、故作此想耳、近已廢此說不用、而以歌白尼地球自轉之說爲定論、既除舊法、必立新名、故此卷專主命名、

地球以平速向東自轉、所繞中心直線爲地軸、見某星在地平上某度某分、明日復見其在某度某分、爲自轉一周、

地軸之兩端爲二極、終古不變、近中國者爲北極、遠中國者爲南極、

平分地爲南北二半球之大圈、爲赤道、赤道每點距南北二極俱等、故赤道所居之平面、必過地心、且正交地軸、

凡地面任一點、作過兩極之大圈、爲地子午圈、子午圈所居面爲子午面

凡地平有眞地平視地平、詳前卷、

各地子午面交地平面之線、名午線、所以定地平圈正南北二點、

各地子午圈上距赤道之度、爲各地緯度、最小爲○、最大爲九十度、在赤道南爲南緯、在北爲北緯、如順天府爲北緯四十度是也、按緯度之名初學暫用之、若地之狀及天文之理益明、此名當改也、

凡地球面、與赤道平行之諸小圈、爲赤緯圈、圈之各點、緯度皆同、如順天府在四十度緯圈上是也、

曆家恒以本國都城之觀星臺爲原點、各地子午圈與原點子午圈交赤道二點之距度、爲各地經度、即二經

圈之交角度分也、以後凡經度、皆以順天爲原點、

緯度分南北、則經度自當分東西、如法蘭西都城巴黎斯、或爲東經二百四十五度五十一分五十二秒、或爲西經一百十四度八分八秒是也、然不若從原點○度起、至三百六十度、俱向西推更便、故以後但用西經度、

經度亦可以時分秒計之、法以一小時代十五度、以一分代十五分、以一秒代十五秒、如巴黎斯爲十六時二十三分二十七秒九是也、

知各處之經緯度、即可準之作地球儀、及地球全圖、若作各國圖、不過地球面之一段、可以法改球面爲平面、

蓋但欲知本地之經緯度、不必拘定作球形也、餘詳四卷、

赤道南北各約二十三度二十八分之緯度圈、爲晝長晝短圈、二圈上諸點當春秋分時、俱見太陽過天頂、

距南北極各約二十三度二十八分之緯度圈、爲南北二寒帶圈、其緯度約六十六度三十二分、此二圈及晝長晝短圈、在地面恒變、故曰約、其變詳後、

虛擬一無窮大之球、以定諸星之方位、爲天空球、其半徑無窮長、地心及人目俱可作球心、

地軸所指天空球之二點、爲天空南北極、

地赤道所居面割天球之線、爲天赤道、乃天球之大圈也、

展廣地平面所割天球之線、爲天空地平界、視眞二地平面無異、

所居地平面正中點作垂線、上遇天球之點、爲天頂點、下遇天球之點、爲天底點、

凡過天頂天底二點之大圈、爲垂圈、必正交地平、亦名地平經圈、諸曜在地平上、依此諸線測其高度、高度之餘度、爲距天頂度、

地子午圈所居面、割天空球之線、爲本處天子午圈、歷書凡言每處子午圈者、皆指天子午圈、乃過天空兩極之垂圈也、正交地平界于子午二點、

正交子午圈之垂圈、爲卯酉圈、必過地平界正東西二點、

諸曜所居垂圈、交地平圈之點、距正南北二點、爲地平經度、乃過極過曜二垂圈之交角也、地平經度舊從正南北二點向東向西計之、例不過一百八十度、今從距極最遠點向西計之、自○至三百六十度、爲正度、向東計之、爲負度、以免淆亂、便于用代數也、

諸曜在地平上之度、爲高度、即爲距天頂之餘度、知高

度及地平經度、即知其所居之點、

凡諸曜距天赤道度、名赤緯度、其餘度名距極度、赤緯度以北爲正、南爲負、距極度從北極起至一百八十度、無正負、較便于用、

過極正交赤道之圈、爲赤經圈、亦名時圈、時圈交赤道之點、一如垂圈交地平圈之點也、

凡過某曜及本處天頂二時圈之較度、爲本曜之時度、恒從子午圈正向西度之、從○至三百六十度、與曜之每日視行合也、

凡從春分點至某曜經圈交赤道點、爲本曜之赤經度、

即春分及本曜時圈之交度也、考定春分點法詳後、

凡諸曜之赤經度、從春分點起、以度分秒計之、與地赤經度同例、自○至三百六十度、或以時分秒計之、自○至二十四小時、諸曜之視行與地自轉相反、故亦向西度之、

用恒星每日向西行計時、名恒星時、從春分點起、春分點雖有變、然甚微、在一周時中不覺、可不論、一周名恒星日、亦分為二十四小時及分秒、凡星臺中必用恒星鐘表、以分點在午線為針之始、即○時○分○秒也、諸曜之時度、以十五度為一小時、即指距午線若干時也、

在午線後為正、在前為負、諸曜赤經時度、即本曜及分點距午線時之和較也、在前後同、則為較、異、則為和、

凡渾天球、及全天圖、或一段天圖、亦仿地球地圖法作之、則位置諸星、一一與天合、觀其圖、如在地心觀天也、故不論在地面何處用之、皆與天合、蓋此圖無天頂天底二點、亦無地平界及東西方位、而過兩極之大圈、與地諸子午圈合、然與地面各處之定子午圈不同、蓋地面各點、每日必盡經過天之各子午圈也、

歷家欲天地二圖、通為一理、以天球之赤道、與地球之赤道合、而地之諸子午圈在天球名時圈、諸圈於極成角、度名時度、此法甚便于用、又有黃道經緯圈、地球所無、惟天球有之、以地與諸行星繞日之軌道為主、二者歷家兼用之、

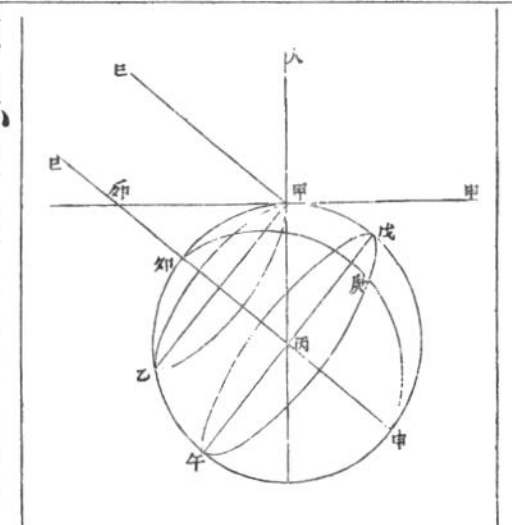

如圖、丙為地心、夘丙申為軸、夘申為二極、戊午為赤道、甲乙為地面甲點上赤緯圈、甲巳與申丙夘平行、乃人在甲點望天極之視綫、甲人由地半徑丙甲引長、乃天頂之垂線、夘甲戊申為甲點之子午圈、夘庚申為原點之子午圈、如中國、即順天之子午圈也、庚戊即庚夘戊之弧

角、為甲點之經度、戊甲即緯度、夘申為地面之切面、即視地平面、面之正南北二點為夘申、故夘甲申線為甲點之午線、

作天球圖法、地之大小不論、一若人居地心、準眞地平面作之、如圖丙為人目、人為天頂、夘為天底、辛甲辰為天空地平界、以人夘為二極、巳巳為南北二極、辛巳為極出地度、辛巳人戊辰為子午圈、戊酉午大圈正交巳巳為

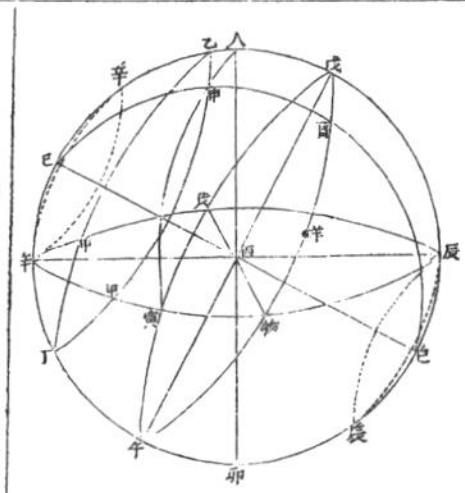

天赤道、設星在申、準赤道推之、則巳申酉巳為本星之

時圈、羊爲春分點、羊酉爲申點之赤經度、酉申爲赤緯度、巳申爲距極度、乙申丁爲每日視繞極之圈、若準人甲寅垂圈推之、則辰寅爲申點之地平經度、寅申爲高度、人申爲距天頂度、辰辛爲地平正南北點、戊物爲正東西點、辛辛辰辰爲南北點上二赤緯圈、故辛辛爲恒見圈、其內之星、永不入地、辰辰爲恒隱圈、其內之星永不出地、二圈之間任何星如申、每日視繞極之度、申乙甲一分在地平上、甲丁申一分在地平下、餘仿此、

大視學爲視學之一門、知諸曜體線角動等事之實象、即能知其視象、或先測得其視象、亦可推得實象、僅論

天之一小分、與地面同、若測天之大分、或測全天球、則與地面不同、地面視法、只有一個視點、乃作畫之心、畫心至人目之線、正交畫面爲一點、餘直線顯于畫面、仍爲直線、天之視法、各點皆爲畫心、畫心至人目之線、爲球之半徑、餘直線引長之、皆爲球之半周、任作若干平行線、方向不論、皆視合于球之相對二點、常視學只用其一點、名曰合點、餘一點不用、天球上無論何點、從地望之、皆爲本點上半徑平行諸線之合點、對面之點爲餘一合點、而凡球之大圈、爲本圈平行諸面之合線、

凡雲開微隙、日光漏入、成直線數條、此諸線從天之最遠處來、可作平行線論、成天球之大圈、有二合點、一在日、一在日對面之點、在日之點、平地可見、而對面之點、必登高山、當日初出或將入時、見此諸線發于東漸斂于西、或發于西漸斂于東、成對面合點也、又北曉俗名天開眼或云是電氣光、其光成諸直線、皆與指南針平行、視之向地平漸斂、若合于針所指之點、其上皆如天球之大圈、而合于對面之點、又立冬後四五兩夜、諸奔星之方向、詳十七卷若引長之、可彙于一點、故諸奔星大約方向平行、觀此諸事、前條之理自明、

準天視學、則南北二極爲地軸諸平行線之合點、頂底

二點爲地平面垂線諸平行線之合點也、

天赤道爲地赤道諸平行面之合線、天球之地平界、爲眞地平面諸平行面之合線、

測地面物、能知遠近、故目之視差易改、測天空諸曜、不能預知其實體大小、故視差不易知、欲知其方向遠近之眞、非精心考察不能、然必先測其實象、方能得其視差、此天學之最要事也、

用弧三角以推諸曜、乃天學之一門、今略論之、爲學者入門之法、

凡各處極出地度、即各處赤道之緯度、如圖、巫甲天頂

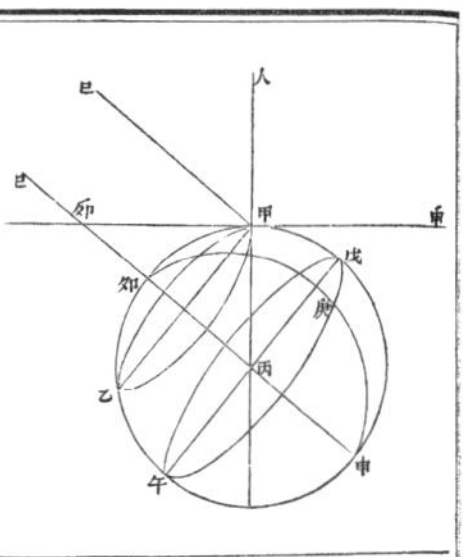

之角度巳甲人、即夘丙甲、而人甲夘與夘丙戊、皆爲直角、則極出地度巳甲夘、必等于赤道緯度甲丙戊也、故居地之北極、則以天之北極爲頂點、向南行、則北極出地度漸小、至赤道、則二極皆在地平面、再南行、則北極入地、南極出地、至南極、則天之南極爲頂點、

諸星每日繞地復至本所、爲十二恒星時、其繞地用平速、故至本處之時同、星過二子午圈之時較、爲二地經度較率、二星過子午圈之時較、爲二星經度較率、

赤道交地平面在正東西二點、其交子午圈點之高度、爲極出地度之餘度、天之南北極、爲赤道之二極、各處地平東西二點、爲子午圈之二極、南北二點、爲夘酉圈之二極、天頂天底二點、爲地平圈之二極、諸曜皆以至子午圈爲最高度、蒙氣最小、最便于測、

諸曜在恒見圈中、一日兩次至子午圈、一在極上、一在極下、

凡推天星諸題、皆用弧三角推其鈍正鋭形、而弧三角依大圈之二極布算較便、故用距極度、便于赤緯度、用距天頂度、便于高度、知此則推星較易矣、若但求一星

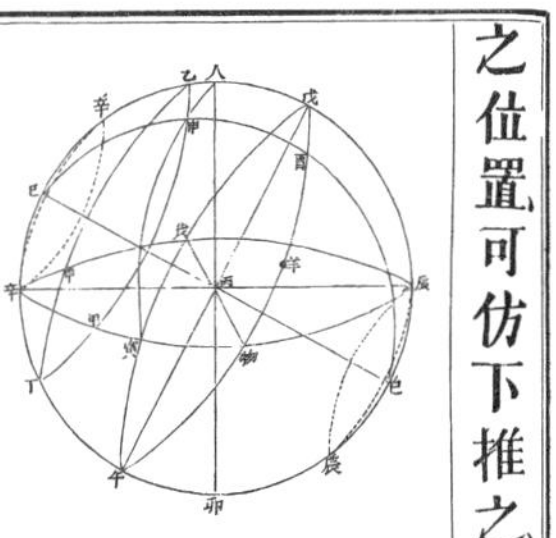

之位置、可仿下推之、如圖、人巳申三角形、人爲天頂、巳爲出地之極、申爲星、此形有極出地巳辛之餘度巳人、即天頂赤緯之餘度、有星赤緯之餘度巳申、即星距極度、有星距天頂度人申、即星餘高度、若巳申大于九十度、則星必在赤道下、若人申大于九十度、則星必在地平下、又有人巳申角、爲距午度、有巳人申角、爲地平經度申人辰之餘度、有巳申人角、因無大用、不立名、故有五事、一天頂赤緯餘度、一星距極度、一星距天頂度、一距午

度、一地平經餘度、不論何題、任有五事之三、則餘二事亦可推、假如有赤道經度、有距極度、求其出入時、凡見星初出地平、實尚在地平下三十四分、此由于蒙氣差、故有人申邊爲九十度三十四分、又有距極度巳申、天頂赤緯餘度人巳、則已有三角形之三邊、求得人巳申距午角、以減赤經度、得出時、以加赤經度、得入時、此係恒星時、欲知太陽時、依表變之、

凡星在子午圈兩邊、其高度相等之時、測其距時若干、即知其地之恒星時、及赤道緯度、凡高度等、其距午亦等、故測其兩邊相距度、半之、即本時距午度也、此三角

形有距午時度人巳申角、有星距極度巳申、有高餘度人申、故可求赤緯餘度巳人、又若已知距午度、赤經度、即知此時之分點距地平度、故亦知此時之本地恒星時、是爲求新地緯度之要術、

談天卷二終

談天卷三

英國侯失勒原本
英國　偉烈亞力　口譯
海甯　李善蘭　删述

測量之理

前二卷論地球之大凡、諸曜之相屬、測量所憑諸事、及諸名目、今以天學之實事及諸法詳論之、其要每法之立、必考求其測量之理、蓋不明測量之理、不能深信其法、故特詳論之、俾學者確知古法之誤、而今有法以改其誤、然後歎立法之精密、無可疑焉、

造測天器、爲工之最精細者、非精通幾何之理、不能充此工、如作銅環、分爲三百六十等分、置其中心于軸端、令其面恰平、似甚易事、而不知此事極難、蓋測角度用遠鏡、設遠鏡力爲一千、則測天差一分、一若差一千分矣、設一尺爲半徑、則一分角度爲周線三百五十分寸之一、非顯微鏡不能察矣、然此尚爲測天之麤器、今西國觀星臺之器、能分一秒之角度、夫一秒之弧、不滿二十萬分半徑之一、故以六尺爲徑、則一秒之弧不滿六千八百分寸之一、非大力顯微鏡不能分也、于銅環周分三百六十度、令無微差、已非易事、況度既成、再作分、

分既成、再作秒、世未有能作如此細分而無差也、即曰能之、而寒暑及質重、俱能生差、蓋寒暑能令銅長縮、不能令環通體同變、故生差、而四周所憑不能如一、故質重亦生差、又安環于架時、必微有震動、亦能生差、故近法先安環于架、然後分爲度分、再用諸巧法、分爲極細分、然亦不能無差也、要之天學家所願得之器、良工不能造、不得已精心設法、補救良工之差、故測量必當擇時、又必當知器之差、又必當知器之質性、攷之既詳、乃用其正者、去其差者、此爲天學家之妙用、然理甚深曲、此特言其大略耳、

用有差之器、能令測得之數不差、爲天學家之要事、其法必精心勤求其差、或改正器、或改正所得之數、攷器生差之故、其大端有三、一曰自然之差、人力不能爲、氣之變化是也、所以蒙氣差雖有表、與實測恒不合、其理人不能知、故大小不能定、又器之大小方向、亦因寒暑而生差、其餘不能備述、二曰測量之差、乃人不巧便、或目力不精、或測量略先略後、不得眞時之度、或天氣不清、或器之力不足、或器微動、如是者亦難枚舉、三曰器之諸差、分爲二端、其一器不精、或軸筩不正圓、或環心不在正中、或非的係正圓、或非眞平面、或度分不停勻、其他亦難盡言、此非心目之過、測天者每恨之、其一置器不審、或配合未能恰好、或動分相屬未能恰好、此不能免者、如地面或房屋不十分堅實、雖生差甚微、在他事可不論、而于測天則不能不論也、又如工匠安器時、非極穩固、久而生差、此諸差最難知、蓋非用本器、不能知器之地平子午卯酉地軸等諸要線有差與否、而用本器測本差、則甚難也、

設所差有定數、則能用法改正之、而自然及測量諸差、參差不齊、故必累次測望、約取其中數、則出入相消、而得數畧近也、至于工匠及安器諸差、須恒防之、凡人之

手、器之體、必不能成正圓及直線垂線、但其差甚微、目不能見、手不能揣、而測望時必能覺之、蓋人所造之器、與造化所生之物、以大力鏡勘之、而知人所造者其差甚大、可立見也、故先測望、以所得之數造法、即以其法攷測望之器、求其誤而改正之、循環察驗、其差易去也、攷天地自然之法、必由漸而精、先用疏器、測得數亦疏、命名亦疏、以所得數細考之、而知其不合、或仍其名、而釋其理、或立新名、如此考察、必至其名與測量之實合而止、當考求時、大法之中、又生小法、故初所立名及數、皆當改易、而用新法時、其中又有分支之法、必再考之、

凡初得之法、其理往往誤會、必以爲如此與所測恒不合、初以爲偶然、再四推之皆然、然後知器必有差、乃推其差之最大當得若干、若最大之差、大于測望當得之差、則器爲無用、或棄之、或改正之、改正非能消其差、但令差益明、而知前所立法俱當改、故幾次測望、新理乃明、

凡考天、覺有不合理處、必思有未知之理、隱而未顯、則以測望之數列表、見表有級數之理、則再改正器、復測之、而不合之數與前不同、則或係器差、用幾何之理、推其差之根、凡器必有差、若不知其差之例、恒誤謂天地

之理、蓋天地之理與器之差、恒雜而難分也、此差非同測量之差、生于偶然、由于器之病、器不改、差不減、所以或造器、或安器、必俱有一定法推其差、此差既明、方知其中有一級數之差、與此不合理之事合、昔所難分者、一旦忽分、故測望能正器之差也、

天學家最要者、當先明器之理、此理明、則造器安器差、俱能知、而有法以消其差、測天乃密也、假如器之理環與活軸當同心、而人所造不能一定同心、則考其不同心當得差若干、乃準幾何理、環軸不同心、一邊之角必較小、一邊之角必較大、又兩心相去無論若干、于環之相對二分各測其角、取所得之中數、必無差、蓋此大彼小、恰相消也、又器之理、其軸當與地軸平行、而人所安不能恰平行、則當考其不平行之差、凡此考器差之理、乃最要事、若一一明之、則器雖不精、用以測天仍精密也、此準幾何理考之不難、後凡言器、俱作精器論也、

上所論、凡欲從事天學者必應知之、天學必由疏漸密、今畧舉數條言之、古未有測天之器、有具大智慧者、仰觀而知各星每晝夜繞極一匝、後用疏器測之、覺諸星繞極之道非平圜而近橢圜、愈近地平愈橢、考知非器之差、推求其故、忽悟蒙氣之理、與前論太陽同則知測望所得

星道有蒙氣差、以法推之而得眞星道也、

未有器時、覺諸曜一晝夜俱繞地心一匝、後用器測諸曜過午、以鐘表考其時、知有不同、且亦非測量之差、細測諸恒星至子午圈時俱同、而一匝非同太陽二十四小時、乃爲二十三小時五十六分四秒〇九、故有恒星日、有太陽日、二日不同、若以太陰言之、所得之日更長、爲二十四小時五十四分也、

以太陽每至子午圈爲日之本、考諸恒星之日、爲二十三小時五十六分四秒〇九、俱同、故知此係地球自轉一周無疑、

太陽太陰之周時、與公法不合、故二物自有動法、無論或眞或視、與地之動法無涉、欲測証之、不必用器、任取一牆之界線、用銅板中開小穴、安定一處、令不動、人立于墻之北方、以鐘表考各星過穴之時、太陽過時、用煤薰玻璃測、其東西二邊至界線之時、取其中數、即太陽心至界線之時、依此測之、即知日至子午圈、每日不同、或早于鐘、或遲于鐘、故太陽周時長短不同、冬至大于平周時半分、秋分小于平周時半分、相連二周時、長短不同、故太陽之視動、不獨與恒星異、且每日不同、其遲速、可以法測之、測此理、必用精器、非徒仗目力所能也、

既有子午儀、再細考鐘表之差、如此考之、至器之理極精細、則知太陽周時差中、又恒生諸細差、昔未知者、因與器差相雜故也、海中之平面、可比太陽之平周時、一月之潮差、可比一年中太陽之差、

太陽日與恒星日之別、爲西歷諸法大綱之一、恒用者、太陽平日、中術起于子正、至明日子正爲一晝夜、西術起于午正、至明日午正爲一晝夜、惟民事間常用者、自子正至子正、與中術無異、如正月初二午初、歷家謂一日二十三小時、初二未初、歷家謂二日一時、此法有便有不便、

二地推時必不同、此自然之理、爲地球相對二地、此方日中、彼方夜半、此方日出、彼方日沒、甚或差至一日、是甚不便也、近立新法、徧地球同用一時、不以本地晷影中星爲主、而以太陽躔度爲主、名之爲分點時、其詳見後、

以天文言時、其要有二、一、顯動角、地球平轉一匝、各星用平時繞地、故以各星過子午圈時計之、爲星之赤徑度、一、用歷法之時、恆爲自變數、天文之大綱、在求諸曜之動法、及其故、而星視動之法、乃考其過去見在未來之方位、用此法與測量比較、必先有古測望之簿、及測之時、

古測時用水漏沙漏、沙漏最疎、而未有鐘表時、水漏製造亦甚精、今因不及鐘表、故廢之、獨用鐘表、近代武弁迦得、以法令水銀恆滿器中、下開微穴、恆漏而不淺、測時承以斜溝、令注他器、測畢、去其溝、秤他器水銀之輕重、即得二時中間之分秒、此法甚妙可用也、

擺鐘及度時表、表之別一種、乃最精者、歷家恆憑以測時、近日二器造法益精密、一晝夜差至一秒、即以爲無用、故所用者十二時以內、其差不過十分秒之二三、然積時愈多、其差必大、故相連數日、欲全憑鐘表必不能、須逐日察其差而改之、則積時雖久、與暫無異焉、

測中星得時最準確、故歷家取最明便測之星定時、以察鐘表之差、

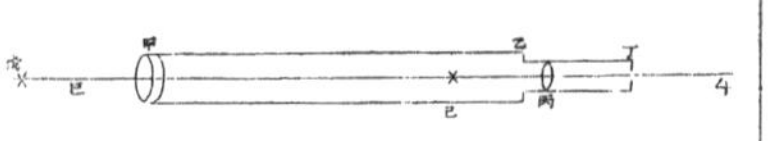

用光差遠鏡測中星法、如圖、甲乙爲筒、以螺旋定于架、甲爲象鏡、用二種玻璃相合而成、令無紅藍暈色、鑲以銅圈、圈周作螺旋、旋入筒口令不動、丙爲目鏡、或用數鏡、依光學令視力增大、視物更明、目鏡亦須旋定、令象鏡、目鏡、筒、三者合爲一體、則不生變、巳午線過象目二鏡之心、此線之方向、與筒合、名曰視軸、戊爲所測物、己爲戊之倒象、在象鏡聚光

點、從目鏡窺之如眞形、目鏡力增大、如眞形增大焉、此象在筒之空際、無實體、故當象處作二正交徑、或用銅絲、或畫于平面玻璃俱可、窺之見二徑交點與物點戊合爲一、設微不合、目鏡增大力能覺之、即知視軸非正射戊、則微轉螺旋令恰合乃止、用此法、而置鏡又極平、則縱有差角、不過十分秒之二三、測物每患不恰當視軸、有此法、可免此患、如此用遠鏡能分微角、如顯微鏡之能察微物焉、再用變大理推其微度、能知其形狀、所得與幾何所推、幾無別焉、

測中星之鏡、名子午儀、其鏡連一橫軸、鏡與軸必正交、

則測望所得皆眞、軸之兩端其徑必等、以銅爲圓轂、兩半合而固之、轂之下半、堅定于石、安軸時、必正其高低及夘酉二方向、高低憑視軸準、夘酉憑測望、皆用螺旋正之、當

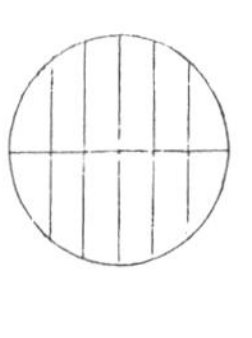

目鏡聚光點處、作一地平線、正交視軸、又作垂線若干、相距俱等、皆以細銅絲爲之、測時須令諸線全見、晝則映以日光、夜則用法映以燈光、線之外圈、用螺旋正之、令中垂線正交視軸、則星過中線、即過子午圈、驗表記其時、再以所測星過左右諸線之時較其誤否、若恐器不平、則

易置橫軸之東西而測之、所得仍不異、則筒與橫軸果正交、而筒旋轉恰在天空大圈面內也、最精子午儀測中星、除鐘表差外、所差不過十分秒之二三、

視軸旋轉之面、當合本地之子午面、攷察法、取恒見界中一星、測其二次過鏡中線、若在中線兩邊之時相等、俱得半周時、則其面爲眞子午面、蓋子午面、必正交星所行圈于相對二點也、

用子午儀及鐘表測度分、所得即赤極之角度也、此法即以地球自轉之時刻爲準、不必用銅環之度分、蓋若干時、有一定若干弧分過去也、其率一時十五度、若非

赤道經、欲知其度分、須作銅環、細分度分秒以測之、如圖、甲乙丙丁爲銅環、分爲三百六十度、用天地人諸輻連于中心、心開圓孔、孔中鑲以短活軸、可旋轉、軸上裝一遠鏡、鏡之視軸申乙、與環面平行、而正交短軸、鏡之腰連一橫桿、桿正交視軸、短軸轉動、則鏡與桿俱循環而轉、假使欲知申酉二物之距度、先令環合于申酉及人目所居之面、而以法定環令不動、乃轉鏡令視軸正射申、復定鏡令不動、而視桿端小針所指、察其度、或恰滿一度、但察其度、或在二度之間、須細察分秒、法詳後、復移鏡令視軸正射酉、定鏡、察其度、二度之較、即環中心之角、申酉之距度也、

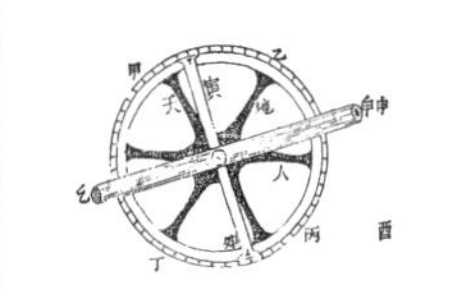

一法、遠鏡筒與環合爲一體不動、而活軸另連一銅墩、理亦同、如圖、酉爲遠鏡筒、以巳巳二柱連于甲乙環、丁爲環之活軸、轉于戊戊銅墩、墩裝一曲尺己、其端有針近環乙、以指環之度、鏡與環轉時、過針之度分、即角度也、針若鐘表之針、如甲、或用佛逆、如乙、最妙者、用叠顯微鏡、如丙、法于目鏡象鏡公聚光點處、作正交二線、用細螺

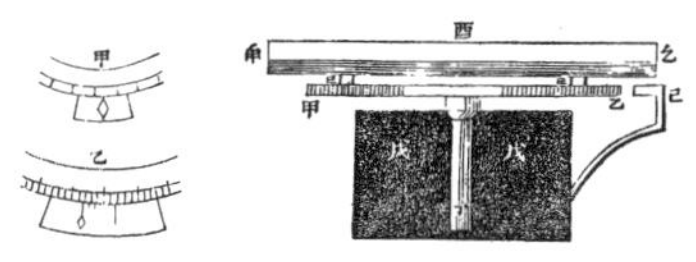

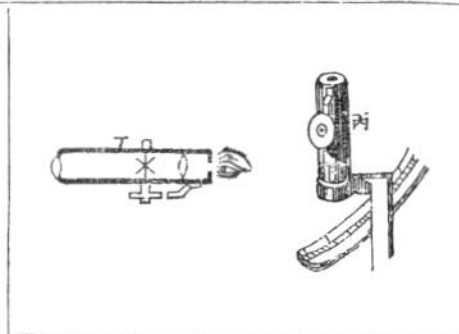

旋轉之、如丁、先令交點與所察點之最近度合、乃轉螺旋、復令與所察點合、螺旋若干轉、即知距視軸所指點若干分秒、鏡力須極深、螺旋須極佳、此法能辨度分之極微、與遠鏡之細測相輔而行也、用此法測量、全憑三事、申乙筒向物須的准、一也、環之度分須極勻、二也、二分中間須細辨其秒微、三也、察筒之方向、申乙兩端、或用交線、或開小穴、或一端用交線、一端開穴、俱可、皆全憑目力、若易以遠鏡、象鏡在乙、目鏡在申、而于公聚光點置交線、則遠勝目力之細測也、

前條爲測度分之最簡法、但僅能測不動之角度、如地平界之類、若天星則刻刻漸移、此法不能合、惟測二恒星視道相距則亦合、諸星每日周行天空所成之道、若有迹可見、隨時可測其相距、今無迹可見、然鏡之交點與星合、即與其道合、故候星過時、以交點合之、而定其鏡、察其度分、乃轉遠鏡、候他星過、復以交點合之、而定其鏡、察其度分、二度分之較、即二星道之距也、連測之以考其誤否、此乃牆環之理、牆環者、即前條之環、而與子午面合、法令環連一地平長軸、堅固不動、軸深入石牆、用螺旋正其高卑及東西方向、令環與子午面合、凡

恒星道皆正交子午圈，牆環測得二星過子午圈點中間之角度，去蒙氣差，爲二星道之距，即二星赤緯之較，亦即子午圈高度之較，

凡曜之赤緯度爲距極之餘度，極在子午圈內，設極點

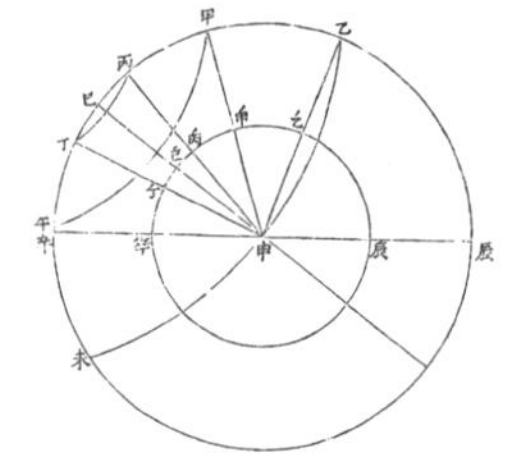

有星，以環測定其度，則餘星之距極及赤緯度俱可測，今極點無星，故取一近極之最明星，測其上下過子午圈之較度，折半，以加下高度，或減上高度，即極之高度，如圖，辛巳辰爲天空子午圈，巳爲極，乙

未甲午丙丁爲三星道，上過子圈在乙甲丙三點，下過子午圈在未午丁三點，辛巳辰爲牆環，申爲心，其邊乙申丙巳子諸度分與天空乙甲丙巳丁諸星相合，既測得乙申乙丙乙子丙子四度分，則各星距極俱可知，蓋丙巳等于巳丁，故丙巳等于巳子，俱爲丙子之半，則環之極點己知，而巳乙巳申巳丙三星距極度分，亦可知矣，

極星爲最近極之明星，距極約一度半，過子午圈上下二點甚相近，極出地度多，則二點距地平俱遠，蒙氣甚微，又甚明，晝亦可測，故天學家恒用之以正諸器之差，

如子午儀測此星，以驗其合子午圈與否，說見前是也

環上極點既測定，永爲原點，諸星距極度皆準之，設環上度分或有不勻，可旋轉其環再測三測，比勘以定之，移動遠鏡有螺旋能定之，故環可任意旋轉也，

牆環上更有最要者，爲地平點，一切子午圈高度皆準之，測定之法與極點同，天空地平交子午圈點無星，法于夜中測一星過子午圈，明夜測水銀中此星之影過子午圈，環上二測中間之度，去蒙氣差，爲星之倍高度，折半，得地平點，準視學理，光射平面之倚度與回光之倚度等，水銀之面恒平，星在地平上，影在地平下，其度

恒相等也，故水銀面，名曰借地平，

牆環之軸，惟一端着于牆，力不甚固，亦不能如子午儀兩端可易置以正其差，故其用不若子午儀，然其環可連于子午儀之軸，與鏡同轉，定顯微鏡于銅墩，以測其分秒，名曰子午環，可并測赤道經度及距極度，測時用鐘表定其過午時，用顯微鏡察其分秒，欲造恒星表，用此法，經緯度一時同得，甚便也，子午環上之遠鏡其力無論若干大俱可，牆環鏡太大則重，力不能勝也，

環上定地平點，爲天學最要事，其法不一，曰借地平，曰垂線準，曰酒準，曰視軸準，借地平已見前，垂線準，用極

細鐵絲或銅絲或蔴線下懸礶、礶浸入水中、則不擺動、線之方向即地心力方向、此法非精心細察最易差、故今不用、

酒準、用玻璃管貯燒酒等物、微不滿、令中有小空、著于

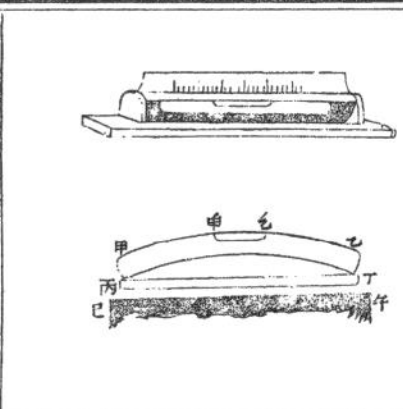

直板上邊微凸、準平、則小空恒在中、如圖、甲乙爲管、定于直板丙丁、先置板令底極平、于小空之界甲乙二點各作識、後凡置準、令小空與甲乙合、則丙丁必與地平合、若稍不平、小空必偏向高邊也、如欲驗巳午合地平否、置丙丁板于上、視小空二界

合甲乙、反置之、視小空仍合甲乙、則巳午必合地平、若不然、則小空所向一邊、必偏高也、天學家所用酒準、皆有細分、視小空二界所在、能辨一秒之角差、此準必用法細磨管內、非易造也、用酒準定環之地平點法、如圖、

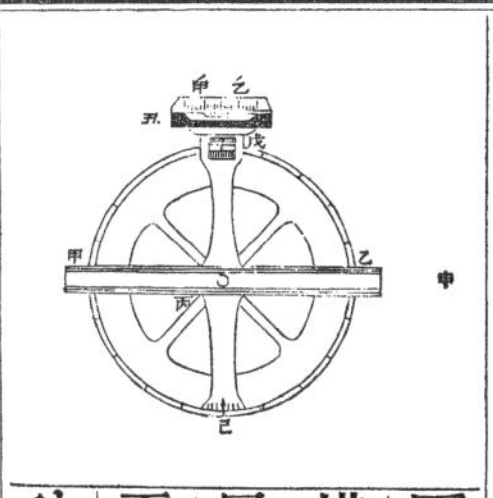

甲乙爲遠鏡、與戊己環相附、而轉于橫軸丙、其軸亦可東西易置、見前而環固定于軸、丑爲酒準、正交戊己桿、而于己或戊、用顯微鏡或佛逆察其分秒、己戊桿與丙軸連、或令易轉而軸不轉、或與軸俱轉、將遠鏡正對物申、乃定之、令酒準之

小空合甲乙二點、亦定其桿、則桿與鏡成一定角度、乃察己點之度、而以橫軸東西易位、令環南北易位、復將環與鏡同轉于軸、令鏡仍對申、定之、如前定酒準、再察己點之度、二測中間之度折半、得申距天頂度、其餘弧爲高度、知申之高度、即可定環之地平點、此法雖繁、然用酒準必如此、不能簡也、

視軸準者、迦得所創、乾隆五十年、立敦厚始依光學之理用之、此器佳者、用遠鏡當聚光點有交線、其鏡之筒連以二柱、橫立于厚鐵版上、而鐵版浮于水銀面、故與地平成角恒同、用燈映鏡中之交線、交線在象鏡聚光

點、令光線出鏡平行、復聚于他鏡之聚光點、與同方向天空之星無異、鏡之倚度、即星之高度、故測二線之交點、如測星焉、法置視軸準于環之兩邊、距環遠近不論、以環之鏡二次窺之、俱令二鏡交線之點相合、則環上半之度、即倍距頂點度、故天頂及地平點俱可知、準鏡

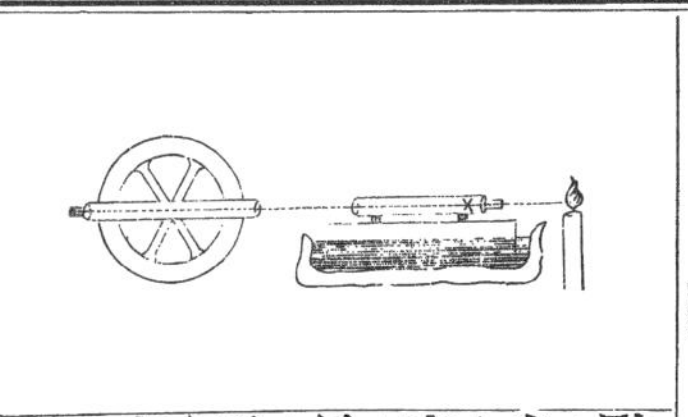

二交線、一正交地平、一與地平平行、環鏡二交線、俱交地平四十五度、故測時交角之度、互相平分焉、後便孫伯又變化其法、即以環鏡正對水銀面、而以燈傍映鏡

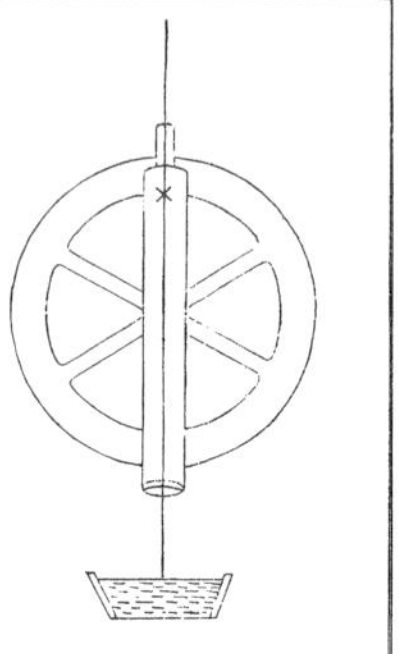

中之交線、交線之光出象鏡、平行、遇水銀面而回、復入象鏡、聚于聚光點、成交線之象、故轉動其鏡、令象與線合、即知鏡之視軸正對天底點、

子午儀與墻環、皆所以測諸星過子午圈之時刻、測星過子午圈時刻、以正遠鏡方向最易、蓋星視道、與鏡中交線之横者平行、而用螺旋能細移至密合、少有未合、有餘暇改正、他處不能也、凡測角、務得眞確、若角有變者、則當于最大最小時測之、蓋此時不驟變、有餘暇可

安徐細測也、星之高度亦然、其變之最大最小、皆在子午圈上、

星任在何處、皆當測之、不定在子午圈也、其法天球上無論何點、以正交二大圈定之、幾何所謂點之縱横線是也、如知地面之經緯度、即知本地之點、知赤道之經緯度、即知本星之點、知地平經度及高度、即知出地之點是也、

欲任測星道上何點、先當置遠鏡、令有上下及四周二旋動、法用二環、令所居之面恒正交、亦與遠鏡旋動之二面平行、二環之軸亦正交、一爲本軸、其兩端裝入銅

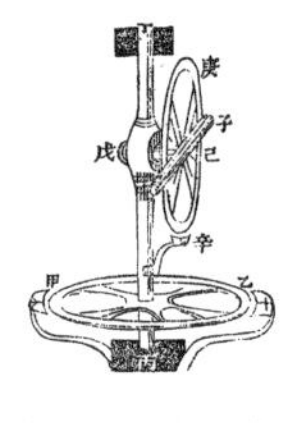

竅、可旋轉、餘一軸即裝入本軸之腰、二環或用二佛逆、或用二顯微鏡、一着于石墩、一着于本軸、察其度、二環俱可任意定於軸、其定之之物、亦連於墩及軸、此器測天之大用、在置本軸丙丁、有二方向、一、與地軸平行直指天空之極、則甲乙環與赤道面合、測其時角、即赤經度之較、丙丁軸旋轉、則庚辛環恒與天空之諸時圈合、其環之度分、爲赤緯度、或距極度、此置法名赤道儀、欲久測一星、此器最便、蓋遠鏡已正對其星、則遠鏡與極軸交角、等于星距極度、乃定遠鏡于

庚辛環、隨極軸而轉、如此、鏡所指、不出星道也、正赤道儀最不易、其法先隨極星轉一周、則知極軸偏于何方向、而改正之、極軸已定、乃以緯度環、依子午圈定于極軸、任取數星緯度大不同者、各測其過子午圈、若其過午之時較、俱與表合、則鏡正對子午圈、而環之軸恒正交極軸、或與表有不合、則視其差而改正之、近時赤道儀用輪法、測時能自轉于極軸以隨星、測者但專心候星、無煩手轉也、法用懸錘轉諸輪以轉極軸、錘力極準、恰二十四小時極軸一轉也、二、令本軸爲地平垂線、而甲乙環與天空地平面合、庚辛環恒與天空垂大圈合、

甲乙環上之度、為地平經度、庚辛環上之度、從頂點起則為距天頂度、從地平起、則為高度、此置法名地平經儀、用垂線準正本軸、或用酒準置器上而轉之、視小空不變、即正矣、定平環上南北二點、則以垂環正向子午、用考子午儀合子午面法定之、見前又法取子午圈東邊一星、令與遠鏡內之交點合、察地平環上之度分、乃定鏡于垂環、俟此星過午後、轉器隨之、至星復與交點合、再察平環之度分、乃以二度分之較折半、即得地平之南北點、蓋前後所測二高度等、凡星在子午圈兩邊之高度等、則兩點距午之地平經度亦必等故也、此名等

高度法、歷家恒用鐘表測二高點之時、較、折半得午正、此法亦可正鐘表之差、

地平環上南北點已定、以垂環正對之、即與子午面合、乃轉鏡正對地平環上之北點、視交線所合之點識之、南點亦然、過此二點之線、為午線、地平經儀之妙用、莫大于測蒙氣差、法先取一過天頂之星、再取一切地平而過之星、俱測其視道、較每點與平圜差若干、即知蒙氣大小、

天頂尺、地平尺、製與地平經儀皆略同、天頂尺、細測近天頂諸星、垂環惟用下面之一分、餘俱不用、故垂軸極長、環之半徑極大、令弧度寬大、便于細分也、地平尺用以測地面諸物、遠鏡俯仰無幾度、故不用垂環、或用小者、亦不必細分也、遠鏡連一橫軸、着于二柱、與子午儀同、二柱堅定于平環之輻、與環同轉、

又有紀限儀、用以測二物之距度、或測一物之高度、如

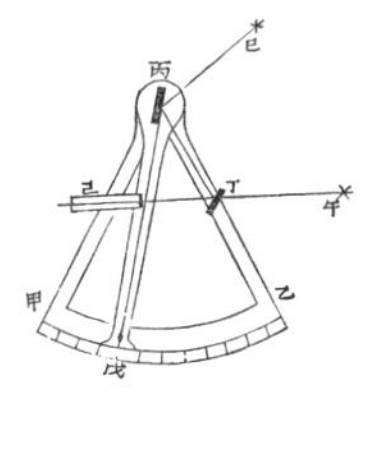

圖、甲乙為全圖之六十度、分為一百二十等分、丙乙半徑上有鏡、半回光半透光、正交儀面、而與甲丙半徑平行、丙戊為活半徑、可移動、其末有佛逆戊、可細測度分、其端

有回光鏡丙、亦正交儀面、而與本半徑平行、甲丙半徑上有遠鏡、視軸與乙丙半徑成己丁丙六十度角、如欲測巳午二物、先以遠鏡從丁之透光鏡正對午、乃移動活半徑、令巳光線從丙回至丁、從丁回入遠鏡筒、至遠鏡內二物之象合于一、即定其活半徑、則丙巳己午二線之交角、必倍于戊丙甲角、即二物之距度也、故此儀倍其分數、以三十分為一度、蓋光與二次回光三線在一面內、則首末二線之交角、必倍于二回光鏡面之交角也、此器或云哈得烈所造、實則作于奈端、可手握而測、航海者測星距太陰及高度、非此器不能、蓋海面高

度、酒準垂線準借地平、俱不可用、故必用此器令所測之星、與海中地面界合、即得星距地面界之高度、見前減地面界深度、即得眞高度、陸地可用借地平、無地面界深度也、

正紀限儀之差、法最簡、令活半徑所指之度爲〇、則二回光鏡當平行、若不平行、則任測一星、令遠鏡見丁透光回光鏡中星之二象合爲一、即知其差數、蓋象合時、其度當爲〇、若不爲〇、所得度分即差數、每測、去其差數、即得眞度分焉、若回光鏡不正交儀面、則鏡傍有小螺旋、可旋動正之、大率活半徑上之回光鏡、造儀者已

詳細定之、無須正、惟丁鏡當正其差、而遠鏡之視軸、亦必詳審、令與儀面平行、其正差法、用一地平線一垂線相交、而以儀面合地平之垂面、以遠鏡正對交線、移動活半徑、令地平線與回光之影相合、又轉小螺旋、令垂線與回光之影相合、視地平線仍與影合、即正矣、

回光環之用與紀限儀同、而圜周皆有度分、此器有三佛逆、每測俱察其度分、以三度分相幷約之、三差相消略得眞度分、故此器稱最精妙、

疊測之例、實大所造、有大小二環、遞次疊測、可任至若干次、故其差幾可消盡也、如圖、甲寅丑爲定環、子丑爲

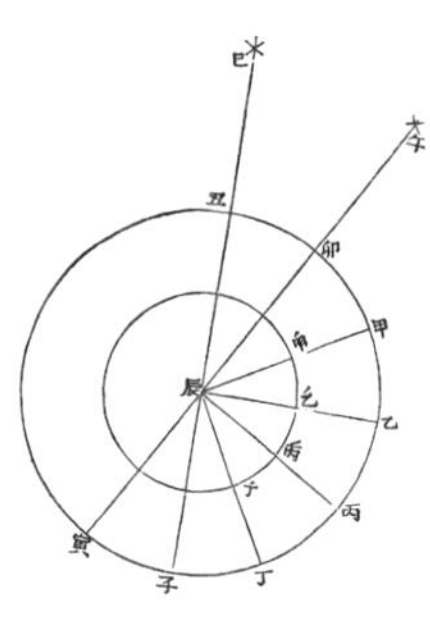

遠鏡定于申乙丙環與甲辰活桿共轉于定環之心辰、活桿之端有針或佛逆、設欲測巳午二物之距度、先以遠鏡正對巳、察其度、乃定桿于內環、旋鏡正對午、桿隨之俱轉、過環甲乙弧、與巳辰午角度等、再察其度、二度之較、必等于巳辰午角、然必有二差、一分度差、一測量差、乃定桿于定環、脫于內環、轉遠鏡向巳、復定桿于內環、脫于定環、轉遠鏡向午、桿同轉至丙、所過乙丙弧、亦等于巳辰午角、再察其度、二次察

得度之較弧甲辰丙、倍于巳辰午角、亦有二差、如此累測、至十次、得十倍所求之角、以十約之、則其差幾可消盡、此法甚妙、然依此測之、仍有差、未知其故、俟測者攷之、

分微尺能細分角度之秒微、可測諸曜視徑之角度、其

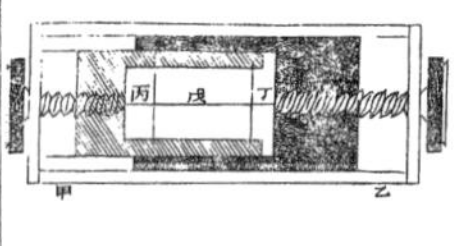

妙全憑螺旋、法于遠鏡內象目二鏡公聚光點、置二平行線、以細銅絲爲之、定于二活架、用二螺旋移其架、其動之方向、俱正交平行線、令二線恰至星之二界、再轉至二線相合、視螺旋轉幾周幾

分知在星界時二線之相距、以轉數化爲度分秒、即得

或僅用一螺旋移一界之線、亦可、

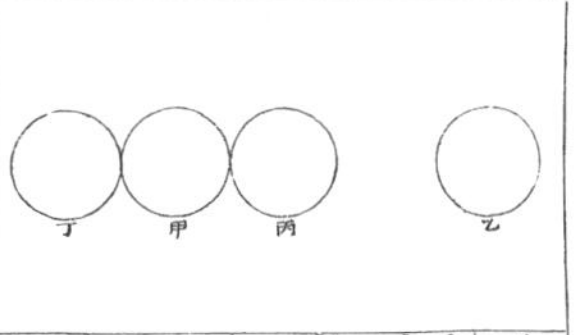

分微術、或用光學法、能變其象爲雙象、如圖、甲爲本象、變爲相等相似甲乙二象、其相距若干及方向、一任測望者令之、故可令二象相切、如甲丙、復令移于又一邊相切、如甲丁、自此切移成彼切、所過之分秒、即象之倍徑也、

變一象爲雙象法甚多、一法、平分象鏡、即能變其象爲二、以象鏡之兩半分置二架、而參差移動之、此名量日

鏡、用以量日之徑最便也、如圖、甲乙爲象鏡之兩半、準光學理、二半鏡之象、俱在本軸上、故目鏡窺聚光點處、有二相似之象並列、轉螺旋、能令相近相遠也、

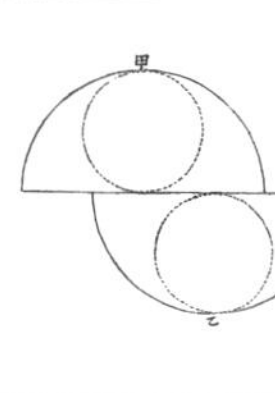

一法、用水晶之一種、視物成雙象者、此水晶中有一線、名光軸、二象之相距、準此線有定限、最近至相合、最遠至限而止、用此水晶作球、代目鏡、轉其球、則象之光軸、與目之視線角度漸變、當光軸與象鏡之視軸合、則象爲一、轉之至光軸正交視軸、則見本象分爲二、漸離而遠、視晶球所轉度分、而知二象相距度分也、

又一法、最簡易、凡三稜體二種玻璃（一名冕號玻璃　一名火石玻璃）相併、能消去光之彩暈、而視物形狀不變、但有光線差、法令二稜體彼此相對各面略近平行、光線差甚小、約五分、平剖之、兩半各裁爲正圜、鑲以銅架、而以尋常平面玻璃隔之、如圖、虛線爲一半玻璃架之輻、實線爲又一半玻璃架之輻、令在後之架能轉動、

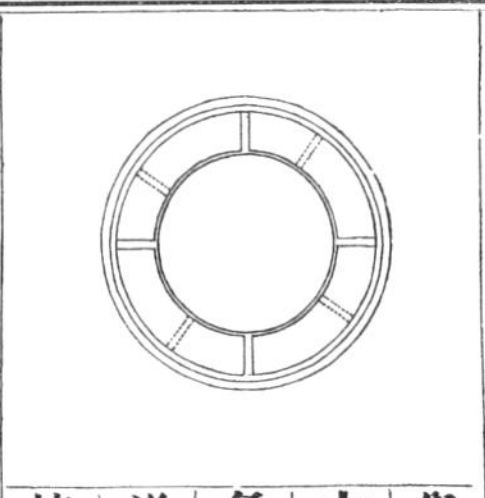

亦可察其轉之度、若二半相合、其差角爲十分、則相逆必無差角、而自相逆至相合、俱有差角、自○至于十分、皆以圜架之轉若干計之、凡光自象

鏡至聚光點、成尖錐形、置此兩半玻璃于尖錐之腰、恰占截面之半、則象鏡之光、一半有差、一半無差、故成雙象、其分合之度可測也、若象鏡不大、則置于象鏡之外、貼近象鏡、其徑較象鏡之徑、比例當爲七百零七與一千、又輻略礙光、約爲七與十、

方位分微尺、只一線、轉于目象二鏡之公聚光點、恒正交遠鏡之視軸、取視界中一線爲準線、依準線以定二物聯線之方向、法轉分微線、令與二物相合、或與二物聯線平行、遠鏡外有度分小環、察其度分若干、即聯線與本線之交角也、此尺若用于赤道遠鏡上、則本線方

向合于赤緯、其方位角恒從原點一邊計之、自北而後而南而前、原點之方向、正北也、九十度之方向、正東即後也、一百八十度之方向、正南也、二百七十度之方向、正西即前也、

談天卷三終

談天卷四

英國侯失勒原本
英國　偉烈亞力　口譯
海甯　李善蘭　刪述

地理

地理乃天文之一事、而實爲最要、蓋地球爲測天之公方位、如兩地測星、得數不同、而生角差、即可據之推星之遠近、然必先知地面諸方位之不同、推之方不誤、故此卷詳論測天以定地理之事、

地理家所論之大概、爲洲島海洋山河之形、以及地質地氣物產人民諸事、地質物產人民、無與于天文、故不

論、今僅論地之形狀及大小、地球之面、爲海洋、爲洲島、洲島之形狀、有山谷、有原隰、而海底與洲島土面相連、其形狀亦當攷之、今未能悉知、若悉知之、實有裨于天學、

地之狀大約近圜球、見卷一 而細測之、知非正球、乃微扁、狀若橘、其南北軸短于赤道徑、然所差甚小、不過三百分之一、設以木仿此作徑十五寸之球、其差不過二十分寸之一、雖目力甚精者、亦難辨、故恒以球稱之、必細度、始知非正球也、

地之狀若此、故若非依赤道平剖之、其面皆非正圜、而

爲楕圓、人居地面、舍二極外、所見地面界亦非正圓、但所差甚微、目旣不能覺、深度尺亦不能辨、苟不知測地球大小法、則地非正球、永不能知也、

圜之周徑率爲三一四一五九二六與一之比例、故若地爲正球、則測得其大圈爲幾里幾尺、即知其徑若干、而但測大圈之一分、即可知全周、如測一度、即知三百六十度也、故若依子午圈細測一度之里數、即全周可知、然地面無表、亦無準繩、指南針不能無小差、亦無用、則何以能知度分、何以能不離子午圈、故法當用地外之表、恒星是也、恒星距極度可查、故測其高度、即知本

地極出地度、乃依子午圈向南或向北至極出地差一度、計其所過里數、即三百六十分地球大圈之一也、

用子午儀、則逐秒知子午圈之方向、雖地面有諸阻礙、不能盡依子午圈行、然其差可知、即能算而除去之、

用上法量子午圈度分之里數最簡要、但不能步步築星臺、故二測處相去、不能恰得一度、然此亦無須、可任意築星臺、相去或一度、或二三度、或度下帶奇零、俱可、測星之高度、須精心細察、不可令有差、蓋在一度爲小差、在全周則三百六十倍、在全徑則一百十五倍、即積成大差也、故二測處須取一星近本處天頂者測之、則

蒙氣小、生差甚微、幾若無也、設一處測此星過天頂、一處測此星過子午圈時距天頂或南一度或北一度、則知二處地面緯度差一度、一度之二界已知、即有法量其里數尺數、定地面一度之二界、有微差、必不能大于測星距天頂度之微差、而精心細測、所差不能過半秒、設二處相去五度、而地面每度之差爲一丈、用此差并二處之測差各半秒、以推地之全徑、其差僅約二里耳、

右測地球大小法、蓋以地爲正球、子午圈上每度長短俱相等也、乃如法依子午圈逐度量其距、則其差大于上所言、且逐度不同、故知地非正球、今取各國天文名

家用最精器測得之數、列表于左、

國名		弧線中點緯度 度 分 秒	弧線之度 度 分 秒	弧線之尺	弧線內一度尺數率
瑞顚	愛白	丄六六 二〇 一〇	一 三七 一九·六	五八四八五二	三六〇五五〇
瑞顚	愛	丄六六 一九 三七	五七 三〇·四	三四六八三五	三六一八七三
俄羅斯	愛	丄五八 一七 三七	三 三五 五·二	一二九一一四二	三六〇一七九
俄羅斯	白	丄五六 三 五五·五	八 二 二八·九	二八九五七二七	三六〇一〇三
普魯士	白	丄五四 五八 二六	一 三〇 二九	五四三二四七	三六〇二三一
璉	白	丄五四 八 一三·七	一 三一 五三·三	五五一一八一	三五九九〇二
阿諾威	愛白	丄五二 三二 一六·六	二 〇 五七·四	七二五九六七	三六〇〇一二
英	愛	丄五二 三五 四五	三 五七 一三·一	一四二二四六三	三五九七八八
英	白	丄五二 二 一九·四	二 五〇 二三·五	一〇二一六九一	三五九七六八
法蘭西	愛	丄四六 五二 二	八 二〇 〇·三	二九九七四二八	三五九六九〇
法蘭西	愛白	丄四四 五一 二·五	一二 二二 一二·七	四四四五七九二	三五九三九五
羅馬	愛	丄四二 五九	二 九 四七	七七六七三〇	三五九〇八九
米利堅	愛	丄三九 一二	一 二八 四五	五三〇四五八	三五八六二〇
印度	愛白	丄一六 八 二一·五	一五 五七 四〇·七	五七一二三一四	三五七八八八
印度	愛白	丄一二 三二 二〇·八	一 三四 五六·四	五六六一六一	三五七八〇二
秘魯	愛白	丅一 三一 〇·四	三 七 三·五	一一一五三八九	三五八四六二
好望角	愛	丅三三 一八 三〇	一 一三 一七·五	四三九一七九	三五九五一四
好望角	白	丅三五 四三 二〇	三 三四 三四·七	一二八三五〇四	三五八八九〇

表中識愛白二字者、指愛里白西勒推算之所用、或同或異也、

測地球弧線諸家表

瑞顚、一思凡白、二摩伯多、

俄羅斯、一斯得路佛、二敦納、

普魯士、白西勒、倍爾、

璉、書馬赫、

阿諾威、高斯、

英、羅衣、迦得、

法蘭西、一拉該勒、葛西尼、二特浪勃、墨商、

羅馬、薄思各維、

米利堅、梅森、迭格孫、

印度、一蘭敦、二蘭敦、京佛勒斯、

秘魯、拉工大民、部額、

好望角、一拉該勒、二馬格鼇、

末行數以前二行數比例而得此法若弧線太大則不甚密覰表中二五兩行知緯度愈大度之尺數亦愈大故近極最大近赤道最小準此推之得地之形狀

假如以木作一地球象不許以規尺度球之各相對二

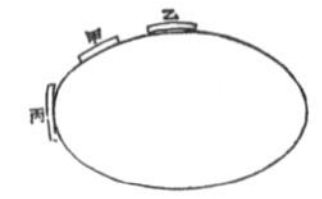

點而欲知其是正球否則當別用法測之法製一薄銅版其底微凹置于甲密合無縫乃移于球之各處試之若俱密合則爲正球設有時其下中空如乙有時兩端空如丙是乙平于甲丙凸于甲則非正球也木球面以銅板測之猶之地球面逐度測之也蓋曲面逐點之切線

方向俱不同地若爲正球則向前行所過里數同地面之切線變方向其角度亦同今測地或前後所行二里數同則所變方向二角度不同又或前後變方向其角度同則二次所行里數不同故知地球子午圈赤道凸于二極而地非正球乃扁撱球也

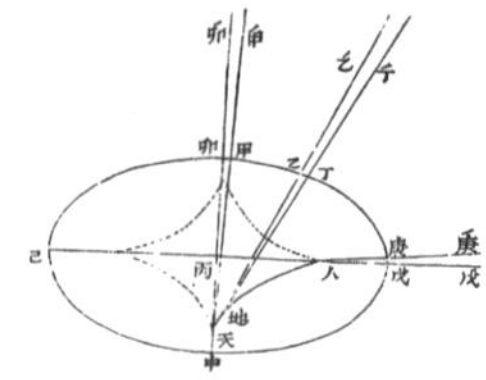

如圖夘甲乙丁戊己爲依子午圈割地球之面丙爲心夘甲乙丁庚戊爲子午圈內三段皆容緯一度即人行子午圈測極高弧各差一度也夘爲極戊爲赤道卯夘申甲乙乙丁丁庚庚戊戊爲夘甲乙丁庚戊地面六點之垂線六點之切線必正交諸垂線諸垂線引長之兩兩相交于天地人三點夘天甲乙地丁庚人戊俱爲一度之角故甲夘丁乙戊庚皆可當作平圜一度之弧其心即天地人以幾何言之此三點爲曲率之心天夘等于天甲地乙等于地丁人庚等于人戊皆爲曲率半徑故諸點之曲率可測而知凡大小正圜其等角弧之比若半徑之比今夘甲弧長于乙丁弧乙丁弧長于庚戊弧故夘天半徑大于乙地半徑乙地半徑大于戊人半徑故諸垂線之交點不能在圜心丙而在天地人三點此三

點同在一曲線內此曲線爲夘甲乙丁庚戊曲線之母曲線乃諸曲率心點之聯線

凡圜面一徑略短而其正交之徑略長則爲撱圜故子午圈非正圜而微撱其短徑夘申即地軸長徑戊己即赤道徑蓋因地球自轉于夘申軸而成此形也此與從極至赤道逐度漸大之里數密合凡撱圜長徑端之曲率半徑最小短徑端之曲率半徑最大準幾何凡撱圜可因曲率變之比例而定長短二徑之比例亦可任取一處之度度其長若干而定其二徑之長若干今不細論但本此攷幾何家用所度緯度之里數推地球二徑

近有二家、一為白西勒、取十一弧推之、一為愛里、取十三弧推之、其數如左、

赤道徑四千一百二十五萬二千九百六十一尺、即二萬二千九百十八里三一、

二極徑四千一百十一萬五千零八十尺、即二萬二千八百四十一里七一、

二徑之較十三萬七千七百八十三尺、即七十六里四六、

二徑比例率二百九十九一五、二百九十八一五、

右白西勒推得之數、

赤道徑四千一百二十五萬三千一百九十三尺、即二萬二千九百十八里四四、

二極徑四千一百十一萬五千三百七十二尺、即二萬二千八百四十一里八七、

二徑之較十三萬七千八百二十一尺、即七十六里五六、

二徑比例率二百九十九三三、二百九十八三三、

右愛里推得之數、

前卷約言地球徑二萬一千七百八十里、以今測較之、實畧小、其較為一千一百三十八里、約差二十分之一也、大畧一度得二百里、共三十六萬尺、一秒得一千五百尺、地赤道之周、為七萬二千里、其扁率約三百分赤道徑之一、

依軸線割地球、意其面必為橢圜、以前所列諸數攷之而信、雖間有不合處、大于測量之差、然較之正球、差甚小矣、其不合處、或因地勢所生、或更有他故耳、

攷地球自轉所當生之形、與測得之數相符、故定地為扁球、無可疑議、設云地為正球不動、各處之質俱相同、統地面之海等深、如此輕重相抵、定水不流、若移二極多質于赤道、令極與赤道之徑差七十六里、令赤道上

成山與洲、然水必流向二極、此理易明、蓋定質隨所置而定、而流質則一若在高山、必流向下也、如此、二極必成大海、而赤道為高地以環之、乃今赤道與二極皆有海、而海面距地心、赤道多于二極三十八里、未嘗背赤道向極流、此必有力攝之、若正球不動、不當有此力、故地球必動、此與地形扁圜、及地自轉之說俱合、其理詳下、

凡重物旋行、每欲離心、名曰離心力、試以繩一端繫石、手執一端、旋舞空中、其理自見、又試懸桶水于繩、旋轉其桶、水面必中凹、蓋水之諸點、皆欲離軸向外行、故積

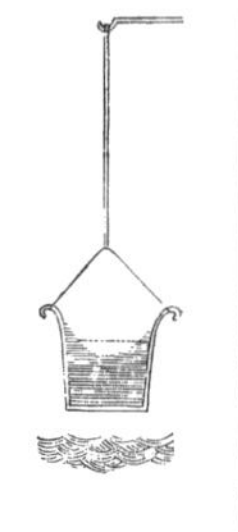

于桶之四邊而漸高、至離心力與抵力相等而止、若轉漸緩、則四邊之水漸降、中心之水漸升、則而凹漸小、其水面恒如玻璃無波、至轉定而平、故設地為正球、靜而不動、四周有海、其深俱等、忽令自轉、由緩而速、至十二時行一周、水之諸點生離心力、皆欲離軸、勢必四面散飛、試于雨中轉其繖、繖上之水皆四面散飛、此其証也、然有重力阻之、水恒欲離軸而又不能、故常離兩極向赤道、成凸勢、與趨桶邊之理同焉、水恒趨赤道、令兩極生夾力、而當赤道有地心攝力、二力相等、

故水之凸勢不變、如此、二極必有大地而無水、故地形若為扁球而不自轉、則水必向二極、赤道必有大地、若為正球而轉、則水必向赤道、二極必有大地、

海水衝激堤岸、漸被消蝕成泥沙石子、沉海底、察地家致今所有大洲、皆如此、蓋陸地被海水蝕盡成泥、復積成大洲、非一次矣、地面陸地無一定之處、今所有高地久必壞、故地之形狀、依等重之理屢變、設地球不動、則赤道所有大洲必漸壞、其質移至二極、成正球、設地球復動、則極上之高地必漸壞、其質移至赤道、成扁球、與今之形同、

已知地球大小及自轉時分、則離心力亦可知、赤道上無論何物、其離心力為向心力二百八十九分之一、赤道上之海水、必依此而輕、故所居之面、高于極上、極上無離心力、海水必依此而重、故所居之面、低于赤道上、幾何家曾準此理推之、謂地體若各處等重、或有一分水、或全體皆水、自轉二十四小時一周、當成此形、算數所得、與測驗所得、約畧相近、故若能明知地中之質、則算與測、當無絲毫差也、

地形扁圓、乃地球自轉之明証、昔人言地球自轉、但用以解每日恒星繞地耳、未嘗及此理、然已知自轉、即可

為扁球之証、自轉與球扁、理相關如此、初奈端用自轉之理、推地之形、謂當為扁球、時尚未測量也、今既測量、而知奈氏之說果不謬、

離心力必減地面諸物之重力、當赤道上所減最大、漸遠赤道漸小、至二極而無、故凡物南北移置、緯度變、重力亦變、曾于各緯度測其輕重、故能定其級數、物至二極增重最大、比赤道重一百九十四分之一、從赤道行至極、加重之比、若各地緯度正弦冪之比、

各緯度測物之輕重、不能用天平及秤、蓋二器皆用此重測彼重、彼重變、此重亦變、故不能用也、假如有物在

赤道重一百九十四斤、移至極重一百九十五斤、若用天平于赤道平之、移至極加法碼一斤、必偏重不能平

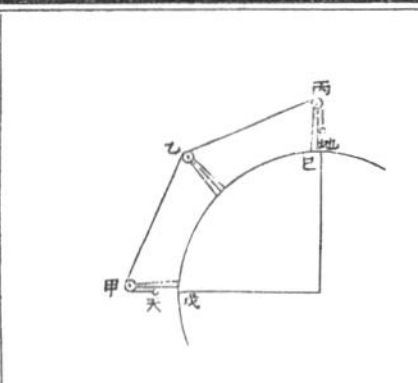

矣、設有重物懸于赤道、如天、其索過滑車甲、又過滑車乙、至北極過滑車丙、亦懸以重物、如地、設此二重在赤道、或在北極、用天平平之、輕重相等、則如圖懸之、必不能相定、地重必向下行、若于天重加一百九十四分之一、則定矣、

故各緯度測物之輕重、必用別器、一用簧、簧力不隨地面而變也、如圖、甲乙丙爲銅曲尺、與底板戊丁連爲一

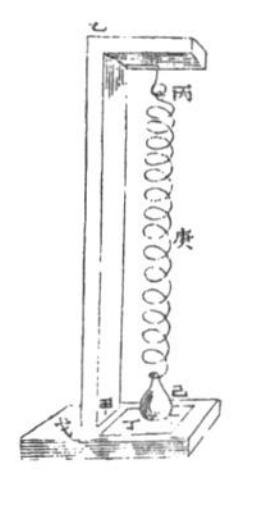

體、板內鑲以光面白瑪瑙、如丁、置板用酒準、令極平、庚爲螺線簧、懸于尺之鉤丙、己爲圜體重物、底下須極光、先于緯度最大之地懸簧及重物、令己丁相距僅一絲、復以微重物遞加于己、令丁己相切而止、乃去微重、及己重、又輕輕去簧、裝于匣內、于路須謹慎防護、勿令生鏽、亦勿動搖、至緯度漸小之地、再懸簧懸己重、并前所加諸微重、必不能復切瑪瑙、再遞加微重、令復切瑪瑙而止、則後加微重爲己重、前所加微重、并簧、三重和二地重力之較、設螺線簧之力、連本體能懸一萬分、伸縮一寸不壞、則加一分重、能加長一萬分寸之一、其數易測、故不論何處測其重力、其差不能過一萬分寸之一、此靜重學之理也、

一用鐘擺、凡同一鐘擺、用大小二力擺動之、則同時分中擺動之次數不同、置于緯度大小二地擺動之、亦然、因重力有大小也、其二力之比、若二次數平方之比、假如用一擺、置赤道上、一太陽平日擺動八萬六千四百次、移置倫敦、擺動八萬六千五百三十五次、則赤道與倫敦二處重力之比、若八萬六千四百自乘數、與八萬六千五百三十五自乘數之比、約之若一與一○○三

一五之比、故倫敦有體質十萬斤、與赤道上體質十萬零三百十五斤、二重力相等、此動重學之理也、

各緯度用上法細測、知赤道與二極重力較數、爲一百九十四分之一、此與赤道離心力數二百八十九分之一不合、二數之較、爲重力五百九十分之一、蓋地球自轉生離心力、離心力令地成扁球、扁球變地面之攝力、而生此較數、攝力雖一、而分爲二、一直加、一傳遞而加、直加易推、傳加須用幾何精理解之、別有專書、今略言其理、凡物不論離心力、但論其重、即地之攝力、奈端論攝力云、諸質點非共向一心、乃各點爲餘諸點所攝、故

地攝地面之物非用一力而用地球中各點所生之諸力也、若地為正球、則物不論在地面何處所得攝力皆等、因所有諸質點之方向、皆相似故也今地為扁球、則地面各點所有諸質點之方向、各不相似、則所得攝力、亦各不同、故設有二等體、一在赤道、一在極、則二體與扁球相關之理大不同、球攝此二體、其力亦不同、測而推其數與說合、此乃數學中理之最深者、奈端麥祿林、格來老、諸家俱詳推之、從赤道至北極、若無離心力、當加重五百九十分之一、依其數再加離心力、則為一百九十四分之一、

地面有恒風、為航海者所必需、西人名之曰貿易風此風之生、其故有二、一地面赤緯度不同、受太陽之熱氣亦不同、二流質之公理、熱則漲大而輕、冷則縮小而重、準此二故、合地球東西自轉、即能明此風之理、蓋二至圈中間之地太陽恒正照、故地面恒熱于他處、傳入氣中、氣得熱則漲大輕而上升、二至圈外南北之冷氣重、輒來補之、已升之氣高出氣面、即分流向二極、漸遠赤道、漸冷漸降、以補前氣向赤道之空、如此上下循環、流轉不息、地球自轉、當赤道之地面最速、漸遠赤道漸遲、各緯度地面之速率比、若各距等圈比、當無風時、非氣停也、乃隨地面而轉、似氣不動耳、近極之氣行至赤道、其向東本速、遲于近赤道之地面、必一若風逆行、自東而西、故地球若不自轉、則赤道北恒北風、其南恒南風、今因自轉、故北恒東北風、南恒東南風也、二至圈外之氣、若忽移至赤道、兩地之速率不同、必激成颶風、然恒徐徐行、沿路為地面所攝、速率漸增、若畧停不行、則速率驟增、必與所停之地面同速、蓋包地之氣甚薄、其積較地球積約僅一億分之一、故地面攝之東行甚易也、近赤道距等圈大小之差甚微、故風西行之方向漸消、至赤道而消盡、而南北二風相遇、若無他故、其方向亦必

互相消盡、故赤道上應無風、左右有二大帶、在北者、恒東北風、在南者、恒東南風、驗之悉合、

或問曰、此二大帶之風、恒與地面逆行、則必磨地面、而令地轉漸遲、以至于停、今地轉不變、何也、曰、赤道上面之氣、流向二極、其向東速于各緯度地面、故降至地面、在北為西南風、在南為西北風、則必磨地面、令地轉漸速、與前恰相消、故地轉不變、溫帶中多西風西南風、大西洋之北恒有西風、皆其証也、

欲作地球或地圖、當詳攷陸海之界限、大洲群島之位置、山脈河流之方向、城郭部落之形勢、而尤當知各處

之經緯度、知緯度、則知各處之距極與赤道、知經度、則知各處所居之午線、

定球上每處之位置、其緯度乃本處午線上距赤道之度分、亦即極出地之度分、然地爲扁球、故緯度不過用以測量、與地之形像不合、作地圖、無論全體或一段、當知緯度之較、同、里數未必同也、

用三角法測地面之形狀、先當細定各地之緯度、舊法用天頂尺、測過子午圈時近天頂之星、其星之赤緯可檢表而知、故名測量之基星、近法用一器、略如子午儀、而鏡之轉面、不與子午圈合、而與夘酉圈合、如圖、甲丙

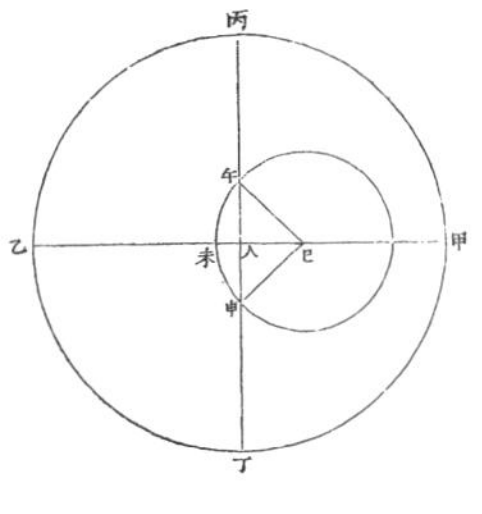

乙丁爲地平上天空半球、巳爲極、人爲天頂、甲乙爲子午圈、丙丁爲夘酉圈、午未申爲星一日之道、過子午圈時、星在未、距極巳未、略大于天頂距極度巳人、星過夘酉圈、在午申二點、若器極準、則恰當遠鏡中間之界線上、詳前卷子午儀條二次至界線中間之時分、即過午未申度之時分、故知時分、即知極上午巳申角、即午未申弧度也、已知午巳申角、或午巳未半角、及星距極巳午、用午人巳正弧三角推之、可得天頂距極度巳人、即本地餘緯也、此法之妙有三、緯度之弧、不須測、可免察度細分之差、一也、午未申弧、較其矢未人甚大、未人即本地天頂與星二緯度之較、是測大而知小、故午未申即有大差、未人之差必甚小、二也、此器測天、有器差、可不論、反鏡測之即相消、三也、

定各地之緯度易、定各地之經度難、假如二地同在一子午圈內、則所見各星道交地面之角、與地面割星道所分上下二分、及高度、兩地俱不同、若二地同在一距等圈內、則所見各星道交地面之角、與地面割星道所

分上下二分、及高度、兩地俱同、故曰定緯度易、定經度難也、然二地緯度同、同時測天、所見半天球必不能相同、假如二地同在赤道上、相去一象限、同時中在東之地見一星在天頂、則在西之地、必見此星初出地平、歷六小時方至天頂也、故若能知此地星過子午圈與彼地星過子午圈二時之較、即知二地之經度較、假如星過甲地子午圈後、歷一小時過乙地子午圈、一小時當弧線十五度、即知乙地在甲地西十五度也、

欲明測定經度法、當先知統地球之公時、及各地之星時、取黃道之一點、爲時之元點、推日平行距元點若干

度分得若干日時名分點時乃地球之公時也春分在子午圈爲○刻○分○秒乃各地之星時也西國有恆星鐘表春分在子午圈爲針之始各星距分點俱有一定度分歷家時測大星以攷恒星鐘表有微差即改之故各地之恒星時無纖毫差也設有二人于甲乙二地各測大星以正恒星表令二分至子午圈時表針正指○刻○分○秒乃取二表並置一處視其二時之較即星自甲子午圈至乙子午圈之時分化爲度分即兩地經度較也

鐘表有擺遷移震動必生差而海船所用之度時表獨

不生差故莫如以度時表與甲地恒星表較其時携至乙地復與乙地恒星表較其時即得二恒星表之時較測經度之法無妙于此者

假如在甲地分點至子午圈時令度時表針指○刻○分○秒西行歷二十四恒星小時過十五度至乙則度時表之針仍行至○時而分點仍在甲地子午圈上必再歷一小時方至乙地子午圈然表之針已不指○時而指一時矣是度時表之時必先天也若東行則必後天

設人向西行繞地一周復至本處則計月日必少一日如至日實初二必誤爲初一也蓋所謂晝夜者因日出入而生實則因地球自轉而生也地自轉人隨之而轉歷明暗二界而成一晝夜轉若干周即有若干晝夜若人繞地一周與地自轉方向同則較地必多轉一周與地自轉方向逆則較地必少轉一周多轉一周必多一日少轉一周必少一日又方向與地轉同所得晝夜必短于眞晝夜與地轉逆所得晝夜必長于眞晝夜所以二地同在一子午圈上緯度遠者其曆書或差一日蓋其民古時一自東而來一自西而來二地之民偶相會見始知也若繞地面用黃道時即無此差矣

度時表雖極精然遠行日久或偶有差不能知則亦未足憑或用數表比勘可令差略小然貲太費且亦不能消盡故測定經度用通標更妙于度時表何謂通標甲乙二地俱建星臺可互相望見各以法測定本處之時正其鐘表甲地驗鐘表至某時即發標以報乙地乙地即驗鐘表察二地之時差即知二地之經度較如甲地之針指恒星時五小時乙地之針指恒星時五小時四分則兩地之時較爲四分化爲度分得一度即兩地之經度較或累次測時連發標以相比勘則鐘表之差可消盡更妙也標或用花爆當憑地勢而異令彼此可望

見海面距四百三四十里放花爆能見有山之地以瓢貯火藥發于山頂望見之地更遠有時火光上照雲則望見之地更遠今用電氣通標無論遠近俱能比勘鐘表之時則更精矣合衆國鈕約克華盛頓非拉鐵非三地星臺曾用此法攷定經度

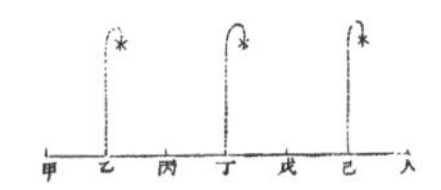

無電氣通標之處兩地中間另取一地發標令兩地皆見之或兩地中間取相連數地相間發標則兩地相去任何遠任有何阻隔俱能比勘鐘表時亦妙法也如圖甲人爲最遠二地中間取乙丙丁戊己五地

乙地于某時放花爆甲丙二地各驗度時表丁地于某時又放花爆丙戊二地各驗度時表己地于某時又放花爆戊人二地各驗度時表則甲丙二地之時差望乙標而定丙戊二地之時差望丁標而定戊人二地之時差望己標而定并三時差即得甲人二地之時差乙丁己三地以次發標每次遲早相去不及一刻表差不大又累次連發則得數之差可消去

用奔星代發標最妙奔星自發至隱歷時無幾二地雖極遠可同見立秋後二三兩夜立冬後五六兩夜奔星最多二地可預期約同測之

指南針有時忽自動偏而復正數萬里內皆同時而動或統地球皆同亦未可知今諸國常覲針候之若果同用以測經度差法無妙于此者

木星月蝕半地球同見之乃自然之標也此事臺官已預推得一定之時故不必多地多人但一人于一地測之即能知本地之經度也然此法非最密又海舶搖盪測亦不便

測月離亦可以定各地經度月之動法甚繁今不細論略以其理淺言之譬如有時表其針恆指京師之時則無論何處已測知本地之時與此表之時相較即可知

本地經度又設此表面其周記分秒之刻識非匀分且表針之軸又不在中心而針之轉又非平速則欲知表之時當先知三事一表周時分當先測定造立成以記之二針軸距中心若干三表內之巧機以定逐時速率知何時何分當轉若干度知此三事方能知此表所指之時夫天空界時表之面也諸恆星表面分秒之刻識也月表之針也月繞橢員之一心是針軸不在中心也月行有遲速是針不以平速轉也月行之差甚繁其根之理極深妙即表中之機巧也月一月約行一周行時或掩星或出二星之間不論何時可用紀限儀測之如

用規尺量表面之針也、又月甚近地星甚遠地、人在地面見月行于星中之道、各處不同、所謂里差、當以地心所見月道爲準、各地須推其差角而加減之、此譬針不貼表面、相離甚遠、人立于旁側視、則見針所指、必生大差、須知己目視線之方向、而推正之、方得眞時也、有表如此、用之甚難、然憑此表、能知至難知之事、則實爲至寶、當殫心竭力以攷察上所言諸事矣、猶之月離可憑之定經度、故不憚詳攷其行法、列爲表、細載某月某日某時某分某秒月離何處、經緯度各若干、又詳考各處月道之里差、以近月道諸星距月各地之角差、列爲表、

從此無論或居陸地、或在海中、但測月距表中諸星之度、又知本處之時、即知各處星臺距本地之經度、

準上諸法、則一切要地之經緯度可定、中間之地、可細測量以作圖、今量地之法最便捷法、分大地面爲諸三角形、令諸角俱可彼此相望、用地平尺測其角、先用法測定一邊爲三角底、底約以六十里爲率、不可太長、底之二端、爲測量處、須擇極平之地、用金版鑲于大平石內、而精測其底長、既確準、乃各作點于金版上、次測其底交午線之角度、次測二端之經緯度、依此連作三角形、如圖、甲乙爲底、辰丙爲地面二點、甲乙俱能望見之、

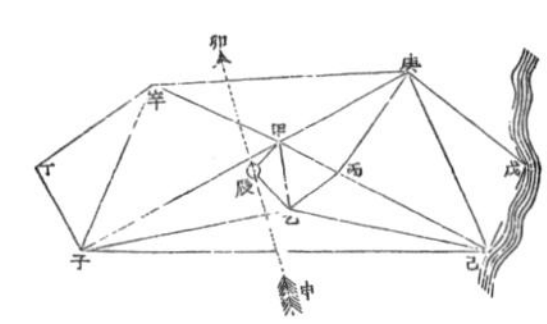

辰點最近底有星臺、便測也、丁戊己庚辛子爲地面附近各點、己測定甲乙丙三角形之底甲乙、及其三角、則甲丙乙丙二邊亦可知、復以二邊爲甲丙庚乙丙己二三角形之二底、各測定其角、則二形之餘邊甲庚丙庚丙己乙己皆可知、復以丙庚丙己爲庚丙己三角形之二邊、測定庚丙己角、則餘邊庚己亦可知、餘仿此、可推無數三角形、以作一國或一洲全地圖、

右法有二要須知、一、當擇地令三角略相等、如子乙己形、從乙子二點測定己點、大不便、因己角太銳、故測子角之度若小差、則乙己線上之己點必大差、所以三角若大不等、不適于用也、能免此病、則測與量無大異、故愈遠第一三角形、可愈用大邊爲底、如庚己庚辛辛子三邊是也、後測所得地面、漸大于初測所得地面、則分一國之地爲諸三角形、亦不甚繁、大約其邊自三百里至九百里俱可、諸大邊己測定、可更分爲諸小形而細測之、若欲作圖極細、可分至最小形、令一人可測、則作圖最密矣、二、諸三角形非平面、皆弧三角也、小形之邊

四十五至六十里不甚覺若大形不能作平算也如圖、

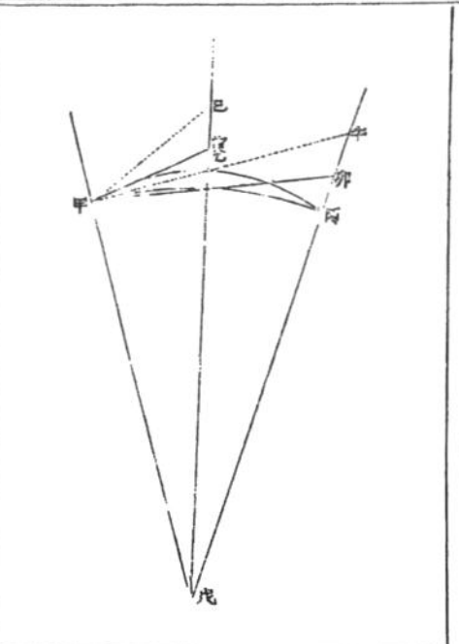

戊爲地心、甲乙丙爲球面三點、甲巳午爲戊甲戊乙巳戊丙午引長三半徑之三點、若于甲點置地平尺、極正無差、則地平環之軸、必指戊、而其面與甲點之切線合、割戊乙巳戊丙午二半徑引長線于寅夘二點、轉遠鏡先對巳、後對午、視地平環上之度、不得巳甲午角、而得地平經寅甲夘角、即弧三角形之乙甲丙角、故凡測地面所得三角之和、必大于一百八

十度、若平三角、則止一百八十度、不當有餘度也、此地形爲球之証、地面高卑不一、各處以海面爲準、

作地圖、乃于平面畫球面、悉依視法、有處當大、有處當小、與地面之眞大小比例俱不合、作圖有三法、一曰簡平儀法、如圖、以球腰之平面爲準、于半球面各點作線

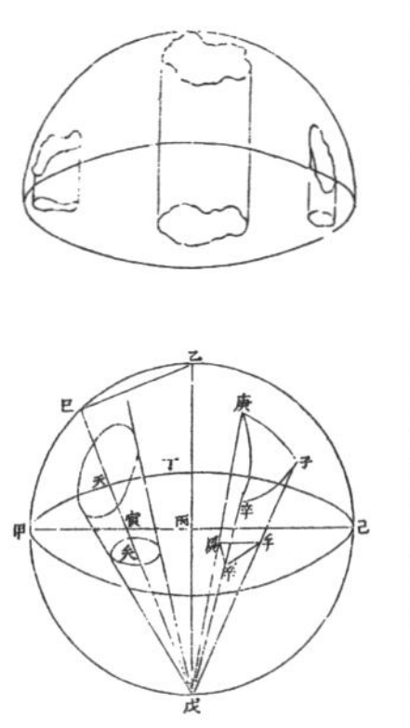

正交此平面、憑之作圖、此如遠見球之半、近中心則與眞形合、漸近地則漸變狹而不合、故此法可作地面小分圖、若作大分圖、不甚妙也、二曰渾蓋通憲法、如圖、亦以球腰之平面甲丁己爲準、甲乙己半球面之物、各點俱作線

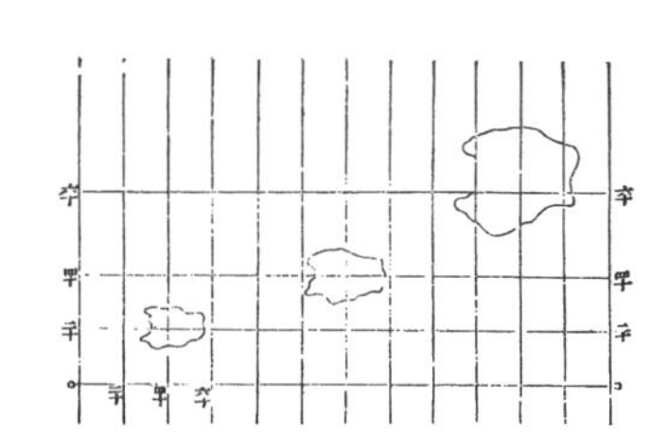

至對半球之中點戊、取過平面諸點、憑之作圖、如庚辛子三角形、爲庚辛子三角形、天員面、爲夫員面、而甲乙己半圓線、爲甲丙己直線、此法如人目在戊點、窺半球之凹面、球面之形在平面俱略相似、無大差、勝于簡平儀法、三曰墨加禱（人名）法、乃以意造之、以赤道爲直線、

諸經線正交赤道、皆爲直線、經緯度大小俱同、此法亦可作地面小分圖、而大分不合、愈近極愈不合也、

于球面畫大洲及海、可平分全地球爲二、諸大洲在半球、諸洋面在半球、英京倫敦約居諸大洲半球之中、如是分球爲天學中要事、蓋準此知地兩半球之質輕重不等也、土本重于水、則大洲半球當重于洋面半球、今仍相定、與常例若不合、然此必別有理、須深思之、後卷論地與撱員球應得之輕重不合、可與此事互相証明、

欲詳知地球土面、當細測陸地各處高于海面若干、海底各處低于海面若干、海底之深淺、于海舶沉錘測之、

陸地之高卑、用三角法測之、或用風雨針測之、視水銀升降、即知氣厚薄、此與沉錘之理同、蓋一用實繩測海底距海面若干、一用虛繩測地面距氣面若干也、假使

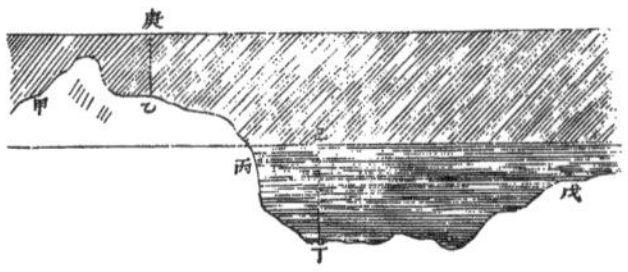

地球四周非氣包之、而有油包之、如甲乙丙丁戊爲積土、甲乙丙一段出水面、成洲島、丙丁戊一段在水下、爲海底、己丙爲水面、庚爲油面、設欲測海底任一點丁之深淺、法于己沉錘至丁、量其繩、即知距海面若干也、設欲測陸地乙點之高卑、則用繩繫一物、上浮油面、如庚、復于丙點上浮一

物、二繩之較、即乙距海面也、今地外所包者爲氣、無從測其面、亦不能浮物、然凡兩地距海面等、則氣之輕重亦等、是無面而有面之理、設任取地面一點乙、欲知其高卑、視風雨針水銀高若干、則知乙之上面有若干氣壓之、依重學之理、即知乙距海面若干高也、

上法二地相去不甚遠、則可用之、若太遠則不合、蓋地面有常風、令氣層不平、與地之高卑相似、故有地水銀高于常度、而南北海水銀低于常度一寸、蓋各處氣俱輕、故此處獨重也、

旣測定各地高卑、分爲數層、各作虛線聯之、以海灘爲最下一層、最高山頂爲最上一層、設海盡包陸地、極高山頂亦在水中、則于水面用垂線測之、最高山頂爲最短之線、最深壑底爲最長之線、是原陸山嶺爲水淺諸層、而江湖川瀆爲水深諸層也、

近察地家言各大洲若平其山谷、改爲大平原、則亞西亞高于海面一千一百二十一尺、歐羅巴高于海面六百六十一尺、北亞墨利加七百三十七尺、南亞墨利加一千一百三十五尺、

談天卷四終

談天卷五

英國侯失勒原本
英國　偉烈亞力　口譯
海甯　李善蘭　删述

天圖

測定天空諸曜相距之方向并遠近作圖或球顯其象作表詳其度分較作地球圖表尤易

天空諸星俱可取爲本點而用三角形求他星相距之度與地面之理同推蒙氣差求得眞度方可著于圖表又與地面之山嶺城郭同而安坐一處可盡測半球則較測地面更易也又有簡法因地球自轉測各星過本

地子午圈而準赤道推其經緯度即能一一定某星在天球某點甚密也蓋天球每一點之經緯度與地球每一處之經緯度理無異知星之經緯度能定其星于天球面猶之知某城之經緯度即能定其城于地球面也而用子午圈測星較弧三角法其便有四各星至子午圈高弧最大蒙氣最輕一也測器爲子午儀子午環器差最微二也無論角之鋭鈍俱甚便三也用此法測得之數即可著于表不似三角法須推算四也故今天文家恒用此法

欲知星之經度但用子午儀測其過子午圈驗恒星鐘表之時刻即得地面可任取一處爲經度所起則作天圖亦可任取一星爲原點不必從春分起也準原點以測時角有時之較即知他星之經度測諸較有微差當正之方得眞經度法詳後

欲知星之緯度有二法一用墻環或子午環測星過子午圈時之高弧準本地緯度即知星之緯度一用墻環測星之距極數見卷三與九十度相減即星之緯度去其蒙氣差方得眞緯度既得諸曜之經緯度即可作圖與球

天空諸曜有時時變其處者月之變最速其次爲日其

次爲諸行星而恒星則相與之方位恒不變然詳攷歷代測望簿亦有數星小變其處是謂恒星之自動然其動甚遲作不動論亦可故諸曜分爲二類恒星類不變日月行星彗星皆歸行星類時時變作天圖者于圖或球識天空諸曜之處又識天球之極爲天之不動處即地軸諸平行線之合點又識二分點及赤道之處極點分點及赤道爲虛點虛圈非有星顯之也地軸變則亦隨之變憑之測最便故作球與圖恒識之最妙者造同心大小數天球最外者識諸心于上餘識便測望之諸點與圈當知此諸球任相磨而轉因地軸或他故緩緩

變則此諸點及圈與歷代所測之星簿皆合而星之小變不足異其故可攷矣

天空中人人能知者爲天河天河約略成天空大圈一帶中分爲二道後復合爲一自古至今其形狀不變近代用遠鏡測之見爲無數小星相聚而成

黃道十二宮之星爲日月諸行星之所經故當論列之設欲于諸星中測日月與諸行星之道當屢測各曜與諸星相近之度作線聯之即成本星道一似航海者日作海中所行之路圖也日道爲球上一大圈即黃道也與赤道相交于二點即春秋分點其交角爲二十三度

二十八分太陽自南向北之點爲春分自北向南之點爲秋分也諸行星之道亦周于天球但不若日道之爲大圈而成螺線之一種又易其處即易其速率與日同者惟皆自西而東也諸行星道恒在黃道兩邊最遠不過八九度（火木二道間有數小星不在此例然其體甚微故不論）又恒變自古至今黃道相近一帶中各點俱曾經過故其道不能著于圖行星之動法最繁因我所居之地亦動故也設居日面觀諸行星則不若是之繁矣蓋居日面觀諸行星動與居地面觀日動無異也是以測日躔爲最要其益非一事而已也攷定其行法準之即可攷諸星之行法

黃道爲日之視道見日行黃道一周爲一歲歲實三百六十五日六小時九分九秒六此太陽時之數若恒星時則爲三百六十六日六小時九分九秒六二時之異蓋由每日見太陽與星皆向西行而一年見太陽于黃道則向東行即如太陽西行遲于諸星每日約一度歷一年則見太陽繞地較諸星少一周而太陽時較恒星時少一日也故恒星時與太陽時之比若一〇〇二七三七九一與一之比以此二數測時猶之以二國之尺度物既有定率則便于用也

攷古今測望簿知黃道有小變其故詳後卷但其變甚

緩若數百年中作不變論可也

黃道之二極爲球上相對二點距黃道四面俱九十度黃赤二極相距如黃赤交角亦二十三度二十八分名曰黃斜度如圖巳巳爲南北二極（凡單言極皆指赤極後倣此）子子爲二黃極亥申甲物爲黃道戊甲午亥爲赤道

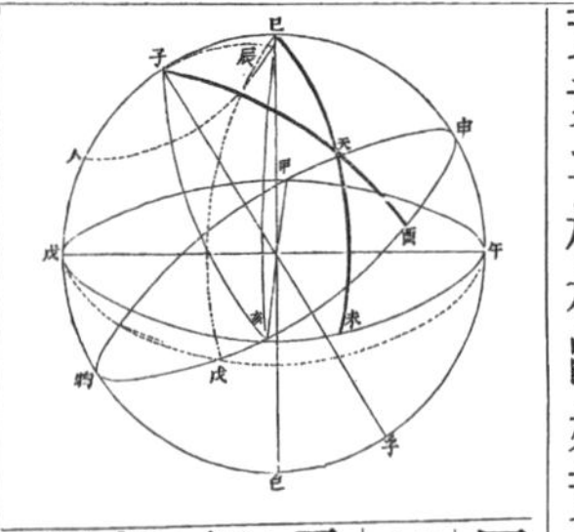

午亥申角與巳子申午二弧度俱相等爲黃斜度亥爲春分點甲爲秋分點申物俱爲黃道距赤道最遠點名二至點申在黃道最北爲夏至物在最南爲冬

至也過黃赤兩極之大圈戊子巳午子㔾名二至經圈過二分之子午圈巳亥㔾甲名二分經圈準從黃極過諸星之線亦可推諸星之方位理與赤道同此諸線名曰黃經圈黃經圈上星距黃道度分名黃緯度本經圈距春分度分名黃經度如前圖天爲星巳天未爲過星之赤經圈子天酉爲過星之黃經圈亥未爲星之赤經度未天爲赤緯度亥酉爲星之黃經度酉天爲黃緯度黃道在天球如赤道在地球黃道在諸星中間方位永不變如赤道在地面方位永不變也（詳見後卷）知星之赤道經緯度即可推得黃道經緯度反之亦然

如上圖戊子巳午爲二至經圈距春分亥俱九十度亥點即爲二至圈之極故若知赤經度亥未則亦知戊未即戊巳未角亦即子巳天角今設有弧三角形子巳天已知巳子弧即黃斜度亦知巳天弧即星距極亦即赤緯未天之餘度又知子巳天角依三角法可推得餘邊子天及子天二角夫子天弧即黃緯酉天之餘度而巳子天角即申子酉角爲黃經酉亥之餘度是知赤經緯即可推黃經緯也若先知黃經緯亦可反推之此題在天文中其用最廣

設欲知某時黃道交地平之二點及黃平象限即高弧最大之點也及此點距分點之度當準天頂及黃赤二極所成之弧三角形推之如圖人爲天頂即地平之極巳爲赤極戊爲黃極設有恆星時又有黃極赤經度十八時即亦知人巳戊時角推黃道所在取人巳戊三角形有巳人弧即天頂赤緯餘度有巳戊

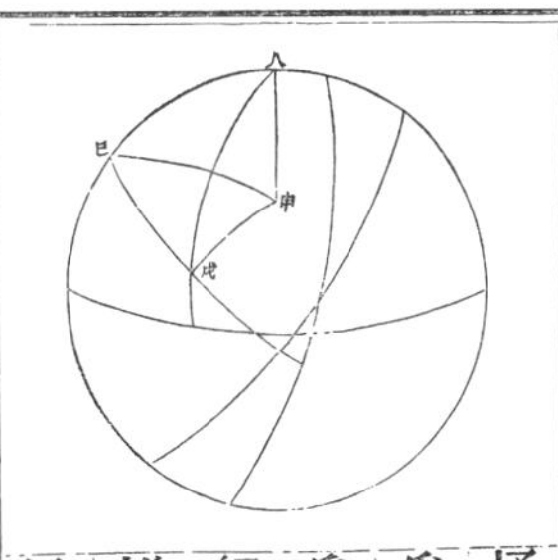

弧即黃赤二極距度二十三度二十八分有人巳戊角即黃極距午度也依三角法推得人戊弧等于黃平象限之高弧又得巳人戊角爲黃極地平經度以加減九

十度即得黃道交地平二點之地平經度又推得巳戊人角其餘度即黃平象限之黃經度設欲知星之黃赤二經交角以申爲星用巳申戊三角形推之已有巳申巳戊二弧亦有申巳戊角爲星之赤經與二至經線之交角依法可推得巳申戊角即所求之角也

既測得諸星中間之黃道亦可知此時春分點亥（前圖）所在此點爲赤道經度所起爲最要點攷歷代測簿知此點時時移動以平速行于黃道自東至西以諸曜每日西行言之則分點恆速于星以東行言之則分點每歲退行五十秒一名歲差雖甚微然積久則大亦天學中

一不便事因星表恆須改造故也最古之星表與今星表相較二分點退至三十度今推得二萬五千八百六十八年行于黃道一周

因有歲差故恆星行星經度俱以平速漸變蓋春分點爲黃赤經度所起此點退後則無論恆星行星經度必俱變也一若天球自轉于黃道極其一周與每日繞赤道極一周相似諸星經度之變非星自動由原點（即春分點）退行而然也若任取一恆星爲原點則無此變矣置分點不論但觀赤極屢變其處其故自明無論何時用子午環或墻環任測三星用三角形推之能知赤極所在

黃道及他圈俱不論細攷之雖二時甚相近其變不能覺然據理一定有變赤極之變法有多端其一略近平速歲差所由生又有諸不平速章動（詳後）所由生此二事本于一根俱因地球自轉而生也歲差之動以平速繞行黃極所行平員之半徑爲二十三度二十八分自東而西一年行五十秒一歷二萬五千八百六十八年而一周觀極有如是行法即明歲差之故矣如圖赤極巳繞黃極子行于小圈巳辰人赤極至辰則赤道戊亥午變成戊戌午距新極辰皆九十度而黃赤交點即春分自亥西行至戌是歲差之理由于赤極繞黃極行于諸

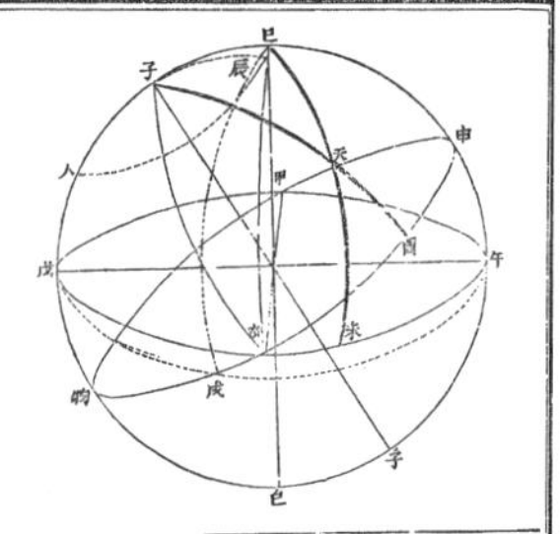

星間成小圈故天球之轉日日生變而古今所見天球之極恆易其處夫極爲地軸諸平行線之合點極既見有如是之行則地軸必有尖錐形動法其端恆指極所行之小圈地軸變全地球與之同變蓋地軸一如鐵條貫地球其兩端在地面永不變方位故從太古至今地面之緯度永不變而海潮升降亦略無少異此軸與球同變之明証也

準歲差理諸恆星與極有漸近者有漸遠者今之極星

昔非恆近于極後亦非恆近于極攷最古之星表此星距極十二度今一度二十四分後必近至半度再後必復漸遠而他星爲極星後一萬二千年織女大星必爲極星最近時距極五度

埃及客塞之地有石築四方大尖堆九其築時迄今約四千年爾時諸星之經度較今少五十五度四十五分推赤極當近右樞相距三度四十四分二十五秒爾時近極諸星中此爲最明則必爲極星攷客塞地北極出地三十度故此星下過客塞子午圈其高度爲二十六度十五分三十五秒近有西士外仕者開此諸尖堆驗

之其大者六俱有隧道斜下與地平交角畧同一爲二十六度四十一分一爲二十五度五十五分一爲二十六度二分一爲二十七度一爲二十七度十二分一爲二十八度約得中數爲二十六度四十七分又阿婆媳地二尖堆其隧道與地平交角一爲二十七度五分一爲二十六度當時坐諸隧道底能見極星下過子午圈則此諸尖堆蓋爲測極星而設非漫然築之也

地軸除歲差外別有搖旋之動十九年一周名章動若無歲差則十九年中赤極必行成一小橢圜長徑十八秒五短徑十三秒七四長徑恒向黃極地軸有此動故

天空諸星十九年中與赤極必乍近乍遠而分點在黃道必乍進乍退諸星之黃赤二經度必乍加乍減

地軸兼有此二動章動橢圜之長徑一章中依歲差之動繞黃極行于小圈過若干分此若干分與圈之比若一章與歲差周時之比乃十九倍五十秒一以負數計之設小圈徑爲二十三度二十八分則得六分二十秒赤極依此二動而行故其道非正圜亦非橢圜而成淚紋之圈（圖見後）

天空諸曜無論或動或定皆有此二差故不能不云地軸之動蓋若惟恆星有此二差則可云恆星天如硬殼以黃極爲心而轉二萬五千八百六十八年而一周又有小動十九年而一終今日月行星俱有此二差則其故舍地軸之動不能解之矣

天空諸曜因上二動其方位時時生變故凡言諸曜之經緯度必當云在某年又當分別平赤經度眞赤經度眞赤經度者從春分實在之點起算也凡推步皆用一定之元或用正月初一日或用每十年之第一年或用每百年之第一年皆推其時之歲差及章動而定其赤經緯度其推法即前用黃經緯求赤經緯也試依簡平儀法作圖子爲黃極巳爲赤極天爲星巳有子巳爲黃

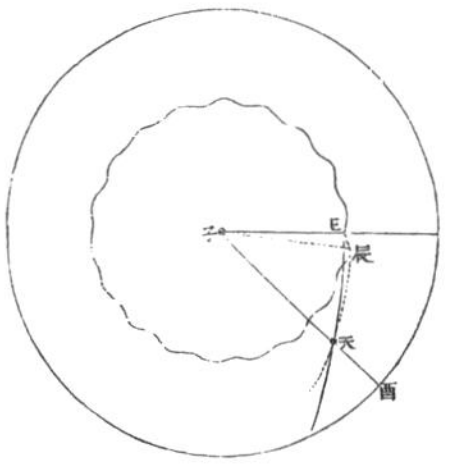

赤大距子天爲星之黃緯餘度巳子天角爲星之黃經餘度子天不變餘二數俱因歲差章動而微變用所變弧角求巳天邊及子巳天角即可定赤經緯度蓋巳天即赤緯餘度而子巳天角乃赤經加象限也

歲差之經度與積時比若五十秒一與一年比而無緯度差故黃赤大距不變章動則兼有經緯度差其數即地軸所行小橢圜之諸縱橫線也

天算家所用之恒星時、以春分點過子午圈為時之始、而春分點因章動而變、則時有加減不平矣、章動之差、已推得除去之、而時仍不平、蓋太陽一年中向西之行、比恆星少一日、而分點因逆行二萬八千八百六十八年中多一日、故有平恆星時、眞恒星時、平太陽時、眞太陽時、

歲差章動令諸曜同變、而相與之方位不變、譬若舟在中流搖動、視岸上物俱生變、而相與之方位如故也、

諸曜又有光行差、因地球繞日行甚速、而諸曜之光亦有行法、故人視之俱生微差、譬如無風時人立雨中、雨

俱直下、僅着笠而不濕身、若疾行向前、則必着面、一若雨斜入笠下也、又譬如有球從甲下墜、斜置巳午筒、筒

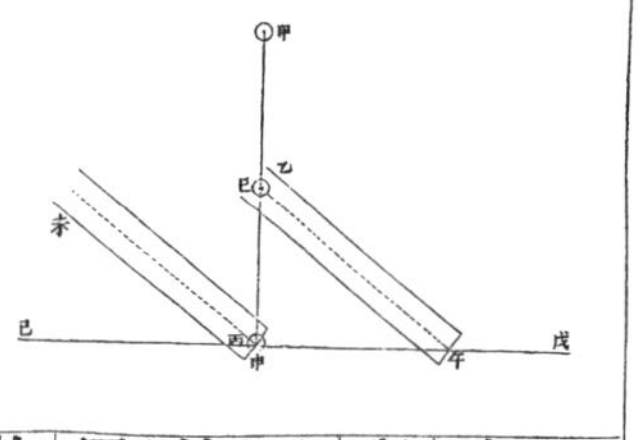

口在乙承之、若筒不動、則着巳邊、若球至乙時、筒向申行、筒底自午至申、與球自乙至丙、其速率恰相合、則球雖直下、人視之一若斜行于筒之軸線也、遠鏡與人目亦然、無論光或如浪之來、或為無數細點相聯直射、過物鏡未至聚光點時、若鏡中之交線橫移、而聚光點不變、則與交點不能合、又過目明角罩未至聚光點時、若目中之腦筋衣橫移、而聚光點不變、則與目底之中點不能合、故視物之處不眞、即光行差也、今地球繞日行于橢圜道、每秒約五十五里、其方向刻刻不同、而光行每秒約五十五萬五千里、此二速率之比例雖甚大、然非無窮、乃若二十秒五之正切與半徑比也、如前圖、甲為星、甲巳申為星之光線、巳午為遠鏡筒、斜置之、令物鏡之聚光點恰遇銅線交點、則巳申與申午比、必若光速率與地速率比、即若半徑與二十秒五正切之比也、故申巳午角、（即巳申未角）為遠鏡視軸方向與星眞方向之交角、必為二十秒五、若地行方向與

星眞方向非正交、理亦合、如圖、申乙為星之眞方向、甲

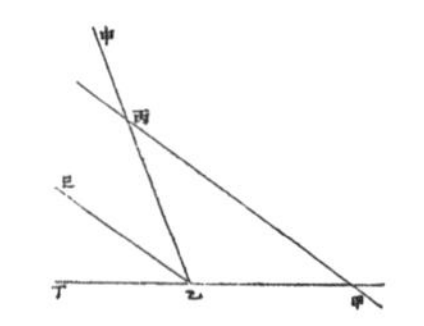

丙為遠鏡斜置方向、則乙丙與乙甲比、若光速率與地速率比、亦若半徑與二十秒五正切比、準三角理、乙丙與乙甲比、若乙甲丙之正弦與甲丙乙（即丙乙巳）之正弦比、夫甲丙乙即光行差角也、光行差之正弦與地道及視線交角之正弦有比例、故視線與地道正交、則光行差最大、此事本當詳于後卷、因與天圖之理有關、故先論之、

光行差令諸曜之度俱微移、共向天空一點、即本時地

行方向諸平行線之合點也地球行于黃道則此點必居黃道面在地球所在經度前九十度即太陽後九十度故此點刻刻變一年周于黃道若每星論其差則一年必成一小橢圜設地不動必見星在橢圜之中心

諸星之視赤經緯歲差章動外又有此光行差西士白西勒已造表故求赤道之眞經緯甚便也

凡物發光入我目我方見物然我所見之光非我見時所發之光乃未見前所發之光其光自物至我目中間所行之時即我見物距物發光之時準地球速率推得光行差而改正之得恆星之眞方向然此方向非發光

時地球至星之一直線乃光到時地球至星之一直線也故凡步行星當以星地之距推光行若干時始至地此若干時中地當行若干路星當行若干路乃能得星視行度之全差此差令星行之方向與視行之方向不符其故有二一爲光行差即上條地行與光行相合而生一爲光道差乃因光行之時星亦行而生（光道差恆幷入光行差而合推之）

凡用器測天所得之數有五差須改正之方可著于圖或球一蒙氣差二視差三光行差四歲差五章動差以蒙氣差改之則知無蒙氣時星當在何處以視差改之則知從地心視星當在何處以光行差改之則知地不動視星當在何處以歲差章動差改之令天空屢變之赤道改爲一定之赤道凡測天所得無此五改則不能作圖與球故今一一論之

蒙氣差已詳前（卷一）今不論

視差之理如本當從地心視之今乃從地面視之則有地半徑差又如本當從日心視之今乃從地視之則有黃道半徑差用視差推之即得從地心或日心所見諸曜之方位

凡已知星地相距即可知地半徑差若已知地半徑差

亦可知星地相距如申爲星丙爲地心甲爲地面測星處人甲丙爲地面甲點之垂線從甲視星之方向爲甲申距天頂爲人甲申角從丙視星之方向爲丙申距天頂爲人丙申角二角之較爲甲申丙即地半徑差也準三角法丙申與丙甲比

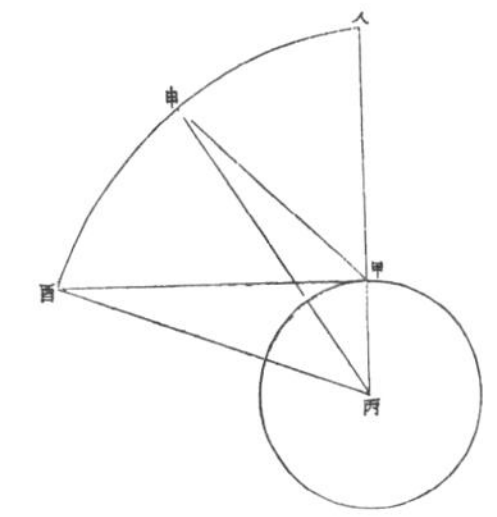

若丙甲申正弦即人甲申正弦與甲申丙正弦比故地半徑丙甲乘星距天頂度人甲申正弦以星地距丙申約之即得視差角之正弦是地半徑差與星距天頂度

有正比例故諸曜在地平時視差最大欲知諸曜在各高度時之視差以其距天頂正弦乘地平視差即得甲丙申恒小于人甲申故以視差改正之距天頂度恆變小與蒙氣差之改相反

地半徑差起于天頂點黃道半徑差起于衝日點其差角在過星日地三心之面內改後星距此點之角恒變小即距日之角變大其推法星日距與地日距比若所見星日距度正弦與黃道半徑差正弦比

諸改法分爲二類其一令諸曜相與之方位俱變爲實改其一相與之方位不變爲法改蒙氣差光行差視差之改皆實改也歲差章動差之改皆法改也

凡實改者諸曜之差皆共向一點如蒙氣差令諸曜皆向天頂點地半徑差令皆向天底點黃道半徑差令皆向太陽心點光行差令皆向地行方向諸平行線之合點改之皆令向對面一點

地半徑差黃道半徑差光行差大小之比皆若距所向點度分正弦之比蒙氣差之理較繁重其比例略近于正切而距所向點九十度其差最大則三者皆同

其改依理之次序一蒙氣差二光行差三地半徑差四黃道半徑差五章動差六歲差然光行差章動差俱甚小并入歲差而最後改之爲便

談天卷五終

談天卷六

英國侯失勒原本

英國　偉烈亞力　口譯
海甯　李善蘭　刪述

日躔

前論日之視道爲天球面一大圈、一歲日行一周、準此則地心至日心諸線、恒在一面內、此面即名黃道面、視黃道日所在、爲日躔某宮某度、

致日躔于赤經度、其行不平、厥故有二、一、因黃赤斜交、故黃經度與赤經度不合、一、太陽行黃道亦非平速、蓋太陽平速每日當行五十九分八秒三三、而逐日遲速

不等、冬至後十日行一度一分九秒九、爲最速、夏至後十日行五十七分十一秒五、爲最遲、不獨遲速不等也、用量日鏡測太陽大小、亦逐日不等、冬至後十日、視徑最大、爲三十二分三十五秒六、夏至後十日、視徑最小、爲三十一分三十一秒、日體不能變大小、必因距地遠近不同而然、是太陽距地遠近、逐日不等也、凡視物大小、與相距遠近有反比例、故冬至後十日、日距地最近、夏至後十日、日距地最遠也、其比例最遠爲一。〇一六七九、中距爲一。〇〇〇〇〇、最近爲〇。九八三二一、凡距地變小、速變大、距地變大、速變小、

準上條之理、設地不動、則日道非平圜、地亦不在日道中心、地心距日道心數、名兩心差、兩心差與日地中距比若〇。〇一六七九與一。〇〇〇〇〇、比今依此試作

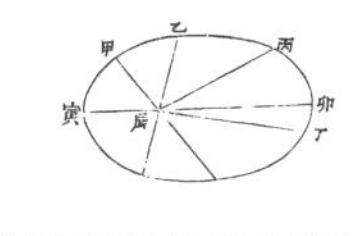

日道、即顯爲橢圜、法取辰點爲地、任取一日地距辰甲、爲本線、次取一年中日地諸距、依其方向作辰乙辰丙辰卯辰丁諸線、于線端甲乙丙丁諸點作線聯之、即日繞地之道也、其道之面、長大于廣、故不爲平圜而爲橢圜、又辰卯大于辰寅、故地不居中點、而居橢圜之一心、定爲橢圜者、以法推辰乙辰丙諸距、皆與橢圜諸帶徑相

合也、

日地距以一。〇〇〇〇〇爲中數、則最大爲一。〇一六七九、最小爲〇。九八三二一、日行遲速以一。〇〇〇〇〇爲中數、則最大爲一。〇三三八六、最小爲〇。九六六六七〇、故日行遲速最大最小之較、倍于距地最大最小之較、累測之、凡距數大于中數若干、則速數小于中數恆倍之、距數小于中數若干、則速數大于中數亦倍之、故知速數與距數之平方、有反比例、如太陽前日在甲點、次日在乙點、則辰乙之平方與辰甲之平方比、若甲點速率與乙點速率比也、餘仿此、若太陽以平速行于

撱圜、則視速率與距地數必有反比例、蓋所行之度分雖同、然遠則見小而覺遲、近則見大而覺速也、今太陽之遲速更大于此比例、則其故非獨由于遠近、而實另有遲速也、其遲速之理、刻白爾苦思積久始得之、謂日若依撱圜繞地球、則日地相聯之帶徑、必盡經過撱圜之面、太陽之行法、歷時同、帶徑經過之面積亦同、時分與所過面積恒有比例、如前圖、太陽自甲至乙之時與自丙至丁之時比、若甲辰乙面積與丁辰丙面積之比也、約言之、黃道非平圜而爲撱圜、地不居中點而居撱圜之一心、若中距爲一。○○○○○、則兩心差爲○。○

一六七九、中距即半長徑也、故兩心差約爲六十分半長徑之一、太陽行法、帶徑所過面積、與時分比例恆同、

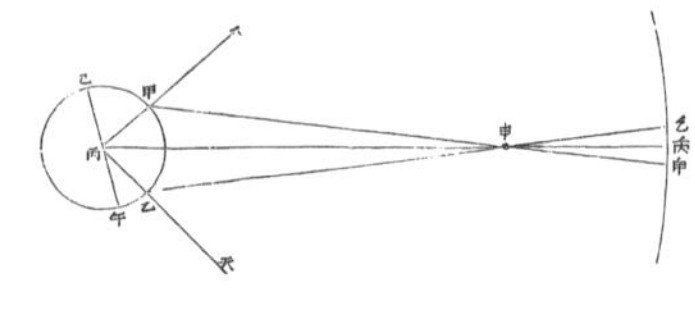

欲知太陽距地之里數、體之大小、當用地半徑視差推之、如圖、巳甲乙午爲地面、丙爲地心、申爲日、甲乙爲同時二測處、甲處見日之方向爲甲申申、如在天空申點、乙處見日之方向爲乙申乙、如在天空乙點、此二方向之交角爲天空申乙弧度、即甲申乙角之度、夫甲申丙爲甲點測日之視差、乙申丙爲乙點測日之視差、故甲申乙爲二視差之和、設二人測天、一在南半球、一在北半球、同一子午圈、于太陽過子午圈時、同測其距天頂度、去蒙氣差、若太陽之遠與恆星等、則二距天頂度之和必等于二赤緯之和、如人丙天角、即二處相距之度也、然所得二距天頂度之和、必大于二赤緯之和、其較即二視差之和甲申乙角也、既得甲申乙角、以二緯度正弦之和約之、得地平視差、若二測處子午圈不同、亦可、但必以太陽至二子午圈中間若干時中距天頂之差改正之、求其差、或用日躔表、或前後數日連測太陽之高度、俱可推得之、然二處經線愈近、

則歷時愈小、改亦愈小、較便也、如法測得地平視差八秒六、依其數推得日地中距爲二萬三千九百八十四個地半徑、約二億七千餘萬里、已知太陽距地數、又測得視徑爲三十二分三秒、推其實徑、必爲二百五十五萬里、故太陽與地球二徑比若一百十一半與一比、太陽與地球二體積比若一百三十八萬四千四百七十二與一比、

以遠鏡窺太陽知是實質、非虛體也、面有諸黑斑、其位置及形狀、時時變動、久測之、知太陽亦自轉、與地球同、其軸約略正交黃道面、其轉亦自西而東、約二十五日

而一周、以體大、故轉遲也、以輕重之理論之、則太陽大體繞地球小體、恐無是理、譬如有二球、以鐵條相連、令旋于空中、則二球必俱繞重心、而重心不動、若二球輕重大小不等、則重心必近大球、或在大球體中、故小球必繞大球、而大球不甚易其處、準重學之理、凡二體在空中相環繞、雖無鐵條相連、亦必共繞公重心、公重心距二體心遠近之比、若二體質輕重之比、準此推得太陽與地球二體質之比、若三十五萬四千九百三十六與一之比、則其公重心距太陽心、當得七百七十二里、爲三千三百分日徑之一、故太陽與地球俱繞重心、而

太陽一若不動、地球一若繞太陽焉、然而一年中測恆星無視差、故知恆星距太陽俱極遠、最近之恆星、視地球繞太陽之道、若一點耳、

此後諸條、以太陽爲不動、居橢圜之一心、地球繞太陽行于橢圜道、每年一周、其道之大小兩心差速率、俱與前同、地球向太陽之半面、一年中日日不同、一日中刻刻不同、故有寒暑晝夜、

地球繞太陽、一年一周、而地球自轉之軸、方向不變、恆指天空之一點、此四時所由生也、如圖、申爲日、甲乙丙丁爲地球在軌道上之四處、相距各九十度、甲爲春分

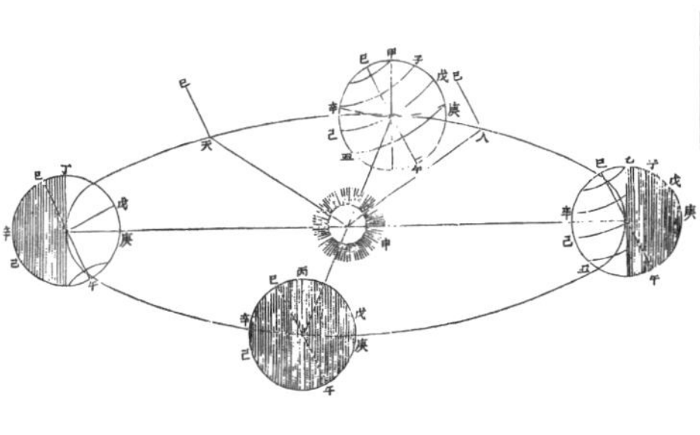

點、乙爲夏至點、丙爲秋分點、丁爲冬至點、其自轉皆以巳午方向爲軸、日照地球、不過半面、圖中白者、乃受日光之半面、黑者乃背日光之半面也、地球在甲點、日正照赤道、故巳午二極、恰在受光半面之界上、而繞地面晝夜之時平分、故名春分、地球在丙點、爲秋分、亦然、地球在乙點、爲夏至、北寒帶巳乙環極二

十三度二十八分、恆在日照半面內、爲恆晝、相對南寒帶、環南極二十三度二十八分、恆在背日半面內、爲恆夜、北寒帶中愈近北極、恆晝愈久、南寒帶中愈近南極、恆夜亦愈久、而赤道北至寒帶界、雖無恆晝、然俱晝長于夜、赤道南至寒帶界、雖無恆夜、然俱夜長于晝、地球在丁點、爲冬至、與乙點一一相反、

凡太陽在地平上、地面受熱氣、太陽在地平下、地面散熱氣、各處皆然、晝長夜短、則太陽在地平上之時、多于在地平下、熱氣必大于平率、反之、則小于平率、地球自甲至乙、北半球之晝漸長、夜漸短、南半球之晝漸短、夜

漸長故自春分至夏至北半球之熱氣日盈南半球之熱氣日朒地球自乙至丙晝夜漸近相等故自夏至後北半球熱氣之盈率南半球熱氣之朒率俱漸小至秋分而各得平率地球自丙至丁復至甲則與上一一相反故各處一年所受之熱氣恒與所散相等也

地道上任取一點天作地軸天巳又至日心作天申線則巳天申角爲日距北極之度地球在丁點此角最大爲九十度加二十三度二十八分即一百零八度二十八分在乙點此角最小爲九十度減二十三度二十八分即六十六度三十二分至此二點見太陽在最南最

北故謂之至

地繞日所過角度同則統地球所受熱氣亦同雖行橢圜道與平圜無異也蓋熱氣如光散于日之四周愈遠日則所散之面愈廣而熱力愈薄力之厚薄與面積有反比例即與距日線之平方有反比例而地球繞日之遲速亦與距日線之平方有反比例是逐日受熱氣多

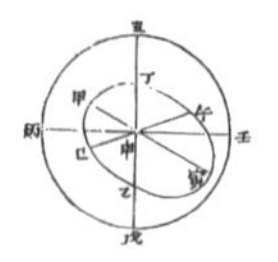

少與地行速率比例恒同即與經度變比例恒同故繞日行之角度相等所受之熱氣亦等也如圖申爲日甲午寅巳爲地道甲爲最近日之點（即最卑點）寅爲最遠日之點（即最高點）甲申寅爲長徑過申點任作巳申午線分地道爲二分則地球從巳至午必過一百八十度從午至巳亦過一百八十度此二分間地球所受之熱氣必等巳申午無論何方向皆同而過二分之時則不等甲點一分之時少寅點一分之時多其多少之比若二分之面積比但甲點一分距日近故能補救其因歷時短所少受之熱氣而令二分中熱氣相等也故日地距最大最小之較約爲三十分中距之一受熱氣多少之較當倍之約爲十五分熱氣平率之一夫日地距最小在今冬至後十日最大在今夏至後十日若無此補救之理則南

半球冬夏寒暑之較必大相懸絶而北半球冬夏之氣必略相同是一則常如春時一則有酷暑嚴寒今惟能相補救故兩半球之氣俱和平也

凡太陽近天頂過其光正射地面同緯度之地晴天正午時必較熱而南半球更熱于北半球其熱率約加十五分之一故曠野無水處上無庇蔭人必大苦凡遊行探地者暑月在澳大利較在阿非利加之北煩暍尤甚甚苦之近時西士陀拂于各地各時比驗寒暑針之度言凡球面相對二地測各時氣之平率知統地面仲夏之平率較仲冬之平率更大此與仲冬日地距最近之

理不合、陀氏云、其故由于北半球陸地多于南半球、仲夏太陽正照北半球故也、蓋太陽之熱氣、遇土則冋入氣中而散于普地面、遇水則深入、爲水所收、冋入氣中者少、故仲冬太陽雖正照南半球、而赤道之南、海面無大熱也、

凡天文家于諸曜之動、必取一中點以爲測望推算之本、地球旣繞日、而太陽不動、則地心不可爲中點、而太陽心爲中點、夫地因自轉、地面測得之數不足用、故以地半徑視差推得地心測得之數用之、則地行于本道、地上測得諸行星之行法亦不足用、故以黃道半徑視

差推得日心測得之數、或推得諸行星之公重心測得之數用之、如此則簡便而不紊亂、凡言日心球上諸曜之經緯度、一若人居日心測之也、人居日心測地心、其方向必在地心所見日心方向之對面、地心測日心無緯度、則日心視地心亦無緯度、其經度必爲地心所測日心經度加半周、故日心所見二至二分、與地心所見二至二分、相反而適合、欲明此理、心中當設一過日心而與地赤道平行之面、此面與黃道面交線爲二分線、距二至各九十度也、

測定地道長徑之方向爲天學最要事、如圖、戊丙丑壬

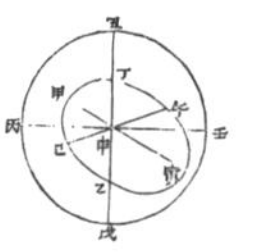

爲黃道、地行方向自戊向丙、戊爲春分、丑爲秋分、日心見地之經度爲○與一百八十度時、地球必在此二點、嘉慶八年、地道最卑點之經度爲九十九度三十分五秒、即戊申甲角、長徑之行甚緩、每年向東約過十二秒、歷二萬零九百八十四年而周于黃道、

設地道爲平圜、太陽居中心、地球以平速繞之、則從春分起、無論何時、欲推地球之方位或經度、俱甚易、但以歲實爲一率、已過之時分爲二率、三百六十度爲三率、求得四率、即已過之經度也、是爲地球之平經度、今地

之道非平圜、其繞日亦非用平速、故必撿表、取本時均數、加減平經度、方得眞經度、蓋表所列均數、即逐時眞經度與平經度之較也、如前圖、地球從最卑甲起、行于甲巳寅半周、眞經度恒大于平經度、至最高寅而眞度與平度合、行于寅午甲半周、眞經度恒小于平經度、至甲點而眞度與平度復合、故甲巳寅半周中、均數爲加、在甲點之均數爲○、後漸大、至甲寅中一點而最大、過此漸小、至寅點而復爲○、寅午甲半周中、均數爲減、初起亦甚小、後漸大、至寅甲中一點而最大、過此漸小、至甲點而復爲○、均數之最大爲一度五十五分三十三

秒三、或加或減皆同、

最大均數生于地道之兩心差、故有兩心差、可推均數、有均數、亦可推兩心差、蓋凡兩數有相關之理、則知其一、餘一亦可推也、細測太陽過子午圈、得每日赤經眞度、以推得每日黃經眞度、與黃經平度相減、即得每日之均數、亦得一年中之最大均數、準之推地道之兩心差、較以日之視徑推日地距、更易更密、設黃道與赤道合、而地行有均數加減、則每日測太陽過子午圈時、必不等、有均數故也、設地無均數、以平速行、而黃赤道斜交、則每日測太陽過子午圈時、亦不等、蓋黃赤二經度

與赤緯度、成正弧三角形、黃經度爲對直角之一邊、此邊平變大、餘二邊隨之變大、而其率必不能平也、今地行既有均數、而黃赤道又斜交、故每日太陽過子午圈時、兼有二差、最大至半小時強、其眞午正或在平午正前十六分十五秒、或在平午正後十四分三十秒、歷家每日記午正平眞二時之較、名時差率、或記太陽過子午圈之眞時、

地球上每日見太陽西行之道、其赤緯日日不同、以二至圈爲南北二限、其緯度俱二十三度二十七分三十秒、地圖名此二圈爲晝長晝短圈、二圈之間、日地之距線恆正交地面、

古分黃道爲星紀元枵等十二次、西歷分爲白羊金牛等十二宮、本皆以星象命名、今因歲差、十二宮次所在、較當時俱約差三十度、而仍係以星紀白羊等名、與天象不合矣、竊謂但以十二支名之、始通耳、蓋黃道十二宮爲推步所用、起于春分、春分退行、故此十二宮亦退行也、當漢孝武元朔元年、依巴谷測角宿第一星在秋分西六度、順治七年、在秋分東二十度二十一分、是分點已退行二十六度二十一分也、因有此差、故近時但言度分、而宮不常用、

凡日在晝長晝短圈上、則其光過本半球之極二十三度二十七分三十秒、依此度分繞極作一小圈、名寒帶圈、南爲南寒帶圈、北爲北寒帶圈、寒帶圈之內、爲寒帶、晝長晝短圈之間爲熱帶、而寒帶圈與晝長晝短圈之間、爲溫帶、然此不過記日及日光所至之界耳、其實地之寒暑與緯度圈不相應、因二半球水陸之位置參錯不齊故也、

凡地上見日在某宿幾度、東行一周復至某宿幾度、名恆星年、見日在春分點、復至春分點、名太陽年、若春分點不動、則太陽年必與恆星年合、今因地軸有尖錐動、

令春分點退行于黃道故太陽未及恆星一周已復至分點分點每年退行五十秒一太陽于黃道過五十秒一歷時二十分十九秒九即太陽年與恆星年之較故太陽年爲三百六十五日五小時四十八分四十九秒七而恆星年爲三百六十五日六小時九分九秒六也又地道橢圜之長徑有微動每年順行于黃道十一秒八故地球從最卑點起行恆星一周必再過十一秒八方復至最卑點行十一秒八必歷時四分三十九秒七以加恆星年得三百六十五日六小時十三分四十九秒三名卑點年此諸年天算家俱用之而民間惟用太

陽年四時憑之定故也太陽年合二故而成一因地球繞日一因地軸尖錐動故生歲差也

用最精遠鏡隔黑色玻璃窺太陽見其面時見大黑斑斑之中深黑其邊略淡如 Plate I. Fig 2. 圖即此斑也此斑累日累時測之則見或變大或變小或變形狀久而舊斑消滅他處復見新斑其滅時中之深黑者先滅四周之淡者遲滅時或一斑分爲二三斑此太陽面爲流質之証又其變動甚速此爲氣之証所見最小之斑其徑一秒地球測日面一秒之角爲一千三百三十三里而大斑有徑十三萬餘里者自初見至消滅久者約一月有半故斑之邊每日約縮近三千里又無斑之處光非純一其中有無數細點若人身之毫孔細測之其點時時變動極似水中沙泥欲澄時向底之狀因意日面必有發光之質雜于透光之質中而然也而近大斑或諸斑群聚之地時見一線或曲或歧其光較日面之常光愈明相近處時有斑發出或意此線乃光氣浪之頂相近處必大動盪故發斑也此事多在近日邊處其狀如 Plate I. Fig 1. 圖

問黑斑係何物曰其說不一或言是太陽實體乃上面之光氣開裂而顯露者也此說似可信問開裂之故曰其說亦不一拉浪謂黑斑乃太陽中突起之地如地面

之山其頂高出光氣面故見深黑其下斜入光氣底光氣不厚故見淡黑準此說則四邊淡黑自內至外必由深漸淺以至于無今深淺不分且外有定界于理不合

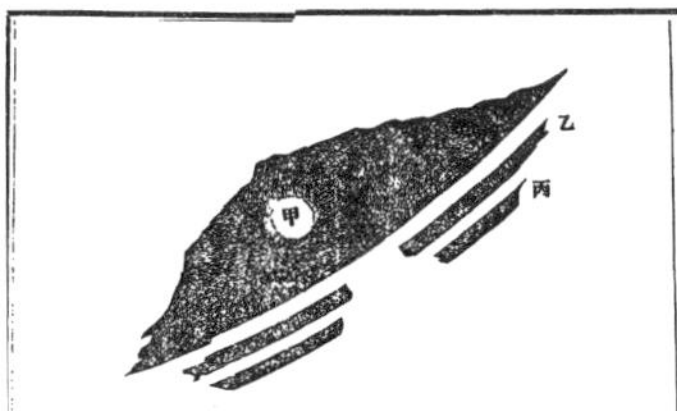

侯失勒維廉謂太陽實體外四周有氣包之氣之外有光氣一層浮于上距實體甚遠光氣下有雲一層受此光返照地球二層俱裂開則見黑斑中之深黑者太陽實體也四邊淡黑者雲也光氣之裂口必大于雲之裂口者因氣旋動成風愈遠實體愈大或別有他故不得

而知也、如圖、甲爲實體、乙爲雲、丙爲光氣、

細測日面諸斑、其方位俱漸變、自東向西、至邊而不見、另有斑出于東邊、過日面、復沒于西邊、凡他曜過日面、俱平速、而斑之行、在中間則速、在兩邊則遲、又其過日面之道、皆如橢圜、此必附于日面、與日同轉、其道與日之赤道平行而然也、其最大之橢圜、以日徑爲長徑、餘各以日面諸通弦爲長徑、諸長徑俱平行、夏至前約十日、冬至前約九日、見諸斑之道皆如直線、則此二日地球所居之處、即日之赤道斜交黃道之二點、而黃赤二面之交線、必經過地球、此二日從太陽視地之經度、一

爲八十度二十一分、一爲二百六十度二十一分也、

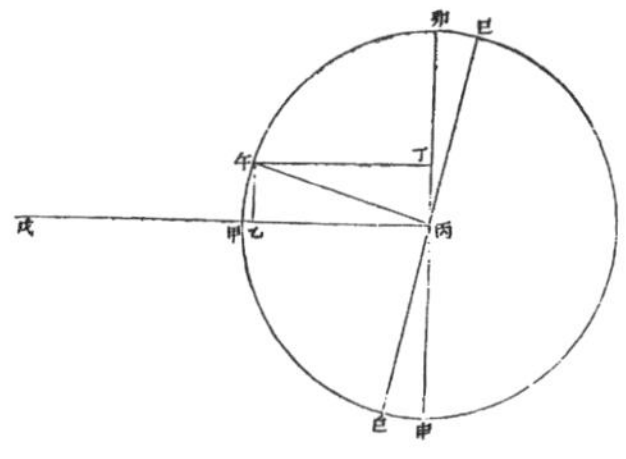

欲知日軸斜交黃道面之角度、取一最明晰之斑、測其過日面橢圜之長短二徑、即可推得之、此事當用分微尺、自初出至沒、刻刻細測之、又測時地在黃道距太陽赤道交黃道點之度、亦當推之、假如驚蟄後四日、地球在太陽黃赤交線之垂線上、其日心經度一百七十度二十一分、太陽之軸在過地球正交黃道之面內、設地球定于此、則最易測、如圖、丙爲日心、巳丙巳爲日軸、戊丙爲地球之視線、卯甲申面、引廣之必過地球、午爲太陽赤道上之一斑、地球望之如在丁點、在日心北、其距爲丙丁、即視橢圜之小半徑也、旣測得丙丁、則以日之視半徑與丙丁比、若一與午丙卯角之餘弦比、午丙卯角、即日軸與黃道面之交角也、若餘時則推算甚繁、今不載、案、太陽赤道與黃道交角、爲七度二十分、太陽自轉一周、爲二十五日七小時四十八分、

太陽赤道左右各二十五度之內、斑最多、三十度之外甚少、近二極則無、近赤道一帶少于南北二帶、又北半

球大而多、南半球小而少、赤道北自十一度至十五度最大最多、亦最久、又斑多時、恒列爲一帶、與赤道平行、故知日體上必有一故、最易生此斑、其故今尚未知、又因日自轉、令斑成列、可見光氣爲流質、其動有若地面之貿易風也、

斑自生至滅、歷時不久、最小者僅見一次過日面、其次或一二周、有歷數周者、則甚少、乾隆四十四年、有一大斑、閲六月而滅、道光二十年、有衆斑群聚、歷八周而滅、凡測斑必記其距赤道方位、及其形狀、又有出沒之時、可推、故沒而復出、仍能識之也、或言有數次所見斑、在

日面之處略同、或本即一斑、滅而復發也、然未有証、未敢定其是否、

用遠鏡隔黑玻璃望太陽面、見其中間之光最盛、四邊之光略微、或用映日鏡照于白紙上驗之、亦然、此必太陽光體之外、另有最清之氣包之、四邊之光所過氣厚、故然也、嘗以日食証之、月掩日、則見食、月之視體大于日之視體、則見食既、若日外無氣受日之本光、則食既時、天空必黑、乃當食既時、恆有光帶溢出月外、漸遠漸暗、其光帶與日同心、非與月同心、則知非出于月、必日外有氣之証也、道光二十二年六月朔日食、見食既之

地、測其光最詳、而巴未亞、米蘭、維也納諸地、俱見月體外發出三峰、其色若玫瑰、如圖、(Plate I. Fig 3.)或云如火燄、或云如山、其形甚大、而光甚小、此必日之光體外、有雲浮于所包之氣中也、

太陽面熱最大、何以知之、凡熱與光、離所發處漸遠、則其力漸小、其力漸小之比例、若距線平方之反比例、假如有大小相等二面、一在地面、一在日面、其受熱大小之比、若太陽視面與半天球面之比、即一與三十萬之比、今地面些子熱、以陽燧聚之、尚能銷諸金令化為氣、則日面之熱當如何耶、凡化學中之熱愈猛、則愈易透玻璃、而太陽之熱已遠行至地球、透玻璃尚甚易、則日面之熱當如何耶、最大火燄在日光中、即不見、燒物至通赤、移置日光中、但見黑色、則日面之熱當如何耶、觀通赤燒物變黑色、則黑斑為日之體可信、日體必最熱、恐亦猛火也、然此不敢遽定、日體或冷、亦未可知、蓋光熱在外、日體在內、中間有雲隔之、令光照日體不太猛、而元氣漸近日體漸緊、令外之熱氣不得入、則云日非熱體、亦未始不可也、

曾有人測地上若干面積受若干熱、以推得太陽全體若干時中當發若干熱、謂設有大圜冰柱、其徑一百三

十里、其長無窮、挿入日中、與光行同速、隨入隨消、化水氣四散、則日所發之熱、盡用以消冰、而面上之熱如故、太陽常發之熱如是之多、則其面上流質變動之故、不待解自明矣、

地面諸物、無日之光與熱、則不能生動、氣非熱、則永靜而不成風、雷電亦由熱氣所感動、吸鐵力、北曉、疑皆日氣所發也、植物資水土、動物食植物、亦互相食、然無太陽之熱、則俱不生、草木成煤、以資火化、海水化為氣、散入空際、凝為雨露、以潤地脈、湧而為泉、滙而為澤、流而為江河、皆熱之力也、因熱之力、化學中諸元質之變化

生焉或合而分或分而合以成諸新物而地質或爲風雨所消耗或因寒暑而變化瀕海濱河之地浪激波衝日受侵削沙泥石屑隨流遷移運入大海日積月累海底壓力增大相對之地壓力減小地中之火受壓不均則從力小處湧出而爲火山推其源皆日氣所爲也日之功用大矣哉

日果爲火耶其火何以能久存不滅化學中諸理皆不能推其故可見天下習見者其理却最深難明也或言其熱因磨而生或電氣永永常發而非氣與實質所能生也

談天卷六終

談天卷七

英國侯失勒原本
英國 偉烈亞力 口譯
海甯 李善蘭 删述

月離

月行于諸恆星之間與天球每日向西之行相反亦如日而甚速于日故一夜中歷視數時即能覺之其行有遲有速而不留不逆約二十七日七小時四十三分十一秒五而繞地一周然所離之宿度與前微不同其故卷中詳論之

月繞地之道略近平圜因月之視徑大小略同故也如

前卷測太陽地半徑差法于地面二處測得月之地半徑差即可推月地二心距此事于月掩星之時測之更便如法推得其距與地赤道半徑比若五十九。九六四三與一比約爲六十八萬五千里當太陽徑四分之一強故太陽之體幾能容並列二月道于此可見太陽體之大

知地面測處與月心之距即可推月之實徑而月地二心距已知則但知測處月距天頂度即知測處與月心之距如圖甲丙申三角形申爲月甲爲測處丙爲地心已知申丙邊爲月地二心距又知丙甲邊爲地半徑又

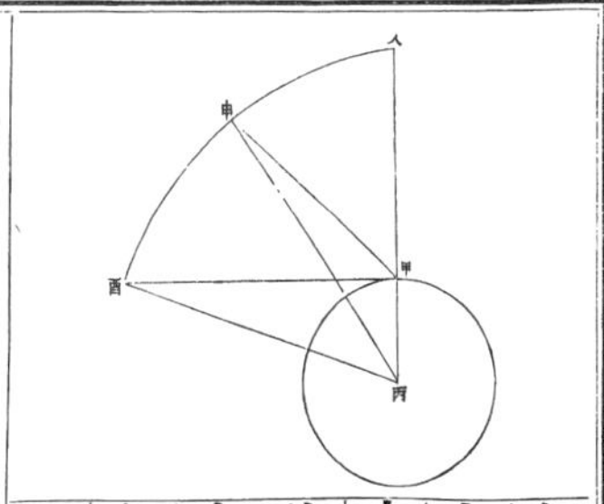

知丙甲申角、爲距天頂角人甲申之外角、故測處與月心之距甲申亦可知、而月之實徑不難推矣、如法推得月之實徑爲六千二百五十里、設地徑爲一〇〇〇〇則月徑約爲〇·二七二九、又地體積爲一〇〇〇〇、則月體積爲〇·〇二〇四、約爲四十九分之一、凡地面月之視徑、必大于地心月之視徑、月在天頂時、二視徑之較最大、地心月之視徑亦時大時小、中數爲三十一分七秒、其大小恆爲

〇·五四五乘地平視差之數、（地平視差亦時大時小）頻測月地二心距、至月繞地數周、則知月道之各點距地心數、亦知所過諸角度、即可依前卷作日道圖法作月道圖、蓋月道亦爲橢圜、與日道同、而兩心差更大、且時時不同、其中數與半長徑比若〇·〇五四八四與一比、地居橢圜之一心、此外尚有諸小差、今不論、月道與黃道不同面、二道之交角五度八分四十八秒、爲月道之斜度、二交點相距一百八十度、月自南至北爲正交、自北至南爲中交、按月道名曰白道、

地繞日之橢圜道、方位及大小、其變甚微、必細測乃知之、月繞地之橢圜道、月行一周中、其變略測即覺、一周終、不至原處、蓋其道之面刻刻變方位、逮月測之、知其

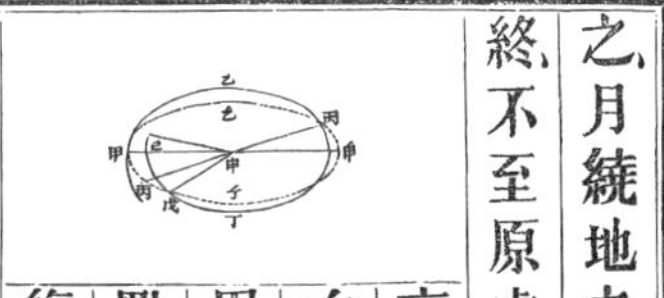

交點刻刻退行于黃道、如圖、申爲地、甲乙申子爲月道面、甲乙丙丁戊己爲月行一恆星周所過之軌跡、設月道不變、則月從正交甲點起行、過中交必在相對之點申、而一周終復至甲點、今其行不過申點、乃成甲乙丙曲線、而交黃道于丙點、距甲點不滿一百八十度、其行黃道南成丙丁戊曲線、亦不過丙所對之內點、而交黃道于戊點、距丙點亦不滿一百八十度、故二次過正交中

間所行、不滿三百六十度、其較爲甲申戊角度、即正交退行于黃道之數、必再行曲線之戊己一段、而成一恆星周、然月不復至甲點、而在甲點之北己點也、

黃白交點退行于黃道、每日約三分十秒六四、積六千七百九十三日三九、約十八年六而一周、是謂正交行、當半周時、月道之方向、必與初相反、故月行每周必變其道、而成螺線行、而黃道左右各五度九分、二緯圈內之一帶天空、于交點一周之中、月必盡經過、星遇之即被掩、

月道橢圜之長徑、亦刻刻變方向、與地道同、而更速、順

行、凡三千二百三十二日五七五三、約九年而一周、每月行一周、差約三度、約歷四年半、其長徑高卑二點之方向正相反、因此事、月地二心距在橢圜法之外、又別生差、

上諸條約言之、月繞地之道爲橢圜、地居其一心、而此橢圜有二動法、一、其長徑順行于本面、二、其面之方位恆變、如地之赤道因軸之尖堆動而漸移、但更速耳、

諸曜中月甚近地、太陽及諸星、較之俱甚遠、故前所云黃道左右各五度九分內一帶之星時被掩者、以地心言之耳、若地面望之、則必過此界左右各一度、設遇日、

即掩日而爲日食、食分深淺不一、或食既、則昏黑如夜、星俱見、有時月視徑小于日、則全食時月在日中、四邊日光溢出如環、名金錢食、

凡日食必在朔、因日月同經度也、然非每朔有食、蓋黃白二道斜交、其大緯五度八分四十八秒、故合朔遠交點、雖同經度不食也、若合朔近交點、則當推日之視半徑及月之最大視半徑、蓋地面月之視半徑、各處不同、俱大于地心之視半徑也、又當推月之地平視差、若日月兩心距、小于二半徑和加月地平視差、則地面必有見食之處、此數最大爲一度三十四分二十七秒、如圖、

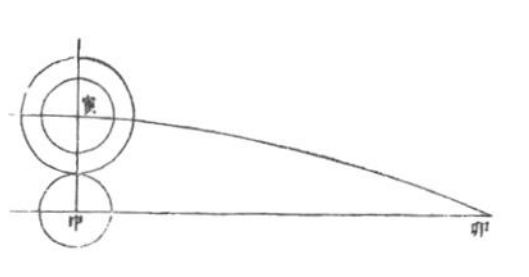

申夘寅弧三角形、申爲日心、寅爲月心、申夘爲黃道、寅夘爲白道、夘爲黃白交點、申爲直角、設申寅爲一度三十四分二十七秒、夘角爲五度八分四十八秒、推得申夘爲十六度五十八分、爲最大食限、合朔時日距交點大于食限、則不食、小于食限、則地面必有見食處、欲推某地食分若干、當撿日月表、查交點所在、及日月二半徑、本地之視差、地面地心月視半徑之較、乃可推也、推月掩星、亦如上法、凡月距星之數、小于月視半徑地平視差之和、則能掩

星、其細推法、俱詳別書、

觀日食掩星、而知月爲不透光之實體、故掩星時、不見有星光透出也、又知有時月雖不見、然恆在天空、有時月光雖僅爲半體、或如眉、然其體恆圜、未嘗缺也、故掩星時、星之出入月體、或在光邊、或在暗邊也、朔前後二三日、月體暗處亦有微光、能全見之、月光初生僅一線、漸增至半、又漸增至滿、一若有球、半黑半白、先以黑向人目、而漸轉其球、令白漸見、月爲球體亦如此、其半爲日光所照而明、朔時其明面背地而向日、行漸遠日、見明面漸多、漸近日漸少、

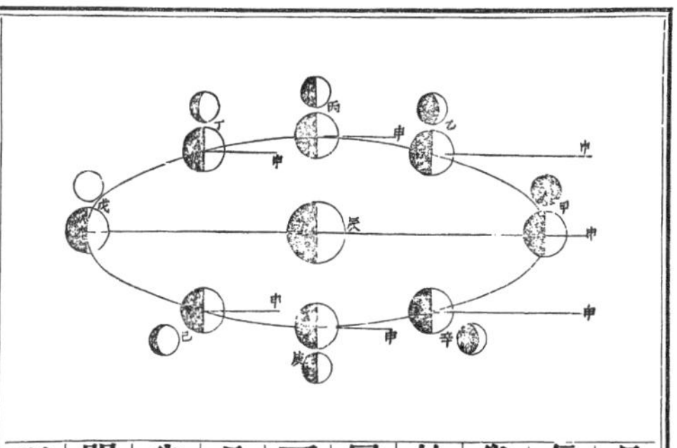

日地距二萬三千九百八十四倍地半徑、月地距僅六十倍地半徑、日地距約四百倍月地距、故從日至白道各點作線、必略同平行線、如圖、辰為地球、甲乙丙丁等為月在白道諸處、申為日之方向、月任在何處、向日之半明、背日之半暗、月在甲為朔、明面背地、故俱暗而不見、在丙則向地之面半暗半明、在庚亦

然、是謂上下弦、在戊則明面正向地、故見光滿而為望、而朔弦望之間、在乙在丁、則見明面由少漸多、在己在辛、則見明面由多漸少、問月係實質、何以能回光照地、曰、不足異也、試以白雲証之、晝時月色與白雲無異、落日返照、白雲發光、亦與夜中月同、是實體俱能回光也、故不獨月照地、地亦照月、初三夕月之暗面微明、職是故也、蓋近朔時、地以明面向月、月受地光、復回照地、故見暗處有微光焉、距朔漸遠、則月照地之光漸增、地照月之光漸減、故月之暗面漸不見、

從前朔至後朔為一月、即月二次會日中間所歷之時也、若地視日、如恆星不變方位、則二會相距、與恆星月即月行周天之時等、今見日亦行于天空、但較月甚遲、故月行一周時、日已前行若干度分、更追及于日而再會、歷時必大于一周、是謂朔望月、按每日日行為〇度九八五六五、月行為十三度一七六四〇、推恆星月與朔望月之較、以代數入之、命一日月行度為咳、日行度為亥、二月之弧度較為天、則咳與亥比若一加天與天比、又咳亥之較與亥比若一與天比、既得天、以咳約之、即得二月之較、按朔望月為二十九日十二小時四十四分二秒八七、

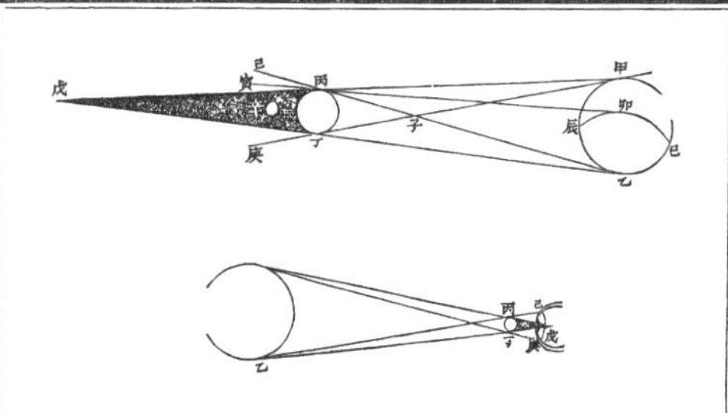

前圖中月在甲時、若近交點、則必掩日之光而為日食、在戊時、若近交點、則地影必侵月而為月食、故日食必朔、月食必望也、又地影入月、恒作圜狀、亦地為球體之一証、蓋凡影、任在何方向恒圜、其體必為球也、

凡日月食、皆由一體之影掩一體、而發光之體、大于相掩之二體、如圖、甲乙為日、丙丁上為地、下為月、

甲乙大于丙丁、故甲丙乙丁二線引長之、必遇于戊點、成丙戊丁尖錐形、錐形中必黑暗、名闇虛、在闇虛中不能見日、在闇虛外己丙戊界中如寅、則僅能見日之甲辰夘巳一分。故得光少、名外虛、在外虛外界丙己外、始全見日、持小木球于日光中以紙乍遠乍近承取其影驗之、即信、此上一圖爲月食、辛爲月、月先入外虛、望之如隔煙、色甚昏黃、次入闇虛、其初入雖已虧、然光盛、目不能察、用遠鏡乃能察之、如灰色焉、入漸深、光漸損、不能侵、其食界始易察、在闇虛中、月體亦非全黑、似有微光、自月周至心、色不同、近周四五分、色藍微帶綠、內一

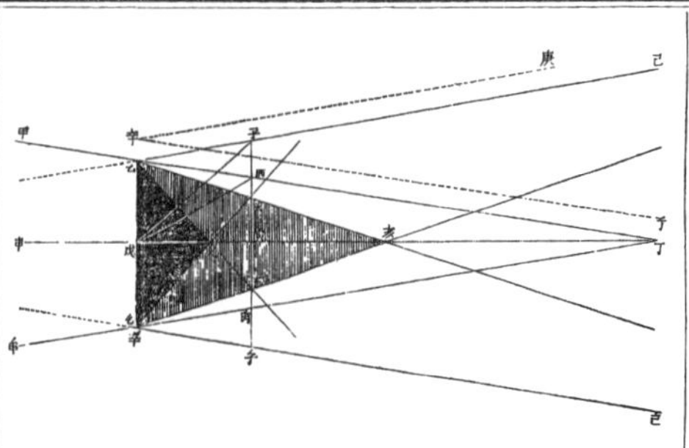

層作玫瑰色、又內一層紅銅色、或作熱鐵退紅色、入闇虛最深、則最內一層之色、偏于月面、此乃透過地氣之日光、生蒙氣差、故然也、如圖、甲丁申爲闇虛尖錐、己乙辛㔾爲外虛界、皆以過日地二心之丁戊申線爲軸、子寅子爲闇虛及外虛之截面、戊寅爲白道半徑、戊申爲日地二心距、若地面無氣、則月在子丙

丙子之間、日光爲地球所侵、色必黯淡、在丙丙之間、則全爲地球所隱、必全黑無微光、今地全徑乙㔾之外、有乙辛㔾辛之氣、理如凸鏡、故日光透過此氣、必生蒙氣差、而從日上邊甲所出之光、其外界必爲辛子、其內界必爲乙地、從日下邊申所出之光、其外界必爲辛庚、其內界必爲乙亥、二內界交戊丁軸于人亥二點、㔾辛之光仿此、戊亥大于白道半徑、戊人小于白道半徑、距地面約十三里內氣甚厚、月入闇虛、在天丙地丙之間、其光從薄氣來、故見藍綠色、在天地之間、其光從厚氣來、故見紅紫色也、然每月食所見微光不同、蓋地之四周、

或有雲或晴明異也、微光最多時、能令物生影、測以遠鏡、亦能辨月面之各地也、

細推上條諸數、命地球半徑戊乙爲一、則日地距戊申爲二萬三千九百八十四、日半徑爲一百十一半、推闇虛尖距地丁戊爲二百十八、而距月丁寅爲一百五十八、推戊丁乙角爲十五分四十六秒、而丁乙戊角爲八十九度四十四分十四秒、即得闇虛半徑寅丙爲〇.七二五、即八千二百八十二里、在戊點之視半徑丙戊寅角爲四十一分三十秒、又推得外虛半徑寅子爲一.〇〇五、即一萬一千四百八十里、其視半徑子戊寅角爲

五十七分三十六秒、月心用平速過闇虛全徑當歷二小時四十三分、過外虛全徑當歷三小時四十七分、丁乙地己乙亥二蒙氣差角、俱倍地平蒙氣差各一度六分、丁乙戊角爲八十九度四十四分十四秒、己乙戊角爲丁乙戊加日視徑、故得九十度十七分十七秒、而戊乙地角爲八十八度三十八分十四秒、戊乙亥角爲八十九度十一分十七秒、以地半徑爲一、則得戊人爲四十二。〇三、小于白道半徑十七。九七、戊亥爲八十八。八九、大于白道半徑二十八。八九、

地體大闇虛尖錐長月道在尖錐之腰故月食月必入

闇虛、月體小尖錐短日食時、其尖或侵地或僅及地、或不及地、尖侵地則如前圖、地面有黑斑、繞斑有淡影、在黑斑中見全食、在淡影中見食幾分、淡影外不見食、尖僅及地、則尖所過處見食既即生光、尖不及地、則統地面不見食既、尖所指處、見月全體入日、而不能全掩日所謂金錢食也、

月行一章與交點一周之時略合、一章二百二十三月、爲六千五百八十五日三二、交點一周十九交終、爲六千五百八十五日七八、故每二百二十三月即十八年又十日、中間有若干日月食、食之時、食分之深淺次第略相同也、在古昔迦勒底天算家已有此說、蓋未明其理、先得其時也、大率一章中共有七十食、月食二十九、日食四十一、一年中日月食最多七次、最少二次、

月食時刻及食分、較日食易推、蓋地面所見與地心同、無視差也、闇虛與外虛恒在黃道上、其心與日心恰相對、望時白道過闇虛、即見食、而每日每時白道之方位月離表皆可查、但察月與闇虛兩心距、等于月外虛二半徑之和、即月入外虛之時、等于月闇虛二半徑之和、即月入闇虛之時、凡望時日距黃白交點在十一度二十一分內、則月入闇虛而有食、

日月距地、俱有遠近之變、則闇虛尖錐有長短、月入尖錐之處有高卑、而闇虛之截面有大小之不同矣、故月食時、日月距地各若干、皆當推之、日地距依橢圜推之亦易、月地距則略難、因長徑屢變故也、然歷表中俱詳列之、

以遠鏡窺月面、見有山有谷、其對日方向、山俱生影、影有長短之變、比例悉合、又光暗之界線參差不齊、近此線山影甚長、蓋此線上之地、見日出或日入故也、入光面漸深、則其地見日漸高、故影漸短、望時光面正向地、故不見有影、用分微尺測其影、可推諸山之高、近有二

人曰比爾、曰梅特勒、以此法測得月中一千零九十五山之高、著于冊、最高者約二萬二千五百尺、較南亞墨利加安的斯之最高山成波拉鎖、更多一千三百八十尺、此山近光界時、其頂先見小光點、亦如地面最高山、先得日光也、

月中多山、而南半尤多、徧月面幾盡山也、山形皆中窪若碗、口俱正圜、在月邊者、視之若橢圜、而山之大者、內有小峯矗起、其狀酷肖地面火山、試觀以大利那不勒維蘇威火山、及更比勿厘奇與法蘭西卑得陀墨二地諸火山之圖、則信矣、其不同者、山中之火壑甚深、更在

月面之下、大率壑之深、較山之高恒二三倍、用最精之遠鏡窺最明晰之火山、能分温石之層次、且見石汁四面下流、如 *Plate V. Fig. 2.* 圖、而用羅斯所造最精回光鏡、能見亞白得紐山月中火山火壑底之大石塊、又亞里梯路山月中火山之四周凸邊、俱有裂縫向裏、又月中不見有海、而有大平原、其壤皆類沙土、

窺月面不見有雲、亦似無氣、蓋有氣、則掩星時、以星出入月體時所推得之月徑、與分微尺測得之徑、當有差、其數倍月面蒙氣差、今不覺有差、則即有氣、亦甚薄、所生之差、不能至一秒、即其重不能及一千九百八十分地氣之一也、又若有氣、則日食時、月邊外當有一光線今亦未嘗見焉、小星近月、未至掩時先不見者、乃爲天空中月光所奪、雖在暗邊亦然、不足爲証、日食既時、雖十一等小星、切月邊尚見也、

月面無氣、故受日光處、其熱最猛、更甚于地面赤道之午正、而暗處必極冷、更甚于地面之二極、故月面各地每半月酷暑、半月嚴寒、若有濕氣、則向日半面必散而移于背日半面、而半月炎荒、半月積霜、惟當光暗之界、疑有水流也、其或一面水蒸化氣、一面氣凝爲水、因各得氣之平、不至盛暑盛寒、然如此則水氣乍生乍滅、亦

甚微、不能測也、

月向日之面甚熱、然當月滿時、地面不能覺、用回光鏡映聚其熱、亦不能變寒暑針之度、是月中之熱、較日中之熱力甚薄、疑入地氣上層、已消盡、故不能至下層、當月滿時、雲每不多、意其熱能消之也、

自地推月徑一秒之圜面、約方三里、故今之遠鏡雖精、尚未能証其有人與否、因未能察及房屋田畝也、月質輕于地、攝力亦小、設有力在地面能舉若干質、在月面必能舉六倍之質、故若有動物、必與地面動物異、否則體性不宜也、又月面不見有四時變化、故有植物否亦

未能知、

月亦自轉、其一周與繞地球一恆星周之時等、其赤道與黃道之交角、爲一度三十分十一秒、而正交點與白道之中交點合、故白道交點退行于黃道一周、月自轉之軸、搖動成一尖錐形、環黃道軸一周、此二周之時相合、

月自轉一周、與繞地一恆星周等、故月向地之面略不變、然自轉用平速、而行于白道有遲疾、故月向地半赤道之東西兩邊、能多見二三度、蓋月地二心之聯線時進退于月赤道也、又月自轉之軸、不正交白道面、故月

之二極、遞次側向地而亦可見、二動俱名天平動、因此二動、故月向地之面無一定之中點、而半球外二三度一帶、遞次能見之、

設月面有人、則彼視地、如地視月、其徑二度、其朔弦望之時、與月恰相反、又見地定于天空略不動、諸星在地之前後左右、徐徐而過、又見地面有斑點變化不定、而因貿易風、則見赤道及晝長晝短圈諸帶上、其斑屢變、又見大洲與海、歷代改變、則月中人、必久測不能定地面之形狀、又月食時、月中爲日食、則見地面之氣如細光環、近地邊色紅、稍遠爲淡藍、中包黑地面、其周有雲必見不平狀、

葛西尼伯作月面圖最著名、而羅色力用七尺回光遠鏡察其狀、作之更精、此外有陸爾鸞比爾梅特勒諸人所作、阿諾威有女士曰維德、用梅特勒圖、參以己測、精心造半月球象、又與奈斯密各造月中火山象甚大、至咸豐元年、米利堅獲魄勒、于堪比日星臺、用大赤道鏡及影畫器作之、爲最精焉、

談天卷七終

談天卷八

英國侯失勒原本

英國　偉烈亞力　口譯
海甯　李善蘭　删述

動理

地繞日、月繞地、已知之無可疑矣、而地何以繞日、月何以繞地、且俱終古不停也、今特推闡其理、

凡物在空中、必依地面之垂線下墜、其下墜必有力使之、名曰攝力、（一名地心力）攝力之方向、恆對地心、若物斜拋空中、則下墜時不正對地心、然地心之方向、仍寓于中不滅也、（理詳動重學）若正向上拋、則拋力與攝力相消、消至

相等則下墜至地面而拋力消盡、凡斜拋物、其方向本直、攝力令漸變方向、故下彎成曲線、名曰拋物線、拋物線有最高點、如月道焉、此曲線至地面時、其方向斜交地平、與發時方向交地平之角等、物在其線、無一處向地心者、烏知其向地心、烏知此線非極長橢圜道、地心爲其一心、若無地質隔礙、烏知物不回至本處、果爾、則拋物行曲線、與月繞地、乃一理也、

以索之一端繫石、手持一端而旋舞之、石必生離心力、拉索令緊、而索力必有限、旋太急、拉索力大過其限、則索絶而石飛、恰如限則不絶、知索力之限、即能推當用若干速率、設以索聯地心與地面之重物、而旋之、令速率所生離心力、恰如索力、則物必繞地心行、而有攝力令物恆向地心、與索力等、用以代索、則物仍繞地心行不變、月之繞地、亦此理也、而攝力小、何以知之、準動重學法、以地半徑推得地面重物、欲令繞地心行不停、其速率當爲一小時二十三分二十二秒繞地一周、若攝力加于月體與地面同、則推其速率、當十小時四十五分三十秒而繞地一周、今月繞地一周、爲二十七日七小時四十三分、故知地心攝力加于月、較加于地面物小也、推其比例、若一與三千六百、設二物一在月道、一

在地面、同下墜、地面物當速于月道物三千六百倍也、月距地心約六十倍地半徑、三千六百與一比、即六十與一之二平方數比、蓋攝力漸遠地心、則漸殺、其比例若距地心線平方之反比例也、此與光熱漸殺之理同、與驗鐵電氣二力、雖証據未多、然其理亦必同也、

奈端言天空諸有質物各點俱互相攝引、其力與質之多少有正比例、而與相距之平方有反比例、凡一體中各點相攝、所受攝力各不等、當推體之形狀、法甚繁、而地與月俱爲球體、奈端云球體之攝力、與球質俱收聚于心點而發攝力無異、故凡球皆如一點也、地雖非正

球然其差甚微、可不論、
奈端又言徧虛空界攝力無不到、設有二球體、本各行直線道、因攝力互相引、必成曲線道、或彼體繞此體、或二體共繞一公重心、其道必爲圜錐諸曲線之一、視其速率方向及相距遠近而異、所繞之心、乃曲線之心、除平圜外、不在中點、又距心線及速率、刻刻不同、恆成反比例、而距心線所過之面積同、則歷時亦同、觀地繞日、月繞地、皆與此理合、其道皆爲橢圜、而兩心差不同、則其說信而有徵也、
以日地兩心距及地繞日一周之時、推得地之離心力、

又設一與地等質積之物、距地如日地距、推得其恰當地球攝力之離心力、則地繞日之離心力、大于所設物離心力三十五萬四千九百三十六倍、即知日之攝力、大于地之攝力三十五萬四千九百三十六倍、蓋日之質、與三十五萬四千九百三十六個地球質相等、故也、而日之體積、大于地一百三十八萬四千四百七十二倍、則日質較地質疎而輕、設取等大之積、衡其輕重、則地爲一、日爲○二五四三、夫日之攝力甚大、則四面之壓力甚重、而質反如此輕、疑日中有猛火、或大熱、故受甚大壓力而不被擠小也、

凡球通體之攝力、與全質收聚于心點而發攝力無異、而攝力與球質積有正比例、與距心之平方有反比例、若論球面之攝力、則距心數乃球之半徑也、如法推得日地二球面之攝力、如二十七九與一之比、地面一斤重、移至日面、當重二十七斤九也、故日面當用地面抵力約二十八倍、方與攝力相當也、地面之人若至日面、必不能行動、因攝力大而增重、不能自勝其體也、
觀上諸條、益知地球率月繞日而日不動、蓋日質甚大、地月之攝力甚微、加之不覺也、與前所云公重心甚近日心、非地面所能測之說合、故地或繞日心、或繞重心、無須分別也、

地與月共繞其公重心、而又同行于黃道以繞太陽、此如大小二球聯于桿、以索繫于重心而旋舞空中、而二球又共繞其重心、是行于繞日之橢圜道者、非地非月、乃地月之公重心也、準此、則地上視日、又有小差、每月一周、凡推日度當加減此差、又月繞日之道、似十二曲線合成、其曲線俱凹向日、名次擺線、每月二次交地道、一由內出外、一由外入內、然月地二心距、不能過四百分地道半徑之一、則出入于地道亦甚微、設畫于紙、非用至精之規度之、不能覺也、

月若僅依地球之攝力繞地行則必爲眞橢圜道行一周仍至本處且在一面內今又受日之攝力故有交點逆行橢圜長徑順行及橢圜變形諸差也譬如以二石相並于高處同下墜攝力相等而漸增二石之速亦必同增而相偕至地設一石受攝力微大則增速亦更大必先至地而生相屬之動日地距大于月地距約四百倍故朔望月距日差二百分之一如圖申爲日戌爲地寅夘爲白道朔時月在寅受日之攝力大于地望時月在夘

受日之攝力小于地在白道各點受日之攝力比地各不同攝力之方向亦不同設地與月受日之攝力大小與方向俱不變則月繞地之行亦不變今既俱變故生差力其方向斜交地月之聯線令月或速于橢圜行或遲于橢圜行且或令地離月或令月離地又白道斜交黃道面而日之攝月力非與黃道平行故恆令月欲離白道面則生交點行等差也此名攝動差其詳見後卷恐人因此疑攝力之公理有時不合故先略言于此以釋其疑

談天卷八終

談天卷九

英國侯失勒原本

英國　偉烈亞力　口譯
海甯　李善蘭　刪述

諸行星

於地面仰測諸曜見其時時行動異于恆星者不獨日月已也又有諸星其近且大者曰水曰金曰火曰木曰土古所謂五緯星也其遠而難見非遠鏡不能察者曰天王曰海王其微而難見亦必窺以遠鏡者一曰穀女二曰武女三曰天后四曰火女五曰嚴女六曰稺女七曰虹女（一曰虹神）八曰花女

（一曰花神）九曰慧女（一名獵師）十曰醫女十一曰處女（一名巴腿拿卑）十二曰勝女十三曰傅女（一名哀及利亞）十四曰和女（一名以來奈）十五曰時女十六曰靈女十七曰海女十八曰歌女十九曰吉女二十曰王女二十一曰琴女二十二曰詩女二十三曰戲女二十四曰公女二十五曰福女二十六曰陰女二十七曰簫女二十八曰戰女二十九曰洋女三十曰天女三十一曰麗女三十二曰果女三十三曰瑟女三十四曰巫女三十五曰沉女三十六曰馳女三十七曰信女三十八曰卯女三十九曰喜女四十曰律女四

十一曰桂女、一名大副尼四十二曰地女、一名依昔斯四十三曰愛女、四十四曰使女、四十五曰香女、四十六曰家女、四十七曰仁女、四十八曰溟女、四十九曰牧女、五十曰貞女、五十一曰禽女、五十二曰虜女、五十三曰島女、五十四曰哲女、五十五名未詳皆西國近代所測得者、凡此諸星、細推其行法、實繞太陽、故皆爲太陽所屬星、然恐不止于此、或隱而難見者尚多、今姑就所已見者論列之、

諸行星之道、亦自西而東、除穀女武女天后諸小星外、其道俱近黃道、在地望之、不能正見各道之面、僅能側見其邊、其各面相交角、及遠近、俱不能了了、惟星距黃道面之度、能明見之、

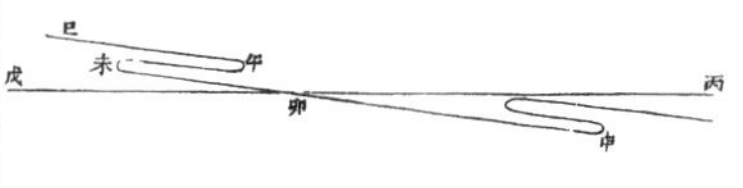

地上視日月之行、略有遲速、由于橢圜、而行星則大異于日月、有順逆行、順行由速而遲、而留、而逆行、逆行亦由速而遲、而留、而復順行、總計之、順行多于逆行、順逆二行之較、爲星東行之度、試以黃道相近一帶所見之星道、展爲平面而圖之、戌丙爲黃道、巳午未申爲星道、巳至午順行、午爲留、午至未逆行、未爲復留、未至申順行、餘可類推、夘爲二道之交點、地在黃道面內、交點亦在黃道面內、故見星至夘、必無視差、欲知星過交點時刻、取相連二日、一在黃道南、一在黃道北、各測其緯度、用比例推之、即得、屢推之、知凡星二次過中交或正交、中間之積時恆等、無論順逆遲速皆然、然則星之行皆有定法、我見其忽順忽逆忽留若無法者、因我所居之地、不在星道之心、而地又行于本道、生視差故也、蓋諸行星道皆以日爲心、故若居于日面觀之、必見其行有定法、而無順逆留諸變矣、

行星皆爲球體、與地同類、本皆無光、日照之而生光、此以遠鏡測而知之、又皆爲實質、面之狀各不同、見Plate III圖、

即火木土三星之圖、諸星距地較月甚遠、故月能掩之、有更遠于日者、故距地球最近之星、地半徑視差甚小、不過數秒、而其遠者、視差更微、難測也、推行星大小、以本星之地半徑視差、與星之視半徑比、若地徑與星實徑比、蓋視差即在星上所測地之視半徑、而同用一星地距、故比例同也、凡行星皆小于日、然有大如地、或大于地者、

行星視徑有時變大、有時變小、以三角法推得距地諸數、則知若以地爲心、無論行正圜行橢圜、其數俱不合、而于日則大有相屬之理、如火星衝日之時、視徑最大、

爲十八秒、衝後漸變小、至合日時最小、僅四秒、他行星亦然、故知俱繞日、又金水火三星、以遠鏡測之、見有弦望與月同、其明面恆正對日、故知諸行星無光、皆借日之光也、

以日爲諸行星道之心、則地上所見諸參錯行之故、盡明、而一切行星幷地球之動法、皆歸一公理、蓋行星皆繞日、其道斜交黃道、交角甚小、而交點不移、聯二交點爲二道面之交線、交線平分黃道、行星自正交或中交起、復至本點、爲繞日一周、其時可測而推也、

諸行星繞日一周、在地望之各不同、金水二星、如偕日

而行、離日之度有定界、或在日東、或在日西、在日東、則日入後見于西方、名昏見、在日西、則日出前見于東方、名晨見、離日最遠、水星不過二十九度、而金星四十七度、在日東最遠、與日同速、既而留、而逆行、初遲後速、與日漸近而伏、伏時或見其過日面、如小黑圜斑、此必行星過交線而地球亦在交線、乃有之、與日月食理同、伏若干日而復見、在日西、仍逆行、初速後遲、遲極復留、而順行、復離日最遠、而與日同速、既而速漸增、追及于日、而又伏、伏數日復見、在日東焉、順逆伏留之時、有增損、不恆等焉、

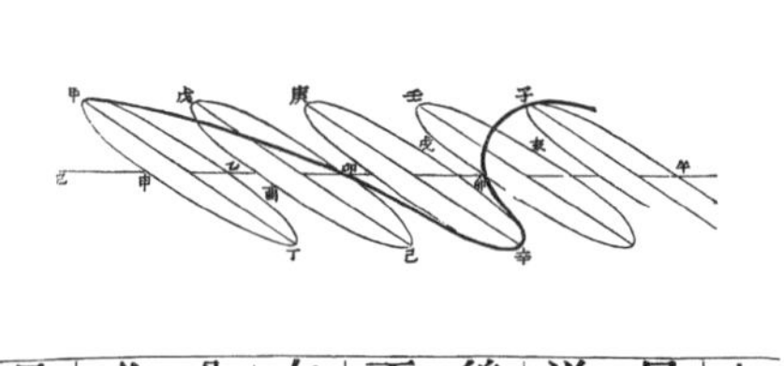

如圖、巳午爲黃道、甲乙丁爲行星道、日居星道心、乙申爲二交點、若日定居黃道、無視動、則必見行星進退于日之前後、設地在交線、則在日下、必見星過日面、在日上、必見日掩星、今日于黃道巳午有視行、設過申酉酉戌戌亥諸分、每分中行星在本道過一象限、則其視道必成甲夘辛子曲線、在甲夘辛分內、必見順行、在辛夘子分內、必見逆行、而在辛點必見留也、此惟金水二星爲然、二星在地道內、名

內星、伏時星在日地間、名下合、日在星地間、名上合、又圖、正視星地二道、申爲日、申子乙丙爲水星道、甲乙丙

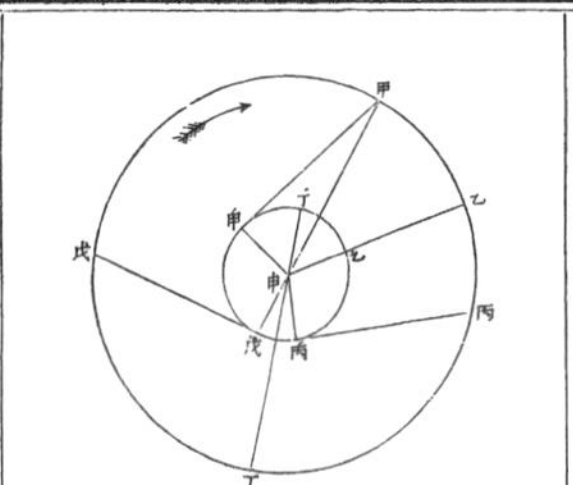

丁爲地道、矢表星地所行之方向、星在申時、設地在甲、其方向爲星道之切線申甲、則必見其離日最遠、其角度申甲申爲最大、甲申申爲直角、則半徑與申甲申角正弦比、若地道半徑甲申與星道半徑申申比、故測得申甲申角、即能知星道之半徑、然屢測其半徑不等、故知星道非正圜而爲橢圜、用連次測數

推得水星距日中數約一億零五百萬里、金星距日中數約一億九千七百里、地道半徑爲二億七千五百萬里、又以高卑二點正交點之微差、推得水星一周之恒星時、爲八十七日二十三小時一刻零四十三秒九、金星一周之時、爲二百二十四日十六小時三刻四分八秒、而晨昏見一周之時、水星爲一百十五日八七七、金星爲五百八十三日九二、此恆星周太陽周之別、設地定居于甲、則行星在申、爲晨見離日最遠、行一周復至申、仍得晨見離日最遠、今地自甲向乙行于本道、故星復至申時、地已前行、追至戊、遇地在戊、始同在切線上、

而復得星晨見離日最遠也、中間星至乙時、地至乙、則見星下合日、星至丙時、地至丙、則得星昏見離日最遠、星復過申至子時、地至丁、則見星上合日、星自申起復至申、是謂恒星周、一周後更行至戊、是謂太陽周也、以金水二星地球三道之半徑、推得三道里數、各以一周之時約之、得一小時中水星約行三十一萬六千二百三十里、金星約行二十三萬一千三百三十里、地球約行十九萬六千七百五十里、故星在下合日乙點左右時、星地之行方向同、而星速于地、從地視之、見星行之方向、與日視行逆、故爲逆行、在上合日丁點左右時、星地之行方向逆、而從地視之、見星行之方向與日視行順、更速于日、故爲順行、二留點不在離日最遠申丙二點、而在申乙與丙乙之間、又圖、戊戉爲地道上之微

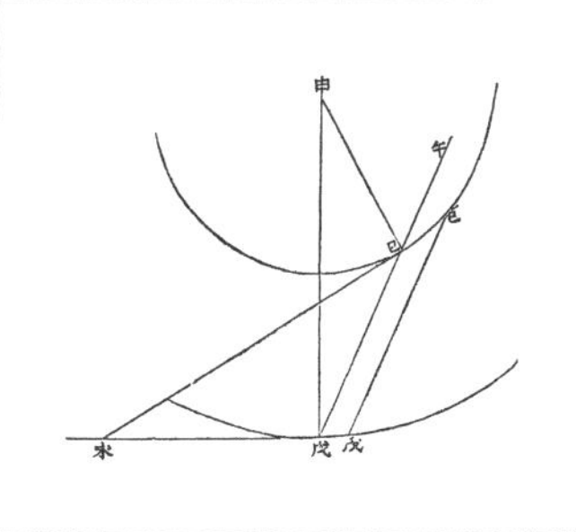

弧、巳㔾爲星道上之微弧、若二微弧與二速率比例、恰令地過戊戉、星過巳㔾、其距線巳戊至㔾戉方向不變、則地視星、或背地上行、或向地下行、而不見有順逆行、故曰留也、若離日最遠時、則見其與日同速、而爲順行

矣、欲推留點所在、引長巳㔾戊戉爲巳戊二點之切線、會于未點、任引長戊巳至午、巳戊與㔾戉平行、則準平三角例、巳㔾與戊戉比、若巳未與未戊比、命星地之二速率爲亥亥、則巳㔾與戊戉比、若亥與亥比、故亥與亥比、若巳未與未戊比、亦若巳戊未與未巳戊二角之正弦比、亦若申戊巳與申巳午二角之餘弦比、因申巳未申戊未俱爲直角故也、亦若申戊巳角餘弦與申戊巳戊申巳二角和之餘弦比、又命星地二道之半徑爲未未、則未與未比、若申戊巳角正弦與申戊巳戊申巳二角和之正弦比、而申戊巳戊申巳二角可推、一爲行星

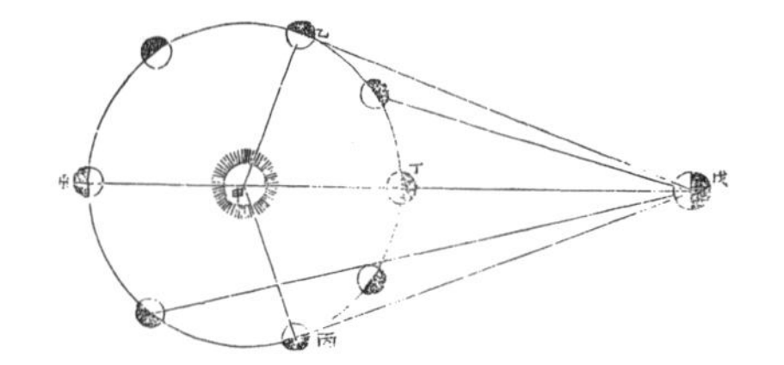

留時離日之角、一爲日視行星與地二經度之較角也、然星地二道俱非平圜、故推算更繁、今不詳論、而著其已推得之數、水星之留點離日、最小約十五度、最大約二十度、金星恆在二十九度左右、其逆行、水星約二十二日、金星約四十二日、

金水二星有弦望、如圖、申爲日、戊爲地、乙甲丙丁爲星道、星因日照向日半面明、背日半面暗、故當上合星在甲、戊視之見光滿如望、星在乙甲甲丙之間、光必多于弦、在乙丙二點則如弦、在丙丁丁乙之間、光必少于弦、漸近下合丁點則見其如線、或至無光如朔、或見其過日面如黑斑焉、凡金星之光、見其時明時微者、有二故焉、一因弦望、一因距地遠近、星之視體大小不同、如自離日最遠至下合日之時、光面漸變少、然漸近地、視體漸大、每相補焉、依此推之、離日四十度時、光最明焉、

金星過日面有一定時、而二次相距之年不等、率初八年、次一百二十二年、次八年、次一百零五年、如是周而

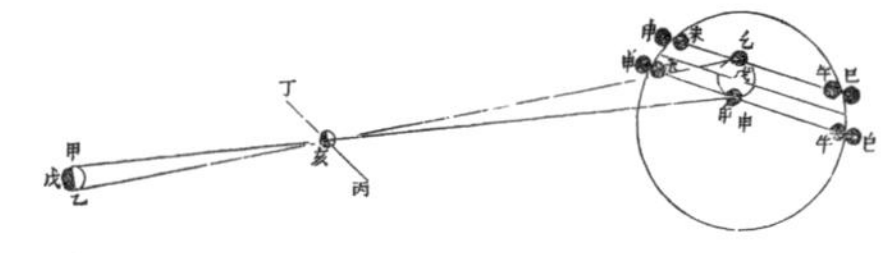

更始、恆近冬夏二至、測此以推地日距及日之地半徑視差法最妙、如圖、申爲日、戊爲地、亥爲金星、丙丁爲過日面時之道、甲乙爲二測處、在地球面相對二點、其徑甲乙正交黃道面、若地不轉、星過日面時、甲乙徑不動、則甲點見星在日面申、乙點見星在日面乙、甲亥申、乙亥乙、皆爲直線、則亥點之相對二角必等、故申乙與甲乙比、若星之距日與距地比、即若六十八與二十七比、約爲五與二比、則日面之申乙、必五倍地半徑、其視度必五倍地平視差、是以測申乙、設有差、推得地平視差、其差減小、不過五分之一、故曰法最妙也、巳午未申巳午未申二線、爲金星視道之二界、從日之西邊入東邊出、甲乙測者、必細測出入二點、以定界線所在、若細測過日面之時更妙、蓋查金星表、能知其行度速率、而視道約同直線、知其時、即知過日面線之長、用作通弦、以日徑求其矢、甲乙所得二矢之較即申乙也、此必測星心過日面、故先測入日時、一星日外切之時、如巳、一星日內切之時、如午、次測出日時、與前同、如未、如申、取外切內切之中時、以日周之弧弦之、

則得星心出入之時、然地球自轉而二測處又不能恰在相對二點、故推步甚曲折、與日食月掩星同、而更細密、今不詳論、但論測金星過日面爲最要事云、乾隆三十四年星過日面、英佛蘭西俄羅斯等國、俱分遣疇人至遠方測之、合各國測數、推得太陽之地平視差爲八秒五七七六、此後過日面、當在咸豐二十四年三十二年、

水星道之兩心差最大、約爲四分半長徑之一、故其離日最遠度、相差甚多、小則十六度十二分、大則二十八度四十八分、金星道亦爲橢圜、而兩心差不甚大、

水星過日面、在正交點近小雪、在中交點近小滿、分計之、在正交點約十三年、或七年一次、率三次相距俱十三年、一次相距七年、在中交點亦然、然此約言之耳、水星道與黃道之交角大、故時或不合、當以二百十七年一交之終計之、其次周而復始也、水星近日、用以攷日之視差不便、故非若金星之當詳測焉、道光二十八年、水星過日面、此後當在咸豐十一年、

凡星道包地道者、名曰外行星、何以知其包地道、其証有二、內行星離日度有限、遠至限而復近、外行星則無限、衝日時遠至半周、地不在星日中間、不能如是、一也、星之光常滿、不見有弦缺、其遠者爲木土天王海王、恒爲圜體、其近者爲火星、雖或小虧、亦不能過八分之一、故知在地視星、與日照星之方向略同、非地道在星道內、不能如此、二也、以火星論之、如圖、申爲日、戌爲地、寅

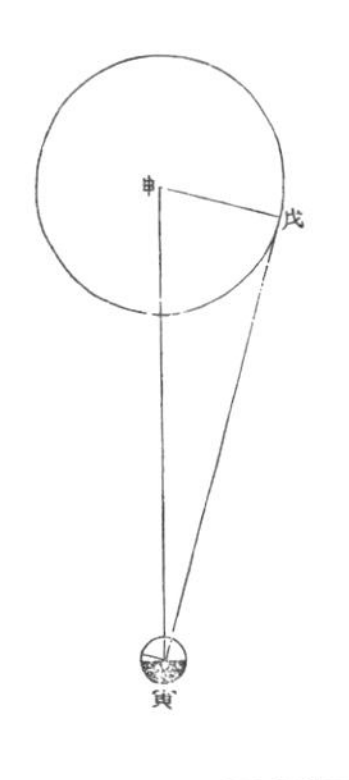

爲火星、地在戌時、火星上見地離日度最大、地上視火星、見暗面亦最多、準星之光分、能推申寅戌角、及星日二心距申寅與日地二心距申戌之比例、故知火星道半徑爲一個半地道半徑強、而木土天

王海王之虧不能見、則其道必包地與火二道、

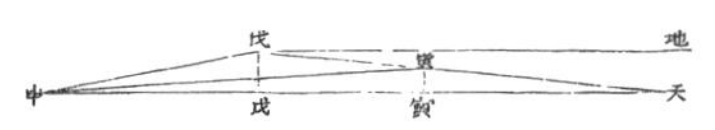

外行星于衝日前後皆逆行、逆行之時、及所過度分、及速率、各不同、俱火大于木、木大于土、土大于天王、天王大于海王、若知星之周時、則測其逆行、能推星道大小、如圖、申爲日、衝日時、地在戌、星在寅、同在申天直線內、歷若干時、地行至戌、星行至寅、作戌寅聯線、引長之、交申天線于天、成申戌天、申寅天、二三角形、先用申戌天形、已有申戌邊、即日地距、亦有天申戌角、即地所過之弧度、亦有申天

戊角、即地戊天角、爲星逆行之度、則可推得申天邊次用申寅天形、已有申天寅角、亦有天申寅角、即星所過之弧度、以星周時與今所歷時、比例而得、又有申天邊、則可推得申寅邊、即星日距也、然星道非平圜、必累測而推之、取其中數、爲星道半徑也、

前論測星道交黃道點、能知周時、然其交角有甚小者、交點非易測、若于衝日前後數日連測之、以定衝時、二次衝日中間積時、即星之太陽周時也、然因橢圜有微差、必屢測、取其中數、方得太陽平周時、知太陽周、即知恆星周、測次愈多、得數愈密、五緯星已歷測二千年推得其周、可云密之至矣、

凡二行星周時之平方比、若二距日線之立方比、如地與火星二周時之率、爲三百六十五萬二千五百六十四與六百八十六萬九千七百九十六、二距日之率、爲十萬與十五萬二千三百六十九、上二率各自乘、下二率各再乘、其比例同也、此爲古今來天學中第一至妙無上之理、刻白爾精思苦索而得之、是時未有對數、推三角頗不易、諸行星之根數、未能若今時之精密、而刻白爾乃能探得此理、則又難之難已、苟非大智、何以能之、自明此理、而知地球與諸行星、不獨形體相似、顯然一類、無可疑矣、

刻白爾攷火星行法、悟得火星之道爲橢圜、日居橢圜之一心、星日距線所過面積等、則歷時亦等、驗之火星既密合、以其法推諸行星皆合、因立三例、一曰、歷時同、則星日距所過面積亦同、二曰、諸行星皆行橢圜道、以日爲橢圜之一心、三曰、諸行星距日中數與周時、有公比例、此三例、以奈端動重學之理攷之、俱合、其第一例、歷時同、距線所過面積亦同者、蓋諸行星本欲以平速行于直線、其行于曲線者、必有力恆加之令曲也、其力之方向恆指日心、奈端論此理甚明、其大略云、凡力恆

加于一動體、力之方向恆指一點、則體必行曲線道、歷時同、體距點之線所過面積亦同、此可以淺近事顯之、譬如以繩懸一小鐵球、手執一端、依地平面旋轉之、一指向下、令繩纏指、則球必漸近所繞之心、而速率漸大、周時變小、同時過同面積、目驗即知、無煩細論也、若反旋、令繩展于指、必由速漸遲、與前相反、其第二例、行星皆行橢圜道、以日爲橢圜之一心者、蓋諸行星皆依日之攝力而行曲線、與他星無涉、以動重學言之、凡動體無他力加之、必行直線、恆加以他力、則行曲線、動體行平圜周者、動體之本速率、與所加他力、令本道各點之

曲率恰相等也若力更大則曲率亦更大力更小曲率亦更小、此皆不合平圜、而動力必時大時小、曲率亦時大時小、凡動體行曲線道、若先知其本動之方向、與本曲線之理、則亦可推其令方向變之力、令物行橢圜道、用力之法不一、設作鐵線橢圜圈、穿一珠令行其上、則令方向變之力、恒正交鐵線、而不向橢圜心、其行必爲平速、此與同時同面積之理不合、必如前論用繩懸小鐵球乃合也、欲考橢圜之力有三理、一準同時同面積、能知體在各點之速率、二準曲率、能知各點離切線而向心之數、三準速率變大小、能知各點力之大小、令體

向心而離直線之率、任在何點、皆可推算、欲驗體行橢圜之理、最妙以蠶絲懸一細鋼球、下置一大力吸鐵圜柱、吸鐵之極與懸點正相對、乃動其球令繞吸鐵、則球必行橢圜、而不行平圜也、其第三例、諸行星距日與周時、有公比例者、蓋諸行星各行本道、皆由于日之攝力、凡化學中質點相幷力、及吸鐵力、僅能攝數質、而日之攝力、凡所屬諸星、無論何質、皆攝之、攝力有大小、由于諸星距日有遠近、蓋攝力與質多少有正比例、而與相距遠近有反比例也、準奈端之理、凡二體互相繞其周時必如橢圜道半長徑立方之平方根、以二體質和約

之之數、準此若諸星之質較日質、相去非倶甚懸絕、則刻白爾之例不能合、今諸星質雖有大小、而較諸日則倶甚小、故皆略合、其差甚微、不能覺也、

欲明各行星橢圜道之根數、有三要、一爲橢圜形及大小、以長短二徑定之、或以半長徑及兩心差定之、如橢圜之長徑十、短徑八、則半長徑爲五、兩心差爲三、其橢率爲五分之三、一爲橢圜之方位、以黃道面及分點線爲準、此有三事、星道與黃道二面之交角、一也、二面交線之方向、二也、長徑之方向、三也、交線必過日心、故知交點經度、即知其方向、星過交點自南至北爲正交、此

時星之經度、即交點經度也、而知最卑點經度、即知長徑方向、最卑點、長徑之一端也、一爲星于某時當在本道某點、但知最卑點或橢圜上一定之點及周時、則依同時同面積之理、即能知之也、三要已知、則無論何時、能知行星所在之處、而從日心與地心之二視方位、倶

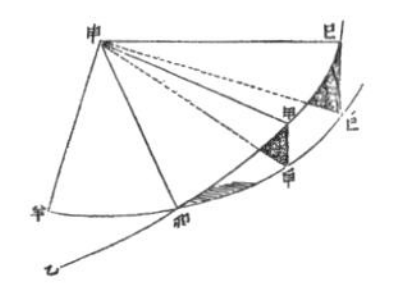

可推得也、先論從日心之視方位、如圖、申爲日、巳甲夘爲行星橢圜道、以申爲心、甲爲最卑點、巳申夘羊爲依星道作柱面正交黃道面所成形、申羊爲分點線、爲經度所起、申夘爲星道黃道二面

交線、設乙在黃道南、甲在黃道北、星自乙向甲、則夘爲正交點、羊申夘角爲交點經度、若星在巳、從甲巳二點俱作線、正交黃道面于申㔾二點、則羊申㔾角爲行星經度、羊申申角爲最卑點經度、巳申㔾角爲行星緯度、已知周時、及撱率、撱圜面積、故但知星過最卑點之時、則準同時同面積之理、能知甲申巳面積、而用幾何法、能推得甲申巳角、即星距最卑度、乃取甲夘申正弧三角形推之、已知夘申弧、即最卑與交點二經度之較、夘申甲角、亦知夘角、即二面之交角、故夘甲弧、即夘申甲角亦可知、以夘申甲加甲申巳、得夘申巳角、爲星距交度、乃用巳夘㔾正弧三角形、已知夘角、及夘巳邊、即星距交度、推得巳㔾邊、即巳申㔾角、乃星之緯度也、又推得夘㔾、即夘申㔾角、加交點經度夘申羊角、得羊申㔾角、乃星之經度也、

再論從地心之視方位、地心視行星方位、異于日心者、因地球距日而生、故必先求行星距地距日之數、次求地距日之數、乃可推也、如圖、申爲日、戊爲地、巳爲行星、申羊爲分點線、羊戊爲地道、巳㔾爲行星心至黃道面之垂線、申巳戊爲星之地道半徑差角、戊巳

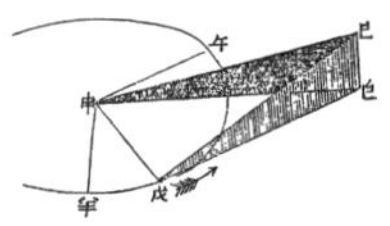

爲從地視星之方向、戊㔾爲地至星垂線底之方向、作申午線、與戊㔾平行、則羊申午角爲星之地心經度、而巳戊㔾角爲地心緯度、夫羊申戊爲地之日心經度、有日表可查、羊申㔾爲星之日心經度、巳申㔾爲日心緯度、依上法可推、而申巳爲星道之帶徑、（名本代微積拾級）申戊爲地道之帶徑、各準道之大小及體所在度可推、既有此諸數、則星之地心經緯度、俱可推、法先用申巳㔾直角三角形、已知申巳邊、及巳申㔾角、求得申㔾巳㔾二邊、次用申戊㔾三角形、已知申㔾申戊二邊、及戊申㔾角、乃星地二日心經度之較、求得申㔾戊角、及戊㔾邊、申㔾戊與㔾申午二角等、故申㔾戊㔾申戊羊申戊三角和、等于羊申午角、即星之地心經度、又用巳戊㔾直角三角形、已知戊㔾巳㔾二邊、求得巳戊㔾角、即星之地心緯度也、

五緯星上古以來人皆知之、天王星乃侯失勒維廉于乾隆四十六年二月十九夜、以遠鏡細測諸恒星、始知爲行星、前此因遠鏡未精、每誤列于恒星表也、火木二道間諸小星、嘉慶時先得其四、一爲穀女、得于六年、測地爲以大利之西西里巴勒摩城、人爲必亞齊、一爲天后、得于九年、測地爲日耳曼之阿諸威高丁近、人爲哈

爾定、一爲武女、一爲火女、得于七年十二年、測地爲日耳曼之不來梅人爲阿爾白士、初、有波特者、普魯士伯靈之天文士也、言火木二道之間、必有行星、但未測得耳、蓋各行星道距水星道、約俱遞倍、如地水二道距、約倍金水二道距、火水二道距、約倍地水二道距、推之土天王、莫不皆然、惟火木二道間太遠、與例不合、故也、後測得此四星、其道大小略等、俱在火木中間、距火木二道之數、與上例合、歷家咸異之、或謂此四小星本一大星破碎而成、果爾、其數當不止于四、後人因細測近黃道一帶小星、盡著于圖、以核其中有行星否、于是道光

二十五年十一月初十夜、亨該得嚴女、二十七年五月十九夜、又得穉女、七月初三夜、欣特得虹女、九月初十夜、又得花女、二十八年三月二十二夜、格來漢得慧女二十九年三月二十夜、特迦斯巴利得醫女、三十年三月三十夜、又得處女、八月初八夜、欣特得勝女、九月二十九夜、特迦斯巴利得傳女、咸豐元年四月十九夜、欣特得和女、七月初二夜、特迦斯巴利得時女、二年正月二十七夜、又得靈女、二月二十八夜、路得得海女、五月初八夜、欣特得歌女、七月初八夜、又得吉女、八月初六夜、特迦斯巴利得王女、十月初四夜、哥勒斯迷得琴女、

初五夜、欣特得詩女、十一月初五夜、又得戲女、三年二月二十七夜、特迦斯巴利得公女、二十八夜、沙谷納得福女、三月二十八夜、路得得陰女、十月初八夜、欣特得簫女、四年二月初三夜、路得得戰女、馬德得洋女、六月二十八夜、欣特得天女、閏七月初九夜、佛古孫得麗女、九月初七夜、哥勒斯迷得果女、沙谷納得瑟女、五年三月二十夜、又得巫女、四月初四夜、路得得沉女、八月二十五夜、哥勒斯迷得馳女、路得得信女、十二月初五夜、沙谷納得卵女、六年正月初三夜、又得喜女、二月二十五夜、哥勒斯迷得律女、四月十九夜、又得桂女、二十夜

包格孫得地女、七年三月二十一夜、又得愛女、五月初五夜、哥勒斯迷得使女、六月初七夜、又得香女、二十七夜、包格孫得家女、七月二十七夜、路得得仁女、八月初二夜、哥勒斯迷得溟女牧女、十七夜、佛古孫得貞女、十二月初八夜、老倫德得禽女、二十三夜、哥勒斯迷得虜女、八年二月二十一夜、路得得島女、八月初四夜、哥勒斯迷得哲女、初七夜昔勒又得其一、名未詳、幷前四星、共五十五星、其道俱略相近、則大星破碎之說、似可信矣、大行星中、海王最後得、初、測望家見天王星有無法之小動、英亞但史、法蘭西力佛理亞驗其動法、皆以爲別

有一行星、其攝力加于天王而生此動、其說不謀而符、二人各以法推未見之行星、謂今當在某經度某緯度、其推又略相近、力佛理亞以所推送伯靈星臺、是夜臺官嘉勒用遠鏡依所推之處測諸小星、核以星圖、果得一行星、距力佛理亞所定之經緯、其差甚微、名之曰海王、時道光二十六年八月四日也、

前條言諸星道相距有定例、其數雖不能如刻白爾諸例之密合、然甚相近、求其所以然之理、未能得、及得海王、其道距水星道、非倍于天王距水星、而僅加半、與例不合、然後知此例乃偶合、不足憑、而凡說之無証者、俱

當細攷之、不可遽信矣、

諸行星上設有動植諸物、其性與質、必較地面諸物大不同、蓋諸行星異于地球者三、受日之光熱、多少不同、一也、攝力大小不同、二也、體質疎密不同、三也、受日光熱、水星多于地約七倍、地多于天王約三百三十倍、試思我地面之光熱若多七倍、何以堪之、若少三百倍、又何以堪之、攝力大小、木星視地約若五與二、火星約半于地、月較地若六分之一、小行星約二十分之一、質疎密以重率言之、則土星重率、爲八分地重率之一、意土星質當略如樺皮、此三者、既如是不同、則動植諸物、若性質無異地面、必不能生活也、

以遠鏡測諸行星、所得諸事、條列于左、

水星略如球體、光如月有盈虧、因最近日而小、不能細測其質、實徑約九千二百里、視徑五秒至十二秒、金星亦有盈虧、其實徑二萬二千六百里、視徑最大六十一秒、大于他行星、然其面但見有光、而不能見有山與影、雖有光暗之異、而非能一定、故或言金水二星自轉之時略與地同、或言多于地二十四倍、因其面無斑、未能測定也、或星之體、我人不能見、但見包星之雲、雲所以蔽日光、以護星也、

火星之面甚明晰、道光十年六月二十九日、用二丈回光鏡測之、見有大洲與海狀、如Plate III. Fig. I.圖、大洲作紅色、意其土紅也、海作綠色、有時不清晰、或狀改變、意包星之氣中有雲故耳、而當清晰時有一定形狀、星自轉、其面以次而見、已有好事者、細測著于圖、其二極有白斑最明、見本圖或云是積雪、故向日久則小、背日久則大、最大時約距極六度、細測此白斑、知火星自轉、其赤道面與黄道交角三十度十八分、歷二十四小時二刻七分二十三秒而一周、其轉亦自西而東、與地同、其實徑約一萬一千九百里、視徑最小四秒、最大十八秒、

木星在行星中爲最大、實徑二十五萬二千里、其體積大于地球一千三百倍、視徑最小三十秒、最大四十六秒、其面有帶數道、道光十二年八月二十九日、用二丈回光鏡測之、如 Plate III. Fig. 2. 圖、其帶之廣狹位置、屢變非一定、間或散于星之全面、此必在包星之氣中、因風而成、如地之貿易風也、而星之轉、其面行速于地、故其風愈有一定、其黑者爲星之體、然不至星之邊、其邊氣愈厚故也、星面或見大斑、其帶或見分枝、細測之知木星自轉、歷恆星時九小時三刻十分五十秒而一周、其軸與帶正交、木星體非正圜而微匾、與地同、用分微尺測、得赤道

徑與二極徑之比、若一百零七與一百之比、依算理推木星之體質幷繞日之時、與測得數合、故知此法可推最遠行星、無不合也、木星有四月繞之、如地之有一月也、其繞法自西而東亦同、諸月繞木星、與諸行星繞日、理與法俱合、

土星實徑約二十二萬八千里、體積大于地球約一千倍、距地遠近適中時、視徑十八秒、其面亦有帶數道、不及木星之淸晳、理與水星同、間或見大斑、即星之體、據以測自轉、得十小時一刻十四分十七秒而一周、土星有七月繞之、最異者、體外有光環分二層、與星同心、而共在一平面內、外環之外徑五十一萬零一百四十四里、視徑四十秒〇九五、內徑四十四萬八千九百九十七里、視徑三十五秒二八九、內環之外徑四十三萬八千六百三十九里、視徑三十四秒四七五、內徑三十三萬九千三百零七里、視徑二十六秒六六八、環之厚難測、然必不能過七百里、星之赤道徑二十二萬八千九百零五里、視徑十七秒九九一、赤道距內環內周、五萬五千二百零二里、視距四秒三三九、兩環之間、五千一百七十九里、視距〇秒四〇八、此二空處、望之若二黑環焉、環之前半對日生影、影在星面、環之後半、有星體

之影、故知環爲實體、非虛象也、星面諸帶與環平行、故知星自轉之軸、正交環面也、見 Plate III. Fig. 3. 圖、土星繞日行、其自轉軸與光環、方向不變、故光環面交黃道面之角亦不變、恆爲二十八度十一分、其二面交線與分點線成角、一百六十七度三十一分、而光環二交點之經度、一爲一百六十七度三十一分、一爲三百四十七度三十一分、土星至此二點、光環之邊正對日、若適當衝日時、地上視光環如一細長光線、非最精遠鏡不能見、謂之光環隱、土星約十五年一過交點、過交點時、光環或隱一次、或隱二次三次、如圖、申爲日、甲丁爲土星道、戊己庚

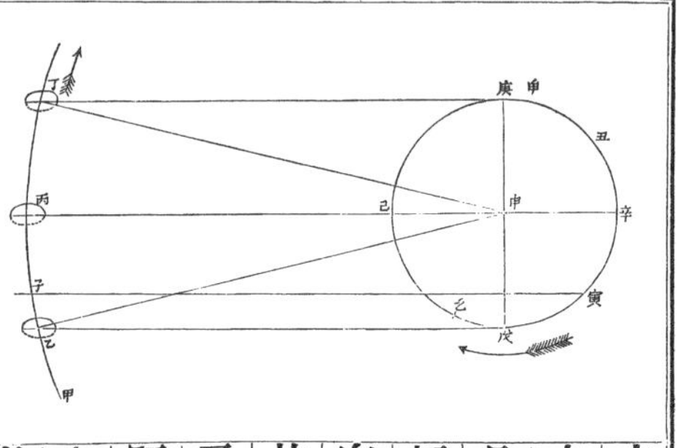

辛爲地道、矢所指爲星地行道方向、丙爲交點、丙申爲交點距日線、作戊乙庚丁、與丙申平行、切地道于庚戊二點、光環之方向恆不變、故土星在乙丁之間、若與地球會于丙申平行線、如子寅戊乙等線、光環必隱、土日距申乙與地日距申戊之比、若九五四與一之比、推得丙申乙角爲六度一分、倍之即乙申丁角爲十二度二分、即乙丁度、土星過此、約三百五十九日四六、較地繞日一周、僅少五日八、地或在戊己庚、或在庚辛戊二半周、俱可與土星會于丙申平行線、會則光環必隱、設地從庚行五日八至卯之時、土星初至乙、則必一會于辛戊象限內、再會于庚點、計其隱有二次、若地在卯辛戊弧內、土星至乙、則必一會于辛戊象限內、再會于戊己庚半周內、三會于庚辛象限內、計其隱有三次、若地在戊乙弧內、土星至乙、則其初地斜行而遲、星追及地而一會、後地行近正而速、追及星而再會、俱在戊己庚半周內、而星未至丁、地已過庚、又會于庚

辛象限內、計其隱亦三次、地在乙時、土星至乙、其初地斜行、星速于地、追及地與會、會後地行漸正、即速于星而前行、再會于庚辛象限內、計其隱只二次、若地在乙己申半周內、則僅一會于庚辛戊半周內、而其隱不過一次、光環向日之面明、背日之面暗、若丙爲光環之正交點、圖之面爲黃道北、其背爲黃道南、則地會星在辛戊象限內、爲從明至暗、在戊己象限內、地追及星、爲從暗至明、星追及地、爲從明至暗、在己庚象限內、爲從明至暗、在庚辛象限內、爲從暗至明、地入暗面時、望星、見面上有帶數道、而赤道上有細黑線、若星在乙丁弧外、則無此狀、凡土星之日心經度、自一百七十三度三十二分至三百四十一度三十分、見環之北面恆受日光、自三百五十三度三十二分至一百六十一度三十分、見環之南面恆受日光、在七十七度三十一分及二百五十七度三十一分時、見光環之面最廣、其短徑約爲長徑之半、或疑光環如此大、而係實體、何以能懸居空中、而不落于星面、曰、光環亦依本面自轉、環上之光有不同處、據以測得歷十小時二刻二分十五秒而一周、準土星攝力推之、如物在環半繞星應得之速、故能懸居空中不落也、以分微尺細測、知光環之重心行于一

小圜周，以繞星之重心，非與星共一重心也，如此，環之攝力加于星之四面不同，令星恒欲向環之最近點，而最近點繞星而行，頻移其處，故環甚穩，不致搖動，亦不致與星附着也，又環與星繞日，遲速如一，故永不變，若速率微不同，環亦必落于星面也，或言外環之光，小于內環，而內環內半之光，亦小于外半，道光三十年十月初八夜，米利堅堪比日星臺官本特，用大赤道儀測之，見內環之半有暗帶界之，其內半較濶，覺別有一環，其濶若五分舊二環和之一，後二十二二十六兩夜，英國根德天文士導斯用精遠鏡徑六寸者測之，亦見暗帶，

更明晳，與本特不謀而合，故定為三環，暗帶乃新環舊環間之空處也，而新環半亦見有黑線界之，界已內光更小，

天王僅見為一小光面，無環無帶，斑亦難見，實徑約十萬一千里，視徑四秒，此星之道甚大，故視徑之變不甚覺，其體積較地大八十二倍，其月或四或五或六，未測定，月道異于他星，詳後卷，

海王最後測得，其道最近黃道面，不能審視，故其狀不能言，或謂其有光環，環面交黃道之角甚大，而拉斯拉斯得路佛本特，俱測見有二月，一已確可信，一尚未得全証，

火道外諸小星，俱甚微，不能詳視，武女狀似星氣，想係厚氣，星之攝力小，不能令聚也，又惟武女火女，用最精遠鏡能測其視徑，他俱不能也，設人居諸小星上，能躍高六丈，如在地面躍高三尺也，地上水族之大者，移于諸小星，可陸居也，

欲顯繞日諸星大小及相距之率，當擇一極平地面，置一球，徑二尺，為日，距球一百六十四尺置一芥子，為水星，距球二百八十四尺置一豌豆，為金星，距球四百三十尺又置一豌豆為地，距球六百五十四尺置一菉豆，

為火星，距球一千尺至一千二百尺置五十餘沙粒，為穀女等諸小星，距球一里餘置一橘，為木星，距球二里半置一小橘，為土星，距球四里半置一大櫻桃，為天王，距球七里置一大李，為海王，若作圖于紙，不能得眞比例也，

談天卷九終

談天卷十

英國侯失勒原本

英國　偉烈亞力　口譯
海甯　李善蘭　删述

諸月

諸行星除水金火及諸小星外、皆有月、少者一、多者至六七、月之繞行星、猶行星之繞日焉、

地有一月、月非繞地、乃地與月共繞二體之公重心、而公重心行于橢圜道以繞日、故地與月皆行浪紋橢圜道（圖見卷五）以繞日、一周約有十三浪、然浪之出入于橢圜甚微、故二道向日之邊恒爲凹也、

地月之公重心在地體中、故地心繞公重心之道、小于地球之大圜、然測日之經度、有微差、名曰月差、亦視差理也、月差之最大不能至八秒六、八秒六者、日之地平視差也、

水星距日最近、爲八十四日半徑、天王距日至二千零二十六日半徑、而月距地心只六十地半徑、月地如此相近、故月恆隨地、若相距甚遠、則月地必相離、各獨行繞日、而因道之大小、令周時不同、當如刻白爾所定之例也、雖地有攝月之力、然甚小、月不能因之生遞遲遞速之率、惟在本道生不平動、所謂攝動也、（詳後卷）

月地雖甚近、然月受地之攝力、小于受日之攝力、若欲推其比例、法以地球繞日與月繞地二道之大小、用相等時分、推地月所過弧分之二矢、即日攝力引地、地攝力引月、令向心之數、依法推得二矢之比、若二·二三三與一之比、即月受日地二攝力之比例也、又攝力近則大而遠則小、其大小之比若相距平方之反比、而日地距大于地月距三百九十九倍、以三百九十九自乘、得十五萬九千二百零一、以乘二·二三三、得三十五萬五千四百九十六、是日與地二攝力之比、略若三十五萬五千與一之比、故地質僅爲日質三十五萬五千分之

一、凡行星帶月者、已測得行星繞日、月繞行星、二道之大小、及二周時、即可推行星之質積若干也、

木星有四月、土星有七月、天王已測得四月、或云六月、海王已測得二月、疑不止二月、此諸月之于各本星、猶諸行星之于日、其攝力及動法、皆與刻白爾所定之例合、細測之、尚微有不合處、乃諸月互相攝動、又本星非正球、攝力時有微變、故生此小差也、諸月繞本星之道、非平圜、實微橢、本星居其一心、同星之諸月、其各周時平方之比、若各道半長徑立方之比、周時及半長徑之數、見末卷附表中、

帶月諸行星中、惟木星歷代曾經細測、蓋其四月甚明了、用最精遠鏡、能測其月之視徑、又月食多而易測、可準之定地面經度、詳卷四木星月蝕條 前代測地球之月、未能如今時密合、故恆測木星月食、以定各地經度及時差、

木星諸月繞本星、亦自西至東、各道之面略近本星之赤道、與星面諸帶略平行、攷木星赤道面與星道面之交角爲三度五分三十秒、二面甚相近、故地上望諸月之道、俱略如直線、而諸月有時過星面、有時過星背、爲星所掩、有時入星影、光爲所奪、即月食也、造諸月表甚精密、各處測其月食之時、可定本地面經度也、

木星月食、大略與地球之月食同、但木星距日較地甚遠、星體較地甚大、故其闇虛較地、更長且廣、又星與諸月大小之比例、較地球與月大小之比例甚大、而諸月道與星道之交角、俱甚小、又諸月道徑與木星徑之比例、視地之月道徑與地徑之比例較小、故四月中有三月、每周必過闇虛、必食既、餘一月、其道交星道之角畧大、則非每周食既、時或切闇虛邊而過、見微食、然亦食既時爲多也、

地球之月食、人在月道之中望之、木星之月食、人在月道之外望之、視線與其闇虛之方向、交角時時不同、準

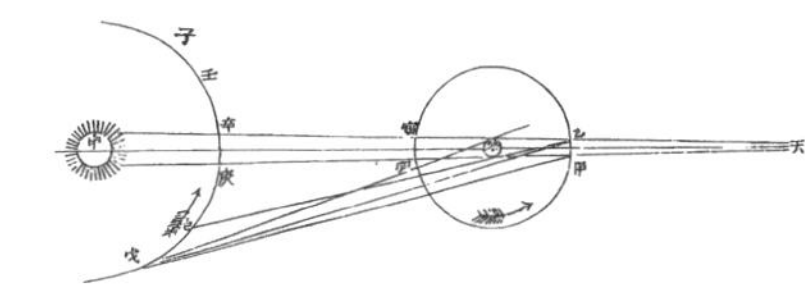

此見食之方向、及月與本星之視方位、不能一定、而食時不變、如圖、申爲日、戍爲地、戍己庚子爲地道、癸爲木星、甲乙寅卯爲星之月道、闇虛之尖在天空中、如天、距諸月之道甚遠、因日距木星甚遠故也、木星見日之視徑甚小、約六分、故當諸月之道、其外虛甚微、可不著于圖、月自西至東、其方向如矢、行至甲入闇虛、必見食、自初虧至食既、月行之弧、必如木星心所見月之視徑分秒、自生

光至復圓亦然、然遠鏡及目不能無小差、則初虧食既生光復圓之時刻、不能密合無訛、故但測星之隱見二時、相加折半、得食甚時用之、此時月在申癸天線內、即木星見月衝日時也、測此時、可定地面經度、有二食中間之積時、即其月之太陽周時、而月之恆星周時亦可推、詳卷七 觀此圖、知地在申癸線之西、則見月食必在木星之西、其時在木星衝日前、地在申癸線之東、則反是、地漸近申癸線、則視線與闇虛之方向漸相近、見月食處、必漸近木星之體、自乙作線切木星而過、至地道己點、設地在己、則月出闇虛在木星背、不能見、自己至木

星衝日皆然，又自甲作線切星至地道壬點，地自木星衝日至壬，則月入闇虛在木星背，不能見。地在庚，則月入闇虛在星邊，地在辛，則月出闇虛在星邊。地在庚辛間，則月出入闇虛，俱在星背而俱不能見。若月至寅點，其影必入星面，望之若黑斑。月自寅至夘，見黑斑過星面。月離夘，見黑斑出星面。又從戊作二線，切木星之二邊，地在戊，月至二切線之間，則見月體過星面，故木星衝日前，月過星面，必影先于體，衝日後反是。諸月體過星面時，用最精遠鏡測之，有時若光斑在黑帶上，有時若黑斑小于影，理當大于影，今反小，意非月之全面，必

面上或包月氣中之大黑斑也。諸月之表列于左。

木星諸月表

	地之中視徑	木星之中視徑	實徑	體積
	秒	分　秒	里	
木星	三八·三二七		二五一六〇〇	一·〇〇〇〇〇〇〇
一月	一·〇一七	三三　一一	七二五二	·〇〇〇〇一七三
二月	·九一一	一七　三五	五九七九	·〇〇〇〇二三二
三月	一·四八八	一八	九七六五	·〇〇〇〇八八五
四月	一·二七三	八　四六	八〇六八	·〇〇〇〇四二七

觀此表，知木星上視第一月，如我地球上視我月，視第二第三月，大小畧等，其視徑若第一月視徑之大半，第四月之視徑，若四分第一月視徑之一。諸月必恆相食，亦令日食，然木星上見食之處不多也。

地上見諸月過木星背，則月爲星掩，月過木星視徑分秒之時，即掩時，月行有遲速，故掩時不同，第一月二小時一刻五分，第二月二小時三刻十一分，第三月三小時二刻十三分，第四月四小時三刻十一分，地距木星較諸月甚遠，故雖有軌道差，而掩時畧同，推諸月所見木星之視徑，第一月十九度四十九分，第二月十二度二十五分，第三月七度四十七分，第四月四度二十五分。木星衝日前，月之掩在食後，衝日後，月之掩在食前，第一第二月最近木星，故掩食出入星及出入闇虛，不能全見。在衝日前，入星在食時，出闇虛在掩時，在衝日後，出星在食時，入闇虛在掩時，俱不能見也。觀前圖自明。地在庚辛弧，居日與木星之間，則掩之出入俱能見之，而食不能見。木星之第一第二第三月，平速之率最

奇，假如同時中，第一月平速度內加兩个第三月平速度，等于三个第二月平速度，故第一月之平經度內，加兩个第三月之平經度，減三个第二月之平經度，恆得一百八十度，故知兩月所在度，餘一月之度亦可知。準此，三月不能同時食，蓋第二第三月同經度，則第一月相去必半周，故第一月食，則第二第三月必合日也。反之亦然。此事或以攝力相聯之理釋之。

木星諸月雖不能同食，然四月同時中或食或掩或過星面，則未嘗無也。此時必四月俱不見，蓋月在星面，非最精遠鏡，不能測見也。此事康熙二十年十月初三日，

摩利牛始記于測簿、嘉慶七年四月二十三日侯失勒維廉又記之、其後瓦麗士記道光六年三月初九日、歷二小時不見、又道光二十三年八月初五日、葛列斯巴記之、

昔人測木星之月、因悟光行之理、爲格致學中最大事、蓋地道在木星道之內、而二道同心、故星地距恒不同、最大爲二道半徑和、最小爲二道半徑較、大小之較、爲地道全徑、康熙十四年、嗹國天文士勒墨爾、取歷年木星諸月食測簿、較勘之、覺木星近衝日、測得時必略早于推得時、近合日、測得時必略遲于推得時、詳攷諸時

差、及諸遠近差、與最大時差一刻一分二十六秒六、及最大遠近差地道全徑、比例皆同、因悟光自遠而近、行若干路、必歷若干時、徧推之悉合、每歷時一秒、光行五十五萬五千里、人初疑速率太大、不甚信、共欲求其証、後以白拉里所得光行差理証之、（五卷光行差條）則光行差所得光行速率、與木星月食所得光行速率、其較不及八十分之一、後細測之、恐適相等也、

木星諸月道之兩心差俱甚小、其內二道不甚覺、難測也、其相攝動生小差、與諸行星無異、拉白拉瑟諸天學家已細測詳推之、又屢測、覺諸月之光、準與星之方向而變、其變有定處、且有定時、意諸月必自轉、其自轉一周、與繞木星一周之時等、與我月同例、

土星之諸月距地更遠、較木星更難測、故不能詳細如木星諸月、距土星最遠之月、其道與光環面之交角最大、爲十二度十四分、其距土星之心六十四倍土星半徑、餘月之道、俱略與光環面平行、其距星最遠者、僅得此月距三分之一、惟我地之月、距地六十地半徑、差堪與比、他星之月、俱不能及也、康熙十年、葛西尼伯初測得此月、然在土星東半道、幾不能見、今用最精遠鏡、始見全周、但在東半道、光變小難測、因思此月必自轉、其

一周與繞土星一周之時等、與我月同、想諸星之各月、皆同此例也、自外至內、第二月爲順治十二年二月二十八日、海更士所測得、乃土星諸月之最大而明者、其實體略與火星等、第三第四第五月俱甚小、非精遠鏡不能見、葛西尼伯于康熙十一年及二十三年中測得之、第六第七月、侯失勒維廉于乾隆五十四年測得之、此二月甚近光環外周、于清朗夜用最精遠鏡方能測之、見光環如線時、二月若附于線而行、久而各離線端既而各退行、過線端而爲星所掩、

土星之光環及諸月道、與星道交角大、故月食過面諸

事、惟內二月爲多、外諸月非近光環如線時、不能有也、且測其食甚難、故非若木星之月、可用以定地面之經度也、

天文家定土星諸月之次不一、或以最近土星之月爲七、其次爲六、其次至最遠爲一二三四五、或自一至七、俱自內至外順數、因各家之次不同、恐易淆亂、故今以古神之名名之、自內至外、一密麻、二安赳拉、三特提、四弟渥泥、五利亞、六低單、七雅比都、特堤之周時、倍于密麻之周時、弟渥泥之周時、倍于安赳拉之周時、雖有微不合、不能過八百分大周時之一、

天王諸月、非最大力遠鏡、不能測之、中有二月較諸月甚明、其周時及距本星心、已畧知、末卷附表中第二第四月是也、昔人云尚有四月、然証據未確、道光二十七年八月初六日至十月初二日、拉斯拉復測得其一月、即表中第一月也、其年八月三十日至十一月初三日、斯得路佛亦測得之、又一月在二大月之間、亦拉斯拉所測得者、餘二月尚未有確據、若果有之、恐在今所見諸月道之外也、

天王諸月、大異于他星之月、其道面與星道交角最大者至七十八度五十八分、其繞本星皆自東而西、非自西而東、其道俱畧近平圜、其交點不見或移、測本星繞日、至今已半周、月道之交角未見有變、地與其月道面相近、視月道如直線或如長橢圜時、月之光爲本星光所奪、未切本星已隱不見、故用今之最大力遠鏡、尚未能測其食與掩也、

海王之月、較天王更遠、更難測、惟拉斯拉于道光二十七年五月二十六夜、測得一月、可無疑、蓋是年八月初三日至十一月十三日、歐羅巴米利堅諸疇人俱覆測相合也、斯得路佛測得其道、與本星道交角三十五度、其繞星或左旋或右旋、尚未知、須後人測定之、

談天卷十終

談天卷十一

英國侯失勒原本

英國　偉烈亞力　口譯
海甯　李善蘭　删述

彗星

古人以彗星之行、速率甚大而無法、恆隱而忽見、光或甚巨、異于常星、故恆目爲災異、人皆畏之、雖智者不免焉、今始知其行與繞日諸星同理、未嘗無法、然其狀及功用、亦未能深悉、又有難解者數事、如尾其一也、凡此俱俟後賢深攷之、

彗之見于史者、多至數百次、意古時未有遠鏡、所見者

彗之大者耳、近代遠鏡日精、大率每年必見一二彗、甚或二彗三彗並見于一時、故知彗之數、必多至數千、有彗晝在地平上、則不能見、惟日食既方見之、漢宣帝元康四年、日食見大彗在日旁、事載賽乃加所著書、又有數彗光最大、正午亦能見、載于史者、明建文五年嘉靖十一年近道光二十三年諸彗、皆是也、而前古漢初元五年、羅馬國主該撒亞古士督新嗣位、大會臣民、陳百戲賽祀鬼神、彗忽晝見、時前主該撒儒畧死未逾時、國人皆謂彗即儒畧之神也、至作詩歌咏其事、

凡彗之頭、大率爲大光體、其狀不一定、中心一點最明、如一行星、或如一恆星、背日之面、發長光二道、近頭合爲一、或不合、漸遠頭漸濶漸散、其本末畧似流星後之光、或似火箭後之光、是謂尾、亞利斯多記周威烈王五年之彗、尾長六十度、而近代萬歷四十六年之彗、尾長一百零四度、康熙十九年之彗、尾長七十度、或云九十度、乾隆三十四年之彗、尾長九十七度、道光二十三年之彗、尾長六十五度、*Plate II. Fig. 2.* 圖乃嘉慶二十四年之彗也、此彗不甚大、然不難目見之、

彗非恆有尾、有光甚明而尾短不顯者、有體甚大而絕無尾者、萬歷十三年乾隆二十八年二次所見彗是也、

葛西尼言康熙三年二十一年二次之彗、爲正圜形、甚清晳、若木星然、彗或有數尾者、乾隆九年之彗有六尾、如摺扇狀、長三十度、道光三年見一小彗二尾、其交角約一百六十度、一尾背日、光更明、一尾幾向日、稍淡、凡彗之尾恆微曲向後、若有力撓之、

凡小彗非遠鏡不能見者甚多、或無尾、望之若正圜或橢圜之星氣、漸近中心漸厚、疑無實體、最小之恆星、地面霧氣高數尺、尚能掩之、而隔彗望之甚明晳、此彗非實體之証、彗雖大、不見有朔弦望之象、然借日光而明、無可疑者、蓋彗乃薄氣積成、能透日光、故內外通明也、

竊意彗體甚小而包體之氣甚大體與氣俱受日光而明則上三事俱非難解矣譬如日落時天半之霞通體光明以彗之薄比之此霞猶是實體也故以目視彗疑爲實體用遠鏡察之知非實體或中心有一點更明者意是實體耳此實體甚小其攝力不能收束所包之氣故氣漲甚大甚薄也假如地球之質積變小僅賸千分之一則攝外氣之力亦變小僅得千分之一其氣必漲大多一千倍或不止一千倍蓋氣距中心愈遠攝力愈小故也然氣雖大必仍包其中體此理僅能解彗氣之薄至其尾當別有理也

彗之頭其外體或似烟或似霧或似雲可以上條理解之尾之本包頭而與頭不相連望之若雲二層中有空處其狀如水漚其曲勢合拋物線頭在內近漚之頂如圖此可明尾分爲二之故人于地斜望其漚故愈近邊光愈深

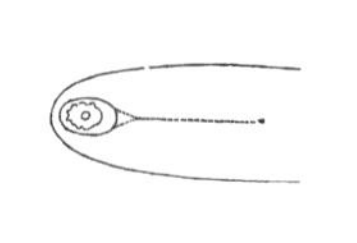

彗之行一若無法有數日內連次見者有歷數月見者有行甚緩有行甚速亦有于本道之二處一甚緩一甚速者明成化八年之彗其最速時一日中過四十度有順有逆有曲折又諸彗之道徧天空皆有之不似諸行星道俱近黃道一帶也有初見光甚淡而小行甚緩尾甚微既而漸速光漸明大尾出漸大甚長且甚明至近日而隱復見出對邊大率過卑點後光最大尾亦最長故疑彗之尾生于日光也又過卑點後其行先速後遲久之尾漸短光亦漸淡而小以至不見

若不知攝力之理則彗之行無法能解之奈端已攷明繞日諸體皆依圜錐諸曲線而行因悟彗星道亦必依此理康熙十九年之彗尾長且近日用以驗其理最便因測之果合其道爲橢圜而極長與拋物線幾無別日居其一心彗之行道所過面積與時有比例與行星無異此後人皆信之無復疑者

凡有彗星見大率三次測其赤道經緯度以推其橢圜道或拋物道之大小及方向即可定其諸根數曰最卑點之經度曰正交點之經度曰與黃道交角度曰半長徑曰兩心差曰過最卑之時及繞日順逆行大略皆與行星同諸根既定即可依法推其全道(詳卷九)而更測驗以攷其合否攷驗之法此爲最嚴

拋物線爲圜錐上橢圜與雙曲線二線分界處之一線即長徑大至無窮之橢圜彗所行橢圜道大率極長故見時其所行道依拋物線推之不覺其不合然彗有再見者若其道爲拋物線則已過最卑後不能復回而或

入于恒星中、或滅于天空安能再見耶、今測得彗星、行橢圜道者居多此等彗若不因行星攝動、令道大變、必永為太陽之屬星、間有行雙線道者、不多也

彗星道之根數已知則無論何時、距地球數及尾之實方向亦可知故其頭之實徑、尾之實長實廣、俱不難推、今取已推得者、餘數則于此以廣見聞、康熙十九年之彗、過最卑點後僅二日、奈端測其尾已長一億七千萬里推其最長時、必至三億六千萬里、乾隆三十四年之彗、其尾長一億四千萬里、嘉慶十六年之彗、其尾長三億一千萬里、其頭在透光氣中、了了可見與尾不連、實

徑一百六十萬里、其質漲大至此以意度之、必不能復斂其中心質積微攝力甚小故也、凡彗數次復見其尾漸小、或亦因此也、

康熙二十一年有彗見、尾長三十度、好里測其過最卑得諸根數、與嘉靖十年萬歷三十五年二次之彗、根數略同、意必一彗也其再見約計七十五或七十六年、因言乾隆二十四年必再見及期將至、天學家俱欲驗其言、或恐因大行星攝動、必生差格來羅依奈端攝力之理、推得因土星攝動、當退後一百日、因木星攝動、當退後五百十八日、并之得六百十八日、乃依根數預推其時、內減此日數謂見時當在乾隆二十四年清明前後二月之中、既而二月十四日彗星果見在清明前二十四日、其後精歷算者、復預推其再見過最卑之時、大慕鎖推得道光十五年九月十四日、邦的古淚推得九月十七日、陸孫白推得九月二十一日、立曼推得十月初七日、而陸孫白立曼二家、細攷康熙二十一年乾隆二十四年測簿、又細推諸行星之攝動、故人更信之、六月三十日、立曼以所推刊板傳送、閏六月十一日、羅馬天氣清朗、最先見之若淡星氣然、與陸孫白所推是日當在之處不差一度、二十六日、人共見之、所過之道、略與

所推合、九月二十六日、過最卑後其行向南北半球不能見十六年正月至三月、俱見于南半球、至三月二十日而隱、此彗因好里所測定、即名好里彗云

好里彗道光間見時、遠鏡較乾隆時力更大、而統地球皆測之故攷察最詳、初見時距日甚遠、僅若小圜星氣、微橢無尾、有一點較明、不在中心、八月十一日、尾初發、逐日漸大、至十四日、長四五度、二十四日、至二十度、為最長、既而漸小、至九月初八日、僅長三度、十五日、二度半、意未至最卑點其尾已隱、過最卑點日、俄羅斯之波羅咯有人測之、不言有尾也、當八月十一日尾初發時、

其中體忽明、向日之面發光一道、未幾即隱、既而復發、至十七日其勢更猛、既而時隱時發、以至不見、其光之狀及方向、變化不定、連二夜無時或同、有時為一道、距中體不遠、有時為扇形、有時或二道、或三道、或多道、發于各方向、如 Plate I. Fig. 4. 圖、a為八月十七、b為十八、c為十九、d為二十一、四夜內中體發光之狀也、向上即向日之面、因頭太大、不能作、e圖亦十八夜之狀、兼中體與頭作之、乃縮本也、此時見光道擺動于向日線之左右、一若指南針擺動于午線之左右、其光之本甚明、距中體稍遠即暗、散入空中而不見、其形曲向後、若烟或水氣出小孔、遇風不能當之狀、天學家據此、立彗星例若干條如左、

一、凡彗之中體、受日之熱、必發氣、其氣于彗體包力小處洩出、條條直射、意此氣洩時、必有令彗倒退力、而彗行之方向、必因之微變、

一、中體發氣、必在向日之面、故洩出之方向恆對日、

一、氣洩出、日有力推之、令退至中體之後、行甚遠、而成尾之質、

一、彗之質、有不變氣者、有變氣、而包中體、以成頭及鬚者、

一、日推氣成尾之力、與攝力異、而較攝力更大、何則、此氣洩時、有中體漲力、又有彗之本行力、而退後甚速、故知推力甚大、蓋推力能銷盡此二力、尚有餘力、推氣令急向後也、

一、若彗之攝力、不大于一切萬物之攝力、尾必離彗而去、竊意尾離彗中體如是之遠、中體如是之小、其攝力必不能攝定之、然則彗每近日一次、必稍減體中成尾之質、久之、能令洩出之氣漸少、而其狀漸似行星、

好里彗過最卑後、二月不見、至十二月初八夜始復見、其狀大異于前、尾已無、以目望之、大如四五等星、而薄若星氣、用大力遠鏡窺之、為小光面、徑二分強、外有氣包之、鬚甚多、其面內近心處有中體、略明、背日發一短光線、如 Plate I. Fig. 4. 圖中之f、彗離日稍遠、鬚速滅、若面食之、而其面驟變大、初九及十六二日、依彗距地、以分微尺測而推之、其光面變大之比、若一與四十比、從此漸大漸薄、以至不見、其不見由于無光可測、非關遠也、變大時、其面背日之半、略變長、其全形作拋物線狀、如 Plate I. Fig. 4. 圖中之g、向日之半、恆有明晳之界、而底變淡難辨、意此時若光未滅、亦能見其發尾、但其面漸大漸暗、故惟見其

後有若尾之根者、目與小力遠鏡、俱能察之、而彗已極遠、數夜遂不見、拋物包漸大漸暗時、其中體無大變、但所發之光線漸變長而明、其方向合拋物體之軸、亦不似前向日發光時變化無定也、竊意若前日之向日發光、爲養尾之用、則今日之背日發光、必爲收尾之用、久之此光亦漸變暗、又末一夜所見之狀、如始一夜所見之狀、一若小圜星氣、近中心有光點也、

彗之見于史者、中有若干次、或疑即一彗、一爲康熙十九年之彗、推得其周時爲五百七十五年、其前一次、北宋崇寧五年正月、時君士但丁及猶太亦見之、故中西

史中俱載焉、又前一次、陳太建七年四月、史載正午見彗、近日、又前一次、前漢初元五年、彗晝見、意即一彗也、又前有二次、一載古希臘書、一載和馬詩、此時之歷不甚明、今推之、一當在周頃王元年、一當在殷時也、英士韋思敦、謂此彗昔行近地時、成挪亞之洪水云、一爲明嘉靖三十五年之彗、甚大、近或推得于咸豐八年七月前後二年中必復見、此彗或疑即南宋景定五年七月之彗、欣特曾取當時測簿細推之、根數悉合、無可疑也、又宋開寶八年六月之彗、其光日出後尚能見、尾長四十度、又晉太元二十年所見、漢永元十六年所見、恐皆即此彗、其周時約二百九十二年弱、又順治十八年、明嘉靖十一年、建文五年、南宋紹興十五年、唐大順二年四月、蜀漢延熙六年、俱有大彗、或云是一彗、其周時一百二十九年、果爾、則乾隆五十四五十五二年之間當再見、而竟不見、意其過最卑或在夏至後一月、則以其道之方向推之、法當恆隱也、嘉靖十一年順治十八年二次測簿、墨商曾細推之、謂根數不同、恐非一彗、阿爾白士覆推、所得嘉靖年根數、與墨商大異、而順治年根數、與墨商合、故此一彗、尚未能定、

彗之周時有甚小者、一曰因格彗、初推得其根而預定

其再見時者、爲白靈之因格、即以人之名名之也、亦行橢圜道、兩心差甚大、其道與黃道交角約十三度二十二分、其周時爲一千二百十一日、嘉慶二十四年、用四次測簿參攷得之、因格推得其橢圜道、謂道光二年當復見、至期果見、龍格于新南維立斯巴拉馬大測之、時歐羅巴州不見、此後天下星臺、皆預推而測之、以因格彗逐次過最卑之時細攷之、除諸行星之攝動外、尚有差、覺其周時漸小、每周減一百分日之十一、如此距日之中數及長徑、亦必略變小、因格言此必天空中有薄氣阻其行、令速率變小、故離心力亦變小、而日之攝力、

拉之令近也、然則彗之體若非自消盡、久之必與日相併也、又測因格彗之體積、漸近日漸小、漸遠日漸大、與好里彗同、乏勒思謂偏天空有薄氣、漸近日漸厚、故擠彗之體、令變小也、果爾、則將謂彗體之外如一皮、令內氣與天空氣不通耶、恐未必然、竊意因距日遠近、冷熱不同、令彗之體或變爲雲、或變爲不能見之薄氣、故覺有大小耳、（善蘭案此恐乏氏之說不誤）此彗無尾、有小中體、不在中心、恆偏于向日之一邊、其形狀未能測定、一曰比乙拉彗、乃道光六年比乙拉在墺地利所測得者、意即乾隆三十七年及嘉慶十年之彗也、所行道甚橢、其周時爲

二千四百十日、其道與黃道交角十二度三十四分、道光十二年二十六年咸豐二年、俱爲再見之期、其交點最近地道、道光十二年、設地行速一月、必遇彗于交點、恐亦一大危事也、比乙拉彗甚小、最明時尚不能以目見、而道光二十五年、乃獨顯一大異事、忽分爲二彗、並行七十度、遠鏡能合觀之、十一月二十一日、初覺有異、望之如一梨、至十二月十六日、米利堅華盛頓初見分爲二、十八日統歐羅巴州皆見爲雙彗、初分時、見小彗之中體距本中體之心二分、其距心線之方向、與經圈交角約三百二十八度、小彗在本彗之北、從此漸分爲

二、至二十六年正月初四日、小彗距本彗心三分、十二日、距心四分、十八日、距心五分、二月初八日、距心九分十九秒、而距心線之方向略不變、其分後、二彗各有變狀、且各有中體及短尾、尾之方向平行、與距心線略近正交、十二月十六日、新彗較舊彗小而暗、其後大小明暗互相消長、正月十四日、新彗爲月所奪、而舊彗仍見、十五日、二彗大小明暗畧同、十九至二十一日、新彗明于舊彗、中體清晰、若恆星、二十三日、舊彗倍明于新彗、中體最明、若恆星、從此新彗漸暗、直至二月十八日後、二彗並見、至二月二十七日、而僅見一彗、至三月二十

七日而俱隱、二彗互爲明暗時、新彗于尾之外另發光一條、作弧形、與舊彗相聯、若橋然、舊彗復明時、亦另發光一條、故正月二十七二十八二夜、視舊彗若有三小尾、其一聯于新彗、三尾之角約一百二十度、時瑞士日內瓦星臺官拔蘭大木、詳攷測薄、分推得二彗之根數、謂正月十五夜至二月二十五夜、所見二體相距之大小、乃視距、非眞距也、準地距二彗線、及此距線與二彗聯線之交角、推其眞距約三十九倍地半徑、幾及月地距三分之二、彗之質甚微、相距如是遠、其相與之攝動、必幾若無也、用拔蘭氏之根數、分推下次過最卑點、當

相差十六日四、故再見時、當各推其天空之所、而細測之、或果係二彗、或實一彗所分、今已合不復分、俱不可定、必待後日細察、方知也。

又有一彗、道光二十三年十月初一日、巴黎斯飛測得之、其道爲橢圜、呢谷來推其根數、力佛理亞復改正之、其周時爲二千七百十七日六八、兩心差爲○五五五九六、其道與黃道交角十一度二十二分三十一秒、依諸根及諸行星攝動力、推得再見過最卑、約在咸豐元年三月初二日、其後于道光三十年十一月二十三夜果見至明年二月初三日而隱、與推得之數略合、咸豐

八年復過最卑。

諸彗之道、俱爲極長橢圜、與黃道交角又大小不一、則其出入諸行星道、必有時與星最近、甚者或相遇、如比乙拉彗道與地道甚近、恐數百萬年後與地球必有相遇之時、又乾隆三十五年之彗、閏五月初八日、距地最近時、約七倍月地距、又三十二年此彗與木星最近時、爲五十八分木星道半徑之一、或謂此時爲木星所攝動、而其道愈近地、勒石力推此彗之兩心差爲○七八五八、其周時約五年半、其道與黃道交角一度三十四分、乾隆三十五年六月二十二日過最卑、四十一年復過最卑、近日、不能見、四十四年七月十一日、距木星最近、爲四百九十一分木星道半徑之一、即木星第四月道半徑五分之四、此時受木星攝動更大、其道大變、測算諸根與勒石力前所推大異、而木星及諸月、不見有攝動、故知彗體之質甚微也。

道光二十四年七月初九日、羅馬星臺官廸未谷測得一彗、知其道爲橢圜、與拋物線大不合、自二十日過最卑直至十月二十八日、每夜俱可測之、各家推其根數、大略相同、其周時約一千九百九十日、若無攝動、再過最卑當在道光二十九年十二月、此時彗恆近日、不能

道光二十四年七月各家所推廸未谷彗諸根數表

	過最卑時 日	最卑經度 度 分 秒	正交經度 度 分 秒	交黃道角 度 分 秒	半長徑	兩心差	周日
呢	二〇·二九九五五	三四二 三一 五·五	六三 四八 四八·九	二 五四 四五·八	三·〇九九八五三	〇·六一七一六	一九九二
欣	二〇·三二七七三	三四二 三二 四〇·一	六三 五二 二四·一	二 五四 二七·一	三·〇八五八二	〇·六一五六六	九八〇
哥	二〇·二七七九一	三四二 二九 四四·九	六三 四八 五五·二	二 五五 一·九	三·一一一一一	〇·六一八六一	二四〇〇
飛	二〇·三一一〇六	三四二 三一 一五·五	六三 四九 三〇·六	二 五四 四五·	三·〇九九四六	〇·六一七二六	一九九三
書	二〇·三八七〇九	三四二 三四 三一·五	六三 五四 四〇·八	二 五二 五一·八	三·〇二六一二	〇·六〇八六六	一九二三
白	二〇·二九七六三	三四二 三〇 四九·六	六三 四九 ·一	二 五四 五〇·三	三·一〇二九五	〇·六一七八八	一九九六

見、凡小彗、測其體恆不清晢、故最難推、今以諸家所推根數列爲表、令讀者知測算之精密也、推者六家、曰呢谷來、曰欣特、曰哥勒斯迷、曰飛、曰書白、曰白倫諾、此彗最明時、目亦能見、有小尾、力佛理亞細推、謂與康熙十七年所見同一彗、而樂蝎與毛費二人、謂與萬歷十三年第谷所測者同一彗、又乾隆八年三十一年嘉慶二十四年三次所見、恐俱即此彗也、凡半長徑以地道半徑爲一、兩心差以半長徑爲一、

道光二十六年二月初一日、勃陸孫測得一彗、言其道非拋物線、今以諸家推得橢圜諸根數、列爲表、（推者四家、曰白倫諾、曰欣特、曰威令根、曰特漢）此彗甚暗、形狀無大異、其根數與嘉靖十一年之彗、大略相近、

道光二十六年各家所推勃陸孫彗諸根數表

	過最卑時（月）	過最卑時（日）	最卑經度（度）	最卑經度（分）	最卑經度（秒）	正交經度（度）	正交經度（分）	正交經度（秒）	交黃道角（度）	交黃道角（分）	交黃道角（秒）	半長徑	兩心差	周日
白	一	〇·二〇二	一一六	二八	三四·	一〇二	三九	三六·五	三〇	五五	六·五	三·一五〇二	·七九三六三	二〇四二
欣	一	〇·一五五	一一六	二八	一七·八	一〇二	四五	二〇·九	三〇	四九	三·六	三·一二二九	·七九七七一	二〇一六
威特		二九·八四六	一一六	二三	五二·九	一〇三	三一	二五·七	三〇	三〇	三〇·二	二·八七〇五	·七七三一三	一七七六

道光二十六年閏五月初三夜、彼得測得一彗、達喉詳推其根數、得周時五千八百零四日三、兩心差〇．七五六七二、半長徑六．三二〇六六、交黃道角三十一度二分十四秒、是年五月初八日過最卑、

道光二十三年有大彗見、未過最卑時、統地球俱不見、正月二十九日過最卑、二月初一日、始見于萬地曼蘭、初三日、北半球熱帶內初見其尾、而赤道南日落後見其頭在西地平上、用遠鏡察之、其面若行星、尾分爲二、交角甚小、有黑氣一道隔之、長約二十五度、尾根有光射出、與尾同方向、其北又發光一道、引長其尾、與尾交角五六度、其長距頭六十五度、其南亦有光一道、但暗于北者、中體甚明、若一二等恆星、至十一日、若三等恆星、光驟暗、十九日、目不能見、而尾仍極明、愈遠中體愈明、若以目視、不能見其與頭連、初三日後、尾成一長光帶、覺微彎、十一日、加爾各搭革肋里休測見尾之南又發一尾、與本尾交角十八度、而長幾倍本尾、約一百度、前後日俱不見、于一日中發之、能令如是遠、可想見中體發力之大、若所發爲實質、則其力更強于攝力、此彗過最卑後一日、印度貿易公局有船曰阿文格論頭爾、過好望角、日將落時、共見此彗、狀若小佩刀、是日米利堅波德蘭格拉格、午後三小時六分、用紀限儀測見其中體距日心僅三度五十分四十三秒、中體與尾俱甚明晳、如月在清天、近頭處色略異、格氏謂中體如此厚、設過日面、亦能見也、又測尾長五十九分、約倍日視徑、

此日、彗距地與日略同、推其實長約五百萬里、此爲古今最異之彗、故其根數、歷算家多推之、今擇其尤密者、列爲表、（凡最卑距日、以地道半徑爲一、）此彗之異者、最卑距日甚近、古今所見之彗、未有若是近日者、試以日地距之中數爲半徑、命爲一、則日半徑爲十六分一秒五之正弦〇．〇〇四六六、取上表中諸距日之中數、爲〇．〇〇五三四、大于日半徑僅〇．〇〇〇六七、約爲七分之一、是彗在最卑時、

道光二十三年正月所推大彗星諸根數表

推步家	過最卑時（日）	最卑經度（度）	最卑經度（分）	最卑經度（秒）	正交經度（度）	正交經度（分）	正交經度（秒）	交黃道角（度）	交黃道角（分）	交黃道角（秒）	最卑距日	順逆行
因格	二九·二七四五七	二七九	二	三〇	四	一五	五	三五	一二	三八	〇·〇〇五二二	逆行
拔蘭大木	二九·二五二九六	二七八	一八	三		五一	四	三五	八	五六	〇·〇〇五八一	逆行
腦爾	二九·二一九九九	二七八	二八	二五	一	四八	三	三五	三五	二九	〇·〇〇五七九	逆行
呢谷來	二九·二五三八四	二七八	三六	三三	一	三七	五五	三五	三六	二九	〇·〇〇五五八	逆行
彼得	二九·二三六八〇	二七九	五九	七	三	五五	一七	三五	一五	四二	〇·〇〇四二ノ	逆行

距日面數、如七分日半徑之一、凡日所發光與熱、距日愈遠則愈分而愈薄、其比例如半天球與日視面之比、地球所見日之視面、其徑爲三十二分三秒、此彗在最卑時所見日之視面、其徑爲一百二十一度三十二分、準幾何、凡球截面之比、若四分截弧之一之正弦平方比、依法推得地與彗所見日二視面之比、若一與四萬七千零四十二之比、即地與彗所受日光熱之比、試思若四萬七千零四十二個太陽、合以照我、其光與熱、當若何耶、巴格所造陽燧、徑二十七寸、聚光點距鏡六尺半、用時光熱盡彙于聚光點、必與見日視徑二十三度

二十六分處同、比地球所受光熱大一千九百十五倍、與彗所受光熱比、若二與四十九比、而此鏡已能銷瑪瑙與水晶、然則此彗所受光熱、眞不可思議也、此彗在最卑時、其速率一秒中行一千零五十八里、自正交至中交、不過二小時强、在中交距日、倍最卑時、所受光熱少四分之三、按康熙十九年之彗、最卑距日心爲〇。〇〇六二、其距日面如三分日半徑之一弱、較此彗一倍强、奈端推其所受熱、已多于赤鐵二千倍云、此彗之道雖未能細推、然測知其非拋物線而爲橢圜、康熙七年、里斯本薄羅那及巴西等地、俱見大彗之尾、與此時所

見之尾略同、自正月二十一日後、數日間、其方位亦略同、光甚大、照海面生影、其後頭出地平、亦如此彗、不甚清晢、當時雖未細測、但諸事俱相似、人多意其爲一彗、其周時約一百七十五年、後細考舊彗測薄而益信、又攷史而知晉泰始四年正月、劉宋元嘉十九年九月、唐貞元七年、宋開寶元年、南宋紹興十三年、元延祐四年、明弘治七年、諸次所見、必皆即此彗也、蓋準所推、當見于泰始四年、劉宋元嘉二十年、唐武德元年、貞元九年、開寶元年、紹興十三年、延祐五年、弘治六年、與史所見或同年、或先後一二年、因有諸行星攝動、故不能一定

也、或疑康熙二十八年十月二十六日至十一月十一日所見之彗、與此彗同、爾時粗測其方位、氷立取測簿細推其根數、最卑甚近日、又最卑及交點之經度、俱略同、但交黃道角六十九度、大不合、庇爾思覆推之、僅三十度四分、則非甚不合、然則一百七十五年中、當見八次、其周時爲二十一年八七五、自道光二十三年正月二十九日上推、見于史者、不獨如上所云、又有雍正十一年、康熙二十八年、明嘉靖三十八年、及十六年、正德十年、成化七年、宣德元年、永樂三年、洪武十六年、元至正二十一年、後至元六年二月、元貞二年、宋咸淳十年、

紹定三年、嘉定元年、元符元年、嘉祐元年七月、景祐元年、大中祥符五年、淳化元年、後唐同光三年、唐大中十一年九月、嗣聖元年、梁永壽元年、中大通二年、劉宋永和二年、蜀漢延熙八年、或十年、漢光和三年冬、延熹元年、諸彗疑皆是也、果爾、則咸豐十四年冬、過最卑前後、俱當見于南半球、後格勞孫合各次測薄統攷其根數、謂其周時僅六年三八、或云二十一年八七五、以三分之當爲七年二九二、方與諸史合、此說恐未必合理、然用如此小周時、其行法尚能合、則二十一年之周時、更可信矣、

近代天算家所最究心者莫如彗、推彗之法日精一日、攷諸行星攝動之力日密一日、徧查古史所記及測薄、以新法盡推其根數、一有彗見、輒用新法攷之、三四日後、即能得其根數之大略、復細測而推之、遂愈密、人人樂此不疲、略覺有不合拋物線處、則大喜、輒徧查舊彗根數相合否、以証其爲橢圜道、若干年復見也、又悉推諸行星之攝動、以証其見之期、或差而前、或差而後、噠國昔王下令、徧地球能測得一彗者、旌以金牌、由是測彗者益衆、亦益精、而得彗亦益多、每得一彗、即郵告噠國、噠國即以金牌郵寄之、而以其測單徧送各國星臺、令詳測之、故彗一出、即能盡得其根數也、

因測彗、又得旁通諸理、憑周時差而知徧天空有薄氣、能阻動、其一也、又彗近行星時、測其攝動力、可推行星質積多少、如水星之質積古昔未知、道光十八年、有彗近之、始大略能推定、二十八年、是彗復過水星、較前更近、而推得其質積益密、

彗之尾若係實質、則當其過最卑時、疾行旋轉而尾不曲、與攝力理不合、與重學中動理亦不合、康熙十九年道光二十三年二次之彗、其尾幾與地道半徑等、旋過最卑皆不壞、而道光之彗、其尾之方向、旋過一百八十

度、僅二小時畧強、如是之速、恐未必是實質也、或云彗能于薄氣中作負影、似有理、此須俟後世格致家精思密察、方能定也、

有多彗、測其道、似與拋物線合、或謂彗本非日所屬、因入我日屬界、而暫遵日法、此說是否難定、若果爾、則諸橢圜道之彗、昔時必因近行星爲所攝動、而變拋物線爲橢圜也、恐又有彗近行星、或變拋物線爲雙線者、然變爲橢圜、必行無數周、變爲雙線、則永不再見、故測得彗道雙線少而橢圜多也、

諸行星諸月大率皆順行、而彗則有逆行者、嘉慶時所

見諸彗之道、拉白拉瑟推其與黃道交角之中數、略近九十度、則皆可云順行、因交角鈍似逆行耳、近代彗之橢圜根數已推定者、凡三十六、其交黃道角大小不等、逆行者只有五彗、其二已有確証、一即好里彗、一乃道光二十三年之大彗也、而交角十七度以內、無一逆行者、此外書瑪割與阿爾白士所推得道光三年以前諸彗之根數、其交角小于十度者九彗、逆行者二、小于二十度者二十三彗、逆行者七、凡道近于黃道、而周時有一定者、大率皆順行、與行星同、欣特言周時一定之彗、當分爲二類、一周時約七十五年、略與天王等、好里彗

周時七十六年、阿爾白士測得一彗七十四年、迪未谷所測得第四彗七十三年、勃陸孫所測得第三彗七十五年、共四彗、一周時畧如小行星與木星周時之中率、詳末卷附表中、又言小行星中、有一二畧如彗之狀、

談天卷十一終

談天卷十二

英國侯失勒原本
英國　偉烈亞力　口譯
海甯　李善蘭　刪述

攝動

前數卷、屢言月與行星于刻白爾所定三例外、尚有小差、名曰攝動、在行星、則因他行星之攝力加之、令繞日之道小變、在月、則有二故、一因同星之他月攝力加之、令繞星之道小變、二因日與他行星之攝力加于本星及月、時時不同、又生小變、攝動之差雖甚微、然積久則成大差、故古昔所定橢

圜之根數、今不合也、

設天空只有一日一行星、則或行星繞日、或日與行星共繞一公重心、其所行之道、必永久不變、設空中又增一體、則新體必攝二舊體、令其道生微差、蓋攝力加于二體不等、則二體相連屬之例必變、而生差也、故差非生于攝二體之全力、而生于攝二體力之較也、

諸行星之質積、較日皆甚微、最大者爲木星、亦僅得一千一百分日質積之一、故其攝力、較日亦甚微、而攝動他星之力甚小也、諸月所受攝動力、最大者莫如日、但月距本星甚近、而距日甚遠、故星月二體、受日攝力之

較甚微、全攝力令星與月同繞日、而其較令月生攝動、奈端推我月受日攝動力之中數、爲六十三萬八千分地面攝力（即重力）之一、而爲地令月行橢圜力一百七十九分之一、日之攝動力尚如此小、他行星攝動力之微更可知矣、故諸體攝動力之和、所生差甚微、然積久而著、則令所行之道亦變、其變之源、從刹那時中起、故當以法推刹那時中諸體攝動之和力所生微差、以爲根、設欲密之又密、當推諸體互相攝動、以求本體之差、然若歷時非甚遠、亦不必如是、但分推各體攝動本體所生差、并之即得、其法恆推三體之力、一中體、一發攝動

力體、一受攝動力體、發力受力二體、可交互相易、中體恆作不動論、設二星相攝動、則日爲中體、設二月相攝動、或月爲日所攝動、則以本星爲中體、將日當作最遠之大月、其繞本星之道、如本星繞日之道、凡相攝動之二體、恆稱內行星外行星、日攝動月、月即內行星、日即外行星也、乃命發力體爲寅、中體爲申、受力體爲巳、設寅加攝力于申巳二體等、且平行、則巳或繞申行、或巳申共繞公重心、其行俱不變、此如二球在空中、受地攝力下墜、其方位不變、攝力等故也、然攝力之理、近則大而遠則小、故寅加于巳申二體之力、必不能恆等、又方向恆不同、則亦不能平行、故不能不生攝動、今細論之、加于巳體者有四力、一申攝巳之力、一巳攝申之力、巳

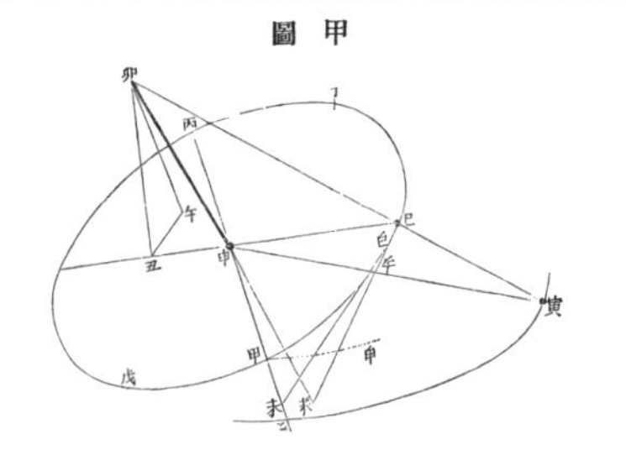

引申猶申引巳也、此二力俱爲巳申方向、并爲一力、巳依此力繞申成橢圜、一寅之攝力、在寅巳方向、令巳向寅、一寅加申之攝力、令巳于寅申平行線上退行、（善蘭案此力加申不加巳、申依此力進行、一若巳依此力退行而申不動也、）如圖、丙巳甲爲受攝動體之道、寅乙爲發攝動體之

道、二道面之交線爲丙申甲乙、其交角爲巳甲申、引長寅巳成寅夘、令寅夘與寅申比、若寅申之平方與寅巳之平方比、則申寅線顯寅加申之攝力大小方向、寅申線即顯令巳退行力之大小方向、夘寅線顯寅加于巳之攝力大小方向、準重學理、夘寅寅申二力之并力線爲夘申、即顯巳所受攝動力之大小方向也、自巳點與夘申平行作一相等線、理即明、蓋攝動力實加于巳也、設欲知夘申力若干、有比例如左、

一率　申寅　申積　申寅平方

二率　夘申　寅積　申巳平方

三率　寅攝申力　申攝寅力　申攝巳力
四率　攝動力　　寅攝申力　申攝寅力
以合理推之如左
一率　申寅立方乘申積
二率　申巳平方及夘申及寅積連乘數
三率　申攝巳力
四率　攝動力
諸數皆已知、故攝動力易推也、設發攝動體之道為平圜、則申寅不變、而攝動力之比例、恒如夘申之比例、道為微橢、理亦略同、凡卷中或不言橢圜、即作平圜論也、

今略取受攝動發攝動二體、相距最遠最近適中三處、其攝動力與中體攝力之比例、列為表、中體力恒為一、以表中諸數約之、得攝動力、

諸體攝動表

發攝動體	受攝動體	最遠	中距	最近
日	月	〇九	九七一	九八
木星	土星	四五三	二一三	八二一
木星	地	三八六五九	五七五七四一	八六二三五
金星	地	八〇二五五二	五四二〇一二	三三八六二
海王	天王	〇二四七五	二九五六五	九一五五
水星	海王	六二五	六二五	六二五
木星	穀女	三三四六	七三九六	三三〇一
土星	木星	八四二〇二	九七五一二	五六〇三

設巳距寅、小于申距寅、如甲圖、則寅夘大于寅巳、夘必居寅巳引長之線內、在巳道面之上、而寅在巳道面之下、故夘申力推巳向寅道面內申寅線中之天點、設巳距寅、等于申距寅、則寅夘寅申寅巳三線俱等、且夘與巳合、天與申合、故夘申力推巳向中體、設巳距寅大于申距寅、如乙圖、則寅夘小于寅巳、

乙圖

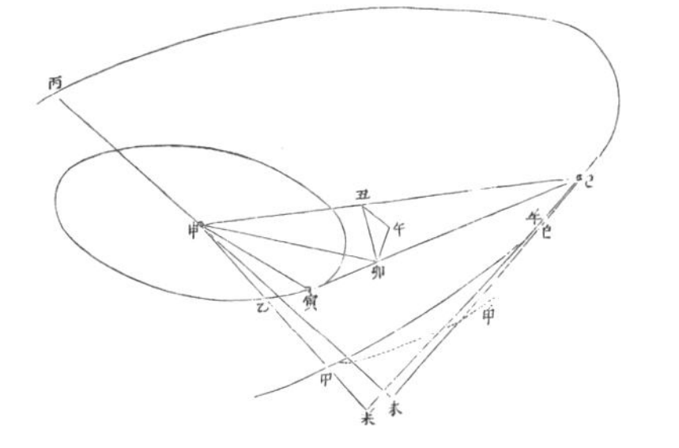

夘必居寅巳之間、與寅同在巳道面之下、故夘申力推巳向寅道餘半面內寅申引長線中之天點、甲圖為近體受遠體之攝動、如地受木星攝、月受日攝、是也、乙圖為遠體受近體攝動、如火星受地球攝、是也、凡攝動力之方向、恒在寅巳申三體之面內、以此力當作獨力、則攷論諸行星

之力互相加、必中不亂、又設以寅為定點、而巳行于橢圜道繞申、則夘點亦必行成橢圜道、

攝力之方向、即夘申之方向、而夘申之方向、因申寅申巳二半徑、及巳寅之距、及巳行之方向、而變、僅以攝力為獨力、則歷久所生星道之變、不能瞭然、故當依重學理復論其分力、有數法、一、分為三力、在天空有一定方向、相與俱成直角、推每力之數、其合力即獨力之數、論攝動之公理、此法最便、近代諸家俱用之、以攷攝動之深理、二、亦分為三力、相與俱成直角、而方向不一定、如圖中夘午午丑丑申三線是也、丑申與帶徑申巳同方

向名帶徑率午丑正交丑申而在巳道面內名橫率外午正交巳道面名垂率此三率力其方向相與皆正交故不相憑藉而加于巳令生動差各不同帶徑力或向中體或背中體故不能變巳道面之方位亦不能變同時同面積之比例僅能變橢圜各點之曲率及速率蓋橢圜道視巳申相距之遠近而異此力向中體則令巳申變近此力背中體則令巳申變遠故也而同時同面積之理不關中體之攝力凡帶徑上之力皆然此力方向恆在帶徑上故不變面積也橫力既正交帶徑力則不能變巳申距又在巳道面內則不能變巳道面之方

位而能變巳之遲速令同時同面積之例不合蓋巳繞申每剎那中所成面積即巳申線所過之積巳行增速則面積亦增巳行減速則面積亦減故也垂力正交巳道面故不能變巳申距亦不能變巳之遲速但或拉巳令近寅道面或推巳令遠寅道面而令巳道變方位也此為奈端以後諸歷家同用之法三亦分為三力相與亦俱成直角而方向時變不一定前法帶徑率今改用巳點之法線前法橫率今改用巳點之切線二線詳代微積拾級名法切二力設巳道為正圜或微橢則此法與前法略無異若橢率甚大則法切二方向與帶徑率橫率之方

向不同帶徑之力令巳申之距變遠近橫力令巳行變遲速法力能變曲率此力向內則曲率增向外則曲率損切力能變速率此力順則速率增逆則速率損設欲知攝動力所變角度及距中體遠近則第二法較顯明易推設欲知攝動力所變橢圜道之根數則第三法為妙而第二法垂率今不改垂力之用令巳出于巳道原面而行于重曲線此重曲線以申為心而逐點之方向不同面因此巳道之根數恆變令其面之方位刻刻移動設空中有一定面則巳道面與定面之交線刻刻旋移也今以前圖詳解之設巳體自丙行至巳無攝動力

則在巳點時其行必向㔾而有夘午平行之垂力加于巳則巳必因之斜行故不行于巳㔾曲線而行于巳午曲線甲圖巳午線在巳㔾線之下乙圖在巳㔾線之上是巳道面因垂力變其方位原面巳申㔾一分變為新面巳申午一分也引長巳㔾為巳未切線遇寅道面于未點作申未即原面之交線引長巳午為巳未切線遇寅道面于未點作申未即新面之交線故準甲圖必令寅道面內之交線退後準乙圖必令寅道面內之交線進前法切二力于此事無涉不能令巳離原面亦不能阻其離原面僅能令切線遇交線之點稍移令未申及

未申之距或變近或變遠、而二交線不動、再申論之、假如前圖寅在巳原道面之上、天在寅申之間、則亦在原道面上、而夘必在原道面之下、則垂力夘午必向上、故推巳向上、而巳午曲線必在巳色曲線之上、引長之遇寅道面未點、必在未點之前、故若寅道面不動、則交點必進前、即動而不消盡、進前之理仍如故、

設以寅道面爲定面、而垂力拉巳體令向寅道面、則寅道上之交點必退後、若推巳體令遠寅道面、則交點必進前、如圖、丙辛甲爲從中點平視寅道半周、丙庚甲爲未攝動時巳道半周、巳行自丙至甲、垂力拉巳令行于

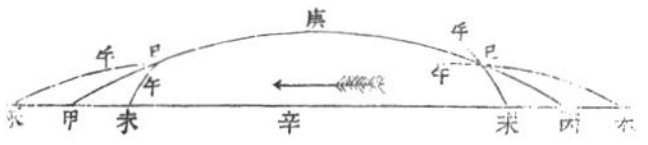

巳午、在丙庚甲丙辛甲之間、引長巳午成巳未、爲巳新道之一分、是二交點俱退行、一自丙至未、一自甲至未也、若垂力推巳令行于巳午、在丙庚甲之外、引長巳午成巳未、爲巳新道之一分、是二交點俱進行、一自丙至未、一自甲至未也、

前乙圖、巳道大于寅道、設二道相距、大于寅道半徑、又寅巳二星同在交線之一邊、則垂力必推巳令遠、故無論巳寅各在半周何點、寅道上交點必進前、若二星在交線之兩邊、則垂力必拉巳令近、亦無論巳

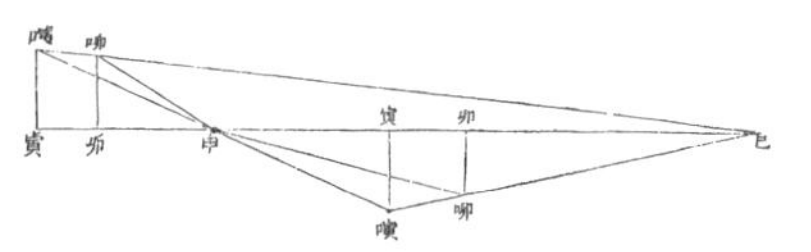

寅各在半周何點、寅道上交點必退後、故寅巳繞申、無論各若干周、但二星在交線一邊、交點必進行、在交線兩邊、交點必退行、若二道俱略近正圜、則進退之時等、而每次退行必大于進行、取相對之二方向、以圖明之、二星在交線一邊時、內星爲嗔、在交線兩邊時、內星爲嗔、其方向恰相對、引長巳申、作嗔寅嗔寅二垂線、星道略近正圜、則嗔申等于嗔申、故嗔寅等于嗔寅、準前嗔啣與嗔申比、若嗔申與嗔巳之二

平方比、又嗔啣與嗔申比、若嗔申與嗔巳之二平方比、嗔申等于嗔申、而巳嗔大于巳嗔、則嗔啣必小于嗔啣、故巳啣與巳嗔比、大于巳啣與巳嗔比、作啣夘啣夘、巳申之二垂線、準相似三角形理、啣夘與嗔寅比、大于啣夘與嗔寅比、故啣夘大于啣夘、孜巳嗔嗔三點之公面與巳道面之交線爲巳寅、故若從啣啣作巳道面二垂線、其比例必若啣夘與啣夘比、是啣點之垂線、大于啣點之垂線、夫啣申與啣申、顯嗔嗔攝動巳之二全力、則此二垂線、必顯二垂力、啣點垂力、令交點退行、啣點垂力、令交點進行、二力有大小、故退行大于進行也、

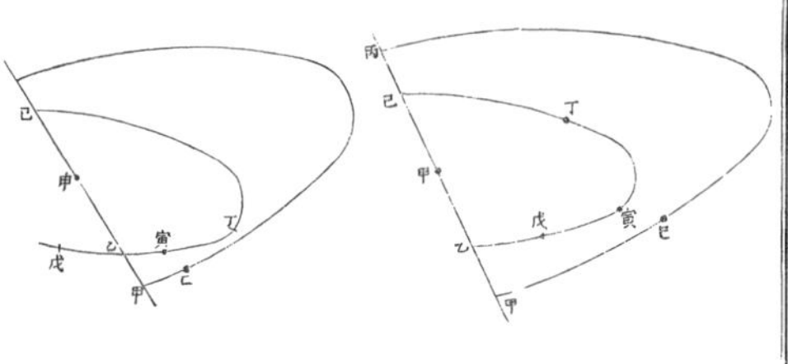

設二道相距小于寅道半徑無論巳在何處于交線一邊取寅道丁戊二點相距不滿一百二十度令距巳申俱等設寅行全周巳仍在原處不動則寅自丁至戊時交點亦退行是退行愈多若丁寅戊弧大半在交線此邊如丁乙小半在交線彼邊如乙戊則寅在丁乙分內交點退行在乙戊分內交點進行而寅道距巳最近點在丁乙分內退行力最大則丁乙分

內之退行大于乙戊分內之進行不能消盡故寅在乙戊分內計交點之度仍爲退行是以總全周論之視前

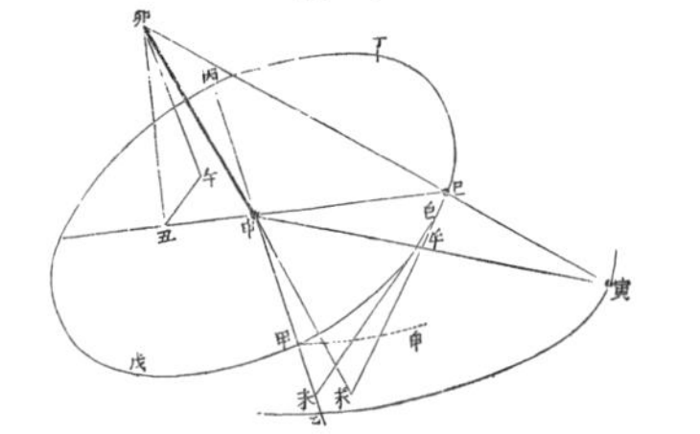

甲圖

條退行更大也又設內星爲外星攝動寅道大于巳道取寅丁寅戊皆等于寅申設巳行一周寅在原處不動則巳自丁至甲自戊至丙交點必退行自丙至丁自甲至戊交點必進行凡寅在交線則無垂力交點不動寅不在交線則丁甲與戊丙和恒大于半周寅愈近交

線申點之垂線則其和愈大垂力亦愈大交點之進退愈速巳愈近于丁或戊垂力愈小在此二點則無而交點不動巳在交點交點亦不動蓋垂力雖非消盡方向亦不變然此時交點退行變進行則必留也統論之交點退行之時長進行之時短又退行之力更大其行更速故巳每周其退行必多于進行也此以平圜言之若微橢理亦合

今立公欵凡二道此道交彼道之點退行于彼道上設別有定面在原交角內則二道交定面之點亦必退行于定面在原交角外則一道之交點退行于定面一道

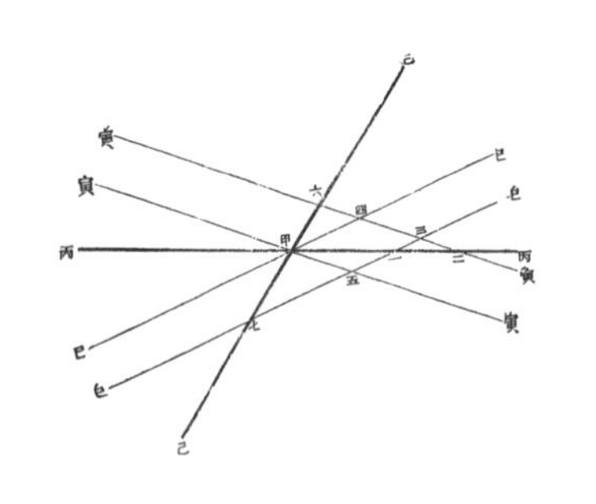

之交點反進行于定面如圖巳巳寅寅爲二道原方位巳巳寅寅爲二道各退行後新方位巳交點退行于寅道自甲至五寅交點退行于巳道自甲至四丙丙定面在原交角內則巳交點退行于定面自甲至一寅交點退行于定面自甲至二己己定面在原交角外則寅交點退行自甲至六巳交點反進行自甲至七若非共交于一點依

三面方位推之、理同、

諸行星道交黃道點、俱退行于黃道、此以黃道爲本、而推諸行星之攝動、若于諸行星中另虛設一定面以爲本、則當幷推黃道被諸星之攝動、而準上條、諸行星交定面之點、或進行或退行、不一定也、

諸行星相距甚遠、質積又俱甚微、故其交點之行甚緩、大率百年中、最速者不滿一度、其遲者不滿半度、而月獨不然、約十八年六、己退行一周、其故有二、一、太陽所發攝動力與地攝力之比、甚大于諸行星所發攝動力與太陽攝力之比、一、因月之周時僅二十九日半、較諸

行星之周時甚小也、準上條理、用垂力推其退行度分、與測望所得合、故知攝動之理、確無可疑也、

各行星交點之移所關尚輕、而各星道交角之變所關甚大、以黃道言之、黃道交定面之角變、則黃道交赤道之角亦變、而各地之四時俱變、假如黃道與赤道合、則統地球恆如春時、設黃道過二極、則冬夏二時寒暑極盛、萬物不能生、故各星道交角之變爲最要事、今詳攷之、前諸圖中巳申午面、爲受攝動體纔離巳點後一刹那中所過之面、此面交寅道面或定面之角、與未攝動時之巳申㔾面不同、而巳申㔾巳申午二面之交角、即巳申未巳申未二面之交角、既知此角、亦知寅道面二交線之角未申未、即可依弧三角法推其與寅道面之二交角、然則一刹那中交角之變、與交點之移、理相聯屬、欲攷此、亦必攷彼也、此一若巳道爲鐵線圈、巳體爲一珠行其上、巳道之方位變、巳行之方向亦必變、然則巳行之方向變、巳道之方位亦必變、所以交角與交點必同變也、諸行星及我月之道、相與成角俱甚小、故雖交角與交點同變、而交角之變、較交點變甚小、蓋巳申未未申未之交角、即二道之交角、既甚小、則未巳未角、必甚小于未申未角、若二道面之交角甚微幾近于合、

則㔾巳午角變雖甚微、未點移至未點、必甚大也、

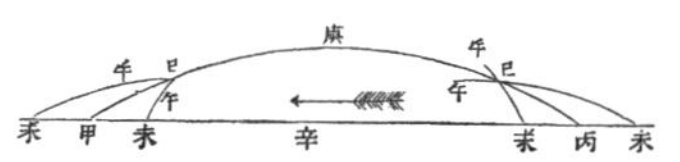

準前說、一刹那中因攝動所成之微曲線、若在丙辛甲丙庚甲二道面之中間、如巳午、交點必退行、若在丙庚甲面之外、如巳午、交點必進行、而交角之變大變小、不與交點相應、微曲線爲巳午、交角必變爲巳未辛、微曲線爲巳午、交角必變爲巳未辛、在丙庚象限內、巳未辛小于巳丙辛、巳未辛大于巳丙辛、在庚甲象限內、巳未辛大于巳甲辛、巳未辛小于巳甲辛、故凡攝動

力拉巳向寅面、前甲乙二圖巳之本動亦漸近寅面、或攝動力推巳遠寅面、巳之本動亦漸遠寅面、則交角變大、凡攝動力拉巳向寅面、巳之本動却漸遠寅面、或攝動力推巳遠寅面、巳之本動却漸近寅面、則交角變小、約言之、巳本動與攝動、其向寅面背寅面同、則交角變大、異、則交角變小、

角之變、一剎那中甚微、積久則大、欲推其數、非積分術不能、今不言數、但依上條之理、論其由小漸變大、復由大漸變小、有一定時分、一、其道之面、擺動于中面之兩邊、設外行星爲內行星所攝動、內星道之半徑、不及外

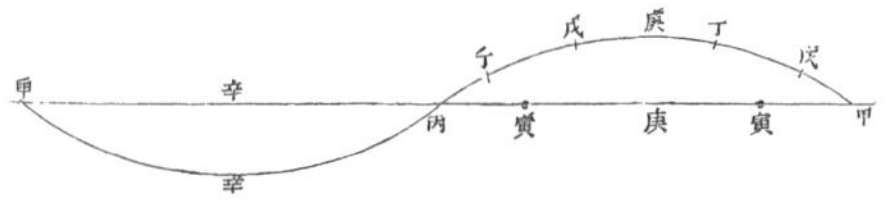

星道半徑之半、如圖、甲丙申爲從申望寅全道、在天空如一直線、甲庚丙辛申爲巳道、設寅體在甲丙半周內、則巳行第一象限甲庚、爲漸遠寅面、垂力亦令遠寅面、故交角變大、行第二象限庚丙、爲漸近寅面、垂力却令遠寅面、故交角變小、行第三象限丙辛、爲漸遠寅面、垂力却令近寅面、故交角變小、行第四象限辛申、爲漸近寅面、垂力亦令近寅面、故交角變大、是巳行一周、其道面擺動二次、若寅定于庚點不動、

兩邊之攝力等、則巳行一周、其道面必復至原處、若寅在他點、兩邊攝力不等、則巳行一周、其角變大變小、不能適相補、但寅體在寅與在寅、距庚相等、所生之變必恰相反、而二處所得中數、一似寅體平分爲二、一在寅、一在寅、所生之變、必適相補、以遍寅道各點所得中數推之、一似寅體勻分于全道成一圈、故在交線左右所生各變、一一相對相補也、若外星爲內星攝動、而內星道之半徑、大于外星道半徑之半、又或內星爲外星所攝動、則巳道內丁戊一段、其變必與本象限相反、任設寅體在寅、乃取庚寅等于庚寅、又取子戌與丁戊相似、

則寅體在寅寅、巳在丁戊子戌、其相關之理、亦正相反、而恰相補、仍同也、寅偕巳及交線相與之方位、莫不周徧、則其變盡相補足、而其道復如故、假如我月爲受攝動力之體巳、其周二十七日三二、日爲發攝動力之體寅、其周三百六十五日二五六、交線之周、六千七百九十三日三九一、其比例約如一、十三、二百四十九、故巳行十三周、寅行一周、設無交線動、則巳與寅之方位必略如故、但此時交線所行度分、已過二百四十九分周天之十三、約如十九分之一、爲退行、故巳與寅之原方位、差于交點前十九分周天之一、必更十九倍之、巳

行二百四十九周、寅行十九周、然後方位復如初、古歷所謂一章也、然數末尚有小分、去之不用、故其方位仍微不合、欲令此微不合亦消去、當用會數、即章數之若干倍也、此設二體之道皆爲平圜則然、若皆爲橢圜、則統計諸方位、令交角增之力、恒大于令交角損之力、設交點與長徑俱不動、則交角必有增無減、今不然者、一因交點有行分、過半周時、諸方位令交角增損之力相反、一因長徑亦以不平速行、則令交角增損之方位、恒移易于道中故也、又交角因兩心差所生變、亦有一定時、而兩心差甚小、所生變甚微、則所生交角差大小之

限亦必甚微、幾何家言諸道相與之交角、令諸行星之力相定于空中、拉格泿細推其理、謂各行星之質積乘本道長徑之平方根、又以交定面角之正切平方乘之、所得諸數、其和恆等、試以今黃道面爲定面、依法推得其和數、果恆等而甚小、然則諸大行星之道、永無大變、而諸行星互相補其差、此并小行星亦在內、

黃道面恆因諸行星之攝動力而變、令黃赤大距漸小、百年約四十八秒、測諸星之緯度或增或損而知之、準上條理、則其變小必有限、至限必復變大也、其最大最小在中數之左右、各一度二十一分、

黃道面變方位、交定面之點必退行、此事與歲差雜柔難分、此當詳攷歲差之理以辨別之、歲差者、黃赤交點

甲圖

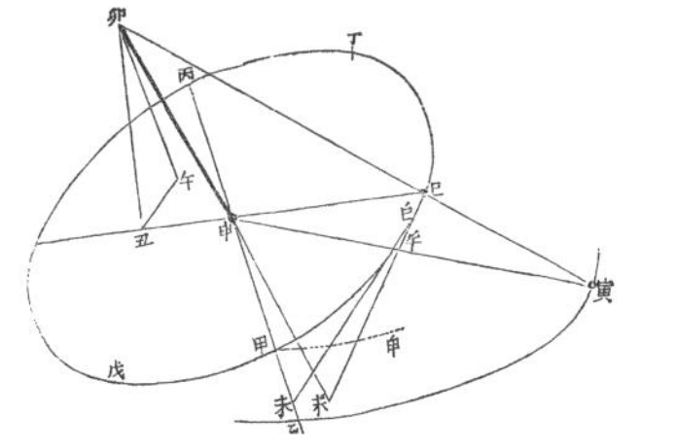

恒退行于黃道面、是也、此與諸行星道交點退行之理同、亦生于攝動、其攝動力非發于諸行星、而發于日與月、蓋日較諸行星甚大、月較諸行星甚近、故此二體之攝力同攝地球赤道上之凸積、地又自轉、而歲差生焉、今細論之、如甲圖、外星寅攝內星巳、假如巳之質積

平散于全道、成一流質圈、寅之攝力加之、令繞申行于本面、則必生二事、一、道之面必變、如泿紋形、丁甲與戊丙二段、交寅面角必愈大、甲戊與丙丁二段、交角必愈小、一、交點必退行于寅道面、此二事各不相涉、若不爲流質圈、而爲定質、成一堅圈、則圈中有若干分、欲令交角變大、有若干分、欲令交角變小、此必相消、每時刻依圈行、用其相消之餘成角之變、又圈中諸質點有若干分欲交點順行、有若干分欲交點退行、亦必相消、以其餘成進退行、夫赤道、即定質圈也、發攝動力者、爲日爲月、俱不與赤道同面、則其交點必恆退行、蓋堅圈與質

體周行于圈、理同也、此圈若不帶他物、交點之退行當甚速、今赤道圈與地球合爲一體、交點行之理、惟赤道及諸距等圈有之、與全地球無涉、諸圈體質之和、即地殼、較全地球甚小、則諸圈退行力、爲地球質阻力所消甚多、故交點行速率變甚小、以日力言之、即歲差也、然赤道之交點、又因月攝退行于白道、夫白道既退行于黃道、交角略不變、故白極依交點行之速繞黃極、而赤道既退行于黃道、又退行于白道、則赤極依二退行、必行成次擺線道、如圖、巳爲黃極、甲乙丙丁爲白極所行之小圈、十九年一周、申丙戌爲赤極所行之次擺線、其

時大于十九年、若僅有日攝力、赤極當行于申戌虛線、今又有月攝力、則赤極所行方向、恒正交赤白二極距、如白極在甲、赤極行在申、其方向

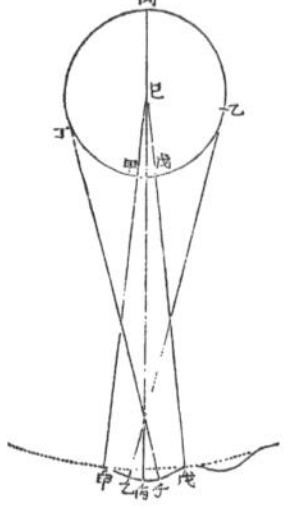

正交甲申、白極至乙、赤極行至乙、其方向正交乙乙、白極自甲行一周餘至戊、赤極行成一次擺線申丙戌、其速率時大時小、每次皆然、是謂歲差合尖錐動所生之行法、依此理攷諸力之率、即得歲差及尖錐動之數、與測望密合、日月所生二差之比、若二與五之比、既得此

二差、則黃道交定面點因諸行星攝動退行之數亦得與理所應得亦密合也、

諸動外又有一動、名曰感動、先言其公理、凡諸體或以實質相聯、或以攝力相聯、中有一體以一定之周時旋行、必感動各體、令其各分生一定時之動、其周時俱與原動相應、而其最速最遲時不盡相應、各體有易感者、有不易感者、有一分易感一分不易感者、故其感動有時不覺、有時可推、有時較本動更易見、故地軸因日月旋行所感、又生二小尖錐動、其周時一爲半歲、一爲半月、感動中事之最大者、爲潮汐、乃水之感動也、理詳別卷、

談天卷十二終

談天卷十三

英國侯失勒原本

英國　偉烈亞力　口譯
海甯　李善蘭　刪述

橢圜諸根之變

上卷論垂力令受攝動之面變方位、故交點有進退、交角有增損、此卷論法切二力令橢圜道變狀、及星行橢圜周變速率之理、

行星道因攝動、不復成橢圜、亦無他曲線可比擬、而歷家恒用橢圜者、取其便于推步也、其法謂橢圜道之方位形狀大小兩心差、依攝動徐變、而本星一若未嘗受攝動力、但隨星道之變、而依常法行于其周、是則諸攝動力皆加于星道、而星與道相屬之理不變、此法出于自然、非假設也、各星道根數之變甚緩、如地道百年中、兩心差之增損、不過○。○○○○四、最卑點之行、不過十九分三十九秒、若一周時中微細之變、雖畫其道于徑六尺之板、用最精顯微鏡、亦難察也、則雖有變、不可不謂之橢圜、但其變積久必著、是又不能不推也、

凡橢圜道之變分爲二、一曰長差、其復時遠、一曰短差、其復時近、如上卷論交角之變、寅巳周數相會、略相補者、即短差也、相補後尚餘微差、積久而大、此必俟寅巳及交點三者之周俱相會、然後消盡、即長差也、二差中短差尤要、長差不過短差之小餘、大率行星于刹那中微離其道、漸離漸遠、既而復漸近、漸歸本道、再漸離于對面亦然、兩面自離至復、皆相似、終古恆如是、本道乃兩面軌跡之中數、是謂短差、在所必推、長差理亦略同、但久而後復、中間積數甚大、則亦不可不推也、

此後詳論本面內諸長短差、不及交角、故設諸道在一面內、令其理更易明也、如圖、甲巳乙爲巳未被攝動之橢圜道、寅爲發攝動力體、作寅巳聯線、任引長之、申爲中體、取寅子、等于寅申、又取寅夘、令寅夘與寅子比、若

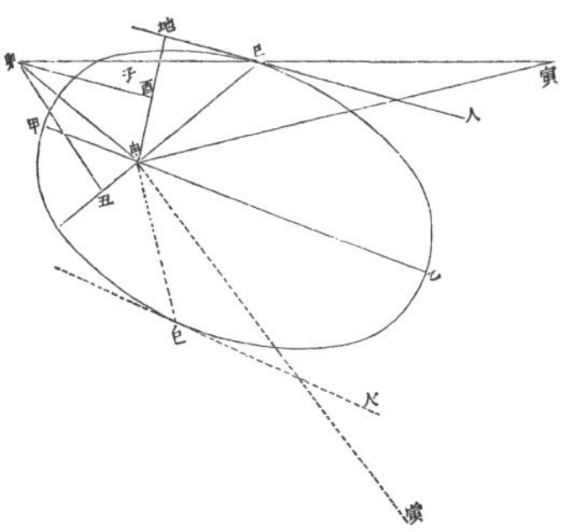

寅子與寅巳之二平方比、乃作夘申線、表巳所受之攝動力及方向、次作巳點之切線人地、次作人地之垂線申地、又作申地之垂線夘酉、又引長巳申線而作夘丑爲垂線、乃分夘申攝動力爲夘酉切力、酉申法力、或分爲夘丑橫力、丑申帶徑力、設其道爲正圜

或微橢，則巳申丑與地申合，而切法二力與橫帶徑二力略等，乃以公理改二力所生橢圜諸根每刻之變，先論長徑，行星受日攝力并他星攝動力，行成無法之曲線，分此曲線爲無數小分，則每分有一定曲率及方向，與橢圜合，故可恒以橢圜推之，但每刻中橢圜之根數，與前一刻後一刻橢圜之根數不同，因曲率能變距日之遠近，方向能變橢圜之方位也，然長徑不因之而增減，蓋距日之遠近，生于長徑，不能變長徑，而橢圜之方位，與長徑無涉也，準刻白爾測定之例，凡橢圜道皆憑中心攝力而成，星任在道中何點，若知其速率及距日

數，長徑亦可知，而星行之方向不論，蓋方向變，僅能令兩心差及橢圜之方位變，而不能令長徑變也，然則長徑因何而變乎，曰，長徑之刻刻增減，其故因速率之變而生，速率之變，因切力而生，切力與星行方向同，則速率增，而長徑亦增，方向異，則速率減，而長徑亦減，如上圖，甲乙爲長徑，作申巳′申寅′二虛線，其交長徑角與申巳申寅二線等，設外星在寅′，內星在巳′，則寅′加攝力于巳′申二體，與寅加攝力于巳申二體等，而巳巳′所受之切力亦等，故巳所增之速，等于巳′所減之速，而長徑必一增一減，其所增必等于所減，設寅道爲正圜，寅巳二

周時無等數，則二星行至多周，必有時寅與巳在長徑此邊之方位，與前在彼邊之方位相似，此方位長徑之變，與彼方位長徑之變，必恰相反，至無窮周，歷盡一切方位，則所生長徑之變，必恰補盡，設寅巳二道俱爲正圜，則寅行一周，長徑必復如初，蓋四象限之切力，兩兩相等而相反，故恰相補也，設巳道爲正圜，寅道爲橢圜，則寅從最卑至最高半周，漸遠于申，其攝動力必漸衰，從最高至最卑半周，漸近于申，其攝動力必漸加，巳不能定居于寅道之長徑上，故寅行一周，其切力雖相反，而不相等，不能恰相補，必行多周，歷盡巳寅申相與之

各方位，然後長徑之變盡補，

設巳寅二道俱爲橢圜，而二長徑之方向不同，則與上條所論之理不合，當以動重學之公理論之，凡物動時，有向心力恒加之，令刻刻變速率，名曰長加力，其力之大小，與距心遠近之平方有反比例，物在空中從此點至彼點，其速率之變，憑二點空中之方位，不憑二點中間所過之曲線，諸長加力中之平行力，可當作無窮遠定心所發，如此若物行從巳起，仍至巳時，其速率必仍如初，上條諸理俱不論，準此，設寅有定處不動，巳恆受三力，一，申之攝力，方向爲巳申，二，寅之攝力，方向爲巳

寅、三寅加申之攝力方向爲寅申、恆在寅申平行綫上、巳行一周復至原處其速率與長徑必略如初、尚有小差爲攝動力變其道所生、然甚小可不論、設寅雖不繞申、而漸遠于申、則巳至原處、速率之差不能補足、必巳行多周、俟寅復漸近申、然後消盡、則寅無論定于何方位、巳行多周、必得各點相對、俱如上圖、巳巳令寅所加之力相反、然則寅雖不定、行無數周時、必盡得寅在道中各方位、巳行若干周中之相對各點、其力兩兩相反、故歷年甚久後、所生之差、必消盡也、又設令巳定于一處、寅行若干周、理亦同、夫攝動力令兩心差生短差、又

令長徑移方位、則巳與寅至原方位時、其距申遠近及速率、必各不同、然長徑行一周、其距申遠近必復原、兩心差之變一終、其速率必復原、故巳寅至原方位、長徑周兩心差變終、三者會于一時、則一切如初、此必多歷年所、久之又久之始一遇也、此乃動重學之理、其力之方向或在平面內、或無論從何處來、皆同、故寅巳二道雖有交角、理亦合、但有交角變及交點行、則巳行一周、不能至一定之原方位、然交角變大小、其面恆在中面之二邊相去不遠、而每次交點行一周時、巳至原經度、必不在原處、或在中面上、或在中面下、其距必有時彼

此相等、故歷無數周、其差必消盡、如上所論、既爲公理、則無論有若干定心、無論何方位、且無論有若干發攝動力之體、其理俱同、不過推其相消、法更繁耳、有此奇理、故知諸行星道之長徑、其差必復、其平速周時亦然、如歲實雖有消長、統計之、實無增損也、故諸行星距日之數、不能增至無窮、亦不至漸近日而合爲一、統計之、其道大小不變也、此事拉格浪攷得之、實推步家至要之理也、地日距若加十分之一、則一切動植諸物俱難生活、然長徑變長變短、離中數不遠、依理推測諸行星長徑之增損、除火木間諸小星外、未有過中數千分之

一也、

長徑之增損、憑切力、而兩心差及長徑方向二根之變、

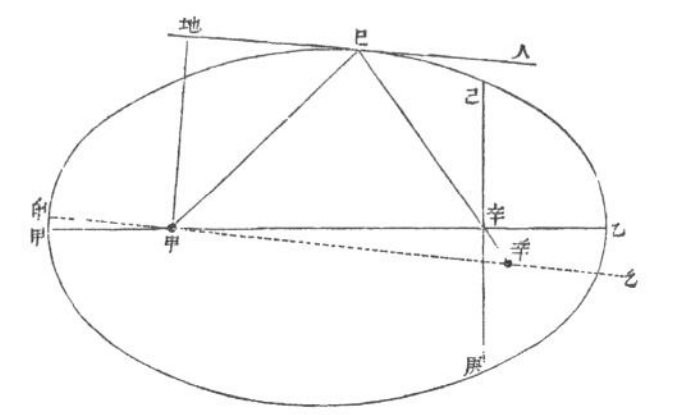

則兼憑法切二力、今分攷之、先論切力、如圖、巳爲受攝動力之體、甲巳乙爲巳之道、甲申乙爲長徑、申爲本心、地巳人爲巳點之切綫、命甲乙爲二甲、取人巳辛角與地巳申角等、而地巳辛角等于一百八十度少人巳辛角、則申巳辛角等于一百八十度少二地巳申角、又

取巳辛等于二甲少申巳，而橢圜之餘心辛可推，蓋橢圜理，凡從二心作二線會于橢圜周一點，則二線交切線之角必等，又二線之和，必等于長徑，故也，設切力加于巳，令其速率大，則長徑亦必變大，（理見上條）命爲二申，然切力不能變地巳申人巳辛二角，故新餘心辛必在引長巳辛線內，取巳辛等于二申少申巳，即得，乃作申辛線，兩端引長之，成申乙，爲長徑之新方位，申辛折半，爲新兩心差，故切力令巳增速，則有諸例，一，最卑新方位申，與巳俱在原長徑甲乙之一邊，無論巳從最高至最卑，或從最卑至最高，皆然，二，于餘心辛點上作長徑之

垂線己庚，巳在庚甲己之間，兩心差增，在己乙庚之間，兩心差損，三，巳在己庚二點，一刹那中卑點之變爲最大，巳漸近最高卑，其變漸小，巳在甲乙二點，則不變兩心差則反是，巳在甲乙二點，其變最大，在己庚二點，則不變也，若切力令巳減速，則此諸例俱恰相反，若巳道略近正圜，則巳行甲己己乙乙庚庚甲四分，其時相等，俱爲周時四分之一，再論法力，法力加于巳，巳行速率不變，故長徑亦不變，惟能令曲率變，法力向內，則曲率增，而巳行自高點至卑點，則申巳地角必損，若自卑點至高點，則申巳地角必增，今設巳自高點至卑點，因申

巳地角損，故切線巳地必變爲巳地，而餘心辛必移其

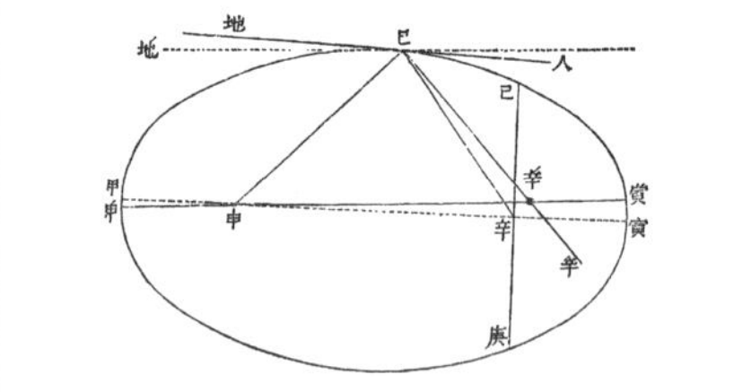

處，欲知在何點，取申巳辛角等于一百八十度少二申巳地角，又取辛巳辛角等于二地巳地角，或取巳辛與巳辛等，則辛即餘心所移之處也，乃作申辛線，引長成申寅，爲長徑之新方位，申爲新卑點，半申辛爲新兩心差，故法力向內，巳自高點至卑點，則有諸例，一，若巳在己甲之間，則長徑順行，辛與巳

在原徑一邊，巳恰在己，則長徑不行，巳在己寅之間，則長徑逆行，辛與巳在原徑兩邊，二，兩心差增，巳在己點其增最大，在高卑二點，不增，若巳自卑點向高點，則諸例俱相反，又若法力向外，則一切相反，又兩心差卑點，二事之變，互爲消長，此變速則彼變遲，此極速則彼爲無也，又餘心之移，遇切法二力，此二力恒正交，亦互爲消長，此力愈大，則彼力愈小也，欲推刹那中攝動之差，必準動重學，分推刹那中切法二力所得之速率，各合二根所生之差，視其同號，則相加，異號則相減，或先取辛巳辛角，倍于法力所生地巳地角，又取巳辛等于巳

辛加減切力所生長徑差得辛為餘心之處其他俱可推矣欲知地巳地角以此時巳行速率約法力所生之速率即得今列二表巳行全道切法二力生差之例一覽可了然矣

切力生差表

巳行	巳所在	切力所生	根之差
高至卑	無論	速率增	長徑退
高至卑	無論	速率損	長徑進
卑至高	無論	速率增	長徑進
卑至高	無論	速率損	長徑退
無論	近高點	速率增	兩心差損
無論	近高點	速率損	兩心差增
無論	近卑點	速率增	兩心差增
無論	近卑點	速率損	兩心差損

法力生差表

巳行	巳所在	法力所向	根之差
無論	近高點	向內	長徑退
無論	近高點	向外	長徑進
無論	近卑點	向內	長徑進
無論	近卑點	向外	長徑退
高至卑	無論	向內	兩心差增
高至卑	無論	向外	兩心差損
卑至高	無論	向內	兩心差損
卑至高	無論	向外	兩心差增

設巳寅二星各從某處起積若干時欲推諸根之積差當用積分法其法極精深今不細述

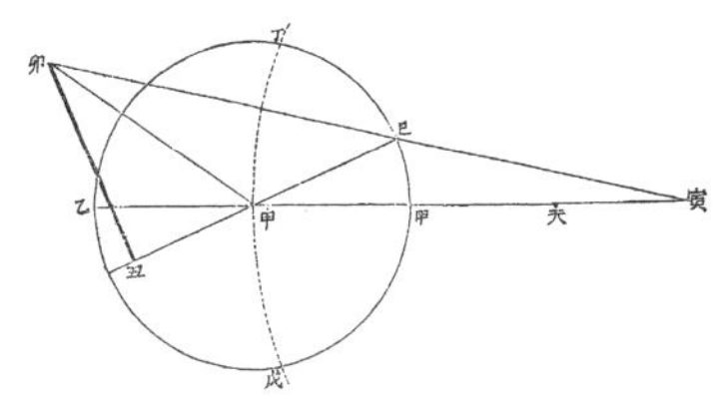

長徑之行兩心差之變本一理試設其道為正圜論之簡而易明也道為正圜則切法二力與橫帶徑二力合故推橫力帶徑力如推切法二力也如圖寅巳與寅申之二平方比若寅申與寅夘比夘巳為寅夘少寅巳夘丑等于夘巳乘夘巳申正弦亦等于夘巳乘甲申巳申寅巳二角和之正弦又丑申為巳丑少巳申即等于夘巳乘夘巳申餘弦少巳申亦等于夘巳乘甲申巳申寅巳二角和之餘弦少申巳夘丑即顯切力丑申即顯法力也凡巳從戊至甲從丁至乙切力令其速增從甲至丁從乙至戊切力令其速減在甲丁乙戊四點切力消盡在甲丁丁乙乙戊戊甲四分之中則最大又巳近甲乙二點法力向外近丁戊二點法力向內在甲丁乙戊四點法力最大在甲丁丁乙乙戊戊甲四分之中則消盡試設巳在各處一一作圖玩之自明也若寅最遠則法力消盡之點略近丁戊而遠甲乙

依上條之理推月道法更簡蓋寅為日距地月甚遠月道半徑日視之不過八分故夘巳與甲乙一若平行線而丁申戊一若直線正交甲乙以申巳為半徑則巳亥為甲申巳之餘弦故夘丑等于夘巳乘甲申巳正弦丑巳等于夘巳乘甲申巳餘弦又夘巳等于三箇巳亥即等于三箇申巳乘甲申巳餘弦是以夘丑等于三箇申巳乘甲申巳正餘弦相乘積亦等于二分申巳之三乘甲申巳倍角之正弦丑申等于三倍甲申巳餘弦之平方以一減之又以申巳乘之亦等于三倍甲申巳倍角之餘弦以一加之又以二分申巳之一乘之若甲申巳

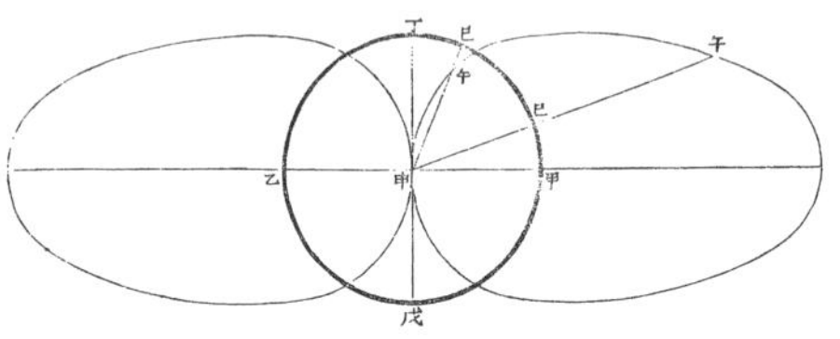

餘弦之平方等于三分半徑之一、則丑申消盡、蓋夘巳線割巳道二點距甲乙二點各六十四度十四分也、試向巳道全周諸點作申午線、等于三箇申巳乘甲申巳餘弦平方數、聯諸午點、必成二卵形之橢圜、出入巳道、四交點距甲乙二點、各六十四度十四分、巳午恒顯加于巳點之法力大小方向也、

準上條、凡甲乙線兩邊甲申巳角等、攝動力恒與申巳有比例、申巳即月地距、故月在橢

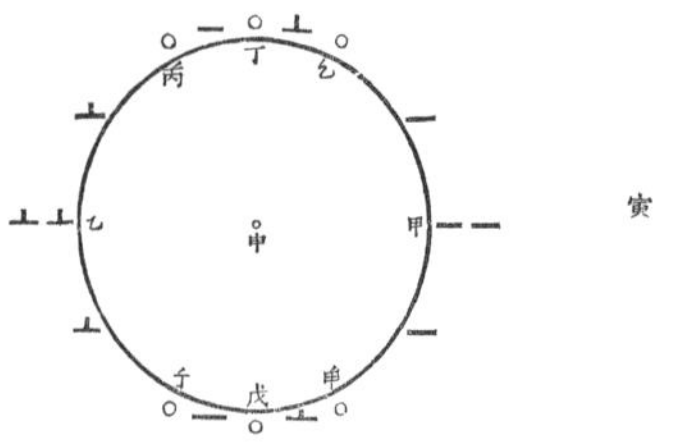

圜高點、攝動力增大、在卑點攝動力減小、其最大最小之比例、約如二十八與二十五、準此論法力變長徑方位、設長徑向日、卑點在甲、高點在乙、取甲卑甲乙乙丙乙子四分、各六十四度十四分、巳在申乙之間、法力向外、而近卑點、則長徑必退後、理見前下同 在丙子之間、法力向外、而近高點、則長徑必進前、在甲乙二點、其行最速、漸遠二點、漸遲、在申乙丙子四點、則遲極而定、自乙至丁、法力向內、而近卑點、則長徑必進前、但行甚遲、蓋初離乙、法力小、漸近丁、法力雖漸大、然其方位不易動長徑故也、過丁至橢圜長徑餘弦上垂線界而復定、自此界至丙、法力向內、而近高點、則長徑必退後、而亦甚遲、巳在子戊及戊申之間、理同、圖中⊥⊥為速進、⊤⊤為速退、⊥為遲進、⊤為遲退、○為定、若兩邊⊥⊤之力相等、則一周中遲速之數必相消、然高點之力恒大于卑點、其比例若二十八與二十五、惟丁戊左右二象限之力相等、故近丁戊二點、⊥⊤二行略

消盡、而近甲乙二點、⊥⊤二行不能消盡、進必多于退、若高點在甲、卑點在乙、則理俱相反、圖中⊥⊤之號必皆易位、而最大之力在甲、仍為進、故一周中長徑之進亦多于退、又設長徑正交向日之線、高點在戊、卑點在丁、巳在乙丙之間、法力向內、而近卑點、則長徑必進、而不速、因法力不大也、在甲乙及丙乙之間、法力向外、而近卑點、則長徑必退、亦不速、在申甲及乙子之間、法力向外、而近高點、則長徑必進、亦不速、在子申之間、法力向內、而近高點、則長徑必退、高點法力、大于卑點、故一周中長徑之退多于進、若高點在丁、卑點在戊、理同、總

論之、最高在甲乙二點、法力向外、全周中長徑進多于退、在丁戊二點、法力向內、退多于進、然月近甲乙二點、法力大、近丁戊二點、法力小、又乙丙丁申二弧、甚小于申乙丙丁二弧、又長徑在全周各方位中、有定而不行時、其方位亦較近丁戊二點、故一歲中日繞地一周、長徑盡歷諸方位、統計其行、進必多于退也、更論切力變長徑方位、設卑點在甲、月行甲丁象限、切力必令速率損、而月自卑至高、故長徑退、行丁乙象限、切力必令速率增、月仍自卑至高、故長徑進、行乙戊象限、切力必令速率損、而月自高至卑、故長徑進、行戊甲象限、切力必

令速率增、月仍自高至卑、故長徑退、是在戊甲丁半周、長徑恒退、在丁乙戊半周、長徑恆進、然近高點之切力、強于近卑點、故全周中、進必多于退、若卑點在乙、則俱相反、在戊甲丁半周、長徑恆進、在丁乙戊半周、長徑恆退、而進仍近高點、則全周中亦進多于退、又設卑點在丁、月行甲丁象限、速率損而自高至卑、故長徑進、行丁乙象限、速率增而自卑至高、故長徑進、行乙戊象限、速率損而自卑至高、故長徑退、行戊甲象限、速率增而自高至卑、故長徑退、是在甲丁乙半周恆進、在乙戊甲半周恆退、高點在戊、力更強、故全周中退多于進、若卑點在戊、理同、總論之、最高在甲乙二點、進多于退、在丁戊二點、退多于進、其數略相等而相消也、故日繞地一周、長徑盡歷諸方位、其近朔望點時、法力必令進前、近二弦點時、法力必令退後、但進速而退遲、故總計之爲進、切力亦然、而進退之遲速等、故總計之無進退、是一歲中切力不能變法力所生長徑之總差、然逐時能令法力所生差增大、何則、日行與月同方向、長徑近朔望點、其進隨日、故切力之加、比日不動更久、長徑近二弦點、其退逆日、故切力之加、比日不動更暫、夫準法力、進本有餘、今因切力加久、而更有餘、退本不足、今因切力加

暫、而更不足、是謂以攝動加于攝動、天算家言長徑之動、大略若攝動力平方之比、理本此也、

上諸條論月道長徑攝動之法、最爲繁重、初奈端用帶徑力推長徑之行、所得較實測數、僅得半、後歷算諸家細測詳推、終不能密合、遂謂奈端攝力之理、未足盡憑、格來老始亦云然、既而忽得其解、乃知攝力之理、精深神妙、不能改也、案月道長徑順行、三千二百三十二日五七五三四三而一周、約九年弱、

論法力變月道兩心差、任設卑點在人、高點在地、月行方向自甲至丁、準前論、巳在申乙丙丁四點及地人高

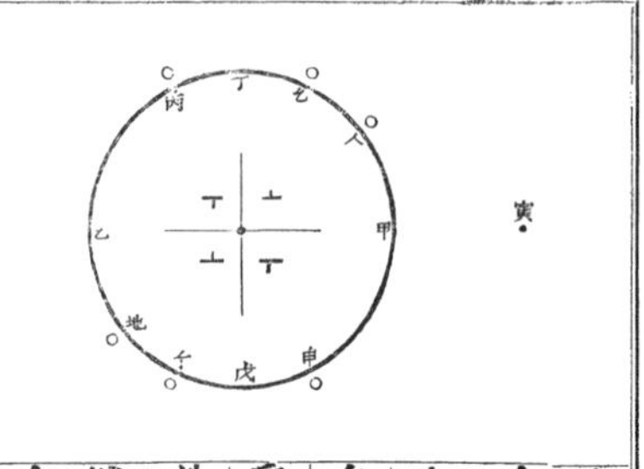

卑點、兩心差皆不變、則在人乙地
子二弧、其變甚小、因向外法力甚
小、又其方位不能大變也、而在人
乙、爲自卑至高、在地子、爲自高至
卑、正相反、則一令增一令損、略相
消、雖近高點力稍強、必損多于增、
然統全周計之、甚小也、乙丁丙及
子戊申二弧、較象限甚小、法力俱
向內、巳在此二弧、不能令兩心差大變、而令增損正相
反、子申弧近高點、力稍強、增多于損、與前人乙地子二

弧之損多于增、正相消也、巳在申人丙地二弧、法力向
外力最大、而丙地近高點、力尤強、巳自卑向高、則必增
多于損此較不能消、爲全周兩心差之變、設卑點在地、
高點在人、全周兩心差之變、亦增多于損、蓋法力最強
在申人弧、仍向外、巳仍自卑至高也、凡長徑在甲丁乙
戊二象限內、兩心差恒增多于損、在丁乙戊甲二象限
內、則反是、圖中 ⊥ 指增多、 ⊤ 指損多也、
論切力變月道兩心差、巳行甲丁乙戊二象限、切力令
速率減、行丁乙戊甲二象限、切力令速率增、故巳在甲
丁象限、距卑點不滿九十度、恒令兩心差損、在乙戊象

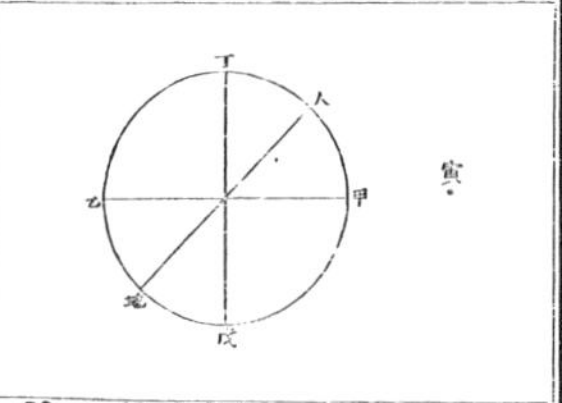

限、距高點不滿九十度、恒令兩心差增、
乙戊之增、多于甲丁之損、若高點在甲
丁間、卑點在乙戊間、則甲丁增而乙戊
損、亦增多于損、又巳在丁乙象限、距卑
點不滿九十度、恒令兩心差增、在戊甲
象限、距高點不滿九十度、恒令兩心差
損、戊甲之損多于乙丁之增、若高點在丁乙間、卑點在
戊甲間、則戊甲增而丁乙損、亦損多于增、統計之、日行
一周、切力所生差適消盡、但逐時與法力合、令其差增
大、與變長徑方位之理同、至日與長徑之周相會而復

初、設日與長徑同起程于一點、日一年一周、長徑九年
一周、則歷四分年之一、又加三十二分年之一、共三十
二分年之九、長徑一若退行一象限、先自甲至戊、兩心
差恒損、至戊爲最小、次自戊至乙、兩心差恒增、至乙爲
最大、而復與日會、餘仿此、兩心差最大最小比、若三與
二比、
月道長徑行之理、可以器顯之、法用鐵線或銅線任長
十餘尺、懸一鉛球、下承以平板、球板相去甚微、取球略
偏、向旁推放之、令旋轉、必行成小橢圜、原垂線在其中
點、若于球底中心安一鉛筆、必畫橢圜圈于板、此長徑

之方向不甚變爲風氣所阻橢圜必漸變小而定若取球大偏與垂線成角約十五度至二十度旁推之則所行橢圜大其長徑之方向每周必以漸增速移與球行之方向同久之長徑必至短徑之處既而還至原方向即如月道長徑之行也曰此橢圜道之長徑何以能進前行曰取球偏而放之令旋轉必常有力加之其方向恆正交鐵線此力恆變其大小之比若鐵線交原垂線角正弦之比弧甚小則正弦之比略如弧之比取球小偏弧與正弦無別其行一周球受中心之攝力與距數比例恆合故長徑不移若取球大偏鐵線與垂線成大角則受中心之攝力恆如正弦之比例而距數恆如弧之比例弧變大正弦亦變大而正弦之變不能若弧之速故球向中心之力較行橢圜之力略小則近長徑界

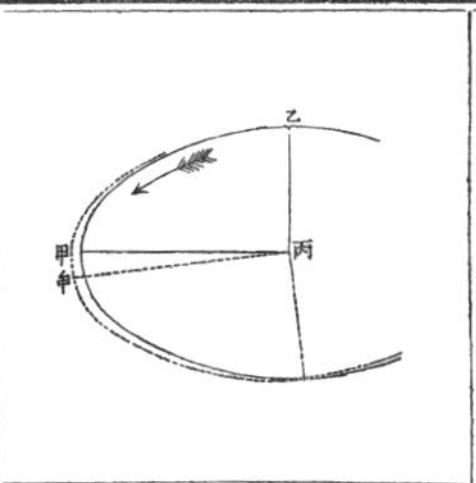

曲率必損故至原長徑界甲不能復正交距心線必行至申方正交是長徑進前也觀圖是明此不過借以明月道實與月道之理不全合蓋其攝動僅有帶徑力無橫力也

推諸行星道長徑之行兩心差之變有簡于月道者有繁于月道者其簡者何一周中長徑之變甚微則體與

長徑逐周所成各方位畧不變又發攝動體或進或退受攝動體之長徑雖隨之進退亦甚小俱可不論又月道之長徑進退甚大故其行有倍數須重推而得諸行星之長徑進退微皆無倍數也其繁者何受攝動發攝動二體周時之比甚小于十三與一之比則巳行一周寅與巳道長徑變方位之度甚大前論月巳一周設寅爲不動以便算其差不甚大若行星則巳一周寅已行多度設爲不動其差甚大故不能也如木受土攝動木一周土已行一百四十度設爲不動則攝動諸力盡不合矣又若外星受內星攝動則寅與巳道長徑方位之變速于寅與中體方位之變更不能設寅爲不動矣又寅道兩心差變爲最要事其故甚繁不能以言喻必用代數式及微分法方能推之又水金及地球爲木土諸星所攝動與常理不甚合各道之長徑因土木諸星所攝而進前常也乃有時憑巳寅二體相距二兩心差之大小二長徑相與之方位令長徑退後與常理相反如金星道之長徑受地球水星攝動力之和而退後受木土諸星之力而進前而退更速于進故其長徑恆退行是也

推諸行星道長徑行兩心差之變設其道畧近正圜則

攝動諸力無大變、故長徑進退、兩心差大小、行若干周後、盡歷諸方位、必相消而復初、觀前切法二力生差表、理易明、蓋寅任在本道恰相對二點、一與巳之高點成方位、一與巳之卑點成方位、相似而相反、二道既略近正圜、則切法二力、距合點線同即俱相似、故巳之卑點前後半周、與寅道此點諸力相關、一如巳之高點前後半周、與相對點諸力相關、又巳自高至卑半周、與寅道此點諸力相關、一如自卑至高半周、與相對點諸力相關、而長徑進退、兩心差增損、俱恰相反、故寅任在何點、加于巳之力、與寅巳俱在對面所加之力、必恰相消、而

長徑兩心差之變、亦必恰相消、設二道俱非正圜、則諸力不能恰相消、然兩心差非甚大、則其大分仍如上相消、所謂短差也、而餘小分積久不消、以成長差、推長差法甚繁、今不暇細論、但論生差之大凡、亦必分法切二力、法力所生、在二星合點爲最大、蓋在合點法力最强故也、雖合點距高卑點各九十度時、長徑不移、合點合高卑二點時、兩心差不生變、而距此二方位各九十度、則法力所生之差最大也、切力最强時、每因方位之故相消、又無論合點距高卑二點若干、二星合時無切力、故長差生于法力者爲多、生于合點之法力爲最多也、

設合點在二道最近點、則所生差尤多、今試論之、夫同心二橢圜、各有卑點、其方位刻刻不同、則二道最近點在巳道之卑點可、在巳道之高點可、在道中無論何點俱可、設在卑點、巳道在內、寅道在外、則法力向外、故長徑退、巳道在外、寅道在內、則法力向內、故長徑進、設在高點、則俱相反、然兩心差俱不變、在高卑中間諸點、則長徑之進退小、而兩心差之增損大、準此若僅有二行星、久之最近點必因長徑兩心差之變而亦漸變、而長徑之行、又因最近點變而或增或損、或相反、兩心差亦因之或增或損、俱有定時、與長徑相應、然又有諸行星、皆相攝動、則亦當推諸道兩兩之最近點、故其法雜糅而甚繁也、

統觀卷中諸條之理、知交點行與交角變相應、長徑行與兩心差變相應、二者彼此相似、卑點進退、行成大弧、其較餘歷久而一周、兩心差微增微損以應之、歷久而復初、交點行亦歷久而一周、交角亦增損以應之、歷久而復初、如月道、交點行甚速、交角變速而不能積爲長差、則卑點行愈速、兩心差亦變速而不能積爲長差、蓋月受日及衆行星及地赤道上凸質諸攝動力、生諸小變、其變甚速、故不能久積以令橢率大變、測月之兩心

差中數古今同也

諸行星相攝動最卑之行兩心差之變二道互為消長交點交角亦然舉土木二星以例其餘設土木外無他行星則土道兩心差最大必為〇〇八四〇九最小必為〇〇一三四五木道兩心差最大必為〇〇六〇三六最小必為〇〇二六〇六木之兩心差最大時土之兩心差最小木最小時土最大歷七萬四百十四年而一終若諸星道之兩心差俱復初必歷幾萬萬年也卑點之行于本星無甚關係而兩心差之變則關係甚大蓋本星面寒暑之中率實憑之增損焉各行星每周

受日之光熱與橢圜道之短徑恆有比例兩心差變則短徑變而寒暑之中率必變然則幾萬萬年中所生之差必有行星兩心差之變甚大令附面諸物俱不能生活設我地球當之則人物必俱死即不死亦必大苦矣解者曰無慮也天算家已詳推之而知其必無是事拉格浪謂諸行星之質積各乘其道之長徑平方根又以其兩心差之平方乘之其得數之和恆等此乘數中一為長徑之平方根一為兩心差之平方而各道之長徑增損無長差則兩心差之增損必不至懸絕也

談天卷十三終

談天卷十四

英國侯失勒原本
英國　偉烈亞力　口譯
海甯　李善蘭　刪述

逐時經緯度之差

欲知行星與月逐時經緯度之差不特當知長差亦不特當知短差必當知短差令橢圜行變遲速而經度變令星月道之面與定面變交角而緯度變經緯度諸變法其中有因久測而得前人但知其當然未知其所以然後人用攝力遞解遞明初若與攝力不合細致之知亦本于攝力而攝力之

理愈確不可易已

發攝動受攝動二體之周相會所生之差或自相消而復初此差因受攝動道之本心繞中心點行成曲線道

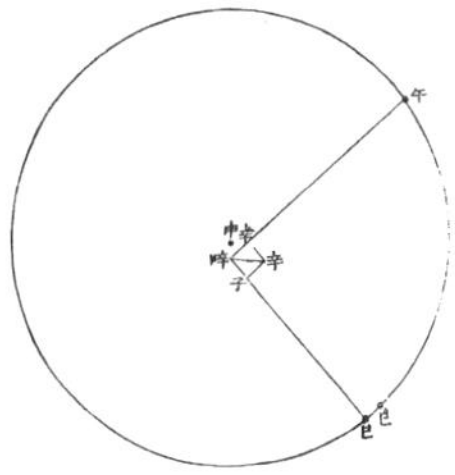

而生設道為正圜則中心點即圜心若微橢則中心點即本心所繞之心本心繞中心點兼用法切二力如圖哱為本心巳為受攝動體巳巳為一剎那中所過之道若無攝動力則巳巳為橢圜之一分哱不動因有攝動

力、故啐移至辛、求辛點所在、準前卷法力變巳啐線爲巳辛線、啐巳辛角倍于法力所變切線角、而巳啐之距不變、故辛必行于啐午線、午距巳九十度、若法力向外、則啐行向午、法力向內、則啐行背午、啐所至恆爲辛、又切力能增損巳啐、若切力令巳行增速、則巳啐亦增、令巳行損速、則巳啐亦損、啐所至恆爲子、作辛辛、與啐巳平行、作子辛、與啐午平行、交于辛、即得受攝動體本心所在、月受日攝、此差最顯、名曰二均差、一月而復、宋開寶八年、亞喇伯歷家阿波維法所測得、其限約一度四分、奈端以攝動力明其故、設月道爲正圜、理更易明、道

既正圜、則恆當以平速行、乃朔望前二象限、切力恆令速率增、後二象限、恆令速率損、故其速率在朔望二點爲最大、在上下弦二點、爲最小、近朔望、必大于平速、近二弦、必小于平速、故其道在朔望、必較正圜微匾、在二弦、必較正圜微凸、又朔望點左右各六十四度十四分、法力向外、令道之曲率略小、二弦點左右各二十五度四十六分、法力向內、令道之曲率略大、是切法二力、共變正圜爲橢圜、其長徑二界、即二弦點、其短徑二界、即朔望點也、故在朔望點月最近地、且速于平速、在二弦點、月最遠地、且遲于平速、故從地望月、當朔望時、其行

度最速、而當二弦時、其行度最遲、朔弦弦望之間、有點恰得平速、然其前或積速、或積遲、俱未消、故在此點眞經度平經度之較最大、在朔望二弦點、其變遲速最大、而積差却消盡、正得平經度、依理推其數、與測望密合、案切力在朔望二弦點爲無、而在朔弦弦望間之點爲最大、在戊甲丁乙二象限、令速率增、在甲丁乙戊二象限、令速率損、速率增、則長徑變長、速率損、則長徑變短、法力在申乙丁戊四點、距朔望點各六十四度十四分、爲無、在戊甲申及乙乙子二弧、向外、在申丁乙子戊戊二弧、向內、乃先論切力令辛點行法、巳行甲丁乙戊二

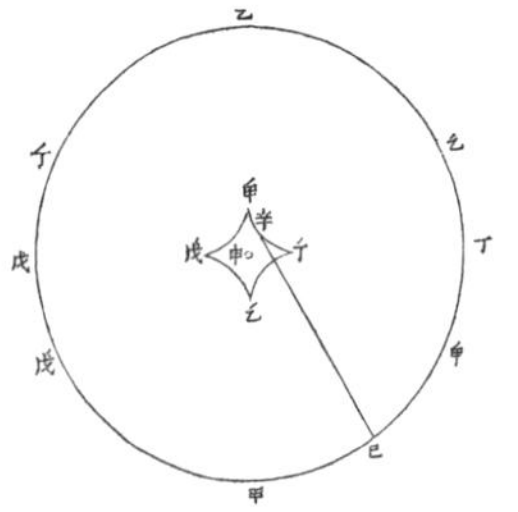

象限、辛漸近巳、巳行丁乙戊甲二象限、辛漸遠巳、巳在戊甲丁乙四點、辛不動、故巳在甲一剎那中、辛在申不動、巳離甲向丁、則辛恆向巳行、而成申子線、辛巳恆爲申子之切線、巳至甲丁之中、則辛距巳得中、與巳申距等、此時辛向巳行最速、巳自此至丁、辛向巳漸遲、至丁而定、巳自丁至乙、辛背巳而行、成子乙線、速率之變與前同、巳自

乙至戊、自戊至甲、辛行成乙戊戊甲二線、理同、故依切力、辛必繞申、行成申丁乙戊四岐點曲線道、與巳行相

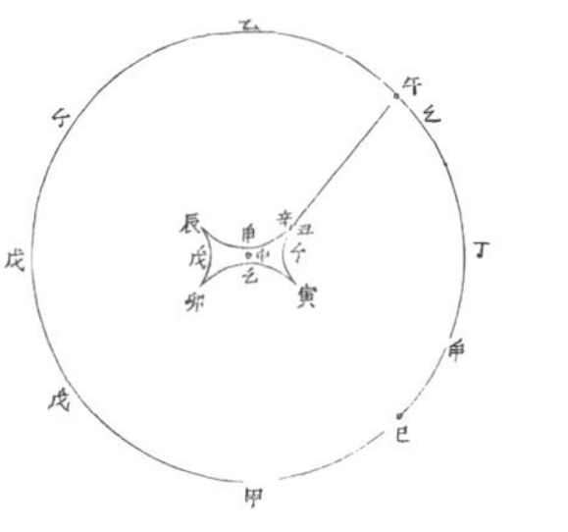

逆、再論法力令辛點行法、巳在甲乙二點、辛向午行爲最速、巳在丁戊二點、辛背午行爲最速、巳在申乙丁戊四點、辛不動、故巳在甲、午在丁、辛在申、向午行最速、巳離甲向丁、午離丁向乙、辛向午行漸遲、巳行六十四度十四分至

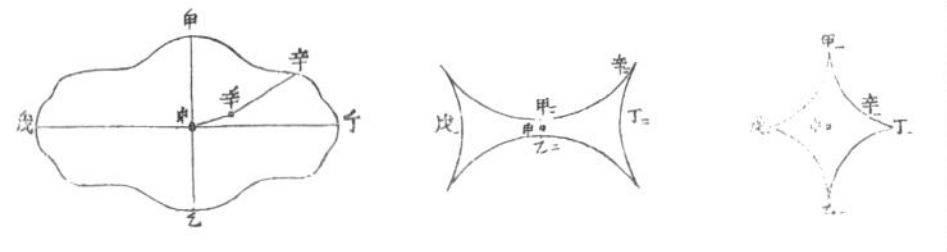

申、午行亦同、而辛行至丑、成申丑線、辛午線恒爲曲線之切線、辛至丑不復向午而定、巳至丁、午至乙、辛背午行至丁、在丁背午最速、巳行全周復至甲、則辛行丑寅卯辰四歧點曲線道而復至申、亦繞申、與巳行相逆、乃取此二行幷之、命二辛點爲辛一辛二申丁乙戊亦依類作識、法作申辛、與申辛二等、且平行、又作辛辛、與申辛二等、且平行、二曲線相對無數諸點皆依此、

作申辛辛諸線、乃聯諸辛點、成申丁乙戊橢曲線形、爲月道本心所行之眞道、其半短徑申卯、等于申甲一加申甲二、其半長徑申丁、等于申丁一加申丁二、申丁乙戊四點、與巳道甲丁乙戊四點相對、故朔望月在本道甲乙點、其距餘心較近于本心、二弦月在本道丁戊點、其距餘心較遠于本心、辛行申丁乙戊橢曲道一周、月行甲丁乙戊亦一周、其行相逆、朔望月所在、爲一剎那中橢圜之卑點、二弦月所在、爲一剎那中橢圜之高點、

設月距地之中數爲一、命申甲一爲二甲、命申甲二爲二乙、命申丁二爲二丙、則橢曲道之半短徑申卯爲二甲⊥二乙、半長徑

申丁爲二甲⊥二丙、故月在甲、其一剎那之兩心差必爲甲⊥乙、月在丁、其一剎那之兩心差必爲甲⊥丙、月自甲至丁、切力令長徑漸損、所損全分、等于甲丁一曲線、必小于申甲一加申丁一、即小于四甲、故半長徑之全較小于二甲、其中數申甲與最長最短之較、必皆小于甲、命此較爲角、設月在甲或乙、爲一剎那之卑點、其半長徑爲一⊥角、兩心差爲甲⊥乙、故距地數爲一⊥角⊤甲⊤乙、角本小于甲、則此數小于一⊤乙、月在丁或戊、爲一剎那之高點、其半長徑爲一⊤角、兩心差爲甲⊥丙、故距地數爲一⊤角⊥甲⊥丙、甲本大于角、則此數大于一⊥丙、二距地數較、爲二甲⊤二角⊥乙⊥丙

凡橢圜略近于正圜，則其橢圜周各點速率之比若合各半徑平方根之正比，及各點距申數平方之反比。今在甲在丁二半徑爲一丄角、一丅角，即若一與一丅二角之比，則其二平方根之比若一與一丅角之比。又二距申數之比若一丄角丅甲丅乙與一丅角丄甲丄丙之比，其二平方之反比若一丅二角丄二甲丅二丙與一丄二角丅二甲丅二乙之比，即若一與一丄四角丅四甲丅二乙丅二丙之比。兩比例并之，若一與一丄三角丅四甲丅二乙丅二丙之比。玩此率，知此差憑法力大于憑切力。諸式之例詳代數學

上條所論，設日爲定。今設日行于略近正圜之道，則申所見巳寅之距度等，切法二力亦等，惟朔望二弦四點無法力。四點不定于月道，而隨日進行，其逐時所過度與日行等，故甲一丁一乙一戊一及甲二丁二乙二戊二二曲線形，辛行一周後不能復至原處，而曲線必更彎，令歧點進行，與日行同方向，故巳與辛行之度必變大，其比若月之恆星周與太陽周比見七卷，而二曲線形并之，仍略如橢曲道，但辛一周後，不能復至原處，必繞申成橢曲螺線，其最近申恒在朔望點，最遠申恒在二弦點，四點相距各

大于九十度，比例亦如上，而月隨之亦成橢曲螺線，其曲線隨切法二力變大變小，變大則二歧點中間之曲線必漸長，而歧點距申漸遠，橢曲道亦漸大，比例仍同，月行之差亦漸大，變小理同。行星因發攝動體之行而變，與此無異。

上論以月距日爲甚遠，故近日半道與遠日半道，所受攝動力大略相同，然朔時月距日近，望時距日遠，其較約二百分之一，因此生一月行差，名月角差。月行一周，經度約差二分，此差雖附于大差，然諸行星互相攝動所生諸差中，此亦爲要事，故細論之。此差生辛行曲線

之差，及所成橢曲道之差，如前切法二力圖，設月巳從戊起，行本道自甲至丁，本必辛從戊起，行曲線形，在切力圖行戊甲丁，在法力圖行戊辰丑子，因切法力更大，故此二半曲線形，大于子乙戊及子寅卯戊，餘二半曲線形，則辛不能復至原處戊，每周皆然。合二行，如圖，辛從戊起，行橢曲道一周，不至戊而至己，戊己之聯線與二弦點之聯線平行，復從己起行一周，所成曲道，與前一周曲道同例，以後每

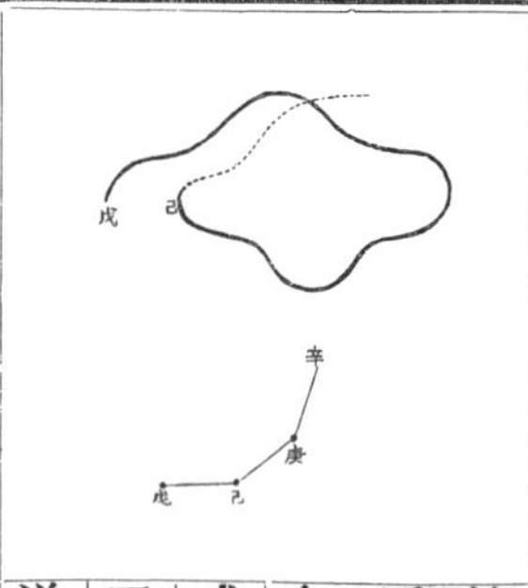

周皆然、是謂重橢曲道、辛行一周、日亦行黃道若干度、二弦點之方位隨日而變、故辛從己起、行一周至庚、庚點不在聯戊己引長之直線內、而在二弦點聯線新方位平行線己庚內、故一歲中所得戊己等點、環繞一中點申、一若重橢曲道中心點亦繞此中點、成一小道、故兩心差無長差、若日不行、（即地不行）則兩心差必生長差、久之必變成極大也、二行星相攝動、亦生二差、理與月差及月角差同、然道之大小不同、則其差亦異、觀前二體攝動表（見十二卷）自明、如海王攝動天王、在下合點之力、較上合點大十餘倍、故重橢曲道中心點繞申之道、與橢

曲道之比例、較月甚大、又設外星受內星攝動、則發攝動體之行度、速于受攝動體、故雖順行、而道上切法諸無力點順行甚速、恆追及巳、則巳一若退行、而巳遇此諸點、則道之本心辛、適至曲線之岐點、故無論寅在何處、巳行過諸無力點、辛行過諸歧點、中間之度必變小、其比例若太陽周與恆星周之比、凡巳行每太陽周、辛依切法二力、在二曲線形上、次第過諸歧點、其相距之度皆同、距合點度又彼此相同、故合切法二力之曲線形成一曲線道、每周中相當諸點亦同、二曲線之歧點必令合曲線道生凸處、每二歧點間之曲線、必令合曲

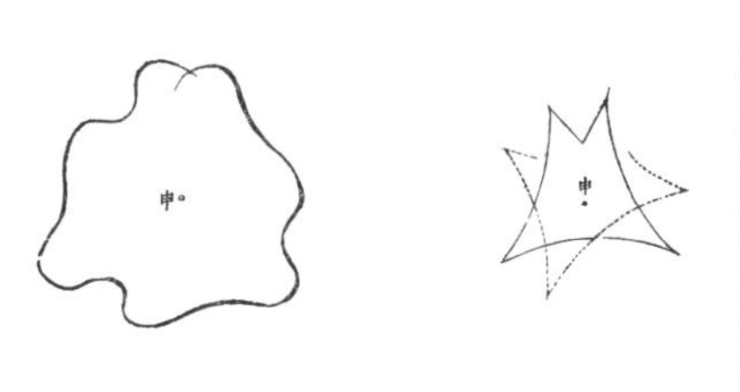

線道生凹處、故辛所行之眞道、若寅不動、則一周後必仍至原處、而成曲螺線道、若寅亦動、則不能復至原處、設巳寅二周有等數、則二合中間辛所過恆星經度、與三百六十度有比例、若無等數、則亦無比例、而一太陽周中、依所行二曲線若干歧點及方位、以成合曲線道、道上之向內向外行、及或速或遲、每次仍同、

準上論、則凡二星之攝動法、當分三種、第一、發攝動體

寅在外、則切法二力在巳道上、各有四無力點、切力之四點、一為下合點、一為上合點、餘二點在下合點左右、其距發攝動體與日同、名曰等距點、法力之四點俱在合點與等距點之中間、若寅體甚遠、則法力四無力點、遠于合點、近于二弦點、與月道同、寅體漸近、則下合等距中間二無法力點、更近下合點、若寅巳二道等、則二無法力點俱與下合點合為一、第二、發攝動體寅在內、而寅道徑大于巳道半徑、則切力有四無力點、法力只有二無力點、切力之四點、二在合衝二點、二在兩等距點與上同、寅道愈大、等距點愈遠于衝點、愈小、愈近于

衝點二道相等距衝點六十度巳道徑倍寅道徑則與衝點合爲一如土星受木星攝動等距點離衝點二十三度三十三分巳自衝後行一象限速率恒損再行至合速率恆增自合至衝亦然法力二點距合點近于距衝點寅道變大小此二點方位不甚變第三亦寅在內而寅道徑小于巳道半徑則切法二力各有二無力點切力之二點在合衝二點巳自衝至合半道速率恆增自合至衝半道速率恆損距合點約九十度增損最大法力二點與第二種略同學者當依此三種作若干圖令寅道自極大至極小設寅爲不動如前卷作夘丑二

點十三卷長徑之行條使各在一橢圜上玩之理自明也如圖申

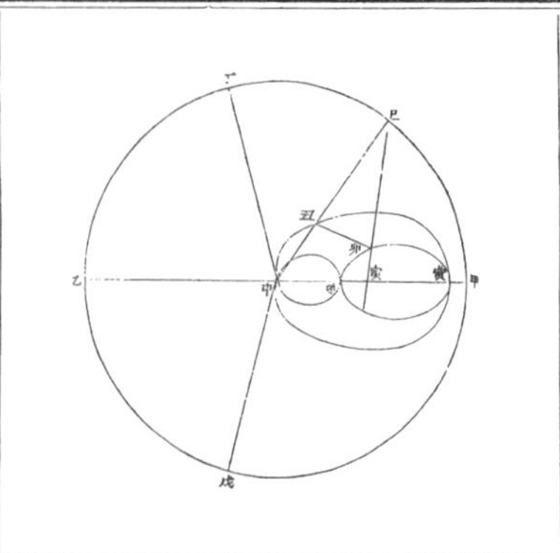

丑夘爲直角丑夘爲切力率申丑爲法力率夘恒行于寅夘橢圜丑恒行于丑申及申夘二橢圜此爲第三種圖若第二種二橢圜之公頂點寅在巳道外若第一種則寅丑申夘二橢圜變爲四橢圜圈其二圈之頂點切寅外橢圜餘二圈割巳道于二等距點及二

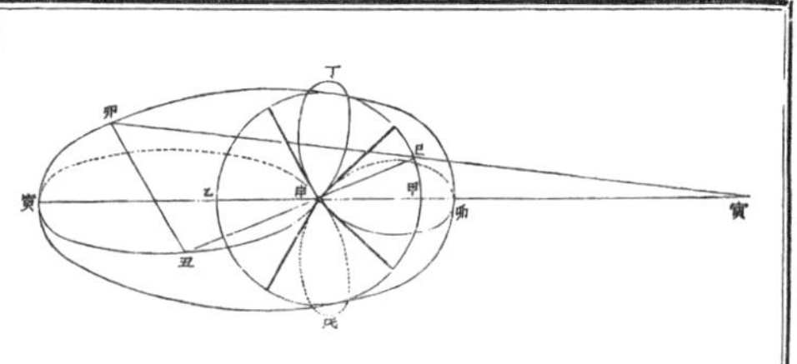

切點巳至切點則寅巳申爲直角詳玩此二圖則本心辛所成螺曲線之圖亦易作有三事當論之一巳與寅二合之中間辛所行成小曲線其諸小泿紋及末一點變方位大略同二寅爲外星辛行曲線道恒逆故每歷刹那橢圜之長徑恆微退若辛非屈曲行則每合長徑與合點方位恒同三若但長徑恒退而辛非屈曲行則巳行一周必兩次在刹那中橢圜

之卑點兩次在高點與月繞地之理同今辛又屈曲行則必生差亦與月之差相似所異者所生大差中又有諸微差附之諸差之積用以加減角差

諸差外又有一種差或因巳道或因寅道之兩心差消不盡餘變所生或兼因巳寅二道之兩心差變而生令每合二星之距太陽及相距俱不等故前後二合其兩心差不能如一長徑亦不能如一但其差不過一周中未消之微餘故其本心離當至處甚微長徑大小之差亦甚微此二差皆因切力而生若非久積可不論設諸行星之周有等數則諸合點之經度有一定即能久積

是諸合點散列本道、其中必有一點加力于根數較強、故歷盡諸合、成一會終、其每周之餘差已補、因此一點力更強、必尚留微差未補、再一會終、其差漸大、如此遞推、必待長徑變高卑點移、令行星之周無等數、而最有力之合點移、其差方漸消、

效諸行星之平速、相與有等絕無、然有略近于有等者、如木五周土二周、其時略相近、故方位畧如初、木五周得二萬一千六百六十三日、土二周得二萬一千五百十八日、其較一百四十六日、一百四十六日中、木約行十二度、土約行五度、故木五周至原合點、土已過原合

點五度、細推之、二星每合爲七千二百五十三日四、三合得二萬一千七百六十日、在土星行爲較二恆星周多八度六分、在木星行爲較五恆星周多八度六分、故每三合、較前三合必進前八度六分、雖非盡密合、然大畧相近、是以每合經度必增多、而生一最長差、名曰木土差、置三百六十度、以八度六分約之、得四十四又九分之四、用以乘二萬一千七百六十日、得九十六萬七千一百十一日、約二千六百四十八年、爲合點一周、然此乃三合點之一、餘二合點距此點、一約一百二十三度、一約二百四十六度、俱每合進八度六分、故此點復至原處、餘二點俱復至原處、是以每八百八十三年、即三分二千六百四十八年之一、當有一合在此原點、然其長差因積久而大、故增至九百十八年而始有一合也、初、歷家用古今土木二星之測數相比較、覺二星平速隨時不同、如萬歷至康熙時、土之周時變長、木之周時變短、蓋土之速率損、木之速率增也、康熙至嘉慶時、則反是、其速率增損雖甚微、但積久而大、則推算與測望不合、歷代天文諸士、不能解其故、幾欲廢奈端攝力之說、至拉白拉瑟始發明之、上所論列、即拉白氏之說也、此差遞增遞損、最大土星經度約四十九分、木星經

度約二十一分、淺言之、一星變速、則一星變遲、蓋木令土自巳向寅、則土必令木自寅向巳、故一星退後、一星必進前、然其理尚未全、何則、凡論攝動、恒以日爲定、兩星相聯屬而行、攝動力令聯屬之行變、其力非加于二星之聯線也、（詳十二卷）若云、日與二星俱繞一公重心、而二星加攝力于日、各令行一小橢圜、日兼用此二橢圜行成一小道、如是、則寅巳互相攝動之力、謂全加于聯線上、于理方無虧缺也、準此、凡巳因寅而生進行、寅必因巳而生退行、二者相等、又以其繞公重心之橢圜行言之、一星之速率變、則餘一星之速率亦必變、而恒相反、

故長差之一終、中函二星之多周、案、公重心在日體中、距日心甚微、故或以日爲心、或以公重心爲心、推平速之度無異也、

凡二星相與攝動、其長徑于最長時分中、變大變小、有一定之時、長差因之而生、幾何家定其率、謂二星經度變之比、若二星體積各以本道長徑平方根乘之之反比、驗諸測望相合、今論其理、如圖、巳午未爲土道、巳午未爲木道、巳巳爲二星、先合于申甲線、次合于申乙線、距申甲一百二十三度、又次合于申丙線、距申甲二百四十六度、又次合于申丁線、距申甲三百六十八度、申

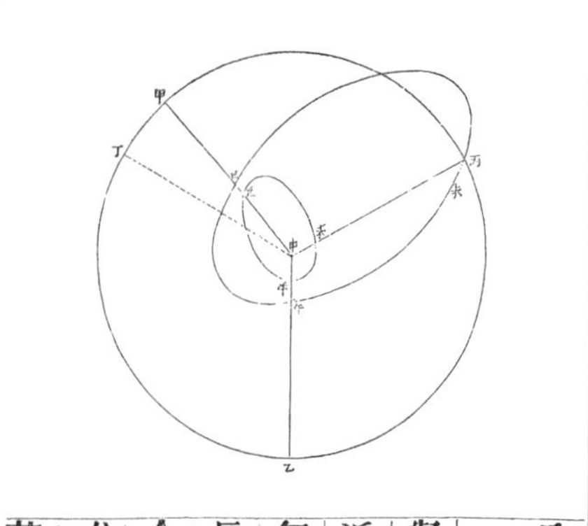

乙申丙俱甚遠于申甲、準二道之最高點所生變、必與申甲大不同、而申丁略近于申甲、則必畧如初、故每三合、必大消其差、所以長差乃各合點之差、每三合相消未盡之餘、積久而成也、幾何家以代數術推其差、用三次式、乃有立方及三元項之式也、則隨時兩心差及交角俱可知、若干

時中之積分亦可知、積分者、逐時之微分、久積而成大分也、

凡二行星之平速、略近于等數者、理皆如土木二星、如金十三周、與地八周之時畧相近、故每五合、方位畧如初、其差不滿二百四十分周之一、故相消之餘甚微、愛里曾細推之、最大不過數秒、其周時約二百四十年也、

經度之增減有長差、本心移動亦有長差、與之相應、蓋本心移動、生于兩心差之增減、及長徑之易方位也、詳前卷

凡正圜道、本心辛所繞之中心點、與日心申合、橢圜道則不合、而用一周中本心所歷諸方位、可推中心點

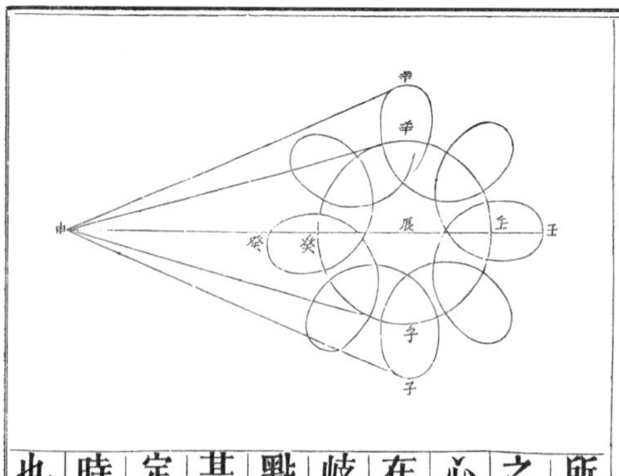

所在、若體每在合點時、曲線之岐點（指切力合本心所行之曲線也）距中心點俱等、則中心點不動、然在諸合點中、必有一合令其岐點距中心點獨遠、則中心點必移、遞合遞移、故本心繞其中心點、而中心點又繞一定中心、定中心者、長差一終時中中心點所成道之中心也、如圖、申爲日、若無差則辰

爲本心今有差故本心行于辛壬子癸曲線道以繞辰而一終中兩心差最小爲申癸最大爲申壬長徑方位變之二限爲申辛申子、又中心點所行之道爲辛壬子癸、則壬癸爲兩心差中數差辛申子爲最卑點之經度大差、本心移動一終、與經度差一終之時等、但移動差之最大、與經度差之最大、非必同時、蓋長徑之增損憑切力、切力最大不在二合點、而遠在他點、兩心差之增損、兼憑切法二力、法力最大在下合點、是以諸合點中、令長徑增損最大之合點、非必令兩心差增損最大之合點、故長徑最大、非必與兩心差或最大或最小合、亦

非必與高卑點進退最大合、然此星道之長徑及兩心差變、彼星道之長徑及兩心差必有相反之變、此理之必然也、

無論行星與月、所變之根數皆有六、曰交點經度、曰交角、曰長徑、曰兩心差、曰卑點經度、曰元點、卑點經度以上五根之變、前已詳論、今特解元點之變、元點者、歷元星所在之點也、前卷曾以平經度推橢圜之實經度、詳九卷今反其法、測得實經度、并知諸根、用以推其時之平經度、則元點亦可知、蓋平經度與時正相應、歷若干平經度、當有若干時也、故此根名平經元點、設星道之諸根數不變、則任用何時實經度、推得其元點、皆同也、準上條、其元點憑上推而得、非昔時測望所得、故難保其無二變、二變惟何、一憑他事而變、一自然而變、今試攷論之、推算必用諸根、而諸根恆變、如測得星之日心經度、用前後二種根數各上推其元、所得必不同、是憑他事之變實有之、推元不能用別法、二數皆依常法推得、其不同者、因所設根數不同、是自然之變實無也、又無論何時、星道之變、與星在道上方位之變、皆因攝動力變星之速率及方向而生、可以本心逐時之行及道面方位逐時之變發明之、故元點不能自變、但憑他根

數而變也、然經度之差、若非因長徑令周時變而生、而因他根數變而生、可當作元點之自然變、攷此種差、因受攝動體距中體之中數刻刻變、不生于半長徑之變、蓋半長徑爲虛數、此刻刻變之中數爲負數、此種攝動差與月略同、不因巳道之變而生、故可設巳道本無兩心差長差、而以本心辛繞中心點、與餘心相應、又設寅甚遠與月同、以便論算、準前論及圖、本卷一條先論切力、切力逐時令長徑增損、故其周時亦有增損、此事之外、巳之每周、切力又令本心辛繞申行四歧點之曲線、如卯子乙戊、每二歧點間之曲線相似、亦相等、設寅爲不動、

則巳在二合點、必居一刹那中橢圜之最卑點、巳在距合點一象限之二點、必居一刹那中橢圜之最高點、故于眞橢圜長徑增損所生差之外、巳在二合點、距申必小于原正圜道之半徑、巳在二象限點、距申必大于原正圜道之半徑、然全周中諸距之中數不變、因申亍乙戊四點距申皆等、而四曲邊皆相似、則近甲乙漸損之數與近丁戊漸增之數相等、故一周中長徑變大變小、恰相消也、則此種差非生于切力、次論法力、法力每周亦令本心辛行于四歧點之曲線、如丑寅夘辰、而每二歧點間之曲線不相等、二長二短、因法力向外之時多

且強于向內之時故也、雖巳在二合點、居最卑點、在二象限點、居最高點、與切力同、然申亍甚大于申申、故近丁戊距數之增、甚大于近甲乙距數之損、則統全周諸距數計之、增必有餘、故每周巳申距之中數、必漸大、此變不由于眞橢圜長徑之增損、蓋法力不能變長徑也、然法力能變巳申距、而不能變巳之速率、故巳申距增、巳行度率必變小、巳申距損、巳行度率必變大、是巳申距增損、巳行度率之大小、必有相反之變、且行度率變其比例必更大、蓋行橢圜法、等時得等面積、而行度率之比、恆若距數平方之反比、法力不能變此例、故每周行度率之中數必變小、而每周之時必變大、此與長徑之增損及所生之周時、俱無涉、若寅甚近、理無異、或在內道、則行度變大、周時變小、餘亦同、

上條之理、一若寅體散爲等積之圈、與申同心、其力與法力向內向外之較等、恆加于巳申、申在中心、巳繞申、故此加巳之力、爲圈加于申巳二攝力之較、凡圈之攝力恆向心、故統計申所受四面恰消盡無餘、而統計巳所受、則恆有餘、巳在圈內、餘力恆向外、令巳離心、巳在圈外、餘力恆向內、令巳向心、故寅在巳道外、能減申之中攝力、在巳道內、能助申之中攝力、助中攝力、則巳寅

行多周、中攝力漸變大、其周時及巳申距、必俱變小、減中攝力、則巳寅行多周、中攝力漸變小、其周時及巳申距、必俱變大、故凡諸內星之行度率恆變小、而諸外星之行度率恆變大、凡外星道之內有諸內星、其攝力和令中攝力增大、然此事究不能測、舍推算外、無別法可証之、蓋可測者、星之平速、平速生于中力、而中力兼日與諸內星之攝力、雜糅難分也、但已知諸星之質分甚微、雖難分、亦無害也、

日攝動月、二體行多周、令月地距及周時恆變大、但亦有小差、此小差久則消盡、星亦有之、月尤易覺、其最顯

者為月之年差蓋月之經度準地行橢圜道最高至最卑最卑至最高而變小變大故一歲一終欲明此理設日行橢圜繞地自最高至最卑距地漸近則攝動力漸大其比例若距數立方之反比例故月道之本心辛依

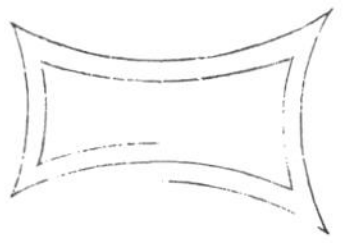

法力所行申于乙戊曲線必漸大而遠于申每周不能回至原處而成岐點螺曲線觀圖自明準此則寅近高點漸離申寅近卑點漸向申其寅在高卑二距之較必漸增而每周中寅申距之中數及周時俱變大設日自

最卑至最高則一切相反故日地距漸小之時月之平度率必變小漸大之時平度率必變大設月道為正圜則日之行僅令月受攝動力之諸分較日不行歷時更久詳見前故所得無異但歷時久而更大其比若月之恒星周與太陽周之比此理與測望所得合故其差最大在十與十一分之間而月行有時大于平度有時小于平度此種差所關有甚要者其積時最久名曰月平速長差好里取迦勒底人所記最古之月食與近代月食相校勘知月之周時今小古大又以唐時亞喇伯測望之數合攷之知月之平速古小今大約百年積速十一秒數雖甚微但久久積之則漸著此事及木土差本卷攷諸行星條其理幾何家久攷不能知或謂攝力之理有時窮或謂古表不足憑至拉白拉瑟始發其秘假如日月同從合點起歷十二合日未至原處而所差無幾至十三合則日已過原處故十二合前半周經度所生差未消盡十三合消盡而生反差則度必微增由是二十六合日離原處略倍三十九合日離原處略三倍如此累加十三合累倍而每次增度之比例必漸小至日離原處半周而不增餘半周理同而度微損日離原處一周名曰大周其度之增損略消盡然其合視原處尚有小餘

則度尚有小差然較十三合之差甚微也以此小餘之弧分約三百六十度所得用乘大周之時名曰廣周尚有小差則更微矣如此累推之若地道不變可數百年而得恰盡然諸行星之攝力加于地令地橢圜道之兩心差徐徐而變細攷之自上古以來恆變小如是久之又久必至兩心差消盡而地道變成正圜後復變橢圜其兩心差徐徐變大至限而復徐徐變小此變一終之時極久非言語譬喻所能明視開闢至今若一剎那耳月之平速長差因此而生故雖歷大周廣周之久時終不能消盡蓋地道兩心差恆變小則反力較正力更大

故所補數與變數不相同、亦不相等、猶之上山力不足、下山力有餘也、必俟地道兩心差復變大、正力較反力大、始能消盡其差也、故日月及日道之卑點、三者相與之方位、每一次復原、月之諸差略消盡、必餘甚微之增速、久積之成經度之大差也、

觀上所論、知諸行星及諸月、若一體有一定時之變、亦令諸體相應而生一定時之變、月與地球相屬之動、惟日能令月生變、諸行星之質微、距地月遠、除金星外、其攝力不能令生大差、然能令地道變、即如令日道變、月道因之而亦變、而月道差、較地道差更易見也、

若日于橢圜理之外、別有他故、令距地數有一定時變大變小、則必令月生同時差、與月之年差理同、故凡行星令地道生最小變、其變即顯于月之行度、人在地但測月之經度、行星之力易見、即前所云感動之理也、凡月之經度變大、一周終所增甚微、乃速率漸增微分所積、然每周輒得一倍、又其速漸增之率恆增、則經度變大之數亦必恆增、久之相反、速率恆變小、則經度亦恆變小、稍稍消其前所增之度分、故月行橢圜、未受行星攝動力、一若靜體、迨此力加之、令遞增速率、一若靜體受長加力而動、其速率刻刻增也、

地日距與月地距之理同、有二長差法、一因攝動之切力變速率、令橢圜之長徑有增損、則準刻白爾之例、必生周時之變、蓋周時與中距之比、恆若立方與平方之比也、二、因兩心差之變及卑點之移、令一周中二體之距有增損、橢圜之面積隨之變、而平速亦變、蓋平速與距數之平方根恆有反比例、故以公理論之、凡平速之變、與距數之變恆相應也、

前論金星攝動地球、其經度之變、二百四十年而復、此亦平速差也、故地速率損時、日地中距變大、增時、日地中距變小、平速差甚微、所得日地距增損更微、而月度

率之變爲微之又微、然積之至一千四百八十四月、經度增至二十三秒爲最大、又歷一千四百八十四月、亦損至二十三秒、此事漢孫孜得之、然金星之攝力、不獨加于地令月生變、亦直加于月、所生之差、漢孫亦推得之、而推法不傳、今畧論其理、凡金星攝動月之力、可用諸分力代顯之、其諸分力、各于一定時中、有一方向最大、漸變小至無、于對面方向相反至最大、復變小至無、又于原方向相反至最大、如此遞變不已、諸分力一終之時各不同、凡三體、以一體平速時之倍數、減他體平速時之倍數、以其較與餘一體之平速時相減、視其較、

即知所推力一終之時、此諸定時之力、可各推其攝動一若別無他力也、設其力之一終時、與受攝動體之周時不相涉、而力最大之時、于道中無一定方位、則若干周所生差、必自相消、僅有短差、無長差也、若力之一終、與月之轉終略同、力最大之方位、每次略相近、則必有長差也、假如力最大、初在月道最高點、所生之差、若力一終不能相消、必累次積之、直至力最大與最卑點會、始能消盡、力之一終與月之轉終較愈小、則長差消盡之時愈遠也、

月受金星之攝動力、依金星距地遠近而異、其距數、憑

金地日三者依撱圜道內之方位而得、由其距數所生之較數、有最繁者、其中有一甚微率、推其一終時、法以地球平速時之十六倍、減金星平速時之十八倍、其餘略近月之平速時、月轉終為二十七日十三小時十八分三十二秒三、力之一終為二十七日十三小時七分三十五秒六、差十分五十六秒七、約為三千六百二十五分月轉終之一、此二時齊等、約二百七十三年、其半為一百三十六年五、所生之差恒積而大、又歷一百三十六年五而漸消盡、漢孫推得經度積差、最大時為二十七秒四、近時測月經度有諸小差、依上所論切法二種小差推之、皆合、按用表推月、尚有小差甚多、俱有表今不細論、其中有大于此差者、前所論角差、（本卷上論以月距日條）因近日遠日月之二半道而生、其攝動力不等、愈近日愈大、已知日月二道之比例、則其差俱可推、若已知其差、即可依諸差比例、而得諸距數、然其差甚小、用以推日之距數、恐不密、若其差稍大、則可耳、

月因攝動而生之諸差、最大者名曰出差、因兩心差增損、又因日與長徑移方位、令長徑進退而生、蓋長徑進退、則月在本道之方位亦進退、前後各約一度二十分三十秒、昔多祿某攷上古所傳測望簿、始知此差、以上

諸差并而成一公率、詳月離專書、今不論、

月道又有小攝動、生于地球赤道凸質之力、凡正圜球諸質點所生攝力、皆如發于球心、而扁圜球諸質點所生攝力、其方向不能盡對球心、亦不能盡合距心平方之反比例、故其力加于月、必生最小攝動、令月道之交點最高點生差、最奇妙者、令月道軸成小尖錐動、猶月力加于赤道凸質、而令地軸成小尖錐動、凡行星成扁球狀、恒攝所屬諸月道、令漸近本星赤道面、木星之扁率最大、土星有光環助其凸質力、故此二星之扁力、較他星更強、是以土木諸月之道、與本星之赤道面幾相

合最近之月則最近赤道稍遠則稍離力漸小也蓋距數增攝力之率驟變小則正球與扁球之較漸不覺也故土星諸內月之道幾與赤道面合最遠之月距星心約如土星全徑六七十倍其道與赤道面之交角亦不小也然其遠月之攝力必不能攝動光環與赤道令生大差設有攝動令星軸成尖錐動則較地球必甚緩蓋土星與其月之比甚大于地與我月之比也故其歲差之周歷時甚久不能覺也

潮汐一事與日月之攝動相關或曰日月之力攝正面之海水上升是矣而相對背面之水亦上升何也曰予

但知攝力引動地面之水而不知并引動地體也設水受攝而地不受攝則惟正面之水上升矣今水地俱受攝正面之水受攝力較地體多故上升對面之水受攝力較地體少地去而水留故亦上升也此與月地同受日攝力朔望時月地距大二弦時月地距小同一理也

設前圖（十三卷長徑之行條）甲丁乙戊不爲月道而爲地球大圜上之水面寅不爲日而爲月巳爲水面之任一點夘申顯巳點所受攝動力之大小方向申寅顯月攝地之全力加于申點夘申力加于巳必引巳向天其方向與夘申平行而地之攝力必引巳向申此二力之并力爲巳

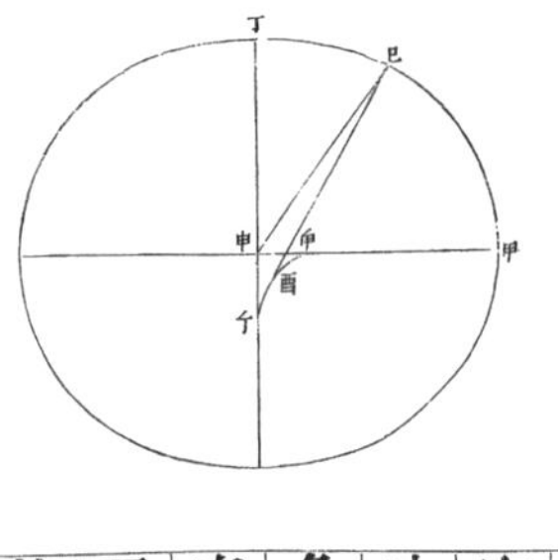

酉引長之必與丁申線相遇去申無幾因月之攝動力甚小于地之攝力故也設于甲丁象限各點俱作并力線巳酉必恆爲申子小曲線之切線而海面恆正交巳酉線此流質重學理也故丁巳甲一象限各點依二力而成定面必恆以巳酉爲曲率半徑在丁點曲率最小在甲點曲率最大而成一橢圜申爲中點子申爲漸伸線（曲率漸伸線俱詳代微積拾級）申甲爲半長

徑申丁爲半短徑故海面成長橢圜體其長徑恆向發攝動體準月之攝力推之長短二半徑之較約當得五十八寸準日之攝力推之長短二半徑之較約當得二十三寸

設惟有月力而月不動地球亦不自轉則海面成橢圜體勢甚安穩既成而定永不變今此橢圜體剛欲成水面未定月已進前則橢圜體之頂點亦移刻刻如此故海面必依此勢成最廣而扁之浪此浪之頂恆隨月月有視動則必依感動之理與月之諸差相合此浪之最高卑行至海岸即爲潮之長落日之攝力亦成如此最

廣之漲、漲頂恒隨日之視行、亦與日之諸差相合、日月二漲、有時合而相加、有時離而相消、朔望爲二潮之和、兩弦爲二潮之較、潮之定數、今雖未能密推、然若能推得其定面、則無論何地、其比例與橢圜體所應得之數、俱可無大誤、大率日月二潮之高、約爲二尺與五尺、故朔望兩弦潮之高卑、若七與三之比、

潮繞地一周、爲潮日、設止有月、而月行于赤道面、則潮日即太陰日、爲月周時及地一日自轉相合而成、又設止有日、而日行于赤道面、則潮日即平太陽日、今皆不然、乃憑二漲頂點相合之公共最高點繞地一周而成

一潮日、此點在二漲中間、依二漲或漸相合或漸相離而生進退、故潮日之變有大小、在朔望時其變最大也、

無論何海口、水之長落、必與日月過午線相應、若水不因他故而動、亦無阻力、如爲海底所滯或過長峽等事、則本海口所當得橢圜體之最高應時而至、與上條潮日之候必相合、設有此諸故、則必生差、諸海口之差各不同、察統地球一切海口潮汐最高之候、亦一要事、蓋準此能知統地球潮候之差也、攷此事當細心、勿以平潮誤爲最高之時、雖有時平潮與長水落水合、然其故大不同、此若誤、必不能攷定潮之理、蓋一切俱紊也、

凡日月之赤緯度異、潮亦因之而異、蓋潮之頂點恆欲正對發攝動之體、其體之方位變、則潮亦隨之而變也、故每月每年、潮必漸增而大、復漸減而小、當以黃白交點之周時推之、一周中月在赤道南北之緯度最大爲二十九度、最小爲十七度、

以幾何理言之、日月攝水成潮之力、與距地之立方有反比例、日月之道俱爲橢圜、其距地乍遠乍近、故日力變大小、在一十九與二十一之間、其中數爲二十、月力變大小、在四十三與五十九之間、其中數爲五十一、故潮之最高與最卑之比、若五十九二十一兩數和與四

十三一十九兩數較之比、即若八十與二十四之比、約爲十與三之比也、凡分別潮高卑之故、最要者莫如地勢、或地有峽口、潮入必驟漲而高、如北亞墨利加芬地灣阿那波里之潮、高出平水十二丈、英國孛力斯陀漲水落水相去或至五丈、中國海甯之潮、高于平水或四五丈、

攷行星之質積多少、有月者、可測其月距星及周時、以推得星之攝力、即知星之質積、無月者、則不能推、而用攝動力、則無論有月無月、俱能推之、蓋凡行星依其質積及方位、加攝動力于他行星、準方位可推其力之率、

測得其攝動力若干、即可以力之率比例而得其質積也、用此法推得木星之質積、知舊時半特測木月所定木之質積大不合、因所用之器不精故也、又用木星攝動因格彗推定之數、亦知半特所得不合、大率舍太陽外、攝力之最大無過木星、近賴愛里攷定之、知舊所用分微尺不甚精、推月離木最遠度甚疎、因改用精器細測、前人之謬訛一一糾正、厥功甚大、

測諸行星相攝動、而知各星與日二質積之比例率、測木星諸月相攝動、亦知各月與星二質積之比例率、異日細測土星諸月、亦可知其比例率、拉白拉瑟細推木

星諸月、叅攷木月食時諸測望簿、以定諸月之質積、其最少者、與太陽比若一與六千五百萬之比、此大小二體、一若用天平衡之、法之精密至此、嗚呼、奇矣、

定我月之質積有二法、一、考日月之二潮、精測其最大最小、以分二體之攝力、即可推其質積之比例率也、一、攷地軸之尖錐動、此動止屬月之攝力、與日無涉、既得其攝力、即知其質積也、二法所得同、月之質約為七十五分地質之一、

天算家攷天王攝動、能推未見之海王、定其方位、用遠鏡試測、果得之、前已略言其事、（卷五九條緯星）此事為攝動之奇證、故復詳言之、乾隆四十六年、初測得天王星、後屢測、略得其道之諸根、據以上考、疑佛蘭德于康熙二十九五十一五十四諸年、六次所測得相等諸恆星、後復不見者、恐俱即此星、又乾隆十八年白拉里二十一年梅爾所測得之星、及乾隆十五二十九三十三三十四三十六諸年、勒末聶十二次所測得諸星、亦皆即此星也、此諸人俱用精器測、亦細密、故其測簿可信、據以攷正諸根數、蓋橢圜之分愈大、則根數愈易推定也、又以土木諸行星所發之攝動加減之、意其能密合矣、步伐爾既作木土二表、即今所用者、又欲作天王表、乃準乾

隆四十六年至嘉慶二十五年所測、用一橢圜道及諸攝動、上推不能悉合、因謂舊測不足信、然用其所作表下推、與測望亦不能密合、所測經度恆多于表中經度、自乾隆六十年其差漸大、至道光二年而止、此後漸小、至道光十年、所測與表合、過此復不合、所測經度恆少于表中經度、則此表不能定星之行法也、乃考其不合之故、如 Plate A. Fig. 1. 圖、其橫線為所推天王日心經度、每分五十度、其縱線為經度差、每分一百秒、每年測天王經度、或與所推合、或大于所推、或小于所推、于橫線或上或下、俱用黑點識之、如康熙二十九年佛蘭德所測、大于所

推六十五秒九、識于橫線之上、是也、餘仿此、若作線聯諸黑點則成淚紋狀、橫線之上有二彎、其下有一彎、叉畧依其狀作ABCDEFGH線、令交橫線之點、相距各一百八十度、乃依此線各點距橫線之度、移相對諸黑點向橫線、如乾隆十五年之點a移向b、與b距c等、則與交點E略合一橫線、準此、則知其差大半由于天王根數之誤、蓋經度遞大遞小、恰距一百八十度、此兩心差或卑點有誤、所生差皆應如是也、故兩心差或誤、則所推較所測、每隔一百八十度、其經度必遞大遞小、而在最高最卑二點、必恰合無差、今步伐爾所推

最卑點之經度約一百六十八度、最高點約三百四十八度、略在圖中ACCEEG等字之中、ωa諸點、而不在ACE等點、則非兩心差之誤、而必爲最卑點之誤矣、如Plate A. Fig. 2.圖、任取ox、爲星之平經度、xy爲所推橢圜眞經度與平經度之差、R爲最卑點之經度、P或T爲最高點之經度、各y點恆在PQRST淚紋曲線內、T至R在PT線之下、R至P在其上、設最卑點實在r、全曲線當爲pqrst、則ox平經度與眞經度之差爲xy、而yy爲所推所測二眞經度之差、乃取PQRST曲線、伸爲oN直線、依二眞經度之y

y諸差作KLMNO曲線、如Plate A. Fig. 3.圖、則曲線與直線之距、即最卑點誤置之証也、此圖之曲線、必成上下二淚、其交直線LN二點、相距必一百八十度、即Fig. 2.圖之XY二點、在二眞經度最大差Qq及Ss之間、距最卑最高點各九十度、既知其差大半因最卑點誤置、則必將最卑點、移前若干度、以改正之、法取Fig. 1.圖之橫線幷二淚紋曲線、于橫線各點作諸縱線、與二曲線相遇、視諸縱線在上下兩邊、則取其較、在一邊、則取其和、依之作線、必如Fig. 4.圖諸點聯成之曲線、又作ab線、少斜于AB線、以代之、則自康熙五十一年至嘉慶五年、所測

與改正推法所得、略無差、而康熙二十九年所測、尚差三十五秒、此測本未精、可不論、夫以AB橫線爲天王經度周時有小差、以ab斜線代之、其差消盡、是其逐度小差之比、若距二線交點之比、交點在乾隆五十四年、準此、則依AB所推天王之度、恆在所測度之前、是表中所用平速稍強、周時稍弱、必減其平速、增其周時、依法推至嘉慶九年、與測望略無差、而此後又生一差、其行增速、愈久愈大、較所推橢圜行、恆進前、直至道光二年、積差最大、自此至今、速率復漸減、天算家論此事、謂必有他力加之、此力或前所無、或雖有、甚微不能覺、

至道光二年、力之方向相反、且反力更强于原力、論此力者、紛紛不一、或謂必有未見之外行星、此乃其攝動力也、其說最合理、于是英亞但史、法蘭西力佛理亞、用攝動之法反推之、求未見星所在之方位、二人所得略同、力佛理亞推得道光二十六年八月四日、未見星之日心經度、爲三百二十六度、亞但史推得是日日心經度爲三百二十九度十九分、其較不過三度十九分、又推其星之道面、畧與黃道面合、力佛理亞寓書于伯靈星臺官嘉勒、請依所推試測之、是夜嘉勒與因格同測、果得之、爲八等星、明夜復測之、見其經度已變、知確係行星、非恆星也、後復細測、依奈端攝力之理推之、知天

王諸差、果皆生于此星也、嘉勒推得本日之地心經度、爲三百二十五度五十三分、化作日心經度、得三百二十六度五十二分、較力佛理亞所推、差五十二分、較亞但史所推、差二度二十七分、而較二人所推得之中數、僅差四十七分、

今略言其推法、海王之質積與諸根、俱爲未知之數、惟波特曾言半長徑畧倍天王半長徑、約大于地道半徑三十八倍三六四、而天王諸根、亦爲未知之數、蓋發攝動體之諸根俱未知、則受攝動體之諸根、亦難定也、故推步之法甚繁、惟畧知一道之長徑、則可設餘一道之長徑、而半用代數號、半用實數、依拉白拉瑟天重學款中之公式、寫其諸項、無論何時、可顯其攝動力之率、以此諸式及所改天王之根數、用表中經度、推得其數、以測望之數校勘之、乃改正式中海王之諸根與質積、及天王未定之根、俱能得其眞數、次減小海王之距數再推之、蓋據前推所得、知先所設距數太大也、而得諸數更密、列表於後、

力佛理亞依測望簿推至道光二十五年、亞但史推至二十年、亞但史又另推五年、知半長徑不合、當更減小、定爲三十三○三三、與測望略合、後人益復精測、覺亞但史後所定半長徑、尚失之大、須再減、既測得其數、據以上推、知拉泿于乾隆六十年三月二十日及二十二日所測得之恆星、因前後測不合、自疑初測誤者、蓋即海王也、米利堅瓦克據此諸測、推得諸根數如後、

海王諸根表

推者	道光廿年 月	道光廿年 日	平經度 度	平經度 分	半長徑	兩心差	卑點經度 度	卑點經度 分	質積 以日質爲
力佛理亞	一一	一五	三一八	四七·四	三六·一五三九	〇·一〇七六一〇	二八四	四五·八	〇〇〇一〇七二七
亞但史	八	一七	三二三	二	三七·二四七四	〇·一二〇六一五	二九九	一一	〇〇〇一五〇〇三

元時　道光二十六年十一月十五日倫敦午正
平經度　三百二十八度三十二分四十四秒二
半長徑　三十.〇三六七
兩心差　〇.〇〇八七一九四六
最卑經度　四十七度十二分六秒五〇
正交經度　一百三十度四分二十秒八一
交角　一度四十六分五十八秒九七
周時　一百六十四太陽年六一八一
每年平速行　二度一八六八八

右根較力佛理亞及亞但史所推、差甚大、然所得海王

之方位甚相近、蓋用二種根數、推海王此日所在、與測望所見之處、俱相近也、又其距日、亦與二種根所得距日中數甚相近、蓋用力佛理亞根數、推得本日之帶徑、爲三十三而卑點距日、爲三十二.二六三四、又推得嘉慶十一年至道光二十七年海王距卑點、不過四十二度、則本日海王距日、必在三十二.六與三十三之間、後有表、兼列海王之眞度、及二人推得之度、觀之知其數之相近、所列之度、皆日心經度也、

圖中諸黑點、乃識天王星每年之經度、及推與測之差、其年皆記以英字、今釋之、1690康熙二十九、1712五十一、1715五十四、1750乾隆十五、1753十八、1756二十一、1781四十六、1795六十、1805嘉慶十、1816二十一、1822道光二、

天王海王二星諸經度帶徑表

年	天王 經度	海王 經度	海王 帶徑	力佛理亞 經度	力佛理亞 帶徑	亞但史 經度	亞但史 帶徑
	度	度		度		度	
嘉慶十	一九七.八	二三五.九	三〇.三	二四一.二	三三.一	二四六.五	三四.二
十五	二三〇.九	二四七	三〇.三	二五一.一	三二.八	二五五.九	三三.七
二十	二四三.二	二五八	三〇.三	二六一.二	三二.五	二六五.五	三三.三
二十五	二六四.七	二六八.八	三〇.二	二七一.四	三二.四	二七五.四	三三.一
道光元	二六九	二七一	三〇.二	二七三.五	三二.三	二七七.四	三三
二	二七三.三	二七三.二	三〇.二	二七五.六	三二.三	二七九.五	三三
三	二七七.六	二七五.三	三〇.二	二七七.六	三二.三	二八一.五	三二.九
四	二八一.八	二七七.四	三〇.二	二七九.七	三二.三	二八三.六	三二.九
五	二八五.八	二七九.六	三〇.二	二八一.八	三二.三	二八五.六	三二.八
十	三〇六.一	二九〇.五	三〇.一	二九二.一	三二.三	二九六	三二.八
十五	三三六	三〇一.四	三〇.一	三〇二.五	三二.四	三〇六.三	三二.八
二十	三四五.七	三一二.二	三〇.一	三一二.六	三二.六	三一六.三	三二.九
二十五	三六五.三	三二三.一	三〇	三二二.六	三二.九	三二六	三三.一
二十七	三七三.三	三二七.六	三〇	三二六.五	三三.一	三二九.三	三三.二

觀此表、知天王與海王合、在道光元年之末、力佛理亞所推、在三年之首、阿但史所推、在四年之末、故二人所推海王之攝力方向、與眞略同也、凡攝力在合時最大、今列諸家所推嘉慶十年道光二十五年及合時海王之攝力、幷質積、列于後、準前卷理、十二卷諸數皆已知條日攝天王之力恆爲一、以所得各母數約之、

得全攝動力也、

推海王攝動力之比例表

推者	質積	嘉慶十年	合時	道光廿五年
庇爾思	$\frac{一九八四〇}{一}$	二七五四〇	七五〇八	三二三九〇
斯得路佛	$\frac{一四四九六}{一}$	二五二四四	五五一九	二三八一〇
力佛理亞	$\frac{九三二二}{一}$	二〇八三七	五一九三	一九九三五

按庇爾思在米利堅堪比日星臺、斯得路佛在波羅哈星臺、用弗鑾斛拂所造之遠鏡測拉斯拉所得之海王月、以推海王之質積、然二得數大不同、蓋用分微尺、其細數最難確、故不能決其誰得誰失也、海王之質積既未能定、故但憑力佛理亞所推嘉慶十年至道光二十五年、四十年中之攝動、爲最有力之時、依前理本卷準上論條作圖、以顯法切二力之大小率、如Plate A. Fig. 5.圖、P爲天王、M爲海王、二平圜爲二星之道、P W爲法

力率、其方向恆正交P道、即前圖之申丑、PZ為切力
率、其方向恒切P道、即前圖之丑夘、SWmXSaS
nSbS四圈曲線、為W點所行之道、AZcfBe
dYA四圈曲線、為Z點所行之道、在上下二合點之
左右、法力向外、餘處皆向內、近下合點、法力最大、遠勝
于近上合點、下合點左右各三十五度五分之點、無法
力、故天王在下合點、所受法力最大、行八年三六漸變
小而無、此後法力向內、自小而大、然W點在a或b小
圈內、則向內力最大時亦甚微、歷時最少故也、後W點
行Sn圈、向內力復漸小而無、乃復向外、至上合點而

談天　卷十四　逐時經緯度之差　三十八

最大、餘可類推、天王在cdAB四點、皆無切力、dA
Ac二弧、各七十一度二十分、天王自d至A、行十七
年、其速率因切力而增、自A至c、亦行十七年、其速率
因切力而損、自c至B至d切力不大、觀圖自明、準此、
則Fig. 4.圖嘉慶五年後、經度漸變大、至道光二年而止者、
乃切力順加漸變大、令速之增率漸大、後切力復變小、
增率漸小、至合點而切力為無、速率得平、所生也、道光
二年後經度漸變小者、乃切力逆加漸變大、令速之損
率漸大、所生也、故其曲線前高而後卑、皆生于切力、無
可疑焉、曰、此與法力無關乎、曰、切力能直令速率變、三十

（卷此後詳論條）法力令距日數變、準同時同面積之理、而速率
亦變、（本卷準上條其元點條）然自嘉慶五年至道光二十五年、法
力所生經度差甚小、與測望數不相關也、細論之、切力
所變速率、合前合後、恰相反而相消、故平速仍不變、又
所變最卑點兩心差、亦相反而相消、故雖變如不變也、
法力不能直令速率變、然自無力點至無力點、其向外
之力積久而大、令星距日數變大、而速率變小、其向內
之力甚小、不能消盡、故僅有切力、則其差每周必消盡、
而有法力、則恆有餘差、自初測至今、歷時未久、未能得
其確証、然觀Fig. 4.圖、黑點漸向下、速于漸向上、可知因法

談天　卷十四　逐時經緯度之差　三十九

力令兩心差卑點生變而然也、然則天王之經度差、必
恒如浪紋曲線、直至後下合前二十年、二根略變、而浪
之方向相反、上合亦然、但其變視下合甚小也、
力佛理亞亞但史二家、推海王所在、用心甚精而苦、故
嘉勒依其方位、一測即得、而論者或謂其推法無理、其
星之測得、乃偶合耳、嗚呼、傎矣、夫天王之周、為八十四
年○一四○、海王之周、為一百六十四年六一八一、每
一百七十一年五八而一下合、近時之下合在道光二
年、前下合必在順治六年、其時尚未知有天王、至康熙
二十九年、始測得之、後屢測、未覺有差、至嘉慶五年、始

覺有微差至十年、而其差顯著至二十五年、差益大而人人論此事、未能解其故也、後雖知爲未見之星所攝動、然欲推未見星之方位、則甚難、凡二星合時、其攝動力最大、必先推定其時、則合之前後攝動漸大漸小之率始可知、然欲憑測望而定其攝動最大、其事非易、測望不能無差也、故至道光二年後又若干年、尚不能定最大之時、至二人出、始略能推定之、烏得云偶然耶、夫樹作花時、人見而俟其果、果熟而采之、乃云此果得自偶然、智乎愚乎、

談天十四卷終

談天卷十五

英國侯失勒原本
英國　偉烈亞力　口譯
海甯　李善蘭　删述

恆星

天空除日行星彗月之外、尚有無數光體、大小明暗不等、而相與成方位有一定、永不變亂、故名之曰恆星、然其中亦多有遲遲行者、非精測久測、不能覺也、

天文家察恆星之明暗、分爲若干等、光最大者爲一等、其次爲二等、又次爲三等四等、又次爲五六七等、光雖

漸微、然清朗之夜、目能見之、自八等至十六等、則非遠鏡不能見矣、然遞次造遠鏡、力愈大、所見星亦愈多、故恐不止十六等、十六等以下、必尚有無數星、今未能見也、各人所測定之等、不盡同、然大略一等星或二十三或二十四、二等約五六十、三等約二百、愈小愈多、總計一等至七等、見于各家表者、自一萬二千至一萬五千未定、

恆星之體不能見、不過憑其入目之光分、以定其等、夫光分大小之故有三、一、星距我遠近、二、星之實光面大小、三、星之光力強弱、準此則星之光分、參差不等、其最

大最小必如數萬萬與一之比今光分之三故既不能略知則所分之等亦不足憑且天文家測光分大小亦非定用一法有用連比例者如下一等之光分恒半于上一等或恒爲三分之一或任用他比例有用逐數平方之反比例者如一等爲一二等爲四分之一三等爲九分之一四等爲十六分之一以下類推今案前法與光理合蓋逐等之光有一定比例也然依視學理測光之比例人目所不能則亦有病也後法與體積等齊之理合其意蓋謂星之實光本相等但距我有遠近一等最近我二等以下其距我或倍于一等或二倍三倍于

一等餘類推準此七等與六等比若三十六與四十九比十等與九等比若八十一與一百比而一等與二等比若四與一比此法無病蓋目之辨別小光較易于大光察六七等之差爲四十九分之三十六與察一二等之差爲四分之一初無異故後法勝于前法也近代所用之等數理與第二法略同設一等星如南門第二星距我爲○。四一四乃移此星漸遠令其距我爲一。四一四又爲二。四一四又爲三。四一四則其光分遞變小必與二三四諸等之星同也餘仿此

凡相連二等諸星其光分不齊中間尚可分爲若干等而一等與二等尤不齊或分爲一二等二三等餘類推或于一二兩等間增兩等曰一等一二等二一等二等一二等者謂其等在一二等之間而近于一等也二一等者亦謂在一二等之間而近于二等也然不如用整數小數以整數表其等以小數表其分爲較密如井宿第三星在二三兩等之間其光分與一等星中參宿第四星比若一之平方與二。五一之平方比則爲二。五一等又與南門第二星比若一之平方與二。九二四之平方比則爲二。九二四等末卷附恒星表俱依此法列之測星光分大小其難有多端星之色不同一也無一定

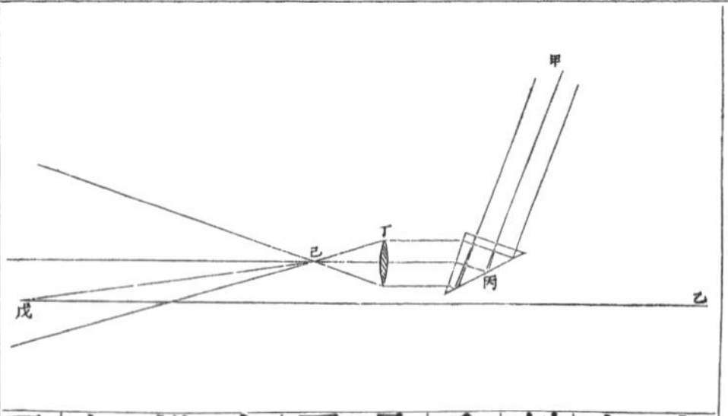

大小之光爲本二也人目僅能辨光之等不等而不能定大小之比例三也法之最善者取木星之光爲本率蓋木星之光明于諸大恒星無弦望之變不過準距日遠近而小變亦易推也法依視學令其光變小與所測之恒星光相等乃推其比例而知所測星之光分也如圖乙爲所測星甲爲木星丙爲三稜玻瓈丁爲凸鏡己爲聚光點

甲光入丙而回、透過丁、而聚于己、己必有小光點熒熒若星、置丙法、必令甲之回光與乙之視線平行、戊爲人目、見己幷見乙、乃進退戊、令己變大小、至己乙二光分相等而止、夫己光之大小、與戊己距平方有反比例、乃如法累測二星、定戊己之二距、即得二星光分之比例也、先選取數星、用此法測其光分、以定其等、其餘諸星、暗于上一等明于下一等者、即用測定之星相較、以推其小分、則可成星等之全表、自最明天狼星起至最小僅能見之星、俱能推定其光分也、天學中此一門、今初濫觴、若能精益求精、用以測諸變星、詳後有大用也、

觀最明諸星之方位、覺其散布天空、疎密略同、而參宿第二星、十字架第四星、所居之大圈左右一帶最多、又南半球多于北半球、若幷目所能見諸小星統論之、則覺近天河最多、而用遠鏡測之、則近天河一帶、多至不可數計、目所見天河之白光、實無數小星之光也、由是觀之、恆星非散滿太虛中、乃聚居一處、其聚處之界如圖、乙申丙或乙申丁爲其長、倍甲申爲其厚、申甲面之垂線爲其廣、厚較長與廣甚小、日爲恆星之一、與諸行星及

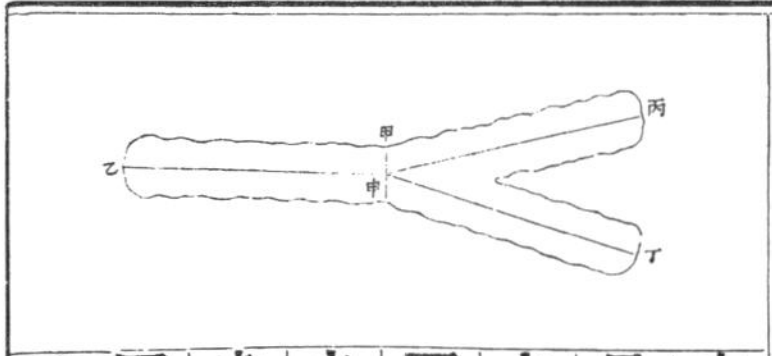

地居于申、約在厚之中點、近申處分爲申丙申丁二股、二股之交角不甚大、人在地望天空四周、申甲方向爲界之厚、厚之徑最小、故見星最少、申乙申丙申丁三方向、爲界之長、長之徑最大、故見星最多、侯失勒維廉以最大遠鏡測天河、悟得恆星之理如此、以遠鏡窺天河最明處、濶二度一帶、一小時中所過之星、約五萬、又當赤經一百五十七度三十分、距極一百四十七至一百五十度之處、方一度中、數之得五千餘星、小星如是多而大星甚少、蓋距申最遠也、

用目視天河最明之一道、大率爲天球之大圈、與赤道

交角約六十三度、其二交點之赤經、一爲十一度四十五分、一爲一百九十一度四十五分、故天河圈之北極、其赤經一百九十一度四十五分、距極六十三度、其南極之赤經十一度四十五分、距極一百十七度、此大圈當分股處、在二股之間、略近尤明之股、依赤經度細測之、初過閣道、爲其最明處、約在閣道第三星北二度、即距極二十八度、再過策星與閣道第二星之間、發一分支向西南、近天船第三星最明、近卷舌第二星漸淡、過此幾不可見、約略近畢昴二宿、爲分支盡界、其中幹最淡、過柱第一第二第三星、出五車第二星之西、又過諸

王司怪、而交黃道、畧近二至經圈、過水府四瀆、而交赤道、其經一百零三度三十分、光淡而難辨、過此漸明、自四瀆過天狠之北至弧矢、漸濶而益明、色白、直至近日短圈、又分一支、細而曲、至天社第一星而盡、其中幹向南行、至距極一百二十三度、散爲數支、狀若摺扇、濶約二十度、錯雜相交、至天記及天社第一星之聯線、而數支忽俱隱、歷若干度而再見、仍爲數支、至南船第三星而合、狀亦如摺扇、約至海山成小洞、狀半圜、次作小頸狀、最明、濶約三四度、而至十字架、爲最狹處、過此忽變濶而明、中間函十字架第三第四星、及馬腹第三星、將

及南門第二星、白光之中、忽函黑洞、作梨狀、甚淸晰、人人能見、海船中指名曰煤袋、此洞長八度、濶五度、用目察之、中惟一微星、測以遠鏡、則有多星、所以黑暗者、因四周皆白光故也、此最近南極處、其光較北半球甚明、因思我地與日所處、四面皆有大空、故天河必作扁環狀、其濶與厚不等、我地在其内、非恰居中心、略近南也、當南門第二星、又分一支、其初甚濶、約如本幹之半、驟削而狹、其削邊與本方向交角約二十度、西至積卒第一星、漸淡不可見、其本幹變濶、過尾宿成曲肘形、又分爲二支、其東支濶狹明暗參差不等、其西支發諸小支

相交、過神宮漸濶漸淡、近天籥而隱、距北極一百零三度、與北邊大支相隔、其空處十四度無光、本幹成曲肘形處彎向東、過杵、又過尾宿第五第六星、至箕宿第一星、忽聚爲橢圜狀、約長六度、濶四度、光極明、測其星至少當有十萬、過此而北、與黃道交、其經度二百七十六、過斗宿至于天弁、其狀有極凹處三、與驟凸處相間、其凸最甚而明者一、近河鼓、乃中國所見天河最明之處、當赤經二百八十五度過赤道、此處屈曲無定、過右旗河鼓左旗、至天津第九星、作亂續之狀、不甚相連、在天津第九第三第一星之間、有廣黑洞、略如南方之煤袋、

是爲三大支之源、三大支者、一即本支、其餘二支、一自黑洞處起、從天津第三星向北、過騰蛇造父而復至閣道、一自天津第一星起、光甚明、向南行、過輦道第四星入天市垣、約至赤道當星點希疏處而隱、此支若過赤道、可與天籥所隱之支相連、而本幹又分一支、從造父直向北極、大約函天鈎第四第九星及造父第一星中間一段焉、

上條論天河如此詳細者、因他書未嘗論及、且天河實爲攷恆星理之要事故也、我地亦在天河中、故欲測此無法之形、較測雲之狀更難、蓋雲之高不能過一定之

限且雲之動其方向俱可見而我恆在其下故作雲之圖尚非甚難而天河并無此諸端可憑大率不過知其爲扁形其厚較長濶俱甚小而已此外諸事不能憑視學理而測所可意度者如忽遇空處其中無星若煤袋類則知非如管之長空洞透見界之外乃遠方扁處有空洞耳又如觀諸分支則知或爲薄層我從側視或爲圜凸面我從切線視而非柱形也又或數支交錯如綱若尾宿內須知諸支或遠或近相去懸絕非在一面內相交相遇也當大風時或有雲數層上下移動觀之可明此理若欲實知天河之形狀大小不能虛揣而得也

侯失勒維廉用徑十八寸之遠鏡其聚光點距鏡二十尺其力一百八十倍目力測天空徑十五分一界細數諸等之星若干如此察天數百處則知在天河大圈之極星光之和分最少距極漸遠漸多至天河爲最多從極至天河其光變多之比例初甚小漸近大圈漸大斯得路佛詳攷其數如左

星數比例表

距天河北極度	每十五分界內星數
〇	四·一五
一五	四·六八
三〇	六·五二
四五	一〇·三六
六〇	一七·六八
七五	三〇·三〇
九〇	一二二·〇

觀此知天河內星數之密多于極若三十與一比較交其圈十五度角一帶之諸星若四與一比強前所論天河之狀（本卷觀最明諸星條）憑此數而得細攷此數覺前說甚有理譬如人在霧中向天頂視覺霧甚薄視線漸近地平則漸厚且其變厚之比例漸增至地平而最厚蓋不獨視線過霧界由短而長亦由霧之質漸近地漸濃也天河之星亦然斯得路佛攷其比例知諸星愈近天河大圈愈密列表如下

星疏密比例表

距天河面	諸星疏密率
〇·〇〇	一·〇〇〇〇〇
〇·〇五	〇·四八五六八
〇·一〇	〇·三三二八八
〇·二〇	〇·一七八九五
〇·三〇	〇·一七九八〇
〇·四〇	〇·一三〇二一
〇·五〇	〇·〇八六四六
〇·六〇	〇·〇五五一〇
〇·七〇	〇·〇三〇七九
〇·八〇	〇·〇一四一四
·八六六	〇·〇〇五三二

此表右一行以纔能見中等星遠鏡力之限爲一名本距數漸離天河大圈面恆星之密率驟變小離面如二十分本距數之一其密已減小一半離面〇。八六六幾若二百分之一攷此理欲令無病當先設二事一逐層各爲平面而每面各處疏密相等一取遠鏡之力有定限

限之外雖有星不能見與無星同

天河之南半星之方位略與北半同嘗用遠鏡與侯失勒維廉之鏡同力者測繞天河南極諸帶內每界星數界各十五分每帶相距十五度列表如左

星數比例表

諸帶距南極度	每界星數
〇至一五	六·〇五
一五至三〇	六·六二
三〇至四五	九·〇八
四五至六〇	一三·四九
六〇至七五	二六·二九
七五至九〇	五九·〇六

前斯得路佛之表不能與此表相比絜蓋前表乃距天河北極限度若干處之數此表乃每帶中之約數也而斯得路佛別有一表列距天河北極每度之約數準之可推每帶之約數如下

星數比例表

諸帶距北極度	每界星數
〇至一五	四·三二
一五至三〇	五·四二
三〇至四五	八·二一
四五至六〇	一三·六一
六〇至七五	二四·〇九
七五至九〇	五三·四三

觀此表則南北二半球疏密之比例略同而南半略密于北半故意我日及地

所居非恰當厚之中、而偏于北半也、

用最有力遠鏡察天河一帶、知其質分大不同、諸星有疏密停勻處、有亂列無法處、或爲諸小星座俱相近、或爲空處星甚稀、或爲黑暗處、欲覓得星甚難、有十五分界內得四五十星、有十五分界內得四五百星、各處星之等數不同、亦然、各界大等與小等星之比例不等亦然、有黑暗處、不見有微星、故知今遠鏡之力、已望至星界之外、不然、遠鏡力加大、微星何以不加多也、又若其外尚有無數小星、不當如此黑暗也、又有處、諸星之光分略相等、散布天空若在平面、且疎密有理、無甚大甚

小之星、或有亦甚少、則知此諸星在一層中、其層之厚、小于距我數、或云、其中或有最遠之星、乃最大者、故雖遠而光不甚小也、此說恐非是、蓋他處又有一層星俱大等、後襯一層星俱小等、無中間諸等星相雜、知二層相去甚遠、其懸隔處無星也、

天河南北兩半球、用最精遠鏡周偏察之、見天面黑處甚多、可知遠鏡之力能望及恒星之外、而諸恒星非散滿太虛、無盡界焉、否則諸小星聚而發光、無論若何遠、必能見之、不至天面黑暗也、或曰不然、準阿爾白士之說星漸遠光漸變小、其光衰較因距數變小之衰甚大、蓋光衰爲挨分之比例、而距數爲遞加之比例、依此理推之、遠鏡力必有定限、故最遠處雖有星、不能見、而天面黑暗也、曰、此理雖若甚奥、然半依性理、非全格致家言、今姑不論、但此理果精確、則凡最遠處之光、皆當不見、何以遠方之星氣、却能見也、又在尾宿處一大叚、見空洞之外、有星極繁、散布無法、遠之又遠、至遠鏡不能分而成白氣、此必爲天河最遠處、若遠鏡力有定限不能過、何以又能見也、故所見黑面、實星界外無星之証、所見最小星、尚在星界內、乃體實小、非因遠極而小也、

設有人問最近之恒星距我若干遠、又所見恒星之天

球幾何大、又恒星天與諸行星天之比若何、能答否、曰、天文若今日之精、不難答也、以地道徑爲三角形之底、測恒星一歲視差、視差若得、則距數亦可知、然用各種精密之法測之甚久、最近恒星之視差、終未能定也、蓋視差與測望諸差、雜糅不可分、其和不至一秒、故不能辨別諸差而得眞數、雖諸差亦不甚大、而中有乍大乍小無定之差、故分別最難也、近時測器歲精一歲、改正測差之法、歲密一歲、至嘉慶間、于北半球測諸星、始知其視差無有過一秒者、凡半徑與一秒正弦之比、若二十萬六千二百六十五與一之比、又日地距與地半徑

之比若二萬三千九百八十四與一之比則有一秒視差之星其距日爲四十九億四千七百零五萬九千七百六十倍地半徑地半徑約一萬一千五百里故星距日約五十六兆八千九百十一億八千七百二十四萬里即最近恆星之遠也光行最速歷時一秒行五十五萬五千里過地道半徑當歷八分十三秒三以二十萬六千二百六十五乘之得一千一百七十七日十六小時二分四秒五即三年八十三日爲最近恆星光行至日之時分然則遠鏡所見無數最遠小星其遠當何如耶又天河最遠之星望若白氣者其遠又當何如耶

以遠鏡之徑與目瞳徑比又以其回光透光之力與目力比即得遠鏡望遠之力如前條所論遠鏡其力爲七十五設移六等星更遠日至七十五倍原距日數此鏡能見之又六等星光爲一等星光百分之一設移一等星遠日至七百五十倍原距日數此鏡望之如目視六等星故天河遠處必有無數大星與近處之一等星相等此諸星之光到我地大率必二千年故測望此等星非觀今日之天文乃觀二千年前之天文也

與視差相雜糅者有歲差有恆星自行差詳後有地球十九年一周之尖錐動差此諸變俱詳細知之故推而去之不難即根數尚有小差亦甚微不覺也而又有光行差則異是此差一年一終與視差之時合一年中逐時變之理亦相似視差之頂點爲日心點光行差之頂點爲地行方向諸平行線之合點故推二差同用一術惟置日之經度彼此差九十度餘法盡同蓋視差之理一若從星出線聯地球地球繞日一周則此線必行成極銳之斜圜錐其軸即星日之聯線其底周即地道此線過星引長之必行成相似倒錐準視差理每年見星行于小橢圜一周此小橢圜乃天球所割倒錐之面也視線與其周恆正交又若其星實行一道其道與地道等

亦平行人居太陽心望之光行差之理亦然而橢圜周之大小不同又視線交周點之方位亦不同恆差九十度今以視差之最大一秒光行差之最大二十秒五俱

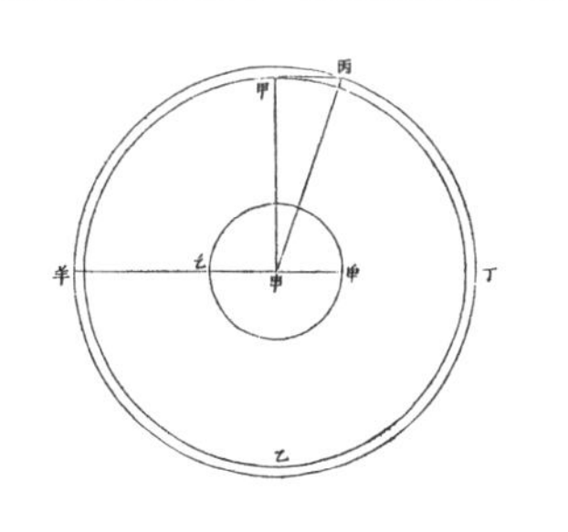

設爲正圜作圖明之如甲乙爲因光行差所見星行之小圜道申乙爲因視差所見星行之小圜道同繞一中點申申羊線與二分線平行若僅有視差必見星在內道申點若僅有光行差必見星在外道甲點甲申申必

爲直角、乃作甲丙、與申申等、且平行、作申丙聯線、則丙必爲因視差光行差二故、見星所在之點、且見星行于丙丁羊圜道、申丙爲二十秒五二四、即道之半徑、星恒在甲點之前、其度如甲申丙角、爲二度四十七分三十五秒、申甲與甲丙比、若二〇五與一比、故欲推視差申申、必先測得甲申丙角、即二差所生角羊申丙、與光行差所獨生角羊申甲之較也、此角度在徑數十秒之圜周、故甚微而測之甚難焉、此外又有測器差、器之質、暑則漲大、寒則縮小、器所憑依之石墩及地、亦因寒暑而變、生極微之側動、垂線準及諸平準俱不能覺、凡此諸差、皆與測望之差相雜糅、然久測用其中數、自能消去、而又有蒙氣差每夜不同、蓋逐層之地氣、四時冷熱異、蒙氣差亦隨之而變、測恒星視差如此其難焉、

南門第二星爲南半球諸星中之最明者、好望角星臺官恒特孫于道光十二十三兩年中、用墻環累測此星、推得視差一秒、測相近諸星無此差、故知此差非因寒暑而生焉、後馬格釐于道光十九二十年、用墻環之最精者、復測而推之、所得略小、爲〇秒九一二八、約近十一分秒之十、然較一秒、所差甚微、不可謂一定、故大畧仍可言一秒也此星視差數未流傳之前、哥窩堡星臺官白西勒言、赤經三百十五度十分十五秒、赤緯三十八度四分十七秒、星名鶴翼者、視差可推、係六等星、然覺其有自行、詳後每年五秒强、較他星一年之小差甚大、則距我地必較近、故曰視差易測也、前南門第二星亦有自行、每年四秒、恒特孫亦因此而測其視差云、道光十七年秋、哥窩堡星臺最精之量日鏡成、乃日耳曼慕尼克人弗鑾斛拂所造也、白西勒即以此鏡測鶴翼星、用新測法、其命意極精、故測較易、而得數更密、凡二星之視線略相近、而距日遠近大不同、名視雙星、非實雙星也、詳下卷此二星所有光行差、歲差、尖錐動差、蒙氣差、及測器諸差、俱略同、可不必細推、惟地道半徑視差不同、因視差與距日數有反比例故也、故一歲中因視差所成之小橢圜、亦大小不同、若逐時測二星之相距、及聯線方位、即可得其視差、不必用赤經及距極數、但以

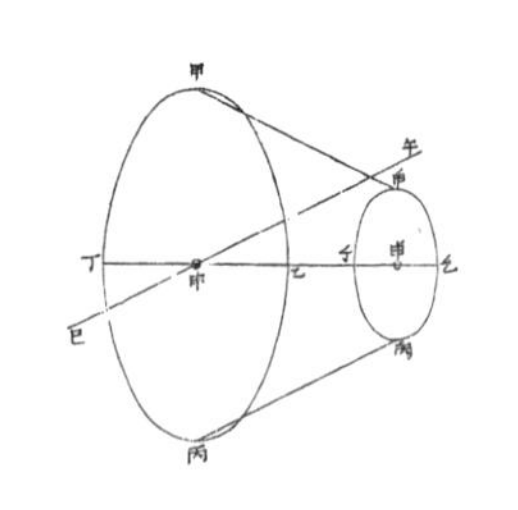

雙星之遠者爲主、而測近者之遠近方位即得、上諸差俱不相涉也、二星與日之方位既略同、則二小橢圜必相似、且等勢、如申申爲從日所見二星之方位、甲乙丙丁申乙丙子爲因視差所成之二橢圜、

二星在其周，其方位恆同，如近星在甲，遠星必在申，地行一象限，二星必在乙乙，又行一象限，二星在丙丙，又行一象限，二星在丁丁，二星距日不等，故二橢圜大小不等，甲申丙丙二線不能平行，乙乙丁丁二線不能相等，故二星距分之大小及方向，逐時不同，用分微尺細測之，可得其一定之變，此須用最精雙象分微尺量日鏡（詳卷三）則測時雖或因光差，或因器動，二星之視體刻刻移，然二星同移，與相與之方位無關也，又量日鏡之界，大于尋常分微尺，故可取一大星，與相近數小星比較，白西勒測鶴翼星，用相近二星，一為申，距本星七分

四十二秒，一為申，距本星十一分四十六秒，本星與二星之聯線，畧成直角，故申申申申二距變大變小不同時，當此距不變時，彼距之變最速，每隔三月彼此適相反，測其距之變，推得本星與餘一星二視差之較，約三分秒之一，累測所得恆同，可不疑，因推得此星之視差為○秒三四八，其距我地約三倍一秒視差之星，近時波羅咯星臺官彼得復測之，得數與前合，則益可信矣，織女第一星相近有微星，其距四十三秒，斯得路佛自道光十五年後，用雙象分微尺屢測之，致覈甚嚴，知大星之視差，僅四分秒之一，雖小于鶴翼星，然測器甚精妙，測法又巧，故十五十六兩年中，纔測五夜，即得之，後累測盡十八年，俱合，彼得復測之，得數亦同，初，乾隆四十六年，侯失勒維廉定此測法，謂于天學必大有裨益，然此時分微尺未精，又有他故，久測未合，近時善用此法，始于斯得路佛云，

設申申二星相距甚近，則其方位之差角必甚大，即甲申丙丙二線之交角也，如二星相距十五秒，視差之較八分秒之一，方位之差角必半度，又如二星相距五秒，視差之較一秒，方位之差角至十一度，二星相距愈近，則方位差角愈大，此法測望家雖未用，意于天文必大

有裨益也，

已推得有視差諸星表

星	視差角	測定之人
南門第二	○秒九一三	恆特孫
鶴翼	○秒三四八	白西勒
織女第一	○秒二六一	斯得路佛
天狼	○秒二三○	恆特孫
馬夫	○秒二二六	彼得
三台第一	○秒一三三	彼得
大角	○秒一二七	彼得
天皇大帝	○秒○六七	彼得
五車第二	○秒○四六	彼得

上所列末四星，視差最小，不敢深信，然因此知視差大小，與等數無涉焉，此外又有天津第四星，彼得亦曾測之，絕無視差焉，

既得地道半徑視差，星之遠近已知，次當測其實體之大小，然遠鏡所見星之體，乃光線相交所成之假體，非眞體也，故用大小不等數遠鏡，測星之體不同，鏡愈大，星體愈小，最明之星，其體為

最小之點、故月掩恆星、霎時而隱、無初虧食既次第也、若遠鏡所見爲眞體、不當如是、設太陽移遠、至地道徑視差一秒之處、則今所見三十二分三秒之視徑、必變小爲○秒○○九三、不滿一百分秒之一、則遠鏡雖極精、必不能察其眞體矣、故星體大小無從測、僅能測其光分、而以其遠近推得其實光、測光用三稜玻璨法、本卷測星光分條太陽光太大、不能與星比較、故用月之光爲本率、曾以南門第二星與月光比較十一次、取其中數、推得望時月與本星之二光分比若二萬七千四百零八與一比、而武喇斯頓用精法、測得日月二光分比若八

十萬一千零七十二與一比、合二比例、得日與本星二光分比若二百十九億五千五百七十八萬强與一比、乃以本星之視差、推得其實光與太陽實光比、若二○三二四七與一比、又測得天狼之光四倍南門第二星、其視差不過○秒二三○、推其實光與太陽實光比若六十三○二與一比

談天卷十五終

談天卷十六

英國侯失勒原本

英國　偉烈亞力　口譯
海甯　李善蘭　删述

恆星新理

恆星散布天空、何用耶、或云用以照夜、與月同功、則但更生一小月、若今月一千分之一、已遠勝諸星矣、或云裝嚴天空、以爲美觀、或云令測天者易定方位、說雖近是、然謂造物主之大旨、不過爾爾、恐未必然、夫天空如是其大也、諸星如是其多也、安知非別有動植諸物生于其中耶、行星俱受日

光、恆星不藉日而自發光、安知非各自爲日、而別有諸行星繞之耶、凡此雖不能懸斷、而要不可云無是理焉

恆星雖甚遠、然亦有攝力之理、與我諸行星相同、此非臆說也、諸恆星中或有光變明變暗、有一定周時、甚者其光消盡而復生、此類星名曰變星、如天囷第十三星、萬歷二十四年、法必修覺其爲變星、大率十一年中明暗十二次、其周時三百三十一日十五小時七分、其最明之時約半月、時或與二等大星相若、乃漸暗、約三月而目不能見、約五月而復見、乃漸明、約三月而復最明、

但每次最明、光分非恒同、其變大變小亦無一定次第、每二次最明相距之時、亦無定、近代阿及蘭特詳攷測簿、知一切有定期、八十八周而復初、周時之最長最短差至二十五日、最明時之光分變大變小、意亦有一定、又赫佛流言、此星自康熙十一至十五年、俱不見、道光十九年八月二十八日爲最明、大于天囷第一星、與五車第三星等、又大陵第五星、最明時若二等星、歷二日十三小時二刻、忽漸暗、約三小時半而僅若四等星、歷一刻乃漸明、歷三小時半復如初、其周時爲二日二十小時三刻三分五十八秒五、乾隆四十七年、歌特歷格

初測得其數、自此至今屢有人測之、覺其周時漸小、阿及蘭特亥師賜密特三人、俱言其變無一定比例、而其比例恒變速、意後當復變遲、若干周而復初、必有一定也、今未能測定、又造父第一星、亦有明暗、自暗變明一日十四小時、自明變暗、三日十九小時、其周時爲五日八小時三刻二分三十九秒五、最明時爲三四等、最暗時爲五等、歌特歷格于乾隆四十九年始測之、自此至今屢測俱同、又漸臺第二星、歌特歷格亦于乾隆四十九年始測之、其周時六日九小時至十一小時、言人人殊、其光自明至暗有大變、阿及蘭特復細測之、謂其周

時實十二日二十一小時三刻八分十秒、每周之變有二次最明二次最暗、二最明俱爲三四等、而二最暗一爲四三等、一爲四五等、其周時每次不等、亦須八而復初、自乾隆四十九年後、其周時恆變大、而變大之比例漸小、至道光二十年而止、自此至今恆變小、準阿及蘭特所推、此星最暗之限、在道光二十五年十二月初五日戌初三刻十分五十三秒、又天桴第一星、必哥得于乾隆四十九年測知爲變星、其周時爲七日四小時十二分五十三秒、其漸變明、歷五十七小時、漸變暗、歷一百十五小時、最明爲四三等、最暗爲五等、上諸星俱已

細測、確知其周時及光分之變、此外有略知其周時及光分變、而未細測者、列于後、

星	周時	變等	測者	測年
大陵第五	二日八六七三	二至四	歌特歷格	乾隆四十七
畢宿第八	四日 幾弱未定	四至五四	伯生特利	道光二十八
造父第一	五日三六六四	三四至五	歌特歷格	乾隆四十九
天桴第一	七日一七六三	三四至四五	必哥得	乾隆四十九
鬼宿變星 嘉慶五年表赤經一百二十八度七分三十秒距極七十度十五分	九日〇一五	七八至十	欣特	道光二十八
井宿第七	十日二	四三至四五	賜密特	道光二十七
漸臺第二	十二日九一一九	三四至四五	歌特歷格	乾隆四十九
帝座	六十三日 强弱未定	三至四	候失勒維廉	嘉慶元年
天弁變星 嘉慶六年表赤經二百七十九度十五分距極九十五度五十七分	七十一日二〇〇	五至〇	必哥得	乾隆六十
柱第一	二百五十日 强弱未定	三至四	亥師	道光二十六
天囷第十三	三百三十一日六三二	二至〇	法必修	萬歷二十四
市垣鄭變星 道光八年表赤經二百三十六度四十一分十五秒距極七十四度二十分三十秒	三百三十五日 强弱未定	七至〇	哈爾定	道光六

輦道變星	三百九十六日八七五	六至十一	格戰	康熙二十六
張宿變星	四百九十四日（彊弱未定）	四至十	馬拉題	康熙四十三
滕蛇變星	五六年	三至六	侯失勒維廉	乾隆四十七
天津變星	十八年（彊弱未定）	六至〇	然孫	萬歷二十八
軒轅變星	多年	六至〇	高黑	乾隆四十七
狗西三	多年	三至六	好里	康熙十五
靈臺第一	多年	六至〇	門他那力	康熙六
輦道第四	多年	四五至五六	侯失勒	道光二十二
屏變星（道光二十年表赤經一百八十度四十五分距極八十二度八分）	一百四十五日	六七至〇	哈爾定	嘉慶十九
貫索變星	十月半	六至〇	必哥得	乾隆六十
婁宿變星	五年	六至八	必亞齊	嘉慶三
海山第二	不等	一至四	不直勒	道光七
參宿第四	不等	一至一二	侯失勒	道光十六
天樞	數年	一二至二	侯失勒	道光二十六
橘光	數年	一二至二	侯失勒	道光二十六
帝	二三年	二至二三	斯得路佛	道光十八
五帝第四	二百二十五日	二至二三	侯失勒	道光十八
星宿第一	二十九三十日	二三至三	侯失勒	道光十七
雷電變星（道光二十七年表赤經三百四十四度四十四分四十三秒距極八十度十七分三十秒）	未知	八至〇	欣特	道光二十八
積薪第一變星（道光二十八年表赤經一百十三度二十八分四十八秒距極六十六度十一分五十六秒）	未知	九至〇	欣特	道光二十八
積薪第二變星（道光二十八年表赤經一百十五度二分三十四秒五距極六十五度五十三分二十九秒）	未知	九至〇	欣特	道光二十八
虛梁變星（道光二十八年表赤經三百三十五度十五分六秒距極一百度四十二分四十秒）	未知	七八至〇	龍格	
氐宿變星（道光二十八年表赤經二百二十一度九分五十四秒距極一百零一度四十五分二十五秒）	未知	八至九十	書馬赫	
天權	多年	二至二三	衆云	

此外欣特又測得四星、俱從八九等漸暗至〇、其方位、一、赤經二十五度三十六分、距極八十一度九分三十九秒、一、赤經七十二度四十分三十秒、距極八十二度六分三十六秒、此道光二十六年表、一、赤經一百三十度四十七分、距極八十六度十一分、一、赤經三百三十三度二分三十五秒、距極八十二度五十九分二十四秒、此嘉慶五年表、凡變星、意必有暗體繞行、其變暗、乃暗體蔽之也、欣特言有數星光分變暗時、模糊若霧、恐有雲如行星環繞之、又變星之色紅者居多云、斯得路佛言有雙星、赤經三百零八度三十分、距極七十七度五十四分、亦變星也、而武士師密言軒轅尚有二星變明暗、一自六等至〇、周時七十八日、一自五等至十等、周時三百十一日二十三小時、不知憑何人所測也、又必亞齊言近角宿二星、又近帝座一星、俱爲變星、又欣特于道光三十年測得九斿間一星、赤經七十二度五十七分四十三秒五、距極一百零二度二分四秒、色如血、賜密特于道光二十九年十二月測之爲六等星、至三十年十一月而不見、則亦變星也、

此表中有星光分最明最暗時、其等不定、或周時不等、與前所論天囷第十三星相似、葛西尼言輦道變星、康熙三十八年至四十年、當最明時、亦不易見、又天弁變星、當最暗時或目能見之、或不見、其最明時、等亦不定、又必哥得所測貫索變星、阿及蘭特言其明暗相去甚微、目不能辨、而每隔數年忽大變、暗至不見、又參宿第四星、于道光十六至二十年、其變顯然、二十至二十八年不甚可辨、二十八年後、其變又顯然、

古今史志所載客星亦變星類也但其見時甚暫而不見之時甚久意其復見必有一定之時古今測望僅一見而未再見故未能知蓋其周時甚長也漢元朔四年有客星見日中不隱依巴谷因此創作恒星表又晉太元十四年近河鼓第二星有客星見歷二旬明如金星而隱又石晋開運二年元至元元年明隆慶六年皆有客星俱在王良造父之間攷其年數相距略同恐即一星也約三百十二年或一百五十六年而一見在隆慶時其見甚驟非由小漸大其見之夜第谷由化學館歸路見村人群聚望一星第谷亦望之見明如天狼半時

前尚未有也于是逐夜測之其光分漸大過于木星正午不隱歷一月漸小至萬歷二年春始隱而萬歷三十二年亦有客星見于天市垣明與前星同至明年秋始隱又康熙九年安得林見近漸臺有一三等星隱而復見歷二年其光數次大變後隱不復見又道光二十八年三月二十五日欣特見近天市垣宋有一五等星其赤經二百五十二度四十五分二十二秒五距極一百零二度三十九分十四秒此處星俱最小欣特所常測知初二日以前無大如九十等之星攷古表此處亦無星此星見後光漸減未幾而隱其色紅或因高度少蒙氣厚故耳

南半球海山第二星其光分之變見于測簿者可異焉康熙十六年好里測爲四等星乾隆十六年拉該勒測爲二等星嘉慶十六至二十年俱爲四等星道光二年至六年又爲二等星七年正月初六日卜直勒見其變大爲一等星與十字架第四星等明復漸暗爲二等星盡十七年冬至十八年春復變大爲一等大星略與南門第二星等明惟不及天狼老人後復漸小然仍爲一等至二十三年春又變大明過老人惟少遜于天狼耳凡變星俱有一定周時其漸明漸暗俱有法而此星若

任意變大小歷測數百年未有一定之次第其忽明忽暗究屬何理設有動植諸物藉其光熱而生必甚不便也此非妄論蓋意諸恒星皆爲太陽俱有行星繞之而行星上必生諸物也証以察地家言知亘古以前我地球有大變化非海陸變遷所可比蓋日之光熱若有變地質必隨之而變故知此星所屬諸行星上之物必大不安也

馬端臨文獻通攷所載客星意大半是彗然其中亦有眞客星如云漢熹平二年十月癸亥客星出南門中五色至後年六月消此必客星也又宋大中祥符四年正

月丁丑客星見南斗魁前，意即西史五年所見者，西史言在南半球，歷三月最明，其經緯度與馬氏所載合，又漢元光元年六月，客星見于房，或即依巴谷所見之星也，凡客星見于記載及測簿者，恆近天河，又俱在東半周中，西半周未嘗有也，

致歷代恆星表，參以新測，則知有多星古有今無，其故或由表誤，或誤以行星爲恆星，亦有恆星實隱者，蓋變星也，變星之理雖未能全知，然此事無須諸器，人人可以目驗之，侯失勒維廉作恆星表，詳每星光分若干，爲考變星者之助云，

恆星中多雙星，尤可爲攝力之証，何謂雙星，目視之爲一星，以遠鏡測之，則爲甚相近之二星，若統天空止有二三星如是，則或偶然耳，今甚多，且或二星大小略等，此必有相聯屬之理焉，如北河第二星，以大力遠鏡測之，爲兩三等星，相距五秒，三等星不多，故相距甚近非偶然，況有多星皆如是，則更非偶然矣，乾隆三十二年，有密者勒者，曾推昴宿六星甚相近合偶然與否，以相等之一千五百星，推得當如是相近與不當之比，若一與五十萬之比，斯得路佛設雙星相距四秒，以本國所見七等以上諸星，推其當如是與不當之比，若一與九千五百七十八之比，此時已得雙星九十一，後測得更多，且有三合者，再推當三合與不當之比，若一與十七萬三千五百二十四之比，而三合星已得其四，相距最遠三十二秒，一爲伐第二星，一參旗第九星，一近四瀆一水位第四星，故知諸星必有相聯屬之理，非偶然矣，又南門第二星及鶴翼皆爲雙星，相距十五秒，而鶴翼爲兩七等星，其當不當之比，爲一與九千五百七十八，南門第二星爲兩二等星，統天空二等星不過五六十，則其當不當之比例當更大，又此二星各有自行，若非相屬，則久必相離矣，古測不知其爲雙星，乾隆十六年

拉該勒用約九倍力之遠鏡測之，始知，設一星行，一星不行，此時當相離六分，而仍如故，故知其相聯屬也，

侯失勒維廉作雙星表，共五百，相距最遠不滿三十二秒，斯得路佛用精器測，所得之數五倍之，後人屢測，所得益多，然必尚有未測得者，斯得路佛依其相距遠近分爲八類，第一類不過一秒，第二類一秒至二秒，第三類二秒至四秒，第四類四秒至八秒，第五類八秒至十二秒，第六類十二秒至十六秒，第七類十六秒至二十四秒，第八類二十四秒至三十二秒，又依其光分大小分爲二大類，以八。二五等已上諸星爲顯雙星，中等遠

鏡能見之以下諸星爲微雙星、非最精遠鏡不能見也、欲測第幾類星、當用若干力遠鏡、今每類取數顯星爲例、列于後、依其類測之、可攷遠鏡之力、

第一類　〇至一秒

貫索第五　庫樓第六　騎官第三　左更第一
天紀第一　貫索西八　天紀第一雙星　王良第五
列肆第一　騎官第七　天市垣雙星　少弼
文昌第三　河鼓第一雙星　酒旗第三　畢宿雙星
羽林軍雙星　郎位第一雙星　婁宿雙星　外屏雙星

第二類　一秒至二秒

南門第一雙星　天津第二　小斗第一　左攝提第三
閣道第一　鬼宿雙星　三台第六　河鼓第二雙星
貫索第一雙星　八穀雙星　參宿第一雙星　參宿第二雙星

第三類　二秒至四秒

外屏第七　青邱第一　天囷第八　軒轅第十二

黿第八　左垣上相　天市垣秦　梗河第一
天厨第三　柳宿第五　墳墓第一　參宿第一
右垣次將　天大將軍雙星　軍井第二　天棓第一雙星
天狠西三　女床第三　螣蛇第十一　大角雙星

第四類　四秒至八秒

十字架第四　帝座　北河第二　天䡴第二
貫索第二雙星　火鳥第三　天柱雙星　觜宿第一
臼第一　左攝提西四　天鈎第六　左攝提第二
牛宿第五　老人雙星　五車第一雙星　九斿第一
宦者第一雙星　九斿第一雙星　九斿第二雙星　天紀第二雙星

第五類　八秒至十二秒

參宿第七　婁宿第二　匏瓜第二　海石雙星
王良第三　九州殊口第二　伐第三　天園第八
常陳雙星

第六類　十二秒至十六秒

南門第二　王腰　房宿第四　飛魚第四
積卒第一　開陽　天槍第一　闕邱雙星

鶴翼

第七類　十六秒至二十四秒

常陳第一　女宿第一　外屏第三　天市垣徐
黿第一　礪石第三　郎位第二雙星　紫微左垣雙星
宦者第二雙星

第八類　二十四秒至三十二秒

市垣魏　輦道第二　軒轅西二十四　天棓第二雙星
天柱雙星　女史　輦道雙星　軒轅西二十三

恆星又有合三星四星多星者、畧列數星于左、

壁宿第二　織女第二　水位第四　伐第二　騎官第八
七公第六　心宿三合星　闕邱三合星　內階三合星

右壁宿第二星、七公第六星、騎官第八星、用尋常大力遠鏡測之、見爲雙星、用最精大力遠鏡測之、見其副星又分爲二星、共三星、又織女第二星爲雙雙星、蓋用尋

常鏡測見爲雙星、用精鏡測之、見其二星又各分爲二星、其一相距二秒半、其一相距三秒、又水位第四星、心宿三合星、闕邱三合星、內階三合星、測見其正星爲密雙星、略遠有一小副星、而伐第二星有四明星、其等爲四爲六爲七爲八、作四不等邊形、其對角線之最長爲二十一秒四、又有副星二、甚微而近、非極精遠鏡、不能見也、其狀如圖、

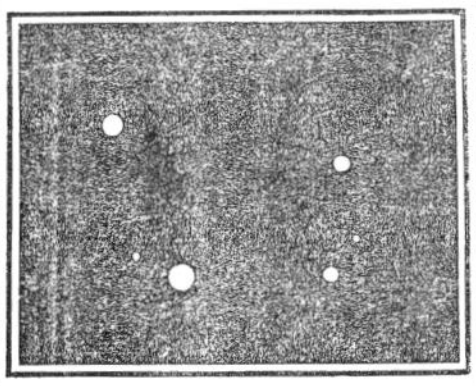

雙星中有正星明大、而副星極微者、畧列數星於左、

鬼宿雙星　牛宿第二之次星　波斯第二　織女第一　天皇大帝
虛宿第一　平第一　三台第一　南門第二雙星　積薪

天船第七　右攝提第二　亢宿第三　天園雙星　五車第二雙星

侯失勒維廉欲密測諸雙星相與之方位、細驗其視差、恐其有一定變法也、乾隆四十四年至四十九年、所用遠鏡力益大于前、乃作雙星表、蓋有此表、知每星方位、可據以測視差也、然維廉亦因此測得每星相距有一定變法、且又得一事、爲古人所未發者、蓋測得雙星有相距變、有方位變、同趨一方向而動、因知恆星必有本行、否則太陽與諸恆星俱直行、故測得視差、大于黃道視差、可據爲法、假如日與雙星俱行、而日星不相屬、則視其道必直、而用平速行、故但取雙星之一星爲本點、

觀餘一星必行于直線、測之即知所行之方向矣、又得一事、凡雙星不相聯屬、則有如上文所言、而有相聯屬者、則二星以攝力相加、必相環繞、或共繞其公重心、則取一星爲本點、餘一星必行于曲線、以繞本星、星之行甚緩、非久測不能知、故歷二十五年至嘉慶八年、始能辨其非直線、而實爲曲線也、自此至明年、維廉著書二通、以寄公會、大略言諸星中、有相與環繞者、名曰聯星、與他雙星異、他雙星視之雖甚近、其距地遠近實懸絕也、而聯星距地略等、其較不能大于相繞道之半徑、書中所舉聯星約五六十、其聯線易位、所過之度、大小不等、其中有甚明晰、其相環繞可不疑者若干星、曰北河第二星、左垣上相、三台第六星、宦者第一雙星、貫索第一雙星、貫索西八星、左攝提西四星、王良第三星、軒轅第十二星、天紀第一星、天津第二星、七公第六星、織女第二之四星、第二之五星、列肆第一星、天棓第一雙星、墳墓第一星、此諸星中已有略推定其環繞周時者、如北河第二星、爲三百三十四年、左垣上相爲七百零八年、軒轅第十二星爲一千二百年云云、準此則奈端所悟得攝力之理、不獨日與行星爲然、且推之恆星無不然矣、其後薩乏理始推得三台第六星之環繞行橢圜

道、五十八年二五而一周、測其行法一一相合、而因格用新術推得宦者第一雙星之環繞、亦行橢圜道、七十四年而一周、又梅特勒所推得者最多、欣特師密及約翰亦各推得數星、今俱列于後、

星名	視半長徑 秒	兩心差	交點方位 度	分
帝座聯星	一·一八九	○·四四四五四	三九	二六
貫索西八	一·○八八	○·三三七六○	二四	一八
水位第四	一·二九二	○·二三四八六	一	二八
三台第六	三·八五七	○·四一六四○	九五	二二
三台第六	三·二七八	○·三七七七○	九七	四七
三台第六	二·四一七	○·四一三五○	九八	五二
三台第六	二·四三九	○·四三一四八	九五	五○
酒旗第三	○·八五七	○·六四三三八	一三五	一一
天籥聯星	四·三二八	○·四三○○七	一四七	一二
天籥聯星	四·三九二	○·四六六七○	一三七	二
天籥聯星	四·一九二	○·四四三八○	一二六	五五
斯氏表聯星	一·二五五	○·四四九五八	一五	三
左攝提西四	一二·五六○	○·五九三七四	三五九	五九
天津第二	一·八一一	○·六○六六七	二四	五四
左垣上相	三·五八○	○·八七九五二	五	三三
北河第二	八·○八六	○·七五八二○	五八	六
北河第二	七·○○八	○·七九七二五	二三	五
北河第二	六·三○○	○·二四○五○	一一	二四
貫索第一雙星	三·九一八	○·六九九七八	二五	七
貫索第一雙星	五·一九四	○·七二五六○	二一	三
七公第六之次	三·二一八	○·八四○一○	一一七	二一
南門第二	一五·五○○	○·九五○○○	八六	七
天紀第一	一·二五四	○·四四八二一	三四	二一

表中第四行、指雙星道面交天穀點之方向、自正北轉東計之、第六行指此二面之交角、第五行指雙星道交點距卑點之度、其酒旗第三星、左攝提西四星、南門第二星、諸根數俱尙有可疑、七公第六之次星亦未審定、因此諸星、用本道之最小弧線所推、不能詳細也、

推步家	過卑點時（年）	周時（年）	交角（度）	交角（分）	卑交距（度）	卑交距（分）
梅特勒	道光 九·五三	三一·四六八	五〇	五三	二六二	四
梅特勒	嘉慶 二〇·二六	四三·二四六	七一	八	二六一	二一
梅特勒	咸豐 三·四〇	五八·九一〇	六三	一七	二六六	
薩之理	嘉慶 二二·二八	五八·二六二	五〇	四〇	一三一	三八
侯失勒	二一·七六	六〇·七二〇	五六	六	一三四	二二
梅特勒	二一·四七	六一·四六四	五四	五六	一三〇	四八
維拉鎖	二一·八九	六一·五七六	五二	四九	一二八	五七
維拉鎖	道光 二九·七九	八二·五三三	四六	三三	一八五	二七
因格	嘉慶 一一·九一	七三·八六二	四六	二五	一二五	二二
侯失勒	一二·〇九	八〇·三四〇	四八	五	一四五	四六
梅特勒	一七·七六	九二·八七〇	六四	五一	一四二	五三
梅特勒	道光 一七·四四	九四·七六五	三五	三一	一三七	二七
侯失勒	乾隆 四四·九一	一一七·一四〇	八〇	五	一〇〇	五九
欣特	咸豐 一二·九〇	一七八·七〇〇	四六	二三	二四三	二四
侯失勒	道光 一六·四六	一八二·一二〇	二三	三六	三一三	四五
侯失勒	咸豐 五·八六	二五二·六六〇	七〇	三	九七	二九
梅特勒	六三·九三	二三二·一二四	七〇	五八	八七	三七
欣特	康熙 三八·二九	六三二·二七〇	四三	一四	三五六	二二
梅特勒	道光 六·六三	六〇八·四五〇	二九	二九	六四	三八
欣特	六·五一	七三六·八八〇	二五	三九	六九	二四
欣特	咸豐 二·五三	六四九·七二〇	四六	五七	一〇三	一七
雅各	一·五三	七七·	四七	五六	二九一	二二
維拉鎖	道光 一〇·五一	三六·三五七	四三	四三	一〇四	五五

第八行年之小餘、從天正冬至後計之、

右諸星俱經精測、其中左垣上相係三等星、其二星大小畧等、而有微變、斯得路佛言有時此星大于彼星、有時相等、有時彼星大于此星、康熙間已知其爲二星、時相距約六七秒、乾隆四十五年、侯失勒廉測得五秒

六六、漸相近、至道光十六年而合爲一、雖最精遠鏡測之、亦然、惟波羅咯一千倍力之遠鏡、覺兩頭有大小之狀、斯得路佛測其長濶之比、推得兩心距爲○秒二二、其後復分爲二、至二十九年相距二秒、此聯星之距數變、聯線之行度亦變、乾隆四十八年、一年行半度弱、道光十年增至五度、十四年二十度、十五年四十度、十六年中最大、其率至七十餘度、乃每五日行一度也、準動重學理、凡二體以攝力相環繞、無論行何曲線、亦無論或眞道或視道、其速率與距、恆有反比例、攷此星測簿、俱與此理合、初康熙五十七年、白拉里以子午儀測此星聯線之方向、記于簿、與角宿第一左垣次相二星之聯線平行、今憑此推得其繞行之道、係橢圜、依其道推至道光二十六年冬、與所測一一密合、三台第六星依梅特勒之根數推之、亦然、又天紀第一星、自測知爲聯星後、見其相繞行已二周、見大星掩小星二次、貫索西八星、水位第四星、三台第六星、各見其行一周餘、宦者第一雙星、左垣上相、見其行大半周、然則恒星亦有攝力、更無可疑矣、

梅特勒自言所測諸聯星之相繞、其天篇聯星之道、不合橢圜、亦非誤測、不知何故、余意此其正星亦係聯星、

故副星之行別有攝動耳、蓋凡正星爲聯星、副星因攝動、其道必生變、有長差短差也、

恒星各爲日、則聯星之相繞、是二日相繞也、恐其日所屬、亦有行星及月、但其體小而遠、故我不能見、然意必甚近本星、否則爲餘一星所攝、必離本道矣、

南門第二星、鶴翼星、俱爲第六類顯雙星、已測得其地道半徑視差、又測得鶴翼二星之相距、其中數爲十五秒五、自乾隆四十六年測至今、其距之差僅半秒、其聯線方向之變、約五十度、故其道必畧近平圜、道之面約正交視線、其周時約近五百年、而其地道半徑視差爲

○秒三四八即星中所見地道之視半徑也故二星相距中數與地道半徑比若十五秒五與○秒三四八比即四十四。五四與一比是二星相繞之道甚大于海王道設其周時恰為五百年依奈端所設公題及刻白爾第三例推之我太陽積與二星之共積比若一與○。三五三比二積相去不甚懸絕也南門第二星自道光二年後二星相距數以平速變小每年約半秒而其聯線之方向略不變然則其道之面展廣之約當過地又預推咸豐十七年二星最近幾相掩然未能定其橢圜之根數但知其半長徑必大于十二秒或甚大未可知而

地道半徑視差為○秒九一三設其半長徑僅為十二秒亦必為十三。一五倍地道半徑故其橢圜道必不小于土星道或恐大于天王道也諸聯星中此兩星距地最近相繞之視弧亦最大其雙星之光俱畧等其色俱近橘黃而副星之色更深天空諸曜之質各不同此兩星恐或一類焉

諸聯星之正星其色恆或紅或橘黃而副星之色恆或青或綠準光學理凡目為有色之光所眩則視無色之光必成本色之餘色如鬼宿雙星正星之色黃副星之色青又如天大將軍第一星正星之色紅副星之色微綠是也若有色之星光微而無色之星光大則不變如王良第三星大者白小者紫則不可云二星之色恆為正餘也設有行星附此種聯星則日日見光必不同如一日為紅一日為綠或一日為白一日為暗是也獨星之色有紅如血者從未見為青為綠惟小星與大星俱方有此種色也

恆星俱有自行初好里于康熙五十六年測恆星方位上攷多祿某依漢元光五年依巴谷測數所作表其中天狼大角畢宿第五星較己測俱差而北一為二十分一為二十二分一為三十三分古今相距一千八百四

十七年以黃赤道交角之變論之設諸星不動今當差而南一為十分一為十四分一無差故知此三星自行向南一為三十七分一為四十二分一為三十三分其差皆合理則非表之誤矣又攷梁天監八年正月三十日希臘國雅典所測畢宿第五星為月掩復見之時知其方位在月道上亦與自行之理合設當時星之緯度與今時同其掩不當如此也況星體甚大居空中無力令常靜能不生動乎蓋諸星互相攝其力雖甚遠而小且相敵而相消然歷久其敵力之較必積而大則不能不動矣近代天文家以聯星証之如鶴翼星二星相距

約十五秒五十年來略不變其方位移四分二十三秒每年自行五秒三是此二星恒行其道之狀未知數百年視之恒如以平速行直線也又以獨星証之如波斯第七星其方位每年移七秒七四閣道第四旁星每年移三秒七四也又有多星其移之數小于此俱確然無可疑焉恒星既自行則亦有變不可云恒矣然行分甚微非數百年積之不能見故不易名仍曰恒星也

天文家或言太陽係恒星之一以公理論之恒星既自行則太陽亦當自行此說甚是設太陽與諸恒星之行同一方向而遲速各不等則凡遲于太陽者在太陽前

必見其背此方向諸平行線之合點而行在太陽後必見其向此諸平行線之餘一合點而行速于太陽者則反是若詳知諸星之自行準上理可測太陽之自行法諸星同方向行而遲速不等者此如衆塵浮行氣中因風而移知此方能測太陽行

乾隆四十八年侯失勒維廉依上條理測得諸平行線之合點近天市垣趙星其赤經二百六十度三十四分距極六十三度四十三分乾隆五十五年表是年百勒伏亦推得平行線之合點距極度分略與前合而赤經差二十七度此後天算日精測得恒星每年有行分者更多知恒星之自行益眞天學最精深者凡四家俱推明此事一曰阿及蘭特取二十一星每年行一秒強者推日與諸星平行線之合點赤經二百五十六度二十五分距極五十一度二十三分又取五十星每年行〇秒五至一秒者推得合點之赤經二百五十五度十分距極五十一度二十六分又取三百十九星每年行〇秒一至〇秒五者推得合點之赤經二百六十一度十一分距極五十九度二分二曰倫大勒取一百四十七星之行推得合點之赤經二百五十二度五十三分距極七十五度三十四分三曰斯得路佛細攷三百九十二星推

得合點之赤經二百六十一度二十二分距極六十二度二十四分三家所推俱乾隆五十五年之合點也約取其中數爲赤經二百五十九度九分距極五十五度二十二分然所測皆北半球之星四曰迦羅畏于道光二十六年作文一通宣告英國博物公會論南半球諸星平行所向合點也其大略言準拉該勒乾隆十六十七二年在好望角所測及閏孫于道光九年至十三年在三厄里耶島所測又恆特孫于道光十十一兩年在好望角所測其中有八十一星前三家所未用者取以相比勘推得乾隆五十五年諸平行線之合點赤經二

百六十度一分距極五十五度三十七分與北半球所測之中數相差無幾則信而有徵矣

細推日與恆星諸平行線之合點其法甚繁不能詳載今畧述其理之源凡天文諸要事恆因奇零數推得蓋事之已知者依法推之恆有小奇零不合此小奇零即他事之端倪如推太陽每年一周有小奇零不合爲歲差之端倪已詳知歲差之根如法推之仍有小奇零不合爲光行差尖錐動之端倪已知光行差尖錐動之根如法推之仍有不合乃恆星與太陽自行之端倪也凡測天與所推有小奇零不合必精心思其故令此不合

遞減小以至于無未至于無必更思其故也既思得一故當攷此故能生此差否又攷生此差之最大其力若干今太陽自行之故能生前不合之差二一方向一速率也然可見者不過小奇零憑以推得太陽自行之根察其與恆星自行之數密合否若不能盡合而所餘之差更微此更微差若不可解當以偶然法推之法用幾何中最小正方術即可得所求根數與當得之數或無大差（法詳別書）前條諸幾何家推日與恆星之合點亦用上法推日自行之方向與速率當準諸恆星速率之比例蓋日行必攷諸恆星距日遠近察其每年行差之不同而知也然惟二三星能知其距日確數餘俱不能不足以定公理故此必用設數之法其法有二一依諸星之大小明暗分若干類每類星之距日俱設爲略等二依諸星之自行分分類以最速者爲最近斯得路佛用第一法阿及蘭特用第二法考第二法有不便事二準視學星之行不能知其實行但知其視行一也恆星視行生于日之自行者因距日線及距諸平行線合點之度而異蓋距合點度之正弦與此視行有比例二也每星須知此二事乃可考而第一事無從知故不能不多用若干星取其大率冀其或消去也第二事當先設諸恆

星之距地俱等推得其全行乃各以太陽行所得諸星之視行減之視其餘數用以分諸類此法測望甚費功然亦不甚可憑第一法但言星愈明愈近其分類較易也

斯得路佛推得設人在第一等星望太陽一歲之行率爲〇秒三三九二而其爻言此類星之地道半徑視差約爲〇秒二〇九然則一歲太陽行與地道半徑比若一.六二三與一比是每歲太陽率諸行星彗星在空中行四億四千五百八十五萬四千里計每日當行一百二十二萬餘里視地行速率大四分之一也

前條所推太陽自行、其數合否、其行果平速否、其道或係直線、或係曲線、非後世天學家累代精測、不能定也、今但能于天空作一弧線、當作日道、以表諸星攝力令日所行之方向耳、案舊測天狼與南河第三星、俱覺不行直線、疑其繞一無光之體、若聯星然、近世彼得攷天狼之周爲五十年○九三、其橢圜道之兩心差爲○七九九四、當乾隆五十六年四五八過最卑點、俱與今測合、意太陽或亦有如是之行、而其所憑之理、與前測與推所定之諸法、皆不相涉、天學諸家、有言天河與諸恒星及太陽聯爲一體、而旋轉同繞天河面內之一點、因

諸星互相攝、故不因離心力散飛空中、近梅特勒定其所繞之點在昴宿中、顧此點離天河平面至二十六度、則未可深信、蓋所繞之點、疑必在天河面內也、此當取天河中諸等星、雖最小等不遺、擇其易測者、測其經度距極度、即能知天河果自轉否、惟望南北各地星臺、用心測此事、如是三四十年、方能定也、

日若果自行、且與他星之行不相涉、則必有日行視差日行光行差、設恒星行而日不行、則星但有實行、日亦行、則星幷有視行、而不知星日之距、則實行視行、混而爲一、不可分、是視差不能定日行也、日行則視諸星必有光行差、最大爲五秒、故諸星方位、皆依過星及合點之諸大圈而移、其移多少之比、若星距合點度正弦之比、但其移往而不復、若日恒以平速直行、則無從知、設久後日行之方向速率變、則其移位之方向大小、亦隨之而變、雖可知、然與星之實行、相雜而難分、是光行差亦不能定日行也、

合光行及星自行二事、測聯星環繞必生差、假如二星相繞之面、與視線成直角、又設其周時爲萬日、若日與聯星之重心皆定于空中、則歷一周時、二星必仍至原度、若聯星之重心離日、以平速直行退後、每日過十分

地道半徑之一、則歷一萬日、距我之數、必增一千個地道半徑、光行到我、必遲五十七日、故星雖已至原度、然我視之、尚不在原度、再加五十七日、始見其至原度、是其視周時爲一萬零五十七日也、若其重心進前、則反是、

談天卷十六終

談天卷十七

英國侯失勒原本

英國　偉烈亞力　口譯
海甯　李善蘭　删述

星林

澄明之夜仰觀天星往往有簇聚而密于他處者用遠鏡窺天見簇聚之處益多有星團星氣星雲雲星之別總名之曰星林焉

恆星多簇聚處此必有一公理最易見者爲昴宿用目力察之僅見六七星測以遠鏡則見有五六十大星他星俱距此稍遠即位亦然但散而疏星亦略大鬼宿中積尸氣望之若一點白氣測以小力遠鏡即能分爲無

數星大陵閣道間亦然然非精遠鏡其星不能分焉此類皆名爲星團天空有若無尾之彗星者用遠鏡測之乃小平圜或橢圜狀之星氣乾隆四十九年法蘭西通書中載有梅西爾星氣表共一百零三處欲測覓彗星者須熟悉此表庶免誤視星氣皆諸星密聚其邊界略可辨愈近中心愈密光愈多如 *Plate II. Fig. 1.* 圖即梅氏表中第十三星氣也星氣多有作平圜狀一若玻璃球中滿貯諸星自成一部與外星不相交涉也以其球之徑略推其星數當不下五千而球徑所占度不過十分此諸星光之和至我目小于四等星則其遠不可思議故意其每星必俱如太陽之大其相距如我距恆星也觀諸星自成一部知其有相屬之理觀其作球形知其有攝力觀其漸近心漸密之比例知其星非皆等距攝力中大于外也此諸星設無繞心行則無離心力必愈久愈密而合成一體若有繞心行則有離心力必共繞一軸不然則難保其不相遇而相擊或謂準奈端理諸星互相攝因此每星必向球中心其向心力大小必與質積有正比例與距中心平方有反比例依此理各星必行于橢圜以公重心爲橢圜之本心其面與方向不論諸橢圜同時成諸星之行周而復始永遠不變不必共繞一軸也

所測得道光十年諸星氣之方位列表如左

諸星氣經時距極表

	赤經時			距極度	
	時	分	秒	度	分
一		一六	二五	一六三	二
二	九	八	三三	一五四	一〇
三	一二	四七	四一	一五九	五七
四	一三	四	三〇	七〇	五五
五	一三	一六	三八	一三六	三五
六	一三	三四	一〇	六〇	四六
七	一五	九	五六	八七	一六
八	一五	三四	五六	一二七	一三
九	一六	六	五五	一一二	三三
十	一六	二三	二	一〇二	四〇
十一	一六	三五	三七	五三	一三
十二	一六	五〇	二四	一一九	五一
十三	一七	二六	五一	一四三	三四
十四	一七	二八	四二	九三	八
十五	一七	二六	四	一一四	二
十六	一八	五五	四九	一五〇	一四
十七	二一	二一	四三	七八	三四
十八	二一	二四	四〇	九一	三四

表中第五近車騎最顯目能見之狀若彗光分若四五等星測以大力遠鏡圜如球其徑二十分愈近中心愈明乃無數十三十五等星團聚而成又第十五在天紀第一星及第一雙星之間無雲之夜目亦能見此二星氣乃好里于康熙十六年及五十三年所測得者

侯失勒維廉分星林爲六類、一爲星團、其星皆明朗可見、有二種、一成球形、一作無法之形、二爲星氣、若遠鏡更精于今、意能分爲諸星也、三亦爲星氣、則絕無可分爲星之証、視其光分大小、區爲數種、四行星氣、五恆星氣、六雲星、維廉所用遠鏡在當時爲力最大、所測得皆昔人所未見者、言諸星林散列天空、無一定次序、而近天河之北極處最多、如軒轅內平北斗三公郎位大角角宿中間一帶、約爲天球八分之一、星林在此者、乃有三分之一、婁昴畢觜四宿、及五車天船八穀天棓侯宗正天市垣徐吳越織女中間一帶、則甚稀少、約計之、北

半球赤經三十至七十五度、二百二十五至二百七十度甚少、而一百三十五至一百八十度甚多、其中一百六十五至一百八十度尤多、南半球分布停勻、除墨瓦臘尼雲外、詳後 無聚于一處者、

星團作無法形者、疎列天空、不甚密聚、大半俱近天河、團中諸星、或俱相等、或大不等、中心不甚密、其界亦不明晰、或即係恆星最密之處、其內或有一星作深紅色、甚明、侯失勒維廉謂是未成球之星團、蓋因諸星交互相攝、從四面滙集、漸漸成球、然未有確証、僅因諸星團之色有深淺、而想當然耳、有一星團、中函十字架中一星、拉該勒謂是星氣、測其面積、約四十八分方度之一、中共一百十星、俱七等以下、最明者八星、其色或紅或綠或靑、合觀之如七寶佩、

可分之星氣、乃星團之極遠者、故其星光甚微、非二三星相并、不能見也、其狀或爲平圓、或爲橢圓、恐實係無法形、其星疎處不能見、但見最密處、爲有法形也、凡用小力遠鏡測一切大星團、皆成有法形、用大力遠鏡始見爲無法形、則若用力更大之鏡、諸星必能分也、近羅斯用大回光遠鏡、管徑六尺、能分舊遠鏡絕不能分諸星氣之星、故星氣爲極遠之星團、無可疑焉、

不能分之星氣、測以最精遠鏡、仍如白氣、不見有星、然亦必與星團無異、其星不能分、乃愈遠光愈微故也、而好里諸人謂係尙未成星之氣、侯失勒維廉言若果是氣、此氣必能憑己之攝力、凝聚成球、故近中心最密、其凝聚時、有諸重心、故成諸小體、各體俱憑一公重心而凝、故能成星氣、久後成諸星而爲星團、用己所造遠鏡測此諸星氣、以証此理、則見有所成之星已微能辨、中有最密之重心、近時所見諸星氣、俱與此理合、然則諸星團有星氣理、有星聚理、二者不相涉、星氣乃無始來未成星之質、星聚乃動重學之理、諸星各依攝力、向其

公重心而成環繞動也、

諸橢圜星氣、其兩心差大小不等、所函諸星、較平圜形者更難分、其狀或微橢、或幾成直線、然中心星更密、同也、凡最密處、其光俱似平圜、或星更大、或因密聚、視二三星如一星、故中心諸星較易辨也、凡自外向內、漸近心漸密、其漸密之比例、有甚小者、則中心微密而光少、有甚大者、則中心甚密而光多、望之模糊若一恆星爲星氣所隔焉、有二最美觀、一赤經一百八十二度三十八分十五秒、距極四十一度四十六分、一赤經二百零一度五十二分、距極一百十九度、俱道光十年之經緯度也、

橢圜星氣最大而整齊者有二、一在奎宿第七星旁、一赤經九度四十八分、距極一百十六度十三分、隆乾四十八年、侯失勒維廉之妹加羅林所測得者、奎宿星氣、如 *Plate II. Fig. 3.* 圖、目能見之人恆誤謂彗星、萬歷四十年、馬流曾測之、言如燭光在琉璃燈中、可謂善喻其狀、用尋常遠鏡窺之、爲長橢圜、其光自外而內漸變大、近中心變大尤速而較明、然非一星、而爲最密之星氣、其面有他星可見、用徑十八寸之回光遠鏡、尙不能分所函之星、用力更大者、方能分之、米利堅堪比日星臺官本特、測得長二度半、廣一度強、其狀近橢圜、而其東北一端有凸出于橢圜界外者、中心最密、略如一星、不能明辨、心之四周見無數微星、徑二十分之界內、約有二百星、最異者有二黑帶、細而直、亘橢圜面、略與長徑平行、非精心細測、不能見也、又有一星氣、道光十年、其赤經一百九十八度五十二分四十五秒、距極一百三十二度八分、亦有一黑帶、更明晰、略與長徑合、分橢圜爲兩半、黑帶中間有一白帶、色淡而細、又有二星氣、一赤經一百八十六度四十五分四十五秒、距極六十三度五分、一赤經一百八十七度四十七分四十五秒、距極一百度四

十分、亦俱有黑帶也、

星氣作環形者最少、有一最顯者、在漸臺第二第三星之間、中力遠鏡即能見之、雖小而甚清晰、狀作橢圜環長短二徑比若五與四比、其孔徑占徑之大半、孔中非黑暗、有微光、淡薄如羅、羅斯所造遠鏡、能辨此爲最微之諸星、其邊有無數小星、相聯如線、

環形星氣已測得者、列表如左、乃道光十年之方位也、

環形星氣表

	赤經時			距極度	
	時	分	秒	度	分
一	一七	一〇	三九	一二八	一八
二	一七	一九	二	一一三	三七
三	一八	四七	一三	五七	一一
四	二〇	九	三三	五九	五七

行星氣之狀、與行星相似、其面或平圜、或微橢、其界或清晰、或糢糊、其光或通體停勻、或明暗錯雜、行星氣不多、所測得者不過二十四五、在南半球者居四分之三、星氣中此類最美麗可觀、今取最顯者十二、列表如左、乃道光十年之經緯度也、

行星氣表

	赤經時			距極度	
	時	分	秒	度	分
一	七	三四	二	一〇四	二〇
二	九	一六	三九	一四七	三五
三	九	五九	五二	一二九	三六
四	一〇	一六	三六	一〇七	四七
五	一一	四	四九	三四	四
六	一一	四一	五六	一四六	一四
七	一五	五	一八	一三五	一
八	一九	一〇	九	八三	四六
九	一九	三四	二一	一〇四	三三
十	一九	四〇	一九	三九	五四
十一	二〇	五四	五三	一〇二	二
十二	二三	一七	四四	四八	二四

表中第六星氣、在十字架中、其光分約如六七等星、徑約十二秒、其面圜而微橢、界甚明晰、狀似行星、色深青近綠、凡恆星作青色者、恆在黃星之旁、而行星氣每有青色者、如表中第四作天青色、

第十一十二俱青而更淡、又第二第七第九第十二俱美觀、第三第四第十一俱為長橢圜、其長徑為三十八秒三十秒十五秒、第三近中心有九等星、而其面之光如絨球、如塵團、則知亦為無數微星聚而成也、表中第五最大、在天璇稍南偏東十二分、其視徑二分四十秒、設距日畧如鶴翼星、則其實徑當七倍海王道徑、此星氣之光、通體若一、設為無數星簇聚而成、則漸近中心必漸明、不能如此停勻也、意或為空球、或為平面、與視線成直角、俱未可知也、

行星氣之光力、必甚小于太陽、割太陽面徑一分之平圜、其光七百八十倍望時之月、今行星氣徑數分、而目不能見、則其光之大小、豈可同年語耶、阿拉哥意謂是胞體中心有一太陽、因遠極故不能見、其光映于胞、胞大故能見、蓋光不論遠近俱能到、其遠而不能見者、因分太小、故改作大分、即能見也、此說未確、若俱係本光則小者不能見、大者能見、今太陽之光映于胞、必更薄、則雖變大、必仍不能見也、近時所出大力遠鏡、用以精心久測、自能解其故、今尚未明焉、

有雙星氣者、或二球形星氣、或二球形星團、其相距、其方位、其光分之比例、一一與雙星相似、惟形狀及光分

變大小、則不同、其相與環繞、未有確証、蓋其為物甚大、則其行必甚遲、雖測之數千年、恐仍不覺也、然既甚近若聯星、而雙列天空、與別星氣不相近、其有相屬之理無疑、夫以諸行星彗星屬之太陽、聯為一體、又聚無數太陽為星氣、復聯為一體、今觀星氣與恆星理同、則又必合無數星氣聯為一體、如是遞推、愈大愈無窮、造物主之大智大力、眞不可思議矣、

星氣之狀、作有法形者、或與恆星之獨星雙星有連屬之理、間有若一明星、四周包氣、氣有淡光、漸遠必漸薄、以至于無、間或有清晰之界、此類名曰雲星、最美麗者

二一赤經一百零九度四十七分距極六十八度四十五分一赤經六十一度三十九分距極五十九度四十分二星俱係八等俱在明球中心其球徑一爲十二秒一爲二十五秒此即侯失勒表第四類中四十六六十九二星也（表分八類一明星氣二淡星氣三最淡星氣四行星氣有帶星氣有鬚星氣短光星氣一切異狀星氣五甚大星氣六最密星團七略密星團八疎星團）此類最大者近奎宿及常陳皆有之

星氣有與雙星相屬者其理最異如赤經二百七十一度四十五分十五秒距極一百零九度五十六分有橢圜星氣長徑約五十秒有雙星近長徑兩端俱係十等

星又斯得路佛測得赤經二百七十六度十五分距極二十五度七分亦有雙星大小不等居橢圜星氣長徑之二端又赤經二百零七度十五分五秒距極一百二十九度九分有橢圜星氣長徑二分近中點有密雙星皆九十等而大小略異相距不過二秒又梅西爾表中第六十四星氣人疑是密雙星更有數星氣亦如是

星氣之畧作有法形其最奇者爲梅西爾表第二十七道光十年赤經二百九十八度三分距極六十七度四十四分其狀作二小橢圜星氣有短頸相聯頸之疎密與二體略相等體頸四周漸外漸淡成橢圜總胞小橢圜居胞之短徑上測以徑十八寸之回光鏡見其面有星疎列而不能辨其皆爲星否羅斯用倍大回光鏡測之則見分爲無數小星中有星氣相雜而所見之狀不若小鏡之甚異也又第五十一其赤經二百度三十九分四十五秒距極四十一度五十六分測以徑十八寸之回光鏡見爲球體星氣大而且明球外有一光環環之光不停勻五分環周之二分爲二層其一層略向上與原環不同面別有小而明之圜星氣距環約如環之半徑用羅斯徑六尺之回光鏡測之則前所見向上一層今見作卷形又聯環與中體之諸帶亦似欲成卷形

外之小星氣以細而曲之光線與環相聯此星氣全體俱可分爲無數微星焉

星雲爲星氣之別一種俱爲無法形其面最廣其狀與光各各不同惟其方位近天河之邊則俱同焉略遠者近參宿距天河大圈僅二十度距天河視界十五度則仍在近天河左右一帶之內也前（十五卷用目視條）言天河有一分支從天船第三星卷舌第二星向畢昴二宿恐與此星雲相連焉故意星雲爲天河所分其方位可區爲四一參宿二老人三斗宿四天津益可信星雲爲天河之屬設我能見天河之全意必爲無法形焉

當伐第二星處有大星雲、自順治十三年海更士測得後天文士恆作圖論之、其圖各不同、蓋遠鏡之力不齊、所見之狀各異焉、Plate IV. Fig. 1. 圖乃用徑十八寸之回光鏡在好望角所測者、其地之高度大于歐羅巴、測較易、此圖之橫、得赤經度三十分、其縱得緯度二十四分、圖與天相反、北在下、西在左也、星雲之最明處、若猛獸之頭、張口呀呀、厥鼻如野豬、面上有諸星散列、與雲不相連、前所云伐第二星爲六合星、（十六卷右壁宿條）近獸口最明處、其六合星中、乃星雲之空處、稍暗處乃雲之不可分者、近六合星最光明、則獸之額也、測以徑十八寸之回光鏡、爲無數小光塊、光不停勻、顯出粒粒之狀、知必爲諸星所合成、用羅斯之回光鏡或米利堅堪比日星臺之無暈鏡測之、始見爲無數星密列而成、然欲獨察一星、雖精鏡不能、惟近而最密處、見爲無數光點、其爲衆星無疑焉、伐第二星之北約三十三分、經度畧同、有二小星、同爲一星氣所函、其星氣明而有支、狀最奇、伐第三星亦爲一厚星氣所函、用大力遠鏡細測之、此二星氣各有光一帶與大星雲相連、其光帶北行、意其又聯函參宿第二星及相近數小星之星雲、米利堅格致公會歲册中、本特所繪之圖最精、

海山第二星、在諸星雲密聚之處、其星雲滿方度、如 Plate IV. Fig. 2. 圖、約得諸星雲四分之一、占赤經三十二分、赤緯二十八分、圖之右爲西、上爲南、在圖外者不甚明、然益可見爲無法之形、測以徑十八寸之回光鏡、無可分爲星之處、中有橢圜洞、近洞最明而濃、然其光無分粒之狀、不若伐之星雲、可辨爲無數星也、此星雲在天河星最密而明處、其星在星雲面者、多至一千二百、然此一千二百星、與星雲相去甚遠、絕不相連、乃天河掩遮星雲耳、蓋近此星雲赤經三十度之內、約計天河每方度之星、不下三千一百三十八、俱列于天空暗處、別無他星雲相雜、故知此星雲在天河外、遠至不可思議、與我天河諸星、各不相屬也、

近斗宿第三星、有星雲團聚處、其狀甚奇、難于形容、中有一星雲、合三星氣而成、作無法形、向內諸邊甚明、向外光漸薄、以至不見、中間有空洞無光、分三支作屈曲狀、其中一星氣向內邊有三合星、在空洞分支處、又有一星氣、如摺扇、亦如鳥羽、從一星出、其星近三星氣、梅西爾表中第八星氣、作展疊狀、中有橢圜形暗洞若干、有一最明處、似其中心、其面之上、稍偏有甚密之星團、與星雲不相連、亦非若前星雲、函參宿第二星也、又梅

氏表中第十九星氣距上諸星雲雖有數度、然亦必同部、此星氣作二弓相合形、一明一暗、合處有帶、濶而明、其中最明處、可分爲諸微星團、外有暗帶繞之、其弓之背、有不甚明之圜星氣與之相連、

天津之星林、亦爲幾個星雲所合成、其中有一星雲、爲長帶、狹而曲、發二三支、過天津第九星南之雙星、餘星雲赤經三百十二度二十分、距極五十八度二十七分、乃侯失勒維廉及約翰所測得、俱爲獨星雲、而梅森謂乃繁而異狀之星雲、其狀作曲狹長帶之分支、又作蜂房形、此星雲與星相雜、而蜂房空處無星、

壘瓦臘尼雲、狀若二白雲、又若割取天河二段、二形大略俱圜而微橢、然其界不整齊、大者更參差、似有光軸、中間不甚了了、兩端漸廣、若橢圜線、其東邊有一小斑色更明、乃異星氣也、（詳後）大雲赤經自七十度至九十度、距極自一百五十六度至一百六十二度、其面積方度者約四十二、小雲赤經自七度至十八度四十五分、距極自一百六十二度至一百六十五度、其面積方度者約十、小雲之光月能奪、大雲不能奪、測以大力遠鏡、見其狀極麗雜、大雲更甚、大率爲衆星林所合成、其中有星氣、徑十八寸之回光鏡不能分者、亦有諸星明晰易分若天河者、又有球體星團、或疏或密者、及無法形之星雲、有獨具異狀、他處所無者、統大雲中之星林、有二百七十八、相近者、又有五六十、意必同部、計每方度約得六個半、較天球各處爲最密也、小雲中略少、然測得者已有三十七、相近者有六、凡球體星團、橢圜星氣、天河中甚少、其最多處、距天河甚遠、此二雲中諸微星與天河無異、而有一切星氣星團攙入其中、是可異焉、

大雲之視半徑爲三度、當作正球、則球頂底二點之距爲十分球心距日之一強、故最近處之光力不太盛、而最遠處之光力不太微、此球內七八九十諸等星、約六

百餘、諸種星林約三百、又有無數微星散列其中、自十一等以下至微極而爲星雲、人或謂此雲自頂至底遠至不可思議、譬從柱端望柱、故不覺其甚遠耳、余謂若只一雲、此說亦可通、然不當二雲皆如是、故七八等星與難分之星氣、其距我遠近、必如九與十之比、謂近是、而前所云凡星氣皆諸星聚而成、尚未敢斷爲定論矣、

小雲中心偏西、有一最密之球體星團、目能見之、作淡玫瑰色、包于疎星白球中、甚美觀、其視徑十五分至二十分未定、即前表（本卷所測得條）中第一星氣也、大雲中有異星氣、狀若小彗之中體、目能見之、約爲五百分本雲面

之一、拉該勒會細測之、Plate V. Fig. 1. 圖即測得之狀也、

或言太陽有薄質包之、故與雲星同類、其証有二、一曰黃道光、二三四月間、若天氣淸朗、日初入時能見之、或八九十月日未出前、亦能見之、狀若光尖錐、其軸在黃道面內、頂點距太陽之視度、自四十至九十不等、與軸正交之底、自八度至三十度不等、其尖錐角包太陽于中、其頂出水星金星道之外、有時頂點距太陽九十度、則至地道矣、愈近赤道、見之愈明、不可云北曉之類也、或云太虛中薄氣略厚處、能阻彗星、此乃數萬彗星過最卑時所留尾上餘質積而成也、或云是太陽之本氣、

然有如是氣胞、當有橢率及大小、而與中體同轉、與動重學之理、大不合也、意或是無數小體、與日相屬、俱若小行星、各有本道、各有周時、距我甚遠、故視之甚微耳、所見尖錐、一若日光透門隙、見光中無數微塵也、此諸小體幷之、較日體尙甚微、不可比、故攝動不能覺、然其各道相交、則有時必相遇而相擊、而或落于日中、或落于行星中、各國史中所載隕石隕鐵諸事、即此物也、西史有四人爲隕石所擊死、周貞定王四年、隕石于土耳其之哀可卜大摩、大六七石、後梁龍德元年、以大利之那尼隕石于河中、高出水面四尺、明泰昌元年、隕鐵于印度本若之斜林特、其王日杭格以鑄劍、此後隕石于英國十六次、一在倫敦、嘉慶八年三月初六日午正、法蘭西諾滿的之來格城空中有大火球、裂爲數千石而隕、徧散于地方里者七八十、王命人往觀之、不誣、此外不能勝載、昔人謂此係地面或月中火山口飛出者、非也、今人皆知是空中小體、與行星同類、其隕時有火光、至地尙甚熱、或于空中碎裂者、蓋其下行速率遞增甚大、與氣相磨、力甚猛、故發熱且生火也、一曰流星、與上鐵石諸小體異、當別是一質、每見大流星曳長光、或大火球、經過地氣之上層、有時過後、所曳光帶留于空中、

歷時數分始滅、有時發喧鬧聲、其體豁裂而隱、有時無聲而自隱、此必地氣外之物、偶入地氣中而發光也、乾隆四十八年七月二十一日、有大流星經過歐羅巴州、從蘇格蘭之舌蘭島至羅馬、其速率一秒中約九十里、距地面一百五十里、其光較望時之月尤大、實徑一里半、其狀屢變、後分爲數體並行、各曳光尾、爲最異焉、或有時見流星多至無數、如花炮亂放、如雨雪交紛、光滿天空、歷數時之久、徧大州大洋皆見之、或兩半球皆見之、此必在立冬後五六兩夜、嘉慶四年、道光三年、及十二十三十四諸年皆然、其見史志者、攷之亦恆在此二

夜又立秋後二三兩夜亦有之然不能如是之多但常有大流星皆曳光尾徹夜不絕又有數夜略可定其時不如此諸夜之確準意地球行道每周至此處必過無數流星繞日道之面一二日始過盡其過時諸流星及地球之路皆當作直線論又諸流星俱若用同速平行而視地若定故從地望之若俱從天空一公點發出此與雲隙日光平行線之合點同理（二卷凡雲開徹隙條）故諸流星所行之弧線引長之俱成大圈立冬後五六兩夜所向之點近軒轅第十二星立秋後二三兩夜所發之公點恆近傳舍第七星無論此二星與地平成何方位皆然

流星道非必與黃道同面但設為橢圜且兩心差無定而各流星之速率及方向無論與地同異其所發公點之緯度雖大不同未嘗不合理也若諸流星勻列于此橢圜道則地球繞日每年必一次遇之若諸流星分作數隊依次相隨行于橢圜道而周時與地球不同則或間數年一遇之所遇之隊有疎密故所見不同也

近時天文家俱究心流星之理便孫伯勃蘭特二人欲知其道與地道之交角細測各流星初見至隱之時分及恆星中之方位用底線長五千丈從兩端測之知其高從四十六里至四百餘里不等速率每秒中五十二里至一百餘里不等其速如是繞日無疑也

道光二十七年七月初九日有大流星過法蘭西提挨伯及巴黎斯測如上法土魯士星臺官白底推得其繞日之道為雙曲線半長徑〇。三二四〇〇八三負兩心差三。九五一三〇最卑點距日〇。九五六二六與地赤道面之交角十八度二十分十八秒正交點黃經十度三十四分四十八秒依此諸根推之此流星從最近恆星（卽視差一秒之星）天行三萬七千三百四十年而始至也

諸流星之行道設有方向速率略與地同而又近地則意必為地攝力所留而繞地也若為實體能借光照地

則有時必于一剎那中見之即入闇虛而隱觀白底所測中有一疑其繞地如月其周時三小時一刻五分其距地心與地半徑比若二。五一三與一比其距地面為一萬四千五百里也

談天卷十七終

談天卷十八

英國侯失勒原本

英國　偉烈亞力　口譯
海甯　李善蘭　刪述

歷法

時如線，可任用根度之。設有時分用根度之，得若干適盡，則但言若干根，即得時分之全。若用根度得若干，尚有不盡數，不滿一根，則當言若干根，又一根之若干分。此歷法之大凡也。

太陽日爲自然之根，乃從日在子午圈至明日復在子午圈，爲一根也。統一歲計之，此根每日有增損，其差之最大爲半分強，數甚微，若非步天，可不論。歷代至今，恆用其中數，爲平太陽日。

地球自轉一周，謂之平恆星日。準動重學理，此根無增損。或謂地球之熱氣漸散去，地質漸冷而小，則自轉漸速。然準公理，肇生人類至今，此故生差，尚甚微不覺。故以今測上攷古歷，無少差。拉白拉斯曰：自前漢至今，其差不能滿一百分秒之一。故以平恆星日爲根，可無差。雖久後行星令地道長徑變，必生差，然既改正，（十三卷設已寅二道條）則平恆星年仍可用。

平太陽日本于恆星日，與月之太陽周恆星周相關之理同。（七卷從前朔條）歷法中定恆星日與太陽日之比例，爲最要事。故用地球自轉一周之時爲根。蓋每星二次至子午圈之時，爲恆星日。較地球自轉一周之時有小差，而每星之恆星日又有不同。

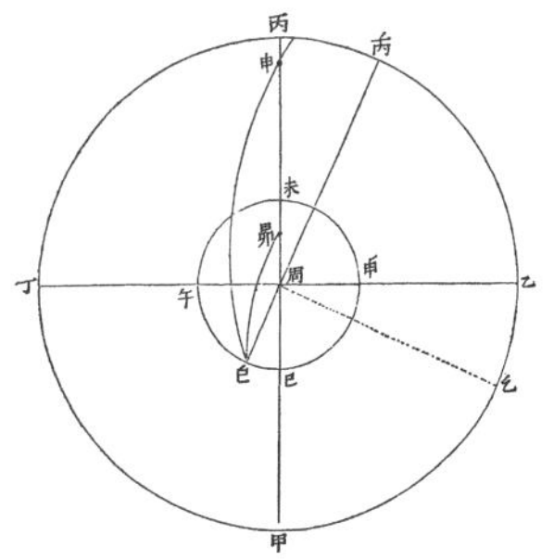

如圖，周爲黃極，巳爲赤極，甲丙乙丁爲其元二至二分兩經圈，巳㠯午未爲赤極繞黃極之小圈，春分點行黃道一周，則黃極行

此小圈亦一周，其積時爲二萬五千八百七十年，即九百四十四萬八千三百太陽日也。假如申爲星，在黃道甲乙丙丁與小圈巳申未午之間，恰當子午圈。赤極巳若不動，則地自轉一周，地子午圈巳丙交黃道之點丙，必歷丁甲乙而復至丙，視星仍在子午圈。果如是，則星二次至子午圈與地球一周之時等。今不然，地球一周後，赤極已從巳行至㠯，子午圈從巳丙移至㠯丙，而視星不復在子午圈，少一周㠯申角度。巳㠯弧度無論大小，理俱同。設巳㠯爲大弧，赤極從巳行若干日至㠯，則周㠯申角度，爲若干日中子午圈退行距星申之時角，

凡星在丙未之間、此角漸大、赤極至未、爲一百八十度、極復至巳爲三百六十度、故地球自轉九百四十四萬八千三百次、赤極行一周、而小圈外諸星、過子午圈僅九百四十四萬八千二百九十九次、此二數比若一.〇〇〇〇〇〇一一與一比、設星在巳午未申小圈之內如鼎、則子午圈距星之時角爲周皀鼎、極初行漸大、至午未弧中間一點爲最大、過此漸小、至未而爲〇、過未後、子午圈在星之前、亦漸大、至申巳中間一點爲最大、過此復漸小、至巳而復爲〇、故小圈內之星、赤極一周內二次過子午圈之中數、即地球一周時、與無歲差無

異焉、

任取黃道上一星、用無窮年太陽至此星之中數爲恆星年、推太陽日與各地子午圈恆星周之比例、法命平太陽日爲叮、所取星二次過子午圈之中數爲丁、恒星年爲地、則叮時中太陽與子午圈所過二度分比、若三百六十度乘地分之叮、與三百六十度乘丁分之叮比、此二率之較爲三百六十度、則三百六十度乘丁分之叮、等于三百六十度乘地分之叮加三百六十度、恆星年爲三百六十五日六小時九分九秒六、（六卷凡地上條）故得丁分之叮等于一加地分之叮、亦等于一.〇〇二七三七八〇、然丁非地球自轉一周數、尚有餘分、若一.〇〇〇〇〇〇一一與一之比、以此數增上數、得一.〇〇二七三七九一與一、爲太陽日與恆星日之比例也、此根出于自然、不變、最便于用、竊謂若古今但用此根、于歷法大有益也、

古挨及所行官歷之年、爲三百六十五日、爲最簡明之歷、然發政授時之要、依四時寒暑、當用太陽年、以太陽二次至春分爲一年也、春分每年向西行、故太陽年非恆星年、（六卷凡地上條）春分行非平速、其差因黃道受諸行星攝動、方位漸變而生、（十二卷黃道面條）故太陽年亦有變、今之

太陽年、較前漢時少四秒二一、夫發政授時、既不能不用太陽年、而太陽年又未始無變、故必另立一假歲實、與眞歲實之數略近、數百年中之積差可不論、于常算便用也、又太陽年與諸小根無等數、日不能度盡、日帶分數亦不能度盡、所度之餘爲無等數之數、用時分秒收之亦不能盡、故推時殊不便、如每金錢當二十一銀錢、并若干大錢若干小錢及錢之若干分、故必詳計諸小數、積之滿日乃進一、覺甚繁也、今西歷用格勒哥里法、設二假歲實、一、三百六十五日、一、三百六十六日、以哀栖球所推耶穌降世後第一箇正月初一日子正爲

歴元所推之年在算內、置積年以四約之、不盡則爲三百六十五日、若盡、再以一百約之、不盡則爲三百六十六日、若亦盡、再以四百約之、不盡則爲三百六十五日、若亦盡則爲三百六十六日、如積年一千八百三十三、以四約之不盡、爲三百六十五日、又一千八百三十六、以四約之盡、以一百約之不盡、爲三百六十六日、餘類推、假設積一萬格勒哥里年、欲知其中有若干日、自一至萬逐數計之、四不能約盡者、有七千五百、四能約、一百亦能約、而四百不能約盡者、有七十五、故一萬年中、七千五百七十五年俱三百六十五日、二千四百二十

五年俱三百六十六日、統計得三百六十五萬二千四百二十五日、約得每年之中數爲三百六十五日二四二五、太陽年之歲實、爲三百六十五日二四二二四、故用格勒哥里法歴一萬年、較太陽年少二日六、即二日十四小時二十四分、則三千年所差不滿一日、于發政授時已可無誤、欲令更密、再以四千約之、不盡爲三百六十六日、盡爲三百六十五日、則歴十萬年、爲三千六百五十二萬四千二百二十五日、較今太陽年僅差一日、用格勒哥里年、某節約在某月某日、歲歲相同、故雖婦人孺子、亦能記之、法最便也、

凡紀年、耶穌降世一年之前年、即爲耶穌前一年、無耶穌降世○年也、故凡以耶穌前若干年、與耶穌降世若干年相并、當減一數、如耶穌前四千七百十三年正月初一、至耶穌降世一千五百八十二年、爲六千二百九十四年、非六千二百九十五年、推步家須謹記之、

西歴起于羅馬、羅馬歴自怒馬至該撒儒略、一年爲十二月、即三百五十五日、祭司與大吏任意改定、有時欲令寒暑與太陽年合、變亂至不可紀極、該撒儒略徵請亞力山太天算家鎖西日泥定歴、始創三百六十五日與三百六十六日二歲實之法、以三百六十六日爲閏

年、每四年一閏、于耶穌前四十五年正月初一日爲始改用新歴、乃冬至後第一合朔也、是時歴法甚亂、既用新歴、令其前一年爲四百四十五日、故史稱其年爲亂年也、儒略既定歴、下令諭民、其令不傳、意其中必有每間三年閏一日之語、歴未行而該撒死、死後祭司不明歴、以本年爲第一閏年、第四年又爲閏年、如是每三年一閏、歴三十六年、法當閏九日、而誤閏十二日、該撒亞古士督覺其誤、下令連十二年不置閏日、乃合儒略之本意、後不復改、至小餘積久自生差、而格勒哥里改之、準亞古士督所改、漢孺子嬰初始元年、新莽建國四年、

天鳳三年等、俱爲閏年、歷家皆依此上推、
各國歷法、俱古今屢改、記載時日、非用本歷推之不能通、今歷家定一法、可與各歷相較而推、以耶穌前四千七百十三年正月初一午正爲歷元、名儒畧元、以七千九百八十儒略年爲一總、二十八年爲一會、禮拜與月之日復如初、置耶穌降世積年、加九、以二十八除之、餘爲入會年也、十九年爲一章、共二百三十五朔望、與十九年每年三百六十五日四分日之一相較、所差約一小時半、故設章之首年正月初一合朔、則每後十九年遇正月初一亦必合朔也、又諸合朔在某月某日、後一

章俱與前一章同、此爲雅典天算家默冬所定、故西名默冬章、置耶穌降世積年、加一、以十九除之、餘爲入章年也、四章七十六年爲一蔀、乃加里波所定、故西名加里波蔀、十五年爲律會、乃君士但丁所定、律家用之、置耶穌降世積年、加三、以十五除之、餘爲入律會年也、會、章、律會俱名爲會、以二十八乘十九、再以十五乘之、得七千九百八十年、即一總也、則三會俱終、三會俱無等數、故一總中無二年相同者、故任舉一年、但知爲三會之各第幾年、即知爲某年、蓋古今史中一總未終也、總之第一年、即耶穌前四千七百十三年、爲三會所同起、以是年正月初一日亞力山太午正爲總之首、即歷元也、攷古史時日、皆以此歷元爲本、從此歷元至他歷元、推其積日若干、則二歷即可通也、用亞力山太午正者、因多祿某用此地之子午圈、推定那波那耍之歷元、而其書中恒用之、故也、

設有年已知入三會之各第幾年、求入總第幾年、法以四千八百四十五乘入會年數、以四千二百乘入章年數、以六千九百十六乘入律會年數、乘畢、并之、滿七千九百八十去之、餘爲入總之年也、

儒畧元至西國諸大事及諸歷元之積日、列表如左、

諸元	儒略歷	耶穌紀年	儒略年	積日
儒略元	正月初一	前四千七百十三	一	〇
開闢歷實所推	正月初一	前四千零四	七百十	二十五萬八千九百六十三
洪水阿波哈三吉沙所推	二月十八	前三千一百零二	一千六百十二	五十八萬八千四百六十六
洪水常用	正月初一	前二千三百四十八	二千三百六十六	八十六萬三千八百十七
亞伯拉罕元泥各拉所推	十月初一	前二千零十五	二千六百九十九	九十八萬五千七百十八
破特羅呀城泥各拉所推	七月十二	前一千一百八十四	三千五百三十	一百二十八萬九千一百六十
開所羅門殿	五月初一	前一千零十五	三千六百九十九	一百三十五萬零八百十五
羅馬小會常用之元	七月初一	前七百七十六	三千九百三十八	一百四十三萬八千一百七十一
築羅馬城伐羅元	四月二十二	前七百五十三	三千九百六十一	一百四十四萬六千五百零二
那波那耍元	二月二十六	前七百四十七	三千九百六十七	一百四十四萬八千六百三十八
默冬章天文元	七月十五	前四百三十二	四千二百八十二	一百五十六萬三千八百三十一
加里波蔀皮阿所推	六月二十八	前三百三十	四千三百八十四	一百五十九萬九千六百零八
腓立元	十一月十二	前三百二十四	四千三百九十	一百六十萬三千三百九十八
西魯寄地元	十月初一	前三百十二	四千四百零二	一百六十萬七千七百三十九
安提阿元	九月初一	前四十九	四千六百六十五	一百七十萬三千七百七十
儒略攺歷	正月初一	前四十五	四千六百六十九	一百七十萬四千九百八十七

士瑣雅元	正月初一	前三十八	四千六百七十六	一百七十萬七千五百四十四
羅馬元	正月初一	前三十	四千六百八十四	一百七十一萬零四百六十六
亞力山太元	八月二十九	前三十	四千六百八十四	一百七十一萬零七百零六
耶穌降世	正月初一	一	四千七百十四	一百七十二萬一千四百二十四
去格列山元	八月二十九	二百八十四	四千九百九十七	一百八十二萬五千零三十
回回元天文合朔	七月十五	六百二十二	五千三百三十五	一百九十四萬八千四百三十九
波斯元	六月十六	六百三十二	五千三百四十五	一百九十五萬二千零六十三
日拉利元泥各拉所推	三月十四	一千零七十九	五千七百九十二	二百十一萬五千二百八十五
諸西國舊歷之末日十月初四		一千五百八十二	六千二百九十五	二百二十九萬九千一百六十
英國舊歷之末日九月初二		一千七百五十二	六千四百六十五	二百三十六萬一千二百二十一
諸元	格勒哥里歷			
諸西國行新歷	十月十五	一千五百八十二	六千二百九十五	二百二十九萬九千一百六十一
英國行新歷	九月十四	一千七百五十二	六千四百六十五	二百三十六萬一千二百二十二
一千八百零一年之首	正月初一	一千八百零一	六千五百十四	二百三十七萬八千八百六十二
天文公會星表之元	正月初一	一千八百三十	六千五百四十三	二百三十八萬九千四百五十四
英格致公會星表元	正月初一	一千八百五十	六千五百六十三	二百三十九萬六千七百五十九

右默冬章及回回元熱帶間所行官歷、較天文歷遲一日、蓋天文歷用眞朔、而官歷以初見新月爲朔也、皮阿孜加里波葥之元、爲冬至合朔、而本日已可見新月焉、求二時中間之積分、爲最要事、若不明法意、易致誤、凡云某日、云某年、即所求之日與年也、如云耶穌前一年正月初五、非入正月已過五日、乃已過四日、而入第五日也、又前一年、乃指耶穌降世第一年前之一年、耶穌降世與耶穌前相接、皆無○年、故耶穌降世之年、即耶穌前一年也、

設有耶穌紀年、求儒略歷之積年、其年爲耶穌前、則以減四千七百十四、爲耶穌降世、則以加四千七百十三、觀前表自明、

設有舊歷某日、求儒略歷之積日、法如前以耶穌紀年變爲儒略年、所得減一、餘以四除之、所得命爲午、不盡數命爲未、乃依左第一表以午變爲積日、依第二表以未變爲積日、二日數之和、即從儒略元至本年正月初一之日數也、又依第三表求正月初一至本日之數、未爲○、則用閏年一層、未爲一二三、則用常年一層、以所得日數加于午未日數和、即儒畧元之積日、算外爲本日、

一表

四年積日之倍數

一	二	三	四	五	六	七	八	九
一千四百六十一	二千九百二十二	四千三百八十三	五千八百四十四	七千三百零五	八千七百六十六	一萬零二百二十七	一萬一千六百八十八	一萬三千一百四十九

二表

餘年之積日

○	一	二	三
○	三百六十六	七百三十一	一千零九十六

三表

正月初一至各月初一之積日

各月初一	正月	二月	三月	四月	五月	六月	七月	八月	九月	十月	十一月	十二月
常年	○	三十一	五十九	九十	一百二十	一百五十一	一百八十一	二百十二	二百四十三	二百七十三	三百零四	三百三十四
閏年	○	三十一	六十	九十一	一百二十一	一百五十二	一百八十二	二百十三	二百四十四	二百七十四	三百零五	三百三十五

假如有英國舊歷耶穌降世一千七百五十二年九月初二、求儒畧歷之積日、法置一千七百五十二、加四千七百十三、得六千四百六十五爲積年、減一、餘六千四百六十四、以四除之、得一千六百十六、無餘、依第一表化年爲日、得二百三十六萬零九百七十六、爲積日、算外得本年正月初一日、又依第三表求得正月初一至本日之數二百四十五以加之得二百三十六萬一千二百二十一、即所求之積日、算外得本日、

設有新歷某日、求儒畧歷積日、即以新歷當作儒畧歷、如上法求得積日、減若干日即得、在耶穌降世一千七

百年三月初一日之前、減十日、自耶穌降世一千七百年二月二十八日之後、至一千八百年三月初一日之前、減十一日、自耶穌降世一千八百年二月二十八日之後至一千九百年三月初一日之前、減十二日、自耶穌降世一千九百年二月二十八日之後至二千一百年三月初一日之前、減十三日、餘類推、

求二時中間之積日、或一爲舊歷時、一爲新歷時、或皆爲舊歷時、或皆爲新歷時、俱不論、但以二時各求儒畧之積日、相減即得、若帶時分秒、各加于日下、然後相減、

按儒畧法、四年一閏、以歲實爲三百六十五日四分日之一、較眞歲實畧大、每九百年必差七日、故至耶穌降世一千四百十四年、覺春秋二分、已不在三月二十一日、及九月二十一日、共議改歷至一千五百八十二年十月初四日、始定用新歷、以初五日爲十五日、初歐羅巴奉天主教諸國、改用新歷、而奉耶穌教之國、尚用舊歷、至一千七百五十二年九月初二、英國亦改用新歷、以明日初三爲十四日、舊歷以仲春月二十五日爲歲首、新歷以季冬月初一日爲歲首、故舊歷之末一年、不滿九月、少三月有奇也、今統歐羅巴洲、惟俄羅斯未改、故其歷較各國差十二日、

凡攷史之年月日、必用古歷推之、史志中記天事、其時不甚明者、可用今法推定之、如數千年之月食、以今法上推、不差一日、史中或有他事、與月食相連書者、既知月食之日、即知其事之日也、

日既統之以年、而一年中日太多、令人難記、故各國皆分其年爲若干分、每分繫以名、而分中諸日、又各有號、則某分某日、了然易記矣、有以月分、不論年之日者、如猶太土爾其歷、每年十二月、共三百五十四日、是也、英國分爲十二分、其日數不等、亦名曰月、二月最小、故閏日恒在二月也、中國亦以月分、而有閏月、故四時不亂

西國步天每日從午正起、而所行官歷每日從子正起、故天文歷日之前半、與官歷日之後半相合、餘不合、又各地以子午圈爲準、每日之始無論用子正日入日出皆不同、故測天旣記日、又必記地之經度、各國推經度、皆以福島爲準、因此島無天算家、免爭端也、竊謂以亞力山太爲準亦可、蓋多祿某步天之處、各國俱重之、不相忌也、然但知經度、不能知一定之日、假如距亞力山太一百八十經度、未能定知本日爲歷之第幾日、設一處爲一千八百四十九年正月初一日禮拜一、同時必有一處爲一千八百四十八年十二月三十一日禮拜

日、欲去此差、必用公時、或太陽過平春分時、而不用春分點者、蓋春分點恒變、有地軸尖錐動、有諸星攝動力、令黃道變而歲差不等、然俱有復初之時、尖錐動十九年而復、諸星攝動之復時甚長、尚未推定、故用平春分、此二事俱不論、一若春分以平速逆行、而日以平速順行、古今日表以日之平經度爲準、乃日之平恒星行、加分點之平恒星行也、此數用二千五百年測簿推得之、三百六十度爲平太陽年、無論何時、以日之平經度、變爲日時分秒、即得統地球之公時、名曰分點時、以本年平春分爲元、

用分點時、始于耶穌降世一千八百二十八年、定用特浪勃之日表、表中平春分、倫敦平時爲三月二十二日一小時二分五十九秒○五、巴黎斯平時爲三月二十二日一小時十二分二十秒五五、白靈平時爲三月二十二日一小時五十六分三十四秒五五、而分點時爲○日○時○分○秒○○、自平春分至平春分、得三百六十五日二四二二六四、爲一分點年、準此推得道光八年平春分、爲耶穌降世一千八百二十八分點年之始、爲儒略歷六千五百四十一分點年之始、

各地午正所得分點時積分、同分點年中、其小餘每日

皆同、異年則不同、如耶穌降世一千八百二十八年三月二十三日、倫敦午正所得分點時積分、爲○日九五六二六一、即○日二十二小時五十七分○秒九五、二十四日午正、大餘一、二十五日午正、大餘二、小餘俱爲九五六二六一、如是至一千八百二十九年三月二十二日、小餘皆同、至二十三日、則不同、蓋二十二日午正後加小餘二八六○○三、即六小時五十一分五十秒六六、爲前分點年所終、後分點年所起、故置一日、以此小餘減之、得○日七一三九九七、爲二十三日分點時積分、而後分點年、每日之小餘恆爲七一三九九七也、

設從二十二日子正起、歷十二小時、即小餘五〇〇〇〇〇、所得分點時積分、爲三百六十四日九五六二六一、再加小餘五〇〇〇〇〇、則得三百六十五日四五六二六一、大于分點年三百六十五日二四二二六四、即知已入新分點年、以此二數相減得〇日二一三九七七、爲一千八百二十九年倫敦三月二十二日、十二小時分點時積分、無論何地、但知一年中午正分點時之小餘、則後若干年、以二四二二六四之若干倍、減本年小餘、不足減者、加一日減之、即得其年之小餘、設前若干年、以二四二二六四之若干倍、加本年小餘、滿日

去之、即得其年之小餘、如法以倫敦一千八百二十七年之小餘一九八五二五、遞求得後諸年小餘、如左、

耶穌降世年	小餘
一八二八	·九五六二六一
一八二九	·七一三九九七
一八三〇	·四七一七三三
一八三一	·二二九四六九
一八三二	·九八七二〇五
一八三三	·七四四九四一
一八三四	·五〇二六七七
一八三五	·二六〇四一三
一八三六	·〇一八一四九
一八三七	·七七五八八五
一八三八	·五三三六二一
一八三九	·二九一三五七
一八四〇	·〇四九〇九三
一八四一	·八〇六八二九
一八四二	·五六四五六五
一八四三	·三二二三〇一
一八四四	·〇八〇〇三七
一八四五	·八三七七七三
一八四六	·五九五五〇九
一八四七	·三五三二四五
一八四八	·一一〇九八一
一八四九	·八六八七一七
一八五〇	·六二六四五三
一八五一	·三八四一八九
一八五二	·一四一九二五
一八五三	·八九九六六一

談天卷十八終

談天附表

諸恆星常例等及光理等表

北半球

星名	常例等	光理等	星名	常例等	光理等
大角	〇·七七	一·一八	五車第二	一·〇	一·四
織女第一	一·〇	一·四	南河第三	一·〇	一·四
參宿第四	一·〇	一·四三	畢宿第五	一·一	一·五
河鼓第二	一·二八	一·六九	北河第三	一·六	二·〇
軒轅第十四	一·六	二·〇	天津第四	一·九〇	二·三一
北河第二	一·九四	二·三五	玉衡變星	一·九五	二·三六
天樞變星	一·九六	二·三七	天船第三	二·〇七	二·四八
搖光變星	二·一八	二·五九	參宿第五	二·一八	二·五九
五車第五	二·二八	二·六九	勾陳第一	二·二八	二·六九
軒轅第十二	二·三四	二·七五	婁宿第三	二·四〇	二·八一
開陽	二·四三	二·八四	奎宿第九	二·四五	二·八六
五車第三	二·四八	二·八九	天大將軍第一	二·五〇	二·九一
天策	二·五二	二·九三	壁宿第二	二·五四	二·九五
王良第四	二·五七	二·九八	井宿第三	二·五九	三·〇
大陵第五變星	二·六二	三·〇三	危宿第三	二·六二	三·〇三
天棓第四	二·六二	三·〇三	五帝座第一	二·六三	三·〇四
候	二·六三	三·〇四	王良第一	二·六三	三·〇四
天津第一	二·六三	三·〇四	室宿第一	二·六五	三·〇六
宿宿第二	二·六五	三·〇六	貫索第一	二·六九	三·一〇
天璣	二·七一	三·一二	天璇	二·七七	三·一八
梗河第一	二·八〇	三·二一	天津第九	二·八八	三·二九
天鉤第五	二·九〇	三·三一	天市垣蜀	二·九二	三·三三
太微垣右上相	二·九四	三·三五	河鼓第三	二·九八	三·三九
閣道第三	二·九九	三·四〇	右攝提第一	三·〇一	三·四二
少宰	三·〇二	三·四三	天棓第二	三·〇六	三·四七
婁宿第一	三·〇九	三·五〇	壁宿第一	三·一一	三·五二
太微左垣次將	三·一四	三·五五	五車第四	三·一七	三·五八
市垣河中	三·一八	三·五九	常陳第一	三·二二	三·六三

談天　附表　二

宗正第一	三·二三	三·六四	天津第二	三·二四	三·六五
卷舌第二	三·二六	三·六七	昴宿第一	三·二六	三·六七
卷舌第四	三·二七	三·六八	天紀第一	三·二八	三·六九
五車第一	三·二九	三·七〇	太子	三·三〇	三·七一
離宮第四	三·三一	三·七二	市垣吳越	三·三二	三·七三
鶴味	三·三三	三·七四	天船第二	三·三四	三·七五
三台第四	三·三五	三·七六	天大將軍第九	三·三五	三·七六
天船第五	三·三六	三·七七	太尊	三·三六	三·七七
杜第一變星	三·三七	三·七八	豺腹	三·三九	三·八〇
上弼	三·四〇	三·八一	女牀第一	三·四一	三·八二
南河第二	三·四一	三·八二	天廩第一	三·四二	三·八三
天廚第一	三·四二	三·八三	井宿第一	三·四二	三·八三
招搖	三·四三	三·八四	井宿第五	三·四三	三·八四
市垣魏	三·四四	三·八五	天罇第二	三·四四	三·八五
參旗第六	三·四五	三·八六	王腰	三·四五	三·八六
文昌第四	三·四五	三·八六	三台第一	三·四六	三·八七
杜第三	三·四六	三·八七	漸臺第三	三·四七	三·八八
鉞	三·四八	三·八九	王膝	三·四八	三·八九
三台第二	三·四九	三·九〇	閣道第二	三·四九	三·九〇
天桴第二	三·五〇	三·九一			

南半球

星名	常例等	光理等	星名	常例等	光理等
天狼	〇·〇八	〇·四九	海山第二變星		
老人	〇·二九	〇·七〇	南門第二	〇·五九	一·〇〇
參宿第七	〇·八二	一·二三	河堤天苑南	一·〇九	一·五〇
馬腹第三	一·一七	一·五八	十字架第四	一·二	一·六
心宿第二	一·二	一·六	角宿第一	一·三八	一·七九
北落師門	一·五四	一·九五	十字架第三	一·五七	一·九八
鶴第一	一·六六	二·〇七	十字架第一	一·七三	二·一四
參宿第二	一·八四	二·二五	弧矢第七	一·八六	二·二七
尾宿第八	一·八七	二·二八	參宿第一	二·〇一	二·四二
南船第五	二·〇三	二·四四	天社第一	二·〇八	二·四九
海石第一	二·一八	二·五九	三角形第二	二·二三	二·六四

談天　附表　三

狗國第一	二·二六	二·六七	尾宿第五	二·二九	二·七〇
星宿第一	二·三〇	二·七一	弧矢第一	二·三二	二·七三
孔雀第十四	二·三三	二·七四	鶴第三	二·三六	二·七七
斗宿第四	二·四一	二·八二	天社西七	二·四二	二·八三
土司空	二·四六	二·八七	天記	二·四六	二·八七
庫樓第三	二·五四	二·九五	軍市第一	二·五八	二·九九
參宿第六	二·五六	三·〇	參宿第三	二·六一	三·〇二
庫樓第六	二·六八	三·〇九	尾宿第二	二·七一	三·一二
弧矢西五	二·七二	三·一三	火鳥第五	二·七八	三·一九
弧矢第四	二·八〇	三·二一	騎官西十三	二·八二	三·二三
箕宿第三	二·八二	三·二三	弧矢第二	二·八五	三·二六
虛宿第一	二·八五	三·二六	房宿第三	二·八六	三·二七
天市垣宋	二·八九	三·三〇	軫宿第一	二·九〇	三·三一
尾宿第七	二·九一	三·三二	庫樓第二	二·九一	三·三二
弧矢第六	二·九四	三·三五	軫宿第四	二·九五	三·三六
房宿第四	二·九六	三·三七	庫樓第一	二·九六	三·三七
天市垣韓	二·九七	三·三八	危宿第一	二·九七	三·三八
弧矢第九	二·九八	三·三九	庫樓第八	二·九九	三·四〇
廁第一	三·〇〇	三·四一	天市垣梁	三·〇〇	三·四一
斗宿第六	三·〇一	三·四二	天江第一	三·〇五	三·四六
底宿第四	三·〇七	三·四八	左垣上相	三·〇八	三·四九
馬尾第五	三·〇八	三·四九	箕宿第二	三·一一	三·五二
氐宿第一	三·一二	三·五三	斗宿第二	三·一三	三·五四
騎官第六	三·一四	三·五五	丈人第一	三·一五	三·五六
庫樓柱第十	三·二〇	三·六一	壘壁陣第四	三·二〇	三·六一
軫宿第三	三·二二	三·六三	玉井第二	三·二六	三·六七
南船第三	三·二六	三·六七	蛇尾第九	三·二七	三·六八
軫宿第二	三·二八	三·六九	木杵第三	三·三一	三·七二
鳥喙第一	三·三二	三·七三	牛宿第一	三·三二	三·七三
舵	三·三二	三·七三	房宿第一	三·三五	三·七六
廁第二	三·三五	三·七六	騎官第三	三·三六	三·七七
尾宿第九	三·三七	三·七八	伐第三	三·三七	三·七八
木杵第二	三·四〇	三·八一	建星第三	三·四〇	三·八一
蜜蜂第一	三·四三	三·八四	蛇首第一	三·四四	三·八五

心宿第三	三·四四	三·八五	柳宿第六	三·四五	三·八六
平第一	三·四六	三·八七	三角形第三	三·四六	三·八七
心宿第一	三·五〇	三·九一	老人西二	三·五〇	三·九一

諸行星根數表

體名	距日中數	恆星周太陽日數	兩心差	黃道交角			正交點經度			卑點經度			元時經度或星距最卑度				各地元時					質積母數	體徑里數	質疎密率	自轉時	
			長半徑爲一	度	分	秒	度	分	秒	度	分	秒		度	分	秒	地	年	月	日	時	子數一			時	分
日																						一	二五五〇〇〇〇	〇·二五	六〇七	四八
水星	〇·三八七〇九八一	八七·九六九二五八〇	〇·二〇五五一四九	七	〇	九·一	四五	五七	三〇·九	七四	二一	四六·九	經	一六六	〇	四八·六	倫敦	一八〇一	一	一	〇	四八六五七五一	九一〇〇	一·一二	二四	五
金星	〇·七二三三三一六	二二四·七〇〇七八六九	〇·〇〇六八六〇七	三	二三	二八·五	七四	五四	一二·九	一二八	四三	五三·一	經	一一	三三	三·	倫敦	一八〇一	一	一	〇	四〇一八三九	二二六〇〇	〇·九二	二三	二一
地	一·〇〇〇〇〇〇〇	三六五·二五六三六一二	〇·〇一六七八三六							九九	三〇	五·	經	一〇〇	三九	二〇·二	倫敦	一八〇一	一	一	〇	三八九五五一	二二九二〇	一·〇〇	二四	
火星	一·五二三六九二三	六八六·九七九六四五八	〇·〇九三三〇七〇	一	五一	六·二	四八	〇	三·五	三三二	二三	三六·六	經	六四	二二	五五·五	倫敦	一八〇一	一	一	〇	二六八〇三三七	一一九〇〇	〇·九五	二四	三七
花女	二·二〇一六八七〇	一一九三·二四九	〇·一五六五五七〇	五	五三	四·八	一一〇	一八	一二·	三三	〇	四〇·八	距	三五	四八	七·	伯林	一八四八	一	一	〇					
勝女	二·三三四八七七〇	一三〇三·一四八	〇·二一七九二二〇	八	二二	一五·三	二三五	二八	二五·三	三〇一	五六	三一·九	距	四〇	二二	一五·一	巴黎斯	一八五〇	一〇	〇	〇					
火女	二·三六一〇八一〇	一三二五·一四七	〇·〇八九五六九四	七	八	二九·七	一〇三	二三	三一·六	二五〇	四六	三二·二	距	二二五	四四	一八·八	伯林	一八五〇	一	九	〇	—	七二〇			
虹女	二·三八五〇八〇九	一三四五·四〇三	〇·二三二二二三六	五	二八	一四·	二五九	四二	四七·六	四一	二四	一六·一	距	一九〇	一五	三四·八	伯林	一八五〇	三	三一	〇					
慧女	二·三八六八九七〇	一三四六·九四〇	〇·一二二八二二一	五	三五	五四·七	六八	二八	五七·七	七一	三三	一〇·九	距	一八三	三九	四五·七	伯林	一八五一	六	四	〇					
穉女	二·四二六一一二〇	一三八〇·一八四	〇·二〇〇五五八二	一四	四七	一·八	一三八	三〇	三二·五	一四	四九	二三·九	距	二七五	一三	三〇·	伯林	一八四七	七	一〇	〇					
處女	二·四四六五一七〇	一三九七·七一九	〇·〇九六三九九五	四	三六	四四·一	一二五	一	三二·一	三一七	〇	四二·七	距	二八一	三四	二三·四	倫敦	一八五〇	五	一一	〇					
嚴女	二·五七七〇四七〇	一五一一·〇九五	〇·一八八〇五八六	五	一九	二二·七	一四一	二五	一四·六	一三五	二〇	四七·	距	三一八	四五	三·三	伯林	一八四六	一	一	〇					
傳女	二·五七八三六五〇	一五一二·二一七	〇·一一一五六二〇	一五	五五	四四·九	四三	三七	七·一	一一五	二八	四〇·三	距	二九一	一四	二·四	伯林	一八五〇	一一	二	〇					
和女	二·五八四九〇五〇	一五一七·九七五	〇·一六七八五三〇	九	五	四七·	八六	五一	二八·七	一七九	一〇	一九·三	距	五五	四	四九·七	伯林	一八五一	七	一	十					
天后	二·六七〇八三七〇	一五九四·二九六	〇·二五四八八四七	一三	三	二二·一	一七〇	五四	四五·六	五四	二四	一二·八	距	一二四	三一	一〇·八	伯林	一八五〇	四	八	〇	—	二三〇	—	二七	
穀女	二·七六八〇五一〇	一六八二·一二五	〇·〇七六六五二三	一〇	三七	四·四	八〇	四八	四六·六	一四七	四六	一二·四	距	二一九	六	二九·五	伯林	一八五〇	九	二五	〇	—	四七〇			
武女	二·七七二八五八〇	一六八六·五一〇	〇·二三九八一五〇	三四	三七	三三·一	一七二	四三	五九·七	一二一	二一	四八·五	距	二一七	三一	一〇·六	伯林	一八五〇	八	二三	〇					
醫女	三·一二〇八九〇〇	二〇二〇·七六一	〇·〇八九二四六一	三	四七	一四·二	二八七	五二	二五·二	二二一	二二	四九·九	距	三四四	五七	三八·五	倫敦	一八四九	六	六	〇					
木星	五·二〇二七七六〇	四三三二·五八四八二一二	〇·〇四八一六二一	一	一八	五一·三	九八	二六	一八·九	一一	八	三四·六	經	一一二	一五	二三·	倫敦	一八〇一	一	一	〇	一〇四七·八七一	二五二〇〇〇	〇·二四	九	五六
土星	九·五三八七八六一	一〇七五九·二一九八一七四	〇·〇五六一五〇五	二	二九	三五·七	一一一	五六	三七·四	八九	九	二九·八	經	一三五	二〇	六·五	倫敦	一八〇一	一	一	〇	三五〇一·六〇〇	二二八九〇〇	〇·一四	一〇	二九
天王	一九·一八二三九〇〇	三〇六八六·八二〇八二九六	〇·〇四六六七九四	〇	四六	二八·四	七二	五九	三五·三	一六七	三一	一六·一	經	一七七	四八	二三·	倫敦	一八〇一	一	一	〇	二四九〇五	九九八〇〇	〇·二四	九	三〇
海王	三〇·〇三六八〇〇〇	六〇一二六·七一〇〇〇〇〇	〇·〇〇八七一九五	一	四六	五九·	一三〇	五	一一·	四七	一二	五六·七	經	三三〇	四四	四一·八	倫敦	一八四八	一	一	〇	一八七八〇	一二〇〇〇〇	〇·一四		

右水星金星地火星木星土星天王諸道之根、本于倍律表、亦與特涙勃表同、俱體拉白拉瑟之法也、天王海王諸根、未能定、蓋近測得海王、天王諸根當因之大改、然海王諸根尙未甚明、則天王諸根亦未能改、故此表仍用舊根、聊備用耳、諸質積乃因格廣推諸家之說所定者、中惟海王爲庇爾思因本特與拉斯拉測海王月而定、其質之疎密率、則漢孫所定、火女天后穀女武女諸根、乃因格推道光末年諸星所在而定、其餘花女、白倫諾所推、勝女、維拉鎖所推、虹女、書白所推、慧女、華弗所推、穉女、路得所推、處女、迦林所推、嚴女傳女、達暝所推、和女、伏格爾與龍格所推、醫女、散底泥所推、諸小行星之根、後測恐尙須大改也、和女、測有青色及淡星氣包、嚴女醫女二道、當相交點處、相距

不過千分地道半徑之六、推二星會于交點約在近年也、勝女嚴女、有明暗之變、意必自轉、且亦有黑斑、達嘆言諸小行星道之兩心差、與交角有相關之理、兩心差愈大、則交角亦愈大云、

已知諸月根數表、距數皆準本星赤道半徑、元時以嘉慶五年十一月十八日爲準、其時皆用平太陽日、

太陰根數表

距地中數	五十九半徑九六四三五〇〇〇	平恒星周	二十七日三二一六六一四一八
平太陽周	二十九日五三〇五八八七一五	兩心差	〇·〇五四八四四二〇〇
交點平周	六千七百九十三日三九一〇八〇	高點平周	三千二百三十二日五七五三四三
元時交點平經度	十三度五十三分十七秒七	元時卑點平經度	二百六十六度十分七秒五
交角中數	五度八分四十七秒九	元時月平經度	一百十八度十七分八秒三
質積 以地球質積爲一	〇·〇一一三九九	徑	六千二百二十六里
質疏密率 以地率爲一	〇·五六五七		

木星諸月根數表

月	恒星周（日 時 分 秒）	中距數	各道交定面角（分 秒）	定面交木赤道之角（分 秒）	交點退行于定面周（年）	質積（以木星積爲十萬）
一	一 一八 二七 三三·五〇六	六·〇四八五三		六		一七三二八
二	三 一三 一四 三六·三九三	九·六二三四七	二七 五〇	一 五	二九·九一四二	二三二三五
三	七 三 四二 三三·三六二	一五·三五〇二四	一二 二〇	五 二	一四一·七三九〇	八八四九七
四	一六 一六 三一 四九·七〇二	二六·九九八三五	一四 五八	二四 四	五三一·〇〇〇〇	四二六五九

第一第二兩月之兩心差不能測、第三第四甚小、且因相與攝動、時有變也、

土星諸月根數表

月	名	恒星周（日 時 分 秒）	中距數	根數元時（年）	元時之平經度（度 分 秒）	兩心差	卑點經度（度 分 秒）
一	密麻	二二 三七 二二·九	三·三六〇七	乾隆五十五	二五六 五八 四八		
二	安起拉	一 八 五三 六·七	四·三一二五	道光十六	六七 四一 三六		
三	特提	一 二一 一八 二五·七	五·三三九六	道光十六	三一三 四三 四八	〇·〇四	[illegible]四
四	弟渥泥	二 一七 四一 八·九	六·八三九八	道光十六	三二七 四〇 四八	〇·〇二	[illegible]二
五	和亞	四 一二 二五 一〇·八	九·五五二八	道光十六	三五三 四四	〇·〇二	[illegible]五
六	低單	一五 二二 四一 二五·二	二二·一四五〇	道光十	一三七 二一 二四	〇·〇二九三一四	[illegible]六 三八 一一
七	希伯廉	二二 一二	二八·卆				
八	雅比都	七九 七 五三 四〇·四	六四·三五九〇	乾隆五十五	二六九 三七 四八		

凡經度自光環與黃道交點起、第八月與光環之交角、約爲光環與土道交角之半、餘七月之道、俱略近光環面、低單之長徑順行、每年三十分二十八秒、希伯廉乃道光二十八年八月二十一日、拉斯拉在英國里味不、本特在米利堅堪比日、同夜所測得、其中距數及周時、大半出于意度、又迦得因格拉斯拉、皆言土星之光環、除尋常遠鏡所見諸黑帶外、尚有諸[illegible]

天王諸月根數表

月	恒星周（日 時 分 秒）	中距數	過卑點與正交元時（年 月 日 時 分）
一	四		
二	八 一六 五六 三一·三	一七·〇	乾隆五一 一二 二八 一九 六五
三	一〇 二三	一九·八	
四	一三 一一 七 一二·六	二二·八	乾隆五一 一一 一七 八 一四
五	三八 二	四五·五	
六	一〇七 一二	九一·〇	

交點交角：諸月道之面交黃道角、俱約七十八度五十八分、嘉慶三年、正交經度、一百六十五度三十分、其道俱略近平圜、其行皆左旋、

海王諸月根數、已測定者惟一月、其周時約五日二十小時五十分四十五秒、距數約十二倍本星半徑、

諸復見彗末一次之根數表

彗名	道光時（年 月 日）	過卑點時（時 刻 分 秒）	卑點經度（度 分 秒）	正交經度（度 分 秒）	道之交角（度 分 秒）	半長徑	兩心差	周時（日）	順逆行
好里	一五 九 二五	正酉 一 一二 二二	三〇四 三一 三二	五五 九 五九	一七 四五 五	一七·九八七九六	〇·九六七三九一	二七八六五·七四	逆
因格	二五 七 七	正巳 三 一二 一一	一五七 四四 二一	三三四 一九 三三	一三 七 三四	二·二一六四〇	〇·八四七四三六	一二〇五·二三	順
比乙拉	二六 一 一五	初戌 三 三 五〇	一〇九 五 四七	二四五 五六 五八	一二 三四 一四	三·五〇一八二	〇·七五五四七一	二三九三·五二	順
飛	二三 八 二三	初子 一 一三 一六	四九 三四 一九	二〇九 二九 一九	一一 二二 三一	三·八一一七九	〇·五五五九六二	二七一八·二六	順
迪末谷	二四 七 二〇	初辰 一 七 五三	三四二 三一 一五	六三 四九 三一	二 五四 四五	三·〇九九四六	〇·六一七二五六	一九九三·〇九	順
勃陸孫	二六 二 一	正寅 三 一四 三五	一一六 二八 三四	一〇二 三九 三六	三〇 五五 七	三·一五〇二一	〇·七九三六二九	二〇四二·二四	順

道光二十年、因格重訂阿爾白士所著書、中有嘉勒所造彗星表、全載古今所推諸彗之根、共一百七十八彗、考此表、可証定十一卷末條之說、表中彗道之交角不滿十度者、凡十五、逆行者三、不滿二十度者、凡二十九、逆行者九、橢圜之軌跡易見者三十七、逆行者十一、其中交角不滿十七度者九、無逆行者、準此、前說更有據、蓋測彗愈多、知此理愈確也、

談天附表終

Plate 1.

Fig.1. Fig.2.

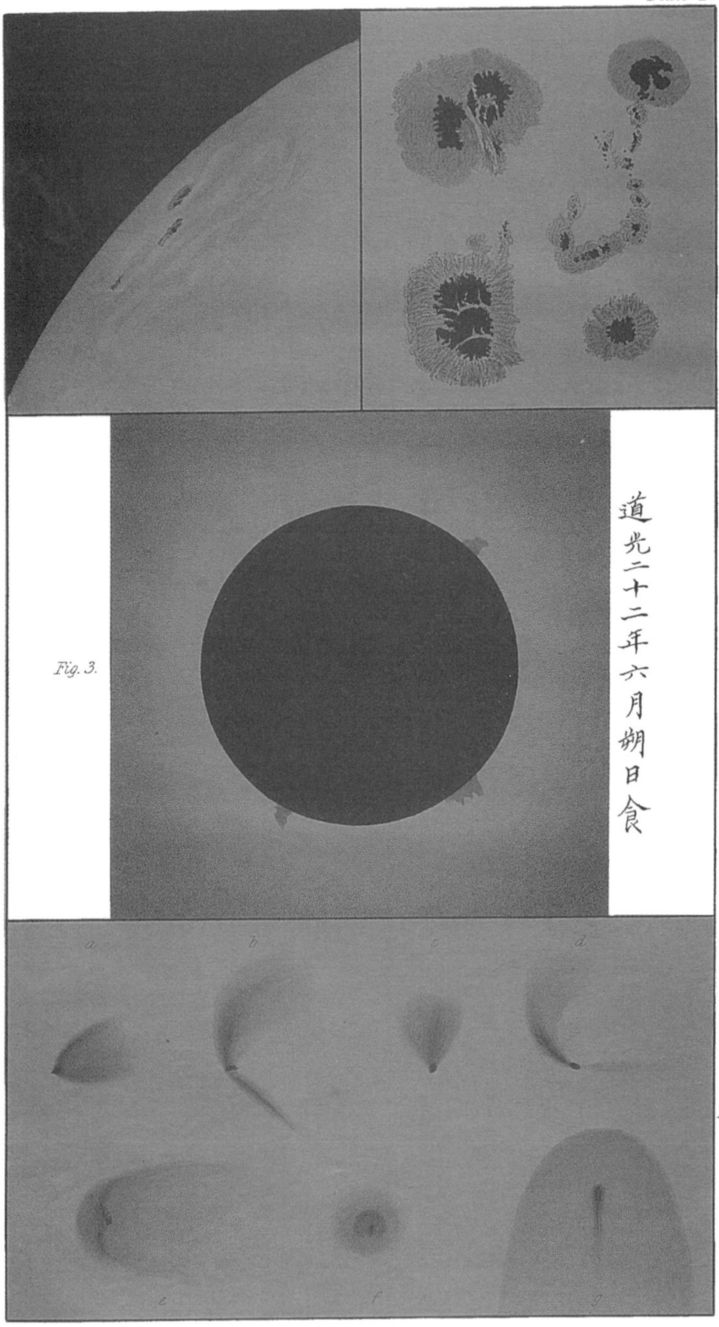

Fig.4.

Plate V.

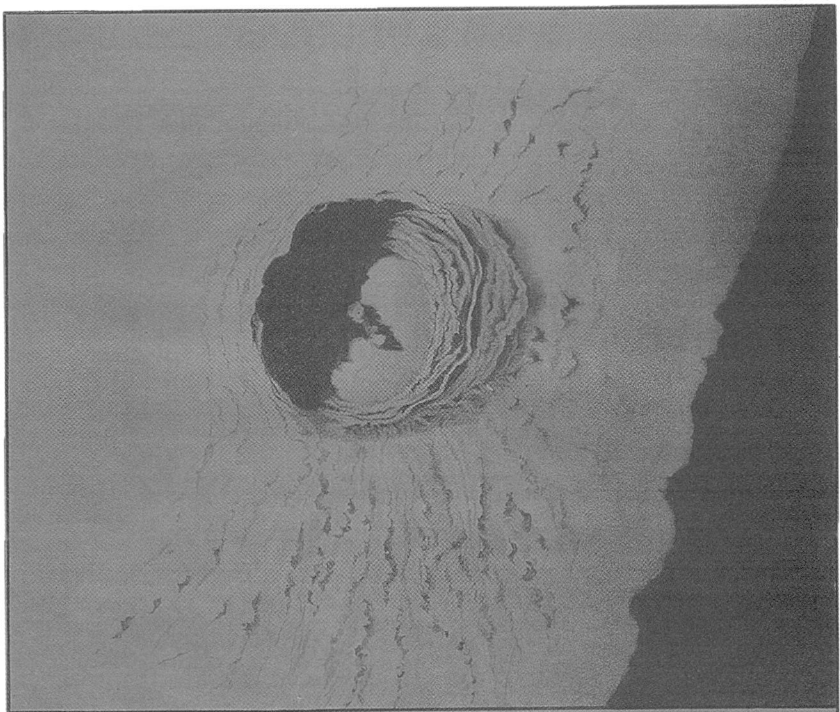

Fig.2.

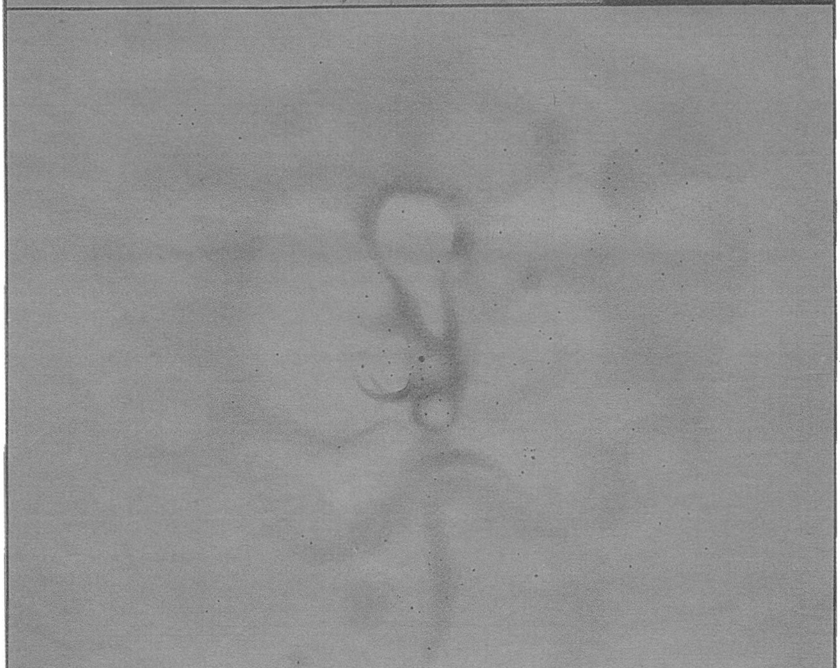

Fig.1.

Plate III

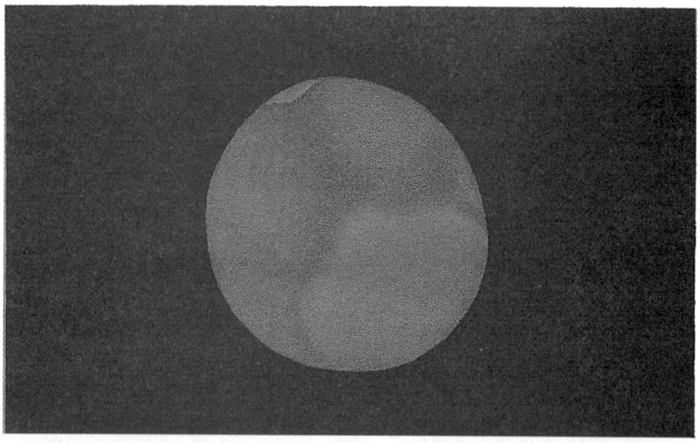

Fig. 1.

Fig. 2.

Fig. 3

Plate II.

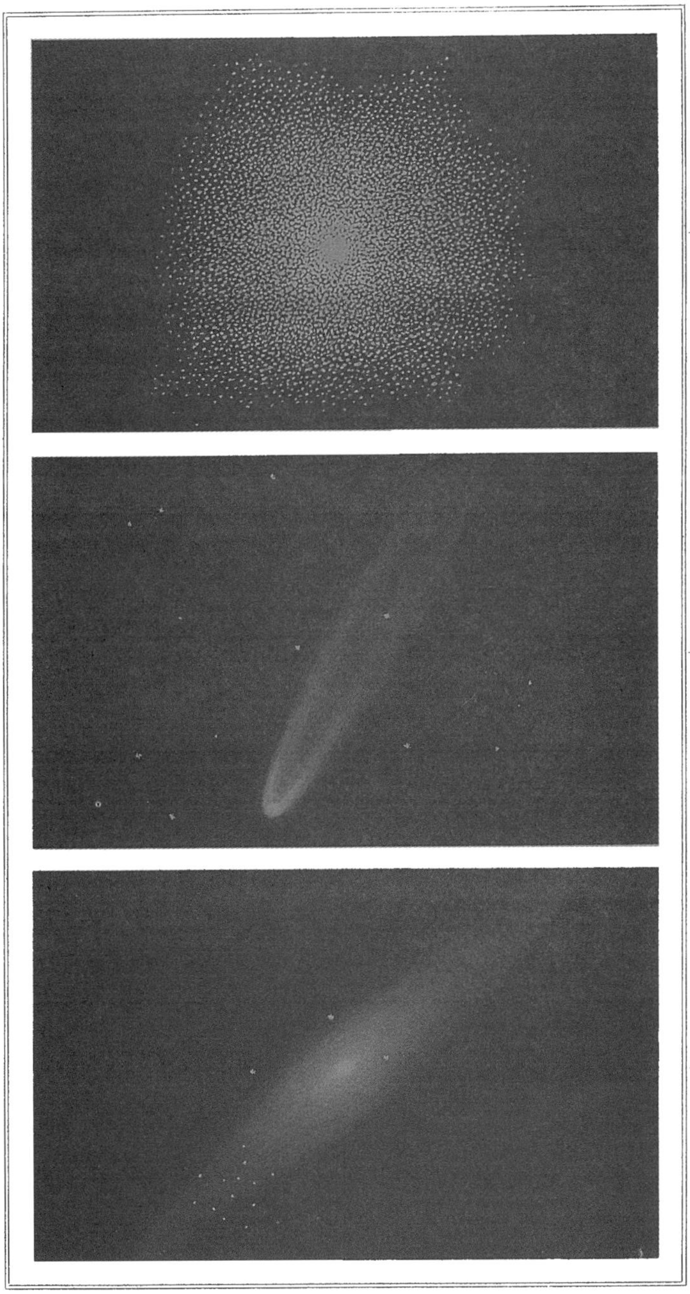

Fig.1.

Fig.2.

Fig.3

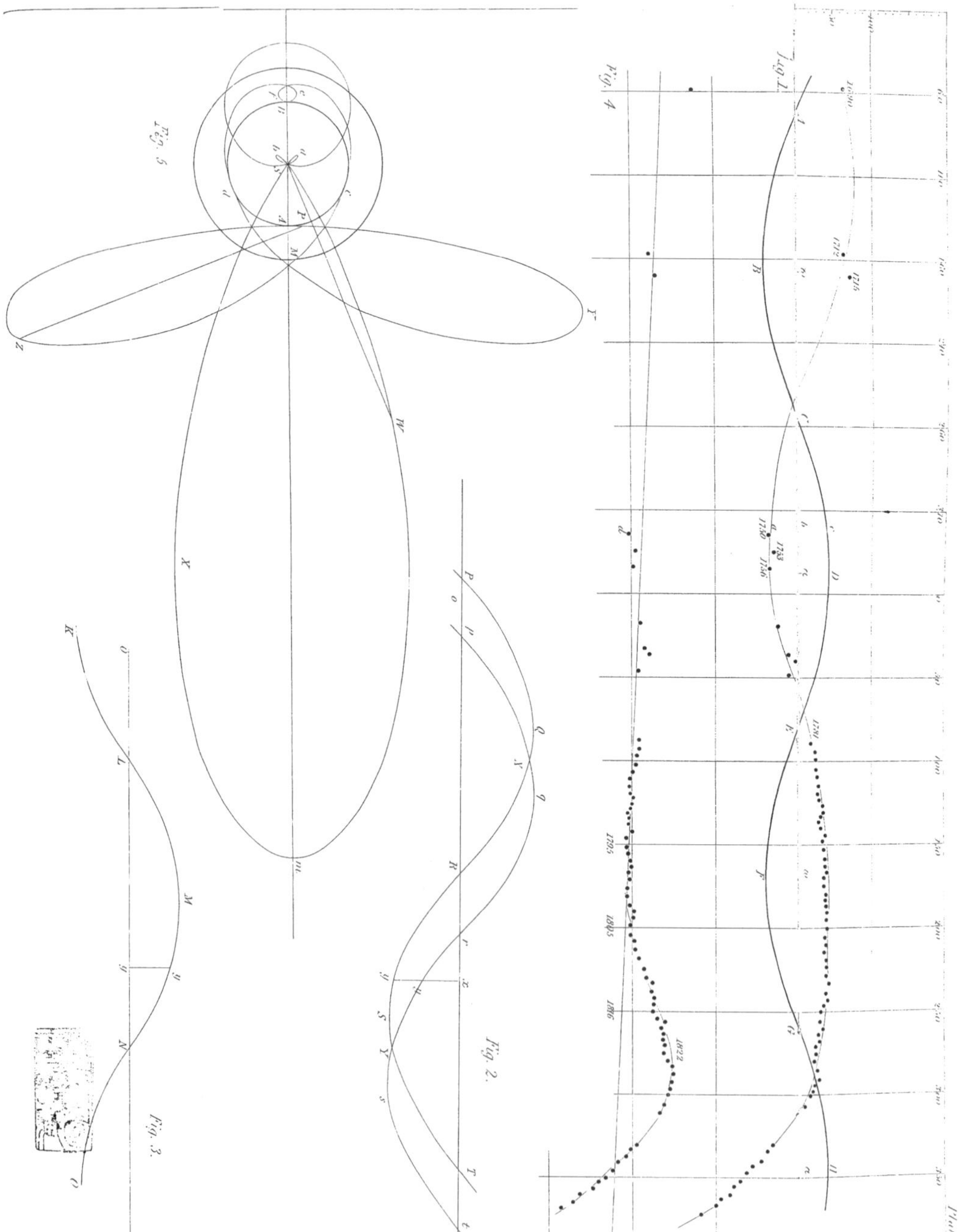

Plate IV.

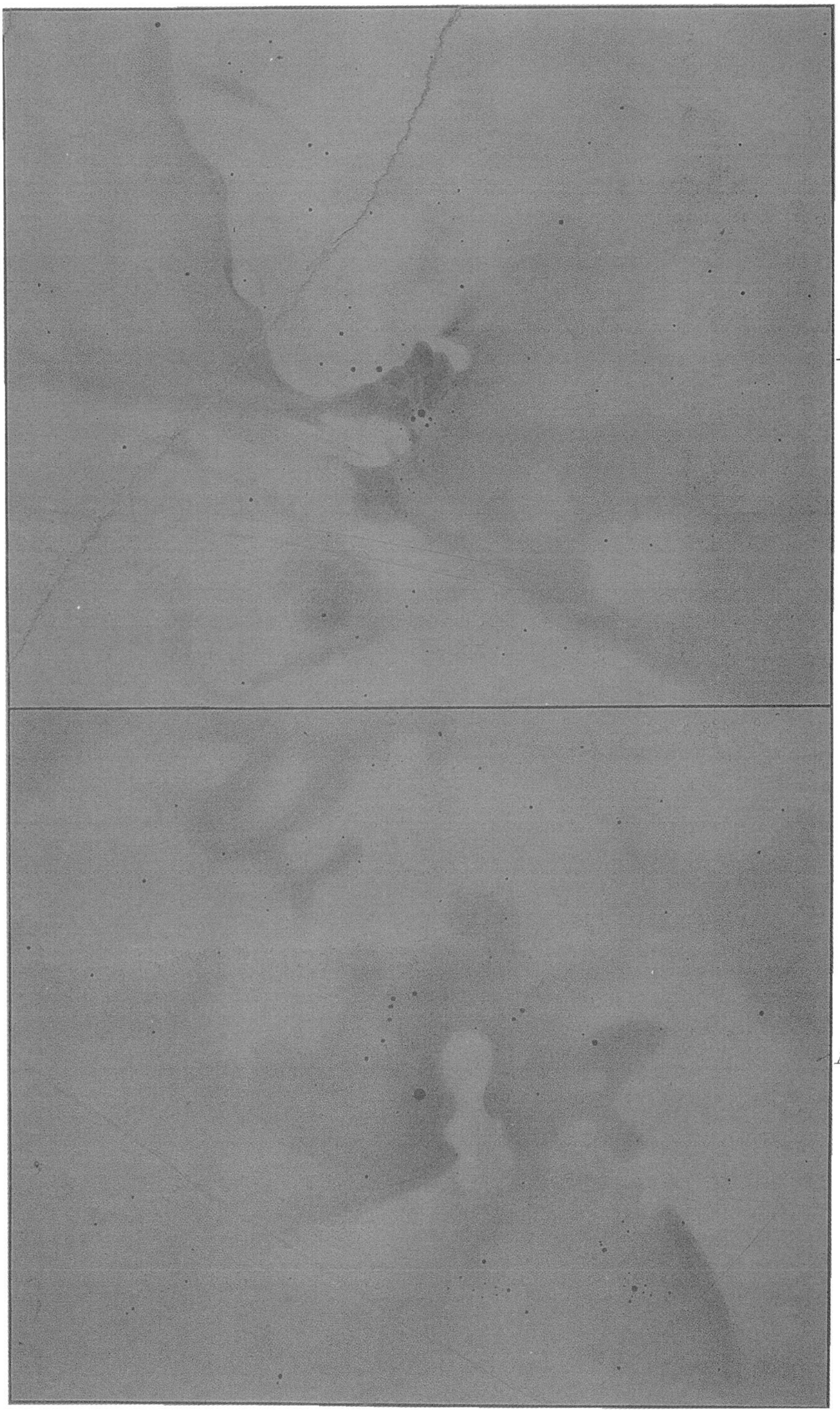

天文淺説一卷

〔美〕薛承恩譯著

《天文淺説》一卷，美國薛承恩譯著。薛承恩（Nathan Sites，一八三〇—一八九五），美國傳教士，一八六一年來華，譯有《天文圖説》、《大美國史略》等。是書分三十一章一百四十六節，第一至十二章論太陽系内太陽及諸行星，第十三至十七章論太空中彗星、隕石、流星、定星、天河諸名物，第十八至二十章論古今天文家所論天象、辨證「地心説」及「天圓地方説」，第二十一至二十五章論「吸引之力」及地球與金星、月球間之天體現象，第二十六至三十一章論日照光影及其相關之日月蝕、日環蝕、晝夜及四季更替等。簡明扼要，附圖四十五幅。據清同治八年（一八六九）福州美華書局排印本影印。

天文淺説

此書印畢覆閱看得

二十三頁一版五行十三字起　八百三十　錯寫四十三

又七行三字起　四十三　錯寫八百三十

五十六頁二版二行四字　主字　錯寫上字

七十七頁一版二行十四字　里字　錯寫重字

八十六頁二版三行九字下漏一　度字

八十八頁一版二行首字　半字　錯寫北字　又三字　夜字錯寫書字

九十四頁一版二條見歷代志上十六章二十六節　聖經句錄錯

又二版四條三十三篇　錯寫二十三篇　聖經句無錯

九十五頁一版首條一百四篇　錯寫一百二篇　聖經句無錯

又三條一百二十一篇　錯寫一百二十篇　聖經句無錯

又四條一百三十四篇三節　錯寫一百二十四篇八節　聖經句無錯

特此標載

九十七頁二版首條行字錯置

第三十二圖

日蝕

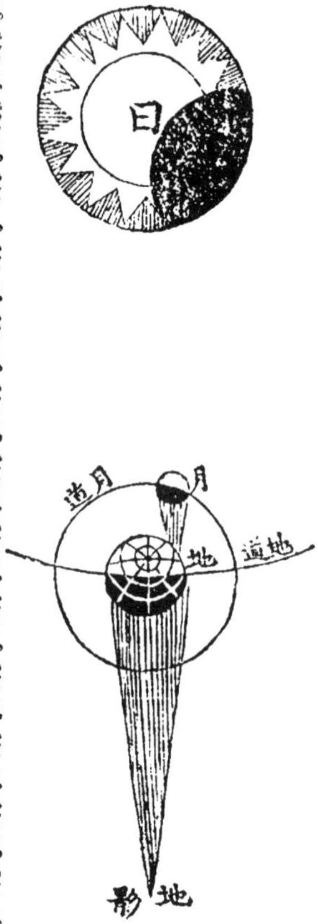

第三十三圖

月蝕

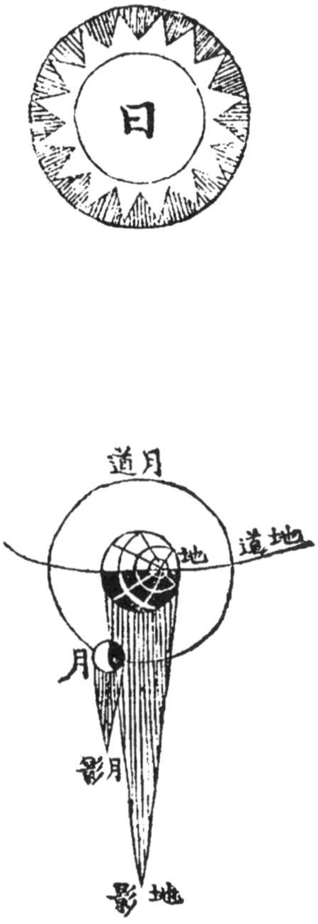

ASTRONOMY:

同治八年

天文淺說

福州美華書局印

NATHAN SITES.

第一圖

日面較行星面橫濶

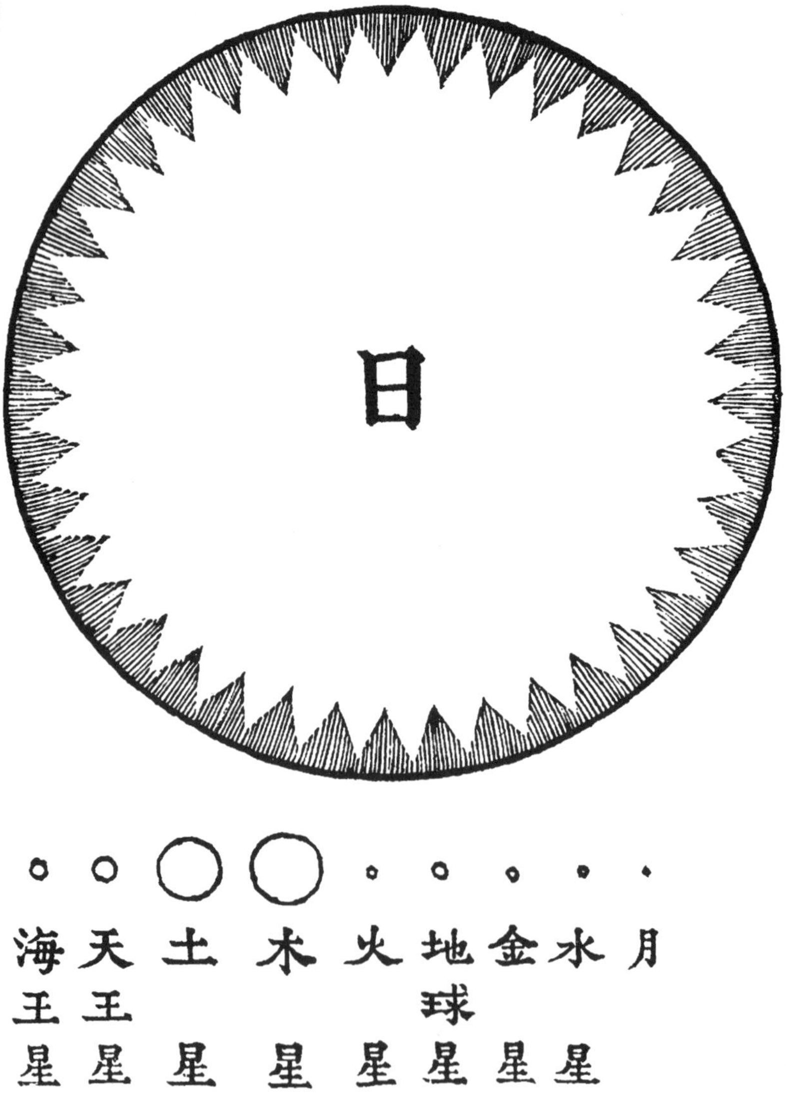

第十五圖

八行星環繞日

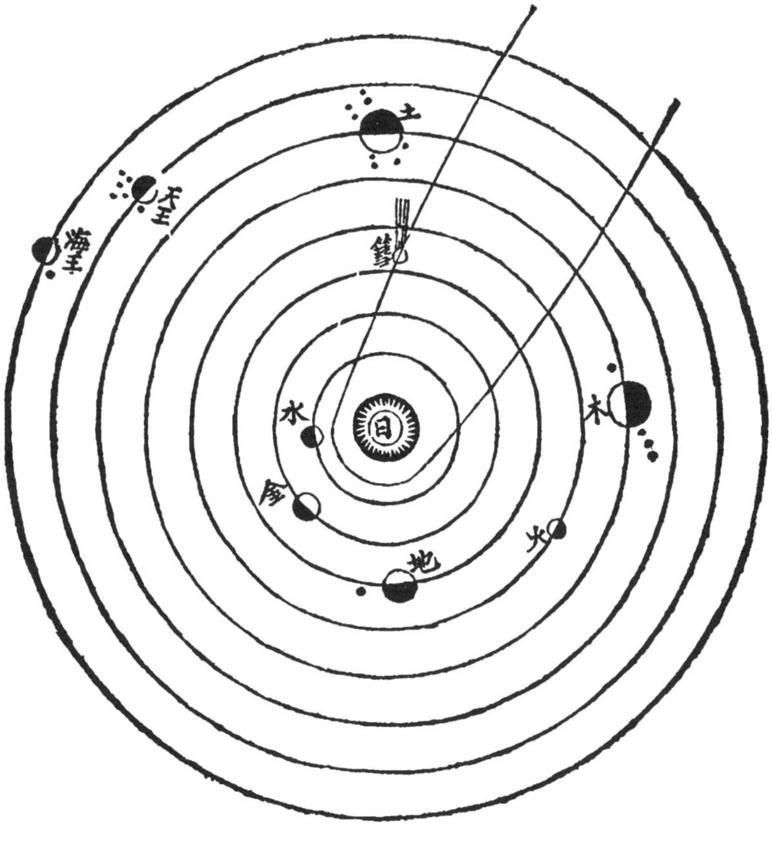

第二十圖

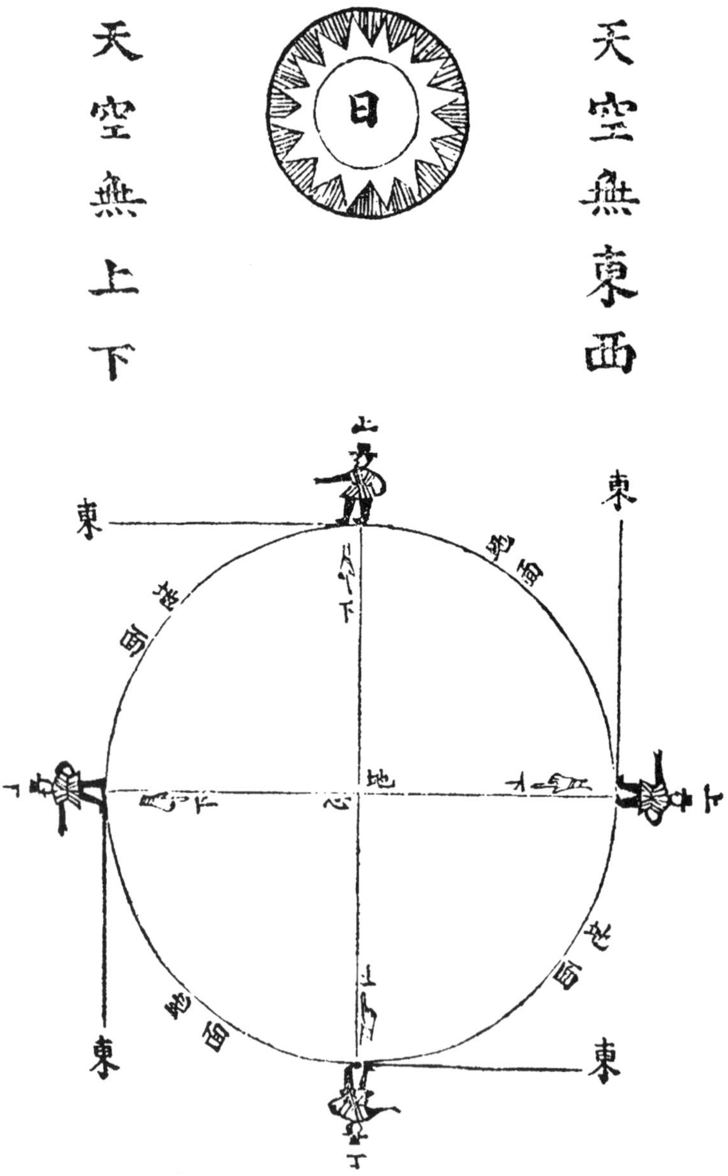

天文淺說

天文之學、由來久矣、昔者、皆謂天圓地方、日月星辰還繞於大地之外、地居於中正不動、直上諸天層層、傳其學者、各從管窺、無能臆斷之理、泰西前亦有是言也。○茲考中華天文誌書、卷軸無幾、其中所載未盡詳明、我泰西天文家、自製最精千里鏡出後、而窺地球以外諸事、擴充心量、能測日與行星之遠近大小、定星無數、而甚遠、因此能漸知創造萬物主宰、全智全能、並令人性靈、遠察天空、近察已身、亦自知人在世間爲一微塵矣。○余來華多載、往往與貴地士民、談說耶穌救世眞道、勸人行善、必須崇拜造宇宙萬物之上帝、間有就道者亦復不少、惟天文一理、每有請問者不絕、我曾與彼談之、亦以泰西所譯天文書售送之、第授閱者、多反對我、天文奧妙、非一一指教、由淺至深、難以通徹也、今姑譯一書、詞簡意明、俾普衆易知、以太陽首先論之、其次諸星、按序畧云。蓋人生宇宙之間、當知穹蒼浩杳、日月何以光懸、星辰何以躔伏、四時何以不紊、推考之、皆賴太陽普照焉、乃太陽懸虛天空、無升上、無隕下、無移左、無易右、八行星與地、皆循本軌道繞日而行、初慕學天文者、當會悟太陽爲至要之綱、後則易曉天文矣。○但是時中土之人、難通達天文理說、猶固執古見、其先將目前之物、首先論錯、皆曰、地平大不動、四方之極是海、遠連天際、天之所覆、地之所載、仰觀天象、日月兩輪光照環行、星辰皆麗於天、試問、必以地爲無限之平面、面之上爲虛空、面之下爲無窮深、皆土也、果如此、日東出西沉、將洞穿堅實之地底而過乎。○今欲措要解指、特著是書、名曰天文淺說。

天文淺説目錄

天文淺說

美國　教士薛承恩　譯著

第一章總論太陽

一節　蓋世之人、仰觀天象、有形影之象、最巨最光曜者、惟是太陽。

二節　夫人早晨傍暮目觀日面、約其寬闊只有三四尺、猶如金輪一個、懸虛天空、請慕之者、靜心度矣、大凡物由目遠觀、漸遠愈小、但日離地遐極、觀者猶得三四尺之寬、若邇者其廣體可知矣。泰西、近代天文士、考究天文、常用最精天文遠鏡窺看天象、復用算學、暨量天尺推測、遙見日面、量測橫闊二百六十五萬八千里、先將日面與地面比較、日面闊於地面一百一十二倍、請試思者、地小於日多矣。

請見第一圖日面較八行星面、寬闊各若干、便明各體。

第一圖

日面較行星面橫濶

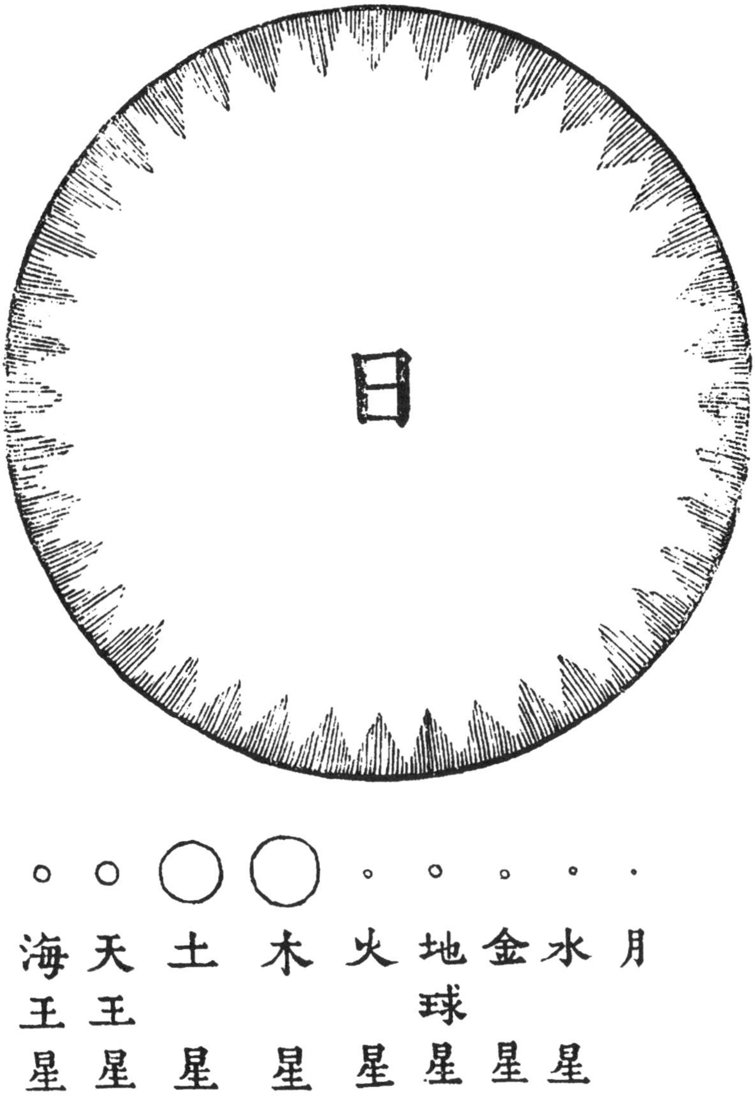

如圖、上是日面、下第四小環、是地面、若地闊有一分、日面應闊一百一十二分。○設比、團圓米簏一個、以錢一百一十二文、適可橫排米簏、簏比于日面、錢比于地面。○比若有人從朝至暮、可行路途九十里、苟日面橫行、自首至尾、必須八十年零三百三十三日矣。

四節

考日體當圓、實如球式、如光明之大珠、非平扁如簁如錢、天文士窺測日體、向出之面、核計其闊、應二百六十五萬八千里、復計周圍匝中、以闊數三合乘、應七百九十七萬四千里。○比若有人環行日球周圍匝中滿、必須二百四十餘年、或環行地球周圍匝中滿、只須兩年零兩個月了矣。

設比地球一顆、用長繩一條、綑匝環腰、須七萬一千二百零八里長、可敷首尾相交。

○若日球一顆、亦用長繩綑匝、須七百九十七萬四千里長、方可數得。

以上四節、專論日體寬闊、又以地體寬闊比較長短里數、讀者可以明晰日球全體、廣大地球全體、一百四十萬倍、可似地球一百四十萬顆、合成一顆日球。○而中土博士、未嘗深求其故、若考驗鑿鑿、確有眞據、加醒智慧、則當知宇宙間、所有一切、皆造物主宰所成者也。

五節

日體離地球有二十八千五百萬里之遠、人心淺薄、其理最難而喻也。

敝西國、造有火輪車、利於陸路、運儎行旅往來、疾行如飛、每一時辰、能行一百八十里、盡一晝夜、共行二千一百六十里之程、比若福州省城起、用火輪車直乘至北京城、只須一晝夜零六時辰可到。○若要由日邊起行、晝夜總不停息、計其年數、須三百六十一年方到地球之邊。○又比人日行九十里、若由日邊起、至地邊止、須行八千六百六十四年方到、如此則日地相離甚遠、早晚看於日面約有三四尺之寛安能知日體巨大哉。

日體當圓如球、人盡目仰觀太陽之面、極曠只有三四尺之寛、猶如金輪懸虛。○天文士以最精遠鏡窺看日面、面之上有黑跡、大小、方圓、斜角、不等、此黑跡、各天文家累日累時窺誌、有一二跡聚於多、有一二跡聚於少、初見之跡窄小而暗、在日面之東、後數日間、前初見窄小之跡、在日面之中、又過數日、初見窄小之跡、在日面之西、逮十三日後、舊認之跡不能見、復有新跡見之、又過十三日、舊跡復見在日面之東、以此推之可知日體是圓、如球樣、測之者說日自轉本體一遍、計二十五日零四時辰、日體若是平扁、必不能轉換新舊之跡也。

七節

天文士、考太陽永鎮一處、無還繞移易、上下四向皆空、無限無極、日體如巨大火球、永遠光焰不滅、永鎮彼處、統屬行星、八行星循次軌道、環繞居中之日、不得越次混雜、但行星各本體俱無光亮熱煖、皆賴太陽之光煖、映爙各本體焉。

此五六七等節、專論日離地若干遠、其體

當圓如球、有黑跡變轉爲證、及永鎭天空之中、其餘、如何分成晝夜、寒暑、蝕圓、在後分解。

第二章總論行星

八節　今西士熟究天文之理、無時窺測、尚未紀極、所已知者、行星有正有副、正之行星、則水、金、地、火、木、土、天王、海王、等、皆繞太陽而行、副之行星則諸月、亦繞所屬之正行星而行、更有小行星、彗星亦繞日體、行星之多少、尚未悉知、惟衆定星遠極、亘古不動、居於宿位。華人多說、只知金、木、水、火、土、五星而已、若論審確者、妄謂吉凶參變、究其理確、其事實、辨別無可奈何、我西土天文師、用千里鏡窺測、不但五行星查得明白、續得其知有大行星八、地亦在其內焉、各有本軌道、均環日而行、小行星五十餘顆、其星質亦是繞日矣。

前幾百年、古之天文家、此小行星、天王、海王、查未得及、今之天文家、而得其精者、皆賴新製遠鏡最佳、窺看天文各質、愈測愈精。○請見第二圖、便知八行星離日、相距遠近。

第二圖　各行星離日較遠近

此圖日居於中外各環重重係八行星軌道今繪次第遠近排列

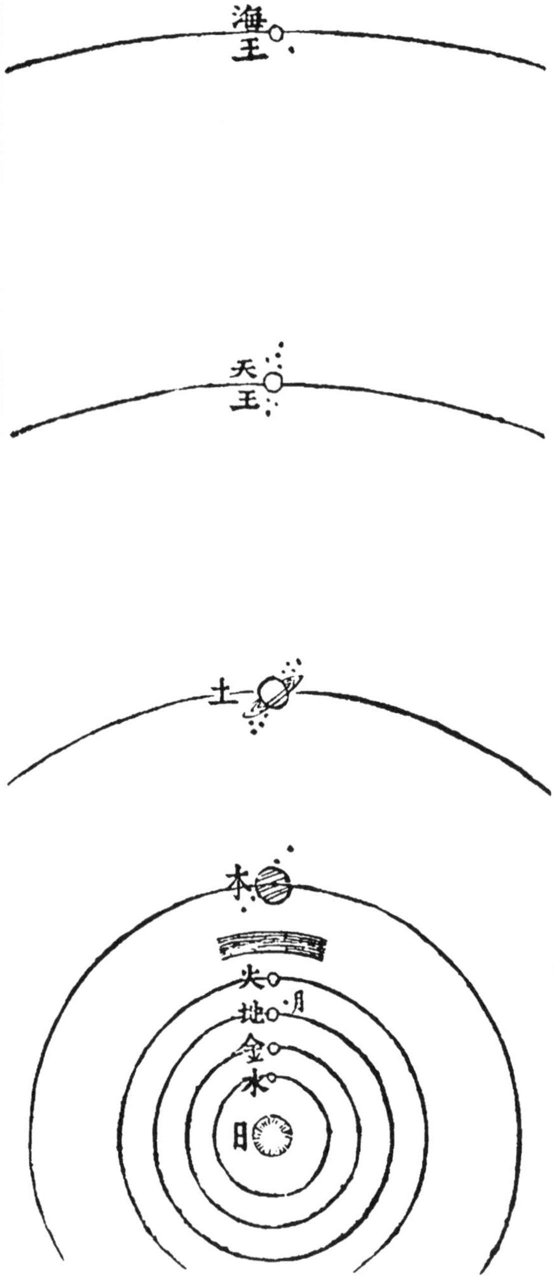

如圖、居於中心則是日、離日第一圜是名水星軌道、第二圜是名金星軌道、第三圜是名地星軌道、第四圜是名火星軌道、第五圜是名木星軌道、第六圜是名土星軌道、第七圜是名天王星軌道、第八圜是名海王星軌道、以上八行星均循軌道、自西旋東、環繞居中之日、惟小行星五十餘顆、盤轉其道亦然、微隱間於火星軌道之下、木星軌道之上、均已詳列圖中、請觀則明。

第三章考論水星

讀者、請前章論日心緒暫緩、今可追慕水星。

十節 水星、自日起、由虛空直往十一千一百萬里、至日屬次第、第一圜行星、名曰水星。

十一節 此顆水星、與日最近、比別星最細、憑人目所罕見、或有遇目、其星質如小錢一個、何看得極小、蓋離地甚遠、天文士用最精遠鏡窺看其象、以量天尺測計其數、水星面、應橫闊八千八百五十里。

十二節　周圍水星環線、二萬六千五百五十里。

十三節　水星全體、比地球全體、小十九分。○譬喻地一顆、可分爲十九顆水星。

十四節　假如地球離日十分、水星離日則有四分。○又比水星、遠日十一千一百萬里、若用火輪車、晝夜不停、由日起、至水星止、須行一百五十二年方到。

十五節

水星在本軌道、環繞日、每八十八日旋轉一週、一時辰能行六十六萬里。

十六節

天文士、遠鏡窺看水星、見有圓缺、與月相同、其星面常正對日、可知無光、是借日之光也、若俟水星與地球交會、是時幷日球同一直對、則見該水星橫行日面、猶如黑彈子一粒、以此推之、星體實是無光矣、請見第二十四圖、水星徑過日面、觀者便明。

第四章考論金星

十七節 讀者、請想慕水星緩矣、再可移慕金星。

金星、自水星起、復由虛空直往九千六百萬里、又至日屬次序、第二圜行星、名曰金星。

十八節 此顆金星、離日次遠、人多易認、在地人視之衆星中極其光明、夜見在西、名曰長庚、比衆星先早、朝見在東、號曰啟明、不久卽日出、俗謂皇星、憑入目觀其星質、猶如金錢一個、懸於天空、獨用遠鏡窺之、測量計之、金星面、應橫闊二萬三千一百里。

十九節　周圍金星環線、六萬九千三百里。

二十節　金星全體、比地全體十分小有一分。○譬喻地一顆、爲金星有餘一分。

二十一節　假如地球離日十分、金星離日則有七分。○又

二十二節

比金星遠日二十千七百萬里、若用火輪車、由日起至金星止、須行二百六十一年方到、

金星在本軌道環繞日、每二百二十五日旋轉一週、一時辰能行四十五萬里、其軌道間於水星地球之中、除月輪之外、金星與地球爲最近、

天文士用遠鏡窺看金星之體、有圓鈌光滿光半之形、頗如月輪、當其與日地交會直對之時、日體似金盤、金星如炮彈、透日面而過、依此推

之亦是藉日光、無可疑意矣、請見第二十二圖、金星繞日圓缺式、便明。

第五章考論地球

前幾章、論日球、水星、金星、廣闊、遠近、周圍、全體、頗已畧釋、今請想慕金星、憩之、再可追慕地球。

二十三節

地球、自金星起、復由虛空再往八千七百萬里。

又至日屬次序第三圜行星、名曰地球、即我等世界萬國九洲所居住也、或有人立在金星之上、在彼望天上、見我地球如一顆之星、蓋地球與金星遥隔、彼此遠望、大者見小、乃自然之理也。

二十四節　天文士、查察地之四周、推算地球横闊、應二萬三千七百三十六里。

二十五節　周圍地球環線、七萬一千二百零八里。

二十六節　地球全體比日全體、小有一百四十萬分。○譬喻日一顆、爲地可能一百四十萬顆。

二十七節　地球遠日、二十八千五百萬里、若用火輪車晝夜不停、由日起至地球止、須行三百六十一年之久方到。

二十八節　地球運行本軌道、旋繞居中之日、每三百六十五日零三時辰一週、地之軌道長、一百五十一千萬里、地球每時運行軌道四十萬八千里、一時辰應一百二十分鐘、一分鐘計運行三千四百里、一分鐘應六十秒、一秒計運行五十六里。○譬喻天下至快者、莫如炮彈、每一刻能及三百二十五里、若由地球旋行起、雖炮彈亦須二十一年二百四十五日、方可至日、地球本軸運轉、比炮彈勝逾三十倍、其在虛空旋轉、俱無阻碍、惟世人依立於地球面者、不覺地有盤轉、蓋地有揭動之力、萬物載之、不得反覆也。

二十九節　地球一晝夜盤轉一遍、由西過東、向日則晝、背日則夜。

此章專言地亦是一顆行星、更有幾條實據、俟後文詳論。

第六章考論月輪

三十節　世人仰觀穹蒼、惟天上其次之光、則是月、因夜之光照地、比衆星其光較明、但夜夜有遲速增圓滅缺之形、此係人目所共見、萬國人所共知也。○嘗考前古希伯來希利尼羅馬等國、凡朔望日、民間往往設壇焚香虔禱、或聚衆誦經頂禮、至新歲元日元宵加等敬拜、似今之華人俗習相同、現泰西傳教士周流四方、播揚耶穌正道、各國民人古風漸滅、會悟崇拜獨一眞活上帝多矣。

三十一節

世之人、看月體如銀輪一個、縣虛天空、初見將落、之時、視其體畧有三四尺之闊、與日體相同、天文士遠鏡窺看、推量月面橫闊六千四百八十里、○比日窄小有四百倍之多、比地窄小有三分半之零、以月面排列地面、須用三個半月輪、方能排透、　請見第三圖、地面與月面橫闊便明窄小若干。

三十二節

但日輪居中、永不移行、地球在第三圜軌道、環繞而行之、月輪又環地而行之、地球旋行、而月輪亦隨之而行、蓋人見月體如日體平大者何、實因月與地相距不遠、月與日遙隔多矣、觀者、故看日月寬闊如同。

三十三節　周圍月輪環線、計一萬九千四百四十里

第三圖

地面較月面橫闊

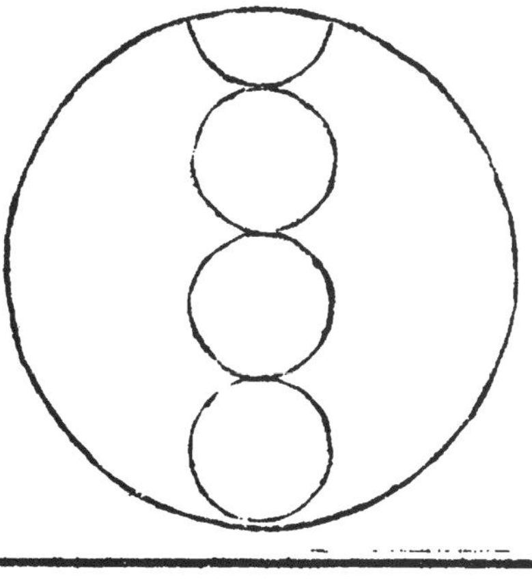

之長。

三十四節

月輪全體比地球全體小有四十九分。○譬喻地球一顆、可爲分四十九顆之月。○或曰、月面亦有六千四百八十里之寬、又兼近地球、何人目看其窄小。○答曰、雖近於地、亦離七十二萬里之遙也。

三十五節

月環行地球一週、與行星環日無異、惟地球環日一週、月輪卽環地十二週有零、計月環行地球一週實得二十七日零三時辰六刻一十三分、若與日輪交會一回、須應二十九日零六時辰二刻十四分、月其軌道、與本軸所轉相同、惟恒向地之一邊、此邊半月有日光、半月有地光、彼邊半月有日光、半月則暗、

三十六節

天文士以最精遠鏡、縣高看月甚真、見月有高山縣巖幽谷、無水有陸、另見高處有數點之光、此必是月中山峯、因其高處先得接日之光、山

有高低大小不等、惟所見之形迹永不改換、月本體無光、月之有光乃接日光、反照於地、而地亦接日光、亦能反照於月也、○或人在月而觀地、較地面觀月則大十三倍、若在月見地、猶似在地見月、彼此相望、均有朔望圓缺之形、但天文士、見月外有生氣包羅、月中擬有人民居住、尚未得其詳、故不敢決實、第二十五章又有續論月之確據

第七章考論火星

上章論月環繞於地、地乃行星環繞於日、前說頗已詳錄、今請地球並月輪想慕心緒息之再可追慕火星、

三十七節　火星自地球起、復由虛空再往十五千萬里、又至日屬次序第四圜行星、名曰火星、此顆火星、天文士以最精遠鏡窺看、遠隔地球之時、見其星質微小、待其運行近地、見則闊大、

見其本體甚明、有微紅之色、故名之曰火星、其星質有黑迹數處、亦有紅有緑之色、紅如陸地、緑似水洋、其迹時有變遷、則可知有盤轉、有盤轉必有晝夜寒暑之候、測量火星面横闊一萬三千五百里之長、

三十八節　周圍火星環線計四萬零五百里、

三十九節　火星全體比地球全體小有七分、○譬喻地一顆、可分爲火星七顆、

四十節　假如地球離日十分、火星離日則有十六分、火星遠日四十三千五百萬里、○若用火輪車由日起、至火星止、晝夜不停、須行五百五十二年方到、

四十一節　火星運行本軌道、環繞居中之日、每一年零三百二十二日一週、○火星之一年、比地球之一年多十個月零、其盤轉本軸十二時辰二刻七分。

第八章考論小行星

四十二節

小行星、有五六十顆、在火星軌道之下、木星軌道之上、各自有盤旋、星面橫闊周圍環線各若干、均未能測定、緣此小行星等、軌道皆隱微、本體亦微小、故最難測核、○天文士以最精遠鏡、窺看小行星、亦是繞日而行、間有遲速不等、約測其最速者、須行一千一百九十三日一週、最遲者、須行一千六百八十八日一週、皆假日之光也、○有星士論、疑此小行星原爲一顆大行星、後被彗星掃碎、分散數顆、此是疑議、未可據信也、○請見第二圖、小行星軌道、間於火木之中、觀者便明。

第九章考論木星

前二章、論火星及小行星、雖未曾遍載、其中大略頗已詳言、今請想慕小行星

心緒息之、再進慕木星、

四十三節　木星自火星起、復由虛空直往一百零五千三百萬里、又至日屬次序第五圜行星、名曰木星。

四十四節　此顆木星、乃八行星之最大、其軌道與地球軌道、相離一百二十千三百萬里、闊地球面十一倍、測量木星面、實闊二十六萬六千三百七十里。

四十五節　周圍木星環線、長七十九萬九千一百一十里、

四十六節

木星全體、比地全體、大有一千四百倍之多。

四十七節

假如地球離日十分、木星則離五十二分、木星遠日一百四十八千八百萬里、○若用火輪車由日起、至

第四圖

木行星較地球橫濶

大環比木星小環比地球　木星濶以地球十一半方可排透

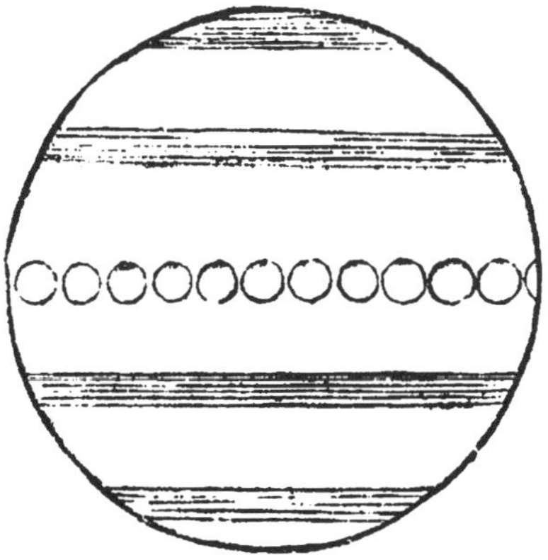

木星止晝夜不停、須行一千八百八十四年方到、○又譬人在陸路、一日能行九十里、若自日起、至木星止、須行四十五千二百一十六年可到。

四十八節

木星運行本軌道、環繞居中之日、每十一年零三百一十七日一週、約一時辰、在軌道能運行十八萬里、○盤轉本軸一次、應四時辰零十一分五十秒、○我世之地球、十二時辰盤轉本軸一次、但木星盤轉、比地更快、緣天文士用遠鏡窺認星迹、約二時辰零之久換新、又二時辰零之久仍舊、合算時刻、共約四時辰零十一分五十秒、盤轉一回。

前數百年、英國有一天文士、名嘉利阿始造千里鏡、窺見木星之旁、有小光四點、初疑爲定小星、後夜夜窺看、所見方位不同、俱如地球之月輪環行一樣、亦是由西過東、始知有四月輪爲環行木星之體、後書達各星士、仝測量此四個月輪、遠離本星自八十三萬里、至三百三十萬里、○環繞本星自二日、至十六日、均有朔望圓缺虧蝕、○又測木星四個月輪、合併較地球之月輪加十三倍耳。

第十章考論土星

請木星想慕息之再追慕土星、

四十九節 土星自木星起、復由虛空直往一百萬二十三千九百萬里、又至日屬次序第六圜行星、名之曰土星。

五十節 此顯土星、盡入目所觀、仿似定位之星、光色微細、考之乃八行星之次大、天文士量測推計土星面、橫闊二十三萬七千九百里、比地球面約加闊十倍之多。

五十一節 周圍土星環線長七十一萬三千七百里、

五十二節

土星全體、比地全體、大有一千倍。

五十三節

假如地球離日十分、土星則離一百分、土星遠日二百七十二千七百萬里、○若用火輪車由日起、至土星止、晝夜不停、須行三千四百九十二年方到。

五十四節

土星運行本軌道、環繞居中之日、每二十九年零一百七十五日一週、一時辰在本軌道、約運行十三萬二千里。

五十五節　土星盤轉本軸一回、應五時辰零四刻。

五十六節　天文士以大千里鏡窺看土星、離日甚遠、其行愈久、星之外又有光環二道、疊纏星體四周、環之外另有月八輪繞行、

五十七節　窺測八月輪、遠本星、其至遠者、四十三萬里、應七十九日三時辰四刻、運行星外一週。○其至近者、八百三十萬里、應十一時辰零四刻、運行星外一週。○均有朔望圓缺、亦賴日之光與地

五十八節

球木星之月輪一理。

查測土星四周、光環二道、內光環離星體五萬七千里、約闊五萬一千里。○外光環約闊三萬一千五百里、內外二光環、相離五千九百五十里、二光環之體、約厚三百里、環與星體俱係實質、暨借日光、

星士云、星體南北二極、如何車轉朝向、我世之人遠看、只知得土星圓大、外四周二道光環如

帶繞之環外有八月、惟車軸朝指、未得確據、視其環上有凸凹之形、或在前或在後、可知二環、亦是環星而運也、

請見第五六七圖便明土星本體

第五六七圖

土星之圖

土星本體
並內外光環

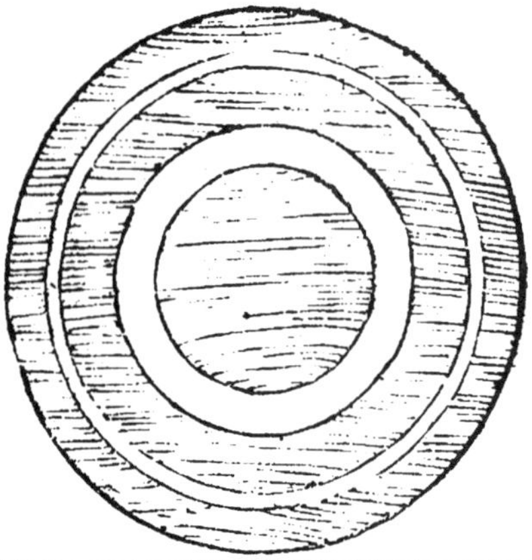

在地面見土星
光環四季不同

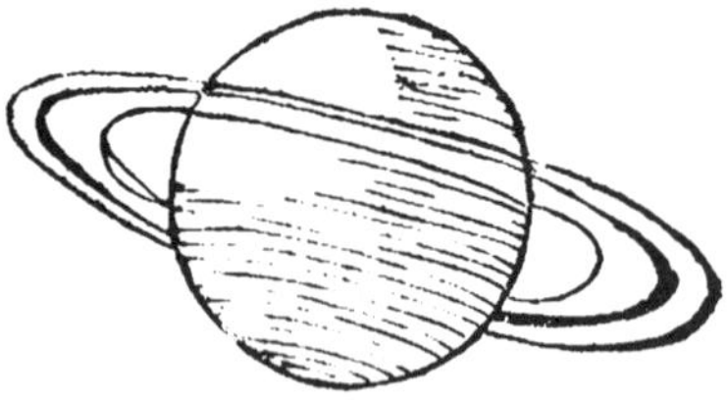

一　二　三　四　五　六　七　八

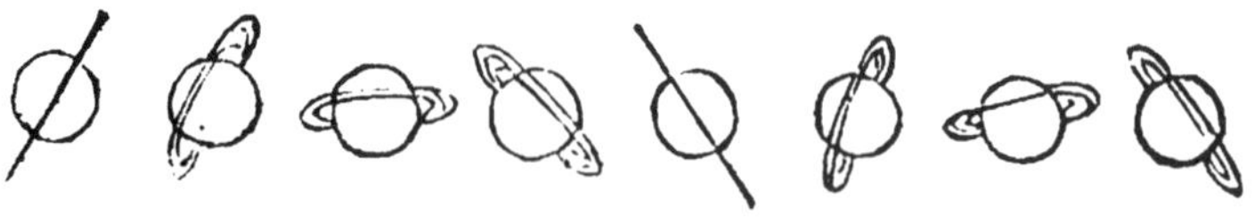

右圖、土星環日、地球亦環日、故人在地面、見土星光環不同、環之前向、對日生影、影在星面、環之後向、有星體之影射出、故知環是實體、非虛象也、若適當衝日時、光環之邊正對日光、地面視光環如一條細長光線、但所過之迹、須三十年後、復見一回。

第十一章考論天王星

請思慕土星心緒息、再可追慕天王、

五十九節
天王星自土星起、復由虛空直往二百六十七千三百萬里、又至日屬次序第七圜行星、名曰天王星。

六十節
此顯天王星、昔人未知有是星、泰西天文士、於主降生一千七百八十一年、合中華乾隆五十六年、始被查得、惟憑人目觀、極難得見、因其軌道甚遠、若看此星、須待清夜無雲、用最精千里鏡窺之、方能看得星士測量星面、橫闊十萬五千里、比地面加闊四倍半。

六十一節　周圍天王星環線、長三十一萬五千里。

六十二節　天王星全體、比地全體、大有九十倍之多。

六十三節　假如地球離日十分、天王星則離一百九十六分、天王星遠日五百四十千萬里、○若用火輪車由日起、至天王星止、晝夜不停、須行六千四

百三十三年方到、

六十四節　天王星運行本軌道、環繞居中之日每八十四年零二十七日一週。

六十五節　天王星盤轉本軸一回、應四時辰六刻。

六十六節　此天王星體外有六個月輪環運而行、其至遠之月輪、應五百零七日八時環本星一週、○其至近之月輪、應五日十時四刻環本星一週、○間有自東過西、異於他星之月。

第十二章考論海王星

請進慕海王星

六十七節　海王星自天王星起、復由虛空再直往三百一十八千六百萬里、又至日屬次序第八圜行星、名曰海王星、

六十八節　此顯海王星、於主一千八百四十七年、合中華道光二十八年、經泰西天文士新窺得是星、比前各行星軌道爲最遠、非千里鏡實難見及、若

欲觀之、必待淸朗之夜、無月無雲、方能見矣、星士測量星面、橫闊九萬三千里、比地面加闊約有四倍、

六十九節　周圍海王星環線、二十七萬九千里。

七十節　海王星全體、比地全體、大有六十倍之多。

七十一節　假如地球離日十分、海王星則離三百分零、海王星遠日八百五十八千六百萬里、○若用火輪車由日起、至海王星止、晝夜不停、須行一萬

零八百年方到。

七十二節

海王星運行本軌道、環繞居中之日、每一百六十四年零二百二十六日一週、○約一時辰、在本軌道能運行六萬六千里、○盤轉尚未周知。

七十三節

大行星中、海王最後得、初測望家、見天王星在軌道行動、有二力相攝之形、擬度該天王外、必有一顆行星、疑決推測未眞、後時中國道光二十六年、八月初四日、法蘭西天文士力佛理亞者、驗其天王法動間有離星道分度、記載測量、後天王外、果得一行星、其星質寬闊、並所指之向、及其攝力加于天王而生此動、一一核計登載、送與布路斯國、星臺考核、是夜臺官嘉勒用遠鏡依所推之處、核以星圖、果見得一行星、照力佛理亞所定之分度無差、遂名之曰海王星、惟是時英國天文士亞但史正亦查測、但所推之數、其說不謀而符、後續得有一月輪、環繞本星、或由東旋西、或自西迤東、尚未得全証、久後當有人測定之矣。

以上諸行星、並地球亦是一顆行星、每日盤轉一次、遞年環日輪一週、此理初聞、似難入信、故畧述其端、俾讀者易曉、八行星其大小、離日遠近、有正有副、皆環繞太陽而行、而副行星則是月輪、亦繞所屬之正行星而行、○行星之外、更

有彗星、亦繞日輪、俟下章論之、○行星繞日軌道、均有撱圓之形、故有周變速率之理、學者當求其詳也○

請見後圖、第八九十十一十二等各表圖、俱可明晰矣○

七十四節

今欲顯繞日諸星大小及相距之率、當擇一極平地面、置一球、球橫闊二尺、當爲日、離球八十二尺、置一芥子當爲水星、離球一百四十二尺、置一白豆當爲金星，離球二百十五尺，又置一白豆當爲地，離球三百二十七尺，置一菉豆當爲火星，離球五百尺，至六百尺，置五十餘沙粒當爲諸小星，離球半里餘，置一桔當爲木星，離球一里餘，置一中桔當爲土星，離球二里餘，置一中李當爲天王，離球三里半，置一大李當爲海王。○今將繞日諸星相距，以此設比，俾讀者更深切矣，若覓定星方位，離球二十六里零，計四十六千二百尺之外，尚未得一定星。若作圖於紙，不能得真設比也。

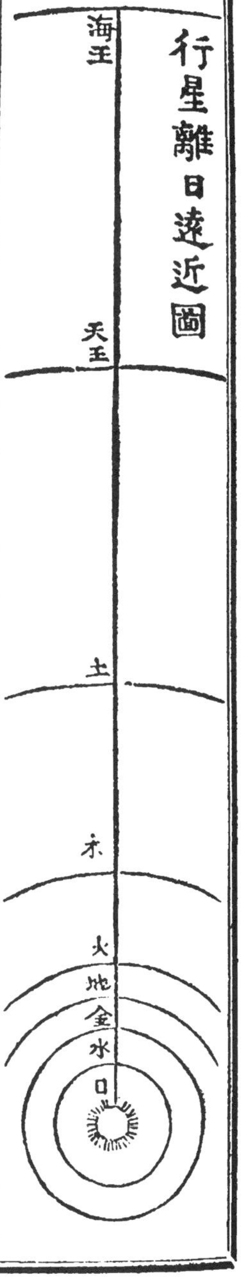

第八圖

行星離日表

星名	自日起至某行星里數	火輪車晝夜不停每能行二千一百六十里比若由日起至各星須行年數
水星	十一千一百萬里	一百五十二年
金星	二十千七百萬里	二百六十一年
地球	二十八千五百萬里	三百六十一年
火星	四十三千五百萬里	五百五十二年
木星	一百四十八千八百萬里	一千八百八十四年
土星	二百七十二千七百萬里	三千四百九十三年
天王星	五百四十千萬里	六千九百三十三年
海王星	八百五十八千六百萬里	一萬八百年

第九圖

地較日月行星大小表

地面與日月行星等面横闊比較	
地	面横闊可比一分之多
日	面横闊加一百一十二倍
月	面横闊窄三分半
水星	面横闊窄三分
金星	面横闊窄小許
火星	面横闊窄六分
木星	面横闊加十一倍
土星	面横闊加十倍零
天王	面横闊加四倍零
海王	面横闊加四倍

地全體與日月行星全體比較	
地	球全體可比一分
日	球全體大一百四十萬倍
月	輪全體小四十九分
水	星全體小十九分
金	星全體小一分
火	星全體小七分
木	星全體大一千一百倍
土	星全體大一千倍
天王	星全體大九十倍
海王	星全體大六十倍

第十圖

日月地行星横闊里數表

日	二百六十五萬八千	里
水星	八千八百五十	里
金星	二萬三千一百	里
地球	二萬三千七百三十六	里
月輪	六千四百八十	里
火星	一萬三千五百	里
木星	二十六萬六千三百七十	里
土星	二十三萬七千九百	里
天王	十萬五千	里
海王	九萬三千	里

日月地行星周圍環線里數表

日	七百九十七萬四千	里
水星	二萬六千五百五十	里
金星	六萬九千三百	里
地球	七萬一千二百八	里
月輪	一萬九千四百四十	里
火星	四萬五百	里
木星	七十九萬九千一百一十	里
土星	七十一萬三千七百	里
天王	三十一萬五千	里
海王	二十七萬九千	

第十一圖

行星繞日時表

行星	行星環繞日一遍年日數
水星	八十八日
金星	二百二十五日
地球	一年
火星	一年三百二十二日
木星	十一年三百一十七日
土星	二十九年一百七十五日
天王	八十四年二十七日
海王	一百六十四年二百二十六日

行星每半時辰運行本軌道里數
水星半時辰三十三萬
金星半時辰二十二萬五千里
地球半時辰二十萬四千里
火星半時辰十六萬五千里
木星半時辰九萬里
土星半時辰六萬六千里
天王半時辰四萬五千里
海王半時辰三萬三千里

第十二圖

行星盤轉暨有無月輪表

行星	行星盤轉一遍共計時刻
水星	十二時五分
金星	十一時五刻六分
地球	十二時
火星	十二時二刻七分
木星	四時七刻十一分
土星	五時一刻四分
天王	四時六刻
海王	未測明

行星	行星有無月輪環繞本體
水星月	無
金星月	無
地球月	一
火星月	無
木星月	四
土星月	八
天王月	六
海王月	一

第十三章考論彗星

彗星之行、異於他星繞日遲速不一、或三年或六年、或七十五年、或數百年、亦有見一回永不再到、蓋其軌道之不同、彼來去之有速遫也、惟見時有首有尾、彷似掃把、故人多號之曰箒星、見時不知者、必憂慮有水火刀兵之兆、其實皆有軌道循還、無關於世事災殃之警、來時常以其頭向日、其尾向後、及至日邊、其尾光大而

七十五節

長、離日漸去、尾漸短小、離去甚遠、則全不見尾。考前朝漢宣帝四年、日蝕見大彗在日旁、數彗光最大、周威烈王五年之彗、尾長六十度、明萬曆四十六年之彗、尾長一百零四度、而近代康熙十九年之彗、尾長九十度、所見彗星其近日之時、測量其數、每一時辰能行七百萬里、康熙二十一年之彗爲正圓形、極清晰、彷彿如木星焉、彗或有數尾者、西國於是年所見之彗星、天文士度其軌道七十五六年方行一週。○後乾隆二十四年、果得再見、又道光十五年又得見、每見彗星俱有三月之久而沒、但彗星之數最多、古今曾見其形者亦有幾百矣、星士逐夜用遠鏡窺察、知該星非堅實之體、彗雖大不見有圓鈌之象、竊思彗乃薄氣積成、能透日光、故內外通明、另有細小彗星、形小而暗、來去不定、未曾測度其數耳。

七十六節

第十四章論隕石

天空中、有一種石隕於地面、各國史書俱有誌載、西史云、曾有四人爲隕石所擊死、周貞定王四年、隕石於土耳其之哀可卜大摩大石有六七、後梁龍德元年、以大利之那尼隕石於河中、高出水面四尺、後隕石於英國十六次、一在倫敦、京城、嘉慶八年、三月初六日、法蘭西來格城、空中有大火球裂爲數百小石隕下、徧散於地、餘有隕石多矣、不必盡載、惟所墜之石、重或有十數斤、或五十餘斤、或八九十斤、或數百斤、墜時二三石、十餘石不等、其質、如火石硫黃鐵沙合成、隕地時有擊斃人、有焚燒屋宇、遠聽其有鎗礮金鼓之聲、與地球相離或數十里、或數百里。○昔人論、或是月中火山飛些於地面耶。○今之天文士論、俱是空中小體、飛越冲撞碎裂、遇於地球、蓋其隕下、其隕時有火光、因地中吸力、可引之下、速率與氣發熱相磨、故生火也。

第十五章論流星

七十七節

流星、與隕石諸小體、異、我地面人、夜觀天空、有一星飛越、星曳長光、或如火珠、有時過後所曳光帶留於空中、立二三分鐘始滅、此名之曰流星、俗謂離窩星、天文士用遠鏡窺看其質、非定星、亦非行星、質小如屑石一般、飛行於空中且甚速、亦繞附日體、或適過地氣之上層、被地氣吸力烘上流星之質、燃灰、故而發光也。乾隆四十八年、七月二十一日、有大流星經過歐羅巴洲、從蘇格蘭之古蘭島至羅馬、其速率一秒中、約九十里、其體横闊一里之零、形狀屢變、後分爲數體並行、各曳光尾爲最異焉、或夜間有見流星少、或有見流星多、少亦有十餘、多則至數千、英國倫敦京城有一夜見流星八千多粒、光滿天空立數刻之久、徧皆見之。

七十八節

星士測流星、距地面一百五十里、其體被受地氣烘入、則燃化。○距地面二百五十里、其體未被受地氣烘入、燃則免矣。○查該星曳光最衆、必在立冬後六七夜、合西曆十一月十三十四之夜、推考地球行度、每週至此處、必過無數流星聚繞之位、一二日始能過盡、測其數、應三十三年見流星曳光最衆一次、道光十四年、同治五年、西國均見俱係立冬後七夜、應驗前測之數矣。

七十九節

第十六章論定星

日與八行星之外、尚有無數光體之星、密佈穹窿之上、不運不動、大小明暗不等、其星宿常在一處、永不變易、是名之曰定星。

請見第十三圖 日與行星軌道外邈遠無極方位之定星詳度則明

第十三圖

內日屬行星並外定星

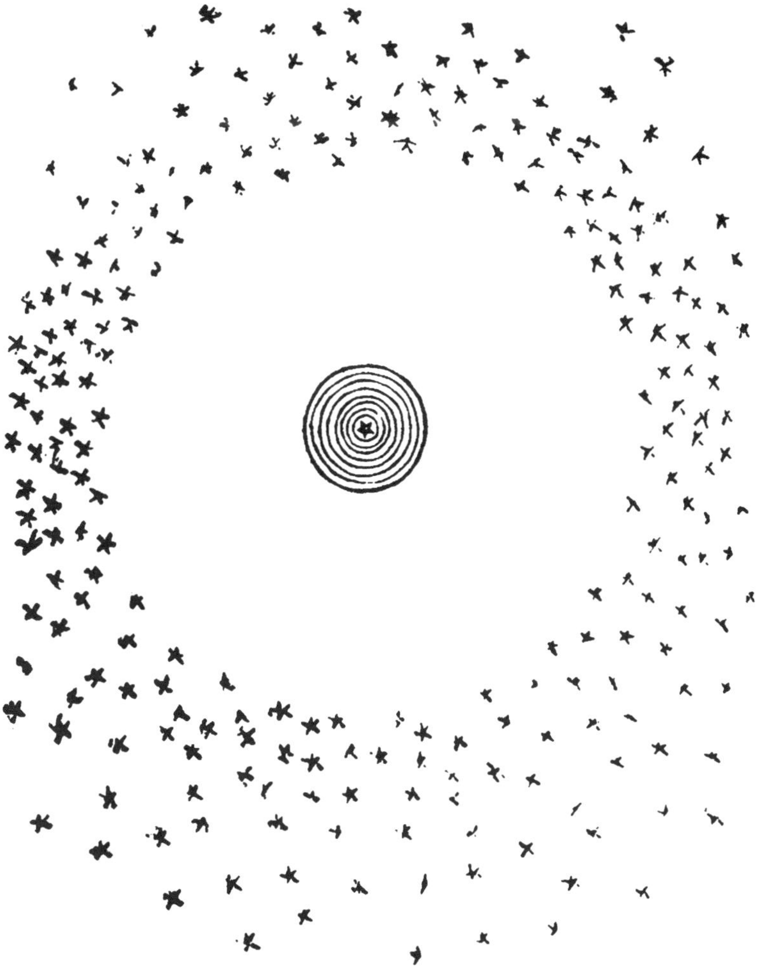

如圖、日居於中、其體最巨光明、炎熱無比、外第一圜水星軌道、第二圜金星軌道、第三圜地球軌道、第四圜火星軌道、第五圜木星軌道、第六圜土星軌道、第七圜天王星軌道、第八圜海王星軌道、此八行星軌道皆橢圓之形、今而知行星廣大相遠、爲用之理更晳、地乃行星之一、較之或大或小、皆繞日而行、亦深賴日之益、此星總名曰日屬、日在虛空中、與海王星相遠、約有八百五十八千六百萬里、比地離日、多有三十餘倍、其理本難、而喻也、吾西陸路運行至快者、莫如火輪車、一晝夜能行二千一百六十里、若由居中之日起行、直到第八圜行星軌道、亦須一萬零八百年方到、如此、日與行星各相離甚遠、安能見海王星外虛空千千萬萬里之定星矣。

八十節

天文士夜夜窺測定星、後果得一顆、名之曰南門星、其係至近定星、猶去日七十萬萬萬里、以遠鏡窺之、不見其大、較有光而已、此是本體自明、去日甚遠、非借日以爲光也、除南門星之外、惟見其光色畧明、無數於常而已、此乃相隔極遠、現人力不能測量也。

八十一節

天文所論、日與各行星、並定星相離千千萬萬里、祇恐人心淺狹、所論茫洋、今以光射之速譬論、諒可推擴人心、不至置若罔聞。○地球之大、周圍環線七萬一千二百零八里、一晝夜盤轉一週、快至極矣、若火輪車較之日夜不停、須行三十三日繞地一週、惟有光射之速、幾分鐘卽能匝遍、實無快物可比、推算地球與日輪相離二十八千五百萬里、日光之來、祇須八分十三秒卽到地面。○若計定星之光、入我地球、須三年之久、能接其光、余以光行之速論之、可憑信者乎。

八十二節

夜看天空星辰散佈、由人目所能見者、畧有三五千顆之多、蓋各居止度向、苟人在赤道、所見星辰、與南北二極所見不同、在南極所見與北極所見亦不同、此皆因地球旋轉、聽其運動、致所見星辰各異。

八十三節

天文家用最精千里鏡、所能覩及之星、分爲十二等、多光而大者爲第一等、其數約計十八顆、第二等其數約計五十二顆、第三等其數約計二百顆、第五六七等光雖漸微、則密如沙屑、然淸朗之夜、目能見之、自八等至十二等、非遠鏡不能見矣、但遞次所出遠鏡力愈大、所見星亦愈多、星士思之、不止十二等、十二等外必有無數星、今未窺及也、第各人所測定之等不同、大畧一等至十二等之星、光大愈小、愈多見錄各天文家分等星表、總計三十五千四百三十萬顆。

八十四節

第十七章論天河

遙望天空有白光一帶、中國俗稱名曰天河、謊言天河有水可通、遂使智名者皆信其誤、星士測之實微屑無數小星聚居一帶、故有白光、非是天河、查大小定星多散滿穹窿、微屑定星多集一處也。

假有人問曰、定星與行星如何分別、行星與日輪如何遠近乎。○當曰、定星乃定位之星、夜見東升西墜、惟其疎密度位亙古不移。○若行星則時近時遠、或在日之東、或在日之西、以此必知是環日而行、至行星離日遠近、每見金水二星跨日而過、可知在地球軌道之內、餘星無跨日、可知在地球軌道之外、內近而外遠、則可分

八十五節

辨矣。

第十八章論今古天文家考究天象辨說

前數章屢言日與八行星諸月定星照歌白尼所定之數排列。○第憑人目所見地則甚大不移動、地無光、日月諸星俱有光、諸星光點點、日月光照環行地外、東上西落、如若推步諸曜、則知此理誤矣。

八十六節

昔一千七百年前、埃及國之天文館、同時講學者、惟多祿某之最識見、多祿某善推步、精測候、亦深明地理、証已所測、以解立法之理、言地爲球體、定居中心、日月五星列宿、每日俱平遶地約一週、軌道重重、俱平圓、憑目所見此理似合、觀太陽每日繞地行平圓一週、月體向地半面、月暨諸星或行遍一週、或不及遍一週、亦是行平圓軌、軌道卽天、天有數層重重、每重有硬

八十七節

殼質如水晶能透光亮、每重上各一行星居之。然此時中華之說、談天究地、往往大意與多祿某臆說相同。

請見後版第十四圖、係古之天文家多祿某等所臆論。

第十四圖

古說日月五星環地

淺人目所見地居中心外月日星辰各居一重環繞於地

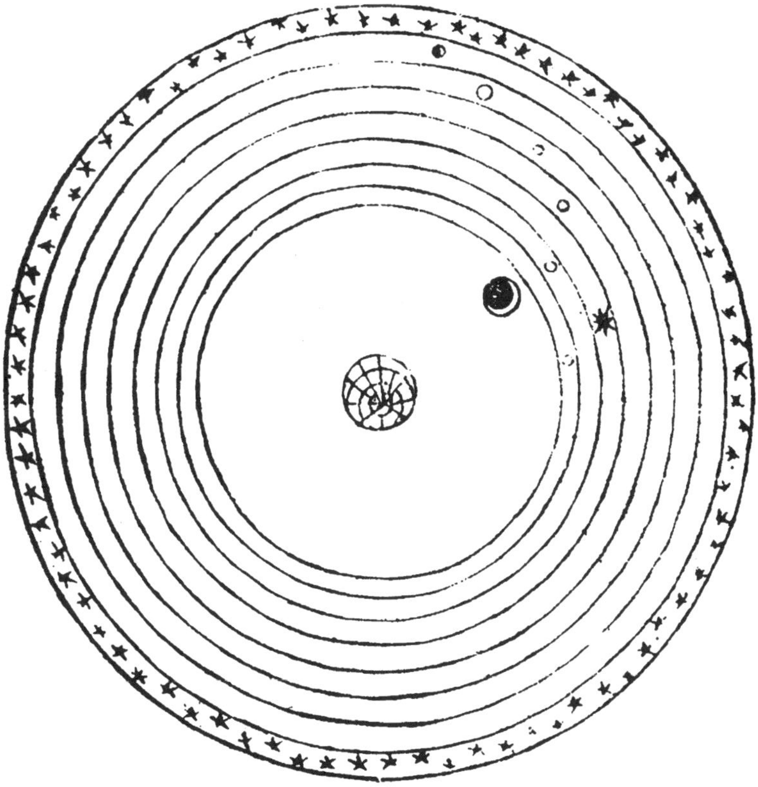

如圖、地居中心、地之外第一重月輪居之、第二重水星居之、第三重金星居之、第四重日輪居之、第五重火星居之、第六重木星居之、第七重土星居之、第八重定星居之、定星之外有天堂焉、諸重天猶似水晶玻璃、光明通澈、暨各每日環繞地體一週、古人俱甚信其說。

八十八節

今之天文家、明地動之理、遠鏡出、算學精、窺見日月五星體象、縮百千萬里之遙、瞭如指掌、由是主一千三百三十年、合中華明嘉靖二十年間、布路斯國天文士歌白尼者、肇著天文眞論、夜觀晝測、遂深悉日月轉運之奇、後經各國天文家、互相考證、分較合符、其法果有眞據而不可易、泰西諸士無不宗之、據歌白尼論三、

八十九節

一、地形本圓、非平扁、故稱之曰地球、萬國人民居住球之上下四周。

九十節　二、日月星辰、似自東迤西、却是地自旋轉本軸、一日一遍、從西轉東、人居球上、地轉人隨、以此反視自東迤西。

九十一節　三、太陽居行星之中、八行星在軌道環繞、諸月亦繞隨本行星。

今之天文士、皆循爲宗理。○請見第十五圖、八行星環繞日輪、便明今之理説。

第十五圖

八行星環繞日

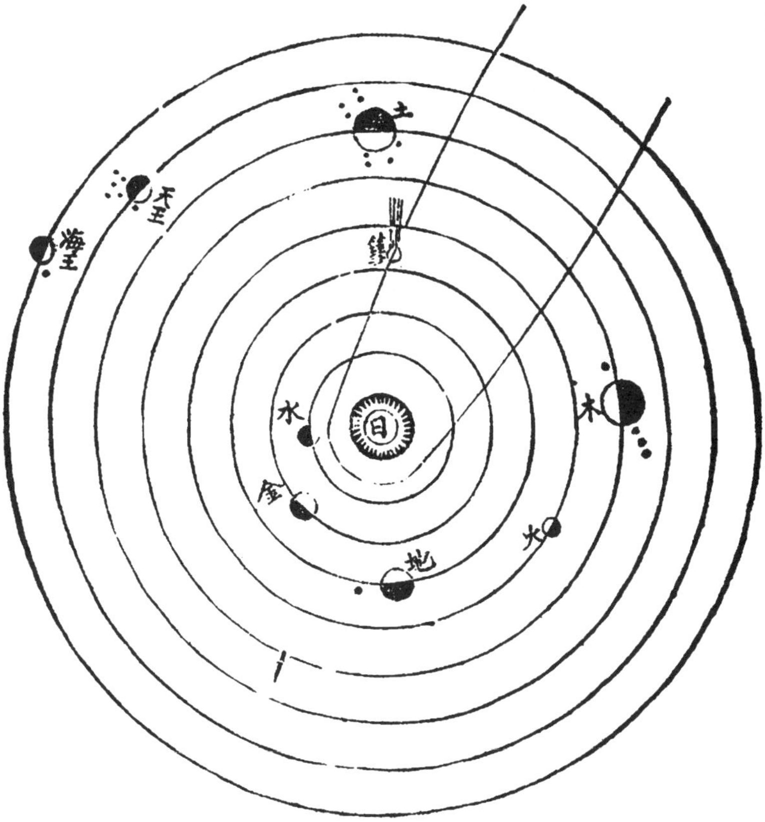

歌白尼所考天文確據、摘錄四條、至今無一錯亂。

九十二節　一、考定日月蝕光、今之天文家、遵照前立法度推算、是何年月日時、或太陽太陰蝕光、虧甚分刻、毫無差錯、預定往後幾年幾百年之數、皆可應驗、此則一據也。

九十三節　二、測定金水二星、是何年月日時跨日而過、如期應兆、可知二星乃地球之内、此則二據也。

九十四節　三、海王星係最後測得、英之天文士、亦照歌白尼尋覓諸行星之法推究、所測之數無訛、繞日週而復始、永遠不變、此則三據也。

九十五節　四、西國逐月、用火輪船夾板船、駛往各國經商遊歷、駛船之人、在大海洋全藉最精遠鏡、六角鏡、照天文家定曆之法、識時務、測天辰、合洋曆載明時刻、若某月中旬、由某地某度開船、駛往何處、歷過多少星宿、洋海一帶認識、是時某定星朝向何方、曆中均有記載、或船主若往何處、時刻窺天察宿、先後驗之、此則四據也。

咸豐十一年間、余雇坐夾板船、自美國紐約城、揚帆出大西洋、過印度洋、復過太平洋、直至中國港口、憶昔日開船之時、十日內向於東、又二十日內向於南、又二十日內向於東南、又二十一日內復向於東、又三十日內向於東北方至福州口岸、惟七十一日之內、計水洋三萬五千四百里、舟在滄海、茫無形影之物、只見船主用遠鏡窺天測宿、能知所行里數、自七十一日外、兒有洲島一二、倘天文算法差謬、則船主所認星度、曁於空望矣。

請見第十六圖、行洋窺天認識地度、便曉由美國至中華、歷過洋海、計日、計里、船來其勢。

第十六圖

行洋窺天則認識地度

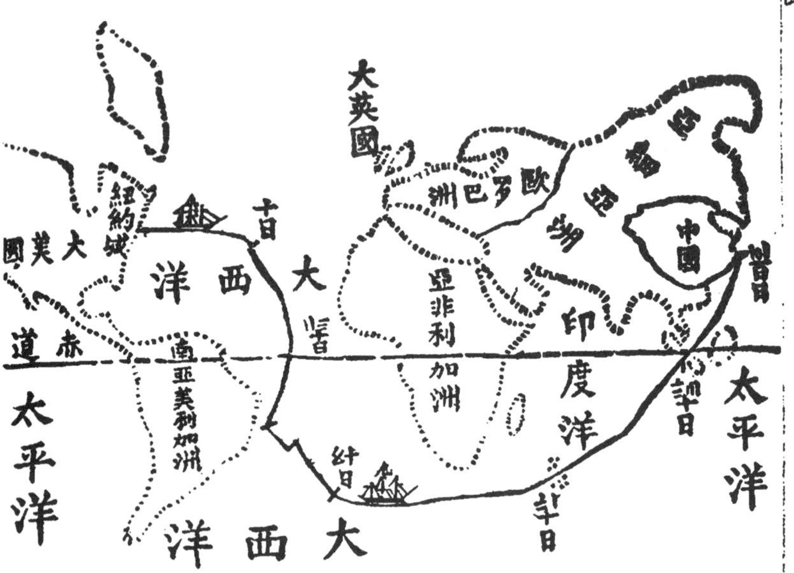

余自大美國紐約城起乘夾板船十日約行……里……日約行……萬里……日約行……萬里……日約行……萬里……日約行……萬里……日約行……萬里……日約行……萬里即至中國福州港口登岸

第十九章總論地球

九十六節

往往人謂地體爲平野、長無盡、厚莫測也、今知却是團圓如球、非平坦、此理確有實據○見十七圖、姑以船之離岸而試思之、夫船當離岸不遠、其船身船桅無不歷歷在目、離岸頗遠、便隱不見、愈去愈遠、前祇見其桅頂、更容一刻、則竝無所見矣、苟地形平原、船身之大雖遠、猶在目前、何以船身、反爲先失、地球圓體之一據也。

第十七圖

人視遠近出入行舟

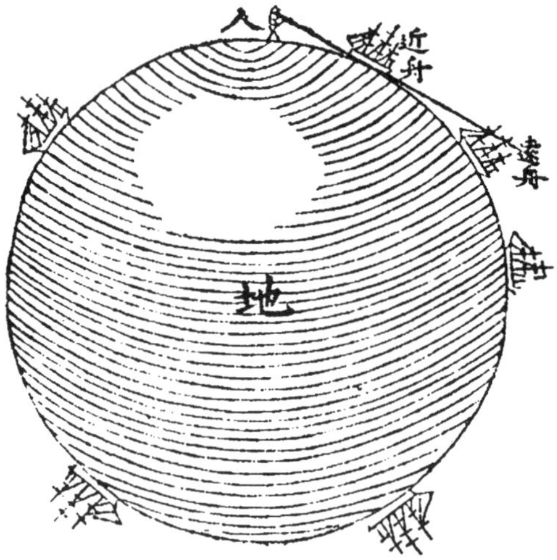

九十七節

又看月蝕之時可驗、地影射於月面、常成圓形、蓋體圓形亦圓也、○設譬用以方物懸在火光之前、則見物後之影射出、亦是方、我地球係圓狀、故月食見一圓黑影遮掩月光、此地球圓體之二據也、譬如日月諸星、雖每日出入地平一週、第天下國土非同時出入、蓋東方先見、西方後見、漸東漸早、漸西漸遲、自南迤北、此地球圓體之三據也。

九十八節

若人在赤道上、面向北方、目觀北斗之星、彼此相平、或欲向將就、行漸遠北方其星漸高、至於南方以觀南星、其理亦然、○又譬有人駛船向北直

第十八圖

地非平坦星有高低

人若向北直行北星漸高

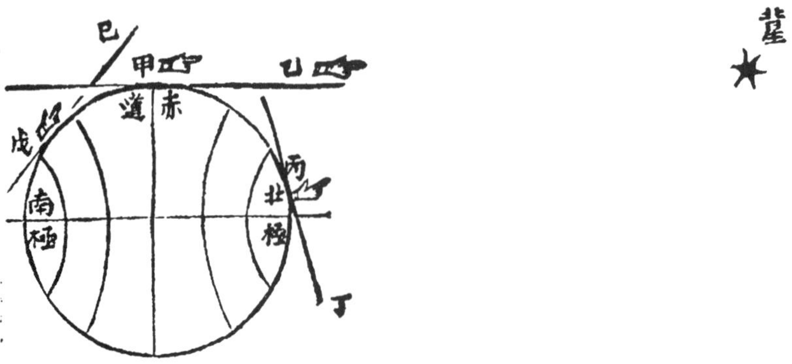

往、將至北極、便不見南極星辰、蓋南極之星、却被地體遮蔽、如蟻在柑蒂、卽不見柑底之物、故也、或將是船駛往南極、其理反是、此地球圓體之四據也、請見第十八圖便明、

九十九節

泰西、天文家有測水深淺高低之法、量測洋海水面、寛闊有三里、居中之水必凸起七寸、或闊六里、必凸起二尺七寸、或闊九里、必凸起六尺、此因水面微圓而凸起、此地球圓體之五據也、

○請見第十九圖、名曰地球全圖、比如西瓜一個、懸掛目前、朝我目則見、背我目則暗、或將瓜以刀剖開、覆於左者謂之東半球、覆於右者謂之西半球、蒂向上謂之北極、底向下謂之南極、地球彷似瓜式矣。

第十九圖

頁下兩版地球圖
非各分一片紙因
紙上難繪成圓式
請觀者須思將東

地球　　東半地球

第十九[illegible]

西兩半球合看九洲萬國所有人民以及海魚飛鳥群畜居於球面矣

西半地球全圖

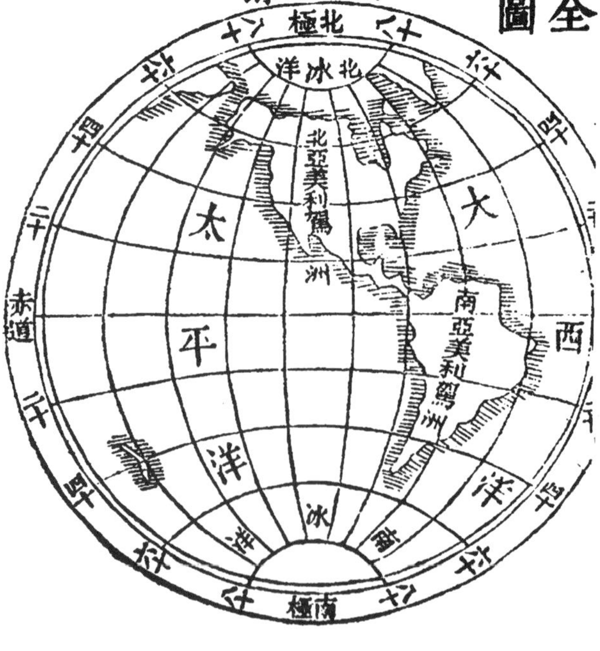

一百節

第二十章論虛空無分東西上下

大凡萬物、着於地者、可稱爲東西上下、以便人指示方向、有所底止、不致混雜、○惟天上日月星辰居於天空間、不得指稱彼在東、此在西、他在上、我在下、蓋地球本是圓形、四周萬物所附麗、世之所指方位、仰天謂之上、俯地謂之下、日上謂之東、日落謂之西、請見第二十圖天文虛空、則無分於東西、無分於上下、可爲辨論、

第二十圖

天空無東西

天空無上下

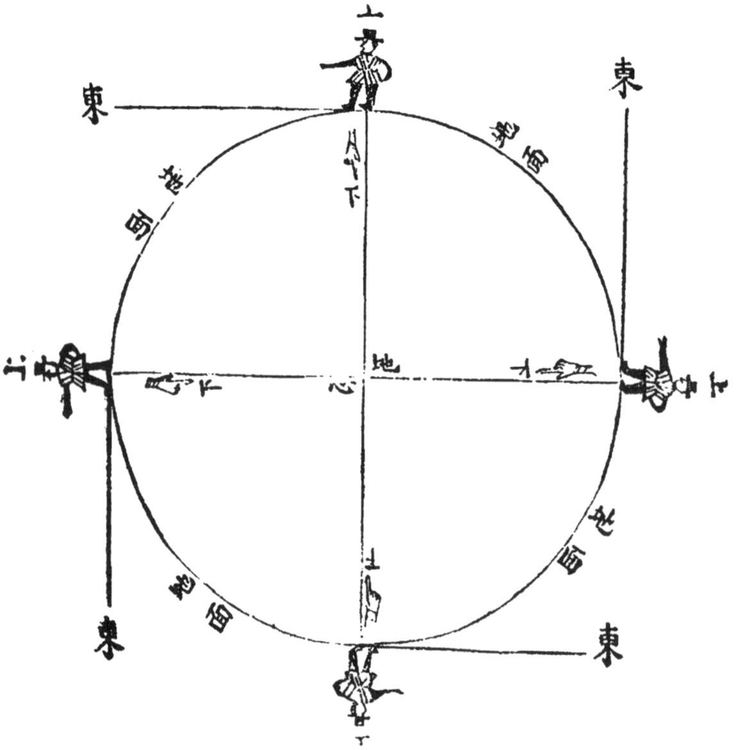

如圖、圓圜比如地赤道、太陽居於圜上不動、地之四周應十二時辰、旋轉向日一週。○或有人站立卯位、面向於日、手指彼處謂之東方、東方彼於圖頁上但卯位俟過三時辰、我所居之地盤、轉至於午位、此人仍然站立、曰日已當午、其指故彼東方、而不覺東方轉移於左。東方彼於圖頁左邊今又過三時辰、卯位復盤轉至西位、此人仍然站立、曰日已在背後、將落西矣、其指故彼東方、亦不覺東方復轉移於下、東方彼於圖頁下　復再過三時辰、卯位又盤轉子位、此人仍舊站立焉、曰是時將至三更矣、其指故彼東方、自不覺東方復轉去於右。東方彼於圖頁右邊　○或試問曰、前六時辰看此人、手彼圖頁之左曰東方、今何圖頁之右亦曰東方、今又三時辰、盤轉至卯其舊位、日又見矣、天空東方是何、吾不解其故、請詳釋之。○當答曰、地形本圓、故稱曰地球、晝夜盤轉人麗之、誠不覺動焉、如人在船中、船行而人不覺、則春夏秋冬晝夜不差、皆因地旋行有度、應於四時、天文士常以測天遠鏡窺認星宿、則別四時之候、今之船主行洋、亦是專認星辰度位、則知底止、惟天空中、實無東西可指、此一定之理也。

論上下方向、與東西方向其理相同、但天空蒼茫無極、地球十二時辰盤轉一週、懸虛空處、則上下方向無可指位也、再見圖思之、苟有人立於午位、仰指於天者謂之上、俯指於地者謂之下、過六時辰地盤旋至子位、是時已至三更、立於地之人已反轉焉、惟立午位之人、指頁上稱之曰上、今至子位仍稱之曰上、或地球輪轉至卯、至酉、亦稱曰上。○若以此推論、天空實無上下耳。○惟萬國人民、附麗地球之面、須當東西上下所指、以便世人朝向記止也、天空灝杳、豈彼於世上矣。

一百零一節

第二十一章論吸氣力

上天之主、創造宇宙萬物、各質有力相引、此名之曰、相攝引之力、又名地跟中之力、攝引之力、四方運動、如光從日出、以準繩懸近高山、則稍斜、向山近土之物、側附於地、月吸洋水而成潮、太陽行星諸月、互相吸引、此攝動之力故也、○地跟中之力、卽吸引諸物、至地中之向、非因地體與物相異、惟其體力、較於諸物尤大而重、故引物尤甚、地中心爲地球各點吸引、地球全質之力、皆歸於此。

百零二節

或有人捉物離地、手放則物墜落、何不反上、乃因地有吸力、故不得相反也、以至高山大海、萬物生植、地之旋轉、未能傾覆、此皆因地中吸氣也。○天文士、較地之吸氣、考從最卑至最高半周、漸遠吸力必漸衰、從最高至最卑半周、漸近吸力必漸加、非徒吸引地面萬物、則日月行星又各有吸氣、故各歸軌道、絲毫不至越亂也。地球之外、有氣包涵、以地心之吸力、普周四面、且隨地球晝夜旋轉、氣之各點、四方下壓之力均平、近地者、下壓最重、漸高則漸輕、至高則不覺矣、由此推之、氣高於地約一百三十里也。○請見第二十一圖。

第二十一圖

吸引之力

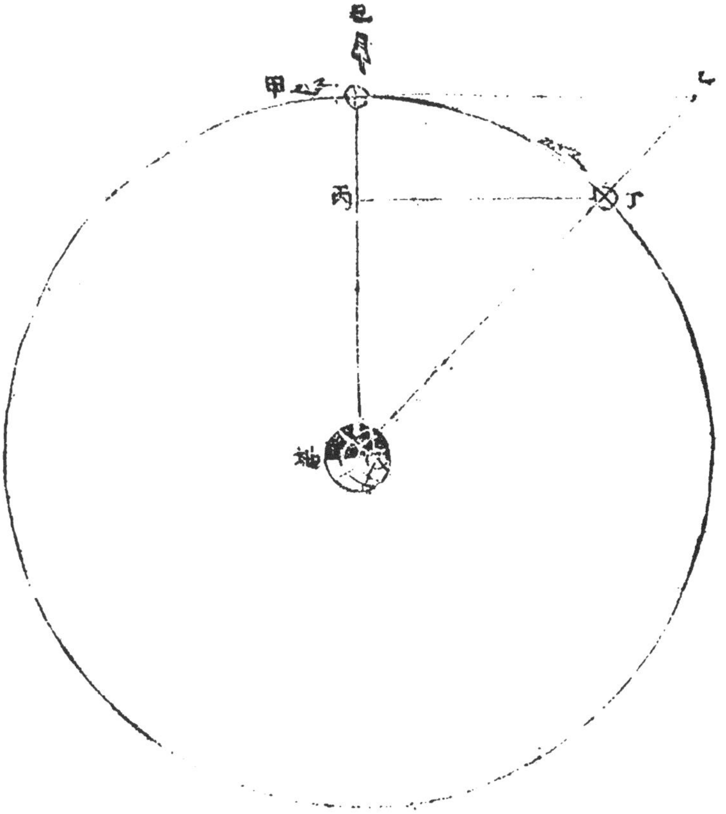

如圖、中心地球一顆、發出吸力二、一、地與月諸行星運動、各質有力牽引、互爲相離中虛、故月行本軌道、地月二力相吸、月譬如甲、若全憑地力直冲、必至漸高已上、若互相平行、如行一到乙字、必至漸遠、幸賴有受動力㨂於軌道、故行星各質難離環軌之形也。
二、能攝地球面萬物之力、譬喻、蟥石一

大圓塊、四圍以鐵釘安置、此石若有人以繩線繫之、任其拋輾、釘不失落、我世之萬物受吸力亦如此矣。

第二十二章論金星運動圓缺

前見第二圖、可知金星軌道、與地球軌道相近不遠、每見金星繞日、時與日會、竟直跨日而過、天文士、用遠鏡窺看其體、有圓缺如月、請見第二十二圖、日居中心、地在本軌道甲乙丙丁爲金星道、星因日照、向日半面明、背日半面暗、故星在甲字、地視之見全無光、如月在朔、或見其過日面、如黑點焉、星在乙丁字之處、如月初四五念四五、月光如鉤如弦、金星在丙字、地視之、光滿如月望、凡金星之光、見其時明時微者、有二故焉、一因朔晦望、一因距地遠近、視星之體大小不同、環日離地隔遠、光面漸變小、漸行近地、視體漸大、依此推之、星質無光矣。

第二十二圖

金星繞日式

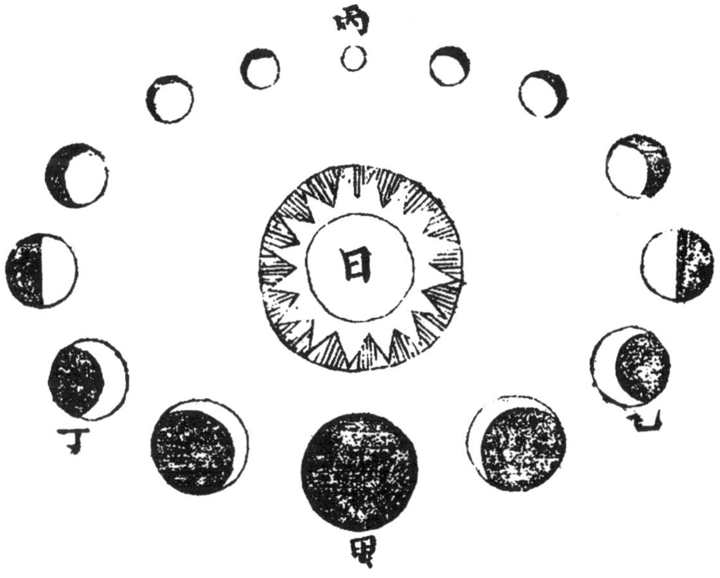

泰西星士用
最精千里鏡
夜夜窺看金
星一週日輪
有盈虧形迹
遠地視而小
近地視而大

百零五節

再見後版第二十三圖、金星順、逆、遲、速、留、伏、行蹟、如圖、日居中心、地在本軌道甲乙丙丁為金星軌道、戊己為天空定星、金星自甲行過乙丙、人視星似順行、在定星自戊至己、○金星自丙行過丁甲、人視星似逆行、在定星自己至戊、○地球與金星各於本道再前行、則視星必若留、次復順、次復逆焉、觀此圖說、知誠合天也。

天文淺說圖 第二十三篇論金星與地球二軌交側

第二十三圖

金星順逆行

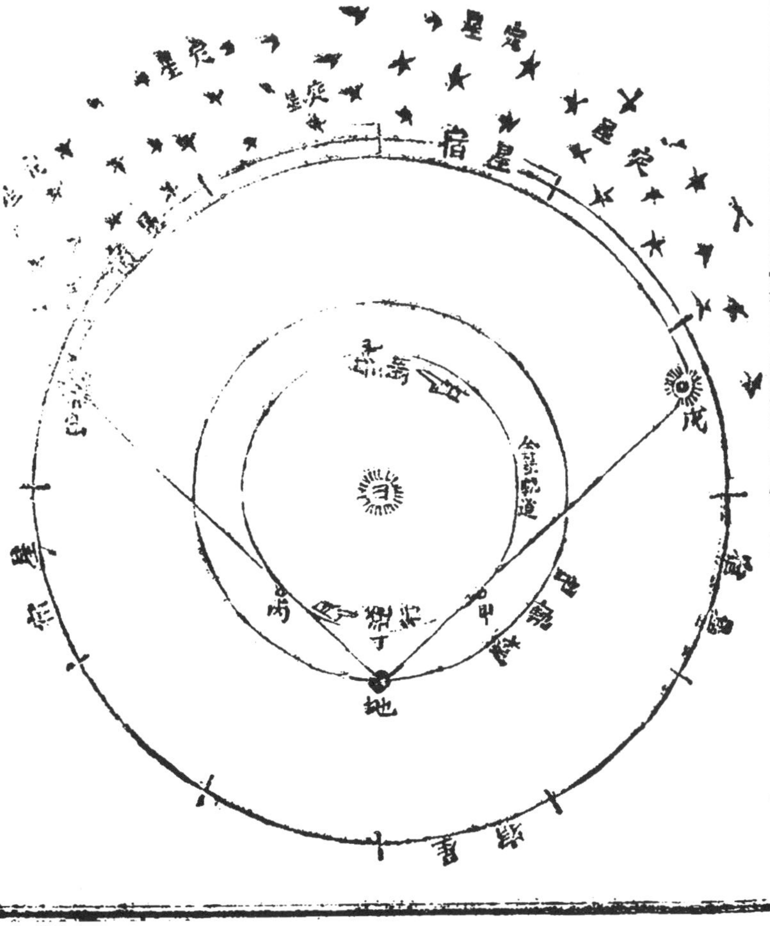

六一

第二十三章論金星與地球二軌交側

百零六節

軌道、如何謂之交側、請見第二十五圖、則可會意、如圖、白紙當爲地球軌道平面、地繞過日面之中、日體一半掛在地球之上、一半掛在地球之下、外圜甲乙丙丁壬、比是地球軌道。

百零七節

黄紙當爲金星軌道平面、金星亦繞過日面之中、內圜、戊已辛癸比是金星軌道、日居於中、倘地球軌道、與金星軌道均平、則勿庸以二色黄白紙比喻、實是二地斜側互交、若指攝黃白紙高二分、金星繞日適由丁辛癸壬經過、卽是金星與地球交軌、地面觀金星之體、現出有圓缺之形。

百零八節

一、設比日隹於中、地在丁位、金星環繞日由辛字經過、人在地用遠鏡看金星本體、猶如黑點還過日面、苟二軌道面俱平、繞日一週、必由日面經過一回、乃因各軌道斜交、所行相左、用數乘算、金星旋過日面、我地球面視得及者、有八年一回、有百幾年一回、所核定該星經過日期、永不移易、○查計一百年內、金星適在日地中間經過、應六十八回、惟多次都不得俱見行過日面、實因交軌相適高低、非正對、彼此相觀、或遇適見則若何、○比地在甲、金星在戊、仿似乙已於此、○或地在丁壬、金星在辛癸、或辛癸左右一二分、此卽相適正對、由地則見金星過日面之期。

百零九節

天文士、算在於何年月日時、地面之人在何方土視得及、先期記載、我西國往看者最多、非用最精遠鏡窺看不得、憑人目所觀力不得及、惟看之者多、欲測究天文理法亦不少、是時愈察愈深、後學勝於先、今者强於古、學究者專心細揣、天文須理不至疎忽矣。

第二十五圖

地與金星二軌斜交

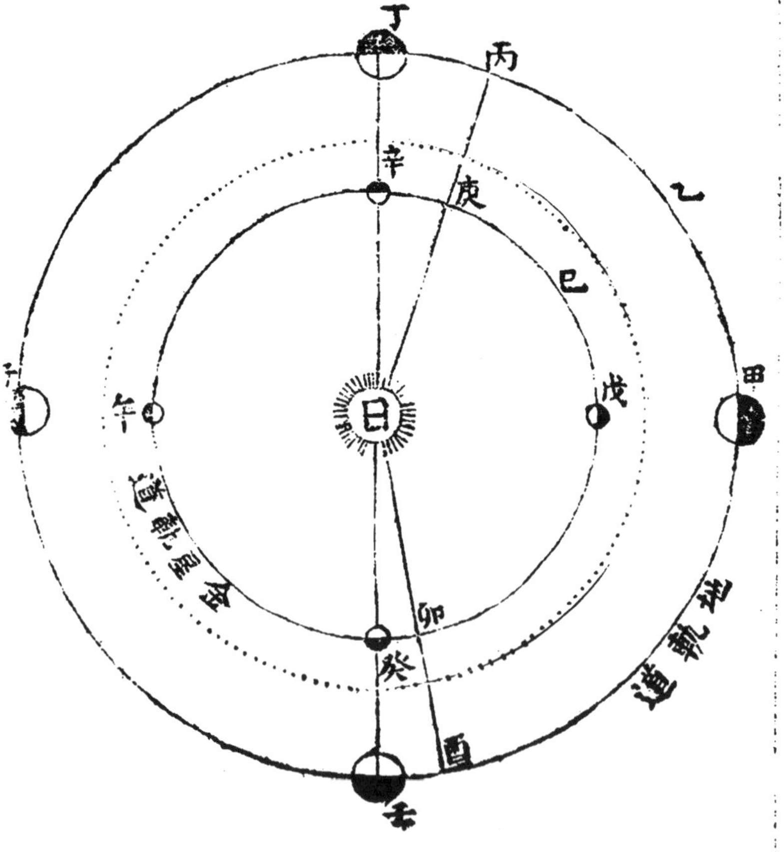

百一十節

測金星過日面、天文家爲最要事、緣地球與金星相距最近、若測近不精、測遠無益、始有一天文士、推算金星過日面、主一千六百三十一年、某月某日、視得及之、預指導人用遠鏡專窺、是日往觀者甚多、窺候終日、未得、罔應預言、乃因其行度速率推法不精。後英國教士何耶利美頗精天文、能知遠之近、知微之顯、其先將金星行度、復推理數、預核定日期、云主一千六百三十九年十二月初四日、金星過日面、惟時敘信與其同學之友、相訂是日共窺、繪像較對、果至期各用遠鏡窺看金星、至申初一刻遇目、一一俱合繪記、應於預期、毫無差錯、嗣後天文家、暨照何耶利美之數、推算此後金星過日面、當在主一千七百六十一年、六月初五日、又主一千七百六十九年、六月初三日、或在何國何地窺看、預先記載佈聞、當是時國家喜助襄成美事、幇給銀錢船隻、付與司事、彼時英、佛蘭西、俄羅斯等國、俱分遣疇人、至遠方視之、其窺測之處。

百十一節　一在太平洋、打非知海島、離英國四萬零里。

一在天竺國、離英國三萬里。

一在亞非利加南邊、離英國一萬八千里。

一在俄羅斯國北邊、離英國四千里。

百十二節　彼時四處觀者最衆、果得應合各國測數、今復據後學天文士預期云、當在主一千八百七十四年十二月初八日、合中華同治十三年也、又主一千八百八十三年十二月初五日、合中華同治二十一年也、此兩年至期、均可覩得該星過日面、總不至失望矣。

百十三節

查金星繞日過日面之期、必先知其行度遲速、而測軌道長短曲折、以此推測相乘、應俟一百零五年六個月過日面一次、又隔八年復一次、又隔一百二十一年半一次、又隔八年一次、似

此四次循環、週而復始、

百十四節 又據各天文家測看金星之體、外有生氣包羅、星上亦有山川人物、如果是實、則彼在星上望日、如我地球人所見兩倍加矣。

百十五節 考水星行度、與金星相同、其繞日、與地球交會、並日輪同一正對、用遠鏡窺看、即見該水星經過日面、類如黑點一粒、大畧與金星相似。

請見第二十四圖水星過日面期表

第二十四圖

水星經過日面

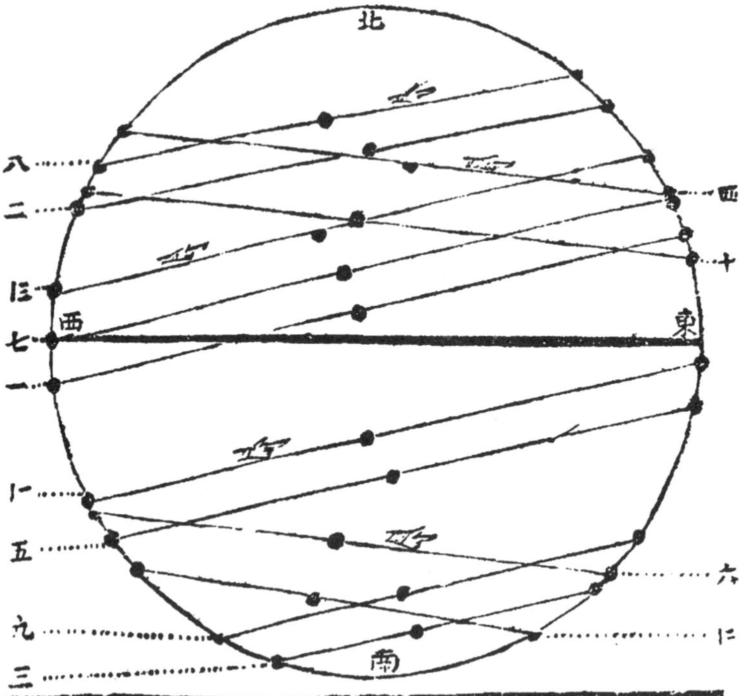

一	二	三	四	五	六	七	八	九	十	十一	十二	十三
[illegible]年十一月初九日	[illegible]年十一月十二日	[illegible]年十一月初五日	[illegible]年五月初八日	[illegible]年十一月初七日	[illegible]年五月初八日	[illegible]年十一月初九日	[illegible]年十一月十二日	[illegible]年十一月初五日	[illegible]年五月初六日	[illegible]年十一月初三日	[illegible]年五月初十日	[illegible]年十一月初十日

百十六節

如圖、圓圜比如日面黑點比如水星、黑線十三行、比如水星繞日之道、諸星行度均應自西迤東、我地球與星正對、推測有定數、水星繞日一週計八十八日、我地繞日與水星正對、每年尚應交會三次、何以天文士測數、一百年只有十三次交會正對、乃因其各自行軌道、有斜側揩環、或與日近、或與日遠、故不得暨有正對、今錄天文士、核定水星與地球交會、行過日面年期、自主降生一千八百年起、至一千九百年止、共一百年、內交會正對期應十三次、列單附圖、惟一次至九次確俱有應驗矣、俟後尚有四次、願中華亦有天文士出、以遠鏡指窺、總不至失望也。

百十七節

我泰西天文家、專心究察天文地理、暨八行星繞道如何、或日月蝕期虧缺若干、當在何年月日時何方視及、合各國土測數、預先定載、至期萬無一失也。

第二十四章論諸月

百十八節

行星有正有副、正則八行星及小行星、副則諸月、正行星皆繞太陽而行、諸月亦繞所屬之正行星而行、查諸月共有二十○地有一月、木星有四月、土星有八月、天王有六月、海王有一月、此諸月之於各本星、猶諸行星之繞日、其攝力

百十九節

及動法有二、一繞本星、一隨本星共繞太陽、日攝力引動行星、行星攝力引動本月、各本月受日行星二攝力牽引、令向心依法繞之。

天文士用遠鏡窺望諸月之道、俱略如直線、而諸月有時過星面、有時過星背爲星所掩、有時入星影光爲所奪、卽月蝕也。測得行星繞日、月繞行星、二道之大小及二週時、卽可推行星之本體若干也。

第二十五章論地球之月圓缺

百二十節 地球環日一週、月輪則環地十二週有零、此合西曆爲一年、世人見日月東上西落、雖似是而實非也、却因地球盤旋而行、自西迤東、月輪又盤旋地球而行、亦自西迤東、地球外之小圜是月輪、月環本軌道一週、此合中華一月之數、而西曆未全一月也。○請見第二十七圖月光盈虧之式。

百二一節

且看月之晦朔、地面不能見其光、是日月交會、月在日地之間、是夜所以不見月光、俗曰、是日可似日月同落也、逮至初二初三、月輪漸行遲趕半時辰零纔落、約離日輪十五度、人卽見月體西邊、有露一線之光、至初四初五、月輪盤轉更遲行一時辰四刻零纔落、約離日輪二十一二度、人卽見月體光似蛾眉、其上弦兩角朝東、至初七八日暮候、月漸行之東、約離日輪九十度、人卽見月體光華顯半、至十五光滿團圓、是時地在日月之間、過此以後、至十六十七、月體西邊有缺、復遲一日則月輪漸西、光華漸減、至二十二三、月出半夜、缺過一半、兩角朝西成下弦、至二十六七、早晨見月、直至晦朔、又復與日輪交會、由是週而復始、計月環地、實得二十七日三時四刻四十三分、若月在日地之間交會、必須二十九日六時四十四分、蓋月行、而地亦行、月須追隨數十度、以至過自行軌道之數、方可交會、所以過於兩日六時零也。

請見第二十六二十七兩圖

第二十六圖　月面

月光盈虧之圖

第二十七圖

外圈
月環地始終
半盈半虧
內圈
自人由地見
此月有漸盈
漸虧之形

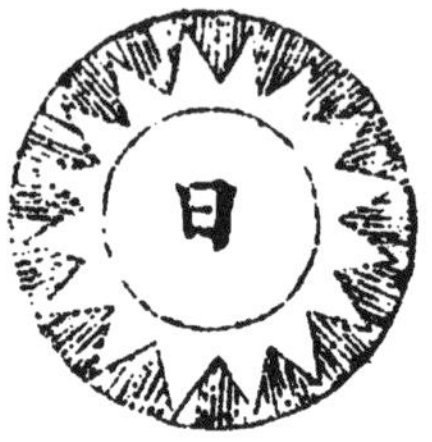

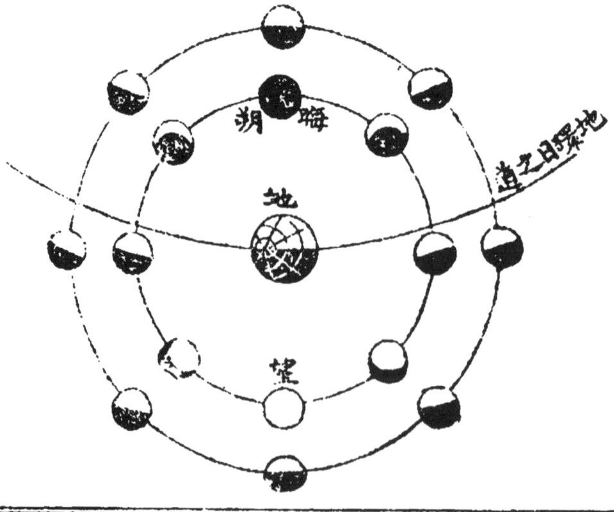

第二十八圖

月追環地成朔望圖

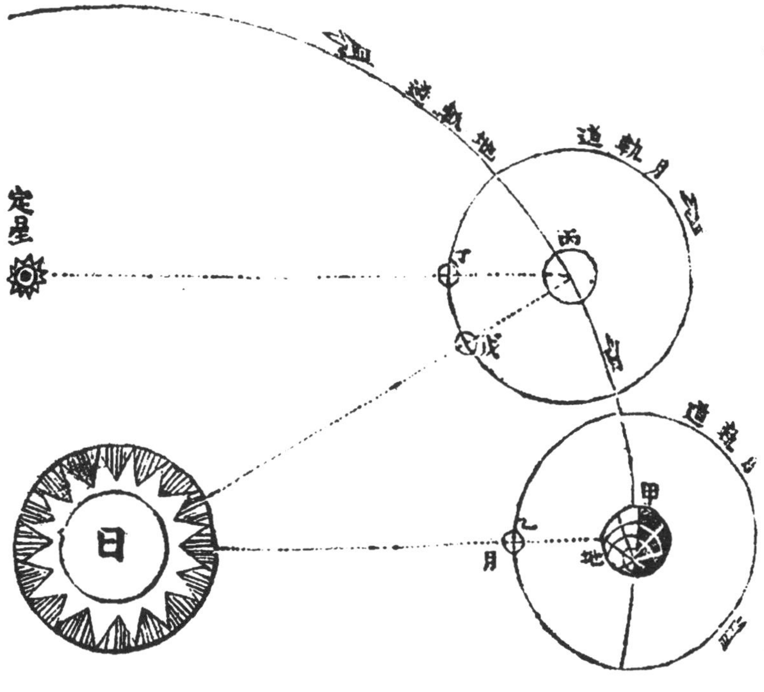

第二十六章論影其條理

百二二節

假有最巨燄、光球一顆、前面有實物、與球平大遮掩、則光之影射出、應是平直。若地或大於日、日其光照地、應地其影射出、漸遠漸闊。若地是小於日、日其光照地、應地其影射出、漸遠漸尖。

辨此條理、方知地是小於日、實非相隔不遠、倘二者相近、則地之影、應短不長。

百二三節

諸行星皆是黑實之質、全賴日光朝向、後必當有黑影射出、第諸行星皆小於日質、故其影射出皆尖、請見第三十圖明辨、但觀圖內木星之體、大於海王、何其影短耶、然而木星之道近日、海王之道遠日。

百二四節　或問日蝕之期、然何應在朔、曰、朔日蓋日行在日地之間、月體遮掩日光、非朔日、月未行至日地之中、故不至蝕。

百二五節　或問月蝕之期、然何應在望、曰、望日蓋地在日

百二六節

月之間、適爲地影掩蔽、月面未接日光、非望日、地未與日月居於直徑、故不至蝕也。

或曰、每月皆有朔望、日月何不每蝕、曰、蓋月地二軌道非均平圓、苟若平圓、則每朔望必蝕、却因二軌交處有斜側、請見第三十一圖。○知軌道交處有斜側高低、朔日、月雖行至日地之間、非居一直徑、月亦不能遮掩日光、望日、地雖在日月之間、非居一直徑、地亦不能遮蔽月體。

第二十九圖

發光映物分別影射

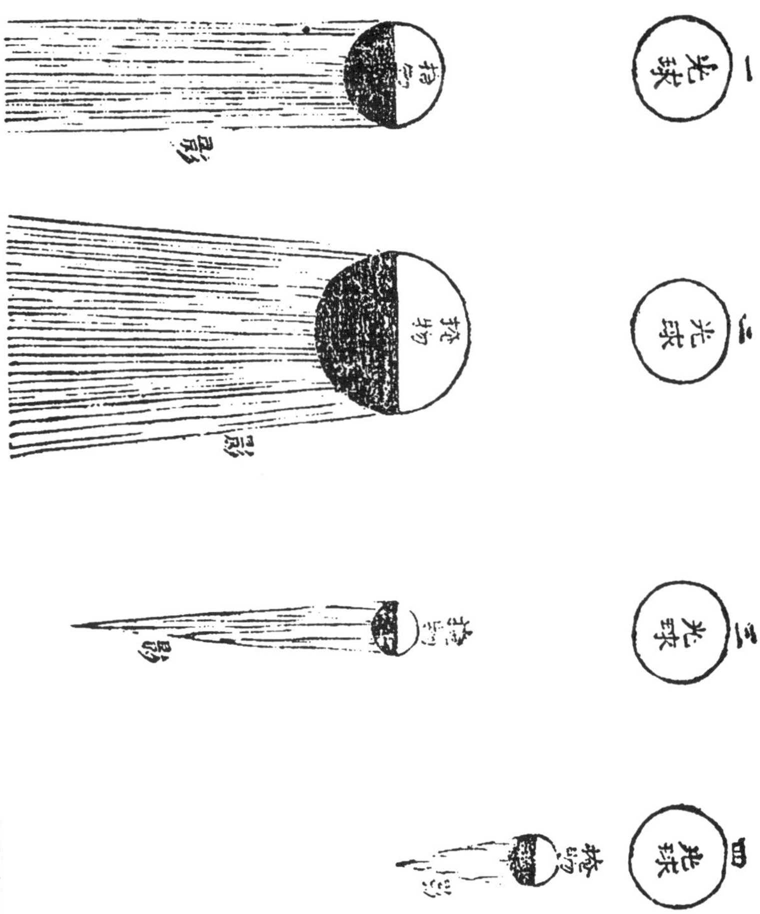

天文淺說　第二十九圖　七四

第三十圖

正副行星影射

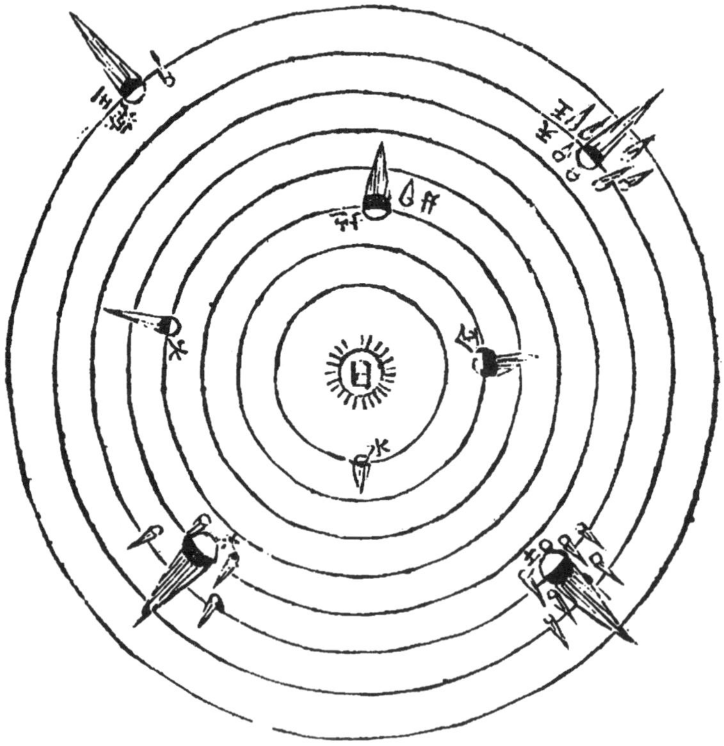

第三十一圖

地與月二軌斜交

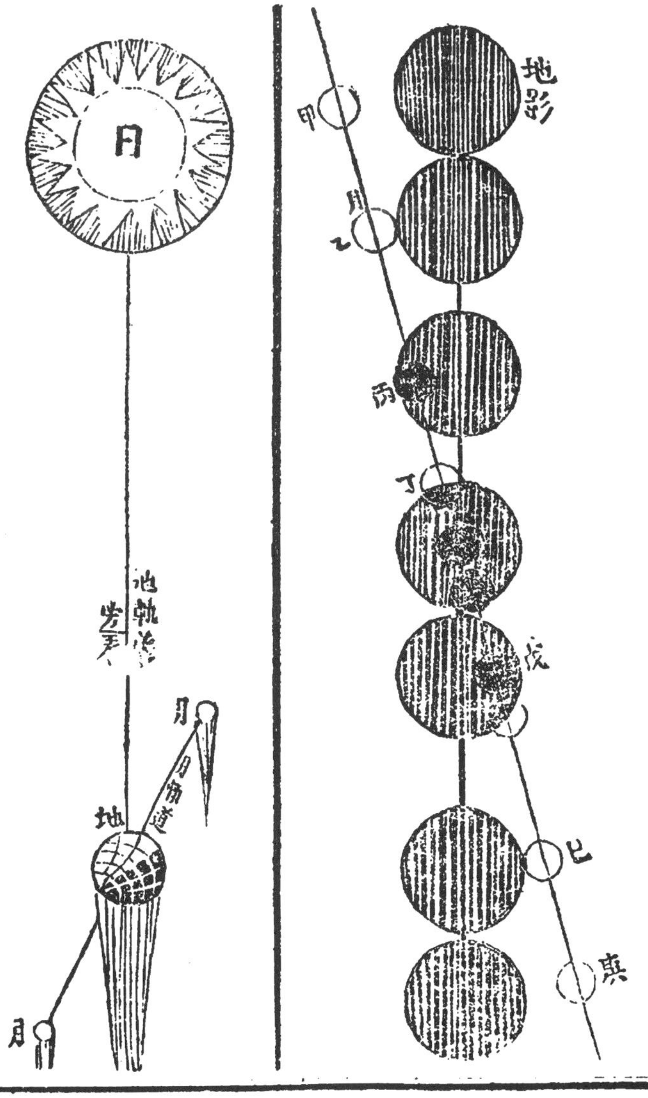

百二七節

再以第二十五圖借比、白紙當爲地軌道、黃紙當爲月軌道、地居中心、日在甲、朔日、月環行至戊、日之光不被月掩、乃因月軌與地軌斜剪、月高於日矣。○若日在丁、地仍居中心、朔日、月環行至辛、日之光則被月所掩、乃因日月地居於一直徑、故日之光被月掩矣、或月離癸十二度、月其光不至蝕、或月離辛十七度、日其光亦不至蝕、若月行正在於癸月則全蝕、月行正在於

百二八節 辛日則全蝕。

百二九節 請見第三十三圖。○如圖、日蝕月環繞地一月一遍、至朔日、月由右旋至左、適過日地中間、月接日之光、影射直入於地、人立在影射之內、目不見日面之光、或全或多或少、且各國所見不同、有能見、有不能見、有能見必有先後、蓋月由西迤東、以此日蝕光、各國土有先後見矣。

月蝕、地環繞日、月環繞地、望日、地適在日地中

百三十節

間、地朝向日光、背影射掩月體、故望日、月面全接日光、被地影遮掩多寡、人立於地、則見月面虧缺若干、其理與日蝕相同。

八行星軌道、俱有橢圓之形、故地球之影有長短、至長因隔日遠、至短因隔日近、請以則中之地影較之、約量有二百五十八千萬里之遙、地影射入月軌、是時地之影計量有一萬八千里之闊、比月輪面三合倍闊、增之緣此月行地中

百三一節

問人目見日體黑滿、謂之日全蝕。

月輪之影射、至長七十五萬七千里、至短六十六萬三千里、則中、七十一萬七千里、請以則中之月影至地較之、計量有五百一十里之闊、因此月影必不掩全地、故日蝕必不過四分鐘之久、天文家云、凡影有正副、正之影射出其色實、副之影在旁射出其色淡、請以則中月之正影、與在旁副影較、副影亦有一萬八千里闊也、或人立在月正影之間、見日面全蝕、立在副影之內、見日面蝕有幾分。

第三十二圖

日蝕

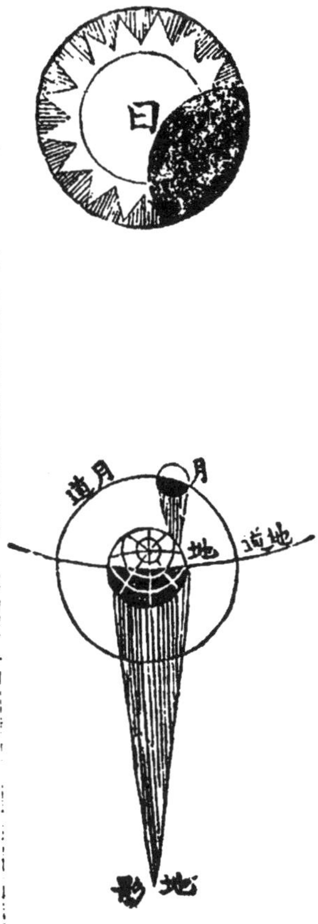

第三十三圖

月蝕

百三二節

第二十七章論日月蝕

日蝕、月蝕。皆因有物遮掩之處、故人視不見其光、月蝕爲地在日月之間、日蝕爲月在日地之間、月蝕在望、與日交聯之時、日蝕在朔、與月交會之時、日月地恒居一線、則每望必有月蝕、每朔必有日蝕、因月道側向地道有五度零、二軌相交處、如刀剪之形。○月蝕、須待月輪行至交軌之適中、與日地同一直線、方被地球掩月、謂之月蝕。○日蝕、須待月輪行至地道交軌之上界、月體遮掩日光、是爲日蝕、且各國所見不同、有見全蝕者、有見小蝕者、有能見有不能見、皆因就地就影而然。

請見第三十三圖。第三十四圖便明

日月掩蝕。

第三十四圖

月影掩日多少蝕體

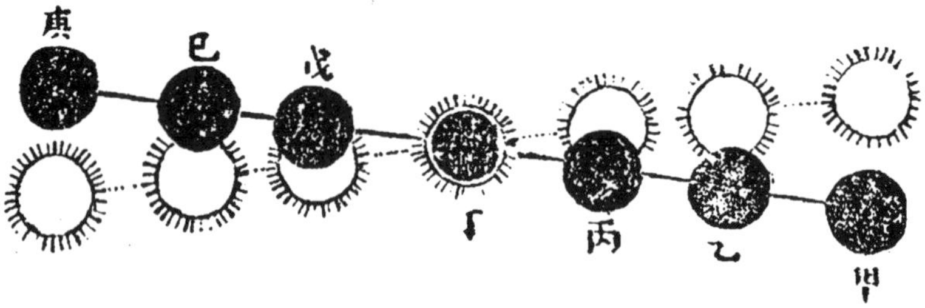

第三十五圖

日蝕如環

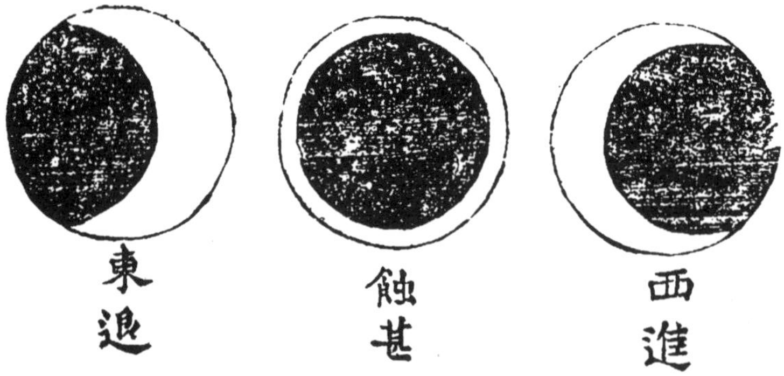

百三三節

第二十八章論環蝕

何謂之環蝕、緣朔日、日月地雖居一線、月道與地道均微有橢圜、若朔日、雖遇一直線、而所距各隔相遠、但月遠其影必小影小不能射及於地、日面雖被月全掩、我地上觀者、見日面外、有四圍仍露光環。○請見第三十五圖便知。

如圖、圖環繪有三、暨比如日面、月旋行由西旋東、第一圜、月輪自西旋東、初掩日面。○第二圜、月輪旋掩全日面對正、顯露光環。○第三圜、月輪掩日由西出東。○我地面人、見月常有大小不同、何也、其中有遠近之別、近地月面寬大、日遇蝕則見全蝕、遠地月面窄小、日遇蝕則見環蝕。○全蝕多不過八分鐘、少不過四分鐘、漸退。○環蝕最久十二分二十四秒、漸退。

請見第三十五圖、第三十六圖、便知日體全蝕環蝕。

第三十六圖

日月交蝕遠近地球

日體全蝕則因地隔日遠月近

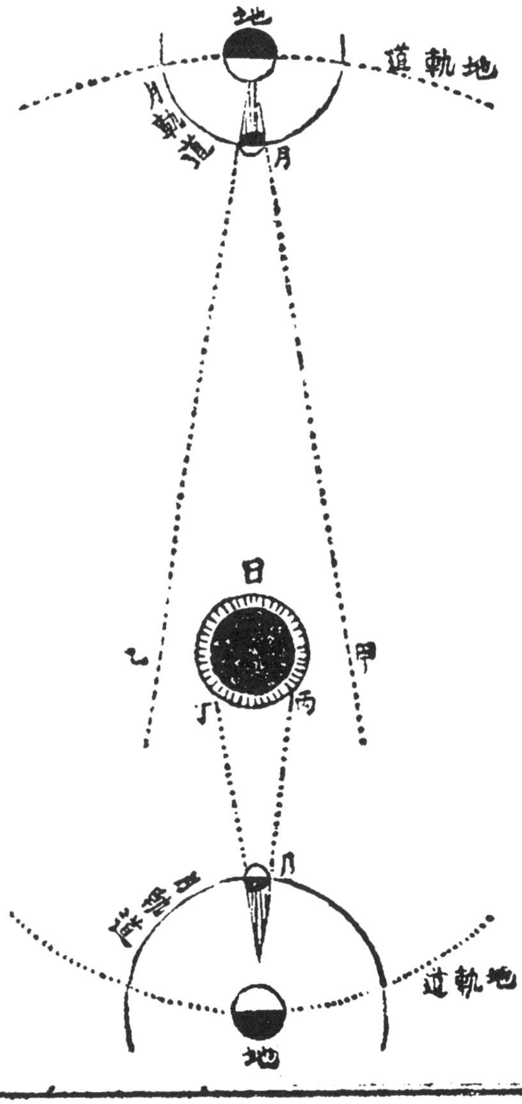

日體環蝕則因地隔日近月遠

百三五節

近代天文士測、一年日月蝕最多共七次、日居有五、月居有二、至少共二次、俱係日蝕、月環繞地二百二十三週、共算合計十八年、每年應三百六十五日七時辰半、此即是日月蝕次第循環、永無變錯矣。

第二十九章論水潮汐

百三六節

洋海之中、水有潮汐、凡潮三時漲、三時退、各有次第不失其常、潮漲約三時、至漲足遂靜一刻、後始退約三時、至退盡亦靜一刻、復漲如前、然兩潮中間、一日約遲五十分、查所以潮漲者、乃是日月力相引之故也、夫攝引之力日力最大、月力次之、但日力雖大、而遠則弱、月力雖小而近則雄、月與地較近、則其攝力大於日、月環繞地球能攝引海水潮行、向月之處水潮漲、月落之處水退低、無時不引行、無國不同見、一日間有二潮汐、蓋每日二次爲月攝引、惟水漲於此、必退於彼、於是潮於此、二對處漲足、則彼二對處遂退盡也、但日離地最遠、故其攝力小於月、即引水與月無異、故朔望日月交會、水則大潮、乃日月合力攝引故也、轉至初八九、二十二三日之後、乃日月分力、水則小、由漸小而漸增、由潮大而漸減、且一年之內、大潮小潮、最大最小各一次、即立春立秋之際、是時日近於地、其吸

百三七節

力最大所以潮之最盛比他月爲尤甚。天文士察地球四周、分爲三股、海洋居二、陸地居於一、地晝夜本軸輪轉一週、隨處向月、水性被日月力攝引一邊、勢必分動其四圍、所以引潮於前、退流於後、地球上下、必有兩潮相對而漲。○請見第三十七圖、三十八圖、三十九圖、便明水潮汐、日月合力、分力引動。

第三十七圖

水平居海洋

水隨月潮汎

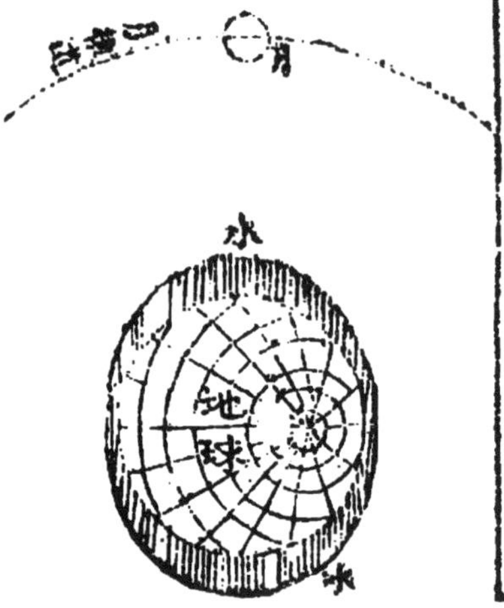

第三十八圖

日月合力引水潮汐

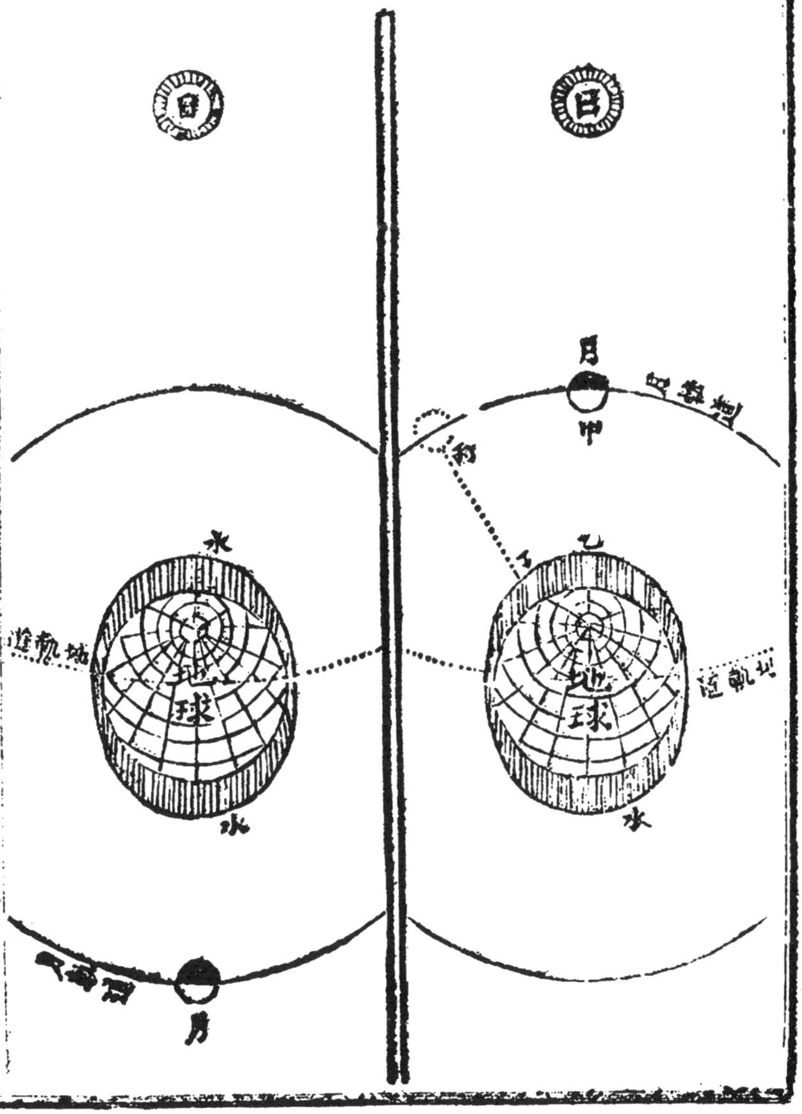

天文淺說　第三十八圖

八四

第三十九圖

日月分力引水潮汐

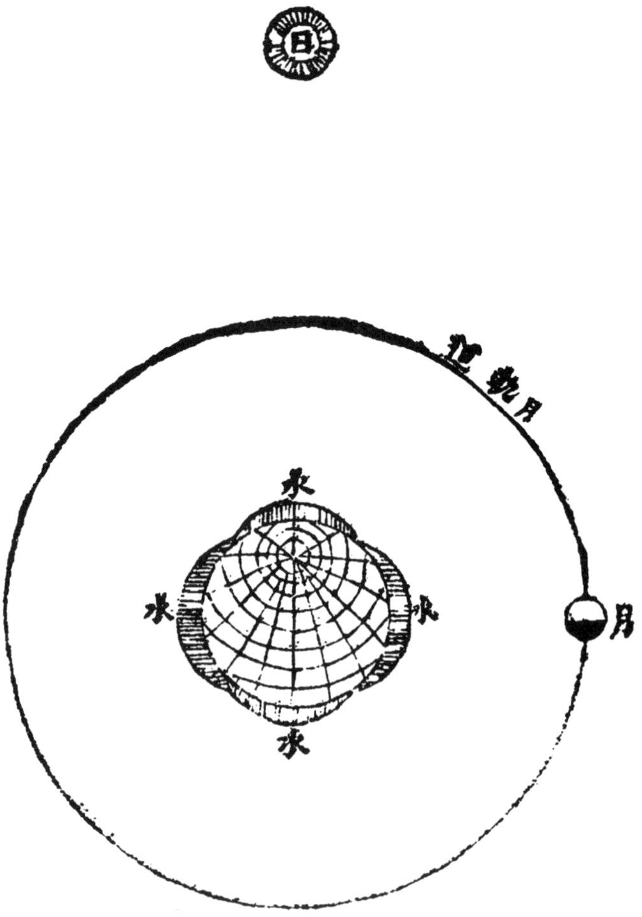

百三八節　或問曰、每日兩潮中間、何以漸遲五十分、曰、蓋地球每日自轉一週、而月每日行遲十三度、則地轉一周、後必再轉十三度、姑與潮會、故潮每日遲五十分也、月漸遲則漲亦遲、遲至一週而復始。

百三九節　或問曰、何謂日月合力引水、曰、如三十八圖、朔日、地在日月之後、是時日月同度、合力吸引。○望日、地在日月之間、日月相對、二各引水離高、故朔望日、比他日潮漲尤大也。

百四十節

或問曰、何謂日月分力引水、曰、如三十九圖、若初八九二十二三日、日月相距九十度、則是二力分引故水潮小矣。

百四十一節

測江河之水本無潮汐、其汛係海洋水、受日月吸引潮冲、則海水冲前、江水進上、江河之水乃溪澗疏通、其味淡、海洋之水其味鹹、海水汐退、淡水又回平流於江、查海水潮漲、或有進幾百里、或有進幾十里、推原其故、因有山峽隔阻、潮勢延緩、況地面形勢不同、故水潮有高低之別、大海洋中、其面潮水、高罕過三尺、別有潮、由狹海漲來、高三四十尺、或至七十尺不等、此因洋大海多風、生於波濤、波濤之高低遲速、視風之大小、水之廣狹、底之深淺也。

第三十章論晝夜

百四二節

地球之體如圓形、每日盤轉一週、北極向上、南極向下、由西旋東、向日則光爲晝、背日則暗爲夜、日光直射之處、九十內有光、過此則暗、中線卽爲明線之界、日光直射不過赤道南北二十三度半、至此處其光過南北極亦二十三度半、日光在北半球、爲西曆六月二十日夏至、日光在南半球、爲西曆十二月二十一日冬至、自春分至秋分、日光直射在北半球、晝爲長、惟夏至

第四十圖

地球盤轉成晝夜

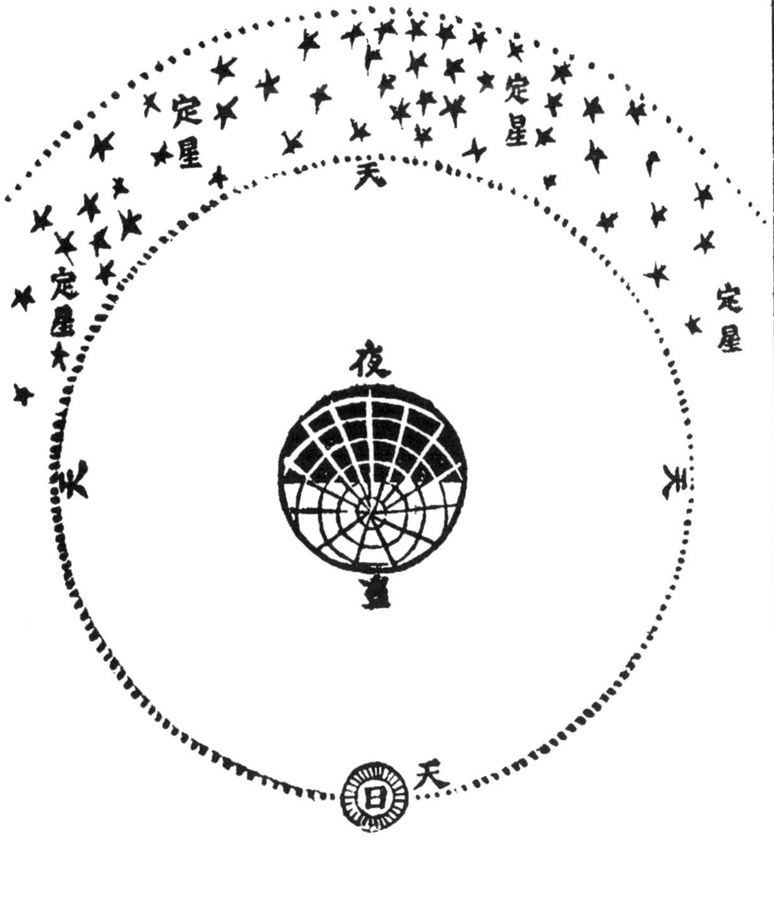

第四十一圖

地球旋轉成四季

泰西每年應十二個月 每年正三五七八十十二等月應三十一日 每年四六九十一等月應三十日 惟二月應二十八日 計四年加閏一日則二月即應二十九日

泰西年曆单

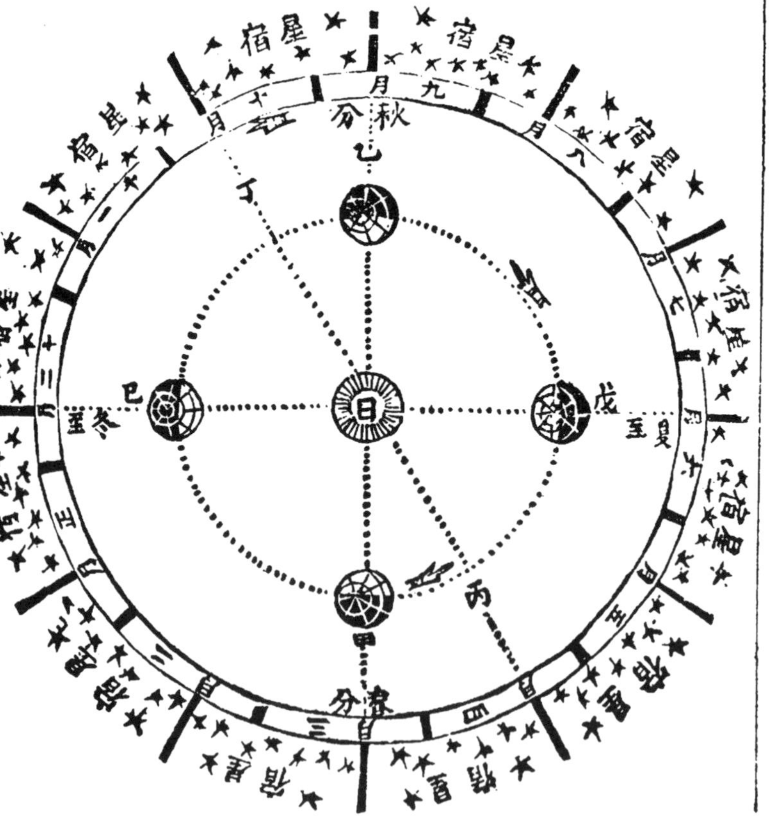

極長、後則漸短、自秋分至春分、日光直射在南北球、晝爲長、惟冬至極長、後則漸短、至近南北極有半年爲晝者、有半年爲夜者、北極之晝、即南極之夜、南極之晝、即北極之夜、蓋南北晝夜相反也。○或問曰、地球自轉成晝夜、何能轉成年歲、曰、日輪常居中、地球與衆行星環日而轉、軌道各有遠近、圜行各有遲速、地在軌道環行日外一週、每三百六十五日二時七刻、此合一年之數也。

請見第四十、四十一圖、便明成晝夜、成四季。

百四三節

第三十一章論地球環日成四季

何謂四季、因地球環繞太陽、晝夜旋轉不停、一年一週、分成爲四季、如第四十一圖、居中太陽、環圍線係地球軌道、在外極遠係諸定星○天文士、將四周定星、分爲十二宿、比若地球十二月在某星宿方向、旋轉過一個月、又過一宿、週滿一遍、成一歲序也○比以十二月之時、地在已、謂之冬季、過三個月、地旋轉至甲、謂之春季、

百四四節

又過三個月至戊、謂之夏季、又過三個月至乙、
謂之秋季、此是一年分爲四季也。
地球在甲乙、時是春秋二分、晝夜平長、氣候溫
和、因日光直立赤道、居於赤道者、炎熱盛矣、中
華居於中帶之北、在四十七度內、故得溫和也、
地球在巳、時是冬至、晝短夜長、氣候寒冷、因日
光、直立在南帶、南二十三度半甚暖、南極見光、
乃中華處於北帶、是時日光偏側輕薄、故氣候

得寒冷也。

百四五節

地球在戌時是夏至、夜短晝長、氣候炎熱、因日光直立在北帶北二十三度半成暑、北極見光、乃中華處於北帶、故得炎熱、是時南半球、日光偏側輕薄、亦是寒冷也。

百四六節

天文士測、四時寒暑温和、非日遠近地球之別、實日光直立之故也、地球旋轉之時、本軸恒有定向、一歲中雖旋轉四周、而恒指一向、冬夏二至、相距亦有六萬三千餘萬里、較定星之遠爲甚微也、詳見圖、地四周外俱是定星宿所、日居於中、地球旋在何向、夜則見本向之星、他向不見、因地未旋及也、日間何亦不見天空定星、爲太陽光耀所阻矣。

第四十二圖

日光斜正地球分寒暑

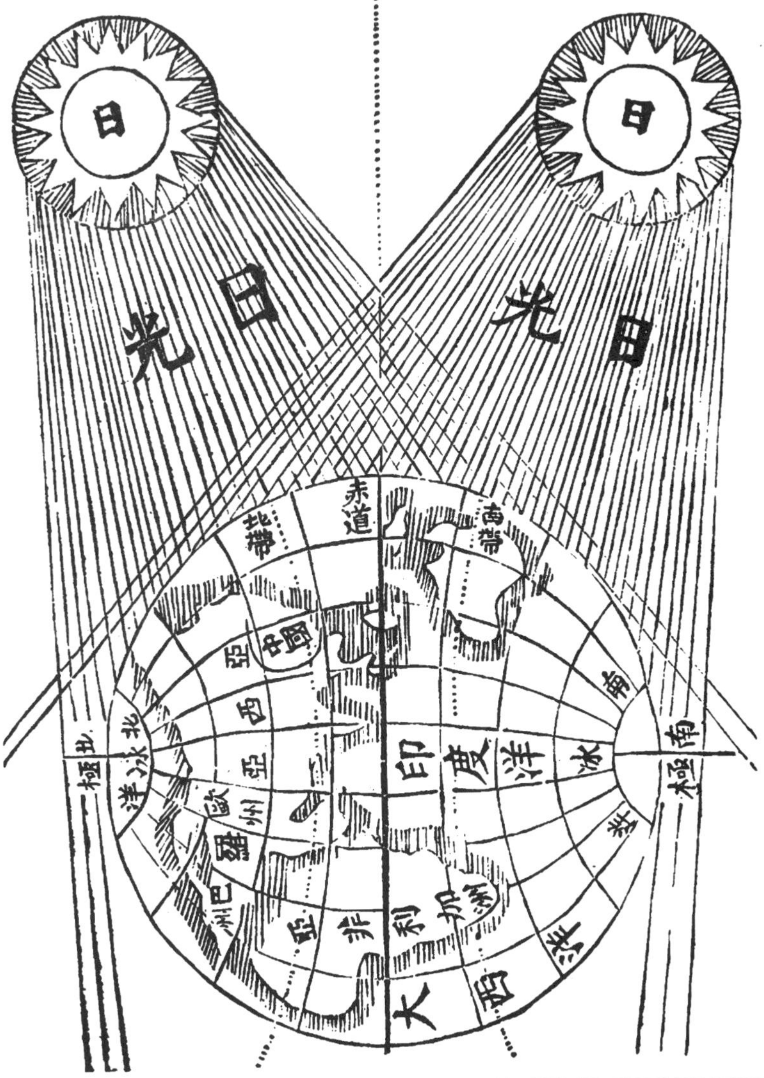

第四十三圖

分日時刻點鐘表

一年應三百六十五日零三時侵
一日應十一時
一時應二點鐘
一點鐘應四刻
一刻應十五分
一分應六十秒
地球環繞日一週則合一年

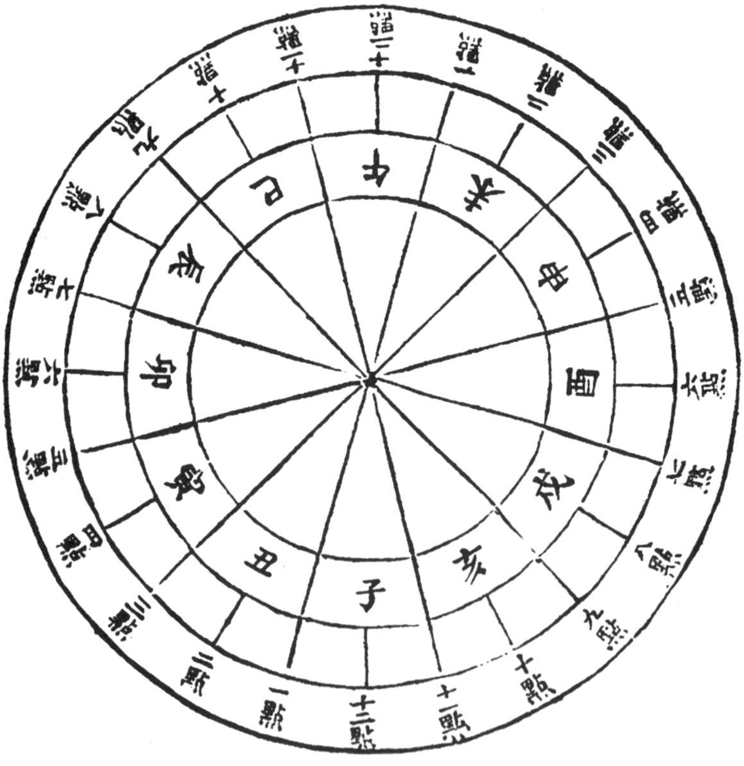

第四十四圖

圓橢二環之式

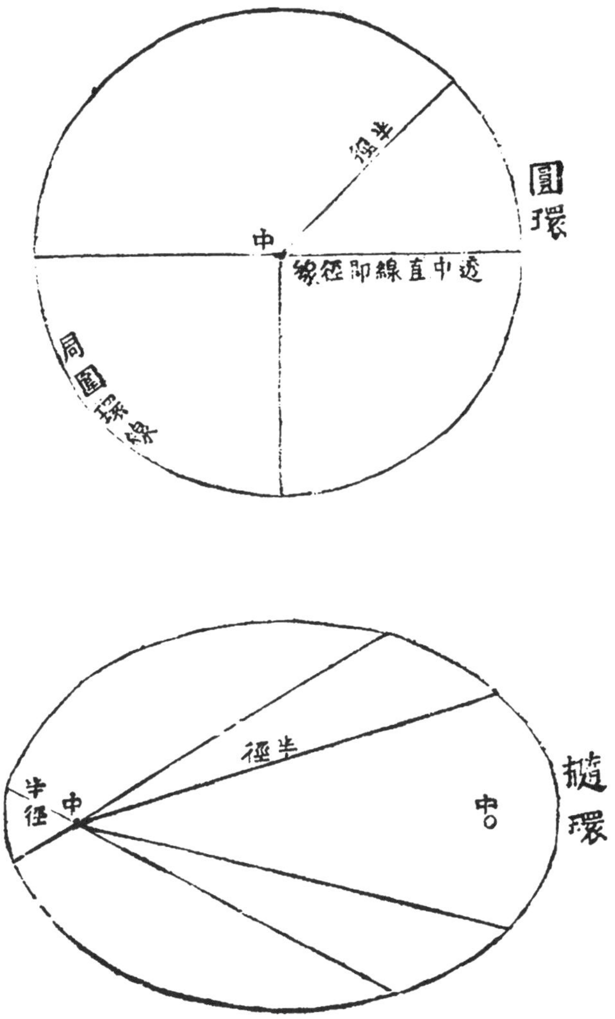

第四十五圖

全環大小分度位

一全環大小分三百六十度

一度六十分

一分六十秒

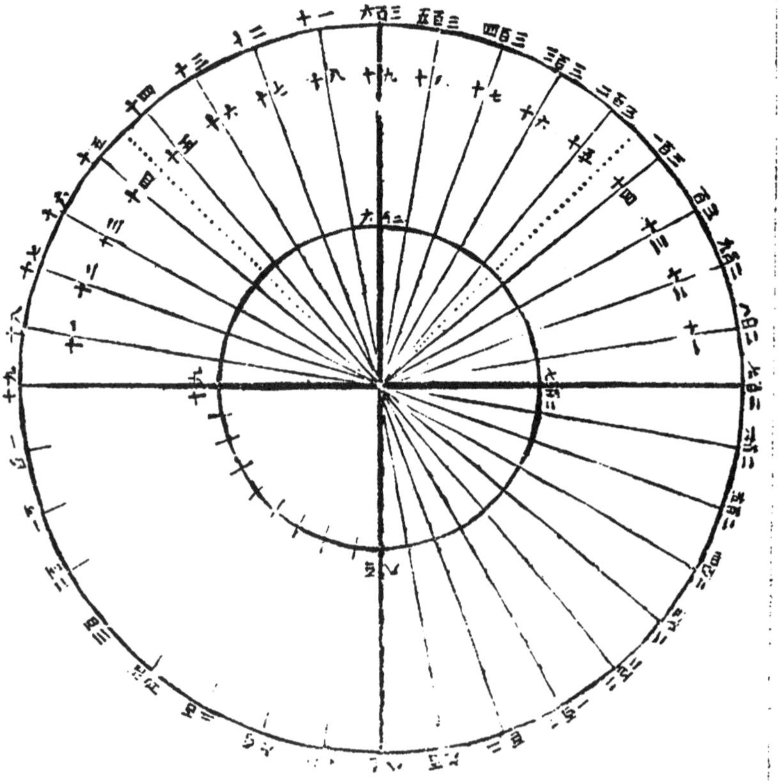

今予譯著天文淺說一書、共三十一章、專言日月諸星經行空際、暨氣化異象、及一切功效、皆藉吸力所感動而生焉、至於風雲雨露、雷電冰霜等、皆因地而成、均載在地理淺說詳釋之、○竊思創造萬物之主、即和華上帝、真莫能測矣、其無形無聲無質、目不能見之、耳不能聽之、身不能遇之、然人能玩索聖經、體驗心性、考察世界萬物之理、自能得之於心、而覺上帝無量福祉、無量智慧、無量微妙、欲窮究之而不能窮究也、欲詳審之而無從詳審也、故雖心交上帝、不過知其萬分之一耳、不能盡知也、能盡知之者、其惟耶穌乎、其惟聖神乎、嘗讀聖經。

見創世記一章一節　太初之時、上帝創造天地。

又二章一節　天地萬物既成。

見申命記十章十四節　天與天上之明宮、地與地下之萬有。

又三十三章二十六節　耶書崙之上帝、無能比擬、赫奕於天、乘雲降、以輔翼爾。

見列王紀下十九章十五節

禱曰、居堪嘧咏間、以色列族之上帝耶和華、既造天地則在天下列國中、爾獨爲上帝。

見歷代志上十六章廿六節

從尼伯子耶羅波暗所爲、使以色列族陷罪、以其妄行、干以色列族之上帝耶和華震怒。

見尼希米九章六節

爾耶和華惟一、爾創造天上之明宮、及

所懸之天象、爾肇基大地、及地上所有、海中所藏、爾覆育萬物、諸天使崇拜爾、手闢天宇、足乘海濤、斗柄旋、參昴見南方之宮、運其躔度。

見約伯紀九章八節九節

鼓其氣、穹蒼朗霽、展其力、龍宿羅布、

又二十六章十三節

上帝兮、上帝彰其榮光、穹蒼顯其經綸兮。

見詩篇十九篇一節

耶和華兮、命甫頒、而穹蒼受造、言一出、

又二十三篇六節

而天象羅布兮、

又一百二篇二節十九節

煥光華爲衣、張穹蒼若幬兮、主造大明以定日時、日入不爽其刻兮。

又一百十五篇十五六節

耶和華、造天地、加爾以純嘏兮、天上之明宮、屬於耶和華、彼以天下賜之於人兮。

又一百二十篇二節

造天地之耶和華拯救予兮。

又一百二十四篇八節

耶和華創造天地、自彼郇邑、錫爾純嘏

兮。

又一百四十六篇六節

天地滄海、凡百庶物、咸其所造、言出惟行、永世不忘兮。

見箴言三章十九節

耶和華運其智慧、造穹蒼、立地維。

見以賽亞四十章十二節

掬掌以承滄海、布指以度穹蒼、斗量坤輿、權衡山嶽、孰能爲之哉。

又二十二節

主坐地球、視世人若蟹蟲、主布穹蒼、若張帳幕。

又四十二章五節

昔耶和華上帝、創造穹蒼、使之張舒、奠定寰宇、使之生植、賦億兆以吹噓之氣、畀生民以活潑之神、今告厥僕曰、

又四十四章二十四節

耶和華曰、我耶和華創造萬物、張舒穹蒼、奠定寰宇、肇造爾邦、拯救爾民。

又四十五章十二節

我張穹蒼、羅布天象、奠定寰宇、撫育民人。

又十八節

耶和華上帝、創造穹蒼、奠定寰宇、非徒

然也、乃俾斯民安處焉、其言曰、我耶和華而外無他也。

又四十八章十三節

我布穹蒼、造寰宇、使之奠定無不應命。

見耶利米十章十二節

耶和華以其大能創造大地、以其智慧展布穹蒼、奠定寰宇。

又三十二章十七節

主耶和華歟、爾以巨能大力、肇造天地、詎有難行之事。

又五十一章十五節

我以大能創造大地、以智慧奠定寰宇、

展布穹蒼。

見亞麽士九章六節

我作明宮於天、鑿幽谷於地、使海水泛濫於天下、厥名耶和華、

見約翰一章二節

是道元始、與上帝共在也。

又十節

其在世、世以之而創、世不識之、

又十四節

夫道成人身、居於我儕之間、我儕見其榮、誠天父獨生子之榮、以恩寵眞理而滿也。

呼曰、爾曹何爲如此、我儕亦人、與爾同情、特傳福音與爾、使去此虛妄、歸造天地海萬物之永生上帝也。見使徒傳十四章十五節

又十七章廿三節至卅一節

我方行遊、見爾所拜、遇一壇、書曰、未識之上帝、爾所未識而崇奉者、我爲爾告之、夫造宇宙萬物之上帝、乃天地主、不居手造之殿、不爲人手所事、亦不需一物、乃以生命呼吸萬物予衆、主造萬國、

本於一脈、地以居之時以定之界以限之欲人求主、庶揣摩得之、而主離我不遠、蓋我儕賴之而生、而動、而存、如爾作詩者有云、我儕爲其赤子焉、既爲上帝赤子、則上帝之體、不可以若金若銀、若石、人工機巧琢之往者冒昧以行、上帝不咎、今乃隨在命衆悔改、定一日、欲以所立之人、義判天下、而復生之、俾衆徵信焉。

見希伯來一章二節至十節

上帝以其子肇造天地、立爲萬物主、厥子顯其光華、肖乎其質、以大命載萬物、既舍己贖我罪、後在天、坐至大者右、較之天使、尤得至尊之名、故超軼乎天使遠矣、上帝對何天使言曰、爾乃我子、今日生爾、又曰、吾必爲其父、彼必爲我子、迨上帝使冢子入世、則命天使曰、悉當拜之言及天使則曰其用使者猶風役者猶火言及其子則曰上帝歟爾之有位永世靡暨爾之國柄則合乎義爾善善惡惡故上帝即爾上帝以膏膏爾以快爾心俾得尊於爾侶又曰主歟爾元始肇基乎地創造乎天

又十一章三節

吾惟信知天地以上帝命而造有形由無形而出。

見羅馬一章十九節至二十三節蓋上帝之功用、人所可知者、顯於衆、是上帝示之也、自開闢以來、上帝之永能性體、目不及見、惟其所造之物、可睹而知、故人末由推諉、顧彼既知上帝、猶不以上帝尊之謝之、乃志意虛妄、忘頑蒙昧、自稱爲智、適成愚魯、不崇永生上帝之榮、反拜速朽世人禽獸昆蟲之像、○以上錄證聖書各章節、考察世界萬物、則嘆其巧矣、富矣、美且備矣、然此萬林之一葉、萬牛之一毛耳、此世界萬物外、尚有無數世界萬物、其多不知其幾千萬億兆也、彼無數世界萬物、與此世界萬物、或同或異、不得而知、或有同有不同、或全不同、不得而知、而悉上帝造之主之包容之、人又何從而測之。

天文淺説終

福州天安堂圖式

Heavenly Rest Church, Foochow, China.

眞神堂圖式

天文淺說書每本定價錢壹百五十文
一在福州南台茶亭眞神堂發售
一在福州城內東街福音堂發售

天文圖說四卷

〔英〕柯雅各撰　〔美〕摩嘉立　薛承恩譯

《天文圖説》四卷，英國柯雅各撰，美國摩嘉立、薛承恩譯。摩嘉立（Robert Samuel Maclay，一八二四—一九〇七），美國衛理公會傳教士，一八四七年來華，曾參與創辦福州英華書院。據近人黄乃裳撰《薛牧師傳略》、《紱丞七十自序》，知黄氏亦曾參與譯述。是書凡四卷，卷一論日月並各行星之次第，附八星日月度里表；卷二論天文圖撮要；卷三論天空異象；卷四論天空星宿。圖文並茂，行文簡練，頗便初學。據中國國家圖書館藏清光緒九年（一八八三）上海益智書會刻本影印。

光緒九年新鐫

天文圖說

美國摩嘉立
薛承恩 同譯

益智書會校訂

序

天文圖說一書原係大英國天文士柯雅各所撰謂之圖說者因天文之理幽深玄遠非有圖以闡明之恐人終難明其旨故繪圖四大幅細說天象之形勢俾學者一覽或可了然心目然亦賴啟廸者循循善誘細爲指示也是書共有四卷第一卷論日月并各行星之次第二卷論天文圖撮要三卷論天空異象四卷論天空星宿細閱目錄卽知其大旨且泰西人士多以此等書籍啟示童蒙爲初學天文者之捷徑其裨益後學良非淺鮮邇來天文家製器益精測得天文之大綱較前尤爲詳悉如二卷二章并十

十一兩章以及三卷六章所論之光色圖暨四卷中新得深奧之要理是也玆謹依是書原本譯出并爲考校加減以爲課蒙之用既可以擴人之見識亦可以破人之乖謬且俾人知天空諸曜如許衆多如許廣大如許榮耀因識造物主之全智大能於是小心翼翼修身以事之并願凡閱是書者悉心硏究由淺及深能得天學無窮之底蘊焉

光緒壬午仲春之月謹序

天文圖說目錄

第一卷

第二卷

第三卷

第四卷

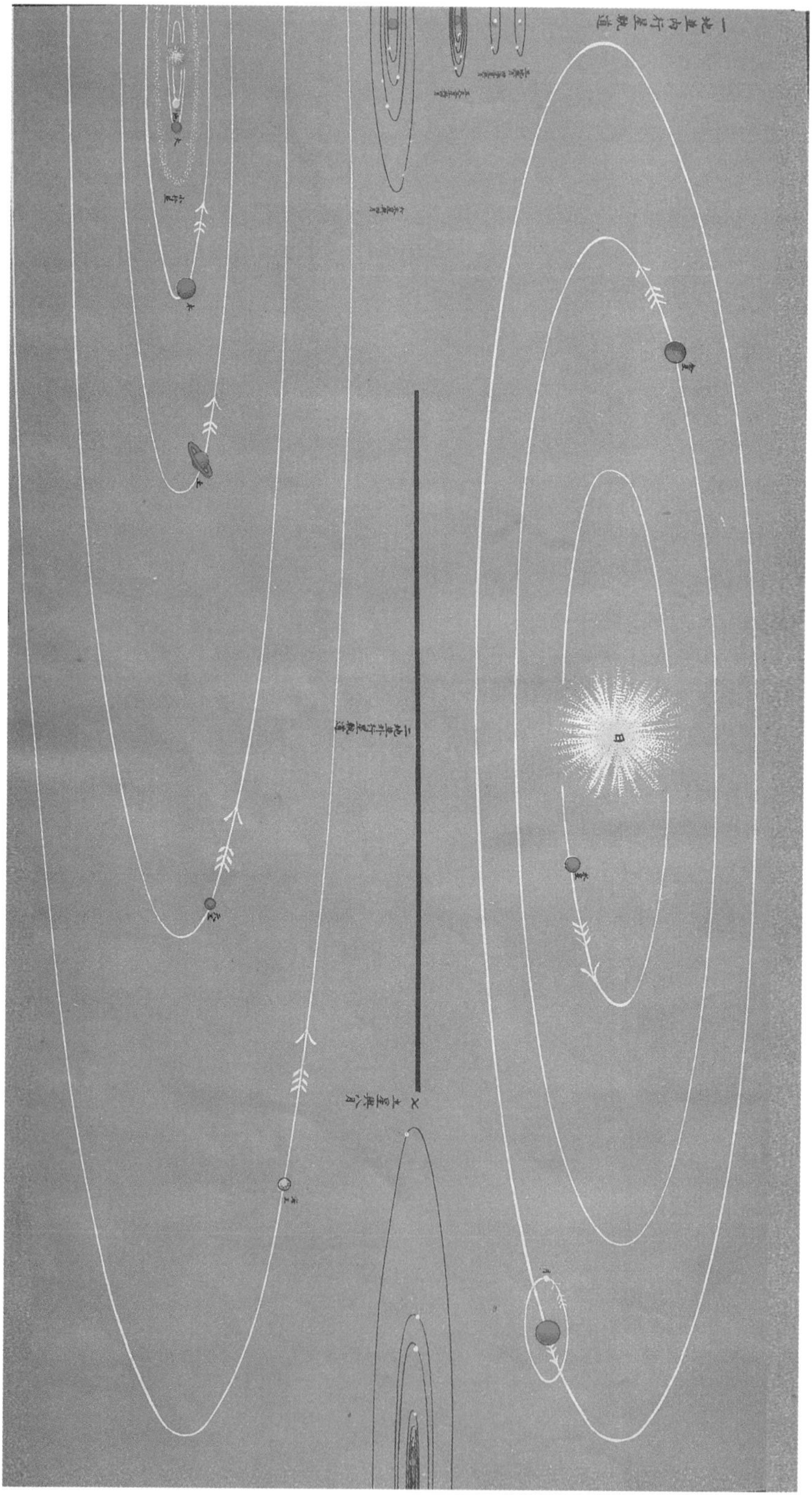

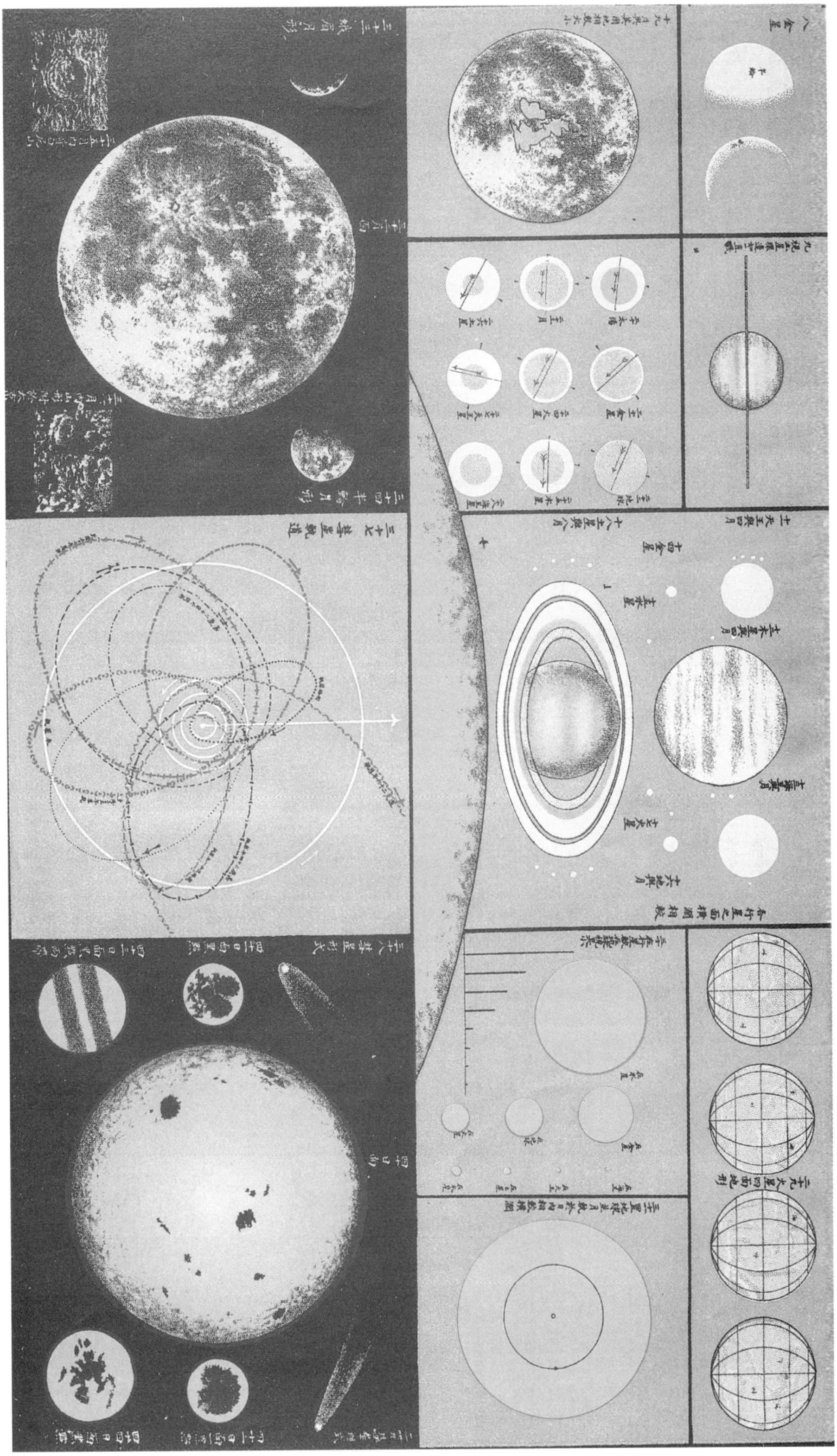

天文圖說卷一　論日月並各行星次第 見第一圖

小引

吾人所居之地球，實爲一大行星。夫大行星計有八，皆繞日而行，遠近不等。既藉日之光熱，復賴日之吸引，使日無此吸引之力，則各行星將飛散太虛，不得各循軌道而行矣。一節

吾人觀日與月之體，其大若相同，其實日大於月殊多。蓋月距地近，而日距地遠也。未計遠近，則以爲日月之體寬闊相等，謬矣。天下能行之物，最速者莫如炮彈，計一小時即一點鐘，能及三千里之遠，使由地球開彈，十日能到月處，若至日處，當有十年。○各行星中，海王星離日最遠，計炮彈之速，畧須三百年，而後能至其處。○二節

日與行星，並其軌道之大，在宇內受造萬物中，不過一點之物，而日之光大，亦不過億萬恒星中之一顆而已。且穹蒼遠處，更有億萬萬之日，與諸行星，而日之彼此相隔億萬里，且遠隔地球，故人視之，惟一恒星而已。西國當未製遠鏡前，以人目測見者，祇五六千顆之多耳。三節

各行星繞日之軌道，如大小之圜，逐層佈置，故循軌道而行，自無衝擊之患。四節

地球之爲行星，在第三層軌道，其一二層軌道，更有二行星，離日較近。而地球外，更有行星軌道五，合爲八大行星。此外大行星之有無，天文家猶未測出。五節

日與各行星繞日之軌道，見第一二圖。其第一圖內，有地球並近日之二行星軌道，第二圖內，有地球及地外之五行星軌道。察第二圖所繪軌道，較小於一圖，其故因海王星距日極遠，若照第一圖尺寸，則礙篇幅，再一圖地之軌道頗大，二圖則小矣。此爲篇幅所限，餘可類推。○六節

第一章　論日體　見四十圖

日居行星中央，不行移而自旋轉。體極廣大，設以各行星並彗星加入日體中，則日亦不見增廣。七節

日之直徑，長二百五十五萬六千里。法以長繩直量中央，見其體長如此。○西國火車，一小時能行九十里，設以火車繞行日體，須九年可得一周。若繞行地球，則三十三日可也。○八節

日體大於地體殊多，若以地與月繞地之軌道，置於日體內，畧佔日直徑一半之地。見三十圖，並參左圖，置地與月之軌道於日體內，相較橫闊。○九節

以遠鏡測日面之光，見中央極濃，外則漸淡。見四十圖　日面純爲火焰，謂之光球。其光自球中而出，火焰升降，如海之波

浪掀湃高低在高處之光極爲燦爛因四圍之氣少且薄不能盡吸之惟在低處之光則稍黯因被深厚之氣所吸故也十節

日全蝕時有極長絳色火焰發自日旁遠甚詳察之見有一重紅光與光球相離咫尺因其中有一重極薄之白光以相間隔外重之紅光名曰色球能發絳色火焰十一節

日面之光球約二十九日自能旋轉本軸一周蓋觀光焰上有黑斑自東迤西即知其有旋轉也但日體如何自轉至今猶無人知之○見四十圖十二節

日面黑斑初見時不甚大而有時則變爲大且有參差凹凸等式見四十一四十二四十四圖　有時黑斑極大不必遠鏡目力亦能見之法將玻璃片以燈烟烘暗仰蔽兩目以避日光始可見也日之南北兩極皆無黑斑赤道亦少惟近赤道上下南北兩帶甚多○見四十三圖十三節

黑斑之出沒大小極爲無定近有人謂此黑斑約十一年中盛衰其上五年半逐漸而盛下五年半逐漸而衰十四節

日之黑斑與地球之北曉有關當黑斑盛時則北曉之光亦大黑斑衰時則北曉之光亦小日面光焰搖動亦與地球有磁氣之物有關十五節

近有人擬黑斑發現之故係由日面光焰大動裂開而現且恒有冷氣冲入日體又有白熱輕氣自深處而上冲入色球十六節

一黑斑內其色三等中體黑甚闇虛畧淡外虛則更淡十七節

細察日面有無數火舌密佈長短不等而火舌中有無數罅隙惟黑斑之旁所現之式頗多儼如草槁柳葉米粒等狀後即漸化爲無可知實乃火焰而已見四十一至四十四圖○十八節

日面黑斑大小變幻極爲奇異當其最大時以地球較之猶不能滿其中體十九節

此黑斑實有確據令人知日面之氣大動非人所能臆度祇在瞬息之間其出沒變幻各異其式二十節

太陽熱氣極大人雖盡力所爲之熱亦不能與之相較或思太陽只須三尺方之熱即與大爐十分時鎔煤二千斤之熱相同二十一節

太陽之光極大逾吾人盡力所爲之光萬萬也人力所爲之光莫如輕養石灰燈若以此燈置日前而較之只如一烏子而已二十二節

以上所論數端光球色球火烈外更有氣環太陽當太陽全蝕時始得見之且月遮日全體時日旁環有白光西人

稱爲日冕日全蝕時更有奇異光芒自日旁閃出此理詳見下第三卷十八節並圖 二十三節

第二章論水星 見十五圖

繞日之各行星按次離日之第一近者爲水星距日十千六百萬里 見第一圖○二十四節

水星距日不甚遠而距地則稍遠故人目鮮能見之天文士以遠鏡測知其自轉本軸約二十四小時一周繞日約八十八日一周則成爲一年故水星之日夜與地球畧同而年較地球只四分之一 若於水星處較在地球觀日更大見三十圖○二十五節

水星有一奇異其於八行星中體雖極小而其質則較重

比之土星重約十倍比地球重四分之一見第八表 譬如一器滿貯水星之質亦滿貯土星之質各權之則水星質重十斤土星只重一斤若以地質與水星權而較之則地重四斤水星重五斤此西國以水權物之法也故謂水權餘倣此○二十六節

第三章論金星 見第八圖並十四二十一圖

按行星之次離日之第二近者爲金星此星距地最近觀空中極光耀者即此星以其離日較地更近故人或於早晨見之或於薄暮見之晨則名爲啟明暮則名爲長庚其體較地畧小質亦畧輕而四時則大異於地蓋其本軸極斜故也 見二十一圖○二十七節

按金星軌道離日約十九千八百萬里繞日約七月有半一周自轉一周約二十三小時一刻故金星之日夜與地球畧同 若在金星處較在地球看日更大見三十圖○二十八節

水金二星行於日與地球之間有時正對日面而過其過日面時視如一黑珠有天文士分往兩處觀此行星過日之遲速以法計之即知地距日之遠近 二十九節

第四章論地球 見十六並二十二圖

人所居之地球即近日第三行星按其軌道距日約二十七千四百萬里繞日約三百六十五日有六小時一周成爲一年西人以三百六十五日爲一年而所餘之六小時積四年則成一日故西國每於四年二月中加一日焉 三十

節

地球二十四小時自轉本軸一周成爲一日於地球軌道平面豎一直線則知地之本軸斜離直線二十三度半此所以繞太陽而成爲四季也 三十一節

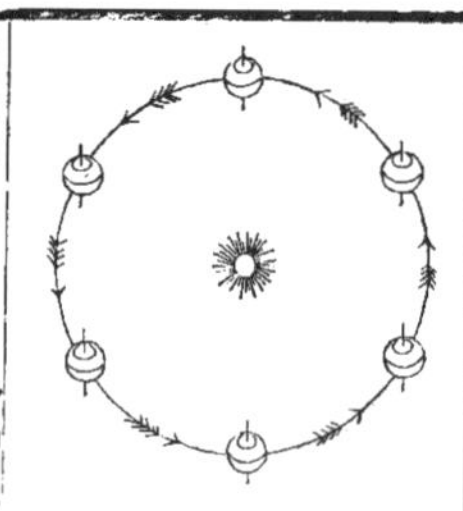

地球繞日其本軸皆平行本無動易故南北極之方向永無變更所以北半球夏至南半球即冬至南半球夏至北半球即冬至也南北兩半球之四時相反如此 見上圖並二卷四章○二十三節

地球之面有水其水之深較地體之厚如一膜者然人稱

為海洋夫海洋之深淺折衷只六里如以木造一地球直徑長二尺球面塗以漆則洋海之水恰如所塗之漆而已三十三節

地面有空氣包羅氣之厚者約一百五十里至二百四十里之則若無此氣則世界之生靈草木必不能生活而近地之氣密厚者能生育萬物倘出十餘里之上則氣疎薄萬物不能生育漸高漸薄直至於無三十四節

地質與水各權之地質則重五倍半亦重於石而輕於鐵三十五節

第五章論月 見三十二圖

我等所居地球有一月輪環繞距地約七十一萬四千里見第三圖較小於地其直徑僅六千四百五十九里大與水星畧同請觀十九圖以月與英國地相較大小如何三十六節

月繞地約二十七日有七小時一周而漸有盈虧之別如初一不能見初二三見如一綫蛾眉見三十三圖初七八始見半輪見三十四圖漸至於望則圓輪畢見廿二三亦見半輪後漸虧缺至朔則無夫月本無光不過借日之光以為光而倒映於地三十七節

月之質與地權約得其重之半見第八表天文士測月面無水亦無空氣包羅二十三圖外之白環乃表明月質較地質更輕若干驗之即明斯理三十八節

月面有山甚異見三十五六圖其形多圓亦高低大小不等山下更有平地色如墨水或疑在昔本有水迄今乾涸且月中之山較地上之山儼似更高而實非也蓋以地與月相較地大於月故月中之山似較地上之山更高耳三十九節

月繞地其一面常向於地故人不得見月之後面形象如何其自轉與繞地之時日相同故其一日即其一年四十節

月繞地之軌道與地繞日之軌道兩面相斜而交而月之軌道在地軌平面之上下各半故其繞地一周過地軌平面兩次而兩次經過之處名為交點由地軌橫推至太虛中恆星止名為地軌道平面亦名黃道

有時月繞地過交點適與日相對日月地同居一直線是為日蝕蓋月在交點掩日之光人不能見也倘掩日全體日即全蝕所掩者幾何蝕亦如之有時月過地軌平面其離地較常更遠而日離地較常亦更近則日近而大月遠而小不能滿掩日體則有環蝕所謂環食者乃月適至日中而四外有光如環故曰環蝕四十一節

有時地在日與月之間而月在外交點日在內交點是為月蝕因地掩日日光不能射及月面且地影大於月體故月蝕多於日蝕四十二節

第六章論火星 見十七並二十四二十九圖

觀第二圖、地與諸行星之軌道、則知火星最近於地、爲近日之第四行星、火星無月、與水金二星、無月一般、其體小於地、直徑約一萬四千七百六十里、自轉本軸一周、約二十四小時有半、故其時日比地頗長、若在火星處較在地球觀日更小、見三十圖○四十三節

火星之軌道、距日約四十一千七百萬里、其繞日一周、約一年有十一個月、其本軸偏斜、故南半球與北半球、其冬夏之時令乃相反、見廿四圖 其外有一種空氣包羅頗密、故星中之形勢、不能詳細窺測、但知其空氣、不及地氣之密厚、四十四節

天文士測火星、知其中陸地居大大半、而水則少之、又擬其空氣中、有積雪、以見其南北極、至隆冬時、色白且多、至夏則滅、復以最精之遠鏡詳細窺厥州與海洋、一一定其名目、繪之於圖、見二十九圖○四十五節

第七章 論小行星 見第二圖

自水星至火星、按次計之、其離日愈遠、則各星之軌道相距亦愈遠、因此測出一理、外之一星、較其內最近之一星、距日約一倍半、即木距火亦宜倍半、今木距火、不從此理、竟三倍有奇、見第四表 故天文士、擬當有一行星、居火木二星中、則各軌道相距適均、而無偏遠矣、前八十年、天文士以極精遠鏡、細心窺測、果見有一小行星、自是愈測愈多、迄今得見者、一百餘顆、各有定名、在火木二星中、各循軌道而行、遠近俱無衝擊、或度其間不止一百餘顆、或更有數百顆、亦未可知、但欲有別於各行星、故稱爲小行星、或稱小星、四十六節

第八章 論木星 見十二並二十五圖

小行星外、即木星、爲近日之第五星、在屬日行星間、可謂最大、而光則次於金星、直徑約二十五萬五千星、其體較地體大千餘倍、或疑所見者、非其實體、乃其包羅之氣、以其內恆大搖動、故知其空氣、必厚且深耳、其質最輕、較地

僅得四分之一、見第八表、又見廿五圖 或度此氣後可化爲洋海、但其體極熱、故其氣至今猶常聚於外面、畧如雲霧而未成海洋也、四十七節

木星之軌道、離日一百四十二千五百萬里、繞日約十二年一周、其在本軌道、一小時能行九萬里、自轉本軸約十小時一周、而所成之日極短、較地之日猶未及其半、以其自轉本軸速甚、故赤道則凸而長、兩極則平而縮、窺以極精遠鏡、覺其體畧扁、而赤道之直徑、較兩極直徑長一萬八千里、若在木星處較在地球觀日更小、見三十圖○四十八節

木星外面有灰色帶數道、廣狹不定、其近赤道則帶廣且

多近南北極，則帶狹時見變易，且赤道之光較別處更大。四十九節

木星有四月輪繞行之遠近不同，如各行星之繞太陽，見第六圖四月中，其第三者為最大，其第二者之大與地球之月等，其第一第四較地球之月則更大，若未有遠鏡莫能見之。五十節

木星之體甚巨，其形亦闊，所以月之環繞多與其本體之影相遇，故木星之月較地球之月，其蝕更多。五十一節

第九章論土星 見第九圖並十八廿六圖

近日之第六星為土星，在木星之外，其體較木星頗小，直

徑二十一萬六千里，離日二百六十一千六百萬里，繞日約二十九年半一周，自轉一周約十小時有半，其本軸比木星更斜。見二十六圖○五十二節

人目見土星之光，小於金火木三星，而色則淡黃，昔有天文士謂此星能合世人憂苦，但古人所識之行星只有此數星，計離日最遠者，即土星，且云此數星有關於世人之吉凶，其說與華人畧同。若在土星處較在地球觀日更小，見三十圖○五十三節

以遠鏡測土星，見其美麗殊異，蓋此星外有光環三層環繞四周，外更有八月繞之，其異於眾星如此。五十四節

觀十八圖，見土星外有三光環，人易於認識，而環中又分數層之環合而為一，其外環直徑五十一萬餘里，闊三萬里，中環直徑四十三萬八千餘里，闊五萬四千里，外環距中環約四千五百里，更有內環，所異者有極薄之質如紗散佈至中環，其離土星只三萬里。五十五節

光環之體質究係何物，至今猶未之知，或云乃瑣碎之質合成，亦循本軌道而遶土星，或為隕石之類，俱未可知，蓋其形常變，故人擬為碎質合成。五十六節

環之所向不一，有時見其邊，正與地軌平面相對，故所見如一直綫，見第九圖後漸斜側，如十八圖，再後其邊又正，為一直線式，故所見如九圖並十八圖，而環之所以變更若此

者，以其赤道與地軌平面有正斜之交故也。五十七節

土星自轉甚速，故赤道凸而長，南北極平而縮，而光亦以赤道為最，其面有帶，而帶之光較木星則稍黯。五十八節

土星之質重如堅木，然較諸行星則皆輕，見第八表或度所見其外只有包羅之氣，本非其實體，見二十六圖○五十九節

土星旁有八月，各循軌道遠近不同，皆遶土星而行，見第[illegible]圖○六十節

第十章論天王星 見十一並二十七圖

天王星昔人未經測出，於西歷一千七百八十一年，即乾隆四十六年，英國天文士名侯失勒維廉測出此星，其軌

道距日五百二十六千二百萬里繞日約八十四年一周自轉之向與地球相反地球乃自西迤東天王星則自東迤西如二十七圖其直徑約九萬九千里其體大於地而小於土木二星若在天王星處觀太陽只如一極光之星耳見三十圖○六十一節

天王星質重於土星而輕於木星見第八表以其質輕或度所見者乃包羅之氣而非其實體也其實體不過居大半而已且至今猶未測明星面有何帶有何黑斑故未知其自轉一周當有幾時蓋離日極遠而所接日光殊少故不能驗出星面究係何物見三十圖○六十二節

天王星有四月遠之但其月係自東逆行於西異於他星

之月見第五圖○六十三節

第十一章論海王星見十三並二十八圖

天文士測得天王星見其運行本軌道有無法之小動故疑此外當有一行星之力爲之攝引後英法兩國天文士以算法推出惟法國天文士以書送普國天文家言天王外當有行星而普國之天文士是夜以最精之遠鏡依所言處測諸小星核以星圖果測出一星不在圖內過三小時覺有運動至次夜則不在本位卽知爲行星人名之曰海王夫法與英同時推測此星而推測之數亦不謀而合但法之天文士先將所推之數目傳佈他國因得美譽六十四節

海王距日八百二十三千八百萬里繞日一周約一百六十四年直徑約一十一萬里見二十八圖其質輕於天王星見第八表六十五節

海王星旁有一月繞之或云此月亦逆行與天王星之月無異見第四圖○六十六節

以上所論各行星及諸月其本體俱無光亮而人見其有光者本爲日所映射惟借日光以爲光耳

第十二章論彗星見三十七至三十九圖

彗星亦繞日而行若不論此星則說有未備彗星之質及

其運行異於他星見時有首有尾首名中體尾長似彗故人以彗呼之六十七節

彗星各循軌道而行其質玲瓏較世人呼吸之氣更薄惟中體稍厚然設有他星在其後雖稍厚亦不能密掩昔人見之疑有水火刀兵之兆而究無關於人世之災異亦非天警也卽使與地衝擊亦無傷礙以其質極薄故也六十八節

各行星之軌道圓而畧撱其平面相離無幾惟彗星則不然其軌撱且長故其繞日亦莫定其方向來去遲速一視其撱軌長短或數年或十年數百年一見亦有一見而不能再見者見三十七圖○六十九節

彗星行近太陽則速漸遠則漸緩無論行何處皆以首向日尾則背之七十節

第十三章繪各行星並月與彗星之軌道圖次見第一幅

一圖地球並在內行星即水星金星軌道此幅一至七圖所繪行星軌道非正繪其圖面乃側繪也

二圖地球並在外行星之軌道即較地距日更遠之行星

三圖地球與月之軌道

四圖海王星與月之軌道

五圖天王星與四月之軌道

六圖木星並四月之軌道

七圖土星及八月之軌道

八圖金星圓缺之式以遠鏡測見時如娥眉亦時如半月而其全面吾人永不能見蓋其較地更近太陽故也

九圖土星光環與地軌平面相對故其環側甚如一直綫

十圖至十八圖太陽並各行星之面橫闊相較橫闊即其直徑也

十圖太陽乃四尺闊之一段

茲欲顯揭各行星之繞日並其運行之遲速大小之相距當擇一平原置大球於中央橫闊四尺以爲太陽定而不動離大球十六丈置一小珠橫闊一分以爲水星一日行十尺八寸離大球三十一丈置一三分闊之珠以爲金星一日行八尺七寸離大球四十二丈置一三分有奇之珠以爲地球一日行七尺四寸離大球六十五丈置一分半闊之珠以爲火星一日行六尺離大球二百二十三丈置一三寸三分闊之球以爲木星一日行三尺三寸離大球四百有八丈置一二寸七分闊之球以爲土星一日行二尺六寸離大球八百二十二丈置一寸三分闊之球以爲天王星一日行一尺八寸離大球一千二百八十七丈置一寸半闊之球以爲海王星一日行一尺四寸詳爲比擬則可明各行星之繞日並其運行之遲速多少之相距矣

十九圖月與英國之地較大小

二十至二十八圖太陽並各行星之質堅鬆輕重相較如何及其本軸與黃道如何交側圖中未繪水星以其質較地更重且本軸之斜直如何猶未測明又圖中白者爲虛色者爲實乃以地質爲則較太陽並各行星質之堅鬆輕重且各行星與地之體質果否相同皆不之知而其所以異亦無由可揣太陽及各行星面有包羅之氣者原非實體以其質極輕故度所見者乃包羅之氣惟地球之月無氣包羅

二十九圖火星四面之地形泰西多以著名天文士之姓

氏以爲火星內各州與海洋之名

三十圖在各行星中看太陽之大小如何

三十一圖月之軌道與太陽面體橫闊相較如何

三十二圖以遠鏡窺測並用映像法照出月面之形象所見實係如此見三十九四十節

三十三圖初三四月形宛如蛾眉

三十四圖初八九半輪月形

三十五圖月內左旁有一山形西國名爲哥白尼

三十六圖月內南方大小山之形附於太古山參看二卷第三章並圖

三十七圖彗星之軌道

三十八並三十九圖彗星形式見六十八節

四十圖以遠鏡詳窺摹寫日面之形見七至十一節

四十一並四十二四十四圖以遠鏡詳窺摹寫日面黑斑見十二節

四十三圖太陽近赤道大光外南北之黑斑兩帶見十三節

第一表

日與行星別號

水星	金星	地球	火星	木星	土星	天王星	海王星	太陽	月
☿	♀	♁或⊕	♂	♃	♄	♅	♆	⊙	☽

第二表

度分杪別號

度	分	杪
度以°爲號	分以′爲號	杪以″爲號
一全環不論大小共分三百六十度	一度六十分	一分六十杪

第三表

日與行星直徑里數

水星	金星	地球	火星	木星	土星	天王星	海王星	月	太陽
八千八百八十六里	二萬二千五百三十里	二萬三千七百零三里	一萬四千七百六十里	二十五萬六千一百七十里	二十一萬五千七百一十二里	九萬九千零七十二里	十萬九千八百六十里	六千四百五十九里	二百五十五萬七千七百五十二里

第四表

行星離太陽里數

水星	十千六百一十七萬九千里
金星	十九千八百三十九萬三千里
地球	二十七千四百二十九萬里
火星	四十一千七百九十三萬六千里
木星	一百四十二千七百零七萬九千里
土星	二百六十一千六百四十萬五千里
天王星	五百二十六千一百五十五萬三千里
海王星	八百二十三千八百八十一萬三千里
月	離地七十一萬六千三百七十九里

第五表

行星周繞太陽日數

水星	八十七日二十三小時十五分	
金星	二百二十四日十六小時四十八分	
地球	三百六十五日六小時九分	即一年
火星	六百八十六日二十三小時三十一分	約二年
木星	四千三百三十二日十四小時二分	約十二年
土星	十千七百五十九日五小時十六分	二十九年零
天王星	三十千六百八十六日十七小時二十一分	八十四年零
海王星	六十千一百二十六日	一百六十四年零
月	環繞地球二十七日七小時四十三分	

第六表

行星周轉本軸時刻

水星	二十四小時五分二十八秒
金星	二十三小時十六分十九秒
地球	二十三小時五十六分四秒
火星	二十四小時三十七分二十三秒
木星	九小時五十五分二十八秒
土星	十小時二十九分十七秒
天王星	未測明
海王星	未測明
太陽	二十九日
月	一月一週

第七表

行星本軸與黃道交側分度

水星	未測明
金星	四十九度　五十八分
地球	二十三度　二十七分　二十四秒
火星	二十八度　五十一分
木星	三度　四分
土星	二十六度　四十九分
天王星	一百度　二十分
海王星	未測明

第八表

行星與地球相權質之輕重

如以地質權得十分為率

水星	十二分四
金星	九分二
地球	十分　地質與水權重五倍半
火星	九分二
木星	二分二
土星	一分二
天王星	一分八
海王星	一分七
太陽	二分五
月	五分六六

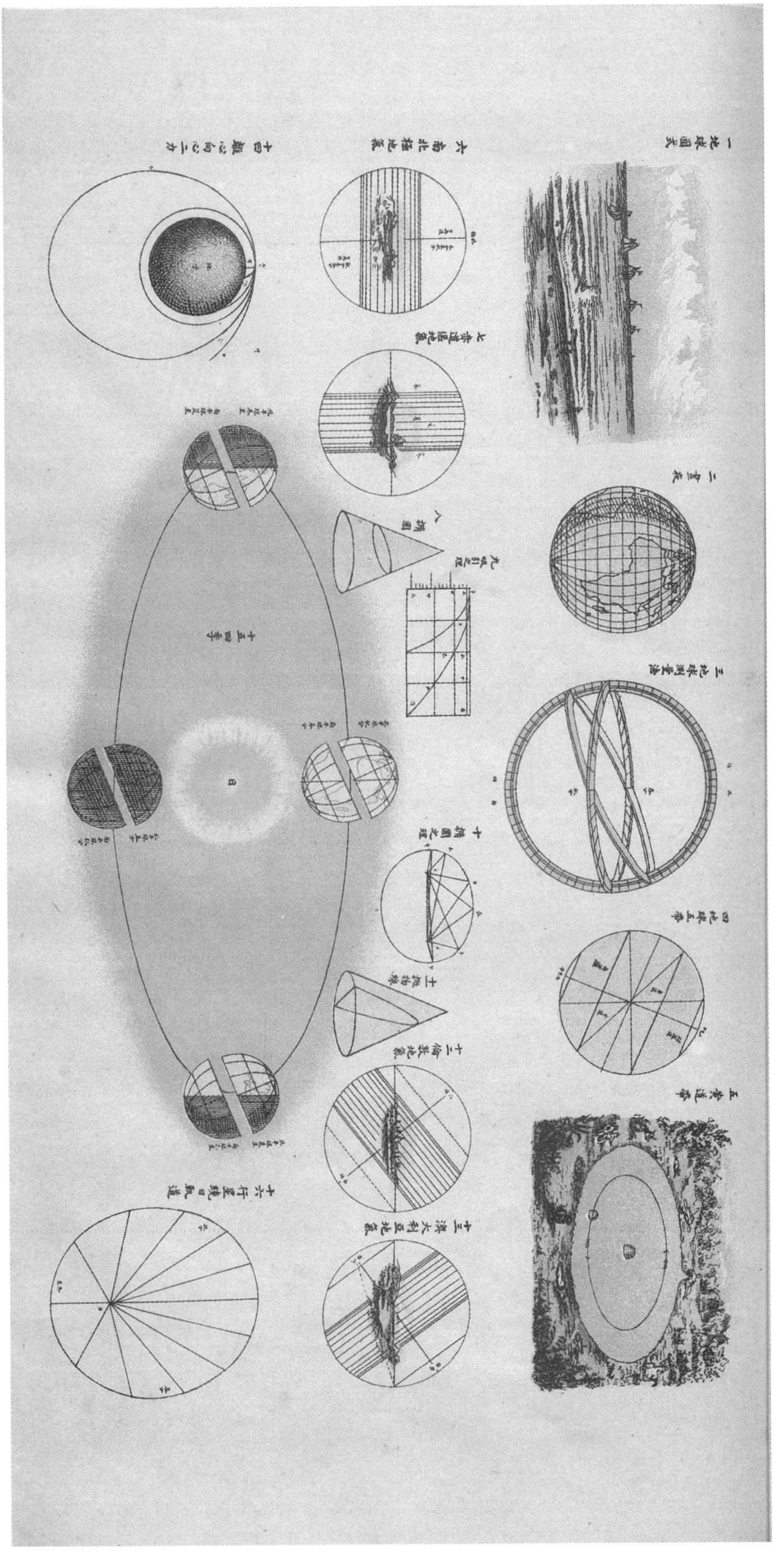

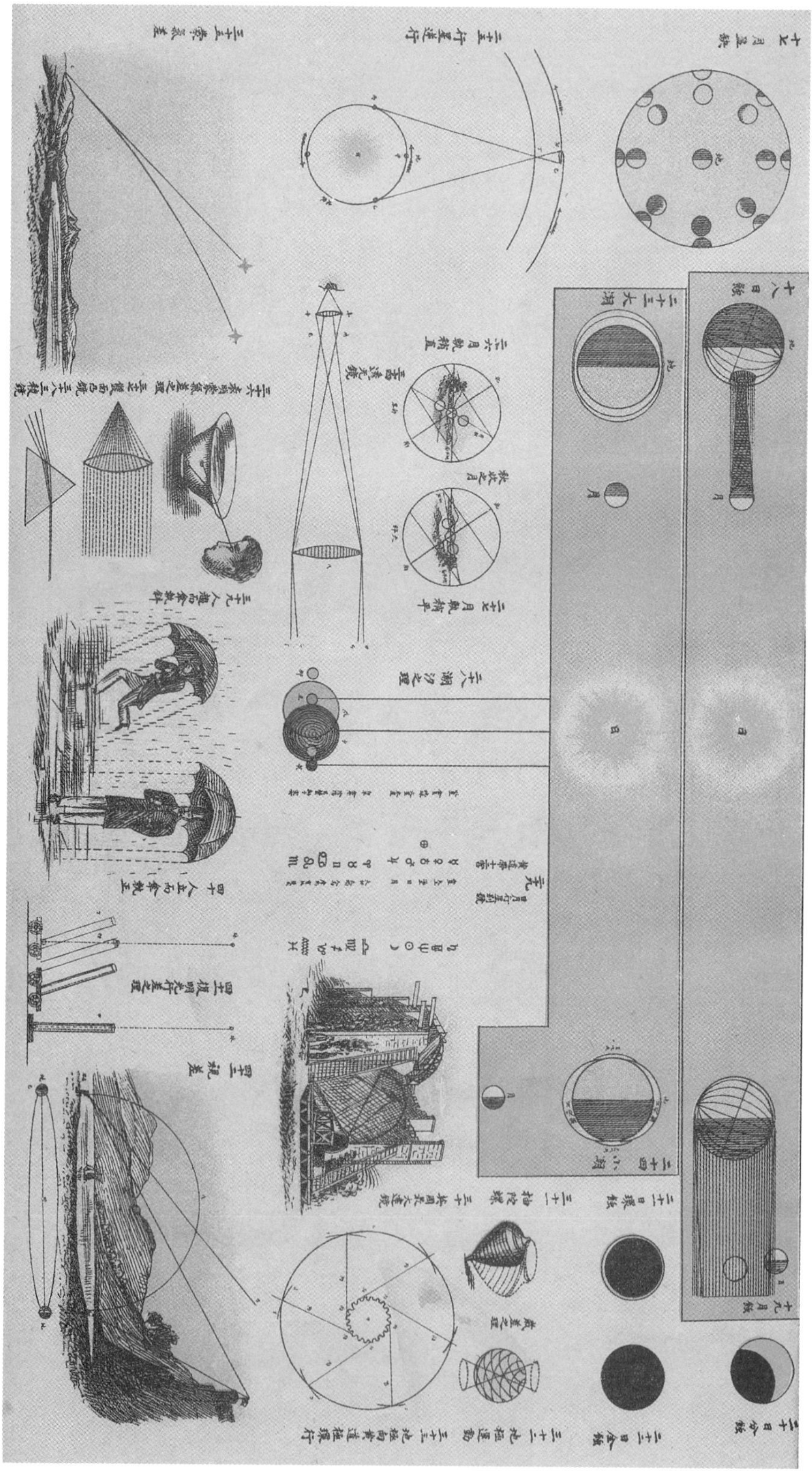

天文圖說卷二　論天文圖撮要見第二幅圖

第一章總論地球并天象

西國近來推究天文地理較前甚精前度地球乃一大平面其外爲大海環包廣遠莫測且謂日月諸星皆繞地而行但未知其繞行之道何若此議殊謬今而知地爲一大球能自轉本軸而非平面亦非天能旋轉實係地旋轉也一節

或謂地不動而天動者非也如人居行舟之中見兩岸似有行動而舟反若不動究之實舟動非岸動也觀此可知地動天不動之理二節

昔人有地居宇內中心之說實未料及地能運動之理或謂日月諸星皆小於地嗣經天文士測知日之全體較地大一百四十萬倍並知諸恆星距地萬萬里且知地球自轉本軸由西迤東但以人視之則儼若天之由東迤西三節

地爲一圓球實非平面其據頗多而人所易明者有三人乘行舟自此處解纜順流直駛任其所之則遍繞地球終至解纜原處一也又於月蝕時見地影蔽月面其形爲圓二也設地平而不圓則船行海面就目力所及之處自能見其全不過其形小耳惟地體圓而海面亦隨之高低於稍低處不見船身祇見帆檣以帆檣較高於船身也至甚低檣梢亦不見矣此蓋海面高處蔽船身及檣之故三也見第一圖○四節

吾人仰觀天空見日由東升漸中而昃儼若天常運動者然五節

日沉西時見天象頓易始則數星佈列時尚未暝而微光藹如俄而天晦光消衆星麗天燦如點金人初睹之以爲星無運動俟仰視畧久則見衆星東出西沉與太陽無異六節

二圖繪地球自轉本軸以成晝夜當地半面向日則承日之光而爲晝半面背日則無光而爲夜但地球光暗分界

處因空氣反映日光現爲朦朧則黎明薄暮候也七節

吾人見日儼如由東漸升天中則爲午正自午而過則漸見西墜而朦朧昏黑者因地球自轉本軸由西迤東故日之將出與甫入兩候皆有朦朧之色觀二圖矢射之向卽地球迤行之向也八節

當昏夜視天如中空之球包地而旋轉本軸與地軸合而爲一則天半居地平之上半居地平之下九節

地球繞日而行人不之覺須隔二三十日仰觀天象畧如太陽運行於諸天星之間十節

就目而觀似天由東迤西晝夜繞地一周實乃地自西迤

東而自轉本軸也又太陽似由諸星中自東迤西每年繞地一周實乃地體由西迤東每年繞日一周也十一節

玆借人目視日由諸星中所環繞之道名為黃道帶天文士將黃道帶分畫為十二宮各按其象而名之一曰白羊二曰金牛三曰陰陽四曰巨蟹五曰獅子六曰室女七曰天秤八曰天蝎九曰人馬十曰摩羯十一曰寶瓶十二曰雙魚○見二十九圖十二節

五圖所繪景物以明地球繞日軌道其旁之黃道帶即十二宮之名與象內之圓湖比之地軌平面中一大球比之日旁一小球比之地球繞日而地軸斜倚非正直其赤道

半在水面之上半在水面之下赤道兩旁與湖水即地軌平面相接處名為分點若分點正對太陽是為日夜平分之候見十五圖地繞日其南北方位永無變更故南極常向南北極常向北至夏時北極向日臨冬則背日使人居五圖地球中其視太陽如在對面一星宮閒推之地在本軌行過一宮自人視之如日退行一宮人若在此圖地球看日如在摩羯宮處十三節

第二章論天球之理

欲深究天文要能明指空中某星在何處某物在何方其定位分毫不差然後始得推擴其理故天文士特立一簡便易明之法用兩大圜一平置一立置將立置圜套平置圜內畧如十字之勢○見第三圖十四節

以立置圜劃為兩半圖比之天平置圜亦劃為兩半其立置圜則自天頂與天底點處劃開可以量度黃緯度再將半圜各分為二合而成一之四分而為四之一而平置圜可為劃分之具以成其南北也十五節

兩圜各劃為四而四之一分九十度每度六十分每分六十秒度之號以○分之號以′秒之號以″若三十度三十分三十秒則倣此式 $30^{\circ}\,30'\,30''$ 以秒計之一圜一百萬有奇尋常測量此法足矣十六節

用以上法指定一星量之始知該星之高距北極若干度名為北極距或有一星距赤道偏南偏北名為赤緯度又有黃經度量之實難因其無現成起量之定所也故天文士同擬自白羊宮第一點起量計各星黃經度之遠近此即所謂某星之赤經度也法以點分秒量測周圜滿二十四小時可得所求之數十七節

以地球赤道平面為界限可分天空為南北兩半球因地在本軌繞日其軸與軌道平面斜有二十三度半而軌道亦非與赤道平列故一年軌道半面高於赤道低於赤道各一次其度皆二十三有半而南北極斜度亦如之見第四圖

地軌平面名爲黃道、與赤道斜交、年凡兩次、而交接處謂之分點、在上屬秋分、在下屬春分、當太陽過分點處、則爲日夜平分之候。見十五圖○十八節

赤道與黃道、於天球中可爲自然界限、見第四圖距地極二十三度半之兩小圈、與赤道平列、謂之北寒帶圈、南寒帶圈、距赤道南北二十三度半、與赤道平列之兩小圈、屬北者謂之晝長圈、屬南者謂之晝短圈。十九節

此四圈在地球上、分爲五位、有奇異之事三、自南北極至南北寒帶圈處、當冬至時不能見日、夏至時日不沉西、一也、自晝長圈至晝短圈處、有時日光直射其處、二也、從北

寒帶至晝長圈、南寒帶至晝短圈、兩處有謂之北温道、南温道、其地逐日雖有太陽出沒、但終無升至天中者、三也。二十節

第三章論地氣寒暑

地氣寒暑、由於距赤道之遠近而分也、故愈近地極之區、則愈冷、愈近赤道、則愈熱、且在地極視日所行、半年在地平之上、半年在地平之下、至春分時、在北極視日、一日繞地一周、始則僅見半輪、繼則漸行漸高、終則全輪畢露、夏至時、日高於地平二十三度半、故其地半年有晝無夜、嗣則漸行漸低、至秋分日在地平下、其光不得見、故半年有夜無晝。見第六圖○二十一節

赤道之區、一年中有兩夏至、兩冬至、在北極視日所行之道、似與地平平列、唯在赤道視日所行、似由東而上升天中、繼從正西而下、見第七圖其首一夏至、恰合北方之春分、其日午正、上升天中、後漸迤北、越三月爲第一冬至、恰合北方之夏至、繼日反迤南、越三月爲第二夏至、恰合北方之秋分、仍漸迤南、越三月爲第二冬至、恰合北方之冬至、其後日反迤北、而盡四季之一周、唯當赤道日午時、日在天頂、不能越二十三度半之外、故其地冬至尚熱、與大英國夏至畧同、是則天下之暑熱、無過於赤道之地。二十二節

英國倫敦京城在北半球、距赤道五十一度半、故其地寒暑平和、見十二圖於倫敦視太陽之道、畧斜而不平、非若地極之平而漸高、亦非若赤道之直而正、唯於倫敦見日自東方出、向於西南、至午正後、向西而斜入、且倫敦當夏至之午正、日高於地平七十五度、冬至時高僅二十八度。二十三節

澳大利亞在南半球、其天氣平和、見十三圖唯四季與北地相反、蓋北半球之夏、即南半球之冬、北半球之冬、即南半球之夏也、故澳大利亞夏至、應北地西歷之十二月、冬至、應北地西歷之六月、且目視日之升降、乃由右升而左降、與北方相反。二十四節

第四章論四季

十五圖繪出南北兩半球之四季地球之環繞太陽有春夏秋冬之位二十五節

圖右之地球於西歷六月時北半球爲夏至南半球爲冬至以北半球向日接日之光熱較多斯時太陽早出遲入故晝長於夜南半球背日與北半球相反其日遲出早入故晝短夜長而所接之光熱甚少二十六節

圖頂之地球當秋分時爲黃道與赤道交側之候故南北兩半球日夜平分二十七節

圖左之地球當西歷十二月時北爲冬南爲夏斯時南半球向日接日之光熱較多又北之冬至正澳大利亞之夏至二十八節

圖底之地球當春分時兩半球日夜平分至秋分黃道越赤道而斜低至春分黃道越赤道而斜高其低時謂之秋分點高時謂之春分點二十九節

地球軌道爲一橢圓而日非在其圜之正中故地距日遠近不一而其運行本軌當北半球冬時則近於日夏時則遠於日所以北之冬較暖於南之冬北之夏較涼於南之夏三十節

第五章論吸引並運動之理

宇內萬物中雖極微細亦各具吸引之力故物受其吸無論遲速皆有相向欲前之勢且吸引之力能攝制日月諸星天空運動之物三十一節

地球全體頗巨設有物自球外下墜計始墜之一秒鐘即一小時之三千六百分之一其吸力能吸物走十六尺一寸若地體更大則物之墜亦較速三十二節

物之下墜無論輕重其速率遲速之度皆同設有二石同時墜下其一重一觔一重二十觔至地之時亦同推之即以百觔之石二其一碎分爲百各重一觔與完整之百觔者一時下落其速率亦無異三十三節

吸力愈遠愈微按二物距度之平方數而遞減設有兩物相距一尺其吸力計有四觔若距二尺則吸力較少四倍蓋二尺之平方數合爲四故其力減四倍由此而推距一尺者吸力四觔距二尺者只一觔三十四節

物下墜愈近地愈速按時刻之平方數計之設有物質其初墜一秒小時能下六尺至二秒下二十四尺三秒下五十四尺四秒則至九十六尺之多三十五節

物爲力衝迫若無所阻則隨力直行始終如一如以石擊迫使一秒小時行十尺之遠設無空氣前阻亦無吸力下牽則是石隨力直行每秒十尺不止唯有阻於空氣其力

遂漸緩亦爲有吸力下牽故成曲勢墜下。三十六節

以一物平擲至遠處又以一物自平擲之處同時放墜而下此兩物至地之時亦同設置二球於高臺上以一球平擊之去任其所之一球放墜而下其放擊之時同而到地亦同見第九圖 如以一石於子位自上墜下其初一秒小時至丑位二秒至寅三秒至卯四秒至辰又以一石於子位平擊之去設無吸力下牽則初一秒至午二秒至未三秒至申四秒至酉唯因有吸力下牽又因平擊與直墜之兩石實乃同時到地故所擊之一石必斜曲而落。見圖內曲行○三十七節

第六章論行星軌道

行星並彗星繞日軌道皆橢圜即橢圜其長短亦不一此爲克伯爾測定天文第一綱也迨後有天文士奴丹兼用算學按吸引理測實行星軌道定爲橢圜非平圜也見第五章○三十八節

行星所以能按軌道環繞太陽恃有二力相持一爲向心力吸定行星一爲離心力與向心力直角相衡倘無離心力祇有向心力則行星必墜入太陽有離心力而無向心力則行星必平離太陽而去惟向心力與離心力合而持之斯行星方能循軌繞日而成橢圜。三十九節

離心與向心二力相濟能令月與行星自循橢軌而行見十四圖 圖中子爲地球丑爲月細按月在丑位若無離心力以濟之而地球之向心力必從丑位牽之直下至寅然雖有離心力而無向心力則月必自丑位直行至卯使其受離心力太輕而向心力下牽則月不能直行至卯亦不能直下至寅却從丑位曲行至辰或受離心力稍大并有向心力牽之而月亦自丑曲行至巳或受離心力更大又有向心力牽之而月直從丑午線環繞一周復歸本位或受離心力愈大更有向心力牽之而月從丑未之橢圜旋轉而歸丑參看第八圖尖形便知 若離心力極大且有向心力牽之而月必從丑至申之拋物線處而終不復歸丑矣○見十一圖四十一節

物有底圓而頂尖者可明橢圜並拋物線之理如從尖形右旁畧斜至左而斷之是爲橢圜見第八圖 如從尖形一旁斜下至底而斷之是爲拋物線見十一圖○四十一節

欲作橢圜法用小繩結成軟圜後以兩針相離數寸直插木板將繩圜套於針外復用鉛筆插入圜內緊隨圜所牽制繞兩針而畫之即成橢圜其二針處即橢圜之兩心也四十二節

十圖即橢圜中之子丑位即橢圜之兩心寅卯爲長徑辰巳爲短徑今從子線量至辰辰量至丑或從子量至午午量至丑或從丑量至申申量至子各將其線伸計與橢圜

長徑其長短適均此亦奇事也四十三節

行星並彗星繞日日不在橢圜之正中而在兩心之一即月繞行星其行星亦在橢圜兩心之一見十六圖○四十四節

月橢圜之兩心相隔愈近其圜體愈圓愈遠其圜體愈長四十五節

行星軌道頗圓惟彗星軌道其兩心相隔極遠故橢圜之體益長四十六節

行星在本軌離日遠其速率自遲離日近其速率自速故行星離日漸遠其行亦漸緩至極遠處則行愈緩矣如鐘錘之擺下速而擺上遲行星之速率近似四十七節

由太陽在橢圜之一心起以一線量至行星運動之軌止此線謂之帶徑星軌離太陽極遠處謂之最高點極近處謂之最卑點四十八節

克伯爾天文第二綱謂行星環繞太陽其帶徑所越之處時日同其面積亦同見十六圖地軌分為十二段每月行一段十二段中面積適均以地在最卑點其行速在最高點其行緩四十九節

克伯爾天文第三綱謂行星繞日之時刻長短與其軌道中距之數相稱譬以二行星繞日之時之平方數與其離日中距之立方數其比例正相對以此推之亦知日之吸力與行星離日中距之平方數乃有反比例五十節

第七章論月並日月蝕

月之繞地與地繞日同月體本無光與地球無異因接日之光而回照於地故有光但日光祇照月之半面其接光之面對地則人能見其光背地則不見其光見十七圖○五十一節

月繞地約二十八日一周其形逐日不同日在月背時對日之面有光而對地之面為背日故人不能見其光即月朔也五十二節

月過太陽方向不一所以初見光祇一綫如蛾眉而日盛一日至上弦則成半輪至望全輪畢見望後復日缺一日

至下弦猶剩半輪而漸減仍如娥眉至晦不見朔後又漸明見十七圖○五十三節

月運行至日與地球之正中而月掩蔽日光或全或數分此為日蝕地運行至日及月之正中則地掩蔽日光不能映射月面是為月蝕日蝕以月影過地球上而蔽日之光月蝕以地影過月面而蔽日之光然地體大於月體而其影亦分巨細所以月蝕多而日蝕少五十四節

使日與月常在一平面則每月必日月各蝕一次乃非在一平面而在於交側之兩平面其交側處名為交點而日月不同時在此交點處則不蝕若月在內交點則蝕在日

月在外交點，則蝕在月。五十五節

十八圖繪日蝕形，十九圖繪月蝕形，以限於篇幅，不能詳日月大小遠近之實，學者當善悟之。五十六節

十八圖繪月影過地面掩蔽日光，爲日蝕，而月影至地，有一黑斑處全不見日光，人居該處，視日爲全蝕，其所以全蝕者，因其時日遠距地球，見其體較小，月稍近地球，見其體較大，故月能蔽日全體。月運於本軌，其影之黑斑在地面亦能運行，至日光復見，而黑斑方消。黑斑外圜之影色畧淡者，名爲外虛，在外虛之地，視日蝕少，以月蔽日光不滿也。見二十圖○五十七節

日蝕爲月所蔽，但日近地球時，其體較大，月遠地球則畧小，日大月小，不能蔽日全體，而日之蝕在中心，其外尚有光圜，因名爲金錢蝕，或稱圜蝕。見二十一圖○五十八節

十九圖繪月行過地影，則月必蝕，以地蔽日，而其光不能映射及月，至月出地影而光始復。但地影大於月，故月蝕多於日蝕，即其蝕之時刻亦較長於日。五十九節

月蝕時，人在地上，視其形式皆同，其蝕之時亦同，惟日之蝕，有能見之處，有不能見之處，即能見處，視其形亦各不同，且日之蝕也，有見其全蝕者，有見其半蝕者，更有見其不蝕者，蓋月影過地面不能全蔽日體，故各處視日蝕所見不同，即其蝕之時亦不一。六十節

二十圖繪太陽分蝕形，二十二圖繪全蝕形，其全蝕時，外圜有微光，狀如冠冕，謂之日冕，有時近日體之微光中，更有紅光閃出。見第三幅第七圖○六十一節

第八章論潮汐

宇內萬物中，雖極細微，亦各具吸引之力，而物爲所吸，則有相向欲前之勢。見三十一節 然亦有遲速之分，且吸力能牽制日月諸星。凡兩物愈迫近，其吸力愈大，故月吸地球之正面，力較地球之中心更大，月吸地球之中心，力較背月之面更大。六十二節

海半向月而半背月，向背兩地潮汐同時，蓋向月者，水爲月攝動而高漲，背月者，月拖吸地球離水，水亦高漲。夫向月之水被月攝高三度，唯地體被月拖進二度，兩數對除剩一，故潮汐漲高一度，背月之水離月遠甚，被月攝高僅一度，唯地體已拖離二度，兩數對除剩一，故潮汐亦漲高一度，儼若正面者然。六十三節

由此推之，海之潮汐，靡特係乎月之吸引，亦因遠近之差，所以吸力有大小，而成其潮汐也。若地距月甚遠，或亦有吸力，而終不能成其潮汐，蓋相距太遠，則吸力至地之向背兩面畧均，而無所厚薄，以成其潮汐也。六十四節

太陽吸力大於月、而令海水之潮汐更小於月、其故何耶、蓋日距地遠甚、其牽引地向背兩面之水、與拖進地體畧同、故所成之潮汐、較小於月、按地球之直徑長二萬四千里、而月距地約七十一萬里、日距地約二十七千萬里、彼此相較、是日距地向背兩面、較月之距地向背兩面、實多一萬餘倍、故日之全體雖大於月、而牽力亦多於月、唯因其相距之遠、所以較月牽引地之海水尤小三倍也、見二十三二十四圖○六十五節

由此推之、卽有小於月之物、逼近地球、其吸力不難令洋海高漲淹溢大地、非其吸力大於月也、乃因逼近地體、其距兩面之差、較月距兩面之差、更多故也、六十六節

二十八圖、喻潮汐之理、中畫大小鐵球三、子位一大球爲地、丑寅兩小球爲地兩面之海水、將三球用繩繫垂而下、令小球緊附大球兩旁、於其旁置大磁石、以爲月之吸引、試借二十五圖之日位爲磁石、其力能拖吸子丑寅三球、畧近本體、但磁石之吸力至三球處遠近不同、故球爲所吸、亦有多少之別、丑球爲地面近月之水、磁石拖之自丑至卯、子球比地體、距磁石稍遠、而拖之僅至辰、寅球比水隔磁石更遠、而拖之較子丑兩球尤少、僅至巳、據此可知對月背月兩處同時潮汐適均、六十七節

若置磁石稍近鐵球、其吸力更大、能令鐵球離本位愈遠、如是、丑球離本位、亦多於寅球、蓋其遠近之差較六十七節所云更多、六十八節

按以上所論、若置磁石離鐵球倍遠、其吸三球、不特離本位無多、彼此亦能相行較近、或欲詳究潮汐之理、再以吸力更大之磁石、能令吸子球至辰、則不能吸丑球至卯、若寅球則不止至巳、三者相距不甚遠、蓋置有吸力之物於遠處、而此物受吸所差無幾、六十九節

日月皆有吸力、以成潮汐、見六十五節而月之拖吸潮汐、較大於日、於上下弦時、日月相分力、則吸力少、而潮汐亦較小、於朔望時、日月相合力、則吸力多、而潮汐亦較大、七十節

二十四圖、繪日月吸引兩向相分、便成小潮、以其吸引彼此相反故也、二十三圖繪日月吸引相合、而成大潮、以日月合而吸引、其力加倍、七十一節

潮汐者、以日月之吸引而成、若以天文之理論之、則潮汐爲至微、但二十三四圖所繪潮汐之水太高、不過取以明斯理、非實如此也、閱者當先會焉、蓋地之直徑、長二萬餘里、若將二三寸之廣繪地與潮汐、則潮汐祗容一絲、非顯微鏡莫得而見也、七十二節

第九章論行星順行逆行

吾人若在太陽處視行星運行於本軌盡有層〻其繞天或遲或速無非順行如鐘表之針然但以地球常易其所故人視行星儼似毫無層次有時如見其進行甚速繼則漸緩既而停止後若逆行終復停止俄頃仍又順軌而行七十三節

一圖

二圖

金星水星較地球更近太陽故其行之順逆尤爲易悟但水星常近太陽人視太陽若一年周天繞行一次而水星亦與太陽同行使太陽停止則人視水星循軌環繞太陽若於半環順行半環逆

行所行之軌道乃長扁之撱圜如上一圖因地球與水星常繞太陽人祇見水星運行於螺旋圜中如上二圖非若太陽之直行者然七十四節

此外行星自人目視之一如水星之行於螺環者見二十五圖圖中甲爲地球繞日之軌道丁爲一外行星軌道其星之行較地球稍遲故星在丁位人於乙位之地見其如在戊位而地轉至丙位星仍在丁位人在丙位見其若在已位其似有轉圜之勢如此七十五節

第十章論歲差

八章所論潮汐皆由日月吸力而成故地球向日月則吸力多背日月則吸力少由此推之吸力更能成一奇異之事七十六節

一圖

二圖

地球非勻圓如珠乃南北極稍凹赤道稍凸酷似橘子以其凸於赤道並本軸與黃道斜交之故而地球繞日運動殊異七十七節

地球赤道凸處其質畧厚而半高於黃道半卑於黃道即被日月吸引亦不相同若質厚之二處爲水則日月吸引之力定能牽之使與

黃道平列見上一圖令於質厚處既非水故不能爲吸力拖去然日月仍常用吸力强拖之有如令此厚質轉向與黃道平交見上二圖七十八節

倘地球不自轉本軸則日月吸力必牽赤道稍厚之質令與黃道平列惟其有自轉故能令赤道之厚質隨日月之吸力而畧動不致令南北極改其方向由此而推知地球實有被日月相吸畧爲移動致令地極動搖靡定成爲歲差但歲差之運動遲甚須二萬四千四百五十年始成一周七十九節

欲明地球自轉並地軸運動之理可觀小孩所玩之抽陀

螺、即借千千此抽陀螺自轉本軸以外、其軸亦成一圓圈、見三十一圖

地球南北極運動、如三十二圖、與抽陀螺自轉本軸相表裏、八十節

地軸之運動、幾若令赤道與黃道平列、故其中之分點每年畧進少許、見三十三圖 圖中甲爲黃道極、外有輪齒之圓、乃地極向黃道極環行、以成其形、乙爲黃道、各丁位彎線、爲地赤道經過黃道之徑、丙直線之末爲地極、永向黃道軸外之二十三度半、屈曲而行、所以赤道經過黃道、亦有動移、天文士同擬指一方位起量、以定各星東西遠近之界、時須以春分點量起計遞年此春分點、漸有推移、二千年

前、春分點在白羊宮、今在雙魚宮、但量星遠行之時、謹記春分點之處、以便測算、八十一節

第十一章論地極章動

十章論歲差、與潮汐皆由一故而成、又有一事可與此理相發明者、即地極章動、言其運動有章、永無變易 以成歲差、與大潮之水相表裏、見七十與七十一節 但地極章動、須十九年能成一曲度、八十二節

今使太陽與月、常在一直徑、其所吸畧厚之質於赤道者、僅能成爲歲差、然月於十九年中上半遠於赤道平面、下半近於赤道平面、故上半牽動赤道多、而下半少、八十三節

因月牽動赤道多少無定、致令地極屈曲而行、以成輪齒之環、欲明輪齒環之數多少、先將歲差運動之一周、即二萬四千四百五十年、作十九分計、即知其齒約一千二百八十七、見三十三圖○八十四節

第十二章論秋收之月

秋分時、日夜平分、太陽於朝六點鐘時 即卯正 出、暮六點鐘時 即酉正 入、月至望亦出於六點鐘時、斯時晝夜皆光、設當秋令日日如是、在農夫可謂至便、蓋晝夜皆光、則崇朝胼胝、或有不足、至暮猶可少補也、八十五節

太陽本不動、自人視之、其繞天須三百六十五日一周、而

月之環天約二十八日一周、細按月於遞日遲有五十二分時、其當望也、出於六點鐘時、翌晚約出七點鐘時 即酉盡戌初 至第三夜月出、約在七點三刻、即畧戌正 是以夕陽西墜、而晚景倍覺暝昏也、八十六節

惟秋月之望也、數日間其出較速、時亦畧同、昔西人謂日初入、而月即有光、彼力田者、深幸明月早來、加我收穫之候、雖皎日西沉、而月光亦可資以工作、此秋收之月所由名也、八十七節

上節云月繞地二十八日一周、使其軌道與地赤道平列、則夜夜月出皆遲五十二分時、但月軌非平列於地之赤

道故月出漸遲有逾五十二分時之外者亦有在五十二分時之內者八十八節

二十六圖月軌交地平稍直則月循軌下行自速而地自轉須多假時刻方得見月所以每日之遲有逾五十二分時者八十九節

二十七圖月軌與地平斜交而稍平則月循軌行度如常而自地平視之見其下行似少參以地之自轉所以至夕見月之時晷同無須遲至五十二分時也九十節

若秋分之時恰值月望而月適當赤道而過則其時之三五夜或十夜月皆出於六點鐘時其候合西歷九月二十

三前後十日而為秋收月唯斯時可逢此事過此則無九十一節

第十三章論蒙氣差

設有一綫之光自天際之一星下射至地氣處必成稍曲之形而人目視此星在彼處必高於本位此因蒙氣差之故細按其理以一綫之光由氣質之薄者而透於厚或由氣質之厚者而透於薄各有被折而成為曲綫此蒙氣差之一驗也九十二節

包羅地面之空氣近地者密離地而上愈遠愈稀至二三百里其氣漸歸為有更自二三百里而再上之至無盡界處皆成空虛其中之氣謂之極精微氣如有星光射入地氣而氣愈近地愈密故其光形愈曲見三十五圖圖中甲位一星發射光綫至乙位之地光與地氣相衝遂成曲形而人在乙位觀之見星高於本位其實星在甲位人目却認在丙位九十三節

看三十六圖便知此理圖內繪出洋蚨一圓置盆底人立盆旁而遠視之蚨為盆唇障蔽自不能見乃以水滿斟盆中人就原處視之全圓畢見儼若此蚨自盆底上浮者然此蒙氣差之明驗也又法不用水而用最厚玻璃遮蓋洋蚨之上所見如前無少異九十四節

三十七圖更有一要理繪出雙面凸鏡之形大凡光綫射過此鏡即見光綫斜折殊異但欲知斜折幾多須視光綫所出入處鏡形若何且光過處遂為鏡收集一處而成點發為巨熱九十五節

白光者即七色之光一曰正紅二曰橙黃三曰正黃四曰正綠五曰正藍六曰深藍七曰青蓮合而成白用三稜鏡能分白光而見其七色如開摺扇者然見三十八圖七色中其蒙氣差亦異如紅光似較有力而透過三稜鏡見其斜折甚少惟青蓮斜折較多且七色外更有光如紅外有熱氣之光青蓮外有化物力之光是也九十六節

第十四章論遠鏡

遠鏡有二一爲透光遠鏡一爲回光遠鏡透光遠鏡卽合數重透鏡令射入之光聚集一處回光遠鏡乃接光入至凹鏡處而令光返聚一點謂之聚光點九十七節

三十四圖繪透光鏡之內心中有雙面凸鏡二在戊者爲物鏡在辛者爲目鏡設有遠物發光線甲乙卽物頂所發丙丁卽物底所發皆射入戊之物鏡甲乙兩光綫爲物鏡折至己之聚光點丙丁光綫爲物鏡折至庚之聚光點則所見物形在於己庚兩位但甲乙光綫在上爲物鏡折下至己之聚光點丙丁光綫在下爲物鏡折上至庚之聚光

點其光鑑形有倒影之奇再用目鏡置辛位其光點亦聚庚己處則所收遠物之形自人視之如在庚己之位九十八節

回光遠鏡先用銅製凹鏡磨鍊極光置管底外光從管入至凹鏡處則鏡接光而倒映於管頭之聚光點其物形卽從光綫現出再於管口之內旁置一小鑑面鏡於對鏡處鑿一小孔目附孔口視之能將遠物之形收入孔內九十九節

後有天文士復創一法可免鑑面鏡並鑿孔之用法以管底之凹鏡稍爲欹置以令外入之光映於鏡穴之旁人於管口而視管內見遠物之形較前法更爲明顯一百節

英國巨卿羅斯製一大回光鏡六大部州靡有與匹其鏡中之凹鏡直徑六尺重約八千觔聚光點距凹鏡五十四尺若以此鏡測星較目力所及有五百倍之遠云見三十圖○一百一節

第十五章論光行差

人見一星在此處究其本位不在此處却在彼處以地之運動甚速故也此謂之光行差一百二節

譬如兒童戲鞦韆下上搖移升落無定其升者覺風如對面吹來而落者覺風從背後吹過且一人於轉瞬間凡幾升落而風之或前或後迭因以更非風動之無定也實因人動衝前後之空氣儼如風吹者然一百三節

又如雨時有人執傘定立一處則見雨從直落見四十圖若直執而疾趨則雨斜下而沾其身宜斜執些少以避雨點究之雨原直降而斜者趨之勢也見三十九圖○一百四節

光之來也極速然非瞬息而至無盡遠處光綫自天射地人欲測之宜視地之運向將遠鏡稍前而窺始能接光入鏡一百五節

如四十一圖可明斯理第一筒定竪不動以一球自筒口直墜而下則套入筒中設以此筒置車上車行至速人欲墜球筒中須隨車行而球可直入筒內不致旁撞以筒在車中此筒宜斜安置則球能隨之而斜落然則星光射地

其體本直因地運動頗速故所見光綫儼如斜射而下一百六節

地之運行非直行乃旋轉也測天者以遠鏡指測一星須轉動以鏡則見該星似運於一小橢圓者究之該星定而不移若地球忽停不轉則星立歸於小橢圓中心一百七節

第十六章論視差

人於路上行走見兩旁之物似能動移其時設有一星在遠山之上又有一樹與山同一直徑人於直徑處橫行而過其始見樹移身後而視星與山方向畧同繼行稍遠視山亦在身後惟星仍止原處此蓋樹較山近於人山較星

亦近於人而星則極遠也近人者一過而不復見以人行物不能行故自近而遠漸落人後斯視差之淺者也一百八節

由此而推設有一物分兩處觀之即見其物如有移易之象斯即謂此物之視差一百九節

用視差法能量極遠之物須知所視之兩處相距若干見四十二圖圖中丁為塔尖欲量塔之高當計甲乙兩角差數幾何並須知甲乙底線長幾何則可量此塔之高實有若干丈一百十節

使丁位之塔近則甲乙兩角相較大小差數多塔遠則兩角差數少再者底線短則差數少長則差數多故欲量遠物須長其底線方可一百十一節

甲乙底線短不能量及丙位之星以自甲位視此星與自乙位視此星其兩角之大小差數無異欲量此星若干遠須長其底線令此角大小之數相奇方能量度若欲量恆星雖盡地球直徑為底線亦不足以量測惟於地球上擇直徑之極遠者為底線可量月與地距度若干一百十二節

地球自轉一日一周故可擇極長之直徑以為底線此所謂地轉之視差也其視差之底線即人在觀星臺靜歷數時計地之行度幾何而定其線用此法取擇底線可得其最長者顧最長莫如赤道其直徑蓋二萬餘里云一百十三節

四十二圖之甲戌乙半圜比地自轉至半球之理測星者自晚六點鐘起至曉六點鐘止計所測之星其視差底線長約二萬餘里前人測火星距地若干即用此法一百十四節

周歲視差最長之底線也此即地軌環繞太陽之直徑以為底線長約五十四千八百萬里見四十二圖下之小圖日在中央直線即地軌之直徑設地六月時在己位十二月時運至庚位於兩處皆觀一星則知其有視差否一百十五節

恆星距地最遠使祇用五十四千八百萬里之底線於兩處測視恆星而甲乙兩角大小差數無異則其底線尚覺

太短而視差自無安得量測恆星據此即知恆星距地球較太陽更遠數萬倍一百十六節

惟有數恆星畧有視差用法可量其距度但恆星中最近者名南門二其距地較太陽遠二十二萬四千倍一百十七節

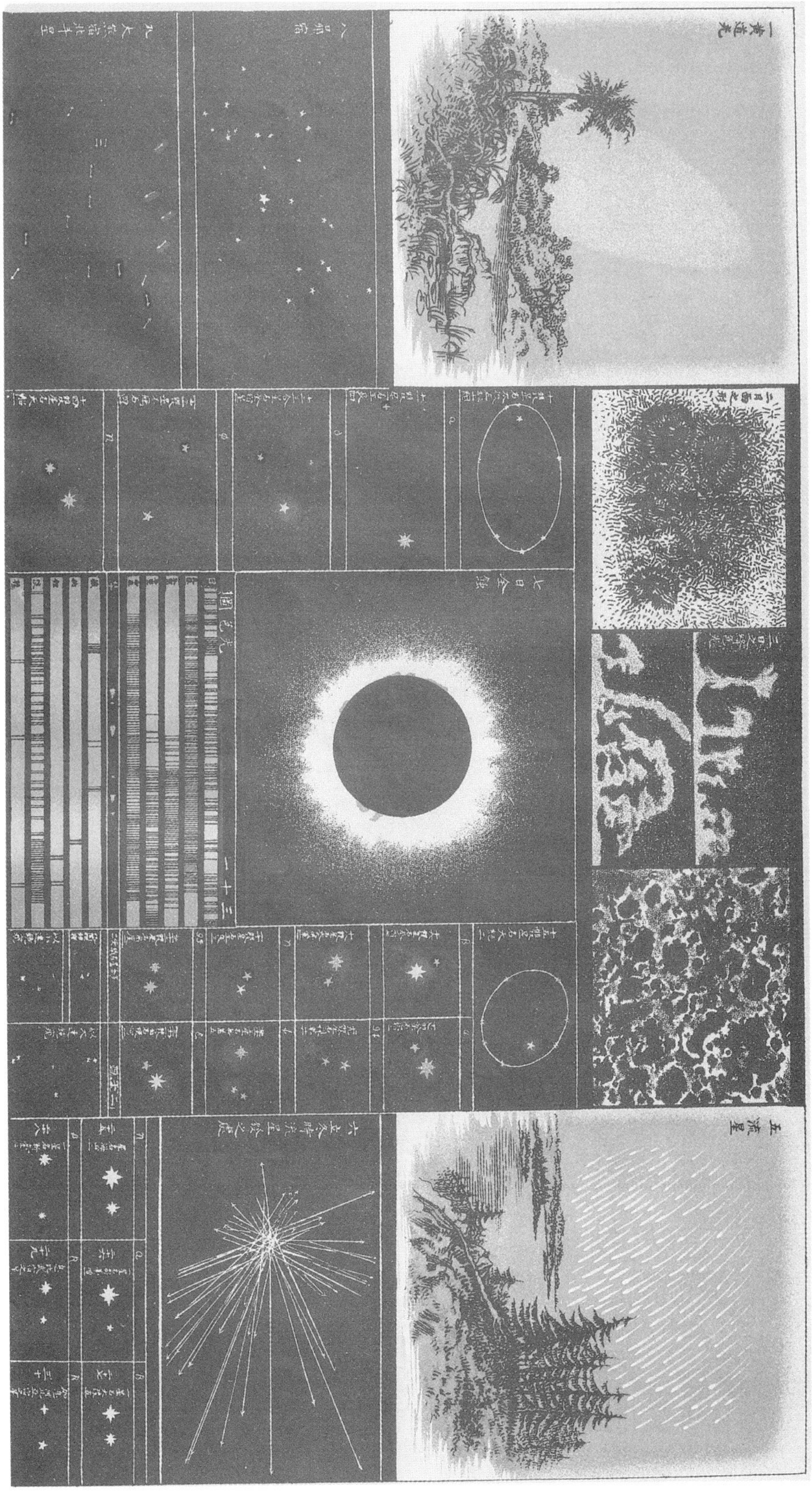

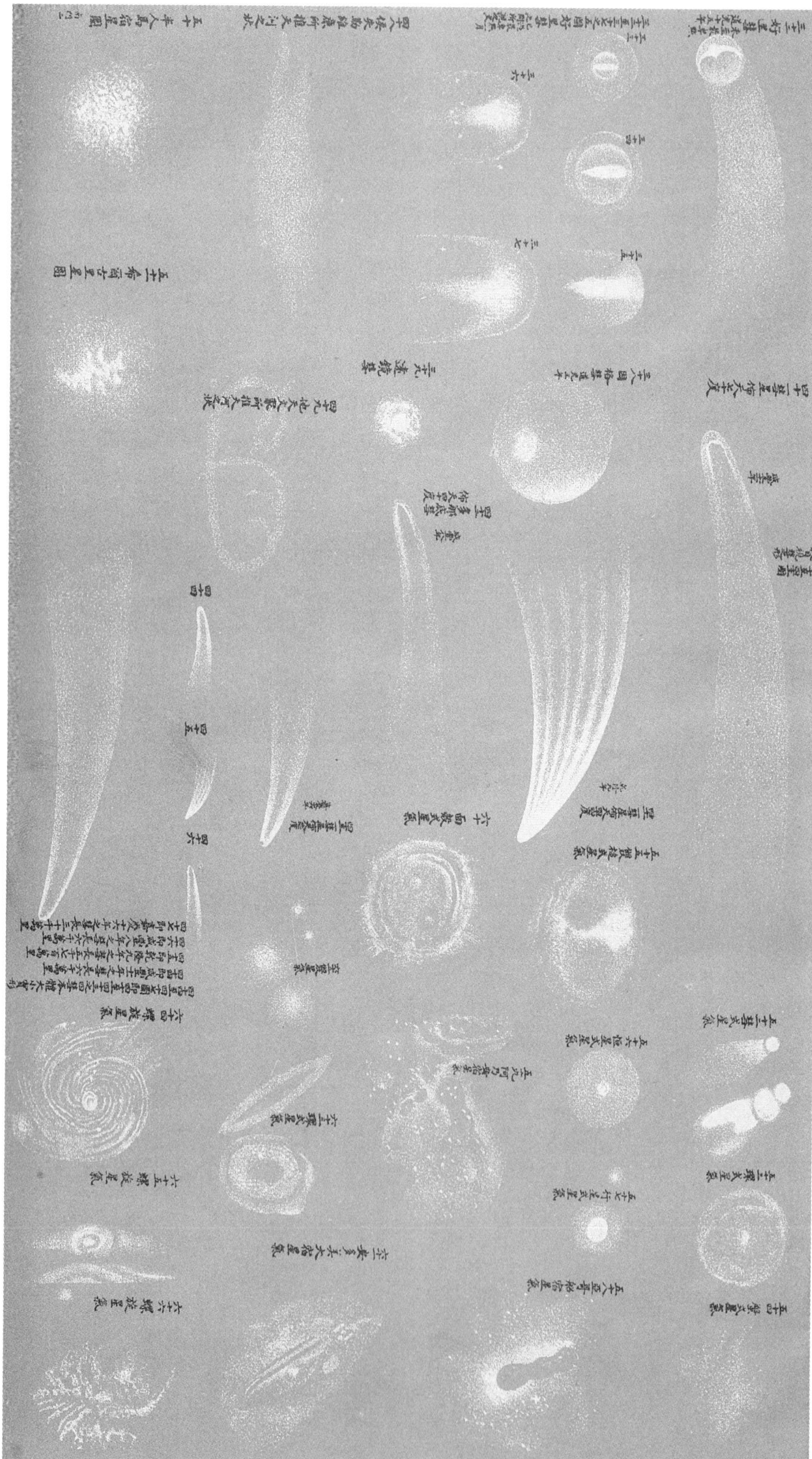

天文圖說卷三　論天空異象見第三幅圖

第一章論流星隕石

昔人謂流星隕石、附近地球亦由空氣凝結而成今實知其不然細考其質散布於行星軌道中甚多若附近地球、被地攝引、即下墜於地、天空不盡行星恆星、中有無數類似隕石質者、恆由空氣而過、據天文士用遠鏡窺測、擬其數逐日有四十千萬○一節

或謂流星隕石之質匪特散布於行星諸軌道亦散布於太虛各處其質漸聚成為無數大羣或成為大環錯雜無定均繞太陽而行見一幅三十七圖○二節

遞年立冬時恆有流星當西歷一千八百六十六年即同治五年立冬後五六兩夜有流星極多如花炮亂飛如雨雪交紛光滿天際見第五圖　此因地球循行其軌道適至流星一大環質最稠密之處故然按此大環亦環繞太陽、約三十三年一周故至西歷一千九百年時地球將經過流星之大環密處定見無數流星再散曳長光徹夜不絕、三節

流星射入空氣甚速其速率一秒時約行九十里其下行距地球二百二十二里發熱最大即生火後行復漸緩迨距地一百五十里即滅四節

當地球經過大環時所向之處適無數流星散發之處立冬時節地球向黃道帶第五宮名獅子而行故流星有似由彼處而發、見本幅第六圖○五節

流星發光之期與其所由之處不一而足天文士詳察其期以及其所由者有五十餘處昔此今彼難以定論且流星所發之光有大有小其色與遲速亦迥異六節

流星以外更有無數異象難以縷述有單顆隕石極其光亮雖白晝亦可見有時迸裂其聲響甚其極堅者衝入空氣不能鎔化仍下墜於地細考隕石之質中函鐵以及別種金類其體大小不一有重幾兩者有重幾觔者又有至大至重者有一天文女士云曾見一隕石距地球祇七十

五里而過測其重約一百二十千萬斤其速率一秒時行六十里七節

第二章論黃道光見本幅一圖

當夕陽初墜旭日將升之時有一種奇光名曰黃道光此光色淸且淡凡在南北溫道之處多在春之薄暮秋之昧爽而現惟在熱道之處四季皆有其光愈明愈高八節

此光之下較日更廣由太陽沉西以及東升之處而現其狀若尖錐式推度其原由所說不一僉云隕石之質散布地球軌道內外爲太陽所照即發此光九節

第三章論月內之山見本幅四圖

以遠鏡窺月面幾盡崎嶇之形洵奇觀也見一幅卅二圖在南之處有塊然一至光至圓者名曰太古山其頂有白光百道四周分射而出其狀有似於一球之極處繪出無數經線月面之山高低大小不一最高者約有一十二里〇十節

月面黑處卽最大之平原其邊界多有圓形以遠鏡窺月面最明晰者卽大小之山其狀如環故名曰環山其光亮如金銀所製之環十一節

月中山之形勢繪於第一幅之三十五三十六兩圖以及本幅之第四圖惟此第四圖乃幾座小山與其窪下之處在月之南半球尤多與此相類者其山形皆中窪若碗口

俱正圓酷肖地球所有之火山惟其不同者山中之火壑廣且深並在月面之下大率壑之深較山之高恆二三倍或謂太初之時月面凝結其內之流質漸冷漸縮卽下陷於此月中之山壑有最廣者太古山之口濶約一百六十里壑凹入約一千六百丈壑底更有一小山高約三里〇十二節

第四章論日面見本幅二圖

日面有似一大火燄之球故名曰光球光球之內如有雲霧幾重遮隔究其實係何物人終難臆度十三節

光球之火燄不相聯屬乃歧分爲無數火舌之狀附近黑斑者其焰如柳葉如粒米以及奇異之諸形其火舌之狀間有長三千里濶三百里者十四節

日面黑斑卽由光球開裂之處而顯露黑斑之色非純一有濃有淡在中體深黑色斯因外面之大光焰互相和合故然離中體之外色畧淡名爲闇虛再外色更淡名爲外虛十五節

第五章論日全蝕見本幅七圖

按此第七圖乃日全蝕之象當食旣時見有光氣甚薄大且廣環日四周此光氣西人名曰日冕其光原所自有亦有受日光返照而來者十六節

日冕之光亦非純一有至長之光線射出極遠中亦有罅

隙之處深且黑直向日面十七節

此外更有光氣一層包裹亦環日之四周名曰色球其高出約一萬五千里此色球發無數絳色之光而上騰形甚奇異間有上騰至數萬里者推求此絳色之光燄謂卽猛火所燒煅至白之輕氣耳且此光焰突然而發見其變動甚速則知日面必大動盪難以臆度有天文士曾測大火燄一縷騰竟至八萬一千里歷十分時而滅所云絳色之光焰見本幅三圖〇十八節

色球而外又有一層金質之氣包之居太陽光球之上攝引其光線由斯理懸揣知日面實有如許金質此說詳下

章、十九節

第六章論光色圖 見本幅三十一圖

在第二卷九十六節有云、日光透過三稜鏡、能分其光為七色之光帶、見於壁面、或屏間、此七光色、即正紅、橙黃、正黃、正綠、正藍、老藍、青蓮、見三十一圖日發七光色外、更有二種之線、人目不能見、一熱線、附於正紅光線外、一化物力線、附於青蓮光線外、此二光線、大有能力、宇內萬物、咸利賴之、惟此七光線之功用、悉與日宜、大哉造化主、其智慧仁慈、令人不可思議、〇二十節

或問曰、我見日只有白光、何以分之有七色、曰、天文家試驗日光、確知有此七光色、合成而為白光、上所云三稜鏡能分之、可為徵證、惟此光線被折、亦有不同、紅之光線映

折獨難、故斜曲最少、青蓮之光線映折較易、故斜曲最多、其餘五光色被折、次第現於二光色之間、二十一節

若將一石灰球、用輕養氣之吹筒燒至通赤、即有無數之光線挨次分折、現於光色圖、所現之各光色、皆相連合無間、燭火氣火、以及實質流質之物、所發之光、亦能分折各色、現於光色圖、連合無間、〇二十二節

惟不論何氣燒煅至白、或實質流質之物、被燃化為氣、其所發之光、與石灰球之光有異、因其各色、皆不能現於光色圖、只現幾色之行、於數處、即各隨其質之體性、現其本色之行於黑地、如三十一圖所繪之行、應有鐵、鈉、鋰、淡輕、等氣之光色、唯既被燃燒、其所現之色行、第發其各質之色、如是見其行、有何色、即知有何質被焚於燄中、二十三節

此外更有至要者、宜精察而詳辨之、不論何氣、匪特能發本色之光線、凡遇與彼同色之光線、能為彼所吸、而不轉發、此又何說也、設白光由何質之氣而過、即現於光色圖、皆無本色之行現於黑地、唯此氣遇與彼同類之光線、則阻而吸之、致有此黑行現於色地、準此法、匪特能測何質發此光、亦能測何質阻此光、二十四節

邇來天文士、詳察太陽與天星之光質、知其所發之光線、多與地球之物質所發之光相同、二十五節

用極精之機器、測太陽之光、現於十一尺之光色圖、見其

中有黑行數千、每行循其本位安置、可證太陽外氣有何質、近已知其中四百七十行、乃鐵質、二十六節

今格致家已測得太陽外氣所有之質、共十有五、若鐵、鈉、鎂、鋇、銅、鋅、鈣、鉻、鎳、錳、鈷、鐠、鋁、輕養等類、因此行乃黑、現於色地、故知日光有透過外面一重所包裹之氣、有此等質在於其內、致與此等質同類之光線、反為是氣所阻所吸、不能現於光色圖、二十七節

又用極精之機器、詳究月與行星之光、其所現於光色圖之行、與日之光色圖無少差異、蓋月與行星之光、均由日所得、復返照之而已、二十八節

恆星之光色圖亦有黑行現於色地與日之光色圖相同惟其彼此之行則有別因日有數種物質皆無現於恆星之光色圖恆星有數種物質亦無現於日之光色圖見三十一圖○二十九節

星氣之光色圖與恆星之光色圖不同因其無此黑行現於色地反成色行現於黑地可知其光乃由燒煅至白之氣而發並非透過他質之氣爲其所阻所吸三十節

第七章論恆星大小遠近

恆星之光有明暗大小之別中有多顆見其光極微非眞極微也因其遠甚故見之有如是耳三十一節

天文士專論其光之大小分爲若干等或分十八或分二十光最大者爲一等其次爲二等又次爲三等四等又次爲五等六等自一等至六等約有六千顆目能見之此外非用遠鏡則不能見故名曰遠鏡星三十二節

恆星全體大小不一有較太陽大數千倍或數萬倍者人見之以爲微渺因距地極遠故也倘太陽亦如恆星距地之遠則其大亦與恆星相似或較恆星更小天文士測一恆星名織女一其體質較太陽大五萬餘倍又有一星名天津增二十九測其直徑長六十千萬里三十三節

天星甚多幾不可以數計遠鏡愈精則所見亦愈眾現所可見者約計有三十五千萬之數或思恆星亦有行星與月繞之而行有似太陽有行星與月繞之者然三十四節

若論恆星之遠近令人幾不可思議姑舉一頗近之星名天狼計其距地之遠有數百千萬里倘此星距地亦與日同則其光較日光應多一十四倍光線一秒時約行五十七萬里自太陽射至地球僅八分時惟自天狼星至地球須十四年自大角星須二十五年更有奇者天文家推光線自天河之小星射至地球須歷二千年○三十五節

第八章論雙星色星

恆星中多雙星何謂雙星目視之唯一若以遠鏡測之則有二故名雙星往往一大一小大曰正星小曰副星亦有

大小相等者且多有色其色不一或一紅一綠或一白一紫三十六節

更有恆星目視之唯一以遠鏡測之則有三有四或甚多成爲星類星團其名曰三合星四合星多合星此聯合星已測有六千有奇中有七百其方位恆有更變知其互相旋繞或繞此公重心其繞行一周遲速不等或數十年或數百年或數千數萬年三十七節

第九章論圖中聯合眾星

第十圖之雙星名太微左垣上相有一副星循其軌道旋繞大星而行約一百七十年一周三十八節

第十一圖之雙星名王良四大者色淡紅小者色藍三十九節

第十二圖之三合星乃奎宿之星大者色黃次色藍次色紅四十節

第十三圖之雙星名礪石四大者色紅小者色藍四十一節

第十四圖之雙星名天船一大者色橙黃小者色藍四十二節

第十五圖之雙星名天紀二有一副星循其軌道旋繞大星而行三十六年一周大者色白兼微黃小者色淺黃四十三節

第十六圖之雙星名參宿七大者色淡黃小者色藍四十四節

第十七圖之雙星名心宿二大者色紅小者色綠兼微藍四十五節

第十八圖之雙星名天大將軍一大者色深黃小者色淺綠四十六節

第十九圖之雙星名羽林軍三十六大者絳色小者色綠四十七節

第二十圖之雙星名王良三大者色白小者色淺藍四十八節

第二十一圖之三合星名華蓋五大者色橙黃次色藍次色紅四十九節

第二十二圖之雙星名帛度一大者色綠小者色淺紅五十節

第二十三圖之雙星名梗河一大者淺橙黃小者色淺綠五十一節

第二十四圖之多合星名織女二以雙筒短鏡窺之為雙星以小遠鏡窺之為三合星以最精大遠鏡窺之又為多合星其上之雙星互繞一周計一千年其下之雙星互繞一周計二千年有一天文士細推此一類之星行盡其軌道一大周須歷百萬年五十二節

本幅第八圖所繪之星即昴宿計其星數二十有一此星圖中最大之星即昴宿六有天文士詳測太陽率領一切行星彗星旋繞此星約一千八百二十萬年方行一周〇五十三節

第十章論恒星移動見本幅九圖

恒星與行星不同仰觀行星見其常繞太陽移動惟觀恒星遞年居其所而不動故名曰恒星別名曰定星然用最精之遠鏡窺測見其方位盡有變易可知亦有推移也邇來天文士累年詳察欲知其所行果向何方并欲測其行之遲速五十四節

或測太陽率領行星彗星等向希爾古里宿而行故見左右之星如退後在前之星如辟易在後之星如團聚可知太陽恒有運動亦一星耳五十五節

諸恒星之方位匪特盡有移動與太陽相似又測有幾類

星與之偕行其行各循各類之方向、五十六節

本幅第九圖所繪之星即大熊宿所屬之北斗星明見其星有三類其所行之方向各別圖上所設施之色非分別各星之本色第識此三類星所行之方向而已細測紅之一類行向左藍之一類行向右黃之一類向右斜行、五十七節

第十一章論變星見本幅二十五至三十圖

天空亦有星恆循定期變光因其光有增減故名曰變星中有變光最多亦有變光甚少者細考衆星變光之期彼此迥異姑撮舉一二言之大陵五光變一次約三日酒旗一光變一次歷多年或思所稱之新星失星客星亦屬變

星之類惟其光變盡之期最久耳若問其所以變之原由人莫能測其底蘊、五十八節

西歷一千五百七十二年即明隆慶六年有一星見於加息阿比亞宿內歷一年有五閱月其光雖至亭午不隱細測其光變易一次約三百十四年果爾宜於西歷一千八百八十六年再見、五十九節

第二十五圖所繪之星名海山二由一等遞變至四等其變期約四十六年、六十節

第二十六圖所繪之星名螣藁增二由二等遞變至十二等其變期約三百三十一日、六十一節

第二十七圖所繪之星名大陵五由二等遞變至四等其變期約二日二十一小時有三十六分、六十二節

第二十八圖所繪之星名漸臺二自三等遞變至五等其變期六日有八小時、六十三節

第二十九圖所繪者乃息比武宿之星自五等遞變至十一等其變期約七十三年、六十四節

第三十圖所繪者乃加息阿比亞宿之星自六等遞變至十四等其變期約四百三十五日、六十五節

第十二章論彗星見本幅三十二至四十七圖

第一卷嘗論彗星乃屬於太陽與行星爲一羣類今姑畧

論其形勢并其體質、六十六節

彗星如白雲恆隱而忽見異於常星世人見之遂以爲災異之兆甚屬無謂夫天空諸曜惟彗星最廣大其體亦最輕浮其狀無一定其式無方正有時見一至大至長其長幾由地球而至太陽間有多彗輕甚計其全體重不過數千觔其所行之徑一若無法有數日內連次見者有歷數月見者有數年或數十年甚至數百年一見者又有繞日一周此後永不復見者、六十七節

彗星甚多非恆有尾有一尾者有數尾者有絕無尾者大抵一尾者居多其行均繞日而尾多背日有時其尾指別

方向而行此不常見也昔年曾見一彗裂分為二終不復合更有一彗天文士預推其周時宜於某年再見而竟不復見六十八節

彗之形不一有一類最小者目不能見名為遠鏡彗見三十九圖又有一類見於天空長數十度論其形雖有不同論其質盡可分為首為中體為尾六十九節

彗之體質雖未能深悉惟其首中有炭氣人皆信之蓋有炭行現於光色圖故也且推其所行有循攝引之定法故知彗星之質亦可權其輕重有人忖度彗星之首乃一隊流星之質彼此相去畧遠行又甚速其尾乃太虛之微氣

因首為日光所照卽發電氣由首而閃爍於後遂有此長光因謂之尾可知彗尾非實體也明甚若論其尾一方里之地所發之光極微幾如無物目不能見惟一方里增至萬萬倍之數然後所發之光始得見由是思之彗之尾果係實體當較地球之空氣更薄一千倍亦能發光與月相同唯其所發之光較月遠甚耳彗首之質或類乎是不過較尾之質稍密而已嘗見最小之恆星為彗所隔望之亦甚明晰此可為彗之體質薄甚之證也七十節

彗星所行之軌道與行星大不同行星俱近黃道之處循其軌道而行惟此彗之軌道甚距無從稽考要其所行猶遵循攝引之定法如上節所云者細測各彗其道或為橢圜或為拋物線或為不盡線說見二卷六章并圖其所行之道若係橢圜則此彗乃屬於日與行星為一羣類其繞日一周可預定其期若其道為拋物線式或不盡線式則已過最卑點後不能復回或往繞別類恆星七十一節

若論彗之名號有因天文士初推得其根又預定其再見之期卽以其人之名名之者如好里彗因格彗之類是也又有依西歷當時所見之年數稱其名者如所稱西歷一千七百四十四年之彗西歷一千八百十一年之彗是也七十二節

第三十二圖至三十七圖所繪者卽好里彗於西歷一千八百三十五六年卽道光十五六年所變之式也三十二圖所繪者卽西歷一千八百三十五年時該彗將至最卑點所見之式三十三圖所繪者該彗過最卑點後所見之式其始見時式圜迨後漸分歧而有尾此彗離日愈遠其尾亦愈長且大見三十四至三十七圖〇七十三節

第三十八圖所繪者卽因格彗當西歷一千八百二十三年卽道光三年時見於天空而無尾七十四節

第三十九圖所繪者乃一種遠鏡彗見時亦無尾七十五節

第四十圖所繪者乃西歷一千八百六十一年即咸豐十一年所見之小彗長六千萬里因其近地球故佈天中長竟有七十度七十六節

第四十一圖所繪者乃西歷一千七百四十四年即乾隆九年所見之彗此彗與七十六節所論之彗大小相等因其距地頗遠故佈天中長僅四十四度唯其尾有七斯亦一大奇也七十七節

第四十二圖所繪者乃西歷一千八百五十八年即咸豐八年所見之彗名多那底彗與上文所言之兩彗大小畧同其佈天中長四十度七十八節

四十三四十七兩圖所繪者乃西歷一千八百十一年即嘉慶十六年所見之大彗長三十千萬里因其距地球甚遠故佈天中長僅二十七度七十九節

四十至四十三圖所繪者即上之四彗乃憑目見其彼此大小之象四十四至四十七圖所繪者乃此四彗本體大小之實象八十節

第十三章論天河見本幅四十八四十九圖

朗夜無月時仰觀天空除如許恆星外又見一道白光淡如白雲交錯簇聚於天球之南北一帶名曰天河別名銀漢八十一節

天河爲無數小星相聚而成因其距地球極遠故不能一一分之天文士測知太陽與行星彗星以及所見之衆星皆屬天河爲一羣類八十二節

有天文士名侯失勒維廉精測天空見更有無數之衆星似天河簇聚各處儼若淡白之雲名之曰星團星氣謂天河與所屬之太陽以及行星彗星恆星皆聯合爲一大星團八十三節

維廉又推求天河之狀云所有至光者即衆星密聚之處也又言設太陽畧遍天河之中心則天河之狀宜如四十八圖所繪者然八十四節

後天學諸家更精心講求天河之狀維廉之子約翰意度天河之狀非圓非扁儼若一環其半面分裂又一天文士意度其狀如四十九圖謂日居中心上有空隙之處向亞哥船宿右又分爲二小支然猶未敢斷爲定論又自謙云或別有高明之士能測天河更有異狀八十五節

第十四章論星團星氣見本幅五十至六十六圖

天空之星團極多密聚各處遠望之如光白之雲唯用極精遠鏡窺之即能分爲無數之星若問一團之星數若干難以定論蓋有幾百幾千爲一團亦有幾百萬爲一團八十六節

人多識金牛所屬昴宿之星團就目視之僅見六七星測以遠鏡則見有一百八十八星第五十圖所繪之星團即半人馬宿之南門二第五十一圖所繪之星團即希爾古里宿所屬者此二星團實為天中至大至美麗者八十七節

天星簇聚望之如氣如雲何以辨其為星團星氣凡測以遠鏡能分為無數星者是謂星團不能分者則謂之星氣昔天文士意謂以極精之遠鏡即可分太虛一切眾星為若干團之星今實知不能分矣何以知之因近時天文士細究得一新理即光線吸於光色圖以闡明此事說見下文八十八節

上文二十六二十七二十九等節有云日與恆星之光收吸於光色圖即現黑行於色地又二十三節云不論何氣燒煅至白其所發之光收吸於光色圖即現色行於黑地八十九節

準此法察星團之光能分為無數之星其光收吸於光色圖即現黑行於色地與日并恆星相同唯此星氣測以極精遠鏡不能分為無數之星其光收吸於光色圖即現色行於黑地可知其光乃由燒煅至白之氣而發此氣大半乃輕氣淡氣九十節

星氣所見之式難以枚舉覽五十二至六十六圖便知其詳更有如球形者甚多未盡繪於圖內此外有作環形者有如球形而微扁者有橢圓者種種不一所最異者多無一方正之體勢其依何理法而成最難測也九十一節

星氣之理至深至奧愈測愈奇難以言語形容有一最奇者有時其狀突然更變出人意想之外今天學家悉心推究要知其更變之所以然或可得而知也居恆天文士以為星氣居於太虛極遠之處其狀與天河畧同邇來有一天文士懸揣星氣多屬天河之類又有人思此星氣屬天河者頗多其餘成別星類與天河諸星不相屬九十二節

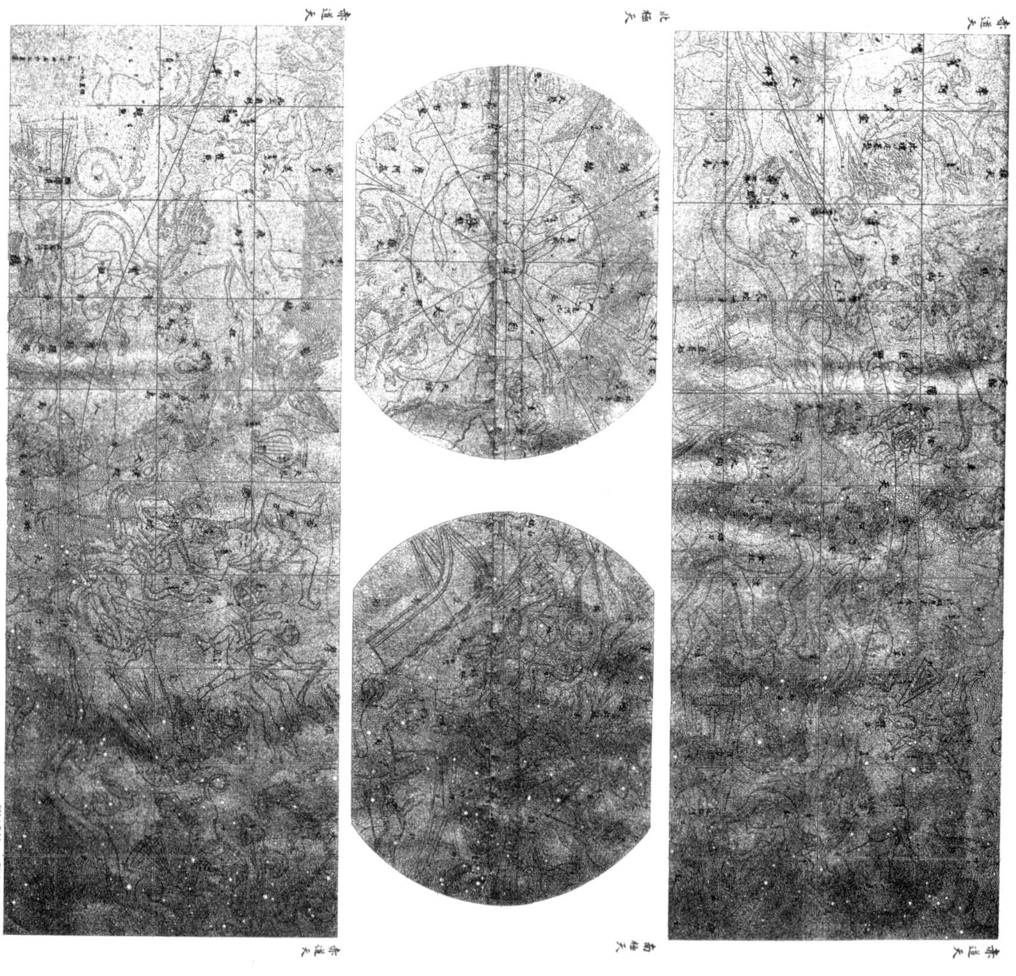
赤道天
北極天
赤道天
赤道天
南極天
赤道天

天文圖說卷四　　論天空星宿 見第四幅圖

第一章小引之要旨

地球每日由西向東自轉本軸一周惟人仰觀太虛有似一空球由東向西旋轉其軸與地軸正相對一節

天空諸曜錯綜散布似無甚次第其光又大小不一是以天文士將一切衆星分列等級按其形似定以主名某星定屬於某宿其所分彙諸星宿約有九十之數二節

按附近地球軌道平面之天星天文士分爲十二宿名曰黃道帶之十二宮就目而觀有似日經行此十二宮每年一周日所行之軌道名曰黃道三節

地軸較地軌道之軸斜側二十三度半故赤道較黃道亦斜側二十三度半見上一圖○四節

仰觀黃道側而非正如上二圖故黃道帶之星宿半在赤道北半在赤道南且月與大行星亦行於黃道帶之內匪特地球爲然也故就目而觀見太陽於冬時經行赤道之南夏時經行赤道之北春分秋分則由赤道而過也五節

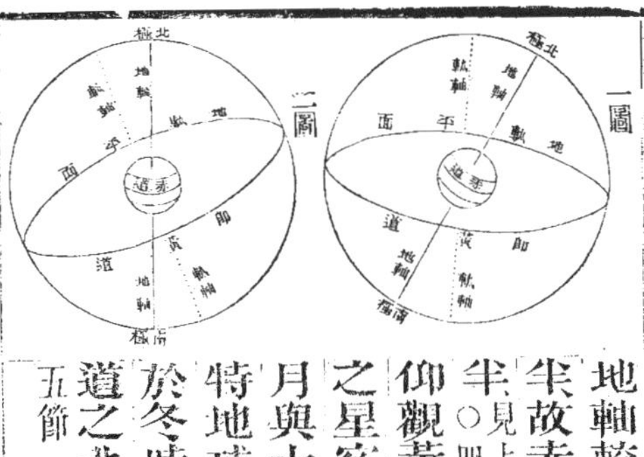

一圖　二圖

本幅有大圖四繪天空如許星宿兩小圖一繪北極天一繪南極天兩大圖所繪者即赤道天細認各圖之旁所繪相同即知此四圖乃聯合爲一六節

赤道天之圖有一彎線倘以二圖合而爲一此線乃成一大環即黃道也七節

觀此圖知黃道原由十二宿即黃道帶之十二宮而過十二宿之名曰白羊曰金牛曰陰陽曰巨蟹曰獅子曰室女曰天秤曰天蝎曰人馬曰摩羯曰寶缾曰雙魚此皆以星象命名八節

若要直推某星之處其法有二一測其距天北極若干度

名北極緯度一測其距赤道偏南偏北若干度名南赤緯度北赤緯度惟欲橫推某星之處宜自白羊宮第一點始向東計歷鐘表之時分杪若干二十四小時爲一周九節

第二章論恆星運動之景象

地球每日由西迤東旋轉一周故昏夜觀天如一中空之球自東迤西移動衆星漸東出西没當黃昏時即見半天球之星唯徹夜所見星數或多或少皆因人距赤道之遠近且夜有長短之別故也十節

若在南極或北極則不然其所見之星無少差異譬如人在北極之地赤道北之星常見而赤道南之星常隱若在

南極赤道南之星常見而赤道北之星常隱唯在赤道之處天空之星一年之內人盡得見又如人在南温帶南極天之星皆得見在北温帶北極天之星亦皆得見距赤道若干度亦見天南極天北極四周若干度設距赤道北二十度其地之人即望見北極四周二十度以內之星唯距南極二十度之星則不得見十一節

天空之星恆有不得見者即地球向太陽之處因太陽之光較星光更大故星光爲其所奪耳但就目而觀太陽當循其軌道而行故先所不得見之星亦漸得見十二節

如是天空諸曜時有更變遞年盡行一周譬如今夜十二

點鐘時即子正之時見某宿在某處復經一閱月祇十點鐘時即亥正之時已見此宿復在原所十三節

又如平旦四點鐘時即寅正見某星在某處再經三閱月至夜間十點鐘時見某星又在原所蓋衆星之行每日速四分時積至一閱月是行速一百二十分即二小時也十四節

第三章畧論北極天之星宿 見本幅北極天圖

北極天之星類最光明者即北斗西人稱爲犁別名大水杓因其形相似故名見左圖〇十五節

北斗乃屬大熊宿右有星二大者名天樞此二星同一直線直指北極星觀北斗星有似環繞北極星者然十六節

北斗有似環繞北極星每日一周故見其位與方向恆有更變十七節

北斗

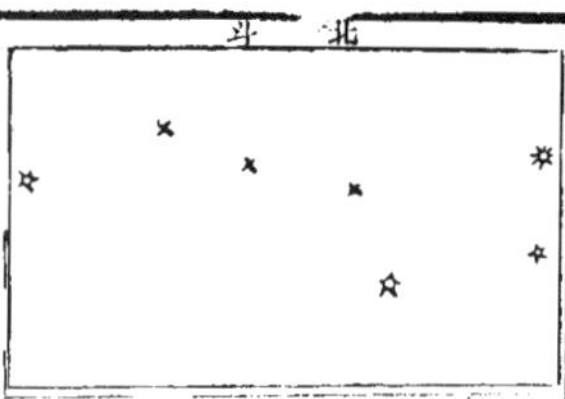

北斗所向之處有似依人所居當秋夜初更時在北極星與北地平之中如圖設人所居之處愈南北斗即隱而不見冬時在北極星之東其柄指下春時在北極星之上居天之中夏時在北極星之西其柄指上十八節

北極星有名勾陳一者即小熊宿所屬也此宿又名小水杓憑目遠矚一似天星向北極星環繞由北極星引北天

球諸宿極其簡便倘背南仰觀即見此星畧與北斗右近之二星同一直線相對故此二星或名爲指星十九節

加息阿比亞

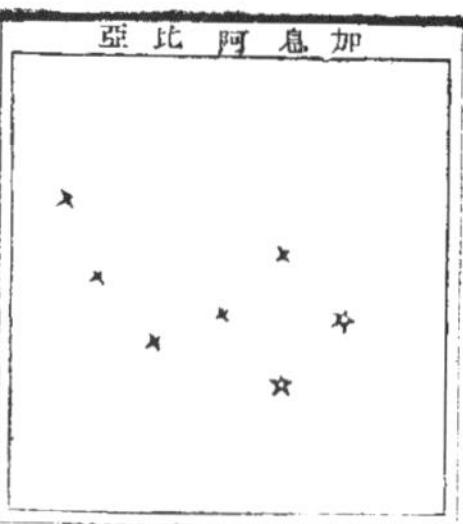

過此以往更有一美麗之宿名加息阿比亞其距北極星與北斗所距遠近畧同有最顯之明星五并小者二式列如椅其中之二大星名王良四王良一此宿當秋夜初更時居最高冬在北極星之西春在北極星之下夏時在東北方見上圖〇二十節

準此北斗與加息阿比亞之直線能分此天爲兩半左右

更有大光明之星二，藉彼再分爲兩半，是爲四隅。此二星

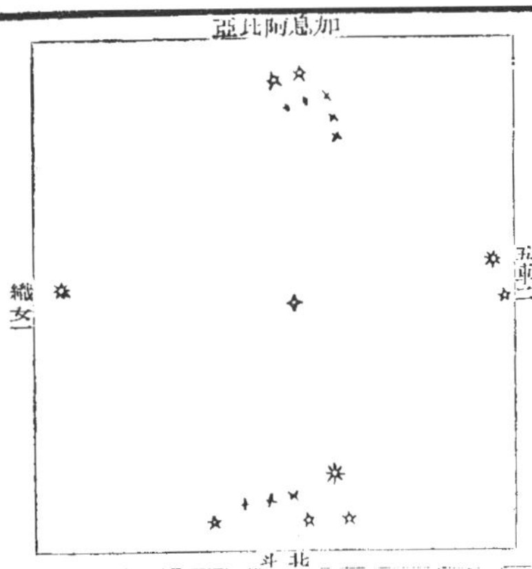

一名小羊，即五車二，屬車夫宿，一名威迦，即織女一，屬天琴宿。小羊星之左，有一副星，最易認識。西人欲識此星之處，謂其形勢有似小羊避大熊者然。二十一節

如是，北斗與加息阿比亞之直線，并五車二與

織女一之直線，遂分北極天爲四隅，致測天者有所把握。其式畧爲撱圓，北極星居乎其中。見上圖○二十二節

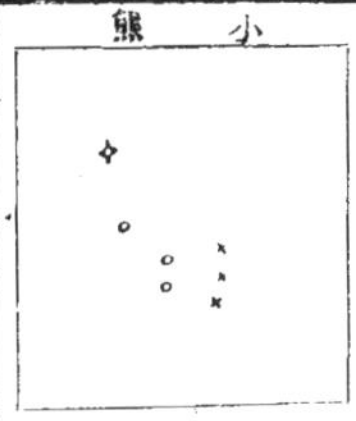

北極星所屬之宿名小熊，尾長而獨據乎其巔。見上圖○二十三節

在北斗與織女一之間，有一宿名天龍，如盤旋屈曲之長蛇，首有星四，成四角尖之式而俯。內最大之二星名紫微垣右樞與天棓三。其尾突出北斗與小熊宿之間，惟其首前之一星乃屬別宿。見下圖○二十四節

第四章至第七章之小引

夫地球自西而東，逐日漸移，每年旋繞太陽一周，故諸星宿由東之地平而見，每夜恆早四分小時。但吾人所處之地彼此不同，故天星有隱見遲速高下之別。茲第四章至第七章祇論北溫道四季所見之星象，宜詳察本幅兩大圖。二十五節

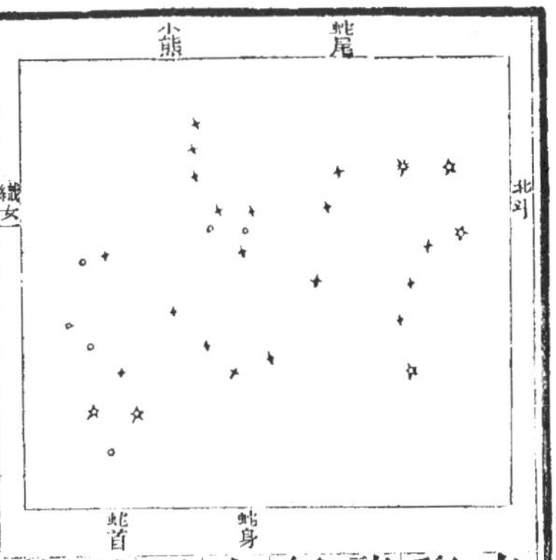

第四章畧論秋季之星

秋時見加息阿比亞宿居最高，北斗星在北居最卑，五車二在東北，織女一在西北。二十六節

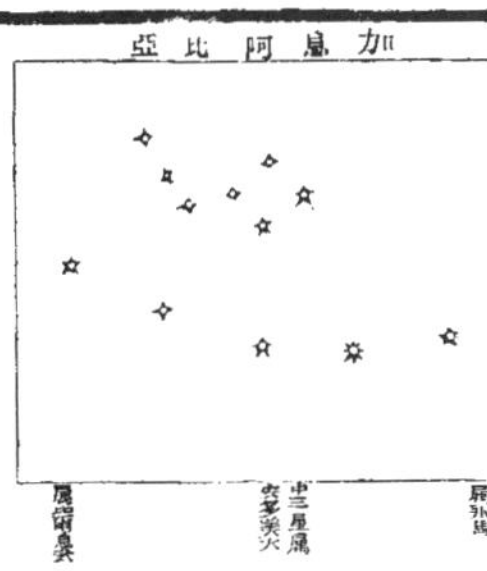

加息阿比亞宿之南有明星五，橫列式稍彎，如圖左一星名天船三，屬比爾息武宿，中三星屬安多美大宿，最大者名壁宿二，右一星名室宿二，屬飛馬宿。二十七節見上圖○

右圖偏右之二星，下復加二星，成一大方，名飛馬宿大方。此四星中上偏左之一星，已言屬安多美大宿，餘三星在飛馬之身上，名室宿一、室宿二、壁

宿一、下偏右之三星在其首與項、上又有兩行之星乃在其前足上、見圖○二十八節

飛馬宿之下有寶瓶宿計大星四乃三等之星最大者名危宿一更有一宿名南魚內一顆乃一等之星名為北落師門、二十九節

飛馬宿之左有白羊宿白羊即黃道帶之一宮此宿向左畧通至昴宿最大一星名婁宿三、三十節

白羊與飛馬之間有雙魚宿一帶彎曲散布惟其星不甚光、三十一節

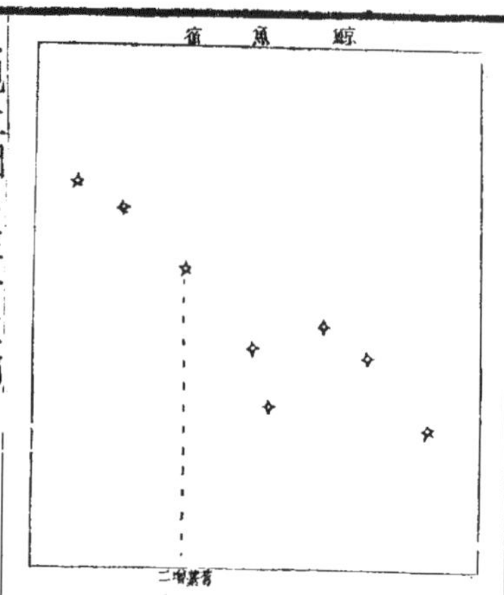

白羊與雙魚之下有一最光耀之宿名鯨魚內有一星名蒭藁增二最可異者乃為變星由二等遞變為十二等復由十二等漸變為二等其變一周時約三百三十一日、見上圖○三十二節

第五章畧論冬季之星

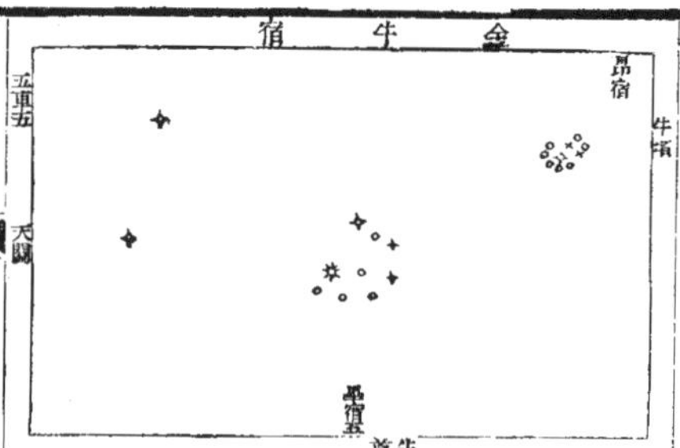

仰觀眾星見其每夜向西移動而新星漸出自東方斯時五車二之星見於天中、三十三節

在白羊宿之左有金牛宿首俯於下而角聳其左在角之巔有明星二、一名五車五、一名天關其面復有數星列三隅之式中最大一星名畢宿五其項上又有一團之星即昴宿也、見上圖○三十四節

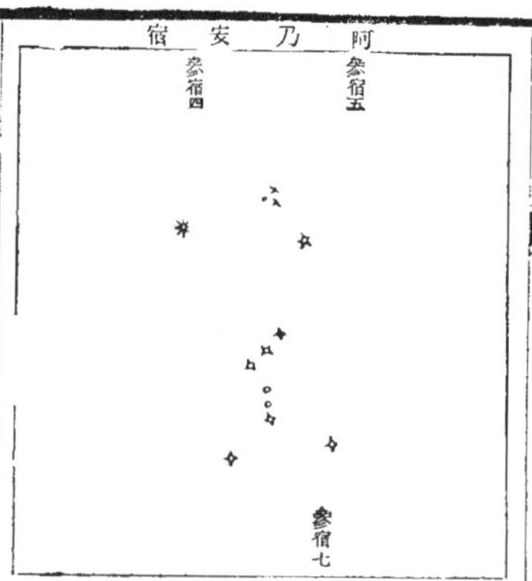

金牛宿之下有一宿名阿乃安為諸宿中之最光耀者有如許大星、一等者二、二等者四、三等者三、四等者十五四隅有星四大者名參宿四、右二星名參宿五參宿七中央三星稱為大帶下垂有小星並未繪之星氣稱為該宿之劍頂上又有小星三、見上圖○三十五節

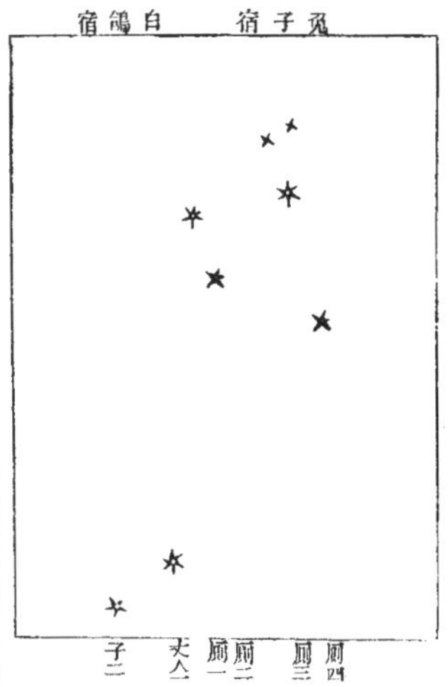

在阿乃安宿之下有一宿名兔子有三等之星四列為四隅名厠一、厠二、厠三、厠四再下又有一小宿名白鴿、約有十星其最大者名丈人一、見上圖○三十六節

阿乃安宿之上及左有至光之星六列如彎弓上二星屬車夫宿名五車二、五車三偏左之二星屬陰陽宿名北河二、北河三、其下之一星屬小狗宿名南河三、最下之一星屬大狗宿名天狼若論天中至光之星當推天狼為巨擘云、○見上圖三十七節

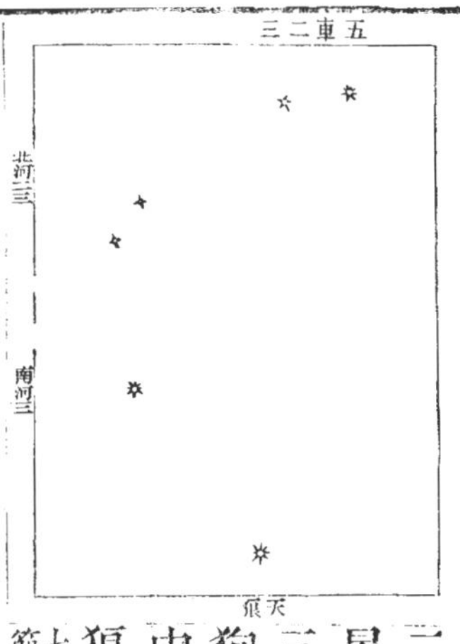

第六章畧論春季之星

逐月詳察天空諸曜無不由東而漸移於西故至春時見北斗宿居高處、三十八節

陰陽宿之左有一宿名巨蟹祇小星而已、內有一塊如白雲用遠鏡窺測、知其為無數明星、三十九節

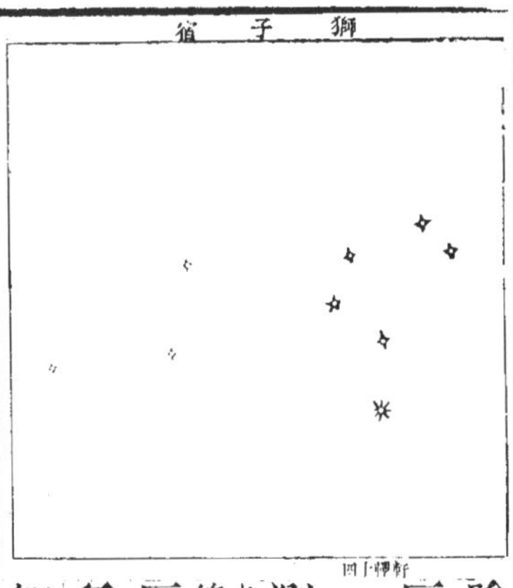

巨蟹宿之左有一大宿名獅子右有星六、其式如鐮最下之一星較大、名軒轅十四、左復有三星在其腰者二、在其尾者一、見上圖○四十節

在獅子宿左且近下處、有一宿名室女、頗為美觀有大星六、勻列如圖、下一星最大、名角宿一、見上圖○四十一節

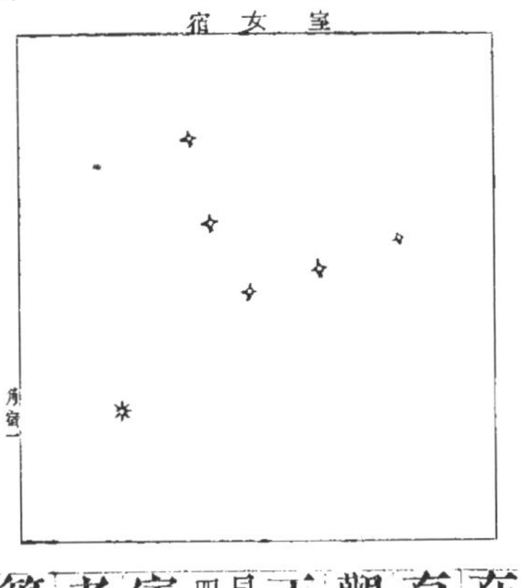

室女宿之下有一宿名老鴉計三等之星二、四等之星三、名右轄軫宿一、軫宿二、軫宿三、軫宿四、四十二節

室女與北斗柄之間有星團一、其星小且密、名比禮尼基

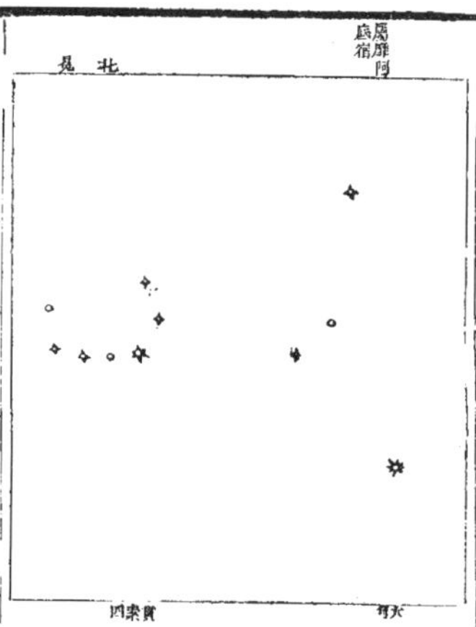

髮星團之左有一宿名摩阿底，內有三星，列爲三隅，下之一星甚光，名大角。此星約在北斗柄尾之南。見上圖○四十三節

摩阿底宿之左有一至美麗之宿，名北冕，式如半環，內一大星名貫索四。見上圖○四十四節

第七章畧論夏季之星

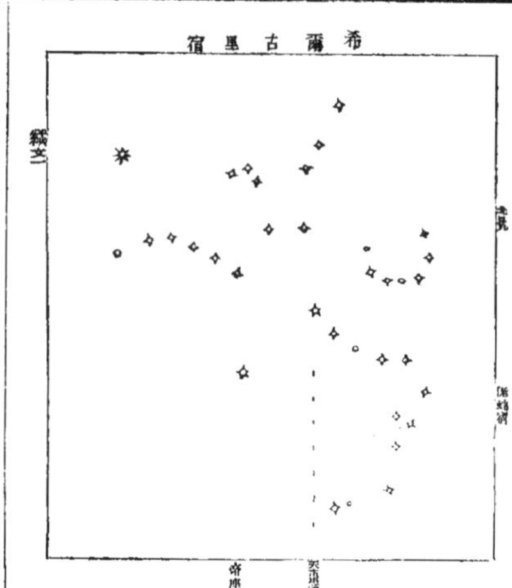

憑目遙觀天象，諸星宿每季運動，盡由東而之西，及至夏時，織女一之星見於高處。四十五節

北冕之南有一小宿名佬蛇，左有一大宿名希爾古里，星數極多，其最大者有二星，一名帝座，一名天市垣，河中人視此宿之式有似百合花一朵向織女一之星而開。見上圖○四十六節

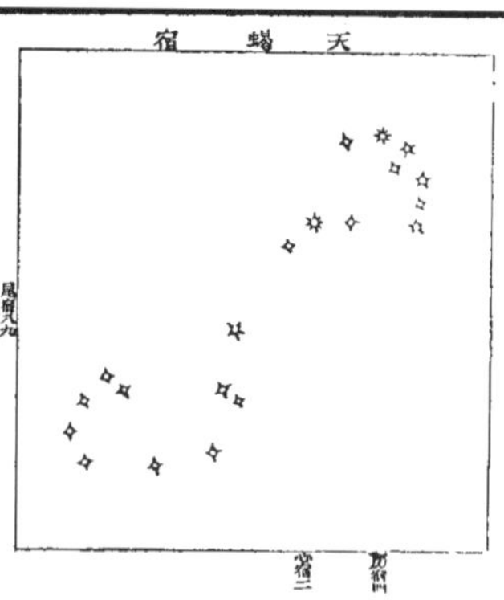

希爾古里宿之南有一華美之宿，名天蝎，爲屈曲之形，首五星列如弓，其身盤旋至天河，尾復盤旋而上，且列二星，其首之一大星名房宿四，身之一大星名心宿二，尾列之二星名尾宿八、尾宿九。見上圖○四十七節

織女一之南偏左有一宿名鷹鳥，中列三星，與織女一之星同一直線，恰相對，致人認識良便，中央之一大星名河鼓二。四十八節

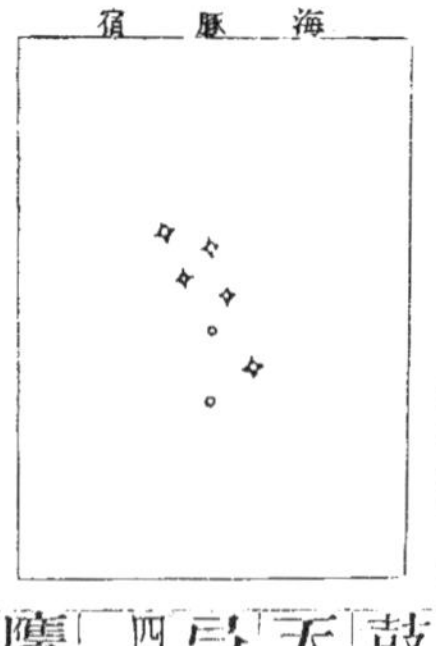

天蝎之左有一宿名人馬，別名弓，中有三星，列如弓，在於天河。四十九節

鷹鳥之左有星團名海豚，此星團甚小，光亦微，列如紙鳶，首四星名瓠瓜一、瓠瓜二、瓠瓜三、瓠瓜四，尾一星名敗瓜一。見上圖○五十節

織女一之左有一宿名鴻鵠，內有明星三，勻列於天河之

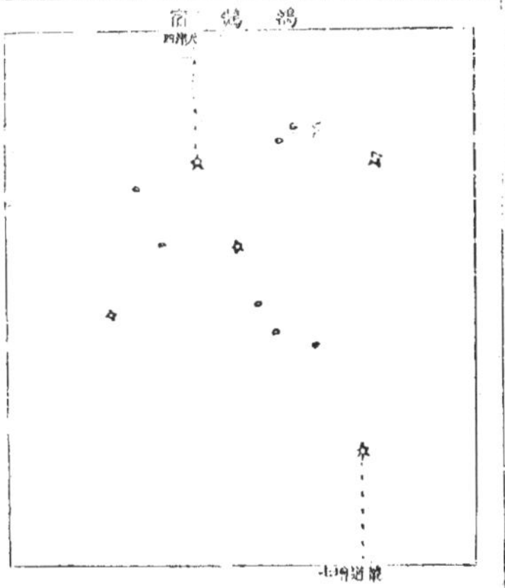
鴻鵠宿

處左右復有二星恰成爲十字之體勢頂上之一星名天津四底下之一星名輦道增七見上圖○五十一節

鴻鵠宿之左有一宿名飛馬密邇於加息阿比亞宿即上文第四章所論秋季之星如是一周天所見之星宿此數章已畧論其梗概五十二節

第八章畧論南極天之星宿 見本幅南極天圖

設有人向南而往愈南則見南方之星愈多行至赤道之處即可見南極四周諸星宿今姑畧舉數宿言之五十三節

十字架宿

有一最美麗之宿名十字架有大光明之星四列如十字體勢頂上一星名十字架一底下一星較大名十字架二左右二星名十字架三十字架四此宿約在緯線一百五十度凡居南方如廣東省等處皆可得見見上圖○五十四節

十字架宿之右有一宿名天壇其大星名杵二約在經度二百五十九度又一宿名孔雀其首有一大星名孔雀十一約在經度三百有二度又一宿名天鶴有一大星名鶴一約在經度三百二十九度五十五節

更有一宿名火鳥西人稱爲鳳凰宿在天鶴之左二十五度在南魚宿之東南亦二十五度其首有一星名火鳥六左翼上有一星名火鳥四右翼上有二星名火鳥九火鳥十五十六節

密邇於南極有一宿名水蛇在首之一星名蛇首一約在經度之三十度在尾之一星名蛇尾一距南極僅一十二度五十七節

十字架宿之左有一宿名亞哥船大且美內有一等之星二一名老人二一名南船五按此宿乃在上文所云天狼星之東南五十八節

第九章總結上文

如是吾巡視一周天即以加息阿比亞宿與五車二之星暨北斗宿與織女一之星分天爲四隅之界限既撮舉所見之星宿而約言之要之凡欲從事天學者當從此始而後詳察本幅諸星宿庶不至茫無涯涘五十九節

目所能見之星即一等至六等一一載於幅內一等即最大之明星其式繪光線九二等繪光線七三等繪光線六

四等繪光線五，五等繪光線四，至若六等祇用微點而已。六十節

天朗氣清無月之夜，見天空大小之星甚多，若有微雲，則僅見大星而已，故圖中之小星其色繪淡而微，如是憑目觀天諸曜，方可了了於心目。六十一節

本幅之四圖皆繪天河環於天空，其光淡如白雲，其式彎曲不等，更有一種星氣簇聚天空各處，其光色亦祇淡繪細點，在三卷十三章內亦嘗論此星氣。六十二節

天空之大星，古之天文士各各號之以名，迨後測天者分爲如許星宿，始以希臘字母二十餘字號各宿所屬之星，不足復以羅馬字母繼之，若猶不足，又以亞喇伯數目字繼之，如是任人欲用若干以號諸星，實用之有不能盡者矣。六十三節

惟中華測天者於各類之星專以文字錫其嘉名，又增以數目字以爲之別，如王良一、王良二、王良三之類是也。六十四節

天文圖說

附天球南北極并赤道諸星宿表

北極天諸星宿表

中西宿名所屬星類之名目

Ursa Major.	大熊	天樞 天璇 天機 天權 玉衡 開陽 搖光 文昌 上台 中台 下台 內階 三師 太陽守 太尊 天牢 紫微垣少輔 軒轅 天理 常陳 內廚 輔
Ursa Minor.	小熊	勾陳 帝 太子 紫微垣后宮 紫微垣庶子 天床
Camelopardalus.	鹿豹	傳舍 天般 八穀 紫微垣少衛 紫微垣北極 紫微垣上衛 內階 紫微垣上丞 杠
Cepheus.	息比武	天鈎 上衛 紫微垣少衛 螣蛇 造父 勾陳 傳舍
Lyra.	天琴	織女 漸臺 輦道

中西宿名所屬星類之名目

Lynx.	天貓	八穀 座旗 軒轅 內階 上台 文昌
Auriga.	車夫	五車 八穀 柱 井宿 咸池 天潢 座旗
Cassiopeia.	加息阿比亞	王良 策 閣道 附路 螣蛇 華蓋 傳舍 紫微垣少丞 杠
Draco.	天龍	紫微垣左樞 右樞 紫微垣上弼 少弼 紫微垣上宰 少宰 上輔 上衛 少尉 天棓 天廚 扶筐 柱史 尚書 御女 女史 內廚 天乙 七公 天皇大帝 天柱 天鈎 天床 大理 勾陳

赤道天諸星宿表

中西宿名所屬星類之名目

Lacerta.	喇士大	杵 車府 螣蛇
Pegasus.	飛馬	室宿 壁宿 危宿 雷電 離宮 杵 白 人 司祿 土公吏 墳墓 霹靂
Equuleus.	小馬	虛宿 司危 司非
Pisces.	雙魚	外屏 霹靂 右更 雲雨 奎宿 土公 壘壁陣 壁宿 婁宿
Cetus.	鯨魚	天囷 土司空 芻藁 天倉 天苑 鈇鑕 天溷 八魁 壘壁陣 土公 外屏 右更

中西宿名所屬星類之名目

Aquarius.	寶瓶	危宿 虛宿 墳墓 羽林軍 女宿 哭 泣 壘壁陣 虛梁 天壘城 鈇鉞 離珠
Piscis-australis.	南魚	北落師門 敗臼 天綱 羽林軍 天錢 離榆 天田
Andromeda.	安多美大	壁宿 奎宿 天大將軍 天廄 螣蛇 車府 軍南門 大陵
Perseus.	比爾息武	天船 大陵 卷舌 積水 積尸 天般 五車 天讒 天大將軍 胃宿
Taurus.	金牛	畢宿 昴宿 五車 天關 天高 天街 天廩 天節 附耳 諸王 礪石 月 天囷 天陰 參旗 水府 司怪

天文圖說 星宿表 二

Constellation	名	所屬星
Apparatus-sculptoris.	雕像具	火鳥
Triangulum.	比三角形	婁宿 天大將軍 奎宿 胃宿
Aries.	白羊	婁宿 天陰 左更 天囷 胃宿 天阿
Fornax.	天爐	天苑 天庾 天園
Lepus.	兎子	厠 軍井 屏 九斿
Columba.	白鴿	丈人 子 孫 老人 屎
Gemini.	陰陽	井宿 北河 天罇 鉞 五諸侯 積薪 水位 司怪
Eridanus.	波江	水委 玉井 天苑 天園 九斿 天囷 九州 殊口
Sceptre.	金杖	
Auriga.	車夫	五車 八穀 柱 井宿 咸池 天潢 座旗
Orion.	阿乃安	參宿 伐 觜宿 水府 參旗 玉井 司怪 四瀆
Canis Major.	大狗	天狼 軍市 弧矢 孫 野雞
Ursa Major.	大熊	天樞 天璇 天機 天權 玉衡 開陽 搖光 文昌 上台 中台 下台 內階 三師 太陽守 太尊 天牢 紫微垣少輔 軒轅 天理 常陳 內廚 輔
Leo Minor.	小獅	軒轅 中台 少微
Cancer.	巨蟹	柳宿 鬼宿 積尸 水位 軒轅 爟
Canis. Minor.	小狗	南河 水位
Monoceros.	單角馬	參宿 四瀆 闕邱 外厨
Antlia-pneumatica.	吸氣筒	天記
Canes-venatici.	獵犬	常陳 相 三公
Coma Berenices.	比禮尼其髮	五諸侯 九卿 太微左垣上將
Virgo.	室女	角宿 太微右垣右執法 左垣左執法 太微左垣上相 次相 上將 次將 平道 亢宿 內屏 三公 九卿 天田 進賢 謁者 軫宿 五諸侯 天門 亢池 氐宿
Leo.	獅子	軒轅 五帝座 太微右垣上相 次相 太微右垣上將 次將 酒旗 明堂 靈臺 長垣 少微 太子 從官 幸臣
Sextans.	量天尺	軒轅 星宿 天相 長垣 靈臺 翼宿
Hydra.	長蛇	星宿 翼宿 柳宿 張宿 平 外厨 折威 陣車
Bootes.	摩阿底	大角 七公 招搖 梗河 左攝提 右攝提 天槍 元戈 貫索 帝席 亢池
Libra.	天秤	氐宿 房宿 日 亢宿 罰 西咸
Corona Borealis.	比冕	貫索 七公 天紀
Hercules.	希爾古里	帝座 天市垣河中 河間 九河 天市垣 魏 晉 趙 中山 天紀 天棓 天市 女床 七公 斛 巴 貫索 宦者 帛度 齊

天文圖說 星宿表 三

Constellation	名	所屬星
Crater.	大爵	翼宿 青邱 張宿 軫宿
Corvus.	老鴉	右轄 軫宿 長沙 左轄
Scorpio.	天蝎	心宿 房宿 尾宿 鍵閉 罰 鉤鈐 折威 陣車 東咸 天江 神宮
Lyra.	天琴	織女 漸臺 輦道
Scutum.	天盾	
Cygnus.	鴻鵠	天津 輦道 奚仲 白 車府 螣蛇 齊
Vulpecula.	狐狸	左旗 天津 瓠瓜 人
Serpens.	佬蛇	天市垣蜀 周 鄭 秦 巴 徐 天市垣東海 南海 天乳 市樓 貫索 列肆 氐宿 天乳 宗晉
Ophiucus.	持蛇	侯 宗正 天市垣梁 楚 韓 宋 燕 天江 斛 列肆 市樓 心宿 車肆 東咸 天籥 宗 宦者 宗人
Sagitta.	箭子	齊 左旗
Delphinus.	海豚	瓠瓜 敗瓜 司非
Aquila.	鷹鳥	河鼓 左旗 右旗 天市垣吳越 天桴 天弁 徐 離珠
Sagittarius.	人馬	天淵 箕宿 斗宿 魚 建 狗 天雞 天籥 狗國 農丈人 牛宿
Capricornus.	摩羯	牛宿 壘壁陣 南周 南秦 代 天田 哭 天壘城 羅堰 南楚 南齊 南越 南鄭 南趙 南魏 南燕 南韓 南晉

南極天諸星宿表

中西宿名所屬星類之名目

Constellation	名	所屬星
Octans.	南極量天尺	蛇尾 異雀
Musca Australis.	南蠅	蜜蜂 胃宿 海山
Crux.	十字架	十字架
Centaurus.	半人馬	南門 馬腹 庫樓 馬尾 南柱 騎官 海山 衡 陽門
Apus.	燕子	異雀
Pavo.	孔雀	孔雀

中西宿名所屬星類之名目

Constellation	名	所屬星
S.Triangle.	南三角形	三角形
Circinus.	規刀	南門
Lupus.	豺子	騎官 陣車 車騎 積卒 南柱 騎陣將軍 頓頑 從官
Norma.	曲尺	尾宿
Ara.	天壇	杵 龜
Grus.	天鶴	鶴 敗臼

Telescopium.	Corona australis.	Indus.	Microscopium.	Toucan.	Reticulum.	Caelum scalptoris.	Equuleus pictoris.
遠鏡	南冕	美國土人	顯微鏡	杜鵑鳥	小絚	雕刀	調色碟
箕宿　傅說　鱉	鱉	波斯　孔雀	九坎	鳥喙　鶴	夾白　蛇首		金魚　老人

天文圖說　星宿表　四

Phenix.	Hydrus.	Horologium.	Mons mensae.	Dorado.	Chamæleon.	Piscis volans.	Argo.
鳳凰	水蛇	鐘表	几山	劍魚	蝘蜓	飛魚	亞哥船
火鳥　天園　水委	蛇首　蛇腹　蛇尾　附白　夾白	天園		金魚	小斗	飛魚	老人　南船　天社　海石　弧矢　海山　天記　南河　外廚　天狗

天文圖說終

西國天學源流一卷

〔英〕偉烈亞力口譯　〔清〕王韜著

《西國天學源流》一卷，英國偉烈亞力口譯，清王韜著。王韜（一八二八—一八九七），字紫詮，號仲弢，别號天南遯叟、弢園老民，江蘇新陽（今屬昆山）人，早年入上海墨海書館，同治間隨英人理雅各（James Legge）赴英佐譯書籍並遊歷法、俄等國，光緒間返上海任格致書院掌院，著有《弢園文集》等，與偉烈亞力合譯有《華英通商事略》、《重學淺説》等。是書扼要論述西方天文學史，歷敘各國重要天文學家如亞里士多德、多録某、哥白尼、第谷布拉赫、伽利略、牛頓、赫歇爾等之事跡與學説，間有王氏所下論斷。最初連載於偉烈亞力主編《六合叢談》，後彙編單獨印行。據中國國家圖書館藏清光緒十六年（一八九〇）排印《西學輯存六種》本影印。

西國天學源流

蒓齋署

己丑秋淞隱

廬遯叟校印

西學輯存六種自序

嗚呼學問之道無窮上而天文下而地理中而人事紛賾變化莫可端倪天算之學行於中國久矣顧執是業者寥寥無幾西國自明天算以來代有沿革其源流固可得而言焉古時閉他卧刺獨得眞諦言地球環日而行後多祿某反其說以地爲中心誤宗之者幾千數百年明時歌白尼測得新法與閉說吻合惜其法未行於生前有第谷者弗信之言地球在中五星環日日率之環地球然未得確據其徒刻白爾始知行星軌道是橢圜非平圜其行有遲速留逆都歸一理且知地亦環日行星類也至今墨守其說無有異議後奈端出於數尤深而其理愈明於以見精益求精西學之未有止境也數學之中以重學爲最繁亦以重學爲最適於用重學之肇端實創於亞奇默德先以處處停勻之杆置當其中倚點處嗣復權取重無少差之物分

懸於杆之兩端而於相距中倚點處遠近如一則杆平且靜更不少見歆動重學之理惟此一杆樹厥先聲螺絲諸器亦由其創造其見之於實用者能以大鐵鈎鈎沉敵船後其人卒爲敵人所殺坐令奇器不傳於世良可惜也然而亞公重學之名由是大著於西土矣他如流質重學氣質重學踵事增加推求益密後世考得物之由高墜下歷若干時應若干里而因以知地面吸力所得之速率者爲意大利人伽離略考獲兩物相撞之理者爲英人瓦利斯考得時辰鐘擺之線左右動搖之理者爲荷蘭人海根斯考獲拋物線及物力相攝引之理者爲英人奈端皆重學也西儒之學貴乎無理不貫無物不知則格致尚矣象緯厤數之精者必察知日月五星所行之道而求其歲差之所在不獨千歲之日至可坐而致即日月交蝕亦了然如指諸掌此其所得不專恃以數推而更憑乎目驗一自創有遠鏡以

測天而星象之羅列於上者昭然有若發矇於是奈端伽離略
侯失勒皆以光學著稱他若氣學聲學相繼而興苟悉數之更
僕所不能終余雖欲約略以言之恐難徧及也夫學貴乎創必
世有作者以開其先亦學貴乎因必代有傳人以承其後中國
於唐虞之際已有璿璣玉衡以齊七政他若銅龍沙漏以紀時
刻姬公作指南車以定方向以奇技稱者墨子之削木爲鳶能
自飛鳴偃師之塊儡舞蹈中節祖冲之之千里船施機自運不
因風水世豈無奇巧異能之士顧人死即復失傳非若西土之
造器獲一創解即以衆人之心思智慮貫注乎是也西國自紀
元以來迄於今日於格致諸學闢途徑而新耳目者實繁有徒
幾於書不勝書西學之入中國實自利瑪竇始至是中士之談
天者始知有地球其體維圓疇人家言爲之一變初聆其說聞
所未聞無不靡然從風以至上動帝王下交卿相而西士俱以

箸述相高所譯各書彬彬爾雅裒然具在多采入四庫全書中則西士之學有淵源可知也西人之來吾中土已三百餘年其所重者通商傳教而已通商之局至今日而大啟咸推英爲巨擘執牛耳焉然溯其由來則亦始自明季蓋不知幾經審慎遲廻幾費經營籌畫而始得有此也英之立國以商務爲本所至之處以兵力佐其商力美洲之新闢印度之漸據皆商人爲先路之導所設東方貿易公司商人爲之也印度之取中國之通實維商人是賴所資於群策群力者豈不巨哉商人於鄰國遇有變故國家無不以兵力爲之保護以是其事易集若我中國不惟不助之反且遏抑剝損之近日欲仿西法似有轉機然而正難言之也余今刊西學輯存六種皆昔年在滬上所得自誌耳聞無關心得特以久儲敝篋不忍棄捐懷璞炫售享帚知珍竊自哂已爰條次其目如下

西學輯存六種目錄

光緒己丑之春還自山左驟患腸紅漸厭一切腥羶幾於見粒而嘔自分無意於人世矣同人勸余將生平箸述授諸手民幸得釀貲集事爰以經學輯存四種先付排印他如春秋左氏傳集釋　皇清經解校勘記卷帙繁重尚有所待惟此西學輯存六種每種均不逾一卷可速竣工且恐此零星數十篇易於散佚遂摭拾刋之非敢持以問世也亦以近世之尙西學談洋務

者徒襲皮毛咀糟粕而未窺其實際余寖饋於此殆四十年雖未稔其語言文字而頗能深悉其理灼知其情僞思欲專輯一書藉以發覆而摘伏塵事羈緤謝未遑也而惟以此六種爲之嚆矢至所撰西事凡西古史四溟補乘尚藏篋衍他日必有有心人過而問焉則竊比於野人之獻芹子也天南遯叟王韜識於淞隱廬

西國天學源流

英國　偉烈亞力口譯
長洲　王韜　仲弢著

天算之學由來古矣最奇特者能導人離地球而至天空最遠之處考察世間萬物之理俱能使心量擴充而考察地球以外諸事擴充心量能令太極至不可比喻凡測量行星之遠近大小輕重光暗遲速及彗星之道窺定星無數而甚遠因此能漸知造物主大能全智亦知人在天地間爲一粒芥一微塵渺乎其小也以上諸事若已了然於胸中便能知耳目聞見未足爲憑故向謂地球不動而不知實動目見諸行星左旋而實右旋昔以地球爲六合中甚大之物今知一星一地球虛空界中無數行星實有無數地球而小於諸行星數千百倍蓋嘗上考載籍而知天算之學肇自古昔

舊約約伯記爲萬國最古之書屢言天星則此時已知觀天矣又相傳希臘王亞力山大破巴比倫時其師亞利斯多受日食表于嘉臘提表具載巴比倫一千九百零三年中所見之食此說雖未有據然非無因多祿某書中載迦勒底六次日食或即本于嘉臘提表也第一次在周平王五十一年其時約當亞述王擄以色列族之歲也（見舊約列王紀畧下）近代好里因考古表始覺月行變速而拉白拉瑟証明其故多祿某言迦勒底治天學者多而精蓋彼地人已知六千五百八十五日三分日之一爲一會共二百二十三月每會中諸食次第與淺深恒同又傳彼地亦有十二宮每日分十二時云古時候天以拜星今詳考之知上古相傳之天道久已衰息古人已疑天星爲主宰而拜之流傳至今各國拜星者尚不少如中國拜斗其一也

古時又占天以判休咎蓋昔人見諸耀流輝射地又見太陽高

弧每日不同而地面之四時應之又見天有冬夏而草木之榮枯應之疑皆太陽所爲因疑太陽爲神地面之事必悉知之故國事一聽之占望重之以祭祀設官司其事考星定其儀舊約以賽亞書云迦勒底有人仰觀天象占察星辰每值月朔以卜未來以定吉凶見以賽亞書四十七章十二節以賽亞古之先知也是也

天學之起最古者或云中華或云埃及或云印度或云迦勒底其說不一然此諸國在古昔實已知考察日出入中星日月食行星合日諸事以授民時印度秝在古時已立元周伐紂之前一千九百九十一年得日月如合璧五星如聯珠然以今法上推其年表多不合而金星之差尤大則此表乃後人上推之數非當時實測也中國日食見于商書者爲最古按古文尚書雖係僞書然其說必自古人流傳而自幽王五年後至今凡有食皆載于史又中國天分十二宮其來已久不知始于何時

希臘天算之學其起約計在春秋初年時有二人以詩名世曰海修達曰和馬其所著書屢言天星如海修達言昴星隱四十日而復見今上推爾時彼地之緯度昴星近太陽時合隱四十日也又論農事言昴星隱時當割麥見時當耕田海修達生于周孝王時以歲差上推此時昴星見當今立夏後二日今希臘割麥當春分後九日中間四十日昴星近太陽不見其說恰合海修達又言昴星出暗海海中行船危出暗海者言日沒時出地平也考此時昴星日沒時出地平在秋分後今秋分後希臘海洋有颶風行船最險其言亦合和馬書中亦有數星名如阿陀賽亞書名中述阿陀蘇論昴壁紫參及青龍七宿北斗諸星太陽長行不息月之望諸恒星若晃旒云云又曾考論天狼海修達亦曾考論大角然二人俱未言行星古人恒言天狼星色紅今色白不知何故

以阿尼部人喜察天爲希臘天學之最創始者曰他勒他勒米利都人也相傳其童時夜間觀天誤墮溝中保母援其手出之謂之曰他勒何爲遠察天不近視地耶此時希臘人士多喜吟咏善議論講求經濟習武藝或好談性理無治天學者獨他勒與其徒好談天凡天地之理其所創獲者多與今合初希臘航海者皆以北斗爲北極他勒始斥其疎而以極星爲北極又推得太陽平徑亦密合始倡言地爲球體預推某年日當食至時果驗此前人所未有者黑陸獨都史言米太與呂氐亞戰當晝時忽昏黑如夜遂罷戰蓋他勒預推此年當日食也近時天文家倍律上推周匡王三年秋分後七日午前日食月影中線由小亞細亞東北過亞美尼至波斯案小亞細亞東北當時二國戰地也他勒之前希臘未知測天此必本之他國麻表蓋非久測不能預知或曾得迦勒底表未可知也自他勒後學者有所

心得時與今理合有亞那西慢突者言地自轉又言月光借日而生有亞那煞各剌者傳他勒之學於雅典言月面必有山谷平原與地面同閉他臥剌合諸新理考論之推闡益精因知地球必繞太陽後非祿老本其說恒暢論于廣座閉他卧剌之門人皆言五星彗星俱繞太陽非飛行空中無定則焉人多不信之因與亞利斯多之說異也歷一千八百餘年無信閉他氏之學者是時諸遊學士羣立一說言地爲心諸星皆行平圓以平速繞地球彗星乃地氣中所生亞利斯多本其說人以其與目見合皆信之或言亞利氏之師百拉多晚年頗悔其說謂地球非最大不當爲天心天心必別有大于地球者然當是時有信他勒及閉他氏之說者有司輒收之有亞那煞各剌者坐此當死賴彼力格里救之而免然猶流之希力斯奔終身不赦非祿老坐言地球繞日亦見逐蓋在上者恐此說流傳因之人心好

異變亂舊章焉

亞利斯多旣歿而埃及天學遂爲西國冠希臘王亞力山大于尼祿河口築城以己名名之後爲埃及都城多祿某第一王于城中建大書庫時未有印本庫中書甲地球後嗣王于庫立格致學聘國人聰俊者居之畀以測量精器令互相講求學中諸教授俱名播西國其學分數科中有究天察地之科定恒星之位測行星之道考日月之遲速用三角法量弧角諸度當是時學中所定歷法星度冠于地球由今論之殆不及閉他氏之眞確然多實測而得故後學能知其誤輒復改正學中所創有最善者測地球距日及地球大小云亞里達古撒摩人也立測地距日法如圖申爲日心寅爲月心戊爲地面測處候月光恰半日月俱在地上時自戊作線至寅與自申至寅之線成直角乃測得戊角以推戊申與戊寅之比例即知日地相距十九倍于

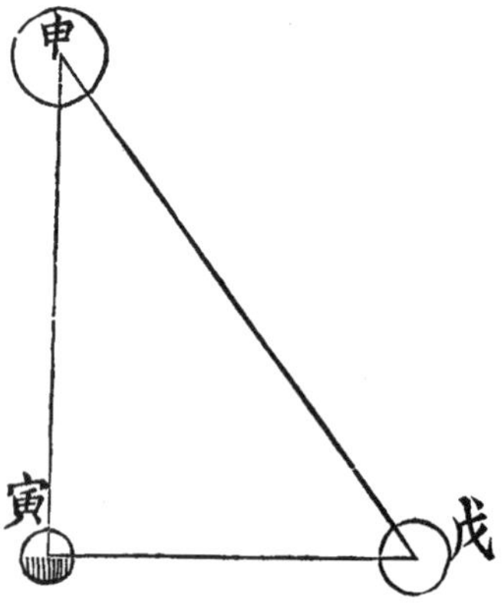

月地相距今人知其未密所差尚多然其立法之意亦甚巧矣所以未密者因未能求月光恰半之眞時刻且測天之器亦未精也近時測日地距立法更精非古人所能夢見也亞里達古從閉他氏說謂地球繞日有詰之者曰如此恒星何以無視差答曰地繞日之軌較恒星之距如一微塵耳此言與今理合是亞里氏胸中之天大于古人胸中無量倍也然史官不爲立傳生卒無攷但知其攷定冬夏二至在周赧王三十五年所著書傳者惟日月大小遠近說康熙二十七年英國華力校而重刻之其言日徑三十分較今差二分

歐拉獨提尼古利奈人也生于周赧王五十七年多祿某第三王徵爲掌庫壽至八十不樂居世不食而死歐拉獨提尼立測

地球大小法埃及西隱城夏至日過天頂當午正深井中水面光滿距井四周三百步物無影亞力山大與此城同經線當西隱午正時于亞力山大測太陽距天頂度即二城相距度以二地相距度與二地相距里數比例得地球周里數如圖戊爲地心亞爲亞力山大申爲太陽西爲西隱城測亞戊西角爲五十分周之一即七度十二分爲亞力山大西隱二天頂相距當時以地爲正圓球故以二城相距里數五十乘之爲地球周里數有司命

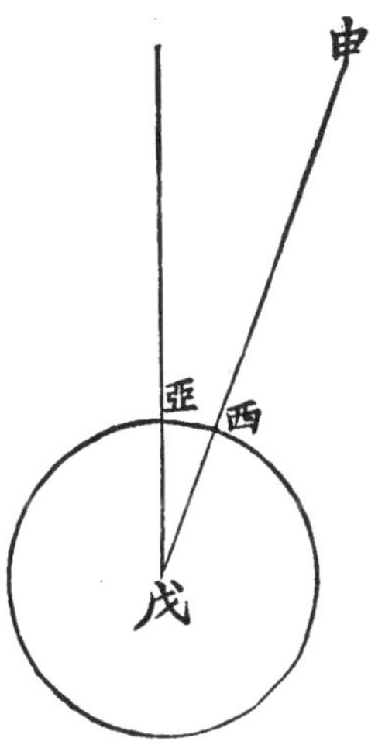

人度量二城相距得五千步推得地球之周二十五萬步當時步率今無攷故不知其測量確否其立法之意與今理合而法未精既未知太陽地半徑差而西隱又非正當晝長圈下差北五十分與亞力山大亦非同經線偏東三度今測天較密既知

諸差而所用之器又遠勝于古故今推地球大小得數較確云古天學家最著者曰依巴谷今尙論之眞不愧天學先師焉依巴谷庇推尼之尼西人也其測天多在地中海羅底島初用弧三角法或云即其所造未可知也時所用歲實爲三百六十五日四分日之一依巴谷測夏至與一百四十五年前撒摩人亞里達古舊測相較始知微强改定爲三百六十五日五小時五十五分十二秒較拉白拉瑟所定眞歲實大六分十三秒拉白氏推當時歲實小于今歲實四秒二所差甚微蓋古時測天但用渾天儀無遠鏡亦無分微器故未能密合亞力山大儀器較精測北極尙差四分度之一今天學家能察一秒下之小分古時一度下之小分尙未能定故或所差度分至等于日月之全徑焉依巴谷測天新見一恒星因思作星表謂測日月及行星全憑星表星表成始知有歲差則以表中所定角宿第一星與

一百七十年前亞力山大城中舊測相較舊測離秋分點八度新測離六度未知星東行或秋分西行乃徧攷諸星皆然緯度不變經度俱變所以定爲春秋分西行也此理至奈端始詳解之依巴谷星表共一千零八十里既定諸星經緯度乃作天球依其度刻于上并作地球定各國經緯焉生卒無攷其測天諸事當在漢文帝武帝之時後世稱其實事求是不惜勞苦可與今之天學名家並駕齊驅焉依巴谷後三百年天學無可紀而多祿某出立異說以惑人

多祿某埃及之亞力山大人也其生約在後漢中葉時頗立異說然亦有功天學同時講學者以多祿某爲最多祿某善推步精測候亦深于地理初測知月體向地心半面或左右側或上下側時變動非常同也亞力山大書庫遭兵燹依巴氏所著書僅存一種餘俱燼焉未燬前多祿某盡見其書故所著書多引

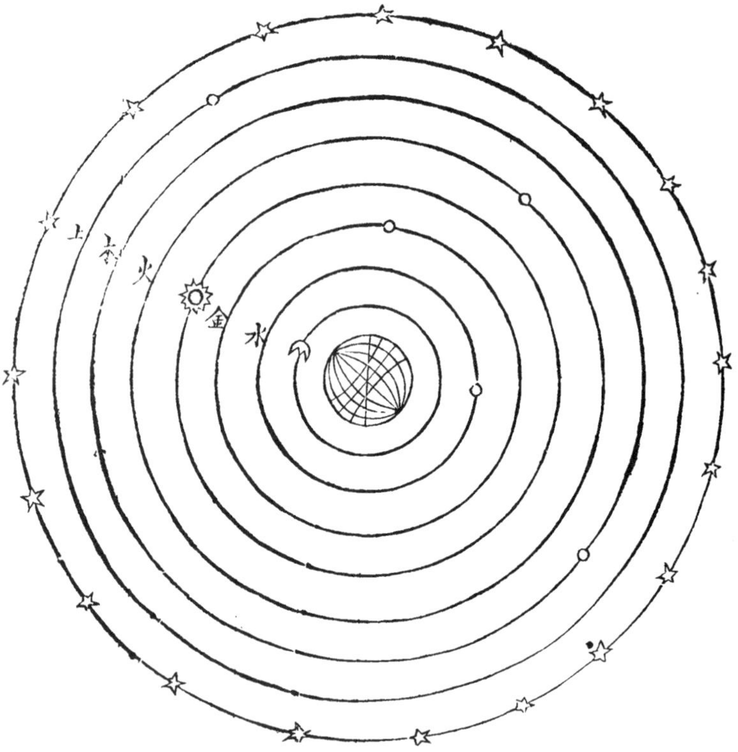

依巴氏說因之名遂大顯其書獨行一千五百年歐羅巴洲皆主之書中引歷代秝事証以當時所測以解已立法之理言地爲球體定居天心日月五星列宿每日俱以平速繞地約一周軌道俱平圓準目所見此理似合觀太陽每日繞地行平圓一周太陰及諸星或過

一周或不及一周亦行平圓軌古人俱甚信其說然此時希臘人已知日月諸星有自西至東之行度亦知日行黃道月行白道亦知五星有變行之法蓋人在地面視五星之行最難解或疾或遲或留或退或勾已火木二星之道自地面視之如上圖

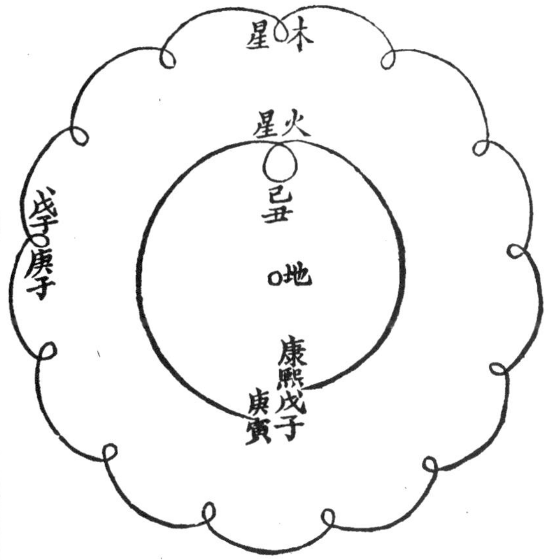

觀此圖之狀則古人信行星之軌爲平圓有不可解者依巴氏知目所見不足憑故不敢立說但言太陽繞地行平圓軌而地不在中心蓋測知春分至夏至九十四日半夏至至秋分九十二日半春分至秋分半年一百八十七日秋分至春分半年一百七十八日視年不平分則云

太陽之道爲平圓而以平速行地若在中心必不合故依巴氏謂地必不在中心也如圖甲乙丙丁平圓爲太陽道戊爲地球心己爲圓心與地不同點戊己爲兩心差庚辛爲最高卑點壬

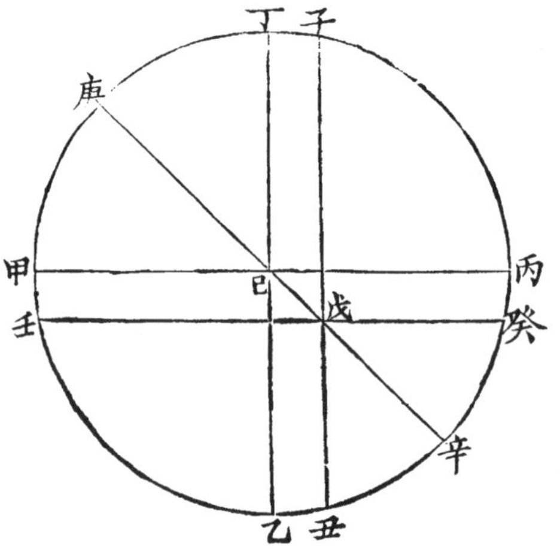

爲夏至點癸爲冬至點子爲春分點丑爲秋分點如此則年雖不平分而太陽以平速行平圓理亦合蓋子至丑丑至子二圓分不同所以人在地面視日近辛點行必速近庚點行必遲古人皆置地于中心依巴氏始變其說多祿某不從依巴氏說謂地球恒居天心終古不動七政俱以平速行平圓精思造法與實測合日月五星有遲速用小輪以齊之

凡不平之動變爲無數平動此理本于希臘舊說謂合二平動

視之成曲折動即彼說所祖也譬如有船平行近岸舟中人視岸邊物反若平動與船同速若舟中人在船面以平速往來則視岸邊之物皆非平動矣從尾至首時視岸上物速于船從首至尾時視岸上物遲于船設岸有人向前行速于船則舟中人

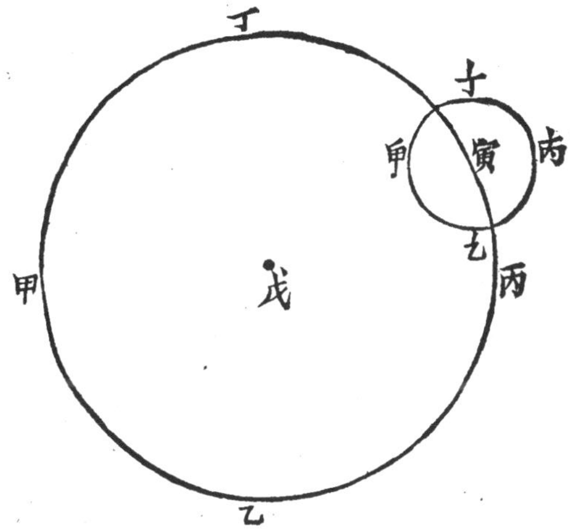

視之反若逆行所以若不知船動則視岸上物或遲或速或逆無平動時實則合二平動一爲船一爲人也此明地動之理多祿某小輪之說亦有二平動一小輪心一小輪周也如圖戊爲地寅爲小輪心行星行于甲乙丙子小輪周同時寅點行于甲乙丙丁大圓周故人在戊視星之行有順有留有逆然尚有他變行此說不能

通則輪上又加均輪次均輪及不同心諸輪阿利斯多言平圓之動爲宇宙之公理多祿氏從其說不疑故作此繁重之法以釋平圓之理以合諸星之行觀此亦見古人用心之巧然學者當知無確證者雖立法甚巧不足憑也歷數千百年多祿氏之徒世守其法或不合實測輒加次輪不同心輪以合天行又謂天有層數每層有硬殼質如水晶能透光每殼上一行星居之諸行星天外有恒星天亦如水晶透光其外又有宗動天磨動諸天每日一周其外有天堂焉此皆其徒附會之說非多祿氏本意焉

從多祿氏者皆士多亞學中人好臆說而不知實事求是之學其人善辨論格致之功闕焉然多祿某精測望其說雖非亦有可取者如言淸蒙氣能映卑爲高映小爲大故測高度須減此差乃得眞度愈遠天頂其差愈大故日月近地平視體較大蓋

因此焉此說至今承之
多祿氏前有埃及之天學費多費傳其法較多祿氏爲近理焉其言金水二星俱繞太陽隨太陽以繞地球又言金水二星最近日以日爲心行十二宮有順有逆有留然信之者少其徒不多蓋古人未嘗測見二星之弦望故不知其說之確焉若亦有遠鏡如今時當必信之矣古人列火木土諸星離地球次序與今合然僅能測其光與速餘不知焉以遲者爲遠土星最遲故爲最遠木次之火又次之日月金水俱在火星軌之內月最近地球焉日月交食之外如月掩食諸星如月與行星犯恒星如彗星俱測候焉亞利斯多書有月掩火星一條多祿氏書亦有秦王政十九年月掩土星一條後代天變古書多有之惟金錢食未見焉古人測天之器多不甚巧最古用石表測日影列國皆然古測歲實法最易冬至午正影最長至春分而得中已而

漸長故測歲實法太古已有之蓋此於農事爲最要若于表之下作諸時線亦可測一日之時焉埃及諸國有古時極高石柱不知何用意亦日影表亞古士督徒埃及二石柱于國都亦用以測日焉凡測天文必先正時古人晝則用諸種日晷夜則用水漏沙漏而希臘羅馬諸士講理用漏以定程課今雅典城有樓號風樓亦號時表樓亞力山大爲王時所建也其樓八面意當時每面皆置日晷焉其壁上有穴自能大小日長則漸小日短則漸大意當時必有水漏晝與夜恒俱分爲十二時焉亞力山大人在當時能造諸巧器亦有渾天儀以測日星其後亞喇伯所造更大而精當時或亦有助目窺筩未可知焉蓋古書有云空中有小體浮行往來似指木星土星之月也正晝測天有數器能使目不眩亞利斯多有用鏡法時未有玻璃或磨金板爲之多祿某有盤油測日食法實尼加有烟薰玻璃法

多祿某之後數百年亞力山大之學院雖存而聲稱漸衰後王不好學故也後諸國共滅羅馬而亞喇伯尤橫虐初入羅馬即焚亞力山大學院書庫論者或比諸中國之始皇焉然其後王漸向學與羅馬定約羅馬所有希臘書亞喇伯每種皆取其副用駱駝負歸中有迦林醫學亞利斯多性理多祿某天文諸種藏于王宮延名流繙譯焉亞喇伯文教之盛在唐末時有三王甚好學曰阿曼所曰阿拉實曰阿麥門皆廣立學校分科教士天文以多祿某爲主造儀器更大於多祿某所造校勘多祿氏書諸題益求密合測歲實僅差數秒于白蜜臘郊外測黃道一度應地幾里以考歐拉獨提尼之說合否測定黃赤交角測木土二星之盈縮列于星表時已知蒙氣差故測候較密於希臘一時格致學以亞喇伯國都巴加達爲宗流傳于埃及摩洛哥呂宋諸國故亞喇伯既亡而學不絕蒙古入中原後於波斯築

觀星臺又築觀星臺於撒馬兒罕造恒星表其書今猶存序言多祿氏表中有八星今無此或多祿氏之誤否則其故不可解傳亞喇伯之學者莫盛於西班牙當時歐洲諸國講學者惟亞喇伯其學至今猶傳焉西王亞而封所作星表言日五星之道較密又詳考歲實俱宗亞喇伯爲後數百年無可紀間有立新說者傳皆謂地球不動云

歌白尼普魯士國之諂納人也生於明成化八九年間童時承父業治醫聞人談天學輒喜稍稍習之宏治十年至意大利薄羅那學天文於馬利亞氏陶米尼于羅馬傳數理學其叔父爲天主教教主歌白尼學益進加神父爵後即眞在叔父管下居復安堡天主堂終身焉在堂或當職事或出施濟行醫暇即講求天學愼交遊重然諾性溫和緘默寡言於教事及格致學外不論他事復安堡瀕海孤村也天主堂在山頂一望海天無際

獨居無事輒深思天地之理謂己所心得後世必有知之者云天地萬物之理皆簡而易明而世人所論往往相反以是知其必悮也著書曰天體環繞成於嘉靖九年皆自論所立法以地球爲行星繞太陽行軌道在金火二星之間又每日自轉成晝夜覩日月星辰一如東出西沒焉凡諸行星之覩動參差變化乃合本星地球二動而生也讀其書想見其敏悟於理無不透徹然甚愼不敢輕以語人蓋是時人信舊法久驟聞新說必大驚反以爲妄故僅與其故人言之故人有習天文者二人曰萊諾勒的哥又有大教主雙保教主開斯俱是之謀傳其書各與所知言之信者漸衆有愛兒堡者不信大以爲妄令優人爲歌白尼狀以姍笑之然諸人信益堅皆勸歌白尼刊其書以行世不許凡歷十年勸者益衆勸的哥更勸之不已乃許摘刊其綱領既出見者是之始許刊布全書其貲皆出自雙保而牛令堡

人阿山大司校讐焉工未竣歌白尼病甚迨見初印本遂卒時嘉靖二十二年夏也即葬於復安堡天主堂之下葬甚簡墓碑刻球象數具又洼肖城內空地有歌白尼像自歌白尼死至今三百年合地球皆重其爲人講學之士過其地者必往弔其墓想見其風采焉當讀歌白尼書凡立新說必曰或當然蓋未有確證不敢自必焉其後白拉里測得星之光差律德測得赤道之吸力小於兩極始知地動有據云歌氏自序言古人立諸小輪以推七政之行今言地動以證七政之變動俱無確證則無不可焉由今論之二者雖俱無確證然地動之說似較可信蓋繁簡異也人或難歌氏地若動且如此速地面之物不盡散飛空中乎答曰地面之物散飛則諸星之行更速不更當飛散乎此答雖甚辯然未得眞詮焉又言天空無窮大無人疑其自轉之難而微小地球反疑其不當自轉何不以星之繞地爲視行

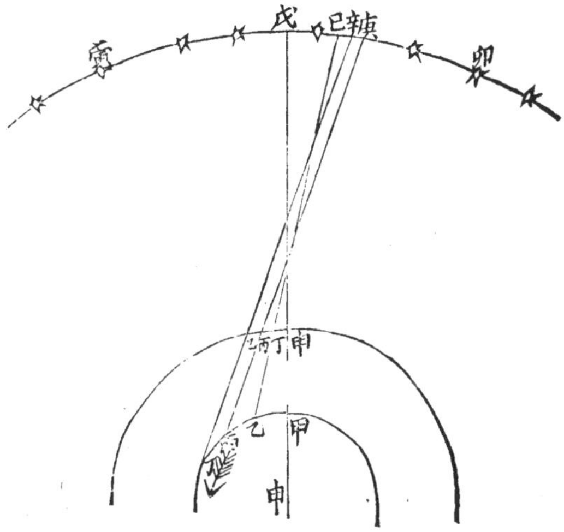

實則地球自轉之爲近理乎古詩云舟人以岸爲動兮蓋以爲岸行而舟不動其誤一也古人謂太陽行于黃道其說亦通蓋地球一歲繞日一周人視之若日一歲繞地一周然地小日大自當以小繞大爲是行星順逆遲速留伏諸行多祿某之徒累世思之不得其解歌氏謂合兩動而成渙然冰釋矣如圖申爲太陽甲乙丙丁爲地甲乙丙丁爲外行星道寅卯爲天空圈地在甲行星在甲人視星在戊地自甲至乙星自甲至丁順行人視星似逆行自戊至己地自乙至丙星自丁至丙人視星似逆行自己至庚地自丙至丁星自丙至乙人視星順行自庚至辛地與星各于本

道再前行則視星必若留次復順次復逆焉歌氏雖自云或當然觀此圖說知甚合天也第雖云合天不足爲證而此時無測望精器又不能得他事以證之故未敢自必然亦自知後世必得證而益信其說云

第谷姓勃拉噠國之納忒斯叨人地瀕波羅的海生於明嘉靖二十五年時歌白尼死已三載矣三十九年秋間日食第谷尚幼觀之始慨然思習天文焉繼入太學讀書每至夕乘師熟睡仰觀乾象徹夜不寐第谷產自豪族無驕奢餘習惟自孳孳媚學不倦長而著書且以天學教人第谷惡富貴習閫門尤甚娶小家女爲婦其族皆輕侮之乃避于黑西加塞小國也其君維廉亦治天算愛重之維廉嘗夜測天觀新增星樂甚有小臣以宮中失火告不顧測如故其好學如此第谷言地球不動而五星俱繞太陽太陽率之以繞地球蓋第谷欲合多祿氏歌氏兩

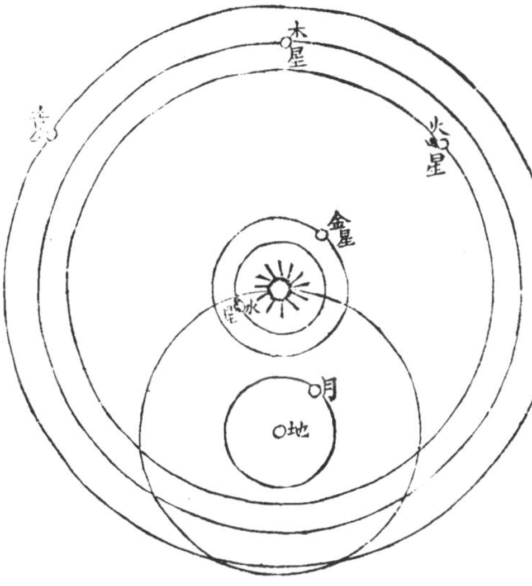

家說故立術不能盡合天後人識第谷造此法爲不明于理然此時第谷與歌氏二家之說俱無確證而第谷言地若動則人于高樓下石及地時當距所下之處數百尺此亦本之多祿某所謂地若動則雲與飛鳥頃刻之間與本處相失也蓋未知物下墜時有二動一向地心之動生于墜一繞地心之動未墜之前本有之佳生地曾驗其說于法蘭西馬塞里海口當船行時于桅頂下石果至桅足與船不行同不特此也凡物下墜時繞地心之動必更速于地面之自轉以圖明之如圖戊己爲地面赤道圈酉爲高樓與地心哂爲垂線寅爲樓頂申隨地

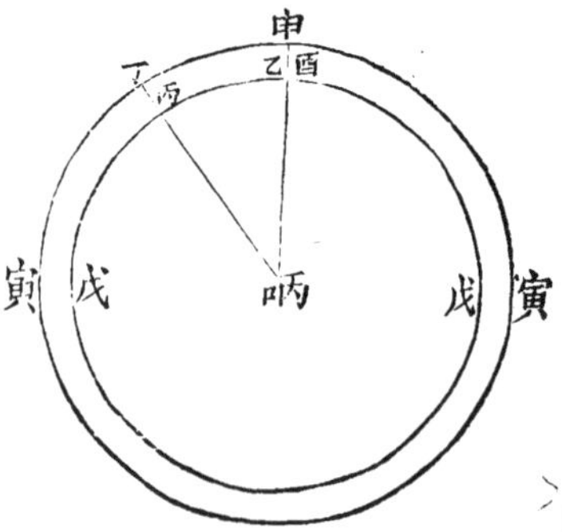

球自轉一周所成之軌道設樓之足爲乙行至丙則樓頂必至丁樓頂之圈大于地平之圈故石繞地之動更速也蓋地自轉其面與樓俱向東行石自樓頂墜有樓頂之速率必速于樓足故石至地必在丙之東奈端始悟得此理言三十丈高以石球下墜至地必偏東半寸許旱堡禮拜堂最高樓二十三丈用球三十枚試之皆偏東四分又偏南分半意風使然乃于煤穴深二十六丈試之俱偏東五分無偏南北者此地動之確證也第谷不從地繞日之說者蓋疑地繞日則于地軌道上徑線之二界點視恒星當有差角不知恒星極遠視地軌道如一微塵故差角不可見然未有遠鏡時此論似不合蓋恒星之徑用遠鏡測之無過一秒者而憑目視則最大者二分最小亦十二秒第谷意謂地若動

于徑線二界視恒星又無差角則星徑不應若是之大故定爲地不動雖廢歌氏之說不謂無見也第谷法雖誤然測天有功隆慶六年歐羅巴于中夜共見一大星俱甚異第谷在田中行見之其光甚大若本有此星昔何不見疑目花誤視有衆農夫共見皆然遂測定其分秒記于簿未幾在其國都太學中與格致之士言及之皆曰未知時方共飯羣姍笑焉因與之偕出庭中望之果有此星乃羣異之因作書論此事又有格馬亦見此星前二夜曾細測本無此星自初見至末光日微凡十六月而沒初出時星之光能生表影最明時光白後變黃後與火星同色最後如土星色自初出至沒不移分秒在地軌道亦無差角故其遠與恒星等第谷之前三百年亦見客星古人亦屢言之第谷疑天河之光聚而成星云萬秝五年有彗星出第谷細測之絕無地道差角知其甚遠非在月之下又見其出入行星諸

天始知諸天皆空舊說如玻璃層層包裹者謬也此理今已大明無須辨說然在當時則爲創見故奈端亦嘗論之第谷作星表定七百七十七星之位數較舊表少而所定之度分較密又測行星作表後刻白爾本此表造新法第谷測知行星有遲速

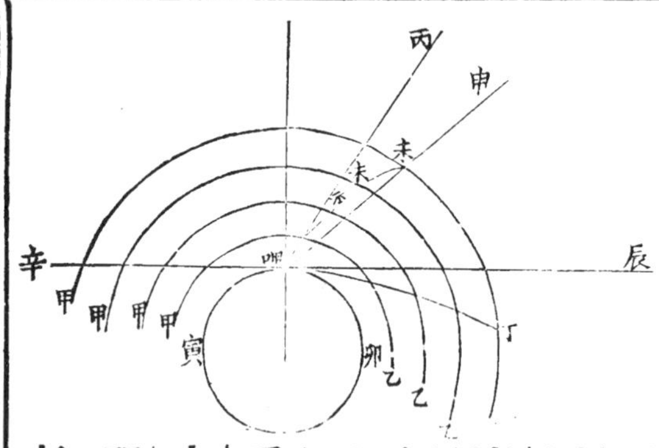

月道之交點行亦有遲速且測得黃白大距用新測較古測知黃赤大距古今漸易又用淸蒙差改定七政諸星天學中此差最要不知加減此差則所測非眞矣如圖甲乙甲乙甲乙甲乙爲諸層蒙氣愈近地面寅卯則愈重申爲星其光自入蒙氣至地面必成未未未呷曲線其入目之度卽爲目見物之方向所以人在呷視申之星如在丙其差角恒爲高低差而視物恒高于本處故物在地平辛

辰下丁點視之如在辰點多祿某論視學已言之而于測天不用葢當時未知也亞喇伯亦因多氏說而知在第谷時無人知其用第谷立法改星之高度初作差角表推地平線上之物其差角三十四分于率近至云高四十五度當無差角此則不合葢當時所用之器未能密測也其小國君謂嗹國君言第谷係明理之人于是嗹君請第谷歸國爲之築精室并觀星臺第谷欲歸并許以波羅的海中一小島賜之每年俸銀錢二千食瑙威若干戶于小島築室及觀星臺狀其奇瑋名星城測星極精細第谷既居島中甚貴重自負然爲人膽怯而其造作規模甚大觀其臺者可以想見其爲人其臺長六丈高七丈五尺周以圍墻高二丈二尺基址正方每邊三十丈中開大門門內有室閽者居之其內皆稱是有天球其星皆依新表刻之球徑六尺架高五尺造窺天儀器約費銀錢二十萬第谷居此島二十一

年觀星之外好飲酒而畜一小犬坐臥必以隨是時第谷之名遠播四方常有國王親造其島候焉英國君若迷斯往嗹國親迎亦造其島八宿而去嗹國君旣死第谷遂及于禍則朝中勳爵多忌其寵譖于嗣君故也初有大臣擊其小犬第谷怒遂成讐隙至是奪其俸食逐出海島遂離本國終身愁苦第谷旣逐客遊諸國後至墺地利巴拉加其君路道弗厚待之死于萬歷二十九年其測天爲西國第一焉死後五十七年其島入瑞顚國室與臺毁焉今過其地惟蔓草荒烟而已

第谷去本國雖愁苦然因此遇刻白爾後學受益不淺蓋刻白爾能用第谷測定諸數成密法焉先是第谷見刻白爾所著書愛其敏悟聘之至巴拉加邑爲己副刻白爾甚貧厚給之教以精測之法臨沒盡以平生測量簿授之刻白爾名約翰瓦敦堡國之維勒城人也生于隆慶五年讀書爲神父後棄之習天算

萬秝二十二年爲葛喇刺書院教習爲學務速成用心過銳所得多虛理不合實測及交第谷告以當先求眞實之根則學可漸進能得所以然之理刻白爾然之乃棄虛理從事實測學始有門徑初歌白尼重古說不敢改平圓道而火星道兩心差最大刻白爾于火星衡日時見其行度有異遂細測之又檢第谷所遺測量簿有測諸行星細數推求其軌道其始尚泥平圓法多用諸小輪以合天繼思火星或行撱圓道而日爲撱圓二心之一不憚勞苦考定其理刻白爾自言當推算時如大帥臨陣火星道敵軍之帥也初得勝獲之以火星表爲牢囚禁之以諸方程式爲鐵索鎖其項而繫之我以爲已無事矣忽報敵帥力甚猛鐵索俱絕牢亦破已逸去將復入其營此時吾憂甚幸得格物諸理皆新募健卒故終獲而囚焉觀其喻知其用心亦良苦矣火星表已定密合天行則知諸行星皆行撱圓道乃以次

考定之以視歌白尼之言行星皆以平速行平圓其理較眞焉

如圖甲丙庚橢圓爲行星軌道申爲太陽所居之一心作甲申乙申二線則乙申甲爲橢圓面積之一分星從甲至乙其時分與面積有比例設時爲一月乃于星道丙丁戊己庚諸點俱作

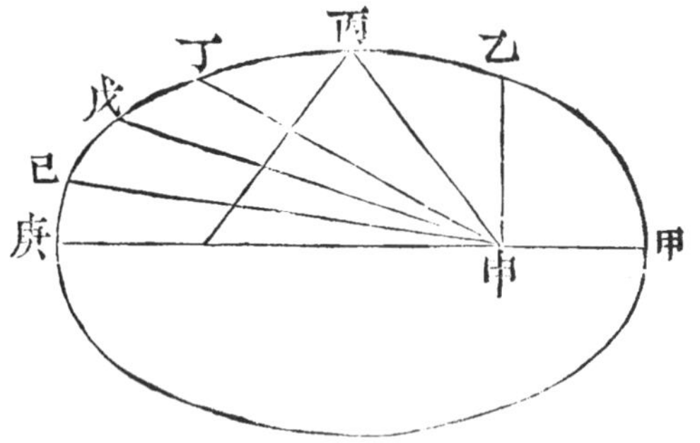

線至心每二線內之面積俱相等則星從甲至乙從乙至丙從丙至丁皆爲一月餘倣此是爲刻氏第一新法但面積等而星所過之度必不等從甲至乙一段爲最速後諸段以漸而遲故行星非平速此刻氏第二新法也古人測量亦知不以平速行而刻氏能考定其用何行法與此速率合可謂能改無法之行爲有法焉其第三新法推行星與太陽相距初意行星與日必有相屬之理日夜思之

不得心如負疚後忽悟得如重門洞開澈底了然知二星行同度時平方之比如距日立方之比心中樂甚自疑夢中此實爲開闢來格致學中要理之一焉以四率比例推之既知二星距日及一星之周時即可知餘一星之周時觀此知行星非卒然而生漫然而行俱有至理焉如火星距日四倍水星四之立方爲六十四開平方得八則水星之速八倍火星得此三新法而歌白尼之說多有證刻白爾亦愈信歌氏焉後爲奈端新術之根其源實本于第谷之測簿所居島中臺名星城預兆之矣萬秝三十二年有新星見于天市垣一年光漸微又一年而隱最明時若金星初見色黃次變紫次如火色無地軌道差角刻白爾謂空中有質之物被火焚而然然究不知何物焉萬歷三十五年彗星見後代名好里刻白爾測其行度四十六年又一彗星出亦測之然尚未知彗星之道與行星有同例焉暮年貧困

甚時大臣多貪侵其俸入而王信休咎占卜家反多食厚祿英國公使在日耳曼者憐其貧招之入英刻白爾重離故土不肯崇禎三年卒于臘底盆城即葬于城之天主堂側其墓今已湮沒後國王于其地立石像刻火星之道于其座

伽離畧意大利之皮撒人也生於明嘉靖四十三年其所測定者人人能曉發明歌白尼之說較刻白爾尤顯易創造遠鏡見天空之界更遠測天更精故能得歌氏之確証焉萬歷三十七年至威尼斯適刻白爾論火星之書初出偶與人談論忽悟遠鏡之根時聞荷蘭人造器能測遠因思倣此作測天之器遂以精思造成之既成自言視物大一千倍近三十餘倍昔亞利斯多言天空諸體皆正圓自發光無少微翳伽離畧用遠鏡測太陰與地同知古說非是見太陰面有平野有山有高原有谷有影有光又測他行星所得新理甚多萬歷三十七年冬夜測木

星見三小星近其體後又見第四星始知木星亦有月焉則古人以地球居中不動者不可信矣治古說者病之言木星旁無小星不可信伽離畧使窺遠鏡驗之皆不肯乃寓書刻白爾曰世人守師說而不通一至於此君與我當付之一笑也又測土星不甚明晳而窺金星有弦望與月同初歌白尼言金星繞日當有弦望然非目力所能見至此始瞭然知古人言不誤也時歌氏歿已七十年其說始有証前以歌氏之說爲大謬者今皆信其確然不可易也又歌氏始言地自轉今以遠鏡窺太陽見面有黑點時時移動則太陽必自轉古人言地球甚大不能自轉必爲定體今太陽更大且能自轉則古說之謬不攻自破古人又言地若自轉則地面之物皆當散飛空中伽離畧於桅頂墜石以破其說言地氣與地面之物皆隨地而轉也伽離畧幼時亦以歌氏之說爲愚既得諸証始知歌氏具獨見遠勝他家

也伽離畧學愈精嫉者愈甚年七十教大長謂其習異端强令反其說聞者悲之後所遇益迍邅愛女死哭之喪明病甚欲至弗祿倫就醫吏禁勿許既而耳復聾積年患心痛崇禎十五年卒臨死不昏憒伽離畧不修邊幅愛交遊宴會無虛日心無憂戚人樂與之遊時行田野中自習農事種葡萄葬於弗祿倫大天主堂前後遷葬天主堂中有石像存焉遷葬時有人竊其一指骨今以玻璃匣貯之藏書庫中伽離畧未生時英國迦斯空已用遠鏡於象限儀迦斯空死後二十餘年無人知用者而法蘭西有某者造之誇爲創事且造分釐鏡某死二器亦無傳而伽離畧復創爲之至順治間更造新器最有名者爲鐘擺測時最密爲天學重器焉荷蘭海更士實造之又有器定星之經緯度則嗹國勒墨爾所造也而伽離畧遠鏡冠諸器爲今大遠鏡之祖焉夫伽氏之鏡鉛管不過長數寸兩端鑲以凹凸二目鏡

如今小兒玩物而已然物雖微而能破古人數百年舊說得見月之平原山谷金星之弦望木星之月土星之異狀嗚呼亦奇矣哉

格致學中諸精妙理非一人所能悟必歷代通人互相研究始得也如刻白爾測得諸行星之公理其源由于第谷之精測又賴若往訥白爾所造對數故數月之功數日可畢刻白爾所止之地爲奈端所起之地奈端所未就者拉白拉瑟成就之諸疇人亦非一邦之產歌白尼生波蘭第谷生嗹國刻白爾生日耳曼伽離畧生意大利迨康熙時而荷蘭法蘭西英吉利復生諸疇人英特超衆今取其最著者錄焉但集有商人曰合未利創作月球圖康熙三年測彗星知其道在月道外且略知其道之狀同時有海更士作遠鏡精于前測得土星一小星即今第四月且見土星狀愈明晰康熙五年夜偶測天見參宿中有大星

氣未幾法蘭西葛西泥又測得土星四小星即今第一第二第三第五月也且見土星之光帶中有黑界分爲二道此時英法二主俱築星臺聘疇人測天康熙元年英初立格致公會奈端亦會中人也五年法蘭西格致太學成法主雷第十四聘海更士于荷蘭聘葛西泥于意大利俾居于中葛西泥之子及孫皆

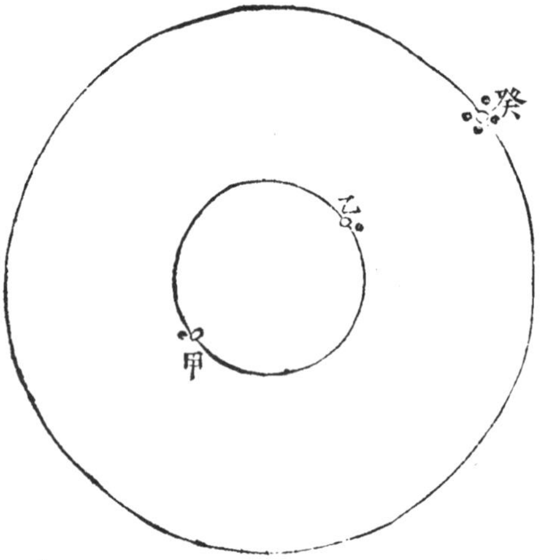

有聲太學焉葛氏測得行星諸月之周時又定木星爲扁圓球而勒墨爾造器測星過經度康熙十四年測定光行且測定光行速率光行一事因久測木星之月始知之蓋推定木星月食初虧復光之時與實測之時恒不合或遲數分或早數分求其故則因地木二體相距遠近而生遠則遲

近則早因此悟光行之理焉如圖癸爲木星甲乙爲地軌道其徑約五億五千萬里爲一年中地木二星相距之大較地在甲點距癸大于在乙點時其較五億五千萬里設光非行則在甲與在乙所見無時差而勒墨爾測得甲乙二點之時差十一分後精測得十四分今測器更精測得十六分又四分分之一準此即知光行速率歷時一分約行三千三百八十五萬里一秒約行五十六萬四千餘里歷時八分秒之一可繞地球一周自太陽至最遠行星約行二點鐘而至最近定星須歷五年又光行速于砲彈一百五十萬倍而不能測其有力否

英星臺中新星表之詳密冠地球諸國星臺初設本爲便商船行海故定例凡船至他國必細測月之度分歸時以測簿送臺中與臺測相較以定各地里差創議定例者求賞英主令格致士議其當賞否弗裒德曰此法無用不當賞而是時月表恒星

表俱未密合須久測改正英主曰如此則我船至他國者急當助之測望于是始造星臺設臺正官時康熙十四年也既成勒碑于臺大旨言臺之設所以測天便海船焉臺官著名者曰弗泿德曰好里曰白拉里曰勃力斯曰馬思吉林曰邦特曰愛理愛理咸豐八九年間尚存凡入臺者俱勤敏晝夜測日月行星定星過經度無一日間斷每年成行星歷巨册臺正或有事出臺其副代之中間惟白拉里勃力斯相代時停測三十三日勃力斯馬思吉林相代時停測五十三日馬思吉林邦特相代時停測四日邦特愛理相代時停測二日惹克嘗言曰英有此臺天下諸星臺皆可廢也近英國大臣令臺中立表表上置球每日午正令球下降使四面望見之

弗泿德最初爲臺官不立新法而盡通舊法精于測驗拉白拉瑟曰測天細密無過弗泿德者弗泿德英國人也家本寒素力

學不倦遂爲天算名家王舉用之然家屢空身常病同僚多輕之俸入止銀四百時或不與國家始許給儀器然終不給自出俸購之康熙十五年初入臺所用鐵紀限儀其半徑七尺象限儀半徑三尺時鐘二具遠鏡二具皆其家物也用此諸器僅能測諸星距度方位而已康熙二十八年復出俸造器始能測定諸星經緯度積三十年精測之功成星表定三千星之位測月及諸行星遲速遠近其後奈端藉此表悟得諸理焉康熙五十八年弗涙德死名不甚著後人見其與友人論天諸書始知奈端諸說多本于弗涙德然奈端之學雖因弗涙德而成亦其用心之精有以發之也自刻白爾推得行星之比例至奈端而能究明其所以然夫豈易事哉奈端之書初刊行諸格致家多不能解或窺覘之或姍笑之書成四十年而死是時英國儒士之外能讀其書者不過二十人後各國疇人見行星多參差動不

可解因取奈端書讀之始服其理之確拉白拉瑟曰古今人所著書當以奈端爲第一焉顧世俱以奈端求得吸力之理有功格致學爲最大不知更有大于此者初刻白爾謂太陽中有吸力故能令諸行星繞之又謂吸力或與相距之平方有反比例而薄勒里及呼格亦謂行星繞日其不離本道必有吸力奈端之功不在悟得此理而在能得此理之証蓋前人但空思其理至奈端始知其確實之數先論力之法以顯力之用故奈端較前人功尤大焉

康熙五年倫敦大疫奈端避居郊外于園中見果隨下因思月亦由地力吸之故常繞地球不直行空中也月果如此則諸行星繞太陽理當皆然自後屢思之知有確証然求其証最難且有時一若其理不合如此者十六年先求地面之吸力次求離地面若干其力變小若干之比例既得此比例用以推月之動

與所測合否凡距地心之平方與其吸力有反比例故地之吸

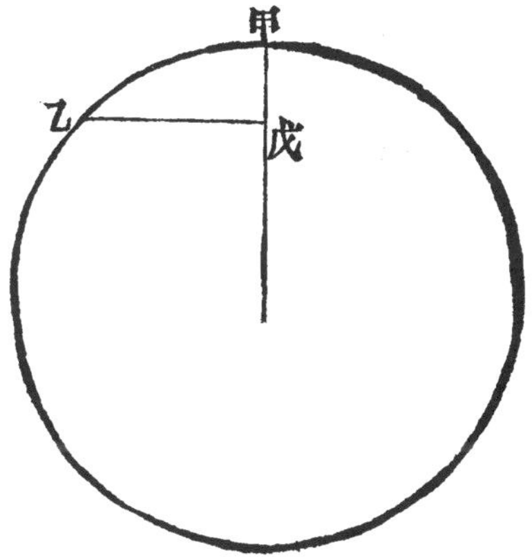

力加于月者小于地面當三千六百分之一乃立題曰設如月行自甲至乙則有物自甲墜至戊必同時而到測量甲乙弧之矢戊甲設小于地面吸力當得之矢為三千六百分之一則吸力為有証依此題用弗湼德所測得行星諸事立諸精法悉推之乃盡得其証知物在月道于一分時中所行弧線之矢與地面物下墜一秒中所過之界等遂得遠近吸力之定例奈端積思既久一旦得証喜極暈絕復甦不能終算乃請其友依法推就之則知此為公理用此推諸行星及彗星必皆合也其理曰若有物拋于空中無阻力必終古以平速直行設又有他力加之必行斜路如圖設地

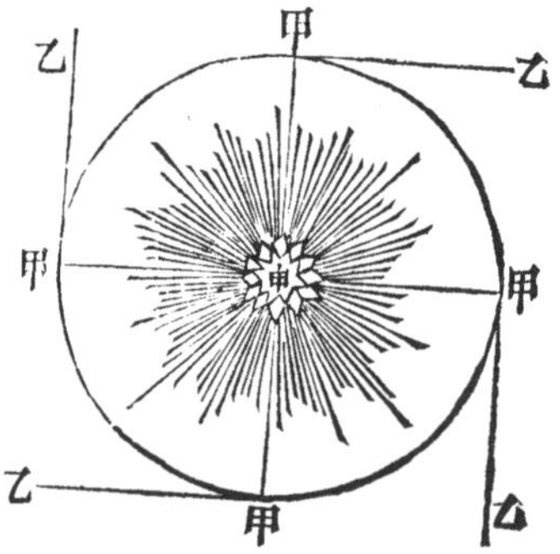

球惟一推力使之動則必行甲乙直線設無此推力而僅有日之吸力則地必向日而行而日之吸力與推力恒並加故成弧線行此二力恒不停故弧線之行亦恒不變而地之軌道成焉行星諸道理皆同吸力大小與體大小及距日遠近恒有比例吸力之理與光同散則小而聚則大其力之大小與遠近之平方成反比例設有行星距日倍于地球距日則其吸力爲地球吸力四分之一二之平方爲四故也故吸力有二理一與遠近平方成反比例一與大小成正比例一若長索繫物而旋舞日即手也故最遠行星皆爲日所屬推而上之有太陽即有造物主位置之且定其法自上古來皆造物主主持之也可不敬而畏之乎諸球有交互相吸之理其吸力輕重視遠近大小而異故日吸諸行星

諸行星亦吸日而行星之力甚小于太陽諸行星又互相吸而其相距刻刻不同則生不平之差雖其差甚微積之久則有數可推而後之不平差必恰補前之不平差前後相補乃吸力之確証奈端尙未知賴後人發明之奈端曰有此不平差久之諸軌道必大變而行星必盡滅後歐樓格來羅達淚勃拉格朗拉白拉瑟五人俱細究不平差之理知前後必恰相補則變而仍不變也然則諸行星果有滅壞之期必不因行度之差而惟造物主之命也

好里奈端之友也家本富商童時即棄其業而習天學時合未利弗淚德測天北半球乃航海至阿非利加南海島測天南半球欲定南極諸星歐羅巴所未見者而海濱蒙氣太重歷一年僅定三百六十星當船過赤道時見鐘擺略遲歸語奈端奈端曰此因地心吸力略小故也弗淚德死好里代爲臺正年六十

四矣而每夜測月終十九年交點一周見月所次凡二千餘處康熙十九年遊法蘭西大彗星見已過最近日點時已聞彗星行極長撱圓因精思得其理以求各彗星復見之時先以諸彗星行度列表以備稽攷康熙二十一年有彗星見檢表知景泰七年及嘉靖十年萬歷三十五年三次所見相距之時略同意卽一彗星也因言後七十五年此彗星當復見好里死後十七年果復見與所言合因名好里彗星云好里旣死白拉里爲臺正

白拉里未入臺時先攷定光差謂地與光俱行必生視差此事須細測方知是時地繞日之理人已不疑皆欲測定星差角爲証蓋意地之軌道極大則于軌道相對兩點視定星必有差角焉白拉里與其友摩利牛取天棓第二星同測之其星略近天頂于雍正三年起測之屢覺此星有向南之勢如圖地在甲視

星乙如在丙設有差角則地在丁視星當如在戊而測得在己與差角理正相反始疑測器有差審定測器再測之仍如前自十一月至三月星差而南三月至十一月星又差而北一若繞一小撱圓而

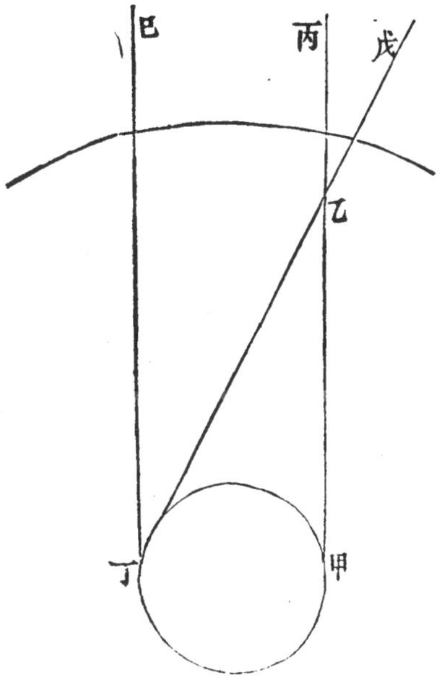

行如圖乙爲天頂甲爲北極小撱圓爲見星所行之道長徑四十秒白拉里思其故久而不能得一日偶坐小

舟出遊桅上有小旗其舟泝洄川上每當轉櫓時見小旗必微變方向驗之三四次皆然乃問篙工曰每轉櫓風必變方向何也對曰非風變方向乃船變方向耳言下忽悟星之差南差北

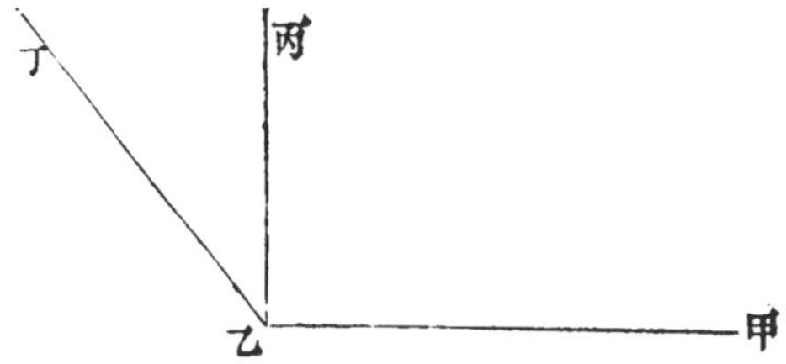

乃地球行道變方向與光動合而成也準此理推星之差皆合如圖體自甲至乙同時光自丙至乙合二動故光入目時一若目在乙點不動而光自丁至乙也所以星實在丙視之如在丁焉譬諸坐車行雪中值天無風雪向下直墜車不動則雪至蓋頂車疾行向前無論向何方雪必撲面如斜飄也光入目之方向即爲目見星之方向故視星皆有差角也此爲地球繞日之確証乃天學中一最大要事也既爲臺正又測得地軸成尖錐動十八年一周測北極如行小撱圓焉初人皆以此爲由于月之攝地球而生白拉里始言由于地軸動非關月也爲臺正時與其從子同測凡一年共測一萬八千次而自乾隆十五年至二十七年共測六萬餘次白拉里精心攷正英國厤法倬于他國乾隆

十七年時減去英八月中十一日以合天白拉里死民言上帝所定之日妄改之故死也其同僚或出民必競呼曰奪我十一日何時償還耶乾隆時梅合造月離表最精密可推各海面經度死後王以銀一萬二千兩賜其妻自是至今每年預推三年後每三小時日月經緯度又測地球之形狀大小更密測器亦更精

侯失勒威靈阿諾威人也生乾隆時其父精音律少時遷居英國以音律授徒又以精思作視學諸器且治天文遂著名當世初侯失勒欲測天家貧不能得遠鏡既習視學乃自造之乾隆三十九年造五尺長回光遠鏡後屢造回光鏡成五百多枚以售人擇最精者留以自用既測得天王星名遂著因築室于斯羅王宮之側製大遠鏡各國天算家皆來觀之筩長四丈回光鏡徑四尺厚三寸半重約二百斤視力率一百九十二較目力

所及遠一百九十二倍也地面所見最明者老人星然亦極遠其餘諸星皆小于此則更遠目力所及之最小星則最遠而侯失勒之鏡其力所及較最小星更遠一百九十二倍成于乾隆五十四年露置無遮蓋久而雨日淋炙架壞道光三年其子遂毁之其後羅斯伯所造遠鏡更大于此

羅斯伯阿爾蘭白爾堡人也其大遠鏡造之甚難以堅忍大力費貲不少卒成最精之器自創始至告成皆獨力任之既成天學家受益不少故羣稱之且感之其回光鏡徑六尺其面大于侯失勒之鏡約四倍重約八千斤鑄于道光二十二年夜中羅斯伯親督功身當其危略不畏避成而精宜也其筩長五丈架于二墻之間器雖大然人可以一手任意轉之有此鏡而視天更明焉自葛西泥測得土星第五月後百年來無新得星侯失勒初測天時日所屬之諸行星諸月及好里彗星十八而已侯

失勒獨測得九星乃天王星并六月及土星二月也合前共二十七星乾隆四十六年測天見井宿諸星中有一星光能變大後二夜又見其易處意爲彗星諸天文家亦爲彗星久測乃知係行星即天王也侯失勒初以英王之名名之曰惹爾日諸天文家又以侯失勒之名名之後因其道在諸行星之外定名曰天王焉得此星而日所屬之界倍遠蓋其距日倍土星也始用四丈遠鏡時即見土星第六月後又得第七月而侯失勒之最大功在測定星始明天河爲無數遠星又新測得諸星氣或如微雲或如未成星之氣又見定星亦有星繞之每夜中測天其妹助之有所見令其妹書之次日細錄之不避寒暑道光二年卒二十八年其妹亦死侯失勒在時曾言普天之星皆向女藏星而行今人皆謂恒星繞昴宿實侯失勒發之焉

初火木二星道間十億餘里未見他行星人頗疑之由火至地

地至金金至水各二道間約七千餘萬里至一億四千餘萬里而止刻白爾言木土二道間必有行星方與諸行星遠近比例合遠近比例者伯靈人波特所悟得者也謂每行星與外星二道之距恒倍于與內星二道之距如金地二道之距倍于金水二道之距而半于地火二道之距是也初得此理時天王尚未測得後得天王與此理合諸行星軌道比例以級數顯之如下日耳曼推步家亦謂火木二道相距如是之遠中間必有未測得之行

水	$=四$
金	$四丄三=七$
地	$四丄三\times二=一〇$
火	$四丄三\times二^{二}=一六$
木	$四丄三\times二^{四}=五二$
土	$四丄三\times二^{五}=一〇〇$
天王	$四丄三\times二^{六}=一九六$

星于是精心測望嘉慶五年推步家二十四人以周天經度分叚細測之未幾即測得四小行星一穀女一武女一天后一火女俱繞日行其軌道大小略同距火道約三億里然皆非目力所能見必藉遠鏡始見之測得者爲必亞齊阿爾白士哈爾定

三人四星行法異于他行星其道甚相近一也道相交二也四星中最小者略如西班牙國土大小或謂此必係一大行星所分者似亦合理然未有確証

近時天文之最新奇者道光十三年十月中見流星如雨道光十五年好里彗星復見道光十八年白西勒定天津中無名小星地道差角又自十四年至十八年侯失勒約翰至阿非利加好望角測南半球二十六年亨該又測得一小行星名嚴女二十七年又得其一名穉女是年欣特又測得其二一虹女一花女二十八年格來漢又測得其一名慧女二十六年又測得大行星海王二十八年又測得土星第八月乃英拉斯拉與合衆本特同時所得也

初疇人測天王行度有極不平處以土木二星之吸力推之亦不盡合法蘭西力佛理亞細推天王之根數道光二十六年著

一書行世言天王不平行者空中必尚有一行星細推其行度諸根且定其大小及見所居之經緯度此書既出一月後嘉勒在伯靈果測得之即海王也而英國亞但史已先推之道光二十三年推星所在度二十四年細推日心之經度及星道兩心差并最卑點之經度二十五年以細草送太學天文師爵李又送星臺正愛理事在力佛理亞書未出前六月亞但史所推亦密於力佛理亞愛理見二人所推略同令人細測之而爵李測之七夜已得此星後八夜又見之誤謂恒星故未細測其度且未記簿也然海王距天王非倍天王距土與波特例不合

逸史氏王韜曰余少時好天文家言而於占望休咎之說頗不甚信謂此乃讖緯術數之學耳弱冠游滬上得識西士偉烈亞力讐校餘閒輒以西事相諮詢始得窺天學之緒餘適李君壬叔自攜李來互相切磋一日詢以西國疇人家古今來凡有若

干偉烈亞力乃出示一書口講指畫余卽命筆誌之閱十日而畢事於是西國天學源流犂然以明心爲之大快案頭適有阮文達公疇人傳據以考之得列姓名於其間者不過七人且言之始末尙多未稔於以歎此雖寥寥數十葉而詞簡意賅巨細精粗無乎不貫異同正變無乎不備談天者於此誠有所取資而得其要領矣夫西國之精天算者不一家其始亦皆各持一見紛無定論逮後歌白尼創言以太陽爲心地與五星環之而行其道爲撱圜此論一出經二百餘年莫之或改而我中國尙有墨守舊說者且其言地球動而太陽靜其說要不可易如人在舟中但見岸動而不見舟行同一理也阮氏疇人傳所載僅得千百之一二略大識小語焉不詳觀者有未臻賅備之憾而其論中以不能堅守前說動靜倒置爲譏不知泰西天學實始於希臘約當在春秋初年有傑出者曰他勒巳知地爲球體昌

言於衆前又預推日食之先期測得太陽之平徑三千餘年前其測天之精已如此後之繼起者知所師承宜其進而益上也蓋法積久而益密厤以改而始精故今之談天者殊勝於古中國古時有天元求一諸法今泰西代數最深者爲微分法以之測算天文觸處洞然又測知地球爲行星之一與他行星同遠地球者爲定星定星之外則有星氣星氣之說昔以爲天空之氣今以遠鏡窺之始知係恒河沙數之定星所聚而成其測步也審矣即我中國於厤數之術亦遞增而屢變自漢太初三統以來立法尚疏隋唐而降日益求精麟德大衍漸能詳密至元郭守敬造授時厤釐然大備可云登峰造極矣有明於厤最疏舛繼參用回回厤逮乎末造延西士改修崇禎厤將行未果可見舊法已不足循不得不借重於西法也則亦何嘗執一以求哉顧或者謂法無新舊但求密合天行斯可已前以太陽爲動

而準此測算寒暑迭運星行遲速初未嘗大謬可知言平圜擠圜者不過假象以明理合一法以推之則言人人同各易一法以推之則千萬人之言皆不同且舊法無弊而新法至久必廢以愈新奇必有駕乎其上者矣此乃未明推驗實理之故耳今準擠圜之線以推其得數必較密於古奈端曾求其故知天空諸體其道不能不行擠圜乃由萬物攝力自然之理非徒假象與數以明之也或又曰西人測天之學固精然安知非先有於中國而後流傳至彼耶我中國自虞廷分職命羲和欽若昊天當時已能測日月周天之度以奇零置閏而西國尚未有厤也即如借根方之爲東來法亦可證已嗚呼此何異攘人之美據爲己有也西國厤法雖始於周末而遞加更改歷代以還豈無可考其轉精於中國者由用心密而測器審也其所云東來法者乃歐洲之東天方國耳非指中國言之也或又曰西厤固無

可議其制造機捩器物資水火二氣之力事半功倍誠爲精密不苟然形而下者謂之器形而上者謂之道西人亦祇工其下焉者已耳至其言教之書迂誕支離顯悖名教天堂地獄之說徒拾釋氏之唾餘愛人如己之論亦竊墨子之近似言其平淡不及儒之純言其幽奧不及佛之奇固無一而可者也不知西儒何嘗不講性理哉上帝作之君作之師因地而生各異其俗列國之制雖有攸殊此心之理無不相同所謂東方有聖人焉此心同此理同也西方有聖人焉此心同此理同也雖東西之異轍實一道而同風此其故中庸之聖人早已燭照而劵操之曰舟車所至人力所通天之所覆地之所載日月所照霜露所墜凡有血氣者莫不尊親嗚呼至矣若夫麻學則其小焉者也

西國天學源流終

門人吳縣葉耀元子成校字

海上絲綢之路文獻集成

總主編　陳支平　陳春聲

科技與文化編　39

主編　王揚宗　葉　農

海峽出版發行集團
THE STRAITS PUBLISHING & DISTRIBUTING GROUP
福建人民出版社

国家出版基金项目
NATIONAL PUBLICATION FOUNDATION

本册目次

天文揭要二卷

〔美〕赫士口譯　〔清〕周文源筆述

《天文揭要》二卷，美國赫士口譯，清周文源筆述。赫士（Watson McMillen Hayes，一八五七—一九四四），美國傳教士，一八八二年來華，曾任教於登州文會館、山東大學堂、齊魯大學等，譯有《聲學揭要》、《熱學揭要》、《光學揭要》、《天文初階》等。登州文會館爲中國近代較早開始天文學教育之學堂，建有觀星臺，内裝設反射望遠鏡，此書與《天文初階》即當時之教本。據赫士自序，是書非採自一家，「從路密司者則過半」，即路密司（Elias Loomis）所著*An Introduction to Practical Astronomy*。卷上論地球、天文器、蒙氣差、日躔、視差、太陽、月球、日月蝕等；卷下論各地經度、潮汐、行星、彗星、流星、恒星、雙星、星團、星雲等，以及「雜問」、「附表」等。簡明扼要，頗便初學。據中國國家圖書館藏清光緒二十三年（一八九七）上海美華書館排印本影印。

天文揭要

上卷

耶穌降世一千八百九十七年

登郡文會館譔

天文揭要

光緒二十三年丁酉第三次印

上海美華書館鉛板

益智書會
校訂藏版

序

夫地球以上建國實繁，而其最古者，蓋有四焉，曰中華，曰伊及，曰印度，曰華勒底，是也。閒嘗攷其典墳，稽其圖籍，知其自開創以來，各有天文諸說，輯爲成書，卽各以天文星躔，鴻其功用，則天文之不可少也彰彰矣。卽如分野者賴以定國，航海者借以計程，以至憑經緯，畫軫輿，歷象以授人事，隨時以代天工，天之垂象以益人，豈徒龍躔肇歲、鳳紀書元之用哉。況乎天文賴算學而獲實用，算學賴天文而創新理，天文與算學更有相生相依之功焉。余來中華，助理文會舘事，因取泰西諸天文書，采其粹精，揭其體要，輯成一編，分上下兩卷，共一十八章，按書中綱領旨趣、歸類而列爲三、假諸器以步諸曜之經緯、爲天文用學、証諸曜之吸力與行向、爲天文力學、論諸曜之形勢體質、爲天文體學、末復列雜問、及星圖與表、是編之作、雖非本自一人、然從路密司者、則過半焉、夫以海內宿刋、皆載往迹陳辭、而於天文近來事蹟、杳無所攷、且將推算要式、大都刪除、致使天文之實理、虛而難憑、故余不揣固陋、條分縷析、補闕拾遺、表而出之、以授館內諸生、使諸生因書而求習題、因題而究書理、由淺入深、庶不泥紙上之空談也夫、是編本爲課諸生而設、非敢問諸世也、因同人之請、不獲已而付之梓刋、豈余之本願乎、辛卯秋

赫士於蓬萊文會館謹識、

例

一〇天文學、原與吉凶災祥之事無涉、學者不可執泥腐儒謬說、妄解天文至理、

二〇天文學所論者、乃天空之諸曜、卽日月、行星、彗星、流星、隕石、恒星、星氣也、而其昭然可考者、惟地與隕石、餘須多年測望、始可準定、不然則錯失易生、如侯失勒窮廿年之力、始測定聯星、又如日面黑斑、初以爲高山、迨於日邊仔細測之、始知黑斑非爲高山、而爲深坑、故學者遇書中未言定之事、不可專憑書理、亦當兼憑測望定之、如日出入之點、爲何恆有變更、月合朔之牙、爲何必向東指之類是也、

三〇天文學、與算學形學八線學重學光學、各有關切、故學者須畧知諸學、於天文學始可尋緒而進、

四〇學者每遇一圖、須思此圖若展至眞處、其式必當如何、方可推知其理、不然恐終費勤勞而無甚裨也如夏日距天頂近、冬日距天頂遠、欲知其故、若不將黄赤二道之交圖、懸揣在天球之形勢、斷難明透也、

五〇地球與他曜之距、俱以里論、他曜彼此之距、皆以度論、學者雖知自天頂至天地平界、爲九十度、而欲畧攷他曜相距幾何度、則無甚準、兹舉數端、取以爲準、如北斗星之第一星、距第二星、卽大熊甲乙二星距爲五度、月之全徑畧爲半度、自

北斗第六星、（即大熊之巳星）至其上小星爲十分半。天琴第五星之三曜、相距三分半、金星最明時、其全徑不過一分、

六〇西國天文書、其里數與尺寸數、皆以英里英尺寸爲準、按談天所載、知每英里、爲華里之三零萬分之八千九百一十六、每英尺、爲華尺之十萬分之九萬八千五百七十七、每英寸、爲華寸之萬分之八千二百一十五、

七〇論經度、向日各國、皆以其本國京城爲經線之原點、殊有不便、近來歷家議定、以英國哥爾尼城爲原點、某處之經度、卽哥爾尼之子午線及某處之子午線、於地極之交角、

八〇天空旣視若一大空球、故天文恆論及大小諸圈、與本球

同心之圈爲大圈、如赤道黃道子午圈、與天地平界諸圈是也、不與本球同心之圈爲小圈、如諸緯度圈是也、

九〇本書雖不多用天文諸號、而歷書及航海書、則多用之、故本書亦載之、如 ⊙ 卽爲日、☾ 卽爲月、☿ 卽爲水星、♀ 卽爲金星、⊕ 卽爲地球、♂ 卽爲火星、♃ 卽爲木星、♄ 卽爲土星、♅ 卽爲天王星、♆ 卽爲海王星、☌ 卽爲合號、乃同經度之意 □ 卽距日九十度也、☍ 卽距日一百八十度也、如 ♀□⊙ 卽金星距日九十度也、

十〇本書所論之年數、皆自耶穌降世時、或前或後算起、而所

論之月小則皆按西歷之月小因其有定時也

天文揭要

年表

耶穌降世後一年卽漢平帝元年
一百年卽東漢和帝十二年
二百年卽東漢獻帝十一年
三百年卽晉惠帝十一年
四百年卽晉安帝四年
五百年卽齊東昏后二年
六百年卽隋文帝十二年
七百年卽唐武后十七年
八百年卽唐德宗二十一年
九百年卽唐昭宗十二年
一千年卽宋眞宗三年
一千一百年卽宋哲宗十五年
一千二百年卽南宋寧宗六年
一千三百年卽元成宗六年
一千四百年卽明惠帝二年
一千五百年卽明孝宗十三年
一千六百年卽明神宗二十八年
一千七百年卽康熙三十九年
一千八百年卽嘉慶五年
一千八百五十年卽道光末年

天文揭要

天文揭要目錄

下卷

天文揭要序

PREFACE.

A NEW edition of the present work being called for, opportunity has been afforded to effect a careful revision. No change has been made in the general treatment, but it is hoped that the style will be found both clearer and more concise.

Descriptions of obsolete methods and apparatus have been discarded, while some new matter, giving briefly the more important results of recent investigations, has been inserted.

Those who wish to consult the originals will find that almost all the mathematical sections and those pertaining to the general principles of the science, are from Loomis's Treatise on Astronomy. The method for computing Solar Eclipses, together with a few problems, are from his Practical Astronomy. Prof. Young's new work has been used in treating of the sun, planets and fixed stars, while at intervals through the work use has been made of Herschell, Newcomb and Holden, Proctor, Webb, Chambers and a few others.

W. M. HAYES.

Tengchow College, March 1st, 1897.

天文揭要

NAMES OF PERSONS REFERRED TO.

人名

Abbe	阿伯
Adams	亞但史
Airy	艾理
Auwers	奥衛士
Bailey	貝利
Ball	巴勒
Beer	比邁
Bessel	彼士勒
Biela	比乙拉
Bode	波德
Bond	本特
Bouvard	卜法特
Brünnow	卜腦
Cavendish	佉分第
Clairaut	該漏
Cornu	郭農
Dawes	蒪斯
Donati	杜乃底
Encke	因格
Faye	費
Foucault	富告得
Galileo	嘎利利漚
Galle	嘉勒
Gill	綦勒
Gregory XIII	貴勾利第十三
Gylden	計勒敦
Hall	哈利
Halley	好里
Hansen	韓森
Helmholtz	赫莫寺
Hennecke	希尼客
Herschell	侯失勒
Howlett	好里特
Huggins	互金史
Huyghens	海亘史
Johnson	約韓孫
Keeler	祁勒
Kepler	刻白爾
Krüger	庫隔
Lalande	拉藍
Langley	浪累
Le Verrier	力佛利亞
Lick	季克
Loomis	路密司
Mädler	梅特勒
Melloni	米摟尼
Morse	馬斯
Napier	納伯爾
Newcomb	鴛逕
Newton	牛頓
Olbers	歐勒白斯
Pape	帕皮
Peters	彼得士
Piazzi	裴阿石
Pogson	剖格孫
Pond	盆得
Pritchard	裴磕對
Reiche	來喜
Römer	劉嘛
Ross	羅斯
Schwabe	喇卑
Secchi	隋其
Smythe	司密
Struve	斯得弗
Williams	維廉斯
Wilsing	魏禮生
Wilson	魏勒森
Winnecke	魏尼客
Young	楊
Zöllner	最倫爾

THE CONSTELLATIONS.

星座

Andromeda	仙女
Apus	天燕
Aquarius	寶瓶宿
Aquila	天鷹
Ara	天壇
Argo	天舟
Aries	雄羊宿
Auriga	御夫
Boötes	牧夫
Camelopardus	鹿豹
Cancer	巨蟹宿
Canes Venatici	獵犬
Canis Major	大犬
„ Minor	小犬
Capricornus	山羊宿
Cassiopeia	仙后

Centaurus	半人馬
Cepheus	仙王
Cetus	鯨魚
Chameleon	蝘蜓
Circinus	步弓
Columba	天鴿
Coma Berenices	后髮
Corona Aus.	南冕
,, Bor.	北冕
Corvus	烏鴉
Crater	巨爵
Crux	南十字
Cygnus	天鵝
Delphinus	海豚
Dorado	劍魚
Draco	天龍
Equuleus	小馬
,, Pictoris	繪架
Eridanus	波江
Fornax	天爐
Gemini	雙子宿
Grus	天鶴
Hercules	武仙
Horologium	時表
Hydra	長蛇
Hydrus	水蛇
Indus	印第安
Lacerta	蝎虎
Leo Major	獅子宿
,, Minor	小獅
Lepus	野兎
Libra	天秤宿
Lupus	豺狼
Lynx	天貓
Lyra	天琴
Microscopium	顯微鏡
Monoceros	麒麟
Mons Mensae	山案
Musca	蒼蠅
Norma	矩尺
Octans	南極座
Ophiuchus	持蛇夫
Orion	獵戶
Pavo	孔雀
Pegasus	飛馬
Perseus	英仙
Phœnix	鳳凰
Pisces	雙魚宿
Piscis Aust.	南魚
Reticulum	網罟
Sagitta	天箭
Sagittarius	人馬宿
Scorpio	天蝎宿
Sculptor	玉夫
Serpens	巨蛇
Sextans	量天尺
Taurus	金牛宿
Telescopium	遠鏡
Triangula	北三角
Triangulum	南三角
Toucan	杜鵑鳥
Ursa Major	大熊
,, Minor	小熊
Virgo	室女宿
Volans	飛魚
Vulpes	狐狸

LIST OF TERMS.

明 目

Angle of the Vertical	垂線差
Annual Parallax	歲視差
Annular Eclipse	金鐶食
Antarctic Circle	南寒圈
Aphelion	遠日點
Apogee	遠地點
Apparent Diameter	視徑
,, Motion	視行
,, Orbit	視道
,, Time	視時
Aberration	光行差
Achromatic	無色差
Aerolite	隕石隕鐵
Algebra	代數學
Altitude	高度
,, Azimuth Instrument	地平經儀
Aluminium	釷
Angle of the Ecliptic	黃赤角
,, ,, Incidence	射角
,, ,, Refraction	折角

Cosecant 餘割
Cosine 餘弦
Cotangent 餘切
Cotidal Lines 同潮線
Culmination, Upper 過午線
,, Lower 過子線
Curvature 曲率
Declination 緯度
Deimos 代某
Density 密率
Detonating Meteor 雷流星
Dip (of Horizon) 地平降度
Direct Motion 順行
Disturbing Force 吸動力
Double Star 雙星
Earth's Annual Motion 日躔
Eccentricity 兩心差
Eclipse 蝕
,, Annular 金錢蝕
,, Partial 分蝕
,, Total 全蝕
Ecliptic 黃道
,, Limits 黃道蝕界
Electric Battery 電池
,, Button 電鑰
Ellipse 橢圜
Ellipticity 橢率
Elongation 長度
Equator 赤道
Equatorial Instrument 赤道儀
Equation of Time 時差
Equinoctial Colure 二分經圈
Evening Tide 汐
Faculae 明條
First Quarter 上象限
Fixed Star 恆星
Forced Wave 變浪
Free Wave 自行浪
Frigid Zone 寒帶
Frustrum of Cone 圓錐截體
Full Moon 望月
Galaxy 天河
Geocentric Latitude 地心緯度
,, Longitude 地心經度
Geometry 形學
Harvest Moon 穡月
Heliocentric Latitude 日心緯度

Appulse 月幾食
Arc 弧
Arctic Circle 北寒圈
Area 面積
Arsenic 砒
Ascending Node 升交點
Asteroid 小行星
Astronomical Day 曆家日
Attraction 吸力
Autumnal Equinox 秋分點
Axis 軸
,, Major 長軸
,, Minor 短軸
Azimuth 地平經度
,, Instrument 地平經儀
Bailey's Beads 貝利珠
Barometer 風雨表
Base Line 低線
Binary Star 聯星
Calcium 鋗
Calendar 通書
Carbon 碳
Celestial Horizon 天地平界
,, Meridian 天子午線
,, Sphere 天空球
Centre of Gravity 重心
Centrifugal Force 離心力
Centripetal ,, 眡中力
Ceres 隋李氏
Chlorine 綠
Chromium 鐄
Chromosphere 日赤殼
Circuit Electric, to break 陽電路
,, ,, to complete 通電路
Civil Day 民間日
Cluster of Stars 星團
Cobalt 鈷
Comet 彗星
Compass, Protractor's 步弓
,, Mariner's 羅鏡
Cone 圓錐體
Conjugate Diameter 屬徑
Conjunction 相合
,, Upper 上相合
,, Lower 下相合
Constellation 星座
Corona 榮光圈

Nautical Almanac 航海通書
Nebula 星氣
Neptune 海王
New Moon 合朔
Nickel 鎳
Node 交點
Nucleus (of Comet) 彗中體
Nutation 章動差
,, Lunar 月章動差
,, Monthly 三旬差
,, Solar 日章動差
Object Glass 物鏡
Observatory 觀星台
Occultation 掩
Octants 八分點
Opposition 相衝
Orbit 軌道
Ordinate 縱線
Oxygen 養氣
Pallas 帕拉氏
Parabola 拋物線
Parallax 視差
Pendulum 鉦擺
Penumbra 外虛
Perigee 近地點
Perihelion 近日點
Periodic Star 變星
Periodic Time 周時
,, Sidereal 恆星周時
,, Solar 太陽周時
Perpendicular Line 竪線
Perturbing Force 吸動力
Phobos 否布
Phosphorus 硄
Photosphere 日光球
Plane 平面
Planet 行星
Planetary Nebula 行星氣
Plumb Line 垂線
Polar Distance 距極度
Pole 極
Polygon 多邊形
Potassium 鋏
Precession 歲差
Primary Star 正星
Prime Vertical 卯酉圈
Proper Motion 自行

Heliocentric Longitude 日心經度
,, Parallax 歲時差
Heliometer 量日鏡
Horizontal Diameter 橫徑
,, Parallax 地平視差
Hour Angle 時角
,, Circle 時線
Hydrogen 輕氣
Index Glass 指鏡
Index of Refraction 折光指
Inferior Conjunction 下相合
Interference of Light 光相礙
Irradiation 光滎差
Juno 周耨
Jupiter 木星
Last Quarter 下象限
Latitude 緯度
,, Celestial 黃緯度
Libration 天平動
Limb 邊
Line of Collimation 視軸
Lithium 鋰
Longitude 經度
,, Celestial 黃經度
Lunar Day 太陰日
,, Orbit 月道
Magnesium 鎂
Magnitude of Stars 等
Manganese 鏢
Mars 火星
Mass 體質
Mean Solar Day 太陽平日
,, ,, Time 太陽平時
Medusa 米度沙
Mercury 水星
Meridian 子午線
Meridian Circle 子午圈
Meteor 奔星、流星
Micrometer 分微尺
Microscope 顯微鏡
,, Compound 疊顯微鏡
Moon 太陰月
Morning Tide 潮
Morse Instrument 馬斯之機
Multiple Star 合星
Mural Circle 牆環
Nadir 天底

Symbol	號
Synodic Month	月
Synodic Period of Planet	太陽周時
Tangent	正切
Tangential Force	切力
Telescope	遠鏡
Temperate Zone	温帶
Temporary Star	客星
Terminator	明暗界線
Terrestrial Latitude	緯度
,, Longitude	經度
Theodolite	經緯儀
Thermometer	寒暑表
Thule	土李
Tin	錫
Titanium	鈦
Torrid Zone	熱帶
Trade Winds	貿易風
Transit Circle	子午環
,, Instrument	子午儀
Transit of Planet	星過日面
Trigonometry	八線學
Tropic of Cancer	北温道
,, ,, Capricorn	南温道
,, ,, Year	太陽年
Twilight	朦朧影
Twinkling of Stars	閃爍
Uranus	天王
Venus	金星
Vernal Equinox	春分
Vernier	副儀
Versed Sine	正矢
Vertical Circle	豎圜
,, Diameter	豎徑
Vesta	費斯他
Volume	體積
Winter Solstice	冬至
Zenith	天頂
,, Distance	距天頂度
Zero	圈
Zodiac	黃道帶
Zodiacal Light	黃道光
Zone	帶
Quadrant	象限弧
Radius	半徑
Radius Vector	帶徑
Rate of Clock	日差
Rational Horizon	眞地平
Refraction	光被折
Repulsive Force	逐力驅力
Resultant	合力
Retrograde Motion	逆行
Right Ascension	赤經度
Ring of Saturn	土星光圜
Rotation	自轉
Satellite	月
Saturn	土星
Scale of Equal Parts	比例尺
Seasons	四時
Secant	正割
Secondary Star	副星
Sector (Instrument)	角心尺
Segment of Circle	圜心角形
Sensible Horizon	視地平
Sextant	紀限儀
Shooting Star	流星
Sidereal Clock	恆星表
,, Day	恆星日
,, Time	恆星時
,, Year	恆星年
Sign of Zodiac	宮
Silicon	[illegible]
Sine	正弦
Sodium	[illegible]
Solar Day	太陽日
,, Time	太陽時
Solstitial Colure	二至經圈
Spectroscope	光圖鏡
Spectrum	光圖
Spider Lines	蠨蛛線
Spirit Level	酒平
Stationary Point of Planet	駐點
Strontium	[illegible]
Sulphur	硫
Summer Solstice	夏至
Sunspot	日斑
Superior Conjunction	上相合

天文揭要　上卷

美國教士赫　士口譯
蓬萊瀛橋周　文源筆述

第一章　論地

第一節

何先論地○欲求經緯星之大小、遠近、軌道、輕重等事、必須先知地之大小、軌道、輕重、如欲測量日之遠近、必須先知地半徑之長短、而以爲底線、方能測定日之遠近也、

第二節

地之形式○吾人所居之地、畧似一大球形、其據有四、一無論自地面何處起程、順大圈往某向直行、必囘至原處、且無論東西南北、任往何向、其所行之里數、亦幾適相等、若地非圓形、必不能囘至原處、若地非畧爲球形、里數亦必有大差矣、

二各物之影、必如各物之式、據月之有蝕、實爲地之影所蔽、而入月面之影、常爲圓形、故知地必爲球形矣、

三凡自平面視遠處之物、理當見其大者、不能見其小者、今自平地或海面、視距地面遠

之小者、尚能見之、而距地面近之大者、反不能見之、何也、以目之視線直行、不能如弧之彎也、如自平地只見遠山之頂、而不見其根、自海岸只遙見船桅、而不見全身、皆可爲證焉、

四　自地面任何高處、看天地平界、恒似爲一大圈、若地非球形、各處之天地平界、何以皆如是也

地之大小○地既爲球形、欲知其大小、必先求其全徑、法有二焉、一　先取某高山、見第一圖　如眞北拉所峯、細測其高矮丙丁、即十一里半、又自海面僅見其巓之處乙、求山巓之遠近乙丙、即五百一十八里、甲乙爲地之半徑、即所求者、既以甲乙爲地之半徑、則依勾股形理、$(甲丁+丁丙)^2$等$甲乙^2+乙丙^2$、故甲乙等一萬一千六百里、即移地而求所得之數、與此數亦無甚差池、此亦地爲球形之一證也、二　每圈既爲三百六十度、若能量定地面大圈一度之里數、即可知地全周之里數矣、如第二圖　試取相近之二星乙戊、其經度若同、此法愈宜、可

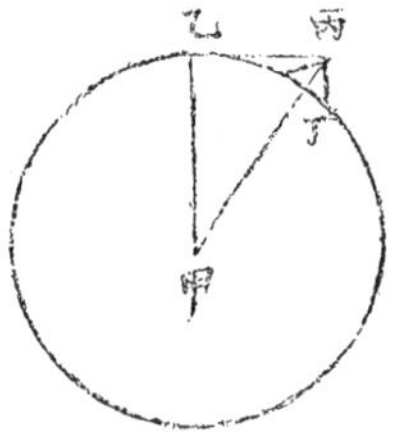

第一圖

於乙星過丁處之天頂、即設戊過丙處之天頂、如是二處之垂線引長、上必過乙戊二星、下必相交於地心甲、夫自丁測二星之距爲乙丁戊角、然星既距地甚遠、則乙丁戊與乙甲戊二角相等、故乙戊丁丙二弧之度亦等、後量丁丙之

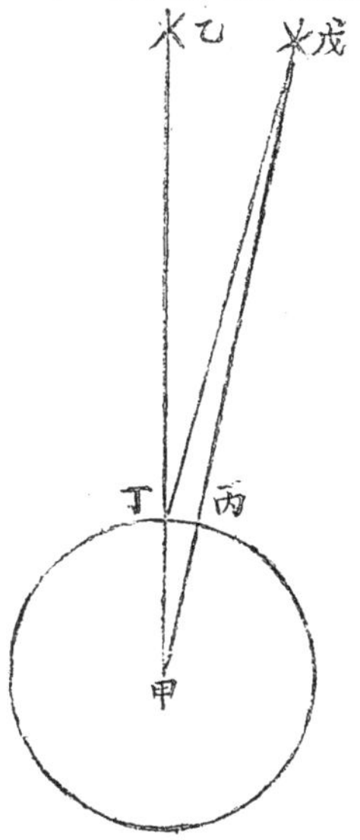

第二圖

里數、以其度數除之、即知地面之一度爲二百里、亦可知地之全徑、畧爲二萬二千九百里也、

談天云　地球全徑既如是之大、可知至高之山至深之海、自遠處視之、無非地球至小之一點也、山之至高者、不過十五里、較地徑約得一千六百分之一、假如有球徑十六寸、其微凸處、不及百分寸之一、則其高畧如一紙厚耳、故諸高山不過如諸細沙、而高原不過如一薄紙、壑之最深者、不過一里半、此如球面針芒之孔、非顯微鏡不能見也、而海之最深者、畧如山之最高、則僅如墨點之著紙耳、若以橘皮凹凸喻地面之高山深谷、猶未確

也。

第四節
地面方向隨處而變○夫地既為球形，吾人所謂之東西南北者，則不可拘為定向，乃隨在而異也。如居美視歐為東向者，而至中則視歐為西向矣。據此書之理，擴而充之，更可知天空之上下，原亦無定向也。

第五節
名目○地既自轉，見下十一節必有其所繞之軸，此軸之兩端，為地之二極，亘古不易，近中國者為北極，遠中國者為南極。

平分地球為南北二半之大圈者，赤道也。而赤道每點，距南北二極各九十度，且其平面正交地軸○赤道南北，各約二十三度二十七分之緯度圈，為南北二溫道圈，至夏至北溫道之諸點，至冬至南溫道之諸點，各見太陽過天頂○距南北二極各約二十三度二十七分之緯度圈，為南北二寒道圈，其緯度，約六十六度三十三分。

將一直線，懸其上端而下垂，俟靜，即為豎線，此線兩端所指之點，上為天頂，下為天底○若平面上下之各線，皆為豎線，此面即為豎面○凡過二極之平面，為子午面，若子午面割某處之地、即爲某處之子午圈○當一千八百八十五年時、泰西諸國、公議以哥爾尼城之觀星台爲原點、各地子午圈、與原點子午圈、交赤道二點之距度、爲各地之經度、即二經圈之交角也、地面上之經度、可自原點向東向西、各以一百八十度計之○正交某處之豎線、並切地面而過之平面、爲某處之視地平、於地心作一平面、與此面平行、即爲眞地平、若將此兩平面展廣至恒星處、各必割天空球而成大圈、因恒星既距地甚遠、則二圈若合爲一大圈、即名爲天地平界、

隨各地之子午線、量其距赤道之度、即各地之緯度、在赤道南、爲南緯、在赤道北、爲北緯、如登郡、爲北緯三十七度五十分是也○緯度圈、皆爲小圈、而與赤道平行、

將地球之諸圈、展廣至天空球、即爲天空球之諸圈、如將地赤道展廣至天空球、即爲天赤道是也○將地南北軸、引長至天空球、即爲天視軸、而其兩端、即天之南北二極也○凡過天頂天底二點、而正交天地平界之大圈、爲豎圈、

將地各子午圈、展廣至天空球、即爲天子午圈、乃過天球二極、且正交天赤道之諸大圈

也、

過天球兩極、且正交天地平界於南北二點之豎圈、爲本處之子午圈〇正交本處子午圈之豎圈、其與天地平界相交處、且在正東正西二點、爲卯酉圈〇本處子午圈、與過某曜之豎圈、在天頂所交之角、爲此曜之地平經度、皆自正南或正北二點、向東向西計之、例不過九十度、如時當夏至、日初出時之地平經度、爲東北若

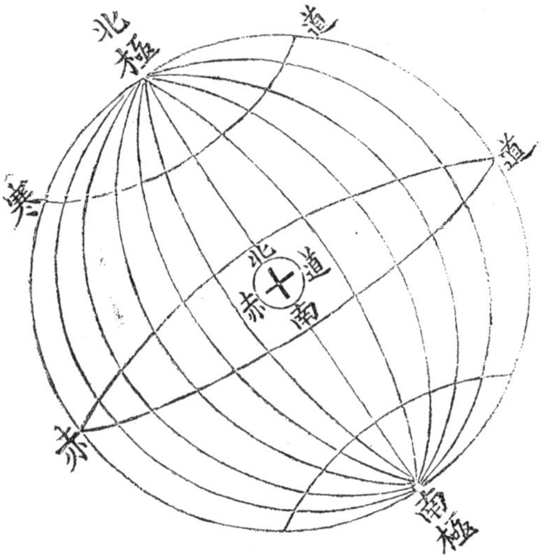

第三圖

干、至十一點鐘時、爲東南若干、至一點鐘時、爲西南若干、將入時、爲西北若干、然總不過九十度、

諸曜在天地平界上之度、爲其高度、高度之餘度、即爲距天頂度、知某曜之高度、及地平經度、即知其所居爲何點矣、

凡曜距天赤道之度，名赤緯度，以北爲正，南爲負〇凡曜距北極之度，名距極度，如是凡居北緯之諸曜，其距極度卽其餘緯度，而居南緯之諸曜，其距極度，卽九十度加其緯度是也，

凡過南北二極之大圈，皆名赤經圈，亦名時圈，某曜與本處二經圈之較度，爲某曜之時度，恒自午點向西度之，若自午點向東度之，爲餘時度，如日於午後四點鐘時，其時角爲六十度，則其餘時角爲三百度，於午前十點鐘時，其時角爲三百三十度，其餘時角爲三十度矣，

過地日二心，而於赤道交二十三度二十七分角之平面，爲黃道平面，此平面，割天球所作之大圈，爲黃道，乃日之視道也〇黃道交赤道之二角，名黃赤角，其二交點，名春秋二分點，

過春分點，且過某曜二經圈之交角，爲某曜之赤經度，恒自春分點向東，以時分秒計之，自〇點至二十四點鐘，或以度分秒計之，自〇度至三百六十度，

第十八節

凡曜距黄道之度名黄緯度○凡過黄道南北二極之大圈爲黄經圈過春分點與某曜二黄經圈所交之角爲某曜之黄經度亦恒自春分點向東推以度分秒計之後凡言經緯度處皆指赤經緯言也若黄經緯度必明言之

地面各處緯度○地面各處之緯度恒等近極之高度如第四圖子丑寅卯爲地球甲乙丙丁爲天空球辰爲某處而乙戊爲近極之高度夫子辰與甲庚二弧皆爲一角所同乘故度數同而甲庚亦與乙戊等如是可見某處之緯度與近極之高度適等○若正當天球之北極點有星此星之高度即北半地球某處之緯度然人所謂之北極星非居北極眞所乃距極一度十七分之一星也北極星繞極轉一周必上過午線下過子線將其二次過子午圈之高度相加折半即得北極之高度亦即某處之緯度也

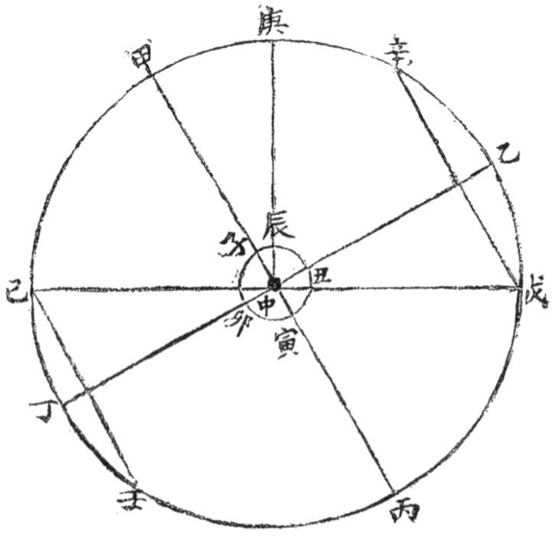

第四圖

第七節

天球視形○天球之視形、必隨各地之緯度而變、如於赤道觀天、天球之南北二極、正在天地平界、與本處之南北二點相合、天之赤道、與卯酉圈亦相合、而正交天地平界、如此、各緯度圈、亦必與卯酉圈平行、故天空之諸曜皆能見、而隱現之時亦相等、於北極觀天、天北極與天頂點相合、而赤道與天地平界成一大圈、故凡能見之諸恒星、其視行之道、與天地平界平行、則北半球之星永不入、而南半球之星永不出、若於南極觀天、可反觀而類推之、

除此三處之外、各地觀天、天赤道所交卯酉之角、俱爲斜角、其度數等於近極之高度、如是、與赤道平行諸緯度圈、亦斜交天地平界、而被分之弧則不等、夫近極之高度既等本處之緯度、則凡距近極度、小於本處緯度之諸曜、必常現而不隱、如上圖辛戌緯度圈內之諸曜是也、至辰處所以不見者、以遠極所降於天地平界下之度、亦等於本處之緯度也、其餘諸曜、隱現時之長短、各隨其距近極度之大小而異、總之天赤道與天地平界、既皆爲大圈、則赤道無論正交斜交天地平界、總必平分、而其各點、既距兩極各九十度、則

第八節

居赤道之諸曜、必出卯入酉、而隱現之時相等焉、

問　一日之內、在登郡所不能見者、係天球之何分、

答千分之一百零五、畧爲十分之一、

測地面每度之里數○既宜深知地球之大小與形式、必取各緯度子午圈之一弧、而細測其里數、其法如下第五圖先擇一平原、量準乙丙爲底線、此線至短十五里、再擇甲處、令與乙丙畧爲平邊三角形、用至精地平尺、測定其角、可算其餘兩邊、如此依近一子午線乙癸、遞算各三角形之餘兩邊、復以地平尺於乙處測定丙點之地平經度、即知丙乙底線、與子午線乙癸所作之丙乙壬角、並能算乙壬邊、即乙點在丙點之北若干里、如此遞算、乙點在甲戊庚辛諸點之北、各若干里、又按前六節、可算乙辛二處緯度之較、既知自乙至癸爲

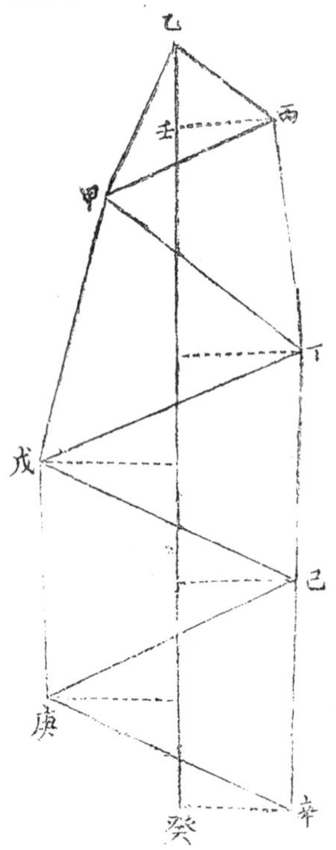

第五圖

若干里、即可知子午圈之弧、每度爲若干里矣、

如恐所算者有差、可量癸辛底線、視所得與所算者同否、昔美國、有測境者、自紐約城、測至美印省東界、後復量定底線、便知離原點雖千有餘里、而其所量與所測者、多差不過六寸、少差不過三寸、可見此法甚爲精細矣、故侯失勒曰、據此法測算地之全徑、雖或有差、亦不過二里也、

按以上之法、歐洲各國、幾皆有所已測子午線之弧、若將此諸弧相接、即自北緯七十度四十分、南至北緯三十八度四十分、成一連三角形、在印度所已測者、即自北緯二十九度二十六分、至北緯八度五分、於南亞美利加自赤道至南緯三度、亦有所測之弧、又於亞非利加南境、亦測有四度之弧、自所測之諸弧、可由赤道至北極、計算緯度每度之里數、如在

赤道　一度等一百九十八里零千分里之六百五十八

四十五緯度處　一度等一百九十九里零千分里之六百五十九

第九節

一度等二百里零千分里之六百六十五

北極

如是、北極之一度、較赤道之一度、長二里零千分里之七、地非正球○一度之長短、既有如此之差、可知地非爲正球、乃係撱圜之形、且赤道凸於二極○地面各處之緯度、既正等於自各處視近極之高度、且在赤道之一度、等於一百九十八里、如是、自赤道北行、每一百九十八里、北極星當上升一度、地若爲正球、則向前之里數同、北極星上升之度數亦宜同、然每北行一百九十八里、而北極星上升、漸不足一度、是每次所行之里數同、而北極星上升之度數不同矣、故知地球之子午圈、其赤道凸於二極、則地非正球、乃扁撱球也明矣、

若取地球各處測量子午圈之中數、可知子午圈皆係撱圜、其短徑、即地球之南北軸、長爲二萬二千八百四十三里、其長徑、即赤道之徑、長爲二萬二千九百二十一里、故二徑相差七十八里、即長徑較短徑多二百九十四分之一、此率名地球之撱率、每子午圈之一周、係七萬一千八百七十八里、天文家已測算正交子午圈之諸圈、即赤道與各緯圈、

幾爲正圜、總或不然、差亦甚小、故地球之形式、實爲扁球、乃半攡圜繞其短軸一周所成之式也、

第十節

論地球自轉○嘎利利漚生於耶穌後一千五百六十四年以前之歷家、皆以地球爲天球之中心、而天球左旋、非視行、乃眞行也、但今之歷家、皆以天球之左旋、非其眞行、乃因地球右轉而致也、

第十一節

天球視爲左旋、乃顯然易見者、設有人居赤道北、取一常現不隱之星、徹夜視之、便知此星所行之道、約爲半圜、若以最精遠鏡、雖當日出、可窺其星、直至日沒、仍必見其歸至原處、其餘諸星、雖不能常見、然於能見之時、各見其行一大弧、且晨出自東者、必暮沒於西、以是知天空之各曜、視之似有左旋、

天球左旋一周所歷之時○欲知天球左旋一周所歷之時、可取一星、無論轉圜之大小、用至精地平尺、令其諸線之交點、正遮此星、即定地平尺之橫豎二圈、至此星被交點復遮之時、視其中歷點鐘若干、即知天球左旋一周所歷之時、爲二十三點鐘五十六分四

秒也、

第十二節

天球左旋、乃因地球右轉而致〇天球有此左旋、不必爲眞、乃地球若右轉所可致者、蓋地球右轉、而吾人不覺、則必視天球後退而左旋、如乘船者、不覺船前行、反見岸之樹木房宅等物後退是也、

第十三節

地球右旋第一據〇天球左旋、不特爲地球右轉所能致、且實爲地球右轉所致、蓋天空之諸曜、如不論其大小遠近、與所行圈之大小、而謂皆以相等之角率繞地球而轉、實與理不合也、

第十四節

第二據〇地球赤道之徑、旣較二極之徑長七十八里、則赤道宜爲地面之高處、而二極爲地面之矮處、水旣從上而下流、赤道宜成爲陸地、而二極皆爲海、但今之赤道多爲水、蓋因地球自轉之摔力、以致如是、倘地球不自轉、反不可解矣、

第十五節

第三據地球之吸力隨地而變〇據牛頓之題、若一球之擠率爲二百九十四分之一、而其內層之微點、較外層者密一倍、則此球赤道之吸力、較二極之吸力、必少五百九十分

之一、然以鐘擺試之、赤道與二極之吸力、則差一百九十四分之一、二者之差爲二百八十九分之一、無非地球自轉而生也、證詳下節、

第十六節　離心力之大旨○設以與地球等大之球、令其二十三點鐘五十六分四秒時轉一周、則其赤道之離心力、較二極卽多二百八十九分之一、而赤道每點所受之吸力、較二極每點所受者、卽少二百八十九分之一、如第六圖令北赤南道爲此球、北南爲此球所繞之軸、則除二極之外、其各處如丁、必生離心力、而此離心力之方向丁甲、與地之南北軸正交、地吸丁點之力、可設丁申代之、而丁甲可分爲二力、一爲丁戊、與吸力相逆、故必使丁點各物較輕、二爲丁乙、乃使凡能離本處之物向赤道而行、視圖、可知離心力之大小、隨緯度圈之半徑而變、故赤道之離心力則大、而二極之離心力則亡、且離心力所分之二力、愈近赤道、其逆乎吸力者愈大也、

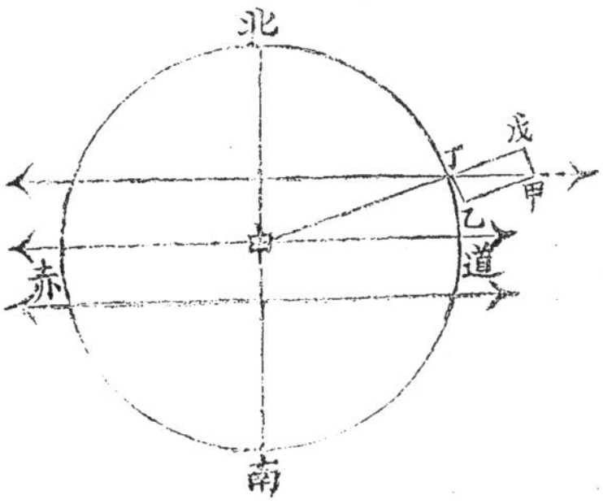

第六圖

第十七節　赤道離心力爲吸力之何分○欲推地球離心力之大小、如第七圖可

以甲為恒點、戊乙已為小球戊繞甲所轉之道、戊乙、為其一秒中所行之弧、小球轉至戊點、其離心力即有戊丁向、但球在戊點、亦受甲點之吸力、如是、必隨二力之合力、即其對角線戊乙而轉也、戊乙、既為球一秒中所行之弧、戊丁、即為其一秒中若專受離心力所外行之道、戊丙、為其一秒中、若不受離心力、向中心所行之道、夫此球循戊乙弧而不外行者、乃因受中心之吸力、即戊丙也、若戊丙不足抵其離心力、則球必離中心而外行、且其所行之圈必大、若戊丙、大於其離心力、則球必向中心、而所行之圈自小、如是凡球繞中心轉、而不易道者、必因其所受之吸力、與所生之離心力適等、故可以其所受之吸力代其離心力、據形學理、 戊丙：戊乙::戊乙：戊己、 即 $戊丙=\frac{戊乙^2}{2甲戊}$、 設庚為球一秒中所行之尺數、即其速率、未為半徑之尺數、則球一秒中、若不受離心力、所向中心之尺數等於 $\frac{庚^2}{2未}$、 此數既與球隨離心力而外行者等、即可代於下式、而求離心力與輕重之比、設 壬為球之輕重、 丁為其所

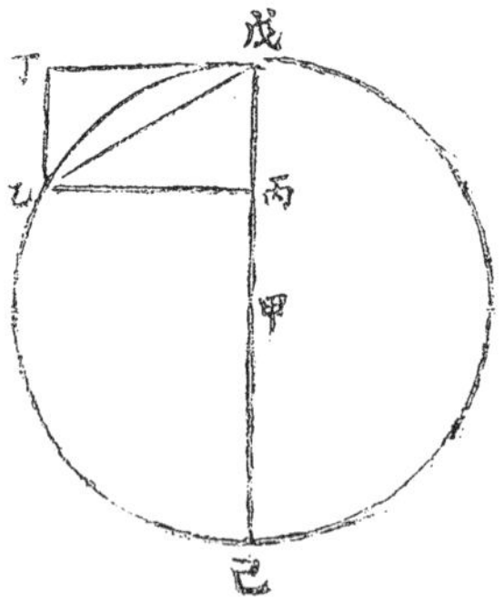

第七圖

生之離心力、乙爲其第一秒下墜之尺數、即16.07838英尺也、如是、壬∶丁∷乙∶$\frac{庚^2}{2未}$、即丁＝$\frac{壬庚^2}{2未乙}$○求庚之同數、可以球一秒中所轉之次數推之、設丙等次數、則一秒中所行者、即(2冂未)丙、代上方程內、即得丁＝$\frac{壬(2冂未丙)^2}{2未乙}$＝$\frac{2冂^2}{乙}$(未丙²壬)＝1.22775×未丙²壬、欲知離心力在赤道爲輕重之何分、可以丙與未之同數代之、即 地半徑、等於20923600英尺、地自轉一周所歷之秒數、即86164秒、故 丙等於一日之$\frac{1}{86164}$、如是、丁＝1.22775×20923600×$(\frac{1}{86146})^2$×壬＝$\frac{壬}{289}$、按前說、每點於赤道、較每點於二極輕$\frac{1}{194}$、而據牛頓之題、祇宜差$\frac{1}{590}$、此二數相差、適如地球自轉所應有之差、如謂地非自轉、此差終無以解也、

既知赤道之離心力爲$\frac{壬}{289}$、即可求他緯度之離心力、設 子爲赤道之離心力、丑爲某緯度、而寅爲其總離心力、則子∶寅∷地半徑∶餘弦丑、故寅＝$\frac{壬}{289}$×餘弦丑、又寅∶正逆吸力之離心力∷未∶餘弦丑、則正逆吸力之離心力＝$\frac{壬}{289}$×(餘弦

丑^{2}故各處之物、因受離心力、必減其輕重之$\frac{1}{289}\times$緯度餘弦^{2}也、

問　○今有人、於登郡稱重一百四十斤、若地非自轉、宜稱若干斤、

答一百四十斤零十分斤之三

問　○地球繞本軸而轉、須速幾倍、使赤道之物始失其重、

答十七倍

前言地球之離心力、猶有丁乙一段、爲向赤道之力、觀於此力之所能成、即令地成爲扁撱形、然非謂地球所以爲扁撱、皆因此力、乃謂既有此力、即可成此形耳、

第十八節

第四據○地球自轉、亦可以下墜之物偏東證之、（如第八圖）若地不自轉、重物自高處丁下墜、必依丁乙豎線而落、然地若自轉則不然、設丁丁′爲丁點於物落時所向東行者、物下落既有丁點向東之速率、則扯東甲乙之尺數、畧等於丁丁′之尺數、但乙點一日所轉之圈、

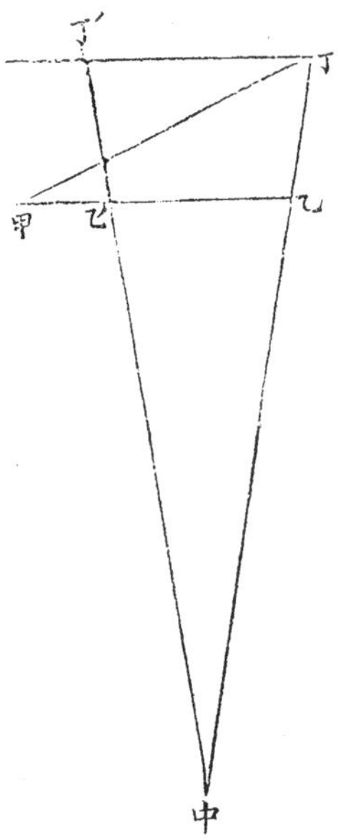

第八圖

小於丁點一日所轉之圜，則物稍偏東而落地於甲點，其偏東之小弧甲乙，略等於丁丁乙乙二弧之較也。當一千八百零二年時，於德之汗布革城，自二百四十六尺高之塔試之，見小球著地偏東之數，較所算當偏東之數，差有千分寸之八。一千八百零四年時，於突斯勒弗城外，二百七十五尺深之礦坑試之，見所偏東之數，較所算者差有千分寸之三十二。一千八百三十二年時，於撒可森國五百一十二尺深之礦坑，又詳細試之，折取百零六次之均數，見所偏東之數，爲千分寸之八百九十六，較所算者，差有千分寸之三十二，並驗其中有偏南之勢，爲千分寸之一百三十六。其所以偏南之故，諸格物家尚難解其理。然此諸證中，雖不必毫無所差，亦足徵地球自轉之據。不然，諸小球何以皆向東哉。

第十九節

第五據○凡懸一物，使之隨一平面擺動，若無他力牽制，其往來之道，必與原平面平行。近有富告得者，據此理創造一器，以證地球之自轉，其式（如第九圖），以長細鐵絲下繫重鉛球，上懸於梁，球之下置一木板，如甲。木板之上，備圓凹槽，爲鉛球擺動之道，如乙。槽周分列度數、於球邊著一棉線、曳至凹槽之子點繫定、復以火燭斷棉線、則球初擺動、必正合子午、歷數分時、視其所行之道、則不正合子午、若試於北半球、其北端漸偏東、南端漸偏西、

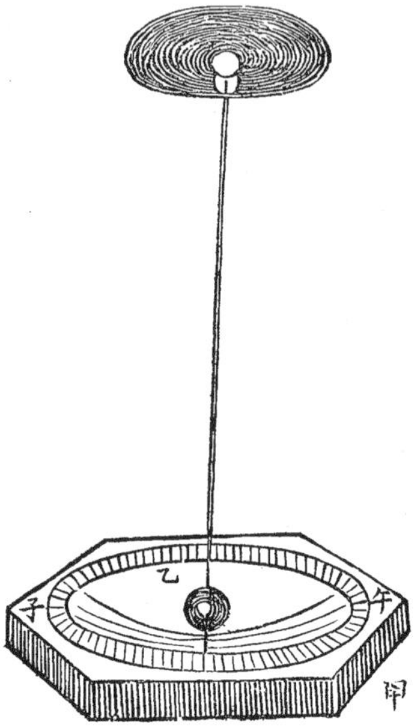

第九圖

若在南半球則反是、此事若謂地球不自轉、即不可解、若地球自轉則確有可解、而理亦極合、蓋地球向東自轉、球下木板之諸點、亦隨向東、而非平行、因南端午、每日所轉之圈、大於北端子、每日所轉之圈、故子午兩端、所歷之時雖同、而南端向東之尺數、必多於北端、是以子午線之平面、必離此球擺動之道、而相與作角也、球擺動之諸線、所以全交凹槽之中者、乃因此中點、與球靜時距北極同遠故也、故一日所轉之圜亦同、而東行之速率相等、人所見者乃球擺動之道、離原子午線之平面、與上說相反、因地球自轉、而吾人不覺也、

如將此器移於北極、則此法更爲顯明、因地球每點鐘、既向東自轉十五度、而人不之覺、

反見擺道之平面每點鐘向西十五度矣而於赤道試之則不足爲據蓋地球雖向東自轉而擺線所過之豎面其兩端向東之速率同而恒與子午線合一若於他處試之則其南端偏西之速率與緯度之正弦有正比例（如第十圖）甲乙丙丁爲地之子午圈戊乙爲此圈乙點之切線丙甲爲地軸將戊乙與丙甲二線引長必相遇於戊假如乙點有擺球依子午圈之豎面而動則乙轉至乙時球所依之豎面仍與乙戊己豎面平行但乙點子午圈

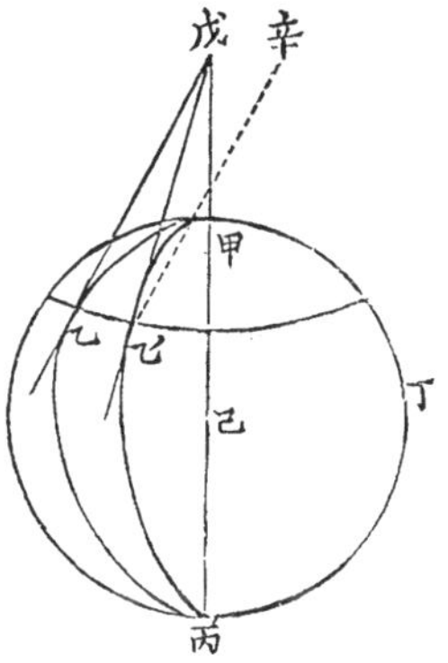

第十圖

之豎面乃乙戊己故擺球所依之豎面與乙點之子午面必作戊乙辛角即等於乙戊乙角也若此角最小則乙戊乙可作爲一平面三角形而乙戊乙角之正弦＝乙乙/戊乙乙乙弧乃隨乙點緯度之餘弦而變而戊乙即乙處緯度餘切故乙戊乙角＝緯度餘弦/緯度餘切＝緯度之正弦如於北京試之其南端之速率等於十五度乘四十度之正弦即每點鐘偏西十度也

天文揭要

第二十節

第六據〇據上公理、不獨能以擺動之球、證地自轉、並能用旋轉之環、證其自轉、法用一中薄外厚之鐵環、（所以用外厚者、取其搾力大也、）令其繞軸速轉、旁無牽制移動之力、則必在原方位循環不移、環之安法不一、而皆以免其阻力爲重、當旋轉時、使其平面指定某恒星、及歷多時、雖星巳西行、而環之平面仍指此星、然如使指地上南方之某物、歷數分時所指之物巳東去矣、夫恒星雖視之西行、而恒不離環行之平面、若地面之物、雖視之不動、實恒離環行之平面而東行、則知非恒星西行、乃地球向東自轉也、（此俱照北半球而言、若南半球則反是、）

第二十一節

求地球密率之公理〇地球之密率、亦以水之密率爲準、如欲求之、可設甲代某物、而考其體積密率及吸力各若干、由此可算甲物、若與地球同體、宜有吸力若干、夫地球之吸力、悉顯於各物之輕重、如此、若甲物與地球同體、而其吸力不等、必其密率不等也、故以與地球同體甲物之吸力、除地球之吸力、即知地球之吸力爲甲物吸力之幾倍、亦即地球之密率、大於甲物之密率幾倍也、

第二十二節

求密率之法〇前之天文士、以大山吸垂線之力爲準、即按公理求地之密率若干、而今

之法較妙、一如第十一圖即以厚板如甲、釘於圓木柱如乙、柱外有鐵環如丙、僅容木柱旋轉、板

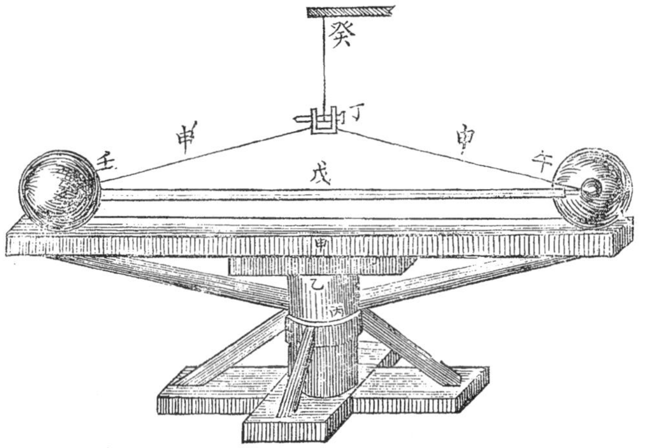

第十一圖

可隨之左右、而其兩端各置等大之鉛球如午如壬、其密率與體積爲已知、又用輕木作橫杆如戊、以二細絲如申與申、擇其力足勝任者、於公重心之上丁處、分而繫之、下繫杆之兩端、兩端各著輕重已知之小鉛球、復將一長絲下端繫於丁、上端懸於癸、製器之法如此、如用之、可轉木板甲、至二大球各離二小球九十度、則各小球受二大球之吸力正相等、而實相反、故如無受然、遂用遠鏡測定木板之方位、此方位即顯於遠鏡之地平環、後又轉木板甲、至大球午、距一小球不過幾分許、則

大球壬所距彼小球之分數必相等、而方向相反、如是二小球爲大者所吸、因而木杆右

第二十三節

轉、俟其靜時、復以遠鏡測定其方位、依此反覆測定每次改向之秒數、後將所得者取其均數而折半之、即一大球吸一小球之力也、然地球吸小球之力、即小球之輕重、而大球之密率與體積皆為已知、如是按公理、求地之密率無難矣、

首用此法者佉分第也、故格物家名為佉分第法、已用之而得地之密率為五零百分之四十五、後有德之來喜亦以此法試之、而所得之數為五零百分之四十八、前四十餘年有公爵名貝利者、取橫杆變其位二千次之平數為準、所得之數為五零百分之六十六、一千八百七十二年、有郭農者、用此法得數為五零百分之五十六、而云貝利所得之數、若棄其微差、非為五零百分之六十六、乃為五零百分之五十五、一千八百八十八年有布之魏禮生者、復細測之、得均數為五零百分之五十九、上三數之均數為五零十分之六、此數或有微差、亦甚小矣、

第二章　論天文家所需之要器

第一節　天文要器○天文家所需之要器、即恆星表、子午儀、子午環、赤道儀也、外則有地平經儀、與紀限儀焉、

第二節　午線之便有三○此諸器之大用、非特爲觀諸曜之形勢大小等事、乃亦爲測諸曜之各度也、然必俟合宜之時、即某曜過午線之時也、一　蓋子午圜、即豎圜、而豎圜與天地平界作直角、二　天文家論諸曜之所在、皆言其經緯度若干、然經度皆自午線而計、此句與下節對參緯度亦皆在午線而量也、三　各曜於午線時所受之視差、與蒙氣差較少、且所受之二差、祇能變其緯度、與經度無干、而於他處則不然、

第三節　恆星表○凡觀星台之諸器、恆星表、乃其中之一要者、而與他表有別、蓋他表皆以日過午線時爲準、而恆星表、乃以春分點過午線時爲準也、春分點過午線時、恆星表之兩針、宜指0點鐘0分0秒、自春分點過午線、至其再過時爲恆星日、恆星日與恆星表、皆分二十四點鐘、而各曜之恆星時與經度、即其過午線較春分點過午線所遲之時也、若製

造鐘表者、能造無差之恒星表、則自某曜過午線、至其再過時、其擺應動八萬六千四百次、但此等無差之表、非人手所能造、故表雖至精、亦必時常對準、如此必知其日差與總差各若干、日差者、即表每日遲速之分秒也、總差者、即表數日共差之分秒也、譬如織女星之經度、爲十八點鐘三十三分、則其過午線時、恒星表之針、即應適指此時、但織女星若於第一日過午時、表遲三十零百分秒之八十四、且第二日、表遲三十一零百分秒之六十六、可知此表之日差、爲負百分秒之八十二、其第二日之總差、爲負三十一零百分秒之六十六也、恒星表雖不能無差、然差必甚小、因日差若有大於一秒者、製造者即置而不用矣、

子午儀○欲詳測諸曜之經度、必於其過午線時測之、故歷家有子午儀、職此故也、如十二圖之辛辛爲横軸、正交横軸之甲甲爲遠鏡、此遠鏡切勿令自動、只隨横軸而轉、而横軸必與地面平行、其兩端亦須有東西之正向、如是則遠鏡必指正南北、令轉一周、其視軸所指而過之諸點、皆居本處之子午面矣、凡置是器之處、必基址穩固、否則因寒暑之

漲縮、必致有微差、不能歷久而不變也、基址既固、東西立石柱二、如戊戊、二柱之上、各有丫形之銅柱、如丙丙、爲函橫軸兩端之依槽、橫軸左端、有螺絲一、能令左邊依槽可上可下、使橫軸得其平、橫軸右端、亦有螺絲一、能令此端可南可北、使遠鏡得正南北、若此器

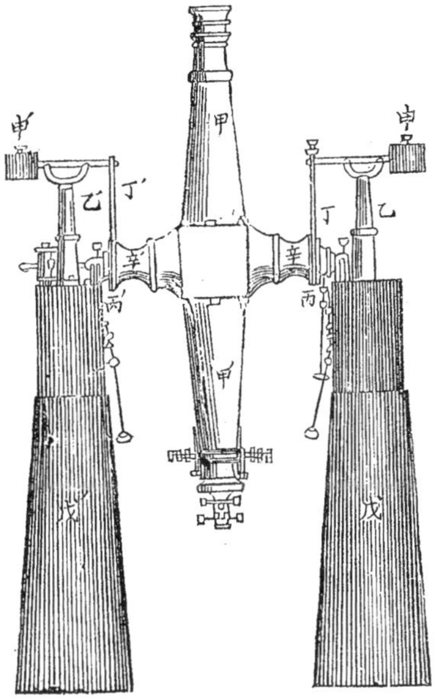

第十二圖

之大者、雖其初對整無差、而只壓橫軸兩端之依槽、歷久亦難不爽、故於二依槽外、又有乙與乙二銅柱、柱上各有橫槓、橫槓之內端各繫一鈎、下垂而鈎定橫軸、如丁丁、橫槓之外端、有原力申與申、可隨意內外移動、使遠鏡少壓二依槽、似此對整無差、則橫軸必平、且有東西正向、然橫軸之平否、全憑一酒平而定、法將酒平著於橫軸之上、視氣泡正中否、如不正中、則轉左邊依槽之螺絲、令氣泡止於正中、再將酒平顛倒移視、設氣泡離其正中、可再用螺絲對整、令復止於正中、似此反復對整、直至氣泡常不離正中而止、

測星過午線法〇過子午儀目件之光心而正交其視軸、作一直線、與地平行、如圖、又作相距等遠數線、或五條、或七條、皆與所作之平線正交、假如是儀已對整極準、則甲乙豎

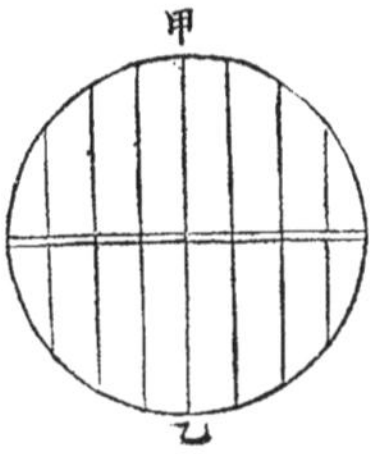

第十三圖

線、必與子午豎面相合、而某星過甲乙線時、即其過午線時也、於星將入目件視界、測者可記爲何時、遂即傾聽鐘之擺數、則視星過第一條線、即知其時若干、星過每線、依次記之、視畢、以線之條數除諸時之總數、即得星過甲乙線之時、亦即其過午線之時也、然此法不無微差、一或因所記之時、或因所聽之秒、難免有差、二星過某線、若非整秒、測者祇可約計爲一秒之何分、有此二故則差易生矣、今又創一法、如第十四圖、擺下置一銅杯、內貯水銀、令擺尖每動一次、必過水銀、旁置電池一具、一極連於

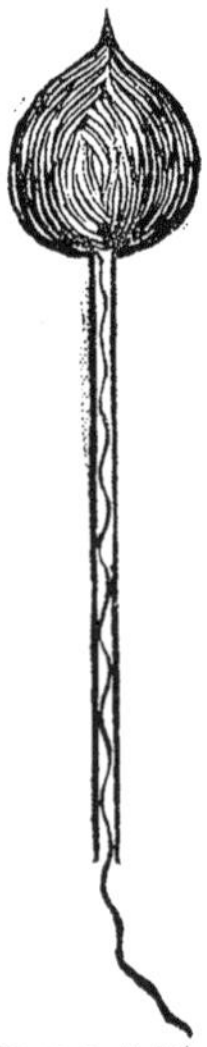
第十四圖

水銀杯內、一極連於擺之繫處、由是擺入杯則電路通、出杯則電路斷、電池之外、又連一馬斯之機、電路通機即畫等長之直畫如|者、不通直畫中

界以相等之小空、此外又連一隔電機、可隨意使電路隔斷、於星過每線時、可斷其路、則所書之直畫內、必有小空、（如第十五圖之甲乙二點）視此小空之所在、則星過某線之時、可詳而知矣○欲測日與凡有視徑之諸曜、過午線時必以其中心爲準、法乃測某曜極西邊至每豎線、及其極東邊離每豎線之時、取其均數、即某曜中心過午線之時也、（若所測之星、不甚顯明、則諸線由目件不易見、故儀旁必特設燈照之、方可見矣、）

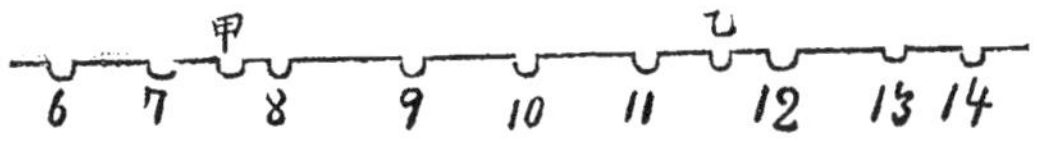

第十五圖

第六節

子午環○子午儀之用、乃對表與求諸曜之經度而已、然橫軸上若置豎分環、則亦可用求曜之緯度、法備以徑約三尺之環、分三百六十度、每度又分至五分或二分之小截、每截可借副儀或顯微鏡再分至秒、後將備環使儀之橫軸過其中心、則環面與本處子午面相合、環須不自動、惟隨遠鏡而轉、環外有顯微鏡數枚、定而不動、以便測環面之度分秒、

第七節

顯微鏡○上節所言之小顯微鏡、（如第十六圖）其筒內有三鏡、一在丁爲物鏡、其餘二鏡在甲

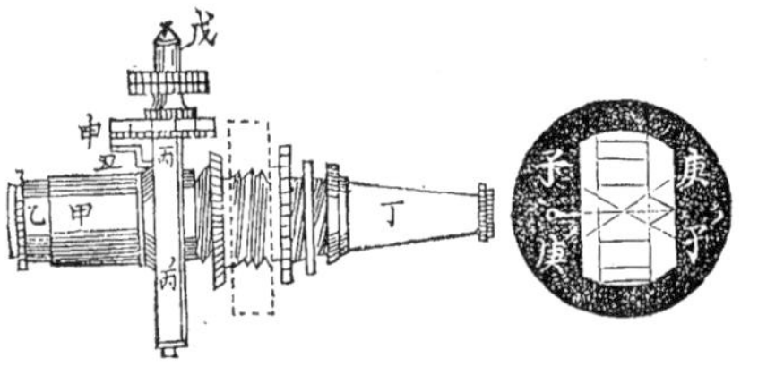

第十六圖

與乙共成一正目件、於物鏡與目件之公光心、有蛛絲分微尺、此尺乃一長方小匣如丙、丙其一端有螺絲如戊、可令其匣裏外移動、匣之中有細線二、如庚庚與子子、斜交於中、鏡如對準、可於二線下見豎環平分之小截、每小截約長五分、將戊螺絲轉五周、蛛線之交點即過一截、於是每轉一周、蛛絲交點即過豎環之一分、於戊螺絲上定一銅環申、須勿令自動、其旁平分六十截、切其外旁有曲針丑、可指所轉一周之何分、假如轉戊螺絲一周六十分之一、則蛛絲交點於豎環上即行一秒矣、顯微鏡如此切豎環之邊共設六枚、其相距之遠近均同、

第八節

定豎環之赤道點○緯度既皆自赤道向南北度之、則豎環之要點、即赤道點也、求此點法令遠鏡豎起、物鏡下置一汞杯、則鏡內交線之像由汞面返回、若遠鏡正上下、則像與物相合而不見、此時須將某顯微鏡下之中點記之、為環之天底點、距一百八十度之點

爲其天頂點距九十度之點、即地平點、旣有此二點、則按第五章九節其赤道點易求也、

第九節

赤道儀○赤道儀之遠鏡與他遠鏡無異、惟安置則不同耳、其式雖繁、而理則一、（見第十七圖）甲鐵架上置可轉之鐵軸乙、而此軸與地之南北軸平行、故其所套之分環丙、與赤道平行、因而有東西之正向、是謂經環、鐵軸（此鐵軸俗名爲極軸）之一端有鐵筒丁、內套可轉之橫軸戊、戊之一端有遠鏡己、近彼端有分環庚、其面與乙平行、因而有南北之正向、是謂緯環、其儀之下、則有機關、使極軸西轉之速率、與地東轉之速率相等、遠鏡亦可隨之、如是鏡指某星、歷時雖久、而仍指之、故以測天空之諸曜、此一便也、遠鏡旣隨經緯二環而轉、即人不能見之星、其經緯若已知、則按二環之度數、可使遠鏡指天空同經同緯之點、而星即可見、此二便也、故今之大遠鏡、其安置皆循此法、

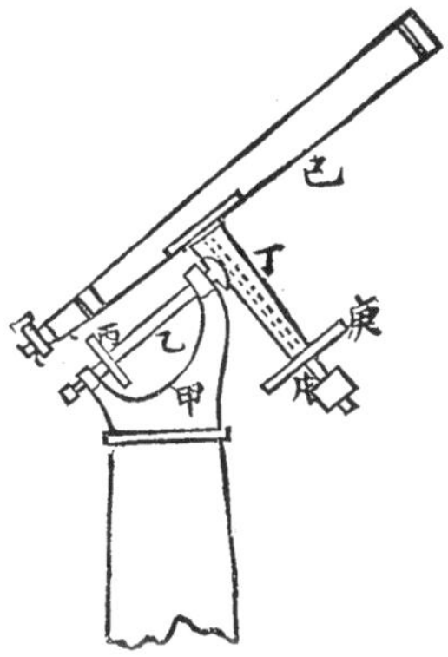

第十七圖

第十節

地平經儀○此即常用之經緯儀也、不過較大耳、此器除測定蒙氣差外、於天文學無甚

大用、如用覿星則甚不便、因其所轉之圈、與地面平行、而星所行之道、與地面斜交、故欲令星常不離目件之視界、則無法轉繞焉、

紀限儀○此器與時辰表、爲航海者所必需、即以測二曜之距度、或一曜之高度也、其造法、乃憑牛頓所悟光學之一題、即一光線若返照二次、其首末二向之交角、必倍二回光面之交角、如十八圖丁乙爲一光線之原向、甲乙爲二回光鏡、甲申爲甲鏡所返照之回光線、將丁乙引長至申、又令甲乙二鏡之平面、相遇於己、如是丁申甲角、即倍於乙己甲角矣、詳見章末小解夫戊丙弧之每度、既倍於二物相距之度、則此弧雖爲一圈之六分之一、然可分爲一百二十度、每度又均分六小截、於○度之右、須多分數截爲餘弧、其人人爲二恒輻、天爲一木柄、壬爲活輻、可隨意轉動、於活輻之一端、有回光鏡乙、名指鏡、此鏡須在戊丙弧之中心、且正交活輻之平

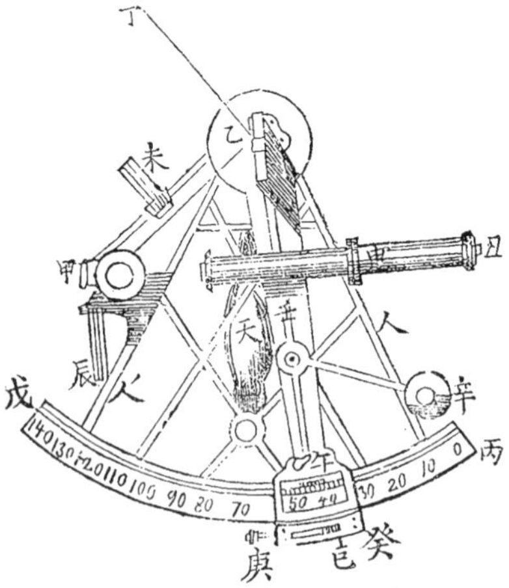

第十八圖

第十二節

面、活輻之下半、有顯微鏡辛、可轉至指針午之尖、指針之下有副儀、每小截、可分至十秒、活輻之下端、有切螺絲庚、可微移指針、使所測二物之小像、在鏡內相切、欲移幾度、須先開大螺絲癸、甲處又設一鏡、上半爲透光鏡、下半爲回光鏡、可返照乙鏡所射之光、此鏡亦必正交弧之平面、若將指針定於〇度、則甲乙二鏡之面必平行、於人恒輻上有銅環、內函遠鏡丑、其物鏡之光心、有平行線二、各距視軸等遠、於辰未有黑色鏡數枚、值視日時、可隨便轉至光道、而少減其光、使不耀目也、

海面測日高度〇於海面測日之高度、可以右手持儀柄、令遠鏡直指天地平界、左手移活輻、令日下半截所作之小像、略與天地平界相切、即定螺絲癸、復轉切螺絲庚、至二像恰相切、遂視指針所指之度若干、後則減蒙氣差與地平降度、復加日之視半徑、所得之數、若無儀差、即日中心之高度也、若於陸地測之、可用水銀一杯、糖漿亦可爲借地平、令遠鏡視日在水銀內之小像、後按上法、令日與借地平二小像相切、視指針爲何度數、折半而減蒙氣差、即日下半截之高度也、

第十三節

測二曜之距度○假如欲測日月二曜相距之度、其法如下、可以左手持儀、令弧之平面過二曜、復令遠鏡正指月、而右手移活輻、至日照於指鏡、由指鏡返照於甲鏡、則日之小像、必入遠鏡之視界、後按前法、令日月之小像相切、則指針所指之度、即二曜相距之度也、

第十四節

地平降度○凡在海面測星之高度、必令天地平界、與某星二小像相切、然地既圓形、則人於船上所見之天地平界線、非視地平與眞地平合一之大圈、乃切地面而入人目之線轉一周而成之圈也、如是則有地平降度、如十九圖丙甲爲地半徑、丁丙爲人在海面上之尺數、戊丁乙爲過人目之平面、子爲天與海視相遇之一點、則乙丁子爲地平降度、卽等於丙甲子也、故依勾股形、$\overline{丁子}^2 = \overline{丁甲}^2 - \overline{甲子}^2 = (甲丙+丁丙)^2 - \overline{甲丙}^2$、自此可知丁子爲若干里、既知丁子、可開比例、丁甲：未::丁子：正弦子甲丁、卽正弦乙丁子、乃某處之地平降度也、然此數內、尚有蒙氣差、而蒙氣差常變、故此數亦常變、今之航海者、每以所得數之十分之一、至八分之一、爲減蒙氣差之大率也、

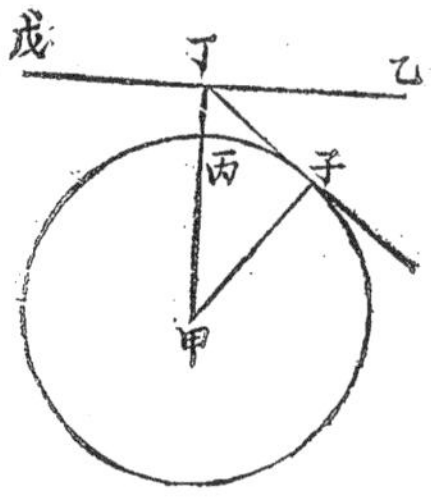

第十九圖

第十五節

目高英尺數	降度
1	0′ 59″
2	1 23
3	1 42
4	1 58
5	2 11
6	2 24
7	2 36
8	2 46
9	2 56
10	3 06
11	3 15
12	3 24
13	3 32
14	3 40
15	3 48
16	3 55
17	4 02
18	4 09
19	4 16
20	4 23
21	4 29
22	4 36
23	4 42
24	4 48
25	4 54
26	5 00
27	5 06
28	5 11
29	5 17
30	5 22
35	5 48
40	6 12
45	6 36
50	6 56
55	7 16
60	7 35
65	7 54
70	8 12
75	8 29
80	8 46
85	9 02
90	9 18
95	9 33
100	9 48

地平降度表

量日鏡○初用此鏡、不過測日之視徑、故命曰量日鏡、而今之用廣矣、其鏡作法、即將物鏡平分爲二半、遠鏡筒外加螺絲、使測者可隨意轉之、令二半鏡或合爲一鏡、或錯三四寸而爲二鏡、如是所測之物、二鏡合則爲一像、二鏡錯則爲二像、假如欲測甲乙二星之距度、先俾二半鏡合、再轉遠鏡筒、使甲乙所成之像、皆在物鏡平分線內、如圖、然後俾二半鏡錯、故各半鏡必各有所成之像、如圖、而甲與乙二像、因鏡漸錯而漸近、終必合一、如是知乙乙二像之距度、即可知二星之距度、蓋預察螺絲每轉一周鏡行幾分、後視螺絲共轉幾周、二像方合、則二星之

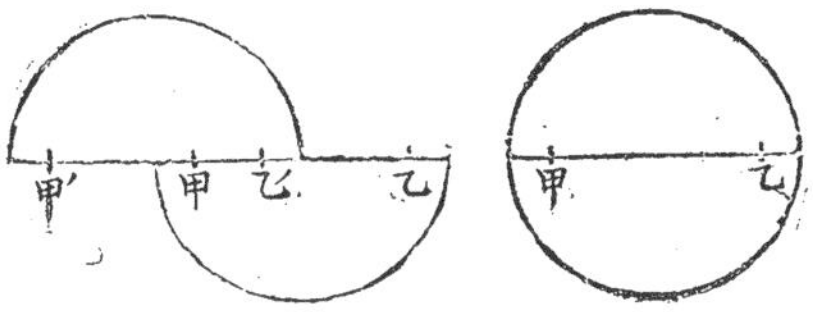

第二十圖

距度可知矣、

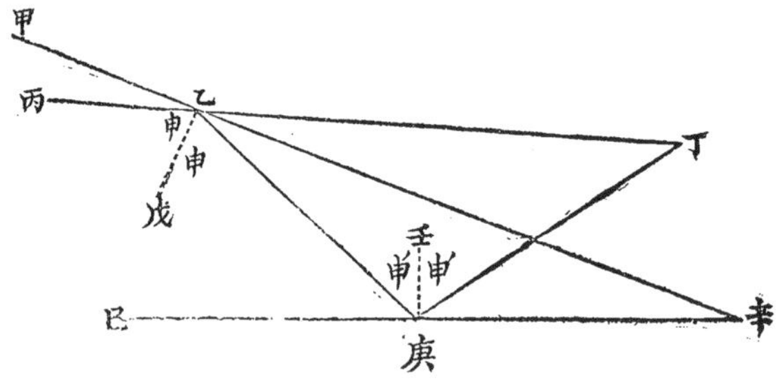

第二十一圖

小解

前牛頓所悟光學之一題、謂一光線若返照二次、其首末二向之交角、必加倍於二回光面之交角、如上圖之乙庚、爲二回光鏡、丙乙、爲一光線直射至乙鏡、又返至庚鏡、自庚鏡又返至丁、將丙乙光線引長、與庚丁光線、相遇於丁、又將乙庚二回光鏡引長、相遇於辛、題言丁角倍於辛角、其証如下、

丙丁庚角＝丙乙庚角－乙庚丁角(一)但　丙乙庚角＝2申、　乙庚丁角＝2申′、　代於(一)式、即　丙丁庚角＝2申－2申′＝2(申－申′)(二)、

又　乙辛己角＝己庚乙－庚乙辛(三)、　但己庚壬爲直角、故己庚乙＝90°－申′、　戊乙辛亦爲直角、故庚乙辛＝90°－申、　代於(三)式內、即乙辛己＝(90°－申′)－(90°－申)＝(90°－申′－90°＋申)、即＝申－申′(四)、　夫丙丁庚＝2(申－申′)而　乙辛己＝申－申′、　則丁角即倍於辛角、與題合矣、

第三章　論蒙氣差

第一節

蒙氣差〇蒙氣差者、乃光透過地球之氣殼、被折而生之差也、此氣去地面愈遠而愈稀、大抵自地面上升十二里、氣稀一半、再升十二里、又稀一半、每升十二里、每稀一半、由是上推至百五十里之高、則氣幾於盡、亦無庸計其差矣、

第二節

蒙氣差之理〇按光學理、凡光線斜射、自輕入重、必近垂線而折、（如第二十二圖）如甲乙爲一光線、斜過子丑寅諸層氣、夫氣自上而下、既逐層漸厚、則甲乙光線入子層之乙點、必被折下彎、而有乙丙向、入丑層之丙點、又被折下彎、而有丙丁向、至入寅層之丁點、更被折下彎、及入目之時、必有戊丁向、準光學理、光線入目之方向、卽目視原物之方向、故人見甲點、不在其眞處甲、反如在其視處甲、矣〇前云氣自上而下、逐層漸厚、然氣係散漫無跡、非顯有層次可分、乃以漸而厚也、故凡斜入之光線、不能成折線形、必成弧線形、然去地愈遠、氣既愈稀、則於氣之極稀處、光線畧爲直

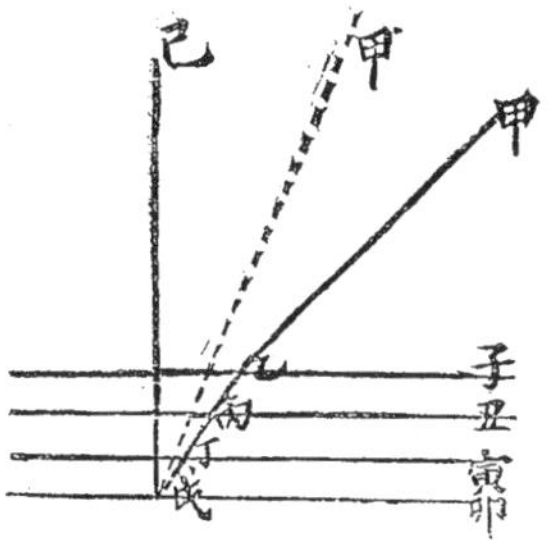

第二十二圖

第三節

線、漸下必爲弧線形、愈下弧率愈大、然弧之兩端、皆在一豎面之內、故蒙氣差、祇能令物之高度視之若增、而與地平經度無關、且光自天頂來者、既直射而不斜、則不被折、故當天頂則無此差、漸遠天頂則漸大、及至天地平界、則爲最大焉、

算蒙氣差法〇求蒙氣差、其法有二、一係憑算而求、一係憑測而求、先憑算者言之、夫蒙氣差之眞數、算之誠難、然某曜之高度、苟大於十度、即可定其所受之差、皆生於一層、既

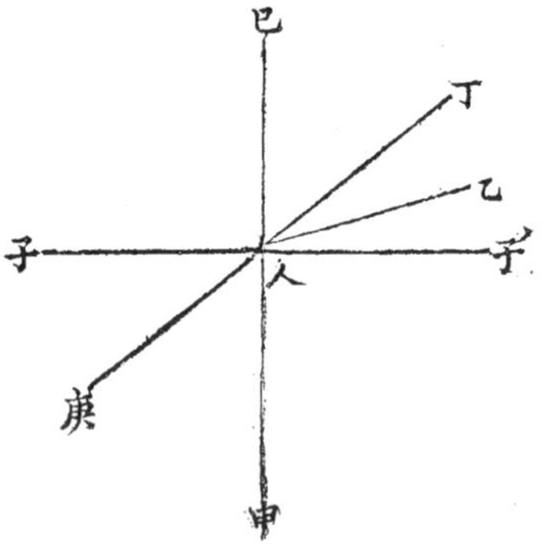

第二十三圖

生於一層、則算其大小無難矣、（如第二十三圖）設丁等於星距天頂之視度、乙等其所受之蒙氣差、如是若無蒙氣差、則星之距天頂度、必等於(丁十乙)、按光學理、射角之正弦、必等於折光角之正弦乘丙、（丙乃折光指也）即　正弦(丁十乙)＝丙正弦丁(一)　按八線理　正弦(丁十乙)＝正弦丁餘弦乙十餘弦丁正弦乙、故正弦丁餘弦乙十餘弦丁正弦乙＝丙正弦丁(二)　假如星距天頂、小於八十度、其蒙氣差則不

至六分、故可以正弦乙等於乙弧、而餘弦乙必等於半徑矣、代於(二)式、則 正弦丁十乙餘弦丁＝丙正弦丁、 復以餘弦丁除之、 得正切丁十乙＝丙正切丁、 即乙＝(丙一1)正切丁(三) 此式之下端、乃以半徑爲度、而與末同大之弦、有206265″、則欲知乙之秒數、必以206265″乘(丙一1)正切丁、若寒暑表至50°、而天氣之壓力等於29.96英寸、則天氣折光指、等於1.0002836、 代於(三)式則 乙＝0.0002836×206265″×正切丁＝58″.49×正切丁 故某高度之蒙氣差、即其餘視高度之正切、乘58″.49也○據此算之、若高度十二度、所差不過十秒、若自十度至天地平界、此法差大、即不合用矣、

測蒙氣差法○憑測而求蒙氣差法、先以地平尺使得其平、以定本處之午線、後取一星、察其緯度若干、而測星過遠鏡之交點爲何時、即定遠鏡於此點、視其有何高度、自90°減之、即得此點距天頂之視度、再轉遠鏡至本處之午線、待星復過遠鏡之交點、視爲何時、二時之餘、即星之餘時角、如第二十四圖 如已丁戊爲本處之午線、已爲北極、丁爲天頂、乙爲

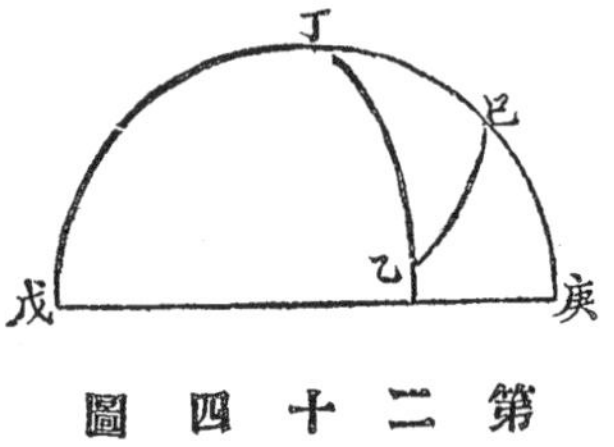

第二十四圖

星所居之點、丁乙爲過星之豎圈、己乙爲過星之時圈、如是、丁己乙弧三角形、丁己爲本處之餘緯度、己乙爲星之距極度、丁己乙爲其餘時角、既知其二弧與所夾之角、則可算餘弧丁乙、即星在乙點時距天頂之眞度矣、此數、與所測得之數相較之餘、即星在乙點所受之蒙氣差也、自星初現直至天頂、屢屢測之、則每高度之蒙氣差、皆可計算、即知天地平界之蒙氣差、約爲三十五分、在高十度處爲五分、在高二十五度處爲二分、在高四十五度處爲一分、在高六十二度處爲半分、而至天頂則無矣、

談天云　凡風雨表以三十寸爲中數、升則差角變大、降則差角變小、升降十分寸之一、差角變三百分之一、凡寒暑表以五十度爲中數、降則差角變大、升則差角變小、升降一度、差角變四百二十分之一、

第五節

蒙氣差何以變諸曜出入之時○諸曜之高度、既因蒙氣差而增、則必早出而晚入、蓋蒙氣差於天地平界、略爲三十五分、而日月之視徑最大時、尚不及此數、故此二曜於將出

始入時、其實體雖在天地平界下、人視之反在天地平界上矣、

第六節

蒙氣差何以變日月之視形〇日近天地平界時、所受之蒙氣差、下半截既多於上半截則日之豎徑必視之畧短、而橫徑仍如常、故人視日爲橫撱形、如日之下半截正切天地平界時、人視之距天地平界三十五分、而上半截之眞高度、必爲三十二分、即日之視徑也、然此點之蒙氣差、乃二十七分五十秒、則其下半截、因蒙氣差視上升三十五分、而上半截祗上升二十七分五十秒、故日之豎徑必減少七分十秒、然其橫徑仍爲三十二分、故必成撱形、而下半更扁於上半焉、

第七節

日月近天地平時見大之故〇日月近天地平界時、覺大於近天頂時、此非由蒙氣差、亦非由目誤、乃意會之誤也、若以合宜之器、測月之視徑、便知近天地平界時小、近天頂時大、蓋月當天地平界時、距人尤遠故也、而日在天空、無論見於何處、其視徑皆畧同、以距地甚遠故也、然則日月於天地平界時、所以見大者、其故有二、一、蓋人視各物、而能定其大小者、乃隨物距我之遠近而定、設有二物、距人遠近不等、而其視角相等、即知遠者必

第八節

大近者必小也。人視日月近天地平界時，有樹山房屋襯於其間，此諸物之大小，悉所素知，而日月較此諸物尤遠，故覺更大。而近天頂時，其間無物相襯，即覺日月似近，既以爲近，故因以爲小也。人視天頂點距人似近，而視天地平界之諸點距人似遠者，亦此故也。二人視遠物而定其大小，不獨在距物之遠近，亦在乎物之明暗。比如有山二座，其視徑一，而明暗不一。按光學理，明暗與遠近有反比例，可知明者必近，暗者必遠。但遠近與大小亦有正比例，如是則愈遠愈大，故人但見日在天地平界則暗，而在天頂則明，遂謂在天地平界愈遠，而體愈大也。

朦朧影〇日雖入於天地平界下，而其光仍照於天地平界上之諸層氣雲，由氣雲返照地面，即成朦朧影。而日愈下，所照界上之氣雲愈少，故其返照之光亦必少。及入界下十八度時，日光即不能照界上之氣雲等物，故成爲夜也。如第二十五圖甲乙丙丁爲地面之一弧，外包天氣戊己庚辛，自甲點視日將落在天地平界下之壬點，而壬與辛連線實爲甲點之切線，是甲點不獨受日直射之光，且得其上總天氣所返照之光。若丙點，則僅有辛庚午

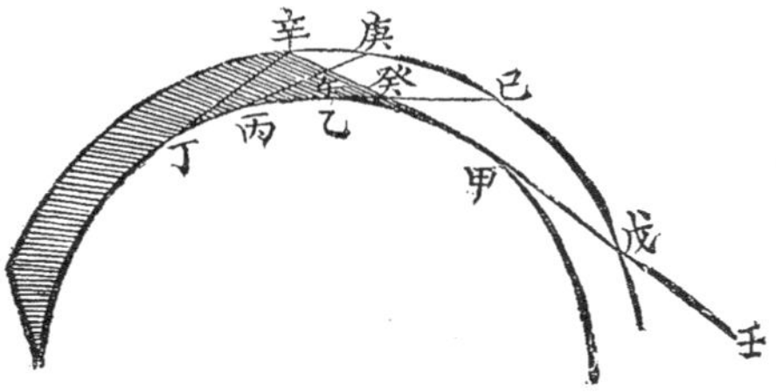

第二十五圖

氣所返照之光、及至丁點、竝返照之光亦無、而純爲夜矣、

問○日當春秋二分點、赤道上朦朧影、長若干、

答一點鐘十二分

問○北極每歲二次有朦朧影、每次其長若干、

答五十一天十六點鐘

問○於北緯五十度之處、夏至時其純夜如何、

第四章　論日躔

第一節

論日移經緯度〇第一章已言日於恒星中所行之道爲黃道、夫黃道乃天空之一大圈也、與赤道斜交二十三度二十七分之角、既與赤道斜交、則日於每日非特移其經度、即其緯度亦移矣、欲求日移經度之速率、可以子午儀、逐日測其何時過午線、而定其經度若干、再將數日所得之數相比、便知日之經度、每日加增之平數、即三分五十六秒、（暑爲一度）日之緯度、即隨其居黃道何點之緯度、自〇度至南北各二十三度廿七分不等、而其移緯度之速率無定數、愈近春秋二分點愈速、愈近冬夏二至點愈遲、

第二節

晝夜長短隨日之緯度而易〇赤道既被各處之天地平界平分、則日過赤道時、其出沒之時即相等、而晝夜皆爲十二點鐘、日距赤道愈遠、晝夜之長短愈不均、迨日至夏至、則北半球之晝最長、夜最短、而南半球之夜最長、晝最短、日至冬至則皆相反、

第三節

何爲二分二至經圈〇過春秋二分點之時圈、爲二分經圈、過冬夏二至點之時圈、爲二至經圈、然二二至經圈、既過黃赤二大圈之每極、則必與此二大圈正交、且其四交點距春

秋二分點各九十度、此二分二至經圈、及本處之子午圈、與哥爾尼城之子午圈、乃歷家常用之四大經圈也、

第四節

黃道帶〇距黃道南北各八度之處作二圈、與黃道平行、此二圈內天球之大帶、名黃道帶、日月與諸行星之視道、皆在此帶之內、而此帶又分十二宮、自春分點起、南北各六、皆以星象名之、即雄羊金牛雙子巨蟹獅子室女天秤天蝎人馬山羊寶瓶雙魚是也、如春分點、即雄羊之第一點、秋分點、即天秤之第一點、夏至點、即巨蟹之第一點、冬至點、即山羊之第一點也、

第五節

日向東行之故〇人以日爲東行、蓋拘日自西向東繞地而轉之古語也、然今知日大於地百萬倍、則其說殊謬、夫日之所以向東行者、蓋地自西向東繞日而轉也、（按重學理、地非繞日而轉、乃地與日皆繞其公重心而轉也、然此公重心既恒畧在日心、故歷家常云地繞日而轉也、）地既如此繞日而轉、而人不覺、則必視日如繞地而東行、假如測者、能自日觀天、必視地爲諸行星之一、而地於天球所居之點、乃距日一百八十度之點也、（見圖）如戊爲日、甲乙丙丁爲地繞日所行之道、設地在甲、必視

第六節

日在丙、而適爲一百八十度、如是、若視日在春分點、即知地在秋分點、視日居人馬、即知地居雙子、而日無論居天空之何處、即在地所居之對點也、

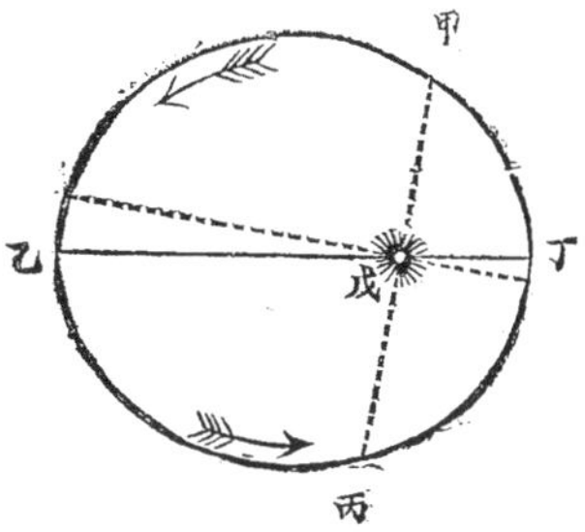

第二十六圖

地球分道之故○地球分爲五道者、不在冷熱之故、而在日光之如何照地面也、自赤道迤南迤北、各二十三度二十七分之大帶內、日於每年、必過其天頂二次而成一道、名曰熱道、日在冬至、其光祇照球之北半、至北緯六十六度三十三分而止、故自二十三度二十七分至六十六度三十三分、又成一道、名曰北溫道、而日所不照之處、即凡距北極不過二十三度二十七分之處、名曰北寒道、日在夏至、其光祇照球之南半、至南緯六十六度三十三分而止、故自二十三度二十七分至六十六度三十三分、又成一道、名曰南溫道、而日所不照之處、即凡距南極不過二十三度二十七分之處、名曰南寒道、

問　○日在夏至、北半球之何處、人影可向正南、

問　○日在夏至、北寒道以內、為何不見日入、

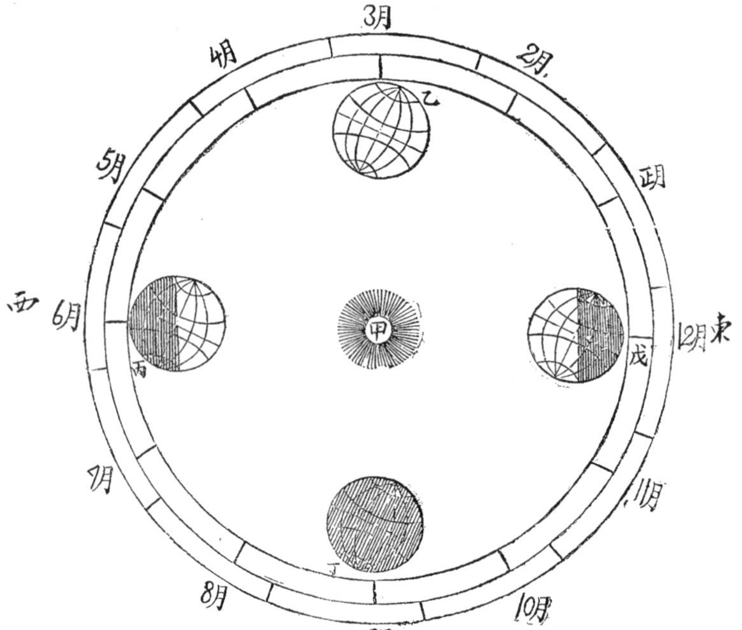

第二十七圖

四時與晝夜常變之故○地既同時繞日、並繞其本軸而轉、且此軸與黃道斜交、而永不變其方向、故有四時與晝夜長短之別也、見圖　如甲為日、乙丙丁戊為地於四時所過之四點、地之本軸、既常不變其方向、則地在乙、日必正照赤道、而南北二極、適在明半球之界、故統地面之晝夜平分、即為春分、按謂二極在明球之界者、實不甚適宜、因蒙氣差、能令日之所照過於二極、故二極在明界上、謂晝夜平分者、亦不甚均平、因蒙氣差、能令日早出晚入、故晝微長於夜、地轉至丙、則北極必向日、而南極背日、故北半球受光多、而晝長、南半球

受光少而夜長、北半球受光既多、卽熱亦多、爲夏至、地轉至丁、則與乙同、而爲秋分、轉至戊、則與丙一一相反、而爲冬至、觀於四時及晝夜長短之故、可知地球之本軸、若正交地道之平面、則黃赤二道、必合爲一、如是則晝夜常平、四時亦不分矣、

問　○若地之黃赤二道斜交所作之角、大於二十三度二十七分、則四時與晝夜必何如、

問　○若赤道正交黃道、則四時與晝夜在北極如何、又於北溫道如何、

第八節

黃赤角之大小○黃赤角者、乃等於日至大之緯度也、欲求此角之大小、可當日過冬夏二至點、詳細測定其緯度若干、卽此角之大小、於一千八百八十七年、爲二十三度二十七分十四秒、其每年變少之平數、畧爲半秒、

第九節

地道有何形式○凡物之視徑、既與其遠近有反比例、而日之視徑、逐日不同、則地距日之遠近、亦逐日而變、蓋地道非正圜、乃爲撱圜、日居其一心、日視徑最大之時、乃西歷正月初一日、卽冬至後十一日、故知此爲地距日最近之時也、日視徑最小之時、乃西歷七月初一

日，（即夏至後十日）故知此為地距日最遠之時也，當此二時，地居黃道之點，一名近日點，一名遠日點，（此二點即前所謂最卑點最高點也）據此理，可算下問。

問　○當一千八百六十四年，正月初一日，日之視徑係三十二分三十六零十分秒之四，七月初一日，日之視徑係三十一分三十一零十分秒之八，設以七月初一日地距日之遠近為一，則正月初一日為其何分，

答十萬分之九萬六千六百九十八有奇

問　○四月初一日，日之視徑係三十二分三零十分秒之四，問其距地之遠近，為七月初一日之何分，又問為正月初一日之何分，

答十萬分之九萬八千三百五十七　一零十萬分之一千七百一十六

求地道之兩心差○凡橢圜之兩心差，即其一心與中心之距，以半長徑除之者也，欲求地道之兩心差，（見圖）如乙戊辛子為地道，甲為其一心，設丑為半長徑，卯為兩心差，如是地當近日點，（即乙點）其距日之遠近，＝丑（1－卯）（一），當遠日點，（即辛點）其距日之遠

第十一節

近＝丑(1十卯)(二)、令(一)＝午、(二)＝亥、則$\frac{亥}{午}=\frac{1十卯}{1一卯}$、化之即得

卯＝$\frac{亥一午}{亥十午}=\frac{1一\frac{午}{亥}}{1十\frac{午}{亥}}$　但$\frac{午}{亥}=\frac{31'31''.8}{32'36''.4}$＝0.96698、故

卯＝0.01678、畧爲$\frac{1}{60}$、即地道之兩心差也、此差在今變小之速率、每百年爲百萬分之四十二、倘兩心差若恒如此變、則地道必漸成平圜、然按力佛利亞所推、兩心差不能恒如此變、過二萬四千年、必至其最小之時、當爲萬分之三十三、彼時以後、始漸大云、

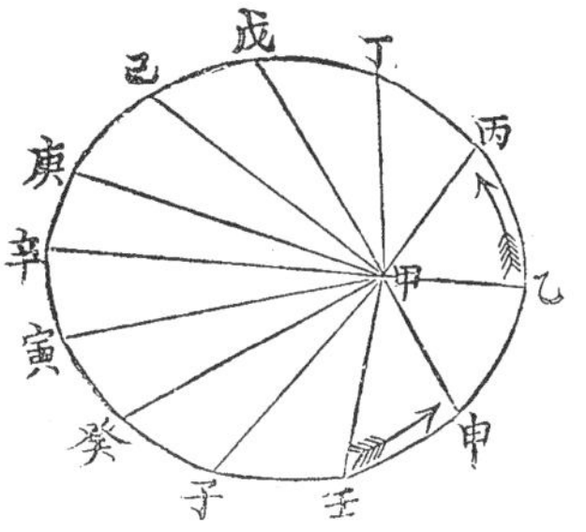

第二十八圖

地繞日之速率○地道爲撱圜、日居其一心、則自日至地之連線、爲地道之帶徑、按地所行遲速之理、歷時同、帶徑所過之面積亦同、（見圖）如甲爲日、乙戊爲地歷一天所行之弧、設

己＝乙甲戊角、　申＝帶徑所過之面積、　丙＝乙甲、　試作乙丁與甲戊正交、如是、

乙丁＝乙甲正弦乙甲戊＝丙正弦己、故　申＝$\frac{1}{2}$丙^{2}正弦己、然地一日所行之道若以度數論之既小、則可云己弧等於正弦己、即　申＝$\frac{1}{2}$丙^{2}己、　假如申爲常數、丙^{2}己亦必爲常數、然丙即日距地之遠近、必按反比例、隨日之視徑未而變、故可設$\frac{1}{未}$代丙

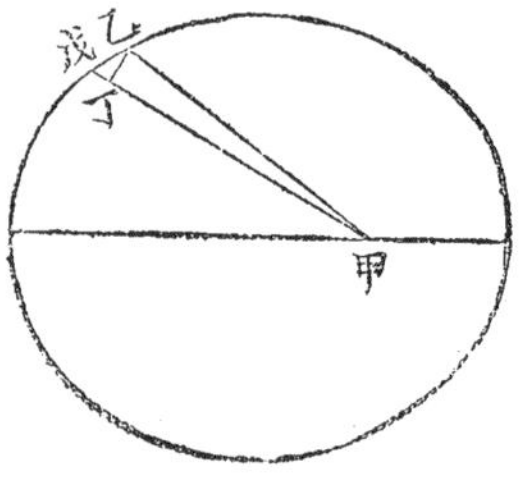

第二十九圖

如是$丙巳^2 = \frac{己}{未^2}$無疑矣。設$\frac{己}{未^2}$爲常數，則$己：己′∷未^2：未′^2$，或謂日每日所行之弧，恒隨日視徑之平方而變。此乃天文家已測定者。如1864年，自正月初一日午正至初二日午正，日行黃道之弧，爲0°1′9″.9，而其視徑爲32′36″.4。又於七月初一日午正至初二日午正，所行之弧，爲57′12″.9，而視徑爲31′31″.8。將此數皆化爲秒，開比例，即$3669.9：3432.9∷1956.4^2：1891.8^2$。若於地道他處測驗，仍不外此公理，故$\frac{己}{未^2}$實爲常數，而$丙巳^2$亦必爲常數。從可知歷時同，帶徑所過之面積亦同矣。

第十二節

每年最冷最熱之時○無論地球之何處，其每日受熱之多寡，皆依日過其午線時爲何高度，及晝夜之長短而異也。日過午線時，高度愈大，其光愈濃，而正照地面，則地所受之熱愈多。如此熱帶北之八，將謂夏至之日，高度最大，白晝最長，宜爲最熱之時也。然而最熱之時，竟不在夏至。所以然者，蓋愈近夏至，地每晝所受之熱，較每夜所散之熱尤多，故每日之熱必加增如許而當夏至時所加爲最此後所加雖少然晝有遺增故一日仍熱於一日迨至晝所受與夜所散適等之日即爲一年最熱之日也是日約在夏至後月有半焉（即大暑節後）因知最冷之日所以不在冬至而在冬至後月有半者（即大寒節後）亦斯故耳

第十三節　何爲太陽恒星二日○自日過午線至其再過爲太陽日自春分點過午線至其再過爲恒星日恒星日即地繞本軸轉一周之時也其長短雖約有差然此差甚微按今歷家考潮汐之理於二千五百年之中或至一秒之六十六分之一焉

第十四節　太陽向東之速率○夫日每年既東行一周欲求其每日所行之度即按比例三百六十五日五點鐘四十八分四十七秒零十分秒之八比一日等於三百六十度比五十九分八秒零十分秒之三即日每日視行之平數也然日距地之遠近既不同則其每日視行之弧亦不等日距地近時大遠時小故太陽日亦常變而歷家因取其便故皆論太陽平日即一年中諸太陽視日之平數也

第十五節　太陽恒星二日之較○太陽平日長於恒星日者因日每日向東行五十九分八秒零十

分秒之三、故地繞本軸而轉、自某處午線過日、至其再過、必轉三百六十度五十九分八
秒零十分秒之三、然自午線過某恒星、至其再過地則只轉三百六十度、苟欲照恒星表、
求太陽行此小弧所歷之時若干、卽三百六十度、比五十九分八秒零十分秒之三等於
一恒星日、比三分五十六零十分秒之五、而太陽表二十四
點鐘三分五十六零十分秒之五也、苟欲照太陽表、求太陽行此小弧所歷之時若干、卽
三百六十度五十九分八零十分秒之三、比五十九分八零十分秒之三、等於一太陽日、
比三分五十五零十分秒之九、故恒星表二十四點鐘、卽等於太陽表二十三點鐘五十
六分四零十分秒之一也、

第十六節

歷家日與民間日之別〇歷家因便於用、皆以午正爲每日之初時、至明日午正爲一晝
夜、共分爲二十四點鐘、而民間皆以子正爲每日之初時、至午正、及次子正、各分十二點
鐘、自子正至次子正爲一晝夜、故歷家日既起於午正、而民間日起於子正、是歷家日較
民間日遲十二點鐘、如欲改民間日爲歷家日、有如民間七月初四日、午前九點鐘、乃爲

歷家七月初三日、二十一點鐘是也、若時爲午後、則無須改焉、

第十七節

論視日與平日之別○自日過午線、至其再過、爲太陽視日、然太陽視日之長短不均、有過於二十四點鐘者、有不足二十四點鐘者、而鐘表匠窮於遲速之變更、亦惟以二十四點爲鐘表每日之平數、故太陽之平日與視日時分有差也、二者之差名時差、如三月二十三日、若論太陽平日、惟有二十四點、而論其視日、則有二十四點七分、此七分、卽爲此日之時差、而日當午線時、表針宜指二十四點鐘七分之點也、

第十八節

太陽日不等第一故○地繞日轉之速率不均、則太陽日卽不等、蓋地繞日轉愈速、則人之視日、每日東行之弧愈大、故自本處午線過日心、至其再過所歷之時愈長也、若地繞日轉愈遲、則人之視日、每日東行之弧愈小、故自本處午線過日心、至其再過所歷之時愈短也、爲此之故、其長短之或正或負、可差八分二十四秒、而其最長時、卽冬至後數日也、最短時、卽夏至後數日也、

第十九節

太陽日不等第二故○夫地繞日而轉之速率不均、固足令太陽日不等、卽使其均、而太

陽日仍不等、蓋因赤黃二道斜交故也、見圖如子丑寅爲赤道、子丑寅爲黃道之北半、試將黃道平分、如子甲、甲乙、乙丙諸等弧、此諸等弧、乃日同時所過者也、再過甲乙丙丁諸

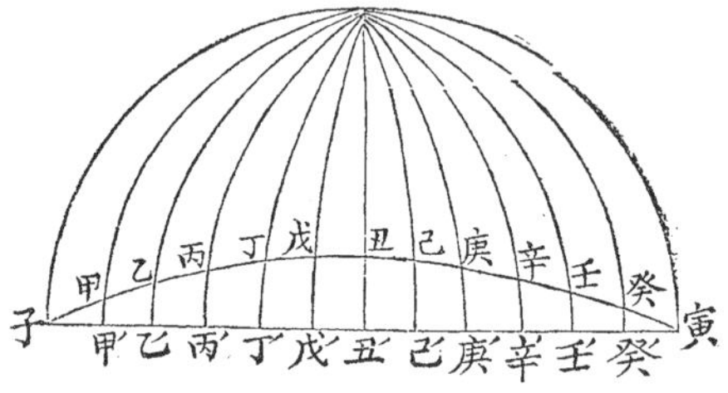

第三十圖

點作各時圈、交赤道於甲乙丙丁諸點、凡二大圈相交、彼此必平分、則子丑寅、必等於子丑寅、即子丑、亦等於子丑矣、但子甲甲爲正弧三角形、則子甲必大於子甲、子乙大於子乙、至戊戊仿此、然子丑等於子丑、則子甲與甲乙諸小弧、不能相等、而子甲與子甲雖不等、但甲與甲必同時過午線、因二點皆在一時圈故也、設如天空有二日、一循赤道、每日東行五十九分八零十分秒之三、一循黃道、亦按此速率東行、若當春分時、兩日皆自子點起、翌日午正、黃道日已向甲點行五十九分八零十分秒之三、而以向正東數較之、則不足此數、故其過午線時、較赤道日必早、二日過第一象限、必恒如此、而其時差最大之點、即黃日距子點四十五度之點也、離此點後、雖不正向東、然所差漸小、蓋日

北緯已大、而其每日正向東者、較同緯度五十九分八零十分秒之三之小弧稍勝、故也、黃道爲大圈、而諸緯度圈、皆爲小圈、故同度之二截、係大圈者則大、係小圈者則小矣、至夏至、則二日一在丑、一在丑、皆距子點九十度、故必同時過午線、行第二象限、赤日過午線、較黃日常早、至秋分、則二日皆至寅點、又同時過午線、行第三象限、黃日過午線、較赤日常早、至冬至、則二日皆距丑丑二點一百八十度、亦同時過午線、行第四象限、赤日過午線、較黃日常早、至春分、則二日又同時過午線、如是若太陽日之時差、祗有黃赤角之故、則必三月爲正、三月爲負、然因此欲求時差之大小、如下 假如日自子點行四十五度、至丙點、則子丙丙正弧三角形、子丙爲四十五度、丙子丙角爲二十三度二十七分十四秒、可按八線理、求子丙邊、即 正切子丙＝餘弦丙子丙乘正切子丙、故 子丙＝四十二度三十一分五十七秒、是子丙與子丙、相差二度二十八分三秒、化爲時辰、爲九分五十二零十分秒之二、即黃道斜度所生至大之時差也、

第二十節

太陽時差恒變、以圖明之○太陽時差、因上二故、日日不同、繪圖於左、如甲己線爲一年、

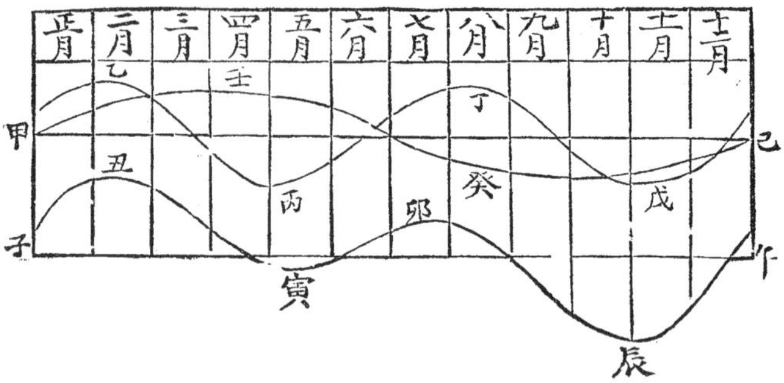

第三十一圖

又平分十二節、每節爲一月、彎線甲壬癸己、其在甲己線以上諸點、距線之遠近、以明太陽因前第一故、當時之時差正若干、其在甲己線以下諸點、距線之遠近、以明太陽因前第一故、當時之時差負若干、再作彎線甲乙丙丁戊己、亦如此明太陽因前第二故、當時之時差正負若干、按代數法、將此二故所生之時差相加、得數卽太陽之總時差也、欲明其理、可以與甲己平行之子午線爲準、而子丑卯午、乃甲乙丁己與甲壬癸己二彎線相加而成之彎線、其在子午線上下之諸點、所距此線之遠近、爲當日之時差、由此可知太陽時差、每年至大之時有四、二正二負、無時差之時亦有四、今將八點之日期與時差、分列於下、

二月十一日　正十四分三十二秒　四月十五日　無差

五月十四日　負三分五十五秒　六月十四日　無差
七月二十六日正六分十二秒　九月初一日　無差
十一月初二日負十六分十八秒　十二月二十四日無差

太陽時差表、正負之數、及至大至小之期、逐年微差、故歷家每年各有其表、其差既甚小、則一年之表、民間卽作多年之用亦可、（見下卷末表）

第二十節

論通書○太陽年、乃泰西民間常用之年也、爲三百六十五日、五點鐘、四十八分、四十七零百分秒之八、夫年中日數、尙帶點鐘分秒、誠有如許之不便、然不能恒以三百六十五日爲一年、蓋拘此推算、久之則春分必漸進至六月、而冬至必漸進至三月矣、又不能恒以三百六十六日爲一年、蓋拘此推算、久之則春分必漸退至臘月、而三月爲伏天矣、故依古以來、歷家皆苦心設法、欲令一年之日數爲整數、且令四時各有定期、然欲更正者雖多、而得其術者卒鮮、迨該撒猶流出、伊以三百六十五日、旣不足一年、而三百六十六日、又少過乎一年、遂酌定每四年中、其前三年、爲三百六十五日、後一年爲三百六十六日、按此所定、雖較前爲愈、然亦有差、因當時歷家、皆以三百六十五日六點鐘爲一太陽年、故猶流所定之年、（名猶利安年）較太陽年長十一分十二秒、此差雖不甚大、然積四百年之久、已差三日有奇、當三百二十五年間、在小亞西亞尼士城、有大議會、准定此後教會、俱遵猶利安通書、紀算爲耶穌降世之何年、而每以四可除盡者、爲三百六十六日、除不盡者、爲三百六十五日、彼年日過春分點、乃三月二十一日、至一千五百八十二年、日過春分點、乃三月十一日、二者相差十日、明徵通書不改、則春秋必更、故貴勾力第十三、刻意校正、立法有二、一令日過春分點、仍在三月二十一日、此無他、即以一千五百八十二年八月初四之翌日、不爲初五、而爲十五也、二欲免再有此差、亦不甚難、即將猶利安年、每四百年所加之三日、減之而已、如是以四能除盡、而四百除不盡、帶兩圈之年、亦爲三百六十五日、如一千七百、一千八百、與一千九百、此三年、按猶利安通書、皆爲三百六十六日、然按貴勾力安通書、惟三百六十五日、此法雖不能無差、然差亦甚微、須三千餘年之久、方有一日之差、近來泰西諸國、除俄國外、皆遵貴勾力安通書、二書於今差十二日、故

第二十二節

俄之一千八百八十六年二月初八日、即他國之一千八百八十六年二月二十日也、

猶利安通書、至每四年之二月、必閏一日、此月、在前三年、俱係二十八日、至第四年則二十九日也、

計算禮拜日期〇每三百六十五日之年、既有五十二禮拜零一日、其年之始末二日、按禮拜數之則同、如一千八百八十六年、正月初一日爲禮拜五、則十二月三十一日、亦必爲禮拜五、若值其年之內有閏日、其除日較正朔、即下差一日、如一千八百八十八年正朔爲禮拜、除日必爲禮拜一、由此推之、徵特知某年某月某日爲禮拜幾、並知來年此月此日當爲禮拜幾矣、

天文撮要

第五章　論視差 習問

何爲視差○自地心視某曜之居所、爲其眞處、而自地面視之、則爲其視處、此二處相距天空之小弧、名視差、亦名地半徑差、見圖如丁甲辛爲天空球之一弧、申爲地心、測者在午、乙爲月居天頂時、乙′爲月已過天頂如許時、而乙″爲月在天地平界時、夫月當天頂、無論自午自申視之、如在天頂丁點、因申與午乙皆係一直線、故月過天頂時、無視差、若在

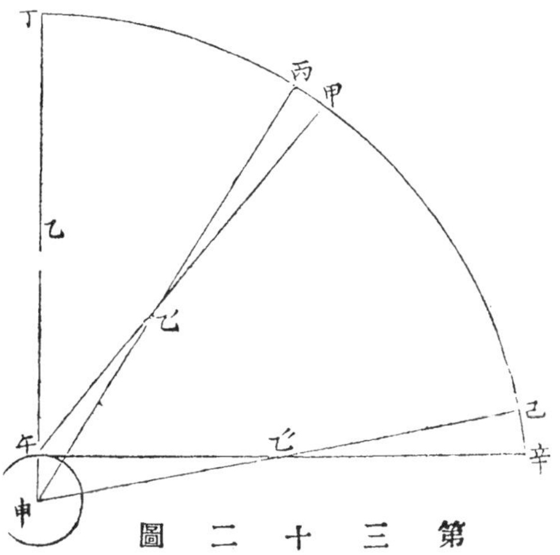

第三十二圖

乙′點、自午點視之、有午乙′甲向、自申點視之、有申乙′丙向、故自午視之、有視差角丙乙′甲、亦即午乙′申角也、由圖觀之、可知月距天頂愈遠、其視差角必愈大、而至乙″點、即距天頂九十度之點、其視差角爲最大、名地平視差、即午乙″申角、乃自月視地半徑所乘之角也、查圖可知視差角、常令月之距天頂度加增、而高度減少、故有月之視高度、必加其視差、方得其眞

高度、卽日與諸行星、亦同此例、惟恒星則不然、距地甚遠故也、

第二節

求任何高度之視差○以月之地平視差、求其任何高度之視差、法如下 仍設乙'爲月之某高度、申乙"午角、爲其地平視差、依申午乙'三角形、 申乙':申午::正弦申午乙' 卽正弦乙午乙' :正弦申乙'午、(一) 又依申午乙"三角形、申乙":申午::一:正弦申乙"午、(二) 去前二式之同率、 則 一:正弦申乙"午::正弦乙午乙':正弦申乙'午、 故 正弦申乙"午、係正弦申乙"午乘正弦乙午乙'、卽月某高度視差之正弦、等於其地平視差之正弦、乘其距天頂視度之正弦也、然日與諸行星之視度既甚微、則可去差角之正弦、而爲日或行星某高度之視差、等於其地平視差、乘其距天頂視度之正弦、

第三節

視差與遠近之涉○視差與遠近、有反比例、如設庚代距天頂角乙午乙'、 壬代地平視差、 壬'代申乙'午角、 己代月距地之遠近、 己'代地半徑申午、 如是 己:己'::正弦庚:正弦壬'、 卽 正弦壬'等於 己'/己 正弦庚、 去其視差角之正弦、 則 壬'等於 己'/己 正弦庚、 是凡諸曜之視差、與其遠近、有反比例也、然若某曜距天頂九十度、則壬'變

第四節

爲壬、而正弦庚等於一、故　正弦壬等己|己　去其視差角之正弦　即　壬等己|己

測月之地平視差○欲測月之地平視差、可於赤道之南北、各取經度相同之二處、如圖之甲甲′、乙爲月、申爲地心、　設　己代申乙、己′代甲′申、　庚代丁甲乙角、即自甲視月距天頂之度、　庚′代乙甲′丁′角、即自甲′視月距天頂之度、　按

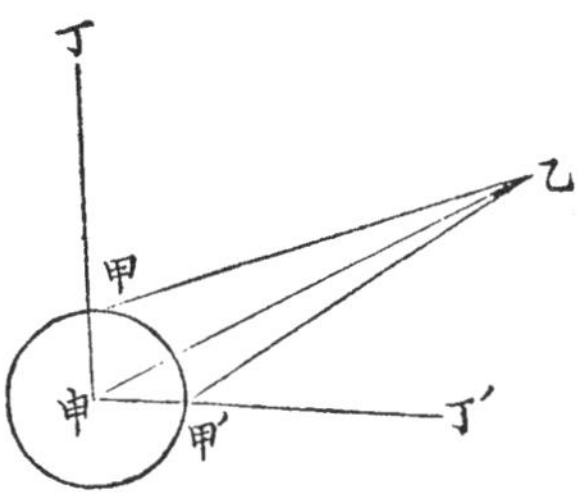

第三十三圖

前節、自甲視月之視差角甲乙申、　即　壬等於己|己正弦庚、(一)　自甲′視月之視差角甲′乙申、　即　壬″等於己|己′正弦庚′、(二)　則　壬′加壬″等於己|己′(正弦庚加正弦庚′)、(三)　但　壬′加壬″等於甲乙甲′角、等於庚加庚′減丁申丁′角、　而丁申丁′角、乃甲甲′二處之緯度丙丙′之和、　故　壬′加壬″等於庚加庚′減丙減丙′、　此數代於(三)方程內則庚加庚′減丙減丙′、等於己|己′(正弦庚加正弦庚′)　故　己|己′等於 $\frac{庚十庚'一丙一丙'}{正弦庚十正弦庚'}$ 即月之地平視差也、

第五節

經度不同處測月之地平視差○甲甲′處經度若同、法固便矣、如其不同、則於甲處、每日

測月過午線時距天頂之度、而由航海通書、尋月易緯度之速率、知其速率與二處經度之較、則將月於甲點距天頂之度、化爲與甲同經、與甲同緯處之月過午線時應爾之距天頂度、即乙甲′丁′角矣、

第六節

測月地平視差所得之數○按上法亞非利加好望角城、係南緯三十三度五十六分、英之哥爾尼城、係北緯五十一度二十八分、及歐洲他處觀星台之天文士、常測月過午線係何高度、而由所得之平數、推月之地平視差角、儻若自赤道視之矣、然此差亦隨遠近而異、而月距地之遠近、既無時不變、故其地平視差亦然、自五十三分四十八秒、至六十一分三十二秒不等、折取其平數爲五十七分二秒、按此法、推日之地平視差畧爲九秒、地距日甚遠、其視差角甚小、故此法尚未極精、又可算各行星之地平視差、然其距地至近者、視差不過三十二秒、而至遠者、視差恒不足一秒、故此法猶爲疎畧也、

第七節

算某曜距地之遠近○倘已知地球之半徑、與某曜之地平視差、欲算某曜距地之遠近、如本章首圖、正弦申乙″午∶申午∷末∶申乙″、故 申乙″等於 $\frac{申午}{正弦申乙''午}$、即某曜之

遠近、等其地平視差之正弦分之地半徑也、

第八節

視差隨地之半徑而異○夫月之地平視差、乃自月視地半徑所乘之角也、然地既非正球、則月之地平視差、必隨各處距地心之遠近而變、故自赤道視月之地平視差大、而自二極視之則小矣、如是、若欲推某處之視差、須先按橢圜理、推某處之地半徑爲若干里、而求其爲赤道半徑之何分、以此數乘自赤道視月之地平視差、即得自某處視月之地平視差矣、如此所算各緯度之地平視差、既不能變、故歷家有月地平視差表、內載自赤道視月之地平視差、或爲五十三分或爲五十七分或爲六十一分各緯度、所宜減之秒數、誠便於推算日蝕月蝕及星被月掩等焉、見下卷第一表

天文用學

第九節

求某處緯度法○隨處欲求緯度、其法有二、一 取近北極之一星、測其上過午線、下過子線、二時之高度各若干、去其蒙氣差、餘者相加折半、即北極之高度、亦即本處之緯度也、二 如圖丙丁戊爲某處之午線、己爲北極、丁爲天頂、赤甲爲赤道之平面、丙戊爲天地平

界、乙爲赤道北之一星、則赤乙爲此星之緯度、先測其視高度、減蒙氣差、餘數即星之眞高度也、再減星之緯度、其得數即赤道交午線點之高度、亦即本處之餘緯度也、若星在赤道之南如乙者、須加緯度、凡天空星之至明者、其緯度、歷家已皆詳測、而記於航海通書、故此法甚便於用焉、

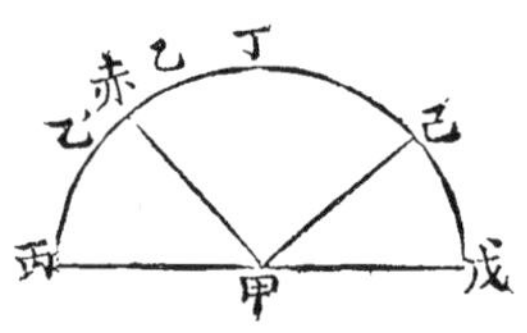

第三十四圖

第十節

海面求緯度○其法須在午前半點鐘許、以紀限儀、測日下半截之高度、至日不復升爲止、去蒙氣差、加日之視半徑、即日心過午線時之高度也、若日當時有南緯度、則加其緯度、若有北緯度、則減其緯度、得數即赤道交午線點之高度、等於本處之餘緯度也、(日每日之緯度及視半徑、皆紀於航海通書)

第十一節

以子午儀定某處之時○凡日過何處之午線、即何處之視午正、如是、若能測日何時過午線、即知何時爲視午正也、再以時差改之、即知何時爲平午正矣、測定日過午線法、莫若用子午儀、(見二章前數節)

第十二節

用地平尺法○於午前定地平尺於某高度、待日下半截過遠鏡之交點、即記爲何時、遂定遠鏡之竪圜、而轉地平圜、至遠鏡向西、待日下半截復過交點、又記爲何時、將二時之餘折半、即日過午線之時也○按此法不無小差、因日於二時間、其緯度少變也、

問○今於某處不知何時爲午正、祗知當日日之時差爲正十分、若按表視日、於東過交點係十點鐘、而於西過交點係四點鐘、問表針指在四點、此處之平時爲何、

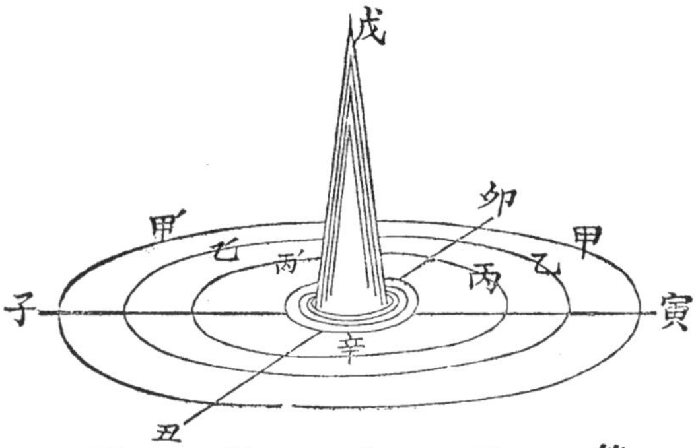

第三十五圖

第十三節

午線法○凡正交地平之物、於視午正、其影必向正北、或正南、與本處之午線相合、如圖用一木板子丑寅卯、令與地面平行、取一點爲中心、而畫甲甲乙乙丙丙諸同心圈、復於中心立一鐵柱戊辛、與木板正交、於午前觀柱頂之影過每圈於何點、詳記之、如甲乙丙諸點是也、午後觀柱頂之影過每圈於何點、詳記之、如甲乙丙諸點是也、後將甲甲、乙乙、丙丙、諸小弧、平分之、

而畫平分點之連線、此線即爲本處之午線、故影尖每過此線、即每日之視午正也、按此法不無小差、因柱影之分界難眞、然其所差亦不過半分耳、

第十四節

用紀限儀法〇有日與某處之緯度、可隨時測日之高度、而求測時爲某點鐘、如圖己丁戊爲本處之午線、戊丙爲天地平界、己爲天北極、丁爲天頂、甲爲日、先測日距天頂之視度、而加蒙氣差、即日距天頂之眞度也、如是丁己甲爲弧三角、丁己爲某處之餘緯度、甲己爲日之距極度、甲丁爲日之距天頂度、按八線理、可求丁己甲角爲幾何度、復以十五除之、得數即日距視午正之點鐘也、此法有紀限儀斯可矣、故航海者常用之、

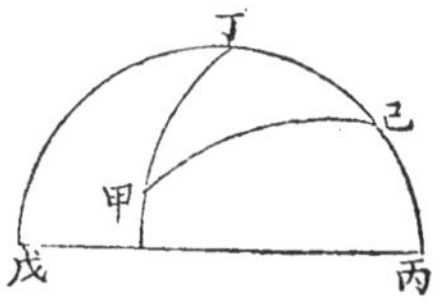

第三十六圖

第十五節

求日之赤黃經緯度〇日之黃經度、經度緯度、此三者、如知其一、及黃赤角、則餘者即可求矣、如圖之丁己乙己'爲二分經圈、丁戊乙爲赤道、丁甲乙爲黃道、丁爲春分點、甲爲日、己甲己'爲過日之時圈、如是丁戊爲日之經度、甲戊爲日之緯度、丁甲爲日之黃經度、戊

丁甲爲黃赤角、按納伯爾術、甲丁戊正弧三角形、卽　未餘弦丁＝正切丁戊餘切丁甲、設　丙＝黃赤角、　經＝經度、卽　正切經＝正切黃經度餘弦丙、(一)卽正切黃經度＝$\frac{\text{正切經}}{\text{餘弦丙}}$、(二)　又　未正弦丁戊＝正切戊甲餘切丁、卽　正弦經＝正切緯度餘切丙、(三)卽正切緯度＝正弦經正切丙、(四)　又　未正弦甲戊＝正弦丁正弦甲丁、卽正弦緯度＝正弦丙正弦黃經度、(五)卽正弦黃經度＝$\frac{\text{正弦緯度}}{\text{正弦丙}}$、(六)　又　未餘弦丁甲＝餘弦丁戊餘弦甲戊、卽　餘弦黃經度＝餘弦緯度餘弦經、(七)卽餘弦經＝$\frac{\text{餘弦黃經度}}{\text{餘弦緯度}}$、(八)

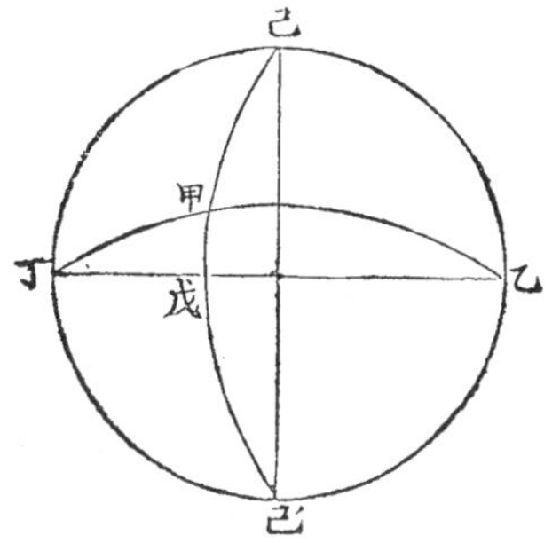

第三十七圖

一問〇一千八百六十四年六月初一日於哥爾尼午正、日之經度爲4點38分27·75秒其北緯爲22°7′55″·2求其黃經度若干

答71°10′35″·9

二問〇又於正月初一日、日之黃經度280°23′52″·3其南緯度23°25′2″·2求

其經度若干　答18點45分14.70秒

三問○又於五月二十日、日之黃經度59°40′1″.6黃赤角23°27′18″.5問日之經緯度各若干

答　經度3點49分52.62秒
北緯20°5′33″.9

四問○又於十月二十七日、日之經度14點8分19.06秒黃赤角23°27′17″.8問黃經度與緯度各若干

答　黃經214°20′34″.7
南緯12°58′34″.4

五問○又於八月初八日、日之南緯16°0′56″.4黃赤角23°27′18″.2問經度與黃經度各若干

答　經度9點14分19.20秒
黃經136°7′6″.5

加蒙氣差求日出入時○蒙氣差、既增諸曜之高度、則必令諸曜早出晚入、是以日體之上半、正切天地平界時、日心尚在界下16′、且蒙氣差於天地平界爲34′、則日體上半

出入之時、日心必距天頂９０°５０′、故欲求日出上半之視時、如圖之己丁戊爲測處之午線、己爲天北極、丁爲天頂、丙戊爲天地平界、甲爲日、於是丁己甲爲弧三角形、丁己爲測處之餘緯度、令等於乙、 丁甲爲日之距天頂度、令等於丑、 己甲爲日之距極度、令等於辛、 則可求丁己甲角、即日距午線之餘時角、按八線理、 $2\text{申}=(\text{乙}+\text{丑}+\text{辛})$

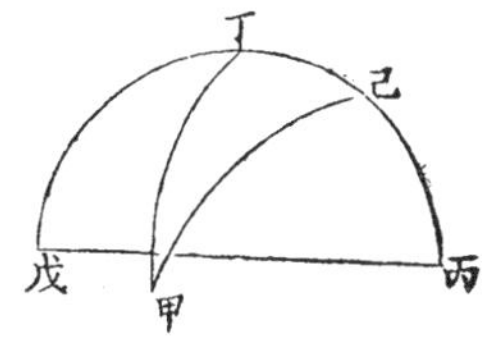

第三十八圖

故 $\text{正弦}\tfrac{1}{2}\text{丁己甲}=\sqrt{\dfrac{\text{正弦}(\text{申}-\text{乙})\,\text{正弦}(\text{申}-\text{辛})}{\text{正弦乙}\,\text{正弦辛}}}$

一問○五月初十日、日有北緯１７°４９′、問在紐約城、係北緯４０°４２′、日入於何視時、

答７點９分

二問○十月十五日、日有南緯８°４７′、而時差爲負１４分、問在波斯頓城、係北緯４２°２１′、日出之平時爲何、

答６點１４分

第十七節

求朦朧影收放之時○平旦初放朦朧影時、日在天地平界下１８°、黃昏既收朦朧影時亦然、是知日距天頂１０８°、欲求朦朧影初終之時、可准前節理、以丑代日之距天頂１

第十八節

0 8°、餘皆相同、依式算之、卽得、

一問○六月初一日、日有北緯2 2°1 0′、而時差爲負2分、問在華盛頓城、係北緯3 8°5 3′、朦朧影何平時始放、　答2點4 1分

二問○二月十九日、日有南緯1 1°1 9′、而時差爲正1 4分、問牛俄林斯城、係北緯2 9°5 7′、朦朧影何平時始收、　答7點1 2分

測星之高度以求本處之緯度○既有星之緯度、與其時角及高度、可藉求本處之緯度、

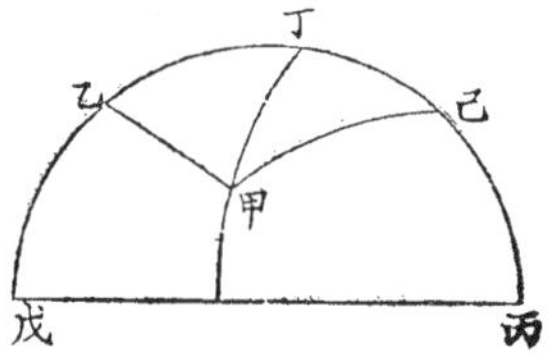

第三十九圖

如圖丁爲天頂、己爲北極、甲爲星、如是在丁己甲弧三角形、已有己甲與丁甲兩邊、及丁己甲角、可求丁己邊、自甲點畫甲乙線、爲己丁邊引長之垂線、如是按納伯爾術、　未餘弦己＝正切己乙餘切己甲(一)　又　餘弦己乙：餘弦丁乙：：餘弦己甲：餘弦丁甲(二)　己乙－丁乙＝己丁、卽本處之餘緯度也、

一問○日隔午線1點鐘1 4分1 1.6秒、其眞高度＝3 3°4 0′3 5′.5、而其緯度爲

南5°15′28″、問本處之緯度若干、　答48°40′49″

二問○星之北緯、係16°12′26″、時角3點鐘25分40秒、其高爲39°21′0″、問本處之緯度若干、　答42°34′56″

三問○大獅甲星、係北緯12°41′18″、隔午線3點鐘2分21秒、其高爲41°520″、問本處之緯度若干、　答41°25′47″

第十九節

知二曜之經緯度、求其相距之度○其法如圖　己爲北極、乙乙′爲二曜、如是己乙與己乙′爲二曜之距極度、乙己乙′爲其相差之經度、試作乙丁線、與己乙′引長之線正交、按八線理、　未餘弦乙己乙′＝正切己丁餘切己乙、即正切己丁＝餘弦乙己乙′正切己乙、　又有乙′丁＝己丁－己乙′則　餘弦乙丁：餘弦乙′丁∷餘弦己乙：餘弦乙乙′　故　餘弦乙乙′＝(餘弦乙′丁餘弦己乙、)/(餘弦己丁)

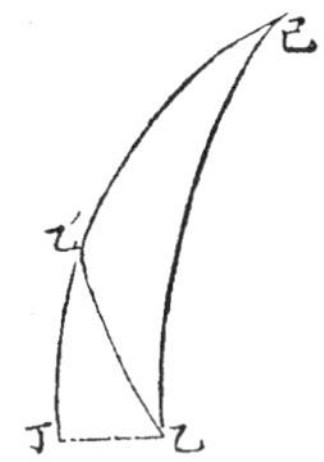

第四十圖

一問○自金牛甲星、經度4點27分25.9秒、距北極73°47′33″、至天狼星、經度

6點38分37·6秒、距北極106°31′2″、問爲若干度、

答46°0′44″

二問○自大獅甲星經度10點0分29·1秒、距北極77°18′41″、至天蝎甲星經度16點20分20·3秒、距北極116°5′55″、問爲若干度、

答99°55′45″

已知某曜之赤經赤緯度求其黃經黃緯度○其法如圖 以己爲北極、甲爲黃北極、申爲春分點、己乙己′爲過乙星之時圈、甲乙甲′爲過此星之黃經圈、如是戊甲丙甲′爲二至經圈、甲申己等於黃赤角、己乙爲乙星之餘緯度、乙甲爲其餘黃緯度、乙己丙爲其經度之餘角、乙甲丙爲其黃經度之餘角、試作乙庚線正交己丙、復令 辛＝己庚、 丁＝乙星之黃經度、 丁′＝乙星之黃緯度、 壬＝黃赤角、 按納氏術、 未餘弦乙己庚＝正切己庚餘切己乙、 即

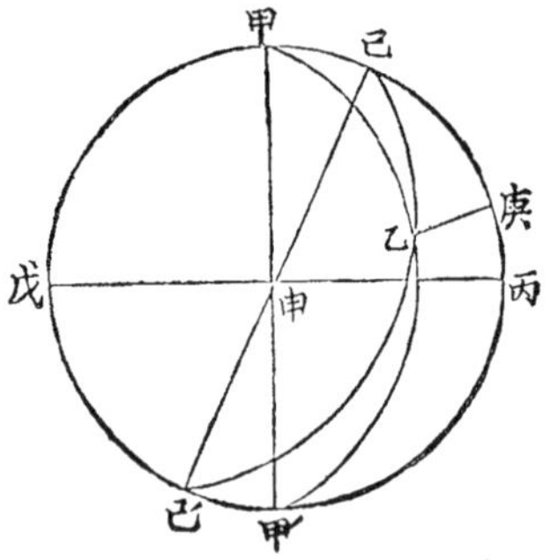

第四十一圖

正弦經度＝正切辛正切緯、或正切辛＝正弦經餘切緯、　又有　甲庚＝甲己十己庚＝辛十壬、則　正弦甲庚：正弦己庚：：正切乙己庚：正切乙甲庚、或作正弦(辛十壬)：正弦辛：：餘切經：餘切丁：：正切丁：正切經、所以正切丁＝$\frac{\text{正切經正弦(辛十壬)}}{\text{正弦辛}}$、(一)

又　赤餘弦乙甲庚＝正切甲庚餘切甲乙、或作正切丁＝餘切(辛十壬)正弦丁、(二)

一問○1864年正月初一日、黃赤角爲23°27′19″.45、御夫甲星經度5點6分42.01秒、北緯45°51′20″.1、問其黃經黃緯度各若干、

答　黃經79°58′3″.5
黃緯22°51′48″.3

二問○1864年正月初一日、黃赤角爲23°27′19″.45、大獅甲星經度10點1分9.34秒、北緯12°37′36″.8、問其黃經黃緯各若干、

答　黃經度147°56′48″.97
黃緯度27′36″.13

第二十一節

求星之赤經赤緯二度○按上節之式、如知黃經黃緯二度、亦可求赤經赤緯二度、卽

未餘弦乙甲庚＝正切甲庚餘切甲乙㈠　又　己庚＝甲庚－甲己㈡且正弦己庚：正弦甲庚：：正切乙甲庚：正切乙己庚㈢　若星之黃經度不及90°則乙己庚爲其餘赤經度、若已過90°、則乙己庚＋90°、卽星之赤經度矣、餘可類推　又　未餘弦乙己庚＝正切己庚餘切己乙㈣而己乙乃星之餘赤緯度也、

問　○1851年、正月初一日、黃赤角爲23°27′25″.47大獅甲星黃經度147°45′30″.3、黃緯北0°27′35″.3、問其經度緯度各若干、

答　經度10點鐘0分25.87秒

緯度北12°41′32″.7

第六章　論日

第一節

何爲日〇日者、恒星之一、乃自明自熱之大火球也、雖大於地百萬倍、然在諸恒星中、或列爲中等、諸行星得按時各循其軌道而不亂者、爲其有吸力也、且大有感應變化之能、動植各物、全賴以發生長養者、爲其光與熱也、

第二節

地距日之遠近〇假如知日之地平視差、及半徑、即可算地距日之遠近矣、而日之地平視差、終難定準、惟按今之曆家所算、幾爲八零十分之八秒、地半徑乃一萬一千四百六十里、如是　正弦八零十分之八秒、比一萬一千四百六十、似未比地距日之遠近、即二億六千八百六十二萬里、然此數中、尚有或大或小二十九萬里之差、至今無法確定、

第三節

地行其道之速率〇既知地道之半徑、即知其全周爲十七億三千一百萬里、以一年之秒數除之、得五十五里、即地每秒繞日所行之速率也、然地自轉赤道諸點、每分約向東行四十九里、故地繞日轉、比其赤道自轉、約速六十六倍焉、

第四節

求日之半徑〇日視徑之平數、乃三十二分零四秒、在日面一秒、既等於一千三百有二

零百分里之二十六則日之全徑爲二百五十萬五千四百里即地全徑之一百零九倍半也夫兩球之體與其全徑之三方既有正比例則日體比地體有一百三十萬倍之大設全徑二尺之球爲日則地不過如一小豆而距日約二百一十尺按此理又推至近之恒星約距二萬三千里月距地之平數既不過六十九萬里此如人在日心欲向外行行至月距地同遠處不過有日半徑之半焉（體或日體積質或日體質下凡單用體質等處皆倣此）

日之質何如○日之質約爲地質之三十三萬二千倍欲求之其法如下可設甲爲日吸地之力乙爲地之吸力設 未′爲地之半徑未爲地距日之遠近丙爲地之質丁爲日之質即所欲求者是也按吸力之理 $甲:乙::\frac{丁}{未^2}:\frac{丙}{未'^2}$ 或說 $丁=丙\left(\frac{甲}{乙}\right)\left(\frac{未}{未'}\right)^2$ (一) 夫未′分之未＝23440其方＝549433600而乙爲386英寸即地之吸力宜令墜物每秒下落之寸數也求甲之同數可取重學 $甲=\frac{戊^2}{未}$ 之式(二) 戊乃地繞日行之速率也即每秒行18.495英里代於(二)式內得甲＝.2333英寸如是 $\frac{甲}{乙}=000060044$ 約爲 $\frac{1}{1654}$ 故 $丁=丙\times\frac{1}{1654}\times549433600$ 或說

丁＝332000丙、與題合矣、$\frac{乙}{2}$既爲地面向地心者、每秒墜落之尺數、則$\frac{甲}{2}$必爲地向日每秒行之數也、即英寸之千分之一百一十六、抵華寸千分之九十五有奇、故地繞日轉、每五十五里、其向日偏者、不過一寸之千分之九十五有奇耳、

第六節 日之密率○夫各物之密率、既等於體分之質、則日之密率、爲地之$\frac{332000}{1300000}$＝255即地密率之四分之一有奇也、地既比水多5.58則日之密率爲水之一零百分之四十一倍也、

第七節 日之形式○日既自轉、則非爲正球、其赤道徑必長於南北軸而爲撱形、夫凡天空之球、其撱率或大或小、有二例焉、一撱率之大小、與球自轉而生之離心力、有正比例、一撱率之大小、與球面諸點所受之吸力、有反比例、然日自轉之速率既遲、其赤道諸點之離心力、較地赤道諸點之離心力、小約六倍、而日面諸點所受之吸力、比地面諸點所受之吸力、約大三十倍、據此算日之撱率、約爲地撱率之一百八十分之一、前第一章、言地之撱率、爲二百九十四分之一、故日之撱率、爲二百九十四分之一之一百八十分之一、等五

萬三千分之一、或云日之赤道徑、較南北軸所長者、卽南北軸之五萬三千分之一、爲曆家所不能測明者、故按理推日雖爲擠球、然以器測之、則仍爲正球焉、

第八節

日之吸力○凡有實體之球、其吸力既皆歸於重心、球面每點所受之吸力、與本球之質、則有正比例、卽　日之吸力：地之吸力：：332000：1、若外點與距中心之遠近、則有乘方反比例、卽　日之吸力：地之吸力：：1^2：$(109.5)^2$　故　日之吸力：地之吸力：：332000：$(109.5)^2$：：27.6：1、是地面一斤之物、倘移至日面、卽有27.6斤、如某人在地面、稱重一百斤者、在日面可稱二千七百六十斤、故凡地面之物、自上墜落、於第一秒內、必落十五尺四寸、而在日面墜落、必落十五尺四寸乘二十七尺六寸、等四百三十七尺也、

第九節

日斑○用精遠鏡測日面、有時可見無法形之黑斑、大小不等、名曰日斑、斑之現也、必始於日之東邊、漸向中心、約十四日、卽沒於日之西邊、約再十四日、復現於日之東邊、其視周時、約爲二十七日七點鐘、其斑大抵分三層、下也中也上也、或名內中外斑、內斑所發

第十節

之光既較日面他處尤小故見甚黑然非無光試以甚明之火燄移至目日之間即視如日斑焉且近來泿槩以妙法銷盡日面他處之光見內斑有本光此內斑爲中斑所圍且時有中斑數帶跨內斑之面有若浮橋橫江而分之爲數內斑焉中斑較內斑畧有光但以平常遠鏡測之亦如無光此中斑亦爲外斑所圍且時爲外斑所發之光線分爲數中斑與內斑相同外斑以遠鏡視之不明不暗以大利天文士隋其云此外斑有明暗線相間而各線皆向中斑之中心總之日斑雖多分三層亦有時僅有中層而無上層下層亦有時僅有上層而無中層下層茲不具論

日斑變形○日斑不第皆爲無法形且皆爲無定形初生時恒爲一小點而長大甚速有二十四點鐘時即成者後歷十日至五十日不等即稍變其形再後中斑爲外斑之光枝所分而光枝左右多發小枝以至中斑皆爲外斑所蔽更有變形甚速者一點鐘可漲縮三千里自生至滅歷時亦不同甚有一日之內旋生旋滅者又有歷數月方滅者且其大小又各不同最小者甚精遠鏡僅能見之最大者日出入時無須藉鏡目力即可見之當

一千八百四十三年間、有大日斑、七日皆然、其視徑爲一百六十七秒、畧爲二十一萬七千里、約爲地全徑之十倍云、

第十一節

日面多生黑斑之二帶○日斑之生於日面也、並非各處皆有、其近日赤道南北各八度之大帶內則甚稀、惟八度至二十度二大帶內則最多、若三十度之外、則罕有之、而距日赤道各四十五度處、古今所見者惟三、即南北二大帶內之斑亦不同、屬北帶者、大而且多、屬南帶者、小而且寡、且北帶自十一度至十五度之一帶所生者、最大而久、至其所以生有多寡者、曆家尚未悉其故、惟當其最多時、視衆斑如欲成羣、然大抵每羣之大者、在其西邊、而諸羣自日之東邊、至日之西邊、恒列爲一道、畧與日之赤道平行云、

第十二節

黑斑爲日面之大坑○昔時曆家、以日實爲一大球、而無本光、球面有高山窪地之別、惟球外之氣、甚熱而明、其下層厚如雲、包日之實體、厚氣有時開裂、則山頂高出氣面、而見如黑點焉、至一千七百六十九年、有名魏勒森者、明証黑點非日面之高山、反爲大坑、因見日斑於日之西邊、四圍等寬、至第二日、則見外層之東邊變窄、而西邊如故、至第三日、

第十三節

則外斑之東邊不見、而西邊仍有、歷約半月、復見於日之東邊、然與前所見者則相反、蓋斑之東邊有外層、而西邊則無、次日西邊稍有外層、而窄於東邊、至斑過日心、外層則四圍等寬、由此可知日斑必爲大坑、始有此形無疑矣、後此之歷測者、咸證此說爲不謬、

日多斑有定時○當一千八百二十六年間、有嘞嗶者、擬意逐日測日而數其斑、意謂苟知其多少之時、即可查斑之來歷、故自是年至一千八百六十八年、每年窺測日面、約三百日、而記其斑數、與他天文士所測者皆符合、便知日斑之多寡有其定時、每十一年零百分之十一日斑較密、最多時而每日皆有者、可有年餘、最少時有數月不得見者、然不敢謂其絶無也、楊氏云、日多生斑之周時、既畧同於木星繞日之周時、故前有擬意爲木星之吸力而生、果爾、則木星近日時斑宜多、遠日時斑宜少、細測之有時木星近日而斑多、然有時木星遠日斑亦多、故知斑之多少、與木星之周時無關、爲侯失勒約翰云、日斑之故、或因繞日之羣流星、約十一年一周、每近日時、即有如許落於日面、落處即現爲黑斑、誠如此說、日面之處、何有生多生少之分、近數年細測其時、知水金地三行星距日近時

斑則多、然每十一年卽多之故、又不敢因是確定焉、

第十四節

日斑之自行○測日斑以定日自轉之周時、其數不同、小則二十六日六點鐘、大則二十七日七點鐘、日自轉之速率旣均、則此差、必因黑斑有自行之故、蓋近日赤道者行則速、遠日赤道者行則遲、第卽近日赤道、較距日赤道三十度者論之、每日可差五十分、日斑不特改其經度、亦改其緯度、有向日之赤道者、有背日之赤道者、此外更有螺環形者、如地面之旋風然、日斑倘能自轉、卽宜生此式矣、

第十五節

日斑爲氣質○日斑生滅、旣如此之速、意者所見之日光球、卽日之外殼非實體也、且日斑又如此速改形式、意者日光球、亦非流質、而爲氣質所成也、至光球內、其體之實否、無法考覈○以極精之寒暑表試日斑、見其外發之熱、少於日面他處、然此亦不足證日斑之熱、較少於日面他處、因日斑雖爲大坑、而非爲虛坑、其中必有最稀之氣、按熱學理、同熱之二體、氣體外發之熱、較少於實體、苟依此理、則最稀之氣、雖與日面他處等熱、其外發者必少、大抵日斑、較日面他處爲更熱也、至斑之所以分內中外者、乃因內斑之光、雖與日

面他處之光相等、而外射之時、須多歷氣一層、故視之如無光焉、中斑較內斑所歷之氣少、故視之略明、而外斑較中斑所歷之氣尤少、故視之尤明也、

第十六節

日面發斑之故○日所以發斑、曆家之說不一、因未洞徹其理也、[二] 談天云、侯失勒考知日多發斑之時、正合於磁氣大搖之時、大地皆同、蓋考指南針搖動之時、及其久暫、與日面斑多及大之時、皆相符合、則必非偶然、二者之所以符合、誠爲格致之要事、但至今鮮有能解其理者、[二] 費氏云、日光球既純爲氣質、而自轉之速率不同、近日赤道者速、遠日赤道者遲、如此言之、有如中流之水、直趨而前、其旁流之遲者、則成爲漩窩、而赤道旁之彷彿漩窩者、卽日斑也、日赤道之南北、所以各有生斑之二大帶者、於此益明矣、今按此式、其北半之斑、形同螺圜者、宜如表針之順轉、而南半者、必相逆矣、然其順逆則誠難知焉、[三] 隋其云、日光球時或崩裂、熱氣外出、及至上升則凉、凉則不明而縮、縮則返落日面、自成黑斑、果如其言、其氣下落、宜成爲圜形之斑、楊氏又有說焉、謂氣既上出、其下必空、而旁有下陷之處、自必現黑、因其所發之光、須多歷氣一層故也、[四] 見十三節末、

第十七節

日斑所行之道爲何改形〇觀日斑所行之道可知日之赤道與黃道不相合反斜交七度之角若相合則無論何時視黑點過日面宜行直線若相交則一年中宜二次行直線餘則不然如圖當三月時日之南極向地而其黃赤二道之交點甲丙適在日邊則黑斑所行之道宜向上彎至六月甲點正在日心而日之北極向右斜故視黑斑之道爲斜直線至九月其北極向地而甲丙二點與三月適相反故視黑斑之道向下而彎至十二月丙點正在日心而北極向左斜故視黑斑之道亦爲斜直線

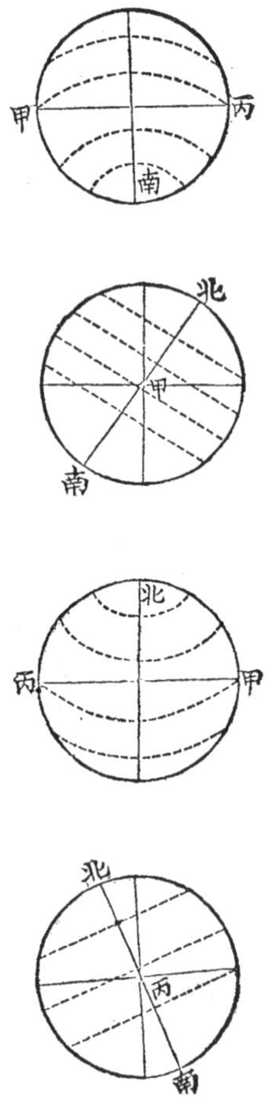

第四十二圖

第十八節

以黑斑定日自轉之周時〇黑斑既出於日之東邊沒於日之西邊必因日自轉而然然

第十九節

地亦繞日而轉、故黑斑之視周時、非日之眞周時也、而可以之求日之眞周時、如圖甲甲´丙丙´、爲日、丁丁´、爲地道、地在丁點、卽見日之半面甲丙、若地在丁點不動、則必視黑斑出於甲而沒於丙、然地亦繞日而轉、故地轉至丁´點時、必視黑斑出於甲´而沒於丙´、是黑斑之視周時、較眞周時多一甲甲´弧、若黑斑再轉一周、則又多一甲甲´弧、而一年中之諸甲甲´弧、等三百六十度、故一年中之視周時、少於眞周時一周、每視周、既有二十七零百分天之二十五、則一年視周之次、必有十三零十分之四、然日每年中、不第轉十三次零十分之四、乃十四次零十分之四也、以此數除三百六十五零百分之二十五、等二十五零十分之三天、卽日繞本軸轉之周時也○按以黑斑定日自轉之周時、有甚難者二、一、斑之大小與形式常變、則量之不準、二、斑有自行、非屢次窺測、取其平數、不能得其眞周時也、

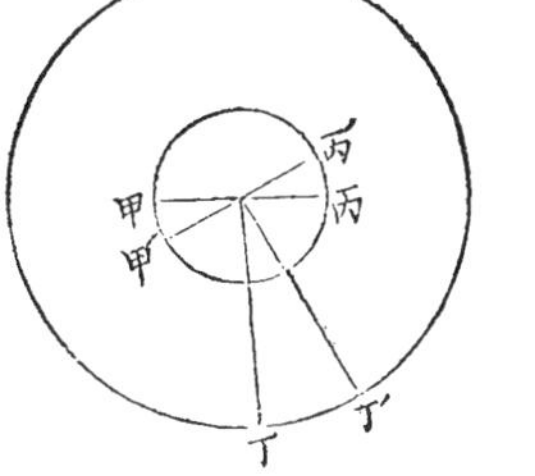

第四十三圖

日之火浪○以大鏡於近日之邊、窺多斑之兩帶時、或有火浪可見、或曲或凹或發小枝、

且恒改其形、曾有導斯者、於一千八百五十九年、先證爲日光氣、因見一大火浪於日之西邊、凸出如山、一千八百六十二年、好里特測大斑沒於日之西邊、此斑始沒、即見沒處有虚隙、其兩邊光球高起、火浪既如此高起、可知生日斑時、相近之氣必大動盪、有若地面火山之奮發、故日面之光氣、即見如波浪翻騰也、因知火浪亦不必祗因日斑而生、凡有能令日面大動者、想皆能生此浪也、

第二十節

日之光點○日面不獨有火浪、且各處更有小光點、諸點係何所成、曆家未能明證、有謂日光球爲數層氣所成、氣之外層甚明、而向下逐層較暗、外層既不甚厚、則常開裂而附於日外之氣中、如白雲畧同、即成光點、浪累細測此點、又見每光點分爲最明數小點、謂此諸最明點、即隋其所云外斑光線之外端也、

第二十一節

包日之氣○日之光點光線、實係日光球之所成、然光球外又有包日之氣、非日全蝕時不克見、此氣可分二層、近光球者、其色花紅、惟輕氣之發易成此色、名曰赤殼、此層之氣、約厚一萬五千至二萬九千里之譜、而其厚薄亦不均、因係豎光絲與光線所成、而絲與

線常有長短不等之別、遠光球者、名日榮圜、即日全蝕時圍月之光圜也、近月邊者、光甚明、目僅敢視、色白而綠、亦係光絲光線所成、似乎月邊所外射者、大抵近生日斑之二大帶、其線最長、而日之兩極、亦有可見者、諸線長之平數、約抵日之半徑、間有長至五六度者、以至少計之、約可二千六百萬里、圜之式見圖自明、此圖、即一千八百八十二年間、日全蝕之像也、圖右之小白線、即當日全蝕時、近日而現之小彗星也、至榮圜究係何氣而

第四十四圖

成、至今尚未查明、因其光圖之明線、與別光圜不同、既有明線、即知榮圜爲自明氣所成也、既爲自明氣所成、則非由於此地之天氣所成亦明矣、且榮光之分色、與虹不同、故知非日光切月被折而成者、既不成於地之天氣、亦不成於月、故知必爲包日之氣無疑矣、茲二氣雖名日天氣、實與地之天氣大相懸殊、因日體熱甚、而其質多化爲氣故也、此氣較地之天氣尤稀、因曾屢見彗星入此氣而過、然彗之速率、仍不以此而易、

第二十二節 赤殼外發之燄○日全蝕時、近日之邊、間見花紅點二十餘處、以遠鏡視之、形如火雲、綺麗可觀、有時如雲、浮遊於包日之氣、亦有時外射、如火山之崩裂、甚至燄尖離日千有一百萬里之遠、至速者、一秒約行七百里、此燄即日不被蝕、以光圖鏡、亦可見之、

第二十三節 計日所發之熱○日所發之熱、實屬難言、惟可以地所受之熱、畧推其多寡而已、然欲知日熱之多寡、必先知地球爲天球之何分、今已測知自日觀地之視徑、畧爲十七秒零十分之六、而地距日之中里數、爲二億六千八百六十二萬里、則凡距日同此之諸點所受之熱、皆與地同、既有如此大之空球、日居其心、其半徑等於地距日之里數、而地半球之面積、爲此球面積之二十二億分之一、可知地一日所受之熱、即盡聚於一點、不過得日所發者二十二億分之一、設以徑三尺之凸鏡、聚日光於一點、即難化如白金者、亦無不化矣、若以與地面等大之凸鏡、全聚日光於一點、其熱當何如也、

第二十四節 夫地每日所受之熱氣、既爲日外發者二十二億分之一、則日每日所發者自不可勝言究之熱於何來、愈察愈難明矣、然確知非日體被燒而生、夫被燒生熱、莫如炭、假如日體

純爲炭、且養氣無限多、則不過五千年、卽可燒歸無有、非生熱之常道也、又知日之熱、並非天空返照之熱、若天空能將日外射之熱、返照於日面、夜間地球背日之一面、當受返照之熱、與白晝直射者無甚差池、何以晝夜懸殊乎、然則日之熱、既非被燒而生、亦非返照而有、究係何來、噫知者鮮矣、昔格物家、則謂日之熱、由彗星隕石等物之擊力而生、蓋以其物天空極多、而日之吸力尤大、日行空中、遇與相近者、則吸之、日之吸力既大、物之墜落必速、故擊力大而生熱多、但此說難信、蓋彗星等物固多、而墜於日面者、固必有所生之熱、如謂能令日生今時如許之熱、每百年中、則物之墜於日面者、必須等於地球之大小方可、且星石等物既多、卽地球所吸者、亦應今多於昔、而其擊地面之力、必致地球亦熱矣、他說中有英人維廉斯云、日既熱甚、則日面各物、必分爲原質、但分化之時、其所生之熱、適抵原物所隱之熱、此熱一生、必向外射、設日無復生之熱、久之必冷、而無外射之熱矣、但自古及今、日之熱未覺少減、何也、蓋日與諸恒星所已發之熱、幾皆散寄於天空、倘日能收諸熱、則日無冷期矣、假如日無自行、則再收之熱、無從可解、然日實有自行、惟其速率尚未考準、據斯得弗云、每日約行一百三十萬零五百里、據艾理云、宜較此數大五倍、日既有自行、則在前所迎之天空氣、被燒發熱、與柴相似、在後所留之天空氣、熱已散盡、與灰相似、夫然而日斯永不滅沒矣、近今則有德人赫莫寺云、日所外發之熱、雖非被燒而生、仍為本體所生、日之熱既常外射、則本體必涼、涼則縮、而諸點皆向中心、如此按藍氏之理則必生熱、以致日發之熱、常與今等、日之體、每年只須縮二百四十六尺此熱即生矣、準此以推、九千年內、其全徑僅縮一秒、故九千年之差、亦僅可量度、故日之半徑、仍視之如故、然使日果有此縮、至五百萬年後、日體可減一半、久則不免滅沒矣、

第二十五節

黃道光〇每年二三四數月間、當日初入時西方近日落處、每見天空有淡光若天漢、若彗尾然、八九十數月間、當日未出時、東方亦見此光、式如圓錐、其底在天地平界、其軸幾與黃道相合、當黃道與天地平界略作直角時、此光易見、凡與北京同緯度處、春分以前、約二十天、見之於西方最明、秋分以後、約二十天、見之於東方最明、其尖距日、自二十至九十餘度不等、底之寬自八至三十度不等、愈近日愈明、愈遠日愈淡、錐尖距日、既有長

至九十餘度者、可知其尖至日較地至日尤遠矣、至論黃道光因何而成、曆家尚未深諳、大抵爲返光氣所成、亦間有彗星繞日所遺之餘氣、日既有此黃道氣、侯失勒謂與雲星無異、宜列此等星內、

今有牛亥分之格物士懷氏、以光圖鏡測黃道光、其圖與被返之日光所成者無異、故知此光非發於自明之氣、意爲乃繞日轉之微物質等、所返之光也、夫此種微物愈近日理應愈密、而水星道尚所未解之變、大抵由此而生也、見下卷十三章二十五節末上二十一節、言包日之氣、其光圖中有數明線、與別光圖之明線不同、而英之鑠燧以哪威國之一種奇石、分其原質、偶得化學尚未識之氣、此氣之光圖中、亦有數明線、與日光圖之彼明線適合、故知其質同也、後德之化學士開燧、驗彼國南境之溫泉所發之氣泡中、亦多含此氣、此氣西名希里恩、意即日之氣也、

天文揭要

第七章　論諸曜之小動

論歲差○歲差者、即恒星之黃經度、每歲所增之50″·2也、然恒星雖變其黃經度、其黃緯度則如故、因黃道自古及今、幾於未變其所在故也、經度既自春分點向東而計、則諸恒星之經度、每年加增、其故必因天空之諸曜、俱直向東行、或因春分點每年向西退、然若謂天空各曜、無論大小遠近、皆依相等之角率、向東而行、實與理不合、然則歲差之故、必因春分點之向西退也、明矣、春分點既為黃赤二大圈之一交點、而黃道永不易位、則春分點向西退、必因赤道之向西轉也、又明矣、赤道向西轉、其北極亦必繞黃道之北極向西而轉焉、春分點既每年向西退50″·2、其轉一周、即360°＝1296000″、以50″·2除之、等於25800年、赤道既如此而轉、則北極不能恒近一星、當耶穌前140年、北極距今之北極星約12°、而今則相距不過1°18、若再歷至耶穌後2095年、相距將不過26′30″、即今北極星距極最近之時也、若自今歷12900年、則北極必繞黃北極轉180°、相去今之方位約45°、相去織女星約5°矣、

第二節

天北極、既爲地北極所指之點、或誤會天北極既易其位、地北極亦必然、果爾、則日久年遠、地面各緯度、必常更改、但各緯度今仍如故、是地之北極未易位也明矣、夫天北極易位、地北極仍不易位者、蓋全球與之俱轉、如以鐵軸貫地球、其出地之兩端、永無易位之時也、

地北極、既繞黃北極而轉、可知四時必互爲變更、今者地之南北軸、恒向圖之右邊、（見第四章）（二十七圖）歷6400年、則今日之四時、必將後退一步、卽夏退至春、春退至冬、餘仿此、又歷6400年、則恒向圖之左邊、而四時又後退一步、卽今之夏退爲冬、春退爲秋也、

歲差之故○假如地爲正球、其體質四圍均等、必無歲差、然實非正球、其赤道徑較南北軸長、形如圖之子丑寅卯圜、圜內之黑帶、近二極者愈薄、近赤道者愈厚、名爲赤道殼、但地雖有此形、而赤道若與黃道吻合、則其南北二半球、受日之吸力相等、亦必無歲差、然黃赤二道既斜交、除日在春秋二分點時外、黃道南北所受日之吸力、卽不均、如圖、人爲日心、人庚爲黃道之平面、丑申卯辛爲赤道、壬點以下之象限、質既大、受吸力亦大、故日

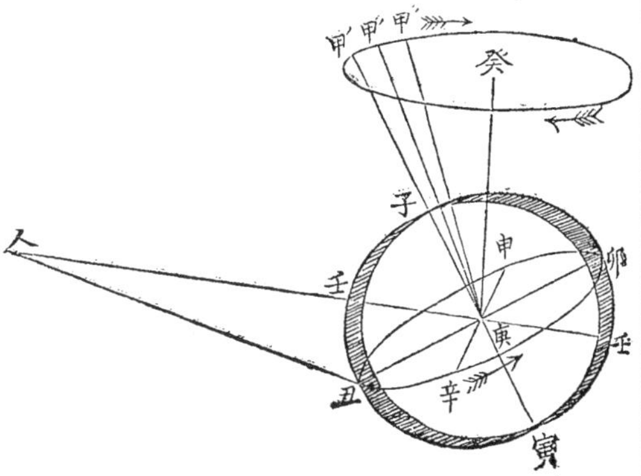

第四十五圖

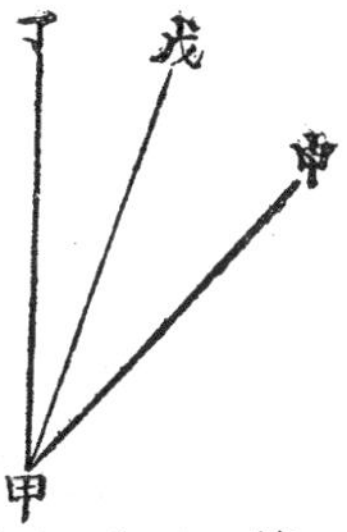

第四十六圖

恒欲令丑點上行、迨至赤黃二道相合、則地之北極向右、而在地之彼邊、日吸地之力、適與上相反、乃欲令地之北極向左、夫丑點距日、較卯點既近、則北極向右之力、較向左者微勝、故苟無他力相阻、則地必繞申辛二點之連線（卽二分點之連線）而轉、至丑點與壬點相合也、然地非特繞申辛軸轉、亦有他力、令繞南北軸而轉、故既同時受此二力、則必隨二力之合力而轉、（如第四十六圖）以甲丁爲地之本軸、其繞本軸轉之力爲壬、假如再加一力、令繞甲申而轉、其力爲壬′、則地不能同時繞甲丁與甲申二軸轉、必繞申丁甲申同面之甲戊而轉、定甲戊之比例、卽　正弦丁甲戊∶正弦申甲戊∷壬′∶壬、如是（見第四十五圖）子寅爲地之本軸、申辛爲二分線、地既不能同時繞此二軸轉、卽必繞二軸之合軸甲″庚轉、此合軸必在甲′

庚申平面內、而其與甲庚及申庚所交二角之正弦、似地繞此二軸之速率反比、然地既常受日之吸力、則甲必時變其方位、至甲′甲″等等、而繞黃極之癸點而轉也、

問　○春分點爲何不隨地自轉之方向而行、反向西退乎、

春分點退後如此之遲、因赤道殼之體質、較其以內正球之體質尤小故也、赤道殼受日之吸力、固欲令地繞申辛軸轉、但亦必掣地之全球、故行之甚遲也、歲差之故、非特日之吸力、並月既距地更近、其吸力令生差更大、較日所生者、若五比二、其理同、而日尤便於解、故不具論、　諸行星亦皆吸赤道殼、令生小差、適與日月所生者相反、乃令春分點每年向東行．1 6″、日與月既每年公令春分點西退5 0″．3 7、此二數之餘、爲5 0″．2 1、即春分點每年西退之均數也、

論章動○日月二曜之赤緯度、如永不改、不第歲差可爲恒數、即黃赤角亦幾爲恒角、而赤極繞黃極轉之道、亦必爲正圜、但二緯度無時不改、故歲差不均、且赤極隔黃極、互畧近遠、此差名曰章動差、按差之由來、可分爲二、一日章動差、因日每歲二次改其緯度、自○度至二十七度半不等、其差至大、等於一零十分之二秒、二月章動差、此差又分爲二、

第四節

一爲月交點差、因月之升交點、與春分點相合、月之緯度則至大、與秋分點相合、月之緯度則至少、且由至大後及至大、歷約十九年、其差至大、等於九零十分之三秒、一爲三旬差、因月每繞地一周、半月在赤道北、半月在赤道南、此差與日章動差理同、而差甚少、不過一秒之十分之一、北極既依上二動、繞黃極行、則所行之圜非平圜、亦非橢圜、乃成浪紋之圜、如圖欲求此圖之浪數、可將25800年、以十九除之、得數約爲1350、卽月因易其交點所生之大浪也、每浪紋又分爲十九浪、卽日所生之小浪、再將此十九浪各分十二浪紋、卽月每年所生之小浪紋也、則地北極繞黃

第四十七圖

北極行之圜、因日月之章動差、宜有1350×19×12之浪紋也、

太陽年比恒星年短之故○自日過春分點、至其再過、爲一太陽年、自日過某恒星、至其再過、爲一恒星年、春分點既每年後退50″.2、則日每一太陽年所行之弧、較一恒星年所行者、少50″.2、而日向東行50″.2、乃用20分22秒、故太陽年既爲3655

點鐘48分48秒、則恒星年、即爲365日6點鐘9分10秒也、

論光行差○諸曜又有光行差、因地繞日行甚速、而光行亦有所歷之時、故人視之、俱生微差、譬如無風時、人立雨中、雨俱直下、若直持一筒不動、則入筒之雨點、必直墜筒底、而不著筒邊、但人若前行、則必著筒邊、一若雨點斜入筒旁

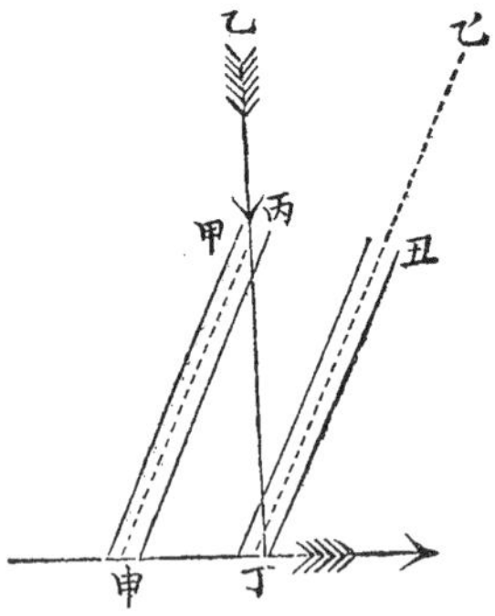

第四十八圖

如圖 設雨點自乙下墜、斜持甲申筒、若筒不動則著甲邊、若雨點在丙時、筒向丑行、令筒底自申至丁、與雨點自甲至丁之速率適合、則必直墜筒底、故雨點雖直下、人視之、一若隨甲申軸線而落也、按八線理、 申丁＝甲丁×正切申甲丁、或曰筒之速率、等於雨點之速率、乘雨點視差之正切、而光行差亦可按此理解之、如申至丁、爲地繞日一秒中所行之小弧、乙爲某星、甲丁爲此星光一秒中所行之線、測者在申、視星光在甲、而此時之地、已自申行至丁矣、光雖依甲丁線行、人必視之如依甲申線行、故在丁點、必見星不在乙而在乙、即光行差

也今地繞日每秒行十八英里有半、而光每秒行十八萬六千三百三十英里、按此數難定又有二十五里之多寡不等 欲求光行差之常數、如申甲丁三角形、正切申甲丁＝$\frac{申丁}{甲丁}$＝$\frac{18.5}{186330}$＝$20''.478$、故凡距地道$90°$之星、其光行差恒為$20''.478$也○由上所論、地繞日行何方向、則諸曜因光行差、必視之偏此向少移、如圖之甲為日、乙丙丁戊為地道、己庚辛壬為天黃道、子為黃極、若星在子、地在乙、則必見星在丑、而其光行差為子丑、地自乙行至丙、則必見星自丑行至寅、而其光行差為子寅、地行至丁與戊、亦必如此見星行至卯與辰、但子丑與子寅、以及子卯子辰、皆為$20''.5$、是以黃極之星、因光行差、必視之每年行全徑$41''$之小圜也○假如此星在黃道之平面、如辛點、而地在丁、則必現於辛點以上$20''.5$、因光道與

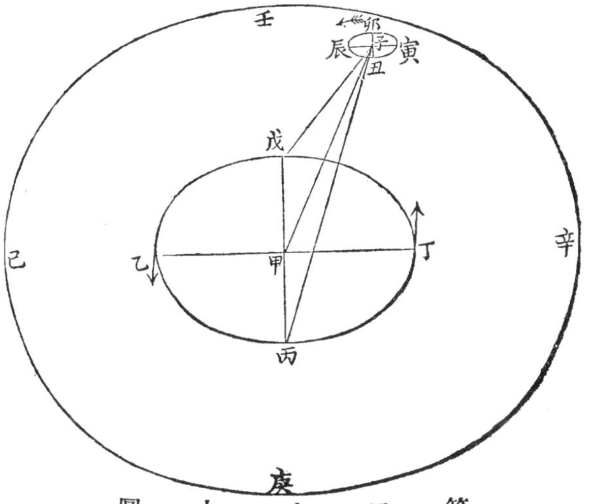

第四十九圖

地道正交故也、地在戊、則星光線、與地當時行之道同向、故無光行差、地在乙、則星必現於辛點以下２０″·５、地在丙、又無光行差、是以星若居黃道之平面、必向左右各行２０″·５、而所行之道、與黃道相合○倘星不在黃極、亦不在黃道面、則必視行４１′長徑之小撱圜、而其短徑等於４１′乘星黃緯度之正弦、

按前謂光行差者、乃地繞日所生之光行差也、然地球自轉、亦微生光行差、自赤道視之、等於一秒之百分之三十一、若自他緯度視之、等於一秒之百分三十一乘餘弦癸、癸乃測者之緯度也、其差之大小、隨星距午線之遠近而異、過午線時則至大、因此差、而星之赤經度微增多、所多者等於一秒之百分之三十一餘弦癸正割癸′癸′乃星之緯度也、

第六節

地道長徑自轉之周時○地道之長徑、卽地距日至近至遠二點之連線也、查其今昔之方向、知此線之方向常變、而其兩端、每年向東行１″·８、故其經度常增、但春分點、既每年後退５０″·２、此兩端（卽地距日至近至遠二點也）之經度、每年必增６２″、如是地道之長徑轉一周

時、或言其恒星周時、爲1080000年、而其春分周時、卽自過春分點至再過爲20900年、

小註　按本章首末二節之理則北半球之春與夏必漸退而至近日點而南半球之秋及冬必漸退而至遠日點第與今相反耳然雖與今相反後亦必過而復始也

天文摘要

第八章　論月

第一節

求月距地之遠近〇有月之地平視差、及地半徑、即可推月距地之遠近、夫月之地平視差、其均數五十七分二零十分秒之三、故　正弦五十七分二零十分秒之三、比一萬一千四百六十、似一比六十九萬零六百三十、即月距地之均里數也、然月之地平視差、並非恒數、最大爲六十一分三十二秒、最小爲五十三分四十八秒、據此二數算月距地之里數、最近爲六十四萬八百二十里、最遠爲七十三萬一千五百里、

第二節

求月之眞半徑〇有月之視半徑與遠近、即可求其眞半徑矣、夫月之視徑、與其距地之遠近、有反比例、最大爲三十三分三十一零十分秒之一、最小爲二十九分二十一零十分秒之九、其均數即三十一分七秒、如是　一比六十九萬六百三十、似正弦十五分三十三零十分秒之五、比三千一百二十六、即月半徑之里數、倍之去光榮差六里、所餘者爲六千二百四十六里、即月之全徑也〇凡兩球之體、既與其全徑之三方有正比例、則月之體、爲地體之四十九分之一、月之密率、既爲地密率之千分之六百一十五、則其質

即爲地質之八十分之一、

第三節

月道之要點○月與日黃經度之相同點、爲其相合點、其相距一百八十度之點、爲其相衝點、月道距日九十度與二百七十度之點、爲上下二象限點、月道交黃道之點、其自南而北者、爲升交點、自北而南者、爲降交點、月道最近最遠之二點、爲近地遠地二點、此二點之連線、即月道之長徑也、

第四節

月繞地轉之周時○月繞地轉、乃自西向東、與地繞日同向、而較速十三倍、故約二十七日即繞地一周、但月圍地轉所繞之中心、非地心、乃地月二球之公重心也、此處在地月二心之連線、距地之心、約八千一百八十三里、月自某恒星週而復始、爲其恒星周時、即二十七零百分天之三十二、以此數除三百六十度、則知月每日行之均角率、爲十三度零萬分之一千七百六十四、畧等於十三度零六分度之一、月自日週而復始、爲其太陽周時、較恒星周時、多二日五點鐘零五十一秒、蓋因人視日、亦若常向東行、故月自日週而復始、必行三百六十餘度、而其太陽周時、或言一月即有二十九零百分天之五十三日既

每月向東行約三十度，而望月必距日一百八十度，此即望月之經度每月約增三十度，即黄道一宫之故也。

第五節

求月之太陽平周時法○日月東行之速率既不均，則月之太陽周時亦必不均，欲求其均周時，莫若取月蝕二，各測其中時，爲當日之何時，夫月蝕之中時，於二曜相衝時爲最近，既有其中時，即不難求其相衝之時，復以兩月蝕相距之月數，除其相距之日數，所得者，即月之太陽平周時也，此兩月蝕相距愈久，所得之數愈精，故苟以迦勒底人當耶穌前七百二十年所測之月蝕爲第一，而任取今之一月蝕爲第二，縱得數有差，亦甚微矣。

第六節

求月之恒星周時法○既有月之太陽平周時，可借求其恒星周時，試設甲爲一恒星年，甲爲月之恒星周時，丁爲月之太陽周時，則　甲比丁，似三百六十度比甲分之三百六十度乘丁，即日每月東行之弧也，故月每太陽周時，比每恒星周時所行之弧，多甲分之三百六十度乘丁，則　三百六十度加甲分之三百六十度乘丁比三百六十度，似丁比甲，即一加甲分之丁比一，似丁比甲，故　甲等甲加丁分之甲丁，等三百六十五零百分之二十五加二十九零百分之五十三、分之三百六十五零百分之二十五乘二十九零百分之五十三等二十七零百分天之三十二、即月之恒星周時也、

第七節

月道之方位與形勢〇於每日月過午線時、測其赤經緯度各若干、即可按五章二十節推其黃經緯度、觀所得之數、可知月道非與黃道相合、乃相與作五度八分四十八秒之角、又按四章九節十一節、求月道之式、可知月道亦爲撱圜式、而地居其一心、且知歷時同、月道帶徑所過之面積亦同、又測月視徑之最大最小、可按四章十節、推月道之兩心差、如一千八百六十二年十月、月之視徑最大、爲三十三分零十分秒之六、最小爲二十九分三十四秒、將此二數、依式算其當時月道之兩心差、即　午分之亥等十萬分之八萬九千五百六十九、將此式代於撱圜公式、卯等亥加午分之亥減午、則得卯等千分之五十五、即月道之兩心差、約爲十八分之一也、

第八節

月過午線之時爲何常差〇一太陰日、即月自過午線、至其復始時也、歷二十四點鐘三十八分、至二十五點鐘六分、不等、其平數即二十四點五十一分、此差蓋因月每日向東

行之速率不均、而太陰日故不等、所以不等之故、與太陽日同、（見四章十八節）太陽太陰二平日、所以常差五十一分者、蓋因月每日所行之經度、多於日十二度十一分故也、故日與月若於某日同過午線、至翌日日過午線時、月尚偏居午線之東十二度十一分、而地自轉十二度十一分、則須五十一分時也、

第九節

月過午線之高度亦常差○此蓋因日於冬夏二至過午線之高度、相差四十六度五十四分、而月道又與黃道作五度九分之角、故月最大最小之二高度差五十七度十二分也、凡與北京同緯諸處、月過午線之高度、最大爲七十八度四十二分、最小爲二十一度三十分、（月過午線、其高度最大之時。卽月道升交點與春分點相合、且月距交點九十度之時、）

問　○於本處月過午線之高度、其最大最小各若干、

第十節

月之盈虧○月繞地轉一太陽周時、其明面有盈虧之別、而其光並非本有、乃借日光而返照於地面者也、夫月之明面、漸盈漸虧、因日恒照月之半面、而月向日之面、其明球分向地則不均、如初一月向日之面全背地、則不見其光、至初三四、月向日之面少向地、則

視如蛾眉、至初七八、月向日之面半向地、則視如半輪、至十五、月向日之面全向地、則圓輪畢現、後又漸虧、理與上同〇當朔後二三日、月之暗面亦能見之、蓋自月觀地、與日相衝、而地爲盈、故地所藉於日、而返照於月之光較多、則月之暗面、必得地光、如月盈之時、地得月光畧同、但月所得於地者多、因自月觀地之面積、比自地觀月之面積、約大十四倍〇月之一面、既常向地、自其明面視地永不隱、而自其暗面視地永不見、如此自月明面之中心、必視地畧在其天頂、而盈虧互變、自月之北極視地、必恒在其赤道或上或下約六度、自月之西邊視地、必恒在其天地平界之東、或上或下幾度、

第十一節

穡月〇月過午線之平數、逐日遲五十一分、則其出入之時、亦必如此、而又不適差五十一分者何也、蓋月出入之時、亦隨月道與天地平界之交角而變、其交角愈斜、其出入之時愈相同、如圖甲甲爲天地平界、赤壬爲赤道、設以庚爲春分點、則黄道之方向爲申乙、月與黄道之交角既小、可姑置不論、而以月黄二道爲一、假如月於申乙道、每日按其平角率、行庚辛、辛戊、戊癸、各爲十三零十六分度之一之諸小弧、而於望日在庚、則翌晚必在

辛、至第三夜、必在戊、但此諸點所距天地平界之人辛與辰戊諸小弧、其遞次相差無幾、故月於每夜所出之時畧同、倘月行申乙道、則人辛與辰戊諸小弧、遞次相差甚多、故月

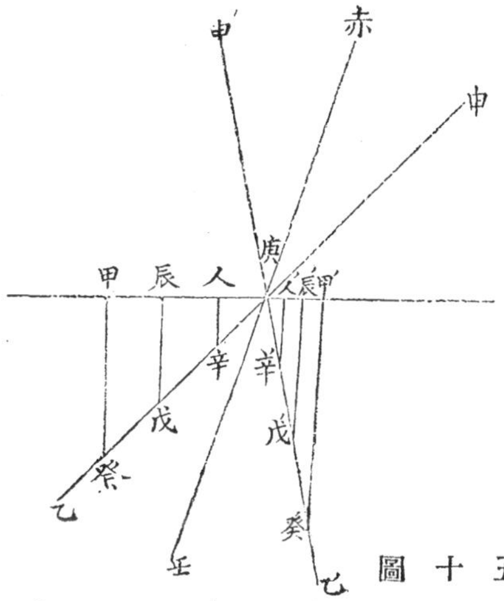

第五十圖

於每夜所出之時更差、夫月每繞地一周、必過春秋二分點、故每月一次、其出入之時、必有如此之別、而望月若近春分點更易見之、月近此點而盈、每在秋分後四五日、數日間月出之時畧同、蓋當秋分與酉點合、春分與卯點合、黃道南半周、盡在天地平界上、北半周、盡在天地平界下、而黃道與天地平界之交角最小、見圖月自南而北、則每日降在天地平界下之度最小、故日入月出、二時相差無幾、當斯時也、晝夜皆光、甚便於收穫、西人名爲穡月焉、

第十二節

月自轉之周時○月自轉之周時、與其繞地轉之周時適等、故月向地之面恒同、而其背

面永不見、且月面諸點之方位亦畧不變、假如月自轉之速率、較小於繞地之速率、則每夜向地之面、必多見其西邊、倘自轉之速率、較大於繞地之速率、則每夜向地之面、必多見其東邊、然二周時適等、正自有故、韓森云、若二周時原畧等、則地之吸力、亦必令其適等、因月與地、在太古皆爲氣球、而地之吸力、必令月面生氣浪、如月令海之生潮汐然、迨後月體漸冷、即成一實橢形、故地之吸力、必令月之長徑常向地也、此說是否、無法攷定、

第十三節

月之天平動○月向地之面、雖可畧云相同、然細測之、亦微有變、其故有三、一月自轉之速率雖均、而行於其道、則有遲速、故月向地之東西二邊、多見數度、二月自轉之軸、不正交月道之平面、乃相與作八十三度半之角、故月之二極、遞次多向地六度半、三地既自轉、而其半徑爲月距地之六十分之一、或五十分之一、則月出入之時、所向地之面不盡同、倘出時多見其西邊半度、入時亦多見其東邊半度、有此三故、故月之面所見不同、其遞次隱現者、爲其面積百分之十八、則其常隱常現者、各等於其面之百分之四十一、

第十四節

月於每夜之視徑、爲何常變○蓋以月出入天地平界時、較其過午線時、距我畧遠、故其

第十五節

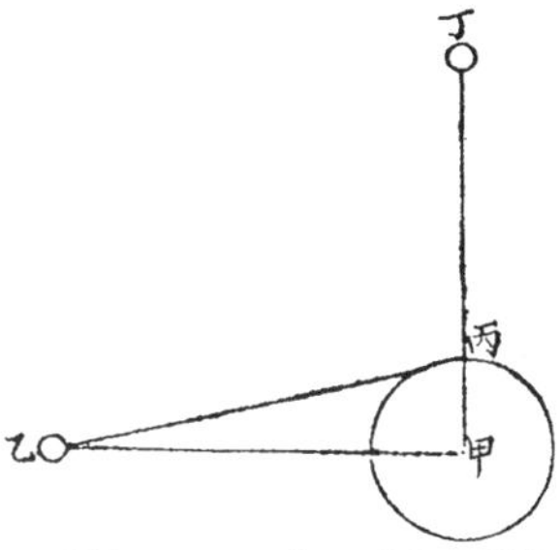

第五十一圖

視徑畧小也、如圖甲爲地心、丙爲視處、乙爲月出天地平界時、丁爲月過午線時、作乙甲、丁甲、相等兩線、又作乙丙連線、卽月出距丙處之遠近、與乙甲之距畧同、但月過午線時、其距丙卽丁丙、而丁丙比乙甲、少地之半徑、故月過午線時距之近、而視徑大也、

月有氣殼否〇月面無氣、卽有亦必甚稀、其證有四、一 因月面無朦朧影、凡地面各處、自日落至日入天地平界下十八度、皆有朦朧影、故日光必以漸而沒、若自月觀地、可分爲三、卽光也、淡光也、暗也、然自地觀月之面、全無所生之淡光、故知月外無氣殼也、二 月體之外、苟有氣殼、則近月之小星、其光必被遮掩、然當月全蝕時、卽適切月之第十等星、其光尚能見之、在他時不能見者、盖被月光所奪、非因月外有氣殼也、三 如月外有氣殼、則星被月掩、必受月面之蒙氣差、如圖、甲乙爲月、丙丁爲氣殼、戊爲某恒星、庚爲地面之一點、戊甲庚爲星與地切月面之連線、夫月無氣、星將被月掩時、必見其附於月邊甲點、假令有氣、則星雖在月後戊點、而其光線出入月氣被折、必見於庚

甲線上、即星出月時、亦與上同、是月有氣殼、則星被掩之時少、無氣殼、則星被掩之時多、然以星出入月後所歷之時、推得月之全徑、復以分微尺測得月之全徑、雖屢將二數推測、皆不覺有差、故知月外即有氣、必甚稀、所生之差、既不足一秒、則月氣之密率、不及地氣密率之一千九百八十分之一、譬如以最精抽氣筒抽出罩內之氣、所餘者雖甚稀、然較月氣猶厚也。四 以光圖鏡測日、光圖中視有黑線、又測諸行星較日之黑線尤多、而測月則與日之光圖無異、蓋諸行星之光、射至地面、較日光所歷之氣多、故黑線亦多、而日光如何射至月、仍如何返照於地、則無再歷之氣矣。〇目所見月面署淡之處、古人皆云月海、然以最精遠鏡測之、見有已滅之小火山、則非海也明矣、又月面不見有雲、亦必無水、可爲月外無氣之證、蓋有水必有所化爲氣者、而星被月掩所歷之時、比其當歷之時、則宜微少焉、

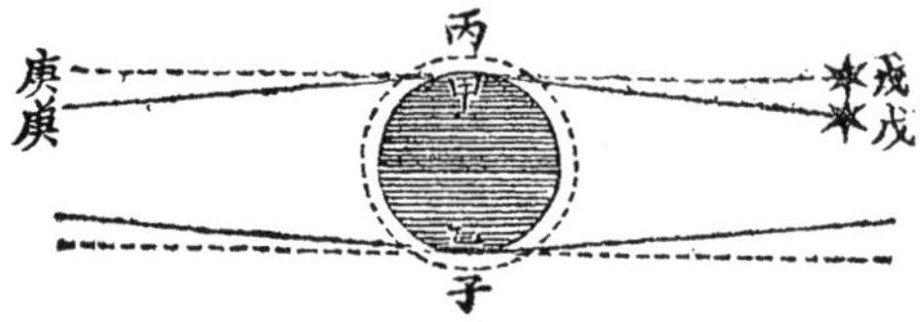

第五十二圖

第十六節

月中有活物否○月之一晝夜既等其一太陽周時則自日出至日入抵半月時然月外既無氣蓄熱故雖當午正較地之高山猶冷蓋氣又稀故也而其夜與晝等長因無氣亦無雲故其冷甚於地面之二極冷既若是則地面動植諸物無一能生存其中者且地面各物須賴水與氣以生而月則俱無益知月中不能生地面之各活物矣然不敢謂全智全能之主不能特造合宜居月之活物也縱或有之其體其性必與居地面者迥別也

第十七節

月所返照之熱○月向日之一面多受熱然當望時地面不覺其有返照之熱何也因曾有以迴光鏡映聚日光於光心著白金一塊即化爲氣而映聚月光光心著以極精寒暑表尚不能令水銀上升一度之五百分之一然此猶未足爲確証也蓋月返照之熱既少甫入地氣之上層時熱已發散殆盡及至地面人不覺也故欲試月有無返照之熱須於高山之巔試之昔有米摟尼士於斐蘇斐俄火山以徑三尺之透光鏡試之僅見有返照之熱又有司密者於嘎那利羣島之提尼利非山（高約萬尺）測得月所返照之熱與常用之燭火離鏡十五尺熱之三分之一相同此以知月雖有返照之熱亦微甚也○夫地自月所

得之熱、恒謂爲月所返照者、究之此說不必盡合、蓋凡日之所照者、其外發之熱、有由返照者、有由積蓄而漸射者、斯二者多寡不等、乃隨質與毛色而異、謹按羅斯所試地自月所得之熱、其七分之一爲月所返照者、而由爲積蓄而射者七分之六至由望月所受者、約爲日發至地之八萬分之一、

第十八節

日月之光相比○天文格致二家、用精器妙法、以日光爲準、而求月光之多寡如何、所得之數恒不同、而皆云日光較月大數十萬倍、又按最倫爾近今測得之數、應大六十一萬八千倍云、論弦月之面積適抵望月之半而其返照之光不足望月之半者蓋眩月之山影多所掩處而望月則無故也

第十九節

月之面勢如何○談天云、以遠鏡窺月面、見有山有谷、其對日方向山俱生影、影有長短之變、比例悉合、又光暗之界線、參差不齊、近此線、山影甚長、蓋此線上之地、見日或出或入故也、入光面漸深、則其地見日漸高、故影漸短、望時光面正向日、故不見有影、用分微尺測其影、可推諸山之高、近有比邇與梅特勒、以此法測得月山一千零九十五座、著其高於册、最高者約二萬二千五百尺、較中國崑崙山之最高處、尚多四千尺、月山近光界

時、其頂先見小光點、亦如地面最高山、先得日光也、

月中多山、而南半尤多、幾盡山也、山形皆中窪、若碗口、俱爲正圜、在月邊者、視若撱圜、而山之大者、內有小峯矗起、其狀酷肖地面火山、試觀斐蘇斐俄及提尼利非二火山圖、則自信矣、其不同者、山中之火坑甚深、較山之高恒二三倍、如月面最明之亞利他庫火山、高二百五十四丈、其坑口寬有八十一里、深有七百二十丈、以最精之遠鏡窺最明之火山、能分溫石之層次、且見石汁四面下流之跡、如用羅斯之回光鏡、能見亞伯得紐火山坑底之大石塊、又亞里梯路山之四周凸邊、俱有裂縫而向裡、又有一大平原、其壤皆類沙土、上有連山散列、無火山之可證矣、

月面多火山之坑、廣且深、遠勝於地面之火山、似乎奇異、但據已知月面之事而推之、則理無不合、蓋火山噴出之力、不依其球吸力之大小、而下墜之力、實依其吸力之大小、按六章八節、得月面每點之吸力、僅居地面每點吸力六分之一、則地月二球之火山、其噴吐之力若同、石塊於月面應散開尤遠、因其下墜之力較小、故其噴出之碎石等物、不再

落於坑中、而散於坑外、又因月面無空氣、則噴出之物、不若地面有空氣之阻力也、

第二十節

月吸地氣○月旣吸海水而生潮汐、亦必吸地氣而生浪、但所生之浪甚小、如近赤道之新加坡月過午線時、較其在天地平界時、風雨表高一寸之千分之六、於散赫利那島南緯十五度五十五分處、風雨表高一寸之千分之四、蓋距月道愈遠則差愈少也、

第二十一節

月與地面之陰晴何涉○月望前後數日當日落之時、雖有薄雲散布天空、迨月至午正、大抵必雲收天晴、意其熱能消之也、據風雨表每日所記之數可知、又月朔前後落雨之數較月望前後微多、然所多者幾希、攷究多年、不敢確定爲月所生否、

第二十二節

月繞日之道形式如何○自地視月道爲橢圜、地居其一心、然月距地恒較近、且地恒繞日轉、故月之眞道非小橢圜、乃成浪紋之大橢圜也、遞次在地道之內外、如圖甲爲地當月朔所住之點、以子爲月、甲子即月

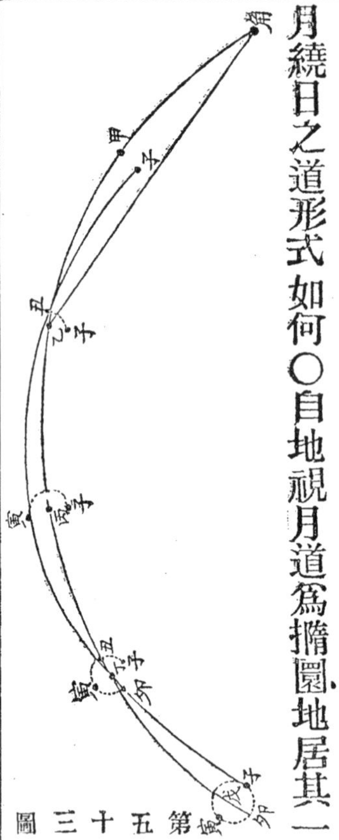

第五十三圖

距地之遠近畧爲恒數可以甲乙爲地自初一至初七所行之弧如是自地看月當時必繞地行四分之一周即子丑虛線然月距地既永不過子甲之遠其所行之眞道非子丑虛線乃子丑實線也月自初七至十五十五至二十二遞至三十所行之道其理皆同圖之虛線乃其視道而實線爲其眞道也觀圖可知月半月常在地道內即初一前後各七天也半月常在地道外即十五前後各七天也月距地既不過爲地距日四百分之一則所成之浪彎俱小而在地道內者自地球視之雖似向日而凸究之仍凹試即本圖之上端證之設甬至乙爲地半月所行之弧長六千九百四十萬里試作一直線連甬乙二點則此通弦之中點距弧線之中點約二百零二萬三千里然月距地最遠之點不過七十三萬一千里則月道必在甬乙弧弦之間如子丑線是故自日視之爲凹形也

第二十三節

月章○每一猶利安年既爲三百六十五零四分天之一而月之太陽平周時爲二十九零千萬分天之五百三十萬五千八百八十七則　二十九零千萬分天之五百三十萬五千八百八十七乘二百三十五等六千九百三十九零千分天之六百八十八又　三

百六十五零四分天之一乘十九、等六千九百三十九零百分天之七十五、是　二百三十五月、與十九年、其中之日數、所差不過幾刻、苟令某日爲望日、再待十九年、此日亦必爲望日、卽不然、前後相差、亦不過數點鐘而已、

第二十四節

月受地之吸力如何〇凡地面之物、其所受地之吸力、與其距地心之遠近、有乘方反比例、如有距地心與月同遠者、卽可推其所受地之吸力如何矣、夫月距地之遠近、爲地半徑之五十九倍零千分之九百六十四、而凡物於赤道、自上墜落、於初秒內、下落一百九十二英寸有半、其物若在月道、初秒下落之英寸數、卽五十九零千分之九百六十四平方、比未方、似一百九十二有半、比萬分之五百三十五、是月受地之吸力、每秒必離其道之切線、向地彎萬分寸之五百三十五也、然此不過知其當然耳、欲知其果然、可按形學證之、如圖甲爲地心、乙爲地面之某點、申丑爲月道之小弧、申壬爲月一秒之行程、倘月於申、不受地之吸力、必行申庚直線、試作壬丁、與庚申平行、壬已與甲申平行、則已壬或申丁、爲月因受地之吸力一秒中所下落者、已知甲申、卽月道之半徑、復以月繞地一周

所歷之秒數、除其一周之里數、則得申壬弧之長短、如是二申甲比申壬、似申壬比申丁、但　申壬弧、即等於其通弧、故　申丁等萬分英寸之五百三十四、此數與以上所推者、相差萬分寸之一、蓋因日之吸力、銷去地之吸力少許故也、

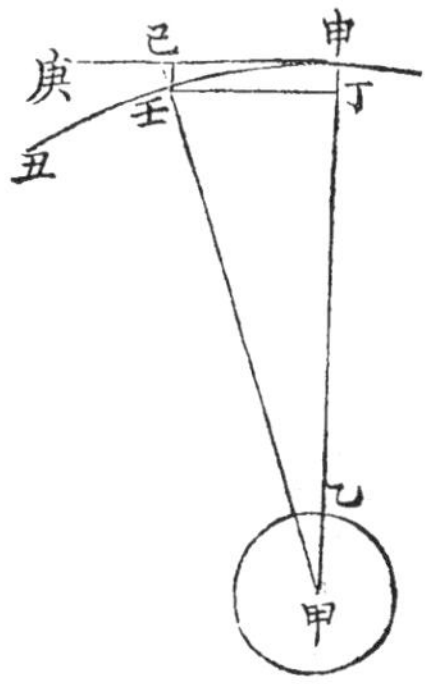

第五十四圖

第二十五節

月受日之吸力如何○按前節形學比例推之、可知地受日之吸力、每秒向日千分寸之二百一十九、而月距日、與地距日之均數相同、故月向日之寸數、每秒亦畧如是、然此數較月每秒向地之寸數、大二倍零五分之一、則月受日之吸力、較受地之吸力、多二倍零五分之一也、

第二十六節

月道交點之退行○月黃二道平面之交點、爲月道交點、若先測定二交點之黃經度若干、復將每月測得之數相比、便知月道之交點、恒向後退、每月一度二十六分三十一秒、而二交點之連線、每十八年二百二十四日轉一周、月之升降二交點、如此向西退、其故何也、蓋月道、既與黃道作五度九分之角、且月道之平面、非恒過日心、而黃道之平面常

過日心、則日之吸力、常欲令月改其道之平面而過日心、如圖 東西爲黃道之一弧、甲壬、爲月道、假如日無吸月之力、則月必自甲行至壬、而壬爲月之降交點、然日實有吸月之力、此力可分爲二、一在黃道平面內、二正交黃道、欲令月與黃道相合、第一力既欲令月向日行、則與月道交黃道點無關、姑置不論、試取甲丙爲月如不受日之吸力一秒所行、而甲乙爲月第受日之吸力正向黃道一秒所行、如此月不得自甲行至丙、必遂二力之合力行甲丁向、過黃道於壬′、則交點退後、而月黃二道之交角畧大、及過壬′、即與上相反、如月在申、若無日之吸力、則一秒內行申己弧、而第受日之吸力、必向黃道行申戊弧、則月必遂二力之合力、行申癸線、而降交點退至壬″、故月黃二道之交角又小、月道交點如此後退、約十九年、週而復始、惟其速率不均、若二交點之連線過日心、則日無吸月之斜力、令改其道、此二交點、既每月約退一度半、則月黃相交之勢、可見第五十六圖 設東西爲黃道、庚爲升交點、甲甲′爲

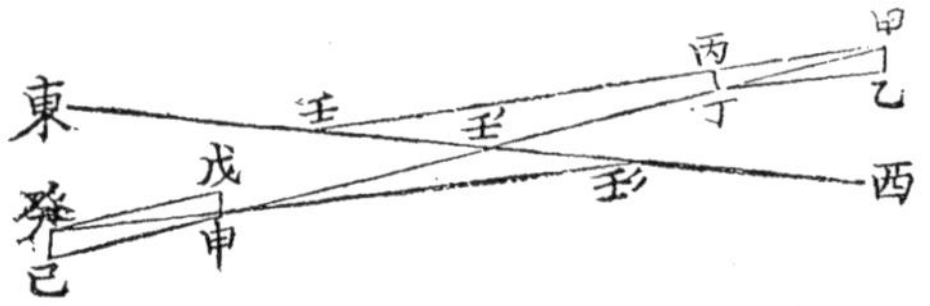

第五十五圖

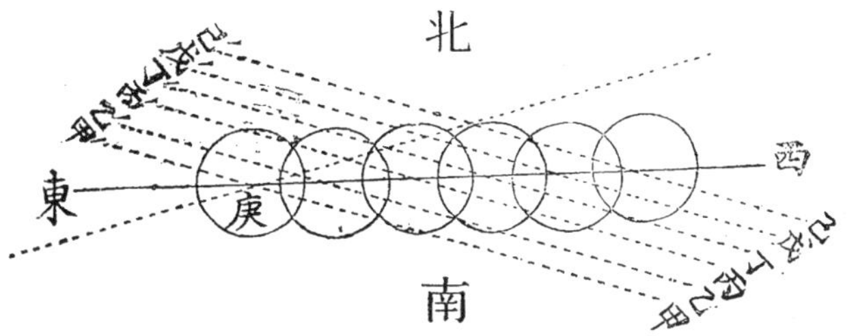

第五十六圖

月於第一周所行之道、乙乙′為月於第二周所行之道、丙丙′丁丁′、為月於第三四周所行之道、升交點每十八零三分之二年退後轉一周、則降交點、亦必如是、迨至過九零三分之一年、則升交點所居之點、移為降交點所居之點矣、而月自南向北之處、移為自北向南之處矣、月黃二道之交角既不大、則甲甲′離乙乙′亦必不遠、其間不足容月之半徑、是以距黃道南北各五度九分大帶以內之星、每十九年、必屢為月所掩云、

第九章　論月蝕

第一節

日月蝕之故○月繞地轉、至與日相合、且入地日之切線、則必掩蔽日光、而有日蝕、月繞地轉、至與日相衝、且入地日引長之切線、則月必入地影內、而有月蝕、但月每與日相合、不必皆有日蝕、卽每與日相衝、亦不必皆有月蝕、蓋月黃二道非相合、而月與日相合、必近其一交點、始有日蝕、月與日相衝、亦必近其一交點、始有月蝕、

第二節

地影之形勢○日與地體、既皆球形、而日大於地、故地之影必爲圓錐形、見第五十七圖 甲乙爲日、丙丁爲地、壬爲月、試作甲丙與乙丁、爲日地之二公切線、引長必遇於戊、若己丙戊三角形、以己戊爲軸、旋轉一周、則戊丙線所過之點、必爲圓錐體之皮、此皮之內、日光皆被地掩、卽爲地影之內虛、

第三節

地影內虛之半角○此角等於日之視半徑、與日之地平視差相較之餘、見第五十七圖 內虛之半角爲丙戊己、或丁戊己、日之視半徑爲中己乙、令等於辛、　日之地平視差爲己乙丁、令等於丑、　則　辛＝丑十丁戊己　故　丁戊己＝辛一丑、

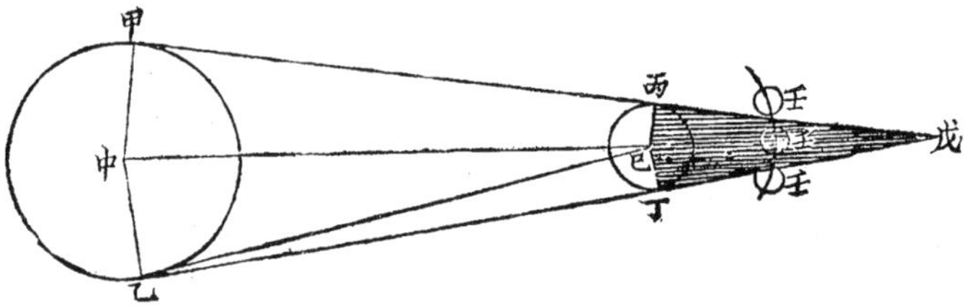

第五十七圖

地影之長短㊀夫地影之長短、乃隨地距日之遠近而變、其均數、爲二百四十七萬六千里、卽月距地之三倍有奇也、如上圖丙己戊三角形、丙爲正角、則正弦丙戊己：丙己∷未：戊己、卽戊己＝$\frac{\text{丙己}}{\text{正弦丙戊己}}$＝$\frac{\text{丙己}}{\text{正弦(辛一丑)}}$、日視半徑之平數爲16′1″.8、其地平視差爲8″.8、則辛一丑＝15′53″、地半徑爲14600里、則地影長短之均數＝$\frac{14600}{\text{正弦}15'53''}$＝2476000里、但月距地之均數爲690630里、故地影之尖距地、必較月距地遠三倍有奇云、

地影內虛於月道之視徑㊁當月道之處、地影內虛之視徑、其均數畧爲月視徑均數之三倍、見上圖壬壬″、爲月道之一弧、地影內虛、於月道之視半徑、爲壬′己壬、但己壬丁＝壬己戊十壬戊己、則壬己戊＝己壬丁一己戊丁、夫己壬丁、爲月之地平視

差令等於丑′、而己戊丁＝辛一丑、則　壬己壬′＝丑十丑′一辛、月地平視差之均數、爲57′2″.3即丑′、而辛一丑＝15′53″、則　丑十丑′一辛＝41′9″.3、但　月視半徑之均數、爲15′39″.9、故地影內虛、於月道之處、其視徑之均數、畧爲月視徑均數之三倍也、

第六節

地影外虛○月入內虛前、約一點鐘、日照月之光、已被地消去少許、故見月光畧淡、（見下圖）設甲丁庚、與乙丙辛、爲日地之二公切線、則辛癸庚、亦爲圓錐體形、於辛丙丁庚圓錐截體之內、日光減少、假如測者在庚壬線之內、則不見日之上截、故光必少、愈向內見日之體愈少、故光亦愈少、及入戊丁線、則日體全不得見、故自地觀月必被掩、而自月觀日爲地所遮、及出內虛、其向外之事、與上同、總之地影分二、一名內虛、即全不見日之處、一名外虛、即少見日之處也、

第七節

地影外虛之半角○此角等於日之視半徑加日之地平視差、（見圖）地影外虛之半角、辛癸戊＝中癸乙＝丙乙己十中己乙、　但丙乙己十中己乙＝辛十丑、　故　辛癸戊＝

天文揭要

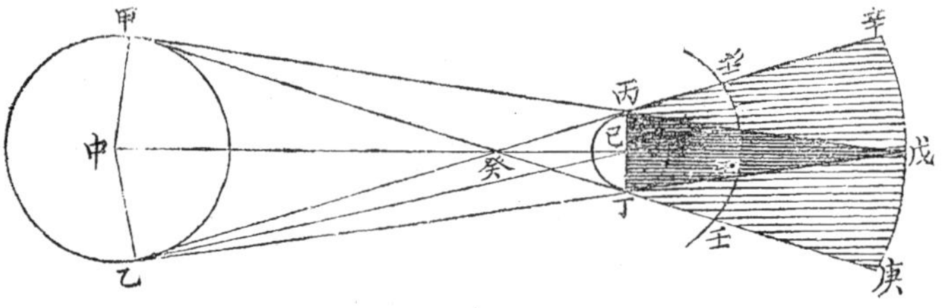

第五十八圖

辛十丑、

第八節

當月道之處、地影外虛之視半徑、等於日月之地平視差、加日之視半徑、見圖 即壬己壬＝己癸壬十己壬癸、 但 己癸壬＝己癸辛、 而己癸辛＝辛十丑、 己壬丁爲月之地平視差、即丑、 故 壬己壬＝辛十丑十丑、

第九節

月蝕所歷之時爲何長於所推之時○按本章十五節、可推月自壬行至壬所歷之時、但所得之數、較月入出外虛所歷之時畧小、因地有氣殼、日之光線切地面或近地面、皆不能射過、即距地面遠之光線、雖能射過、亦被消去少許、故外虛畧大、則月被蝕之時必較所得之數大、月之入出外虛、日光既以漸而減、則其將入將出之眞時、自難測準、故月過外虛所歷之時、難詳考之、曆家云較推得之數約多六十分之一焉、

第十節

月被蝕其光何如○月如全蝕而能見者、蓋地雖居日月之間、其中阻逆之光、仍有透地之氣殼、而射至月者、夫光之所以能至月、即日光線過地之氣、皆向地影之中軸而折、故於月過地影之處、影內處處有光而微淡也、此時月之色、或淡紅、或若舊紅銅然、其所以紅者、乃日光透過地氣、即被折分爲七色若虹、而七色惟紅難滅沒故也、當日落時、有紅雲蒙蔽、亦此理也、而月蝕之色更紅者、因光過之氣、加倍有奇故也、月蝕其面上見有發暗之處、視如斑然、楊氏云、此斑乃因包地之氣、有處雲多而光幾全被阻、如是凡月面被地雲遮光之處、則視暗如斑、若月之被蝕、而全不見者、學者可以此理而推其故

第十一節

黃道之月蝕界○月須與日相衡、且必近其一交點、始有月蝕、欲測月蝕之有無、須於月望測日所居之點、距相近之交點幾何度、見圖　丙午爲黃道、丙子爲月道、丙爲其一交點、甲乙爲地影之視半徑、甲丁爲月之視半徑、若丁乙正等於甲丁與甲乙之和、則月必切地影而過、若丁乙小於甲丁與甲乙之和、則月必入地影而被蝕、丙乙即地影之中點、爾時距近交點之度數矣、夫丙丁乙三角形之丁角、既爲直角、　則　未正弦丁乙＝正弦

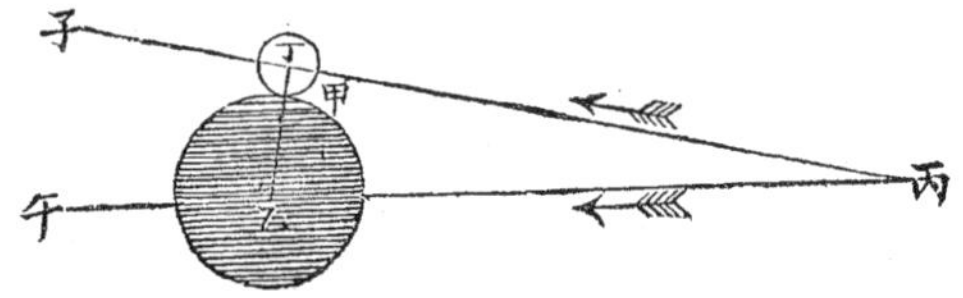

第五十九圖

乙丙乘正弦丙、即　正弦丙乙＝$\frac{\text{正弦丁乙}}{\text{正弦丙}}$、但　丁乙旣隨月距地與地距日之遠近而變、且丙角因日之吸動力常變、故丙乙必隨丙角與丁乙而變、欲求丙乙最大之數、必用丙角最小與丁乙最大之數、按上方程推之、丙角最小爲五度、丁乙最大爲一度二分三十二秒、則丙乙最大之數、爲十二度三分五十六秒、欲求丙乙最小之數、必用丙角最大與丁乙最小之數、按上方程推之、丙角最大爲五度十七分、丁乙最小爲五十二分二十秒、則丙乙最小之數、爲九度三十分、故月望時、地影之中軸、距月之交點、如不足九度三十分、或日距彼交點不足九度三十分、則必有月蝕、然使日距彼交點、過於十二度三分五十六秒、即無月蝕矣、至於日當月望、距彼交點、雖過於九度三十分、而仍少於十二度三分五十六秒、其月蝕之有無、須按算月蝕法、細爲推詳、

第十二節

月蝕之別○月切地影而過、爲月幾蝕、若月之一截入地影而過、爲月分蝕、全入地影、爲月全蝕、若月心過地影之軸、則不特爲全蝕、亦爲月中心蝕矣、

第十三節

每年月蝕二次○若月道之交點、不改其經度、則日自此交點行至彼交點、必歷六月、而日既必近此交點、彼交點方有月蝕、則每年所有月蝕之兩月、必相距半年、假如月道交點之經度、第一爲五十四度、第二爲二百三十四度、苟月望時近第二交點、日則必近第一交點、若日距此點前後不過十二度、可有月蝕、斯時日之經度、必在四十二與六十六度之間、故時必在五月之內、苟月望時近第一交點、日則必近第二交點、若日距此點前後不過十二度、仍可有月蝕、斯時日之經度、必在二百二十二與二百四十六度之間、故蝕時必在十一月之內、當一千八百七十三年間、月道二交點之經度、與上所設畧同、故是年之兩月蝕時、即在此兩月之內、月道之交點、既每年後退約十九度三十分而日行十九度三十分時、須歷十有九日、故每年之月蝕、必早十有九日也、設表於左、

日與月之升交點相合　　日與月之降交點相合

一千八百七十九年正月二十四日	一千八百七十九年七月　十七日
一千八百八十年　正月初六日	一千八百八十年　六月二十七日
一千八百八十年　十二月十八日	一千八百八十一年　六月初八日
一千八百八十一年十一月三十日	一千八百八十二年五月　二十日
一千八百八十二年十一月十二日	一千八百八十三年五月　初一日
一千八百八十三年十月二十五日	一千八百八十四年四月　十二日
一千八百八十四年十月　初八日	一千八百八十五年三月二十五日
一千八百八十五年九月　十八日	

以上諸年之月蝕、相距表載之期、前後總不過十二日、此後推算、不論何年、皆從此例、

推月蝕之大旨○航海通書、常紀日心每日之視經緯二度、從此可知地影中軸之經緯度、蓋日之經度、加一百八十度、即地影之經度、而日之緯度即地影之緯度、惟其南北號常相反、又紀月心每點之經緯二度、將月與地影之經緯二度相比、即知月心距地影中

心幾何分、若月心距地影中軸之遠近、正等於月與內虛二視半徑之和、則月適切內虛、月心距中軸最近時、卽月蝕之中秒也、而至月蝕方畢之時、月心距中軸之遠近、又等於月與內虛二半徑之和矣、

第十五節

畫月蝕圖〇月蝕之根數、航海通書、一一載明、卽日月赤經度相衝之時、二曜爾時之視半徑、與地平視差、及赤緯度、並其移經緯二度之速率也、據此可畫月蝕圖、法如下設甲爲地影之中心、作乙甲丙線、與赤道平行、復作丁甲丁線、卽子午線與之正交、以比例尺、於甲丁線上截取甲辛、等於月心與影心二緯度之餘、若月心在影心之北、則自甲點向上截、在南則自甲點向下截、甲辛既爲月與地影二緯度之較則乙丙卽成爲赤道而地影有圈緯度又自甲點向右、於甲丙線上截取甲丑、等於月較日每點鐘所加之經度、乘月緯度之餘弦、其所以乘月緯度之餘弦者蓋月所加之經度乃小圈之弧而丙乙爲大圈故也又於甲丁線上、自甲點截取甲己、等於月每點鐘所多距地影之緯度、若月向北、則截於甲點之上、若月向南、則截於甲點之下、再作丑己二點之聯線、夫月既不能同時行甲己與甲丑二向、則必行此二線之合線丑己、卽月每點鐘爲地不動所行者、過

第十六節

辛點作戊辛戊′線與丑已平行即月視行之道再將丑已線平分六十小截既知月與日相衝之點（即辛點）爲某點鐘某分則將丑已線同分之點著於辛點上則丑所指之點即月日相衝前之某點鐘而已所指之點即相衝後之某點鐘復按上法將戊戊′線分爲點鐘分秒如月與日相衝爲某月十五日十二點鐘五十四分即令丑已線上五十四分之點與辛點相合則已所指之點爲十三點鐘而丑所指之點必爲十二點鐘也

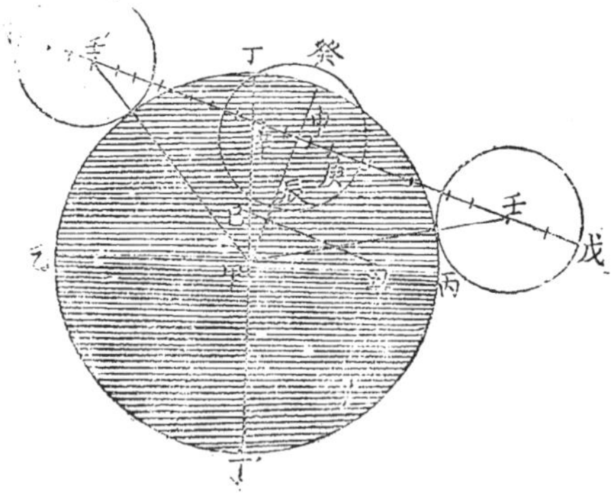

第六十圖

定月前後切內虛之時○以地影之視半徑即丑十丑′一辛十（$\frac{丑十'丑一辛}{60}$）爲半徑甲爲心畫乙丁丙丁′圜以明地影過月道之剖面又加月之視半徑作一圜與地影同心若此圜割戊戊′線則必有月蝕否則無有月蝕則壬與壬′二交點即前後切內虛之點復自甲作戊戊′之垂線甲申癸則申點即月蝕之中點也又以月之半徑爲半徑壬與申與壬′爲心

作三小圜、若申圜全在內虛、則爲月全蝕、若申圜不全在內虛、則爲月分蝕、至於月蝕之大小、乃依癸辰線、與月徑之比爲準、癸辰線愈長、則月蝕愈大、欲於月之全蝕、求其甫入及將出內虛之時、則以地影半徑、與月半徑之較爲半徑、甲爲心、畫一圜、則此圜交戊戊′線之子卯二點、（見下圖）即月甫入及將出內虛之二點也、

第一問〇自以下之根數、可推算1866年3月30日、月蝕諸事、爲哥爾尼之何平時、

月與日相衝於哥爾尼平時	16點39分18.9秒
月緯度	南4°12′55″.5
日緯度	北4°3′42″.3
月之地平視差（按航海通書所記、乃自赤道所看者、下皆仿此）	54′28″.1
日之地平視差	8″.6
月之視半徑	14′52″

日之視半徑　16′2″·2

月一點鐘移經度之速率　28′48″

日一點鐘移經度之速率　2′16″·4

月一點鐘移緯度之速率　南9′14″·1

日一點鐘移緯度之速率　北58″·1

地既非正球、各緯度之地平視差自不同、欲算月蝕、則必取其均數、乃45緯度之地平視差也、但45緯度、月之地平視差、較赤道月之地平視差少5″·4、（見月地平視差表）故等於54′22″·7、夫地影之半徑甲丙＝丑十丑′一辛十 $\frac{\text{丑十丑′一辛}}{60}$ 以根數代之、即　甲丙＝54′22″·7＋8″·6－16′2″·2＋ $\frac{54′22″·7+8″·6-16′2″·2}{60}$ ＝39′7″·6、再加月之視半徑、即得甲壬＝53′59″·6、以甲丙為半徑、甲為心、畫一平圜、為地影、自地影與月之緯度、各減地影之緯度、則地影有圈緯度、惟月有南緯度、9′13″·2、故自甲點以下、截取乙丙之垂線甲辛、即等於此數矣、（辛點在甲點下者、因月心在影心之南故也、）地影與月、既皆向東

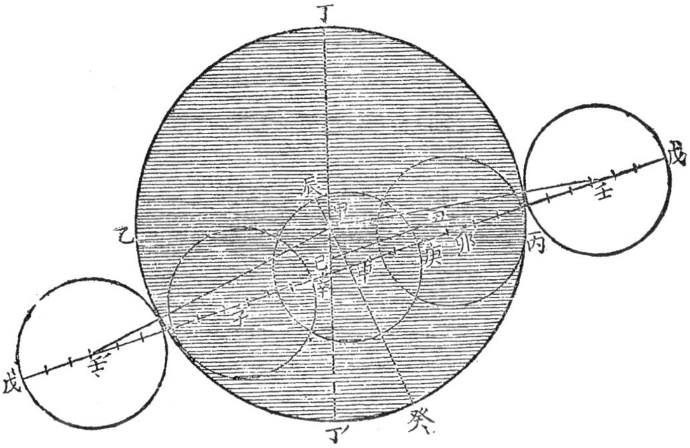

第六十一圖

行、則其經度每點鐘所差者、卽其移經度速率之差、爲2 6′3 1″.6、以月緯度之餘弦乘之等於1 5 8 7′.3、令等於甲丑、由甲點作甲丑之垂線甲己、爲4 9 6″、卽月心每點鐘距影心之緯度、己點在甲點下者、因月向南行故也、則丑己之連線、卽月每點鐘所行者也、與丑己平行、畫戊申戊′線、卽月視行之道、而自甲點畫月道之垂線甲申、則申點卽月蝕之中點也、當1 6點3 9分1 8.9秒、月旣行至辛點、欲求其1 6點時所經庚點之處可開比例卽　丑己：辛庚：：6 0分：3 9分1 8.9秒、於是自辛點向右、截辛庚弧、＝3 9分1 8.9秒、可知庚點、卽月心1 6點所居之點也、再將丑己線之己點、著於庚點上、則丑爲月心1

5點所居之點也、餘可類推、又將每點鐘、勻作六十分、則知壬、即月蝕之始、爲14點38分、申即月蝕之中、爲16點33分、壬即月蝕之畢、爲18點28分也、按此法推算月蝕、可知其在某點鐘之某分、而不能知在某秒、欲詳推之、其法如左、

觀本圖、丑甲己正三角形、已知甲丑＝1587″.3、甲己＝496″、欲求丑己與甲己丑角、即　甲己∶未∷甲丑∶正切甲己丑、則　甲己丑角＝72°38′49″、又　正弦甲己丑∶未∷甲丑∶丑己、則　丑己＝1663″、於甲辛申直角三角形、甲辛申角＝甲己丑角、申爲直角、甲辛爲月心與影心二緯度之餘、即9′13″.2＝553″.2、既有甲辛申三角形之二角一邊、即可求其餘兩邊、即　未∶甲辛∷正弦甲辛申∶甲申、則甲申＝528″、又　未∶甲辛∷餘弦甲辛申∶辛申、則　辛申＝165″、月過丑己、既須一點鐘、即可按此比例求月過辛申所須之時、乃　丑己∶辛申∷60分∶5分57.2秒、　辛既爲月與日相衝之點、則自16點39分18.9秒減5分57.2秒、＝16點33分21.7秒、即月蝕之中秒也、　又　甲申壬三角形、已知甲壬＝

5 3′ 5 9″.6 ＝ 3 2 3 9.6 甲申爲 5 2 8″、則 $申壬 = \sqrt{(甲壬)^2 - (甲申)^2} = \sqrt{(甲壬+甲申)(甲壬-甲申)}$ ＝ 3 1 9 6″.3、欲知月過壬申線所歷之時、即 1 6 6 3″ : 3 1 9 6″.3 :: 3 6 0 0 秒 : 6 9 1 9.3 秒 ＝ 1 點鐘 5 5 分 1 9.3 秒、試以此數與月蝕之中秒相較、則得 1 4 點鐘 3 8 分 2.4 秒、即月前切內虛之時也、與月蝕之中秒相加、則得 1 8 點鐘 2 8 分 4.1 秒、即月後切內虛之時也〇欲知月蝕之大小、可自地影之半徑甲癸、減甲申、又加月之半徑申辰、得數即辰癸 ＝ 4 5′ 1 1″.6、以月全徑 2 9′ 4 4″ 除之、得 1.5 2、即此月蝕之大小也、若辰癸不足月全徑之一倍、則必爲月分蝕矣〇求月甫入內虛、及將出之時、則以地影半徑、與月半徑相較之餘爲半徑、甲爲心、作一圜、此圜必割戊戊線於子卯二點、月心過卯點、即月甫入內虛之時、過子點、即將出內虛之時、夫地影半徑爲 3 9′ 7″.6、月之視半徑爲 1 4′ 5 2″、此二數之餘即 2 4′ 1 5″.6 ＝ 1 4 5 5″.6、故甲申卯正三角形、已知甲申 ＝ 5 2 8″、甲卯 ＝ 1 4 5 5″.6、則 $申卯 = \sqrt{(1455.6)^2 - (528)^2}$ ＝ 1 3 5 6″.5、欲求月行申卯線所歷之時、即 1 6 6

3′：1356″.5∷36000秒：29336.4秒＝48分56.4秒、自月過申點之時減之、二數之餘、爲15點鐘44分25.3秒、即月初入之時也、前二數之總爲17點鐘22分18.1秒、即月將出之時也○求月前後切外虛之時、可將內虛之半徑加日之全徑、即　39′7″.6＋32′4″.4＝71′12″、若以乙丁丙丁爲地影外虛之剖面、不爲內虛之剖面、則甲壬＝71′12″＋14′52″＝86′4″故　甲申壬正三角形、巳知甲壬＝5164″、甲申＝528″、　則　甲壬＝$\sqrt{(5164)^2-(528)^2}$　＝5136″.9、求月行申壬所歷之時、即按比例1663′：5136″.9∷36000秒：11120.3秒＝3點鐘5分20.3秒、此數與16點鐘33分21.7秒相較、則得13點鐘28分1.4秒、即月前切外虛之時也、與16點鐘33分21.7秒相加、則得19點鐘38分42秒、即月後切外虛之時也、

今將以上所得之數、臚列於左、

月前切外虛　　13點鐘28分14秒

月前切內虛　14點鐘38分2.5秒
月甫入內虛　15點鐘44分25.3秒
月蝕之中秒　16點鐘33分21.7秒
月將出內虛　17點鐘22分18.1秒
月後切內虛　18點鐘28分40.9秒
月後切外虛　19點鐘38分42秒
月蝕之大小　月全徑1.52倍

以上各答、乃據哥爾尼之平時所推者也、欲推他處月蝕之數、須加減距哥爾尼城之經度、處在其城之東者、則加之、在西者、則減之、如欲將以上所得之數、推爲烟台之平時、而烟台旣有東經度、8點鐘5分40秒、則加其經度而已、

試將自烟台所視各時分、臚列於左、

月前切外虛　3月30日21點鐘33分41秒

月前切內虛　22點鐘43分42秒

月甫入內虛　23點鐘50分53秒

月蝕之中秒　3月31日0點鐘39分17秒

月將出內虛　1點鐘27分58秒

月後切內虛　2點鐘34分20秒

月後切外虛　3點鐘44分22秒

第二問○自以下之根數、可推算1881年6月11日、月蝕諸事、為紐約城西經度4點鐘56分20秒之何平時、

月與日相衝於哥爾尼平時　18點鐘54分23.3秒

月緯度　南22°52′52″.8

地影緯度　南23°10′26″.2

月之地平視差　60′33″.4

日之地平視差　8″.8

月之視半徑　16′31″.7

日之視半徑　15′46″.9

月一點鐘移經度之速率　40′20″.6

日一點鐘移經度之速率　2′35″.6

月一點鐘移緯度之速率　北1′0″.9

日一點鐘移緯度之速率　南9″.3

答

月前切外虛	紐約平時11點鐘18.8分
月前切內虛	12點鐘14.7分
月蝕之中秒	13點鐘57.4分
月後切內虛	15點鐘40.1分
月後切外虛	16點鐘36分

第三問○自以下之根數、可推算一千八百八十五年三月三十日、月蝕諸事爲烟台經度東8點鐘5分40秒之何平時、

月與日相衝於哥爾尼城平時	4點鐘15分49.1秒
月緯度	南3°29′20″
日緯度	北4°0′50″.8
月之地平視差	57′13″.4
日之地平視差	8″.9
月之視半徑	15′37″.1
日之視半徑	16′2″.3
月一點鐘移經度之速率	31′43″.7
日一點鐘移經度之速率	2′16″.4
月一點鐘移緯度之速率	南10′12″.5

日一點鐘移緯度之速率　北58″·1

月前切外虛　烟台平時3月30日9點鐘55分8秒

月前切內虛　11點鐘4分22秒

月蝕之中秒　12點鐘39分52秒

答　月後切內虛　14點鐘15分22秒

月後切外虛　15點鐘24分16秒

月蝕之大小　月全徑之88倍

第四問○自以下之根數可推算一千八百八十五年九月二十三日、月蝕諸事爲哥爾尼之何平時、

月與日相衝於哥爾尼平時　19點鐘27分23·4秒

月緯度　南0°0′29″·7

日緯度　南0°33′19″·9

月之地平視差　56′11″·9

日之地平視差　8″·8

月之視半徑　15′20″·3

日之視半徑　15′59″·5

月一點鐘移經度之速率　30′30″·2

日一點鐘移經度之速率　2′·15″

月一點鐘移緯度之速率　北10′1″·3

日一點鐘移緯度之速率　南58″·5

答

月前切外虛　9月23日　17點鐘21分

月前切內虛　18點鐘15分

月蝕之中秒　19點鐘483分

月後切內虛　21點鐘21·6分

月後切外虛　22點鐘34.5分

月蝕之大小　月全徑之.784倍

第五問○自以下之根數可推算一千八百五十五年十月二十四日、月蝕諸事爲華盛頓之何平時、

月與日相衝於華盛頓城平時	14點鐘10分29.6秒
月緯度	北11°42′26″.9
地影緯度	北11°56′48″
月之地平視差	59′45″.8
日之地平視差	8″.6
月之視半徑	16′19″.2
日之視半徑	16′7″.9
月一點鐘移經度之速率	33′22″.1

日一點鐘移經度之速率	2′23″·4
月一點鐘移緯度之速率	北15′39″·8
地影一點鐘移緯度之速率	北52″·1

答

月前切外虛	10月24日11點鐘37分58秒
月前切內虛	12點鐘36分11秒
月甫入內虛	13點鐘37分20秒
月蝕之中秒	14點鐘21分41秒
月將出內虛	15點鐘6分2秒
月後切內虛	16點鐘7分10秒
月後切外虛	17點鐘5分24秒
月蝕之大小	月全徑之1465倍

第十章　論日蝕

月影內虛之長短○月影之長短，畧與月距地之遠近相等，遠次畧長畧短，(見圖)假如月在戊，即月道之一交點，而與日相合，則日地二心之連線，必過月心，故此連線，即爲月影之中軸，可以甲乙丙爲日之一球分，卯子寅爲地之一球分，丁戊己爲月之一球分，甲丁與丙己爲日月之二公切線，引長必相遇於辰，故辰點爲月影內虛之頂，而丁己爲底，其影即圓錐體形，欲求內虛之長短，即戊辰線，必先求內虛之半角，即戊辰己角，夫乙戊丙角既等於戊丙己十戊辰己，則戊辰己等於乙戊丙減戊丙己，按形學理乙戊丙：乙子丙::乙子：乙戊::400：399，故乙戊丙＝$\frac{400}{399}$乙子丙，又乙子丙既爲日之視半徑，即16′1″.8，則乙戊丙＝16′4″.2，即自月看日之視半徑，可令丑′爲月之地平視差，丑爲日之地平視差，而辛′爲月之視半徑，視差與

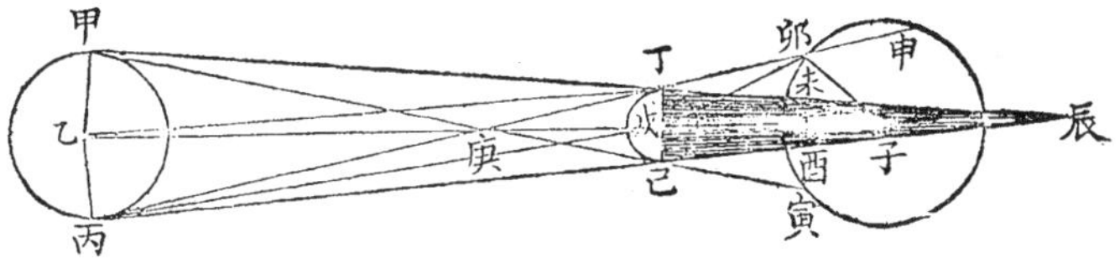

第六十二圖

遠近、既有反比例、則丑′：丑∷乙子：戊子、以分理攺之、則丑′一丑：丑∷乙戊：戊子、然各物之視徑、與其遠近、亦有反比例、故乙戊：戊子∷辛′：戊丙丁∷丑′一丑：丑、故戊丙丁、或戊丙己＝$\frac{丑辛'}{丑'-丑}$、而 丑′與丑與辛′皆為已知者、代其數則得戊丙丁＝2″·3、即自日視月之半徑所交之角、如是 戊辰己、即月影內虛之半角、既等於乙戊丙、減戊丙己、 即16′4″·2－2″·3＝16′1″·9、如是按正三角形式、 正弦16′1″·9：戊己∷未：戊辰、戊己乃月之半徑、等於3123里、則照式得戊辰＝669700里、即月影內虛長短之平數、影尖不至地面者、以尚不及月距地之平數也、見一節八章 然地若在遠日點、則日之視半徑、為15′45″·5、而按上法推戊辰己角、為15′45″·6、故戊辰為681200里、如蝕時月在其近地點、則月影之尖、必過地心、約40400里、而凡在影內之處、必見日全蝕矣、

正交地面之時月影內虛寬窄如何〇月影中軸、若正交地面、其過地面之道、至寬約有四百八十里、如前圖之未子辰三角形、 未子：子辰∷正弦子辰未：正弦辰未子、其

月影最長之時、子辰＝40400里、子辰未角＝15′45″.6、則辰未子＝56′20″.9、但未子午＝未辰子十子未辰＝56′20″.9＋15′45″.6＝1°12′6″.5＝未午弧、則　未酉弧、爲2°24′13″地面之一度、既畧爲199里、2°24′13″、卽爲480里與題相合若不正在交點、而有日蝕、則中軸必斜交地面、而其道畧寬、

月影外虛之寬窄〇中軸正交地面、其外虛之道、約寬一萬三千九百里、（見第六十二圖）甲己與丙丁爲日月之公切線、引長至地、則凡在丁卯與丁未二線之內、及己寅與己酉二線之內者、皆可見日之一份、惟不能見其全體、愈近內虛者、得見日體愈少、離內虛外行者、以漸見多、故凡少見及不全見之處、皆在月影外虛之內、夫月外虛之半角、卽　申庚辰＝乙丁丙十丁乙戊、而乙丁丙爲自月看日之視半徑、最大＝16′20″.2、丁乙戊爲自日看月之視半徑卽2″.3、故申庚辰角＝16′22″.5、於庚卯戊三角形、　正弦丁庚戊：正弦丁卯戊：：卯戊：庚戊、　丁卯戊角最小時既有14′41″、而卯戊邊最大時爲720900里、則　庚戊＝6464400里、而　庚子＝1378760里、　又於

庚子卯三角形，子卯：子庚∷正弦卯庚子：正弦庚卯子，則　庚卯子＝144°5810″，而子卯申為35°1′50″，夫　子卯申一子庚卯＝卯子庚＝34°45′28″，而卯寅弧＝69°30′56″，略為13900里，與題合矣，

第四節

月影過地之速率○月每點鐘較日東行約多30′，而月道之30′，略等5980里，故月影若正交地面，每點鐘亦必東行5980里，若斜交地面，其速率則略大，此乃地不自轉則然耳，然地實自轉，亦向東行，則月影過地面略緩，而日蝕之時即略長也，然在二寒道內，月影若射過地極，其行向與極之彼面諸點，所轉之向相反，故日蝕之時又略短也，

第五節

日蝕之別○日蝕其分，而不蝕其全者，謂日分蝕，日面皆被月掩，而全不見者，謂日全蝕，日月二心引長之連線，所過之地，即見日蝕最長之地也，蓋諸地之連線，乃中心蝕線也，月之視徑小於日之視徑，日即不全被掩，球外尚露光圈，謂之金錢食，（見第六十三圖）月近地時，自地心看其視半徑＝1006″，而自地面看之可增至1024″，即月視半

徑最大之數也、日距地最遠之時、其視半徑不過９４５″、二數之餘爲７９″、然則日全蝕最長之時、卽月心較日心多行１５８″所歷之時也、設地不自轉、赤道之日被蝕、只在五分、然地既自轉、全蝕可至七分五十八秒、在他處全蝕者、所歷之時、則隨緯度而變小、如在巴利城、最大爲六分十秒是也〇又日最大之視半徑、既爲９７８″、而月最小之視半徑爲８８１′、若當日

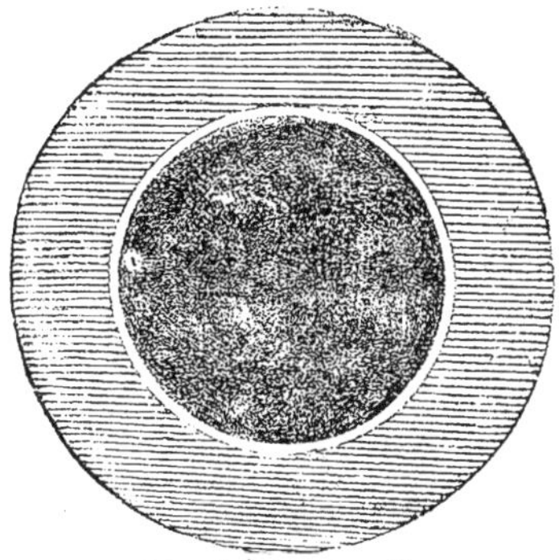

第六十三圖

月二心正相合、金錢光圜、可寬至９７″、故金錢蝕所歷之時、卽月心較日心多行１９４′所歷之時也、設地不自轉、當赤道之金錢蝕、可至七分、地既自轉、可至十二分二十四秒、在他處視之、所歷之時、亦隨緯度而變少、夫月距地、既較近、其掩日面之多少、又隨地而異、故凡於立處視日月二心正相合、日則全蝕、則凡距立處約二百四十餘里之外者、必少見日體而爲分蝕、愈遠則分蝕愈少、迨至極遠之地、而日之全體畢現、日蝕已無矣、月初出時、其視半徑旣畧小、而近午宮時畧大、則日月二視徑、幾於相等、故於立處日初

出見爲金錢蝕、東約九十度者、必視月近午宮而爲全蝕矣、日蝕界○當日月相合、而日距月道一交點、或前或後、不足1°25′、則必有日蝕、若過於18°20′則無矣、見圖以甲爲日、戊爲月、甲申爲黃道、丙丁爲地日之公切線、其二端齊繞地日二球成圜錐之截體、月入此體、即有日蝕、夫月切日地之公切線丙丁時、月心

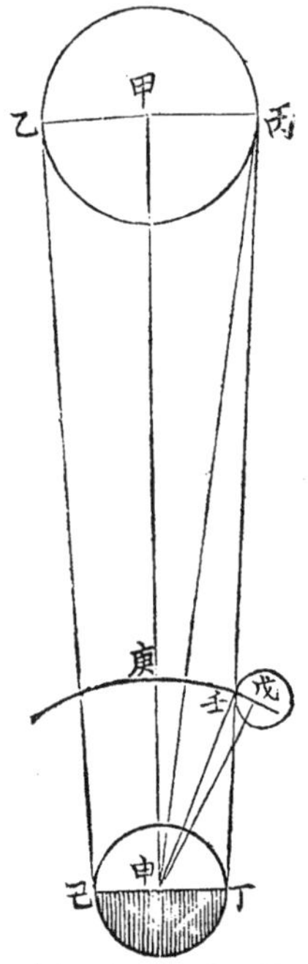

第六十四圖

距黃道之角戊申甲＝甲申丙十丙申壬十壬申戊、但　丙申壬＝申壬丁一申丙丁　故　戊申甲＝申壬丁一申丙丁十丙申甲十壬申戊即等於丑′一丑十辛′十辛、即日月二地平視差之較、加日月二視半徑之和、取此四者最大最小之二數、而推得戊申庚角即戊庚弧最大爲1°34′14″、最小爲1°24′19″、即以此數作爲第九章十一節之丁乙線、遵式以求丙乙、即得其大者爲18°20′、小者爲15°25′、日距月近交點、小於此數、即必有日蝕、若過於182

0′、則不能有矣、夫日旣必近月道之一交點、方有日蝕、且月道之二交點、必相距180°故日近此交點、至其近彼交點、約歷五月有半、故每年日蝕之時、必相距約半年云、

第七節

日月蝕之總〇每年之日月蝕多則有七、少則有二、若有七、乃五爲日蝕、二爲月蝕、若有二則皆爲日蝕、日距月道之一交點、或前或後、不足15°25′、而與月相合、必有日蝕、故日之二蝕界各等於30°50′、月行一太陽時、（或云一月時）一日可前行黃經度29°6′、且一月時、交點可退後1°31′、此二數之合、卽30°37′、仍不足30°50′、故日在蝕界內、所歷之時、必須月餘、則日與月至少必相合一次、而有日蝕、日至彼交點亦如是、而又有蝕、是日蝕每年必有二次矣、然日每近一交點、不必僅蝕一次、如日距一交點、不足15°25′、而與月相合、必有日蝕、及過十有四天、則月行至彼交點、且日必行至第一交點前幾分、而有月蝕、再過約十四天、日雖過第一交點相距仍不足15°25′、故與月復合時、又有日蝕、是日近此交點時、日蝕有二次、月蝕有一次、近彼交點時、亦可如是、則此一年中日蝕有四、月蝕有二矣、然日過第二交點蝕界後、猶待約五月有半、方至歲晚、而日於此五

月半之內、又可還至第一交點蝕界內、與月合、而日又蝕焉、此一年中、日蝕有五次、月蝕有二次矣○大抵每十八年內、日蝕四十一次、月蝕二十九次、則日之蝕比月之蝕若三比二、然普天下所見之月蝕、終多於日蝕、蓋月蝕、半地球皆可見、而日蝕、不過半地球之一份能見之耳、

第八節

日月蝕之周時○月行一太陽時、既歷29.53天、故223月有6585.32天、日自月道一交點、過而復始、既歷346.62天、則19次必須6585.78天、日於此若近一交點、或日或月、必有蝕者、再過223月＝18年10天、前所有之日月蝕、大都必復有之、此古人之所知、爲推考日蝕之約法也、

第九節

星被月掩○月常繞地而轉、則近月道之諸星、恒有爲月所掩者、與日蝕同理、然論星則不云被蝕、而云被掩、其所掩者、若自地心看之、乃每月居月道南北各十五分一帶之星、而自地面看之、非真如是、因月有地平視差、故當赤道之地、雖見某星被月心所掩、其晷遠在赤道北者、必視月由星之南而過、其晷遠在赤道南者、必視月由星之北而過也、

第十節

日全蝕時天之幽明如何〇日雖全蝕、而其光之旁散於空際者、卽圓月之榮光、亦不能及、然置經緯度合宜、則五大行星、及第一等恒星、俱可仰見、天空雖不甚暗、而人誤意較望月之夜光尤暗、其故何也、譬自陽明之處、陡入幽暗、雖亦辨視一切、而心覺昏暗殊甚焉、且日全蝕時之暗、與夜間不同、而有非常之色、因此天空山林、與相近之人、亦皆有奇怪之象焉、

第十一節

貝利珠〇金錢蝕、外圜初破時、或全蝕、日之入出時、可測其邊有光珠、與黑隙迭相錯落、此光點名爲貝利珠、因有名貝利者、先明其理、故名之、細核光點之故、蓋以月面有高山深谷、故月掩日體、其邊如鋸齒、自深谷隙中猶見日體、如是、深谷所透之光、卽光點也、凡星之正切月南北二邊而過者、其光迭忽隱顯亦此故耳、

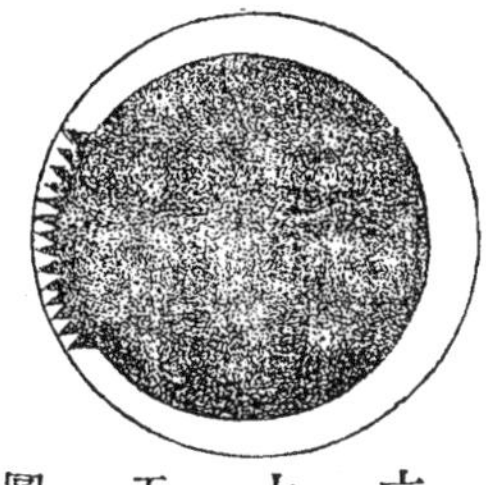

第六十五圖

求日蝕法

第十二節

自日看地有何形式〇某處之所以有日蝕者、蓋因日與月合、而月

之影經此處之地而過故也。然月影於地面所行之道，不但與月之緯有關，且隨季而異，蓋地向日之面，四季不盡同故也。（見第四章第四節）當春分之時，設有人自日望地，必視如平圓之面，其赤道之平面過日心而與黃道交23°27′之角，故二極必在圓平面之兩邊，而地之式，有若左第一圖。當秋分時，二極仍在兩邊，而移向黃極之背面，有若左第二圖。當夏至時，北極正向日，故南極隱而不見，則視赤道向南彎下，而諸緯度圈，皆成橢形矣，有若右第三圖。若當冬至時，式如第四圖，與第三圖相反。

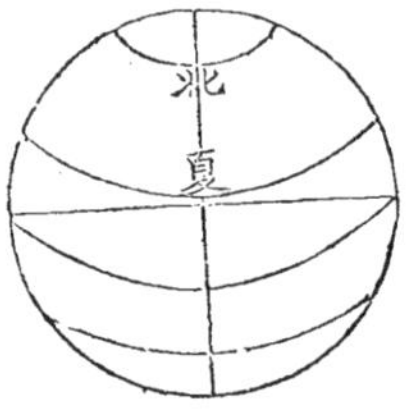

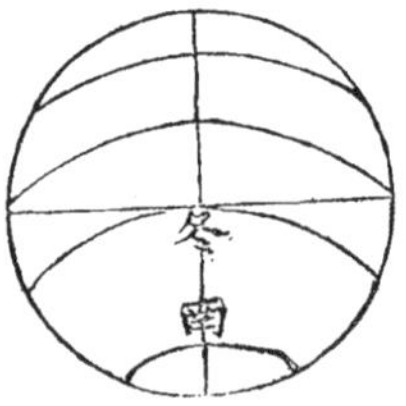

以黃經黃緯求日蝕法〇夫地向日之面，既隨季而異，欲知當日之蝕，某處能見之否，必

先推算自日視地之南北極爾時所住圓平面處、復作某處之緯度圈、而於圈上記此處因地自轉、每點鐘所到之點、再作月影過地面之道、而記其每點鐘所到之點、後以步弓求緯度圈與月道相近同時之二點、此時即日蝕至大之時也、又將步弓開放至二尖相距之數、等於日月二半徑之合、又循影道與緯度圈、求同時之二點、在日蝕中前者、即日蝕之初、在中後者、即蝕畢之時也、詳看下問、

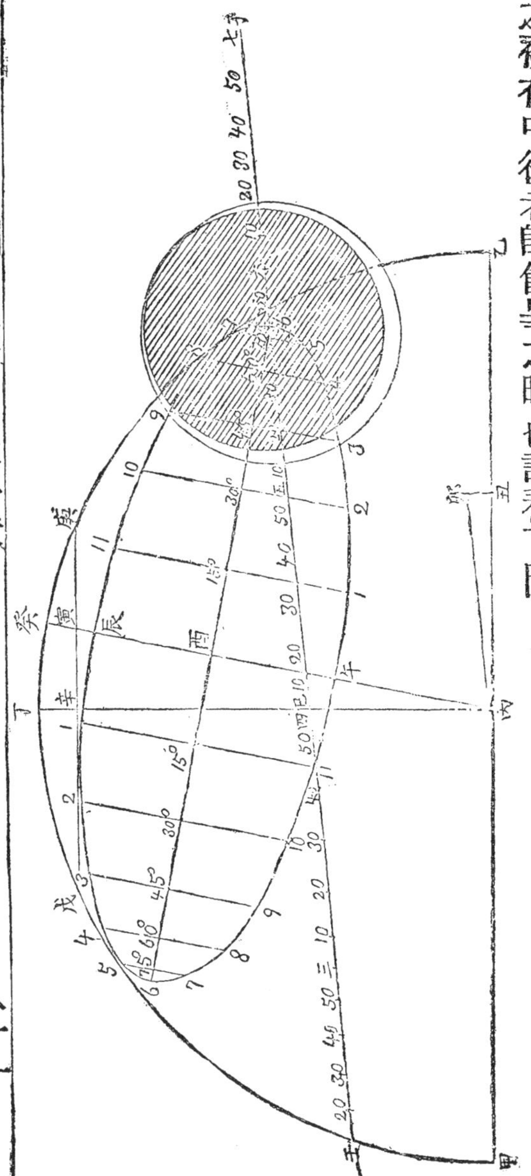

第六十七圖

問　波斯頓城係北緯42°21′28″西經4點44分14秒、當一千八百五十四年五月二十六日、按以下之根數推算此城何時可有日蝕

合朔　5月26日8點鐘47分6秒

時差正　3分15.4秒

日黃經度　65°12′32″

日赤緯度北　21°11′17″

月黃緯度北　21′30″＝1290″

月每點鐘移黃經度　1807″

日每點鐘移黃經度　144″

月每點鐘移黃緯度　167″

月之地平視差　54′32″.6

日之地平視差　8″.5

月之視半徑　14′53″.5

日之視半徑　15′48″.9

地既擠形、除赤道及二極外、各處之垂線、皆不能直向地心、其與直向地心線之交角、名垂線差、波斯頓城之垂線差、（見垂線附註）約爲11′28″、故其地心緯度、即42°21′28″－11′28″、＝42°10′也、

夫月與日之地平視差、既爲同號、若以日爲不動、而以二地平視差之較、爲月之視差、二曜相距之度仍如故、月之地平視差、（即自赤道視月之地平視差也）既爲54′32″.6、由波斯頓城視之、其地平視差、只等於54′27″.6（見地平視差表）故二地平視差之較、即54′19″.1＝3259″.1、乃自月看地半徑所交之角也、自地看月之視半徑、既爲14′53″.5＝893″.5、如是無論月距地何遠、月之視半徑：地之視半徑：：893″.5：3259″.1、復自比例尺取甲丙＝3259″作甲丁乙、爲地之北半球、即自日看北半球之式也、又作甲乙之垂線丙丁、爲黃道軸、設甲丙爲半徑、以角心尺取23°27′之通弦、截丁庚丁戊相等

之二弧、（使角心尺者因便於用、無則可現算其弦、）則戊庚連線、即自日看北極、每歲繞黃極所視轉之環也、庚既爲春分時北極所居之點、其他日距庚點之遠近、必等於日黃經之正矢、而其距夏至辛點之遠近、必等於日黃經度之餘弦、故以戊辛爲半徑而截90°一65°12′32″之正弦辛寅、寅爲爾時自日看地北極所居之點、丙寅連線、即爲地軸、圖畫至此、即明徵自日看地北半球、五月二十六日所當有之式也、

第二步、乃畫波斯頓城、因地自轉、當日視行之圜也、波斯頓之緯度、若正等於日赤緯度、正午之日、必適在天頂、如是自日視波城、當在丙點、但城與日雖皆有北緯、而城之北緯、比日之緯多20°59′、故以甲丙爲半徑、由丙點之北截取午丙、等於20°59′之正弦、則午點即爲此處正午所到之點矣、假如地爲透光之物、當夜半時、自日看波城、必在丙癸線午點之北、而所距丙點之度、等於此處與日二緯度之合、蓋日丙之連線、已出地背面之點、必有南緯度、適等丙點之北緯度、然日與二點、既皆列一直線、則自日視之二者爲一、故必視此處距此點63°21′也、以甲丙爲半徑取63°21′之正弦、於丙點之北、

截丙辰線、則辰點卽爲波‖城半夜所到之點矣、此處之緯度圈、旣須自日斜視、則必視如撱圜、辰午爲其短徑、酉爲其中點、過酉點、丙癸之垂線66、爲其長徑、而酉6既等於波‖城緯度圈之半徑、（或謂等其緯度之餘弦）故取42°10′之餘弦、截取酉6、酉6、平等二線、66二點、卽爲此處午前午後6點鐘所在之點也、設欲求其城當日他點鐘所到之點、當以酉6爲半徑、取15°、卽1點鐘之正弦、在酉點之左右、截酉15、酉15二段、如此亦可截取30°、45°、60°、75°、諸度之正弦、過此諸點、各作一線、與丙癸平行、再以酉辰爲半徑、取75°之正弦、而在15°點之上下、各截15至11、15至11、平等二線、如是自30°45°60°、75°諸點之上下、亦可截60°、45°30°、15°諸度之正弦、如此所得1、2、3、諸點、卽此處一、二、三、點鐘所到之處、諸點鐘之點、皆自午點向右而記、諸點之連線、卽波‖城爲地自轉、一日所行之圈、此圈切甲丁乙半圈之二點、卽日出沒之二點也、

第三步、乃畫月影過地面之道也、可由此例尺、取1290″、（等月之黃緯度）在丙點之北、截丙已線、已點所以在丙點之北者、因月有北黃緯度故也、再取1663″、（卽月每點鐘比日多移經度之秒數也）、

在丙點之右、截取丙丑線、又取167″、即月每點鐘所移之黃緯度也在丑點之北、截丑卯、爲丙乙之垂線、卯點所以在丑點之北者、蓋月爾時北行故也、丙卯之連線、可指月每點鐘離日之秒數、再將此線分爲60小截、每一截即月一分時離日所行之數也、與丙卯平行作壬己子線、即月影過地面所行之道也、己點既爲合朔、故自波斯頓視月過此點時、即午後4點鐘6分視時也、以步弓由丙卯取五十四小截、從己點之右邊、截己五弧、如是五即月影在午後五點鐘所過之點也、准此、可將壬子線、分爲點鐘、再將每點分爲六十小截、一截即一分也、小註當日時差爲正3分15秒

第四步、即求日蝕最大之時也、可以步弓尋月道、與波斯頓之緯度圈、相距最近同時之二點、此二點所記之點鐘、乃日蝕最大之時、即本圖5點鐘44分之時也、或名爲中蝕點再以月道5點鐘44分點、爲中心、以月之視半徑893″.5爲半徑、作一圈、此圈即月當時之式也、又以波城緯度圈、5點鐘44分點爲中心、以日之視半徑948″.9、爲半徑作一圈、此圈即爲日之式、二圈若畧同心、而月之視半徑較大、必爲全蝕、若畧同心、而日之

第三節

視半徑較大、必爲金錢蝕、若二圈之心、相隔畧遠、必爲分蝕矣、自地仰視日月、始相切時、即日蝕之初、其末相切時即日蝕之畢、故以步弓取1842″·4即二曜視半徑之合、用步弓之一尖、循月道在中蝕點之左、其一尖循波城之緯度、二尖前後齊移、至於二尖所指之點、爲同時之二點、此二點所記之時、即日蝕之初、再准此法在中蝕之右、二尖所指之點、即日蝕之畢也、細畫上圖、所得以上之三數、縱不敢謂無差、即有差、亦不過一二分時、試將所得之三數、開列於下、

日蝕初　午後四點鐘三十分

日蝕中　午後五點鐘四十四分

日蝕畢　午後六點五十一分

右三數以時差改之、一變爲四點鐘二十七分、一變爲五點鐘四十一分、一變爲六點鐘四十八分、

以赤經赤緯求日蝕法〇上節之法、乃以月之黃經黃緯求日蝕法也、然用赤經赤緯算

之亦可、如下圖甲丙仍爲日月二地平視差之較、丙丁爲赤經圈、6午6辰、即波斯頓緯度圈、壬己子爲月道、於日月赤經度同時、丙己即爲二曜赤緯度之較、丙午即午正日距天頂度之正弦、酉6即此處緯度圈之半徑、丙丑、乃月比日每點鐘加增之經度、乘月緯

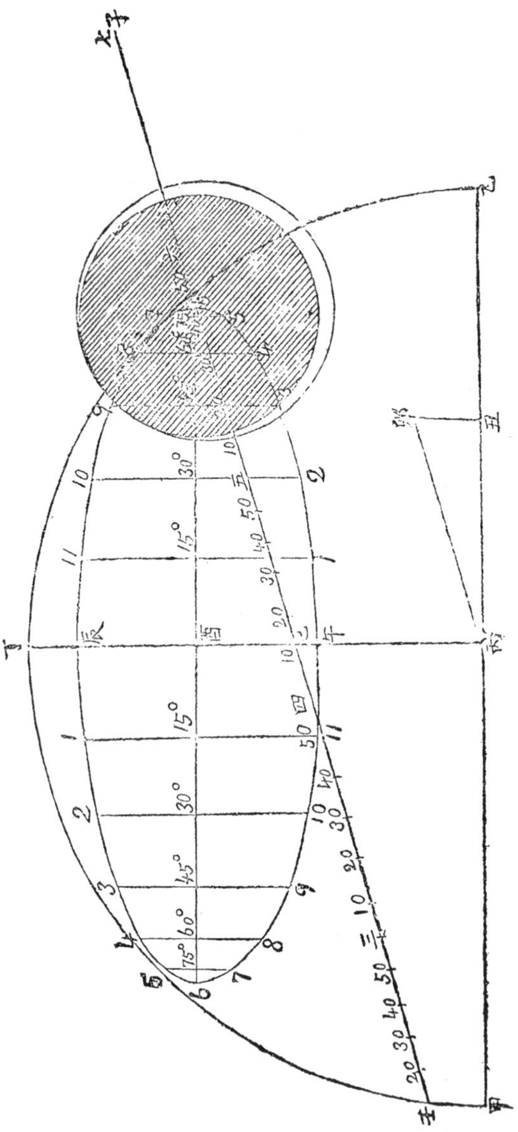

第六十八圖

度之餘弦、（見九章十五節）丑卯乃月每點鐘所加之緯度、如是若日爲不動者、丙卯卽月每點鐘離日所行之分數、欲明此法、可由以下之根數、推五月二十六日之日蝕矣、

日月赤經度相合哥爾尼平時26日8點鐘55分43.2秒或謂波斯頓城平時4點鐘11分29秒以時差改之其視時爲4點鐘14分44秒矣

月每點鐘所移之經度	31′18″.9
日每點鐘所移之經度	2′31″.8
圖之半徑（見上文）	3259″.1
日之赤緯度北	21°11′17″
月之赤緯度北	21°33′32″
月每點鐘離日之緯度	461′.4
月在日之北	1335″
日月二視半徑之合	1842″.4

日月二視半徑之較　55″·4

可以比例尺取甲丙＝3259′爲半徑、作甲丁乙半圜、即爲地之北半球也、又作甲乙之垂線丁丙爲地軸、以甲丙爲半徑、由角心尺取20°59′之正弦、在丙丁線上、截丙午線、則午點爲波斯頓日午所到之點、如是又取63°21′之正弦、截丙辰線、則辰點即爲波城半夜所到之點、可於酉點平分辰午線、而過酉點畫丙丁之垂線6酉6、仍以甲丙爲半徑、由角心尺取42°10′之餘弦、截酉6、酉6、平等二線、則66、即爲此處午前後各六點鐘所到之點、故此可按上法畫此處爾時所行之圜、如無角心尺、可現算丙午、丙辰與酉6等線之秒數、而由比例尺中取之、即

丙午＝赤正弦(某處之緯度減日之緯度)＝3259′·1正弦20°58′43″＝1167″

丙辰＝赤正弦(某處之緯度加日之緯度)＝3259′·1正弦63°21′17′＝2913″

酉6＝未餘弦某處之緯度＝3259″.1餘弦42°10′＝2416″餘可類推可取1335″、即日月二緯度之較、在丙點之北、截丙丁線之丙已節、（其所以在丙點之北者、因月在日之北也）再以丙丑＝1606″、即每點移經度之較、乘月緯度之餘弦、在丙點之右截丙丑線、與丙丑正交、可作丑卯線＝461″、即月每點鐘離日緯度之秒數也、如是丙卯之連線、即月每點鐘離日之分數也、與丙卯平行、作壬巳子線、即月影過地之道、而赤經度相合時、月影中點、必在巳處、以步弓由比例尺、求丙卯之秒數、開比例、60分：1671″：：14.7分：409″以比例尺、取409″、截取巳四、再取丙卯、由四點、循月道左右、分爲點鐘數、再將每點鐘、分爲十分小節、以步弓由比例尺、取日月二視半徑之合＝1842″、令步弓左腿循月道、右腿循緯度圈、前後齊移、至兩腿尖、皆住於同點鐘之空、將月道此空、分至一分之小節、將緯度圈、每點鐘之空、分至五分之小節、便知同時之二點、乃4點鐘29分40秒、即日蝕之初也、再令右腿循月道左腿循緯度圈、求得同時之點、乃6點鐘50分35秒、即日蝕之畢也、又以小三角形、令一邊循月道、向前推移、至前邊

天文揭要

所指月道緯度圈之二點、爲同時之二點、此乃日月二心最近之時、卽本問5點鐘44分10秒、二點相距乃47″、卽日月二心相距之遠近也、但日之視半徑、較月之視半徑、多55″·4、故自彼城視日爲金錢蝕焉、求此日蝕最大之式、其法可由比例尺、取893″爲半徑、以月道5點鐘44分10秒之點爲心、作一圈以表月面、再以949″爲半徑、以撱圜道同時點爲心、又作一圈、以表日面、則月圈掩日圈之多少、卽當日日蝕最大之式矣、

附註　求垂線差法〇設甲爲地球赤道徑、乙爲地球南北徑、丙爲某處緯度、丙′爲其處地心緯度、如是正切丙′$=\frac{乙^2}{甲^2}$正切丙、按$\frac{乙^2}{甲^2}$彼士勒己推得爲0.99332544、其對數爲9.99709164、假如欲求北緯、或南緯42°22′48″.6處有地心緯度、及垂線差若干、算式如左、

$\frac{乙^2}{甲^2}$ 對 $= 9.99709164$

正切 $42°22'48''.6$ 對 $= 9.96022854$

正切 $42°11'21''.05$ 對 $= 9.95732018$

$11'27''.55$

如是可知此處地心緯度爲 $42°11'21''.05$、垂線差爲 $11'27''.55$

天文揭要

天文揭要

下卷

第十一章　論各地之經度

第一節

求經度之大旨○凡地面各處之經線、與哥爾尼之經線、於北極所交之角、卽各處之經度也、定此角之大小、實航海者之要事、因觀某曜過午線之高度、卽可知緯度、然不知二經線於北極之交角、則不能知是處在緯度圈之何點、定此角之法雖不一、而其大旨則一焉、蓋地自轉一周、既須二十四點鐘、如是每點必轉十五度、假如二處之時、相差一點、卽可知二午線於北極之交角爲十五度、故苟知日過此處午線、至過彼處午線所歷之時、卽知二處相差之經度矣、測日過本處午線之時、見前第五章而求本處之時爲彼處之何時、則有數法焉、

第二節

一　度時表法○以度時表、於哥爾尼城對準、則每至午正、此表必適指十二點、移至他處、與他處之表相較、所指之餘數、卽此處距哥爾尼之經度也、若原表所指之時少、則知其處在哥爾尼之東、若原表所指之時多、則知其處在哥爾尼之西、論表之日差見前第二章○按此法不無微差、因表位置不動之日差、與攜行之日差、稍有不同、但舟中所用最高之表、雖有

益智書會
校訂藏版

近月道之一二星測其過午線於何時則此星之經度即恒星表之時也既知本表何時等於星之經度則明邊之經度易推後查通書載哥爾尼平時月之明邊何時有此經度設乙代之甲乙之較即本處之經度也此法之所以不便者因月變經度之速率不均苟有一秒之差則所得之經度以表記之可差至三十秒矣

第六節

五　大曜距月之法〇航海通書又記自地心觀月每天每點鐘距日與數星之度數所記之點鐘即哥爾尼之平時也航海者以紀限儀測月距上所言數曜之一幾何度自所得之數棄去蒙氣差與地平視差餘者即此曜自地心視距月之度數既得此度數復查通書記哥爾尼之何時月距此曜相同之度數以哥爾尼之時與本處測望之時相較即得本處之經度此法雖亦不無少差然仔細用之所差者不過鐘表之二十秒也〇按此法凡有紀限儀者斯為得之故航海者苟多日不至口岸可以之對準其度時表焉

第七節

六　日蝕法〇日蝕之始末二時乃隨地而異然若自某處測日蝕之始末二時可推日月二心正相合之時即自地心看二曜同黃經之時為本處之何時也在他處如此測之亦

可知二曜相合之時、爲他處之何時也、二時之較、即二處相差之經度也、星被月掩之法、亦與此法同理、按此法用之雖難、而於測望二曜以定經度之法、莫善於此矣、

電報法〇以上六法雖各具其妙、究不如此法爲尤妙、因電氣行之極速也、如有二處、先以電線連之、於此處以手按電鑰、並記時分秒各若干、彼處一聞電筆之音、即觀其表指於何時、再將二處所記之時相較、即得二處相差之經度、用此一次、其經度之差、多者一秒、欲詳核之、須如此數次、而取其均數、如尤欲綦詳、須按第二章五節、將電線二端、各連一表、如是於某曜過午線時、遂以手按電鑰、而各表即記各處之時、其二時之較、即二處相差之經度也、

第十二章　論潮汐

第一節

何爲潮汐○潮汐者、乃海面之水、每經一太陰日、二次迭爲起落者也、取其均數而言之、自水高至再高時、歷十二點鐘、二十五分、二十四秒、惟近朔望二日、潮則最大、而二潮相距之時則最小、即十二點十九分也、近二弦之日、潮則最小、而相距之時則最大、即十二點三十分也、二潮之高低不同、乃隨地而異、如在紐約、則二潮之當朔望者、比弦時之高、有若5.4尺比3.4尺云、

第二節

各海口潮汐之時○各處海口、各有其滿潮之時、即在月過午線、或子線後之某點鐘也、而航海者、每自朔望月過午線、至潮滿所歷之時爲準、如在紐約、自月過午線至潮滿、其平時爲八點鐘十三分、而一月內潮最高時、較此數或疾或徐、不過約刻半耳、

第三節

潮汐與月遠近相關之理○潮汐之高低、不第與月之朔望有關、且隨月距地之遠近而變、近則高、遠則低、朔望之潮固高、如爾時月距地近則更高、至弦時之潮固低、如爾時月距地遠、則更低矣、按潮之高低、亦關乎風之順逆、如在登州、潮適至、又兼東北順風、則潮必大、若遇西南逆風、則又小矣、又與天氣之壓力有關、大抵風雨表之

水銀、下降一寸、則潮上升一尺、

生潮汐之故○由上所言、知潮汐固因月吸海水而生、然細究其故、非因月吸海水、乃因海面受月之吸力有大小不同而生也、見第一圖 甲丙戊庚爲裏地之水、子爲月、吸力與遠近、

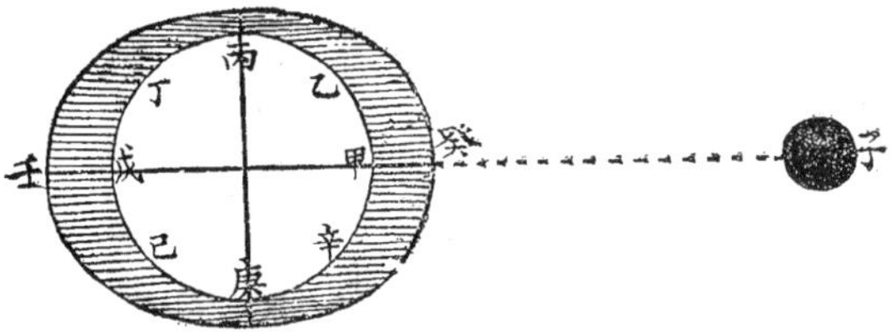

第一圖

既有乘方反比之理、則月吸甲點之力、比吸乙辛之力自大、而比丙庚尤大、至戊點、其所受之吸力更小、海面之癸點、距月既近、其所受之吸力、必大於地體所受者、故水必在癸點凸起、即爲潮滿、惟此凸起之水、自丙庚處而來、故丙庚二處之水最低焉、若壬戊之水、既比地實體距月遠、其所受之吸力、自必小於地體所受者、故戊點比壬點、多向月行、而壬點之水、見似高起、亦爲潮滿、於是統海而觀、必爲橢圜式、而其長徑常向月焉、夫日既吸地、亦必有所生之潮汐、然日之吸力雖大、而生潮汐之力則小、蓋地之向日背日、二面受日之吸力畧同故耳、然仍有所差、故日亦有所生之

潮、當朔望時、潮之所以大者、因日月生潮之力相助故也、當二弦時、潮之所以小者因日月生潮之力相敵故也、

第五節

潮汐與月緯度其關何如○各處潮汐之高低、亦隨月之緯度而變、若月有圈緯度、則赤道諸地潮汐最大、迤南迤北、則漸小矣、且各處每日之潮汐高低宜同、若月有北緯度、見第二圖則北半球、凡與月同緯度諸處、每日必有一大潮、即當月近午線者也、若當月近子線者則小矣、北半球如是、南半球則相反、二潮高低之差、名曰潮之日差、

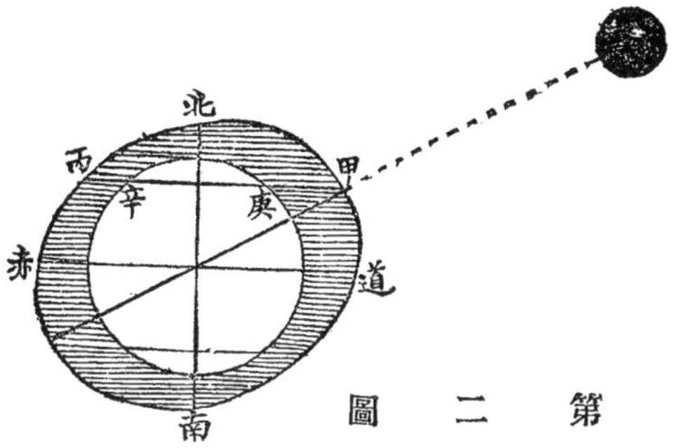

第二圖

第六節

潮汐爲何不循當然之理○地之全球、若俱爲水所裹、則潮汐之理、自當如上文所言、顯而易明、而究之不能盡循其當然之理者何也、其故有二、一水居球面、不過四分之三、且洋海之水、深淺不等、深不及三里者不鮮、二球之陸地、有二大洲、自近北極處向南、一至南緯五十餘度、一至南緯三十餘度、故水

分有二大洋、若大西洋之水、自北流於太平洋、必經比令海腰而過、但此腰不過百零四里之寬、故所過之潮泿不足論、若自南流於太平洋、必經南亞美利加、與南極洲中間之海股而過、此股不過千五百里之寬、潮泿過此、恒自西徂東、又與常例相逆、故不能循其當然之理也、

第七節

同潮線○潮泿既如此被阻、不能循其當然之理、故欲推潮泿之來源、必先於各處測潮汐之來時與高低、復將同時有潮之處、繪一連線、名同潮線、下圖乃全地之同潮線、各線相距三點鐘時、如將其圖展大、按線細推、可知潮之原點、起於南亞美利加西之太平洋、距洲約三千里、此處有潮約在月過午線後兩點鐘時、蓋水有動靜不自移之理、而月之吸力不能遽勝其靜力、故潮起必在月過午線之後、

第八節

潮行之速率○月在赤道時測之、每點鐘約西行一千英里、以理而論、則泿之速當亦如是、但洋海多有水淺之處、泿遂不能如此速矣、自原點向西北、過太平洋之深水、每點鐘、行八百五十英里、歷十點鐘、方行至千乍德嘎土股、向西南、水既畧淺、每點鐘祇行四百

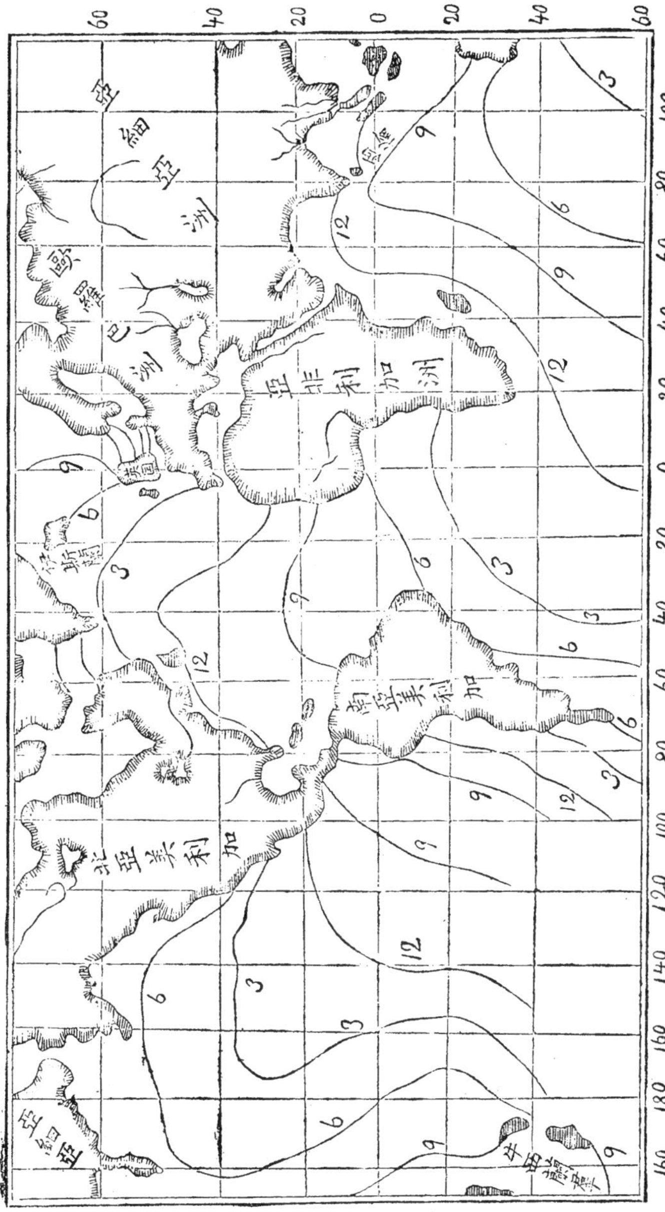

第三圖

英里、歷十二點鐘、方行至牛西蘭羣島、又歷十七點鐘、至好望角至大西洋、水既畧深、每點鐘約行七百英里、故又歷十一點鐘、始至美之東界焉、

浪有自行被逐之別○據理而論、潮汐之浪、俱宜隨月自東向西、繞地直轉、但惟因水深則浪行疾、水淺則浪行徐、且海中深淺之區、又無定所、浪不直西行之故、此其一也、又海之傍岸有灣股之異形式各別、自東至西、自南至北、無式不有、而浪必沾沾然以隨海之式耶、浪不直西行之故、又其一也、除此二故、無論浪之巨細、仍自東向西、惟潮汐原點處不然、蓋其處之浪、無分於東西南北、各向俱有、如投石於水、而有周出之浪環然、若月之吸力忽然間斷、海浪前行之速率、祇隨水之深淺、此等浪爲自行浪、然月每點鐘、既西行約一千英里、而吸力絡繹不絕、水之正當月下者、必躍躍有欲生浪之勢、此等浪向西之速率、既隨月之吸力、而不隨水之淺深、可謂之變浪、欲知潮汐浪究係何等、可就大西洋潮浪之速率推之、此洋自赤道至北緯五十度、浪之速率既畧均、每點鐘約六百四十英里、然以大西洋水深淺之平數、推自行浪之速率、每點鐘宜行者、約四百三十英里、於是

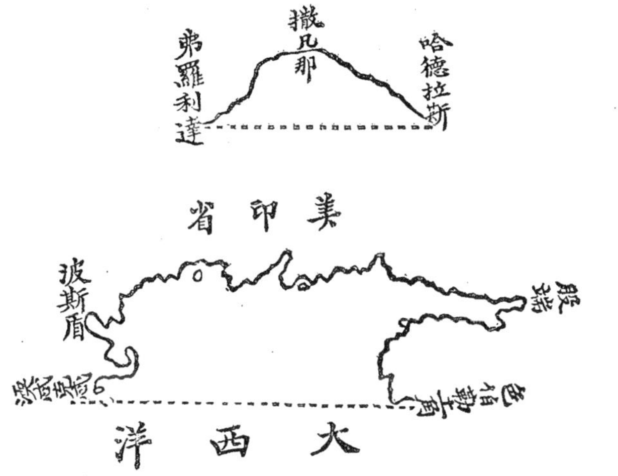

第四圖

潮汐旣不足一千英里又過於四百三十英里可知非盡爲自行亦非盡爲變者乃半爲自行浪半爲變浪也

大洲沿海形勢與潮之高低亦有相關海邊多有海股而股口寬者則潮亦寬而不高然潮已進股口則前者阻於岸後者迫於勢後浪擁前浪擁則必奮擊而躍起此增高之一故也且股愈窄水必夾岸激湍浪尤矗起此增高之二故也如自哈德拉斯角至弗羅利達南畫一直線向西海股最寬處約五百八十里潮在哈德拉斯與弗羅利達高不過二尺至撒凡那即股頂高有七尺又如自色伯勒土角至澳武克武島

畫一線、線之西北有海股、其潮爲最奇者、潮在澳忒克忒高止二尺、至股端、則七十尺、若股口有島則不然、如美希哥海股、因股口有古巴及巴哈瑪羣島、沮滯浪勢、故股內之潮、處處皆小、至江河之潮汐、亦可以同理推之、浪初入河口、原力尚存、故浪勢猶峙、至漸以入內、河道漸狹、河水漸淺、浪力亦漸殺、以至浪平無踪、其故盖以河岸阻力、河底磨力、而潮力漸盡矣、

第十節

每日有四潮處、此何以故○每日二潮、此海之常例、然有不止二潮者、如蘇格蘭以東之海沿、有每日四潮之處、其故非他、地勢使然也、北海每日之兩潮、各自西南而來、先至愛而蘭、遂分爲二、一由蘇格蘭北入此海、一由英格蘭海岔入此海、故蘇格蘭之東有二潮齊到之時、此固與常例無異、又有一早一晚、相差兩三點鐘之處、是一潮分爲二潮矣、一潮既分爲二潮、故一日有四潮焉、

第十一節

南太平洋潮小之故○於太平洋近梭賽伊第羣島、經度自一百四十至一百七十度、南緯度自十三至十八度之處、其潮俱小於洋海他處、平日之高、不足一尺、朔望之高、不過

十二寸。弦時之高。不過二寸半。其故蓋以月過其午線。約六點鐘時。潮浪初至其處。而水之高起者。月即欲令之低平。故所來之潮。除能補月所徹者。而所餘無幾耳。即論他處之潮。亦不能依舊如原來之潮。誠以一路奔騰。多受日月之變更故也。

第十二節

湖海之潮汐〇凡不甚通大洋之湖海。其潮雖與大洋不同。而其理則同。蓋其潮之高低。較大洋潮之高低。猶海之長短較地之全徑。即如地中海。其長約爲地全徑之三分之一。而其潮之高低。約爲大洋高之三分之一。又如米西干湖之平數。約爲大洋潮之二十三分之一。而其湖之長短。約爲地全徑之二十三分之一也。

天文揭要

第十三章　論行星

第一節　何爲行星○凡體具球形而畧循正圜繞日轉之諸曜、卽行星也、行星之顯而易見者有五、自日遞次名之、卽水金火木土五星、此外又有天王海王二星、爲近百年前初尋得者、金火之間有地球、亦宜列於此等星內、卽常謂之八大行星也、此外當木火二星軌道之間、有類小行星、至今已測得者共有四百零一也、水金二星、旣距日較地尤近、故名曰內行星、餘旣距日較地尤遠、故名曰外行星、

第二節　行星之月○除小行星與內行星外、餘則各有其月、卽內行星、亦不敢確言其無小月、以人旣視而不見、故云無月耳、至於有月者、則地球有一、火星有二、木星有五、土星有八、天王有四、海王有一、此外亦或復有、然難論定、

第三節　行星之軌道○其道皆爲橢圜、日居其一心、而其道之橢率、大抵甚小、如用長徑二尺作一與行星道橢率相等之橢圜、非仔細量度、不能辨其橢否、因兩心差甚小故也、

第四節　至卑至高二點○行星之軌道、最近日處、前名最卑點、其最遠日處、前名最高點、今可改

爲近日遠日二點、蓋地繞日之道、前所謂最卑最高者、以在北半球視日最近時、即日過午線最卑時也、而日最遠時、即日過午線最高時也、然當熱帶及南半球全地視之、則俱不然、故易之、地道然、餘行星亦然、因俱易之、

第五節

地心日心各位之別〇自日視行星所居之經緯度、爲日心經緯度、而自日觀其行向爲眞行向、自地視行星所居之經緯度、爲地心經緯度、而自地觀其行向、爲視行向、所以名視位者、以吾人所居之地、非諸行星所繞之中心也、所以名視向者、以地有自行故也、然有某行星之地心經緯度、即可推日心經緯度、而得其眞處矣、

第六節

行星之長度與相合相衝之點〇行星之長度、即以地爲中心、自地作二線、一至日、一至行星、此二線在地所交之角、即爲星之長度、若行星在日東、爲東長度、在日西、爲西長度、內行星長度之最大者、即金星、不過四十七度、外行星之長度、可至一百八十度、行星與日、其黃經度相同之點、名爲星日相合點、內行星之道、既在地道以內、其相合點則有二、一、日在星地之間、名上相合點、一、星在日地之間、名下相合點、外行星之道、既在地道以

外、則只有一相合點、卽日在星地之間也、行星與日、其黃經度相差一百八十度之點、爲相衝點、卽自日視星與地同黃經度之點也、惟此相衝相合二點、亦無定所、因地亦常繞日轉、而與星之速率不同故也、

第七節

行星繞日之速率○自日視行星、皆自西而東轉、惟其速率各異、近日則速、遠日則遲、其軌道彼此之交角俱小、因行星皆畧在黃道平面內、但自地觀諸行星之行向與速率則不然、其故有二、一因地不在行星軌道之中心、故各行星距地之遠近、日日不同、而其速率亦然、二因地球亦繞日轉、卽使行星不轉、自地視之、仍如轉然、

第八節

內行星視行之理○欲以內行星之眞行、推其視行、可以圖明之、甲乙丙爲天空之大圜、畧在黃道平面內、角亢氐等爲地道、子丑寅等爲水星道、水星繞日一周、旣須八十八天、將水星道平分十二弧、則水星行一弧、必須七零三分天之一、可以角至亢、亢至氐、氐至房、爲地每七零三分天之一、繞日所行之諸弧、若地在角點、而水星在子點、卽其下相合點、於是自地看水星、必現於天空角點、過七零三分天之一、水星行至丑點、而地行至亢

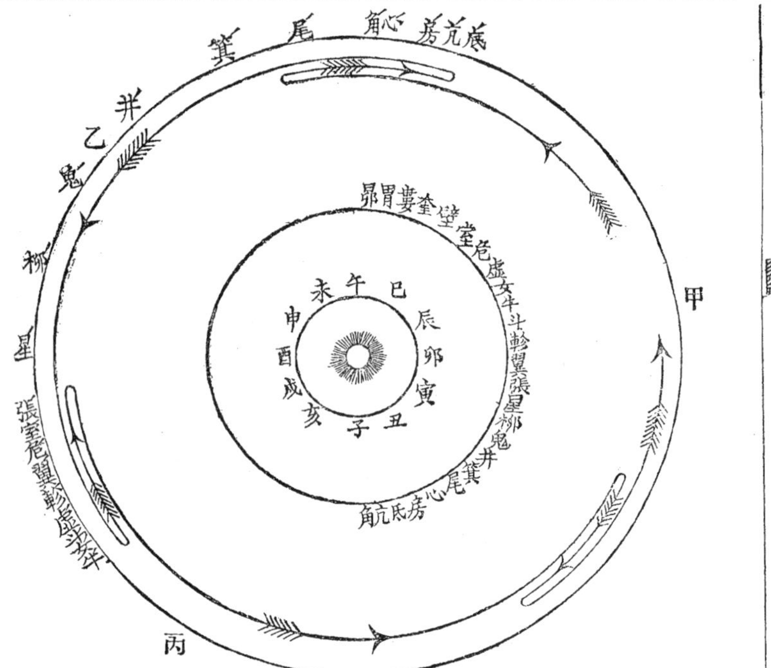

第五圖

點、故水星必現於天空之亢點、餘皆仿此、如此看、由角至氐、水星之視行、乃自東徂西、故名曰逆行、自氐至牛、其視行乃自西徂東、故名曰順行、自牛至室、又逆行、若觀水星繞日轉數次可知其視行之道、如圖之箭、旋順旋逆而其逆行弧之中點、即星之下相合點、逆行弧之始末二端、既視之不動、故名曰駐點、總之內行星在其下相合時、所以有逆行者、蓋爾時自地看星眞有西行、而速率較地尤速也、

外行星之視行〇欲以外行星之眞行、

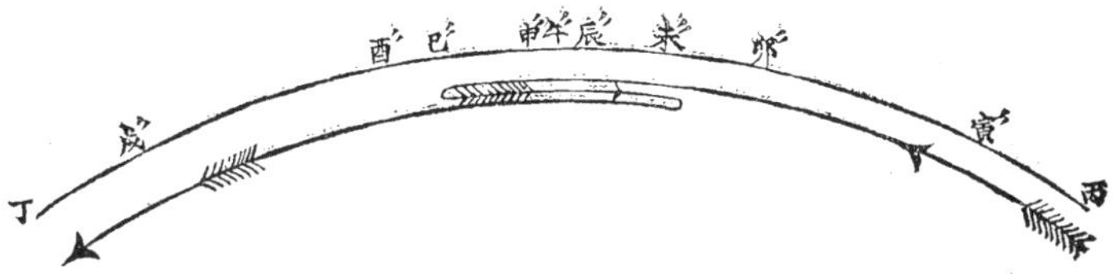

第六圖

推其視行、試看本圖自明、以甲爲日、子丑寅卯爲地道、子′丑′寅′卯′爲火星之軌道、丙丁爲天空之一弧、地繞日一周既須一年、若將地道分十二弧、則地行一弧必歷一月、可以子′至丑′、丑′至寅′諸弧、爲火星每月所行之弧、故地若在子點、而火星在子′點、人必視火星有子子′向、地行至寅點、火星則至寅′點、人必視在天空之寅″點、地至卯點、火星必現於卯″點、如此可知地行子巳弧時、火星必有順行、而地行巳未弧時、火星必自巳″至未″而逆

行地自未前行火星再順行至其又至相衝點則又逆行由上二節推之可知內行星之逆行乃眞行外行星之逆行乃視行也

第十節

刻白爾之三例〇諸行星所以繞日轉之故因其受日之吸力不然必外行直線吸力之旨至牛頓始明而牛頓之先有名刻白爾者細測行星之軌道而定此三例一 諸行星皆行撱圜日居其一心二 歷時同帶徑所過之面積亦同三 凡二行星周時之平方相比若二星距日之立方相比如地繞日一周時為365.2564天而火星轉一周時為686.9796天設1代地距日之遠近則按比例 $(365.2564)^2:(686.9796)^2::(1)^3:(1.52369)^3$ 故若地距日268620000里則 $1.52369\times268620000=409300000$ 里即火星距日之中里數也

第十一節

行星可見之時〇海王星因距日遠甚故其光忒微如第八九等星然非遠鏡不得見天王星適與日相衝時當澄清無月之夜不須遠鏡目力可見木金二星最明時雖日尚未落亦可見之大抵行星之長度不過三十者須以遠鏡始能見之內行星長度最大者既

不過四十七度、則惟黃昏在西、黎明在東、二時可見、於深夜終不能見之、若有東長度者、星必隨日而落、則惟昏見、若有西長度者、日必隨星而出、則惟晨見、外行星與日相衝之時、既昏出晨沒、故徹夜可見焉、

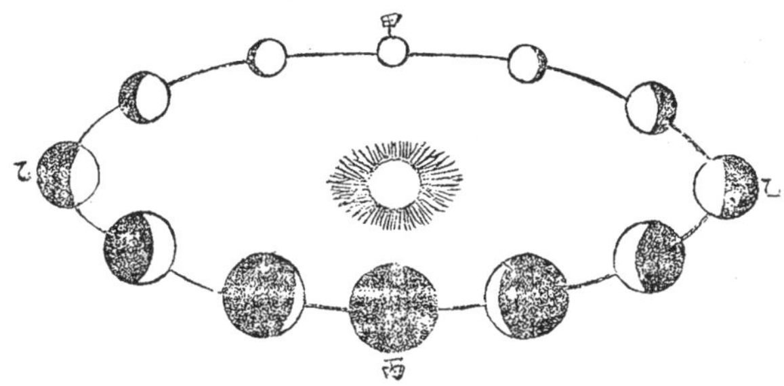

第七圖

第十二節

行星之弦望○行星之光本非固有、乃爲返照之日光、故近日者、若居上相合點、如圖之甲、必見如圓圜、蓋向日之面全向地也、若居其長度最大之點、如圖之乙、則見爲半圜、蓋向日之面半向地也、若居下相合點、如圖之丙、則星不見、蓋向日之面幾全背地也、查其弦望之式、與太陰無異、餘者除火星外、皆較地距日遠甚、其所向日之面、亦常向地、故不見有盈虧之式焉、

第十三節

求行星之眞周時○此有二法、一　每行星之軌道、既被黃道平分、則每繞日一周、必過黃道二次、一自南而北、名升交點、

一自北而南、名降交點、如是自某行星過一交點、至其再過、爲一眞周時、如欲求之、可於星近交點時、每日測其赤經赤緯二度、即按五章二十節、求其黃緯度、再循其度每日變小之速率、推其無黃緯度之日、即星過交點之日也、待星再過此交點、復測之、於是二時之較、即其眞周時矣、然此法之不便有二、一蓋星道與黃道皆交小角、而所測之緯度、若有小差、則得數之所差、必尤大矣、二因距日遠之行星、其周時甚長、若天王、須歷八十四年、至海王、須歷一百六十四年、故此法不便焉、

二以視周時、求眞周時、夫行星之視周時、即自相合或相衝、至其再合再衝爲定、可以丁代之、以甲代眞周時、以乙代地球之一周時、一周既爲三百六十度、則外行星每日必行$\frac{360^{\circ}}{\text{甲}}$、然地較外行星行更速、故其每日多行之度數、即$\frac{360^{\circ}}{\text{乙}}-\frac{360^{\circ}}{\text{甲}}$、然自其相衝至再相衝、地較星必多行$360^{\circ}$、故其每日多行$\frac{360^{\circ}}{\text{丁}}$、於是$\frac{360^{\circ}}{\text{乙}}-\frac{360^{\circ}}{\text{甲}}=\frac{360^{\circ}}{\text{丁}}$、或云、丁甲一乙丁＝乙甲、則　甲＝$\frac{\text{乙丁}}{\text{丁}-\text{乙}}$、以此法推內行星之周時、則　甲＝$\frac{\text{乙丁}}{\text{丁}+\text{乙}}$、

求視周之均時○地與各行星自行之角率既不均、則星之視周時、自必有長短之別、欲

求其均數、可細測其何時與日相衝、待數視周後、再測其相衝之時、而以視周之次數除其相差之天數、所得者、即視周之中數矣、

第十五節

以內行星之長度、求其距日之遠近○如知內行星之周時、可按刻白爾之第三例、求星距日之遠近、然苟不用其周時、而惟測其至大之長度、亦可求距日之遠近焉、如第八圖 設甲為日、乙為地、丙為行星長度至大之點、如是甲乙丙三角形、丙為直角、蓋丙乙為星道之切線、甲乙丙為其長度角、如是按比例、 甲乙：甲丙：：未：正弦甲乙丙、故 甲丙＝甲乙正弦甲乙丙、若行星道為正圜、遵此以求、即得行星距日之里數、但其道既皆撱圜、則其至大之長度、必有大小之不齊、故須屢測內行星至大之長度、取其平數、而按上比例、求星距日之平里數、如金星長度至大之平數為四十六度二十分、則其距日之遠近、為地距日之萬分之七千二百三十三矣、

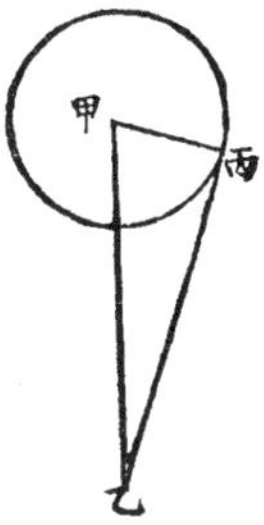

第八圖

第十六節

以外行星之周時、求其距日之遠近○如第九圖 設甲為日、乙為地、丙為火星與日相衝、則日

地星皆在一直線、當相衝之翌日、可測其逆行之角若干、等於戊乙′丁、可以丙丙′爲火星相衝翌日所行之弧、乙乙′爲地當日所行之弧、則丙甲丙′與乙甲乙′二角易知、再作乙′丙′之連線、引長至丁、又作乙′戊線、與乙丁平行、則戊乙′丁等乙′丁甲角、然甲乙′丙′三角形之丙′角、等內二角之合、又有乙′甲丙′角、等乙甲乙′與丙甲丙′二角之較、而其甲乙′邊、即地距日之遠近、既知其一邊二角、便可求其餘甲丙′邊、即火星距日之遠近矣、以上之戊乙′丁角之平數、爲21′25″·7、若以地距日之遠近爲一、而從行星表、取地與火星每日之平角率、代丙甲丙′與乙甲乙′二角、則火星距日之均數、爲$\frac{\text{正弦}80'34''}{\text{正弦}52'52''\cdot4}$、等於地距日之1.52369倍、

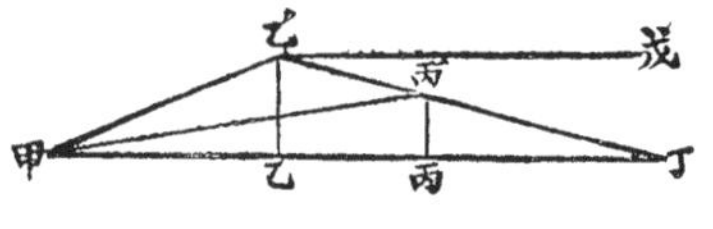

第九圖

第十七節

內行星至大之長度〇水金二星、既比地距日尤近、故其距日之視度、（或云長度）不能至九十度、（如第十圖）可令甲爲日、丙爲內行星、如水星是也、乙爲地、作乙丙線、爲地水之連線、水星每繞日轉一周、乙丙必切星道二次、一在日之東、一在日之西、二時距日之視度、即丙乙甲

第十八節

角、爲水星長度至大之角也、而此角之正弦、等於甲乙分之甲丙、然乙甲與丙甲、卽水與地距日之遠近、既不時更移、則其最大之長度、亦常有差、若地在其近日點、而水在其遠日點、其長度可至二十八度二十分、若地在其遠日點、而水在其近日點、則其長度不過十七度五十一分、按圖算金星最大之長度、則自四十五度二十分、至四十七度十七分不等、

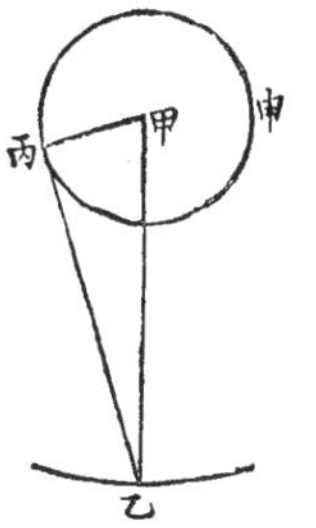

第十圖

水星○行星距日之最近者、水星是也、眞周時約八十八天、視周時、一百十有六天、其距日之中里數約一億零四百一十萬里、然其軌道之兩心差既大、其距日之遠近、可差四千三百三十萬里、卽其軌道長徑五分之一也、其在下合點、距地較近、而視徑爲十二秒有奇、在上合點、距地較遠、視徑不過五秒、其最明時、不在其下合點、以向地之明面最少、亦不在其上合點、以距地最遠、而反在其近長度最大之時也、黃昏間則在長度最大之前數日最明、黎明時、則在長度最大之後數日最明焉○論其全徑約八千七百里、故其

體爲地三十七分之二矣、此星既無月、其質則難求、大抵爲地八分之一、故其密率、比地多二零四分之一倍、卽行星之最密者也、星面明暗之界、時或不齊、故疑有凹凸之別、然至今不能以其不平、並明暗之點、定其自轉之周時、水星有天氣否、亦未測定、縱或有之、較金星亦薄而稀矣、

第十九節

水星易見之時○自地仰視水星、既常距日較近、故其光每被日光所掩、因而難見、而其可見之時、莫若當長度最大之時、此時星若居其遠日點、且適當冬季則易見、而其北黃緯度愈大、則愈易見、因自日沒至星沒、歷時較久也、星之難見者、亦因其返光力少、不過爲金星四分之一有奇耳、

第二十節

論金星○距地最近之星、卽金星也、而其最近地點之均里數、爲七千五百萬里、其眞周時、爲七月半、視周時、爲五百八十四天、軌道之兩心差、較他行星甚小、不足千分之七、故距日之遠近、常在一億九千四百三十萬里之譜、距地遠近之比、若六之與一、而其視徑亦然、自十一秒至六十七秒不等、其全徑在二萬二千三百里之譜、故其體爲地百分之九十二、然其質則祇有地百分之七十八、因其密率、僅有地百分之八十六也、前之曆家

第二十一節

云曾見金星之月、然今用極精之遠鏡、屢次尋查、終未得見其最明時、與水星同理、而其明暗之界線、亦常不齊、故疑亦有凹凸之別、當百年前、有曆家某窺其暗點來往之次、謂其自轉一周、須二十三點鐘二十一分有奇、然其暗點難攷、以金星之面甚明故也、而今之天文士、用大遠鏡細測、皆未核定其自轉之周時、至星外有氣括之、則有三據焉、一當弦時觀之、近其面之明暗界、其色畧淡、故知有氣焉、二當過日面時、非特似一黑點、外周尙有明圜、蓋日光透其周圍之氣、向直線而彎、故聚成明圜焉、三日光圖之黑線、有因本質而生者、亦有因包地之天氣而生者、復測金星之光圖、與日相同、惟氣所生之線尤黑、故知其有天氣包之也、

金水二星過日面〇金水二內行星、居下合點時、其距黃道之分數、不及日之視半徑者、必經日面而過、爾時內行星既有逆行、而暗面向地、故現一黑點、向西而過本星之下合點、不與星黃二道交點相近、其距黃道之分數、大於日之視半徑者、必由日之上或下而過、如十一圖甲乙爲黃道、乙爲日、甲丙爲星道、乙甲丙角、即星黃二道之交角、夫日之視半徑、

既爲十六分、而水黃二道之交角爲七度、故丙甲若不足二度十一分、水星必過日面矣、又金黃二道之交角爲三零三分之一度、若金星距交點之弧、不過四度半、星亦必由日面而過焉、

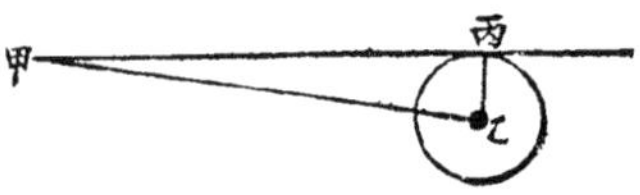

第十一圖

第二十二節

水星過日面之次數〇水星二十二周之天數、既約等於地球七周之天數、四十一周之天數與地十三周之天數、所差尤小、而一百四十五周之天數、幾與地四十六周之天數適等、故水星於每交點、若歷七年、而不過日面、歷十三年、大抵必過之、而歷四十六年、則無不過之矣、此水星過日面次數之大旨也、

第二十三節

金星過日面之次數〇金星之降交點、有黃經七十五度、升交點、有二百五十五度、日行至此二點、約在六月初五、十二月初七、故金星若過日面、必在此二日前後數日之間、今將距今前後數百年、金星過日面之表、分列於下、

一千七百六十九年　六月　初三日

一千八百七十四年　十二月初八日
一千八百八十二年　十二月初六日
二千零四年　六月　初七日
二千零十二年　六月　初五日

金星於一交點過日面、至由此再過、或八年、或二百三十五年難定、因地繞日轉八周之天數、與金星轉十三周之天數、幾於相等、地轉二百三十五周、與金星轉三百八十二周之天數、則幾適相等、如下

365.256×8＝2922.05
224.701×13＝2921.11

又

365.256×235＝85835.3
224.701×382＝85835.7

若金星過日面時、亦過面心、則每二百三十五年中、必於其升降二交點、各過日面一次、

第二十四節

但今所過之式、（如十二圖）故於每交點、每二百三十五年中、必過二次、而二次之間、相距八年云、

第十二圖

火星〇火星距日之均里數、略等於四億零九百二十萬里、但其軌道之兩心差既大、此數可差十分之一、火星距日、既如此之遠、其所受之光與熱、不抵地所受之半、火地繞日之軌道、既皆橢圜、故火距地之遠近亦不同、至近爲一億零二百六十五萬里、至遠可增七倍、故其視徑亦常變、自三零二分之一秒、至二十四秒不等、其年有六百八十七天、其視周時、有七百八十天、軌道交黃道之角、爲一度五十一分、其全徑畧等於一萬二千一百里、則其體等地體七分之一、但其密率、既爲地密率百分之七十三、則其質、亦祇爲地四十七分之五耳、火星與日、或合或衝、其向日之面、俱正向地、故類望月、（如十三圖）在他點、其向日之面、非全向地、故視之畧虧、而其所虧之明面、多不過九分之一、近地時以精遠鏡測之、見有紅碧二色相參、意者紅爲其陸地、而碧爲其海、屢測之、而方位不變、愈足徵紅爲陸而碧爲海矣、

第二十五節

星之南北極、各一白斑、原擬爲積雪、後測其向日久則小、背日久則大、其爲積雪也明矣、又測紅碧諸點來往之次數、可知火星每天之時、有二十四點鐘三十七分焉、星之南北軸、與其軌道之平面、交角爲二十九度、夫如是其晝夜四時、當與地約同、在昔一千八百七十七年、當火星相衝之時、有哈里者、於華盛頓城、始尋有二月、遠者名代某、距火星約四萬二千二百里、其周時爲三十點鐘十八分、

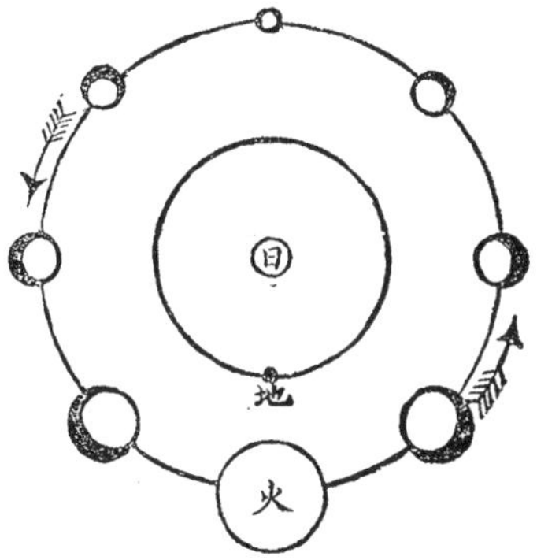

第十三圖

近者名否布、距火星不過一萬六千八百里、其周時爲七點鐘三十九分、此月繞本星一周、所歷之時、既少於本星自轉之周時、故必常出於西而沒於東、按其周時推算、火星之一天、抵其三月有奇、此二月極小、即分微尺、亦無法量度、而其返光之力、億與本星相同、且與本星相交、則大者之全徑、約爲二十里、而其小者、不過爲十六里云、

論小行星○昔一千七百七十二年、有德之天文士波德、揣行星距日、必有定例、如用4

爲準、即水星距日之遠、於是4十3爲金星距日之數、4十(3×2)、爲地距日之數、4十(6×2)爲火星距日之數、4十(12×2)、與4十(24×2)爲餘行星挨次距日之遠近、按此例推火木二星之間、必有一行星、後有天文士二十四位、會同商酌、於黃道之十二宮、各測半宮、至一千八百零一年、意大利有裴阿石者、果於二星之間、先得一小行星、名隋李氏、明年歐勒白斯本欲尋測隋李氏、不期又覓一小行星、至一千八百零七年、共測得四星、伊見四星之軌道距日里數畧同、遂疑爲一大行星崩碎而成者、自一千八百零七年、至一千八百四十五年、諸曆家未得善測之法、故一無所得、彼時有希尼容者、又測得一星、因此曆家咸喜、精心細察、遂得甚夥、至千八百九十五年、共得四百零一顆也、此等行星皆甚小、其大者之全徑、大抵不過九百里、其小者、惟當與日相衝時、以最大遠鏡始能見之、目力及見者、惟有一焉、倘離相衝點、仍不能見、諸小行星距日最遠者、名士李、距日之平數爲十一億五千六百六十萬里、距日最近者名米度沙、距日之平數爲五億六千三百五十萬里、則知米度沙距日不過士李距日之半耳、

第二十六節

觀諸小行星所吸火星之力、力佛利亞計其總質、可爲地四分之一、由是言之、小行星必有數千、蓋其大者之質、不過爲地球之$\frac{1}{1500}$也、今之論諸小行星者、則有二說、一按本書之末節、原擬各行星爲繞日轉之大氣圜、式如土星之圜、此圜距木星既近、而木星尤大、故多受其吸力、而不得成一大行星、反爲木星所吸散、而成如許之小行星矣、二諸小行星、原爲一大行星崩碎所成、然非一崩而成、苟一崩而成、則諸小行星之軌道、必有一公交點、如謂係大行星陸續崩碎而成、則理無不合矣、二說之是否、究屬難定、

水星之行、既有無可解者、力佛利亞意其軌道之內、或有一大行星、其質與水星相似者、或有羣小行星、總質與水星畧等者吸之、據此二說、則以次爲愈、蓋水星軌道之內、苟有一大行星、則當日全蝕時、宜能見之、既無所見、想必爲羣小星也、見第六章末小註

論木星○行星之大者、莫大於木星、其全徑約二十五萬里、可大於地十一倍、故全體較地大有一千三百倍、然考其密率、不過爲地百分之二十四、是其質只有地之三百十六倍矣、其餘行星、若皆彙爲一體、不過抵木星五分之二、此可知木星之大若何也、至其距

第二十七節

日之均數爲十四億、但其軌道兩心差約爲二十分之一、故其近日遠日二點、可差一億二千萬、繞日一周、或謂一年、卽地之十一零八分之七年、視周時、爲三百九十九天、其視徑、隨遠近而變、自三十秒至四十八秒不等、當相衝時、其光微次於金星、據其暗處出沒之時、可知木星自轉之周時、爲九點五十五分半、其黃赤二道之交角最小、則晝夜之長短晷同、而四時亦晷無分矣、其赤道徑比南北徑、似十七比十六、此式乃流質之球、約十點自轉一周所宜成之橢圜式也、所言四時不過以理而然苟細推之與地等體算其所受日之光熱僅爲地所受二十七分之一則雖有四時之分亦無幾矣

木星之灰色帶○木星之面色之淡黃者過半、復有灰帶數條、與其赤道平行、最晰者有二、在其赤道之南北各一、中隔一黃帶、離赤道以漸而模糊、非精遠鏡不能辨明、諸帶之形亦常變、一日之內、所差無幾、數月之後則大相懸殊、有時一帶如斷、可藉測木星自轉之周時、又見灰帶之上有數黃點、如雲之漸過、天文士因帶漸變、故以黃者爲雲、灰者或爲近木星微有返光之雲、又或爲星之本體也、灰帶所以與赤道平行者、蓋意其爲木星自轉所生之氣流、如地之貿易風然、但木星尤大、自轉亦速、故所生之氣流、較地之貿易

第二十八節

風廣且久焉、論木星之距日、較地遠五倍有餘、所受之熱、不過爲地所受之二十七分之一、熱少則生雲亦少、地尚不能徧體皆雲、木星何以多雲哉、其所以多者、或謂木星非僅受日之熱、且有自生之熱、生熱之故、因太初行星之質皆熱、後則漸冷、而體之大者冷則緩、故木星之熱、至今猶存焉、再觀木星之光旣大、意其不第有返照之日光、且有本光、然視其光圖、與日之光圖無異、而且其月被蝕時、全不得見、故知木星卽有本光、亦最少焉、

木星之月○木星之月有四、皆繞本星自西徂東而轉、與地之月相同、此四月、幾居本星赤道之平面、而按其距本星之遠近、以次名之曰第一、第二、第三、第四、其距本星之遠近、與其周時、各見下第二表、按此四月、俱爲嘎利利漚初造遠鏡所尋得者、以小遠鏡視之、如六七等之星、最遠者、距本星不過爲本星全徑之十三倍、是諸月皆在小目力之遠鏡視界內也、第一月之全徑約爲六千九百里、第二與地之月約等、第四與水星畧等、大者卽第三、其全徑一萬零四百里、設無本星、此四月人目及見之、所以不能見者、因光被奪於木星也、若在高峯、間能見其第四焉、四月軌道、畧爲正圜、且幾在本星軌道平面內、故

第二十九節

視之似皆行一直線、自西徂東、自東徂西、循環不止、自西徂東、乃在本星之後、自東徂西、則在本星之前、其所返之光各異、而第四尤小、因過本星之面、屢視如黑點也、即各月之本光、亦有濃淡之異、意其面上各地、返光之力有別、與吾月頗相似云、見本章末

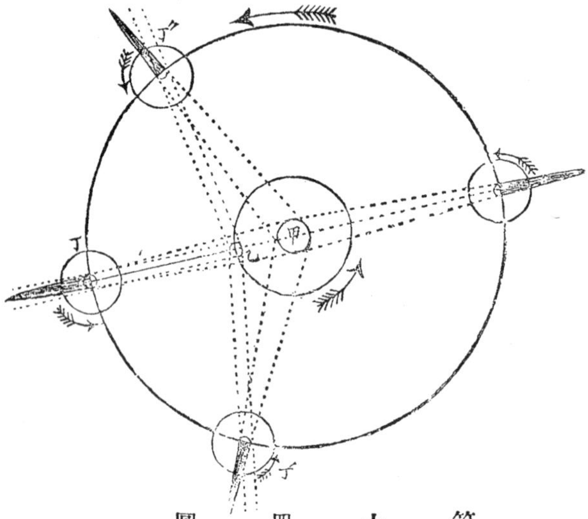

第十四圖

木星之月被掩被蝕〇木星之影、畧有十五千萬里之長、而四月之軌道、皆與黃道之交角無幾、故屢被蝕掩、如第十四圖中甲點爲日、此外第一圜爲地道、第二圜爲木星道、道中之四小圜、爲木星四月之道、月道旁之小箭、明各月行之方向、夫日既大於木星、則日木之二公切線、必相交於木星之後、而影之徑、必小於星之徑矣、木星既大於地、則地木之二公切線、不能相交於木星之後、則星所掩處、其徑必大於木星、設地在其道之乙點、木在

第三十節

丁點、卽與日相衝之點也、此時其月之被掩者能見、被蝕者不能見、但第四月、旣與黃道交角畧大、則有時由星之上或下而過、故不被掩焉、若木星於相衝點前幾日如丁′點是、則自地視所掩之處畧偏東、自日視所掩之處畧偏西、如此自地視之、必見木星之影在其西邊、而其月自西徂東、必先蝕後掩、若外二月、則被蝕被掩之間、少時能見、若內二月、祇能見其被蝕之初、及被掩之末而已、木星相衝後、如在丁″點、則其月先被掩後被蝕、外二月、在被掩被蝕之間、仍少時能見、內二月、祇能見其入掩出蝕而已、

藉木星月蝕求光之速率〇夫木星月蝕、所以急爲講明者、爲可藉以求光之速率也、當一千六百七十五年間、有嗹之劉麻者、以遠鏡測木星之四月、見第一月、繞本星一周、歷時四十二點二十八分三十六秒、且每繞一周、必被蝕一次、遂作一表、預推其被蝕之時、正與日相衝點、所推與所測無差、漸離漸差、差至極處、卽與日相合點、計十六分四十二秒、由此以推、知光行必有所需之時也、欲知每秒之速率、可將地道之全徑、以千零二秒除之、卽得其數畧爲十八萬六千三百英里、如十五圖甲爲木星、乙爲地、丙爲日、地如在乙、距

第二十一節

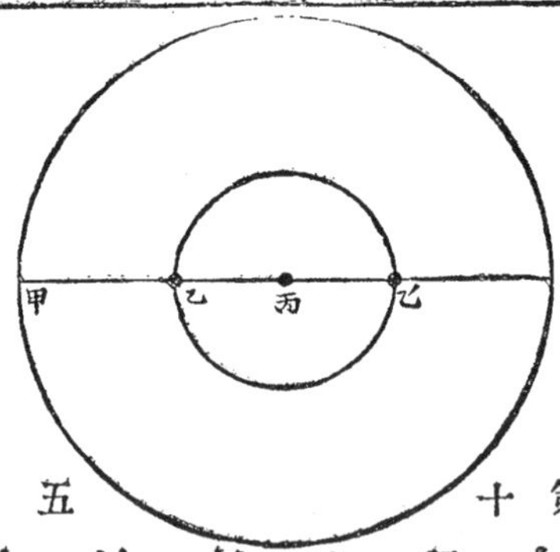

第十五圖

木星最近、在乙、距木星最遠、月被掩所遲之時、即光行地道全徑多需之時、故可以多需之時、約地道之全徑、即得光之速率矣、

論土星○諸行星之最奇者、莫如土星、除木星之外、亦無大於此者、其視徑之中數、爲十七秒、實徑不同、因擠率大故也、取其均數、約二十一萬里、故其體爲地之七百六十倍、若論其質、則祇爲地之九十五倍、因其密率、僅有地八分之一、如輕木然、至其距日之均里數、乃二十五億六千萬里、然此數約有一億四千五百萬里之差池、因兩心差大故也、土星之一年、抵地二十九年半、而其每日、僅十點十四分、視周時、三百七十八天、其黃赤二道之交角、爲二十八度、故土星亦有四時與晝夜長短之別焉、論其月則有八、按其距本星之遠近、名曰第一、第二以至第八、其距本星之遠近與周時、見下第二表、最大者爲第六、其體畧與水星同、其中最奇者、即第八是也、其光現於本星之西、比現於本星之東者、較明一倍、意者其兩面返光之力、大小逈異、故比地月之返光所差尤甚也、

土星有灰帶、其赤道亦有明黃帶、與木星同、惟微模糊耳、二極又有頗綠之暗斑、體外有光環、其狀美妙莫可名、以小遠鏡視如一環、與本星之赤道相平、且畧與同心、以大遠鏡視之、分爲三、皆係一平面、內環距本星約二萬七千里、名透光環、又名暗環、以返光之力小故也、內中二環相連、界線無定、中外二環、間離四千六百里之隙、論諸環之寬、莫寬於中環、約有四萬八千里、內外二環、各畧二萬九千里、而外環之全徑、約四十八萬六千里、此三環無不繞本星而轉、然其周時、難以核定、光環既居本星赤道之平面、則星每繞日一周、其環之平面、必過地道二次、倘能見之、必視如一直光線、因環雖寬而甚薄、大抵不過一百五十至三百里之譜、及環離交地道之點前行、環面以漸而見寬、撱率先大、離交點漸遠而漸小、歷至七年有半、環之短視徑、畧爲長徑之半、而撱率最小、由此前行、撱率又漸大、及行至環面復過地道、又視如直線矣、環式之變、下圖明之、甲爲日、乙丙爲地道、子午卯酉諸點、爲土星之道、設土星至子點、環之平面必過地道、至午點則見如撱環、至卯點、撱圜之短徑等於長徑之半、當星近弦時、間見體之影、顯於環上、且環之影、間見於

體上故知體與環之光非本光乃其返照之日光也

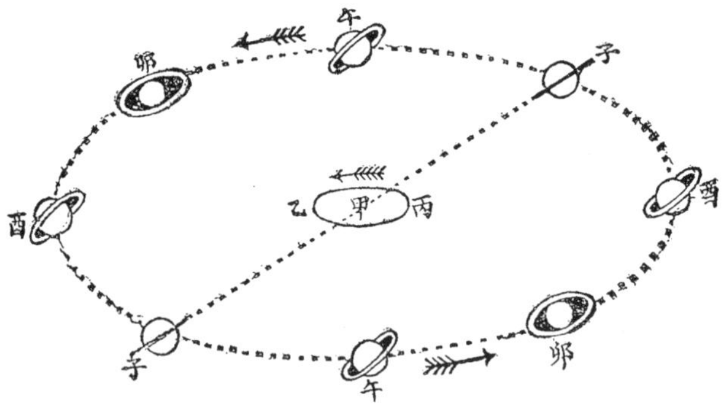

第十六圖

詳論此環所以不見之故有三一環面過日心日不能照其兩旁祇能照環之外邊邊既甚窄非最精遠鏡不能見焉二環面過地其向地者惟環之外邊非最精遠鏡仍不能見焉三光面斜界於地日之間則映日之面背地故環不得見焉其故雖有三然環被隱之期不過一年即環面交地道之年也如第十七圖甲爲日子午卯酉爲地道乙丁爲土星道之一弧環平面過日之時可以丙爲土星所居之點與甲丙平行再以丁子與乙卯爲地道之二平切線環之方向既永不改土星必在乙丁弧內環方不見夫甲乙即土星距日之遠近比甲卯似九零百分之五十四比一於是甲乙卯或乙甲丙角等於六度一分倍之即得乙甲丁角等於十二度二分土星一

周、既須一萬零七百五十九天、如是行十二度二分、必用三百五十九天半、即一年少六

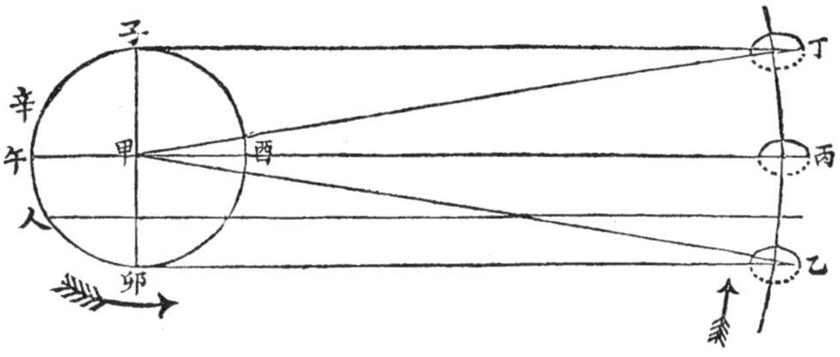

第十七圖

天也、其環被隱之期、必在此一年之內、而此年被隱之次、與每次所歷之時、惟視地於土星至乙時居於何處、地如在子、而土方行至乙、則地必在午卯弧內、如人點環之平面方過地心、而環不見、地前行至卯、環仍不見、因映日之面背地故也、待環面過日心後、則可再見、因向日之面亦向地也、地自卯行至子、環之平面已自丙行至丁而過子、較地早六天、故其環只一次不見、所歷之時約二月也、若地在辛、而土星方至乙、則地行人卯弧時、必過環之平面、而環自隱、直至面過日後、始得再現、然環之平面猶未至子、地又追及、故環面再隱、是不見有二次矣、若地與環平面、同時過酉、則環約隱八月、學者可推其所以然、若地在午、而土星方至乙、則祇有一次

不見、且此時星與日合、即星亦不得見矣、環面過地、或過日心時、以最精遠鏡測之、見其有厚薄之不同、有處薄甚、至於絶無、則知諸環之二面、高低不平、移時再測、或於外環見一黑線、然此線不久、故知環非一體所成、意爲衆小體所湊合而成者歟、一千八百九十五年、美之天文士祁勒以光圖鏡測諸環、便知環距本星遠之諸點、比其近之諸點、繞本星之速率恆小、即如行星繞日之速率、距日遠者小於距日近者同理、故知諸環實非環體、乃衆小體湊合聯絡而成者、

第三十二節

土星之環何以不落於其體○土星之環繞本星轉、依然如地月之繞地、一月如此、月月無不如此、設有二月繞土共行一道、衝之吸之、無不悉合、推而至於十百千萬、亦皆合理、極而至於無數、理亦然焉、

第三十三節

天王星○當一千七百八十一年間、有侯失勒維廉者、以大遠鏡細窺雙子星座之小星、偶見一星、爲恒星表所未載者、復以力大之目件窺之、見有視體、知非恒星、越數日再測、則易其居所、始疑爲彗星、後推其軌道、方信爲行星、當侯氏以前、此星已見十九次、因彼

時遠鏡未精、故每誤列於恒星之數也、天王距日之均數五十一億五千三百萬里、其兩心差、不及二十分之一、眞周時、八十四年、視周時、三百七十天、以中等遠鏡、惟見一小圓光面、以大遠鏡、僅見面有暗帶、其自轉之周時、尙未核準、或謂其一天之時、自九點至十點不等、視徑四秒、實徑約九萬二千二百里、故其體大於地體六十六倍、然考其密率、僅抵地百分之二十二、則其質約爲地之十四倍半、至其諸月、非大力遠鏡不克見、侯氏初尋之時、疑其必有六月、然今以至精遠鏡、只見有四焉、

天王海王之諸月、大異於他星者、爲其行法不同也、其繞本星、皆自東而西、非若他星月之自西而東、故曰有逆行、即天王月道之平面、與黃道交九十七度五十一分之角、下第一圖明地月繞地之軌道、其與黃道之交角旣小、則月有順行矣、可看圖中之二小箭然使此角大至九十度、則月行不分順逆、如過九十度、順行卽變爲逆行、見第十九圖天王之月蝕、用極精遠鏡、亦不能見、因諸月距本星、畧爲半分、月光卽爲星光所奪、未切本星、已隱而不見矣、此四月之周時、與距本星之遠近、載下第二表、

第三十四節

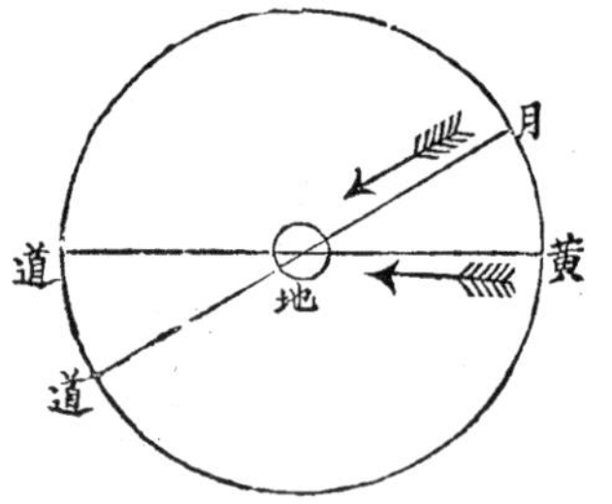

第十八圖

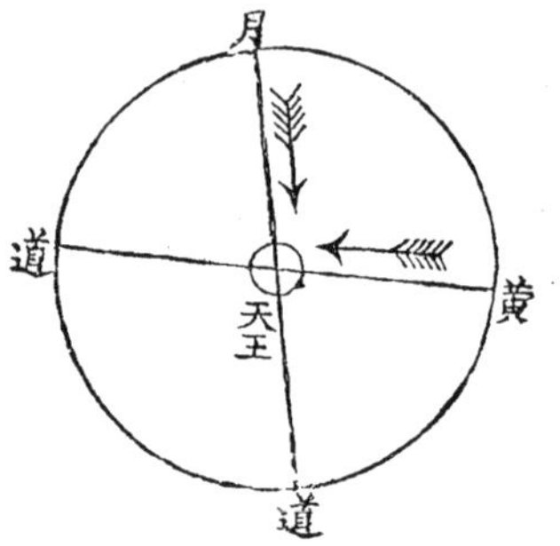

第十九圖

海王星〇尋得天王星後四十年、有卜法特者特備天王星表以便尋其所在、表始作、甚爲合用、歷數年表已差、歷至二十三年、星與表差至二分、此非作表者之推算失當、亦非測者之誤、天文家云、日雖按例吸相近之行星、至於天王、則不能全以牛頓之例概之、或云天王星外、必別有行星吸之矣、於是法之力佛利亞、英之亞但史、皆以數理、按天王所受之吸力、推此星之經緯二度、力佛利亞以所推者、致伯靈星台官嘉勒、彼依所推之處、以遠鏡測之、並核以星圖、果得一行星、距力氏所定之經度、不滿一度、名之曰海王、時在一千八百四十六年、九月二十三日也、

海王星距日之均數、八十億七千三百萬里、眞周時、一百六十四年、視徑二秒半、自地視

之、如第八等恒星然、實徑約十萬里、密率爲地五分之二、而其質爲地之十七倍、星面旣無可見之斑、故不知其自轉之周時、以光圖鏡、測天海二王、意其皆有本光、光圖中亦有甚黑之帶數條、明徵二星各被厚氣所包也、海王確有一月、距本星之遠近、如地之月距地畧同、此月之周時、爲五日二十一點鐘、其繞本星亦有逆行、與天王之四月同、月道與黃道、交一百四十五度七分之角、其光如第十四等恒星同、自海王視諸行星、皆爲內行星、長度之大者、天王也、可至四十度、次則土星、可至十八度、再次則木星、可至十度、其餘行星、無所能見者、自海王觀日之視徑、如自地觀金星於最明之時、然其所受之日光、約爲地所受之九百分之一、以比望月之光、約多六百八十七倍云、

第二十五節

論星距日之例〇本章二十五節、謂諸行星距日有定例者、乃波德之言也、此後凡尋小行星者、莫不咸遵此例、及尋得海王、推其距日之遠近、方知波德之例有誤、如下表首行、以地距日之遠近爲十、而按刻白爾之例、推各行星距日之遠近、第二行、仍以地距日爲十、而按波德之例、推各行星距日之遠近、第三行、即上二行之較數也、

水星	金星	地	火星	小行星	木星	土星	天王	海王
3·87	7·23	10·	15·24	27·39	52·03	95·39	191·82	300·37
4	7	10	16	28	52	100	196	388
·13	·23		·76	·61	·03	4·61	4·18	87·63

謹按此表、可証波德之誤、蓋論距日近之行星、無甚大差、至於土與天王、所差已大、及至海王、則差甚大矣、

第二十六節

行星總論〇諸行星可分二等、一爲近日者、一爲遠日者、凡在小行星軌道之內者皆爲近日者、如水金地火是也、凡在小行星軌道之外者、皆爲遠日者、如木土天王海王是也、諸小行星亦可另分一等、其總體比諸近日者之小、較近日者、比遠日者猶小、又近日者

自轉之周時畧同、皆約爲二十四點鐘、遠日者之木星土星、已知其自轉之周時、較此數畧速一倍、疑天王海王亦然、論其密率、諸近日者、與地畧同、諸遠日者、不過地球四分之一、而木星天王、則與太陽畧同也、

談天云　欲顯繞日諸星之大小及相距之率、當擇一極平地面、置一球徑二尺爲日、距球一百六十二尺、置一芥子爲水星、距球二百八十尺、置一豌豆爲金星、距球四百二十四尺、又置一豌豆爲地、距球六百四十五尺、置一闗針頂爲火星、距球九百九十尺至一千一百八十尺、置四百餘沙粒爲諸小行星、距球一里半、置一橘爲木星、距球二里半、置一小橘爲土星、距球四里半、置一小李爲天王、距球七里餘、置一尋常之李爲海王、據此例推最近之恒星、其距日約二萬三千里云、

「今於一千八百九十二年九月間、有美之天文士巴那得者、曾以李克遠鏡、又尋得木星之一月、距本星約有三十二萬六千里、全徑約有三百里、而繞本星之周時、約爲十二點鐘云、照例前所謂一二三四諸月、改名二三四五、然新得者極小、非超等

遠鏡不得見、而且航海通書、仍遵故說、故此書亦遵之矣、

附註　本章所記外行星體與密率、難免無差、比如測金星、其視徑若差十分之一秒、則全徑之里數、所差尚不及三十八里、而其體與密率、差亦甚微、然測海王之視徑若差十分之一秒、則全徑之里數、約差三千九百里、卽體與密率差之亦然、

天文揭要

第十四章　論昆中力與日之地平視差

第一節

論物行曲線之理○凡物靜而受動力、苟無他力阻之、則必依動力之原向、平速行直線、理固然也、而行曲線者、必因恆受改其原向之力而然、是知物行曲線、皆憑二力之合力也、一爲原力、卽使物恆行直線者、二爲斜力、卽使物恆離直線者、物行曲線、列數例於下、

第二節

第一例○凡物受恆點吸力、而行曲線者、若以物與力心（卽恆點下倣此）之聯線爲半徑、則半徑所過諸圜心角形、皆在一平面內、且與所歷之時、有正比例、

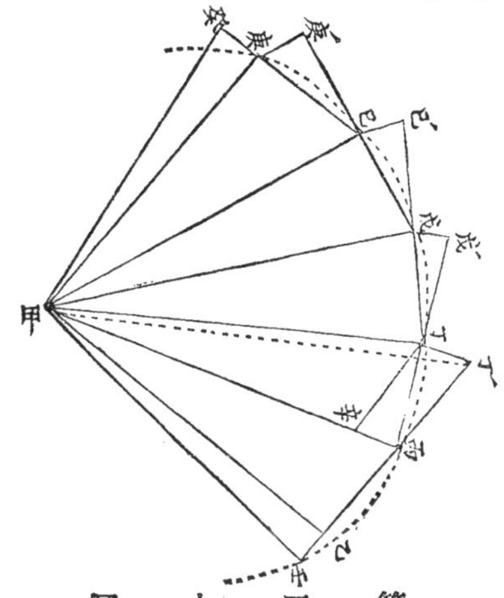

第十二圖

證、設甲爲力心、將所歷之時、平分諸小時、乙丙線爲本物第一點鐘所行者、若無他力使之改其道、則第二點鐘所行者、亦必準乙丙向、行至丁、且乙丙與丙丁等、然物至丙點時、昆中力（卽向心力下倣此）忽吸之、則不得獨隨原

力、或𠙽中力而行、故必隨合力行丙丁線矣、復自丁點作丁丁'、爲甲丙平行線、如是第二點鐘畢、本物必至甲乙丙同平面內丁'點、又作聯線甲丁'、夫甲丙既與丁丁'平行、則甲丙丁、甲丙丁'兩三角形即等、且各與甲乙丙三角形等、若令𠙽中力仿此每點鐘畢、即忽吸本物、則物每過丁戊己諸點、必改而行丁戊、戊己諸直線、且諸直線同在一平面內、甲丁戊、甲戊己諸形、各與甲乙丙形等、又爲半徑等時所過、故多邊形甲乙丙丁戊、比多邊形甲乙丙丁戊己庚、等乙戊之歷時、比乙庚之歷時、如是將每點鐘分至無窮、則乙丙、丁戊、己庚諸直線、即可爲曲線、夫𠙽中力既恆吸本物、故甲乙戊圜心角形、比甲乙庚圜心角形、等乙戊之歷時、比乙庚之歷時、與刻白爾第二例同。

第二例〇凡物受𠙽中力而行曲線者、其速率與正交切線而過力心之直線、有反比例、

證、夫乙己二點之速率比、自如乙丙與己庚二線比、蓋以其爲本物等時所過也、復作甲壬甲癸爲二線之垂線、故甲壬乘乙丙、等甲癸乘己庚、（見形學第四卷第六題）亦即乙點之速率、比己點之速率、等甲癸比甲壬、按前節變多邊形爲圜心角形、則曲線之速率、即本物之速

第三節

率、而乙壬與癸庚、又爲乙庚二點之垂線、

第四節

第三例〇凡物若不離原面、而繞恆點行曲線、且其半徑歷時同、所過之面積亦同者、皆因受向恆點之力者也、

証、行曲線者、既因受斜力、見第一節 故行乙丙丁戊己庚多邊形之物、若等時所過之甲乙丙、甲丙丁諸形等、必因於丙丁諸點、受向甲點之力而然、蓋乙丙引長之丙丁′、既等乙丙、故乙甲丙與丙甲丁′二形必等、但按題乙甲丙與丙甲丁二形、原設之等、故丙甲丁與丙甲丁′形亦等、而丁丁′與甲丙平行、則丙丁即丙丁′與丁丁′之合力、而丁丁′既與甲丙平行、故斜力即爲向恆點之力、行多邊形者既如此、行曲線者亦然、行星既同繞日轉、且歷時同、帶徑所過之面積亦同、從可知所受之斜力、亦即向日心力也、

第五節

第四例〇以平速行不等圜之二球、其所受皀中力相比、若半徑分之速率方相比、

証、設乙丁與丑卯、爲二球等時所行之弧、自乙點作乙丙切線、自丁作其丙丁垂線、丁戊平行線、乙丁對角線、倣此於丑卯弧、作丑寅、寅卯、卯辰、卯丑諸線、如是丙丁或乙戊與寅

卯或丑辰爲二球因受昆中力離原向所偏者、如是乙戊比乙丁、等乙丁比乙已、(見形學四卷二十三題) 故乙戊等 $\frac{乙丁^2}{2甲乙}$、又丑辰等 $\frac{丑卯^2}{2丑子}$、苟使乙丁丑卯二弧、小至無窮、則乙點昆中力比丑點昆中力、等 $\frac{乙丁弧^2}{乙甲}$ 比 $\frac{丑卯弧^2}{子丑}$ 但二弧爲等時所歷者、故與速率有正比例、如是設力爲圜之昆中力、速爲速率、未爲半徑、則力比力′、等未分之速方比未′分之速′方是力隨未分之速方而變也、

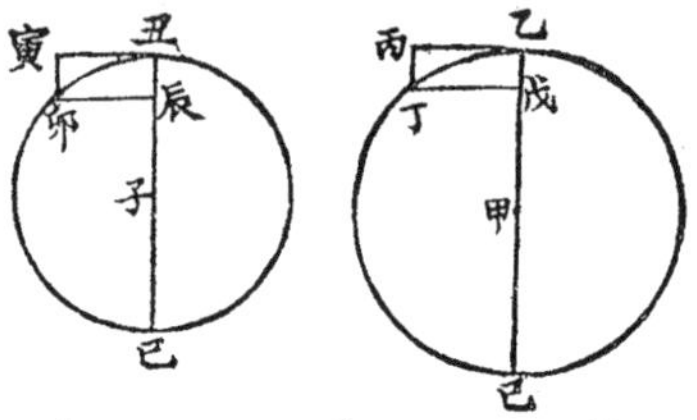

第二十一圖

第六節

第五例〇以平速行不等圜之二球、其昆中力相比、若其周時方分之半徑相比、

証、按圜周等二冂未、設時代周時、則二冂未等速乘時、故速等 $\frac{2冂未}{時}$、按第五節、力隨 $\frac{速^2}{未}$ 變、以速之同數代之則力隨 $\frac{4冂^2未^2}{時^2未}$ 而變、惟 $\frac{未}{時^2}$ 爲變數、故只隨 $\frac{未}{時^2}$ 而變、如是力比力′等 $\frac{未}{時^2}$ 比 $\frac{未'}{時'^2}$

第七節

第六例〇若昆中力能使物行撱圜者、則此力與物距力心方有反比例、

解、設甲癸乙爲地道、寅爲日所在撱圜之一心、癸子弧爲地每秒所行者、設時代一秒、如

是作丁壬、癸庚、二屬徑、作子巳縱線、與癸點之切線平行、作寅癸帶徑、交丁壬子巳二線於戊於辰、又自子作癸辰平行線子丑、帶徑之垂線子卯、則 2癸辰：2癸′辰 :: $\overline{寅癸′}^2$：$\overline{寅癸}^2$

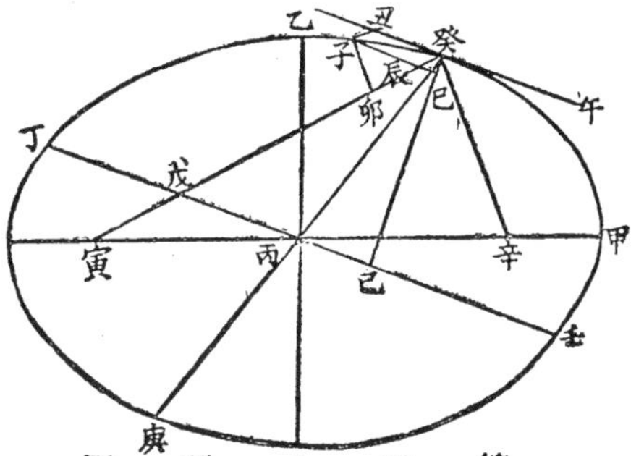

第二十二圖

證、癸子弧原甚小、雖非直線、亦可視爲直線、卽地每秒內因受向丑點之離中力、與向寅點之毘中力所行者、則癸辰爲地只受毘中力每秒所行者、設力代毘中力、按重學癸辰等 $\frac{力乘\overline{時}^2}{2}$、設時′爲一、則力等2癸辰、按相似三角形、癸辰比癸巳、等癸戊比癸丙、按橢圜廿一題、庚巳乘癸巳比 $\overline{子巳}^2$、等癸丙比 $\overline{丙丁}^2$、又按第八題、甲丙等癸戊、如是自二比例、得庚巳乘癸辰比 $\overline{子巳}^2$、等癸丙乘甲丙比 $\overline{丙丁}^2$、然癸子弧既甚小、則子巳與子辰略等、庚巳與2癸丙亦略等、故 $\overline{子辰}^2$ 等 $\frac{庚巳\times癸辰\times\overline{丙丁}^2}{癸丙\times甲丙}$ 等 $\frac{2癸辰\times\overline{丙丁}^2}{甲丙}$、(1)又按相似三角形、子辰比子卯、等癸戊或甲丙比癸巳、按橢圜第十八題、丙丁乘癸巳等丙甲乘丙乙、或說甲丙比癸巳等丙丁比丙乙、如是子辰比子卯等丙丁比丙乙、故 $\overline{子辰}^2$ 等 $\frac{\overline{子卯}^2\times\overline{丙丁}^2}{\overline{丙乙}^2}$、

第八節

(2)又自(1)(2)式得$\frac{2\text{癸辰}\times\text{丙丁}^2}{\text{甲丙}}$、等$\frac{\text{子卯}^2\times\text{丙丁}^2}{\text{丙乙}^2}$、設申代長半徑、酉代短半徑、如是2癸辰等$\frac{\text{子卯}^2\times\text{甲丙}}{\text{丙乙}^2}$等$\frac{\text{子卯}^2\times\text{申}}{\text{酉}^2}$、(3)設亥代橢圜心角形寅癸子之面積、則亥等$\frac{1}{2}$(寅癸×子卯)、故子卯^{2}等$\frac{4\text{亥}^2}{\text{寅癸}^2}$、代於(3)式、得力等2癸辰等$\left(\frac{4\text{亥}^2}{\text{寅癸}^2}\times\frac{\text{申}}{\text{酉}^2}\right)$若設力′為地在軌道他點所受之毘中力、按前式、得力′等$\left(\frac{4\text{亥}^2}{\text{寅癸}^2}\times\frac{\text{申}}{\text{酉}^2}\right)$按刻白爾第二例、亥為恆數、故力比力′等寅癸^{2}比寅癸^2、故知地所受之吸力、與距日遠之方、有反比例矣、他行星之軌道、亦與地之軌道相似、則所受之毘中力、皆可同理推之、

第七例〇行星繞日行橢圜之力、與星日距方、既有反比例、則行星周時方、與長徑三方、有正比例、

証、設時為行星周時、亥為帶徑每秒所過之面積、如是橢圜面積等時乘亥、按橢圜廿二題、面等冂申酉之合數、故亥等$\frac{\text{冂申酉}}{\text{時}}$、設未為星日距、按第七節、力等$\left(\frac{4\text{冂}^2\text{申}^2\text{酉}^2}{\text{時}^2}\times\frac{\text{申}}{\text{酉}^2\text{未}^2}\right)$、等$\frac{4\text{冂}^2\text{申}^3}{\text{時}^2\text{未}^2}$、若星距日之遠近為一、且設力′代其所受之毘中力、如是按第七節、力比力′等$\frac{1}{1^2}$比$\frac{1}{\text{未}^2}$、故力等$\frac{\text{力}'}{\text{未}^2}$、而$\frac{\text{力}'}{\text{未}^2}$等$\frac{4\text{冂}^2\text{申}^3}{\text{時}^2\text{未}^2}$、如是時^{2}等$\frac{4\text{冂}^2\text{申}^3}{\text{力}'}$、故時等$\frac{2\text{冂}\text{申}^{\frac{3}{2}}}{\sqrt{\text{力}'}}$復取一行星、設時′代

其周時、申代半長徑、按前式時等$\frac{2\pi\,申^{\frac{3}{2}}}{\sqrt{力}}$、故時比時'、等申$^{\frac{3}{2}}$比申'$^{\frac{3}{2}}$、或時^{2}比時'^{2}等申^{3}比申'^{3}、與刻白爾第三例同、

第九節

刻白爾第三例有微差之故〇若行星比日小至無窮、即合此例、否則有差、盖非徒日吸星、星亦吸日、按自理木星吸日之力、比日吸木星之力、等木星質比日質、使日與木星隨彼此之吸力而行、則每日所近者、即二曜所行之和、設日不動、則二曜所行之和、比木星所行、等二曜質之和比日之質、欲按此例理計二星之軌道、須以昆中力為日星之總吸力、如是設一為日之質、午為第一行星之質、午'為第二行星之質、則時^{2}比時'^{2}等$\frac{申^{3}}{一+午}$比$\frac{申'^{3}}{一+午'}$、如此則無差矣、

第十節

論動力〇按牛頓所論、吸力與質有正比例、與距方有反比例、如是設質代日質、設未代星與日之距、星受日之吸力、即為$\frac{質}{未^{2}}$、各行星吸其月亦然、但不惟日吸各行星、即諸行星亦彼此互吸、且不惟本星吸其月、即日與他行星亦同吸之、故行星及其月之軌道、原雖撱圜、而既受如此動力、故行如許小浪之撱圜矣、

習問

第一問〇設一爲地日距小行星之第十位距日爲三零十萬分之一萬四千九百二十七問其周時幾何、　答2041.4天

第二問〇小行星第八位其周時爲一千一百九十三天問其距日比地距日幾何、　答遠2.2013倍

第三問〇設距地心三萬里復有一月繞地而轉問其周時幾何、

第四問〇若地球有一月每年繞地轉一周問距地心若干里、

求日之質〇按第八章第二十五節日吸地之力比地吸月之力多二零五分之一倍因日距地比地距月遠四百倍也故日之距地若與月距地等遠則日吸地之力比地吸月之力多四百之方數乘二零五分之一等三十五萬二千倍即日質比地質所多者也、

前言日比月距地遠四百倍、乃畧數也、其眞數不足四百倍、按眞數細核、日質比地質、不過多三十三萬一千一百倍耳、

求行星之質○凡有月之行星、可按第十一節求其質、若已知本星與日之距、及其周時、並知其月與本星距、及其周時、則前法未若本節之法尤簡、設質代日質、未代星日距、時代周時、按第六節、昆中力等$\frac{4冂^2未}{時^2}$、按第十節、昆中力等$\frac{質}{未^2}$、故$\frac{4冂^2未}{時^2}$等$\frac{質}{未^2}$、如是質等$\frac{4冂^2未^3}{時^2}$、(1)設質′代某行星之質、未′代其月與本星距、時′代其月之周時、按式得質′等$\frac{4冂^2未'^3}{時'^2}$、(2)將(1)(2)式相比、得質比質′等$\frac{未^3}{時^2}$比$\frac{未'^3}{時'^2}$、或曰日質比星質、等其軌道半徑三方、比其月軌道半徑三方、又日質比星質、等其月周時方、比星周時方、

習問

第一問○地軌道半徑、其平數爲九千二百八十九萬七千英里、其周時爲三百六十五零千分之二百五十六天、月軌道半徑、其平數爲二十三萬八千八百四十英里、其周時爲二十七零千分之三百二十一天、問日質比地質多幾倍、

第二問○木星距日、其平數爲四億八千三百三十萬英里、其周時爲十萬零三千九百

八十二點鐘、其第四月距本星十一萬六千七百英里、其周時爲四百零百分之五十三點鐘、問日質比木星質多幾倍、

第三問〇地質必加幾倍、方可使月距地遠一倍、而其周時不改、

第四問〇地質多幾倍、卽可使月之周時變爲二日、

第五問〇使地質多三十五萬倍、月距地不變、其周時幾何、

第六問〇設月質爲地質之八十分之一、而距月心五千英里、復有小月繞之而轉、問其周時幾何、

第七問〇木星自轉之周時、比今速幾倍、其赤道之物、方失其重、

論日之地平視差

第十三節

日之地平視差爲至要〇日之地平視差、已見第五章第二節、即自日視地半徑之角度也、求此角度爲天文家至要之一事、盖知此角、即可取地半徑爲底線、求地距日之里數、更可以地距日之里數、求各行星距日之里數、並其月距本星之里數、苟不知此角、則所言諸事、無從可測、其求法既多、不能盡述、不過舉其要耳、

第十四節

求日之地平視差第一法〇前之歷家所以以金星過日面爲要務者、爲其可以推地及各行星與日之距也、既知金星及地繞日之周時、可按刻白爾第三例、求金星與地距日之比、即千之七百二十三比一也、如是以金星過日面時、其與地之距、比其與日之距、像二百七十七比七百二十三、設戊丑壬丙爲日、甲申爲地、丁爲金星、行向以箭明之、甲申爲地黃道之二極、若地不自轉、則自申點視金星過日面、必行戊人丙弧、而自甲點視之、則必行丑辛壬弧、由是推之地平視差、其第一要、即測算人辛之里數也、夫甲申正交黃道平面、而人乙與黃道軸之交角甚微、故以人辛與甲申爲平行、如是按比例、人辛比甲

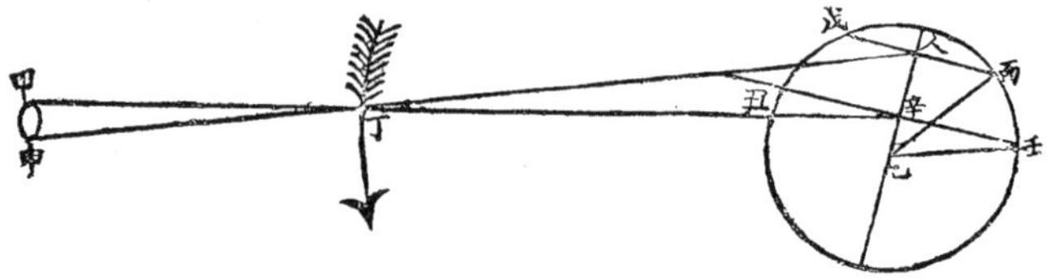

第二十三圖

申、像辛丁比丁甲、像七百二十三比二百七十七、像二零百之六十一、比一、故人辛之里數等於地全徑二零百之六十一倍也其第二要、即推求人辛之秒數也此線之秒數、可即金星過日面之歷時推之、如測者在甲、可測金星何時在己點、外切日面、何時在卯點內切日面、至庚子二點、亦可知是測之、由所測四數、可知金星中點、入出日邊之時、即可知金星過日面所歷之時、既知日與金星二曜之速率、即易推戊丙弧之秒數、亦可推丑壬弧之秒數、各半之、即得辛壬與人丙二弧之秒數、乙壬爲日視半徑、如是按三角形理、可推人乙與辛乙之秒數、夫人

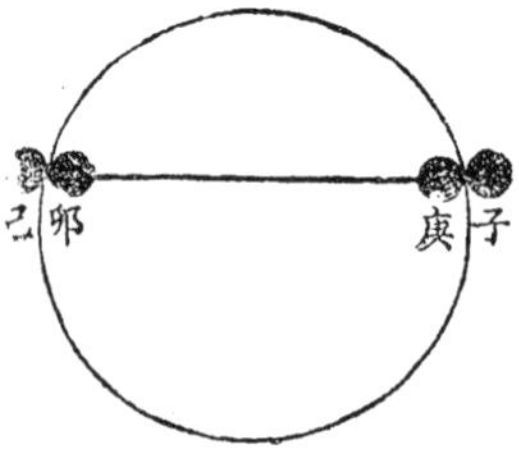

第二十四圖

乙減辛乙等辛人、即以辛人之秒數、除辛人之里數、故知自地視日面、每秒約爲一千三百零二里也而地半徑、既有一萬一千四百六十里、則必等八零十之八秒、即日之地平視差也、既知日之地平視差、按六章第一

第十五節

節、可求地與日之距、而此不過權其大要因地自運所生之差未去、且測者亦不能適在二極、然其緯度相距苟遠、則可推知若於極測之、必當何如也、

第二十五圖

第二法○按第一法、二測者所在之緯度相距愈遠、其法愈精、故宜取二極、惟其地道險而難至、此一不便也、又須測金星於日面之出入、然自入至出、為時甚久、約七八點鐘、其間難必天無他虞、苟有陰雲、一向所備、皆屬徒勞、此二不便也、故一千八百七十四年、與一千八百八十二年、被派諸士、多以下法、如圖甲為日、丙為金星、乙為地、置於地赤道、擇戊己二處、使戊己之聯線、約與金道平行、復細測戊己二處、各居何經度、圖中箭明金行向、如在戊測者、先視金何時內切日邊、在己測者、嗣視金何時內切日邊、然後按戊己之經度、可變二測時、為哥爾尼城之平時、二時之較、為金行丙丙弧所用之時、夫金視周時、為五百八十四日、則丙丙視行時、當為十二分、且此弧約為十八秒、與戊

己弧同乘丁角、而丁角即自日視地全徑所交之角、亦即日之倍地平視差也、此法測金星過日單測其入或出之內切外切即可、故較便也、按本圖戊己二處、相距一百八十度、然不可拘泥、即不足一百八十度、亦無不可求者、

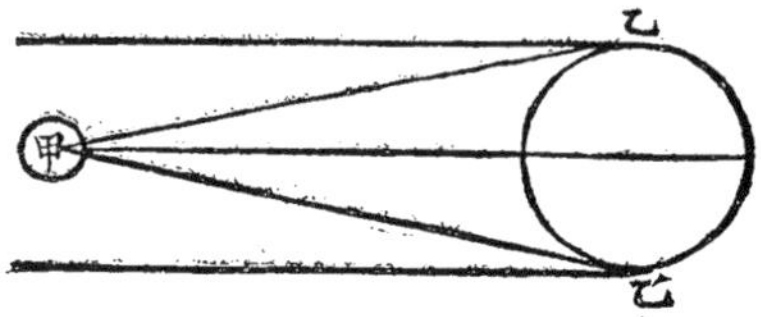

第二十六圖

第三法○求火星之地平視差、以推日之地平視差○按第十三章十六節、於火衝時可求其距地較距日幾何、復測火之地平視差、而推其距地幾何、則日之地平視差即易知矣、此法有一人於一處測之即可、故尤便也、如圖甲爲火衝時所居之點、設火初出時、測者在乙及入時、則測者必緣地轉在乙、而乙乙相距、即地球全徑、夫火初出時、其經度因地平視差即增、入時又因地平視差即損、故用量日鏡、測火星出入二時、所距同緯某小恆星幾何、將出入二距度相較半之、即爲火之地平視差、此不過畧言之耳、欲用之、必棄去火及地自行差方可、且火出入二時、未必適居緯之圈度、即小恆星、亦未必適在火之東西、然此微差、皆有法免、

於一千八百七十七年、纍勒按此法、以所近之數恆星、測其出入七百次、取中數推之、知日之地平視差爲八零千之七百八十三秒、或增減千之十五秒、

第十七節

第四法、借光之速率推日之地平視差○鶩硜以富告得法、推光速率每秒行十八萬六千三百三十英里、或增損二十五英里、復測木星月蝕、知光行地道半徑、需時四百九十九秒、或增損二秒、欲知地道半徑、即以速乘時、復以約地球半徑、即得八零百之七十六秒、或增損百之二秒、亦即日之地平視差也、

第十八節

第五法、以光行差推日之地平視差○近今所用諸法、大都此法最美、若設甲代地繞日行之速率、乙代光行之速率、子代光之行差、如是按第七章五節、正切子等$\frac{甲}{乙}$、夫甲原等年分之地道全周、或謂甲等$\frac{2\pi未}{時}$、代之、則正切子等$\frac{2\pi未}{乙時}$、故未等$\frac{正切子}{2\pi}$(乙時)、甲既等二十零千之四百九十二秒、乙既等一十八萬六千三百三十英里、則未等九千二百九十七萬五千五百英里、是知日之地平視差爲八零千之七百九十三秒也○楊氏云若列一百爲完法、按此計之、則第一法可爲四十、第二法畧爲五十、第三法畧爲九十、第

四法晷爲八十、第五法晷爲九十、

第十五章　論彗星

第一節 何爲彗星〇彗星者、即繞日轉之星氣也、所行之道、或爲撱圜、或爲拋物線、及雙曲線不等、而其兩心差、比行星軌道之兩心差尤大、行星軌道兩心差之最大者、即第一百三十二位小行星、爲百分之三十八、而彗星軌道兩心差之最小者、即費氏彗其兩心差、爲千分之五百五十六、兩心差既大、且返回之光又小、是彗距日如遠、必隱而不見、

第二節 彗之多少〇彗星之數難以核定、大率不止幾千也、自耶穌後至今、所見而記於史者、計六百有奇、而近今五十年之間、新測者計有八十、故路密司云、自耶穌降世至今、彗之入於火星軌道內者、宜有四千餘云、

第三節 彗之軌道與方位〇夫彗星之道已推測而知者、共有二百五十、其道爲拋物線、或撱率光大、而與拋物線無異者、計二百有五、其道爲雙曲線者有五、其道能見爲撱圜形者有四十、而其道交黃道之角、自圈度至九十度不等、故彗星不似行星、祇見於黃道帶內、即

近天空之二極、亦可見之其行向之順逆亦無定、可見之時、或數日、或年半不等、二三月者其常耳、蓋出現之久暫、乃隨其密率與遠近及長度而變也、

第四節

彗形之大旨〇彗之大而明者、可分三端、曰彗頭、曰彗尾、曰中體、向日之一端、畧爲圓形名彗頭、背日之一端、似一道長光、名彗尾、近頭之中心、大抵密率之大者、現一明點、名中體、中體之全徑、罕有過一千四百里者、而大至十倍者、亦止一二顆耳、此中體想非實體、殆彗質之較密處也、即如杜乃底之彗、距日最遠時、中體之全徑、約一萬四千里、漸近日則漸縮、若至最近、全徑不足其十分之一矣、至於彗頭之全徑、大抵不足二十八萬里、加倍者罕見、然如一千八百十一年之大彗、頭之全徑、抵其十倍者、亦或有之、當近日時、彗頭則恒縮、遠日時則漲者、蓋受日之冷熱不等故耳、近日則熱、外層自漲、而稀若空氣、光即有透而無返、故見小、至稍遠日、則冷而縮、體即加密、而光有透亦有返、故見大矣、

第五節

明點變彗形亦變〇中體最明、及尾光最大之彗、近日時、怪變無常、中體漸更明、而其向日之面、發光數枝、此光枝亦速變形向、即前後二夜、亦無一時相同者、光初發處、其枝最

明、遮外漸暗、其先光枝向日外發、其後成背日之光道、勢如脫孔之烟、遇逆風然、迨諸光枝之杪末凑合、遂成包中體之明層、此層漸漲、即遠離中體、迨數日後、中體又發光枝如前、而成一胞、二胞之間、有暗帶間之、再後所生之胞、亦俱如此、若杜乃底之彗有七胞、每二胞之連界、皆間以暗帶是矣、

第六節

彗尾〇彗尾者、即中體外之光胞、引長而成者也、光枝初發、皆向日、其所以向日者、必因有他力、與彗頭之吸力相反、而尤勝者為之驅焉、不然氣必不離彗頭矣、此力為彗頭驅力、其驅彗質之力、有若電台之驅物然、氣既被驅、逐出頭外、則宜直向日、而又為日所阻、故漸以曲而改向、至與原向正反而背日矣、其所以背日向後之理、實難論斷、或意日必有阻力、勝於發光枝之驅力、而使退後也、論此阻力、談天業有成說、茲不贅、若彗之吸力、不大於一切萬物之吸力、尾必離彗而去、竊意尾離彗中體如是之遠、中體如是之小、其力必不能吸定、然則彗每近日一次、必稍減體中成尾之質、久之能令洩出之氣漸少、而其狀漸似行星、且尾既外發甚遠、必散於天空、未必能收回本體、故彗過近日點、必失去

若干質、而其全質、若不爲太陽所吸、而爲太陽所推、則其所減之餘質、受太陽之吸力必更大、與質之多少爲正比例、其道若爲橢圜、則每次比前次之周時、必然減少、直至太陽所推之質、盡失而後止、

第七節

尾之濃淡〇彗尾之大小、並光之濃淡、悉依諸胞之大小光明而異、背日一面、原爲光枝、故尾之中間有暗帶、如仿上圖、試作一紗袋、其曲式合於拋物線、頭在底、人於地面斜望其袋、愈近袋邊、其光愈濃、近袋中、則光愈淡、故其尾中有暗帶、亦有中非暗帶、反爲明帶者、此殆受日之力小、而彗頭又吸之、因向尾軸而成明帶歟、

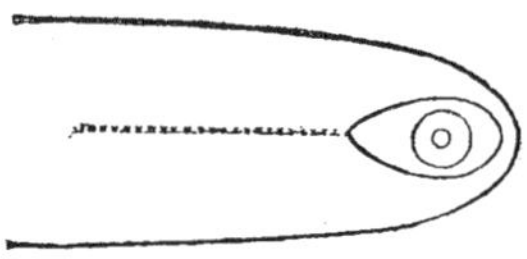

第二十七圖

第八節

尾之長短〇彗當初現、其尾或絕無、或僅有、迨後中體發出外胞、始漸成尾、彗愈近日、成尾愈速、至最近、則倏忽可成、如杜乃底彗之尾、每日增長五百八十萬里、當一千八百十一年之大彗尾、每日增長二千六百萬里、劇長時、有二億八千九百萬里、寬有四千三百四十萬里、當一千八百四十三年之彗尾、劇長時、有二億四千七

第九節

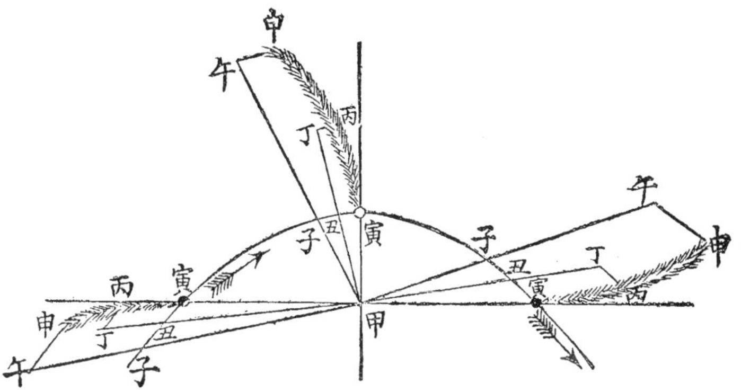

第二十八圖

百萬里、較地距日之里數猶多、人視彗尾之長短、不但據其眞度數、亦隨尾軸之方向、及距地之遠近、大率過近日點之後數日、視尾最長亦最明、久則漸短亦漸淡、漸至不見矣、

尾之形如何○尾近中體成直線、而正背日、若離中體、則爲曲線、向前則凸、向後則凹、而與彗道之帶徑、作十至二十度不等之角、夫尾之爲曲形者、非偶然也、其理如圖、甲爲日、子丑寅爲彗道之一弧、行向如箭、彗在子、日之阻力如甲子午、而成尾之質必隨之、尾之質、亦有彗繞日之原力、故彗由子行至寅時、成尾之質、必隨二力之合、而自子行至申矣、自地視尾末、若行午申弧、與子寅畧等、但午申爲外圜之弧、故

二弧之里數約同、而度數則不同、是以人視申點之質、畧偏於寅後、寅申間各處之質、皆爲彗自子行至寅所發而成者、早發者近申、後發者近寅、各點於尾內所住之處、與偏後之度率、皆依發時之早晚而定、故彗尾所趨之向、必凸而成曲線焉、

第十節

數尾彗〇彗有不止一尾者、如一千七百四十四年之彗、有六尾、其理盖以彗頭之氣、受日之阻力不均、受多者、疾行彗後而成尾、幾正背日、受小者、徐行彗後、而與帶徑作角愈大、故又成一尾、餘可類推

第十一節

無尾彗〇凡彗須遠鏡始見者、則少有可見之尾、不過值近日時、向日之徑偏長、畧帶擠式、而其最明點、亦稍離中心、大抵無尾者非真無尾、乃彗最微、光最淡、而不能見、至於屢繞日轉、而不見有尾者、或因成尾之質、已被日驅盡故也、

第十二節

彗體甚稀〇彗體雖大、其質則甚稀而輕、有三証焉、一時或彗近行星、或近行星之一月、而受其吸力、彗星之道、因而被改、行星與其月之道、仍未改焉、二全徑自十四萬至二十九萬里之彗、屢行至最小恒星與地之間、恒星之光猶然、故知彗體甚稀也、三彗星既入

地道、而繞日轉、則宜與金星有盈虧之別、然終無見者、故知彗如薄雲日光能透之、而彗之內外諸點、皆有返回之光、故不見盈虧焉、

第十三節

好里彗〇前二百五十餘年好里據奈端所悟之理、推得數彗軌道之根數、後將得數相比、即知一千五百三十一年、一千六百零七年、一千六百八十二年、此三年之彗、所行之道略同、因擬三彗爲一彗、繞日轉之周時、約七十六年、故好里謂一千七百五十八年、此彗當再見、但於一千六百零七年、與一千六百八十二年之間、彗近木星、爲所吸動、因此復回之日遲也、將及宜見之時、法之該漏與拉藍、意見相同、以行星當吸動此彗之力、計彗過其最近日點、當在一千七百五十九年四月十三日、惟該漏言此難適合、故彗過此點之時、或早或晚、可差一月、其後竟過於三月十二日、該漏之訛、非數理不精、乃因當時曆家、皆以土星之質過大、若按今時曆家所算之質推之、則該漏所算、亦祇差十三天耳、此彗復見於一千八百三十五年、當未見以前、有數天文士、推其過近日點之時、當在十一月十四日、後竟過於是月十六日、好里彗距日之平數、爲地道半徑之十八倍、與天王

晷同、惟兩心差大、故遠日點、較海王距日尤遠、

因格彗○周時最小者、即因格彗不過一千二百零七天耳、其近日點、在水星軌道之內、遠日點距日、爲木星距日五分之四、此彗已見於一千七百八十六、一千七百九十五、一千八百零五、三年間未知仍爲一彗否、至一千八百十九年、因格測其周時與軌道、可証三年之彗爲一也、自一千八百十九年至今、此彗按時過近日點、然不能適當不差、因每周約早至三點鐘、此非因行星之吸力、乃因其軌道縮小故也、因格細論此故、謂天空必有薄氣阻之、氣之稠密、與距日之遠近、有乘方反比、故彗若在金星軌道外、氣即不足阻其速率矣、夫此氣既阻彗、而彗之周時、何以減少而不加多乎、蓋氣所阻者、乃彗之離心力、而與日之吸力無干、故彗必向日、而道以小、道既小、所歷之時亦必少、或謂在他彗、何以未見如此、因格辯之曰、他彗之周時、改小與否、今未考定、須於一彗過近日點、測其三次、始知其周時改否、如此則已測者、惟好里、因格與費三彗而已、而算好里彗之周時、未嘗去行星之吸動力、故不知其外受阻力否、至費彗之近日點、在火星軌道外、而所受之

阻力甚小又無法測度、故獨謂因格彗改其周時也、若因格之說是、則代遠年深、凡繞日轉之諸等星、將終必落日面而滅矣、

第十五節

比乙拉彗○澳之武弁比乙拉於一千八百二十六年、新查一彗、後人推其軌道、而知此彗與一千七百七十二年、一千八百零五年、所見兩彗之道同、周時爲六零三分年之二、後於一千八百三十二年、一千八百四十六年、一千八百五十二年、其彗又各出現、但自一千八百五十二年、至今未嘗再見、彗地二道相隔最近點、不足地與彗二半徑之合、而地每年於十一月三十日、必過此點、若彗與地同時過此點、必相衝撞、而彗雖不大、人第見其與地畧同向、卽慮有險要、後於一千八百三十二年過此點、而安然無事者、因此地早過一月故也、

夫此彗又爲彗中之最奇者、因於一千八百四十六年間、已見爲二、彼此相距、畧遠於月之距地、却仍有關、因其光常互爲濃淡、後於一千八百五十二年、又見兩分之間、較月距地殆有六倍有奇、先是一明一暗、後則暗者變明、較前之明者尤勝、過數日又漸暗、因其

於一千八百四十五年、適遇十一月之流星羣、曆家遂謂彗之所以分爲二者、職此故也、自一千八百五十二年至今、此彗不再見、或當一千八百五十九年、又遇此羣、衝滅亡有乎、除此三彗之外、記於史者約五十、按時繞日而轉、然無所擇取、故不必盡言、以下所記數彗、第即近五十年之二大彗言之而已、

第十六節

杜乃底之彗○第一彗、即一千八百五十八年之彗、又名杜乃底彗、初尋得時、彗最小、須遠鏡始見之、兩月後、始見有尾、其長甚速、約至一億四千萬里、此彗大而且明、（見前五節）其周時難稽、至少一千六百年、大率在二千年云、

第十七節

一千八百八十二年之彗○第二彗、即光緒八年之大彗也、形甚壯觀、實無可解、其光之濃、即當近太陽時、手映日光、目力可見、如用帶暗玻之小遠鏡、雖正切日邊、仍可見之、其光殆與日面畧同、若當過日面時、則不得見、意者其質甚稀、不得日光也、近日時、相距不過八十六萬七千里、入於日之榮環、仍行極速、一秒可行八百七十里、故知成榮環之氣、其稀何如也、初見時、中體與他彗相仿、後則變擴、久而長窄、漸成一光線、線中有六七較

密處、畧如星然、先是尾中有暗帶如甲、後變明帶、頭之外有圓柱體形之胞如乙、胞探於前約三四度、距彗四五度處、或見二三小彗、意者爲彗尾所遺之氣、亦或爲彗頭近日時所驅之氣、均未可定也、

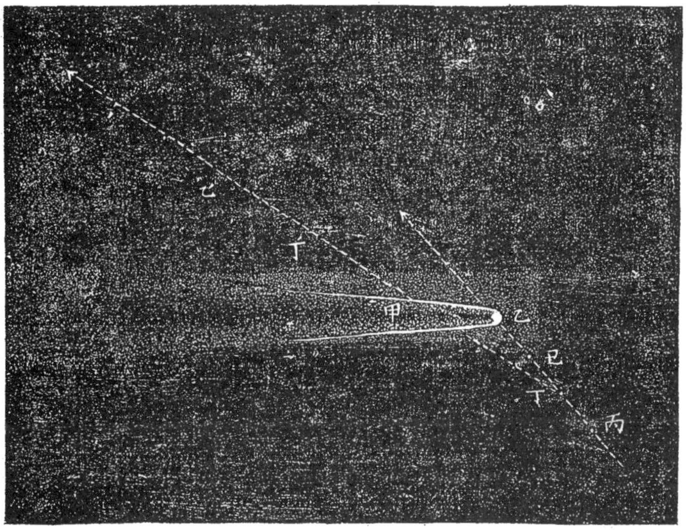

第二十九圖

彗能遇地否○彗之道既無定向、即難免不與地相遇、如一千七百七十年之彗、其道距地道、不過四百萬里、又如一千八百六十四年之第一彗、其道距地道、約有月距地之三倍、若此乙拉彗、其道距地道、不足地與彗二半徑之合、由此而論彗與地亦能相遇矣、相遇之事如何、必視彗之體質與密率如何、大抵彗之中心、若無實體者、地之天氣必能阻之、使其不得行至地面也、

天文揭要

第十六章　論流星

第一節

何爲流星○流星或名奔星、即澄明之夜所見天空流行之星也、其大小不等、有甚微者、有全徑自一百至二百尺者、更有全徑自一千至五千或六千尺者、惟行極迅速、難以細測其全徑、而所得之全徑、非實徑、乃光球徑也、既難定其全徑之參差幾大、則實徑不可得而知也、至其輕重、鶩徑謂在一釐之譜、大者不過百釐、其頭者多半皆色白而微紅、亦有或綠或紫者、而尾皆甚明、考其有尾之故、有係流星之遺質、因有時見其如風之擺動也、有係流星迅速之極、人遂視光線一道而疑之也、凡流星俱行於太虛、而近地道者、被地吸引、即入於地氣、而相摩生熱、熱甚或有迸裂者、或於迸裂之處、烟直冲出、數分許始滅者、初見時、距地約在百二十與三百里之間、及滅時、距地約在九十與二百四十里之間、自地視之、每秒之速率、約爲八十四里云、

第二節

流星之數○夜間所見流星之數、逐時不同、大抵自黃昏漸增、至昧旦、約多於黃昏之三

倍、因當黃昏時、若論地道、吾儕在地之背後、故所見之流星、亦惟隨地順行而速率尤大者、適追及地也、至昧旦所見者、不獨地所追及者、亦多有與地逆行、而為地所遇者、一日之中、入於地氣內者、約八百萬顆、蓋一人於一處、每點鐘所見之流星、其平數約七、但一人所見、僅為一處所可見者六分之一、設無日月雲霧之礙、每日於一處所見、應有千顆、而於一處所見地面之大圈、約為全球七千七百二十八分之一、若合全地各處之所見者、應有一千與七千七百二十八相乘之數、即略等於八百萬、此皆目所可見距地近之流星也、以帕皮與魏尼客所窺測之數為準、則知以小遠鏡所見者、約多四十倍、若更窺以大遠鏡、所見自必尤多矣、夫地行一日之弧、所見距近之流星、平數尚如此之多、則全太虛之流星、眞有不可臆度者矣、而每年最多之時、即十一月十三前後數日、其次則在八月初十前後數日也、

十一月之流星羣○由古史查知、自耶穌後九百零二年、每三十三年、於十一月所見之流星、多簇聚而密於他時者、名曰流星羣、當一千八百六十六年、十一月十四日晚、於哥

爾尼城、自一點至兩點時、曾見流星四千八百六十顆、其至密之數、每分時百有二十、至一千八百六十七年、是日晚、自美所見者、其數畧同、地繞日轉、每三十三年、入此羣內、則知此羣、每三十三年、亦繞日轉一周、自地視之、若俱從一公點發出、此公點在大獅座內、從此發出、皆爲逆行、其道之撱率極大、其羣甚長、故每至與日相近、必有弧線形、曆家已得此羣軌道之長徑與周時、則可推其一年中所行之里數、再自與地相會、待地繞日一周、猶能見之、近期前後之二三年、至是月日、較平時所見猶多、故知此羣之長、至少約二十九億里、既知地每點鐘繞日之里數、而地過此羣、約歷兩三點鐘方過、可知其厚畧爲十四萬里、此羣甚大、而較別羣甚密、然究實甚稀、因其至密之處、每二星相距、亦約百有十里、故雖與地相會、亦無關地之速率、其流星羣之道、如第三十圖

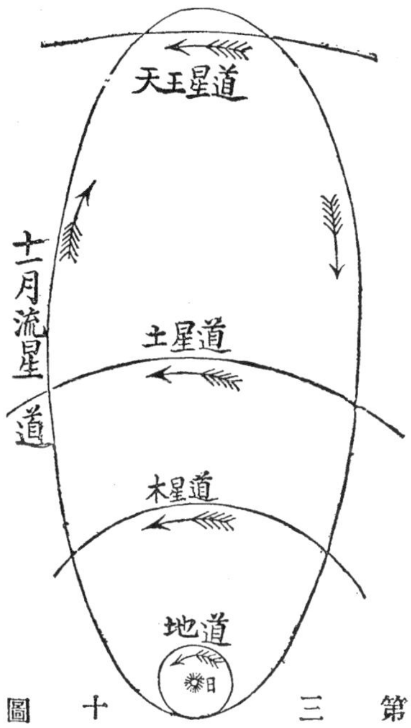

第三十圖

第四節

八月之流星羣〇於八月初六日、又見一流星羣、至十三日始過畢、此羣較在十一月者少、亦每年遇之、而每百有八年、或見加多、可知此羣乃成一大環、繞日而轉者、環上流星分布、有疎有密、故所見不同、地每遇此羣、視之似皆來自英仙星座內之一點也、此羣亦係逆行、其厚約爲三千二百萬里、較冬月所見者、約多二百二十倍、而其密率、較少約三倍、二羣以外、尚有五羣、亦各有原點、茲不具論、凡此七羣、人所以能見者、因其繞日之道、與地相遇故也、其繞日而不與地道遇者、何勝計哉、

第五節

雷流星〇尋常流星、祇見有迸裂者、未聞有迸裂之聲、而有大流星於迸裂之後、聞之如放巨炮連鎗之聲、名雷流星、於一千八百五十九年、美之牛遮西省南鄙、見一大流星、近天頂、儼若閃電、雖日出已兩點鐘有奇、而相距三百餘里之處、猶見其光、傾刻卽聞如千尊巨炮、相繼而放、聲息之後、見有濃烟漲發、長有數里、厚約千尺、此等雷流星、載於史者、已有八百有奇、其平速率、每秒約五十五里、速率極大、故皆忽現而忽隱、攷之雷流星、與他流星本無異、不過其密率與體積、較大於他流星耳、

隕石與隕鐵○雖流星之中、間有迸裂而向地墜者、而地上每不見所墜之實體若何、蓋因尚未墜至地面、其體已化爲氣故也、然亦有落至地面者、其體若半爲石、即名爲隕石、若半爲鐵、即名爲隕鐵、於一千八百六十年、俄海俄省東見一大隕石、尚在高處、聞如連放巨炮多尊、近地面時、則聞如沉雷之聲、合其碎塊而稱之、重約五百五十斤、又一千八百四十七年、波希米亞之包惱城、忽聞兩聲甚大、如爆葯驟轟、遂見二火柱、下墜於地面、赴於其處、見有坑三尺餘深、坑底有鐵一塊、重四十斤、其熱過六點鐘後、方可以手摩試、今存於奧斯馬加之博物院內、又尋得彼塊、重三十斤、自屋頂透墜至地、此二塊內、約百分之九十二爲鐵、百分之五爲鎳、餘爲鈷砒、但統計全地所隕之石鐵、知者有限、不知者甚多、蓋隕於洋海曠野等處、或白晝深夜、人不及見之時、皆不得知其多寡也、大抵每年內、隕石應有六百塊、而地球因此、每年宜加重十八噸、一千六百斤爲噸 此外尚有無數小如塵沙者、更尋得數塊、觀其形體、與他鐵甚殊、而與隕鐵相似、是雖未見其隕、諒亦前所隕者也、其中有重至數噸者、如墨希哥之杜蘭苛城、尋得一塊、重約三萬五千斤、又一千七百

八十四年、於阿根第納尋得者、重約三萬三千五百斤、

隕石之原質○化學家屢分隕石之原質、知與地面之原質無異、惟少而已、蓋隕石所分者、只有二十四五種、然諸原質、非每隕石俱備、有鐵居百分之九十六、或不足百分之一者、亦有鎳居百分之十八、或不足百分之一者、更有多爲碯或鎂或鐠者、其密率亦迥不相同、有不過爲一零百分之七十者、又有爲七零百分之八十者、此各原質、雖與地面原質無異、然其化合之法則不同、一　每隕鐵中各含鎳百分之八或百分之一、並鑛釦錫與銅、此六原質相合而成者、更有鎳鐵硫、三原質相合而成者、地面皆無如此之物、二　尋常之鐵、非經煅煉、幾不適用、而隕鐵則無事煅煉、自可製作器用、一千六百二十年、隕鐵於印度之斜林特其君以之製成寶劍是也、三　將隕鐵一塊、磨之極平、加熱至粉黃色、待冷時、即見其面有諸平行線、錯縱相交、而成六十度之角、故有無數三角形、或磨平不加熱、而置於硝强水中、其面亦顯此狀、而尋常之鐵、則無此事、惟有火成石煉出之鐵、按上法試之、亦有現此狀者、釦砒碯鐠鑛硫即前所謂鈷鉎鈖鈣鉻燐是也

第八節

隕石之由來〇隕石隕鐵之由來、固難知之、故其說亦不一。一有以隕石、係由包地之空氣凝結而成、如雹相似、然果天氣中、有成隕石之原質、則隕石結成之後、何不正向下行、而多斜行乎。二昔人云、隕石係地面火山噴出者、然火山噴出之物、不過每秒上升六里、且其噴出時、宜爲直升亦宜直落、然隕石多斜行、有一秒中行三十里或五十里者、故此說亦不通。三有云、隕石係月中火山噴出者、後行至地吸力、較月吸力大之處、即向地而行、然月中火山今已熄矣、安有噴出之物、且前謂每年隕地之石、有六百塊、依此算之、則月每年宜噴出隕石六億塊、按今時地與月之火山、雖不能噴此隕石、而謂爲古昔所噴出者亦通、蓋太初時、地與月之火力甚大、則火山噴吐之力亦大也、至隕鐵、或謂由日與恆星所噴出者、如將其鐵設法置吸空罩內、熱之、則鐵即放輕與炭養諸氣、夫鐵之所以具有此氣、蓋其原屬流質、浮於輕炭養諸氣之間、當其凝時、諸氣爲其所收故也、總之隕石何以結成、何以行動、人皆不得詳知、惟知天空既有無數之流星鐵石、則雖憶爲天空、而實非眞空也、

天文揭要

天文揭要

第十七章　論恆星

第一節

何爲恆星〇天空除行星彗星流星之外、日月不在此列。尙有無數大小明暗不等之星、而據其相距之度攷之、約百年間、皆不易其方位、故名曰恆星、然以遠鏡細測之、大抵亦微有自行、於每年行一秒者、現已知約有一百五十顆、餘者大抵不過數年行一秒而已、

第二節

恆星之等次及多少〇天文家察恆星之明暗、分爲數等、光最大者爲第一等、其次爲第二等、又次爲第三第四等、又次爲第五第六等、至第六等星光已甚微、惟淸朗之夜、目始能見、遞而至第十七等、非遠鏡皆不可見矣、所測定之等、數各不同、大抵第一等星約二十、二等約三十四、三等約一百四十一、四等約三百二十七、五等約九百五十九、六等約四千四百二十四、此爲常人目所能見者、約在六千至七千之間、然一時所見、不過天球之半、且第六等星、非天朗氣清之夜不能見、又近天地平界之小星、亦不能見、故一時能見者、不過二千至三千之間、七等約一萬三千、八等約四萬、九等約十四萬二千、總計自

一等至九等、共約二十萬、以李克三尺徑之透光鏡測之、約見一億、遠鏡之力愈大、所見之星愈多、故今所能見者、較往時不啻倍蓰、況繼此而能見者、豈僅十七等已哉、

第三節

恆星之光不同○諸等恆星所發之光、固不相同、即每等中所發之光、亦甚懸殊、如第一等星內之天狼星、較其餘諸星之光、大至五或十倍、較第六等星折中之光、大至三百餘倍、然若取第六等星折中之光爲一、與各等星折中之光相比、則五等爲二四等爲六三等爲十二二等爲二十五、一等爲一百、

第四節

何以定恆星之等次○諸恆星之等次、實以其明暗而定、而其明暗之故有三、一因其體之大小不同、二因其光之濃淡不同、三因其距地之遠近不同、然取其大概而論、大抵近者爲第一等、其次爲第二等、愈遠者、則所發之光、至地愈少、故至第七等星、距地更遠、其光雖射入目中、亦不及覺、以下諸等尤然、而亦有不盡然者、如天鵝第六十一星、雖約爲北半天球距地最近者、却不列於第一等之內、而列於第五等是也、

第五節

恆星之眞體不得見○用遠鏡測行星、皆有視徑可量、且遠鏡之力愈加、行星亦愈大、而

第十六節

測恆星則不然、不惟無視徑可量、且鏡力愈加、星反愈小、以是知吾儕所見恆星之體、非眞體乃視體也、其據有二、一 恆星不隨遠鏡之力變大、二 恆星被月掩時、其光倏滅、若爲眞體、何不若行星光之以漸而滅也、

恆星既無視徑如何可見○地面之物所以能見者、以其有視徑可量、或曰因其兩端所發之光線入目、相交成角而然、而恆星雖用極大遠鏡、加目力六千倍測之、仍無可量之視徑、可知其視徑較人所能量之角率、小至六千餘倍、何爲亦能見乎、蓋非以其兩邊所發之光線入目作角、乃以所發之光濃故也、夫光之濃淡、既與其遠近有乘方反比例、則恆星之最遠者、其光雖射至目、然不及覺、故視而不見、必欲見之、可設法使其光多聚於目、即遠鏡之理也、欲明遠鏡聚光之力、須以遠鏡之徑、與目瞳之徑相比、又以其同光透光之力、與目力相比、即得遠鏡之力矣、星屬何等、既以其光入目之多少而定、而遠鏡又使星光多聚於目、則以遠鏡視第六等星、其光可與第一等相同、即目所不能見者、以遠鏡視之、亦可與尋常能見者之光相同矣、

第七節

星有時閃爍何故○星之所以閃爍蓋因諸層空氣稠稀常更光經之則被折故也其說有二一光之被折聚散不同聚而入目則光濃散而入目則光淡濃淡相間故覺閃爍二光既被折則諸光浪所行之路即不等或有時而相順或有時而相逆順逆無常光之濃淡亦無常故亦覺閃爍而大行星其面內諸點所發之光因被折或聚散或順逆彼此畧敵故稍見其閃爍也大抵星近天地平界則閃爍愈甚或於高山視天地平界十五度以上諸星則不閃爍從可知星之閃爍實因空氣而生也

第八節

星座○天球之星分爲諸座非出於自然之界限乃古人隨意指示便於記憶耳疇昔所分者甚繁近今歷家漸簡而約之如天球北半之大而要者即仙女天龍仙王天琴飛馬大熊小熊御夫仙后英仙牧夫獵犬北冕武仙天鵝等是也自北緯約三十八度所見天球南半之大而要者即巨蛇持蛇夫大犬小犬鯨魚獵戶波江南魚半人馬是也在黃道帶者有十二宿即雄羊（亦名白羊）金牛雙子（亦名陰陽）巨蠏獅子室女天秤天蝎人馬山羊寶瓶雙魚是也黃道帶所分之十二宮亦同此名蓋始分之時宮與宿皆自春分點起且皆相合

如雄羊宿、與雄羊宮相合、金牛宿、與金牛宮相合、而春分點、每年後退五十零十之二秒、
至今退後約三十度、惟宮與之俱退、而宿如故、故今雄羊宮與雙魚宿相合、而金牛宮、反
與雄羊宿相合矣、

第九節

名恆星之諸法○每星座之星、旣係甚多、而欲指明其中之一、則有數法焉、一 明顯者、以
名命之、如天狼織女是也、然其名又隨地而異、故此法歷家難通、二 以希利尼之字母號
之、無論何星座之最明者、卽爲此座之阿拉法星、其次爲彼塔星、遞至第二十四星爲俄
每嘎星、然字母之數、旣不足用、故復以亞拉伯數目字記之、而任用無窮、究之此法亦不
甚宜、因其星之明暗、有變更之時、如天龍之阿拉法星、先爲其座中之首一明者、至今之
明、爲其座之第三矣、今乃以天干地支等字名之、爲其不足、又加角亢二字、如天龍之阿
拉法、以甲名之是也、三 不論星座、第自春分點起、按各星之經緯度、定其所在、卽作大星
表所用者也、

第十節

變星○循其周時、而易濃淡光之諸恆星、名曰變星、最奇者、卽鯨魚之辰星也、此星最明

第十一節

之時、約有半月、其光與第二等星相似、後則漸暗、逾兩月、目力卽不能見、至最暗時、與第九等星同、再逾六七月、復得見之、由此漸明、歷兩月復如初、由最明再至最明、共歷三百三十有二天、其色白、而近最暗時、則變爲深紅矣、次則英仙之乙星、其最明時、如第二等星相似、約歷六十一點鐘、忽而漸暗、約三點半鐘時、其暗若第四等星、然約歷二十分時、乃漸明、又歷三點半鐘、復如初、自暗至再暗時、爲兩日二十點四十八分五十五秒也〇諸恆星中之變星、約有一百八十、其明暗之周時不同、有僅二十點鐘一周者、猶有數十年始一周者、如天鵝之第三十四星、約歷十八年、自第三等星變作第六等星、尤有歷百年始一周者、此外又有自古迄今漸明者、如御夫之甲星是也、亦有自古迄今漸暗者、如天狼是也、兹二者果爲變星否、尚未深知焉、

變星之故〇變星之光、所以明暗互更、未能深知、故其說不一、一 或謂此等恆星外、別有無本光之體者繞之而轉、頮如月之繞地、暗體每逢行至星地之間、星之光卽漸暗矣、二 或謂此等星外、別有大星氣繞之而轉、有時蔽變星之光、如上說同、三 或謂此等星、非係

球形、乃係扁圓形、其自轉向地之面、有寬窄之別、而其光遂因之而變其多少焉、四　或謂此類星、皆爲球形、而其面有明暗之別、則此星自轉、自地視之、卽成變星、若自遠處視太陽、亦或可列於此等星之內、因每十一年有奇、日之黑斑最多、故自遠處視太陽、其光畧小、亦有似乎變星焉、

客星○忽現而速滅之星、謂之客星、憶亦變星之屬也、惟現時甚暫、而隱時甚久、此古今所測、僅一見而無復再見者、故其時未克知也、耶穌前一百三十四年、有客星晝現、後三百八十九年、近牽牛星、又有客星忽現、光似金星、越三旬始隱、又後一千五百七十二年、復有客星、現於仙后及英仙二星座之間、初現時光與天狼相等、漸久漸明、及明之至、雖午正亦可見之、歷一月光漸變小、逾十六月而隱、侯氏意此星亦爲變星、約三百一十二年一周、一千六百零四年、於持蛇夫星座間、忽現大客星、光較木星尤大、歷二年始隱、近今一千八百四十八年、於此星座內、現一客星、光與第四等星同、約月餘乃變暗、今則與第十二等星同、非以精緻遠鏡不能見之、

第十三節

恆星距地之遠近○恆星距地甚遠明矣、蓋地道全徑、雖爲五億里、而自地道長徑之二端視恆星、其方位毫不更移、由是可知、自恆星視地道、其全徑不過爲天空之小點耳、

第十四節

歲視差○自某恆星作二直線、一至日、一至地、此二線於恆星所交之角、卽某星之歲視差也、星距地既遠甚、故此角甚小、至大者尙不及一秒、尤爲難定、因歲視差、與測望諸差雜之、而諸差猶有無定數者、故歲視差尤難測定、欲測之其法有二、

第十五節

測歲視差第一法○地既繞日而行、恆星又定而不動、故必有視行差、且其視行與地繞日行之向相逆、假如星居黃極、每歲必視行一小圜、與地道平行、若居黃道、則地日星同在一平面內、而星每歲必往反視行一小直線、外此二處、每歲必視行一小撱圜、其撱率之大小、視星之黃緯而異、蓋愈遠則撱率愈小也、星既如此行、倘於每歲中可見之諸日、測其經緯度幾何、並棄其光行、章動、自行、及歲之諸差、然後將其衆餘數相比、卽得歲視差矣、然詳測諸恆星、雖有數千、而可用此法者、惟半人馬之甲星而已、其歲視差、爲百之九十二秒、（今測知僅爲百之七十五秒、）既知其歲視差若干、可按此例、求其距地幾何、卽正弦百之九

十二秒比一像二億六千八百六十萬里比五十九兆里夫星距地既如此之遠而光每秒中行五十三萬八千七百五十里則此星之光必歷三年半始可至地倘半人馬之甲星今已忽滅亦必需三年有半人方可知也

第十六節

測歲視差第二法○如圖甲爲所測之星丁戊丙乙爲此星視行之小橢圜壬與壬'爲無歲視差之二小星各居橢圜引長之一徑內而三星皆在一目件視界之內甲星距壬星最近爲丙壬最遠爲丁壬距壬'星最近爲乙壬'最遠爲戊壬'用分微尺或量日鏡常測甲星距壬壬'二星之遠近即可定此橢圜之長短二徑而知其歲視差此法之所以便用者爲其不須顧歲與光行等差也蓋甲壬壬'三星所受之等差同向且同大故耳若壬壬'二星自有歲視差則所測甲星之歲視差較當有之歲視差即必小故按此法推所得之數不必慮其太過只可慮其不及其所以必取二最小恆星者誠以恆星之小者大抵距地尤遠無可量之歲視差也然不盡然蓋有小恆星之歲視差或浮於所測者之歲視差其得數即爲

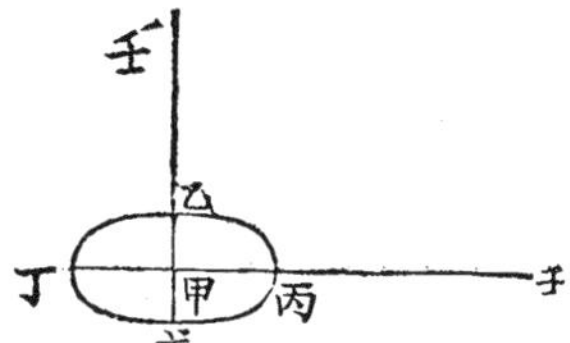

第三十一圖

負也、復按此法、測天鵝第六十一星、而定其歲視差、取其平數、為百之四十五秒、故此星距地為一百三十兆里、而其光須七零四之一年、方能至地、此星每年自行約五秒、大率較他星每年之自行畧大、意其距地必較近也、故歷家特取此星、而測其歲視差歟、

第十七節

他恆星之歲視差○他恆星之歲視差、只有一過半秒者、（見歲視差表）餘者皆小、如御夫之甲星、為百之三十三秒、半人馬之乙星、為十之五秒、此外猶有六小星、其歲視差、皆不過百之二十五秒、再餘者尤小、故知其距地尤遠、距地較近者、猶如此之遠、而以巨且精之遠鏡所僅能見者、其距地又當何如乎、吾儕所見之恆星、其光殊小、非遂發而立現者、必於多年前、已發是光、今始至地、甚至有數千年前、即發之光、若是則一經滅沒、必待數千年之久、吾地之人始能知之耳、（任用何法測星之歲視差、實非易事、故其測者所得諸星之數、幾皆不相合、）

第十八節

恆星之光較日如何○恆星之光、非假於日、乃固有者也、所發之光、間有比日更大者、如天狼星、按最倫爾推此星至地之光、比日至地之光、僅居七十億之一、然其距地極遠、則其至地之光、比其自具之光、有不可同年語者矣、若設光代其自具之光、光代其至地之

光、遠代其與地之距、如是光等遠乘光、近來測天狼星之歲視差、僅爲百之三十八秒、故其距地、比地距日、遠五十四萬二千倍、代公式中、光等七十億分之五十四萬二千方、亦即等四十二、是知天狼星光、比日光大四十二倍也、復按式、推北極星光爲九十三倍、織女星光爲六十九倍半、人馬甲星光、爲一零十之九倍、持蛇夫第七十星光、爲一倍、天鵝第六十一星光、爲十八分之一倍、拉藍底表中、第二萬一千二百五十八星光、爲一百十三分之一倍、此星或疑爲北半天球距地最近者

第十九節

恆星自行〇前十四節所言諸小差、既皆可測而棄之、則某星每日所居之點、應可預定、而及測時、有不然者、蓋因恆星亦有自行故也、其自行最速者、即大熊中之一小星、每年行七秒、其次又有每年行六零十之九秒者、自行最速者之首八星、雖皆在五九等之間、然統其每等自行之平數計之、仍推第一等星爲最、如第一等星、每歲自行之平數爲四之一秒、而第六等星、每歲自行之平數爲二十五分之一秒是也、故知第一等星、較他等星距地近耳、諸恆星之方位、不因其視行而改、乃因其自行而改、蓋視行一周、仍復原位、

天文揭要

而自行、其速率與方向、各自不同故也、雖每年中所差無幾、而代遠年湮、亦判然矣、由前二千年至今、知大角星已移其方位一度、天狼星已移其方位半度、

第二十節

恆星爲何自行〇恆星自行之故、或以日不動、而恆星皆有自行、或以日有自行、因視恆星一若皆有自行、然細測天球諸星、便知二說皆合、蓋日自行、故恆星皆有因日自行所生之小差、而恆星中之差、亦有非日所生者、故知恆星之自行、有因日所生者、其非日所生者、即其眞自行也、

第二十一節

因日自行、遂視恆星爲自行〇蓋日率諸行星運於天空、而吾人視之不見其行、反見諸恆星皆有行、譬如人過樹林、回首視所離之處、林木漸密、向前視之、林木漸稀、如圖甲爲

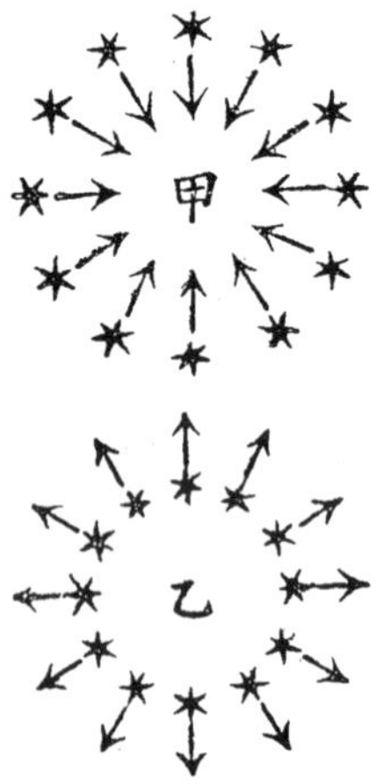

第三十二圖

日所離之處、則後之諸曜、皆若向此點而聚、乙爲日所向之處、則前之諸曜、皆若離此點而散、總之恆星固有此行、惟速率不一、距地近者則速、遠者則遲耳、

第二十二節

日自行之向〇一千七百八十三年、侯失勒維廉依

上理測諸恆星視行之方向，謂太陽若有自行，而所向之點，近武仙座之午星，則恆星之自行，可解者過半，近今歷家，將此點之經緯度，屢爲詳測，所得之數，與侯氏畧同，斯得弗推得日自行之速率，約每秒中行五英里，較地繞日行之速率，居其四之一，然依艾里所推，每秒中約二十七英里，是日之自行，較地畧速一半也，日自行之方向，雖今者如是，而未必恆如是，因尚未知日之軌道何如式耳，

天文揭要

第十八章　論雙星星團星氣

何爲雙星〇天空諸星、凡以巨而精之遠鏡視爲二、而以目與小遠鏡仍視爲一者、則爲雙星、當侯失勒維廉之前、僅知有四、侯氏出、測知五百有餘、至今所知者、共有萬餘、比類而分之、則有二、一 爲視雙星、即二星距地之遠近不同、而地與二星幾竝一線、由是自地視之、則爲雙星、如圖之甲乙二星、雖相隔遠甚、然自地視之、若合爲一、若此者不可多見、

第三十三圖

因自第一至第七等星、共約有一萬九千顆、如將一萬九千顆、散布天空、按當不當之比、推其相距不過四秒者、則九千星之間、不過該有一雙星而已、二 爲眞雙星、又名連星、即其二曜相距不遠、而皆環繞一公重心、如半人馬之甲星是也、迄今測知眞爲雙星者、約有一百五十之多云、（此外約有二百五十顆、大抵亦爲眞雙星）

雙星分等次〇斯得弗分雙星之等次云、二星之相距、自未足一秒、至足一秒者、爲第一等、自一秒至二秒爲第二等、自二秒至四秒爲第三等、自四秒至八秒爲第四等、自八秒

至十二秒、爲第五等、自十二秒至十六秒爲第六等、自十六秒至二十四秒爲第七等、自二十四秒至三十二秒爲第八等、其相距踰三十二秒者、即不爲雙星矣○雙星之中、二曜畧平等者、約有三之一、如雙子甲星、其二曜皆屬第三等是也、餘者多非平等、乃一正一副、如天狼星、正者屬第一等、副者屬第九等、其光之差池懸殊、非超等遠鏡不能窺測、蓋以副星之光、爲正星所奪也、

第三節

雙星之色○雙星二曜之色、不同者居多、正星如何色、副星則易顯其餘色、如天鵝之乙星是也、正爲黃、而副則藍矣、然亦不盡如此、蓋二曜畧等者、則色相同、如雙子甲星、二曜皆白是也、即不等者、間有色異而不爲餘色者、

第四節

雙星中有連星○當侯失勒維廉時、人皆以雙星爲視雙星、而伊思雙星之二曜、相距之秒數有限、而其距地之遠近甚殊、則地繞日一周、必視雙星二曜相距之秒數差池不等、由此可推星之歲視差、（法如求歲視差之第二法同）迨測之日久、始知雙星彼此相距之秒數、果然差池不等、却與地繞日無關、侯失勒測二十年之久、始信此等星眞爲雙星、而其二曜之轉

法與行星繞日同式、非一星彼此繞轉、乃皆繞公重心而轉也、雙星彼此繞公重心而動、其副星所行之眞軌道、長徑不能盡知、所可知者、乃視行軌道之長徑耳、而視行之軌道亦不同、以其有斜視正視之別也、如下三圖、其虛線皆爲斜視之道、其實線皆爲正視之道、其正視道之長徑、較眞道之長徑所多者、即正星繞其公重心所行軌道之長徑也、

侯氏所測之星茲畢其四、爲欲明其軌道之形式與速率、第一圖、即室女之丙星一曜所行之道、諸黑點、即副星於諸年所歷之點、實線乃星之正視道、虛線乃星之斜視道也、兩

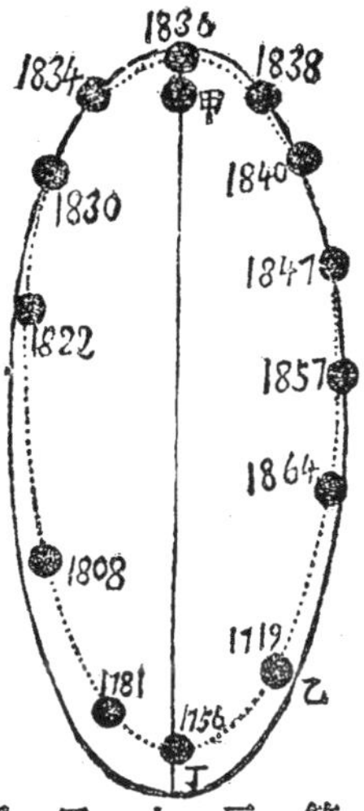

第三十四圖

曜相距最遠時約七秒、最近時約半秒、二曜皆循七秒長經之橢圜、每百八十有五年、繞公重心而轉一周〇第二圖、即持蛇夫第七十星所行之道、其二曜、一爲第四等星、一爲第七等星、副星循八秒長徑之橢圜、繞正星而轉、周時約九十二年、自初測時、至今轉一周有奇、圖之虛線爲副星斜視道、實線爲正視道〇第三圖、即大熊之卯星、所行軌道、二曜一爲第四等星、一爲第五等星、副星循五秒長徑之橢圜、繞正星而轉、周時爲六十一年、自初測時、至今已轉一周有

半、虛實二線、亦明其斜正之視道○武仙己星之二曜、一爲第三等星、一爲第六等星、非精遠鏡不能辨其爲雙星否、因副星所行之道、其長徑僅二秒半耳、周時爲三十六年、自初測時至今、約已轉三周、每繞正星一周、即有二次不見、一因轉至正曜之後、一因轉至正曜之前、二曜相合、故不見也、

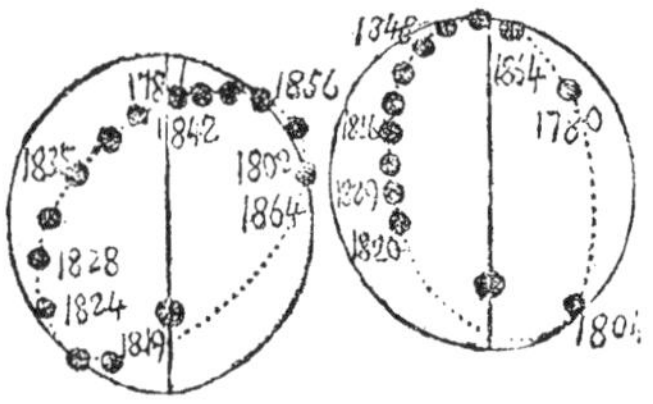

第三十五圖

第五節

雙星軌道之長徑○若已知雙星之視差、即可計其距地之遠近、已知其距地之遠近、即可按比例計其軌道之大小、如耒比星與日之距、像正切視半長徑、比星軌道之半長徑也、如半人馬之甲星、其距地之遠近、爲地道半徑之二十三萬三千倍、而視其軌道半長徑、爲十七零十之五秒、則耒比二十三萬三千像正切十七零十之五秒、比十九零十之一、故知其軌道之半長徑、等地道半長徑之十九倍也、畧如天王星與日之距、按楊氏謂爲23.3倍

第六節

雙星之質○求雙星之總質、爲太陽質之何分、其法如下　可設質爲雙星之質、質爲太陽之質、耒爲雙星軌道之半徑、耒爲地道之半徑、時爲雙星之周時、時爲地繞日之周時、一即

年則按比例、質比質像$\frac{未^{3}}{時^{2}}$比$\frac{未^{3}}{時^{2}}$、質等$\frac{未^{3}}{時^{2}}$乘質、若論半人馬甲星、則未等二十三零十之三、時等七十七年、如是則質等$\frac{(23.3)^{3}}{(77)^{2}}$乘質、約之質等二零百之十四乘質、即半人馬甲星二曜之總質、爲太陽質之二零百之十四也、天鵝第六十一星、據此法推知其二曜之總質、爲太陽質之百之二十三、天狼星之總質、爲太陽質之五零十之八、雙子甲星爲太陽質之千之五十四、仙后庚星爲太陽質之五、諸數未必適合、因其視差未能適對也、

第七節

三合星○天空中非特有二曜之連星、復有三曜之連星、最奇者爲巨蟹己星、此星之三曜、一爲第六等星、餘二者爲第九等星、近正曜之副曜、繞公重心之周時、爲五十八年、所行之橢圜長徑爲二秒、餘一副曜歷六十二年所行之弧如圖、故知其周時須數百年也、

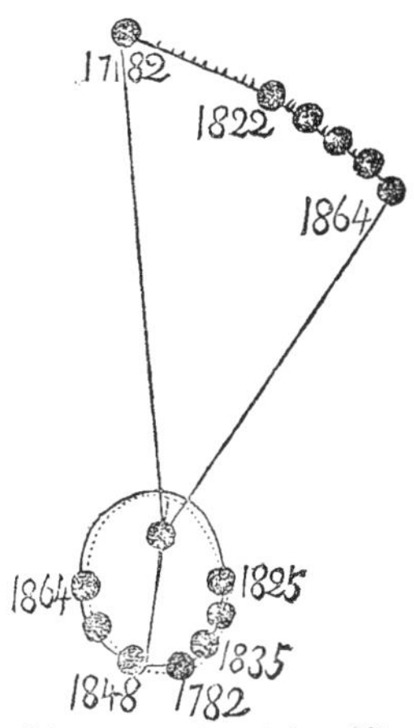

第三十六圖

○天秤第五十一星、亦爲三曜之連星、一爲第七等星、餘二者爲第五等星、一曜約居中心、近之者周時爲一百零五年、遠之者須歷六七百年、始轉一周、

第八節

四合星及六合星○當織女星之東北、有一小星目視

爲一以小遠鏡視之爲二以精遠鏡視之又各分爲二竟成雙雙連星以今之速率推之其每雙星繞其公重心之周時約爲數百年四合星繞其公重心之周時須數萬年焉○獵戶之辛星爲六合星大抵亦連星之類也然自初見時至今尚未準知其易位否故亦未敢必其爲眞連星也

星團○空際有星簇積甚密欲數之更僕莫及亦有密布顆粒無法分晰者謂之星團其不須遠鏡即能見者如昴宿星團目力可覩六星小力遠鏡可覩一百八十餘星巨蠏星座內有一星團朗澈之夜極目可見窺以小力遠鏡則顆粒可分英仙及仙后二星座之間有星團二極爲美觀小遠鏡不能辨其顆粒惟大遠鏡始能之北半球之星團明而壯觀者居於武仙之星座經度十六點鐘三十七分北緯三十六度四十一分最淸之夜僅能見之大遠鏡雖能微分其顆粒然欲逐一分淸即至大遠鏡亦不能焉其外胞光淡漸近中心則漸明侯失勒維廉謂此團至少有萬有四千星云星團之大而且明者即南半球之半人馬亢星目視之爲第四等星然實爲無數星相合而成者視其面積約爲月三

之二焉、四五月間、日落後、於三十七緯度處、即可見之、但必乘時以觀、因暫出即沒、此團之星、既如此密邇、意必有彼此相吸之力、皆繞其公重心而運轉、有若行星之繞日、然行星繞日、尙有光耀可觀、而彼星團、乃衆日繞一日而轉、其光耀又何如哉、

第十節

星氣○以遠鏡細窺天空時、或現可見之氣、明如白雲、而不易其位、名曰星氣、其式多爲圓形、亦或橢形、而光皆愈近中心愈明、以小遠鏡窺之、狀若彗星、當星氣表未創之先、常渾迹彗星焉、夫星氣之布於天空、亦非平勻、有處甚稀、至於絕無、其甚稀之處、約居天河之二極、有處甚密、至於接畔、其甚密之處在室女大獅大熊三星座內、大抵諸星氣皆爲距地最遠之星團、以精遠鏡、猶能窺其星粒焉、亦有雖不能分其星粒者、亦見其面有小明點、此亦不過距地更遠之星團耳、尤有即以大而精之遠鏡窺之、仍似白雲、若此者不知其果爲星氣耶、抑爲距地尤遠之星團耶、測其光圖、則可分二類、一圖與燃氣之圖相同者、雖不能分爲星、仍知其爲恆星聚合而成也、一圖與恆星之圖相同者、則知其眞爲星氣也、以今所測明之星氣、列於表者核之、數約八千、試將北京所能見之大而奇者、臚

列於下、

第十一節

仙女之大星氣○　夫星氣於澄清之夜、目力可見者惟此、故未諳天文者、見此星氣、卽謂之爲彗焉、式爲長撱圜、光如燭燄之在角罩然、以大遠鏡窺之、長約一度半、闊約十五分（本特氏用大精遠鏡測此星氣、謂長約四度、寬約二度半）與長徑平行有二黑帶、此實星氣之無可解處、此星氣雖以極精遠鏡、亦不能辨明顆粒、惟近中心處、見面上有明點、小若米粒、而其光圖、與恆星之光圖同、與各氣之光圖異、從可知亦爲距地甚遠之星團耳、一千八百八十五年、於氣中見一小星、光與第九等星同、越數日卽變其光與第七等星同、越二月有半、則滅沒不見矣、歷家謂此小星或爲客星、又或爲暗星、因過星氣、假其光而暫成明星歟、

第十二節

獵戶之大星氣○　此星氣、爲海亘史於一千六百五十九年、初尋而得者、以尋常遠鏡窺之、係數片白雲、相連而成、難以明狀、視其面積、較月大二倍有奇、論其形式、談天云、星雲之最明處、若猛獸之頭、張口呀呀、厥鼻如野猪、面上有諸小星散列、與雲不相連、察其光圖、不類恆星、而類星氣、至其式有無變易、亦難確定、因百年前、歷家所繪之圖、與近今

所繪之圖、雖有不同、然未必爲星氣之故、抑或爲遠鏡之力有不齊耳、七節所言之六合星辛、適當此獸口、但與星氣不連耳、

第十三節　巨蟹星氣〇　此星氣距金牛星座之巳星不遠、常見爲橢圓形、以羅斯六尺寬之遠鏡窺之、亦爲星團、而自團之中體、現數小星、與蟹之腿角相彷、此即命名之義也、

第十四節　螺卷星氣〇　此等星之大且明者、列於獵犬星座內、近大熊之尾末、以尋常遠鏡視之、爲雙星氣、二氣不等、相距約五分、以大遠鏡視之、正星氣現螺形光道、與副星氣相連、星氣不能全分爲星、然亦有可分處、且光圖亦與恆星同、故意此星氣、亦爲星團云、

第十五節　雙球星氣〇　於天河內、有小星座名狐狸、其北端有星氣、式如二球、中有光帶相連、長徑約八分、光甚美觀、以遠鏡視之、面上有小星、然與星氣無涉、大抵爲天河之小星耳、且此星氣之光圖、與恆星迥異、互金史云、與育氣光圖畧同、意者此星氣不過爲育氣所成、大而且明之一片薄雲耳、（育氣淡氣也）

第十六節　圜形星氣〇　此等星氣、皆少而小、其中之大而明者、去織女星不遠、經度十八點四十

九分北緯三十二度五十三分、或爲撱圜形、二徑之比、若四比五、圜間空處、非絕無光、惟微而淡耳、此星氣雖視之甚微、然其距地、若與天鵝第六十一星距地之半等、則其徑約五百八十億里、而距地遠甚、其全徑當必尤大也、

第十七節

行星氣○　觀此等星氣之面、狀若行星、故名爲行星氣、其光通體平勻、惟邊界稍形模糊、如霧夜之視行星然、此星氣不多見、統天球不過廿餘、以大遠鏡窺之、有帶卷形、暨他星氣之式者、行星氣之最大、傍近大熊乙星、全徑二分四十秒、若距地之遠、亦如天鵝第六十一星相等、則全徑之里數、較海王星軌道約大七倍、此等星氣、亦非爲距地甚遠之星團、蓋星團近中心則明、非若此星氣之光、統面無異、意其形式、或爲空球、或爲平面、若平面、其垂線必向地所居之處矣、

第十八節

雲星○　恆星與星氣相連、卽爲雲星、星氣多圓形、而恆星多裹其中、氣之最大者、全徑不過數分而已、近外界有清晰者、有漸暗而模糊者、其中之星、與他星無異、而所連之氣、至今未能分爲星焉、

第十九節

變星氣○星氣之光、有前明而後暗者、亦有前暗而後明者、如金牛星座之一星氣、於始見之時、以精遠鏡即能見之、迨至十年後、用較前尤精之遠鏡、反不能見之、近此星氣之一小恆星、亦與俱變暗、又有一星氣、近昴宿星座、於一千八百五十九年、用三寸徑之遠鏡、即能見之、越三年、雖極大遠鏡、亦止僅見而已、此外猶有五六星氣、亦若是、其故尚未攷定、意與變星相同耳、

第二十節

恆星與星氣之光圖○用光圖鏡測恆星、共分四類、第一類、即天空之色白諸星、如天狼織女是也、其光圖有細黑之線甚多、又有深黑帶四、此四帶既抵輕氣光圖之四明帶、可知此等星、外裹輕氣一層矣、第二類、其光圖與太陽之光圖相仿、如御夫之甲星、雙子之乙星是也、四類中所已測者、統爲八分、首二類則有其七、第三類、即紅黃之諸星、如獵戶之甲星是也、其光圖向紅漸明、內多黑帶、有八九十層之別、且諸黑帶、又非一黑線所成、乃數平行密排之細黑線所成也、第四類、即小紅星、光圖恆爲三明帶、向紫漸明焉、恆星之光圖、既有如此之別、當其成也、雖與太陽相似、然其原質不能皆同、所測之星氣、其光

圜與恆星圖同者、約三之二、已知其非眞星氣、乃距地甚遠之星團也、其三之一、光圖惟數明線、外無他事、與輕養等氣之光圖相似、已知其非爲實體、乃一片煙氣而已、

第二十一節

天河〇朗夜無月時、仰觀天空、見有南北白光一帶、交攢簇聚於天、名曰天河、又名銀漢、此帶爲天空球之大圈、與赤道相交作六十三度之角、核天河之實、乃爲無數小星簇聚而成、因距地遠極、故不能一一顆分、星之疏密不勻、最密處星若撒豆、以遠鏡窺之、闊二度、一點鐘所過之星約五萬、最暗處、人目僅見一二小星而已、如天鵝天蝎持蛇夫三星座內、各有其暗處是也、惟因甚暗、人易誤視爲雲也、

第二十二節

星之排列有定序否〇侯失勒維廉與其子約翰、欲知星之羅列如何、故以遠鏡審視天空、各方諸曜、而記其數於表、一觀此表、則知愈近天河、星愈密、愈近天河之二極、星愈稀、其北極係赤經度十二點鐘、四十七分、北緯廿七度、即在后髮星座內、南極係赤經度〇點鐘、四十七分、南緯二十七度、即在鯨魚星座內、天河二極之星、比天河之星、像一比二十九零十之四、思諸恆星既如此排列、則可知者有六、一吾人所見之恆星、總爲一大叢、

第二十四節

形若撱球、其長徑即在天河平面、其短徑與之正交、二徑之比、若一與八或十之比、二羣內諸星疏密不同者、乃因大羣爲諸小羣所成、各小羣外星畧稀耳、三天河之形、或果係撱圜、或爲圓圜所成、未能必定、約言之、似應爲圓圜、四太陽及行星、約在大羣之中心、而畧偏南、故天河南半、較北半微明也、五第一所言大羣爲一撱球、非言星羣之形、乃指其所占天空之形也、星羣之形、約如暴風揚塵、無形可名、六近羣之二極、星愈少而星氣愈多○羣內星之最遠者、其光約用一萬年或十萬年方可至地、而羣外或復有他羣、及伶仃散處者否、實有不可臆度者矣、

日與諸行星之來由○按以上諸理、試揣日共行星之勢、爲肇造時即如此耶、抑或爲既造後、按公理而漸變至此耶、細推前數章、可知日與諸行星、皆一理貫之、其據有八、一行星已知有四百餘顆、皆自西向東繞日而轉、且其軌道皆畧在一平面內、即日之赤道平面也、二日自轉之向、與諸行星繞日而轉之向相同、三凡所見繞本軸自轉之行星、亦皆自西向東、與繞日之向相同、四凡所見繞本軸自轉之行星、其所具之月、亦皆自西向東

轉。五　凡大行星並其月諸軌道之兩心差。皆甚微。小行星軌道兩心差。過四之一者。惟有小行星七。六　大抵行星愈近日。其密率愈大。七　凡彗星之軌道。大抵兩心差俱甚大。而與黃道之交角。爲自圈度至九十度不等。八　於今見太陽顯爲一大火球。且觀地球之數層。可知地球於太初時亦甚熱。卽窺月之山谷。亦知必係火所成者。卽以光圖鏡測天王海王二星。知尚畧有熱。以上所云之諸曜。既皆如此。而其餘之行星。亦可例知。諸行星於其初時。既如此之熱。諒彼時其原質爲此熱化散。而與日之原質。相合成爲一大星氣。且諸行星之軌道。既皆畧在黃道平面內。則是大星氣。亦必在此平面內。諸行星既皆繞日自西向東而轉。則星氣亦必繞本軸自西向東而轉。且星氣之熱。必漸發散。熱散則涼。涼則氣必較先時而稠。稠則縮小。小則自轉之速率必大。速率既大。則星氣近外層之諸點。其離心力。漸勝其毘中力。故必離大星氣。而成繞本星之一大氣圜。或爲一小星氣。此後大星氣。仍必漸涼。而又如是分之。若所分出之氣。果爲圜形。則其熱亦必發散而漸涼。涼則必縮。而爲愈密之小星氣。此各小星氣之速率既不同。則速者必追及遲者而相合。如此日久即漸成爲行星、諸行星既如是而成、即不但繞大星氣之重心而轉、且自繞本軸而轉、由是而論、諸行星於始成之時、並非實體、乃爲氣體、且諸行星當熱初散之時、亦必分出小氣圜、或小星氣、與大星氣同、而亦漸縮小爲諸行星之月、如大氣圜、漸成爲大星氣之行星相同、然小氣圜、雖皆成爲行星之月、尚有成圜繞本星者、如土星之圜是也、若大星氣圜之一圜、不相聚而成一大行星、反分散爲衆多小行星、則木星火星間之數百小行星之來由、從可知矣、然則諸行星爲大星氣所成、既有明徵、則大星氣之餘者、漸縮而成一大火球、即日是也、距日近之大行星、雖皆繞本軸自西向東而轉、距日遠者、則不必然、但各行星之月、繞其本軸而轉之向、必與本軸自轉之向同、夫諸行星之月、多自西向東轉、惟天王與海王之月、係自東向西轉、今尚不知天王與海王自轉之向如何、若後之歷家、能測其向西而轉、則與此說無不合矣、至彗星於初時、意必不屬大星氣、大抵爲日與諸行星、行於空中所吸之小星氣、因此其軌道與黃道之交角、大小不定、而其道之兩心差、不必隨大星氣所成之諸曜、皆有小兩心差之軌道矣、若日與諸行星、果其原爲星氣、則日縮至與地道等大時、其自轉之速率、宜與地今繞日之速率相同、縮至與金星軌道等大時、其自轉之速率、宜與金星今繞日轉之速率相同、餘可類推、至於諸行星所具之月、亦宜同此例、而數學家、就日之速率推而廣之、所得之數、亦幾與上同、即按今時、日之速率計日、儻其全徑與金星軌道之全徑等大、則日自轉之速率、必等於今時之金星、繞日之速率、如此則日與諸行星、原爲大星氣、更可信矣、

雜問

第一問〇廣東省城、在北緯23°7′10″、當冬至日、日出何時、

第二問〇寧波府城、在北緯29°55′、一年中太陽之最高度與最低度各若干

第三問〇當夏至之日、赤道迤北、何緯度、一夜始全爲朦朧影、

第四問〇五月初十日、（按西歷下仿此）日居北緯、17°45′、北京適當北緯、39°5436″、問日甫昇時、其地平經度若干、

第五問〇八月初十日、日居北緯15°26′、登州城適當北緯37°50′、問日心於東西過卯酉圈各在何時、

第六問〇正月二十一日、日居南緯20°、上海城在北緯31°10′、問其夜間、朦朧影當長幾何、

第七問〇南北兩半球、各有一緯度圈、看日心百日不落、問此二圈之緯度幾何、

第八問〇五月初一日、日居北緯15°14′、庫倫城在北緯48°20′、若其中有一塔、値

午時影長五十五尺、問此塔高幾何、

第九問○五月二十日、日居北緯20°、盛京城在北緯41°50′30″、問人影何時、方可長身一倍、

第十問○厦門城在北緯24°40′、當春分時、午前九點鐘、日有何高度、

第十一問○於北緯45°、値夏至日、日出何時、

第十二問○今有一處、晝最長時、有十六點鐘、此處緯度幾何、

第十三問○若已知日與某地之緯度幾何、問午後六點鐘、日有何高度、

第十四問○若已知日與某地之緯度幾何、問日心過卯酉圈時、日有何高度、

第十五問○設某處午前六點鐘、日高14°、及日過卯酉圈、高23°、問此處緯度幾何、

第十六問○於北緯65°處、見日没於西南點、問日居何緯度、

第十七問○日居北緯20°、有一處見日出於東北點、問此處緯度幾何、

第十八問○日過午線、在天地平界以上66°、過子線在天地平界以下30°、問日及此

處緯度各若干、

第十九問○一千八百六十四年、正月初一日天狼星、居黃經101°1′10″、若歲差每年有50″·2、問當基督降生時、其黃經應有何度、

第二十問○一千八百八十年、二月有聖日五、問須再歷年若干、於二月再有五聖日、

第二十一問○問地球自轉、較今須快幾許倍、始能俾赤道之物減重一半、

第二十二問○又問地球須速幾許、甫能俾赤道之物全失其重、

第二十三問○設某處、其冬至與夏至二日、相差六點鐘十二分、問此處緯度幾何、

第二十四問○某處值夏至日、午後十點鐘、日始沒、又有一處、值冬至日、午後三點鐘日卽沒、此二處緯度各若干、

第二十五問○金牛甲星、居北緯16°14′、自經卯至經酉時、須歷九點鐘二十分、問視處緯度幾何、

第二十六問○某處值夏至日、太陽出自東北偏北點、問此處緯度若干、

第二十七問○日居北緯20°、於北緯38°處、以羅鏡視之、出於東偏北點、問磁針之差幾分、

第二十八問○在天地平界之蒙氣差、爲34′54″、問盛京城、於夏至日、太陽因此差宜早出幾分時、

第二十九問○當夏至日、在庫倫城、必須上升若干尺、方可於子正見太陽、

第三十問○金牛甲星、居經度672′、北緯1614′、天狼星、居經度9947′、南緯1632′、於北緯35°處、有時可見二星同在一豎面內、問此二星之地平經度若千、

第三十一問○又問人在何緯度、方可見此二星同落、

第三十二問○太陽居北緯15°、於某處見日高20°、歷一點鐘後、其高31°、問此處緯度若千、

第三十三問○若晝比夜、像三比二、且日過午線之高度、比過子線之負高度、像二比一、

問此處當有何緯度、

第三十四問〇太陽之質、如增九倍、而諸行星與日之距如故、問行星之周時如何、

第三十五問〇假有某行星之質、較地多四倍、而其月距本星、比太陰距地、遠十六倍、問其月繞本星之周時幾何、

天文揭要

太陽太陰及行星表解

第一表上半第三行、道半長徑諸數、乃設地軌道半長徑爲一、與各行星軌道之半長徑相比之數也、

第四行、距日里數、即各行星距日之若干萬英里也、如水星距日三千六百萬英里者是也、

第五行、周日天數、即各行星繞日一周所歷之天數也、

第六行、周日年數、即各行星繞日一周所歷之年數也、

第七行、繞日每秒速率、即各行星繞日每秒時所行之若干里也、

第八行、兩心差、即其軌道之兩心距、被其長徑約得之數也、

第九行、黃道角、即各行星道、與黃道之交角也、

第十二行、黃經度、即一千八百五十年正月元日、各行星之黃經度也、

第一表下半

第三行、視徑、即各曜之視徑也、太陽與太陰爲其平視徑、餘者爲其極大極小之視徑、

第四行、眞徑、其里數、即各曜全徑之英里數也、其較數爲設地全徑爲一、與他行星全徑相比所得之數也、

第六行、質、即各曜之質、設地質爲一、或日質爲一、與之相比、所出之數也、

第七行、體、即諸曜之體、各爲地體之若干倍也、

第八行、密率、即各曜之密率、爲地球、或純水之密率幾何倍也、

第十行、黃赤角、即各行星之赤道、與其軌道、即其黃道所交之角也、諸表中有此の號者、皆指明所考之數、疑而未準也、

第十二行、面吸力、即各曜之面、受本曜之吸力、爲地面物受地吸力之何分也、

第十三行、返光力、即各曜返回之光、爲其所受者之何分也、

諸行星之月表解

第三行、軌道與本星半徑之比數、即各月距本行星、爲本星半徑之若干倍也、

第四行、距本星之里數、即其各月距本行星之英里數也、

第五行、恆星周時、即其月繞本行星一周所用之時也、

第六行、太陽周時、即其月自離太陽、至復繞回、所用之時也、

第七行、黃道角、即各月道、交黃道之角也、

第八行、兩心差、即各月軌道之兩心距、被其半長徑所約之數也、

第九行、眞徑、即各月全徑之英里數也、

第十行、質與本星質之比、即各月之質、爲其本行星質之何分也、

星座諸星凡大而明者泰西皆用希臘字母名之因於中國學者不便故是書按其原次以天干地支等字代之其不足者以角亢補之如下

α	甲	ν	寅
β	乙	ξ	卯
γ	丙	o	辰
δ	丁	π	巳
ϵ	戊	ρ	午
ζ	己	σ	未
η	庚	τ	申
ϑ	辛	υ	酉
ι	壬	φ	戌
κ	癸	χ	亥
λ	子	ψ	角
μ	丑	ω	亢

月地平視差表

緯度	月赤道地平視差 53′	57′	61′	緯度	月赤道地平視差 53′	57′	61′	緯度	月赤道地平視差 53′	57′	61′	月中高山 山名	尺數
	″	″	″		″	″	″		″	″	″		
2	0.0	0.0	0.0	32	3.0	3.2	3.4	62	8.3	8.9	9.5	牛頓山	23500尺
4	0.1	0.1	0.1	34	3.3	3.6	3,8	64	8.6	9.2	9.9	克提伍山	22000尺
6	0.1	0.1	0.1	36	3.6	3.9	4,2	66	8.9	9.5	10.2	磕撒土山	20500尺
8	0.2	0.2	0,2	38	4.0	4.3	4,6	68	9.1	9.8	10.5	磕力扑山	20100尺
10	0.3	0.3	0.4	40	4.4	4,7	5.0	70	9.4	10.1	10.8	部世兜尼吾山	19500尺
12	0.5	0.5	0.5	42	4.7	5,1	5,4	72	9.6	10.3	11.1	謀力土山	18100尺
14	0.6	0.7	0.7	44	5.1	5.5	5.9	74	9.8	10.6	11.3	茶土山	18000尺
16	0.8	0.9	0.9	46	5.5	5.9	6.3	76	10.0	10.8	11.5	海亘史山	17700尺
18	1.0	1.1	1.2	48	5.8	6.3	6.7	78	10.2	10.9	11.7	牛磕奴山	17700尺
20	1.2	1.3	1.4	50	6.2	6.7	7.1	80	10.3	11.1	11.9	太苦山	17500尺
22	1.5	1.6	1.7	52	6.6	7.1	7.6	82	10.4	11.2	12.0	克刻爾山	17300尺
24	1.7	1.9	2.0	54	6.9	7.5	8.0	84	10.5	11.3	12,1	皮他勾拉山	16600尺
26	2.0	2.2	2.3	56	7.3	7.8	8.4	86	10.6	11,4	12,2	磕撥伍山	16500尺
28	2.3	2.5	2.7	58	7.6	8.2	8.8	88	10.6	11,4	12.2	拔底密拔山	16400尺
30	2.6	2.8	3.0	60	8.0	8.6	9.2	90	10.6	11.4	12.2	磕他力納山	16200尺
												提溫撥樓山	15700尺

蒙氣差表

視高度 °	視高度 ′	蒙氣差 ′	蒙氣差 ″	十分較數 ″
0	0	34	54.1	124.9
	10	32	49.2	116.9
	20	30	52.3	108.8
	30	29	3.5	100.8
	40	27	22.7	92.9
	50	25	49.8	85.2
1	0	24	24.6	77.9
	10	23	6.7	71.1
	20	21	55.6	64.7
	30	20	50.9	59.0
	40	19	51.9	53.9
	50	18	58.0	49.4
2	0	18	8.6	45.6
	10	17	23.0	42.3
	20	16	40.7	39.8
	30	16	0.9	37.5
	40	15	23.4	35.6
	50	14	47.8	33.2
3	0	14	14.6	30.9
	10	13	43.7	28.7
	20	13	15.0	26.7
	30	12	48.3	24.6
	40	12	23.7	23.0
	50	12	0.7	21.8
4	0	11	38.9	20.6
	10	11	18.3	19.7
	20	10	58.6	19.0
	30	10	39.6	18.4
	40	10	21.2	17.9
	50	10	3.3	16.8
5	0	9	46.5	15.6
	10	9	30.9	14.9
	20	9	16.0	14.1
	30	9	1.9	13.5
	40	8	48.4	12.8
	50	8	35.6	12.3
6	0	8	23.3	11.7
	10	8	11.6	11.3
	20	8	0.3	10.8
	30	7	49.5	10.3
	40	7	39.2	10.0
	50	7	29.2	9.5
7	0	7	19.7	9.2
	10	7	10.5	8.8
	20	7	1.7	8.4
	30	6	53.3	8.2
	40	6	45.1	7.9
	50	6	37.2	7.6
8	0	6	29.0	7.3
	10	6	22.3	7.1
	20	6	15.2	6.8
	30	6	8.4	6.6
	40	6	1.8	6.4
	50	5	55.4	6.1

視高度 °	視高度 ′	蒙氣差 ′	蒙氣差 ″	十分較數 ″
9	0	5	49.3	6.0
	10	5	43.3	5.7
	20	5	37.6	5.6
	30	5	32.0	5.5
	40	5	26.5	5.2
	50	5	21.3	5.1
10	0	5	16.2	5.0
	10	5	11.2	4.8
	20	5	6.4	4.7
	30	5	1.7	4.5
	40	4	57.2	4.4
	50	4	52.8	4.3
11	0	4	48.5	4.2
	10	4	44.3	4.1
	20	4	40.2	3.9
	30	4	36.3	3.9
	40	4	32.4	3.7
	50	4	28.7	3.7
12	0	4	25.0	3.6
	10	4	21.4	3.4
	20	4	18.0	3.4
	30	4	14.6	3.3
	40	4	11.3	3.3
	50	4	8.0	3.1
13	0	4	4.9	3.1
	10	4	1.8	3.0
	20	3	58.8	2.9
	30	3	55.9	2.9
	40	3	53.0	2.8
	50	3	50.2	2.8
14	0	3	47.4	2.7
	10	3	44.7	2.6
	20	3	42.1	2.6
	30	3	39.5	2.5
	40	3	37.0	2.5
	50	3	34.5	2.4
15	0	3	32.1	13.5
16		3	18.6	12.0
17		3	6.6	10.8
18		2	55.8	9.7
19		2	46.1	8.8
20		2	37.3	8.0
21		2	29.3	7.4
22		2	21.9	6.7
23		2	15.2	6.3
24		2	8.9	5.7
25		2	3.2	5.4
26		1	57.8	5.0
27		1	52.8	4 6
28		1	48.2	4.4
29		1	43.8	4.1
30		1	39.7	3.9
31		1	35.8	3.7
32		1	32.1	

視高度 °	蒙氣差 ′	蒙氣差 ″	一度較數 ″
			3.4
33	1	28.7	3.3
34	1	25.4	3.1
35	1	22.3	3.0
36	1	19.3	2.8
37	1	16.5	2.7
38	1	13.8	2.6
39	1	11.2	2.5
40	1	8.7	2.4
41	1	6.3	2.3
42	1	4.0	2.2
43	1	1.8	2.1
44	0	59.7	2.0
45		57.7	2.0
46		55.7	1.9
47		53.8	1.9
48		51.9	1.7
49		50.2	1.8
50		48.4	1.7
51		46.7	1.6
52		45.1	1.6
53		43.5	1.6
54		41.9	1.5
55		40.4	1.5
56		38.9	1.4
57		37.5	1.4
58		36.1	1.4
59		34.7	1.4
60		33.3	1.3
61		32.0	1.3
62		30.7	1.3
63		29.4	1.2
64		28.2	1.3
65		26.9	1.2
66		25.7	1.2
67		24.5	1.2
68		23.3	1.1
69		22.2	1.2
70		21.0	1.1
71		19.9	1.1
72		18.8	1.1
73		17.7	1.1
74		16.6	1.1
75		15.5	5.3
80		10.2	5.1
85		5.1	5.1
90		0.0	

太陽太陰及行星表

名	號	道半長徑	距日里數	周日天數	周日年數	繞日每秒速率	兩心差	黃道角	升交點黃經度	近日點黃經度	黃經度
水	☿	0.387099	3600萬	87.96926	0.24	23至35里	.20560	7° 00′ 8″	46° 33′ 9″	75° 7′ 14″	327° 15′ 20″
金	♀	0.723332	6720	224.70080	0.62	21.9	.00684	3 23 35	75 19 52	129 27 15	245 33 15
地	⊕	1.000000	9290	365.2564	1.00	18.5	.01677	0 00 00	0 00 00	100 21 22	100 46 44
火	♂	1.523691	14150	686.9505	1.88	15.0	.09326	1 51 2	48 23 53	333 17 54	103 25 3
階李氏	⦶	2.767265	25710	1681.4140	4.60	11.1	.07631	10 37 10	80 46 39	149 37 49	83 40 31
木	♃	5.202800	48330	4332.58	11.86	8.1	.04825	1 18 41	98 56 17	11 54 58	160 1 10
土	♄	9.538861	88600	10759.22	29.46	6.0	.05607	2 29 40	112 20 53	90 6 38	14 52 28
天王	♅	19.18329	178190	30686.82	84.02	4.2	.04634	0 46 20	73 13 54	170 50 7	29 17 51
海王	♆	30.05508	279160	60181.11	164.78	3.4	.00896	1 47 2	130 6 25	45 59 43	334 33 29

名	號	視徑	真徑		質		體	密率		自轉周時	黃赤角	擠率	面吸力	反光力
			里數	地等1	日等1	地等1	地等1	地等1	水等1					
太陽	☉	32′ 04″	866400	109.4	1.00000	331100	1310000	0.25	1.39	25天 7點48分	7° 15′	?	27.65	
太陰	☾	31′ 05″	2163	0.273	$\frac{1}{26821000}$	$\frac{1}{81}$	0.020	0.64	3.40	27 7 43	6° 33′ 土	?	$\frac{1}{6}$	0.17
水	☿	5″至13	3030	0.382	$\frac{1}{2668700}$?	$\frac{1}{8}$?	0.056	2.23 ?	12.44 ?	?	?	?	0.85	0.13
金	♀	11″至67″	7700	0.972	$\frac{1}{401829}$	0.78	0.920	0.86	4.85	23點21分23秒	?	?	0.83	0.50
地	⊕		7918	1.000	$\frac{1}{328129}$	1.00	1.000	1.00	5.58	23 56 4.09	23° 27′ 12″	$\frac{1}{293}$	1.00	0.20
火	♂	3.6″至24.5″	4230	0.534	$\frac{1}{3093500}$	$\frac{1}{9.34}$	0.152	0.72	4.01	24 37 22.67	24° 50′ 00″	$\frac{1}{220}$	0.38	0.26
木	♃	32″至50″	86500	10.920	$\frac{1}{1048}$	316.0	1309.	0.24	1.33	9 55 土	3° 05′	$\frac{1}{17}$	2.65	0.62
土	♄	14″至20″	73000	9.170	$\frac{1}{3502}$	94.9	760.	0.13	0.72	10 14 24	26° 49′	$\frac{10}{92}$	1.18	0.52
天王	♅	3.8″至4.1″	31900	4.030	$\frac{1}{22600}$	14.7	65.	0.22	1.22	?	?	$\frac{1}{11}$	0.91	0.64
海王	♆	2.7″至2.9″	34800	4.390	$\frac{1}{19380}$	17.1	85.	0.20	1.11	?	?	?	0.88	0.46

表月之星行諸

星行	數	比徑星與規 數之半本道	數里之星本距	時周星恆	時周陽太	角道黃	差心兩	徑眞	比質本質 數之星與
地	1	60.27035	238840	27天 7點 43分 11.5秒	29天 12點 44分 2.7秒	5° 08′ 40″	0.05491	2162	1/81
火	1	2.771	5850	7 39 15.1	... ...	26 17.2′	0	7?	?
	2	6.921	14650	1 6 17 54.0	... ...	25 47.2	0	5?	?
	1	5.933	261000	1 18 27 33.5	1天 18點 28分 35.9秒	2 08 3	0	2500	.00001688
木	2	9.439	415000	3 13 13 42.1	3 13 17 53.7	1 38 57	0	2100	.00002323
	3	15.057	664000	7 3 42 33.4	7 3 59 35.9	1 59 53	.0013	3550	.00008844
	4	26.486	1167000	16 16 82 11.2	16 18 5 6.9	1 57 00	.0072	2960	.00004248
	1	3.11	117000	22 37 5.7	... ...	28 10 10	0	600?	?
	2	3.98	157000	1 8 53 6.9	... ...	,,	0	800?	?
	3	4.95	186000	1 21 18 25.6	... ...	,,	0	1100?	?
土	4	6.34	238000	2 17 41 9.3	... ...	,,	0	1200?	?
	5	8.86	332000	4 12 25 11.6	... ...	,,	0	1500?	?
	6	20.48	771000	15 22 41 23.2	... ...	27° 38′ 49″	.0299	3500?	1/4600
	7	25.07	934000	21 6 39 27.0	... ...	27 4.8	.1189	500?	?
	8	59.58	2225000	79 7 54 17.1	... ...	18 21.5	.0296	2000?	?
	1	7.52	120000	2 12 29 21.1	... ...	97 51	0	500?	?
王天	2	10.46	167000	4 3 27 37.2	... ...	,,	0	400?	?
	3	17.12	273000	8 16 56 29.5	... ...	,,	0	1000?	?
	4	22.90	365000	13 11 7 6.4	... ...	,,	0	800?	?
王海	1	12.93	225000	5 21 2 44.2	... ...	145° 12′	0	2000?	?

連星表

星名	周時	軌道視半徑	離心差	等　等
1 小馬丁星	10至12年	0".30	?	4.5　5?
2 后髮第四十二星	25.71	0.657	0.480	6　6
3 武仙己星	34.411	1.284	0.463	3　5.5
4 北冕庚星	41.576	0.827	0.263	6　6.5
5 天狼星	44.0	8.53	0.591	1　9
6 武仙丑星	54.25	1.46	0.302	9.5　10.5
7 巨蟹宿己星	60.327	0.853	0.391	5.5　6.2
8 大熊卯星	60.80	2.58	0.416	4　5
9 半人馬甲星	77.42	17.50	0.526	1　4
10 持蛇夫第七十星	94.44	4.79	0.467	4.5　6
11 北冕丙星	95.50	0.70	0.350	4　7
12 大獅宿亢星	110.82	0.89	0.530	6　7
13 牧夫卯星	127.35	4.86	0.708	4.5　6.5
14 寶缾宿第四星	129.84	0.717	0.461	6　7
15 室女宿丙星	185.01	3.97	0.896	3　3.2
16 仙后庚星	195.24	8.639	0.624	4　7.3
17 仙女第三十六星	349.10	1.54	0.634	6　7
18 大獅宿丙星	407.04	1.98	0.733	2　3.5
19 北冕未星	845.86	5.88	0.752	5.5　6.5
20 雙子宿甲星	996.85	7.538	0.344	2.5　3

此表之用法即按第五章十一節至十三節內任何法先求得視午正即時將表針令適指十二點復於時差表尋其時差幾分若遇加幾分則將表針前移幾分若遇減幾分則將表針後推幾分即可得其平午正茲附時差表於左即西歷一千八百九十七年所推者（此表雖爲一千八百九十七年之表然尚可作多年之用因時差之改數甚少故也）

時差表

正月

時差
初一日加四分
初二日加四分半
初三日加五分
初四日加五分半
初五日加六分
初六日加六分
初七日加六分半
初八日加七分
初九日加七分半
初十日加八分
十一日加八分半
十二日加八分半
十三日加九分
十四日加九分半
十五日加十分
十六日加十分
十七日加十分半
十八日加十一分
十九日加十一分
二十日加十一分半
二十一加十一分半
二十二加十二分
二十三加十二分
二十四加十二分半
二十五加十二分半
二十六加十三分
二十七加十三分
二十八加十三分
二十九加十三分半
三十日加十三分半
三十一加十三分半

二月

時差
初一日加十四分
初二日加十四分
初三日加十四分
初四日加十四分
初五日加十四分
初六日加十四分半
初七日加十四分半
初八日加十四分半
初九日加十四分半
初十日加十四分半
十一日加十四分半
十二日加十四分半
十三日加十四分半
十四日加十四分半
十五日加十四分
十六日加十四分
十七日加十四分
十八日加十四分
十九日加十四分
二十日加十四分
二十一加十三分半
二十二加十三分半
二十三加十三分半
二十四加十三分半
二十五加十三分
二十六加十三分
二十七加十三分
二十八加十二分半

三月

時差
初一日加十二分半
初二日加十二分
初三日加十二分
初四日加十二分
初五日加十一分半
初六日加十一分半
初七日加十一分
初八日加十一分
初九日加十分半
初十日加十分半
十一日加十分
十二日加十分
十三日加九分半
十四日加九分
十五日加九分
十六日加八分半
十七日加八分半
十八日加八分
十九日加八分

時差表

二十日加七分半
二十一加七分
二十二加七分
二十三加六分半
二十四加六分
二十五加六分
二十六加五分半
二十七加五分半
二十八加五分
二十九加四分半
三十日加四分半
三十一加四分

時差　四月

初一日加四分
初二日加三分半
初三日加三分
初四日加三分
初五日加二分半
初六日加二分半
初七日加二分
初八日加二分
初九日加一分半
初十日加一分
十一日加一分
十二日加半分
十三日加半分
十四日　○
十五日　○
十六日減半分
十七日減半分
十八日減一分
十九日減一分
二十日減一分
二十一減一分半
二十二減一分半
二十三減二分
二十四減二分
二十五減二分
二十六減二分半
二十七減二分半
二十八減二分半
二十九減三分
三十日減三分

時差　五月

初一日減三分
初二日減三分
初三日減三分半
初四日減三分半
初五日減三分半
初六日減三分半
初七日減三分半
初八日減三分半
初九日減三分半
初十日減四分
十一日減四分
十二日減四分
十三日減四分
十四日減四分
十五日減四分
十六日減四分
十七日減四分
十八日減四分
十九日減三分半
二十日減三分半
二十一減三分半
二十二減三分半
二十三減三分半
二十四減三分半
二十五減三分半
二十六減三分
二十七減三分
二十八減三分
二十九減三分
三十日減二分半
三十一減二分半

時差　六月

初一日減二分半
初二日減二分
初三日減二分
初四日減二分
初五日減一分半
初六日減一分半
初七日減一分半
初八日減一分
初九日減一分
初十日減一分
十一日減半分
十二日減半分
十三日　○
十四日　○
十五日加半分
十六日加半分
十七日加一分
十八日加一分
十九日加一分
二十日加一分半
二十一加一分半
二十二加二分
二十三加二分
二十四加二分
二十五加二分半
二十六加二分半
二十七加三分
二十八加三分
二十九加三分
三十日加三分半

時差　七月

初一日加三分半
初二日加四分
初三日加四分
初四日加四分
初五日加四分半
初六日加四分半
初七日加四分半
初八日加五分
初九日加五分
初十日加五分
十一日加五分半
十二日加五分半
十三日加五分半

時差表

十四日加五分半
十五日加五分半
十六日加六分
十七日加六分
十八日加六分
十九日加六分
二十日加六分
二十一加六分
二十二加六分
二十三加六分
二十四加六分
二十五加六分
二十六加六分
二十七加六分
二十八加六分
二十九加六分
三十日加六分
三十一加六分

時差

八月

初一日加六分
初二日加六分
初三日加六分
初四日加六分
初五日加六分
初六日加五分半
初七日加五分半
初八日加五分半
初九日加五分
初十日加五分
十一日加五分
十二日加五分
十三日加四分半
十四日加四分半
十五日加四分
十六日加四分
十七日加四分
十八日加三分半
十九日加三分半
二十日加三分
二十一加三分
二十二加二分半
二十三加二分半
二十四加二分
二十五加二分
二十六加一分半
二十七加一分半
二十八加一分
二十九加一分
三十日加半分
三十一　○

時差

九月

初一日減○
初二日減半分
初三日減一分
初四日減一分
初五日減一分半
初六日減二分
初七日減二分
初八日減二分半
初九日減三分
初十日減三分
十一日減三分半
十二日減四分
十三日減四分
十四日減四分半
十五日減五分
十六日減五分半
十七日減五分半
十八日減六分
十九日減六分半
二十日減七分
二十一減七分
二十二減七分半
二十三減八分
二十四減八分
二十五減八分半
二十六減九分
二十七減九分
二十八減九分半
二十九減十分
三十日減十分

時差

十月

初一日減十分半
初二日減十一分
初三日減十一分
初四日減十一分半
初五日減十一分半
初六日減十二分
初七日減十二分
初八日減十二分半
初九日減十三分
初十日減十三分
十一日減十三分半
十二日減十三分半
十三日減十四分
十四日減十四分
十五日減十四分
十六日減十四分半
十七日減十四分半
十八日減十五分
十九日減十五分
二十日減十五分
二十一減十五分半
二十二減十五分半
二十三減十五分半
二十四減十五分半
二十五減十六分
二十六減十六分
二十七減十六分
二十八減十六分
二十九減十六分
三十日減十六分
三十一減十六分

時差

十一月

初一日減十六分半
初二日減十六分半
初三日減十六分半
初四日減十六分半
初五日減十六分半
初六日減十六分

時差表

初五日減十六分半
初六日減十六分
初七日減十六分
初八日減十六分
初九日減十六分
初十日減十六分
十一日減十六分
十二日減十五分半
十三日減十五分半
十四日減十五分半
十五日減十五分
十六日減十五分
十七日減十五分
十八日減十四分半
十九日減十四分半
二十日減十四分
二十一減十四分
二十二減十三分半
二十三減十三分半
二十四減十三分
二十五減十二分半
二十六減十二分半
二十七減十二分
二十八減十一分半
二十九減十一分半
三十日減十一分

十二月　時差

初一日減十分半
初二日減十分
初三日減十分
初四日減九分半
初五日減九分
初六日減八分半
初七日減八分
初八日減七分半
初九日減七分
初十日減六分半
十一日減六分半
十二日減六分
十三日減五分半
十四日減五分
十五日減四分半
十六日減四分
十七日減三分半
十八日減三分
十九日減二分半
二十日減二分
二十一減一分半
二十二減一分
二十三減半分
二十四　無差
二十五加半分
二十六加一分
二十七加一分半
二十八加二分
二十九加二分半
三十日加三分
三十一加三分半

星學發軔十六卷

〔美〕羅密士撰　〔英〕駱三畏口譯　〔清〕王鎮賢等筆述

《星學發軔》十六卷，美國羅密士撰，英國駱三畏口譯，清王鎮賢等筆述。羅密士（Elias Loomis，一八一一—一八八九），又譯路密司，美國數學家、自然科學家，曾任教於耶魯大學、紐約大學，著有《解析幾何與微積分》、《實用天文學導論》、《天文學》等。駱三畏（Samuel M. Russell），愛爾蘭人，曾任京師同文館天文教習。是書由駱三畏與京師同文館肄業生王鎮賢、熙璋、左庚合作，據羅密士*An Introduction to Practical Astronomy*譯出。全書十六卷，含論天文儀器、推算星之高度地平經度各法、論時、測某處北極出地度法、定黃赤交點方位法、推黃赤交角法、推某星黃緯經度法、論視差、論日月方位補入法、論月食、論日食、論月掩諸星法、論貝氏推日食法、準貝氏法推月掩諸星法、論偏度、天文表、恒星表等。書中詳細介紹望遠鏡、赤道儀、子午儀等天文儀器之構造原理、操作方法與用途，諸多天文測量方法與具體數學公式、天體數據等。據中國國家圖書館藏清光緒二十年（一八九四）京師同文館排印本影印。

星學發軔

卷一

序

諸學窮究高厚莫不視天文爲冠既展無數世界以廣人智又闡立元厤法以利民生帝王推而衍之以授人時則寒暑往來作事不失其序商舶遵而行之以測星宿則風濤沙線航海攸往咸宜宜乎三代以來中國崇尚是學也京師設立同文館迄今廿餘載矣象譯之外兼肄天文延師教授以專其業建臺推步以精其識然仰觀俯察之功若無書以演其法無圖以明其器學者穎悟雖如前賢亦恐難探底蘊今天文駱教習率館生譯美國密羅士星學發軔一書口講指畫極爲精細又經纂修官貴榮悉心校勘潤色詞句或有當於大雅之目歟昨蒙總署王大臣命付梓人不日即可竣役一旦問世於窺天不無裨益駱君性秉聰慧學有淵源爲彼邦之秀雋來華不及十稔而著此絕學之書合中西而一貫爲後學之津梁其有功於天文者洵非淺鮮矣是爲之序

光緒十有六年春二月望後三日同文館總教習丁韙良識

序

人日戴天而不知天之高日履地而不知地之厚比比皆然至日月之躔次孰綱維之星宿之羅列孰運動之亦鮮有知其故者若不仰觀俯察目在璇璣何能洞晰無疑哉粵稽往昔周髀立勾股之規測量示人準的張衡造渾儀之器推步較古精詳是中國講求厤算迄今幾閱三千載矣無如明習其術者疇人子弟後世罕有其傳故以絶學目之無不駭爲高且遠也數十年來各國風氣漸開一時新學蔚起皆藉算術爲權輿而鈎深致遠彰往察來尤推天學爲切要是以同文特設一科延師海外啟迪後人俾絶學復明於世往歲天文教習駱敬齋先生應

聘來華日坐臯比與館生講授新術孜孜不休其窺測天空諸曜之乘繞鈎紀食犯守還又無不密合天度因之歲修合厤一編與時憲相輔而行今已歷有年所先生之業可謂精矣課餘之暇譯羅氏星學發軔一書其人爲美洲宿望號一代之名家其書著天學奇文啟千古之秘鑰凡六合之内形形色色上有關於乾象者罔不探賾索隱以闡河洛苞符可謂戛戛獨造矣奈卷帙繁重其功非旦夕所能殫故口之譯筆之述管之窺圖之繪至五歷寒暑之久其書始就發前人所未發之奥窔洵爲推步之創聞也有明利氏不得專美於前矣弟恐華人未習算術者欲從末由乃撮其要手著引説以弁簡首先啟其端不過發凡起例漸抽其緒無難竟委窮原世之有志天學者欲窺門徑從事於斯則挈領提綱庶不致望洋生歎嗚呼先生之心亦良苦矣余賦質庸愚未嘗學問乃蒙不鄙委以校勘全書極知謭陋屢辭弗獲遂不揣僭妄加點以始終其役焉倘承學之士循序漸進則得其門而升其堂者久則自入其室而資之深造也今喜脱藁問世先生屬書緣起爰染翰而爲之序

光緒歲在甲午仲夏朔日同文館纂修官貴榮敬識

星學發軔目錄

星學發軔卷之一

美國羅密士原本

天文教習英國駱三畏口譯
王鍾賢
天文館肄業生熙　璋筆述
左　庚

論星臺

擇地建造星臺有三要事、地基極須堅固、一也、地平圈須不障目、二也、近臺四周須無烟霧障蔽、三也、其最要者子午線須無阻目處、築臺須擇高地、當掘至二十尺或二十五尺不等、以抵沙石為度、然後上立石柱、安置儀器、（石柱周圍不得多用灰土恐車行震地致石柱搖動）

凡星臺須有子午儀及最準鐘表、星臺用罩遮蓋、罩留一隙、可覘子午線、此隙約寬一十八寸、上有活門、便於啟閉、以避雨雪之用、

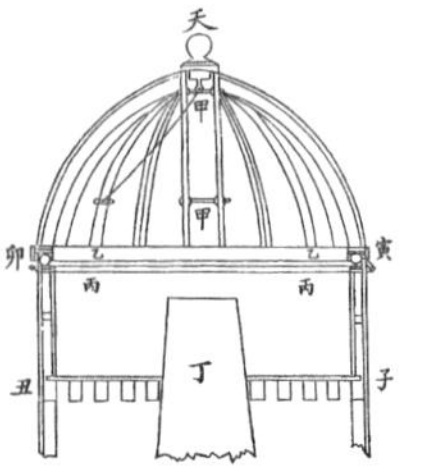

安置赤道儀之屋須用圓式、其頂可以旋轉自如、以便隨覘天空諸曜運行、頂留一隙、由頂中達房簷、如圖子丑為圓牆、丁為石柱、係安置遠鏡之用、寅天卯為圓屋頂、甲甲為屋頂之活門、乙乙一周為屋頂之底周、底周上有活輪、丙丙一周在圓

牆上安置不動、俾屋頂底周之活輪、旋轉其上、

論遠鏡

製遠鏡之式、筒中兩端各置一鏡、一名接影鏡、（係接物光成影）一名目鏡、（合物影變大）其接影鏡若用一鏡、則聚光顏色不一、每色自成一影、視必模糊、所以每用二鏡合成、如甲乙、甲鏡玻璃不雜鉛質、乙鏡中含鉛質、光至甲鏡穿過乙鏡、合為一色、故窺之獨成一影、如圖甲乙遠鏡、甲為接影鏡、乙為目鏡、丙為聚光點、丁為星成影於丙、

甲丙為視軸、

目鏡分二種、以陰陽別之、陰目鏡所用二鏡、兩面係一平一凸、其凸面各順對接影鏡、如第一圖甲乙二鏡相距少於二鏡聚光點距其鏡心和之半、按接影鏡之聚光點係在甲乙二目鏡之間、光從接影鏡來、應在光點成影、因有甲鏡阻隔、不能成影、故名陰目鏡、（因無真影故名陰目鏡）陽目鏡所用二鏡、兩面亦係一平一凸、其凸面各自相對、如第二圖丙丁二鏡相距、較丁鏡心距其光點畧近、視物影在丁丙二鏡之外、故名

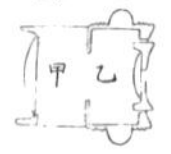

第一圖

第二圖

陽目鏡、（因有真影故名陽目鏡）子午儀之目鏡、常用此等鏡、欲用遠鏡窺天空諸曜、必須仰面、故人目難施、務於遠鏡筒中安横目鏡、方易窺測、如第三圖、在甲乙二鏡之間、用掛水銀平面玻璃一塊、斜放成角四十五度、如戊、令光改變方向、惟玻璃面須極平、頗不易得、或用三角玻璃代之亦可、如第四圖、光自丁至戊、必須折影自戊至已、與前式大畧相同、

第三圖

第四圖

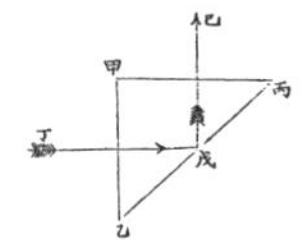

推遠鏡視物變大之力、其法有四、

一、遠鏡變大之力、等於用鏡時視物之大小、以無鏡時視物之大小除之、設遠鏡視物長十二尺、無鏡時視物長三尺、則變大之力等於四、如圖、甲乙為物、′甲′乙為物影、丙為接影鏡、心為聚光點、目為目鏡、則用鏡時視物所成之角、即′甲目′乙角、而無鏡時視物所成之角、即甲丙乙角、亦即′甲丙′乙角、故

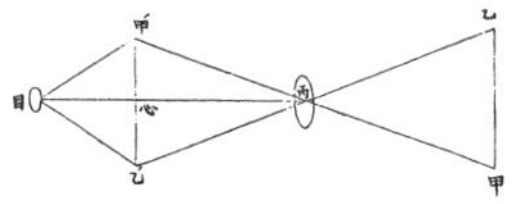

$\text{遠鏡視物變大之力} = \frac{\text{甲丙乙角}}{\text{′甲目′乙角}} = \frac{\text{′甲丙′乙角}}{\text{′甲目′乙角}}$

$= \frac{\text{′乙丙心角}}{\text{′乙目心角}} = \frac{\text{正切′乙丙心角}}{\text{正切′乙目心角}}$

$= \frac{\text{心目}}{\text{′乙心}} \div \frac{\text{心丙}}{\text{′乙心}}$

$= \frac{\text{心目}}{\text{心丙}}$

$= \frac{\text{目鏡心聚光點距}}{\text{接影鏡心聚光點距}}$

二、凡以遠鏡向天、在目鏡之後有小圓光、係目鏡所成接影鏡之影也、求遠鏡視物變大之力、如小圓光之徑、與接影鏡之徑比、如圖、甲為接影鏡、乙為目鏡、庚為聚光點、丙為接影鏡在目鏡後所成小圓光、求遠鏡視物變大之力法令

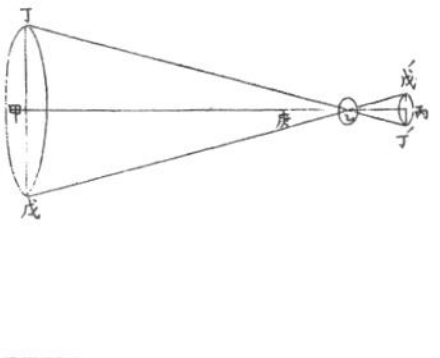

$\text{子} = \text{甲庚} = \text{甲鏡之聚光點距甲鏡心}$

$\text{丑} = \text{乙庚} = \text{乙鏡之聚光點距乙鏡心}$

$\text{子} 丄 \text{丑} = \text{甲乙二鏡心距}$

準光學理有等式

$\frac{\text{甲乙}}{一} 丨 \frac{\text{乙丙}}{一} = \frac{\text{目鏡心聚光點距}}{一} = \frac{\text{丑}}{一}$

則

$\frac{\text{乙丙}}{一} = \frac{\text{丑}}{一} 丨 \frac{\text{甲乙}}{一}$

所以

$\frac{\text{乙丙}}{\text{甲乙}} = \frac{\text{丑}}{\text{甲乙}} 丨 一 =$

$\frac{\text{丑}}{\text{子} 丄 \text{丑}} 丨 一 = \frac{\text{丑}}{\text{子}}$

惟

$\frac{\text{乙丙}}{\text{甲乙}} = \frac{\text{′丁丙}}{\text{丁甲}} = \frac{\text{′丁′戊}}{\text{丁戊}}$

所以

$\frac{\text{′丁′戊}}{\text{丁戊}} = \frac{\text{丑}}{\text{子}}$

$\text{變大之力（按第一法）} = \frac{\text{丑}}{\text{子}}$

故

$\text{遠鏡視物變大之力} = \frac{\text{丙影徑}}{\text{甲鏡徑}}$

三、用遠鏡視物變大若干倍、若從接影鏡一端倒窺、遠物亦變小若干倍、求遠鏡視物變大之力、置戊已二物於遠處平列、距人目各等、乃遙置遠鏡、以目鏡一端正向二物、用地平尺在遠

鏡後對準、令遠鏡與地平尺之視軸相合、（接影鏡心與目鏡心相連自成一線而遠鏡視物須由此線視之此線謂之視軸）然後用地平尺測二物影丙丁相距之角度、如丙甲丁、既得此角、乃去遠鏡、獨用地平尺測二物相距之角度、復得戊甲己角、必大於丙甲丁角、乃以半丙甲丁角正切除半戊甲己角正切、即爲遠鏡視物變大之力、

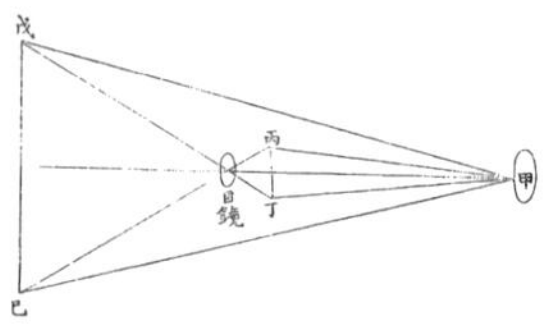

星學發軔　卷一　五

四、距遠鏡十餘丈、植一木杆、上油白色、分畫黑色標記、各相隔一寸、杆旁置一寸圓徑之白紙於黑板、乃以一目由遠鏡內視白紙、一目由遠鏡外視木杆、則由鏡內視白紙、必見增大、與由鏡外視木杆上標記比、即知白紙增大若干寸、爲遠鏡視物變大之力、

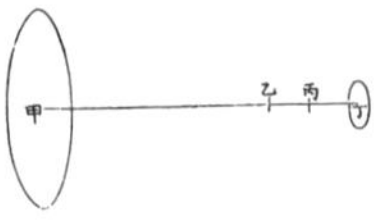

視近物變大之力、與視遠物變大之力不同、視遠物如天空諸曜、設聚光點在乙、若視近物如白紙、目鏡當抽出少許、因聚光點移至丙故也、知視近物變大之力、而推視遠物變大之力、其式如左、

第四節

命

目鏡心距目鏡聚光點 ＝ 乙丁 ＝ 子

視近物遠鏡變大之力 ＝ $\frac{\text{子}}{\text{甲丙}}$

視天空諸曜遠鏡變大之力 ＝ $\frac{\text{子}}{\text{甲乙}}$

則

$\frac{\text{甲丙}}{\text{甲乙}}$ ＝ $\frac{\text{視近物遠鏡變大之力}}{\text{視天空諸曜遠鏡變大之力}}$

設白紙圓徑一寸、距遠鏡一百零一尺半、乙丙一寸半、即視近物目鏡抽出之尺寸、設白紙在杆上增大五十八寸半、甲乙四十二寸、即聚光點距接影鏡、則

視近物遠鏡變大之力 ＝ 五八、五

甲乙 ＝ 四二

甲丙 ＝ 四三、五

故

視天空諸曜遠鏡變大之力 ＝ 五八、五 × $\frac{\text{四三、五}}{\text{四二}}$

＝ 五六、五

星學發軔　卷一　六

凡最大遠鏡、當另備一小遠鏡、置大遠鏡上、令二鏡軸平行、緣遠鏡變大之力愈大、則所見之處愈小、而窺天空諸曜、難於尋覓、若小遠鏡、則所見之處必大、是以在小遠鏡筒內聚光點、縱橫安置粗絲、設測一星、若見此星在小遠鏡粗絲相交之點、則在大遠鏡內亦可見矣、如首圖爲大遠鏡、乙丙爲目鏡、甲爲接影鏡、視物成乙甲丙

首圖

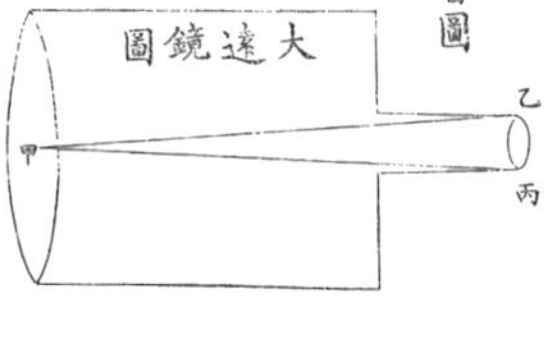

角、故所見之處必小、又如次圖爲小遠鏡、戊己爲目鏡、丁爲接影鏡、視物成戊丁己角、故所見之處必大、凡驗遠鏡內成影在光點是否渾成白色、法以遠鏡向月或木星、將目鏡推入、若見月之周圍有紫色邊、然後再將目鏡抽出、又見月有淡綠色邊、則知鏡內物影光無雜色、因光分七色、如首末二色相合、卽成白色也、

次圖

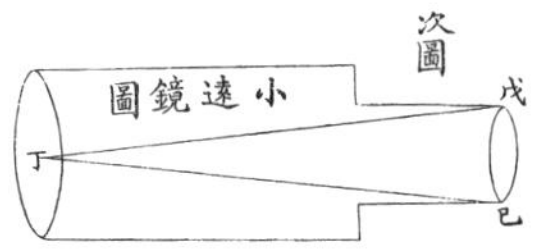

考驗接影鏡形式、光由鏡邊與光由鏡心射於聚光點應渾成一影、否則接影鏡形式不符、欲驗形式、法以圓白紙掩於鏡中間、再以遠鏡任指一星、將目鏡或進或退、務使所窺之星極眞、（鏡內所見之星止成一點）再將圓白紙移去、卽以一圓蓋（如帽形之蓋）中留一孔、覆於接影鏡上、復窺是星、儻如前窺眞切、則接影鏡形式符合矣、

造大接影鏡、甚屬不易、因純淨玻璃難得故也、以鏡測星、如星之光芒不勻、或一邊大、或一邊小、則知接影鏡玻璃含有雜質、卽將有雜質之處、以紙掩之可也、

天空常有二星相距極近、人皆以爲一星、因目力不能分辨、此星名爲雙星、用遠鏡窺之始可辨也、有極近之雙星、非大遠鏡則不能分辨、又有雙星可以小遠鏡能分辨者、如天大將軍第一星係二星、一爲（五、五）等、一爲六等、相距半秒、非大遠鏡不能分辨、如外屏第七星係二星、一爲（二、八）等、一爲（三、九）等、相距三秒又十分秒之一、卽小遠鏡亦能分辨、凡星相距愈近、非遠鏡之力愈大、不能分辨極眞、

第一表爲雙星表、測第一表內之星、可驗遠鏡分辨之力、（星有一等之星光芒極大、二等次之、三等又次之、至十數等則爲極小之星也）

第一表

星名	光緒六年赤經度 小時	分	秒	光緒六年赤緯度 度	分	星等 甲	乙	距星 秒
奎宿增九	〇	四八	三二	二二	五八、八北	六、二	六、八	一、三
天倉北增二	一	一三	四一	一	八、三南	六、二	七、二	一、二
外屏七		五五	五〇	二	一一、一北	二、八	三、九	三、一
天大將軍一		五六	二三	四一	四五、二北	五、五	六、〇	〇、五
閣道一	二	一九	一〇	六六	五一、七北	四、二	七、一	二、〇
天囷八		三七	五	二	四三、八北	三、〇	六、八	二、七
左更東增七		五二	二一	二〇	五一、六北	五、七	六、〇	一、三
參宿增三	五	一八	二七	二	三〇、四南	四、〇	五、〇	一、一
參宿增十三		二四	二二	五	五一、四北	五、〇	七、〇	〇、四
參宿增二十六	六	二三	〇	六	五七、三南	五、五	六、〇	二、五
八穀增二十五		三五	三八	五九	三三、七北	五、二	六、一	一、五
水位四	八	五	一九	一八	〇、六北	五、〇	五、七	〇、七
酒旗三	九	二二	二	九	三四、七北	六、〇	七、〇	〇、四
軒轅十二	一〇	一三	二〇	二〇	二六、九北	二、〇	三、五	三、二
下台二	一一	一一	四八	三二	一二、三北	四、〇	四、九	一、一
五諸侯增七	一二	四七	二三	二一	五三、九北	五、〇	七、八	一、四
太微左垣上將	一三	四	九	一八	九、九北	六、〇	六、〇	〇、二
左攝提三	一四	三五	二五	一四	一四、六北	三、五	三、九	一、〇
梗河一		三九	四五	二七	三四、八北	三、〇	六、三	二、六
貫索增三	一五	一八	一五	三〇	四三、三北	五、五	六、六	〇、八
七公六		一九	五八	三七	四七、九北	六、七	七、三	〇、七
貫索五		三七	四二	二六	四〇、七北	四、〇	七、〇	〇、二
西咸一		五七	四六	一一	二、五南	四、九	五、二	一、一
列肆二	一六	二四	五二	二	一四、九北	四、〇	六、〇	一、六
天紀二		三六	四六	三一	四九、三北	三、〇	六、〇	一、二
市樓三	一七	三六	三三	八	一〇、七南	五、〇	六、〇	一、九
宗人增三	一八	三	三六	三	五八、五北	六、〇	七、二	一、二
織女二		四〇	二二	二九	三二、七北	四、六	六、三	三、〇
織女三		四〇	二四	三九	二九、三北	四、九	五、二	二、六
天廚三	一九	四八	三四	六九	五七、七北	四、〇	七、六	二、八
徐增一	二〇	四五	四	六	四、五南	六、〇	七、〇	〇、四
虛宿西增四		五三	五	三	五〇、〇北	五、二	六、二	〇、一
墳墓北增三	二二	二三	五四	三	五〇、四北	六、〇	七、五	〇、五

凡極小之星、不易窺測、若驗遠鏡察星增光之力、須窺極小之星、如海王星之月、其光芒與十四等星相同、非大遠鏡不能窺見、按天王星之四月、土星之三月、火星之二月、皆係極小、而土星第一月之光芒與十八等星相同、第二表爲光芒不等雙星表、測第二表內之星、可驗遠鏡察星增光之力、

第二表

星名	光緒六年赤經度 小時	分	秒	光緒六年赤緯度 度	分	星等 甲	乙	星距 秒
土公增二	〇	三	五二	一〇	二八北	六、〇	一三、五	七、〇
壁宿增十二		一六	一三	一二	四九北	六、八	一〇、七	二九、七
土公增六		二六	一二	六	一八北	五、〇	九、〇	二七、四
王良三		四一	四三	五七	一一北	四、〇	七、六	五、三
奎宿十四	一	七	一四	二三	五七北	四、七	一〇、一	八、〇
勾陳第一		一三	四五	八八	四〇北	二、〇	九、〇	一八、三
天囷七	二	二九	三四	五	四北	四、五	一五、〇	六、〇
天囷增二十		三五	四	一	一二南	六、〇	九、二	四、八
大陵西增十三		三五	五九	四八	四三北	四、〇	一〇、〇	一六、六
胃宿三		四二	五五	二六	四六北	三、五	一一、五	一八、八
卷舌四	三	四六	三五	三一	三二北	二、七	九、三	一二、五
八穀五	四	四七	四〇	五三	三四北	四、二	一一、三	二六、〇
參宿增九	五	七	一	二	四三北	四、七	八、五	七、〇
參宿七		八	四六	八	二〇南	一、〇	八、〇	九、一
玉井四		一一	四七	七	三南	四、〇	一一、〇	三六、〇
井宿八	七	一一	一二	一六	四五北	四、五	一二、〇	一〇、三
天罇二		一二	五七	二二	一二北	三、二	八、二	七、一
積薪		三七	一五	二四	四一北	四、〇	九、〇	六、四
翼宿二	一一	一八	五三	一七	一南	四、〇	一四、〇	三、〇
亢宿三	一四	二二	一	一	四一南	五、二	一〇、〇	四、三
心宿二	一六	二二	二	二六	一〇南	一、〇	八、〇	八、二
織女一	一八	三二	五二	三八	四一北	一、〇	八、八	四八、一
天津二		四一	一三	四四	五〇北	三、〇	八、〇	一、六
牛宿二	二〇	一一	二四	一二	五五南	三、〇	一二、〇	五、〇
司非二	二一	八	三八	九	三二北	四、五	一〇、〇	三七、六
羽林軍三	二二	七	四〇	二一	四〇南	六、〇	八、五	四、一
雷電二		四〇	四二	一一	三四北	五、〇	一五、〇	一五、〇
螣蛇十一	二三	五二	五六	五五	五北	五、四	七、五	三、〇

天空恒有星氣、以尋常遠鏡窺之、僅見昏光一團、用大遠鏡窺之、始辨其爲無數小星、第三表所載俱爲娛目之星氣、測第三表內之星、可驗遠鏡察星氣本質之力、

第三表

星氣	道光三十年星之赤經度 小時	分	秒	道光三十年星之赤緯度 度	分
奎宿北增二十一	〇	三四	三七	四〇	二六、九北
近大陵第一星	二	八	三九	五六	二七、一北
近積尸左	二	一三	一二	四一	三八、九北
近積木下	三	五八	五五	四九	六、二北
近天關星	五	二五	二七	二一	五四、七北
近參宿第五星	五	二七	五四	五	二九、五南
近井宿第七星	六	四六	三一	一八	九、八北
近柳宿星之上	八	四二	五八	一二	二一、四北
近軒轅第十三星之左	一〇	一七	二九	一七	五三、六南
近天璇星	一一	五	五九	五五	四九、七北
近九卿第一星之左	一二	三六	三	一二	二二、八北
近五諸侯第一星之右	一二	四九	二一	二二	三〇、〇北
近上將星	一三	五	三二	一八	五八、一北
近搖光星之右	一三	二三	三一	四七	五八、六北
近常度第三星之右	一三	三五	一二	二九	七、三北
近平道第二星之下	一四	二一	四四	五	一七、八南
近獨星右	一五	一〇	五六	二	三九、〇北
近天紀第二星之上	一六	三六	一九	三六	四四、六北
近車肆第二星之下	一六	四九	一六	三	五二、八南
近斗宿第三星之下	一八	一一	五七	一六	一五、八南
近箕宿第二星之下	一八	一五	一七	二四	五六、七南
近漸台第三星之上	一八	四七	五九	三二	五〇、八北
近漸台第四星之下	一九	一〇	四二	二九	五五、二北
近左旗第五星之上	一九	五五	四	二二	一八、七北
近敗瓜第五星之左	二〇	二六	五〇	六	五五、二北
近司祿第二星之上	二一	二二	四二	一一	三〇、〇北
近虛宿第一星之下	二一	二五	四〇	一	二九、五南
近魏星	二一	三一	五〇	二三	四九、八南

論赤道儀

按赤道儀爲測天之要器上有二軸恒正交每軸端各置一環令所居之面亦正交一軸與地軸平行直指天空北極名曰極軸一軸與赤道面平行名曰赤緯軸於此軸一端正交置遠鏡而遠鏡與軸皆繞極軸隨星旋轉其所指之圈恒與赤道面平行動力均勻可用轉輪法能自轉於極軸以隨星測者但專心候星毋煩手轉也若測兩星距及星徑等皆用此器極軸之環面分爲時分秒以記赤經度名曰赤經圈赤緯軸之環面分爲度分秒以記赤緯度或距極度名曰赤緯圈如圖甲爲極軸與

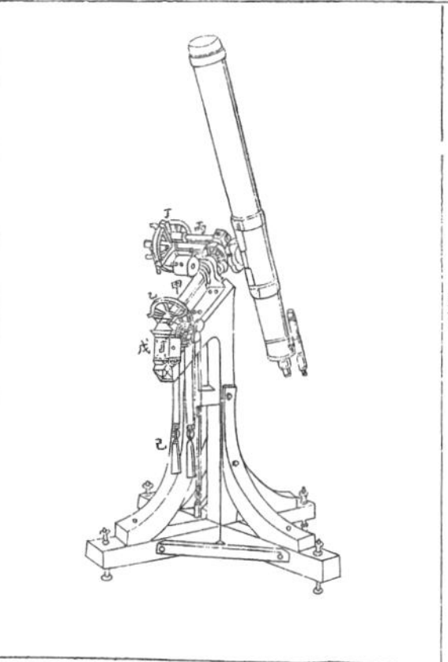

地軸平行乙爲赤經圈置於架上另置二佛逆（佛逆者係度量小角度之用也）於極軸與遠鏡同轉以表星之赤經度丙爲赤緯軸正交極軸亦旋轉架上丁爲赤緯圈以表星之赤緯度設將赤經圈擋住不動則赤緯軸可旋轉至三百六十度遠鏡指天空子午圈（子午圈者係北極至南極之大圈也）設將赤緯軸擋住不動則極軸可旋轉至三百六十度遠鏡指

距等圈（距等圈者係與赤道平行之小圈也）此二軸恒正交故以遠鏡視星無論在天空何處均可窺測假如用赤道儀之遠鏡指測某星若令極軸及赤緯軸各旋轉至一百八十度而遠鏡仍指原測某星因遠鏡原在赤道儀極軸之東旋轉後則遠鏡在赤道儀極軸之西所以遠鏡在極軸之東或西則某星均可測也戊爲所用轉輪令與極軸相連隨星旋轉己爲輪墜另有擺以節制令旋轉之力均勻無遲速之弊赤道儀之用其要有六

一極軸之高度須與天之極高度密合凡星近午線時先測距極若干度復令極軸旋轉半周再測距極若干度二數相加折

半以減蒙氣差卽星距儀器之極軸度乃與航海麻書所載星之實距極度相較若星在北極之上而儀器所測之數大於實距極度則儀器上之極軸必低於天極軸若小則反是欲改此差須旋轉極軸螺絲使之上下恰合

設勾陳第三星近午線時遠鏡在極軸之西測得距極度爲七度四十四分零七秒復在極軸之東測得距極度爲七度四十四分四十秒二數相加折半得七度四十四分二十三秒半以減蒙氣差五十二秒又十分秒之八得距儀器之極軸度七度四十三分三十秒又十分秒之七惟航海麻書所載此星之實

距極度爲七度四十二分四十秒又十分秒之七、與上數相較、得五十秒、即儀器極軸低於天極軸之數、

二、遠鏡之視軸若與赤道平行、則赤緯圈所指當爲○度○分○秒、否則爲赤緯圈度差、假如遠鏡於極軸之東、測某星距極若干度、次於極軸之西、仍測某星距極若干度、若所得之數相等、則無赤緯圈度差、否則以二數相較、折半、爲赤緯圈度差、務以儀器上螺絲旋轉、使之上下恰合、欲知度差、當以數星每測二次、取其中數、始爲極準、

設所測得極軸之東極軸之西、星之二距極度相較、折半、爲十

六秒半、即赤緯圈度差、如遠鏡在極軸西、測某星距極度、必加十六秒半、始得眞距極度、在極軸東則減、

三、極軸當與午線同在一線上、任指某星距午線或西或東六小時、測其距極若干度、此星既不距極點最近、亦不距地平圈最近、乃加蒙氣差與航海𪾢書所載此星實距極度相比、若星在午線東、所測距極度大於實距極度、即知儀器極軸偏於天極軸之西、

設測天樞星距極度、在午線西六小時、爲二十七度二十三分四十九秒、加赤緯圈度差十六秒半、再加蒙氣差三十秒又十分秒之八、得二十七度二十四分三十六秒又十分秒之三、與航海𪾢書所載此星實距極度二十七度二十四分四十秒又十分秒之七相減、得七秒又十分秒之四、即儀器極軸在天極西之數、

求星之赤經赤緯度蒙氣差、如圖、子丙爲某處北極出地度、乙

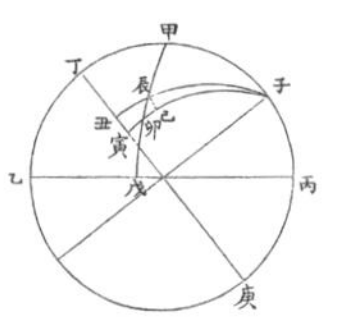

甲丙爲子午圈、丁庚爲赤道、甲爲天頂、乙丙爲地平圈、卯爲星之實方位、卯寅爲其實赤緯度、因有蒙氣差、而星之視方位在辰、故丑辰爲其視赤緯度、卯戊爲星之實高度、辰戊爲視高度、辰卯爲星

之高度蒙氣差、自辰點作辰己、爲子寅弧之垂弧、則辰丑與己寅等、故己卯爲辰丑與卯寅之較、即星之赤緯度蒙氣差、而辰子卯角、即星之赤經度蒙氣差、辰己卯爲正弧三角形、求星之赤經赤緯度蒙氣差、乃有等式、

命 天 ＝ 子卯甲角（求天法見第四卷第十四節用己辰卯正弧形則）

天角餘弦 × 卯辰正切 ＝ 己卯正切（己卯與卯辰兩弧極小故）

天角餘弦 × 卯辰 ＝ 己卯

天角餘弦 × 星高度蒙氣差 ＝

而 星赤緯度蒙氣差 ＝ 己卯

故 天角餘弦 × 星高度蒙氣差 ＝ 星赤緯度蒙氣差（再用辰子己正弧形則）

辰丑餘弦 × 辰子卯角正弦 ＝ 己辰正弦（己辰弧與辰子卯角極小故）

星赤緯度餘弦 × 辰子卯角 ＝ 己辰

又 天角正弦 × 辰卯 ＝ 己辰

故

天角正弦×辰卯＝星赤緯度餘弦×辰子卯角

則

辰子卯角＝（天角正弦×辰卯）／星赤緯度餘弦

而

辰子卯角＝星赤經度蒙氣差

辰卯＝星高度蒙氣差

故

星赤經度蒙氣差＝（天角正弦×星高度蒙氣差）／星赤緯度餘弦

四、遠鏡中心視軸、必與赤緯軸正交、凡測赤道上星過遠鏡內中絲、須先以恒星鐘表記其時刻、復驗時圈（即赤經圈）上佛逆之數、係若干時分秒、乃以極軸旋轉半周、再測此星、如前記其時刻、並驗時圈上佛逆之數若干、二次所測時刻之較、須與二次驗時圈上佛逆數之較恰合、方準、否則一測太早、一測太遲、而遠鏡內中絲之方位差矣、欲考其差、須以二次所測時刻之較、與

二次所驗時圈上佛逆數之較相減折半、即中心視軸差、

設測天市垣梁星、遠鏡在極軸之西、測時為十六小時十二分五十八秒又十分秒之八、在極軸之東、測時為十六小時十九分九秒又十分秒之七、二數相減、得六分十秒又十分秒之九、其時圈上佛逆之數、在極軸之西、驗得六分五十一秒、在極軸之東、驗得十三分又十分秒之五、二數相減、得六分九秒又十分秒之五、乃以二較相減折半、得十分秒之七、即中心視軸差、得視軸差後、遠鏡在極軸之東、驗時圈上所記時分秒、必加視軸差、方得眞佛逆數、若在極軸之西則減、如測梁星、遠鏡在極軸之東、驗時圈上佛逆為十三分又十分秒之五、加視軸差十分秒之七、得十三分零一秒又十分秒之二、為眞佛逆數、

五、赤道儀之赤緯軸、須與極軸正交、勿致參差不平、先令赤緯軸與地平面相平、用酒準置軸上考之、驗時圈上若干時分秒、復轉極軸半周、仍用酒準考之、再驗時圈上若干時分秒、或二次時圈上之數相合、或恰差十二小時、則知赤緯軸已安置妥貼、否則兩軸尚未正交、如二次所驗時圈上之數、既不相合、又不恰差十二小時、則轉時圈至二次折中之處、擋住不動、旋轉螺絲、務令赤緯軸與地平面相平、

又法、任測某星距赤道過四十五度者、在過午線之時、按第四法測之、設赤緯軸西邊高起、則遠鏡視軸、在極之東、成一大圈、測星過時必太早、若旋轉半周、赤緯軸東邊高起、則遠鏡視軸、在極之西、成一大圈、測星過時必太遲、求赤緯軸不正交之差、

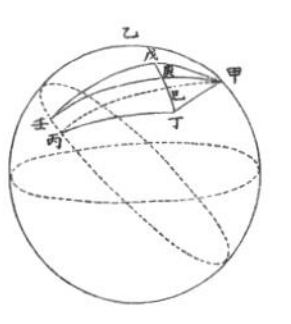

如圖、赤緯軸西邊高起、遠鏡視軸成丙丁圈、應測星在己、今測星於丁、故太早、赤緯軸旋轉半周、東邊高起、遠鏡視軸成壬戊圈、應測星在庚、今測星於戊、故太遲、命所測二星歷時之距丁甲戊角

為子、二次時圈上所測數之較庚甲己角為丑視軸應成丙甲圈、因赤緯軸不正交成丙丁圈、所以甲丙丁角、為赤緯軸不正交之差、若所測太早分秒、與所測太遲分秒相等、則丙甲丁角、與戊甲壬角相等、

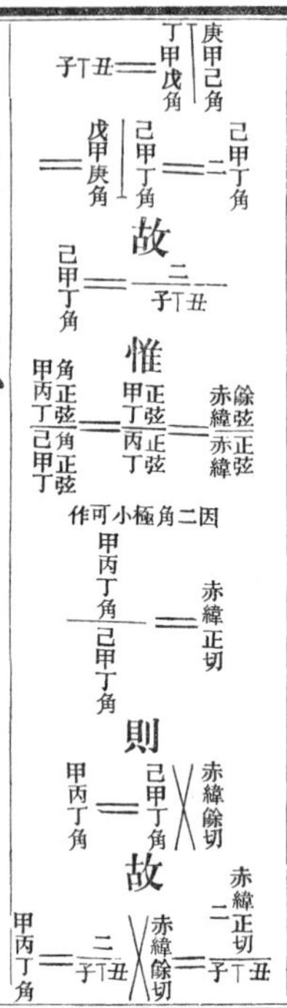

即赤緯軸不正交之差、

六凡遠鏡對午線其時圈佛逆所指之數、應等於○度○分○秒、法以酒準定赤緯軸、令與地平面相平、若按以前諸法、均為考正、則遠鏡必對午線、而時圈佛逆之數、可令等於○、或令遠鏡約對午線擒住不動、然後測近赤道星過午線、記其時刻、設鐘表有差、所記時刻必改正之、而得眞過午線時刻、星之赤經度等於眞恒星時加減眞時角、（星距午線若干度分秒為此星之時角）故知眞時角、而令佛逆記之、

如用以上所論赤道儀、定天空諸曜眞方位、務須細定諸差、因此器專為考二星赤緯赤經度之較而設、諸差定、則眞方位可

第六節

得矣、

論分微尺

按分微尺為測天空諸曜相距之弧度、置於遠鏡之內、其式雖多、以近時托羅敦所製蛛絲分微尺為通用最佳者、用二蛛絲平行、置遠鏡內、在接影鏡與目鏡聚光點之間、用螺絲使之離合、每旋轉若干次並旋轉若干分秒、筒外有圓面記之、如圖、甲甲甲甲為長方匣、長三四寸、廣約一寸、厚約二

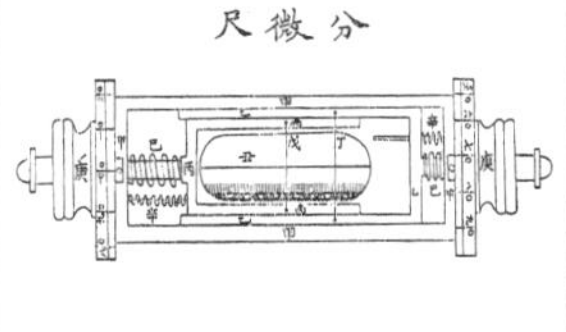
分微尺

分乙乙乙丙丙丙為二銅叉、套於一處、隨意進退、丁戊為平行二絲、己己為極細螺絲、置於銅叉兩端、由匣兩端穿出、與庚庚二圓面相連、圓面外各有環、上分百分、若庚庚二圓面、按環上之數順旋、則乙丙二叉即向外而離、若逆數而旋、則乙丙二叉即向內而合、辛辛為簧節制銅叉、令旋轉均勻、螺絲每寸分為百分、庚圓面每旋一周、丁絲行百分寸之一、庚圓面每旋一分、丁絲必行萬分寸之一、又丑絲橫置匣內、令與所測二星平行、欲算庚圓面每旋一周丁絲行百分寸之一當秒若干、其法有二、

一、令遠鏡正指太陽、先旋庚庚二圓面若干次、令丁戊二絲相合、次令戊絲與太陽下邊相切、再旋庚圓面若干次、令丁絲與太陽上邊相切、得兩邊二蒙氣差相減得蒙氣差較、與航海厤書所載太陽視徑分秒相減、再以庚圓面所旋次數除之、得每旋一周當秒若干、設庚圓面旋四十次又百分次之九十八、令丁戊二絲切太陽上下兩邊、查太陽視徑三十一分三十一秒又十分秒之二、當太陽高度四十度三十分之時、下邊蒙氣差比上邊蒙氣差多一秒又十分秒之二、按視徑三十一分三十一秒又十分秒之二內減蒙氣差較一秒又十分秒之二、得三

十一分三十秒、變爲一千八百九十秒、以四十次又百分次之九十八除之、得四十六秒又百分秒之一十二、爲每旋一周當秒若干之數、

二、測赤道星、旋庚圓面若干次、令丁戊二絲相離、星自丁絲至戊絲、歷時若干秒、以庚圓面所旋次數除之、即得每旋一周當秒若干、二絲相離愈遠、所得之數愈準、此法專爲測赤道星而用、設測他星、則以星自丁絲至戊絲之歷時、乘星之赤緯度餘弦、即得星在赤道歷時若干、見第二卷第十一節

方位分微尺、係分微尺外連一圈、記度分秒、與丑丁諸絲如上圖

方位分微尺

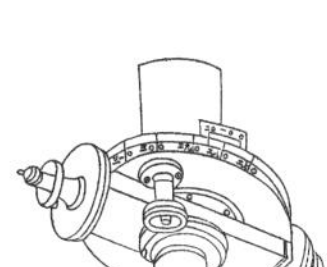

平行、可旋轉於遠鏡筒內、以測二星方位角、凡二星同在一絲與赤道平行線所成之角名一星方位角法以遠鏡任指一星、將分微尺旋轉、令此星循丑絲而行、則此絲必與赤道平行、乃令圈上之針指〇度〇分〇秒、再將分微尺旋轉、令二星同在丑絲上、驗圈上爲若干度、即得兩星方位角、

赤道儀上置分微尺、以測彗星方位最便、法以遠鏡任指與彗星相近之一星、令分微尺丑絲與赤道平行、則此星必循丑絲

而行、乃旋轉丑絲方位至九十度、丑絲必正交赤道、遂將時圈及赤緯圈擒住、用鐘表記彗星何時行過丑絲、並記某星何時行過丑絲、其二測時之較、即彗星與某星二赤經度之較、俟彗星行過丑絲時、旋轉螺絲、令丁絲移至彗星、俟某星行過丑絲時、亦如法將戊絲移至某星、驗二絲相距若干度、即二星赤緯度較、既知某星赤經赤緯度、則彗星赤經赤緯度、亦可知矣、

分微尺蛛絲、夜間不易見、須置燈以明之、或遠鏡筒旁作孔、外置一燈、筒內對燈斜置一橢圓形鍍金環、如◎、則光自環射入筒內、令所視之處微明、蛛絲之色爲暗、或遠鏡筒內目鏡之端

作孔外置一燈令蛛絲甚明所視之處爲暗蛛絲明則視處暗蛛絲暗則視處明其令蛛絲與視處明暗俱可隨意爲之如圖

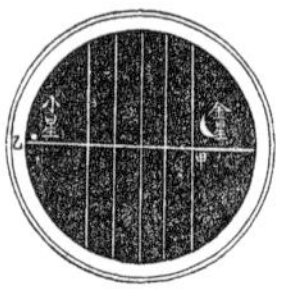

內五絲設爲子午儀鏡內蛛絲右邊半月形爲金星將至甲第一絲左邊微點爲小星將離乙鏡邊因有燈映之則見蛛絲爲明絲外視星之處爲暗故鏡內窺星倍見明皎矣

星學發軔卷之一終

星學發軔　卷二

第一節

星學發軔卷之二

美國羅密士原本

天文教習英國駱三畏口譯
王鎮賢
天文館肄業生熙　璋筆述
左　庚

論子午儀

按子午儀、係測某星過午線時刻、及地平高度之用也、遠鏡置於平軸、兩端正向東西、轉於軸上、永指午線、如圖、未未爲石柱、申申爲軸、中間空方匣式、以便將酉酉兩截遠鏡、用螺絲穩置軸上、軸樞與架、用鋼製成、其軸架穩置二石柱上、此器甚重須

子午儀

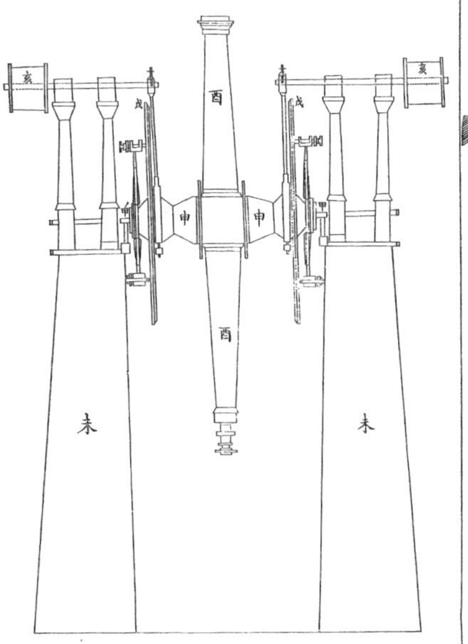

第二節

用亥亥二墜相襯、戊戊爲二圈、上有度分秒、以驗諸星高度、申申軸中有孔、燈光射入、以便視處倍明、

用子午儀測星、如將遠鏡軸易位、或自甲易至甲、或自甲易至甲、另有一器便鏡軸易位甚便、如圖、戊爲柄、柄有螺絲令己丁高下自如、乙丙瓦筒形、以便置鏡軸兩端於其上、辛庚二輪、以便此器易於旋轉、用法、將此器入於子午

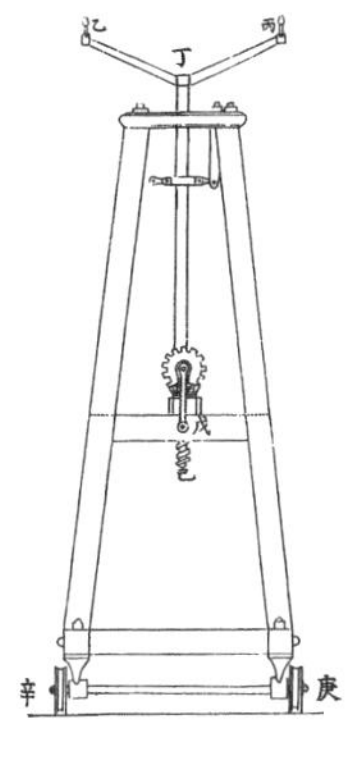

儀下邊、令鏡軸兩端甲甲、置於器上乙丙二處、轉戊柄螺絲、令鏡軸高起、隨將此器抽出、令器自轉半周、再將此器放入子午儀下邊、仍轉戊柄螺絲、令鏡軸復低至架上、則軸之兩端已易位矣、

第三節

置遠鏡、須正指南北、鏡中蛛絲、置於目鏡與接影鏡聚光點之間、否則視物方位不眞、法將目鏡筒或進或退、令所視蛛絲極眞、則知蛛絲在目鏡聚光點處、再將遠鏡任指一物、令與中絲相合、復移接影鏡、令筒中視物無論上下左右、不離此絲、則知蛛絲在二鏡聚光點之間矣、

第四節

考正子午儀軸極平、須用酒準、如圖、甲乙爲弧形玻璃管、上分作識、每分如○一○二○等數、盛滿酒精、僅令中留氣泡、氣泡在中、

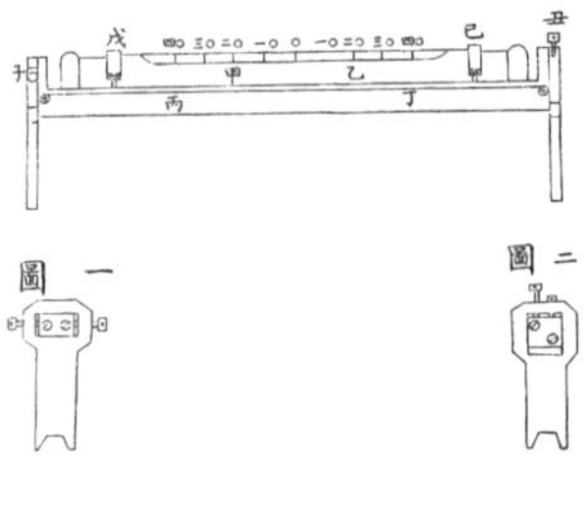

則爲極平、置於丙丁銅架上、兩端各連一足、如一二圖、足下作凹式、以便置於儀器軸上、二足各安螺絲、如子如丑、欲定子午儀軸之平、則置二足於軸之兩端、旋轉軸之螺絲、令氣泡在中、次將二足易位、再驗氣泡、如不在中、而在二〇處、再

星學發軔　卷二　三

轉軸上螺絲、令氣泡在一〇處、又轉酒準螺絲、令氣泡在中、再將一足易位、令氣泡在中、復令酒準微轉軸上、若氣泡依然在中、則子午儀軸必平矣、如恐不平、須考正數、次務令無差、欲推酒準之識、每分當度分秒若干、則置二足於遠鏡軸上、先將目鏡一端高起、令氣泡至己邊第四十之處、驗軸圈爲若干度、再低目鏡、令氣泡至戊邊第四十之處、驗軸圈爲若干度、將二次所驗度數較、以酒準識數除之、即得二識距當度分秒若干、

第五節

遠鏡蛛絲、宜正交地平、任指一遠物、令所視之物恰在絲上、次將遠鏡移高或移低、若物仍在絲上、則知蛛絲正交地平、否則週轉絲上螺絲、無論將遠鏡或高或低、總令所視之物、恰在絲上、

第六節

蛛絲之中絲、須在接影鏡目鏡之中心視軸處、任指一物、如見

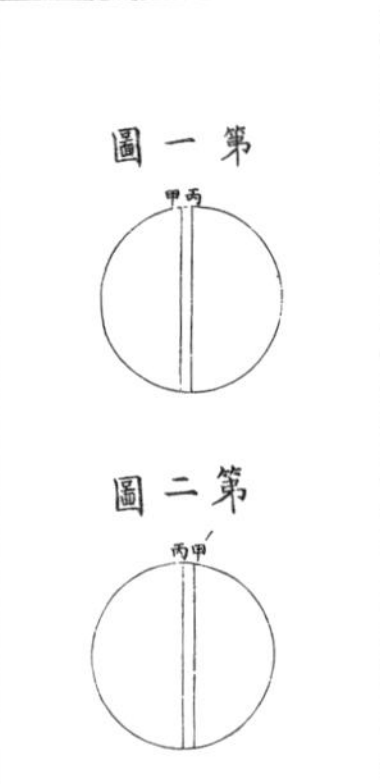

物在第一圖甲中絲上、即將遠鏡軸兩端易位、視之若見物仍在甲絲上、即知絲在視軸處、如物在原處、而中絲移至第二圖甲處、則轉絲上螺絲、移中絲甲至中間丙處、則絲在中心、若恐不準、則移遠鏡、令物恰在中間

星學發軔　卷二　四

絲上、再將遠鏡軸易位、視之若物仍在原處中間絲上、則知中絲實在中心視軸處矣、

第七節

置子午儀、須令儀上遠鏡、正指午線、其法有四、

一、約計勾陳星過午線時刻、將遠鏡正指勾陳星、次任測近天頂一星過遠鏡中間蛛絲之時、乃令恒星鐘表記此星赤經度爲若干時分秒、故考恒星鐘表無差、再俟鐘表正指勾陳星赤經度、（按星之赤經度每十五度當鐘表一小時、設勾陳赤經度爲十九度、當鐘表一小時一十六分）將遠鏡軸移動、令勾陳星恰在中間絲上、則遠鏡軸必正指東西、如遠鏡中間蛛絲正當午線、已置鏡軸極平、則測勾陳星過午線、在北

極上行至北極下、厯時若干、復測由北極下行至北極上、厯時若干、若二時相等、則知遠鏡已正指午線、否則微轉軸上螺絲、令二測時相等、

二任取近北極二星、一星正當午線、在北極上、一星同時約近午線、在北極下、其二赤經度較、須約差十二小時、用遠鏡先測極上一星在午線時刻、再測極下一星在午線時刻、若二測時較等於二星赤經度較、則遠鏡正指午線、否則當轉軸上螺以考正之、按此考正遠鏡正當午線、莫便以勾陳星測之、設西厤一千八百八十五年正月初一日、勾陳增四星赤經度

爲六小時四十六分三十九秒、勾陳第二星赤經度爲十八小時零九分零八秒、自勾陳第二星正當午線在北極上、至勾陳增四星正當午線在北極下、應爲三十七分三十一秒、以子午儀測此二星、一在北極上、一在北極下之時、如二時較、不爲三十七分三十一秒、則知子午儀之遠鏡、不正指午線矣、

三任取近北極一星、已知赤經度、用遠鏡測星過中絲之時、以考鐘表之差、復依法測近赤道一星過中絲之時、以考鐘表之差、若二測時之鐘表差相等、則知遠鏡正指午線、否則當轉軸上螺絲以考正之、凡星在午線恒星鐘表應記其赤經度否則爲鐘表差如星赤經度爲十五度過午線時鐘表應記一小時則爲無差

設勾陳星赤經度爲一小時一十六分二十三秒、其過午線時、恒星鐘所指爲一小時一十二分、即知鐘遲四分二十三秒、又如畢宿赤經度爲四小時二十一分四十九秒、其過午線時、恒星鐘所指爲四小時二十一分五十五秒、即知鐘速六秒、鐘表之差、一爲遲四分二十三秒、一爲速六秒、所測之時不同、則知遠鏡決非正指午線、當轉軸上螺絲以考正之、

四任取近天頂一星、及近正南地平一星、其二赤經度當以相差甚微爲要、若遠鏡之軸極平、則遠鏡所指大圈、當正交地平、

其近天頂一星過中絲之時、幾與星過午線之時相同、惟近地平一星則不然、如近地平之星過中絲太早、恒星鐘記某星赤經度之時其星應正至午線先至者爲太早後至者爲太遲則係遠鏡指午線之東、太遲則係遠鏡指午線之西、可移軸上螺絲、或測天頂之星考鐘表遲速差、或測地平之星考鐘表遲速差、二差相等、則遠鏡方爲正指午線、遠鏡既已置妥、諸差均爲考正、則當遠豎一標、記正對鏡筒之中絲、以爲異日用時考正有無稍移之處、

第八節

常用鐘擺、夏日必漲、鐘行較遲、冬日必縮、鐘行較速、故天文家所用鐘擺、分爲二類、一係玻璃管內盛水銀作擺、因夏日玻璃

第九節

管下漲水銀上升冬日反是故鐘擺永無改變一係二金製成白銅及銅理與水銀同無論天氣冷熱行速一律然天文家以恒星鐘爲最便因恒星鐘所記爲恒星時某星自午線復至午線此鐘歷二十四小時若恒星鐘無差以記星過午線之時應與星之赤經度相等鐘表每日所行遲速無不有差

西厤一千八百五十一年正月初八日在英京測得畢宿第五星過午線時爲四小時一十六分五十二秒又百分秒之二其赤經度爲四小時二十七分二十二秒又百分秒之八十六兩數相減則知鐘遲三十秒又百分秒之八十四復於初九日測

此星過午線時爲四小時一十六分五十一秒又百分秒之二十二與前赤經度相減則知鐘遲三十一秒又百分秒之六十四初九日鐘遲之數爲鐘之總差兩日鐘遲之數相減得百分秒之八十爲鐘一日之差

最佳之鐘不免生差須令每日生差相同令鐘按恒星時而行任以某星赤經度若干以鐘記之暫令鐘停按星在午線高度安置遠鏡俟星過中絲時再令鐘行則鐘必與恒星時同行矣

晩間觀星須在遠鏡架旁置燈令鏡中明亮以便視絲逼眞鏡旁緊連一圈此圈面上分度分秒用以定地平高度或距天頂

第十節

度定赤緯度或距極度

凡用遠鏡視物其方位必相反故星之行實由東而西過午線在北極上鏡內視之必見星由西而東至過午線在北極下鏡內視之必見星由東而西遠鏡內置縱絲或五或七相距各等較便於獨用一絲因其差可以互相抵銷而取中數準耳又置二橫絲相距極近星在鏡中由此二橫

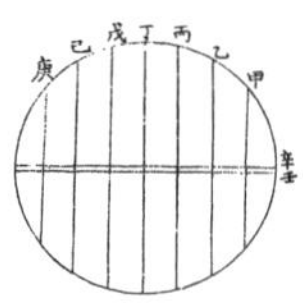

絲之間而行遞過各縱絲如圖甲乙丙丁戊己庚爲七縱絲辛壬爲二橫絲丁爲中絲在鏡筒中間與視軸正交否則爲中絲視軸差七絲應相距各等因置

七絲人無法令其相等故各距必有微差所以七絲中間不能與丁絲相合七絲中間應在鏡筒中間與視軸正交否則爲總絲中間視軸差測星之時置鐘於旁目視星行耳聽擺動次數詳記星過各絲之時惟過各絲之時不能與擺聲恰合須約計擺動之時星至各絲先後奇零之數定爲若干秒又幾分秒之幾如見星過第一絲時在九秒十秒之間或定爲九.五秒或定爲九.三秒或定爲九.七秒總在約畧酌之逐記星過各絲之時取其中數卽爲星過午線之時

設在英京依此法測得右攝提第一星過午線時刻

如

	時	分	秒
第一絲	一四	○七	○七、七
第二絲	一四	○七	二一、三
第三絲	一四	○七	三四、九
第四絲	一四	○七	四八、六
第五絲	一四	○八	○二、一
第六絲	一四	○八	一五、七
第七絲	一四	○八	二九、四

各絲共數相加、以次數除之、得中數十四小時零七分四十八秒又百分秒之五十三、卽星過總絲中間時刻、與第四絲相減、所差爲百分秒之七、若所測極準、各絲相距並未稍有參差、則中數與第四絲所測之數必合、

第十一節

用子午儀測赤道星過兩絲中間歷時、與測遠赤道星過兩絲中間歷時不同、因近赤道之星其行甚速、遠赤道之星其行甚遲、

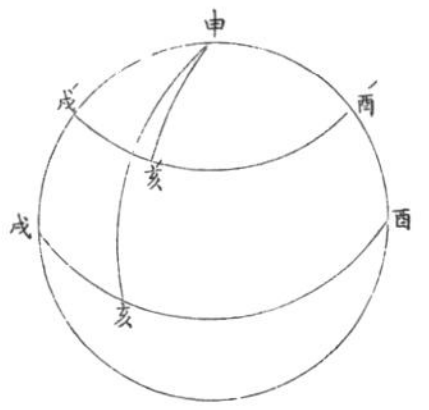

如圖、申爲天頂、戌酉爲赤道、戌′酉′爲赤道距等圈、與赤道平行、戌′亥′等於戌亥、卽兩絲距度、赤道星自亥至戌歷時、等於戌申亥角、命某星赤緯度戌戌′爲吃、自亥′至戌′歷時、等於戌′申亥′角、準戌′申亥′三角形、則

戌′申亥′角正弦 × 戌′申正弦 ＝ 戌′亥′正弦　（一）

戌′申 ＝ 九〇丅吃度

戌′亥′與戌亥與戌′申亥′角甚小故、

吃餘弦 × 戌′申亥′角 ＝ 戌′亥′

而

吃餘弦 × 戌′申亥′角 ＝ 戌亥

所以

某星赤緯度餘弦 × 某星過兩絲中間歷時 ＝ 赤道星過兩絲中間歷時　（二）

卽

某星過兩絲中間歷時 ＝ 赤道星過兩絲中間歷時 ／ 某星赤緯度餘弦

第十二節

用子午儀測得右攝提第一星過各絲、已知赤緯北十九度五十七分五十秒、推赤道星過各絲歷時如左、

	測右攝提第一星過各絲之時	推右攝提第一星從各絲至總絲中間歷時	推赤道星從各絲至中間歷時
	時　分　秒	秒	秒
第一絲	一四　○七　○七、七	丅四○、八三	丅三八、三七六
第二絲	一四　○七　二一、三	丅二七、二三	丅二五、五九四
第三絲	一四　○七　三四、九	丅一三、六三	丅一二、八一一
第四絲	一四　○七　四八、六	⊥○○、○七	⊥○○、○六六
第五絲	一四　○八　○二、一	⊥一三、五七	⊥一二、七五五
第六絲	一四　○八　一五、七	⊥二七、一七	⊥二五、五三七
第七絲	一四　○八　二九、四	⊥四○、八七	⊥二八、四一四
中數	一四　○七　四八、五三		

各絲共數相加、以次數除之、得中數、卽星過中絲之時、

第十三節

求得中數十四小時零七分四十八秒又百分秒之五十三、卽右攝提第一星過總絲中間之時、內減此星過第一絲之時十四小時零七分零七秒又十分秒之七、得四十秒又百分秒之八十三、卽此星從第一絲至總絲中間歷時（星未至總絲中間爲負號已過者爲正號）以此星赤緯度餘弦乘之、得三十八秒又千分秒之三百七十六、爲赤道星從第一絲至總絲中間歷時、餘倣此、

測勾陳星從各絲至總絲中間歷時、推赤道星從各絲至總絲中間歷時、得數極準、如前圖、測勾陳星因戌申亥角較大、不能以角代角之正弦、故準本卷第十一節㈡式、

勾陳星赤緯度餘弦

勾陳星過兩絲中間歷時角正弦

赤道星過兩絲中間歷時角正弦

求之得赤道星過兩絲中間歷時、

設在英京、測得勾陳星過各絲、已知赤緯北八十八度三十分二十七秒、推得赤道星過各絲歷時、

如

	絲之時 星過各 測勾陳	歷時 絲中間 絲至總 星由各 推勾陳	歷時 絲中間 絲至總 星由各 推赤道
	時　分　秒	分　秒	秒
第一絲	○　三九　四八、○	丅二四　四三、二九	丅三八、五五九
第二絲	○　四八　○三、○	丅一六　二八、二九	丅二五、七一九
第三絲	○　五六　一九、○	丅○八　一二、二九	丅一二、八二○
第四絲	一　○四　三二、○	丄○○　○○、七一	丄○○、○一八
第五絲	一　一二　四四、○	丄○八　一二、七一	丄一二、八三○
第六絲	一　二○　五七、○	丄一六　二五、七一	丄二五、六五二
第七絲	一　二九　一六、○	丄二四　四四、七一	丄三八、五九五
中數	一　○四　三一、二九		

求得中數一小時零四分三十一秒又百分秒之二十九、卽勾陳星過總絲中間之時、內減勾陳星過第一絲之時、○時三十九分四十八秒、得二十四分四十三秒又百分秒之二十九、卽勾陳星從第一絲至總絲中間歷時、變度、得六度零十分四十九秒又

百分秒之三十五、乃按前式

勾陳星赤緯度餘弦

勾陳星過兩絲中間歷時角正弦

赤道星過兩絲中間歷時角正弦

求得

○六度　一○分　四九、三五秒　正弦對 ＝＝＝ 九、○三二○四九七

八八度　三○分　二七、○○秒　餘弦對 ＝＝＝ 八、四一五七四二六

赤道星過兩絲中間歷時角之正弦對 ＝＝＝ 七、四四七七九二三

檢正弦表、得九分三十八秒又百分秒之三十九、變時、得三十八秒又千分秒之五百五十九、卽赤道星從第一絲至總絲中間歷時、餘倣此、

第十四節

依前法、在英京推赤道星從各絲至總絲中間歷時、得數列表如左、

	秒
赤道星從第一絲至總絲中間歷時	⊥四一.四四三
赤道星從第二絲至總絲中間歷時	⊥二七.六四六
赤道星從第三絲至總絲中間歷時	⊥一三.八一六
赤道星從第四絲至總絲中間歷時	⊤〇〇.〇〇二
赤道星從第五絲至總絲中間歷時	⊤一三.八一一
赤道星從第六絲至總絲中間歷時	⊤二七.六五四
赤道星從第七絲至總絲中間歷時	⊤四一.四三八

以後推算各題、凡用赤道星從各絲至總絲之數、俱用此表、

第十五節

求某星所歷之時、以某星赤緯度除以上所列各數、即得、如測某星過各絲、有一二絲漏未記時、今既有赤道星歷時、則可推星過總絲中間時刻、

設已知五車星赤緯北四十五度五十分二十六秒、在英京測得過各絲歷時、如

	時	分	秒
第一絲	五	〇四	漏
第二絲	五	〇四	二〇.二
第三絲	五	〇四	四〇.二
第四絲	五	〇四	五九.八
第五絲	五	〇五	一九.七
第六絲	五	〇五	三九.五
第七絲	五	〇五	五九.四

求此星過總絲中間時刻、

準前赤道星從第二絲至總絲中間歷時、為二十七秒又千分秒之六百四十六、故五車星從第二絲至總絲中間歷時、等於此星赤緯度除二十七秒又千分秒之六百四十六、故按第二絲、此星過總絲中間之時、為五小時零四分二十秒又十分秒之二、加 $\frac{二七.六四六秒}{㕣餘弦}$、餘絲仿此、命星赤緯度等於㕣、得

按第二絲

星過總絲中間之時 ＝ 五時 〇四分 二〇.二秒 ⊥ $\frac{二七.六四六秒}{㕣餘弦}$

按第三絲

星過總絲中間之時 ＝ 五時 〇四分 四〇.二秒 ⊥ $\frac{一三.八一六秒}{㕣餘弦}$

按第四絲

星過總絲中間之時 ＝ 五時 〇四分 五九.八秒 ⊤ $\frac{〇.〇〇二秒}{㕣餘弦}$

按第五絲

星過總絲中間之時 ＝ 五時 〇五分 一九.七秒 ⊤ $\frac{一三.八一一秒}{㕣餘弦}$

按第六絲

星過總絲中間之時 ＝ 五時 〇五分 三九.五秒 ⊤ $\frac{二七.六五四秒}{㕣餘弦}$

按第七絲

星過總絲中間之時 ＝ 五時 〇五分 五九.四秒 ⊤ $\frac{四一.四三八秒}{㕣餘弦}$

六 三〇時 三〇分 五八.八秒 ⊤ $\frac{四一.四四三秒}{㕣餘弦}$

中數 ＝ 五時 〇五分 〇九.八秒 ⊤ $\frac{四一.四四三秒}{六×㕣餘弦}$

因

四一.四四三對 ＝ 一.六一七四五一二

㕣餘弦對 ＝ 九.八四三〇一九二

相減 ＝ 一.七七四四三二〇

檢表得

$\frac{五九.四八八}{六}$ ＝ 〇九.九一秒

故

中數 ＝ 五時 〇五分 〇九.八秒 ⊤ 〇九.九一秒

＝ 五時 〇四分 五九.八九秒

求得五車星過總絲中間之時、為五小時零四分五十九秒又百分秒之八十九、

如漏記某絲、推某星過總絲中間之時、除漏絲不計、但以測得某星在各絲之時相加、以次數除之、卽得中數、次以前求得赤道星歷時內除漏絲、所餘相加、以測得次數除之、再以星赤緯度餘弦除之、得數如係正號則加中數、負號則減中數、卽得某星過總絲中間時刻、

設測得天狼星過各絲、如

	時	分	秒
第一絲	六	三七	漏
第二絲	六	三七	漏
第三絲	六	三七	漏
第四絲	六	三七	四三、七
第五絲	六	三七	五八、二
第六絲	六	三八	一二、六
第七絲	六	三八	二六、九
中數	六	三八	〇五、三五

已知此星赤緯北十六度三十一分一十二秒、求此星過總絲中間時刻、

答六小時三十七分四十三秒又百秒之七十三、

準本卷第十四節、

	秒
第四絲	丅〇〇、〇〇二
第五絲	丅一三、八一一
第六絲	丅二七、六五四
第七絲	丅四一、四三八
中數	丅二〇、七二六

得中數二十秒又千分秒之七百二十六、以赤緯度餘弦除之、得負二十一秒又百分秒之六十二、以減所測得中數六小時三十八分零五秒又百分秒之三十五、得六小時三十七分四十三秒又百分秒之七十三、卽星過總絲中間時刻、

設測得角宿第一星過各絲、如

	時	分	秒
第一絲	一三	一五	漏
第二絲	一三	一五	漏
第三絲	一三	一六	〇九、一
第四絲	一三	一六	二三、一
第五絲	一三	一六	三七、〇
第六絲	一三	一六	五一、一
第七絲	一三	一七	〇五、〇

已知此星赤緯南十度二十二分五十六秒、求此星過總絲中間時刻、

答十三小時一十六分二十三秒又百分秒之一、

設測得勾陳星過各絲、如

	秒	分	秒
第一絲	〇	三八	漏
第二絲	〇	四七	漏
第三絲	〇	五六	〇七、〇
第四絲	一	〇四	五九、〇
第五絲	一	一三	五三、〇
第六絲	一	二二	四七、〇
第七絲	一	三一	四〇、〇

已知此星赤緯北八十八度三十分三十八秒又十分秒之四、求此星過總絲中間時刻、

答一小時零五分初秒又百分秒之六十三、

求勾陳星從第三絲至總絲中間歷時、依題先求中數爲一小時一十三分五十三秒又十分秒之二、準本卷第十三節式

緯度餘弦　周歷時角正弦
勾陳星赤　赤道星過兩絲中
＝
周歷時角正弦
勾陳星過兩絲中

準本卷第十四節、赤道星從第三絲至總絲中間歷時、爲加十三秒又千分秒之八百一十六、變度、得三分二十七秒又百分秒之二十四、而

三分二十七秒又百分秒之二十四正弦	對＝七、〇〇二〇四八四
勾陳星赤緯度餘弦	對＝八、四一四八二〇四
勾陳星過兩絲中周歷時角正弦	對＝八、五八七二二八〇

檢正弦表、得二度一十二分五十五秒又十分秒之六、變時、得八分五十一秒又十分秒之七、爲勾陳星從第三絲至總絲中間歷時、依法求得第四第五第六第七各絲至總絲中間歷時、如

勾陳星從三絲至總絲中間歷時	＝丄〇八分五一秒、七〇
從四絲至總絲中間歷時	＝丅〇〇分〇〇秒、〇八
從五絲至總絲中間歷時	＝丅〇八分五一秒、五一
從六絲至總絲中間歷時	＝丅一七分四五秒、〇五
從七絲至總絲中間歷時	＝丅二六分三七秒、九二
中數	＝丅〇八分五二秒、五七

以先求得中數一小時一十三分五十三秒又十分秒之二、內減今所求得中數八分五十二秒又百分秒之五十七、得一小時零五分初秒又百分秒之六十三、爲勾陳星過總絲中間時刻、勾陳星赤緯度歲差甚小、故此星自某絲至總絲中間歷時、幾爲定數、西國大星臺每預算得勾陳星自各絲至總絲中間歷

時、作表以備檢用、

第十七節

測太陽過蛛絲之法、須測太陽左右兩邊過某絲時刻、以二時刻相加折半、即得太陽心過某絲時刻、若測太陽一邊、則檢航海麻書所載太陽半徑過午線歷時、與所測時刻相加減、西邊則加東邊則減亦得太陽心過某絲時刻、

第十八節

按本卷第四節、用酒準定遠鏡軸、實難極平、惟能定其斜度差而已、定斜度差之法、置酒準於軸上、驗氣泡東西兩端至若干分數、次易位置於軸上、再驗氣泡兩端至若干分數、將兩次氣泡東西之數各相加、各以次數除之、得二中數、二中數較折半、即鏡軸斜度差、欲定斜度差極準、須將酒準屢次易位驗之、取其中數、方無錯誤、列式如左、

驗酒準分數、

	氣泡西端	氣泡東端
初次	三〇、〇	三二、三
二次	三〇、〇	三二、四
三次	三〇、〇	三二、四

酒準易位、

	氣泡西端	氣泡東端
初次	二九、六	三二、六
二次	二九、五	三二、六
三次	二九、六	三二、五
	一七八、七	一九四、八

以上六除之、得中數、

二九、七八	三二、四七

二中數較折半、得一、三四

以上驗酒準東西氣泡各三次、若只驗一次、恐有錯誤、如酒準上每分、當一秒又百分秒之二十五、則所得一、三四即一秒又百分

第十九節

秒之六十七、爲鏡軸斜度差之數、斜度差爲鏡軸不平之數、如西端較東端高一秒、斜度差即爲一秒、

子午儀專測星過午線之用、儀器上所置遠鏡、應與午線恰合、如鏡軸東端高起、遠鏡即在午線西成一大圈、則測星太遲、西端高起、遠鏡即在午線東成一大圈、則測星太早、按前法得軸斜度差、將星過時之遲早、改正斜度差、即得星過午線眞時、如圖、丁甲乙爲子午圈、甲爲天頂、乙爲北極、丁戊爲地平、設鏡軸西端高起、測星不在午線而在丙、成丁丙戊半圓、爲

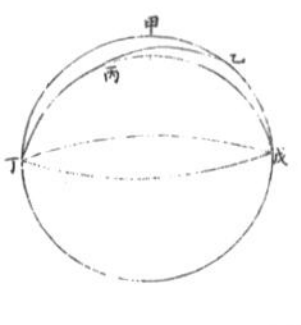

時太早、作乙丙線、即星距極度、欲求星過午線眞時、命鏡軸斜度差爲子、即甲丁丙角、星赤緯度爲吃、星距天頂度爲呷、星距午線極近、故丁丙約等於星之高度、即九〇度丁呷、用丁丙乙三角形、求乙角、

$$\frac{\text{丙乙正弦}}{\text{丙丁正弦}}=\frac{\text{甲丁丙角正弦}}{\text{丙乙丁角正弦}}$$

即

$$\frac{\text{吃餘弦}}{\text{呷餘弦}}=\frac{\text{子正弦}}{\text{乙角正弦}}$$

因乙子兩角俱極小、故

$$\text{乙}=\frac{\text{吃餘弦}}{\text{子}\times\text{呷餘弦}}$$

求得乙角、變時、與測星在丙時刻相加、即星過午線眞時、鏡軸西端高起、子斜度差爲正號、若東端高起、子斜度差則爲負號、命某處北極出度爲吔、設所測之星在天頂南、則

呷＝吔丁吃、

在極點上、天頂北、則

呷＝吃丁吔、

在極點下、則

呷＝一八〇度丁(吔丄吃)、

時、

設在英京、測得北河第二星過午線、記時爲七小時二十四分零六秒又百分秒之五十二、赤緯北三十二度一十二分三十二秒、鏡軸斜度差負三秒又百分秒之九十二、求星過午線眞時、

答七小時二十四分零六秒又百分秒之二十三、

按英京北極出地五十一度二十八分三十九秒、此星過午線、在天頂南、則

呷＝吔丁吃

等於十九度一十六分零七秒、

準上式、

$$\text{乙}=\frac{\text{吃餘弦}}{\text{子}\times\text{呷餘弦}}$$

子對＝丁〇、五九三三

呷餘弦對＝九、九七五〇

相加＝一〇、五六八三

吃餘弦對＝九、九二七四

乙對＝丁〇、六四〇九

檢表、得

丨四、三七四秒

變時、

得

過午線記時＝七時　二四分　〇六、五二秒
丅〇、二九秒
過午線眞時＝七時　二四分　〇六、二三秒

丅〇、二九秒

求得北河第二星過午線眞時、七小時二十四分零六秒又百分秒之二十三、

第二十節

遠鏡內總絲中間、須居鏡筒正中、與視軸正交、否則爲視軸差、欲算總絲中間距視軸若干秒、即視軸差其法有三、一法、以遠鏡指遠物、用鏡內分微尺度遠物距中絲若干秒、再

將鏡軸易位、復度之、二次度得之數、相減折半、即中絲視軸差、或用小子午儀、置大子午儀之正北或正南、其聚光點之處、斜置二絲如╳形、用分微尺度交點距中絲若干秒、再將鏡軸易位、復度之、二次度得之數、相減折半、亦即中絲視軸差、求中絲視軸差、先令分微尺之絲、與鏡內╳絲交點相合、驗得尺數爲一〇、八八八之次數、再將鏡軸易位、令分微尺之絲、仍與交點相合、驗得尺數爲九四六一之次數、二數相加折半、得一〇、一七四之次數、即視軸之次數、命爲甲、復令分微尺之絲、與鏡內中絲相合、驗得尺數爲一〇、一九一之次數、命爲乙、中絲視軸差爲甲乙得〇、〇一七、即螺絲旋轉之次數、按第一卷第六節、將次數變秒、得百分秒之二十八、即中絲視軸差當秒之數、如已知中絲距總絲中間若干秒、加減中絲視軸差之秒數、即得總絲中間視軸差之數、

第二十一節

二法、測勾陳星過第一絲、記其時刻、次將鏡軸易位、再測此星過第一絲、記其時刻、按本卷第十六節第三題之法、以兩次此星過第一絲、推此星兩次過總絲中間之時、若兩次之時相合、則無視軸差、否則有差、測星過數絲、取其中數、較測過一絲者更準、

第二十二節

中絲距視軸、或左或右、不居鏡筒正中、則遠鏡旋轉所指、必成一小圈、或東或西、與午線平行、如圖、戊甲己爲午線、戊己爲地平、甲爲天頂、乙爲北極、因中絲不居鏡筒正中、則視物於戊丙己小圈、丙爲星、自丙作丙丁垂線、與乙甲戊正交、次作丙乙線、丙乙丁角、爲所測星太遲或太早之時角、

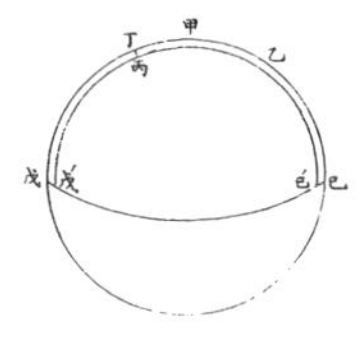

丙丁爲視軸差、命爲丑、星赤緯度、命爲吃、準丙乙丁三角形、求丙丁、丙丁正弦＝丙乙正弦╳丙乙丁角正弦　因丙丁與丙乙丁角俱極小、故丑＝吃餘弦╳丙乙丁角　按此式、

知丙乙丁角、可求丑、知丑、可求丙乙丁角、

如初次測星、

勾陳星過第一絲 ══ ○時 四四分 三三、五秒
過第二絲 ══ ○時 五二分 四六、○秒
中數 ══ ○時 四八分 三九、七五秒

鏡軸易位測星、

勾陳星過第二絲 ══ 一時 ○八分 五六、○秒
過第一絲 ══ 一時 一七分 ○八、五秒
中數 ══ 一時 一三分 ○二、二五秒

按本卷第十六節第三題之法、算得

勾陳星從第一絲至總絲中間歷時 ══ 一六分 二三、五九秒
從第二絲至總絲中間歷時 ══ ○八分 一二、二八秒
中數 ══ 一二分 一七、九三秒

則

○時 四八分 三九、七五秒
丄 一二分 一七、九三秒
勾陳星過總絲中間之時 ══ 一時 ○○分 五七、六八秒

鏡軸易位、

一時 一三分 ○二、二五秒
丅 一二分 一七、九三秒
勾陳星過總絲中間之時 ══ 一時 ○○分 四四、三二秒

兩次所得勾陳星過總絲中間之時不同、故有視軸差、兩時之較折半爲六、六八秒變度、爲丙乙丁角、

按上㊀式、

丑 ══ 丙乙丁角 ╳ 叱餘弦

求丑、

對叱餘弦 ══ 八、四一四八二○四
對六、六八 ══ ○、八二四七七六五
對丑 ══ 九、二三九五九六九

檢表、得

○、一七三

時秒、爲所求

第二十三節

視軸差、一小時爲六十分一分爲六十秒此秒爲時秒一度爲六十分一分爲六十秒此秒爲弧秒一時秒當十五弧秒

三法、將遠鏡之目鏡向上、接影鏡向下、正指一器、內盛水銀、置燈於目鏡之旁、以照蛛絲、令其甚明、光由蛛絲過接影鏡、射於水銀之上、由水銀反照入接影鏡、成影於聚光點、如絲影與蛛絲恰合、則知無視軸差、若置鏡軸極平、而絲影與蛛絲仍不合、則以分微尺度影、與絲相距若干、折半卽爲視軸差、如第一圖、戊爲遠鏡、甲爲聚光

第一圖

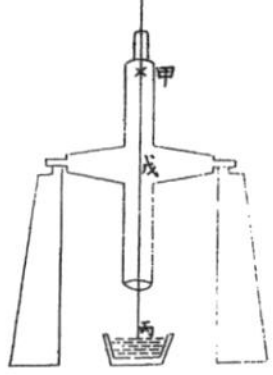

點、丙爲盛水銀之器、按上法測視軸差、須另用目鏡、如第二圖、丙爲陽目鏡、見第一卷第二節甲爲孔、丁爲燈、乙爲兩折光鏡、斜置筒內、與視軸成角四十五度、光由丁燈透入甲孔、照於乙

第二圖

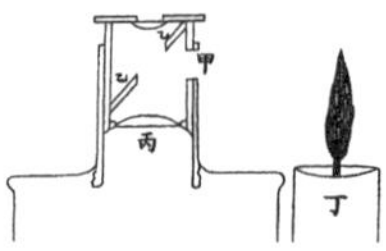

乙兩鏡上、光卽向下直射蛛絲、依此法可定視軸斜度二差、因視軸差、故遠鏡所指在午線東成一小圈、因斜度差、故遠鏡所指在午線東成一大圈、所以用分微尺度中絲與中絲影相距若干、折半得視軸斜度二差和、將鏡軸易位、如前度之、折半得

第二十四節

視軸斜度二差、較由此可推視軸斜度二差、

已知視軸差、可改正星過午線之時、即得眞時、準本卷第二十二節(一)式、

$丑＝丙乙丁角\times屹餘弦$

所以

$丙乙丁角＝\frac{屹餘弦}{丑}$

按此式、求得丙乙丁角、變時、與所測星過午線時相加減、即得星過午線眞時、

設用子午儀測得北河第二星過午線七小時二十四分零六秒又百分秒之五十二、視軸差負百分秒之九十三、星赤緯北三十二度一十二分三十二秒、求星過午線眞時、

答七小時二十四分零六秒又百分秒之四十五、

準前式、

$丙乙丁角＝\frac{屹餘弦}{丑}$

丅〇、九三對＝丅九、九六八四八

屹餘弦對＝九、九二七四三

丙乙丁角對＝丅〇、〇四一〇五

檢表、得丅一、〇九秒變時、爲丅〇、〇七秒則

七時	二四分	〇六、五二秒
		丅〇、〇七秒
七時	二四分	〇六、四五秒

得北河第二星過午線眞時七小時二十四分零六秒又百分秒之四十五、

第二十五節

鏡軸兩端若不正指東西、則遠鏡不能正指午線、設鏡軸東端偏北、則遠鏡所指之圈、在天頂北成半圓午線之西、在天頂南成半圓午線之東、東端偏南、反是、考鏡軸正指東西、其法有三、

一法、以子午儀測某星過中綫在北極上、復測某星過中綫在北極下、若二測時差十二小時、則鏡軸必正指東西、否則有差、

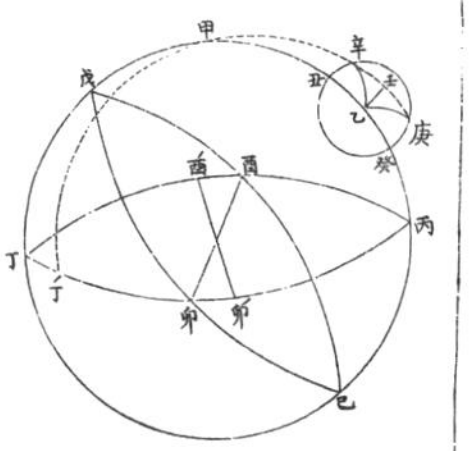

即地平經度差、命等於寅、如圖、甲爲天頂、乙爲北極、戊甲乙己爲子午圈、丙丁爲地平、戊己爲赤道、卯爲正東點、酉爲正西點、設鏡軸不在卯酉綫、而在卯酉綫、則鏡所指

之圈爲丁甲庚、庚癸丑辛爲勾陳星軌道、以遠鏡測此星過中綫在北極下如庚、在北極上如辛、乃聯乙庚乙辛二綫、自極下庚處至極上辛處所歷之時、變度爲庚乙辛角、與一百八十度相減、得庚乙癸辛乙丑二角之和、命等於甲、又自乙作垂弧乙壬、正交辛庚、辛乙庚角等於一八〇度丅甲、所以辛乙壬角等於九〇度丅$\frac{甲}{二}$命某處北極出地爲㫾、星赤緯度爲屹、丁甲丁角等於壬甲乙角、爲地平經度差、即寅、準甲壬乙三角形、

寅正弦×咄餘弦＝角正弦乙甲壬×乙甲正弦＝乙壬正弦

因乙壬與寅角俱極小所以

㊀　寅×咄餘弦＝乙壬

準乙壬辛三角形、

乙辛餘弦×乙壬正切＝角餘弦壬乙辛

即

吃正切×乙壬正切＝餘弦(九〇−甲/二)

即

吃正切×乙壬正切＝正弦甲/二

因甲/二與乙壬俱極小所以

㊁　吃正切×乙壬＝甲/二

而

寅×咄餘弦＝乙壬

所以

吃正切×寅×咄餘弦＝甲/二

故

㊂　寅＝甲/二(咄餘弦×吃正切)

按㊂式、得寅、即地平經度差、故求地平經度差、法以勾陳星自中綫仍至中綫歷時、變度、以減一百八十度、所得之數化秒、以二(咄餘弦×吃正切)除之、即得、

設在英京、於十三小時零四分三十九秒又百分秒之四十、測勾陳星過中綫在北極下、次日於一小時零四分五十七秒又百分秒之六十二、測勾陳星過中綫在北極上、星赤緯北八十八度三十分五十秒、求地平經度差、

答五秒又百分秒之六十九、

凡記時皆自〇時起至二十四小時止、所以一小時零四分五十七秒又百分秒之六十二、加二十四小時減十三小時零四分三十九秒又百分秒之四十、得一十八秒又百分秒之二十二、變度、（即以十五乘之）得二百七十三秒又十分秒之三、即甲、如題英京北極出地五十一度二十八分三十九秒爲咄、星赤緯北八十八度三十分五十秒爲吃、

準上㊂式、

寅＝甲/二(咄餘弦×吃正切)

二對	〇、三〇一〇
咄餘弦對	九、七九四四
吃正弦對	一、五八六〇
二(咄餘弦×吃正切)對	一、六八一四
甲對	二、四三六六
二(咄餘弦×吃正切)對	一、六八一四
寅對	〇、七五五二

檢表得五秒又百分秒之六十九、即地平經度差、

惟題內勾陳星過中綫在北極下、再過中綫在北極上、歷時較多於十二小時、所以遠鏡所指之圈在天頂北成半圓午線之西、

設在英京、於一小時零三分三十四秒又百分秒之九十九、測

勾陳星過中綫在北極上、次日於十三小時零三分二十二秒又百分秒之五十五、測勾陳星過中綫在北極下、星赤緯北八十八度三十分二十七秒、求地平經度差、

答三秒又百分秒之九十、

按（叱正切 乂 晻餘弦）在一箇整年內、無有改變、可作爲定數、故大星臺預算其數、以備隨時而用、

二法、用子午儀測二星過午線記其時刻、如二時刻較、等於二星赤經度較、則知遠鏡正指午線、鏡軸必正向東西、若不正向東西、必有地平經度差、如圖、甲乙己戊爲子午圈、甲爲天頂、乙爲北極、丙丁爲地平、卯爲正東點、酉爲正西點、戊己爲赤道、卯酉爲鏡軸、不正指東西、軸之東端卯、偏北向卯′、則遠鏡不正指午線、而指丁′庚庚′甲辛圈、此圈在天頂南成半圓、偏午線之東、在天頂北成半圓、偏午線之西、庚庚′爲二星所在、命庚之赤經度等於吒、其赤緯度等於叱、庚′之赤經度等於吒′、其赤緯度等於叱′、用子午儀測庚星在庚、記其時刻、命爲畤、測庚′星在庚′、記其時刻、命爲畤′、

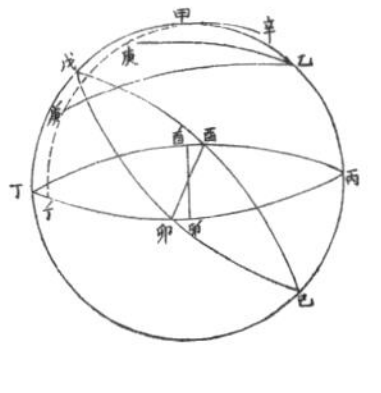

命

(畤丅畤′)丅(叱丅叱′)══甲

甲乙庚角 ══人

甲乙′庚角 ══人′

地平經度差等於寅、卽丁甲丁′角、庚星過午線之時爲畤丄人、庚′星過午線之時爲畤′丄人′、則

畤丄人丅(畤′丄人′)══叱丅叱′

(畤丅畤′)丅(叱丅叱′)══人′丅人══甲

準甲乙庚三角形、

(角餘切 乙甲′丁 乂 角正弦 甲乙′庚)‖(庚′乙餘切 乂 甲乙正弦)══角餘弦 甲乙′庚 乂 甲乙餘弦

因甲乙庚角極小、則甲乙庚角餘弦等於一、甲乙庚角正弦等於甲乙庚角、

又

寅一 丅 角餘切 丁甲′丁 丅══ 角餘切 乙甲′丁

則

(一) 寅人 ‖ 叱正切 乂 晻′餘弦 ══ 晻正弦

角形、

甲乙餘弦╳甲乙庚角餘弦 ══ (甲乙正弦╳庚乙餘切) 丄 (甲乙庚角正弦╳乙甲子角餘切)

則

吔正弦 ══ 吔餘弦╳吃正切 丄 寅／人　㈡

以㈠式減㈡式、得

〇 ══ 吔餘弦(吃′正切丅吃正切) 丄 寅／人′丨人

惟

人′丅人 ══ 甲

則

吔餘弦(吃正切丅吃′正切) ══ 寅／甲

所以

吃餘弦╳吃′餘弦／吔餘弦(吃丅吃′)正弦 ══ 寅／甲

故

寅 ══ 吔餘弦(吃丅吃′)正弦／甲╳吃餘弦╳吃′餘弦　㈢

用㈢式推寅、即地平經度差、

總之以二星過遠鏡時刻較與二星赤經度較相減、所得之數、以

吔餘弦(吃丅吃′)正弦／吃餘弦╳吃′餘弦

乘之、即得地平經度差、

如

([口時]丅[口時]′)丄(吧丅吧′)

爲正號、地平經度差亦爲正號、否則俱爲負號、此式內

[口時]與吧、係屬迤北之星、[口時]與吧係屬迤南之星、

設在英京用子午儀測得天倉第三星過遠鏡記其時刻爲一小時一十六分初秒又百分秒之九十五其赤緯南八度五十七分復測得勾陳星過遠鏡記其時刻爲一小時零五分一十七秒又百分秒之六十三其赤緯北八十八度三十分、二星赤經度較一十分四十秒又百分秒之三十九、英京北極出地五十一度二十八分三十九秒、求地平經度差、

答負一秒又百分秒之八十三、

如題

[口時] ══ 一時　〇五分　一七、六三秒

[口時]′ ══ 一時　一六分　〇〇、九五秒

[口時]丅[口時]′ ══ 丅　一〇分　四三、三二

吧丅吧′ ══ 丅　一〇分　四〇、三九秒

所以

([口時]丅[口時]′)丅(吧丅吧′) ══ 丅〇二、九三秒

而

丅〇二、九五秒

爲時秒、以十五乘之、

得 丁四三、九五秒 為弧秒、則

甲＝丁四三、九五秒

準本節㊂式、

寅＝吔餘弦(吃丅吃')正弦 / (甲╳吃餘弦╳吃'餘弦)　㊂

甲對＝丁一、六四三〇

吃餘弦對＝八、四一五八

吃'餘弦對＝九、九九四七

(甲╳吃餘弦╳吃'餘弦)對＝丁〇、〇五三五

吃丅吃'＝九七度二七分

吔餘弦對＝九、七九四四

(吃丅吃')正弦＝九、九九六三

(吔餘弦(吃丅吃')正弦)對＝九、七九〇七

丁〇、〇五三五

九、七九〇七

寅對＝丁〇、二六二八

檢表、得負一秒又百分秒之八十三、即地平經度差、

二法、有二星、一為勾陳第二星、一為勾陳增四星、二星赤經度較、約等於一百八十度、即十二小時、所以此星過午線在北極上、約同時彼星過午線在北極下、以子午儀測二星過午線、各記時刻、如二時刻較、等於二赤經度較少十二小時、則知子午儀地平經度無差、否則為地平經度差、此法所測二星、係一在北極上、一在北極下、前第二法所測二星俱在北極上、兩法微有不同、以此法 吃'⊥吃 代彼法 吃丅吃' 則

寅＝吔餘弦(吃'⊥吃)正弦 / (甲╳吃餘弦╳吃'餘弦)

式內甲、等於二星過午線時刻較內減二赤經度較減去十二小時、

設在英京測得勾陳第二星過午線在北極下、記其時刻、為六小時一十九分二十九秒又百分秒之七十四、勾陳第二星赤緯北八十六度三十五分四十三秒、復測得勾陳增四星過午線在北極上、記其時刻、為六小時二十八分零一秒又百分秒之五十八、勾陳增四星赤緯北八十七度一十五分二十六秒、二赤經度較十二小時零八分二十秒又百分秒之九十九、求地平經度差、

答六秒又百分秒之九十三、

準上式、

寅＝吔餘弦(吃'⊥吃)正弦 / (甲╳吃餘弦╳吃'餘弦)

如題

增四星過極上＝六時二八分〇一、五八秒

第二星過極下＝六時一九分二九、七四秒

二時刻較＝〇時〇八分三一、八四秒

去十二小時二赤經度較減＝〇八分二〇、九九秒

相減＝一〇、八五秒

所得十秒又百分秒之八十五、以十五乘之、得一百六十二秒又百分秒之七十五、為甲、

吃＝八六度三五分四三秒

吃'＝八七度一五分二六秒

吃'⊥吃＝一七三度五一分〇九秒

甲對＝二、二一一五

吃'餘弦對＝八、六七九九

吃餘弦對＝八、七七三七

(甲╳吃'餘弦╳吃餘弦)對＝九、六六五一

吔餘弦對＝九、七九四四

(吃'⊥吃)正弦對＝九、〇二九七

[吔餘弦(吃'⊥吃)正弦]對＝八、八二四一

九、六六五一

八、八二四一

寅對＝〇、八四一〇

第二十八節

檢表、得六秒又百分秒之九十三、即地平經度差、

按前三法、求得地平經度差、則可改正子午儀所測星過午線時刻、而推星過午線眞時刻、如圖、（解見本卷第二十六節）

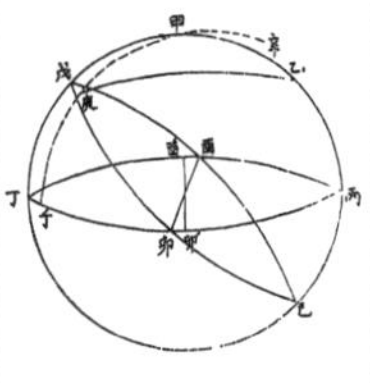

丁甲丁角為地平經度差、等於寅、星赤緯度等於吃、星距天頂等於呷、準乙甲庚三角形、則

$$\frac{甲庚正弦}{庚乙正弦}=\frac{甲乙庚角正弦}{庚甲戊角正弦}$$

甲乙庚、庚甲戊二角俱極小、故

$$\frac{呷正弦}{吃餘弦}=\frac{甲乙庚角}{寅}$$

所以

$$① \quad \frac{寅\times呷正弦}{吃餘弦}=甲乙庚角$$

按式、得甲乙庚角、與所測星過午線時刻相加減、（正號則加、負號則減）得星過午線眞時刻、

設在英京、以子午儀測得北河第三星過遠鏡中線、記其時刻、為七小時二十四分零六秒又百分秒之五十二、星赤緯北三十二度一十二分三十二秒、地平經度差負八秒又百分秒之三十二、求此星過午線眞時、

答七小時二十四分零六秒又百分秒之三十、

如題、北河第三星赤緯北三十二度一十二分三十二秒為吃、英京北極出地五十一度二十八分三十九秒為呲、而

呷 ══ 呲丅吃 ══ 一九度　一六分　〇七秒

準上①式、

$$甲乙庚角=\frac{寅\times呷正弦}{吃餘弦}$$

寅對 ══ 丅〇、九二〇一

呷正弦對 ══ 九、五一八五

（寅╳呷正弦）對 ══ 丅〇、四三八六

吃餘弦對 ══ 九、九二七四

甲乙庚角對 ══ 丅〇、五一一二

檢表、得 丅〇三、二四秒

以十五除之、得 丅〇、二二 時秒、

記時 ══ 七時　二四分　〇六、五二秒

所求時秒 ══ 丅〇、二二秒

相減 ══ 七時　二四分　〇六、三〇秒

求得七小時二十四分零六秒又百分秒之三十、為星過午線眞時、

第二十九節

按本卷第十九節、第二十四節、第二十八節、以子午儀所測星過午線時刻、須各加 $\frac{子\times呷餘弦}{吃餘弦}$ 加 $\frac{丑}{吃餘弦}$ 加 $\frac{寅\times呷正弦}{吃餘弦}$ 三項、方得星過午線眞時、

如用子午儀、測某星過午線、記其時刻、命為時、則

$$星過午線眞時=時 丄 \frac{寅\times呷正弦}{吃餘弦} 丄 \frac{丑}{吃餘弦} 丄 \frac{子\times呷餘弦}{吃餘弦}$$

式內子為斜度差、丑為視軸差、寅為地平經度差、吃為某星赤緯度、呷為某星距天頂度、

設在英京、用子午儀測得五車第五星過午線、記其時刻、為五小時一十五分五十三秒又百分秒之五十六、斜度差負三秒

又百分秒之九十二視軸差負百分秒之九十三地平經度差負八秒又百分秒之三十二星赤緯北二十八度二十八分求此星過午線眞時、

答五小時一十五分五十二秒又百分秒之九十七、

準上式

星過午線眞時＝時∓吃餘弦/(子✕卯餘弦)∓吃餘弦/丑∓吃餘弦/(寅✕卯正弦)

時＝五時一五分五三、五六秒

子＝丅三、九二秒

丑＝丅〇、九三秒

寅＝丅八、三二秒

吃＝二八度二八分

卯＝吡丅吃＝五一度二八分三九秒丅二八度二八分

＝二三度〇〇分三九秒

子對＝丅、五九三二九

卯餘弦對＝九、九六三九九

(子✕卯餘弦)對＝丅一〇、五五七二八

(子✕卯餘弦)對＝丅一〇、五五七二八

吃餘弦對＝九、九四四〇四

(吃餘弦/(子✕卯餘弦))對＝丅〇、六一三二四

檢表得

丅四、一〇四秒

又

丑對＝丅九、九六八四八

吃餘弦對＝九、九四四〇四

(吃餘弦/丑)對＝丅〇、〇二四四四

檢表得

丅一、〇五八秒

又

寅對＝丅〇、九二〇一二

卯正弦對＝九、五九二〇八

(寅✕卯正弦)對＝丅一〇、五一二二〇

吃餘弦對＝九、九四四〇四

(吃餘弦/(寅✕卯正弦))對＝丅〇、五六八一六

檢表得

丅三、六九九秒

則三數相加、如

丅四、一〇四秒

丅一、〇五八秒

丅三、六九九秒

丅八、八六一秒

而

丅八、八六一秒

以十五除之、得

丅〇、五九秒

記時＝五時一五分五三、五六秒

丅〇、五九秒

相減＝五時一五分五二、九七秒

求得五小時一十五分五十二秒又百分秒之九十七、即星過午線眞時、

設在英京、用子午儀、測得勾陳第二星過午線、在北極下、記其時刻、爲六小時一十九分一十六秒又百分秒之三十一、斜度差負三秒又百分秒之九十二、視軸差負初秒又百分秒之九十三、地平經度差負八秒又百分秒之三十二、星赤緯北八十六度三十六分、求此星過午線眞時、

答六小時一十九分一十四秒又百分秒之三十九、

設在英京、用子午儀、測得天狼星過午線、記其時刻、爲六小時三十七分三十六秒又百分秒之三十二、各差皆同上題、星赤緯南十六度三十一分、求此星過午線眞時、

答六小時三十七分三十五秒又百分秒之六十二、

設在英京、用子午儀、測得心宿第二星過午線、記其時刻、爲十

六小時一十九分一十七秒又百分秒之二十七、各差亦同上
題星赤緯南二十六度零五分、求此星過午線眞時、
答十六小時一十九分一十六秒又百分秒之五十四、
子午儀最著之用、專爲測星赤經度而設、故求得星過午線眞時、即星赤經度、設用子午儀測星過午線、記其時刻、命爲時鐘之總差爲術、則

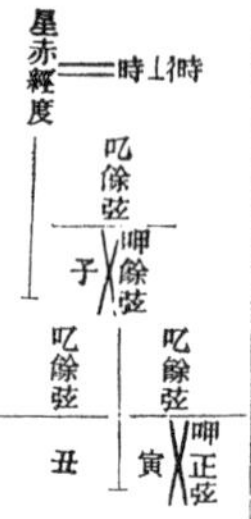

爲求星赤經度公式、

第三十節　子午儀鏡軸兩端、當作極圓、其考驗之法、將酒準置於軸上、先令遠鏡指上、再轉其軸、倒置指下、若兩次氣泡皆居中不移、則鏡軸必係圓形矣、

第三十一節　鏡軸之兩樞徑、務須皆同、其考驗之法、將酒準置於軸上、驗氣泡在幾分、再將鏡軸易位、復驗氣泡在幾分、若兩數相等、則知兩樞徑皆同、若兩數不等、則以兩數相減折半、即二樞徑差、設鏡軸兩樞、一爲甲、一爲乙、若甲在西、東高（一、〇四六秒）、將鏡軸易位、若甲在東、東仍高（一、六六〇秒）、則甲徑大於乙徑、二高相減折半、得（〇、三〇六秒）、再折半得（〇、一五三秒）、即甲半徑大於乙半徑之數、故用酒準定子午儀軸斜度差、須減千分秒之一百五十三、始得眞斜度差、

第三十二節　子午儀兩樞、各連一圈、上有度分、每度分爲十二段、每段爲五分、另有顯微鏡、定其秒數、置於柱上、與圈正對、以便由鏡窺圈上度數、常用六顯微鏡、驗圈上度數、取其中數、較只用一鏡者更準、如第一圖、爲顯微鏡、甲爲接影鏡、乙丙爲陽目鏡、丁

第一圖

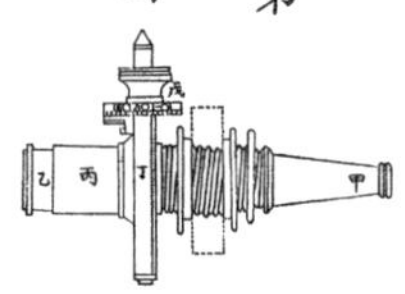

爲聚光點、內有分微尺、如第二圖、尺上安一活絲如子、又有己庚鋸齒形、齒各相距一分、當中凹處旁有小孔如辛、辛所指圈上何處、即爲圈上應驗若干度分秒、又第

第二圖

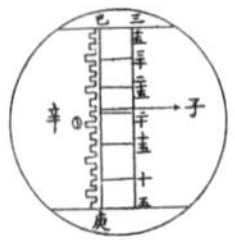

一圖、戊爲環、上分六十段、（每段當一秒、）旋轉此環、能令子活絲移動、環轉五次、活絲自圈上某段移至次段、每移一段、即移五分、每轉一次、即移一分、若轉六十分次之一、即移一秒、所以用顯微鏡、可定圈上秒數、用子午儀測某星高度、或距極度、以遠鏡指定某星、將鏡上之圈擒住不動、以顯微鏡窺之、則見圈上之段

分微尺之齒、尺上之活絲、皆視如列在一個平面上、如第二圖、自庚至己、爲圈上各段、作五、十、十五、二十、等數、辛爲應驗之齒、設辛所指在十五段强二十段弱之處、欲知爲若干度分秒、則轉戊環、先令活絲與辛相合、驗環上之數應爲〇、再屢轉戊環、令活絲與圈上十五段相合、則記所轉次數、卽知辛過十五段、若干分秒、設轉三次、則知辛所指之處爲十八分、設轉三次有零、驗環上之數爲二十、則知辛所指之處爲十八分二十秒、令遠鏡與地平平行、則圈上顯微鏡所指之處、爲地平點、求星高度、由此起算、故定此點爲至要、

第三十三節

定圈上地平點、法於子午儀前、置一盛水銀之器、先將遠鏡任測某星過午線、驗圈上度分秒、次日測此星在水銀內之影過午線、復驗圈上度分秒、二次所驗之數、相加折半、卽地平點、因星之地平高度、與星影距地平下之度相等也、設某日在某處、測星過午線、驗圈上之數爲八十度、次日仍測此星影過午線、驗圈上之數爲十度、則知某處地平點爲四十五度、若用此子午儀、任測某星、如驗圈上之數爲一百度、則減去驗得地平點四十五度、卽得此星高度爲五十五度、

論紀限儀

第三十四節

按紀限儀、係測兩星距及太陽太陰高度、並地上二物相距之用、如在船面、定本處北極出地度、並本處偏度、皆可用之、無論洋海陸地、測量無不需此、且便攜帶、如一圖、辛爲木柄、以右手持之、任測天空諸曜、以左手推轉庚丙活半徑、可定度分、甲乙爲弧、分爲一百二十度、由甲處起算、每一度分爲六段、每段爲十分、以佛逆可分至十秒、弧上〇處爲初度、由

一圖

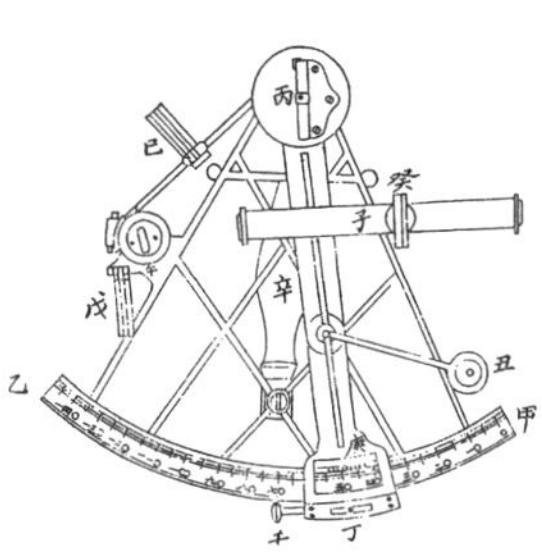

〇向甲作分、謂之餘弧、丑爲顯微鏡、安於活半徑上、以爲觀察甲乙弧上之度分、活半徑上丙端置折光鏡、名爲活鏡、正交儀面、丁爲螺絲、可以擶任活半徑、若欲推移少許、則旋壬螺絲、午爲地平鏡、下半截掛水銀、亦正交儀面、當佛逆移至〇度、二鏡應平行、子爲儀上遠鏡、穩置於癸圈內、令螺絲可以上下移動、在遠鏡聚光點之處、置平行二縱絲二橫絲、中成正方形、如第二圖、凡測諸物、皆當居方形之中、己與戊爲有顏色玻璃、或三塊、或四塊、分紅黑綠三色、以防日光傷目、

二圖

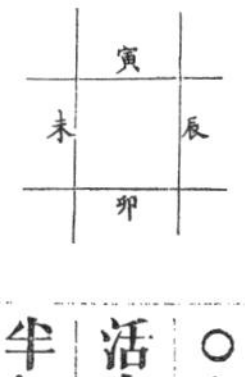

第三十五節　驗活鏡是否正交儀面、法移庚丙活半徑至甲乙弧正中、以左手持辛柄、用目斜窺內鏡內、乙壬半弧影、如乙壬半弧影與乙壬半弧成爲整弧、則知丙鏡正交儀面、否則可改正之、

第三十六節　驗地平鏡是否正交儀面、法移庚丙活半徑至○度處、任指某星、遠鏡內必見二影、一爲遠鏡正指之影、命爲正影、一爲活鏡至地平鏡折光之影、命爲折光影、將活半徑稍移、則折光影必行過正影、如行過之時二影合成一影、則知地平鏡正交儀面、否則旋轉地平鏡下螺絲、令地平鏡與儀面正交可也、

定佛逆差

第三十七節　一法、將庚丙活半徑推向甲端、令佛逆上○度與甲乙弧上○度相對、則活鏡應與地平鏡平行、任測一星、若由遠鏡窺星之二影相合、則知二鏡平行、即無佛逆差、若二影不相合、則將丁螺絲擰住、再將壬螺絲徐徐前後移轉、務令二影相合、驗弧上爲若干分秒、即爲佛逆差、若佛逆上之○分在弧上○度之左、佛逆差爲負號、在弧上○度之右、則爲正號、凡測驗弧上度分、須加減此差、

又法、將庚丙活半徑推向甲端、令佛逆上○分與甲乙弧上三十分相對、將丁螺絲擰住、以遠鏡窺測太陽、則見二影約相切、再移轉壬螺絲、令二影相切、驗弧上爲若干分秒、次將佛逆上○分移與餘弧上三十分相對、再移轉壬螺絲、復令二影相切、驗弧上爲若干分秒、二次所驗分秒相減折半、即佛逆差、若弧上所驗之數大於餘弧上所驗之數、佛逆差則爲負號、小於餘弧上所驗之數、則爲正號、若考二次窺測有無錯誤、即將二次所驗之數相加折半、應等於太陽之視徑、

如

驗弧上之數	三一分五六秒
驗餘弧之數	三一分二二秒
二數較	○○分三四秒
佛逆差	丨○○分一七秒

第三十八節　前第二圖、爲遠鏡內之四絲、寅卯二絲與儀器平行、寅爲近儀面之絲、辰未二絲與儀面正交、

紀限儀上遠鏡、應與儀面平行、考驗之法、以儀器窺測、約距九十度之二星、令二星影相合在寅絲上、再將儀器緩移、令二星影移在卯絲上、若二星影仍相合、則知遠鏡與儀面平行、若二星影不相合、則旋轉螺絲以改正之、

洋海測太陽高度

第三十九節　洋海用紀限儀定太陽高度、測時、移庚丙活半徑至○度、將儀器上遠鏡正指太陽、則鏡內見二影、將活半徑向前推移、同時

即將儀器漸向下移、僅於鏡內見一影、即折光影、至遠鏡內、同時見地平與日影、即擠住丁螺絲、慢旋壬螺絲、令日影下邊恰與地平相切、驗弧上若干度分秒、減去太陽半徑與蒙氣差、加減佛逆差、即太陽眞高度、（凡物自遠鏡窺之常上下顚倒故遠鏡內太陽下邊實爲太陽上邊也）

第四十節

陸地測太陽高度

陸地用紀限儀定太陽高度、難見地平、因地上恒有障蔽之物、故須設法推之、法於測處安置一器、盛滿水銀、（因水銀面極平、可以代地平、名曰代地平、）日影射入水銀、則可測太陽高度、因日距水銀面上若干度、與日影在水銀面下若干度相同、故日距其影、爲日倍高度、

折半即日高度、測時、將儀器之遠鏡正指太陽、左手將活半徑向前推移、同時右手持儀柄向下慢轉、始見二日影、繼見一影、即日折光影、迨由遠鏡見水銀內日影、即擠住丁螺絲、慢旋壬螺絲、令鏡內折光影下邊、恰與水銀內日影上邊相切、驗弧上若干度分秒、加減佛逆差、折半、減去蒙氣差、加視差、再減太陽半徑、即太陽眞高度、

第四十一節

測太陽太陰相距

法將儀器之遠鏡正指太陰、令太陽之影恰與太陰相切、驗弧上若干度分秒、即太陽太陰相近之邊距、

第四十二節

論佛逆

按佛逆者、用以定秒數者也、如圖、甲乙弧長爲兩度、分爲十二段、每段爲十分、甲乙爲佛逆、長與甲乙弧上甲丙同、即一度五十分、亦分爲十二段、每段爲九分十秒、甲乙弧上每段大於甲乙弧上每段五十秒、故用此佛逆、可以驗至五十秒、紀限儀測定度分、以佛逆○線指弧上若干度分、爲應記之度分、設如佛逆○線在三十分與四十分之間、僅知二十度三十分有奇、不知尚有若干秒、察佛逆上第幾線與弧上第幾線相對、如佛逆上第四線與弧上第十分線相對、即以四乘五十、得二百秒、即

三分二十秒、與二十度三十分相加、得二十度三十三分二十

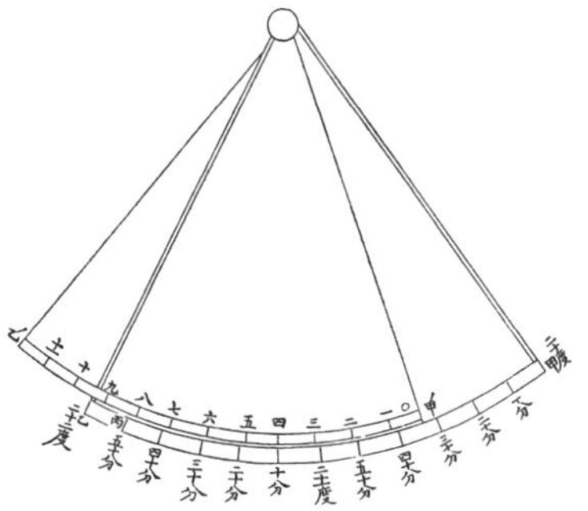

秒、即佛逆○線所指之度分秒、（佛逆上第四線與十分線相對、則知第三線在二十一度後五十秒、第二線在五十分後一百秒、第一線在四十分後一百五十秒、○線在三十分後二百秒、）用此佛逆、雖可驗至五十秒、尚不爲精細、大抵紀限儀常用佛逆、長九度五十分、分爲六十段、每段爲九分五十秒、所以佛逆上每段較弧上

每段小十秒、故可驗至十秒、

星學發軔卷之二終

星學發軔　卷三

第一節

星學發軔卷之三

美國羅密士原本　天文教習英國駱三畏口譯
王鎮賢
天文館肄業生熙　璋筆述
左　庚

推算星之高度地平經度各法

晚間天朗氣清空際無雲之時恒見諸星東升、漸向西移、以至沒於西方究之星實不動乃地球旋轉也地球歷二十四小時、由西而東旋轉一次地旋極穩、人不知覺以爲星向西行、歷二十四小時周行一次譬如人乘火車其行既穩且快但見道旁

樹木房屋無不移動、不知實係身移極快也、此與星旋之理相合、

凡諸曜出入、自東而西、在地平上、所歷之時不同、赤道星、無論在地平上下所歷之時皆同、如圖星出於卯、入於酉在地平上所行卯庚酉弧、等於地平下所行酉辛卯弧、星距北極愈近在地平上之時愈長、如星出於木、入於辰在地平上所行木壬辰弧、大於地平下辰癸木弧、星距北極甚近、恒有不入地平、如星在丙、永

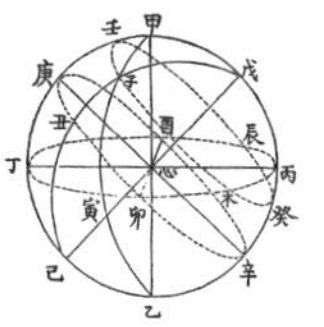

第二節

不入地平、星距南極甚近恒不出地平、設心爲測諸曜處、甲爲天頂、乙爲天底、戊爲北極、己爲南極、己戊爲極軸、丁寅丙爲地平圈、戊丙爲北極高度、丙戊甲庚丁爲子午線、庚丑辛大圈爲赤道、正交戊己卯甲酉大圈爲卯酉圈、子爲某星方位、丑子爲星赤緯度、戊子爲星距極度、壬子癸小圈爲星之日行弧、與赤道平行、爲距等圈、丁與丙爲地平圈正南北二點、卯酉爲地平圈正東西二點、作甲子寅乙圈正交地平、若自丙點算起、則丙寅爲星之地平經度、寅子爲星高度、甲子爲星距天頂度、甲戊子角爲時角、甲子戊角爲視差角、（即赤經高弧交角）

設北京北極出地三十九度五十五分、測得畢宿第四星、距北京午線東三小時、星之赤緯北十六度十三分、求星之地平高度、地平經度、及視差角、

答地平高度四十四度二十五分二十六秒地平經度正北偏東一百零八度零三分五十九秒、視差角四十九度二十四分三十四秒

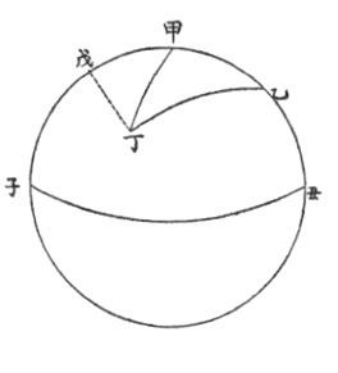

如圖、乙丑爲北京北極出地、丑甲子爲午線、乙爲北極、甲爲天頂、子丑爲地平、丁爲畢宿第四星、乙丁爲星距

北極七十三度四十七分、甲乙丁角爲星過午線東三小時、變度爲四十五度、甲乙爲北極距天頂五十度零五分、自丁作丁戊垂弧、得丁乙戊正弧三角形、已知戊乙丁角、乙丁邊、甲乙邊、求甲丁邊、戊甲丁角、乙丁甲角、

推地平經度

先求乙戊邊

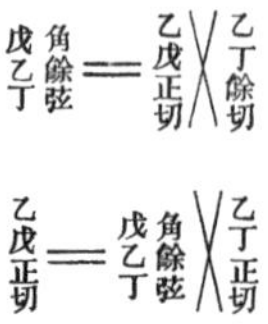

戊乙丁角餘弦對＝九、八四九四八五〇
乙丁正切對＝一〇、五三六三四二四
乙戊正切對＝一〇、三八五八二七四

檢正切表、得六十七度三十八分三十秒、即乙戊邊、內減甲乙五十度零五分、得十七度三十三分三十秒、得甲戊邊、

求戊甲丁角

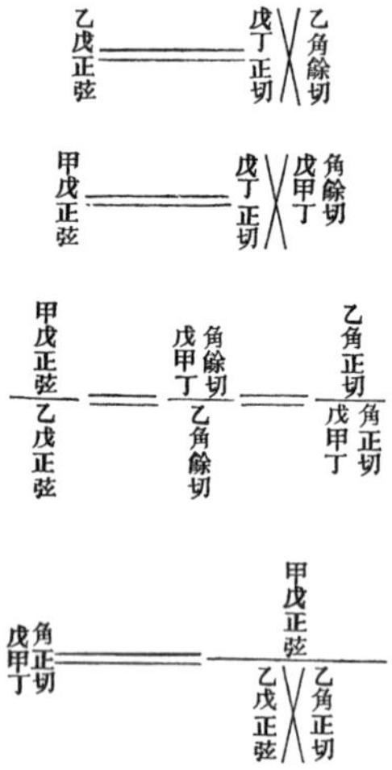

乙戊正弦對＝九、九六六〇五八六
乙角正切對＝一〇、〇〇〇〇〇〇〇
乙戊正弦對｜乙角正切對＝一九、九六六〇五八六
甲戊正弦對＝九、四七九五四一七
戊甲丁角正切對＝一〇、四八六五一六九

檢正切表、得七十一度五十六分零一秒、爲戊甲丁角、即正南偏東之地平經度、與一百八十度相減、得一百零八度零三分五十九秒、爲乙甲丁角、即正北偏東之地平經度、

推星高度

求甲丁邊

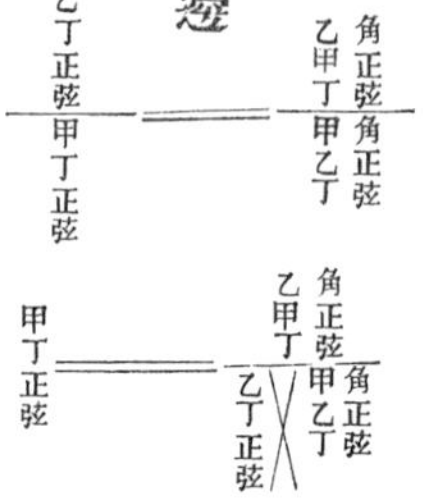

乙丁正弦對＝九、九八二三六七四
甲乙丁角正弦對＝九、八四九四八五〇
乙丁正弦對｜甲乙丁角正弦對＝九、八三一八五二四
乙甲丁角正弦對＝九、九七八〇四二五
甲丁正弦對＝九、八五三八〇九九

檢正弦表、得四十五度三十四分三十四秒、以減九十度、得四十四度二十五分二十六秒、即星出地平高度、

推視差角

求乙丁甲角

$$\frac{\text{乙角正弦}}{\text{乙丁甲角正弦}}=\frac{\text{甲丁正弦}}{\text{甲乙正弦}}$$

$$\text{乙丁甲角正弦}=\frac{\text{甲丁正弦}\times\text{乙角正弦}}{\text{甲乙正弦}}$$

乙角正弦對＝＝九、八四九四八五〇

甲乙正弦對＝＝九、八八四七八三二

乙角正弦對－甲乙正弦對＝＝九、七三四二六八二

甲丁正弦對＝＝九、八五三八〇九九

乙丁甲角正弦對＝＝九、八八〇四五八三

檢正弦表、得乙丁甲角四十九度二十四分三十四秒、即視差角。

設在北京、測得軒轅第十四星距北京午線西三小時十五分二十秒、星之赤緯北十二度四十二分、求星之地平高度地平經度。

答地平高度三十九度一十八分五十四秒、地平經度正南偏西七十一度三十九分三十九秒。

設在北京、測得北落師門星距北京午線東二小時零五分三十六秒、星之赤緯南三十度二十五分、求星之地平高度地平經度。

答地平高度十三度五十二分零八秒、地平經度正南偏東二十七度三十四分零三秒。

設在北京、測得天樞星距北京午線東五小時十七分四十秒、星之赤緯北六十二度三十三分求星之地平高度地平經度。

答地平高度三十九度二十二分二十五秒、地平經度正北偏東三十五度五十三分十一秒。

設已知畢宿第四星赤經度四小時二十七分二十五秒又百分秒之九十四、其距極度七十三度四十七分三十三秒又十分秒之三、天狼星赤經度六小時三十八分三十七秒又百分秒之六十二、其距極度一百零六度三十一分零一秒又十分秒之八、求二星相距。

答二星相距四十六度零四十二秒又十分秒之三。

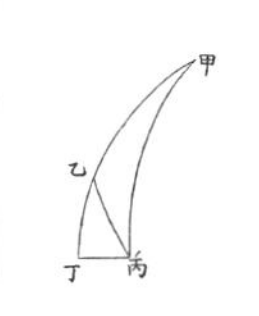

如圖、甲爲北極、乙爲畢宿第四星、甲乙爲其距極度七十三度四十七分三十三秒又十分秒之三、丙爲天狼星、甲丙爲其距極度一百零六度三十一分零一秒又十分秒之八、乙甲丙角爲二星赤經度較二小時十一分十一秒又百分秒之六十八、變度爲三十二度四十七分五十五秒又十分秒之二、自丙作丙丁垂弧、丙甲丁爲正弧三角形、已知丙甲丁角、甲丙邊、甲乙邊、求丙乙邊

先求甲丁邊

甲丙餘切 ╳ 甲丁正切 ＝ 甲角餘弦

甲丙正切 ╳ 甲角餘弦 ＝ 甲丁正切

對甲角餘弦 ＝ 九、九二四五七八六

對甲丙正切 ＝ ⊤一〇、五二七九一七六

對甲丁正切 ＝ ⊤一〇、四五二四九六二

檢正切表、得七十度三十四分零五秒又百分秒之四十七、以減一百八十度、得一百零九度二十五分五十四秒又百分秒之五十三、卽甲丁邊、再減甲乙七十三度四十七分三十三秒又十分秒之三、得三十五度三十八分二十一秒又百分秒之二十三、得乙丁邊、

準丙乙丁正弧三角形、

求丙乙邊

乙丁餘弦 ╳ 丙丁餘弦 ＝ 丙乙餘弦

甲丁餘弦 ╳ 丙丁餘弦 ＝ 甲丙餘弦

則

甲丁餘弦／乙丁餘弦 ＝ 甲丙餘弦／丙乙餘弦

丙乙餘弦 ＝ 甲丁餘弦／(乙丁餘弦 ╳ 甲丙餘弦)

對甲丙餘弦 ＝ ⊤九、四五三七八〇九

對乙丁餘弦 ＝ 九、九〇九九三一三

對(甲丙餘弦對乙丁餘弦) ＝ ⊤九、三六三七一二二

對甲丁餘弦 ＝ ⊤九、五二二〇三二九

對丙乙餘弦 ＝ ⊥九、八四一六七九三

檢餘弦表、得丙乙邊四十六度四十二秒又十分秒之三、卽二星距、

設軒轅第十四星赤經度十小時零二十九秒又百分秒之一十一、其距極度七十七度一十八分四十一秒又十分秒之四、心宿第二星赤經度十六小時二十分二十秒又百秒之三十五、其距極度一百一十六度零五分五十五秒又十分秒之五、求二星相距、

答二星相距九十九度五十五分四十四秒又十分秒之九、

設在北京、測得軒轅第十四星距北京午綫六小時、星赤緯北十二度四十二分、求星之地平高度、地平經度、

答地平高度八度零六分三十五秒、地平經度正北偏西八十度一十一分三十七秒、

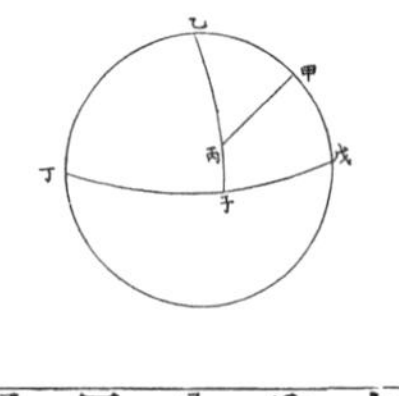

如圖、甲爲北極、乙爲天頂、丁戊爲地平、丙爲星、甲戊爲北極出地三十九度五十五分、甲乙爲北極距天頂五十度零五分、乙甲丙角爲六小時、變度爲九十度、甲丙爲星距北極七十七度一十八分、乙甲丙爲正弧三角形、已知甲乙邊甲丙邊、求乙丙邊丙乙甲角、

求乙丙邊

甲丙餘弦 / 甲乙餘弦 ＝ 乙丙餘弦

甲乙餘弦 對＝九.八〇七三一三六

甲丙餘弦 對＝九.三四二一一九〇

乙丙餘弦 對＝九.一四九四三二六

檢餘弦表、得八十一度五十三分二十五秒、即乙丙邊、以減九十度、得丙子邊八度零六分三十五秒、即地平高度、

求丙乙甲角

甲丙正切 / 角餘切丙乙甲 ＝ 甲乙正弦

角正切丙乙甲 ＝ 甲乙正弦 / 甲丙正切

甲丙正切 對＝一〇.六四七一二三七

甲乙正弦 對＝九.八八四七八三二

角正切丙乙甲 對＝一〇.七六二三四〇五

檢正切表、得丙乙甲角八十度一十一分三十七秒、即正北偏西地平經度、

設在北京、測得五車第三星、距北京午線東六小時、星赤緯北四十五度五十分、求星之地平高度、地平經度、

答地平高度二十七度二十四分一十九秒、地平經度正北偏東五十一度四十二分一十七秒、

設某處北極出地四十一度一十八分、太陽赤緯北十八度二十五分、在卯正時、求太陽高度地平經度、

答太陽高度十二度零二分零六秒、地平經度正北偏東七十

第四節

五度五十七分一十九秒、

設在北京、測得畢宿第四星在正東時、星赤緯北十六度一十三分、求星之地平高度、午線東所成時角、

答地平高度二十五度四十七分五十八秒、時角六十九度三十九分三十四秒、

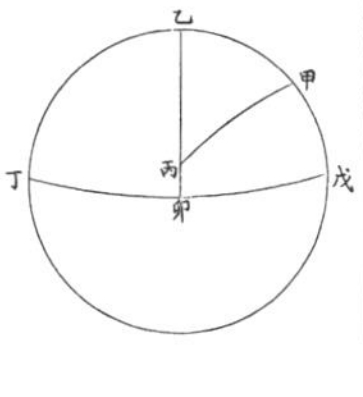

如圖、甲為北極、乙為天頂、甲戊為北京北極出地三十九度五十五分、甲乙為北極距天頂五十度零五分、戊甲乙丁為子午圈、乙卯為東端之卯酉圈、丁戊為地平、丙為星、甲丙為九十度內減十六度一十三分、得七十三度四十七分、甲乙丙為正弧三角形、已知甲乙邊、甲丙邊、求乙丙邊、乙甲丙角、

求乙甲丙角

甲丙餘切 / 甲乙正切 ＝ 角餘弦乙甲丙

赤緯度正切 / 甲乙正切 ＝ 角餘弦乙甲丙

甲乙正切 對＝一〇.〇七七四六九六

赤緯度正切 對＝九.四六三六五七六

角餘弦乙甲丙 對＝九.五四一一二七二

檢餘弦表、得六十九度三十九分二十六秒、為乙甲丙角、即星

第五節

在午線東所成時角、

求乙丙邊

$$\text{甲丙餘弦}=\text{甲乙餘弦}\times\text{乙丙餘弦}$$

$$\text{乙丙餘弦}=\frac{\text{甲丙餘弦}}{\text{甲乙餘弦}}=\frac{\text{赤緯度正弦}}{\text{甲乙餘弦}}$$

對赤緯度正弦＝九、四四六〇二五〇

對甲乙餘弦＝九、八〇七三一三六

對乙丙餘弦＝九、六三八七一一四

檢餘弦表、得乙丙邊六十四度一十二分零二秒、以減九十度、得丙卯二十五度四十七分五十八秒、卽星之高度、

設在北京、測得織女第一星在正西時、星之赤緯北三十八度三十八分、求星之高度及午線西所成時角、

答地平高度七十六度三十九分零一秒、時角十七度一十一分三十二秒、

設在北京、測得右攝提第一星出地平之時、星之赤緯北十九度五十七分、求星之地平經度及時角、

答地平經度正北偏東六十三度三十五分零八秒、時角一百零七度四十分四十四秒、

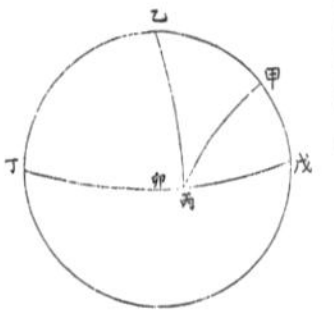

如圖、甲爲北極、乙爲天頂、甲戊爲北京北極出地、甲乙爲北極距天頂、丙爲星、甲丙爲七十度零三分、丁戊爲地平、星在地平、乙丙爲九十度、卯爲正東、甲乙丙爲斜弧三角形、已知甲乙甲丙乙丙三邊、求甲乙丙角、卽戊丙弧乙甲丙角、

求甲乙丙角、

$$\text{甲丙餘弦}=(\text{甲乙餘弦}\times\text{乙丙餘弦})+(\text{甲乙正弦}\times\text{乙丙正弦}\times\text{甲乙丙角餘弦})$$

而

$$\text{乙丙}=\text{九十度}$$

則

$$\text{乙丙餘弦}=\text{○}$$

$$\text{乙丙正弦}=\text{一}$$

所以

$$\text{甲丙餘弦}=\text{甲乙正弦}\times\text{甲乙丙角餘弦}$$

則

$$\text{甲乙丙角餘弦}=\frac{\text{甲丙餘弦}}{\text{甲乙正弦}}$$

對甲丙餘弦＝九、五三三〇〇九〇

對甲乙正弦＝九、八八四七八三二

對甲乙丙角餘弦＝九、六四八二二五八

檢餘弦表、得六十三度三十五分零八秒、卽正北偏東地平經度、

求乙甲丙角、

$$\text{乙丙餘弦}=(\text{甲乙餘弦}\times\text{甲丙餘弦})+(\text{甲乙正弦}\times\text{甲丙正弦}\times\text{乙甲丙角餘弦})$$

而

$$\text{乙丙餘弦}=\text{○}$$

$$\text{○}=(\text{甲乙餘弦}\times\text{甲丙餘弦})+(\text{甲乙正弦}\times\text{甲丙正弦}\times\text{乙甲丙角餘弦})$$

故

$$\text{乙甲丙角餘弦}=-\frac{\text{甲乙餘弦}\times\text{甲丙餘弦}}{\text{甲乙正弦}\times\text{甲丙正弦}}=-\text{甲乙餘切}\times\text{甲丙餘切}$$

對甲乙餘切＝九、九二二五三〇四
對甲丙餘切＝九、五五九八八五四
對乙甲丙角餘弦＝⊤九、四八二四一五八

檢餘弦表得七十二度一十九分一十六秒、因所得爲負、故以減一百八十度、得乙甲丙角一百零七度四十分四十四秒、即時角、

設在北京測得心宿第二星入地平時、星之赤緯南二十六度

零六分、求星之地平經度及時角、

答地平經度正南偏西五十四度五十九分五十四秒、時角六十五度四十八分一十五秒、

天文家常用諸星自地平至午線所歷之時、名爲時角、故作第十六表、以備檢用、

星學發軔卷之三終

星學發軔

卷四

第一節

星學發軔卷之四

美國羅密士原本
天文教習英國駱三畏口譯
王鎮賢
天文館肄業生熙　璋筆述
左　庚

論時

按地自西向東而轉、人以爲太陽自東向西而行、然常言太陽行者、因人易明故也、凡學天文者、須知地轉太陽不動、

太陽自午線仍行至午線爲一周、一周爲三百六十度、歷時爲一日、分爲二十四小時、名爲太陽時、（一小時即一點鐘）二十四小時、當三百六十度、一小時當十五度、一分（時）當十五分（度）、一秒（時）當十五秒（度）、凡恒星自午線復至午線爲一恒星日、分爲二十四恒星時、一恒星時亦當十五度、一分（時）當十五分（度）、一秒（時）當十五秒（度）、欲以度變時、可用第六表、以時變度、可用第七表、太陽先至東處之午線、次至西處之午線、所以東處已午正、西處尚未至午正、設在北京日在午線、即午正、距北京東十五度、日在此處午線西十五度、即未初、又距北京西十五度、日在此處午線東十五度、即午初、故二處相距十五度、必差一小時、相距三十度、必差二小時、餘可類推、如北京距英京偏東一百一十

六度、二十八分三十秒、

檢第六表得

一一六度	＝	七時四四分
二八分	＝	一五二秒
三〇秒	＝	二
一一六度二八分三〇秒	＝	七時四五分五四秒

所以二處之時相差七小時四十五分五十四秒、故英京午正之時、即北京戌初三刻五十四秒、設在北京未正時、有某處距北京西三十度二十五分、求某處之時若干、

答午初三刻一十三分二十秒、

第二節

春分點過某午線、周行復至某午線、所歷之時爲恒星日、太陽過某午線、周行復至某午線、所歷之時爲太陽日、地繞行太陽一周、一年、一年爲三百六十五日五小時三刻三分四十七秒又百分秒之五十七、常言太陽每年自西向東繞地行一周、因人在地面上、不覺地行、而以爲太陽行、不知實係地自西向東、一年繞太陽行一周、而太陽不動、然常言太陽行者因人易明故也、

試求太陽每日所行度分秒若干、

命每日所行爲天、則

三六五日五時四八分四七·五七秒：二四時：：三六○度：天

$$天=\frac{\text{三六五日五時四八分四七·五七秒}}{\text{二四時}\times\text{三六○度}}$$

卽

$$天=\frac{\text{三一五五六九二七·五七}}{\text{八六四○○}\times\text{三六○}}$$

卽

$$天=\frac{\text{三一五五六九二七·五七}}{\text{三一一○四○○○}}$$

卽

天＝○度五九分八·三三秒

求得太陽每日所行爲五十九分八秒又百分秒之三十三、

太陽所行不同、近地者速、遠地者遲、故太陽日亦不同、因以周年太陽所行之時、絕長補短、取一中太陽日也、

第三節

大凡中國較對鐘表、俱以太陽爲則、假如今日較對鐘表、正與太陽相合、俟過數日復對之、必不能符合者、因太陽所行有遲有速也、是以西國天文家幻想有一太陽、每年所行無遲速之分、以便較對鐘表、若今日以鐘表對之固合、過數日復對之、亦無不合、此太陽謂之中太陽、蓋此太陽在午線上爲中午、其所歷之時爲中時、太陽在午線爲視午、其所歷之時爲視時、一年之內、中太陽有時在眞太陽之前、有時在眞太陽之後、惟相離不遠、故其相距之弧變時、卽謂之對景加減時差、

第四節

恒星不動、設某星今在午線、迨地轉一周、某星仍在午線、某星在午線仍至午線、卽地轉一周之時、爲恒星日、太陽則不然、因其每日向東行五十九分八秒又百分秒之三十三、如太陽今在午線、地必行一周又五十九分八秒又百分秒之三十三、而太陽方能仍在午線、故太陽日長於恒星日、

第五節

在二十四恒星時、地轉三百六十度、若地轉三百六十度五十九分八秒又百分秒之三十三、求所歷爲若干恒星時、命所歷時爲天、則

三六○度：三六○度五九分八·三三秒：：二四小時：天

$$天=\frac{\text{三六○度}}{\text{三六○度五九分八·三三秒}\times\text{二四}}$$

卽

天＝二四時三分五六·五五五秒

求得二十四小時三分五十六秒又千分秒之五百五十五、爲所歷恒星時、則二十四太陽時、等於二十四小時三分五十六秒又千分秒之五百五十五恒星時、故二十

四太陽時、變爲恒星時、必加三分五十六秒又千分秒之五百五十五、所以若一太陽時、變爲恒星時、必加 二四／三五五六、五五五（分 秒） 一太陽分、變爲一恒星分、必加 二四X六〇／三五六・五五五（分 秒） 一太陽秒、變爲一恒星秒、必加 二四X六〇X六〇／三五六・五五五（分 秒） 按此可作第四表、

設十五小時二十分二十秒又百分秒之五十八太陽時、試求變恒星時爲若干、

按第四表

太陽時		恒星時
一五時	＝	一五時二分二七秒・八四七
二〇分	＝	二〇分三秒・二八五
二〇秒	＝	二〇秒・〇五五
〇・五八	＝	・五八二
恒星時	＝	一五時二二分五一秒・七六九

答、十五小時二十二分五十一秒又千分秒之七百六十九、

設二十小時二十三分一十二秒太陽時、試求變恒星時爲若干、

答、二十小時二十六分三十二秒又百分秒之九十四、

變恒星時爲太陽時、必先求二十四恒星時等於若干太陽時、於一太陽日太陽行五十九分八秒又百分秒之三十三、若求於一恒星日太陽所行爲若干、有比例、命所求爲天、則

三六〇度五九分八秒・三三：三六〇度∷五九分八秒・三三：天

卽

天＝三六〇度五九分八秒・三三／三六〇度X五九分八秒・三三

＝一二九九五四八・三三／[illegible]一六〇〇X三五四八・三三

＝一二九九五四八・三三／七六六四三九二八〇〇

＝五八分五八秒・六四一五

得天爲五十八分五十八秒又萬分秒之六千四百一十五、變時爲三分五十五秒又千分秒之九百零九、卽一恒星日太陽所行之數、

所以太陽於一恒星日只向東行三分五十五秒又千分秒之九百零九、故二十四恒星時等於二十四太陽時減三分五十五秒又千分秒之九百零九、得二十三小時五十六分四秒又千分秒之九十一太陽時、

試變二十四恒星時爲太陽時、必減三分五十五秒又千分秒之九百零九、若變一恒星時、必減 二四／三五五、九〇九（分 秒） 若變一恒星分、必減 二四X六〇／三五五・九〇九（分 秒） 按此可作第五表、

第七節

設十六小時一十五分二十五秒又百分秒之六十六恒星時、試變太陽時爲若干、
答十六小時一十二分四十五秒又千分秒之八百六十、

按第五表

恒星時		太陽時
一六時	＝	一五時　五七分　二二・七二七秒
一五分	＝	一四　五七・五四三
二五秒	＝	二四・九三二
〇・六六	＝	〇・六五八
太陽時	＝	一六時　一二分　四五・八六〇秒

設十八小時二十六分一十二秒恒星時、試變太陽時爲若干、
答十八小時二十三分一十秒又百分秒之七十八、
春分在午線爲〇時〇分〇秒恒星時、在午線西十五度、爲一小時恒星時、在午線西三十度爲二小時恒星時、餘可類推、航海厤書載有每日午正恒星時若干、
變中太陽時爲恒星時、法於午後所歷若干太陽時、變恒星時、與午正之恒星時相加、卽爲恒星時、
設一千八百八十三年、正月初二日、在北京未正一刻七分二十五秒又百分秒之六十二、求變恒星時若干、

第八節

答、恒星時爲二十一小時八分四十秒又千分秒之五十七

北京初二日午正之恒星時	＝	一八時　四五分　五一・〇四〇秒
檢第四表　太陽時　二時	＝	二　〇　一九・七一三
二二分	＝	二二　三・六一四
二五秒	＝	二五・〇六八
六二	＝	・六二二
		二一時　八分　四〇・〇五七秒

查航海厤書、正月初二日北京午正之恒星時、爲十八小時四十五分五十一秒又百分秒之

四、未正一刻七分二十五秒又百分秒之六十二、卽在午正後二小時二十二分二十五秒又百分秒之六十二、用第四表、變恒星時與十八小時四十五分五十一秒又百分秒之四相加、得二十一小時八分四十秒又千分秒之五十七、卽未正一刻七分二十五秒又百分秒之六十二之恒星時也、
設有某星其赤經度命爲甲、此星在午線時、春分點必在午線西甲度、變時卽爲恒星時、故知某星在午線時、其赤經度與恒星時相等、
太陽在午線爲視午、其赤經度與恒星時相等、故知視午之恒

第九節

星時若干、中午正在視午正先後若干分秒、爲加減鐘表時差、查航海厤書加減鐘表時差若干、變恒星時與太陽赤經度相加減、所得之數、爲中午正之恒星時、

設一千八百八十三年、正月初二日、在北京太陽之赤經度、於視午正爲十八小時四十九分五十五秒又百分秒之九十三、卽視午正之恒星時也、故在視午正恒星時、爲十八小時四十九分五十五秒又百分秒之九十三、在視午正鐘表時差、爲加四分四秒又百分秒之二十三、按第四表、變恒星時、爲四分四秒又千分秒之八百九十八、中午正在視午正以前、所以十八

小時四十九分五十五秒又百分秒之九十三、減去四分四秒又千分秒之八百九十八、得十八小時四十五分五十一秒又百分秒之三、卽在北京中午正之恒星時也、

設已知在北京中午正之恒星時、可求距北京或東或西之處中午正之恒星時、如某處距北京偏東一小時、則自北京中午正之恒星時、減去九秒又萬分秒之八千五百六十五、卽得某處中午正之恒星時、若距北京偏東二小時、必減去二倍九秒又萬分秒之八千五百六十五、距北京偏西、則加、餘倣此、惟九秒又萬分秒之八千五百六十五、卽 二四 三分五六・五五五秒、 北京距英京東七小時四十五分五十四秒、所以自英京中午正之恒星時、減去一分一十六秒又百分秒之五十四、卽得北京中午正之恒星時也、按七小時四十五分五十四秒、等於 七・七六五時 九秒又萬分秒之八千五百六十五、以 七・七六五 乘之、得一分一十六秒又百分秒之五十四、

設一千八百八十三年、正月初二日、在北京戌初三刻十分五十一秒又百分秒之六十五、試求恒星時若干、

答、恒星時爲二小時二刻十三分又千分秒之八百六十二、

	恒星時		
	時	分	秒
在英京中午正恒星時	一八時	四七分	七・五八秒
因北京距英京西七小時四十五分五十四秒必減		一	一六・五四
北京中午正恒星時	一八時	四五分	五一・〇四秒
檢第四表太陽時 七時	七	一	八・九九五
五五分		五五	九・〇三五
五一秒			五一・一四〇
・六五			・六五二
	二六時	四三分	〇・八六二秒
所得恒星時	二時	四三分	〇・八六二秒

自英京中午正恒星時、十八小時四十七分七秒又百分秒之

第十節

五十八、減去一分一十六秒又百分秒之五十四、得十八小時四十五分五十一秒又百分秒之四、即北京中午正恒星時也、七小時五十五分五十一秒又百分秒之六十五太陽時、變恒星時爲七小時五十七分九秒又千分秒之八百二十二、與十八小時四十五分五十一秒又百分秒之四相加、以減二十四小時、得二小時四十三分又千分秒之八百六十二、即戌初三刻十分五十一秒又百分秒之六十五之恒星時、

變恒星時爲中太陽時、其法自已知之恒星時、減去中午正之恒星時、所餘之數、按第五表變太陽時、即得所求之時、

設一千八百八十三年、正月初二日、在北京恒星時、爲二十一小時九分五十三秒又百分秒之四十四、試求中太陽時若干、

答、未正一刻八分三十八秒又千分秒之八百零三、

	時	分	秒
已知北京恒星時	二一時	九分	五三・四四秒
北京中午正之恒星時	一八	四五	五一・〇四
已過午正之恒星時	二時	二四分	二・四〇秒
檢第五表恒星時	太	陽	時
二時	一時	五九分	四〇・三四一秒
二四分		二三	五六・〇六八
二秒			一・九九五
・四〇			・三九九
所求太陽時	二時	二三分	三八・八〇三秒

第十一節

春分點在午線時、恒星鐘表若無訛、必爲〇時〇分〇秒、即恒星午正時、

恒星午正求太陽時爲何時、其法自恒星午正二十四小時、減去中午正之恒星時所餘之數、按第五表變太陽時、即得所求之時、

設一千八百八十三年、正月初一日、在北京恒星午正求太陽時若干、

答、酉初一刻二分一十三秒又千分秒之四百零八、

如法求得

	時	分	秒
恒星午正	二四時		
北京中午正之恒星時	一八時	四一分	五四・四八秒
	五時	一八分	五・五二秒
檢第五表恒星時	太	陽	時
五時	四時	五九分	一〇・八五二秒
一八分		一七	五七・〇五一
五秒			四・九八六
・五二			・五一九
所求太陽時	五時	一七分	一三・四〇八秒

恒星午正之恒星時爲〇時、或二十四小時、中午正之恒星時、爲十八小時四十一分五十四秒又百分秒之四十八、故恒星午正在中午正以後、五小時一十八分五秒又百分秒之五十二、變太陽時、得五小時一十七分一十三秒又千分秒之四百

零八、卽北京恒星午正之太陽時、

設一千八百八十三年正月初一日、在北京二十一小時九分五十三秒又百分秒之四十四恒星時、求太陽時若干、

答、未正一刻八分三十八秒又千分秒之八百零七、

題節按

正月初一日恒星午正太陽時	=	五時 一七分 一三．四〇八秒
二十一小時九分五十三秒又百分秒之四十四所變太陽時	=	二一 六 二五．三九九
		二六 二三 三八．八〇七
		二四
所求太陽時	=	二時 二三分 三八．八〇七秒

第十二節

若已知在北京恒星午正（卽春分點在午線之時）之中太陽時、可求距北京或東或西之處恒星午正之中太陽時、若某處距北京東一小時、自北京恒星午正之中太陽時、必加九秒又萬分秒之八千二百九十六、卽得某處恒星午正之中太陽時、距北京東二小時、則加二倍九秒又萬分秒之八千二百九十六、距北京西則減、餘倣此、惟九秒又萬分秒之八千二百九十六、卽（二四 九、九〇九、五五、五秒 三分）北京距英京東七小時四十五分五十四秒、所以自英京恒星午正之中太陽時、必加一分十六秒又百分秒之三十三、卽北京恒星午正之中太陽時、按七小時四十五分五十四秒、等於（七、七六五、時）九秒又萬分秒之八千二百九十六、以（七、七六五、）乘之、得一分一十六秒又百分秒之三十三、

設一千八百八十三年正月初二日、在北京春分點過午線西初初刻一十三分一十七秒又十分秒之五、求春分點過英京午線之時刻、

答、酉初初刻十二分一秒又百分秒之十七、

在北京春分點過午線時	=	五時 一三分 一七．五秒
英京距北京西七小時四十五分五十四秒必減	=	一 一六．三三
所求之時	=	五時 一二分 一．一七秒

第十三節

測諸曜以定時刻、

第一法係測星距午線前後之同高度、如測某星在午線東爲若干高度、則記其時、俟某星過午線西至與午線東高度相等處、再記其時、如此數次、則以前後所記之時相加、以所測之次數除之、折半、卽爲某星過午線之時、設鐘表無差、所得之時、必

等於某星赤經度、否則爲鐘表之差、可定鐘表之遲速也、

測右攝提第一星在午線東西同高度如

午線東	同高度	午線西
一○時 五五分 四九、二秒	四三度 一○分	一七時 一一分 五三、○秒
一○ 五七 五九、五	四三 三○	一七 九 四三、○
一一 ○ 九、七	四三 五○	一七 七 三二、五
一一 二 二○、七	四四 一○	一七 五 二二、二
一一 六 四三、七	四四 五○	一七 ○ 五九、○
中數＝一一時 ○分 三六、五六秒		中數＝一七時 七分 五、九四秒

午線東中數＝一一時 ○分 三六、五六秒

午線西中數＝一七 七 五、九四

二｜二八 七 四二、五○

按鍾表星過午線之恒星時＝一四時 三分 五一、二五秒

十小時五十五分四十九秒又十分秒之二、星在午線東、有四十三度十分之高度、而十七小時十一分五十三秒星在午線西、亦有此高度、餘俱仿此、故十一小時零三十六秒又百分秒之五十六、星在午線東有若干高度、而十七小時七分五秒又百分秒之九十四、星在午線西亦有同高度、所以二數相加、折半、卽星過午線之時、所得十四小時三分五十一秒又百分秒之二十五、卽爲鐘所記恒星時、其星之赤經度爲十四小時九分零百分秒之十六、二數相減、所餘五分八秒又百分秒之九十一、卽鐘行遲數也、

第十四節

第二法、係測太陽在午線前後同高度、太陽向北行、晝漸加長、南行則漸短、就一晝而言、太陽北行、則午後時刻長於午前時刻、南行、則反是、故在午線東西同高度所記之時、相加折半、不得爲太陽正在午線時也、若太陽向北行、午正太陽赤緯度命爲天、午線東測太陽之時太陽赤緯度、命爲天丅彳天、則午線西測太陽之時太陽赤緯度、命爲天丄彳天、又命人丅彳人、爲午線東所成時角、則人丄彳人、爲午線西所成時角、

如第一二圖、甲爲北極、甲卯爲某處北極出地度、命爲地、乙爲天頂、寅卯爲地平、作子丑與寅卯平行、若太陽赤緯度無漸增

第一圖　午線東

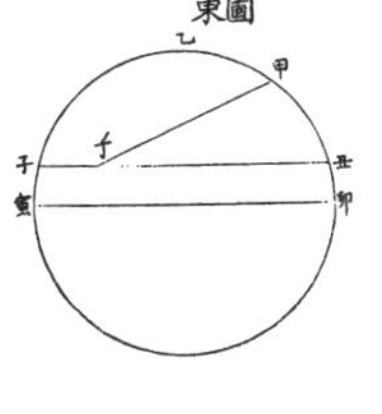

第二圖　午線西

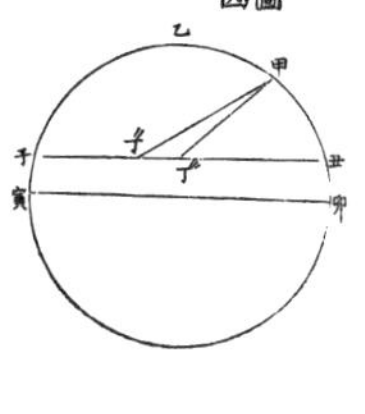

漸少、則太陽在午線前後同高度時、東西二時角必等、一圖爲午線東、二圖爲午線西、丁爲太陽在午線東、丁′爲太陽在午線西同高度之時、因甲丁等於甲丁′、故丁甲乙時角等于丁′甲乙時角、今因太陽赤緯度漸增、太陽午前距極度長於午後距極度、若丁′爲太陽在午後同高度之處、因赤

緯度漸增、甲丁′長於甲丁″、故西時角丁″甲乙大於東時角丁′甲乙、則

甲丁′為九〇度丅(天丅亻天)

甲丁″為九〇度丅(天丄亻天)

丁′甲乙為人丅亻人、

丁″甲乙為人丄亻人、

準丁′甲乙弧三角形、有等式

乙丁′餘弦＝甲乙餘弦X甲丁′餘弦丄甲乙正弦X甲丁′正弦X乙甲丁′餘弦

即

乙丁′餘弦＝地正弦X(天丅亻天)正弦丄地餘弦X(天丅亻天)餘弦X(人丅亻人)餘弦　㊀

準丁″甲乙三角形、有等式

乙丁″餘弦＝地正弦X(天丄亻天)正弦丄地餘弦X(天丄亻天)餘弦X(人丄亻人)餘弦　㊁

㊀㊁二式相減得

乙丁′等于乙丁″　因東西太陽高度同

〇＝地正弦((天丄亻天)正弦丅(天丅亻天)正弦)丄地餘弦((天丄亻天)餘弦X(人丄亻人)餘弦

丅(天丅亻天)餘弦X(人丅亻人)餘弦)

即

〇＝地正弦(天正弦X亻天餘弦丄天餘弦X亻天正弦丅天正弦X亻天餘弦丄天餘弦X亻天正弦)

丄地餘弦((天餘弦X亻天餘弦丅天正弦X亻天正弦)(人餘弦X亻人餘弦丅人正弦X亻人正弦)

丅(天餘弦X亻天餘弦丄天正弦X亻天正弦)(人餘弦X亻人餘弦丄人正弦X亻人正弦))

以一代亻天餘弦與亻人餘弦、又因亻人正弦X亻天正弦極

小、可去之、則

〇＝二地正弦X天餘弦X亻天正弦丄地餘弦(天餘弦X人餘弦丅天餘弦X人正弦X亻人正弦丅天正弦X人餘弦X亻天正弦

丅天餘弦X人餘弦丅天餘弦X人正弦X亻人正弦丄天正弦X人餘弦X亻天正弦)

即

〇＝二地正弦X天餘弦X亻天正弦丅二地餘弦(天餘弦X人正弦X亻人正弦丄天正弦X人餘弦X亻天正弦)

即

〇＝(地正弦X天餘弦丅天正弦X人餘弦X地餘弦)亻天丅地餘弦X天餘弦X人正弦X亻人

則

亻人＝(地餘弦X天餘弦X人正弦)/(亻天(地正弦X天餘弦丅天正弦X人餘弦X地餘弦))＝亻天(地正切X人餘割丅天正切X人餘切)

若變

時則

$$㣻 = \frac{一五}{㣂\left(人餘切 \times 天正切 \times 人餘割 \times 地正切\right)}$$

按此式可求㣻、而 人丅㣻 為午線東之時角、則午前所測之時為 一二丅(人丅㣻) 而 人丄㣻 為午線西之時角、則午後所測之時為 一二丄(人丄㣻) 二次相加、得 二四丄二㣻 折半、得 一二丄㣻 即所測之中時、若赤緯度漸增、則自中時減㣻、赤緯度漸少則加㣻、俱得太陽過午線之眞時、

星學發軔　卷四　十九

又法

時角餘弦×赤緯度餘弦×北極出地度餘弦丄赤緯度正弦×北極出地度正弦＝距天頂度餘弦

準微分理則

㣻×人正弦×天餘弦×地餘弦丅㣂天×天正弦×人餘弦×地餘弦丅㣂天×天餘弦×地正弦＝〇

則

㣻×人正弦×天餘弦×地餘弦＝㣂天(人餘弦×天正弦×地餘弦丄天餘弦×地正弦)

即

$$㣻 = \frac{人正弦 \times 天餘弦 \times 地餘弦}{㣂天\left(人餘弦 \times 天正弦 \times 地餘弦 丄 天餘弦 \times 地正弦\right)}$$

變時

則

$$㣻 = \frac{一五}{㣂\left(人餘切 \times 天正切 \times 人餘割 \times 地正刀\right)}$$

依此等式求得㣻則

午前所測之時	一二丅(人丅㣻)
午後所測之時	一二丄(人丄㣻)
午前後測時共	二四丄二㣻
中數	一二丄㣻

若太陽北行午前後二時之中數必減㣻若太陽南行則必加

設在北京、其北極出地為三十九度五十五分、於辰正三刻十四分四秒測得太陽高度、與申初初刻四十秒測得高度相同、太陽赤緯度北十九度四十八分二十九秒、自辰時至申時太陽赤緯度減少三分十二秒、試求鐘表差

星學發軔　卷四　二十

答鐘遲二秒又千分秒之七百四十三、

此題赤緯度漸少、故於中數加㣻、法先求㣻、

$$㣻 = \frac{一五}{㣂\left(人餘切 \times 天正切 \times 人餘割 \times 地正切\right)}$$

地＝三九度五五分

人為東西時角相加折半、東時角等於三小時零五十六秒、西時角等於三小時零四十秒、所以

人＝三時〇分四八秒

即

人＝四五度一二分

天＝一九度四八分二九秒

$$㣂天 = \frac{二}{一九二秒} = 九六$$

㣂天對＝一．九八二二七一二

地正切對＝九．九二二五三〇四

人餘割對＝一〇．一四九〇〇四三

二．〇五三八〇五九

一五對＝一．一七六〇九一三

〇．八七七七一四六

檢表得

七、五四五九

彳天對＝一、九八二二七一二

天正切對＝九、五五六五二〇八

人餘切對＝九、九九六九六八〇

一、五三五七六〇〇

一五對＝一、一七六〇九一三

〇、三五九六六八七

檢表得

二、二八九一

則

彳人＝七、五四五九丅二、二八九一

＝五、二五六八秒

午前所測時＝八時　五九分　四秒

午後所測時＝一五　〇　四〇

二｜二三　五九　四四

中數＝一一　五九　五二

$$\text{彳人} = \frac{\text{五、二五七}}{\text{一一時　五九分　五七、二五七秒}}$$

太陽在午線時、鐘針正指午初三刻十四分五十七秒又千分秒之二百五十七、故鐘遲二秒又千分秒之七百四十三、以前式推算彳人、若用第十表更為簡便、欲用此表須先變式如

下、命晦為午前至午後所測歷時、木為太陽每時赤緯差、則

$$\text{彳天} = \frac{\text{二}}{\text{木}\times\text{晦}}$$

人為

$$\frac{\text{二}}{\text{一五晦}}$$

$$\text{彳人} = \frac{\text{一五}}{\text{彳天}\left(\text{地正切}\right)\times\left(\text{人餘割}\right)\text{丅}\left(\text{天正切}\right)\times\left(\text{人餘切}\right)}$$

即

$$\text{彳人} = \frac{\text{一五}}{\frac{\text{二}}{\text{木}\times\text{晦}}\left(\text{地正切}\right)\times\left(\frac{\text{二}}{\text{一五晦}}\right)\text{餘割}\text{丅}\left(\text{天正切}\right)\times\left(\frac{\text{二}}{\text{一五晦}}\right)\text{餘切}}$$

即

$$\text{彳人} = \text{木}\times\text{地正切}\left(\frac{\text{三〇}\times\left(\frac{\text{二}}{\text{一五晦}}\right)\text{正弦}}{\text{晦}}\right)\text{丅}\,\text{木}\times\text{天正切}\left(\frac{\text{三〇}\times\left(\frac{\text{二}}{\text{一五晦}}\right)\text{正切}}{\text{晦}}\right)$$

命

$$\text{甲} = \frac{\text{三〇}\times\left(\frac{\text{二}}{\text{一五晦}}\right)\text{正弦}}{\text{晦}}$$

$$\text{乙} = \frac{\text{三〇}\times\left(\frac{\text{二}}{\text{一五晦}}\right)\text{正切}}{\text{晦}}$$

則

$$\text{彳人} = \text{甲}\times\text{木}\times\text{地正切}\,\text{丅}\,\text{乙}\times\text{木}\times\text{天正切}$$

如前題

$$\text{晦} = \text{六時　一分　三六秒}$$

$$\text{木} = \frac{\text{六時　一分　三六秒}}{\text{一九二}} = \text{三一、八五}$$

以晦為主、按晦為若干時刻、檢第十表、便知甲與乙之對數、如

甲對＝九、四五二〇

木對＝一、五〇三二

地正切對＝九、九二二五

〇、八七七七

檢表得

七、五四

乙對＝九、二九九九

木對＝一、五〇三二

天正切對＝九、五五六五

〇、三五九六

檢表得

二、二九

彳人＝七、五四丅二、二九＝五、二五

午前測時＝八時　五九分　四秒

午後測時＝一五　〇　四〇

二｜二三　五九　四四

中數＝一一　五九　五二

即

中數＝一一時　五九分　五二秒

彳人＝　五、二五

一一　五九　五七、二五

一二

二、七五

得二秒又百分秒之七十五、即鐘遲數也、

第十五節

用紀限儀測太陽高度法、以照入水銀內太陽影之上邊與鏡內所窺太陽影之下邊相切、記其時刻、再驗儀上之度數、復移佛逆十分或二十分、再俟其相切、亦記其時、如此數次、取其中數、較測一次尤準、

設在北京、北極出地三十九度五十五分、於一千八百四十九年八月二十二日、測得太陽上邊倍高度、如

午前時	太陽倍高度	午後時
九時○分五○秒	七八度三六分四五秒	二時三三分五五秒
九　一　五五	七八　五三　四五	二　三二　四七
九　三　一四	七九　一四　一五	二　三一　三五
九　四　二五	七九　三二　三○	二　三○　二八
九　五　九	七九　四三　四五	二　二九　二三
九　六　八	八○　二　一五	二　二八　四○
九　六　四八	八○　一○　四五	二　二八　二
九　八　一二	八○　三四　四五	二　二六　四○

太陽赤緯北一十一度三十九分四十四秒、其赤緯度每一小時少五十秒又百分秒之七十七、求天文表遲速若干、

答、表遲十二分二十七秒又百分秒之二十七、

午前所測之時中數、為

九時　四分　三五、一秒、

午後為

一四時　三○分、一一、二秒

二數相減、為

五時　二五分　三六、一秒

即

為時、而木為

五○、七七秒

檢第十表得甲與乙、用上式、

亻人＝甲×木×地正切丅乙×木×天正切

甲對＝九、四四三一

木對＝一、七○五六

地正切對＝九、九二二五

——————

一、○七一二

檢表得

一一、七八二

乙對＝九、三二二九

木對＝一、七○五六

天正切對＝九、三一四七

——————

○、三四三二

檢表得

二、二○四

亻人＝一一、七八二丅二、二○四

＝九、五七八秒

午前測時＝九時　四分　三五、一秒

午後測時＝一四　三○　一一、二

二|二三　三四　四六、三

中數＝一一　四七　二三、一五

亻人＝　九、五八

——————

一一時　四七分　三二、七三秒

一二

——————

一二分　二七、二七秒

求得一十二分二十七秒又百分秒之二十七、即表行遲之數也、

設在北京、於一千八百五十二年十月初八日、測得太陽底邊倍高度、如

午前時	太陽倍高度	午後時
二一時七分二七秒	七三度○分	二時三三分五九秒
二一　八　二四	七三　二○	二　三三　三
二一　九　二三	七三　四○	二　三二　五
二一　一○　一八	七四　○	二　三一　九
二一　一一　一六	七四　二○	二　三○　一二
二一　一二　一一	七四　四○	二　二九　一四
二一　一三　一一	七五　○	二　二八　一三
二一　一四　九	七五　二○	二　二七　一五
二一　一五　一○	七五　四○	二　二六　一五
二一　一六　六	七六　○	二　二五　二○

太陽赤緯南六度七分、其赤緯度每一小時少五十七秒又百分秒之十七、試求天文表遲速若干、

答、表速三分三十二秒又百分秒之之二十九、

午前所測之時、中數為

二一時　一一分　四五、五秒、

午後為

二時　二九分　四○、五秒

加二十四小時、得

二六時　二九分　四○、五秒、

二數較得 五時一七分五五秒 爲晦、而木爲 五七、一七秒 檢第十表得甲與乙、天爲六度七分爲負號、地爲三十九度五十五分、

準前式

仌＝甲×木×地正切丅乙×木×天正切

甲對＝九、四四一四

木對＝一、七五七二

地正切對＝九、九二二五

一、一二一一

檢表得

一三、二一六

乙對＝九、三二七三

木對＝一、七五七二

天正切對＝丅九、〇三〇〇

〇、一一四五

檢表得

丅一、三〇二

仌＝一三、二一六⊥一、三〇二

＝一四、五一八秒

午前測時＝二一時 一一分 四五、五秒

午後測時＝二六時 二九分 四〇、五

二|四七 四一 二六、〇

中數＝二三 五〇 四三

仌＝ 一四、五一八

二三時 五〇分 五七、五一八秒

丅一二

一一時 五〇分 五七、五一八秒

天文家記時、係自今日午正至次日午正爲二十四時、故天文十三時卽丑初、今二十三時五十分五十七秒又千分秒之五百一十八、卽午初三刻五分五十七秒又千分秒之五百一十八、

查航海麻書對景加減鐘表時差、爲減十二分三十四秒又百分秒之七十七、所以太陽在午線、鐘表應記午初三刻二分二十五秒又百分秒之二十三、今測得時爲午初三刻五分五十七秒又千分秒之五百一十八、是以表行速三分三十二秒又百分秒之二十九、

第十六節

第三法、係測太陽與星在午線前、或在午線後之高度、而定時刻、

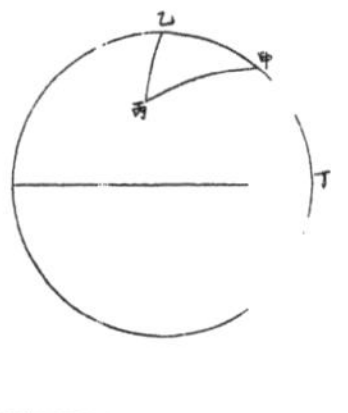

如圖、甲爲北極、甲丁爲北極出地度、命爲地、乙爲天頂、丙爲太陽、或爲星、乙丙爲距天頂度、命天爲太陽或星之赤緯度、又命甲乙爲子、乙丙爲丑、甲丙爲寅、甲乙丙三角形、其三邊和等於 子⊥丑⊥寅 命等於 二金、

而

子＝九〇丅地

又

寅＝九〇丅天

故

二金＝丑⊥(九〇丅地)⊥(九〇丅天)

卽

二金＝丑丅地丅天⊥一八〇

則

金＝(丑丅地丅天)/二⊥九〇

又命乙甲丙時

角爲人、準弧三角理、則

(二人/二)正弦＝√[(子正弦×寅正弦)/((金丅子)正弦×(金丅寅)正弦)]

而

金丅子＝((丑丅地丅天)/二⊥九〇)丅(九〇丅地)

卽

金丅子＝(丑⊥地丅天)/二

金丅寅＝((丑丅地丅天)/二⊥九〇)丅(九〇丅天)

卽

金丅寅＝(丑丅地⊥天)/二＝(丑丅(地丅天))/二

所以 $(\text{二人})\text{正弦}=\sqrt{\dfrac{\text{地餘弦}\times\text{天餘弦}}{\left(\frac{\text{二}}{\text{丑⊥地丅天}}\right)\text{正弦}\times\left(\frac{\text{二}}{\text{丑丅(地丅天)}}\right)\text{正弦}}}$

依式求得(二人)、倍之卽得人、卽時角也、

設在北京、北極出地三十九度五十五分、於申初一刻六分十三秒又十分秒之四、測得太陽中心距天頂七十五度十六分十五秒、太陽赤緯南九度三十三分三十秒、試求鐘表差若干、

答、鐘遲二刻十四分四十八秒又百分秒之四十七、

準前式 $(\text{二人})\text{正弦}=\sqrt{\dfrac{\text{地餘弦}\times\text{天餘弦}}{\left(\frac{\text{二}}{\text{丑⊥地丅天}}\right)\text{正弦}\times\left(\frac{\text{二}}{\text{丑丅(地丅天)}}\right)\text{正弦}}}$

如題

地＝	三九度	五五分	
天＝丅	九度	三三分	三〇秒
地丅天＝	四九度	二八分	三〇秒
丑＝	七五度	一六分	一五秒
地丅天＝	四九度	二八分	三〇秒
丑⊥地丅天＝	一二四度	四四分	四五秒
$\frac{\text{二}}{\text{丑⊥地丅天}}$＝	六二度	二二分	二二、五秒
丑＝	七五度	一六分	一五秒
地丅天＝	四九度	二八分	三〇秒
丑丅(地丅天)＝	二五度	四七分	四五秒
$\frac{\text{二}}{\text{丑丅(地丅天)}}$＝	一二度	五三分	五二、五秒

地餘弦對＝	九、八八四七八三二
天餘弦對＝	九、九九三九二八五
地餘弦×天餘弦對＝	九、八七八七一一七
$\left(\frac{\text{二}}{\text{丑⊥地丅天}}\right)$正弦對＝	九、九四七四二六一
$\left(\frac{\text{二}}{\text{丑丅(地丅天)}}\right)$正弦對＝	九、三四八七二二八
	九、二九六一四八九
地餘弦×天餘弦對＝	九、八七八七一一七
二)一九、四一七四三七二	九、七〇八七一八六

檢正弦表得三十度四十五分十四秒、倍之得六十一度三十分二十八秒、變時爲四小時六分一秒又百分秒之八十七、卽申正初刻六分一秒又百分秒之八十七、與鐘所指申初一刻六分十三秒又十分秒之四相減、得二刻十四分四十八秒又百分秒之四十七、卽鐘行遲數也、

設在北京、按恒星鐘十三小時十六分四十五秒又百分秒之十二、測得織女第一星距天頂五十四度十六分十四秒又百分秒之五十八、星赤經十八小時三十一分五十秒又百分秒之八十四、赤緯度北三十八度三十八分三十九秒又十分秒之四、試求鐘行遲速若干、

答、鐘遲一刻十一分二十秒又百分秒之五十二、

(二八)正弦＝ 地餘弦╳天餘弦 ／ (二／丑⊥地⊤天)正弦╳(二／丑⊤(地⊤天))正弦

如題

丑＝五四度　一六分　一四、五八秒
地＝三九　五五
天＝三八　三八　三九、四

地⊤天＝一　一六　二〇、六
丑⊥地⊤天＝五五　三二　三五、一八
二／丑⊥地⊤天＝二七　四六　一七、五九
丑⊤(地⊤天)＝五二　五九　五三、九八
二／丑⊤(地⊤天)＝二六　二九　五六、九九

地餘弦對＝九、八八四七八三二
天餘弦對＝九、八九二六七二二

九、七七七四五五四

(二／丑⊥地⊤天)正弦對＝九、六六八三三六九
(二／丑⊤(地⊤天))正弦對＝九、六四九五一四七

九、三一七八五一六

地餘弦╳天餘弦對＝九、七七七四五五四

二｜一九、五四〇三九六二
九、七七〇一九八一

檢正弦表得三十六度五分三十九秒、倍之得七十二度十一分十八秒、變時、爲四小時四十八分四十五秒又十分秒之二、與星赤經度十八小時三十一分五十秒又百分秒之八十四相減、得十三小時四十三分五秒又百分秒之六十四、爲眞恒星時、再與鐘時十三小時一十六分四十五秒又百分秒之一十二相減、得二十六分二十秒又百分秒之五十二、卽鐘行遲數也、

設一千八百四十九年八月二十九日、在北京、北極出地三十九度五十五分、測得太陽上邊倍高度如

星學發軔　卷四　二十九

其赤緯北爲九度十六分二十秒、太陽視半徑爲十五分五十二秒、試求天文表遲速若干、

答、天文表速五分零八秒又十分秒之六、

測時			倍高度		
八時	五八分	五八秒	七八度	七分	四五秒
九	〇	一五	七八	二七	一〇
九	一	一四	七八	四五	四五
九	二	一〇	七八	五七	三〇
九	三	五	七九	一二	三〇
九	四	三九	七九	三五	四五
九	五	五四	八〇	五四	四五
九	六	四一	八〇	八	四五
九	七	三七	八〇	二一	一五
九	八	二五	八〇	三七	一五
中數＝九時	三分	五三、八秒	七九度	三〇分	五〇、五秒

如題、時之中數爲九點鐘三分五十三秒又十分秒之八、太陽倍高度中數七十九度三十分五十秒又十分秒之五、折半得三十九度四十五分二十五秒又十分秒之二、減蒙氣差一分九秒、得三十九度四十四分十六秒、再減太陽視半徑十五分五十二秒、得三十九度二十八分二十四秒、爲太陽中心高度、以減九十度得五十度三十一分三十六秒、爲太陽距天頂度、

星學發軔　卷四　三十

準前式、

(二八)正弦＝ 地餘弦╳天餘弦 ／ (二／丑⊥地⊤天)正弦╳(二／丑⊤(地⊤天))正弦

如題

丑＝五〇度　三一分　三六秒
地＝三九　五五
天＝九　一六　二〇

地⊤天＝三〇　三八　四〇
丑⊥地⊤天＝八一　一〇　一六
二／丑⊥地⊤天＝四〇　三五　八
丑⊤(地⊤天)＝一九　五二　五六
二／(丑⊤地⊤天)＝九　五六　二八

地餘弦對＝九、八八四七八三二
天餘弦對＝九、九九四二八八一

九、八七九〇七一三

$\left(\frac{二}{丑\perp地\top天}\right)$正弦對＝九、八一三三〇二六

$\left(\frac{二}{丑\top(地\top天)}\right)$正弦對＝九、二三七一三一一

九、〇五〇四三三七

地餘弦╳天餘弦對＝九、八七九〇七一三

二|一九、一七一三六二四

九、五八五六八一二

檢正弦表得二十二度三十九分二十一秒爲$\frac{二}{人}$、倍之得四十五度十八分四十二秒爲人、變時爲三小時一分十四秒又十分秒之八、與十二點鐘相減得八點鐘三刻十三分四十五秒又十分秒之二、再與所記中時九點鐘三分五十三秒又十分秒之八相減得五分八秒又十分秒之六、卽天文表行速時也、

測太陽與星高度、以定時刻、莫如俟太陽與星過卯酉圈（卽正東正西之圈也）之時而定也、因於此時太陽與星升降最速、故高度改變亦速、測太陽高度、不可離地平十度以下、因近地平、蒙氣差尚未詳察故也、蒙氣差可令諸曜升高、故測得之高度、不爲眞高度、如測某星之高度爲十度、則檢第八表內十度之蒙氣差、爲五分十六秒又十分秒之二、與視高度十度相減得九度五十四分四十三秒又十分秒之八、得眞高度、

蒙氣差可使太陽微覺升高、故太陽朝出地平較速、夕入地平較遲也、太陽下邊切地平時、其心已在地平下約十六分、卽太陽視半徑、太陽在地平、蒙氣差爲三十四分、故太陽上邊適切地平、其心距天頂爲九十度五十分、（五十分卽太陽視半徑十六分加蒙氣差三十四分）故太陽出入地平之時、其心距天頂爲九十度五十分準前式、可求太陽出入地平時也、

設在北京、北極出地三十九度五十五分、於夏至日求太陽入地平爲何時、

答戊初二刻一分一十七秒又十分秒之六中太陽時、

夏至日太陽赤緯北二十三度二十八分命爲天、北極出地命爲地、太陽心距天頂爲九十度五十分命爲丑、時角命爲人、

準前式、

$\left(\frac{二}{人}\right)$正弦＝$\sqrt{\dfrac{地餘弦\times天餘弦}{\left(\frac{二}{丑\perp地\top天}\right)正弦\times\left(\frac{二}{丑\top(地\top天)}\right)正弦}}$

丑＝九〇度　五〇分

地＝三九度　五五分

天＝二三度　二八分

地丅天＝一六度　二七分

丑⊥地丅天＝一〇七度　一七分

$\frac{二}{丑\perp地\top天}$＝五三度　三八分　三〇秒

丑丅(地丅天)＝七四度　二三分

$\frac{二}{丑\top(地\top天)}$＝三七度　一一分　三〇秒

地餘弦對＝九、八八四七八三二

天餘弦對＝九、九六二五〇七六

(天餘弦╳地餘弦)對＝九、八四七二九〇八

$\left(\frac{二}{丑\perp地\top天}\right)$正弦對＝一九、九〇五九七一三
$\left(\frac{二}{丑\top(地\top天)}\right)$正弦對＝一九、七八一三八四三
一九、六八七三五五六
天餘弦╳地餘弦對＝一九、八四七二九〇八
二)一九、八四〇〇六四八
九、九二〇〇三二四

檢正弦表、得五十六度一十七分一十二秒爲$\frac{二}{人}$、倍之、得一百一十二度三十四分二十四秒爲人、變時得七小時三十分一十七秒又十分秒之六、故太陽入地平時、爲戌初二刻一十七秒又十分秒之六、而測景加減鐘表時差約爲加一分、所以戌初二刻一分一十七秒又十分秒之六、爲太陽入地平之中太陽時也、

設在北京、於冬至日、求太陽入地平爲何時、冬至日測景加減鐘表時差約爲減一分

答、申正二刻八分五十二秒又百分秒之六十七中太陽時、

第四法、係用子午儀而定時刻、

以上各法、僅以紀限儀窺測、皆係航海者所用、未能甚準、若在觀象臺、以子午儀測太陽與星而定時刻、法較簡而尤準、以子午儀定時刻法係測太陽與星過遠鏡內中間蛛絲時刻、而得鐘表遲速差、

設測太陽過午線爲午初三刻一十四分一十八秒又十分秒之七、測景加減鐘表時差爲加十三分二十二秒又十分秒之五、試求天文表遲速若干、

答、按視太陽時表行遲四十一秒又十分秒之三、按中太陽時表行遲一十四分零三秒又十分秒之八、

測時＝一一時　五九分　一八、七秒
午正＝一二時
表行遲於視太陽時＝　四一、三秒
視午正之中太陽時＝一二時　一三分　二二、五秒
測時＝一一時　五九分　一八、七秒
表行遲於中太陽時＝　一四分　三、八秒

設測太陽過午線爲午初三刻一十一分一十二秒又百分秒之二十一、測景加減鐘表時差爲減三分五十六秒又百分秒之二十六、試求天文表遲速若干、

答、按視太陽時表行遲三分四十七秒又百分秒之七十九、按中太陽時表行速八秒又百分秒之四十七、

測時＝一一時　五六分　一二、二一秒
午正＝一二時
表遲於視太陽時＝　三分　四七、七九秒
午正＝一二時　〇分　〇秒
鐘表時差＝⊤　三分　五六、二六秒
中太陽時＝一一時　五六分　〇三、七四秒
測時＝一一時　五六分　一二、二一秒
表速於中太陽時＝　八、四七秒

觀象臺最便於用者、莫如恒星鐘、若恒星鐘無差、則某星過午

線之時、其赤經度與鐘所指之時相同、

設光緒九年十二月初四日、在北京測得參宿第七星過午線、恒星時爲五小時零六分三十五秒又百分秒之四十一、其赤經度爲五小時零八分五十九秒又百分秒之五十二、試求鐘遲速若干、

答、鐘遲二分二十四秒又百分秒之十一、

測時	＝五時	六分	三五、四一秒	
星赤經度	＝五時	八分	五九、五二秒	
鐘遲	＝〇	二分	二四、一一秒	

設一千八百五十一年五月十五日、在英京測得太陽中心過午線、恒星時爲三小時二十五分三十五秒又百分秒之十七、其赤經度爲三小時二十六分三十三秒又百分秒之七十八、試求鐘遲速若干、

答、鐘遲五十八秒又百分秒之六十一、

星學發軔卷之四終

星學發軔　卷五

星學發軔卷之五

美國羅密士原本

天文教習英國駱三畏口譯
王鎮賢
天文館肄業生熙　璋筆述
左　庚

測某處北極出地度法

設在北極有星、可用紀限儀、或子午儀、測其高度、即得北極出地度、但北極無星、故須用別法測之、

第一法、任取近極一星、過午線在北極之上、測其高度、減蒙氣差、復俟此星過午線在北極之下、測其高度、減蒙氣差、二高度

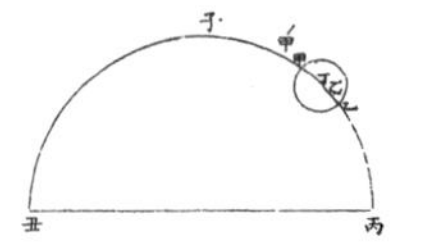

相加折半、即北極出地度、

如圖、子為天頂、丁為北極、丑子丁丙為子午線、丑丙為地平、甲丙為星在北極上之高度、減蒙氣差、得甲丙、命等於戊、乙丙為星在北極下之高度、減蒙氣差、得乙丙、命等於己、則

$$丁丙=\frac{甲丙⊥乙丙}{二}$$

即

$$丁丙=\frac{戊⊥己}{二}=北極出地度$$

查蒙氣差、檢第八表、

設在英京、測得勾陳星、視高度在北極下五十度初分八秒又百分秒之四十九、在北極上五十二度五十八分三十八秒又百分秒之三十一、求英京北極出地若干度、

答、五十一度二十八分三十八秒又百分秒之二十八、

	視高度				蒙氣差		眞高度		
在極下	五〇度	〇分	八.四九秒	丅	四八.〇八秒	＝	四九度	五九分	二〇.四一秒
在極上	五二度	五八分	三八.三一秒	丅	四二.一六秒	＝	五二度	五七分	五六.一五秒
						二)	一〇二	五七	一六.五六
英京北極出地度						＝	五一度	二八分	三八.二八秒

設在英京、測得勾陳第二星、視高度在北極下四十八度五分十八秒又百分秒之六十、在北極上五十四度五十三分三十三秒又百分秒之二十二、求英京北極出地若干度、

答、五十一度二十八分三十七秒又百分秒之七十七、

	視高度				蒙氣差		眞高度		
在極下	四八度	五分	一八.六〇	丅	五三.八〇秒	＝	四八度	四分	二四.八〇秒
在極上	五四度	五三分	三三.二二秒	丅	四二.四九秒	＝	五四度	五二分	五〇.七三秒
						二)	一〇二	五七	一五.五三
英京北極出地度						＝	五一度	二八分	三七.七七秒

設在英京測得天鈎第五星、視高度在北極下二十三度二十七分六秒又百分秒之三、在北極上七十九度三十二分三十三秒又百分秒之七十一、求英京北極出地若干度、

答、五十一度二十八分三十七秒又百分秒之七十七、

視高度　蒙氣差　眞高度

在極下二三度二七分六、〇三秒丅二分一三、五三秒＝二三度二四分五二、五〇秒

在極上七九度三二分三三、七一秒丅〇分一〇、六六秒＝七九度三二分二三、〇五秒

二)一〇二　五七　一五　五五

英京北極出地度＝五一度二八分三七、七七秒

設在英京測得五車第三星、視高度在北極下七度二十五分初秒又百分秒之七十二、在北極上九十五度三十九分二秒又百分秒之四十二、求英京北極出地若干度、

答、五十一度二十八分三十七秒又百分秒之九十二、

視高度　蒙氣差　眞高度

在極下七度二五分〇、七二秒丅六分五二、七八秒＝七度一八分七、九四秒

在極上九五度三九分二、四二秒丄〇分五、四九秒＝九五度三九分七、九一秒

二)一〇二　五七　一五、八五

英京北極出地度＝五一度二八分三七、九二秒

第二節

第二法若準知某星赤緯度、則只測高度一次、或在北極上、或在北極下、卽可推北極出地度、設某星過午線、在天頂南、則北極高度等於星距天頂度加星赤緯度、如圖、子爲天頂、丁爲北極、丙丑爲地平、乙戊爲赤道、甲爲星過午線在天頂南、星距天頂度命爲呷、星赤緯度命爲吆、則

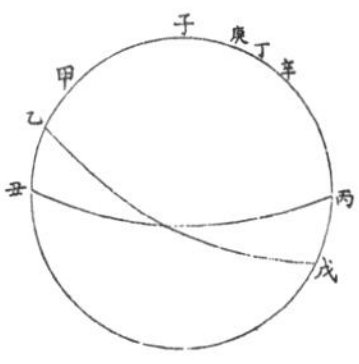

甲子＝九〇度丅星高度

卽

甲子＝星距天頂度＝呷

甲乙＝星赤緯度＝吆

子乙＝甲子丄甲乙＝呷丄吆

蓋

子丙＝丁乙

卽

子丁丄丁丙＝子丁丄子乙

兩邊各消去子丁、則

丁丙＝子乙

故

丁丙＝呷丄吆

設某星在赤道南、則吆改爲負號、而

丁丙＝呷丅吆

設某星過午線、在天頂北極之間、則北極高度、等於星赤緯度

減去星距天頂度、如上圖庚、則

庚子＝九〇度丅星高度＝卯

庚乙＝星赤緯度＝吃

乙子＝庚乙丅庚子＝吃丅卯

如前式、

子乙＝丁丙

故

丁丙＝吃丅卯

設某星過午線在北極下、則北極高度、等於一百八十度減去星距天頂度、再減去星赤緯度、如上圖辛、則

辛子＝九〇度丅星高度＝星距天頂度＝卯

辛戊＝星赤緯度＝吃

子戊＝辛子⊥辛戊＝卯⊥吃

蓋

子乙＝一八〇度丅子戊

卽

子乙＝一八〇度丅(卯⊥吃)

故

丁丙＝一八〇度丅(卯⊥吃)

所以星若過午線、在天頂南、則北極出地度、等於星赤緯度加星距天頂度、若過午線、在北極天頂之間、則北極出地度、等於星赤緯度減星距天頂度、若過午線、在北極下、則北極出地度、等於一百八十度減星赤緯度、再減星距天頂度、

設在英京、測得北河第三星、在天頂南、視距天頂二十三度五分二十四秒又百分秒之五、星赤緯北二十八度二十二分四十七秒又十分秒之七、求英京北極出地度若干、

答、五十一度二十八分三十七秒又百分秒之五十五、

視距天頂度　蒙氣差　眞距天頂度

二三度　五分　二四、〇五秒⊥〇分　二五、八〇秒＝二三度　五分　四九、八五秒

星赤緯度北＝二八　二二　四七、七〇

北極出地度＝五一度　二八分　三七、五五秒

設在英京、測得心宿第二星、在天頂南、視距天頂七十七度三十分一十一秒又百分秒之五十四、星赤緯南二十六度五分四十八秒又百分秒之五十、求英京北極出地度若干、

答、五十一度二十八分三十八秒又百分秒之五十二、

視距天頂度　蒙氣差　眞距天頂度

七七度　三〇分　一一、五四秒⊥四分　一五、四八秒＝七七度　三四分　二七、〇二秒

星赤緯度南＝丅二六　五　四八、五〇

北極出地度＝五一度　二八分　三八、五二秒

設在英京、測得天樞星、在天頂北極之間、視距天頂一十一度四分三十九秒又百分秒之一、星赤緯北六十二度三十三分二十六秒又百分秒之六十九、求英京北極出地度若干、

答、五十一度二十八分三十六秒又百分秒之七十二、

真距天頂度　蒙氣差　視距天頂度

一一度　四分　三九、〇一⊥〇分　一〇、九六秒＝一一度　四分　四九、九七秒

星赤緯度北＝⊥六二　三三　二六、六九

北極出地度＝五一度　二八分　三六、七二秒

設在英京、測得帝星、在北極下、視距天頂五十三度四十四分二十四秒又百分秒之六十、星赤緯北七十四度四十五分三十五秒又百分秒之七十九、求英京北極出地度若干、

答、五十一度二十八分三十六秒又百分秒之九十二、

真距天頂度　蒙氣差　視距天頂度

五三度　四四分　二四、六〇⊥一分　二〇、六九秒＝五三度　四五分　四五、二九秒

星赤緯度北＝⊥七四　四五　三七、七九

一二八　三一　二三、〇八
一八〇

北極出地度＝五一度　二八分　三六、九二秒

第三節

設在英京、測得太陽距天頂二十七度五十九分三十九秒又百分秒之五十三、其視半徑一十五分四十六秒又百分秒之五、蒙氣差二十九秒又百分秒之四十九、視差三秒又百分秒之九十三、赤緯北二十三度一十二分四十七秒又十分秒之三、求英京北極出地度若干、

答、五十一度二十八分三十八秒又百分秒之四十四、

太陽上邊距天頂度＝二七度　五九分　三九、五三秒

視半徑＝⊥　一五　四六、〇五

蒙氣差＝　⊥二九、四九

視差＝　丅三、九三

太陽心距天頂度＝二八　一五　五一、一四

赤緯度北＝⊥二三　一二　四七、三〇

北極出地度＝五一度　二八分　三八、四四秒

求視差法、詳第七卷、

第三法用紀限儀測某星近午線時之高度、而知星距午線爲若干分秒、即可推星正在午線之高度、乃按第二法、推得北極出地度、此法較第二法尤妙、因第二法係獨測某星高度一次、而此法則可測數次、以每次所得北極出地度相加、取其中數、故較獨測一次更準、

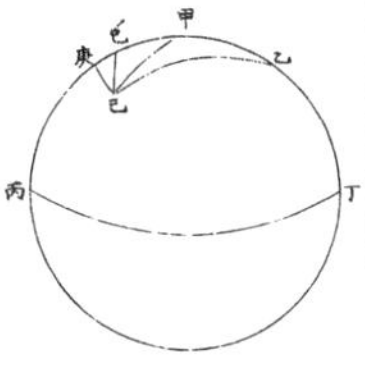

如圖、甲爲天頂、丙丁爲地平、乙爲北極、己爲星近午線、己爲星在午線、自己作己庚、與甲丙正交、則甲庚約等于甲己、甲己爲星距天頂度、命爲呷、甲己命爲呷、星赤緯度命爲吃、

甲乙己角命爲時、北極出地度命爲地、庚己命爲天、欲求星在午線距天頂度、卽甲己、則

庚己＝天

乙己＝乙己＝九〇丅叱

乙甲＝九〇丅地

故

甲己＝乙己丄乙甲＝地丅叱＝呷

甲己＝甲庚丄庚己＝甲己丄庚己

故

呷＝呷丅天

呷＝呷丄天

準弧三角理、則

甲己餘弦＝甲乙餘弦×乙己餘弦＋甲乙正弦×乙己正弦×甲乙己角餘弦

(呷丄天)餘弦＝地正弦×叱正弦＋地餘弦×叱餘弦×(一丅二(二時)正弦²)

卽

(呷丄天)餘弦＝(地丅叱)餘弦丅二×地餘弦×叱餘弦×(二時)正弦²

卽

(呷丄天)餘弦＝呷餘弦丅二×地餘弦×叱餘弦×(二時)正弦²

故

呷餘弦×天餘弦丅呷正弦×天正弦＝呷餘弦丅二×地餘弦×叱餘弦×(二時)正弦²

卽

(一丅二天²)呷餘弦丅天×呷正弦＝呷餘弦丅二×地餘弦×叱餘弦×(二時)正弦²

卽

呷餘弦丅二天²呷餘弦丅天×呷正弦＝呷餘弦丅二×地餘弦×叱餘弦×(二時)正弦²

亦卽

天×呷正弦＝二×地餘弦×叱餘弦×(二時)正弦²丅二天²×呷餘弦

所以

天＝二(地餘弦×叱餘弦／呷正弦)(二時)正弦²丅二天²×呷餘切　㊙

上式第二項極小約得

天＝二(地餘弦×叱餘弦／呷正弦)(二時)正弦²

㊙式二項內有天²故用

二(地餘弦×叱餘弦／呷正弦)(二時)正弦²

式自乘以代之故

天＝二(地餘弦×叱餘弦／呷正弦)(二時)正弦²丅(二×(地餘弦×叱餘弦／呷正弦)(二時)正弦²)²×二×呷餘切

得　秒　變

天＝二(地餘弦×叱餘弦／呷正弦×一秒正弦)(二時)正弦²丅(二×(地餘弦×叱餘弦／呷正弦)(二時)正弦²)²×一秒正弦×二×呷餘切　㊁

準上式

地丅叱＝呷＝呷丅天

故

地＝呷丄叱丅天　㊄

以㊁式求天、㊄式求地爲北極出地數、然㊁式

內有地、但地爲未知之數、然 地＝呷丄吃丅天 天之爲數極小、故地約等於 呷丄吃、㊁式內用 呷丄吃 代地、求得天、與 呷丄吃 相減、得 天丅吃丅呷 卽地之泛數也、復於㊁式內、用所得地之泛數求得天、與 吃丅呷 相減、卽得北極出地度之眞數也、設約知北極出地數、以代㊁式內之地、求得天、以㊂式亦可求北極出地度之眞數、

設一千八百五十年二月二十三日、在英京測得參宿第四星、午線東時角二十分二十六秒又百分秒之二十五、星距天頂四十四度一十八分三十秒又百分秒之三十一、其赤緯北七度二十二分一十四秒又百分秒之七十四、求星在午線上之距天頂度、並北極出地度眞數若干、

答、星在午線距天頂度爲四十四度零六分二十四秒又百分秒之二十六、北極出地度眞數爲五十一度二十八分三十九秒、

時＝〇時　二〇分　二六、二五秒

$\frac{時}{二}$＝〇時　一〇分　一三、一二秒

變度

$\frac{時}{二}$＝二度　三三分　一六、九秒

又

呷＝四四度　一八分　三〇、三一秒

地約＝五一度　二八分　三八秒

吃＝七度　二二分　一四、七四秒

呷′＝地丅吃＝四四度　六分　二三、二六秒

按㊁式

天＝二（呷正弦×一秒正弦 ／ 地餘弦×吃餘弦×（$\frac{時}{二}$）正弦^{二}）丅（呷正弦 ／ 地餘弦×吃餘弦×（$\frac{時}{二}$）正弦^{二}）^{二} 一秒正弦 ／ 二×呷餘切

命

呷正弦 ／ 地餘弦×吃餘弦×（$\frac{時}{二}$）正弦^{二} ＝人

故

天＝二人×一秒餘割丅二人^{二}×呷餘切×一秒餘割

（$\frac{時}{二}$）正弦^{二}對＝七、二九八一四二

地餘弦對＝九、七九四三六六

吃餘弦對＝九、九九六三九六

七、〇八八九〇四

呷正弦對＝九、八四二六〇六

人對＝七、二四六二九八

二一秒餘割對＝五、六一五四五五

二人×一秒餘割對＝二、八六一七五三

檢表得

七二七、三七秒

又

人^{二}對＝四、四九二六

呷餘切對＝〇、〇一三五

二對＝〇、三〇一〇

一秒餘割對＝五、三一四四

二人^{二}呷餘切一秒餘割對＝〇、一二一五

檢表得

一、三二秒

所以

以上所得之數、與題內所約北極出地之數相近、可以無用再算、故可為北極出地眞數也、

天＝七二七、三七丁一、三二＝一二分 六、〇五秒

距天頂度＝呷′＝四四度 一八分 三〇、三一秒

天＝一二分 六、〇五秒

星在午綫上距天頂度＝呷′丁天＝四四度 六分 二四、二六秒

赤緯度＝吃＝七度 二二分 一四、七四秒

北極出地＝地＝五一度 二八分 三九、〇〇秒

第四節

求北極出地度、準前㊁式、

$$天＝二\left(\frac{呷正弦\times一秒正弦}{地餘弦\times吃餘弦\times\left(\frac{二}{時}\right)正弦^{二}}\right)丁\left(\frac{呷正弦}{地餘弦\times吃餘弦\times\left(\frac{二}{時}\right)正弦}\right)^{二}\times\frac{一秒正弦}{二\times呷餘切}$$

若此式內、以丙代

$$\frac{一秒正弦}{二\left(\frac{二}{時}\right)正弦^{二}}、$$

以丙代

$$\frac{一秒正弦}{二\left(\frac{二}{時}\right)正弦^{四}}、$$

即得

$$天＝\frac{呷正弦}{地餘弦\times吃餘弦}\times丙\;丁\left(\frac{呷正弦}{地餘弦\times吃餘弦}\right)^{二}\times呷餘切\times丙′ \quad ㊃$$

查第九表、得丙與丙′、（表內分二節、第一節所載為丙、第二節所載為丙′、）表內以時為主、按時之若干分秒、可查丙與丙′、用此式求天、其法較為簡便、

設在美京、其北極出地約等於三十八度五十三分三十九秒、用子午儀測得勾陳星至各蛛絲之距天頂度、如

蛛絲	時角	距天頂度	查九表得丙
一	二九分 二五、五秒	四九度 三五分 二七、九二秒	一六九七、六五
二	一九 三四、五	、、三五 二、八六	七五一、九五
三	九 四九、五	、、三四 四八、一二	一八九、五〇
四	〇 一三、五	、、三四 四三、七四	〇、一〇
五	九 三三、五	、、三四 四八、二七	一七九、三五
六	一九 一三、五	、、三五 二、五六	七二五、二五
七	二九 〇、五	、、三五 二八、〇七	一六四九、九五
中數	、、、	四九度 三五分 三、〇七秒	七四一、九六秒

求美京北極出地度眞數若干、

答、三十八度五十三分三十九秒又百分秒之九十五、

設

時角＝二九分二五秒

檢第九表得

呐＝一六九六、七

又

時角＝二九分二六秒

檢第九表得

呐＝一六九八、六

假若

時角＝二九分二五、五秒

則

呐＝一六九七、六五

即第三行所得之數、餘可類推、

準前㊀式

天＝(卯正弦 / 地餘弦╳吃餘弦) 呐 丅 (卯正弦 / 地餘弦╳吃餘弦)² ╳ 卯餘切 ╳ 呐²

勾陳星距極最近、所以 吃餘弦²

為數極小、故此式內第二項之數極小、可去之、

故

天＝卯正弦 / (地餘弦╳吃餘弦) ╳ 呐

呐中數＝七四一、九六秒

距天頂度中數＝四九度 三五分 〇三、〇七秒

蒙氣差＝⊥ 一分 一一、〇八秒

卯＝四九度 三六分 一四、一五秒

吃＝八八度 二九分 三四一五秒、

地約＝三八度 五三分 三九秒

卯＝吃丅地＝四九度 三五分 五五、一五秒

第五節

七四一、九六對＝二、八七〇三八

地餘弦對＝九、八九一一五

吃餘弦對＝八、四二〇〇〇

一、一八一五三

卯正弦對＝九、八八一六八

天對＝一、二九九八五

檢表、得

一九、九五秒

即為天、

距天頂度＝卯＝四九度 三六分 一四、一五秒

天＝ 一九、九五

星午上天度在綫距頂＝卯丅天＝四九 三五 五四、二〇

赤緯度＝吃＝八八 二九 三四、一五

北極出地＝地＝吃丅(卯丅天)＝三八度 五三分 三九、五九秒

即北極出地度眞數也、

前題用表定太陽或星距午綫歷時、凡測太陽最便、莫若用太陽表、測星最便、莫若用恒星表、表或有差、則必改其所歷時角、

命表每日遲行若干秒為丑、按表擺、每日應動 八六四〇〇 次、今表擺只動 八六四〇〇丅丑 次、設按此表所記之時角命為時、則其眞時角等於

時(八六四〇〇丅丑 / 八六四〇〇)、

即

時(一⊥ 八六四〇〇丅丑 / 丑)、

所以求眞時角、須以表之時角若干乘 一⊥ 八六四〇〇丅丑 / 丑、按

求天式內有 二時正弦² 故 二時正弦²、必乘 (一⊥(八六四〇〇丅丑)/丑)² 而得 二時正弦² 之眞數也、

(一⊥(八六四〇〇丅丑)/丑)² 約等於 一⊥(八六四〇〇丅丑)/(二丑)、設丑爲一秒、或二三以至三十秒、均可依

一⊥(八六四〇〇丅丑)/(二丑) 式、如法推算、附於第九表內、設用太陽表測星、則此表較

恒星時、每日遲行 二三五、九〇九 秒、則 丑＝二三五、九〇九 按上式求 一⊥(八六四〇〇丅丑)/(二丑) 得 一、〇〇五四七六、其對數爲

〇、〇〇二三七一五、所以用太陽表測星、求天式內 (卯正弦 ╳ 一秒正弦)/(地餘弦 ╳ 吃餘弦)＝(二時)正弦² 當以 一、〇〇五四七六 乘之、

設在某處、其北極出地、約等於四十六度五十三分三十秒、用紀限儀測天囷第一星高度九次、如

所用之表、係記太陽時、每日行遲

二、七秒、星赤緯度北三度二十八分

八秒又十分秒之二、試求某處北

極出地度眞數若干、

答、四十六度五十三分二十九秒

又百分秒之十四、

測數	時角	高度	第九表 檢呐得數	檢呐得數
一	一四分 三〇、〇秒	四六度 二八分 四五秒	四一二、七〇秒	〇、四一秒
二	一〇 五〇、二	四六 三一 四五	二三〇、五四	〇、一三
三	五 〇、〇	四六 三四 三五	四九、一〇	〇、〇一
四	一 五九、七	四六 三五 二五	七、七七	〇、〇〇
五	二 三、〇	四六 三五 三〇	八、二〇	〇、〇〇
六	五 六、五	四六 三四 四五	五一、二五	〇、〇一
七	七 二一、七	四六 三三 五〇	一〇六、四五	〇、〇三
八	一三 七、三	四六 三〇 〇	三三七、九七	〇、二八
九	一六 四〇、一	四六 二六 三五	五四五、三九	〇、七二
中數	、、、、、	四六度 三二分 二一、一秒	一九四、三七秒	〇、一八秒

距天頂度＝九〇度丅四六度 三二分 二一、一秒

卽

距天頂度＝四三度 二七分 三八、九秒

蒙氣差 ＝ ⊥五五、八秒

卯＝四三 二八 三四、七

地約＝四六 五三 三〇

吃＝ 三 二八 八、二

卯＝地丅吃＝四三度 二五分 二一、八秒

呐中數＝一九四、三七秒

呐′中數＝ 〇、一八秒

準前㊀式、

天＝(卯正弦)/(地餘弦 ╳ 吃餘弦) × 呐 丅 ((卯正弦)/(地餘弦 ╳ 吃餘弦))² × 卯餘切 × 呐′

命

$\frac{\text{卯正弦}}{\text{地餘弦}\times\text{吃餘弦}}$ ＝ 寅

故

天 ＝ 寅×丙 丅 寅² × 卯餘切 × 丙′

地餘弦對 ＝ 九、八三四六六二

吃餘弦對 ＝ 九、九九九二○四

九、八三三八六六

卯正弦對 ＝ 九、八三七一九五

寅對 ＝ 九、九九六六七一

丙對 ＝ 二、二八八六二九

因用太陽表 ＝ ○、○○二三七一

表檢表第九行運 ＝ ○、○○○○二七

二、二八七六九八

檢表得

一九三、九五秒

寅²對 ＝ 九、九九三

卯餘切對 ＝ ○、○二三

丙′對 ＝ 九、二五五

九、二七一

檢表得

一九、秒

故

天 ＝ 一九三、九五秒

丅○、一九秒 ＝ 三分 一三、七六秒

距天頂度 ＝ 卯′ ＝ 四三度 二八分 三、四七秒

天 ＝ 三分 一三、七六秒

星在午綫上距天頂度 ＝ 卯′丅天 ＝ 四三度 二五分 二○、九四秒

赤緯度 ＝ 吃 ＝ 三度 二八分 八、二秒

北極出地 ＝ 地 ＝ 吃丄(卯′丄天) ＝ 四六度 五三分 二九、一四秒

即北極出地度眞數也、

按前法測星準、測太陽而不甚密合者、因太陽赤緯度、時常改變、故按前式求天所得之數、稍有微差、因式內所用赤緯度、爲午正之赤緯度、故所得北極出地度、必以法改正始合、設測太陽在午綫東、而太陽向北行、所得北極出地度、必大於眞度、太陽向南行、所得北極出地度、必小於眞度、若太陽在午線西、則反是、

命子爲太陽距午線之時角、太陽在午線東時角爲負號午線西爲正號 命時爲太陽赤緯度每分之差數、太陽向北行子爲正號南行子爲負號 按第三法、推太陽在午線之距天頂度、須加時×子 而得太陽之眞距天頂度、設連測太陽數次、命時爲太陽在午線西之共時角、時爲太陽在午線東之共時角、又命所測次數等於辰、推太陽在午線距天頂度、須加 $\frac{(\text{時}′\perp\text{時})\text{子}}{\text{辰}}$、而得太陽眞距天頂度、時′爲負號、時爲正號、

設在某處、北極出地約等於五十一度三十二分、測太陽高度、太陽在午線赤道南緯度、等於三度三十分三十八秒、每分增○.九八秒、試求某處北極出地眞度、答、五十一度三十二分四秒又百分秒之九十九、

如

	高度	時角	檢九表得兩
	三四度 五四分 四六秒	九分 四一秒 東	一八四秒、一
	、 五五 二六	八 一九 東	一三五、八
	、 五六 八	六 三九 東	八五、八
	、 五六 三一	五 一六 東	五四、五
	、 五六 五三	三 四九 東	二八、六
	、 五七 六	二 四七 東	一五、二
		共＝三六分 三一秒	
	、 五七 一八	○ 一九 西	○、二
	、 五七 一一	二 五 西	八、五
	、 五七 三	三 九 西	一九、五
	、 五六 四八	四 三六 西	四一、五
	、 五六 二六	六 八 西	七三、九
中	三四度 五六分 三○、五四秒	共＝一六分 一七秒	五八秒、九六

時 ＝ 丅 三六分 三一秒

時′ ＝ ⊥ 一六分 一七秒

子 ＝ ⊥ ○、九八秒

辰 ＝ 一　一

時⊥時′ ＝ 丅 二○分 一四秒

$$\frac{\text{辰}}{\text{時⊥時′}} = \text{丅 一分 五○、三秒}$$

$$\frac{\text{辰}}{(\text{時⊥時′})\text{子}} = \text{丅一、八○秒}$$

距天頂度 ＝ 九○度 丅 三四度 五六分 三○、五四秒

即

呷′ ＝ 五五度 三分 二九、四六秒

地約 ＝ 五一度 三二分

吃 ＝ 丅 三度 三○分 三八秒

呷＝地丅吃 ＝ 五五度 二分 三八秒

昞中數 ＝ 五八、九六秒

準前(丁)式、

$$\text{天} = \frac{\text{呷正弦}}{\text{地餘弦} \times \text{吃餘弦}} \times \text{昞} \ \text{丅} \left(\frac{\text{呷正弦}}{\text{地餘弦} \times \text{吃餘弦}}\right)^2 \times \text{呷餘切} \times \text{昞}'$$

此式內二項極小可去之

故

$$\text{天} = \frac{\text{呷正弦}}{\text{地餘弦} \times \text{吃餘弦}} \times \text{昞}$$

昞對 ＝ 一、七七○五五七五

地餘弦對 ＝ 九、七九三八三一七

吃餘弦對 ＝ 九、九九九一八四三

一、五六三五七三五

呷正弦對 ＝ 九、九一三五九七二

天對 ＝ 一、六四九九七六三

檢表得 四四、六七秒 即天、

距天頂度 ＝ 呷′ ＝ 五五度 三分 二九、四六秒

天 ＝ 四四、六七秒

呷′丅天 ＝ 五五度 二分 四四、七九秒

$$\frac{\text{辰}}{(\text{時⊥時′})\text{子}} = \text{丅 一、八○秒}$$

星纔在上午距天頂度 ＝ 五五度 二分 四二、九九秒

吃 ＝ 丅 三度 三○分 三八秒

北極出地真數 ＝ 五一度 三二分 四、九九秒

第七節

第四法、係測某星之高度、設已知測時、則可求北極出地度、如圖甲為天頂、乙為北極、丁為星、庚戊為地平、甲丁為星距天頂度、命等於呷、丁乙為星距北極度、命星赤緯度等於吃、甲乙丁角等於時、乙庚北極出地度等於地、自丁作垂弧與乙甲戊午線正交、則乙丙丁為正弧三角形、

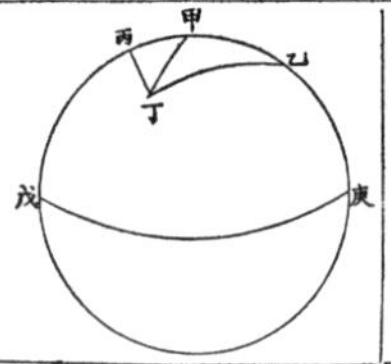

$$\text{時餘弦} = \text{乙丙正切} \times \text{乙丁餘切} = \text{乙丙正切} \times \text{吃正切}$$

所以

$$\text{乙丙正切} = \frac{\text{吃正切}}{\text{時餘弦}}$$

即得乙丙弧

$$\text{甲丁餘弦} = \text{甲丙餘弦} \times \text{丙丁餘弦} \quad (一)$$

$$\text{乙丁餘弦} = \text{乙丙餘弦} \times \text{丙丁餘弦} \quad (二)$$

(一)(二)兩式相除得

$$\frac{\text{乙丁餘弦}}{\text{甲丁餘弦}} = \frac{\text{乙丙餘弦}}{\text{甲丙餘弦}}$$

所以

$$\text{甲丙餘弦} = \frac{\text{乙丁餘弦}}{\text{甲丁餘弦} \times \text{乙丙餘弦}}$$

即

$$\text{甲丙餘弦} = \frac{\text{吃正弦}}{\text{呷餘弦} \times \text{乙丙餘弦}}$$

即得

甲丙弧、

甲乙＝乙丙丅甲丙

甲乙＝九〇度丅地

所以

地＝九〇度丅（乙丙丅甲丙）

用此法測星、必須近午綫、若距午綫甚遠、則所測不能甚準、

設於未初初刻十四分十一秒又百分秒之四、測得太陽眞高度爲三十三度四十分三十五秒又十分秒之五、太陽赤緯南五度十五分二十八秒、試求該處北極出地度、

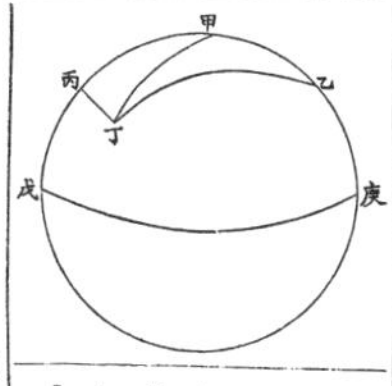

如圖、甲丁爲（九〇度丅高度）等於五十六度十九分二十四秒又十分秒之五、丙乙丁爲時角、卽一小時十四分十一秒又百分秒之四、變度爲十八度三十二分四十五秒又十分秒之六、準前式、

乙丙正切＝吃正切時餘弦

時餘弦對＝九、九七六八三九八

吃正切對＝丅八、九六三九〇一二

乙丙正切對＝丅一、〇一二九三八六

檢正切表、得八十四度二十七分二十一秒、因得對數爲負、故以減一百八十度、得九十五度三十二分三十九秒、卽乙丙、

甲丙餘弦＝吃正弦／甲丁餘弦╳乙丙餘弦

甲丁餘弦對＝九、七四三九〇四一

乙丙餘弦對＝丅八、九八五〇三五七

丅八、七二八九三九八

吃正弦對＝丅八、九六二〇六九九

甲丙餘弦對＝九、七六六八六九九

檢餘弦表、得五十四度十三分二十七秒、卽甲丙、

北極出地度＝地＝九〇丅（乙丙丅甲丙）

卽

地＝九〇度丅（九五度三二分三九秒丅五四度一三分二七秒）

卽

地＝九〇度丅四一度一九分一二秒

亦卽

地＝四八度四〇分四八秒

設某處、北極出地度約等於四十二度三十四分、測得畢宿第五星高度爲三十九度二分十秒、其赤緯北十六度十二分二十六秒、星距午線東三小時二十五分四十秒、試求某處北極出地度、

答、四十二度三十四分五十六秒、

設某處北極出地約等於四十一度二十五分、測得軒轅第十四星高度爲四十一度五分二十秒、其赤緯北十二度四十一分十八秒、星距午線西三小時二分二十一秒、求某處北極出地度、

答、四十一度二十五分四十七秒、

設在英京、測得南河第三星距天頂度爲四十八度四十八分三十四秒又百分秒之六、其赤緯北五度三十六分六秒又十

分秒之七、星距午線東一小時二十分十八秒、又百分秒之十三、求英京北極出地度、

答、五十一度二十八分三十七秒又十分秒之四、

第五法、係測勾陳星之高度、因此星距北極甚近、故此法較第四法尤準、

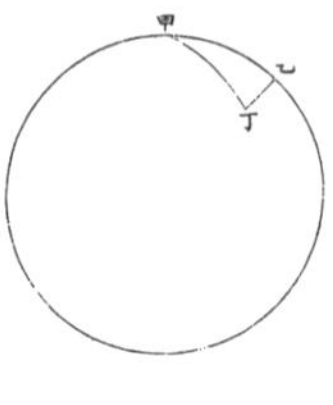

如圖、甲爲天頂、乙爲北極、丁爲勾陳星、乙丁爲星距極度、命爲人、甲乙丁角爲時角、命爲時、命吖爲高度、甲丁爲距天頂度等於 九〇丁高度 即 九〇丁吖 北極出地等於地、

命

甲丁丁甲乙＝天

則

(九〇丁地)丁(九〇丁吖)＝天

所以

吖丁地＝天

地＝吖丁天

準弧三角理

甲丁餘弦＝甲乙餘弦×乙丁餘弦⊥甲乙正弦×乙丁正弦×時餘弦

即

吖正弦＝地正弦×人餘弦⊥地餘弦×人正弦×時餘弦

即

吖正弦＝(吖丁天)正弦×人餘弦⊥(吖丁天)餘弦×人正弦×時餘弦

＝(吖正弦×天餘弦丁吖餘弦×天正弦)×人餘弦⊥(吖餘弦×天餘弦⊥吖正弦×天正弦)×人正弦×時餘弦

因天與人之數均小故

天餘弦＝一丁(二/天²)……　人餘弦＝一丁(二/人²)……

天正弦＝天丁……　人正弦＝人丁……

所以

吖正弦＝吖正弦(一丁(二/天²))(一丁(二/人²))丁吖餘弦×天(一丁(二/人²))⊥吖餘弦(一丁(二/天²))人×時餘弦⊥吖正弦×天×人×時餘弦

此式內(人×天²)(天×人²)(人²×天²)數極小可去之

所以

吖正弦＝吖正弦丁(二/人²)×吖正弦丁(二/天²)×吖正弦丁天×吖餘弦⊥人×吖餘弦×時餘弦⊥吖正弦×時餘弦×天×人

故

天×吖餘弦＝人×吖餘弦×時餘弦丁(二/人²)×吖正弦丁(二/天²)×吖正弦⊥天×人×吖正弦×時餘弦

則

天＝人×時餘弦丁(二/人²)×吖正切丁(二/天²)×吖正切⊥天×人×吖正切×時餘弦㈠

人²與天²較人爲數尤小故

天約＝人×時餘弦

㈠式內三項有天²可以

(人×時餘弦)²代之

四項內有天亦可以

人×時餘弦

代之則

天＝人×時餘弦丁(二/人²)×吖正切丁(二/(人²×時餘弦²))×吖正切⊥人²×時餘弦²×吖正切

即

天＝人×時餘弦丁(二/人²)×吖正切⊥(二/人²)×時餘弦²×吖正切

即

天＝人×時餘弦丁(二/人²)×吖正切(一丁時餘弦²)

即

天＝人×時餘弦丁(二/人²)×吖正切×時正弦²

若天與人按秒數計算、必以一秒正弦代天、以一秒正弦代人、則

天╳一秒正弦＝人╳一秒正弦╳時餘弦 — 二/二人╳一秒正弦 ╳叮正切╳時二正弦

所以

天＝人╳時餘弦 — 二/二人╳一秒正弦 ╳叮正切╳時二正弦

地＝叮丅天

則

地＝叮丅人╳時餘弦 — 二/二人╳一秒正弦 ╳叮正切╳時二正弦

設某處測得勾陳星高度爲四十三度二分三十八秒、距午線時角爲七十六度二秒、赤緯度爲八十八度三十一分五十二秒又百分秒之三十二、求某處北極出地度、

答四十二度四十二分十八秒又百分秒之四十三、

如題、叮等於四十三度二分三十八秒、人等於一度二十八分七秒又百分秒之六十八、時等於七十六度二秒、

準前式

地＝叮丅人╳時餘弦 — 二/二人╳一秒正弦 ╳叮正切╳時二正弦

人對＝三、七二三二六五一

時餘弦＝九、三八三六五八三

三、一〇六九二三四

檢表得

一二七九、一六秒

即

二一分一九、一六秒

二人對＝七、四四六五三〇二

一秒正弦對＝四、六八五五七四九

叮正切對＝九、九七〇三二二七

時二正弦對＝九、九七三八一〇二

二、〇七六二三八〇

二對＝、三〇一〇三〇〇

一、七七五二〇八〇

檢表得

五九、五九四八秒

故

地＝四三度　二分　三八秒

丅　二一分　一九、一六秒

丄　五九、五九秒

地＝四二度　四二分　一八、四三秒

求得北極出地四十二度四十二分十八秒又百分秒之四十三、

設某處測得勾陳星高度爲四十六度十七分二十八秒、其距極度爲一度二十八分七秒又百分秒之六十八、距午線時角爲五小時四十二分四秒又十分秒之四、試求某處北極出地度、

答四十六度十一分四十五秒又十分秒之二、

設某處測得勾陳星高度爲三十九度一分三十九秒、其距極度爲一度二十八分七秒又百分秒之六十八、距午線時角爲五小時三十六分四十一秒、試求某處北極出地度、

答三十八度五十三分三十六秒又十分秒之二、

星學發軔卷之五終

星學發軔

卷六

星學發軔卷之六

美國羅密士原本
天文教習英國駱三畏口譯
王鎮賢
天文館肄業生熙　璋筆述
左　庚

第一節

定黃赤交點方位、

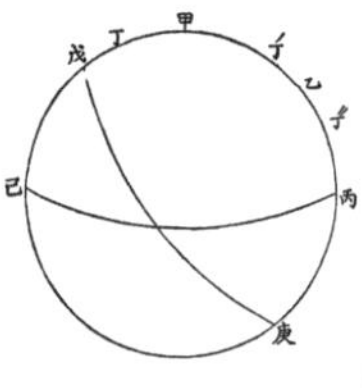

按前卷法、推得某處北極出地度、可推諸星赤緯度、如圖、甲乙庚戊爲子午圈、甲爲天頂、乙爲北極、丁爲星、丙己爲地平、庚戊爲赤道、命星赤緯度等於吃、星距天頂度等於呷、北極出地度等於地、則

丁戊＝甲戊丅甲丁

甲戊＝乙丙＝北極出地

故

吃＝地丅呷㊀

故用遠鏡在某處測得呷、卽可求吃、設星在天頂北、北極之上如丁、則

吃＝地⊥呷㊁

若星在天頂北、北極之下如丁〃、則

吃＝一八〇度丅地丅呷㊂

故知某處北極出地度、按㊀㊁㊂各式、卽可求諸星赤緯度、

第二節

設用子午儀、自春分起、太陽在赤道北、測太陽逐日高度、推其

赤緯度、逐日必漸增至夏至赤緯度最大、自夏至起、赤緯度逐日漸減、至秋分、赤緯度等於〇、自秋分起太陽在赤道南、推其赤緯度、逐日必漸增、至冬至赤緯度最大、自冬至起、赤緯度逐日漸減、至春分、赤緯度又等於〇、

冬夏二至日午正測太陽赤緯度、幾等於黃赤交角、如午正時、太陽恰在二至點、則赤緯度必等於黃赤交角、春秋二分日午正測太陽赤緯度極小、因太陽最近交點也、

赤經度從春分點向東起算、若某星赤經度爲十二小時、卽一百八十度、故知此星在春分點東一百八十度、若此星在午線上、則恒星時亦爲十二小時、總之、某星至午線、其赤經度與恒星時同、（春分點至午線、卽爲恒星時午正、如春分點過午線一點鐘、卽恒星時一點鐘、餘時可類推之、）

太陽未至分點過午線時、測其赤緯度、以恒星表記其時、於次日已過分點過午線時、再測其赤緯度、亦記其恒星時、命二測時之較減二十四小時爲時、（時爲一日太陽所行赤經度、）如圖、卯寅爲黃道、

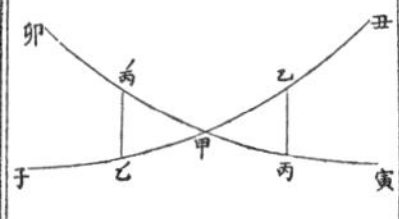

子丑爲赤道、甲爲春分點、丙爲太陽未至分點、丙乙爲其赤緯度、命爲叱、丙′爲次日太陽已過分點、丙′乙′爲其赤緯度、命爲叱′、乙乙′爲二測時之較減二十四小時、因甲丙乙與甲丙′乙′兩三

角形之弧度極小、可作兩平三角形、且爲同式形、

故

$$\frac{甲乙'}{甲乙}=\frac{丙'乙'}{丙乙}$$

$$\frac{甲乙'}{甲乙\perp甲乙'}=\frac{丙'乙'}{丙乙\perp丙'乙'}$$

所以

$$甲乙'=\frac{丙乙\perp丙'乙'}{丙'乙'(甲乙\perp甲乙')}$$

卽

$$甲乙'=\frac{叱\perp叱'}{叱'\times時}$$

卽得甲乙′、爲太陽次日午正已過分點之赤經度、故可定交點方位、

設某日午正、測得太陽赤緯南十六分三十三秒又百分秒之二十九、次日測得太陽赤緯北七分零七秒又百分秒之五十四、二測時相距爲二十四小時零三分三十八秒又百分秒之二十三恒星時、求次日午正太陽赤經度、

答、初小時零一分零五秒又百分秒之六十七、

如題、

叱＝一六分 三三.二九秒

叱′＝〇七分 〇七.五四秒

時＝〇三分 三八.二三秒

按前式、

$$赤經度=甲乙'=\frac{叱\perp叱'}{叱'\times時}$$

得甲乙′、爲

〇時 〇一分 〇五.六七秒

卽太陽次日午正赤經度、故知次日午正春分點在太陽西一分零五秒又百分秒之六十七、

設某日午正、在英京測得太陽赤緯北三分五十一秒又百分

第四節

秒之五十三、次日午正測得太陽赤緯南一十九分三十三秒又百分秒之七十六、二測時相距爲二十四小時零三分三十六秒又百分秒之十三恒星時、求次日午正太陽赤經度、

答十二小時零三分又百分秒之五十二、

設某日午正在美京測得太陽赤緯北一十七分零二秒又百分秒之八十、次日午正測得太陽赤緯南六分二十一秒又百分秒之五十六、二測時相距爲二十四小時零三分三十五秒又百分秒之五十恒星時、求次日午正太陽赤經度、

答十二小時零五十八秒又百分秒之五十五、

按前法、春分日午正、既得太陽赤經度、再測近分點一星、如壁宿第二星、記其過午線在太陽或前或後若干分秒、即可求其赤經度、再令恒星表指其赤經度、凡星過午線時、其赤經度即爲恒星表所指之時、故可得各星赤經度、復俟秋分日測太陽過午線時、恒星表約指在十二小時、則知春秋二分點相距一百八十度、凡用恒星表指一星赤經度、藉此以推他星赤經度、則此星謂之根星、如某日測得壁宿第二星赤經度爲○時○分四十六秒又百分秒之十、俟此星至午綫、令恒星表指其赤經度、如表行極準、則他星至午綫恒星表所指時刻、即其星赤經度、如此日、

第五節

畢宿第五星午線過時	四時	二七分	二九、一九秒
五車第二星午線過時	五時	○五分	五○、二六秒
參宿第七星午線過時	五時	○七分	二八、五八秒
天狼星過午線時	六時	三八分	四○、八二秒

以上各時分秒、皆各星赤經度、天文家有以畢宿第二星爲根星者、亦有以牽牛星爲根星者、

推黃赤交角、

太陽在二至點之時、其赤緯度等於黃赤交角、惟太陽於二至日午正時、不能恰當至點、是以太陽或在至點前、或在至點後、故二至日午正太陽之赤緯度與黃赤交角稍有微差、設於二至前後一二日午正、測太陽赤緯度及赤經度、即可推太陽恰

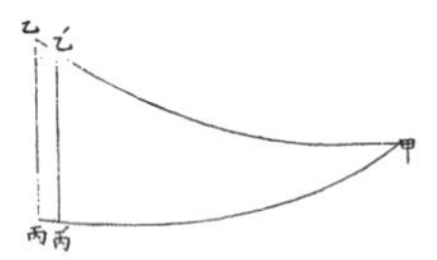

當二至點赤緯度、如圖、甲丙爲赤道、甲乙爲黃道、甲角爲黃赤交角、乙爲太陽在夏至點、乙丙爲其赤緯度、即爲甲角、命等於[口戊]、乙丙爲太陽近至點之赤緯度、命等於吃、乙丙與乙丙之差極小、命等於天、

則

$$\text{乙丙}\perp\text{乙}'\text{丙}'=\text{天}$$

故

$$\text{乙丙}=\text{吃}\perp\text{天}$$

$$\text{吒}=\text{吃}\perp\text{天}$$

則

$$\text{天}=\text{吒}\top\text{吃}$$

命

$$\text{丙丙}'=\text{嗔}=\text{六小時}\,|\,\text{太陽赤經度}$$

$$\text{甲丙}'\text{正弦}=\text{甲角餘切}\times\text{乙}'\text{丙}'\text{正切}$$

卽

$$\text{甲丙}'\text{正弦}=\text{吒餘切}\times\text{吃正切}$$

$$\text{嗔餘弦}=\frac{\text{吒正切}}{\text{吃正切}}$$

$$\frac{\text{一}\perp\text{嗔餘弦}}{\text{一}\top\text{嗔餘弦}}=\frac{\text{吒正切}\perp\text{吃正切}}{\text{吒正切}\top\text{吃正切}}$$

卽

$$\frac{\text{二}\left(\frac{\text{二}}{\text{嗔}}\right)\text{餘弦}^{\text{二}}}{\text{二}\left(\frac{\text{二}}{\text{嗔}}\right)\text{正弦}^{\text{二}}}=\frac{(\text{吒}\perp\text{吃})\text{正弦}}{(\text{吒}\top\text{吃})\text{正弦}}$$

所以

$$(\text{吒}\top\text{吃})\text{正弦}=\frac{\text{二}}{\text{嗔}}\text{正切}^{\text{二}}\times(\text{吒}\perp\text{吃})\text{正弦}$$

卽

$$\text{天正弦}=\frac{\text{二}}{\text{嗔}}\text{正切}^{\text{二}}\times(\text{吒}\perp\text{吃})\text{正弦}$$

故

$$\text{天}=\frac{\text{一秒正弦}}{\frac{\text{二}}{\text{嗔}}\text{正切}^{\text{二}}\times(\text{吒}\perp\text{吃})\text{正弦}}\quad㊀子$$

式內吒爲黃赤交角、係所求之數、可以夏至日所測得赤緯度之數代之、既得天、則 $\text{吒}=\text{吃}\perp\text{天}$ 卽得黃赤交角、

設自西麻六月十七日至三十日、屢測得太陽赤經度赤緯度、

如

	太陽赤經度	太陽赤緯度
六月十七日	五　四〇　五九、一七	二三　二三　〇七、五七
六月十九日	五時　四九分　一八、六三秒	二三度　二六分　〇四、八七秒
六月廿一日	五　五七　三七、七六	二三　二七　二二、五六
六月廿六日	六　一八　二五、二七	二三　二三　二一、二五
六月廿七日	六　二二　三四、一二	二三　二一　一八、五九
六月廿八日	六　二六　四三、五九	二三　一八　五三、一四
六月三十日	六　三五　一、二〇	二三　一二　四七、一六

求黃赤交角、

答、中數二十三度二十七分二十五秒又百分秒之七十三、二十一日所測赤緯度二十三度二十七分二十二秒又百分秒之五十六爲最大、以代吒、取十七日所測太陽赤經度與赤緯度、求黃赤交角、須先求天、準本節㊀子式、

$$\text{天}=\frac{\text{一秒正弦}}{\frac{\text{二}}{\text{嗔}}\text{正切}^{\text{二}}\times(\text{吒}\perp\text{吃})\text{正弦}}$$

按題、嗔等於六小時減十七日之赤經度五小時四十分五十九秒又百分秒之十七、得一十九分又百分秒之八十三、變度爲四度四十五分一十二秒又百分秒之四十五、折半、得二度二十二分三十六秒又十分秒之二、卽 $\frac{\text{二}}{\text{嗔}}$ 又

$$\text{吒}=\text{二三度}\ \text{二七分}\ \text{二二、五六秒}$$

$$\text{吃}=\text{二三}\ \text{二三}\ \text{〇七、五七}$$

$$\text{吒}\perp\text{吃}=\text{四六}\ \text{五〇}\ \text{三〇、一三}$$

$$\frac{\text{二}}{\text{嗔}}\text{正切}^{\text{二}}\text{對}=\text{七、二三六二〇九八}$$

$$(\text{吒}\perp\text{吃})\text{正弦對}=\text{九、八六三〇〇五二}$$

$$\text{一秒餘割對}=\text{五、三一四四二五〇}$$

$$\text{天對}=\text{二、四一三六四〇〇}$$

檢表、得二百五十九秒又百

分秒之二十、收分、得四分一十九秒又百分秒之二十、即天、

準前式、

哦＝吃丄天

吃＝	二三度	二三分	〇七、五七秒
天＝		〇四	一九、二〇
哦＝	二三	二七	二六、七七

求得哦、為二十三度二十七分二十六秒又百分秒之七十七、即十七日所測得黃赤交角、因測一次不能甚準、故自十九日起至三十日止、依法各求得黃赤交角、再取其中數得數方準、

按㊀式、求得逐日天之同數、如

十七日天＝	〇四分	一九、二秒
十九日天＝	〇一	二一、九三
廿一日天＝	〇〇	〇四、〇三
廿六日天＝	〇四	〇三、三
廿七日天＝	〇六	〇五、一九
廿八日天＝	〇八	三二、一二
三十日天＝	一四	三九、二三

又將逐日所測赤緯度、加逐日所求得天之同數、得逐日所測黃赤交角、如

十七日所測黃赤交角＝	二三度	二七分	二六、七七秒
十九日所測黃赤交角＝	二三	二七	二六、八〇
二十一日所測黃赤交角＝	二三	二七	二六、五九
二十六日所測黃赤交角＝	二三	二七	二四、五五
二十七日所測黃赤交角＝	二三	二七	二三、七八
二十八日所測黃赤交角＝	二三	二七	二五、二六
三十日所測黃赤交角＝	二三	二七	二六、三九
黃赤交角中數＝	二三	二七	二五、七三

第六節

設自西厤六月十七日至二十六日、屢測得太陽赤經度與赤緯度、

如

	太陽赤經度	太陽赤緯度
六月十七日	五時四一分五九、三六秒	二三度二三分二九、一八秒
六月十八日	五四六〇八、九四	二三二五〇七、一六
六月二十日	五五四二七、七四	二三二七〇〇、七三
六月廿一日	五五八三七、四〇	二三二七二三、二四
六月廿二日	六〇二四六、八二	二三二七一七、八三
六月廿四日	六一一〇五、八三	二三二五五四、九五
六月廿五日	六一五一四、八八	二三二四三八、八四
六月廿六日	六一九二四、四〇	二三二二五五、〇四

求黃赤交角、

答、中數二十三度二十七分二十三秒又百分秒之八十八、

設自西厤十二月十八日至二十三日、屢測得太陽赤經度赤緯度、

如

	太陽赤經度	太陽赤緯度
十二月十八日	一七時四四分三七、二一秒	二三度二四分三二、六九秒
十二月廿一日	一七五七五六、八一	二三二七二〇、四三
十二月廿二日	一八〇二二三、五一	二三二七一九、六四
十二月廿三日	一八〇六五〇、一七	二三二六四九、八二

求黃赤交角、

答、中數二十三度二十七分二十三秒又百分秒之二十、

推根星赤經度差、

按前法推得根星赤經度、即可推各星赤經度、若根星赤經度、

稍有微差、則各星赤經度亦不能密合、所以定根星赤經度差、最爲要事、用子午儀測根星過午線、令恒星表指其赤經度、於春秋分前後二三日午正、用此恒星表記太陽過午線之時、所記之時、即其赤經度、又同時測太陽赤緯度、而推算太陽赤經度、若所得之數與所記之赤經度相同、則知按前法所推根星赤經度脗合、否則二數之較、即爲根星赤經度差、

已知太陽赤緯度、可推太陽赤經度之法、如圖、甲乙爲黃道、甲丙爲赤道、甲爲春分點、乙甲丙爲黃赤交角、命爲哎、乙爲太陽、試自乙作乙丙垂線、正交甲丙、則甲丙爲太陽赤經度、命爲吧、乙丙爲其赤緯度、命爲吃、用甲乙丙三角形、則

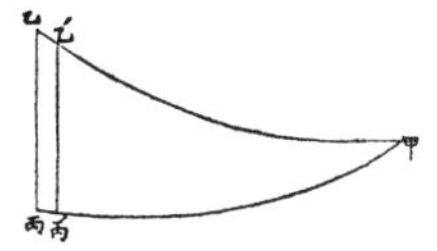

乙丙正切×乙甲丙角餘切＝甲丙正弦

即

吃正切×哎餘切＝哎正切／吃正切（吃正切／哎正切）＝吧正弦

設自西厤九月十五日至二十三日、測得太陽赤經度與赤緯度、如

紀日	恒星表所記太陽赤經度	所測太陽赤緯度
九月十五日	一一時 三四分 一六、一五秒	二度 四七分 〇〇、一八北
九月十六日	一一 三七 五一、二二	二 二三 五〇、七〇北
九月廿一日	一一 五五 四八、五五	〇 二七 一五、三五北
九月廿二日	一一 五九 二四、一九	〇 〇三 五一、五三北
九月廿三日	一二 〇三 〇〇、三二	〇 一九 三三、七六南

黃赤交角爲二十三度二十七分二十八秒又百分秒之十五、求根星赤經度差、

答根星赤經度差一〇、〇八秒

設取十五日所測太陽赤緯度二度四十七分零百分秒之十八、黃赤交角二十三度二十七分二十八秒又百分秒之十五、推太陽赤經度、如前式

吧正弦＝哎正切／吃正切（吃正切／哎正切）

吃正切對＝八、六八六七九二二

哎正切對＝九、六三七四二七〇

吧正弦對＝九、〇四九三六五二

檢正弦表、得六度二十五分五十八秒又十分秒之一、以減一百八十度、得一百七十三度三十四分一秒又十分秒之九、變時、得十一小時三十四分一十

六秒又百分秒之十三、即所推太陽赤經度、與所記赤經度十一小時三十四分十六秒又百分秒之十五相減、得○、○二秒、即根星赤經度差、以下十六日至二十一日、求根星之赤經度差、俱放此、

十五日根星赤經度差＝⊥○、○二秒
十六日根星赤經度差＝⊥○、○三
廿一日根星赤經度差＝⊤○、一九
廿二日根星赤經度差＝⊤○、二四
廿三日根星赤經度差＝⊤○、○一

根星赤經度差中數＝⊤○、○八

設西厤九月十六日至二十八日、測得太陽中心赤經度與赤緯度、如

紀日	太陽赤經度	太陽赤緯度
九月十六日	一一時三五分四九秒、四○	⊥二度三六分五六秒、四六
九月廿一日	一一五三四六、八九	⊥○四○二九、五二
九月廿二日	一一五七二二、七九	⊥○一七○二、八○
九月廿三日	一二○○五八、二九	⊤○○六一八、七一
九月廿五日	一二○八一○、五八	⊤○五三一一、五○
九月廿八日	一二一八五九、三七	⊤二○三二八、一一

黃赤交角二十三度二十七分二十五秒又百分秒之八十八、求根星赤經度差、赤緯北為正號、南則為負號、

答、根星赤經度差中數、⊤○、○六秒

第七節

設已知某星赤經緯度、求黃經緯度、如圖、甲為黃極、乙為赤極、寅卯為黃道、子丑為赤道、丙為星、自丙作丙丁垂弧、正交甲卯線、命赤經度為吧、赤緯度為吃、黃經度為咦、黃緯度為地、甲乙為黃赤交角、命為吷、用乙丁丙三角形、

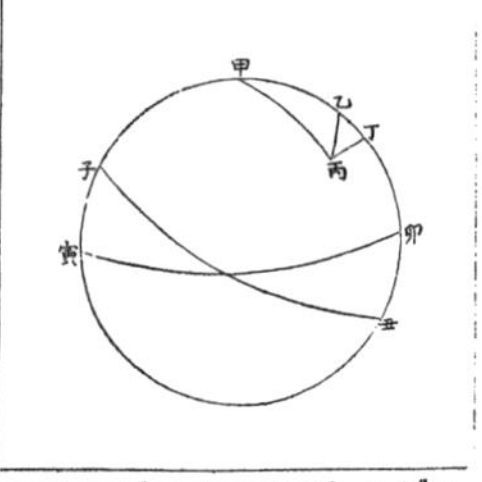

乙丙＝九○⊤吃

甲丙＝九○⊤地

丙甲乙角＝九○⊤咦

丙乙丁角＝九○⊤吧

又命乙丁為未、則

丁乙丙角餘弦＝乙丁正切╳乙丙餘切

即

吧正弦＝未正切╳吃正切

則

未正切＝吧正弦╳吃餘切　㊀

得未、又

乙丁正弦＝丙丁正切╳丁乙丙角餘切

又用甲丁丙三角形、

甲丁正弦＝丙丁正切╳丁甲丙角餘切

二式相除、得

$$\frac{乙丁正弦}{甲丁正弦}＝\frac{丁乙丙角餘切}{丁甲丙角餘切}$$

即

$$\frac{未正弦}{(未⊥吷)正弦}＝\frac{吧正切}{咦正切}$$

所以

$$咦正切＝\frac{未正弦}{(未⊥吷)正弦╳吧正切}$$　㊁

即得黃經度、又

丁甲丙角餘弦＝甲丁正切╳甲丙餘切

即

咦正弦＝(未⊥吷)正切╳地正切

所以

地正切＝咦正弦╳(未⊥吷)餘切　㊂

即得黃緯度、

設五車第二星赤經度五小時零五分四十二秒又百分秒之三、其赤緯度北四十五度五十分二十二秒又十分秒之四、黃赤交角二十三度二十七分二十五秒又百分秒之四十七、求星黃經緯度、

答、星黃經度七十九度四十六分四十秒又百分秒之九十三、黃緯度北二十二度五十一分四十八秒又百分秒之一十四、

如題

巳＝五時　五分　四二、〇三秒

卽

巳＝七六度　二五分　三〇、四五秒

吃＝四五度　五〇分　二二、四秒

戊＝二三度　二七分　二五、四七秒

準本節㈠式

未正切＝巳正弦　吃餘切

巳正弦對＝九、九八七六九四八

吃餘切對＝九、九八七二七〇七

未正切對＝九、九七四九六五五

檢正切表、得四十三度二十分五十八秒又百分秒之三十一、卽未、

未＝四三度　二〇分　五八、三一秒

戊＝二三度　二七分　二五、四七秒

未⊥戊＝六六度　四八分　二三、七八秒

準本節㈡式

$$嘆正切=\frac{未正弦}{(未\perp戊)正弦\times巳正切}$$

巳正切對＝〇、六一七一五二四

(未⊥戊)正弦對＝九、九六三四〇〇九

〇、五八〇五五三三

未正弦對＝九、八三六六〇七二

嘆正切對＝〇、七四三九四六一

檢正切表、得七十九度四十六分四十秒又百分秒之九十三、卽黃經度、準本節㈢式、

地正切＝嘆正弦×(未⊥戊)餘切

嘆正弦對＝九、九九三〇五一五

(未⊥戊)餘切對＝九、六三一九一四四

地正切對＝九、六二四九六五九

檢正切表、得二十二度五十一分四十八秒又百分秒之一十四、卽黃緯度、

設軒轅第十四星赤經度十小時零二十五秒又百分秒之八十七、其赤緯北一十二度四十一分三十二秒又十分秒之七、黃赤交角二十三度二十七分二十五秒又百分秒之四十七、

求星黃經緯度、

答、黃經度為一百四十七度四十五分三十秒又十分秒之三、黃緯度為二十七分三十五秒又十秒之三北、

設已知星黃經緯度、推赤經緯度、如圖、甲為黃極、乙為赤極、卯寅為黃道、子丑為赤道、丙為星、自丙作丙丁垂弧、正交甲卯線、命黃經度為㖒、黃緯度為地、甲乙為黃赤交角、命為戊、赤經度為叱、赤緯度為吃、用甲丁丙三角形、

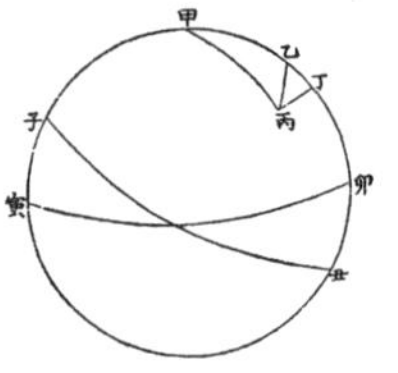

則

乙丙＝九〇丁吃

甲丙＝九〇丁地

丙甲乙角＝九〇丁㖒

丙乙丁角＝九〇丁叱

又命甲丁為未、則

丁甲丙角餘弦＝甲丁正切╳甲丙餘切

即

㖒正弦＝未正切╳地正切

所以

未正切＝㖒正弦╳地餘切　(一)

即得未、又

乙丁正弦＝丁乙丙角餘切╳丙丁正切

甲丁正弦＝丁甲丙角餘切╳丙丁正切

二式相除、得

$$\frac{\text{甲丁正弦}}{\text{乙丁正弦}}=\frac{\text{丁甲丙角餘切}}{\text{丁乙丙角餘切}}$$

即

$$\frac{\text{未正弦}}{\text{(未丁戊)正弦}}=\frac{\text{㖒正切}}{\text{叱正切}}$$

所以

$$\text{叱正切}=\frac{\text{未正弦}}{\text{(未丁戊)正弦}╳\text{㖒正切}}\quad(二)$$

即得赤經度、又

丁乙丙角餘弦＝丁乙正切╳乙丙餘切

即

叱正弦＝(未丁戊)正切╳吃正切

所以

吃正切＝叱正弦╳(未丁戊)餘切　(三)

即得赤緯度、

設五車第二星黃經度七十九度四十六分四十秒又百分秒之九十三、其赤緯度北二十二度五十一分四十八秒又百分秒之十四、黃赤交角二十三度二十七分二十五秒又百分秒之四十七、求星赤經緯度、

答、星赤經度七十六度二十五分三十秒又百分秒之四十五、赤緯度北四十五度五十分二十二秒又十分秒之四、

如題

㖒＝七九度　四六分　四〇.九三秒

戊＝二三　二七　二五.四七

地＝二二　五一　四八.一四

準本節(一)式、

未正切＝㖒正弦╳地餘切

㖒正對弦＝九.九九三〇五一五

地餘對切＝〇.三七五〇三四一

未正對切＝〇.三六八〇八五六

檢正切表、得六十六度四十八分二十三秒又百分秒之七十八、即未、

未＝六六度　四八分　二三.七八秒

戊＝二三　二七　二五.四七

未丁戊＝四三　二〇　五八.三一

準本節(二)式、

$$\text{叱正切}=\frac{\text{未正弦}}{\text{(未丁戊)正弦}╳\text{㖒正切}}$$

(未丁戊)正對弦＝九.八三六六〇七二

㖒正對切＝〇.七四三九四六一

相加＝〇.五八〇五五三三

未正對弦＝九.九六三四〇〇九

叱正對切＝〇.六一七一五二四

檢正切表、得七十六度二十五分三十秒又百分秒之四十五、

卽赤經度、準本節㊂式、

吃正切＝吧正弦╳(未丁戌)餘切

吧正切對＝九、九八七六九四八

(未丁戌)餘切對＝○、○二五○三四五

吃正切對＝○、○一二七二九三

檢正切表、得

四十五度五十分二十二秒又十分秒之四、卽赤緯度、

設已知太陽黃經度、或赤緯度、或赤經度、並知黃赤交角、任求

黃經度或赤經度或赤緯度、如圖、甲爲黃極、乙爲赤極、寅卯爲黃道、子丑爲赤道、丙爲太陽、戊爲春分點、命戊丙黃經度爲咦、丙午赤緯度爲吃、戊午赤經度爲吧、丙戊午黃赤交角爲㖂、用戊午丙

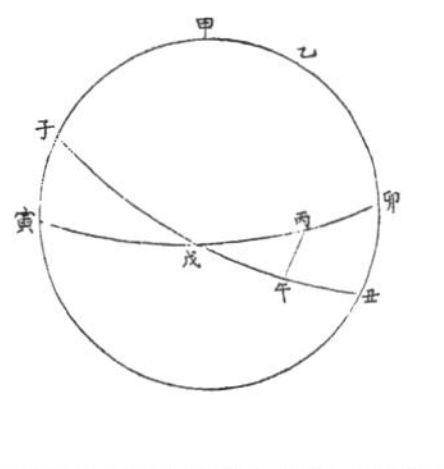

三角形、

角丙戊午餘弦＝戊午正切╳戊丙餘切

卽

㖂餘弦＝吧正弦╳咦餘切

所以

吧正切＝㖂餘弦╳咦正切㊀

又

戊午正弦＝丙午正切╳角丙戊午餘切

卽

吧正弦＝吃正切╳㖂餘切㊁

又

丙午正弦＝角丙戊午正弦╳戊丙正弦

卽

吃正弦＝㖂正弦╳咦正弦㊂

按㊀式、設知咦卽可求吧、或知吧可求咦、

按㊁式設知吃卽可求吧、或知吧可求吃、

按㊂式設知咦卽可求吃、或知吃可求咦、

設西厤五月二十日太陽黃經度五十九度三十三分四十二秒又十分秒之五黃赤交角二十三度二十七分二十九秒又百分秒之六求太陽赤經緯度、

答太陽赤經度三小時三十九分二十六秒又百分秒之二十、

赤緯度北二十度零四分二十一秒又百分秒之九十六、

如題

咦＝五九度　三三分　四二、五秒

㖂＝二三　二七　二九、○六

準本節㊀式、

吧正切＝㖂餘弦╳咦正切

㖂餘弦對＝九、九六二五三五九

咦正切對＝○、二三○九二三四

吧正切對＝○、一九三四五九三

檢正切

表得五十七度二十一分三十二秒又百分秒之九十四、變時、

爲三小時三十九分二十六秒又百分秒之二十、卽赤經度、

準本節㈢式、

吃正弦＝吠正弦×嗹正弦

嗹正弦對＝九、九三五五九六〇

吠正弦對＝九、五九九九六八一

吃正弦對＝九、五三五五六四一

檢正弦表得二十度零四分二十一秒又百分秒之九十六、即赤緯度北、

設西厤正月初一日、太陽赤經度十八小時四十四分四十九秒又百分秒之四十七、赤緯度南二十三度零三分二十八秒、求太陽黃經度、

答、二百八十度一十八分零二秒又十分秒之四、

設十月二十七日、太陽黃經度二百一十四度一十四分四十五秒又十分秒之二、黃赤交角二十三度二十七分三十秒又百分秒之六十九、求太陽赤經緯度、

答、赤經度十四小時零七分五十六秒又百分秒之三十九、赤緯度南一十二度五十六分四十三秒又十分秒之一、

設西厤六月初一日、太陽赤經度四小時三十八分又百分秒之八十八、赤緯度北二十二度零七分十三秒又十分秒之七、求太陽黃經度、

答、七十一度零四分二十秒又十分秒之三、

星學發軔卷之六終

星學發軔　卷七

第一節

星學發軔卷之七

美國羅密士原本

天文教習英國駱三畏口譯
王鎮賢
天文館肄業生熙　璋筆述
左　庚

論視差

恒星距地極遠、無論在地面何處視之、其方位不變、日月行星內、惟月距地最近、所視地面不同、故方位常變、日與行星距地較遠、方位少變、設二人一在北京、一在英京、各視月之方位、二處測得之數、必不相合、因二人所在之處不同、若二人仍在原處、各用地面所視方位、推算由地心所視方位、則二處測得之數、可以相合、地面所視方位與地心所視方位之差、名曰視差角、地心爲天文家測量公共之處凡在某處測日月行星之方位皆可推算由地心視之方位是以視差爲天文家不可不知也

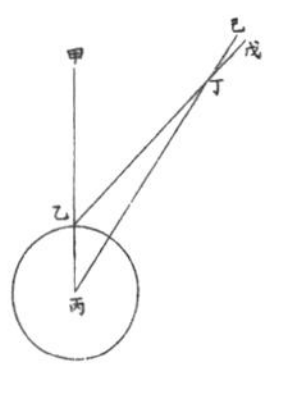

如圖、甲爲天頂、丙爲地心、乙爲地面某處、丁爲月、設人在地心、視月在己、在地面上乙處、視月在戊、乙丁丙角、爲二方向較、卽月視差角、甲乙戊角、爲地面上視月距天頂角、甲丙己角、爲地心視月

距天頂角甲乙戊角大於甲丙己角、故視差能令所視之物較低、且近地平、若月在地平、如次圖、則丁乙丙爲直角、乙丁丙角必爲最大、卽地平視差角、求視差角式、

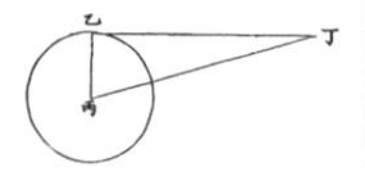

如 $\text{角正弦乙丁丙}=\frac{\text{丙丁}}{\text{乙丙}}$ 設己知日月視差角、能推日月距地遠近、月地平視差角、約等於五十七分零三秒、太陽地平視差角、約等於八秒又百分秒之八十五、故太陽較月距地甚遠、

設月視差角五十七分零三秒、地半徑一萬一千八百八十八里、求月距地、

答七十一萬六千三百九十里、

準前圖、乙丙丁平三角形、$\text{角正弦乙丁丙}=\frac{\text{丙丁}}{\text{乙丙}}$ 則 $\text{丙丁}=\frac{\text{角正弦乙丁丙}}{\text{乙丙}}$ 如題 $\text{乙丁丙角}=五七分〇三秒$

$\text{乙丙}=一一八八八里$

$\text{對乙丙}=四.〇七五一〇八八$

$\text{對角正弦乙丙丁}=八.二一九九六一八$

$\text{對丙丁}=五.八五五一四七〇$

檢表得 七一六三九〇里 卽月距地、

第二節

設太陽視差角八秒又百分秒之八十五、地半徑一萬一千八百八十八里、求太陽距地、

答二億七千七百萬里、萬萬曰億

恒星距地極遠、乙丁與丙丁幾成平行線、故恒星無論在地面何處視之、其方位不變、

求高度視差

如圖、丁爲地心、丙爲地面某處、丙丁爲地半徑、乙爲天頂、甲爲月、人在丙見月方位在甲′、人在丁見月方位在甲″、二方位所差之丙甲丁角、卽高度視差、

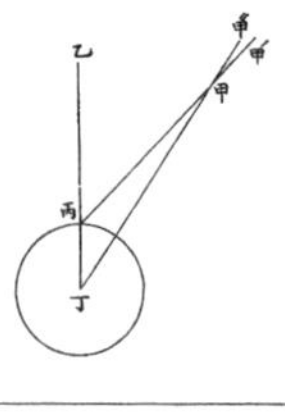

命

$\text{乙丙甲角}=呷'=\text{月視距天頂度}$

$\text{乙丁甲角}=呷=\text{月眞距天頂度}$

$\text{丙甲丁角}=啐=\text{高度視差}$

$\text{丙丁}=呻=\text{地半徑}$

$\text{甲丁}=哂=\text{月距地}$

$\frac{\text{角正弦甲丙丁}}{\text{角正弦丙甲丁}}=\frac{\text{甲丁}}{\text{丙丁}}$

卽 $\frac{呷'\text{正弦}}{啐\text{正弦}}=\frac{哂}{呻}$ 所以 $啐\text{正弦}=\frac{呻\times呷'\text{正弦}}{哂}$ 設 $呷'=九〇度$ 則月在地平、$啐\text{正弦}=\frac{呻}{哂}$ 命 $\frac{哂}{呻}=\text{咳正弦}$ 所以

㈠ 啐正弦＝咳正弦╳呷′正弦 因啐咳俱極小、故 啐＝咳╳呷′正弦 咳卽地平視差、故高度視差正弦、等於地平視差正弦乘視距天頂度正弦、設知視距天頂度、卽可推高度視差、設知眞距天頂度、亦可推高度視差、

按上㈠式 啐正弦＝咳正弦╳呷′正弦 而 呷′＝呷⊥啐 則 啐正弦＝咳正弦╳(呷⊥啐)正弦

＝咳正弦╳(呷正弦╳啐餘弦⊥呷餘弦╳啐正弦)

則 啐正弦(一⊤咳正弦╳呷餘弦)＝咳正弦╳呷正弦╳啐餘弦

所以

㈡ 啐正切＝(咳正弦╳呷正弦)／(一⊤咳正弦╳呷餘弦)

設知呷、卽可推啐、按上㈡式、未便以對數算之、準三角理、

㈢ 啐＝(咳正弦╳呷正弦)／一秒正弦⊥(咳正弦²╳(二呷)正弦)／二秒正弦⊥(咳正弦³╳(三呷)正弦)／三秒正弦⊥……

變爲 為求高度視差公式、

設月地平視差六十分四十一秒又十分秒之五、視距天頂度八十度一十九分一十九秒、求月高度視差、

答五十九分四十九秒又百分秒之六十七、

準本節㈠式 啐正弦＝咳正弦╳呷′正弦 如題

咳＝六○分四一、五秒

呷′＝八○度一九分一九秒

咳正弦對＝八、二四六八三三

呷′正弦對＝九、九九三七七五

啐正弦對＝八、二四○六○八

檢正弦表得啐五十九分四十九秒又百分秒之六十七、卽月高度視差、

設金星地平視差三十秒、高度三十度、求此星高度視差、

答二十六秒、

準本節上式 啐＝咳╳呷′正弦 如題

咳＝三○秒

九○度⊤三○度＝呷′＝六○度

咳對＝一、四七七一

呷′正弦對＝九、九三七五

啐對＝一、四一四六

檢表、得啐二十六秒、卽金星高度視差、

設火星地平視差十秒、高度二十四度、求此星高度視差、

答九秒又十分秒之一、

設太陽地平視差八秒又十分秒之七、高度一十六度、求太陽高度視差、

答八秒又百分秒之二十七、

設月地平視差六十分四十一秒又十分秒之五、眞距天頂度七十九度一十九分二十九秒又百分秒之三十三、求月高度視差。

答五十九分四十九秒又百分秒之六十七、

準本節㊁式

晬正切＝（一丅咳正弦╳呷餘弦）／（咳正弦╳呷正弦）

如題

咳＝六〇分四一、五秒

呷＝七九度一九分二九、三三秒

咳正弦對＝八、二四六八三三〇

呷餘弦對＝九、二六七七三七二

（咳正弦╳呷餘弦）對＝七、五一四五七〇二

檢表

得

、〇〇三二七〇一

則

一丅、〇〇三二七〇一

＝〇、九九六七二九九

＝一丅咳正弦╳呷餘弦

咳正弦對＝八、二四六八三三〇

呷正弦對＝九、九九二四一七九

相加＝八、二三九二五〇九

（一丅咳正弦╳呷餘弦）對＝九、九九八五七七五

晬正切對＝八、二四〇六七三四

檢正切表、得晬五十九分四十九秒又百分秒之六十七、卽月高度視差、

按地球係橢圓形、非正圓形、兩極之處微橢、故兩極徑較赤道徑微短、如圖、丑甲子甲爲地球、甲甲爲南北兩極、子丑爲赤道、

第三節

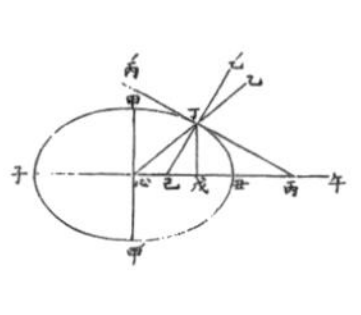

心爲地心、心甲地半徑、小於心丑地半徑、丁爲某處、丙丙爲地平線、乙己正交丙丙、乙爲天頂、設地爲正圓、則引長乙丁線、必交於心點、如乙丁心線、因爲橢形、故不交於心、而交於己、如乙丁己線、按五卷所求得北極出地度、皆爲丁己丑角、名爲視北極出地度、命爲晻、如地爲正圓、則北極出地度、卽爲丁心丑角、名爲地心北極出地度、命爲晻′、心丁己角、名爲垂線高角、

推垂線高角

按前圖、命心甲爲壬、心丑爲癸、取心爲原點、心丑橫軸爲天、心甲縱軸爲地、丁點橫線爲天′、縱線爲地′

準丑子丁橢圓公式、

癸²／天′² 丄 壬²／地′²＝一

丙丁丙′切線公式、

癸²／（天╳天′） 丄 壬²／（地╳地′）＝一

故

丁丙午角正切＝丅（癸²╳地′）／（壬²╳天′）

丁丙午角正切＝丅丁丙心角正切＝丁己丑角餘切＝丅晻餘切

所以

晻餘切＝（癸²╳地′）／（壬²╳天′）

晻正切＝（壬²╳天′）／（癸²╳地′）

而

丁心丑角正切＝心戊／丁戊

晻′正切＝天′／地′

故

晻正切＝壬²／癸² ╳ 晻′正切 ㊀

晻′正切＝癸²／壬² ╳ 晻正切 ㊁

而得晻、

第四節

則 $垂線高角 = 𠹠\ 丅\ 𠹠'$　㈡式內 $\frac{癸^2}{壬^2} = .九九三三二五四$ 爲定數、

設北京視北極出地三十九度五十五分、求地心北極出地度及垂線高角、

答地心北極出地三十九度四十三分四十秒又十分秒之六、垂線高角一十一分一十九秒又十分秒之四、

準本節㈡式、$𠹠'正切 = \frac{癸^2}{壬^2} \times 𠹠正切$　如題

$\frac{癸^2}{壬^2} = .九九三三二五四$

$𠹠 = 三九度\ 五五分$

$對\frac{癸^2}{壬^2} = 九.九九七〇九一六$

$對𠹠正切 = 九.九二二五三〇四$

$對𠹠'正切 = 九.九一九六二二〇$

檢正切表得𠹠'三十九度四十三分四十秒又十分秒之六、卽地心北極出地度、

$垂線高角 = 𠹠\ 丅\ 𠹠' = (三九度\ 五五分)\ 丅\ (三九度\ 四三分\ 四〇.六秒)$

$= 〇度\ 一一分\ 一九.四秒$

設某處視北極出地四十度、求地心北極出地度及垂線高角、

答地心北極出地三十九度四十八分四十秒又百分秒之二十四、垂線高角一十一分一十九秒又百分秒之七十六、

準前論、月地平視差角正弦、等於地半徑以月地距除之、因地非正圓、各處地半徑不同、故各處地平視差亦不同、赤道之地半徑大、故視差角亦大、兩極之地半徑小、故視差角亦小、所以求視差角、須先求某處地半徑、

求某處地半徑、如圖、乙丙爲赤道徑、甲爲北極、丁爲某處、丁心爲某處地半徑、命爲子、丁點橫線爲天、縱線爲地、丁處北極出地度爲𠹠、丁心丙角爲𠹠'、心甲爲壬、心丙爲癸、準橢圓公式、

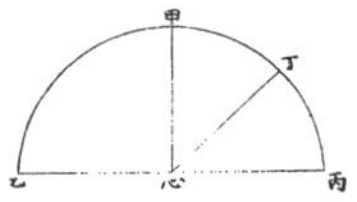

$\frac{癸^2}{天^2}\ 丄\ \frac{壬^2}{地^2} = 一$

$天 = 子 \times 𠹠'餘弦$

$地 = 子 \times 𠹠'正弦$

所以

$\frac{癸^2}{子^2 \times 𠹠'餘弦^2}\ 丄\ \frac{壬^2}{子^2 \times 𠹠'正弦^2} = 一$

準本卷第四節㈠式、

$𠹠正切 = \frac{壬^2}{癸^2} \times 𠹠'正切$

所以

$壬 = \frac{𠹠正弦}{癸^2 \times 𠹠'正切}$

$$\frac{癸'}{子'}\times\frac{吔'餘弦}{}\;\frac{癸'\times吔'正切}{子'\times吔'正切\times吔正切}=1$$

$$\frac{癸'}{子'}\left(吔'餘弦\;\frac{吔'餘弦}{吔'正弦\times吔'餘弦\times吔正弦}\right)=1$$

$$\frac{癸'}{子'}\times吔'餘弦\left(\frac{吔'餘弦}{吔'餘弦\times吔'餘弦+吔'正弦\times吔正弦}\right)=1$$

$$\frac{癸'}{子'}\times\frac{吔'餘弦}{吔'餘弦\times(吔'丁吔')餘弦}=1$$

$$子'=\frac{吔'餘弦\times(吔'丁吔')餘弦}{癸\times吔'餘弦}$$

故

$$子=癸\sqrt{\frac{吔'餘弦\times(吔'丁吔')餘弦}{吔餘弦}}$$

設赤道半徑等於一、則

$$子=\sqrt{\frac{吔'餘弦\times(吔'丁吔')餘弦}{吔餘弦}}$$

爲求某處地半徑公式、

星學發軔　卷七　十

設赤道半徑爲一、求北京地半徑、

答〇、九九八六二八、

準上式、

$$子=\sqrt{\frac{吔'餘弦\times(吔丁吔')餘弦}{吔餘弦}}$$

按前法、求得

吔' = 三九度　四三分　四〇、六秒

吔丁吔' = 〇〇度　一一分　一九、四秒

吔 = 三九度　五五分

吔'餘弦對 = 九、八八五九七八〇

(吔丁吔')餘弦對 = 九、九九九九九七六

吔'餘弦×(吔丁吔')餘弦對 = 九、八八五九七五六

第六節

地餘弦對 = 九、八八四七八三二

吔'餘弦×(吔丁吔')餘弦對 = 九、八八五九七五六

二 | 一九、九九八八〇七六

子對 = 九、九九九四〇三八

所以

北京地半徑對 = 九、九九九四〇三八

檢表、得

、九九八六二八

卽北京地半徑、

設赤道半徑爲一、某處北極出地四十度、求某處地半徑、

答〇、九九八六二六、

星學發軔　卷七　十一

如前法、求得

某處地半徑對 = 九、九九九四〇二七

檢表、得

九九八六二六

卽某處地半徑、

求某處諸曜地平視差

命呻爲赤道半徑、呻'爲某處地半徑、咳爲赤道地平視差、咳'爲某處地平視差、哂爲月地距、

準本卷第二節、

$$咳正弦=\frac{呻}{哂}$$

$$咳'正弦=\frac{呻'}{哂}$$

$$\frac{咳'正弦}{咳正弦}=\frac{呻'}{呻}$$

$$咳'正弦=\frac{咳正弦\times呻'}{呻}$$

設

$$呻=一$$

則

$$咳'正弦=呻'\times咳正弦$$

咳為數俱極小故 $\text{咳}'=\text{呻}'\times\text{咳}$ 所以用某處地半徑與赤道地平視差相乘即得某處地平視差

設月赤道地平視差五十三分求月北京地平視差

答五十二分五十五秒又百分秒之六十四

準上式 $\text{咳}'=\text{呻}'\times\text{咳}$ 如題

$\text{咳}=\text{五三分}=\text{三五四〇秒}$

$\text{對呻}'=\text{九、九九九四〇四八}$

$\text{對咳}=\text{三、五〇二四二七一}$

$\text{對咳}'=\text{三、五〇一八三一九}$

檢表得月北京地平視差三千一百七十五秒又百分秒之六十四收分得五十二分五十五秒又百分秒之六十四

設月赤道地平視差五十九分某處北極出地四十度求月某處地平視差

答五十八分五十五秒又百分秒之一十三

設月赤道地平視差五十三分某處北極出地四十二度二十二分四十八秒又十分秒之六求月某處地平視差

答五十二分五十五秒又百分秒之一十五

求月赤經度視差

如圖甲為天頂乙為北極丙為月眞方位因視差見月於丁故丁為月視方位丙丁為高度視差求丙乙丁赤經度視差角甲丁為月視距天頂度甲丙為月實距天頂度

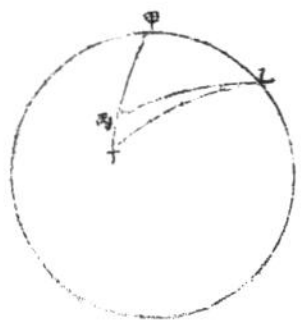

命

$\text{丙丁}=\text{啐}$

$\text{甲丁}=\text{呷}'$

$\text{丙乙丁角}=\text{咂}$

$\text{星赤緯度}=\text{叱}$

$\text{星赤經度}=\text{吧}$

$\text{恒星時}=\text{嗨}$

命

咳為某處地平視差春分點過午線若干度分秒為嗨月距春分點為吧所以月之時角等於 吧丅嗨 故

$\text{甲乙丙角}=\text{吧丅嗨}$

$\text{甲乙丁角}=\text{吧丅嗨丄咂}$

準丙乙丁三角形

$$\frac{\text{丙丁正弦}}{\text{丙乙丁角正弦}}=\frac{\text{丙乙正弦}}{\text{乙丁丙角正弦}}$$

又準甲乙丁三角形

$$\frac{\text{甲丁正弦}}{\text{甲乙丁角正弦}}=\frac{\text{甲乙正弦}}{\text{乙丁丙角正弦}}$$

則

$$\frac{\text{丙丁正弦}}{\text{丙乙丁角正弦}}\times\frac{\text{甲乙丁角正弦}}{\text{甲丁正弦}}=\frac{\text{丙乙正弦}}{\text{甲乙正弦}}$$

準本卷第二節㈠式

$$\text{丙丁正弦}=\text{呷}'\text{正弦}\times\text{咳}'\text{正弦}=\text{咳}'\text{正弦}\times\text{甲丁正弦}$$

所以

$$\frac{\text{咳}'\text{正弦}\times\text{甲丁正弦}\times(\text{吧丅嗨丄咂})\text{正弦}}{\text{咂正弦}\times\text{甲丁正弦}}=\frac{\text{叱餘弦}}{\text{叱}'\text{餘弦}}$$

故

$$\text{咂正弦}=\frac{\text{叱餘弦}}{\text{咳}'\text{正弦}\times\text{叱}'\text{餘弦}}\times(\text{吧丅嗨丄咂})\text{正弦}$$

命

㊀ 子＝吃餘弦／(咳正弦×唬餘弦)

則

啞正弦＝子×(吃丅時⊥啞)正弦＝子(吃丅時)正弦×啞餘弦⊥子×(吃丅時)餘弦×啞正弦

啞正弦×(一丅子×(吃丅時)餘弦)＝子×(吃　時)正弦×啞餘弦

啞正切＝子×(吃丅時)正弦／(一丅子×(吃丅時)餘弦)

如法、變得

㊁ 啞＝子(吃丅時)正弦／一秒正弦⊥子二×二(吃丅時)正弦／二秒正弦⊥子三×三(吃丅時)正弦／三秒正弦⊥……

為求月赤

經度視差公式、星在午線東之視差、令赤經度漸增、在午線西之視差、令赤經度漸減、星在午線東、眞赤經度加啞、得視赤經度、星在午線西、眞赤經度減啞、得視赤經度、

設北京春分日亥正、月眞赤經度四十五度零五分、赤緯北十三度二十四分、地平視差五十九分、求北京月赤經度視差及視赤經度、

答赤經度視差負四十四分四十九秒又百分秒之二十八、視赤經度四十四度二十分一十秒又百分秒之七十二、

法以亥正太陽時變為恒星時、得十小時零一分三十八秒又百分秒之五十六、變度為一百五十度二十四分三十八秒又十分秒之四、命為時、赤經度四十五度零五分、命為吃、春分日太陽與春分點同在午線上故午正恒星時為〇時

如圖、甲為天頂、乙為北極、丁為春分點、

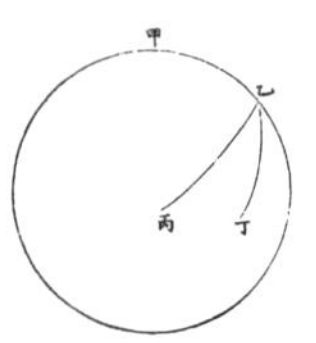

在午線西、成甲乙丁角一百五十度二十四分三十八秒又十分秒之四、丙為月、丙乙丁為月赤經度四十五度零五分、故月在午線西、成角一百零五度一十九分三十八秒又十分秒之四、如題、

北京地心北極出地三十九度四十三分四十秒又十分秒之

六為唬、地平視差五十九分為咳、太陽時變為恒星時又變為一百五十度二十四分三十八秒又十分秒之四為時、眞赤經度四十五度零五分為吃、赤緯北十三度二十分為吃、

準本節㊀式、

子＝吃餘弦／(咳正弦×唬餘弦)

咳正弦對＝八、二三四五五六八

唬餘弦對＝九、八八五九七六〇

相加＝八、一二〇五三二八

吃餘弦對＝九、九八八〇一二八

子對＝八、一三二五二〇〇

準本節㊁

式、

呾＝＝一秒正弦／子╳(叱丅畤)正弦｜二秒正弦／子²╳二(叱丅畤)正弦｜三秒正弦／子³╳三(叱丅畤)正弦｜……

叱丅畤＝＝丅一〇五度　一九分　三八、四秒

子對＝＝八、一三二五二〇〇

(叱丅畤)正弦對＝＝丅九、九八四二七〇四

一秒餘割對＝＝五、三一四四二五〇

一秒正弦／子╳(叱丅畤)正弦　對＝＝三、四三一二一五四

檢表、得

丅二六九九、〇八秒

又

子²對＝＝六、二六五〇四

二(叱丅畤)正弦對＝＝九、七〇七四六

二秒餘割對＝＝五、〇一三四

二秒正弦／子²╳二(叱丅畤)正弦　對＝＝〇、九八五九

檢表、得

⊥九、六八〇秒

又

子³對＝＝四、三九七

三(叱丅畤)正弦對＝＝九、八四二

三秒餘割對＝＝四、八三七

三秒正弦／子³╳三(叱丅畤)正弦　對＝＝九、〇七六

檢表、得

⊥〇、一一九秒

呾＝＝丅二六九九、〇八秒⊥九、六八〇秒⊥〇、一一九秒

＝＝丅二六八九、二八一秒＝＝丅四四分四九、二八秒＝＝赤經度覩差

眞赤經度＝＝四五度　〇五分

赤經度覩差＝＝丅四四分　四九、二八秒

月覩赤經度＝＝四四度　二〇分　一〇、七二秒

設某處北極出地三十九度五十七分零七秒、月赤緯北二十六度二十三分零三秒又十分秒之六時角三十二度三十九分四十九秒又十分秒之五、地平視差五十七分零七秒又十分秒之五、求某處月赤經度覩差、

答二十六分四十六秒又百分秒之四十九、

如題

虵＝＝三九度　五七分　〇七秒

咳′＝＝〇〇度　五七分　〇七、五秒

(叱丅畤)＝＝三二度　三九分　四九、五秒

叱＝＝二六度　二三分　〇三、六秒

準本節㊀式、

子＝＝叱餘弦／咳′正弦╳虵′餘弦

咳′正弦對＝＝八、二二〇五三二

虵′餘弦對＝＝九、八八五七五四

相加＝＝八、一〇六二八六

叱餘弦對＝＝九、九五二二二七

子對＝＝八、一五四〇五九

準本節(二)式、

吧＝一秒正弦 / 子(吧丁畴)正弦 ╳ 二秒正弦 / 子╳二(吧丁畴)正弦 ╳ 三秒正弦 / 子╳三(吧丁畴)正弦 ……

子對＝八、一五四〇五九

(吧丁畴)正弦對＝九、七三二一五八

一秒餘割對＝五、三一四四二五

一秒正弦 / 子(吧丁畴)正弦 對＝三、二〇〇六四二

檢表得

一五八七、二四秒

又

子對＝六、三〇八一

二(吧丁畴)正弦對＝九、九五八四

二秒餘割對＝五、〇一三四

二秒正弦 / 子╳二(吧丁畴)正弦 對＝一、二七九九

檢表得

一九、〇五秒

又

子對＝四、四六二

三(吧丁畴)正弦對＝九、九九六

三秒餘割對＝四、八三七

三秒正弦 / 子╳三(吧丁畴)正弦 對＝九、二九五

檢表得

〇、二〇秒

吧＝一五八七、二四秒－一九、〇五秒＋〇、二秒

＝二六分四六、四九秒＝赤經度視差

月在午線東、眞赤經度加二十六分四十六秒又百分秒之四十九、月在午線西、則減、

設某處北極出地三十九度五十七分零七秒、月赤緯北二十四度零五分一十一秒又十分秒之六、時角六十一度一十分四十七秒又十分秒之四、地平視差五十九分三十六秒又十分秒之八、求某處赤經度視差、

答四十四分一十七秒又百分秒之九、

如題

吔＝三九度　五七分　〇七秒

咳＝〇〇度　五九分　三六、八秒

吧丁畴＝六一度　一〇分　四七、四秒

吧＝二四度　〇五分　一一、六秒

準本節(一)式、

子＝吧餘弦 / 咳正弦╳吔餘弦

則　　已半

亥正弦對 ═══ 八、二三九〇四八
晦餘弦對 ═══ 九、八八五八五四
相加 ═══ 八、一二四九〇二
叱餘弦對 ═══ 九、九六〇四三七
子對 ═══ 八、一六四四六五

準本節㊂式、

哑 ═ 一秒正弦 / 子(叱丁晦)正弦 | 二秒正弦 / 子²×二(叱丁晦)正弦 | 三秒正弦 / 子³×三(叱丁晦)正弦 | ……

子對 ═ 八、一六四三六五
(叱丁晦)正弦對 ═ 九、九四二五七二
一秒餘割對 ═ 五、三一一四四二五
一秒正弦 / 子(叱丁晦)正弦 對 ═ 三、四二一三六二

檢表、得

二六三八秒、五三

又

子²對 ═══ 六、三二八七
二(叱丁晦)正弦對 ═══ 九、九二六七
二秒餘割對 ═══ 五、〇一三四
二秒正弦 / 子²×二(叱丁晦)正弦 對 ═══ 一、二六八八

檢表、得

一八秒、五七

又

第八節

子³對 ═══ 四、四九三
三(叱丁晦)正弦對 ═══ ⊤八、七九一
三秒餘割對 ═══ 四、八三七
三秒正弦 / 子³×三(叱丁晦)正弦 對 ═══ ⊤八、一二一

檢表、得

⊤〇秒、〇一

哑 ═ 二六三八秒、五三 ⊥ 一八秒、五七 ⊤ 〇秒、〇一

═ 一七〇九秒、七 ═ 四分四 ═ 月赤經度視差

設某處北極出地四十一度一十四分四十二秒、月赤緯北二十四度零四分四十一秒又十分秒之七、時角六十八度零九分五十一秒又十分秒之九、地平視差五十九分三十六秒又十分秒之五、求某處月赤經度視差、

答四十五分五十六秒又十分秒之五、

設某處北極出地四十一度一十四分四十二秒、月赤緯北二十六度二十四分三十一秒又十分秒之五、時角二十三度一十三分一十二秒、地平視差五十七分零七秒又十分秒之七、求某處月赤經度視差、

答十九分一十二秒又十分秒之六、

求月赤緯度視差

如圖、甲爲天頂、乙爲北極、子丑爲赤道、丙爲月眞方位、丁爲月

視方位、丙丁爲高度視差、求乙丁與乙丙之較、即赤緯度視差、

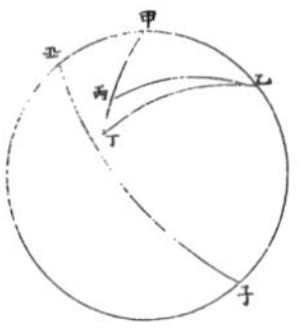

命

甲丙＝呷

甲丁＝呻'

極出地地心北＝哋'

眞赤緯度＝吃＝九〇度丅丙乙

視赤緯度＝吃'＝九〇度丅乙丁

甲乙丙角＝時

甲乙丁角＝時'

丙乙丁角＝啞＝赤經度視差＝時丅時'

地平高度視差＝咳'

赤緯度視差＝啞'

準甲乙丙三角形、

乙甲丙角餘弦＝〔乙丙餘弦丅（甲乙餘弦╳甲丙餘弦）〕／〔甲乙正弦╳甲丙正弦〕

準甲乙丁三角形、

乙甲丁角餘弦＝〔乙丁餘弦丅（甲乙餘弦╳甲丁餘弦）〕／〔甲乙正弦╳甲丁正弦〕

故

〔乙丙餘弦丅（甲乙餘弦╳甲丙餘弦）〕／〔甲乙正弦╳甲丙正弦〕＝〔乙丁餘弦丅（甲乙餘弦╳甲丁餘弦）〕／〔甲乙正弦╳甲丁正弦〕

即

〔吃正弦丅（哋正弦╳呷餘弦）〕／〔哋餘弦╳呷正弦〕＝〔吃'正弦丅（哋正弦╳呻'餘弦）〕／〔哋餘弦╳呻'正弦〕

則

（吃正弦╳呻'正弦）丅（哋'正弦╳呷餘弦╳呻'正弦）＝（吃'正弦╳呷正弦）丅（哋'正弦╳呻'餘弦╳呷正弦）

吃正弦╳呻'正弦＝（吃'正弦╳呷正弦）〔哋'正弦╳（呻'正弦╳呷餘弦丅呻'餘弦╳呷正弦）〕

吃正弦╳呻'正弦＝吃'正弦╳呷正弦〔哋'正弦╳（呻'丅呷）正弦〕

準本卷第二節㊀式、

（呻'丅呷）正弦＝丙丁正弦＝咳'正弦╳呻'正弦

吃正弦╳呻'正弦＝（吃'正弦╳呷正弦）丄（哋'正弦╳咳'正弦╳呻'正弦）

呻'正弦╳〔吃正弦丅（哋'正弦╳咳'正弦）〕＝吃'正弦╳呷正弦　㊀

又

乙丙正弦／乙甲丙角正弦＝甲丙正弦／甲乙丙角正弦　㊙

乙丁正弦／乙甲丁角正弦＝甲丁正弦／甲乙丁角正弦　㊁

㊁式除㊙式、得、

吃餘弦／吃'餘弦＝（時正弦／時'正弦）╳（呷正弦／呻'正弦）

所以

（吃'餘弦╳時'正弦）／呻'正弦＝（吃餘弦╳時正弦）／呷正弦　㊁

上㊀式、內呻'正弦以吃'餘弦╳時'正弦代、呷正弦以吃餘弦╳時正弦代之、得

吃'餘弦╳時'正弦╳〔吃正弦丅（哋'正弦╳咳'正弦）〕＝吃'正弦╳吃餘弦╳時正弦

兩邊各

以

$\text{時餘弦}\times\text{吃'餘弦}\times\text{吃餘弦}$

除之得

$\left(\text{吃正弦}丅\frac{\text{吃餘弦}}{\text{咃'正弦}\times\text{咳'正弦}}\right)\times\frac{\text{時正弦}}{\text{時'正弦}}=\text{吃'正切}$ ㊀丙

所以

$\text{吃'正切}=\text{吃正切}\times)丅\left(\frac{\text{吃正弦}}{\text{咃'正弦}\times\text{咳'正弦}}\right)\times\frac{\text{時正弦}}{\text{時'正弦}}$

按此式得吃、與吃相減、卽得赤緯度視差、惟此式不便用對數、故用後法求之、

準上㊀丙式、

$\text{吃'正切}=\left(\text{吃正切}丅\frac{\text{吃餘弦}}{\text{咃'正弦}\times\text{咳'正弦}}\right)\times\frac{\text{時正弦}}{\text{時'正弦}}$

卽

$\text{吃'正切}\times\frac{\text{時'正弦}}{\text{時正弦}}=\text{吃正切}丅\frac{\text{吃餘弦}}{\text{咳'正弦}\times\text{咃'正弦}}$

卽

$\text{吃正切}丅\left(\text{吃'正切}\times\frac{\text{時'正弦}}{\text{時正弦}}\right)=\frac{\text{吃餘弦}}{\text{咳'正弦}\times\text{咃'正弦}}$

卽

$\text{吃正切}丅\text{吃'正切}丄\text{吃'正切}丅\text{吃'正切}\times\frac{\text{時'正弦}}{\text{時正弦}}=\frac{\text{吃餘弦}}{\text{咳'正弦}\times\text{咃'正弦}}$

卽

$\frac{\text{吃餘弦}\times\text{吃'餘弦}}{(\text{吃}丅\text{吃'})\text{正弦}}丄\text{吃'正切}\times\left(\frac{\text{時'正弦}}{\text{時'正弦}丅\text{時正弦}}\right)=\frac{\text{吃餘弦}}{\text{咳'正弦}\times\text{咃'正弦}}$

亦卽

$\frac{\text{吃餘弦}\times\text{吃'餘弦}}{(\text{吃}丅\text{吃'})\text{正弦}}丄\left(\text{吃'正切}\times\frac{\text{時'正弦}}{二\left(\frac{二}{\text{時'}丅\text{時}}\right)\text{正弦}\times\left(\frac{二}{\text{時'}丄\text{時}}\right)\text{餘弦}}\right)=\frac{\text{吃餘弦}}{\text{咳'正弦}\times\text{咃'正弦}}$ ㊀丁

惟

$二\left(\frac{二}{\text{時'}丅\text{時}}\right)\text{正弦}=二\left(\frac{二}{\text{呾}}\text{正弦}\right)=\frac{\frac{二}{\text{呾}}\text{餘弦}}{\text{呾正弦}}$

準本卷第七節

$\text{呾正弦}=\frac{\text{吃餘弦}}{\text{咳'正弦}\times\text{咃'餘弦}}\times(\text{吃}丅\text{[口時]}丄\text{呾})\text{正弦}$

$\text{吃}丅\text{[口時]}丄\text{呾}=\text{時'}$

故

$\text{呾正弦}=\frac{\text{吃餘弦}}{\text{咳'正弦}\times\text{咃'餘弦}\times\text{時'正弦}}$

所以

$\frac{\frac{二}{\text{呾}}\text{餘弦}}{\text{呾正弦}}=\frac{\frac{二}{\text{呾}}\text{餘弦}\times\text{吃餘弦}}{\text{咳'正弦}\times\text{咃'餘弦}\times\text{時'正弦}}$

又

$\frac{二}{\text{時'}丄\text{時}}=\frac{二}{二\text{時}丄\text{呾}}=\text{時}丄\frac{二}{\text{呾}}$

準上㊀丁

式以

$$\frac{\tfrac{\text{二}}{\text{啞}}\text{餘弦}\times\text{吃}'\text{餘弦}}{\text{咳}'\text{正弦}\times\text{吔}'\text{餘弦}\times\text{時}'\text{正弦}}$$

代

$$\text{二}\left(\frac{\text{二}}{\text{時}'\text{丅時}}\right)\text{正弦}$$

故

$$\frac{\text{吃餘弦}\times\text{吃}'\text{餘弦}}{(\text{吃丅吃}')\text{正弦}}\;\text{丨}\;\frac{\tfrac{\text{二}}{\text{啞}}\text{餘弦}\times\text{吃餘弦}\times\text{時}'\text{正弦}}{\text{吃}'\text{正切}\times\text{咳}'\text{正弦}\times\text{吔}'\text{餘弦}\times\text{時}'\text{正弦}\times(\text{時丄}\tfrac{\text{二}}{\text{啞}})\text{餘弦}}=\frac{\text{吃餘弦}}{\text{咳}'\text{正弦}\times\text{吔}'\text{正弦}}\quad\text{(戊)}$$

命

$$\text{午餘切}=\frac{\tfrac{\text{二}}{\text{啞}}\text{餘弦}}{(\text{時丄}\tfrac{\text{二}}{\text{啞}})\text{餘弦}\times\text{吔}'\text{餘切}}\quad\text{(三)}$$

則

$$\frac{\text{吃餘弦}\times\text{吃}'\text{餘弦}}{(\text{吃丅吃}')\text{正弦}}\;\text{丨}\;\frac{\text{吃餘弦}}{\text{吃}'\text{正切}\times\text{咳}'\text{正弦}\times\text{午餘切}\times\text{吔}'\text{正弦}}=\frac{\text{吃餘弦}}{\text{咳}'\text{正弦}\times\text{吔}'\text{正弦}}$$

即

$$(\text{吃丅吃}')\text{正弦}=(\text{咳}'\text{正弦}\times\text{吔}'\text{正弦}\times\text{吃}'\text{餘弦})\text{丅}(\text{吃}'\text{正弦}\times\text{咳}'\text{正弦}\times\text{午餘切}\times\text{吔}'\text{正弦})=\text{咳}'\text{正弦}\times\text{吔}'\text{正弦}\times[\text{吃}'\text{餘弦丅}(\text{吃}'\text{正弦}\times\text{午餘切})]$$

而

$$\text{吃丅吃}'=\text{啞}'$$

則

$$\text{啞}'\text{正弦}=\frac{\text{午正弦}}{\text{咳}'\text{正弦}\times\text{吔}'\text{正弦}\times(\text{午丅吃}')\text{正弦}}$$

命

$$\text{酉}=\frac{\text{午正弦}}{\text{咳}'\text{正弦}\times\text{吔}'\text{正弦}}\quad\text{(四)}$$

所以

$$\text{啞}'\text{正弦}=\text{酉}\times(\text{午丅吃丄啞}')\text{正弦}$$

$$\text{啞}'\text{正弦}\times\{\text{一丅}(\text{酉}\times(\text{午丅吃})\text{餘弦})\}=\text{酉}\times(\text{午丅吃})\text{正弦}\times\text{啞}'\text{餘弦}$$

即

$$\text{啞}'\text{正切}=\frac{\text{一丅}(\text{酉}\times(\text{午丅吃})\text{餘弦})}{\text{酉}\times(\text{午丅吃})\text{正弦}}$$

如法變得

$$\text{啞}'=\frac{\text{一秒正弦}}{\text{酉}\times(\text{午丅吃})\text{正弦}}\;\text{丨}\;\frac{\text{二秒正弦}}{\text{酉}^{\text{二}}\times\text{二}(\text{午丅吃})\text{正弦}}\;\text{丨}\;\frac{\text{三秒正弦}}{\text{酉}^{\text{三}}\times\text{三}(\text{午丅吃})\text{正弦}}\quad\text{(五)}$$

爲求月赤緯視度差公式、

設北京地心北極出地三十九度四十三分四十秒又十分秒之六、月地平視差五十九分三十六秒又十分秒之八、眞赤緯北二十四度零五分一十一秒又十分秒之六、時角六十一度一十分四十七秒又十分秒之四、赤經度視差四十四分一十七秒又十分秒之一、求北京月赤緯度視差、

答、二十六分零八秒又百分秒之三十四、

如題

吔′＝	三九度	四三分	四〇.六秒
吃＝	二四度	〇五分	一一.六秒
咳′＝	〇〇度	五九分	三六.八秒
啞＝	〇〇度	四四分	一七.一秒
時＝	六一度	一〇分	四七.四秒
二/啞＝	〇〇度	二二分	〇八.五秒
時丄二/啞＝	六一度	三二分	五五.九秒

準本節㊂式

午餘切＝二呭餘弦 / (時⊥二呭)餘弦×吔'餘切

(時⊥二呭)餘弦對＝九、六七七九七九七

吔'餘切對＝○、○八○三七七九

相加＝九、七五八三五七六

二呭餘弦對＝九、九九九九九一○

午餘切對＝九、七五八三六六六

檢餘切表得六十度一十分三十一秒、即午、

午＝六○度　一○分　三一秒

吃＝二四度　○五分　一一、六秒

午丅吃＝三六度　○五分　一九、四秒

準本節㊃式、

酉＝午正弦 / (晐'正弦×吔'正弦)

晐'正弦對＝八、二三九○七二○

吔'正弦對＝九、八○五五九八○

相加＝八、○四四六七○○

午正弦對＝九、九三八二九五○

酉對＝八、一○六三七五○

準本節㊄式、

呭'＝一秒正弦 / 酉×(午丅吃)正弦 [二秒正弦 / 酉²×二(午丅吃)正弦] [三秒正弦 / 酉³×三(午丅吃)正弦] ……

則

酉對＝八、一○六三七五○

(午丅吃)正弦對＝九、七七○一四一六

一秒餘割對＝五、三一四四二五○

一秒正弦 / 酉×(午丅吃)正弦對＝三、一九○九四一六

檢表得

⊥一五五二・一八秒

又

酉²對＝六、二一二七五

二(午丅吃)正弦對＝九、九七八六四

二秒餘割對＝五、○一三四○

二秒正弦 / 酉²×二(午丅吃)正弦對＝一、二○四七九

檢表得、

⊥一六、○二五秒

又

酉³對＝四、三一九○

三(午丅吃)正弦對＝九、九七七五

三秒餘割對＝四、八三七○

三秒正弦 / 酉³×三(午丅吃)正弦對＝九、一三三五

檢表得

⊥○、一三六秒

所以

呭'＝一五五二、一八秒⊥一六、○二五秒⊥○、一三六秒

即

呭'＝一五六八、三四秒

即

呭'＝二六分　○八、三四秒＝月赤緯度視差

又

月眞赤緯度＝吃＝二四度　○五分　一一、六秒

赤緯度視差＝呭'＝○○度　二六分　○八、三四秒

月視赤緯度＝二三度　三九分　○三、二六秒

月視赤緯度小於眞赤緯度、於眞赤緯度內減赤緯度視差、得視赤緯度、

設某處地心北極出地三十九度五十七分零七秒、月地平視差五十九分三十六秒又十分秒之八、眞赤緯北二十四度零

五分一十一秒又十分秒之六、時角六十一度一十分四十七秒又十分秒之四、赤經度視差四十四分一十七秒又十分秒之一、求某處月赤緯度視差、

答、二十六分一十秒又十分秒之一、

如題、

咘＝三九度　五七分　○七秒

吃＝二四度　○五分　一一、六秒

咳＝○○度　五九分　三六、八秒

哑＝○○度　四四分　一七、一秒

時＝六一度　一○分　四七、四秒

準本節㊂式、

午餘切＝二哑餘弦 ／ (時|二哑)餘弦 × 咘餘切

(時|二哑)餘弦對＝九、六七七九八○

咘餘切對＝○、○七九八三四

相加＝九、七五七八一四

(二哑餘弦)對＝九、九九九九九一

午餘切對＝九、七五七八二三

檢餘切表、得

六○度　一二分　二二、二秒

卽午、

午＝六○度　一二分　二二、二秒

吃＝二四度　○五分　一一、六秒

午丅吃＝三六度　○七分　一○、六秒

準本節㊃式、

酉＝午正弦 ／ 咳正弦 × 咘正弦

咳正弦對＝八、二三九○四八

咘正弦對＝九、八○五九一九

相加＝八、○四四九六七

午正弦對＝九、九三八四二九

酉對＝八、一○六五三八

準本節㊄式、

哑＝一秒正弦 ／ 酉(午丅吃)正弦 ∣ 二秒正弦 ／ 酉²×二(午丅吃)正弦 ∣ 三秒正弦 ／ 酉³×三(午丅吃)正弦 ∣ 、

酉對＝八、一○六五三八

(午丅吃)正弦對＝九、七七○四六四

一秒餘割對＝五、三一四四二五

一秒正弦 ／ 酉(午丅吃)正弦 對＝三、一九一四二七

檢表、得

一五五三、九一秒

又

酉²對＝六、二一三一

二(午丅吃)正弦對＝九、九七八八

二秒餘割對＝五、○一三四

二秒正弦 ／ 酉²×二(午丅吃)正弦 對＝一、二○五三

檢表、得

一六、○四秒

又

酉³對＝四、三二○

三(午丅吃)正弦對＝九、九七七

三秒餘割對＝四、八三七

三秒正弦 ／ 酉³×三(午丅吃)正弦 對＝九、一三四

檢表、得

○、一四秒

哑＝一五五三、九一－一六、○四＋○、一四秒

卽

月赤緯度視差＝哑＝二六分　一○、一秒

月實赤緯度＝吃＝二四度　○五分　一一、六秒

赤緯度視差＝哑＝○度　二六分　一○、一秒

月視赤緯度＝二三度　三九分　○一、五秒

設某處地心北極出地三十九度五十七分零七秒、月地平視差五十七分零七秒又十分秒之五、眞赤緯北二十六度二十三分零三秒又十分秒之六、時角三十二度三十九分四十九秒又十分秒之五、赤經度視差二十六分四十六秒又十分秒之五、求某處月赤緯度視差及視赤緯度、

答、月赤緯度視差一十六分三十四秒又十分秒之九、視赤緯度二十六度零六分二十八秒又十分秒之七、

設某處地心北極出地四十一度一十四分四十二秒、月地平視差五十九分三十六秒又十分秒之五、眞赤緯北二十四度

零四分四十一秒又十分秒之七、時角六十八度零九分五十一秒又十分秒之九、赤經度視差四十五分五十六秒又十分秒之五、求某處月赤緯度視差、

答、二十九分一十七秒又十分秒之九、

設某處地心北極出地四十一度一十四分四十二秒、月地平視差五十七分零七秒又十分秒之七、眞赤緯北二十六度二十四分三十一秒又十分秒之五、時角二十三度一十三分一十二秒、赤經度視差一十九分一十二秒又十分秒之六、求某處月赤緯度視差、

答、一十六分一十五秒又十分秒之八、

第九節

求

卯正弦／卯′正弦 ＝ (午丁吃)正弦／(午丁吃丄吜′)正弦

以便推因高度之月視半徑漸增之數、準本卷第八節㊂式、

午餘切 ＝ 二吜餘弦／((時丄二吜)餘弦 × 吃′餘切)

可推

卯正弦／卯′正弦 ＝ (午丁吃)正弦／(午丁吃丄吜′)正弦

如圖、甲為天

頂、乙為北極、子丑為赤道、丙為星實方位、丁為星視方位、作乙戊線、平分丙乙丁角、次作甲丁線、正交乙戊、

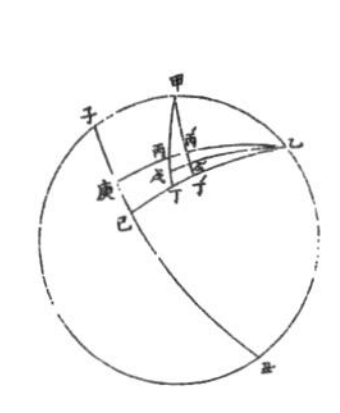

命

甲乙丙角 ＝ 時

丙乙丁角 ＝ 吜

甲丙 ＝ 卯

甲丁 ＝ 卯′

丙庚 ＝ 吃

丁己－丙庚 ＝ 吜

丙乙戊角 ＝ 二吜

甲乙戊角 ＝ 時⊥二吜

丙乙戊與丁乙戊兩三角形相等、故丙乙等於丁乙、則乙丁戊角等於乙丙戊角、

$甲乙戊角餘弦 = 乙'戊正切 \times 甲乙餘切 = 乙'戊正切 \times 咃'正切$ ㊀

$丙'乙戊角餘弦 = 乙'戊正切 \times 乙'丙餘切$

$\frac{二}{吜}餘弦 = 乙'戊正切 \times 乙'丙餘切$

則

$乙'戊正切 = \frac{二}{吜}餘弦 \times 乙'丙正切$

㊀式內、以 $\frac{二}{吜}餘弦 \times 乙'丙正切$ 代乙戊正切、則

$甲乙戊角餘弦 = \frac{二}{吜}餘弦 \times 乙'丙正切 \times 咃'正切$

所以

$乙'丙正切 = \frac{\frac{二}{吜}餘弦}{(時 \perp \frac{二}{吜})餘弦 \times 咃'餘切} = 午餘切$

故

$庚'丙餘切 = 午餘切$

即

$庚'丙 = 午$

$庚'丙 = 叱$

$庚'丙 \top 庚丙 = 丙'丙 = 午 \top 叱$

$吜' = 庚丙 \top 巳'丁$

$巳'丁 = 丙庚 \top 吜' = 叱 \top 吜'$

$巳'丁 = 午$

$巳'丁 \top 巳丁 = 丁'丁 = 午 \top 叱 \perp 吜'$

$\frac{丁'丁正弦}{甲丁正弦} = \frac{丁甲'丁角正弦}{丁'丁甲角正弦}$

$\frac{丙'丙正弦}{甲丙正弦} = \frac{丁甲'丁角正弦}{丙'丙甲角正弦}$

惟

$丁'丁甲角正弦 = 丙'丙甲角正弦$

則

$\frac{丁'丁正弦}{甲丁正弦} = \frac{丙'丙正弦}{甲丙正弦}$

即

$\frac{(午 \top 叱 \perp 吜')正弦}{呷'正弦} = \frac{(午 \top 叱)正弦}{呷正弦}$

所以

$\frac{呷正弦}{呷'正弦} = \frac{(午 \top 叱)正弦}{(午 \top 叱 \perp 吜')正弦}$ ㊁

即得所求、

第十節

求每小時赤經度視差之變、

準本卷第七節、

$吜正弦 = \frac{叱餘弦}{咳'正弦 \times 咃'餘弦} \times (叱 \top 時 \perp 吜)正弦$

因

$(叱 \top 時 \perp 吜) = 時'$

故

$吜正弦 = \frac{叱餘弦}{咳'正弦 \times 咃'餘弦 \times 時'正弦}$

準微分理、則

$吜餘弦 \times 徆 = \frac{叱餘弦}{咳'正弦 \times 咃'餘弦 \times 時'餘弦} \times 徛'$

因咳吜兩角俱極小、所以

$咳'正弦約 = 咳'$

$吜餘弦約 = 一$

$時'餘弦約 = 時餘弦$

因題內所求爲一小時之差、所以

$徛' = 一小時 = 十五度$

$徛'按周徑率 = \frac{一八〇}{一五 \times 三、一四一五九二六}$

$= 、二六一八$

所以

$徆 = \frac{叱餘弦}{咳' \times 咃'餘弦 \times 時'餘弦 \times 、二六一八}$ ㊀

爲求每小時月赤經度視差之變公式、

設北京地心北極出地三十九度四十三分四十秒又十分秒

之六月地平視差五十七分、赤緯北二十五度、時角五十度、求月每小時赤經度視差之變、

答四百八十八秒又百分秒之三十八、

如題

$$\text{吃}=\text{二五度}$$

$$\text{咳}'=\text{五七分}$$

$$\text{咃}'=\text{三九度}\ \text{四三分}\ \text{四〇.六秒}$$

$$\text{時}=\text{五〇度}$$

準本節㊀式、

$$\text{徑}=\frac{\text{吃餘弦}}{\text{咳}'\times\text{咃}'\text{餘弦}\times\text{時餘弦}\times.\text{二六一八}}$$

則

$$\text{咳}'\text{對}=\text{三.五三四〇二六〇}$$

$$\text{咃}'\text{餘弦對}=\text{九.八八五九七六〇}$$

$$\text{時餘弦對}=\text{九.八〇八〇六七〇}$$

$$.\text{二六一八對}=\text{九.四一七九六九〇}$$

$$\text{相加}=\text{二.六四六〇三八〇}$$

$$\text{吃餘弦對}=\text{九.九五七二七五七}$$

$$\text{徑對}=\text{二.六八八七六二三}$$

檢表得徑四百八十八秒又百分秒之三十八、卽月每小時赤經度視差之變、

設某處地心北極出地四十二度一十一分二十一秒、月地平視差六十一分、赤緯北二十度、時角十五度、求月每小時赤經度視差之變、

答七百二十九秒又十分秒之八、

設某處地心北極出地四十二度一十一分二十一秒、月地平視差五十七分、時角五十度、赤緯北二十五度、求月每小時赤經度視差之變、

答四百七十秒又十分秒之五、

第十一節

求每小時赤緯度視差之變、

準本卷第八節㊄式

$$\frac{\text{吃餘弦}\times\text{吃}'\text{餘弦}}{(\text{吃}\,丅\,\text{吃}')\text{正弦}}\ 丅\ \frac{\frac{\text{二}}{\text{啞}}\text{餘弦}\times\text{吃餘弦}}{\text{吃}'\text{正切}\times\text{咳}'\text{正弦}\times\text{咃}'\text{餘弦}\times\left(\text{時}\,丄\,\frac{\text{二}}{\text{啞}}\right)\text{餘弦}}=\frac{\text{吃餘弦}}{\text{咳}'\text{正弦}\times\text{咃}'\text{正弦}}$$

$$\text{吃}\,丅\,\text{吃}'=\text{啞}'$$

上式互通、得

$$\text{啞}'\text{正弦}=\text{咳}'\text{正弦}\times\text{咃}'\text{正弦}\times\text{吃}'\text{餘弦}\ 丅\left[\text{咳}'\text{正弦}\times\text{咃}'\text{餘弦}\times\left(\text{時}\,丄\,\frac{\text{二}}{\text{啞}}\right)\text{餘弦}\times\frac{\text{二}}{\text{啞}}\text{餘割}\times\text{吃}'\text{正弦}\right]$$

以啞代啞正弦、

以咳代咳正弦、以乞餘弦代乞餘弦、以時餘弦代（時丄$\frac{二}{亞}$）餘弦以乞正弦代乞正弦、

餘割$\frac{二}{亞}$約等於一、則

亞′＝（咳′×地′餘弦×乞餘弦）丄（咳′×地′餘弦×時餘弦×乞正弦）

準微分理、則

徵′＝咳′×地′餘弦×乞正弦×時正弦×角

按本卷第十節

角＝○.二六一八

所以

徵′＝咳′×地′餘弦×乞正弦×時正弦×.二六一八㊀

為求每小時月赤緯度視差之變公式、

設在北京、地心北極出地三十九度四十三分四十秒又十分秒之六、月地平視差五十七分、赤緯北二十五度、時角五十度、求每小時月赤緯度視差之變、

答、二百二十二秒又百分秒之九十四、

如題

咳′＝五七分

地′＝三九度　四三分　四○.六秒

乞＝二五度

時＝五○度

準本節㊀式

徵′＝咳′×地′餘弦×乞正弦×時正弦×.二六一八

則

咳′對＝三.五三四○二六○

地′餘弦對＝九.八八五九七六○

乞正弦對＝九.六二五九四八○

時正弦對＝九.八八四二五四○

.二六一八對＝九.四一七九六九○

徵′對＝二.三四八一七三○

檢表得二百二十二秒又百分秒之九十四、卽每小時月赤緯度視差之變、

設某處地心北極出地四十二度一十一分二十一秒、月地平視差六十一分、赤緯北二十度、時角十五度、求每小時月赤緯度視差之變、

答、六十二秒又十分秒之八、

設某處地心北極出地四十二度一十一分二十一秒、月地平視差五十七分、時角五十度、赤緯北二十五度、求每小時月赤緯度視差之變、

答、二百一十四秒又十分秒之八、

求因高度月視半徑漸增之數、

按航海厤書所載月視半徑、係自地心測得、設在地面某處視月出地平之時、其半徑較在地心視之畧大、月升漸高、則視半徑漸大、因物距人目愈近、則其視角（視角者係物於目所成之角也）愈大、如圖、

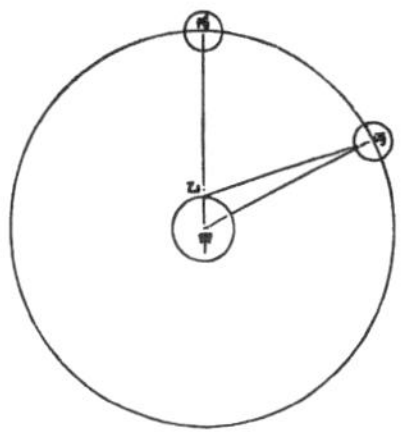

自地心視月、月距地如甲丙、自地面乙處視月、月距地如乙丙、乙丙較小於甲丙、所以乙處測月、比甲處測月、其視半徑較大、而月在丙處、其視半徑最大、故月出地平漸高、其視半徑漸增、如次圖、乙爲地心、甲爲某處地面、丙爲月心、丙丁丙戊俱爲月半徑、甲乙爲地半徑、丙乙丁角、卽由地心所見月之視半徑、丙甲戊角、卽由地面所見月之視半徑、

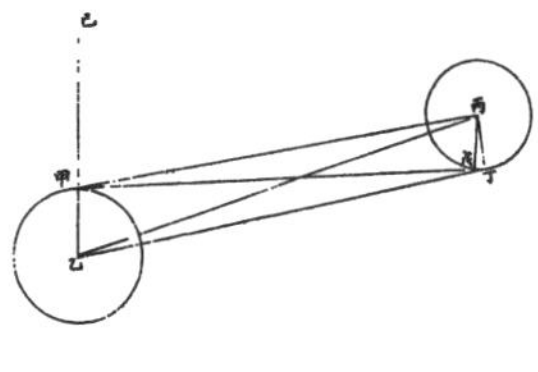

命

$$\text{丑}=\text{丙乙丁角}$$

$$\text{丑}'=\text{丙甲戊角}$$

$$\text{呷}=\text{己乙丙角}$$

$$\text{呷}'=\text{己甲丙角}$$

$$\text{呷}'-\text{呷}=\text{甲丙乙角}=\text{啐}=\text{高度視差}$$

$$\text{丑}'\text{正弦}=\frac{\text{丙戊}}{\text{丙甲}}$$

$$\text{丑正弦}=\frac{\text{丙丁}}{\text{丙乙}}$$

則

$$\frac{\text{丑}'\text{正弦}}{\text{丑正弦}}=\frac{\text{丙乙}}{\text{丙甲}}=\frac{\text{呷}'\text{正弦}}{\text{呷正弦}}$$

所以

$$\text{丑}'\text{正弦}=\frac{\text{丑正弦}\times\text{呷}'\text{正弦}}{\text{呷正弦}}$$

因

丑與丑'爲數俱極小、故

$$\text{丑}'=\frac{\text{丑}\times\text{呷}'\text{正弦}}{\text{呷正弦}}$$

$$\text{丑}'-\text{丑}=\frac{\text{丑}\times\text{呷}'\text{正弦}}{\text{呷正弦}}-\text{丑}$$

$$\text{丑}'-\text{丑}=\text{丑}\left(\frac{\text{呷}'\text{正弦}-\text{呷正弦}}{\text{呷正弦}}\right)$$

卽

$$\text{丑}'-\text{丑}=\frac{\text{二丑}\times\left(\frac{\text{呷}'-\text{呷}}{\text{二}}\right)\text{正弦}\left(\frac{\text{呷}'+\text{呷}}{\text{二}}\right)\text{餘弦}}{\text{呷正弦}}$$

因

$$\text{啐}=\text{呷}'-\text{呷}$$

以 $\text{呷}'-\text{啐}$ 代呷、故

$$\text{丑}'-\text{丑}=\frac{\text{二丑}\times\left(\frac{\text{啐}}{\text{二}}\right)\text{正弦}\left(\text{呷}'-\frac{\text{啐}}{\text{二}}\right)\text{餘弦}}{(\text{呷}'-\text{啐})\text{正弦}}$$

又因

$$\text{二}\left(\frac{\text{啐}}{\text{二}}\right)\text{正弦}=\text{啐}\times\text{一秒正弦}$$

所以

$$\text{丑}'-\text{丑}=\frac{\text{丑}\times\text{啐}\times\text{一秒正弦}\times\left(\text{呷}'\text{餘弦}\times\left(\frac{\text{啐}}{\text{二}}\right)\text{餘弦}+\text{呷}'\text{正弦}\times\left(\frac{\text{啐}}{\text{二}}\right)\text{正弦}\right)}{\text{呷}'\text{正弦}\times\text{啐餘弦}-\text{呷}'\text{餘弦}\times\text{啐正弦}}$$

因啐極小、故啐餘弦約等於一、啐正弦約等於

$$\text{啐}\times\frac{一}{\text{秒正弦}}$$

故

$$\text{丑}'\text{丅丑}=\frac{\text{呷}'\text{正弦}\perp\text{呷}'\text{餘弦}\times\text{啐}\times\frac{一}{\text{秒正弦}}}{\text{丑}\times\text{啐}\times\frac{一}{\text{秒正弦}}\times\left[\text{呷}'\text{餘弦}\perp\left(\frac{二}{\text{啐}}\times\text{呷}'\text{正弦}\times\frac{一}{\text{秒正弦}}\right)\right]}$$

準太陰表

$$\text{丑}:\text{晐}::一:三.六六九七$$

令

$$\text{子}=三.六六九七$$

所以

$$\text{晐}=\text{子}\times\text{丑}$$

準本卷第二節

$$\text{啐}=\text{晐}\times\text{呷}'\text{正弦}$$

故

$$\text{啐}=\text{子}\times\text{丑}\times\text{呷}'\text{正弦}$$

所以

$$\text{丑}'\text{丅丑}=\frac{\text{呷}'\text{正弦}\perp\left[\text{呷}'\text{餘弦}\times\text{子}\times\text{丑}\times\text{呷}'\text{正弦}\times\frac{一}{\text{秒正弦}}\right]}{\text{丑}^{二}\times\text{呷}'\text{正弦}\times\text{子}\times\frac{一}{\text{秒正弦}}\times\left(\text{呷}'\text{餘弦}\perp\frac{二}{\text{子}\times\text{丑}\times\text{呷}'\text{正弦}\times\frac{一}{\text{秒正弦}}}\right)}$$

令

$$\text{未}=\text{子}\times\frac{一}{\text{秒正弦}}=.○○○○一七七九$$

則

$$\text{丑}'\text{丅丑}=\frac{一\text{丅丑}\times\text{呷}'\text{餘弦}\times\text{未}}{\text{丑}^{二}\times\text{未}\times\left(\text{呷}'\text{餘弦}\perp\frac{二}{\text{丑}\times\text{呷}'\text{正弦}^{二}\times\text{未}}\right)}$$

以

$$一\text{丅丑}\times\text{呷}'\text{餘弦}\times\text{未}$$

除

$$\text{呷}'\text{餘弦}\perp\frac{二}{\text{丑}\times\text{呷}'\text{正弦}^{二}\times\text{未}}$$

得

$$\text{呷}'\text{餘弦}\perp\frac{三}{二}\text{未}\times\text{丑}\perp\frac{三}{二}\text{未}\times\text{丑}\times\text{呷}'\text{餘弦}^{二}$$

故

$$\text{丑}'\text{丅丑}=\text{未}\times\text{丑}^{二}\left[\text{呷}'\text{餘弦}\perp\frac{三}{二}\text{未}\times\text{丑}\perp\frac{三}{二}\text{未}\times\text{丑}\times\text{呷}'\text{餘弦}^{二}\right]$$

卽

$$\text{丑}'\text{丅丑}=\text{未}\times\text{丑}^{二}\times\text{呷}'\text{餘弦}\perp\frac{三}{二}\text{未}^{二}\times\text{丑}^{三}\perp\frac{三}{二}\text{未}^{二}\times\text{丑}^{三}\times\text{呷}'\text{餘弦}^{二}$$

爲求因高度、月視半徑漸增公式、按此式

第十三節

可得$\text{丑}'\text{丅丑}$、將式內呷自一度至九十度、依式遞求$\text{丑}'\text{丅丑}$、所得之數、作第十二表、

航海麻書所載午正與子正月視半徑皆係由地心視月而測、設在地面某處某時、欲知月視半徑、必先推月高度、再以上式推之、即得所求、式內呷為月距天頂度、丑為航海麻書所載月視半徑、而

$$\text{未}=\cdot\text{○○○○一七七九}$$

為定數、

設已知月赤緯度視差、以求視半徑漸增之數、另有善法、較前尤便、

準本卷第九節㈡式、

$$\frac{\text{呷正弦}}{\text{呷}'\text{正弦}}=\frac{(\text{午丅吃})\text{正弦}}{(\text{午丅吃丄呷}')\text{正弦}}$$

惟

$$\frac{\text{呷正弦}}{\text{呷}'\text{正弦}}=\frac{\text{丑正弦}}{\text{丑}'\text{正弦}}$$

所以

$$\frac{\text{丑}}{\text{丑}'}=\frac{(\text{午丅吃})\text{正弦}}{(\text{午丅吃丄呷}')\text{正弦}}$$

即

$$\text{丑}'=\frac{(\text{午丅吃})\text{正弦}}{\text{丑}\times(\text{午丅吃丄呷}')\text{正弦}}$$

故

$$\text{丑}'\text{丅丑}=\frac{(\text{午丅吃})\text{正弦}}{\text{丑}(\text{午丅吃丄呷}')\text{正弦}}\text{丅丑}=\text{丑}\left(\frac{(\text{午丅吃})\text{正弦}}{(\text{午丅吃丄呷}')\text{正弦}\text{丅}(\text{午丅吃})\text{正弦}}\right)$$

即

$$\text{丑}'\text{丅丑}=\frac{(\text{午丅吃})\text{正弦}}{\text{二丑}\times\left(\frac{\text{二}}{\text{呷}'}\right)\text{正弦}\times\left(\text{午丅吃丄}\frac{\text{二}}{\text{呷}'}\right)\text{餘弦}}$$

因

$$\text{二}\times\frac{\text{二}}{\text{呷}'}\text{正弦約}=\text{呷}'\text{正弦}$$

所以

$$\text{丑}'\text{丅丑}=\frac{(\text{午丅吃})\text{正弦}}{\text{丑}\times\text{呷}'\text{正弦}\left[(\text{午丅吃})\text{餘弦}\times\frac{\text{二}}{\text{呷}'}\text{餘弦}\text{丅}\left((\text{午丅吃})\text{正弦}\times\frac{\text{二}}{\text{呷}'}\text{正弦}\right)\right]}$$

即

$$\text{丑}'\text{丅丑}=\frac{(\text{午丅吃})\text{正弦}}{\text{丑}\times\text{呷}'\text{正弦}\left[(\text{午丅吃})\text{餘弦}\text{丅}\left(\frac{\text{二}}{\text{一}}(\text{午丅吃})\text{正弦}\times\text{呷}'\text{正弦}\right)\right]}$$

亦即

$$\text{丑}'\text{丅丑}=\left(\text{丑}\times\text{呷}'\text{正弦}\times(\text{午丅吃})\text{餘切}\right)\text{丅}\left(\frac{\text{二}}{\text{一}}\text{丑}\times\text{呷}'\text{正弦}^{\text{二}}\right)\quad㈡$$

亦為因高度月視半徑漸增公式、

設月在地平上眞視半徑一十六分三十秒、視高度六十六度、求視半徑漸增之數、月眞視半徑、係由地心所視、

答一十六秒又百分秒之二十一、

準本卷第十二節末式、

丑′丅丑＝丑″×未×(呷′/餘弦)｜三/二 丑″×未″｜三/二×丑″×未″×(呷′/餘弦)

如題

丑＝一六分三〇秒＝九九〇秒

呷′＝二四度

未＝子×(一秒/正弦)＝三、六六九七×(一秒/正弦)

三、六六九七對＝〇、五六四六三〇六

(一秒/正弦)對＝四、六八五五七四九

未對＝五、二五〇二〇五五

丑″對＝五、九九一二八

未對＝五、二五〇二一

(呷′/餘弦)對＝九、九六〇七三

(丑″×未×(呷′/餘弦))對＝一、二〇二二二

檢表得

一五、九三秒

又

三/二對＝九、六九九〇

丑″對＝八、九八六九

未″對＝〇、五〇〇四

(三/二×丑″×未″)對＝九、一八六三

檢表得

〇、一五秒

又

三/二×丑″×未″×(呷′/餘弦)對＝九、一八六三

(呷′/餘弦)″對＝九、九二一五

(三/二×丑″×未″×(呷′/餘弦)″)對＝九、一〇七八

檢表得

〇、一三秒

則

丑′丅丑＝一五、九三秒⊥〇、一五秒

⊥〇、一三秒＝一六、二一秒

即月視半徑漸增之數、

按此題以眞視半徑一十六分三十秒、高度六十六度、查第十二表得一六、二一秒、與推得視半徑漸增之數相合、

設月在地平上、眞視半徑一十六分一十六秒、求月視半徑漸增之數、

答一十秒又百分秒之一十五、

準本節㊁式

丑′丅丑

＝丑×(啞′/正弦)(午丅吃)(餘切)

[三/二 丑×(啞′/正弦)

丑＝一六分一六秒

＝九七六秒

準本卷第八節第二題、求得

赤緯度視差、則

啞′＝二六分一〇、一秒

又

午丅吃＝三六度〇七分一一秒

丑對＝二、九八九、四五

(啞′/正弦)對＝七、八八一五〇

(午丅吃)(餘切)對＝〇、一三六八三

(丑×(啞′/正弦)×(午丅吃)(餘切))對＝一、〇〇七七八

檢表得

一〇、一八秒

又

三/二 丑″對＝二、六八八

(啞′/正弦)″對＝五、七六三

(三/二 丑×(啞′/正弦)″)對＝八、四五一

檢表得

〇、〇三秒

所以

丑′丅丑＝一〇、一八秒

丅〇、〇三秒＝一〇、一五秒

即月視半徑漸增

之數、

丑＝一六分一六秒丄一〇、一五秒

＝一六分二六、一五秒＝丑′

卽在地面之月視半徑、

設月在地平上、眞視半徑一十五分三十七秒、又十分秒之一、準本卷第八節第三題、求月視半徑漸增之數、

答一十三秒又十分秒之六、

設月在地平上、眞視半徑一十六分一十六秒、準本卷第八節第四題、求月視半徑漸增之數、

答八秒又百分秒之八十四、

星學發軔卷之七終

星學發軔　卷八

星學發軔卷之八

美國羅密士原本
天文教習英國駱三畏口譯
王鎮賢
天文館肄業生熙　璋筆述
左　庚

論補八法

航海厤書所載日月方位、俱係整時、無有奇零、設欲求日月方位於整時外、尚有分秒、必須以法求之、曰補八法、如航海厤書所載月赤經度、爲子初子正等時、即爲整時、如子初一刻二分、欲求月赤經度、則必用此法推之、

命 ㊀時′丅三時、㊁時′丅二時、㊂時′丅時、㊃時、㊄時′丄時、㊅時′丄二時、㊆時′丄三時、㊇時′丄四時、八時各挨次相距、歷時均等、如第㊇距第㊆、等於第㊆距第㊅、餘俱同、皆等於時、故以時爲主、按此八時、命月赤經度爲$甲'''$、$甲''$、$甲'$、$甲_{0}$、$甲_{,}$、$甲_{,,}$、$甲_{,,,}$、$甲_{,,,,}$、列表如左、

紀時	月赤經度之數	初次較	二次較	三次較	四次較	五次較	六次較
時′丅三時	$甲'''$	$乙'''$	$丙''$	$丁''$	$戊'$	$己'$	$庚$
時′丅二時	$甲''$	$乙''$	$丙'$	$丁'$	$戊$	$己$	$庚_{,}$
時′丅時	$甲'$	$乙'$	$丙_{0}$	$丁_{0}$	$戊_{,}$	$己_{,}$	
時′	$甲_{0}$	$乙_{0}$	$丙_{,}$	$丁_{,}$	$戊_{,,}$		
時′丄時	$甲_{,}$	$乙_{,}$	$丙_{,,}$	$丁_{,,}$			
時′丄二時	$甲_{,,}$	$乙_{,,}$	$丙_{,,,}$				
時′丄三時	$甲_{,,,}$	$乙_{,,,}$					
時′丄四時	$甲_{,,,,}$						

命 $甲''丅甲'''＝乙'''$、$甲'丅甲''＝乙''$、餘倣此、命 $乙''丅乙'''＝丙''$、$乙'丅乙''＝丙'$、餘倣此、$丙'丅丙''＝丁''$、$丙_{0}丅丙'＝丁'$、戊己庚、均倣此、命$乙$、$乙$等、爲初次較、$丙$、$丙$等、爲二次較、$丁$、$丁$等、爲三次較、$戊$、$戊$等、爲四次較、$己$、$己$等、爲五次較、$庚$、$庚$等、爲六次較、

設衍較小於時、欲求時′丄衍之時赤經度若干、（時′與時′丄時、爲整時、時′丄衍則爲時′與時′丄時兩時之間、）

準代數理、則

$$甲^{衍}＝甲_{0}丄天\times乙_{0}丄\left[\frac{天(天丅一)}{一\times二}\right]丙_{,}丄\left[\frac{天(天丅一)(天丅二)}{一\times二\times三}\right]丁_{,}丄\left[\frac{天(天丅一)(天丅二)(天丅三)}{一\times二\times三\times四}\right]戊_{,}丄\cdots\cdots\ (子)$$

式內天等於$\frac{衍}{時}$、$(甲^{衍})$即爲所求月赤經度、

設太陰赤經度、如

紀時	赤經度	初次較	二次較
二月初一日午正	八時 三四分 三六.六五秒	丄二分 五.六五秒	丅〇.二一秒
二月初一日未初	八 三六 四二.三〇	丄二 五.四四	丅〇.二一
二月初一日未正	八 三八 四七.七四	丄二 五.二三	丅〇.二三
二月初一日申初	八 四〇 五二.九七	丄二 五.〇〇	
二月初一日申正	八 四二 五七.九七		

求二月初一日、午正一刻、太陰赤經度若干、

如題、各歷時相距爲一時、則以一小時爲主、所以

$\text{時}' = \text{一時}$

$\text{術} = \text{一五分}$

$\text{天} = \frac{\text{六〇}}{\text{一五}} = \frac{\text{四}}{\text{一}}$

自午正起、則

$\text{甲}_{\circ} = \text{八時 三四分 三六.六五秒}$

$\text{乙}_{\circ} = \text{二分 五.六五秒}$

$\text{丙}_{\circ} = \text{丅〇.二一秒}$

準㊀式

$\text{甲}^{\text{術}} = \text{甲}_{\circ} \perp \text{天} \times \text{乙}_{\circ} \perp \frac{\text{一}\times\text{二}}{\text{天}(\text{天丅一})} \times \text{丙}_{\circ} \perp \frac{\text{一}\times\text{二}\times\text{三}}{\text{天}(\text{天丅一})(\text{天丅二})} \times \text{丁}_{\circ} \perp \cdots$

即

$\text{甲}^{\text{術}} = \text{八時 三四分 三六.六五秒} \perp \frac{\text{四}}{\text{一}} \times (\text{二分 五.六五秒}) \perp \frac{\text{一}\times\text{二}}{\frac{\text{四}}{\text{一}}(\frac{\text{四}}{\text{一}}\text{丅一})} \times (\text{丅〇.二一})$

即

$\text{甲}^{\text{術}} = \text{八時 三四分 三六.六五秒} \perp \text{三一.四一秒} \perp \text{〇.〇二秒}$

即

$\text{甲}^{\text{術}} = \text{八時 三五分 八.〇八秒}$

即二月初一日、午正一刻、太陰赤經度、

設於初三四五六等日、在美京太陰過午線在北極上、與在北極下之時、知其赤經度、如某處距美京西十五度、試求該處初三日、太陰過午線時、其赤經度若干、

紀時	太陰赤經度	初次較	二次較	三次較	四次較	五次較
初三日太陰極下過午綫	二二時 三七分 五九秒.五四	丄二七分 五七秒.〇一	丅五二秒.九五	丄一〇秒.二七	丄〇秒.六四	丅〇秒.六三
初三日太陰極上過午綫	二三 五 五六.五五	丄二七 四.〇六	丅四二.六八	丄一〇.九一	丄〇.〇一	丅〇.四〇
初四日太陰極下過午綫	二三 三三 〇.六一	丄二六 二一.三八	丅三一.七七	丄一〇.九二	丅〇.三九	丅〇.一七
初四日太陰極上過午綫	二三 五九 二一.九九	丄二五 四九.六一	丅二〇.八五	丄一〇.五三	丅〇.五六	
初五日太陰極下過午綫	〇 二五 一一.六〇	丄二五 二八.七六	丅一〇.三二	丄九.九七		
初五日太陰極上過午綫	〇 五〇 四〇.三六	丄二五 一八.四四	丅〇.三五			
初六日太陰極下過午綫	一 一五 五八.八〇	丄二五 一八.〇九				
初六日太陰極上過午綫	一 四一 一六.八九					

如題、

$\text{時}' = \text{一二時}$

$\text{術} = \text{一五度} = \text{一時}$

$\frac{\text{時}'}{\text{術}} = \text{天} = \frac{\text{一二}}{\text{一}}$

即

$\text{天} = \text{〇.〇八三秒}$

距美京西十五度之處、太陰過午線時、其赤經度命爲$\text{甲}^{\text{術}}$

準㊀式

$甲^{偫} = 甲_{。}丄天\times乙_{。}\Big|\frac{一\times二}{天(天丅一)}\Big|丙_{。}\Big|\frac{一\times二\times三}{天(天丅一)(天丅二)}\Big|丁_{。}$

$\Big|\frac{一\times二\times三\times四}{天(天丅一)(天丅二)(天丅三)}\Big|戊_{。}$

$\Big|\frac{一\times二\times三\times四\times五}{天(天丅一)(天丅二)(天丅三)(天丅四)}\Big|己_{。}丄\cdots\cdots$

又

甲。＝二二時　三七分　五九、五四秒

乙。＝　二七分　五七、〇一秒

丙。＝　丅五二、九五秒

丁。＝　丄一〇、二七秒

戊。＝　丄　〇、六四秒

己。＝　丅　〇、六三秒

乙。＝二七分　五七、〇一秒

天＝$\frac{二}{三}$

天×乙。＝　二分　一九、七五秒

丙。＝丅五二、九五秒

$\frac{一\times二}{天(天丅一)} = 丅、〇三八二$

$\frac{一\times二}{天(天丅一)}\Big|丙_{。}$ ＝　二、〇二三秒

丁。＝丄一〇、二七秒

$\frac{一\times二\times三}{天(天丅一)(天丅二)} = 、〇二四四$

$\frac{一\times二\times三}{天(天丅一)(天丅二)}\Big|丁_{。}$ ＝〇、二五一秒

戊。＝丄〇、六四秒

$\frac{一\times二\times三\times四}{天(天丅一)(天丅二)(天丅三)} = 丅、〇一七八$

$\frac{一\times二\times三\times四}{天(天丅一)(天丅二)(天丅三)}\Big|戊_{。}$ ＝丅〇、〇一一秒

己。＝丅〇、六三秒

$\frac{一\times二\times三\times四\times五}{天(天丅一)(天丅二)(天丅三)(天丅四)} = 、〇一三九三$

$\frac{一\times二\times三\times四\times五}{天(天丅一)(天丅二)(天丅三)(天丅四)}\Big|己_{。}$ ＝丅〇、〇〇九秒

第二節

甲。＝　二二時　三七分　五九、五四秒

$\big|$天×乙。＝　二分　一九、七五秒

$\Big|\frac{一\times二}{天(天丅一)}\Big|丙_{。}$ ＝　二、〇二秒

$\Big|\frac{一\times二\times三}{天(天丅一)(天丅二)}\Big|丁_{。}$ ＝　〇、二五秒

$\Big|\frac{一\times二\times三\times四}{天(天丅一)(天丅二)(天丅三)}\Big|戊_{。}$ ＝　丅〇、〇一秒

$\Big|\frac{一\times二\times三\times四\times五}{天(天丅一)(天丅二)(天丅三)(天丅四)}\Big|己_{。}$ ＝　丅〇、〇一秒

$甲^{偫}$ ＝　二二時　四〇分　二一、五四秒

即距美京西十五度之處、太陰過午線時之赤經度、

推求貝氏補入法之式、

設將前表倒列、如

時丄四時	時丄三時	時丄二時	時丄一時	時	時丅一時	時丅二時	時丅三時
甲‴	甲″	甲′	甲′	甲。	甲	甲″	甲‴
丅乙‴	丅乙″	丅乙′	丅乙。	丅乙	丅乙″	丅乙‴	
丙‴	丙′	丙。	丙	丙″	丙‴		
丅丁′	丅丁。	丅丁	丅丁″	丅丁‴			
戊′	戊。	戊″	戊‴				
丅己。	丅己″	丅己‴					
庚。	庚‴						

時丄偫＝時丄時′丄(偫丅時′)

命

天＝$\frac{時′}{偫}$

則

$\frac{丅時′}{偫丅時′}$＝丅天丄一

準第一節之式、自時丄時′起、

$$甲^{衎}=甲'\perp(一\top天)\times\top乙_0\perp\frac{一\times二}{(一\top天)(一\top天\top一)}\times丙$$

$$\perp\frac{一\times二\times三}{(一\top天)(一\top天\top一)(一\top天\top二)}\times丁$$

$$\perp\frac{一\times二\times三\times四}{(一\top天)(一\top天\top一)(一\top天\top二)(一\top天\top三)}\times戊\perp\cdots\cdots$$

即

$$甲^{衎}=甲'\top(一\top天)乙_0\perp\frac{一\times二}{天(一\top天)}\times丙\perp\frac{一\times二\times三}{天(一\top天)(天\perp一)}\times丁$$

$$\perp\frac{一\times二\times三\times四}{(一\top天)天(天\perp一)(天\perp二)}\times戊\perp\cdots\cdots$$

即

$$甲^{衎}=甲'\perp(天\top一)乙_0\perp\frac{一\times二}{天(天\top一)}\times丙\perp\frac{一\times二\times三}{天(天\top一)(天\perp一)}\times丁$$

$$\perp\frac{一\times二\times三\times四}{天(天\top一)(天\perp一)(天\perp二)}\times戊\perp$$

今

$$甲^{衎}=甲'\perp(天\top一)乙_0\perp\frac{一\times二}{天(天\top一)}\times丙\perp\frac{一\times二\times三}{天(天\top一)(天\perp一)}\times丁$$

$$\perp\frac{一\times二\times三\times四}{天(天\top一)(天\perp一)(天\perp二)}\times戊\perp\cdots\cdots$$ ㉅

準第一節㉀式、

$$甲^{衎}=甲_0\perp天\times乙_0\perp\frac{一\times二}{天(天\top一)}丙_0\perp\frac{一\times二\times三}{天(天\top一)(天\top二)}\times丁_0$$

$$\perp\frac{一\times二\times三\times四}{天(天\top一)(天\top二)(天\top三)}\times戊_0\perp\cdots\cdots$$ ㉀

㉀㉅二式相加折半、得

$$甲^{衎}=\frac{二}{甲_0\perp甲'}\perp天\times乙_0\perp\frac{二}{乙_0}\perp\frac{一\times二}{天(天\top一)}\times\frac{二}{丙\perp丙_0}$$

$$\perp\frac{一\times二\times三}{天(天\top一)}\times\left(\frac{二}{(天\perp一)丁'\perp(天\top二)丁_0}\right)\perp\cdots\cdots$$

惟

$$甲'\top甲_0=乙_0$$

$$\frac{二}{甲_0\perp甲'}\top\frac{二}{乙_0}=\frac{二}{甲_0\perp甲'}\top\frac{二}{甲'\top甲_0}=甲_0$$

$$\frac{二}{(天\perp一)丁'\perp(天\top二)丁_0}=\frac{二}{(天\perp一)(丁'\top戊)\perp(天\top二)(丁'\perp戊)}$$

即

$$\frac{二}{(天\perp一)丁'\perp(天\top二)丁_0}=\left(天\top\frac{二}{三}\right)丁'\top\frac{二}{(天\perp一)戊}\perp\frac{二}{(天\top二)戊}$$

則

$$甲^{衎}=甲_0\perp天\times乙_0\perp\frac{一\times二}{天(天\top一)}\times\frac{二}{丙'\perp丙_0}\perp\frac{一\times二\times三}{天(天\top一)(天\top\frac{二}{三})}\times丁'$$

$$\perp\frac{一\times二\times三\times四}{天(天\perp一)(天\top一)(天\top二)}\times\left(\frac{二}{戊'\perp戊}\right)\perp\cdots\cdots$$

此爲貝氏之式、

命

$$\frac{二}{丙_0\perp丙'}=丙\qquad\frac{二}{戊'\perp戊}=戊$$

則

$$甲^{衎}=甲_0\perp天\times乙_0\perp\frac{一\times二}{天(天\top一)}\times丙\perp\frac{一\times二\times三}{天(天\top一)(天\top\frac{二}{三})}\times丁'$$

$$\perp\frac{一\times二\times三\times四}{天(天\perp一)(天\top一)(天\top二)}\times戊\perp\cdots\cdots$$ ㊣

設於七月初九初十等日午正子正、已知太陰各赤經度、如

紀時	太陰赤經度	初次較	二次較	三次較	四次較	五次較
七月初九日午正	三時 二〇分 五六,六一秒	⊥二六分 五,四一秒	⊥二七,五七秒	⊤一,八九秒	⊤二,一九秒	⊤〇,〇六秒
七月初九日子正	三 四七 二,〇二	⊥二六 三二,九八	⊥二五,六八	⊤四,〇八	⊤二,二五	
七月初十日午正	四 一三 三五,〇〇	⊥二六 五八,六六	⊥二一,六〇	⊤六,三三		
七月初十日子正	四 四〇 三三,六六	⊥二七 二〇,二六	⊥一五,二七			
七月十一日午正	五 七 五三,九二	⊥二七 三五,五三				
七月十一日子正	五 三五 二九,四五					

試求七月初十日戌正太陰赤經度若干、

此題自初十日午正起各歷時相距十二小時、則以十二小時

為主、則

時＝一二

⿲彳時亍＝八

天＝二/八＝三

準前寅式、

甲⿲彳時亍＝甲。⊥天×乙。｛一×二/天(天⊤一)｝丙｛一×二×三/天(天⊤一)(天⊤二)｝丁

｛一×二×三×四/天(天⊥一)(天⊤一)(天⊤二)｝戊｝……

甲。＝四時 一三分 三五、〇〇秒

乙。＝ 二六分 五八、六六秒

丙＝二/二五、六八秒⊥二一、六〇秒＝二三、六四秒

丁＝ ⊤四、〇八秒

戊＝二/⊤(二、一九秒⊥二、二五秒)＝⊤二、二二秒

甲。＝四時 一三分 三五、〇〇秒

天×乙。＝三/二×二六分 五八、六六秒＝一七 五九、一〇七

一×二/天(天⊤一)｝丙＝｛九/二×二三、六四秒＝ ⊤二、六二七

一×二×三/天(天⊤一)(天⊤二)｝丁＝⊤、〇〇六一七×⊤四、〇八秒＝ 、〇二五

一×二×三×四/天(天⊥一)(天⊤一)(天⊤二)｝戊＝、〇二〇五七×⊤二、二二秒＝⊤、〇四六

甲⿲彳時亍＝四時 三一分 三一、四六秒

即所求初十日、戌正太陰赤經度、

航海厤書所載太陰黃經度、係按每日子正午正二時、若於子午之間某時、欲得太陰黃經度、則用第二十表、按前法推之最便、按二十表內、以十二小時為主、以作二十表之法、

按

天＝時′/⿲彳時亍

時′＝一二時

設

⿲彳時亍＝五分

則可得天、

一×二/天(天⊤一) 與 一×二×三/天(天⊤一)(天⊤二) 等對數、

設

⿲彳時亍＝一〇分

亦可得天、

一×二/天(天⊤一) 與 一×二×三/天(天⊤一)(天⊤二) 等、以後自十五分遞加五分、以

至十二小時、均可得天、

一×二/天(天⊤一) 與 一×二×三/天(天⊤一)(天⊤二) 等載入二十表內、

設太陰地平視差、如

紀時	太陰地平視差	初次較	二次較
正月初一午正	甲	乙	
正月初一子正	甲	乙	丙
正月初二午正	甲	乙	丙
正月初二子正	甲。	乙	丙
正月初三午正	甲′	乙′	丙
正月初三子正	甲″	乙″	丙′
正月初四午正	甲‴	乙‴	丙″
正月初四子正	甲⁗		

試求正月初三

日、丑正一刻、太陰地平視差若干、

準貝氏之式、

地平視差＝甲°丄天×乙°［(一×二)/(天(天丅一)) 丙］丄……

此題以十二小時爲主、則

時′＝一二時

微＝二時　一五分

第二十表內所載之數、係天

(一×二)/(天(天丅一))

與

(一×二×三)/(天(天丅一)(天丅二))

等之對數、

按此表、檢

十二小時之刻天對數＝九、二七三〇〇一三

(一×二)/(天(天丅一)) 對數＝丅八、八八一七九

(一×二×三)/(天(天丅一)(天丅二)) 對數＝七、八九九五二

若知甲°甲°等數、按式卽可推算、

設三月初一初二等日午正子正各時、太陰視半徑、

如

紀時	太陰視半徑	初次較	二次較	三次較
三月初一日午正	一六分 一八、〇秒			
		丅　、六		
三月初一日子正	一六 一七、四		丅、六	
		丅一、二		丄、一
三月初二日午正	一六 一大、二		丅、五	
		丅一、七		丄、一
三月初二日子正	一六 一四、五		丅、四	
		丅二、一		丄、〇
三月初三日午正	一六 一二、四		丅、四	
		丅二、五		
三月初三日子正	一六 九、九			

試求三月初二日、戌初一刻五分、太陰視半徑若干、

此題

時′＝一二時

微＝七時　二〇分

甲°＝一六分　一六、二秒

乙°＝丅一、七秒

丙＝丅〇、四五秒

準前式、

太陰視半徑＝甲°丄天×乙°［(一×二)/(天(天丅一)) 丙］……

以七小時二十分、檢

第二十表得

天對＝九,七八六一二〇二

$\frac{一\times二}{天(天丅一)}$對＝丅九,〇七四九二

天對＝九,七八六一二〇二

乙。對＝丅〇,二三〇四四八九

$\frac{一\times二}{天(天丅一)}$×乙。對＝丅〇,〇一六五六九一

檢表得

丅一,〇三九秒

$\frac{一\times二}{天(天丅一)}$對＝丅九,〇七四九二

丙對＝丅九,六五三二一

$\frac{一\times二}{天(天丅一)}$×丙對＝八,七二八一三

檢表得

〇,〇五三秒

甲。＝一六分　一六,二秒

天×乙。＝　丅一,〇四

$\frac{一\times二}{天(天丅一)}$×丙＝　〇,〇五

一六分　一五,二一秒

即初二日戌初一刻五分太陰視半徑、

二十表內、均以十二小時為主、設二十四小時為主、如航海厤書所載太陽赤經度、均係自午正至午正、若仍欲用二十表、必以緯之半檢之、

設已知三月初一初二等日午正太陽赤緯度、如

紀時	太陽赤緯度	初次較	二次較	三次較	四次較
三月初一日午正	七度一八分三八,七秒	丅二二分五五,二秒	丅五,八秒	丄〇,四秒	丄〇,一秒
三月初二日午正	六度五五分四三,五秒	丅二三分一,〇秒	丅五,四	丄〇,五	丅〇,三
三月初三日午正	六三二 四二,五秒	丅二三 六,四	丅四,九	丄〇,二	
三月初四日午正	六 九 三六,一秒	丅二三 一一,三	丅四,七		
三月初五日午正	五四六 二四,八秒	丅二三 一六,〇			
三月初六日午正	五二三 八,八秒				

試求三月初三日、酉正一刻五分、太陽赤緯度若干、

準前式、

甲^{緯}＝甲。丄天×乙。$\left[\frac{一\times二}{天(天丅一)}\right]$丙$\left[\frac{一\times二\times三}{天(天丅一)(天丅二)}\right]$丁$\left[\frac{一\times二\times三\times四}{天(天丄一)(天丅一)(天丅二)}\right]$戊……

此題以二十四小時為主、則

時′＝二四時

緯＝六時　二〇分

天＝$\frac{二四}{六時\ 二〇分}$＝$\frac{一二}{三時\ 一〇分}$

必用三小時十分、以檢二十表、

甲。＝六度　三二分　四二,五秒

乙。＝　丅二三　六,四＝一三八六,四秒

丙＝　丅五,一五

丁＝　,五

檢二十表　天對＝九,四二一四二一一

乙。對＝丅三,一四一八八八五

二,五六三三〇九六

檢表、得

丅三六五,八五五

檢二十表 一×二/天(天丅一) 對＝丅八,九八七三三

丙對＝丅〇,七一一八一

九,六九九一四

檢表、得

,五〇〇二秒

檢二十表 一×二×三/天(天丅一)(天丅二) 對＝七,八八三三三

丁,對＝九,六九八九七

七,五八二三〇

檢表、得

,〇〇三八秒

甲。＝六度　三二分　四二秒五

天×乙。＝　丅六　五,八五

一×二/天(天丅一)×丙＝　,五〇

一×二×三/天(天丅一)(天丅二)×丁。＝,〇〇

六度　二六分　三七,一五秒

即三月初三日、酉正一刻五分、太陽赤緯度、

求太陰太陽交會與衝之時刻、

航海厤書所載、太陰每日每小時赤經度、與太陽每日午正赤經度、詳細參考、則約略可知太陰與太陽交會在何時之間、若求交會或衝爲若干時分秒、其法如左、

法自航海厤書擇取在交會或衝前兩箇時辰與後兩箇時辰太陰赤經度、又按補八法、求所取四箇時辰太陽赤經度、而與太陰赤經度相減、用比例可推得太陽與太陰二赤經度較等於〇之時、（即交會）或等於十二小時之時、（即衝）設未初未正等時太陽赤經度與太陰赤經度、如

紀時	太陽赤經度	太陰赤經度	二赤經度較	初次較	二次較
未初	一時 五六分 三〇,四五秒	一時 五三分 四八,六七秒	丄二分 四一,七八秒	丅二分 三,七八秒	丅,一六
未正	一 五六 四〇,〇一	一 五六 二,〇一	丄 三八,〇〇	丅二 三,九四	丅,一五
申初	一 五六 四九,五七	一 五八 一五,五一	丅一 二五,九四	丅二 四,〇九	
申正	一 五六 五九,一三	二 〇 二九,一六	丅三 三〇,〇三		

未初太陰在太陽之西二分四十一秒又百分秒之七十八、未正太陰在太陽之西三十八秒、申初太陰在太陽之東一分二十五秒又百分秒之九十四、申正太陰在太陽之東三分三十秒又百分秒之三、由此可知太陰與太陽交會、當在未正申初之間、太陰與太陽每一小時行近二分三秒又百分秒之九十四、若行近三十八秒、（未正太陰在太陽之西三十八秒則必再行近三十八秒而交會）求用時若干、其比例如左、

一率、二分三秒又百分秒之九十四、

二率、三十八秒、

三率、一小時、

四率、十八分二十三秒又十分秒之八、

所以未正一刻三分二十三秒又十分秒之八、即太陰與太陽交會時、

考初次較、每小時太陰太陽行近不同、所以求得交會之時、不

能甚準、若求極準、其法如左、

按二節(寅)式、

甲衡 ＝ 甲。⊥天×乙。⊥（一×二）/（天(天丅一)）×丙

設甲′甲″甲‴甲。甲′甲″甲‴皆為太陰與太陽相距之數、甲衡為在時⊥衡之時太陰與太陽相距之數、

交會之時、

甲衡 ＝ 〇

則

〇 ＝ 甲。⊥天×乙。⊥（一×二）/（天(天丅一)）×丙

丅甲。＝ 天（乙。⊥（一×二）/（天丅一）×丙）

天約 ＝ 乙。/丅甲。

則

丅甲。＝ 天（乙。⊥（一×二）/（乙。/丅甲。丅一）×丙）

＝ 天（乙。丅（二乙。）/（甲。×丙）丅（二）/（丙））

所以

天 ＝ ［乙。丅（二乙。）/（甲。×丙）丅（二）/（丙）］/（丅甲。）

按此式可得天、而天等於時/衡、亦可得衡、太陰與太陽交會時、等於時⊥衡、

準此法算前題、

甲。＝ 三八秒

乙。＝ 丅二分 三.九四秒

丙 ＝ 丅 .一五五

時 ＝ 未正

按式

天 ＝ ［乙。丅（二乙。）/（甲。×丙）丅（二）/（丙）］/（丅甲。）

即

天 ＝ ［丅二分 三.九四秒 ⊥ .〇八（丅二分三.九四秒）/（.〇八×三八秒）］/（丅三八秒）

即

天 ＝ （丅一二三.九四 ⊥ .〇八 丅 .〇二四）/（丅三八）

即

天 ＝ 一二三.八九/三八

亦即

天 ＝ .三〇六七二四

天 ＝ 時′/衡

時′ ＝ 一時

所以

衡 ＝ .三〇六七二四×一時

即

衡 ＝ 一八分 二四.二〇秒

所以太陰與太陽交會、在未正一刻三分二十四秒又百分秒之二十、此數與前所得之數微差而較準、

第四節

推算太陰每一小時所行赤經度若干、

航海𤯝書、係按每小時記太陰赤經度、若求於每時太陰一小時所行之度、即與挨次二小時之赤經度相減、所得之數、係在二時中間之時、太陰一小時所行之度、

按航海𤯝書十八十九及二十小時太陰赤經度、

如

紀時	太陰赤緯度	初次較	二次較
一八時	一時 五三分 四八.六七秒		
		⊥二分 一三.三四秒	
一九	一 五六 二.〇一		⊥〇.一六秒
		⊥二 一三.五〇	
二〇	一 五八 一五.五一		

求十九小時一刻三分二十四秒又十分秒之

二之時、太陰一小時所行之度、由一小時五十六分二秒又百分秒之二、減一小時五十三分四十八秒又百分秒之六十七、得二分十三秒又百分秒之三十四、爲在十八小時二刻太陰一小時所行之度、由一小時五十八分十五秒又百分秒之五十一、減一小時五十六分二秒又百分秒之一、得二分十三秒又十分秒之五、即在十九小時二刻太陰一小時所行之度、以二分十三秒又十分秒之五、減二分十三秒又百分秒之三十四、得○秒又百分秒之十六、爲太陰在一小時所行度之差、

一九時　一八分　二四、二秒
一八　　三○　　○
―――――――――
　　　　四八　　二四、二

求四十八分二十四秒又十分秒之二太陰赤經度所行之差若干、有比例如

一率　六十分、
二率　四十八分二十四秒又十分秒之二、
三率　○秒又百分秒之十六、
四率　○秒又百分秒之十三、

十八小時二刻太陰一小時所行赤經度 ＝ 二分　一三、三四秒

四十八分二十四秒又十分秒之二太陰一小時所行度之差 ＝ 丄　、一三
―――――――――
二分　一三、四七秒

即十九小時一刻三分二十四秒又十分秒之二、太陰一小時所行之度、

太陰所行赤經度、未能一律、其所行之遲速有微差之處、是以前法未能甚準、若詳細推之、其法如左、

準二節㊊式、

$$甲^{時}=甲_{\circ}\perp天乙_{\circ}\perp\frac{一\times二}{天(天\top一)}\times丙\perp\frac{一\times二\times三}{天(天\top一)(天\top二)}\times丁\perp\frac{一\times二\times三\times四}{天(天\perp一)(天\top一)(天\top二)}\times戊$$

準微分理、則

$$\frac{伏}{伸}^{微}=乙_{\circ}\perp\left(\frac{二}{三天\top一}\right)丙\perp\left(\frac{二\times三}{三天^{二}\top三天\perp二}\right)丁\perp\left(\frac{二\times三\times四}{四天^{三}\top六天^{二}\top二天\perp二}\right)戊\perp\cdots\cdots\ominus一$$

若僅知午正與子正太陰方位、設 $天=\circ$ 則此式右邊各項相加、以十二除之、即得午正太陰一小時所行赤經度、設 $天=\frac{二}{一}$ 此式右

邊各項仍相加、以十二除之、即得未初太陰一小時所行赤經度、設

$天＝\frac{二}{一二}$

即得未正太陰一小時所行赤經度、以下仿此、

設在英京太陰過午線時之赤經度、如

紀　時	太陰赤經度	初次較	二次較	三次較	四次較
初四日在極上過午綫	二三時 五五分 三六秒,八六	二四分 二一秒,一九	丅三二秒,〇六	丄九秒,六八	丅〇秒,四五
初四日在極下過午綫	〇 一九 五八,〇五	二三 四九,一三	丅二丄,三八	丄九,二三	
初五日在極上過午綫	〇 四三 四七,一八	二三 二六,七五	丅一三,一五		
初五日在極下過午綫	一 七 一三,九三	二三 一三,六〇			
初六日在極上過午綫	一 三〇 二七,五三				

求初五日太陰過午線時、一小時所行赤經度若干、

準前式、

$$\frac{伏}{微佃}＝乙_{。}丄\frac{三天丅一}{二}\times丙丄\frac{三天^{二}丅三天丄二}{二\times三}\times丁丄\frac{四天^{三}丅六天^{二}丅二天丄二}{二\times三\times四}\times戊丄……$$

此題

$天＝〇$

所以

$$\frac{伏}{微佃}＝乙_{。}丄\frac{丙}{二}丄\frac{丁}{一二}丄\frac{戊}{一二}丄……$$

$乙_{。}＝二三分\ 二六秒,七五$

$丙＝丅一七秒,七六$

$丁＝九秒,二三$

$戊＝丅〇秒,四五$

$乙_{。}＝二三分\ 二六秒,七五$

$\frac{丙}{二}＝丄八,八八$

$\frac{丁}{一二}＝丄\ ,七七$

$\frac{戊}{一二}＝丅\ ,〇四$

一二）二三　三六,三六

一分　五八秒,〇三

即初五日在英京太陰過午線時、一小時所行赤經度、

設十一月初一初二等日午正子正太陰赤經度、如

紀　時	太陰赤經度	初次較	二次較	三次較	四次較	五次較
十一月初一日午正	一〇時 一三分 二三秒,四六	丄二六分 五七秒,七七	丅二〇秒,九六	丄三秒,三三	丄〇秒,二六	丅〇秒,二五
十一月初一日子正	一〇 四〇 二一,二三	丄二六 三六,八一	丅一七,六三	丄三,五九	丄〇,〇一	
十一月初二日午正	一一 六 五八,〇四	丄二六 一九,一八	丅一四,〇四	丄三,六〇		
十一月初二日子正	一一 三三 一七,二二	丄二六 五,一四	丅一〇,四四			
十一月初三日午正	一一 五九 二二,三六	丄二五 五四,七〇				
十一月初三日子正	一二 二五 一七,〇六					

求十一月初二日申正、太陰一小時所行赤經度若干、

準前式、

$$\frac{伏}{微佃}＝乙_{。}丄\frac{三天丅一}{二}\times丙丄\frac{三天^{二}丅三天丄二}{二\times三}\times丁丄\frac{四天^{三}丅六天^{二}丅二天丄二}{二\times三\times四}\times戊丄……$$

此題

$天＝\frac{四}{一二}＝\frac{一}{三}$

$乙_{。}＝二六分\ 一九秒,一八$

$丙＝丅一五秒,八三五$

$丁＝三秒,五九$

$戊＝〇秒,一三五$

$乙_{。}＝二六分\ 一九秒,一八$

$\frac{一}{六}\times丙＝丄二,六四$

$\frac{一}{三六}\times丁＝丅,〇九九七$

$\frac{一}{三二四}\times戊＝丄,〇〇〇四$

一二）二六　二一,七三

二分　一一秒,八一

即初二日申正、太陰一小時所行赤經

度、

又法、推算太陰一小時所行赤經度、

按第一節㊀式

$$甲^{衍}=甲_{。}\perp 天\times乙_{。}\perp\frac{一\times二}{天(天\top一)}\times丙_{。}\perp\frac{一\times二\times三}{天(天\top一)(天\top二)}\times丁_{。}\perp\cdots\cdots$$

準微分理、則

$$\frac{伕}{伸^{衍}}=乙_{。}\perp\left(\frac{一\times二}{二天\top一}\right)丙_{。}\perp\left(\frac{一\times二\times三}{三天^{二}\top六天\perp二}\right)丁_{。}$$

設式內

$$天=〇$$

則此式右邊各項相加、以十二除之、即午正太陰一小時所行赤經度、設

$$天=\frac{一}{二}$$

即未初太陰一小時所行赤經度、以下未正申初等時、俱仿此、惟變母數、

如前題、準此式、推算初二日申正太陰一小時所行赤經度、

準此式

$$\frac{伕}{伸^{衍}}=乙_{。}\perp\left(\frac{一\times二}{三天\top一}\right)丙_{。}\perp\left(\frac{一\times二\times三}{三天^{二}\top六天\perp二}\right)丁_{。}\perp\cdots\cdots$$

按前題

$$乙_{。}=二六^{分}\ 一九.一八^{秒}$$

$$丙_{。}=\top一四.〇四^{秒}$$

$$丁_{。}=三.〇六^{秒}$$

$$天=\frac{二}{四}=\frac{一}{二}$$

第五節

$$乙_{。}=二六^{分}\ 一九.一八^{秒}$$

$$\frac{一\times二}{三天\top一}丙_{。}=\top\frac{六}{二}\times\top一四.〇四=\perp二.三四$$

$$\frac{一\times二\times三}{三天^{二}\top六天\perp二}丁_{。}=\frac{一八}{一}\times三.六〇=\perp\ .二〇$$

$$一二\underline{\left|\ 二六\quad二一.七二\right.}$$

$$二^{分}\quad一一.八一^{秒}$$

得二分一十一秒零百分秒之八十一、即太陰一小時所行赤經度、

設甲丙乙丙二弧、相交於丙、成角極小、自甲丙弧上甲點作甲丁弧、正交乙丙在丁、若丙為北極點、試求甲與丁點赤緯度之較、

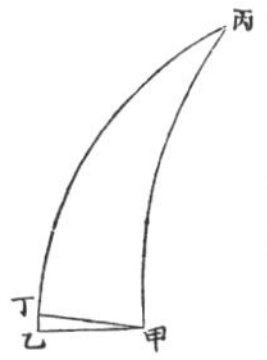

如圖、甲丙乙丙二弧、相交於丙、成甲丙乙角、自甲點作甲丁弧、正交丙乙、則甲丁丙為直角三角形、命甲點赤緯度為乙、丁點赤緯度為乙′、甲丙丁角為子、求二赤緯度較式、

如

$$\text{甲丙丁角餘弦}=\frac{丙丁正切}{丙甲正切}$$

即

$$子餘弦=\frac{乙正切}{乙'餘切}$$

則

$$乙'正切=\frac{子餘弦}{乙正切}$$

又

$$(乙\top乙')正切=\frac{乙'正切\top乙正切}{一\perp乙'正切\ 乙正切}$$

即

$$(\text{乙}'\text{丁乙})_{\text{正切}}=\frac{\text{一}\perp\frac{\text{乙正切}}{\text{子餘弦}}\times\text{乙正切}}{\frac{\text{子餘弦}}{\text{乙正切}}-\text{乙正切}}$$

卽

$$(\text{乙}'\text{丁乙})_{\text{正切}}=\frac{\text{一}\perp\frac{\text{子餘弦}}{\text{乙}^{二}_{\text{正切}}}}{\text{乙正切}\left(\frac{\text{子餘弦}}{\text{一}}-\text{一}\right)}$$

亦卽

$$(\text{乙}'\text{丁乙})_{\text{正切}}=\frac{\text{子餘弦}\perp\text{乙}^{二}_{\text{正切}}}{\text{乙正切}\left(\text{一}-\text{子餘弦}\right)}$$

因子極小、其餘弦約等於一、卽得

$$(\text{乙}'\text{丁乙})_{\text{正切}}=\frac{\text{一}\perp\text{乙}^{二}_{\text{正切}}}{\text{乙正切}\times\text{二}\left(\frac{\text{子}}{\text{二}}\right)^{二}_{\text{正弦}}}$$

卽

$$(\text{乙}'\text{丁乙})_{\text{正切}}=\frac{\text{乙}^{二}_{\text{正割}}}{\text{二乙正切}\times\left(\frac{\text{子}}{\text{二}}\right)^{二}_{\text{正弦}}}$$

亦卽

$$(\text{乙}'\text{丁乙})_{\text{正切}}=\text{二乙正弦}\times\text{乙餘弦}\times\left(\frac{\text{子}}{\text{二}}\right)^{二}_{\text{正弦}}$$

惟

$$(\text{乙}'\text{丁乙})_{\text{正切}}=(\text{乙}'\text{丁乙})\times\text{一秒正弦}$$

$$\left(\frac{\text{子}}{\text{二}}\right)_{\text{正弦}}=\left(\frac{\text{子}}{\text{二}}\right)\text{一秒正弦}$$

而

$$\text{二乙正弦}\times\text{乙餘弦}=(\text{二乙})_{\text{正弦}}$$

所以

$$(\text{乙}'\text{丁乙})\times\text{一秒正弦}=(\text{二乙})_{\text{正弦}}\times\left(\frac{\text{子}}{\text{二}}\right)^{二}\times\text{一秒}^{二}_{\text{正弦}}$$

卽

$$(\text{乙}'\text{丁乙})=\frac{\text{四}}{\text{子}^{二}\times(\text{二乙})_{\text{正弦}}\times\text{一秒正弦}}$$

設

$\text{乙}=\text{二九}_{\text{度}}$

$\text{子}=\text{九〇}_{\text{分}}$

試求 乙'丁乙 爲若干、

如式

$$\text{乙}'\text{丁乙}=\frac{\text{四}}{\text{子}^{二}\times(\text{二乙})_{\text{正弦}}\times\text{一秒正弦}}$$

此題

$\text{子}=\text{九〇}_{\text{分}}=\text{五四〇〇}_{\text{秒}}$

$\text{乙}=\text{二九}_{\text{度}}$

$\text{子}^{二}\text{對}=(\text{五四〇〇}_{\text{秒}})^{二}\text{對}=\text{二七、四六四七八七六}$

$\text{二乙正弦對}=\text{五八}_{\text{度}}\text{正弦對}=\text{九、九二八四二〇五}$

$\text{一秒正弦對}=\text{四、六八五五七四九}$

二、〇七八七八三〇

$\text{四對}=\text{〇、六〇二〇六〇〇}$

$(\text{乙丁乙})\text{對一、四七六七二三〇}$

檢表、得

$\text{二九、九七三}_{\text{秒}}$

卽赤緯度較、

按此式、可推算第十五表、表上橫格、載有分數、自五分起、至九十分止、爲丙角、表之豎格、載有度數、自〇度〇分起、至二十九度〇分止、爲甲赤緯度、欲求甲與丁赤緯度較、毋須按式求之、檢十五表卽得、

設丙角等於六十分、甲赤緯度等於五度、求丁與甲赤緯度較、檢十五表、得二秒又十分秒之七、卽所求、

若推算月食或月掩諸星、必用十五表、

星學發軔卷之八終

星學發軔 卷九

星學發軔卷之九

美國羅密士原本
天文教習英國駱三畏口譯
王鎭賢
天文館肄業生熙　璋筆述
左　庚

論月食

第一節

值月望之期、日月相對、地居日月之間、月每爲地影所掩、則有月食、按日月之軌道不同、二軌道相交成角、約等於五度、相交之點、名之曰交點、月望時如月距交點太遠、或行過在地影之上、或地影之下、則皆無食、如月距交點限在十二度以內、則有食、

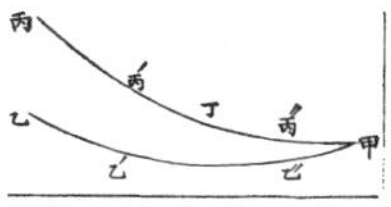

如圖、甲乙爲黃道、甲丙爲白道、甲爲交點、乙甲丙爲黃白二道交角、約等於五度、設月望時、月在丙、地影心在乙、均在限外、則無食、因月未入地影界內故也、設望時、月在丙最近交點、地影心在乙、則有食、設在望時有食、則月離交點、須有限距如甲丁、設望時月在甲丁之內、則有食、在甲丁外、則無食、欲求甲丁、必先推月望時、月心與地影心最近之距、

第二節

推望時月心與地影心最近之距法、

如圖、丁丑爲黃道、丁子爲白道、即月之軌道、丁爲交點、當太陰衝日時、甲爲月、乙爲地影心、設甲′乙′二點爲月心與地影心最近之距、命甲乙等於吁、等於太陰衝時之黃緯度、命太陰一小時所行之黃經度、以太陽一小時所行之黃經度除之、等於啞、命甲丁乙黃白交角等於嗔、命甲′乙′最近之距等於卯、又命乙′甲′乙角等於㖘、試自甲點作甲戊線、與乙丁線平行、又自甲′點作甲′丙線、正交乙丁線、

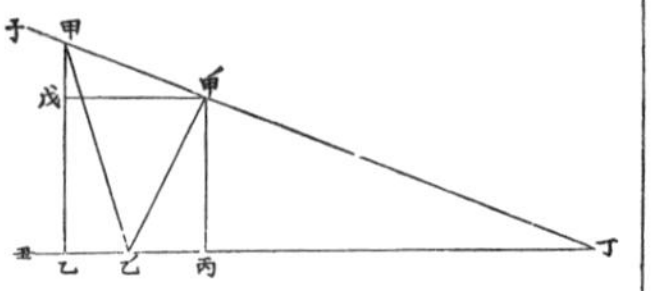

則

$$\text{啞}=\frac{\text{乙′乙}}{\text{乙丙}}$$

而

$$\text{乙′乙}=\text{吁}\times\text{㖘正切}$$

所以

$$\text{乙丙}=\text{啞}\times\text{吁}\times\text{㖘正切}$$

故

$$\text{乙′丙}=\text{吁}\times\text{㖘正切}\times(\text{啞丅一})$$

$$\text{甲′丙}=\text{甲′乙}\,|\,\text{甲戊}=\text{吁}\,|\,\text{乙丙}\times\text{嗔正切}=\text{吁丅啞}\times\text{吁}\times\text{㖘正切}\times\text{嗔正切}=\text{吁}\times(\text{一丅啞}\times\text{㖘正切}\times\text{嗔正切})$$

$$\text{卯}^{2}=(\text{甲′乙′})^{2}=(\text{甲′丙})^{2}\,|\,(\text{乙′丙})^{2}=\text{吁}^{2}(\text{一丅啞}\times\text{㖘正切}\times\text{嗔正切})^{2}\text{丄吁}^{2}\times\text{㖘正切}^{2}(\text{啞丅一})^{2}\ ㊀$$

欲求甲′乙′即卯月心與地影心最近之距、須將此式微分之、令等於○、

如

$$\text{吁}^{2}(\text{一丅啞}\times\text{㖘正切}\times\text{嗔正切})\times\text{丅啞}\times\text{嗔正切丄吁}^{2}\times\text{㖘正切}\times(\text{啞丅一})^{2}=○$$

則

$$\text{丅啞}\times\text{嗔正切}\,[\text{啞}^{2}\times\text{嗔正切}^{2}\times\text{㖘正切}]\,\text{丄㖘正切}(\text{啞丅一})^{2}=○$$

即

$$\text{㖘正切}\left((\text{啞丅一})^{2}\text{丄啞}^{2}\times\text{嗔正切}^{2}\right)=\text{啞}\times\text{嗔正切}$$

所以

$$\text{㖘正切}=\frac{(\text{啞丅一})^{2}\text{丄啞}^{2}\times\text{嗔正切}^{2}}{\text{啞}\times\text{嗔正切}}$$

以切正㖘之內式㊀前

$$\frac{(\text{啞丅一})^{2}\text{丄啞}^{2}\times\text{嗔正切}^{2}}{\text{啞}\times\text{嗔正切}}$$

代之得

$$\text{卯}^{2}=\text{吁}^{2}\left(\text{一}\,|\,\frac{(\text{啞丅一})^{2}\text{丄啞}^{2}\times\text{嗔正切}^{2}}{\text{啞}^{2}\times\text{嗔正切}^{2}}\right)^{2}\,|\,\frac{\left((\text{啞丅一})^{2}\text{丄啞}^{2}\times\text{嗔正切}^{2}\right)^{2}}{\text{吁}^{2}\times\text{啞}^{2}\times\text{嗔正切}^{2}(\text{啞丅一})^{2}}$$

即

$$\text{卯}^{2}=\text{吁}^{2}\left(\frac{(\text{啞丅一})^{2}\text{丄啞}^{2}\times\text{嗔正切}^{2}}{(\text{啞丅一})^{2}}\right)^{2}\,|\left(\frac{(\text{啞丅一})^{2}\text{丄啞}^{2}\times\text{嗔正切}^{2}}{\text{吁}^{2}\times\text{啞}^{2}\times\text{嗔正切}^{2}(\text{啞丅一})^{2}}\right)^{2}$$

即

$$\text{卯}^{2}=\frac{\left((\text{啞丅一})^{2}\text{丄啞}^{2}\times\text{嗔正切}\right)^{2}}{\text{吁}^{2}(\text{啞丅一})^{2}}\times\left((\text{啞丅})^{2}\text{丄啞}^{2}\times\text{嗔正切}^{2}\right)$$

即

$$\text{卯}^{2}=\frac{(\text{啞丅一})^{2}\text{丄啞}^{2}\times\text{嗔正切}^{2}}{\text{吁}(\text{啞丅一})^{2}}=\frac{\text{一丄}\frac{(\text{啞丅一})^{2}}{\text{啞}^{2}\times\text{嗔正切}^{2}}}{\text{吁}^{2}}$$

命

$$\text{嗔′正切}=\frac{\text{啞丅一}}{\text{啞}\times\text{嗔正切}}$$

則

$$\text{卯}^{2}=\frac{\text{一丄嗔′正切}^{2}}{\text{吁}^{2}}=\text{吁}^{2}\times\text{嗔′餘弦}^{2}$$

所以 $呷=呼\times嗔'餘弦$ 故望時月與地影心最近之距等於 $呼\times嗔'餘弦$ 惟

$嗔'正切=\frac{呾丅一}{呾\times嗔正切}$ 若月有食、月心與地影心最近之距、必小於地影半徑

加月半徑、故知 $呼\times嗔'餘弦$ 較小於月半徑與地影半徑和、則必有

食、命呷等於月半徑、呷'等於日半徑、叱等於月視差、叱'等於日

視差、所以地影半徑等於 $(叱⊥叱'丅呷')\frac{五〇}{五一}$ 設有月食、

則

$呼\times嗔'餘弦<呷⊥(叱⊥叱'丅呷')\frac{五〇}{五一}$

即

$呼<\left(呷⊥(叱⊥叱'丅呷')\frac{五〇}{五一}\right)嗔'正割$

	最大數	最小數	中數
嗔	五度二〇分〇六秒	四度五七分二二秒	五度〇八分四四秒
叱	六一分三二秒	五二分五〇秒	五七分一一秒
叱'	九秒	八秒	八、五秒
呷	一六分四六秒	一四分二四秒	一五分三五秒
呷'	一六分一八秒	一五分四五秒	一六分一秒
呾	一六、一九秒	一〇、八九秒	一三、五秒

用呾與嗔之中數、求嗔'正割、

按 $嗔'正切=\frac{呾丅一}{呾\times嗔正切}$ 推嗔'正

割得數、為 一、〇〇四七二 則

$呼<\left(呷⊥(叱⊥叱'丅呷')\frac{五〇}{五一}\right)一、〇〇四七二$

即

$呼<呷⊥(叱⊥叱'丅呷')\frac{五〇}{五一}⊥\left(呷⊥(叱⊥叱'丅呷')\frac{五〇}{五一}\right)\times〇、〇〇四七二$

用呷呷'叱叱'中數、求得

$\left(呷⊥(叱⊥叱'丅呷')\frac{五〇}{五一}\right)〇、〇〇四七二$

為十六秒、所以

$呼<呷⊥(叱⊥叱'丅呷')\frac{五〇}{五一}⊥一六秒$

設用呷叱與叱之最小數、呷之最大數、得 呼<五二分四秒 所以望時月之黃緯度、較小於五十二分四秒、必有食、若用呷叱與叱之最大數、

呷之最小數、得 呼<一度三分五三秒 故望時月之黃緯度、若較大於五十二分四秒、較小於一度三分五十三秒、食之有無、皆不能預定、若欲定有無月食、則須由麻書內、取呷呷'叱與叱'之眞數推算

$\left(呷⊥(叱⊥叱'丅呷')\frac{五〇}{五一}\right)一、〇〇四七二$ 若呼較小於所求得之數、則必有食、若大則無食、再若呼

較大於一度三分五十三秒、則必無食矣、

設在望時月之黃緯度、等於五十二分四秒、試求月距交點若干度、

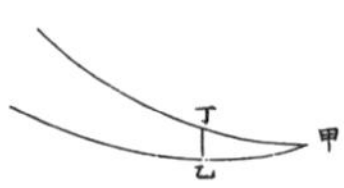

如圖、甲乙爲黃道、甲丁爲白道、甲爲交點、乙甲丁爲黃白交角、設望時月在丁、自丁作丁乙線、正交黃道甲乙、設丁乙卽吁等於五十二分四秒、求甲丁爲若干、

$\text{丁甲乙正弦} \times \text{丁甲正弦} = \text{丁乙正弦}$

卽

$\text{甲丁正弦} = \frac{(\text{五二分四秒})\text{正弦}}{\text{嗔正弦}}$

用嗔最大之數、按式求得甲丁、爲九度二十二分三十秒、卽食限距、

星學發軔　卷九　六

望時月距交點之度、若小於九度二十二分三十秒、則必有食、

設於西厤一千八百八十五年三月三十日、卽光緒十一年二月十四日、月望、考有無月食、當先求太陰衝日時刻、

檢厤書得二表

紀時	太陽黃經度
三月二十八	七度 五八分 五五,三秒
三月二十九	八 五八 八,七
三月三十	九 五七 一九,九
三月三十一	一〇 五六 二九,一
四月初一	一一 五五 三六,三

準補八法、推三月三十日申初、申正、酉初、酉正、太陽之黃經度、

得三表

紀時	太陽黃經度
三月三十申初	一〇度 四分 四三,七六秒
三月三十申正	一〇 七 一一,五七
三月三十酉初	一〇 九 三九,四八
三月三十酉正	一〇 一二 七,三九

又檢厤書得太陰黃經度、

如四表

紀時	太陰黃經度
三月二十九午正	一七四度 八分 三〇,六秒
三月二十九子正	一八〇 五三 一二,八
三月三十　午正	一八七 三四 一〇,六
三月三十　子正	一九四 一一 一三,一
三月三十一午正	二〇〇 四四 一二,八
三月三十一子正	二〇七 一三 五,八

復準前法、推三月三十日申初、申正、酉初、酉正、太陰之黃經度、

得五表

紀時	太陰黃經度
三月三十申初	一八九度 一三分 四八,六二秒
三月三十申正	一八九 四六 五八,〇〇
三月三十酉初	一九〇 二〇 五,七六
三月三十酉正	一九〇 五三 一一,八五

今將求得三月三十日、申初、申正、酉初、酉正、太陽太陰之黃經度、合列一表、如

星學發軔　卷九　七

紀時	太陽黃經度	太陰黃經度	二經度較	一次較	二次較	三次較
三月三十申初	一〇度 四分 四三,七六秒	一八九度 一三分 四八,六二秒	丅〇度 五〇分 五五,一四秒	丄三〇分 四一,五七秒	丅一,七二秒	丄,〇五秒
三月三十申正	一〇 七 一一,五七	一八九 四六 五八,〇〇	丅〇 二〇 一三,五七	丄三〇 三九,八五	丅一,六七	
三月三十酉初	一〇 九 三九,四八	一九〇 二〇 五,七六	丄〇 一〇 二六,二八	丄三〇 三八,一八		
三月三十酉正	一〇 一二 七,三九	一九〇 五三 一一,八五	丄〇 四一 四,四六			

按申初太陰在地影心西五十分五十五秒又百分秒之十四、申正亦在西二十分十三秒又百分秒之五十七、酉初太陰在地影心東十分二十六秒又百分秒之二十八、酉正亦在東四十一分四秒又百分秒之四十六、故知太陰衝日時刻、必在申正酉初之間、準八卷第三節之式、求太陰衝日在申正後若干

第三節

時分、如

$$時＝\frac{乙丅\frac{二}{丙}丅\frac{二}{丙}乙。\times甲。}{丅甲。}$$

甲。＝丅二〇分　一三、五七秒

乙。＝丄三〇　三九、八五

丙＝丅　一、六九

按式求得時爲六六時等於三十九分三十六秒、故得太陰衝日時刻爲申正二刻九分三十六秒、乃檢麻書三月三十日太陰午正黃緯度爲十五分五十七秒又十分秒之三、子正黃緯度爲五十二分二十五秒又十分秒之三、所以知申正二刻九分三十六秒時太陰之黃緯度、必小於五十二分四秒、此爲必有月食之明證也、

求某處月食初虧食甚復圓時刻、

求月食初虧食甚復圓各限、今均按英京時刻推算、因檢麻書所載日月之赤緯赤經等度較便故也、既求得三限、各加減某處之經度、即得在某處月食之時刻矣、

設某處在英京之東、則於英京月食初虧食甚復圓各時刻、加某處之經度、即爲某處月食初虧食甚復圓之時刻、若在西則減、如北京之經度、係在英京東七小時四十五分五十四秒、則須於英京若干時刻、加七小時四十五分五十四秒、方能得北京之時刻也、

第四節

欲求月食、必先求日月之赤經度相差十二小時之時、即日月在赤經度相衝之時、即以此時、求日月赤緯度、地平視差、及半徑、幷按第八卷第四節推算日月每小時所行赤緯度之差、及日月每小時所行赤經度之差、

地影係圓錐形、太陽無論在何方位、地影必於相對之方位、地影掩月成圓環形、其心名曰地影心、凡地影心之赤經度、等於太陽之赤經度加十二小時、設太陽在赤道南若干度、則地影心在赤道北、亦若干度、若太陽在赤道北、則地影心在赤道南、其度數皆同、太陽向北行、而地影心向南行、

求地影半徑、

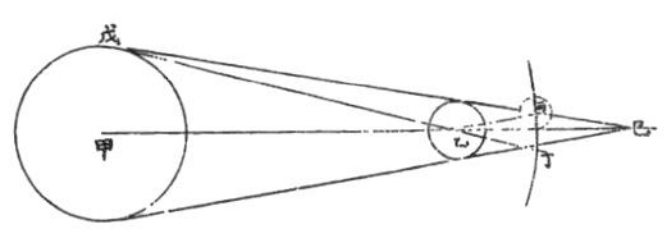

地影半徑等於日月二地平視差和減太陽視半徑、如圖、甲爲太陽、乙爲地、丙爲太陰、丙丁爲月之軌道、即白道 丙乙己角爲地影半徑、戊乙甲爲太陽視半徑、乙戊丙爲太陽地平視差、乙丙戊爲太陰地平視差、試引長戊乙至丁、

則 丙乙己＝丙乙丁丅己乙丁

即 丙乙己＝乙戊丙丄乙丙戊丅戊乙甲

即 丙乙己角＝太陽地平視差丄太陰地平視差丅太陽視半徑　因有蒙氣差、

令地影變大故欲得眞地影半徑須按上式求得之數內再加本數五十分之一

求月食三限法

如圖心為地影心以心為心以地影半徑為界作圓過心作寅卯線與赤道平行又過心作子丑線正交寅卯線即子午線設太陰衝日時太陰與地影心二赤緯度之較命為呷自心子截心乙一段等於呷若太陰在地影心之北則乙點當在寅卯線之上若在地影心之南則乙點當在寅卯之下設日月每小時所行赤經度之較以太陰之赤緯度餘弦乘之命為吃再自心寅截心丙一段等於吃太陰與地影心每小時所行赤緯度之

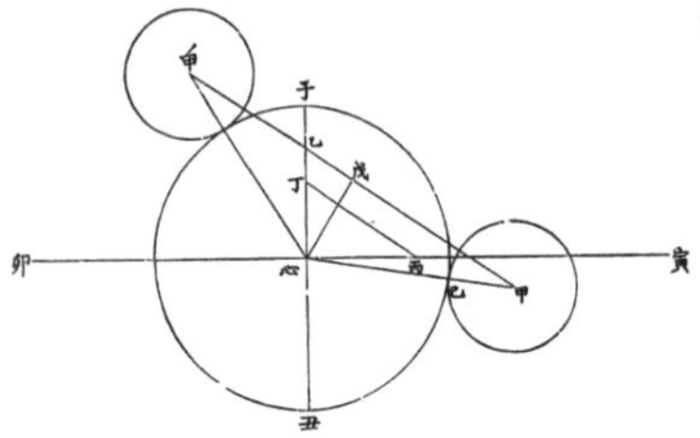

較命為呷再自心子截心丁一段等於呷若太陰向北行速於地影心則丁點當在寅卯線之上太陰向南行速於地影心則丁點當在寅卯線之下乃聯丙丁線為太陰一小時所行之路設太陽與太陰各加一阻力令太陽在赤道不動而可令太陰行軌道與丙丁平行則日月衝時太陰當在乙點過乙點作甲

甲線與丙丁平行即太陰軌道乃以心為心以地影半徑心已加月半徑已甲為界作圓割月道於甲甲二點月食初虧時太陰心在甲點復圓時太陰心在甲點自心作心戊線正交甲甲線食甚時太陰心在戊點求初虧食甚復圓時刻法如下命地影半徑心已為吁月半徑已甲為吁

準心丁丙三角形

$$\text{正切}\angle\text{丁丙心}=\frac{\text{心丁}}{\text{心丙}}=\frac{\text{呷}}{\text{吃}}$$

得丁丙心角又

$$\text{餘弦}\angle\text{丁丙心}=\frac{\text{心丙}}{\text{丁丙}}$$

則

$$\text{丁丙}=\frac{\text{心丙}}{\text{餘弦}\angle\text{丁丙心}}=\frac{\text{吃}}{\text{餘弦}\angle\text{丁丙心}}$$

得丁丙即太陰在軌道每小時所行之路按

$$\angle\text{心乙戊}=\angle\text{心丁丙}$$

即

$$\angle\text{心乙戊}=\text{九〇度}-\angle\text{心丙丁}$$

故得心乙戊角準心乙戊三角形

$$\text{正弦}\angle\text{戊乙心}=\frac{\text{心戊}}{\text{心乙}}$$

故

$$\text{心戊}=\text{正弦}\angle\text{戊乙心}\times\text{心乙}=\text{正弦}\angle\text{戊乙心}\times\text{呷}$$

得心戊又準心戊甲三角形

$$\text{正弦}\angle\text{戊甲心}=\frac{\text{心戊}}{\text{心甲}}=\frac{\text{心戊}}{(\text{吁}+\text{吁}')}$$

得戊甲心角按

$$\angle\text{乙心甲}=\text{一八〇度}-(\angle\text{心乙戊}+\angle\text{戊甲心})$$

故得乙心

甲角、準乙心甲三角形、$\frac{\text{心甲}}{\text{甲乙心角正弦}}=\frac{\text{乙甲}}{\text{乙心甲角正弦}}$故$\text{乙甲}=\frac{\text{乙心甲角正弦}\times\text{心甲}}{\text{甲乙心角正弦}}$得乙甲、乃命$\frac{\text{乙甲}}{\text{丁丙}}=\text{時}$

時、即太陰由甲行至乙歷時、故以太陰衝日時刻減之、即得月食初虧時刻、

又按$\text{心甲乙角}=\text{心甲′乙角}$因$\text{心甲}=\text{心甲′}$故得心甲乙角、又$\text{心乙甲角}-\text{心甲′乙角}=\text{乙心甲′角}$故得乙心甲′角、

準乙心甲′三角形、$\frac{\text{心甲′}}{\text{甲′乙心角正弦}}=\frac{\text{甲′乙}}{\text{甲′心乙角正弦}}$故$\text{甲′乙}=\frac{\text{甲′心乙角正弦}\times\text{心甲′}}{\text{甲′乙心角正弦}}$得甲′乙、乃命$\frac{\text{甲′乙}}{\text{丁丙}}=\text{時′}$

時、即太陰由乙行至甲′歷時、加太陰衝日時刻、即得月食復圓時刻、

又$\text{戊乙心角餘弦}\times\text{乙心}=\text{乙戊}$得乙戊、乃命$\frac{\text{乙戊}}{\text{丁丙}}=\text{時″}$即太陰由戊行至乙歷時、故以太陰衝日時刻減之、即得月食食甚時刻、

凡所得初虧復圓二限時刻、相加折半之數、必與所推得食甚時刻相合、方見推測無訛、

第二圖

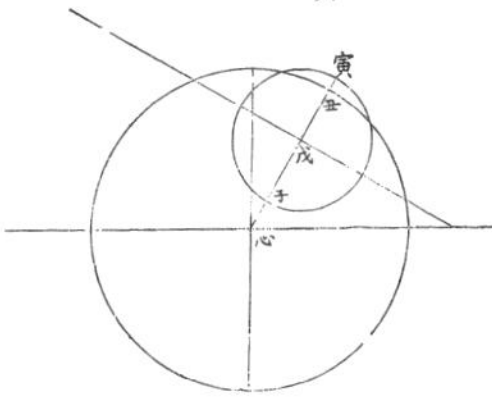

設月在戊點爲食甚、以戊爲心、以月半徑爲界作圓、（見第二圖）求月食食分、法以子寅除子丑、即得應食若干分、設月在戊點、被地影全掩則成全食、

太陰全食時、求食既生光時刻、如第三圖、心爲地影心、以心爲心、以地影半徑減月半徑爲界作圓、割甲甲′線於甲甲′二點、食既時、太陰心在甲點、生光時、太陰心在甲′點、按前法求丁丙與戊心及心乙甲角、準心戊甲三角形、

第三圖

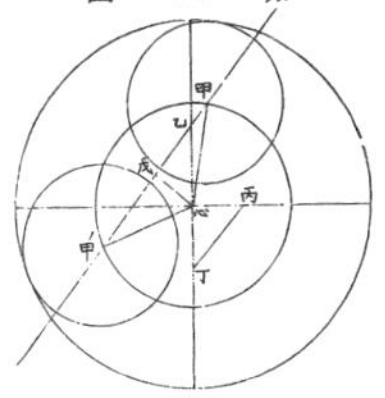

$\text{心甲戊角正弦}=\frac{\text{心戊}}{\text{甲心}}=\frac{\text{心戊}}{\text{叮}-\text{叮′}}$得心甲戊角、按$\text{甲心乙角}=180^{\circ}-\text{甲乙心角}-\text{心甲乙角}$得甲心乙角、又$\frac{\text{甲乙心角正弦}}{\text{甲心}}=\frac{\text{甲心乙角正弦}}{\text{甲乙}}$得甲

乙、乃命

丙丁／甲乙＝時

係太陰從甲行至乙歷時、故以太陰衝日時刻

減之、即得食既時刻、

又

心甲／甲甲角＝心甲／甲角

甲／甲心乙角＝甲乙心角｜甲／甲心角

得甲心乙角、又

甲／甲乙／甲乙心角正弦＝甲／甲心／甲乙心角正弦

得甲乙、乃命

丙丁／甲乙＝時

係太陰從乙行至甲歷時、故以太陰衝日時刻加之、即得生光

時刻、

設一千八百八十五年三月三十日、即光緒十一年二月二十四日月食、求其

三限時刻、先自航海曆書內、取是日太陰衝日時刻、太陰赤經

度、太陰太陽赤緯度、與太陰太陽赤經緯度時差、即一小時所差之數

如

三月三十太陰衝日京英時刻	四時	一五分	四九、一秒
太陰赤經度	一二時	三七分	一四、二一秒
太陰赤緯度南	三度	二九分	二〇、〇秒
太陽赤緯度北	四	〇	五〇、八
太陰赤經度時差		三一	四三、七
太陽赤經度時差		二	一六、四
太陰赤緯度時差南		一〇	一二、五
太陽赤緯度時差北			五八、一
太陰赤道地平視差		五七	一三、四
太陽赤道地平視差			八、九
太陰視半徑		一五	三七、一
太陽視半徑		一六	二、三

地影半徑＝太陰地平視差｜太陽地平視差｜太陽視半徑

太陰赤道地平視差＝五七分　一三、四秒

太陽地平視差＝八、九／五七分　二二、三秒

此得數係在赤道

地平視差、若推算月食、必改在北極出地四十五度之地平視

差、檢第十三表、得五、七五以減五十七分二十二秒又十分秒之三、

即得

五七分　一六、五五秒

五七分　二二、三秒

五、七五

五七　一六、五五

太陽視半徑＝一六　二、三

四一　一四、二五

六〇

五〇｜二四七四、二五

四九、四八五秒

得數＝二四七四、二五

五〇／三四七四、二五＝四九、四八

地影半徑＝二五二三、七三＝心己

太陰半徑＝九三七、一

地影半徑｜太陰半徑＝三四六〇、八三秒＝心甲

太陰赤經度時差＝三一分　四三、七秒

太陽赤經度時差＝二　一六、四

二九　二七、三

六〇

一七六七、三秒

一七六七、三對＝三、二四七三一〇三

太陰赤緯度弦對餘＝九、九九九一九四三

三、二四六五〇四六

檢表得

一七六四、〇三秒

即心丙

太陰赤緯度時差南＝一〇分　一二、五秒

地影赤緯度時差南＝　五八、一

九　一四、四

六〇

心丁＝五五四、四秒　南

太陰赤緯度＝南三度　二九分　二〇、〇秒

地影心赤緯度＝南四　〇　五〇、八

三一分　三〇、八

六〇

心乙＝一八九〇、八秒

今有

心己＝二五二三、七三

心丙＝一七六四、〇三

心丁＝五五四、四

心乙＝一八九〇、八

心甲＝三四六〇、八三

可作圖

求初虧法、

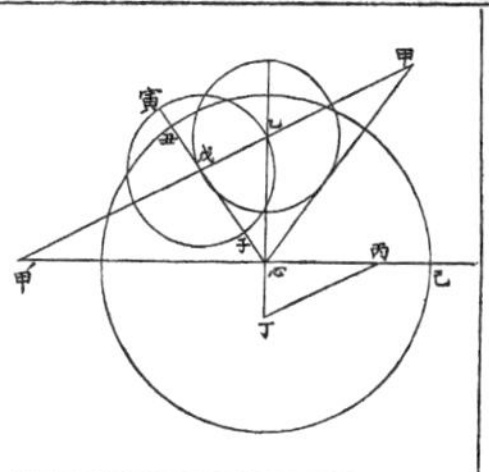

心丙丁角正切 ＝ 心丙 / 心丁

心丁對＝二、七四三八二三二

心丙對＝三、二四六五〇六〇

心丙丁角正切對＝九、四九七三一七二

檢正切表、

得十七度二十六分四十九秒、卽心丙丁角、

心丙丁角餘弦 ＝ 丁丙 / 心丙

丁丙 ＝ 心丙丁角餘弦 / 心丙

心丙對＝三、二四六五〇六〇

心丙丁角餘弦對＝九、九七九五四六一

丁丙對＝三、二六六九五九九

九〇度

心丙丁角＝一七度　二六分　四九秒

丙丁心角＝七二度　三三分　一一秒

所以

戊乙心角＝七二度　三三分　一一秒

戊乙心角正弦 ＝ 心乙 / 心戊

則

心戊 ＝ 戊乙心角正弦 ╳ 心乙

心乙對＝三、二七六六四五六

戊乙心角正弦對＝九、九七九五四六一

心戊對＝三、二五六一九一七

檢表得

一八〇三、八一秒

卽心戊

戊甲心角正弦 ＝ 心甲 / 心戊

心戊對＝三、二五六一九一七

心甲對＝三、五三九一八〇二

戊甲心角正弦對＝九、七一七〇一一五

檢正弦表、

得三十一度二十四分四十八秒、卽戊甲心角、

戊心乙角＝七二度　三三分　一一秒

戊心甲角＝三一　二四　四八

甲心乙角＝四一　八　二三

乙角心甲正弦 / 甲乙 ＝ 甲角乙正心弦 / 甲心

則

甲乙 ＝ 甲乙心角正弦 / 乙心甲角正弦 ╳ 甲心

乙心甲角正弦對＝九、八一八一五八二

甲心對＝三、五三九一八〇二

三、三五七三三八四

甲乙心角正弦對＝九、九七九五四六一

甲乙對＝三、三七七七九二三

太陰由甲行至

乙歷時、等於 丁丙 / 甲乙、

甲乙對＝三、三七七七九二三

丁丙對＝三、二六六九五九九

〇、一一〇八三二四

檢表得

一、二九〇七時

卽一小時十七分二十六秒、

以太陰衝日之時四小時十五分四十九秒、減一小時十七分二十六秒、得二小時三刻十三分二十三秒、卽初虧時刻、

求復圓法、

又

戊乙心角＝七二度　三三分　一一秒

乙甲心角＝乙甲心角＝三一　二四　四八

一〇三度　五七分　五九秒

乙心甲角＝一八〇度－一〇三度　五七分　五九秒

卽

乙心甲角＝七六度　二分　一秒

甲心乙角正弦／甲乙＝甲乙心角正弦／甲心

故

甲乙＝甲乙心角正弦／甲心乙角正弦×甲心

對甲心乙角正弦＝九.九八六九六七五

對甲心＝三.五三九一八〇二

三.五二六一四七七

對甲乙心角正弦＝九.九七九五四六一

對甲乙＝三.五四六六〇一六

太陰由乙行至甲歷時、等於丁丙／甲乙、

星學發軔　卷九　十八

對甲乙＝三.五四六六〇一六

對丁丙＝三.二六六九五九九

〇.二七九六四一七

檢表得

一.九〇三九時

卽一小時五十四分十四秒、加太陰衝日之時四小時十五分四十九秒、得六小時十分三秒、卽復圓時刻、

求食甚法、

又

乙戊＝心乙×戊乙心角餘弦

對乙心＝三.二七六六四五六

對戊乙心角餘弦＝九.四七六八六四三

對乙戊＝二.七五三五〇九九

太陰由乙行至戊歷時、等於丁丙／乙戊、

對乙戊＝二.七五三五〇九九

對丁丙＝三.二六六九五九九

九.四八六五五〇〇

檢表得

〇.三〇六六時

卽十八分二十四秒、加太陰衝日之時四小時十五分四十九秒、得四小時二刻四分一十三秒卽食甚時刻、

初虧＝二時　五八分　二三秒

復圓＝六　一〇　三

二九　四　六

食甚＝四　三四　一三

此數與所推食甚之數相合、故知所推無訛、

星學發軔　卷九　十九

求食分法見第二圖

食分＝子寅／子丑

已知

子寅＝一八七四.二

心戊＝一八〇三.八一

心丑＝二五二三.七三

戊丑＝心丑－心戊＝七一九.九二

子丑＝子戊＋戊丑＝一六五七.〇二

所以

食分＝一八七四.二／一六五七.〇二＝一.八八

得食分爲百分之八十八、

欲求北京月食初虧食甚復圓時刻、可將推得三限時刻、各加七小時四十五分五十四秒、即得、因北京距英京東一百一十六度二十八分三十秒、即七小時四十五分五十四秒、設某處在英京西則應減按此推得北京月食初虧、為光緒十一年二月十四日亥正二刻十四分、食甚在十五日子正一刻五分、復圓在丑初三刻十一分、食分為一百分之八十八、

設西曆一千八百八十四年十月初五日、即光緒十年八月十七日月食全食、求在北京初虧食既食甚復圓生光時刻、

自航海曆書內、取西曆十月初四日太陰衝日即太陰距日一百八十度時也

時刻、太陰太陽赤經與赤緯度、

如

十月初四日太陰衝日英京時刻	一〇時 八分 五.一秒
太陰赤經度	〇時 四四分 二五.〇二秒
太陰赤緯度北	四度 五七 五七.九
太陽赤緯度南	四 四六 三三.六
太陰赤經度時差	三四 一三.五
太陽赤經度時差	二 一六.七
太陰赤緯度時差北	一〇 五二.九
太陽赤緯度時差南	五七.七
太陰赤道地平視差	五九 二三.〇
太陽赤道地平視差	八.九
太陰視半徑	一六 一二.五
太陽視半徑	一六 二.四

地影半徑＝太陰地平視差＋太陽地平視差－太陽視半徑

太陰赤道地平視差＝五九分 二三.〇秒

太陽地平視差＝八.九

五九 三一.九

六〇

三五七一.九秒

此乃太陰太陽赤道地平視差、若推月食、改在北極出地四十五度之地平視差則更便矣、

命子為北極出地四十五度之地平視差、則北極出地四十五度之地平視差、等於子X三五七一.九

三五七一.九對＝三.五五二八九九三

檢十表子對＝九.九九九二七六六

三.五五二一七五九

檢表得

三五六五.九五秒

太陰平地視差｜太陽平地視差＝三五六五.九五秒

太陽視半徑分之四分又秒六十二秒＝九六二.四秒

二六〇三.五五秒

因蒙氣差加本數五十

分之一、

五〇)二六〇三.五五

五二.〇七

二六〇三.五五

五二.〇七

實地影半徑＝二六五五.六二＝心己
　　　　　　　　　秒

太陰半徑六十分之五分又二十秒＝九七二.五秒

心甲＝三六二八.一二秒

太陰赤經度時差＝三四分 一三.五秒

太陽赤經度時差＝二 一六.七

三一 五六.八

六〇

一九一六.八秒

一九一六.八對＝三.二八二五七六八

太陰赤緯度餘弦對＝九.九九八三六六七

三.二八〇九四三五

檢表得

一九〇九.六秒

即心丙

太陰赤緯度時差＝北一〇分 五二.九秒

地影赤緯度時差＝北 五七.七

九 五五.二

六〇

心丁＝五九五.二北秒

太陰赤緯度＝北四度 五七分 五七.九秒

地影心赤緯度＝北四 四六 三三.六

一一 二四.三

六〇

心乙＝六八四.三秒

今有

心己＝二六五五、六二

心丙＝一九○九、六

心丁＝五九五、二

心乙＝六八四、三

心甲＝三六二八、一二

可作圖、如圖、心為地影心、以心為心、以地影心己為界作圓、過心點作卯寅線、與赤道平行、又作子丑線、正交卯寅、從心子截心乙、為六八四、三置於卯寅線上、因太陰在地影心之北、又從心截心丙、為一九○九、六再從心子截心丁、為五九五、二亦在卯寅線上、

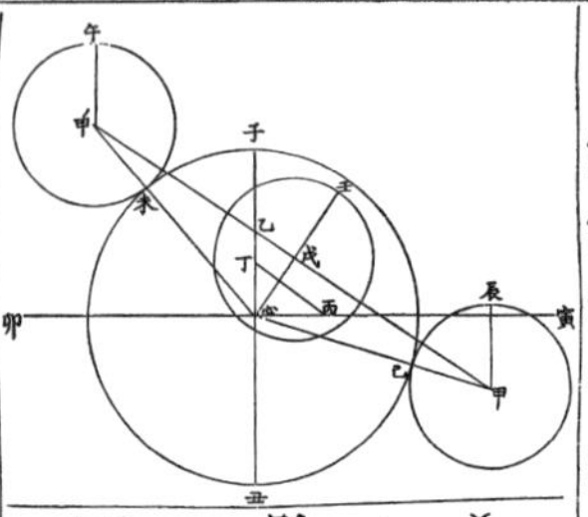

聯丙丁線、為太陰在一小時所行之路、過乙作甲甲′線、與丙丁平行、即太陰軌道、乃以心為心、以地影半徑心己、加月半徑已甲、為界作圓、割月道於甲甲′二點、月食初虧時、太陰心在甲點、復圓時、在甲′點、自心作心戊線、正交甲甲′線、食甚時、太陰心在戊點、求初虧食甚復圓時刻、

求初虧時刻、

$\text{心丙丁角正切} = \frac{\text{心丙}}{\text{心丁}}$

對心丁＝二、七七四六六二九

對心丙＝三、二八○九四二四

九、四九三七二○五

檢正切表、得十七度十八分四十二秒、即心丙丁角、

$\text{心丙丁角餘弦} = \frac{\text{丁丙}}{\text{心丙}}$

對心丙＝三、二八○九四二四

對心丙丁角餘弦＝九、九七九八六七一

對丁丙＝三、三○一○七五三

心丙丁角＝九○度－一七度 一八分 四二秒

心丁丙角＝七二 四一 一八

所以

戊乙心角＝七二度 四一分 一八秒

$\text{戊乙心角正弦} = \frac{\text{心戊}}{\text{心乙}}$

對戊乙心角正弦＝九、九七九八六七一

對心乙＝二、八三五二四六五

對心戊＝二、八一五一一三六

檢表得六五三、三○秒

即心戊

$\text{戊甲心角正弦} = \frac{\text{心戊}}{\text{心甲}}$

對心戊＝二、八一五一一三六

對心甲＝三、五五九六八一七

九、二五五四三一九

檢正弦表得十度二十二分二十五秒、即戊甲心角、

戊甲心角＝一○度 二二分 二五秒

心乙戊角＝七二 四一 一八

八三 三 四三

一八○

甲乙心角＝九六 五六 一七

$\frac{\text{甲心乙角正弦}}{\text{甲乙}} = \frac{\text{甲乙心角正弦}}{\text{甲心}}$

則

$\text{甲乙} = \frac{\text{甲乙心角正弦}}{\text{甲心乙角正弦} \times \text{甲心}}$

對甲心乙角正弦＝九、九九六八○七九

對甲心＝三、五五九六八一七

三、五五六四八九六

對甲乙心角正弦＝九、九七九八六七一

對甲乙＝三、五七六六二二五

太陰每小時所行之路爲丙丁、所以太陰由甲行至乙歷時、等於 丙丁/甲′乙、

甲′乙對＝三,五七六六二二五

丙丁對＝三,三〇一〇七五三

〇,二七五五四七二

檢表得

一,八八六〇三時

即一小時五十三分九秒又百分秒之七十一、即太陰由甲至乙歷時、

	一時	五三分	九,七一秒
太陰衝日之時	＝一〇	八	五,一
英京虧初時	＝八	一四	五五,四九
北京英京經度距	＝七	四五	五四
	一六	〇〇	四九
	一二		
	四	〇	四九

即八月十七日寅正初刻零四十九秒、北京月食初虧時刻、

求復圓時刻、

心角戊乙＝七二度 四一分 一八秒

心乙角甲＝一〇 二二 二五

乙甲′角心＝六二 一八 五三

甲′角心正乙弦/甲′乙 ＝ 甲′角乙正心弦/甲′心

故

甲′乙＝甲′角乙正心弦 × 甲′心 / 甲′角心正乙弦

甲′角心正乙弦對＝九,九四七一九四九

甲′心對＝三,五五九六八一七

三,五〇六八七六六

甲′角乙正心弦對＝九,九七九八六七一

甲′乙對＝三,五二七〇〇九五

太陰由乙行至甲′歷時、等於 丙丁/甲′乙

甲′乙對＝三,五二七〇〇九五

丙丁對＝三,三〇一〇七五三

〇,二二五九三四二

檢表得

一,六八二四時

即一小時四十分五十七秒、即太陰由乙行至甲′歷時、

	一時	四〇分	五七秒
太陰衝日之時	＝一〇	八	五,一
英京復圓時	＝一一	四九	二,一
北京英京經度距	＝七	四五	五四
	一九	三四	五六
	一二		
	七	三四	五六

即十七日辰初二刻四分五十六秒北京月食復圓時刻、

求食甚時刻、

戊角乙餘心弦＝乙心/乙戊

戊角乙餘心弦對＝九,四七三五八八一

乙心對＝二,八三五二四六五

乙戊對＝二,三〇八八三四六

太陰由乙行至戊歷時、等於 丙丁/乙戊、

乙戊對＝二,三〇八八三四六

丙丁對＝三,三〇一〇七五三

九,〇〇七七五九三

檢表得

〇,一〇一八時

即〇時六分六秒、即太陰由乙行至戊

歷時、

〇時　六分　六秒

太陰衝日之時＝一〇　八　五、一

英京食甚時刻＝一〇　一　五九、一

北京距英京經度＝七　四五　五四

一七　四七　五三
一二

五　四七　五三

即十七日卯初三刻二分五十三秒、北京月食食甚時刻、

初虧＝四時　〇分　四九秒

復圓＝七　三四　五六

二|一一　三五　四五

食甚＝五　四七　五二、五

此數與所推食甚時刻相合、故知推算無訛、

求食分法、見第一圖

心戊＝六五三、三〇

月半徑＝戊壬＝九七二、五

心壬＝一六二五、八〇

今心壬小於心巳地影半徑、故知此次月食必為全食、

求食既生光時刻法、

以心為心、以地影半徑減月半徑、為界作圓、割甲乙甲線於庚辛二點、食既時太陰心在庚點、生光時太陰心在辛點、如二圖、

二圖

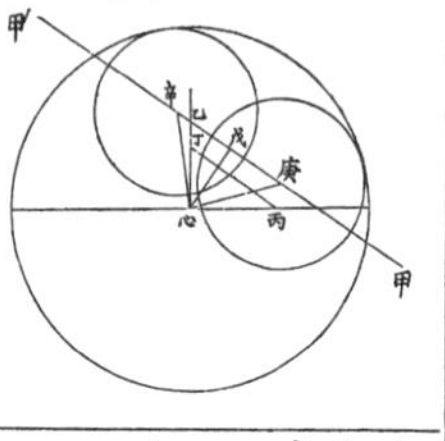

求食既時刻、

地影半徑＝二六五五、六二

月半徑＝九七二、五

心庚＝一六八三、一二

心庚戊角正弦＝心戊／心庚

心戊對＝二、八一五一一三六

心庚對＝三、二二六一一五二

心庚戊角正弦對＝九、五八八九九八四

檢正弦表、得二十二度五十分二十二秒、即心庚戊角、

心庚戊角＝二二度　五〇分　二二秒

心乙庚角＝七二　四一　一八

九五　三一　四〇
一八〇

庚心乙角＝八四　二八　二〇

庚乙／庚心乙角正弦＝庚心／庚乙心角正弦

則

庚乙＝庚乙心角正弦／庚心乙角正弦 ╳ 庚心

庚心乙角正弦對＝九、九九七九七五七

庚心對＝三、二二六一一五二

三、二二四〇九〇九

庚乙心角正弦對＝九、九七九八六七一

庚乙對＝三、二四四二二三八

太陰自庚行至乙歷時、等

於 $\frac{丙丁}{庚乙}$、

庚乙對＝三、二四四二二三八

丙丁對＝三、三〇一〇七五三

九、九四三一四八五

檢表得 〇、八七七三時

即〇時五十二分三十八秒、即太陰自庚行至乙歷時、

太陰之衝日時＝	一〇時	八分	五秒
		五二	三八
英京食既時刻＝	九	一五	二七
北京英京距經度＝	七	四五	五四
	一七	一	二一
	一二		
	五	一	二一

即十七日卯初初刻一分二十一秒北京月食食既時刻、

求生光時刻、

心辛庚角＝心庚辛角＝二二度 五〇分 二二秒

心乙庚角＝七二 四一 一八

乙心辛角＝四九 五〇 五六

$\frac{辛乙}{辛心乙角正弦}$＝$\frac{辛心}{辛乙心角正弦}$

辛乙＝$\frac{辛乙心角正弦}{辛心乙角正弦}$×辛心

辛心乙角正弦對＝九、八八三二九〇二

辛心對＝三、二二六一一五二

三、一〇九四〇五四

辛乙心角正弦對＝九、九七九八六七一

辛乙對＝三、一二九五三八三

太陰自乙至辛歷時、等於 $\frac{丁丙}{辛乙}$、

辛乙對＝三、一二九四三八三

丙丁對＝三、三〇一〇七五三

九、八二八三六三〇

檢表得 〇、六七三七時

即〇時四十分二十五秒、即月自乙至辛歷時、

太陰之衝日時＝	一〇時	八分	五秒
		四〇	二五
英京月食生光時刻＝	一〇	四八	三〇
北京距英京經度＝	七	四五	五四
	一八	三四	二四
	一二		
	六	三四	二四

即十七日卯正二刻四分二十四秒、北京月食生光時刻、

食既＝	五時	一分	二一秒
生光＝	六	三四	二四
二）一一		三五	四五
食甚＝	五	四七	五三

此數與所推食甚時刻相合、故知推算無訛、

求初虧點在月面何處、初虧點、即月與地影始相切之點、

如第一圖、已為初虧之點、未為復圓之點、自甲作甲辰線、自甲作甲午線、均與心乙平行、辰午俱為在月面北之點、

則

心戊甲角＝一〇度 二二分 二五秒

九〇

戊甲心角＝七九度 三七分 三五秒

乙戊心角＝丁心丙角＝一七度 一八分 四二秒

乙甲心角＝九六度 五六分 一七秒

辰心甲角＝一八〇度－乙甲心角＝八三度 三分 四三秒

所以月邊入地影之點、即為初

虧點、自北向東八十三度三分四十三秒、

求復圓點在月面何處、復圓點、為月離地影之點、

甲角乙心 ＝ 六二度 一八分 五三秒

午心甲角 ＝ 一八〇度 丅 甲角乙心 ＝ 一一七度 四一分 七秒

所以月邊出地影之點、即復圓點、自北向西一百一十七度四十一分七秒、

星學發軔卷之九終

星學發軔 卷十

第一節

星學發軔卷之十

美國羅密士原本

天文教習英國駱三畏口譯
王鎮賢
天文館肄業生熙　璋筆述
左　庚

論日食

前所論値月望之期、月距交點近時、始有月食、惟太陽値月朔之期、月必近交點之時、始有日食、設朔時有日食、月距交點必有限距、

求限距若干度、

如圖、甲乙爲黃道、甲丙爲白道、甲爲交點、設甲丙爲限距、若月在甲丙限內、必有日食、推算甲丙爲若干度、法如下、在月朔之期、求日月最近之距、按九卷第二節內之法、求得之數均同、

如二圖、丁丑爲黃道、丁子爲白道、在月朔之期、甲爲太陰、乙爲太陽、甲乙爲日月最近之距、按九卷第二節、

第一圖

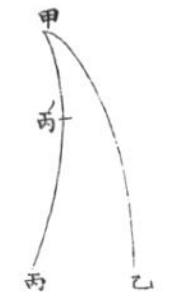

第二圖

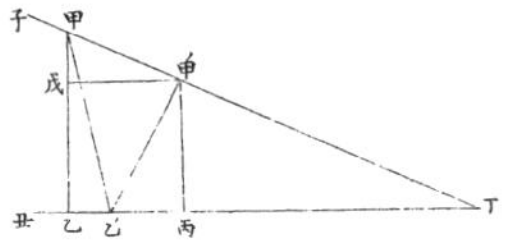

甲乙＝吁×嗔′餘弦　惟　嗔′正切＝（呭⊤一）／（呭）×嗔正切　此式內、甲乙等於吁、爲月朔之期月之黃緯度、甲丁丑角等於嗔、爲黃白二道交角、呭等於乙′乙／乙丙、卽太陽黃經度時差除太陰黃經度時差、時差爲一小時所差之數

如三圖、甲爲太陰、丁爲太陽、乙丙爲日月地平視差較、若求得日月相距最近之度大於甲丁、則無食、如前卷命甲乙月半徑等於呷、丙丁日半徑等於呷月之地平視差等於吃、日之地平視差等於吃、則

第三圖

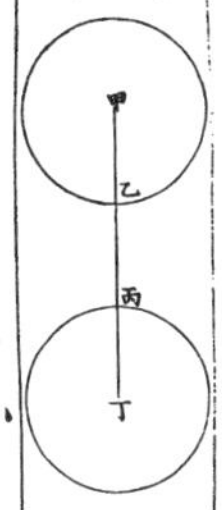

甲丁＝呷⊥呷′⊥吃⊤吃′　設有日食、則

吁×嗔′餘弦＜呷⊥呷′⊥吃⊤吃′

卽

吁＜（呷⊥呷′⊥吃⊤吃′）嗔′正割

按九卷嗔正割之中數爲

一.〇〇四七二

則

吁＜（呷⊥呷′⊥吃⊤吃′）一.〇〇四七二

卽

吁＜（呷⊥呷′⊥吃⊤吃′）⊥（呷⊥呷′⊥吃⊤吃′）×.〇〇四七二

九卷第二節內、檢表用呷呷與吃

吃之中數、求得 (呷丄呷′丄吃丅吃′)、〇〇四七二═二五秒 所以 吁<呷丄呷′丄吃丅吃′丄二五秒 用呷呷與吃最小之數、吃最大之數、求得 吁<一度二三分一五秒 在月朔之期月之黃緯度、小於一度二十三分十五秒、則必有食、設用呷呷與吃最大之數、吃最小之數、求得

吁<一度三四分五三秒 設在月朔之期月之黃緯度、大於一度二十三分十五秒、小於一度三十四分五十三秒、則日食可有可無、欲推算有無日食、必用當時呷呷吃與吃之實數、若 吁<呷丅呷′丄吃丅吃′丄二五秒 則有日食、設月朔之期月之黃緯度、大於一度三十四分五十三秒、故知無日食、若月朔之期月之黃緯度、等於一度二十三分十五秒、試求月距交點若干度、如圖、甲乙爲黃道、甲丁爲白道、甲爲交點、乙

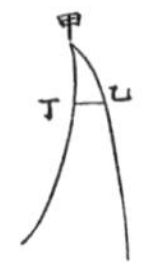

甲丁爲黃白二道之交角、設月朔之期月在丁、自丁作丁乙線、正交黃道甲乙、若丁乙等於一度二十三分十五秒、試求甲丁若干度、

丁乙正弦═丁甲正弦╳丁甲乙角正弦 則 ㊀ 甲丁正弦═$\frac{(一度二三分一五秒)正弦}{嗔正弦}$ 用嗔最大五度二十分六秒之數、按式求

得甲丁爲十五度五分四十三秒、卽日食限距、故月朔之期月距交點之度、若小於十五度五分四十三秒、則必有食、設用嗔最小四度五十七分二十二秒、黃緯度爲一度三十四分五十三秒、按㊀式 甲丁正弦═$\frac{(一度三四分五三秒)正弦}{(四度五七分二二秒)正弦}$ 求得甲丁、爲十八度三十八分、若月朔之期月距交點之度大於十八度三十八分、則不能有食、設有日食推算全食限距、

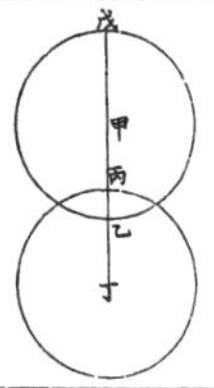

如圖、甲爲太陰心、丁爲太陽心、丙丁爲太陽半徑、等於呷、甲乙爲太陰半徑、等於呷、丙戊爲日月地平視差較、等於吃丁吃′因視差、故視戊點降至丙點、而有全食、按丁戊等於呻′⊥吃丁吃′、丁甲等於呻′⊥吃丁吃′丁呷、設有全食、則

呼×嗊′餘弦<呻′⊥吃丁吃′丁呷

呼<(呻′⊥吃丁吃′丁呷)一.〇〇四七二

卽

呼<(呻′⊥吃丁吃′丁呷)⊥(呻′⊥吃丁吃′丁呷)×.〇〇四七二

用呷吃吃與呷之中數、求得

(呻′⊥吃丁吃′丁呷).〇〇四七二＝一六秒

所以

呼<呻′⊥吃丁吃′丁呷⊥一六秒

設用呷與吃之最小數、吃與呷之最大數、求得

呼<五一分五六秒

在月朔之期、月之黃緯度、小於五十一分五十六秒、

第二節

則食爲全食、或爲金錢食

設月朔之期、月之黃緯度、等於五十一分五十六秒、試求月距交點若干度、

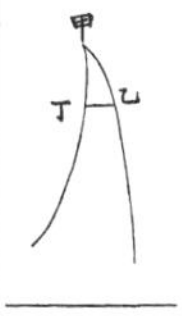

如圖、甲乙爲黃道、甲丁爲白道、甲爲交點、乙甲丁爲黃白二道交角、設月朔之期月在丁、自丁作丁乙線、正交黃道甲乙、設丁乙等於五十一分五十六秒、試求甲丁爲若干度、

乙丁正弦＝甲丁正弦×乙甲丁角正弦

甲丁正弦＝(五一分五六秒)正弦／嗊正弦

用嗊最大五度二十分

六秒之數、按式求得甲丁、爲九度二十一分、

設月朔之期、月距交點、小於九度二十一分、必有全食

推某處日食法、先約定二時刻、一近初虧、一近復圓、設不能預知初虧復圓約在何時、則在合朔前後定二時刻、各推太陽太陰方位、及日月之地平視差、

按日月之方位表、係由地心推算而得、若從地面視之、則方位不同、故必以日月之視差、各求日月之視方位、設不計太陽之視差、而算太陰視差、等於日月視差較、以推太陰之視方位、法與單用日月視差、推太陽太陰之視方位同、所以日月視差較、

以某處地半徑乘之、即得某處地平視差、用此推太陰赤經度赤緯度視差、而推太陰視赤經度視赤緯度、乃以日月視赤經度及赤緯度各相較作圖、如圖、壬爲日心、以壬爲心、以日半徑爲界作圓、自壬過壬點作癸癸線與赤道平行、又自壬點作壬庚線正交癸癸、令壬癸等於合朔前一小時日月之赤經度較、又自癸點作癸己線與壬庚平行、等於合朔前一小時日月之赤緯度較、令壬癸等於合朔後一小時日月之赤經度較、再自癸點作癸己′線與壬庚平行、等於合朔後一小時日月之赤緯度較、復作己己′聯線、設太陽不動、則己己′即爲太陰軌道、亦即

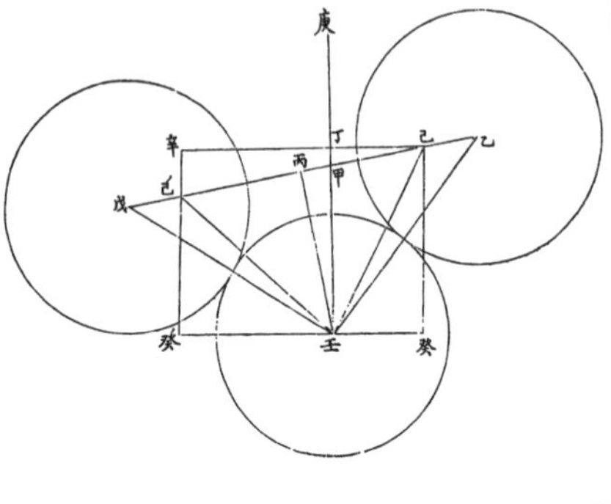

太陰於二小時所行之道、再以壬爲心、以日月半徑和爲界作圓、割己己′線於乙戊二點、日食初虧時、月心在乙點、復圓時、月心在戊點、再自己作己辛線與癸癸平行、引長癸己′至辛、由壬點作壬丙線、正交己己′、食甚時、月心在丙點、又自壬點作壬戊壬己′壬

己壬乙各線、準壬丁己三角形、則 $\text{丁壬己角正切} = \frac{\text{丁己}}{\text{丁壬}}$ 即得丁壬己角、$\text{丁壬己角正弦} = \frac{\text{丁己}}{\text{壬己}}$ 所以 $\text{壬己} = \frac{\text{丁己}}{\text{丁壬己角正弦}}$ 即得壬己、又準辛己己′三角形、辛己等於癸癸、辛己′等於己癸減己′癸、則 $\text{辛己′己角正切} = \frac{\text{辛己′}}{\text{辛己}}$ 即得辛己′己角、$\text{辛己′己角餘弦} = \frac{\text{辛己′}}{\text{己己′}}$ 所以 $\text{己己′} = \frac{\text{辛己′}}{\text{辛己′己角餘弦}}$ 求得己己′邊、即太陰於二小時所行之路、

按己壬丙角等於己壬丁角加丁壬丙角、而丁壬丙角等於辛己′己角、己壬丙三角形、則 $\text{己壬丙角餘弦} = \frac{\text{壬丙}}{\text{壬己}}$ 所以 $\text{壬丙} = \text{壬己} \times \text{己壬丙角餘弦}$ 得壬丙、又準乙壬丙三角形、$\text{乙壬丙角餘弦} = \frac{\text{壬丙}}{\text{壬乙}}$ 得乙壬丙角、又 $\text{乙壬己角} = \text{乙壬丙角} - \text{己壬丙角}$ $\text{戊壬己角} = \text{乙壬丙角} + \text{己壬丙角}$ 準乙壬

己三角形、

$\frac{壬己}{正弦角壬乙己} = \frac{乙巳}{正弦角乙壬巳}$

求得乙巳、太陰由乙行至己、所歷之時刻、等於 $\frac{己巳}{乙巳}$ 二小時、再以月在己點時刻、減月由乙行至己所歷時刻、得月在乙點時刻、即日食初虧時刻、

又準戊壬巳三角形、

$\frac{壬巳}{正弦角壬戊己} = \frac{戊己}{正弦角戊壬己}$

求得戊己、太陰由己至戊所歷時刻、等於 $\frac{己巳}{戊己}$ 二再以月在己點時刻、加月由戊至己時刻、得月在戊點時刻、即日食復圓時刻、

星學發軔　卷十　九

又

$己丙 = 壬己 \times 正弦角丙壬己$

得己丙、太陰由己至丙所歷時刻、等於 $\frac{己巳}{己丙}$ 二再以月在己點時刻、加月由己至丙所歷時刻、得月在丙點時刻、即日食食甚時刻、

以上求得日食各限時刻、未能甚準、然與極準之數、相差不過三四分時、若欲求極準時刻、須按此次所知之初虧復圓時刻、仍取相近二時、再按前法詳求、定能無訛、

第三節

推算西厤一千八百八十二年、五月十七日、即光緒八年四月朔日日食初虧食甚復圓時刻、

按五月十六日太陰合朔時、在英京時爲十九小時四十一分二秒又十分秒之八、即十七日辰初二刻十一分二秒又十分秒之八、在北京時、爲十七日申初一刻十一分五十六秒又十分秒之八、則知北京日食在十七日午後、因有視差故日食時刻微遲、

設定二時、一爲十九小時、一爲二十一小時、用此二時刻、推算太陰太陽之方位、如

星學發軔　卷十　十

十九小時太陰視差 = 五八分 一六.七秒

太陽視差 = 八.七五

太陰視差 − 太陽視差 = 五八　七.九五

六〇

三四八七.九五

此即在赤道太陰太陽視差相較之數、若求在北京之數、須以北京地半徑乘之、見第七卷第六節、

三四八七.九五對 = 三.五四二五七〇二

按北京北極出地度數檢第十一表得北京地半徑 = 九.九九九四〇四八

三.五四一九七五〇

檢表得

三四八三.一七秒

收分得五十八分三秒又百分秒之十七、等於咳、

先求北京是日十九小時太陰赤經度視差若干

準第七卷第七節、

㊀ 呷＝一秒正弦 / 子(叱丅時)正弦 ｜ 二秒正弦 / 子×二(叱丅時)正弦 ｜ 三秒正弦 / 子×三(叱丅時)正弦

惟

㊀ 子＝叱餘弦 / 咳正弦 ╳ 吔餘弦

星月五十日六京英午正恒星時＝三時 三六分 二三.三二秒

因北京距英京東一百一十六度三十三分必減　一 一六.五四

北京午正恒星時＝三 三五 六.七八

英京九小十時北京十時五十太四分陽恒四秒變時星時＝二六 五〇 一七.八一

三〇 二五 二四.五九

英京十九小時太陽恒時即北京恒星之時＝六時 二五分 二四.五九秒＝時

十九小時太陰經赤度＝三 三四 七.五五＝叱

叱丅時＝丅二 五一 一七.〇四

即

叱丅時＝丅四二度 四九分 一五.六秒

十九小時太陰赤緯度＝叱＝一九度 三五分 二四.一秒

吔＝三九度 四三分 四〇.六秒

見第七卷第四節、按㊀式、

第四節

咳正弦對＝八.二二七五二八九

吔餘弦對＝九.八八五九七六〇

八.一一三五〇四九

叱餘弦對＝九.九七四一〇四四

子對＝八.一三九四〇〇五

式 ㊁ 按

子對＝八.一三九四〇〇五

(叱丅時)正弦對＝丅九.八三二三二四七

一秒餘割對＝五.三一四四二五〇

丅三.二八六一五〇二

檢表得

丅一九三二.六四秒

子對＝六.二七八八

二(叱丅時)正弦對＝丅九.九九八七

二秒餘割對＝五.〇一三四

丅一.二九〇九

檢表得

丅一九.五四秒

子對＝四.四一八

三(叱丅時)正弦對＝丅九.八九四

三秒餘割對＝四.八三七

丅九.一四九

檢表得

丅〇.一四秒

所以

呷＝丅一九三二.六四秒

丅　一九.五四

丅　.一四

呷＝丅一九五二.三二秒

即

呷＝丅三二分 三二.三二秒

即十九小時太陰赤經度視差變時爲負三分十秒又百分秒之十五、

求十九小時、太陰赤緯度視差若干、

準第七卷第八節、

㊄ 咥＝一秒正弦 / 酉(午丅叱)正弦 ｜ 二秒正弦 / 酉×二(午丅叱)正弦 ｜ 三秒正弦 / 酉×三(午丅叱)正弦

惟

㊃ 己＝午正弦 / 咳正弦 ╳ 吔正弦

與

㊂ 午餘切 ＝ 二餘弦 哩 ／ 〔(時⊥二哩)餘弦〕 ╳ 䗉餘切

月綫距午角 ＝ 時 ＝ 四二度 四九分 一五,六秒

二哩 ＝ 一六 一六,一六

時⊥二哩 ＝ 四三 五 三一,七六

按㊂式

(時⊥二哩)餘弦對 ＝ 九,八六三四七五○

䗉餘切對 ＝ ○·○八○三七七九

九,九四三八五二九

二哩餘弦對 ＝ 九,九九九九九五一

九,九四三八五七八

檢餘切表得四十八度四十一分三十五秒、卽午、

午 ＝ 四八度 四一分 三五秒

吃 ＝ 一九 三五 二四

午丅吃 ＝ 二九 六 一一

按㊃式

咳正弦對 ＝ 八,二二七五二八九

䗉正弦對 ＝ 九,八○五五九八○

八,○三三一二六九

午正弦對 ＝ 九,八七五七四六四

酉對 ＝ 八,一五七三八○五

按㊄式

酉對 ＝ 八,一五七三八○五

(午丅吃)正弦對 ＝ 九,六八六九七七五

一餘秒割 ＝ 五,三一四四二五○

三,一五八七八三○

檢表得一四四一,三九秒

酉對 ＝ 六,三一四八

二(午丅吃)正弦對 ＝ 九,九二九四

二餘秒割對 ＝ 五,○一三四

一,二五七六

檢表得一八,○九七秒

酉對 ＝ 四,四七二

三(午丅吃)正弦對 ＝ 九,九九九

三餘秒割對 ＝ 四,八三七

九,三○八

檢表得

○,二○三秒

哩 ＝ 一四四一,三九秒

⊥ 一八,一○

⊥ ,二○

一四五九,六九秒

卽

哩 ＝ 二四分 一九,六九秒

卽太陰在十九小時赤緯度視差、

第五節

求二十一小時太陰赤經度視差若干、

在二十一小時太陰視差 ＝ 五八分 一三,七五秒

太陽視差 ＝ 八,七五

五八 五,○○

六○

三四八五秒

三八四五對 ＝ 三,五四二二○二八

北京半徑地對 ＝ 九,九九九四○四八

三,五四一六○七六

檢表得三四八○,二三秒 收分得五十八分零

百分秒之二十三等於咳、

北京時九恒星十時於小 ＝ 六時 二五分 二四,五九秒

二太陽時變恒星時 ＝ 二 ○ 一九,七一

時 ＝ 八 二五 四四,三○

二十一小時太陰赤經 ＝ 吃 ＝ 三 三八 五七,三八

吃丅時 ＝ 丅四 四六 四六,九二

卽

吃丅時 ＝ 丅七一度 四一分 四三,八秒

二十一小時太陰赤緯 ＝ 吃 ＝ 一九度 四五分 一四,九秒

準第七卷第七節、

㊁ 哩 ＝ 子(吃丅時)正弦 ／ 一秒正弦 ｜ 子二×二(吃丅時)正弦 ／ 二秒正弦 ｜ 子三×三(吃丅時)正弦 ／ 三秒正弦

惟

⊖ 子＝吃餘弦／(咳′正弦×哋′餘弦)

準㊀式

咳′正弦對＝八、二二七一六二二
哋′餘弦對＝九、八八五九七六〇
八、一一三一三八二
吃餘弦對＝九、九七三六五九五
子對＝八、一三九四七八七

準㊁式

子對＝八、一三九四七八七
(吃丅哋)正弦對＝丅九、九七七四四九七
一餘秒割對＝五、三一四四二五〇
丅三、四三一三五三四

檢表得

丅二六九九、九四秒
子″對＝六、二七八九
二(吃丅哋)正弦對＝九、七七五五
二餘秒割對＝五、〇一三四
丅一、〇六七八

檢表得

丅一一、七秒
子‴對＝四、四一八
三(吃丅哋)正弦對＝九、七五九
三餘秒割對＝四、八三七
九、〇一四

檢表得

〇、一〇三秒

所以

哑＝丅二六九九、九秒
丅 一一、七
⊥ 、一
丅二七一一、五

卽

哑＝丅四五分 一一五秒、

卽太陰在二十一小時赤經度視差、變時為負三分又百分秒之七十六、

求二十一小時太陰赤緯度視差若干、

準第七卷第八節㊄式

哑′＝一秒正弦／酉(午丅吃)正弦
丨二秒正弦／酉″×二(午丅吃)正弦
丨三秒正弦／酉‴×三(午丅吃)正弦

準㊃式

咳′正弦對＝八、二二七一六二二
哋′正弦對＝九、八〇五五九八〇
八、〇三二七六〇二
午正弦對＝九、九七二〇八〇六
酉對＝八、〇六〇六七九六

午＝六九度 四〇分 二九秒
吃＝一九 四五 一五
午丅吃＝四九 五五 一四

準㊄式

酉對＝八、〇六〇六七九六
(午丅吃)正弦對＝九、八八三七四七九
一餘秒割對＝五、三一四四二五〇
三、二五八八五二五

檢表得

一八一四、九秒
酉″對＝六、一二一三
二(午丅吃)正弦對＝九、九九三六
二餘秒割對＝五、〇一三四
一、一二八三

檢表得

一三、四四秒
酉‴對＝四、一八二
三(午丅吃)正弦對＝九、七〇二
三餘秒割對＝四、八三七
八、七二一

檢表得

檢餘切表、得六十九度四十分二十九秒、卽午、

酉＝午正弦／(咳′正弦×哋′正弦)

㊂式

午餘切＝二哑/二 餘弦／((時⊥二哑/二)餘弦×地′餘切)

時＝七一度 四一分 四四秒、
二哑/二＝ 二二 三五、
時⊥二哑/二＝七二 四 一九、
(時⊥二哑/二)餘弦對＝九、四八八三〇〇四
哋′餘切對＝〇、〇八〇三七七九
九、五六八六七八三
二哑/二餘弦對＝九、九九九九九〇六
九、五六八六八七七

〇.〇五三秒

所以

哑′＝一八一四.九秒

丄 一三.四四

丄 .〇五

一八二八.三九秒

即

哑′＝三〇分 二八.三九秒

即太陰在二十一小時赤緯度視差、

十九小時與二十一小時、太陰太陽方位列表如左、

二十一小時

	赤經度	赤緯度
太陰	三時 三八分 五七.三八秒	一九度 四五分 一四.九秒
太陰視差	丅 三 〇.七六	三〇 二八.四
太陰視方位	三時 三五分 五六.六二秒	一九度 一四分 四六.五秒
		檢十五表 〇.〇
		一九 一四 四六.五
太陽方位	三 三五 五九.一二	一九 二〇 二一.六
二方位較	二.五〇秒	五分 三五.一秒
		六〇
		三三五.一秒

二.五秒 × 月視赤緯度餘弦 × 一五 ＝ 三五.四秒

十九小時

	赤經度	赤緯度
太陰	三時 三四分 七.五五秒	一九度 三五分 二四.一秒
太陰視差	丅 二 一〇.一五	二四 一九.七
太陰視方位	三時 三一分 五七.四〇秒	一九度 一一分 四.四秒
		檢十五表 八.二
		一九 一一 一二.六
太陽方位	三 三五 三九.二八	一九 一九 一三.八
二方位較	三分 四一.八八秒	八分 一.二秒
	六〇	六〇
	二二一.八八秒	四八一.二秒

二二一.八八秒 × 月視赤緯度餘弦 × 一五 ＝ 三一四三.四秒

十九小時太陰太陽赤經度之較、為二百二十一秒又百分秒之八十八、必以太陰赤緯度餘弦乘之、如圖、丙為北極、庚辛為赤道、戊與丁為十九小時日月之方位、甲乙為二二一.八八、今所求為戊己、而

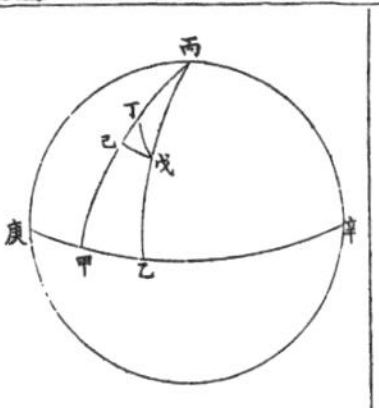

戊己＝甲乙×月視赤緯度餘弦

今所得戊己之數為時秒、欲改弧秒、須

再以十五乘之、

二二一、八八對══二、三四六一一八二
(一九度 一一分 四秒)餘弦對══九、九七五一九二〇
一五對══一、一七六〇九一三

三、四九七四〇一五

檢表得

三一四三、四秒

卽戊己、甲乙爲三分四十一秒又百分秒之八十八、變度得五十五分二十八秒、丙甲丙乙二弧成角、爲五十五分二十八秒、己知戊赤緯度、欲求己赤緯度須

按第八卷第五節之法求之、

戊己══一九度 一一分 四、四秒
以五十五分爲主檢第十五表══八、二

甲己══一九 一一 一二、六
丁甲══一九 一九 一三、八

丁巳══八分 一、二秒

故得丁巳與戊己二十一小時求丁巳與戊己之法、與此相同、

今既得十九與二十一小時、太陰太陽之方位、卽可作圖、如圖、

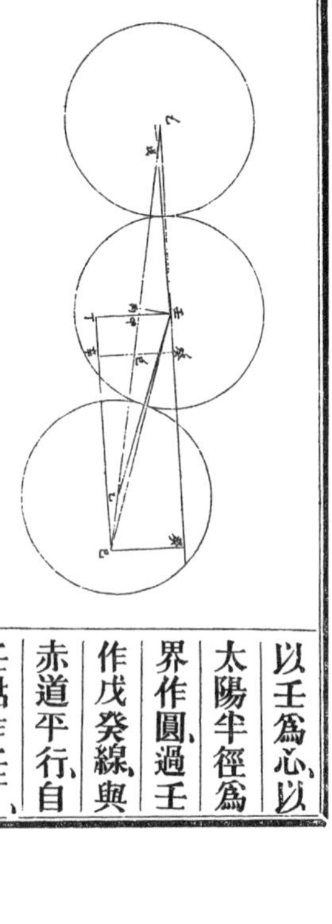

以壬爲心、以太陽半徑爲界作圓、過壬作戊癸線、與赤道平行、自壬點作壬丁、正交戊癸、取壬癸爲三一四三、四、取壬癸爲三五、四、作癸巳線、與壬丁平行、取

癸巳爲四八一、二、十九小時月在己、作癸辛線、與壬丁平行、取癸己爲三三五、一、二十一小時月在巳、（癸、癸二點均在壬點之右、因十九二十一小時太陰赤經度、均小於太陽赤經度也、故）自巳作己丁線、與戊癸平行、引長癸巳至辛、聯巳己線、己巳爲太陰兩小時所行之路、又聯巳壬、以壬爲心、以日月半徑相加爲界作圓、割戊己線於乙乙二點、聯壬乙壬乙、月心在乙爲日食初虧、月心在乙爲日食復圓、又自壬作壬丙、正交戊巳、月心在丙、爲日食食甚、

求日食初虧時刻、

今 壬癸＝三一四三.四＝丁巳
癸巳＝四八一.二＝壬丁
壬/癸＝三五.四＝丁辛
/癸/巳＝三三五.一

準壬丁巳三角形、
丁壬巳角正切＝壬丁/丁巳

丁巳對＝三.四九七三九九六
壬丁對＝二.六八二三二五六

丁壬巳角正切＝○.八一五○七四○

檢正切表、得八十一度十七分四十八秒、即丁壬巳角、

又 丁壬巳角正弦＝壬巳/丁巳
丁巳對＝三.四九七三九九六
丁壬巳角正弦對＝九.九九四九七○一

壬巳對＝三.五○二四二九五

壬癸＝三一四三.四
/癸壬＝三五.四

巳辛＝三一○八.○
癸巳＝四八一.二
/癸/巳＝三三五.一

辛/巳＝一四六.一

準巳辛巳三角形、
辛巳巳角正切＝辛巳/辛/巳

辛/巳對＝二.一六四六五○二
辛巳對＝三.四九二四八一○

辛巳巳角正切對＝八.六七二一六九二

檢正切表、得二度四十一分二十九秒、即辛巳巳角、亦即丙壬丁角、
辛巳巳角餘弦＝巳/巳/辛巳

辛巳對＝三.四九二四八一○
辛巳巳角餘弦對＝九.九九九五二○七

巳/巳對＝三.四九二九六○三

丁巳壬角＝八一度一七分四八秒
丙丁壬角＝二度四一分二九秒

巳丙壬角＝八三度五九分一七秒

準壬丙巳三角形、
巳壬丙角餘弦＝壬巳/壬丙

巳壬丙角餘弦對＝九.○二○○九五一
壬巳對＝三.五○二四二九五

壬丙對＝二.五二二五二四六

二十一小時太陰半徑＝一五分五三.六秒
因月高度增檢表半徑十二＝七.三五

一六○.九五
六○

太陰視半徑＝九六○.九五秒
太陽半徑＝九五○.六秒

壬乙＝一九一一.五五秒

準壬丙乙三角形、
乙壬丙角餘弦＝壬乙/壬丙

壬丙對＝二.五二二五二四六
壬乙對＝三.二八一三八五七

乙壬丙角餘弦對＝九.二四一一三八九

檢餘弦表、得七十九度五十七分五十七秒、即

乙壬丙角、

乙壬丙角＝七九度五七分五七秒

己壬丙角＝八三度五九分一七秒

乙壬巳角＝四度一分二〇秒

準乙壬巳三角形、

乙壬巳角正弦/乙巳＝壬乙巳角正弦/壬巳

對乙壬巳角正弦＝八.八四五九八六七

對壬巳＝三.五〇二四二九五

二.三四八四一六二

對壬乙巳角正弦＝九.二四一一三八九

對乙巳＝三.一〇七二七七三

太陰由巳行至乙歷時、為 巳巳′/二乙巳 小時、即

巳巳′/一二〇分 乙巳

因巳巳′為二小時月所行之路、

對乙巳＝三.一〇七二七七三

對一二〇分＝二.〇七九一八一二

五.一八六四五八五

對巳′巳＝三.四九二九六〇三

一.六九三四九八二

檢表、得

四九.三七四分

即為四十九分二十二秒、

太陰在巳＝一九時〇分〇秒

太陰自乙至巳歷時＝四九分二二秒

英京初日虧時＝一九時四九分二二秒

北京英京東距＝七時四五分五四秒

二七時三五分一六秒

北京食初日虧＝三時三五分

即

北京食初日虧＝申初二刻五分

第八節

求復圓時刻、

乙′壬丙角＝乙壬丙角＝七九度五七分五七秒

己丙壬角＝八三度五九分一七秒

乙′巳壬角＝一六三度五七分一四秒

準乙′壬巳三角形、

乙′壬巳角正弦/乙′巳＝壬乙′巳角正弦/壬巳

對乙′壬巳角正弦＝九.四四一五五五二

對壬巳＝三.五〇二四二九五

二.九四三九八四七

對壬乙′巳角正弦＝九.二四一一三八九

對乙′巳＝三.七〇二八四五八

太陰由巳行至乙′歷時、為 巳巳′/二巳乙′ 小時、

對巳′乙＝三.七〇二八四五八

二對＝〇.三〇一〇三〇〇

四.〇〇三八七五八

對巳′巳＝三.四九二九六〇三

〇.五一〇九一五五

檢表、得

三.二四二八時

即三小時十四分三十四秒、

太陰在巳＝一九時〇分〇秒

太陰自乙′至巳＝三時一四分三四秒

英京時復圓＝二二時一四分三四秒

北京英京東距＝七時四五分五四秒

三〇時〇〇分二八秒

北京圓時復刻＝六時〇分二八秒

即

北京圓時復刻＝酉正初刻二十八秒

因有視差、故巳巳′非直線、今求得日食初虧復圓時刻、未能甚

第九節

準查二十與二十二小時、與今求得初虧復圓時刻相近、故用此二時刻、按前法、再求太陰與太陽方位、所得初虧復圓時刻、較前愈準、

推算西曆五月十六日、二十與二十二小時、太陰與太陽方位、

求二十小時太陰方位、

二十小時太陰視差 ══ 五八分 一五.四秒

太陽視差 ══ 八.七五

五八 六.六五

六○

三四八六.六五秒

三四八六.六五對 ══ 三.五四二四○八三

北京地半徑對 ══ 九.九九九四○四八

晐對 ══ 三.五四一八一三一

檢表、得

晐 ══ 三四八一.八七

變度 ══ ○度 五八分 一.八七秒

英京正午恒星時 ══ 三時 三六分 二三.三二秒

北京英京距東一百十六度二十三分必誠 ══ 一分 一六.五四秒

北京正午恒星時 ══ 三時 三五分 六.七八秒

二十小時太陽時變恒星時 ══ 二○時 三分 一七.一二九秒

七小時變恒星時 ══ 七時 一分 八.九九五秒

四五分變恒星時 ══ 四五分 七.三九二秒

五四秒變恒星時 ══ 五四.一四八秒

三一時 二五分 三四.四四四秒

英京二十小時之北京恒星時 ══ 七時 二五分 三四.四四四秒 ══ 時

二十小時太陰赤經度 ══ 三時 三六分 三二.四五秒 ══ 吧

吧丅晐 ══ 丅三時 四九分 二秒

即

吧丅晐 ══ 丅五七度 一五分 三○秒

推算二十小時太陰赤經度視差若干、

吧丅晐 ══ 丅五七度 一五分 三○秒

太陰赤緯度 ══ 叱 ══ 一九度 四○分 二三.三秒

準七卷七節、式㊁

啞 ══ 子×(吧丅晐)正弦 / 一秒正弦 ＋ 子²×二(吧丅晐)正弦 / 二秒正弦 ＋ 子³×三(吧丅晐)正弦 / 三秒正弦

式㊀

子 ══ 叱餘弦 / 晐'正弦 × 㬪餘弦

晐'正弦對 ══ 八.二二七三六六八

㬪餘弦對 ══ 九.八八五九.七六○

八.一一三三四二八

叱餘弦對 ══ 九.九七三八八○○

子對 ══ 八.一三九四六二八

準㊁式、

子對 ══ 八.一三九四六二八

(吧丅晐)正弦對 ══ 丅九.九二四八五六八

一秒餘割對 ══ 五.三一四四二五○

丅三.三七八七四四六

檢表、得

丅二三九一.九一秒

又

子²對 ══ 六.二七八九

二(吧丅晐)正弦對 ══ 丅九.九五九○

二秒餘割對 ══ 五.○一三四

丅一.二五一三

檢表、得

丅一七.八三六秒

又

子³對 ══ 四.四一八

三(吧丅晐)正弦對 ══ 丅九.一五五

三秒餘割對 ══ 四.八三七

丅八.四一○

檢表、得

丅○.○二六秒

所以

啞 ══ 丅二三九一.九一秒
丅 一七.八三六秒
丅 ○.○二六秒

啞 ══ 丅二四○九.七七秒

即

啞 ══ 丅四○分 九.七七秒

卽二十小時太陰赤經度視差變時爲二分四十秒又百分秒之六十五、

推算二十小時太陰赤緯度視差若干、

準七卷八節㊄式、

呾′ ═ 一秒正弦 / 酉×(午丁叱)正弦 | 二秒正弦 / 酉×二(午丁叱)正弦 | 三秒正弦 / 酉×三(午丁叱)正弦 ||

㊃式

酉 ═ 午正弦 / 咳正弦 ╳ 咃正弦

㊂式

午餘切 ═ 二餘弦呾 / (時⊥二呾)餘弦 ╳ 咃餘切

時 ═ 五七度 一五分 三○秒

二呾 ═ ○度 二○分 五秒

時⊥二呾 ═ 五七度 三五分 三五秒

(時⊥二呾)餘弦對 ═ 九、七二九一○七四

咃餘切對 ═ ○、○八○三七七九

九、八○九四八五三

二呾餘弦對 ═ 九、九九九九九二五

午餘切對 ═ 九、八○九四九二八

檢餘切表、得五十七度十分五十五秒、卽午、

準㊃式、

咳正弦對 ═ 八、二二七三六六八

咃正弦對 ═ 九、八○五五九八○

八、○三二九六四八

午正弦對 ═ 九、九二四四八三九

酉對 ═ 八、一○八四八○九

午 ═ 五七度 一○分 五五秒

叱 ═ 一九度 四○分 二三秒

午丁叱 ═ 三七度 三○分 三二秒

準㊄式、

酉對 ═ 八、一○八四八○九

(午丁叱)正弦對 ═ 九、七八四五三四九

一秒餘割對 ═ 五、三一四四二五○

三、二○七四四○八

檢表、得

一六一二、二八秒

又

酉²對 ═ 六、二一七○

二(午丁叱)正弦對 ═ 九、九八五○

二秒餘割對 ═ 五、○一三四

一、二一五四

檢表、得

一六、四二二秒

又

酉³對 ═ 四、三二五

三(午丁叱)正弦對 ═ 九、九六五

三秒餘割對 ═ 四、八三七

九、一二七

檢表、得

○、一三四秒

呾′ ═ 一六一二、二八秒

⊥ 一六、四二二秒

⊥ ○、一三四秒

呾′ ═ 一六二八、八四秒

卽

呾′ ═ 二七分 八、八四秒

卽二十小時太陰赤緯度視差、

推算二十二小時太陰赤經度視差、

在二十二小時太陰視差 ＝ 五八分　一二.三七秒

太陽視差 ＝ 八.七五秒

――――――

五八　三.六二

六〇

――――――

三四八三.六二秒

三四八三.六二對 ＝ 三.五四二〇三〇七

北京地半徑對 ＝ 九.九九九四〇四八

――――――

三.五四一四三五五

檢表、得

三四七八.八五秒

即五十七分五十八秒又百分秒之八十五、等於咳、

北京恒星時於二十二小時 ＝ 七時　二五分　三四.四四秒

二十二小時太陽變恒星時 ＝ 二時　〇分　一九.七一秒

――――――

時 ＝ 九時　二五分　五四.一五秒

二十二小時太陰赤經度 ＝ 吧 ＝ 三時　四一分　二二.三二秒

――――――

吧丅時 ＝ 丅五時　四四分　三一.八三秒

即

吧丅時 ＝ 丅八六度　七分　五七.四五秒

二十二小時太陰赤緯度 ＝ 吃 ＝ 一九度　四九分　五九秒

準七卷七節㊁式、

呭 ＝ $\frac{子\times(吧丅時)正弦}{一秒正弦}$ ⊥ $\frac{子^{二}\times二(吧丅時)正弦}{二秒正弦}$ ⊥ $\frac{子^{三}\times三(吧丅時)正弦}{三秒正弦}$

㊀式、

子 ＝ $\frac{吃餘弦}{咳'正弦\times唵'餘弦}$

咳′正弦對 ＝ 八.二二六九九〇〇

唵′餘弦對 ＝ 九.八八五九七六〇

――――――

八.一一二九六六〇

吃餘弦對 ＝ 九.九七三四四四三

――――――

子對 ＝ 八.一三九五二一七

準㊁式、

子對 ＝ 八.一三九五二一七

(吧丅時)正弦對 ＝ 丅九.九九九〇一〇〇

一秒餘割對 ＝ 五.三一四四二五〇

――――――

丅三.四五二九五六七

檢表、得

丅二八三七.六四秒

又

子^二對 ＝ 六.二七九〇

二(吧丅時)正弦對 ＝ 丅九.一二八九

二秒餘割對 ＝ 五.〇一三四

――――――

丅〇.四二一三

檢表、得

丅二.六三八秒

又

子^三對 ＝ 四.四一九

三(吧丅時)正弦對 ＝ 九.九九一

三秒餘割對 ＝ 四.八三七

――――――

九.二四七

檢表、得

一七七秒

呭 ＝ 丅二八三七.六四

丅　二.六三八

⊥　.一七七

――――――

呭 ＝ 丅二八四〇.一〇

即

呭 ＝ 丅四七分　二〇.一秒

即二十二小時太陰赤經度視差、變時為三分九秒又百分秒三十三、

推算二十二小時太陰赤緯度視差、

準七卷八節㊄式、

呭′ ═ 一秒正弦 / 酉×(午丅吃)正弦 ┃ 二秒正弦 / 酉²×二(午丅吃)正弦 ┃ 三秒正弦 / 酉³×三(午丅吃)正弦

㊃式、

酉 ═ 午正弦 / (晐′正弦 × 晻′正弦)

㊂式、

午餘切 ═ 二呭餘弦 / ((時┃二呭)餘弦 × 晻′餘切)

時 ═ 八六度 七分 五七、四五秒
二呭 ═ 〇度 二三分 四〇秒
———
時┃二呭 ═ 八六度 三一分 三七秒

(時┃二呭)餘弦對 ═ 八、七八二三二三一
晻′餘切對 ═ 〇、〇八〇三七七九
———
八、八六二七〇一〇
二呭餘弦對 ═ 九、九九九九八九七
———
八、八六二七一一三

檢餘切表、得八十五度四十九分五十秒、即午、

㊃式、

晐′正弦對 ═ 八、二二六九九〇〇
晻′正弦對 ═ 九、八〇五五九八〇
———
八、〇三二五八八〇
午正弦對 ═ 九、九九八八四九一
———
酉對 ═ 八、〇三三七三八九

午 ═ 八五度 四九分 五〇秒
吃 ═ 一九度 四九分 五九秒
———
午丅吃 ═ 六五度 五九分 五一秒

㊄式、

酉對 ═ 八、〇三三七三八九
(午丅吃)正弦對 ═ 九、九六〇七二一七
一秒餘割對 ═ 五、三一四四二五〇
———
三、三〇八八八五六

檢表、得

二〇三六、五〇秒

又

酉²對 ═ 六、〇六七五
二(午丅吃)正弦對 ═ 九、八七一
二秒餘割對 ═ 五、〇一三四
———
〇、九五二〇

檢表、得

八、九五四秒

又

酉³對 ═ 四、一〇一
三(午丅吃)正弦對 ═ 丅九、四九〇
三秒餘割對 ═ 四、八三七
———
丅八、四二八

檢表、得

丅、〇二七秒

所以

呭′ ═ ⊥二〇三六、五〇
⊥ 八、九五四
丅 、〇二七
———
呭′ ═ 二〇四五、四三

收分得三十四分五秒又百分秒之四十三、即二十二小時太陰赤緯度視差、

第十三節

二十與二十二小時太陰太陽方位、列如下、

二十小時　二十二小時

	二十小時 赤經度	二十小時 赤緯度	二十二小時 赤經度	二十二小時 赤緯度
太陰實方位	二三時 三六分 三二,四五秒	一九度 四〇分 二三,三秒	二三時 四一分 二二,三二秒	一九度 四九分 五九秒
太陰視差	二分 四〇,六五秒	二七分 八,八四秒	三分 九,三三秒	三四分 五,四三秒
太陰視方位	二三時 三三分 五一,八〇秒	一九度 一三分 一四,四六秒	二三時 三八分 一二,九九秒	一九度 一五分 五三,五七秒
檢五十表		二,三秒		二,五秒
		一九度 一三分 一六,七六秒		一九度 一五分 五六,〇七秒
太陽方位	二三時 三五分 四九,一八秒	一九度 一九分 四八,二七秒	二三時 三六分 九,〇三秒	一九度 二〇分 五五,八六秒
	一分 五七,三八秒	六分 三一,五一秒	二分 三,九六秒	四分 五九,七九秒
	六〇	六〇	六〇	六〇
	一一七,三八秒	三九一,五一秒	一二三,九六秒	二九九,七九秒

一一七,三八秒 × 月視赤緯度餘弦 × 一五 ＝ 一六六二,五五秒

一二三,九六秒 × 月視赤緯度餘弦 × 一五 ＝ 一七五五,二八秒

一一七,三八秒對 ＝ 二,〇六九五九四一

(一九度一三分一四秒)餘弦對 ＝ 九,九七五〇九〇四

一五對 ＝ 一,一七六〇九一三

三,二二〇七七五八

檢表、得

一六六二,五五秒

一二三,九六秒對 ＝ 二,〇九三二八一六

(一九度一五分五四秒)餘弦對 ＝ 九,九七四九七三六

一五對 ＝ 一,一七六〇九一三

三,二四四三四六五

檢表、得

一七五五,二八秒

第一圖

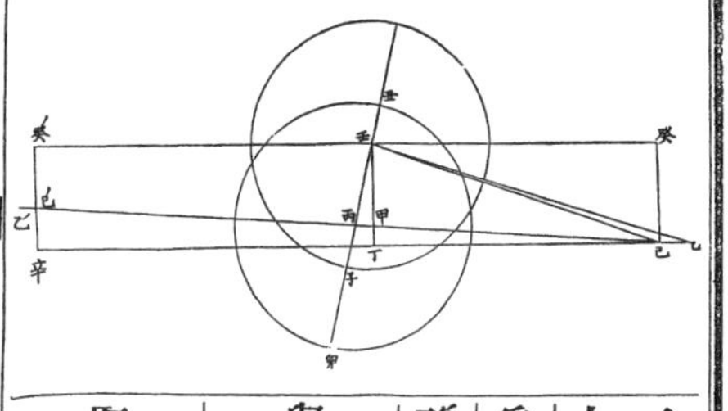

今既得二十與二十二小時太陰太陽方位之較、可作圖、如圖、以壬爲心、以太陽半徑爲界、作圓、作癸癸線、與赤道平行、自壬點作壬丁、與癸癸正交、自壬點取壬癸爲一六六二,五五、取壬癸爲一七五五,二八、自癸取己癸爲三九一,五一、二十小時太陰在己、自癸取癸巳爲二九九,七九、二十二小時太陰在巳、自己作巳丁辛線、與癸壬癸平行、引長癸巳至辛、聯己巳線、爲太陰二小時所行之路、又聯己壬、以壬爲心、以日月半徑和爲界、作圓、割己巳線於乙乙二點、聯壬乙、月心在乙、爲日食初虧、月心在乙、爲日食復圓、又自壬作壬丙、正交巳己、月心在丙、爲日食食甚、

求初虧時刻、

今

壬癸 ＝ 一六六二秒、五五 ＝ 丁巳

癸巳 ＝ 三九一秒、五一 ＝ 壬丁

壬癸′ ＝ 一七五五秒 二八 ＝ 丁辛

癸′巳 ＝ 二九九秒、七九

準丁壬巳三角形、

丁壬巳角正切 ＝ 壬丁／丁巳

丁巳對 ＝ 三、二二〇七七四八

壬丁對 ＝ 二、五九二七四二九

丁壬巳角正切對 ＝ 一〇、六二八〇三一九

檢正切表、得七十六度四十四分五十六秒、即丁壬巳角、又

丁壬巳角正弦 ＝ 壬巳／丁巳

星學發軔　卷十　三十五

丁巳對 ＝ 三、二二〇七七四八

丁壬巳角正弦對 ＝ 九、九八八二八〇〇

壬巳對 ＝ 三、二三二四九四八

辛癸′ ＝ 三九一、五一

癸′巳 ＝ 二九九、七九

巳′辛 ＝ 九一、七二

辛丁 ＝ 一七五五、二八

丁巳 ＝ 一六六二、五五

辛巳 ＝ 三四一七、八三

準辛巳己′三角形、

辛巳己′角正切 ＝ 辛巳′／辛巳

辛巳′對 ＝ 一、九六二四六四〇

辛巳對 ＝ 三、五三三七五〇四

辛巳己′角正切對 ＝ 八、四二八七一三六

檢正切表、得一度三十二分十四秒、即辛巳己′角、亦即丙壬丁角、

辛巳己′角餘弦 ＝ 己′巳／辛巳

辛巳對 ＝ 三、五三三七五〇四

辛巳己′角餘弦對 ＝ 九、九九九九八四三七

己′巳對 ＝ 三、五三三九〇六七

巳壬丁角 ＝ 七六度 四四分 五六秒

丙壬丁角 ＝ 一度 三二分 一四秒

巳壬丙角 ＝ 七八度 一七分 一〇秒

準巳壬丙三角形、

巳壬丙角餘弦 ＝ 壬巳／壬丙

巳壬丙角餘弦對 ＝ 九、三〇七五四八八

壬巳對 ＝ 三、二三二四九四八

壬丙對 ＝ 二、五四〇〇四三六

檢表、得二四六秒、七七二即壬丙

星學發軔　卷十　三十六

二十小時太陰半徑 ＝ 一五分 五四秒、〇五

月半徑因高度漸增檢十二表 ＝ 一〇秒

太陰視半徑 ＝ 一六分 四秒、〇五

太陽半徑 ＝ 一五分 五〇秒、七

三一分 五四秒、七五

六〇

壬乙 ＝ 一九一四秒、七五

準丙壬乙三角形、

乙壬丙角餘弦 ＝ 壬乙／壬丙

壬丙對 ＝ 二、五四〇〇四三六

壬乙對 ＝ 三、二八二一一二〇

乙壬丙角餘弦對 ＝ 九、二五七九三一六

檢餘弦表、得七十九度三十三分五十七秒、即

乙壬丙角、

乙丙壬角＝七九度　三三分　五七秒

己丙壬角＝七八度　一七分　一〇秒

乙己壬角＝　一度　一六分　四七秒

準乙壬巳三角形、

乙壬巳角正弦／乙巳 ＝ 壬乙巳角正弦／壬巳

乙壬巳角正弦對＝八、三四八九五七〇

壬巳對＝三、二三二四九四八

一、五八一四五一八

乙壬丙角餘弦對＝壬乙巳角正弦對＝九、二五七九三一六

乙巳對＝二、三二三五二〇二

太陰由乙行至己歷時、爲己巳／乙巳 二小時、

因己巳係二小時月所行之路、

乙巳對＝二、三二三五二〇二

一二〇分對＝二、〇七九一八一二

四、四〇二七〇一四

己′巳對＝三、五三三九〇六七

〇、八六八七九四七

檢表、得

七、三九二五

卽七分二十三秒又百分秒之五十五、

太陰在巳＝二〇時　〇分　〇秒

太陰自乙至巳用時＝　七分　二三秒

北京日食初虧之英京時＝一九時　五二分　三七秒

北京英京距東＝　七時　四五分　五四秒

二七時　三八分　三一秒

北京日食初虧時刻、爲三小時三十八分三十一秒、卽申初二刻八分三十一秒、

求復圓時刻、

自己作己丁辛線、與癸癸平行、聯壬己壬乙、見第二圖、

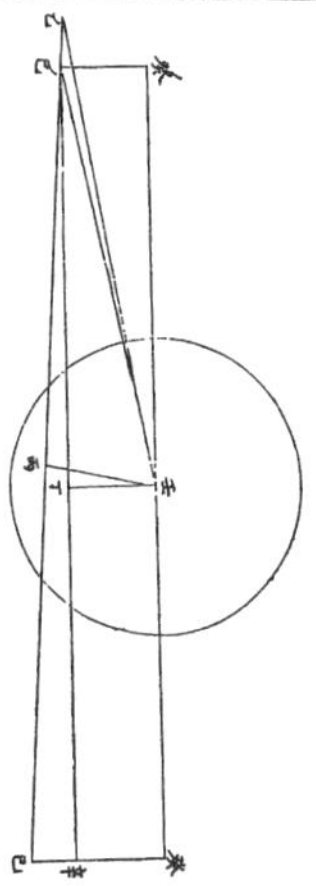

第二圖

己′丁 ＝ 壬癸′ ＝一七五五、二八

壬丁 ＝ 癸′己 ＝二九九、七九

準丁壬

己三角形、

己′壬丁角正切 ＝ 壬丁／己′丁

己′丁對＝三、二四四三四六五

壬丁對＝二、四七六八一七一

己′壬丁角正切對＝一〇、七六七五二九四

檢正切表、得八十度十八分

二十八秒、卽己壬丁角、

己′壬丁角正弦 ＝ 壬己′／己′丁

己′丁對＝三、二四四三四六五

己′壬丁角正弦對＝九、九九三七五六四

壬己′對＝三、二五〇五九〇一

己′壬丁角＝八〇度　一八分　二八秒

丙壬丁角＝　一度　三二分　一四秒

己′壬丙角＝七八度　四六分　一四秒

準巳′壬丙三角形、

巳′角餘弦巳′壬丙 = 巳′壬 / 丙壬

對巳′角餘弦巳′壬丙 = 九.二八九四五一七

對巳′壬 = 三.二五〇五九〇一

對壬丙 = 二.五四〇〇四一八

太陰半徑在十二小時 = 一五分 五三.二三秒

月半徑因高度漸增檢表二十 = 四.四六秒

太陰視半徑 = 一五分 五七.七秒

太陽半徑 = 一五分 五〇.七秒

三一分 四八.四秒

六〇

壬乙′ = 一九〇八.四秒

乙′角餘弦乙′壬丙 = 乙′壬 / 丙壬

對壬丙 = 二.五四〇〇四一八

對壬乙′ = 三.二八〇六六九四

對乙′角餘弦乙′壬丙 = 九.二五九三七二四

檢餘弦表、得七十九度三十一分五十一秒、即乙′壬丙角、

乙′壬丙角 = 七九度 三一分 五一秒

巳′壬丙角 = 七八度 四六分 一四秒

乙′壬巳′角 = 〇度 四五分 三七秒

準乙′壬巳′三角形、

乙′壬巳′角正弦 / 乙′巳′ = 壬乙′巳′角正弦 / 壬巳′

對乙′壬巳′角正弦 = 八.一二二八三六九

對壬巳′ = 三.二五〇五九〇一

一.三七三四二七〇

對壬乙′巳′角正弦 = 九.二五九三七二四

對乙′巳′ = 二.一一四〇五四六

太陰由巳′至乙′歷時、爲 巳巳′ / 乙′巳′ 二時、即 巳巳′ / 乙′巳′ 一二〇分 ×

對乙′巳′ = 二.一一四〇五四六

對一二〇分 = 二.〇七九一八一二

四.一九三二三五八

對巳′巳 = 三.五三三九〇六七

〇.六五九三二九一

檢表、得四.五六四分爲

四分三十四秒、

太陰在巳′ = 二二時 〇分 〇秒

月自巳′行至乙′用時 = 四分 三四秒

二二時 四分 三四秒

北京距英京東 = 七時 四五分 五四秒

二九時 五〇分 二八秒

北京日食復圓時刻、爲五小時五十分二十八秒、即酉初三刻五分二十八秒、

求食分若干、

初虧＝一九時　五二分　三七秒

復圓＝二二時　四分　三四秒

二四一　五七　一一

二〇時　五八分　三五秒

七時　四五分　五四秒

二八時　四四分　二九秒

北京日食食甚時刻＝四時　四四分　二九秒

北京日食食甚時刻、爲申正二刻十四分、

欲求食甚準時刻、須取最近食甚之時、按前法、再推算日月方位較、可算太陰由己行至丙歷時若干、月在丙爲食甚、故可知食甚準時刻、由此可知食甚時刻約在二十一點鐘、故在此時、

星學發軔　卷十　四十一

求月半徑若干、

二十一小時月半徑＝一五分　五三、六四秒

月半徑漸增因高度二十六度二十分檢十二表＝七、三四秒

月視半徑＝一六　〇〇、九八秒

六〇

九六〇、九八秒

準第一圖、以丙爲心、以月半徑丙卯爲界、作圓、則

丙卯＝月半徑＝九六〇、九八＝丙丑

壬子＝日半徑＝九五〇、七

壬丙＝三四六、七七二

壬子＝九五〇、七

壬丙＝三四六、七七

丙子＝六〇三、九三

丙丑＝九六〇、九八

子丑＝一五六四、九一

食分＝日全徑／子丑

即

食分＝一九〇一、四／一五六四、九一＝、八二三

所以食分爲一千分之八百二十三、

查以上所求得日食初虧復圓各時刻、均未能甚準、其所差亦不過一分時、若算極準時刻、則用十九小時五十三分、（近初虧時刻）

星學發軔　卷十　四十二

與二十二小時五分、（近復圓時刻）按上法、再推算太陰太陽方位、而得初虧復圓極準時刻、

所以光緒八年四月朔日食初虧爲申初二刻八分、食甚爲申正二刻十四分、復圓爲酉初三刻五分、食分爲一千分之八百二十三、

星學發軔卷之十終

星學發軔　卷十一

第一節

星學發軔卷之十一

美國羅密士原本　天文教習英國駱三畏口譯
天文館肄業生熙璋　王鎮賢　左庚筆述

論月掩諸星

月距地近、星距地遠、星當月道、星月經緯同度時、星被月掩、故謂之月掩星、星將切月邊之時爲入時、將離月邊之時爲出時、推月掩星出入時刻、與推日食初虧復圓法同而較易、因星無半徑、亦無視差、

一千八百八十六年十二月初十日、（即光緒十二年十一月十五日）在北京月掩畢宿第五星、推其出入時刻、

荅入月面時戌正一刻一十二分出月面時、亥初二刻一十四分五十四秒、

如在英京畢宿第五星與月交會之時、按赤經度算爲本日未正初刻二分一十五秒、今在北京、月掩此星之時、月在午線之東、因有視差、其出入時刻較早、所以取未初未正二時、各推太陰方位、

求未初太陰視方位、

英京本日午正之恒星時 ＝ 一七時 一六分 三二.八二秒

北京距英京東一百一時六度三十分必減 　一分 一六.五四秒

北京本日午正之恒星時 ＝ 一七時 一五分 一六.二八秒

英京未初即北京午後八點鐘四十五分五十四秒變恒星時 ＝ 八時 四七分 二○.三九秒

相加 ＝ 二六時 二分 三六.六七秒

英京本日未初北京之恒星時 ＝ 二時 二分 三六.六七秒 ＝ 㖡

太陰未初赤經度 ＝ 四時 二七分 三.三九秒 ＝ 吪

吪丁㖡 ＝ 二時 二四分 二六.七二秒

變度 ＝ 三六度 六分 四○.八秒

未初太陰赤緯北 ＝ 一六度 四○分 三五秒 ＝ 叱

太陰在未初、赤道地平視差爲五十七分二十八秒、化秒得三千四百四十八秒、求北京太陰地平視差、以北京地半徑乘之、卽得、如

三四四八對 ＝ 三.五三七五六七三

北京地半徑對 ＝ 九.九九九四○四八

咳對 ＝ 三.五三六九七二一

檢表、得

三四四三.二八秒

收分得五十七分二十三秒又百分秒之二十八、卽未初北京太陰地平視差、

求未初太陰赤經度視差、

準七卷七節㈡式、

$$㖡 = \frac{一秒正弦}{子(吪丁㖡)正弦}\left|\frac{二秒正弦}{子^{二}\times二(吪丁㖡)正弦}\right|\frac{三秒正弦}{子^{三}\times三(吪丁㖡)正弦}$$

式㈠

$$子 = \frac{叱餘弦}{咳'正弦 \times 吡'餘弦}$$

咳'正弦對 ＝ 八.二二二五二七○

吡'餘弦對 ＝ 九.八八五九.七六○

(咳'正弦 × 吡'餘弦)對 ＝ 八.一○八五○三○

叱餘弦對 ＝ 九.九八一三三八六

子對 ＝ 八.一二七一六四四

準㈡式、

子對 ＝ 八.一二七一六四四

(吪丁㖡)正弦對 ＝ 九.七七○三七七八

一秒餘割對 ＝ 五.三一四四二五○

$\left(\frac{一秒正弦}{子(吪丁㖡)正弦}\right)$對 ＝ 三.二一一九六七二

檢表、得

一六二九.一七秒

又

$子^{二}$對 ＝ 六.二五四三

二(吪丁㖡)正弦對 ＝ 九.九七八七

二秒餘割對 ＝ 五.○一三四

$\left(\frac{二秒正弦}{子^{二}\times二(吪丁㖡)正弦}\right)$對 ＝ 一.二四六四

檢表、得

一七.六四秒

又

$子^{三}$對 ＝ 四.三八一

三(吪丁㖡)正弦對 ＝ 九.九七七

三秒餘割對 ＝ 四.八三七

$\left(\frac{三秒正弦}{子^{三}\times三(吪丁㖡)正弦}\right)$對 ＝ 九.一九五

檢表、得

○.一六秒

所以

第三節

咺＝一六二九、一七丄一七、六四丄〇、一六
秒　秒　秒

即

咺＝一六四六、九七秒

收分＝二七分　二六、九七秒

即未初太陰赤經度視差、變時、得一分四十九秒又十分秒之八、

求未初太陰赤緯度視差、

準七卷第八節㊄式、

咺′＝一秒正弦 / 酉(午丁吃)正弦 ⌊ 二秒正弦 / 酉²×二(午丁吃)正弦 ⌊ 三秒正弦 / 酉³×三(午丁吃)正弦 ⌋ 〃

又㊃式、

酉＝午正弦 / 咳′正弦╳咜′正弦

又㊂式、

午餘切＝二咺餘弦 / (時⌊二咺)餘弦╳咜′餘切

時＝三六度　六分　四〇、八秒

二咺＝　一三分　四三、五秒

時⌊二咺＝三六度　二〇分　二四、三秒

準㊂式、則

(時⌊二咺)餘弦對＝九、九〇六〇七三五

咜′餘切對＝〇、〇八〇三七七九

((時⌊二咺)餘弦╳咜′餘切)對＝九、九八六四五一四

二咺餘弦對＝九、九九九九九六六

午餘切對＝九、九八六四五四八

檢餘切表得四十五度五十三分三十六秒、即午、

準㊃式、則

咳′正弦對＝八、二二二五二七〇

咜′正弦對＝九、八〇五五九八〇

(咳′正弦╳咜′正弦)對＝八、〇二八一二五〇

午正弦對＝九、八五六一五一八

酉對＝八、一七一九七三二

午＝四五度　五三分　三六秒

吃＝一六度　四〇分　三五秒

午丁吃＝二九度　一三分　〇一秒

第四節

準㊄式、

酉對＝八.一七一九七三二

(午丁叱)正弦對＝九.六八八五二四七

一秒餘割對＝五.三一四四二五〇

(一秒正弦 / 酉(午丁叱)正弦)對＝三.一七四九二二九

檢表得

一四九五.九七秒

又

酉²對＝六.三四三九

二(午丁叱)正弦對＝九.九三〇四

二秒餘割對＝五.〇一三四

(二秒正弦 / 酉²×二(午丁叱)正弦)對＝一.二八七七

檢表得

一九.四〇秒

又

酉³對＝四.五一一六

三(午丁叱)正弦對＝一〇.〇〇〇

三秒餘割對＝四.八三七

(三秒正弦 / 酉³×三(午丁叱)正弦)對＝九.三五三

檢表得

〇.二二秒　所以

星學發軔　卷十一　六

吡＝一四九五.九七秒丄一九.四〇秒丄〇.二二秒

即

吡′＝一五一五.五九秒

收分得二十五分一十五秒又百分秒之五十九、

即未初太陰赤緯度視差、

求未正太陰視方位、

第五節

英日之時 京午恒 本正星＝一七時　一六分　三二.八二秒

北英一十三必 京京百六十減 距東一度分＝一分　一六.五四秒

北日之時 京午恒 本正星＝一七時　一五分　一六.二八秒

英正京九四分四恒 京卽午點十五秒星 未北後鐘五十變時＝九時　四七分　三〇.二五秒

相加＝二七時　二分　四六.五三秒

英之正時 京北恒 未京星＝三時　二分　四六.五三＝哘

未陰度 正赤 太經＝四時　二九分　二一.六二＝叱

叱丁哘＝一時　二六分　三五.〇九秒

變度＝二一度　三八分　四六秒

未陰北 正赤 太緯＝一六度　四六分　九.九＝叱

太陰在未正、赤道地平視差爲五十七分二十九秒又十分秒之六、化秒得三千四百四十九秒又十分秒之六、求北京太陰地平視差、以北京地半徑乘之、卽得、如

星學發軔　卷十一　七

三四四九.六對＝三.五三七七六八七

北京地半徑對＝九.九九九四〇四八

咳′對＝三.五三七一七三五

檢表、得

三四四四.八七秒

收分得五十七分二十四秒又百分秒之八十七、卽北京未正太陰地平視差、

求未正太陰赤經度視差、

準七卷七節㈡式

呾＝一秒正弦／子(吧丅嘚)正弦｜二秒正弦／子×二(吧丅嘚)正弦｜三秒正弦／子×三(吧丅嘚)正弦

式㈠

子＝吃餘弦／咳正弦╳咃餘弦

咳正弦對＝八.二二二七二七五

咃餘弦對＝九.八八五九七六○

(咳正弦╳咃餘弦)對＝八.一○八七○三五

吃餘弦對＝九.九八一一二六八

子對＝八.一二七五七六七

準㈡式、

子對＝八.一二七五七六七

(吧丅嘚)正弦對＝九.五六六八七六五

一餘秒割對＝五.三一四四二五○

(一秒正弦／子(吧丅嘚)正弦)對＝三.○○八八八八二

檢表得

一○二○.六五 秒

又

子²對＝六.二五五一

二(吧丅嘚)正弦對＝九.八三六一

二餘秒割對＝五.○一三四

(二秒正弦／子×二(吧丅嘚)正弦)對＝一.一○四六

檢表得

一二.七二 秒

又

子³對＝四.三八三

三(吧丅嘚)正弦對＝九.九五七

三秒餘割對＝四.八三七

(三秒正弦／子×三(吧丅嘚)正弦)對＝九.一七七

檢表得

○.一五 秒

所以

呾＝一○二○.六五秒丄一二.七二秒丄○.一五秒

卽

呾＝一○三三.五二＝一七分一三秒五二

卽未正太陰赤經度視差變時爲一分零八秒又十分秒之九、

求未正太陰赤緯度視差、

準七卷八節㈤式、

呬＝一秒正弦／酉×(午丅吃)正弦｜二秒正弦／酉×二(午丅吃)正弦｜三秒正弦／酉×三(午丅吃)正弦｜……

㈣式、

酉＝午正弦／咳正弦╳咃正弦

㈢式、

午餘切＝二呾餘弦／(時丄二呾)餘弦╳咃餘切

時＝二一度 三八分 四六秒

二呾＝ 八分 三六,七六秒

時−二呾＝二一度 四七分 二二,八秒

準(三)式、則

(時−二呾)餘弦對＝九,九六七八○六五

呭′餘切對＝○,○八○三七七九

(時−二呾)餘弦╳呭′餘切 對＝○,○四八一八四四

二呾餘弦對＝九,九九九九九八六

午餘切對＝一○,○四八一八五八

檢餘切表、

得四十一度四十九分四十秒、卽午、

準(四)式、則

呟′正弦對＝八,二二二七二七五

呭′正弦對＝九,八○五五九八○

(呟′正弦╳呭′正弦)對＝八,○二八三二五五

午正弦對＝九,八二四○五六七

酉對＝八,二○四二六八八

午＝四一度 四九分 四○秒

叱＝一六度 四六分 一○秒

午−叱＝二五度 三分 三○秒

準(五)式、

酉對＝八,二○四二六八八

(午−叱)正弦對＝九,六二六八九五二

一秒餘割對＝五,三一四四二五○

$\left(\frac{一秒正弦}{酉(午−叱)正弦}\right)$對＝三,一四五五八九○

檢表、得

一三九八,二六秒

又

酉²對＝六,四○八五

二(午−叱)正弦對＝九,八八五○

二秒餘割對＝五,○一三四

$\left(\frac{二秒正弦}{酉^{2}×二(午−叱)正弦}\right)$對＝一,三○六九

檢表、得

二○,二八秒

又

酉³對＝四,六一三

三(午−叱)正弦對＝九,九八五

三秒餘割對＝四,八三七

$\left(\frac{三秒正弦}{酉^{3}×三(午−叱)正弦}\right)$對＝九,四三五

檢表、得

○,二七秒

所以

呾′＝一三九八,二六＋二○,二八＋○,二七秒

卽

呾′＝一四一八,八一＝二三分 三八,八一秒

卽未正太陰赤緯度視差、

以上推得未初未正二時月視方位、列表如下、

	未初 赤經度	未初 赤緯度	未正 赤經度	未正 赤緯度
太陰實方位	四時 二七分 三三,三九秒	一六度 四○分 三五秒	四時 二九分 二一,六二秒	一六度 四六分 九,九秒
視差	一分 四九,八秒	二五分 一五,五九秒	一分 八,九秒	二三分 三八,八一秒
太陰視方位	四時 二八分 五三,一九秒	一六度 一五分 一九,四一秒	四時 三○分 三○,五二秒	一六度 二二分 三一,○九秒
檢五十表		○,二秒		○,五秒
		一六度 一五分 一九,六一秒		一六度 二二分 三一,五九秒
星方位	四時 二九分 二六,八二秒	一六度 一六分 四五,五秒	四時 二九分 二六,八二秒	一六度 一六分 四五,五○秒
二位方較	○分 三三,六三秒	一分 二五,八九秒	一分 三,七○秒	五分 四六,○九秒
		一分六○ 八五,八九秒	一分六○ 六三,七○秒	五分六○ 三四六,○九秒

三三,六三 × 月赤緯視度餘弦 × 一五 ═ 四八四,二八四

三三,六三對 ═ 一,五二六七二六九

未初太陰赤緯度餘弦對 ═ 九,九八二二八一五

一五對 ═ 一,一七六○九一三

二,六八五○九九七

檢表得

四八四,二八四秒

六三,七○ × 月赤緯視度餘弦 × 一五 ═ 九一六,七四

六三,七○對 ═ 一,八○四一三九四

未正太陰赤緯度餘弦對 ═ 九,九八二○一六五

一五對 ═ 一,一七六○九一三

二,九六二二四七二

檢表得

九一六,七四秒

今既得未初未正二時月與星方位、可作圖、以求星出八月面時、如圖、壬爲畢宿第五星、過壬作癸癸、與赤道平行、取壬癸等於四八四,二八四、自癸作癸己、正交癸癸、取癸己等於八五,八九、因未初月赤緯度小於星赤緯度、故己在癸癸之下、取壬癸等於九一六,七四、乃自癸作癸已、正交癸癸、取癸已等於三四六,○九、因未正月赤緯度大於星赤緯度、故已在癸癸之上、乃聯己已、爲一小時太陰所行之路、次聯壬己、以壬爲心、月半徑乙壬爲界、作圓、割巳巳於乙乙二點、次聯乙壬、月心在乙點、爲星入月面時、月心在乙點、爲星出月面時、自己作巳辛、與癸癸平行、引長巳癸至辛、作壬丁、與癸己平行、引長壬丁至甲、作壬丙、正交己已、先求畢宿第五星八月面時刻、

第一圖

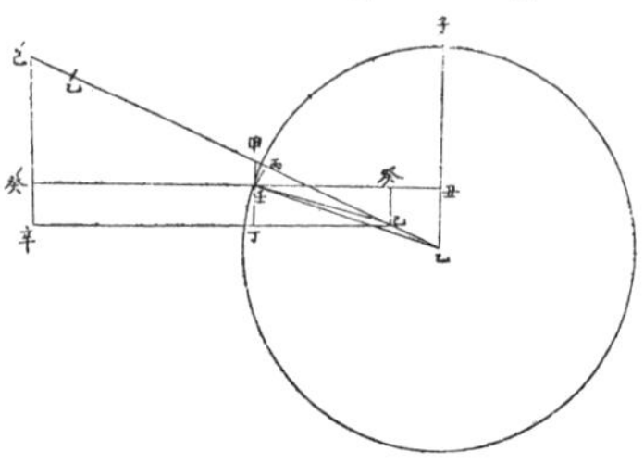

今

壬癸＝四八四、二八四秒＝丁巳

癸巳＝八五、八九秒＝丁壬

壬癸'＝九一六、七四秒＝丁辛

癸'巳＝三四六、〇九秒

準丁巳壬三角形、

丁壬巳角正切＝丁壬/丁巳

丁巳對＝二、六八五一〇〇〇

丁壬對＝一、九三三九四二六

丁壬巳角正切對＝一〇、七五一一五七四

檢正切表得七十九度五十六分三十五秒、即丁壬巳角、又

丁壬巳角正弦＝壬巳/丁巳

丁巳對＝二、六八五一〇〇〇

丁壬巳角正弦對＝九、九九三二七五二

壬巳對＝二、六九一八二四八

壬癸＝四八四、二八四秒

壬癸'＝九一六、七四秒

巳辛＝一四〇一、〇二四秒

癸巳＝八五、八九秒

癸'巳＝三四六、〇九秒

辛巳＝四三一、九八秒

準辛巳巳'三角形、

辛巳己'角正切＝辛巳/辛'巳

辛'巳對＝二、六三五四六三六

辛巳對＝三、一四六四四五五

辛巳己'角正切對＝九、四八九〇一八一

檢正切表得十七度零八分十秒、即辛巳

巳'角、又

辛巳己'角餘弦＝己'巳/辛巳

辛己對＝三、一四六四四五五

辛巳己'角餘弦對＝九、九八〇二七九六

巳'巳對＝三、一六六一六五九

丁壬己角＝七九度　五六分　三五秒

辛己'巳角＝丙壬甲角＝一七度　八分　一〇秒

相加＝九七度　四分　四五秒

一八〇度

丙壬己角＝八二度　五五分　一五秒

準丙壬巳三角形、

丙壬己角餘弦＝壬巳/丙壬

丙壬己角餘弦對＝九、〇九〇七五四〇

壬巳對＝二、六九一八二四八

丙壬對＝一、七八二五七八八

查航海厤書、末初太陰半徑＝一五分　四一、一四秒

檢十五卷第十二表、因太陰高五十一度、其半徑必增＝一二、四五秒

末初太陰視半徑＝一五分　五三、五九秒＝九五三、五九秒

故

乙壬＝九五三、五九秒

準丙壬乙三角形、

丙壬乙角餘弦 = 壬乙 / 丙壬

丙壬對 = 一.七八二五七八八

乙壬對 = 二.九七九三六一七

丙壬乙角餘弦對 = 八.八〇三二一七一

檢餘弦表得八十六度二十一分二十秒、卽丙壬乙角、

丙壬乙角 = 八六度 二一分 二〇秒

丙壬巳角 = 八二度 五五分 一五秒

乙壬巳角 = 〇三度 二六分 〇五秒

準乙壬巳三角形、

乙壬巳角正弦 / 乙巳 = 壬乙巳角正弦 / 壬巳

乙壬巳角正弦對 = 八.七七七五〇八八

壬巳對 = 二.六九一八二四八

(乙壬巳角正弦)(壬巳)對 = 一.四六九三三三六

壬乙巳角正弦對 = 乙壬丙角餘弦對 = 八.八〇三二一七一

乙巳對 = 二.六六六一一六五

太陰由乙行至巳、歷時等於 巳巳 / 乙巳

乙巳對 = 二.六六六一一六五

巳巳對 = 三.一六六一六五九

(由乙至巳歷時)對 = 九.四九九九五〇六

檢表、得 〇.三一六一九時 卽十九分、

太陰在巳 = 一時 〇分

由乙至巳 = 一九分

星入月面之京英時 = 一二時 四一分

北京距京英 = 七時 四六分

相加 = 二〇時 二七分

一二時

星入月面之北京時 = 八時 二七分

卽知在北京畢宿第五星八月面之時、爲戌正一刻十二分、次求畢宿第五星出月面時刻、

如前圖、惟自巳作巳辛、與癸癸平行、引長癸巳至辛、壬甲至丁、次聯壬乙與壬巳二線、

第二圖

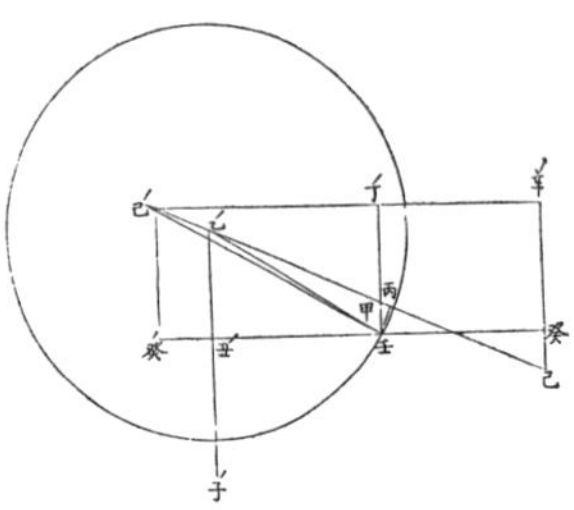

今

丁巳 = 壬癸 = 九一六.七四秒

壬丁 = 癸巳 = 三四六.〇九秒

準丁壬巳三角形、

丁′壬′己角正切 ＝ 丁′壬′ ÷ 丁′己

對丁′己 ＝ 二.九六二二四六二

對丁′壬 ＝ 二.五三九一八九一

對丁′壬′己角正切 ＝ ○.四二三○五七一

檢正切表、得六十九度一十九分零二秒、即丁′壬己′角、又

丁′壬己′角正弦 ＝ 壬己′ ÷ 丁′己′

對丁′己′ ＝ 二.九六二二四六二

對丁′壬己′角正弦 ＝ 九.九七一○六七一

對壬己′ ＝ 二.九九一一七九一

丁′壬己′角 ＝ 六九度 一九分 二秒

丁′壬丙角 ＝ 一七度 八分 一○秒

丙壬己′角 ＝ 八六度 二七分 一二秒

準丙壬己′三角形、

丙壬己′角餘弦 ＝ 壬己′ ÷ 壬丙

對丙壬己′角餘弦 ＝ 八.七九一四二○四

對壬己′ ＝ 二.九九一一七九一

對丙壬 ＝ 一.七八二五九九五

查航海麻書未正太陰半徑 ＝ 一五分 四一.五八秒

檢十五卷第十二表、因太陰高六十一度十二分、必增 ＝ 一三.九秒

未正太陰視半徑 ＝ 一五分 五五.四八秒

故

乙′壬 ＝ 九五五.四八秒

丙壬乙′角 ＝ 八六度 二一分 四六秒

丙壬己′角 ＝ 八六度 二七分 一二秒

乙′壬己′角 ＝ ○○ ○五分 二六秒

準乙′壬己′三角形、

乙′壬己′角正弦 ÷ 乙′己′ ＝ 壬乙′己′角正弦 ÷ 壬己′

對乙′壬己′角正弦 ＝ 七.一九八七九二三

對壬己′ ＝ 二.九九一一七九一

對（乙′壬己′角正弦 × 壬己′）＝ ○.一八九九七一四

對壬乙′己′角正弦 ＝ 對丙壬乙′角餘弦 ＝ 八.八○二三七七九

對乙′己′ ＝ 一.三八七五九三五

太陰由乙′行至己′歷時、等於 己′己 ÷ 乙′己′

對乙′己′ ＝ 一.三八七五九三五

對己′己 ＝ 三.一六六一六五九

對（由乙′至己′歷時）＝ 八.二二一四二七六

檢表、得

○.○一六六五時

即一分、

太陰在己′ ＝ 二時 ○分 ○秒

由乙′至己′ ＝ 一分

星出月面之英京時 ＝ 一時 五九分

北京英京距 ＝ 七時 四五分 五四秒

星出月面之北京時 ＝ 九時 四四分 五四秒

即知在北京畢宿第五星出月面之時、爲亥初二刻十四分五十四秒、

因所取未正、與求得星出月面時刻甚近、所得之數極準、又所取未初、與求得星入月面時刻相差一十九分、均無須再推、

推星出入月面方向法、

求畢宿第五星入月面之點、

如前第一圖、以乙爲心、以月半徑乙壬爲界、作圓、自乙點作乙丑子線、與壬甲平行、子爲月面北點、壬爲星入月邊之點、求子乙壬角、

乙丙壬角＝八六度二一分二〇秒

丙甲壬角＝一七度八分一〇秒

乙甲壬角＝一〇三度二九分三〇秒

乙甲壬角丄子乙壬角＝一八〇度

則

子乙壬角＝一八〇度丅乙甲壬角

即

子乙壬角＝一八〇度丅一〇三度二九分三〇秒

即

子乙壬角＝七六度三〇分三〇秒

即知畢宿

第五星入月面之點、自北向東七十六度三十分

求畢宿第五星出月面之點、

如前第二圖、以乙爲心、以月半徑乙壬爲界、作圓、自乙點作乙丑子線、與癸巳平行、子爲月面南點、壬爲星出月面之點、求子乙壬角、

乙′丙壬角＝八六度二一分四六秒

丙甲壬角＝一七度八分一〇

乙′甲壬角＝六九度一三分三六秒＝子乙′壬角

即知畢宿第五星出月面之點、自南向西六十九度一十四分、

星學發軔卷之十一終

星學發軔

卷十二

第一節

星學發軔卷之十二

美國羅密士原本
天文教習英國駱三畏口譯
王鎮賢
天文館肄業生熙　璋筆述
左　庚

論貝氏求日食法

月行日地之間、日月地一線參直、月掩日光、而生月影、影爲尖錐形、設尖在日月之間、而人在錐形面、必見日月相切、卽日食初虧或復圓之時、如圖、甲爲日

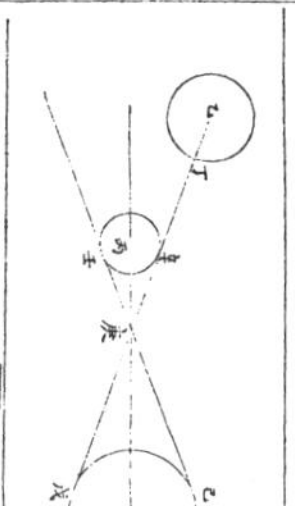

心、丙爲月心、乙爲地心、己庚戊辛庚壬爲二尖錐形、內容日月、設人在地面丁處、必見日月相切、卽日食初虧或復圓之時、按甲丙爲尖錐形軸、所以人在地面距軸與尖錐形半徑等、則可見日食初虧或復圓、設又一尖錐形、內容日月、其尖在月之外、人在尖錐形面、必見日月相切、卽日全食或金環食、如第二圖、

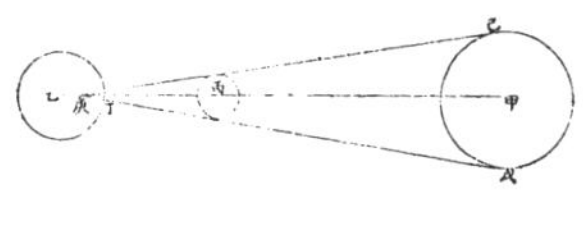

甲爲日心、丙爲月心、乙爲地心、己庚戊爲尖錐形、內容日月、設人在地面丁處、必見日食食既或生光之時矣、

推月影尖錐形軸之方位、

如圖、丙爲地心、設爲原點、作丙甲丙乙丙丁三軸線、各正交、丙甲正指北極、丙乙指春分點、丙丁在赤道面、距丙乙東九十度、取戊點爲月之所在、己點爲太陽之所在、試自戊作戊庚線、正交丁丙乙面、又自庚作庚辛線、與丙丁平行、命丙辛等於天、爲月之橫線、辛庚等於地、爲月之次橫線、戊庚等於人、爲月之縱線、聯丙庚丙戊二線、則庚丙乙爲月赤經度、命等於吧、庚丙戊爲月赤緯度、命等於吃、丙戊爲月地距等於哂、

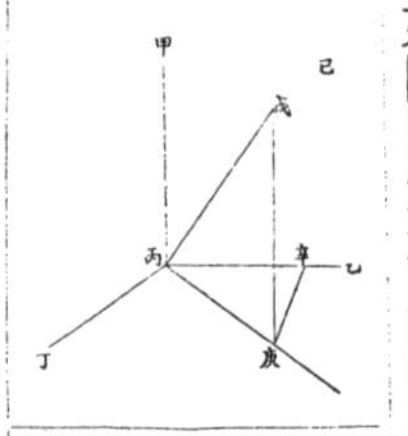

庚丙辛爲直角三角形、庚辛丙角爲直角、所以

角餘弦庚丙辛×丙庚＝丙辛　又

庚丙戊亦爲直角三角形、戊庚丙角爲直角、所以

角餘弦庚丙戊×丙戊＝丙庚　所以

角餘弦庚丙辛×角餘弦庚丙戊×丙戊＝丙辛

即

吧餘弦×吃餘弦×哂＝天

角正弦庚丙辛×庚丙＝庚辛

即

角正弦庚丙辛×角餘弦庚丙戊×丙戊＝庚辛

即

吧正弦×吃餘弦×哂＝地

角正弦庚丙戊×丙戊＝庚戊

即

吃正弦×哂＝人

所以月之橫線次橫線縱線三線、爲

吧餘弦×吃餘弦×哂＝天

吧正弦×吃餘弦×哂＝地

吃正弦×哂＝人

命太陽赤經度等於吧′、赤緯度等於吃′、日地距等於哂′、如前法、

太陽之橫線次橫線縱線三線、爲

吧′餘弦×吃′餘弦×哂′＝天′

吧′正弦×吃′餘弦×哂′＝地′

吃′正弦×哂′＝人′

試從戊點復作三軸線、戊甲′與丙甲平行、戊乙′與丙乙平行、戊丁′與丙丁平行、聯戊己線、爲日月距、自己作己庚′線、正交丁′戊乙′面、於庚′點引長正交丁丙乙面於庚點、作庚′辛′線、與戊丁′平行、聯

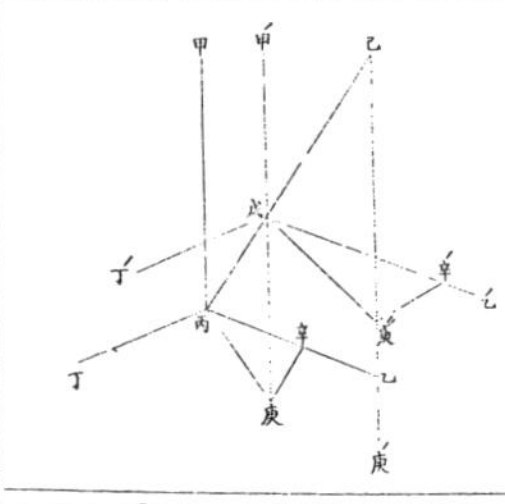

庚′戊線、命庚′戊辛′角爲吧″、庚′戊己角爲吃″、設月心爲原點、則吃″爲日赤緯度、吧″爲日赤經度、在地心丙點作線、與戊己（即影軸、）平行、正指天空某點、則其點赤經度等於吧′、赤緯度等於吃′、所以吧″與吃″可定影軸方位、設月爲原點、則戊辛′爲日之橫線、命等於天″、辛′庚′爲日之次橫線、命等於地″、己庚′爲日之縱線、命等於人″、戊己日月距、命等於哂″、按前法、

天＝晒╳吧″餘弦╳吧′餘弦

地＝晒╳吧″餘弦╳吧′正弦

人＝晒╳吧′正弦

按丁戊乙面與丁丙乙面平行，故

庚/庚＝戊/庚

己/庚＝己/庚┬庚/庚＝己/庚┬戊/庚

即

人′＝人⊥人

則

人′＝人┬人

即

晒╳吧″正弦＝晒╳吧′正弦┬晒╳吧正弦

求天仿此、

天′＝天┬天

即

晒╳吧″餘弦╳吧″餘弦＝晒╳吧′餘弦╳吧′餘弦┬晒╳吧餘弦╳吧餘弦

地′＝地┬地

即

晒╳吧″餘弦╳吧″正弦＝晒╳吧′餘弦╳吧′正弦┬晒╳吧餘弦╳吧正弦

所以

有三式如下、

晒╳吧″餘弦╳吧″餘弦＝晒╳吧′餘弦╳吧′餘弦┬晒╳吧餘弦╳吧餘弦

晒╳吧″餘弦╳吧″正弦＝晒╳吧′餘弦╳吧′正弦┬晒╳吧餘弦╳吧正弦

晒╳吧″正弦＝晒╳吧′正弦┬晒╳吧正弦

以上三式、均以晒除之、命

晒′/晒″＝子　晒/晒″＝丑

則

子╳吧″餘弦╳吧″餘弦＝吧′餘弦╳吧′餘弦┬丑╳吧餘弦╳吧餘弦　(一)

子╳吧″正弦╳吧″餘弦＝吧′正弦╳吧′餘弦┬丑╳吧正弦╳吧餘弦　(二)

子╳吧″正弦＝吧′正弦┬丑╳吧正弦　(三)

以吧正弦乘(一)式、以吧餘弦乘(二)式、相減得

子╳吧″餘弦(吧″┬吧)正弦＝┬丑╳吧′餘弦(吧′┬吧)正弦　(四)

以吧餘弦乘(一)式、以吧正弦乘(二)式、相加

得

$$\text{子}\times\text{吃}''\text{餘弦}(\text{吒}''\text{丅}\text{吒}')\text{餘弦}=\text{吃}'\text{餘弦}\text{丅}\text{丑}\times\text{吃}\text{餘弦}(\text{吒}\text{丅}\text{吒}')\text{餘弦}\quad㊄$$

㊃㊄兩式相除、得

$$(\text{吒}''\text{丅}\text{吒}')\text{正切}=\text{丅}\frac{\text{吃}'\text{餘弦}\,\text{丅}\,\text{丑}\times\text{吃餘弦}(\text{吒}\text{丅}\text{吒}')\text{餘弦}}{\text{丑}\times\text{吃餘弦}(\text{吒}\text{丅}\text{吒}')\text{正弦}}=\text{丅}\frac{\text{一}\,\text{丅}\,(\text{丑}\times\text{吃餘弦}\times\text{吃}'\text{正割}(\text{吒}\text{丅}\text{吒}')\text{餘弦})}{\text{丑}\times\text{吃餘弦}\times\text{吃}'\text{正割}(\text{吒}\text{丅}\text{吒}')\text{正弦}}$$

因

$$\text{吃餘弦}\times\text{吃}'\text{正割}(\text{吒}\text{丅}\text{吒}')\text{餘弦}\text{約}=\text{一}$$

所以

$$(\text{吒}''\text{丅}\text{吒}')\text{正切}=\text{丅}\frac{\text{一丅丑}}{\text{丑}\times\text{吃餘弦}\times\text{吃}'\text{正割}(\text{吒}\text{丅}\text{吒}')\text{正弦}}$$

以 $(\text{吒}''\text{丅}\text{吒})$ 代 $(\text{吒}''\text{丅}\text{吒}')\text{正切}$ 以 $(\text{吒}\text{丅}\text{吒}')$ 代 $(\text{吒}\text{丅}\text{吒}')\text{正弦}$ 所以得

$$\text{吒}''=\text{吒}'\text{丅}\frac{\text{一丅丑}}{\text{丑}\times\text{吃餘弦}\times\text{吃}'\text{正割}(\text{吒}\text{丅}\text{吒}')}$$

第㊄式中 $(\text{吒}'\text{丅}\text{吒})\text{餘弦}$ 與 $(\text{吒}\text{丅}\text{吒}')\text{餘弦}$ 約等於一、所以得

$$\text{子}\times\text{吃}'\text{餘弦}=\text{吃}'\text{餘弦}\text{丅}\text{丑}\times\text{乙餘弦}\quad㊄$$

$$\text{子}\times\text{吃}'\text{正弦}=\text{吃}'\text{正弦}\text{丅}\text{丑}\times\text{吃正弦}\quad㊂$$

以吃′正弦乘㊄式、以吃餘弦乘㊂式、相減得

$$\text{子}(\text{吃}''\text{丅}\text{吃}')\text{正弦}=\text{丅}\text{丑}(\text{吃}\text{丅}\text{吃}')\text{正弦}\quad㊅$$

以吃餘弦乘㊄式、以吃′正弦乘㊂式、相加得

$$\text{子}(\text{吃}''\text{丅}\text{吃}')\text{餘弦}=\text{一}\text{丅}\text{丑}(\text{吃}\text{丅}\text{吃}')\text{餘弦}\quad㊆$$

㊅㊆兩式相除、得

$$(\text{吃}''\text{丅}\text{吃}')\text{正切}=\text{丅}\frac{\text{一丅丑}(\text{吃}\text{丅}\text{吃}')\text{餘弦}}{\text{丑}\times(\text{吃}\text{丅}\text{吃}')\text{正弦}}$$

因 $(\text{吃}\text{丅}\text{吃}')\text{餘弦}$ 約等於一、故

$$(\text{吃}''\text{丅}\text{吃}')\text{正切}=\text{丅}\frac{\text{一丅丑}}{\text{丑}\times(\text{吃}\text{丅}\text{吃}')\text{正弦}}$$

故

$$\text{吃}''\text{丅}\text{吃}'=\text{丅}\frac{\text{一丅丑}}{\text{丑}\times(\text{吃}\text{丅}\text{吃}')}$$

所以

$$\text{吃}''=\text{吃}\text{丅}\frac{\text{一丅丑}}{\text{丑}\times(\text{吃}\text{丅}\text{吃}')}$$

即得吃″、又 $(\text{吃}''\text{丅}\text{吃}')\text{餘弦}$ 與 $(\text{吃}\text{丅}\text{吃}')\text{餘弦}$ 約等於一、所以㊆式變為

$$\text{子}=\text{一丅丑}$$

而得子、乃

求影軸方向、得

吧″＝吧′｜(一丅丑)/(丑╳吃餘弦╳吃′正割╳(吧丅吧′))｜ ㊇

吃″＝吃′｜(一丅丑)/(丑(吃丅吃′))｜ ㊈

以日地距中數爲定率、設爲一、命太陰赤道地平視差爲咳、太陽赤道地平視差爲咳、太陽赤道地平視差中數爲咳。、

凡地面相距遠近、常曰若干里、每以一里爲定率、諸星距地極遠、則以日地距若干倍記之、此日距地即爲定率、

丑＝哂′/哂＝咳′正弦/咳正弦

一/哂′＝咳′正弦/咳。正弦

則

咳正弦＝哂′/咳。正弦

故

丑＝哂╳咳′正弦/咳。正弦

檢航海麻書、所載太陽與太陰之吧吧′吃吃′咳與哂各數、因咳。爲常數、等於八、八四八秒

咳。正弦對＝五、六三二四二〇〇

依上㊇㊈兩式、可求吧″與吃″、

論月橫線次橫線縱線

第三節

設以地心爲原點、自地心作三新軸線、縱軸線與月影尖錐形軸平行、過縱線之時圈面、內作次橫軸、與縱軸正交、復作橫軸線、與縱軸次橫軸正交、則橫軸線必在赤道面上、如圖、丙爲地心、戊爲月、己爲太陽、作丙甲線、與月影軸己戊平行、爲縱軸、人在地心、視天空諸曜、無遠近之分、俱列於圓球上、如已爲太陽視方位、戊爲月視方位、作大圈聯戊己、截甲

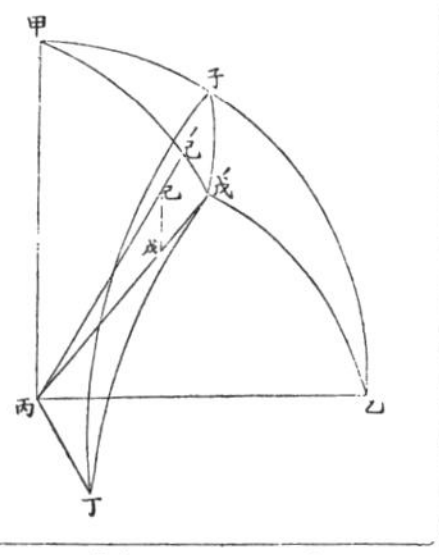

丙於甲點、子爲北極、過子作甲子時圈、其面上作丙乙次橫軸、正交甲丙、作丙丁橫軸、與甲丙丙乙二軸正交、丙丁在赤道面上、以大圈作丁子丁戊戊子戊乙各線、按本卷第二節、吧′等於甲赤經度、吃′等於甲赤緯度、乙赤經度等於一八〇度上吧″、赤緯度等於九十度減吃″、丁赤經度等於九十度加吧″、赤緯度等於〇、命天地人爲月之橫線次橫線縱線、則

天＝丙戊╳戊丙丁角餘弦＝哂╳戊′丁餘弦

即

天＝哂(子丁餘弦╳子′戊餘弦╳子丁正弦╳子′戊正弦╳丁子′戊角餘弦)

子丁＝九十度

子′戊＝九十度丅吃

丁子′戊角＝(九十度|吃″)|吃

即

丁子′戊角＝九〇度丅(吃丅吃″)

故

天＝晒╳吃餘弦╳(吃丅吃′)正弦　㊀

地＝丙戊╳戊丙乙角餘弦＝晒╳戊′乙餘弦＝晒(子戊′餘弦╳子乙餘弦|子′戊正弦╳子乙正弦╳戊′子乙角餘弦)

子戊′＝九十度丅吃

子乙＝吃′

戊′子乙角＝一八〇度丅(吃丅吃′)

所以

地＝晒(吃正弦╳吃′餘弦|吃餘弦╳吃′正弦╳(吃丅吃′)餘弦)　㊁

人＝丙戊╳戊丙甲角餘弦＝晒╳戊′甲餘弦＝晒(子甲餘弦╳子戊′餘弦|子甲正弦╳子戊′正弦╳甲子′戊角餘弦)

子甲＝九十度丅吃″

子戊′＝九十度丅吃

甲子′戊＝吃丅吃″

所以

人＝晒(吃″正弦╳吃正弦|吃″餘弦╳吃餘弦╳(吃丅吃″)餘弦)　㊂

從㊁式、變得

地＝晒[吃正弦╳吃′餘弦╳(二/(吃丅吃′)餘弦|二/(吃丅吃′)正弦)|吃餘弦╳吃′正弦(二/(吃丅吃′)餘弦丅二/(吃丅吃′)正弦)]

即

地＝晒(二/(吃丅吃′)餘弦╳(吃丅吃′)正弦|二/(吃丅吃′)正弦╳(吃丄吃′)正弦)　㊃

從㊂式、變得

人＝晒[吃″正弦╳吃正弦╳(二/(吃丅吃″)餘弦|二/(吃丅吃″)正弦)|吃″餘弦╳吃餘弦╳(二/(吃丅吃″)餘弦丅二/(吃丅吃″)正弦)]

即

人＝晒(二/(吃丅吃″)餘弦╳(吃丅吃″)餘弦丅二/(吃丅吃″)正弦╳(吃丄吃″)餘弦)　㊄

用㊀㊃㊄式、

即可推月之横線次横線縱線、

天＝晒╳吃餘弦╳(吃丅吃″)正弦　㊀

地＝晒(二/(吃丅吃″)餘弦╳(吃丅吃″)正弦|二/(吃丅吃″)正弦╳(吃丄吃″)正弦)　㊃

人＝晒(二/(吃丅吃″)餘弦╳(吃丅吃″)餘弦丅二/(吃丅吃″)正弦╳(吃丄吃″)餘弦)　㊄

設地赤

道半徑爲一、則

晒＝月地平視差角正弦／一

既得晒、即可推天地人三式、

論地面某處之橫線次橫線縱線、

如本卷第三節之圖、設戊爲地面某處、命畤爲某處恒星時、吔爲某處地心北極出地度、呻爲某處地半徑、吔卽爲戊點赤緯度、其赤經度等於畤、按㈠㈡㈢式、以呻代晒、以吔代吃、以畤代吧、而得甲乙丙某處之橫線次橫線縱線、

甲＝呻×吔′餘弦×(畤丁吧″)正弦

乙＝呻(吔′正弦×吃″餘弦丅吔′餘弦×吃″正弦×(畤丁吧″)餘弦)

丙＝呻(吔′正弦×吃″正弦丄吔′餘弦×吃″餘弦×(畤丁吧″)餘弦)

命

呻×吔′正弦＝寅×卯正弦

呻×吔′餘弦×(畤丁吧″)餘弦＝寅×卯餘弦

所以

乙＝寅×(卯正弦×吃″餘弦丅寅×卯餘弦×吃″正弦)＝寅×(卯丁吃″)正弦

丙＝寅×(卯正弦×吃′正弦丄寅×卯餘弦×吃′餘弦)＝寅×(卯丁吃″)餘弦

所以

求甲乙丙有三式、

甲＝呻×吔′餘弦×(畤丁吧″)正弦

乙＝寅×(卯丁吃″)正弦

丙＝寅×(卯丁吃′)餘弦

此式

寅×卯正弦＝呻×吔′正弦

寅×卯餘弦＝呻×吔′餘弦×(畤丁吧′)餘弦

推尖錐頂角、

求外虛尖錐頂角、如圖、甲爲太陽、丙爲太陰、己庚戊爲外虛尖

錐形、命日視半徑中數爲辰、約等於十六分、月地半徑率爲午、卽地半徑／月半徑之數、設地半徑等於呻、則月半徑等於午×呻、命丁庚丙半頂角爲未、設日地距爲一、則

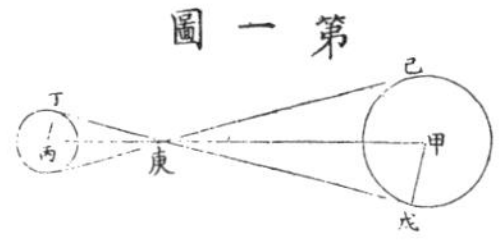

地半徑＝亥。正弦

月半徑＝午×亥。正弦

日視半徑＝辰正弦

甲戊＝甲庚×未正弦

丁丙＝丙庚×未正弦

二式相加得

甲戊丨丁丙＝未正弦（甲庚丨丙庚）＝甲丙╳未正弦＝晒′╳未正弦

所以

未正弦＝晒″／（甲戊丨丁丙）＝子╳晒′／（辰正弦丨午╳亥。正弦）

按式可得外虛尖錐頂角、

求內虛尖錐頂角、如圖甲爲太陽、丙爲太陰、己庚戊爲內虛尖

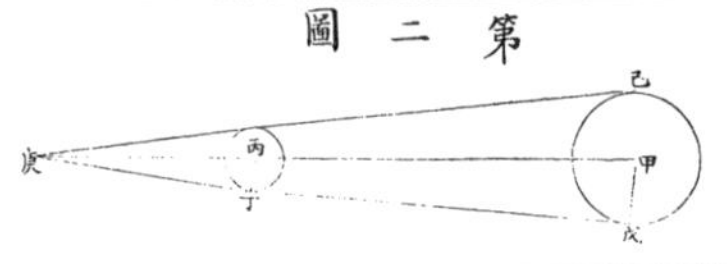

第二圖

錐形、則

甲戊＝甲庚╳未正弦

丁丙＝丙庚╳未正弦

二式相減得

甲戊丨丙丁＝未正弦（甲庚丨丙庚）＝甲丙╳未正弦＝晒″╳未正弦

所以

未正弦＝晒″／（甲戊丨丙丁）＝子╳晒′／（辰正弦丨午╳亥。正弦）

辰＝九五九、七八八秒＝日徑之中數半視

亥。＝八、八四八秒＝日地平視差之中數赤道

午＝〇、二七二二七＝月半徑／地半徑

（辰正弦丨午╳亥。正弦）對＝七、六六八八三七七

（辰正弦丨午╳亥。正弦）對＝七、六六六六五七四

午對＝九、四三四九九九八

推尖錐影半徑

如圖、從地心乙如前作三軸線、乙甲爲縱線、與影軸平行、乙乙

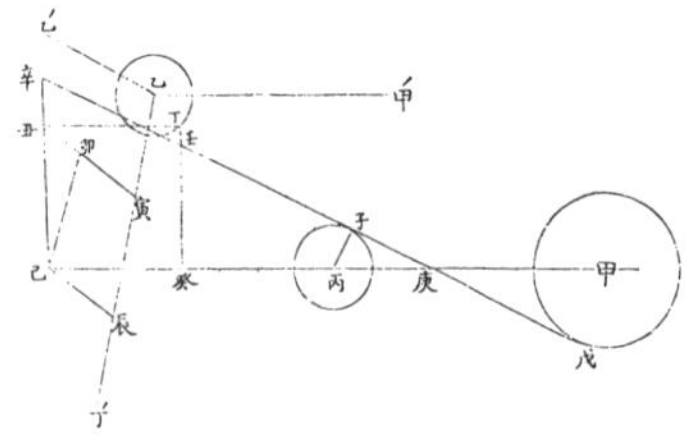

丁′面正交影軸、命爲原面、試從地面丁處、作面與乙′乙丁′平行、命爲次面、原面乙′乙丁′截尖錐、成平圓、引長戊庚截原面、遇於辛、自辛作辛巳正交影軸辛巳卽原面所成平圓半徑、等於丁、次面截尖錐、成平圓、自丁作丁癸正交影軸壬癸卽次面所成平圓半徑、等於丁、命尖錐頂距原面之庚己等於亢、設以地半徑爲一、月半徑等於午、則

$$\text{庚丙}=\frac{\text{角正弦子庚丙}}{\text{丙子}}=\frac{\text{未正弦}}{\text{午}}$$

丙巳爲月之縱線、等於人、

$$\text{庚巳}=\text{丙巳}\mid\text{庚丙}$$

卽

$$\text{亢}=\text{人}\mid\frac{\text{未正弦}}{\text{午}}$$

如式得亢、如論丙盧、則

$$\text{亢}=\text{人}\mid\frac{\text{未正弦}}{\text{午}}$$

$$\text{辛巳}=\text{庚巳}\times\text{角正切辛庚巳}$$

卽

$$\text{丁}=\text{亢}\times\text{未正切}$$

癸巳爲某處縱線、等於丙、

$$\text{庚癸}=\text{庚巳}\mid\text{癸巳}=\text{亢}-\text{丙}$$

$$\text{壬癸}=\text{庚癸}\times\text{角正切壬庚癸}$$

卽

$$\text{丁}'=(\text{亢}-\text{丙})\times\text{未正切}$$

卽

$$\text{丁}'=\text{亢}\times\text{未正切}\mid\text{丙}\times\text{未正切}$$

亦卽

$$\text{丁}'=\text{丁}\mid\text{丙}\times\text{未正切}$$

如式得丁、

設食爲全食、則丙大於亢、而丁爲負號、所以推算日食若遇丁爲負號、必知爲全食、

推某處距影軸之數、

如本卷第六節之圖、丁癸卽某處距影軸之數、自丁作丁丑、正交原面於丑、自丑作丑寅、與乙乙平行、自己作己辰、與乙乙平行、又自己作己卯、與乙丁平行、乙辰爲月之次橫線、卽地乙寅爲某處次橫線、卽乙、所以

$$\text{己卯}=\text{寅辰}=\text{地}-\text{乙}$$

己辰爲月之橫線、卽天、丑寅爲某處橫線、卽甲、所以

$$\text{丑卯}=\text{丑寅}\mid\text{巳辰}=\mid(\text{天}-\text{甲})$$

$$\text{丑己}^2=\text{己卯}^2\mid\text{卯丑}^2=(\text{天}-\text{甲})^2\mid(\text{地}-\text{乙})^2$$

惟

$$\text{丑己}=\text{丁癸}$$

所以

$$\text{丁癸}^2=(\text{天}-\text{甲})^2+(\text{地}-\text{乙})^2$$

按此式、可推某處距影軸若干、設某處在尖錐外面上、如壬、此處距影軸、等於影半徑、則必見日月相切、卽日食初虧、或復圓、故於某處

推日食初虧、或復圓、其式如

$$(\text{天}-\text{甲})^2+(\text{地}-\text{乙})^2=(\text{丁}')^2=(\text{丁}-\text{丙}\times\text{未正切})^2 \quad (\text{子})$$

按此式爲推日食之根、凡推日食、均可用此式推之、

第八節

凡推日食、須求吧叱天地未丁六項、因此六項爲公數、無論何處均可用之、

按貝氏推日食法、試推光緒八年四月朔、即西厤一千八百八十二年五月十七日日食初虧食甚復圓三限時刻、

按太陽太陰於赤道交會時刻、爲十七日辰初二刻一十一分零二秒又十分秒之八、以下所用時刻皆係英京時刻、如求北京時刻須加七小時四十五分五十四秒

察航海厤書卯正辰初辰正巳初巳正午初各時、太陽太陰赤經緯度、太陰視差並日距地對數、列表於後、

月表

英京時刻	太陰赤經度=吧	太陰赤緯度=叱	太陰視差=咳
五月十七日卯正	五二度五五分四〇,〇四秒	一九度三〇分一七,五秒	五八分一八,三九秒
五月十七日辰初	五三 三一 五三,二五	一九 三五 二四,一	五八 一六,九〇
五月十七日辰正	五四 八 六,七五	一九 四〇 二三,三	五八 一五,四〇
五月十七日巳初	五四 四四 二〇,七〇	一九 四五 一四,九	五八 一三,八九
五月十七日巳正	五五 二〇 三四,八〇	一九 四九 五九,〇	五八 一二,三七
五月十七日午初	五五 五六 四九,二〇	一九 五四 三五,五	五八 一〇,八四

日表

英京時刻	太陽赤經度=吧′	太陽赤緯度=叱′	日距地對數=咽′對
五月十七日卯正	五三度五二分二九,三五秒	一九度一八分四二,七六秒	〇,〇〇五〇八二九
五月十七日辰初	五三 五四 五八,三二	一九 一九 一六,六三	〇,〇〇五〇八六五
五月十七日辰正	五三 五七 二七,一五	一九 一九 五〇,四八	〇,〇〇五〇九〇二
五月十七日巳初	五三 五九 五六,〇一	一九 二〇 二四,二九	〇,〇〇五〇九三八
五月十七日巳正	五四 二 二四,八八	一九 二〇 五八,〇六	〇,〇〇五〇九七四
五月十七日午初	五四 四 五三,七五	一九 二一 三一,八〇	〇,〇〇五一〇一〇

第九節

航海厤書僅載各日、未載各時、太陰視差、太陽赤經緯度、及日地距對數、欲求各時之數、即按第八卷補八法推之、今取前所推日食各式、合列於後、以便推求、

推尖錐影軸方位各式、㊀

丑 = 哂 × 咳′正弦 / 咳。正弦

咳。正弦對 = 五,六三二四二〇〇

吧″ = 吧′ [一丅丑 / 丑 × 吧餘弦 × 叱′正割 (吧丅吧′)]

叱″ = 叱′ [一丅丑 / 丑 (叱丅叱′)]

子 = 一丅丑

推太陰之橫線次橫線縱線各式、㊁

天 = 哂 × 叱餘弦 × (吧丅吧″) 正弦

地 = 哂 ((二 / 吧丅吧″) 餘弦 × (叱丅叱″) 正弦 | (二 / 吧丅吧″) 正弦 × (叱丄叱″) 正弦)

人 = 哂 ((二 / 吧丅吧″) 餘弦 × (叱丅叱″) 餘弦 | (二 / 吧丅吧″) 正弦 × (叱丄叱″) 餘弦)

哂 = 一 / 咳正弦

推尖錐影之半徑各式㊂、內虛尖錐形式、

未正弦 ＝ 子×哂′ ／ （辰正弦 午 ╳ 咳。正弦）

午對 ＝ 九、四三四九九九八

亢 ＝ 人 | 未正弦 ／ 午　　丁 ＝ 亢 ╳ 未正切

（辰正弦 午 ╳ 咳。正弦）對 ＝ 七、六六六六五七四

外虛尖錐形式、

未正弦 ＝ 子×哂′ ／ （辰正弦 午 ╳ 咳。正弦）

（辰正弦 午 ╳ 咳。正弦）對 ＝ 七、六六八八三七七

亢 ＝ 人 | 未正弦 ／ 午　　丁 ＝ 亢 ╳ 未正切

按卯正等各時、

用以上各式、求得丑吧吃子天地人未亢丁各項、如

	卯正	辰初
吧丅吧′	丅〇度 五六分 四九、三一秒	丅〇度 二三分 五、〇七秒
吃丅吃′	丄〇度 一一分 三四、七四秒	丄〇度 一六分 七、四七秒
咳餘割對＝哂對	一、七七〇五七七七	一、七七〇七六二七
哂′／二 對	九、九九四九一七一	九、九九四九一三五
咳。正弦對	五、六三二四二	五、六三二四二
㊀丑對	七、三九七九一	七、三九八〇九
丑	，〇〇二四九九八	，〇〇二五〇〇八
㊁（一丅丑）／二 對	〇，〇〇一〇八七一	〇，〇〇一〇八七一
吃餘弦對	九、九七四三三	九、九七四一〇
吃′正割對	〇、〇二五一五	〇、〇二五一八
（吧丅吧′）對	丅三、五三二六七	丅三、一四一四八
（吧′丅吧′）對	丄〇、九三一一五	丄〇、五三九九四
吧′丅吧′	丄八、五三秒	丄三、四七秒
㊀丄㊂	七、三九八九九	七、三九九一七
（吃丅吃′）對	二、八四一八二	二、九八五六四
（吃′丅吃′）對	丅〇、二四〇八一	丅〇、三八四八一
吃′丅吃′	丅一、七四秒	丅二、四二秒
吧′	五三度 五二分 三七、八八秒	五三度 五五分 一、七九秒
吃′	一九度 一八分 四一、〇二秒	一九度 一九分 一四、二一秒
（一丅丑）對＝子對	九、九九八九一二九	九、九九八九一二九

	辰正	巳初
吧丅吧′	丄〇度 一〇分 三九、六〇秒	丄〇度 四四分 二四、六九秒
吃丅吃′	丄〇度 二〇分 三二、八二秒	丄〇度 二四分 五〇、六一秒
咳餘割對＝哂對	一、七七〇八四九〇	一、七七一一三六七
哂′／二 對	九、九九四九〇九八	九、九九四九〇六二
咳。正弦對	五、六三二四二	五、六三二四二
㊀丑對	七、三九八二七	七、三九八四六
丑	，〇〇二五〇一九	，〇〇二五〇三〇
㊁（一丅丑）／二 對	〇，〇〇一〇八七一	〇，〇〇一〇八七一
吃餘弦對	九、九七三八八	九、九七三六六
吃′正割對	〇、〇二五二〇	〇、〇二五二三
（吧丅吧′）對	丄二、八〇五九一	丄三、四二五六四
（吧′丅吧′）對	丅〇、二〇四三五	丅〇、八二四〇九
吧′丅吧′	丅一、六〇秒	丅六、六七秒
㊀丄㊂	七、三九九三六	七、三九九五四
（吃丅吃′）對	三、〇九〇八九	三、一七三三六
（吃′丅吃′）對	丅〇、四九〇二五	丅〇、五七二九〇
吃′丅吃′	丅三、〇九秒	丅三、七四秒
吧′	五三度 五七分 二五、五五秒	五三度 五九分 四九、三四秒
吃′	一九度 一九分 四七、三九秒	一九度 二〇分 二〇、五五
（一丅丑）對＝子對	九、九九八九一二九	九、九九八九一二九

	卯正	辰初
吧丅吧′	丅〇度 五六分 五七.八四秒	丅〇度 二三分 八.五四秒
吃丅吃′	丄〇度 一一分 三六.四八秒	丄〇度 一六分 九.八九秒
吃丄吃″	三八度 四八分 五八.五二秒	三八度 五四分 三八.三一秒
(吧丅吧″)正弦對	丅八.二一九三〇六七	丅七.八二八一三〇〇
吃餘弦對	九.九七四三三三四	九.九七四一〇四四
哂對	一.七七〇五七七七	一.七七〇七六二七
天對	丅九.九六四二一七八	丅九.五七二九九七一
天	丅.九二〇九一一	丅.三七四一〇八
二/吧丅吧″ 餘弦對	九.九九九九七〇二	九.九九九九九五二
(吃丅吃″)正弦對	七.五二八四八二六	七.六七二二九五七
㊀對＝(哂×二/吧丅吧″餘弦×(吃丅吃″)正弦)對	九.二九九〇三〇五	九.四四三〇五三六
(二/吧丅吧″)正弦對	五.八三六五八三四	五.〇五四二〇四六
(吃丄吃″)正弦對	九.七九七一四六二	九.七九八〇三四一
哂對	一.七七〇五七七七	一.七七〇七六二七
㊁對＝(哂×二/吧丅吧″正弦×(吃丄吃″)正弦)對	七.四〇四三〇七三	六.六二三〇〇一四
㊀	.一九九〇八一	.二七七三六六
㊁	.〇〇二五三七	.〇〇〇四二〇
地＝㊀丄㊁	.二〇一六一八	.二七七七八六

星學發軔 卷十二 二十二

	巳正	午初
吧丅吧′	丄一度 一八分 九.九二秒	丄一度 五一分 五五.四五秒
吃丅吃′	丄〇度 二九分 〇.九四秒	丄〇度 三三分 三.七〇秒
咳餘割對＝哂對	一.七七一三二五六	一.七七一五一五九
哂′/二 對	九.九九四九〇二六	九.九九四八九九〇
咳。正弦對	五.六三二四二	五.六三二四二
㊀丑對	七.三九八六五	七.三九八八四
丑	.〇〇二五〇四一	.〇〇二五〇五二
㊂(一丅丑)/二 對	〇.〇〇一〇八七一	〇.〇〇一〇八七一
吃餘弦對	九.九七三四四	九.九七三二三
吃′正割對	〇.〇二五二五	〇.〇二五二七
(吧丅吧′)對	丄三.六七一一六	丄三.八二七〇七
(吧′丅吧′)對	丅一.〇六九五九	丅一.二二五五〇
吧″丅吧′	丅一一.七四秒	丅一六.八〇秒
㊀丄㊂	七.三九九七三	七.三九九九二
(吃丅吃′)對	三.二四〇七八	三.二九七四八
(吃″丅吃′)對	丅〇.六四〇五一	丅〇.六九七四〇
吃″丅吃′	丅四.三七秒	丅四.九八秒
吧″	五四度 二分 一三.一四秒	五四度 四分 三六.九五秒
吃″	一九度 二〇分 五三.六九秒	一九度 二一分 二六.八二秒
(一丅丑)對＝子對	九.九九八九一二九	九.九九八九一二九

	巳正	午初
吧丅吧″	丄一度 一八分 二一.六六秒	丄一度 五二分 一二.二五秒
吃丅吃″	丄〇度 二九分 五.三一秒	丄〇度 三三分 八.六八秒
吃丄吃″	三九度 一〇分 五二.六九秒	三九度 一六分 二.三二秒
(吧丅吧″)正弦對	丄八.三五七七八八五	丄八.五一三六五八〇
吃餘弦對	九.九七三四四四三	九.九七三二三三九
哂對	一.七七一三二五六	一.七七一五一五九
天對	〇.一〇二五五八四	〇.二五八四〇七八
天	一.二六六三六	一.八一三〇四
二/吧丅吧″ 餘弦對	九.九九九九四三六	九.九九九八八四四
(吃丅吃″)正弦對	七.九二七四四二二	七.九八四一三三〇
㊀對＝(哂×二/吧丅吧″餘弦×(吃丅吃″)正弦)對	九.六九八七一一四	九.七五五五三三三
(二/吧丅吧″)正弦對	六.一一三五七三四	六.四二五三七〇四
(吃丄吃″)正弦對	九.八〇〇五六三四	九.八〇一三六二〇
哂對	一.七七一三二五六	一.七七一五一五九
㊁對＝(哂×二/吧丅吧″正弦×(吃丄吃″)正弦)對	七.六八五四六二四	七.九九八二四八三
㊀	.四九九七〇三	.五六九五五二
㊁	.〇〇四八四七	.〇〇九九六〇
地＝㊀丄㊁	.五〇四五五〇	.五七九五一二

星學發軔 卷十二 二十三

	辰正	巳初
吧丅吧″	丄〇度 一〇分 四一.二〇秒	丄〇度 四四分 三一.三六秒
吃丅吃″	丄〇度 二〇分 三五.九一秒	丄〇度 二四分 五四.三五秒
吃丄吃″	三九度 〇分 一〇.六九秒	三九度 五分 三五.四五秒
(吧丅吧″)正弦對	丄七.四九二五六七六	丄八.一一二二九五一
吃餘弦對	九.九七三八七九六	九.九七三六五九五
哂對	一.七七〇九四九〇	一.七七一一三六七
天對	九.二三七三九六二	九.八五七〇九一三
天	.一七二七四一	.七一九六〇
二/吧丅吧′ 餘弦對	九.九九九九九九〇	九.九九九九八一八
(吃丅吃″)正弦對	七.七七七五五八四	七.八六〇〇二三五
㊀對＝(哂×二/吧丅吧″餘弦×(吃丅吃′)正弦)對	九.五四八五〇六四	九.六三一一四二〇
(二/吧丅吧″)正弦對	四.三八三〇七五四	五.六二二五四八四
(吃丄吃″)正弦對	九.七九八八九九六	九.七九九七四二七
哂對	一.七七〇九四九〇	一.七七一一三六七
㊁對＝(哂×二/吧丅吧″正弦×(吃丄吃′)正弦)對	五.九五二九二四〇	七.一九三四二七八
㊀	.三五三五九五	.四二七七〇三
㊁	.〇〇〇〇九〇	.〇〇一五六一
地＝㊀丄㊁	.三五三六八五	.四二九二六四

	卯正	辰初
二/(呬丅呬″) 餘弦²對	九、九九九九七〇二	九、九九九九八五二
(呬丅呬″)餘弦對	九、九九九九九七五	九、九九九九九五二
哂對	一、七七〇五七七七	一、七七〇七六二七
三對＝[哂×二/(呬丅呬′) 餘弦² × (呬丅呬″)餘弦]對	一、七七〇五四五四	一、七七〇七五三一
(二/(呬丅呬″)) 正弦²對	五、八三六五八三四	五、〇五四二〇四六
(呬丄呬′)餘弦對	九、八九一六二六七	九、八九一〇五〇二
四對＝[哂×二/(呬丅呬′) 正弦² × (呬丄呬″)餘弦]對	七、四九八七八七八	六、七一六〇一七五
三	五八、九五八三八	五八、九八六六〇
四	、〇〇三一五	〇〇〇五二
人＝三丅四	五八、九五五二三	五八、九八六〇八

	辰正	巳初
二/(呬丅呬″) 餘弦²對	九、九九九九九九〇	九、九九九九八一八
(呬丅呬″)餘弦對	九、九九九九九二二	九、九九九九八八六
哂對	一、七七〇九四九〇	一、七七一一三六七
三對＝(哂×二/(呬丅呬″) 餘弦² × (呬丅呬′)餘弦)對	一、七七〇九四〇二	一、七七一一〇七一
(二/(呬丅呬″)) 正弦²對	四、三八三〇七五四	五、六二二五四八四
(呬丄呬″)餘弦對	九、八九〇四八四三	九、八八九九二九六
四對＝(哂×二/(呬丅呬″) 正弦² × (呬丄呬″)餘弦)對	六、二四四五〇八七	七、二八三六一四七
三	五九、〇一二〇〇	五九、〇三四六七
四	、〇〇〇一一	、〇〇一九二
人＝三丅四	五九、〇一一八九	五九、〇三二七五

	巳正	午初
二/(呬丅呬′) 餘弦²對	九、九九九九四三六	九、九九九八八四四
(呬丅呬′)餘弦對	九、九九九九八四五	九、九九九九七九八
哂對	一、七七一三二五六	一、七七一五一五九
三對＝[哂×二/(呬丅呬′) 餘弦² × (呬丅呬′)餘弦]對	一、七七一二五三七	一、七七一三八〇一
(二/(呬丅呬′)) 正弦²對	六、一一三五七三四	六、四二五三七〇四
(呬丄呬′)餘弦對	九、八八九三八六二	九、八八八八五四〇
四對＝[哂×二/(呬丅呬′) 正弦² × (呬丄呬′)餘弦]對	七、七七四二八五二	八、〇八五七四〇三
三	五九、〇五四六〇	五九、〇七一七八
四	、〇〇五九五	、〇一二一八
人＝三丅四	五九、〇四八六五	五九、〇五九六〇

內盧尖錐形

	卯正	辰初
(辰正弦丨午×晐〇正弦)對	七、六六六六五七四	七、六六六六五七四
哂′對	〇、〇〇五〇八二九	〇、〇〇五〇八六五
子對	九、九九八九一二九	九、九九九八一二九
(哂′×子)對	〇、〇〇三九九五八	〇、〇〇三九九九四
未正弦對	七、六六二六六一六	七、六六二六五八〇
未	〇度 一五分 四九秒	〇度 一五分 四九秒
未正割對	〇、〇〇〇〇〇四六	〇、〇〇〇〇〇四六
未餘割對	二、三三七三三八四	二、三三七三四二〇
午對	九、四三四九九九八	九、四三四九九九八
(午×未餘割)對	一、七七二三三八二	一、七七二三四一八
午×未餘割	五九、二〇二二四	五九、二〇二七三
人	五八、九五五二三	五八、九八六〇八
亢＝人丅午×未餘割	丅 、二四七〇一	丅 、二一六六五
亢對	丅 九、三九二七一四五	丅 九、三三五七五八七
未正切對	七、六六二六六六二	七、六六二六六二六
丁對＝(亢×未正切)對	丅七、〇五五三八〇七	丅 六、九九八四二一三
丁	丅 、〇〇一一三六	丅 、〇〇〇九九六

因丁為負號即知為全食之據

內虛尖錐形

	辰正	巳初
(辰正弦∣午×晐。正弦)對	七,六六六六五七四	七,六六六六五七四
晒對	○,○○五○九○二	○,○○五○九三八
子對	九,九九九八九一二九	九,九九九八九一二九
(晒×子)對	○,○○四○○三一	○,○○四○○六七
未正弦對	七,六六二六五四三	七,六六二六五○七
未	○度 一五分 四九秒	○度 一五分 四九秒
未正割對	○,○○○○○○四六	○,○○○○○○四六
未餘割對	二,三三七三四五七	二,三三七三四九三
午對	九,四三四九九九八	九,四三四九九九八
(午×未餘割)對	一,七七二三四五五	一,七七二三四九一
午×未餘割	五九,二○三二四	五九,二○三七三
人	五九,○一一八九	五九,○三二七五
亢＝人丅午×未餘割	丅 ,一九一三五	丅 ,一七○九八
亢對	丅九,二八一八二八五	丅九,二三二九四五三
未正切對	七,六六二六五八九	七,六六二六五五三
丁對＝(亢×未正切)對	丅六,九四四四八七四	丅六,八九五六○○六
丁	丅 ,○○○八八○	丅 ,○○○七八六

因丁爲負號即知爲全食之據

內虛尖錐形

	巳正	午初
(辰正弦∣午×晐。正弦)對	七,六六六六五七四	七,六六六六五七四
晒對	○,○○五○九七四	○,○○五一○一○
子對	九,九九九八九一二九	九,九九九八九一二九
(晒×子)對	○,○○四○一○三	○,○○四○一三九
未正弦對	七,六六二六四七一	七,六六二六四三五
未	○度 一五分 四九秒	○度 一五分 四九秒
未正割對	○,○○○○○○四六	○,○○○○○○四六
未餘割對	二,三三七三五二九	二,三三七三五六五
午對	九,四三四九九九八	九,四三四九九九八
(午×未餘割)對	一,七七二三五二七	一,七七二三五六三
午×未餘割	五九,二○四二三	五九,二○四七二
人	五九,○四八六五	五九,○五九六○
亢＝人丅午×未餘割	丅 ,一五五五八	丅 ,一四五一二
亢對	丅九,一九一九五三八	丅九,一六一七二七三
未正切對	七,六六二六五一七	七,六六二六四八一
丁對＝(亢×未正切)對	丅六,八五四六○五五	丅六,八二四三七五四
丁	丅 ,○○○七一五	丅 ,○○○六六七

因丁爲負號即知爲全食之據

外虛尖錐形

	卯正	辰初
(辰正弦∣午×晐。正弦)對	七,六六六八八三七七	七,六六六八八三七七
(晒×子)對	○,○○三九九九八	○,○○三九九九四
未正弦對	七,六六四八四一七	七,六六四八三八三
未	○度 一五分 五三秒	○度 一五分 五三秒
未正割對	○,○○○○○○四六	○,○○○○○○四六
未餘割對	二,三三五一五八三	二,三三五一六一七
午對	九,四三四九九九八	九,四三四九九九八
(午×未餘割)對	一,七七○一五八一	一,七七○一六一五
午×未餘割	五八,九五五二三	五八,九○六三○
人	五八,九○五八○	五八,九八六○八
亢＝人丄午×未餘割	一一七,八六一○三	一一七,八九二三八
亢對	二,○七一三七○○	二,○七一四八五九
未正切對	七,六六四八四六三	七,六六四八四二九
丁對＝(亢×未正切)對	九,七三六二一六三	九,七三六三二八八
丁	,五四四七七	,五四四九一

外虛尖錐形

	辰正	巳初
(辰正弦∣午×晐。正弦)對	七,六六六八八三七七	七,六六六八八三七七
(晒×子)對	○,○○四○○三一	○,○○四○○六七
未正弦對	七,六六四八三四六	七,六六八四三一○
未	○度 一五分 五三秒	○度 一五分 五三秒
未正割對	○,○○○○○○四六	○,○○○○○○四六
未餘割對	二,三三五一六五四	二,三三五一六九○
午對	九,四三四九九九八	九,四三四九九九八
(午×未餘割)對	一,七七○一六五二	一,七七○一六八八
午×未餘割	五八,九○六七八	五八,九○七二五
人	五九,○一一八九	五九,○三二七五
亢＝人丄午×未餘割	一一七,九一八六七	一一七,九四○○○
亢對	二,○七一五八二七	二,○七一六六一一
未正切對	七,六六四八三九二	七,六六四八三五六
丁對＝(亢×未正切)對	九,七三六四二一九	九,七三六四九六七
丁	,五四五○三	,五四五一三

外虛尖錐形

	巳正	午初
(辰正弦｜午×咳。正弦)對	七,六六八八三七七	七,六六八八三七七
(晒′人子)對	〇,〇〇四〇一〇三	〇,〇〇四〇一三九
未正弦對	七,六六四八二七四	七,六六四八二三八
未	〇度 一五分 五三秒	〇度 一五分 五二秒
未正割對	〇,〇〇〇〇〇四六	〇,〇〇〇〇〇四六
未餘割對	二,三三五一七二六	二,三三五一七六二
午對	九,四三四九九九八	九,四三四九九九八
(午×未餘割)對	一,七七〇一七二四	一,七七〇一七六〇
午×未餘割	五八,九〇七七六	五八,九〇八二三
人	五九,〇四八六五	五九,〇五九六〇
亢＝人⊥午×未餘割	一一七,九五六四一	一一七,九六七八三
亢對	二,〇七一七二一五	二,〇七一七六三五
未正切對	七,六六四八三二〇	七,六六四八二八四
丁對＝(亢×未正切)對	九,七三六五五三五	九,七三六五九一九
丁	,五四五二〇	,五四五二五

第十一節

以前所得各項之數、列為二表如

第一表

	乙″	乙′	天	⿰彳天	地	⿰彳地
卯正	五三度 五二分 三七,八八秒	一九度 一八分 四一,〇二秒	丅,九二〇九一一		,二〇一六一八	
				⊥,五四六八〇三		⊥,〇七六一六八
辰初	五三 五五 一,七九	一九 一九 一四,二一	丅,三七四一〇八		,二七七七八六	
				⊥,五四六八四九		⊥,〇七五八九九
辰正	五三 五七 二五,五五	一九 一九 四七,三九	⊥,一七二七四一		,三五三六八五	
				⊥,五四六八五九		⊥,〇七五五七九
巳初	五三 五九 四九,三四	一九 二〇 二〇,五五	⊥,七一九六〇〇		,四二九二六四	
				⊥,五四六七六〇		⊥,〇七五二八六
巳正	五四 二 一三,一四	一九 二〇 五三,六九	⊥一,二六六三六〇		,五〇四五五〇	
				⊥,五四六六八〇		⊥,〇七四九六二
午初	五四 四 三六,九五	一九 二一 二六,八二	⊥一,八一三〇四〇		,五七九五一二	

⿰彳天卽一小時天所差之數、自辰初天之數、減去卯正天之數、而得卯正二刻⿰彳天之數、餘悉仿此、而⿰彳地之數亦仿此、若推算⿰彳天與⿰彳地極準之數、須按第八卷補八法推之可也、

第二表

	內虛		外虛	
	丁	未正切對	丁	未正切對
卯正	丅,〇〇一一三六	七,六六二六六六二	,五四四七七	七,六六四八四六三
辰初	丅,〇〇〇九九六	七,六六二六六二六	,五四四九一	七,六六四八四二九
辰正	丅,〇〇〇八八〇	七,六六二六五八九	,五四五〇三	七,六六四八三九二
巳初	丅,〇〇〇七八六	七,六六二六五五三	,五四五一三	七,六六四八三五六
巳正	丅,〇〇〇七一五	七,六六二六五一七	,五四五二〇	七,六六四八三二〇
午初	丅,〇〇〇六六七	七,六六二六四八一	,五四五二五	七,六六四八二八四

第十二節

以上二表所列之數、無論推算何處日食俱可、今欲推北京日食、

準本卷第七節㊀式、

(天丅甲)^2⊥(地丅乙)^2＝(丁｜未正切×丙)^2　㊀

㊀式可用㊁㊂兩式代之、

天丅甲＝(丁｜未正切×丙)金正弦＝丁′×金正弦　㊁

地丅乙＝(丁｜未正切×丙)金餘弦＝丁′×金餘弦　㊂

因㊁式㊂式各自乘相加、卽等於㊀式、所以㊁㊂兩式可以代㊀式、金為某角、設時。為近食甚之時、時。⊥丗為初虧或復圓之時、命⿰彳甲⿰彳乙為一小時甲乙所差之數、假如時。之時、天與地為月之橫

線交橫線甲與乙爲北京之橫線交橫線、故

時⊥餘

之時、天即改爲天⊥伏×餘地即改爲地⊥拋×餘甲即改爲甲⊥伸×餘乙即改爲乙⊥仡×餘所以(二)式(三)式即變爲

天丅甲⊥(伏丅伸)餘＝{丁╳末正切╳丙}金正弦

地丅乙⊥(拋丅仡)餘＝{丁╳末正切╳丙}金餘弦

命

天丅甲＝氐╳眡正弦

地丅乙＝氐╳眡餘弦

又命

伏丅伸＝房╳旸正弦

拋丅仡＝房╳旸餘弦

所以

(一) 氐╳眡正弦╳房╳旸正弦╳餘＝{丁╳末正切╳丙}金正弦＝丁╳金正弦

(二) 氐╳眡餘弦╳房╳旸餘弦╳餘＝{丁╳末正切╳丙}金餘弦＝丁╳金餘弦

(一)式以旸餘弦乘之、(二)式以旸正弦乘之、相減得

氐╳(眡正弦╳旸餘弦丅眡餘弦╳旸正弦)＝丁╳(金正弦╳旸餘弦丅金餘弦╳旸正弦)

即

氐×(眡丅旸)正弦＝丁×(金丅旸)正弦

命

金丅旸＝木

則

氐×(眡丅旸)正弦＝丁╳木正弦 (三)

(一)式以旸正弦乘之、(二)式以

旸餘弦乘之、相加得

氐╳(眡丅旸)餘弦╳房╳餘＝丁╳(金丅旸)餘弦＝丁╳木餘弦

故

餘＝房/(丁╳木餘弦)丅房/(氐╳(眡丅旸)餘弦) (四)

用(三)式得木、或

一八〇丅木度

因

木正弦＝（一八〇丅木度）正弦

而

木餘弦＝丅（一八〇丅木度）餘弦

故㈣式內 房/丁′╳木餘弦 或為正號、或為負號、均可、

如係負號為初虧、正號為復圓、則初虧之時等於

時。丄 房/丁′╳木餘弦 丄 房/氐╳（⿰口氐丅⿰口房）餘弦

復圓之時等於

時。丄 房/丁′╳木餘弦 丅 房/氐╳（⿰口氐丅⿰口房）餘弦

第十三節

推⿰彳甲及⿰彳乙之式、

按本卷第四節某處之橫線次橫線縱線各式、如

甲＝呻╳吔′餘弦╳（⿰口時丅⿰口乙′）正弦 ㈠

乙＝呻｛吔′正弦╳⿰口乙″餘弦丅吔′餘弦╳⿰口乙″正弦╳（⿰口時丅⿰口乙″）餘弦｝㈡

丙＝呻｛吔′正弦╳⿰口乙″正弦丄吔′餘弦╳⿰口乙″餘弦╳（⿰口時丅⿰口乙″）餘弦｝㈢

以微分推㈠式、

⿰彳甲＝呻╳吔′餘弦╳（⿰口時丅⿰口乙″）餘弦╳彳（⿰口時丅⿰口乙′）

即

⿰彳甲＝寅╳卯′餘弦╳彳（⿰口時丅⿰口乙″） ㈣

以微分推㈡式、

⿰彳乙＝呻（丅吔′正弦╳⿰口乙″正弦⿰彳乙″丅吔′餘弦╳（⿰口時丅⿰口乙″）餘弦╳⿰口乙″餘弦⿰彳乙″丅吔′餘弦╳⿰口乙″正弦

╳（⿰口時丅⿰口乙″）正弦彳（⿰口時丅⿰口乙″））

即

⿰彳乙＝呻╳吔′餘弦（⿰口時丅⿰口乙′）正弦╳⿰口乙″正弦彳（⿰口時丅⿰口乙′）丅呻（吔′正弦╳⿰口乙″正弦丄吔′餘弦╳⿰口乙″餘弦

╳（⿰口時丅⿰口乙″）餘弦）⿰彳乙″

即

⿰彳乙＝甲╳⿰口乙″正弦彳（⿰口時丅⿰口乙″）丅丙⿰彳乙″

因

丙⿰彳乙″

數極小、可去之、故

⿰彳乙＝甲╳⿰口乙″正弦彳（⿰口時丅⿰口乙″）㈤

以前㈣㈤兩式、推⿰彳甲及⿰彳乙、

第十四節

推算⿰口時丅⿰口乙″之法、命⿰口時為英國京都之恒星時、坤為某處之經度、

則

⿰口時丅⿰口乙′＝⿰口時丅坤丅⿰口乙″＝⿰口時丅⿰口乙″丅坤

可預算英京卯正、辰初、辰正、巳初、巳正、午初、各時之⿰口時丅⿰口乙″

列表如下、欲於某處某時求[口時]丁吧″則以表內某時之[口時]丁吧″減坤即得、

設某處距英京西坤爲正號則必減、距英京東坤爲負號則必加、

	[口時]丁吧″		
西歷五月十七日英京卯正	二七〇度	五七分	三三.二二秒
〃辰初	二八五	五七	三七.二一
〃辰正	三〇〇	五七	四一.三五
〃巳初	三一五	五七	四五.四六
〃巳正	三三〇	五七	四九.五六
〃午初	三四五	五七	五三.六五

欲明推算此表之法、任取卯正求[口時]丁吧″之數如

五月十六日午正英京恒星時 ＝ 三時 三六分 二三.三二秒

十八小時太陽時變恒星時 ＝ 一八時 二分 五七.四二秒

五月十六日十八小時恒星時 ＝ 二一時 三九分 二〇.七四秒

變度、爲

三二四度 五〇分 一一.一秒

[口時]′ ＝ 三二四度 五〇分 一一.一秒

吧″ ＝ 五三度 五二分 三七.八八秒　按表第十一

[口時]丁吧″ ＝ 二七〇度 五七分 三三.二二秒

辰初辰正等時推[口時]丁吧″時法皆仿此、

辰初之([口時]丁吧″) ＝ 二八五度 五七分 三七.二秒

辰正之([口時]丁吧″) ＝ 三〇〇度 五七分 四一.三秒

一小時所增之數 ＝ 一五度 〇〇分 四.一秒

即

一小時所增之數 ＝ 五四〇〇四.一秒

亻([口時]丁吧″) ＝ 亻([口時]丁吧″) ＝ 五四〇〇四.一×一秒正弦

亻([口時]丁吧″)對 ＝ 九.四一八〇〇一六

第十五節

推日食初虧復圓切點方向、

凡日食時、月面初掩日面、其相切之點名初虧切點、月面將離日面、其相切之點名復圓切點、

此圖所用之代字、與第六節圖內代字相同、丁甲′丁乙′丁丁′三軸線、亦與前圖之三軸線平行、戊點爲初虧或復圓之切點、求戊點方位法、自己作己庚、與丁丁′平行、乃聯己丁線、

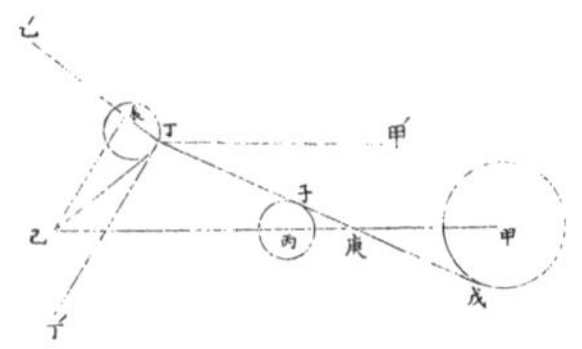

巳辰 ══ 天丁甲

辰丁 ══ 地丁乙

因丁己甲角爲直角、故丁點距影軸甲己、等於丁己、等於丁、

巳辰 ══ 丁己 × 角己丁辰正弦

即

天丁甲 ══ 丁 × 角巳丁辰正弦

辰丁 ══ 丁己 × 角己丁辰餘弦

即

地丁乙 ══ 丁 × 角巳丁辰餘弦

所以己丁辰角即金角、

（見本卷十二節、）己丁辰角爲乙丁甲及己丁甲二平面所成之角、即乙丁甲及甲庚戊二平面所成之角、乙丁甲爲子午圈、過甲作子午圈面與乙丁甲面平行、切日面於辛點、辛點爲日面之北點、

所以切點距北點東之度、等於己丁辰角、即金角、

金丁㬋 ══ 木

所以

金 ══ 㬋⊥木

乃知切點之方位、

今將推某處日食初虧復圓時刻各式、合列於左、

寅 × 卯正弦 ══ 呻 × 㘆正弦

寅 × 卯餘弦 ══ 呻 × 㘆餘弦 × (時丁吧) 餘弦

甲 ══ 呻 × 㘆餘弦 × (時丁吧) 正弦

乙 ══ 寅 × (卯丁吧″) 正弦

丙 ══ 寅 × (卯丁吧″) 餘弦

㖟 ══ 寅 × 卯餘弦 × 彳(時丁吧)

𠃊 ══ 甲 × 吧″正弦 × 彳(時丁吧)

子 ══ 丁丁丙 × 未正切

天丁甲 ══ 氐 × 㫝正弦

地丁乙 ══ 氐 × 㫝餘弦

彳丁㖟 ══ 㚇 × 㬋正弦

彳丁𠃊 ══ 㚇 × 㬋餘弦

木正弦 ══ 子 / 氐 × (㫝丁㬋) 正弦

㖟 ══ 房 / 丁 × 木餘弦 — 房 / 氐 × (㫝丁㬋) 餘弦

初虧時 ══ 時 — 房 / 丁 × 木餘弦 — 房 / 氐 × (㫝丁㬋) 餘弦

復圓時 ══ 時 — 房 / 丁 × 木餘弦 — 房 / 氐 × (㫝丁㬋) 餘弦

以上各式推算光緒八年四月朔日、即西厤一千八百八十二年、五月十七日北京日食初虧復圓時刻、

朔日日月交會時刻、爲辰初二刻一十一分零二秒又十分秒之八、任以時。等於辰正近交會之時、故以辰正推算甲、乙、丙、㖟、𠃊、等數、如

北京地心出地極度 ══ 㘆 ══ 三九度　四三分　四〇.六秒

北京英京經度距東 ══ 坤 ══ 丁一一六度　三〇分

北京地半徑 ══ 呻

呻對 ══ 九.九九九四〇四八

凡某處在英京東、其經度爲負號、在英京西、其經度爲正號、

準本卷第十四節之表、得

辰正之(𠯿丁𠯈)＝三〇〇度　五七分　四一、三秒

丁坤＝一一六度　三〇分

四一七度　二七分　四一、三秒

三六〇度

𠯿丁𠯈＝　五七度　二七分　四一、三秒

呻對＝九、九九九四〇四八

𠯈正弦對＝九、八〇五五九八〇

寅╳卯正弦對＝九、八〇五〇〇二八

呻對＝九、九九九四〇四八

𠯈餘弦對＝九、八八五九七六〇

(𠯿丁𠯈)餘弦對＝九、七三〇六七五六

寅╳卯餘弦對＝九、六一六〇五六四

寅╳卯正弦對＝九、八〇五〇〇二八

寅╳卯餘弦對＝九、六一六〇五六四

卯正切對＝一〇、一八八九四六四

檢表、得

卯＝五七度　〇五分　一七秒

寅╳卯正弦對＝九、八〇五〇〇二八

卯正弦對＝九、九二四〇二四一

寅對＝九、八八〇九七八七

卯＝五七度　〇五分　一七秒

吃＝一九度　一九分　四七秒　見第一表一十節

卯丁吃＝三七度　四五分　三〇秒

呻對＝九、九九九四〇四八

𠯈餘弦對＝九、八八五九七六〇

(𠯿丁𠯈)正弦對＝九、九二五八四二六

甲對＝九、八一一二二三四

甲＝　、六四七四八

寅對＝九、八八〇九七八七

(卯丁吃)正弦對＝九、七八六九八七二

乙對＝九、六六七九六五九

乙＝　、四六五五五

寅對＝九、八八〇九七八七

(卯丁吃)餘弦對＝九、八九七九五七一

丙對＝九、七七八九三五八

寅╳卯餘弦對＝九、六一六〇五六四

彳(𠯿丁𠯈)對＝九、四一八〇〇一六　見三十節

徆對＝九、〇三四〇五八〇

徆＝　、一〇八一六

甲對＝九、八一一二二三四

吃正弦對＝九、五一九八三三二

彳(𠯿丁𠯈)對＝九、四一八〇〇一六

彸對＝八、七四九〇五八二

彸＝　、〇五六一一二

丙對＝九、七七八九三五八

未正切對＝七、六六四八三九二

七、四四三七七五〇

丙╳未正切＝　、〇〇二七八

丁＝　、五四五〇三

丁(丙╳未正切)＝　、五四二二五＝丁′

所以辰正之時得

甲＝　.六四七四八

乙＝　.四六五五五

丙對＝九.七七八九三五八

徎＝　.一〇八一六

仡＝　.〇五六一一二

丁′＝　.五四二二五

又辰正之時

天＝.一七二七四一

地＝.三五三六八五

佚＝.五四六八五四

佗＝.〇七五七三九

天＝.一七二七四

甲＝.六四七四八

天丅甲＝丅.四七四七四

氐╳呧正弦＝天丅甲＝丅.四七四七四

地＝　.三五三六八

乙＝　.四六五五五

地丅乙＝丅.一一一八七

氐╳呧餘弦＝地丅乙＝丅.一一一八七

佚＝.五四六八五

徎＝.一〇八一六

房╳㖠正弦＝佚丅徎＝.四三八六九

佗＝.〇七五七三九

仡＝.〇五六一一二

房╳㖠餘弦＝佗丅仡＝.〇一九六二七

氐╳呧正弦　＝丅九.六七六四五五八

氐╳呧餘弦對＝丅九.〇四八七一三六

呧正切對＝一〇.六二七七四二二

呧＝七六度　四四分　一六秒

氐╳呧正弦對＝丅九.六七六四五五八

呧正弦對＝九.九八八二六〇三

氐對＝丅九.六八八一九五五

房╳㖠正弦對＝九.六四二一五七七

房╳㖠餘弦對＝八.二九二八五三九

㖠正切對＝一.三四九三〇三八

㖠＝八七度　二六分　一八秒

房╳㖠正弦對＝九.六四二一五七七

㖠正弦對＝九.九九九五六五八

房對＝九.六四二五九一九

呧＝七六度　四四分　一六秒

㖠＝八七度　二六分　一八秒

呧丅㖠＝丅(一〇度　四二分　二秒)

氐對＝丅九.六八八一九五五

(呧丅㖠)正弦對＝丅九.二六八七五六一

八.九五六九五一六

丁′對＝九.七三四一九九六

木正弦對＝九.二二二七五二〇

木＝　九度　三六分　五一秒

或

木＝一七〇度　二三分　九秒

衖＝房/(丁′×木餘弦)丅房/(氐×(呧丅啺)餘弦)

丁′對＝九.七三四一九九六

木餘弦對＝⊥丅九.九九三八五七〇

⊥丅九.七二八〇五六六

房對＝九.六四二五九一九

⊥丅〇.〇八五四六四七

房/(丁′×木餘弦)＝⊥丅一.二一七五

氐對＝丅九.六八八一九五五

(呧丅啺)餘弦對＝九.九九二三八一六

丅＝九.六八〇五七七

房對＝九.六四二五九一九

丅〇.〇三七九八五二

房/(氐(呧丅啺)餘弦)＝丅一.〇九一四

衖＝⊥一.二一七五丅時　⊥一.〇九一四時

所以

衖＝⊥二.三〇八九時＝⊥二時一八分三二秒

或

衖＝丅〇.一二六一時＝丅〇時七分三四秒

初虧＝辰正丅〇時七分二六秒

即

初虧＝辰初三刻七分二十六秒

復圓＝辰正⊥二時一八分三二秒

即

復圓＝巳正一刻三分三十二秒

以上所得日食初虧復圓時刻、皆係英京時刻、欲推北京時刻、以北京在英京東、一百一十六度三十分、變時得七小時四十五分五十四秒、加英京初虧復圓時刻、即得北京初虧復圓時刻、如法推得北京初虧時刻爲申初二刻零八分、復圓時刻爲酉正初刻零四分、

以上所推初虧復圓時刻、不能密合者、因所取時、與初虧復圓時刻不甚相近、然所差亦不過數分、欲推算初虧極準時刻、則任取時。近於初虧時刻、如辰初三刻零五分、復圓極準時刻、則任取時。近於復圓時刻、如巳正一刻零五分、均按前法再推之、如是推得天地伏𠀤、嘀丅吧′吃″嘀丅吧″甲乙各數如下、

	辰初三刻五分	巳正一刻五分
天	.〇八一六〇一	一.四四八五八七
地	.三四一〇六二	.五二九五三七
伏	.五四六八五	.五四六六九三
𠀤	.〇七五七九	.〇七五〇一五
嘀丅吧′	二九八度二七分四一秒	三三五度五七分五一秒
呻	丅一一六度三〇分	丅一一六度三〇分
嘀丅吧″	五四度五七分四一秒	九二度二七分五一秒
吃″	一九度一九分四一.九秒	一九度二一分四.七秒
甲	.六二八八四	.七六七三二
乙	.四五六三五	.六一三一四
丙對	九.七九七五一一六	九.二五六〇九三二
𠰳	.一一五四五	丅.〇〇八六五六
𠯑	.〇五四四九三	.〇六六五七
未正切對	七.六六四八三九八	七.六六四八三〇八

巳正一刻五分

,五四五二二

,五四四三九

,六八一二七

丅,〇八三六〇

九六度　五九分　四五秒

九,八三六五六四七

,五五五三五

,〇〇八四四五

八九度　〇七分　四四秒

九,七四四六一七〇

七度　五二分　〇一秒

辰初三刻五分

丁　,五四五〇一

丁|丙×(未正切)＝丁′＝,五四二一一

氐×(眡正弦)＝丅,五四七二四

氐×(眡餘弦)＝丅,一一五二九

眡＝七八度　〇六分　一一秒

氐對＝丅九,七四七六〇八一

房×(㖽正弦)＝,四三一四〇

房×(㖽餘弦)＝,〇二一三〇

㖽＝八七度　一〇分　二四秒

房對＝九,六三五四〇八八

眡|㖽＝|九度　〇四分　一三秒

巳正一刻五分

八,九七二八八二七

九,七三五九一〇一

九度　五六分　一五秒

,九六五四四

一,二二四二

衎＝房/(丁′×木餘弦)|房/(氐×(眡丅㖽)餘弦)

即

衎＝丄,九六五四四

丅一,二二四二

即

衎＝丅〇,二五八八　時

亦即

衎＝丅〇時　一五分　三二秒

辰初三刻五分

氐(眡丅㖽)正弦對＝八,九四五二九〇六

丁′對＝九,七三四〇八七四

木＝一七〇度　三八分　二五秒

房/(丁′×木餘弦)＝|一,二三八四

房/(氐(眡丅㖽)餘弦)＝丅一,二七八六

衎＝房/(丁′×木餘弦)|房/(氐(眡丅㖽)餘弦)

即

衎＝丅一,二三八四

丄一,二七八六

即

衎＝丄〇,〇四〇二　時

亦即

衎＝丄〇時　〇二分　二五秒

第十七節

巳正一刻五分

北京復圓時刻＝巳正一刻五分

丅〇時　一五分　三二秒

丄七時　四五分　五四秒

即

北京復圓時刻＝酉初三刻五分二十二秒

㖽　八九度　七分　四四秒

木　九度　五六分　一五秒

㖽丄木＝金＝九九度　三分　五九秒

復圓切點、自北偏東九十九度零四分、

辰初三刻五分

北京初虧時刻＝辰初三刻五分

丄〇時　〇二分　二五秒

丄七時　四五分　五四秒

即

北京初虧時刻＝申初二刻零八分一十九秒

㖽　八七度　一〇分　二四秒

木　一七〇度　三八分　二五秒

㖽丄木＝金＝二五七度　四八分　四九秒

初虧切點、自北偏東二百五十七度四十八分四十九秒、即自北偏西一百零二度一十一分一十一秒、

推日食食甚時法

某處初虧復圓之時、其處距影軸爲丁、準第本卷第十二節之式、如

氐(眡丅㖽)正弦＝丁′×木正弦 ㊀

氐(眡丅㖽)餘弦丄房×衎＝丁′×木餘弦 ㊁

某時設在初虧復圓之間、某處距影軸等於

乾、有式、如

氐(甿丁昴)正弦 = 乾 ╳ 木正弦

氐 × (甿丁昴)餘弦 ⊥ 房 ╳ 篩 = 乾 ╳ 木餘弦

在食甚時、乾比在別時較小、因某處食甚時、其處距影軸最近、以㊀㊁兩式、各自乘相加、得

星學發軔　卷十二　四十六

乾² = 氐²(甿丁昴)正弦² ⊥ (氐(甿丁昴)餘弦 ⊥ 房 × 篩)²

氐(甿丁昴)正弦 幾爲恒數、故若乾數極小、則

氐(甿丁昴)餘弦 ⊥ 房 × 篩 = ○ ㊂

而

乾 = 氐(甿丁昴)正弦 ㊃

按第㊂式

篩 = ⊤ 房 / 氐(甿丁昴)餘弦

所以食甚時、爲

時。⊤ 房 / 氐(甿丁房)餘弦

辰初三刻五分

房 / 氐(甿丁昴)餘弦 = ⊤ 一、二七八六 時

〃 = ⊤ 一時 一六分 四三秒

食京甚時英刻 = 時。⊤ 房 / 氐(甿丁昴)餘弦

食京甚時英刻 = 辰初三刻五分 ⊤ 一時 一六分 四三秒

即

食京甚時英刻 = 巳初初刻六分四十三秒

巳正一刻五分

一、二二四二 時

一時 一三分 二七秒

時。⊤ 房 / 氐(甿丁昴)餘弦

巳正一刻五分 ⊤ 一時 一三分 二七秒

即

巳初初刻六分三十三秒

所以

食京甚時北刻 = 申正三刻零七分十三秒

申正三刻零七分二十七秒

以上兩項所得食甚時刻、所差不過十秒、若欲極準、須取時極近食甚之時、如巳初初刻七分、按前法推之、即得、今僅以二項所得之數相加折半、得申正三刻零七分三十二秒、即北京食

星學發軔　卷十二　四十七

甚時刻、

第十八節

推日食食分

設某處於內虛之界、如圖內丁、於其處全食食既之時、其處距外虛界等於丁癸/丁′癸′、等於內虛半徑/外虛半徑、設日食食甚之時、某處丁″距影軸等於乾、其處距外虛界等於丁″癸″/丁癸、等於乾/外虛半徑、所以食分等於內虛半徑/外虛半徑 − 乾/外虛半徑

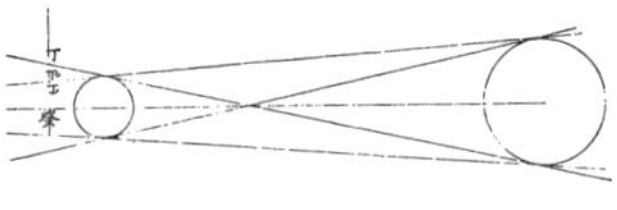

按本卷第六節

外虛半徑 = (亢丁丙)未正切

內虛半徑 = (丙丁亢)未正切

則外虛

亢 = 人 ⊤ 未正弦午

內虛

亢＝人｜未正弦/午

故

外虛半徑｜內虛半徑＝二午╳未餘割╳未正切＝二午╳未正割

未角極小、故

外虛半徑｜內虛半徑約＝二午

則

外虛半徑｜內虛半徑＝二（外虛半徑｜午）

食分＝二（外虛半徑｜午）/外虛半徑｜乾＝二（丁′丅午）/丁′丅乾

辰初三刻五分	巳正一刻五分
氐（㕵丅𠲎）正弦對＝八.九四五二九〇六	八.九七二八八二七
乾＝.〇八八一六	.〇九三九五

食分＝二（丁′丅午）/丁′丅乾

丁′＝.五四二一一	.五四四三九
丁′丅乾＝.四五三九五	.四五〇四四
午＝.二七二三	.二七二三
二（丁′丅午）＝.五三九六	.五四四二
食分＝.五三九六/.四五三九＝.八四	.五四四二/.四五〇四＝.八三

如辰初得食分爲百分之

八十四、巳正得食分爲百分之八十三、二數相加折半、得千分之八百三十五、即爲食分之數也、以上所得食分之數微有不準、若欲極準、須取時近食甚之時、如巳初初刻七分、按前法再推之、

按此法推日食、與第十卷推日食法雖異、而得數畧同、其初虧食甚復圓三限時刻及食分、所差不過數秒、此次雖爲全食、而北京不能見全食、他處則可見之、因視差各處見月方位不同故也、

星學發軔卷之十二終

星學發軔

卷十三

星學發軔卷之十三

美國羅密士原本

天文教習英國駱三畏口譯
王鎮賢
天文館肄業生熙璋筆述
左庚

貝氏推月掩諸星之法、

日食係月掩日面、所以推月掩諸星、與推日食法同而簡、按十二卷、推日食各式錄於後、見十二卷第九節、

推影軸方位各式、

$$丑 = \frac{哂' \times 咳正弦}{咳_{0}正弦}$$

$$吒'' = 吧'\left[\frac{一丅丑'}{丑 \times 吒餘弦 \times 吒'正割(吒丅吧')}\right]$$

$$𠮙'' = 𠮙'\left[\frac{一丅丑'}{丑(𠮙丅𠮙')}\right]$$

推月之橫線、次橫

線縱線、三線式、

天＝晒×吃餘弦（吧丅吧′）正弦

地＝晒（（二／吧丅吧′）餘弦″（吃丅吃′）正弦｜（二／吧丅吧′）正弦″（吃丄吃′）正弦）

晒＝亥正弦／一

推影半徑各式、

未正弦＝予×晒′／（辰正弦｜午 ╳ 亥。正弦）

亢＝人丄未正弦／午

未餘弦／午｜未正切×人＝未正切×亢＝丁

此式內、

亥＝月視差

吃＝月之赤緯度

吧＝月之赤經度

晒＝月距地

午＝地半徑／月半徑

午對＝九.四三四九九八

亥。＝日視差中數

吃′＝日之赤緯度

吧′＝日之赤經度

晒′＝日距地

推月掩諸星、即以星赤緯赤經等度、代日赤緯赤經等度、星無視差、則亥。＝〇、所以

吃″＝吃′

吧″＝吧′

丑＝〇

星距地極遠、則晒爲極大、所以

末＝〇

末爲尖錐形頂角之半、令末＝〇

則尖錐形變爲圓柱形、

丁＝午

所以命

吃′＝星之赤緯度

吧′＝星之赤經度

推月掩諸星式、如下、

推月之橫線、次橫線、縱線、三線式、

晒＝亥正弦／一

天＝晒×吃餘弦（吧丅吧′）正弦

地＝晒（（二／吧丅吧′）餘弦″（吃丅吃′）正弦｜（二／吧丅吧′）正弦″（吃丄吃′）正弦）

丁＝午

午對＝九.四三四九九八

西曆一千八百八十六年、十二月初十日、即光緒十二年十二月十五日、在北京推月掩畢宿第五星出入時刻、

月赤經度、與星赤經度相同之時、爲未正初刻二分十五秒英京時、畢宿第五星赤經度、爲四小時二十九分二十六秒又百分秒之八十二、赤道北緯度爲十六度十六分四十五秒又十分秒之五、

自航海曆書、取午正未初未正申初太陰赤經度赤緯度、幷準八卷補八法、推月之視差合列表、如下、

紀時	月赤經度 吧	月赤緯度 叱	月視差 唊	星赤經度 吧′	星赤緯度 叱′
午正	六六度 一一分 二一,六秒	一六度 三四分 五四,七北	○度 五七分 二六,四秒	六七度 二一分 四二,三一秒	一六度 一六分 四五,五北
未初	六六 四五 五○,八五	一六 四○ 三五,○	○ 五七 二八,○五		
未正	六七 二○ 二四,三○	一六 四六 九,九	○ 五七 二九,六八		
申初	六七 五五 一,六五	一六 五一 三九,四	○ 五七 三一,三一		

	午正	未初
吧丅吧′	丅一度 一○分 二○,七秒	丅○度 三五分 五一,四五秒
叱丅叱′	丄○ 一八 九,二	丄○ 二三 四九,五
叱丄叱′	三二 五一 四○,二	三二 五七 二○,五
(吧丅吧′)正弦對	丅八,三一○九二九○	丅八,○一八二九八二
叱餘弦對	九,九八一五五二五	九,九八一三三八七
哂對＝咳正弦/二 對	一,七七七○七九七	一,七七六八七一八
天對	丅○,○六九五六一二	丅九,七七六五○八七
天	丅一,一七三七一	丅,五九七七三五
二/(吧丅吧′) 餘弦對	九,九九九九五四六	九,九九九九八八○
(叱丅叱′)正弦對	七,七二二六八○四	七,八四○七五五五
哂(二/(吧丅吧′) 餘弦)(叱丅叱′)正弦對	九,四九九七一四七	九,六一七六一五三
⊖	,三一六○二○	,四一四五八七
(二/(吧丅吧′))正弦對	六,○一九八四三四	五,四三四五四四二
(叱丄叱′)正弦對	九,七三四四八三三	九,七三五五八九六
哂(二/(吧丅吧′))正弦(叱丄叱′)正弦對	七,五三一四○六四	六,九四七○○五六
⊜	,○○三三九九	,○○○八八五
地＝⊖丅⊜	,三一九四一九	,四一五四七二

	未正	申初
吧丅吧′	丅○度 一分 一八,○秒	丄○度 三三分 一九,三五秒
叱丅叱′	丄○ 二九 二四,四	丄○ 三四 五三,九
叱丄叱′	三三 二 五五,四	三三 八 二四,九
(吧丅吧′)正弦對	丅六,五七七六六九五	丄七,九八六四五六九
叱餘弦對	九,九八一一二六八	九,九八○九一七四
哂對＝咳正弦/二 對	一,七七六六六六六	一,七七六四六一四
天對	丅八,三三五四六二九	丄九,七四三八三五七
天	丅○,二一六五	丄,五五四四一六
二/(吧丅吧′) 餘弦對	一○,○○○○○○○○	九,九九九九八九八
(叱丅叱′)正弦對	七,九三二一六六六	八,○○六五二三三
哂(二/(吧丅吧′) 餘弦)(叱丅叱′)正弦對	九,七○八八三三二	九,七八二九七四五
⊖	,五一一四八六	,六○六七○一
(二/(吧丅吧′))正弦對	二,五五三二七九○	五,三七○八五九六
(叱丄叱′)正弦對	九,七三六六九一八	九,七三七七二五六
哂(二/(吧丅吧′))正弦(叱丄叱′)正弦對	四,○六六三七四	六,八八五○四六六
⊜	,○○○○○	,○○○七六七
地＝⊖丄⊜	,五一一四八六	,六○七四六八

又將各時月之天地所得各數、並準八卷四節補八法、推袱徙各時得數、及午對數、合列表如下、（小字：袱徙為天地一時所增損之數、）

紀時	天	地	袱	徙	丁對＝午對
午正	丅一,一七三七一	,三一九四一九	丄,五七五八八○	丄,○九六○七五	九,四三四九九九八
未初	丅,五九七七三五	,四一五四七二	丄,五七六○三○	丄,○九六○三三	
未正	丅,○二一六五○	,五一一四八六	丄,五七六○八○	丄,○九五九九八	
申初	丄,五五四四一六	,六○七四六八	丄,五七六○三二	丄,○九五九六八	

用此表所得之數、無論在何處、推月掩畢宿第五星、俱可、今欲推北京月掩此星出入時刻、按十二卷第十六節、有式如下、

寅×卯正弦＝呻×哋′正弦

寅×卯餘弦＝呻×哋′餘弦(晘丁吧′)餘弦

甲＝呻×哋′餘弦(晘丁吧′)正弦

乙＝寅(卯丁吃′)正弦

彳尸＝寅×卯餘弦×彳(晘丁吧′)

亿＝甲×吃′正弦×彳(晘丁吧′)

丁′＝丁丁丙×未正切＝丁＝午

天丁甲＝氐×哌正弦

地丁乙＝氐×哌餘弦

伏丁彳尸＝㚼×㖠正弦

彳地丁亿＝㚼×㖠餘弦

木正弦＝午／氐(哌丁㖠)正弦

彳寺＝[㚼／(午×木餘弦)]［㚼／氐(哌丁㖠)餘弦］

入時＝時。[㚼／(午×木餘弦)]［㚼／氐(哌丁㖠)餘弦］

出時＝時。[㚼／(午×木餘弦)]［㚼／氐(哌丁㖠)餘弦］

此式內

呻＝北京地半徑

哋′＝北京地心之極出地度

晘＝北京恆星時

甲乙爲北京橫綫次橫綫、月星交會時爲未正初刻二分十五秒、任以時。等於未正近交會之時、

呻對＝九、九九四○四八

哋′＝三九度四三分四○、六秒

推呻與哋′之法、見第七卷、命

晘′＝英京恆星時

京東在英京北＝一一六度三○分

所以

晘丁吧′＝晘丁吧′丄一一六度三○分

預算吧′在午正各時、列二表如下、

紀時	晘丁吧′	每小時所差
午正	一九一度四六分三○、○秒	五四一四七、八四秒
未初	二○六　四八　五七、八四	
未正	二二一　五一　二五、六八	
申初	二三六　五三　五三、五二	

欲明推此表之法、任取午正求晘丁吧′之數、如下、

午正英京恆星時＝一七時一六分三二、八二秒

變度＝二五九度八分一二、三秒

所以

晘′＝二五九度八分一二、三秒

吧′＝六七度二一分四二、三秒

晘丁吧′＝一九一度四六分三○、○秒

餘時法皆仿此、

未初之(晘丁吧′)＝二○六度四八分五七、八四秒

午正之(晘丁吧′)＝一九一度四六分三○、○秒

一小時(晘丁吧′)所增之數＝一五度二分二七、八四秒

＝五四一四七、八四秒

彳(晘丁吧′)＝彳(晘丁吧′)＝五四一四七、八四×一秒正弦

彳(晘丁吧′)對＝九、四一九一五五八

任取時。等於未正近交會之時、按未正用前式推甲乙等各項數、

未正(嗐丅吒′)＝二二一度五一分二五、六八秒

北京距英京東＝丅坤＝一一六度三〇分

嗐丅吒′＝三三八度二一分二五、六八秒

呻對＝九、九九九四〇四八

喨′正弦對＝九、八〇五五九八〇

寅×卯正弦對＝九、八〇五〇〇二八

呻對＝九、九九九四〇四八

喨′餘弦對＝九、八八五九七六〇

(嗐丅吒′)餘弦對＝九、九六八二五〇〇

寅×卯餘弦對＝九、八五三六三〇八

寅×卯正弦對＝九、八〇五〇〇二八

寅×卯餘弦對＝九、八五三六三〇八

卯正切對＝九、九五一三七二〇

卯＝四一度四七分五六秒

寅×卯正弦對＝九、八〇五〇〇二八

卯正弦對＝九、八二三八一一九

寅對＝九、九八一一九〇九

呻對＝九、九九九四〇四八

喨′餘弦對＝九、八八五九七六〇

(嗐丅吒′)正弦對＝丅九、五六六八一二八

甲對＝丅九、四五二一九三六

甲＝丅、二八三二六五

卯＝四一度四七分五六秒

吒′＝一六度一六分四五秒

卯丅吒′＝二五度三一分一一秒

寅對＝九、九八一一九〇九

(卯丅吒′)正弦對＝九、六三四二九七六

乙對＝九、六一五四八八五

乙＝、四一二五六一

寅×卯餘弦對＝九、八五三六三〇八

彳(嗐丅吒′)對＝九、四一九一五五八

徆對＝九、二七二七八六六

徆＝、一八七四〇七

甲對＝丅九、四五二一九三六

吒′正弦對＝九、四四七六五〇五

彳(嗐丅吒′)對＝九、四一九一五五八

彸對＝丅八、三一八九九九九

彸＝丅、〇二〇八四五

天＝丅、〇二一六五〇

甲＝丅、二八三二六五

天丅甲＝氐×呧正弦＝、二六一六一五

地＝、五一一四八六

乙＝、四一二五六一

地丅乙＝氐×呧餘弦＝、〇九八九二五

氐×呧正弦對＝九、四一七六五四三

氐×呧餘弦對＝八、九九五三〇六一

呧正切對＝〇、四二二三四八二

呧＝六九度一七分一〇秒

氐×呧正弦對＝九、四一七六五四三

呧正弦對＝九、九七〇九七八〇

氐對＝九、四四六六七六三

彸＝、五七六〇八〇

徆＝、一八七四〇七

彸丅徆＝𡚶×㖽正弦＝、三八八六七三

彵＝、〇九五九九八

彸＝丅、〇二〇八四五

彵丅彸＝𡚶×㖽餘弦＝、一一六八四三

房 ╳ 㖙正弦 對＝九．五八九五八一〇

房 ╳ 㖙餘弦 對＝九．〇六七五九一五

㖙正切 對＝一〇．五二一九八九五

㖙＝七三度 一六分 六秒

房 ╳ 㖙正弦 對＝九．五八九五八一〇

㖙正弦 對＝九．九八一二一二九

房對＝九．六〇八三六八一

呧＝六九度 一七分 一〇秒

㖙＝七三度 一六分 六秒

呧丅㖙＝丅三度 五八分 五六秒

氐對＝九．四四六六七六三

（呧丅㖙）正弦 對＝丅八．八四一六五三一

丅八．二八八三二九四

午對＝九．四三四九九九八

木正弦 對＝丅八．八五三三二九六

木＝一八四度 五分 二七秒

或

木＝三五五度 五四分 三三秒

蒔＝[房／午 ╳ 木餘弦] 丅 [房／氐（呧丅㖙）餘弦]

午對＝九．四三四九九九八

木餘弦 對＝九．九九八八九二一

九．四三三八九一九

房對＝九．六〇八三六八一

九．八二五五二三八

房／午 ╳ 木餘弦＝丄．六六九一

氐對＝九．四四六六七六三

（呧丅㖙）餘弦 對＝九．九九八九五〇二

九．四四五六二六五

房對＝九．六〇八三六八一

九．八三七二五八四

房／氐（呧丅㖙）餘弦＝．六八七五

入月面英京時刻＝時。[房／午 ╳ 木餘弦] 丅 [房／氐（呧丅㖙）餘弦]

〃＝未正丅．六六九一時丅．六八七五時

〃＝未正丅一・三五六六時

〃＝未正丅一時 二一分 二四秒

〃＝午正 二刻 八分 三十 六秒

變北京時、加七小時四十五分五十四秒、所以

在北京畢宿第五星入月面之北京時刻＝午正二刻三分八秒十六秒加小時七十四分五十四分＝戌正一刻三分九秒十

出月面英京時刻＝時。[房／午 ╳ 木餘弦] 丅 [房／氐（呧丅㖙）餘弦]

〃＝未正丅．六六九一時丅．六八七五時

〃＝未正丅．〇一八四時

〃＝未正丅〇時 一分 六秒

〃＝未初 三刻 十三分 十五 四秒

在北京畢宿第五星出月面之北京時刻＝未初三刻十三分十五秒四加小時七十四分五十四分＝亥初二刻四分十四秒八

今所得畢宿第五星出月面之英京時刻、爲未初三刻十四分、與所任取之時、未正所差僅一分、故所得之數極準、至所求此

星八月面之英京時刻、爲午正二刻八分三十六秒、與所任取之時、未正相距尚遠、因月行甚速、故所得八時之數、不能極準、欲推極準時刻、須取時等於午正二刻十分、因近八月面時刻故也、按前法各式、再行推算、方能極準、於午正二刻十分、推天地甲乙各等數、

檢本卷第一表、

午正伏＝，五七五八八○

二

三 一，一五一七六○

四十分天所差之數＝，三八三九二○

午正天＝丁一，一七三七一

，三八三九二

午正二刻十分之時天＝丁，七八九七九

伏爲一小時天所差之數、所以四十分天所差之數、等於伏三分之二、

仿此法午正二刻十分之時地＝，三八三四六九

午正伏＝，五七五八八○

未初伏＝，五七六○三○

一小時所差＝，○○○一五○

，○○○一五○

二

三 ，○○○三○○

四十分伏所差之數＝，○○○一○○

午正伏＝，五七五八八○

，○○○一○○

午正二刻十分之時伏＝，五七五九八○

仿此法午正二刻十分之時地＝，○九六○四七

午正（嗬丁吧）＝一九一度　四六分　三○，○秒

未初（嗬丁吧）＝二○六　四八　五七，八四

一小時（嗬丁吧）所差之數＝一五　二　二七，八四

二

三 三○　四　五五，六八

四十分（嗬丁吧）所差＝一○度　一分　三八，五六秒

午正（嗬丁吧）＝一九一度　四六分　三○，○秒

一○　一　三八，五六

午正二刻十分（嗬丁吧）＝二○一　四八　八，五六

英京距北京東＝丁坤＝一一六　三○

嗬丁吧＝三一八度　一八分　八，五六秒

呻對＝九，九九九四○四八

吔正弦對＝九，八○五五九八○

寅×卯正弦對＝九，八○五○○二八

呻對＝九，九九九四○四八

吔餘弦對＝九，八八五九七六○

（嗬丁吧）餘弦對＝九，八七三一二七一

寅×卯餘弦對＝九，七五八五○七九

寅×卯正弦對＝九，八○五○○二八

寅×卯餘弦對＝九，七五八五○七九

卯正切對＝一○，○四六四九四九

卯＝四八度　三分　四○秒

寅×卯正弦對＝九，八○五○○二八

卯正弦對＝九，八七一四九○一

寅對＝九，九三三五一二七

吽對══九.九九九四○四八

晥′餘弦對══九.八八五九七六○

(晴丅吧′)正弦對═丅九.八二二九五○八

甲對══丅九.七○八三三一六

甲══丅　.五一○九○

卯══四八度　三分　四○秒

吃′══一六度　一六分　四五秒

卯丅吃′══三一度　四六分　五五秒

寅對══九.九三三五一二七

(卯丅吃′)正弦對══九.七二一五五三四

乙對══九.六五五○六六一

乙══　.四五一九二

寅╳卯餘弦對══九.七五八五○七九

彳(蝫丅吧′)對══九.四一九一五五八

徊對══九.一七七六六三七

徊══　.一五○五四

甲對══丅九.七○八三三一六

吃′正弦對══九.四四七六五○五

彳(晴丅吧′)對══九.四一九一五五八

亿對══丅八.五七五一三七九

亿══丅　.○三七五九五

天══丅　.七八九七九

甲══丅　.五一○九○

天丅甲══氐╳呧正弦══丅.二七八八九

地══　.三八三四七

乙══　.四五一九二

地丅乙══氐╳呧餘弦══丅.○六八四五

氐╳呧正弦對══丅九.四四五四三二九

氐╳呧餘弦對══丅八.八三五三七三五

呧正切對══一○.六一○○五九四

呧══二五六度　一二分　三六秒

氐╳呧正弦對══丅九.四四五四三二九

呧正弦對══丅九.九八七二九八○

氐對══丄九.四五八一三四九

彸══　.五七五九八

徊══　.一五○五四

彸丅徊══房╳嗙正弦══　.四二五四四

徆══　.○九六○四七

亿══丅　.○三七五九五

徆丅亿══房╳嗙餘弦══　.一三三六四二

房╳嗙正弦對══九.六二八八三八三

房╳嗙餘弦對══九.一二五九三六五

嗙正切對═一○.五○二九○一八

嗙══七二度　三三分　四○秒

房╳嗙正弦對══九.六二八八三八三

嗙正弦對══九.九七九五六五三

房對══九.六四九二七三○

呧══二五六度　一二分　三六秒

嗙══　七二度　三三分　四○秒

呧丅嗙══一八三度　三八分　五六秒

氐對══九.四五八一三四九

(呧丅嗙)正弦對═丅八.八○三七四四四

丅八.二六一八七九三

午對══九.四三四九九九八

木正弦對═丅八.八二六八七九五

木══一八三度　五○分　五六秒

術══午╳木餘弦｜氐(呧｜嗙)餘弦（房、房）

午對＝九.四三四九九九八

木餘弦對＝⊤九.九九九〇一九四

⊤九.四三四〇一九二

昴對＝九.六四九二七三〇

⊤九.七八四七四六二

昴／(午╳木餘弦)＝⊤.六〇九二

氐對＝⊥九.四五八一三四九

(𠮨⊤昴)餘弦對＝⊤九.九九九一一八八

⊤九.四五七二五三七

昴對＝九.六四九二七三〇

⊤九.八〇七九八〇七

昴／氐(𠮨⊤昴)餘弦＝⊤.六四二七

畢宿入月面之北京時刻＝午正二刻十分⊤.六〇九二時⊥.六四二七時

⊥七時四五分五四秒

卽

畢宿入月面之北京時刻＝午正二刻十分⊥〇時二分〇秒

⊥七時四五分五四秒

＝戌正一刻十二分五十四秒

所以光緒十二年十二月十五日、在北京畢宿第五星入月面時、爲戌正一刻十二分五十四秒、出月面時、爲亥初二刻十四分四十八秒、今所得入出月面時刻、與第十一卷求得入出月面時刻相同、

出月面時刻

昴＝七三度一六分六秒

木＝三五五度五四分三三秒

木⊥昴＝金＝六九度一〇分三九秒

⊥一八〇度

星出月面自北向東＝二四九度一〇分三九秒

或

自北向西＝一一〇度四九分二一秒

或

自南向西＝六九度一〇分三九秒

入月面時刻

昴＝七二度三三分四〇秒

木＝一八三度五〇分五六秒

木⊥昴＝金＝二五六度二四分三六秒

⊥一八〇度

四三六度二四分三六秒

星入月面自北向東＝七六度二四分三六秒

按第十二卷第十五節、論日食金＝昴⊥木爲初虧復圓切點方位、今論月掩星、而於金所得之數加一百八十度、卽爲切點方位、因在月面度之故也、所以星入月面自北向東爲七十六度二十四分三十六秒、出月面自南向西、爲六十九度零十分三十九秒、與十一卷所得之數畧同、

星學發軔卷十三終

星學發軔

卷十四

星學發軔卷之十四

美國羅密士原本

天文教習英國駱三畏口譯
王鎮賢
天文館肄業生熙　璋筆述
左　庚

論偏度

第一節

中國某處距北京午線、或東或西若干度、卽某處之偏度、設某處距北京東十五度、其處爲偏東十五度、緣其處之午線與北京之午線成角十五度故也、中國偏度係自北京午線起算、起算之午線爲中線英國則自英京午線起算、各國皆自各都城午線起算、設二處相距十五度、則二處所差時刻、卽爲一小時、故將二處時刻所差變度、卽爲二處相距之度、又如北京午正、他處爲未初、則知他處距北京東十五度、泰西天文家、言二處經度之較、爲若干時分秒、而中國天文家、則言二處經度較、爲若干度分秒、然所論實皆同、因十五度爲一小時、十五分弧爲一分時、十五秒弧爲一秒時、欲將時變度、則檢第七表、度變時、則檢第六表、

用天文表推偏度法

第二節

設甲乙二處、欲定二處偏度、較甲乙二處各有恒星鐘、測星合

鐘極準、另用天文表先與甲處恒星鐘比、次與乙處恒星鐘比、再以二處恒星鐘相比、其二鐘所差之時、變度即為二處偏度較、設於甲處表遲二分、於乙處表速四分、則知二處之時相差六分、變度為一度三十分、所以知甲處在乙處之東一度三十分、假如由北京攜極準之表、向東行、迨至某處、與某處之表相比、若所攜之表恰遲一小時、則知某處距北京偏東十五度、

表有差、亦有每日行差、假如有表遲一點鐘、而每日行速一分、一點鐘為表之差、一分為表每日行差、表之差、為表之實差、表之行差、為表每日所增損之差、故前所得甲乙二偏度較、未能

極準、因表自甲攜至乙之時、表必生差、欲得甲乙偏度較極準、須推算生差為若干、

設甲為地面東處、乙為西處、命亢為乙距甲西偏度、在甲處於⿰口時之時表之差命為呷、攜表至乙處、於⿰口時′之時表之差命為吃、仍攜表回至甲處、於⿰口時″之時表之差命為呷″、表每日行差為天、

所以

天＝(⿰口時″丅⿰口時)／(呷″丅呷)

故

亢＝呷丄[天(⿰口時′丅⿰口時)]丅吃

或

亢＝呷″丅[天(⿰口時″丅⿰口時′)]丅吃

⿰口時之時表之差為呷、⿰口時′之時表之差為呷′、所以一日之差、為 (⿰口時′丅⿰口時)／(呷′丅呷) 於甲處

第三節

⿰口時之時表之差為呷、而於⿰口時′之時表之差為 呷丄[天(⿰口時′丄⿰口時)] 所以甲處在⿰口時′之時表之差為 呷丄[天(⿰口時′丅⿰口時)] 乙處在⿰口時′之時表之差為吃、所以乙處在甲處西之偏度、為二處表差之較、

演題

甲處⿰口時＝西歷十一月十五日一一.五五時

呷＝丄三四分二〇.一秒

乙處⿰口時′＝西歷十一月十七日一八.八五時

吃＝丄三一分〇〇.六秒

甲處⿰口時″＝西歷十一月十八日一一.五五時

呷″＝丄三四分〇四.四秒

故

天＝三／(三四分〇四.四秒丅三四分二〇.一秒)＝三／(丅一五.七秒)＝丅五.二三秒

呷＝丄三四分二〇.一秒

天(⿰口時′丅⿰口時)＝丅五.二三×二.三〇四＝丅一二.一秒

丅吃＝丅三一分〇〇.六秒

乙偏度＝亢＝〇三分〇七.四秒

變度＝〇〇度四六分三一秒

按天文表置於屋內所生之差、與行路所生之差不同、因行路動搖故也、故將至乙處之時、應定表差、將離乙處之時、亦應定表差、在乙處無論延擱若干時日、不算入天式內、假如於甲處⿰口時之時表之差為呷、將至乙處⿰口時′之時表之差為吃、將離乙處、⿰口時″之時表之差為吃′、回至甲處、⿰口時‴之時表之差為呷′、往來行路歷時為 (⿰口時′丅⿰口時)丄(⿰口時‴丅⿰口時″) 自初次至末次、表之總差為 呷′丅呷 在乙處延擱之時、表之差為 吃′丅吃 所以往來行路之時、表之差為 (呷′丅呷)丅(吃′丅吃) 所以

$(\text{時}'\,丅\,\text{時})\;][\;(\text{時}''\,丅\,\text{時}'')$

小時表之差爲

$(\text{卯}'\,丅\,\text{卯})\;][\;(\text{乙}'\,丅\,\text{乙})$

故

一日表行之差 ＝ 天

$＝ \dfrac{(\text{時}'\,丅\,\text{時})\;][\;(\text{時}''\,丅\,\text{時}'')}{(\text{卯}'\,丅\,\text{卯})\;][\;(\text{乙}'\,丅\,\text{乙})}$

演題

甲處時 ＝ 西曆五月十九日二一、五四時

卯 ＝ ⊥〇〇時六三分八、一〇秒

將至乙處′時 ＝ 西曆五月二十四日二二、六六時

乙 ＝ 丅一一時四三分九、九二秒

將離乙處″時 ＝ 西曆五月二十六日一〇、七二時

乙′ ＝ 丅一一時四三分六、七七秒

回至甲處″時 ＝ 西曆五月三十一日〇、〇〇時

卯′ ＝ ⊥〇〇時七〇分九、五八秒

故

卯′丅卯 ＝ 三一、四八秒

乙′丅乙 ＝ 〇三、一五秒

(卯′丅卯)][(乙′丅乙) ＝ 二八、三三秒

又

時′丅時 ＝ 五日〇一、一二時

時″丅時″ ＝ 四日一三、二八時

(時′丅時) ⊥ (時″丅時″) ＝ 九日一四、四〇時

故

天 ＝ 九、六 / 二八、三三 ＝ ⊥二、九五一秒

卯 ＝ ⊥〇〇時六三分八、一〇秒

天(時′丅時) ＝ 二、九五一×五、〇四七 ＝ ⊥一四、八九秒

丅乙 ＝ ⊥一一時四三分九、九二秒

乙偏度 ＝ 亢 ＝ 一二時一三分二、九一秒

變度 ＝ 二〇度二三分一三、六五秒

所以乙距甲之西、爲二十度二十三分一十三秒又百分秒之六十五、

設恐自甲處至乙處表之生差、與自乙處至甲處表之生差不同、應再算一次、此次須自乙處起、用兩次所得經度之中數、如

乙處時 ＝ 西曆五月二十六日一〇、七二時

乙 ＝ 丅一一時四三分六、七七秒

將至甲處′時 ＝ 西曆五月三十一日〇、〇〇時

卯 ＝ ⊥〇〇時七〇分九、五八秒

將離甲處″時 ＝ 西曆六月初三日五、六二時

卯′ ＝ ⊥〇〇時七一分九、三六秒

回至乙處″時 ＝ 西曆六月初七日二〇、五二時

乙′ ＝ 丅一一時四〇分〇、三五秒

故

時′丅時 ＝ 四日一三、二八時

時″丅時″ ＝ 四日一四、九〇時

(時′丅時)][(時″丅時″) ＝ 九日〇四、一八時

乙′丅乙 ＝ 三六、四二秒

卯′丅卯 ＝ 〇九、七八秒

(乙′丅乙)][(卯′丅卯) ＝ 二六、六四秒

天 ＝ 九、一七四 / 二六、六四秒 ＝ ⊥二、九〇四秒

乙 ＝ 丅一一時四三分六、七七秒

天(時′丅時) ＝ 二、九〇四×四、五五二 ＝ ⊥一三、二二秒

丅卯 ＝ 丅〇〇時七〇分九、五八秒

乙偏度 ＝ 亢 ＝ 丅一二時一三分三、一三秒

變度 ＝ 丅二〇度二三分一六、九五秒

所以甲距乙之東、（負號爲東　正號爲西）爲二十度二十三分一十六秒又百分秒之九十五、或乙距甲之西、亦爲二十度二十三分一十六秒又百分秒之九十五、

若只用一表求經度較、恐有錯誤、須用數表、反復求之、每次所得經度較、用其中數、方能極準、數年前求二處經度較、曾用八十一箇天文表、有九次從此處起、八次從彼處起者、

第一次	乙偏度	二〇度二三分一三、六五秒西
第二次	乙偏度	二〇度二三分一六、九五秒西
相加折半	得中數	二〇度二三分一五、三〇秒

按前法定二處經度較、須定二處時刻、若求時刻極準、須用子午儀、測近天頂之某星過午線時、對準恒星鐘、恐子午儀不能恰指午線故測近天頂之星於甲處定時刻測某星過甲處午線、於乙處亦應測某星過乙處午線、凡測星須先立恒星過午線時刻表、俾助二處測星之用、

第四節

恒星鐘與天文表相比定差

二處以鐘與表相比、定表之差、當於相比之時、須俟鐘與表所行之擺聲相合、則知鐘與表所差爲整秒、無奇零、若相比之時、擺聲不相合、則相差之時、必有奇零、而奇零之數、僅能臆度、而不能密合、恒星鐘於六分時、比天文表速一秒、恒星鐘與天文表俱一秒擺一次所以將鐘表共置一處、每六分時擺聲相合一次、又有天文表每秒擺二次者、與恒星鐘恒星鐘仍一秒擺一次每三分時擺聲相合一次、用此表與恒星鐘相比、定表之差、較前簡便、

第五節

用電信定二處經度較

按前法以定經度較、亦費周折、因多用鐘表、需費甚鉅、今有捷法如左、

設二處相距不遠、中燃爆竹、或火藥、二處同時可見、立卽記其時刻、二處時刻較變度、卽二處經度較、西國每年八月與十一月流星極多、二處望流星之初現、記其時刻、亦可定二處經度較、昔中國以月食定經度較、各處見月食、各記時刻、與北京見月食時刻相較、卽得各處偏度、然此法未能極準、因月將掩光之時、難以分辨、以上數法雖捷、不如電信之準、

按定經度較之法、莫妙於電信、電行極速、雖二千里、不過歷時百分秒之一、卽可達到、如甲處送信至乙處、人在甲處按機關、電氣卽至乙處、繞一軟鐵、形如馬掌、電氣一過、卽變爲磁鐵、又有磁鐵一片、名曰鐵粱、與之相擊作聲、故甲處按機關、乙處立卽聞聲、設在北京午正按機關、送信至滬、彼處聞聲、卽記時刻、如午正一刻五分、則知彼處距北京東偏度爲二十分之時、卽五度、用電信定二處經度較、無論遠近、其理皆同、

第六節

用電信有二法

一、假如一人在甲處、每十秒一按機關、一人在乙處、雖卽聞相

擊之聲、而二處時刻較、不能極準、因甲處聞鐘擺聲、以按機關、雖成整秒、無奇零數、迨乙處聞相擊之聲則與鐘擺聲不能密合、故有零秒、必須臆度、然此法不能極準、

二、先按第一法約定二處時刻較、甲處有天文表、乙處有恒星鐘、一人在甲處、每秒一按機關、一人在乙處、俟擊聲與擺聲相合、始記時刻、次乙處亦每秒一按機關、甲處亦俟擊聲與擺聲相合、記其時刻、故二處俱無零秒、定二處時刻較、此法最妙、

設甲乙二處、欲定經度較、甲處有天文表、乙處有恒星鐘、先按第一法約定二處經度較列表、次以第二法入算如左、

閱所列之表、即知甲處天文表時之中數爲十四小時二十分

每行時分秒相加以次數除之得	甲處按機關之天文表時			乙處聞相擊聲之恒星鐘時		
	時	分	秒	時	分	秒
	一四	一五	三〇	一七	四四	二三、五
	一四	一五	四〇	一七	四四	三三、五
	一四	一五	五〇	一七	四四	四三、五
	一四	一六	〇〇	一七	四四	五三、七
	一四	一六	一〇	一七	四五	〇三、八
	一四	二〇	二〇	一七	四九	一四、二
	一四	二〇	三〇	一七	四九	二四、三
	一四	二〇	四〇	一七	四九	三四、四
	一四	二〇	五〇	一七	四九	四四、四
	一四	二一	〇〇	一七	四九	五四、五
	一四	二一	一〇	一七	五〇	〇四、五
中數	一四	二〇	四〇	一七	四九	三四、四

每行時分秒相加以次數除之得	乙處按機關之恒星鐘時			甲處聞相擊聲之天文表時		
	時	分	秒	時	分	秒
	一八	一三	〇〇	一四	四四	〇一、六
	一八	一三	一〇	一四	四四	一一、八
	一八	一三	二〇	一四	四四	二一、八
	一八	一三	三〇	一四	四四	三一、九
	一八	一三	四〇	一四	四四	四一、八
	一八	一三	五〇	一四	四四	五一、七
	一八	一四	〇〇	一四	四五	〇一、七
	一八	一四	一〇	一四	四五	一一、四
	一八	一四	二〇	一四	四五	二一、六
	一八	一四	三〇	一四	四五	三一、六
	一八	一四	四〇	一四	四五	四一、四
中數	一八	一四	〇〇	一四	四五	〇一、七

四十秒、乙處恒星鐘時之中數、即十七小時四十九分三十四秒又十分秒之四、又知乙處恒星鐘時之中數、爲十八小時一十四分、甲處天文表時之中數、即十四小時四十五分零一秒又十分秒之七、恒星鐘每六分時較天文表行速一秒設一人在甲處、每秒按機關、至十分而止、乙處之人、在十分時內、只聞有兩次擊聲與擺聲相合、一爲十七小時五十八分初秒、一爲十八小時零四分一十秒、次一人於乙處每秒按機關至十一分而止、甲處之人在十一分時內、只聞有三次擊聲與擺聲相合、一爲十四小時五十四分二十五秒、一爲十四小時五十七分二十八秒又十

分秒之五、一爲十五小時初分三十九秒、

故

兩次相合聲

	甲處天文表時得		乙處恒星鐘時聞
初次	一四時二九分〇四秒	即	一七時五八分〇〇秒
二次	一四時三五分一三秒	即	一八時〇四分一〇秒

三次相合聲

	乙處恒星鐘時得		甲處天文表時聞
初次	一八時二三分二五秒	即	一四時五四分二五秒
二次	一八時二六分二九秒	即	一四時五七分二八、五秒
三次	一八時二九分四〇秒	即	一五時〇〇分三九秒

解兩次相合聲之初次所得天文表時分秒如

	甲處天文表時	乙處恒星鐘時
按前表內中數	一四時 二〇分 四〇秒	即 一七時 四九分 三四、四秒
檢第五表按左數查得 / 初次所得與上相減得	〇〇時 〇八分 二四、二秒	即 〇〇時 〇八分 二五、六秒
兩數相加得	一四時 二九分 〇四、二秒	約即 一七時 五八分 〇〇、〇秒

按上天文表時相加之數、有零秒十分秒之二、然甲處天文表擺聲所記之時無零秒、故去其零秒、則恒星鐘時十七小時五十八分初秒、即天文表時十四小時二十九分零四秒、求兩次相合聲之第二次仿此、求三次相合聲之初次二次三次俱同、惟相減後檢第四表、依法求之方得、

又甲處驗天文表、於十六小時初分、（從前一日午正起算眞時爲寅正）快行四小時四十八分二十五秒又百分秒之七十八、（天文表即子初初刻十一分三十四秒又百分秒之廿二）而一日內、此表又慢行二秒又百分秒之二十二、乙處驗恒星鐘、於十八小時六分、快行八秒又百分秒之一十三、而一日內、此鐘又慢行一秒又百分秒之二、欲改二處時差、而得眞時、則以甲處天文表眞時變甲處恒星鐘時、與乙處恒星鐘眞時相減、得二處時刻較、列表如左、

兩次相合聲

兩次相合聲

	甲處天文表眞時	甲處變恒星鐘時	乙處恒星鐘眞時	二處時刻較
初次	〇九時 四〇分 三八、〇八秒	一八時 二二分 五七、四三秒	一七時 五七分 五一、八七秒	〇〇時 二五分 〇五、五六秒
二次	〇九時 四六分 四七、〇九秒	一八時 二九分 〇七、四五秒	一八時 〇四分 〇一、八七秒	〇〇時 二五分 〇五、五八秒
兩次時刻較相加折半得中數				二五分 〇五、五七秒

三次相合聲

三次相合聲

	甲處天文表眞時	甲處變恒星鐘時	乙處恒星鐘眞時	二處時刻較
初次	一〇時 〇五分 五九、一二秒	一八時 四八分 二二、六三秒	一八時 二三分 一六、八九秒	〇〇時 二五分 〇五、七四秒
二次	一〇時 〇九分 〇二、六二秒	一八時 五一分 二六、六四秒	一八時 二六分 二〇、八九秒	〇〇時 二五分 〇五、七五秒
三次	一〇時 一二分 一三、一三秒	一八時 五四分 三七、六六秒	一八時 二九分 三一、八九秒	〇〇時 二五分 〇五、七七秒
三次時刻較相加以三除之得中數				二五分 〇五、七五秒

故

甲處按機關定時刻較之中數 ＝ 二五分 〇五、五七秒

乙處按機關定時刻較之中數 ＝ 二五分 〇五、七五秒

相加折半得中數 ＝ 二五分 〇五、六六秒

變度 ＝ 六度 一六分 二四、九秒 ＝ 二處眞經度較

解求甲處天文表眞時兩次相合聲之初次

按上文十六小時內減前文兩次相合聲之初次甲處天文表時十四小時二十九分零四秒、得一小時三十分五十六秒、按一日即二十四小時表慢行所差二秒又百分秒之二十二、則一小時三十分五十六秒所差爲百分秒之一十四、與表快行四小時四十八分二十五秒又百分秒之七十八相加、再與十四小時二十九分零四秒相減、得九小時四十分三十八秒又百分秒之八、爲甲處天文表眞時、

解求甲處變恒星鐘時

按航海厤書只載某日午正之恒星時、欲得九小時四十分三十八秒又百分秒之八之恒星時、則將九小時四十分三十八秒又百分秒之八、按本書第四表變爲恒星時、與午正恒星時相加、得十八小時二十二分五十七秒又百秒之四十三、爲甲處變恒星鐘時、

解求乙處恒星鐘眞時

按上文十八小時六分內減前文兩次相合聲之初次乙處恒星鐘時十七小時五十八分、得八分、按一日即二十四小時鐘慢行所差一秒又百分秒之二、則八分所差爲千分秒之五、因數太小、

第七節

不必與鐘快行八秒又百分秒之一十三相加、若所差爲百分秒之若干則相加而以八秒又百分秒之一十三與十七小時五十八分相減、得十七小時五十七分五十一秒又百分秒之八十七、爲乙處恒星鐘眞時、與甲處所變恒星鐘時相減、得二處時刻較、

以上解兩次相合聲之初次各時至二次各時、與三次相合聲之每次各時俱仿此、

測太陰過午線時赤經度定二處偏度

按太陰在天所行甚速、每二分時赤經度增一分弧、在甲乙二處各測太陰過午線時之赤經度、二處赤經度不同、因地球旋

轉、故太陰自甲處午線至乙處午線之時、其赤經度必增、以二處所測太陰赤經度較、推得二處時刻較、即二處偏度較、

航海厤書內載、每日有四星、約與太陰同時過午線、二星在太陰之前、二星在太陰之後、擇近太陰之星過午線時、記其時刻、於太陰過午線時、記其時刻、二次時刻之較、與星之赤經度相加減、始得太陰之赤經度、星先至午線必加、後至午線必減

設甲處太陰在午線時、測其赤經度命爲呷、俟太陰距甲處西十五度、即乙處午線、測其赤經度命爲吃、呷吃爲太陰行十五度之經度差、命爲子、航海厤書詳載此差、按日可察、

假如在北京、太陰過午線時測其赤經度、命爲丑、同日在英京、太陰過午線時、亦測其赤經度、命爲寅、求北京距英京經度較、命太陰行十五經度其赤經度所增之數爲子、自北京至英京所增之數爲寅丁丑、求二處經度較、乃有比例、

一率　子
二率　寅丁丑
三率　十五度
四率　二處經度較

故

二處經度較 $= \frac{子}{十五度(寅丁丑)}$

設甲處太陰過午線時、測其赤經度爲十九小時二十一分二十九秒又十分秒之九、同日於乙處太陰過午線時、測其赤經度爲十九小時二十二分零九秒又百分秒之七十二、太陰行十五度其赤經度所增之數爲一百三十五秒又百分秒之五十五、求二處經度較、

準上式

二處經度較 $= \frac{子}{十五度(寅丁丑)}$

寅 = 一九時 二二分 〇九、七二秒

丑 = 一九時 二一分 二九、九〇秒

寅丁丑 = 三九、八二秒

則

二處經度較 $= \frac{一三五、五五}{一五(三九、八二)}$

= 四度 二四分 二三、四秒

若二處相距較遠、前法不能極準、因太陰所行非平速、故每時

赤經度所增之數、不能一律、

設甲乙二處、相距甚遠、乙處距甲處西之偏度、約等於亢、命乙處眞偏度等於亢丄伉　而太陰過甲處午線時、測赤經度等於呷、過乙處午線時、測赤經度等於吃、太陰至偏度亢處午線時求太陰赤經度、命等於呷′、按 $\frac{亢}{呷′丁呷}$ 爲太陰行一經度所增赤經度、而 $\frac{伉}{吃丁呷′}$ 亦爲太陰行一經度所增赤經度、所以

$\frac{亢}{呷′丁呷} = \frac{伉}{吃丁呷′}$

伉 $= \frac{呷′丁呷}{亢(吃丁呷′)}$

則眞偏度、等於 亢丄伉

西厤一千八百四十年九月初六日、太陰過英京午線時、測其赤經度爲吃、同日太陰過美國甲處午線時、測其赤經度爲呷、二處太陰赤經度較爲十二分十七秒又百分秒之九十五、求甲處距英京西若干度、

甲處距英京西約等於五小時二十五分四十秒、命等于亢、依

題　有偏度五小時二十五分四十秒之處、推太陰過此處午線時之赤經度、查航海厤書內載太陰過英京午線逐日極上極下赤經度、如

吃丁呷 = 一二分 一七、九五秒

= 七三七、九五秒

較初次乙	較二次丙	較三次丁	較四次戊
分 秒 ⊥二七 四〇、四八	秒 ⊤一四、八〇	秒 ⊤五、七七	秒 ⊥一、六八
⊥二七 二五、六八	⊤二〇、五七	⊤四、〇九	⊥一、九四
⊥二七 〇五、一一	⊤二四、六六	⊤二、一五	
⊥二六 四〇、四五	⊤二六、八一		
⊥二六 一三、六四			

準第八卷第二節式、

甲(時) ＝ 甲.⊥天×乙.⊥[一×二 / 天(天⊤一)]×[二 / 丙,⊥丙.]⊥[一×二×三 / 天(天⊤一)(天⊤二)]×丁,

⊥[一×二×三×四 / 天(天⊥一)(天⊤一)(天⊤二)]×[二 / 戊,⊥戊,]⊥……

時紀	太陰赤經度甲
	時 分 秒
西厤九月初五太陰過午線在極上	一八 一四 四五、三六
、、、、、、、、、、、、、、極下	一八 四二 二五、八四
、、、、初六、、、、、、、極上	一九 〇九 五一、五二
、、、、、、、、、、、、、極下	一九 三六 五六、六三
、、、、初七、、、、、、、極上	二〇 〇三 三七、〇八
、、、、、、、、、、、、、極下	二〇 二九 五〇、七二

式內之

甲.＝一九(時) 〇九(分) 五一、五二(秒)

乙.＝〇〇(時) 二七(分) 〇五、一一(秒)＝一六二五、一一(秒)

二 / 丙,⊥丙. ＝ 二 / ⊤二〇.五七⊤二四.六六 ＝⊤二二、六一五(秒)

丁＝⊤四、〇九(秒)

二 / 戊,⊥戊,, ＝ 二 / 一、六八⊥一、九四 ＝一、八一(秒)

天＝ 一二(時) / 〇五(時) 二五(分) 四〇(秒) ＝〇、四五二三一五(時)

乙.對＝三、二一〇八八二八

天對＝九、六五五四四〇九

天×乙.對＝二、八六六三二三七

檢表得

天×乙.＝七三五、〇六一(秒)

又

天(天⊤一)對＝⊤九、三九三九七

二 / 丙,⊥丙. 對＝⊤一、三五四四〇

相加＝〇、七四八三七

二對＝〇、三〇一〇三

減上＝〇、四四七三四

檢表得

[一×二 / 天(天⊤一)]×[二 / 丙,⊥丙.]＝二、八〇一(秒)

又

天(天⊤一)(天⊤二)對＝八、〇七二四

丁,對＝⊤〇、六一一七

相加＝⊤八、六八四一

六對＝〇、七七八二

減上＝⊤七、九〇五九

檢表得

[一×二×三 / 天(天⊤一)(天⊤二)]×丁,＝⊤〇、〇〇八(秒)

又

天(天⊥一)(天⊤一)(天⊤二)對＝九、七四五八

二 / 戊,⊥戊,, 對＝〇、二五七七

相加＝〇、〇〇三五

二四對＝一、三八〇二

減上＝八、六二三三

檢表得

$$\frac{\text{一×二×三×四}}{\text{天(天⊥一)(天丅一)(天丅二)}}\times\frac{\text{二}}{\text{戊,⊥戊〃}}=\text{○.○四二秒}$$

則

甲′時 ＝ 一九時 ○九分 五一.五二⊥七三五.○六一秒⊥二.八○一秒

丅○.○○八秒⊥○.○四二秒 ＝ 一九時 ○九分 五一.五二秒⊥七三七.八九六秒

所以太陰過偏度約等五小時二十五分四十秒處午線時、其赤經度爲

一九時 ○九分 五一.五二秒⊥七三七.八九六秒 ＝ 呷′

而

一九時 ○九分 五一.五二秒

爲呷、故

呷′丅呷 ＝ 七三七.八九六秒

吃丅呷 ＝ 七三七.九五秒

吃丅呷′ ＝ ○.○五四秒

準前式、

$$\text{㐰}=\frac{\text{呷′丅呷}}{\text{亢(吃丅呷′)}}$$

$$=\frac{\text{七三七.八九六秒}}{(\text{五時 二五分 四○秒})(\text{○.○五四秒})}$$

＝ 一.四三秒

故

亢 ＝ 五時 二五分 四○秒

㐰 ＝ 一.四三秒

相加 ＝ 五時 二五分 四一.四三秒

求得甲處距英京西爲五小時二十五分四十一秒又百分秒之四十三、變度得八十一度二十五分二十一秒又百分秒之四十五、

測月掩星求眞交會時刻定二處經度較

月有視差、故此處見星被月掩、在彼處則不見、故各處見月掩某星、其出入月面時刻不同、然月星交會時刻、本有一定方位、因人居地面不同、故各處時刻各異、設二處測某星入月面時刻、而推眞交會時刻、二時刻較、卽二處經度較、

求月星眞交會時刻、如圖、己爲月心、丁爲星入月面之點、甲爲北極、乙丙爲赤道、自丁作丁戊正交甲丙、乙丁爲星赤緯度、己丙爲月赤緯度、己戊爲月星赤緯度較、

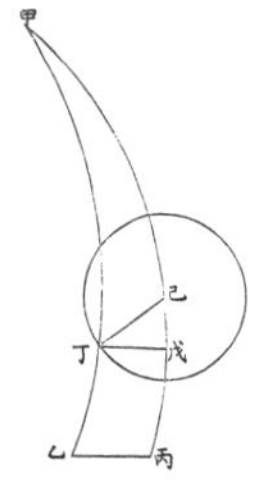

等於吃、乙丙爲月星赤經度較、等於吧丁己爲月半徑、等於申、

$$\frac{\text{丁甲正弦}}{\text{角正弦 丁甲戊}}=\frac{\text{丁戊正弦}}{}$$

因丁戊與丁甲戊角極小、與其正弦幾等、故

$$\frac{\text{丁乙餘弦}}{\text{乙丙}}=\frac{\text{丁}}{\text{丁戊}}$$

己戊弧三角極小、可作平三角、所以

$\text{丁己}^2=\text{己戊}^2\perp\text{丁戊}^2$

則

$\text{丁戊}^2=\text{丁己}^2\top\text{己戊}^2=\text{申}^2\top\text{吃}^2$

＝(申⊥吃)(申丅吃)

故

$$\frac{\text{丁乙餘弦}^2}{\text{乙丙}^2}=(\text{申⊥吃})(\text{申丅吃})$$

所以

$$\text{乙丙}=\frac{\text{丁乙餘弦}}{\sqrt{(\text{申⊥吃})(\text{申丅吃})}}$$

卽

$$\text{吧}=\frac{\text{丁乙餘弦}}{\sqrt{(\text{申⊥吃})(\text{申丅吃})}}$$

丁乙爲星赤緯度、按此式求得吧、命吔爲月赤經度視差、所以月星眞赤經度之較、爲吧⊥丅吔在月

（午線東星入月面用負號星出月面用正號月在午線西則反是）命子為一小時月赤經度所增之數、所以星入月面時、必加 子／（丑⊥丅吒） 小時、所得之數、為月星眞交會時刻、

西歷一千八百三十九年七月初六日、甲處北極出地三十九度五十七分零七秒、測得昴宿第六星入月面、為十六小時三十分二十五秒又百分秒之三十九、乙處北極出地四十一度一十四分四十二秒、測此星入月面、為十六小時零二分二十一秒又百分秒之六十七、求二處經度較、

先求甲處月星眞交會時刻、

甲處距英京西、約為五小時初分四十二秒又十分秒之五、星入月面記英京時刻、為二十一小時三十一分零七秒又百分秒之八十九、檢七卷第七節第四題、得月赤經度視差四十四分一十七秒又十分秒之一、即丑、檢七卷第八節第五題、得月赤緯度視差二十六分一十秒又十分秒之一、月眞視半徑為一十六分一十六秒、檢七卷第十三節第二題、得因高度之月半徑所增之數十秒又百分秒之一十五、所以月視半徑等於一十六分二十六秒又十分秒之二、即申、每小時月赤經度所增之數、為二千二百八十六秒又十分秒之二、即子、

月眞赤緯度＝二四度　○五分　一一.六秒
月赤緯度視差＝○○度　二六分　一○.一秒
月視赤緯度＝二三度　三九分　○一.五秒
星赤緯度＝二三度　三六分　一七.一秒
吒＝○○度　○二分　四四.四秒

準前式、

吒＝丁乙餘弦／√（申⊥吒）（申丅吒）

式內

丁乙＝月視赤緯度＝二三度　三九分　○一.五秒

若以月視赤緯度與星赤緯度、相加折半、以代丁乙、較僅用月視赤緯度微準、

月視赤緯度＝二三度　三九分　○一.五秒
星視赤緯度＝二三度　三六分　一七.一秒
二｜四七度　一五分　一八.六秒
二三度　三七分　三九.三秒

則

丁乙＝二三度　三七分　三九.三秒
申＝一六分　二六.二秒＝九八六.二秒
吒＝○二分　四四.四秒＝一六四.四秒
申⊥吒＝一一五○.六秒
申丅吒＝八二一.八秒

所以

吒＝丁乙餘弦／√（一一五○.六秒）（八二一.八秒）

一一五○.六對＝三.○六○九二四四
八二一.八對＝二.九一四七六六一
二｜五.九七五六九○五
二.九八七八四五二
丁乙餘弦對＝九.九六一九七六五
相減＝三.○二五八六六七

檢表得

一○六一.三八秒

所以

吒＝一○六一.三八秒
丑＝四四分　一七.一秒＝二六五七.一秒
吒⊥丑＝三七一八.四八秒
子／（吒⊥丑）＝二二八六.二秒／三七一八.四八秒
＝一.六二六四五時
＝一時　三七分　三五.四七秒

甲處星入月面時、爲十六小時三十分二十五秒又百分秒之三十九、加一小時三十七分三十六秒又十分秒之二、得十八小時零八分初秒又百分秒之八十六、爲甲處月星眞交會時刻、

次求乙處月星眞交會時刻

乙處距英京西、約爲五小時二十五分四十一秒又十分秒之三、本處星入月面時、爲十六小時零二分二十一秒又百分秒之六十七、加乙處距英京西五小時二十五分四十一秒又十分秒之三、得英京時刻二十一小時二十八分零二秒又百分秒之九十七、檢七卷第七節第三題、得月赤經度視差四十五分五十六秒又十分秒之五、即吜、檢七卷第八節第三題、得月赤緯度視差二十九分一十七秒又十分秒之九、月眞視半徑爲一十六分一十六秒、檢七卷第十三節第四題得因高度月半徑所增之數八秒又十分秒之九、乃以月眞視半徑一十六分一十六秒、加因高度月半徑所增之數八秒又十分秒之九、得月視半徑一十六分二十四秒又十分秒之九、即申、每小時月赤經度所增之數爲二千二百八十六秒又十分秒之一、即子、

若以月視赤緯度與星赤緯度相加折半、以代丁乙、較僅用月視赤緯度微準、

月眞赤緯度 ＝ 二四度 ○四分 四一、七秒

月赤緯度視差 ＝ ○○度 二九分 一七、九秒

月視赤緯度 ＝ 二三度 三五分 二三、八秒

星赤緯度 ＝ 二三度 三六分 一七、一秒

吔 ＝ ○○度 ○○分 五三、三秒

準前式

吔 ＝ 丁乙餘弦 ／ √(申⊥吔)(申⊤吔)

式內

丁乙 ＝ 月視赤緯度 ＝ 二三度 三五分 二三、八秒

月視赤緯度 ＝ 二三度 三五分 二三、八秒

星視赤緯度 ＝ 二三度 三六分 一七、一秒

二 | 四七度 一一分 四○、九秒

二三度 三五分 五○、四秒

則

丁乙 ＝ 二三度 三五分 五○、秒

申 ＝ 一六分 二四、九秒 ＝ 九八四、九秒

吔 ＝ 五三、三秒

申⊥吔 ＝ 一○三八、二秒

申⊤吔 ＝ 九三一、六秒

所以

吔 ＝ 丁乙餘弦 ／ √(一○三八、二秒)(九三一、六秒)

一○三八、二對 ＝ 三、○一六二八一○

九三一、六對 ＝ 二、九六九二二九五

二 | 五、九八五五一○五

二、九九二七五五二

丁乙餘弦對 ＝ 九、九六二○七六六

相減 ＝ 三、○三○六七八六

檢表得

一○七三、二秒

所以

吔 ＝ 一○七三、二秒

吜 ＝ 四五分 五六、五秒 ＝ 二七五五、五秒

吔⊥吜 ＝ 三八二九、七秒

子 ／ 吔⊥吜 ＝ 二二八六、一秒 ／ 三八二九、七秒

＝ 一、六七五二一時

＝ 一時 四○分 三○、八秒

乙處星入月面時爲十六小時零二分二十一秒又百分秒之六十七加一小時四十分三十秒又十分秒之八得十七小時四十二分五十二秒又百分秒之四十七爲乙處月星眞交會時刻

故

甲處月星眞交會時刻＝一八時〇八分〇〇.八六秒

乙處月星眞交會時刻＝一七時四二分五二.四七秒

相減＝二五分〇八.三九秒

求得二處時刻較二十五分零八秒又百分秒之三十九變度爲六度一十七分零五秒又百分秒之八十五即二處經度較乙處眞交會時刻較早於甲處眞交會時刻故乙處在甲處西

測月掩星用月行本道時刻定二處經度較

任在某處先測星出入月面時刻次約知某處距英京或東或西若干經度推星出入月面英京時刻按英京時刻推月之赤經度赤緯度赤經度視差赤緯度視差再按十一卷之法推得星出入月面時刻如所推出入時刻與所測出入時刻相合則知前所約知經度無訛否則改正

設美國甲處測得畢宿第五星入月面七小時一十四分三十九秒又百分秒之五出月面八小時二十九分五十秒又百分秒之二十五求甲處距英京西若干度

甲處距英京西約等於四小時四十四分三十秒推星入月面英京時刻爲十一小時五十九分零九秒又百分秒之五星出月面時刻爲十三小時一十四分二十秒又百分秒之二十五按此二時查航海曆書得

星入月面時

月赤緯度＝一六度二九分五六.二秒

月赤經度＝四時二五分三三.六〇秒

星出月面時

月赤緯度＝一六度三八分〇三.〇秒

月赤經度＝四時二八分三九.五秒

星入月面時月距午線東爲一四度四六分一一.八五秒

甲處月之地平視差爲五九分四四.六秒

月視半徑爲一六分三三.四秒

星出月面時月距午線西爲三度一八分一一.九五秒

月之地平視差爲五九分四七秒

月視半徑爲一六分三四.六秒

以上所得月之方位列表如下

	星入月面時					
	赤經度			赤緯度		
	時	分	秒	度	分	秒
月眞方位	四	二五	三三.六	一六	二九	五六.二
月視差	〇	〇〇	四七.七	〇〇	二六	四三.五
月視方位	四	二六	二一.三〇	一六	〇三	一二.七
星方位	四	二七	一九.五四	一六	一二	〇三.四
月星方位較			五八.二四		八	五〇.七
				檢十五表得		.五
					八	五〇.二
					六	〇
						五三〇.二秒

	星出月面時					
	赤經度			赤緯度		
	時	分	秒	度	分	秒
月眞方位	四	二八	三九、五	一六	三八	〇三、〇
月視差	〇	〇〇	一〇、八	〇〇	二六	一三、二
月視方位	四	二八	二八、七〇	一六	一一	四九、八
星方位	四	二七	一九、五四	一六	一二	〇三、四
月星方位較		一	〇九、一六			一三、六
		六〇		檢十五表得		、七
						一二、九
	六九、一六秒					

六九、一六秒×一五×月赤緯度餘弦＝九九六、二

六九、一六秒對＝一、八三九八五五〇

一五對＝一、一七六〇九一三

（一六度　一一分　五〇秒）餘弦對＝九、九八二四一〇二

相加＝二、九九八三五六五

檢表得

九九六、二秒

五八二四秒×一五×月赤緯度餘弦＝八三九、五秒

五八、二四秒對＝一、七六五二二一四

一五對＝一、一七六〇九一三

（一六度　〇三分　一三秒）餘弦對＝九、九八二七二四九

相加＝二、九二四〇三七六

檢表得

八三九、五秒

以上

五三〇、二秒

一二、九秒

九九六、二秒

八三九、五秒

四數作圖如左、

星八月面圖

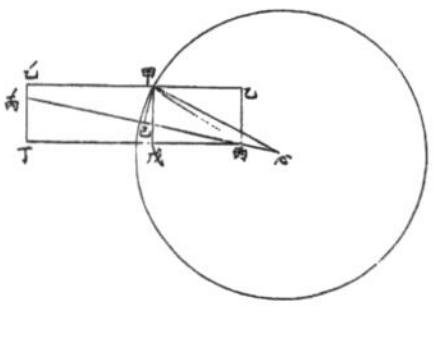

如圖、甲爲星將八月面之點、過甲作乙′乙與赤道平行、取甲乙等於八三九、五秒　取甲乙′等於九九六、二秒　自乙作乙丙、與乙′乙正交、取乙丙等於五三〇、二秒　自乙′作乙′丙′、與乙′乙正交、取乙′丙′等於一二、九秒　作丙丙′聯線、爲月之軌道、心爲月心、以心爲圓心、以月半徑一六分三四、六秒爲界、作圓、自丙作丙丁、與乙′乙平行、引長乙′丙′至丁、自甲作甲戊與乙丙平行、又自甲作甲己、與丙丙′正交、次作甲丙與甲心、月赤經度每小時所增之數爲一四六四、九秒　赤緯度每小時所增之數爲四一二、八秒　所以

甲乙＝八三九、五秒

甲乙′＝九九六、二秒

乙丙＝五三〇、二秒

乙′丙′＝一二、九秒

甲心＝月半徑＝一六分三三、四秒

＝九九三、四秒

丁丙／丁′丙＝一八三五、七秒／五一七、三秒

準丁丙丙′三角形、

角正切丙′丙丁 = 丁丙 / 丁′丙 = 一八三五.七秒 / 五一七.三秒

五一七.三對 = 二.七一三七四二五

一八三五.七對 = 三.二六三八〇一七

對角正切丙′丙丁 = 九.四四九九四〇八

檢正切表、得 一五度 四四分 一五秒

卽丙′丙丁角、又

角餘弦丙′丙丁 = 丙′丙 / 丙丁

所以

丙′丙 = 角餘弦丙′丙丁 / 丙丁

對丙丁 = 三.二六三八〇一七

對角餘弦丙′丙丁 = 九.九八三四〇七三

對丙′丙 = 三.二八〇三九四四

準戊甲丙三角形、

角正切戊甲丙 = 甲戊 / 戊丙 = 五三〇.二秒 / 八三九.五秒

八三九.五對 = 二.九二四〇二〇七

五三〇.二對 = 二.七二四四三九七

對角正切戊甲丙 = 〇.一九九五八一〇

檢正切表、得 五七度 四三分 三〇秒

卽戊甲丙角、又

角正弦戊甲丙 = 甲丙 / 戊丙

所以

甲丙 = 角正弦戊甲丙 / 戊丙

對丙戊 = 二.九二四〇二〇七

對角正弦戊甲丙 = 九.九二七一一一〇

對甲丙 = 二.九九六九〇九七

角己甲戊 = 丙′丙丁角 = 一五度 四四分 一五秒

角戊甲丙 = 五七度 四三分 三〇秒

角丙甲己 = 七三度 二七度 四五秒

準甲丙己三角形、

角餘弦丙甲己 = 甲丙 / 甲己

所以

甲己 = 甲丙 × 角餘弦丙甲己

對甲丙 = 二.九九六九〇九七

對角餘弦丙甲己 = 九.四五四三〇〇二

對甲己 = 二.四五一二〇九九

準心甲己三角形、

角餘弦心甲己 = 心甲 / 甲己

對甲己 = 二.四五一二〇九九

對心甲 = 二.九九七一二四二

對角餘弦心甲己 = 九.四五四〇八五七

檢餘弦表、得

角心甲己 = 七三度 二八分 一五秒

角丙甲己 = 七三度 二七分 四五秒

角心甲丙 = 〇〇度 〇〇分 三〇秒

準心甲丙三角形、

角正弦心甲丙 / 心丙 = 角正弦甲心丙 / 甲丙

所以

心丙 = 角正弦甲心丙 / 甲丙 × 角正弦心甲丙

對角正弦心甲丙 = 六.一六二六九六一

對甲丙 = 二.九九六九〇九七

相加 = 九.一五九六〇五八

對角正弦甲心丙 = 九.四五四〇八五七

對心丙 = 九.七〇五五二〇一

星自入月面至出月面歷時、爲一小時一十五分一十一秒又百分秒之二十五、卽 一.二五時 於此時內月行丙′丙線、故月自心行至丙′歷時、等於

丙′丙 / 心丙 × 一.二五時

對心丙 = 九.七〇五五二〇一

一.二五對 = 〇.〇九六九一〇〇

相加 = 九.八〇二四三〇一

對丙′丙 = 三.二八〇三九四四

對月行心丙′歷時 = 六.五二二〇三五七

檢表得 〇.〇〇〇三三二六九時

卽 一.二秒

所以月在丙時爲十一小時五十九分零九秒又百分秒之五、內減一秒又十分秒之二、得十一小時五十九分零七秒又百分秒之八十五、爲月在心之時、即星入月面之英京時刻、故

甲處星入月面之英京時刻 ＝ 一一時 五九分 ○七、八五秒

甲處所測星入月面時刻 ＝ ○七時 一四分 三九、○五秒

英京與甲處二時刻較 ＝ ○四時 四四分 二八、八秒

按星入月面時、甲處距英京西、四小時四十四分二十八秒又十分秒之八、

星出月面圖

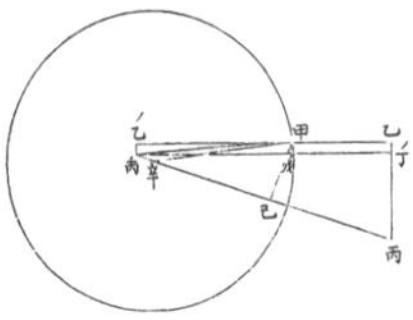

準前圖、自丙作丙丁、與乙乙平行、甲爲星將出月面之點、甲戊爲丙丁垂線、辛爲月心、以辛爲圓心、以月半徑一六分三四、六秒爲界、作圓、準丙甲戊三角形、

$$\text{角丙甲戊正切} = \frac{\text{甲戊}}{\text{丙戊}} = \frac{\text{一二、九秒}}{\text{九九六、二秒}}$$

九九六、二對 ＝ 二、九九八三四六五

一二、九對 ＝ 一、一一○五八九七

角丙甲戊正切對 ＝ 一、八八七七五六八

檢正切表得

角丙甲戊 ＝ 八九度 一五分 二九秒

又

$$\text{角丙甲戊正弦} = \frac{\text{甲丙}}{\text{九九六、二秒}}$$

所以

$$\text{甲丙} = \frac{\text{角丙甲戊正弦}}{\text{九九六、二秒}}$$

九九六、二對 ＝ 二、九九八三四六五

角丙甲戊正切對 ＝ 九、九九九九六三六

甲丙對 ＝ 二、九九八三八二九

角丙甲戊 ＝ 八九度 一五分 二九秒

角己甲戊 ＝ 一五度 四四分 一五秒

角丙甲己 ＝ 七三度 三一分 一四秒

準甲己辛三角形、

$$\text{角辛甲己餘弦} = \frac{\text{甲辛}}{\text{甲己}}$$

甲辛爲星出月面時月之半徑、等於九九四、六秒

甲己對 ＝ 二、四五一二○九九

甲辛對 ＝ 二、九九七六四八五

角辛甲己餘弦對 ＝ 九、四五三五六一四

檢餘弦表得

角辛甲己 ＝ 七三度 二九分 二九秒

角丙甲己 ＝ 七三度 三一分 一四秒

角丙甲辛 ＝ ○○度 ○一分 四五秒

準丙甲辛三角形、

$$\frac{\text{角丙甲辛正弦}}{\text{丙辛}} = \frac{\text{角甲心丙正弦}}{\text{甲丙}}$$

所以

$$\text{丙辛} = \frac{\text{角甲心丙正弦}}{\text{甲丙} \times \text{角丙甲辛正弦}}$$

甲丙對 ＝ 二、九九八三八二九

角丙甲辛正弦對 ＝ 六、七○六七六四一

相加 ＝ 九、七○五一四七○

角甲心丙正弦對 ＝ 九、四五三五六一四

丙辛對 ＝ ○、二五一五八五六

月自辛行至丙歷時、

等於

$\frac{丙丙′}{丙′辛 \times 一.二五時}$

丙′辛對＝○.二五一五八五六
一.二五對＝○.○九六九一○○
相加＝○.三四八四九五六
丙丙′對＝三.二八○三九四四
月行丙′辛歷時對＝七.○六八一○一二

檢表、得

○.○○一一六九八時

卽

四.一七四秒

所以月在丙′之時、爲十三小時一十四分二十秒又百分秒之二十五、內減四.一七四秒 得十三小時一十四分一十六秒又百分秒之八、爲月在辛之時、卽星出月面之英京時刻、故

甲處星出月面之英京時刻＝一三時一四分一六.○八秒
甲處所測星出月面時刻＝○八時二九分五○.二五秒
二時刻較英京距甲處＝○四時四四分二五.八三秒

按星出月面時、甲處距英京西、四小時四十四分二十五秒又百分秒之八十三、

按入時甲處距英京西＝四時四四分二八.八八秒
按出時甲處距英京西＝四時四四分二五.八三秒
中數＝四時四四分二七.三一秒

得甲處距英京西、四小時四十四分二十七秒又百分秒之三十一、

紀限儀測月星距以定二處經度較

第十節

在某處某時、測得月星距、並知此距係在英京何時、兩時相較、卽得某處經度、原麻書所載月星距、係每三小時月與日行星以及近白道某明星之眞距也、常用之行星、卽金星木星火星土星、常用之恒星、則婁宿三、畢宿五、北河三、軒轅十四、角宿一、心宿二、河鼓二、北落師門、室宿一等星、

天如表面、星爲時盤、月爲分針、故測月星距、卽得英京時與某處時、二時相較、卽爲某處經度、在地面所測月星距、爲視距、在地心所測月星距、爲眞距、得眞距方能與航海麻書所載眞距相比、測得月星視距、則加減月半徑方得月心視距、測得月日距、則加月日兩半徑方得月日心視距、

測月星視高度、以推月星眞距之法、

用紀限儀先測月星視高度、再測月星視距、後再測月星視高度、既得兩次視高度、則可按比例法、以求測月星視距時之視高度、命月星視距爲甲、月視高度爲乙、星視高度爲丙、測時爲時、設某處經度約爲丁、英京時爲時⊥丁、（若英京在某處西丁爲負號、在某處東丁爲正號、）按時⊥丁之時、檢航海麻書所載、月視半徑與其地平視差、

甲爲月邊距星、或加或減月半徑、得月心距星爲甲′、自乙減蒙氣差、得星眞高度爲乙、自丙′減蒙氣差加視差、得月眞高度爲

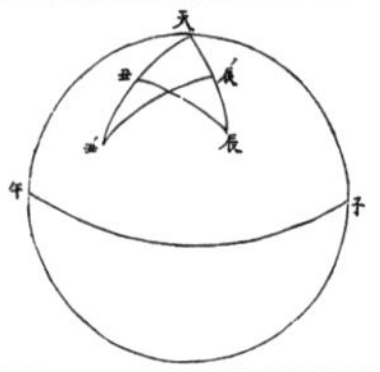

丙、如圖、天爲天頂、子午爲地平、辰爲星視方位、辰爲星眞方位、丑爲月視方位、丑爲月眞方位、則

$$\text{辰}'\text{丑}'=\text{甲}'$$

$$\text{天}'\text{辰}=\text{九〇度}\top\text{丙}'$$

$$\text{天辰}=\text{九〇度}\top\text{丙}$$

$$\text{天}'\text{丑}=\text{九〇度}\top\text{乙}'$$

$$\text{天丑}=\text{九〇度}\top\text{乙}$$

辰丑爲月星眞距、命爲甲、辰天丑角爲天、準辰天丑三角形、求甲、

$$\text{甲}'\text{餘弦}=\text{乙}'\text{正弦}\times\text{丙}'\text{正弦}\perp\text{乙}'\text{餘弦}\times\text{丙}'\text{餘弦}\times\text{天餘弦}$$

卽

$$\text{一}\top\text{二}\left(\frac{\text{二}}{\text{甲}}\right)\text{正弦}^{\text{二}}=\text{乙正弦}\times\text{丙正弦}\perp\text{乙餘弦}\times\text{丙餘弦}\left(\text{二}\left(\frac{\text{二}}{\text{天}}\right)\text{餘弦}^{\text{二}}\top\text{一}\right)$$

卽

$$\text{一}\top\text{二}\left(\frac{\text{二}}{\text{甲}}\right)\text{正弦}^{\text{二}}=\text{二}\left(\text{乙餘弦}\times\text{丙餘弦}\times\left(\frac{\text{二}}{\text{天}}\right)\text{餘弦}^{\text{二}}\right)\top(\text{乙}\perp\text{丙})\text{餘弦}$$

亦卽

$$\left(\frac{\text{二}}{\text{甲}}\right)\text{正弦}^{\text{二}}=\left(\frac{\text{二}}{\text{乙}\perp\text{丙}}\right)\text{餘弦}^{\text{二}}\top\text{乙餘弦}\times\text{丙餘弦}\times\left(\frac{\text{二}}{\text{天}}\right)\text{餘弦}^{\text{二}}$$

又準辰天丑三角形、

$$\left(\frac{\text{二}}{\text{天}}\right)\text{餘弦}^{\text{二}}=\frac{\text{乙}'\text{餘弦}\times\text{丙}'\text{餘弦}}{\left(\frac{\text{二}}{\text{乙}'\perp\text{丙}'\perp\text{甲}'}\right)\text{餘弦}\times\left(\frac{\text{二}}{\text{乙}'\perp\text{丙}'\top\text{甲}'}\right)\text{餘弦}}$$

故

$$\left(\frac{\text{二}}{\text{甲}}\right)\text{正弦}^{\text{二}}=\left(\frac{\text{二}}{\text{乙}\perp\text{丙}}\right)\text{餘弦}^{\text{二}}\top\frac{\text{乙}'\text{餘弦}\times\text{丙}'\text{餘弦}}{\text{乙餘弦}\times\text{丙餘弦}\times\left(\frac{\text{二}}{\text{乙}'\perp\text{丙}'\perp\text{甲}'}\right)\text{餘弦}\times\left(\frac{\text{二}}{\text{乙}'\perp\text{丙}'\top\text{甲}'}\right)\text{餘弦}}$$

命

$$\frac{\text{乙}'\text{餘弦}\times\text{丙}'\text{餘弦}}{\text{乙餘弦}\times\text{丙餘弦}\times\left(\frac{\text{二}}{\text{乙}'\perp\text{丙}'\perp\text{甲}'}\right)\text{餘弦}\times\left(\frac{\text{二}}{\text{乙}'\perp\text{丙}'\top\text{甲}'}\right)\text{餘弦}}=\left(\frac{\text{二}}{\text{丙}\perp\text{乙}}\right)\text{餘弦}^{\text{二}}\times\text{卯正弦}^{\text{二}}$$

故

$$\left(\frac{\text{二}}{\text{甲}}\right)\text{正弦}^{\text{二}}=\left(\frac{\text{二}}{\text{乙}\perp\text{丙}}\right)\text{餘弦}^{\text{二}}\top\left(\frac{\text{二}}{\text{乙}\perp\text{丙}}\right)\text{餘弦}^{\text{二}}\times\text{卯正弦}^{\text{二}}=\left(\frac{\text{二}}{\text{乙}\perp\text{丙}}\right)\text{餘弦}^{\text{二}}\times\text{卯餘弦}^{\text{二}}$$

所以求甲有兩式、㊀式

$$\text{卯正弦}=\sqrt{\frac{\text{乙}'\text{餘弦}\times\text{丙}'\text{餘弦}\times\left(\frac{\text{二}}{\text{乙}\perp\text{丙}}\right)\text{餘弦}^{\text{二}}}{\text{乙餘弦}\times\text{丙餘弦}\times\left(\frac{\text{二}}{\text{乙}'\perp\text{丙}'\perp\text{甲}'}\right)\text{餘弦}\times\left(\frac{\text{二}}{\text{乙}'\perp\text{丙}'\top\text{甲}'}\right)\text{餘弦}}}$$

與㊁式

$$\left(\frac{\text{二}}{\text{甲}}\right)\text{正弦}=\left(\frac{\text{二}}{\text{乙}\perp\text{丙}}\right)\text{餘弦}\times\text{卯餘弦}$$

求得甲、卽月星眞距、準航海麻書、可求此距在英京爲何時、與某處所記之時相較、卽得某處經

度、

設光緒十九年七月十三日、亥正三刻一分、在北京、測得月邊距北落師門星三十六度二分、月心視高度二十三度三分五秒、北落師門星視高度十五度十分五十秒、求北京距英京經度若干、（北京距英京東約七小時四十六分）

答、北京距英京東七小時四十五分三十秒又十分秒之四、

北京亥正三刻一分、為英京申初、故按申初之時、檢航海厤書、得月地平視差五十五分一十七秒又十分秒之七、月半徑十五分零五秒又十分秒之五、

月半徑 ＝ 一五分　五、五秒

因月高度漸增半徑之數（檢第十二表）＝ 五、八秒

月視半徑 ＝ 一五分　一一、三秒

月星邊距 ＝ 甲″ ＝ 三六度　二分　〇秒

月視半徑 ＝ 一五分　一一、三秒

月星心距 ＝ 甲′ ＝ 三五度　四六分　四八、七秒

因月光邊背星、故減半徑、

赤道地平視差 ＝ 五五分　一七、七秒

檢表十三 ＝ 四、五秒

北京地平視差 ＝ 五五分　一三、二秒

即

北京地平視差 ＝ 三三一三、二秒

月高度 ＝ 乙′ ＝ 二三度　三分　五秒

蒙氣差 ＝ 二分　一五秒

二三度　〇分　五〇秒

命太陰高二十三度

初分五十秒、其視差等於亥、所以

亥 ＝ 三三一三、二秒 ×（二三度　〇分　五〇秒）餘弦

三三一三、二對 ＝ 三、五二〇二四七七

（二三度　〇分　五〇秒）餘弦對 ＝ 九、九六三九八一四

亥對 ＝ 三、四八四二二九一

檢表、得

亥 ＝ 三〇四九、五秒 ＝ 五〇分　四九、五秒

月視高度 ＝ 二三度　〇分　五〇秒

亥 ＝ 五〇分　四九、五秒

月真高度 ＝ 乙 ＝ 二三度　五一分　三九、五秒

北落師門視高度 ＝ 丙′ ＝ 一五度　一〇分　五〇秒

蒙氣差 ＝ 三分　三〇秒

星真高度 ＝ 丙 ＝ 一五度　七分　二〇秒

準上兩式、

$$\text{卯正弦}=\sqrt{\frac{\text{乙}'\text{餘弦}\times\text{丙}'\text{餘弦}\times\left(\frac{\text{二}}{\text{乙}\perp\text{丙}}\right)\text{餘弦}^{二}}{\text{乙餘弦}\times\text{丙餘弦}\times\left(\frac{\text{二}}{\text{乙}'\perp\text{丙}'\perp\text{甲}'}\right)\text{餘弦}\times\left(\frac{\text{二}}{\text{乙}'\perp\text{丙}'\top\text{甲}'}\right)\text{餘弦}}}\quad（一）$$

與

$$\left(\frac{\text{二}}{\text{甲}}\right)\text{正弦}=\left(\frac{\text{二}}{\text{乙}\perp\text{丙}}\right)\text{餘弦}\times\text{卯餘弦}\quad（二）$$

式內

乙 ＝ 二三度　五一分　四〇秒

丙 ＝ 一五度　七分　二〇秒

$\frac{\text{二}}{\text{乙}\perp\text{丙}}$ ＝ 一九度　二九分　三〇秒

$乙'＝二三度\ 三分\ 五秒$

$丙'＝一五度\ 一〇分\ 五〇秒$

$乙'丄丙'＝三八度\ 一三分\ 五五秒$

$甲'＝三五度\ 四六分\ 四九秒$

$\frac{二}{乙'丄丙'丄甲'}＝三七度\ 〇分\ 二二秒$

$\frac{二}{乙'丄丙'丅甲'}＝一度\ 一三分\ 三三秒$

準㈠式

$乙'$ 餘弦對＝九、九六一一九七四

$丙'$ 餘弦對＝九、九八四六九四五

$\left(\frac{二}{乙'丄丙'丄甲'}\right)$ 餘弦對＝九、九〇二三一三七

$\left(\frac{二}{乙'丅丙'丅甲'}\right)$ 餘弦對＝九、九九九九〇〇六

九、八四八一〇六二

$乙'$ 餘弦對＝九、九六三八六〇六

$丙'$ 餘弦對＝九、九八四五七四八

$\left(\frac{二}{乙'丄丙'}\right)$ 餘弦對＝九、九七四三六八九

$\left(\frac{二}{乙'丄丙'}\right)$ 餘弦對＝九、九七四三六八九

九、八九七一七三二

九、八四八一〇六二

九、八九七一七三二

二|九、九五〇九三三〇

卯正弦對＝九、九七五四六六五

檢正弦表、得

卯＝七〇度\ 五五分\ 二〇秒

準㈡式、

$\left(\frac{二}{乙'丄丙'}\right)$ 餘弦對＝九、九七四三六八九

卯餘弦對＝九、五一四三五〇三

$\left(\frac{二}{甲}\right)$ 正弦對＝九、四八八七一九二

檢正弦表、得

$\frac{二}{甲}$＝一七度　五六分　四五秒四

則

甲＝三五度　五三分　三〇、八秒

所以在北京亥正三刻一分、月與北落師門星眞距爲三十五度五十三分三十秒又十分秒之八、若推此距在英京爲何時、則查航海麻書、

七月十三日	月距北落師門星	初次較	二次較
巳初	三八度 三五分 二一秒		
		丅一二度 一一分 六秒	
午正	三七 一四 一五		丄 三五秒
		丅一 二〇 三一	
申初	三五 五三 四四		丄 四三
		丅一 一九 四八	
酉正	三四 三三 五六		丄 四入
		丅一 一九 〇	
亥初	三三 一四 五六		

若求何時月星距恰爲三十五度五十三分三十秒又十分秒之八、查上表卽知是時微過申初、

準第八卷第三節之理、有式如

天＝（乙。|二乙。/甲。×丙| 二/丙）／（甲天|甲。）

此式內

甲。＝三五度五三分四四秒

甲天＝三五度五三分三○.八秒

乙。＝丅一度一九分四八秒

丙＝二/四三丄四八＝四五.五秒

按前式、求得

天＝.○○二七四四

天爲三小時之分數、故

天＝○.○○八二三二時

卽

天＝二九.六秒

所以月距星三十五度五十三分三十秒又十分秒之八之時、爲英京申初初刻二十九秒又十分秒之六、則

北京亥正一刻三分時	＝	一○時四六分○秒
英京申初初刻二十九秒又十分秒之六時	＝	三時○分二九.六秒
相較	＝	七時四五分三○.四秒

故知北京在英京東、七小時四十五分三十秒又十分秒之四、

因地球係橢圓形、故上法未能確準、如圖、天天′未爲天之子午

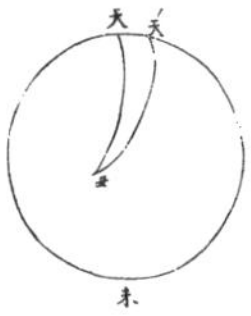

線、丑爲月、地爲橢圓形、則天爲眞天頂、設地爲正圓形、則天′爲天頂、蒙氣差係循丑天弧推算、視差係循丑天′弧推算、按上法、蒙氣差與視差、係皆循丑天弧、推算故有微差、再紀限儀之器、用者不能極準、故按上法、測某處之經度、算法內雖少有差、其數總不能大於所測之誤、所以上法可以用之、

星學發軔卷之十四終

星學發軔　卷十五

天文表

星學發軔卷之十五

天文教習英國駱三畏口譯
美國羅密士原本
王鎭賢
天文館肄業生熙　璋筆述
左　庚

第一表

此表係太陽視差表、太陽在地平、其視差約等於九秒、其實則等於八、八四八秒、太陽愈高、其視差愈小、

太陽高度	太陽視差
○度	九秒
一二	九
一五	八
三○	八
三三	七
三九	七
四二	六
四八	六
五一	五
五七	五
六○	四
六六	四
六九	三
七二	三
七五	二
七八	二
八一	一
八四	一
九○	○

假如太陽高度爲六十度、其視差則爲四秒、其餘以此類推、

第二表

此表係爲變時分秒爲一日若干分數而設、假如有時分秒、欲知爲一日若干分數、查表可知、如一日爲二十四小時、故一小時爲一日二十四分之一、即一萬分日之四百一十六、即○四一六、如一日爲一千四百四十分、故一分爲一千四百四十分日之一、即一百萬分日之六百九十四、即、○○○六九四、如一日爲八萬六千四百秒、故一秒爲一日之八萬六千四百分之一、

即一日之一千萬分之一百一十六、即○○○○一一六、餘倣此、

設十二小時二十五分二十五秒、求爲一日之若干分、

查表

一二時＝、五○○○
二五分＝、○一七三六一
二五秒＝、○○○二八九四

、五一七六五○四

所以十二小時二十五分二十五秒、爲一日之一千萬分之五百一十七萬六千五百零四、

第二表

小時	日之分數	分	日之分數	分	日之分數
一	,〇四一六⊥	一	,〇〇〇六九四⊥	三一	,〇二一五二七⊥
二	,〇八三三⊥	二	,〇〇一三八八⊥	三二	,〇二二二二二⊥
三	,一二五〇⊥	三	,〇〇二〇八三⊥	三三	,〇二二九一六⊥
四	,一六六六⊥	四	,〇〇二七七七⊥	三四	,〇二三六一一⊥
五	,二〇八三⊥	五	,〇〇三四七二⊥	三五	,〇二四三〇五⊥
六	,二五〇〇⊥	六	,〇〇四一六六⊥	三六	,〇二五〇〇〇⊥
七	,二九一六⊥	七	,〇〇四八六一⊥	三七	,〇二五六九四⊥
八	,三三三三⊥	八	,〇〇五五五五⊥	三八	,〇二六三八八⊥
九	,三七五〇⊥	九	,〇〇六二五〇⊥	三九	,〇二七〇八三⊥
十	,四一六六⊥	一〇	,〇〇六九四四⊥	四〇	,〇二七七七七⊥
一一	,四五八三⊥	一一	,〇〇七六三八⊥	四一	,〇二八四七二⊥
一二	,五〇〇〇⊥	一二	,〇〇八三三三⊥	四二	,〇二九一六六⊥
一三	,五四一六⊥	一三	,〇〇九〇二七⊥	四三	,〇二九八六一⊥
一四	,五八三三⊥	一四	,〇〇九七二二⊥	四四	,〇三〇五五五⊥
一五	,六二五〇⊥	一五	,〇一〇四一六⊥	四五	,〇三一二五〇⊥
一六	,六六六六⊥	一六	,〇一一一一一⊥	四六	,〇三一九四四⊥
一七	,七〇八三⊥	一七	,〇一一八〇五⊥	四七	,〇三二六三八⊥
一八	,七五〇〇⊥	一八	,〇一二五〇〇⊥	四八	,〇三三三三三⊥
一九	,七九一六⊥	一九	,〇一三一九四⊥	四九	,〇三四〇二七⊥
二〇	,八三三三⊥	二〇	,〇一三八八八⊥	五〇	,〇三四七二二⊥
二一	,八七五〇⊥	二一	,〇一四五八三⊥	五一	,〇三五四一六⊥
二二	,九一六六⊥	二二	,〇一五二七七⊥	五二	,〇三六一一一⊥
二三	,九五八三⊥	二三	,〇一五九七二⊥	五三	,〇三六八〇五⊥
二四	一,〇〇〇〇⊥	二四	,〇一六六六六⊥	五四	,〇三七五〇〇⊥
		二五	,〇一七三六一⊥	五五	,〇三八一九四⊥
		二六	,〇一八〇五五⊥	五六	,〇三八八八八⊥
		二七	,〇一八七五〇⊥	五七	,〇三九五八三⊥
		二八	,〇一九四四四⊥	五八	,〇四〇二七七⊥
		二九	,〇二〇一三八⊥	五九	,〇四〇九七二⊥
		三〇	,〇二〇八三三⊥	六〇	,〇四一六六六⊥

第二表

秒	日之分數	秒	日之分數
一	,〇〇〇〇一一六	三一	,〇〇〇三五八八
二	,〇〇〇〇二三一	三二	,〇〇〇三七〇四
三	,〇〇〇〇三四七	三三	,〇〇〇三八一九
四	,〇〇〇〇四六三	三四	,〇〇〇三九三五
五	,〇〇〇〇五七九	三五	,〇〇〇四〇五一
六	,〇〇〇〇六九四	三六	,〇〇〇四一六七
七	,〇〇〇〇八一〇	三七	,〇〇〇四二八二
八	,〇〇〇〇九二五	三八	,〇〇〇四三九八
九	,〇〇〇一〇四二	三九	,〇〇〇四五一四
一〇	,〇〇〇一一五七	四〇	,〇〇〇四六三〇
一一	,〇〇〇一二七三	四一	,〇〇〇四七四五
一二	,〇〇〇一三八九	四二	,〇〇〇四八六一
一三	,〇〇〇一五〇五	四三	,〇〇〇四九七七
一四	,〇〇〇一六二〇	四四	,〇〇〇五〇九三
一五	,〇〇〇一七三六	四五	,〇〇〇五二〇八
一六	,〇〇〇一八五二	四六	,〇〇〇五三二四
一七	,〇〇〇一九六八	四七	,〇〇〇五四四〇
一八	,〇〇〇二〇八三	四八	,〇〇〇五五五六
一九	,〇〇〇二一九九	四九	,〇〇〇五六七一
二〇	,〇〇〇二三一五	五〇	,〇〇〇五七八七
二一	,〇〇〇二四三一	五一	,〇〇〇五九〇三
二二	,〇〇〇二五四六	五二	,〇〇〇六〇一九
二三	,〇〇〇二六六二	五三	,〇〇〇六一三四
二四	,〇〇〇二七七八	五四	,〇〇〇六二五〇
二五	,〇〇〇二八九四	五五	,〇〇〇六三六六
二六	,〇〇〇三〇〇九	五六	,〇〇〇六四八一
二七	,〇〇〇三一二五	五七	,〇〇〇六五九七
二八	,〇〇〇三二四一	五八	,〇〇〇六七一三
二九	,〇〇〇三三五六	五九	,〇〇〇六八二九
三〇	,〇〇〇三四七二	六〇	,〇〇〇六九四四

第三表

此表與第二表相反、此表係查一日若干分、變爲時分秒之用、如一日百分之一、爲十四分二十四秒、如一日十分之四、爲九小時三十六分、餘仿此、

設一日之一萬分之八千四百五十六、求變時分秒爲若干、

查表

日		時	分	秒
,〇〇〇六	＝	〇	〇	五一,八四
,〇〇五	＝	〇	七	一二,〇
,八四	＝	二〇	九	三六
,八四五六	＝	二〇	一七	三九,八四

所以一日之一萬分之八千四百五十六、爲二十小時十七分三十九秒又百分秒之八十四、

第三表

日之分數	時	分	秒	日之分數	時	分	秒
,○一	○	一四	二四	,三一	七	二六	二四
,○二	○	二八	四八	,三二	七	四○	四八
,○三	○	四三	一二	,三三	七	五五	一二
,○四	○	五七	三六	,三四	八	九	三六
,○五	一	一二	○	,三五	八	二四	○
,○六	一	二六	二四	,三六	八	三八	二四
,○七	一	四○	四八	,三七	八	五二	四八
,○八	一	五五	一二	,三八	九	七	一二
,○九	二	九	三六	,三九	九	二一	三六
,一○	二	二四	○	,四○	九	三六	○
,一一	二	三八	二四	,四一	九	五○	二四
,一二	二	五二	四八	,四二	一○	四	四八
,一三	三	七	一二	,四三	一○	一九	一二
,一四	三	二一	三六	,四四	一○	三三	三六
,一五	三	三六	○	,四五	一○	四八	○
,一六	三	五○	二四	,四六	一一	二	二四
,一七	四	四	四八	,四七	一一	一六	四八
,一八	四	一九	一二	,四八	一一	三一	一二
,一九	四	三三	三六	,四九	一一	四五	三六
,二○	四	四八	○	,五○	一二	○	○
,二一	五	二	二四	,五一	一二	一四	二四
,二二	五	一六	四八	,五二	一二	二八	四八
,二三	五	三一	一二	,五三	一二	四三	一二
,二四	五	四五	三六	,五四	一二	五七	三六
,二五	六	○	○	,五五	一三	一二	○
,二六	六	一四	二四	,五六	一三	二六	二四
,二七	六	二八	四八	,五七	一三	四○	四八
,二八	六	四三	一二	,五八	一三	五五	一二
,二九	六	五七	三六	,五九	一四	九	三六
,三○	七	一二	○	,六○	一四	二四	○

第三表

日之分數	時	分	秒	日之分數	時	分	秒
,六一	一四	三八	二四	,九一	二一	五○	二四
,六二	一四	五二	四八	,九二	二二	四	四八
,六三	一五	七	一二	,九三	二二	一九	一二
,六四	一五	二一	三六	,九四	二二	三三	三六
,六五	一五	三六	○	,九五	二二	四八	○
,六六	一五	五○	二四	,九六	二三	二	二四
,六七	一六	四	四八	,九七	二三	一六	四八
,六八	一六	一九	一二	,九八	二三	三一	一二
,六九	一六	三三	三六	,九九	二三	四五	三六
,七○	一六	四八	○				
,七一	一七	二	二四	,○○一	○	一	二六,四
,七二	一七	一六	四八	,○○二		二	五二,八
,七三	一七	三一	一二	,○○三		四	一九,二
,七四	一七	四五	三六	,○○四		五	四五,六
,七五	一八	○	○	,○○五		七	一二,○
,七六	一八	一四	二四	,○○六		八	三八,四
,七七	一八	二八	四八	,○○七		一○	四,八
,七八	一八	四三	一二	,○○八		一一	三一,二
,七九	一八	五七	三六	,○○九		一二	五七,六
,八○	一九	一二	○	,○一○		一四	二四,○
,八一	一九	二六	二四	,○○○一	○	○	八,六四
,八二	一九	四○	四八	,○○○二		○	一七,二八
,八三	一九	五五	一二	,○○○三		○	二五,九二
,八四	二○	九	三六	,○○○四		○	三四,五六
,八五	二○	二四	○	,○○○五		○	四三,二○
,八六	二○	三八	二四	,○○○六		○	五一,八四
,八七	二○	五二	四八	,○○○七		一	○,四八
,八八	二一	七	一二	,○○○八		一	九,一二
,八九	二一	二一	三六	,○○○九		一	一七,七六
,九○	二一	三六	○	,○○一○		一	二六,四○

第四表

此表之用、解見第四卷二至五節、今僅論用表之法、此表專爲變太陽時爲恒星時若干而設、如一小時太陽時、爲一小時九秒又千分秒之八百五十六之恒星時、一分太陽時、爲一分又千分秒之一百六十四恒星時、一秒太陽時、爲一秒又千分秒之三恒星時、一百分秒之四十八太陽時、爲一千分秒之四百八十一恒星時、

設八小時二十三分五十八秒太陽時、求變恒星時爲若干、

查表

太陽時				恒星時		
八時	○分	○秒	＝	八時	一分	一八,八五二秒
	二三	○	＝		二三	三,七七八
		五八	＝			五八,一五九
八	二三	五八	＝	八	二五	二○,七八九

所以八小時二十三分五十八秒太陽時、爲八小時二十五分二十秒又千分秒之七百八十九恒星時、

第四表

太陽 時	恒星時 時	恒星時 分	恒星時 秒
一	一	○	九、八五六
二	二	○	一九、七一三
三	三	○	二九、五六九
四	四	○	三九、四二六
五	五	○	四九、二八二
六	六	○	五九、一三九
七	七	一	八、九九五
八	八	一	一八、八五二
九	九	一	二八、七○八
一○	一○	一	三八、五六五
一一	一一	一	四八、四二一
一二	一二	一	五八、二七八
一三	一三	二	八、一三四
一四	一四	二	一七、九九一
一五	一五	二	二七、八四七
一六	一六	二	三七、七○四
一七	一七	二	四七、五六○
一八	一八	二	五七、四一七
一九	一九	三	七、二七三
二○	二○	三	一七、一二九
二一	二一	三	二六、九八六
二二	二二	三	三六、八四二
二三	二三	三	四六、六九九
二四	二四	三	五六、五五五

太陽 分	恒星時 分	恒星時 秒
一	一	○、一六四
二	二	○、三二九
三	三	○、四九三
四	四	○、六五七
五	五	○、八二一
六	六	○、九八六
七	七	一、一五○
八	八	一、三一四
九	九	一、四七八
一○	一○	一、六四三
一一	一一	一、八○七
一二	一二	一、九七一
一三	一三	二、一三六
一四	一四	二、三○○
一五	一五	二、四六四
一六	一六	二、六二八
一七	一七	二、七九三
一八	一八	二、九五七
一九	一九	三、一二一
二○	二○	三、二八五
二一	二一	三、四五○
二二	二二	三、六一四
二三	二三	三、七七八
二四	二四	三、九四三
二五	二五	四、一○七
二六	二六	四、二七一
二七	二七	四、四三五
二八	二八	四、六○○
二九	二九	四、七六四
三○	三○	四、九二八

太陽 分	恒星時 分	恒星時 秒
三一	三一	五、○九三
三二	三二	五、二五七
三三	三三	五、四二一
三四	三四	五、五八五
三五	三五	五、七五○
三六	三六	五、九一四
三七	三七	六、○七八
三八	三八	六、二四二
三九	三九	六、四○七
四○	四○	六、五七一
四一	四一	六、七三五
四二	四二	六、九○○
四三	四三	七、○六四
四四	四四	七、二二八
四五	四五	七、三九二
四六	四六	七、五五七
四七	四七	七、七二一
四八	四八	七、八八五
四九	四九	八、○四九
五○	五○	八、二一四
五一	五一	八、三七八
五二	五二	八、五四二
五三	五三	八、七○七
五四	五四	八、八七一
五五	五五	九、○三五
五六	五六	九、一九九
五七	五七	九、三六四
五八	五八	九、五二八
五九	五九	九、六九二

第四表

太陽 秒	恒星時 秒
一	一、○○三
二	二、○○五
三	三、○○八
四	四、○一一
五	五、○一四
六	六、○一六
七	七、○一九
八	八、○二二
九	九、○二五
一○	一○、○二七
一一	一一、○三○
一二	一二、○三三
一三	一三、○三六
一四	一四、○三八
一五	一五、○四一
一六	一六、○四四
一七	一七、○四七
一八	一八、○四九
一九	一九、○五二
二○	二○、○五五
二一	二一、○五七
二二	二二、○六○
二三	二三、○六三
二四	二四、○六六
二五	二五、○六八
二六	二六、○七一
二七	二七、○七四
二八	二八、○七七
二九	二九、○七九
三○	三○、○八二

太陽 秒	恒星時 秒
三一	三一、○八五
三二	三二、○八八
三三	三三、○九○
三四	三四、○九三
三五	三五、○九六
三六	三六、○九九
三七	三七、一○一
三八	三八、一○四
三九	三九、一○七
四○	四○、一一○
四一	四一、一一二
四二	四二、一一五
四三	四三、一一八
四四	四四、一二○
四五	四五、一二三
四六	四六、一二六
四七	四七、一二九
四八	四八、一三一
四九	四九、一三四
五○	五○、一三七
五一	五一、一四○
五二	五二、一四二
五三	五三、一四五
五四	五四、一四八
五五	五五、一五一
五六	五六、一五三
五七	五七、一五六
五八	五八、一五九
五九	五九、一六二

太陽 秒	恒星時 秒
○、○二	○、○二○
○、○四	○、○四○
○、○六	○、○六○
○、○八	○、○八○
○、一○	○、一○○
○、一二	○、一二○
○、一四	○、一四○
○、一六	○、一六○
○、一八	○、一八○
○、二○	○、二○一
○、二二	○、二二一
○、二四	○、二四一
○、二六	○、二六一
○、二八	○、二八一
○、三○	○、三○一
○、三二	○、三二一
○、三四	○、三四一
○、三六	○、三六一
○、三八	○、三八一
○、四○	○、四○一
○、四二	○、四二一
○、四四	○、四四一
○、四六	○、四六一
○、四八	○、四八一
○、五○	○、五○一

太陽 秒	恒星時 秒
○、五二	○、五二一
○、五四	○、五四一
○、五六	○、五六二
○、五八	○、五八二
○、六○	○、六○二
○、六二	○、六二二
○、六四	○、六四二
○、六六	○、六六二
○、六八	○、六八二
○、七○	○、七○二
○、七二	○、七二二
○、七四	○、七四二
○、七六	○、七六二
○、七八	○、七八二
○、八○	○、八○二
○、八二	○、八二二
○、八四	○、八四二
○、八六	○、八六二
○、八八	○、八八二
○、九○	○、九○二
○、九二	○、九二三
○、九四	○、九四三
○、九六	○、九六三
○、九八	○、九八三
一、○○	一、○○三

第五表

此表與第四表相反、解見第四卷第六節、今僅錄此表之用法、

此表專爲變恒星時爲太陽時而設、如一小恒星時、爲五十九分五十秒又百分秒之十七太陽時、一分恒星時、爲五十九秒又千分秒之八百三十六太陽時、一秒恒星時、爲千分秒之九百九十七太陽時、餘仿此、

如題、七小時二十八分三十五秒恒星時、求變太陽時爲若干、

查表

太陽時 時	太陽時 分	太陽時 秒		恒星時 時	恒星時 分	恒星時 秒
六時	五八分	五一、一九三秒	＝	七時	○分	○秒
	二七	五五、四一三	＝		二八	○
		三四、九○四	＝			三五
七	二七	二一、五一○	＝	七	二八	三五

所以七小時二十八分三十五秒恒星時、爲七小時二十七分二十一秒又千分秒之五百一十太陽時、

第五表

恒星 時	太陽時 時 分 秒	恒星 分	太陽時 分 秒	恒星 分	太陽時 分 秒
一	○ 五九 五○,一七○	一	○ 五九,八三六	三一	三○ 五四,九二一
二	一 五九 四○,三四一	二	一 五九,六七二	三二	三一 五四,七五八
三	二 五九 三○,五一一	三	二 五九,五○九	三三	三二 五四,五九四
四	三 五九 二○,六八二	四	三 五九,三四五	三四	三三 五四,四三○
五	四 五九 一○,八五二	五	四 五九,一八一	三五	三四 五四,二六六
六	五 五九 一,○二三	六	五 五九,○一七	三六	三五 五四,一○二
七	六 五八 五一,一九三	七	六 五八,八五三	三七	三六 五三,九三八
八	七 五八 四一,三六四	八	七 五八,六八九	三八	三七 五三,七七五
九	八 五八 三一,五三四	九	八 五八,五二六	三九	三八 五三,六一一
一○	九 五八 二一,七○四	一○	九 五八,三六二	四○	三九 五三,四四七
一一	一○ 五八 一一,八七五	一一	一○ 五八,一九八	四一	四○ 五三,二八三
一二	一一 五八 二,○四五	一二	一一 五八,○三四	四二	四一 五三,一一九
一三	一二 五七 五二,二一六	一三	一二 五七,八七○	四三	四二 五二,九五五
一四	一三 五七 四二,三八六	一四	一三 五七,七○六	四四	四三 五二,七九二
一五	一四 五七 三二,五五七	一五	一四 五七,五四三	四五	四四 五二,六二八
一六	一五 五七 二二,七二七	一六	一五 五七,三七九	四六	四五 五二,四六四
一七	一六 五七 一二,八九七	一七	一六 五七,二一五	四七	四六 五二,三○○
一八	一七 五七 三,○六八	一八	一七 五七,○五一	四八	四七 五二,一三六
一九	一八 五六 五三,二三八	一九	一八 五六,八八七	四九	四八 五一,九七三
二○	一九 五六 四三,四○九	二○	一九 五六,七二三	五○	四九 五一,八○九
二一	二○ 五六 三三,五七九	二一	二○ 五六,五六○	五一	五○ 五一,六四五
二二	二一 五六 二三,七五○	二二	二一 五六,三九六	五二	五一 五一,四八一
二三	二二 五六 一三,九二○	二三	二二 五六,二三二	五三	五二 五一,三一七
二四	二三 五六 四,○九一	二四	二三 五六,○六八	五四	五三 五一,一五三
		二五	二四 五五,九○四	五五	五四 五○,九九○
		二六	二五 五五,七四一	五六	五五 五○,八二六
		二七	二六 五五,五七七	五七	五六 五○,六六二
		二八	二七 五五,四一三	五八	五七 五○,四九八
		二九	二八 五五,二四九	五九	五八 五○,三三四
		三○	二九 五五,○八五		

第五表

恒星 秒	太陽時 秒	恒星 秒	太陽時 秒	恒星 秒	太陽時 秒	恒星 秒	太陽時 秒
一	○,九九七	三一	三○,九一五	○,○二	○,○二○	○,五二	○,五一九
二	一,九九五	三二	三一,九一三	○,○四	○,○四○	○,五四	○,五三九
三	二,九九二	三三	三二,九一○	○,○六	○,○六○	○,五六	○,五五八
四	三,九八九	三四	三三,九○七	○,○八	○,○八○	○,五八	○,五七八
五	四,九八六	三五	三四,九○四	○,一○	○,一○○	○,六○	○,五九八
六	五,九八四	三六	三五,九○二	○,一二	○,一二○	○,六二	○,六一八
七	六,九八一	三七	三六,八九九	○,一四	○,一四○	○,六四	○,六三八
八	七,九七八	三八	三七,八九六	○,一六	○,一六○	○,六六	○,六五八
九	八,九七五	三九	三八,八九四	○,一八	○,一八○	○,六八	○,六七八
一○	九,九七三	四○	三九,八九一	○,二○	○,一九九	○,七○	○,六九八
一一	一○,九七○	四一	四○,八八八	○,二二	○,二一九	○,七二	○,七一八
一二	一一,九六七	四二	四一,八八五	○,二四	○,二三九	○,七四	○,七三八
一三	一二,九六五	四三	四二,八八三	○,二六	○,二五九	○,七六	○,七五八
一四	一三,九六二	四四	四三,八八○	○,二八	○,二七九	○,七八	○,七七八
一五	一四,九五九	四五	四四,八七七	○,三○	○,二九九	○,八○	○,七九八
一六	一五,九五六	四六	四五,八七四	○,三二	○,三一九	○,八二	○,八一八
一七	一六,九五四	四七	四六,八七二	○,三四	○,三三九	○,八四	○,八三八
一八	一七,九五一	四八	四七,八六九	○,三六	○,三五九	○,八六	○,八五八
一九	一八,九四八	四九	四八,八六六	○,三八	○,三七九	○,八八	○,八七八
二○	一九,九四五	五○	四九,八六三	○,四○	○,三九九	○,九○	○,八九八
二一	二○,九四三	五一	五○,八六一	○,四二	○,四一九	○,九二	○,九一七
二二	二一,九四○	五二	五一,八五八	○,四四	○,四三九	○,九四	○,九三七
二三	二二,九三七	五三	五二,八五五	○,四六	○,四五九	○,九六	○,九五七
二四	二三,九三四	五四	五三,八五三	○,四八	○,四七九	○,九八	○,九七七
二五	二四,九三二	五五	五四,八五○	○,五○	○,四九九	一,○○	○,九九七
二六	二五,九二九	五六	五五,八四七				
二七	二六,九二六	五七	五六,八四四				
二八	二七,九二四	五八	五七,八四二				
二九	二八,九二一	五九	五八,八三九				
三○	二九,九一八						

第六表

此表係變度爲恒星時之用、某星自午線復至午線、爲二十四小時、此小時名爲恒星時、所以地轉一週爲二十四恒星時、然一週爲三百六十度、故十五度爲一小時、十五分弧度爲一分時、十五秒爲一秒時、故有度變時、以十五除之、卽得此表可勿用算而知之、

設二百八十度十五分三十五秒、求變恒星時爲若干、

查表

二八○度	═══	一八時	四○分	○秒
一五分	═══		一	○
三五秒	═══			二,三三三
二八○度 一五分 三五秒	═══	一八時	四一分	二,三三三秒

所以二百八十度十五分三十五秒、變恒星時、爲十八小時四十一分二秒又千分秒之三百三十三、

設織女星之赤經度爲二百七十七度五十九分五十一秒又十分秒之六求其赤經度爲時分秒若干。

查表

二七七度 ○分 ○秒＝＝一八時 二八分 ○秒

五九 ○＝＝三 五六

五一＝＝三.四○

六＝＝.○四

故織女星之赤經度＝＝一八時 三一分 五九.四四秒

第六表

弧度 ○	時	分	弧度 ○	時	分	弧度 ○	時	分	弧度 ○	時	分
一	○	四	三一	二	四	六一	四	四	九一	六	四
二	○	八	三二	二	八	六二	四	八	九二	六	八
三	○	一二	三三	二	一二	六三	四	一二	九三	六	一二
四	○	一六	三四	二	一六	六四	四	一六	九四	六	一六
五	○	二○	三五	二	二○	六五	四	二○	九五	六	二○
六	○	二四	三六	二	二四	六六	四	二四	九六	六	二四
七	○	二八	三七	二	二八	六七	四	二八	九七	六	二八
八	○	三二	三八	二	三二	六八	四	三二	九八	六	三二
九	○	三六	三九	二	三六	六九	四	三六	九九	六	三六
一○	○	四○	四○	二	四○	七○	四	四○	一○○	六	四○
一一	○	四四	四一	二	四四	七一	四	四四	一○一	六	四四
一二	○	四八	四二	二	四八	七二	四	四八	一○二	六	四八
一三	○	五二	四三	二	五二	七三	四	五二	一○三	六	五二
一四	○	五六	四四	二	五六	七四	四	五六	一○四	六	五六
一五	一	○	四五	三	○	七五	五	○	一○五	七	○
一六	一	四	四六	三	四	七六	五	四	一○六	七	四
一七	一	八	四七	三	八	七七	五	八	一○七	七	八
一八	一	一二	四八	三	一二	七八	五	一二	一○八	七	一二
一九	一	一六	四九	三	一六	七九	五	一六	一○九	七	一六
二○	一	二○	五○	三	二○	八○	五	二○	一一○	七	二○
二一	一	二四	五一	三	二四	八一	五	二四	一一一	七	二四
二二	一	二八	五二	三	二八	八二	五	二八	一一二	七	二八
二三	一	三二	五三	三	三二	八三	五	三二	一一三	七	三二
二四	一	三六	五四	三	三六	八四	五	三六	一一四	七	三六
二五	一	四○	五五	三	四○	八五	五	四○	一一五	七	四○
二六	一	四四	五六	三	四四	八六	五	四四	一一六	七	四四
二七	一	四八	五七	三	四八	八七	五	四八	一一七	七	四八
二八	一	五二	五八	三	五二	八八	五	五二	一一八	七	五二
二九	一	五六	五九	三	五六	八九	五	五六	一一九	七	五六
三○	二	○	六○	四	○	九○	六	○	一二○	八	○

第六表

弧度 ○	時	分	弧度 ○	時	分	弧度 ○	時	分	弧度 ○	時	分
一二一	八	四	一五一	一○	四	一八一	一二	四	二一一	一四	四
一二二	八	八	一五二	一○	八	一八二	一二	八	二一二	一四	八
一二三	八	一二	一五三	一○	一二	一八三	一二	一二	二一三	一四	一二
一二四	八	一六	一五四	一○	一六	一八四	一二	一六	二一四	一四	一六
一二五	八	二○	一五五	一○	二○	一八五	一二	二○	二一五	一四	二○
一二六	八	二四	一五六	一○	二四	一八六	一二	二四	二一六	一四	二四
一二七	八	二八	一五七	一○	二八	一八七	一二	二八	二一七	一四	二八
一二八	八	三二	一五八	一○	三二	一八八	一二	三二	二一八	一四	三二
一二九	八	三六	一五九	一○	三六	一八九	一二	三六	二一九	一四	三六
一三○	八	四○	一六○	一○	四○	一九○	一二	四○	二二○	一四	四○
一三一	八	四四	一六一	一○	四四	一九一	一二	四四	二二一	一四	四四
一三二	八	四八	一六二	一○	四八	一九二	一二	四八	二二二	一四	四八
一三三	八	五二	一六三	一○	五二	一九三	一二	五二	二二三	一四	五二
一三四	八	五六	一六四	一○	五六	一九四	一二	五六	二二四	一四	五六
一三五	九	○	一六五	一一	○	一九五	一三	○	二二五	一五	○
一三六	九	四	一六六	一一	四	一九六	一三	四	二二六	一五	四
一三七	九	八	一六七	一一	八	一九七	一三	八	二二七	一五	八
一三八	九	一二	一六八	一一	一二	一九八	一三	一二	二二八	一五	一二
一三九	九	一六	一六九	一一	一六	一九九	一三	一六	二二九	一五	一六
一四○	九	二○	一七○	一一	二○	二○○	一三	二○	二三○	一五	二○
一四一	九	二四	一七一	一一	二四	二○一	一三	二四	二三一	一五	二四
一四二	九	二八	一七二	一一	二八	二○二	一三	二八	二三二	一五	二八
一四三	九	三二	一七三	一一	三二	二○三	一三	三二	二三三	一五	三二
一四四	九	三六	一七四	一一	三六	二○四	一三	三六	二三四	一五	三六
一四五	九	四○	一七五	一一	四○	二○五	一三	四○	二三五	一五	四○
一四六	九	四四	一七六	一一	四四	二○六	一三	四四	二三六	一五	四四
一四七	九	四八	一七七	一一	四八	二○七	一三	四八	二三七	一五	四八
一四八	九	五二	一七八	一一	五二	二○八	一三	五二	二三八	一五	五二
一四九	九	五六	一七九	一一	五六	二○九	一三	五六	二三九	一五	五六
一五○	一○	○	一八○	一二	○	二一○	一四	○	二四○	一六	○

第六表

弧度 ○	時	分	弧度 ○	時	分	弧度 ○	時	分	弧度 ○	時	分
二四一	一六	四	二七一	一八	四	三○一	二○	四	三三一	二二	四
二四二	一六	八	二七二	一八	八	三○二	二○	八	三三二	二二	八
二四三	一六	一二	二七三	一八	一二	三○三	二○	一二	三三三	二二	一二
二四四	一六	一六	二七四	一八	一六	三○四	二○	一六	三三四	二二	一六
二四五	一六	二○	二七五	一八	二○	三○五	二○	二○	三三五	二二	二○
二四六	一六	二四	二七六	一八	二四	三○六	二○	二四	三三六	二二	二四
二四七	一六	二八	二七七	一八	二八	三○七	二○	二八	三三七	二二	二八
二四八	一六	三二	二七八	一八	三二	三○八	二○	三二	三三八	二二	三二
二四九	一六	三六	二七九	一八	三六	三○九	二○	三六	三三九	二二	三六
二五○	一六	四○	二八○	一八	四○	三一○	二○	四○	三四○	二二	四○
二五一	一六	四四	二八一	一八	四四	三一一	二○	四四	三四一	二二	四四
二五二	一六	四八	二八二	一八	四八	三一二	二○	四八	三四二	二二	四八
二五三	一六	五二	二八三	一八	五二	三一三	二○	五二	三四三	二二	五二
二五四	一六	五六	二八四	一八	五六	三一四	二○	五六	三四四	二二	五六
二五五	一七	○	二八五	一九	○	三一五	二一	○	三四五	二三	○
二五六	一七	四	二八六	一九	四	三一六	二一	四	三四六	二三	四
二五七	一七	八	二八七	一九	八	三一七	二一	八	三四七	二三	八
二五八	一七	一二	二八八	一九	一二	三一八	二一	一二	三四八	二三	一二
二五九	一七	一六	二八九	一九	一六	三一九	二一	一六	三四九	二三	一六
二六○	一七	二○	二九○	一九	二○	三二○	二一	二○	三五○	二三	二○
二六一	一七	二四	二九一	一九	二四	三二一	二一	二四	三五一	二三	二四
二六二	一七	二八	二九二	一九	二八	三二二	二一	二八	三五二	二三	二八
二六三	一七	三二	二九三	一九	三二	三二三	二一	三二	三五三	二三	三二
二六四	一七	三六	二九四	一九	三六	三二四	二一	三六	三五四	二三	三六
二六五	一七	四○	二九五	一九	四○	三二五	二一	四○	三五五	二三	四○
二六六	一七	四四	二九六	一九	四四	三二六	二一	四四	三五六	二三	四四
二六七	一七	四八	二九七	一九	四八	三二七	二一	四八	三五七	二三	四八
二六八	一七	五二	二九八	一九	五二	三二八	二一	五二	三五八	二三	五二
二六九	一七	五六	二九九	一九	五六	三二九	二一	五六	三五九	二三	五六
二七○	一八	○	三○○	二○	○	三三○	二二	○	三六○	二四	○

第六表

弧度 分	時 分 秒	弧度 分	時 分 秒	弧度 秒	時 秒	弧度 秒	時 秒
一	〇 四	三一	二 四	一	〇、〇六七	三一	二、〇六七
二	〇 八	三二	二 八	二	〇、一三三	三二	二、一三三
三	〇 一二	三三	二 一二	三	〇、二〇〇	三三	二、二〇〇
四	〇 一六	三四	二 一六	四	〇、二六七	三四	二、二六七
五	〇 二〇	三五	二 二〇	五	〇、三三三	三五	二、三三三
六	〇 二四	三六	二 二四	六	〇、四〇〇	三六	二、四〇〇
七	〇 二八	三七	二 二八	七	〇、四六七	三七	二、四六七
八	〇 三二	三八	二 三二	八	〇、五三三	三八	二、五三三
九	〇 三六	三九	二 三六	九	〇、六〇〇	三九	二、六〇〇
一〇	〇 四〇	四〇	二 四〇	一〇	〇、六六七	四〇	二、六六七
一一	〇 四四	四一	二 四四	一一	〇、七三三	四一	二、七三三
一二	〇 四八	四二	二 四八	一二	〇、八〇〇	四二	二、八〇〇
一三	〇 五二	四三	二 五二	一三	〇、八六七	四三	二、八六七
一四	〇 五六	四四	二 五六	一四	〇、九三三	四四	二、九三三
一五	一 〇	四五	三 〇	一五	一、〇〇〇	四五	三、〇〇〇
一六	一 四	四六	三 四	一六	一、〇六七	四六	三、〇六七
一七	一 八	四七	三 八	一七	一、一三三	四七	三、一三三
一八	一 一二	四八	三 一二	一八	一、二〇〇	四八	三、二〇〇
一九	一 一六	四九	三 一六	一九	一、二六七	四九	三、二六七
二〇	一 二〇	五〇	三 二〇	二〇	一、三三三	五〇	三、三三三
二一	一 二四	五一	三 二四	二一	一、四〇〇	五一	三、四〇〇
二二	一 二八	五二	三 二八	二二	一、四六七	五二	三、四六七
二三	一 三二	五三	三 三二	二三	一、五三三	五三	三、五三三
二四	一 三六	五四	三 三六	二四	一、六〇〇	五四	三、六〇〇
二五	一 四〇	五五	三 四〇	二五	一、六六七	五五	三、六六七
二六	一 四四	五六	三 四四	二六	一、七三三	五六	三、七三三
二七	一 四八	五七	三 四八	二七	一、八〇〇	五七	三、八〇〇
二八	一 五二	五八	三 五二	二八	一、八六七	五八	三、八六七
二九	一 五六	五九	三 五六	二九	一、九三三	五九	三、九三三
三〇	二 〇	六〇	四 〇	三〇	二、〇〇〇	六〇	四、〇〇〇

第七表

此表與前表相反、係變恒星時為度而設、

設十八時二十五分十七秒又百分秒之五十六、求變度若干、

查表

一八時 〇分 〇秒 ＝ 二七〇度 〇分 〇秒
二五分 〇秒 ＝ 六度 一五分 〇秒
一七秒 ＝ 四分 一五秒
、五六 ＝ 八、四〇

一八時 二五分 一七、五六秒 ＝ 二七六度 一九分 二三、四〇秒

所以十八小時二十五分十七秒又百分秒之五十六變度為二百七十六度十九分二十三秒又百分秒之四十、

設織女星之赤經度為十八小時三十一分五十九秒又百分秒之四十四、求其赤經度之度分秒若干、

查表

一八時 〇分 〇秒 ＝ 二七〇度 〇分 〇秒
三一分 〇秒 ＝ 七度 四五分 〇秒
五九秒 ＝ 一四分 四五秒
、四四 ＝ 六、六

一八時 三一分 五九、四四秒 ＝ 二七七度 五九分 五一、六秒

織女星之赤經度、為二百七十七度五十九分五十一秒又十分秒之六、

第七表

時 時	弧度 度	時 分	弧度 度 分	時 分	弧度 度 分	時 秒	弧度 分 秒
一	一五	一	〇 一五	三一	七 四五	一	〇 一五
二	三〇	二	〇 三〇	三二	八 〇	二	〇 三〇
三	四五	三	〇 四五	三三	八 一五	三	〇 四五
四	六〇	四	一 〇	三四	八 三〇	四	一 〇
五	七五	五	一 一五	三五	八 四五	五	一 一五
六	九〇	六	一 三〇	三六	九 〇	六	一 三〇
七	一〇五	七	一 四五	三七	九 一五	七	一 四五
八	一二〇	八	二 〇	三八	九 三〇	八	二 〇
九	一三五	九	二 一五	三九	九 四五	九	二 一五
一〇	一五〇	一〇	二 三〇	四〇	一〇 〇	一〇	二 三〇
一一	一六五	一一	二 四五	四一	一〇 一五	一一	二 四五
一二	一八〇	一二	三 〇	四二	一〇 三〇	一二	三 〇
一三	一九五	一三	三 一五	四三	一〇 四五	一三	三 一五
一四	二一〇	一四	三 三〇	四四	一一 〇	一四	三 三〇
一五	二二五	一五	三 四五	四五	一一 一五	一五	三 四五
一六	二四〇	一六	四 〇	四六	一一 三〇	一六	四 〇
一七	二五五	一七	四 一五	四七	一一 四五	一七	四 一五
一八	二七〇	一八	四 三〇	四八	一二 〇	一八	四 三〇
一九	二八五	一九	四 四五	四九	一二 一五	一九	四 四五
二〇	三〇〇	二〇	五 〇	五〇	一二 三〇	二〇	五 〇
二一	三一五	二一	五 一五	五一	一二 四五	二一	五 一五
二二	三三〇	二二	五 三〇	五二	一三 〇	二二	五 三〇
二三	三四五	二三	五 四五	五三	一三 一五	二三	五 四五
二四	三六〇	二四	六 〇	五四	一三 三〇	二四	六 〇
		二五	六 一五	五五	一三 四五	二五	六 一五
		二六	六 三〇	五六	一四 〇	二六	六 三〇
		二七	六 四五	五七	一四 一五	二七	六 四五
		二八	七 〇	五八	一四 三〇	二八	七 〇
		二九	七 一五	五九	一四 四五	二九	七 一五
		三〇	七 三〇	六〇	一五 〇	三〇	七 三〇

第七表

時 秒	弧度 分 秒	時 秒	弧度 秒	時 秒	弧度 秒
三一	七 四五	〇、〇一	〇、一五	〇、三一	四、六五
三二	八 〇	〇、〇二	〇、三〇	〇、三二	四、八〇
三三	八 一五	〇、〇三	〇、四五	〇、三三	四、九五
三四	八 三〇	〇、〇四	〇、六〇	〇、三四	五、一〇
三五	八 四五	〇、〇五	〇、七五	〇、三五	五、二五
三六	九 〇	〇、〇六	〇、九〇	〇、三六	五、四〇
三七	九 一五	〇、〇七	一、〇五	〇、三七	五、五五
三八	九 三〇	〇、〇八	一、二〇	〇、三八	五、七〇
三九	九 四五	〇、〇九	一、三五	〇、三九	五、八五
四〇	一〇 〇	〇、一〇	一、五〇	〇、四〇	六、〇〇
四一	一〇 一五	〇、一一	一、六五	〇、四一	六、一五
四二	一〇 三〇	〇、一二	一、八〇	〇、四二	六、三〇
四三	一〇 四五	〇、一三	一、九五	〇、四三	六、四五
四四	一一 〇	〇、一四	二、一〇	〇、四四	六、六〇
四五	一一 一五	〇、一五	二、二五	〇、四五	六、七五
四六	一一 三〇	〇、一六	二、四〇	〇、四六	六、九〇
四七	一一 四五	〇、一七	二、五五	〇、四七	七、〇五
四八	一二 〇	〇、一八	二、七〇	〇、四八	七、二〇
四九	一二 一五	〇、一九	二、八五	〇、四九	七、三五
五〇	一二 三〇	〇、二〇	三、〇〇	〇、五〇	七、五〇
五一	一二 四五	〇、二一	三、一五	〇、五一	七、六五
五二	一三 〇	〇、二二	三、三〇	〇、五二	七、八〇
五三	一三 一五	〇、二三	三、四五	〇、五三	七、九五
五四	一三 三〇	〇、二四	三、六〇	〇、五四	八、一〇
五五	一三 四五	〇、二五	三、七五	〇、五五	八、二五
五六	一四 〇	〇、二六	三、九〇	〇、五六	八、四〇
五七	一四 一五	〇、二七	四、〇五	〇、五七	八、五五
五八	一四 三〇	〇、二八	四、二〇	〇、五八	八、七〇
五九	一四 四五	〇、二九	四、三五	〇、五九	八、八五
六〇	一五 〇	〇、三〇	四、五〇	〇、六〇	九、〇〇

第七表

時 秒	弧度 秒	時 秒	弧度 秒	時 秒	弧度 秒	時 秒	弧度 秒
〇、六〇	九、〇〇	〇、八一	一二、一五	〇、〇〇一	〇、〇一五	〇、〇〇六	〇、〇九〇
〇、六一	九、一五	〇、八二	一二、三〇	,〇〇二	〇、〇三〇	,〇〇七	〇、一〇五
〇、六二	九、三〇	〇、八三	一二、四五	,〇〇三	〇、〇四五	,〇〇八	〇、一二〇
〇、六三	九、四五	〇、八四	一二、六〇	,〇〇四	〇、〇六〇	,〇〇九	〇、一三五
〇、六四	九、六〇	〇、八五	一二、七五	,〇〇五	〇、〇七五	,〇一〇	〇、一五〇
〇、六五	九、七五	〇、八六	一二、九〇				
〇、六六	九、九〇	〇、八七	一三、〇五				
〇、六七	一〇、〇五	〇、八八	一三、二〇				
〇、六八	一〇、二〇	〇、八九	一三、三五				
〇、六九	一〇、三五	〇、九〇	一三、五〇				
〇、七〇	一〇、五〇	〇、九一	一三、六五				
〇、七一	一〇、六五	〇、九二	一三、八〇				
〇、七二	一〇、八〇	〇、九三	一三、九五				
〇、七三	一〇、九五	〇、九四	一四、一〇				
〇、七四	一一、一〇	〇、九五	一四、二五				
〇、七五	一一、二五	〇、九六	一四、四〇				
〇、七六	一一、四〇	〇、九七	一四、五五				
〇、七七	一一、五五	〇、九八	一四、七〇				
〇、七八	一一、七〇	〇、九九	一四、八五				
〇、七九	一一、八五	一、〇〇	一五、〇〇				
〇、八〇	一二、〇〇						

第八表

此表分爲四節、第一節第一行所載、爲星之高度、第二行爲蒙氣差之中數、第二節第一行所載、爲風雨表高若干寸、第三節第一行所載、爲相聯風雨表之寒暑表度數、第四節第一行所載、爲房外寒暑表之度數、蓋天氣愈涼、蒙氣差愈增、天氣愈重、蒙氣差亦愈增、故每測星之視高度之時、同時必查看風雨表、與寒暑表之度數、而推算蒙氣差之實數爲若干分秒、與星之高度相減、而得星之眞高度、推算蒙氣差法、或用對數、或不用對數均可、按此表詳細推算蒙氣差法、如下、

不用對數推算蒙氣差法、有等式列左、

眞蒙氣差＝蒙氣差之中數×乙×時°×時′

按星之高度、查蒙氣差之中數爲若干、按風雨表之寸數、查乙爲若干、按相聯風雨表之寒暑表度數、查時°爲若干、按房外寒暑表之度數、查時爲若干、

設測某星之視高度爲三十四度一十一分一十五秒、查風雨表爲二十八寸零一千分寸之八百五十六、查寒暑二表均爲

十九度又十分度之六、求蒙氣差若干、

按高度三十四度十一分十五秒、查蒙氣差之中數、得一分二四.八秒 按風雨表寸數二八.八五六寸 查乙得.九七五、按寒暑表之度數一九.六度 查時。得一.〇〇一 與時′得一.〇六一

蒙氣差之中數＝八四.八秒

乙＝.九七五

時。＝一.〇〇一

時′＝一.〇六一

準前式

真蒙氣差＝八四.八×.九七五×一.〇〇一×一.〇六一

即

真蒙氣差＝八七.八二＝一分二七.八秒

故蒙氣差爲一分二十七秒又十分秒之八、

用對數推算蒙氣差之法、

設測某星高度爲三度四十四分四十秒、風雨表爲三〇.一六二寸 相聯風雨表之寒暑表爲五二.二度 房外寒暑表爲四六.六度 求蒙氣差若干、

用三〇.一六二寸 查第二節、得

乙對＝⊥.〇〇八二一、

用五二.二度 查第三節、得

時。對＝⊤.〇〇〇七八

用四六.六度 查第四節、得

時′對＝⊥.〇〇一八三

用三度四四分四〇秒 查第一節、得

子＝一.〇一八七

丑＝一.一七五三

甲對＝一.六八〇八四

蒙氣差對＝高度餘切對|甲對|子(乙對|時。對)|丑|時′對

乙對＝⊥.〇〇八二一

時。對＝⊤.〇〇〇七八

乙對|時。對＝⊥.〇〇七四三

子＝一.〇一八七

子(乙對|時。對)＝⊥.〇〇七五七

時′對＝⊥.〇〇一八三

丑＝一.一七五三

丑×時′對＝⊥.〇〇二一五

三度四四分四〇秒餘切對＝一.一八四一二

甲對＝一.六八〇八四

子(乙對|時。對)＝⊥.〇〇七五七

丑×時′對＝⊥.〇〇二一五

蒙氣差對＝二.八七四六八

檢表、得七四九.三

所以蒙氣差爲七四九.三秒 即十二分二十九秒又十分秒之三、

用對數算蒙氣差、較不用對數算蒙氣差微準、所以若星之高度小、則應用對數、若大則勿用對數亦可、而較用對數便簡、

第八表

高度 度	高度 分	蒙氣差之中數 分	蒙氣差之中數 秒	每十分蒙氣差之中數之較 秒	甲對數	甲對數之較	子	丑
○	○	三四	五四,一	一二四,九			一,一○五九	一,七三四四
	一○	三二	四九,二	一一六,九	○,七五八○三		一,○九五二	一,六七六七
	二○	三○	五二,三	一○八,八	一,○三二四八		一,○八六○	一,六二五二
	三○	二九	三,五	一○○,八	一,一八二二八	九九○九	一,○七八○	一,五七八九
	四○	二七	二二,七	九二,九	一,二八一三七	七一六三	一,○七一○	一,五三七三
	五○	二五	四九,八	八五,二	一,三五三○○	五四六四	一,○六四八	一,四九九五
一	○	二四	二四,六	七七,九	一,四○七六四	四三二二	一,○五九三	一,四六五三
	一○	二三	六,七	七一,一	一,四五○八六	三五一六	一,○五四六	一,四三四一
	二○	二一	五五,六	六四,七	一,四八六○二	二九二八	一,○五○五	一,四○五七
	三○	二○	五○,九	五九,○	一,五一五三○	二四八○	一,○四六五	一,三七九七
	四○	一九	五一,九	五三,九	一,五四○一○	二一三二	一,○四二九	一,三五六○
	五○	一八	五八,○	四九,四	一,五六一四二	一八五三	一,○三九七	一,三三四二
二	○	一八	八,六	四五,六	一,五七九九五	一六二三	一,○三六八	一,三一四一
	一○	一七	二三,○	四二,三	一,五九六一八	一四二三	一,○三四二	一,二九五五
	二○	一六	四○,七	三九,八	一,六一○四一	一二三七	一,○三一八	一,二七八三
	三○	一六	○,九	三七,五	一,六二二七八	一○七五	一,○二九八	一,二六二四
	四○	一五	二三,四	三五,六	一,六三三五三	九三三	一,○二七八	一,二四七七
	五○	一四	四七,八	三三,二	一,六四二八六	八二八	一,○二六一	一,二三四一
三	○	一四	一四,六	三○,九	一,六五一一四	七五五	一,○二四四	一,二二一五
	一○	一三	四三,七	二八,七	一,六五八六九	六九一	一,○二三○	一,二○九八
	二○	一三	一五,○	二六,七	一,六六五六○	六四四	一,○二一六	一,一九八九
	三○	一二	四八,三	二四,六	一,六七二○四	六○九	一,○二○四	一,一八八八
	四○	一二	二三,七	二三,○	一,六七八一三	五七○	一,○一九二	一,一七九四
	五○	一二	○,七	二一,八	一,六八三八三	五二五	一,○一八二	一,一七○六
四	○	一一	三八,九	二○,六	一,六八九○八	四七六	一,○一七二	一,一六二四
	一○	一一	一八,三	一九,七	一,六九三八四	四三二	一,○一六三	一,一五四九
	二○	一○	五八,六	一九,○	一,六九八一六	三七二	一,○一五五	一,一四七八
	三○	一○	三九,六	一八,四	一,七○一八八	三一七	一,○一四七	一,一四○八
	四○	一○	二一,二	一七,九	一,七○五○五	二六七	一,○一四○	一,一三四二
	五○	一○	三,三	一六,八	一,七○七七二	二四八	一,○一三三	一,一二八三

第八表

高度 度	高度 秒	蒙氣差之中數 分	蒙氣差之中數 秒	每十分蒙氣差之中數之較 秒	甲對數	甲對數之較	子	丑
五	○	九	四六,五	一五,六	一,七一○二○	二五九	一,○一二七	一,一二二九
	一○	九	三○,九	一四,九	一,七一二七九	二四三	一,○一二一	一,一一七八
	二○	九	一六,○	一四,一	一,七一五二二	二二七	一,○一一五	一,一一三○
	三○	九	一,九	一三,五	一,七一七四九	二一二	一,○一一○	一,一○八二
	四○	八	四八,四	一二,八	一,七一九六一	一九九	一,○一○五	一,一○三六
	五○	八	三五,六	一二,三	一,七二一六○	一八六	一,○一○○	一,○九九二
六	○	八	二三,三	一一,七	一,七二三四六	一七三	一,○○九六	一,○九五一
	一○	八	一一,六	一一,三	一,七二五一九	一六二	一,○○九二	一,○九一四
	二○	八	○,三	一○,八	一,七二六八一	一五一	一,○○八八	一,○八七九
	三○	七	四九,五	一○,三	一,七二八三二	一四二	一,○○八四	一,○八四六
	四○	七	三九,二	一○,○	一,七二九七四	一三一	一,○○八一	一,○八一五
	五○	七	二九,二	九,五	一,七三一○五	一二四	一,○○七八	一,○七八四
七	○	七	一九,七	九,二	一,七三二二九	一一八	一,○○七五	一,○七五四
	一○	七	一○,五	八,八	一,七三三四七	一一二	一,○○七三	一,○七二五
	二○	七	一,七	八,四	一,七三四五九	一○五	一,○○七○	一,○六九七
	三○	六	五三,三	八,二	一,七三五六四	九九	一,○○六七	一,○六七一
	四○	六	四五,一	七,九	一,七三六六三	九四	一,○○六五	一,○六四六
	五○	六	三七,二	七,六	一,七三七五七	八八	一,○○六二	一,○六二二
八	○	六	二九,○	七,三	一,七三八四五	八三	一,○○六○	一,○六○○
	一○	六	二二,三	七,一	一,七三九二八	七九	一,○○五八	一,○五七九
	二○	六	一五,二	六,八	一,七四○○七	七六	一,○○五六	一,○五五九
	三○	六	八,四	六,六	一,七四○八三	七二	一,○○五四	一,○五四○
	四○	六	一,八	六,四	一,七四一五五	六八	一,○○五二	一,○五二三
	五○	五	五五,四	六,一	一,七四二二三	六五	一,○○五○	一,○五○八
九	○	五	四九,三	六,○	一,七四二八八	六四	一,○○四九	一,○四九三
	一○	五	四三,三	五,七	一,七四三五二	六○	一,○○四七	一,○四七九
	二○	五	三七,六	五,六	一,七四四一二	五六	一,○○四六	一,○四六六
	三○	五	三二,○	五,五	一,七四四六八	五三	一,○○四五	一,○四五四
	四○	五	二六,五	五,二	一,七四五二一	五二	一,○○四三	一,○四四二
	五○	五	二一,三	五,一	一,七四五七三	五○	一,○○四二	一,○四三一

第八表

高度 度	高度 分	蒙氣差之中數 分	蒙氣差之中數 秒	每十分蒙氣差之中數之較 秒	甲對	子	丑
一○	○	五	一六,二	五,○	一,七四六二三	一,○○四一	一,○四二○
	一○	五	一一,二	四,八	一,七四六七○	一,○○四○	一,○四○九
	二○	五	六,四	四,七	一,七四七一四	一,○○三九	一,○三九八
	三○	五	一,七	四,五	一,七四七五七	一,○○三八	一,○三八七
	四○	四	五七,二	四,四	一,七四七九九	一,○○三七	一,○三七七
	五○	四	五二,八	四,三	一,七四八三九	一,○○三六	一,○三六七
一一	○	四	四八,五	四,二	一,七四八七六	一,○○三五	一,○三五七
	一○	四	四四,三	四,一	一,七四九一二	一,○○三四	一,○三四七
	二○	四	四○,二	三,九	一,七四九四七	一,○○三三	一,○三三八
	三○	四	三六,三	三,九	一,七四九八一	一,○○三二	一,○三二八
	四○	四	三二,四	三,七	一,七五○一三	一,○○三一	一,○三一八
	五○	四	二八,七	三,七	一,七五○四三	一,○○三○	一,○三○八
一二	○	四	二五,○	三,六	一,七五○七二	一,○○三○	一,○二九九
	一○	四	二一,四	三,四	一,七五一○一	一,○○二九	一,○二九○
	二○	四	一八,○	三,四	一,七五一二九	一,○○二八	一,○二八一
	三○	四	一四,六	三,三	一,七五一五五	一,○○二七	一,○二七二
	四○	四	一一,三	三,三	一,七五一八○	一,○○二七	一,○二六四
	五○	四	八,○	三,一	一,七五二○五	一,○○二六	一,○二五八
一三	○	四	四,九	三,一	一,七五二二九	一,○○二六	一,○二五二
	一○	四	一,八	三,○	一,七五二五二	一,○○二六	一,○二四六
	二○	三	五八,八	二,九	一,七五二七四	一,○○二五	一,○二四一
	三○	三	五五,九	二,九	一,七五二九五	一,○○二四	一,○二三五
	四○	三	五三,○	二,八	一,七五三一六	一,○○二四	一,○二三○
	五○	三	五○,二	二,八	一,七五三三六	一,○○二三	一,○二二五
一四	○	三	四七,四	二,七	一,七五三五五		一,○二二○
	一○	三	四四,七	二,六	一,七五三七三		一,○二一六
	二○	三	四二,一	二,六	一,七五三九一		一,○二一二
	三○	三	三九,五	二,五	一,七五四○八		一,○二○八
	四○	三	三七,○	二,五	一,七五四二五		一,○二○四
	五○	三	三四,五	二,四	一,七五四四一		一,○二○○

第八表

高度 度	蒙氣差之中數 分	蒙氣差之中數 秒	蒙氣差中數之差 秒	甲對	子	丑
一五	三	三二,一	一三,五	一,七五四五七		一,○一九七
一六	三	一八,六	一二,○	一,七五五四三		一,○一七五
一七	三	六,六	一○,八	一,七五六一五		一,○一五六
一八	二	五五,八	九,七	一,七五六七五		一,○一三九
一九	二	四六,一	八,八	一,七五七二六		一,○一二四
二○	二	三七,三	八,○	一,七五七七一		一,○一一一
二一	二	二九,三	七,四	一,七五八○九		一,○一○一
二二	二	二一,九	六,七	一,七五八四二		一,○○九二
二三	二	一五,二	六,三	一,七五八七一		一,○○八三
二四	二	八,九	五,七	一,七五八九七		一,○○七五
二五	二	三,二	五,四	一,七五九一九		一,○○六八
二六	一	五七,八	五,○	一,七五九三九		一,○○六三
二七	一	五二,八	四,六	一,七五九五七		一,○○五八
二八	一	四八,二	四,四	一,七五九七三		一,○○五四
二九	一	四三,八	四,一	一,七五九八八		一,○○四九
三○	一	三九,七	三,九	一,七六○○一		一,○○四六
三一	一	三五,八	三,七	一,七六○一二		一,○○四三
三二	一	三二,一	三,四	一,七六○二三		一,○○四○
三三	一	二八,七	三,三	一,七六○三三		一,○○三七
三四	一	二五,四	三,一	一,七六○四二		一,○○三四
三五	一	二二,三	三,○	一,七六○五○		一,○○三一
三六	一	一九,三	二,八	一,七六○五八		一,○○二九
三七	一	一六,五	二,七	一,七六○六五		一,○○二七
三八	一	一三,八	二,六	一,七六○七一		一,○○二六
三九	一	一一,二	二,五	一,七六○七七		一,○○二五
四○	一	八,七	二,四	一,七六○八二		一,○○二三
四一	一	六,三	二,三	一,七六○八七		一,○○二一
四二	一	四,○	二,二	一,七六○九二		一,○○二○
四三	一	一,八	二,一	一,七六○九六		一,○○一九
四四	○	五九,七	二,○	一,七六一○○		一,○○一九

第八表

第一節

第一行 高度	第二行 氣差中數	第三行 氣差中數之較	第四行 甲對
四五°	五七″.七	二″.○	一,七六一○四
四六	五五.七	一.九	一,七六一○七
四七	五三.八	一.九	一,七六一一一
四八	五一.九	一.七	一,七六一一四
四九	五○.二	一.八	一,七六一一七
五○	四八.四	一.七	一,七六一一九
五一	四六.七	一.六	一,七六一二二
五二	四五.一	一.六	一,七六一二四
五三	四三.五	一.六	一,七六一二六
五四	四一.九	一.五	一,七六一二八
五五	四○.四	一.五	一,七六一三○
五六	三八.九	一.四	一,七六一三二
五七	三七.五	一.四	一,七六一三四
五八	三六.一	一.四	一,七六一三六
五九	三四.七	一.四	一,七六一三八
六○	三三.三	一.三	一,七六一三九
六一	三二.○	一.三	一,七六一四○
六二	三○.七	一.三	一,七六一四二
六三	二九.四	一.二	一,七六一四三
六四	二八.二	一.三	一,七六一四四
六五	二六.九	一.二	一,七六一四五
六六	二五.七	一.二	一,七六一四六
六七	二四.五	一.二	一,七六一四七
六八	二三.三	一.一	一,七六一四八
六九	二二.二	一.二	一,七六一四八
七○	二一.○	一.一	一,七六一四九
七一	一九.九	一.一	一,七六一五○
七二	一八.八	一.一	一,七六一五○
七三	一七.七	一.一	一,七六一五一
七四	一六.六	一.一	一,七六一五一
七五	一五.五	五.三	一,七六一五二
八○	一○.二	五.一	一,七六一五四
八五	五.一	五.一	一,七六一五六
九○	○.○		一,七六一五六

第二節

第一行 風雨表之高寸	第二行 乙	第三行 乙對
二七.九寸	○,九四三	⊤○,○二五六四
二八.○	○,九四六	⊤○,○二四○九
二八.一	○,九四九	⊤○,○二二五四
二八.二	○,九五三	⊤○,○二○九九
二八.三	○,九五六	⊤○,○一九四六
二八.四	○,九六○	⊤○,○一七九三
二八.五	○,九六三	⊤○,○一六四○
二八.六	○,九六六	⊤○,○一四八八
二八.七	○,九七○	⊤○,○一三三六
二八.八	○,九七三	⊤○,○一一八五
二八.九	○,九七六	⊤○,○一○三五
二九.○	○,九八○	⊤○,○○八八五
二九.一	○,九八三	⊤○,○○七三五
二九.二	○,九八七	⊤○,○○五八六
二九.三	○,九九○	⊤○,○○四三八
二九.四	○,九九三	⊤○,○○二九○
二九.五	○,九九七	⊤○,○○一四二
二九.六	一,○○○	⊥○,○○○○五
二九.七	一,○○三	⊥○,○○一五一
二九.八	一,○○七	⊥○,○○二九七
二九.九	一,○一○	⊥○,○○四四三
三○.○	一,○一四	⊥○,○○五八八
三○.一	一,○一七	⊥○,○○七三二
三○.二	一,○二○	⊥○,○○八七六
三○.三	一,○二四	⊥○,○一○二○
三○.四	一,○二七	⊥○,○一一六三
三○.五	一,○三一	⊥○,○一三○六
三○.六	一,○三四	⊥○,○一四四八
三○.七	一,○三七	⊥○,○一五八九
三○.八	一,○四一	⊥○,○一七三一
三○.九	一,○四四	⊥○,○一八七一
三一.○	一,○四七	⊥○,○二○一二

第三節

第一行 聯風雨表寒暑表度數	第二行 時°	第三行 時°對
⊤二○°	一,○○五	⊥○,○○二○三
⊤一五	一,○○四	⊥○,○○一八三
⊤一○	一,○○四	⊥○,○○一六四
⊤五	一,○○三	⊥○,○○一四四
○	一,○○三	⊥○,○○一二五
⊥五	一,○○三	⊥○,○○一○五
⊥一○	一,○○二	⊥○,○○○八六
⊥一五	一,○○二	⊥○,○○○六六
⊥二○	一,○○一	⊥○,○○○四七
⊥二五	一,○○一	⊥○,○○○二七
⊥三○	一,○○○	⊥○,○○○○八
⊥三五	一,○○○	⊤○,○○○一一
⊥四○	○,九九九	⊤○,○○○三一
⊥四五	○,九九九	⊤○,○○○五○
⊥五○	○,九九八	⊤○,○○○七○
⊥五五	○,九九八	⊤○,○○○八九
⊥六○	○,九九七	⊤○,○○一○九
⊥六五	○,九九七	⊤○,○○一二八
⊥七○	○,九九七	⊤○,○○一四八
⊥七五	○,九九六	⊤○,○○一六七
⊥八○	○,九九六	⊤○,○○一八六
⊥八五	○,九九五	⊤○,○○二○五
⊥九○	○,九九五	⊤○,○○二二五
⊥九五	○,九九四	⊤○,○○二四四

第四節

第一行 房外寒暑表之度數	第二行 時′	第三行 時′對
⊤二○°	一,一五六	⊥○,○六二七九
一九	一,一五三	⊥○,○六一八一
一八	一,一五○	⊥○,○六○八三
一七	一,一四八	⊥○,○五九八五
一六	一,一四五	⊥○,○五八八七
一五	一,一四三	⊥○,○五七九○
一四	一,一四○	⊥○,○五六九三
一三	一,一三八	⊥○,○五五九六
一二	一,一三五	⊥○,○五五○○
一一	一,一三二	⊥○,○五四○三
一○	一,一三○	⊥○,○五三○七
九	一,一二八	⊥○,○五二一一
八	一,一二五	⊥○,○五一一五
七	一,一二三	⊥○,○五○二○
六	一,一二○	⊥○,○四九二四
五	一,一一八	⊥○,○四八二九
四	一,一一五	⊥○,○四七三四
三	一,一一三	⊥○,○四六四○
二	一,一一○	⊥○,○四五四五
⊤一	一,一○八	⊥○,○四四五一
○	一,一○六	⊥○,○四三五七
⊥一	一,一○三	⊥○,○四二六三
二	一,一○一	⊥○,○四一六九
三	一,○九八	⊥○,○四○七六
四	一,○九六	⊥○,○三九八二
五	一,○九四	⊥○,○三八八九
六	一,○九一	⊥○,○三七九六
七	一,○八九	⊥○,○三七○四

第八表

第四節

第一行 房外寒暑表之度數	第二行 時′	第三行 時′對
⊥八°	一,○八七	⊥○,○三六一一
九	一,○八四	⊥○,○三五一九
一○	一,○八二	⊥○,○三四二七
一一	一,○八○	⊥○,○三三三五
一二	一,○七八	⊥○,○三二四三
一三	一,○七五	⊥○,○三一五二
一四	一,○七三	⊥○,○三○六○
一五	一,○七一	⊥○,○二九六九
一六	一,○六九	⊥○,○二八七八
一七	一,○六六	⊥○,○二七八七
一八	一,○六四	⊥○,○二六九七
一九	一,○六二	⊥○,○二六○六
二○	一,○六○	⊥○,○二五一四
二一	一,○五七	⊥○,○二四二六
二二	一,○五五	⊥○,○二三三六
二三	一,○五三	⊥○,○二二四七
二四	一,○五一	⊥○,○二一五七
二五	一,○四九	⊥○,○二○六八
二六	一,○四七	⊥○,○一九七九
二七	一,○四四	⊥○,○一八九○
二八	一,○四二	⊥○,○一八○一
二九	一,○四○	⊥○,○一七一三
三○	一,○三八	⊥○,○一六二四
三一	一,○三六	⊥○,○一五三六
三二	一,○三四	⊥○,○一四四八
三三	一,○三二	⊥○,○一三六○
三四	一,○三○	⊥○,○一二七三
三五	一,○二八	⊥○,○一一八五
三六	一,○二六	⊥○,○一○九八
⊥三七	一,○二四	⊥○,○一○一一

第一行 房外寒暑表之度數	第二行 時′	第三行 時′對
⊥三八°	一,○二二	⊥○,○○九二四
三九	一,○一九	⊥○,○○八三七
四○	一,○一七	⊥○,○○七五○
四一	一,○一五	⊥○,○○六六四
四二	一,○一三	⊥○,○○五七八
四三	一,○一一	⊥○,○○四九二
四四	一,○○九	⊥○,○○四○六
四五	一,○○七	⊥○,○○三二○
四六	一,○○五	⊥○,○○二三四
四七	一,○○三	⊥○,○○一四九
四八	一,○○一	⊥○,○○○六四
四九	一,○○○	⊤○,○○○二一
五○	○,九九八	⊤○,○○一○六
五一	○,九九六	⊤○,○○一九一
五二	○,九九四	⊤○,○○二七五
五三	○,九九二	⊤○,○○三六○
五四	○,九九○	⊤○,○○四四四
五五	○,九八八	⊤○,○○五二八
五六	○,九八六	⊤○,○○六一二
五七	○,九八四	⊤○,○○六九八
五八	○,九八二	⊤○,○○七八○
五九	○,九八○	⊤○,○○八六三
六○	○,九七八	⊤○,○○九四六
六一	○,九七七	⊤○,○一○二九
六二	○,九七五	⊤○,○一一一二
六三	○,九七三	⊤○,○一一九五
六四	○,九七一	⊤○,○一二七八
六五	○,九六九	⊤○,○一三六○
六六	○,九六七	⊤○,○一四四三
⊥六七	○,九六五	⊤○,○一五二五

第八表

第四節

第一行 房外寒暑表之度數	第二行 時′	第三行 時′對
⊥六八°	○,九六四	⊤○,○一六○七
六九	○,九六二	⊤○,○一六八九
七○	○,九六○	⊤○,○一七七○
七一	○,九五八	⊤○,○一八五二
七二	○,九五六	⊤○,○一九三三
七三	○,九五五	⊤○,○二○一五
七四	○,九五三	⊤○,○二○九六
七五	○,九五一	⊤○,○二一七七
七六	○,九四九	⊤○,○二二五七
七七	○,九四八	⊤○,○二三三八
七八	○,九四六	⊤○,○二四一九
七九	○,九四四	⊤○,○二四九九
八○	○,九四二	⊤○,○二五七九
八一	○,九四一	⊤○,○二六五九
八二	○,九三九	⊤○,○二七三八
八三	○,九三七	⊤○,○二八一九
八四	○,九三五	⊤○,○二八九八
八五	○,九三四	⊤○,○二九七八
八六	○,九三二	⊤○,○三○五七
八七	○,九三○	⊤○,○三一三六
八八	○,九二九	⊤○,○三二一六
八九	○,九二七	⊤○,○三二九四
九○	○,九二五	⊤○,○三三七三
九一	○,九二四	⊤○,○三四五二
九二	○,九二二	⊤○,○三五三○
九三	○,九二○	⊤○,○三六○九
九四	○,九一九	⊤○,○三六八七
九五	○, 一七	⊤○,○三七六五

第九表

此表之用、解見第五卷第三四五各節、假如某星近午線、測其距天頂度、欲推算星恰在午線之距天頂度、應用此表、

如圖甲爲天頂、乙爲北極、己爲星近午線時刻、其距天頂度命爲呷、按第五卷第三節、此星恰在午線、其距天頂度爲

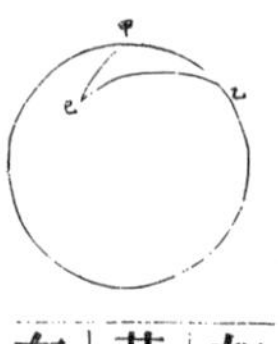

在午線、其距天頂度爲 呷丅天、

準第五卷第四節㊀丁式、則

天＝(呷正弦／(地餘弦×叱餘弦))×丙

丅(呷正弦／(地餘弦×叱餘弦))二×呷餘切×丙′

此表第一節

所載之數爲丙、則以時爲主、如時等於二十四分三秒、查表得

丙＝一一三四秒六

若時爲三十分十秒、查得

丙＝一七八四秒二

第二節所載爲丙亦以時爲主、如時等於七分三十秒、查表得

丙′＝○秒.○三

因鐘表有差、而所記之時角、不能甚準、命丑爲鐘一天所差、或遲或速、遲則丑爲負號、速爲正號、前式內時必以

一丄(八六四○○丅丑／二丑)

乘之、而得時之眞數、命

一丄(八六四○○丅丑／二丑)＝哑

附表所載之數爲哑對、查此附表、則以丑爲主、如表每日速行二十四秒、查表得

哑對＝九.九九九七五八八、

如表每日遲行九秒、查表得

哑對＝○.○○○○九○五、

餘仿此、

第九表　第一節

秒	丙 ○分	丙 一分	丙 二分	丙 三分	丙 四分	丙 五分	丙 六分	丙 七分
○	○″.○	二″.○	七″.八	一七″.七	三一″.四	四九″.一	七○″.七	九六″.二
一	○.○	二.○	八.○	一七.九	三一.七	四九.四	七一.一	九六.七
二	○.○	二.一	八.一	一八.一	三一.九	四九.七	七一.五	九七.一
三	○.○	二.二	八.二	一八.三	三二.二	五○.一	七一.九	九七.六
四	○.○	二.二	八.四	一八.五	三二.五	五○.四	七二.三	九八.○
五	○.○	二.三	八.五	一八.七	三二.七	五○.七	七二.七	九八.五
六	○.○	二.四	八.七	一八.九	三三.○	五一.一	七三.一	九九.○
七	○.○	二.四	八.八	一九.一	三三.三	五一.四	七三.五	九九.四
八	○.○	二.五	八.九	一九.三	三三.五	五一.七	七三.九	九九.九
九	○.○	二.六	九.一	一九.五	三三.八	五二.一	七四.三	一○○.四
一○	○.一	二.七	九.二	一九.七	三四.一	五二.四	七四.七	一○○.八
一一	○.一	二.七	九.四	一九.九	三四.四	五二.七	七五.一	一○一.三
一二	○.一	二.八	九.五	二○.一	三四.六	五三.一	七五.五	一○一.八
一三	○.一	二.九	九.六	二○.三	三四.九	五三.四	七五.九	一○二.三
一四	○.一	三.○	九.八	二○.五	三五.二	五三.八	七六.三	一○二.七
一五	○.一	三.一	九.九	二○.七	三五.五	五四.一	七六.七	一○三.二
一六	○.一	三.一	一○.一	二○.九	三五.七	五四.五	七七.一	一○三.七
一七	○.二	三.二	一○.二	二一.二	三六.○	五四.八	七七.五	一○四.二
一八	○.二	三.三	一○.四	二一.四	三六.三	五五.一	七七.九	一○四.六
一九	○.二	三.四	一○.五	二一.六	三六.六	五五.五	七八.三	一○五.一
二○	○.二	三.五	一○.七	二一.八	三六.九	五五.八	七八.八	一○五.六
二一	○.二	三.六	一○.八	二二.○	三七.二	五六.二	七九.二	一○六.一
二二	○.三	三.七	一一.○	二二.三	三七.四	五六.五	七九.六	一○六.六
二三	○.三	三.八	一一.二	二二.五	三七.七	五六.九	八○.○	一○七.○
二四	○.三	三.八	一一.三	二二.七	三八.○	五七.三	八○.四	一○七.五
二五	○.三	三.九	一一.五	二二.九	三八.三	五七.六	八○.八	一○八.○
二六	○.四	四.○	一一.六	二三.一	三八.六	五八.○	八一.三	一○八.五
二七	○.四	四.一	一一.八	二三.四	三八.九	五八.三	八一.七	一○九.○
二八	○.四	四.二	一一.九	二三.六	三九.二	五八.七	八二.一	一○九.五
二九	○.五	四.三	一二.一	二三.八	三九.五	五九.○	八二.五	一一○.○

第九表

第一節

㣙 十三分	㣙 十二分	㣙 十一分	㣙 十分	㣙 九分	㣙 八分	秒
三三一.七	二八二.七	二三七.五	一九六.三	一五九.〇	一二五.七	〇
三三二.六	二八三.五	二三八.三	一九七.〇	一五九.六	一二六.二	一
三三三.四	二八四.三	二三九.〇	一九七.六	一六〇.二	一二六.七	二
三三四.三	二八五.〇	二三九.七	一九八.三	一六〇.八	一二七.二	三
三三五.二	二八五.八	二四〇.四	一九八.九	一六一.四	一二七.八	四
三三六.〇	二八六.六	二四一.一	一九九.六	一六二.〇	一二八.三	五
三三六.九	二八七.四	二四一.九	二〇〇.三	一六二.六	一二八.八	六
三三七.七	二八八.二	二四二.六	二〇〇.九	一六三.二	一二九.三	七
三三八.六	二八九.〇	二四三.三	二〇一.六	一六三.八	一二九.九	八
三三九.四	二八九.八	二四四.一	二〇二.二	一六四.四	一三〇.四	九
三四〇.三	二九〇.六	二四四.八	二〇二.九	一六五.〇	一三〇.九	一〇
三四一.二	二九一.四	二四五.五	二〇三.六	一六五.六	一三一.五	一一
三四二.〇	二九二.二	二四六.三	二〇四.二	一六六.二	一三二.〇	一二
三四二.九	二九三.〇	二四七.〇	二〇四.九	一六六.八	一三二.六	一三
三四三.七	二九三.八	二四七.七	二〇五.六	一六七.四	一三三.一	一四
三四四.六	二九四.六	二四八.五	二〇六.三	一六八.〇	一三三.六	一五
三四五.五	二九五.四	二四九.二	二〇六.九	一六八.六	一三四.二	一六
三四六.四	二九六.二	二四九.九	二〇七.六	一六九.二	一三四.七	一七
三四七.二	二九七.〇	二五〇.七	二〇八.三	一六九.八	一三五.三	一八
三四八.一	二九七.八	二五一.四	二〇八.九	一七〇.四	一三五.八	一九
三四九.〇	二九八.六	二五二.二	二〇九.六	一七一.〇	一三六.三	二〇
三四九.八	二九九.四	二五三.〇	二一〇.三	一七一.六	一三六.九	二一
三五〇.七	三〇〇.二	二五三.六	二一一.〇	一七二.二	一三七.四	二二
三五一.六	三〇一.〇	二五四.四	二一一.七	一七二.九	一三八.〇	二三
三五二.五	三〇一.八	二五五.一	二一二.三	一七三.五	一三八.五	二四
三五三.三	三〇二.六	二五五.九	二一三.〇	一七四.一	一三九.一	二五
三五四.二	三〇三.五	二五六.六	二一三.七	一七四.七	一三九.六	二六
三五五.一	三〇四.三	二五七.四	二一四.四	一七五.三	一四〇.二	二七
三五六.〇	三〇五.一	二五八.一	二一五.一	一七五.九	一四〇.七	二八
三五六.九	三〇五.九	二五八.九	二一五.八	一七六.六	一四一.三	二九

第九表

第一節

㣙 七分	㣙 六分	㣙 五分	㣙 四分	㣙 三分	㣙 二分	㣙 一分	㣙 〇分	秒
一一〇.四	八三.〇	五九.四	三九.八	二四.〇	一二.三	四.四	〇.五	三〇
一一〇.九	八三.四	五九.八	四〇.一	二四.三	一二.四	四.五	〇.五	三一
一一一.四	八三.八	六〇.一	四〇.三	二四.五	一二.六	四.六	〇.六	三二
一一一.九	八四.二	六〇.五	四〇.六	二四.七	一二.八	四.七	〇.六	三三
一一二.四	八四.七	六〇.八	四〇.九	二五.〇	一二.九	四.八	〇.六	三四
一一二.九	八五.一	六一.二	四一.二	二五.二	一三.一	四.九	〇.七	三五
一一三.四	八五.五	六一.六	四一.五	二五.四	一三.三	五.〇	〇.七	三六
一一三.九	八六.〇	六一.九	四一.八	二五.七	一三.四	五.一	〇.七	三七
一一四.四	八六.四	六二.三	四二.一	二五.九	一三.六	五.二	〇.八	三八
一一四.九	八六.八	六二.七	四二.五	二六.二	一三.八	五.三	〇.八	三九
一一五.四	八七.三	六三.〇	四二.八	二六.四	一四.〇	五.四	〇.九	四〇
一一五.九	八七.七	六三.四	四三.一	二六.六	一四.一	五.六	〇.九	四一
一一六.四	八八.一	六三.八	四三.四	二六.九	一四.三	五.七	一.〇	四二
一一六.九	八八.六	六四.二	四三.七	二七.一	一四.五	五.八	一.〇	四三
一一七.四	八九.〇	六四.五	四四.〇	二七.四	一四.七	五.九	一.一	四四
一一七.九	八九.五	六四.九	四四.三	二七.六	一四.八	六.〇	一.一	四五
一一八.四	八九.九	六五.三	四四.六	二七.九	一五.〇	六.一	一.二	四六
一一八.九	九〇.三	六五.七	四四.九	二八.一	一五.二	六.二	一.二	四七
一一九.五	九〇.八	六六.〇	四五.二	二八.三	一五.四	六.四	一.三	四八
一二〇.〇	九一.二	六六.四	四五.五	二八.六	一五.六	六.五	一.三	四九
一二〇.五	九一.七	六六.八	四五.九	二八.八	一五.八	六.六	一.四	五〇
一二一.〇	九二.一	六七.二	四六.二	二九.一	一五.九	六.七	一.四	五一
一二一.五	九二.六	六七.六	四六.五	二九.四	一六.一	六.八	一.五	五二
一二二.〇	九三.〇	六八.〇	四六.八	二九.六	一六.三	七.〇	一.五	五三
一二二.五	九三.五	六八.三	四七.一	二九.九	一六.五	七.一	一.六	五四
一二三.一	九三.九	六八.七	四七.五	三〇.一	一六.七	七.二	一.六	五五
一二三.六	九四.四	六九.一	四七.八	三〇.四	一六.九	七.三	一.七	五六
一二四.一	九四.八	六九.五	四八.一	三〇.六	一七.一	七.五	一.八	五七
一二四.六	九五.三	六九.九	四八.四	三〇.九	一七.三	七.六	一.八	五八
一二五.一	九五.七	七〇.三	四八.八	三一.二	一七.五	七.七	一.九	五九

第九表

第一節

㣙 十九分	㣙 十八分	㣙 十七分	㣙 十六分	㣙 十五分	㣙 十四分	秒
七〇八.四	六三五.九	五六七.二	五〇二.五	四四一.六	三八四.七	〇
七〇九.四	六三七.〇	五六八.三	五〇三.五	四四二.六	三八五.六	一
七一〇.九	六三八.二	五六九.四	五〇四.六	四四三.六	三八六.六	二
七一二.一	六三九.四	五七〇.五	五〇五.六	四四四.六	三八七.五	三
七一三.四	六四〇.六	五七一.六	五〇六.七	四四五.六	三八八.四	四
七一四.六	六四一.七	五七二.八	五〇七.七	四四六.五	三八九.三	五
七一五.九	六四二.九	五七三.九	五〇八.八	四四七.五	三九〇.二	六
七一七.一	六四四.一	五七五.〇	五〇九.八	四四八.五	三九一.二	七
七一八.四	六四五.三	五七六.一	五一〇.九	四四九.五	三九二.一	八
七一九.六	六四六.五	五七七.二	五一一.九	四五〇.五	三九三.〇	九
七二〇.九	六四七.七	五七八.四	五一三.〇	四五一.五	三九三.九	一〇
七二二.一	六四八.九	五七九.五	五一四.〇	四五二.五	三九四.九	一一
七二三.四	六五〇.〇	五八〇.六	五一五.一	四五三.五	三九五.八	一二
七二四.六	六五一.二	五八一.七	五一六.一	四五四.五	三九六.七	一三
七二五.九	六五二.四	五八二.九	五一七.二	四五五.五	三九七.六	一四
七二七.二	六五三.六	五八四.〇	五一八.三	四五六.五	三九八.六	一五
七二八.四	六五四.八	五八五.一	五一九.三	四五七.五	三九九.五	一六
七二九.七	六五六.〇	五八六.二	五二〇.四	四五八.五	四〇〇.五	一七
七三〇.九	六五七.二	五八七.四	五二一.五	四五九.五	四〇一.四	一八
七三二.二	六五八.四	五八八.五	五二二.五	四六〇.五	四〇二.三	一九
七三三.五	六五九.六	五八九.六	五二三.六	四六一.五	四〇三.三	二〇
七三四.七	六六〇.八	五九〇.八	五二四.六	四六二.五	四〇四.二	二一
七三六.〇	六六二.〇	五九一.九	五二五.七	四六三.五	四〇五.一	二二
七三七.三	六六三.二	五九三.〇	五二六.八	四六四.五	四〇六.一	二三
七三八.五	六六四.四	五九四.二	五二七.九	四六五.五	四〇七.〇	二四
七三九.八	六六五.六	五九五.三	五二八.九	四六六.五	四〇八.〇	二五
七四一.一	六六六.八	五九六.五	五三〇.〇	四六七.五	四〇八.九	二六
七四二.三	六六八.〇	五九七.六	五三一.一	四六八.五	四〇九.九	二七
七四三.六	六六九.二	五九八.七	五三二.二	四六九.五	四一〇.八	二八
七四四.九	六七〇.四	五九九.九	五三三.二	四七〇.五	四一一.七	二九

第九表

第一節

㣙 十三分	㣙 十二分	㣙 十一分	㣙 十分	㣙 九分	㣙 八分	秒
三五七.七	三〇六.七	二五九.六	二一六.四	一七七.二	一四一.八	三〇
三五八.六	三〇七.五	二六〇.四	二一七.一	一七七.八	一四二.四	三一
三五九.五	三〇八.四	二六一.一	二一七.八	一七八.四	一四三.〇	三二
三六〇.四	三〇九.二	二六一.九	二一八.五	一七九.〇	一四三.五	三三
三六一.三	三一〇.〇	二六二.六	二一九.二	一七九.七	一四四.一	三四
三六二.二	三一〇.八	二六三.四	二一九.九	一八〇.三	一四四.六	三五
三六三.一	三一一.六	二六四.一	二二〇.六	一八〇.九	一四五.二	三六
三六四.〇	三一二.五	二六四.九	二二一.三	一八一.六	一四五.八	三七
三六四.八	三一三.三	二六五.七	二二二.〇	一八二.二	一四六.三	三八
三六五.七	三一四.一	二六六.四	二二二.七	一八二.八	一四六.九	三九
三六六.六	三一五.〇	二六七.二	二二三.四	一八三.五	一四七.五	四〇
三六七.五	三一五.八	二六八.〇	二二四.一	一八四.一	一四八.〇	四一
三六八.四	三一六.六	二六八.七	二二四.八	一八四.七	一四八.六	四二
三六九.三	三一七.四	二六九.五	二二五.五	一八五.四	一四九.二	四三
三七〇.二	三一八.三	二七〇.三	二二六.二	一八六.〇	一四九.七	四四
三七一.一	三一九.一	二七一.〇	二二六.九	一八六.六	一五〇.三	四五
三七二.〇	三一九.九	二七一.八	二二七.六	一八七.三	一五〇.九	四六
三七二.九	三二〇.八	二七二.六	二二八.三	一八七.九	一五一.五	四七
三七三.八	三二一.六	二七三.三	二二九.〇	一八八.五	一五二.〇	四八
三七四.七	三二二.四	二七四.一	二二九.七	一八九.二	一五二.六	四九
三七五.六	三二三.三	二七四.九	二三〇.四	一八九.八	一五三.二	五〇
三七六.五	三二四.一	二七五.六	二三一.一	一九〇.五	一五三.八	五一
三七七.四	三二五.〇	二七六.四	二三一.八	一九一.一	一五四.四	五二
三七八.三	三二五.八	二七七.二	二三二.五	一九一.八	一五四.九	五三
三七九.三	三二六.七	二七八.〇	二三三.二	一九二.四	一五五.五	五四
三八〇.二	三二七.五	二七八.八	二三四.〇	一九三.一	一五六.一	五五
三八一.一	三二八.四	二七九.五	二三四.七	一九三.七	一五六.七	五六
三八二.〇	三二九.二	二八〇.三	二三五.四	一九四.四	一五七.三	五七
三八二.九	三三〇.〇	二八一.一	二三六.一	一九五.〇	一五七.八	五八
三八三.八	三三〇.九	二八一.九	二三六.八	一九五.七	一五八.四	五九

第九表

第一節

秒	晒 十四分	晒 十五分	晒 十六分	晒 十七分	晒 十八分	晒 十九分
三〇	四一二、七	四七一、五	五三四、三	六〇一、〇	六七一、六	七四六、二
三一	四一三、六	四七二、六	五三五、四	六〇二、二	六七二、八	七四七、四
三二	四一四、六	四七三、六	五三六、五	六〇三、三	六七四、一	七四八、七
三三	四一五、五	四七四、六	五三七、六	六〇四、五	六七五、三	七五〇、〇
三四	四一六、五	四七五、六	五三八、七	六〇五、六	六七六、五	七五一、三
三五	四一七、四	四七六、六	五三九、七	六〇六、八	六七七、七	七五二、六
三六	四一八、四	四七七、六	五四〇、八	六〇七、九	六七八、九	七五三、八
三七	四一九、四	四七八、七	五四一、九	六〇九、一	六八〇、一	七五五、一
三八	四二〇、三	四七九、七	五四三、〇	六一〇、二	六八一、三	七五六、四
三九	四二一、三	四八〇、七	五四四、一	六一一、四	六八二、六	七五七、七
四〇	四二二、二	四八一、七	五四五、二	六一二、五	六八三、八	七五九、〇
四一	四二三、二	四八二、八	五四六、三	六一三、七	六八五、〇	七六〇、二
四二	四二四、二	四八三、八	五四七、四	六一四、八	六八六、二	七六一、五
四三	四二五、一	四八四、八	五四八、四	六一六、〇	六八七、四	七六二、八
四四	四二六、一	四八五、八	五四九、五	六一七、二	六八八、七	七六四、一
四五	四二七、〇	四八六、九	五五〇、六	六一八、三	六八九、九	七六五、四
四六	四二八、〇	四八七、九	五五一、七	六一九、五	六九一、一	七六六、七
四七	四二九、〇	四八八、九	五五二、八	六二〇、六	六九二、四	七六八、〇
四八	四二九、九	四九〇、〇	五五三、九	六二一、八	六九三、六	七六九、三
四九	四三〇、九	四九一、〇	五五五、〇	六二三、〇	六九四、八	七七〇、六
五〇	四三一、九	四九二、〇	五五六、一	六二四、一	六九六、〇	七七一、九
五一	四三二、八	四九三、一	五五七、二	六二五、三	六九七、三	七七三、一
五二	四三三、八	四九四、一	五五八、三	六二六、五	六九八、五	七七四、五
五三	四三四、八	四九五、二	五五九、四	六二七、六	六九九、七	七七五、八
五四	四三五、八	四九六、二	五六〇、五	六二八、八	七〇一、〇	七七七、一
五五	四三六、七	四九七、二	五六一、六	六三〇、〇	七〇二、二	七七八、四
五六	四三七、七	四九八、三	五六二、七	六三一、二	七〇三、五	七七九、七
五七	四三八、七	四九九、三	五六三、九	六三二、三	七〇四、七	七八一、〇
五八	四三九、七	五〇〇、三	五六五、〇	六三三、五	七〇五、九	七八二、三
五九	四四〇、六	五〇一、四	五六六、一	六三四、七	七〇七、一	七八三、六

第九表

第一節

秒	晒 二十分	晒 二一分	晒 二二分	晒 二三分	晒 二四分	晒 二五分
〇	七八四、九	八六五、三	九四九、六	一〇三七、八	一一二九、九	一二二五、九
一	七八六、二	八六六、六	九五一、〇	一〇三九、三	一一三一、四	一二二七、五
二	七八七、五	八六八、〇	九五二、四	一〇四〇、八	一一三三、〇	一二二九、二
三	七八八、八	八六九、四	九五三、八	一〇四二、三	一一三四、六	一二三〇、八
四	七九〇、一	八七〇、八	九五五、三	一〇四三、八	一一三六、二	一二三二、五
五	七九一、四	八七二、一	九五六、七	一〇四五、三	一一三七、八	一二三四、一
六	七九二、七	八七三、五	九五八、二	一〇四六、八	一一三九、三	一二三五、七
七	七九四、〇	八七四、九	九五九、六	一〇四八、三	一一四〇、九	一二三七、三
八	七九五、四	八七六、三	九六一、一	一〇四九、八	一一四二、五	一二三九、〇
九	七九六、七	八七七、六	九六二、五	一〇五一、三	一一四四　〇	一二四〇、六
一〇	七九八、〇	八七九、〇	九六三、九	一〇五二、八	一一四五、六	一二四二、三
一一	七九九、三	八八〇、四	九六五、四	一〇五四、三	一一四七、二	一二四三、九
一二	八〇〇、七	八八一、八	九六六、九	一〇五五、九	一一四八、八	一二四五、六
一三	八〇二、〇	八八三、二	九六八、三	一〇五七、四	一一五〇、四	一二四七、二
一四	八〇三、三	八八四、六	九六九、八	一〇五八、九	一一五二、〇	一二四八、九
一五	八〇四、六	八八六、〇	九七一、二	一〇六〇、四	一一五三、六	一二五〇、五
一六	八〇六、〇	八八七、四	九七二、七	一〇六二、〇	一一五五、二	一二五二、二
一七	八〇七、三	八八八、八	九七四、一	一〇六三、五	一一五六、八	一二五三、八
一八	八〇八、六	八九〇、二	九七五、五	一〇六五、〇	一一五八、三	一二五五、五
一九	八〇九、九	八九一、六	九七七、〇	一〇六六、五	一一五九、九	一二五七、一
二〇	八一一、三	八九三、〇	九七八、五	一〇六八、一	一一六一、五	一二五八、八
二一	八一二、六	八九四、四	九七九、九	一〇六九、六	一一六三、一	一二六〇、四
二二	八一三、九	八九五、八	九八一、四	一〇七一、一	一一六四、七	一二六二、一
二三	八一五、二	八九七、二	九八二、九	一〇七二、六	一一六六、三	一二六三、七
二四	八一六、六	八九八、六	九八四、四	一〇七四、二	一一六七、九	一二六五、四
二五	八一七、九	九〇〇、〇	九八五、八	一〇七五、七	一一六九、五	一二六七、〇
二六	八一九、二	九〇一、四	九八七、三	一〇七七、二	一一七一、一	一二六八、七
二七	八二〇、五	九〇二、八	九八八、八	一〇七八、七	一一七二、七	一二七〇、三
二八	八二一、九	九〇四、二	九九〇、三	一〇八〇、三	一一七四、三	一二七二、〇
二九	八二三、二	九〇五、六	九九一、八	一〇八一、八	一一七五、九	一二七三、七

第九表

第一節

秒	晒 二〇分	晒 二一分	晒 二二分	晒 二三分	晒 二四分	晒 二五分
三〇	八二四、六	九〇七、〇	九九三、二	一〇八三、三	一一七七、五	一二七五、四
三一	八二五、九	九〇八、四	九九四、七	一〇八四、八	一一七九、一	一二七七、一
三二	八二七、三	九〇九、八	九九六、二	一〇八六、四	一一八〇、七	一二七八、八
三三	八二八、六	九一一、二	九九七、六	一〇八七、九	一一八二、三	一二八〇、四
三四	八二九、九	九一二、六	九九九、一	一〇八九、五	一一八三、九	一二八二、一
三五	八三一、二	九一四、〇	一〇〇〇、六	一〇九一、〇	一一八五、五	一二八三、八
三六	八三二、六	九一五、五	一〇〇二、一	一〇九二、六	一一八七、一	一二八五、五
三七	八三三、九	九一六、九	一〇〇三、五	一〇九四、一	一一八八、七	一二八七、一
三八	八三五、三	九一八、三	一〇〇五、〇	一〇九五、七	一一九〇、三	一二八八、八
三九	八三六、六	九一九、七	一〇〇六、五	一〇九七、二	一一九一、九	一二九〇、五
四〇	八三八、〇	九二一、一	一〇〇八、〇	一〇九八、八	一一九三、五	一二九二、二
四一	八三九、三	九二二、五	一〇〇九、四	一一〇〇、三	一一九五、一	一九二三、八
四二	八四〇、七	九二三、九	一〇一〇、九	一一〇一、九	一一九六、七	一二九五、五
四三	八四二、〇	九二五、三	一〇一二、四	一一〇三、四	一一九八、三	一二九七、二
四四	八四三、四	九二六、八	一〇一三、九	一一〇五、〇	一一九九、九	一二九八、九
四五	八四四、七	九二八、二	一〇一五、四	一一〇六、五	一二〇一、五	一三〇〇、五
四六	八四六、一	九二九、六	一〇一六、九	一一〇八、一	一二〇三、一	一三〇二、二
四七	八四七、五	九三一、〇	一〇一八、四	一一〇九、六	一二〇四、七	一三〇三、九
四八	八四八、九	九三二、四	一〇一九、九	一一一一、二	一二〇六、四	一三〇五、六
四九	八五〇、二	九三三、八	一〇二一、四	一一一二、七	一二〇八、〇	一三〇七、三
五〇	八五一、六	九三五、二	一〇二二、八	一一一四、三	一二〇九、六	一三〇九、〇
五一	八五二、九	九三六、六	一〇二四、三	一一一五、八	一二一一、二	一三一〇、七
五二	八五四、三	九三八、一	一〇二五、八	一一一七、四	一二一二、九	一三一二、四
五三	八五五、七	九三九、五	一〇二七、三	一一一八、九	一二一四、五	一三一四、一
五四	八五七、一	九四〇、九	一〇二八、八	一一二〇、五	一二一六、一	一三一五、七
五五	八五八、四	九四二、三	一〇三〇、三	一一二二、〇	一二一七、七	一三一七、四
五六	八五九、八	九四三、八	一〇三一、八	一一二三、六	一二一九、四	一三一九、一
五七	八六一、一	九四五、二	一〇三三、三	一一二五、一	一二二一、〇	一三二〇、八
五八	八六二、五	九四六、六	一〇三四、八	一一二六、七	一二二二、六	一三二二、五
五九	八六三、九	九四八、一	一〇三六、三	一一二八、三	一二二四、二	一三二四、二

第九表

第一節

秒	晒 二六分	晒 二七分	晒 二八分	晒 二九分	晒 三〇分
〇	一三二五、九	一四二九、七	一五三七、五	一六四九、〇	一七六四、六
一	一三二七、六	一四三一、四	一五三九、三	一六五〇、九	一七六六、六
二	一三二九、三	一四三三、二	一五四一、一	一六五二、八	一七六八、五
三	一三三一、〇	一四三四、九	一五四二、九	一六五四、七	一七七〇、五
四	一三三二、七	一四三六、七	一五四四、八	一六五六、六	一七七二、四
五	一三三四、四	一四三八、五	一五四六、六	一六五八、五	一七七四、四
六	一三三六、一	一四四〇、三	一五四八、四	一六六〇、四	一七七六、三
七	一三三七、八	一四四二、一	一五五〇、二	一六六二、三	一七七八、三
八	一三三九、五	一四四三、九	一五五二、一	一六六四、二	一七八〇、三
九	一三四一、二	一四四五、六	一五五三、九	一六六六、一	七八二、三
一〇	一三四二、九	一四四七、四	一五五五、八	一六六八、〇	一七八四、二
一一	一三四四、六	一四四九、二	一五五七、六	一六六九、九	一七八六、二
一二	一三四六、三	一四五一、〇	一五五九、五	一六七一、九	一七八八、二
一三	一三四八、〇	一四五二、八	一五六一、三	一六七三、八	一七九〇、一
一四	一三四九、七	一四五四、五	一五六三、二	一六七五、七	一七九二、一
一五	一三五一、四	一四五六、三	一五六五、〇	一六七七、六	一七九四、一
一六	一三五三、二	一四五八、一	一五六六、九	一六七九、五	一七九六、一
一七	一三五四、九	一四五九、九	一五六八、七	一六八一、四	一七九八、一
一八	一三五六、六	一四六一、六	一五七〇、五	一六八三、三	一八〇〇、〇
一九	一三五八、三	一四六三、四	一五七二、四	一六八五、二	一八〇二、〇
二〇	一三六〇、一	一四六五、二	一五七四、三	一六八七、二	一八〇四、〇
二一	一三六一、八	一四六六、九	一五七六、一	一六八九、一	一八〇五、九
二二	一三六三、五	一四六八、七	一五七八、〇	一六九一、〇	一八〇七、九
二三	一三六五、二	一四七〇、五	一五七九、八	一六九二、九	一八〇九、九
二四	一三六七、〇	一四七二、三	一五八一、七	一六九四、八	一八一一、九
二五	一三六八、七	一四七四、〇	一五八三、五	一六九六、七	一八一三、九
二六	一三七〇、四	一四七五、九	一五八五、三	一六九八、六	一八一五、八
二七	一三七二、一	一四七七、七	一五八七、二	一七〇〇、五	一八一七、八
二八	一三七三、九	一四七九、五	一五八九、一	一七〇二、五	一八一九、八
二九	一三七五、六	一四八一、三	一五九〇、九	一七〇四、四	一八二一、八

第九表

第一節

秒	晒 二六分	晒 二七分	晒 二八分	晒 二九分	晒 三〇分
三〇	一三七七″、四	一四八三″、一	一五九二″、七	一七〇六″、三	一八二三″、八
三一	一三七九、〇	一四八四、九	一五九四、六	一七〇八、二	一八二五、八
三二	一三八〇、八	一四八六、七	一五九六、五	一七一〇、二	一八二七、八
三三	一三八二、五	一四八八、五	一五九八、三	一七一二、一	一八二九、八
三四	一三八四、二	一四九〇、三	一六〇〇、二	一七一四、〇	一八三一、八
三五	一三八五、九	一四九二、一	一六〇二、一	一七一五、九	一八三三、八
三六	一三八七、七	一四九三、九	一六〇四、〇	一七一七、九	一八三五、八
三七	一三八九、四	一四九五、七	一六〇五、九	一七一九、八	一八三七、八
三八	一三九一、二	一四九七、五	一六〇七、七	一七二一、七	一八三九、八
三九	一三九二、九	一四九九、三	一六〇九、六	一七二三、六	一八四一、八
四〇	一三九四、七	一五〇一、一	一六一一、五	一七二五、六	一八四三、八
四一	一三九六、四	一五〇二、九	一六一三、三	一七二七、五	一八四五、八
四二	一三九八、二	一五〇四、七	一六一五、二	一七二九、五	一八四七、八
四三	一三九九、九	一五〇六、五	一六一七、一	一七三一、五	一八四九、八
四四	一四〇一、七	一五〇八、四	一六一九、〇	一七三三、四	一八五一、八
四五	一四〇三、四	一五一〇、二	一六二〇、八	一七三五、三	一八五三、八
四六	一四〇五、二	一五一二、〇	一六二二、七	一七三七、二	一八五五、八
四七	一四〇六、九	一五一三、八	一六二四、六	一七三九、二	一八五七、八
四八	一四〇八、七	一五一五、六	一六二六、五	一七四一、二	一八五九、八
四九	一四一〇、四	一五一七、四	一六二八、三	一七四三、一	一八六一、八
五〇	一四一二、二	一五一九、二	一六三〇、二	一七四五、一	一八六三、八
五一	一四一三、九	一五二一、〇	一六三二、一	一七四七、〇	一八六五、八
五二	一四一五、七	一五二二、九	一六三四、〇	一七四九、〇	一八六七、八
五三	一四一七、四	一五二四、七	一六三五、九	一七五〇、九	一八六九、八
五四	一四一九、二	一五二六、五	一六三七、七	一七五二、九	一八七一、八
五五	一四二〇、九	一五二八、三	一六三九、六	一七五四、八	一八七三、八
五六	一四二二、七	一五三〇、二	一六四一、五	一七五六、八	一八七五、九
五七	一四二四、四	一五三二、〇	一六四三、三	一七五八、七	一八七七、九
五八	一四二六、二	一五三三、八	一六四五、二	一七六〇、七	一八七九、九
五九	一四二七、九	一五三五、六	一六四七、一	一七六二、六	一八八二、〇

第九表

第一節

秒	晒 三一分	晒 三二分	晒 三三分	晒 三四分	晒 三五分
〇	一八八四″、〇	二〇〇七″、四	二 三四″、六	二二六五″、六	二四〇〇″、六
一	一八八六、〇	二〇〇九、四	二一三六、八	二二六七、八	二四〇二、九
二	一八八八、〇	二〇一一、五	二一三八、九	二二七〇、〇	二四〇五、二
三	一八九〇、〇	二〇一三、六	二一四一、一	二二七二、二	二四〇七、五
四	一八九二、一	二〇一五、七	二一四三、二	二二七四、五	二四〇九、八
五	一八九四、一	二〇一七、八	二 四五、三	二二七六、七	二四一二、〇
六	一八九六、一	二〇一九、九	二一四七、五	二二七八、九	二四一四、三
七	一八九八、一	二〇二二、〇	二一四九、七	二二八一、二	二四一六、六
八	一九〇〇、二	二〇二四、一	二 五一、八	二二八三、四	二四一八、九
九	一九〇二、二	二〇二六、二	二一五三、九	二二八五、六	二四二一、二
一〇	一九〇四、三	二〇二八、三	二一五六、一	二二八七、八	二四二三、五
一一	一九〇六、三	二〇三〇、五	二一五八、三	二二九〇、〇	二四二五、八
一二	一九〇八、四	二〇三二、五	二一六〇、五	二二九二、三	二四二八、一
一三	一九一〇、四	二〇三四、六	二一六二、六	二二九四、五	二四三〇、四
一四	一九一二、四	二〇三六、七	二一六四、八	二二九六、八	二四三二、七
一五	一九一四、四	二〇三八、八	二一六六、九	二二九九、〇	二四三五、〇
一六	一九一六、五	二〇四〇、九	二一六九、一	二三〇一、三	二四三七、三
一七	一九一八、五	二〇四三、〇	二一七一、二	二三〇三、六	二四三九、六
一八	一九二〇、六	二〇四五、一	二一七三、四	二三〇五、八	二四四一、九
一九	一九二二、六	二〇四七、二	二一七五、六	二三〇八、〇	二四四四、二
二〇	一九二四、七	二〇四九、三	二一七七、八	二三一〇、二	二四四六、五
二一	一九二六、七	二〇五一、四	二一七九、九	二三一二、四	二四四八、八
二二	一九二八、八	二〇五三、五	二一八二、一	二三一四、七	二四五一、一
二三	一九三〇、八	二〇五五、七	二一八四、三	二三一六、九	二四五三、四
二四	一九三二、九	二〇五七、八	二一八六、四	二三一九、二	二四五五、七
二五	一九三五、〇	二〇五九、九	二一八八、六	二三二一、五	二四五八、〇
二六	一九三七、〇	二〇六二、〇	二一九〇、八	二三二三、七	二四六〇、三
二七	一九三九、〇	二〇六四、一	二一九三、〇	二三二五、九	二四六二、六
二八	一九四一、一	二〇六六、二	二一九五、二	二三二八、二	二四六四、九
二九	一九四三、一	二〇六八、三	二一九七、三	二三三〇、四	二四六七、二

第九表

第一節

秒	晒 三一分	晒 三二分	晒 三三分	晒 三四分	晒 三五分
三〇	一九四五″、二	二〇七〇″、四	二一九九″、五	二三三二″、七	二四六九″、五
三一	一九四七、二	二〇七二、六	二二〇一、七	二三三四、九	二四七一、八
三二	一九四九、三	二〇七四、七	二二〇三、九	二三三七、二	二四七四、二
三三	一九五一、三	二〇七六、八	二二〇六、一	二三三九、四	二四七六、五
三四	一九五三、四	二〇七八、九	二二〇八、三	二三四一、七	二四七八、八
三五	一九五五、五	二〇八一、〇	二二一〇、五	二三四三、九	二四八一、一
三六	一九五七、六	二〇八三、二	二二一二、七	二三四六、二	二四八三、五
三七	一九五九、六	二〇八五、三	二二一四、九	二三四八、五	二四八五、八
三八	一九六一、七	二〇八七、四	二二一七、一	二三五〇、七	二四八八、一
三九	一九六三、七	二〇八九、六	二二一九、三	二三五三、〇	二四九〇、四
四〇	一九六五、八	二〇九一、七	二二二一、五	二三五五、二	二四九二、八
四一	一九六七、八	二〇九三、八	二二二三、七	二三五七、五	二四九五、一
四二	一九六九、九	二〇九五、九	二二二五、九	二三五九、七	二四九七、四
四三	一九七二、〇	二〇九八、〇	二二二八、一	二三六一、九	二四九九、七
四四	一九七四、一	二一〇〇、二	二二三〇、三	二三六四、二	二五〇二、一
四五	一九七六、一	二一〇二、三	二二三二、五	二三六六、四	二五〇四、四
四六	一九七八、二	二一〇四、五	二二三四、七	二三六八、七	二五〇六、七
四七	一九八〇、三	二一〇六、六	二二三六、九	二三七一、〇	二五〇九、〇
四八	一九八二、四	二一〇八、八	二二三九、一	二三七三、三	二五一一、四
四九	一九八四、四	二一一〇、九	二二四一、三	二三七五、五	二五一三、七
五〇	一九八六、五	二一一三、一	二二四三、五	二三七七、八	二五一六、一
五一	一九八八、六	二一一五、二	二二四五、七	二三八〇、一	二五一八、四
五二	一九九〇、七	二一一七、四	二二四七、九	二三八二、四	二五二〇、八
五三	一九九二、七	二一一九、六	二二五〇、一	二三八四、六	二五二三、一
五四	一九九四、八	二一二一、七	二二五二、三	二三八六、九	二五二五、四
五五	一九九六、九	二一二三、八	二二五四、五	二三八九、二	二五二七、七
五六	一九九九、〇	二一二六、〇	二二五六、七	二三九一、五	二五三〇、一
五七	二〇〇一、〇	二一二八、一	二二五八、九	二三九三、七	二五三二、四
五八	二〇〇三、一	二一三〇、三	二二六一、一	二三九六、〇	二五三四、八
五九	二〇〇五、三	二一三二、四	二二六三、四	二三九八、三	二五三七、一

第九表

第二節

時 分	時 秒	晒 秒′	時 分	時 秒	晒 秒′	時 分	時 秒	晒 秒′	時 分	時 秒	晒 秒′
五	〇	〇、〇一	一一	〇	〇、一四	一六	〇	〇、六一	二一	〇	一、八二
六	〇	〇、〇一		一〇	〇、一五		一〇	〇、六四		一〇	一、八七
	二〇	〇、〇一		二〇	〇、一五		二〇	〇、六七		二〇	一、九三
	三〇	〇、〇二		三〇	〇、一六		三〇	〇、六九		三〇	一、九九
	四〇	〇、〇二		四〇	〇、一七		四〇	〇、七二		四〇	二、〇六
	五〇	〇、〇二		五〇	〇、一八		五〇	〇、七五		五〇	二、一二
七	〇	〇、〇二	一二	〇	〇、一九	一七	〇	〇、七八	二二	〇	二、一九
	一〇	〇、〇二		一〇	〇、二〇		一〇	〇、八一		一〇	二、二五
	二〇	〇、〇三		二〇	〇、二二		二〇	〇、八四		二〇	二、三二
	三〇	〇、〇三		三〇	〇、二三		三〇	〇、八八		三〇	二、三九
	四〇	〇、〇三		四〇	〇、二四		四〇	〇、九一		四〇	二、四六
	五〇	〇、〇四		五〇	〇、二五		五〇	〇、九五		五〇	二、五四
八	〇	〇、〇四	一三	〇	〇、二七	一八	〇	〇、九八	二三	〇	二、六一
	一〇	〇、〇四		一〇	〇、二八		一〇	一、〇二		一〇	二、六九
	二〇	〇、〇五		二〇	〇、三〇		二〇	一、〇六		二〇	二、七七
	三〇	〇、〇五		三〇	〇、三一		三〇	一、〇九		三〇	二、八五
	四〇	〇、〇五		四〇	〇、三三		四〇	一、一三		四〇	二、九三
	五〇	〇、〇六		五〇	〇、三四		五〇	一、一八		五〇	三、〇一
九	〇	〇、〇六	一四	〇	〇、三六	一九	〇	一、二二	二四	〇	三、一〇
	一〇	〇、〇七		一〇	〇、三八		一〇	一、二六		一〇	三、一八
	二〇	〇、〇七		二〇	〇、三九		二〇	一、三〇		二〇	三、二七
	三〇	〇、〇八		三〇	〇、四一		三〇	一、三五		三〇	三、三六
	四〇	〇、〇八		四〇	〇、四三		四〇	一、四〇		四〇	三、四五
	五〇	〇、〇九		五〇	〇、四五		五〇	一、四四		五〇	三、五五
一〇	〇	〇、〇九	一五	〇	〇、四七	二〇	〇	一、四九	二五	〇	三、六四
	一〇	〇、一		一〇	〇、四九		一〇	一、五四		一〇	三、七四
	二〇	〇、一一		二〇	〇、五二		二〇	一、六〇		二〇	三、八四
	三〇	〇、一一		三〇	〇、五四		三〇	一、六五		三〇	三、九四
	四〇	〇、一二		四〇	〇、五六		四〇	一、七〇		四〇	四、〇五
	五〇	〇、一三		五〇	〇、五九		五〇	一、七六		五〇	四、一五

第九表

第二節 時 分	時 秒	晌 秒	時 分	時 秒	晌 秒	附表 丑 秒	對呾
二六	〇	四、二六	三一	〇	八、六一	丄三〇	九、九九九六九八五
	一〇	四、三七		一〇	八、七九	二九	七〇八五
	二〇	四、四八		二〇	八、九八	二八	七一八六
	三〇	四、六〇		三〇	九、一七	二七	七二八六
	四〇	四、七二		四〇	九、三七	二六	七三八七
	五〇	四、八三		五〇	九、五七	二五	七四八七
二七	〇	四、九六	三二	〇	九、七七	二四	七五八八
	一〇	五、〇八		一〇	九、九七	二三	七六八八
	二〇	五、二〇		二〇	一〇、一八	二二	七七八九
	三〇	五、三三		三〇	一〇、三九	二一	七八八九
	四〇	五、四六		四〇	一〇、六一	二〇	七九九〇
	五〇	五、六〇		五〇	一〇、八二	一九	八〇九〇
二八	〇	五、七三	三三	〇	一一、〇四	一八	八一九一
	一〇	五、八七		一〇	一一、二七	一七	八二九一
	二〇	六、〇一		二〇	一一、五〇	一六	八三九二
	三〇	六、一五		三〇	一一、七三	一五	八四九二
	四〇	六、三〇		四〇	一一、九六	一四	八五九三
	五〇	六、四四		五〇	一二、二〇	一三	八六九三
二九	〇	六、五九	三四	〇	一二、四四	一二	八七九四
	一〇	六、七五		一〇	一二、六九	一一	八八九四
	二〇	六、九〇		二〇	一二、九四	一〇	八九九五
	三〇	七、〇六		三〇	一三、一九	九	九〇九五
	四〇	七、二二		四〇	一三、四五	八	九一九六
	五〇	七、三八		五〇	一三、七一	七	九二九六
三〇	〇	七、五五	三五	〇	一三、九七	六	九三九七
	一〇	七、七二		一〇	一四、二四	五	九四九七
	二〇	七、八九		二〇	一四、五一	四	九五九八
	三〇	八、〇六		三〇	一四、七八	三	九六九八
	四〇	八、二四		四〇	一五、〇六	二	九七九九
	五〇	八、四二		五〇	一五、三五	一	九、九九九九八九九
			三六	〇	一五、六三		

第九表

附表 丑 秒	對呾
丅一	〇、〇〇〇〇一〇一
二	〇二〇一
三	〇三〇二
四	〇四〇二
五	〇五〇三
六	〇六〇三
七	〇七〇四
八	〇八〇四
九	〇九〇五
一〇	一〇〇五
一一	一一〇六
一二	一二〇六
一三	一三〇七
一四	一四〇七
一五	一五〇八
一六	一六〇八
一七	一七〇九
一八	一八〇九
一九	一九一〇
二〇	二〇一〇
二一	二一一一
二二	二二一一
二三	二三一二
二四	二四一二
二五	二五一三
二六	二六一三
二七	二七一四
二八	二八一四
二九	二九一五
三〇	〇、〇〇〇三〇一五

第十表

此表之用、解見第四卷第十四五等節、假若於午前測太陽之高度、記其時刻、俟午後、再測太陽高度、須與午前高度同、再記時刻、二次所記時刻相加折半、或加或減仏、而得正午時刻、按四卷十四節、

$$\text{仏}=\text{甲}\times\text{木}\times\text{地正切}\ 丅\ \text{乙}\times\text{木}\times\text{天正切}$$

$$\text{甲}=\frac{\text{三〇}\times\left(\frac{\text{二}}{\text{一五}}\text{時}\right)\text{正弦}}{\text{時}}$$

$$\text{乙}=\frac{\text{三〇}\times\left(\frac{\text{二}}{\text{一五}}\text{時}\right)\text{正切}}{\text{時}}$$

式內、時爲午前至午後所歷之時、此表所載、爲甲與乙之對數、查此表以時爲主、假若時爲七小時五十分、則

甲對 = 九、四八四九

乙對 = 九、一九九九

第十表

甲對

分	二小時	三小時	四小時	五小時	六小時
〇	九,四一〇九	九,四一七二	九,四二六〇	九,四三七四	九,四五一五
二	,四一一一	,四一七四	,四二六三	,四三七八	,四五二一
四	,四一一三	,四一七七	,四二六六	,四三八三	,四五二六
六	,四一一四	,四一七九	,四二七〇	,四三八七	,四五三一
八	,四一一六	,四一八二	,四二七三	,四三九一	,四五三六
一〇	九,四一一八	九,四一八四	九,四二七七	九,四三九六	九,四五四二
一二	,四一二〇	,四一八七	,四二八〇	,四四〇〇	,四五四七
一四	,四一二一	,四一九〇	,四二八四	,四四〇五	,四五五二
一六	,四一二三	,四一九三	,四二八八	,四四〇九	,四五五八
一八	,四一二五	,四一九五	,四二九一	,四四一四	,四五六三
二〇	九,四一二七	九,四一九八	九,四二九五	九,四四一八	九,四五六九
二二	,四一二九	,四二〇一	,四二九九	,四四二三	,四五七四
二四	,四一三一	,四二〇四	,四三〇二	,四四二七	,四五八〇
二六	,四一三三	,四二〇七	,四三〇六	,四四三二	,四五八五
二八	,四一三五	,四二〇九	,四三一〇	,四四三七	,四五九一
三〇	九,四一三七	九,四二一二	九,四三一四	九,四四四一	九,四五九七
三二	,四一三九	,四二一五	,四三一七	,四四四六	,四六〇二
三四	,四一四一	,四二一八	,四三二一	,四四五一	,四六〇八
三六	,四一四四	,四二二一	,四三二五	,四四五六	,四六一四
三八	,四一四六	,四二二四	,四三二九	,四四六〇	,四六二〇
四〇	九,四一四八	九,四二二七	九,四三三三	九,四四六五	九,四六二五
四二	,四一五〇	,四二三一	,四三三七	,四四七〇	,四六三一
四四	,四一五二	,四二三四	,四三四一	,四四七五	,四六三七
四六	,四一五五	,四二三七	,四三四五	,四四八〇	,四六四三
四八	,四一五七	,四二四〇	,四三四九	,四四八五	,四六四九
五〇	九,四一五九	九,四二四三	九,四三五三	九,四四九〇	九,四六五五
五二	,四一六二	,四二四六	,四三五七	,四四九四	,四六六一
五四	,四一六四	,四二五〇	,四三六一	,四五〇〇	,四六六七
五六	,四一六七	,四二五三	,四三六六	,四五〇五	,四六七三
五八	,四一六九	,四二五六	,四三七〇	,四五一〇	,四六七九

第十表

乙對

分	二小時	三小時	四小時	五小時	六小時
〇	九,三九五九	九,三八二八	九,三六三五	九,三三六九	九,三〇一〇
二	,三九五五	,三八二二	,三六二七	,三三五八	,二九九六
四	,三九五二	,三八一七	,三六二〇	,三三四八	,二九八二
六	,三九四八	,三八一一	,三六一二	,三三三七	,二九六八
八	,三九四四	,三八〇六	,三六〇四	,三三二七	,二九五四
一〇	九,三九四一	九,三八〇〇	九,三五九六	九,三三一六	九,二九四〇
一二	,三九三七	,三七九四	,三五八八	,三三〇五	,二九二五
一四	,三九三三	,三七八九	,三五八〇	,三二九四	,二九一一
一六	,三九二九	,三七八三	,三五七二	,三二八三	,二八九六
一八	,三九二五	,三七七七	,三五六四	,三二七二	,二八八一
二〇	九,三九二一	九,三七七一	九,三五五五	九,三二六一	九,二八六六
二二	,三九一七	,三七六五	,三五四七	,三二四九	,二八五〇
二四	,三九一三	,三七五九	,三五三八	,三二三八	,二八三五
二六	,三九〇九	,三七五二	,三五三〇	,三二二六	,二八一九
二八	,三九〇五	,三七四六	,三五二一	,三二一四	,二八〇四
三〇	九,三九〇〇	九,三七四〇	九,三五一二	九,三二〇三	九,二七八八
三二	,三八九六	,三七三三	,三五〇三	,三一九一	,二七七二
三四	,三八九二	,三七二七	,三四九四	,三一七八	,二七五六
三六	,三八八七	,三七二〇	,三四八五	,三一六六	,二七三九
三八	,三八八二	,三七一三	,三四七六	,三一五四	,二七二三
四〇	九,三八七八	九,三七〇七	九,三四六七	九,三一四二	九,二七〇六
四二	,三八七三	,三七〇〇	,三四五七	,三一二九	,二六八九
四四	,三八六八	,三六九三	,三四四八	,三一一六	,二六七二
四六	,三八六三	,三六八六	,三四三八	,三一〇三	,二六五五
四八	,三八五九	,三六七九	,三四二九	,三〇九一	,二六三八
五〇	九,三八五四	九,三六七二	九,三四一九	,三〇七八	九,二六二〇
五二	,三八四九	,三六六五	,三四〇九	,三〇六四	,二六〇二
五四	,三八四三	,三六五七	,三三九九	,三〇五一	,二五八四
五六	,三八三八	,三六五〇	,三三八九	,三〇三八	,二五六六
五八	,三八三三	,三六四三	,三三七九	,三〇二四	,二五四八

第十表

甲對

分	七小時	八小時	九小時	十小時	十一小時
〇	九,四六八五	九,四八八四	九,五一一五	九,五三七九	九,五六八〇
二	,四六九一	,四八九二	,五一二三	,五三八九	,五六九一
四	,四六九七	,四八九九	,五一三二	,五三九八	,五七〇一
六	,四七〇四	,四九〇六	,五一四〇	,五四〇八	,五七一二
八	,四七一〇	,四九一三	,五一四八	,五四一七	,五七二三
一〇	九,四七一六	九,四九二一	九,五一五七	九,五四二七	九,五七三四
一二	,四七二三	,四九二八	,五一六五	,五四三六	,五七四五
一四	,四七二九	,四九三五	,五一七四	,五四四六	,五七五六
一六	,四七三五	,四九四三	,五一八二	,五四五六	,五七六七
一八	,四七四二	,四九五〇	,五一九一	,五四六六	,五七七八
二〇	九,四七四八	九,四九五八	九,五一九九	九,五四七五	九,五七八九
二二	,四七五五	,四九六五	,五二〇八	,五四八五	,五八〇〇
二四	,四七六一	,四九七三	,五二一七	,五四九五	,五八一一
二六	,四七六八	,四九八〇	,五二二五	,五五〇五	,五八二二
二八	,四七七四	,四九八八	,五二三四	,五五一五	,五八三四
三〇	九,四七八一	九,四九九六	九,五二四三	九,五五二五	九,五八四五
三二	,四七八八	,五〇〇三	,五二五二	,五五三五	,五八五六
三四	,四七九四	,五〇一一	,五二六一	,五五四五	,五八六八
三六	,四八〇一	,五〇一九	,五二六九	,五五五五	,五八七九
三八	,四八〇八	,五〇二七	,五二七八	,五五六五	,五八九一
四〇	九,四八一五	九,五〇三五	九,五二八七	九,五五七六	九,五九〇二
四二	,四八二一	,五〇四二	,五二九六	,五五八六	,五九一四
四四	,四八二八	,五〇五〇	,五三〇五	,五五九六	,五九二六
四六	,四八三五	,五〇五八	,五三一五	,五六〇六	,五九三七
四八	,四八四二	,五〇六六	,五三二四	,五六一七	,五九四九
五〇	九,四八四九	九,五〇七四	九,五三三三	九,五六二七	九,五九六一
五二	,四八五六	,五〇八二	,五三四二	,五六三八	,五九七三
五四	,四八六三	,五〇九一	,五三五一	,五六四八	,五九八五
五六	,四八七〇	,五〇九九	,五三六一	,五六五九	,五九九七
五八	,四八七七	,五一〇七	,五三七〇	,五六六九	,六〇〇九

第十表

乙對

分	七小時	八小時	九小時	十小時	十一小時
〇	九,二五三〇	九,一八七四	九,〇九四三	八,九五〇九	八,六八三七
二	,二五一一	,一八四八	,〇九〇六	,九四四七	,六七〇一
四	,二四九二	,一八二二	,〇八六七	,九三八四	,六五六〇
六	,二四七三	,一七九六	,〇八二八	,九三二〇	,六四一四
八	,二四五四	,一七六九	,〇七八九	,九二五四	,六二六二
一〇	九,二四三四	九,一七四二	九,〇七四九	八,九一八七	八,六一〇三
一二	,二四一五	,一七一五	,〇七〇八	,九一一八	,五九三七
一四	,二三九五	,一六八七	,〇六六七	,九〇四八	,五七六四
一六	,二三七五	,一六五九	,〇六二五	,八九七七	,五五八三
一八	,二三五五	,一六三〇	,〇五八三	,八九〇三	,五三九二
二〇	九,二三三四	九,一六〇二	九,〇五四〇	八,八八二九	八,五一九二
二二	,二三一三	,一五七三	,〇四九六	,八七五二	,四九八一
二四	,二二九二	,一五四三	,〇四五二	,八六七四	,四七五八
二六	,二二七一	,一五一三	,〇四〇六	,八五九四	,四五二一
二八	,二二五〇	,一四八三	,〇三六〇	,八五一二	,四二七〇
三〇	九,二二二八	九,一四五三	九,〇三一四	八,八四二七	八,四〇〇一
三二	,二二〇六	,一四二二	,〇二六六	,八三四一	,三七一三
三四	,二一八四	,一三九〇	,〇二一八	,八二五三	,三四〇三
三六	,二一六二	,一三五九	,〇一六九	,八一六二	,三〇六七
三八	,二一四〇	,一三二七	,〇一一九	,八〇六八	,二七〇一
四〇	九,二一一七	九,一二九四	九,〇〇六九	八,七九七二	八,二二九九
四二	,二〇九四	,一二六一	,〇〇一七	,七八七三	,一八五三
四四	,二〇七〇	,一二二八	八,九九六五	,七七七二	,一三五四
四六	,二〇四七	,一一九四	,九九一一	,七六六八	,〇七八六
四八	,二〇二三	,一一五九	,九八五七	,七五六〇	,〇一二八
五〇	九,一九九九	九,一一二五	八,九八〇二	八,七四四九	七,九三四八
五二	,一九七四	,一〇八九	,九七四五	,七三三五	,八三九一
五四	,一九五〇	,一〇五四	,九六八八	,七二一七	,七一五四
五六	,一九二五	,一〇一七	,九六三〇	,七〇九四	,五四〇五
五八	,一九〇〇	,〇九八一	,九五七〇	,六九六八	,二四〇七

第十表

甲對

十六小時	十五小時	十四小時	十三小時	十二小時	分
九、七八九五	九、七三三三	九、六八四一	九、六四○六	九、六○二一	○
、七九一五	、七三五一	、六八五六	、六四一九	、六○三三	二
、七九三五	、七三六九	、六八七二	、六四三三	、六○四五	四
、七九五五	、七三八六	、六八八七	、六四四七	、六○五七	六
、七九七五	、七四○四	、六九○三	、六四六一	、六○六九	八
九、七九九六	九、七四二二	九、六九一九	九、六四七四	九、六○八二	一○
、八○一六	、七四四○	、六九三四	、六四八八	、六○九四	一二
、八○三七	、七四五八	、六九五○	、六五○二	、六一○六	一四
、八○五八	、七四七六	、六九六六	、六五一六	、六一一九	一六
、八○七八	、七四九四	、六九八二	、六五三○	、六一三一	一八
九、八○九九	九、七五一二	九、六九九八	九、六五四五	九、六一四四	二○
、八一二○	、七五三一	、七○一四	、六五五九	、六一五六	二二
、八一四一	、七五四九	、七○三○	、六五七三	、六一六九	二四
、八一六二	、七五六八	、七○四七	、六五八八	、六一八二	二六
、八一八四	、七五八六	、七○六三	、六六○二	、六一九四	二八
九、八二○五	九、七六○五	九、七○七九	九、六六一六	九、六二○七	三○
、八二二七	、七六二四	、七○九六	、六六三一	、六二二○	三二
、八二四八	、七六四二	、七一一二	、六六四五	、六二三三	三四
、八二七○	、七六六一	、七一二九	、六六六○	、六二四六	三六
、八二九二	、七六八○	、七一四六	、六六七五	、六二五九	三八
九、八三一四	九、七六九九	九、七一六二	九、六六九○	九、六二七二	四○
、八三三六	、七七一八	、七一七九	、六七○四	、六二八五	四二
、八三五八	、七七三八	、七一九六	、六七一九	、六二九八	四四
、八三八○	、七七五七	、七二一三	、六七三四	、六三一一	四六
、八四○二	、七七七六	、七二三○	、六七四九	、六三二五	四八
九、八四二五	九、七七九六	九、七二四七	九、六七六四	九、六三三八	五○
、八四四七	、七八一五	、七二六四	、六七七九	、六三五一	五二
、八四七○	、七八三五	、七二八一	、六七九五	、六三六五	五四
、八四九三	、七八五五	、七二九九	、六八一○	、六三七八	五六
、八五一六	、七八七五	、七三一六	、六八二五	、六三九二	五八

第十表

乙對

十六小時	十五小時	十四小時	十三小時	十二小時	分
九、四八八四	九、三一六二	九、○九七一	八、七五六三		○
、四九三七	、三二二五	、一○五七	、七七一八	七、二四三一	二
、四九九○	、三二八七	、一一四一	、七八六八	、五四五三	四
、五○四二	、三三五○	、一二二四	、八○一五	、七二二六	六
、五○九四	、三四一一	、一三○六	、八一五八	、八四八八	八
九、五一四六	九、三四七二	九、一三八七	八、八二九六	七、九四六九	一○
、五一九七	、三五三三	、一四六八	、八四三二	八、○二七三	一二
、五二四八	、三五九三	、一五四七	、八五六四	、○九五五	一四
、五三○○	、三六五三	、一六二五	、八六九二	、一五四七	一六
、五三五一	、三七一三	、一七○三	、八八一八	、二○七一	一八
九、五四○一	九、三七七二	九、一七七九	八、八九四一	八、二五四一	二○
、五四五二	、三八三一	、一八五五	、九○六二	、二九六七	二二
、五五○二	、三八八九	、一九三○	、九一八○	、三三五七	二四
、五五五三	、三九四七	、二○○四	、九二九五	、三七一七	二六
、五六○三	、四○○五	、二○七八	、九四○八	、四○五一	二八
九、五六五三	九、四○六二	九、二一五○	八、九五一九	八、四三六三	三○
、五七○二	、四一一九	、二二二二	、九六二七	、四六五七	三二
、五七五二	、四一七五	、二二九三	、九七三四	、四九三二	三四
、五八○一	、四二三二	、二三六四	、九八三九	、五一九二	三六
、五八五○	、四二八八	、二四三四	、九九四二	、五四四○	三八
九、五九○○	九、四三四三	九、二五○三	九、○○四三	八、五六七五	四○
、五九四八	、四三九九	、二五七一	、○一四二	、五八九九	四二
、五九九七	、四四五四	、二六三九	、○二四○	、六一一四	四四
、六○四六	、四五○九	、二七○六	、○三三六	、六三二○	四六
、六○九四	、四五六三	、二七七三	、○四三一	、六五一七	四八
九、六一四三	、四六一七	九、二八三九	九、○五二四	八、六七○七	五○
、六一九一	、四六七一	、二九○五	、○六一六	、六八九○	五二
、六二三九	、四七二五	、二九七○	、○七○七	、七○六七	五四
、六二八七	、四七七八	、三○三四	、○七九六	、七二三七	五六
、六三三五	、四八三一	、三○九八	、○八八四	、七四○二	五八

第十表

甲對

廿一小時	二十小時	十九小時	十八小時	十七小時	分
○、二六二三	○、一二四九	○、○一七二	九、九二八七	九、八五三九	○
、二六七六	、一二九○	、○二○四	、九三一四	、八五六二	二
、二七二九	、一三三○	、○二三七	、九三四一	、八五八五	四
、二七八三	、一三七一	、○二七○	、九三六八	、八六○八	六
、二八三八	、一四一二	、○三○三	、九三九六	、八六三二	八
○、二八九三	○、一四五四	○、○三三六	九、九四二四	九、八六五五	一○
、二九四九	、一四九六	、○三七○	、九四五一	、八六七九	一二
、三○○五	、一五三八	、○四○三	、九四七九	、八七○三	一四
、三○六三	、一五八一	、○四三七	、九五○八	、八七二七	一六
、三一二○	、一六二三	、○四七二	、九五三六	、八七五一	一八
○、三一七九	○、一六六七	○、○五○六	九、九五六四	九、八七七五	二○
、三二三八	、一七一一	、○五四一	、九五九三	、八七九九	二二
、三二九八	、一七五五	、○五七六	、九六二二	、八八二四	二四
、三三五九	、一七九九	、○六一一	、九六五一	、八八四八	二六
、三四二○	、一八四四	、○六四六	、九六八八	、八八七三	二八
○、三四八二	○、一八八九	○、○六八二	九、九七○九	九、八八九八	三○
、三五四五	、一九三五	、○七一八	、九七三九	、八九二三	三二
、三六○九	、一九八一	、○七五四	、九七六九	、八九四八	三四
、三六七四	、二○二八	、○七九○	、九七九八	、八九七三	三六
、三七三九	、二○七五	、○八二七	、九八二九	、八九九九	三八
○、三八○五	○、二一二二	○、○八六四	九、九八五九	九、九○二四	四○
、三八七三	、二一七○	、○九○一	、九八八九	、九○五○	四二
、三九四一	、二二一八	、○九三九	、九九二○	、九○七五	四四
、四○一○	、二二六七	、○九七六	、九九五一	、九一○一	四六
、四○八○	、二三一六	、一○一五	、九九八二	、九一二七	四八
○、四一五一	○、二三六六	○、一○五三	○、○○一三	九、九一五四	五○
、四二二三	、二四一六	、一○九二	、○○四四	、九一八○	五二
、四二九七	、二四六七	、一一三一	、○○七六	、九二○六	五四
、四三七一	、二五一八	、一一七○	、○一○八	、九二三三	五六
、四四四六	、二五七○	、一二○九	、○一四○	、九二六○	五八

第十表

乙對

廿一小時	二十小時	十九小時	十八小時	十七小時	分
○、二二七九	○、○六二五	九、九一六七	九、七七八二	九、六三八三	○
、二三三九	、○六七六	、九二一三	、七八二七	、六四三一	二
、二四○一	、○七二七	、九二六○	、七八七三	、六四七八	四
、二四六二	、○七七九	、九三○七	、七九一九	、六五二六	六
、二五二四	、○八三○	、九三五五	、七九六五	、六五七三	八
○、二五八七	○、○八八二	九、九四○二	九、八○一一	九、六六二一	一○
、二六五○	、○九三五	、九四四九	、八○五七	、六六六八	一二
、二七一四	、○九八七	、九四九七	、八一○三	、六七一五	一四
、二七七八	、一○四○	、九五四四	、八一四九	、六七六二	一六
、二八四三	、一○九三	、九五九二	、八一九五	、六八○九	一八
○、二九○九	○、一一四六	九、九六四○	九、八二四一	九、六八五六	二○
、二九七五	、一二○○	、九六八七	、八二八七	、六九○三	二二
、三○四一	、一二五三	、九七三五	、八三三三	、六九四九	二四
、三一○九	、一三○八	、九七八四	、八三七九	、六九九六	二六
、三一七七	、一三六二	、九八三二	、八四二五	、七○四三	二八
○、三二四五	○、一四一七	九、九八八○	九、八四七一	九、七○八九	三○
、三三一五	、一四七二	、九九二九	、八五一七	、七一三六	三二
、三三八五	、一五二七	、九九七七	、八五六三	、七一八二	三四
、三四五六	、一五八二	○、○○二六	、八六○九	、七二二八	三六
、三五二七	、一六三八	、○○七五	、八六五五	、七二七五	三八
○、三五九九	○、一六九五	○、○一二四	九、八七○一	九、七三二一	四○
、三六七三	、一七五一	、○一七三	、八七四八	、七三六七	四二
、三七四七	、一八○八	、○二二三	、八七九四	、七四一三	四四
、三八二二	、一八六六	、○二七二	、八八四○	、七四五九	四六
、三八九七	、一九二四	、○三二二	、八八八七	、七五○五	四八
○、三九七四	○、一九八二	○、○三七二	九、八九三三	九、七五五二	五○
、四○五二	、二○四○	、○四二二	、八九八○	、七五九八	五二
、四一三○	、二○九九	、○四七三	、九○二六	、七六四四	五四
、四二一○	、二一五九	、○五二三	、九○七三	、七六九○	五六
、四二九一	、二二一九	、○五七四	、九一二○	、七七三六	五八

第十表

甲對 分	甲對 廿二小時	甲對 廿三小時	乙對 分	乙對 廿二小時	乙對 廿三小時
○	○、四五二三	○、七六八九	○	○、四三七二	○、七六五二
二	、四六○一	、七八四二	二	、四四五五	、七八○七
四	、四六八○	、八○○○	四	、四五四○	、七九六七
六	、四七六一	、八一六三	六	、四六二五	、八一三三
八	、四八四二	、八三三三	八	、四七一一	、八三○五
一○	○、四九二六	○、八五○八	一○	○、四七九九	○、八四八三
一二	、五○一○	、八六九一	一二	、四八八九	、八六六七
一四	、五○九七	、八八八二	一四	、四九八○	、八八六○
一六	、五一八四	、九○八○	一六	、五○七二	、九○六○
一八	、五二七四	、九二八八	一八	、五一六五	、九二七○
二○	○、五三六五	○、九五○六	二○	○、五二六一	○、九四八九
二二	、五四五八	、九七三四	二二	、五三五八	、九七一九
二四	、五五五三	、九九七五	二四	、五四五七	、九九六一
二六	、五六四九	一、○二二八	二六	、五五五七	一、○二一六
二八	、五七四八	、○四九七	二八	、五六六○	、○四八七
三○	○、五八四八	一、○七八三	三○	○、五七六四	一、○七七四
三二	、五九五一	、一○八九	三二	、五八七一	、一○八一
三四	、六○五六	、一四一六	三四	、五九七九	、一四○九
三六	、六一六四	、一七七○	三六	、六○九○	、一七六四
三八	、六二七三	、二一五四	三八	、六二○四	、二一四九
四○	○、六三八六	一、二五七三	四○	○、六三一九	一、二五六九
四二	、六五○一	、三○三七	四二	、六四三八	、三○三三
四四	、六六一九	、三五五四	四四	、六五五九	、三五五二
四六	、六七四○	、四一四○	四六	、六六八四	、四一三八
四八	、六八六五	、四八一五	四八	、六八一一	、四八一四
五○	○、六九九三	一、五六一三	五○	○、六九四二	一、五六一二
五二	、七一二四	、六五八八	五二	、七○七六	、六五八七
五四	、七二五九	、七八四四	五四	、七二一四	、七八四三
五六	、七三九八	、九六一○	五六	、七三五五	、九六一○
五八	、七五四一	二、二六二七	五八	、七五○一	二、二六二七

星學發軔　卷十五　三十七

第十一表

此表之用、解見第七卷第一二三四節、地球係橢圓形、所以各處地半徑不同、如圖、心爲地心、子丑爲地之赤道徑、甲甲爲北極徑、丁爲某處、丁丙爲地平、自丁作丁己線、正交丁丙、丁己丙角等於丁處之北極出地、假若地爲圓形、則丁心丙角等於北極出地、因地非圓形、故命丁心丙角爲地心北極出地、心丁己角爲北極出地度與地心北極出地度之較、名爲垂線高角、所

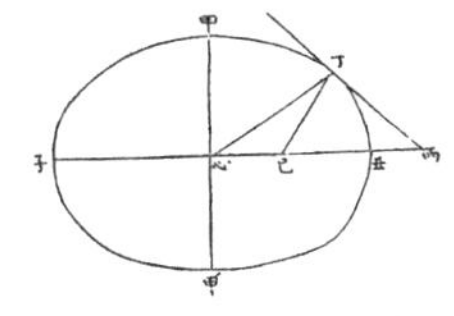

以地心北極出地度、等於北極出地度、減垂線高角、丁心爲丁處之半徑、此表所載爲各處垂線高角、地半徑之對數、各緯度、當若干洋尺、與各經度當若干洋尺、查此表以北極出地度爲主、

設有某處之北極出地度爲四十度、求此處之地心北極出地度、與半徑之對數、

檢表

北極出地度＝四○度　○分　○秒
垂線高角＝　　一一分　一九、七六秒
地心北極出地＝三九度　四八分　四○、二四秒
地半徑之對數＝九、九九九四○二七

星學發軔　卷十五　三十八

第十一表

北極出地 度	北極出地 分	垂線高角 分	垂線高角 秒	垂線高角較 秒	地半徑之對數	地半徑之對數之較
○	○	○	○、○○	二四、○二	○、○○○○○○○○	四
一	○	○	二四、○二	二四、○○	九、九九九九九九九六	一四
二	○	○	四八、○二	二三、九三	九九八二	二一
三	○	一	一一、九五	二三、八五	九九六一	三一
四	○	一	三五、八○	二三、七四	九九三○	三九
五	○	一	五九、五四	二三、五八	九、九九九九 九八九一	四八
六	○	二	二三、一二	二三、四二	九八四三	五七
七	○	二	四六、五四	二三、二二	九七八六	六五
八	○	三	九、七六	二二、九八	九七二一	七三
九	○	三	三二、七四	二二、七三	九六四八	八二
一○	○	三	五五、四七	二二、四五	九五六六	九○
一一	○	四	一七、九二	二二、一四	九四七六	九九
一二	○	四	四○、○六	二一、七九	九、九九九九九三七七	一○六
一三	○	五	一、八五	二一、四三	九二七一	一一四
一四	○	五	二三、二八	二一、○五	九一五七	一二二
一五	○	五	四四、三三	二○、六二	九○三五	一三○
一六	○	六	四、九五	二○、一九	八九○五	一三七
一七	○	六	二五、一四	一九、七二	八七六八	一四四
一八	○	六	四四、八六	一九、二三	九 九 九九八六二四	一五二
一九	○	七	四、○九	一八、七一	八四七二	一五八
二○	○	七	二二、八○	一八、一九	八三一四	一六五
二一	○	七	四○、九九	一七、六二	八一四九	一七二
二二	○	七	五八、六一	一七、○五	七九七七	一七八
二三	○	八	一五、六六	一六、四四	七七九九	一八五
二四	○	八	三二、一○	一五、八三	九、九九九九七六一四	一九○
二五	○	八	四七、九三	一五、一九	七四二四	一九六
二六	○	九	三、一二	一四、五三	七二二八	二○一
二七	○	九	一七、六五	一三、八五	七○二七	二○七
二八	○	九	三一、五○	一三、一六	六八二○	二一二
二九	○	九	四四、六六	一二、四六	六六○八	二一六
三○	○	九	五七、一二		九、九九九九六三九二	

第十一表

正南北緯一度當若干洋尺	較數	正東西徑一度當若干洋尺	較數
三六二七四八、三三	一、一○	三六五一八五、七一	五五、二四
七四九、四三	三、三二	五一三○、四七	一六五、七三
七五二、七五	五、五三	四九六四、七四	二七六、一七
七五八、二八	七、七二	四六八八、五七	三八六、五二
七六六、○○	九、九一	四三○二、○五	四九六、七六
七七五、九一	一二、一○	三八○五、二九	六○六、八六
三六二七八八、○一	一四、二六	三六三一九八、四三	七一六、七九
八○二、二七	一六、四一	二四八一、六四	八二六、五一
八一八、六八	一八、五四	一六五五、一三	九三六、○○
八三七、二二	二○、六四	○七一九、一三	一○四五、二一
八五七、八六	二二、七三	三五九六七三、九二	一一五四、一三
八八○、五九	二四、七八	八五一九、七九	一二六二、七二
三六二九○五、三七	二六、八一	三五七二五七、○七	一三七○、九四
九三二、一八	二八、八○	五八八六、一三	一四七八、七七
九六○、九八	三○、七六	四四○七、三六	一五八六、一七
九九一、七四	三二、六八	二八二一、一九	一六九三、一二
三六三○二四、四二	三四、五七	一一二八、○七	一七九九、五七
○五八、九九	三六、四一	三四九三二八、五○	一九○五、五二
三六三○九五、四○	三八、二一	三四七四二二、九八	二○一○、九一
一三三、六一	三九、九六	五四一二、○七	二一一五、七一
一七三、五七	四一、六六	三二九六、三六	二二一九、九一
二一五、二三	四三、三三	一○七六、四五	二三二三、四七
二五八、五六	四四、九三	三三八七五二、九八	二四二六、三六
三○三、四九	四六、四七	六三二六、六二	二五二八、五四
三六三三四九、九六	四七、九七	三三三七九八、○八	二六二九、九八
三九七、九三	四九、四一	一一六八、一○	二七三○、六六
四四七、三四	五○、七九	三二八四三七、四四	二八三○、五五
四九八、一三	五二、一一	五六○六、八九	二九二九、六二
五五○、二四	五三、三六	二六七七、二七	三○二七、八三
六○三、六○	五四、五四	三一九六四九、四四	三一二五、一五
三六三六五八、一四		三一六五二四、二九	

第十一表

北極出地 度	分	垂線高角 分	秒	垂線高角較 秒	地半徑之對數	地半徑之對數之較數
三○	○	九	五七、一二	二、○○	九、九九九六三九二	三七
	一○		五九、一二	一、九九	六三五五	三六
	二○	一○	一、一一	一、九六	六三一九	三七
	三○		三、○七	一、九五	六二八二	三七
	四○		五、○二	一、九二	六二四五	三七
	五○		六、九四	一、九一	六二○八	三七
三一	○	一○	八、八五	一、八八	九、九九九六一七一	三七
	一○		一○、七三	一、八六	六一三四	三八
	二○		一二、五九	一、八五	六○九六	三七
	三○		一四、四四	一、八二	六○五九	三八
	四○		一六、二六	一、八○	六○二一	三七
	五○		一八、○六	一、七八	五九八四	三八
三二	○	一○	一九、八四	一、七六	九、九九九五九四六	三八
	一○		二一、六○	一、七四	五九○八	三八
	二○		二三、三四	一、七一	五八七○	三八
	三○		二五、○五	一、七○	五八三二	三八
	四○		二六、七五	一、六八	五七九四	三九
	五○		二八、四三	一、六五	五七五五	三八
三三	○	一○	三○、○八	一、六三	九、九九九五七一七	三九
	一○		三一、七一	一、六一	五六七八	三八
	二○		三三、三二	一、五九	五六四○	三九
	三○		三四、九一	一、五七	五六○一	三九
	四○		三六、四八	一、五五	五五六二	三九
	五○		三八、○三	一、五二	五五二三	三九
三四	○	一○	三九、五五	一、五一	九、九九九五四八四	三九
	一○		四一、○六	一、四八	五四四五	三九
	二○		四二、五四	一、四六	五四○六	三九
	三○		四四、○○	一、四四	五三六七	四○
	四○		四五、四四	一、四二	五三二七	三九
	五○		四六、八六	一、三九	五二八八	四○
三五	○	一○	四八、二五		九、九九九五二四八	

第十一表

正南北緯一度當若干洋尺	較數	正東西徑一度當若干洋尺	較數
三六三六九八、一四	九、二○	三一六五二四、二九	五三○、二六
六六七、三四	九、二四	五九九四、○三	五三二、九三
六七六、五八	九、二六	五四六一、一○	五三五、六○
六八五、八四	九、三○	四九二五、五○	五三八、二七
六九五、一四	九、三二	四三八七、二三	五四○、九二
七○四、四六	九、三五	三八四六、三一	五四三、五九
三六三七一三、八一	九、三九	三一三三○二、七二	五四六、二四
七二三、二○	九、四一	二七五六、四八	五四八、八八
七三二、六一	九、四四	二二○七、六○	五五一、五二
七四二、○五	九、四七	一六五六、○八	五五四、一七
七五一、五二	九、五○	一一○一、九一	五五六、八○
七六一、○二	九、五二	○五四五、一一	五五九、四三
三六三七七○、五四	九、五六	三○九九八五、六八	五六二、○五
七八○、一○	九、五八	九四二三、六三	五六四、六八
七八九、六八	九、六一	八八五八、九五	五六七、二九
七九九、二九	九、六三	八二九一、六六	五六九、九○
八○八、九二	九、六六	七七二一、七六	五七二、五一
八一八、五八	九、六九	七一四九、二五	五七五、一一
三六三八二八、二七	九、七一	三○六五七四、一四	五七七、七一
八三七、九八	九、七四	五九九六、四三	五八○、三○
八四七、七二	九、七六	五四一六、一三	五八二、八九
八五七、四八	九、七八	四八三三、二四	五八五、四七
八五七、二六	九、八一	四二四七、七七	五八八、○五
八七七、○七	九、八四	三六五九、七二	五九○、六二
三六三八八六、九一	九、八六	三○三○六九、一○	五九三、一九
八九六、七七	九、八八	二四七五、九一	五九五、七五
九○六、六五	九、九○	一八八○、一六	五九八、三二
九一六、五五	九、九三	一二八一、八四	六○○、八七
九二六、四八	九、九五	○六八○、九七	六○三、四二
九三六、四三	九、九七	○○七七、五五	六○五、九五
三六三九四六、四○		二九九四七一、六○	

第十一表

北極出地 度	分	垂線高角 分	秒	垂線高角較 秒	地半徑之對數	地半徑之對數之較數
三五	○	一○	四八、二五	一、三八	九、九九九五二四八	四○
	一○		四九、六三	一、三五	五二○八	三九
	二○		五○、九八	一、三三	五一六九	四○
	三○		五二、三一	一、三一	五一二九	四○
	四○		五三、六二	一、二八	五○八九	四○
	五○		五四、九○	一、二六	五○四九	四○
三六	○	一○	五六、一六	一、二五	九、九九九五○○九	四○
	一○		五七、四一	一、二二	四九六九	四○
	二○		五八、六三	一、一九	四九二九	四一
	三○		五九、八二	一、一八	四八八八	四○
	四○	一一	一、○○	一、一五	四八四八	四一
	五○		二、一五	一、一三	四八○七	四○
三七	○	一一	三、二八	一、一一	九、九九九四七六七	四一
	一○		四、三九	一、○八	四七二六	四○
	二○		五、四七	一、○七	四六八六	四一
	三○		六、五四	一、○四	四六四五	四一
	四○		七、五八	一、○一	四六○四	四一
	五○		八、五九	一、○○	四五六三	四一
三八	○	一一	九、五九	○、九七	九、九九九四五二二	四一
	一○		一○、五六	、九五	四四八一	四一
	二○		一一、五一	、九三	四四四○	四一
	三○		一二、四四	、九○	四三九九	四一
	四○		一三、三四	、八八	四三五八	四一
	五○		一四、二二	、八六	四三一七	四一
三九	○	一一	一五、○八	、八四	九、九九九四二七六	四二
	一○		一五、九二	、八一	四二三四	四一
	二○		一六、七三	、七九	四一九三	四一
	三○		一七、五二	、七七	四一五二	四二
	四○		一八、二九	、七五	四一一○	四一
	五○		一九、○四	、七二	四○六九	四二
四○	○	一一	一九、七六		九、九九九四○二七	

星學發軔　卷十五　四十一

第十一表

北極出地（度 分）	垂線高角（分 秒）	垂線高角較（秒）	地半徑之對數	地半徑對數之較	正南北一度緯若干當洋尺	較數	正東西一度徑若干當洋尺	較數
四〇 〇	一一 一九,七六	,七〇	九,九九九四〇二七	四二	三六三九四六,四〇	九,九九	二九九四七一,六〇	六〇八,五一
一〇	二〇,四六	,六七	三九八五	四一	九五六,三九	一〇,〇二	八八六三,〇九	六一一,〇三
二〇	二一,一三	,六六	三九四四	四二	九六六,四一	一〇,〇三	八二五二,〇六	六一三,五七
三〇	二一,七九	,六三	三九〇二	四二	九七六,四四	一〇,〇五	七六三八,四九	六一六,〇九
四〇	二二,四二	,六〇	三八六〇	四一	九八六,四九	一〇,〇八	七〇二二,四〇	六一八,六〇
五〇	二三,〇二	,五九	三八一九	四二	九九六,五七	一〇,一〇	六四〇三,八〇	六二一,一三
四一 〇	一一 二三,六一	,五六	九,九九九三七七七	四二	三六四〇〇六,六七	一〇,一一	二九五七八二,六七	六二三,六三
一〇	二四,一七	,五三	三七三五	四二	〇一六,七八	一〇,一三	五一五九,〇四	六二六,一四
二〇	二四,七〇	,五二	三六九三	四二	〇二六,九一	一〇,一六	四五三二,九〇	六二八,六三
三〇	二五,二二	,四九	三六五一	四二	〇三七,〇七	一〇,一七	三九〇四,二七	六三一,一三
四〇	二五,七一	,四七	三六〇九	四二	〇四七,二四	一〇,一九	三二七三,一四	六三三,六二
五〇	二六,一八	,四四	三五六七	四三	〇五七,四三	一〇,二一	二六三九,五二	六三六,一〇
四二 〇	一一 二六,六二	,四二	九,九九九三五二五	四二	三六四〇六七,六四	一〇,二二	二九二〇〇三,四二	六三八,五八
一〇	二七,〇四	,四〇	三四八三	四二	〇七七,八六	一〇,二四	一三六四,八四	六四一,〇五
二〇	二七,四四	,三八	三四四一	四二	〇八八,一〇	一〇,二六	〇七二三,七九	六四三,五一
三〇	二七,八二	,三五	三三九九	四二	〇九八,三六	一〇,二八	〇〇八〇,二八	六四五,九八
四〇	二八,一七	,三三	三三五七	四二	一〇八,六四	一〇,二九	二八九四三四,三〇	六四八,四四
五〇	二八,五〇	,三〇	三三一五	四二	一一八,九三	一〇,三一	八七八五,八六	六五〇,八九
四三 〇	一一 二八,八〇	,二八	九,九九九三二七三	四三	三六四一二九,二四	一〇,三二	二八八一三四,九七	六五三,三四
一〇	二九,〇八	,二六	三二三〇	四二	一三九,五六	一〇,三四	七四八一,六三	六五五,七八
二〇	二九,三四	,二四	三一八八	四二	一四九,九〇	一〇,三五	六八二五,八五	六五八,二一
三〇	二九,五八	,二一	三一四六	四二	一六〇,二五	一〇,三七	六一六七,六四	六六〇,六五
四〇	二九,七九	,一九	三一〇四	四二	一七〇,六二	一〇,三八	五五〇六,九九	六六三,〇六
五〇	二九,九八	,一六	三〇六二	四三	一八一,〇〇	一〇,四〇	四八四三,九三	六六五,四九
四四 〇	一一 三〇,一四	,一五	九,九九九三〇一九	四二	三六四一九一,四〇	一〇,四〇	二八四一七八,四四	六六七,九〇
一〇	三〇,二九	,一二	二九七七	四二	二〇一,八〇	一〇,四二	三五一〇,五四	六七〇,三一
二〇	三〇,四一	,〇九	二九三五	四三	二一二,二二	一〇,四四	二八四〇,二三	六七二,七一
三〇	三〇,五〇	,〇七	二八九二	四二	二二二,六六	一〇,四五	二一六七,五二	六七五,一一
四〇	三〇,五七	,〇五	二八五〇	四二	二三三,一一	一〇,四六	一四九二,四一	六七七,五〇
五〇	三〇,六二	,〇三	二八〇八	四二	二四三,五七	一〇,四七	〇八一四,九一	六七九,九〇
四五 〇	一一 三〇,六五		九,九九九二七六六		三六四二五四,〇四		二八〇一三五,〇一	

星學發軔　卷十五　四十二

第十一表

北極出地（度 分）	垂線高角（分 秒）	垂線高角較（秒）	地半徑之對數	地半徑對數之較	正南北一度緯若干當洋尺	較數	正東西一度徑若干當洋尺	較數
四五 〇	一一 三〇,六五	,〇〇	九,九九九二七六六	四三	三六四二五四,〇四	一〇,四八	二八〇一三五,〇一	六八二,二六
一〇	三〇,六五	,〇二	二七二三	四二	二六四,五二	一〇,四九	二七九四五二,七五	六八四,六五
二〇	三〇,六三	,〇五	二六八一	四二	二七五,〇一	一〇,五〇	八七六八,一〇	六八七,〇一
三〇	三〇,五八	,〇七	二六三九	四三	二八五,五一	一〇,五二	八〇八一,〇九	六八九,三八
四〇	三〇,五一	,〇九	二五九六	四二	二九六,〇三	一〇,五二	七三九一,七一	六九一,七四
五〇	三〇,四二	,一一	二五五四	四二	三〇六,五五	一〇,五三	六六九九,九七	六九四,〇八
四六 〇	一一 三〇,三一	,一四	九,九九九二五一二	四二	三六四三一七,〇八	一〇,五四	二七六〇〇五,八九	六九六,四三
一〇	三〇,一七	,一六	二四七〇	四三	三二七,六二	一〇,五五	五三〇九,四六	六九八,七八
二〇	三〇,〇一	,一九	二四二七	四二	三三八,一七	一〇,五六	四六一〇,六八	七〇一,一二
三〇	二九,八二	,二一	二三八五	四二	三四八,七三	一〇,五七	三九〇九,五六	七〇三,四三
四〇	二九,六一	,二三	二三四三	四三	三五九,三〇	一〇,五七	三二〇六,一三	七〇五,七七
五〇	二九,三八	,二六	二三〇〇	四二	三六九,八七	一〇,五八	二五〇〇,三六	七〇八,〇八
四七 〇	一一 二九,一二	,二七	九,九九九二二五八	四二	三六四三八〇,四五	一〇,五九	二七一七九二,二八	七一〇,三九
一〇	二八,八五	,三一	二二一六	四二	三九一,〇四	一〇,六〇	一〇八一,八九	七一二,七〇
二〇	二八,五四	,三二	二一七四	四二	四〇一,六四	一〇,六〇	〇三六九,一九	七一五,〇〇
三〇	二八,二二	,三五	二一三二	四三	四一二,二四	一〇,六一	二六九六五四,一九	七一七,二九
四〇	二七,八七	,三七	二〇八九	四二	四二二,八五	一〇,六一	八九三六,九〇	七一九,五八
五〇	二七,五〇	,四〇	二〇四七	四二	四三三,四六	一〇,六二	八二一七,三二	七二一,八七
四八 〇	一一 二七,一〇	,四一	九,九九九二〇〇五	四二	三六四四四四,〇八	一〇,六二	二六七四九五,四五	七二四,一四
一〇	二六,六九	,四五	一九六三	四二	四五四,七〇	一〇,六三	六七七一,三一	七二六,四一
二〇	二六,二四	,四六	一九二一	四二	四六五,三三	一〇,六三	六〇四四,九〇	七二八,六八
三〇	二五,七八	,四九	一八七九	四二	四七五,九六	一〇,六三	五三一六,二二	七三〇,九三
四〇	二五,二九	,五一	一八三七	四二	四八六,五九	一〇,六四	四五八五,二九	七三三,一九
五〇	二四,七八	,五四	一七九五	四二	四九七,二三	一〇,六四	三八五二,一〇	七三五,四三
四九 〇	一一 二四,二四	,五五	九,九九九一七五二	四二	三六四五〇七,八七	一〇,六五	二六三一一六,六七	七三七,六七
一〇	二三,六九	,五八	一七一一	四二	五一八,五二	一〇,六四	二三七九,〇〇	七三九,九一
二〇	二三,一一	,六一	一六六九	四二	五二九,一六	一〇,六五	一六三九,〇九	七四二,一三
三〇	二二,五〇	,六三	一六二七	四一	五三九,八一	一〇,六五	〇八九六,九六	七四四,三六
四〇	二一,八七	,六五	一五八六	四二	五五〇,四六	一〇,六六	〇一五二,六〇	七四六,五七
五〇	二一,二二	,六七	一五四四	四二	五六一,一二	一〇,六五	二五九四〇六,〇三	七四八,七八
五〇 〇	一一 二〇,五五		九,九九九一五〇二		三六四五七一,七七		二五八六五七,二五	

第十一表

地半徑之對數較	地半徑之對數	垂線高角較	垂線高角		北極出地度	
		秒	分	秒	度	分
四二	九,九九九九一五〇二	,七〇	一一	二〇,五五	五〇	〇
四一	一四六〇	,七二		一九,八五		一〇
四二	一四一九	,七四		一九,一三		二〇
四二	一三七七	,七六		一八,三九		三〇
四一	一三三五	,七九		一七,六三		四〇
四二	一二九四	,八二		一六,八四		五〇
四一	九,九九九九一二五二	,八三	一一	一六,〇二	五一	〇
四一	一二一一	,八六		一五,一九		一〇
四二	一一七〇	,八八		一四,三三		二〇
四一	一一二八	,九〇		一三,四五		三〇
四一	一〇八七	,九三		一二,五五		四〇
四一	一〇四六	,九五		一一,六二		五〇
四二	九,九九九九一〇〇五	,九七	一一	一〇,六七	五二	〇
四一	〇九六三	,九九		九,七〇		一〇
四一	〇九二二	一,〇二		八,七一		二〇
四一	〇八八一	一,〇三		七,六九		三〇
四〇	〇八四〇	一,〇六		六,六六		四〇
四一	〇八〇〇	一,〇九		五,六〇		五〇
四一	九,九九九九〇七五九	一,一一	一一	四,五一	五三	〇
四一	〇七一八	一,一三		三,四〇		一〇
四〇	〇六七七	一,一五		二,二七		二〇
四一	〇六三七	一,一八		一,一二		三〇
四〇	〇五九六	一,二〇	一〇	五九,九四		四〇
四一	〇五五六	一,二二		五八,七四		五〇
四〇	九,九九九九〇五一五	一,二四	一〇	五七,五二	五四	〇
四〇	〇四七五	一,二六		五六,二八		一〇
四〇	〇四三五	一,二九		五五,〇二		二〇
四〇	〇三九五	一,三一		五三,七三		三〇
四〇	〇三五五	一,三三		五二,四二		四〇
四〇	〇三一五	一,三五		五一,〇九		五〇
	九,九九九九〇二七五		一〇	四九,七四	五五	〇

第十一表

正南北緯一度當若干尺洋	較數	正東西徑一度當若干尺洋	較數
三六四五七一,七七	一〇,六五	二五八六五七,二五	七五〇,九九
五八二,四二	一〇,六六	七九〇六,二六	七五三,一八
五九三,〇八	一〇,六五	七一五三,〇八	七五五,三七
六〇三,七三	一〇,六五	六三九七,七一	七五七,五六
六一四,三八	一〇,六五	五六四〇,一五	七五九,七三
六二五,〇三	一〇,六五	四八八〇,四二	七六一,九一
三六四六三五,六八	一〇,六五	二五四一一八,五一	七六四,〇八
六四六,三三	一〇,六五	三三五四,四三	七六六,二三
六五六,九八	一〇,六四	二五八八,二〇	七六八,三八
六六七,六二	一〇,六四	一八一九,八二	七七〇,五三
六七八,二六	一〇,六四	一〇四九,二九	七七二,六七
六八八,九〇	一〇,六四	〇二七六,六二	七七四,八一
三六四六九九,五四	一〇,六三	二四九五〇一,八一	七七六,九三
七一〇,一七	一〇,六三	八七二四,八八	七七九,〇五
七二〇,八〇	一〇,六二	七九四五,八三	七八一,一七
七三一,四二	一〇,六一	七一六四,六六	七八三,二七
七四二,〇三	一〇,六二	六三八一,三九	七八五,三八
七五二,六五	一〇,六〇	五五九六,〇一	七八七,四七
三六四七六三,二五	一〇,六〇	二四四八〇八,五四	七八九,五六
七七三,八五	一〇,六〇	四〇一八,九八	七九一,六四
七八四,四五	一〇,五九	三二二七,三四	七九三,七二
七九五,〇四	一〇,五八	二四三三,六二	七九五,七八
八〇五,六二	一〇,五七	一六三七,八四	七九七,八五
八一六,一九	一〇,五六	〇八三九,九九	七九九,九〇
三六四八二六,七五	一〇,五六	二四〇〇四〇,〇九	八〇一,九五
八三七,三一	一〇,五五	二三九二三八,一四	八〇三,九九
八四七,八六	一〇,五四	八四三四,一五	八〇六,〇三
八五八,四〇	一〇,五三	七六二八,一二	八〇八,〇五
八六八,九三	一〇,五二	六八二〇,〇七	八一〇,〇八
八七九,四五	一〇,五一	六〇〇九,九九	八一二,〇九
三六四八八九,九六		二三五一九七,九〇	

第十一表

地半徑之對數較	地半徑之對數	垂線高角較	垂線高角		北極出地度	
		秒	分	秒	度	分
四〇	九,九九九九〇二七五	一,三八	一〇	四九,七四	五五	〇
四〇	〇二三五	一,三九		四八,三六		一〇
四〇	〇一九五	一,四二		四六,九七		二〇
三九	〇一五五	一,四四		四五,五五		三〇
四〇	〇一一六	一,四六		四四,一一		四〇
三九	〇〇七六	一,四九		四二,五六		五〇
三九	九,九九九九〇〇三七	一,五一	一〇	四一,一六	五六	〇
四〇	九,九九九八九九九八	一,五二		三九,六五		一〇
三九	九九五八	一,五五		三八,一三		二〇
三九	九九一九	一,五七		三六,五八		三〇
三九	九八八〇	一,六〇		三五,〇一		四〇
三九	九八四一	一,六一		三三,四一		五〇
三八	九,九九九八九八〇二	一,六四	一〇	三一,八〇	五七	〇
三九	九七六四	一,六六		三〇,一六		一〇
三九	九七二五	一,六七		二八,五〇		二〇
三八	九六八六	一,七〇		二六,八三		三〇
三八	九六四八	一,七三		二五,一三		四〇
三九	九六一〇	一,七四		二三,四〇		五〇
三八	九,九九九八九五七一	一,七六	一〇	二一,六六	五八	〇
三八	九五三三	一,七九		一九,九〇		一〇
三八	九四九五	一,八〇		一八,一一		二〇
三八	九四五七	一,八三		一六,三一		三〇
三七	九四一九	一,八五		一四,四八		四〇
三八	九三八二	一,八六		一二,六三		五〇
三七	九,九九九八九三四四	一,八九	一〇	一〇,七七	五九	〇
三八	九三〇七	一,九一		八,八八		一〇
三七	九二六九	一,九三		六,九七		二〇
三七	九二三二	一,九六		五,〇四		三〇
三七	九一九五	一,九七		三,〇八		四〇
三七	九一五八	一,九九		一,一一		五〇
	九,九九九八九一二一		九	五九,一二	六〇	〇

第十一表

正南北緯一度當若干尺洋	較數	正東西徑一度當若干尺洋	較數
三六四八八九,九六	一〇,五〇	二三五一九七,九〇	八一四,一〇
九〇〇,四六	一〇,四九	四三八三,八〇	八一六,一〇
九一〇,九五	一〇,四八	三五六七,七〇	八一八,一〇
九二一,四三	一〇,四七	二七四九,六〇	八二〇,〇八
九三一,九〇	一〇,四六	一九二九,五二	八二二,〇六
九四二,三六	一〇,四四	一一〇七,四六	八二四,〇四
三六四九五二,八〇	一〇,四三	二三〇二八三,四二	八二六,〇〇
九六三,二三	一〇,四二	二二九四五七,四二	八二七,九七
九七三,六五	一〇,四一	八六二九,四五	八二九,九一
九八四,〇六	一〇,三九	七七九九,五四	八三一,八七
九九四,四五	一〇,三八	六九六七,六七	八三三,八〇
三六五〇〇四,八三	一〇,三七	六一三三,八七	八三五,七四
三六五〇一五,二〇	一〇,三五	二二五二九八,一三	八三七,六六
〇二五,五五	一〇,三三	四四六〇,四七	八三九,五七
〇三五,八八	一〇,三二	三六二〇,九〇	八四一,四九
〇四六,二〇	一〇,三一	二七七九,四一	八四三,四〇
〇五六,五一	一〇,二八	一九三六,〇一	八四五,二九
〇六六,七九	一〇,二七	一〇九〇,七二	八四七,一八
三六五〇七七,〇六	一〇,二六	二二〇二四三,五四	八四九,〇七
〇八七,三二	一〇,二四	二一九三九四,四七	八五〇,九三
〇九七,五六	一〇,二二	八五四三,五四	八五二,八一
一〇七,七八	一〇,二〇	七六九〇,七三	八五四,六七
一一七,九八	一〇,一九	六八三六,〇六	八五六,五三
一二八,一七	一〇,一七	五九七九,五三	八五八,三七
三六五一三八,三四	一〇,一五	二一五一二一,一六	八六〇,二一
一四八,四九	一〇,一二	四二六〇,九五	八六二,〇五
一五八,六一	一〇,一一	三三九八,九〇	八六三,八六
一六八,七二	一〇,〇九	二五三五,〇四	八六五,六九
一七八,八一	一〇,〇七	一六六九,三五	八六七,五〇
一八八,八八	一〇,〇五	二一〇八〇一,八五	八六九,三〇
三六五一九八,九三		二〇九九三二,五五	

第十一表

正北緯一度若干當洋尺	較數	正東西徑一度若干當洋尺	較數
三六五一九八,九〇	一〇,〇三	二〇九九三二,五五	八七一,一一
二〇八,九六	一〇,〇一	九〇六一,四四	八七二,八八
二一八,九七	九,九九	八一八八,五六	八七四,六七
二二八,九六	九,九六	七三一三,八九	八七六,四五
二三八,九二	九,九四	六四三七,四四	八七八,二一
二四八,八六	九,九二	五五五九,二三	八七九,九七
三六五二五八,七八	九,九〇	二〇四六七九,二六	八八一,七二
二六八,六八	九,八七	三七九七,五四	八八三,四七
二七八,五五	九,八五	二九一四,〇七	八八五,二〇
二八八,四〇	九,八三	二〇二八,八七	八八六,九四
二九八,二三	九,八〇	一一四一,九三	八八八,六五
三〇八,〇三	九,七七	二〇〇二五三,二八	八九〇,三八
三六五三一七,八〇	九,七六	一九九三六二,九〇	八九二,〇八
三二七,五六	九,七三	八四七〇,八二	八九三,七八
三三七,二九	九,七〇	七五七七,〇四	八九五,四七
三四六,九九	九,六七	六六八一,五七	八九七,一五
三五六,六六	九,六五	五七八四,四二	八九八,八四
三六六,三一	九,六二	四八八五,五八	九〇〇,五〇
三六五三七五,九三	九,六〇	一九三九八五,〇八	九〇二,一七
三八五,五三	九,五七	三〇八二,九一	九〇三,八二
三九五,一〇	九,五四	二一七九,〇九	九〇五,四六
四〇四,六四	九,五二	一二七三,六三	九〇七,一一
四一四,一六	九,四九	〇三六六,五二	九〇八,七四
四二三,六五	九,四五	一八九四五七,七八	九一〇,三五
三六五四三三,一〇	九,四三	一八八五四七,四三	九一一,九八
四四二,五三	九,四〇	七六三五,四五	九一三,五九
四五一,九三	九,三七	六七二一,八六	九一五,一九
四六一,三〇	九,三四	五八〇六,六七	九一六,七七
四七〇,六四	九,三一	四八八九,九〇	九一八,三七
四七九,九五	九,二八	三九七一,五三	九一九,九四
三六五四八九,二三		一八三〇五一,五九	

第十一表

北極出地 度	分	垂線高角 分	秒	垂線高角較 秒	地半徑之對數	地半徑之對數較
六〇	〇	九	五九,一二	一二,三八	九,九九八九一二一	二一九
六一	〇	九	四六,七四	一三,〇九	八九〇二	二一四
六二	〇	九	三三,六五	一三,八〇	八六八八	二〇九
六三	〇	九	一九,八五	一四,四九	八四七九	二〇四
六四	〇	九	五,三六	一五,一五	八二七五	一九九
六五	〇	八	五〇,二一	一五,八一	八〇七七	一九三
六六	〇	八	三四,四〇	一六,四三	九,九九八七八八四	一八七
六七	〇	八	一七,九七	一七,〇五	七六九七	一八〇
六八	〇	八	〇,九二	一七,六三	七五一七	一七五
六九	〇	七	四三,二九	一八,二一	七三四二	一六八
七〇	〇	七	二五,〇八	一八,七五	七一七四	一六一
七一	〇	七	六,三三	一九,二七	七〇一三	一五四
七二	〇	六	四七,〇六	一九,七八	九,九九八六八五九	一四六
七三	〇	六	二七,二八	二〇,二五	六七一三	一四〇
七四	〇	六	七,〇三	二〇,七〇	六五七三	一三二
七五	〇	五	四六,三三	二一,一三	六四四一	一二四
七六	〇	五	二五,二〇	二一,五三	六三一七	一一六
七七	〇	五	三,六七	二一,九〇	六二〇一	一〇八
七八	〇	四	四一,七七	二二,二四	九,九九八六〇九三	一〇〇
七九	〇	四	一九,五三	二二,五七	五九九三	九二
八〇	〇	三	五六,九六	二二,八六	五九〇一	八三
八一	〇	三	三四,一〇	二三,一二	五八一八	七五
八二	〇	三	一〇,九八	二三,三五	五七四三	六七
八三	〇	二	四七,六三	二三,五六	五六七六	五七
八四	〇	二	二四,〇七	二三,七四	九,九九八五六一九	四九
八五	〇	二	〇,三三	二三,八九	五五七〇	四〇
八六	〇	一	三六,四四	二四,〇一	五五三〇	三二
八七	〇	一	一二,四三	二四,〇九	五四九八	二二
八八	〇	〇	四八,三四	二四,一六	五四七六	一三
八九	〇	〇	二四,一八	二四,一八	五四六三	五
九〇	〇	〇	〇,〇〇		九,九九九八五四五八	

第十一表

正北緯一度若干當洋尺	較數	正東西徑一度若干當洋尺	較數
三六五四八九,二三	五五,〇二	一八三〇五一,五九	五五五二,三四
五四四,二五	五三,八五	一七七四九九,二五	五六〇七,一五
五九八,一〇	五二,六〇	一七一八九二,一〇	五六六〇,二六
六五〇,七〇	五一,三〇	一六六二三一,八四	五七一一,六三
七〇二,〇〇	四九,九四	一六〇五二〇,二一	五七六一,二六
七五一,九四	四八,五〇	一五四七五八,九五	五八〇九,一二
三六五八〇〇,四四	四七,〇一	一四八九四九,八三	五八五五,二〇
八四七,四五	四五,四六	一四三〇九四,六三	五八九九,四九
八九二,九一	四三,八六	一三七一九五,一四	五九四一,九六
九三六,七七	四二,二〇	一三一二五三,一八	五九八二,六一
九七八,九七	四〇,四八	一二五二七〇,五七	六〇二一,四三
三六六〇一九,四五	三八,七二	一一九二四九,一四	六〇五八,三六
三六六〇五八,一七	三六,九一	一一三一九〇,七八	六〇九三,四六
〇九五,〇八	三五,〇六	一〇七〇九七,三二	六一二六,六六
一三〇,一四	三三,一六	一〇〇九七〇,六六	六一五七,九六
一六三,三〇	三一,二一	九四八一二,七〇	六一八七,三八
一九四,五一	二九,二三	八八六二五,三二	六二一四,八八
二二三,七四	二七,二二	八二四一〇,四四	六二四〇,四七
三六六二五〇,九六	二五,一七	七六一六九,九七	六二六四,一〇
二七六,一三	二三,〇八	六九九〇五,八七	六二八五,八〇
二九九,二一	二〇,九八	六三六二〇,〇七	六三〇五,五四
三二〇,一九	一八,八三	五七三一四,五三	六三二三,三六
三三九,〇二	一六,六七	五〇九九一,一七	六三三九,一九
三五五,六九	一四,五〇	四四六五一,九八	六三五三,〇五
三六六三七〇,一九	一二,三〇	三八二九八,九三	六三六四,九六
三八二,四九	一〇,〇八	三一九三三,九七	六三七四,八九
三九二,五七	七,八六	二五五五九,〇八	六三八二,八一
四〇〇,四三	五,六一	一九一七六,二七	六三八八,七八
四〇六,〇四	三,三八	一二七八七,四九	六三九二,七五
四〇九,四二	一,一二	六三九四,七四	六三九四,七四
三六六四一〇,五四		〇〇〇〇,〇〇	

第十二表

此表之用、解見七卷十二節、蓋月近地平、則離人微遠、愈升高則愈近、故其視半徑愈大、此表第一層所載之分秒數、爲月在地平上之視半徑、第一行爲月之高度、此表所載、爲月之視半徑所增之數、查此表以月之高度、與月在地平上視半徑二者爲主、

設月在地平上視半徑爲十六分三十秒、月升高在地平上五十度、求其視半徑若干、

查表，得一三、六〇秒為月之視半徑所增之數，與十六分三十秒相加，得十六分四十三秒又十分秒之六，為月之高度至五十度之視半徑。

第十二表

月在地平上之半徑

高度	一四分三〇秒	一五分	一五分三〇秒	一六分	一六分三〇秒	一七分
度	秒	秒	秒	秒	秒	秒
〇	〇、一〇	〇、一二	〇、一三	〇、一四	〇、一五	〇、一七
二	〇、五八	〇、六二	〇、六六	〇、七一	〇、七六	〇、八一
四	一、〇五	一、一二	一、二〇	一、二八	一、三七	一、四六
六	一、五一	一、六二	一、七四	一、八六	一、九八	二、一〇
八	一、九八	二、一二	二、二七	二、四二	二、五八	二、七五
一〇	二、四四	二、六二	二、八〇	二、九九	三、一八	三、三九
一二	二、九〇	三、一一	三、三三	三、五六	三、七八	四、〇二
一四	三、三六	三、六一	三、八六	四、一一	四、三七	四、六六
一六	三、八二	四、一〇	四、三八	四、六七	四、九七	五、二八
一八	四、二八	四、五八	四、八九	五、二二	五、五六	五、九〇
二〇	四、七二	五、〇六	五、四一	五、七六	六、一四	六、五二
二二	五、一六	五、五三	五、九一	六、三〇	六、七一	七、一三
二四	五、六〇	五、九九	六、四一	六、八三	七、二七	七、七二
二六	六、〇三	六、四五	六、九〇	七、三五	七、八三	八、三一
二八	六、四五	六、九一	七、三八	七、八七	八、三七	八、八九
三〇	六、八六	七、三五	七、八五	八、三七	八、九一	九、四六
三二	七、二七	七、七八	八、三二	八、八七	九、四四	一〇、〇二
三四	七、六七	八、二一	八、七七	九、三五	九、九五	一〇、五七
三六	八、〇六	八、六二	九、二二	九、八三	一〇、四六	一一、一一
三八	八、四三	九、〇三	九、六五	一〇、二九	一〇、九五	一一、六三
四〇	八、八〇	九、四二	一〇、〇七	一〇、七四	一一、四三	一二、一四
四二	九、一六	九、八〇	一〇、四八	一一、一七	一一、八九	一二、六三
四四	九、五一	一〇、一七	一〇、八八	一一、六〇	一二、三四	一三、一一
四六	九、八四	一〇、五四	一一、二六	一二、〇一	一二、七八	一三、五七
四八	一〇、一六	一〇、八八	一一、六三	一二、四〇	一三、二〇	一四、〇二

第十二表

月在地平上之半徑

高度	一四分三〇秒	一五分	一五分三〇秒	一六分	一六分三〇秒	一七分
度	秒	秒	秒	秒	秒	秒
五〇	一〇、四八	一一、二二	一一、九九	一二、七八	一三、六〇	一四、四五
五二	一〇、七八	一一、五四	一二、三三	一三、一五	一三、九九	一四、八六
五四	一一、〇七	一一、八四	一二、五六	一三、五〇	一四、三六	一五、二五
五六	一一、三四	一二、一四	一二、九七	一三、八三	一四、七二	一五、六三
五八	一一、六〇	一二、四二	一三、二七	一四、一五	一五、〇五	一五、九九
六〇	一一、八四	一二、六八	一三、五五	一四、四四	一五、三七	一六、三二
六二	一二、〇七	一二、九三	一三、八一	一四、七三	一五、六七	一六、六四
六四	一二、二九	一三、一六	一四、〇六	一四、九九	一五、九五	一六、九四
六六	一二、四九	一三、三七	一四、二九	一五、二四	一六、二一	一七、二二
六八	一二、六八	一三、五八	一四、五〇	一五、四六	一六、四五	一七、四七
七〇	一二、八五	一三、七六	一四、七〇	一五、六七	一六、六七	一七、七一
七二	一三、〇〇	一三、九二	一四、八八	一五、八六	一六、八八	一七、九二
七四	一三、一四	一四、〇七	一五、〇四	一六、〇三	一七、〇六	一八、一二
七六	一三、二七	一四、二一	一五、一八	一六、一八	一七、二二	一八、二九
七八	一三、三八	一四、三二	一五、三〇	一六、三一	一七、三六	一八、四二
八〇	一三、四七	一四、四二	一五、四〇	一六、四二	一七、四七	一八、五六
八二	一三、五四	一四、五〇	一五、四九	一六、五一	一七、五七	一八、六六
八四	一三、六〇	一四、五六	一五、五六	一六、五九	一七、六五	一八、七四
八六	一三、六四	一四、六一	一五、六〇	一六、六四	一七、七〇	一八、八〇
八八	一三、六七	一四、六三	一五、六三	一六、六七	一七、七三	一八、八三
九〇	一三、六七	一四、六三	一五、六四	一六、六八	一七、七四	一八、八五

第十三表

此表之用，解見第七卷第六節。凡天下各處地半徑不同，故各處地平視差亦異。赤道地半徑大，故赤道地平視差較他處地平視差亦大。設若已知赤道地平視差，欲推算他處之地平視差，必用此表。表內第一層之五十三分、五十七分、六十一分，皆為月之赤道地平視差。第一行之度數，為某處北極出地度。此表所載之數，為月之赤道地平視差與某處地平視差之較。查此表以月之赤道地平視差與某處北極出地度二項為主。設月之赤道地平視差為六十一分，求北極出地四十度之處

月之地平視差、

查表得五、〇三秒所以自六十一分減五、〇三秒得六十分五十四秒又百分秒之九十七、為所求處月之地平視差、

第十三表

北極出地度	月之赤道地平視差 五三分 秒	五七分 秒	六一分 秒	北極出地度	月之赤道地平視差 五三分 秒	五七分 秒	六一分 秒
〇	〇、〇〇	〇、〇〇	〇、〇〇	二五	一、八九	二、〇三	二、一七
一	〇、〇〇	〇、〇〇	〇、〇〇	二六	二、〇三	二、一八	二、三三
二	〇、〇一	〇、〇一	〇、〇一	二七	二、一八	二、三四	二、五〇
三	〇、〇三	〇、〇三	〇、〇三	二八	二、三三	二、五〇	二、六八
四	〇、〇五	〇、〇六	〇、〇六	二九	二、四八	二、六七	二、八六
五	〇、〇八	〇、〇九	〇、〇九	三〇	二、六四	二、八四	三、〇四
六	〇、一二	〇、一二	〇、一三	三一	二、八〇	三、〇一	三、二三
七	〇、一六	〇、一七	〇、一八	三二	二、九七	三、一九	三、四二
八	〇、二〇	〇、二二	〇、二四	三三	三、一四	三、三七	三、六一
九	〇、二六	〇、二八	〇、三〇	三四	三、三一	三、五五	三、八〇
一〇	〇、三二	〇、三四	〇、三七	三五	三、四八	三、七四	四、〇〇
一一	〇、三八	〇、四一	〇、四四	三六	三、六五	三、九三	四、二〇
一二	〇、四六	〇、四九	〇、五二	三七	三、八三	四、一二	四、四一
一三	〇、五四	〇、五七	〇、六一	三八	四、〇一	四、三一	四、六一
一四	〇、六二	〇、六六	〇、七一	三九	四、一九	四、五〇	四、八二
一五	〇、七一	〇、七六	〇、八一	四〇	四、三七	四、七〇	五、〇三
一六	〇、八〇	〇、八六	〇、九二	四一	四、五五	四、九〇	五、二四
一七	〇、九〇	〇、九七	一、〇四	四二	四、七四	五、〇九	五、四五
一八	一、〇一	一、〇八	一、一六	四三	四、九二	五、二九	五、六六
一九	一、一二	一、二〇	一、二九	四四	五、一一	五、四九	五、八八
二〇	一、二四	一、三三	一、四二	四五	五、二九	五、六九	六、〇九
二一	一、三六	一、四六	一、五六	四六	五、四八	五、八九	六、三〇
二二	一、四八	一、五九	一、七〇	四七	五、六六	六、〇九	六、五二
二三	一、六一	一、七三	一、八五	四八	五、八五	六、二九	六、七三
二四	一、七五	一、八八	二、〇一	四九	六、〇三	六、四九	六、九四

第十三表

北極出地度	月之赤道地平視差 五三分 秒	五七分 秒	六一分 秒	北極出地度	月之赤道地平視差 五三分 秒	五七分 秒	六一分 秒
五〇	六、二二	六、六九	七、一五	七〇	九、三八	一〇、〇九	一〇、七九
五一	六、四〇	六、八八	七、三六	七一	九、五〇	一〇、二一	一〇、九三
五二	六、五八	七、〇八	七、五七	七二	九、六一	一〇、三三	一一、〇六
五三	六、七六	七、二七	七、七八	七三	九、七一	一〇、四五	一一、一八
五四	六、九四	七、四六	七、九八	七四	九、八二	一〇、五六	一一、三〇
五五	七、一一	七、六五	八、一九	七五	九、九一	一〇、六六	一一、四一
五六	七、二九	七、八四	八、三九	七六	一〇、〇〇	一〇、七六	一一、五一
五七	七、四六	八、〇二	八、五八	七七	一〇、〇九	一〇、八五	一一、六一
五八	七、六三	八、二〇	八、七八	七八	一〇、一七	一〇、九三	一一、七〇
五九	七、七九	八、三八	八、九七	七九	一〇、二四	一一、〇一	一一、七八
六〇	七、九六	八、五六	九、一六	八〇	一〇、三一	一一、〇八	一一、八六
六一	八、一二	八、七三	九、三四	八一	一〇、三七	一一、一五	一一、九三
六二	八、二七	八、九〇	九、五二	八二	一〇、四二	一一、二一	一一、九五
六三	八、四二	九、〇六	九、七〇	八三	一〇、四七	一一、二六	一二、〇五
六四	八、五七	九、二二	九、八七	八四	一〇、五一	一一、三一	一二、一〇
六五	八、七二	九、三八	一〇、〇四	八五	一〇、五五	一一、三五	一二、一四
六六	八、八六	九、五三	一〇、二〇	八六	一〇、五八	一一、三八	一二、一七
六七	九、〇〇	九、六七	一〇、三五	八七	一〇、六〇	一一、四〇	一二、二〇
六八	九、一三	九、八一	一〇、五〇	八八	一〇、六二	一一、四二	一二、二二
六九	九、二六	九、九五	一〇、六五	八九	一〇、六三	一一、四三	一二、二三

第十四表

此表之用、解見七卷第一二節、表內所載、為日與五星至各高度之視差、表之上層所載、為日與五星地平視差第一行為其高度、查此表以高度為主、所以按星之高度若干、查此表而得其高度視差、

設日地平視差為八秒、若日高至二十度、求其視差應若干秒、

檢表得七、五秒為日高二十度之視差、

第十四表

地平視差

高度	一秒	二秒	三秒	四秒	五秒	六秒	七秒	八秒	九分
度	秒	秒	秒	秒	秒	秒	秒	秒	秒
○	一、○	二、○	三、○	四、○	五、○	六、○	七、○	八、○	九、○
二	一、○	二、○	三、○	四、○	五、○	六、○	七、○	八、○	九、○
四	一、○	二、○	三、○	四、○	五、○	六、○	七、○	八、○	九、○
六	一、○	二、○	三、○	四、○	五、○	六、○	七、○	八、○	九、○
八	一、○	二、○	三、○	四、○	五、○	五、九	六、九	七、九	八、九
一○	一、○	二、○	三、○	三、九	四、九	五、九	六、九	七、九	八、九
一二	一、○	二、○	二、九	三、九	四、九	五、九	六、八	七、八	八、八
一四	一、○	一、九	二、九	三、九	四、九	五、八	六、八	七、八	八、七
一六	一、○	一、九	二、九	三、八	四、八	五、八	六、七	七、七	八、七
一八	一、○	一、九	二、九	三、八	四、八	五、七	六、七	七、六	八、六
二○	○、九	一、九	二、八	三、八	四、七	五、六	六、六	七、五	八、五
二二	○、九	一、九	二、八	三、七	四、六	五、六	六、五	七、四	八、三
二四	○、九	一、八	二、七	三、七	四、六	五、五	六、四	七、三	八、二
二六	○、九	一、八	二、七	三、六	四、五	五、四	六、三	七、二	八、一
二八	○、九	一、八	二、六	三、五	四、四	五、三	六、二	七、一	七、九
三○	○、九	一、七	二、六	三、五	四、三	五、二	六、一	六、九	七、八
三二	○、八	一、七	二、五	三、四	四、二	五、一	五、九	六、八	七、六
三四	○、八	一、七	二、五	三、三	四、一	五、○	五、八	六、六	七、五
三六	○、八	一、六	二、四	三、二	四、○	四、九	五、七	六、五	七、三
三八	○、八	一、六	二、四	三、二	三、九	四、七	五、五	六、三	七、一
四○	○、八	一、五	二、三	三、一	三、八	四、六	五、四	六、一	六、九
四二	○、七	一、五	二、二	三、○	三、七	四、五	五、二	五、九	六、七
四四	○、七	一、四	二、二	二、九	三、六	四、三	五、○	五、八	六、五
四六	○、七	一、四	二、一	二、八	三、五	四、二	四、九	五、六	六、三
四八	○、七	一、三	二、○	二、七	三、三	四、○	四、七	五、四	六、○

第十四表

地平視差

高度	一○秒	二○秒	三○秒	八、四秒	八、五秒	八、六秒	八、七秒	八、八秒
度	秒	秒	秒	秒	秒	秒	秒	秒
○	一○、○	二○、○	三○、○	八、四○	八、五○	八、六○	八、七○	八、八○
二	一○、○	二○、○	三○、○	八、三九	八、四九	八、五九	八、六九	八、七九
四	一○、○	二○、○	二九、九	八、三八	八、四八	八、五八	八、六八	八、七八
六	九、九	一九、九	二九、八	八、三五	八、四五	八、五五	八、六五	八、七五
八	九、九	一九、八	二九、七	八、三二	八、四二	八、五二	八、六二	八、七一
一○	九、八	一九、七	二九、五	八、二七	八、三七	八、四七	八、五七	八、六七
一二	九、八	一九、六	二九、三	八、二二	八、三一	八、四一	八、五一	八、六一
一四	九、七	一九、四	二九、一	八、一五	八、二五	八、三四	八、四四	八、五四
一六	九、六	一九、二	二八、八	八、○七	八、一七	八、二七	八、三六	八、四六
一八	九、五	一九、○	二八、五	七、九九	八、○八	八、一八	八、二七	八、三七
二○	九、四	一八、八	二八、二	七、八九	七、九九	八、○八	八、一八	八、二七
二二	九、三	一八、五	二七、八	七、七九	七、八八	七、九七	八、○七	八、一六
二四	九、一	一八、三	二七、四	七、六七	七、七七	七、八六	七、九五	八、○四
二六	九、○	一八、○	二七、○	七、五五	七、六四	七、七三	七、八二	七、九一
二八	八、八	一七、七	二六、五	七、四二	七、五一	七、五九	七、六八	七、七七
三○	八、七	一七、三	二六、○	七、二七	七、三六	七、四五	七、五三	七、六二
三二	八、五	一七、○	二五、四	七、一二	七、二一	七、二九	七、三八	七、四六
三四	八、三	一六、六	二四、九	六、九六	七、○五	七、一三	七、二一	七、三○
三六	八、一	一六、二	二四、三	六、八○	六、八八	六、九六	七、○四	七、一二
三八	七、九	一五、八	二三、六	六、六二	六、七○	六、七八	六、八六	六、九三
四○	七、七	一五、三	二三、○	六、四三	六、五一	六、五九	六、六六	六、七四
四二	七、四	一四、九	二二、三	六、二四	六、三二	六、三九	六、四七	六、五四
四四	七、二	一四、四	二一、六	六、○四	六、一一	六、一九	六、二六	六、三三
四六	六、九	一三、九	二○、八	五、八四	五、九○	五、九七	六、○四	六、一一
四八	六、七	一三、四	二○、一	五、六二	五、六九	五、七五	五、八二	五、八九

第十四表

地平視差

高度	一秒	二秒	三秒	四秒	五秒	六秒	七秒	八秒	九分
度	秒	秒	秒	秒	秒	秒	秒	秒	秒
五○	○、六	一、三	一、九	二、六	三、二	三、九	四、五	五、一	五、八
五二	○、六	一、二	一、八	二、五	三、一	三、七	四、三	四、九	五、五
五四	○、六	一、二	一、八	二、四	二、九	三、五	四、一	四、七	五、三
五六	○、六	一、一	一、七	二、二	二、八	三、四	三、九	四、五	五、○
五八	○、五	一、一	一、六	二、一	二、六	三、二	三、七	四、二	四、八
六○	○、五	一、○	一、五	二、○	二、五	三、○	三、五	四、○	四、五
六二	○、五	○、九	一、四	一、九	二、三	二、八	三、三	三、八	四、二
六四	○、四	○、九	一、三	一、八	二、二	二、六	三、一	三、五	三、九
六六	○、四	○、八	一、二	一、六	二、○	二、四	二、八	三、二	三、七
六八	○、四	○、七	一、一	一、五	一、九	二、二	二、六	三、○	三、四
七○	○、三	○、七	一、○	一、四	一、七	二、一	二、四	二、七	三、一
七二	○、三	○、六	○、九	一、二	一、五	一、九	二、二	二、五	二、八
七四	○、三	○、六	○、八	一、一	一、四	一、七	一、九	二、二	二、五
七六	○、二	○、五	○、七	一、○	一、二	一、五	一、七	一、九	二、二
七八	○、二	○、四	○、六	○、八	一、○	一、二	一、五	一、七	一、九
八○	○、二	○、三	○、五	○、七	○、九	一、○	一、二	一、四	一、六
八二	○、一	○、三	○、四	○、六	○、七	○、八	一、○	一、一	一、三
八四	○、一	○、二	○、三	○、四	○、五	○、六	○、七	○、八	○、九
八六	○、一	○、一	○、二	○、三	○、三	○、四	○、五	○、六	○、六
八八	○、○	○、一	○、一	○、一	○、二	○、二	○、二	○、三	○、三
九○	○、○	○、○	○、○	○、○	○、○	○、○	○、○	○、○	○、○

第十四表

地平視差

高度	一○秒	二○秒	三○秒	八、四秒	八、五秒	八、六秒	八、七秒	八、八秒
度	秒	秒	秒	秒	秒	秒	秒	秒
五○	六、四	一二、九	一九、三	五、四○	五、四六	五、五三	五、五九	五、六六
五二	六、二	一二、三	一八、五	五、一七	五、二三	五、二九	五、三六	五、四二
五四	五、九	一一、八	一七、六	四、九四	五、○○	五、○五	五、一一	五、一七
五六	五、六	一一、二	一六、八	四、七○	四、七五	四、八一	四、八六	四、九二
五八	五、三	一○、六	一五、九	四、四五	四、五○	四、五六	四、六一	四、六六
六○	五、○	一○、○	一五、○	四、二○	四、二五	四、三○	四、三五	四、四○
六二	四、七	九、四	一四、一	三、九四	三、九九	四、○四	四、○八	四、一三
六四	四、四	八、八	一三、二	三、六八	三、七三	三、七七	三、八一	三、八六
六六	四、一	八、一	一二、二	三、四二	三、四六	三、五○	三、五四	三、五八
六八	三、七	七、五	一一、二	三、一五	三、一八	三、二二	三、二六	三、三○
七○	三、四	六、八	一○、三	二、八七	二、九一	二、九四	二、九八	三、○一
七二	三、一	六、二	九、三	二、六○	二、六三	二、六六	二、六九	二、七二
七四	二、八	五、五	八、三	二、三二	二、三四	二、三七	二、四○	二、四三
七六	二、四	四、八	七、三	二、○三	二、○六	二、○八	二、一○	二、一三
七八	二、一	四、二	六、二	一、七五	一、七七	一、七九	一、八一	一、八三
八○	一、七	三、五	五、二	一、四六	一、四八	一、四九	一、五一	一、五三
八二	一、四	二、八	四、二	一、一七	一、一八	一、二○	一、二一	一、二二
八四	一、○	二、一	三、一	○、八八	○、八九	○、九○	○、九一	○、九二
八六	○、七	一、四	二、一	○、五九	○、五九	○、六○	○、六一	○、六一
八八	○、三	○、七	一、○	○、二九	○、三○	○、三○	○、三○	○、三一
九○	○、○	○、○	○、○	○、○	○、○	○、○	○、○	○、○

第十五表

此表係為推算月掩諸星及日食而定、以表內所載之數、必與月之赤緯度相加、方準、（法見八卷五節、）此表上層所載五分十分等度分數、為月與星或月與日之赤經度之較、第一行為月之赤緯度、查此表、以月星赤經度之較、及月之赤緯度為主、

設推算日食、得日月赤經度之較為四十五分、月之赤緯度為十九度三十分、查表得（五秒六、）所以（一九度三〇分）加（六秒五、）得十九度三十分五秒又十分秒之六、推算日食、則以此數代月之赤緯度、方能推算日食初虧復圓等之確時、

第十五表

赤緯 度	分	日月赤經度之較 五分	一〇分	一五分	二〇分	二五分	三〇分	三五分	四〇分	四五分	五〇分	五五分	六〇分	六五分	七〇分	七五分	八〇分	八五分	九〇分
度	分	秒	秒	秒	秒	秒	秒	秒	秒	秒	秒	秒	秒	秒	秒	秒	秒	秒	秒
○	○	○,○	○,○	○,○	○,○	○,○	○,○	○,○	○,○	○,○	○,○	○,○	○,○	○,○	○,○	○,○	○,○	○,○	○,○
○	三○	○,○	○,○	○,○	○,○	○,○	○,一	○,一	○,一	○,二	○,二	○,二	○,三	○,三	○,四	○,四	○,五	○,五	○,六
一	○	○,○	○,○	○,○	○,一	○,一	○,一	○,二	○,二	○,三	○,四	○,五	○,五	○,六	○,七	○,九	一,○	一,一	一,二
一	三○	○,○	○,○	○,一	○,一	○,一	○,二	○,三	○,四	○,五	○,六	○,七	○,八	一,○	一,一	一,三	一,五	一,七	一,九
二	○	○,○	○,○	○,一	○,一	○,二	○,三	○,四	○,五	○,六	○,八	○,九	一,一	一,三	一,五	一,七	一,九	二,二	二,五
二	三○	○,○	○,○	○,一	○,二	○,二	○,三	○,五	○,六	○,八	一,○	一,二	一,四	一,六	一,九	二,一	二,四	二,八	三,一
三	○	○,○	○,○	○,一	○,二	○,三	○,四	○,六	○,七	○,九	一,一	一,四	一,六	一,九	二,二	二,六	二,九	三,三	三,七
三	三○	○,○	○,一	○,一	○,二	○,三	○,五	○,七	○,九	一,一	一,三	一,六	一,九	二,二	二,六	三,○	三,四	三,八	四,三
四	○	○,○	○,一	○,一	○,二	○,四	○,五	○,七	一,○	一,二	一,五	一,八	二,二	二,六	三,○	三,四	三,九	四,四	四,九
四	三○	○,○	○,一	○,二	○,三	○,四	○,六	○,八	一,一	一,四	一,七	二,一	二,五	二,九	三,三	三,八	四,四	四,九	五,五
五	○	○,○	○,一	○,二	○,三	○,五	○,七	○,九	一,二	一,五	一,九	二,三	二,七	三,二	三,七	四,三	四,八	五,五	六,一
五	三○	○,○	○,一	○,二	○,三	○,五	○,七	一,○	一,三	一,七	二,一	二,五	三,○	三,五	四,一	四,七	五,三	六,○	六,七
六	○	○,○	○,一	○,二	○,四	○,六	○,八	一,一	一,四	一,八	二,三	二,七	三,三	三,八	四,四	五,一	五,八	六,六	七,三
六	三○	○,○	○,一	○,二	○,四	○,六	○,九	一,二	一,六	二,○	二,五	三,○	三,五	四,一	四,八	五,五	六,三	七,一	八,○
七	○	○,○	○,一	○,二	○,四	○,七	一,○	一,三	一,七	二,一	二,六	三,二	三,八	四,五	五,二	五,九	六,八	七,七	八,六
七	三○	○,○	○,一	○,三	○,四	○,七	一,○	一,四	一,八	二,三	二,八	三,四	四,一	四,八	五,五	六,三	七,二	八,二	九,一
八	○	○,○	○,一	○,三	○,五	○,八	一,一	一,五	一,九	二,四	三,○	三,六	四,三	五,一	五,九	六,八	七,七	八,七	九,七
八	三○	○,○	○,一	○,三	○,五	○,八	一,一	一,六	二,○	二,六	三,二	三,九	四,六	五,四	六,三	七,二	八,二	九,二	一○,三
九	○	○,○	○,一	○,三	○,五	○,八	一,二	一,七	二,二	二,八	三,四	四,一	四,九	五,七	六,六	七,六	八,六	九,八	一○,九
九	三○	○,○	○,一	○,三	○,六	○,九	一,三	一,八	二,三	二,九	三,五	四,三	五,一	六,○	六,九	八,○	九,一	一○,三	一一,五
一○	○	○,○	○,一	○,三	○,六	○,九	一,三	一,八	二,四	三,○	三,七	四,五	五,四	六,三	七,三	八,四	九,六	一○,八	一二,一
一○	三○	○,○	○,二	○,三	○,六	一,○	一,四	一,九	二,五	三,二	三,九	四,七	五,六	六,六	七,七	八,八	一○,○	一一,三	一二,六
一一	○	○,○	○,二	○,四	○,七	一,○	一,五	二,○	二,六	三,三	四,一	五,○	五,九	六,九	八,○	九,二	一○,五	一一,八	一三,二
一一	三○	○,○	○,二	○,四	○,七	一,一	一,五	二,一	二,七	三,四	四,二	五,二	六,一	七,二	八,三	九,六	一○,九	一二,三	一三,八
一二	○	○,○	○,二	○,四	○,七	一,一	一,六	二,二	二,八	三,六	四,四	五,四	六,四	七,五	八,七	一○,○	一一,四	一二,八	一四,四
一二	三○	○,一	○,二	○,四	○,七	一,一	一,六	二,二	二,九	三,七	四,六	五,六	六,六	七,八	九,○	一○,四	一一,八	一三,三	一四,九
一三	○	○,一	○,二	○,四	○,八	一,二	一,七	二,三	三,一	三,九	四,八	五,八	六,九	八,一	九,四	一○,八	一二,二	一三,八	一五,五
一三	三○	○,一	○,二	○,四	○,八	一,二	一,八	二,四	三,二	四,○	五,○	六,○	七,一	八,四	九,七	一一,一	一二,六	一四,三	一六,○
一四	○	○,一	○,二	○,五	○,八	一,三	一,八	二,五	三,三	四,二	五,一	六,二	七,四	八,七	一○,○	一一,五	一三,一	一四,八	一六,六
一四	三○	○,一	○,二	○,五	○,八	一,三	一,九	二,六	三,四	四,三	五,三	六,四	七,六	八,九	一○,三	一一,九	一三,五	一五,三	一七,一

第十五表

日月赤經度之較

赤緯度 度 分	五分 秒	一○分 秒	一五分 秒	二○分 秒	二五分 秒	三○分 秒	三五分 秒	四○分 秒	四五分 秒
一五 ○	○、一	○、二	○、五	○、九	一、四	二、○	二、七	三、五	四、五
一五 三○	○、一	○、二	○、五	○、九	一、四	二、○	二、八	三、六	四、六
一六 ○	○、一	○、二	○、五	○、九	一、五	二、一	二、九	三、七	四、七
一六 三○	○、一	○、二	○、五	○、九	一、五	二、一	二、九	三、八	四、八
一七 ○	○、一	○、二	○、五	一、○	一、五	二、二	三、○	三、九	五、○
一七 三○	○、一	○、二	○、六	一、○	一、六	二、三	三、一	四、○	五、一
一八 ○	○、一	○、三	○、六	一、○	一、六	二、三	三、一	四、一	五、二
一八 三○	○、一	○、三	○、六	一、○	一、六	二、四	三、二	四、二	五、三
一九 ○	○、一	○、三	○、六	一、一	一、七	二、四	三、三	四、三	五、五
一九 三○	○、一	○、三	○、六	一、一	一、七	二、五	三、四	四、四	五、六
二○ ○	○、一	○、三	○、六	一、一	一、八	二、五	三、五	四、五	五、七
二○ 三○	○、一	○、三	○、六	一、一	一、八	二、六	三、五	四、六	五、八
二一 ○	○、一	○、三	○、七	一、二	一、八	二、六	三、六	四、七	五、九
二一 三○	○、一	○、三	○、七	一、二	一、九	二、七	、六	四、八	六、○
二二 ○	○、一	○、三	○、七	一、二	一、九	二、七	三、七	四、八	六、二
二二 三○	○、一	○、三	○、七	一、二	一、九	二、八	三、八	四、九	六、三
二三 ○	○、一	○、三	○、七	一、三	二、○	二、八	三、九	五、○	六、四
二三 三○	○、一	○、三	○、七	一、三	二、○	二、九	三、九	五、一	六、五
二四 ○	○、一	○、三	○、七	一、三	二、○	二、九	四、○	五、二	六、六
二四 三○	○、一	○、三	○、七	一、三	二、一	三、○	四、○	五、三	六、七
二五 ○	○、一	○、三	○、七	一、三	二、一	三、○	四、一	五、三	六、八
二五 三○	○、一	○、三	○、八	一、三	二、一	三、○	四、二	五、四	六、九
二六 ○	○、一	○、三	○、八	一、四	二、二	三、一	四、三	五、五	七、○
二六 三○	○、一	○、三	○、八	一、四	二、二	三、一	四、三	五、六	七、一
二七 ○	○、一	○、三	○、八	一、四	二、二	三、二	四、四	五、六	七、一
二七 三○	○、一	○、四	○、八	一、四	二、二	三、二	四、四	五、七	七、二
二八 ○	○、一	○、四	○、八	一、四	二、三	三、三	四、五	五、八	七、三
二八 三○	○、一	○、四	○、八	一、五	二、三	三、三	四、五	五、九	七、四
二九 ○	○、一	○、四	○、八	一、五	二、三	三、三	四、五	五、九	七、五

第十五表

日月赤經度之較

赤緯度 度 分	五○分 秒	五五分 秒	六○分 秒	六五分 秒	七○分 秒	七五分 秒	八○分 秒	八五分 秒
一五 ○	五、五	六、六	七、九	九、二	一○、七	一二、三	一四、○	一五、八
一五 三○	五、六	六、八	八、一	九、五	一一、○	一二、七	一四、四	一六、三
一六 ○	五、八	七、○	八、三	九、八	一一、三	一三、○	一四、八	一六、七
一六 三○	五、九	七、二	八、六	一○、○	一一、六	一三、四	一五、二	一七、二
一七 ○	六、一	七、四	八、八	一○、三	一二、○	一三、八	一五、六	一七、七
一七 三○	六、三	七、六	九、○	一○、六	一二、三	一四、一	一六、○	一八、一
一八 ○	六、四	七、八	九、二	一○、九	一二、六	一四、五	一六、四	一八、六
一八 三○	六、六	八、○	九、五	一一、一	一二、九	一四、八	一六、八	一九、○
一九 ○	六、七	八、二	九、七	一一、三	一三、二	一五、二	一七、二	一九、五
一九 三○	六、九	八、三	九、九	一一、六	一三、五	一五、五	一七、六	一九、九
二○ ○	七、○	八、五	一○、一	一一、九	一三、七	一五、八	一八、○	二○、三
二○ 三○	七、一	八、七	一○、三	一二、一	一四、○	一六、一	一八、三	二○、七
二一 ○	七、三	八、九	一○、五	一二、四	一四、三	一六、五	一八、七	二一、一
二一 三○	七、四	九、○	一○、七	一二、六	一四、六	一六、八	一九、一	二一、五
二二 ○	七、六	九、二	一○、九	一二、八	一四、九	一七、一	一九、四	二一、九
二二 三○	七、七	九、四	一一、一	一三、○	一五、一	一七、四	一九、八	二二、三
二三 ○	七、八	九、五	一一、三	一三、三	一五、四	一七、七	二○、一	二二、七
二三 三○	八、○	九、七	一一、五	一三、六	一五、七	一八、○	二○、五	二三、一
二四 ○	八、一	九、九	一一、七	一三、八	一五、九	一八、三	二○、八	二三、五
二四 三○	八、二	一○、○	一一、九	一三、九	一六、一	一八、五	二一、一	二三、九
二五 ○	八、四	一○、一	一二、○	一四、一	一六、四	一八、八	二一、四	二四、二
二五 三○	八、五	一○、三	一二、二	一四、三	一六、六	一九、一	二一、七	二四、五
二六 ○	八、六	一○、四	一二、四	一四、五	一六、八	一九、三	二二、○	二四、九
二六 三○	八、七	一○、六	一二、六	一四、七	一七、一	一九、六	二二、三	二五、二
二七 ○	八、八	一○、七	一二、七	一四、九	一七、三	一九、九	二二、六	二五、五
二七 三○	八、九	一○、八	一二、九	一五、一	一七、五	二○、一	二二、九	二五、八
二八 ○	九、○	一○、九	一三、○	一五、三	一七、七	二○、四	二三、二	二六、二
二八 三○	九、一	一一、一	一三、二	一五、五	一七、九	二○、六	二三、四	二六、五
二九 ○	九、三	一一、二	一三、三	一五、六	一八、一	二○、八	二三、七	二六、八

第十五表

日月赤經度之較

赤緯度 度 分	九○分 秒
一五 ○	一七、七
一五 三○	一八、二
一六 ○	一八、七
一六 三○	一九、二
一七 ○	一九、八
一七 三○	二○、八
一八 ○	二○、八
一八 三○	二一、三
一九 ○	二一、八
一九 三○	二二、二
二○ ○	二二、七
二○ 三○	二三、二
二一 ○	二三、六
二一 三○	二四、一
二二 ○	二四、六
二二 三○	二五、○
二三 ○	二五、四
二三 三○	二五、九
二四 ○	二六、三
二四 三○	二六、七
二五 ○	二七、一
二五 三○	二七、五
二六 ○	二七、九
二六 三○	二八、二
二七 ○	二八、六
二七 三○	二八、九
二八 ○	二九、三
二八 三○	二九、六
二九 ○	三○、○

第十六表

此表所載、爲各處星之時角、卽星自地平至午線所歷之時、表中上層所載四度八度等數、爲各處之北極出地度、第一行爲星之赤緯度、查此表以北極出地及星之赤緯度爲主、

設於北極出地四十度之處、星之赤緯度爲二十度北、求星自地平至午線歷時若干、

檢表、得七小時十一分、

第十六表

北極出地度數

赤緯度	四度	八度	一〇度	一二度	一四度	一六度	一八度
度	時 分	時 分	時 分	時 分	時 分	時 分	時 分
二九北	六 九	六 一八	六 二二	六 二七	六 三二	六 三七	六 四一
二八	六 九	六 一七	六 二一	六 二六	六 三〇	六 三五	六 四〇
二七	六 八	六 一六	六 二一	六 二五	六 二九	六 三四	六 三八
二六	六 八	六 一六	六 二〇	六 二四	六 二八	六 三二	六 三六
二五	六 七	六 一五	六 一九	六 二三	六 二七	六 三一	六 三五
二四	六 七	六 一四	六 一八	六 二二	六 二五	六 二九	六 三三
二三	六 七	六 一四	六 一七	六 二一	六 二四	六 二八	六 三二
二二	六 六	六 一三	六 一六	六 二〇	六 二三	六 二七	六 三〇
二一	六 六	六 一二	六 一六	六 一九	六 二二	六 二五	六 二九
二〇	六 六	六 一二	六 一五	六 一八	六 二一	六 二四	六 二七
一九	六 六	六 一一	六 一四	六 一七	六 二〇	六 二三	六 二六
一八	六 五	六 一〇	六 一三	六 一六	六 一九	六 二一	六 二四
一七	六 五	六 一〇	六 一二	六 一五	六 一七	六 二〇	六 二三
一六	六 五	六 九	六 一二	六 一四	六 一六	六 一九	六 二一
一五	六 四	六 九	六 一一	六 一三	六 一五	六 一八	六 二〇
一四	六 四	六 八	六 一〇	六 一二	六 一四	六 一六	六 一九
一三	六 四	六 七	六 九	六 一一	六 一三	六 一五	六 一七
一二	六 三	六 七	六 九	六 一〇	六 一二	六 一四	六 一六
一一	六 三	六 六	六 八	六 九	六 一一	六 一三	六 一四
一〇	六 三	六 六	六 七	六 九	六 一〇	六 一二	六 一三
九	六 三	六 五	六 六	六 八	六 九	六 一〇	六 一二
八	六 二	六 五	六 六	六 七	六 八	六 九	六 一〇
七	六 二	六 四	六 五	六 六	六 七	六 八	六 九
六	六 二	六 三	六 四	六 五	六 六	六 七	六 八
五	六 一	六 三	六 四	六 四	六 五	六 六	六 七
四	六 一	六 二	六 三	六 三	六 四	六 五	六 五
三	六 一	六 二	六 二	六 三	六 三	六 三	六 四
二	六 一	六 一	六 一	六 二	六 二	六 二	六 三
一北	六 〇	六 一	六 一	六 一	六 一	六 一	六 一

第十六表

北極出地度數

赤緯度	二〇度	二二度	二四度	二六度	二八度	三〇度	三二度
度	時 分	時 分	時 分	時 分	時 分	時 分	時 分
二九北	六 四七	六 五二	六 五七	七 三	七 八	七 一五	七 二一
二八	六 四五	六 五〇	六 五五	七 〇	七 六	七 一一	七 一八
二七	六 四三	六 四八	六 五二	六 五八	七 三	七 八	七 一四
二六	六 四一	六 四五	六 五〇	六 五五	七 〇	七 五	七 一一
二五	六 三九	六 四三	六 四八	六 五三	六 五七	七 二	七 八
二四	六 三七	六 四一	六 四六	六 五〇	六 五五	七 〇	七 五
二三	六 三六	六 三九	六 四四	六 四八	六 五二	六 五七	七 二
二二	六 三四	六 三八	六 四一	六 四五	六 五〇	六 五四	六 五八
二一	六 三二	六 三六	六 三九	六 四三	六 四七	六 五一	六 五六
二〇	六 三〇	六 三四	六 三七	六 四一	六 四五	六 四九	六 五三
一九	六 二九	六 三二	六 三五	六 三九	六 四二	六 四六	六 五〇
一八	六 二七	六 三〇	六 三三	六 三六	六 四〇	六 四三	六 四七
一七	六 二六	六 二八	六 三一	六 三四	六 三七	六 四一	六 四四
一六	六 二四	六 二七	六 二九	六 三二	六 三五	六 三八	六 四一
一五	六 二二	六 二五	六 二七	六 三〇	六 三三	六 三六	六 三九
一四	六 二一	六 二三	六 二五	六 二八	六 三〇	六 三三	六 三六
一三	六 一九	六 二一	六 二四	六 二六	六 二八	六 三一	六 三三
一二	六 一八	六 二〇	六 二二	六 二四	六 二六	六 二八	六 三一
一一	六 一六	六 一八	六 二〇	六 二二	六 二四	六 二六	六 二八
一〇	六 一五	六 一六	六 一八	六 二〇	六 二二	六 二三	六 二五
九	六 一三	六 一五	六 一六	六 一八	六 一九	六 二一	六 二三
八	六 一二	六 一三	六 一四	六 一六	六 一七	六 一九	六 二〇
七	六 一〇	六 一一	六 一三	六 一四	六 一五	六 一六	六 一八
六	六 九	六 一〇	六 一一	六 一二	六 一三	六 一四	六 一五
五	六 七	六 八	六 九	六 一〇	六 一一	六 一二	六 一三
四	六 六	六 六	六 七	六 八	六 九	六 九	六 一〇
三	六 四	六 五	六 五	六 六	六 六	六 七	六 八
二	六 三	六 三	六 四	六 四	六 四	六 五	六 五
一北	六 一	六 二	六 二	六 二	六 二	六 二	六 二

第十六表

北極出地度數

赤緯度	三四度	三六度	三八度	四〇度	四二度	四四度	四六度
度	時 分	時 分	時 分	時 分	時 分	時 分	時 分
二九北	七 二八	七 三五	七 四三	七 五一	八 〇	八 一〇	八 二〇
二八	七 二四	七 三一	七 三八	七 四六	七 五五	八 四	八 一四
二七	七 二〇	七 二七	七 三四	七 四一	七 四九	七 五八	八 七
二六	七 一七	七 二三	七 三〇	七 三七	七 四四	七 五二	八 一
二五	七 一三	七 一九	七 二五	七 三二	七 三九	七 四七	七 五五
二四	七 一〇	七 一六	七 二一	七 二八	七 三五	七 四二	七 五〇
二三	七 七	七 一二	七 一七	七 二三	七 三〇	七 三七	七 四四
二二	七 三	七 八	七 一四	七 一九	七 二五	七 三二	七 三九
二一	七 〇	七 五	七 一〇	七 一五	七 二一	七 二七	七 三四
二〇	六 五七	七 一	七 六	七 一一	七 一七	七 二二	七 二九
一九	六 五四	六 五八	七 二	七 七	七 一二	七 一八	七 二四
一八	六 五一	六 五五	六 五九	七 三	七 八	七 一三	七 一九
一七	六 四八	六 五一	六 五五	六 五九	七 四	七 九	七 一四
一六	六 四五	六 四八	六 五二	六 五六	七 〇	七 四	七 九
一五	六 四二	六 四五	六 四八	六 五二	六 五六	七 〇	七 四
一四	六 三九	六 四二	六 四五	六 四八	六 五二	六 五六	七 〇
一三	六 三六	六 三九	六 四二	六 四五	六 四八	六 五二	六 五五
一二	六 三三	六 三六	六 三八	六 四一	六 四四	六 四七	六 五一
一一	六 三〇	六 三二	六 三五	六 三八	六 四〇	六 四三	六 四六
一〇	六 二七	六 二九	六 三二	六 三四	六 三七	六 三九	六 四二
九	六 二五	六 二六	六 二八	六 三一	六 三三	六 三五	六 三八
八	六 二二	六 二三	六 二五	六 二七	六 二九	六 三一	六 三三
七	六 一九	六 二〇	六 二二	六 二四	六 二五	六 二七	六 二九
六	六 一六	六 一八	六 一九	六 二〇	六 二二	六 二三	六 二五
五	六 一四	六 一五	六 一六	六 一七	六 一八	六 一九	六 二一
四	六 一一	六 一二	六 一三	六 一三	六 一四	六 一五	六 一七
三	六 八	六 九	六 九	六 一〇	六 一一	六 一二	六 一二
二	六 五	六 六	六 六	六 七	六 七	六 八	六 八
一北	六 三	六 三	六 三	六 三	六 四	六 四	六 四

第十六表

北極出地度數

赤緯度	四八度	五〇度	五二度	五四度	五六度	五八度	六〇度
度	時 分	時 分	時 分	時 分	時 分	時 分	時 分
二九北	八 三二	八 四五	九 一	九 一九	九 四一	十 一〇	十 五五
二八	八 二五	八 三七	八 五二	九 八	九 二八	九 五三	十 二八
二七	八 一八	八 三〇	八 四三	八 五八	九 一六	九 三九	十 八
二六	八 一一	八 二二	八 三五	八 四九	九 五	九 二五	九 五一
二五	八 五	八 一五	八 二七	八 四〇	八 五四	九 一三	九 三五
二四	七 五九	八 八	八 一九	八 三一	八 四五	九 二	九 二二
二三	七 五三	八 二	八 一二	八 二三	八 三六	八 五一	九 九
二二	七 四七	七 五五	八 五	八 一五	八 二七	八 四一	八 五八
二一	七 四一	七 四九	七 五八	八 八	八 一九	八 三二	八 四七
二〇	七 三五	七 四三	七 五一	八 〇	八 一一	八 二二	八 三六
一九	七 三〇	七 三七	七 四五	七 五三	八 三	八 一四	八 二六
一八	七 二五	七 三一	七 三八	七 四六	七 五五	八 五	八 一七
一七	七 一九	七 二五	七 三二	七 四〇	七 四八	七 五七	八 八
一六	七 一四	七 二〇	七 二六	七 三三	七 四一	七 四九	七 五九
一五	七 九	七 一四	七 二〇	七 二七	七 三四	七 四二	七 五一
一四	七 四	七 九	七 一四	七 二〇	七 二七	七 三四	七 四二
一三	六 五九	七 四	七 九	七 一四	七 二〇	七 二七	七 三四
一二	六 五五	六 五九	七 三	七 八	七 一三	七 二〇	七 二六
一一	六 五〇	六 五四	六 五八	七 二	七 七	七 一二	七 一九
一〇	六 四五	六 四九	六 五二	六 五六	七 一	七 六	七 一一
九	六 四一	六 四四	六 四七	六 五〇	六 五四	六 五九	七 四
八	六 三六	六 三九	六 四一	六 四五	六 四八	六 五二	六 五六
七	六 三一	六 三四	六 三六	六 三九	六 四二	六 四五	六 四九
六	六 二七	六 二九	六 三一	六 三三	六 三六	六 三九	六 四二
五	六 二二	六 二四	六 二六	六 二八	六 三〇	六 三二	六 三五
四	六 一八	六 一九	六 二一	六 二二	六 二四	六 二六	六 二八
三	六 一三	六 一四	六 一五	六 一七	六 一八	六 一九	六 二一
二	六 九	六 一〇	六 一〇	六 一一	六 一二	六 一三	六 一四
一北	六 四	六 五	六 五	六 六	六 六	六 六	六 七

第十六表

北極出地度數

一八度	一六度	一四度	一二度	一〇度	八度	四度	赤緯度
時 分	時 分	時 分	時 分	時 分	時 分	時 分	度
六 〇	六 〇	六 〇	六 〇	六 〇	六 〇	六 〇	〇
五 五九	五 五九	五 五九	五 五九	五 五九	五 五九	六 〇	一 南
五 五七	五 五八	五 五八	五 五八	五 五九	五 五九	五 五九	二
五 五六	五 五七	五 五七	五 五七	五 五八	五 五八	五 五九	三
五 五五	五 五五	五 五六	五 五七	五 五七	五 五八	五 五九	四
五 五三	五 五四	五 五五	五 五六	五 五六	五 五七	五 五九	五
五 五二	五 五三	五 五四	五 五五	五 五六	五 五七	五 五八	六
五 五一	五 五二	五 五三	五 五四	五 五五	五 五六	五 五八	七
五 五〇	五 五一	五 五二	五 五三	五 五四	五 五五	五 五八	八
五 四八	五 五〇	五 五一	五 五二	五 五四	五 五五	五 五七	九
五 四七	五 四八	五 五〇	五 五一	五 五三	五 五四	五 五七	一〇
五 四六	五 四七	五 四九	五 五一	五 五二	五 五四	五 五七	一一
五 四四	五 四六	五 四八	五 五〇	五 五一	五 五三	五 五七	一二
五 四三	五 四五	五 四七	五 四九	五 五一	五 五三	五 五六	一三
五 四一	五 四四	五 四六	五 四八	五 五〇	五 五二	五 五六	一四
五 四〇	五 四二	五 四五	五 四七	五 四九	五 五一	五 五六	一五
五 三九	五 四一	五 四四	五 四六	五 四八	五 五一	五 五五	一六
五 三七	五 四〇	五 四三	五 四五	五 四八	五 五〇	五 五五	一七
五 三六	五 三九	五 四一	五 四四	五 四七	五 五〇	五 五五	一八
五 三四	五 三七	五 四〇	五 四三	五 四六	五 四九	五 五四	一九
五 三三	五 三六	五 三九	五 四二	五 四五	五 四八	五 五四	二〇
五 三一	五 三五	五 三八	五 四一	五 四四	五 四八	五 五四	二一
五 三〇	五 三三	五 三七	五 四〇	五 四四	五 四七	五 五四	二二
五 二八	五 三二	五 三六	五 三九	五 四三	五 四六	五 五三	二三
五 二七	五 三一	五 三五	五 三八	五 四二	五 四六	五 五三	二四
五 二五	五 二九	五 三三	五 三七	五 四一	五 四五	五 五三	二五
五 二四	五 二八	五 三二	五 三六	五 四〇	五 四四	五 五二	二六
五 二二	五 二六	五 三一	五 三五	五 三九	五 四四	五 五二	二七
五 二〇	五 二五	五 三〇	五 三四	五 三九	五 四三	五 五一	二八
五 一九	五 二三	五 二八	五 三三	五 三八	五 四二	五 五一	二九 南

第十六表

北極出地度數

三二度	三〇度	二八度	二六度	二四度	二二度	二〇度	赤緯度
時 分	時 分	時 分	時 分	時 分	時 分	時 分	度
六 〇	六 〇	六 〇	六 〇	六 〇	六 〇	六 〇	〇
五 五八	五 五八	五 五八	五 五八	五 五八	五 五八	五 五九	一 南
五 五五	五 五五	五 五六	五 五六	五 五六	五 五七	五 五七	二
五 五二	五 五三	五 五四	五 五四	五 五五	五 五五	五 五六	三
五 五〇	五 五一	五 五一	五 五二	五 五三	五 五四	五 五四	四
五 四七	五 四八	五 四九	五 五〇	五 五一	五 五二	五 五三	五
五 四五	五 四六	五 四七	五 四八	五 四九	五 五〇	五 五一	六
五 四二	五 四四	五 四五	五 四六	五 四七	五 四九	五 五〇	七
五 四〇	五 四一	五 四三	五 四四	五 四六	五 四七	五 四八	八
五 三七	五 三九	五 四一	五 四二	五 四四	五 四五	五 四七	九
五 三五	五 三七	五 三八	五 四〇	五 四二	五 四四	五 四五	一〇
五 三二	五 三四	五 三六	五 三八	五 四〇	五 四二	五 四四	一一
五 二九	五 三二	五 三四	五 三六	五 三八	五 四〇	五 四二	一二
五 二七	五 二九	五 三二	五 三四	五 三六	五 三九	五 四一	一三
五 二四	五 二七	五 三〇	五 三二	五 三五	五 三七	五 三九	一四
五 二一	五 二四	五 二七	五 三〇	五 三三	五 三五	五 三八	一五
五 一九	五 二二	五 二五	五 二八	五 三一	五 三三	五 三六	一六
五 一六	五 一九	五 二三	五 二六	五 二八	五 三二	五 三四	一七
五 一三	五 一七	五 二〇	五 二四	五 二七	五 三〇	五 三三	一八
五 一〇	五 一四	五 一八	五 二一	五 二五	五 二八	五 三一	一九
五 七	五 一一	五 一五	五 一九	五 二三	五 二六	五 三〇	二〇
五 四	五 九	五 一三	五 一七	五 二一	五 二四	五 二八	二一
五 二	五 六	五 一〇	五 一五	五 一九	五 二二	五 二六	二二
四 五八	五 三	五 八	五 一二	五 一六	五 二一	五 二四	二三
四 五五	五 〇	五 五	五 一〇	五 一四	五 一九	五 二三	二四
四 五二	四 五八	五 三	五 七	五 一二	五 一七	五 二一	二五
四 四九	四 五五	五 〇	五 五	五 一〇	五 一五	五 一九	二六
四 四六	四 五二	四 五七	五 二	五 八	五 一二	五 一七	二七
四 四二	四 四九	四 五四	五 〇	五 五	五 一〇	五 一五	二八
四 三九	四 四五	四 五二	四 五七	五 三	五 八	五 一三	二九 南

第十六表

北極出地度數

四六度	四四度	四二度	四〇度	三八度	三六度	三四度	赤緯度
時 分	時 分	時 分	時 分	時 分	時 分	時 分	度
六 〇	六 〇	六 〇	六 〇	六 〇	六 〇	六 〇	〇
五 五六	五 五六	五 五六	五 五七	五 五七	五 五七	五 五七	一 南
五 五二	五 五二	五 五三	五 五三	五 五四	五 五四	五 五五	二
五 四八	五 四八	五 四九	五 五〇	五 五一	五 五一	五 五二	三
五 四三	五 四五	五 四六	五 四七	五 四七	五 四八	五 四九	四
五 三九	五 四一	五 四二	五 四三	五 四四	五 四五	五 四六	五
五 三五	五 三七	五 三八	五 四〇	五 四一	五 四二	五 四四	六
五 三一	五 三三	五 三五	五 三六	五 三八	五 四〇	五 四一	七
五 二七	五 二九	五 三一	五 三三	五 三五	五 三七	五 三八	八
五 二二	五 二五	五 二七	五 二九	五 三二	五 三四	五 三五	九
五 一八	五 二一	五 二三	五 二六	五 二八	五 三一	五 三三	一〇
五 一四	五 一七	五 二〇	五 二二	五 二五	五 二八	五 三〇	一一
五 一九	五 一三	五 一六	五 一九	五 二二	五 二四	五 二七	一二
五 五	五 八	五 一二	五 一五	五 一八	五 二一	五 二四	一三
五 〇	五 四	五 八	五 一二	五 一五	五 一八	五 二一	一四
四 五六	五 〇	五 四	五 八	五 一二	五 一五	五 一八	一五
四 五一	四 五六	五 〇	五 四	五 八	五 一二	五 一五	一六
四 四六	四 五一	四 五六	五 一	五 五	五 九	五 一二	一七
四 四一	四 四七	四 五二	四 五七	五 一	五 五	五 九	一八
四 三六	四 四二	四 四八	四 五三	四 五八	五 二	五 六	一九
四 三一	四 三八	四 四三	四 四九	四 五四	四 五九	五 三	二〇
四 二六	四 三三	四 三九	四 四五	四 五〇	四 五五	五 〇	二一
四 二一	四 二八	四 三五	四 四一	四 四六	四 五二	四 五七	二二
四 一六	四 二三	四 三〇	四 三七	四 四三	四 四八	四 五三	二三
四 一〇	四 一八	四 二五	四 三二	四 三九	四 四四	四 五〇	二四
四 五	四 一三	四 二一	四 二八	四 三五	四 四一	四 四七	二五
三 五九	四 八	四 一六	四 二三	四 三〇	四 三七	四 四三	二六
三 五三	四 二	四 一一	四 一九	四 二六	四 三三	四 四〇	二七
三 四六	三 五六	四 五	四 一四	四 二二	四 二九	四 三六	二八
三 四〇	三 五〇	四 〇	四 九	四 一五	四 二五	四 三二	二九 南

第十六表

北極出地度數

六〇度	五八度	五六度	五四度	五二度	五〇度	四八度	赤緯度
時 分	時 分	時 分	時 分	時 分	時 分	時 分	度
六 〇	六 〇	六 〇	六 〇	六 〇	六 〇	六 〇	〇
五 五三	五 五四	五 五四	五 五四	五 五五	五 五五	五 五六	一 南
五 四六	五 四七	五 四八	五 四九	五 五〇	五 五〇	五 五一	二
五 三九	五 四一	五 四二	五 四三	五 四五	五 四六	五 四七	三
五 三二	五 三四	五 三六	五 三八	五 三九	五 四一	五 四二	四
五 二五	五 二八	五 三〇	五 三二	五 三四	五 三六	五 三八	五
五 一八	五 二一	五 二四	五 二七	五 二九	五 三一	五 三三	六
五 一一	五 一五	五 一八	五 二一	五 二四	五 二六	五 二九	七
五 四	五 八	五 一二	五 一五	五 一九	五 二一	五 二四	八
四 五六	五 一	五 六	五 一〇	五 一三	五 一六	五 一九	九
四 四九	四 五四	四 五九	五 四	五 八	五 一一	五 一五	一〇
四 四一	四 四八	四 五三	四 五八	五 二	五 六	五 一〇	一一
四 三四	四 四〇	四 四七	四 五二	四 五七	五 一	五 五	一二
四 二六	四 三三	四 四〇	四 四六	四 五一	四 五六	五 一	一三
四 一八	四 二六	四 三三	四 四〇	四 四六	四 五一	四 五六	一四
四 九	四 一八	四 二六	四 三三	四 四〇	四 四六	四 五一	一五
四 一	四 一一	四 一九	四 二七	四 三四	四 四〇	四 四六	一六
三 五二	四 三	四 一二	四 二〇	四 二八	四 三五	四 四一	一七
三 四三	三 五五	四 五	四 一四	四 二二	四 二九	四 三五	一八
三 三四	三 四六	三 五七	四 七	四 一五	四 二三	四 三〇	一九
三 二四	三 三八	三 四九	四 〇	四 九	四 一七	四 二五	二〇
三 一三	三 二八	三 四一	三 五二	四 二	四 一一	四 一九	二一
三 二	三 一九	三 三三	三 四五	三 五五	四 五	四 一三	二二
二 五一	三 九	三 二四	三 三七	三 四八	三 五八	四 七	二三
二 三八	二 五八	三 一五	三 二九	三 四一	三 五二	四 一	二四
二 二五	二 四七	三 六	三 二〇	三 三三	三 四五	三 五五	二五
二 九	二 三五	二 五五	三 一一	三 二五	三 三八	三 四九	二六
一 五二	二 二一	二 四四	三 二	三 一七	三 三〇	三 四二	二七
一 三二	二 七	二 三二	二 五二	三 八	三 二三	三 三五	二八
一 五	一 五〇	二 一九	二 四一	二 五九	三 一五	三 二八	二九 南

第十七表

此表所載之數爲每日每小時每分秒太陽所行之度分秒數、因太陽四季所行遲速不等、故以速補遲而得此表之數、

設二十九日十二小時三十分四十秒、試求太陽行若干度分秒、

答、太陽行二十九度五分五十一秒又千分秒之一百四十九、

查表、

	太陽行度分秒		
二十九日	二八度	三五分	一、四二秒
十二小時	○	二九	三四、一六三
三十分	○	一	一三、九二三
四十秒	○	○	一、六四三
	二九度	五分	五一、一四九秒

所以二十九日十二小時三十分四十秒、太陽行二十九度五分五十一秒又千分秒之一百四十九、

第十七表

日	太陽行度分秒若干 度	分	秒
一	○	五九	八、三二
二	一	五八	一六、六五
三	二	五七	二四、九八
四	三	五六	三三、三○
五	四	五五	四一、六二
六	五	五四	四九、九五
七	六	五三	五八、二八
八	七	五三	六、六○
九	八	五二	一四、九二
一○	九	五一	二三、二五
一一	一○	五○	三一、五八
一二	一一	四九	三九、九○
一三	一二	四八	四八、二三
一四	一三	四七	五六、五五
一五	一四	四七	四、七八
一六	一五	四六	一三、二○
一七	一六	四五	二一、五三
一八	一七	四四	二九、八五
一九	一八	四三	三八、一七
二○	一九	四二	四六、五○
二一	二○	四一	五四、八三
二二	二一	四一	三、一五
二三	二二	四○	一一、四八
二四	二三	三九	一九、八○
二五	二四	三八	二八、一二
二六	二五	三七	三六、四五
二七	二六	三六	四四、七八
二八	二七	三五	五三、一○
二九	二八	三五	一、四二
三○	二九	三四	九、七五
三一	三○	三三	一八、○八

時	太陽行度分秒若干 度	分	秒
一	○	二	二七、八四七
二	○	四	五五、六九四
三	○	七	二三、五四一
四	○	九	五一、三八八
五	○	一二	一九、二三五
六	○	一四	四七、○八一
七	○	一七	一四、九二八
八	○	一九	四二、七七五
九	○	二二	一○、六二二
一○	○	二四	三八、四六九
一一	○	二七	六、三一六
一二	○	二九	三四、一六三
一三	○	三二	二一、○一○
一四	○	三四	二九、八五七
一五	○	三六	五七、七○三
一六	○	三九	二五、五五○
一七	○	四一	五三、三九七
一八	○	四四	二一、二四四
一九	○	四六	四九、○九一
二○	○	四九	一六、九三八
二一	○	五一	四四、七八四
二二	○	五四	一二、六三一
二三	○	五六	四○、四七八
二四	○	五九	八、三二五

第十七表

分	太陽行分秒 分	秒	分	太陽行分秒 分	秒	秒	太陽行分秒 秒
一	○	二、四六四	三一	一	一六、三八七	一	○、○四一
二	○	四、九二八	三二	一	一八、八五一	二	○、○八二
三	○	七、三九二	三三	一	二一、三一五	三	○、一二三
四	○	九、八五六	三四	一	二三、七七九	四	○、一六四
五	○	一二、三二一	三五	一	二六、二四四	五	○、二○五
六	○	一四、七八五	三六	一	二八、七○八	六	○、二四六
七	○	一七、二四九	三七	一	三一、一七二	七	○、二八七
八	○	一九、七一三	三八	一	三三、六三六	八	○、三二八
九	○	二二、一七七	三九	一	三六、一○○	九	○、三六九
一○	○	二四、六四一	四○	一	三八、五六五	一○	○、四一一
一一	○	二七、一○五	四一	一	四一、○二九	一一	○、四五二
一二	○	二九、五六九	四二	一	四三、四九三	一二	○、四九三
一三	○	三二、○三三	四三	一	四五、九五七	一三	○、五三四
一四	○	三四、四九七	四四	一	四八、四二一	一四	○、五七五
一五	○	三六、九六二	四五	一	五○、八八五	一五	○、六一六
一六	○	三九、四二六	四六	一	五三、三四九	一六	○、六五七
一七	○	四一、八九○	四七	一	五五、八一三	一七	○、六九八
一八	○	四四、三五四	四八	一	五八、二七七	一八	○、七三九
一九	○	四六、八一八	四九	二	○、七四一	一九	○、七八○
二○	○	四九、二八二	五○	二	三、二○六	二○	○、八二一
二一	○	五一、七四六	五一	二	五、六七○	二一	○、八六二
二二	○	五四、二一○	五二	二	八、一三四	二二	○、九○三
二三	○	五六、六七四	五三	二	一○、五九八	二三	○、九四四
二四	○	五九、一三八	五四	二	一三、○六二	二四	○、九八五
二五	一	一、六○三	五五	二	一五、五二六	二五	一、○二七
二六	一	四、○六七	五六	二	一七、九九○	二六	一、○六八
二七	一	六、五三一	五七	二	二○、四五四	二七	一、一○九
二八	一	八、九九五	五八	二	二二、九一八	二八	一、一五○
二九	一	一一、四五九	五九	二	二五、三八二	二九	一、一九一
三○	一	一三、九二三	六○	二	二七、八四七	三○	一、二三二

第十七表

秒	太陽行分秒
秒	秒
三一	一、二七三
三二	一、三一四
三三	一、三五五
三四	一、三九六
三五	一、四三七
三六	一、四七八
三七	一、五一九
三八	一、五六○
三九	一、六○一
四○	一、六四三
四一	一、六八四
四二	一、七二五
四三	一、七六六
四四	一、八○七
四五	一、八四八
四六	一、八八九
四七	一、九三○
四八	一、九七一
四九	二、○一二
五○	二、○五三
五一	二、○九四
五二	二、一三五
五三	二、一七六
五四	二、二一七
五五	二、二五九
五六	二、三○○
五七	二、三四一
五八	二、三八二
五九	二、四二三
六○	二、四六四

第十八表

此表所載之數、爲 $\frac{一×二}{天(天丅一)}$ 與 $\frac{一×二×三}{天(天丅一)(天丅二)}$ 等數、第一行爲天、查此表以天爲主、

此表之用、解見第八卷第二節㊊式、

$$甲^{衕}=甲_{○}⊥天×乙_{○}⊥\left[\frac{一×二}{天(天丅一)}\right]丙⊥\left[\frac{一×二×三}{天(天丅一)(天丅二)}\right]丁⊥$$

第十八表

天	一×二 / 天(天丅一)	一×二×三 / 天(天丅一)(天丅二)	一×二×三×四 / (天⊥一)天(天丅一)(天丅二)	一×二×三×四×五 / (天⊥一)……(天丅三)
○、○一	丅、○○四九五	、○○○八一	、○○○八三	丅、○○○○八
、○二	、○○九八○	、○○一五七	、○○一六五	、○○○一六
、○三	、○一四五五	、○○二二八	、○○二四六	、○○○二三
、○四	、○一九二○	、○○二九四	、○○三二六	、○○○三○
、○五	、○二三七五	、○○三五六	、○○四○五	、○○○三六
、○六	、○二八二○	、○○四一四	、○○四八三	、○○○四三
、○七	、○三二五五	、○○四六七	、○○五六○	、○○○四八
、○八	、○三六八○	、○○五一五	、○○六三六	、○○○五三
、○九	、○四○九五	、○○五六○	、○○七一一	、○○○五八
、一○	、○四五○○	、○○六○○	、○○七八四	、○○○六三
、一一	、○四八九五	、○○六三六	、○○八五六	、○○○六七
、一二	、○五二八○	、○○六六九	、○○九二七	、○○○七○
、一三	、○五六五五	、○○六九七	、○○九九六	、○○○七四
、一四	、○六○二○	、○○七二三	、○一○六四	、○○○七七
、一五	、○六三七五	、○○七四四	、○一一三○	、○○○七九
、一六	、○六七二○	、○○七六二	、○一一九五	、○○○八一
、一七	、○七○五五	、○○七七六	、○一二五九	、○○○八三
、一八	、○七三八○	、○○七八七	、○一三二一	、○○○八五
、一九	、○七六九五	、○○七九五	、○一三八一	、○○○八六
、二○	、○八○○○	、○○八○○	、○一四四○	、○○○八六
、二一	、○八二九五	、○○八○二	、○一四九七	、○○○八七
、二二	、○八五八○	、○○八○一	、○一五五三	、○○○八七
、二三	、○八八五五	、○○七九七	、○一六○六	、○○○八七
、二四	、○九一二○	、○○七九○	、○一六五八	、○○○八六
、二五	丅、○九三七五	、○○七八一	、○一七○九	丅、○○○八五

第十八表

天	一×二 / 天(天丅一)	一×二×三 / 天(天丅一)(天丅二)	一×二×三×四 / (天⊥一)天(天丅一)(天丅二)	一×二×三×四×五 / (天⊥一)……(天丅三)
○、二六	丅、○九六二○	、○○七七○	、○一七五八	丅、○○○八四
、二七	、○九八五五	、○○七五六	、○一八○五	、○○○八三
、二八	、一○○八○	、○○七三九	、○一八五○	、○○○八一
、二九	、一○二九五	、○○七二一	、○一八九三	、○○○八○
、三○	、一○五○○	、○○七○○	、○一九三四	、○○○七七
、三一	、一○六九五	、○○六七七	、○一九七三	、○○○七五
、三二	、一○八八○	、○○六五三	、○二○一○	、○○○七二
、三三	、一一○五五	、○○六二六	、○二○四六	、○○○七○
、三四	、一一二二○	、○○五九八	、○二○八○	、○○○六七
、三五	、一一三七五	、○○五六九	、○二一一一	、○○○六三
、三六	、一一五二○	、○○五三八	、○二一四一	、○○○六○
、三七	、一一六五五	、○○五○五	、○二一六九	、○○○五六
、三八	、一一七八○	、○○四七一	、○二一九四	、○○○五三
、三九	、一一八九五	、○○四三六	、○二二一八	、○○○四九
、四○	、一二○○○	、○○四○○	、○二二四○	、○○○四五
、四一	、一二○九五	、○○三六三	、○二二六○	、○○○四一
、四二	、一二一八○	、○○三二五	、○二二七八	、○○○三六
、四三	、一二二五五	、○○二八六	、○二二九三	、○○○三二
、四四	、一二三二○	、○○二四六	、○二三○六	、○○○二八
、四五	、一二三七五	、○○二○六	、○二三一八	、○○○二三
、四六	、一二四二○	、○○一六六	、○二三二七	、○○○一九
、四七	、一二四五五	、○○一二五	、○二三三四	、○○○一四
、四八	、一二四八○	、○○○八三	、○二三四○	、○○○○九
、四九	、一二四九五	、○○○四二	、○二三四三	、○○○○五
、五○	丅、一二五○○	、○○○○○	、○二三四四	丅、○○○○○

第十八表

一×二×三×四×五 / (天⊥一)┅(天丅三)	一×二×三×四 / (天⊥一)天(天丅一)(天丅二)	一×二×三 / 天(天丅一)(天丅二)	一×二 / 天(天丅一)	天
、〇〇〇〇五	、〇二三四三	丅、〇〇〇四二	丅、一二四九五	〇、五一
、〇〇〇〇九	、〇二三四〇	、〇〇〇八三	、一二四八〇	、五二
、〇〇〇一四	、〇二三三四	、〇〇一二五	、一二四五五	、五三
、〇〇〇一九	、〇二三二七	、〇〇一六六	、一二四二〇	、五四
、〇〇〇二三	、〇二三一八	、〇〇二〇六	、一二三七五	、五五
、〇〇〇二八	、〇二三〇六	、〇〇二四六	、一二三二〇	、五六
、〇〇〇三二	、〇二二九三	、〇〇二八六	、一二二五五	、五七
、〇〇〇三六	、〇二二七八	、〇〇三二五	、一二一八〇	、五八
、〇〇〇四一	、〇二二六〇	、〇〇三六三	、一二〇九五	、五九
、〇〇〇四五	、〇二二四〇	、〇〇四〇〇	、一二〇〇〇	、六〇
、〇〇〇四九	、〇二二一八	、〇〇四三六	、一一八九五	、六一
、〇〇〇五三	、〇二一九四	、〇〇四七一	、一一七八〇	、六二
、〇〇〇五六	、〇二一六九	、〇〇五〇五	、一一六五五	、六三
、〇〇〇六〇	、〇二一四一	、〇〇五三八	、一一五二〇	、六四
、〇〇〇六三	、〇二一一一	、〇〇五六九	、一一三七五	、六五
、〇〇〇六七	、〇二〇八〇	、〇〇五九八	、一一二二〇	、六六
、〇〇〇七〇	、〇二〇四六	、〇〇六二六	、一一〇五五	、六七
、〇〇〇七二	、〇二〇一〇	、〇〇六五三	、一〇八八〇	、六八
、〇〇〇七五	、〇一九七三	、〇〇六七七	、一〇六九五	、六九
、〇〇〇七七	、〇一九三四	、〇〇七〇〇	、一〇五〇〇	、七〇
、〇〇〇八〇	、〇一八九三	、〇〇七二一	、一〇二九五	、七一
、〇〇〇八一	、〇一八五〇	、〇〇七三九	、一〇〇八〇	、七二
、〇〇〇八三	、〇一八〇五	、〇〇七五六	、〇九八五五	、七三
、〇〇〇八四	、〇一七五八	、〇〇七七〇	、〇九六二〇	、七四
、〇〇〇八五	、〇一七〇九	丅、〇〇七八一	丅、〇九三七五	、七五

星學發軔　卷十五　六十五

第十八表

一×二×三×四×五 / (天⊥一)┅(天丅三)	一×二×三×四 / (天⊥一)天(天丅一)(天丅二)	一×二×三 / 天(天丅一)(天丅二)	一×二 / 天(天丅一)	天
、〇〇〇八六	、〇一六五八	丅、〇〇七九〇	丅、〇九一二〇	〇、七六
、〇〇〇八七	、〇一六〇六	、〇〇七九七	、〇八八五五	、七七
、〇〇〇八七	、〇一五五三	、〇〇八〇一	、〇八五八〇	、七八
、〇〇〇八七	、〇一四九七	、〇〇八〇二	、〇八二九五	、七九
、〇〇〇八六	、〇一四四〇	、〇〇八〇〇	、〇八〇〇〇	、八〇
、〇〇〇八六	、〇一三八一	、〇〇七九五	、〇七六九五	、八一
、〇〇〇八五	、〇一三二一	、〇〇七八七	、〇七三八〇	、八二
、〇〇〇八三	、〇一二五九	、〇〇七七六	、〇七〇五五	、八三
、〇〇〇八一	、〇一一九五	、〇〇七六二	、〇六七二〇	、八四
、〇〇〇七九	、〇一一三〇	、〇〇七四四	、〇六三七五	、八五
、〇〇〇七七	、〇一〇六四	、〇〇七二三	、〇六〇二〇	、八六
、〇〇〇七四	、〇〇九九六	、〇〇六九七	、〇五六五五	、八七
、〇〇〇七〇	、〇〇九二七	、〇〇六六九	、〇五二八〇	、八八
、〇〇〇六七	、〇〇八五六	、〇〇六三六	、〇四八九五	、八九
、〇〇〇六三	、〇〇七八四	、〇〇六〇〇	、〇四五〇〇	、九〇
、〇〇〇五八	、〇〇七一一	、〇〇五六〇	、〇四〇九五	、九一
、〇〇〇五三	、〇〇六三六	、〇〇五一五	、〇三六八〇	、九二
、〇〇〇四八	、〇〇五六〇	、〇〇四六七	、〇三二五五	、九三
、〇〇〇四三	、〇〇四八三	、〇〇四一四	、〇二八二〇	、九四
、〇〇〇三六	、〇〇四〇五	、〇〇三五六	、〇二三七五	、九五
、〇〇〇三〇	、〇〇三二六	、〇〇二九四	、〇一九二〇	、九六
、〇〇〇二三	、〇〇二四六	、〇〇二二八	、〇一四五五	、九七
、〇〇〇一六	、〇〇一六五	、〇〇一五七	、〇〇九八〇	、九八
、〇〇〇〇八	、〇〇〇八三	、〇〇〇八一	、〇〇四九五	、九九
、〇〇〇〇〇	、〇〇〇〇〇	丅、〇〇〇〇〇	丅、〇〇〇〇〇	一、〇〇

第十九表

解見第八卷第一節㊂式、

$$甲^{術} = 甲_{。} \perp 天 \times 乙_{。} \left[\frac{一\times二}{天(天丅一)} \right] \left[丙_{。} \right]$$

此表所載爲

$$\frac{二}{天(天丅一)}$$

與

$$\frac{一\times二\times三}{天(天丅一)(天丅二)}$$

等數、查此表以天爲主、

星學發軔　卷十五　六十六

第十九表

一×二×三×四×五 / 天(天丅一)┅(天丅四)	一×二×三×四 / 天(天丅一)┅(天丅三)	一×二×三 / 天(天丅一)(天丅二)	一×二 / 天(天丅一)	天
、〇〇一九六	丅、〇〇二四五	、〇〇三二八	丅、〇〇四九五	〇、〇一
、〇〇三八四	、〇〇四八二	、〇〇六四七	、〇〇九八〇	、〇二
、〇〇五六三	、〇〇七〇九	、〇〇九五五	、〇一四五五	、〇三
、〇〇七三五	、〇〇九二八	、〇一二五四	、〇一九二〇	、〇四
、〇〇八九九	、〇一一三九	、〇一五四四	、〇二三七五	、〇五
、〇一〇五六	、〇一三四〇	、〇一八二四	、〇二八二〇	、〇六
、〇一二〇六	、〇一五三四	、〇二〇九四	、〇三二五五	、〇七
、〇一三四八	、〇一七一九	、〇二三五五	、〇三六八〇	、〇八
、〇一四八三	、〇一八九七	、〇二六〇七	、〇四〇九五	、〇九
、〇一六一二	、〇二〇六六	、〇二八五〇	、〇四五〇〇	、一〇
、〇一七三三	、〇二二二八	、〇三〇八四	、〇四八九五	、一一
、〇一八四九	、〇二三八二	、〇三三〇九	、〇五二八〇	、一二
、〇一九五八	、〇二五二九	、〇三五二五	、〇五六五五	、一三
、〇二〇六〇	、〇二六六九	、〇三七三二	、〇六〇二〇	、一四
、〇二一五七	、〇二八〇一	、〇三九三一	、〇六三七五	、一五
、〇二二四七	、〇二九二六	、〇四一二二	、〇六七二〇	、一六
、〇二三三二	、〇三〇四五	、〇四三〇四	、〇七〇五五	、一七
、〇二四一二	、〇三一五六	、〇四四七七	、〇七三八〇	、一八
、〇二四八五	、〇三二六一	、〇四六四三	、〇七六九五	、一九
、〇二五五四	、〇三三六〇	、〇四八〇〇	、〇八〇〇〇	、二〇
、〇二六一七	、〇三四五二	、〇四九四九	、〇八二九五	、二一
、〇二六七四	、〇三五三八	、〇五〇九一	、〇八五八〇	、二二
、〇二七二八	、〇三六一八	、〇五二二四	、〇八八五五	、二三
、〇二七七六	、〇三六九二	、〇五三五〇	、〇九一二〇	、二四
、〇二八二〇	丅、〇三七六〇	、〇五四六九	丅、〇九三七五	、二五

第十九表

天	一×二 / 天(天丅一)	一×二×三 / 天(天丅一)(天丅二)	一×二×三×四 / 天(天丅一)⋯(天丅三)	一×二×三×四×五 / 天(天丅一)⋯(天丅四)
○、二六	丅、○九六二○	、○五五八○	丅、○三八二二	、○二八五九
、二七	、○九八五五	、○五六八三	、○三八七九	、○二八九四
、二八	、一○○八○	、○五七七九	、○三九三○	、○二九二四
、二九	、一○二九五	、○五八六八	、○三九七六	、○二九五○
、三○	、一○五○○	、○五九五○	、○四○一六	、○二九七二
、三一	、一○六九五	、○六○二五	、○四○三二	、○二九九○
、三二	、一○八八○	、○六○九三	、○四○八二	、○三○○四
、三三	、一一○五五	、○六一五四	、○四一○八	、○三○一五
、三四	、一一二二○	、○六二○八	、○四一二九	、○三○二二
、三五	、一一三七五	、○六二五六	、○四一四五	、○三○二六
、三六	、一一五二○	、○六二九八	、○四一五六	、○三○二六
、三七	、一一六五五	、○六三三三	、○四一六四	、○三○二三
、三八	、一一七八○	、○六三六一	、○四一六七	、○三○一七
、三九	、一一八九五	、○六三八四	、○四一六五	、○三○○七
、四○	、一二○○○	、○六四○○	、○四一六○	、○二九九五
、四一	、一二○九五	、○六四一○	、○四一五一	、○二九八○
、四二	、一二一八○	、○六四一五	、○四一三八	、○二九六二
、四三	、一二二五五	、○六四一三	、○四一二一	、○二九四二
、四四	、一二三二○	、○六四○六	、○四一○○	、○二九一九
、四五	、一二三七五	、○六三九四	、○四○七六	、○二八九四
、四六	、一二四二○	、○六三七六	、○四○四九	、○二八六六
、四七	、一二四五五	、○六三五二	、○四○一八	、○二八三六
、四八	、一二四八○	、○六三二三	、○三九八四	、○二八○四
、四九	、一二四九五	、○六二八九	、○三九四六	、○二七七○
、五○	丅、一二五○○	、○六二五○	丅、○三九○六	、○二七三四

第十九表

天	一×二 / 天(天丅一)	一×二×三 / 天(天丅一)(天丅二)	一×二×三×四 / 天(天丅一)⋯(天丅三)	一×二×三×四×五 / 天(天丅一)⋯(天丅四)
○、五一	丅、一二四九五	、○六二○六	丅、○三八六三	、○二六九六
、五二	、一二四八○	、○六一五七	、○三八一七	、○二六五七
、五三	、一二四五五	、○六一○三	、○三七六九	、○二六一五
、五四	、一二四二○	、○六○四四	、○三七一七	、○二五七二
、五五	、一二三七五	、○五九八一	、○三六六四	、○二五二八
、五六	、一二三二○	、○五九一四	、○三六○七	、○二四八二
、五七	、一二二五五	、○五八四二	、○三五四九	、○二四三四
、五八	、一二一八○	、○五七六五	、○三四八八	、○二三八六
、五九	、一二○九五	、○五六八五	、○三四二五	、○二三三六
、六○	、一二○○○	、○五六○○	、○三三六○	、○二二八五
、六一	、一一八九五	、○五五一一	、○三二九三	、○二二三三
、六二	、一一七八○	、○五四一九	、○三二二四	、○二一八○
、六三	、一一六五五	、○五三二二	、○三一五四	、○二一二五
、六四	、一一五二○	、○五二二二	、○三○八一	、○二○七一
、六五	、一一三七五	、○五一一九	、○三○○七	、○二○一五
、六六	、一一二二○	、○五○一二	、○二九三二	、○一九五八
、六七	、一一○五五	、○四九○一	、○二八五五	、○一九○一
、六八	、一○八八○	、○四七八七	、○二七七七	、○一八四四
、六九	、一○六九五	、○四六七○	、○二六九七	、○一七八五
、七○	、一○五○○	、○四五五○	、○二六一六	、○一七二七
、七一	、一○二九五	、○四四二七	、○二五三四	、○一六六八
、七二	、一○○八○	、○四三○一	、○二四五一	、○一六○八
、七三	、○九八五五	、○四一七二	、○二三六八	、○一五四八
、七四	、○九六二○	、○四○四○	、○二二八三	、○一四八八
、七五	丅、○九三七五	、○三九○六	丅、○二一九七	、○一四二八

第十九表

天	一×二 / 天(天丅一)	一×二×三 / 天(天丅一)(天丅二)	一×二×三×四 / 天(天丅一)⋯(天丅三)	一×二×三×四×五 / 天(天丅一)⋯(天丅四)
○、七六	丅、○九一二○	、○三七七○	丅、○二一一一	、○一三六八
、七七	、○八八五五	、○三六三一	、○二○二四	、○一三○八
、七八	、○八五八○	、○三四八九	、○一九三七	、○一二四七
、七九	、○八二九五	、○三三四六	、○一八四八	、○一一八七
、八○	、○八○○○	、○三二○○	、○一七六○	、○一一二六
、八一	、○七六九五	、○三○五二	、○一六七一	、○一○六六
、八二	、○七三八○	、○二九○三	、○一五八二	、○一○○六
、八三	、○七○五五	、○二七五一	、○一四九三	、○○九四六
、八四	、○六七二○	、○二五九八	、○一四○三	、○○八八七
、八五	、○六三七五	、○二四四四	、○一三一四	、○○八二八
、八六	、○六○二○	、○二二八八	、○一二二四	、○○七六九
、八七	、○五六五五	、○二一三○	、○一一三四	、○○七一○
、八八	、○五二八○	、○一九七一	、○一○四五	、○○六五二
、八九	、○四八九五	、○一八一一	、○○九五五	、○○五九四
、九○	、○四五○○	、○一六五○	、○○八六六	、○○五三七
、九一	、○四○九五	、○一四八八	、○○七七七	、○○四八○
、九二	、○三六八○	、○一三二五	、○○六八九	、○○四二四
、九三	、○三二五五	、○一一六一	、○○六○一	、○○三六九
、九四	、○二八二○	、○○九九六	、○○五一三	、○○三一四
、九五	、○二三七五	、○○八三一	、○○四二六	、○○二六○
、九六	、○一九二○	、○○六六六	、○○三三九	、○○二○六
、九七	、○一四五五	、○○五○○	、○○二五四	、○○一五四
、九八	、○○九八○	、○○三三三	、○○一六八	、○○一○二
、九九	、○○四九五	、○○一六七	、○○○八四	、○○○五○
一、○○	丅、○○○○○	、○○○○○	丅、○○○○○	、○○○○○

第二十表

此表准第八卷第二節㊅式、

$$甲^{衎}=甲_{。}\perp天\times乙_{。}\left[\frac{一\times二}{天(天丅一)}\right]丙\left[\frac{一\times二\times三}{天(天丅一)(天丅二)}\right]丅\ldots$$

此式內

$$天=\frac{時}{衎}$$

假若時等於

十二小時、則 $天=\frac{一二}{衜}$ 此表第一行之數爲衜、查此表以衜爲主、此表所載之數爲 $\frac{二}{天(天丅一)}$ 與 $\frac{一\times二\times三}{天(天丅一)(天丅\frac{三}{二})}$ 等數之對數、

第二十表

時	分	較末初 對數	較末二 對數	較末三 對數	較末四 對數	較末五 對數
○	○	一∞	一∞	一∞	一∞	一∞
	五	七,八四一六三七五	七,五三七五八丅	六,七五三三六	六,七六○九二	五,七五四八五丅
	一○	八,一四二六六七五	七,八三五五六丅	七,○四五一八	七,○六○三八	六,○四八一四丅
	一五	八,三一八七五八八	八,○○八五九丅	七,二一一九五	七,二三四八四	六,二一六三六丅
	二○	八,四四三六九七五	八,一三○四三丅	七,三二七四六	七,三五八一一	六,三三三二八丅
	二五	八,五四○六○七五	八,二二四二三丅	七,四一四八二	七,四五三三○	六,四二二○四丅
	三○	八,六一九七八八八	八,三○○二八丅	七,四八四三四	七,五三○七一	六,四九二九二丅
	三五	八,六八六七三五五	八,三六四○六丅	七,五四一四九	七,五九五八四	六,五五五一二丅
	四○	八,七四四七二七五	八,四一八八七丅	七,五八九五七	七,六五一九七	六,六○○八二丅
	四五	八,七九五八八○○	八,四六六八二丅	七,六三○六八	七,七○一二一	六,六四三二二丅
	五○	八,八四一六三七五	八,五○九三五丅	七,六六六二六	七,七四五○一	六,六八○○七丅
	五五	八,八八三○三○二	八,五四七四九丅	七,六九七三四	七,七八四三九	六,七一二三九丅
一	○	八,九二○八一八八	八,五八二○○丅	七,七二四六七	七,八二○一三	六,七四○九五丅
	五	八,九五五五八○九	八,六一三四六丅	七,七四八八三	七,八五二七九	六,七六六三一丅
	一○	八,九八七七六五五	八,六四二三二丅	七,七七○二六	七,八八二八二	六,七八八九一丅
	一五	九,○一七七二八八	八,六六八九三丅	七,七八九三二	七,九一○五八	六,八○九一二丅
	二○	九,○四五七五七五	八,六九三五八丅	七,八○六二八	七,九三六三六	六,八二七二一丅
	二五	九,○七二○八六四	八,七一六五○丅	七,八二一三八	七,九六○三九	六,八四三四二丅

第二十表

時	分	較末初 對數	較末二 對數	較末三 對數	較末四 對數	較末五 對數
一	三○	九,○九六九一○○	八,七三七八九丅	七,八三四八○	七,九八二八六	六,八五七九二丅
	三五	九,一二○三九一一	八,七五七九一丅	七,八四六七○	八,○○三九四	六,八七○八九丅
	四○	九,一四二六六七五	八,七七六七○丅	七,八五七二二	八,○二三七七	六,八八二四四丅
	四五	九,一六三八五六八	八,七九四三七丅	七,八六六四六	八,○四二四六	六,八九二七○丅
	五○	九,一八四○六○二	八,八一○○三丅	七,八七四五一	八,○六○一一	六,九○一七五丅
	五五	九,二○三三六五三	八,八二六七六丅	七,八八一四七	八,○七六八一	六,九○九六八丅
二	○	九,二二一八四八七	八,八四一六四丅	七,八八七三九	八,○九二六四	六,九一六五五丅
	五	九,二三九五七七五	八,八五五七三丅	七,八九二三五	八,一○七六六	六,九二二四三丅
	一○	九,二五六六一○九	八,八六九一○丅	七,八九六三七	八,一二一九四	六,九二七三七丅
	一五	九,二七三○○一三	八,八八一七九丅	七,八九九五二	八,一三五五三	六,九三一四一丅
	二○	九,二八八七九五五	八,八九三八六丅	七,九○一八三	八,一四八四六	六,九三四五八丅
	二五	九,三○四○三五五	八,九○五三四丅	七,九○三三三	八,一六○七八	六,九三六九二丅
	三○	九,三一八七五八八	八,九一六二七丅	七,九○四○四	八,一七二五三	六,九三八四五丅
	三五	九,三三二九九九二	八,九二六六九丅	七,九○三九九	八,一八三七五	六,九三九二○丅
	四○	九,三四六七八七五	八,九三六六一丅	七,九○三一九	八,一九四四六	六,九三九一九丅
	四五	九,三六○一五一四	八,九四六○八丅	七,九○一六六	八,二○四六九	六,九三八四二丅
	五○	九,三七三一一六四	八,九五五一二丅	七,八九九四二	八,二一四四六	六,九三六九二丅
	五五	九,三八五七○五五	八,九六三七四丅	七,八九六四六	八,二二三八一	六,九三四六八丅
三	○	九,三九七九四○○	八,九七一九七丅	七,八九二七九	八,二三二七四	六,九三一七一丅
	五	九,四○九八三九二	八,九七九八三丅	七,八八八四一	八,二四一二八	六,九二八○一丅
	一○	九,四二一四二一一	八,九八七三三丅	七,八八三三三	八,二四九四四	六,九二三五九丅
	一五	九,四三二七○一	八,九九四五○丅	七,八七七五三	八,二五七二四	六,九一八四二丅
	二○	九,四四三三六七五	九,○○一三四丅	七,八七一○○	八,二六四七○	六,九一二五二丅
	二五	九,四五四四二一四	九,○○七八七丅	七,八六三七四	八,二七一八三	六,九○五八六丅
	三○	九,四六四八八六八	九,○一四○九丅	七,八五五七三	八,二七八六四	六,八九八四三丅
	三五	九,四七五○六○○	九,○二○○三丅	七,八四六九五	八,二八五一四	六,八九○二○丅
	四○	九,四八五○九○二	九,○二五七○丅	七,八三七三七	八,二九一三四	六,八八一一六丅
	四五	九,四九四八五○○	九,○三一○九丅	七,八二六九七	八,二九七二五	六,八七一二九丅
	五○	九,五○四三五三三	九,○三六二三丅	七,八一五七二	八,三○二八九	六,八六○五三丅
	五五	九,五一三七三五四	九,○四一一一丅	七,八○三五七	八,三○八二六	六,八四八八七丅
四	○	九,五二二八七八七	九,○四五七六丅	七,七九○四八	八,三一三三六	六,八三六二四丅
	○五	九,五三一八三三六	九,○五○一六丅	七,七七六四一	八,三一八二一	六,八二二六一丅
	一○	九,五四○六○七五	九,○五四三四丅	七,七六一二八	八,三二二八二	六,八○七九一丅
	一五	九,五四九二○七七	九,○五八三○丅	七,七四五○三	八,三二七一八	六,七九二○六丅
	二○	九,五五七五七四九	九,○六二○四丅	七,七二七五八	八,三三一三○	六,七七五○○丅
	二五	九,五六五五九一三	九,○六五五六丅	七,七○八八三	八,三三五一九	六,七五六六一丅

第二十表

時	分	初次較 對數	二次較 對數	三次較 對數	四次較 對數	五次較 對數
四	三〇	九.五七四〇三一三	九.〇六八八八丅	七.六八八六七	八.三三八八六	六.七三六八〇丅
	三五	九.五八二〇〇〇二	九.〇七二〇〇丅	七.六六六九六	八.三四二三〇	六.七一五四二丅
	四〇	九.五八九八二五五	九.〇七四九二丅	七.六四三五五	八.三四五五三	六.六九二三二丅
	四五	九.五九七五一二四	九.〇七七六四丅	七.六一八二五	八.三四八五四	六.六六七三〇丅
	五〇	九.六〇五〇六五五	九.〇八〇一七丅	七.五九〇八二	八.三五一三四	六.六四〇一四丅
	五五	九.六一二四八九五	九.〇八二五二丅	七.五六〇九八	八.三五三九四	六.六一〇五五丅
五	〇	九.六一九七八八七	九.〇八四六八丅	七.五二八三七	八.三五六三三	六.五七八一八丅
	五	九.六二六九六七四	九.〇八六六五丅	七.四九二五六	八.三五八五三	六.五四二五九丅
	一〇	九.六三四〇二九二	九.〇八八四五丅	七.四五二七九	八.三六〇五二	六.五〇三一九丅
	一五	九.六四〇九七八一	九.〇九〇〇七丅	七.四〇八八三	八.三六二三二	六.四五九二三丅
	二〇	九.六四七八一七五	九.〇九一五二丅	七.三五九一二	八.三六三九二	六.四〇九六八丅
	二五	九.六五四五五〇九	九.〇九二七九丅	七.三〇二四〇	八.三六五三三	六.三五三一〇丅
	三〇	九.六六一一八一四	九.〇九三八八丅	七.二三六五五	八.三六六五五	六.二八七三七丅
	三五	九.六六七七一二三	九.〇九四八一丅	七.一五八三〇	八.三六七五八	六.二〇九二二丅
	四〇	九.六七四一四六四	九.〇九五五七丅	七.〇六二一四	八.三六八四二	六.一一三一五丅
	四五	九.六八〇四八六六	九.〇九六一六丅	六.九三七七九	八.三六九〇七	五.九八八八六丅
	五〇	九.六八六七三五五	九.〇九六五七丅	六.七六二一二	八.三六九五四	五.八一三二四丅
	五五	九.六九二八九五九	九.〇九六八三丅	六.四六一三四	八.三六九八二	五.五一二四九丅

星學發軔　卷十五　七十一

第二十表

時	分	初次較 對數	二次較 對數	三次較 對數	四次較 對數	五次較 對數
六	〇	九.六九八九七〇〇	九.〇九六九一丅	一 ∝	八.三六九九一	一 ∝
	五	九.七〇四九六〇四	九.〇九六八三丅	六.四六一三四丅	八.三六九八二	五.五一二四九
	一〇	九.七一〇八六九二	九.〇九六五七丅	六.七六二一二丅	八.三六九四五	五.八一三二四
	一五	九.七一六六九八八	九.〇九六一六丅	六.九三七七九丅	八.三六九〇七	五.九八八八六
	二〇	九.七二二四五一一	九.〇九五五七丅	七.〇六二一四丅	八.三六八四二	六.一一三一五
	二五	九.七二八一二八二	九.〇九四八一丅	七.一五八三〇丅	八.三六七五八	六.二〇九二二
	三〇	九.七三三七三二一	九.〇九三八八丅	七.二三六五五丅	八.三六六五五	六.二八七三七
	三五	九.七三九二六四六	九.〇九二七九丅	七.三〇二四〇丅	八.三六五三三	六.三五三一〇
	四〇	九.七四四七二七五	九.〇九一五二丅	七.三五九一二丅	八.三六三九二	六.四〇九六八
	四五	九.七五〇一二二五	九.〇九〇〇七丅	七.四〇八八三丅	八.三六二三二	六.四五九二三
	五〇	九.七五五四五一四	九.〇八八四五丅	七.四五二九七丅	八.三六〇五二	六.五〇三一九
	五五	九.七六〇七一五六	九.〇八六六五丅	七.四九二五六丅	八.三五八五三	六.五四二五九
七	〇	九.七六五九一六七	九.〇八四六八丅	七.五二八三七丅	八.三五六三三	六.五七八一八
	〇五	九.七七一〇五六四	九.〇八二五二丅	七.五六〇九八丅	八.三五三九四	六.六一〇五五
	一〇	九.七七六一三六〇	九.〇八〇一七丅	七.五九〇八二丅	八.三五一三四	六.六四〇一四
	一五	九.七八一一五六八	九.〇七七六四丅	七.六一八二五丅	八.三四八五四	六.六六七三〇
	二〇	九.七八六一二〇二	九.〇七四九二丅	七.六四三五五丅	八.三四五五三	六.六九二三二
	二五	九.七九一〇二七五	九.〇七二〇〇丅	七.六六六九六丅	八.三四二三〇	六.七一五四二

第二十表

時	分	初次較 對數	二次較 對數	三次較 對數	四次較 對數	五次較 對數
七	三〇	九.七九五八八〇〇	九.〇六八八八丅	七.六八八六七丅	八.三三八八六	六.七三六八〇
	三五	九.八〇〇六七八九	九.〇六五五六丅	七.七〇八八三丅	八.三三五一九	六.七五六六一
	四〇	九.八〇五四二五三	九.〇六二〇四丅	七.七二七五八丅	八.三三一三〇	六.七七五〇〇
	四五	九.八一〇一二〇五	九.〇五八三〇丅	七.七四五〇三丅	八.三二七一八	六.七九二〇六
	五〇	九.八一四七六五四	九.〇五四三四丅	七.七六一二八丅	八.三二二八二	六.八〇七九一
	五五	九.八一九三六一一	九.〇五〇一六丅	七.七七六四一丅	八.三一八二一	六.八二二六一
八	〇	九.八二三九〇八七	九.〇四五七六丅	七.七九〇四八丅	八.三一三三六	六.八三六二四
	五	九.八二八四〇九二	九.〇四一一一丅	七.八〇三五七丅	八.三〇八二六	六.八四八八七
	一〇	九.八三二八六三六	九.〇三六二三丅	七.八一五七二丅	八.三〇二八九	六.八六〇五三
	一五	九.八三七二七二七	九.〇三一〇九丅	七.八二六九七丅	八.二九七二五	六.八七一二九
	二〇	九.八四一六三七五	九.〇二五七〇丅	七.八三七三七丅	八.二九一三四	六.八八一一六
	二五	九.八四五九五八九	九.〇二〇〇三丅	七.八四六九五丅	八.二八五一四	六.八九〇二〇
	三〇	九.八五〇二三七七	九.〇一四〇九丅	七.八五五七三丅	八.二七八六四	六.八九八四三
	三五	九.八五四四七四七	九.〇〇七八七丅	七.八六三七四丅	八.二七一八三	六.九〇五八六
	四〇	九.八五八六七〇九	九.〇〇一三四丅	七.八七一〇〇丅	八.二六四七〇	六.九一二五二
	四五	九.八六二八二六乁	八.九九四五〇丅	七.八七七五三丅	八.二五七二四	六.九一八四二
	五〇	九.八六六九四三四	八.九八七三三丅	七.八八三三三丅	八.二四九四四	六.九二三五九
	五五	九.八七一〇二一三	八.九七九八三丅	七.八八八四一丅	八.二四一二八	六.九二八〇一

星學發軔　卷十五　七十二

第二十表

時	分	初次較 對數	二次較 對數	三次較 對數	四次較 對數	五次較 對數
九	〇	九.八七五〇六一三	八.九七一九七丅	七.八九二七九丅	八.二三二七四	六.九三一七一
	五	九.八七九〇六四〇	八.九六三七四丅	七.八九六四六丅	八.二二三八一	六.九三四六八
	一〇	九.八八三〇三〇二	八.九五五一二丅	七.八九九四二丅	八.二一四四六	六.九三六九二
	一五	九.八八六九六〇五	八.九四六〇八丅	七.九〇一六六丅	八.二〇四六九	六.九三八四二
	二〇	九.八九〇八五五五	八.九三六六一丅	七.九〇三一九丅	八.一九四四六	六.九三九一九
	二五	九.八九四七一六〇	八.九二六六九丅	七.九〇三九九丅	八.一八三七五	六.九三九二〇
	三〇	九.八九八五四二四	八.九一六二七丅	七.九〇四〇四丅	八.一七二五三	六.九三八四五
	三五	九.九〇二三三五四	八.九〇五三四丅	七.九〇三三三丅	八.一六〇七八	六.九三六九二
	四〇	九.九〇六〇九五五	八.八九三八六丅	七.九〇一八三丅	八.一四八四六	六.九三四五八
	四五	九.九〇九八二三四	八.八八一七九丅	七.八九九五二丅	八.一三五五三	六.九三一四一
	五〇	九.九一三五一九五	八.八六九一〇丅	七.八九六三七丅	八.一二一九四	六.九二七三七
	五五	九.九一七一八四五	八.八五五七三丅	七.八九二三五丅	八.一〇七六六	六.九二二四三
一〇	〇	九.九二〇八一八七	八.八四一六四丅	七.八八七三九丅	八.〇九二六四	六.九一六五五
	五	九.九二四四二二九	八.八二六七六丅	七.八八一四七丅	八.〇七六八一	六.九〇九六八
	一〇	九.九二七九九七三	八.八一一〇三丅	七.八七四五一丅	八.〇六〇一一	六.九〇一七五
	一五	九.九三一五四二六	八.七九四三七丅	七.八六六四六丅	八.〇四二四六	六.八九二七〇
	二〇	九.九三五〇五九二	八.七七六七〇丅	七.八五七二二丅	八.〇二三七七	六.八八二四四
	二五	九.九三八五四七五	八.七五七九一丅	七.八四六七〇丅	八.〇〇三九四	六.八七〇八九

第二十表

時	分	初較次數對	二較次數對	三較次數對	四較次數對	五較次數對
一〇	三〇	九,九四二〇〇八〇	八,七三七八九 丅	七,八三四八〇 丅	七,九八二八六	六,八五七九二
	三五	九,九四五四四一二	八,七一六五〇 丅	七,八二一三八 丅	七,九六〇三九	六,八四三四二
	四〇	九,九四八八四七五	八,六九三五八 丅	七,八〇六二八 丅	七,九三六三六	六,八二七二一
	四五	九,九五二二二七二	八,六六八九三 丅	七,七八九三二 丅	七,九一〇五八	六,八〇九一二
	五〇	九,九五五五八〇九	八,六四二三二 丅	七,七七〇二六 丅	七,八八二八二	六,七八八九一
	五五	九,九五八九〇八八	八,六一三四六 丅	七,七四八八三 丅	七,八五二七九	六,七六六三一
一一	〇	九,九六二二一一五	八,五八二〇〇 丅	七,七二四六七 丅	七,八二〇一三	六,七四〇九五
	五	九,九六五四八九二	八,五四七四九 丅	七,六九七三四 丅	七,七八四三九	六,七一二三九
	一〇	九,九六八七四二三	八,五〇九三五 丅	七,六六六二六 丅	七,七四五〇一	六,六八〇〇七
	一五	九,九七一九七一三	八,四六六八二 丅	七,六三〇六八 丅	七,七〇一二一	六,六四三二二
	二〇	九,九七五一七六四	八,四一八八七 丅	七,五八九五七 丅	七,六五一九七	六,六〇〇八二
	二五	九,九七八三五八一	八,三六四〇六 丅	七,五四一四九 丅	七,五九五八四	六,五五一四二
	三〇	九,九八一五一六六	八,三〇〇二八 丅	七,四八四三四 丅	七,五三〇七一	六,四九二九二
	三五	九,九八四六五二三	八,二二四二三 丅	七,四一四八二 丅	七,四五三三〇	六,四二二〇四
	四〇	九,九八七七六五五	八,一三〇四三 丅	七,三二七四六 丅	七,三五八一一	六,三三三二八
	四五	九,九九〇八五六六	八,〇〇八五九 丅	七,二一一九五 丅	七,二三四八四	六,二一六三六
	五〇	九,九九三九二五八	七,八三五五六 丅	七,〇四五一八 丅	七,〇六〇三八	六,〇四八一四
	五五	九,九九六九七三六	七,五三七五八 丅	六,七五三三六 丅	六,七六〇九二	五,七五四八五

星學發軔

卷十六

恆星表

數目	中國星宿名	外國星宿名	星等
一	壁宿二	A Andromedæ	一
二	王良一	B Cassiopeæ	二$\frac{三}{一}$
三	火鳥四	E Phoenicis	四
四	騰蛇東增十一	22 Andromedæ	五
五	壁宿一	G Pegasi	二
六	天廐一	Th Andromedæ	五
七	天倉一	i Ceti	四
八	蛇尾一	B Hydri	三
九	火鳥六	A Phoenicis	二
一〇	王良五	L Cassiopeæ	五
一一	火鳥八	L Phoenicis	五
一二	王良二	K Cassiopeæ	四
一三	鳥啄四	B1 Tucanæ	四
一四	附路	Z Cassiopeæ	四
一五	奎宿四	E Andromodæ	四
一六	奎宿五	D Andromodæ	三
一七	王良四	A Cassiopeæ	三
一八	火鳥七	M Phoenicis	五
一九	閣道十一	P Cassiopeæ	五
二〇	土司空七	B Ceti	二$\frac{三}{一}$
二一	水委三	H Phoenicis	五
二二	天溷四	Ph1 Ceti	五
二三	奎宿二	Z Andromedæ	四
二四	王良三	H Cassiopeæ	四

光緒二十六年之星赤經 時	分	秒	歲差 秒	光緒二十六年之星距極度 度	分	秒	歲差 秒
〇	三	一二,八七	丄三,〇八六	六一	二七	三九,六	丅一九,九三
〇	三	四九,六〇	三,一四九	三一	二四	五,四	一九,八九
〇	四	二一,七九	三,〇八九	一三六	一七	四二,七	二〇,〇四
〇	五	七,二四	三,〇九三	四四	二九	四,六	二〇,〇五
〇	八	五,一九	三,〇八四	七五	二二	二〇,一	二〇,〇四
〇	一一	五一,七二	三,一一一	五一	五二	二三,六	二〇,〇三
〇	一四	二〇,〇三	三,〇六	九九	二二	四三,	一九,九八
〇	二〇	三二,二三	三,二九七	一六七	四九	一一,四	二〇,二六
〇	二一	二〇,五七	二,九八三	一三二	五〇	四七,二	一九,六九
〇	二六	一四,五〇	三,二六三	三六	一	四四,二	一九,九七
〇	二六	三五,二一	二,九〇六	一三九	二一	二五,八	一九,九四
〇	二七	一七,九四	三,三四四	二七	三七	一〇,二	一九,九六
〇	二六	五六,七九	二,七七〇	一五三	三〇	三五,七	一九,八七
〇	三一	二三,四〇	三,二九九	三六	三九	一〇,三	一九,九一
〇	三三	一六,〇五	三,一五四	六一	一三	四八,四	一九,六七
〇	三三	五八,三四	三,一八七	五九	四一	一〇,五	一九,七六
〇	三四	四九,二八	三,三五四	三四	〇	三八,四	一九,八三
〇	三六	三七,三四	二,八六九	一三六	三七	四六,〇	二〇,〇三
〇	三七	五五,九〇	三,二八九	四三	三一	一七,四	一九,八一
〇	三八	三四,二二	三,〇一六	一〇八	三二	六,一	一九,八六
〇	三八	五一,二九	二,七一三	一四八	一	一二,八	一九,二九
〇	三九	九,〇〇	三,〇三一	一〇一	九	一二,一	一九,七〇
〇	四二	二,二四	三,一六九	六六	一六	三四,九	一九,六九
〇	四三	一,六〇	丄三,五六四	三二	四二	五〇,〇	丅一九,二七

數目	中國星宿名	外國星宿名	星等
二五	閣道五	N Cassiopeæ	五
二六	外屏一	D Piscium	五
二七	奎宿七	N Andromedæ	四
二八	天溷北增三	20 Ceti	五
二九	策	G Cassiopeæ	三
三〇	奎宿八	M Andromedæ	四
三一	奎宿一	H Andromedæ	五
三二	外屏二	E Piscium	四
三三	奎宿北增十九	41 Andromedæ	五
三四	外屏南增四	o Piscium	五
三五	軍南門	Ph Andromedæ	五
三六	天倉二	H Ceti	三$\frac{三}{二}$
三七	奎宿九	B Andromedæ	二
三八	閣道四	Th Cassiopeæ	四$\frac{三}{一}$
三九	水委二	Z Phoenicis	五
四〇	勾陳一	A Ursæ Minoris	二
四一	天大將軍西增二	Xs Andromedæ	四$\frac{三}{二}$
四二	華蓋五	Ps Cassiopeæ	四$\frac{三}{二}$
四三	閣道三	D Cassiopeæ	三
四四	天倉三	Th Ceti	三
四五	右更一	R Piscium	五
四六	天倉內增十五	46 Ceti	五
四七	右更東增一	94 Piscium	五
四八	天大將軍西增三	O Andromedæ	五

星等	外國星宿名	中國星宿名	數目	歲差	光緒二十六年星之距極度			歲差	光緒二十六年星之赤經度		
				秒	度	分	秒	秒	時	分	秒
五	A^1 Cassiopeæ	杠九	四九	丅一九.六八	九三	三四	四三.九	⊥三.三五九	〇	四三	九.六一
五	A^1 Andromedæ	天大將軍四	五〇	一九.七三	八二	五七	三〇.〇	三.一〇七	〇	四三	二九.五五
三	G Phoevicis	火鳥十	五一	一九.七二	四九	二七	五三.九	三.二七九	〇	四四	一七.三七
四$\frac{三}{二}$	M Piscium	外屏四	五二	一九.六七	九一	四一	一一.九	三.〇六四	〇	四七	五三.七七
四	H Piscium	右更二	五三	一九.六四	二九	四九	二六.一	三.五四八	〇	五〇	三九.二三
四	D Phoenicis	天園一	五四	一九.六八	五二	二	三〇.〇	三.三〇一	〇	五一	一一.五三
五	50 Andromedæ	天大將軍六	五五	一九.六〇	六七	七	一二.一	三.一九〇	〇	五一	五二.〇〇
三$\frac{三}{二}$	51 Andrcmedæ	天大將軍三	五六	一九.五〇	八二	三八	五二.二	三.一一四	〇	五七	四五.四五
五	P Piscium	右更三	五七	一九.三五	四六	三五	二二.六	三.一四〇	一	二	二.三〇
五	T Andromodæ	天大將軍七	五八	一九.一七	八四	五二	四三.三	三.〇八三	一	三	一二.九四
一	A Eridani	水委一	五九	一九.三七	四三	一七	二五.六	三.四三七	一	三	四〇.九六
五	N Piscium	外屏五	六〇	一九.二三	一〇〇	四二	四一.〇	三.〇一九	一	三	三三.六二
四	54 Andromedæ	天大將軍二	六一	一九.二七	五四	五四	二九.七	三.三三六	一	四	七.七〇
三$\frac{三}{二}$	T Ceti	天倉五	六二	一九.三三	三五	二二	五一.八	三.五九三	一	四	五九.六〇
五	O Piscium	右更四	六三	一八.九四	一四五	四七	一四.五	二.五五五	一	四	一二.一〇
三	E Cassiopeæ	閣道二	六四	一九.二七	一	一三	二一.二	七.五四六	一	一九	三八.一三
三	Z Ceti	天倉四	六五	一九.〇〇	四四	五九	四四.四	三.四九三	一	一六	二六.五〇
三$\frac{三}{二}$	A Trianguli	婁宿北增六	六六	一九.〇一	二二	二三	二七.六	四.一一九	一	一八	五〇.一一
四$\frac{三}{二}$	G^1 Arietis	婁宿二	六七	一八.九二	三〇	一七	一.三	三.八五三	一	一九	一五.五三
三	B Arietis	婁宿一	六八	一八.七五	九八	四一	五四.七	三.〇〇〇	一	一九	一.五八
五	48 Cassiopeæ	杠七	六九	一八.九六	七一	二〇	四六.五	三.二一六	一	二〇	五一.四〇
四	X Eridani	天園二	七〇	一八.九一	一〇五	七	五.一	二.五九二	一	二〇	四二.三〇
四	50 Cassiopeæ	杠五	七一	一八.八八	七一	一六	三二.七	三.二二五	一	二一	一七.三一
四$\frac{三}{二}$	H^2 Hydri	蛇腹四	七二	丅一八.七八	四五	六	三一.六	⊥三.五五〇	一	二一	三九.七九

星等	外國星宿名	中國星宿名	數目	歲差	光緒二十六年星之距極度			歲差	光緒二十六年星之赤經度		
				秒	度	分	秒	秒	時	分	秒
四$\frac{三}{二}$	V Ceti	鈇鑕	七三	丅一八.七六	二〇	一四	五八.〇	⊥四.三二四	一	二三	四五.二一
三	A Hydri	蛇首一	七四	一八.七八	四三	三〇	二六.五	三.五五六	一	二四	五.五三
三$\frac{三}{二}$	A Piscium	外屏七	七五	一八.六四	一三三	四九	四二.八	二.六三四	一	二四	二.八六
三	G Andromedæ	天大將軍一	七六	一八.六〇	八四	二二	二三.二	三.一三七	一	二四	五六.五八
二	A Arietis	婁宿三	七七	一八.七六	七五	一〇	七.〇	三.二〇〇	一	二六	七.八〇
四	B Trianguli	天大將軍九	七八	一八.七七	一三九	三五	三七.一	二.五〇九	一	二七	五.五六
五	X^1_s Ceti	天囷五	七九	一八.二二	四九	五	三七.七	三.四八九	一	三〇	五五.二六
四	Ph Eridani	天園三	八〇	一八.四五	四一	五二	四〇.〇	三.六三九	一	三一	五〇.六四
變改	O Ceti	芻藁北增三	八一	一八.六四	七八	二二	六.一	三.一七一	一	三一	四七.七六
五	i Persei	大陵一	八二	一八.三八	四九	五五	四九.一	三.五一六	一	三四	四〇.六七
四	Cassiopeæ	閣道一	八三	一八.四五	一四七	四四	三八.〇	二.二三八	一	三三	五九.一三
五	R Ceti	芻藁一	八四	一八.三八	八五	一	六.三	三.一一七	一	三六	一三.五四
四	D Hydri	蛇腹三	八五	一八.三五	三九	四八	五一.六	三.七一六	一	三七	二三.〇八
四	X^2_s Ceti	天囷六	八六	一九.一五	一〇六	二七	四六.〇	二.七八八	一	三九	二五.四九
四$\frac{三}{二}$	K Eridani	天園四	八七	一八.三一	八一	二〇	四一.四	三.一六二	一	四〇	六.七七
五	S Ceti	天苑西增九	八八	一八.〇四	二六	四九	一五.九	四.二二一	一	四七	一〇.七三
四$\frac{三}{二}$	N Ceti	天囷七	八九	一七.九〇	一〇〇	四九	四七.九	二.九六〇	一	四六	三一.五四
四	D Ceti	天囷九	九〇	一七.八〇	六〇	五四	二四.九	三.三九九	一	四七	二二.五二
四$\frac{三}{二}$	E Ceti	芻藁六	九一	一七.八九	七一	一一	四四.〇	三.二七七	一	四八	二.二八
四	Th Persei	大陵西增十三	九二	一七.八二	六九	四〇	四七.七	三.二九七	一	四九	六.五四
四	35 Arietis	胃宿一	九三	一七.七九	一九	三四	三七.〇	四.七七八	一	五三	四二.八六
三	G Ceti	天囷八	九四	一八.〇九	一四二	六	二一.二	二.三二五	一	五二	二.九六
四	Arietis	天囷四	九五	一七.七八	一八	三	三九.九	四.九四〇	一	五四	五一.二八
四	P Ceti	天苑七	九六	丅一七.七五	一五八	八	二五.四	⊥一.四八六	一	五二	二二.二九

星等	外國星宿名	中國星宿名	數目	歲差	光緒二十六年星之距極度			歲差	光緒二十六年星之赤經度		
				秒	度	分	秒	秒	時	分	秒
五	E Hydri	蛇腹二	九七	丅一七、六九	一一一	三三	三八、二	丄二、八二七	一	五五	一七、五七
四$\frac{三}{二}$	T^1 Eridani	天苑八	九八	一七、六二	一五二	三	二三、七	一、八八九	一	五五	三七、〇七
四	39 Arietis	胃宿二	九九	一七、六二	八七	四三	三、七	三、一〇二	一	五六	五二、六〇
四	H Persei	天船一	一〇〇	一七、五六	四八	八	五五、九	三、六四四	一	五七	四四、九一
五	P Arietis	左更五	一〇一	一七、三〇	六七	〇	三二、九	三、三六四	二	一	三一、八四
四$\frac{三}{二}$	16 Persei	大陵七	一〇二	一七、三二	五五	二九	四、〇	三、五四五	二	三	三五、二七
三	41 Arietis	胃宿三	一〇三	一七、一二	八一	三七	一八、〇	三、一六九	二	七	四一、七三
五	T Persei	大陵二	一〇四	一六、九一	一四一	五八	二一、二	二、一五六	二	一二	五七、一四
四$\frac{三}{二}$	T^2 Eridani	天苑九	一〇五	一六、六〇	九三	二五	五一、八	三、〇二一	二	一四	一七、五八
三	H Eridani	天苑六	一〇六	一六、八二	三四	三六	三八、六	四、一一四	二	一五	二一、八九
五	P Persei	積尸	一〇七	一六、五九	二三	二	四四、八	四、八一二	二	二〇	四七、三一
五	E Arietis	左更東增七	一〇八	一六、四七	一〇二	四四	二六、一	二、八九七	二	二一	七、二七
三$\frac{三}{二}$	G Persei	天船二	一〇九	一六、四四	一五九	六	五四、三	一、〇三七	二	一九	五七、六四
二$\frac{三}{二}$	A Ceti	天囷一	一一〇	一六、四二	八一	五九	一三、〇	三、一八二	二	二二	五〇、四四
五	R^2 Eridani	天苑北增十一	一一一	一五、九九	一三八	九	二八、六	二、一八六	二	二三	一八、二八
四	R Persei	大陵六	一一二	一六、一〇	一〇五	四〇	五四、四	二、八四四	二	二七	二一、一三
四	T^3 Eridani	天苑十	一一三	一五、九九	八四	五〇	三一、二	三、一三五	二	三〇	三七、一七
五	R^3 Eridani	天苑北增十二	一一四	一五、七八	九〇	六	九、五	三、〇七四	二	三四	二一、八三
二$\frac{三}{二}$	B Persei	大陵五	一一五	一五、五六	一〇二	一七	四三、〇	二、八九九	二	三四	四三、六四
五	K Persei	大陵四	一一六	一五、六〇	四一	一一	三五、〇	四、〇五一	二	三七	二一、三六
五	O Persei	大陵東增十八	一一七	一五、六八	六二	四二	五八、一	三、四九九	二	三七	三四、六四
四	D Arietis	天陰四	一一八	一五、四五	八七	一一	五、三	三、一〇二	二	三八	七、〇三
三$\frac{三}{二}$	A Eridani	天苑南增四	一一九	一五、四九	八〇	一八	二六、〇	三、二三二	二	三九	三一、九七
五	Z Arietis	天陰二	一二〇	丅一五、五一	一〇四	一六	五三、六	丄二、八五一	二	三九	二一、六八

星等	外國星宿名	中國星宿名	數目	歲差	光緒二十六年星之距極度			歲差	光緒二十六年星之赤經度		
				秒	度	分	秒	秒	時	分	秒
五	Cassiopeæ	上丞	一二一	丅一五、二九	一五八	四一	五八、四	丄〇、八六一	二	三八	〇、七一
四	Z Eridani	天苑五	一二二	一五、五〇	一〇八	五九	四二、〇	二、八〇〇	二	四〇	二六、三四
三$\frac{三}{二}$	T^4 Eridani	天苑十一	一二三	一五、三一	六一	九	五九、〇	三、五四九	二	四一	五六、七五
二$\frac{三}{二}$	A Persei	天船三	一二四	一五、三八	三四	三一	三、四	四、三一二	二	四三	二三、一〇
四$\frac{三}{二}$	O Tauri	天廩四	一二五	一五、三五	七二	五六	五八、〇	三、三三五	二	四三	四二、四九
四	Camelopardi	傳舍七	一二六	一五、二二	五二	五	二八、三	三、七五九	二	四四	一五、八六
四	Camelopardi	傳舍八	一二七	一五、二〇	六三	九	〇、七	三、五一〇	二	四四	五、四八
五	Camelopardi	傳舍九	一二八	一五、一五	三七	三八	四二、八	四、一九九	二	四七	九、〇〇
四	Xs Tauri	天廩三	一二九	一五、一一	一一一	二四	五三、四	二、七二〇	二	四六	三〇、一五
五	S Persei	天船南增四	一三〇	一四、六二	九九	一七	四二、〇	二、九二八	二	五一	三二、四七
四$\frac{三}{二}$	17 Eridani	天苑北增十四	一三一	一四、八〇	五〇	四四	九、〇	三、八〇六	二	五二	二一、五二
五	Ps Persei	天船四	一三二	一四、七五	六九	三	二八、九	三、四一八	二	五三	二九、五〇
三$\frac{三}{二}$	E Eridani	天苑四	一三三	一四、五五	三六	五三	〇、六	四、二九六	二	五七	三二、五〇
四	T^5 Eridani	天苑十二	一三四	一四、四二	八六	一八	六、四	三、一二九	二	五七	三、〇五
四$\frac{三}{二}$	10 Tauri	天囷東增十五	一三五	一四、四八	九八	四	三八、〇	二、九三七	二	五七	四七、四三
三	D Persei	天船五	一三六	一四、三七	五一	三二	四二、〇	三、八一五	二	五八	四五、五六
五	Camelopardi	上丞東增二	一三七	一四、三六	一一四	〇	五八、一	二、六四三	二	五七	五八、九七
四$\frac{三}{二}$	G Camelopardi	杠一	一三八	一四、三七	九七	五九	二八、一	二、九四三	二	五九	二一、七八
四	V Persei	卷舌一	一三九	一四、三〇	四九	二五	三九、〇	三、八七一	三	一	三九、一一
五	Camelopardi	上丞東增一	一四〇	一四、〇九	四五	三一	九、七	四、〇〇九	三	二	四四、四一
四$\frac{三}{二}$	17 Tauri	昴宿一	一四一	一四、一〇	五〇	四五	五九、三	三、八四五	三	四	四九、六六
三$\frac{三}{二}$	D Eridani	天苑三	一四二	一四、〇〇	七〇	三八	五九、九	三、四一八	三	五	五四、四八
五	19 Tauri	昴宿二	一四三	一四、四六	一一九	二二	五〇、〇	二、五五〇	三	七	四九、五八
五	20 Tauri	昴宿四	一四四	丅一三、七三	六九	一九	二七、四	丄三、四三四	三	九	八、九一

星學發軔　卷十六　七

光緒二十六年星之赤經度 時	分	秒	歲差 秒	光緒二十六年星之距極度 度	分	秒	歲差 秒	數目	中國星宿名	外國星宿名	星等
三	一一	八,十五	丄五,一五二	二四	四二	四三,〇	丅一三,七一	一四五	天園七	V^1 Eridani	五
三	一〇	五八,五八	二,九一〇	九九	一一	二五,八	一三,〇六	一四六	昂宿五	23 Tauri	五
三	一五	三,九二	二,六六五	一一二	七	一四,三	一三,一一	一四七	昂宿六	H Tauri	三
三	一七	一〇,四〇	四,二四一	四〇	二九	三五,八	一三,二七	一四八	天苑二	P Eridani	五
三	一九	二五,九二	三,二二二	八一	一九	一八,二	一三,〇五	一四九	昂宿七	27 Tauri	五
三	二〇	五七,三七	四,七八九	三〇	二四	二〇,一	一三,一三	一五〇	天苑十三	T^6 Eridani	四$\frac{三}{二}$
三	二一	五四,六七	四,七二五	三一	二七	五六,〇	一三,〇六	一五一	天苑十四	T^7 Eridani	五
三	二二	二一,八〇	四,五二三	三四	五三	四一,五	一二,八七	一五二	蛇首二	Reticuli	四
三	二一	四四,八三	三,二四三	八〇	三六	五一,八	一二,九二	一五三	天園八	Eridani	五
三	二三	三一,〇一	四,一九四	四二	二〇	五三,七	一二,九〇	一五四	天園九	V^2 Eridani	四
三	二五	三九,四〇	二,九七三	九五	二五	四,一	一二,六五	一五五	上丞東增三	Camelopardi	五
三	二九	二二,四二	四,二二八	四二	八	一八,三	一二,四五	一五六	卷舌四	Z Persei	三$\frac{三}{二}$
三	二八	一三,五五	二,八二六	九九	四七	四六,八	一二,四三	一五七	五帝內坐五	Cassiopeæ	五$\frac{三}{二}$
三	二九	二一,九四	二,六四三	一一	五八	一,三	一二,三八	一五八	九州殊口西增二	32 Eridani	五
三	三一	四六,三三	三,〇五八	八九	五四	五三,九	一一,七四	一五九	天苑十五	T^8 Eridani	五
三	三五	四七,六〇	四,二三五	四二	三一	四九,〇	一二,〇二	一六〇	卷舌二	E persei	三$\frac{三}{二}$
三	三七	一六,一一	五,一六一	二六	五八	九,九	一一,九三	一六一	天園北增五	V^3 Eridani	五
三	三九	四一,八四	六,一三九	一八	五八	二一,五	一一,八六	一六二	卷舌三	Xs Persei	五
三	三八	二三,四三	四,〇四六	四七	四四	八,五	一一,八六	一六三	附白一	G Hydri	三
三	四〇	一九,六七	五,三九二	二四	四六	五三,一	一一,七九	一六四	天苑一	G Eridani	二$\frac{三}{二}$
三	三八	五六,一四	三,五四八	六六	一一	五五,九	一一,七六	一六五	畢宿八	L Tauri	四
三	三八	二七,六〇	二,八七一	一〇〇	六	二,五	一二,五一	一六六	天苑十六	T^9 Eridani	五
三	三九	一五,〇七	三,五五七	六五	五〇	四〇,五	一一,七五	一六七	九州殊口西增一	35 Eridani	五
三	三九	五二,二五	丄三,五五五	六五	五六	三五,〇	丅一一,六八	一六八	畢宿南增三	V Tauri	五

星學發軔　卷十六　八

光緒二十六年星之赤經度 時	分	秒	歲差 秒	光緒二十六年星之距極度 度	分	秒	歲差 秒	數目	中國星宿名	外國星宿名	星等
三	三九	九,四五	丄二,二四八	一二七	三七	三三,一	丅一一,七三	一六九	積水	L Persei	四$\frac{三}{二}$
三	四〇	二三,三七	三,五四九	六六	二一	四〇,四	一一,六六	一七〇	月	A^1 Tauri	五
三	四一	三二,一六	三,五五二	六六	一二	八,七	一一,五六	一七一	天船六	C Persei	五
三	四一	二四,七三	二,八三〇	一〇二	二四	五一,七	一一,六一	一七二	天傳四	M Persei	四$\frac{三}{二}$
三	四三	一二,六九	三,五五二	六六	一五	三,〇	一一,四四	一七三	九州殊口二	O^1 Eridani	四$\frac{三}{二}$
三	四二	三二,八八	二,五八二	一一三	三二	三四,五	一〇,九七	一七四	卷舌東增六	f Persei	五
三	四三	二一,四四	二,五七七	一一四	一一	一,九	一一,四五	一七五	天船八	b^1 Persei	五
三	四二	五四,八六	,七〇三	一五五	七	一三,〇	一一,四七	一七六	九州殊口一	A Eridani	五
三	四四	五四,九〇	二,二二〇	一二七	五五	二一,八	一一,四〇	一七七	畢宿南增七	M Tauri	五
三	四五	四一,九五	二,二三三	一二六	三〇	九,〇	一一,一五	一七八	九州殊口內增十一	O^2 Eridani	四$\frac{三}{二}$
三	四八	三三,六六	五,一九七	二七	一三	四,〇	一一,二五	一七九	天園南增六	A Horologu	五
三	四七	五〇,六一	三,七五五	五八	二四	四二,四	一一,一四	一八〇	礪石四	Ph Tauri	五
三	五三	一一,四九	九,五六五	九	三四	一七,五	一一,一八	一八一	畢宿四	G Tauri	三$\frac{三}{二}$
三	四九	一六,三七	三,〇一一	九三	一四	五六,三	一一,〇一	一八二	金魚一	G Doradûs	四
三	四九	二八,〇四	二,五五六	一一四	五四	三六,四	一〇,八八	一八三	天園十	V^4 Eridani	三$\frac{三}{二}$
三	五一	七,九〇	三,九九七	五〇	一六	三八,一	一〇,九一	一八四	夾白二	A Reticuli	三$\frac{三}{二}$
三	四九	四九,七四	二,二七七	一二五	一	四〇,四	一〇,八八	一八五	畢宿三	D^1 Tauri	四
三	五二	二八,〇二	三,八六九	五四	二九	四四,四	一〇,七九	一八六	畢宿內增十	D^2 Tauri	四$\frac{三}{二}$
三	四八	四七,八六	丅一,〇三八	一六四	三二	四九,五	一〇,八七	一八七	畢宿二	D^3 Tauri	五
三	五三	二一,七三	丄二,七九六	一〇三	四七	二九,七	一〇,六〇	一八八	天街北增三	V^1 Tauri	五
三	五五	八,二四	三,三一五	七七	四七	二五,三	一〇,六一	一八九	天節一	P Tauri	五
三	五五	三九,六七	二,五五五	一一四	一七	五六,〇	一〇,五二	一九〇	天園十一	V^5 Eridani	四
三	五六	二七,八九	三,〇三四	九一	四九	四五,八	一〇,四三	一九一	畢宿一	E Tauri	三$\frac{三}{二}$
三	五七	五〇,一五	丄三,一八五	八四	一七	一二,〇	丅一〇,三八	一九二	畢宿六	Th^1 Tauri	四$\frac{三}{二}$

星等	外國星宿名	中國星宿名	數目	歲差	光緒二十六年星之距極度			歲差	光緒二十六年星之赤經度		
				秒	度	分	秒	秒	時	分	秒
四$\frac{三}{一}$	Th² Tauri	畢宿南增十三	一九三	T一○,三一	三九	五五	六,○	⊥四,四三一	三	五九	七,三七
五	R Tauri	天節二	一九四	一○,二八	六八	一一	二三,二	三,五三四	三	五八	四六,七三
五	47 Eridani	九州殊口內增八	一九五	一○,一四	四二	三三	九,九	四,三二六	四	一	二三,五四
一	A Tauri	畢宿五	一九六	九,六七	四一	五○	三五,五	四,三七二	四	七	三二,五九
五	d Tauri	天節七	一九七	九,七四	九七	五	五一,○	二,九二二	四	六	五八,八七
四$\frac{三}{一}$	V⁶ Eridani	天園十三	一九八	九,六○	四九	四六	八,八	四,○五九	四	八	四,四四
四	N Eridani	九州殊口四	一九九	九,四四	三九	五六	五五,○	四,四八一	四	一○	四三,○三
三$\frac{三}{一}$	V⁷ Eridaui	天園十二	二○○	九,二九	一○○	三○	一三,三	二,八五一	四	九	三八,二八
五	c¹ Tauri	天節五	二○一	九,四四	八一	二一	二二,二	三,二五○	四	一○	六,○一
三	A Doradûs	金魚二	二○二	五,九四	九七	四八	二六,五	二,七六三	四	一○	四○,三一
四	53 Eridani	九斿西增四	二○三	九,一九	一三二	三二	一七,七	一,九九二	四	一○	四一,八三
五	c² Tauri	天節六	二○四	九,一三	六二	五三	七,八	三,六七三	四	一四	一一,八○
五	T Tauri	諸王六	二○五	九,一四	七四	三六	四四,一	三,四○七	四	一四	六,一○
四	54 Eridani	九斿八	二○六	九,三四	一四一	四四	一三,四	一,五五六	四	一三	二三,八八
五	4 Camelopardi	八穀西增一	二○七	九,○七	一二四	二	三二,九	二,二六四	四	一四	六,一六
四	A Camelopardi	少衞	二○八	九,○七	一五二	四三	三○,七	○,七四五	四	一三	七,五八
四	P¹ Orionis	參旗六	二○九	八,九一	七二	四一	二四,六	三,四五○	四	一七	九,八六
五	P² Orionis	參旗五	二一○	八,八三	七二	四七	七,七	三,四五一	四	一八	一九,八一
四	P³ Orionis	參旗七	二一一	八,七四	七二	一七	五二,一	三,四六四	四	一九	四二,二一
五	O¹ Orionis	參旗一	二一二	八,六六	六七	二四	四○,一	三,五七九	四	二○	一九,二五
五	7 Camelopardi	八穀五	二一三	八,五九	七五	三○	三九,○	三,三八○	四	二○	五七,一一
五	O Eridani	九斿三	二一四	八,五九	一二四	一五	○,五	二,二五四	四	二○	一七,○五
四$\frac{三}{一}$	P⁵ Orionis	參旗三	二一五	八,四七	七一	二	二一,六	三,四九四	四	二二	四六,四○
四	i Aurigæ	五車一	二一六	T 八,四七	七四	一五	二八,○	⊥三,四一三	四	二二	五一,二○

星等	外國星宿名	中國星宿名	數目	歲差	光緒二十六年星之距極度			歲差	光緒二十六年星之赤經度		
				秒	度	分	秒	秒	時	分	秒
五	O² Crionis	參旗二	二一七	T 八,四六	七四	○	五七,○	⊥三,四二○	四	二二	五七,一八
五	4 Aurigæ	五車西增六	二一八	八,○二	七五	二一	五二,○	三,四○二	四	二八	一○,五一
四$\frac{三}{一}$	B Camelopardi	八穀西增十一	二一九	七,九二	九八	二六	二一,七	二,八八八	四	二九	二二,六三
四	E Aurigæ	柱一	二二○	七,七四	七三	四一	二二,○	三,四三六	四	三○	一○,九二
四	Z Aurigæ	柱二	二二一	七,八三	八○	二	三三,二	三,二八五	四	三○	九,一○
五	68 Eridani	九斿四	二二二	七,六四	一一九	五七	五八,五	二,三五一	四	二九	三五,一一
五	11 Camelopardi	八穀七	二二三	七,七七	九三	三三	一八,三	二,九九四	四	三一	一九,三九
四$\frac{三}{一}$	i Tauri	天高一	二二四	七,六七	一二○	四六	○,二	二,三三三	四	三一	四○,○五
五	Ps Eridani	玉井二	二二五	七,六八	七七	四一	一五,八	三,三五○	四	三二	三四,二五
五	11 Orionis	參旗北增四	二二六	七,六一	一四五	一五	四,九	一,二八九	四	三一	五○,二六
五	Camelopardi	六甲六	二二七	七,四一	一○四	二九	五二,五	二,七四六	四	三三	三六,一七
四	E Leporis	屏二	二二八	七,五七	七七	五九	四二,七	三,三三六	四	三四	二九,四九
三	B Eridani	玉井三	二二九	七,四一	六七	一三	五七,九	三,五九二	四	三六	一四,四四
五	15 Orionis	參旗北增五	二三○	七,二五	一○九	五一	四五,八	二,六二三	四	三六	四,一六
四	L Eridani	玉井一	二三一	七,○九	三三	二五	三,五	四,九六○	四	三九	三九,六五
五	M Aurigæ	天潢五	二三二	六,九五	二三	四九	二六,二	五,九○六	四	四四	四,七二
四$\frac{三}{一}$	i Leporis	軍井一	二三三	六,七一	八三	一二	四三,二	三,二五八	四	四四	二五,○五
五	R Orionis	參宿西增九	二三四	六,六三	八一	一六	一○,二	三,二七二	四	四五	一○,二一
一	A Aurigæ	五車二	二三五	六,五六	八四	三三	五四,八	三,一九四	四	四五	五三,○○
五	14² Aurigæ	天潢三	二三六	六,四七	七五	五四	五一,三	三,三八八	四	四六	五二,四六
五	M Leporis	屏一	二三七	六,四二	三六	二四	二○,四	四,七八五	四	四九	一五,八二
五	K Leporis	軍井二	二三八	六,四一	九五	三七	八,二	二,九四六	四	四七	五八,九九
一	B Orionis	參宿七	二三九	六,三三	八七	四三	一五,九	三,一二二	四	四九	二,六一
五	L Aurigæ	咸池三	二四○	T 六,二五	五六	五九	二五,二	⊥三,八九五	四	五○	二八,六二

星等	外國星宿名	中國星宿名	數目	歲差	光緒二十六年星距極度			歲差	光緒二十六年星赤經度		
				秒	度	分	秒	秒	時	分	秒
四	T Orionis	參宿內增三十八	二四一	⊤六、一六	七六	三八	三〇、〇	⊥三、三七〇	四	五〇	四四、九八
四 三/二	L Leporis	軍井三	二四二	六、〇二	五二	一五	二九、八	四、〇五八	四	五二	二七、六七
五	Th Doradûs	夾白一	二四三	六、〇〇	二九	四二	五、二	五、三〇三	四	五四	三〇、八七
五	m Orionis	參宿西增十	二四四	五、九三	四六	一九	二〇、二	四、二九一	四	五四	四七、四六
二	B Tauri	五車五	二四五	五、八六	四九	四	三、九	四、一八一	四	五五	二九、一六
四 三/二	H Orionis	參宿西增三	二四六	五、六八	一〇〇	二四	二八、七	二、八四〇	四	五五	六、六七
二	G Orionis	參宿五	二四七	五、七六	三一	九	五一、五	五、一八四	四	五七	二六、三八
五	Ph Aurigæ	天潢二	二四八	五、六五	六八	三三	三、三	三、五八一	四	五七	七、〇七
五	O Tauri	天高東增四	二四九	五、六九	九七	一九	八、三	二、九〇六	四	五六	三五、三九
五	P^2_s Orionis	參宿西增十一	二五〇	五、四九	七四	四四	〇、四	三、四二四	四	五八	五一、二七
四	B Leporis	廁二	二五一	五、四二	一〇	五二	五三、二	九、六七一	五	五	五八、五八
五	31 Orionis	參宿內增二	二五二	五、二二	一一二	三〇	一三、一	二、五三八	五	一	一三、六四
五	A Orionis	參宿內增十三	二五三	五、〇七	九五	一二	五一、二	二、九四八	五	二	五六、一三
五	x Aurigæ	柱七	二五四	五、一二	七四	三一	四〇、四	三、四三〇	五	三	五八、五四
二	D Orionis	參宿三	二五五	五、〇〇	九八	五二	五一、七	二、八七二	五	四	二一、八六
五	V Orionis	參宿內增三十六	二五六	四、八六	五一	三七	五二、八	四、〇九四	五	六	三四、七九
四	E Columbæ	丈人二	二五七	四、七二	一〇一	五九	一六、七	二、七九八	五	七	三八、〇七
四 三/一	A Leporis	廁一	二五八	四、七二	八七	一五	二二、七	三、一三五	五	八	三、九一
三 三/一	Ph^1 Orionis	觜宿二	二五九	四、三〇	四四	六	四、四	四、四二二	五	九	一八、〇七
四	L Orionis	觜宿一	二六〇	四、七三	五七	二五	三三、五	三、八九九	五	八	五三、六八
五	c Orionis	伐一	二六一	四、六六	一〇六	一九	一九、三	二、六八四	五	八	二五、七九
三 三/二	i Orionis	伐三	二六二	四、六四	一〇三	三	二九、三	二、七七〇	五	八	三六、八九
二 三/二	E Orionis	參宿二	二六三	四、五六	九八	一八	五七、二	二、八八四	五	九	四四、〇六
四 三/二	Ph^2 Orionis	觜宿三	二六四	⊤三、八〇	四九	五九	一六、四	⊥四、二一〇	五	一二	六、一一

星等	外國星宿名	中國星宿名	數目	歲差	光緒二十六年星距極度			歲差	光緒二十六年星赤經度		
				秒	度	分	秒	秒	時	分	秒
三 三/二	Z Tauri	天關	二六五	⊤四、二八	九六	五七	五、一	⊥二、九一六	五	一二	四五、三八
五	26 Aurigæ	柱八	二六六	四、〇九	一〇三	一六	四三、七	二、七六四	五	一四	五八、一八
四	S Orionis	參宿內增一	二六七	四、〇七	一五七	一七	五二、三	⊤〇、〇七五	五	一三	四九、八四
五	d Orionis	參宿內增三十五	二六八	三、九一	八六	三三	〇、八	⊥三、一五二	五	一七	三四、七二
四	B Doradûs	金魚三	二六九	三、五七	六一	二八	三一、〇	三、七九一	五	一九	五八、三五
二	Z Orionis	參宿一	二七〇	三、七三	九二	二九	一六、一	三、〇一四	五	一九	二六、九二
二	A Columbæ	丈人一	二七一	三、七二	八三	四四	二一、七	三、二二〇	五	一九	四六、三一
五	T Aurigæ	柱六	二七二	三、六三	五五	三六	二六、四	三、九七四	五	二一	一、六一
五	132 Tauri	諸王南增四	二七三	三、六三	六八	八	四六、〇	三、六〇二	五	二一	三七、七一
四 三/二	Z Leporis	廁北增七	二七四	三、五六	八六	五九	二〇、八	三、一四三	五	二一	三六、〇二
三	K Orionis	參宿六	二七五	三、二五	一一〇	五〇	一三、八	二、五七二	五	二三	五七、七九
五	N Aurigæ	柱五	二七六	三、二六	九一	一〇	一〇、八	三、〇四六	五	二四	三九、三九
五	31 Camelopardi	八穀八	二七七	三、二二	八四	七	三五、九	三、二〇八	五	二五	二五、九八
五	Xs Aurigæ	八穀二	二七八	三、二七	五七	五二	四三、七	三、九〇五	五	二六	一二、九六
四 三/二	D Doradûs	金魚四	二七九	三、〇七	九〇	二二	一九、六	三、〇六六	五	二六	五四、〇二
五	D Leporis	廁四	二八〇	三、〇七	九七	二二	二五、三	二、九〇五	五	二七	五、九五
五	x^1 Orionis	司怪四	二八一	二、八五	一二五	三二	四〇、一	二、一三一	五	二七	三九、八六
三	B Columbæ	子二	二八二	二、九六	一〇七	五三	三二、七	二、六四八	五	二八	一九、三六
一	A Orionis	參宿四	二八三	二、八九	八〇	三四	三六、四	三、二九一	五	二七	一九、八一
三 三/二	D Aurigæ	八穀一	二八四	二、八五	八〇	七	五五、九	三、三〇二	五	二九	三七、八三
五	L Columbæ	子一	二八五	二、七八	九四	五四	一一、二	二、九五八	五	三〇	二七、二四
二	B Aurigæ	五車三	二八六	二、七七	九五	五八	二六、七	二、九三六	五	三〇	三二、七一
五	P Aurigæ	五車北增十六	二八七	二、七三	九一	一五	五一、七	三、〇四四	五	三一	八、四二
四	Th Aurigæ	五車四	二八八	⊤二、四二	八〇	四五	四三、六	⊥三、二九三	五	三一	二四、七九

星等	外國星宿名	中國星宿名	數目	歲差 秒	光緒二十六年星之距極度 度	分	秒	歲差 秒	光緒二十六年星之赤經度 時	分	秒
四	H Leporis	厠北增六	二八九	T 二,七一	六八	五四	五九,四	⊥三,五八五	五	三一	四〇,二二
四	G Columbæ	子東增一	二九〇	二,六九	五九	三三	五三,六	三,八四六	五	三二	一二,六五
五	M Orionis	參宿北增十八	二九一	二,五〇	九二	三九	二三,二	三,〇一〇	五	三三	四三,五八
五	Puppis	老人北增三	二九二	二,四二	九七	一六	三,一	二,九〇二	五	三四	二,八一
五	1 Geminorum	司怪二	二九三	二,四五	一五二	三三	一七,五	〇,五〇六	五	三二	四五,〇五
五	37 Camelopardi	八穀東增十九	二九四	二,三三	九一	五九	四〇,〇	三,〇三〇	五	三五	四三,〇一
四 二/一	N Orionis	水府一	二九五	二,二五	一二四	七	三五,九	二,一七七	五	三六	二,〇〇
四 三/一	Th Leporis	厠北增五	二九六	一,七九	五〇	五一	六,三	四,一五三	五	四二	一四,六二
五	40 Camelopardi	八穀東增二十	二九七	一,七五	六五	二七	五,〇四	三,六八三	五	四二	五二,九二
五	Th Columbæ	孫二	二九八	一,七二	一〇四	五一	二九,七	二,七二〇	五	四二	二五,七〇
五	Xs Orionis	水府二	二九九	一,六六	九九	四二	一五,六	二,八四六	五	四三	〇,九四
五	1 Lyncis	八穀東增二十一	三〇〇	一,六八	五〇	五二	四二,〇	四,一五六	五	四四	三三,五二
四	K Aurigæ	井宿北增一	三〇一	一,五七	三〇	七	五四,六	五,三六五	五	四六	〇,三三
四	H Geminorum	鉞	三〇二	一,五二	三四	一八	五三,一	五,〇一九	五	四六	二七,四八
四 二/一	2 Lyncis	八穀東增二十六	三〇三	一,〇七	一五五	四六	四,一八	〇,〇七七	五	四四	三四,三五
四 三/一	5 Monocerotis	參宿東增二十八	三〇四	〇,六六	一一〇	五三	一〇,三	二,五七八	五	四七	一,一〇
五	46 Aurigæ	座旗西增一	三〇五	一,一七	六九	四四	二六,二	三,五五二	五	四八	二七,六三
三	M Geminorum	井宿一	三〇六	一,五三	一二五	四八	二六,五	二,一〇九	五	四七	二六,〇六
二 三/一	Z Canis Majoris	孫北增一	三〇七	一,一三	八二	三六	三六,五	三,二四九	五	四九	四五,五九
二 三/一	B Canis Majoris	軍市一	三〇八	一,〇一	三五	四三	一二,九	四,九三七	五	五一	一七,二九
四	8 Canis Majoris	孫北增三	三〇九	一,一七	一二三	四九	一三,三	二,一六七	五	四九	二八,〇八
四	N Geminorum	井宿二	三一〇	〇,九七	四五	三	三九,二	四,四〇四	五	五二	一一,六六
五 二/一	Camelopardi	六甲一	三一一	〇,九六	四四	四	一一,六	四,四五二	五	五二	三〇,七一
一	A Argus	老人	三一二	T 〇,八一	五二	四七	三一,九	⊥四,〇九二	五	五二	五四,一九

星等	外國星宿名	中國星宿名	數目	歲差 秒	光緒二十六年星之距極度 度	分	秒	歲差 秒	光緒二十六年星之赤經度 時	分	秒
五	13 Monocerotis	四瀆三	三一三	T 一,〇六	一〇四	一一	三,三	⊥二,七三五	五	五一	五一,二二
五	X_s^1 Canis Majoris	軍市六	三一四	〇,六一	一二五	一七	四〇,三	二,一二七	五	五三	五九,三八
五	50 Aurigæ	座旗五	三一五	〇,五〇	八〇	二一	三,〇	三,三〇二	五	五六	五三,〇七
五	X_s^2 Canis Majoris	軍市內增二	三一六	〇,五〇	一三二	四九	七,二	一,八三三	五	五六	四,九六
二 三/一	G Geminorum	井宿三	三一七	〇,三三	六六	四三	四六,一	三,六四八	五	五八	二,五四
五	N² Canis Majoris	野鷄	三一八	〇,二九	三一	二	五五,九	五,二九八	六	一	九,八七
五	55 Aurigæ	座旗三	三一九	〇,〇六	七五	一三	四,四	三,四二八	六	一	五一,八九
三	N Argûs	老人北增二	三二〇	T 〇,〇五	一〇四	五五	三一,九	二,七二八	六	一	三八,〇二
三	E Geminorum	井宿五	三二一	⊥ 〇,二二	二九	五八	一四,四	五,三九三	六	六	四一,六四
四	Xs Geminorum	井宿四	三二二	〇,二一	一二七	一四	一六,四	二,〇六九	六	四	六,八二
五	43 Camelopardi	六甲二	三二三	〇,三四	七五	四六	一,八	三,四一五	六	六	一五,四四
一	A Canis Majoris	天狼	三二四	〇,三七	二八	二六	五八,九	五,五三八	六	八	四一,八〇
五	17 Monocerotis	四瀆二	三二五	〇,八〇	六〇	二七	四九,〇	三,八二八	六	九	〇,五四
五	18 Monocerotis	闕邱一	三二六	〇,五二	六七	二七	四四,二	三,六二四	六	八	五〇,五五
五	58 Aurigæ	座旗六	三二七	〇,五六	三〇	五七	一,三	五,三一〇	六	一〇	四八,七一
五	Th Geminorum	五諸侯一	三二八	〇,七九	九六	一四	四〇,四	二,九二八	六	九	五八,八五
四	K Canis Majoris	弧矢一	三二九	一,二三	四〇	三九	三四,七	四,六二九	六	一七	一一,九三
五	15 Lyncis	八穀東增十三	三三〇	一,三四	六七	二六	〇,三	三,六三六	六	一六	五四,九三
四	T Argûs	老人東增一	三三一	一,三〇	一二〇	一	六,六	二,三〇四	六	一六	二八,六一
五	Th Canis Majoris	天狼北增二	三三二	一,四一	一〇七	五四	一八,五	二,六四三	六	一八	一七,九四
四	O¹ Canis Majoris	軍市五	三三三	一,五四	一二三	二三	七,一	二,一九七	六	一八	二七,九四
四 三/二	i Canis Majoris	天狼東增五	三三四	一,七八	六九	四三	二二,三	三,五六六	六	二三	一,六五
二 三/一	E Canis Majoris	弧矢七	三三五	二,四一	一〇	一九	一九,四	一〇,四四七	六	二九	一七,五〇
四	Z Geminorum	井宿七	三三六	⊥ 一,八〇	一四二	三八	二六,四	⊥一,三三〇	六	二一	四三,九六

星等	外國星宿名	中國星宿名	數目	歲差	光緒二十六年之星距極度			歲差	光緒二十六年之星赤經度		
				秒	度	分	秒	秒	時	分	秒
三—二/一	22 Canis Majoris	弧矢北增二	三三七	⊥二.一九	八二	三五	三一.一	⊥三.二四七	六	二七	二九.九一
四	O² Canis Majoris	軍市東增五	三三八	二.二三	一一三	二〇	四〇.一	二.五〇一	六	二七	四一.五八
四	G Canis Majoris	天狼東增四	三三九	二.五五	四七	二五	一三.一	四.二九四	六	三二	一一.五九
五	63 Aurigæ	座旗東增六	三四〇	二.四五	一一二	五二	五八.二	二.五二二	六	三〇	五二.五九
五	T Geminorum	五諸侯二	三四一	二.五六	七三	三〇	四七.四	三.四六九	六	三一	五六.一八
三—二/一	D Canis Majoris	弧矢一	三四二	二.六六	一〇九	一〇	五.〇	二.六一七	六	三二	一九.三六
五	18 Lyncis	內階西增二	三四三	二.八四	四五	二二	三七.六	四.三七七	六	三五	四八.五二
四—二/一	22 Monocerotis	闕邱二	三四四	二.八三	一三三	六	二一.〇	一.八三四	六	三四	四二.〇五
五	51 Geminorum	井宿內增十七	三四五	三.〇五	六四	四六	五.二	三.七〇〇	六	三七	四七.一三
五	64 Aurigæ	座旗東增七	三四六	三.三八	七六	五九	四一.〇	三.三七四	六	三九	四〇.九三
四—二/一	27 Canis Majoris	弧矢北增四	三四七	三.二七	二〇	五九	三一.六	六.五二七	六	四二	五六.五四
四—二/一	L Geminorum	井宿八	三四八	四.五〇	一〇六	三四	三五.六	二.六四六	六	四〇	四四.六九
五	G Volantis	飛魚二	三四九	三.四一	八一	五一	九.二	三.二七〇	六	四一	五四.七二
三	D Geminorum	天罇二	三五〇	三.五二	八七	二八	三六.三	三.一三七	六	四二	三九.三三
三	P Argûs	弧矢九	三五一	三.六一	四八	五	五四.〇	四.二四九	六	四三	四一.七三
五	65 Aurigæ	積水	三五二	三.七八	五五	五四	五八.二	三.九六三	六	四六	一二.〇三
五	30 Canis Majoris	弧矢北增六	三五三	三.八六	一二二	二三	三五.〇	二.二四二	六	四七	五八.五三
五	66 Aurigæ	座旗東增八	三五四	四.〇三	三一	二六	三九.四	五.二二七	六	四八	三七.九一
四	I Geminorum	五諸侯三	三五五	四.一三	一四〇	二九	四四.〇	一.四九〇	六	四七	二七.四四
五	D Volantis	飛魚五	三五六	四.一四	一〇一	五四	四四.七	二.七九一	六	四九	三二.九六
二	H Canis Majoris	弧矢二	三五七	四.一五	一一四	三	二七.六	二.四九三	六	四九	五九.三三
三	B Canis Majoris	南河二	三五八	四.二八	一〇六	五五	二二.九	二.六七六	六	五一	四〇.六九
五	R Geminorum	北河一	三五九	四.五六	一一八	五〇	五.四	二.三六〇	六	五四	四一.八九
四	S Argûs	弧矢南增二十四	三六〇	⊥四.八〇	六九	一六	五二.五	⊥三.五六七	六	五八	一〇.九三

星等	外國星宿名	中國星宿名	數目	歲差	光緒二十六年之星距極度			歲差	光緒二十六年之星赤經度		
				秒	度	分	秒	秒	時	分	秒
一—二/一	A³ Geminorum	北河二	三六一	⊥四.八四七	一一七	四七	二五.七	⊥二.三九	六	五七	四四.三四
五	68 Geminorum	水位北增二	三六二	四.九一	一一三	四一	六.九	二.五〇七	六	五八	五一.一五
一	A Canis Minoris	南河三	三六三	四.九六	一〇五	二九	四.七	二.七一八	六	五九	一四.二六
五	S Geminorum	北河內增四	三六四	五.三〇	五〇	三〇	五〇.九	四.一四五	七	一	一九.八四
四—二/一	G Monocerotis	闕邱東增七	三六五	五.三九	五九	三五	二一.六	三.八三一	七	四	四六.七五
四	K Geminorum	積薪	三六六	五.三六	一一六	一三	五九.一	二.四四一	七	四	一九.六六
二	B Geminorum	北河三	三六七	五.七六	三〇	一〇	五八.四	五.二七七	七	七	一一.三七
五	8 Puppis	弧矢內增十九	三六八	五.五六	九〇	一九	三四.七	三.〇六九	七	六	四五.七二
五	O Puppis	弧矢五	三六九	五.五八	七三	四〇	七.九	三.四五四	七	七	三八.〇四
三—二/一	X₃ Argûs	弧矢北增十七	三七〇	五.八二	四八	五六	一二.五	四.一九一	七	一一	五.四四
五	Z Volantis	飛魚六	三七一	五.八五	一一六	一〇	四二.〇	二.四四六	七	一〇	一〇.七七
五	Ph Geminorum	五諸侯五	三七二	五.九九	七三	一六	三七.二	三.四五八	七	一二	二一.一二
五	A Puppis	弧矢南增二十三	三七三	五.八六	一六〇	二〇	一〇.〇	⊤〇.四七二	七	九	三六.六八
五	b Puppis	弧矢南增二十一	三七四	六.一四	六七	四九	五四.五	⊥三.五九七	七	一四	九.五二
四	X Argûs	天社東增一	三七五	六.一七	一二六	五四	五九.九	二.一四一	七	一三	三八.一〇
五	Canis Minoris	南河東增八	三七六	六.二〇	五三	二	五四.四	四.〇二八	七	一五	二二.二七
五	27 Lyncis	上台西增一	三七七	六.二四	一一四	四六	一六.五	二.四九一	七	一四	三三.九六
二—二/二	Z Argûs	弧矢南增二十二	三七八	六.三五	四九	七	五七.一	四.一七五	七	一七	一三.四四
五	M² Cancri	水位北增六	三七九	六.六五	六二	〇	四.八	三.七四二	七	一九	三一.四六
四	P_3^2 Cancri	爟一	三八〇	六.六〇	一五七	四六	二七.三	⊤〇.〇一二	七	一六	五二.七四
五	16 Puppis	弧矢北增十三	三八一	六.七二	一一九	六	二七.二	⊥二.三四二	七	二〇	八.三二
二	G Argûs	天社一	三八二	六.八三	八一	三〇	二六.八	三.二六一	七	二一	四三.九七
五	20 Puppis	外廚南增十三	三八三	六.六一	五八	〇	五一.六	三.八七一	七	二二	四〇.九四
五	80 Lyncis	內階西增四	三八四	⊥七.一一	一三三	五	五七.七	⊥一.九二一	七	二六	四.七六

星等	外國星宿名	中國星宿名	數目	歲差	光緒二十六年之星距極度			歲差	光緒二十六年之星赤經度		
				秒	度	分	秒	秒	時	分	秒
四	B Cancri	柳宿西增十	三八五	丄七,三四	五七	五三	二四,〇	丄三,八四八	七	二八	一三,七三
五	31 Lyncis	上台西增四	三八六	七,二三	七三	五七	二〇,五	三,四三三	七	二七	五四,二九
四	O Ursæ Majoris	內階一	三八七	八,七七	八四	三〇	五八,二	三,一四五	七	三四	四,〇三
二	E Argûs	海石一	三八八	八,二三	六〇	五二	二二,三	三,七六四	七	三七	四,〇〇
五	A Ursæ Majoris	內階西增八	三八九	八,〇二	九九	一八	五八,五	二,八六八	七	三六	二八,二九
四—三	A Chamæleontis	小斗北增一	三九〇	八,一六	六五	二一	三七,五	三,六三四	七	三八	二四,八五
五	B Volantis	飛魚二	三九一	八,二三	六一	四三	五〇,五	三,六八二	七	三九	一一,九〇
五	Th Chamæleontis	小斗八	三九二	八,二七	一一八	四二	四八,七	二,四〇九	七	三九	四七,七二
五	P Ursæ Majoris	內階西增七	三九三	八,六九	一一五	四一	二〇,二	二,五〇二	七	四三	五六,三二
四	D Hydræ	柳宿一	三九四	八,七〇	一一四	三六	二七,五	二,五二七	七	四四	五六,六三
五	S Hydræ	柳宿二	三九五	九,七一	一六二	二三	一三,九	丅〇,六六九	七	四四	一一,七八
五	e Velorum	天狗一	三九六	八,八五	六二	五八	二六,一	丄三,六八八	七	四七	二三,〇一
五	b Mali	天狗四	三九七	九,一二	一三〇	一九	八,二	二,〇六三	七	四八	四六,八二
四—三	G Cancri	鬼宿三	三九八	九,一二	一二八	三六	一四,四	二,一三二	七	四九	七,〇一
五	H Hydræ	柳宿三	三九九	九,五〇	一四二	四二	四九,四	一,五一八	七	五四	一三,五五
五	b Velorum	天社二	四〇〇	九,四九	八七	二三	二〇,四	三,一二九	七	五七	四,一四
四—三	D Cancri	鬼宿四	四〇一	九,八二	三八	一二	一一,二	四,五五六	八	〇	五六,八六
四—三	a Mali	天狗五	四〇二	九,九六	一二九	四三	一八,九	二,一一四	八	〇	四,六八
五	I Cancri	軒轅西增二十二	四〇三	九九,七	六八	七	二六,四	三,五四五	八	一	五三,一四
四	E Hydræ	柳宿五	四〇四	一〇,四七	六四	一一	一二,四	三,六三〇	八	四	二六,一六
五	R Hydræ	柳宿四	四〇五	一〇,一七	一〇八	五六	五九,二	二,六八二	八	四	三四,〇一
三	D Argûs	天社三	四〇六	一〇,四六	一三七	二	三〇,九	一,八四〇	八	六	二六,五〇
五	a Velorum	天社北增二	四〇七	一〇,五四	一〇五	二九	一一,二	二,七六一	八	八	四四,四六
四	Z Hydræ	柳宿六	四〇八	丄一〇,六三	三一	五六	三四,〇	丄四,九〇七	八	一二	二二,五〇

星等	外國星宿名	中國星宿名	數目	歲差	光緒二十六年之星距極度			歲差	光緒二十六年之星赤經度		
				秒	度	分	秒	秒	時	分	秒
五	R Ursæ Majoris	三師一	四〇九	丄一〇,七二	八〇	三〇	一八,二	丄三,二六三	八	一一	五,八七
四	a Cancri	柳宿北增三	四一〇	一一,〇六	四六	二九	二一,二	四,一四一	八	一五	五九,九九
四	Lyncis	軒轅一	四一一	一一,四六	二八	五六	四三,八	五,〇六六	八	二一	五八,七六
四	K Ursæ Majoris	上台二	四一二	一一,三五	一四九	一一	七,八	一,二四一	八	二〇	二七,九四
五	S¹ Ursæ Majoris	三師三	四一三	一一,六六	二四	三〇	四二,〇	五,四七六	八	二五	四〇,〇〇
五	Lyncis	軒轅二	四一四	一一,五九	一六六	三六	一八,二	丅一,四二六	八	二一	七,四〇
五	S² Ursæ Majoris	三師內增一	四一五	一二,〇〇	一五五	四八	一三,六	丄〇,六六二	八	二四	三八,五一
五	f Ursæ majoris	文昌五	四一六	一一,八一	一六七	九	四三,六	丅一,六六二	八	二三	三九,七一
五	T Ursæ Majoris	內階內增十	四一七	一一,九九	二五	一九	一五,一	丄五,三五八	八	三一	三〇,八二
五	c Velorum	天社北增三	四一八	一二,一七	八三	五六	四四,六	三,一八四	八	三二	二一,八四
五	K Cancri	柳宿北增二	四一九	一二,二九	八六	一八	二一,四	三,一四七	八	三三	三二,四二
四—三	a Volantis	飛魚一	四二〇	一二,三五	一三二	三八	一五,二	二,一〇七	八	三四	七,六三
五	o Ursæ Majoris	內階二	四二一	一二,六〇	一二四	五七	二〇,二	二,三六三	八	三六	一二,二八
三	L Argûs	天記	四二二	一二,五〇	六八	一〇	九,七	三,四八八	八	三七	三〇,三一
五	e Ursæ Majoris	文昌六	四二三	一二,五九	八六	一四	二七,六	三,一四三	八	三八	〇,一七
四—三	Th Hydræ	柳宿八	四二四	一二,六七	一三六	一七	三六,八	一,九八九	八	三七	一八,五二
五	A Carinæ	海石北增一	四二五	一二,八七	七一	二八	三六,五	三,四二五	八	三九	〇,三一
五	i Carinæ	海石內增三	四二六	一二,六四	一二二	四九	二七,四	二,四一〇	八	三九	三四 六三
四	38 Lyncis	軒轅三	四二七	一二,八〇	六〇	五二	二四,〇	三,六五四	八	四〇	三九,四六
一	B Argûs	南船五	四二八	一二,八四	八三	一二	四五,五	三,一八九	八	四一	二九,二三
四	A Lyncis	軒轅四	四二九	一二,九五	八三	四七	二七,〇	三,一八六	八	四三	八,四一
二	I Argûs	海石二	四三〇	一三,〇六	一四四	二〇	三一,六	一,六五二	八	四一	五六,二六
五	K Leonis	軒轅七	四三一	一二,九九	一三五	四〇	三三,一	二,〇三四	八	四二	三八,四五
三	K Argûs	天社五	四三二	丄一三,三八	八三	四〇	二〇,二	丄三,一八四	八	五〇	七,一〇

星等	外國星宿名	中國星宿名	數目	歲差 秒	光緒二十六年星之距極度 度	分	秒	歲差 秒	光緒二十六年星之赤經度 時	分	秒
四	h Ursæ Majoris	內階一	四三三	⊥一三,四九	二一	五八	四四,四	⊥五,五五三	八	五三	三三,九五
二	A Hydræ	星宿一	四三四	一三,六○	七七	四五	一三,八	三,二九三	八	五三	一,三六
五	d Ursæ Majoris	少輔	四三五	一三,八九	四七	四九	一二,二	三,九三一	八	五四	九,六二
三	Th Ursæ Majoris	文昌四	四三六	一三,八八	四二	二六	四九,六	四,一四○	八	五六	四八,五四
四$\frac{二}{一}$	L Leonis	軒轅八	四三七	一三,九二	二二	四三	二四,○	五,三九九	八	五九	三九,一三
五	X_s Leonis	酒旗二	四三八	一四,○五	五一	八	四九,五	三,八五五	九	○	一一,一七
四	P_s Argûs	天記東增一	四三九	一四,一一	二二	二七	二九,五	五,四○七	九	一	三七,七一
五	10 Leonis Minoris	內平西增六	四四○	一四,一二	三七	五九	二三,九	四,二八七	九	一	四九,八四
五	N Velorum	天社六	四四一	一四,一八	二六	四	四一,七	五,○四四	九	二	四一,五八
五	I Hydræ	星宿四	四四二	一四,二○	一三六	四二	一,六	二,○八四	九	○	四三,六七
五	K Hydræ	張宿五	四四三	一四,一三	八七	五五	三九,三	三,二六二	九	二	二○,二二
四	O Leonis	軒轅十五	四四四	一四,三一	一五五	五九	四九,八	○,九六二	九	○	五二,一二
五	28 Ursæ Majoris	文昌北增一	四四五	一四,三九	二八	九	五○,五	四,八四四	九	六	二八,三六
三	E Leonis	軒轅九	四四六	一四,四一	一三三	一	四六,二	二,二○二	九	四	一九,一五
四	U Ursæ Majoris	文昌二	四四七	一四,四九	三五	三三	五一,二	四,三八二	九	九	○,五五
五	1 Carinæ	海石四	四四八	一四,九○	八七	一五	四四,九	三,一三一	九	九	一○,○八
五	Ph Ursæ Majoris	文昌三	四四九	一四,九七	一四八	三三	四八,○	一,五六二	九	八	一九,二七
三	U Argûs	海石五	四五○	一四,六三	一五一	五四	二一,四	一,三五四	九	八	五九,九一
三	M Leonis	軒轅十	四五一	一四,八○	五二	四六	一五,六	三,七六三	九	一二	三七,九六
五	U^1 Hydræ	張宿一	四五二	一四,七九	一五九	一八	二○,一	○,六九○	九	一二	六,六八
四$\frac{二}{一}$	P Leonis	軒轅廂增四十六	四五三	一四,九二	五五	一一	三,二	三,六八二	九	一四	五八,三九
五	21 Leonis Minoris	內平二	四五四	一四,九○	一四八	五一	一四,六	一,六○二	九	一四	二四,七三
三$\frac{二}{一}$	H Leonis	軒轅十三	四五五	一五,一六	六三	二三	六,二	三,五一四	九	一八	五○,三○
五	A Leonis	御女	四五六	⊥一五,二九	一四四	三五	四,七	⊥一,八五一	九	一九	○,九四

星等	外國星宿名	中國星宿名	數目	歲差 秒	光緒二十六年星之距極度 度	分	秒	歲差 秒	光緒二十六年星之赤經度 時	分	秒
一	A Leonis	軒轅十四	四五七	⊥一五,三○	二六	二九	五七,○	⊥四,八三三	九	二三	四○,一八
四$\frac{二}{一}$	L Hydræ	張宿二	四五八	一五,三五	九八	一三	二七,七	二,九五一	九	二二	四○,四九
五$\frac{二}{一}$	Ursæ Minoris	四輔一	四五九	一五,四一	一九	四三	四五,四	五,四八二	九	二五	四一,八七
五	32 Ursæ Majoris	天樞西增一	四六○	一六,一二	三七	五一	五九,一	四,○四九	九	二六	一○,四一
三$\frac{二}{一}$	L Ursæ Majoris	中台一	四六一	一五,五八	六六	三五	二三,九	三,四四一	九	二六	一,三一
四$\frac{二}{一}$	Z Leonis	軒轅十一	四六二	一五,六四	七八	一五	二一,三	三,二四五	九	二六	三三,六二
四	q Velorum	天記東增二	四六三	一五,五四	一三○	一	四○,九	二,三六七	九	二六	四六,五○
四	O Argûs	南船四	四六四	一五,六四	五三	九	二二,七	三,七○七	九	二八	六,六二
二	G Leonis	軒轅十二	四六五	一五,五八	一四六	三五	二四,四	一,八二五	九	二八	一一,四八
五	q Carinæ	南船一	四六六	一六,一四	九○	四一	一九,九	三,○七二	九	三四	四五,三五
五$\frac{二}{一}$	Draconis	四輔三	四六七	一六,○七	一○三	五二	三六,五	二,八八一	九	三五	三一,三一
三	M Ursæ Majoris	中台二	四六八	一六,一三	七九	三九	七,二	三,二二八	九	三五	四九,九三
四$\frac{二}{一}$	30 Leonis Minoris	勢西增九	四六九	一六,一五	二五	五三	五,三	四,七二五	九	三八	一五,三三
四	M Hydræ	張宿三	四七○	一六,三三	六五	四五	五二,七	三,四二五	九	四○	一○,九四
四$\frac{二}{一}$	B Leonis Minoris	勢西增四	四七一	一六,六三	三○	二九	二四,五	四,三五三	九	四三	五四,六三
五	36 Ursæ Majoris	天旋西增一	四七二	一六,五七	一五二	二	五二,九	一,六三七	九	四二	二九,三六
四$\frac{二}{一}$	I Carinæ	南船南增一	四七三	一六,五七	三五	二八	六,一	四,一五○	九	四五	一九,三六
五	S Carinæ	海山一	四七四	一六,五八	一五四	三六	二七,一	一,五○二	九	四四	六三,二八
四	R Leonis	軒轅十六	四七五	一六,七○	六三	三一	一六,三	三,四二八	九	四七	四,八一
五	34 Leonis Minoris	勢一	四七六	一六,六六	一○四	二二	三四,一	二,八八五	九	四六	四○,一三
五	37 Ursæ Majoris	天璇西增二	四七七	一七,○五	八一	三二	三○,九	三,一八二	九	五四	五六,一一
四	p Carinæ	南船二	四七八	一七,三一	五四	一六	○,六	三,五七一	一○	一	三二,六九
四$\frac{二}{一}$	37 Leonis Minoris	勢內增十一	四七九	一七,三二	七二	四四	五五,五	三,二八五	一○	一	五三,一○
五	p Velorum	海山北增一	四八○	⊥一七,四二	七九	三○	四○,五	⊥三,一九四	一○	二	三五,九七

星學發軔　卷十六　二十一

星等	外國星宿名	中國星宿名	數目	歲差 秒	光緒二十六年星距極之度 度	分	秒	歲差 秒	光緒二十六年星之赤經度 時	分	秒
五	Ph^3 Hydræ	張宿六	四八一	丄一七,三九	七七	三二	三六,三	丄三,二〇六	一〇	三	三,〇四
五	38 Ursæ Majoris	天樞西增三	四八二	一七,六〇	一〇一	五一	三一,八	二,九二七	一〇	五	四三,一〇
五	G Chamæleontis	山斗三	四八三	一七,七三	五	一四	一五,九	一〇,二〇七	一〇	一五	二七,一六
四$\frac{三}{二}$	42 Leonis Minoris	勢三	四八四	一七,七一	二四	二三	三一,七	四,四六八	一〇	一〇	四八,〇〇
三	Th Argûs	南船三	四八五	一七,七七	四六	三五	八,五	三,六五九	一〇	一一	四,八一
二	H Argûs	海山二	四八六	一七,七〇	六六	四	五八,六	三,三五五	一〇	一一	八,一八
三	M Argûs	海山北增二	四八七	一七,九一	一三一	三七	四八,二	二,五一三	一〇	一〇	三二,七六
四	N Hydræ	翼宿五	四八八	一七,七七	一五九	三二	二六,五	一,四二六	一〇	一一	二一,四一
五	D^2 Chamæleontis	小斗四	四八九	一八,〇一	六九	三九	七,五	三,三二二	一〇	一四	二七,八八
四$\frac{三}{二}$	46 Leonis Minoris	勢四	四九〇	一七,八七	一五〇	四九	五五,七	一,九八六	一〇	一三	四四,二四
五	O Ursæ Majoris	天牢一	四九一	一七,九五	六	五五	五五,二	八,一三二	一〇	一九	二,二五
四$\frac{三}{二}$	54 Leonis	少微二	四九二	一七,八九	四七	五九	四七,八	三,六一五	一〇	一六	二三,一一
四	A Crateris	翼宿一	四九三	一八,一八	五五	四一	四〇,一	三,四七〇	一〇	二〇	一一,八三
二	B Ursæ Majoris	天璇	四九四	一八,二五	一〇六	一九	三一,九	二,九〇〇	一〇	二一	一五,四〇
五	d Leonis	靈台三	四九五	一八,二六	五二	四六	四六,一	三,五〇二	一〇	二二	六,七四
五	b Leonis	西上相西增一	四九六	一八,一九	三三	三〇	一七,六	三,九一一	一〇	二四	一五,三七
一$\frac{三}{二}$	A Ursæ Majoris	天樞	四九七	一八,二四	一六三	三一	一九,〇	一,二一二	一〇	二二	二五,三六
四$\frac{三}{二}$	X Leonis	靈台一	四九八	一八,二三	一四八	一三	三六,八	二,一六一	一〇	二四	一〇,六三
五	X^1 Hydræ	翼宿十二	四九九	一八,三九	八〇	一〇	四三,五	三,一七一	一〇	二七	三三,一三
三$\frac{三}{二}$	Ps Ursæ Majoris	太尊	五〇〇	一八,三七	五四	二九	四四,〇	三,四五九	一〇	二七	四八,五七
五	Hydræ	翼宿南增七	五〇一	一八,三九	三二	二四	八,八	三,九三九	一〇	二八	四四,八〇
四	B Crateris	翼宿六	五〇二	一八,三八	一五一	一〇	一一,四	二,一一一	一〇	二八	二七,六八
二$\frac{三}{二}$	D Leonis	西上相	五〇三	一八,五四	五七	三〇	一三,三	三,四〇三	一〇	三三	六,二二
三	Th Leonis	西次相	五〇四	丄一八,三八	一三七	四二	七,三	丄二,四三六	一〇	三三	一,五六

星學發軔　卷十六　二十二

星等	外國星宿名	中國星宿名	數目	歲差 秒	光緒二十六年星距極之度 度	分	秒	歲差 秒	光緒二十六年星之赤經度 時	分	秒
五	72 Leonis	虎賁	五〇五	丄一八,五三	一〇六	二一	二三,〇	丄二,九二〇	一〇	三三	四二,六七
五	Ph Leonis	明堂西增六	五〇六	一八,六六	二三	四五	三三,一	四,二一四	一〇	三五	九,八九
四	X$_s$ Ursæ Majoris	下台二	五〇七	一八,五六	一六八	五	一六,三	〇,七三二	一〇	三四	一五,六四
四	N Ursæ Majoris	下台一	五〇八	一八,七九	五八	四七	二一,五	三,三六一	一〇	四〇	一八,九一
五	55 Ursæ Majoris	天牢南增二	五〇九	一八,七六	一五三	五二	一一,五	二,一一八	一〇	三九	二三,〇九
三$\frac{三}{一}$	D Crateris	翼宿七	五一〇	一八,七三	一四九	九	二六,〇	二,三〇五	一〇	四一	一〇,六九
四	S Leonis	西上將	五一一	一八,九二	一三八	五三	二七,二	二,五六〇	一〇	四二	二七,八〇
五	E Crateris	翼宿十	五一二	一八,七四	一〇五	四〇	一四,一	二,九五四	一〇	四四	四一,二五
四	G Crateris	翼宿二	五一三	一八,九七	一七〇	〇	四六,四	〇,六三一	一〇	四四	五〇,八七
四	T Leonis	明堂一	五一四	一九,二五	五五	一四	四二,三	三,三七九	一〇	四七	四三,四四
三$\frac{三}{一}$	L Draconis	上輔	五一五	一九,〇三	四六	一六	三七,九	三,四九一	一〇	四八	一三,九九
四$\frac{三}{一}$	87 Leonis	明堂三	五一六	一九,〇七	六四	四二	五七,九	三,二七五	一〇	五〇	一二,九九
五	Hydræ	青邱三	五一七	一九,〇五	一〇七	四五	五四,三	二,九一九	一〇	五四	五四,二〇
四	Hydræ	青邱五	五一八	一九,一七	三三	四	五二,一	三,六八五	一〇	五五	四九,六六
四	L Centauri	海上五	五一九	一九,二五	八五	五〇	四四,八	三,一〇四	一〇	五五	二三,九一
四	Th Crateris	翼宿十三	五二〇	一九,二〇	六九	一六	五六,九	三,二一九	一〇	五七	〇,〇〇
四$\frac{三}{二}$	U Leonis	明堂二	五二一	一九,三三	二七	四二	三二,五	三,七八四	一〇	五七	三四,九二
四	Z Crateiis	翼宿二	五二二	一九,三九	八二	七	二五,一	三,一〇三	一〇	五九	五一,七六
五	X$_s$ Virginis	內屏一	五二三	一九,三六	一一六	四五	一三,一	二,八八四	一一	〇	三一,一八
四	X Ursæ Majoris	太陽守	五二四	一九,四九	四四	五七	三四,一	三,四一一	一一	四	三,二二
四$\frac{三}{二}$	N Virginis	內屏二	五二五	一九,四三	一一七	三二	一六,九	二,八九七	一一	三	五四,〇一
四$\frac{三}{二}$	Muscæ	海上六	五二六	一九,五七	一一二	一六	四四,九	二,九四七	一一	六	四四,六二
四	93 Leonis	太子	五二七	一九,六四	六八	五五	四一,三	三,二〇九	一一	八	四七,九一
二$\frac{三}{二}$	B Leonis	五帝座一	五二八	丄一九,五四	七四	一	一七,七	丄三,一六一	一一	九	〇,〇四

星等	外國星宿名	中國星宿名	數目	歲差	光緒二十六年星之距極度			歲差	光緒二十六年星之赤經度		
				秒	度	分	秒	秒	時	分	秒
三—三	B Virginis	右執法	五二九	⊥一九,五四	六六	二一	三二,四	⊥三,二〇七	一一	九	五三,五一
四	Hydræ	青邱一	五三〇	一九,六一	九三	六	一七,八	三,〇五三	一一	一一	三四,七七
二	G Ursæ Majoris	天璣	五三一	二〇,一五	五七	五四	二三,九	三,二二三	一一	一二	五一,六一
五	E Chamæleontis	小斗二	五三二	一九,五五	五六	二一	三三,七	三,二六八	一一	一三	五,四五
五	P Virgin's	內屏三	五三三	一九,六八	五一	一五	五六,二	三,三〇二	一一	一三	四一,六一
四—二	O Virginis	內屏四	五三四	一九,四四	一〇四	一四	一五,四	二,九九七	一一	一四	二〇,五〇
三	D Centauri	馬尾三	五三五	一九,六六	八三	二五	二一,一	三,〇九九	一一	一五	五八,九三
四—三	A Corvi	右轄	五三六	一九,六九	一〇〇	一八	三九,九	三,〇二八	一一	一九	三三,六八
四	E Corvi	軫宿二	五三七	一九,六七	一〇七	七	五九,六	二,九九〇	一一	一九	五三,〇六
四	R Centauri	馬尾二	五三八	一九,七八	八六	三五	三四,九	三,〇九一	一一	二二	四七,八六
五	Draconis	大理一	五三九	一九,八七	二〇	七	三,九	三,六七一	一一	二五	二九,九七
三	D Crucis	十字架四	五四〇	一九,八四	九二	二七	七,九	三,〇六六	一一	二五	一二,三三
三	D Ursæ Majoris	天權	五四一	一九,六七	一一八	四二	四五,六	二,九六四	一一	二七	一九,一一
三	G Corvi	軫宿一	五四二	一九,八六	一二一	一八	一二,二	二,九四一	一一	二八	五,三〇
五	6 Comæ	五諸侯五	五四三	一九,八七	一五二	二七	五七,五	二,七二四	一一	三一	九,八六
五	2 Canum Venat	常陳六	五四四	一九,八六	九九	一四	五四,五	三,〇四三	一一	三一	三六,八一
五	7 Comæ	郎位十	五四五	一九,八七	九〇	一六	二〇,一	三,〇七四	一一	三一	四九,七七
五	B Chamæleontis	小斗一	五四六	一九,九七	一〇七	四七	三七,〇	三,〇三三	一一	三九	四一,六九
三—二	H Virginis	左執法	五四七	二〇,〇〇	八一	一一	一〇,一	三,〇九七	一一	四〇	七,八八
五	o Virginis	謁者	五四八	一九,九四	四一	三九	五七,五	三,二〇九	一一	四〇	四七,三八
五	11 Comæ	五諸侯北增六	五四九	二〇,一六	八二	五四	三七,四	三,〇九三	一一	四〇	四三,六二
五	12 Comæ	郎位七	五五〇	二〇,〇三	一五六	一〇	三三,六	二,七九二	一一	四〇	五四,〇四
五	13 Comæ	郎位六	五五一	一九,九八	六九	一三	二八,三	三,一〇七	一一	四二	五〇,〇一
一	A Crucis	十字架二	五五二	⊥二〇,〇九	七四	五二	七,一	⊥三,〇六六	一一	四三	五七,五七

星等	外國星宿名	中國星宿名	數目	歲差	光緒二十六年星之距極度			歲差	光緒二十六年星之赤經度		
				秒	度	分	秒	秒	時	分	秒
五	14 Comæ	郎位三	五五三	⊥二〇,二八	八七	四〇	一九,二	⊥三,一二八	一一	四五	二九,三〇
四—二	G Comæ	郎位一	五五四	二〇,〇四	一二三	二一	八,五	三,〇一四	一一	四七	五一,一七
五	16 Comæ	郎位四	五五五	二〇,〇四	三五	四四	五八,八	三,二〇二	一一	四八	三五,一六
四—二	S Centauri	庫樓十	五五六	二〇,一〇	一六七	三九	五八,〇	二,八三〇	一一	五四	三六,四三
三	D Corvi	軫宿三	五五七	二〇,一〇	八二	四九	四二,七	三,〇七九	一一	五五	四五,一一
二	G Crucis	十字架一	五五八	二〇,〇五	八〇	四二	四三,九	三,〇六四	一二	〇	七,二七
四	G Muscæ	蜜蜂二	五五九	二〇,一五	一四〇	一〇	一,六	三,〇七〇	一二	三	一〇,〇四
四—三	H Corvi	左轄	五六〇	二〇,一〇	一一四	一〇	一三,〇	三,〇八二	一二	三	一五,三七
二—三	B Corvi	軫宿四	五六一	二〇,〇三	一一二	三	四六,〇	三,〇七七	一二	四	五九,一〇
四	B Canum Venat.	常陳四	五六二	二〇,〇三	一四一	四八	三八,七	三,〇九〇	一二	六	二四,六五
三—二	K Draconis	少尉	五六三	二〇,〇三	一一	四九	四一,八	二,九三六	一二	七	三三,二三
四—二	23 Comæ	郎位十一	五六四	二〇,〇〇	一四八	一一	二九,三	三,一二八	一二	九	四九,〇八
四	A Muscæ	蜜蜂三	五六五	二〇,一〇	三二	二四	四六,七	三,〇一六	一二	一〇	二九,五〇
五	T Centauri	庫樓八	五六六	二〇,〇二	一〇六	五九	一一,四	三,〇七七	一二	一〇	三九,八二
五	X Virginis	進賢西增八	五六七	二〇,〇五	七四	三二	三五,七	三,〇五四	一二	一〇	五五,六三
三	G Centauri	庫樓七	五六八	二〇,〇七	四八	四六	五九,四	三,〇三四	一二	一一	七,五四
四	G Virginis	東上相	五六九	二〇,〇七	六五	二九	五七,六	三,〇五四	一二	一一	一七,四六
五	R Virginis	九卿一	五七〇	二〇,〇五	一六八	四五	二八,八	三,三〇四	一二	一二	二五,四七
四	B Muscæ	蜜蜂一	五七一	二〇,〇七	九〇	六	四二,〇	三,〇六七	一二	一四	四七,二四
二	B Crucis	十字架二	五七二	二〇,〇九	八六	七	五一,〇	三,〇四九	一二	一五	一六,三八
五	27 Comæ	五諸侯三	五七三	一九,九五	七一	三九	一七,三	三,〇三六	一二	一五	三九,九三
三	E Ursæ Majoris	玉衡	五七四	二〇,〇〇	六三	三五	五三,三	三,〇二九	一二	一七	二九,〇六
五—二	Ursæ Minoris	北極	五七五	二〇,〇二	六三	二〇	四六,六	三,〇二二	一二	一九	一七,九三
三	D Virginis	東次相	五七六	⊥一九,九四	一五二	三二	三六,七	⊥三,二五一	一二	二一	〇,五五

星等	外國星宿名	中國星宿名	數目	歲差 秒	光緒二十六年之星距極度 度	分	秒	歲差 秒	光緒二十六年之星赤經度 時	分	秒
二$\frac{三}{二}$	A Canum Venat.	常陳一	五七七	⊥二〇,〇一	六二	一〇	四〇,一	⊥三,〇一五	一二	二一	二四,五二
四$\frac{三}{一}$	36 Comæ	五諸侯二	五七八	二〇,〇九	六一	一〇	三三,六	三,〇〇四	一二	二一	五七,六五
五	37 Comæ	周鼎二	五七九	一九,九八	六二	三七	一二,二	三,〇一八	一二	二一	五九,九八
三	E Virginis	東次將	五八〇	一九,九一	一三九	四〇	三一,三	三,一八五	一二	二二	三六,二八
五	39 Comæ	五諸侯一	五八一	二〇,一二	一〇五	五七	三二,五	三,一〇六	一二	二四	四二,一一
四	41 Comæ	周鼎三	五八二	二〇,一三	一四六	三三	四,二	三,二七五	一二	二五	三六,五九
五	g Virginis	角宿西增十五	五八三	一九,九八	一六一	三四	五二,二	三,四六〇	一二	二六	二八,〇五
四$\frac{三}{一}$	P_s Hýdræ	平西增一	五八四	二〇,〇一	一〇五	三八	三二,九	三,〇八三	一二	二六	五五,〇八
四$\frac{三}{一}$	Th Virginis	平道一	五八五	一九,九九	一一二	五〇	三九,六	三,一三一	一二	二九	七,四九
四$\frac{三}{一}$	A Comæ	東上將	五八六	一九,六四	四八	五	五七,五	二,八六五	一二	二八	五九,六五
五	53 Virginis	天門一	五八七	一九,九六	一九	三九	四二,四	二,六一〇	一二	二九	一三,六〇
四$\frac{三}{一}$	B Comæ	周鼎	五八八	一九,九一	六六	四九	一二,八	三,〇一五	一二	二九	五三,五〇
四$\frac{三}{一}$	61 Virginis	天門南增四	五八九	一九,九〇	一五八	三五	三,七	三,四八一	一二	三一	一二,二五
四	G Hydræ	平一	五九〇	一九,八四	一三七	五九	二一,二	三,二四一	一二	三二	一三,五四
五	20 Canum Venat.	常陳東增三	五九一	一九,九一	九七	二六	四二,九	三,〇九四	一二	三四	五,四四
五	21 Canum Venat.	三公三	五九二	一九,八九	一三八	二四	四一,四	三,二六六	一二	三五	五九,六一
三	I Centauri	柱十一	五九三	一九,八五	九〇	五四	六,二	三,〇四〇	一二	三六	三五,六九
一	A Virginis	角宿一	五九四	一九,九二	七九	一二	四五,四	三,〇三七	一二	三六	四九,二六
三	Z Ursæ Majoris	開陽	五九五	一九,八〇	一五七	三三	三八,二	三,五七七	一二	四〇	七,五八
五	i Virginis	角宿南增九	五九六	一九,七一	一四九	八	二五,九	三,四四三	一二	四一	五二,〇九
五	g Ursæ Majoris	開陽東增一	五九七	一九,七五	七二	五二	三二,二	三,〇〇三	一二	四一	三九,二二
四$\frac{三}{一}$	Centauri	庫樓五	五九八	一九,六九	三三	二九	五五,一	二,六六八	一二	四九	三八,二六
四	Z Virginis	角宿二	五九九	一九,六三	六	二	二〇,四	〇,三〇七	一二	四八	一三,二三
五	24 Canum Venat.	三公二	六〇〇	⊥一九,七一	八六	三	三七,一	⊥三,〇二三	一二	五〇	三四,〇四

星等	外國星宿名	中國星宿名	數目	歲差 秒	光緒二十六年之星距極度 度	分	秒	歲差 秒	光緒二十六年之星赤經度 時	分	秒
三	E Centauri	南門一	六〇一	⊥一九,五六	五一	八	三一 九	⊥二,八二三	一二	五一	二一,三二
五	83 Ursæ Majoris	輔東增一	六〇二	一九,四九	七二	三	三,二	二,九七四	一二	五三	五八,九五
五	i Centauri	柱九	六〇三	一九,五〇	五八	四〇	二八,四	二,八八五	一二	五五	二九,八二
五	T Bootis	右攝提二	六〇四	一九,四六	七八	三〇	一一,三	二,九九三	一二	五七	一二,四八
三$\frac{三}{二}$	N Centauri	衡一	六〇五	一九,四二	六八	一八	三三,六	二,九三二	一三	一	二九,一三
三$\frac{三}{一}$	M Centauri	衡二	六〇六	一九,四六	六一	五〇	二一,四	二,八八八	一三	二	二三,〇九
五	g Centauri	庫樓四	六〇七	一九,四〇	一〇〇	一二	二三,七	三,一三七	一三	二	三九,四五
二$\frac{三}{一}$	H Ursæ Majoris	搖光	六〇八	一九,四一	一一二	三五	一,四	三,二一九	一三	三	四〇,二六
四	U Bootis	右攝提三	六〇九	一九,三七	九五	〇	二一,四	三,一〇一	一三	四	四六,三一
四$\frac{三}{一}$	k Centauri	柱八	六一〇	一九,一七	七一	五六	三二,一	二,九二四	一三	五	七,六九
五	h Centauri	柱七	六一一	一九,五七	一〇五	三九	三五,六	三,一八一	一三	六	四三,九八
三	Z Centauri	庫樓一	六一二	一八,三五	六一	三六	五四,八	二,八一一	一三	七	一二,五六
四$\frac{三}{一}$	i Draconis	天乙	六一三	二〇,一四	一〇七	四五	一八,六	三,一二九	一三	一三	一〇,三三
三	H Bootis	左攝提一	六一四	一九,一一	一一二	三八	三五,〇	三,二四七	一三	一三	二九,〇三
四$\frac{三}{一}$	Ph Centauri	衡三	六一五	一九,〇八	四八	五四	四,五	二,七〇三	一三	一三	三,八一
五	U^1 Centauri	柱	六一六	一九,一一	三九	四七	三六,七	二,五七一	一三	一三	五九,八〇
五	9 Bootis	帝席三	六一七	一九,二一	一二六	一一	一二,七	三,三四八	一三	一四	五八,四九
五	Th Apodis	異雀二	六一八	一八,九八	一〇〇	三八	二五,五	三,一五二	一三	一九	五五,三九
五	U^2 Centauri	柱一	六一九	一八,九五	三四	三三	一一,五	二,四三七	一三	一九	五四,四八
一	B Centauri	馬腹一	六二〇	一八,九二	一〇二	一一	一六,五	三,一六一	一三	二一	二六,二八
四$\frac{三}{一}$	T Virginis	天田二	六二一	一八,九二	三四	二九	三〇,〇	二,四二四	一三	二一	一三,六八
五	X Centauri	衡四	六二二	一八,八二	一二八	五三	二九,八	三,四四五	一三	二五	一四,二二
四$\frac{三}{一}$	P Hydræ	平二	六二三	一八,五七	九〇	五	六,七	三,〇五五	一三	二九	三五,九九
二$\frac{三}{一}$	Th Centauri	庫樓三	六二四	⊥一八,六〇	四〇	二八	二六,五	⊥二,四六六	一三	三〇	二二,二八

星等	外國星宿名	中國星宿名	數目	歲差	光緒二十六年之星距極度			歲差	光緒二十六年之星赤經度		
				秒	度	分	秒	秒	時	分	秒
五	H Apodis	七雀異	六二五	丄一八,五九	一四二	五七	三三,○	丄三,七三五	一三	三三	三一,九三
三 二/一	A Draconis	樞右	六二六	一八,四一	三四	四八	四八,九	二,二九四	一三	三六	五七,二四
五	D Octantis	五雀異	六二七	一八,四七	一二二	三二	二三,○	三,三八九	一三	四○	○,九○
五	50 Hydræ	一增西威折	六二八	一八,一二	七二	二	四二,六	二,八五六	一三	四二	三○,八四
五	E Apodis	九雀異	六二九	一八,二五	一三一	一一	二八,○	三,五六二	一三	四三	二九,九八
四	K Virginis	一宿亢	六三○	一八,二五	一三一	五八	三九,一	三,五七○	一三	四三	三四,六一
五	K Bootis	一槍天	六三一	一八,三○	一二三	五七	一五,一	三,四五二	一三	四三	三九,○七
四	I Virginis	二宿亢	六三二	一八,一五	四○	一一	一八,六	二,三五二	一三	四三	三四,七八
一	A Bootis	角大	六三三	一八,○四	七三	四二	二二,四	二,八九五	一三	四四	三九,三四
旼 變	4 Ursæ Majoris	宮后	六三四	一八,一七	一二二	三○	三,一	三,四四三	一三	四六	三,一五
四	I Lupi	三柱	六三五	一八,○六	一二一	二六	八,六	三,四三一	一三	四七	二六,九七
四	L Bootis	戈元	六三六	一八,○五	一三六	四七	五二,一	三,六九三	一三	四九	一七,三二
四	I Bootis	二槍天	六三七	一七,九七	二四	四七	三,九	一,七五五	一三	四八	三○,八九
四	L Virginis	四宿亢	六三八	一八,二四	七一	六	六,二	二,八六二	一三	四九	五五,六四
五	P_8 Centauri	六柱南	六三九	一九,○一	一三一	三六	五九,二	三,六○八	一三	五二	一○,九三
五	Centauri	五柱	六四○	一八,○六	一三四	一九	一二,七	三,六五四	一三	五二	二八,九九
五	T_1 Lupi	四柱	六四一	一七,八七	六二	一	六,七	二,七四六	一三	五二	○,四五
五	Th Bootis	三槍天	六四二	一八,○五	一六六	一九	一七,四	五,五二七	一三	五五	三○,七八
五	Th Virginis	三宿亢	六四三	一七,八一	一三五	七	一九,二	三,六九五	一三	五五	二八,四二
五	S Lupi	三騎車	六四四	一七,七二	一四九	五三	三○,六	四,一四五	一三	五六	四四,六六
四	R Bootis	三河梗	六四五	一七,六九	八七	五八	二二,○	三,○五○	一三	五六	三三,五七
三	H Centauri	三樓庫	六四六	一七,七○	一三○	四二	一六,九	三,六三六	一三	五九	五六,六一
三 二/一	G Bootis	搖招	六四七	一七,六○	一一六	一二	三,九	三,三九八	一四	○	四○,四九
五	R Lupi	二騎車	六四八	丄一八,○九	一二五	五二	五三,九	丄三,五○五	一四	○	四六,五九

星等	外國星宿名	中國星宿名	數目	歲差	光緒二十六年之星距極度			歲差	光緒二十六年之星赤經度		
				秒	度	分	秒	秒	時	分	秒
四	5 Ursæ Minoris	子庶	六四九	丄一七,一三	一七○	三一	五九,五	丄六,九一四	一四	五	三○,八七
五	S Bootis	二河梗	六五○	一七,三七	二五	八	四九,九	一,六一八	一四	一	四○,七七
四	A^1 Centauri	二門南	六五一	一七,二四	一七三	一二	四五,八	八,五二四	一四	一○	三五,四二
四 三/一	A Apodis	八雀異	六五二	一七,二二	一一六	四七	二八,三	三,四一七	一四	七	二,○四
四	A Cercini	三增南門南	六五三	一六,六二	一六九	三八	一一,九	六,八二九	一四	一○	二一,三九
三	A Lupi	三官騎	六五四	一七,一四	九九	四八	四○,五	三,一九五	一四	七	三三,七七
五	Centauri	一門陽	六五五	一七,○三	三七	四四	三五,五	二,一五九	一四	九	五四,三六
三 二/一	P Bootis	二提攝左	六五六	一七,四一	九五	三一	二五,六	三,一四二	一四	一○	四六,四三
三 二/一	Z Bootis	三提攝左	六五七	一八,九三	七○	一七	五○,四	二,七三四	一四	一一	五,九四
五	31 Bootis	三增南提攝左	六五八	一六,九五	一一	五八	五九,一	丅○,三八七	一四	九	一一,五四
四 三/一	M Virginis	七增東宿亢	六五九	一七,一二	一三五	三六	四,九	丄三,八○六	一四	一三	○,○二
四 三/一	34 Bootis	五增南河梗	六六○	一六,七五	四三	二七	一三,三	二,二八八	一四	一二	三五,一○
四 三/一	O Bootis	一提攝左	六六一	一六,八○	三八	一○	二一,三	二,一三○	一四	一二	三七,五一
三	E Bootis	一河梗	六六二	一六,八四	一○二	五四	四二,八	三,二三七	一四	一三	四一,八六
五	56 Hydræ	五增南威折	六六三	一六,九三	一二七	二五	四○,四	三,六一九	一四	一四	二八,三六
五	57 Hydræ	七增南威折	六六四	一六,七三	一二九	三	一七,八	三,六五九	一四	一六	五一,八一
五	M Libræ	五增西宿氐	六六五	一六,七八	一三四	四六	二三,○	三,八一二	一四	一九	四二,六九
五	58 Hydræ	一增內車陣	六六六	一六,八五	三七	四一	一七,五	二,○四五	一四	二一	四七,五七
五	O Lupi	九官騎	六六七	一六,四二	九一	四六	五○,四	三,○九○	一四	二三	三,三八
三	A Libræ	七增西宿氐	六六八	一六,二四	一四○	○	四九,二	三,九八七	一四	二五	五二,一三
三 二/一	X_8 Bootis	一增提攝左	六六九	一六,○二	五九	一一	二五,○	二,五九○	一四	二七	三一,三五
五	X_8^2 Libræ	三增北宿氐	六七○	一六,二四	一三一	四三	一六,六	三,七七○	一四	二九	八,七四
三	B Lupi	四官騎	六七一	一五,九八	五一	一四	五九,一	二,四二九	一四	二八	三,六五
三	K Centauri	三官騎	六七二	丄一六,二五	一三八	五九	四○,○	丄三,九九八	一四	三一	九,八三

星等	外國星宿名	中國星宿名	數目	歲差	光緒二十六年星之距極度			歲差	光緒二十六年星之赤經度		
				秒	度	分	秒	秒	時	分	秒
三	B Ursæ Minoris	帝星	六七三	⊤一六,○五	一三	五一	三六,八	⊤○,二四四	一四	二七	四二,二三
四 三/一	D Libræ	氐宿北增一	六七四	一五,八九	五九	四九	一八,二	⊤二,六一五	一四	三○	一九,七七
五	P Lupi	騎官八	六七五	一五,一一	一五○	二五	一二,九	四,○一八	一四	三二	四八,九○
五	Draconis	天床五	六七六	一五,八九	一六八	三七	一六,四	七,○○九	一四	三五	一九,七六
三 二/	20 Libræ	折威七	六七七	一六,一五	一五四	三二	二八,四	四,七三九	一四	三四	二四,七二
三	B Bootis	七公西增五	六七八	一五,八八	一三六	五七	四○,二	三,九四一	一四	三五	一六,○一
五	Ps Bootis	梗河東增一	六七九	一五,八三	一二七	二一	五七,二	三,六九七	一四	三五	四四,四四
五	N1 Libræ	氐宿內增十	六八○	一五,六九	七三	九	一一,六	二,八一六	一四	三六	一,三五
五	L Lupi	騎官五	六八一	一五,七○	七五	五○	三六,六	二,八六一	一四	三六	二二,四○
五	i2 Bootis	天槍東增四	六八二	一五,七○	八一	二四	四一,九	二,九四七	一四	三六	四四,三四
五	C Bootis	梗河東增三	六八三	一五,九六	九五	一三	三○,二	三,一五五	一四	三七	四七,三七
五	K Lupi	騎陣將軍	六八四	一五,五三	六三	二	五○,一	二,六四二	一四	三九	二,○一
四	Z Lupi	車騎一	六八五	一五,四八	七二	三六	四三,六	二,八○○	一四	四○	三四,六七
三	G Triang. Aust.	三角形一	六八六	一五,四五	六二	三○	一九,八	二,六二二	一四	四○	三七,二四
五	M Lupi	騎官七	六八七	一五,五一	一一五	四○	一六,○	三,四七八	一四	四一	五三,九○
五	X Bootis	貫索西增一	六八八	一五,四八	一一六	一三	四四,九	三,四八三	一四	四二	五,七四
四 三/一	2 Lupi	陣車三	六八九	一五,三一	一○三	四三	五九,五	三,二七九	一四	四三	五○,一七
二 三/一	B Libræ	氐宿四	六九○	一五,三二	一一七	三二	四一,八	三,五○三	一四	四四	二四,五九
三 三/一	D Bootis	七公七	六九一	一五,四一	一一三	九	五三,七	三,八八五	一四	四五	六,七二
四	D Lupi	騎官二	六九二	一五,二九	一○五	三七	三九,二	三,三○九	一四	四五	二○,七六
五	Ph1 Lupi	頓頑一	六九三	一五,二五	七○	二九	一○,九	二,七六七	一四	四六	四六,六三
四 三/一	E Lupi	騎官六	六九四	一四,九○	一○一	○	二九,四	三,二四五	一四	五一	二○,三八
五	Ph2 Lupi	頓頑南增一	六九五	一四,九八	一三二	四四	一,○	三,八九一	一四	五一	五八,四六
五	11 Ursæ Minoris	天床北增二	六九六	⊥一四,八一	一三一	四二	一二,六	⊥三,八六五	一四	五二	三八,七八

星等	外國星宿名	中國星宿名	數目	歲差	光緒二十六年星之距極度			歲差	光緒二十六年星之赤經度		
				秒	度	分	秒	秒	時	分	秒
四	M Bootis	七公六	六九七	⊤一四,七八	一五	二六	一二,八	⊤○,二七三	一四	五○	五八,三八
四	Z1 Libræ	氐宿內增十六	六九八	一四,六二	九八	七	二四,○	⊤三,一九七	一四	五五	三七,六九
三 三/一	G Ursæ Minoris	太子	六九九	一四,六三	一三六	三九	四七,九	四,○三九	一四	五八	一七,七六
三	I Draconis	左樞	七○○	一四,四二	二三	四○	一○,四	○,九三五	一四	五四	二六,○八
四	B Coronæ Bor.	貫索三	七○一	一四,五○	一一四	五三	二四,七	三,四九六	一四	五五	一二,九○
五	E Triang. Aust.	三角形西增一	七○二	一四,四六	四九	一二	五八,二	二,二六四	一四	五八	一一,○○
三	G Lupi	騎官一	七○三	一四,三○	六二	三九	四八,六	二,五七二	一五	○	九,七九
四	37 Libræ	氐宿北增十九	七○四	一四,三二	一○五	五二	一二,八	三,三三五	一五	一	二,九四
四 三/一	Th Coronæ Bor.	貫索二	七○五	一四,四八	一三四	五四	一,五	三,九九六	一五	二	五,五九
四 三/一	G Libræ	氐宿三	七○六	一四,二二	四一	五七	二六,○	一,九七八	一五	○	二九,七二
三	D Serpentis	秦	七○七	一四,三○	六四	四四	三一,○	二,六三二	一五	二	五四,三五
四	39 Libræ	天輻一	七○八	一四,一九	一三八	二一	三四,三	四,一一五	一五	四	五七,七二
二 三/一	A Coronæ Bor.	貫索四	七○九	一四,三一	一四一	四三	二三,四	四,二五○	一五	五	四,八○
四 三/一	40 Libræ	天輻二	七一○	一三,九二	一五八	一八	四五,五	五,四五六	一五	九	三二,二七
五	M Coronæ Bor.	七公東增八	七一一	一三,八五	一三七	三○	三九,四	四,一二七	一五	一一	三四,○○
五	K Libræ	日	七一二	一三,六五	六○	二七	五八,三	二,五○八	一五	一○	一八,三六
五	Z Coronæ Bor.	七公東增七	七一三	一三,六九	一一九	四六	五八,四	三,六三一	一五	一一	四四,五一
五	I Serpentis	周北增七	七一四	一三,六二	九九	○	五四,一	三,二二○	一五	一一	三七,四四
四 三/一	H Libræ	西咸四	七一五	一三,六七	五六	一八	四五,三	二,四二一	一五	一一	二八,四九
五	Th Ursæ Minoris	勾陳南增七	七一六	一三,六五	一三○	一七	二六,六	三,八九八	一五	一四	四七,四○
五	G Coronæ Bor.	貫索五	七一七	一三,四六	一二五	五三	五七,九	三,七九一	一五	一五	二八,二一
二 三/一	A Serpentis	蜀	七一八	一三,五七	一三四	二○	二,九	四,○二八	一五	一五	五二,○五
四 三/一	L Serpentis	蜀北增一	七一九	一三,三九	一二六	三○	八,三	⊥三,八○二	一五	一六	四五,五二
三 三/一	B Serpentis	周	七二○	⊥一三,○六	一七	四八	四六,三	⊤○,○八六	一五	一七	一一,○二

星等	外國星宿名	中國星宿名	數目	歲差 秒	光緒二十六年星之距極度 度	分	秒	歲差 秒	光緒二十六年星之赤經度 時	分	秒
四	X Lupi	從官二	七二一	一二.八九	五二	一六	二三.五	二.二六七	一五	二〇	四二.七七
三 三/一	M Serpentis	天乳	七二二	一二.九四	一〇六	二二	九.九	三.三七四	一五	二二	三六.九七
五	b Scorpii	房宿西增四	七二三	一二.七七	一七	四八	三四.五	〇.一四六	一五	二〇	五三.〇八
三	B Triang. Aust.	三角形二	七二四	一二.七六	三〇	四一	二.八	一.三三二	一五	二二	四二.六〇
四	K Serpentis	周北增八	七二五	一二.七一	六〇	三三	二.八	二.四八〇	一五	二三	四二.九九
四 三/一	D Coronæ Bor.	貫索六	七二六	一二.九三	一五五	五九	九.〇	五.三五六	一五	二七	三一.〇〇
三	E Serpentis	巴	七二七	一二.七一	一三〇	五〇	五.二	三.九六三	一五	二八	二七.九七
五	A Scorpii	房宿西增五	七二八	一二.七二	九九	四三	二二.七	三.二六八	一五	二八	四二.五九
四	L Libræ	房宿西增二	七二九	一二.四四	五八	一八	一四.五	二.四〇五	一五	二八	五三.七〇
四 三/一	R Serpentis	貫索南增十三	七三〇	一二.三九	一〇四	二七	二六.二	三.三四四	一五	二九	五五.六八
四 三/一	Th Libræ	西咸三	七三一	一二.三二	七九	七	三六.三	二.八六六	一五	三〇	一.九四
五	K Coronæ Bor.	貫索北增四	七三二	一二.三二	一一七	四八	一七.五	三.六二四	一五	三〇	五七.〇二
四	R Scorpii	房宿二	七三三	一二.三九	六二	五六	五八.五	二.五三九	一五	三〇	二七.二〇
三	G Serpentis	鄭	七三四	一二.二九	一一九	二七	二.二	三.六六二	一五	三二	三〇.三八
四	Z Ursæ Minoris	勾陳四	七三五	一二.二三	五〇	三九	三二.三	二.二〇〇	一五	三一	三四.七一
三 三/一	P Scorpii	房宿一	七三六	一二.〇六	一〇九	二一	二一.六	三.四四五	一五	三六	一一.〇〇
四 三/一	48 Libræ	西咸二	七三七	一二.〇五	五三	二	三〇.七	二.二七一	一五	三五	三七.六四
四 三/一	H Lupi	積卒南增一	七三八	一一.八九	七〇	〇	二九.三	二.六七〇	一五	三七	五.三九
四 三/一	E Coronæ Bor.	貫索七	七三九	一一.八六	一〇五	二一	二〇.一	三.三七一	一五	三八	二七.〇三
三	D Scorpii	房宿三	七四〇	一一.七九	一二	一九	一.四	一.九七六	一五	三三	三九.三五
四 三/一	P Serpentis	貫索南增十二	七四一	一一.六八	六三	二三	一五.五	二.五一九	一五	三八	三二.五八
四 三/一	51 Libræ	西咸一	七四二	一一.六七	八三	一五	三九.五	二.九五三	一五	三九	二〇.五七
二	B¹ Scorpii	房宿四	七四三	一一.六〇	八二	二〇	三.九	二.九一二	一五	四一	三五.七五
四 三/一	O¹ Scorpii	鉤鈐一	七四四	一一.五六	七四	一五	五四.二	二.七六七	一五	四一	三四.三四

星等	外國星宿名	中國星宿名	數目	歲差 秒	光緒二十六年星之距極度 度	分	秒	歲差 秒	光緒二十六年星之赤經度 時	分	秒
五	U Herculis	七公西增二	七四五	一一.四六	一二三	一九	二九.五	三.七八九	一五	四四	三五.九六
四 三/一	O² Scorpii	鉤鈐二	七四六	一一.三八	九三	七	二九.四	三.一二八	一五	四四	二四.三四
三	Th Draconis	上宰	七四七	一一.四〇	一一五	二六	五六.二	三.五九二	一五	四四	五七.六五
四 三/一	D Triang. Aust.	三角形北增一	七四八	一一.七三	一五三	七	二三.三	五.二〇五	一五	四六	一九.三五
五	C² Scorpii	心宿南增二	七四九	一一.四一	七一	三二	五八.九	二.七〇〇	一五	四四	一四.五四
四	N Scorpii	鍵閉	七五〇	一一.三〇	六三	三七	三一.七	二.五一二	一五	四五	二三.八九
五	Ps Scorpii	罰內增二	七五一	一一.二一	八五	一三	二三.八	二.九八九	一五	四五	五〇.〇二
五	Ph Herculis	七公三	七五二	一一.一九	一一五	一	四八.六	三.五八七	一五	四七	三六.三六
三	D Ophiuchi	梁	七五三	一一.一九	一〇九	五二	一〇.二	三.四七一	一五	四七	三一.七〇
五	18 Scorpii	罰	七五四	一一.一一	六八	四三	一六.九	二.六三五	一五	四六	五二.五五
三	E Ophiuchi	楚	七五五	一〇.九九	一〇六	二六	一四.八	三.四一〇	一五	四八	七.九七
五	G Apodis	異雀四	七五六	一一.四三	五四	一	五七.一	二.二五六	一五	四七	二七.五八
四	S Scorpii	心宿一	七五七	一〇.九七	一一八	五五	二六.一	三.六九八	一五	五〇	四二.三八
五	S Serpentis	列肆一	七五八	一二.〇五	七四	〇	四二.九	二.七六九	一五	五一	五〇.一七
五	19 Ursæ Minoris	勾陳南增八	七五九	一〇.八一	一一	五三	四八.五	二.三一六	一五	四七	三五.九六
四	T Herculis	七公二	七六〇	一〇.八五	一一五	四九	四一.七	三.六一五	一五	五二	四七.八七
三 三/一	G Herculis	河間	七六一	一〇.七八	一〇三	五九	三一.五	三.三四九	一五	五二	三五.一九
五	Ps Ophiuchi	東咸三	七六二	一〇.八七	一二八	六	四八.〇	三.九四六	一五	五三	二八.九九
五	Xs Coronæ Bor.	天紀一	七六三	一〇.七〇	六二	四九	五九.七	二.四八七	一五	五三	二七.〇八
五	R Ophiuchi	心宿北增四	七六四	一〇.六八	一一二	二〇	一八.八	三.五三五	一五	五四	二五.〇六
五	N¹ Coronæ Bor,	天紀北增三	七六五	一〇.二六	六六	五五	四.七	二.五八一	一五	五七	五九.一九
五	X Ophiuchi	東咸二	七六六	一〇.三四	一〇一	五	五五.〇	三.二九一	一五	五八	五二.二二
五	O Herculis	斗內增一	七六七	一〇.三〇	一〇九	三二	〇.三	三.四七八	一五	五九	三七.二一
五	25 Herculis	天紀北增二	七六八	一〇.一七	一一〇	二三	五五.七	三.五〇二	一六	〇	五七.六一

星學發軔　卷十六　三十三

星等	外國星宿名	中國星宿名	數目	歲差	光緒二十六年之星距極度			歲差	光緒二十六年之星赤經度		
				秒	度	分	秒	秒	時	分	秒
一	A Scorpii	心宿一	七六九	丄一〇,二四	四三	四一	一二,五	丄一,八六一	一五	五九	四〇,四八
五	B Apodis	異雀三	七七〇	一〇,一五	一一〇	三五	五八,五	三,五〇八	一六	一	三二,三四
五	H Ursæ Minoris	勾陳南增九	七七一	九,七八	三一	一〇	七,六	一,一二四	一六	〇	一,四二
三	H Draconis	少宰	七七二	九,八八	一五三	五五	五五,七	五,三六四	一六	六	一七,八六
四$\frac{三}{一}$	Ph Ophiuchi	東咸一	七七三	九,八〇	一一七	四〇	五,一	五,六八九	一六	六	八,九五
五	O Ophiuchi	東咸四	七七四	九,七五	一〇九	一二	六,四	三,四七八	一六	六	一〇,九四
四	L Ophiuchi	列肆二	七七五	九,七八	九九	四八	二五,八	三,二七一	一六	六	三二,〇八
五	g Herculis	七公東增十四	七七六	九,七〇	四四	四八	一五,八	一,八六九	一六	五	三五,六〇
二$\frac{三}{二}$	B Herculis	河中	七七七	九,六四	九三	二六	一六,五	三,一三八	一六	九	六,二一
四$\frac{三}{二}$	h Herculis	斗四	七七八	九,九六	九八	六	二一,九	三,二五〇	一六	一〇	一〇,八〇
三$\frac{三}{一}$	T Scorpii	心宿三	七七九	九,一九	九四	二七	一,七	三,一六八	一六	一三	一,八一
四$\frac{三}{一}$	A Draconis	尙書二	七八〇	一〇,三四	一六八	四一	四四,八	八,七八二	一六	一七	五五,三六
五	12 Ophiuchi	列肆東增四	七八一	九,一〇	一一五	二一	一四,八	三,六三四	一六	一五	六,四三
三$\frac{三}{一}$	Z Ophiuchi	韓	七八二	八,八四	八八	四四	一一,四	三,〇三五	一六	一七	〇,五八
四	S Herculis	七公東增十五	七八三	八,八六	一三	五二	一二,〇	丅一,八六三	一六	一三	三六,六四
二	A Triang. Aust.	三角形三	七八四	八,八三	四三	二六	五九,一	丄一,七九九	一六	一六	四三,八八
五	Ophiuchi	東咸東增一	七八五	八,八〇	七〇	三六	四八,四	二,六四五	一六	一七	三〇,五四
五	42 Herculis	七公一	七八六	八,九〇	一〇九	四八	一八,四	三,五〇一	一六	一八	一四,九一
五	Z Herculis	天紀二	七八七	八,六三	五八	五二	三三,八	二,三四〇	一六	一八	一二,二七
四$\frac{三}{一}$	H Aræ	龜四	七八八	八,七二	一一三	一三	〇,八	三,五八六	一六	一九	三五,二〇
三	H Herculis	天紀北增一	七八九	八,八二	五五	五八	二,二	二,二六一	一六	一八	三五,七二
五	I Herculis	斛四	七九〇	八,六〇	一〇八	一三	五〇,一	三,四六八	一六	二一	一三,五六
五	g Draconis	尙書三	七九一	八,六二	七五	四四	一三,五	二,七五二	一六	二〇	四七,〇四
三	E Scorpii	尾宿二	七九二	丄 八,四七	五二	二二	四四,三	丄二,一三四	一六	二一	五〇,二七

星學發軔　卷十六　三十四

星等	外國星宿名	中國星宿名	數目	歲差	光緒二十六年之星距極度			歲差	光緒二十六年之星赤經度		
				秒	度	分	秒	秒	時	分	秒
三	M¹ Scorpii	尾宿一	七九三	丄 八,四九	一一六	一二	四三,四	丄三,六六八	一六	二三	一六,四七
四	M² Scorpii	尾宿內增二	七九四	八,六三	一六七	一八	三八,〇	八,三一三	一六	二八	四五,〇六
五	k Herculis	斛三	七九五	八,一二	一四	〇	五〇,八	丅一,八三九	一六	二〇	二五,二六
四$\frac{三}{一}$	Z Scorpii	尾宿三	七九六	八,二四	二八	一五	三四,四	丄〇,八二〇	一六	二二	三九,三六
五	50 Herculis	天紀南增九	七九七	八,三〇	一〇六	二三	四五,九	三,四三〇	一六	二五	二五,一一
五	52 Herculis	七公東增十六	七九八	八,一四	一一一	一五	一二,八	三,五四六	一六	二六	一二,四〇
三$\frac{三}{一}$	Z Aræ	龜五	七九九	八,二七	八七	四七	五四,二	三,〇二七	一六	二五	五二,五一
五	23 Ophiuchi	車肆北增一	八〇〇	八,〇九	四七	五三	五二,〇	一,九六九	一六	二五	二一,五〇
四	I Ophiuchi	斛一	八〇一	八,一七	六八	一七	三四,四	二,五七六	一六	二五	五五,二三
五	53 Herculis	天紀北增十一	八〇二	八,〇八	七八	一七	五〇,六	二,八〇六	一六	二七	五五,七一
四	E¹ Aræ	龜一	八〇三	七,九四	一一八	〇	三五,〇	三,七二五	一六	二九	三九,三八
四	K Ophiuchi	斛二	八〇四	七,七九	二一	〇	五六,四	丅〇,一四八	一六	二八	一〇,七〇
三	E Herculis	天紀三	八〇五	八,一二	九二	六	四五,一	丄三,一四四	一六	三一	六,〇九
五	d Herculis	天紀四	八〇六	七,七三	一〇〇	二一	五七,八	三,二九九	一六	三一	三九,一六
五	60 Herculis	宦者三	八〇七	七,六九	四七	二一	二七,六	一,九三二	一六	三〇	五二,七〇
三$\frac{三}{二}$	H Scorpii	尾宿四	八〇八	七,五三	一五八	五〇	五一,一	六,二六三	一六	三八	三,二八
四	E Ursæ Minoris	勾陳三	八〇九	七,四一	一〇七	三二	五九,二	三,四六一	一六	三五	四七,二二
二$\frac{三}{一}$	H Ophiuchi	宋	八一〇	七,三一	四〇	五二	三九,五	一,六二九	一六	三六	二,〇九
四	M₁ Draconis	天棓西增九	八一一	六,七九	五八	一二	五九,九	二,二六五	一六	三七	三一,二四
五	37 Ophiuchi	宦者四	八一二	七,一三	一四八	五一	五二,三	五,一三五	一六	四一	八,三九
四$\frac{三}{一}$	A¹ Ophiuchi	天江二	八一三	七,一一	五〇	五三	一七,八	二,〇五四	一六	三九	二八,〇〇
三$\frac{三}{二}$	A Herculis	帝座	八一四	六,九三	八一	一四	九,四	二,八七六	一六	四一	一,八五
三	Z Draconis	上弼	八一五	六,九二	二五	一三	二〇,五	〇,三九三	一六	四〇	一三,〇七
四	D Herculis	魏	八一六	丄 七,一二	一二四	六	五四,〇	丄三,八七五	一六	四三	四一,一八

星等	外國星宿名	中國星宿名	數目	歲差 秒	光緒二十六年之星距極度 度	分	秒	歲差 秒	光緒二十六年之星赤經度 時	分	秒
三 二/一	P Herculis	女牀一	八一七	丄六,八五	一二七	五二	四六,六	丄四,〇四七	一六	四五	五,五〇
四	u Herculis	天紀六	八一八	六,七九	一二七	五一	一,五	四,〇四四	一六	四五	三三,二七
四 三/二	X_5 Ophiuchi	天江北增七	八一九	六,五九	八二	三四	四九,二	二,九〇九	一六	四五	二七,九〇
四 三/二	N Serpentis	市樓四	八二〇	六,七二	一三二	一二	〇,八	四,二〇二	一六	四六	五五,五〇
四 三/二	e Herculis	女牀二	八二一	六,四六	六〇	一	二七,四	二,三三八	一六	四六	四四,七一
三	G Aræ	龜二	八二二	六,五三	四三	五〇	三六,六	一,七四五	一六	四六	一八,〇四
三 三/二	Th Ophiuchi	天江三	八二三	六,四一	一四五	五〇	五,七	四,九二五	一六	五〇	一九,八一
三	B Aræ	杵三	八二四	六,四一	九五	五九	三五,〇	三,二〇三	一六	四九	一五,〇八
五	b Ophiuchi	天江四	八二五	六,三三	七九	四〇	一七,七	二,八三六	一六	四九	一六,六一
四	D Aræ	龜三	八二六	六,二六	五八	八	二,一	二,二六九	一六	四九	一〇,三〇
四	d Ophiuchi	糠	八二七	六,二八	一四三	〇	三七,三	四,七五二	一六	五一	三六,四一
四	R Herculis	女牀三	八二八	五,九六	八〇	二八	一三,八	二,八三八	一六	五二	五六,一一
四 三/二	S Ophiuchi	宗正西增二	八二九	五,五八	五八	五五	三七,二	二,二九四	一六	五六	二七,八〇
三	A Aræ	杵二	八三〇	五,四九	五六	一七	一五,六	二,二一一	一六	五七	五四,六二
三 三/二	U Scorpii	尾宿九	八三一	五,三〇	七七	七	二〇,六	二,七八一	一七	〇	四四,四八
五	C^2 Ophiuchi	天籥六	八三二	五,四〇	一三三	六	三四,八	四,二七一	一七	四	四八,一七
三	L Scorpii	尾宿八	八三三	五,〇六	七	四七	四〇,九	丅六,五二二	一六	五六	五,一五
四 三/一	L Herculis	趙	八三四	四,九二	一〇五	三六	八,三	丄三,四三五	一七	四	三八,四八
三	Th Scorpii	尾宿五	八三五	四,九七	三五	二三	五九,二	一,二三六	一七	三	一五,四六
二 三/一	B Draconis	天棓三	八三六	四,七四	七九	一七	四〇,二	二,八二五	一七	七	四四,九〇
二	A Ophiuchi	侯	八三七	五,八一	一一六	二七	二七,八	三,六八三	一七	九	一一,八〇
五	X_5 Serpentis	南海	八三八	四,四八	七五	二九	四八,九	二,七三四	一七	一〇	五,二三
五	N^1 Draconis	天棓內增一	八三九	四,四七	二四	九	四五,一	〇,一五九	一七	八	二九,八七
五	N^2 Draconis	天棓二	八四〇	丄四,五九	六五	二	三九,三	丄二,四五九	一七	一二	三五,二四

星等	外國星宿名	中國星宿名	數目	歲差 秒	光緒二十六年之星距極度 度	分	秒	歲差 秒	光緒二十六年之星赤經度 時	分	秒
五	M Ophiuchi	市樓一	八四一	丄四,三二	五三	四	四一,五	丄二,〇八八	一七	一一	三三,九一
四 三/一	H Pavonis	孔雀一	八四二	四,一七	五六	四七	三三,六	二,二一二	一七	一三	三七,八四
三	K Scorpii	尾宿七	八四三	四,三六	一一一	〇	二五,九	三,五九二	一七	一五	〇,六四
五	f Draconis	尚書一	八四四	四,一一	一〇二	四四	四七,九	三,三七一	一七	一五	一二,一三
四 三/二	O Serpentis	市樓二	八四五	四,〇二	五二	三六	一三,一	二,〇六七	一七	一四	一三,三八
五	58 Ophiuchi	天籥三	八四六	四,一〇	一四六	一七	八,八	五,〇二七	一七	一六	五八,三三
四	I Herculis	天棓五	八四七	四,一五	一一四	五四	六,五	三,六八〇	一七	一五	五二,〇七
三	B Ophiuchi	宗正一	八四八	四,一九	一四五	二六	二〇,三	四,九六六	一七	一六	五八,八八
三 三/二	I^1 Scorpii	尾宿六	八四九	三,八〇	一一四	五	四,四	三,六六〇	一七	二〇	一五,六九
四	O Draconis	尚書東增一	八五〇	三,八〇	一五〇	三六	一〇,二	五,三九〇	一七	二二	四,〇一
五	3 Sagittarii	天籥八	八五一	三,八七	一一九	四六	四六,四	三,八一九	一七	二〇	五七,七二
四	Scorpii	傳說	八五二	三,五九	五二	四五	四五,二	二,〇七三	一七	二〇	一四,三三
四	G Ophiuchi	宗正二	八五三	三,五四	八五	四六	二七,二	二,九七七	一七	二一	三三,三二
四	M Herculis	九河	八五四	三,五六	一三九	四七	五八,五	四,六二五	一七	二四	六,六七
四 三/二	P^1_s Draconis	女史西增一	八五五	三,五一	一二七	一三	一,一	四,〇七一	一七	二三	五七,八六
五	4 Sagittarii	天籥東增二	八五六	三,三一	一一三	五三	一三,七	三,六六〇	一七	二五	一九,〇一
四	N Ophiuchi	燕	八五七	三,一四	一二七	一	五三,一	四,〇七二	一七	二六	四九,五〇
三 三/一	X_s Draconis	天棓一	八五八	三,〇一	六三	四八	五二,五	二,四二一	一七	二六	四一,六六
四	Th Herculis	天紀九	八五九	三,〇六	一三二	五六	一八,六	四,三〇一	一七	三〇	七,八五
四	X_s Herculis	中山西增一	八六〇	二,八六	三七	三七	三一,二	一,三五三	一七	二八	一〇,三七
五	Z Serpentis	東海西增一	八六一	二,九八	七七	二二	五,〇	二,七八一	一七	三〇	一七,四〇
五	N Herculis	中山西增二	八六二	二,七五	一〇五	二〇	一三,六	三,四三三	一七	三一	五一,六一
五	66 Ophiuchi	宗人一	八六三	二,六六	三四	四四	五四,一	一,一七九	一七	三〇	一二,二八
二	G Draconis	天棓四	八六四	丄二,六七	三四	四五	二七,二	丄一,一七九	一七	三〇	一七,七四

星學發軔 卷十六 三十七

星等	外國星宿名	中國星宿名	數目	歲差 秒	光緒二十六年之星距極度 度	分	秒	歲差 秒	光緒二十六年之星赤經度 時	分	秒
四	67 Ophiuchi	宗人二	八六五	丄二,六三	九八	三	三〇,四	丄三,二五九	一七	三二	二四,六二
五	93 Herculis	帛度南增三	八六六	二,七一	一五四	四〇	五五,五	五,八六三	一七	三五	五四,六七
五	P Pavonis	孔雀二	八六七	二,五一	一二八	五八	五二,九	四,一四六	一七	三五	三四,三七
五	T Ophiuchi	市樓三	八六八	二,二八	二一	四八	五,五	丅〇,二五六	一七	三二	二一,四一
四	Th Aræ	杵東增一	八六九	二,三八	一〇二	四九	二三,五	丄三,三六九	一七	三五	四七,六二
五	96 Herculis	帛度南增一	八七〇	二,一六	一一一	三八	四,五	三,五九四	一七	三七	二六,二八
五	35 Draconis	天柱西增六	八七一	二,一五	四三	五六	二八,七	一,七一三	一七	三六	三九,七六
四	G² Sagittarii	箕宿一	八七二	一,九二	八五	二三	三二,七	二,九六四	一七	三八	三一,八八
四—三	70 Ophiuchi	宗人四	八七三	二,一四	一三〇	五	三四,三	四,二〇〇	一七	四〇	三六,〇五
四	O Herculis	中山	八七四	一,六六	二一	一一	四六,七	丅〇,三六八	一七	三七	三一,六三
三—二	M Sagittarii	斗宿三	八七五	一,九一	一一七	四七	四〇,三	丄三,七六七	一七	四一	一五,四六
五	A Herculis	中山北增四	八七六	一,八五	一二七	一	一,七	四,〇八三	一七	四三	三,二四
五	40 Draconis	天柱五	八七七	一,七九	八七	一五	二四,七	三,〇〇四	一七	四二	五二,四三
五	41 Draconis	天柱內增五	八七八	二,四二	六二	一三	一七,四	二,三四四	一七	四二	三二,六六
三—二	D Sagittarii	箕宿二	八七九	一,六〇	一七	四八	五,九	丅一,〇九六	一七	四三	四一,八三
五	36 Draconis	扶筐北增一	八八〇	〇,八三	一一三	四八	二九,八	丄三,六六一	一七	五三	四一,一四
四	H Serpentis	東海	八八一	〇,九一	九九	四五	四七,二	三,三〇四	一七	五三	三一,四二
三	E Sagittarii	箕宿三	八八二	〇,七三	三三	六	四四,五	一,〇三六	一七	五一	四八,一三
四—三	K Lyræ	織女西增四	八八三	〇,七三	五二	四四	一一,九	二,〇五五	一七	五二	四九 四二
四	A Telescopii	龜一	八八四	〇,七三	大〇	四四	三三,一	二,三三二	一七	五三	五二,八四
五	N Pavonis	孔雀三	八八五	〇,六八	九三	四一	五,〇	三,一六九	一七	五五	一二,二二
四	L Sagittarii	斗宿二	八八六	〇,六三	五九	四八	一三,八	二,二九六	一七	五四	四〇,六三
三	D Ursæ Minoris	勾陳二	八八七	〇,六二	八五	三七	三五,一	二,九七一	一七	五五	一八,六四
五	b Draconis	扶筐三	八八八	丄〇,六三	三八	三〇	〇,九	丄一,三九四	一七	五四	一七,一五

星學發軔 卷十六 三十八

星等	外國星宿名	中國星宿名	數目	歲差 秒	光緒二十六年之星距極度 度	分	秒	歲差 秒	光緒二十六年之星赤經度 時	分	秒
五	Th Coronæ Aust.	鼈十一	八八九	丄〇,六三	八七	三	五六,〇	丄三,〇一〇	一七	五五	三八,八五
五	Ph Draconis	柱史	八九〇	〇,五一	七三	一四	三七,五	二,六六七	一七	五五	三六,〇四
四—三	X Draconis	御女四	八九一	〇,五七	一五三	四〇	二〇,七	五,七一五	一七	五八	五二,九五
四	Z Pavonis	孔雀八	八九二	〇,四三	九八	一〇	四九,四	三,二六九	一七	五七	三八,四六
一	A Lyræ	織女一	八九三	〇,五二	一四〇	六	七,二	四,六七八	一七	五八	五一,四九
五	2 Aquilæ	天弁二	八九四	〇,三〇	六九	九	五九,〇	二,五六四	一七	五八	六,六四
四—三	Ph Sagittarii	斗宿一	八九五	〇,〇八	一三	一	二〇,二	丅二,七〇二	一七	五三	五五,二〇
五	L Pavonis	孔雀四	八九六	〇,五七	一二〇	二五	四一,〇	丄三,八五八	一七	五九	二三,五八
五	110 Herculis	宗一	八九七	一,二八	八七	二八	四二,七	三,〇二八	一八	〇	二三,七五
五	E¹ Lyræ	織女二	八九八	丅〇,一七	六一	一五	八,三	二,三四一	一八	三	三八,五八
五	E² Lyræ	織女三	八九九	丅〇,四三	一一一	五	一二,三	三,五八七	一八	七	四六,九二
五	Z¹ Lyræ	織女南增一	九〇〇	丄〇,六二	五八	三八	一四,七	二,二六一	一八	八	八,七〇
五	C Draconis	扶筐一	九〇一	丅一,〇四	一〇	〇	四一,四	丅四,四五九	一八	七	三二,四五
五	K Pavonis	孔雀五	九〇二	一,〇五	一〇	〇	二九,二	丅四,四六六	一八	七	三八,二七
三	B Lyræ	漸台二	九〇三	〇,九四	一一九	五二	二三,六	丄三,八四二	一八	一四	三五,五三
五	N¹ Sagittarii	建西增大	九〇四	一,一四	二五	三八	一四,一	〇,三四五	一八	一三	一九,一五
三	S Sagittarii	斗宿四	九〇五	〇,五四	九二	五五	三三,三	三,一〇二	一八	一六	八,二四
五	N² Sagittarii	建西增七	九〇六	一,一六	一二四	二六	三,〇	三,九八七	一八	一七	三二,二九
五	113 Herculis	齊北增一	九〇七	一,三一	五三	五八	五四,七	二,一〇三	一八	一六	二一,五三
四—三	Th¹ Serpentis	徐	九〇八	一,一五	一三六	一	四四,八	四,四五一	一八	一九	三三,四七
四	X_s^2 Sagittarii	建一	九〇九	一,三五	一五二	二〇	四八,一	五,六四四	一八	二二	四,一八
五	O Draconis	扶筐四	九一〇	一,四一	一一五	二八	四六,二	三,七〇七	一八	二一	四八,一〇
五	D² Lyræ	漸台一	九一一	一,八三	三	二二	三八,五	丅一九,二九三	一八	四	三八,八九
五	13 Lyræ	輦道一	九一二	丅一,九四	三一	一五	二八,六	丄一,八七六	一八	二二	二六,七三

星等	外國星宿名	中國星宿名	數目	歲差	光緒二十六年之星距極度			歲差	光緒二十六年之星赤經度		
				秒	度	分	秒	秒	時	分	秒
五	50 Draconis	一女御	九一三	丅一,八六	一三二	二三	一九,二	丄四,三〇一	一八	二六	二三,〇二
三—二/一	E Aquilæ	一增西越巽	九一四	二,〇一	一八	四二	五六,四	丅〇,八四八	一八	二二	一一,八五
三—二/一	Z Sagittarii	六宿斗	九一五	一,七三	一七	一八	三二,六	丅一,〇七三	一八	二二	五一,八八
三	G Lyræ	三台漸	九一六	二,〇七	一六一	三一	一,一	丄七,〇四五	一八	三一	二一,五四
五	48 Draconis	五篋扶	九一七	三,〇六	五一	一八	三七,九	二,〇三二	一八	三三	三三,一六
四—二/一	O Sagittarii	二建	九一八	二,九七	九九	八	五九,〇	三,二八九	一八	三六	四八,一四
五	V Draconis	弼少	九一九	三,一三	一一七	五	四五,八	三,七五八	一八	三九	二四,八七
四	T Sagittarii	五宿斗	九二〇	三,三三	一五二	一八	一五,四	五,六二〇	一八	四三	〇,〇〇
五	D Coronæ Aust.	四鼈	九二一	三,〇六	六九	三三	三,三	二,五八五	一八	四一	二一,七二
三	L Aquilæ	七弁天	九二二	三,五〇	五〇	二六	七,一	一,九八六	一八	四一	一,四二
三	Z Aquilæ	越巽	九二三	三,五一	五〇	二九	三二,六	一,九八八	一八	四一	三,八六
四—二/一	A Coronæ Aust.	六鼈	九二四	三,五二	五二	二九	五六,四	二,〇六四	一八	四一	一九,五五
五	B Coronæ Aust.	五鼈	九二五	三,四六	三四	三三	四六,〇	一,一六〇	一八	四〇	四一,四一
四—二/一	P Sagittarii	三建	九二六	三,五三	一五七	二一	五二,四	六,二五九	一八	四六	四一,〇四
五	20 Aquilæ	四增東弁天	九二七	三,八五	五六	四五	一七,九	二,二一五	一八	四六	二三,二五
五	Ps Sagittarii	六增西狗	九二八	三,九三	一一二	五二	九,四	三,六二七	一八	四八	八,〇〇
五	H Lyræ	二增東道輦	九二九	三,九二	一一六	二五	二二,八	三,七二九	一八	四九	四,二三
五	d Sagittarii	四建	九三〇	四,〇二	一一二	四七	四八,八	三,六三二	一八	四九	四,五五
五	1 Velpeculæ	三增東齊	九三一	四,二七	六七	二八	五五,五	二,五三五	一八	五〇	三一,九九
五	O Aquilæ	五增東越巽	九三二	四,三四	八五	五五	三七,一	二,九八二	一八	五一	一四,六八
五	Th Lyræ	五道輦	九三三	四,二四	一一一	一四	二三,〇	三,五八三	一八	五一	四五,七九
五	51 Draconis	三增東篋扶	九三四	四,二五	三〇	四四	五,三	〇,八八六	一八	四九	四三,一六
三—二/一	B1 Sagittarii	二淵天	九三五	四,三二	五三	一三	四二,三	二,〇九九	一八	五一	〇,五八
四	B2 Sagittarii	一淵天	九三六	丅四,四一	四六	一一	一六,二	丄一,八二五	一八	五二	一七,四一

星等	外國星宿名	中國星宿名	數目	歲差	光緒二十六年之星距極度			歲差	光緒二十六年之星赤經度		
				秒	度	分	秒	秒	時	分	秒
三	D Draconis	一廚天	九三七	丅四,四六	一四	四一	六,七	丅一,九〇一	一八	四九	三五,六五
五	R1 Sagittarii	五建	九三八	四,四八	七五	四	九,九	丄二,七二三	一八	五五	五,〇六
四	A Sagittarii	三淵天	九三九	四,五七	一二〇	一	三一,八	三,八二八	一八	五六	一五,一七
五	b Aquilæ	七增東越巽	九四〇	四,六五	五七	二六	五二,八	二,二四四	一八	五五	一二,二一
三—二/一	D Aquilæ	三旗右	九四一	四,六三	三二	一九	六,〇	一,〇一八	一八	五五	三,五六
四—二/一	T Draconis	一女御	九四二	四,八〇	一一一	五三	二一,〇	三,六〇〇	一八	五八	四一,四三
四	P Draconis	六廚天	九四三	四,九二	一八	五〇	九,〇	丅〇,七〇八	一八	五五	三七,六一
四	A Vulpeculæ	五增東齊	九四四	四,七六	一一七	四九	四,七	丄三,七五五	一九	〇	四二,〇二
三	B Cygni	七增南道輦	九四五	四,八七	一三〇	三九	二〇,三	四,一八四	一九	一	二三,一九
五	I2 Cygni	二仲奚	九四六	四,九八	九五	二	一,八	三,一八七	一九	〇	五六,七〇
四—二/一	M Aquilæ	一旗右	九四七	五,〇一	七六	一七	九,四	二,七五五	一九	〇	四八,六五
五	k Aquilæ	十增南旗右	九四八	四,九七	一二八	三	四五,九	四,〇九八	一九	二	四〇,八一
四—二/一	h2 Sagittarii	一狗	九四九	五,〇二	一二九	三〇	七,六	四,一四三	一九	三	九,六一
四	K Aquilæ	八旗右	九五〇	五,二七	一一一	一一	〇,九	三,五七五	一九	三	四九,〇八
五	I Aquilæ	五旗右	九五一	五,五九	九八	六	二八,一	五,二六〇	一九	七	一五,四〇
五	S Aquilæ	二旗右	九五二	五,七四	一一五	二五	四六,八	三,六八七	一九	九	二四,七九
四	Th Cygni	三仲奚	九五三	五,九七	五一	一	三四,二	二,〇四四	一九	一〇	二一,三一
五	S Draconis	二廚天	九五四	五,九八	一〇九	七	五四,一	三,五一九	一九	一一	四七,二四
四	A Sagittarii	一旗左	九五五	六,〇七	六八	四七	八,四	二,五八一	一九	一一	五五,二三
四	Ph Cygni	六增南道輦	九五六	六,一六	七八	三五	五,一	二,八一八	一九	一三	七,六〇
五	e2 Sagittarii	一鷄天	九五七	六,一三	五二	二	四三,五	二,〇八〇	一九	一二	五三,六六
五	B Sagittarii	二旗左	九五八	六,〇六	三二	二八	五,七	一,〇七九	一九	一二	八,二七
五	15 Cygni	四增東道輦	九五九	五,九九	一三四	三九	八,五	四,三二八	一九	一五	二六,九三
三	G Aquilæ	三鼓河	九六〇	丅六,〇三	一三四	五九	三四,九	丄四,三三一	一九	一五	五八,四七

星學發軔　卷十六　四十一

星等	外國星宿名	中國星宿名	數目	歲差 秒	光緒二十年六星距極度 度	分	秒	歲差 秒	光緒二十年六星赤經度 時	分	秒
三—二/一	D Cygni	二津天	九六一	六,三一	二二	三○	五二,八	一○,○四一	一九	一二	三二,五○
四	D Sagittarii	三旗左	九六二	六,三四	一○八	二	一一,七	三,四八九	一九	一五	五二,六三
五	X Cygni	五道輦	九六三	六,○六	一三○	四八	三一,四	四,一七九	一九	一六	五八,二八
五	Z Sagittarii	四旗左	九六四	七,三七	七八	一六	九,八	二,八六五	一九	二○	一二,三一
四	E Pavonis	九雀孔	九六五	六,八○	八七	五	八,六	三,○二七	一九	二○	二七,四○
一—二/一	A Aquilæ	二鼓河	九六六	六,八一	一六	四九	五○,四	一,○九六	一九	一七	三○,○七
四	H Aquilæ	四浮天	九六七	六,八七	二四	二八	四二,八	一○,三三二	一九	二○	九,八五
四—二/一	I Sagittarii	一增東淵天	九六八	六,九七	六五	三二	一七,八	二,四九五	一九	二四	三二,六三
五	X_2 Aquilæ	八增東鼓河	九六九	七,二六	六二	一五	四,二	二,四二○	一九	二六	四一,三七
五	13 Vulpeculæ	七十增北旗左	九七○	七,四七	三八	二九	四,○	一,五一六	一九	二七	一一,一七
五	b Sagittarii	四國狗	九七一	七,三二	八二	五○	二,四	二,九三四	一九	二九	一二,三七
三—二/一	B Aquilæ	一鼓河	九七二	七,四一	一○○	四六	四九,四	三,三一三	一九	二九	三七,○○
五	22 Cygni	三增西津天	九七三	七,四八	一一五	六	一九,七	三,六六三	一九	三○	三七,五四
五	H Cygni	五增東道輦	九七四	七,六○	九七	一五	三,○	三,二三三	一九	三一	三○,八九
四—二/一	G Sagittarii	五旗左	九七五	七,六○	九一	三○	三二,七	三,一一一	一九	三一	三三,二五
五	14 Vulpeculæ	九十增北旗左	九七六	七,八三	八四	四九	五三,二	二,九六五	一九	三四	一五,六一
四—二/一	C Sagittarii	三國狗	九七七	八,○八	四○	○	四三,六	一,六一一	一九	三三	四五,七三
四	D Pavonis	六雀孔	九七八	六,○六	二○	三○	三五,一	○,一○七	一九	三二	三三,一八
五	15 Vulpeculæ	十增北旗左	九七九	七,九八	七二	一二	五七,六	二,六八五	一九	三五	三七,八六
五	e Draconis	五廚天	九八○	八,○一	六○	四	四一,八	二,三六八	一九	三五	二五,五六
四	R Draconis	四廚天	九八一	八,○三	一○六	二一	三二,三	三,四四○	一九	三六	四八,一○
五	66 Draconiu	一增西鉤天	九八二	八,○四	七二	四五	一九,三	二,六九七	一九	三六	三三,六七
三—二/一	Th Aquilæ	一桴天	九八三	八,四七	五二	五三	一三,二	二,一六六	一九	四○	四○,三九
五	b^2 Cygni	六增西津天	九八四	八,四二	七九	三七	五三,七	二,八五七	一九	四一	三○,五二

星學發軔　卷十六　四十二

星等	外國星宿名	中國星宿名	數目	歲差 秒	光緒二十年六星距極度 度	分	秒	歲差 秒	光緒二十年六星赤經度 時	分	秒
五	R Aquilæ	九旗左	九八五	八,五○	四五	六	五三,七	一,八七六	一九	四一	五一,○三
四	O^2 Cygni	三津天	九八六	八,五八	七一	四二	四五,七	二,六八四	一九	四二	五六,三六
四	A^1 Capricorni	六增內宿牛	九八七	八,○二	五六	三○	二三,一	二,二七五	一九	四二	三七,八四
四—二/一	23 Vulpeculæ	二十增北旗左	九八八	八,七三	七一	六	三一,五	二,六六八	一九	四四	三二,六五
三	A^2 Capricorni	二宿牛	九八九	八,六四	一六三	一○	三六,四	七,○九四	一九	四九	三,五○
四—二/一	33 Cygni	四增東仲奚	九九○	九,一三	八一	二三	四九,八	二,九二五	一九	四五	五四,○三
五	24 Vulpeculæ	一十二增東旗左	九九一	八,八二	八九	一五	一○,六	三,○六○	一九	四七	二二,八六
四—二/一	32 Cygni	七十三增北津天	九九二	八,八二	一三二	八	五,六	四,一七九	一九	四八	二三,九三
五	N Capricorni	七增東宿牛	九九三	八,九七	八一	四七	五四,七	二,九一二	一九	四九	二四,二七
三—二/一	B Capricorni	一宿牛	九九四	九,一一	六六	一○	五三,○	二,五五二	一九	四九	一二,八三
二	A Pavonis	一十雀孔	九九五	九,○九	一一七	二六	一○,二	三,六九六	一九	五○	四八,八九
四—二/一	K Cephei	二增內杜天	九九六	八,五六	八三	五○	四三,五	二,九五二	一九	五○	二四,二六
三	G Cygni	一津天	九九七	九,三○	五一	四六	四七,九	二,一四四	一九	五二	一七,三九
五	39 Cygni	五十增南津天	九九八	九,二七	五五	一一	三,五	二,二五三	一九	五二	三三,七五
五	P Capricorni	四宿牛	九九九	九,五○	七○	四六	四六,○	二,六六九	一九	五四	一八,六七
五	R Capricorni	六宿牛	一○○○	九,四五	六七	一○	二三,九	二,五七六	一九	五四	五三,二八
五	69 Aquilæ	四味離	一○○一	九,五八	一一七	五九	二○,一	三,七○五	一九	五六	三○,八二
四—二/一	41 Cygni	六十增南津天	一○○二	八,五○	一五六	二六	一三,一	五,九六九	一九	五八	五五,四四
五	O^2 Cygni	五十三增北津天	一○○三	九,七二	六二	三一	二二,○	二,四六九	一九	五六	五八,八五
四	E Delphini	一瓜敗	一○○四	一○,○○	二五	二七	三四,四	○,六五一	二○	○	二四,九六
五	O^3 Cygni	四十三增北津天	一○○五	一○,二三	二二	二四	四二,六	○,三○○	二○	二	二二,六九
五	Th Cephei	三鉤天	一○○六	一○,三二	二八	一七	四三,七	○,九六四	二○	三	五七,三七
五	Z Delphini	五瓜瓠	一○○七	一○,三二	九一	七	八,八	三,一○三	二○	六	八,九一
四	B Delphini	四瓜瓠	一○○八	一○,四三	五三	二七	一五,二	二,二二八	二○	五	四二,八三

星學發軔　卷十六　四十三

星等	外國星宿名	中國星宿名	數目	歲差	光緒二十六年之星距極度			歲差	光緒二十六年之星赤經度		
				秒	度	分	秒	秒	時	分	秒
五	71 Aquilæ	離珠二	一〇〇九	丅一〇.六六	七五	六	二八.九	丄二.七七九	二〇	九	三九.二〇
三	B Pavonis	孔雀七	一〇一〇	一〇.七五	四三	三三	四三.一	一.八九〇	二〇	一〇	二九.四八
五	V Capricorni	羅堰二	一〇一一	一〇.七五	一〇二	四九	六.五	三.三三四	二〇	一二	六.四六
四—三	Th Delphini	敗瓜三	一〇一二	一〇.八〇	六二	二九	三二.四	二.四八五	二〇	一一	三七.六一
三—三	A Delphini	瓠瓜一	一〇一三	一〇.七九	一〇二	五一	二一.二	三.三三九	二〇	一二	三〇.六二
一	A Cygni	天津四	一〇一四	一〇.八一	三三	四四	二二.五	一.四〇一	二〇	一一	四.五三
四	D Delphini	瓠瓜五	一〇一五	一〇.八二	六五	三八	一三.〇	二.五六九	二〇	一二	三〇.五六
四—三	P_2 Capricorni	天田四	一〇一六	一〇.八七	四二	三五	三五.七	一.八五四	二〇	一二	二二.六七
四—三	E Aquarii	女宿一	一〇一七	一〇.九四	一〇三	四	二九.七	三.三三七	二〇	一五	七.一五
四	G Delphini	瓠瓜二	一〇一八	一一.〇一	一〇五	五	五二.九	三.三八〇	二〇	一五	二三.六九
四	3 Aquarii	女宿四	一〇一九	一一.〇二	一四七	三	二四.三	四.八〇七	二〇	一七	四五.三八
三	E Cygni	天津九	一〇二〇	一一.〇七	一二	三五	二一.二	丅一.八六二	二〇	一二	一七.二九
五	L Cygni	天津內增三十	一〇二一	一一.三〇	五〇	一三	五〇.四	丄二.一五三	二〇	一八	三八.四六
三—三	H Cephei	天鉤四	一〇二二	一一.四〇	五八	七	五六.五	二.三九五	二〇	一九	五二.〇〇
四—三	M Aquarii	女宿二	一〇二三	一一.四六	一〇八	三二	二四.一	三.四四六	二〇	二一	三六.〇九
五	57 Cygni	天津東增三十二	一〇二四	一一.五五	一〇八	八	四一.九	三.四三三	二〇	二三	九.五三
四—三	32 Vulpeculæ	天津南增二十五	一〇二五	一一.六五	九三	一三	六.六	三.一四五	二〇	二四	二五.八七
四	N Cygni	天津五	一〇二六	一一.七五	五九	五七	五八.七	二.四五〇	二〇	二五	一八.四九
五	H Capricorni	周一	一〇二七	一一.九一	四一	二三	七.〇	一.八五八	二〇	二六	五七.六九
四	X^2 Cygni	車府六	一〇二八	一一.九三	七九	二	一四.七	二.八六八	二〇	二八	二六.〇六
五	N Aquarii	天壘城十	一〇二九	一一.九五	四一	七	四.〇	一.八五一	二〇	二八	一三.五〇
五	f^2 Cygni	車府北增三	一〇三〇	一一.九九	二七	二〇	三二.六	一.〇二〇	二〇	二七	五四.三四
五	G Equulei	司非一	一〇三一	一二.一三	七五	四〇	一七.四	二.八〇七	二〇	三〇	三八.〇八
三	Z Cygni	天津八	一〇三二	丅一二.二三	七五	四五	一三.五	丄二.八一三	二〇	三二	五一.五一

星學發軔　卷十六　四十四

星等	外國星宿名	中國星宿名	數目	歲差	光緒二十六年之星距極度			歲差	光緒二十六年之星赤經度		
				秒	度	分	秒	秒	時	分	秒
四—三	D Equulei	司非二	一〇三三	丅一二.二七	九一	二七	一七.六	丄三.一〇四	二〇	三三	一〇.四四
四—三	A Equulei	虛宿二	一〇三四	一二.二九	一五六	三三	五五.一	五.五二四	二〇	三五	五八.八八
五—三	77 Draconis	天柱二	一〇三五	一二.三六	一〇八	二九	二七.九	三.四二六	二〇	三四	二一.五六
五	T Cygni	天津六	一〇三六	一二.三六	七七	二	八.七	二.八三三	二〇	三四	〇.九四
五	4 Piscis Aust.	離珠二	一〇三七	一二.四一	七四	二六	二八.九	二.七九一	二〇	三四	五九.八一
四—三	S Cygni	天津東增二十八	一〇三八	一二.六四	四五	四	四〇.四	二.〇四四	二〇	三八	一.三二
四—三	V Cygni	天津七	一〇三九	一二.六三	七五	一七	五.三	二.八〇四	二〇	三八	四七.七〇
五	I Capricorni	代一	一〇四〇	一二.五五	一一五	三七	五四.二	三.五七〇	二〇	四〇	一〇.八一
三	G Pavonis	孔雀十	一〇四一	一二.八四	九九	五一	四六.六	三.二五九	二〇	四二	一六.〇八
三	A Cephei	五鉤五	一〇四二	一二.七二	七四	一四	八.九	二.七八五	二〇	四二	一.三〇
四	1 Pegasi	人二	一〇四三	一二.八五	九五	二三	四一.八	三.一七三	二〇	四二	二七.九〇
四	Z Capricorni	燕	一〇四四	一三.二三	五六	二四	一八.九	二.四二六	二〇	四二	九.八五
三	B Aquarii	虛宿一	一〇四五	一三.〇六	五三	五二	三四.九	二.三三三	二〇	四三	三〇.七一
三	B Cephei	上衞東增一	一〇四六	一三.八六	二八	三三	〇.六	一.二三二	二〇	四三	一五.五七
四—三	R Cygni	車府四	一〇四七	一三.一七	九九	二一	三四.八	三.二四六	二〇	四七	一五.八六
五	E Capricorni	壘壁陣二	一〇四八	一三.四三	四五	五九	三一.六	二.一二〇	二〇	四九	四二.四四
五	X_2 Aquarii	天壘城一	一〇四九	一三.四七	六二	一九	二三.〇	二.五五七	二〇	五〇	一七.九〇
五	4 Pegasi	危宿西增二	一〇五〇	一三.六八	四九	一三	四.八	二.二三四	二〇	五三	二六.七四
四	G Capricorni	壘壁陣三	一〇五一	一三.九〇	一一〇	一五	五.九	三.四三〇	二〇	五八	四三.〇九
五	41 Capricorni	代南增二	一〇五二	一四.一七	四六	二八	一七.二	二.一八〇	二一	一	一七.六八
五	K Capricorni	壘壁陣一	一〇五三	一四.二八	一〇一	四六	三八.七	三.二七六	二一	四	八.八三
四—三	I Piscis Aust.	天錢三	一〇五四	一四.二八	四二	四五	一四.七	二.〇六三	二一	三	九.二三
四—三	P^1 Cygni	螣蛇四	一〇五五	一四.二〇	八〇	一六	二一.一	二.九二三	二一	五	二九.〇四
二—三	E Pegasi	危宿三	一〇五六	丅一四.五二	六〇	一一	三.四	丄二.五五〇	二一	八	四〇.七二

星等	外國星宿名	中國星宿名	數目	歲差 秒	光緒二十六年星距極度 度	分	秒	歲差 秒	光緒二十六年星赤經度 時	分	秒
四 二/一	9 Pegasi	四人	一〇五七	丅一四、三四	八〇	二三	五五、五	丄二、九二七	二一	九	三六、九二
五	M1 Cygni	一白	一〇五八	一四、六一	八五	九	五九、六	三、〇〇五	二一	一〇	四九、七〇
四	K Pegasi	二白	一〇五九	一四、七二	一二	一六	四三、六	丅一、〇四六	二一	七	三〇、三五
三 二/一	D Capricorni	四陣壁壘	一〇六〇	一五、二三	五二	二二	五一、五	丄二、三九一	二一	一〇	四七、八八
五	Th Piscis Aust.	二鐵天	一〇六一	一四、六六	一二二	三五	三二、八	三、六六五	二一	一一	五二、九六
四 二/一	11 Cephei	二增東衞上	一〇六二	一四、八七	五一	一	三〇、八	二、三五三	二一	一三	二九、三四
四 二/一	N Cephei	五爻造	一〇六三	一四、九一	五五	三一	二三、八	二、四六二	二一	一三	四八、二二
五	P2 Cygni	三蛇螣	一〇六四	一五、〇七	一〇七	一五	三八、六	三、三五七	二一	一六	四一、〇五
三	G Gruis	一白敗	一〇六五	一五、七三	一五五	四九	二一、〇	五、〇八一	二一	一八	一二、七九
五	M Capricorni	一哭	一〇六六	一五、〇九	二七	五〇	二一、〇	一、四三九	二一	一六	一一、六九
五	O Aquarii	一屋蓋	一〇六七	一五、一八	七〇	三七	二五、三	二、七七六	二一	一七	二七、八八
五	L Gruis	二白敗	一〇六八	一五、三一	一一二	五〇	四二、〇	三、四四三	二一	二〇	五七、八〇
五	16 Cephei	二增西衞少	一〇六九	一五、六〇	九六	〇	四一、七	三、一六八	二一	二六	八、九一
三	A Aquarii	一宿危	一〇七〇	一五、六九	一九	五二	四五、二	〇、八〇七	二一	二七	二二、六七
五	N Pegasi	六增內宿危	一〇七一	一五、七七	四四	五一	一、五	二、二五〇	二一	三〇	一三、一〇
四 二/一	I Aquarii	五陣壁壘	一〇七二	一五、八六	一〇九	五四	五三、五	三、三七五	二一	三一	二九、二一
三	A Gruis	一鶴	一〇七三	一五、八九	九八	一八	一一、六	三、二〇二	二一	三二	二五、八七
五	X2 Cephei	六鉤天	一〇七四	一五、九九	八四	四〇	五一、四	三、〇〇四	二一	三三	三一、二九
四	I Pegasi	三白	一〇七五	一六、〇二	一〇七	六	五二、二	三、三四一	二一	三四	三三、四五
五	P1 Pegasi	一增西杵	一〇七六	一六、〇四	一一三	四二	五四、三	三、四三五	二一	三六	一九、五五
四	Th Pegasi	二宿危	一〇七七	一六、一六	一〇九	一九	二一、九	三、三六四	二一	三七	四、六七
四	P3 Pegasi	二杵	一〇七八	一六、一四	一二三	二八	五八、二	三、六〇〇	二一	三九	〇、〇二
四	Z Cephei	二爻造	一〇七九	一六、二五	三九	一六	四、二	二、一二二	二一	三八	三二 三六
五	M1 Gruis	二十鶴	一〇八〇	丅一六、二九	八〇	三五	二、五	丄二、九五一	二一	三九	一六、六六

星等	外國星宿名	中國星宿名	數目	歲差 秒	光緒二十六年星距極度 度	分	秒	歲差 秒	光緒二十六年星赤經度 時	分	秒
三	A Tucanæ	一喙鳥	一〇八一	丅一六、三六	七三	六	二六、七	丄二、八四四	二一	三九	四六、九三
四 二/一	Th Aquarii	二泣	一〇八二	一六、〇八	六一	四二	三四、三	二、六七三	二一	三九	三九、七三
五	1 Lacertæ	一杵	一〇八三	一六、三五	六四	四八	五五、一	二、七一二	二一	四〇	一六、八六
四 二/一	E Cephei	九蛇螣	一〇八四	一六、一二	一〇六	三四	五二、五	三、三二三	二一	四一	三一、四五
五	30 Pegasi	五增東宿危	一〇八五	一六、三九	一二一	二一	四四、七	三、五四七	二一	四一	五二、七六
五	47 Aquarii	四軍林羽	一〇八六	一六、四七	一九	八	五九、五	〇、九〇八	二一	四〇	二八、二六
三	48 Aquarii	二墓墳	一〇八七	一六、四六	二九	二〇	二九、四	一、七三一	二一	四二	三四、四八
四 二/一	31 Pegasi	一吏公土	一〇八八	一六、四八	四一	九	一四、四	二、二一〇	二一	四三	五、八八
五	2 Lacertæ	三府車	一〇八九	一六、五五	一二七	五〇	一六、四	三、六七二	二一	四七	五三、五九
五	D Tucanæ	二喙鳥	一〇九〇	一六、七二	一〇四	一	二二、一	三、二八五	二一	四七	五〇、九七
五	P Aquarii	四墓墳	一〇九一	一七、一九	九二	三八	一七、七	三、一一〇	二一	五八	八、八一
四 二/一	B Lacertæ	十蛇螣	一〇九二	一七、〇二	一三〇	一	四四、一	三、六五〇	二二	〇	五、九七
五	4 Lacertæ	二蛇螣	一〇九三	一七、〇六	一七	一七	四七、〇	〇、八八五	二一	五七	四九、六二
四	D1 Gruis	二增內鶴	一〇九四	一七、二九	九〇	四八	二二、九	三、〇八五	二二	〇	三八、八九
五	D2 Gruis	一十鶴	一〇九五	一七、三八	八五	二五	五三、三	三、〇三一	二二	〇	三八、四四
四	Z Aquarii	一墓墳	一〇九六	一七、二五	一〇四	二一	一九、八	三、二五二	二二	一	二、三七
五	S Aquarii	六陣壁壘	一〇九七	一七、一三	一三七	二六	四六、七	三、八二四	二二	一	五六、二九
四	B Piscis Aust.	一增內白敗	一〇九八	一七、四二	二五	五一	三五、三	一、七三八	二二	〇	五二、九四
四 二/一	D Cephei	一爻造	一〇九九	一七、四二	六五	八	三六、四	二、七八八	二二	二	二一、二四
五 二/二	Ursæ Miuoris	帝大皇天	一一〇〇	一七、四五	五七	一八	五八、五	二、六五五	二二	四	四七、八六
四	A Lacertæ	一蛇螣	一一〇一	一七、五三	八四	一七	四〇、八	三、〇三三	二二	五	九、六二
五	N Aquarii	一十軍林羽	一一〇二	一七、五四	五七	一八	四四、八	二、六五八	二二	五	三二、六六
四	H, Aquarii	三墓墳	一一〇三	一七、六〇	三二	一七	三二、九	二、〇七一	二二	七	二三、〇八
五	31 Cephei	五增西衞少	一一〇四	丅一七、五四	一三一	五〇	五二、四	丄三、六六七	二二	九	三六、三八

星等	外國星宿名	中國星宿名	數目	歲差 秒	光緒二十六年星距極度 度	分	秒	歲差 秒	光緒二十六年星赤經度 時	分	秒
四	E Piscis Aust.	八軍林羽	一一〇五	⊤一七,七二	一五〇	四五	二八,五	⊥四,一九四	二二	一一	四〇,五三
五	30 Cephei	五十增南鉤天	一一〇六	一七,七五	九八	一六	五四,一	三,一七五	二二	一一	三三,六〇
三	B Gruis	二鶴	一一〇七	一七,七九	五二	四四	五七,九	二,六〇五	二二	一一	三六,四九
三	Z Pegasi	一電雷	一一〇八	一七,八一	三三	二七	二〇,六	二,一九七	二二	一一	二〇,九八
五	O Pegasi	三宮離	一一〇九	一七,八八	八四	四二	五二,五	三,〇二五	二二	一五	二六,〇四
三	H Pegasi	四宮離	一一一〇	一七,八九	一一二	五	五五,二	三,三一九	二二	一六	五,八八
五	H Grnis	四鶴	一一一一	一七,九九	九一	五三	二九,〇	三,一〇六	二二	一六	二九,七二
五	Xs Pegasi	二電雷	一一一二	一七,九九	七八	一七	五三,二	二,九五五	二二	一六	三六,〇四
四—三/二	L Pegasi	一宮離	一一一三	一八,〇〇	四三	五八	一,九	二,四六五	二二	一六	五三,四七
四	E Gruis	三鶴	一一一四	一七,八七	一五五	二八	四八,四	四,三四八	二二	二〇	一三,一三
四	M Pegasi	二宮離	一一一五	一八,一〇	八九	七	五〇,四	三,〇六八	二二	二〇	一〇,三九
五	G Piscis Aust.	三白敗	一一一六	一七,九二	三八	一六	二〇,七	二,三四三	二二	一九	三七,五〇
四	I Cephei	八鉤天	一一一七	一八,一〇	四一	一	五二,九	二,四一六	二二	二〇	二七,二九
四	L Aquarii	七陣壁壘	一一一八	一八,一五	一三四	〇	二八,〇	三,六二四	二二	二三	一八,二六
三	D Aquarii	三十二軍林羽	一一一九	一八,〇三	一三四	一五	五五,一	三,六三二	二二	二三	四八,三五
一	A Piscis Aust.	門師落北	一一二〇	一八,二七	九〇	三一	五四,六	三,〇九二	二二	二三	四〇,九七
五	Z Gruis	六鶴	一一二一	一八,三六	一〇一	一一	一九,三	三,一八四	二二	二五	二一,四〇
四	O Andromedæ	十二增東府車	一一二二	一八,二六	一二二	五一	三七,六	三,四三七	二二	二五	四九,七七
五—三/二	Cephei	六陳勾	一一二三	一八,三〇	三二	五	五〇,三	二,二一三	二二	二五	二七,二五
五	B Piscium	一霹靂	一一二四	一八,三五	四	二三	四一,八	⊤三,五〇一	二二	二一	三五,〇四
二	B Pegasi	二宿室	一一二五	一八,三五	四〇	一三	五六,九	⊥二,四五七	二二	二七	一〇,二〇
二	A Pegasi	一宿室	一一二六	一八,三一	一一一	一三	一一,〇	三,二九六	二二	二九	一三,七一
五	Th Gruis	八鶴	一一二七	一八,四〇	九〇	三八	〇,三	三,〇八七	二二	三〇	一三,一二
五	55 Pegasi	四電雷	一一二八	⊤一八,六六	一六	五二	三一,八	⊥一,四八六	二二	三三	一八,二〇

星等	外國星宿名	中國星宿名	數目	歲差 秒	光緒二十六年星距極度 度	分	秒	歲差 秒	光緒二十六年星赤經度 時	分	秒
四—三/二	56 Pegasi	二增東宿室	一一二九	⊤一八,五九	一一七	三三	五八,一	⊥三,三三八	二二	三五	七,九一
四—三/二	C² Aquarii	八十二軍林羽	一一三〇	一八,六二	二六	五六	八,三	二,一一四	二二	三五	六,二六
五	I Gruis	七鶴	一一三一	一八,六〇	一三七	二四	三一,八	三,六二六	二二	三六	四二,五二
五	C³ Aquarii	九十二軍林羽	一一三二	一八,六八	七九	四一	二六,三	二,九九〇	二二	三六	二八,三九
五	P Cephei	衛少	一一三三	一八,六七	六一	一二	五二,三	二,八〇九	二二	三七	三,六九
五	7 Andromedæ	七十蛇螣	一一三四	一八,七一	六〇	一八	七,五	二,八〇五	二二	三八	一八,八二
五	Ph Aquarii	八陣壁壘	一一三五	一八,四八	一四四	一	五四,三	三,七三一	二二	三九	三〇,〇五
四	G Tucanæ	五鶴	一一三六	一八,三九	七八	二〇	一八,九	二,九九三	二二	四一	四一,六七
四—三/二	G Piscium	二霹靂	一一三七	一八,八五	六六	五七	三六,九	二,八八三	二二	四一	四二,八一
五	P_s^2 Aqnarii	八十三軍林羽	一一三八	一八,八三	一四一	五〇	三三,〇	三,六六六	二二	四二	三一,三四
五	S Andromedæ	八十蛇螣	一一三九	一八,九一	六五	五五	三五,三	二,八八八	二二	四五	一〇,五〇
五	P_s^3 Aquarii	七十三軍林羽	一一四〇	一九,〇二	一二三	二四	二三,八	三,三六一	二二	四六	五八,七六
五	T Pegasi	宮離	一一四一	一八,八五	二四	一九	三三,一	二,一一四	二二	四六	六,九八
五	b¹ Aquarii	四十三軍林羽	一一四二	一九,〇五	九八	六	四二,三	三,一三三	二二	四七	二三,七五
五	N Pegasi	六宮離	一一四三	一九,〇六	一〇六	二一	八,四	三,一九五	二二	四九	二〇,七〇
五	b² Aquarii	三十三軍林羽	一一四四	一八,九六	一二〇	九	九,一	三,三三五	二二	五二	七,七八
五	4 Cassiopeæ	四十增北蛇螣	一一四五	一九,二七	一四三	一七	一九,三	三,六一〇	二二	五五	〇,六〇
五	Th Piscium	三霹靂	一一四六	一九,二八	四八	一二	四〇,三	二,七四五	二二	五七	一九,〇四
五	q Pegasi	六電雷	一一四七	一九,三一	六	一一	一八,二	⊤〇,一四六	二二	五五	一七,七七
五	B Sculptoris	一鳥火	一一四八	一九,二八	八六	四三	七,三	⊥三,〇五七	二二	五八	四七,五二
五	b¹ Aquarii	一十三軍林羽	一一四九	一九,四六	六二	二七	三三,八	二,八九八	二二	五八	五五,四三
五	I Phœnicis	二鳥火	一一五〇	一九,三二	七五	一九	五六,八	二,九八五	二二	五九	四六,七六
四—三/二	L Andromedæ	九十蛇螣	一一五一	一九,二八	一三四	三	三九,八	三,四一四	二三	一	一五,四九
四	I Andromedæ	二十二蛇螣	一一五二	⊤一九,三七	八一	七	四九,九	⊥三,〇二一	二三	一	五八,〇八

星等	外國星宿名	中國星宿名	數目
三	G Cephei	少衛東增八	一一五三
五	A^1 Aquarii	鐵鉞一	一一五四
五	A^2 Aquarii	鐵鉞北增三	一一五五
五	L Piscium	雲雨四	一一五六
五	I^1 Aquarii	鐵鉞二	一一五七
五	78 Pegasi	壁宿西增三	一一五八
五	P_s Andromedæ	騰蛇十二	一一五九
五	T Cassiopeæ	騰蛇十三	一一六〇
五	H Tucanæ	鳥喙內增一	一一六一
五	27 Piscium	壘壁陣九	一一六二
四 三/一	O Piscium	霹靂五	一一六三
五	E Tucanæ	鳥喙七	一一六四
五	29 Piscium	壘壁陣十	一一六五
四 三/一	30 Piscium	壘壁陣十二	一一六六
四	2 Ceti	八魁二	一一六七
五	33 Piscium	壘壁陣十一	一一六八

星學發軔 卷十六 四十九

歲差	光緒二十六年星之距極度			歲差	光緒二十六年星之赤經度		
秒	度	分	秒	秒	時	分	秒
丅一九,三七	六五	四	一六,五	丄二,九一六	二三	二	一四,六五
一九,四八	一一一	四二	五二,二	三,二一二	二三	四	七,一七
一九,七〇	一三五	四六	五八,八	三,四一九	二三	四	四一,七三
一九,四六	一一二	五九	五四,二	三,二一九	二三	四	三四,八〇
一九,三九	一五	九	一二,六	一,八八二	二三	四	四二,六三
一九,五八	四一	八	二五,八	二,七二四	二三	七	五七,六九
一九,三五	九六	三五	一六,六	三,一一四	二三	九	八,八四
一九,五五	一四八	四七	一〇,七	三,五五四	二三	一一	三六,二四
一九,六一	八七	一五	五〇,六	三,一一〇	二三	一一	五八,八六
一九,五六	九九	四三	四四,八	三,一二八	二三	一二	四二,九四
一九,六一	四一	三一	五二,九	二,七五六	二三	一三	六,〇二
一九,六二	一〇〇	九	二六,九	三,一二八	二三	一三	四五,六七
一九,六五	六六	四八	二五,二	二,九六一	二三	一五	四一,二三
一九,六〇	一一〇	三八	四五,三	三,一六三	二三	一七	四三,四四
一九,七九	六七	八	四五,九	二,九八六	二三	二〇	二三,二一
一九,七〇	一一一	一一	二一,二	三,一六三	二三	二〇	四七,九二
一九,七四	二八	一五	五七,四	二,六二七	二三	二〇	二三,三〇
一九,七三	八四	一〇	一三,五	三,〇四二	二三	二二	五三,七一
一九,八三	七七	四七	二五,八	三,〇二八	二三	二四	五,六四
一九,七二	一二八	二二	二四,六	三,二三八	二三	二七	三六,七二
一九,八七	一一一	二八	〇,〇	三,一五二	二三	二八	二,九八
一九,七〇	一三三	一〇	一三,六	三,二四七	二三	二九	四一,五六
一九,五〇	四四	五	〇,三	二,九一二	二三	三二	四〇,〇三
丅一九,九四	四七	一七	五,七	丄二,九一八	二三	三三	一三,四七

星學發軔 卷十六 五十

歲差	光緒二十六年星之距極度			歲差	光緒二十六年星之赤經度		
秒	度	分	秒	秒	時	分	秒
丅二〇,〇九	一二	五五	三二,一	丄二,三九一	二三	三五	一三,五七
一九,八七	一〇八	三四	四五,三	三,一二三	二三	三六	二三,七七
二〇,〇〇	一〇八	二二	一〇,五	三,一二六	二三	三六	三四,七四
一九,八〇	八八	四六	一二,四	三,〇六四	二三	三六	五六,七五
一九,九八	一〇八	四九	五二,三	三,一二三	二三	三九	一,三二
一九,九六	六一	一一	二七,六	三,一〇六	二三	三九	二,六三
一九,九六	四四	八	六,二	二,九四八	二三	四一	四,三九
二〇,〇四	三一	五四	一八,二	二,八九一	二三	四二	九,三二
二〇,一一	一五四	五一	五,〇	三,一七〇	二三	五二	一八,二五
一九,九二	九四	六	四二,〇	三,〇七二	二三	五三	三三,一八
一九,九六	八三	四一	二三,八	三,〇八〇	二三	五四	一〇,六三
一九,九四	一五六	八	六,一	三,一七九	二三	五四	四三,三四
二〇,〇七	九三	三五	一,〇	三,〇七五	二三	五六	四一,九二
二〇,〇三	九六	三四	一〇,五	三,〇八二	二三	五六	五〇,〇六
丅二〇,〇七	一〇七	五三	三一,四	丄三,〇八二	二三	五八	三七,二二

八星之一總論一卷

〔英〕李提摩太撰　〔清〕鑄鐵盦譯

《八星之一總論》一卷，英國李提摩太撰，清鑄鐵盦譯。李提摩太（Timothy Richard，一八四五—一九一九），英國傳教士，一八七〇年來華，曾任《時報》天津主筆，後往上海長期主持廣學會。鑄鐵盦，本名蔡爾康（一八五一—一九二一），近代報人，曾供職於《申報》、《字林滬報》、《萬國公報》等，協助林樂知（Young John Allen）等人譯書撰文，著有《泰西新史撮要》、《萬國近史》、《中東戰紀本末》等。是書所謂「八星之一」，即指太陽系有八大行星而地球爲其中之一，其内容依次爲辨「天圓地方説」、介紹八大行星及各種天體現象、介紹地球生物及與日光關係、概述五大洲五大洋、概述世界人種分佈及各大宗教情況等。行文淺易，以利傳播西學天文知識。據中國國家圖書館藏清木活字本影印。

八星之一總論目錄

八星之一總論凡例

一地球分為三百六十度每度計二百五十里比之尋常道里計少五分之一

一每英路一里作中國路三里

一凡言英路一方里譯作中國路十方里約計縱橫各三里有奇

一凡言銀錢計英金一磅作中國銀四兩

一中國銀數十千曰萬十萬曰億百萬即十億曰兆千萬即十兆曰京萬萬即百兆曰垓

一此書創論日之熱力能養若干人一節為前人所未發或不免略有舛錯然按格致家所言而推廣之故其大旨決無紕繆倘中西博雅君子尚有進於是者查明函告以便更正感且不朽

八星之一總論

古之貴人者曰戴高履厚而不知夫[illegible]
爲知者則曰天員而地方或駮之曰信[illegible]是
之不相揜也或又駮之曰楚固失矣齊亦未爲得也夫地
之體固非方也然天體大地體小非可等量而齊觀也猥
謂四角之不揜哉於是又有人創爲一說曰天如卵也而
地則卵之黄也所言始近似有理而以予等所聞之新學
又知大小廣袤之間尚復不符遠甚今試動遠游之與身
乘輪舶或直向東行或直向西行未嘗眂於南而倚於北
也廼歷七十旦暮無論由中華而至外洋由外洋而至中

八星之一總論　一

華居然繞地一周仍返其行旌所發之處於是確知地形
實員如球否則斷不能如環無端也且非獨地如球形已
也日月星辰亦莫不如球而與地球同懸於天空之內四
無依傍淩虛而行用略述之以質有道
華人久知天空有五行星其博習天文者類能考其躔度
而迄未知星體之大小也泰西天文家頻年細加推算於
華人所謂金木水火土五行星之外更知有天王星焉有
海王星焉有地球焉故太虛浩渺中實共有八行星而地
球爲八行星之一與金木水火土天王海王七星同繞日
球而行予等爲八星之一之人宜考八星之一[illegible]之事因先

爲一言以括之曰地球上動植諸物全藉日球之熱力始
能以生以養今第就七行星外圍面積之大小與地球一
行星相比較具列大約之數如左　距日最近者冠諸首
其餘以次遞及而以距日最遠者殿諸末
水星外圍面積約小地球三分之一
金星外圍面積約與地球相若
地球外圍面積約共九萬里
火星外圍面積約小地球一半
木星外圍面積約大地球十一倍
土星外圍面積約大地球九倍

八星之一總論　二

天王星外圍面積約大地球四倍
海王星外圍面積約大地球五倍
以上各行星均繞日球而行其距日近者度狹而周天速
距日遠者度廣而周天遲今更將各行星行一周天遲速
之期具列其數如左　按地球繞日行一周天共三百六
十五日有奇名曰一年每年分十二月每月約三十日各
星行期均就此數核計
水星行一周天約三閲月
金星行一周天約七閲月
地球行一周天十二閲月

火星行一周天約二十二閱月

木星行一周天約十一年

土星行一周天約二十九年

天王星行一周天約八十四年

海王星行一周天約一百六十四年

或有戲推之者謂人若居水星球上歴三十年核之居地球上不過七年有奇耳若居天王星球上則一寒暑間地球上人已八十四歲而海王星無論矣

地球外圍面積共有九萬里前節已言之矣若能穿通地心之徑則按照徑一圍三計算不過三萬里更核諸平常

道路則不過二萬四千里耳（說具凡例）

月球之徑六千五百里以一百零七乘之得六億九萬五千五百里此即月與地相離道里之數　地球之徑二萬四千里以一百零七乘之得二兆五億六萬八千里此即日盛之徑　日球之徑二兆五億六萬八千里以一百零七乘之得二垓七京四兆七億七萬六千里此即地與日相離道里之數　以上各數皆由專講天文之博士悉心推測而知其所著之書至爲繁賾予作是議其立意非主於是故僅言其數未暇闡其理也

若將地球之大小與日球相比較地球小如粟米耳日球則大如茶盃之口而人皆以爲日小地大者則以人居於地離日極遠之故

日光之行疾如閃電僅歴八分鐘之久已飛馳二垓七京四兆七億七萬餘里而達乎地球欲核其實無已則以巨礮之彈乎巨礮之彈一秒鐘行一百二十丈亦皆謂之速矣然欲藉此彈由地球以達日球必也歴十三年之久則日光之疾信爲萬物所莫能比擬者也

天空之間有無形無象之一力焉日球與各星球皆爲所吸用能行於空中而不墮磁石之吸鐵也一無憑藉而亦不墮故此無形無象之力名曰磁氣　人若擎物於掌偶

一翻手物即下墜此何以故蓋即無形無象之力吸之名曰吸力　又若以繩縛一石人以手持繩端而圜拋之繩短則石與手近繩長則石與手遠夫日如人之手也星則如石也視其體之大小以爲繩之長短終古圜拋絲毫不能外溢亦曰吸力　星既爲日所吸矣又有大於日者以吸日各就其位分之所在亦絲毫不能差謬　苟使天空之間不有此無形無象之吸力則日月星辰無不淩躐錯亂互相擊撞從此世界盡壞無可收拾矣　月繞地球而行月球行至何處水即爲其所吸而成潮汐若日月同時互吸海水即成極大潮汛

地球之上有陸有水水陸共合十九垓七京一兆方里即十九萬七千一百萬方里僅以陸地計共得五垓一京五兆有奇方里即五萬一千五百萬有奇方里而水道則占至十四垓五京五兆有奇方里即十四萬五千五百萬有奇方里可見水之於地實多三倍

夫予等所謂地球上動植諸物全藉日球之熱力始能以生以養者何也試驗諸煮酒酒之或多或少胥視火力之大小以爲衡　按此指中國北省燒酒而言其法先窩米使生萌芽而加以麴蘖納之蒸籠籠下有鍋鍋中儲水鍋下有竈竈底然火火熱水騰蒸籠氣出而籠之上相離少

許又有鍋焉其中時易冷水籠中之氣上騰而遇冷鍋即化爲水水流入槽是名燒酒　假使日恆生火即日恆流酒一旦火滅煙消雖籠中之米富於太倉早滴酒之不成矣上天生物之理恆借日球之熱力日光普照於地草木始能生長人畜始能存活倘或羲輪不馭日華消散動植諸物有不立見牿亡哉且夫天地者一蒸籠之象也火旺於下日曬於上事雖殊而理則同也故夫炎炎赤日曬於大海之中海水以受蒸而氣涌即騰空而成雲又有沙積之地亦受日曬而熱熱氣之質輕於涼氣熱氣在涼氣之上如木之浮於水面涼氣在熱氣之下如石之沈於水底

迨夫熱氣上升涼氣即滿布其下遂相刮而成風風與雲遇雲趁風行又與高山或他處之涼風相觸雲將氣攝即成爲雨正與酒氣上騰遇蒸籠上之冷水相似而此地球之上既承日曬復得雨零動植諸物即欣欣然大暢生機矣

人欲觀日必傷厥目倘用遠鏡上窺竟可立瞽惟用薰黑之玻璃以罩之或竟用黑玻璃遠鏡向日細視但見日面積有黑點從東方而起及歷十四日漸漸向西沈下又歷十四日則前見之黑點仍從東方而起即此可見日球凡閱二十八日即已旋繞一周其點大小不等多寡亦不必同而每閱十年或十一年黑點必較多一次此蓋關繫日

球之熱力說者因謂日球之熱力少雲即少雨亦少收穫即因之而歉熱力多雲即多雨亦多收穫即因之而豐消息雖微歷驗不爽

自五洲設立電報以來竟有電機忽不靈通之一候不但電信無從繕發且機中亂飛電光幾疑變生不測初莫知其緣起之所在近十年來遇有此變局既定之後彼此發電詢問始知徧地球同時同刻無一不然因更以質諸天文家則謂當電光亂飛之際我等測驗日球均見其面忽現一極大黑點因此又知地球之電氣亦與日球相關繫電學家倘於此設法以量電氣之多寡亦屬甚易於從事

也

近來格物家之講求熱學者推測日球中每年所出之熱力以爲假使地球徧包三十五碼即十丈零五尺之厚冰窮日球之熱力以曬一年必已融無餘滓倘欲以馬力計則厚三十五碼之冰凡面積一方碼必須同時有馬力一億七萬九千五百五十匹始克融化今不必以一時計而分作一年常用之力則每三方碼之熱方合乎馬力一匹

按英國所産之大馬每一匹能於每分鐘時起重一二萬四千七百五十斤之物使之高至一尺若起高至一丈則重二千四百七十五斤凡輪船火車皆以此法量其力而

每路十方里即東西南北各三里有奇計有三兆餘方碼即此可知日球之熱力每十方里常與馬力一兆匹相埒

又按英國大馬時價合算每匹值銀一百二十兩此馬能用至十五年之久每年分計值銀八兩則此一兆匹之馬價年計銀八兆兩矣又合歐洲貧富老少諸人而勻核之每年每人之進項約得銀五百兩即以八兆兩之銀款按此數以均勻分給則知日球之熱力十方里足資一萬六千人一年之養而查地球生物最旺之區爲人所共知者則法國有一境每十方里中每年所出之物計值銀七億五萬兩若按每人需銀五百兩亦只能敷一千五百人一年之養以較日球之熱力曾不及十分之一但平人恆不知日之熱力値銀若干此猶如蒙古人只知游牧爲生而不知耕種之益直俟華人至而教之始開利源而地價即貴於前時數倍也　以上所言俱合全地球而總計倘使逐層分晰則地球所受日球之熱力互有不同假如赤道一帶常年皆若盛夏而北極南極則常年比隆冬之際更益嚴寒故欲知各處之冷熱必先知其與赤道相離之遠近離赤道近則熱力盛而地中所出之物亦盛離赤道遠則熱力衰而地中所出之物亦衰今列大約之數於左

赤道一帶出物十分

離赤道十五度出物九分

離赤道三十度出物六分五釐

離赤道四十五度出物三分五釐

離赤道六十度出物一分有零

然地球生物之豐歉於全恃日球熱力之外又兼恃乎雨澤離赤道近者雨多離赤道遠者雨少今再列每年得雨大約之數於左

赤道一帶每年得雨約計英度一百寸

離赤道二十度每年得雨約計英度八十寸

離赤道三十度每年得雨約計英度六十寸

離赤道四十度每年得雨約計英度四十寸
離赤道五十度每年得雨約計英度三十寸
離赤道六十度每年得雨約計英度二十寸
離赤道七十度每年得雨約計英度十寸
離赤道八十度每年得雨約計英度五寸

從此可知上天好生之德必使熱力與雨澤相稱然如上云云不過就大概而言其倘有分別者如境有高山或與海內温江相距之遠近則各不相同筆墨倉猝無從逐細聲明　温江者赤道下之熱氣流入於海遂成温帶自水中送熱至各處

若論地中所生貨物之價必以人之所輕所重者以爲權今姑就歐洲一境之產具列其價五洲各有土宜惟在善於種植者神而明之也

歐洲山中之野草假如値銀一分
如將該山用水澆灌同此草也已値銀二分
倘種所謂三葉草者値銀四分
若改種瑞典國之蘿蔔値銀八分
若種意大利國之飼馬草値銀一錢四分
若種上品蔓菁値銀一錢五分
若種合於土宜之糧食値銀二錢三分

至於歐洲種芹菜一類之物竟可値銀一兩二錢一貴一賤相去懸殊操術者可不慎哉今統歐洲各國至肥至磽之地通盤勻算每十方里間每年所產之物總値銀四千八百兩左右而以法國至肥之菜圃權之每十方里間每年所產之物如上所云七億五萬兩者竟多至一百五十六倍

因按以上所說之法曾有人詳細推算徧地球借日球之全熱力實共能養若干人

美國賴芬施點曰地球能養五十九垓九京四兆人卽五千九百九十四兆每十方里間勻計養一百人

英國大類書曰若按美洲而推乎徧地球則能養一百二十二垓四京人卽一萬二千二百四十兆每十方里間計養二百人

俄羅斯國世爵卡破脫琴公曰地球能養五百十垓人卽五萬一千兆每十方里間計養一千人

法國人唐波君曰地球能養七百六十垓人卽七萬六千兆每十方里間能養一千五百人

尋等以爲日之熱力如其毫無洩漏毫無拋廢又照目下貨物之時價而論地球實能養八千一百六十垓人卽八十一萬六千兆每十方里間能養一萬六千人

今博稽五洲之陸地計有五垓一京五兆方里五洲今時人可計近十五垓每十方里間勻計不過二十九人其說詳後故將目下地球所養之人以較地球所能養之人始知世人於種地之事不過略現萌芽耳職此之故各西國因共講明農學設立書院以教農民務欲使每十方里間不但能養一二百人直可另闢新法以養至數千人始覺暢然意滿 今姑降格以求不必侈言十方里之地眞須養至數千人也但以歐洲至肥至磽之地均勻計算每十方里間每年所出之物值銀四千八百兩而論若使講明農學而得其新法務使地中所出之物每年增加一倍

則十方里間年恆溢銀四千八百兩矣又按中國大小各省均勻計算每省之地總在八億方里左右若中國能如上所云則每省每年當可溢銀三垓八京四兆兩十八省每年共溢銀六十九垓一京二兆兩即六十九萬一千二百萬兩嗚呼一農學也而有此絕大關繫其有牧民之責者可不加之意乎

地球分爲五大洲馳情域外者類能言之今爲平等人說法再列如左

亞細亞洲省文曰亞洲

歐羅巴洲省文曰歐洲

阿墨利加洲省文曰美洲

阿非利加洲省文曰非洲

澳大利亞洲省文曰澳洲

今按照一千八百九十年英人賴芬施點君所核五洲之丁口又五洲每十方里間共有若干丁口 連同各洲地土之廣袤具列其數於左

歐洲之地三京五兆五億五萬方里按所謂方里者係按度數推算非按畝而丈量之也多於中國十八行省兩倍不足中國十八行省共一京五兆方里其屬地四京五兆方里不在內其人計三垓六京零二億丁口每

十方里計有一百零一丁口

亞洲之地一垓四京七兆一億方里中國十八省即在其內而多於中國十八省者九倍有餘其人計八垓五京丁口每十方里計有五十七丁口

非洲之地一垓一京五兆一億四萬方里比中國十八省多七倍不足其人計一垓二京七兆丁口每十方里計有十一丁口

澳洲並太平洋羣海島之地三京三兆方里多於中國十八省一倍有餘其人計四兆七億五萬丁口每十方里計不足一丁口半

北美洲並中美洲海島之地六京四兆四億六萬方里多於中國十八省四倍不足其人計八京九兆二億五萬丁口每十方里計有十四丁口

南美洲之地六京八兆三億七萬方里多於中國十八省亦約四倍不足其人計三京六兆四億二萬丁口每十方里計有五丁口

北極五穀不生之地四京八兆八億八萬八千方里多於中國十八省三倍不足其人只有三億丁口每十方里不能成數

通共五洲全地五垓一京二兆五億零八千方里其人計十四垓六京七兆九億二萬丁口每十方里勻計二十九丁口

全地球水路亦分爲五大洋備列於左

最大者曰太平洋在中國之東亞美兩洲之間大於中國十八省四十五倍

次曰大西洋在歐美兩洲之間大於中國十八省二十二倍

又次曰印度洋在印度之南大於中國十八省十八倍

又次曰北冰洋在北極大於中國十八省三倍

又次曰南冰洋在南極大於中國十八省三倍

海中之水如人身之血旦夕流通毫無間斷其故皆緣赤道下之熱氣及南北兩極之冷氣互相逼吸所致冷水實比熱水分量較重所以下沈熱水實比冷水分量較輕所以上浮近二十年來經博學之士考得凡在赤道下之海水爲日曬至極熱旋往南北兩極分道流去而皆浮行於冷水之上及爲冷氣所中旋亦下沈與冷水如寒冰之相迎其南北極之冷水則於南北兩冰洋之底同向赤道倒流及至熱氣薰蒸水即漸漸上浮與赤道下之熱水如沆瀣之一氣此種極冷極熱之兩水彼此往來周而復始而寒冷之地遇海面溫水流至則天氣即化爲和煖生物遂

多且海水既各處流通於魚類亦大有裨益反是則在熱海者必遭暍死在冷海者必遭凍死矣

有所謂海浮石者此天下至奇之事也人初不知此石何自而生今考得海中有一種至小之魚食物入腹即如陸地蠶類之吐絲蠶初吐絲其質極軟一遇空氣絲即堅韌吐出之物一遇海水即堅凝如小石俗謂之爲海浮石而不知係無數小魚所吐之物也積之日久吐者漸多石亦漸大竟有成爲海島者赤道下及太平洋羣島之外往往有之人居其上築房成市耕地成田而澳洲東北境離岸約百里之外更有此種魚吐石成島綿長三四千里不絕

似此奇事凡賦遠游者始能知其事至於海中能出多魚以養多人此億兆庶民所盡知之者無庸細述而卽此彌見全地球五洲水陸各處悉賴日球熱力所蒸曬於以滋長萬物永養生靈之大略矣

五洲之民各殊疆域故風俗之醕駁不同肌膚之顏色不同耳目之聰明不同然而男子身長五六尺女子較男子短約十六分之一則無不同且情欲之感亦無一不同禽獸之所以異於人者非徒言語心術已也鈞是禽也此類不能與彼類交感鈞是獸也此類不能與彼類交感卽或不同類者互相交感或竟不能生育或一傳而絕種地之

生草木也亦然故知其種類之分斷不能合而爲一夫人則豈其然哉鈞是人也無論何洲何國苟有精血之感卽無不有子女之生傳子傳孫連綿不斷固知民吾同胞之說有非徒託諸空言者至其肌膚之色則皆緣水土之殊一旦驟然遷易必致疾病纏綿假如黃白兩種人本生於溫道至黑人所居之地每染類乎傷寒之症甚或竟多不起黑人生於斯長於斯從未染此症候然使本生於熱道之黑人而至黃白人所居之地亦將有疾而病者此皆造物之陰爲主宰默爲安排使之服習其固有之水土而不能詡其遷地爲良也

全地球之人可分爲六大族今特具列於左

一曰黃色人族則中國西藏突厥蒙古滿洲黑龍江以北地高麗日本安南暹羅緬甸諸國人也論黃人之文學則中國實肇其端亦惟中國獨臻其盛論黃人之武功則應讓蒙古首屈一指溯元世祖之受命也以削平天下爲己任以次臣服中國印度俄羅斯諸國凡隸其版圖者二百餘年及其將崩遺詔以全地球分給五皇子何其偉歟至黃人之數約共六垓二京五兆有奇而勝朝某年又有突厥人航海至歐洲之東南其子孫蕃衍至今尙存云

一曰白色人族又名雅理安族蓋因上古之世崑崙山有雅理安一種人其苗裔南至印度者膚色白於印度土人故兼以白人名旣而西行至歐美二洲紛紛占籍其髮則別有黑色黃色紅色之分溯當中國成周之際白人文學之著名者推印度波斯兩國及戰國以迄秦漢則以希臘羅馬兩國爲文人之淵藪近則白人文學偏於歐美二洲矣其人數約共五垓七京有奇

一曰黑色人族其居處皆在赤道之下天時炎熱蓋皆非洲之族類也東以太平洋爲界西以中美洲爲界考黑人一族從古無著名之國僅此百年來始有人教之

讀書識字然被他人擄以爲奴之苦迄未能盡絕也其人數約在二垓一京五兆上下

一曰半黃半白色人族如古時印度西北之巴比倫內有亞述里雅及叙利亞內有猶太及非尼基及埃及國內有非洲北岸之人溯中國夏商周三代之際此族人之名望四達咸知其可與並駕齊驅者惟中國耳今此種族類合約六京五兆

一曰淡黑色人族又名穆來由族蓋因此種人大半生於新嘉坡左近之穆來由地方得名而進東至太平洋一帶皆此族人占籍焉考其學問亙古未聞亦無有幹

濟之才其丁口約共三京五兆

一曰雜色人族之三溯四百年前歐人初至美洲見有一種土人其肌膚亦略帶紅色究其所從來則相傳不一或曰亦黃人之流亞也從亞洲轉徙至此今姑不具論論其著名之兩國曰墨西哥曰秘魯然兩國羌無文字往往結繩以紀事居然上古遺風人數則其一零丁不成數其二則約一京五兆蓋不過一千五百萬人耳

以上雖分六族而歷代以來婚媾可通彼此互爲夫婦故往往有雜以斤斤分明者總而言之今之著名族類一黃一白耳黃人族類管轄亞洲之東方約占五洲十分中之一二白人族類管轄歐美澳三洲及亞洲之西方約占五洲十分中之八九

五洲各國之盛衰恆隨教化爲轉移其識見卑者雖有德行之足稱而終不能駕乎人上若識見高而無德行則又終底於敗亡今考遍地球大小之國以萬計而教化之可屈指數者不過六七專門今列於左

救世教受教化者約四垓五京人

印度教又名婆羅門教受教化者約二垓零七兆人

回教受教化者約一垓九京人

儒教與釋道二教合而不能分受教化者約四垓五京

人

猶太教受教化者約八兆人

其餘一二零教受教化者更少無容贅述

考各教之立意無非導人日趨於善斷無導人爲惡者惟其德行與識見則各參差不一分而言之儒教道教婆羅門教俱有至理名言壽諸梨棗受其教者上則有治民之善政下則有治已之潛修惟祇能自顧其本國而不能博施濟眾兼顧他邦此未及之處也回教則意欲逼脅萬國之人皈依其所謂之眞主又酷信其教祖摩哈默特之語以爲是非而不敢稍踰尺寸李唐之世其教始創歷宋元

明之際教中人頗究心於文學歐洲人有從之而讀書者中國治歷之官亦多取材焉及至邇來三百年間新學盛行乃教中人仍墨守故事不知講究遂每事居於人後矣若救世教之大意則在代天以救人無論何洲何國要皆一視同仁不分畛域以爲吾苟不救則無以對天也且欲使徧地球之人無一有不能對天者也又欲使徧地球無有貧人無有惡人無有苦事終身享天之福身後更享天上之福也其願宏矣今將各教所轄人數具列於左

救世教所轄之人約共九垓實占全地球生齒百中之六十二人

儒教所轄之人約共四垓二京五兆實占全地球生齒百中之三十二人

回教所轄之約共八京僅占全地球生齒百中之五人

又查各教所轄之地今亦列於左

儒教所轄者共四京五兆方里占全地球百分之九

回教所轄者共五京方里占全地球百分之十

救世教則除儒教回教佛教所轄之外皆爲其所轄治計占全地球百分之八十

智者知五洲各大教之大有關繫於國之興衰也故恆注意於此

凡人識見只知有已不知有人故族類分黃白黑諸種教化分救世儒回各術必共冀已族之日盛已教之暢行而又仇視他族藐視他教而不知積漸所至必出於爭甚至兵凶戰危恆從此起君子大公無我祇期徧地球之人共臻於至善徧地球之教共出於導人爲善之一途畛域不分爭競不作然後舉世欣然永無兵革之禍豈不懿哉

按以上所論均係合全地球而言予等以爲含生負氣之倫足跡雖不能徧而逆料各國皆有法度皆有官吏始克底於太平故其致治之道不免有大同小異者而其中必然之理正可不出戶庭而直決之也地球旣能生食物以

養生靈而由各國以遠推各星豈能謂各星球中必無似此者乎陸路往來則乘車水路往來則乘舟空中往來又豈不能化舟車之制而別創一利便之物哉特吾之一身只能爲地球合式之用若欲行至他球則其氣之畸輕畸重在在堪虞今試以合於地球之身行至氣重之處則必慘遭壓死若改而至氣輕之處則身中之氣猛脹必又慘遭裂死故欲遊歷各星球必使吾身與他星之氣相稱始克游行自在治世之法度賞罰爲先苟無賞罰必將敗壞決裂不可收拾上天之治世也亦然賞善罰惡分毫不爽但上天慈悲見人之惡者不欲遽示以罰此理昭彰稍有

知識者類能言之人若終身爲至善之人化去之後上帝必引而進之使能左右遍游各星之世界其爲可歡可幸之事孰有過於此哉

国家出版基金项目
NATIONAL PUBLICATION FOUNDATION

海上絲綢之路文獻集成

總主編　陳支平　陳春聲

科技與文化編 40

主編　王揚宗　葉農

海峽出版發行集團
THE STRAITS PUBLISHING & DISTRIBUTING GROUP
福建人民出版社

本册目次

地理全志不分卷

〔英〕慕維廉撰

《地理全志》不分卷，英國慕維廉撰。慕維廉（William Muirhead，一八二二—一九〇〇），英國傳教士，參與創辦上海墨海書館，爲《六合叢談》主筆之一，譯有《地理全志》、《大英國志》等。是書分上下兩部分，先簡述地形、地動、地廣、地線、地氣生物、天象、地理總論、地理名解、水土略分論，後依次介紹亞細亞、歐羅巴、阿非利加、亞墨利加、大洋群島各洲及域内國家情況。初成十五卷，咸豐四年（一八五四）由上海墨海書館刊行，上編五卷爲世界地理介紹，下編十卷則介紹自然地理學、地質學和地文學等知識。後慕氏重新編譯，省略地學理論内容而更多介紹五大洲各國地理知識。據中國國家圖書館藏清光緒九年（一八八三）排印本影印。

續瀛寰志略

今余重纂地理全志、其中藏略跡誌之廻非中國之談地理僅如地土風水造房安葬諸般、皆爲虛而無憑、茲所講之地理、祇論地土形勢及水分派洋海湖河暨萬國人民風俗土産等、向中土文人略識之、亦有諸書述其大意、若海國圖志與瀛環志略二書、頗有盛名、廣行華夏、茲著是集、亦仿其意、專以外國地志爲本、希中土儒林披而獲益、雖論全地形、似究不能備而詳、審要須多著卷帙、始得收其大效、倘見後人續出、亦可小補、方今中外甚屬相通、往來人材濟濟、應悉中外諸端、故此書爲緊要之作、於論事前、先畧詳地形地動等、堪知地球非獨有者、因在宇宙中、更有萬般星象與地相附、

而共顯　上帝造化之大功焉

旨維

光緒九年歲次癸未夏月上洋麥家圈慕維廉識

地理全志目錄

地形

夫地之形體圓如球如橢其據略陳於左一有船能行地之四周仍歸故處譬若行或東或西直路而往後即能回本地二船行時未覩其身先現桅頂若地勢是平則船之全體悉堪洞見惟圓故船之下體被地所蔽三月蝕時乃地影掩於面其影之形恒必圓狀由此可証地形是圓因祇有圓體能常顯其圓影四我方行自北至南有星降於地平之下更有他星升於南如北斗星居北寒道幾直在頂上等行南即稍見於下若抵赤道即見在地平過此則不見焉

地動

維　地若定於一處而日與星辰如行於四周其實是地所運動也夫人居大球上有城市創建草木滋生舟行水面究其球時常自轉凡人城市草木船等與球同轉焉每十二時地球自轉一次於本軸之周使成晝夜當我在地球邊向日斯爲我晝背日斯爲我夜若推一直線通貫地球中乃所自旋之處即名地軸其

線之兩端即名南北二極夫地球晝夜自運本軸外更有每年繞於日周緣是定四時變化冬時與我相近之極即背日故於午時在天上爲低其光斜射於我夏時與我相近之極即向日故在天上爲高其光直射於我日在我上愈高則其熱覺甚至高爲夏至低爲冬

地廣

凡地之四周共約有九萬里其直徑二萬二千里因地形旋動進赤道之區凸出故其在面上較在二極遠地中約有四十五里夫地乃爲上帝所造雖是廣大而於天象實爲至小之一

地線

赤道乃所推之線橫畫於地球之周自南北二極均分各半一名南半球一名北半球經線自所定之午線縱畫之而指某地與彼相距或東或西又以度量之此書中之午線由北京而算之緯線自赤道橫畫之而指某地與彼相違或南或北

又以度量之南北二帶當地繞日旋回日似行其道之上於赤道至南北二十三度半止有線自此畫於地球四周名南北二帶南北二寒線自二極所畫在二十三度半相距地面分五道熱道一溫道二寒道二熱道在南北二帶中於斯經年間晝夜長短幾均二溫道由二帶至二寒線而止於此晝夜長短有大異二寒道自寒線至二極而止在此經年中日長全掩

地氣生物等

地面氣候在赤道爲至熱大略言之愈近二極漸冷惟氣候不獨藉地所遠赤道亦賴其地高於海面而成在赤道落登十里高於海面即接永雪之線在赤道南北越近二極其線爲底至與海面平也

艸木在熱道中更爲繁茂其種亦屬甚異越近二極其種更少而短自赤道至二極有艸木分八上一赤道土生椶樹香蕉香料等二熱道土產糯米棉花等三熱道南北之土產冬青橄欖茶葉米棉花等四暖溫道土產冬青葡萄麥麵等五冷

溫道土產穀、松、栢等、六寒道南北之土產松、栢、楊、柳等、七寒道之土產夾竹、桃、苔
蘚等、八二極之土不生凡卉
鳥獸在暖地至繁而甚異、熱道中走獸極大、如象、犀牛、獅、虎等、更有昆蟲鱗甲極
盛、飛鳥彩羽至艷、溫道中有馬、驢、牛、羊等、其鳥彩羽稀少、寒道中陸地走獸罕有、
惟海中有鯨魚、海狗等、洋海飛鳥繁庶
人類分有數品、以形色狀貌言語所定、大略如下、一白色、有首橢圓、面貌端整而
髮盛、其人居於歐羅巴者十之九、與亞西亞之西、阿非利加之北、暨徙亞墨利加
之人、二黃色、有大頭殼、斜目、稀髮、其民居於中國、土耳其等處、三黑色、唇厚鼻平
髮拳、其民居於阿非利加、澳大利等、四棧色、頭尖、髮黑而强、其民居於馬來、新西
蘭群島、五紅色、乃亞墨利加之土人
萬民之情形分有四等、一生番、二少有禮儀、三大有禮儀、四文學技藝、
國政大分三等、一君自主、二君與民爲主、三庶民共主、所宗之教分四等、大畧如

下、一耶穌教、乃信耶穌基督爲上帝子救世主、二猶太教、祇信舊約聖書、不信新約而望救主將至也、三回教乃信嘛哈麥、即在唐代生於亞拉巴、四像教、如釋道梵教等、其民拜偶像、故稱像教也、

天下萬民論其數、因約畧算之十四萬萬人、

天象

蓋地球外更有星象旋繞於日、亦蒙其光、間或有如地、稱爲行星、或稱彗星、其軌道有時較行星更近太陽、而後行至遠之區、經數十年不得見、論日月星辰大小不一、略陳於下、日徑有三百萬里、自轉其本軸於二十五日、較我地球尤重三十五萬倍、亦尤大一百二十五萬倍、金星遠日一千二百五十億里、人罕見、水星更近地球、故較他星愈明、而遠日亦有二千三百五十億里、在日之東爲晚星、在西爲朝星、地球遠日三千二百億里、外有一月、遠地八十五萬里、自轉其軸在二十九天半、亦爲洋海潮水之故、當月於地與日之中、即成日蝕、其地於日與月之

中卽成月蝕火星遠日五千億里見有紅色惟用千里鏡窺之有數點跡其白推爲雪其黑推爲州又有諸小星已識一百三十或推爲大星分折之料共遠自日七千萬至一萬億里上星遠日約一萬六千億里較他行星九大又較地球大一千三百倍惟九重祇三百倍又有四月周有數帶之色木星遠日約有三萬億里外有八月三圈中有二明天王遠日六萬億里亦有四月海王遠日九萬億餘里中有二月以上小星分諸行星有內外二羣其內者較小行於日周甚速自轉本軸約有十二時惟一有一月外者較大其行稍緩自運五時皆有數月日與所運之星皆成太陽諸星之彙也

夫光行一秒時有六十六萬四千里自日至行星卽下至金星在三分時十五秒至水星在六分時至地球在八分時至火星在十二分半至最近小星在十九分時至最遠小星在二十四分時半至土星在四十三分時至木星在七十八分時半至天王星一百五十八分時至海王星二百四十九分時至最近定星三年半

又有星甚遠其光通至地球必需數千年如此其光之射今我得見即離其星久已數千年緣是可見在太陽諸星外更有諸星自發己光亦推爲日較我星之日尤大或在他星廣彙中目見至小祗因甚遠至近者較日相遠尤大二十萬倍夜觀似見甚多而實見甚少類千里鏡著明千萬爲我目不能見若鏡力愈增即能見之星數更增天空見似白雲俗名天漢若用大千里鏡測之即有無數星辰彙之太陽與衆定星恒運有序遵所定之路或於彼此周回或於中極未識之區聖書云上帝兮上天彰其榮光穹蒼顯其經綸兮又云爾當仰觀天象羅布有若軍旅上帝以巨能大力創造星辰呼其名核其數無不應命

地理全志

地理總論

地理者、言地面形勢、分質政二家、質家言地乃水土所成及土之位置、廣大高低、形勢大略、水之位置、廣大、深淺、流動之理也、總之水土支幹、氣化不同、故禽獸草木隨地而異、各有限界、此言地質者之至要也、政家詳地之郡國省縣與各國界限、輿籍、土產、貿易、戶口、律例、教俗等事、欲知地面質體、當先明地球形勢、以天文、地殼元質、氣化、諸理詳釋之、

地理名解

地面以水土分之、水分為洋、海、灣、窄海、峽、河、湖等、土分州、島、

隅、角、等、其洋者、水之支派最大者也、海者、洋之支派最大者也、灣者、海之支派繞於地濱也、窄海者、海之大支間於二地也、峽者、夾於二海之中、小於窄海也、河者、水流於海也、湖者、水匯於地面、土環其外也、其州者、地之最大者也、島者、地於水中、小於州也、隅者、地大半環於水也、角者、彈丸之地突起於海中也、

水土略分論

地面之水分爲五洋、一曰太平洋、一曰大西洋、一曰印度洋、一曰南氷洋、一曰北氷洋、土分爲五州、一曰亞西亞、一曰歐羅巴、一曰阿非利加、皆爲東土、一曰南亞墨利加北亞墨利

知、皆爲西土、其外大洋羣島甚多推之卽爲一州、因名曰大洋羣島、

論地球度數、以經線緯線縱橫畫之四周得三百六十度、昔西地理之士至中國、以一百九十二里半爲一度、後至者以二百五十里爲一度、此書以是度爲準、周圍約九萬里總計約七千億方里、

今將五州之文、質、政、以及其國、省、都、城、形勢、名號、人民、風俗、史册、朝綱等、一一詳明列後、

亞西亞全志

亞西亞爲五州之最、其內山嶺環繞、高原廣野、人文薈萃、物類紛繁、氣候冷熱、地土肥瘠不等、特詳於左、

文論

位州內緯線自赤道北一度二十分起至七十八度止、經線自中華北京午線偏東七十三度三十分起三偏西九十度三十分止

界州內東至太平洋、西連歐羅巴、阿非利加、南接印度洋、北枕北冰洋、

廣州內長二萬里闊二萬一千里、總計之六百億方里、

質論

山州內山嶺衆多、中有四山南北平列、曰阿爾泰、天山、崑崙、希瑪拉雅、又名雪山、乃地球中至峻者、皆在俄羅斯印度之間、溫的牙、東高的斯、西高的斯、尼克利皆在印度內外、與安在滿洲蒙古之間、雲嶺南嶺北嶺皆在中華、印度固斯在阿富汗西域之間、葱嶺在西域新疆之間、烏啦嶺在俄羅斯西界、高加索斯在裏海黑海之間、道羅斯在土耳其、黑沙斯在亞喇伯、至於火山州十七座、島二十九座、東方爲多、隨後註明、

亞州內高原延袤莫比、西藏波斯之義嚮爲首、印度之德排亞喇伯、土耳其、其間有數處次之、又有阿比河、也尼塞河、勒那河、黑河、怒江等涯岸甚底、郊野曠遠、在俄羅斯境、稍有沃地、此外則皆一望無垠、藪澤相間、沙漠所際、大半在西域蒙古阿富汗波斯亞喇伯諸國、

亞州隅東曰堪察加、高麗、南曰安南、暹羅、緬甸、馬來、皆爲一隅、印度、亞喇伯、西曰亞那多里、

亞州內之角、曰東北角、纍咸內角、在北冰洋、東角在白令海峽、羅巴德加在堪察加南、緬瑪尼在麻喇甲南、哥摩令在印度南、拉斯那在紅海、

亞州外島嶼甚多、其大者在北冰洋、有新西伯里、大平洋有撒加憐、古里利、日本、琉球、臺灣、南海有瓊州、新加坡、印度洋有錫蘭、瑪地維斯、拉加底維斯、地中海有居比路、羅底斯等、

亞州內海之大者、東有堪察加、阿荷次克、日本、中華東海、南有中華南海、亞喇伯海、西有紅海、地中海、黑海、

亞州濱海灣之最者、一名阿比、通運北冰洋、一名亞那的、通運堪察加海、一名直隸、通運中華東海、一名東京、一名暹羅、通運中華南海、一名孟加拉、瑪大板、通運印度洋、一名堪北、一名波斯、通運亞喇伯海、

亞州海峽不一、東北有白令、在亞西亞、亞墨利加之間、東有庫頁、在庫頁島、滿洲之間、北路西在日本、庫頁島之間、南有新加坡、在麻剌甲、新加坡之間、麻剌甲在麻剌甲、蘇門答臘之間、

巴爾克在印度錫蘭之間，巴白曼德在紅海口。

河州內之河紛繁，其至長者，南有印度河流入亞喇伯海，恒河、雅魯藏布江、怒江流入孟加拉海灣，湄南河流入暹羅海灣，瀾滄江流入中國南海；北有狗比河、也尼塞河、勒那河，皆流入北氷洋；東有黑龍江流入痾荷次克海，黃河、揚子江流入中國東海；西有阿母河、納林河流入鹹海，幼發拉的河、底格里斯河流入波斯海灣。

湖州內之湖，一名加斯比安，即裏海，在波斯北方；一名阿啦鄂鹹海，在西域；一名庫可諾爾，即青海，在蒙古；一名死海，一名氾湖，在土爾其；一名貝加爾，在俄羅斯南；其餘各湖，不可勝數。

氣候州內氣候殊異，北則嚴寒，南則酷濕，東西溫和，中則冬冷夏熱。

地寶州內寶藏蓄衍，取之不盡，因採法未精，遂不多見，止有水晶、藍寶石、瑪瑙、白玉、珊瑚、五金、水銀、金剛鑽石、炭、煤、硫磺、砂、硼砂等。

草木州內草木之生，各土不同，北方嚴寒礫瘠，百卉蕭條；中則土燥沙礫，雜草木不茂，穀菓甚稀；西方溫和沃肥，草木穀菓茂盛；南方田土豐腴，草木紛繁，花卉嫣媚；東方山谷膏壤，草木花卉向榮競茂。

生物州內禽獸充斥，昆蟲蕃衍。印度、莖地、錫蘭、海島產象、虎、狼、猴、犀牛；波斯、亞喇伯產凶獅、猛狼、山狗、獨峯駝、牛；於南方四不相，育於北域；麝香出於西藏；貂、銀鼠、熊、鹿蕃衍於北域，其餘禽獸昆蟲種類紛繁、名色各異、處處有之。

政論

戶口 本州人民、統計八千億口。

教門 州內之教甚多、中國有儒釋道三教、印度有梵教、亞喇伯波斯等、有回教、俄羅斯等、有天主耶穌聖教。

技藝 州內技藝工巧、製造精奇、如波斯地氈、印度細布、中華磁器、日本油漆等物。

古史 州內太古之時、萬民始祖、肇生於此、其後漸漸蕃昌、散居各處、始分各國、印度最稱強富、殷代始興、西有毗連數國、擅天下權、彼時土爽之大人多不識、厥後各商往來、漸通州內、迨宋時成吉思可汗征服蒙古、中華、俄羅斯、歐羅巴數國、人始知亞西亞之廣闊、適值歐羅巴貿易初興、商賈東西南方盡通、惟北界尠悉、明時、俄羅斯商行其處、販運獸皮回巡、所見、俄羅斯皇帝遣人探訪、以兵征之、後乃賓服、遂定州之北界。

國政 州內政事大同小異、律例法度、歷來皆有、政事之遞變不一端、帝王之代更非一姓、朝章國憲、時有沿革、新君遷都、糜費不貲、國土既名、朝政亦異、或稱帝或稱王或為相、或為牧、名號各殊、爵位亦異。

風俗 州內學俗、優絀不同皆時為五州靈敏之最、今則大遜於他州、至人性情、或端莊嚴肅、或卑屈狡猾、其大者不過親族和睦、須終追遠而已、然通都大邑、貿易甚多、禮學兼優、狹小之區俗粗慣劫、匿僻荒郊、欲知本州之風、當觀以下各國之志、

國州內國之大小不一、曰中華、滿洲、蒙古、新疆、西藏、高麗、日本、琉球、安南、暹羅、南掌、緬甸、馬來布魯克、廓爾喀、印度、錫蘭、俾路芝、阿富汗、波斯、西域、俄羅斯屬地、土耳其、土耳其屬地、亞喇伯、至大英、法蘭西、葡萄牙、荷蘭等國兼攝之地、後附各處分晰註明、

中華國志

中華在亞西亞之東緯線自赤道北二十度起至四十一度止經線北京偏東七度起偏西十八度止東連大平洋西距蒙古西藏南至南海交趾北接滿洲蒙古長五千里闊三千六百里總計五百三十五萬里其形勢北自長城起至安慶止崗巒隱現原隰延袤瀕海之區低淤卑下土田肥沃米麥茂盛中則山清嶺秀草木紛繁農耕盡力南則峯巒嶄巖橫列西東樹林叢密風景清醇河之大者曰黃河揚子江直隷之北河廣東之珠江均水路通衢商賈輻輳之區又有湖之大者曰洞庭曰鄱陽地利不一氣候各異大約北寒南暑東

溫和、西燥熱、至於寶物、隨處有之、採取未精、遂不多見、茲所產者、金銀銅鐵水銀白鉛寶石煤絲茶糖藥料等、草木蕃衍、禽獸充斥、

中華太古之時、荒遠難稽、及今延四千餘載、粵自開基以來、人多蒙昧、迨都以人倫、食以五穀、制文字、服衣裳、或士農或工賈、皆由歷代訓導而成、春秋時五霸迭興、諸侯各據、干戈互起、禮義不行、孔子刪述六經、大道以明、迨乎七國崛興、爭雄並峙、嬴政挺生、始行兼併、無如民力凋殘、武功不備、遂致外邦擾亂、久而後定、漢晉六朝唐五代宋皆有戎狄之患、元乃旃裘毳幕布北庭、未幾至明、享國祚者二百餘年、大清龍興、民維奠其審遼、昔限異方、今歸典屬、道光二十二年、有大英諸國與中華定和約、開五處海口通商、廣東廈門福州寧波上海、咸豐八年再定和約、又開五處、瓊州臺灣汕頭登州牛庄、後又開揚子江、鎮江九江漢口宜昌、咸豐十年、又開天津埠頭通商、又定外國欽使居於北京、以議公政、更有大英代理者駐重慶、待內地濬通、朝綱皇帝、歷代傳男、長賢出自上意、政治惟君操持、取士專以帖括、詩詞歌賦、學者惟務文章、經傳子史、至於民間貿易繁盛、戶口約規三千億、所奉者、儒釋道三教、又回教天主耶穌教

通國分爲十八省、詳列於左、

直隸省在中華極北、東達山海關、西距長城殺虎口、北控邊塞蒙古、南界海及山東、冬則嚴寒、夏則炎熇、順天府爲京都、周圍四十里、城分內外、又二十八里、宮殿雄壯、衙署寬大、街市喧闐、人民錯處、貿易殊盛、海口在天津府、爲水陸之通衢、津梁之要害、繁華奢麗、統府十、保定爲首府、乃省會也、通省地瘠、農勤、土產煤、鹽、穀、菓、牲畜等、

山東西有運河、東臨滄海、中間山谷、豐腴不等、地曠人稀、耕作維艱、往往謀生異土、產絲、靛、黍、麥、菓、棉布等、統府十、濟南爲首府、其省會也、

山西壤地褊小、崇山峻嶺、地不豐饒、居民勤苦、北控邊塞、西南界黄河、產煤、麥菓、烟葉、棉花等、統府九、太原爲首府、其省會也、

陝西嶺峻谷深、土地膏腴、產鉛、玉、馬、牛、絲、大黄等、統府七、西安爲首府、其省會也、

甘肅地近新疆、民多健壯、東則山嶺森嚴、西則沙漠無垠、人稀地瘠、五穀無多、產氈、水烟、硇砂、樺皮等、統府九、蘭州爲首府、其省會也、

江蘇土壤膏腴、山水清秀、產絲、綢、緞、羅、綾、絹、縠等物、統府八江寧爲首府、地方闊大、總督駐劄之所、統府八、蘇州爲首府、

其省會也、上海縣、濱海、各國洋商多聚於此、洋船艤泊、洋房高聳、電線流通、中外自來者、有火與水、并馬車等、各處相通、

安徽邱陵聯絡、江河不絕、產布、茶、漆、墨、穀、菓、烟、麻等、統府八、安慶爲首府、其省會也、

浙江山清水秀、土壤膏腴、蠶桑富庶、風景繁華、美麗產絲綢、鹽茶等、統府十一、杭州爲首府、其省會也、

江西山川相連、壤地褊小、居民勤勞、米穀積聚、鄱陽湖居中、景德鎮、甄陶磁器、運於天下、產金、銀、銅、錫、鉛、米、絲、茶、木料、書籍等、統府十三、南昌爲首府、其省會也、

福建山多嶺衆、勤苦圖生、廈門、福州、舟通外洋、沿海之人、以

水爲陸產銅、鐵、錫、水銀、茶、紙、鹽、菓等、統府十、福州爲首府、其省會也、

河南平原寬坦、田疇豐盛、黃河毗連、民勤耕種、產絲、綢、穀、菓、煙、靛、木料等、統府九、開封爲首府、其省會也、

湖北江湖潤澤、田地豐肥、產蔴、鐵、硃砂、桐油、竹、茶、魚、獸等、統府十、武昌爲首府、其省會也、

湖南爲洞庭南界、其地居民大半以捕漁爲業、尚有土人苗裔、產桐油、水銀、硃砂、鐵、蔴、黃蠟等、統府九、長沙爲首府、其省會也、

四川地土最腴、米穀積聚、山川險峻、洞峽深邃、與西藏綺壤

相錯、商賈輻輳、舟車往來、川江爲揚子江上流、產金、銀、銅、鐵、錫、鉛、茶、絲、綢、鹽、藥材等、統府十二、成都爲首府、其省會也、

廣東北山嶄巖、腰斷水路、海濱舟艇、蜂屯蟻聚、產珍珠、絲、綢、穀、菓、蘇、靛、魚、鹽、煤、炭等、統府九、廣州爲首府、其省會也、其外有地名香港、現屬於大英、有英國大員駐紮於此、洋船聚泊、商賈輻輳、極其茂盛、

廣西樹林叢密、山谷紛繁、曠田沃野、五穀蕃殖、產金、銀、銅、鐵、布、藤、桂皮等、統府十一、桂林爲首府、其省會也、

雲南山川森密、沙內多金、地利沮洳、田畝卑濕、土司苗裔、各自分居、產茶、鹽、金石等、統府十四、雲南爲首府、其省會也

貴州地近苗猺、人多強悍、五穀不豐、地形狹隘、產金、銀、銅、蔴、水銀、珠砂、禽獸、木料等、統府十二、貴陽爲首府、其省會也、

十八省外、又有屬地滿洲、蒙古、新疆、西藏、其略備詳於左、

滿洲志

滿洲在亞西亞之東、緯線自赤道北四十二度起、至五十八度止、經線中華北京偏東自四度起至二十六度止、東界日本海、西連蒙古、南至高麗東海、北接俄羅斯、長三千里、闊四千里、總計一千三百五十萬里、烟戶稀疏、約僅四百萬口、山峯環峙、形勢綿亘、密林叢箐、地氣凝結、朔風凜冽、雨雪霏霏、北方嚴寒、土地荒蕪、居民鮮少、專以漁獵爲業、南漸和暖、土

壤稍肥，民多開墾，勤於農事，獲益頗多，中皆原野砂鹽堪以游牧，河之大者，北曰黑龍江，南曰鴨綠江，湖曰比爾湖，烏倫湖，與該湖近俄羅斯開拓疆土，在北立埠貿易，大英憑和議，又開馬頭，在牛庄河口，

通境分爲三省，西曰盛京，爲清君肇基之地，設將軍都統，奉天府爲京都，所屬城十一，其西曰錦州府，所屬城二，官員統轄同於北京，東曰吉林，領城八，北曰黑龍江，領城六，各設將軍都統，大小臣工不一，均係滿蒙漢三旗，咸豐九年以吉林割與俄羅斯矣，土產人參，甚爲貴重，歲奉官符採取，虎豹皆有，熊羆不一，狐貂，獺鼠，江口珍珠，均以進貢，又產五穀藥材，

至於金石，不甚開採，難以詳明

蒙古志

蒙古在亞西亞之東，緯線自赤道北三十五度起，至五十二度止，經線中華北京偏東七度起，偏西至三十四度止，東界滿洲，西連新疆、西域，南至中華、西藏，北接俄羅斯，長四千里，闊五千里，綜核之，方四百五十萬里，生齒較寡，約計二百萬口，地勢中與西高原沙漠，餘則山嶺環繞，湖河相間，水鹹土瘠，穀菓草木稀疎，河之長者曰巴棱格河、札布噶河、疴農河、喀魯倫河，湖之大者曰青海、烏布薩泊、齊桑泊、伊克阿拉，氣候嚴寒，難以棲止，風揚砂礫，雨雪紛霏，夏日薰爍，天氣酷熱，民俗强悍，所處沙漠，渺無涯涘，春則驅畜沿溪游牧，靡有定所，冬時並無芻茭，山坡避風之處，消雪爲飲，所餘草萊以養牲畜，食牛肉，飲馬酪，以粗茶葉爲飲，以乳爲酒，四時穿皮，永不沐浴，氈帳爲家，男女皆喜乘馬，田獵馳騁，絕無遠慮。

至於朝綱，各向羈縻，迨元成吉思可汗出，賓服衆汗，設立部落，爲極大國，都所往得利，嗣子繼位，歷世無道，人心離渙，遂爲大清之屬國，有王、有貝子、貝勒、公、侯、伯、子、男等爵，世襲。各汗皆要納貢，每歲必須朝覲，崇奉佛教，其僧自居菩薩，土人視之如神。

通境分爲四段，一曰內蒙古，在沙漠南，分六盟，二十四部落，四十九旗，二千家；一曰外蒙古，踰大漠北，分四路，八十六旗，各路一汗，一名車臣汗，一名土謝圖汗，一名三音諾汗，一名札薩克圖汗，各有職守，不得紊越；一曰烏理雅蘇台，在外蒙古西有買賣城爲中華俄羅斯貿易之所所屬科布多分十一部落三十一旗唐努烏梁海分二十一佐領一曰庫可諾爾即青海分五部落二十九旗其餘小部不能僂指算也土產玉騾馬駱駝野獸氊氌毡泥大黃蘑菇

新疆志

新疆又名東達爾給斯丹在亞西亞之中緯線自赤道北三十六度起至四十九度止經線中華北京偏西二十度起至四十五度止東連甘肅南接崑崙山戈壁西界西域北至阿爾泰山即金山長一千里闊四千里總計一百五十萬里戶口散處約六十萬其地以天山分岐南曰天山南路爲首北

曰北路次之南路大小戈壁三面山崗內有原野皆係砂磧石灘鹵鹹四時多風春間尤甚風至天地黑暗黃霾人畜難行拔木揚沙雨澤缺少沙石為炎日薰爍故夏多酷熱地氣高燥與天山相近故冬日嚴寒開墾播種惟依山流雪水以滋灌溉草木鮮少河之大者曰塔里木數河匯歸沿流於羅布泊博斯騰泊四面砂磧少耕多牧南路分為八城一曰哈拉沙拉屬城村十有五最著者庫爾勒布古爾貿易平庸民多田獵一曰庫車屬城村二十七緊要之區途間柳樹一株周十餘圍樹孔湧泉流出有若酒醴甘美異常是為靈泉阿克蘇屬城村三十六內有石洞溫泉浴之可以療疾喀什噶

爾屬城村十有六，為商賈聚集之所，葉爾羌屬城村最多，大者二十七，浮圖古塚遺跡頗多，為貿易之通衢，往來之要地，罪人遠戍邊疆多聚於此，和闐城有六，相傳內有金礦，不甚開採，烏什屬村十有一，有蟠柳一叢，森然挺秀，枝幹扶踈，高數十丈，英吉沙屬城村十有七，北路沙漠紛飛，山嶺險峻，氷雪凝聚，道路崎嶇，樹木踈少，火山遺跡，地常震動，冬日極寒，夏日炎烈，犯罪者多流於此，開墾耕種，河之大者曰伊犂河，湖之大者曰齋桑，曰特穆爾圖，岸堤蘆葦，藪澤游牧，內分三城，曰伊犂，蓋省城也，曰庫爾喀喇烏蘇，曰塔爾巴哈台，原通疆自漢常侵擾華夏，迨元成吉思可汗征服，明時又不歸王化，及大清乾隆時始行底定，所奉俱回回教，定制、設兵六萬、設將軍、參贊、駐防、辦事大臣管轄、其餘統屬不一、俱係滿洲、蒙古旗、並無漢缺、咸豐五年、其民背中華之制、覔十二年自主、後被中國克服、土產穀、菓、瓜菜、五金、玉石、野禽、異獸、皮貨等、

西藏志

西藏在亞西亞之中、緯線自赤道北二十八度起、至三十五度止、經線中華北京偏西十六度起、至四十度止、東至四川、西界北印度、南接雪山、北連崑崙山、青海、長一千七百里、闊七千里、戶口稠密、其地四圍山嶺險峻、巉巖參差、高連霄漢、風烈異常、雪積懸崖、烟瘴侵人、中有曠野高原、亞西亞之河、多發源於此、更有印度河、藏布江、流東西二脈、湖最大者曰騰噶里海、巴哈湖、伊克湖、又有郎合池、馬白達賴池、人民敬

拜、呼爲聖湖、氣候不齊、寒熱太甚、夏秋高陸荒寒、深谷酷熱、冬春之際、揚風飛塵、沙磧紛霏、田土瘠薄、樹林疎少、山塲平陸、均難耕種、與中華印度通商貿易殊盛、商賈往來、道路維艱、山崩地裂、賴高橋繩索攀援而過、技藝製造略精、所出不過珍珠、玉寶、毛貨、

其土分初荒遠難考、迨成吉思汗征服後、屢相侵擾、至康熙時始平定、差遣駐藏二大臣管理政務、文詞兼備、文理不甚可解、風俗女强男弱、崇奉黄氏佛教、僧有權勢、其首稱喇嘛、亦名活佛、凡事無不聽命、寺刹紛繁、僧徒遍地、

通境分爲二藏、曰前後、前藏八城、布達拉乃京都也、達賴喇嘛及中國前藏大臣駐此、後藏七城、札什倫布乃首城也、札什喇嘛及後藏大臣駐此、每歲進貢中華、土產牲畜、五金等、

魚族甚繁、因佛教禁止、故不敢食耳、

高麗國志

高麗在亞西亞之東、緯線自赤道北三十四度起、至四十三度止、經線中華北京偏東八度起、至十八度止、東界日本海、西至中國東海、南接海峽、北連滿洲、綿亘九百里、廣袤五百里、總計三十萬方里、民七百萬、其地濱海、島嶼羅布、遍處港汊、停泊穩便、山川絡繹、峯嶺疊翠、田土豐肥、稼穡繁多、穀菓茂盛、氣候寒涼、氷雪凝積、霧露迷離、

至於朝綱、歷代相傳、其國初屬燕鄙、漢時有高姓名句麗者、乘矖弃至其地、遂曰高麗、本名乃朝鮮也、厥次叛擾、唐時征服、始進貢中華、王由中華封職、政事惟君自主、亦聽命於中國、文學禮儀稍優、言語技藝、間有不同、貿易止與日本中華相通、今年本國與大英花旗等國共立和

約又定數區通商所奉之教士則業儒俗則崇佛更有天主教、

通國分八省、一名京畿、乃京都也、首府名漢陽、在國之中、又有平安、京州等、土產人參、珠、鐵、錫、米、蔴、禽獸等、鱘魚甚庶、

東洋羣島志

東洋又名北平洋、在亞西亞之東、直抵亞墨利加之西、島嶼羅列、附近中華、最大者曰日本國、緯線自赤道北二十九度起、至四十四度止、經線中華北京偏東十四度起、至三十度止、西至日本海、北接痾可斯革海、長三千餘里、闊六七百里、總計一百萬方里、戶口約三千三百萬、地勢崎嶇、峯巒險阻、有數火山、晝夜吐燄不息、地常震動、亦有數山、氷雪凝聚難

於消融，谷潤土肥，川河狹小，海灣甚多，舟商輻輳，氣候頻更，冷熱俱甚，樹林稠密，花卉紛繁，風景迥殊。

朝綱歷代傳易，世爵紳士等聚衆共議，參決政事，所祟之教，神道爲首，釋次之，又有天主耶穌聖教，文詞堪嘉，官皆世祿，仍漢制，屋宇街衢俱極潔淨，技精藝巧，貿易殊盛，向惟與西洋葡萄牙荷蘭二國通商，近有大英花旗諸國與之和約，開數海口通商，曰長崎，日本音那咯撒幾，曰箱館，日本音哈咯塔提，曰浪華，日本音疴撒喀，曰兵庫，日本音希痾歌，曰橫濱，日本音約咯哈瑪，曰新瀉，日本音尼依嘎塔，洋艚衆泊，商賈較前尤盛，國人勤敏，嗜學多聞，書塾習英語，欲博通別國各項文學藝術，現有大員選數人送至英法日花旗等國，參考窮究，待至數年，學術精明，復歸本國。

通國平列三島，曰葉沙華，音葉梭也，日本九守，共有三十五省，東京爲京都也，土產五金，茶絲、竹木、玉石、油漆、磁器。

琉球國在日本之南，緯線自赤道北二十四度起至二十八度止經線中華北京偏東十一度起至十三度止四面枕海其大者綿亘二百里廣袤四十里自西南至東北約計一千七百里其地島嶼蟠紆形若虬龍之流動人烟稠密天氣清嘉川澤瀠洄峰巒聳秀冷有崗陵之可蔽熱有海風之能解土壤膏腴穀菓豐盛草木零落禽獸鮮少

風俗循良藝不精巧利不流通作事維勤交相黽勉海風最烈王居與使館較軒昂崇奉釋教至於朝綱歷代相傳國小而貧屬役艮苦每歲獻貢中華日本販鬻土貨藉以爲生倘王薨則世子請中華命遣使持節册立故其國之風俗多有與中華相近者邇來日本取其島爲屬地然尚未定局

通國三十六島相距不遠最大者曰琉球島國之京都卽在其中土產珊瑚珍珠樟腦硫磺銅鐵茶薑等

庫頁島又名薩加連、在滿洲之克、長二千里、闊數百里、總計九十五萬里、南北峯巒聳翠、林木紛繁、中央平原、坦闊藪澤、沿海之處、下陷砂磧、水漫、氣候嚴寒、霧露迷離、五穀不登、少有黍稷、以漁營生、貿易止通日本滿洲、人身短小、言語文詞、自成一律、產木料魚穀、煤、其島俄羅斯人今已開闢土疆、

浙江外有數百島、內多灣泊之處、商船絡繹、景色維新、最大者曰舟山、長一百五十里、寬七十里、土沃民勤、都城曰定海、又有普陀山、俗呼爲極樂園、僧徒廣衆、寺刹紛繁、

臺灣島與福建相嚮、南北東西、周一千里、總計七百萬里、內有大山、氷雪凝凍、有數火山遺跡、熱河火井、地震風烈、河多

快迅、平原草木茂盛、中分二土、西居華人、約規二百萬、東居土番各分部落、天氣清和、秀麗堪嘉、產金、銀、菓、硫磺、沓磁、與廈門福州交易、

彭湖共三十六島、地面下陷、山谷稀疎、草木荒蕪、以漁營生、

瓊州長六百里、寬二百三十里、在廣東外、內多峰嶺、天氣濕瘴、日用有資、戶口約有一百萬、其民多行刼掠、不知禮儀、向背教化、土產珍珠、菓糖、檳榔、沉楠香木、

安南國志

安南在亞西亞東南、緯線自赤道北九度起、至二十三度止、經線中華北京偏西七度起、至十四度止、東南界中國南洋、

西至暹羅、北及中國、綿亘三千里、廣袤六百里、總計七百萬方里、戶口二百億、其地瀕海、藪澤相間、山谷幽深、原隰曠遠、氣候和平、雨暘時若、霧露絪縕、萬物化醇、瀕海之區、間有颶風暴雨、河之大者、北曰富良江、南曰瀾滄江、河水澄徹、土壤豐稔、草木暢茂、禽獸繁殖、以及鱗蟲之屬、穀菓之細、蕃衍充斥焉、五金各鑛、無不畢備、

至於胡綱王位、歷代相傳、秦以後、唐以前、皆隸中華版籍、漢末林邑、卽自立爲國、稱古城、後五代時、乃列外藩、今幷古城、復兼眞臘、北境安南故土、南則古城眞臘故地、光中王冲幼被難、與遺臣遁於海島、遇法蘭西教師投契、共懷義憤、興兵相助、恢復滅仇、復國、光中王感相救之恩、又慕西洋兵法、遂訪歐羅巴式、造兵船火器、訓練士卒、衣冠仍唐宋制、坐則席地、貴人方設短榻、飲食用金銀盌盤、取士設鄉會科、用文詞詩賦、士大夫皆好吟咏、卽劣不成句、亦喜爲之、文武官與中華略同、每歲入貢中國、廣閩船恒通商其地、近年天主教人日漸滋多、嘗遭窘逐、故

法蘭西王遣兵船赴門戰勝已得廣土開馬頭在內地方亦其所管轄其民精於技藝工於貿易所奉之教儒釋不一

通國分爲三土一曰唐外又名東京在北方首府給卓乃都城也本爲土人之地強占據之東南土臨海曰唐中又名古城首府曰順化又名呼艾乃京都也國王居此繁華富麗商賈輻輳兵卒士甲多聚於此有軍器火藥局築炮臺極堅固炮數百門防護甚嚴難以攻取城周二十里石濠廣二十餘丈屬城三十各數千戶王宮及官舍皆面東城門上有石佛頭五飾以金國中有金塔金橋王之寢宮皆用鉛瓦歲時相會則羅列玉猿孔雀白象犀牛於前富厚無比西南土臨海曰干浦寨昔本大國茲已衰微戶口約九十萬烏塘爲京都

更有大城乃農本堪保又有法蘭西屬地柴棍即京都也戶口一百六十萬其二地戶口悉在本國數中土產五金絲茶漆靛蔴棉檳榔沙籐肉桂胡椒象牙木料沉楠諸香

暹羅國志

暹羅在亞西亞東南緯線自赤道北四度起至二十二度止經線中華北京偏西十一度起至十八度止東界安南西連緬甸南至海灣北接中國長四千里闊一千五百里總計一百零八萬方里烟戶五百萬口地勢南則傍水有糧北則倚山食鄰西方重崗疊嶺莖林稠密餘則邱阜寥寥廣野低淤河之大者曰湄南上淺溜急下深廣闊田疇藉以肥沃農時

掉舟、耕種秧插水至不煩𤁋溉、水退稻熱、米穀豐收、載出售賣、氣候燥溫風雨依時

至於朝綱、歷代相傳、君自爲主、臨朝端坐、威儀甚尊、百官徧袒跣足、屈膝蹲身、盡禮致敬、稱謂以金爲貴、王號禁言、理國政、財賦、多以閩粵人爲官屬、明時法蘭西侵擾、敗績、清時自尋干戈時事、居戮、緬甸攻取不支、議和、迨乾隆時、廢立舉行、名器更易、有哥羅馬甲者立其後、兵革斂戢、國事乃定、

人民大都似頑實黠、似惰實勇、性善泛愛、一見甚殷勤、稍拂輒反目、游惰度日、不向技藝、凡事苟且、節儉、惟修建寺宇、窮極奢華、俗奉佛、僧皆募食、若無舉火者、又信番僧佛咒、所奉乃釋教、或奉別教、概不予禁、貿易與隆、商賈富成、技藝精巧、禮義中等、男逸女勞、

通國分爲四土、東土曰猶地亞、首郡名邦哥、乃京都也、建於湄南河濱、宮殿磚瓦華人構屋、樓閣相望、土人架屋水中、皆居蘆蓆、西土曰萬丹、北土曰老撾、屬地、南土曰馬來、屬地土

產五金、燕窩、虎豹、犀、象、荳蔻、沉香、胡椒、木料等。

馬來隅志

馬來在亞西亞東南，緯線自赤道北一度起至十二度止，經線中華北京偏西十二度起至十八度止，東、西、南三面皆海，北界暹羅，長二千五百里，闊狹不一，或二百里，或六百里，總計九萬方里，戶口二十萬，南北山嶺穿貫，餘則莘淤野阜，樹林叢茂，河多水小，最大者曰彭亨河，曰穆阿爾河，土田磽瘠。

居民懶於耕種，不近禮義，技藝庸拙，漁獵營生，五穀不多，菓實裕盛，禽獸充斥，魚鹽豐盈，氣候不一，暑熱甚多，晚來風涼，所奉乃回回教。

通隅之地，有斜仔、六坤、宋卡、大哖、吉連丹、丁噶奴、吉德等部，爲暹羅所屬。南方數土，一名馬剌甲，明時葡萄牙據之，旋爲荷蘭所奪，至清嘉慶時，地歸大英，立爲埔頭，西北海口有島曰檳榔嶼，閩廣居民五分之一，亦歸大英管轄，生意繁盛。

其餘彭亨、沙剌我等土，自立爲王，賴英保護。

海濱有島曰息力，又名新加坡，樹木稠密，藪澤相間，溪水混濁，貿易興隆，其地當南洋西洋之衝，爲諸海國之中市，英人免稅以聚商船，西洋夾板、閩粵島船、南洋諸國之船時至，帆檣林立，東西之貨畢萃，爲南洋西畔第一埔頭，英人築樓館以居，建書院，設學堂，其戶口大英所屬馬來隅及所屬緬甸之地，共二十六萬口，內有高峯山水清勝，土產金錫蜜蠟燕窩、荳蔻、檳榔、血竭、兒茶、象牙、牛皮、木料、巴馬油等。

緬甸國志

緬甸在亞西亞東南，緯線自赤道北十六度起，至二十七度止；經線中華北京偏西十六度起，至二十三度止。東至中國、暹羅，西連印度，南接孟加拉海灣，北界亞桑。長三千里，闊六百里，總計八十萬方里，戶口四百萬。其地之北，重山疊嶺，嶄巖參差，南則平原曠野，頻患水災，西則邱陵寥落，峻峭無多，湖河縱橫，沃潤貫徹。河之大者曰怒江，支汊分流，舟楫往來，商賈輻輳，田土豐腴，氣候不一，風雨及時，雷電交加。

人民學文詞，書籍編貝葉，貴者以象牙為篇頁，以金飾邊，藏書尤富，專以講論神明為主，如史記、音樂、醫書，皆為雜說，禮儀、技藝平庸，飲食無節，屋宇最陋，籐架蓆牆，以苫覆之，既無傾壓之

憂亦免搖動之戚磚瓦屋宇寥寥無幾貿易興隆崇奉釋教事佛敬僧有大事抱佛說誓質之僧然後決

至於朝綱政由自主歷代臨御進貢中國官不世祿初爲北沽管轄迨後別爲一國乾隆年間賊寇倡亂北沽人攻奪本國人率衆逐之大獲全勝興國立業踐祚爲君其後歷代恢擴先是英吉利割據東印度將及緬甸緬王率兵迎擊英師敗績既而英以兵船入內港緬人奮力鏖戰爲炮火所轟而潰英師逼都城王不得已議和獻洋銀犒軍割海濱爲埔頭

國分二十一省北土曰阿瓦昔之京都亦同此名建於怒江之左於道光十九年間地忽大震傾地茲京都名滿大來又有貿易之區名巴麻南上悉大英所轄曰北古都城郎昆阿啦干都城阿加比德那薩靈諸省其中有木爾們爲大海口更有巴森瑪德般等城併有亞桑地山嶺嶮峻莖淤荒郊烟瘴侵人間有膏壤前歸孟加拉統轄近特駐一官都城曰

溝哈底、在藏布江濱、其地方里七十萬、戶口六百萬、其怒江口有大埔頭、曰郎昆、爲西洋人貿易之所、又有通商之地、曰波羅美巴森等、咸豐二年、其土官吏抽税太重、英商稟於印度總督、使與緬王斟酌、而其胥吏横征更甚、於是英以兵船至郎昆、戰勝之、嗣後北沾全土、皆爲英所統轄、去年緬王與英公司結一和約、開通道路、可便經華地雲南、爲貿易、土産五金寶石棉烟蔗、嘉木靛、穀菓猛獸充斥、

南掌國志

南掌、又名老撾、東接安南、西緬甸、南暹羅、北中國、民百餘萬、至於朝綱、原爲强國、乾隆時服於緬甸、其大半後爲土司專轄、南方屬於暹羅、民和耕種爲業、

地分三土、曰上老撾、拉多蘭、長土、產與緬甸、暹羅同、

布灘國志

布灘、一名布魯克、在亞西亞之中、緯線自赤道北二十六度起至二十八度止、經線中華北京偏西二十四度起至二十八度止、東至亞桑、西界細徑、南接印度、北連雪山、長一千里、闊三百里、總計十五萬方里、地分三土、北則嶄巖參差、行路維艱、河流如箭、爲雅魯藏布江支派、橋梁繩索奇異、賴以攀援而過、中則漫坡闊谷、沃土勤種、穀菓皆宜、南則削巖深狹、樹林荒草萃淤、瘴癘侵人、野獸充牣、時序不一、北冷南熱、中和、風雨依時、生齒紛繁、技藝商賈平庸、

人與勒健所崇乃釋教原爲紅教喇嘛總持之地故與西藏之奉黃教同僧徒甚衆至於朝綱歷代相傳其民素好劫掠侵欺印度屬地印度因使臣勸立和約議和其民强悍不服其諭因此興兵受侮失其土地

尼伯爾國志

通國分二省，一曰德白拉乍首府名大西蘇敦，乃京都也，一名比斯尼首府同名，土產棉花大黃黑金敍石馬牛甚峻麗

尼伯爾又名廓爾喀，地當孔道，貿易紛繁，故其名獨著，在印度東北，緯線自赤道北二十六度起至三十一度止，經線中華北京偏西二十八度起至三十六度止，東西南皆界英之孟加拉亞加喇屬部，東至西京北毗連雪山，長一千五百里寬三百五十里，總計十八萬方里，戶口二百萬，地形狹長幅

員非廣、北境雪山嶔崎谽谺、淩摩霄漢、中藏川谷、南多林木終年積雪、烟瘴人觸之則疫、河之大者曰相德、曰庫西、田土肥沃、居民游牧耕種、文詞禮儀堪嘉、强狠多力、面色但不甚黑、俗崇佛教、紅黃喇嘛不操大權、原本國舊分三部、康熙年併一國、英人於滅孟加拉時、乘勝脅攻、諸部皆降、獨尼伯爾血戰、保守禦敵、未遭蠶食、且屢屢攻英屬部、乾隆年間侵擾後藏、大掠札什倫布、中國勁軍征之、累戰克捷、逼其都城、英人亦乘釁擾其邊鄙、英震恐、遂降於中華、五年一貢、由四川北上、嘉慶時與英交訂、屢次構兵、互有勝負、後尼伯爾以南極地歸英、乃平和、通國分九部、曰尼伯爾、首城名加德滿都、其京都也、宮室輝煌、屋宇輪奐、街衢喧闐、城市雄壯、曰僉四汗、首城名廓爾喀、曰僉二汗、曰瑪各王不爾、曰幾茂拉德斯、曰加當、曰札言不爾、曰薩巴帶、曰麼隆、土產來穀、甘蔗、棉花、丹參、肉蔻等、

印度國志

印度在亞西亞之南、緯線自赤道北八度起、至三十四度止、經線中華北京偏西二十四度起、至四十九度止、東連緬甸、孟加拉海灣、西接阿富汗、俾路芝、阿喇伯海、南至印度洋、北界西藏、長六千里、闊或五千里、或數百里、總計之方約六百萬里、戶口二千五百億、其地北境有雪山、高凌霄漢、東西南山巒環繞、中間數千里、悉屬高原、界之西北、有沙磧、餘則廣野、淤澤、河之大者、東北曰恒河、藏布江、東曰哥達惟喇河、吉斯德那河、西北曰印度河、西曰逆埔他河、加惟喇河、氣候迥殊、寒暑各異、迤北則涼燠咸宜、迤南則炎熇殊甚、田土腴瘠

林翳草叢禽獸蕃衍、土產珍珠、瑪瑙、鴉片等物、

居民錯處不一、其類其人身短色黝、面扁顴高、姣好者絕少、外尙柔和、內懷私意、似頑惰、實黠勇、自以爲是、好高務遠、昔時文學禮儀、彬彬然稱望國、今則久已荒棄矣、然古建宮殿宏麗、炮臺堅固、各方猶存、商旅往來、肩摩轂擊、製器精巧、絕倫、其地爲象教從出、著名已久、

至於朝綱、後漢始通中國、唐時常入貢、宋時爲回部侵割、元起北方、拓地西南、明太祖西域帖木耳征服西北印度、始立莫臥爾之國、其後諸部錯亂、至嘉靖時、巴卑爾嗣位、至憲宗復征服中印度、分王其地、由是五印度爲蒙古別部、明嘉靖時、莫臥爾攻取中印度、立國於此、其勢甚張、崇回黜佛、諸部無不投誠、久而凌夷、時葡萄牙航海至印度之孟買、開港建城通市、致富、荷蘭妒之、以兵船攻奪其地、設立埔頭、獲利數十年、淸初、英國公會遣商駕舟至印度之孟加拉、築炮臺、建客館、有公司統管、乾隆二十年、孟加拉執英人囚之於獄、英以兵攻之、遂取孟加拉、乘勢進擊諸部、諸部力弱心渙、各潰而奔、或爲英取、或聽英置吏、僅擁空名、或受役屬爲藩國、由是印度全土歸大英、轄者十之九、英人設立官長、公會與英之大臣議、凡英人三萬曰領兵、或屬公會、或屬英君、土人二十萬曰敘跛兵、俱歸公司統轄、其餉均出公會、咸豐七年、公會孟加拉敘跛兵反英、起兵討之、屢戰獲勝、嗣後在光緒三年、英主爲印度君主、詔告四方、幷傳諭印度與英成爲一國

印度分爲三等、一大英屬部、二本地屬部、三外國屬部、其所屬大英者昔分爲三、一孟加拉、二麻打拉薩、三孟買、今全地分爲八區、畧言於下、

一曰孟加拉、在印度東北、大河環流、足資灌溉、曠野縣邈、皆塟淤之所、土壤膏腴、樹林叢雜、巒烟瘴雨、犯之必致疾疫、會城曰加爾客搭、建於恒河之濱、館舍宏厰、城垣鞏固、園亭則麗如散綺、樓閣則皎如白雪、艘舶麕至、帆檣林立、其地商賈往來、貿易繁盛、爲印度之最、英之總鎭駐此、統轄全土、東曰勢他崗、山林深邃、中有野象、西南海濱、曰廁黎薩、巒峻塟淤、瘴氣侵人、西北曰拍哈爾、景物繁華、田土肥沃、都城曰八的

拿、乃洋烟多產之區、又城伯爾德萬、慕舌大巴、大客等、一日西北諸省與烏德合而爲一、西北都城曰阿拉哈巴、又有伯沭利斯民人繁滋、商旅輻輳、爲印度文學薈萃之藪、更有大城曰亞加啦、在印度西北、殿宇峻整、衙署崇閎、於扼要之所、建築炮臺、明時西域之莫臥爾取亞加啦地建國於此、凡歷二百三十餘年、當其盛時、印度諸國咸納貢稅、其後四鄰侵伐、求援於英、師未至王爲敵擄、英率勁卒擊敗之、其地遂爲英有、隸入板圖、王僅居宮殿、食俸糈而已、又有剛卜爾、亂時、士兵殺許多外人於斯、下其屍於井中、嚇德瓦爲衆人遊賞之所、烏德都城曰盧客腦、作亂時、於此久大爭鬥、迫英軍戰勝而平、西曰亞日迷爾、爲孟加拉總督所轄、一曰本若比在西北、沙磧居多、農夫頗勤耕植、內有五河其流均與印度河相匯、地分三部曰勞爾爲首、都城同名、建於拉維河濱、昔稱繁庶、今頗蕭條矣、然貨財轉輸、技藝精巧、南曰本爾丹矢之都城同名、乾隆年間、酋長林日星兼併爲一、戰必勝、攻必取、四鄰慴服、英人於攻孟加拉時、乘勝脅降諸部、適值本若比國治兵強、故止戈修好、迄今嗣位者聽讒信佞、國勢浸衰、英遂連年大舉、蠶食疆土、至道光三十年、屬於孟加拉、其他城曰德立、乃古王京都、作亂時、土兵動擾、後英兵取勝、宮室園亭極其美麗、曰北沙瓦爾、曰錫米啦、爲仕宦

避暑之處、此全地今已設官駐劄、
一曰中土諸省、其都城曰如伯卜、乃鐵路可通之所、故其貿易特興、又有那哥不爾、其俗素沿強悍、以劫奪爲能、剽掠四鄰、
一曰大英緬甸、已載於緬甸志、一曰亞桑、亦詳於緬甸志內、
一曰孟買、其都城同名、在印度之西、沿山麓、傍海濱、地形狹而長、萬廈雲連、帆檣林立、明時葡萄牙於其地開港建埔、康熙年間、爲英所據、建城設官、駐劄統轄、其地生意隆茂、商賈輻輳、附近有古建寶刹、裝塑雕飾、皆假山石而成、奇形怪狀、部名㕑隆加巴、舊屬回俗、因遭地震、遂以孟買爲會城、東北

日根的土南有埔拿城、清初瑪喇他建國、即都於此、中有蘇辣城、昔則商賈鱗集、自市舶移於孟買、此城日益蕭條矣、西南曰北日不爾、昔時宮殿炮臺園亭、無不宏整美麗、至今遺跡猶存、南海濱曰罔色爾、極南瀕海之區、名廁襪、又曰信得、道光二十八年、英人兼併其地、皆屬於孟買、中有古啦支、至要海口、又有海德拉巴、在印度河濱、

一曰麻打拉薩、在印度東南、其城瀕海、建於沙坡之上、波浪翻騰、潮汐衝激、登岸最險、英人築城、設官以撫斯土、專爲控扼南方部名加爾那的、峯巒隱現、郊野荒邈、河水瀠洄、東北曰巴拉加城、建山巔、西南曰哥英巴都爾、炮臺堅固、海濱曰

瑪拉巴爾山嶺崎嶇、又西沿海曰加那啦、第宅連亘靡弗峻潔、自昔以來、有猶太人三萬寄居瑪拉巴爾、分黑白二種、等之高下殊相懸絕、又奉耶穌教者十餘萬人、聖經條約靡不遵從、向即居此、恪守其教、

印度本屬地、共有四百六十餘部、一等統於大英所轄、最要者一曰克什迷爾、在印度極北、山峯環拱、地多深谷、土壤甚腴、有溝渠以資灌溉、穀菓豐稔、俗尚繁華、民爲商賈、利於遠行、無出門惆悵之態、所出羊毛氈貨爲天下最、宋時自立爲國、後爲阿富汗本若比所取、時相迫脅、政猛如虎、克什迷爾不能堪、道光三十年、英以兵取本若比、遂爲英之屏藩、曰細

徑在印度北界尼泊爾布灘之間毗連前藏壤地褊小曰沽日啦德在印度西北英轄者三之一其王名沽宜加爾都城巴羅達曰達拉王哥爾在印度西南都城曰的里灣德棱二等貢於大英曰喇日不德在印度之西東則田土膏腴西則沙磧居多江河匯流灌溉有資夙稱富饒曰中印度諸部落在喇日不德之中省間其大者曰音都爾又名新的亞在印度之中地形曲折迴環不相聯絡參差於別國疆域中四面皆係英屬部藩繡壤相錯首城瓜利耳乃京都也建於平原之上砲臺堅固屋宇峻麗生齒繁庶曰海德啦巴在印度中南都城同名又名尼桑屬地又名德刋時有變亂其王投誠

於英遂借兵於孟加拉以爲扞禦英兵餉重其王力不能支孟加拉總督強子之俾犒以餱糧以免攻伐之虞焉曰賣索在印度之南素爲雄國焉其民力於農事樂於戰鬥都城曰西令加巴登內築營壘極爲堅固以屯軍士通商之地邦加羅爾曰沽的曰在印度三面環海俗喜寇掠素稱盜藪曰邦德爾干在印度中各分部落諸酋統轄首郡曰札德爾不耳曰波保爾在印度中首郡同名

其餘畧有數邦納貢稱藩僅存故號英人設官駐劄代理其政其部以外更有自主之地其要者曰尼泊爾布灘其二地已載於國志下

外國所屬之地其數少而微一屬法蘭西有三小地一曰厤打拉薩之南沿海日本地治里爲法蘭西埔頭設總督統轄以彈壓之一曰瑪詒在瑪拉巴爾海濱一曰山得那哥葡萄牙所屬之地印度西濱昔爲大貿易之地今已喪敗一曰的玉城地狹人稀歸葡萄牙統轄俗稱小西洋明時葡萄牙取之建城設險四鄰咸服供其役事更有二海口一曰大諜尼一曰底汚○印度全土歸大英統轄者五分之三其民受英教化大有裨益今英於其地創建書院設立義塾闡揚正道駸駸乎學術日懋焉於是斯民去暗昧以就光明黜異端而崇正學國賴以安綏祉可享矣

錫蘭島志

錫蘭在印度東南，緯線自赤道北六度起，至十度止，經線中華北京偏西三十四度起至三十六度止，長九百里，廣五百里，總計九萬方里，戶口二百五十萬。其地峻嶺高阜，山川靈秀，氣候和平，田土膏腴，花木紛綺，湖河鮮美，灌溉有資。惟近海之地，窪下多濕，時有迅雷霪雨，溫泉鹽池，溝壑葦蕩，間有風起，人觸之即生疫癘。禽族奇麗，亦有鷙鳥猛獸，錯處其中。地產象，土人驅之不啻常畜。山多寶石，雨時隨流而下，每從沙中拾取。蚌產明珠，人多沒水求之。五穀不足，仰食於印度。古時人民頗留心文詞技藝，近則荒陋殊甚。相傳佛生此地，故居民尤崇釋教、山下有寺、貯釋迦涅槃眞身及舍利子、近亦有奉耶穌教者。

至於朝綱、明時葡萄牙於海濱立埔、尋爲荷蘭所奪。嘉慶年間、大英逐去荷蘭。時錫蘭酋長所行殘虐、大失民望。英人攻之、內潰而去。英遂有全島、建衙署、會堂、義塾、施醫局、書院、民臻佳境。

通國分南北東西中五部、各有英官駐劄京都、曰葛倫巴。英之大臣在此。商賈輻輳、爲西洋各國互市之地。土産五金、寶石、椰子、加非、桂皮、鴉鵲、木料、藥材等。

俾路芝國志

俾路芝在亞西亞南、緯線自赤道北二十五度起、至三十度止、經線中華北京偏西四十八度起、至五十八度止。東至印度西接波斯南臨亞喇伯海北距阿富汗長二千里廣一千里總計之方四十萬里人民二百萬口其地東南崗巒重疊森秀萬狀餘則郊原平坦砂磧曠遠時多暴風犯之必致疫癘氣候殊熱冬時稍覺和煦河流甚淺夏日常涸田土磽瘠五穀不豐林木鮮少禽獸蕃殖其地居民略有二種言語風俗迥相殊異或尙畋獵好逸惡勞時有報復之志或力游牧勤耕耘所製器皿不甚精巧皆奉回教國小而強習於戰鬥通國分爲七省曰薩啦彎曰加支干達瓦曰倭拉灣曰盧斯曰美加蘭曰古義斯丹京都同名曰基拉

至於朝綱部落甚多皆服基拉可汗爲酋長亦並不受其節制諸城時爲酋黨竊據土產五金

礬靛、硫磺、硝磺、砂花石、茜草、木棉等。

阿富汗國志

阿富汗在亞西亞中，緯線自赤道北二十九度起至三十六度止，經線中華北京偏西四十六度起至五十六度止，東界印度，南接俾路芝，西連波斯，北至西域，長三千里，闊二千里，總計之方九十萬里，人民五百萬口。其地東北重巒疊嶂，頗稱險隘，進攻者不能深入，餘則郊原平坦，沙漠荒遐。河之大者曰客布爾、希爾們二河，其餘支流不一，至山雪消融之際，溝澮皆溢，隴畝間藉資灌溉，土田肥沃，五穀、白菓無歲不書大有。氣候不齊，夏多雨，陵谷之間炎熇殊甚，冬則稍和，然峻

嶺窮巖之地、朔風凛冽、雨雪紛霏、平原未嘗無祁寒焉、風多疫癘觸之必斃

居民種類不一、弗相聯絡、性情勇悍、時有戰鬥、遇攻取之事、無不效命、疆場同心扞禦、其俗惟事耕耘、貨物轉輸、則自波斯印度、爲多、然甚零落、不爲繁盛、所奉回教、至於朝綱、有君曰沙、部落甚多、各有酋長統轄、不服其權、國本波斯東境、明時有西域巴布爾者、爲印度酋蠶食、刊遂哈爾等自立爲國、歷二百餘年、康熙時波斯哀亂、乘釁攻之、遂併其地、越十七年、那第爾沙復興於波斯、乃滅阿富汗、後其國人亞美爾沙恢復故土、歷代以來、篡弒頻仍、嘉慶時蠡賊內訌、國王被逐、求援於本若比、而反爲其所竊、乃至印度求英爲外援、英人帥師伐之、連年構戰、阿富汗人詭計百出、強退英軍、途中忽值嚴寒、英軍斃者不可勝數、明年、英人大興師復仇、獲勝而歸、近時大英聞俄羅斯欲使至其京都、與國君相通、又恐漸取其權、以害大英於印度、故遣一使至其京都、忽民興亂、而殺其使與其共至、自播此、大英更兵相攻、克復其京都、後相和洽、

通國分九省、客布爾其京都也、城堞壯麗、景象繁華、曰刊達

哈爾亦大都會曰畿斯尼古時商賈輻輳之區曰羅客曼曰曰拉喇巴曰希啦曰發來曰都札克曰伊隆達爾土產鐵錫礬鹽硇砂硫磺烟木棉丹參等

西域回部志

西域回部又名西爾給斯丹在亞西亞中緯線自赤道北三十四度起至五十二度止經線中華北京偏西三十五度起至六十五度止東界新疆南至波斯阿富汗西抵裏海北接俄羅斯長四千五百里闊四千里總計二百三十萬方里戶口四百萬其地東南峰巒聳秀水雪凝積餘則平原曠野荒郊牛皆沙磧河之大者曰阿槙河約林河湖之大者曰鹹海

其田大半斥鹵經歲不雨瀕瀝者皆爲腴壤氣候殊異冬則嚴寒夏則酷暑

民性好勇盜風甚熾商賈必結隊而行通市於俄羅斯印度中華工作技藝不甚佳妙惟一二部落能織布餘以耕牧爲業民不構室駕屋於車以便遷徙嗜馬肉殺馬飲血後嗜酒以醉爲榮國俗大率若此

至於朝綱自漢盛時疆宇遂分變更者不一姓逮至元朝開拓西土蠶食諸部囊括無遺後又紛然割據或爲蒙古苗裔或爲回部種類清時侵擾內地康熙中年親統六師以撻伐之遂致敉平烽燧息警厥後餘燼復燃遺騎四出鄰邦咸被侵噬未幾內亂作欵關請討乾隆初年命將西征應時戡定於是天山北之準部天山南之回部遍列戍屯凡漢志所云西域隸中華版圖者十之六七其餘總名之曰西達爾給斯丹爲游牧之區其國轉徙非定之其地者罕得而遍歷之亦無文字相通故未悉其詳近時俄羅斯與之戰鬥得其土地甚廣未能細述

通國部落大小不一難以縷指他書博引繁稱半多舛誤綜

其大勢大者不過六七居於東北者有若行旅處於西南者多建城郭茲就其可據者臚於左
一曰哈薩克在北氈帳爲家不藝五穀散處於野聚無定所器皿皆木富者則用銅錫民有罪則與衆共議輕者罰以牲畜重者殺之而析其產戰鬥之事王與衆約不願者不相強斯亦可謂順輿情者矣
一曰布魯特在中昔游牧於特穆圖泊左右復遷浩罕散處於新疆回疆之外
一曰巴爾克在南北鄙有城曰坷汗繁富之區也
一曰博羅爾在東南不通回部言語衣冠猶彷彿似之人極

貧苦歲收不過二麥桑葚頗多曝朝爲糧量人口以徵賦稅鬻子爲奴婢土瘠民貧此尤甚焉

一曰乾竺特在東鑿山而穴居人皆辮髮耳綴金環富者僅足自供貧者傭於他國民俗勤儉有古風焉

一曰巴勒提在博羅爾南冬甚嚴寒方屆十月雪已盈尺居民擇山谷溫處以蘆荻結蓬人畜共居至三月雪消之際始敢出焉地產獨峯之駝

一曰浩罕在西城郭壯麗戶口繁盛林木深蒨葱蘢可悅植奇卉產嘉菓凡穀荳瓜蔬之屬靡不備而桃尤獨絕多畜牛馬喜於畋獵巨蟒長蛇雄羆猛豹不一其種誠山君之藪穴

暴獸所潛藏。東有城曰安集延。居民長於心計。好賈遠遊。不獲利不旋桑梓。西有浩罕城。元時所置。撒瑪爾刊城。卽在其西隅。昔時亦稱爲繁富之邑。今則鞠爲邱墟矣。見俄羅斯志下。

一曰塔什干。在中。樹林暢茂。花卉紛繁。舊爲哈薩克屬部。後爲浩罕所轄。弱小不能自立。故兩部皆得役屬之也。見俄羅斯志下。

一曰布哈爾。在南。林木葱蒨。穀菓豐稔。人民殷富。技藝精良。市肆林立。錢有三品。男女皆尚修飾。其地爲商旅所輻輳。財貨轉輸。夙稱強盛。鬻婢僕者有市。

一月機寉在西多沙磧罕水草民俗粗猛喜於刼掠恒與鄰國戰爭鬻男女之市爲西域最道光十九年俄羅斯欲攻之忽值天寒人駱凍斃者甚多遂罷兵歸地産五金煤礬玉石硇砂珍禽奇獸藥等

俄羅斯藩屬志

俄羅斯藩屬分爲細比咧亞高加索斯與俄中亞西亞三部細比咧亞者在亞西亞北境緯線自赤道北四十五度起至七十八度止經線自中華北京偏東七十四度起至偏西五十六度止東界大平洋西至歐囉巴南接蒙古滿洲西域北枕北氷洋長一萬二千里至廣六千里總計之一千七百萬

方里戶口六百萬其地東西南三境羣峰環列險峻異常餘則平坦無垠原野綿亘叢藪大澤不可計數逶迤以南草木暢茂楊柳松榆之屬森然秀發其北苦寒勾萌罕茁不過細草蒼苔散棲零卉而已氣候極冷冰雪凝積河湖之支流不一湖以貝加爾爲最河之大者曰痾比河也尼塞伊利那河

居民略有數種土人四居其三俄人四居其一言語容貌迥不相同或務漁獵或事游牧或種粟殖稷或開鑛冶鐵隨在都有製造之物不甚精良商賈之跡亦罕至故財利之轉輸弗廣其俗或奉回釋或信耶穌趨向殊途尊崇各異紛紛然靡有定志

至於朝綱元時探得其地欲割據之以險遠而止及明俄羅斯興商船於冰消時駛至海岸以上物相貿易日漸狎暱黠該俄之富强引其居民至俄覩其壯麗傾心歸向無不願列屏藩隸爲臣服於是細比唎亞全土不費其力咸爲俄有尋復漸廓其境奄有東畧政自上出其君多剛復自用大臣倘有諫諍則於寅夜擒之流之遠方必至數年或有終身不得歸者其民多聰明頴敏以講道論德爲已任薰陶不俗於是細北唎亞之風因以漸變

通分東西二土其西一曰德波斯克蓋省會也都城亦以此名有將軍駐劄斯土統轄西方政事一曰多木斯克游牧者屢行侵擾詭譎百出雖設兵防禦仍復恣行屠掠一曰厮穆斯克土壤膏腴出穀釀酒有書院甚大專學亞西亞文字言語有武備院習射馳馬以演武藝其東一曰也尼塞斯克與哈薩克綺壤交錯駐兵四千以防邊釁一曰義庫次克都城亦以此名亦有將軍駐劄統轄東方政事土地甚廣銀鉛之鑛聲名夙著其民美丰姿修飾自好南界有甲他城中華與俄互市之地庫倫之大臣司其事以皮易茶均獲利焉書院校塲醫局靡不建立規模殊爲宏遠一曰雅荷次克在極東

北陵與滿洲接壤、立碑爲界、一曰廟荷次克、地盡海、寒冽殊甚、地瘠嶺枯、不毛之土、省會在海隅、與鄰島通商、一曰堪察加斜折於海、終歲凛冽、內有火山十嶺、吐燄不息、地常震動、野民丹體猥瑣、處於土穴、用犬若馬、南曰古里利、二十五島亦多火山、爲日本俄羅斯互市之地、地產狐狸、貂鼠、兎獺之類、珍寶繁衍、五金之鑛甚多、

高加索斯在亞西亞之西、緯線自赤道北四十度起、至四十五度止、經線自中華北京偏西六十六度起、至七十九度止、東抵裏海、西連黑海、南接波斯、北界歐囉巴之俄東部、長二千三百里、闊一千五百里、總計之六十萬方里、戶口五百萬

其地山嶺綿亘、峰巒突起、壁立萬仞、氷雪凝積、墜必傷人、漸流甚急、道途泥濘、潮濕之氣、觸之致疫、間有平原寥闊、地多斥鹵、火山遺跡尚存、溫泉鹹湖、襟帶其間、地内恒出石漿石漆、小山吐坭、地常震動、河之大者、曰庫爾河、曰阿咐斯河、皆流入裏海、田土膏腴、穀菓蕃庶、氣候溫和、人安物阜、居民種類不一、語言互異、風俗強悍、性情猛勇、習於攻鬥、其男儀容秀麗、女子姣好、爲天下之絶美、技藝庸拙、市廛寥落、大槩奉回回教、至於朝綱、昔本游牧回部、舊屬土耳其波斯、近年盡爲俄羅斯所據、全土分爲十二部、其大者、北與中曰倬爾芝亞、省城曰特斐利斯、内有靈泉、可療疾病、俄之大臣駐此統轄、西曰義未勒多、曰明哥里、民庶而貧、專以販鬻男女爲利、東曰是爾灣、内有巴苦火田因石濴溢帝地氣焦灼波斯之敬火者皆來此朝拜焉、南曰亞爾美尼、有高山名阿拉辣、聖經云洪水時挪亞遵上帝命造方舟避患、及水消其舟至於阿拉辣山而泊焉、曰達其但、曰古里利、曰西爾加西、曰高加索斯、其會部也、

○俄中亞西亞其地自烏拉河與裏海至阿爾泰與天山總計之四百萬方里、戶口三百五十萬、其地已載於西域志下、今不必言、

波斯國志

波斯在亞西亞之中、緯線自赤道北二十五度起、至四十度止、經線自中華北京偏西五十四度起、至七十二度止、東界

阿富汗俾路芝、西接土耳其、南連海灣、北至裏海、西域、高加索斯、至長四千二百里、闊三千里、總計之二百三十萬方里、戶口六百萬、其地平坦、悉屬高原、鹵砂之區、曠遠綿邈、北與西南巒嶂環繞、若斷若續、傍裏海溪流灌溉、耕牧咸宜、膴原衍沃、林草陰翳、淤澤沮洳之間、時發瘴癘、染之病疫、西方山水清勝、甲於一境、夙稱繁庶、其蓋藏之富、景物之奇、爲國中巨擘、西南沿灣、泉稀曠野、沙漠草木鮮茁、河最疎小、爲山水之支派、鹹湖衆多、大者曰烏魯米湖、氣候不齊、寒暖殊異、夏熱冬涼、

居民種類各異、剛愎成性、言語之間頗日委婉、工於諂媚、技干精良、文章禮樂、彬彬然有古風

焉流寓者多游牧何猛勇喜劫掠行必數十成羣承平之世不足爲慮亂時乘釁以攘奪所奉乃回教其外別有一種言語風俗與上著者迥異其俗崇事火者當時被回人陷害多徙於印度孟買商務貿易農勤耕耘

至於朝綱皆出自上子子孫孫相傳弗替溯其建國之初肇於有夏春秋時雄長西南長與希之工兵稱勁敵焉迨王馬與四鄰皆隸臣服獨波斯未入版圖唐初回國强大波斯與之接壤被其兼併爲回回大部元時蒙古據之易名哈烈後爲土耳其所奪越二百年廢弒頻仍國以內亂阿富汗取之王之後裔募衆崛起光復舊物惜爲大將所弒篡位爲王其後亦見殺於臣下國之東部爲阿富汗所得別建一國西境諸近爲家臣給靈所據踐位之後舉賢任能興利除弊惠保黎庶懷柔遠方卓然稱明良之后焉崩時億兆靡弗哀痛阿利欲篡國祚鴆君自立其時寺人阿客以討亂爲名殺阿利遂僭位阿客死其姪法達嗣統踐祚其俗君最尊嚴刑賞悉由上意視臣上不啻僕隸比歲以來國內紛爭兵革滋擾民多赴役耕種無暇昔日繁華之區屢遭塗炭遂致蕭條至其孫馬何美即今在位之君也咸豐六年十月波斯人襲取希臘其地在阿富汗十二月英師壓其境明年二月與戰波斯敗績三月成盟於巴黎斯

通國分二十省其大者一曰依拉阿日末首府德黑蘭其京

都也、夏時炎酷、遷徙乘涼、古府曰以斯巴罕、建於沃谷之中、殿堂園亭驛市橋梁、猶存故址、一曰幾蘭、一曰馬散德囒、一曰拉喇斯灘、一曰亞塞比然、一曰古西斯丹、一曰給爾滿、一曰哥喇森、一曰亞的囒、一曰亞斯達巴、一曰法爾斯、宮殿古迹甚多、特有一祠、高廣華麗、今已蕭條、外海口曰普侈爾、爲往來之衝要、貿易之津梁、海峽曰惡未嶼、古時海船互市於此、日久凌夷、鞠爲荒墟、盡成瓦礫矣、人多沒海求珠、每年可得數百萬金、明時葡萄牙據其地、歐囉巴貨物薈萃於此、爲西洋、印度、中國、波斯、轉輸之要地、今亦漸衰、土產五金、玉石、珠寶、鹽、馬、珍禽、異獸、獅子等、

亞喇伯國志

亞喇伯、又名天方、在亞西亞西南、緯線自赤道北十二度起、至三十度止、經線中華北京偏西五十七度起、至八十四度止、東接波斯海灣、北至紅海、南及亞拉比亞海、北界土耳其、長五千里、闊四千里、總計之四百三十萬方里、戶口一千二百萬、其地瀕海、形勢卑下、沙磧無垠、經歲不雨、中央則山巒高峻、平原緜邈、雨暘時若、民得安居、然多毒風、黃霾黑瘴、最能傷人、揚沙成崗、觸之卽斃、河之大者曰邁丹河、排波河、泉源不濬、河流常涸、百川之水、爲砂所阻、不復匯歸於海、氣候迥異、近山稍覺溫和、餘則溽暑炎蒸、毒霧迷漫、居民體多輕健、勤於操作、節煩費、嫺禮數、喜於酬酢、其性能忍、時懷報復之念、心多疑慮、恒挾刃以自衛、女子美姿容、淫佚無閨教、山中別有數部、以游牧爲名、攻奪劫掠、靡所不爲、是以商旅行必結隊、其地多沙、能陷馬蹄、草木甚稀、而獸蹄鳥跡、遍於郊野、產馬最良、日行可七百里、牧者愛之如子、駝尤佳、負重行遠、咸賴其力、所奉回教、

至於朝綱、歸酋長掌握、古爲土夷散布四郊、屬於波斯、陳宣帝時有摩哈麥者、生於麥加、作賈西國、娶嫠婦以致富饒、不識字而性詭秘、彼時耶穌之教盛行、思別立一教、四十歲入山讀耶穌猶太聖書、默識若書、曰可蘭、訓迪世人、聲言止一眞主、自命爲教師、禮拜念經、禁食猪肉、播傳新教、以焚家拜偶像爲誣惑民心、未幾、居民洞曉其諭、縉紳先生亦以其言爲不然、乃逐之至麥地拿、居無何、授徒甚衆、率之以攻麥加、遂陷其城、即位爲君、以是年爲元紀、今回回稱千二百餘年、考本此強兵富國、布教四鄰、遍國皆從風而靡、及壟嗣君踐阼、新教流播益廣、翦滅波斯、蠶食羅馬、據阿非利加北境、割歐羅巴西南、其後國勢寖衰、分崩離析、爲土耳其攻取、稱屬國焉、其民昔頗頡頏、今漸愚蠢矣、

通國分八部、首曰黑沙都、城曰麥加、屋宇宏麗、街衢廣直、海口貨物甚多、流通各國、摩哈麥葬於麥地拿、回民必歲至、

羣來虔禮、南海、西域、泰西、阿非喇加之民、接踵膜拜焉、一曰也門、有海口曰木甲、其地出加非最佳、一曰阿幔、一曰拉沙、一曰訥芝伊得、又有西乃士、昔時摩西導以色列人往猶太、止於其地、授以十誡、南陲有埠曰亞甸、在紅海口外、爲大英所據、近歲郵寄文書、皆由印度自亞甸直抵紅海、陸行百七十里至地中海、別有火輪船接遞、計其程、較近數萬里、不過月餘、可達倫敦、一曰日伯所麥爾等、地產玉、銅、鐵、穀、菓、棉、皮、藥料等、

土耳其藩屬志

土耳其藩屬、在亞西亞西、緯線自赤道北三十度起、至四十

二度止經線自中華北京偏西六十八度起至九十度止東界波斯西枕地中海希臘海南接亞喇伯北連黑海長四千里闊三千里總計之二百七十萬方里人民一千六百萬口其地瀕海者峻巖嵯峨叢林遍嶺東西高原深谷多爲游牧之所迤南平坦低淤夏則荒郊冬則茂盛餘則沙漠磊落溝池斥鹵湖河甚多河之大者曰幼發啦的河低格里河約但河湖之大者曰死海其地本有二城因民作惡上帝罰之降火焚燬其城遂變爲海水甚鹹土瀝淸低海百餘丈加利利海又有汎湖土壤膏腴宜於稼穡所產甚爲繁庶花卉綺麗植於園圃禽獸蕃息遍於郊原氣候殊異山巔嚴寒冰雪凝

積田野陵谷間炎熇殊甚瀕海之區稍覺溫和

其地昔時宮殿華麗貿易殊盛今則衰微僅存遺跡風俗不同業賈者遊有無徵貴賤獲利甚薄因賦稅煩苛致商不至其人勇悍好鬥郎指頂踵蹈鋒刃亦弗顧焉體多輕捷故於山巖險峻之地頗能制勝若於平陸則非其長所制器物平庸惟皮棉地氈等稍爲精良其地初播聖經即爲切要之所奉耶穌教已久近崇回教者愈衆又有一部專拜魔鬼土產五金穀菓鴉片鉛礬膠漆木石藥料刀兵等

通國分六省一曰小亞西亞在西北內分六府曰亞達那曰加喇瑪呢曰瑪啦斯曰西威斯曰德比孫大海口曰亞那多里街衢甚穢不肯修治多疫癘傳染殆遍一曰古德斯灘一曰亞美尼在東內分四府曰黑斯隆曰汎曰加爾斯曰加克一曰亞日西拉在中央一曰以拉喇比在東南分四府曰的牙鼻給曰巴革達得曰拉加曰模索爾兩河瀠繞水患頻仍

耕耘者、頗爲勤苦、古有大國二、曰尼尼微、曰巴比倫、都城高三十五丈、厚八丈七尺、上建浮圖二百五十、城門凡百、以銅爲之、四周百有八十里、因其民驕傲忤逆天命、上帝罰之、此地遂敗、至今古跡甚多、西洋文士、恒取之、歸歐邏巴、以爲玩物、一曰叙利亞、在西南、山川明秀、園亭臺榭之屬、稱極盛焉、花卉紛繁、芬芳襲人、昔時商賈薈萃、富埒王侯、今則寥落矣、内分四府、曰亞拉波、内城同名、道光時、二次地震、室廬盡圮、不遺一椽、歲薦饑餓、殍載道、曰大馬色、曰亞克爾、曰的不里、叙利亞舊分三部、曰猶太、曰撒馬利亞、曰加利利、都城曰耶路撒冷、聲名最著、遐邇瞻仰、其城自古已建、上帝眷顧之壯麗繁華甲於他國厥後因逆上帝之命羅馬率師環攻城陷屠之都民星散遂歸羅馬統屬卒爲土耳其所取隸入版圖因其爲天主耶穌降生之地故至今猶豔稱之焉

粵稽列邦載籍遠者三四千年已茫昧無據不能究其源竟其委矣惟猶太國史書具在班班可考自初迄今六千餘載世代相傳凡事物之原始政治之得失國家之興廢聖賢之紹述悉紀錄無訛焉故遐邇咸推爲宗國夏時有聖人曰亞伯拉罕篤信上帝崇其教遵其旨越數百餘年繼繼承承子孫繁衍徙於猶太代生聖賢皆受天命預知未來之事訓迪人民默啟其聰所著經傳備載舊約全書預言耶穌降世救人罪戾贖人愆尤後果在猶太國挺生一人命名耶穌即譯言救世主是也普救衆生令其去惡歸善所著聖蹟不可紀極如瞽者明聾者聽跛者行死者甦病者起平大浪於須臾息狂風於頃刻邪魔見之而懾伏鬼王畏之而潛形奇力異行顯於寰區豈載筆之所能盡耶乃道大莫容爲世所忌遭羣小之誹謗受愚民之陷害釘於十字架而死年止三十有三死後三日復生四十日間屢顯見於使徒中令其往普天之下宣播福音於是白日上昇兆民共仰其徒無不兢兢遵命傳道四方入教者雲集響應不下億萬其教要義備載新約全書略有數端一曰上帝至尊至大獨一無二爲萬物之主宰無始無

終無先無後無變無遷無增無減探衆有之原立萬物之命得之則生失之則滅其位尊崇其體博厚其質純全無形聲無色臭無方向大莫與京德莫能並智能明睿之功用精粹純一之性體其位涵三曰聖父聖子聖神究其實無非全性全德全權全榮也故此獨一上帝人所當寅畏所當敬愛者若夫旁門左道曲學異端信釋老拜偶像豈能免於罪哉一上帝肇造人祖生初本善厥後失其本性罪戾滋多愆尤叢集以此上帝憫之於三位一體中簡厥聖子托於處女瑪利亞誕生爲人命名耶穌仁義完備臨死捐軀以贖世人之罪三日之後復甦升天居上帝之右爲民所禱凡悔改篤信者可蒙矜宥而得永生舍此別無救主蓋天下人間更無錫他名可以得救者也一曰上帝之聖神感化人心變易氣質使惡者咸歸於善信耶穌者曰祈其德自修厥躬日新不已然後升天丕享福祉一曰人有身體有靈魂身可滅而魂不可滅生命既終人品已定被鞫於上帝賞其善罰其惡迨至季世身體與靈魂復合同受剖決無稍改易一曰舊約新約二書爲聖道之淵微性命之奥旨均上帝默示非人所臆造其意毫釐不爽教人以當遵之途示人以當信之理其旨盡備於此別無典籍可補其缺略誠賅括全美盡探秘奥者也凡我世人當孳孳以恪守則昇平之福可幾勿惑於岐趨使無涯之苦叢於一身也

其外島嶼甚多最大者曰居比路四周山嶺中原腴壤古爲

强盛之國、然遭土耳其暴政、日就衰微、今屬於大英、一名臘德斯、一名撒摩斯、一名拔的摩斯、耶穌使徒約翰昔流徙於此、受上帝默示、聖經末卷爲其所著、

歐羅巴州全志

歐羅巴五州之最小者、曠野居其二、山嶺居其一、海隅之地、灣泊甚多、田土腴瘠不等、氣候凉燠不同、人物薈萃、學藝絕倫、自古迄今、常推爲首、

文論

位　州內緯線自赤道北三十六度起、至七十一度止、經線自中華北京午線偏西四十八度起至一百二十六度止、

界　州內東連亞西亞、裏海、西至大西洋、南界地中海、北枕北冰洋、

廣　州內長九千里、闊一萬里、總計之一百三十億方里、

質論

山　州內高巒、東北烏拉嶺、東南高加索斯、其餘分爲三等、南曰比里尼斯、界於西法之間、西班牙諸山在西班牙、亞卑斯在瑞士以法之間、亞卑尼尼山穿貫以大利全土、加白的山在奧地利日耳曼、諸山在日耳曼列國、巴幹山在土耳其、希臘山在希臘、北曰瑞顛諸山在瑞顛、西曰

大英諸山在大英至於火山州中凡四島二十座、最大者以大利有菲蘇菲約火山、細細利有挨德納火山、冰州有黑克拉火山、

平州內平原甚少、最高者爲西班牙之大半、至於曠野、西自英之倫敦、法之巴黎斯、出荷蘭日耳曼北至俄全土、其荒蕪之地、俄之東南爲最、瑞顛與地唎、東日耳曼北等處次之、

邊州邊海隅、北曰瑞顛、丹國、南曰西班牙、以大利、希臘、與俄羅斯南方之哥里米、

角州濵之角難以枚舉、瑞顛北有北角、南有奈斯丹、北有斯高英西有蘭斯恩德、法之西北有哈革、西之西北有斐尼斯德蘭、之西南有三維森、以大利南有斯巴温多盧、加希臘南有瑪大坂、

島州之內外、島嶼羅列、至大者、冰州、發祿、大英三島、亞爾利數島、皆在大西洋、斯必巴然、新森拉在北冰洋、艾斯蘭、又名冰州、丹國屬島、歌德蘭在巴爾堤海、巴利亞喇、哥塞牙、撒爾第尼、細細里、瑪爾達、約尼亞于地、均在地中海、希臘羣島在希臘海、

海州內外海、聯絡旋繞、北曰白海、中曰巴爾堤、西曰北海、阿爾蘭、南曰地中海、亞得喇亞、希臘、東南曰瑪爾摩啦、黑海、亞速弗、

灣州濵灣之著名者、曰波的尼、芬蘭、喇牙、通巴爾堤海、曰瑞的、西墨累、通北海、曰比斯客、通大西洋、曰雷昂、熱那、達囒佗、利板佗、通地中海、曰菲尼斯、得里斯、通亞得喇亞海、曰加啦澤加牙

通北氷洋、曰廝尼牙亞千日美森、通白海、

【海】州內窄海、曰英倫三若爾、日在大英西南、曰加的牙斯加惹啦克界北海巴爾堤海、

【峽】州屬海峽、孫德斯大帶小帶、在巴爾堤海北海之間、偏蘭在大英之北、多斐爾在英法之間、日巴拉大界、大西洋地中海、默細那在細細喇以大利之中、他大納爾斯界瑪爾摩啦海希臘海、君士但丁在瑪爾摩啦海黑海之間、以呢加喇在黑海亞速弗海之間、

【河】州內河之至長者、烏拉縛埒嘎匯於裏海、尼瓦士未拿聶們菲士都啦阿德爾流入巴爾堤海、北酌拉加啦流入北氷洋、美森士未拿廝尼加流於白海、威塞爾哧尼因易爾比達迷斯恒柏爾帶河皆流注北海、塞納羅瓦爾加倫斗羅塔沽斯瓜達戳菲流入大西洋、羅尼厄波囉坡河低伯爾流入地中海、第聶珀爾第聶斯特爾多惱又名達鈕伯、皆流於黑海、

【湖】州內之湖、拉多牙廝尼牙塞瑪斯北不斯在俄羅斯、威爾那威特爾獮拉在瑞顛、日尼法爾斯灘斯在瑞士、餘則多近巴爾堤海、其風景美麗、皆在大英瑞士等國內、

【地氣】州內氣候不一、北境嚴寒凛冽、經歲不熟、中央凉燠咸宜、南方夏熱冬溫、晴雨不均、

【地產】州內地實較他州為寡、金銀產於俄奧瑞顛、銅產於英俄瑞顛、錫鉛產於英日耳曼、煤產於英比法普奧、石鹽產於英俄法奧西、水銀出於西奧、鐵則隨在皆有、惟英最勝焉、

【草木】州內草木之生、大概分三土、南方有無花菓、橘榴、橄欖、葡萄等、林木葱蘢、花卉嫣媚、中央

則二麥豐登，樹幹雄偉，凡百悉備，極北草木甚稀，不過苔蘚石韋零樗短楊而已

生物 州內禽獸昆蟲，然爲繁庶，惡毒之物絕少，蓄人烟稠密，芻豢甚勤，至於野獸，熊狐豺狼豕獾二豬麋鹿麛兎松鼠羚羊，牲畜中馬牛羊豕多且肥美，野鳥則鷓鴣鷹鷲，家禽則鷄鴿鴨鵝孔雀文彩輝煌，百鴿宛轉和鳴，魚類甚繁，洋海河湖內鱗介之族，無不滋味極美

政論

戶口 本州人民統計三千二百億口

教門 州內之教，奉天主耶穌者居多，惟土耳其、俄羅斯數部，崇回回教，其崇奉猶太教者，或亦有之

學藝 州內學藝精備，爲五州之最，性情縝密，善於運思，精於制器，金木之工，巧慧絕倫，運用水火，備極奇妙，造作舟車，更爲精良，兩輪迅發，其捷如駛，以之乘風破浪，無不如志，凡瓷器具之屬，尤精測量海道，處處志其淺深，越七八萬里而通中國，殆非偶然，才能既高，敏慧超羣產學政治彝倫，靡弗盡心講習，如天文地理，鐫刻音樂鐘表鎗礮，風球火輪，陰晴表寒暑鍼，以及織布，皆創於其地，修飾以增美善，權子母，商賈爲本，關有稅而田無賦，航海貿遷，不辭險遠，四海之內，徧設埔頭，由其善於操舟，亦因國計全在於此，不得不盡心力爲之也

史 本州自有夏以前，土人游獵爲生，久爲蒼莽之區，後漸耕田製器，百廢俱興，轉澆風爲陋俗

漢初羅馬混一列邦隸入版圖國勢漸强漢史所爲大秦國也五代時羅馬衰亂唐宋間西域時來侵擾州之全土遂分爲戰國明時以巨艦涉海巡行西闢亞墨唎加東得印度南洋声勢遂縱横於四海

朝政 州内朝政不一或君自主或與羣臣共議或無國君立冢宰執政其中或帝或王公侯伯子男或宰相總督至某國君係何爵位皆詳明於後

國 州内國之大小不一曰俄羅斯瑞顛丹國荷蘭比利時日耳曼又普魯士奥地利土耳其希臘以大利瑞士西班牙葡萄牙法蘭西大英三地

俄羅斯國志

俄羅斯疆宇恢廓甲於列邦其地界於二州然其設立部落經營都邑悉在歐囉巴故其國隸之歐囉巴而其散見於亞西亞北與東之偏地者則分疏焉俄羅斯在歐囉巴東緯線自赤道北三十八度起至七十度止經線自中華北京偏西

五十三度起至九十四度止東至烏啦嶺裏海西抵巴爾提海普魯士奧地唎亞南接黑海高加索斯山北枕北氷洋長六千六百里闊六千里總計之七百五十萬方里戶口七千六百萬其地之中原野平坦多藪澤爲沙所淤沃野綿亘荒郊幽邈東南東北山峯森拔西北則崗巒起伏若隱若見湖水甚鹹河道開廣支流不一河之大者東曰烏拉縛埒嘎南曰第聶珀爾多諾北曰土味拿北酌拉阿尼牙美森西曰第菲那尼瓦維士都啦湖之大者西北曰拉多牙廁尼牙賽瑪北不斯海口港汊四通便於舟楫隆冬氷結不能往來黑海與地中海一線相通海道不及他國之利順故遠涉爲難河

濱之田、悉屬膏腴、其餘極北者、皆不毛之土、北之中央、猶堪種植、西南宜黍稷、無歲不書大有、東南則沙磧無垠、盡斥鹵之區、至於氣候、南北迥異、北當冬時、寒冽殊盛、川有堅冰、日光所不照、常覺晦冥、夏時溽暑逼人、雲霧四塞、有晝無夜、西南則天朗氣清、無疾風暴雨、百彙以之滋長、萬物因而化醇、卉木向榮、誠為一國之勝境也、

居民種類不一、或耕耘或游牧、各居其半、俗尚畜僕婢、達官富室所畜以千百計、通國所畜奴僕不下百餘萬、浮於定額、近為國主釋放、食物粗糲、麥粉為湯、粉水為飲、嗜酒不喜沐浴、嚴寒臥爐上以取溫、俗崇希臘教、亦天主別派也、京都為教士所居、大權是秉、勢甚震懾、若釋回猶太等教、亦間有奉之者、士諳禮儀、凡天文地理之學、靡不窮流溯源、數十年來、百工技藝精巧絕倫、匠肆林立、貨物駢集、誠為商賈之通衢、轉輸之要道也、

至於朝綱、歷代相傳、以長幼為序、男女皆得踐阼、古稱撒爾瑪細亞、其民未聞教化、游林叢以

射獵，唐時有酋長祿利哥者，率其族類拓土宇，築城邑。五代時女主專政，崇天主教，生十二子，皆分茅胙土以備屏藩。其後互相攻伐，日漸衰亂，爲蒙古所征服。明時驅逐蒙古，恢復版圖，歸其故宇，不數傳，後國王宜萬有雄略，而多行殘忍，羣下離心，至波利斯國勢寖弱。康熙四十四年立彼得爲王，羅致英賢，躬教士卒，令習騎射火礮，政令更新，國俗於以丕變。巡邊匯開海口，建新都於海濱，疏通巴爾堤海道，水陸皆據形勢，猛士之多，戰艦之大，爲列邦所景仰，俄之强大實始於此。彼得歿，其后攝政，敏慧有權謀，任賢舉能，强鄰慴伏，疆土愈闢。乾隆二十六年，加他隣后弑夫自立，性甚淫，變而具才幹，精於文藝，習於武備，招致他國百工，厚給廩餼，俾教其國人。屢與土耳其搆兵，戰無不捷。嗣子承統，與法蘭西力戰，法不得已議和。其弟尼哥勞即位，征服土耳其，擊退波斯，威名頗振，其民稱君曰察爾，政治悉由君出。咸豐三年，俄羅斯與土耳其大有戰爭，英法二國助土耳其而勝之，三年之後，講和平定。其時尼哥勞已死，其子亞力撒德即位。近時俄羅斯在滿洲黑龍江边得其土地，在亞西亞中與西亦如之。光緒年間俄仍與土相戰，威猛勢嚴，死者甚衆，後俄獲勝而成和。協前三年，俄有兇黨在市上殺死亞力撒德，其子君士但丁即位。

俄國大畧分八大區，又分五十部。

巴爾提諸省在俄西北隅，分爲五部，一曰彼得堡，昔彼得皇建都於此，因以命名，其地瀕海，原野荒邈，長松翠榆，森然夾道，雖有田疇，甚爲狹小，都城在尼瓦河口，僻在海港，潮汐盛至，水溢城闉，街衢多不能行，屋宇宏峻，宮殿巍峩，學校醫院，靡弗備具，他如觀星之臺，藏書之府，窮極華靡，以爲壯觀，洵海外之名區，繁華之勝槪也，曰斯多尼，曰里窩尼，曰孤蘭，曰芬蘭，本瑞顛東北境，爲俄所割取，

大俄羅斯省在國中央，分十九部，曰摩斯科，俄之舊都也，規模閎麗，衙署皆飾以金銀，嘉慶十六年，法蘭西欲混一西土，以大兵圍其城，將陷，俄民舉火自焚，幾成焦土，戰勝，再建，仍

復其舊、曰拉的迭、曰尼內諾弗哥、曰利森、曰加婁牙、曰斯摩達斯克、曰都拉、曰當波弗、曰㕑勒、曰窩羅尼、曰占爾斯克、曰哥斯佗嚁瑪、曰日羅斯拉、曰提威爾、曰北斯哥、曰㕑勒內、曰縛羅革達、曰諾弗哥、曰亞千、曰

小俄羅斯省、在大俄羅斯東南、本俄地、爲波蘭國所據、後即恢復、分四部、曰畿弗、曰查爾尼歌、曰布佗洼、曰色羅伯斯、

南俄羅斯、在大小俄之南、分五部、曰加底里諾、曰給爾孫、海口有㕑德撒、爲俄之第三埔頭、曰擣里達、峯巒層疊、螺髻可觀、天時和煦、洵稱樂土、其南有海隅、曰哥里米、即英、法、土三國與本國戰爭之地、風景清醕、土壤膏腴、種桑飼蠶、稱富庶

焉，內設軍器局，爲兵船停泊之所，曰柏撒啦比，曰多諾坷撒克，

其人種類曰坷撒克，勇悍好鬭，尙刼奪，善乘馬，馳驟如飛，國中募爲騎兵，卽食其土之所產以爲糈糧，不取國帑，擢堅折銳，稱爲勁旅，其俗安居樂業，惟尙朴實，其待賓客悉合乎禮，建新城於海口，商旅麕至，帆檣林立，爲衝要之地焉

東俄羅斯昔分九部，曰阿斯達罕，山嶺荒郊，通衢四達，縛埒嘎河二岸，庶草蕃蕪，可爲牧地，羣孳息庶，士人長於釣捕，會城同名，爲俄之大埔頭，曰痾倫布爾克，樹林稠密，蒙古各部，立市於此，以牛羊易布疋，語言風俗大不相同，曰加森，在烏啦嶺西，境土宜稼穡，金鑛尤旺，各部往來貿易極多，設有大市，其地本爲回國，明中葉間俄得之，又有信比爾斯克，偏撒

維得加、白爾摩薩、啦托非、薩瑪拉、又有高加索斯部、其金鑛最爲富饒、

西俄羅斯、及波蘭部、在巴爾提海東南、其地初屬查遮倫及波蘭、查遮倫王與波蘭女主通姻娅、配爲夫婦、遂合爲一、其後爲俄所奪、名之曰西俄、其人白皙、又名白俄、迄波蘭晏亂時、俄與普魯士奧地喇分其國、俄得三分之二、後卒歸於俄、統名之曰波蘭部、

西俄土地廣坦、田畝肥沃、民有潔癖、所建室廬、俱極華靡、芳草蒙叢、田疇交錯、耕牧咸宜、風景殊嘉、密林深箐、山秀水清、分八部、曰威那、貿易殊盛、凡習天文教技術造舟楫者、皆築館舍、以爲會集之所、曰威得比斯克、曰哥德諾、本查遮倫故都、昔之宮闕、僅存基址、曰明斯克、南方多湖、水患頗仍、曰摩

希勒弗曰北亞里曰窩希尼、風景清淑、田疇綺錯、洵稱樂郊、曰城多里波蘭、地平如砥、茂林芳草、掩映左右、五穀繁熟、百菓豐登、河道不一、地分八部、摩斯垌菲會城曰倭爾撒、屋宇宏峻、廛市喧闐、景象一新、三多迷加利斯、伯林、波羅咯、波達拉給亞烏斯多、加拉哥、名則自立、實俄與奧統轄、巴爾提海內東有阿蘭德數島、又屬俄御、土產自穀菓而外、馬牛於南、蔴油於北、鑛開於東、咸獲無窮之利焉、

瑞顛及那而威國志

瑞顛及那而威、處於歐囉巴北隅、緯線自赤道北五十五度起、至七十一度止、經線自中華北京偏西九十二度起、至百

有八度止東至俄羅斯巴爾提海及波忒尼亞灣西界大西洋南接巴爾提海斯加葱啦克窄海北枕北冰洋長四千三百里闊一千五百五十里總計之一百萬方里戶口六百三十萬地本瑞顛那而威二國之疆宇也今則兼并爲一地勢下垂有如葵扇中央岡巒脊起連繹不絕險隘之所亦復不少瑞顛建國在山之左右則那而威故址北方之山巉巖峻壁形極岩嶤徑路崎嶇沙磧之地卑下窪溼悉屬不毛南方多瀦澤厥土塗泥田稍肥沃西瀕海急流迅湍舟遇之必危河道衆多率皆流急而不長湖之大者曰威那爾湖微特爾湖美拉湖氣候寒凝春則風雨交作時有冰雪夏甚凉炎熵

之時絕少晝永若小年長七十六刻秋則天氣朗霽偏多佳日絕無纖雲蔽空冬苦嚴寒凜洌殊甚晷短漏長極北為歐最寒之區夏有晝無夜冬則有夜無晝林木稀疎豺鹿熊羆之屬充斥焉

民人北方者貌似蒙古士耽文學風俗清醕人好飲酒故獄訟充斥技藝日進貿易頗盛崇奉耶穌教北方近來漸摩

至於國位君王歷代相傳昔為野番部落漢時為俄丁酋長所據宋時酋長厄里哥築城建邑規模草創是為瑞顛立國之始斯時那而威亦有酋長為王數傳以後為丹所兼幷明洪武時丹日強大瑞顛亦隸版圖稱臣僕焉越至嘉靖時瑞有王孫曰瓦撒聰慧絕倫英毅超羣恢復故土爰即王位威惠並行寬猛相濟國以大治世子嗣服荒淫不道為國人所囚俾藥而死厥後女主基利斯提那性嗜文學厭煩苛不悉心於政事禪位於外戚加爾祿斯王既踐阼勤於軍旅攻伐波蘭國而割其邑擊退俄羅斯威聲遠著隣邦震慴後引兵攻那而威師潰死於城下無嗣其姊即位嘉慶十年國大亂廢其君更立加爾羅斯羣奉之為王及薨無嗣遺詔讓於

首將伯拿多及即位亦名加爾羅斯國之西境那而威本屬於丹嘉慶二十年衆國公使會議以瑞地之近於丹國者歸丹以那而威歸瑞由是合爲一國咸豐八年加爾羅斯十五即位

通國分三土中曰綏蘭會城曰斯佗克荷穆即京都也建於美拉湖濱屋宇高峻廊廟之輪奐務極華侈樓臺亭榭連甍接棟景象崢嶸極一時之勝外通海口爲一國轉輸之衝要南曰歌忒蘭城以同名爲大埔頭北曰挪爾蘭得城曰比的亞又分二十四部那而威分三土南曰森丁非都城曰幾斯底安牙中曰佛丁非爲大埔頭曰特倫行北曰挪爾蘭得又分十七部土產金銀銅又產鐵礬硫磺獸皮花紋石木魚等

丹國志

丹國又名丹馬喀在歐羅巴西北隅緯線自赤道北五十三度起至五十八度止經線自中華北京偏西百有五度起至百有八度止東至巴爾提海加的牙窄海西界北海南連日耳曼北距斯加蔥拉長九百里闊三百里總計之方五萬六千里戶口二百萬其地曠野居多平原彌望瀕海水通窪澤其西半皆砂磧颶風忽起則蔽空彌野飄揚靡已邱隴頓失民多種樺以備沙患北地廣漠乏湖河之瀠洄惟南肥壤氣甚卑濕冬夏之間殊覺和煦海濱一帶尤爲相宜朝暮多霧

人民勤於習藝敏於作事文學彬彬有足嘉焉巨商大賈肩摩轂擊所奉乃耶穌教

至於朝綱設有王位古時本隸番部後幷那而威瑞顛爲瑞顛所據唐時其酋長操舟楫以學航

海凡劫奪之事無不爲同於劇盜諸丁目之爲寇不足齒數不能抗衡於列邦後有王駕奴特者能修國政明於賞罰兼并那而威越三百載女主瑪加勒達嗣位瑞顛亦歸其藩屬强盛之名震於一時三國之地皆合爲一迄明時丹與那而威叛更立基利斯的安爲王瑞顛亦自立故王之裔後那而威見并於瑞而割瑞地之近丹者歸於丹丹頻年構兵數被侵伐國幾虛耗不支迺來轉輸貨物繁盛勝於昔時元氣因以漸復至道光二十九年斐得列踐阼本國公主與大英王家子爲婚後可接爲英國后焉

通國分五省一曰入德蘭二曰西蘭都城哥本哈根爲商旅麕至之地城内宮殿巍峩屋宇峻麗學校醫院靡所弗備商皇宏壯稱鉅觀焉又有城曰亞西諾諸國貨艘出入巴爾提海必經此港窄海名加的牙長廣數里前本國在此建關征稅凡舟渡過必納惟茲數年悉除之南有荷兒斯丁其城名繼力中有斯勒瑞東南有勞英不城皆同名附近島嶼羅列

民之生計、捕鱗族以餬口、此三地有普奧二國與本國攻戰、近時皆爲所得、歸於普屬、曰安哈、上建樓窮極靡麗、光彩輝煌燦爛、射目、海舶夜行、望之以辨里程、三曰冷蘭夫能、四曰拉蘭法斯得、五曰邦好米、西南有島曰希里疴蘭、屬於大英、又有氷州在大西洋北、總計之方四十萬里、氣候嚴寒、戶口六萬、中有火山名黑克拉、烟焰上騰、晝夜不熄、熱泉迅湍懸嶺若瀑布、七十餘尺、歲有地震、殊爲猛烈、生意蕭疎、穀菓稀少、木多由洋浮至、居民聰慧、善於欵賓、內建書院、觀星台、曾學士處、土產藥苔稱良、其東南曰發羅羣島、土產五穀、牲畜、

荷蘭國志

荷蘭、歐羅巴之西北隅也、緯線自赤道北五十二度起至五十四度止、經線自中華北京偏西百有十度起、至百有十二度止、東界日耳曼、南接比利時、西北距北海、長七百里、闊四百三十里、總計之方七萬里、戶口四百八十萬、地勢坦夷、在歐羅巴中最為卑隘、低窪荒澤、不可勝數、海潮盛至、每多衝決之虞、民間多築崖岸以為隄防、河道甚雜、至長者曰士加爾達謬塞啉、因湖之大者曰哈爾林海、地壤膏腴、農民勤耕、而沮洳汾澤之間、開墾為田者甚少、

民請於水利、濬瀉瀆鑿河道、善能航海、習於舟楫、不憚遠行、在歐羅巴中、貨物之運行、市舶之往來、實自荷蘭始創焉、人情質朴、操作艱辛、食用儉約、極撙節之宜、其治生惟一以勤、古風猶未墜也、有潔癖、室廬窗牖、時加洗滌、不染纖塵、街衢之間、不使稍留穢跡、巨商大賈、雲集響應

車蓋相望，帆檣相接。東北諸島，無不豔稱其盛。工肆林立，技巧藝精，凡呢與氈布之屬，皆其所織。俗吸絲烟，故種烟草者多。牧塲甚廣，然負蕃蕪，使於放牛，所製乳餅極佳，善釀火酒，運於列邦。羽毛緞最良，爲中國所貴重。民多奉耶穌教。

至於國位，歷代相傳，繼統者維男，以長幼爲序，無子立嗣，無嗣立女。昔時乃野番部落，後爲日耳曼人所據。嘉慶時，法取之，爰立酋長統率其衆。法內亂作，諸酋蠭動，擁地自立，土遂瓜分爲十有七國。後有酋長兼并歸一，立爲侯國。明時海水猝漲，氾濫於地，居民盡爲所淹，屋宇湮沒靡遺，數百里間幾成水窟。潮退，積水匯爲一海，即哈爾林。是居民當水潦之後，極力經營，閱數十載，生齒繁滋，完富勝於疇昔。明初爲奧所取，奧君傳位於西班牙王，王兼國鈞，减賦以悅民，悉令入天主教，有遵耶穌教者，則積薪以焚之，誅殛數千人，慘毒倍至。荷人憤怒震烈，舉兵以叛，遂廢其君，官吏皆被黜，逐分通國爲七省，自設州牧，綜理國政，互結盟約，咸不相統屬，如是者二百餘載。乾隆時，爲法所侵，役國遂失，法王以封其弟，自是荷遂隸法之版圖。迨法王拿破崙喪師，荷乃得恢復故土，立故王之裔，後取比利時，合爲一國，凡有政事，干不得專，皆大中哲士爲之籌畫焉。道光十年，比利時人叛，絕和好，變亂滋生，不歸統轄，自立爲國，荷莫之能禁，亦聽其分建矣。道光十九年，居民製火輪之器，轉捩其機，日取哈爾林之水，使水漸涸，遡來海水幾涸，可墾爲田，約三十萬畝。

三二一

全土分十一部，曰北荷蘭都城，曰俺斯特坦，建於河濱，水中架以巨木，上築樓閣層軒曲檻，以河道爲街衢，其製甚奇，世罕覯焉。宮闕衙署閎不峻麗，學校醫院靡弗具備，誠稱一時之壯觀。昔爲歐土都會之最大者，曰南荷蘭首城，曰海革，乃國王建都之地，來甸設立書院，制度環瑋，凡名儒碩彥明道達理之士咸薈萃於此，蓋人文之藪也。屬邑曰鹿特坦，城堞甚爲鞏固，逵衢開廣，廬舍峻整，海船巨艘隨在可通，曰西蘭，北巴啦班，烏特立，給德蘭，德倫廁，威立塞，哥囉凝，俺斐里斯蘭，靈堡，別有一區曰盧森堡，入日列國，互結盟誓，在此向有堅營於地，近因荷王願購於法蘭西皇，普王不喜，將恐與法

搆釁，大英勸和，現已毀營平定。土產畜牲、蔴、茜草、滑石、鐵、煤、

比利時國志

比利時在歐羅巴西北，緯線自赤道北五十度起至五十二度止，經線自中華北京偏西百有十度起至百有十四度止。東至日耳曼，西連法蘭西暨北海，南接法蘭西，西北距荷蘭。長七百里，闊三百九十里，總計之方四萬里，戶口五百三十萬。其地平坦，形勢延袤，南方陵谷荒稀，氣候和煦，田土膏腴，多草塲，便牧畜、穀菓、烟、蔴，歲青大有。

居民謀失勤苦，性好動，輕然諾，寡信義。工肆雲集，制造精良，百貨之轉輸，衆商之貿易，稱極盛焉。多崇天主教。

至於國政，廢興不一。古爲荷蘭南部，荷多水而比多平陸，自荷蘭爲日耳曼所據，又爲法所攻

取荷人叛、其事之始末、比與荷毫無差異、及荷逐官自立、比利時猶屬西班牙統轄、康熙年、西班牙以荷與比之地讓與治理、越八十餘載、至乾隆六十年、比與荷又同爲法蘭西征服、後荷復故土、與比合而爲一、無如風俗教化品性言語大相懸殊、且荷以比屈附仇敵、薄其爲人、不令居顯爵、不收教其幼學、比民實難隱忍、於道光十年、逐荷守吏、舉兵以叛、據地以戰、荷斂兵退、比人舉議、擢日耳曼之薩各堡小侯留波爾德者爲君、有公事則與衆酌定、紳耆商議、否則不能納餉、自絕荷後、貿易之路、爲荷所塞、過港口不能通行、昔進港口之艘船、移往他處、製鐵轆轤路以火輪車、由陸路轉運達海、

通國分爲九省、曰南巴啦班、在適中之地、都城布嚕塞、乃京都也、建於塞內河濱、宮室巍峩、殿宇峻麗、民工紡織呢毡、最精、城中遍栽林木、修築樂園、俾民人遨遊、得領山水之趣、嘉慶初年、法蘭西與大英大相戰鬥、於瓦得路、逼近此地、英國勝之、曰安都厄比那慕爾列日、首邑皆同名、東發蘭德斯、首

邑曰根忒西發蘭德斯首邑曰布路遮斯、海腦德、首邑曰蒙斯林堡首邑曰黑失盧林堡首邑曰亞爾羅土產穀菓、烟蔴、煤、鐵、紋石、綢、砂、氈、甲於歐土、

日耳曼列國志

日耳曼列國在歐羅巴之中、緯線自赤道北四十五度起、至五十七度止、經線中華北京偏西九十六度起、至百有十六度止、東界奧地利、普魯士、西接荷蘭、法蘭西、南至瑞士、以大利、北連巴爾提海、長二千里、闊一千八百里、總計之方七十五萬里、戶口四千五百萬、其地北方平廣坦夷、砂磧綿邈、藪澤居多、南有高原曠野、餘皆岡陵峻峭、絡繹不絕、河之長者、

日威塞爾多腦易爾北、湖亦衆多、氣候互異、北則沮洳潮濕、寒熱無定、南方平和煦嫗、舒暢宜人、濱地膏腴、樹木稠密、花菓豐茂、園林幽雅、風景清美、遠客多來游玩、

民多強健、性情良好、學術勤苦、謀生力作不倦、技藝文字奇妙絕倫、商賈廣至、貿易殊盛、奉耶穌天主猶太教。

至於朝綱國政、而分諸部、或君王臨御、或公侯攝理、或設官宰治、令其全土合於一國、華稱德國也、古爲歐羅巴大國、五方之民雜處、羅馬時征服四方、日耳曼雖歸統屬、而未盡入版圖、法蘭西興、有王名甲里曼者、攻滅日耳曼諸部、土地人民全爲收服、地隸法版者百有十載、後國人叛法、立酋長根拉的爲王、自是各王並不世代相傳、俱爲衆所推立、元初奧地利酋長羅德福爲王、能服衆、由此子孫繼緒不衰、於人明時日益強盛、聲威四播、幾與羅馬代興、康熙三十九年、各部自王、不相臣屬、奧地利并兼坐大、普魯士拓地稱雄、兩國皆著名譽、不復稱日耳曼、透迤以西所餘隙地、法蘭西拿破侖以兵脅之、皆降、後八年拿破侖敗、各復爵士、嘉慶二十年、會議於維也納、議定日耳曼列國各守疆界、互相結盟、一切政事集衆會議、靡有參以私見、每

國派公使一員皆駐法蘭西總師一人各國公舉與地利人爲盟長他國不敢當也文字言語各國皆同同治五年普與奥戰普獲勝得土地甚多有衆小國諸部皆屬於普奥皆不得主之現普設法易王爲帝而統日耳曼爲一國同治十年日與法相戰甚迫至終大勝奪法二省亞撒西劳索因而隸於其中

適國分二十六部其中有四國一普國別行序述一曰巴威里亞在東南方都城曰慕尼克街市華潔居民善造細皮清玻璃時辰表名播四方一曰薩索尼爲適中之地銀鑛衆多都城曰德勒斯停中有博物院畫圖極富刻像經籍靡甚更有一城名美參製磁器不亞於中國亦有一城名弗雷堡其中有諸鐵礦明時有土生於此曰路德本爲天主教士後離而立耶穌教又有大邑曰來比細克每歲設市三次諸國商

貢、雲集其地、書籍鐫刻最精、文字著作悉備、一曰瓦敦堡、都城曰斯都德牙、以上三國皆爲王爵、更有上公之爵攝理者六部、一曰巴丁、都城曰加斯盧、峰巒秀出、風氣清華、爲日耳曼國之最、一曰黑西、都城曰達摩斯達、一曰梅路稜堡、有二部、曰施微啉、斯德勒支、一曰膴敦堡、一曰薩克威密、都城皆同名、更有公爵攝理者五部、一曰薩克斯各堡額達、一曰亞敦堡、一曰梅凝謌、都城均同名、一曰不倫瑞克、一曰安哈武、都城曰德騷、一曰阿敦堡、都城同名、又有侯爵攝政之部七、一曰留士分、大小二部、大曰咯勒斯、小曰給拉、都城皆同名、斯瓜斯堡、有二部、曰盧德斯達、曰孫德厚森、都城同名、一曰里卑有二部曰德摩的都城同名曰燒問堡都城曰不給堡一曰襪爾德都城曰阿羅森此外尚有三城爲商賈萃聚之地自推殷戸爲官司理事不隸王侯一曰早堡在易爾比河口各國互市之地一曰不利緬通商在威塞爾河濱一曰路伯克更有二地乃普在同治十年自法所奪而隸於日一曰亞撒西與勞來因合爲一部異於他部不能自主而被京都議會諸大臣所轄又有貿易製造甚多其中有城曰壘特斯有營壘鞏固又有斯特拉斯堡中有大教堂四方著名以上三營本爲法國至要之壘有軍兵戍此甚衆惟日與法攻時奪之歸其下至今新築炮臺而更爲甚固南有哥爾馬有多

鐵貿易、土產五金、鉛、水銀、寶石、花紋石、礬、硝、磁器等

普魯士國志

普魯士在歐羅巴之中、緯線自赤道北四十九度起、至五十六度止、經線自中華北京偏西九十三度起、至百有十度止、東至俄羅斯、北界巴爾提海、日耳曼南及奥地利、日耳曼法蘭西、西接日耳曼比利時、荷蘭、長二千四百里、闊一千二百里、總計五十萬里、戶口二千七百二十萬、地勢東北平坦、沙磧土磽、雨時泛濫、低窪之區、西南岡陵高原、間有藪澤、田土膏腴、氣候溫和、夏暖冬寒、湖淤衆多、河之大者、西曰來因、東曰易爾比、屙爾維士都拉、

民性溫柔好禮、匠肆寥落、技藝巧良、所造轆轤、火輪車最精、商賈雲集、崇奉耶穌與天主教至於朝綱、王位臨御、歷代相傳子孫繼緒、古時爲北狄所據、未時爲日耳曼人征服立爲別部後爲波蘭得兼并、明時日耳曼復取其地、普人奉職忠謹、日主悅之、屢益以地、康熙年間乃自王其國、其王長於韜略、節衣儉食、帑藏豐盈、歷代嗣君、雖遭兵戈之若、然皆能自守、嘉慶十年、法蘭西割其境土、普遂弱、越六載、普民不悅法政、思其故主、王因民之怨也、糾合諸國攻法、法師潰而棄地、普復故土、至道光二十年、弗的利克即位、即今之王也、王修國政、勸農事、設學校、惠商賈、由是百姓親附、隣民皆喁喁慕義、遂爲西土顯國、其制民及歲者、工入肆、秀入學、否則罰其役、拇年二十以上男丁、皆入伍學藝、三年放歸、每歲秋操閱、施賞罰、故其國兵多而強、同治元年、本國與奧共攻丹國、得其三地、越四年、普與奧不和、大相戰鬥、普獲勝、在日耳曼列國中爲盟主、其地皆屬於普、今修葺各城池、統歸其下、同治十年、普與法相爭、而後大勝、至和協之時、即奪其二地、又受其重路、見日與法國志下

通國分東西兩土、共有十四部、其東隅一曰巴郎丁堡、沿河水澤流通、草木暢茂、製造磁器、勝於中華、鐵器燦若金銀、物

精價廉、遠方咸來貿易、都城曰百爾靈有孤子院、武藝院、醫院、軍器局、靡勿壯觀宮室廟宇、其屬峻麗、衙署整潔、邑之華美於斯爲盛更有波的斯但法耶咈忒在痾德河之邊、一曰坡美拉尼、其北近海、沙阜出琥珀、民用之造寶玩物件、會城曰斯特丁、河流深廣、海舶可通、帆檣雲集、貿易繁盛、一曰細累細亞、會城曰伯勒斯勞、百工畢集、文儒萃焉、一曰薩索尼、與日耳曼牙錯、會城曰瑪提堡、壘高池深、屢捍大敵、又有城曰威丁堡、昔爲天主教所掌、明時路德出於此立耶穌正教、遂毀其祠宇、一曰普魯士古土、會城曰哥寗斯堡、空闊難守、但錫克海口、貿易甚繁、又有麥未爾城、多出木料、一曰坡森、本坡蘭地、普與俄奥、瓜分得之、會城同名、街市寛廣、一曰惟斯法利亞、土田肥沃、林木茂盛、民織麻布、善造火腿、售於各國、會城曰閔士得、一曰萊因、其上沿河傍山、會城曰哥羅尼、貿易繁茂、製香水極佳、舟楫往來如梭、所屬本城有大書院、益百田、百工萃處、突鄉最美之城、有教堂一座、極大美麗、造至六百年甫成、街寛市廣、其下山水清秀、遠客常來游玩、民勤紡織、一曰黑森拿騷、都城曰法郎福甙、在美因河之邊、一曰勞因堡、都城同名、一曰查德第土、都城曰維亭沙分、一曰和恨所倫、都城曰黑眞恩、一曰斯勒斯維革昊斯敦、本爲丹國所屬、被布奥所攻、而隷於普部之中、都城曰亞多那、海口名幾爾、一曰哈諾威、本爲自立之國、康熙五十三年、有王名若耳治者、値大英嗣位無人、英之臣民、招若耳治奉以爲王、子孫承繼、哈諾威歸其統屬、及道光十七年、嗣位無子、英立維多利亞爲君主、至今在位、哈諾威自立爲國、惟同治五年、普與奥相戰、哈諾威辭不助普而悅奥、故普勝奥之後、即奪其國王之位而降爲部落、隸於普下、土產銅、鐵、綢、絲、布、磁器、穀、木、

奥地喇國志

奥地喇在歐囉巴之中、緯線自赤道北四十三度起、至五十一度止、經線自中華北京偏西九十二度起、至百有八度止、

東北至俄羅斯普魯士西接瑞士日耳曼南界土耳其以大利長三千里闊一千五百里總計之方八十五萬里戶口三千八百萬其地峻嶺矗起峰巒迴環氷雪凝積歷久不消餘平原兼有沙磧深林密箐頗有可觀藪澤淤下氣候溫和甚宜人物田土膏腴穀菓豐登湖河廣多沿流灌溉河之大者中曰多惱支派紛岐舟船絡繹迤北與西南隣國支派甚衆湖之大者曰不拉敦西南曰加大哥莫

居民種類不一均不往來性俗多爲粗魯游行無定間有聰敏專務向上技藝近來精巧匠肆林立貿易興隆奉天主教

至於朝綱皇帝臨御歷代相傳男女皆得踐祚惟以長幼爲序政由自主漢時爲羅馬所征服越四百載爲北狄所據及唐法蘭西取其地立爲別部元初日耳曼有爵羅得福者攻獲奧地

各部推立爲王稱爲東國疆土褊狹無大權越數十載歷代嗣君邦基漸廣創業垂統漸與隣邦姻婭相通是以附近各地多爲所有嘉慶九年其國君甚至進爵爲帝雖一被法蘭西君拿破侖攻克占據過半至嘉慶十九年兩國議和惟荷蘭仍自爲國其前失各地盡行恢復現爲日耳曼列國中最爲强富推大國焉咸豐九年本國有法蘭西撒丁二國攻戰法撒得勝取倫巴第之地屬於撒王同治二年與普共攻丹國得其屬地越四年與普戰大敗不得與於日耳曼列國之中亦失其地歸於以大利

通國分爲三土曰日耳曼地奥之故土也曰匈牙利曰波蘭地後來之所割也奥地利之日耳曼地分十部一曰奥地利改上下兩部都城曰維也納王宮華麗殿堂規模宏敞織造萃聚街市喧閙女人姿質風流儀容秀美又有書院藏書七萬册一曰薩爾斯堡一曰地囉里會城曰音斯不囉克一曰士的里亞會城曰加拉德斯一曰加宜廁拉會城曰來八海

口曰的里斯德爲地中海大埠頭其地山洞千餘、深邃長短曲直、靡弗備具、景象美麗、古怪奇異、最多鍾乳石、天然生成、垂懸空際、內有一洞、人行可通二十里、爲湖所阻、人未嘗探其奇也、一曰波希米、爲奧之上壤、有泉水靈異、可以療疾、居民善造玻璃器、織麻呢細布、會城曰巴啦加、內設書院、藏書籍萬册、習文藝者千餘人、一曰摩啦惟亞、會城曰布倫、曰細累細亞、會城曰特勞堡、其奧之匈牙利地、居民貌似蒙古人、古爲匈奴部、遷徙至此、宋時立國、稱雄一時、久而寖衰、明季女主嗣位、配奧王爲夫婦、時匈奴牙利爲波蘭士耳其攻侵、皆賴奧兵力、退敵保疆、遂挈國合於奧、幅員大於奧、雖爲奧轄、不服王化、自立理法、近奧強服、大相戰爭、奧敗績、請兵於俄羅斯、求其來援、征服匈、始隷版圖、傾心歸向、其地分六部、一曰匈、一曰斯拉縛尼、一曰哥囉亞西、都城曰布大、一曰達郎西瓦尼、會城曰克路森堡、一曰碎維安、會城曰低末斯法、一曰邊疆、南界土耳其、各農練爲壯勇、鎮守疆域、土人來侵、則衝鋒突陣、一曰達瑪細亞、地形狹長、田土磽瘠、不足於耕、民多捕魚、會城曰撒拉、土產麥麵、五金、水銀最富、寶石、磁器、毛呢、牲畜等、

其奧地利之波蘭地、舊分二部、一曰加里細、樹林叢雜、熊狼居之、獵戶殺之、而獻其皮、官給以價、其土鹵、可煎鹽、民惟務

農會城曰稜卑各一曰布哥維納本土耳其地奧割得之因波蘭故附之會城曰撒佛維支其民長於貿易雖隸於奧而自有酋政以上二部後歸一國名加里細土產穀木鹽

土耳其國志

土耳其在歐囉巴東南緯線自赤道北三十九度起至四十九度止經線自中華北京偏西四十七度起至一百度止東及黑海瑪爾摩拉海西連亞得亞海奧地利南枕希臘及希臘海北至奧地利俄羅斯長廣均二千餘里總計之方五十萬里戶口一千萬其地勢南方海灣凹凸島嶼羅列東北平原廣坦沮洳藪澤頗多中央山巖險峻勢甚綿亘若斷若續

山南草木向榮、兢茂嫣媚、有致、河湖甚多、河之大者曰多腦支派分岐、又瑪黎薩湖之大者、曰拉塞音日尼佛、氣候溫和、四時咸宜、惟穢氣薰蒸、人觸之多疾病、田土膏沃、穀菓咸宜、

民情風俗、大抵與亞西亞相同、其謙傲勤惰強弱、咸各殊異也、衣服美麗、以帕蒙首、形體猥瑣容貌鄙陋、工作技藝、俱屬平庸、所造之物、僅敷所需、水陸貿易靡弗繁盛、因官長有苛政、庶民荒於其業、是以國內經營者、外客居多、勤奉回教、又有奉希臘教、尤多、初土人叛回教、輒殺之、茲則聽其自擇焉、

至於朝綱、國位歷代相傳、政由君出、地分中央東西三土、中東在亞西亞、西在歐羅巴、古時悉屬羅馬、唐初亞喇伯取中東二土、五代韃韃里人攻取亞西亞之西、全國至歐率兵戰勝、驅之、及成吉思強服、元初有土酋阿多曼、招集衆人、肇造邦國、即以己名名之、傳至其子、闢疆日廣、至裔摩哈麥、具梟雄之姿、取君士但丁為國都、三土全歸統轄、此後歷代嗣君、侵阿非利加之北、亞喇伯海濱、歐羅巴之東南、復自內作色荒、外弛武備、稱亂國焉、嘉慶時、王竭力修政、然民橫亂、東隅之衆、多不翼戴王室、中土猶強、應其役、西土接踵而起、日毒干戈、南土分裂、歸於希臘、外藩亦隔絕不通聞問、且與俄戰、俄兵圍其都城、國幾亡、英法為之議和、而罷後埃及總督

叛之自主未和君薨道光十九年其子嗣立即今在位之君也禮賢納士由埃及總督繑命求援於英法俄惟割其數屬予督督遂修貢於土君近日匈牙利有軍士數人逃此俄奥欲强釋之土君不從賴英法之助俄奥不舉兵侵伐然尚圖報復也咸豐三年俄羅斯侵奪其地藉英法相助後三年乃講和光緒三年俄與土屢次交戰俄終獲勝後歐諸國大臣集於日京共商土國議定而分其版圖或自立爲主或仍歸本國見下文

通國分九部曰羅美里亞古爲馬其頓德來斯二土都城曰君士但丁乃京都也城垣高大殿闕巍峩城外海港深廣商賈輻輳歌舞樓臺連甍接棟風景美麗庠序醫院書庫浴室靡弗具備萬厦雲連各國使館在焉多瘟疫火災所轄亞得利安城有古殿閭閣凋倣撒羅尼加爲商賈互市之地曰布加喇亞會城曰梭斐亞建於河濱設堡周備以禦俄軍曰阿百尼亞在海濱民喜鬭掠會城曰日尼㑚曰帖撒利會城曰

拉利撒、地近希臘、口有隘卡、聲名遠播古波斯與希臘相戰、其後歐囉巴禮儀、漸勝於亞西亞、其外有數部如下、

一曰羅馬尼亞、會城牙西、一曰塞爾菲亞、會城曰別甲的池、深城固、曰波斯尼亞合土耳其哥㘓阿細亞為一、鑄刀劍為夏會城曰波斯那細來、一曰保斯尼呀及黑西咢、歸與土、曰坡加利亞、曰蒙的尼咢會城曰摩斯達一曰東羅美里亞、仍歸土國、以上數部、時被虐主挾制、羣凶縱橫、殘剝庶民、民不堪其苛政、屢行背叛、并力攻拒、土君不能征服、與之議和、令或自立一牧、以理庶政、或自立為國、得避土王之虐政、俄帝時而垂顧撫綏、納貢稱藩於土焉、又有干地亞島在地中海、

四周一千六百里外平坦、中險峻、海濱田疇甚沃、海口漸爲沙淤商船多爲所阻古爲名勝後爲土王攻取之、至埃及總督叛土政島歸督主、其民多崇希臘天主教、近時叛土耳其、搆釁甚多至今尚未平靖、土兵大勝、民多徙居希臘、土產煙、葡萄、羊毛、銅、鐵、錫、鉛、礬、磺、紋石、橄欖油、等、

希臘國志

希臘在歐羅巴之南、緯線自赤道北三十六度半起、至三十九度止、經線自中華北京偏西九十二度起至九十六度止、東至、希臘海、北界土耳其、東南地中海、長六百五十里、廣五百里總計之方七萬、里戶口一百八十萬其地闊山迴隔、九

曲盤繞谷野圓亘景象新奇羣峰競秀望若列屏河湖衆多均不甚巨洲嶼灣港繚環羅布氣候溫和田土膴腴穀菓豐登

士女儀容秀美好華冠麗服士人性情風俗不一或居平野勤於游牧或居山中刼掠專務白圭昔時騷人墨客論政講道之士甚多文教昌明聲名文物亟稱一時後數百年一敗塗地百工技藝不甚精巧匠肆蕭條貿易零落今則漸復興起建書院立義塾教化將復如昔崇奉希臘教爲天主教之分派

至於朝綱昔時邦國衆多歷代相傳今爲新造之邦粤稽太古歐羅巴混沌未開夏時希臘有向化者始教以搆屋營居耕種商時灑哥洛從埃及來立國於雅典教民禮儀文字分十二國各霸一方不相統屬後爲民軍自立數國波斯人率軍百萬來戰敗北希臘遂興蒸蒸然日進於禮儀文字遂希實爲歐羅巴文學之始漢時羅馬克服歸於一統數百年明時土耳其攻取爲一省道光二年希人叛土血戰八年後賴英法俄三國護庇國賴以復立

通國分三地一北希臘二摩利亞三羣島北希臘東有亞的

加其雅典乃京都也建在海灣昔爲文物聲名之邦今則市井寥落景象蕭條西亞加爾拿尼羅格里其通商埠頭墨龍依南土摩利亞有五部曰亞歌黎斯內有腦比里亞城在海口希達啦島斯拍西亞島均爲通商之大埠曰亞爾加地內有得破立撒希之堅城曰默細尼曰拉坷尼亞亞加亞與依利斯內有巴忒啦斯亦大埠頭曰尼鄂奔多島地形狹長與東希臘一綫相連十部之外其西有約尼亞羣島總計之方一萬里戶口二十三萬曰各府貌喇以他加喀法囉尼塞利歌散地巴克索前有渠掌政令蒙英保護遂屬於大英以各府爲都城英設大臣駐此今仍歸希臘屬土產橘子橄欖油

葡萄乾酒蜜南菓蠶桑等

地理全志下

以大利國志

以大利在歐羅巴之南緯線自赤道北三十七度起至四十七度止經線自中華北京偏西九十八度起至百有一度止東距亞得喇亞海北界奧地利瑞士西南斜跨地中海長二千五百里闊大略三百六十里總海島而計之共四十萬八千里戶口二千八百萬其地山嶺綿亘蜿蜒遍於通國間有野谷若斷若續氣候迴異北方嚴冷寒風凜冽中央炎酷瘴癘侵人南則近於海區較爲溫和田土肥沃五穀則頻青大有百菓則無歲不稔花卉芬芳幽谷深巖之地名園嘉圃之

間風景清淑遠客來遊者甚衆河之大者曰玻亞的亞爾諾低伯湖景甚雅中北爲最

居民身體怯弱外寬柔而內陰賊常昏夜殺仇且多隱山野盜賊攻商旅談論詼諧喜謳歌有稷下之風繪畫音樂甲於天下農事雖惰工作技藝較法英等國稍庸而屬精細匠肆亦不鮮少商賈輻輳貿易亦盛奉天主教耶穌正教者稍有

至於朝綱國位昔屬一統歷代相傳後則各自分列或王公侯伯或民牧教宗名位不一古爲士番撒尼周時羅馬崛起國勢漸强疆土四闢漢時縱橫千萬里跨歐羅巴亞西亞阿非利加三土或兼攝統轄或僅貢職臣妾居然大一統之勢建都城於羅馬諸國宗仰晉時又建都於黑海之峽名君士但丁厥後傳世久嗣王多淫亂敗度內訌迭生西北諸部皆據土擅立木國遂分爲二羅馬爲西王君士但丁爲東王東王於明時爲土耳其滅西王先以大利故土宋時東北之狄侵取越三百載法蘭西取之以奉教主後又分裂爲日耳曼之屬自此時合時分屢相侵擾嘉慶十年法王拿破侖攻克爲藩部越十載拿破侖敗各國公使齊集維也納會議咸豐九年法蘭西撒爾第尼與本國爭兵勝之得京都羅馬全地屬於撒爾第尼其王名以馬內利其政事與大臣共議成之當以大利王即位時法兵助教化王在羅馬攖民謀叛故也今

年法兵歸國教王自主爲政光緒初年一切本部歸服以大利王合爲一國即以羅馬爲京都

通國分爲十五土中有六十九部略言於下一曰羅馬古地

昔時其地文物聲名爲歐土最大都會迄宋代狄攻時宮殿古蹟皆爲所毀文藝書籍殘缺焚棄駐羅馬之主教者乘機宣佈徒衆紛繁由是天主教興而主教者稱名教化皇施其大權散行天下明時日耳曼人路得別立正教崇事耶穌斥天主教之異端諸國漸歸耶穌正教都城亦曰羅馬前代古跡尙有存焉今所建之天主堂輪奐宏麗光華射目街衢甚廣國政苛虐風俗頽靡民不能堪道光二十九年思革其非百姓遂亂大興干戈擾亂羅馬王爲民逐求救於法蘭西法興兵與戰羅馬之叛民敗績仍復教王今已被以王爲主以羅馬爲京都也

一曰辟們在西北隅前有王以攝理政由自主都城曰多靈殿宇宏麗觀者嘖嘖稱美辟們中遵耶穌正教者不下二萬人前爲教王節制故往往受其殘虐罹害靡窮又有熱挪阿在海隅昔爲地中海市廛之最盛者萬艘鱗集戰艦皆泊於此今衰微已久矣昔日繁華之地轉瞬成空鞠爲茂草惟衙

署數椽巋然獨存而已、又曰撒丁島、在地中海、土壤廣漠、林莽間雜、民俗粗魯、披羊皮帶器械、隨在游牧、性情悍獷、曰倫巴地、會城曰米蘭、近海濱、幅員廣大、山水清幽、有天主堂廣二十七丈、長四十五丈、華靡美麗、咸豐九年、本國有法撒二國攻戰、戰敗、此地歸於撒、曰威尼西亞、會城曰威尼斯、臨亞得亞的海、其初爲大埔頭、萬艘鱗集、握地中海之利權、千有餘載、今則衰廢、通商無多、城建立於澤地、街衢皆小河、人不駕車、而駛船往來、飛橋橫跨、不礙舟行、所屬巴士亞城、內有書院、道光三十年、居民皆叛奧地利、欲自爲主、奧以大兵征服之、遂復如初、同治二年、奧與法及以大利戰、盡失其

地而歸以大利
日多斯加納在西北都城曰咈囉稜斯同治二年暫爲京都
街衢華麗萬厦雲連丹青鐫刻極爲精細利縛爾挪城係海
口商舶萃聚商賈往來最盛曰翁比喇亞曰瑪爾折斯以上
三部前天主教中與東方之地同治元年歸於以大利國王
曰巴爾瑪在北方都城同名及摩第那以上二部總名以米
里亞曰堪板尼亞會城名那不勒斯在西南隅三面瀕海前
與細細利島合爲一國中隔默細那海峽有王以撫馭都城
亦同此名屋宇高峻殿闕巍峩乞食於市者成羣結黨良民
往往爲其所擾環城皆山深嶺幽谷間有火山名菲蘇菲約

其巔常出烟燄或炎石墮空或飛塵蔽地或火漿迸流如水草木盡爲之焦灼古有二城與火山相近爲飛塵所蔽已閱千八百年土人掘出城堞依然傳爲怪異屢遭地震禍患頻仍然田疇肥沃百物富庶生齒殷繁無肯遠避細細利島會城曰巴勒爾摩埔頭曰默細那田極豐腴多出穀菓火山名挨德納爲歐土之最著焚毀鄉邑由漸而盛其島之北有里伯利島內有火山二吐燄不熄其以大利西南有瑪爾島民勤耕稼人烟稠密飲食節儉明時回部方強攻取此島選驍勇之士駐兵防拒乾隆中法蘭西攻之使降大英旋以兵船戰勝法取之調兵嚴守以爲地中海戰艦之大口更有數部

如亞沛利亞、加拉德利亞、巴細利加大等、土産葡萄酒、橄欖油、橙、柑、檬、栗、諸菓、絲綿最富、

瑞士國志

瑞士、在歐囉巴之中、緯線自赤道四十六度起、至四十八度止、經線自中華北京偏西一百十六度起、至一百二十一度止、東界奧地利、西連法蘭西、南接以大利、北至日耳曼、長六百里、廣四百三十里、總計之方五萬五千里、戶口二百八十萬、其地勢萬山疊峙、峰嶺參天、水雪凝積、時或下墜、遽爲民患、野谷綿亘、均爲幽勝、氣候迥異、山嶺嚴寒、平原溫和、山谷炎熱、遠客徧遊全地、取其清奇、甲於歐土、溪澗交流、河湖甚

多、河曰萊尼支派約數千、曰羅諾湖、曰日尼法、曰懇斯灘斯、曰牛砂德、曰盧撒拿、曰蘇利克、

居民不一、分東北中三方、北有日耳曼人、務織布、西有法人、製表極細巧、中有以大利人、三民皆勤耕種、務游牧、夏時驅逐山嶺、秋冬乃歸、飲食節儉、終身悅樂謳歌納福、樂道懷仁、其量寬裕、其性溫和、其志固執、行旅客商棲之、食之相待不啻親串、奉耶穌與天主教、至於朝綱、不設王位、風俗猶古羅馬、後爲北狄所滅、旋爲法蘭西、有又有日耳曼奪其民、臨陣悍勇、効力死戰、元時日耳曼王無道、瑞士人逐守吏以叛、初分三部、後分十三部、擇賢者爲鄉官、以理民事、嘉慶三年、法王拿破侖以兵力强入版圖、改十九部、拿破侖敗、各國公使會議於維也納、十九部外、益以犬牙相錯之地、曰尼法、牛砂德、法界斯三部、共合爲瑞士國、仍其舊俗、自推鄉官理事、酌地勢、按戶籍、拔丁壯、禦侮、諸大國不得鈐制、通國之内外大政、部使鄉官集議於公處、在柏爾尼、蘇利克、盧撒爾拿、每年挨次、

通國分二十二部、曰伯爾尼、首邑同名、爲衆部之都會、曰蘇利克、明時耶穌之徒傳福音、英字聖經、先印於此、曰盧撒爾

拏、曰亞爾高、曰弗里堡、曰瑞的斯、曰牛砂德、初屬普魯士管轄、有國君分派之官四十五員、其後割之、以予瑞國、會同公議治理國事、曰砂弗毫先、曰日尼法、初屬普魯士、其後割之以予瑞、曰蘇克、曰加拉魯、曰巴勒、曰亞奔塞、曰桑高祿、曰梭婁爾、首邑皆同名、曰給里孫、首邑名住爾領、以鄉官頭目曰德信、首邑名比隣梭那、曰圖爾高、首邑名弗留尼、曰翁德瓦丁、首邑名斯丹、曰烏黎、首邑名亞多弗、曰縛的、首邑名羅叁建於河濱、風景極麗、曰法累斯、首邑名西拔、土產木料、葡萄、熊、羆、撥鼠、腿鷹、羚羊、鹿、

西班牙國志

西班牙在歐羅巴西南隅緯線自赤道北三十六度起至四十三度止經線自中華北京偏西百有五度起至百有二十八度三十分止北與法蘭西比斯加灣接壤東距地中海西界葡萄牙南爲大西洋地中海匯流之所長二千里廣一千六百里總計之七十三萬里戶口一千七百萬其地勢峯嶺重疊自東方至西其勢蜿蜒北方岡巒錯雜溪澗交流中央之地高原平廣餘則山川秀麗陵谷間田野綿亘氣候不齊北冷中熱南方酷暑如蒸卑下淤濕田畝甚高雨澤鮮降民多牧羊以爲生海濱風景清淑羊馬驢騾矯健而民多産嘉果勝於他國湖水微細河道不一西曰斗囉塔沽斯南曰瓜

達織菲瓜低安東北曰厄波囉，

居民風俗性情不一，性甚傲僻，氣豪膽壯，既結仇怨，不復相釋，樂於戰鬥，冒險不顧，飲食節儉，如有酒菓，不輕啖飲，惰於農作，早餐後，必午寢，大宇簽乏無財，多居廬棃，男女並好彈琴，互相舞蹈，人皆帶猛牛角之相鬥，又有力者牽倔強之牛，捉而刺之，衆民環觀望而歡呼，獲勝則為衆喜接，工作技藝較列國稍拙，然工匠亦不少，所造諸物尚屬精麗，通商貿易途分水陸，陸路稍狹，水程實繁，貿易之盛，多在海濱埔頭，稅餉所入不敷所用，養兵太多，軍糈不給，恒貸於富民以償息，近因失信不償，民不肯貸，敵兵壓境，輒因餉缺取敗，奉天主教，昔神父有大權，開局審判教事，違者以火焚等，

至於朝綱，歷代相傳，男女皆得臨御，按其國之初，五方之人雜處，為加達額據，漢時羅馬征服之，越三百載，為北狄所侵，唐時回人侵擾，血據其地，僅餘亞斯都里部，內有侯伯拉約，興師大捷，推立為王，子孫繼緒，漸延邦土，得地分建數國，歷七百年後，因回人自不相睦，叛者蜂起，至明成化十五年，女主依撒伯發非多難遂將諸部合而為一，女主遣其臣可倫波，招出墨啊加諸部，銀礦甚多，據太平洋之呂宋，建設埔頭，帆檣鱗集，百貨流通，國之富饒，以此至明正德時日耳曼內亂，其國王查理第五賢能，日耳曼迎之為王，其國立世子非立第二，兩國聯為唇齒，國益富強，康熙時王查理歿無子，與地利王欲立其子，法王欲立其孫，舉兵互爭，後為怫之非

立第五所得代與英法搆兵而勢衰嘉慶十三年法王拿破侖所據立其弟爲君英吉利葡萄牙合兵攻之逐拿破侖弟立故王世子非多難殁後無子立幼女依撒伯即位聽政其外設官二等會集公議治理國事

通國昔時分爲十三省近則改爲四十九部曰新加斯德中央之地沙積高燥現分五部曰瑪德里首城亦以此名乃京都也宮殿宏整廟堂峻麗內有學習醫院觀星臺軍功廠古玩庫藥草園療畜館瓜達拉薩多勒多固盈加丸達喋曰舊加斯德山原相間現改八部曰不哥斯羅歌羅挪三當德爲北境大埠頭索里亞塞額維亞維拉巴稜西法拉多利曰艮現改三部曰艮薩拉慢加古時爲大都會代有聞人自遭兵燹凋敝稍存薩摩拉曰加黎西卑濕牧地現改四部曰哥魯

那城建海濱、泊舟最穩、商賈輻輳、為西北大埠頭、港口有炮臺極堅、顱額廁稜塞奔德菲得啦、曰加拉拿大、曰瓦稜薩、現分三部、曰瓦稜薩、城建平原、街衢修整、屋宇峻麗、市廛之中、肩摩轂擊、有大書院、肄業衆多、亞利刋為東南大埠頭、加斯得倫、曰木爾西、分二部、曰木爾西亞、巴西的、曰亞拉岡、山嶺重疊、寒暖迴殊、現分三部、曰撒拉歌撒、昔盛今衰、血斯加德魯、曰納瓦、毗連法蘭西、仍為一部、曰亞斯都里、境負大山、巳居巖谷、農作甚勤、仍為一部、名痾維多、曰加達羅尼、現分四部、曰巴爾塞羅那、城建海濱、次之京都、貿易昌盛、為東境第一埠頭、達啦歌那、勒黎達、其羅納、曰比斯加、分三部、曰比斯加會城繁盛總聚羊毛之地給不斯孤城建山麓爲北境之管鑰屋宇炮臺靡不具備嘉慶時爲法蘭西所侵擾變爲灰燼事後乃復其初亞拉縛曰額斯德瑪多改二部曰巴達若城建河右極爲堅固加塞勒斯曰安達羅西氣候炎熱水土平良現分八部曰加拉那達舊爲回回王都稱南方大都會亞美唎亞瑪拉加城建海濱泊舟最穩貿易繁庶爲南方大埠頭曰塞菲里城建平原豐饒爲南土之主烏厄襪加的斯城大而堅建於海角著名西土爲通國第一埠頭哥多法南境又有日巴拉大爲地中海門戶大英築堅城於盤石上建炮臺設營兵已百五十年矣其外有五島曰瑪惹架米諾架

佛爾們德加卑勒、壹維薩合爲一部、名巴利亞里、土產穀菓、絲、綢、鹽、金、水銀最富、硇砂、浮木、牲畜等、

葡萄牙國志

葡萄牙、在歐羅巴之西南、緯線自赤道北三十七度起至四十二度止、經線自中華北京偏西百二十三度起至百二十六度止、東北界西班牙、西南距大西洋、長一千二百里、闊三百六十里、總計之方十三萬里、戶口四百五十萬、壤地褊小、環境皆山、絕少平坦之地、河皆發源西班牙、由此入海、湖之大者曰隆加巴砂、氣候互異、西北溫和、東南炎熱、田土膏腴、農惰耕作、然五穀百菓歲必大稔、林木叢茂、

民之風俗性情與西班牙相類，惟以僞善勝之，技藝平庸，商旅厲至，舉國禁傳耶穌正教，崇天主教，民之貧之者多，財貨歸教師。

古於朝綱，男女皆得臨御其國，初爲西班牙西境，唐以前事之始末，政之變更，皆與西同，宋時加斯德拉王，其臣英黎給功高德厚，裂土封之，以盧西達尼數城爲其采地，使尚公主，封以伯爵，其子襲父職，大敗回人，漸拓邦土，民推以爲王，是爲立國之始，歷代以來，征服回部邊疆，日擴版圖，甚廣，有賢王曰以馬努利，立法制，嚴防守，國稱大治，子約翰與西班牙通婚姻，西境又安，倉儲充實，英黎給嗣位，無子，西班牙乘勢兼幷，歸於一統，越六十年，西政貪殘，葡人不堪倒懸，逐其守土之吏，復立故王支派，嘉慶初，法蘭西王拿破侖侵伐，不能捍禦，王遂棄國，攜其眷屬出奔巴西，迨拿破侖爲英軍所敗，王乃歸國，尋卒，世子留王南亞墨利加之巴西，兼王葡人，民謂王貪兩地，不協輿情，乃自王巴西，道光十八年，遣幼女瑪利亞歸王葡，贅日耳曼世子爲婚，夫卒再贅，即今在位之女主也，先是歐土諸國，自開闢至元時，自相往來，罕通別土，人善算數，習天文，用儀器，測量日之出入，星躔度數，水陸方向遠近，明時國王遣善操舟者駕巨艦南行，由阿非利加之西境，轉而東，歷阿非喇加之東境，抵印度之西境，復轉而東，至麻喇甲，徧歷南洋諸島國，所至輒留葡人營立埔頭，隆慶時，抵粵之澳門，請地建屋，歲納租餉，疆臣爲之代請，許之，葡人遂立埔頭於香山縣之濠境，是爲諸國通市中國之始，後西班牙荷蘭接踵東來

法英繼之葡人所立小西洋東南埔頭僅餘澳門一廛今爲其所統轄

通國分八部曰額斯德瑪多中央之地首城名里斯奔乃京都也跨山臨水樓臺疊起學署書庫觀星臺軍功廠靡弗峻麗郊外港通海口泊舟最穩轉輸極盛商旅往來如織周市皆礮臺扞衛甚嚴乾隆二十年遭地震甲第廣廈轉瞬之間不遺一椽死者尸相枕藉近乃修復如故曰卑啦首邑名固英巴拉曰亞零德入富庶甲於諸部首邑名厄窩拉曰亞爾加菲首邑名法囉曰斗囉米虐首邑名痾坡多爲西洋黑酒大埔頭曰達啦蒙德首邑名巴啦干撒其外西南曰亞索喇九島在大西洋人民二十萬曰馬德辣島氣候淸和水土嘉

美、地產五金、寶石、礬磺、磁石、鹽、菓酒等、

法蘭西國志

法蘭西在歐羅巴之西、緯線自赤道北四十三度二十分起、至五十一度五分止、經線自中華北京偏西百有八度起至百二十一度止、東界日耳曼瑞士西統比斯加灣、北接比利時英吉利窄海、南至地中海、西班牙長闊各約三千三百里、總計方七十三萬里、戶口三千七百五十萬、其地東方山巒斷續、南隔比里尼斯山、餘則邱陵寥落平原甚廣、河支匯流其道縱橫、河之大者、東曰囉尼、北曰塞納、西南曰羅瓦爾、加倫湖曰塞德、貨物轉輸悉從水道、隨在皆通舟楫、有溝洫以

諳洩壤地極腴授田數畝農力惟勤氣候不一夏燥冬寒餘則溫和

居民性情無常習俗豪俠好勇喜鬥以致政事紛更互相攻擊終日歌舞無戚容男女貴賤衣裳艷麗雖一擲千緡亦罔所惜農勤開墾頗有法式技藝精巧工於製器火輪車船時辰表自鳴鐘歲造不可勝數士勤學問天文地理靡不精通然所著書籍半類小說壞人心術拔於天道奉天主教間亦有奉耶穌教

至於朝綱國位傳於子孫否則公會治理或庶民推舉靡有定制古名之高盧爲野番部落漢時爲羅馬征服屬以大利西境後羅馬衰亂爲北狄日耳曼分據齊時哥羅維驅逐北狄據其全土改國號曰法蘭西是爲立國之始至唐天寶時嗣王爲民所廢立相北比諾爲君穎敏好學奮發有爲勵精圖治其子甲利曼有文武才開館舍招致西方文學之士百廢俱興城邑宮室道路創造宏整規模丕變極一時之盛傳國數世至宋雍熙時衰亂國人立公爵武頟加頟多爲王傳數世嗣絕更立瓦羅義斯爲歷王宋理宗時路易嗣位長吏術精名法修國政簡實任能號爲中興與英吉利世爲姻婭當法王嗣絕之時英王義多亞第三因與故王有甥舅之誼當分封地舉兵要之從此構釁數十年干戈不息元時爲英所滅即有幼女恢復疆土明萬

歷時旁支嗣位、顯理第四、自修布仁、子房其相、歷侯而窘民、至路易十四、講武嗜戰、諸國怨叛、乾隆三十八年、即路易十六、內寵擅權、民不堪命、後十六年、大亂弑王、設領事官三人、攝王政、拿破侖為首、乘勢撫循衆庶、遂握大權、嘉慶八年、即皇位、恃其威武、欲混一土宇、繼羅馬之蹟、滅荷蘭、廢西班牙、取葡萄牙、兼并以大利、瑞士、日耳曼、割普、奪奧、侵丹國、圍其都城、所向克捷、諸國畏之如虎、嘉慶十六年、以大兵伐俄、師旋時天驟嚴寒、軍士凍死十之七八、諸國乘其敝也、合力攻之、所侵之地全失、又收拿破侖於易爾比河上之炮臺、至嘉慶十九年、逃至法國、招集軍旅、往比利時、與英軍戰、旋敗北、為民所逼、退避君位、流於三厄里那島、六年而死、歐之公使會議維也納、凡拿破侖侵地、各歸故王、或分晰、或合併、互立盟約、不相吞噬、於是立故王之裔路易為王、十年卒、其弟查理在位六載、國人廢之、立路易非立為王、王寬仁納諫、有賢聲、道光二十八年、國人廢之、遁於英吉利、不數年而崩、庶民立拿破侖之姪路易拿破侖為首、期以四年、咸豐二年、已屆其期、不肯避位、召兵助之、復期以十年、事乃定、現已登大寶、同治元年、法與撒攻奧、大勝、而奪奧數區、即歸撒下、又有撒國二部償法、至光緒元年、日與法相戰甚迫、日大獲捷、竝俘法兵數十萬、遂入其國、收其京都、至終、日奪法二部、歸其麾下、强罰八千億銀而和平、在相攻時、法君亦被日獲、未幾放釋、即歸英國、迨後而死、今法政乃民選首領為主、更有二等議士、共商國政、通國舊分三十二部、現改爲八十六府、曰壹里法蘭西、今分五府、曰塞納、首邑名巴黎斯、乃京都也、殿闕巍峩、複閣層樓、宮室庠序、廟堂祠宇、靡不峻美雄麗、文彩輝煌、爲一時之壯觀、他若離宮別苑、石坊橋梁、亦皆窮極精雅、工巧絕倫、街衢屈曲環繞、列肆密如蜂房、商旅往來、肩摩轂擊、晝夜不絕、歐土都會之盛、推爲第二、城內大書院、藏印鈔書籍、遊學之士、許其就院屋借讀、設醫院、學醫者齎糧從之、學成然後歸、又有繁術院、凡術藝之師、皆在焉、如兵法河道器物、各就所願、以肄業、痾斯哀斯內塞納及痾斯塞納及馬內法蘭得改一府、曰諾爾首邑名列黎、建城堅固、貿易繁盛、製造最良、海口曰東克爲商賈薈萃之所、亞多亞改一府、曰巴的加雷比加的改一府名索美海口曰補倫貿易殊盛諾滿的改五府、曰下塞納首邑名盧昂爲織布之要所、又海口曰哈非加瓦多滿砂海口曰舌布爾克亦師船所聚、痾內與勒、以上四部皆在北方、賞巴尼改四府、曰亞德內、痾皐上馬內、馬內、羅來內改四府曰謬斯、謬德及木塞勒、窩斯日以上二部皆在東北隅、賁內改二府、曰馬也內、薩爾的安如改一府曰賁內及羅瓦爾北利達尼改五府、曰壹列及維勒內、哥都諾、菲尼斯德海口曰比臘斯的戰艦停泊於此、摩比罕、下羅瓦爾海口曰難得斯爲貿易薈萃之所以上三部皆在西北隅、波亞多改爲三府、曰溫的、二塞勒維也納、安如瑪、改一府、曰砂蘭森當、改一府、曰內下砂蘭海口、曰羅舌勒、貿易最盛之所、又羅舌縛、爲師船聚泊之所、以上三部皆在西方、痾里安奈改三府、曰與勒及羅瓦爾、羅瓦勒羅瓦爾及捨耳、都來內改一府、曰音德及羅瓦爾、比利、改二府、曰捨爾音德、尼威內改一府、曰尼威、不波內改一府、曰亞列馬而使改一府、曰哥留斯黎木性改二府、曰上維也納、哥勒塞痾威內改二府、曰北多美敢逢、亞撒西改二府、曰下來尼、上來尼、以上九部皆在中央、佛岡德改三府、曰上索內、都伯、汝拉、不干的改四府、曰約內哥多、索內及羅瓦爾、尼英里痾內改二府、曰羅尼、首邑名里昂乃製造之所、金銀線帶刺繡甲於通國、羅瓦爾、道非內、改三府、曰義塞多羅美上亞卑斯、以上四部、皆在東方、不羅溫薩改三府、曰下亞卑斯羅尼河口首邑名馬塞里、爲南境第一大埔頭、火輪船往來埃及印度、亦泊於此、瓦爾海口曰土侖爲師船聚集之所、郎給德改八府、曰上羅瓦爾羅塞亞爾德加爾德希落疴德達尼上加倫以上二部、拖地中海北岸、佛亞改一府、曰亞列日盧西隆改一府、曰東比里尼斯哥也納及加斯哥尼改九府、曰及倫首邑名波多海港深通、上接內河、貿易頗盛、爲西南之大埔頭、多多尼羅的及加倫羅的亞維倫達尼及加倫及爾斯蘭德上比里尼斯伯內改一府、曰下比里尼斯以上八部皆在南方哥塞牙乃地中海島拿破侖皇帥此島人初屬以大利法人取之曰亞維囊改一府曰縛克羅斯曰尼西風景美麗氣候清和曰撒歪山岡環繞陵谷之間皆沃野此二部本屬撒丁同治元年法蘭西撒丁與奧地利相爭因法助撒法以倫巴的饋撒撒以此二部饋法土產穀菓木油酒呢羽絨緞鐵鉛煤礬玻璃磁器等

大英國志

大英一名英倫又名英吉利在歐羅巴西北強大之國也緯線自赤道北五十度起至五十八度半止經線自中華北京偏西一百十五度起至一百二十七度止東界北海西南北

均接大西洋、地分三土、迤東兩土相連、南曰英倫、北曰蘇格蘭、西一島曰阿爾蘭、島嶼迴環、氣候溫和、時時更變、或重霧迷漫、或陰雨溟濛、四季皆然、不能雨暘時若、終歲寒日居多、雖盛夏未嘗有酷熱、冬則飄風霜雪、春林花嫣然、風景極清、地利不一、農勤稼穡、收穫殊豐、

民性醕良、好禮義、崇儉讓、男體健壯、女多殊色、膚潔衣整、室廬峻廣、樓有數層、上蓋以瓦、內外俱以粉堊、或飾以花紙、地佈氈毯、不染纖塵、玻璃爲窗、明淨無比、窗垂帷帳、人室殊覺爽麗、男女往來、守貞不亂、娶聘自擇、少艾性情相投、然後禀父母、結爲姻娅、男不得娶二女、犯者徒流、孩提幼少時、入塾攻書、不獨男習文藝、可登仕版、即女子亦日觀詩書、講道修德、書畫針黹、無不精明、男或爲匠、農、或學商賈、專習一事、用志不紛、因是民多聰明、天文地理、數學格物致知、通達事體、醫必考試得選、方許治病、訟師學律法、亦然、畫師畫山水、繪人物、皆以得真爲貴、黽勉不倦、技藝精巧、織布以鐵機、激之火輪、關捩自能運動、故工省價廉、織造多用火輪、能者推廣其法、造火輪船車、鎔鐵爲汁、而作通衢、約五萬里、以速其行、每時可行三四百里、凡往來於

其道者每歲約有五萬萬人其外別有程途寬廣以便商客舟車往返又以鐵筩置地內深五六尺使泉可達各家以便日用另有鐵筒收燒煤之氣達於各家電光沿路勝於蠟油多倍至於木棉從印度亞美利加轉運織造盛於天下商賈輻輳貿易繁盛大船航海者約有三萬七千商艘製造等物歲值銀十二萬萬田所產者歲值銀三萬五千萬游牧所出者歲值銀二萬四千萬多奉耶穌之教其天主教阿爾蘭奉者十之七

至於朝綱國位男女皆得臨御惟以長幼爲序國制有相二人一理內一治外此外大臣或司資藏或司出納或權貿易或聽訟獄或掌璽印或攝印度之政或統水師之事各有其佐匡勷都城有公會二一曰爵房爵位貴人四百二十有五耶穌教師之最尊者三十處之一曰薦紳房於庶民中推有才識者六百五十八人處之有大事王諭相相告爵房聚衆共議參決可否然後諮之薦紳房必與情相協始布之政否則寢其事勿論民間欲興利除弊必先陳於薦紳房酌覈既妥然後上之爵房可行則上之相而聞於王否則報罷民鬬控訴亦如之人分三品一曰五爵二曰紳士三曰鄉民五爵惟長子得世襲紳士爲府邑選之代民供職皆無俸祿教士尊者等於五爵中者塾師學三四國方言通譯能文精歷法明測驗推步然後可以教人至於人民亦如之按國傳史古爲土番部落漢時羅馬平英倫至今羅馬城闕遺趾尙存齊時羅馬軍退遂有北狄蘇格二部據之是時餘民懼相脅乞援於日之薩索尼之三部其一曰英吉

利、後爲國號、遂克北狄、破蘇格、并其全土、分爲七國、至唐時合而爲一、王名厄北的、嗣位名亞非烈者、仁智兼盡、當時稱賢君、云宋初丹王侵擾全土、皆爲所據、後三世歸之英國、亦越數載、爲法北族酋威廉統率舟師、親駕征伐、覆敗其軍、遂王其國、嗣君顯理第二、攻克阿爾蘭、歸於一統、後婚於法、開疆拓土、傑然稱雄、其嗣王約翰即位、性剛愎、侮教師、教王怒、棄絕其民、民疾王、王懼、納貢教王、魁柄遂奪、民日擾亂、公卿議立大劵、强王署尾、著爲國典、其子顯理第三、是時薦紳始備、再嗣義多亞第一、復克威勒士、又克蘇格蘭、旋爲布魯斯率衆拯救、後得自立、如初明萬歷時、君薨無子、蘇王執蜜斯與先王有戚誼、英人奉以嗣王位、蘇遂與英倫合爲一國、稱曰大英、明中葉時、英人泛海覓新土、得北亞墨利加腴土、日漸開墾、遂成沃壤、英人倚爲外府、後因屢歲興戎、軍餉孔亟、稅餉倍於常額、始行叛亂、逐驅英官、自立爲國、英人屢戰不克、越八載、乾隆四十七年、南境始得聽其自立爲米利堅國、其餘北境至今尚爲英轄、已而印度貿易日盛、英富厚過於昔時、乾隆五十八年、英與法交兵、九載方和息、未幾法復率舟師進攻、率英師艨艟雲集、其旅如林、擁阻河道、不能進發、大敗法於比利時之窩铁禄、始得宴安、道光十六年、君薨無嗣、立兄女維多里亞爲王、即今在位之君也、其詳細載在大英國志、

通國分英倫、蘇格蘭、阿爾蘭、三土、英倫爲其本境也、西界稱

有山嶺、平野、居多長一千五百里、闊一千二百里、總計之方約二十萬里、戶口二千六百萬、田土肥沃、農勤耕種、爲歐名國、河道不長、其大者東曰達迷斯、恒比、西曰美爾塞、塞威、內湖亦甚多、風景清淑、土分五十二府、東方有六、曰迷德勒塞、首邑名倫敦、乃京都也、建於河濱、中架鐵橋幾座、極其美麗、總計一千五百方里、戶口四百餘萬、甲於他都、無城郭、殿闕巍峩、規模閎鉅、離宮別苑、逶迤相屬、衙署屋宇、窮極華煥、庠序學校、輪奐雄麗、宮殿、書院、文儒所萃、博物院、施醫院、養濟院、生靈園、皆景象繁華、工肆比櫛、商賈雲集、諸貨畢備、五方輻輳、內港通海、埔頭最大、帆檣林立、歲有列邦商船往來、爲天下第一都會也、諸佛、素佛、黑德佛、厄塞斯、堪比日、有大書院、歲來學者二千、學業之盛、聲名遠播、南方分為九府、曰根德、內有港口甚寬、戰艦修造於此、檣立如林、薩塞蘇勒、八克斯、烏爾德、索美塞、多塞的、溫凡、戰艦武備在彼修製、所有艨艟、咸薈萃焉、哥奴瓦、銅錫最富、北方地形漸狹、別一區宇、分為六府、曰約克、內通港口、名黑爾、市廛之中、貨物咸備、屬邑里的、舌非、製造羽毛利器、運於各國、蘭加斯德、首邑名曼識特、為洋布薈萃之所、外通港口、名里味不、運木棉者、皆泊於此、織成、達至各國、為英第二埔頭、威斯謀蘭、岡比爾、達罕、諸東北、蘭海口埔頭、為煤會產之所、中央之府、分十八、支斯德、德比、諾定、昂林、哥内、猞羅維、斯達佛、多窰、爲陶人造磁器之所、雷塞德、脅德蘭、亨丁敦、諾但敦、希耳佛、窩塞德、瓦威克屬邑比名罕、所鑄鐵器盛於天下、哥羅斯的、阿斯佛有大書院、肄名山業、巴克比德佛、英倫之西偏地形入海、總名曰威勒士、山嶺重疊、爲英倫之後戶、民之言語與英倫不同、分十二府、曰非林德、敦比該、拿文安、勒塞美、略内、蒙痾、美里、拉德諾、加的安、本不羅、該馬敦、北勒諾、加拉摩、安海島甚多、南曰日西額尼、西壹里、維的、氣候平和、遠客往來、西北壹里曼土產磁器、銅、鐵、錫、鉛、煤、石、鹽、羽、毛、洋布、利器、

蘇格蘭在英倫之北、至長一千里、至闊五百里、總計之方約

二十萬里戶口三百七十萬迤南田土肥沃岡陵寥落迤北之土殊爲磽瘠山嶺參差河之支派不一大者東曰佛的帶堤西曰哥來的湖亦甚多美麗雄壯不可指數地分三十三府南方十三府曰壹丁不首邑同名街衢整潔萬厦雲連爲北方大都會海口利的貿易頗盛林利德合丁敦北維克比北勒塞爾給羅斯不當非里給古比烏痾敦哀爾拉拿海口大埔曰哥拉斯哥爲洋布薈萃之所貿易與米利堅西印度島昌盛稜非律絲製細布搭膊巾最佳中央八府曰發夫京羅斯加拉馬南斯德零所鑄鐵器登白敦白爾的佛法海口曰敦底洋布薈萃之所斤加丁北方言語異於南方分十二

府曰舌蘭、痾哥內二島、諺內斯、孫德蘭、羅斯哥馬的、奈爾內、慕來邦、弗亞比嚬海口同名大呢洋布石版頗盛音威內斯、亞及勒彭的島、西方島嶼甚多總名希比利的島氣候寒冷五穀不登民多漁業土產石煤鐵、磁器、呢羽洋布

阿爾蘭在英倫之西海港隔斷別為一島至長一千里闊七百里總計之方十一萬五千里居民五百萬地勢平原寬廣、岡陵絕少地多豬澤、氣候絪縕終歲花卉嫣然草亦蕃蕪足為牛羊牧芻之地故呼之為綠島湖多秀麗景亦新奇河之支流甚多其大者東曰山能地分四部三十二府東有連斯德分十二府曰都伯林首邑同名建於河濱下接海口水深

便於泊船、貿易繁盛、景象豪華、樓貼、東迷貼、西迷貼、維哥羅、威斯弗、幾爾給尼、加羅幾爾、代京岡的、君岡的、郎拂、西有各諾的、分五府、曰力德靈、斯來谷、羅斯哥門、賣約、加爾威、南有門斯德、分六府、曰格來爾、里美黎、格黎、高爾克、窩德弗、的北拉黎、北有亞爾斯德、分九府、曰安德靈、斗尼、亞爾馬、戴倫、倫敦德黎、託尼、加非、馬那、加凡、摩那干、土產石炭、煤、銅、鐵、錫、牲、布等、共本國一切志略、俱載大英國志、

阿非利加州全志

阿非利加天下之第三州、天時地理人物爲最劣、其地炎熇、難以遍歷、瀕海一帶尚能確悉、至其境內漸能周知、茲特就聞見所及略述梗概於左、

文論

位州內緯線自赤道北三十七度起、至赤道南三十五度止、經線自中華北京偏西六十五度起至百三十四度止、

界州內東距蘇士新溝、紅海、印度洋、西接大西洋、南有印度、大西二洋之交流、北枕地中海、

廣州內長一萬八千里闊一萬四千里總計之方四百三十億里

質論

山州內山嶺、人之經歷者頗少、其至大者、北曰亞大蠟、在巴巴黎、東曰亞白沙里、在亞北西尼盧巴達利温斯敦瓜特蘭巴諸山、南曰雪山斯尼伯克、西曰剛山、在蘇丹幾內亞之間、加米隆在幾內亞、又有火山州二島九、大者名德內黎非、在加內黎島之中

陸州內自南至東北海濱、皆屬高原、地勢延袤、荒郊綿邈、北曰撒哈拉、爲地球沙漠之最、其餘埃及、努比阿、阿爾斯里亞、的波黎、及州南次之

角州內海角曰崩、在突尼斯之北、斯巴的、在摩洛哥之北、巴郎哥、在撒哈拉之西、威的、在塞內岡比之西、巴馬斯、在幾內亞西南、尼鄂、在公額之西、好望、亞古列、皆在岌哥洛尼西南、德加多在桑給巴之東、瓜達大、在亞德東北、

島州外海島曰馬德辣、加內黎、炭威德、桑多美、非難德、阿森森、三厄里那、皆在大西洋、馬達加斯加、毛里西、塞舌勒、亞密蘭、羅得給、不爾弃、哥麼洛、索可達、皆在印度洋、

海州外之海、北方曰地中海、界於歐羅巴、東北曰紅海、界於亞西亞、

灣州濱灣之最者、曰西達拉、加卑斯、連地中海、幾內亞內、有比寧、比發拉、皆連大西洋、德拉哥逝印度洋、泰比、爾寨、蒙亞痾亞、皆在南方、

鼻州外窅海東南有岌三鼻、

峽州內海峽曰巴白曼德、在紅海口、日巴拉大、通連大西洋地中海、

河州內河之大者、東北曰尼羅、流於地中海、西曰尼日、塞內加、岡比、寶勒痾蘭、日流於大西洋、東南曰三比西、魯非日、林波波、流於印度洋、

湖州內之湖、曰當比、在亞比西尼、雜德、在蘇丹尼亞西、在州之東南、牙密、在州南、阿仙尼安薩、

維多亞尼安薩、但安一、龐威亞羅尼阿薩等、

【地氣】州內地當赤道南北、炎熇特甚、瀕海之區、猶爲涼爽、域中更覺酷烈、溽暑如蒸、瘴癘流行、水土甚惡、陰雨時、炎威稍減、至於晴霽、酷暑如故

【地實】州內地實、人多不悉、所產者不過金沙、銀、銅、鐵、水銀、硇砂、鹽等、

【草木】州內草木難以備載、有文采之木、理極堅緻、能入水土千年不朽、迤北近海、最爲豐饒、穀一歲再熟、大約海濱穀菓花卉、無不具備、草木藥材、殊爲繁殖、其域中人罕至、未盡詳明

【生物】州內禽獸魚蟲之屬、不可勝數、獅性最躁猛悍異常、象性馴、徐行藪澤間、山狸似豹大而如狼、猩猩色黑、其體雄健、鳥王之毛羽黃、猛與虎鬭、豹、犀、駝、羆、駱、馬、文采鹿、麛紛繁、鱷魚一族、涵淹卵育者、殊難計數、鱗介毒物、指不勝僂、

政論

【戶口】州內戶口、約計二千億、

【教門】州內教門不一、或拜偶像、或拜禽獸昆蟲、回教局多、問有奉耶蘇與猶太教、

【技藝】州內人多生番、技藝平庸、殊乏巧思、沿地中海一帶、及歐羅巴藩屬、尚屬精良、

【疆域】州內北境古多名邦、今皆回部、東境沿印度洋之北、回族與黑人錯處、東南皆黑人、有葡萄牙埔頭、南境銳入南洋、岌朴爲歐羅巴東來必由之道、有英吉利埔頭、西境沿大西洋之北海

灣、橫亘有英法與葡萄牙諸國埔頭、中央之北皆沙漠、間有回族、南見壤土、統計全土、北多回部、從亞西亞轉徙而來、東西南皆土番、其人容極黝黑而性甚蒙昧、諸國多鬻爲奴、其地氣重濁、人類頗愚、判剖歷千萬年、敦龐如上古風氣、不能自開、歐羅巴人帆檣周遍、僅劃海濱一隅、不能深入重地、一洗山川之昏濁、蓋以炎熵瘴癘、異土之人難堪、長北土可以泊船者、東方族姓已擇土而居、其東西南三面塊然可居者、已有歐羅巴諸國建埔、其餘平坦與海相齊、無凹凸彎環之勢、港汊不深、不能寄椗、亦難隨處登攀、不能開拓者、率由於此、若由北方則平沙數千里、較涉海尤艱、西南瘴癘、由於昏蒙之未闢、未必地氣之獨劣也、若能烈山澤而驅毒物、誅草萊而播嘉種、穢墟且變爲腴壤、而惜乎番族無知能也、近有大英智士數年往來、根究本州中地、考知形勢與尼羅河源諸事、至後申明、

朝政州內朝綱、或皇帝臨御、或王公侯伯、或酋長統轄、或自立政、或爲藩屬、

國州州內之國、分爲六土、北曰摩洛哥、阿爾斯里亞、突尼斯、的波里、總名巴巴黎、東北曰埃及、努比阿、阿比西尼、哥多番、達夫、中曰撒哈拉、蘇力、西曰塞內阿比、幾內亞、公額、東曰亞德亞、然桑給巴、莫三鼻給、發拉南、巳加弗勒里、那達爾、岌哥洛日等、又有群島、皆分條縷析焉、

摩洛哥國志

摩洛哥在阿非利加西北緯線自赤道北二十八度起至三十六度止經線自中華北京偏西百十四度起至百二十七度止東連阿爾斯里亞西距大西洋南接沙漠北界地中海長一千八百里闊二千八百里總計之九十萬里戶口八百五十萬其地山巒橫列沙漠環匝土肥宜穡農夫怠惰氣候和平人少疾病盛夏酷暑有海風可解沙漠薰蒸有峻嶺可蔽湖河不多棕櫚茂盛禽獸充斥

居民性情驕傲耽於逸樂工肆林立貿易殊盛多於州內通商不廣皆為猶太人役以布纏身上東帶巾以裹首戴紅帽著各色履腰懸刀箭跨鳥鎗好馳馬角勝習射頗精防閑婦女甚嚴出門必用帕蔽全身惟露兩眸禁食猪肉飲酒喜吸烟好刼掠崇回教

至於朝綱歷代相傳自皇立政舊本亞喇伯屬國土耳其與海南諸部席卷無遺獨此國以寫遠獲免而亞喇伯衰弱已甚無復羈縻明時遂自立為西回國

通地分六部、曰摩洛哥、都城亦以此名、曰非斯、殿寺書院、昔皆美麗、今悉衰微、曰蘇斯、曰達拉哈、曰達非勒、曰西日美塞、兩海濱有摩牙多爲埠、北境瑞大爲西藩屬、土產錫、白蠟、藥材、綿花、木料、黃皮等、

阿爾欺里亞國志

阿爾欺里亞在阿非利加之北、緯線自赤道北三十度起、至三十七度止、經線自中華北京偏西百有八度起、至百十八度止、東至突尼斯、西逢摩洛哥、南接沙漠、北界地中海、長二千五百里、闊二千里、總計之方九十萬里、戶口三百萬、其地迤南、橫峰疊翠、山谷腴沃、其西有川無數、澄清徹底、灌溉田

畝氣候溫和，夏則炎熱，海風颯至，甚爲凉爽。土壤宜種，稍有砂磧，下有惰農，上有苛政，所以開墾之地甚少。密林叢箐，芳草甚多，可供游牧。

居民風俗不同，性情各異。昔在陸地，飛騎馳騁，刼奪行旅；在水中快艇出沒，橫截商舶。技藝平常，貿易寥落，所奉乃回教。

至於朝綱，初爲土耳其屬國，今則爲法蘭西藩部。昔從亞喇伯據西班牙，明時西班牙起兵逐復，回族多遁歸本國。後西班牙復逐降回出境，大半亦轉徙入之。回民失業流離，習爲盜俗，爲地中海之人患。法英嘗會舟師勦之，乃震懾斂迹，已而復肆。道光初，法以兵破其都城，鎮以大酋，治以法令，盜踪稍歛。近年回酋復以大衆攻法，欲圖興復，爲法所破。然其心腹要地皆回族種類，常懷仇恨。近爲法之屬土，必用衆兵强服回部，犯者皆流於此。

通國分三土，中曰阿爾欺爾斯，京都同名，建於山坡之上，宮殿巍峩，衙署峻麗；東曰岡上丹丁；西曰阿蘭。士產五穀、五金、果實、硝礬、珊瑚等。

突尼斯國志

突尼斯、在阿非利加之北、緯線自赤道北三十二度起、至三十七度止、經線自中華北京偏西百有五度起、至百有九度止、東界的波里、西連阿爾斯里亞、南接沙漠、北至地中海、長一千里、闊四百里、總計之方十六萬里、戶口二百萬、其地山陵寥落、海濱平坦、中則峯巒峻絕、荒野綿邈、河曰美日達、田土膏腴、頗宜耕種、氣候清煖、人物咸宜、

民俗勤儉、安居樂業、彬彬然風俗近古、嫻於禮義、勝於隣邦、製物平庸、貿易繁盛、商賈輻輳、歐羅巴國、州內行車至此、有象牙金砂等、多與通商、所奉乃回教、亦有崇奉猶太教者、至於朝綱、始則同於的波里、萬歷時、初為士耳其所屬、王位不能世及、由衆推舉、請命於士耳其、子孫歷代相傳、百有餘年、政由自出、按其北方、昔有大國、曰加達額、文教與亞西亞相埒、武功與以大利爭雄、富強無敵、名著海邦、漢時為羅馬所征服、越數百載、唐時亞喇伯既得埃及、

漸拓而西州之北土蠶食無遺至亞喇伯衰衆時自立王位後土君取之近爲法蘭西攻而勝之即歸於部下、

地分內外、北曰突尼斯、都城同名建於海濱高阜之處街衢狹隘、屋宇低陋、惟宮闕廟堂尚屬峻麗、東曰大谷耳、曰開灣、內城爲回人禮拜之所、建禮拜寺、高大閎壯、有石柱五百、民多織布爲業、曰比日利、棕櫚爲名、其外有其巴島、土產橄欖白棗、蠟、硇砂、銀、銅、鉛等、

的波里國志

的波里在阿非利加之北、緯線自赤道北二十四度起、至三十四度止、經線自中華北京偏西九十一度起至百有五度止、東至埃及、南界沙漠、西連突尼斯、北接地中海、長二千餘

里闊二千七百里、總計之方一百二十五萬里、戶口一百五十萬、山陵寥寥、平原廣坦、灣岸鹹淤、砂磧居多、河曰的內濱、地瘠腴、所産不贍於食、仰資隣國、時生茅草、回族游牧於中、氣候炎熇、晝熱夜涼、地利不順、荒歉時逢、居民技藝庸拙、商賈甚多、運貨物必結隊以行、土人多乘駝馬四出刦掠隣境、畏之、兵卒橫行、官則受其挾制、民則罹其荼毒、所奉回教、至於朝綱、王位世繼、請命於土耳其、按其傳史、大同突尼斯、土分三部、西曰的波里、都城同名、建於海濱、屋宇壯麗、達衢宏敞、諸貨駢集、五方輻輳、其通商之地名美穌拉達、勒比達、東曰巴爾加、古甚繁盛、今則蕭條矣、南曰非三、都城木爾素、土産橄欖、蠟、棉、硫磺、滑石、丹參等、

埃及國志

埃及又名麥西，在阿非利加東北，緯線自赤道北二十四度起，至三十二度止，經線自中華北京偏西八十度起至九十度止，東臨紅海，其土稍與亞喇伯相連，西接的波里撒哈拉，南界努比阿，北至地中海，長闊各二千里，惟連其屬土總計之，方六十萬里，戶口五百五十萬，更有一種頑民，居處荒郊，以游牧爲生，刦掠貨物，凶横强暴，難以縷述，氣候炎熱，雨澤甚少，霧露迷離，沙漠之氣薰蒸，春夏南風常至，疫癘流行，東風更爲酷烈，其地分上中下三土，上中兩土臨紅海，山嶺對峙，綿亘夾巷，其形如谷，下土臨地中海，廣坦膏腴，河之支派交相灤絡、爲埃及之嘉壤、河曰尼羅、從州內大湖發源、沿流入地中海、兩岸厥土塗泥、皆爲良田、每歲一次潮水盛至、漲溢深三十尺、廣二十里、培養田土、與人之灌溉培植無異、河水不至之處、盡係荒沙、是以近河阡陌雲連、相離不遠、便爲無人之地、年歲之肥磽、視潮之盈消爲度、平則豐稔、缺甚則荒歉、

居民種類不一、貿易繁盛、商賈輻輳、賦稅煩苛、民不聊生、所奉回教、間亦有奉天主耶穌教者、咸不務正、

至於朝綱、歷代相傳、政由王定、初其國爲古極盛之邦、播揚遐邇、洪水後始祖曰挪亞、生三子、長曰閃、次曰含、季曰雅弗、含有子门迷尼斯、夏初建國於阿非利加之北境、曰麥西、始教民以稼穡、設官職、造文字、講武備、修法度、諸小國翕然翼戴、尊爲大主、歷代賢哲、益修典制、分立七品、設官舍、建倉廩、宴然康阜者數百年、舊約全書云、夏時猶太之祖、攜厥後嗣入埃及、延及數

世生齒繁滋，王懼其生齒强，令爲奴，越四百年，摩西興，受天命，行神跡，商之中季，率猶太族類，俱歸其國。是時歐羅巴榛狉未變，亞西亞人抵希臘，教以人事，昏蒙猶未盡洗。值埃及人亦至希臘之雅典，建國，始得幡然一變其舊俗。由是希臘日漸昌熾，而埃及聲靈稍替。溯夫西索的黎嗣位，刻勵自修，武功文字，震爍一時，子孫繼緒，爲西土大國，越七百餘載，日就衰弱，周時爲波斯所滅。希臘王亞勒散德克而取之，建大城同名。漢時降於羅馬者數百年，唐初摩哈麥傳回教於亞喇伯，埃及與之接壤，遂爲所奪。都城大庫，藏書七十萬册，爲西土藝林，回部取其書爲薪以炊，發由是爲回回部落。明時土耳其取之，鎮以大酋。嘉慶時，法蘭西王拿破侖攻克之，越三載，復歸土耳其統轄，設立總督，或時總督叛土，而後平和，漸開疆土。光緒八年，本民背叛，而大英興兵攻之，遂大勝，今商其政，尚未定安。

通國分上中下埃及三土，內有二十五城，曰改羅，蓋都城也。外有古王陵寢數處，基闊頂銳，以香油付其屍，至數千年不朽。有一塚，基闊五里，高五十丈，頂似峰尖，中有深洞，藏棺一。旁立一碑，上鐫人物花卉，皆隱字跡，法英二國士細爲推闡，始知其意給里烏波北卑斯斯卑米加馬芒蘇辣達迷大給比當達美黎美奴內基勒福阿達馬奴亞勒散得黎日塞亞德非白尼隋弗發雍迷尼蒙發祿西烏德基爾日給內挨斯內其東北有一地曰蘇鴨士東南界紅海西北接地中海英吉利道光年間製火輪船遞送文書由印度西行有小埔曰亞丁爲英藩屬由此入紅海行四千里港盡至蘇鴨士旱則行一百七十里即地中海之東南隅有船接遞舟行七千里出日巴拉大海峽即大西洋較之紆迴南向繞阿非利加之西境至極南之好望角而轉柁東北者其程近三萬里自中華至英國都五十日可達其通商之地曰亞勒散得黎亞不

幾改羅密西烏同治年間有法士開通水路由紅海至地中海使火輪船便行東西由此路甌與亞西亞甚好相通船行極遠土產穀菓蔴靛蠶棉花藥材等

努比阿國志

努比阿在阿非利加東北緯線自赤道北九度起至二十四度止經線自中華北京偏西七十八度起至八十八度止東枕紅海西連沙漠南接阿比西尼亞哥多番北界埃及長三千里廣二千里總計之方一百八十萬里戶口一百萬其地東南峻嶺重疊川谷相間草木暢茂西北沙磧廣漠浩渺無垠禽獸蕃衍尼羅河上流之水灣曲匯注是以濱地多肥沃

餘皆不毛之土、氣候酷熱、迤南風雨及時、人物咸宜、居民二種、一爲土人、身體端正、一則亞喇伯數部、最多、農勤耕種、野有曠民、刼掠行旅、販鬻人口、雖有官長、不能嚴束、居民咸罹荼毒、技藝平庸、多與埃及通貿易、所奉回教、至於朝綱、古爲埃及南境、自回部割據後、散爲數小部、道光二年歸埃及兼攝

通國分上下數部、各有官長、曰哈沙、所各馬哈西、當哥辣白爾、白塞那、其通商之地、曰加冬、爲埃政事之都、以散波森的、新當哥辣、蘇阿經得耳、土產蘇烟、甘蔗、棉花、檀香、烏木、象、獅、鹿、豹、駱駝、海馬、鱷魚等、

阿比西尼亞國志

阿比西尼亞、在阿非利加之東、緯線自赤道北七度起、至十六度止、經線自中華北東偏西七十三度起、至八十一度止、

東枕紅海，南界牙臘番部，西北努比阿，長一千三百里，闊二千里，總計之方四十萬里，戶口三百五十萬。其地平原高廣，懸崕峭壁，岡陵錯雜，積雪消融，迅速直布。其北低淤，迤東之地斜突海濱。氣候和平，風雨依時，夏則炎熇，雷雨交加，自夏至冬，陰霖居半，行旅惟艱。土田膏腴，草木暢茂。河之大者曰藍的加西，下流匯於尼羅。湖之大者曰當比阿薩。

居民種類甚雜，性情頑蠢，怠於開墾，好爭鬥，嗜劫掠，食牛不宰，臠割而生啖之。別有野番，穴地而居，捕蟲豸為食，技藝庸拙，市廛寥落，鬻男女之市為最。所奉回教，間亦有奉猶太、耶穌分派之教。

至於朝綱，各酋統攝。古時為土番部落，不通上國，故沿革無考。嗣有埃及王，好游覽，欲徧沿海港以至市埠，見象牙充積，收購回國，擇其名勝，留題墨蹟，自後商船咸來貿易，雲集響應。奉猶太教。晉明帝時弗魯漫氐士仕於國，尊寵用事，遍勸國中改奉耶穌教。回教與隣民不依，避此又爲西洋印度之要津、萬歷時葡萄牙戈未含至、屢加勸導、力令改教、育博學教師巴依土至王以天主教頒行部落、由是國民相戰、而驅葡人、歷代一姓遞嬗、政事由君自主、近因隣部德陵各畀以兵權、俾自專征討、是以大權旁落、臣下斬殺迭興、釁起蕭牆、內釁不一、非骨肉爭立、卽權貴殺奪、華國人惟服國王、不知他姓、故雖臣强專命、不敢簒奪王位、近則疆域半爲牙臘南部侵據、因本國大亂、各部相殘、王名題阿多耳、其性兇惡、暴虐其民、同治年間有大英等人在此被王囚、由囚之於獄、英主作書勸放、不聽、因此興兵相戰、大勝而和、

通國分三部、各有酋長、北曰的給勒、中曰亞迷哈拉、首邑名公達、南曰要海濱、另有小部、皆操舟爲業、其外曰馬索瓦島、爲埔頭、乃埃及總督統攝、土產蔴、蜜、棉花、藥材、象牙、金沙、白蠟、麝香、禽獸、蕃衍、

哥多番志

哥多番在阿非利加東北、緯線自赤道北十一度起至十六

度止經線自中華北京偏西八十三度起至八十九度止東北界努比阿西連達夫南接月山長一千五百里闊一千里總計之方二萬五千里其地之南峰巒萬仞巉巖壁立泉下如懸瀑布北方多屬曠野夏時陰雨淋漓草木暢茂游牧甚多至於晴霽一片沙漠氣候炎酷時有疫癘有大河曰白河縈洄於國東是以田土肥沃種宜黍稷

居民分三部皆黑色或耕種或游牧或貿易商旅行必結隊軍穿鎖甲風俗技藝大如鄰國所奉回教

至於胡綱國無王位惟立首領鈐束居民道光初爲埃及役屬

首邑名痾卑德戶口一萬二千昔日之都城也又有城曰巴拉爲商賈所通之地其餘幽僻屋宇傾頹氓庶逃散土產金

沙、鐵、鹽、糖、象牙、膠汁、禽獸充斥、

達夫耳志

達夫在阿非利加之東、緯線自赤道北十一度起、至十六度止、經線自中華北京偏西八十七度起、至九十一度止、東至哥多番、西南接當牙、北界撒哈拉、長一千里、廣七百里、總計之方十萬里、戶口二十萬、地多沙磧、每遇風起、飛揚蔽空、南境山嶺幽邃、溪澗瀠洄、溝渠足資灌溉、草木叢密、禾黍油油、夏多雨澤、餘則晴霽之時為多、土瘠木枯、氣候炎熇、人物每不能堪、雨及時而風無定、瘴癘侵人、

民勤耕種、技藝粗樸、貿易頗盛、為埃及亞喇伯往來之要道、途風尤劇、同旅行必結隊、聚至重餘、以防刼掠之虞、駝能負運貨物、亦必聚數千騎、行宿如列陣然、崇奉回教

至於朝綱國位歷代相傳惟光緒初年、屬於埃及而貢其王、

都城、曰哥皐、國王居爾發捨、南有發爾的等部、多爲生番、土產黃麻、胡椒、烟、象牙、銅、香品、玉硝、硇砂等、

撒哈拉志

撒哈拉在阿非利加之北、緯線自赤道北十五度起、至二十九度止、經線自中華北京偏西八十七度起、至百三十二度止、東界埃及努比阿、西接大西洋、南至蘇丹塞內岡比、北連巴巴黎、長三千里、闊一萬里、總計之方八百萬里、戶口四百萬、居處靡定、難以枚舉、地勢坦廣沙漠、一望無垠、氣候酷熱、風起天地爲之驟暗、黃霾黑瘴、霎時蔽空、或沙積爲邱阜、天

氣炎熱、雖經數百里、不能得勺水、林木絕少、無一枝之蔭可庇、行路維艱、風沙撲面、使人哽噎、若行沙中、必以駝載、渴不得飲、則殺駝吸其血、或剖胃取其存水、偶有片土、如孤島峙於海中、有水泉草木、行旅賴之、其地界劃為三、東曰利比亞沙漠、居民謂之的普野、有灌溉、稱為佳壤、西曰撒哈拉、水土殊惡、為荒蕪險阻之區、極西居亞喇伯摩洛哥之民、通商之地、即的百斯的比爾馬亞羅安、土產無幾、常見隕石、

蘇丹志

蘇丹、在阿非利加中央之地、緯線自赤道北八度起、至十六度止、經線自中華北京偏西九十度起、至一百二十六度止、

東至達夫西連塞內岡比南鄰幾內亞半多未悉之區北界撒哈拉長一千五百里闊九千三百里總計之方三十萬里戶口數百萬不定惟在水濱紛繁其地之南岡巒羅列峯嶺參差迤北沙漠平垠餘則平原坦廣河湖與沙漠間隔河之大者上曰若利巴中曰哥拉下曰尼日支派分流湖之大者曰差德的別非德濱田膏腴穀宜稻黍草木暢茂菓實榮蕤無不咸備氣候炎熱瘴癘之氣甚惡入其境者輙病死故他國不與之相通

居民部落甚多時相爭鬥擄人則鬻爲奴往來以船販鬻輒數百計販於南亞墨利加者尤多道光十八年英吉利使人往探欲加勸諭途中觸瘴而死或爲土人妄殺久不得音耗又以火輪船從尼日河下亦多染病旋亡及探至部落見其無可棲止遂反櫂民多務農技藝稍精貿

易顯盛行、必結隊、崇奉回教、至於朝綱列君分攝各霸一方不相統屬

通境分數小部、其大者、中曰火薩、薩加都加挪、失格失西曰邦巴拉首邑名西痾、曰北爾古、曰丁巴都首邑同名、爲商賈薈萃之地、曰厚薩、東曰波爾奴滿大拉巴牙米加能達色勒、更有一地名瓦代、方里總計十萬、其民二百五十萬口、王操大權、紳官皆俯首歸附、土產烟、象牙、金沙、鹽、琥珀、皮、猛獸、毒蟲、

塞內岡比國志

塞內岡比在阿非利加之西、緯線自赤道北十度起、至十七度止、經線自中華北京偏西百二十三度起至百三十四度

止東至蘇丹、西距大西洋、南界幾內亞、北至撒哈拉、長闊各約一千八百里、總計之方一百萬里、戶口無考、其地逶迤至東南、山嶺重疊、餘則平原寬廣、墳壤砂磧相間、瀦澤迴環、水濱草茂、叢林陰翳、河之大者、曰塞內加、岡比來痾蘭、氣候酷熱、毒霧炎蒸、鬱為瘴氣、曉夜昏濛、風由撒哈拉、暴烈殊甚、拔木揚沙、常有蝗蟲害稼、時有陰雨、酷暑稍減、土人面黑如墨、混沌無知、衣好華彩、裸體不蔽、男女隨意雜配、種族無別、耕作者少、掘食草糧如芋薯、居草寮、或結巢於大樹、若值饑之自相攻擄、獲人鬻之為奴、外國之船往來販鬻、每船輒三四百人、如貨豕畜、運至南亞墨利加之巴西為奴、郎強之灌園、耕田如牛馬、終身力作至死不釋、技藝平庸、商賈頗盛、所拜禽獸昆蟲、間亦有奉回教者、至於朝綱、列君分據、各占一方、

通國分三十小部、其大者、曰滿丁痾、互拉、也魯非等、外有盧

義斯島、哥里島、烏阿羅島、賊寇猖獗、庶民離散、以上三處、爲法蘭西創闢之地、建砲臺、設埔頭、以布疋易金沙樹膠、均在塞內加河口、法設總督駐劄、其岡比河口、有英吉利埔頭、曰巴黑斯得、貿易殊盛、五方輻輳、以布易貨物、立會館、商旅欲兌銀者、則至其地、得貨則送之以歸、以兵船緝捕掠賣黑奴者、來痾蘭河口、有葡萄牙埔頭、曰比薩等處、土產金銅鹽琥珀紋石皮革象牙蜜糖等、鱷魚禽獸衆多、

幾內亞國志

幾內亞、在阿非利加之西、緯線自赤道北四度起、至十度止、經線自中華北京偏西百十六度起、至百二十八度止、西南

大西洋、北連蘇丹、塞內岡比、長五千里、廣一千五百里、總計之方一百萬里、生齒不繁、戶口數百萬不定、其地瀕海卑下淤濕、多瘴癘之氣、人觸之必斃、北境大山綿亘、河旁沙灘甚多、波流洶湧、土田肥沃、穀菓豐登、草木條達、氣候驕陽亭午石鑠金流、他國人往往暍死、幸有陰雨、否則幾無噍類、居民黑番、嵬嵬以擄鬻人口爲業、耕作皆女爲之、技藝缺乏、商賈輻輳、所奉樹木、或拜山河、或拜禽獸、各從其好、鄙無知、亦鴻濛初闢之區也、至於朝綱、列君分據、各占一方、近年大英與部首議和、不再鬻人口、教師亦至、使民漸易舊俗、而進禮義、耶穌正教、又興於數處、因亞山的王厲河口外人、英在光緒初年興兵滅其京都

通國分數部、其大者、曰亞山的、首邑名古馬西、曰達痾美、比寧、厄波、厄波尼、加拉巴、阿的、拉拉痾斯等、其西南境分爲五

土、曰塞拉略安濱、峰巒層疊、樹林穠密、猛獸成羣、瘴癘侵人、爲英吉利兼轄之地、設員駐劄、開學館、以耶穌教化黑番、迤南曰禾濱、內有來比里、爲米國人所開之地、釋奴居之、教以耕作而立政事、曰象牙濱、曰金濱、內有厄迷那、級哥斯加斯爾拉痾斯等處、或本爲荷蘭與丹國兼轄、今爲大英所統之地、曰奴濱、爲鬻人口薈萃之地、土產金、珊瑚、琥珀、象牙、紋石、甘蔗、烟香、木蠟等、

公額國志

公額在阿非利加西南、緯線自赤道南四十四分起、至十六度止、經線自中華北京偏西九十六度起、至百七度止、西距

大西洋、南至星卑巴、西北連幾內亞、戶口不能稽核、其地東境山嶺參差、爲衆水發源之處、餘則平原坦廣、河之大者、曰公額由州內之大湖流出、貫徹土壤、賴以灌溉、氣候正當赤道之南、炎熇難堪、民俗黑番、無異於幾內亞、技藝少、而貿易寡、所奉邪教、間亦尊天主教、至於朝綱、國設君位、部落甚多、各酋分據、明時葡人至此、今有地屬之、

通國分四大部、曰羅昂額、曰公額、曰奔給拉、曰昂痾拉、內有城曰羅安多、爲葡萄牙創闢埔頭、駐劄總督之所、商船往來、專以販鬻黑奴爲業、英人設船巡緝、捕其掠賣之黨、而釋黑奴、近有米利加人名斯但利、在州內往來、所究其地、試由中地行船、經過一年、游行新區、遇見黑部甚多、皆爲生番、至終

接到公額，此事甚奇，開通本用在不悉之區，西國諸人聞之，大喜。今有教中等人此人此地試行聖教，開路而使民獲益。土產象牙、銅鐵、甘蔗、胡椒粉、薯等。野獸、毒蟲、鱷魚衆多。

亞德志

亞德在阿非利加之東，海峽之濱，廣狹未詳，戶口無考。其地之勢，高聳重疊，河湖交貫，間有平原坦廣，隴畝肥饒，穀宜黍稷。氣候炎燥，雨澤稀少。民性蠢拙，貿易爾係，技藝鮮少，崇奉回教不一，大率皆誕妄之流耳。至於朝綱，各酋分轄，不相統屬，與阿比西尼亞時常爭鬥。通地分數部落，都城曰西拉，又有索謀利、白自拉、黑拉、牙蘭等部。他國商客罕至，故不知其細。土產黍稷、金沙、乳香、胡椒、

象牙等

亞然志

亞然在阿非利加東隅、緯線自赤道北四度起至十二度止、經線起止不知其所、東接印度洋、南接桑給巴、北連海濱、長二千八百里、戶口無稽、其地山嶺若斷若續、東境沙磧磽瘠、技藝平庸、沿海亞喇伯人以貿易爲業、其色稍白、西有土人牧獵爲生、黝黑殊甚、所奉回回教、至於朝綱、分爲數部、各占一方、不相統轄、海濱皆爲亞喇伯阿滿之王總屬、城建海濱、港澳便於停泊、

土產乳香、沒藥、膠汁、富庶、

桑給巴國志

桑給巴在阿非利加之東、緯線自赤道北二度起、至南十度

止、經線未詳、沿海五千里、南至莫三鼻、北連亞然、東接印度洋、戶口無從攷核、其地瀕海低下、樹林叢雜、野象成羣、怪禽異獸、不一而足、西境峯巒聳峭、氣候酷熱、瘴癘侵人、厥壤肥瘠不均、江河盤海、其中有曰如巴痾西邦牙尼魯非曰、

海濱居民皆亞喇伯族、技藝鮮少、貿易頗盛、奉回回教、西方工部未悉、商客罕至、與海濱人時相爭鬥、性情粗戾、風俗誕妄、

至於朝綱國事、前明葡萄牙據之海濱、後爲亞喇伯奪取、咸豐五年英吉利時加庇護、土人各占一方、列君分據、不相統攝、今大英與國王通和、約禁除鬻黑奴之業、而於其地公行貿易、

國分數小邑、其大者曰幾羅、阿馬加多、薩蒙巴、薩美林德、拉母巴、大林德、皆濱於海、以爲埔頭、其外本巴、三西巴、蒙非亞海島、土産穀菓、金銀、糖蠟、棉花、象牙、鳥羽、木料、藥材等、

莫三鼻志

莫三鼻在阿非利加之東、緯線自赤道南十一度起至十七度止、經線自中華北京偏西七十六度起至八十三度止、東枕窄海、西界盧巴達山、南接加弗勒里、北連桑給巴、長一千四百里、闊一千六百里、其地勢峰巒聳翠、斷續參差、海口不一、河之大者三、比西支派往流西北大湖、曰摩拉維、又名尼亞西、樹林稠密、象代牛馬、金礦金沙、取之不竭、土壤肥沃、穀果豐碩、氣候炎烝、瘴癘侵人、難以棲止、

居民技藝鮮少、貿易頗盛、亦奉回教天主教、

至於朝綱不立、國君諸酋分攝、或葡萄牙管轄、冗雜吝散、不相統攝、

其部外有馬古、內有蒙如加森比、馬尼加波羅羅、其通商之

地莫三鼻建於海島、葡設總督駐此、統轄諸處、幾里馬內、前爲鬻黑奴之所、英以兵船巡行、凡擄掠人口者、必加嚴緝、通境方約八十萬里、戶口三十萬、土產象牙、金沙、銅、鐵等、

索發拉志

索發拉、昔名麽諸麽達巴、在阿非利加東南、緯線自赤道南十六度起、至二十五度止、經線自中華北京偏西九十九度起、至八十六度止、北至莫三鼻、長廣均二千里、總計之方一百萬里、戶口未詳、其地之西、峯巒環繞、瀕海低淤、江河瀠洄、其大者曰三比西河、薩比亞河、濱河之地、膏腴穀菓豐茂、樹林叢密、禽獸充斥、氣候炎烈、難以棲止、

人民貿黑諸國販以爲奴技藝鈇之貿易爾條

至於朝綱、昔時黑番大部、有王統攝、歷代相傳、迨遭賊寇猖獗、列君分據、各占一方、不相統轄

明時葡萄牙至海濱、強服海口、建埔其大者曰西那、爲葡官所居之處、曰低低

通國分四部、曰索發拉、西那、薩比亞、音旱板、英以兵船捕葡之鬻奴、土產金沙、象牙、甘蔗、樹膠、蜜蠟等

南阿非利加志

南阿非利加有三地、屬於大英、一名那達爾、一名岌朴哥羅尼、一名克利加蘭、又有二地屬於荷蘭人、一名屙蘭日河自主之部、一名德蘭士瓦、又有數部屬土民、一名加弗勒里、一名蘇路蘭諸地、此數部詳於下、

那達爾志

那達爾又名惟多里都城曰彼得馬利堡其地初爲英商所闢市廛貿易於此今爲英之藩屬總計之方六萬里戶口三十二萬特辦爲海口田土豐肥草木向榮穀菓歲必大稔英人多遷徙於此或耕種或貿易或游牧氣候和平土產棉絲洋藍金石煤等

克利加蘭志

克利加蘭在岌朴哥羅尼之北方里計六萬戶口三萬五千其土牧牲畜蕃艸甚多近年開礦得金剛寶石極多

岌朴哥羅尼志

岌朴哥羅尼在阿非利加極南緯線自赤道南二十九度起

至三十五度止經線自中華北京偏西八十八度起至九十九度止西接大西洋東南距印度大西二洋交匯北連合丁多長五千二百里闊一千八百里統計方八十萬里戶口一百萬其地山嶺環繞廣谷橫列間有高原曠野雨時溪山蒼秀花菓千態萬狀牧塲廣袤牲畜茁壯田土豐盛穀麥皆稱於列邦又種葡萄樹造旨酒其河甚少其大者曰痾蘭日等旱時沙漠不毛

居民敵徙四方游牧爲生北方砂磧風起陰雲圍合黑氣蔽空虎獅象兕馬鹿駝鳥灌濯自得瀕海大浪險阻歐羅巴船舶往來印度中華必繞之而駛腹地沿溪傍河皆設鄉里而其居處散漫均不相聯沙野難渡犢車行多渴死氣候熇熱溫和不一尚可居棲人多壽考土番短身黑面穴居獵獸而食東方之類四肢百骸相稱赳赳武夫稱爲勇敢

至於朝綱明初葡萄牙泛舟東來始識其地後荷蘭見其形勢合宜營立埔頭強民徙居腹地

墾田務農役土人爲奴是以歐羅巴諸國商舶東來必寄泊於此水米匱乏則自能接濟流寓皆荷蘭人半以牧畜爲業嘉慶間英吉利以兵船奪取其地在海濱別開埔頭設立總督駐劄境内外四方耶穌教師建立會堂佈揚正道使人漸近禮義而從教化

通國分爲東西二土分有七省與三十餘地其至大者西府曰岌朴首郡名岌朴敦建於山麓炮臺堅固屋宇峻麗貿易頗盛商賈輻輳爲阿非利加繁富之區外有好望海角爲州極南之大海口西洋船往來帆檣雲集轉輸貨物稱極盛焉斯低林窩塞德哥蘭維音瑞林丹波縛葸爾葸東府曰亞巴尼宋美塞哥拉非烏丁哈岌可利堡其外東方又有廣大屬地曰英之加弗勒里又巴蘇托蘭以岌朴總督總轄土產銅鹽穀菓酒皮象牙棉畜更有痾蘭日自主之地首邑伯方項

戶口五萬方十四萬里又有德蘭士瓦首邑比託利亞戶口八十萬方四百萬里此二地俱荷蘭人統轄民皆耕種育牲爲業

光緒初荷與土人爭使英取地荷人叛屢戰敗英兵終訂和約地歸荷人服英爲主

又有一地名蘇路蘭方五萬里戶口三十萬光緒五年大英與其民相戰勝之暫縛其王後解之大英未幾又封於故國爲王其土分爲數部今聞相爭未識究屬如何更有加弗勒利戶口十萬性情壯往牧牲爲業

其西北曰合丁多那馬瓜波日曼達馬拉數部牧獵劫掠東北曰比朱亞那近時耶穌教師至此民遂進理耕種衣衣其

城曰古魯曼、馬手守、賞哥落浜等。至州內土人惟略知，今有教師等人居於數處，學民言語，欲通其地，後漸可明之。

州中羣島志

阿非利加羣島分在印度、大西二洋，其印度洋者，曰馬達加斯加島，在阿非利加東南，緯線自赤道南十二度起至二十六度止，經線自中華北京偏西六十六度起至七十三度止，長三千里，闊一千里，總計之，方七十萬里，戶口四百五十萬。其地山嶺峻險，綿亘如脊，千峯排列，飛泉如瀑布，山之東西平原坦廣，江河交流，土壤肥沃，穀菓豐碩，氣候炎熱，沿海涔

澤居半，瘴癘，侵人，禽獸充斥

民俗平庸，惰於操技，商賈衆多，崇偶像，間亦有回教，今耶穌教於此振興，至於朝綱，自古別爲一國，王位歷代相傳，政由君出，明時法蘭西欲謀其地，屢圖之而未得，惟於海濱，建立數埠頭，來往貿易，後英人亦於海口立埠，並教民以西洋軍法，又有教師設會堂義塾，以耶穌教佈揚化導，其後數十年中，本國女王禁絕耶穌聖教，酷殺聖教門徒，不通異商往來，後女王死，與英法諸國立和約，仍如舊政，今法仍謀北方之地，謂欲護其所居之本部，惟王不願而避，欲使至法以摘其權，尚未一定

其島分爲數部，白得西米，撒加拉瓦，和瓦斯等，都城曰安達安阿里窩，海口曰達米打威，土產絲麻，蠟膠，銀錫銅，寶石等，

不爾奔島，在馬達加斯加之東，人民二十五萬餘口，土壤肥沃，內有二山，其一時吐火燄，港汊鮮少，商賈至此，常遭風暴傷損舟楫，法蘭西兼攝，首郡名三德呢斯，總督駐劄，土產穀，

菓加非糖棉烟香林木等

其東北曰毛里削斯島三魯義爲首郡地氣酷熱猶堪居處民三十五萬屋宅峻麗商賈輻輳塞舌勒三十島亞密蘭十一島羅得給島皆爲英吉利兼攝有總督駐劄統轄土產糖香品烏木

哥摩羅四島在莫三鼻窄海中屬回長中有一地馬約大爲法蘭西首邑州隅之東索哥德拉屬大英土產沉香血竭

其大西洋島曰三厄里那緯線自赤道南十六度經線自中華西一百十一度周九十二里戶口七千山嶺參差中央平原地肥沃氣和平人安物阜嘉慶二十二年法蘭西王拿破

侖爲英吉利所流於此道光二年病死至道光二十一年有拿破侖之姪以兵船載回其屍

其西北曰亞森森島再東北曰非囊德島皆爲英吉利兼攝駐以總督曰桑多馬島曰北林西島在公額西北土壤肥沃穀菓豐稔禽獸充斥

崁威德共十島戶口八萬五千內有火山其燄時吐時熄鱗介繁衍禽獸充斥氣候炎熱尚可棲止土產穀菓棉椰藥材等

其東北有馬低拉島周一千里首邑芬査其民二萬五千峯巒峻峭攀援維艱氣候和平人安物阜葡萄牙有總督兼攝

摩洛哥之西、有加那列十三島、戶口二十二萬、內有火山、商船駕艘、望爲標準、時常吐燄、峰勢尖聳、高千餘丈、田土肥瘠不一、氣候溫熱、爲葡萄牙所屬、設酋管轄、土產菓穀酒、

亞墨利加州全志

亞墨利加爲地球之西土、與東土三州、不相聯絡、內分南北二境、中祇一綫相連、水道支流不一、地有肥瘠、物阜民繁、氣時殊異、特詳於左、

文論

位　州內緯綫自赤道南五十四度起、至赤道北七十四度止、經綫自中華北京偏東七十五度起、至偏西百五十一度止、

界　州內東至大西洋、西界太平洋、南連南冰洋、北枕北冰洋、

廣　州內至長二萬七千里、至闊一萬里、總計之方北境三百億里、南境二十五億里、

質論

山　州內山嶺衆多、北境曰塞拉尼法大、在加里福尼落機絡繹西偏、塞拉威德馬德勒、皆在墨西哥亞利俺尼、在東方南境曰安的斯綿亘西方、爲山之最大者、巴利米在委內瑞辣巴西等山次之、州內火山凡八十八、島三十二、婆迤以西、在兩境之間居多、別爲詳明於後、

原州內高原、北境有加里福尼、墨西哥、危地馬拉、南境有得薩瓜得羅、甚多布各搭、至於平野廣大、南境有痾里諾哥、亞馬孫、巴拉他河濱、北境自亞利俺尼山至落機山、其地雨時花草芬菲、禽獸充斥、旱時炎熱、田土燥瘠、至於荒郊砂磧、北境在米利堅平野之西、加里福尼、北南境在拉巴拉他、玻里弗巴他哦尼居多、

隅州邊海隅、北境有腊不拉多、新斯格郤、佛羅里達、干加畢、在東加里福尼、亞拉斯加、在西

角州內之角、北境曰法威爾、在丹屬之南、查德界、在臘不拉多之北、色比、在佛羅里達西南、加多支、在于加留東北、盧加斯、在加里福尼之南、威里士、在白令峽之極西北、巴羅、在俄屬州之極北、南境曰羅克巴郎可、在巴西之東、安多尼馬利、在拉巴拉他之南、與北非羅瓦、在巴他俄尼之南、台尼、在州之極南、

島州外島嶼、北境曰北氷洋羣島、亞律森、在亞拉斯加南、汎古洼、在英屬之西、新斯格郤、新方蘭、在英屬之東、西印度羣島、在南北境之中、南境曰發哥蘭、鐵府依勾、在州之極南等、

海州外之海、一名加里比海、在南北境之中、

灣州嶺灣之最者、北境曰巴芬蘭、加斯的普地亞、皆在東北、罕德孫、在英屬之中、勞棱索、在英屬之東、佛勒里達、墨西哥、堪比支、閔都拉斯、皆在南方、哥西布諾敦、在俄屬西北、沙羅德、在英屬之西、加里福尼、在墨西哥之西、南境之北曰大利俺、馬拉該、波痾勒諾哥河口、亞馬孫河口、

東南曰拉不拉他河口、西北曰巴拿馬瓜牙幾。

峽 州屬海峽不一、北境之東北有大比、在巴芬灣、大西洋之間、北勒利在臘不拉多、新方蘭島之間、南有佛勞里達、在佛勞里達之南、西北有白令、在亞西亞、亞墨利加之間、南境之南、有麥拆倫、在巴他峨尼、鐵府依勾之間。

河 州內河道紛歧、其至長者、北境之東曰勞棱索、流入勞棱索灣、南有密士失必、流入墨西哥灣、北有馬更些、哥比明、皆流入北冰洋、西有哥羅拉多、流入加里福尼灣、南境之北有馬達勒那、流入加里比海、痾勒諾、哥亞馬孫、多千定、東有方濟各、拉不拉他、尼咢皆流入大西洋。

湖 州內之湖、北境有蘇皐畧、米齊安、休倫、厄利、安達畧、皆在英屬、米利堅之間、大熊、奴湖、緬尼八、皆在英屬、尼加拉瓜、在尼加拉瓜、南境有低低加、在玻里非、馬拉該波、在委內瑞辣。

地氣 州內氣候互異、極北嚴寒、同於亞西亞之北境、迤南漸溫、與中國節候相等、再南當赤道之下、溽暑如蒸、然較之阿非利加、炎威稍減、且少瘴氣、迤南漸覺溫和、再南寒冽如北境、極南近南黑道、冰雪常封、人畜絕跡。

地寶 州內寶藏、甲於天下、有鑽石、寶玉、五金、水銀、煤、鹼等、指不勝僂、其所產之地、另詳各出之處、分晳註明。

草木 州內草木、皆時五穀、僅有黍稷、木則松、柏、槐、楊、千霄薇日、奇花異卉、芬芳襲人、近自歐羅巴移種、甘蔗、葡萄、橙柑、加非、胡椒、芋薯之類、無不繁碩、烟葉棉花、獲利尤大、藥材顏料、香品極多、又興蠶桑之法、出產雖不同、而收成之日、所獲倍蓰、他州莫能頡頏也、

物產 州內舊無牛羊馬豕貓、自歐羅巴遷徙於此、今則蹄角遍地、至於野獸、火雞爲首、次則有鳥名爲無對、羽毛華彩、聲音宛轉、鸚鵡鴻雁、隨在翱翔、又產異鳥、在河濱樹林之間、野獸有麋鹿、獐熊、豺狼、虎豹、羚羊、水獺、犰狳、猿猴、鼪鼯、海騾、灰鼠、銀鼠、貂鼬、無不充斥、鱗介昆蟲、無不蕃衍、有鱷魚、木勺鯆、巨蛇、大龜、鯨魚、海狗、蟾蜍、壁虎、蛤蚧諸族、其餘凶禽猛獸、毒蟲惡蛇、更盛於他州也、

政論

戶口 州內人民、統計九百八十億、分爲四種、一曰白人、皆自歐羅巴所遷之嗣、約有六百億口、其外有黑人、一千萬、又有土人及雜人、乃黑白人嫁娶所生

教門 州內教門、古來土民多崇異教、自歐羅巴人遷至、耶穌天主教、始得遍行全地

史 州內太古之時、荒遠難稽、惟自墨西哥迤南諸部、訪之尚存古蹟、攷其肇造之初、尚近禮儀、頗似亞西亞東南規制、以是觀之、大都州內之民、自其地遷來者、日漸衰微、至今野番雜處、風俗瘠敗、面色紫紅不一、以漁獵爲業、明時、歐之西班牙人、尋新地、抵羣島、知有亞墨利加、墨西哥等處、廣大富饒、率兵取之、以次蠶食西南各部、西班牙流市雜居、鑿山開鑛、以此致富、葡萄

牙海舶至巴西，見其土曠，從國人開墾。法、英二國亦相繼爭至，法據南北，英據其中，荷蘭、丹曰之人亦來墾闢，後多為大英所併。由是北境英得其東與北，西得其西南。乾隆時米利堅人叛英，僅餘北境之土。嘉慶時墨西哥諸部叛西班牙，葡萄牙子留王巴西國之貴人相助為理，歷傳已久，由是別為海西大國，不屬於葡。是以此時州之南北兩境，惟英人據北地，廣土餘皆擺地自擅，不受歐羅巴約束。

朝綱 州內諸國朝綱，多係民牧統轄，不設君位，或鄉耆推薦，公同選擇，或數年一易，或歷代相傳。其屬國亦與他州兼轄之地同，至某國法制若何，詳註於後。

文學 州內文學技藝大抵與歐羅巴同，蓋自明以來，西洋人遷徙開墾而居之，生齒日繁，薰陶漸染，於是文學堪嘉，技精藝巧，然推米利堅為首，其餘則次之。

國 州內地分南北二境，北曰丹國屬地、大英屬地、花旗合衆部、墨西哥；南北之中曰瓜地馬拉、開都拉斯、尼加拉瓜、哥斯德里加、于加單、英之開都拉斯、莫斯及多地、西印度島；南曰新加拉那大、厄瓜多、委內瑞辣、瓜阿那、巴西、秘魯、玻里非、巴拉圭、烏拉乖、拉巴拉他、智利、巴他峨尼。

丹國亞墨利加志

丹屬在北亞墨利加之東北，名克林蘭，東北大西洋，西南巴芬海灣大比海峽、北枕北氷洋、西南長四千里、東北未詳、闊約三千里、總計方三十萬里、戶口約有十千、氣候寒時居多、冬則日不出、星不隱、常見氷雪、暑天甚少、夏則永不見夜、炎熇非常、歐羅巴人有釣船百餘、捕長鯨、取其油骨、獵得海犬、剝其皮爲衣、土壤磽瘠、水泉洶湧、草木稀少、地常震動、有雷不聞其聲、土人漁獵爲生、丹之耶穌教師來宣教化、地分南北、內建十上、爲丹人所居之處、南有如列安沙爲首城、北有烏百那維克、爲人所居者、至高之地、土產無幾、克林蘭在宋時被冰人新查之而遷人至此、後多年不知若何、恐無蹤跡、至清時丹人復查之、今仍在此、

大英亞墨利加志

大英屬地，在亞墨利加之北，緯線自赤道北四十五度起，至七十八度止，經線自中華北京偏東百有三度起，至偏西百六十八度止，東距大西洋，西界太平洋，俄羅斯屬，南連合衆部，北至北氷洋，長六千八百里，闊一萬里，總計之方一千二百六十萬里，戶口約五百萬，其地山嶺叅差，環於西方，餘則平坦，廣大河湖支派甚雜，河曰奈爾孫，勞稜索，馬更些，湖曰蘇卑略，伊鰲休倫，安達略，大熊，奴湖，氣候迤北嚴寒，荒郊曠野，氷雪凝積，其地不毛，迤南稍覺温和，夏天酷熱，樹木稠密，毛蟲所居，商賈貿易頗爲繁盛，或獵獸以鬻皮，或漁海而得魚，或入林以伐木，投河順流，達於海港，或造船，或販鬻，居民種類不齊，土人部落甚多，有者生番，有者漸進教化，皆漁獵爲業，或法蘭西之苗裔，或英吉利所徙之人，其技藝精巧，仍與本國相同，奉耶穌天主等教。至於朝綱，北亞墨利加全土，古時不通別國，明時歐羅巴人探得其地，自合衆部北，昔爲法蘭西開墾，英人得合衆部地，遂以兵爭北土，血戰八年，法兵敗而棄之，英遂收而有焉，乾隆時合衆部叛英，惟北土用英例，稅額甚輕，其民未叛，仍爲英轄，英以總督駐劄各省，民選大員鄉臣，集在一處，管理政事。

通地分九省，一曰貴北，又名下加拿他，河水縈洄，迅流急湍，不能截止，即支瀚內千有餘洲，忽而江湖之水匯集，急流抵岸，白浪掀天，忽而涸落數十丈，令人驚駭，戶口一百五十萬，其中法蘭西苗裔居多，間有英人遷徙處此，開墾荒地，往往致富，其會城曰貴北，城池堅固，屋宇峻麗，又有城曰孟的里奧，港汊頗多，帆檣雲集。

一曰安大利痾，又名上加拿他，會城曰阿達瓦，英之總督在此駐劄，另有副官會議，爲英屬之省會，戶口一百五十萬，又有多倫多，英人恒多遷徙於此，爲商爲農，辛勤致富，產銅最夏，甲於列邦，又曰金斯敦城，極鞏固，火輪船在海中，迅如飛駛，轆轤之車，相接於路

一曰佛瓦蘇格西亞，三面臨海，僅一隅地，及改比不里敦島，產銅、鐵、煤、石膏，富庶，海魚、樹木繁多，戶口四十萬，民皆安分，會城曰哈勒法，屋宇峻麗，有大埔頭，英火輪船過洋十日而至，又兵船、商船往來停泊之所，英設大員駐劄，衙署華煥，另有副官會議，

一曰牛不倫瑞，沿海港汊深穩，船艘不虞涉淺，土壤膏腴，戶

口三十萬民不務耕、惟入林伐木、俟春水已長、順流出港、貨得價値、沽酒行樂、日在醉鄉、費盡而歸、仍理故業、大城邑皆沿水濱、會城曰弗德勒敦、英有大員駐此、另有副官會議、海口曰散約翰、最大埔頭、

一曰比林斯義德瓦島、爲老兵移駐之地、戶口八萬、專事耕種、麥穀甚饒、隣邦匱乏、往往取資於此、會城曰查羅敦、英官駐此、別有羣臣會議、

一曰牛芳蘭島、戶口十六萬、沿海多峭壁巉巖、霧露迷離、魚鼈相聚成藪、夏時魚船如蟻、網罟於海面、土壤澤淤膏腴、亦有荒郊、不事稼穡、惟種荷蘭薯與蔬菜、而不播五穀、產蛇、熊、

鹿、狗、其狗甚馴、居民富裕、會城曰散約翰、爲大埔頭、英設大員駐劄、會議羣臣、其西北有臘不拉多平原、荒野、天氣嚴寒、終歲積雪、專以獵皮網魚爲業、向爲日耳曼之耶穌教師居處、今歸牛芳蘭島之英官。

一曰英之哥倫比亞、會城曰牛滑斯敏斯德、及汎古洼、會城曰維多里亞、一曰西北土、舊名哈德孫公司、土都城巴德福、總計之方一千萬里、戶口二十萬、本人之九、中分部落、不相連屬、分會使人設立營市、以獸皮與土人貿易、中有海灣、漁舟蟻集、得魚載往英吉利。

一曰馬宜多巴、其首城曰溫宜伯、在紅河濱、今有衆人自大英遷至於此、耕種居住、其外北氷洋羣島、氣候陰凝、土多不毛、流星比曉時常在目、冬臘兩月、日不見星不隱、人畜皆蟄伏、五六兩月、晝長不見夜、英吉利先探此地、究無裨益、土人甚稀、捕魚爲糧、衣海狗皮、穴地而居、冬時晝夜燃魚油爲燭、海產鯨魚、英人有鯨船、自餘冬月氷結、夏時氷釋、船遂往來海面、得鯨魚油與骨、皆獲重價、得海犬海豕、則取其皮油、捕鯨最險、或氷觸舟碎、或鯨撇舟沒、艮可畏也、土產金、銅、鐵、煤、石膏、木、獸皮、鯨魚、海狗等、

合衆部志

合衆部、一名花旗國、又名米利吉、在北亞墨利加之中、緯線

自赤道北二十五度起至四十九度止經線自中華北京偏東百有九度起至偏西百七十三度止東界大西洋西至大平洋南連墨西哥海灣北接大英屬地東西一萬里南北五千里總計之方一千三百萬里戶口五千萬其地東北峻嶺修亘西則山脊高聳斷續隱現前後中央平坦廣大草卉芬菲間有沙漠之區河流淤塞隨在疏鑿河湖瀠洄河之大者曰爾梭里呵海呵皆流於彌士西比河入海灣往來舟楫最盛加拿他南湖之外又有湖泊衆多氣候和正與中華同適北似塞北適南似浙江土壤膏腴五穀皆宜棉花良多蔬菜果實皆備烟葉極佳樹木紛繁橡木作船作柱甚美楓樹高

茂、汁甘可以煎糖、樺樹尤壯觀瞻、其皮可代瓦蓋屋、作舫渡河、蠶桑亦蕃、其餘飛潛動植、魚蟲鳥獸、無不畢具、

東境居民技藝、工作最精、造火輪車船、凡陸路通衢之地、多用鐵汁冶成、四通八達、以利火輪車之行、紡織製造器其均用水火之氣、激機運動、不資人力、丹青精巧、商賈舟車、輻輳往來、舉國多奉耶穌教、好講學業、遍設耶穌殿堂、刊文勸世、又有濟貧院、育孤館、瘋癲館、義學、歲支修舗衣履、造就人材外、更有授醫館、法律館、經典館、教人知醫、通曉法律、傳習經典、通各國言語、近復增益智識、研究天文地理術數、設有學館、書籍富庶、人材輩出、言語文字與大英同、因其地無往不利、以故歐羅巴人流寓於此、英人居多、士農工賈各職其事、南方黑奴後裔、畫地授田、不準遷徙、土人生番、面色紅紫、漁獵劫掠、昔則種類紛繁、蕃衍多部、今漸稀疏、皆處西方、不容紊越、所奉耶穌正教之外、亦有天主教、各等異端、無所禁之、

至於朝綱、不設君位、古時野番散居、無可稽攷、明時大英侵州之北地、驅土番、據膏腴之上、徙英人實其地、趨之者如水赴壑、法、荷、丹、瑞、日、奧等國、無業游民、亦航海歸之、日漸開墾、遂成沃壤、英以大臣居守、遍置城邑、榷稅以益國用、繁盛日增、驟致富強、乾隆中、英與法搆兵、連年不解、百方括餉、稅額倍加、合衆部人不能堪、欲與大臣相議斟酌、而督征愈苛猛、乾隆四十年、紳

沓衆公局舉兵拒英有合衆人華盛頓者所向克捷時沒其功不錄謝病歸杜門不出至是衆既叛英推之爲帥血戰八載屢蹶屢奮頓志氣不衰而英師頓喪法蘭西又舉師渡海與頓夾攻英軍西班牙荷蘭勸兵勸和英力不能支遂與頓盟畫界爲隣國北土屬英南土歸於合衆頓既定國謝兵權歸里衆堅推立爲國王頓乃與衆議曰得國而傳子孫私也牧民之任宜推有德者爲之仍各部之舊分建爲部每部一正首領一副首領或數副首領會議管理政事各部之中又推一總統領督管合部政事均以四年爲滿任亦有一年二年一易者賢則留之復任至八年不準再留如首領任滿則推副者爲正或副者不愜人望則别行推擇鄉邑之長各以所推書姓名投於匭中畢則啓匭視所推獨多者立之或官吏或庶民不拘資格退位之統領依然庶民其總統領推擇之法與推擇各部首領同但推擇總統領皆由東部西部不與焉凡公選公舉權不出上而由下會盟戰伐之事升調革降則推總領爲主各部皆聽命焉事必會議而後定決支放言行每年均出示於衆如例所禁總領亦不敢犯之開部十餘年總領凡十三人初建時止十三部後歸附分析今成三十八部衆部之外已益十七一則總領所居其城餘則生齒不至定數故未進諸部之內同治初時南北連年爭戰因南部本多黑奴欲移至新開之地詎料北部不願勸令禁住致動兵戈後北部獲勝釋放各處黑奴衆部原歸一國自立爲主

通國分南北中西四土、三十八部、與沿大平洋三部、外有九地未進部、內南土分六部、曰東勿吉尼、幅員廣闊、爲諸部最、河渠交結、東方海濱會城里支門、曰西勿吉尼、會城灰林、曰北加羅里那、河道紛歧、烟瘴侵癘、會城喇里、海口維民等、曰南加羅里那、會城個倫備、海口曰渣耳敦、爲東南大埔頭、其地舊爲土番所居、合衆人於道光十五年、買得此地、土番遂遷於西、曰若耳治、會城靡里治、曰佛落里達、在極東南隅地形如拇指、斜伸入海、會城達拉哈西、其地本爲西班牙所據、因劫合衆貨般、遂以此地償之、土番初未全服、時與居民相鬥、近被遷居於西、東北土分六部曰緬又名新英蘭會城奧古斯大曰牛罕什耳會城公哥突曰洼望會城望比釐曰麻薩朱色會城波士敦衆部之第三城又爲大埔頭商船雲集百貨闐溢曰羅德島幅員最小無高山瀑布不能借水磨穀每於海濱曠地建高樓置風車藉風動輪磨穀會城波羅威頓士曰干納底克會城哈得富又有紐哈芬學舘爲諸部之最又有教啞與聾者以手指代語言諸部皆倣此焉

中土分爲五部曰牛約克繁華富庶爲諸部之最海口亦以此名外通海港爲通國第一埔頭會城阿巴尼曰牛日西會城特連頓曰濱西洼尼海口費拉地費外通海港洋船可抵

城下爲第二埔頭、又有城比的波、鐵礦薈萃、曰特拉華、會城多發、曰馬理蘭、會城阿那波里、又有海口霸地磨、爲商賈往來之要道、更有國倫備地、首城曰華盛頓、爲衆部之京都、西土分爲十八部、曰倭海呵、會城戈倫堡、曰密執安、會城底特律、曰根特機、爲衆部適中之地、會城法蘭富、曰典尼西、會城那實威、曰彌士西比、大河同名、由此入海、會城查基遜、曰魯西阿那、多環大河、水常泛濫、海口牛痾連、凡上游各部、洋舶皆雲集於此、會城巴敦羅日、曰音的阿那、會城音的阿那波里、曰伊里內、會城斯不零費、海口其加哥、爲大埠頭、曰阿干薩、會城力特落、曰彌梭里、大河同名、可通海灣、會城渣法甸，曰威士干心會城，馬的孫，曰衣呵華，會城同名，本爲土番所居，道光十年，密執安人遷徙，漸成村落，創造部落砲臺，近年生齒日繁，曰得撒會城，與斯丁，其地本爲墨西哥曠土，迨後生齒日繁，國勢日增，道光九年，叛墨西哥，設官守之，至道光末年，屬於合衆，曰民尼梭大，曰可羅拉多會城，敦佛耳，曰尼巴斯加，會城廁馬哈，曰阿拉巴馬，會城望可麥利，海口摩比，曰甘薩斯，會城多比加，沿太平洋三部，一尼法大，會城加孫，一加利福尼，俗名金山，會城薩克滿多，又有海口，曰桑方西斯哥，其地本爲墨屬，自道光三十年，屬於合衆，近則金銀薈萃，諸國多來開礦，貿易頗盛，商賈雲集，一呵利根，會城撒林外有九地華盛頓、新墨西哥、依大和、望大那、外廊民有大阿利素那、大可大、阿拉斯加、在亞墨利加西北、本俄屬之地，被合衆所售。土産五金、水銀、煤、鹽、木、烟、棉花，最富菓穀等。

墨西哥國志

墨西哥在北亞墨利加西南，緯線自赤道北十六度起至三十三度止，經線自中華北京偏東百二十六度起至百五十三度止。東界海灣，西距太平洋，東南至瓜地馬拉，西北連合衆部。長四千五百里，廣狹不一，或一千四百里，或五百里，總計之方二百五十萬里，戶口約九百五十萬。其地山嶺層巒，多有燄烟晝夜不熄。通國之地皆屬磽瘠，瀕海之區勢舉而土曠沙磧居多，間有沃壤，殊屬寥寥。花卉、洋藍、棉花、檳榔、香樹，凡百皆備。炎熱異常，瘴癘侵人，瘟疫流行。餘則高原廣大，氣候溫和，游牧以萬億計，衣食皆取給於此。秋草枯白，一經野燒，輙數十百里。火山甚多，地震尤烈，陵谷無常，時多傾陷，金銀寶石不可勝數，各國所用番銀，大半多出於此。河之大者曰來疴格蘭，或名三的阿疴。湖之大者曰沙巴拉。

居民情性矜莊，分爲三種：一曰西班牙後裔，甚爲殷富，服御奢靡，錦衣駿馬，遨遊都市；一曰土人，耕種爲業，飯糗茹草，家多貧乏，不飲酒者往往多壽；一曰雜人，白黑人嫁娶所生，其語言文字稍殊西班牙，信奉天主教。

至於新墨國不立君，在古昔已自立爲國，城邑壇廟宮闕殿署靡不建造，肖物形而作字，有律法。地有廢城，爲千餘年之遺跡，時代名字悉湮沒而不可攷。明時西班牙人據之，遷移國人至此，入山鑿礦，流布雜居，生齒日繁，歲得番銀千餘萬，以此致富。乾隆時合衆人叛英，墨亦效尤，不服西班牙，相拒九載，爲西班牙克復。後甫一載，又叛，立部人爲王。道光三年廢之，各部擇官司理與合衆部爭戰屢致撓敗故其屬土歸於合衆部而民因荒亂迭乘不能自振同治初年本國有大英西班牙法蘭西商賈在國中生亂大受虧鉠本國官吏不肯補償故此三國舉兵將戰師未至官吏願和英西罷兵法國獨自出師屢戰獲勝法君請奧地利國上公馬西米憐爲王約議各相扶持詎料墨西哥人不服執馬西米憐殺之法兵遂歸本國將軍自行立主現尚未平靖

通國前分二十二部今分共五十部首曰墨西哥都城同名屋宇峻麗殿堂壯觀街衢方廣平直學塾醫院設立咸備山川清秀花菓繁茂風景絕雅間有狹衢穿舍穢汙殊甚人犯之即致病又有海口名亞加補可昔盛今衰曰沙黎斯哥有城名瓜達沙喇宮殿美麗工徒所萃曰瓜那叔阿多銀鑛深富地時猛震曰給勒打羅曰薩加德架曰濟那羅亞曰都郎上曰桑盧波多塞曰布委巴拉曰華沙加曰索諾拉曰濟阿

白曰委拉古盧斯、東地之大埔頭、建沙灘、形勢閎敞、無港澳海船停泊時、遭風擱瘴癘侵人、貿易極盛、會城皆同名、曰迷刷干、有城名瓦拉多里、曰卓哈回拉、有城名撒的羅、曰牛艮有城名蒙德勒、曰堪比支、曰給利羅、曰亞古亞加、曰連得斯曰達巴斯哥、有邑名哈摩薩、其外有一土曰于加單、今白立爲主、曰下加里福尼、有城名羅臘多、曰達斯加拉、曰哥黎麻有城皆同名、其二部爲土人居處、政由酋出、土產木料、染材香卉、金銀爲大利、

中亞墨利加志

中亞墨利加在南北相連之處、緯線自赤道北七度起、至二

十二度止經線自中華北京偏東百五十度起至百六十四度止東至加里比海西南界太平洋北連墨西哥海灣長三千里闊或一千五十里或三百里總計之方六十五萬里戶口二百五十萬地形狹而長隔於兩海之間中央山脊高原橫以廣野火峯甚多地震尤烈又有湯泉瀑布之池沿海之地低淤東則平陸西則窪澤氣候互異低處酷熱人多患瘧高處平和樹木暢茂禽獸繁衍湖河支派不一河之大者曰烏薩馬曰三如俺湖之大者曰尼加拉瓜左右海口最著

居民分爲三種其一西班牙苗裔其二土人其三雜人風俗言語畧與墨西哥同貿易頗盛技藝粗率奉天主教

至於朝綱或黎庶各立官長司理國事或設士會或爲英屬以臣攝之

通土分爲六部、曰瓜地馬拉、首邑同名、往來貿易者、不可勝紀、百貨駢集、曰三薩瓦多、物產豐盛、首邑名薩瓦多、又有城曰三迷給爾、每年設市、各部商賈至此貿易薈萃、曰闔都拉斯、桃心木頗盛、鑛尤富足、首邑哥麻牙卦、海口曰痾蓂阿曰尼加拉瓜、中有大湖、與部同名、島嶼相間、首邑曰馬那瓜、亦有城曰良、昔盛今衰、亦有加拉那、大爲通商之地、曰哥斯德里加、銀鑛最貴、貿易頗盛、首邑曰三若西、曰英之闔都拉斯、首邑曰百里斯、花卉鮮艷、藍靛極多、林木堅美、英人入山伐之、運於列邦、英設大官駐劄、司理政事、曰莫斯及多地、土酋自立爲王、賴英保護、土產金銀珠寶香品木料等

西印度羣島志

西印度羣島在南北亞墨利加之間由佛落里達東北外環南東南至委內瑞辣濱地居熱道之中氣候極熱海風可解火峰迸裂地常震動暴風時驟樹物飄揚人屋俱患

居民有三種一曰白人一曰黑人一曰雜人
至於朝綱不設君位明時西班牙遣哥倫波駕船尋亞西亞之印度望見羣島以爲抵印度遂
稱之曰西印度於是搾骨朘壞設埔頭市黑奴墾田播種農務漸興既而歐羅巴諸國接踵西
來紛然爭奪各據羣島西英法荷丹又有土酋自爲主者至道光十五年英民釋屬土之奴以
銀八千萬而償其主自此英隨地奴僕俱無

通島分四羣曰小安的列大安的列巴哈馬百慕大其大安的列者一曰海地總計之方約有十萬里戶口約有八十萬沿海巉巖峭壁山嶺綿亘餘則平原坦廣河湖極多而小前

時西班牙人據其東法蘭西人據其西市黑奴以供耕作年久繁衍法待黑人寡恩黑人於乾隆五十六年殺其主以叛黑人自立一牧爲國會城曰波德比隣其東西班牙人亦逃竄黑人亦推擇豪強者爲官以理其事會城曰三多明各今二部時有戰爭

一曰古巴南北百八十里東西二千五百里總計之方十五萬里戶口一百四十萬羣島之最大者峯巒層疊河湖交錯瀠洄其地賴以灌溉土脈膏腴物產豐饒所製之煙極香烈諸國爭購之其地鬻奴甚多明時西班牙據之迨得墨西哥秘魯無暇治理遂爲羣盜所據西班牙人昔時覦羣島如敝

屣、近來藩國皆叛、幸存此島、珍重倍護、倚爲外府焉、會城曰哈瓦那、

一曰波德黎各島、總計之方一萬五千里、戶口五千萬、山嶺綿亘、地雖不廣、物產極豐、耕作皆白人、黑奴稀少、亦爲西班牙屬、首邑名桑若安、

一曰牙賣加島、總計之方二萬二千里、戶口五十萬、峯巒聳翠、溪澗縱橫、灌溉有資、田土膏腴、農功最盛、地震凶烈、首邑曰西班牙敦、海口京斯敦、爲大埔頭、按此島舊屬西班牙、明末時英人據之、設大臣駐劄攝理政事、土產五金晶石、烟、糖、藥材、青黛、木料棉果等、

小安的列羣島其屬大英者二十有二其大者曰特尼答方六千里戶口十五萬首邑名波德西班牙曰多巴峩島方一千里戶口二萬二千曰盧西亞方八百里戶口二萬三千曰加拉拿大方五百里戶口三萬曰雙聞森方四百五十里戶口四萬曰巴巴多方五百里戶口十八萬郡爲此曰登英設大臣副員鄉官於此資理六島曰散吉方二百五十里人民三萬邑名巴斯的曰多米尼加島方九百里人民三萬邑名綠索曰安地卦方四百里人民三萬五千邑名散約翰此外小島如蒙撒拉尼惟統歸安地卦大臣管轄兼有鄉官治理又撥兵戍守建邑造屋商賈紛繁貿易稱盛威森小島人民

三萬五千、統歸散吉、

屬於荷蘭七島、共方二千五百里、人民二萬、田土肥饒、物產豐盈、貿易臻盛、百貨駢集、

屬丹國之地者、有三島、共方六百里、人民五萬、首曰三古盧斯、土壤肥沃、物產繁滋、

屬於法蘭西者、其最大曰馬的尼、方三百里、人民十三萬、曰瓜達鹿比、方四千五百里、人民十二萬、山清水秀、異鳥奇花、不可名狀、風景美麗、爲羣島之最、物產豐盈、貿易極盛、曰散巴多羅謬島、方一百里、人民一萬、林木極佳、泊舟最穩、貨物往來者甚少、

百慕大羣島在巴哈馬東北方一百五十里人民一萬四千大小凡數百島中有散若爾島爲大英所轄設有大臣副員鄉官駐劄

巴哈馬羣島在古巴之北方一萬八千里人民四萬三千大小數百餘島最要者曰新不路威敦爲大英統攝設大臣轄理百事首邑曰那掃天氣清和物產稀少英是以亦不甚重也

新加拉那大國志

新加拉那大又名哥倫比亞在南亞墨利加西北緯線自赤道南二度起至赤道北十二度止經線自中華北京偏東百

六十三度起至百七十三度止、東至委內瑞辣、西枕大平洋、南界厄瓜多、北連加里比海、長三千三百里、闊一千八百里、總計之方一百八十萬里、民二百九十萬、其地海濱山嶺重疊、南北並列、火峰時吐烟燄、東方平原坦廣、樹木稀少、雨則游牧暢遂、河之支流不一、曰馬達勒那、猗黎諾哥、氣候迥殊、沿海酷熱、腹地溫和、

居民種類分二、一爲西班牙裔、好博躭安傾家不悔、男女衣素、伉儷敦篤、防閑婦女甚嚴、一爲土番、性悍獷而陰狠、技藝粗率、貿易平常、奉天主教、

至於朝綱、不設君位、衆推官長司理政事、明時西班牙可倫波尋覓新地、先得斯土及厄瓜多委內瑞辣二處、設總督駐劄、嘉慶十五年、逐西班牙守吏、相持八載、至二十三年、西班牙不能克復此土及厄委二部、遂併立爲哥倫比國、道光十年、仍分爲三、各自占據、不相統屬、

通國分爲五部、曰根的那馬加、都城名波哥太、建於高原、一

水瀠洄、有橋可濟、其洞天生、曰膏加、有城名波巴也曰馬逵里那首邑名加大其那爲海口、近有火山吐燄、水漿迸流、地有陰氣、人觸之卽斃、曰波牙價首邑名吞查曰義斯麻首邑名巴拿馬、爲西方埔頭、又有查機利、爲東方埔頭、以一綫地界之、闊僅百里、此地海道、可通西東二洋、揚帆西行、直抵中國、旱路火輪車可通、甚屬便捷、土產五金、水銀、珠寶、加非、糖、靛、餅等物、

厄瓜多國志

厄瓜多、在南亞墨利加西北、緯線自赤道南五度起、至赤道北一度止、經線自中華北京偏東百六十二度起、至百七十

四度止、東至巴西、南界秘魯、西連太平洋、北接新加拉那、大長一千里、廣二千三百里、總計方九十萬里、人民一百三十萬、其地之西、岡嶺重疊、絡繹不絕、火山羅列、餘則高原曠野、林稠草茂、氣候溫和、惟狂風迅烈、霜霧迷濛、過客經險、口遇之即斃、河道不一、為亞馬孫河支派、風俗教門民情國政、大畧與新加拉那大相同、昔有大國名音加斯、明時為西班牙所敗、至今古跡甚多、如有行路、可通軍馬、建於山谷高原、磐石鑿臺、河上有懸橋飛空橫駕、山崕砍梯登以其遺、又有深窖、滿塞堅石、天下之工、莫大於此、地分三部、曰厄瓜多、首邑名基多、建山谷中、地當赤道、天氣和暖、草木常青、地震頻仍、時有覆壓之虞、其通商之地曰義巴拉疴、大瓦拉、曰瓜亞基、首邑同名、為埔頭、曰阿索也、首邑名賁薩，又有邑曰羅沙，樹林稠密，西醫士賴其皮可療瘧疾焉。海中二千里有加拉巴哥羣島，火山時吐時熄，其地魚鼈蕃衍，土產五金、鹽、煤、木香、藥材等。

委內瑞辣國志

委內瑞辣在南亞墨利加，北緯線自赤道北二度起，至十二度止，經線自中華北京偏東百七十一度起，至偏西百七十四度止。東至英之瓜阿那，西連新加拉那大，南界巴西，北枕加里比海。長二千三百里，廣二千一百里，總計之方一百四十萬里。戶口一百八十萬。其地迤東南西北海濱三方，山嶺錯雜，餘皆曠野，勢甚低，淤潦時泛濫，雨後百卉俱茁，欣欣向榮、游牧紛繁、樹林罕見、惟有希樹、曰牛樹、刺之流汁如乳、民便於飲、旱時一帶荒沙、湖河不一、湖曰瓦稜薩、島嶼美麗、曰馬拉該波、河曰疴黎諾哥、支派橫帶、氣候殊異、北濱炎熱、南土溫和、土田膴厚、物產極豐、禽獸充斥、鱗介蕃衍、

居民風俗教門政事與新加拉那大無異、

地分十三部、曰加拉架、都城同名、建山谷中、地常震動、時有覆壓之虞、海口名拉瓜拉、曰馬拉該波、曰哥羅、曰巴及西米多、曰都西羅、曰美黎達、曰瓦林西亞、曰巴塞羅那、曰古麻那、會城皆同名、曰瓜斯那、會城名安疴都拉、貿易薈萃、曰馬加黎大、會城名阿森森、曰亞不勒、會城名阿查瓜、曰加拉波、會

城名瓦稜薩、土產五金、藥材、木料、靛、膠、糖、烟、棉、牲畜、海牛、鱷魚、大蛇、發電氣鱔等、

瓜阿那志

瓜阿那、在南亞墨利加之北、緯線自赤道北二度起、至八度止、經線自中華北京偏西百六十九度起、至百七十七度止、東南界巴西、西連委內瑞辣、北至大西洋、長二千里、闊二千八百里、總計之方五十萬里、戶口三十五萬、土番不能徧核、大河環繞、瀠洄曰白比斯的、窩拉拉、愛斯及波馬羅尼等、居民黑人爲最、土人較少、其地山石上鐫花字、其時其人、俱不可知、意必上古之民所刻也、至於朝綱、通地屬於英、法、荷、各設官吏、督劄會議政事、亦隨時通地、英取而有之、後衆國會議、東西二部、仍歸法、荷、

其東土曰法之瓜阿那、地力荒蕪、人烟寥落、叢林密箐、瘴氣最毒、法嘗屢次欲導土人遷徙其地、奈入其地者、輒染病而死、泊所穩便、商旅往來者殊寡、都城曰加夜那、中曰荷之瓜阿那、在水澤之中、林內多逃遁黑奴、與土番結爲黨援、藉滋事端、泊所寬廣、都城曰巴拉馬利波、西曰英之瓜阿那、爲最沿河塗泥淤塞、瘴癘侵人、估客雲集、貿易頗盛、內則高原、田土肥沃、草木花卉爭妍競茂、都城曰若日登、又有牛安斯德但土產白糖、如非、棉花、香料、荳蔻、胡椒、藥材等、

巴西國志

巴西、在南亞墨利加之東、緯線自赤道北四度起、至赤道南

三十度止，經線自中華北京偏西百五十一度起至偏東百七十二度止，東距大西洋，西界新加拉那大秘魯玻里非烏拉乖等，北連大西洋瓜阿那，長八千七百里，廣八千里，總計之方一千一百萬里，戶口一千萬。其地西與北勢卑下，而地甚廣，草木稠密，東與南岡陵紛錯，高原坦闊，江河支派橫流，最大者曰亞馬孫，爲天下諸河之最長者，口門似海，多千丁，方濟各巴拉水溢平地，水退地露，樹林茂盛，湖泊甚多。氣候不一，高處溫和，濱海低處熇熱，人多壽考，亦鮮疾病，田土肥饒，地利厚，甚百穀皆宜，農作不力，已墾之土不過十之三四，餘則蓬蒿雜遝，林莽陰翳，奇形之獸，不知名之鳥，怪異之蟲蛇飛走出沒於林之間，晝寂夜喧。居民種類有三，曰葡人，雜人，黑人。多自阿非利加掠至。葡官背約不之禁。土人亦不少技藝，平庸貿易日盛。所奉天主教。至於朝綱，設有君位，古爲土番，無君長書籍，亦無衣冠，或散或聚，靡有定所，喜啖人肉。後稍歸化，頗知人理。明時葡萄牙人探得其地，徙國人闢而居之。後爲荷蘭奪取，占據五十餘年，爲葡萄牙驅逐。培植稼穡，市阿非黑奴用之。相傳二百餘年，遂爲巴西大部。嘉慶間葡萄牙王册立其子爲巴西王，國之貴人，相助爲理。由是創爲巴西大國，不屬葡萄牙。

地分二十部。其濱海者十五，曰來約熱內盧，會城同名，本國之京都也。宮殿巍峩，街市富麗，學塾醫院畢備，百貨駢臻，海口廣闊，風景清美，商旅羨爲樂土，船舶蟻集，爲大埔頭。曰巴希亞，曰馬拉早，地多雨，產鑽石。曰巴拉，曰伯能不各，曰三寶羅，曰塞勒其貝，曰阿拉痾瓦，曰巴拉希巴，曰西亞拉，會城同名曰散大加達利那會城名德斯德羅曰斯比黎多散多會城名維多里曰北哥蘭的會城名那達曰南哥蘭的會城名阿里幾曰標意會城名痾臘斯曰高亞馬索那斯其內地者四曰巴拉那會城名巴拉曰馬多各老所會城名比拉曰哥牙斯會城名波阿曰民亞其來斯會城名列加其通商衢繁之地曰來約熱內盧巴希亞馬拉旱巴拉伯能不各其外數島大者曰若安尼土產棉烟香木皮藥材又產鐵金沙寶石鑽石甚富膠樹油靛鹽

秘魯國志

秘魯在南亞墨利加之西緯線自赤道南四度起至二十二

度止經線自中華北京偏東百六十二度起、至百七十六度止、東界巴西、蘇里非、西南距太平洋、北連厄瓜多、長五千餘里、廼北闊二千里、廼南闊三百里、總計之方二百萬里、戶口二百七十萬、其地西方山嶺峻絕、氷雪凝積、人獸上過、覺氣最稀、中者輒死、山之西浮沙浸海、總屬不毛、終歲無雨、山之東平原寬廣、霖雨不止、河水資灌溉、樹木叢密、遠廼至永悉之區、氣候互異、山谷平和、沿海燥熱、嶺上寒冽、平陸溫濕、地震尤烈、常有迸裂無遺者、田土少有肥饒、農事多荒、恒苦飢饉、

居民分二類、一曰土人、一曰雜人、溫藹可親、耽逸樂、好博弈、事皆倩他國人代爲之、技藝平庸

貿易蘿條奉天主教

至於朝綱不設君位庶民自立官長宰理國政按國舊與玻厄合為一國土民所建古跡甚妙今已衰耗明時西班牙既得哥倫比閣秘魯寶藏甚富是以不憚心力不顧險阻冒危忍饑孤軍深入而居之由是羣來攻鑛生齒日繁設立總督駐劄鑄金銀益國用嘉慶十三年西班牙屬國多叛秘魯欲叛而畏其强尚猶豫不決道光初年與智利合兵逐西班牙守土之吏自立為國不與統屬推擇官長理事然恒作亂近本國與智利交戰而大敗其事尚未定局

通國分為七部北曰利馬都城同名建於利馬各河濱周三十餘里街衢方直屋宇宏敞殿堂宮室峻麗華美惟地震頻仍時興時敗又有城名加勞為海口曰入寧會城名花那谷有城曰巴斯哥銀鑛最富曰利卑達會城名都西羅有城曰加薩馬加於此土君被西所擒戮南曰阿勒基巴火山高二千丈海口名阿利加曰不諾古斯各會城皆同名曰阿牙古

說會城名花忙牙以上四土皆爲通商之地土產金銀水銀最富胡椒糖棉藥膠香顏料

玻里非亞國志

玻里非亞在南亞墨利加中緯線自赤道南九度起至二十六度止經線自中華北京偏東百七十四度起至偏西百七十三度止東北至巴西西連秘魯太平洋南界拉巴拉他長二千五百里廣一千七百里總計之方三百萬里戶口約二百萬其地東方峭壁參天氷雪凝積其西方崇山峻嶺火峯不熄間有高原廣遠日得薩瓜得羅山東漸斜於長野草木稠密河流足資灌溉其西濱海一帶沙土居多人艱於行河

湖不一、河之大者、曰亞馬孫、曰巴拉他、水汜橫流、湖之大者、曰低低加加島嶼、甚多、高於海面一千三百丈、曰烏路山、有羊、能載物、如馬、其毛甚細、堪織爲衣、肉亦可食、有鳥似火形、其狀殊巨、高翔空際、

居民有數種、氣候風俗、教門同於秘魯、至於朝綱、不設君位、按國舊與秘魯爲一國、道光三年、乃分爲二、別立玻里非亞國、自立官長同理政事、

部分爲五、曰朱基沙加、都城同名、建於高原、曰拉巴斯、曰波多西、近有名山、產銀甚夥、各處疏鑿、其城殿堂屋宇、至今猶存之、曰哥沙邦巴、首城亦同名、曰古盧斯、首城曰路零索、海口古比若、土產五金、惟銀尤富、皮毛、胡椒、糖、藥、膠、香、顏料等、

巴拉圭國志

巴拉圭在南亞墨利加之中、緯線自赤道南二十度起至二十七度半止、經線自中華北京偏西百七十一度起至百七十五度止、東北至巴西、西北南界拉巴拉他、長一千七百里闊六百里、總計之方三十萬里、戶口三十萬、其地岡陵稀少、平原坦廣、拉巴拉他河、支派分歧、環流三面、商舶往來、悉從此道、雨時湖河漲溢、積久不消、水退土淤、多成沃壤、氣候溫和、樹木叢茂、禽獸蕃衍、

居民有三種、一西班牙裔、一土人、一黑人、技藝粗率、貿易蕭條、奉天主教

至於朝綱、酋長統攝、明時以大利開墾此土、後爲西班牙所據、不立官長、以天主教師統轄之

乾隆三十二年、逐教師、附拉巴拉他道、西班牙舊轄皆叛、時此地亦自立焉、適值西洋文士居

於此與推戈爲民除害複爲諸暴除稅土人悅服國雖小而甚强鄰境不敢侮同治五年與巴西交戰、大敗、而盡失其軍兵戰艦貿易、其民幾於滅絕、

地分八部、首曰阿松桑、都城同名、乃京都也、公塞桑、三的牙痾、維拉列加、古魯圭、的干德拉略、非難多、黑曼、其達昔盛今衰、土產穀、果、靛、烟、棉、密蠟、茶、

烏拉乖國志

烏拉乖、在南亞墨利加東南、緯線自赤道南三十度起、至三十五度止、經線自中華北京偏西百六十九度起、至百七十四度止、東南至大西洋、西界拉巴拉他、北接巴西、長廣均一千一百里、總計之方二十五萬里、戶口四十三萬、其地南方山阜絡繹、北方平原坦廣、河道橫縱、田土肥沃、氣候和平、

居民多愚，不知學文，技藝平庸，貿易蕭條，專事游牧，奉天主教，至於朝綱，庶民自立官長，司理政事。按國舊爲拉巴拉他地，後爲巴西所奪，立爲一部。道光七年，部人叛巴西，自立爲國，擇官司理，近爲拉巴拉他時來攻伐，幸大英、法蘭西兵船保護，又有丹國之兵，克敵平定。

地分八部，曰蒙德維的，乃京都也，曰馬多那多，曰加內羅，曰桑若塞，曰哥羅尼，曰索尼亞，曰皇都，曰都拉各奴。土產豐饒，禽獸鱗介充斥。

拉巴拉他國志

拉巴拉他在南亞墨利加之南，緯線自赤道南二十二度起至四十一度止，經線自中華北京偏東百七十四度起至偏西百六十九度止。東界巴拉圭、烏拉乖、大西洋，西至智利，南按巴他戟尼北連玻里非長四千五百里廣約一千七百里總計之方四百三十萬里戶口約二百萬其地西北山嶺重疊絡繹參差其餘遼闊平坦雨澤時降花卉鮮艷游牧甚多亢陽之際荆棘叢生草莽蕪雜沙磧無垠冬則水勢汪洋夏則白鹽遍地河之大者曰拉巴拉他支派尼鄂哥羅拉多依時河水泛濫淤湖甚廣其後常旱均為大害氣候不一溫和居多平原濕熱嶺上嚴寒冰雹淋漓狂風驟至黑煙黃霾

居民分二種一土人一西班牙苗裔不重農務好歌舞博弈騎射善捕牲畜以萬億計售皮角為生其地亦出茶葉飲之將醉而不醒技藝平庸貿易殊盛通商甚廣奉天主教

至於朝綱不設王位衆推立官長司理國政按國舊為野番都落明時西班牙據之設總督駐劄嘉慶十三年西班牙藩屬多不受節制此地亦遂守土之吏自立為國倣合衆部之制兼攝

各部然法度不立規模草率總領擅權黎民勞苦與合衆部大異焉近有一軍擅權立兵四方相戰使民作亂國人借兵於隣國敵敗逃於英國

地分十四部首曰不宜塞利會城同名建於河濱城池鞏固衙衢闊直衙署華煥宮室峻麗天主堂義塾演武廳以及各館無不備具爲天下至方至直之區河面廣九十里通海口爲西洋大埔頭曰晉德里約首城名巴拉那曰哥連德曰三非曰哥多瓦曰三的牙哥曰都古曼曰薩達曰加達馬架曰里約倭曰桑若安曰桑盧義曰門多薩首城皆同名曰味西桑首城名哥路斯土產穀菓金石角皮鱗介馬牛羊不可勝數

智利國志

智利在南亞墨利加西南緯線自赤道南二十五度起至四十二度止經線自中華北京偏東百七十二度起至百七十四度止東隣拉巴拉他西南距大平洋北至玻里非長三千五百里闊四百里總計之方四十五萬里戶口二百萬其地東方高嶺參天氷雪凝積雪消若河支派分流餘時惟三四河終歲長流火峰不一地震頻仍視爲常事震時鳴鑼俾衆遷居後則仍歸故土內地平原廣闊邱陵稀疎氣候溫和北方雨澤極少樹木蕭疎南方卑濕樹林茂盛土田膏腴穀菓皆備

居民有二種一西班牙裔在北與中一土人居其南以游牧爲最攻鑛務農好接旅客其女子

善於彈琴、儀容風雅、技藝精粹、貿易頗盛、通商甚廣、所奉乃天主教、至於朝綱不設君位、庶民自立官長司理國事、按其國初與秘魯同一君、迨西班牙據秘魯遂攻智利、士人拒不降服、越四載、復攻得地無幾、附於秘魯、乾隆三十八年西班牙始滅智利、得其全土、嘉慶十五年諸藩屬皆叛西班牙、智利亦欲擁土自擅、度力不支、求援於拉巴拉他、助以兵力、始得自立、近與秘魯相戰大勝、未識若何

地分八部、曰三的牙哥、都城同名、建於岸、街衢方直、屋宇峻麗、宮闕殿堂極爲華美、洵稱一時之鉅觀、海口名瓦巴勒索、爲西方之大埔頭、商賈薈萃於此、鬻獸皮五金穀菓、曰阿公加瓜、首城曰非利比、曰哥令波、首城同名、曰哥低瓜、首城曰非難多、曰卯勒、首城曰離京、曰公塞桑、曰瓦的維、曰濟盧哀、首城皆同名、其餘海島港汊甚多、土產麪麻金石、惟銅最富、牲畜蕃息、

巴他峨尼志

巴他峨尼在南亞墨利加極南，緯線自赤道南三十九度起，至四十四度止，經線自中華北京偏西百七十八度起，至偏東百六十八度止，東距大西洋，西界太平洋，南至南氷洋，北連拉巴拉他，長三千五百里，闊八百里，總方一百二十萬里。土人數千，其地西方山巒重疊，聯絡不斷，火峯甚多，吐燄不熄，樹林周密，餘皆平原曠野，沙積荒蕪，氣候嚴寒，別無物產。居民皆野番，身高力大，無衣無褐，不冠不履，畋獵爲食，居無常處，拉巴拉大所轄，智利亦略有其地，中無城鎮，惟有大英威里斯人遷至，務農等事。其極南臨海之地，氷雪常凝，對峙數島，其大者曰鐵府依勾，中有一峽，曰麥折倫，昔時商船西行，多由麥折倫峽，近因峽內多礁，率取道於南方，山嶺險峻，狂風迅烈，霧露迷離，雨雪時行，波濤猛惡，舟過，人皆野番，爲天下之最愚者，島中時見火燄迸流，罕有人至，不知其詳，其西有小島不可勝數，東有二島，曰東西發哥蘭，方二萬五千里，戶口一千四百，英人據之設官駐劄，草木叢密，多爲游牧之地，牲畜蕃庶，首城曰斯但利，其埔頭名波維廉，最盛，舟過州南，卽進此道，土產無幾，

大洋羣島全志

大洋羣島、推之即五州之一、島大小不一、田土肥瘠、氣候熇熱風至稍凉、民殊族、國異政、特詳於左、

文論

位 州內緯線自赤道北三十五度起至南五十六度止、經線自中華北京偏西二十三度起至偏東一百四度止、

界 州內環列太平印度二洋之間、在亞西亞之東南、亞墨利加之西方、

幅 州列衆島、散佈洋內、南北相距約二萬里、東西相去約四萬里、地面總計方約一千五百萬里、

質論

山 州內島嶼、山嶺岡陵不一、其大者、曰𡶶非爾、新加助、皆在蘇門答臘、西米羅、在瓜哇、瓦拉毘、在澳大利、央波的在萬地曼蘭、挨哥蒙挨日哥必、皆在新西蘭、多比利奴在公會島、馬其臘在駢其蘇島、卯那羅、卯那幾阿、皆在三維斯島、其餘各山、難以悉述、至於火山、紛繁不一、或吐或熄、共有一百零八、後釋其島、再為詳明、

原州內平原無幾荒野沙漠惟澳內爲屬隅餘則次之

隅州內之隅曰加瑪利尼在呂宋墨古盧厄烏英各在巴不亞義拉那在民答撓坡尼多羅多迷尼皆在西里伯約克在澳大利

角州內之角甚多曰的亞曼的在蘇之北曰瓜哇黑德彔尼哥男皆在瓜哇婆羅之西曰大多東曰加家安曰羅德尼在巴不亞東南澳之東北曰約克西曰西北角東曰維孫西曰留音逕斯曼角在萬地南馬利亞在新西蘭北

島州內島嶼其大者西方爲首曰澳大利島地曼蘭新西蘭巴不亞西里伯婆羅民答撓把拉灣呂宋蘇門答臘瓜哇佛羅瑞斯地墨爾東曰公會島馬其薩夜島三維支其餘各島別序於後。

海州內之海中國南洋爲首其次者曰明多羅在巴拉灣民答撓之間西里伯在西之北瓜哇在瓜之北萬他在摩鹿加之南佛羅理斯在佛之北澳之東北曰珊瑚海北曰亞拉夫拉

灣州內之灣曰加弃達里爲最曰堪比曰皆在澳北方斯弃塞三維森安剛的澳大剌伯的皆在澳南方其末額在巴不亞波尼多羅多米尼皆在西里伯壹拉撓在民答撓

峽州內之峽甚多曰巴拉巴在婆羅巴拉灣之間曰明多羅在呂明之間曰麻喇甲在蘇蘇之間曰邦加在蘇邦之間曰加斯巴在邦比之間曰孫達在蘇瓜之間曰巴里在瓜巴之間曰龍

博在巴龍之間、曰阿拉斯在龍博松巴瓦之間、曰薩比在松佛之間、曰地墨爾在地務白之間、曰馬加薩在西婆之間、曰摩鹿加在西摩之間、曰當別爾在巴不亞摩鹿加之間曰到勒斯在巴澳之間曰巴斯在澳萬之間曰古各在新西蘭南北之間、

河州內江河小於別州、大者曰墨來他隣拉支林、羅論比斯萬、皆在澳大利、達馬耳、德温齊日、馬星、婆羅爾的牙那三巴斯、巴西、皆在婆羅、加織丹嘉西、西牙各新給、皆在蘇島、嫁羅給的利、皆在瓜哇、珍拉納波里、在西里伯、巴穆齊、在民答撓、

湖州內之湖、曰甚內巴盧他撓馬來、皆在婆羅、務都撓、新加拉、皆在蘇島、拉古那、在呂宋道北、在新西蘭、又有鹹湖、在澳大利、

地氣州內地氣殊異、温和之時居多、又有酷熱、海風能解內有數島甚惡、觸人難堪、

地寶州內寶藏甚衍、難以殫述、金產於澳、富於天下、婆、蘇、西、呂、明、地、次之、鑽石產於婆、銅產於澳、蘇、呂、地、西、鐵產於比、蘇、西、婆、錫產於比、西、鉛產於澳、呂、煤產於婆、澳、蘇、鹽產於瓜、西、巴里等島

草木州內草木之生、大有不同、當赤道炎熱之地、得潤澤之氣、繁盛異常、值氣候和煦之處、草本花卉、向榮競茂、澳大利之間、皆爲沙漠荒野、惟生粗草遍地、

生物州內生物紛繁、散布不一、如亞西亞南洋羣島、有虎、象、犀、鹿、獏、猩猩、猴、蝟、松鼠、飛鼠、務鳥

雀、鷃、鱷魚、巨蛇、毒蟲、有異於別州者、如澳之希形鳥、袋鼠、東方小島、昔則僅有犬豕、迨後旅人挈牲畜種類至其地、近亦充斥、

政論

戶口州內戶口約計有二千五百萬、

教門州內教門不一、士民或尊回教、或奉釋教、或拜諸神、歐羅巴旅於島者、則尊耶穌天主教、又有島民易其舊俗、而循耶穌正道也、

朝綱州內朝綱、其徽號不同、或稱爲王、或稱酋長、或歷代相傳、或庶民推立、亦有屬歐羅巴國者、皆設大臣駐劄統轄、

技藝州內技藝優絀不同、多愚蠢之民無所事事、不知操作、其馬來西人稍爲辛勤、農漁舩船開礦、西瓜織紡俱佳、作造亦美、其他希的嘗加人工、製略精、凡銘鑄金銀、琢磨玉石、切磋牙角、雕刻竹木亦屬精工、其最美者、唯[illegible]瓜哇、及巴里之人、至於歐旅遷居諸島、士農工商、大於澳呂瓜者、其人技藝極精、貿易繁盛、無異本國、

風俗州內文學風俗不一、諸島土民、生齒漁獵爲業、鄙陋裸體、或刺、或畫、文身爲飾、粗俗慣刼、常務戰鬥、異邦之人旅其地者、殺而食之、尚有數島民循耶穌正道、漸近禮義、建立會堂而學文字、至於澳土人蹤跡甚稀、爲愚昧之最、惟英人旅居者爲最、文學風俗大同本國、邇來驟盛

英荷蘭之瓜哇、西班牙之呂宋亦附於西邦次之、

疆域 州內島嶼、分為三域西曰馬來西亞又名印度淺羣島、南曰澳大利亞羣島、東曰不里尼西亞羣島以上三域島嶼紛繁、今將一一詳載於左、

馬來西亞羣島志

馬來西亞在印度南洋、其島環列星羅棊布、大小不一、地近赤道、氣候炎熱、火山紛繁時吐烟焰地震尤烈時有傾覆之虞、田土肥沃、物產豐饒、草木暢茂、禽獸蕃衍、至於朝鮮、或自有酋長統理、或歐羅巴諸國兼攝、漢時始通中國、唐代番舶集於廣東、明初來者益衆、中葉歐羅巴諸國東來據各島口岸建立埠頭、流通百貨於是諸島之物產充溢中國而閩廣人民造舟航海、趨之若鶩、

其島分為五等、一曰非里比納、一曰西里伯蘇祿婆羅洲等、一曰萬他摩鹿加等一曰瓜哇馬都拉巴里龍博松巴瓦薩

爾溫、佛羅理斯、地墨爾、一曰蘇門答臘、邦加、呢古巴、安達曼等、其餘小島不可勝數、

非里比納羣島志

非里比納羣島在中國東南、緯線自赤道北五度起、至二十度止、經線自中華北京偏東四度起、至十一度止、總計之方五十萬里、戶口六百萬、呂宋地居其大半、按呂宋地勢岡陵巍峨、火山衆多、地震有時猛烈、氣候炎熱、飄風暴雨、以時交作、土壤高腴、穀菓最豐、樹林稠密、木多嘉品、河灣甚多、居民種類不一、土人外有中華人、馬來人、西班牙人、山內土人風俗狡猾、黑面鬈毛、樹皮爲服、以蔡葉代屋、奉釋教、亦有奉回教、天主教者、至於朝綱、或設酋長管理、或屬於西班牙兼攝、按舊本馬來土番二部、明時西班牙使臣駕艫

東來行抵呂宋見其土廣壤沃潛謀奪之萬歷年以借地陳貨爲名遂築城立營寨以炮攻擊殺番王據其國鎮以大員徙國人實之

其屬西班牙者島分二部一曰非里比一曰敦多首郡名馬尼喇蓋都城也其地富庶五方輻輳百貨流通埔頭之盛甲於此洋技藝大同本國市俗晨鳴鐘爲日方許開市午鳴鐘爲夜闤市寂閉不敢往來昏鳴鐘再啓市燈燭照耀無異白晝夜分鳴鐘又閉市始爲夜晝夜各以三時爲日三時爲夜一曰加維德不拉干拉古納巴當阿達亞巴邦邦阿桑巴勒邦加西囊義羅各斯南北二省加加言新厄西沙加馬林南北二省阿爾白巴丹南有比薩多島分曰民多羅曰把內三省曰尼鄂曰西武其內小島有七曰來地曰撒馬曰加拉米

安曰巴大曰民答撓，分為三土，以西管轄，曰桑波安牙，迷薩米加拉加，餘則以酋長屬之，迤北五島，總名曰把西，皆土番族類，土產金、鐵、鉛、水銀、硃砂、蔴、烟、木香、黃蠟、燕窩、海菜、

西里伯斯島，在婆羅洲東，緯線自赤道北二度起，至赤道南五度止，經線自中華北京偏東三度起，至九度止，總計之方二十五萬里，戶口百餘萬，地形支分如人臂股，港汊奧曲，土脈最腴，五穀豐登，樹林稠密，中多美材，禽獸蕃衍，氣候炎酷，海風能解，

土番沿於舊俗，剛狠好鬬，精擊技，惰農事，番人貿易，散布各島，人咸重之，獲利則歸，能孝養其親，崇奉回教，

至於朝綱，或以荷蘭管束，或以土酋長屬之，按舊為噶羅巴屬國，有酋居山內，荷蘭近立埔頭，

建砲臺擇要戍守、僅與土人不受約束盟為兄弟而已、

島分數部其大者曰波呢、曰馬加撒、曰瓦入、曰盧乎、曰索兵、曰馬羅、曰曼達爾、曰昔德靈、曰都拉德、曰德羅、曰美拿多、曰南土、曰鹿特提、土內有城曰弗拉的俺、為荷蘭方伯駐劄、土產金鐵龜、

蘇祿羣島在呂宋西南、緯線自赤道北五度起至十二度二十分止、經線在中華北京午線至偏東六度止、形勢瑣小、戶口甚繁、田土肥饒、物產富庶、

居民多悍、習為海盜、崇奉回教、廈門商舶時由呂宋、逝往互市、至於朝綱、設有君位、又分部立長、明時蘇祿王使子來中國貢方物、上給以印、誥封為王、迨西班牙據呂宋時欲併蘇祿為屬國、蘇祿不從、西人攻之反敗焉

島分爲三中曰蘇祿長一百三十里廣三十餘里西曰達維達維東曰巴息蘭首郡名北彎乃都城也其外有把拉灣島長九百里闊一百里北方爲西班牙屬又有數島未詳其悉土產珠玳瑁木香荳蔻籐條燕窩鸚鵡無對島

婆羅洲島在蘇祿西緯線自赤道北七度起至赤道南四度止經線自中華北京偏東三度起至偏西七度止長二千七百里闊二千五百里總計之方約有一百萬里戶口二百萬其地火山橫列於中火峯時迸流漿地常震動濱海之地低淤居多海則洪濤激宕礁石纍纍舟楫不能近岸氣候酷烈海風可解雨旱及時田土膏腴物產豐盈樹木茂盛禽獸充

斤湖河甚多海道通利

民多土番時爲盜賊揚帆海上生意甚微俗崇回教、山中別有獠人、性凶頑、喜殺、然不敢出山肆橫

至於朝綱設有王位又分部長、按島於古無者、多爲嗎羅巴屬、宋時通中國、明洪武年、遣使入貢、永樂三年、封爲王、洪熙後貢使漸陳、乾隆時粵人吳元盛殺番酋、國人奉之爲王、元盛死、子幼、妃嗣位至今猶存、荷蘭人初到此洲、入內港欲據之、土番畏火炮、避深山、以毒草漬水上流、荷蘭受毒去、後卒於海濱在南方立埠頭四、其諸部皆聽命焉、近來粵人入山開礦、比聚日多、生齒益繁、擇長老者爲公司理事、謂之客長、輒一二年一易、丁口稅銀、輸於荷蘭、船稅亦爲荷蘭所收、番酋聽荷蘭給發、不敢私征、廣福二省每歲有船來貿易、獲利甚厚、近有北方婆羅乃及蘇祿等王、以其地土交於大英公司、彼即闢地使人管轄、又請華民至此開土貿易、日漸振興、大英庇其公司、而公司以每年所定之銀、納於洲王、

通島分而爲四、一屬荷蘭、兼攝全土第三分之二有餘、乃分東西內地、其東省者、曰哥麻厄、曰邦不安、曰忙達瓦、曰大達亞哥、曰小達亞哥、曰邦日爾、曰達那勞、其西省者、曰三巴斯

曰蒙巴瓦、曰崩的亞那、曰達蘭、曰桑古曰星邦、曰馬州、曰圖達瓦安、此外內地、尚有數名、曰達打斯曰馬爾達不拉曰加郎音當曰都古加囊曰都古濟利、曰都遜一曰薩拉瓦屬大英人爲王、一曰臘婆恩海島屬大英者、有大官駐劄、東北一帶地方本屬蘇祿及婆羅土王乃今讓於大英婆羅州公司、名曰沙罷、共方八萬里其大海口曰可達又屬土王名婆羅乃都城同名、又有曰巴昔爾曰哥的、曰蘇祿曰比亞如土產金沙、鑽石煤木料、藥材、惟島中外人罕到迄今尚未詳悉

蘇門答臘島志

蘇門答臘島在馬來、西南緯線自赤道北五度起、至赤道南

五度止經線自中華北京偏西八度起至二十一度止長三千五百里至闊九百里總計之方六十萬里與隣海島共五百萬戶口其地山嶺重疊絡繹南北迤東低窪海潮浸漲林莽櫼雜道路難通野禽凶獸毒蟲惡豸皆充斥焉迤西平坦有大河灤洄如帶火山十六或吐或息地震頻仍土田膏腴穀菓紛繁氣候甚熱惟風釋之居民部落不一風俗蠻野爲盜食人外人莫敢近之通貿易殖貨財技藝猶良奉佛回教至於胡綱或設王位或立酋長久爲荷蘭隸屬於明時大英荷蘭分立埔頭後大英以此埔易麻喇甲埔頭今其島或屬於荷蘭或屬於本部恒有相爭而漸屬荷蘭屬地

通島分諸部西北曰晉拉其列曰西亞哥曰羊皮曰巴達斯向知禮儀文字猶有夷俗者適中之地有數酋分攝其屬於

荷蘭者一曰亞珍市廛居首、自光緒初年本部與荷蘭相爭於此惟荷蘭漸勝而未全和、一曰巴倫邦、一曰蘭邦、一曰巴當、一曰茫古魯、一曰愛邦基斯東方島嶼曰邦甲、內有錫礦甚富、荷蘭設官權稅、比利斯鐵礦甚多、盧巴邦入靈安兵當來荷西曰呢亞斯、巴興英加諾那搔細比盧內有火山晝夜吐燄、北曰呢哥巴及婆大滿海島、乃屬大英土產五金象牙、白蠟沙米籐、胡椒水片、安息硫磺、藥材、

瓜哇島志

瓜哇在蘇之東南、緯線自赤道南六度起至八度止、經線自中華北京偏西四度起至十五度止長二千　百里闊三百

五十里、總計之方十六萬里、戶口一千八百萬、其地濱海低淤、中間岡陵重疊、火山四十五、或已熄、或烟燄、塵沙蔽天、地常震烈、諸嶼羅列、門戶甚壯、中有山谷之氣甚毒、人獸觸之、立斃、骨塡其處、西有一線海峽、爲西洋各船往來必由之路、湖河不多、氣候濱海炎熱、人多疫癘、腹地溫和、人便其居、花木冬夏維新、春雨秋旱、歲止一收、土壤肥沃、穀果極賤、叢林稠密、猛獸甚繁、

居民性儒而惰、技藝平庸、太古之遺風、猶有存者、足徵先民矩矱、今人弗能及也、然西洋上人居此、猶見技藝精巧、貿易繁盛、土民奉釋回二教、

至於朝綱、通國屬於荷蘭者四之三、設總督駐劄、其四之一、以酋長回王分攝、按島本番部、自古爲南洋名國、唐宋時通中國、貢方物、明時荷蘭兵船避風、見其土地雄闊、可建城池、乃卑辭厚幣、請於番王、借海濱片土修船、遂乘機襲破萬丹、取之、王不敢爭、海濱一帶、遂歸荷蘭統轄

由是爲荷蘭所制、設總督鎮守、建城邑立市廛、街衢寬廣、百物充牣、閩廣之鳥船大小西洋之夾板船、歲以千百計、爲南洋第一都會閩廣之人流寓者以數萬計荷蘭擇其賢能者爲官長、專理華人詞訟焉、

通國分二十二省首郡曰巴達維亞常稱噶羅巴荷蘭總督駐劄、爲大埔頭、其通商之地、曰理汶、曰北膠浪、曰竭力石、曰四里猫外南旺、萬丹、三寶壠酋長居於蘇拉加大、在島之內、回王之都城曰若若加大在南海濱、其嶼外有王嶼夾板嶼鼎馬嶼、白嶼、草嶼等名、土產米穀、白糖加非燕窩、青黛、胡椒其餘各島、或廣數十里、或廣數百里、曰馬都拉、巴里、龍博松巴瓦、內有火山、吐焰、時熾時熄、烟塵蔽天人獸患之、馬牙來、或有酋長統攝、或歸荷蘭轄治、佛羅理斯、地墨爾中有葡萄

牙埔頭以上七島皆與爪哇平列纍纍相望南有薩大島酋長領之其島嶼氣候不齊風景清和戶口稠密田土膏腴居民野番黑色毛髮螺捲深目高準男女皆穿耳而大其孔塡以栽性情凶狠半皆盜賊土產燕窩肉桂檀香蘇木椰子油

其西北麼鹿加數島有西蘭武羅其羅羅爲首又有安波那方伯居於此德拿的均爲荷蘭方伯所轄此數處火山紛繁地震時作每多不虞氣候溫濕田土互異物產各殊獲利甚微產丁香荳蔻所售之物不足補防守之費也其東南有板大九島地震猛烈火山吐燄戶口甚稀地形狹隘最大者又名板大內有那燒城有荷蘭方伯駐此荳蔻甚蕃

澳大利亞羣島志

澳大利亞島在亞西亞東南、緯線自赤道南十度起、至三十九度止、經線自中華北京偏西三度起、至三十八度止、長九千里、闊七千里、四周二萬六千里、地面總計之方一千一百萬里、戶口二百七十五萬、日增甚多、其勢東方岡陵錯雜、陸連廣野、沙漠荒郊、粗草遍土、其間游牧良便、亦可播種、餘則沿海如一、至於腹內、半多未悉之區、惟見一片茫茫低淤沙壤而已、海口甚多、河泊絕少、最大者南曰墨來河、支派橫流、曰他隣、曰拉支蘭、曰墨輪比、北曰羅伯、法林德、西曰斯萬、墨支孫、克累、加斯剛、草木稀疏、禽獸絕跡、異於他國、牲畜近來充斥、氣候不一、北中之地夏時燥熱、東南平和、人便厥居、南濱或時有炎風、多由內起、紅沙飛揚、其地或歷十年、或歷二十年之中、每遇亢旱、後雨甚多、復漸稀少、至再亢旱、雨多如前、氣候猶爲和平、居民多壽、間有荒郊沙磧、全土較歐羅巴則四分之三、

土人寠落、最爲愚蠢、面黑首蓬、體裸食僅樹根山菓、巢木而居、古本窮荒、百物未備日用之需、來自別土、近自歐羅巴寓者日多、開墾土地、種麥麵、草亦肥茂、牧羊孳乳甚速、毛毳細軟、可織呢絨、貿易繁盛、技藝精良、

至於朝綱、通島各地、屬於大英、兼攝、有總督統轄各土、有紳房治理政事、其三之一、以英總督選之、三之二以民選之、按島舊不通別土、明時西班牙人尋得之、亦未嘗經營、後荷蘭人建設埔頭、名曰澳大利、又名曰新荷蘭、旋爲法蘭西奪取、棄之、最後爲大英所得、前徙罪人於此、今已無之、其始堅志墾闢、貧民無業者、願往卽載之、來他國願受廛者、亦聽之、遂成都會

通島分爲五部、東南一曰新南維里斯、會城名悉德尼、總督

駐劄、管理、通島、衙署、營壘、醫院、博物院、學塾、花園、靡弗壯麗、五方輻輳、貿易殊盛、帆檣如林、停泊甚穩、海口曰波查格森、其通商之地曰巴拉馬大溫德索里、禾不牛加斯爾、多產煤、巴黑斯的、多產金、其南一曰維多利亞、會城曰麥普尼、附近一區、遍地產金、向有諸人遷徙於此、掘取、於是此島爲富饒之土矣、海口曰其溟波德蘭、一曰南澳大利亞、其銅鉛之鑛甚富、會城名亞的來、海口曰波亞的來、波林各尼、一曰圭尼斯蘭、會城名比利斯本、意比斯維枝等、一曰西澳大利亞、會城名比爾惕、在斯萬河、海口通商之地曰非里曼德亞巴尼、土產海參、袋鼠、金、鐵、銅、錫、鉛、煤、毛、牲畜、萬地曼蘭島、又名達斯馬尼、在澳大利亞東南、長七百里、闊五百里、總計之方八萬里、戶口十一萬六千、俱徙自外邦、風雨以時、樹木葱鬱、花卉芬芳、河之支流甚多、其大者曰達馬德溫、其地勢岡嶺參差、間有平原、土壤膏腴、穀菓蔬菜攸宜、英人跨而有之、開墾勤敏、農牧之外、兼捕鯨魚、海濱港汊甚多、貿易最盛、其土人專務殺掠、英軍強徙他處、島之會城曰合巴登、屋宇壯麗、商船輻輳、又有城曰浪西登、其外有島曰馬利亞、馬加里達斯曼隅、在悉德尼東北、有諾佛、前爲流犯之所、自道光二十年時俱無之、土產畜穀、

牛西蘭島、在萬地東南、長二千七百里、闊或八百里、或二十

里、周回約計三十五萬里、戶口土人三萬、歐羅巴人四十萬、日增其數、其地山峯高崇、冰雪凝積、消融之時分流灌溉、火山凡五、或吐或熄、地時震動、氣候溫和、地位時候四季皆與大英相反、又有北曉變爲南曉、土脈極滋、穀菓咸利、草木繁殖、猛獸毒蟲不見、牲畜皆由他國、

土民本野、面色黧黑、近有耶穌教師至此勸導、使民易舊俗、進理義、故態漸滅、捕鯨之船、時至其處、

至於朝綱、屬於大英、有總督駐劄、又有紳房、管理政事、

地分南北二島、北有四省、曰奧克蘭、挖另登、爲首大拉那幾蒿克陪、共有三十二部、南島有五省、曰納森、馬耳百路、干德百里、痾大哥、褸斯蘭、共有三十部、又南更有一島、曰斯丟亞

德土產金、煤、麻、木料等、

巴布亞、又名牛斤以亞島在澳大利亞之北、長四千里、闊狹未詳、總計之方約九十餘萬里、外人罕至、居民黑面拳毛、剺皮以飾之、風俗凶頑、每從林中躍出、見人則攫而裂之、爭啖其肉、土產珍禽香料、

近有英教師蒞之、欲化衆人而傳耶穌聖教於中、始有多端危險、民俗兇猛、今或有望、教師便可安居、學其土音、設立義塾講道於民、想後必漸能振興而歸於教化下也、或曰澳大利之民、欲以此地屬其版圖、但尚未定耳、

其外有亞密拉的新阿諾威、新比勒達尼、新耳蘭、撒羅蒙、新希伯利的、盧義塞達、新加利多尼、今法國據之、諸島環列南洋、皆不絡繹、山勢峻峭、叢林稠密、外人罕到、故莫能周悉海

濱亦不甚詳、民黑凶頑、漁獵刼掠、各酋管轄、不相統屬、所拜偶像形時奇怪、其島之中、或有耶穌教師至此、殷勤傳道、領番民悔改而除其惡俗、土產椰、蕉、沙穀、米等、

太平洋羣島志

太平洋羣島在澳大利亞之東、亞墨利加之西、緯線自赤道北三十五度起、至南二十四度止、經線自中華北京偏東二十七度起至一百二十四度止、其島大小不同、或山嶺峻峭、火山吐燄、或岡陵平坦、或高於海面、僅有數尺、皆以珊瑚樹環圍、船至輙擱、氣候熇熱、風至稍解、水土清淑、波浪恬靜、土人赤身黑面、性極頑梗、

島嶼羅列碁布，不能詳悉其名，均分爲赤道南北。其南者曰公會羣島，在南平洋之間，共有十座，大者曰他希的，周四百六十里，山清川秀，風景宜人。

按乾隆時，英士至之，導以耶穌聖教，民篤信之，建學館、會堂，享昇平焉。近有法蘭西兵船入之，强服土人，據其全島，設總督駐劄，管轄天主教，而使土民從其矩。商船時泊其地，或採水米，或爲貿易。居民形端貌正，稍有心計，頗通藝術。

其東南海面，珊瑚樹見其形勢，遂稱其島曰低島，曰險島。其東北一曰馬其薩，共有十三座，山高土潤，新爲法蘭西開闢之地。一曰非支，今大英聽民而轄其地。一曰當加，又名友島，一曰那未加德，一曰古克，一曰奥德拉等島，皆布列於澳大利亞之東，諸酋分攝，不相統屬。

當赤道之北者、曰波寧、在日本之東南、共有五十島、土人絕跡、惟日本人居之、其南曰拉的羅尼、又名馬利亞納、共有二十島、其大者名瓜靉、周二百七十里、內有亞古那為首城、其島皆西班牙轄之、民昔稠密、被西殘虐、今遂稀疏矣、其東南曰加羅黎那、環列八十餘里、共有五十島、西曰比留、內有二十八島、東曰其八的拉大克、拉利克馬沙爾羣島、皆為低處、居民繡畫其身、諸酋分攝、不相統屬、再東曰三維支、在中國之東、一萬六千餘里、今為東洋羣島中之最要者、內有八島、其大者曰哈維、地面總計一萬三千方里、土人五萬、日漸蝕食、餘有雜人一萬、亦甚欠缺、其地火山重疊、其一吐燄不息、上有廣口、間有深穴、多爲熱湖、技藝日精、貿易頗盛、至於朝綱、設有王位、又有紳官管理政事、居民多循耶穌教、易其舊俗、進於禮義、蒸蒸日化矣、其都城曰合諾魯路、建設義塾會堂、屋宇平列、街坊廣直、土產香品最富、多運於中國、其外島嶼甚多、周圍散布、故稱曰散島、

南洋孤島志

南洋孤島、點點散布、在印度洋之南、有鴿髻蘭、長三百三十里、闊二百里、氣候寒冷、其地產煤、曰三保羅、曰安德但、曰馬利安、曰哥羅、曰在大西洋之南、有德利斯但根哈、曰哥發、曰三維支、曰三惹、曰等、

南黑道羣島志

南黑道羣島、察地理之士、推爲一大州之分地、其島皆環列南黑線内外、氣候氷列、永不消化、戸口走獸草木無跡、惟鳥海狗鯨紛繁、其地非扼要之所、曰南舌的蘭、在合尼角之東南環列、又有南狗克尼哥勒旱土、曾義非利士、亞德來等島、曰安德比、曰維克斯士、爲米船主探之、在澳大利亞之南、曰維多利亞土、邇來英船主探之、爲地球最南之所、其地崗嶺尖峯火山吐燄不熄、曰德辣、以利普斯海濱崖立氷山峻峭、人不能至、實爲可虞、

地理全志終

地理初桄不分卷

〔美〕卜舫濟譯著

《地理初桄》不分卷，美國卜舫濟譯著。卜舫濟（Francis Lister Hawks Pott，一八六四—一九四七），美國傳教士，一八八六年來華，曾任聖約翰書院英語教習，後長期擔任聖約翰大學校長。是書譯自美國孟梯德（James Monteith）所著*Monteith's Physical and Intermediate Geography*，略參以林樂知（Young John Allen）《地理小引》、傅蘭雅（John Fryer）《地理須知》。正文分十八章，依次論地學大旨、地殼、大洲、高山高原、冰川冰山、高山、火山地震、平原山谷、沙漠水草、海、井泉、江河、湖、空氣、各大洲天氣、植物、動物、人等。末附《中西輿地表》，列世界地名中英文對照。據中國國家圖書館藏清光緒二十五年（一八九九）排印本影印。

地理初栊

光緒二十五年第三次重鐫

地理初桄

美國會牧卜舫濟譯

地理初桄序

古之入大學者，必以格物致知爲務，謂由是而精之，則萬理賅備，而天下國家之道亦一以貫之矣，豈僅游心杳渺之鄉，以矜淹博已乎。一物不知，儒者所恥，古有明訓矣。夫萬物靡不載於地，欲究物理者，當明地理，與夫地所以生物之理。古之學者童而習之，以爲是固入學之始基，而非謂學如是止也。自後儒拘於章句，往往知其所當然，不究其所以然，而古人所謂童而習之，有終身由之而不察者。近世海禁大開，中外交涉之事日繁，留心時務者，無不稱道西學，海外通才，日與中邦人士相習，而地學益精。嗚呼，此亦風氣之所開，而習尚之一變也歟。卜君舫濟，美之聞人也，尤精於格致學，辛卯夏獲與之交，客窗多暇，因譯地理初桄一書，屬予筆之，以授始學之士，意在簡明易曉，欲與西書符合，故語取淺近，誘掖之道宜爾也。學者苟由是而精之，亦庶乎登高自卑、行遠自邇之一助云。至此書之例，具載篇中，不詳。

光緒十八年歲次元黓執徐春王月古鄮應奎山侍史叙

叙

自泰西格致之學興、天文而外、尤重地志、各家無不殫心竭慮、論說則精益求精、考據則確之又確、以臻於美善、故著述甚繁、幾至汗牛充棟、不能遍搜而博覽、然論其大致、不外地學地理二種而已、地理則詳地外之理、如山原河海之成、雨露風霜之故、地學則講地中之事、如土石之層累、物類之形跡、至溯地道之權輿、則彼此實或無異、余曩在紐約公塾時、日夕誦讀所知者、今也忝理淞濱院務、思譯一編、以啟童蒙、因檢舊篋中得吾鄉孟梯德先生所著地理初桄一書、皆簡明易曉、暇時隨繙隨錄、集成卷帙、附圖則有新增者、亦有舊刊者、其中畧參林君樂知之地理小引、傅君蘭雅之地理須知、非敢掇拾他書以爲己有、聊助余之不逮耳、至於精深之理、奧妙之談、皆畧而不講、亦欲學者探求斯道、先讀是書、

庶幾入室升堂、有所憑藉、則以此爲階梯之引進也可、是爲叙、

光緒十有八年仲春之月上浣美國聖公會會長卜舫濟識

地理初桄目錄

地理初桄

第一章論地學大旨

美國卜舫濟譯著

地球由漸而成○人欲明地學之大畧、必先知地球由漸而成、非頃刻之所能就、譬如五穀之種、其生也由芽而苗、由秀而實、又如雞蛋中之黃白本係流質、得母雞之熱、漸化而成小雞、地球之逐漸結成、亦類是也、故自混沌初開至成今日之地球、必歷千萬年之久、

日球行星何自而成○天文家言、日球與各行星未成形之先、特皆星氣耳、星氣各有吸力、彼此相吸而相合、其旋轉之勢、甚爲迅速、熱光卽隨之而發、且星氣之旋轉愈速、外層必漸有相離之勢、如車輪然、輪轉過速、必有塵土飛揚、其理一也、迨後星氣外結環形、其居中最大之環、遂成日球、繞日球以轉運之環、亦漸結而爲

數行星地球卽行星之一、其始亦能發熱發光、若繞乎地球外之環則結而成月球、亦猶他行星之分出小星也、地球熱氣漸散、外殼漸結漸堅、卽曰地殼、

地球之形圓○古人以地爲方而平、後經地學家細爲考察始知地係圓形、如橘柚然、上下雖微平、而終不得謂其非圓也、故如有人從上海起程、直向東行、航海梯山、毋稍易向、乃竟環繞至西、仍歸上海、藉曰地形非圓、何能若此、又如一人在平地遠眺、一人在高山遠眺、在高山所見者、自必較平地更遠、此亦地圓之一證、又當月食時、無論食幾分、其食處之陰、仍見爲圓、卽係地球影子、觀此可知地球乃圓也、或曰地面高山深谷、起伏懸殊、安能成爲圓形、不知天下極高之山、祇十五里、（以華程計下皆倣此）而自海面量至地心、共有一萬二千里、則此十五里之高山、祇得地球半徑八百分之一

耳、考其比例、與橘之粗皮無異、且令地與橘同大、其面當更平於橘皮、又安能礙其圓耶、

地球形狀大小○地球形如橘柚、上文已言之、其謂爲上下微平者、蓋南北直徑、祇二萬三千六百九十七里、東西通赤道直徑、則二萬三千七百七十五里、縱橫相去、差七十八里也、赤道周圍、七萬四千六百九十七里、面積一千七百七十三兆方里、

地殼分水陸成土石○地球初成、外殼皆水、本無陸地、然外殼雖成定質、而其內仍爲甚熱之流質、外殼漸涼漸縮、流質被其擠壓、因將外殼湧起、高出水面、卽成陸地、然其始、仍不過小如海島耳、且陸地初成、皆爲石質、並無泥沙、其後、歷受波浪之冲擊、空氣之侵蝕、與冷熱之漲縮、雖極堅之石、亦變而爲石子、石子又漸變而爲細沙、再變而成泥土、

地球體質○地球之體質、大半係石類及海洋之水、空中之氣、互合而成、凡石類之質、約有二十種、最多者、爲矽養二、其純矽養二、則爲石英、最堅而最難銷化、地球上之沙子石子、皆有石英也、其次則爲磁石英、磁石英色如肉、白中帶微紅、日久漸次朽腐、化而爲泥、

植物來歷○陸地既有泥土、方生植物、然海中亦生海藻、亦植物也、植物初生、如靑苔木賊鳳尾大葦絲芒等類、皆卑賤之品、嗣後、其種漸變、其品亦漸貴、始生松柏檀楠等物、

動物來歷○地球上飛潛行走之物、約有數萬種、始生時、皆先賤後貴、如水中先有草形蟲、及蛤螺蝦蟹與珊瑚蟲等、而後有魚類、地上先有蛙鼉之類、而後生飛禽、其後、又生走獸、最後生人、所以人爲萬物之靈也、

物跡〇地學家考地殼之石、分有段落、每段中之物跡、亦各有次序、其次序之上下、以時代之古今判之、最古者在下段、最新者在上段、此其大較也、而每段中之物跡、亦各不同、統而計之、分爲四大種、最下、曰無物跡石、稍上、曰古跡石、再上、曰中跡石、最上、曰新跡石、其無物跡者、分爲二小段、一曰靴六尼安、二曰老林低安、古跡石、分爲五小段、一曰甘比里安、二曰下昔慮里安、三曰上昔慮里安、四曰地夫尼安、五曰煤炭類、中跡石、分爲三小段、一曰得來斯蓋、二曰如拉錫、三曰白粉石類、新跡石、分爲二小段、一曰退的慮安、二曰擴忒納安、其狀列下、

石期	石段
新跡石	擴忒納安 退的慮安
中跡石	白粉石類 如拉錫 得來斯蓋
古跡石	煤炭類 地夫尼安 上昔盧里安 下昔盧里安 甘比里安
無物跡石	老林低安 靴六尼安

總論〇總之、地球未分之初、先有造物者主持其間、故能有條不紊、依次而成、於今考之、始爲氣質、繼成流質、終成定質、其後地殼分爲水陸、而植物生焉、植物既生、方生動物、最後而人類出、由此見大地之形勢、總非一時一世之所能成也、

第二章論地殼

地中熱質○世之掘井者、愈深愈冷、幾疑掘至九仞、其冷當不可耐、豈知不然、地學家細考地球中、仍是熱流質、人蓋不之知耳、試從地殼下掘至五丈以內、尚是太陽下傳之熱、故愈深而愈冷、若五丈以下、乃愈深而愈熱、約深五丈、寒暑表上升一度、苟掘深至一百五十里、其熱之甚、能使不論何物、皆成流質、萬不能更有定質、試觀火山之噴吐、及大地之震動、皆由地中之熱汁爲之、此可爲地殼外剛內柔之確據○據近日地學家言、地心係堅硬定質、其四圍、有熱流質繞之、流質之外、則有堅硬之地殼、地學家之所以爲此說者、蓋以爲地心之四圍、皆受絕大壓力、爰考格致家言、凡物之受大壓力者、其沸度必更多、試觀乎石、僅受空氣之壓力耳、而欲其化成流質、必受三千度之熱、地心壓於四圍地質之中、其受壓力若干、實爲人意想所不到、然則欲使變爲流質、需受熱

度若干、亦斷無從推算、故料其必屬定質也、

地殼之厚薄○地學家論地殼之厚薄、其說不一、或謂六十里、卽英程二十里餘可類推或謂六百里、但人祇能掘深三里、故未得其確數、蓋地球對徑、約共二萬四千里、若地殼厚六十里、祇得四百分徑之一、薄於地中之流質、更不止如蛋殼之於黃白、得十分之一矣、

石分三大類○地殼中石類甚繁、體質不一、有堅硬者、有柔脆者、然不外三大類、水中所成者、曰水成石、地中火力所成者、曰火成石、有層累而無物迹者、曰化形石、水成石、在水中淤積而成、有層累亦有次序、故又名有層累石、此蓋江湖之水、挾帶各種泥沙、日久凝結成塊、如沙石類、或有石質銷融水中而成者、如石鹽石膏之類、或係動物植物之類所成者、如灰石之類、皆是也、火成石、係經火銷鑠而成、無層累亦無次序、或凸出如山、或聳立如牆、亦有

如樹枝之冲入水成石中者、故亦名無層累石、又有從火山中噴出者、有爲火銷鑠之後、凝結於地中者、如雪奈忒石、卽花綱石之

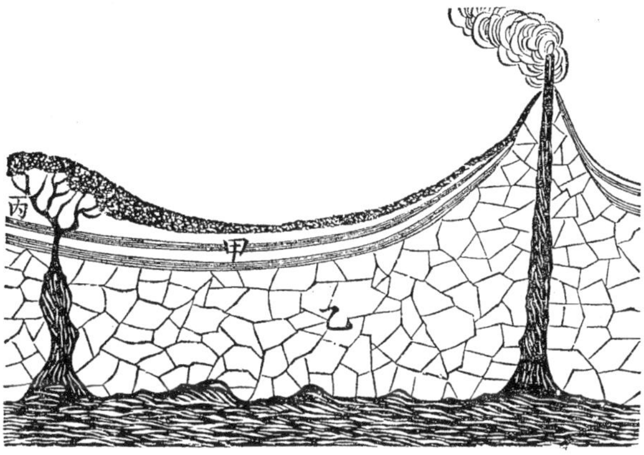

第一圖

類是也、化形石、亦水中所成、其所以異於水成者、因已受壓力與熱氣化合而變成也、凡孤高之山、約皆火成石所成、其山嶺之相連而長者、約皆化形石所成、其低窪及平原之處、約皆水成石所成、

水成石之行列○地球初成、其外皆水、故水成石平鋪地面、毫無欹側、然地中之流質、時有變動、地殼亦從而改易、高者忽被塌下、低者忽被湧上、故水成石、有時竪列、有時斜列、有時

平列、然行列雖有不同、其層累仍秩然不紊也、更有地殼之兩處、同時湧起、水成石被夾其中、爲兩旁石力所擠、加以上面之壓力、而成波浪形者、觀第一圖、乙字、係火成石、甲字、係水成石、丙字、係火成石衝上至水成石中、丁字、係火山中衝出之火成石、

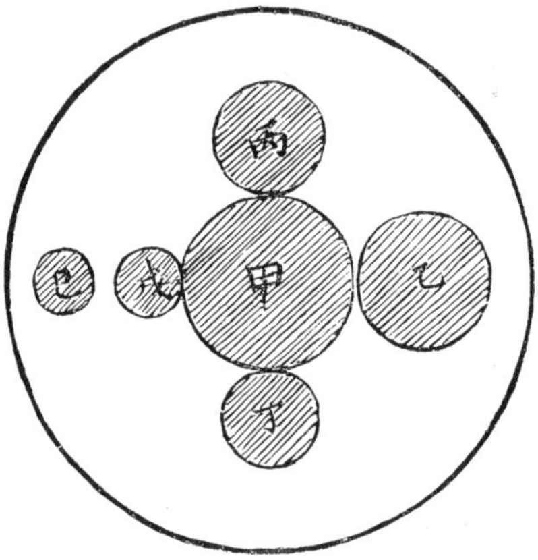

第二圖

地面水多陸少○諺曰、三山六水一分田、則陸當居十分之四、抑知陸地祇得四分之一、並無十分之四也、考全地大洋有五、而海則十餘、更有海灣海股及江河等類甚繁、陸地雖有六大洲、萬不能如水之多、況陸地初成之際、尙遠不及今日、迨後漸長漸多、水卽漸少、此一定之理也、至洋海之底、亦有高山深谷、且有平原、與陸地無異、故海洋之深淺

不一、水勢最深之處、約合華程十五里、凡近大洲與海島邊者、則皆淺、漸遠則漸深、可知大洲與海島皆海中之高原也、

水陸比較○地面水多陸少、其比例試以圖顯之、觀第二圖、甲、可喻亞西亞歐羅巴二洲、乙、可喻亞非利加洲、丙、可喻北亞美利加洲、丁、可喻南亞美利加洲、戊、可喻奥司大列洲、已、可喻一切海島、而其空白處則皆水也、水陸之比例、於此可得大凡矣、

地勢隨時改變○大地之形勢、自古至今、屢有遷變、爲之精心考驗、其故蓋有四焉、一空氣之力、二水力、三動植諸物之力、四火力、

空氣之力○一曰、空氣常侵蝕各物、即以至堅之石當之、亦不能免、蓋空氣中涵有養炭二氣、侵蝕之力最多也、且空氣之濕者、其力較乾者爲尤大、故遇堅實之石、其外皮常遭侵蝕、必漸變而爲泥土、倘石之有罅隙者、水挾空氣而入、必盡化而爲泥土矣、二曰、

空氣成風、凡空氣之從此至彼者、卽曰風、風動而沙土多隨之、風勢稍定、沙土卽墮下、遮蓋地面、如中國京津一帶、常見空氣中雜有沙土、此皆從蒙古沙漠地面、經風力挾之而來、與非洲（亦作斐洲卽亞非利加洲）之撒哈拉沙漠相似、撒哈拉之沙漠、其沙常被風吹至伊及國、下蓋地面、三曰、空氣凝水、冬雨滴入石縫、空氣從而寒之、卽冱結成冰、冰力之漲而大也、直可裂其石、積年遞嬗、大石愈裂愈小、小石則漸裂而漸成泥土矣、

水力○一曰江河、江河之水、天空所降之雨也、天空之雨、或卽從地面、流注江河、或浸灌入土、而成泉水、後遂成爲江河之源、或既浸入地、卽從地下、潛入江河、江河之足以改變地勢者、則緣水流時、有刷磨之力也、江河兩岸之灘、受其刷磨、泥土卽隨之而趨下流矣、二曰海洋、海洋之中、波濤洶湧、能衝激海灘之石、使之塌下

而入於水底、且海洋又有潮汐焉、潮汐往來、亦有衝激之力、海灘之沙石、亦必塌下入水、三曰冰凌、高山之巔、積雪而成冰、積冰而成川、盛夏炎蒸、冰川下流入海、是爲冰山、冰山之中、必挾無數沙石、初則浮於水面、迨流至溫道以下、冰化成水、沙石則下沈海底、地勢卽緣是而變矣、

動植諸物之力○樹木花草、腐爛成泥、沒入於水、後有他泥、積蓋其上、愈壓愈深、遂變成煤、此植物之變地勢也、海中有珊瑚蟲者、其形雖小、而多至不可紀極、此蟲專食水中石灰、其殼因有灰石之質、倘使堆積不散、年深月久、遂成海島、若遭水力所劈、碎成齏粉、然灰石究仍留其質也、此動物之變地勢也、

火力○一曰火山、二曰地震、三曰地殼升降、亦皆足以改變地勢、下文當詳言之、

第三章論大洲

地球剖分東西○地本圓形、講說非易、故地學家剖分爲二半球、以便考証一曰東半球、一曰西半球、東半球有四大洲、曰亞西亞、歐羅巴、阿非利加、奧司大列、西半球有二大洲、曰南亞美利加、北亞美利加、觀第三圖、夫陸地初成、其地甚小、若海島然、譬如場師之種樹、由拱把以至合圍、枝葉逐年而茂盛、大洲之成、亦若是也、所謂大洲者、海島之大者也、大洲之畔、厥有海島、初與大洲、或相連接、後乃爲水所隔、故海島四旁、類多淺水、然海洋之中、亦有覓得海島者、或本係火山、在水中衝上而成、或海中之珊瑚蟲堆積而成、

證大洲之成由小漸大○事無實據、不能憑信、西國地學家、不敢出以問世也、必悉心考驗確有證據、方敢著書立說、以公同好、其言大洲之由小漸大也、美國有二大湖、曰蘇皮利耳、曰胡倫、其北岸迤東至大西洋、又迤北至北氷洋、爲水中之石先顯於水面者、觀第四圖甲字處卽是、他處則爲漸漲之地、如乙丙

處皆是、各大洲亦有最古之石、惟不多耳、至亞西亞一洲、地學家未經細考、故未知古石之所在、

地球分南北與水陸○地學家又分地球爲二半球、赤道之北曰北半球、南曰南半球、北半球有亞西亞歐羅巴北亞美利加三大洲、及亞非利加之北半境、南亞美利加之小半境在內、南半球僅有奧司大列洲、及亞非利加之南半境、南亞美利加之大半境在內、若更以一法剖分地球、名之曰水半球、陸半球、陸半球以英革蘭即英國爲圈心、水半球

以半西蘭卽新西蘭爲圈心、觀第五圖、知陸半球大半爲陸、水半球大半爲水、

陸地廣狹之分○今試舉各大洲輿地、依其廣狹、繪成三角形、則三角形之底必在上、其腰間角必在下、觀第六圖、知在北則陸地較廣、在南則陸地較狹、如亞西亞歐羅巴北亞美利加三大洲、皆在北緯線四十度之上、是處最闊、人苟欲於陸地作一極長線、不曲不繞、不爲大洋所隔、惟北半球亞西亞之比令海腰至亞非利加之非德角、直計可得三萬三千里、他處不能若是之長也、或謂近北極一帶、他時陸地想可通連、因亞西亞與北亞美利加中之比令海腰闊僅一百八十里、

其中已有小海島甚多、名阿路申羣島、將來逐漸漲連、未可知也、冉歐羅巴與北亞美利加之中、有格理蘭哀斯蘭若干海島、從水中沖出、其凹處逐漸淤塞、他時、或亦連爲一洲、然皆以理推之、尙不敢謂其必然也、

大洲不可無山○地面有土石高起者爲山、數山相連而長者爲嶺、譬如房屋必有脊、人身亦有脊、山者、大地之脊也、東半球之山、從東北方太平洋起、經亞西亞洲印度國地中海至日斯巴尼亞之北爲止、時起時伏、綿亘萬里、皆在北緯線二十五度至五十度中、此山爲東半球之脊、西半球之山、從西北方起、經北亞美利加至南亞美利加之南爲止、此山爲西半球之脊、東半球最高之山、亞西亞洲有喜馬拉山、阿爾太山、崑崙山、外興安嶺、歐羅巴洲有靠喀穌山、喀拍天山、阿而仆山、皮勒尼山、亞非利加洲有阿替拉

司山、西半球最高之山、北亞美利加洲有羅基山西耳留瑪德雷嶺、南亞美利加洲有安地司山、北亞美利加洲之東又有阿利革尼山、此山從東北起至西南止、

地勢與國勢相關○凡國之興衰、繫於通商之盛否、而通商之盛否、繫於海口之多少、海口多者、其國之興必早、海口少者、其國之興必遲、如亞西亞、歐羅巴、北亞美利加三大洲之國、其興也早、海口多故也、如奧司大列、亞非利加、南亞美利加三大洲之國、其興也遲、海口少故也、然海口之多少、皆有定所、在北緯線三十六度至六十度之中、海口多而天氣和暖、人民康健、國勢振興、於以知地勢與國勢相關、海口既多、則通商之埠必廣、行商坐賈、皆可獲利、至此而其國不興者、未之有也、

各洲方里海灘表

其里數皆依華里計算若欲算英里、則方里以九除之海灘以三除之卽得

洲名	方里	海灘
亞西亞	一億四千七百七十四萬一千八百廿二方里	十萬零五千里
歐羅巴	三千四百四十七萬三千二百一十三方里	五萬一千里
亞非利加	一億零四百萬零零九千八百五十方里	四萬八千里
北亞美利加與中亞美利加	八千一百五十三萬九千三百四十三方里	七萬二千里
南亞美利加	六千二百五十八萬七千一百七十九方里	四萬零八百里
奧司大列	二千六百七十三萬方里	二萬七千六百里

第四章論高山高原

大洲高下之處○地面之分高下、從海面測量、較從陸地測量爲準、故書中稱某山爲若干尺、皆由海面計算而知、試作一小球以象地球、取沙子羅列於上、以象高山、即可悟高山載於地球之理、

平地○全地球之平地、有一平如砥者、有小作凹凸如波浪紋者、

又有小山聳峙於其中者、若從海面量之、時而畧高、時而畧低、其高出於海面者、西語名曰博拉多、猶言臺也、其平原之在山中者、常帶潮濕之氣、若近北極南極之潮濕地、一年大半凝冰、其平地之有樹林者、如南美洲之濱臨阿瑪森河者是、或彌望間蔓草連天、而其中有樹木成行者、如北美洲之叩婁拉多地及亞洲北境之西比利亞、卽華人所譯之悉畢爾者是、

美國西境博拉多○美國西境偏南、鄰於叩婁拉多河濱、有平地之博拉多焉、厥狀殊奇、如一地本甚高者、忽焉直低而下、其界乎高低之間、初無山谷間隔、祗有一縫、極闊極深、縫中時或流水、西語名曰該應、有一該應、深至七千尺、天旱則涸、雨則有水、

阿瑪森河濱平地○阿瑪森河兩岸、雨多晴少、花樹最爲茂密、而以樹多之故、雨卽因之更多、其氣候遂恆鬱熱、至其樹之根際、又

如藤蔓之相糾結、於是萬樹如牆、人莫能過、其有必需越樹而出其後者、惟有乘舟泛阿瑪森河、從河之支流中、繞道而渡、統計其地、蓋有十九兆方里云、

高山○高山者、卽平地之忽然高聳者也、大半必有成行之嶺、互相起伏、間有一山揷於雲表、而四無他山者、其始必係火山、從地心中突衝而上、

高山樹木○山必有樹、而高山之頂獨童者、則緣天氣過冷也、自山脚層累而上、至有樹無樹之間、名曰樹木界、考樹木界之氣候、照法倫海寒暑表驗之、縮至三十二度一分、卽不能孳生樹木、然樹木界之高低、又非一定、近赤道天氣炎蒸、上山至極高處、始有三十二度之冷、樹木界卽隨之而高、近乎南北極、天氣奇寒、平地已不滿三十二度、故雖謂樹木界縮入地心可也、

高山高原之分○高山有峰巒、有巖谷、平地雖有高下之勢、無巖谷之形、高原由地中熱氣漸升而成、高山由地中熱氣驟沖而成、若熱氣過猛、將山沖裂、卽成火山、

高山高原之天氣○亞西亞之高原、在阿爾太山（卽中國所稱金山）南邊、歐羅巴之高原、在波羅的海南邊、亞非利加之高原、卽在其境之南、亞美利加之高原、卽在其境之西、凡高原高山、天氣較平原涼爽、愈高愈涼、故各國天氣寒暖、不僅關於赤道之遠近、實關於地勢之高卑、其土產亦因而各別、再近高山之平原、熱氣發洩後、卽有高山之涼氣補入、故天氣較他處反涼、觀第七圖、知近赤道之山高、近北極之山低、甲爲地學家所稱永雪界、近於赤道天氣熱、故雪界在高處、近於北極天氣寒、故雪界在低處、赤道上天氣雖熱、幸有最高之山、將風迴下、散洩鬱熱、於人大有裨益、倘赤道上

無高山高原、熱氣必甚人民物畜當另有一番變動、再觀第八圖、

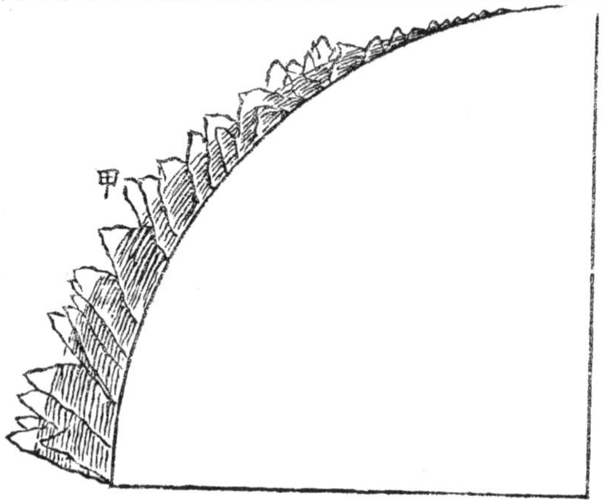

第七圖

第八圖

乃近赤道之高原、從海面測量、有一萬四千尺、是處雖近赤道、地勢既高、天氣仍涼、人民每樂居之、歐羅巴與亞西亞之高山、大半近赤道、亞西亞之北西比里亞大半平地、南亞美利加之安地司山、其永雪界約高一萬六千尺、北溫道之阿而仆山、其永雪界約高八千五百尺、北極之永雪界、卽在海面、於此見愈近赤道、則永雪界愈高也、南亞美利加之高山高原、居五分之一、其餘皆平地、

山有先後高低○格致家細考地球中熱氣之力愈足沖出之山愈高亞美利加洲之羅基山安地司山在先阿利革尼山及巴西國之山在後歐羅巴洲之阿而仆山雖高亦由後沖出凡世上之大山或從東北向西南或從西北向東南此山每有人尋得花綱石其石由地中沖出係火成石類非水成石類再羅基山安地司山及挪危國之山其東邊皆逐漸低下其西邊一直低下喜瑪拉山阿而仆山其南邊忽然低下歐洲之日斯巴尼亞國從北邊皮勒尼山至南邊支波拉德海腰其地層層低下如步梯然

山洞○有從山中尋出古洞者大抵灰石山俱有之蓋水中若含炭養二氣能銷融灰石之質其水流入山縫灰石逐漸化去山即中空而成洞也美國之肯特基省有灰石山焉其洞長至二十七里且此灰石被水銷融之後與炭養二化合而成鈣炭養三既而

鈣炭養三從山洞之頂墮下、將墮未墮之時、水先化氣而散、其定質則凝結不化、大似隆冬簷瀑、名曰石鐘乳、及下墮於地、則漸聚成堆、名曰石牀、石鐘乳與石牀上下鉤連、則成石柱、山洞中得此數種、甚可玩賞、人持火炬入洞、光燭其上、燦爛華煥、絕似花綱石、又有山洞之在海岸尋得者、則因海潮及浪衝擊石窟、漸爲所齧也、又有火山中尋得之山洞、則緣其中本有熱流質、當火山噴火之際、熱流質隨之上騰、火勢既息、遂中空而成洞也、上古未受教化之世、人嘗居於山洞、以迄於今、洞中往往尋見石琢之器、骨類之物、或有古時人獸之骨、藉此可畧知古人古獸之狀、

第五章論冰川冰山

冰川○高山永雪界之上、雪常凝聚不化、若積於永雪界稍下、入夏天炎、必稍融化、惟日間融化成水、不及流下、夜間仍結而成冰、

則半雪半冰矣、此半雪半冰者、不勝上雪之壓力、遂成冰川、漸流而下、稅賓國有冰川四百處、其長自十五里至三十二里不等、其闊自一里半至三里不等、其厚不能實指、或謂有厚至千尺者、然較之格理蘭暨阿拉司喀之冰川、則稅賓尙藐乎小矣、阿拉司喀一冰川、其闊一百二十里、長三百里、格理蘭全地盡爲冰川所盖、

冰川流勢○冰川之下流者、夏速而冬遲、此以氣候別也、又有兩旁速而中央遲之別、兩旁易於融化、中央則較難也、且上下亦有別、上署遲、下署速也、盛夏時稅賓國冰川日流二尺、阿拉司喀冰川日流七十尺、

冰川挾石○冰川下流、兩旁必挾碎石、絕似物之有鑲邊也者、若兩冰川並流而下、其中央亦界石一條、推之三四五冰川、無不皆然、觀第九圖可見冰川流至融冰界、石漸離冰沈下、

冰川改變石面○此種極重之冰川、流過石面、可使稜角峭厲之石、磨成平光形、又因冰川挾石而下、有小石如錐鑿者、能深鐫痕

第九圖

跡於石面、故山石經冰川流過、其垂長之痕常見留焉、

冰山○地球上南極北極之海、水常成冰、有時碎裂、往外漂流、其塊高大如山、衝至溫道上、逐漸浪送、逐漸融化、所挾出之沙石、遂存積於海、且有極大之磐石、被運至數千里之遠、凡冰山浮在水面、或高五十尺或高百尺、最高者五百尺、人所罕見、然所及見者、僅七分之一、其六分在水中、南冰洋之冰山、較北冰洋爲大、昔人見有一千尺高六里長

者、見後第二十二圖

第六章論高山

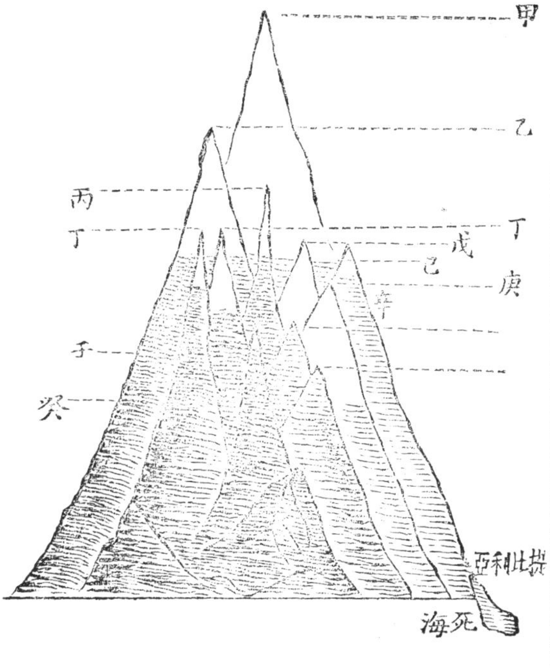

第十圖

山與城湖高下之等○觀第十圖、甲為地球上最高之山、即喜瑪拉山中之伊非司山、高約二萬九千尺、乙為南亞美利加之阿堪喀瓜山、高約二萬三千九百零六尺、丙為亞非利加之克尼亞山、高約二萬二千尺、丁為墨西哥之火山名剖剖喀特勒與北亞美利加之聖以利亞山、皆高一萬八千尺、戊爲厄布司山、高約一萬七千尺、己爲亞西亞之阿替拉司山、高約一萬六千九百尺、庚爲歐羅巴之玻蘭山高約一萬五千尺、至於湖之最高者、如辛爲亞西亞之西里哥湖、高約一萬五千尺、壬爲南亞美利加之替替喀喀河、高約一萬二千尺、城之最高者、如癸爲南亞美利加之剖透西城、高約一萬二千尺、外有二小海、一曰提比利亞、較海面低六百尺、一曰死海、較海面低一千三百尺、

高山能降雨○太陽照於海面、水氣上升、遇高山之冷、凝結而成雨雪、其山上之冰雪、融化下流而成江河、世上方有雨水長養人物、倘南亞美利加無安地司山、雨澤必少、因是處之風、自大西洋來、非從太平洋來、吹來時水氣隨之、遇安地司山冷氣、卽凝結成雨、若無此雨、其地將與沙漠同、再安地司山西邊爲太平洋海灘、

所以少雨者、因從大西洋吹來之水氣、經安地司山、雨已落盡、故也、倘此山天生在大西洋邊、南亞美利加之東、則是處雨澤必多、他處勢必無雨、

高山可考地質○高山由地中熱氣沖出、其石皆從地中生成、并有礦山、產金銀煤鐵之類、若無此山、人幾不知地中有五金、無從探取矣、

山形○山峰如五指形、亦有如鋸齒形者、高原如手掌形、山峰若無低凹處、將世界隔斷、人欲行走、較行海更難、凡低凹處、可通山徑、以便人行走、

總論大洲高低○倘有人於此、鑿山塡谷、移高就低、使地球改爲平地、從海面測量、大約九百尺高、若將大洲之高山移至北極邊、北極可加闊、然劃一直徑、尙不如赤道之直徑長、試舉亞西亞之

高山移平、高約一千零八十尺、南亞美利加之高山移平、高約一千零六十尺、北亞美利加之高山移平、高約七百尺、歐羅巴之高山移平、高約六百三十尺、

第七章論火山地震

火山○火山自古有之、不足爲奇、有前已轟發而今熄滅者、如法國、德國、小亞西亞、及美國之西邊、皆是也、然大要不外兩種、一仍舊轟發者、二已經熄滅者、而其中以間時發者爲尤多、即如意大利之危穌危山、西西利島之以底挪山、哀司蘭之赫克拉山、皆是也、至於時常轟發者、如意大利之司脫郎巴里山是也、

火山排列○地殼弱處、亦有隙縫、是處皆多火山、有一帶火山最多者、如安提司山、敲敵勒山、羅基山、過盆羅欣苦拉、日本、非臘濱、新基尼、新西蘭等島、並包括南冰洋火山在內、又一帶如東印度

島歐羅巴之南邊、阿搜耳、喀那利、西印度島中亞美利加、皆是其東印度島與中亞美利加二處、火山係交界之處轟發尤猛其餘小火山尚多、但此二處已有全地球四分之三別有著名之火山、如哀司蘭島、亞西亞洲、蒙古之東邊哈歪伊島、皆是也、

著名之火山○地球上火山甚多、約有二百五十、在太平洋之海灘海島中、然亦有已經銷滅者最奇之火山在瑪雷些海島西半球火山、在安地司羅基山中、其餘著名火山、意大利國有危穌危山、西西利海島、有以底挪山、拉派里海島、有司脫耶巴里山、哀司蘭海島、有赫克拉山、墨西哥有叩透拍西山南亞美利加其透城近處有三潤山、散危其海島有麻拿羅山、喀那利海島有底尼利發山、

火山近海○凡火山多係近海、除亞西亞火山離海最遠外其餘

離海、均不出百里、今天香山雖在大洲之中、然前亦近內海之灘、至今裏海及阿拉海、卽內海遺跡、盖地殼縮小時、近海尤甚、故火山皆近海、

火山發火之由○地殼疏鬆處、有水滲入、內雖有石阻止、然水受壓力甚重、故能透入石中、由漸流至有熱流質之洞中、受熱而成氣、熱氣薰蒸、無由發洩、因此愈漲愈大、山石被氣所激、旋卽炸裂、離海最近之火山、并有鹹水浸入、漲力勝於壓力、卽由地殼最弱處、炸裂而出、其勢之大、無可敵者、又有一種火山、如哈歪伊島之類、其發熱流質時、並無炸裂之勢、何也、因地殼發冷縮小時、有極大之壓力、壓於地殼中之熱質上、其熱質受此壓力、四面散流、到地殼較弱之處、石卽開裂、其熱質漸流至地面、卽行停頓、後來地殼中熱質再聚、依然如此也、凡火山將發時、必有地震、地中隆隆

然若有雷聲、至火山轟發後、其聲卽滅

地震○地殼震動時、必有一緣起處、謂之中心、由中心漸漸化出、由此及彼、與波紋相若、地震之最微者、人不及覺、須有極精細之地震表、方能知曉、最猛者能毀滅城垣、傷害人民、大約地震各處皆有、惟有高山及火山處爲尤多、有由火山轟發而地震者、或無火山而亦有地震者、不能一例論也、

地震之由○地震之由不一、然皆由下層地殼發冷縮小之時、上層地殼之石、陡斷而彼此相錯、致四圍之石皆動也、至石之擊力由此及彼、由近及遠、愈遠則勢愈緩、地震之大小不同、職是故也、

地震遲速○日本國時有小地震、故常備地震表、以驗地震之遲速、其大要有三、一地震同在一國、遲速不同、每一杪鐘、自數百尺起、至四五里爲止、二地震之中心、較他處尤速、三震動之力愈大、

其勢傳出更速、此三者、皆由日本國地震查得、

地震能陷城郭○西歷第六十三年、意大利之榜貝伊城、初次震時、全城傾陷、十六年以來、被危穌危之火山噴出、又將此城傾沒、近今有人掘其遺址、尋出古城之磚石、又一千六百九十三年、乍美喀海島之京城地震、分許時城卽傾陷、海中波浪湧上、遍地皆水、歐羅巴之利司本城、於一千七百五十九年大震、將震時、地中如有雷聲、俄而大動、約六分時、城卽傾陷、傷人六萬餘、初震時、海水驟退、似有人推之去者、百姓欲逃此難、皆遷至新造青石碼頭、忽波浪撲入、有五丈高、碼頭亦卽沈下、水深至六百餘尺、船隻人民淹死無數、屍身木板、飄沒無蹤、非獨利司本城如是、英蘇革蘭省之湖、當震時水先升上、後卽沈下、西印度羣島之潮、較平時高二十尺、水如墨色、美之東境亦微震動、惟無所傷損耳、又一千八

百十一年、美之新瑪德利城地震爲時最久、約四個月、地常搖動崩裂、時有水與泥飛上、地震之處、約二千七百方里、此地震行至南亞美利加、喀拉喀司全城傾陷、約傷數千人、又一千八百二十二年、南亞美利加之智利地震、四圍之地升上、有高二尺者、有高至七尺者、又一千八百五十七八二年中、意大利之那破利地震、近處城皆傾陷、傷三萬人、當震時、危穌危火山同時噴出煙火與石、若無此火山、地中熱質無從發洩、更不知若何震動、觀十一圖、可知意大利地震之形、又一千八百五十九年、南亞美利加洲地震、其透城幾全傾陷、又一千八百六十八年、皮路、智利、伊誇多三國同時地震、一千八百八十六年、美國义勸司吞城地震、房屋人民毀傷不少、近時一千八百九十一年、日本國地震、約有四點鐘之久、計毀屋七萬五千戶、死六千五百名、傷九千餘名、當震時、美濃國大垣市、地中火發、死傷無數、又有地名古屋、震倒民居數千家、頓時失火、煙焰蔽天、全市悉付一炬、又有一山、未震之前、忽發

第十一圖

吼聲、隱約如雷鳴、及震之際、其勢甚猛、從此以後、地常搖動、民心戰戰、皆有惟恐復震之意、是眞非常之災也、

海中地震〇地震在海灘之下、其害更甚、因海中有波浪助之、故比他處更大、凡此皆由海底之火山轟發所致、其中心在海底、海底之石忽然高出、海水爲石所激、致成洪濤駭浪、狂瀾湧出、竟有數千里之遙、此等波浪、非尋常風力鼓動者可比、迨此浪流出復回、直衝內地、氾濫各處、莫之能禦、致海中之船、有觸礁者、有撞破

而沉溺者、有衝至旱地者、其害何可勝道哉、

地殼升降○地殼時忽上升、時忽下降、西歷一千八百十九年、印度國近恒河口之地、忽然陷下、約有一萬八千方里、盡爲澤國、西納得利砲臺降下時、僅露樹木雉堞、歐羅巴之瑞典國、近百年中地漸升上、約二寸有奇、格理蘭海島近四百年中、地漸降下、又一千八百六十六年、歐羅巴洲希利尼之東南、忽有海島升上、其時海水震盪、噴出煙火石子無數、

第八章論平原山谷

平原山谷○何謂平原、從海面測算、高約一千五百尺內者卽是、何謂山谷、四圍皆山、中有平地卽是、山上泉水流至谷中、謂之澗、衆澗之水匯聚而成江河、山中時有腐爛草木沖下、故谷中之土脈最肥、植物亦茂、西半球平原、居三分之二、居民最衆、北亞美利

加洲之平原、東有阿利革尼山、西有羅基山、南有墨西哥海股、北有氷洋、中有三大河、一曰聖老連司河、一曰瑪肯西河、一曰米西西皮河、又有赫德森海股、凡亞美利加之支河、有匯入此三河者、亦有從此海股入海者、南亞美利加之平原、居五分之四、在安地司山東、亦有三大河、一曰歐利耨叩河、一曰阿瑪森河、一曰拉怕他河、

下原○近歐利耨叩河之地、從海面測量、高不過三百尺、其平如鏡、自西歷五月至十一月、每不雨、旱如沙漠、自十一月至四月、又多雨、走獸羣聚其間、近阿瑪森河之地最廣、居歐羅巴三分之二、從安地司山至大西洋、有四千五百里長、一千八百里闊、地多樹木、有人跡從未到者、拉怕他河之地、草多肥美、是處土音名不迷不斯、又多野牛、爲皮角油出產之處、獵者於此、獲利無算、總計三

處下原有四千五百萬方里視歐羅巴洲爲大耳、歐羅巴亞西亞之下原〇下原最廣之處從亞西亞東邊之比令海腰、經俄羅斯德意志丹和蘭法蘭西五國直至歐羅巴之北海、跨有二洲、惟歐亞接壤之間、有山爲之間隔耳、下原之近波羅的海、及北海黑海三處者、地最肥美、其近波羅的海北海白海漲出之地、後於他處、和蘭國之地、反低於海、故其民皆築壩以禦潮、亞西亞洲濱臨裏海鹹海之地、亦較他處爲低、且砂子及蛤螺殼錯雜其間、亦如沙漠之不能耕種、料裏鹹二海、當年必與大海相通、後有沙地漲出、隔於二海之中、水勢無可通流、故其性特鹹、亞西亞歐羅巴近於北冰洋之地、勢亦卑下、夏間潮濕薰蒸、至冬徧地成冰、

第九章論沙漠水草

沙漠〇陸地中有數處、地面多沙、風燥而雨稀、不能耕種、不生植物者、是爲沙漠、撒哈拉蒙古伊犁及亞拉伯土耳其（卽突厥）波斯等處、皆有之、撒哈拉大漠、在亞非利加洲、約北緯線二十度至三十度之間、上古時諒亦海道、後乃漲而成地、故其面既多沙土、又雜以海蛤海螺等殼也、每當颶風驟發、塵沙蔽天、大爲行旅之害、凡欲避此風者、必須身伏於地、更用駱駝環衛四周、方保無恙、有從彌望深沙中、尋出寺廟房屋者、知昔時曾有人居、迨至沙因風起、日積月累、廟屋遂遭淹沒耳、撒哈拉山巔、雖間或有雨、而天氣炎熱殊甚、日所照處、寒暑表常約升至一百五十六度、日所不能照處、亦常約一百三十二度、山上泥沙較少、谷中則遍處皆是、量其地勢、有高出海面一千二百尺者、亦有一千五百尺者、其闊約三千里、長約九千里、視美國五分之四、蓋亦不爲小矣、水草○水草之在沙漠、如海島之在大洋、爲世上必不可少之物、蓋大洋中有海島、行舟賴以接濟、沙漠中有水草、行旅賴以尖宿也、撒哈拉大漠中、約有水草三十處、大半可供人棲止、故有人烟者凡二十處、其處地勢較低、爲山水所匯聚、沙底有泥甚堅、能阻水勢之下流、植物卽於是生焉、其餘諸沙漠中、皆有水草之地、若干處、惟南亞美利加之沙漠、在皮路玻利非亞之中、安地司山之西、從無雨澤、不生植物、故獨無水草、

第十章論海

洋海○凡水滙聚之處、大者爲洋、一曰太平洋、二曰大西洋、三曰印度洋、四曰北冰洋、五曰南冰洋、其中尤以太平洋爲最大、計占五百九十四兆方里、次則大西洋占三百十五兆方里、再次則印度洋占二百七十兆方里、北南兩冰洋較小、北冰洋僅五十四兆

方里、南冰洋僅四十兆零五億方里耳、小於洋者爲海、如地中海亞拉伯海等皆是、洋海之水、深淺無定、而以中含鹹質、故其味大半屬鹹、

海之利用○海有魚鹽之利、人所易知者也、然其足供利用者、又有四焉、一能使陸地天氣和平也、凡水之性、受熱難而散熱亦難、陸地受日光之熱、足以鑠石流金、既賴海水之涼氣爲之洗滌、然地面之熱、發散甚速、又賴海水之熱氣、尙未散盡、入夜畧資和煦、故近海之地、無嚴寒酷暑、二能使膏澤及時而下也、日光照於海面、熱氣挾水氣而上升、及與空中冷氣相觸、冷而爲雲爲霧、水點幷合而爲雨爲露、冷益加甚、而爲霜爲雪、皆水氣之妙用也、三爲水之總滙也、雨水下降、或入地而成泉源、或由溪而入江河、無非以海爲歸、若無海以容諸水、則泛濫橫流、陸地胥成澤國矣、四爲

人之利濟也海水可以通舟楫、便商旅、財貨流通、民殷物阜國勢且緣之而振興焉、

洋海之淺深○洋海之底、淺深不一、大抵近於洲島之岸者、水底

第十二圖

較高水流愈淺、求其深處、必須離海灘三百里、觀第十二圖、爲大西洋海灘、甲字處近於美國、乙字處近於歐洲、兩邊之水皆淺、丙爲兩洲之中央、則汪洋灝瀚、其深約有一萬二千尺矣、英國相近哀耳蘭海島之水底最淺、較之尋常海底、僅

得四十分之一耳、近於熱道之海洋、其最深處約三萬尺、卽十五里印度北境喜瑪拉山約高十五里此處海洋則深十五里墨西哥海股、約深五千尺、地中海約深三千尺、亦有深至九千尺者、北海僅深一百八十尺、設使海水退下三百尺、將亞洲之海灘、可與日本漲連、歐洲之海灘、可與英國漲連、來往無煩舟楫矣、

海洋生光○舟行近於赤道之海面、常見水中滿發奇光、舟若過之、光更燦爛、此蓋海洋之水中含纖細之動物、其數不可紀極、如空氣中之螢火、善於生光也、且此蟲死後、光仍不散、至其所以生光之故、格致家未曾細究、或曰、其身有燐質云、

海水與天氣相關○地面天氣之冷熱、雖關赤道相離之遠近、亦緣大海相距之高低、如歐洲之玻蘭山、從海面測量本高一萬五千尺、若使海水退下一千五百尺、將是處之平原、先高一千五百

尺、天氣必加冷幾度、而玻蘭山積高至一萬六千五百尺、其冷不知何如矣、

鹹海○各水之味、鹹淡不同、河水味淡、海水味鹹、大洋收聚江海之鹹汁、故味最鹹、約水二十五分、鹹汁一分、盖內地之鹹泉鹹湖從江河運入於海、一經太陽之曬、水氣上騰、而鹹汁下凝、日積月累、卽成鹹海也、惟山上氷雪銷化之水、運入於海、則爲淡水、

珊瑚蟲○珊瑚蟲產於熱道、大半在客利便海及亞拉伯海股波斯海灣、約北緯線三十二度、蟲形纖細已甚、望之如花、其口之四圍、生有長鬚、能收水中之鈣炭養三、以果腹、遂由是而生硬殼、既而生育子蟲、與母蟲之身、連綴不解、子蟲所生之殼、亦連綴於母殼、及至孳息不已、成京累兆之殼、輾轉勾結、直如一大樹也者、觀第十三圖、且數蟲樹排比成行、又如大樹林焉、

珊瑚島○珊瑚蟲在淺水中、積殼日高、出於水面、其上層之蟲殼、日受水勢之衝激、漸次粉碎而成石、其後水挾泥而上、衝風吹沙而遠送、均雜入於殼石之中、更後鳥棲其上、而築巢焉、鳥聚食時、間啣花草樹木之子、墮入泥沙、於是易生之椰子樹香蕉樹、先行萌芽茁壯、再後有人來居之、而海島遂成、至珊瑚蟲之活命處、惟在清水溫水鹹水之中、倘遇水渾水冷水淡、卽死無遺種、故海面之迫近江河口者、不能有珊瑚島、北亞美利加之渤牟特海島、卽珊瑚蟲所造成、因其地有墨西哥之溫水也、太平洋中之珊瑚島、長約三千六百里、闊一千里、皆在淺處、若水深至十二丈、珊瑚蟲卽不能成島、且淺水中所成之珊瑚島、離水亦不能再長、故僅能造至水面、成島之遲速、不能臆定、大約半年中、可造三尺許、

火山所成之海島○海中有火山所成之海島、其四

圍環繞珊瑚島如物之有鬚穗者然此因珊瑚蟲在火山附近之水中漸次造至水面也火山所成之海島在水中央山旁水必甚

第十三圖

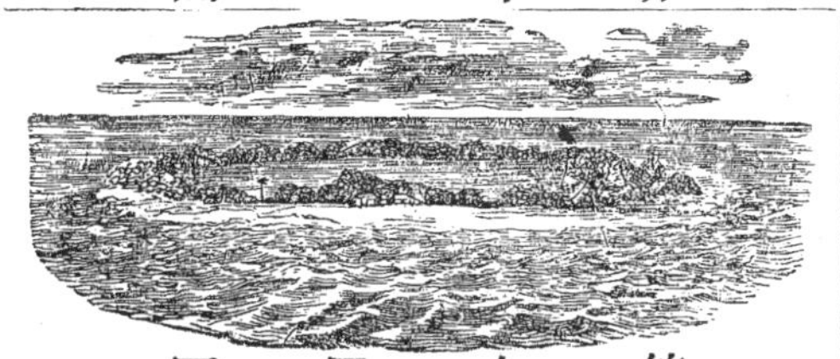
第十四圖

淺離山漸遠水始漸深珊瑚蟲遂在署深處漸造而上附麗於火山島有時海中覔得如環之珊瑚島而其中初無火山島者如第十四圖此因火山衝上而成島之初珊瑚蟲環繞其四旁久而成島惟火山島亦有仍沈入海者當其漸次下沈之際珊瑚蟲儆知自救造至水面之速倍於他處之珊瑚島於是火山所成之海島杳不知其所之而環繞中空之珊瑚島即西語名曰壓縧兒者依然無恙也

潮浪○常見洋海之水、動盪洶湧、不舍晝夜、其理有三、一爲波浪、海水受風力之擊、卽成波浪、風大則浪高、風小則浪低、無風則水面澄平、但波浪之大小、又與水之寬狹深淺相關、水寬而深者、浪卽小、地中海之浪、至高僅十六尺、常有行船家周歷地球、計浪之最高者、大抵二十三尺、惟亞非利加極南之好望角、浪高五十尺、是爲不常有之境、二爲潮汐、江海之水、受日月之吸力、引起而成潮汐、漸漲漸退、各有次第、不失其常、每一晝夜間、大約漲退兩次、朝曰潮、夕曰汐、每漲約三時、漲足後畧靜一刻、卽漸退、每退亦約三時、退足後畧靜一刻、復漲如前、故漲退兩次、應歷十二時三刻有奇、至月之相距地球、比日爲近、其吸力卽比日爲大、故潮之漲退、隨月而轉、且不獨地球對月之處、水能漲起已也、地球背月之面、其水亦能漲起、計地球自轉一周、遭月直吸兩處、月吸於地之東西、東西之水皆漲、惟南北之水、不受月吸、則皆落、月吸於南北也亦然、故南漲則北亦漲、而東西皆落、此潮汐漲落之大端也、至每年春分秋分時、日近於地、故吸力較平時加大、潮汐遂因之愈漲、再者每月合朔之時、日月同在一邊、合力引水、則潮大、月望時、地球在日月之間、日月各引水高起、則潮亦大、惟月在上弦下弦時、日月相距、有九十度之角、彼此吸力、足以匹敵、則潮小、觀十五十六十七三圖、可知矣、有測驗太平洋中之潮汛者、為言潮最盛時、不過加高

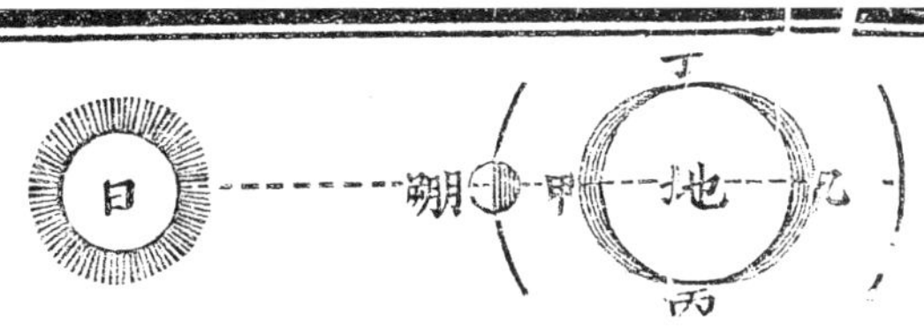

第十五圖

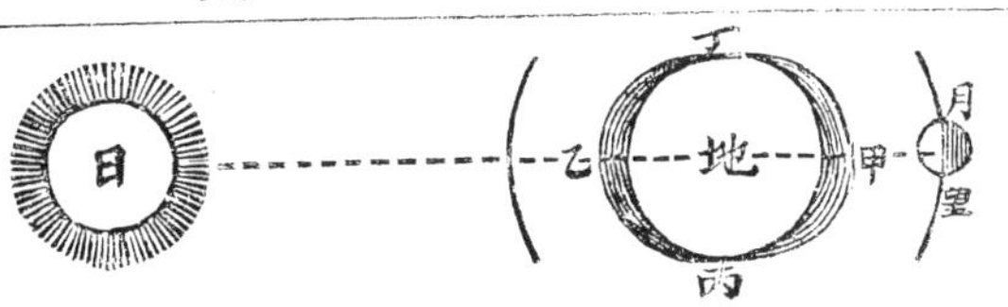

第十六圖

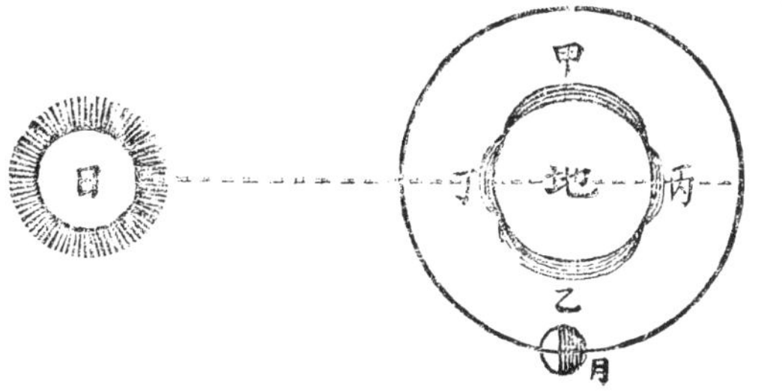

第十七圖

二尺、而近海灘處、則常似較高於外、此緣水近海岸、其流較緩、續來之水覆疊於上也、若潮入海股海腰之際、水流更緩、故潮疊更高、新蘇革蘭海島之分田海股、潮高七丈、中國杭州之錢塘江、潮

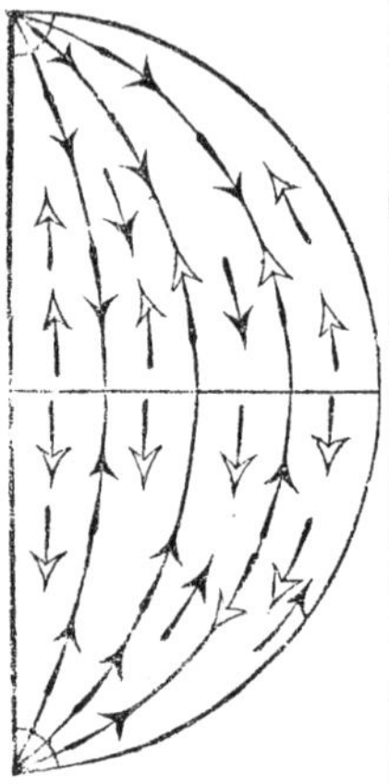
第十八圖

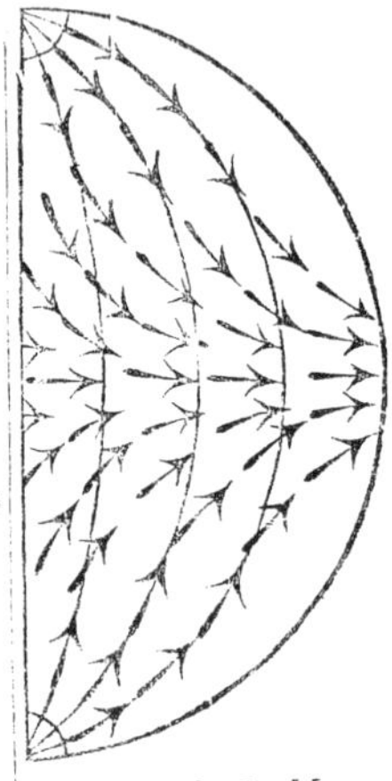
第十九圖

入時、一點鐘能行六十里、水猶疊高至三丈、南美洲之阿瑪森河、潮從河口而入、如大浪然、高至十二尺或十五尺、一點鐘能行六百里、往往連三日不斷者、然潮進雖極神速、潮退則仍稍緩也、三爲平流、洋海之水、每有平流、實因水有冷熱之不同也、水之熱者其性輕、水之冷者其性重、赤道之熱水、每上流至南北極、南北極之冷水、每下流至赤道、故能調換寒暑、變遷氣候、觀第十八圖、黑翦是冷水從南北極流至赤道、白翦是

熱水、從赤道流至南北極、設使水之輕重、不因冷熱而異、則必無有平流、各洲之冷熱、必大相懸殊矣、

地球旋轉與平流不同○地球旋轉、赤道較速、南北極較遲、赤道之旋轉速、故水從南北極流下、不及直行、每有橫斜之勢、觀十九圖、知水到赤道、其流下之勢如此、大西洋中、赤道之水、自東而西、遇大洲而轉折、流至南亞美利加洲之散柔克角分道、有向西北過庫巴海島、入墨西哥海股、轉至美國之東北者、美人稱爲墨西哥之平流、觀二十圖可知、再者平流之水、實皆向東、乃人望之疑爲向西者、則以水之流轉、稍遲於地球之旋轉也、如二十一圖、甲爲輪船、乙爲舢板船、輪船與舢板同時往東、人在輪船中望舢板、似見其往西、實則非往西也、輪船之東、捷於舢板、故所見遂乖也、試以輪船比地球之陸地、舢板比地球之水地、則知陸地與水地、

實共東旋、惟因遲速之別、幾疑陸向東而水向西耳、又如一舢板划以二人、一舢板划以一人、二人划之舢板、必速於一人、其理亦同、

第二十一圖

墨西哥之平流○墨西哥之水最溫、非畧熱之太平洋大西洋可比、其流過之地天氣和平、生物暢茂、人樂居之、查溫水從北亞美利加洲向東、有入地中海、流至歐洲南境者、是處多海灣海股、能停蓄此水、故歐洲南境之天氣獨暖、倘南北亞美利加洲之陸地中分爲二、則赤道之水自其中流入太平洋、從此美東與歐西南、無墨西哥之溫水、天氣必稍冷於今時、而英法兩國天氣之冷、必如緯線相同之拉巴多及牛分蘭島矣、

太平洋之平流○再觀第二十圖、知太平洋之水、西流至亞西亞洲東邊之海島、轉向東北、經日本至亞美利加西邊向南而止、凡平流皆在洋海深闊之處、流過大洲時、約離海灘三百或六百里、

北氷洋之平流○北氷洋有兩平流、一從格理蘭之東、一從格理蘭之西、皆向南遲遲流下、不能如地球旋轉之速、觀第二十二圖、知流下時、有氷山挾帶泥沙亂石、浮至墨西哥而遇溫水、氷始融化、泥沙卽下沈、故北亞美利加之牛分蘭島、時有暗沙淺灘漲出、且水下流時、多挾冷氣、墨西哥溫水之熱氣遇之、卽變成霧、故牛分蘭島多霧、北亞美利加東邊北緯線六十度、及西邊北緯線四十度之天氣所以和煦相同者、因東受墨西哥之溫水、故牛分蘭島冬暖而夏不熱也、此溫水每一時許流九里至美國否利大而流漸速、一時約行十八里、赤道之水過太平洋、一時許亦約行十

八里、過印度洋、一時許約行十四里、墨西哥之水、中有海藻、其色似藍、大西洋之水、其色似綠、揭以告人、甚易辨別、

第二十二圖

南冰洋之平流○從南極向東北、流至南亞美利加之哈耳尼角、分爲二道、一向東至奧司大列海島、一向北至赤道、

印度洋之平流○此平流始向西而朝南、至亞非利加之好望角、又從西北旋轉、仍歸原處、近好望角者、西人名之曰角平流、人欲駕船往西、可乘上流之水、欲駕船往東、可乘下流之水、再有船欲從北亞美利加而至亞洲者、可乘下流赤道之水、欲從亞洲而至北亞美利加者、可乘上流卽日本流之水、凡水之所向、與風相同、故熱道之水、始向西流、至南北溫道而轉東者、

風之發亦然、從熱道向西、吹至南北溫道而轉東、

海水養人○海爲江河之歸源、以拯人於澤國之中也、其生鱗介者、以供人之烹食也、且非獨南方有之、北方苦寒之地、亦生魚類、赤道與南北極之水、輪流調換者、以均寒暑也、設使永不調換、將赤道之天氣、必熱益加熱、南北極之天氣、必冷益加冷、人類幾乎滅絕矣、

第十一章論井泉

淡水○淡水之源、上已言之、蓋空中雨雪、原爲地面諸水、受太陽之熱、化氣上升而成、水中鹹質已無復存、故再落至地、清潔無他質、即所謂淡水也、

雨爲百川之源○世上萬物、皆賴雨滋潤、若無雨水、大而江河湖泊、小而澗溪沼沚、必皆乾涸、四方旱如荒漠、勢必不可居人、故地

球上之水道、原爲雨集而成、千支百派、與人身血脈一般、由心海散入四肢、仍由四肢、滙歸心海、其理一也、

第二十三圖

泉源○凡雨及冰雪消化之水、有從溝澮流入內河、有從鬆泥石縫、直滲地中、遇堅瞉處、滙成水道、從石縫流出、卽成清泉、觀二十三圖、甲爲雨水下滲之象、乙爲地中水道、丙爲堅瞉之地、水流至此無隙可下、丁爲石縫中流出之象、然非獨陸地有之、海中亦有泉源、推其故、雨水滲下至極深處、橫流至海底、滙成泉穴、受兩旁水之壓力、泉卽上沖、庫巴海島、竟有泉水沖至海面者、

泉味○泉源發自山中、水本清潔、因流出時經過土石、能銷化其質、如鹹、鐵、矽、鎂、石灰、石油、硫磺等類、泉水內皆含之、故其味鹽苦

第二十四圖

不一、竟有四分中一分鹹汁者、又有炭養二氣、試觀泉水發泡者、即是、北亞美利加德林伊達海島中有湖泉、常含石油、惟透過灰石之泉、清而洌、爲泉之佳者、西人用以浴身、并作藥服、英美法德四國之中、其泉最爲著名、

井○地中水道、流至空處、滙成泉穴、人從上掘下、約一二丈、或數丈、泉即汩汩而來、雖用器汲取、仍有四圍之水補入、觀二十四圖、甲爲雨水下流成泉之地、乙爲地中水道、丙爲堅觳

之地、丁爲泉、戊爲井、倘天久不雨、無水下滲、淺井必見乾涸、惟泉源滙聚之處、雖旱而井水不竭、又有一等井泉、其水時有時無者、因發源之水、時流時止耳、

溫泉○近火山之地、溫泉最多、原其故、由地底熱氣從石縫中發出、遇中間滙聚之水、遂令水變熱上升、地學家細考火山噴吐時、泉水尤熱、溫泉之來源如此、凡有名溫泉在哀司蘭海島及法蘭西、小亞細亞、美之加里福尼省、是處居人、取以沐浴、最爲便捷、

該倏泉○泉水之熱者、能銷化矽質、迨熱散水冷、矽質存而不散、變爲定質、石縫中常有似此之水、卽常有矽質堆積於石縫之口、縫中之水、難於流出、石縫漸次縮小、倘石縫中下層之水忽受熱而至沸度、水必緣熱而漲、上層之水、遂被猛推出縫、其忽漲忽推之處、恒有大聲發於石硤、如鳴礮然、至水被猛推而衝出之時、有

高至百尺者、西語名曰該侯泉、哀司蘭海島、約有該侯泉百道、新西蘭海島亦有之、其最大者、則在美國加里福尼省之黃沙石園、衝上有二百尺高、聲達數十里外、査該侯泉衝出之後、石縫必已

第二十五圖

中涸、迨後水又漸聚漸滿、下層又受熱至沸、上層仍被推而衝出、有種該侯泉、其衝出若有定候也者、至論下層水熱之故、則因地近火山、受地中傳送之熱也、有種該侯泉、人欲觀其衝出之景、可取大石擲入縫口、少傾即怒衝矣、該侯泉之口、有闊至五十六尺者、衝出之泉、勢尤浩瀚、又有泉雖受熱、而水不衝出者、名曰沸泉、加里福尼省之黃沙石園中亦最多、水中所銷化者有矽

質、有灰石、有硫黃、有鐵、有鹽、皆凝結於石縫之口、而成定質、觀第二十五圖可知、

水力激空地殼○雨水滲入地中、滙聚一處、能將地殼激空上邊之泥土、時或下陷、亦有雨水由山沖下、或向外流、或從中流、經過之處、泥土疏鬆下坍、其水下滲、遇堅石阻塞、卽爲泉源、若流行於地面、勢必淹沒田廬、於此見水由地中行、於人大有裨益焉

唉土斯井○法之唉土斯省、常用機器掘至泉穴、不過銅管粗、受兩傍水之壓力、水卽從管噴出、此井名唉土斯井、觀第二十六圖、甲爲水道、乙爲硬石、丙爲井、丁爲泉水上沖之象、自有機器開井法、卽沙漠之地、亦可試用、若開至二千尺深、遇地中熱質、卽爲溫泉、德之烏耳吞布格城、冬間常用管將溫泉之水、引入室中、以辟寒氣、故是處天氣、室以外寒暑表約在起度、室中已熱至四十七

度矣、法之巴黎城中、溫時約五十一度、掘井至一千八百尺、水可熱至八十二度、美之聖路伊城、唉土斯井、掘至一千五百尺、方有

第二十六圖

泉穴、其泉水之熱、較地面之水熱十八度、又乂勒司吞城、地面河水熱六十八度、掘至五百尺、熱七十三度、一千尺、熱至八十四度、於此見每深五丈、寒暑表加熱一度、美國省城唉土斯井中、或產鹽、或產石油、亞西亞洲之緬甸暹羅國、及歐洲之意大利國北邊井內、皆產石油、土人用以作燈油、

第十二章論江河

江河○凡長江大河、其發源僅涓涓之雨水流泉、由溝澮滙成支

派、由支派滙入江河、水性就下、故江河之水、皆歸於海、於此見海爲衆水歸源之處、百川皆從海發出、其後仍歸於海、如鳥離巢而分飛、其後仍歸於巢耳、

河源○河源亦有在高處、離口約數千里者、南亞美利加阿瑪森河源、離太平洋不過三百里、離大西洋約一萬二千里、乃不近歸於太平洋、反遠入於大西洋者、南亞美利加地勢、向東低下故也、中國揚子江、從發源至出口、中多轉折、故約長九千里、若徑行東流、不過五千四百五十里、黃河由崑崙山發源至出口、約二千五百八十里、若徑行東流、不過一千二百九十里、凡河道須有轉折、以抑水勢、若由發源至出口、一瀉無餘、水勢既急、船必難行、觀第二十七圖、可知河流迂曲、非徑直者也、

河流方向○觀河水從何流下、即知地勢從何低下、南亞美利加

安地司山之東、河皆東流、知是處地勢、皆向大西洋低下、亞西亞阿爾太山之北、河皆北流、知是處地勢、皆向北氷洋低下、

第二十七圖

灘河〇河源之發於高處者、其始從山峽下流甚速、水淺而下有險石、舟不能行、中國揚子江黃河、發源處皆如此、亦有從發源至出口、水漸流下、無危石險灘、舟可通行者、如南亞美利加阿瑪森河、從安地司山至大西洋、無灘石之險、舟楫便之、

美之河道〇米西西皮河爲美國最要之河、發源在北境伊第斯加湖、其地勢從海面測量約高一萬七千尺、其水向南流行、約長九千里、從墨西哥海股米西西皮河口

向北行船可通六千六百里、又有緊要河二、一曰米穌利河、一曰歐亥歐河、兩河皆滙入於米西西皮河、

山瀑○凡泉水由山巖急流直下則爲瀑、美之尼阿革拉河在伊利湖安他留湖交界處、其水落下時、約低三百三十八尺、中有一百六十尺從山巖落下、聲聞數里、昔時山瀑沖過之處、與今日沖過處約離二十一里、推其故、山瀑沖下時、澗石爲水力削去、故愈遷愈上、若照一年削去一尺計算、自彼處遷於此處、約有三萬五千年、又美之西境、飛瀑沖擊處、能將山石劈開、變成崖谷、西人稱之曰該音靦爲佳境、時往觀玩、

河水異流同源○地球高處宛如屋脊、泉源發出後、有從左流者、有從右流者、故兩河出口處、雖東西遙隔、源實發於一處、如歐洲稅賫國之河源、或流入黑海、或流入北海、或流入地中海是也、再

觀第二十八圖、乃美國之河源在羅基山最高處、分爲四道流出、甲爲叩倫比亞河、乙爲阿他巴司喀河、丙爲撒喀其萬河、丁爲米

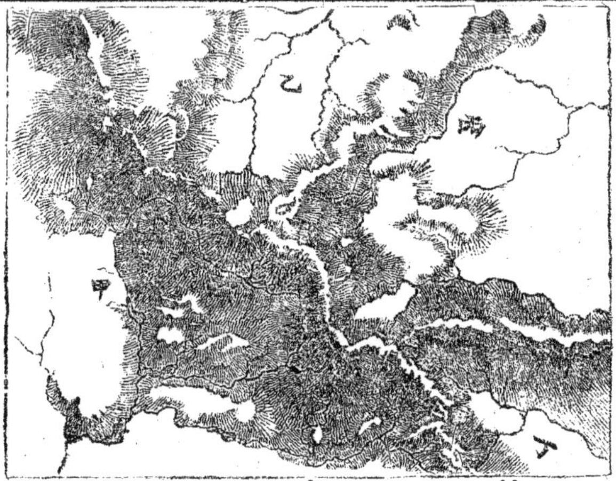

第二十八圖

蘇利河、叩倫比亞河、流入太平洋、阿他巴司喀河、流入北冰洋、撒喀其萬河、流入赫德森海股、米蘇利河從米西西皮河流入墨西哥海股、倘於羅基山上建一房屋、雨水溜下、想有流入北冰洋、太平洋者、亞西亞洲之河、異於北亞美利加者、因其源爲高原所隔、不在一處、故分四道流入太平洋、北冰洋、印度洋、地中海等處、

河流分派○猶太國之約但河、流入死海、亞非利加之河、有時此

處忽然滲入透過地中、忽於彼處流出、復流入大洋、故河流可分二派、其流入外洋者、如揚子江、阿瑪森河、黃河是也、流入內湖者、如烏拉江、洼勒嘎江是也、

河水常帶泥沙○揚子江、黃河、米西西皮河、恒河、尼羅河等、挾有泥沙石子、故水常濁、米西西皮河之口多漲灘、有人掘至六十丈深、尚未及泥沙之底、地學家揣測形勢、知是處十萬年前、尚是水地、米西西皮河口之漲灘、直至墨西哥海股、其形三角、西人稱之曰疊爾泰、印度之恒河口、伊及之尼羅河口、皆有此三角形、

水之功用○凡江河之水、有益於人約有數種、一能滙聚支河之水、併入於海、二能通舟楫、便於商旅、三能盪滌地上污穢之物、四上流之水、挾帶草木泥沙、自山沖下、能令瘠土變爲沃壤、五水力能激動機器、磨礱五穀、六造自來水、用管通入城中、供人汲取、其

功用不亦廣乎、

河水漲落○凡河之出口處、漲落係於潮汐、內河中有因雨多而漲、雨少而落者、揚子江與米西西皮河、皆春漲秋落、探其源、山上積有冰雪、逢春融化下流故耳、黃河則春秋兩汛皆漲、冬夏兩汛皆落、然不僅關於雨雪之多寡、有因泥沙淤積而水日增高者、北亞美利加瑪肯西河、及西比利亞硯伊西河、其源在溫界、出口在寒道、每當春風解凍、溫界中冰雪融化、河水暴漲、下流至出口處、爲寒道上冰雪阻塞、水每逆流而上、泥沙樹木、時被沖刷、故地勢有時改變、

江河關於國勢○凡地上各國、有河則舟楫可通、商賈輻輳、內地兩岸、必多城市鄉鎮、若無河則道路梗阻、貿遷不易、商旅裹足不前、故河之分出支流、聚成市鎮、有益於國計民生、非淺鮮也、

第十三章論湖

湖泊○湖泊之水、或出於河、或出於泉、深淺不等、大抵在地球低窪處、其形勢可分四等、一爲無支無口之湖、水不流通、賴地中之泉以補其缺、二發源在高處有口無支、水能外流而不能流入者、三爲支口皆有之湖、與江河之水、彼此通流、此等湖地上大半如此、四湖在低處、水能流進不能流出、其不滿而旁溢者、因受日之熱變氣上騰、水能減少故也、

湖有高低深淺之分○高山之巔、冰雪融化、滙聚成湖、其湖卽在山上、湖之最高者、在中國西邊名西里哥湖、從海面測量、約高一萬五千尺、南亞美利加洲替替喀喀湖、約高一萬二千尺、闊一萬八千方里、死海雖名海而實湖、其地最下、約低一千三百尺、至於湖之最深者、約二千尺、最淺者約二十尺至三十尺、亞洲之洞庭

湖、春漲秋落、至冬漸涸、歐洲之遮尼法湖、北有羅印湖之水灌入、來時甚濁、至流出時、水始澄清、留積泥沙、漲成新灘、約長十五里、昔有羅馬人建城該湖之邊、今則湖離城約四里半矣、

第二十九圖

湖分鹹淡○湖水多淡、惟亞洲之死海裏海及美之猶他省湖、其性皆鹹、考厥淵源、因江河之水、消化石中鹹汁、流入湖內、迨水受

熱化氣上昇、爲雲霧、爲雨露、又有鹹汁流入、故日漸變鹹、死海之成在主降生一千九百年前、歷年甚久、故水日增鹹、且有硫磺石油等質在內、

美湖○美之北方湖最多、觀二十九圖、甲爲穌皮利耳湖、乙爲胡倫湖、丙爲伊利湖、丁爲安他留湖、戊爲尼阿革拉河、己爲散老連司河、穌皮利耳湖、及胡倫湖九百尺深、伊利湖一百二十尺深、安他留湖五百尺深、穌皮利耳湖最大、有二十八萬八千方里、試舉英國全地輿之比較、約居五分之三、

第十四章論空氣

空氣○空氣爲流行縹緲之物、無形無色、目不能見、手不能捫、然籠罩地球、長養萬物、其中分淡養二種、淡氣居四分之三、養氣居四分之一、養氣能益人、淡氣不能益人、然無淡氣以濟之、則養氣

太濃、動物吸之、喘息甚速、無益而有損、如食物中有補益人身者、亦有無補益人身者、彼此調和、方能有濟耳、試舉空氣與水較、約輕八百倍、近地球之空氣濃而重、遠地球之空氣淡而輕、高山之頂空氣薄、人已不能久居、想高至六百里、必愈薄而愈淡矣、凡空氣與濕氣、爲世上必不可少之物、若無此二氣、動物植物皆不能生、再海面之空氣、每一方寸、其壓力約重十四磅零十分之七、空氣有如此壓力、故人可造風雨表、以測天時之陰晴、尋常風雨表、用玻璃管、封固上口、使管中無空氣出入、管中滿灌水銀、然後倒置水銀碗內、空氣壓於碗上、管中水銀可升高三十寸、若將風雨表移置高處、水銀之升、卽不滿三十寸、因空氣壓力輕也、

風○風爲空氣流動所致、原其升降遷移之理、一因地球之轉動、二因空氣有冷熱、但空氣發熱亦有二理、一因受日之熱、二因地

球發出之熱。凡空氣受熱則漲而輕。輕卽上升。升後四面冷空氣。必流進以補其缺。譬如氣球。有輕氣方能上升。若開一門。則外面空氣入而重。球必墜下。凡空氣愈近地球則愈熱。試登高山。或乘氣球凌風而上。則愈高愈涼。每升三百尺。寒暑表減熱一度。

恒風○赤道之風。變熱上升。吹至南北極。再從南北極變冷。迴至赤道。是爲恒風。行海便利。故又名貿易風。學者知平流之理。卽知貿易風之理。蓋地球與風。皆向東旋轉。不過地球行速而風行遲。故從北極吹至赤道者。皆西北風。人則以爲東北風。從南極吹至赤道者。皆西南風。人則以爲東南風。東北風至赤道。化熱上升。變爲西南風。迴至北溫道。氣漸冷而下。吹於地面。仍歸北極。東南風至赤道。亦化熱上升。變爲西北風。迴至南溫道。漸冷而下。歸於南極。觀第三十圖。箭爲風。箭向下則風亦向下。箭向上則風亦向上。

赤道上東北風與東南風、彼此相敵、故是處反無風、南帶上所以無風者、南極之風、因遇赤道之迴風故也、北帶上所以無風者、北極之風、因遇赤道之迴風故也、再觀此圖、知近赤道之風從東來、水皆西流、故行船往西易而往東難、南北溫道之風從西來、水皆東流、故行船往東易而往西難、試從舊金山至上海、若傍赤道而行、則來時較去時爲速、若去時徑由溫道、則行亦速、又輪船從美國牛約克至英國、去時多西風、順流而下、輪行甚速、來時逆風逆水、輪行必遲、北溫道多西南風、又有墨西哥之平流、故天氣和煖、產物甚繁、凡風如車輪、常旋轉於地球之上、

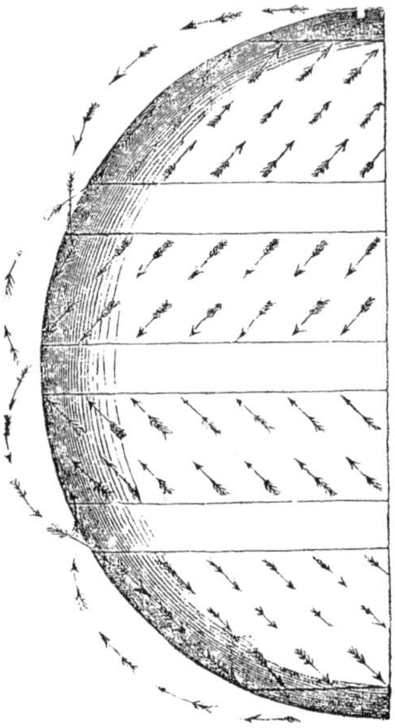

第三十圖

海風、○凡風日中從海面吹至陸地、夜間從陸地吹至海面者曷故、日中陸地先受熱、空氣漲而上升、即有海面之冷氣吹進以補

第三十一圖

第三十二圖

其缺、夜間陸地先發冷、海面熱未散盡、故較地面爲熱、熱氣上升、地面冷氣即吹進以補其缺、觀第三十一圖、高山之旗、知日間風由海面吹至陸地、第三十二圖、輪船之煙、知夜間風由陸地吹至海面、即其明證也、凡冬時之風、大半從陸至海、夏時之風、

大半從海至陸、此等風在東半球、西人謂之孟鬆、以能阻貿易風使之變向也、

暴風○地上空氣熱極、驟然升上、四圍冷氣驟然吹進、即成暴風、美之西方常發暴風、其行徑直、吹過房屋、如經火燒、無一存者、是處土人、每於建屋時、備一極堅固之室在下、俟風發時避入其中、此風之發、爲時不久、約二三下鐘即息、有時其風忽發、冷風由四圍補入、即成旋風、西歷一千八百八十六年、美之民尼搜他省、被暴風吹過、約傷百人、吹倒房屋機器、約値銀五十萬、

颶風○颶風之起、每在熱帶內、凡近海島者、其勢尤猛、惟近赤道、及無颶風、其旋轉之圈甚大、有徑二三千里者、能拔樹傾舟、行海者遇之、易遭危險、颶風常發之處、一在西印度羣島西北、一在印度洋東北、一在中國東南海間、其風常有定候、夏間爲多、近時行

海者咸知避此風之法、

旋風○凡二風異向或對面、或旁面、彼此相觸、乃成旋風、即俗所稱之羊角風、其風起時、每成空管之形、能將水氣吸上其管旋轉移動、亦能將海水吸入管中、

第三十三圖

觀第三十三圖間有魚鼈等物、被吸上者、沙漠之地夏時亦有旋風、能將沙塵噴起埋沒人馬、最大之旋風、或捲攝柴木及屋頂等物、入其風渦中、移至他處墜下、每見雨中帶有塵土者、乃旋風之力所吸上也、凡旋風將息時、每有雨、因所吸之水氣、遇冷而成雨也、

風之寒煖南北不同○北半球中風自北極來者多寒、自赤道來者多煖、南半球中風自南極來者多寒、自赤道來者多煖、故北半

第三十四圖

球南風煖而北風寒、南半球北風煖而南風寒、

燥濕○空氣有燥有濕、燥時氣候乾熱、凡有水處皆漸化散而成水氣、水氣多則空氣濕、遇冷凝結、而成雲成霧、降雨降雪、此其明証也試於盛夏時、以器盛水、曝在日中、其水逐漸減少者、因水氣散於空中故也、又當天濕時、將冷水傾入玻璃瓶、瓶外即有水點如霧、是即

空氣中之水氣、遇冷凝結而成也、

雲○雲爲積霧所成、近或十里、遠或十五里、其狀不一、觀第三十四圖、甲爲最高之淡雲、如絲如羅、地學家每疑其中有雪意、乙爲層層橫列之雲、遇冷逐漸低下、日暮時有之、丙爲堆積如山之雲、夏間清晨多有之、丁爲黑雲、卽下雨之徵、試登高山、身入雲中、時或望見山下大雨、因下層之黑雲、遇高山冷氣、凝成水點、向下墜落故也、

雨○雨爲雲中水點結聚而成、但地上各處得雨之數、恒不相同、熱道上雨多、溫道上雨少、寒道上雨更少、觀第三十五圖、黑處最多雨、淡處微有雨、白處全無雨、赤道上所以多雨者、因東北東南之恒風、彼此相觸、濕氣之上升者、卽凝結而下降也、南亞美利加安地司山東邊多雨、西邊少雨、唉得加買所以無雨者、因大西洋

之風未過安地司山雨已落盡故也智利國雖在安地司山之西

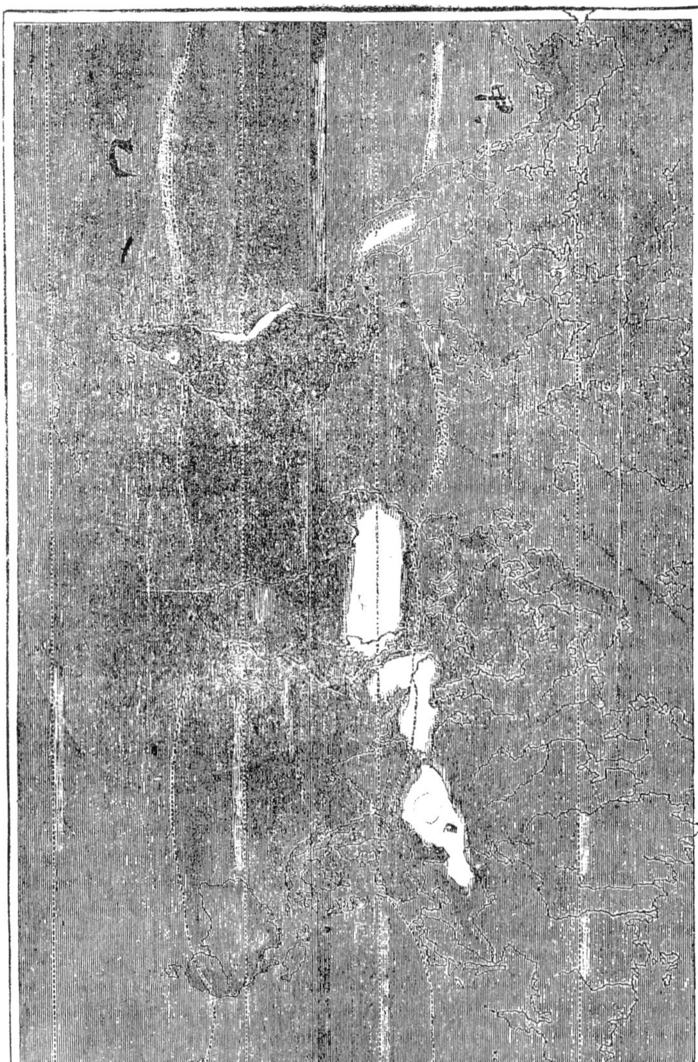

第三十五圖

仍多雨者、因遇西北之迴風故也、凡大洲東邊之海島、賴貿易風而多雨、西邊之海島、賴迴風而多雨、墨西哥海股、西印度海島皆多雨者、因墨西哥之水熱、水氣上升、遇冷而成也、北亞美利加西邊、及歐羅巴之西南英之海島皆多雨者、因是處多西來迴風故也、亞非利加東邊雨多西邊雨少者、因是處東多高山、貿易風中之雨、遇山而盡故也、亞西亞及奧司大列東邊皆多雨者、亦有貿易風故也、俄羅斯及西比利亞所以少雨者、因是處迴風吹不到故也、圖中白處為蒙古澣海亞拉伯撒哈拉大漠等處、所以無雨者、離海既遠、又無高山、所過皆燥風故也、西半球中如墨西哥中亞美利加南亞美利加等處皆少雨、然有數處雨雖少、而仍產植物者、露多故也、

霜露○日間地面所收太陽之熱、夜間發散甚速、逐漸變冷、空中

濕氣遇地面之冷、即成水點、點點相併、即成露珠、地學家細察草木枝葉散熱尤速、故成露較多、至於成霜之理亦相同、惟濕氣所遇較成露時更冷、故結爲細冰花而成霜、凡夜間有雲遮護、或大風吹蕩、即無霜露、因雲能護熱、使熱不發散、風能將濕氣吹散故耳、

雪雹○空氣中所含水氣、遇冷凝結成冰、顆粒如針、彼此湊合、即成六出之形、觀第三十六圖即是、凡雪最難傳熱、籠罩地球、可使熱不外散、保護植物根芽、故冬間望雲者每思雪意、實於人物大有益焉、再觀前三十五圖、甲爲北半球之雪界、其北有雪、其南無雪、乙爲南半球之雪界、其南有雪、其北無雪、赤道左右、雖不見雪、然高山之巔、則仍有雪、至於下雨時、冷氣過甚、即成冰雹、因在高處之水氣、遇冷先合爲雨點、其下有一層甚冷之空氣、雨點落至

此處則結爲冰而成雹也、亦有雪花并合而成者、凡下雹之處、其界不甚大、歷時亦不久、春夏間往往有之、又下雹時常有大風、而

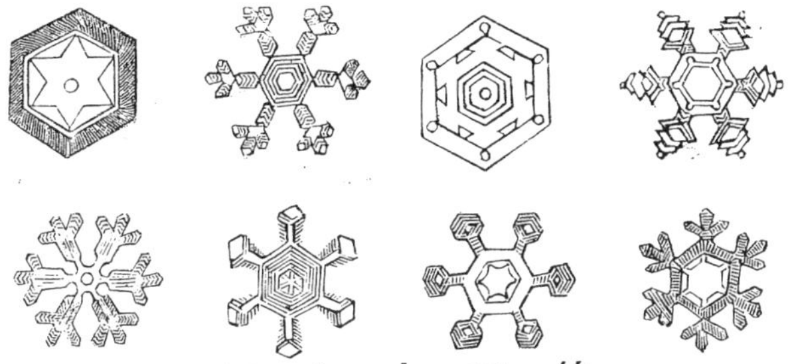

第三十六圖

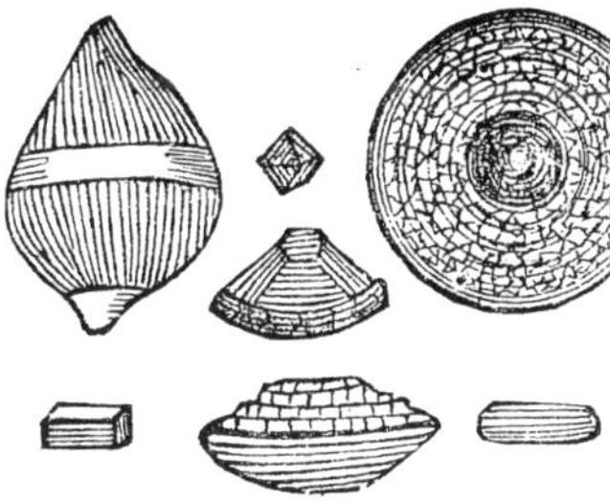

第三十七圖

氣候忽冷、亦每有雷電、其雹之大者、徑約一尺、力足以殺人物、觀第三十七圖、可畧知其形狀矣、

水氣關於天氣○地球上之海水、如不變氣、水必加熱、傳至空氣、熱必更甚乎、抑知不然、海中常有波浪搖動、上層之水受熱變氣上升、下層卽補其缺、流行不定、故冷熱適均、陸地則外殼不能時時變動、夏間受熱多則酷

暑、冬間受熱少則嚴寒、故內地天氣異於海邊、試舉兩地言之、如俄之聖彼得堡城與蘇革蘭海島、離赤道同在六十度內、然夏間聖彼得堡城較蘇革蘭熱七度、冬間聖彼得堡城較蘇革蘭冷二十二度、同一緯線、而天氣冷熱不同若是、無他、離海有遠近耳、

第十五章論各大洲天氣

各洲天氣○天氣之冷熱、不僅關於赤道之遠近、地勢之高卑、亦關於空氣之燥濕、離海之遠近、地學家常舉冷熱相同之處、畫一線道、名曰天氣線、此線不僅離赤道若干里、因高山之遠近、海灘之升降、沙漠之多寡、恆風之疾徐、故多轉灣曲折處、倘從赤道至南北極、天氣步步見冷、則此線應於緯線同直矣、於此見欲考地球各方之冷熱、觀天氣線最覺明晰、北亞美利加之牛分蘭大島、及歐羅巴之西北邊、兩處緯線相離十度、而天氣線相同者、因遇

墨西哥之熱平流與西南風、能使歐洲西北之天氣變熱故也、北帶上天氣線先向北、至歐羅巴東西比利亞、折而向南者、因歐羅巴之東與亞西亞之北、中有高山、能使天氣發涼故也、挪危海灘與拉巴多大島兩處緯線相離二十度、但冷熱相同、故天氣線道亦同、

天氣酌中之理〇天氣冷熱之度、各處互有不同、而稱某處爲若干度者、要皆酌乎其中也、如美之牛約克城、夏間寒暑表尋常熱至八十度、冬間尋常冷至二十五度、二數相加、約一百零五度、再用二分之、約五十二度半、此乃牛約克城一年酌中之天氣也、試以法倫表統算地球上各處之天氣、計一年內、寒道上約三十二度以下、寒道與溫道中約三十二度至四十度、溫道上約四十度至六十度、溫道與熱道中約六十度至七十度、熱道上約七十度

至八十度、赤道上約八十度以上、
海島與大洲天氣不同○蘇革蘭之北非柔海島、與西比里亞歐喀次城緯線相同、而天氣線不同、因非柔海島在海中、故無大熱亦無大冷、冬間水不成氷、歐喀次在陸地、故夏間較非柔海島熱九度、冬間較非柔海島冷七十六度、非柔海島冬夏間寒暑表約五十度之升降、歐喀次冬夏間約一百度之升降、亞非利加西北邊瑪德拉海島與美之非拉德非亞城緯線同而天氣線則異、瑪德拉海島四季常有春氣、花草終年榮茂、非拉德非亞冬夏寒燠不同、冬間亦有常雪、北亞美利加西北邊凡庫非耳海島、與美之美印省緯線相同、天氣線亦不同、凡庫非耳冬夏之間、冷熱無甚懸殊、美印省則夏多熱、冬多冷、積雪有四月之久、於此見沙漠平地天氣之冷熱、不僅關於緯線若干度、亦關於海之遠近、風之疾

地理初桄

徐、及雨之多寡也、觀第三十八圖、甲爲天氣線、乙爲緯線、天氣線彎曲之處、皆在大洲、所以不在海面者、因海上天氣冷熱、終年無甚懸殊也、

美與歐東西天氣不同○美之東邊、與歐洲之東邊、風多從陸來、陸地易熱亦易冷、故兩處夏多暑、冬多寒、美之西邊與歐洲之西邊、風多從海來、海水難熱亦難冷、故兩處夏稍涼、冬稍煖、試再舉舊金山與牛約克城比較、知夏間牛約克熱至八十度、舊金山熱僅五十八度、冬間牛約克冷至二十五度、舊金山寒暑表尚高五十度、是牛約克冬夏間寒暑表升降約五十五度之懸殊、舊金山僅差八度耳、再牛約克城冬多雪、舊金山無雪而多雨、因海中濕氣、遇是處高山之冷氣而成雨也、牛約克雖在海灘、而天氣仍冷者、因在美之東邊、風從陸來、墨西哥之熱平流中、有北極之冷平

流冲過、故天氣較冷、舊金山則在美之西邊加里福尼省中、風從海來、故此省之山谷間、天氣最爲和煖、西人養病者、每樂居之、

天氣與各洲生物相關○各大洲中人民之强弱、庶物之生長、皆關於天氣、倘天氣各洲相同、將產物亦同、人民不必易地貿遷矣、至其人民衣服容貌言語嗜好、各洲亦大相逕庭、莫非天氣不同所致、美之南方、天氣和煖、宜於木棉、不獨供本國之用、且可供歐洲各國之用、其東北方多山、產煤鐵、足供機器局之用、中國之南方地煖、宜於木棉五穀、北方地寒、宜於高粱小麥、於此見各洲天氣既殊、產物亦異、以所有易所無、方能相通相濟耳、

天氣有高下之別○天氣隨地勢之高卑而異、觀第三十九圖、甲爲赤道上最高之山、乙爲北亞美利加洲、丙爲山之下、是處天氣同於赤道中之南亞美利加洲、丁爲此山五千尺高處、天氣同於

北亞美利加洲、緯線三十度之處、其冷熱均在法倫表七十度內、故可畫一直天氣線道、戊爲此山一萬尺高處天氣同於英之北境、己爲此山一萬五千尺高處、天氣同於哀司蘭海島、庚爲此山二萬尺高處、天氣同於北極、故天氣線皆可畫一直道、卽一山而言、下同赤道、中同溫道、上同北極、天氣冷煖之分有如此、從赤道至南北極、每三百里、減熱一度、自山麓至山巔、每三百五十尺、減熱一度、觀第四十圖、可知安地司山上中下之天氣、甲爲永雪界、雲騰至此、遇冷成雨、卽爲江河之源、是處少動物、僅有鷲鳥爲巢、乙爲中和界、天氣彷彿溫道、亦有湖水、可種百穀、動物惟牛羊鹿最多、丙爲山之下、天氣炎熱、同於赤道、植物產棕櫚香蕉鳳尾波羅蜜等、動物產鸚鵡猿猴雅隔（虎類）雜色鳥等、今使有人自卑登高、則天氣之冷熱、一日可徧嘗矣、

天氣有冬夏之分○夏間日長、太陽光線又直射於地、受熱既久、夜短不及散盡、故空氣逐漸加熱、冬間日短、太陽光線又斜射於地、受熱既少、至夜散盡、故空氣逐漸覺涼、再一日之間、下午受熱最足、約二點至三點最煖、黎明時熱已散盡、約四點至五點最涼、北半球冬寒時、卽南半球夏暑時、南半球冬寒時、卽北半球夏暑時、無他、地球常繞太陽旋轉、所受之光、有斜直故也、（如欲深明其理須觀天文書方可）

第十六章論植物

動物藉植物以生○上言天所以先生植物、後生動物者、因凡百動物、皆食植物以生、雖動物中亦有自相殘食者、然所食之動物、

乙

丙

第四十圖

豈能不食植物之類、格致家細考地球、自古至今、已尋出之植物、約有十五萬種、

植物因地而產○赤道上天氣熱而燥、食物宜淡、故是處多產水果、溫道上天氣和平、食物宜濃、故是處多產五穀走獸、寒道上天氣凛冽、食物宜油、故水中多產鱗介、卽此見各大洲所產之物、隨天氣之冷熱、配人食用、

花草生長之理○凡植物生長之道、一賴根、能收地中之水氣、與銷化之定質、若其根不能收濕氣、樹必枯謝、二賴葉、能收空氣中之濕氣炭氣、凡人口中吹出炭氣收進養氣植物則反是惟入冬令、枝葉中濕氣遇冷成冰、不能流行、每多凋謝、獨根在地中、常有熱氣保護、加以雪壓地面、熱不上散、故能歷久常生、三賴太陽之熱、能使植物收空中之炭氣、且令百草回芽、五穀成熟、至於花之分爲五色、原由日光之力、

地質各處不同○凡地中之定質、有宜於一種植物者、有宜於數種植物者、地分肥瘠、職此之故、格致家每細考地中定質、用糞以補其不足、而後瘠土可成沃壤、試觀農夫之耕也、今歲種稻、明歲即改種木棉、所以不連種稻者、因稻所喜之定質、已被收去、須俟其再集而後可種、如動物之類、或喜食此植物、或喜食彼植物、其理一也、植物所喜者、或鎂、或矽、或鈣、若無此三種、即不能榮茂、然亦有藉水而生者、如水仙花、藉水中銷化之質是也、有藉空氣而生者、試舉橘柚、置瓶中、得瓶中空氣、日久亦能發芽生根是也、

植物遺種之法○植物之種、其形甚多、如翼如卵、或毛或刺、或隨風飛去、或順水遷流、或附鳥足而落他處、故其種蔓延各大洲、西印度海島上之植物、其種隨墨西哥之熱平流傳至歐羅巴之西北邊、然亦有因高山阻隔其種不能遠傳者、凡遠游之人、每喜帶

植物之種、栽於別處、如山芋始出於南亞美利加皮路國、後有人携其種至美國、至英國、今則徧地皆有矣、大麥小麥、始產於亞西亞西邊、今則各洲皆產矣、

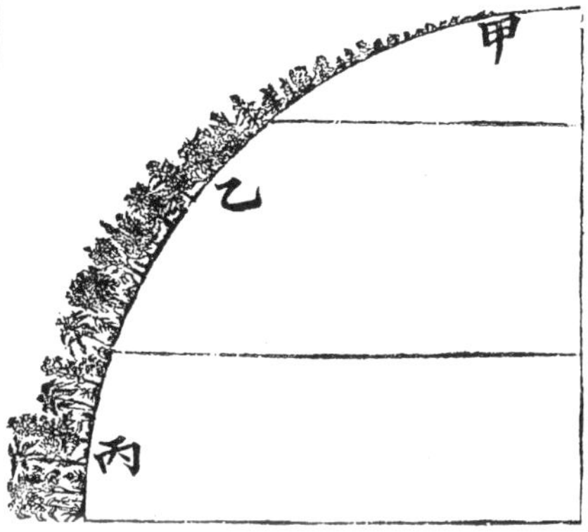

第四十一圖

熱道溫道寒道之所產○觀第四十一圖、甲爲寒道、上產靑苔杉樹、乙爲溫道、上產楊柳、橡松、蜜棗、蘋果、桃、梅、李、杏、橄欖、橘柚、核桃、檸檬、大麥、小麥、芝蔴、木棉、煙葉、無花果等類、丙爲熱道、上產竹、蜜棗、甘蔗、枷瓢、香蕉、榕樹、波羅蜜、架啡、靛靑、木棉、香稻、西國米、紅木等類、熱道上植物高而茂、寒道上植物低而小、天氣有冷熱之故也、

溫道上植物○溫道上植物最盛之處、皆在東西兩半球大洲之

西邊、因是處風與熱平流皆從西南來、天氣和平、草木茂盛、然大半望秋先零、惟冬青松柏、能耐霜雪、不凋不謝、若將溫道中植物遷至赤道、或赤道中植物遷至溫道、彼此不能茂盛、惟舉溫道上

甲

第四十二圖

之植物、遷至赤道中高山上、亦能生長、無他、山上之天氣、與溫道相同故也、

加里福尼省之植物○美之加里福尼省、有高山深谷、天氣冷熱皆備、故植物獨多、有橄欖、蘋果、蜜棗、核桃、水梨、無花果、及五穀等類、其山林中最大之樹、高至四百尺、根中直徑約二十五尺至三十五尺、人可建屋於其中、

植物變煤之理○地球上草木等物、生在卑濕之地、隨生隨落、積

久腐爛、被水與泥沙淹沒、加以上層壓力、與地中熱氣、卽變成煤、觀第四十二圖、甲爲古樹之根、初次爲泥沙壓而成煤之處、日久其上又生草木、再爲泥沙淹沒、故煤有上下層之分、新蘇革蘭省、其煤有十九層、知是處樹林有十九次淹沒、十九次長出、凡產煤之處、英法德皆有之、中國產煤甚旺、所開採者惟直隸之西山開平、台灣之基隆、外此未開採者甚多、美之東邦省、產煤尤旺、足供世上千年之用、再腐爛之草木、變土最肥、宜於耕種、所以天下無廢物也、

第十七章論動物

動物貴賤之別○地學家細考動物初生之時、先賤後貴、實非一時並生、其種有四、其一狀如植物、亦有枝幹、如蓮形蟲珊瑚蟲之類、其二外剛內柔、如蛤螺之類、其三分四肢百足、如蝦蟹蟬蝶蚱

蜢之類、其四始有脊骨、如魚與鳥獸之類、

動物各洲不同○熱道中最大之獸、如犀象河馬等、皮光無毛、厚而堅硬、不畏暑熱、北寒道中如白熊麋鹿等、皮輭毛長、其性耐冷、北亞美利加與亞西亞兩洲之中、僅隔比令海腰、水面甚狹、故動物相類、恐曩時兩洲必通往來、奧司大列之動物、最珍貴者惟袋鼠、不若亞西亞洲之多、恐亞西亞生物之後、未幾即與奧司大列分開、故有數種禽獸、不通往來也、

動物隨天氣而生○天生百物、皆配各洲居人之用、寒道中有鹿有海象、海象之油可以代膏、鹿之肉可以補血、其皮可以煖身、其角歧而鼻長、能於雪中掘取靑苔小樹以食、亞美利加人常捉而馴之、使之拽氷牀焉、又有雙峰駝單峰駝、性馴而有力、可以馱載貨物、行於沙漠之地、能數日不飲水、故人有以旱舟稱之者、

動物之生不一○動物之類生法有三一珠生或自分或萌芽與植物相同二卵生三胎生卵生與胎生大略相同凡卵生者其始皆有硬殼胎生者無之

有脊骨之動物○有脊骨之動物其種類甚繁有宜於水居者如魚與鱗介之類喘息不用肺而用腮有飛至空中者如鳥及蝙蝠之類藉翅之力以飛騰有永居陸地者如牛馬之類有水陸同居者如海獺海象之類更有始生於水入後形變而居陸地者如田鷄之類又有無足而以身運行者如蛇之類

動物先後之分○動物之生先賤後貴約舉其理蓋有四焉一尊貴者以漸而生微賤者以漸而滅二無肢體者在先有肢體者在後三狀如植物不能飛躍者在先能飛躍者在後四身長而以尾運行者在先頭大而腦多者在後自開闢以來由少至多由卑至

尊、至生人類、可稱萬物中之至尊貴者矣、

第十八章論人

古人智慧不及今人○上古教化未行、人民穴居而處、以石爲器、尙未知採五金以爲用、法蘭西與意大利交界、有城名沒東、有從山洞中、尋出古人之骨者、身長六尺、旁有石器數種、考其頭骨、知古人聰明思慮、不及今人、蓋其腦較今人爲少也、然古人雖不及今人、而其腦較烏拉蕩（猿類名）猶多、蓋以古人之額、比百獸高而闊也、

人獸之別○百獸之中、其體與人大同小異者、惟猴、卽猴類中最有智慧之烏拉蕩與最愚魯之人較量、人腦有九十七立方寸、烏拉蕩之腦僅三十四立方寸、是人腦多於猴三倍、且人能直立、猴雖能立而不能直、故烏拉蕩行走時、每仗木棒而行、地學家細思

天生人物、皆由賤而貴、人與猴兩類之中、當時必有一種似人而貴於猴者、現雖銷滅、無處查考、日後或有人尋出、未可知也、再人之所以異於禽獸者、人有天良、能別善惡、人有志氣、能定從違、人有知能、能造器用、人有言語、能達意見、人有恭敬、能畏上天、且人性高而傲、己卽愚魯、無不欲子孫之賢智者、獸則均無是心、故人貴於萬物耳、

人類部位○地球之大、人類之繁、按膚色而言、其不同處、可分五類、一曰黃人、又名蒙古人、生在亞西亞北半境、一曰白人、又名靠喀蘇人、生在歐羅巴洲境內、一曰椶色人、又名瑪雷人（一作巫來由人）生在亞西亞東南及東印度諸島中、一曰黑人、卽亞非利加生番、生在亞非利加、亦有遷往亞美利加者、一曰紅人、卽亞美利加土著、居無定向、游獵爲生、此五類人象、觀第四十三圖可知矣、試再言其

狀、地球上蒙古人最多、中國與東洋及阿拉司喀等處皆有之、其貌圓而色黃、其鼻闊而低、其髮黑、其唇厚、靠喀穌人面長而白、鼻

第四十三圖

高而大、其眼深、其唇薄、其髮或黃而或蒼、生於歐洲、遷分他國、北亞美利加南亞美利加之海灘、及亞西亞之西南、亞非利加之東北、皆有之、瑪雷人疑亦蒙古人之類、貌圓而髮黑、膚如椶色、生在中國南、及穌門大拉加拉巴牛西蘭印度洋海島等處、黑人面如炭色、上闊而下尖、髮黑而鬈、額斜而削、其唇厚、其鼻闊、喜居熱地、生在亞非利加、中紅人貌如紅銅、額斜而顴高、身長而髮黑、生在南北亞美利加洲、有人想此土著、上古時大約從亞

西亞北邊過比令海腰、遷居此兩洲中、故亦蒙古人之類、再有東洋之土人、居日本北方、髮多而鬚長、疑亦白人之類、

人類原始○世上初生人類、約在亞西亞西喜瑪拉山北之高原、其後散居東西、地學家雖分爲五、實本一類、其形體性情所以各殊者、各洲天氣不同、食物異宜故也、倘各洲之天氣皆同、則所生之動植物、亦必相同、而人之性情嗜好、亦必無甚差池、試觀今人之遷居他國者、其始水土或有不服、久之習慣自然、非若植物動物遷地、或有不能生長之患也、

人性勤惰智愚亦關天氣○赤道上天氣熱而產物衆、其人不必力作而食、故生性惰、寒道上天氣冷而產物少、其人不事耕稼、而事佃漁、故生性愚、溫道上天氣和平、宜於播種、其民勤而儉、藉力作以養生、故生性智、凡有智慧之人、大半在北緯線三十度至六

十度中、其地爲亞洲之中國東洋、歐洲之英法德奧諸國、及北亞美利加之美國、

聖以利亞山	St. Elias Mt.
聖老連司河	St. Lawrence River.
聖路伊	St. Louis.
聖彼得堡	St. Petersburg.
瑞典	Sweden.
過益羅欣	
新瑪德利	New Madrid.
新蘇格蘭島	Nova Scotia Is.
新蘇格蘭省	Nova Scotia.
新基尼	New Guinea.
十四畫	
臺灣	Formosa.
赫克拉山	Hecla Mt.
赫德森河	Hudson River.
赫德森海股	Hudson Bay.
瑪肯西河	Mackenzie River.
瑪德雷嶺	Sierra Madre.
瑪德拉島	Madeira Is.
瑪雷些島	Malay Is.
瑪雷	Malay.
榜貝伊	Pompeii.
敲敵勒山	Cordillera Mt.
十五畫	
緬甸	Burmah.

靠喀蘇山	Caucasus Mts.
歐羅巴	Europe.
歐亥歐河	Ohio River.
歐喀次	Okhotsk.
歐利耨叩河	Orinoco River.
遮尼法湖	Geneva Lake.
墨西哥	Mexico.
墨西哥海股	Gulf of Mexico.
撒喀其萬河	Saskatchewan River.
撒哈拉沙漠	Sahara Desert.
十六畫	
暹羅	Siam.
蘇門大拉	Sumatra.
蘇皮利耳湖	Lake Superior.
錢塘江	Tsing-tong River.
瀚海	Desert of Gobi.
十八九二十畫	
舊金山	San Francisco.
羅印河	Rhone River.
羅基山	Rocky Mts.
蘇革蘭	Scotland.
鹹海	Salt Sea.

沒東	Mentone.
八畫	
阿堪喀瓜山	Aconcagua Mts.
阿拉司喀	Alaska.
阿路申羣島	Aleutian Is.
阿利革尼山	Alleghany Mts.
阿而仆山	Alps Mts.
阿爾太山	Altai Mts.
阿瑪森河	Amazon River.
阿拉海	Aral Sea.
阿他巴司喀河	Athabaska River.
阿替拉司山	Atlas Mts.
阿搜耳島	Azores Is.
亞非利加	Africa.
亞拉伯	Arabia.
亞拉伯海股	Arabia, Gulf of.
亞拉蠟山	Ararat Mt.
亞西亞	Asia.
波羅的海	Baltic Sea.
波斯	Persia.
法蘭西	France.
和蘭	Holland.
拉巴多	Labrador.
拉怕他河	La Plata River.
拉派里島	Lipari Is.
非拉德非亞	Philadelphia.
非德角	Verde Cape.
非臘濱	Philippine.
非柔島	Fiji Is.
其透	Quito.
底尼利發山	Teneriffe Mts.
肯特基省	Kentucky.
東印度島	East Indies.
杭州	Hangchow.
直隸	Chili.
九畫	
南亞美利加	South America.
南冰洋	Antarctic Ocean.
玻蘭山	Blanc Mts.
玻利非亞	Bolivia.
英革蘭 卽英國	England.
恒河	Ganges River.
哈耳尼角	Cape Horn.
哈歪伊島	Hawaii Is.
胡倫湖	Huron Lake.
哀司蘭島	Iceland.
哀耳蘭	Ireland.
約但河	Jordan River.
苦拉山	Kurile Mts.
俄羅斯	Russia.
洞庭湖	Toong-ting Lake.
美國 又名合衆國	United States.
洼勒嘎江	Volga River.
十畫	
唉土斯省	Artois.
唉得加買	Senegambia.
庫巴島	Cuba.
格理蘭	Greenland.
倫敦	London.
剖剖喀特勒山	Popocatapetl Mt.
剖透西	Potosi.
挪危	Norway.
逆湖霧山	Nuovo Mt.
烏拉山	Ural Mts.
烏拉江	Ural River.
烏耳呑布革	Wirtemberg.
十一畫	
其隆	Keeloong.
崑崙山	Kuenlun Mts.
麻拏羅山	Mauna Loa Mt.
十二畫	
渤牟特島	Bermuda Is.
黑海	Black Sea.
喀那利羣島	Canary Is.
喀拉喀司	Caracas.
喀拍天山	Carpathian Mts.
喀利便海	Carribean Sea.
智利	Chili.
喜瑪拉山	Himalaya Mts.
開平	Kaiping.
散危其島	Sandwich Is.
散柔克角	Cape St. Verde.
稅賓	Sweden.
提比利亞海	Sea of Tiberias.
替替喀喀湖	Titicaca Lake.
猶大	Judah.
猶他省	Judea.
揚子江又名長江	Yang-tse-kiang.
黃河	Yellow River.
黃沙石園	Yellow Stone Park.
硯伊西河	Yenisei River.
雅哥至葛	Yokotsk.
十三畫	
奧司大列	Australia.
奧司替亞	Austria.
裏海 又名喀司片海	Caspian Sea.
意大利	Italy.
蒙古	Mongolia.

LIST OF GEOGRAPHICAL NAMES WITH CHINESE TRANSLITERATION.

中西輿地表依首一字之筆畫列次

三畫	
小亞西亞	Asia Minor.
大西洋	Atlantic Ocean.
三凋山	Sangay Mt.
土耳其	Turkey.
叉勒司呑	Charleston.
上海	Shanghai.
凡庫非耳島	Vancouver Is.
四畫	
中亞美利加	Central America.
中國	China.
比令海腰	Bering Strait.
巴西	Brazil.
巴黎	Paris.
丹國	Denmark.
厄布司山	Elborz Mt.
以底挪山	Etna Mt.
日耳曼 又名德意志	Germany.
日本又名東洋	Japan.
日斯巴尼亞	Spain.
支波拉德海腰	Strait of Gibraltar.
牛分蘭	Newfoundland.
牛約克	New York.
牛西蘭	New Zealand.
太平洋	Pacific Ocean.
天伊大島	Trinidad Is.
分田海股	Bay of Fundy.
五畫	
北亞美利加	North America.
北冰洋	Arctic Ocean.
北海	North Sea.
加里福尼	California.
加拉巴島	Caribo Is.
叩基拉多	Colorado.
叩倫比亞河	Columbia River.
叩透拍西山	Cotopaxi Mt.
印度	India.
印度洋	Indian Ocean.
乍美喀島	Jamaica Is.
泥阿革拉河	Niagara River.
泥羅河	Nile River.
皮勒尼山	Pyrenees Mts.
皮路	Peru.
外興安嶺	Stanovoi Mts.
司脫郎巴里山	Stromboli Mts.
白海	White Sea.
民尼搜他省	Minnesota.
六畫	
安地司山	Andes Mts.
安他留湖	Lake Ontario.
死海	Dead Sea.
伊誇多	Ecuador.
伊及	Egypt.
伊利湖	Lake Erie.
伊非司山	Everest Mt.
伊第斯加湖	Itaska Lake.
伊犂	E-le.
好望角	Good Hope, Cape of.
米西西皮河	Mississippi River.
米蘇利河	Missouri River.
西比利亞	Siberia.
西西利島	Sicily Is.
西納得利	Sindree.
西里哥湖	Sirikol Lake.
西印度島	West Indies.
西山	West Mt.
危蘇危山	Vesuvius Mts.
地中海	Mediterranean Sea.
七畫	
否利大	Florida.
希利尼	Greece.
克尼亞峯	Kenia Mt.
利司本	Lisbon.
那破利	Naples.

国家出版基金项目
NATIONAL PUBLICATION FOUNDATION

海上絲綢之路文獻集成

總主編　陳支平　陳春聲

科技與文化編 41

主編　王揚宗　葉　農

海峽出版發行集團
THE STRAITS PUBLISHING & DISTRIBUTING GROUP
福建人民出版社

本册目次

地學指略三卷

〔英〕文教治口譯　〔清〕李慶軒筆述

《地學指略》三卷，英國文教治口譯，清李慶軒筆述。文教治（George Sydney Owen，一八四三—一九一四），英國傳教士，曾任教於格致書院。李慶軒，山西潞城人，清末副貢生。是書譯自英國地理學家David Page（一八一四—一八九七）所著*Introductory Text-book of Physical Geography*，傅蘭雅《益智書會書目》稱亦曾參考代那、賴爾等人之書。凡三卷十九章，繪有插圖以呈現地殼石段面貌、動植物化石形態等。上卷五章，分論地學大旨、地面改變形勢之諸原、地殼内各類之石、地殼土石分層分段、火成石；中卷第六至十三章，分論第十二段有層累石、石中蘊藏動植各物之跡及第十一至六段有層累石；下卷第十四至十八章論第五至第一段有層累石，第十九章總論地球起源、海陸變遷等。據中國國家圖書館藏清光緒七年（一八八一）益智書會刻本影印。

地學指畧

光緒七年新鐫

地學指畧

英國文教治著

益智書會校訂

地學指略序

欲曉國家歷來之事蹟則有史書、有遺傳、有古蹟、可攷而知、欲悉地球歷來之情形、則有各類土石、與其中所蘊藏、之物跡、可得而明、攷各石之體質、可知其石如何成形、及其成形於何處。查各石之形勢、更可明其成形之後、經歷如何改變遷易。再查其中之物跡、亦可知地上、飛潛動植各物、歷來之興、衰起伏。據此而論、地上各石、可比史書、石中物跡、可比古蹟。詳而究之、地球歷來之情形、雖不能盡悉、亦可得其大略。古人不明此學、以爲地面之形勢、自來如此、山川河海、永無變更、從未有查究其理者。見石中之物跡、亦不明其來源、以爲怪異。即如見石中之蛤跡、則以爲石燕、見石中象麋鹿等獸之牙跡、則以爲龍齒、見石中之魚跡、則以爲豐稔之兆、其他皆類乎此。惟在中國漢時、希臘國有數才子斯塔布等、雖於此學尚未深悉、然已稍知其理、惜未有人繼其後、以致中斷。至前明世宗時、始有意大利國士子好究地理、肇興此學。後有西方各國士子繼續深究、查明各石之體質形勢、與其中之物跡、從此而知石之成形、各有其源、各有其時、各有其地、亦知石中之物跡、並非怪異、乃動植各物之遺體、沉没於泥沙、經久而變石、於是始將各類之石、按其成形之先後、分層分段、其中之物跡，亦按其種類而分之，近百年內，西國士人，益深追究，更得其詳細，明其要理，遂成爲專門之學，然在中國則未有講及此學者，中國地面寬廣，形勢皆備，若有人將其各處之石類，並其物跡，詳攷細究，其有益於地學，實非淺鮮，倘閱是書者，興起其攷古之心，則予之所厚望也。

地學指畧目錄

第十二章論第七段有層累石（即煤炭段）

地殼石段圖

植物	石段	石段	動物
開花包子與棕櫚之樹類	第一段石 第二段石	新跡	人與獸類
鐵樹與松杉樹之類	第三段石 第四段石 第五段石	中跡	黿鼉蛟之類
鳳尾樹鱗樹印樹之類	第六段石 第七段石 第八段石	古跡	蛙與魚類
海草	第九段石 第十段石		蛤螺珊瑚蝦蟹之類
	第十一段石		碎孔蟲

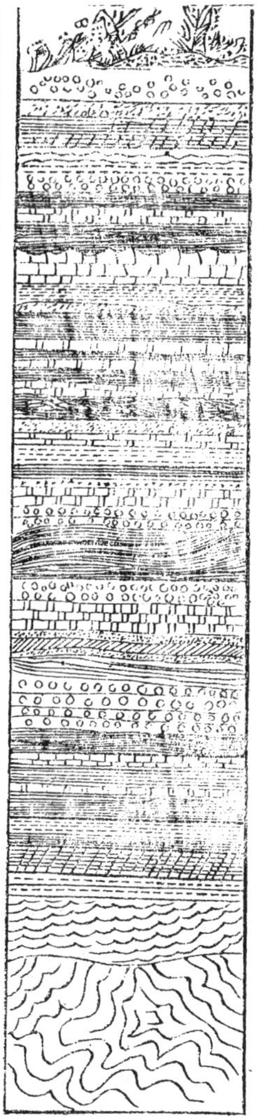

地學指略上卷各圖

第一圖

有層累石

第二圖

無層累石

第三圖　有層累石無層累石相雜

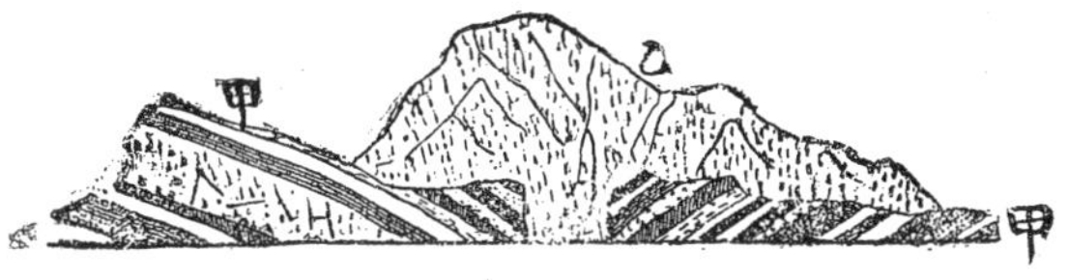

甲即有層累石
乙即無層累石

第四圖

冰川

第五圖

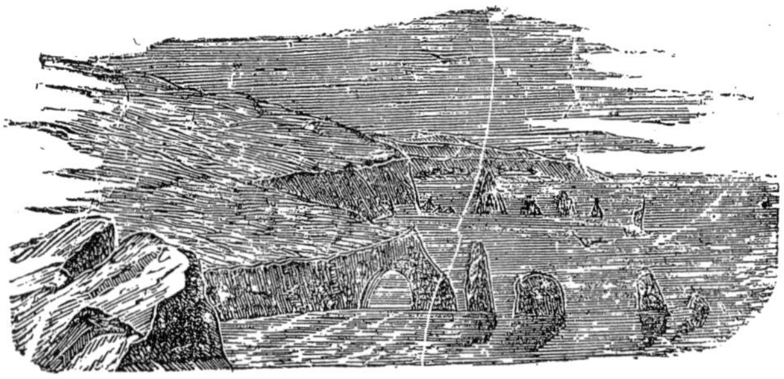

海水沖擊磐石之式

第六圖

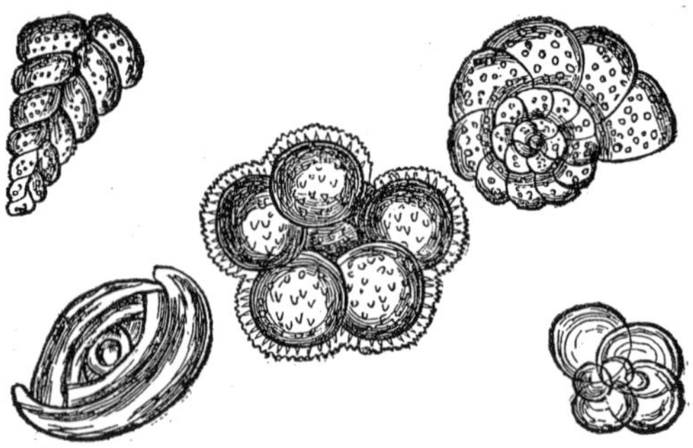

碎孔蟲各種窠殼

第七圖

活珊瑚

地學指略上卷各圖

第八圖

火山頂之形

甲乃斜側之形

第九圖

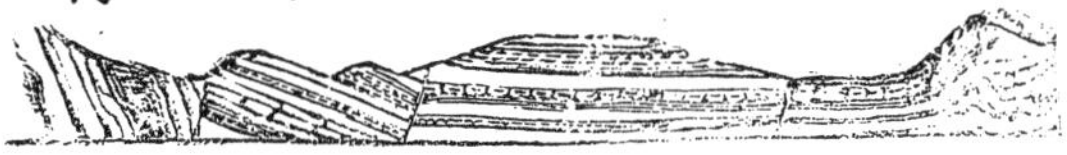

乙乃平正之形
丙乃豎立之形

甲乃彎環盤曲之形
乙乃凸形

第十圖

丙乃凹形
丁乃上下不順之形

第十一圖

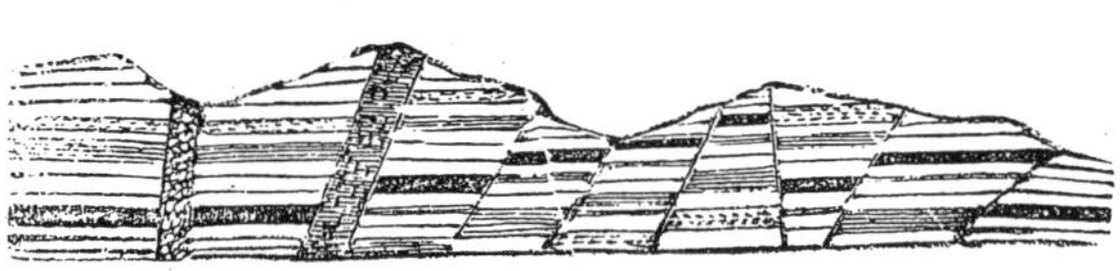

石層錯落之式

第十二圖

柱形之石

第十三圖

階形石

第十四圖

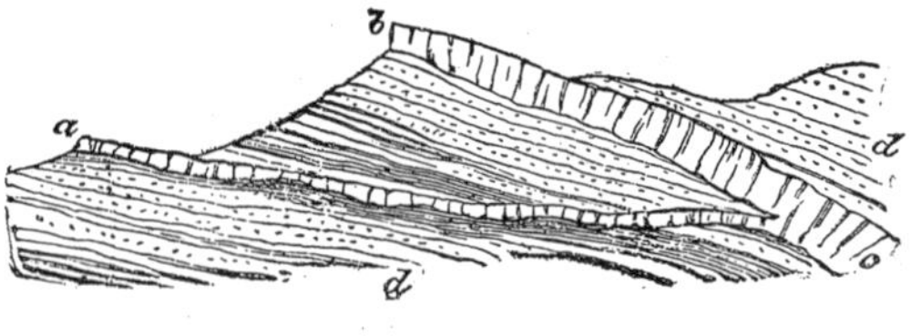

火成石沖出式

第十五圖

甲為火成石脈絡式
乙為火成石沖出式
丙為火成石夾雜式

第十六圖

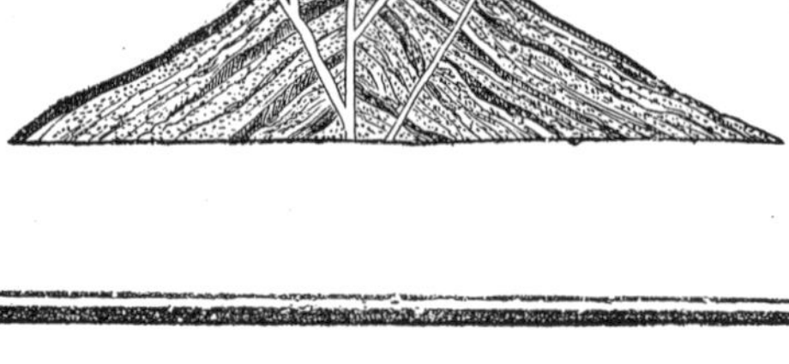

舊火山式

地學指略上卷

英國教士文教治口譯
古潞副車李慶軒筆述

第一章論地學大旨

地學總要○地學乃攷查地球中各類之泥沙、土石，言明其形勢部位，及其中所蘊藏之物跡，又查其古今之變遷，並其所以成形化形之理，以著明地球之體質與其來歷，見第七節右第一節

地學專功○是學雖名爲地學，然非統論全地之萬有，蓋論地面形勢者，謂之地理學，論地上草木花卉者，謂之植

物學論地上鳥獸蟲魚者謂之動物學論地上萬物原質者謂之化學此地學則專論地內之泥沙土石雖曰地內然不能深入其裏只攷及外層數千尺而止此外層者地學家名之曰地殼蓋以地中皆爲火化之稠汁而外則冷凝堅結有似介蟲之內柔而外剛者然故名曰地殼也右第二節

地殼中各類土石○地殼中石類甚繁如花剛石泥版石砂石青石白粉石泥煤沙之類不一而足其體質又各不同有硬而堅者有柔而脆者然不能處處皆有不能處處咸同其形勢部位大小多寡或有或無各以地異或此地

多花剛石、彼地多灰石、凡石燒之能成石灰者則曰灰石其質皆鈣養炭養或此地多煤、與泥版石、彼地多砂石、白粉石、各類石中有有層累者、名有層累石、有無層累者、名無層累石、有層累者、如第一圖、層層疊起、如牆磚之以次增高、無層累者、如第二圖、不論形勢何若、皆渾成而無層次之可尋、然地殼內土石之有層累與無層累者、又常有相雜相間、如第三圖式甲為有層累者、乙為無層累者、此二類石、形勢多端、有平鋪者、有斜倚者、有凸出者、有凹下者、有層疊者、有自層疊中沖出、聳然峙立、如山者、石之體質形勢、既有如此之不同、則其所經歷、及其所以成石之來由、亦必各異、且其成石之時又必有先後之別是以地學家欲詳辨而深攷之迨攷驗既悉即可藉此指明各層石成形之時其地面之情形如何比如掘井時土面之下若遇膠泥沙與石子層疊積累即知其地爲水所淤成者因觀今時之泥沙石子莫非水所淤成也且細攷之更可知其或成於河或成於湖或成於江口或成於海濱再者攷查之時若在泥沙石中遇有蛤螺之殼跡鳥獸之骨跡草木之枝葉跡見第五十二節一爲驗其種類溯其居止則此泥沙石之來歷更昭然有緒又譬若開山挖礦者或遇若干石類如膠泥砂石煤石鐵石灰石等石且其中所存動植之踪跡亦各不同若推究

其中之故必因來由差別經歷不一亦因其成石之時地海之形勢與天氣之寒暑又各有殊異如今時各地江河湖海所淤積之泥沙與其中所藴藏動植之物跡多有不同蓋以各處之地勢出產氣候各異故也　右第三節

以近今證遠古以已見證未見○地學家攷查地面歷來之改變遷易皆以今時地面之改變遷易爲憑蓋凡地面改變之緣由古今初無二理故以今時所經見爲古時所未經見之證即如現今江河下流常含帶泥沙石子層層疊疊淤於湖底或淤於江口海濱海底年久湖將變淺江口淤出陸地又有潮汐波浪沖激將此處高原之地沖沒

入海、又於彼處淤出沙泥漸成陸地、又在大地震動之時
常有此處之高原陷爲水地、彼處之水地聳爲高原、又有
火山鼓盪之力改變地面之形勢、或變平原爲山嶺、或於
海中凸出島嶼、其火山噴吐之汁、後亦漸爲硬石、凡此地
勢之變遷、皆人所常見者、今時有然、可知古時亦無不然、
右第四節

地面時有變遷○自古至今地面時有變遷改易、在此或
爲風霜雨雪之侵蝕、及江河之流盪潮汐波浪之沖激、因
而化形、在彼或爲江河各水之淤塞運動、及動植各物之
生長、火山熱汁之傾吐、因而成形、今時之陸地曾爲昔時

之洋海昔時之陸地、亦有爲今時之洋海、迭更屢易、循環不窮、即如現今、無論何地、若遇沙子石子灰石、砂石等石、皆可因其體質形勢、而知其由水而成、然此等石、雖去海極遠之地、與夫極高之山、無處無之、則可知今時之陸地、高山、皆爲昔時之洋海也、右第五節

物類沉沒於泥沙而變石○以今時地殼改變之由、追究古昔地殼改變之故、即可略知地殼所由來、再查各層石內所存飛潛動植之物跡、更可知其詳、動植各物之跡存於石中者在第五十二節中講明可以參看今嘗見各類鳥獸蟲魚、死而被埋於湖底江口泥沙之內、又嘗見江河下流、含帶各類鳥獸之皮骨與

草木之枝幹或入於湖、或入於海、又見大地震動之時、或平原或山島塌陷於海、其禽獸草木等物、亦俱隨之而陷、凡此各類之物、必皆自埋於泥沙、其體必多漸變爲石、如龍骨、石蟹、石燕、石蛇、等物是也、故以各層石內、所存之物跡、與今時飛潛動植之物相比、即可曉然於彼處當時之形勢、與其氣候也、即如鳥獸草木之類、有生於山者、有生於平地者、有生於高原者、有生於下隰者、有生於冷處者、有生於熱方者、有生於水澤者、有生於陸地者、然欲以各層石之體質形勢、及其所存之物跡、擬定各層成形之時、彼處之地勢如何、氣候如何、則其層愈深、其時愈古、而所存之物跡愈少、其所經歷之變化愈多、愈覺難爲比擬譬如作史者、恃歷代所留之古蹟遺傳書卷、而欲定歷代之人情風俗、及其事蹟、亦爲時愈古、愈難定準、右第六節

有層累石合數層而爲段○攷各類石、原有有層累無層累之別、無層累者、先不具論、其有層累者、層數雖極繁多、然卽其中之物跡而詳攷之、則亦有段落可分、此段與彼段、上下有一定之序、當中所存之物跡、各段各異、其中之層數、或多或寡、亦各不同、旣已辨明其段落、卽當尋究各段成形之先後、亦當察明其中所存飛潛動植之物跡、而分其種類、又當細察凡出產各段之地面之廣狹、如此雖

不能全知地球之來歷、亦可明曉地殼若干之遷變改易、與夫古往今來地面各種物類之迭更遞嬗、若能將近今至於上古、地面之形勢、水陸之變遷、一一查明、繪圖陳列、又將歷來已滅之物類、指明其形體、及其、生長養育之道、並與今時各類活物、分別異同、而詳察其、聯屬之故、則於地學大旨、可全得矣、右第七節

地學增人智慧○地學在格物諸學中、不爲微小、自眼所習見、直至上帝創造之始、凡其所言所論、皆係考驗明確、分辨精詳、以已見尋求未見、以近今追溯遠古、其事甚廣、其理甚深、足可開擴人之知識、增廣人之見聞、使人樂意

追尋、非若講風鑑者、憑虛臆造、所可比也、右第八節

地學有裨實用○地學又大有裨於實用、如各類金石、皆從地出、所最要者、是能分辨其類、相其出産有無、度其掘取難易、明於地學、則皆可貫通、又如開通河道、修築海口、穿鑿井泉、及在山中水底、開通道路等事、皆可於地學中求其準則、又如各種工程所用之石、等類甚繁、出處不一、其體質之剛柔、經時之久暫、亦各有別、精於地學、則不難於分辨採取、又如田地之土、本皆爲石、久經風雨侵蝕、河流磨盪、漸變爲土、其性遂有偏溼偏燥之別、明於地學、則亦可精於農田之事、且世間無論何等人、苟明於地學、皆

與本身不無補益、右第九節

地學之大略不難明悉○人欲明地學之大略、非爲難事、蓋以土石處處皆有、隨時隨地皆可攷查、若於高山深谷多石之處、查之尤便、攷之者、亦非若天文家須用諸多精器、只用一鎚、鑿而騐之、復用一袋收存爲樣、更用一紙本、圖其地面之形勢、與石之層累、及其厚薄平側之式、再用一小顯微鏡、窺看其體質、或用硫强水、或用鹽强水、化分其原質、更佳、然欲深悉地學之底裏、確明土石之原質、及其所由來、究其成形化形之理、攷查各層石所存之物跡、而分其種類、並明地面歷代之改變、則其功甚大、非一朝

一夕所能致也右第十節

第二章論地面改變形勢之諸原

歷來地勢常有變遷○上章已言地學之大旨、乃欲攷查地面歷來之改變、與其所經歷之事蹟、並其現在之情形、假若地面未經如許使之變易之事、則自上帝創造之始至今、形勢永遠如斯、海自海、陸自陸、山自山、谷自谷、平原自平原、即各類飛潛動植之物、亦歷久相同、毫無興亡存滅之跡、如此、則地學家亦無庸煞費苦功、究其原委、只將今時之體質形勢攷驗詳明、即已足畢乃事矣、然自地球繞日周轉之始至今、地面時有遷變改易、地球每日自轉一周而晝夜分、每年斜側繞日一周而四時見既有晝夜四時故有寒、暑來往既有寒、暑故有風雲雨露冰雪雷雹各種變化、且因日月時相牽攝、而有潮汐之起落、由此觀之、地球與日月星辰、既有相連屬相關涉之故、自必伏藏改變體質遷易形勢之機故凡風霜雨雪之侵蝕、江河川澤之流動、潮汐波浪之沖激地震之崩裂、火山之噴吐、飛潛動植各物之生長、以及萬物之感應變化莫非地面改變遷易之端、右第十一節

細心攷驗隨處皆有變遷○凡人居處之地、若遇氣候和平未曾經歷震撼變遷其自幼所見之山川原野似未改

觀遂謂地面必無改變遷易之事然人無論居於何地若細攷驗則年月日時地面皆有改變之跡即如江河或淤積而變淺或沖陷而變深或海岸高原被潮漲波沖漸為水沒或各類磐石經風吹雨淋因而剝落或湖中漸漸淤塞而深水變為葦塘此皆人所常見者也夫以一人數十年所親見之地尚有如此之變遷況天下之大歷年之久其改易應何如耶平利之地尚有如此之改變況屢經異常之變故如大水淹沒火山噴吐地震山搖風撼雨激其所改易不更可想而知耶右第十二節

改換地勢其有五原○地之形勢遷變改易其原有五一

因空氣之侵蝕、二因水力之沖激、三因飛潛動植各物之生死、四因物質之感應變化、五因火力之崛突奮發、此五原、處處皆有、時時運行、但其改變地勢之功效、則有不同、或於此改易遲緩、微渺難見、或於彼遷變急速、昭然顯露、或於此時無甚改易、或於彼時多有變遷、功效雖各不同、然各類土石之聚散變遷、成形化形、與地面形勢之改易、莫不本此五原、在第十三節

空氣侵蝕〇此改變地面形勢之五原、列空氣侵蝕爲第一原、並非因其力量較他原爲更大、蓋以其運行寬廣流通、普徧、無處無時不有、此空氣圍繞地球外面、如一層包

皮約有百四五十里之厚嘗見石之疎鬆剝落木之朽鐵之長紅鏽銅之生綠皮以及各物之外層未有歷久不更變者究其原皆由於空氣之侵蝕也空氣愈溼侵蝕愈甚空氣乃養氣淡氣攙合而成中間微帶炭養氣（炭養氣乃炭質與養氣相合而成者）此三氣皆有與物互相化合之性常與各類石之原質相融合而使之逐漸剝落故凡外露之石無時不受空氣之剝蝕石質雖極堅剛亦難經久不變其柔脆者更無論矣且太陽光照地面必由空氣而分佈空氣有燥溼晴陰之不同則其引太陽之光熱必不均飛潛動植各物之生長亦遂不一或於此地草木繁茂或於彼地鮮有

發生或於此地多產鳥獸蟲魚或於彼地則罕見皆以空氣不同故也右第十四節

風氣鼓盪○風雲雷雨冰雪霜露皆係空氣之變化俱有改變地面形勢之力氣動則爲風風改地形其力亦不爲小能將各類輕鬆疏散之物由此地運積於彼地嘗見近海各處堆成沙陀土山又見近沙漠之地風吹沙起日積日多常將村田掩沒不得居處耕種此皆風力改地勢之証右第十五節

冰雪凍化○冰雪改變地勢之力亦甚大雨水入於山石罅隙之處浸入石之外層至冬凝結成冰冰成時必漲漲

則往往將石摧裂、其外層內經水一凍、亦將漲大鬆散、至春融時、必至剝落、卽如春日解凍之時、山坡河涯、與道旁之高埠、墜落土沙、乃人所常見、年年如此、地面之形勢、遂漸改變、且冰雪之改地勢、氣候愈冷、力量愈大、卽如大雪堆積於山、愈聚愈多、往往自上沖下、運帶許多土石、聚於山下、又有山間之水、凍而爲冰、亦能流動、謂之冰川、如第四圖、常將兩旁磐石擦剷、並將許多沙與石、移離原處、漸移漸遠、至於谷外、到融化時、冰消凍解、沙與石遂存積於彼地、又地球南極北極之海、冬時水皆成冰、遇春風吹動、冰卽碎裂、往外漂流、其塊高大如山、謂之冰山、靠海濱而

凍之冰山內中多帶沙與石、並有極大之磐石、遇熱而化、卽將所帶之物、遺落於海、故南北方之磐石常被運至數千里之遠、右第十六節

水力消化○改變地面形勢之五原、第二原卽爲水、水有變化他物之性、並有流盪沖激之力、水之變化他物、乃人所常見者、卽如糖鹽等物、經水卽化、水仍不改其形、並不見有他物在內、然形雖不變、味則有時而變、化糖則甜、化鹽則鹹、化鹻則苦、水本極澹無味、未化他物、天下之水皆無差別、然今各處之水、其味不同者、皆以其所含帶消化之質異也、詳查水所含帶之質、卽可知其所經由者爲何

物因水無論經由何物必消化而含帶之水中若微含炭養氣則更有消化物質之能如石鐘乳滴乳石等皆爲水中之炭養氣與石之原質化合而成者更有一類水泉較尋常之水含物質尤多甚至可爲葯水醫人內症並可令人洗浴以醫皮膚之病此泉有温者有涼者其所含之質亦各不同有含鹽者有含鐵者有含石灰者有含硫磺者有含矽者（矽乃火石及水晶白石英等石之原質）此數質水能消化最多此外尚有他質不必細數凡泉源所含之質有遺落於地面者有隨流至江河而入於海者由此觀之地中之物可汎於地面內地之物可運於外洋雖在一時一處似無大改

變然古今之久天地之大所有變化亦不微小　右第十七節

雨澤沖擊○水變土石之體質甚至改地面之形勢不止如上所言又如雨水淋漓潤入土石即使之鬆輭剝落大雨沖擊之力能使疎鬆之土石坍散入水隨流而下令水色混濁凡雨時各處溝渠水道無不含帶沙土各物奔赴江河江河又運入湖海雨大則溝滿濠平漾溢於外汎濫平原即江河之大亦能使之流決水溢淹没陸地由此以觀雨之改變地勢其力不甚大乎　右第十八節

江河刷磨○江河改變地面之形勢即在水之沖擊刷磨

土石使之損落而遷淤於他處然其沖擊刷磨之勢亦有不同其水愈大其流愈急其中含帶泥沙石子愈多則其沖擊刷磨之力愈盛江河兩旁之土石體質若柔脆其被刷落又愈速石被刷落固由於水力亦由於水中含帶沙石之力其所刷落之泥沙石子順水而流層層疊疊或淤於窪下之地或淤於湖底海底江口而使之增高江河之水含帶泥沙甚多大雨後所含帶者尤多試於大雨之時取江河之水一桶俟其澄後驗之必有泥沙若許之厚一桶之水尚有如許泥沙則一江一河之水泥沙之多應何如耶一時所取之水尚有如許泥沙其長流不息之水泥沙之多又何如耶有人推

算黄河揚子江之水，每一時辰，運帶遺落於東海之泥沙，有四百萬立方尺之多，故東海之水，一百五十里之遠，尚帶黄色。江河之水，能含帶許多泥沙石子，乃是因其流動之力，一入於湖海，則水皆四散，流動之力漸薄，其所含帶之泥沙遂沉於底，粗者先沉於近處，細者後沉於遠處，以故江河入海之處，時常向外淤塞，漸成沙灘陸地。此乃黄河揚子江口外所常見者，二水既帶内地之泥沙入於東海，其近黄河揚子江各地，自必日見薄削，東海傍岸之地淤塞日久，愈積愈多，後亦必將變爲陸地。天下各處之江河，大抵如斯，所帶泥沙，淤積於江口海底，由漸增高，而成乾地亦與黃河揚子江無異是故江河改變地面之形勢有二一則沖激刷磨山坡及高原之地使之逐漸而低一則運帶泥沙石子淤積窪地及河海之底使之由漸而高

右第十九節

潮浪沖激○海潮波浪改變地面之形勢與江河相似亦即沖激刷磨土石運帶淤積於他處也其所淤積者或爲泥或爲沙或爲石子淤積日久高出海面漸成陸地海水沖激岸上之石亦人所常見者往往將礬石沖破先成洞後分解或沖散其下層而使上層塌陷如第五圖更觀海水沖激刷磨海塘日漸倒落及遇大潮大風則沖壞塘基

能將重大之石、運帶極遠、可知其沖激之力、若何大也、有人攷查海起大風波浪翻騰之時、其沖激之力、每一方尺、有六千斤之重、而尋常之波浪、每一方尺、亦有六百斤之力、海水之力、既有如此之大、則其沖激土石、改變地面之勢、亦可想矣、右第二十節

水改地形在平削高塡窪○觀以上所言、可知水改地面形勢、乃使高地削平、窪地增高、凡水自上流下、皆帶泥沙等物、自溝瀆入川河、自川河入湖海、至湖海、遂沉沒、而層疊淤積於其底、自古迄今、水之流通淤積、永遠如斯、無有停息、致使湖底淤塞、增高成爲下隰、江河入海之處、亦漸

塡起成爲平原，若攷其所淤積之物，約有三類：一曰石子，二曰沙，三曰細土。（此上落於水底，即成爲膠泥。）此外又帶有飛潛動植各物之皮骨脫殼枝葉柯條。今時各地，凡遇有此三類土石，無論其去水如何遠，皆知其由水所淤積而來。此三類土石，年深日久，或經上沙在上之壓力，或經水氣之粘合，或經地中火氣之薰蒸，必將變爲石，即如子母石、砂石、泥版石、泥片石等石，（子母石乃石子所成，砂石乃砂所成，泥版石、泥片石乃細土所成。）皆爲泥沙石子所變化而成者，故地學家名此等石爲水渣石。

今觀地面之下，泥砂石子及砂石、泥版石、泥片石等類之石甚多，可知水之消磨於此，增長於彼，因而改易地面形

勢者、其力之大、固難量矣、右第二十一節

動物生死○改變地勢之五原其三、即在動植各物之生死、動物增改地之形勢、惟在鳥獸死而所遺之皮骨、及蛤螺小蟲、所脫之殼、鳥獸之皮骨、或腐朽於地面而變土、或埋沒於湖海之底而變石、然其改易地勢之處、則甚微小、萬不如蛤螺與帶殼小蟲之屬、所增改爲最多、湖海中蛤螺之類、其多不可勝數、生則團居萃處、自成片段、死則遺殼於水底、一生一死、層疊堆積、愈累愈厚、日久埋沒於下、經上層之積壓、與水之變化、粘合、遂成爲石、今之青石、汗白玉、大理石等石、多爲蛤螺珊瑚等蟲之殼、所成、近時有人設法、挖取大西洋底深處之泥、而攷驗之、見其泥色白而粘、用顯微鏡察視、皆爲小蟲之殼、如第六圖、此小蟲因其殼多碎孔故名爲碎孔蟲非用顯微鏡不能窺見與今之白粉石雜灰土、體質無異、且此泥不但大西洋一處有之、凡洋海水深之處無不有之、可知洋海深處之泥皆爲無數小蟲之殼、亦皆爲後日成石之質、再觀天下各處之石、惟青石乃青色之灰石汗白玉、白粉石等石甚多、則蛤螺與小蟲之屬、其增改地勢之力、亦可想矣、右第二十二節

珊瑚島嶼◎上所言之小蟲、其中最奇者莫如作珊瑚之蟲、此蟲極小、身體柔輭、如凝凍之涼粉、藉水中消化之石

灰見第十七節作成窠巢遮護身體與蠶之作繭相似其窠巢皆有小孔蟲自孔伸出若毛髮者以吸取食物其生養也如樹木之發芽新者自舊者窠中孳出新者生舊者即死新舊生生不已愈長愈大如第七圖形勢多與樹木之枝柯相似故不知者往往稱爲珊瑚樹珊瑚種類頗繁按其色而分之則有二種一色白一色紅紅者因其顏色美好體質堅實人多寶之然紅白皆爲小蟲之窠巢所成其來原初無少異在海中氣候温和之處水不過一二十丈之深又甚清而不濁此蟲多聚而居之其所作之窠巢往往有二三千里之長數十餘里之寬繼長增高自海底至於

水面而止、今時南太平洋中羣島、多爲此蟲窠巢所成窠巢上及水面而止其成爲海島者蓋因水壅塞淤積各類之物於其上漸出水面變成泥土發生草木花卉等物繼長增高致成人可居住之地地中之灰石、爲此小蟲窠巢所成者亦不少、故此一類蟲、身體雖小、然其增改地面形勢之處、較鳥獸人工所增改者尤多、右第二十三節

植物榮枯〇植物之增改地勢、在其生長死朽、草木生長、固能保護地面、免受風雨之摧殘剝蝕、然其枯枝敗葉、亦將腐朽變土、能使地勢略爲增高、又有低窪水溼之地、叢生蘆葦草萊樹木、歲歲榮枯、其腐朽者皆變爲泥、能積數尺之厚、又曠野草塘之中、叢生水草、極其繁茂、日久若無

人挑掘芟除必將淤塞壅積致水乾涸變爲泥土又有江口所淤沙灘之地生長草萊樹木免致江水再爲沖沒日久枝葉朽爛積土甚厚伐其樹木闢其草萊即成爲可耕種之良田又今時之煤皆爲昔日草萊樹木之枯根落葉腐敗朽爛變化而成者今日水溼低窪各地所積敗草枯木亦皆爲後日變煤之質由此觀之植物改變地面形勢之處亦不小矣　右第二十四節

物質變化○改變地勢之五原其四在物之感應變化凡物感應變化之處極多亦極委曲一時難以悉舉泥沙與各類蛤螺等蟲之殼能變爲堅硬之石固由於在上之壓

力亦由於與水中含帶之石灰互相粘合之氣見第十七節地中磐石歷來之變化甚多或粗變細或柔化剛或完整變爲破裂其中雖不無他故然皆由其自有相感相合之性各種金類生於地中磐石之內亦莫不由於物之感應變化各類石中亦有專由物之感應變化而成者如石鍾乳石牀火石石膏並鹽鹻硫磺硼砂石腦油等皆是右第二十五節

火力奮發○改變地勢之第五原爲火力之鼓盪奮發火力雖列在第五原並不小於他原火力之改變地勢與水力相反水乃自外而至火則從內而發水力惟在流動沖

激使高地削平窪地增高火力則在震動鼓盪使平地或凸然鼓起或凹然塌陷歷來地面改變形勢大半由於水火之力火力有三一為火山之噴吐二為地內之震動三為地面之長縮長縮或作起落右第二十六節

火山噴吐○天下之火山不少有現仍發旺者有已經息滅者火山皆由地中火力奮發而出山頂皆有大口自內噴火傾吐熱汁四面流佈冷則凝結變為堅石常吐常流山勢自然增長四圍之地亦漸高起故凡火山之形勢皆上尖而下寬若墳塚然如第八圖蓋以熱汁自內傾吐由上而流下自然成此形勢也地中火力奮發不惟旱地有

之、卽洋海中亦有之、或於水面凸出島嶼、或於洋底傾吐濃汁、四面流佈、層累堆積、使深水變淺、今之太平洋內、多有此形跡、火力傾吐石汁、並非永不止息、亦無一定之時、或數日數月而一吐、或數年數十年而一吐、或百年千年而一吐、其汁所成之石、體質形勢亦不一、有脆而發光者、有堅而帶粒者、有輕而能浮者、火山所吐、不盡爲石汁、亦有時吐烟、噴汽、或熱水、或塵沙、或帶硫磺、而其改變地勢之力、則在乎所吐之汁而結成石、右第二十七節

大地震動○地之震動、與火山之噴吐、原無二、故皆由於地中之火力、其改變地面形勢之處、亦與火山之力相同、

皆使地面不得其平、或凸然高起、或凹然低陷、或分崩開裂、自古至今、如此之變動甚多、即近今百年之內、在印度國恆河口外、有一片大地、因震動而傾陷、其附近之海中、又有一片地同時凸起出見、又南亞美利加西境智利國內、近海一帶地方、因震動而墳起、自六尺以至十尺不等、近來奧地利亞之南、有一海島、因震動而高起、又西印度羣島中、有一海口、因震動而低陷、其附近數城皆被傾沒、並有數河、改其道路、近來光緒五年間、在甘肅省、亦有地因受震動而塌陷、此是目今之事、然地之震動、自太初即有、其改變地勢之力、亦非微小、右第二十八節地面長縮○地面之長縮、亦由地中之火力、火山明有可見、震動亦顯然可知、惟地面之長縮、無形無聲、必經詳察方能知曉、故人多不經意、近有人攷驗歐洲北境、漸漸高起、百年之間、約高起四尺、又在南亞美利加之東境、及西南境之地勢、亦漸高起、又哥里蘭即青地之西境、美國南境靠海之處太平洋内幾處島嶼、歐洲挪威國之南境皆漸漸低落、試再於海岸攷驗潮水之踪跡、其新踪有高於舊踪數十尺者、有低於舊踪數十尺者、則地面之有長縮更顯然可見其改變地面之形勢、亦甚大矣右第二十九節

古今地之改變不出此五原○以上發明地面歷來改變

形勢之原有五、一曰空氣、卽風雨冰霜雪露等是也、二曰水力、卽雨水泉源江河海潮波浪等是也、三曰物之生死、卽蛤螺小蟲之窠殼花草樹木之生長腐朽等是也、四曰物之感應變化、卽水所消化含帶遺落之石灰鹽鹻等是也、五曰火力、卽火山噴吐、大地震動、地面長縮等是也、現今地面形勢、以及成石、化石、總不出此五原、此乃吾人所親見確知者、且不但現今、卽推至往古、亦莫不然、故攷驗近今、卽可明曉古昔、然此五原雖各處皆有、但有輕重大小多寡之分、不能處處均同、亦不能時時無別、或在此水力甚大或在彼火力極猛、或昔日多而今日少或今時同

而昔時別，而其成就各類之土石，改換地面之形勢，則皆歸一致，故講求地學者，必於此五原，細加參攷焉。右第三十節

第三章論地殼內各類之石

水成石有層累可攷○地之深處如何，尚未知其詳，茲先不具論，地學家揣測地之原質，乃一團熱氣，滾於空中，久之外層漸冷而凝為硬皮，其切近硬皮之熱氣，亦逐漸冷縮，甚至下有空隙，其外皮亦不禁隨之凸凹，而成高山深海之形，此乃歷來所恆有，至極深之處，仍屬熱汁，往往鼓盪，或作地震，或為火山，皆由於此，第攷其外層，則皆為各種石，及泥沙土等類之物，而泥沙土，亦即為石之碎末，乃水所淤積而成，故地學家但講石類，而泥沙土俱包括於內矣。凡水所

淤積之物、必有層疊、江河之水、運帶泥沙石子等物、至於湖海、流力漸衰、其重者、如石子、必於近處而落、其略輕者如沙泥、必於稍遠處始沉、其最輕者、如細泥、又必於更遠處始落、其落於湖底海底、皆有平鋪之勢、一層鋪於一層之上、及其日久成石、仍帶有層疊之形、凡石之有層累者、皆如其成於水中、故名爲水成石、又名水渣石、以其爲水中渣滓所積而成也、又名有層累石、係指其形狀而言、此類石、因由水成、其原式皆平、至今則有斜側者、有聳起直立者、有高起如墳者、有凹下似梡者、亦有層跡錯落、不平直者、如第九第十第十一各圖之式、揆厥根源、蓋因成形之後經地之震動火之奮發遂改其原式亦有在下之層斜側不齊在上之層平鋪正直者此乃因在上之層成石於後在下之層震變於先故上下有此不順之形右第三十一節

火成石無層累可尋○凡由火而成之石皆無平鋪之勢亦無層累可尋往往自有層累石中冲出形勢不一或如牆壁或如邱陵或覆於他石之上成爲高山此類石原本由於火先爲熱汁後冷而爲石故名火成石因其無層累可尋又名無層累石由此觀之地殼內石類雖多總不出有層累無層累兩類有層累者皆由水成無層累者皆由

火成也水成石無論平鋪斜側直立凹凸之形皆有層累可尋如牆磚之以次增高然細觀其中之石又自不同有完整者如灰石砂石汙白玉等石是也有自分板片者如泥板石泥片石雲片石等石是也火成石不但無層累可尋其中亦少有自分板片之石觀其形狀則有如柱者如第十二圖之式有四方者有渾成無定形者 右第三十二節

石之體質不同○論及各類石之形體有狀如積粒而成者如花剛石京師俗名豆渣石蘇省名天池石花剛片石等石是也有絲紋者如不灰木石膏等石是也有聚塊者如子母石是也

有似乎有粒如汗白玉者、有滿列小孔如浮石者、有疎鬆而易剝落者、有剛硬而堅實者、有柔輭者、有剛脆者、各石之顏色、亦有不同、青黃赤白黑、五色皆備、石類亦甚繁多、今按其形質而略言之、

沙類○第一爲沙類其中有沙沙爲各類石與蛤螺殼珊瑚之碎末因受水之刷磨而成其最多者爲石英之碎末他石屢經刷磨皆成細粉石英體質堅實難成碎末仍帶粒形有砂石砂石乃各類之沙因受在上之壓力與水氣之變化粘合而成其體有粗者有細者有完整成大材者有層疊分板片者其色有白有紅紅者因含鐵氣而成色有石子石子乃各類石之碎塊其最多者爲石英與火石等石之碎塊其圓形光滑者皆由水之刷磨而成大至於鵝卵小至於珠豆亦名爲礫石有碎石塊碎石塊皆帶稜角因其未經水之刷磨也有大石塊大石塊大至數丈小不滿尺有孤立者有羣聚者究其來源或

爲水所沖或爲冰所壅

有子母石又名子孫石乃沙與石子粘合而成因其中含許多大小石子故名子母石又有一種石類乎子母石其中所含之石塊皆有稜角故與子母石有別大約爲火山所噴吐之沙與碎石所聚而成可名曰碎攢石

泥類○第二爲泥類其中有泥泥爲水所淤積之細土其原質不一或爲土石之碎粉或爲動植各物之腐體

有膠泥膠泥亦名粘土又名生泥乃水所淤積極細之土或淤於海底湖底江口其性最粘而韌故曰膠泥其原質多爲鋁與矽也

有五色石脂與各類陶泥此皆爲水所淤出石之碎末

有泥版石泥版石乃泥受在上之壓制與地中火氣之薰蒸變硬而爲石層層薄片形如板頁用以蓋房或作鍋蓋最佳其色多青

有泥片石泥片石亦是泥被在上之壓制變硬而成其體皆柔其層片參差不齊其色青黑者居多其黑者多蓋於煤層之上故開煤者謂之煤薰石亦名端石

有泥石此亦泥受壓制而成其質柔弱易於剝落其形體渾成不分板片

灰石類○第三爲灰石類凡鈣養與炭養化合而成之石地學家皆謂之灰石如青石汗白玉大理石桃花石等石皆是其俗間所謂灰石乃尋常用以燒成石灰者是也凡灰石遇硫强水鹽强水等則消化發沸聲試驗灰石此法最便其中有青石青石在地殼之內甚多用處亦大或砌牆垣或作階級或燒石灰其原質乃鈣養炭養其體多爲蛤螺珊瑚蟲及水中各類小蟲之殼聚合而成有汗白玉此與青石同類同質同原因成石後受變遂與青石形體差別磨之光潤略似玉作碑最佳有白粉石此亦與青石汗白玉同質其體爲無數小蟲之窠殼所成極柔弱稍一挫磨即成碎粉有雜灰土此土乃石灰與粘土並砂聚合而成其石灰爲蛤螺與各類小蟲之殼所化其成形多在於湖底堅實者略帶石形有石鐘乳石牀等石此等石皆爲水所消合遺落之石灰凝結而成多見於石洞中及井旁河底有魚子石狀如魚子其質亦是鈣養炭養與上所言之灰石同有石膏石膏乃鈣養與硫養化合而成形體不一有絲紋者有積粒者有分薄片者有明透如水晶者有鎂灰石各等灰石多含鎂質鎂質若在

二分以上則稱爲鎂灰石其形色與各等灰石多同亦有不同者其體似細沙之粒凡鎂灰石以强水浸之皆不甚消化故易於辨認

有花蕊石 此石乃鎂灰石中之一周身如細沙星點閃爍質性疎鬆擊之易碎

火石類○第四爲火石類其中有火石 火石乃尋常用以擊火者其質爲矽但不純淨稍雜他質

有水晶 水晶之質乃純矽不雜他物其體淸而明又有紫色者曰紫水晶有黑色者曰墨晶有茶色者曰茶晶有紅色者曰紅晶

有石英 白石英與水晶同質但色暗不如水晶明透亦有涅白不透光者此外尚有紫色茶色紅色之石英亦即爲紫晶茶晶紅晶但其體質有粗細之不同此外又有一種周身碎粒形如團沙名爲粒石英蓋沙經火力而成也

有玉與各色寶石 玉與各色寶石原質不一內中多有矽質

煤類○第五爲煤類其中有煤 煤乃草木之體所成中帶土沙多寡不等有體硬燒之不發烟者謂之硬煤亦名白煤有體輭燒之發烟者謂之烟煤亦名輭煤有硬而光潤者堪作首飾玩物謂之炭

朧亦有一種新成之煤，體輕，形略似木，故西人名曰木煤。**有石腦油、石漆、石油**三者有爲地內

生成者，有爲人用煤與黑色之泥片石煉成者。**有筆鉛**，名雖爲鉛，實則非鉛，其質乃炭，西人常用以作筆，故名筆鉛。

雜石類〇第六爲雜石類，其中有瓷石英，此石外觀與白石英無大差別，但色較暗，體較輭，打開觀之，其裂紋平直而光。此外又有紅色、黑色與白中帶紅之色者，無論顏色如何，其體質裂紋皆與白者相同。此石有蘊於石中者，有塞於石縫者，有自成大塊者。因燒瓷器者所用之白土即爲此石之碎末，故名爲瓷石英。**有銀精石、金精石、銀星石、金星石、青礞石、金礞石、銀礞石**，此等石名目雖多，實爲一石，皆是矽、鉀、鎂三質化合而成。金者色較深，銀者色較淡，形如糊窗之亮玻璃，層層可分，頁薄如紙。花剛石中之黑點即爲此石。礞石乃金精石、金星石之碎片雜以土沙而成。此等石之碎片亦多雜於沙石、雲片石等石之中，形如麩片，其色有金有銀。**有角華石**，此石望之發光如牛角然，故西

國名曰角華石其成小塊含藏於花剛石綠階石之內者最多亦有大塊成磐石者亦有分版片者名爲角片石其色有黑與黑綠二種

有光華石此石與角華石相類但其體略重其色略加光澤此石並無大者皆爲小粒小塊含於火成石內

有不灰木此石形體不一有狀如絲縷者今之火浣布即此石作成有狀如乾木者以其經火而不成灰故名不灰木

有雲母石此石作片成層明華光白與滑石同質乃滑石之精英又名磷石其碎片雜於泥版石雲片石中者最多即名爲磷版石磷片石與礫片石相類但磨之略滑潤耳

有滑石此石最滑潤摸之如油顏色不一大約以灰爲本色間雜紅黃黑各色其體柔輭易於雕刻故有稱爲嫩石者且能經火不壞有人以爲鍋釜之用

有彩石又名五色石此石頗有文彩白紫青黃綠層疊成文故西國稱蛇皮石中國書內亦有虎皮之稱皆謂此石也其產於各處不少

火成石類〇第七爲火成石類其中有花剛石此石體甚堅剛全身皆爲黑白子粒故又名米粒石其子粒又分三種黑粒者即金精石白粒發光者即白石英暗而不明者即瓷石英

瓷石英之粒之顏色亦不一有白色紅色灰色黃色色雜在於一粒而全石之顏色亦從此分故花剛石又各因其色而得名

有階形石

因其自下而上多有層級故名階形石其性多堅實剛硬中有一種色黑名黑階石形體似柱根根攢聚又名爲黑柱石又有一種深綠之色者名綠階石或成方塊或無定形又有一種黑灰色體甚堅實細膩與黑階石無大差別擊之其聲似磬故又名磬石此三石或爲瓷石英與角華石融合而成或爲瓷石英與光華石融合而成

有斑石

凡石中含有斑點與本石之色不同者謂之斑石其斑點有大有小有多有寡其色亦不一最多者爲白色紫色究此斑點之由因此石本係火成先爲濃汁後變成石其成形時熱氣發漲於中鼓成許多蜂窩後有石汁滴落漸漸補滿其空處遂成斑點就其斑點而言分二種其斑略帶圓形者謂之圓斑石略帶長形者謂之長斑石

有澀石

此石體中皆爲粒形摸之發澀故名澀石其色多深灰亦有深綠者與綠階石無大差別西國名爲澀綠石

有火汁石

凡火山噴吐之濃汁凝結爲石仍略帶流走之形者皆爲火汁石其體質形色多有不同有類乎斑石者有類乎澀石者有類乎黑階石者

有浮石

此石乃火

山噴吐之沫凝結而成

有玻璃石此石深灰色其體輕脆光華有似於玻璃故名玻璃石乃屬乎火山石類

鹽石類○第八爲鹽石類其中有石鹽石鹽乃古時鹹水湖與海所遺落之鹽積成厚層埋沒於泥沙之下變硬如石凡鹽井皆以此石爲根有鹻鹻卽鈉養炭養在地面或水旁結成形如白霜者皆是並無自成大塊者白礬白礬多自石中煉出少有生成者有硼砂硼砂乃溫泉之水所遺近火山處多有之有硫磺硫磺多產於火山之地色黃質硬亦有與土及金類化合成礦者如與水銀化合而成硃砂是也

金類○第九爲金類金類雖有自成體塊者然大半皆與他質化合必經火煉方可分開凡產金類之土石其體較重亦多發光五金多產於石縫中除鐵之外平鋪成層者甚少○右第三十三節

石之原質有八○石之名目雖多若攷其原質則無幾西

國格物家追究物類，其得六十五原質（凡物之純淨不雜他質不能分化者即謂之原質中華所謂五行除金之外皆非原質皆可化分如水可以化分成養氣輕氣木可以化分成炭養氣養氣輕氣是也）此六十五原質在萬物之中有多見者，有少見者，而在各類之石則多由八質而成，其餘五十七質皆少見，比如百分之內，有養氣五十分，有矽二十五分，有鋁六分，有鈣五分，有鐵四分，有鎂三分，有鈉二分五厘，有鉀二分五厘，其餘五十七質中，只有二分（鋁鉀等字皆從其右半而成音從其左半而分類如鋁字則音呂而在六十五質中為屬乎金也餘可類推○右第三十四節）

第四章論地殼土石分層分段

各石成形之先後○欲知地面歷代往古之形勢改變，不但當攷各層石之形色體質、亦須查其蘊帶之物跡、與其上下之部位、如此方可明曉各層石成石之時、或在先或在後、成石之地、或於湖底海底、或於江口海邊、並可知其成形之時、彼處有何活物、比如現今江河淤積泥沙土、屬乎熱帶者、必蘊藏熱帶之物、屬乎冷帶者、必蘊藏冷帶之物、海底之泥中、自必埋藏海底生長之物、迨至年深日久、此泥沙受在上之壓力水氣之粘合、變硬爲石、卽可因其所蘊藏之物跡、而知其成於何處、並知其成形之時、彼處有何物類、現今江海所淤積者、如此歷代往古所淤積者、無不如此、故觀磐石上下之部位、可知其成石之先後、在下者必先成在上者必後成其多蘊藏水族箕殼者、知其必成於海、其多蘊藏草木鳥獸與淡水之蛤螺殼者、知其必成於湖底江口、如此攷查、即可指明某石成於海、某石成於湖某石成於江河口也、右第三十五節

火成石之先後○上文所講、皆水成石、若火成石、則無層累可尋、無物跡可攷、惟據水成石以定其成石之先後、比如花剛石、階形石、等石、往往自靑石、砂石、泥片石、等石中冲出、即可知其成形必在靑石砂石之後若在其上、再鋪一層靑石砂石、又知其成形在靑石砂石之先也、右第三十六節

查驗各石成形先後之法○欲知各層石成形之先後其法約有四、一察其部位、二攷其體質、三驗其所含他石之碎塊、四觀其蘊藏各物之蹤跡、論各層石上下之部位、在下者、自必先成、在上者、自必後成、論各類石之體質、先成者必較後成者堅實、後成者必較先成者疏鬆、凡帶有他石之碎塊者、知其成形必在他石之後、凡藏有動植各物之蹤跡者、知其成石越在先、其中之物跡越與今時之物類不同、人即未曾用工攷查、亦知各地出產之石、多有不同、若留心察驗比較、即可知此類石、必在彼類石之上、彼類石必在此類石之下、再深究其所藏之物跡、即知其在下之層、不過蘊帶蛤螺及珊瑚等蟲之窠殼、在上之層、則又有鳥獸樹木之踪跡、比如攷查六處所產之石、第一處地面之下、有膠泥、有沙、有石子、第二處地面之下、有白粉石、第三處地面之下、有砂石、有魚子石、第四處地面之下、有泥片石、有煤、有粗砂石、第五處地面之下、有紅色灰色之砂石、有子母石、第六處地面之下、有泥版石、俗名石版有各種剛片石、若將此六處之石、合而較之、即可知各石上下先後之次序、如白粉石、必在膠泥之下、砂石、魚子石、必在白粉石之下、煤必在砂石、魚子石之下、紅砂石、子母石、必在煤之下、泥版石、剛片石、必在紅砂石、子母石之下、以上所言之石、按其次序、雖不能一處皆全、然有幾種、則其上下之序、必如上所言、若再攷查各類石中所蘊藏之物跡、則其成石之先後、上下之部位、更可知矣、一處之石有然、天下之石亦無不然也、右第三十七節

石分十二段○按上文所言四法、察驗有層累石、上下之部位、成形之先後、自上而下、可分十二段、各段情形略言如左、

第一段石○第一段爲近今江河所淤積之泥沙、風所圍聚之沙陀、海中之珊瑚島、海邊之沙、及窪下處腐草所成之黑土、與地面各類之沙土、其中留藏之物跡、則爲近今

之鳥獸蟲魚花草樹木、與人之骸骨、並所用之器件、

第二段石○第二段乃白粉石以上分層之膠泥、沙與灰土、或作雜灰土石膏、灰石、木煤、各等土石、此段有上中下三層其中所蘊藏飛潛動植之物跡、種類大半已經絕滅、爲今世所無、然其形體、亦與今時所有者、無甚差別、

第三段石○第三段爲白粉石、白粉石中多含帶火石綠砂石、中帶綠點並非全體皆綠五色石脂、灰石、雜灰土、砂石、此段砂石多疎鬆堪爲爐竈之用烟煤等類之石、此段石中蘊藏飛潛動植之物跡、皆與今時之物、不同種類、並多水族、

第四段石○第四段爲魚子石、狀如魚子粘合而成故名魚子石沙、膠泥、

砂石、鐵石膏、五色石脂、黑色之泥片石、烟煤、藍色膠泥、青石、炭膽、此段石中所蘊藏之物跡、種類久已絕滅、爲今時所無、內中鱗介部之鼉類最多、其形體多怪、與今時者不相同、鱗介部如龜鼈蛇蜥虎鼉蛙五類皆是魚則另爲一類不在此數

第五段石○第五段分上中下三層、上層爲灰土、其中有產鹽者、有產石膏者、中層爲灰石、鎂灰石、石膏、石鹽、下層爲五色砂石、紅膠泥、此段石中所蘊藏飛潛動植之物跡、種類與第四段所講略近、與第六段所講略遠、

第六段石○第六段爲鎂灰石、紅砂石、亦有他色砂石雜色石膏土、與分層片之灰石、此段石中所藏動植各物之跡、與第

七段所言、種類相似、

第七段石○第七段中多產煤、故又謂之煤層段、又多有青石、色較深於他段、又有礪石、黑色之泥片石、此段石中、蘊藏動植各物之跡甚多、其植物之跡、多係鱗樹、印樹、鳳尾樹、大葦等草木、見第七十八節其動物則多有魚蛤螺珊瑚蟲之跡、

第八段石○第八段有紅色黃色白色砂石、此段砂石中有分板片者厚者用以鋪地薄者用以蓋屋有紅色子母石、有灰石、此段所蘊藏之物跡、則有魚蛤螺、與甲節類甲節類或作蝦蟹類凡身蓋甲分節者皆是植物之跡、則少存者、亦不完全、

第九段石○第九段多係砂石、砂版石、砂石之層層如版者謂之砂版石泥版石、泥片石、此段石內所蘊藏之物跡、有甲節類蛤螺類、與草形蟲類、草形蟲其狀略似草如珊瑚蟲然植物之跡、則有海藻絲芒之類而已、

第十段石○第十段多有堅剛之泥版石、體極堅實今時所用之石版石瓦大半由此而出有粗砂石或作礪石其中物跡、則有甲節類蛤螺類與草形蟲類、並有海蚓之窠、其植物則只有海藻、

第十一段石○第十一段有剛片石、即堅實之雲片石、粒石英此石英乃沙受火熱而化成中具粒形故名粒石英有彩石此石狀如蛇皮五彩皆備西國人名之爲蛇皮石有汗白玉、大理石、有不灰木筆鉛、有滑石、此段石

中、只存小蟲之跡、如碎孔蟲是也、其他物之踪跡、今尚未經查出、

第十二段石○第十二段、有花剛片石、花剛片石與花剛白石英瓷石英金精石融合而成、但花石本質相同、皆是剛石體質渾成花剛片石則分層片耳、有礫片石、泥版石、

此段石皆因受變化、改其原形、故總名爲化形石、皆無物跡可尋、或成形之時、地上未有動植之物、或因受變化滅其踪跡、均不可攷矣、右第三十八節

十二段石不能處處全備○地學家攷查天下各處有層累石、其次序體質、與所蘊藏之物跡、無不如上所言、但此十二段石、不能處處全備、或此處只有一二段、或彼處但

有三四段、亦不能挨次不缺、或第一段接連第三段或第三段接連第六段或第六段接連第十段、次序雖不連屬、部位仍不錯亂。先成之石必在下、後成之石必在上、但其段數缺耳、其段數何由而缺、蓋凡有層累石、皆成於水中、而此段數之缺、或因當時其處爲陸地、或因成形之後、多受空氣之侵蝕、與水力之沖激刷磨、漸就消沒、皆未可知、段數既缺、又何由知其次序、一則因與他處之石相比、二因攷其體質、三因查其中所包含之碎塊、四因究其中所蘊藏之物跡、攷查各層石之法、此最易得其確據也、右第三十九節石分古中新三大層○各段石中所蘊藏之物跡各不相同然大略觀之亦有相類者今按其所蘊藏之物跡而分之得有上中下三大層第一二段爲上層第三四段爲中層第六至十一段爲下層其第十二段中尚未查有動植各物之踪跡其上層之物跡可名爲新跡中層之物跡可名爲中跡下層之物跡可名爲古跡右第四十節

火成石大異於水成石○以上所言四法將有層累石即水成石分其上下之部位成石之先後尚覺易易茲欲將無層累石即火成石如此分之則此四法均無所用之火成石無上下之次序可分攷其體質亦難定其成石之先

後因其經歷火化不能含帶他石之碎塊亦不能蘊藏動植之物跡凡由火而成之石皆無平鋪之勢亦無層累可尋往往自有層累石中沖出形勢不一或如牆壁或似邱陵或覆於他石之上成爲高山見第三十二節火成石若按其體質而分之可分三大類一爲花剛石類二爲階形石類三爲火山石類花剛石多在十二段水成石之下數段亦有在他段者階形石多在於中數段火山石皆在於第一二三段內如此分之則略見次序花剛石在先爲古階形石在中爲中火山石在後爲新但不能細分耳右第四十一節

磐石層累圖

段數 | 石類 | 物跡

火山石　階形石　花剛石

第一段　第二段　第三段　第四段　第五段　第六段　第七段　第八段　第九段　第十段　第十一段　第十二段

新成之泥沙土石

新膠灰沙石灰白綠魚砂泥石灰鐵五鎂紅煤礦青黑黃紅灰泥泥灰沙礪泥砂礪剛粒彩汗泥礫粒剛花
成泥土　膏石粉砂子　片　灰色灰砂　泥紅子　版片　版　版版　片石　白版片石片剛
石石石石石鹽石石砂石石　石石片白母石石石石石石石石石英石玉石石英石片
石　石色石　石
砂
石

新跡　中跡　古跡　無物跡

第五章論火成石

火成石其分三大類○此章先論無層累石、下章再論以上所言十二段有層累石、無層累石、乃經火而成、故又名爲火成石、火成石無一定之部位、難分其成石之先後、且其體質甚雜、追其原由、亦難明辨、但知其必經火燒始成此形體、此火從何而有、乃自地中發出者、如現今火山之火是也、見第二十六第二十七節火成石可分三類、一爲花剛石類、二爲附形石類、又名杜形石類三爲火山石類、右第四十二節

花剛石○花剛石因其帶有花點、體甚堅實、故名花剛、然亦有鬆脆易碎者、其體爲積粒之形、此粒並非積聚而成乃係生就此形粒

帶稜角，分之則有三種，黑粒者即金精石，亮白者即白石英，湼暗者即瓷石英，瓷石英之粒顏色不一，有紅、白、灰、黃四色，色雖在於一粒，而全石之色亦從此分，四色之中，湼白者最多，又有一種花剛石，爲角華石、白石英、瓷石英，三石之粒所成，花剛石在火成石內爲最先，在十二段水成石中上數段雖亦有之，然大半皆在下數段內，此類石似居於十二段之底，爲衆磐石之根基，或是或否，尚難擬定，因人不能深入地中攷查，不過至數千尺而止，數千尺乃自地面而下量高山不在其內，若連高山量之則尺數多矣○右第四十三節

花剛石之用處○花剛石產於地上最廣，幾於處處皆有，

天下之高山、有全體皆此石者、有作高山之骨、支撐於半山之中者、然產此石之地、其土不堪耕種、一因其地多係崇山高原、二因此石體硬變土不易、但其體堅而耐久、用處甚廣、或用以鋪路、或用作城基、或用之築室、或以之造橋、或用作水閘、或用作海塘、若細磨之、又極光潤、堪作牌坊碑碣之用、花剛石縫中往往產金精石雲母石紫晶茶晶等石○右第四十四節

階形石○階形石亦係火成石、其式如第十三圖、因產此石之處、自下而上、多有層級、故名階形石、此石多產於十二段之中、數段有自有層累石、下上沖、壁立如牆者、如第十四圖、有自有層累石中沖出、塡滿石縫、形如脈絡者、有

自下上沖覆於有層累石之上者、有將有層累石自下而上托起如山者、如第十五圖、可顯此各式此類石觀其形狀、察其體質明知其由火而成、其沖出之時、本爲濃汁、如銅鐵之汁、極其火熱、附近之有層累石、受其熱氣、遂變其形色、靑石變爲汗白玉、砂石變爲粒石英、烟煤變爲硬煤、此類石顏色不一、名目亦繁、其體質堅硬者多、亦有柔輭者、有帶斑點者、有帶金星者、前所言見第三十三節黑階石、綠階石、磐石、澀石、斑石、等石、卽是此石、其體多爲瓷石英角華石、光華石所成、其中又帶有鐵與綠砂等物、亦多蘊含碧玉、瑪瑙等類寶石、產此石之處、土田肥美、宜於耕種、此石

頗可爲工料之用、但其體甚堅硬、不易椎鑿、右第四十五節

火山石○火山石乃火山噴吐之熱汁、或塵沙或滓沫所結而成、其熱汁所成之石、總名爲火汁石、體質大半堅實、然其涼而成石之時、則有遲速之別、遲者成爲堅實之石、與階形石無大差別、速者成爲輕脆光華之石、其色深灰、可名玻璃石、古人常用以作鏡、又用作刀斧箭鏃、其噴吐之塵沙碎塊所成之石、形與子母石略同、子母石皆爲卵石聚合而成此石碎塊則有稜角不知俗係何名第據其形體而稱之可名碎攢石其噴吐之滓沫所成之石、體質輕浮、可漂於水面、因名爲浮石、乃人所常見者

凡產火山石之處亦多產硫磺硼砂磠砂等物石中亦往往蘊含寶石火山在天下雖不少然不能處處皆有或先前出火今則熄滅火雖熄滅石則常存所遺存之形式如第十六圖右第四十六節

地學指略中卷各圖

第十七圖　花剛片石

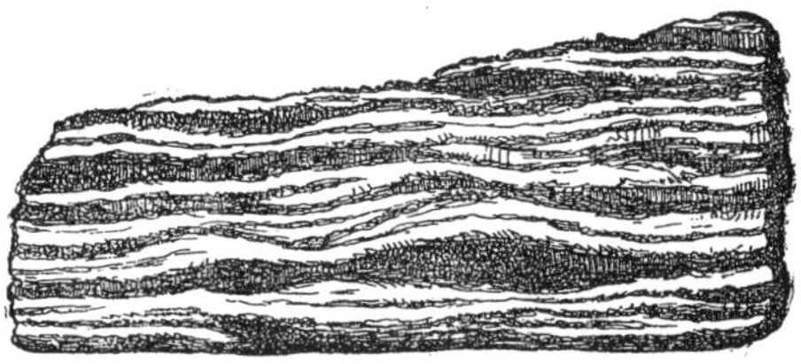

第十八圖　石層彎環盤曲式

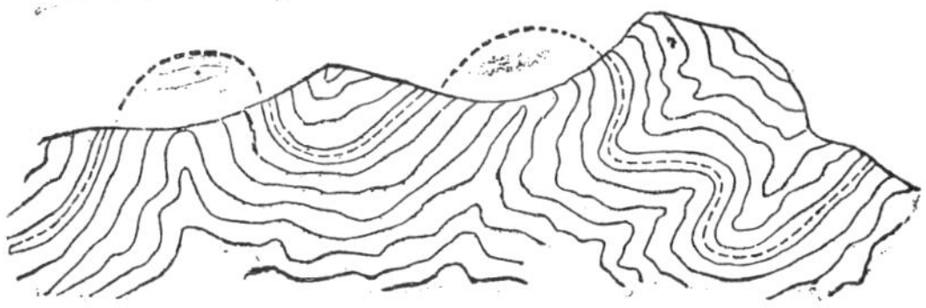

第十九圖　碎孔蟲窠跡

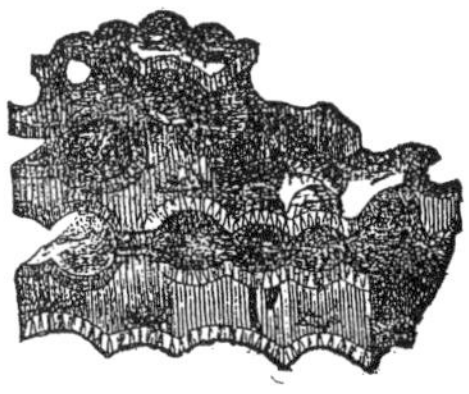

第二十圖　蓮形蟲跡

第二十一圖　蓮形蟲跡

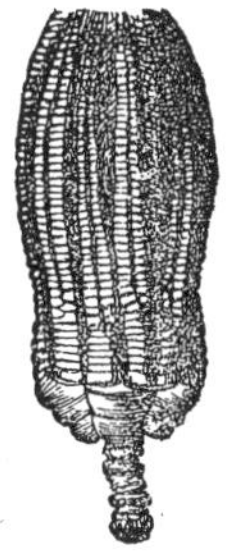

第二十二圖　蛤類

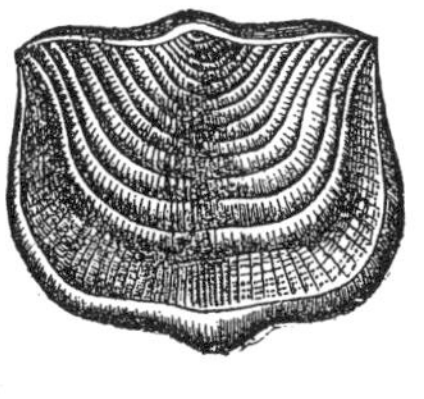

第二十三圖　蛤類

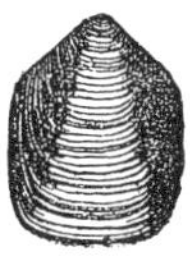

第二十四圖　蛤類

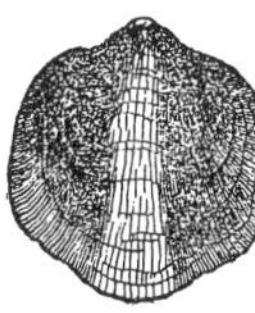

第二十五圖　三瓣蟲

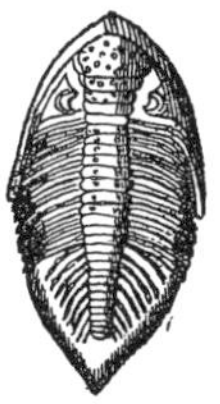

第二十六圖　三瓣蟲

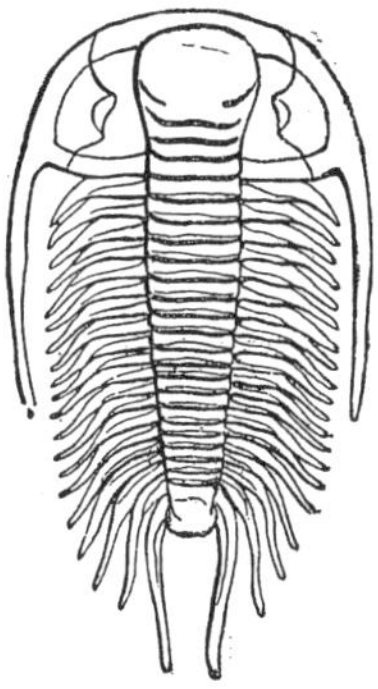

三瓣蟲

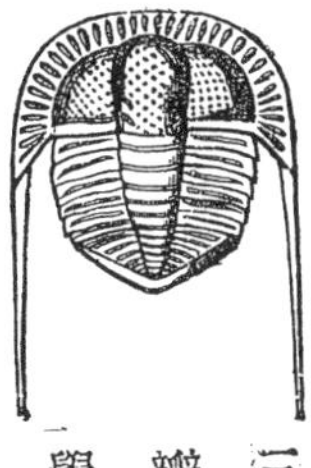

三瓣蟲

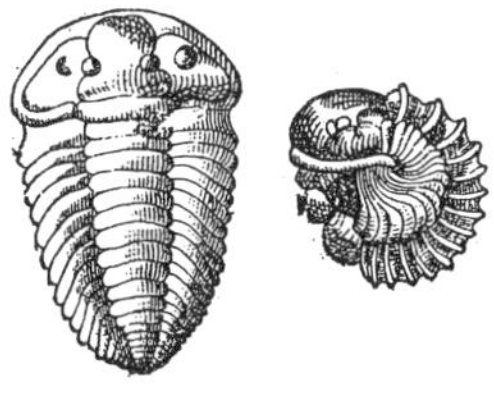

第二十七圖

砂石中所存蛐蟮窠巢之式

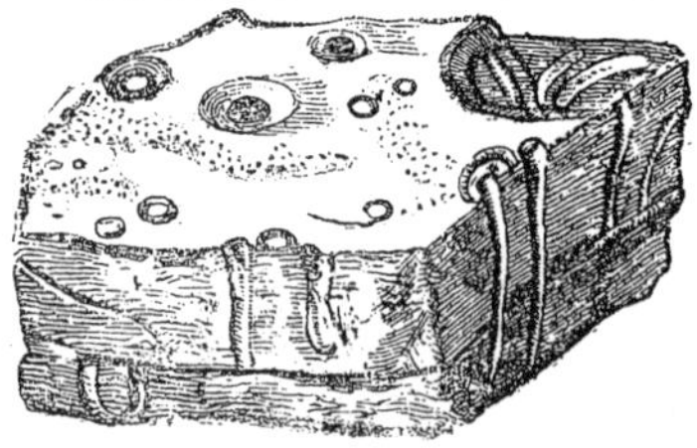

第二十八圖

石中所存蛐蟮行跡之式

第二十九圖

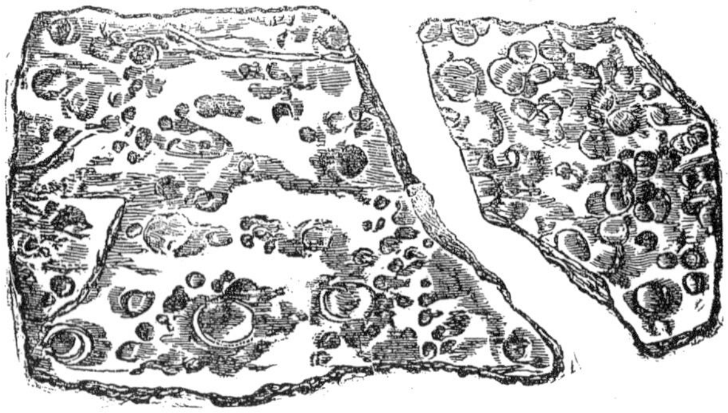

雨點之打跡

第三十圖

甲甲乃絲芒之類

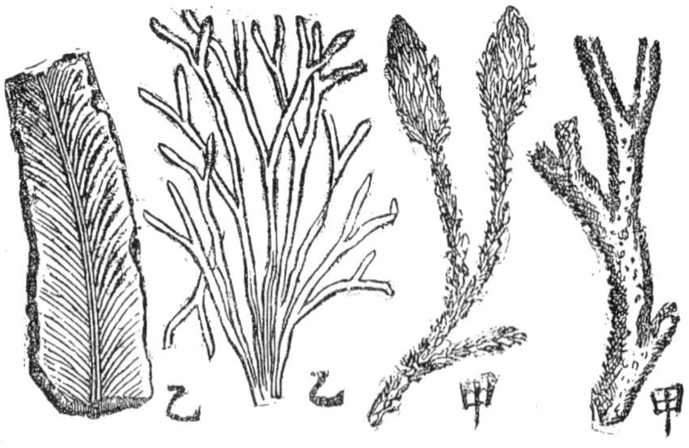

乙乙乃海藻之類

地學指略中卷各圖

第三十五圖

甲乃海泡之式
乙乃海燕之式

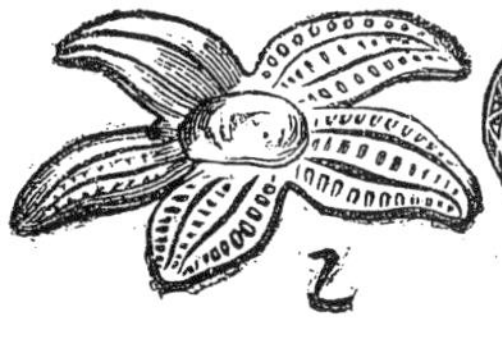

第三十一圖

筆形蟲跡之式

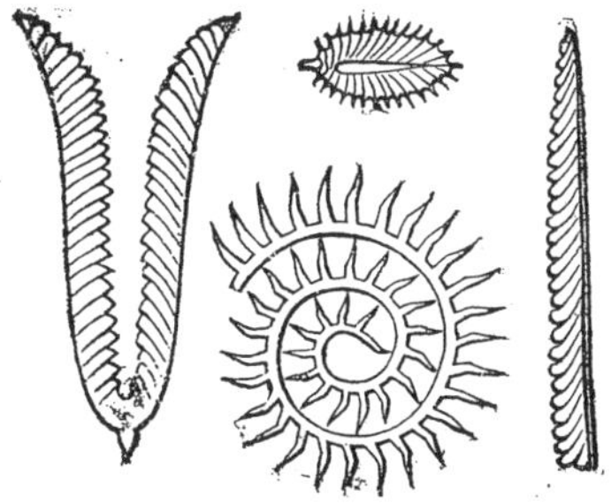

亦名鵝翎蟲跡

第三十二圖
形似牛角之珊瑚

第三十六圖

蛤螺類　甲曰直筩螺

第三十三圖
形似蜂房之珊瑚

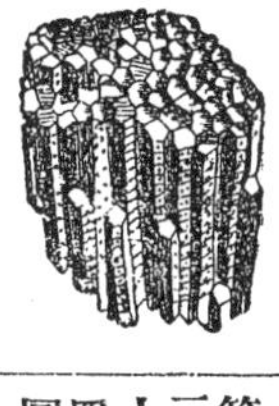

第三十七圖

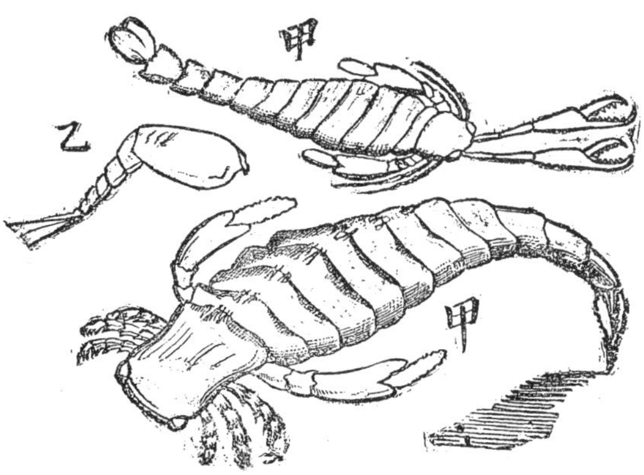

甲乃分水蝦　乙乃殼蝦

第三十四圖
形似鐵鏈之珊瑚

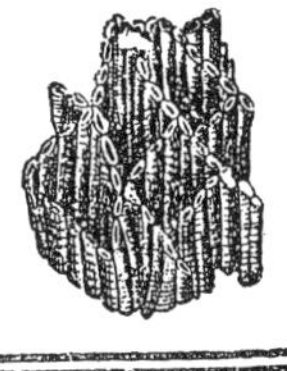

第三十八圖

形似柱之珊瑚

第四十圖

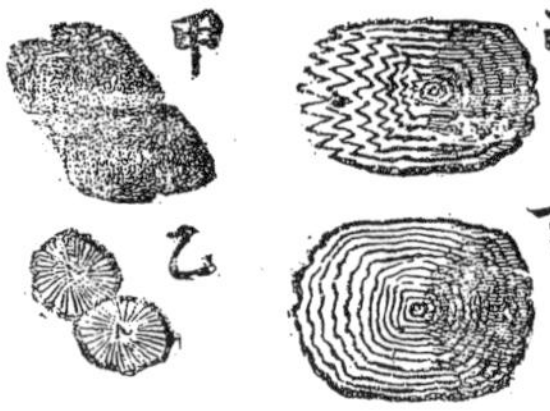

甲乃釉鱗之式
乙乃碎鱗之式
丙乃梳鱗之式
丁乃圓鱗之式

第三十九圖

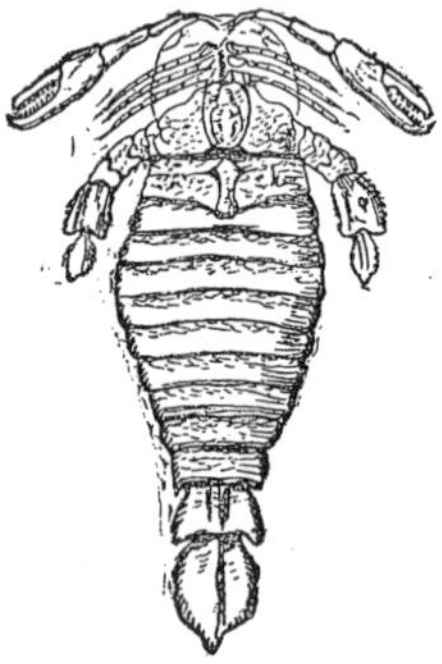

分水蝦反面式

第四十三圖

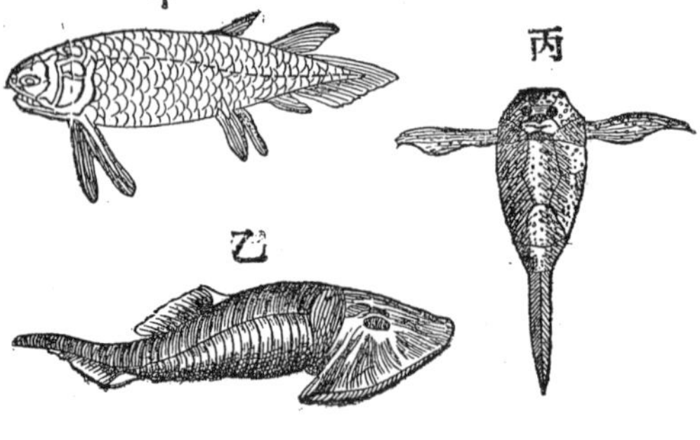

甲爲綿紋鱗魚
乙爲甲頭魚
丙爲翅魚

第四十一圖

不齊之魚尾

第四十四圖

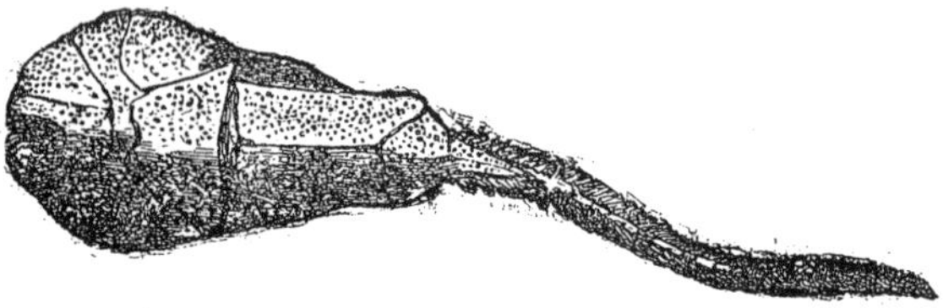

栗甲魚

第四十二圖

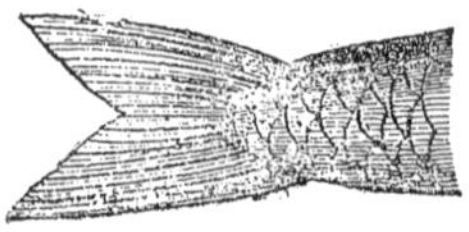

齊整之魚尾

第四十五圖

綿紋魚

第四十七圖 螺類

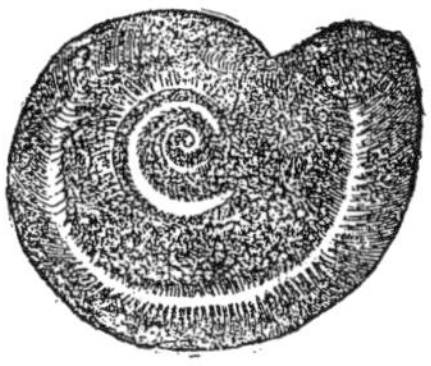

第四十八圖 蛤類

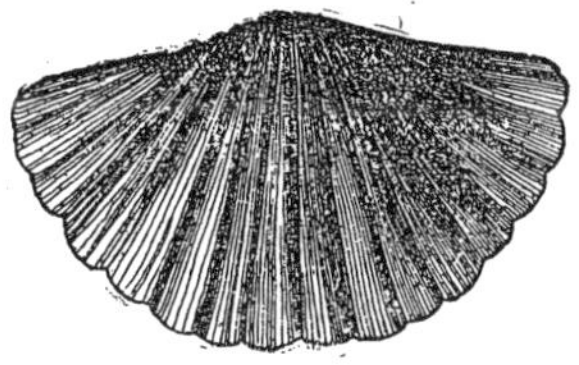

第四十九圖 蛤類

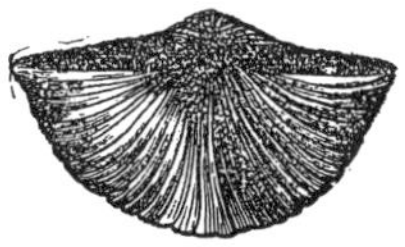

第四十六圖 洞中石鐘乳之形

第五十圖 印樹

此為樹之段印根式

此為樹之段印身式

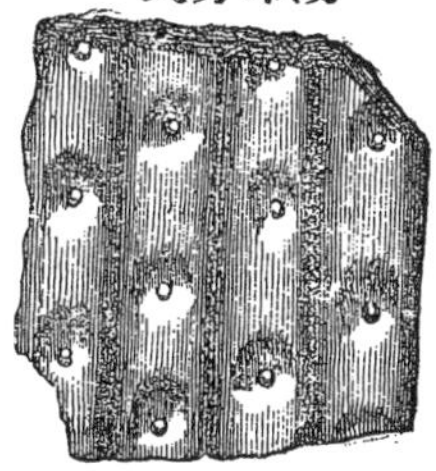

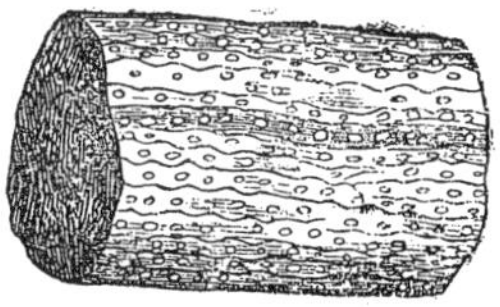

第五十三圖 鳳尾樹葉跡

第五十二圖 鳳尾樹葉跡

第五十一圖 大葦

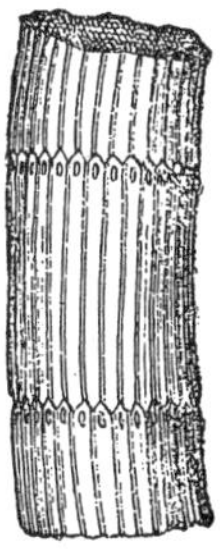

第五十四圖

石層錯折上下不平齊之式

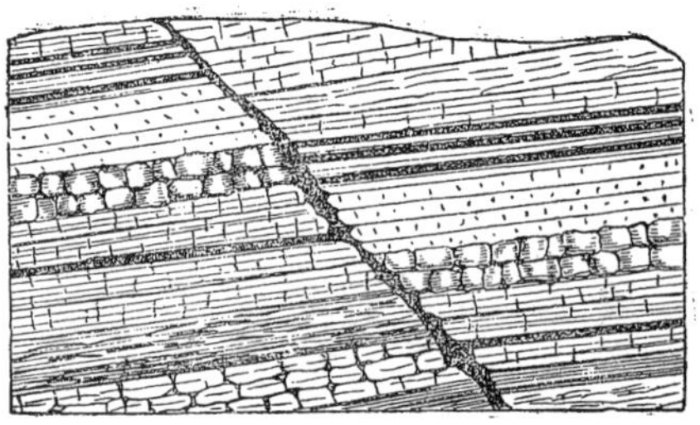

石層欹斜上下不相順之式

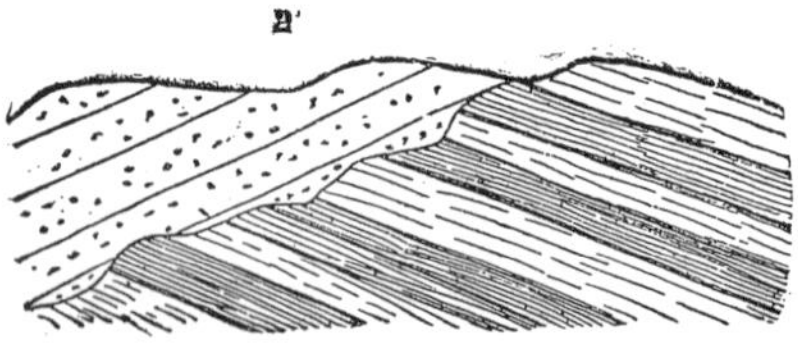

第五十五圖

灰石所含石塊各形

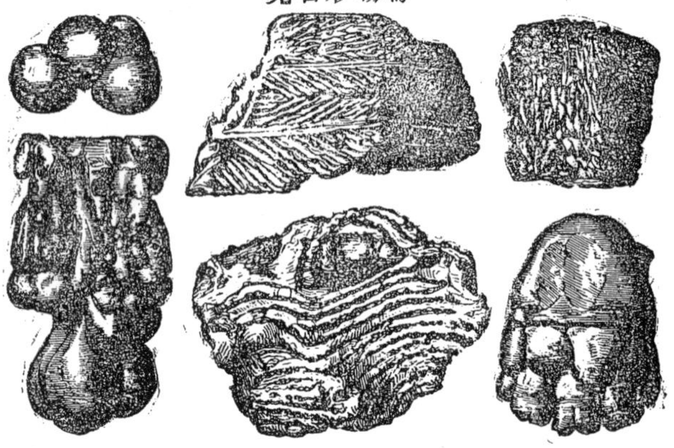

第五十六圖

鎂灰石中蛤跡

第五十七圖

鎂灰石中蛤跡

地學指畧中卷

英國教士文教治口譯
古潞副車李慶軒筆述

第六章論第十二段有層累石（即化形石）

化形石○前章言明考查有層累石上下之部位、驗其體質、觀其蘊藏動植各物之踪跡、已將此類石、分爲十二大段、其第十二段之石、總名化形石、又名無物跡石、名化形石者、因其成形之後、大受變化、名無物跡石者、因未查出動植各物之踪跡、或其成石之時、地面尚無物類、或其成時之後、大受變化、踪跡盡歸泯滅、均不可考矣、至其所以化形之故、亦難辯明、或因久受在上之壓制、及感地中之熱氣、或因他故皆未可定、其化形之故雖難盡知、然觀其形體、則明有變化之實、其先本爲水所淤積之泥沙、後成爲泥片石、砂石、今則變爲剛健輝光之石、此段以上十一段之石、雖不若此段之全受變化、其中亦有成石之後、受變而成爲他石者、如白粉石、青石、變爲汗白玉、泥片石、變爲火石、砂石變爲粒石英、輭煤變爲硬煤等是也　右第四十七節

化形石最多者有三類○化形石最多者、共有三類、一爲花剛片石、如第十七圖、二爲礫片石、礫即青礫也、謂之礫片者、因其自分層片、内中多帶青礫之碎片、三爲堅剛之泥版石、三類之外、亦多他石、有

磷片石磷卽磷石乃雲母之別名謂之磷片石者因其自分層片內中多帶磷石之碎片也其本質乃石英雲母其形體與礫片石無異　有角華片石、此石乃石英與角華石略雜他物而成　有粒石英有滑石、有累絲之不灰木有汗白玉桃花石、大理石此三石乃同質、而異名者有彩石、有筆鉛石、類雖多、然論其化形之故舉此三類、可括其餘茲一一略論之右第四十八節

花剛片石◯此花剛片石、與上章所言之花剛石、其質相同、皆爲金精石白石英瓷石英三石之粒所成但花剛片石之粒、形多匾耳、三石之粒、有小大粗細多寡之不同、其顏色亦因而各異花剛石與花剛片石、質雖同、形則不同、花剛石、形體渾成無層疊可分、又往往自有層累石中沖

出花剛片石則有層累可分並無沖出之勢其層疊少有平直恒蜿蜒盤曲忽上忽下如第十八圖蓋因受在上之壓力與兩旁之擠力故成此形勢比如有百八十張紙或百八十層之布在上以重物壓之兩旁用手擠之則必成許多縱橫斜竪之摺紋石雖硬物其成如此彎曲之層疊亦猶是也　右第四十九節

礫片石○礫片石與花剛片石部位相連花剛片石在下礫片石在上亦有時礫片石夾於花剛片石之中其質亦略相同花剛片石乃金精石白石英瓷石英三石之粒所成礫片石則爲金精石言金精不言青礫者以青礫乃金精之碎片所成也白石英

二石之粒所成、但其粒形愈扁、幾如鱗片、其中金精石之鱗片愈多、其所分之層片愈薄、其質多剛脆、鑿之全體分片、其顏色不一、有青白灰赤數色、花剛片石與礫片石、出產極廣、天下各處之大山皆有之、花剛石多夾雜其中、亦有時自其中沖出、此二石之縫中、產銅、鐵、錫、亦稍產金銀、又產寶石、石中並多產筆鉛供人採用○右第五十節

泥版石○花剛片石礫片石以上、即為泥版石、泥版石成石之後、雖改其原形、然不如花剛片石礫片石改變之大、其本來形跡、尚未泯沒、其他化形石、因大改原形、不經細察則難認其為成於水者、若泥版石、一觀其形體、即知其

爲水所淤成、泥版石之質乃極細之泥、此泥係白石英、瓷石英、金精石三石之屑末所成、其瓷石英之末極細如粉、難以分析、其白石英、金精石之末、雖亦極細、然尚有星點可以辨認、又有一種雜沙而質粗者、近於砂版石、泥版石之顏色多青、間有紫色雜色者、此石具有裂紋、自分版片、薄者可用以蓋房、厚者可用以漫地、其體質極細者、用作硯、或習字版、或作磨刀石、其他用處尚多、其裂紋自上而下、與其原本之層跡不相順、甚至有相反者、其裂紋何由若此、葢因受地中之火氣、與在旁之擠力、致成此形、泥版石縫中、產銀、銅、錫、鉛等物、亦稍產金、右第五十一節

第十二段石圖

一花剛片石
二帶斑之花剛片石
三角華片石
四白石英粒石英
五礫片石礫版石
六磷片石
七綠片石
八髮晶片石
九汗白玉大理桃花等類灰石
十彩石又名虎皮石
十一筆鉛

第七章論石中蘊藏動植各物之跡

石中物跡○上章所言之化形石雖有層累可分屬乎水成石然未察有動植各物之跡除此第十二段之外其十一段有層累石段段皆有物跡可尋論石中蘊藏之物跡各類鳥獸蟲魚花草樹木無所不有但其式樣不一約略言之蓋有五焉一雖經變化其本體尙存此種蹤跡除海蘊所遺之殼外餘皆少見海蘊海草名其種不一中有一種身極微小如細沙之粒形似小蟲外有堅實之殼其質爲矽化之不易生長浩繁有處幾遍海底火石中多有此草所遺之殼二形狀尙存本體化爲他物如煤中草木之蹤跡形雖尙存體已變爲煤又如白粉石中碎孔蟲之殼以顯微鏡窺之形雖

尙存、體已化爲白粉、三形狀尙存本體消滅他物補入其內、如石蟹、石燕、石鼅、石松、石柏、之類是也、石中所蘊藏之物跡、多係此類、蓋其本體隨化隨有石之汁液塡入而補之、故成此體、埋於膠泥者多以自然銅補之埋於沙者多以白石英補之埋於灰石者多以灰質補之四體質無存、空餘本物之痕跡、如石中所蘊藏蛤螺殼內外之空像、與花草樹木之影像是也、五爲活物之印跡、如石中所帶鳥獸之足跡、蛐蟮之行跡、與其窠巢是也、以上所言之蹤跡、有全體皆備者、有只遺一體者、有零星破碎者、除此動植各物五跡之外、又有雨點之打跡海邊波浪蕩漾之跡、小水之流跡、日曬泥沙之裂跡、皆爲石中所常

見者、右第五十二節

石中物跡之故○有層累石中何以有動植各物之踪跡、蓋有層累石、皆成於水、究其來源可分三類、一爲水所淤成者、名水澄石、如沙石、泥版石、子母石、等石、其先本爲泥沙石子、淤於湖底海邊江口、內中帶有鳥獸蟲魚之骨殼、花草樹木之枝柯、後因受在上之壓制、水氣之粘合、日久年深、遂變硬而爲石、其中所帶之物、亦隨之而變、故有各物之跡、二爲帶窠殼之水蟲積累而成者、總名灰石、如青石、汗白玉、白粉石、珊瑚等石、本爲蛤螺小水蟲之窠殼積於海底湖底海邊江口、後因受水之消磨變化、與在上之壓力，或成碎屑，或成細粉，日積月累，遂粘合而爲石，然其中尚有未壓成碎屑細粉者，體雖已變石，而原形則未泯滅，故有各蟲之踪跡，亦有他物含帶於內，存留其跡者，三爲腐草朽木所成者，卽煤，本爲草木，生於窪下之地，隨生隨落，隨落隨腐，先變爲黑泥，後因受在上之壓制，與地中之熱氣，遂成爲煤，然以顯微鏡窺之，往往存有樹葉枝條子粒之形影，成爲踪跡。右第五十三節

物跡種類先後不同○有層累石，所藴藏動植各物之踪跡，種類甚繁，各段各異，其成石之時越在先，其中之物類越與今時之物類不同，且成石之時越在先，其中之物類

越見少、亦越顯卑、物類之尊卑係以各物肢體之多寡爲定多者尊寡者卑如第十一段石所蘊藏動物之跡、只有微小水蟲之窠殼、並未查有他物、第十段則兼有蛤螺蝦蟹等類之物、再上則兼有魚再上則兼有蛙類、再上則兼有蛟鼉黿鼈之類、至第五段始見有鳥獸之踪跡、至第一段始見有人之踪跡、石中所蘊藏植物之跡、與上所言動物之跡略同、亦是時愈在先種類愈少、體亦愈卑、其在下之三四段內、只有海草之跡、再上則兼有鳳尾絲芒松柏等樹、再上又有鐵樹等類之跡、至第三段始見棕櫚與各類開花包子等樹木之跡、由此觀之可知各物種類由少而至多、由卑而至尊皆逐漸增加、非驟然全備也。植物學家分植物爲四大類、第一類大抵無花、其子亦無莢、如苔蘚、木賊、鳳尾草與菌類是也、第二類有花、其子出苗而單芽、如籐葦、棕櫚、五穀、青草等類是也、第三類有花、其子光而不包、苗出有雙芽者、有數芽者、如松柏、鐵樹等類是也、第四類有花、其花多明而有色、其子有包、苗出率皆雙芽、如棗、杏、桃、李、椿、柳、榆、槐、一切果木以及大葉樹等皆是○右第五十四節

第八章論第十一段有層累石

此段石西國稱曰老林低安、因其地有山名老林低安、山產此石最多、故取爲此段之名

段中物跡○第十一段有層累石、亦屬乎化形石、原與第十二段爲一段、後於段中查有活物之踪跡、遂分而爲二、此段之石、與第十二段之石相同、皆爲花剛片石、粒石英、各類剛片石、泥版石、彩石、汗白玉等類之石、此段石在亞

美利加北方最多、積累爲高山、石中多產鐵與筆鉛、其石因大受變化層疊不清、中所存之物跡亦無多、地學家初以爲無有物跡、將其歸於無物跡石內、至同治三年、有人在內查得微小水蟲之窠殼、如第十九圖、其形略似珊瑚、（此蟲極其微小、比鍼孔尚小數倍、非用顯微鏡不能窺見其殼徧生碎孔、自孔內長出若鬚髮者、能縮能伸、以吸取食物、可名爲碎孔蟲、此蟲獨觀雖不可見、然其生長多聯絡團聚、每每積爲巨塊、成爲大觀）始將此石列於有物跡石中、分爲第十一段、據此可想此微小之蟲、乃天下萬生中之始生也（右第五十五節）

他物之跡〇今於第十一段石中、又查有蚰蟮之行蹤及其窩巢、且石內多產筆鉛、筆鉛之質、與煤質同、皆爲炭、（炭乃）

六十五原質之一尋常所燒之炭亦即此質　但煤中稍雜他物、筆鉛則純而不雜、凡煤皆係腐草朽木所成、筆鉛想亦必然、若然、則可想見當時地面、必有花草樹木等植物、既有植物、想亦必有動物、且此段石中、亦產鐵成層、攷成層之鐵之源、不散居於萬物之內、後因物腐朽、遂遺落團聚而成形、地學家已於他段中考有確據、今此段石中、亦產鐵甚多、則可想當時動植各物、必不少、再此段中亦多有灰石、考他段灰石、多爲蛤螺與各類小蟲之窠殼積累而成、想此段中之灰石、亦必如是、但此段石成形之後、大受變化、物跡無存、不能取以爲有無之證耳、右第五十六節

第九章論第十段有層累石

此段西國稱曰甘比里安因産此石最多之甘比里安地方而得名也

段中石類○第十段有層累石成形之後雖亦經受變化然不如第十一二段石經受之大故其層疊較清中所蘊藏之物跡略易辨認此段石可分上下兩大層上層爲青色產鐵之泥片石其鐵形如豌豆厚沙版石帶金精之砂版石泥版石下層爲深灰色之厚砂版石紫色之泥版石砂石礪石即粗而堅硬之砂石等類之石此段石雖不能處處皆同然約略言之總不出以上數種若將此數種石聚於一處層層而累之則可成爲高大之山右第五十七節

段中多產金類○此段石常被花剛石、斑石等類之火成石、自下沖破、故其地勢多山、崎嶇險峻、不利耕種、然石中多產銀銅錫鐵、土人可賴之致富、各段石中、雖皆產金類、此段與在下之兩段、在上之一段、所產金類、較他段尤多、且此段之泥版石最佳、今所用以蓋造房屋者、多從此段採取、右第五十八節

段中物跡○此段石中、所藴藏植物之跡、惟有海藻一類形似海帶、動物之跡、則有形似植物之小水蟲、一二種、名爲草形蟲、草形蟲約皆聚合而成形其種甚繁有似草者有似花者有似葉者有似樹者此段石中所存之跡則無多不過一兩種而已珊瑚蟲亦屬此類又有海燕、俗名海盆身出五盆其形略似輪輻○見

第三十五圖乙又有蓮形蟲、如第二十圖第二十一圖、狀如蓮花、下有莖、莖上多節、上有花、花中分辦、略似手指、能屈能伸、其內體堅硬如石、灰石有即爲此蟲之體所成者、又有蛤蚌之類數種、如第二十二圖、第二十三圖、第二十四圖、中有一種、其殼似二拇指甲相對之形、殼下有柔莖、其根長於海底沙泥之上、此蛤連上帶下、似人之舌形、故西國名爲舌形蛤、其類較諸蛤類爲最先、當時之蛤類皆與今時之種不同、惟此蛤之種、至今猶存、但不如彼時之多耳、石中又有螺類之跡不少、與今日之螺類略同、皆爲頭行、腹行、翅行、三大類、其頭行者、因頭上另生支條、略如手指、用

以運動、故名爲頭行螺、如鸚鵡螺、烏賊魚、是也、其腹行者、乃用腹行走、如蝸牛然、故名爲腹行螺、俗所謂螺、多屬此類、其翅行者、頭上生兩分水似翅、用以泅水游行、故名爲翅行螺、其身體有螺形者、有直而尖者、現今此類、身體皆小、當初則有甚大者、又有甲節之類或作蝦蟹類中有三瓣鱉、如第二十五圖、第二十六圖、頭上有甲、身多橫節、豎分三瓣、形狀略似鱟魚、又有頭上包甲、身體似蝦者、石中又存蚓類之窩巢、如第二十七圖、第二十八圖、此外又多有雨點之打跡、如第二十九圖、小水之流跡、日曬之裂跡、觀此段中所存、皆細小微賤之物跡、可想當時地面、生長動植

各物、必無多也、右第五十九節

第十段石圖

上一、青色之泥版石、其中產鐵、形似豌豆、

大

層一厚砂版石泥片石、中帶金精石之碎點

下一、淡灰色之砂版石、紫色之泥版石、粗砂石、

大二砂石、礪石、

層三泥版石與礪石相間、

以上石層、乃就在英國地面者而言、

第十章論第九段有層累石

此段石西國稱曰昔慮里安亦是因地而得名

段中石類○第九段有層累石略而言之卽爲泥片石砂石灰石子母石四等之石此外無多他石前章所言三段之石因成形之後大受變化其原來形體如何其成石之處如何似難分辨觀此段石層層淸楚一一排列原來形體無大改變卽可懸揣其成石於何處其處是何形勢比如砂版石層層成薄版卽可知係沉於靜水之底而成者又如砂石中帶有流水之跡卽可知其成形之地或有海潮漲落或有他水徐流又如子母石體爲石子粘合而成

卽可知其成形必在海邊波浪沖激之處又如泥片石有爲極細之黑泥所成者卽知其成形必在於深水之底有帶沙與蛤螺者卽知其成形必在於海灣水淺之處又如灰石中多蘊藏珊瑚蟲之窠蛤螺之殼卽可知其成形必在海中珊瑚蛤螺各蟲稠密之處 右第六十節

此段分上下二大層○此段石因上數層與下數層中所蘊藏動植各物之跡種類多不相同又因上數層與下數層往往有不相順之勢故分爲上下二大層究其不同不順之故則以下層成石之後其地多經震動改變且其上下成石之時相去亦必甚久是以有此情形此段石產於

天下甚廣、卽將一處之石、攢聚而積累之、亦有一二千丈之高、然其形體不能處處皆同、或此處之石柔輭、彼處之石剛硬、或彼處之石疎鬆、此處之石堅實、或此處之石粗糙、彼處之石細膩、石之形體、雖然有別、似難辨其爲同段者、然考其中所蘊藏之物跡、處處相類、則無不可認其爲同時所成之石也、此段中之火成石、有在此段石成形之後、自下而上沖者、有在此段石成形之時、自火山吐出、夾入於中者、右第六十一節

此段石之用處○此段石、無甚用處、其泥版石、體質多柔、遠不如第十段之泥版石剛硬、其砂版石、亦不如第八段

之砂版石可用其細砂石則可爲牆壁之用其青石亦可燒之成灰各石之裂縫中常產金銀銅鉛水銀等物前三叚石產金者較少此叚產金則多於諸叚在第八第九第十三叚石之空隙裂縫中皆有白石英塡滿形似脈絡金卽產於白石英內其產金最多則在水成石與火成石交接之處右第六十二節

叚中物跡○此叚石中所蘊藏動物之跡皆係海中水族如珊瑚蟲海燕海膽海膽周身有硬皮似殼殼上生長刺有如刺蝟團縮之形故又名爲海蝟蛤螺海蚓蝦蠏等類之蟲皆是其陸地之物跡今並未查有一種亦無淡水中之物跡且石中物跡其種雖繁其類

則少而且賤、不過如上所言數類小蟲而已、上層內亦有植物之跡、如海草之類、形如第三十圖乙乙、又有似屬絲芒又名萬年松之類者、如第三十圖甲甲、此外則未見有別類植物之跡、此段下半段之跡、與上半段之跡、類雖畧同、其種則大有差別、且上半段之種多於下半段、然下半段之種則有爲上半段所無者、緣上半段成石之時、此種已歸於泯滅也、此段石草形蟲類之跡中、有一類、如第三十一圖、形似西國人所用之鵝翎筆、可名鵝翎蟲、或作筆形蟲始見於下數層、興盛於中數層、滅絕於上數層、此蟲之跡、在此段泥片石中甚多、可想此物在當時、極其繁茂海底泥上、幾乎徧滿石中之珊瑚蟲種類亦繁有形似碗者有形似牛角者如第三十二圖有形似蜂房者如第三十三圖有形似鐵鍊者如第三十四圖石中又多有蓮形蟲之跡此類在當時最爲繁茂今則種類無多海中少見又有一種如第三十五圖甲類乎海膽身似圓球下有一莖生於海底泥沙中可名海泡其跡在此段外少見其蘊藏蛤螺之跡亦不少其形多如第三十六圖今時蛤螺蟲各類之形狀石中無不有之其砂石中亦存海蚓之行蹤與窩巢並其窠殼（窩巢乃蚓所行走居住之所其始成於泥沙之中窠殼乃其自做之殼用以護身有直伸者有盤曲者）至於甲節類之蹤跡則較他物之蹤跡尤多雖云屬乎

蝦蟖之類，然與今之蝦蟖，形狀迥乎不同，其中有三辦鬚種類甚繁，蹤跡極多，見第十九節又有一類，如第三十七圖甲，身體畧如大蝦，頭上蓋甲，前有兩大眼，上有兩小眼，口前兩旁，各有三鬚，口旁有二長分水形似腿，身體共分十一節，一節爲尾，此類可名爲大分水蝦，然其包括數種，種亦各異，此不過言其大畧耳，此類始見於第九叚石，興盛於第八叚石，滅絕於第七叚石，又有一類，如第三十七圖乙，頭與上身，生有雙殼，似蛤，下身如蝦，可名殼蝦，此類中亦有周身包於殼內視之渾如蛤蜊者亦有頭上包甲身體似蝦者此叚石之上層，亦有魚跡，但魚跡無多，地學家有以此層爲第八叚之末層者，故其魚

跡、今先無論、右第六十三節

當時地勢○由此段石之形色體質與其中所存之物跡、追求當時地面之形勢、可想其海面寬廣、陸地狹窄、歐羅巴亞利美加二洲、只言此二洲者因他洲之情形尚未查明彼時多半在於水中、尚未出現、但其水多淺而不深耳、且查此段石中所存之物跡南北畧同、亦可知彼時天氣之寒熱、南北無甚差別、而其北方則似較熱於今之北方、以當時北方之物、非熱於今日、則不能生長也右第六十四節

第九段石圖

上大層

一　紅色綠色之沙版石、與泥版石、
二　帶金精之灰色砂石、其層厚薄不等、
三　雜土之灰石、
四　含子泥片石、
五　含子灰石、
六　厚層之泥片石、
七　含蛤螺殼之灰石、與砂石、
八　礪石、與泥片石、

下大層

一　礪石、與雜沙泥片石、
二　厚層之白砂石、
三　青色雜石灰之砂版石、與泥版石、
四　青色雜石灰之砂版石、薄層之灰石、粗砂版石、

以上之石層、係就英國地者而言、積而累之厚有千丈、

第十一章論第八叚有層累石

此叚石西國稱曰地夫尼安亦是因地而得名又因其多有紅砂石亦名爲舊紅砂石叚

叚中石類○第八叚有層累石約畧言之卽砂石砂版石砂版石卽分層之砂石子母石灰石泥片石等石其砂石頗有粗細之別自塵沙之細漸次至於石子之粗形體不一其灰石中多含火石子故名含子灰石此火石子乃自生於內非關粘合蓋爲水中砂質所遺落而成形也其泥片石多雜色綠紫黃三色相間易於辨認此叚石中多含鐵氣故其色多紅然亦有黃色雜色灰色者見第八叚石圖右第六十五節

此叚石之用處○此叚石天下各處鮮不有之其中之砂

石、體質堅實、可用以砌牆造橋、其砂版石、厚者可用以漫地鋪街、薄者可作石版、用以蓋房、其灰石佳者、可作牌坊碑碣、以及階條石柱頂石之用、其劣者、可燒石灰、其階形石、多蘊藏瑪瑙、碧玉等類寶石、其石之脉絡中、脉絡即石之裂縫而有他石補滿者亦稍產銀銅鉛鐵、此段以下四段石中之火成石、多係花剛石類、此段中之火成石、則多係階形石、如綠階石、磬石、圓斑石等石、此段以上花剛石較少、右第六十六節

段中植物跡○第九段石中、只有海草與水蟲之跡、至此段明明查有陸地草木之跡、昆蟲之跡、及有脊骨動物之跡、動物其分兩大類、一係有脊骨之類、如人獸鳥鼉龜蛇蛙魚之類是也、一係無脊骨之類、如蛤螺昆蟲蝦蠏蚰

蟮海燕海鰭及各種草形蟲是也然言此段石有脊骨動物之跡只有魚類其他則未見焉　此段砂石、泥片石中、所存植物之跡、有海草數種、亦有生於窪下之地者、如木賊蒲、葦草莞之類、在陸地者、則有鳳尾樹、大葦或作大木賊　鱗樹、等類之草木亦有類乎松樹者、鱗樹皮似鱗片始見於此段與盛於第七段後乃漸漸泯滅至其樹屬乎今時何類尚難分辨有以爲屬松柏之類者有以爲屬絲芒之類者但今之絲芒其體皆小大者不過三四尺若鱗樹則高有二丈圍有二三尺　此段石中植物之跡、不過如此數類而已、然類雖無多、其種今則查有二百有奇、其中除松樹外、皆係不開花之類、再查此段黑色之泥片石、似爲植物腐朽之體所成、故其形色近於煤、但其中之物跡模糊難以辨認、右第六十七節段中動物跡○此段石中、動物之跡、則有珊瑚蟲蓮形蟲蛤螺甲節等類之蟲、然其種與第九段石中之種、多有不同、因此段石成形之時、舊種已滅、新種復生、其珊瑚蟲之跡多至不可勝數、有處灰石、盡爲此蟲之棄殼所成、其類幾有二三百種、其形狀亦各不同、有如碗者、有如蜂房者、有如光之照射者、有如盤曲之鐵鍊者、有如筆管林列者、又有形似柱者、如第三十八圖、可想珊瑚蟲在彼時最爲興盛也、其甲節類中、三瓣蟲較少、後漸歸於滅絕、然其分水蝦則甚多、身體極大、有長至五六尺寬至二尺者、頭上生雙鉗、旁有二大分水腿、見第六十三節游行甚速、其反面式如

第三十九圖可想此蝦當時在水中、乃凶猛可畏之一物也、其蛤螺之類、與第九段石中蛤螺之類、大畧相同、但其種有已滅者、有新增者、中有舌形蛤鸚鵡螺、二類、至今猶存、其昆蟲之跡、今只查有蚊蠓之類數種、其形畧似蜻蜓此爲石中始見之昆蟲跡、想其在天下、亦必爲昆蟲之首生乎、右第六十八節

段中魚跡○此段石中、又查有魚跡、亦是始見其、形狀甚怪、與今時之魚多不相同、或身外生骨甲、或鱗片光硬如瓷、或翅上生長刺、凡魚即其、鱗片而分之、其有四類、一爲釉鱗魚、其、鱗如第四十圖甲、裏面生骨、外面光硬如瓷其

鱗或長方形，對縫排列於周身，或大片如甲，不過數片，即滿其身，此類今已罕見，惟鱘鰉魚、露骨魚，是其類，此類之骨，多爲脆骨，亦有硬骨者，一爲碎鱗魚，其鱗如第四十圖乙，亂撒於魚身，大小不等，形狀不一，有小而平者，如鯊魚之鱗，有莢形者，如鯆魚之鱗莢，此類魚之骨，皆柔脆，三爲梳鱗魚，其鱗如第四十圖丙，薄而柔，下邊生有碎岔，如梳齒然，如今鱸魚之類是也，四爲圓鱗魚，其鱗如第四十圖丁，亦薄而柔，或圓或長圓，以次排列於周身，今時之魚，大半皆屬此類，凡此四類，皆按鱗而分者，若按骨而分之，則有二類，一爲脆骨之魚，一爲硬骨之魚，自八叚石以上，至四叚石中之魚跡，皆是脃骨者，其硬骨者始見於第三叚石內，今時之魚則多係硬骨者，若按其尾而分之，亦有二類，有脊骨直通於尾際者，其尾多不齊，如第四十一圖，上面小，下面大，有脊骨不通於尾者，其尾多平分雙岔，如第四十二圖，或齊截而無岔，下數叚石中之魚跡，皆係脊骨通於尾者。右第六十九節

叚中魚類◯此叚魚跡之內，有甲頭魚，如第四十三圖乙，形似今之鱸尾巴魚，此魚大頭蓋甲，周身釉鱗，又有一種，如第四十四圖，鱗片甚大，蓋身如甲，鱗上皆生粟粒，可名為粟甲魚，又有翅魚，如第四十三圖丙，亦是鱗片甚大，蓋

身如甲、頭兩旁生有二大分水形似翅、故名翅魚、又有一種縐紋魚、如第四十五圖、亦是釉鱗、鱗上滿有縐紋、又有骨鱗魚、露肋魚等魚、此段石中之魚跡、皆係以上所言釉鱗碎鱗之類、其骨皆脆、其尾皆不齊、現今之魚、則多屬乎梳鱗圓鱗之類、梳鱗圓鱗之類、今有九千餘種、其釉鱗碎鱗之類、今只存有三千餘種、再觀此段石中之魚跡、可想當時之魚甚繁、且其蹤跡稠密、似是羣聚一處、忽然而死、埋沒於泥沙中者、然其蹤跡、不能種種全體皆備、或只遺一體、一骨、一牙、一鱗、他物之跡亦然、此段物跡、在有脊骨動物之內、只有魚、其蛙黽之類、至第七段石內始見、右第

七十節

當時地勢○卽此段石之形體、與其中之物跡、思忖當時地面之形勢、可知歐羅巴、亞美利加、二洲彼時尚多爲淺水之海、窪下之地、只見島嶼、多處水面甚寬、地面甚窄、但較第九段石成形時之地面稍寬、故其陸地之物跡較多也、且可知當時火力似大、地殼常有長縮、時而高起時而窪下、此段陸地植物之跡雖係始見其類則不微賤魚跡雖亦始見其類則不弱於今日之魚類　右第七十一節

第八段石圖

上大層色多黃

一　黃砂石與雜色之泥片石相間、物跡有水陸植物之跡有淡水蛤螺之殼亦多有魚跡、

二　灰石砂片石泥版石、物跡多有珊瑚蟲之窠蛤螺之殼與三瓣蟹之跡、其中魚跡則無多、

此數類石若累而積之厚有三百丈、

中大層色多紅

三　紅色子母石與絳色之粗砂石、物跡無多間有魚跡、與植物之跡、

四　紅砂石、其層多厚、中含卵子石、亦有子母石綠泥片石與含子灰石、其中魚跡無多且不清

此數類石若累而積之厚有二百丈

下大層色多灰

五　紅灰砂石中含卵子石子母石其層甚厚間有灰色之砂版石雜沙之泥片石、物跡無多亦甚糢糊、

六　帶金精之灰色砂版石其版有厚有薄間有黑色之片石、物跡則水陸植物之跡不少亦多有分水蝦與魚之跡其蛤螺之跡則未見焉

此數類石若累而積之厚有五百丈

以上之石、皆就在英國地面者而言、

第十二章論第七叚有層累石

此叚石西國稱爲煤炭叚、因其多産煤也、

叚中多産煤鐵○第七叚石中、産煤甚多、亦是始見以前數叚、並未有之、以後數叚雖亦有之、然皆不若此叚之多、此叚石中、又多産鐵、前數叚雖亦有鐵、大略皆産於石縫中、至此叚始聚有層累、論此叚石之形色體質、可分上中下三大層、其上層中産煤甚多、故名爲大煤層、其下層中、産煤亦不少、但不及上層所産之多、其中層多爲灰石、故名爲灰石層、此外在上中層之間、又有一層礪石、與砂版石、泥片石、但其産於天下、不若彼三層之多、即産彼三層之地亦未必層層皆備、或有處無下層、只見上中層、或有處中下層皆無、只見上層、生於第八叚之上、或有處不見上層、只有中下層、卽上中下三層皆備之地、其層之厚薄亦大有不同、非特此叚石爲然、凡十二叚石、皆是如此、論此叚所有之石、卽砂石、泥片石、灰石、煤、鐵等石、相間而成、各石之形體亦不一、有大小厚薄粗細鬆堅之別、其煤層有薄如紙者、有厚至三四丈者、煤之體質亦不一、有硬煤、烟煤等類之別、其鐵層有薄至三四寸者、有厚至三四尺者、右第七十二節

本叚下層〇今將上中下三層之石、與其中所存之物跡

自下而上二一分解、下層（或名下煤層）之石、雖不能處處皆同、然約畧言之、卽黑色之泥片石、（此石之形色體質、有似於煤、煉之可出石油、俗名煤熏石）砂石、分層片之青石、雜土之輭煤、鐵石等石、相間而成、此數類石、所存之物跡少有海與深水中之種類、其蛤螺之類、多係生於江口者、植物則多爲窪地淺水中所生、由此可想此層石、皆成於淡水江口湖底等處、再觀其石類、上下形色各異、更可知當時江河含帶泥沙等物、常有不同、此時則多淤細泥、與各類植物、彼時則多淤土沙、再觀其石、多分層片、且無子母石、（子母石多成於水中波浪翻騰之處）更可知其成形於靜水之中、石內又有火成石、多相夾雜、亦可想當時地中之火常常奮發噴吐、至於鐵在第八段石成形時、尚分散於水中、故其石色多紅、如鐵鏽然、至此段則聚成層累、更觀其煤層層積累、可想當時之植物、比以前多加繁茂、在彼則有松杉成林、生長高大、在此則多窪下之地、叢生大葦、木賊、草莞、鳳尾樹、鱗樹、各等草木、極其茂盛、又觀其灰石、厚有三四尺、全體皆爲蛤蚌殼聚合而成、可知彼時江口海灣之處、亦有蛤蚌之類、羣聚雜處、生生不已、再觀其黑色之片石、皆爲細泥與腐爛之草木、聚合而成、可知當時之江河、多運帶各類植物與泥、淤於其口、此下層之物跡中、則有似鼉之大魚、又有蛙與大蜴虎之類並有蝸牛二種此三類皆於此叚中始見者、此叚石中蝸牛之跡惟亞美利加東北境一處有之其體甚小一種爲扁形一種爲長形今之蝸牛形狀雖多亦不出此二類在上二三叚石中亦不再見蝸牛之跡問何以不見則難言之或因其生長之處不廣數目無多或因其暫時被滅後來復生歟○右第七十三節

本叚中層○此叚之中層灰石最多、故名灰石層、其各處之石、形色雖不一、然因其中所含帶之珊瑚蟲蓮形蟲與蛤螺之窠殼則較諸叚爲更易辨認、此中層石、有處爲灰石、或作青石與雜石灰之泥片石、相間而成、有處爲泥片石、與灰石、煤石、礪石、相間而成、有處爲十餘丈厚之灰石與極薄層雜石灰之泥片石相間而成其灰石之顏色較他叚

之灰石多黑體質亦較細膩磨之發光可用作牌坊碑碣燒之亦成好石灰其體多爲珊瑚蟲蓮形蟲蛤螺等蟲之窠殼所聚而成此灰石自上而下多有裂縫水自其中流出日久化爲大洞上有石鐘乳下有石牀皆爲水所滴成水中若帶炭養氣遇灰石即漸化爲水自上而下滴水水氣乾在上則爲石鍾乳在下則爲石牀故產此灰石之山皆有大洞如第四十六圖洞中多有石鐘乳石牀頗可游觀亦有乳泉以物投之即漸化爲石右第七十四節

中層物跡○此中層之泥片石多有植物之跡其類多與上層植物之跡相同茲先無論其灰石中之物跡則有珊瑚蟲蓮形蟲蛤螺三瓣蟹釉鱗魚等類之跡此等物類皆

生於海水畧深之處。可知此石成形。必在海底。其珊瑚蟲之類。有形似碗者。有形似柱者。有形似筆管者。有形似牛角者。有形似樹者。其蓮形蟲之跡甚繁。形狀雖不一。約皆有莖。或圓形。或五棱。莖上多節。頭上有花。花中分瓣。狀如佛手。其內體堅硬如石。乃鈣質炭質及養氣化合而成。與灰石之質相同。即鈣養炭養也此層之灰石。有皆爲此蟲之體所成者。在第十段石中。三瓣蠶之跡最多。在第八段石中。釉鱗魚之跡最多。在此段灰石中。則蓮形蟲之跡最多。亦有海燕海贍之跡。甲節之之類則有殼蝦。見第六十三節三瓣蠶大分水蝦。此後三瓣蠶大分水蝦則少見其蛤螺之類亦不少。各種形式俱備。內有如第四十七第四十八第四十九圖者此外在雜石灰之泥片石中又有微蟲之跡如碎孔蟲類體極微細必用顯微鏡窺看方得見之此中層石內所存之魚跡有甚大者亦有形似鼉之大魚跡細觀其體半似魚半似鼉水陸二地皆可居住游行亦有鱗介類之跡數十種小者盈尺大者滿丈地學家先見其足跡後得其形體但零星破碎不能全整難與今之鱗介類相比而定其種類今之鱗介其分四門一爲龜鼉二爲蛇三爲蝎虎四爲蛟鼉以前蛙類亦歸此部今動物學家分之獨爲一部此中層之泥片石中亦有魚鼉等類之糞跡名爲石糞其中往往藏帶魚鱗與蛤螺碎殼等物乃魚鼉等類所食者右第七十五節

本段上層○此段之上層即為砂石、泥片石、膠泥、鐵石、煤石、雜土之青石、（或作灰石）相間而成。此數類石在段中雖無一定之序，然約畧言之，在下多粗砂石，在中多黑泥片石與煤，在上多砂石與雜土之青石。（此石因雜土而多分層，此片其形體近乎泥片石。）此層之砂石色多白多絳，頗有粗細剛柔之別，其層多厚，亦有內中雜土分層而成版片者，其煤亦有數種，有硬煤，有烟煤，有發亮者，有湼暗者，其泥片石之顏色皆黑，內含石油，多寡不等，其青石多不純潔，中雜泥沙，其鐵之成形亦不一，或與膠泥連合而成層，或與煤及黑片石連合而成層，或圍抱一物，生長而成塊，（不論何物，如一葉一骨一蟲一牙之類，皆可借以生長成

塊○右第七十六節

上層多產煤○此層石中產煤最多故名爲大煤層煤乃腐朽之草木變化而成故能用以燒火若以畧精之顯微鏡窺之則其草木原形之紋理猶見焉若問必須若干草木方成一層之煤其多亦難意想然觀此段之煤有處多至數十層則可知其草木在當時之繁茂爲何如也凡煤皆成於窪隰之地此段煤如此之多亦可想當時天下窪隰之地甚廣空氣甚是溼熱故其草木生長極速亦極暢茂其腐體逐漸積成黑泥後其地縮下被水淹沒上面堆積泥沙日久遂變爲煤亦有江口之地淤積草木之枝葉

柯條甚厚後因地勢改變埋沒於泥沙之下日久亦成爲煤又有生長林木之地漸漸縮下被沒於水其林木與枯枝敗葉積年所化之黑土埋沒於泥沙之下遂成爲今日之煤此上層石除煤之外又多有黑色之泥片石此石乃草木腐體與細泥攙合而成其來源與煤相彷但其中多雜泥沙不能爲燒火之用然因其中有植物之腐體故西國有人鍊之自其中而取石油因此名爲油片石右第七十七節

段中物跡○此上層石中之物跡與中層下層之物跡雖大略相同然其中亦有分別中層所存動物之跡多係海

中水族、如珊瑚蟲蓮形蟲等是也上層與下層所存動物之跡、則多係江口海邊等處之物、其魚跡身體多大、略帶鼉形、其鼉類之跡、又略帶魚形、可知其多在於水少在於陸、又有生長陸地之物類形似蛙與蝎虎者、並有陸地之螺殼、其昆蟲之類則有阜螽蟯蝍、穀蟲、大蚊蠓、其翅展開寬有七寸此外又有蛐蜒蝎子、蜘蛛等物之跡、右第七十八節

上層中植物跡○此層石成形之時、地面之草木、極其繁茂其腐體甚至成煤三四丈厚其草木之蹤跡、存於泥片石、砂石中者甚爲稠密、如松杉鳳尾木賊大葦絲芒等類草木皆是內中最多者、一爲印樹、如第五十圖印樹皆高而直有至

五六丈者、皮上起棱、棱上有葉落所留之痕跡、其形畧似市肆門柱之護柱竹版、一釘列於一釘之上、其樹或無枝、或在梢上生數叢、其葉勁而長、無蔕、發生於枝榦之上、如松樹之葉、因其葉落之跡有似印記、故名印樹、此樹根荄之跡、在此段石中亦甚多、二爲鱗樹、見第六十七節、三爲大葦、如第五十一圖、其高二十餘尺、大約屬乎木賊之類、其體則大多矣、四爲鳳尾樹、其葉形如第五十二、第五十三圖、鳳尾樹種類甚多、卽其葉而分之、有舌形、梳形、楔形、圓形、等類之別、右第七十九節

段內多雜火成石○此第七段石中、多有火力奮發震動之跡、其中下二層、常有火成石夾雜於內、全段成石之後、大經火力震動、甚至其中石層崩裂折斷、如第五十四圖

而兩半形勢高下不齊，再觀此段之煤層，有處見數層，有處見數十層，中間有砂石泥版石隔斷，即可想見當日地面時有長縮起落。蓋凡煤皆成於低窪之地，若非時有長縮起落，其層數必不能如此之多。據此亦可想見今日之大洲廣土，在當時多有島嶼，下隰淺水葦塘之地，後因淤積泥沙，時淤時陷，時陷時淤，漸漸成為高壤平原。再觀此段石之在北方者，其中所存植物之跡，多有屬乎熱帶之物，且極茂盛繁密，可想當日北方之氣候較今時更熱。揆其源，或因當時水面較廣，陸地較少，或因當時地球周圍之氣中，比今時含炭養氣較多，炭養氣較多，則能拘留熱

氣使之不散、如罩一層玻璃罩然右第八十節

本段石之用處○此段之石、皆可採用、其砂石細膩堅實、堪取以造橋砌牆、其砂版石厚者可用以鋪街、薄者可用以蓋屋、其青石亦甚堅實、造橋砌牆燒灰、用處繁多、極佳者可作牌坊碑碣、其膠泥或作生泥或作粘土可以燒磚瓦及大小各種瓷器、其鐵石或紅或黑、鍊之皆成好鐵、天下之好鐵多從此段採取、其泥片石中、有可鍊出白礬者、有可鍊出青礬者、有可鍊出石油者、其煤最多最佳、今時泰西各國所用、約皆取於此段、其青石中產鉛及錊、俗名白鉛其實非鉛亦屬六十五原質之一按西國之口音則名爲錊其鉛之中、往往帶銀、由是觀之、此第

七段石用處最大、盖處極廣、其餘十一段石皆不能及、可知產此段石之地、必甚豐富也、右第八十一節

第七段石圖

上煤層　此層乃砂石、泥片石、膠泥煤石、鐵石、灰石、相間而成、查此層之煤、似多成於低窪之地、

礪石層　此層乃礪石、即粗而剛硬之砂石、砂版石、泥片石、相間而成、觀此層石之體質、似成於海邊水淺之處、

灰石層　此層乃灰石、泥片石、雜石灰質之砂版石、相間而成、觀此層石之體質、與其中之物跡、知其成於海底水深之處、

下煤層　此層石、乃砂石、泥片石、粘土、煤石、鐵石、相間而成、觀此層石之體質、與其中之物跡、似成於江口淡水之處、

以上之石、皆就在英國地面者而言、

第十三章論第六段有層累石

此段西國稱爲比爾米安亦是因地而得名也

本段石與他段石相比○第七段石之上有紅砂石黃色之鎂灰石雜色之泥片石與雜灰土其中亦有石鹽石膏此數種石、合而爲第六段有層累石因此段砂石多紅、與第八段之砂石同色故有人稱第八段爲舊紅砂石段、稱此段爲新紅砂石段以此段石與在下相連之第七段石相較則大有差別、第七段石爲粗砂石、黑色似煤之泥片石與煤此段則爲紅砂石五色泥片石帶鎂質之灰石、第七段石中產煤與鐵甚多、此段則無煤鐵此兩段石、雖各不同其中動植各物之跡、則無甚差別、若以此段石、與在上之第五段石相較、其石之體質形色、大略相似、其中動植各物之跡、則大有懸殊 右第八十二節

段中石類○此段石約略言之、為紅砂石、五色泥片石、帶鎂質之黃灰石、論其砂石、其層多厚、其體細膩、亦有粗如礪石者、其中往往包藏卵子石、層之中間、亦有子母石、論其泥片石、有紅紫黃灰與雜色、其質不一、有多泥者、有多沙者、有雜石灰者、其體率多柔脆、渾成難分層片、其中往往產自然銅、論其灰石、與他段之灰石不同、他段灰石之色或灰或青或白、此段灰石、則多黃中雜鎂質、有多有寡

他段或亦雜有鎂質、然不如此段之多、此段灰石、亦有天然藴藏石塊者、其形狀多怪、如第五十五圖、有似蜂房者、有似葡萄者、有似球者、有似乳者、有似珊瑚者、此石塊之質與火石之質同皆爲矽養也此藴藏石塊之石俗稱含子石、以上不過言鎂灰石之大略、若細分之、形色甚多、花蕊石亦屬此類、右第八十三節

本段石之用處○此段石、雖不若第七段石用處廣大、然亦頗有可取、其砂石可爲造橋砌牆階條柱頂之用、其鎂灰石有一種極細者、可用作印書板、其粗者、亦可化之取其鎂質、其泥片石中、產銅不少、頗可採用、此段石中、又產

石膏石鹽、供人採取、至此段中之火成石、則有數種階形石、如黑階石、綠階石之類、多自下而上沖、其夾雜於本段石內者、則少見焉、卽此可想此段石成形之時、各處之火山奮發噴吐者無多也、右第八十四節

段中物跡○此段石植物之跡甚少、比第七段所有者、大相懸殊、惟其植物之類、則多與第七段同、卽大葦、木賊、絲芒、鳳尾樹、鱗樹、松杉等草木之類是也、其動物之跡亦無多、不過有第七段三分之一、其各物之體亦較小、究其物類何以如此之少、或因當時地面多經震撼、屢有長縮、或因當時氣候寒暑多有變遷、均未可知、其中珊瑚蟲蓮形

蟲之介殼雖有亦無多、其甲節之類、如三瓣蟹、分水蝦等蟲只遺二三小種、其餘均已滅絕、前兩段石所存釉鱗魚之跡、至此段亦只見有數小種、以後則更罕見、其鱗介之類則較多於前段、前段之鼉類多帶魚形、可知其多居於水少居於陸、此段鼉跡、則純屬鼉狀、無復魚形矣、其中亦有身體極大者、至於蛤類、亦屬無多、在鎂灰石中、見有蛤跡、如第五十六及第五十七圖者 右第八十五節

當時地勢○觀此段石之產於天下、不似前數段石之寬廣、可想當時陸地較多、水地較少、再觀其產於歐羅巴洲之中境及北亞美利加洲之中境者不少、即可想二處之

地彼時尚在海中、未嘗出現凡有層累石皆成於水地故名水成石若其地一出水面後即不能再產此類石矣此段以後成石漸少、合天下之石而總計之、在此段以前成者、有十分之九在此段以後成者、不過十分之一、由此觀之此段石成形之時現今之陸地已大半出水矣右第八十六節

物跡分古中新三等○以第六段以下、至第十一段石中之物跡、與以上之五四三段石中之物跡相比種類大有差別、再與最上第二第一段石中之物跡相較則更有懸殊故地學家稱第六段以下、至第十一段之物跡爲古跡、稱五四三段之物跡爲中跡、稱第二第一段之物跡爲新

跡古跡之種類較少第十一段石中只見一類微物之跡第十段九段只見珊瑚海燕蛤螺蝦蟹數類之跡至第八段則見魚與昆蟲之跡至第七段始見蛙鼉之跡至第六段並未增有新類之跡由此觀之古跡之種類多係水族皆由少而至多由卑而至尊其植物之類亦是先見海草一二種後漸加增木賊絲苡草莞等草即至第六段亦不過見有大葦鱗樹印樹鳳尾松杉等樹而已古跡中之大類如珊瑚蛤螺蝦蟹魚蛙鼉等物至今雖有存者其形狀則與今時各物之形狀鮮有相同即如甲節之類或作蝦蟹之類在上古皆為三瓣鱟分水蝦殼蝦等形與今時蝦蟹之形

大相懸殊上古之魚皆屬釉鱗魚碎鱗魚（見第六十九節）其骨皆脆其尾皆偏今日之魚則多係梳鱗魚圓鱗魚其骨多硬其尾多正上古之植物多爲大葦鱗樹印樹等樹今則無其類矣再觀上古動植各物之種類多不純淨有帶兩物之性者即如三瓣鱟半似鱟魚（鱟魚屬乎蟹類）半似蚆蜮（蚆蜮俗名潮涇蟲常居於朽木之中西國人謂之爲木蝨）上古之魚有帶鱉形者如翅魚（見第七十節）有帶鼉形者（見第七十五節）上古之蛙類體段如蛙周身有鱗片似鼉上古植物之種類亦不純淨如第七段中鱗樹印樹之跡半似絲芒半似松杉又如大葦外形似木賊內體似樹由此觀之動植各物似有先總而後分之勢也若究

動植各物、今古何以不同、其理亦不一、或因物類自具變化之性、或因地面時有更改之形、或因氣候寒暑後先各異、或爲防他物之侵害、漸改其形體、右第八十七節

第六段石圖

上層	一分層片之灰石間有雜色之灰土 二雜石膏之灰土其色有紅有藍及雜色 三鎂灰石其色有黃有白其形勢體質不一 四雜石灰之泥片石其體多疎鬆
下層	紅色之砂石、紫色之雜灰土、與灰色之泥片石相間而成第六段石與第七段石層次相順之處其紅砂石皆緊蓋於大煤層之上

以上之石層皆就在英國地面者而言

第五十八圖　八掌蛙足跡

第六十一圖

蛤類

第五十九圖　石蛇

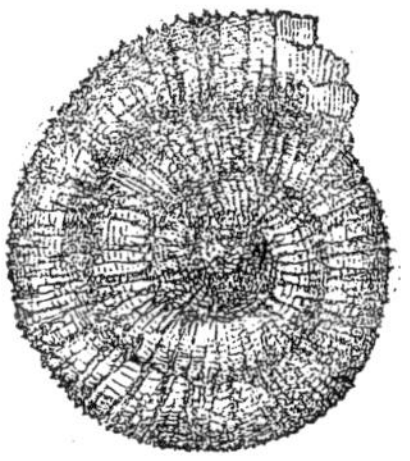

第六十圖　石蛇內面

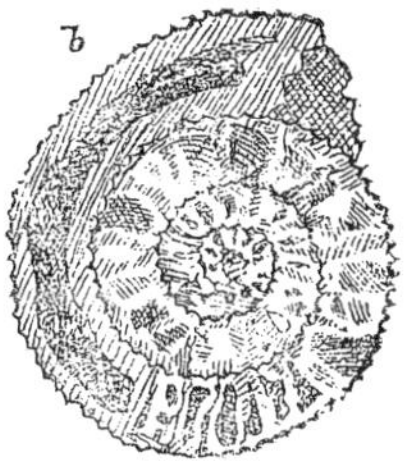

第六十二圖　頭行螺跡

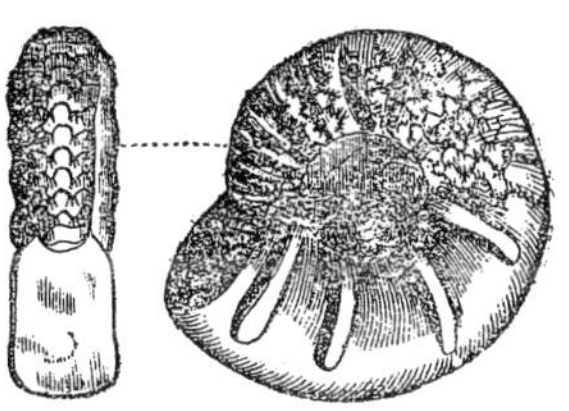

第六十三圖　石中埋藏樹根之式

第六十四圖　海膽

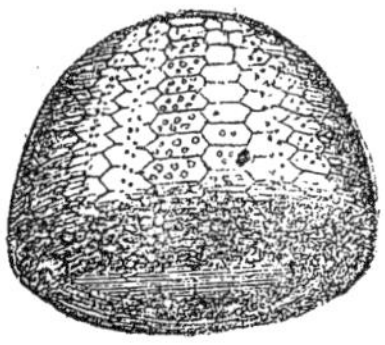

第六十五圖　各式蛤螺跡

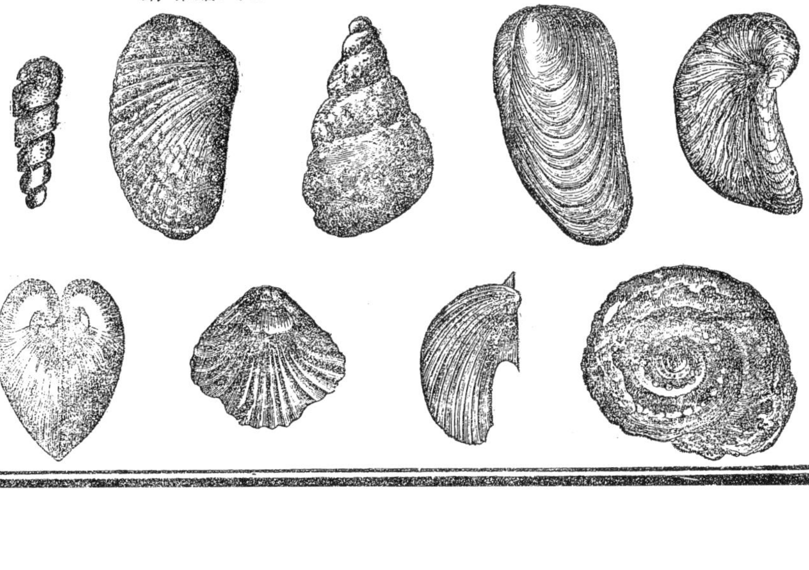

第六十六圖

石蛇　石蛇　石蛇

第六十七圖

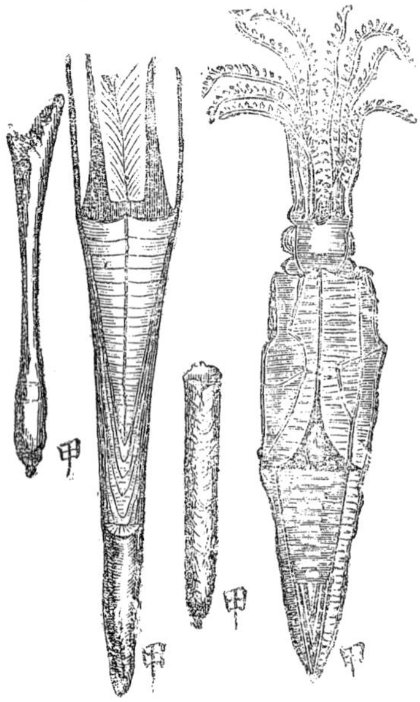

箭形墨魚

第六十八圖

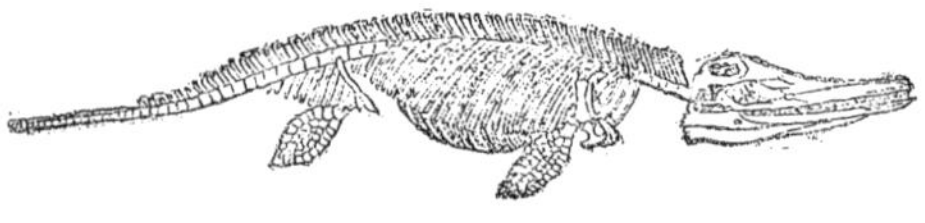

魚形鼉

第六十九圖

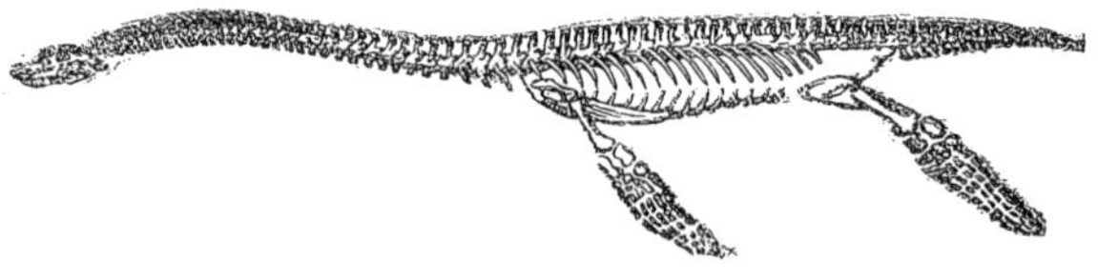

蛇形鼉

第七十圖

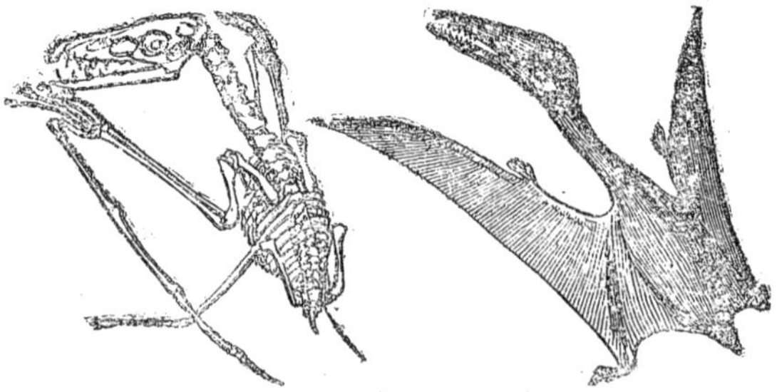

飛鼉

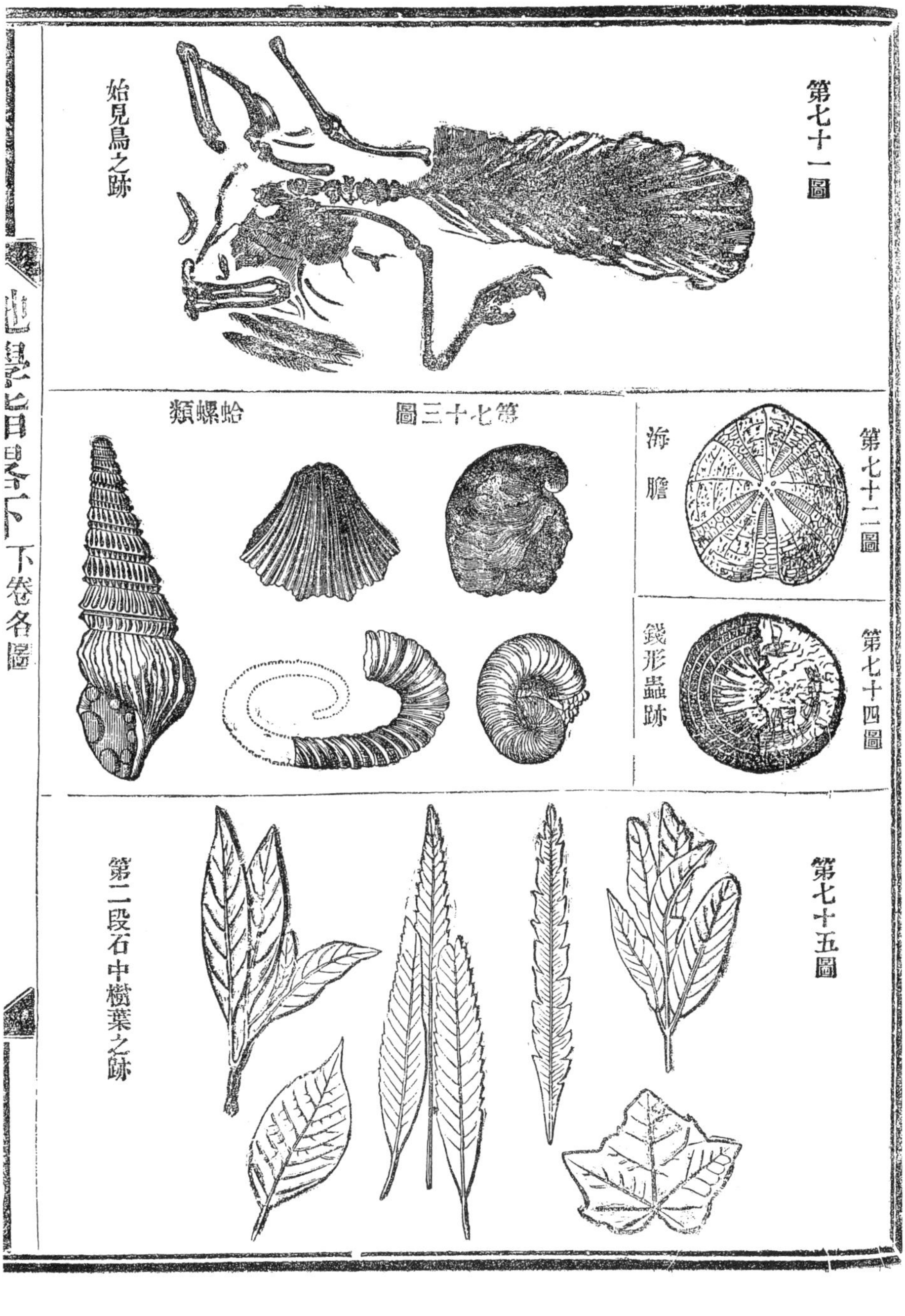
第七十一圖
始見鳥之跡
第七十三圖
蛤螺類
第七十二圖
海膽
第七十四圖
錢形蟲跡
第七十五圖
第二段石中樹葉之跡

第七十六圖　第二段石中果實之跡

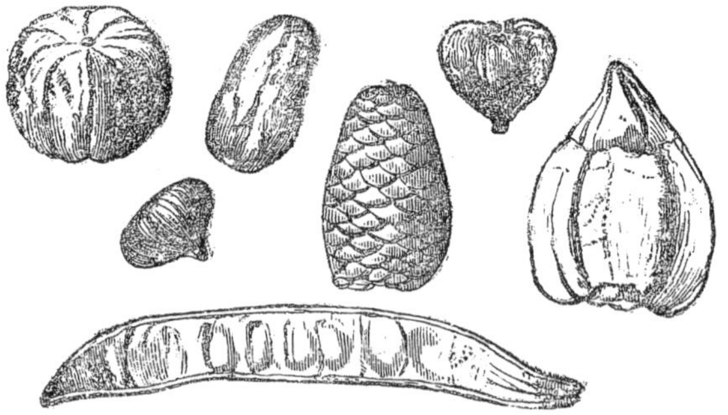

第七十七圖
蛤螺類

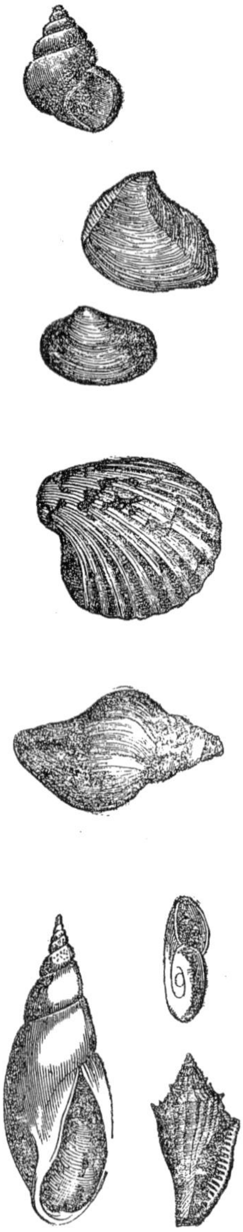

第七十八圖　大獸全骨跡

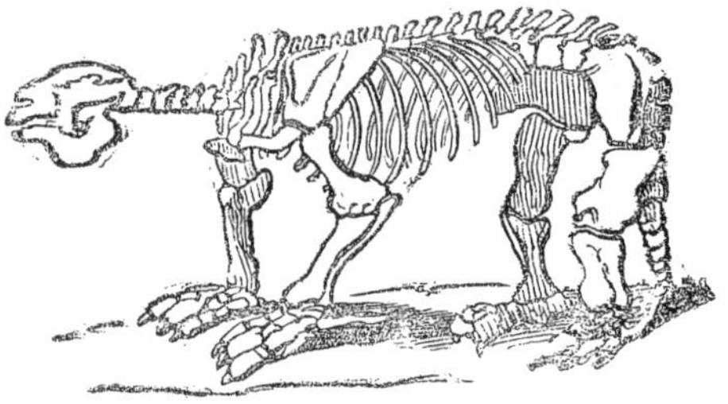

第七十九圖　乳頭牙象跡

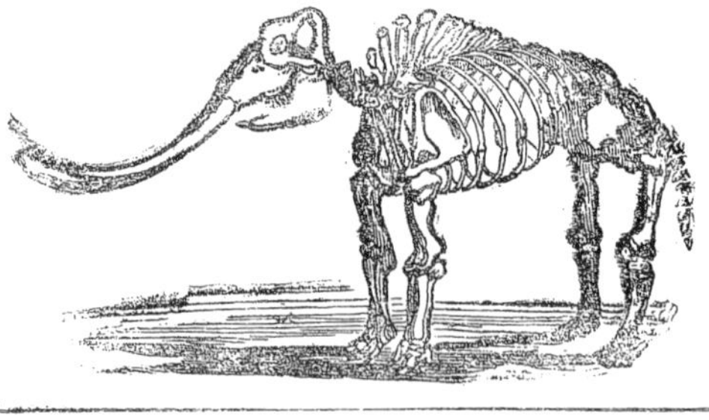

第八十圖　古大獸跡

第八十一圖

冰淤膠泥石塊式

第八十二圖

古大象全骨跡

第八十三圖

大麋全骨跡

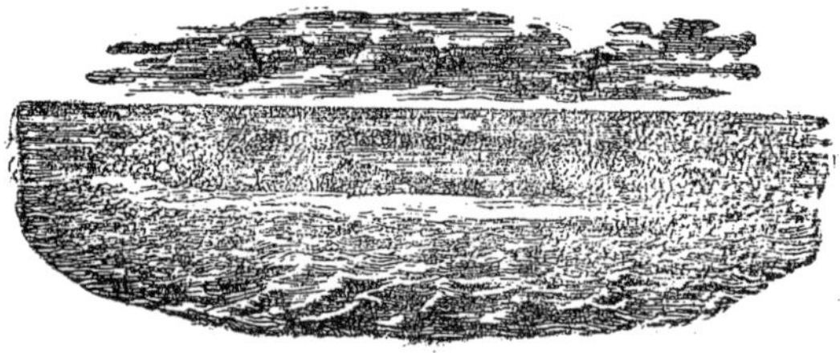

第八十四圖　珊瑚島之形

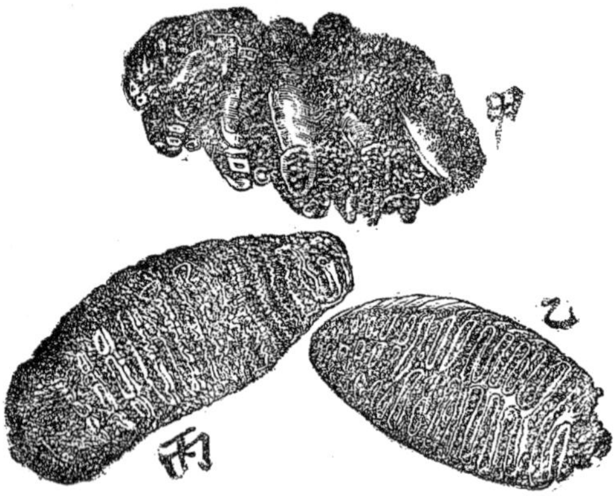

第八十五圖　甲爲乳頭牙象之牙　乙爲古大象之牙　丙爲現今之象牙

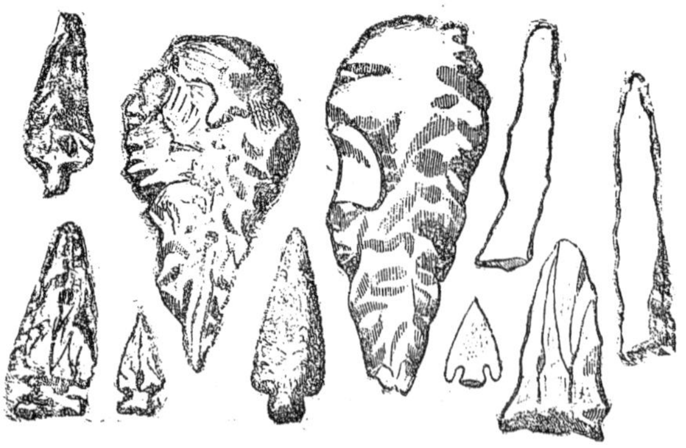

第八十六圖　石斧石錐石箭頭石槍頭等式

地學指畧卷下

英國教士文教治口譯
古灉副車李慶軒筆述

第十四章論第五段有層纍石

此段石西國名爲得來
斯蓋取其分三層之意

本段石分三層〇此段石可分爲上中下三大層上層爲帶石膏石鹽之雜灰土中層爲灰石其體皆爲蛤螺殼聚合而成下層爲雜色之砂石因有此三大層之分故西國名此段石爲三層石段然此三層石不能處處皆備如在英國則只有上下二大層缺少中層在他處亦有缺上層

與鉄下層者此段石之在歐羅巴洲中者不見有煤在亞西亞亞美利加與澳大利亞三洲之內者則產煤不少中國產煤之處未曾察明屬於何段然亦有人畧察數處似乎屬於此段如果是實則此段產煤不甚遜於第七段也此段石因少有火成石自內冲出故其地勢多平鮮有山嶺其土性黏而寒不利耕種以爲芻牧之所則相宜右第八十八節

段中多產石鹽○此段石中之砂石灰石石膏與煤皆可採用其石鹽與人益處尤大其鹽有白淨者有雜土者於產此石鹽之地掘井者取其水而熬之即成鹽不劣於海

鹽、內地離海較遠之人民多倚此爲食、如川陝等省是也、英國有一處、產此石鹽甚多、上下兩層、下層有十丈餘厚、上層有七丈五尺之厚、長約有三里、寬約有二里、兩層中間有三丈餘厚之膠泥隔斷、英國人所食之鹽、多從此熬取、中國四川省、嘉定府、順慶府等地、鹽井不少、其石鹽約亦屬乎此段、若究此石鹽之來源、則難言之、或因產石鹽之處本爲內地之海、與大洋不甚通、而洋水亦有時灌入、常被太陽蒸曬、水氣上升、其中所含之鹽、遺落於底、年深日久、漸成此鹽、或成鹽之地、本爲大湖、其江河之水流入、無口可出、常被日曬、水氣上升、其鹽下遺、日久積成此鹽、如猶大國東南之死海、均未可定、此等湖海成鹽、與用鍋熬鹽同理、至於石膏之來源、約與石鹽相似、石膏之原質乃鈣及硫二質與養氣化合而成、化學家名爲鈣養硫養三○右第八十九節

段中物跡○此段石爲中跡之首段、其中之物跡、與第六第七段之物跡、多有不同、舊類已沒、新類旋生、似別爲一世界也、論此段植物之跡、有與第六七段同類者、卽木賊鳳尾、大蕫等草木、又有此段始見之跡、卽爲鐵樹、栢樹與類乎棕櫚之樹、此數類在當時最爲茂盛、至於動物之跡、則有鳥跡、獸跡、爲此段所始見者、其鳥雀游行蹤跡、存於砂石中者甚多、其足跡甚清、如新印者然、足上皆有三爪、

內爪有三節、中爪有四節、外爪有五節、今時三爪之鳥、其爪節之數目、亦如是、足跡有大至一二尺者、二足相距、約有五六尺遠、且其印跡甚深、足徵其身體長大而沉重、比今時之駝鳥殆有加焉、其足跡之多、甚至在一處查有三十餘種、此外又有中空之骨跡、有人疑是飛鳥之骨、以凡鳥骨皆係中空也、然未可確定、亦或是飛鼉之骨跡、見第九十七節、其獸跡今只查有一種袋鼠、未見他獸之跡、想此鼠即爲衆獸中之始生也、袋鼠腹下生皮袋、以收小鼠於內、而乳哺之、在獸中最爲卑賤、今澳大利亞洲中、存其種類不少、其形體亦各有不同、小者如鼠、大者如狗、有食草者、有食果實者有食生物者亞美利加洲中亦存其一種他處則皆早滅絶矣此段石中鱗介類之跡甚多鱗介類即龜鼈蛇蝎虎鱷魚鼉蛙各蟲是也魚不在此類或見其體骨或見其足印足印之小者有數分大者至一尺五六寸其中有一蛙類身體極大其髑髏骨長至四尺牙長三寸其足印如第五十八圖形似人掌故名人掌蛙此段石中雖不見有龜鼈之體骨而其足跡則始見於砂石之內此段魚跡皆屬乎釉鱗碎鱗之類其尾不皆偏亦有正者第六七八段之魚亦皆屬乎此二類但其尾皆偏而不正見第六十九節此段灰石之內蛤螺殼最多其灰石率皆為此殼聚合而成其中又始見有石蛇如第五十九第六十圖名雖為

蛇其實乃螺、其形圓而匾、彎環盤曲、畧似蛇、故古人以此名之、西國名爲羊角螺、亦以其形似也、至第四第三段、此殼之跡則多矣、又有蛤與螺類、如第六十一第六十二圖者、此段石中、甲節之類、多爲殼蝦、全體包於雙殼之內、外觀似蛤、其體則爲蝦、見第六十三節此外又有一種蝦類、乎今之大頭蝦、亦是此段石始見者、此段珊瑚蟲之窠殼不多見、其蓮形蟲、海燕之跡則多、其昆蟲之跡、如硬蓋蟲、蚊蠓之屬亦不少、右第九十節

當時地勢氣候○此段石前已言明、多爲砂石、泥片石、並出產石膏、石鹽、與產銅之石灰土、其中多有鳥雀蛙黿等

類之足跡、由此可想此段石當時之地勢、多爲淺水之海、及江口沙灘寬大之處、不然萬不能有此足跡、而石膏石鹽亦不能結成也、再觀此段石色多紅、亦可懸想當日水中多含鐵氣、且考其植物之跡、多有鳳尾樹、鐵樹、與類乎棕櫚之樹、更觀其動物中鱗介之類甚繁、即可想見當時天氣多乾旱、而熱、略似今日澳大利亞洲中之氣候、然與第七段石即産煤之段成形時之氣候、大相逕庭矣右第九十一節

第五段石圖

上層	中層	下層	
產石膏與石鹽之泥片石 雜色砂石 黑色分層片之膠泥 此層厚有一百丈	堅實之灰石 鎂灰石 石膏與石鹽 此層厚有六十丈	雜色砂石 鎂灰石 紅膠泥亦名紅土 此層厚有一百五十丈	此係就日耳曼地面而言
上層	中層	下層	
產石膏與石鹽之雜灰土 灰色白色之砂石 厚有七八十丈	中層缺	雜色砂石 子母石 厚有一百四五十丈	此係就英國地面而言

第十五章論第四段有層累石

此段石西國稱爲如拉錫段亦是因地而得名又稱爲魚子石段因其中多產魚子石也

本段石分三層○按此段石之體質形色亦可分上中下三大層、下層大略爲灰石、膠泥與泥片石其灰石皆分層片色或青或灰其膠泥色多藍層中間往往產煤其煤有兩種、一種細膩光華即是炭膽西名借脫其形似乎瑿珀、可作佩帶玩物之用一種形似木炭體質稍輕故名木煤、膠泥層中亦產鐵成塊、形似卵子石、其泥片石色多黑鍊之出油、又產自然銅自然銅乃其俗名究其質係硫磺與鐵化合而成即鐵硫礦也除此之外、又產苦硝、朴硝與礬與鹽、此下層石之色青灰黑藍、層層排列最易辨認因此層石多分層片故西國名之爲層片石段再查其體質觀其形色可想其成石之時必在於海中層之石大畧爲魚子石礪石子母石砂石膠泥相間而成其魚子石屬乎灰石之類狀如魚子聚合而成故名魚子石然亦有粗者粒如豌豆此等石之粒中往往有一小沙子爲心其礪石乃蛤螺殼之碎渣與珊瑚之碎渣並沙子聚合而成體質粗細不等其砂石色多黃中雜石灰其膠泥之色多係月白中亦雜石灰多寡不等此層石亦係成形於海觀其石中多夾雜珊瑚渣與蛤螺殼渣可知其成形必在海邊湖水沖蕩之處其魚子石則必成形

於海水平淺之處也、上層之石、畧而言之、爲膠泥、泥片石、砂石與沙與灰石、其膠泥色多灰、中產鐵、其泥片石、有出石油者、層中亦稍產煤、其砂石之層、有極厚者、有分版片者、其沙因受在上之壓力、雖硬而尚未成石、其灰石多爲蛤螺碎殼聚合而成、其層多薄、查此層石之體質、觀其形色、可知其成石、必在江口水略鹹之處、且此層石之產於天下不甚廣、有多處無之、右第九十二節

產此段石之地形○此段石中無火成石、與之相雜、然有自下鼓蕩而起、或從下向沖出者、如黑階石、綠階石、花剛石是也、凡產此段石之地、其形勢皆一高一低、如水波紋

然其底此形勢者，因其灰石性堅，剝削不易，其膠泥與泥片石性柔，風雨侵蝕，易致剝落，故灰石之處則高，膠泥與泥片石之處則低矣，其產灰石之處，地土多肥潤，產膠泥之處，地土多寒瘠，膠泥中若帶石灰，則成膏腴矣。右第九十三節

此段石之用處○此層石之用處亦甚繁多，其砂石用以造橋砌牆極佳，其砂版石厚者可用以鋪地，薄者可用以蓋房，其灰石之佳者，可爲碑碣牌坊之用，其劣者可燒石灰，其中又有一種灰石，可作印版之用，最佳者出於日耳曼地，此段石中亦產石脂，西俗名肥皂石可爲潔衣之用，其泥片石鍊之有出白礬者，出白礬之泥片石謂之礬石有出石油者，段中又

出煤不少。此外又有產鐵處。由此觀之。此段石有裨人用之處。亦甚大矣。右第九十四節

段中植物跡○此段石中。動植各物之跡甚多。亦甚清晰。其植物之跡。則有海草。木賊。大葦。鳳尾樹。鐵樹。數種。又有類乎棕櫚之樹。與松柏數種。石中又有菠蘿葉。蘆薈葉。各等印跡。觀此段石中之煤。與出石油之泥片石不少。即可想見當時草木極其蘩盛茂密。以煤皆為草木之腐體所成。出石油之泥片石。亦係泥與腐草混合而成。此段石內。在英國地面亦有一二層黑色之柔石。似土夾於灰石砂石層中。石內又埋藏多多樹根之跡。如第六十三圖。縱橫排列。其根皆深扎於石內。與生時無二。即可知其生長於斯。非自他處運來者。在當時其地必為大樹林也○右第九十五節

段中動物跡〇此段石中、動物之跡、種類甚繁、依此攷之、有海絨、各種珊瑚蟲、蓮形蟲、海燕、海蛸、或作海膽見第六十四圖蚰蟮、其陸地昆蟲之跡、如金牛竈馬蜻蜓等類之跡、亦不少、其甲節類、則有殼蝦、大頭蝦、蛜蝛、俗名潮溼蟲以爲屬乎昆蟲之類實則身體多節帶甲當屬於甲節之類其蛤螺之類、如第六十五圖、生於澹水者、有數種、生於海中者、各類皆備、其跡甚夥、此段之灰石、多爲蛤螺殼粘合而成、可想此類動物、其繁茂爲何如也、其蛤類中、始見有一種三稜殼者、其螺類中之最多者、爲羊角螺、中國名爲石蚘、如第六十六圖、其種約有數百、小大不等、小者約寬半寸、大者約寬三尺、石中又有一種墨魚之跡、如第六十七圖其形似箭與今之墨魚類畧不相同西國人名爲箭形墨魚其跡存於此段石中者甚多墨魚或作烏賊魚屬乎螺類身長而圓肉在外殼在內海螵蛸即其內殼也○右第九十六節

段中魚等跡○論及石中有脊骨動物之跡則有魚與鱗介之類並數類鳥獸此段之魚跡與前數段畧同皆係釉鱗碎鱗之類但前數段釉鱗魚之尾皆偏此段釉鱗魚之尾則正其碎鱗魚之尾則皆偏而無正者至今亦然其鱗介之類則有龜鼈數種又有鱷魚鱷魚雖名爲魚實非魚類乃屬乎鼉類者鼉蛟蝎虎之類甚繁然其形狀多怪與今時之形狀大不相同有半似魚半似鼉者如第六十八圖無足下有四分水

以代足如海豚鯨魚之分水可名魚形鼉其跡存於石中者不少身體有小有大長自四尺以至四丈不等又有一種如第六十九圖半似鼉半似蛇頭小頸長身尾畧短亦無足下生四分水如魚形鼉然可名蛇形鼉此外石中尚存鼉跡若干類有水居者有陸居者有食草者有食肉者觀其齒牙查其形體即可辨認其形狀皆甚怪異爲今時所無亦有能飛之鱗介類如第七十圖其翅形似蝙蝠小者盈尺大者其翅展開寬有二丈可名爲飛鼉右第九十七節

段中鳥獸跡○各段石中之鳥跡皆無多近於日耳曼地此段石內查有一種鳥骨之跡如第七十一圖其脊骨直

通於尾、與今時之鳥不同、其他體骨、則與常鳥無異、可名之爲始見鳥、蘊此鳥骨之石、今存於英國博物院中、第五段石中、雖有鳥之足跡、亦有似乎鳥骨之跡、然無明證、惟此鳥骨、可爲石中明顯之確據、其獸跡中、則有袋鼠數種、觀其牙骨、知其有食草者、有食蟲者、近又查有類乎田鼠之骨跡、又有一種不分蹄形似猪之骨跡、由此觀之、可知當時之獸、非特有袋鼠之類、亦有他類、惟其跡在此段石內、尚未查出多種、未審以後可多得否、右第九十八節

當時氣候○查此段石中箭形墨魚與羊角螺等類之跡甚廣、東西南北、鮮不有之、即可想見當時天下各處冷熱

大畧相同，不似今時南北方之氣候，大有懸殊也。其中獸跡，多爲袋鼠之類，若今澳大利亞洲之袋鼠然。此段石中，又有魚與蛤螺之跡，今惟澳大利亞海中，存其種類。他處之石中，又有松樹鐵樹之跡，今澳大利亞洲，亦存其種類。由此觀之，今澳大利亞洲之地，頗可顯明當時天下之形勢，與其物類也。右第九十九節

第四段石圖

上層

一灰色分層之膠泥中藏鐵石塊又有雜土之灰石與砂版石皆成於澹水厚約六十丈

二沙與砂石中多含鐵又有雜石灰之膠泥與砂版石厚約八十丈

中層

一成形於江口之灰石與沙與膠泥厚約十五丈

二魚子石砂石黑色分片之膠泥石膏黑色出石油之泥片石厚約四十丈至七十丈不等

三粗魚子石中多帶殼與珊瑚雜灰之沙與粗砂石青膠泥雜土之灰石黑色之泥片石厚約六十丈至八十丈不等

四極粗帶殼之灰石分層片帶殼之灰石與礪石厚層之魚子石砂版石五色石脂砂石黃沙厚約五六十丈

下層

一厚層黑色之泥片石與沙產自然銅之膠泥與礬石厚約二十五丈至三十丈不等

二堅實之灰土與沙及雜沙之鐵石厚約二十丈

三黑色分層片之灰石與膠泥鐵石木煤炭膽與雜石灰之砂石厚約四十丈至六十丈不等

以上石層皆就在英國地面者而言

第十六章論第三段有層累石此段石西國稱爲白粉石段

段中石類〇第三段有層累石略而言之即爲綠沙黑色膠泥白粉石白粉石惟此段有之故西國常稱此段石爲白粉石段白粉石以顯微鏡窺之爲無數小殼所成知其必成於海底水略深之處近有人挖取大西洋底之泥細觀之其體亦爲小蟲之殼所成與白粉石之體質無二然白粉石之形體亦不能處處皆同有處最柔弱動即成爲碎粉有處稍剛硬西國常用作畫石有處大經變化成爲漢白玉若即其原質而細分之則百分內四十四分爲炭養五十六分爲鈣養即石灰與灰石之質無別白粉石內往

往蘊藏火石、大小成塊、形多長圓、畧似卵子石、此石乃水中所含之矽養凝結而成在英國之南境、此白粉石最多、他處則不然、有處頗多、亦有處無有、且此段石在各處多有不同、其在英國者、大畧爲綠沙、膠泥、白粉石、其在北亞美利加者、則爲綠沙、膠泥與煤、在日耳曼地者、則爲白粉石、黃色之灰石、砂石等石、徒觀其石、似難認其爲歸於一段之石、及查其中所蘊藏之物跡、則易知其爲同時成形之石、右第一百節

此段石之用處〇此段石之產於天下、其出處雖不少、但其石面皆不甚寬、其層亦不甚厚、石內有處無火成石夾雜、其地多平、有處多爲火成石沖破、其地高起、論及此段、

石供給人用之處其白粉石可燒作石灰亦可用以培養地土其火石可用以取火亦可化之以作瓷器玻璃段之下層亦產石脂可用以潔衣段中亦有堅實之灰石砂石皆爲大匠取用之材其沙中又多有薑石碾而碎之亦可培養地土此石中多含鈣燐等質故能培養地土在北亞美利加此段石內亦產煤堪供人取用右第一百一節

段中物跡○此段石中動植各物之跡多係海族如海草海絨珊瑚海燕蛤螺蝦蠏魚與鱗介之類是也其植物之跡則有海蘊海藻之類其在陸地最多之跡則有鳳尾樹松栢鐵樹三類爲當時最繁茂之樹石中亦有棕櫚之樹

跡、又有開花包子之樹類、爲此段石中所始見、（見五十四節下小註）又有石松塔、石果等類之跡、由此觀之、此段石成形之時天下樹木之種類、較前增多、與今時者、亦畧近也、（右第一百二節）

各動物跡○此段石中、動物之跡甚繁、又甚眞切、在歐羅巴洲已查有六千餘種、大半係蛤螺之類、茲且不必細述、請試言其大畧、石中海絨之類、有數種、碎孔蟲之類亦甚繁、段中白粉石、皆爲其殼聚合而成、此蟲身體微小、非用顯微鏡不能視及、周身有殼、滿殼有小孔、自孔內生鬚、能伸能縮、石中珊瑚蟲、雖有數種、其跡則不甚繁、其海膽之類甚多、有如第七十二圖者、海蚓之類亦不少、其蝦蟹類中則有大頭蝦寄居蠏此蠏前身堅硬後身柔弱常借螺之空殼寄居以護其身故有此名其蛤螺之類甚多有如第七十三圖中各式者其跡存於石中者甚清易於辨認其有脊骨之動物跡則有魚亦稍有鳥跡獸跡其魚跡多係釉鱗碎鱗二類亦有梳鱗圓鱗之類見第六十九節爲此段石中所始見者現今之魚屬此二類者有十之八九其鱗介之類則有龜鼈鼉蛟及魚形鼉蛇形鼉之類其鳥跡不甚多中有一種脊骨之節兩頭皆凹如魚之脊骨然嘴中生牙名爲魚鳥或名魚骨鳥石中之獸跡只存碎骨難辨其種類有人疑是猿猴之類右第一百三節

當時氣候○卽此段石追究當時地面之形勢可想現今

之陸地與高山、彼時多有未出水者、蓋凡有層累石皆成於水、今觀歐羅巴、亞細亞、亞美利加三洲之高山上、皆有此段之石、即可知其當時皆在於水中、據此並可想見天下之深谷高陵、並非亘古如斯、乃近今所成之形勢、此古今字乃就地球之年分而言、非即人世而言、若以人世而較地球之年分、則往古亦如昨日也、且即此段石中動植各物之跡、遐想當時之寒暑氣候、可知彼時北方、較今時和暖、因石中所存物跡、多有屬乎熱帶之物、如鳳尾棕櫚等樹、珊瑚鱗介各蟲、非較熱於今日北方之氣候、則必不能生長也、右第一百四節

古中新物跡種類有異同○在第八十七節中、曾言動植

各物之跡有古中新之別自第六段石以下爲古跡三四五段石爲中跡一二段石爲新跡分此三等之故係因其物類大有差別古跡之物類至中跡時多巳滅亾中跡之物類至新跡時亦多滅亡古跡之物類動物中如鵞翎蟲三瓣蠶分水蝦甲頭魚粟甲魚翅魚等類植物中如鱗樹印樹等樹木至中跡時盡歸滅絕不再出現中跡之物類動物中如魚形鼉蛇形鼉飛鼉羊角螺箭形墨魚蓮形蟲之類至新跡時則皆滅絕不再出現至於中跡之植物最多者爲鳳尾樹松栢鐵樹三類其鳳尾樹在古跡時最爲繁茂至中跡時則漸衰微其鐵樹在中跡時最盛後則漸

歸零落、其松柏尚未茂盛、至新跡時、始見蕃衍、中跡之蛤螺類甚多、其中頭行者、如鸚鵡螺、羊角螺、箭形墨魚等類、已在石中查有一千二百餘種、今則存有數種而已、蛤螺共有五大類一爲頭行者如鸚鵡螺墨魚是也二爲腹行者如蝸牛貝子是也三爲翅行者頭上生長二分水如翅用以游行四爲無頭者如蛤蚌蠔蠣是也五爲長鬚者此類亦是蛤口旁生二鬚似草蔓中跡之魚亦多係釉鱗碎鱗二類、釉鱗之種類在彼時爲最多、其尾皆變爲正、以後則漸衰微、至今時不過存有數種而已、中跡之鱗介類甚繁、爲當時最興盛之類、其形多怪、其體亦甚大、有長至五六丈者、其類至今雖尚有存者、然當時之種類、則皆滅絕矣、論及中跡中始生之種類、植物則有棕櫚、並開花包子之樹類其動物蝦蟹之類則始見有如今日螃蟹之形其昆蟲之類如硬蓋蟲蜘蝶蚤蜂蠅蚋等蟲皆有之其魚類則先見今之硬骨魚古跡之魚皆係脆骨今則有八九分硬骨者矣中跡中又始見有鳥獸之類其鳥類嘴中生牙脊骨通於尾與今之鳥形不同其獸類皆屬袋鼠爲獸中最卑之類觀於中跡始生之物雖與今時者不同然其種類亦畧相近也右第一百五節

第三段石圖

白粉石層

一　白粉石其質疏鬆中帶火石塊甚多行行排列橫亙於石中厚自八十丈至一百丈不等

二　白粉石其色稍黑中不帶火石塊較少產在英國北方者其色發紅中帶火石塊甚多○厚自二十丈至四十丈不等

三　灰色黃色雜土之白粉石其體質多疏鬆厚不過三四五尺

綠砂石層

一　綠沙體質不一有疏鬆者有堅硬成石者中帶火石塊與薑石厚自十丈至十八丈不等

二　藍色之膠泥中夾綠沙厚自十丈至十六丈不等

三　含鐵之綠沙與火石砂石雜白粉之膠泥雜白粉之灰石與石脂厚自六十丈至八十丈不等

以上石層皆就英國地面者而言

第十七章論第二叚有層累石

此叚石西國名爲新新跡石叚因其爲新跡中之首叚也

本叚石分三層〇此叚石、卽其所蘊蛤螺之種類、與今時之異同論之、可分上中下三大層、其下層蛤螺之種類、與今之種類、皆不相同、其中層則有二三分同者、其上層同者、有七八分、此三層石、畧爲膠泥、沙灰石、砂石、石膏、木煤此煤體質畧輕形似木炭各等石相間而成、但不能處處皆備、或此處多沙與膠泥、或彼處多灰石、砂石、然觀其層次、與其中所藏之物跡、卽可認其爲屬乎一叚之石、此叚石中、有兩種石異乎常石、一種爲無數微小水草之皮殼聚合而成、一種爲小水蟲之窠殼聚合而成、所言微草、體極微細、非用顯微鏡不能得見、形狀如蟲、外包硬皮似殼、此草在水中、生生不已、極其繁茂、其皮殼遺於水底、愈積愈厚、日久年深、粘合成石、其層甚厚、有厚至三丈者、可想此微小水草在當時、其繁茂爲何如也、今之火石亦多爲此類草之皮殼所化而成所言小水蟲、乃屬乎碎孔蟲之類、如第七十四圖、其形畧似西國之小錢、故名錢形蟲、其窠殼所成之石、有厚至數千尺者、天下產此石之處甚廣、歐羅巴、阿非利加、亞細亞、三洲皆有之、北亞美利加亦多有此類之石、但非錢形蟲窠殼所成、乃球形蟲窠殼所成、球形蟲錢形蟲窠殼所成之石皆屬灰石之類據此可想

此類蟲、在當時最爲衆多也、右第一百六節

此叚石之用處○此叚石中、亦多有火成石、乃當初火山所吐之石汁凝合而成、或夾雜於層疊之中、或自層中沖出、其體質不一、有細而堅者、有粗而鬆者、論及此叚石之用處、其灰石·砂石、可爲造橋砌牆之用、其礪石甚剛硬、作磨盤甚佳、其膠泥可供陶人之用、其石膏可爲粘合器皿之用、亦可用作藥材、其木煤有處出產頗多、亦不甚劣於前叚之煤、煤層之中、又往往蘊藏琥珀、供人採取、琥珀乃古時松香凝合變化而成、石中又有薑石、碾成末、以水和之可作大石磚、亦可爲粘補磚石之用、石中又產石糞、碾

成碎末可培地土右第一百七節

叚中植物跡○此叚石中動植各物之跡種類甚繁與今時生物之種類有相同者其不同者與今之物亦無大差別其植物之跡則有鐵樹棕櫚松栢絨花楊柳榆樹楓樹橡樹之類此等樹跡存於石中者不能全備或見其一枝一葉或見其一核一角然第觀其一體即可識其種類本段石中之葉跡多如第七十五圖中各式此石中果實之跡亦不少如松塔亦曰松球俗名松樓栢子之類形仍果實之形體則皆化爲石故謂之石果其果實形像如第七十六圖所繪各式據此可知此段石成形之時地面不但似前段有

鳳尾鐵樹松栢等類之樹而已、亦實有如今日開花包子之樹也、右第一百八節

叚中動物跡○此叚石中、動物之跡、如碎孔蟲、第一百六節所言錢形蟲球形蟲、郎屬此類珊瑚蟲、海燕、海膽、海蚓、蝦蟹、蛤螺之類甚多、有如第七十七圖各形者、其蛤螺之類、與今之蛤螺、種類多有相同、論及此叚石中有脊骨之動物、除人以外、各類俱備、其中之魚、大半係硬骨魚、如今之魚、然亦有鯊魚之類、其骨皆脆、此類魚之牙、存於石中者最多、有寬至四寸、長至五寸者、據此可知其體甚大、在當時其類最盛、在海中爲可畏懼之一物也、其鱗介之跡、則有龍鼉龜鼈鱷魚、

龜中有一極大者其蓋長至一丈二尺蓋既如此之大其身亦必有六七尺高一丈七八尺長矣鳥跡中有身體極大者似今日之鴕鳥居於叚之下數層叚之中數層則有鵰鵠鶉鈎魚郎塘鵝鷹鷲之類此外又多有鳥之骨跡尚未查明其類此叚之獸跡種類皆備但其形狀與今時獸類之形狀多不相同其中袋鼠之類有數種鯨魚江豚之類亦不少（鯨魚雖名爲魚實乃乳哺之類江豚亦然）其無門牙之類亦有數種身體極大有如第七十八圖者地學家稱爲大獸大爪獸是也大獸有長至一丈八尺者現今此類無多身體亦小只存二三種如穿山甲狁獝是也其倒嚼之類則有麋鹿

黃羊牛、駱駝等獸、但其形狀、與今時之形狀、畧有不同、其厚皮獸之類、則有象、身體極大、其大牙長至一丈、又有乳頭牙象、如第七十九圖、此獸之槽牙上面起數骨朶形似乳頭故名乳頭牙象此類今已無存、又有河馬、河馬係西國名在中國不知何名雖名爲馬實非馬類其形近乎犀牛犀牛、貘與野猪、又有一獸、名爲大猛獸、其髑髏骨長有三尺、再合其面與嘴而計之、約有五六尺、其下牙骨、生二大牙、努於口外、鈎頦巴骨、此獸頭既如此之大、可知其身體大過於象、如象之大過於牛、然此外又有類乎貘之獸、如第八十圖者、地學家稱爲古大獸、或刀牙獸、或懦弱獸者、皆類此也此等獸今已無存、謂之懦弱獸者因其無爪無大牙無的以保護其身也其形似麞蓋屬乎厚皮之類其鼠類則有老鼠、灰鼠、與兔、其食肉之類、則有熊、猏、狐、狗、海龍、刀牙虎、等類之獸、刀牙虎口出二大牙如腰刀之形故名其食蟲之類、只見一種田鼠是也、其蝙蝠之類、有二三種、其猴類有一二種、由此觀之、可知此段石成形之時、天下各種物類皆已全備、但無人跡耳、右第一百九節

當時地勢○上文已言此段下數層石中、有爲錢形蟲之窠殼所成者、此類蟲原係水族、生於海底、今其所成之石、在於亞細亞、歐羅巴之南境阿非利加之北境者甚多、其在山者、高起一萬尺、如歐羅巴洲之南山、亦有高起一萬六千尺者、如今時西藏之崑崙山、可知此段石下數層成

形之時亞細亞歐羅巴二洲之南境阿非利加洲之北境皆爲大海其山尚未出水然其上中二層內成於海之石較少即可想現今各洲之陸地彼時已出水面再觀所言三洲之高山亦少有此上中二層之石更可想此數山高起當必在下層成形之後上中二層成形之先由此觀之可知此叚石成形全備之時天下各洲之形勢與今時之形勢大畧相同也右第一百十節

當時氣候○觀此叚石中動植各物之跡可知當時北方之氣候較今時北方之氣候和暖當初在北方則有椶櫚鐵樹茘枝橄欖無花果肉桂與若干冬青之樹今則其地

嚴寒、不生此類樹木、惟南方和暖之處生之、動物之跡、當初在北方、則有象犀牛猿猴等獸、今亦惟南方和暖之處有之、且觀此叚石中層下層植物之跡、則知當初花草樹木、極其繁茂、其北方之氣候、自必暖於今日、然觀其上層之跡、又似天氣漸漸變冷、物類亦隨之而變也、右第一百十一節

附論冰淤之泥沙石

冰淤泥沙石塊○在歐羅巴亞美利加二洲之北境、第二叚石之上、多有膠泥、沙石子、大石塊、或堆成山坡、或亂鋪於地、皆無層疊可尋、其式如第八十一圖、並少見有動植各物之跡、其膠泥顏色不一、各隨其附近之土色、其石子

皆爲前十一段中各類石之零星碎屑，其大石塊，各類石中皆有之，有小至數寸者，有大至數丈者，其形畧圓，似卵子石，少有稜角，其成此形，皆因多受挫磨，石之周身往往有擦損之跡，此石塊有處聚積成堆，有處散佈於高山平原，有處埋沒於膠泥中，再觀北方露面之磐石，無論高處低處，其上多有擦挫之跡，或作擦剷之跡其跡或自西北而之東南，或自北而之南，或隨其山勢，自上而之下，此等石，惟地球北方三四十度之北有之，在歐羅巴洲四十度以北始有之在亞美利加洲三十四度以北始有之地愈近北，大石塊愈多，其偏南之處，則只見沙與石子而已，然此大石塊，皆非本處之石，乃自他處擁來者，

或自數十里之外擁來、或自數百里之外擁來、觀其石類即可知其來處右第一百十二節

冰淤之故○欲究此大石塊擁來之故、亦難確指、觀其石如此之大、離其原處如此之遠、似非水力所能擁動移行、且見其有時混雜於膠泥之中、亦非水淤之情形、若係水淤則必重者落於近處、輕者落於遠處、不能粗細輕重並落一處、今見其有雜於泥中者、則非水淤可知、既非水淤、此泥沙石塊、何自而來、試觀北方山地之冰川、雖凝結堅實、亦能流走、含帶泥沙石塊、至於遠處、其流走時、並將川底兩岸之石、挫磨擦削、迨至氣候暑暖之處、冰漸融解、其

所含帶之物、遂遺沉川底見前第四圖又觀今日北洋、至冬凝成極厚之氷、春則分裂爲塊、往南流走、其中往往含帶大石、迨氷漸融、石遂落於海底見第十六節據此論之、此大石塊擁來之故、亦未必非氷力所含帶也、然在北方產此石之處甚廣、焉能有如許之氷爲之運帶耶、地學家或謂當時北方之地、皆沉沒於水中、氣候亦變寒冷、故其徧地皆氷自西北往東南漸漸流行、迨至融化、則所含帶之石隨處而落、然氷之流行、非若水之柔輭、其中又多帶石塊、必將地面擦劃挫磨、故至今磐石上尚留痕跡、其北方如此情形、經歷若干年之久、則無從查考、但知其地面由漸高起氣候逐漸回暖、動植各物、亦隨之生長、種類與今時者無大差別、此第言地球北方三四十度以上之大畧情形、其南方三四十度以上之大畧情形、雖未有人細察、然亦易知其與北方大概相似耳、右第一百十三節

第十八章論第一段有層累石

此段石西國名爲今跡石段以其中之物跡多爲現今所有之種類也

本段土石來源有七〇論及近今地面集成之泥沙土石、則有七類、一爲江河兩旁淤出之泥沙土、二爲湖中淤積之泥沙與灰土、三爲江海交界之口所漲漫之泥土沙灘、四爲海底所淤積之細泥、與海邊所擁積之沙與石子、並

蛤螺之脫殼、五爲近今水所滴結之物、如石牀、石鐘乳、䶢、與硫磺之類、六爲爛草朽木所變之草煤黑土、並珊瑚樹林、與生長蛤螺處所堆積之棄殼、七爲火山噴吐熱汁所變之石、右第一百十四節

江河淤積泥沙石子○論及江河所淤出之物、常見大雨之後、或山中化雪、其水漫溢於江河岸外、淤積若干泥沙土、繼長增高、致使低窪之地、成爲平原、凡江河兩旁平原之地多係如此淤成、其泥沙土中多存動植各物之踪跡、上層之跡、多與今時之物類相同、下層之跡、則有不同者、又見江河兩旁之地、一層高起一層、有如階級之形、揆其

來源、蓋因江河之道本寬、有處爲數小湖連合而成、其後江河之底、由漸衝深、兩旁淤積泥沙、將河流逐漸擠窄、故其舊道之跡、成此階級之形、右第一百十五節

湖中積成泥沙土壤○湖中所淤積之泥沙土壤、則有二類、一爲湖中所生之草、與蛤螺等類所脫之殼、變化聚合而成、草爛則爲黑泥、脫殼被水畧化、入於泥中、即成雜灰土、一爲江河所運帶之泥沙、淤積於湖中、凡江、河之水、無不含運、泥沙、迨至入湖、水皆散開、流力便小、其所含之物、自能落沉於湖底、重者先沉於近處、輕者後落於遠處、久之遂將湖底變淺、甚至塞滿填平、成爲陸地、細察今時各

處之平原往往爲古時之大湖、觀其地之情形與其土之色性、有可知耳、且觀今之湖、亦被江河運合之物、淤塞塡積、漸漸變淺、將來亦必成爲陸地、此乃江河來往運行一定循環之理、爲人所經見者、無足怪也、凡湖之泥沙土中所存動植各物之跡、皆是潛水與陸地之物類、其植物在水中生者、有草莞、蘆葦、木賊、等草、在旱地生者、有樺樹榛樹橡樹松栢等樹、其蛤螺之類則有蚌與田螺蝸牛等類、其獸則有麋鹿、野牛、馬、熊、狠、水獺等類、然各湖之泥沙土中、所存活物之類不能皆同、因其附近之土產各異也、熱帶湖中、則存熱帶之物類、冷帶湖中、則存冷帶之物類、此外又在湖之泥沙土中見有人工所作之物跡如樹船乃以樹身挖造之船石斧木器角器骨器之類有處又見有窩鋪之踪跡此窩鋪搭在湖邊水中在下有樁在上有棚後其樁與其中所遺之器具多埋沒於泥中至今踪跡尚可辨認據此便可想見當初之時人尚未知有五金之用不過以木石骨角作爲器具而已　右第一百十六節

江口淤積之泥土〇江海交界之口所有之泥土沙灘亦爲淤積而成今觀各處江口之形勢無不有泥灘沙灘現露於其左右此泥灘沙灘皆爲江河之水所淤積與海潮波浪所擁積之物堆聚而成如埃及之尼羅河印度之恆

河、美國之米西西比河、中國之楊子江、黃河等口、皆有極竟大之泥土沙灘、爲近今所淤成、據此可知天下各處江海交界之口、增添淤積新土亦不少也、論及黃河方輿輯要有云秦始皇時山東蒲台縣城距海邊黃河口僅止一里至本朝乾隆年間則離海有一百四十里之遠可見一千九百年間黃河淤出新地有如此之大分而言之則一年可淤出十丈也各江口之泥沙土中、所存物類之跡、甚多而雜、因其處爲江海交界之處、衆水所滙歸故海河陸地三處之物類皆有之、然各處之出產各異、則江河口泥沙土中、所蘊藏之物、遂亦不同、在此則有棕櫚、鳳尾樹、象、犀、駱駝、獅、羚羊、駝鳥等類物跡、在彼則有松栢、水牛、麋鹿、海貛等類物跡、皆各隨其地之出產、而其上層與下層中層之物類、亦自有別、下層中則有大獸乳頭牙象、古大象、爲今日所無之種類、其古大象、如第八十二圖、上層中則多係今日所有之種類、在其中又往往存有人工所作之物、即如樹船、石斧、石椎石槍頭石箭頭、骨鈎等類之物、右第一百十七節

海底聚積之泥沙〇海底海邊亦常聚積泥沙、與活物之脱殼、近來有人設法隨處挖取洋海深底之泥、有處之泥皆爲無數小蟲之殼聚合而成其色畧白、有處在此白泥之外雜有火山噴吐之泥沙石塊、與從他處流來動植各物之遺體、據此可知海底極深之處、亦常增添泥沙、其海

邊水淺之地、亦隨處皆有沙與石子、並蛤螺殼等物、或平鋪極厚、或堆積如陀如灘、或漸漸淤積、成爲陸地、此等情形、各處海灣水畧安靜之處皆有之、推其來源、蓋因潮汐波浪自他處沖擊、擁至此處、且海邊岸上、又常有臺階層級之形、高起海面數尺或數丈不等、細觀其上、多有泥沙石子蛤螺殼等物、足可知其爲海之古岸、因其漸漸長起變高、成爲此形、其他處亦有與此相反者、有處在海邊沙下、鋪偏黑土、中帶許多樹根樹枝、與各類草木之踪跡、黑土之下、又聚一層黑膠泥、黑土之上、又蓋一層海水所擁積之沙、厚薄不等、據此而觀、現在雖爲海邊之沙地、以前

則爲生長各種花草樹木之陸地，只因陷下，遂成今日之情形。右第一百十八節

石鐘乳鹽鹻等物○新增之土石各物中，則有石牀、石鐘乳、石腦油與鹽鹻等物，皆爲自然流露而成。嘗見山洞之中，上掛石鐘乳，形似冰錐，下鋪石牀，又在泉源兩旁，往往見有一種白石，體質形色近乎石牀，此等石皆由水滴而成。凡地中之水，無不消化他物，有處消化含帶鈣養炭養氣甚多，一經寒暑之變化，即將所帶者遺落，成爲此等石。有處消化含帶矽質甚多，一經變化，即將矽質遺落，漸積爲石，其體質形色有似火石，火石乃矽質與養氣化合而成。有處湖水井

水之中多含鹽鹻等物、水經日曬、汽上蒸騰、將鹽等物遺落漸漸積爲厚層、供人取用、又有處多產黑片石、常自其中流出石腦油石漆等物、如美國之油井是也右第一百十九節

洞中人事之跡○近今格物家有人進入山洞、鑿開石牀、見牀下有一層土、土中埋藏人工所作之物、如石斧、石椎、石槍頭、石箭頭之類、亦有獸之骨跡、如犀牛、古大象、熊、貓、狐狸、野猪、風牛、麋鹿等獸之骨、土中並有木灰、木炭、據此可想上古之時此洞中必有人居住、獸骨乃其食後所遺、木灰木炭、乃其燒火之跡、以此情形考其時代、可知其最古、因其中存有早經滅沒之獸類、如古大象、大麋、洞熊、洞熊

比晛今之熊身體尤大因其骨跡多埋於洞中故名爲洞熊之屬是也其大麋之形如第八十三圖且其中所存人工造作之器物皆係木石骨角所成爲人開首所用粗笨之物則尤可證其時代爲最古也 右第一百二十節

植物朽體所變黑土○新添之土石中亦有一類爲動植各物之體所化而成其植物之體所化而成者則有如草塘葦塘所漸聚之黑土有處窪下存水之地生長苔蘚草莞木賊等草甚是茂密隨生隨朽成爲黑土聚積甚厚此等窪下之地在天氣暑寒之處爲多其土曬乾可用以燒火名爲草煤年深日久受在上之壓制與地內之火薰遂

變爲眞煤、此土內、多有各樣樹木之根株枝葉、又江口水淺之處、亦多生長水草蘆葦等物、極其茂盛、其腐朽之體漸積漸厚、亦成爲黑土、亦多有麋鹿、與他獸之骨角、存其內、又往往有人工所作之物、如樹船石斧磨盤錢等物、且間有人之骸骨、觀此物跡、大有今古之別、如石器則屬於上古、錢則屬於近今矣、右第一百二十一節

動物棄殼所成各物○至於動物所新添者、則有海中所生之珊瑚林、海邊所積之蛤螺殼、其珊瑚林在熱帶海中水署淺之地、處處有之詳見前第二十三節間有成大島者、如第八十四圖、其蛤螺等物、往往在海邊堆積甚寬厚至數尺、其

種類與今所生者、大約皆同、再查各處水底無不堆積爛泥、愈積愈厚、此泥以顯微鏡窺之、皆爲小蟲之殼、其埋藏於深底者、受在上之壓制、與水氣之粘合、日久則變爲石、其浮於外面者、水涸則成土壤、右第一百二十二節

地面浮土〇再觀各處地面、無不有一層浮土、此土皆爲石之碎末、草木之腐體、各類鳥獸之糞、與其腐爛之體、聚合而成、有在本處漸漸積成者、則與在下之石同質、凡高處之土、大約皆然、有爲江河各水、從他處運帶淤積者、則與在下之石、色質多不相同、凡窪地之土、大約皆然、此地面之浮土、皆爲近今所成、若與在下之石成形之年分相

比、則猶如昨日也、右第一百二十三節

火力改變地面○火力漸改地面形勢之事有二、一則能使地高起低下、一則能使火山噴吐石汁石爐沙子石塊、有人查歐羅巴北境近數十年內、地面高於舊跡、約有一尺數寸、又亞細亞與阿非利加北境沿海之處、亦有高起之跡、形似臺階、在道光二年、南阿非利加之西境一帶地方、經火震動、高於舊跡者六七尺、此皆新近高起之跡、亦有漸漸低下之處、如哥里蘭地之西境、挪威國與美國之南境、皆有由漸低下之情形、論及火山、天下共有二百餘座、其山往往噴吐石汁石爐、其汁涼則變爲石、層層積累、

愈積愈厚甚至使左近之地盡皆墊高據此可知火山近今所增添之土石亦不少也右第一百二十四節

新聚泥沙土中之物跡○以上所言地面新聚之泥沙土石亦頗有先後之別先聚者成於未生人以前後聚者卽在近今之時先聚者中存動植各物之跡與今時之物類間有不同如乳頭牙象古大象大麋鹿刀牙虎洞熊之類是也後聚者中存動植各物之跡與今時之物類約皆相同若按其最多之獸跡而分其層數則有四層其最下之層多見乳頭牙象古大象之跡其象之牙形如第八十五圖再上一層多見大麋鹿之跡再上一層多見野牛之跡

其最上之層、則多見有羊之踪跡、考此獸類之踪跡、卽可知其泥土沙石聚成之先後、有人在歐羅巴洲、新聚之泥沙中、查得獸跡、其有九十八種、今其類尙存五十七種、其餘則有滅絕者、有見於他洲者、右第一百二十五節

新聚泥沙土中之人跡○至於泥沙土中、所存人事之跡、則有二、一爲人工所造之器物、一爲人身之骸骨、器物可分三類、一爲石類之器物、如第八十六圖、最在先、如石斧、石錐、石箭頭、石槍頭、是也、此等石器、多用火石作成、有甚粗者、不過畧具器物之形狀、有稍細者、形狀齊整、體質光滑、上有雕刻之花樣、其粗者、疑爲人工始作之器物、其細

者則時畧在後人漸得有技藝之能焉一爲銅類之器雖曰銅類器物却非純銅乃雜錫而作者其名曰響銅三爲鐵類之器物五金之中鐵最剛硬難化然作器械極佳上古之時人尙未得其法後漸明其用處作者遂多矣凡此三類器物皆埋藏於新聚之泥沙土中其石器亦有見於山洞中石牀下者與古大象大鹿犀牛洞熊等獸之骨聚於一處西國士人按人所用之器械將人世分爲三大期一爲石期因當時之人皆用石爲器械二爲銅期因人多用銅爲器械三爲鐵期因人多用鐵爲器械現今之時正在鐵期之內論至人骸骨之跡或見於山洞中或見於湖邊及江河兩岸新淤之泥沙土中亦有見於近今所變之石中者此跡得於加大拉必海島之灰石中其骨雖變

爲石年分却不甚遠不過二三百歲而已○右第一百二十六節

即人事之蹤跡追究人事之年世○萬物之中、惟人爲最後所造、故其事跡、在於近今所聚浮層之泥沙土中、即人事之蹤跡、追究人事之年世、雖無確實之証、亦可畧爲懸揣、比如瑞士國、有一的泥兒河、流入基泥發湖內、其交接之口、兩旁多淤泥沙、在三百年前出水、成爲陸地、近有人從其中開通火輪車路、掘土自浮面至四尺之深、見有羅馬國之器物、自四尺至十尺、則見有銅器、自十尺至十九尺、則見有石器、再下則無人之蹤跡矣、但算羅馬國人初到瑞士國至今、只有一千七八百年、據此可知、埋藏羅馬器物之四尺土係用一千四五百年工夫由漸淤成由此推之其存器物之十九尺土亦不過七八千年之久積漸而成耳其他處存留人跡之地皆可以此類推故即新聚之泥沙土中所藏人之踪跡而論人之年世約亦不過數千然難確指若論及山洞中石脉下所藏人跡之年分則有人疑其不但有此數也右第一百二十七節

第十九章總論

地球來源○考地殼各石雖不能確知地球所以成形之故與其太初時之事蹟然亦可稍蕁其緒大約地球原爲熱氣沸蕩於天空後漸涼縮成爲圓團又漸涼縮變爲火

汁、迨外層先涼、凝成硬皮、內心仍爲熱汁、外層既涼、則周圍之溼氣亦隨之而涼、變爲水、包於地球四周、地皮雖堅硬、却不甚厚、內心之熱汁、亦漸涼縮而小、在上又有水壓之、地皮力不能勝、自必塌陷鼓出、成爲凹凸之形、即如豬尿脬、以氣吹之、則鼓而有力、雖略壓之、亦不塌陷、俟其氣微散微涼、則自然有空隙之處、而外顯癟形、其理亦猶是也、地面雖有凹凸之形、其高處仍在水下、故天下皆爲大海、後屢經有塌陷鼓起之事、遂成高山深海平原之形、其成高山深海平原之後、又多經起落長縮、乃漸成爲今日之形勢、至第二段有層累石成形之時、六洲之地、尚有若干未出水者、其最高之山、如亞西亞之崑崙、出歐羅巴之阿立必斯山、亦在此時出現、由此觀之、大地之形勢、實非一時一世所成、不知經若許之變遷、歷幾萬之年歲、始得成此形勢也、至於地內之情形、雖無確實證據、然觀歷來火山之奮發噴吐、大地之震動搖撼、與各處之温泉、可想地內仍爲火汁、再查自地面而下、愈深愈熱、每深五六丈加熱一度更可知其爲火矣、右第一百二十八節

地面時有改變遷移○觀以前十八章所可明曉者、即地面之形勢、時有改變、今時之陸地、多爲古時之洋海、今時之洋海、亦有古時之陸地、其各處地面、皆屢經長縮起落、

乃成十二段有層累之石、其歷來遷變改易之故、與今時相同、總不外空氣之侵蝕剝落、水力之挫磨淤積、火力之奮發噴吐、動植物之生長腐朽、四者之力、古今雖或有小大多寡之不同、其理則皆歸於一致、故查今日地面改變形勢與各類石成形化形之故、卽可知歷來地勢與各石變化之緣由也右第一百二十九節

地上之石歸二大類○地上之石、雖甚繁多、究其來源、總不出二大類、一類由火而成、名火成石、一類由水而成、名水成石、凡火成石、皆爲地中火力所噴吐之熱汁、凝結而成、其形體渾全、無層次之可尋、卽其體質與其成形之先

後而論、則有三類、一爲花剛石類、成形多在先、二爲階形石類、成形皆在中、三爲火山石類、成形皆在後、至於水成石、皆有上下之層次、究其來源、則有二類、一類爲水渣所成、如砂石、泥版石、是也、一類爲動植物之脫殼腐體所成、如灰石與煤是也、凡水成石中、多藴藏飛潛動植各物之踪跡、即其踪跡而考之、可分十二叚、凡物跡之相同者、歸爲一叚、此十二叚石成形之時、大有先後之殊、遠則在於古初、近則在於昨日、觀其體質、查其部位、考其物跡、即可辨明、右第一百三十節

各石成形之處○查各叚石之形色體質、與其中所存之

物跡，即可知其成形於何處，如各種灰石，必成於海底蛤螺珊瑚等蟲興盛之處，各種泥片石，必成於水靜畧深之處，各種砂石，必成於海邊江口等處，故現今無論何地，若遇有灰石，即知此石成形之時，其地必爲深海，若見有砂石，即知此石成形之時，其地必爲海水畧淺之處，他石皆可以此類推，如此考查石類，並可知地面各處歷來改變遷易之事，再查各層石中所藴藏之物跡，又可知各石成形之時，其地面有何物類，再以各層石中之物跡互相比較，更可知飛潛動植各種物類之興衰存滅，再想各種物類，皆有相宜之地，或生於熱帶，或生於寒帶，若以各層石

中之物跡、與今時各處飛潛動植之物類相比、即可知其地歷來寒暑之同異、右第一百三十一節

由物跡可度歷來之氣候○觀北方石內、所存之物跡、即可知北方之氣候熱於今時、在北方極冷處之石內、往往查有蛟鼉棕櫚鳳尾樹鐵樹等物之跡、此等物今惟南方熱地有之、古時北方、亦有此物、是古時北方之地、熱於今時也、究其古今不同之故、大約有三、一古時地球周圍之氣較今時厚而溼、中亦多含炭養氣、二古時地上之水面、較今時加寬、陸地亦多低窪、三因地內之熱氣自然漸小、地面亦逐漸而冷近有天文家云自地球繞太陽以來一熱一冷一冷一熱往來迭運每運以一

萬五百年爲期今考地殼之石跡此言似不誣也○右第一百三十二節

物類由少而多○考各段石中所存之物跡成形在先者種類皆少而賤成形在後者種類則多而貴如第十一段至第九段石中植物則只見有海草絲芒等類之跡至第八段始見有樹類皆自上累而長爲最卑之樹木後漸生有松杉鐵樹之類至第三段始有開花包子之樹類其種類一段比一段增多亦一段比一段尊榮其中之動物亦若是第九段以下只見有水族數類如蛤螺蝦蟹草形蟲之類是也至第八段始見有魚類魚乃有脊骨中之最卑者後則見有鱗介之類至第五段始見有鳥獸之類數種

五段以上、鳥獸種類、則漸多矣、由此觀之、凡動植各物、皆由少而至多、由卑而至尊、且其種類、皆各有興衰起伏之情形、如第九段石成形之時、三辨鱟之類、極其繁盛、後則歸於滅絕、第八段石成形之時、釉鱗魚之類甚多、後則漸即寥落、第四段石成形之時、鱗介類如蛇形鼉魚形鼉飛鼉等物甚爲繁盛、後亦漸衰、第二段石成形之時、獸中最盛者、爲厚皮類、今則大見衰殘矣　右第一百三十三節

物跡分古中新三層〇即十二段石中物跡、種類之異同而分之、則有三大層、一二段爲新跡層、三四五段爲中跡層、六至末段爲古跡層、新跡中最興者動物則有獸類植

物則有開花包子之樹類中跡中最興者、動物則有龜鼈鼉蛟、植物則有松杉鐵樹、古跡中最興者、在上半、動物則有魚、植物則有鱗樹、印樹、在下半、動物則有蛤螺、三瓣蟹鵝翎蟲、植物則有海草、右第一百三十四節

人造於萬物之後○論至人世之跡、惟在地之浮面泥沙土石中方有之可知人在萬物中、乃最後所生、然雖生乎萬物之後、實則超乎萬物之上、蓋人有是非之心、可以明善惡、有穎悟之心、可以通萬理、有靈魂可以、聆望永生、有技能可以、造作無窮、既蒙上帝之大恩、遂有萬物之供用、人非至貴者耶、聖經言上帝造人、乃肖乎已、以人爲已之

子。故人之生也，上宜敬奉上帝，下宜愛人如己，以盡爲人之分也。果爾，則生前在世可得平安，死後在天永享眞福也。右第一百三十五節

地學淺釋三十八卷（卷一至卷一二）

〔英〕雷俠兒撰　〔美〕瑪高温口譯　〔清〕華蘅芳筆述

《地學淺釋》三十八卷，英國雷俠兒撰，美國瑪高温口譯，清華蘅芳筆述。雷俠兒（Charles Lyell，一七九七—一八七五），今譯賴爾，英國地質學家。瑪高温（Daniel Jerome MacGowan，一八一四—一八九三），美國浸禮會傳教士，一八四三年來華。華蘅芳（一八三三—一九〇二），字若汀，江蘇金匱（今無錫）人，曾任職於江南製造總局翻譯館，與傅蘭雅等合譯西學著作多種。是書據*Elements of Geology*譯出，略有删補，爲中國翻譯西方地質學書籍之嚆矢。共三十八卷，按地層與地質史順序，論述地殼之生成、地層之相對位置以及各層所含生物化石。前九卷論巖石類型及地質概念，第十至二十七卷論歷史地層學，第二十八至三十四卷論火成巖，第三十五至三十七卷論變質巖，第三十八卷論礦床學。據中國國家圖書館藏清同治十二年（一八七三）江南機器製造總局刻本影印。

地學淺釋

江南機器製
造揔局藏板

地學淺釋三十八卷校刻既畢印本流傳於外者已數百部衡芳乃撫卷太息而序之曰此書厄我甚矣不圖今日得見其成且爲之序也蓋自金石識別譯成之後因金石與地學必互相表裏地之層累不明則無從察金石之脈絡故又與瑪君高温譯此書其時余寓居虹口所攜一童一僕此外別無伴侶而書之稿本改本清本以及草圖皆一手任之蓋自恃精力之强不自知其勞苦也晨起而食即往瑪君家日中而歸食罷復往以至於暮譯書時有踵門求醫者輒輟筆待之及醫畢再譯則文義已不相續大費躊躇有時瑪君爲人延去治病則坐而自理稿本以待

其歸未嘗一日曠也惟余於西國文字未能通曉瑪君於中土之學又不甚周知而書中名目之繁頭緒之多其所記之事迹每離奇恍忽迴出於尋常意計之外而文理辭句又顛倒重複而不易明往往觀其面色視其手勢而欲以筆墨達之豈不難哉迨譯至十七卷余忽患血痢之症日夜數十次氣息懨懨無復人色自思所譯之書不可中廢數請友人代之皆以言語支離猝不易解爲辭則心愈憂而病愈劇所居之樓俯臨大道人聲喧雜聒耳不能寐時有車馬馳過其聲隆隆然若觸於心而蹂躪其肺腑也甫一交睫則覺高山巨壑水陸變遷其中鱗介之蛻奇獸

之骨種種可駭可噩之物層見迭出紛然並集於前蓋平日所入於耳寓於目而有會於心者其境界一一發見於若夢若寐之際而魂魄亦爲之不安則余之去死也幾希矣於是乞假而歸調治數月又扶病而出當局諸公亦憐其憔悴而勸以不必憂急遂移寓於洋涇之北而攜眷養疴焉半年以後漸能從事筆札瑪君亦日來就余乃將以下各卷次第譯出又令人謄寫楷書始得卒業蓋自此而余之精力亦大衰矣惟思此書卷帙既多抄胥不易若不付諸梨棗則無以廣其傳而其中各物之圖又工細無比精於繪事者莫不望之卻步適有陽湖趙君宏來訪力任

此事遂倩其描寫又募良工剞劂焉計自繪圖發刻以至工竣又閲兩年矣此書之成其難也如是今四方好事之家既莫不爭致一編以備收藏之列固不必復慮其湮沒矣但不知此書流播於世果能有益於斯世與否海內讀書之士見之而許可者能有幾人其屏棄不觀而指爲荒誕無稽之說未可知也或流覽一過以資矜奇炫博之助亦未可知也然而余於此書則可以從此畢矣同治十二年三月十五日金匱華蘅芳序於江南製造局之繙譯館中

地學淺釋總目

地學淺釋卷一目錄

地學一

辨舊說之非

深造石爲結成石之總名

地學淺釋卷一

英國雷俠兒撰　美國瑪高温口譯
金匱華蘅芳筆述

此卷論石有四大類

總論

地球全體均為土石之質凝結而成人若未常深求其故以為苟能察究某金某石之所在或淺或深已足以致用矣及細致之而知地質時有變化其變化之故又有關於生物者則不得不更究其鳥獸蟲魚草木之種類以為識别如是窮源竟委遂成地理一家之學

地之定質爲泥爲砂爲灰爲炭其石或嫩或堅此固夫人而知之者也然不仔細察之必以爲從古至今本是如此惟究心地理者知其不是忽然而成均有逐漸推移之據觀地中生物之形迹別其種類能知其當時生長之地各有水陸湖海之不同而其天時氣候亦有冷熱温和之各異是亦精微之至矣然其所探索者不過能知地球之面極薄之一層而已凡人所能至及可以測度者深不過三十里若深至八九十里不過意料其當然已不能有實據矣則所知者不過地半徑四百分之一耳故地理之學人雖歎其精深而比諸天文家之所知不亦淺哉

土與石無異

地球皮面之物，非雜亂無序，其某石在某層，各有一定位置之法，以地學家論之，無論鬆緊，輭硬，皆爲石類，所以泥、土、砂，皆謂之石。前數十年，有人謂以輭者鬆者爲石，其說不通，不如分別之，以硬者爲石，輭者爲土，然近年來仍復概以石稱之，因其爲輭爲硬，亦無一定之界限可分故也。

石分四大類

最便之法，莫如辨別其石因何造化而成，分之爲四大類，其第一第二類最易知，一爲水層石，一爲火山石，

水層石

水層石者因其石成於水底其中有生物之迹故亦名之曰迹層此種石在地球之面比他種石爲多其石之形每有層累推原其故必是在水中所成因觀江海之濱常有漲砂層積故知之蓋水中泥砂隨流而下至水流忽緩處則沈故層積而厚或一層砂一層泥相間湖水涸時其水底之砂泥亦分層上層爲草木腐爛之皮脫下一層爲皮脫之硬者其下一層爲蚌殼碎粉其下又一層皮脫或砂其下或又有皮脫及蚌殼碎粉如是層間積疊總不外乎皮脫蚌殼粉及砂層間積疊而已如於湖

邊相近之處掘視其土則土之層累亦爲皮脫蚌殼粉及砂其每層之次序與湖底之土同所以知湖邊之土皆古時湖水所成也若其地離湖稍遠則層累稍異或少一層砂或少一層泥或少一層蚌殼粉因其層能漸薄至無故也

凡水底所成之石有形質相同者此或自一本而來或是同時所成或是其沈積之物質無異

凡石有有層累者有無層累者有成於淡水中者有成於鹹水中者有古者有新者有有金者有無金者所以石有多種

如天竺之密些西比江。其水落時。見江岸之土。遠近數百里。皆分層累。如江岸爲水所洗。見崩頽之處。土石亦分層。其諸層之形。各不相同。有內有草木形迹者。凡河流入海之處。其海底每有泥砂洗積。久則成層。此層中每有海中生物之迹。

如埃及國有一江。其江水每年必漫上平地一次。不爽時日。水漫時。水中泥砂洗於地上。故其地面每年積起一薄層。而江灘海灘之砂泥。每年亦積起一層。掘地視之。層次分明。即距海數百里。或千里。掘地視之。見砂泥層累之形。亦與海邊無異。可見其地。皆是古之海底也。

所以無論何處凡掘地視之其土石若有層累或爲泥或爲砂或爲蚌殼粉層間積疊者則皆爲古時水底所成以陸地之層與海邊之層細核之其次序必層層相同

如於平地或高原雖離水極遠之處掘其地見有一層細石子其石子之質或爲火石或爲灰石或爲合拉尼脫而稜角皆有磨圓之形與海邊之石子及澗中之石子相同其石子與細砂或泥層疊相間究似海邊水流湍激時其岸邊之石子隨流而至他處及水勢漸平則水中泥砂亦沈故一層石子之上覆一層砂泥至水勢急時其上又加一層石子故凡見地中有一層石子者皆爲水底所成

水層石內有生物之迹

水層石中除細圓石子之外又有一據生物形迹是也生物形迹謂動植諸物之形或其本物所遺之蛻或其本身所變之殭石或其質已化去而猶有形迹印在土石中此皆當時有生物之據也

水中生物之迹任何種石層中皆有之如灰石中每有螺蛤及珊瑚之類又有魚骨魚鱗草根木葉之形迹

螺蛤殭石雖離海極遠在山極高入地極深之處皆有之如天竺有一山其山高一萬八千四百尺處有一層螺蛤殭石亦是海水中生物之類

有時石層中只有淡水中生物形迹。無鹹水中生物形迹。因此人推測之。以爲水層石。或成於海水中。或成於湖水江水中。

海中螺蛤之屬。何以能在陸地離海甚遠處。百年前有人思之得一說。以爲洪水泛濫時所留。今有人細攷之。知此說非是。夫洪水泛濫不過幾年。其泥砂及生物之遺質。不過能積成一層耳。何以地中每有多層有之。又細攷其形迹之種類。亦非雜亂無次序。如生在淺水者。深水者。鹹水者。淡水者。半鹹半淡水者。皆各在一層。不相廁雜。是以知洪水之說不足爲定論也。

有人以爲螺蛤形迹是生人之初，至洪水泛溢時，二千餘年中所成，當洪水時，陸變爲海，海變爲陸，所以螺蛤能在陸地，此說比前說稍進，因其心思亦以爲土石必由泥砂沈積而成故也，然海陸變遷必非一次所能如是，而自古至今，若只有四千餘年，亦不能變至如是。

今有一大據可明海陸變遷之說，凡地中之石有多層，每層有數百尺厚者，有數千尺厚者，每層中之生物，其形迹各不同，又有與現在之生物大異者。　如石層中生物形迹，或俱是珊瑚類，或俱是螺蛤類，或俱是草木類，亦有石層中無生物形迹者。　假如於一石層中見其殭石皆爲海中生物形迹。而其上一層及下一層石中之殭石。爲淡水中生物。則知此數層有爲海底所成。有爲江湖之底所成。

學者執此說。仔細攷之。可明石成於水底之說。其證據甚多。亦可知其石非驟然變成。

以上言石中四大類之一。卽水層石。雖水層石之形質有多種。而皆有水中造化之據。與現今海底之砂泥。其理無異。

水層石之據。一分層累。二有生物之形迹爲殭石。

火山石

火山石無論新舊其石皆因火山而成或爲地中之熱鎔流所成其中之生物形迹甚少而其石亦比水層少不似水層石之遍地球皆有也

歐羅巴半邊如法蘭西以大里兩處皆有古火山

法蘭西之古火山其山形如尖堆每尖堆之頂有一圓而窪下之口與今時有火之火山其形無異雖其山之石絕無一點熱氣要知其爲古時火山所成　又其尖頂處之石有玻璃形與今時火山之石亦無異又見其石從尖頂至平地如鎔而流下者然其在平地者曲折如河其旁有河曲折循之因知古時之江必在火山流石曲折如河之

處因石汁流下奪其渠故江水改道從旁另成渠也。如現今冰地之火山。其石汁流入一江。其江水亦改道自他處流。此可爲法蘭西火山石流入古江之證。所以古火山雖今時不復見其發火。而爲古火山之據。可無疑義。

火山石或遇冰水凍裂蝕洗其砂。或因地震開裂。則可察究其石中之形。見其石亦分層累。或一層浮石。一層硬灰。一層細砂。如是相間積壘。或中有兒克兒克者。石形一片如墻也。

兒克石。今時維蘇肥約斯火山亦有之。因地震時。諸層裂開爲縫。而有鎔流之石汁灌注於裂縫中所成。或因石汁

自地中湧出經過火山灰中其後來之火山灰又蓋之則亦成兌克

有處之山其山形非尖峯頂無窪亦為火山石其石之形或如柱或如臺因其石之質及其結成之式皆與火山石無異故知其亦是火山石此種之石名脫拉潑

有處之火山石為一層火山灰一層倍素爾脫相間又其倍素爾脫亦能為兌克因水層石有與倍素爾兌克比連之處其石均有經熱而變之形所以知倍素爾脫亦必是火山石

有處之倍素爾脫其石形如流而平鋪不作自山流下之

形蓋古時其處爲海底其火山在水中故灰燼隨流而去不能積高爲山所以石汁湧出在海底平流火山石爲硬灰細砂及倍素爾脫層累相積而成地學家亦能分別其古今其理與攷生物之形迹以定水層石之時代同所以能作石史

論第三第四類石

前已言石之第一類爲水層石第二類爲火山石惟於四大洲偏攷之遇二種石與前各異以爲造化於水則其石又似經熱以爲造化於火又非火山流石此二種石惟有二事相同一其中無生物形迹二其中有結成之顆粒故

爲第三第四類石。

此二類之石。與今時地面上新成之石。絕無相似者。然則何以知其造化之法。此石造化之法。非數語所能明。因其中之理。及其證據。皆與他事牽連故也。約而言之。凡合拉尼脫之屬。或爲火所造化而成。或爲水火二物造化而成。又有重力壓之。其成石時。或於地中。或於深海之底。譬如火山石。初時是流質。後來遇冷而結成。設使其冷極緩。又在地中深處。不見天空氣。則其所成之石。豈特結成之形與火山石不同。而其內亦必無灰及小石子。因灰與小石子。乃火山在地面。或淺海中。則有之。若火山在深海中。

及地中則無之矣。此二類石，與火山石之異，因其中無空泡。蓋火山石之所以有空泡，因外面之壓力輕，壓力若重，則無空泡矣。所以知石之無空泡者，其成石之時，必有重力壓之之故。定此二類之石爲鎔結石，熱變石。

鎔結石

石之第三類爲鎔結石，如合拉尼脫及雖約奈脫等類是也。

合拉尼脫雖亦有透過水層石者，然其透出之處，從未見有平鋪橫亘極大極遠，如火山石者。此因上有重氣壓之故也。

有人分火山石爲地面火山所成。鎔結石爲地中火山所成。此說近時不用。

熱變石

石之第四類爲熱變石。又名昔斯脫其石如尼斯枚格泥石綠石粒灰石等類是也。

其造化之法。非有實迹可求。其石中。無小石子無鬆砂。無硬灰亦無塊形稜角之他種石子。亦無生物形迹。而屢有結成之顆粒。如合拉尼脫亦每有層累如水層石。有博物士名赫敦者。曾解其故。

此類之石。其初時亦成於水底後因經熱而變其形。有一端可證。有時其石層與有生物形迹之水層石同爲一層。而其近合拉尼脫處。則爲昔斯脫。此可爲經熱變化之確證。

有時見暗色灰石層。其中滿螺蛤珊瑚殭石。其經熱之處。已變成好灰石。又如硬泥石之疊層中。有草木形迹者。其經熱之處。亦變成枚格泥石。霍怬白倫泥石。而其中生物形迹。俱不復見。蓋爲熱所消化也。

此類之石。雖不能見其如何造化。惟其形是爲經熱所變而成。與鎔結石之成於地中者。其理無異。或熱水沸泉。其水氣走入石層之深處。則其熱性亦能變化石質。要之此類之石。初爲水底所成。後爲經熱而變。所以謂之熱變石。所以石之四大類。一爲水層石。二爲火山石。三爲鎔結石。四爲熱變石。每類之石。其造化各有新舊。故地學家有法可攷。知某類某石。爲某期所成。

辨舊說之非

昔人以爲合拉尼脫之類。結成者。變形者。皆自有天地以來即有之。故名之爲第一次石。又謂水底所成之疊層石。火山所成之火山石。爲第二次石。　又有舊說。凡石無論疊層者。土形者。結成者。有殭石者。無殭石者。皆以爲是水中所成。又以爲地中之石。必比地面堅。其基址必比所載之物牢固後人攷之漸與此論不符因地中屢有開裂及出火山之處其上面之石不變而下面之石能變或深處之石能變舊作新而上層之石層依然如舊

譬如荷蘭地方其城基以木樁爲之往往有木樁已朽而其上之城仍完好者可見基址非必常牢固於房屋也所以地球之面及一切動植之物雖不見改變而地中能變定質至流又變流質至定而另成新石

深造石爲結成石之總名

凡各種結成石無論有疊層無疊層亦無論鎔結者熱變者若能有一總名則最便因此二種石亦有比第二次石

更新者所以第一次第二次之說不能用而必須另立新名其新名不可有時代之意存焉又須能包括合拉尼脫尼斯及鎔結熱變之意又須與火山石水層石有別故謂之深造石以其成於地內故也

深造石指合拉尼脫尼斯等類之石言之凡石之在地中變化而成者是也深造之名指其石成於地內非有今古之意所以鎔結石熱變石無論新舊皆可謂之深造石

深造石無論何處其石總在他石之下從未遇其在火山石之上亦從未見其在水層石之上因其所成之處比他石深也

觀以上諸說，知有二事當攷之：一當攷各石之形色質性與化學金石之事，及其中有無生物形迹；二當攷其每種石成於何時，某處爲新，某處爲古。

元和江衡校字

地學淺釋卷二目錄

斜疊層

砂石中波浪紋

地學淺釋卷二

英國雷俠兒撰　美國瑪高溫口譯
金匱華蘅芳筆述

此卷論水層石之形質

水層石之質

水中造化之石其質大約有三物焉砂泥灰是也。砂爲火石之屑其質爲夕里開。泥之質爲哀盧彌那土。灰之質爲炭酸灰

砂石

砂之細粒皆是夕里開其淨者爲科子不淨者爲火石屑

其質中稍雜有哀盧彌那及養氣鐵其粒皆有水中磨圓之形無數砂粒搏結即爲砂石其搏結成石者細視之不見有他物粘合膠固之迹惟用化學法分之知微有夕里開之物及泥灰或養鐵粘連之

淨砂石入硝酸硫酸綠輕酸皆不生氣不消化故其粒不能分開

砂石之形自極鬆至極堅皆有之又有一種枚格砂石其砂中有枚格多其枚格細片色如銀鱗片片與石層平行所以此種砂石其形畧似泥石劈之可成片

粗粒砂石其粒大如米若其粒再大而稜角圓者謂之合

子砂石。合子石之石子或爲一種石。或爲數種石。所以合子石。不過極粗之粒。而又有他物粘合膠固之。而爲一塊耳。

泥石

泥石之質爲火山石爛泐與四分之一哀盧彌那。凡尋常之土濕而搏之。燥時不自散者。皆謂之泥。故泥之質有多種。皆從石之碎爛而來。

泥之最淨者爲高陵泥。乃非而斯罷石。碎爛而成。其中常有科子。

舍兒亦泥之屬也。濕而搏之。至乾不裂。比尋常之泥更結

實因其成泥之時上面有重力壓之故其泥形有薄片如頁其頁或平或彎

無論何種泥石有一法試而知之噓氣使熱而嗅之必有泥土之氣此氣因泥內有哀盧彌那之故雖純哀盧彌那並無此種氣味而合於泥內則有之諒是哀盧彌那與養鐵相連故有此氣味

灰石

灰石及茶而刻其質均是炭酸灰　凡螺蛳蛤蚌之殼及石珊瑚其質亦是炭酸灰欲得最淨之灰必以此二物燒之則炭酸遇熱而去而得淨灰

白色之茶而刻其質有時爲淨炭酸灰其形有輭如土者有結實如石者亦有結爲最緊之石者其粒之細非目力所能辨

屢有灰石之質爲極細之蚌殼珊瑚粉搏結而成若有灰石砂石之屑膠粘壓緊而成者則謂之灰砂石言其粒或爲灰或爲砂也此種石亦名科子灰石

灰石之屬有名烏來脫者細粒圓如魚子其每粒之心爲砂而四周有灰包裹之

任何灰石其石堅硬而磨之能光者謂之麻勃耳其中屢有殭石其白如糖霜者謂之糖麻勃耳其中無殭石因已

經熱而化去也

砂灰石乃炭酸灰與火石砂堅結而成其砂愈多則其石愈硬

欲知石中有炭酸灰否可用一滴硝酸或硫酸或綠輕酸或濃醋試之因灰之喜他酸甚於喜炭酸故舍炭酸而與他酸連其所棄之炭酸必化氣而出故發泡如沸其沸形之大小緩急視石中炭酸灰之淨不淨而異如其質不淨則別物或能與炭酸相連故其發氣少而慢如不用酸試之法雖精於辨石者亦不能確知其爲灰石

泥砂灰雜合石

凡泥石、砂石、灰石、淨而不雜者常少、每有砂與泥、或泥與麻兒、合成塊、其形如土、其砂與泥多者、謂之壚坶、其性最肥、如有多灰在泥中者、謂之麻兒、麻兒斯里脫之比麻兒、如舍兒之比泥、因麻兒、不過如灰之舍兒故也、泥灰二物合成之石、謂之泥灰石、亦屢次遇之、

美養灰石及石膏

灰石、砂石、泥石之外、尚有數種石、亦爲水底所成、今當解之、如美養灰石及石膏是也、

美養灰石、名駄羅美脫、其質爲炭酸灰與炭酸美合尼西

養相合而成其美合尼西養多至一半此石入酸生氣比炭酸灰慢英吉利所出者色黃法蘭西普魯斯所出者爲粒形蓋馱羅美脫之石其變形甚多從土形至硬如白石者皆有

石膏之質爲硫酸灰與水相合而成其形常顆而色黃白如糖入酸不消化不比桒而刻馱羅美脫之能生氣因其中無炭酸而其灰質本已與硫酸相連灰之喜硫酸更甚於喜他酸故不生氣不消化

無水之石膏名安海奪來脫遇之甚少　石膏有與麻兒相連者謂之石膏麻兒

阿拉罷斯登亦石膏之類細粒搏結其白如雪輭而可雕刻故可以作偶像玩器

疊層之形

水層石之層累或一層或數層相間　如英吉利煤礦每過數層砂石其砂石之粒有層粗有層細其色有白者有暗者又有層爲舍兒砂石或爲片形之舍兒其頁可分頁中每印有草木葉之形其下爲煤煤與舍兒及砂石層間積疊其下諒有灰石層及珊瑚螺蛤殭石凡石之層可以殭石辨之或某螺蛤之類最多卽名某物殭石層

數種石相間積累而成層其層之分明者如灰石與麻兒

或合于石與砂石或砂與泥每有疊成數百層者其故因江水流入湖或江湖之水流入海其水中泥砂雜質各處不同卽一處之水其中之雜質亦冬夏不同此因水流之緩急深淺亦因時而異故也又湖中若有數水歸之則水中流來之物因其土地而異　又海中之浪及流亦有不同猛風巨浪能衝激岸石至別處及波恬浪靜則其泥砂亦沈如是者不知幾何年則海底之土石泥砂石子層疊相間

細砂與枚格亦有層層相間者此因水邊尼斯石碎爛隨流而下又有砂泥亦隨流而下至水流緩處而沈積成褐

色之泥其泥有層如頁因有枚格間之故也枚格之於泥旣能分開之使成頁則枚格之於砂石亦能分開為頁譬如一手搓細砂與枚格碎片相和撒於流水之中則科子細砂頃刻能沈而枚格必流至遠處方能沈至底其初水渾後來澄清則見枚格細片在水底其光如珠雖枚格本比科子重因其片有平面所以沈時遲而能流至遠處若使水流之緩急終古不變則砂泥沈於近處枚格沈於遠處各在一方不能相間成薄層惟水之流勢時有緩急且潮汐往來水或倒流故枚格之上能有砂泥砂泥之上能有枚格

疊層平行之理

凡疊層之上下兩面雖未能十分相似大約畧近平行此因水中同時沈下之物所成之面必平故也其平行之故非因水底本爲平面即水底本不平其沈下之泥砂上面亦必與水面平行如水底有坎谷凹凸者水涸時見其底所沈之泥砂亦平雖仔細量之未必能眞與水面平行而其大畧必相近

新沈積之層其面必平此因水有動盪之性能使高者就低故其面能一歸於平蓋水之流勢及浪近水面則大漸深則漸緩若在凹處幾於不流故水定而所沈之泥砂易

積也。

如於火山之邊直截一段，則見其灰層砂層石層，非皆與地面平行。

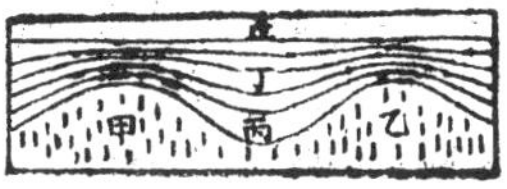

如圖甲乙處高，丙處低，因灰勢重而下落，故丙處之層厚，丁處亦然，至戊而平矣。

又如在砂灘上掘溝數條，廹數潮之後，其溝漸淺，過數月則積滿而平，不見溝矣。可見凹處之泥砂易積，凸處之泥砂難積，故其後終歸於平。

水流動盪之性能使所洗之物歸於平比在天空氣中更易因砂在水中減重三分之一其水重與石重之比若一與二五若砂在海中其海水鹹而更重則泥砂更易動盪故更易平

疊層厚薄之故

新層之面雖大約畧近乎行然亦偶有不合者蓋水勢常有迴旋潮流時有往復則其處泥砂洗積加厚而他處則薄有時見灰石或含兒層數百里寬廣厚薄相同再遠則漸薄至無又如見合子石粗砂石其層之厚薄不如灰石之勻可見粒愈細則愈易平

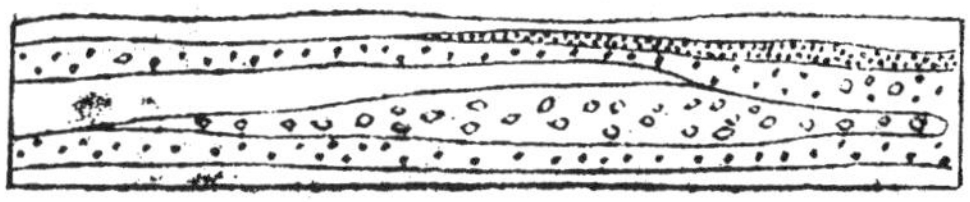

如圖圈者爲合子石層粗點者爲粗粒砂石層細密點者爲細砂石層其無點者爲泥灰石層

斜疊層

每有大石層之面相與平行而大層中又分爲諸小層其諸小層之面斜而不與大層平行此種小斜層今謂之假疊層

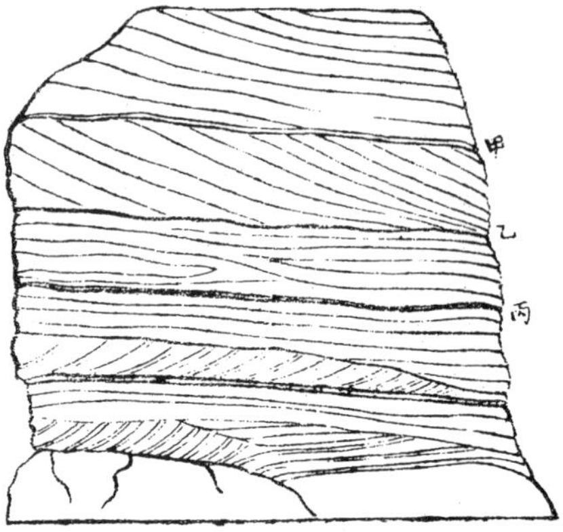

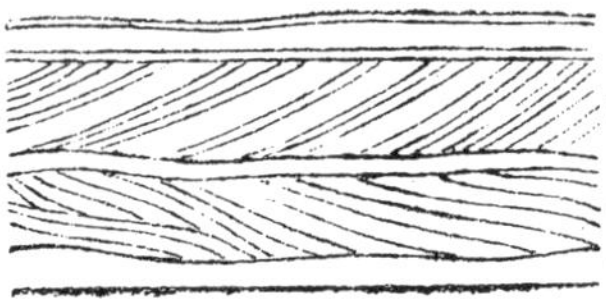

如圖爲綠砂所成之層甲乙丙爲褐黃色砂石其大層之面畧近平行而大層中各小層之面皆斜斜度亦各不同甚至有相反者

如圖戊己爲粒砂石其大層平行而上下層之諸小層斜勢相反其小斜層計一寸中有六層

一

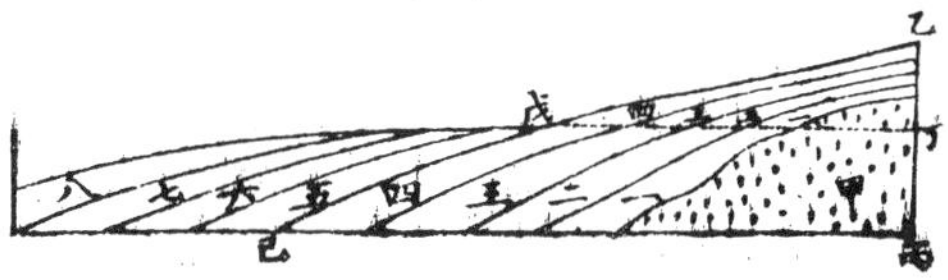

二

小斜層之理以圖明之如一圖甲爲坡岸其水勢平時泥砂沈積成一新層後又成二三四新層則其陂爲乙丙己形如此時水勢忽急能將其坡頂乙丁戊形洗去而又成五六七八諸新層則成二圖丁丙戊庚形其爲一大層其上若又成九十十一諸小平層如諸小層其爲一大層則其大層相與平行而下層中之諸小層爲斜又假層之斜勢或忽然相反者因水勢忽倒流之故也

又如地中海蓋爾復山其山在海中海流洗蝕其泥砂成新斜層

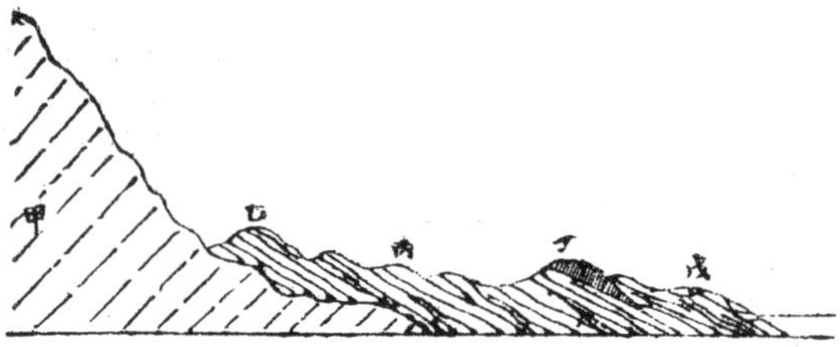

如圖甲爲蓋爾復山海流洗其砂灰泥積成乙丙丁戊四小山甲爲馱羅美脫乙丙戊爲粗細砂石丁爲細麻兒上有螺蚌殼其小山之諸新層與大山之舊層斜勢相反其新層斜二十五度諸層畧近平行如其上更積大平新層則其下諸小層爲一大層此言海中假層與坡岸假層理同

積雪消時海邊之山流泉湍急往往衝激石子至海中及積雪消盡泉流涓滴則只有細泥流入海中故其沈積之處一層石子一層細砂泥又積雪之水衝出之石子大故不能遠每在近處所以海邊時有淺砂

人未見前圖必以爲古時之海底極深後來突起而成山如前圖甲層之石老於乙丙丁戊又乙層老於丙丙層老於丁丁層老於戊其山在水中深一千尺至三千尺乙至戊八十餘里設使此諸層本爲平後因突起而斜則成此層時海水應極深惟此乙丙丁戊諸層不甚古其中螺蛤殼有一半現在生物

砂石中波浪紋

新舊紅砂石中每有波浪之紋此因砂在淺水之底水有輭浪往復而成不但淺灘之砂水有漲落處能如此即長

在水中之砂亦能成此形試觀風吹積雪或燥砂亦有此形如風吹燥砂至灘灘之泥色黑砂之色白故易見其砂初從風中來積於灘上先成諸小堆其後諸小堆漸大漸多而相并成浪浪之行列屈曲平行其每浪之形一面稍平一面斜如圖甲乙受風處稍平乙丙背風之處則斜如風大

則其浪亦能行，因吹動之砂，粒粒自甲至乙，而落於丙，又自丙至丁而落於戊，所以其浪能行，凡砂浪之行列與風

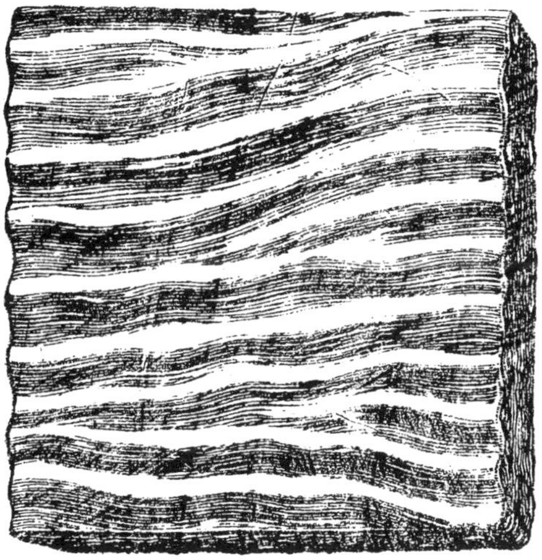

之方向必成直角，有時其處受風偏多，則浪行一邊偏速，而與前行相并，如上圖爲浪紋平視之形，其浪有相并之處，

砂在水中，因水有流動之勢，故水底之砂，亦能成浪，與風中灘上之砂無異，所以砂石中每有浪紋，舊紅砂石之浪

紋不甚清楚若新紅砂石之浪紋每有數層異向者此亦由風水之方向有改變故也

此種浪紋砂石大約皆成於淺水中若水深至十尺則水中之流勢已平不能使砂成浪紋　此說雖是然有時於六七十尺深水處見其砂尚有浪紋

海中平流之水深三四百尺其海底之泥砂尚能隨其流勢稍動而成浪紋然其浪紋與海邊淺水所成浪紋有別因淺水處之砂浪成於風風之方向無一定故其浪紋之方向時改變水之流勢久不改變故所成砂浪其紋之方向有一定有時於一寸厚之砂石見有數層浪紋

陽湖趙宏繪圖

地學淺釋卷三目錄

地學淺釋卷三

英國雷俠兒撰
美國瑪高溫口譯
金匱華蘅芳筆述

此卷論水層石中生物形迹

生物形迹爲水造化之據

水層石若不見其層累之形，又不見其中有生物形迹，則不能定其石爲水底所成。如於一層中見螺蛤殭石數種，於別層又見珊瑚殭石數種，或見草木之形變爲煤炭，則其石爲水造化無疑。

學者初時甚難解地中深數千尺處，何以能有動植物之形然此理殊不難解試觀第二卷中所言水層石其初本從何來亦皆是由漸沈積而成須知其各層之石處處曾經作水底其上皆曾經有水其水中皆曾經有生物故其層今雖極深極高而當時則爲水底之砂泥常有生物居焉所以其中能有生物之迹

細致石層中生物形迹能知其沈積之時或遲或速或在淺水或在深水離岸或遠或近其水爲淡爲鹹或爲半鹹淡之水

有一種灰石幾全是蟲殼所成其蟲生於一處不能動故近似植物又有遇動植難分之物在石中其形如生譬如

石珊瑚其生時本植立如樹今見其在灰石中仍爲直立不作臥倒形又如石蓮之生者其頂向上而其殭石在灰石中頂仍向上

觀各層中生物形迹可知成石之遲速如珊瑚之類生長甚遲其水必長清若珊瑚在濁水中則不能生所以灰石中有珊瑚殭石者其灰石必成於清水中其成此層之時必甚久因珊瑚必久而能長大及其長大而後埋沒則其時必極久矣

螺蛤之形大小各有一定其長非極遲所以石中見螺蛤殭石不能疑其層爲久遠年代所成惟見其殼有死久而

後埋沒者則亦可爲久遠之據　如屢遇蠣蛤殭石其殼之內面另有他物寄生其間則亦可爲久遠年代之據如率比來是也蓋蠣蛤必既死而後殼開必殼開而後有他物寄生其內及寄生之物長大而後埋沒則其時必甚久其水必長清

如圖爲率比來在蠣殼上之形如在殼外如甲則其蠣

蛤生時或已有率比來附焉故不能爲久遠之據須附於殼之內面如丙乙者方是其死後所寄可爲久

而埋沒之據。

有一種生物，他物寄生其上，雖只在殼外，亦能有久而埋沒之據。如海中昌幾那及斯背單合斯是也。

斯背單合斯吸於海中石上，微能蜒動，其殼有無數細孔，每孔有細肉透出殼外，如毛，死則其細肉爛，而殼外或有卒比來附之，故見斯背單合斯殼上有卒比來者，必是其既死而後寄焉也。

如圖為斯背單合斯生時之形，其細肉如毛，圖中只畫一半者，取其能見殼也，甲乙為其肉毛形。

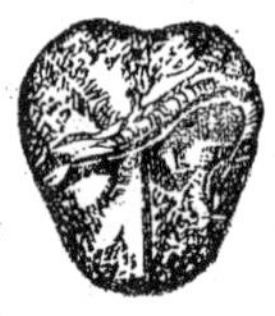

如圖爲斯背單合斯殭石其上有率比來在茶而刻中得之

曷幾那其殼外有無數乳刺死則刺落而有一種小蛤名開尼貼於其殼而寄生焉曷幾那及開尼皆定於一處不能蜓動故見曷幾那殼上有開尼必是在本處生長非他處所來亦可爲久而埋沒之據

如圖爲茶而刻中所得曷幾那殭石其上有開尼開尼之殼兩片每不能全有時其脫落之片可在相近之茶而刻中等得之圖中之甲即其上片也

又鹹水中常有一種蟲，其形如蛤，木浮水中，即附而蝕之，隨食隨深，即成蠹孔，其糞即成灰管。

如圖子，爲其所蝕之木，其木已變成灰泥石，其灰管如

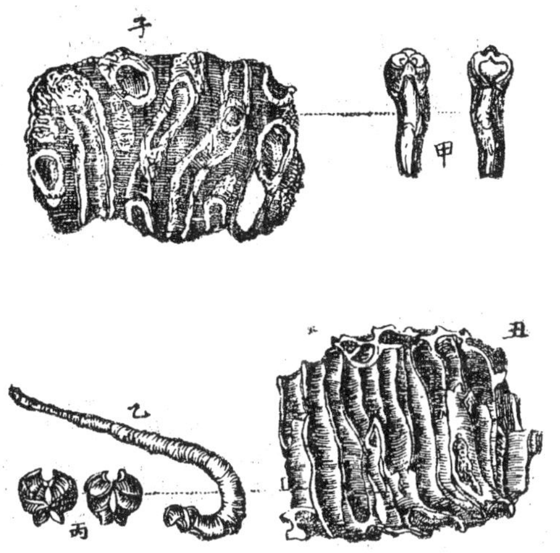

甲，殼與灰管均已變成灰石，不能分開，丑爲今時船板木被蝕之形，如用刀剖出其灰管，式如乙，其灰管之大處有蛤如丙，其灰管一頭漸大者，因蠹蛤在木中漸長大故也，所以見此種殭石，亦必是古時浮在水中之木。

其後沈而爲石。則其時必甚久矣。

又如陸地之樹。數百年長成大樹。樹老而死。其根枯朽。巨風吹倒之。遇大水漂流至海。不知幾何年。始沈於水底。其上泥砂積成厚層。又不知幾何年而始變爲石。此亦可爲久遠之據矣。　又殭石在地中。或極深。或已升起在極高之山。每有珊瑚螺蛤。各在厚疊層中。以現今海中珊瑚螺蛤之生長。比其時候。知成此厚層時。其年代必極久遠。因其生長甚遲。舊者已死。新者又生。不知幾何年。其殼方能積高而成厚層。然則石層之成。其時必甚久。可無疑義。

曾有博物士。在普魯斯國。見一種砂石。名鐵玻璃。其石爲極細微之生物所成，初得其石時，以顯微鏡視之，以爲是無數細蟲之殼，今細察之，是淡水中細草所成，有一處其鐵玻璃石層厚十四尺，取其砂，用顯微鏡視之，知其砂爲細草之皮，此草之皮爲純夕里開，故此石之砂，可磨金玉使光。此草之形有數種，每種之形各異。

海棉之生於淡水中者，謂之水棉，其形如棉，而有無數細孔，其孔圓而不閉，其內面有管撐之，其管爲夕里開所成，硬而脆，後圖中之子，即其管之形，乙爲其內形，每方寸之砂，用顯微鏡視之，計有管四百十萬萬箇，亦可謂細之極矣。

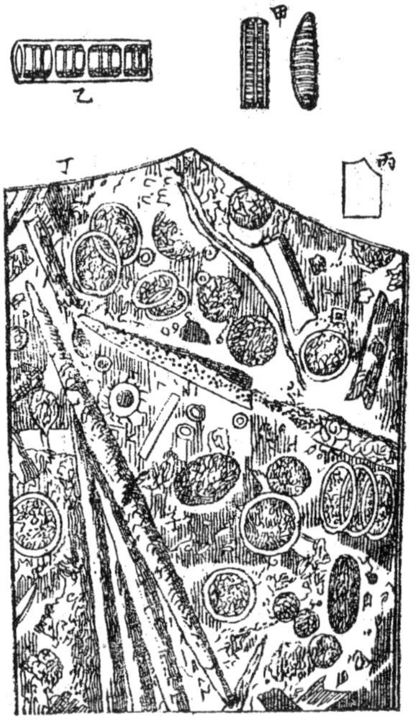

如甲圖草紋與現在水中細草同其乙亦一種草紋丙爲原石之大小丁爲顯大之形

除鐵玻璃之外尚有一種石成一大壘層其石比鐵玻璃較重形似阿背爾用顯微鏡視之見水棉之硬管細於針芒有夕里開膠粘固結之在石中想其膠粘之物必是其極細之管在水中腐爛消化故粘結其大管也此種似阿

背爾形之石，其中有水棉之細管，如琥珀中之有蟲，不常見也。

鐵玻璃爲淡水中之石，亦爲鹹水中之石，其成石之時爲第三期。

又如澤鐵礦用顯微鏡視之，見有無數線體交結，其線體土黃色，乃是細蟲之皮，其質爲夕里開養鐵。

觀以上諸說，可知石之沈積成層，其時必甚久。又可知今之土石，或爲古時之生物，如是推之，安知一切土石非皆爲生物所成，如茶而刻今已知其爲生物所成，因其中有海中生物之殭石極多，如曷幾那、珊瑚、海棉、螺蛤、魚骨等

物故也試以茶而刻粉置水中不過一細粒若以顯微鏡視之其細粒皆是殭石形甚分明每一斤茶而刻中有殭石千餘其中有四種最多

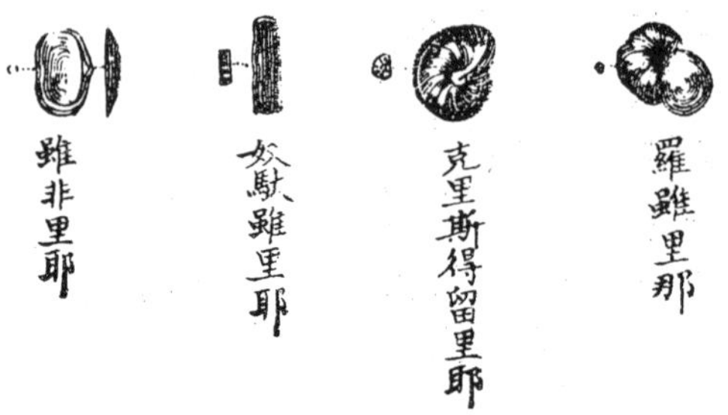

如圖左邊之小者爲其各殭石之大小右邊皆顯大之形若用顯微鏡察之又見其小孔中尚有極細之殭石

又茶而刻中亦有水棉之管形凡火石之皮恆爲茶而刻

其茶而刻既爲生物所成則安知各石之質非亦爲生物所成西國古時有善書者戲語云塵灰是活物恆喜集筆端由今思之豈特塵灰是活即極大高山其各種石層亦爲生物所積惟不知積幾何生物閱幾何時而成此山耳

殭石可分別淡水鹹水

無論鹹水淡水其水底所成之石其質無異惟觀其中之殭石則可分別之因江湖中淡水之生物與海中鹹水之生物其形各異故也

如英吉利海島有麻兒及灰石層厚五十餘尺其中殭石與今時之生物大異然觀其種類與今時淡水生物爲一

類故知其層爲淡水造化。

法蘭西有數處。其灰石。麻兒砂石層。厚數百尺。其中殭石有陸地及淡水中生物。如螺蛤殭石。及獸骨之類甚多。故知其亦是淡水造化。

普魯斯有一處。其土中生物俱爲螺類。其地有一湖。於水退時。視其岸。每見土中有螺殼。其水若洗蝕岸土。則土中生物入於湖。若湖底泥砂沈積成層。再經地熱燥結。則其沈積之層爲石。而其螺變爲殭石。

淡水石層。雖有極厚者。而與鹹水石層相比。必不及其寬廣。因江湖川澤遠不如海面之寬濶也。譬如見某石層查其中無鹹水殭石，則諒是淡水石層，因淡水石層中從未遇有曷㡬那及珊瑚等物，故易識別。

欲辨別鹹水石層與淡水石層，只須查殭石中軟肉類之形。軟肉類謂螺蚌之屬。淡水石層中，其殭石之數多，而種類少，鹹水石層中，其殭石之數少，而種類多，因淡水中螺蛤之形，大畧相同，而海中螺蛤則奇形怪狀者多也。

有人分現在軟肉類生物爲四百四十六種，其在淡水及土中者，只有五分之一，其五分之四皆爲鹹水中生物，其雙殼軟肉類謂蚌蛤之屬一百四十種，其中只有十六種是淡水生物。

淡水殭石中較肉雙殼類有四種最多如圖

雖葛拉斯　雖里那　由尼由

雖葛拉斯與雖里那有自此漸變至彼者故其形在兩類之間者多由尼由與俺奴唐太亦然由尼由之種類現在尚有生者其餘祇有殭石

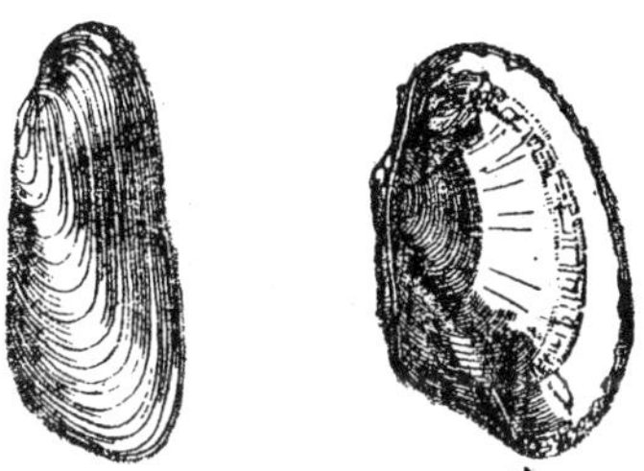

俺奴唐太拉底馬其得斯

俺奴唐太可地來

此兩物爲一種

又有人分雙殼輭肉類爲二類一其肉有兩塊連於殼如雖爲拉斯之甲乙是也一其肉只有一塊連於殼如葛里非耶是也凡生在淡水中者皆兩塊連肉生在鹹水中者皆一塊連肉　與此例不合者祇有一物名葛里非耶生於淡水中其小時有兩連肉大則只有一連肉

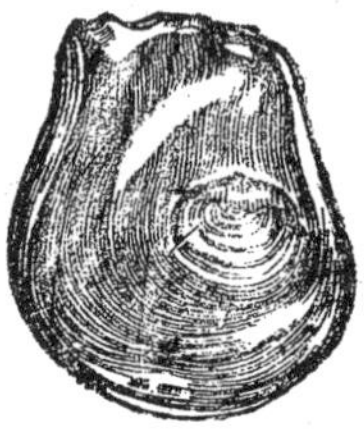
葛里非耶

淡水殭石獨殼輭肉類有三種最多如潑來奴比斯與立母尼耶及剖盧提那是也其餘如撒克西那等類比此三種少

潑來奴比斯

立毋尼耶

剖盧提那

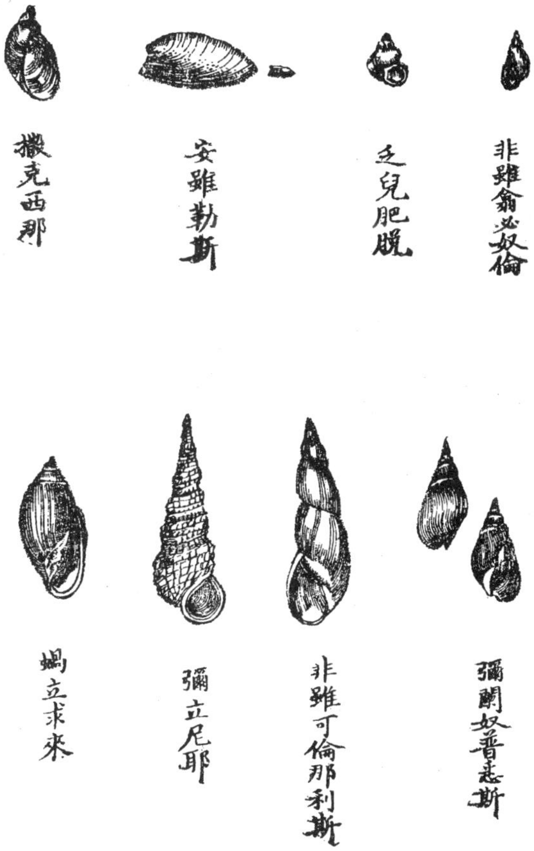

以上諸屬、如翕必奴倫與蝸立求來、現今之生物中尚有之、蝸立求來、在水陸俱能生、恆在潮水長落之處、

有人以淡水中奈利低那.與海中之奈利低那爲一類.惟生在淡水者.小而圓.其殼光.生於海中者.大而不圓.其殼外有粒.口有褶紋.

淡水奈利低那

海中奈利低那

博帶美地.生於熱地江口.與海中西力西耶之別.因其口完正.

博帶美地

軟肉類之生於土中者。俱是獨殼無雙殼者。其最緊要者五種。

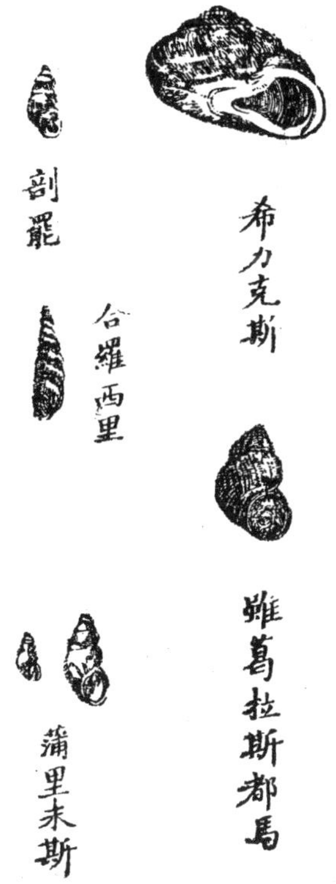

安普流利耶。生於熱地江水中。

安普流利耶

獨殼輭肉類之生於地中及淡水中者除彌闊奴普悉斯及撒克西那二物之外其口皆完正此事便於分別淡水鹹水石層故凡見石層中殭石獨殼類之口不完正者可算其是海中生物　口完正者如安普流利耶及土中獨殼類五種其口皆不似安西流利耶之缺亦不似潑羅羅都馬之有一長唇

潑羅羅都馬

安西流利耶

海中獨殼類其口或缺或枝者居多。大約俱爲食肉類。如其口完正者是食草類　惟有一物有時與此例不合。如西里西耶。雖其口微有短唇。或在海水中或在淡水中皆是草食。

淡水殭石中輭肉類有一種小者名雖不里斯。其殼形如兩片類。其類現在亦有之。圖見第二十卷。

雖不里斯生於小湖中。觀其殼之形。不能定其是淡水中生物。因雖非里那是在鹹水中之物。其形與雖不里斯難辨別故也。所以但視雖不里斯。不能定其石是淡水或鹹水層。更須觀他物方知。

有一種草名扯拉生於湖水之底其湖水中有炭酸灰者則扯拉草多其草子之殼硬而韌難朽爛因此殭石中遇之甚多

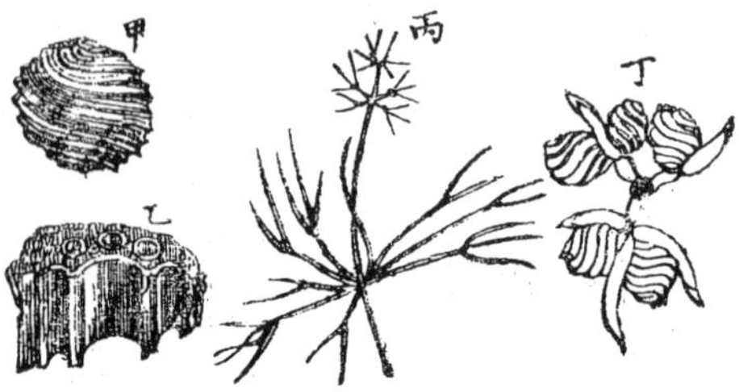

如圖丙爲以大里現在之扯拉草丁爲其顯大形

甲爲扯拉密待開近球來殭石顯大之形乙爲其莖之顯大形

以大里所生之扯拉草子之形，比英吉利所生之扯拉草子之形較圓，其形畧近於英吉利石層中之扯拉子。扯拉子之殭石，遇之於新螺蛤麻兒層及古淡水層，其莖大約中心有一大孔，而四旁有小孔圍之，其莖有節。

有時遇石層中有草形及木葉樹枝之印迹在淡水石層。石層中遇四足獸之骨及牙，其種類或現在已無，其骨何以能在湖水中，詳見他卷。

石中有魚之形迹，有時可以之分別石層之鹹淡。如鯉魚、鱸魚之類，恆在淡水中。鯖魚、鰻魚之類，有淡水中者，有鹹水中者。又如紅肉魚，西名水兒摩，則在淡水、鹹水俱能活或只在鹹水中。準此論亦不過僅能分別新石層。若古期石層中之魚與今時之魚形式大異故不知其在何水也。

石層鹹淡相間

每有淡水石層與鹹水石層層疊相間者其層之寬廣或大或小此理在地學中甚易明因其處本有一江水淺則成淡水層水大則海水入而成鹹水層故淡水石層中有淡水殭石鹹水石層中有鹹水殭石。

如埃及江及美里哥密些西比江其旁俱有湖湖與海僅隔一塘有時湖與江連則爲淡水有時湖與海連則爲鹹

水或數年一變或數十百年一變其湖底沉積之泥砂亦成厚層

歐羅巴北邊有一江長三百六十里名烈姆港近千年中知其變淡變鹹已四次因其入海之處砂高則海水不入而水淡其砂低則海水入而水鹹水鹹則淡水中之生物死而有鹹水中生物水淡則鹹水中之生物死而有淡水中生物　此不過淡鹹相間之一端耳又有遇淡水石層厚千尺其上有鹹水石層其上又有灰石層甚厚亦爲鹹水層此種鹹淡相間之故另有別理俟第十八卷解之

地學三

陽湖趙宏繪圖

長洲沙英校樣

地學淺釋卷四目錄

地學淺釋卷四

英國雷俠兒撰
美國瑪高溫口譯
金匱華蘅芳筆述

此卷論水底沈積之物堅凝爲石及生物變成殭石之理

和合與化合不同

地學家須辨別和合之沈積與化合之凝結不同。和合沈積，如泥砂之層，從流水中澄下，各爲一層。及火山之灰砂石，從地中噴出，亦各爲一層，是也。化合之凝結，其物初時消化於水中，後遇他物與之相合，則另成一物而凝，如炭

酸灰在湖海中凝結於底爲灰石是也

以大里有一金水其水中化合凝結所成之石爲脫拉勿耳低能此水中因炭酸多又因水熱故其灰消化於水至炭酸有一半化氣而去或水冷則其炭酸灰降而凝爲石而水底之生物亦埋於其中

海中珊瑚能成數百里大之珊瑚礁其珊瑚與螺蛤外有炭酸灰粘結之此炭酸灰諒是從已死之珊瑚腐爛而來或從蚌蛤殼消化而來

如砂及石子有江水衝之入海被炭酸灰包結於中則其石爲一半化合一半和合

二卷中言水底石層必與水面畧近平行此但指和合而沈積者言之若化合而凝結則能成極不平之層又能隨高隨低結爲一般厚薄之層亦能走入他層之夾縫及空隙而成夾膜石惟此種化合所成之石無極寬厚之層不過爲石中筋脉之類而已

各點粘合

灰石於降沈之時其各點互相粘合卽成堅實之質若他物必沈積甚久而後膠粘固結而爲石

有時兩水相過一水中有消化之硫酸鐵一水中有消化之炭酸灰則皆能見其凝結其有灰之處鐵與炭酸灰粘

結沉下卽成石其無灰之處則沉下爲鐵砂而鬆英吉利海中有一條砂其砂粒鬆而未結實惟在某地者則有灰粘合之已變爲石石中螺蛤之殼已化去而存其殼之印迹在石中所以知其灰從蛤蚌消化而來粘合其砂故其處成石也

如遇粗粒泥石或砂石其中有螺蛤殼之印迹者以其石入淡綠輕酸或他酸中能見其立刻變爲砂或泥因其粘結之物是灰灰見酸則易消化也

生物形迹消滅

生物之形迹在土石中每有已化去而不見其迹者如於

砂塊中往往見螺蛤之殼着手即碎如粉此因其中之灰已散去祇賸其殼之形像而已如此砂變為石則其中無螺蛤殭石所以水底石層亦有中無殭石者惟以意度之或其中本有生物而化去或其中本無生物因海水深處常有數百里寬廣其中絕無生物者已有人測知海水深一千三百八十尺以下則無生物又有人云不止如此深須再深方無生物

夕里開及炭酸灰

夕里開及炭酸灰遍地球各處皆有此理後當詳解之今先論其畧

如水中有消化之夕里開或炭酸灰從熱處向冷處流則水中之消化者凝結如遇泥砂石子皆能粘合之而爲結實之質因夕里開及炭酸灰之消化於水熱則消化者多冷則消化者少故熱水遇冷其中之質必有賸出也

有些石子其質爲火石及粗粒之砂有夕里開粘固之則結爲石甚硬如以其石塊碎之其粘固之物與其石子堅硬若一

成石之理

有多種石層其成石之故諒因濕者變乾所成有一據人人知之凡石從山中取出爲房屋牆壁數十年之後必堅

硬於出山之時因其中之濕氣已乾故也若以此石再置之水中不拘多少年代仍是堅硬不稍變嫩所以攻石者必於開出時即做成之則嫩而易鑿做成之後須過數年方用則硬而堅牢凡塡路之石先碎之隔數年方用以塡路則硬而不易碎然則鬆輭之物所以能變硬成石者因燥之故蓋石中每有極細之孔隙其孔隙中必有水其水中必有消化於水之金石故乾之日久則其水漸化氣而去而水中之鐵及夕里開或灰仍在石中此數物凝結能滿其空隙之幾分且非特各自結成並能凝結以粘固其石之粒譬如濕砂濕泥凍而為冰亦堅固如石因水之凝

結能粘連其泥砂之各粒故也

有處之砂石其在地中時輭如泥用手能搏之又有數種金石其在地中時亦甚輭及出至地面則硬而堅如袞斯倍斯得斯撒而奪低摩兒愛脫開而西馱能其在地中時皆是輭又倍里爾在地中深處者亦輭

美里哥有一大湖湖中新成之麻兒亦為輭層其中滿淡水螺蛤如掘出其泥乾之則成極硬之石須巨椎擊之方碎此湖之水若乾則其湖底之輭麻兒當成硬麻兒其堅硬亦如歐羅巴之硬麻兒石層所以歐羅巴之麻兒石層其中亦有淡水殭石想其當時必甚似此湖

凡江水流入海中，其江水中消化之物，有一遇海水卽能化合而凝結爲石者，此理可以一事比方之，如火山之砂，其中有二十分養鐵，若以石灰和合其砂，雖在水中亦能堅結如石，古時羅馬國作屋基及海塘，皆用此法，此可爲水中能成石之據。　此種結硬之理，因其質點初時和合在水中，及遇他物化合，其化合之力極緊，故沈下之後，各點互相凝結，重重包裹也，又如泥之沈積，每有結爲泥塊泥球，在麻兒層或含兒層之上，其後漸爲麻兒或含兒之新沈積者所埋，所以麻兒含兒之中，每有球形之泥，與其層平行。

如圖爲泥塊在含晃或麻晃中平行之形

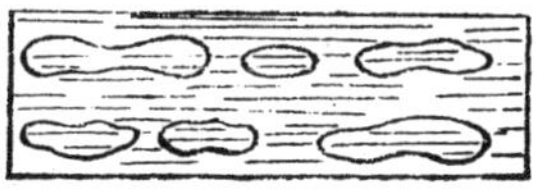

泥塊泥球每有結爲奇形者有處見美養灰石中其泥塊從豆大至徑尺其塊中之紋不但與其層平行又有重重包裹及自從中心一點四出之紋有時於灰石中每有球形如砲彈其下半球在一石層而上半球又在另一層石中想是其石層未結實時其中之美合尼西養炭酸灰與不淨之雜物分離而各點自相輻輳故成此形其凝結時

必中心之一點先成所以有重重包裹之形

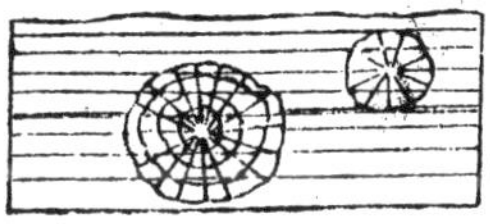

如圖甲乙爲二疊層其間有美養灰石結爲球形

水底新層中其各質若消化於水按化學之例再相合則其分層之面不能知其是本來沈積所成或因沈積之後又自相離合併湊所成

如圖甲乙丙三層中灰質之多少不等其乙層之灰已結實甲層中子處之灰多於別處故亦結實所以甲層

之灰子丑寅與乙層結爲一塊則其子丑本層之紋不見而子寅爲乙層之面

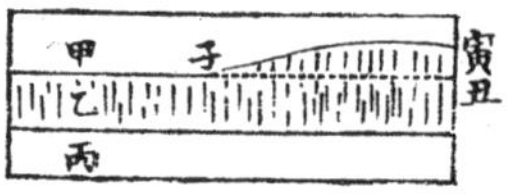

壓力熱力

泥砂沉積在海底雖甚深其上面之水不能壓之使結實此因泥砂之中亦有水與上面之水通爲一體其力足以相抵故也生物之在海底者其體中亦有水所以不爲水力壓扁壓碎然雖如是說法而下層之泥砂究竟有因上層之泥砂重壓而結實者如輭泥濕砂以重物壓之能扁

而大是也此種壓力能使泥砂麻兒之鬆層變爲結實又地球皮面之土石有時裂開有時突起亦有因重壓之故其理俟後解之

泥砂鬆粒經重力壓之能變成堅實可借一事以明之如筆中黑鉛其質爲炭若碎之爲粉以一千噸重力之器壓之使其中無一點空氣則能并爲一塊與生成者無異

熱之作用其能力最大在地中能使金石結成

生物變成金石

生物久埋於地中則其質漸變可於石層中見之如螺蛤之類埋沈於新成之層中則不過其肉腐爛而已而其殼

無恙也惟有時其殼亦能化去而祗賸其殼之形迹者凡殼之形迹有三種一祗有其殼外之模一有其殼內之泥心一有他金石之質代其殼與原式無異此三種形迹掘地每每見之如其泥爲哀盧彌那之泥則碎之見殼外之泥如其殼之外模殼內之泥如其殼之內模而內模之形與外模之形屢有絕然各異若非一物者

如圖甲爲內形乙爲其殼又如丙爲潑羅多牟利耶殭石丁爲其外模人不看慣皆不知其是一物

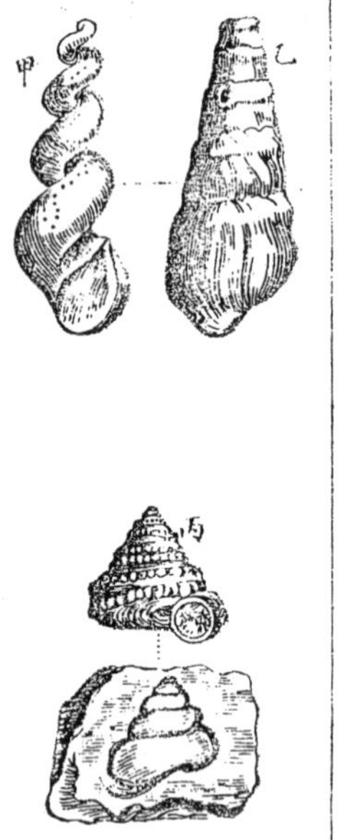

如原物之質化去而有炭酸灰或倍來底斯或夕里開走入其孔中結成假形則與其原物之形無異如螺蛤之肉有泥或炭酸灰代之而其殼有夕里開代之則入酸消化其假肉而得夕里開螺蛤殼　此種變化宛如鎔金就範其鑄成之形與生成者畢肖

又有一種殭石亦屢遇之不但形貌甚似即剖而觀之其紋理亦同因其肌理間各有他質代之故其分形亦似眞如珊瑚之殼本是灰質今不但是灰而更有夕里開代其肉是也

生物變化之理觀木殭石最易明不但其外長之圓紋與

木形同卽其自心四出之紋理亦有之用顯微鏡視之見其微絲細管及螺線體之類無不悉備

曾遇一樹在砂石層中與煤層相連截其一薄片映日用顯微鏡視之顯大五十五倍其形如圖其平行之點爲木每年外長之紋惟有一處其點不分明諒是其木內本有蛀孔故也

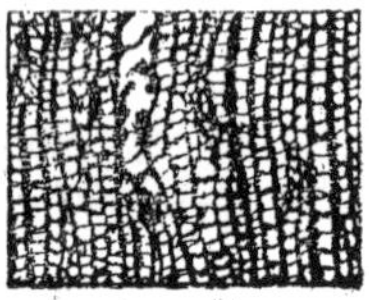

又遇有一樹根在石礦中已變爲石其質爲炭酸灰養鐵

哀盧彌那及炭

生物變石之故，因水走入石之疊層，其水中有消化之炭酸灰，或夕里開，及他種金石之質，故能代其物之形而變為石。惟水何以能走入石層，俟後解之。

若生物在天空氣中腐爛，則消化而復其元質，其元質大約為養氣、淡氣、輕氣及炭。此四質若走出，則物之形質亦消歸烏有。若以生物浸於水中，則消化稍遲，如埋於地中，則又比水中稍遲。譬如其爛時，有一點氣走出，即有一點灰，或夕里開走入代之，則其先腐爛之處先變石，後腐爛之處後變石。故雖全體已變為石，而石之形色及質，不必

純是一種因水中消化之金石非一種而走入又有先後故有時成此色有時成彼色各因其走入之物質而異或其走入之金石能結成則其物光明

學者問生物之質朽爛化去更有他金石走入代之成形此等物可以化學之法作之否

此事曾有人思之欲以生物照造化之法令其變爲金石試以水中能消化之金石與各種生物試之不數十日即彀得一物　法以松木一片浸於硫酸鐵水中數日後取出燥之燒於火則其木質燒去而木紋之孔中有養鐵之細點

化學院中有一盛水器器中有消化之硫酸鐵水置於一隅日久忘之一年之後復動之見器中水面上有油又浮有黃色之粉及毛其黃粉為硫磺而水底有小鼠之骨又有結成之細粒倍來底斯及硫磺又有結成之硫酸鐵及色黑如泥之養鐵此蓋因小鼠溺死其中而其體中之各質腐爛而與硫酸鐵化合故養氣升去而他質結為倍來底斯等物雖其骨未變為鐵及倍來底斯而因此偶然之事亦能知硫酸鐵遇朽腐之物能使其養氣去而成倍來底斯宛若預備代其骨中之炭及輕氣等物者

某化學家言金石於將變未變之際其各質已與本來相

合之質相離而急欲與別質相合作新物故此時化合之力極速此蓋因質點相離則易活動故易與他物相連所以有生物朽爛之處其變化甚速

天竺有一江每年水發時水中有消化之炭酸灰若其新沈積之泥中有腐爛之生物則易變石此與前理同

水中消化之金石

人已知泉水流出地面其水中每有消化之鐵及炭酸灰夕里開卜對斯或別種辟味之土及金若熱泉中則夕里開更多所以近火山處其水中之木及珊瑚能變爲砂石因其水自熱泉來其中夕里開多故也　海棉草腐爛則

夕里開能代其形爲鐵玻璃砂

準此說，則湖水海水中，其灰及夕里開，究竟從何處而來，何以能儘敷生物之用，須仔細攷之。

炭酸灰之來處，並非難知，因其不止自泉水中來，即如天雨之水，與草木腐爛化出之炭酸合，則水中有炭酸，此水如流至灰石處，則能消化之，所以海中螺蛤珊瑚之類，能得湖海中之灰。

惟夕里開，則雖研之爲極細之粉，置水中沸之，亦不能消化。有人言夕里開是從變壞之非而斯罷來，因非而斯罷中有一大半夕里開，其夕里開與哀盧彌那及卜對斯雖連合極緊而卜對斯最喜水亦最喜炭酸所以炭酸水能消化非而斯罷中之卜對斯而流出故非而斯罷變爲高陵泥其質爲夕里開哀盧彌那而高陵泥中有時無夕里開則其夕里開必是消化而去其何以能消化而去則有兩法可解之

一因夕里開與辞味之物在水中能消化一因夕里開與他物相離之際水亦能消化之所以水中消化之夕里開自江水中流至海無已時夫非而斯罷雖無極大之山而火山石中鎔結石中熱變石中皆有其結成之石每有爲石子泥砂在水中者此其所以便於消化也

枚格之質分開，亦能有夕里開消化於水，因枚格在合拉尼脫或泥石中最多，而枚格之中，有一半夕里開與哀盧彌那卜對斯文有十分之一　鐵若鐵得養氣成養鐵，則枚格之質分開，而夕里開能消化於水

此理雖是然，尚有數事宜攷究之，如觀生物所變之石，有時能知其變化之時甚速，如草木之細莖最易朽腐，而能變爲砂石，則非變化甚速不能　又如椶榴之嫩葉亦能變爲夕里開，其變亦必甚速，然而猶不能無疑，或者水中更有一物能使之久而不易爛，故漸變爲石，亦未可知，如血肉之物在草木皮脫中，亦能久而不爛是也

有人言木變之石每有其木中易朽爛之質則變爲石而難朽爛之質反化去者譬如椶櫚葉之小莖其中輭胞體之物最易腐爛者已變爲石而其筋管之難爛者反爛去未成石故其殭石或有空孔或有鴨呆脫滿之此因易爛之質其爛時水中適有消化之夕里開及至難爛之質爛時水中適無夕里開故不能處處成石因是知凡物之通體能成石者必其水中常有消化之夕里開方能

陽湖趙宏繪圖

長洲沙英校樣

地學淺釋卷五目錄

地學三

地學淺釋卷五

英國雷俠兒撰

美國瑪高温口譯
金匱華蘅芳筆述

此卷論石層平斜曲折凹凸之故

地高於海非海水日低

有時在極高之山見石中每有海中生物之迹知其山今雖高於水面而其初必爲海底準此理思之有二說焉一或因海水日低一或因海底日高此二說於水陸變遷之理皆可通前五十年間地學家執海水日低之說以爲海水淺則水中之山能變爲陸地之高山其所以不敢作海

底日高之論者因恐海中之水無去處故也然準海水日低之說則必古時海面高於山之有蛤蚌殭石處其說方通後人致之見水底石層有成於淡水中者有成於鹹水中者又有淡水石層與鹹水石層層層間積疊者則與前說不合除非其地先爲海後爲陸後復爲海或江如是則鹹淡水石層方能相間積疊以成多層又見每層中皆有久遠而成之據知其層皆非忽然而成故必水陸屢次變遷而後可解此理

所以後人思之近年來又創爲新說以爲地球之面必處處俱能凹凸此處日高則他處日低其凹者或能復凸其

凸者或能復凹又其凹凸之變必甚遲而其時必甚久此說之勝於舊說有數端一因能解石層仍平亦能解石層斜上斜下及凹凸斷折一因能與人所知之事符合如有處之岸或漸高及漸低之類是也

此種地形變遷之事實有可以目見者其大者有時因地震而變其小者有人用法仔細測量之知某處地形於數十年中稍有高低又測知海水並無古大今小之據因水面必平一處低則處處同低若海水漸低無有測不出者

平疊層升高

凡石層之形無論平斜曲直皆有所以然之故蓋石層沉

積於海底時其面必與海水之面平行如地中海之大島其石層中滿螺蛤殭石其形類與今時地中海所生之螺蛤無異其有殭石處比海面高二千尺畧與海面平行又有他處之平層其中殭石之形已與現今之生物異瑞典之南有殭石層名西羅里安其層甚平宛似古時淇水所成後來退出者　水底石層成於西羅里安時者美里哥北有一大平層幾與水面平行亞非利加極南之處其山亦爲平疊層有古砂石三千五百尺厚

凡水層石之平層與其算作古時海水漫至其上不如算作古時本在海底後漸平行高起而爲今形初聞此論必

以爲奇談。然與實測之事。每能相合。

如瑞典國海邊之地。有人測得確據。數十年中已漸漸高。初時有博物者。亦測得其差。惟誤認爲海水漸低。令知若是海水日低。則土必不動。然測知百年中。有處高起數尺。有處只高起數寸。是必地之漸高也。　瑞典之南邊。其地漸低。有古時房屋。今已漸入水中者。

有人在美里哥南。知有數處。其地漸高。因見其高於海面之處。有現在海中生物之迹故也。其冰地自北至南一千八百里。地形現在漸低。

以上所論。皆地面能漸漸高低之據。又有一事。可作確據因每遇地震之後有處之地高低漸變。有人觀北海中珊瑚島知其海底之山漸漸低觀南海之珊瑚島知其海底之山漸漸高故南海之珊瑚已高出水面而枯死矣。

準此論可以解地球面上石層之形如平層斜層亂層淡水層鹹水層又可解深水中能成厚層及石層斷折爲水侵蝕而成谷若仍執舊說則必古時海水深於今三里所以不通。

斜直彎曲之層

變動之事有明而最易見者如平疊之層變爲直立是也。

英吉利北邊合蘭比斯山有合子石層與細砂薄層相間.皆爲直立之形此可見其成於水底時本是平層故其石子與層平行後漸斜而高起以至直立故其石子亦直立.

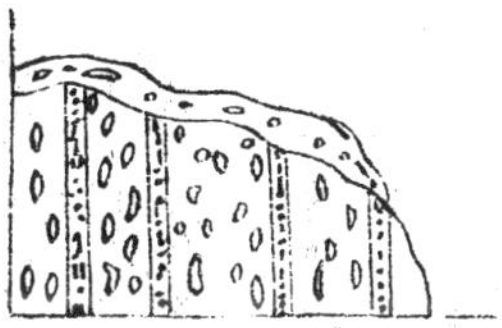

如圖疊層中之石子其扁面皆與本層之面平行.

凡合子石層中之扁石子大抵皆與其石層平行者多.雖水勢湍激處其石子亦有不平者然相距不遠其石子即平.從未見砂中之石子全是直立者.所以石子與石層平

行之說可信。

直立之層過數十丈或數里其層必漸彎而斜。今舉兩處之大彎層以明之。

英吉利北邊斯各得倫地方。合蘭比斯山自西北至東南六十里中有紅白砂石層及數種顏色之含兒斯里脫其石層共厚二千尺分別之可爲四大層。

如圖一爲紅麻兒或含兒二爲紅砂石三爲合子石四爲硬灰石與紅綠色含兒甲爲凹處甲之左右皆漸彎向上自甲左右行皆遇其一、二、三、四層西北角之第四石層幾如直立其二、一、兩層則稍斜成凹勢甲處諸層

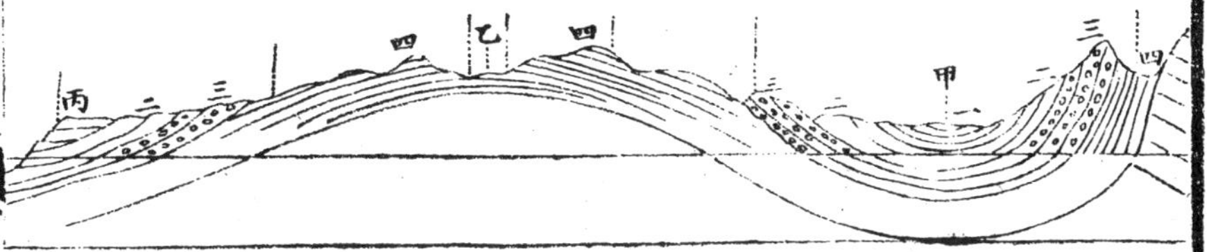

與垂線成直交其最凹處之線曰凹極線乙為高處自乙左右行皆遇四·三·二·一·層其乙處諸層亦與垂線直交其最凸之脊曰凸極線地學家以凹凸兩極線為最要緊因有此線即可知石層橫亘之方向及其左右石層之深淺故也其丙處為紅色之新合子石及砂比一二三四之層新圖自左至右六十里左為東南右為西北此第四層之下為泥石左邊為海其平線為海面線

石層之甚彎曲者遇之於英吉利北海島其石爲藍色之斯里脫其石層之彎者計一百八十里中凹凸十六次其彎勢如圖

石層凹凸彎曲之形，可以物倣成其形以明之。試以半乾半濕之泥疊成平層，又於層之兩旁用力擠之，則各層泥皆變成凹凸之形，與石層之凹凸無二。惟須知石層之凹凸，其下半或在水中，或在地中，不能見，而其上面每消磨剷削而平，所能見者不過中間之一段耳。

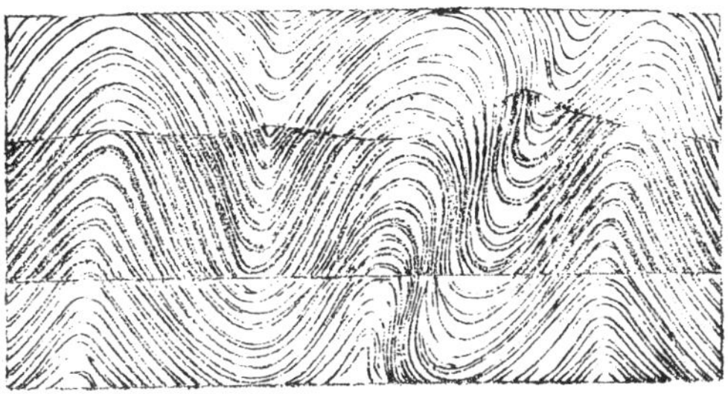

如圖，其下半淡墨者在水中不見，其上半淡墨者爲已磨蝕而去，中間濃墨處爲人所能見之形。

又如以數匹布置桌上旁以書夾之上以書蓋之擠其兩旁之書則其布層層皆彎

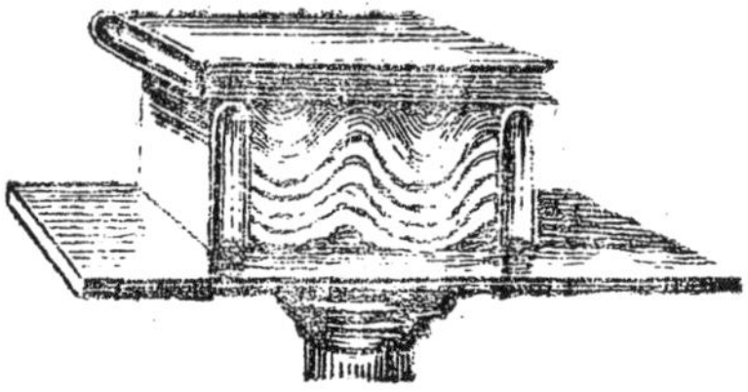

石層之彎若由於兩旁有擠力之故則其理甚難解之惟查火山石及合拉尼脫等石每有自地中突上者如其上

面有輭疊層蓋之則亦能被其突起而凸又遇地震時見有處之地或低陷此因地中有空處故也其空之故或因地中鎔流之物向他處去或因泥層經熱收縮而結緊故地中有空偶遇地震則上面壓下總之石層彎曲之故有多說可解惟有一事是一定凡輭層因不是處處同低處處齊高故其石層必彎究如兩旁有他力擠之者然

此理以煤礦內所見之事明之凡挖煤之礦雖中間有柱撐之而其上面之地必微微低下有一處含見石層中有三箇煤洞其上面之石層亦有三處凹下之形

有時煤礦中已挖煤路留煤作柱以防上面壓下如後圖

白處爲空其黑處爲所畱煤柱其下一層爲砂泥或含兒其下黑者爲又一層煤從地面至第一層煤厚三百六十尺此三百六十尺厚之地其重力皆壓於煤柱故柱底之泥低下而柱旁煤路下之泥高起

人初思之以爲其空處非下面之泥凸起或是上面之頂低下此種事雖有時亦曾遇之因其煤上之泥輭於煤下之泥故致低下惟尋常煤窟中其煤之上面是硬含兒或砂石比煤下之泥硬有時煤下之泥其初本硬後因遇天空氣而變輭所以能凸起其凸起之時初不過微高如甲後漸高而裂開如乙漸遇其頂如丙後則塞滿如丁其煤

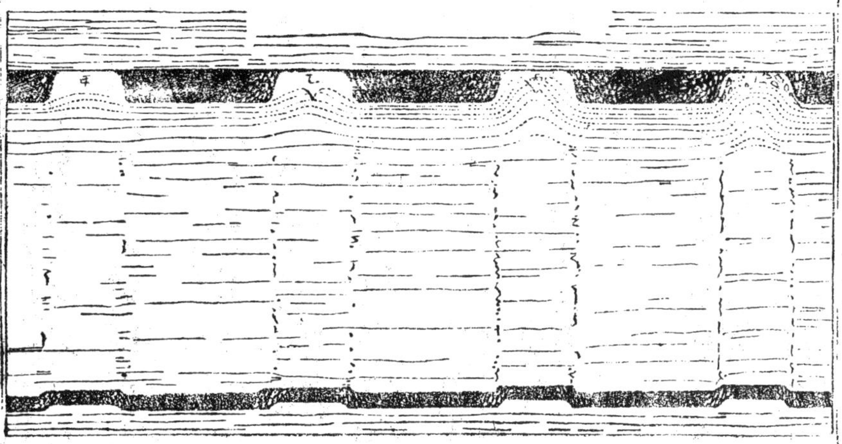

柱亦因壓力重而四面裂碎此處上層之煤厚六尺半其上爲夕里開砂石煤下之泥厚五十四尺其下又一層煤厚三尺因上面當柱處有重力壓之故破碎有時上下二層煤相離一百六十尺其下層之煤尚能被撐柱壓碎惟相隔愈厚則碎愈少以至不碎

人初思之以爲動力若速則折斷之口彼此符合動力若慢其折斷之處必變形不能符合此說非是試觀地球皮面因下有空處而低其變動極遲所以見石層之縱横斜直莫以爲霎時變動而然

舍兒層中每遇有背陰草葉形印於每層中恆與其層平行蓋落葉在泥上本來總是平鋪所以遇此種印迹與今之地面不平行者其層必已經變動又有遇其印迹成彎浪曲折之形者

如於地中數次遇其在一層之碟

如圖其碟曲折四五次若作一直井而下則屢次遇此

一層磥、

石層之形有三事宜攷之一斜勢方向二曡層不合理三斷層斜勢相反及高低相差、

斜勢方向

疊層與地面不平行則謂之斜層

如圖甲爲北乙爲南石層之斜四十五度則謂之斜下四十五度至南

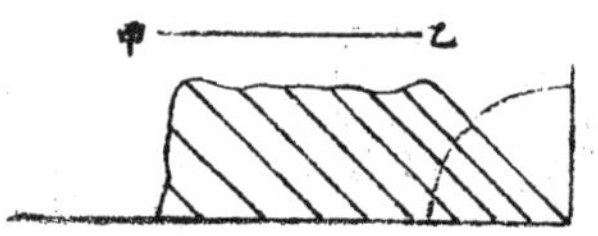

石層之斜面若望南北則其層之側面自東至西譬如房屋之瓦南北下水則其屋脊及屋面必東西橫亘也凡言石層之方向均指橫亘處言之如石層平面無斜度者則無一定方向故地學家察地當知某處之層如何斜惟人未經細攷每易錯誤因其方向及斜度最易誤故也

遇石層現露之處則易測知其斜向如於石層之面以水注之必向其斜下之方向流此固甚易惟石層現露所見之處不大若其斜度少者視之每如平

以圖明之譬如人在子視甲則見其層如平必在丑視乙方知其斜所以凡見石層現露之處須循其層掘深數尺仔細量其斜向

測量斜度之細數須用器具若一時未攜器具有一法可

粗知其約畧法以兩手之指作一縱一橫如圖切於斜處觀之則可目揣而得四十五度分角綫卽可知斜度約畧幾何

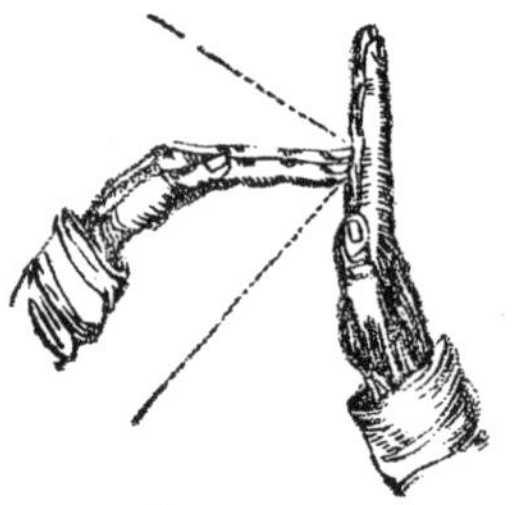

石層凹凸之故前已言之惟其凹凸之勢亦有斜度可量如瑞西之汞拉山上面爲有殭石之層其峯巒凸起之處有時其頂上裂開其裂縫卽凸極線此線與斜勢每成直角如石層南北斜則其裂縫方向必東西故依其山脊作凸極線依其谷底作凹極線則諸層皆可知其淺深

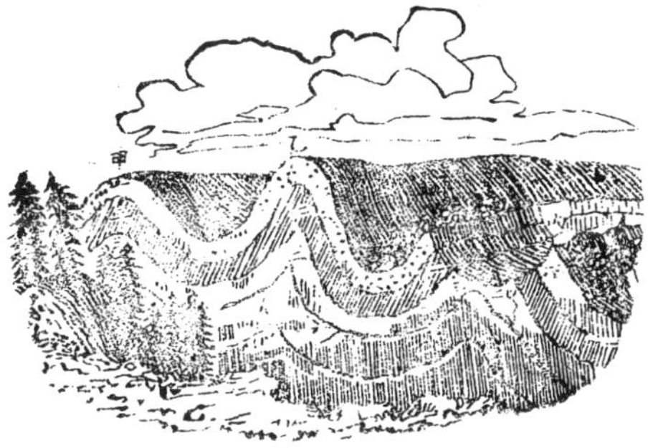

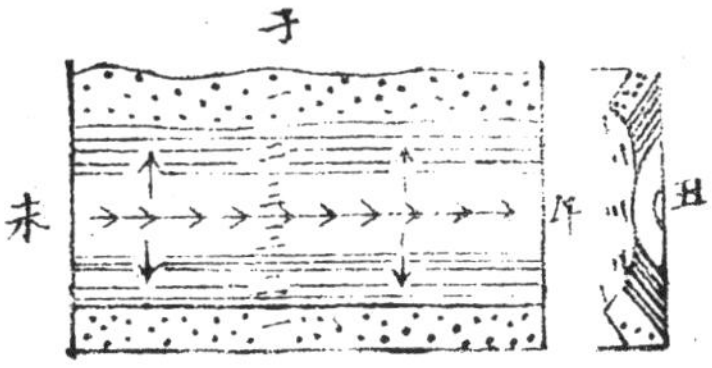

如圖為求拉山之形甲乙為峯頂丙為彎曲時峯頂碎裂後為水所侵蝕而成凹其處石層現露所以能見其下諸層子為其凹處石層之平圖未午為極線丑為側視之圖一二三皆為石層

若山頂爲圓形。而其石層之勢。四面斜向下。如截開一段。則其石層分界之處爲圈形。

石層現露之處形狀不一。此因方向斜度各異。亦因消磨碎蝕之形勢不同故也。有一最便之法。以木作半圓柱形。而中間剷凹之以像谷。則攷其人字紋可知其層之如何斜法。

石層現露於山谷。其層若平而無斜度。則不成人字紋。而新層恆在上。　石層之斜與谷之斜一順。而谷之斜度大於層之斜度。則人字紋爲正。而新層在上。舊層在下。如甲圖。　石層之斜與谷斜一順。而石層之斜度若大於谷之斜度則其人字紋爲倒而舊層如在上新層如在下如乙圖。如石層之斜與谷之斜相逆其斜度不拘多少人字紋常爲正而新層常在上舊層常在下如丙圖

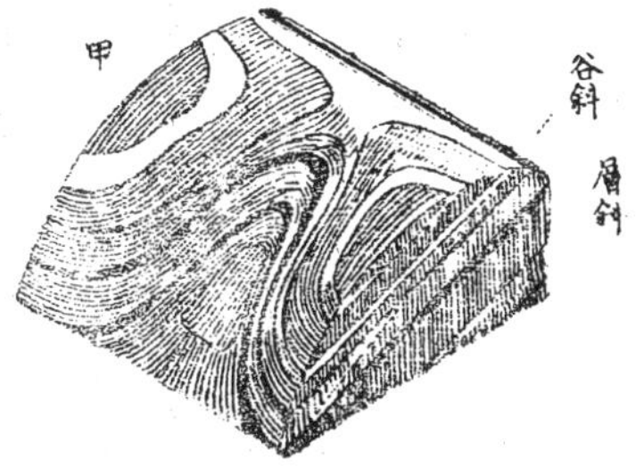

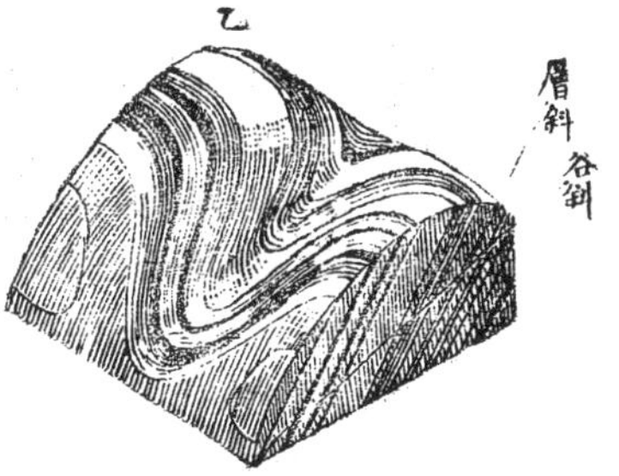

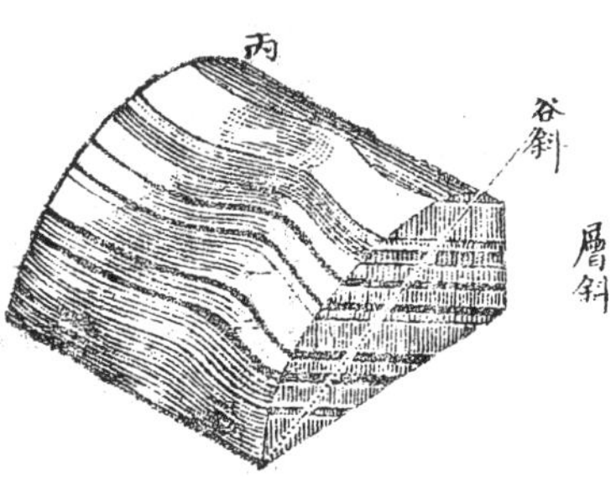

此法常有大用處有時於谷中行數里每遇甲乙二形察碟者若不知此法任意作井求之則甲式處能遇一二兩層碟而乙式處祇能遇第二層碟不能再遇第一層碟石層凸起作山凹下作谷此常理也而有時不然有其層雖凹而亦爲山者其形如圖

又如求拉山之頂其裂縫甚長水侵蝕之已凹而成坳而

石之諸層皆現露此是自水底漸漸高起時因彎而裂裂處久在水中故蝕而成坳也

凡灰石層凸起甚彎之處其上必有裂縫此理人固易知惟亦有其處甚彎而亦有裂縫者如前求拉山圖乙處彎於丙處而反不裂此理甚不易解或者灰石今雖甚脆當其在水中時其性甚輭故不裂想其輭亦必是因石中極細之空隙處有水滿之故輭後因水乾而水中消化之物亦凝結故硬而脆

西班牙與法蘭西交界之處海邊有劈立尼山其石層為麻皃及磨石豈而脫豈而脫亦砂石之類其石層甚彎之處有曲成

折角者

如圖之甲處是也雖豈見脫在地中時或不如今日之脆而觀其折角處亦有小小裂縫可見其彎時亦非甚輭其裂縫中今已有開而西馱能滿之

地中海有一大島名昔斯里有石膏麻兒彎層層中有一層硬石膏已破碎如折斷形其石膏麻兒則未碎因輭故也

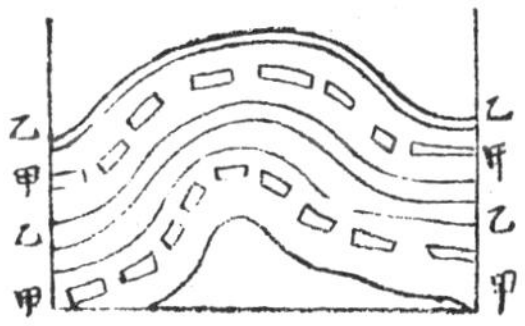

如圖乙層爲石膏麻兒甲層爲硬石膏

石層之最難測度者莫如阿兒不斯山即有人熟悉其處之地理者亦難定其石層之新舊因其石層甚彎每有卷

曲擁腫之形而復久經碎蝕不知其初爲何形故也如圖人視之必以爲共有十二層一爲最新十二爲最舊然其實在只有六層如後圖因其石層有卷曲之處而卷

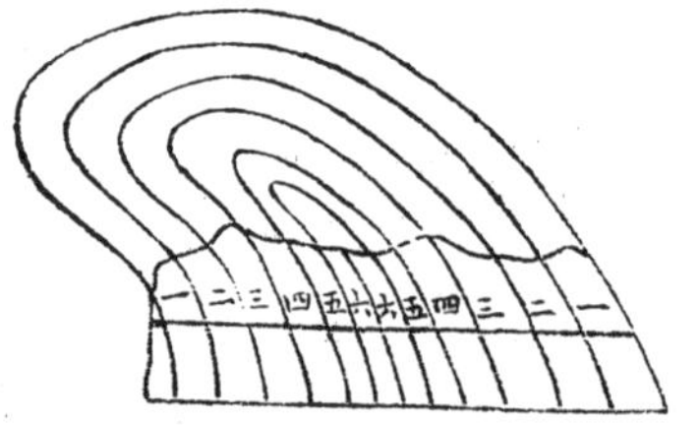

曲處文已磨滅故不能辨別也

此山在瑞西國界者其灰石含見層有直立二三千尺如圖爲其灰石含見層其層直下一千餘尺則彎

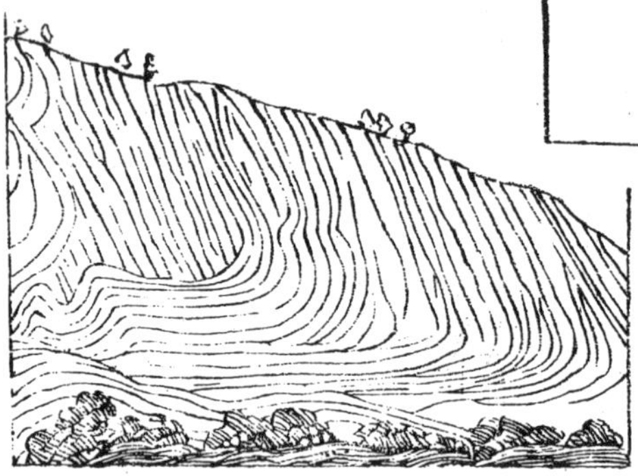

不合理之層

石層之不合理者，彎層斜層之上，又另有他石之平層，如圖，其下之彎層爲老紅砂石，其上之平層爲泥石，此可見其石必爲兩次所成，蓋其紅砂石成時，本是平，後漸突起

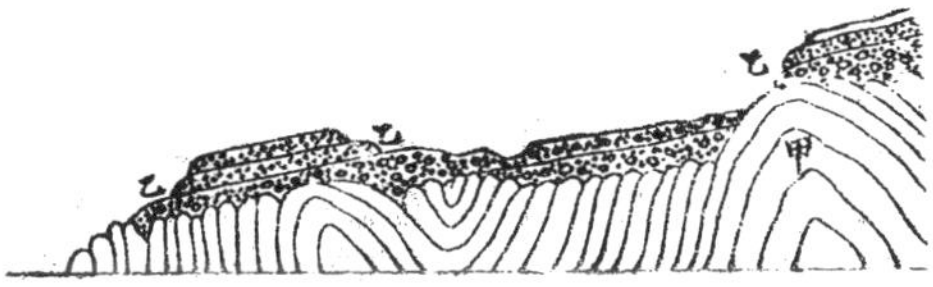

而彎，其上又成一層泥石，泥石成時，亦本是平，又因其下之紅砂石又突起而左邊突起少，右邊突起多，故撞其平層使高低，如乙所以知甲之紅砂石，有兩次變動，一在泥石未成之前，一在泥石已成之後。

不合理之層屢次遇之有時其下之老層不但有砂磨水洗之痕并有生物蝕深之迹如比里朕國有古灰石斜層其上爲綠白色之麻兒平層其下層爲合子石及砂

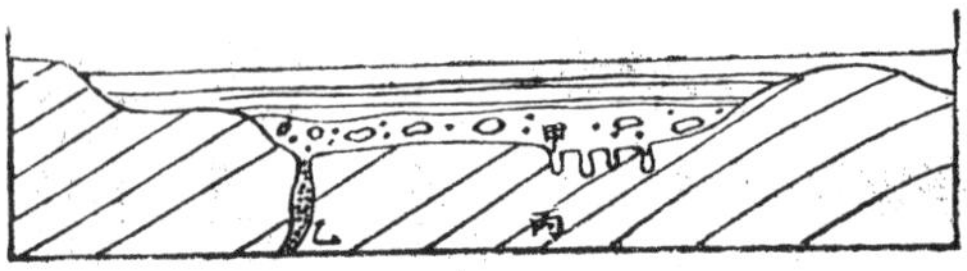

如圖甲爲合子石其石子之大徑寸至二尺皆有又其石子中屢有螺蛤殭石及蠹蛤之孔其下爲古石之斜層其近合子石處石上有深孔如丙並有縫如乙其中均滿砂及螺蛤殭石可見其在水中之時亦甚久矣

斷層

石層之裂而爲縫此斷之小者也其斷裂之大者兩邊離開數尺或高低數十丈其斷縫中塞滿細土或砂或碎石子其碎石子即其碎下之小塊也其兩邊之石層有高低

一

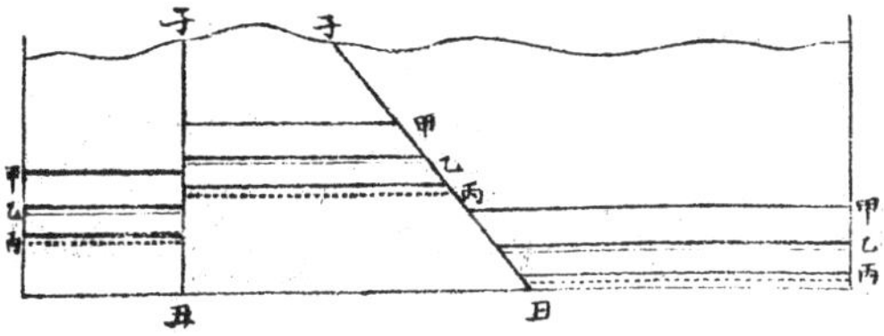

不對之處謂之斷層差有層雖高低相差而其層仍平行者有裂而各自斜其度不同或相反者其縫或直或斜其斷層差或大或小惟斷處兩邊諸層其每層之厚薄必相對相等因其本是一層斷裂故

也如一二兩圖子丑皆爲斷處甲乙丙丁皆爲諸石層

二

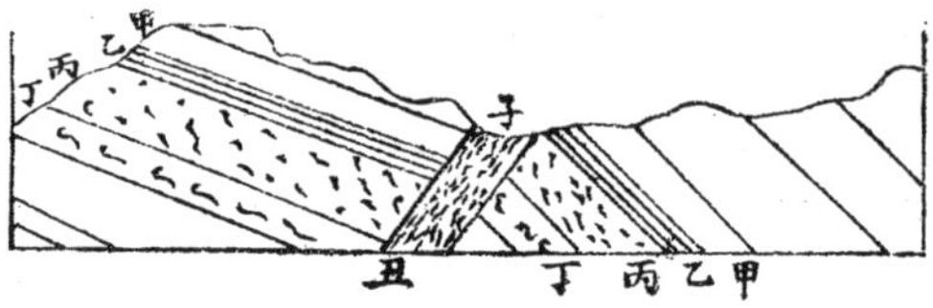

英吉利出煤之處有砂石含兒及煤其厚數千尺其層斷截之處甚多其斷層差之最大者數百尺最小者七八尺其斷口之寬者相離或一百餘尺其中已滿泥土此種斷裂之層有處是一次變動所致有處是數次變動所致或

因地震而有高低

地學家須時時牢記凡遇諸層現露之處莫認作眞有多少層因有斷截之層其上或消磨鏟削而平則視之宛似多層故也

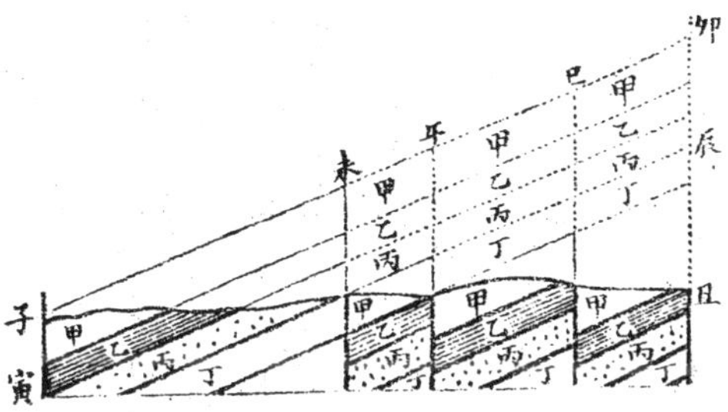

如圖甲乙丙丁諸層本在子寅卯辰虛線處後因卯巳午未裂開諸層低下爲斷層而其上層之甲又消磨鏟削而平成子丑地面故乙之一層碌能四次現露於地面則視之宛如有四層碌不知其因斷截而屢見耳

斷層高低相差其斷口處每有奇異之形英吉利有一處其斷層差五百四十尺斷縫中已滿砂石闊處六十餘尺其兩邊之斷口有兩相磨擦之痕又有一處斷層高低更多其斷口長一百二十里亦有磨擦之痕昔時地學家以爲此等形迹必是驟然大變動所致因其磨擦之痕一直故也然攷之他處磨擦之痕則彎曲者多且不但石層之斷處有磨擦痕卽其中所積之土石亦有磨擦痕故知其變動之時非一次其動之方向亦非一直每有上而又下之形

石層有斷折而低陷者因地中本有空處其上之層偶遇

地震而斷則能漸漸低下其所以能有空隙之故或其先本熱而流後漸冷而凝結或泥層經熱而漸變爲結實皆能收縮而使地有中空或因火山之熱力漸衰亦能收縮而空其空處或數千百尺其上面之石層因地震裂爲縫

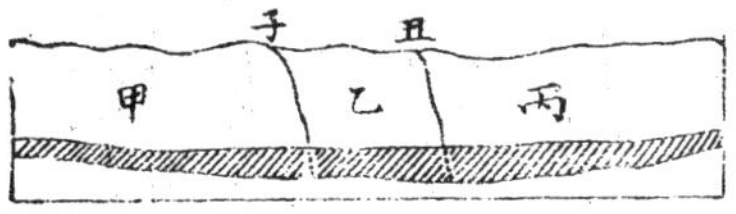

如圖之子丑處裂爲縫則乙之一段與甲丙斷而分開其重勢恆向空處下落其子丑裂縫若爲直則能卽時落至底如不直則兩邊有阻力而不落而每遇地震時能稍落下每落下時斷口碎石相磨而有痕遇後次地震又能將前次

所磨之痕磨去而又成新痕其落至底時因其重壓之力尚能稍爲陷下所以見此等形迹與其以爲忽然落至底不如算其漸次落下因人所知之三千年來之事凡地震時或能使數百里之地稍爲高低從未有忽然落下數百尺者又觀水層石中之殭石皆有其海漸深漸淺之據亦非驟然高低纔之石層變動其歷時必甚久其變動之故或因鍊而漸凝或因濕而漸燥故空而下陷其陷亦由漸而低必無忽然低下數百尺之事

準上論則石層之變動必極遲或幾千年中漸漸高或幾千年中漸漸低積少成多後人視之則覺與一次大變動

之形無異，因此漸高漸低之故，而其地爲之不平，故低處爲湖海，而潮流波浪每能侵蝕石質而消磨之，此理後卷解之。

陽湖趙宏繪圖

長洲沙英校

地學淺釋卷六目錄

地學淺釋卷六

英國雷俠兒撰　美國瑪高温口
金匱華蘅芳筆述

此卷論石層被水蝕去之處極大

水蝕之意

水蝕之故因江海之浪及流每能侵蝕石質使石之皮面漸漸消耗此事地學家尚未計及之然此實與沈積成石之理相關因其所沈積者即從碎蝕之處而來此處新沈積若干即別處必耗損若干所以除火山石鎔結石之外其石無不從舊石碎蝕而來此處日增則彼處日減如湖

底漸淺則其入湖之江必漸深又海底一處漸高則別處之海必有漸深者此一定之理也譬如於一處見許多房屋俱是石頭牆壁則知離此處不遠必有一山已被鑿鉠其房屋之石必是從其處塊塊運來其山亦必是一塊塊鑿鉠且其鉠處必有鑿下之粗砂碎石此皆形迹之易見者也水之蝕石亦猶此意

疊層被蝕

石層之成於沈積者即爲水蝕之對面觀其所多可知其所少所以有數種水蝕之據如見某處石層有鉠少之形則必是古時爲水所蝕今先論兩邊石層相對而中間蝕

深爲谷者

如圖一爲合子石層二爲泥石層三爲磨石層四爲灰

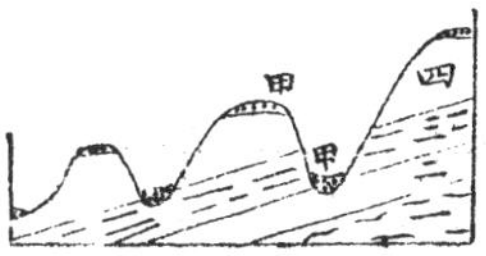

石層數山之石層相對而中間爲深谷

其山頂及谷底均有新積之土壤如甲

觀此山之形式必不能疑其本來不是

一片亦不能言其不是水蝕之故

如於江中見兩岸之山其石層皆相對則必思其初必是相連後因中缺而成兩山其所以中缺之故必因水所致也　又如行山中見兩邊壁立之層皆相對則知其初山中本無路此路是從石中開出此皆迹之易見者也

平層被蝕

水蝕之形亦有兩山相距甚遙而中間蝕成平地者如英吉利之北其下爲尼斯石層其層甚亂其上有紅砂石層甚平與下層之尼斯石層不平行

如圖其山高二千尺比海面高三千尺其紅砂石層層有斬截之形其底之尼斯斜層高低不平故近尼斯之紅砂層亦有厚薄人觀此形不能不疑其本是三千尺厚之紅砂石平層後漸被水蝕去而其存者爲山

曾有地學家言某山被蝕去之石可於某處鋪起三里路厚又言某處本有古石層一萬一千尺厚已被海水蝕去是必在別處又成新層矣其蝕餘之層尚有二萬至三萬尺厚學者觀現在之新層甚多即知古層之被蝕極大此即此增彼減之理也

所以必屢言此增彼減之理者因究心地學者往往但知新石日增而忘卻舊石日減遂有以為地球之皮日漸增厚者殊不知水中和合之質能沈積者必是從他處來其積數必相等所以知地球之皮有處漸厚必有處漸薄

人之心中見高山之被蝕成谷者則其訝其多若見平層

上面蝕去者殊不介意然以理論之則無異

差層被蝕而平

水蝕極大之據可以一語明之如石層之斷截處兩邊之斷層差有高低極大而其上面每爲水蝕而平

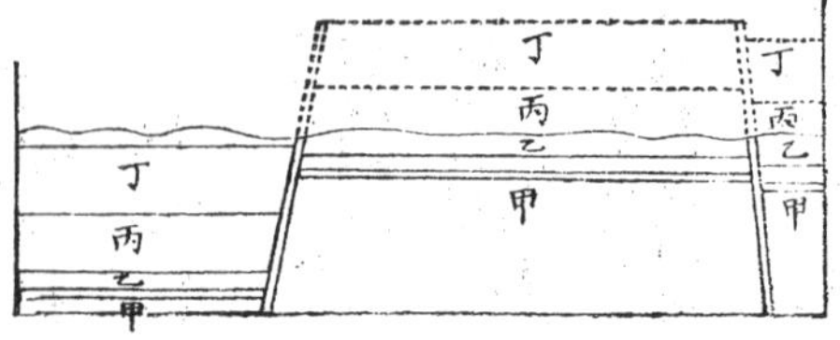

如圖甲乙丙丁諸層高低五百尺而其地面仍平則其高出之丁丙必是水蝕而去也觀此種證據能知方數百千里之平原有其先本有高山後因水蝕之而平者

有處磦礦之斷層高低相差八百二十尺使其低者爲平地則高者當爲極高之山使其高者爲平地則低處當爲不測之淵而其處今平如砥行於其地絕不知石層有高低惟見粗砂及石子尚有存者是必古時所碎也其石子爲硬砂石灰石鐵石其稜角皆磨圓又有含兒及磦塊皆其蝕去石層之碎石也

又如但泹凹地方其磦層甚亂掘磦過十餘尺即遇斷截其斷層差有高低數百尺者而其上面之地亦不見有不平之迹則知其高者必是水蝕去也其最分明者觀其低層知高處磦上尚有紅砂石一千尺厚今已無有矣

水之蝕石其難易多少。各視其石之軟硬而異。如脫拉潑最硬則蝕少。紅砂石及舍兒性軟則蝕多。

石在海中高起時被蝕

初時地學家言水能蝕石。不過謂山中流泉瀑布能衝成溪澗。又見泥砂石子在江口者多。故以爲上流之山必有砂石衝下。而水蝕極大之處則未知之。　又有人以爲洪水泛溢之時。地面土石必被水蝕。此不過思其洪濤巨浪有排山倒海之能而姑爲是言。若其實在之證據亦未曾有也。

地有漸漸高低而人所不覺者。亦有因偶遇地震忽有上

落者須知其在水中時則水皆能蝕之故海底之石及海中之山海邊之岸每為水所漸蝕即極大之山亦能漸漸蝕去

人已知海中流水有五六百里寬三四千里長雖其底之流必比海面之流稍緩而數百尺深處尚能衝動其底之石子所以海底之石層如有斷折高低之處在海流之中則高者必先為所蝕其無斷折高低者必自上面蝕下此不過以理度之未有實迹可求也

凡水蝕之事其迹甚少者其所蝕必甚大因其可見之迹亦已一并蝕去故也

水之蝕石能使高處爲平亦能使平處爲缺如平行之層每有蝕成深坳其坳處不但委宛曲折且能支分派別每有古時海邊之地後因水蝕分開爲洲島者故山之石壁懸崖或爲古時海邊之陡岸

山之坳谷形狀不一或因其石有輭硬故水蝕有多少或因石層本有裂縫故水循其縫而蝕之

於一帶連山處如求拉山能見其谷非因水蝕乃石層自己彎曲所致然如丙處（圖見前）則亦是水蝕所成所以有一

總語凡山之坳谷或因石層彎曲或因水蝕

水中和合之物沈積而成層乃積漸使然則其消磨剝蝕

亦必由漸而致非一時一次之事也凡地面之石大約水層石居多其疊層必曾爲海底自海底漸漸高起爲陸其在水中未高出海面之時海流及浪時時能蝕之不知幾何年始高至爲陸地所以其水蝕之時必極久而蝕去之處必極多解水蝕之故惟此條爲最明

陸地曾爲海底

準前理則可求陸地曾爲海底之據如第十九卷言水蝕茶而刻其茶而刻爲古時之海底也　又如英吉利北邊高於海面二十尺至一百尺處有曾爲海岸之形其砂石及合子石中每有海中螺蛤之殭石其形與今之海中生

物相似惟此種曾爲海底海岸之形迹非能處處皆有因其形迹亦易磨滅故也卽如石中之螺蛤殼亦有時消化而泯其迹則不見殭石

古海岸形迹

古海岸之形有爲他物所遮蔽而不見者如草木泥砂叢雜堆積之處是也

如法蘭西地中海之濱離海三十六里處有一坡陀與今之海岸平行其古海岸已久爲泥砂雜土湮沒近年來有人於其處造屋掘下見土中有石壁陡岸其下層爲泥石其中層爲灰石中有珊瑚螺蛤殭石其上層爲尋常砂土

岸之下脚有碎塊之灰石崖因下層之泥石輭而易蝕故其上之灰石空而碎下其岸之灰石有被蝕之孔其形與今時海邊之灰石岸無異

如圖甲爲泥砂層丁戊爲砂土壅積乙爲灰石層丙爲泥石層己庚爲今時海面觀此形可見古時丙層之上皆有甲乙層因爲海岸故被蝕而缺及高起爲陸又被泥砂壅蔽之故不見形迹

古海岸之形迹有因地震而毁沒者如懸崖絶壁因地震而崩頽或海邊之地如前圖内處動而斜起則視之不知甲乙之曾爲海岸矣

灰石被蝕形迹

欲查古海岸之形迹莫如視硬灰石爲最明因其石比他種灰石硬而不易消磨故尚有形迹可求

地中海邊摩里耶地方其硬灰石有三四層古時海岸其高一千尺其形如階級其級有廣九百尺者此處古海岸之形甚分明與今時海岸之形無異

古海岸形與今海岸形有五事相同　一因其一帶壁立

之岸，其下必有一帶平臺爲岸脚之坡。二、因其石上有浪花濺蝕之痕。三、因其石有處水蝕成孔。四、因其孔中有合子石，及海中螺蛤。五、因中有蝕石之蠹蛤。

海岸石孔中之合子石，其石爲灰石，均有磨圓之形，而今海岸孔中之合子石，每有人造之物，如磁瓦之類，古海岸中者無之，故可分別。

蠹蛤爲雙殼輭肉類，其力能蠹蝕最硬之石爲孔，孔之大小，如其身之大小，其生時，孔中必常有海水，若無海水或見天空氣則死。於古海岸高一百五十尺處有孔，孔中有蠹蛤殭石，知古時曾在海水中。

人已知灰石遇鹹水每微能消化所以浪之撞激處與浪花之濺濕處其蝕痕有輕重之分凡浪花濺蝕之形不止於一處遇之卽極古之石亦有此種形迹

海岸脚下之平臺每向海稍陂臺之寬窄視岸石之輭硬而異岸石硬處其臺窄岸石輭處其臺寬故知其臺是水蝕岸石而成　又觀此臺形究如其石層自海中高起每有停息之時如某年至某年中漸漸高某年至某年停息不動後若干年又漸漸高準此動法可攷現在海邊水中之臺其臺於潮水落時人能行其上見其臺之寬窄亦因岸石之輭硬而異

觀古海岸之形亦並無石層驟然高起之據惟有漸漸高起而中間久停之據若是漸漸高起而中間無久停之時則其蝕痕不能絕然各異致有臺級也其停息之時若非甚久亦必不能如此

有處之石臺非因水蝕岸石而成乃爲砂泥沈積而成者如海灣有多山環繞之處其山形四面壁立而山中有數層臺則此臺爲沈積所成

如地中海昔斯里島島上有沈積所成之臺其形甚似摩里耶之臺其山爲一帶灰石石上有巨洞其洞爲水蝕所成

如圖甲爲山乙爲洞丙爲臺丁爲海嘴之砂其臺寬一里其石爲灰石其洞深一百三十尺高五十尺廣三十尺比海面高一百八十尺其先必爲鹹水侵蝕及蠹蛤

所蝕而成洞之底有一薄層細砂砂中有四十餘種海中螺蛤之殼形與現在海中者無異其砂層之上有一層合子石其洞中之兩邊有蠹蛤之孔掘開合子石見洞石亦有蠹孔可知其蠹蝕尙在石子未來之前其合子石之石子爲灰石泥石科子有黑麻見粘固之而成

合子石其合子石中有獸骨之殭石如牛象鹿豕熊虎狗之類其形與現在之生者大異其骨皆似磨圓之形

昔斯里島除沈積之臺亦有水蝕而成之臺

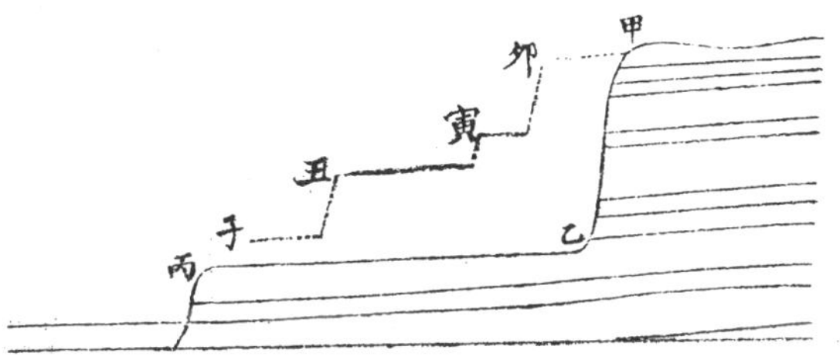

如圖甲爲灰石之岸高五十尺至七十尺乙丙爲臺其石亦爲白灰石岸之石稍斜向海意其先自海中數次漸高時水蝕其岸成子丑寅卯形後又低下水浸至甲蝕成今形後漸高起而爲陸

昔斯里島又有海灣其處灰石之臺其高五百餘尺其形如圖

觀臺形之在海灣海汊中者能知其古時何處曾為海面

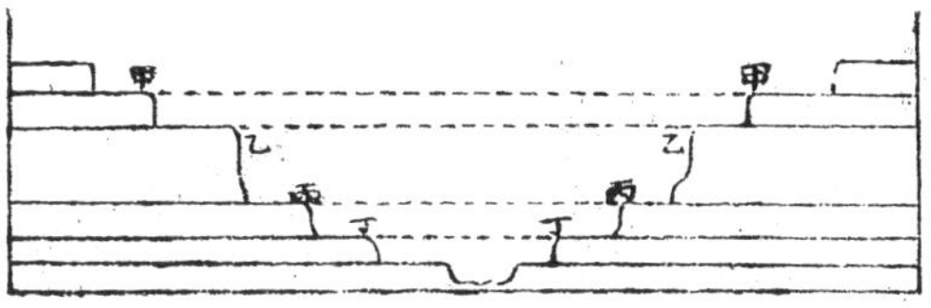

如圖其甲乙丙丁處綫即古時海面也然其臺之形何以能上層寬下層之底窄而成級或者其海水之蝕力初大後小或者其陸高起之時後次速於前次其停息時亦後次少於前次

法蘭西離海二百里處江邊有小山周圍有三四臺級皆有浪蝕之痕知其山是古海中之島

北美里哥海邊有灰石森立如柱其相近之柱蝕痕皆在

一平面其柱高者六十尺石旁皆有蠡蛤之孔

子

丑

近花旗處海中有一島其石爲硬灰石形如丑圖其丁處有水蝕之形並有蛭蛤之殼現在海水已不能浸至其處地學家攷其蝕痕有斜至五度者亦有如磨光之痕者看

慣此種痕迹即見石在離海甚遠之地亦能知其古時曾在海水中惟須留心其蝕痕或因天空氣不可不知學者行數千里不能見一古海岸之形莫以爲奇蓋灰石水蝕之形繞地球不過僅見數處原不能處處皆有也

陽湖趙宏繪圖

長洲沙英校樣

地學淺釋卷七目錄

地學淺釋卷七

英國雷俠兒撰
美國瑪高溫口譯
金匱華蘅芳筆述

此卷論泥砂土石之鬆而未結者

哀盧維恩

地球之面最上一層爲動植之物腐爛與泥砂相雜所成浮土。其下稍深則有泥砂石子及水在石層之上。其總名謂之哀盧維恩。猶言水洗也。因小石子及砂其形與水底無異。宛似洪水時所沈積也。今謂之砂礫。

地面從赤道之下。至近南北二極之處。其地面上層皆有

砂礫

美里哥歐羅巴亞細亞三大洲北邊之地其砂礫之形與別處者不同因其中每有大石塊或有稜角或如磨圓之形其石塊之質與有此種石之山相去甚遠宛如從他處移徙而來此種砂礫謂之大塊砂礫其石塊諒因冰中流來詳見十一卷中

學者須知石層被水所蝕其碎下之石沉積成砂礫不止在平地及水邊卽山上及山坡間皆有之因地之變動其低處每能升高故也砂礫沉於水底後升高而爲陸或又低陷而爲湖海後或復高爲陸如是升沉已非一次所以

砂礫之變遷其故甚多而其質甚雜又後次之水能消滅其前次之形故不能分別其來自何方洗自何時欲攷砂礫之新舊惟有一處其形迹甚顯明如法蘭西阿物倫地方其江邊有砂礫數層分明有新舊之據

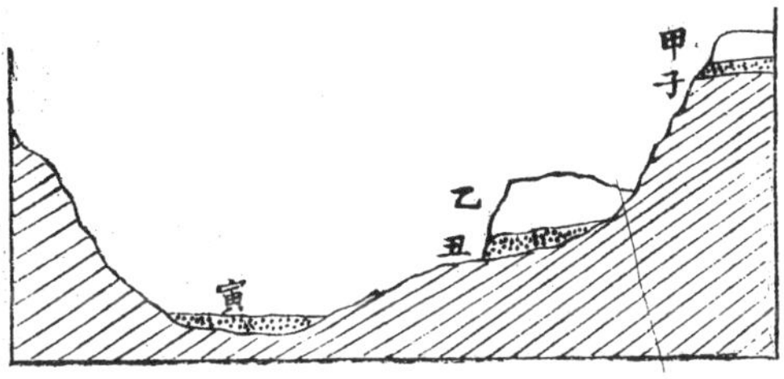

如圖其斜紋者為合拉尼脫子為最古之砂礫其石子為合拉尼脫上有古火山石蓋之如甲其丑之砂礫後於甲其石子中有甲層之火山石碎塊其上又有火山石乙蓋之所以此兩層砂礫未為江水洗去蓋其第一

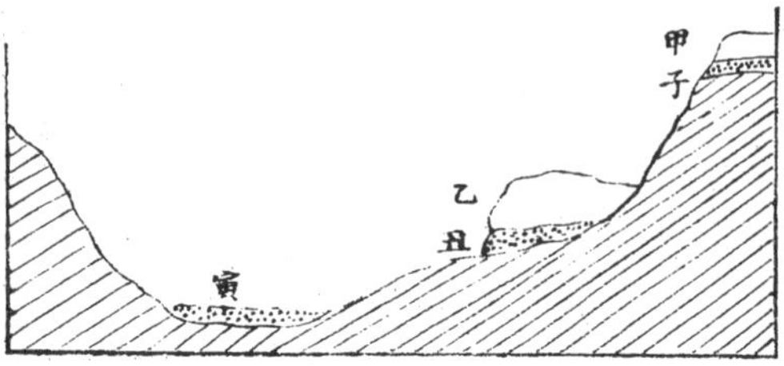

次火山未發之時其處已是江以子層之砂礫爲江底故火山石能蓋之其後江底漸深至丑故丑層之砂礫內並有前次火山石之石子及獸骨後丑層又爲後來火山石所蓋而江底又深至寅夫子丑兩層砂礫既各爲火山石所蓋而甲層之火山石古於乙層之火山石則子層之砂礫古於丑層之砂礫若統計其次第則先有子後有甲再有丑復有乙至末而後有寅苟無此種實據則砂礫之新舊不可知所以砂礫大抵不能攷其

時代者居多每有人以爲一次所成者

無論何處之砂礫其上層者恆從他處來其下層者必爲近處之山石碎塊蓋或因冷熱燥濕空氣之變而石泐也

辨別石塊之來處

碎礫之深處其底每不平其下之石塊恆與其所在之石層同質

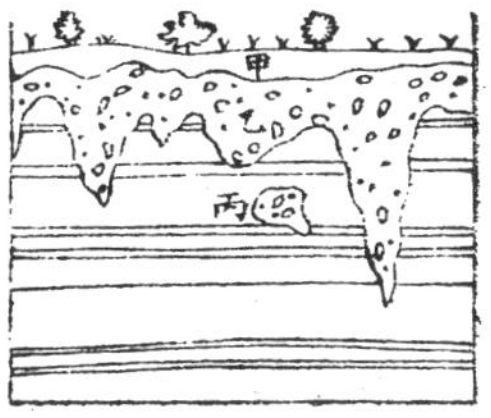

如圖甲爲浮土乙爲砂礫丙爲一塊砂礫觀其形似與乙不相連此必其石層中本有空而上面有裂縫故高處之石子落下而滿之也

荼而刻泥管

凡砂礫之在荼而刻石層上者每有圓泥如管穿入荼而刻中其管中滿石子此理殊非易解

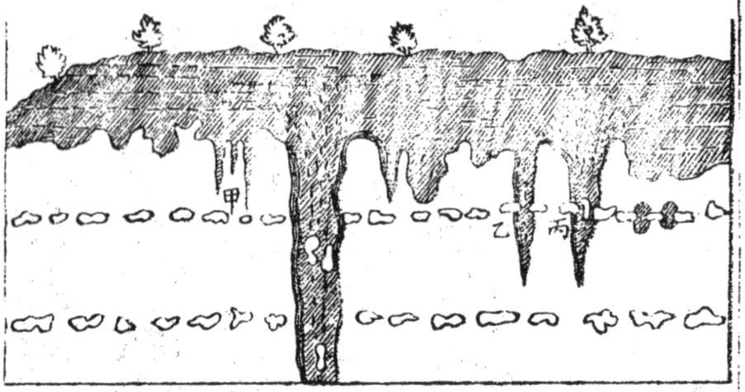

如圖爲泥管之形管之大者徑十二尺深六十尺小者徑數寸至數尺深十二尺於甲處有相近之三管甚分明管之形恆至下漸尖管之質爲泥其中滿砂礫有人以爲因荼而刻在海中時水有旋流其水中之砂鑽磨於荼而刻之面而成然此惟淺孔則

能之若甚深之孔則不能也又如乙丙兩管中有火石塊擋之則何以能磨鑽而過且其火石塊並未磨去何以其下亦能成孔又其泥管之口每低於茶而刻之面而砂礫有鬆而落下之形可見其泥管能漸大也

此理可以化學解之蓋砂礫中常有水其水中常有腐爛植物化出之炭酸若茶而刻之上本有小潭則炭酸水歸之漸漸消化而深其炭酸與灰相連走入茶而刻中而泥留故成泥管其遇火石之處炭酸水不能消化之而能自其旁滲下故火石不動而其下亦成泥管

砂礫難辨新舊

石層中之石子與砂礫內之石子極不易分別如江水之底有時其砂泥石子涵出則人亦謂之砂礫設此泥砂石子流至湖中而成層又有螺蛤之殼間之則即是新成之疊層若其碎石粗砂又被海流衝至別處而成層則與平水中漸漸積累而成者亦難分別如其石子中有殭石者則可知其成於何時如無殭石則與尋常砂礫無法分別砂礫之中其殭石極少因砂及石子相磨擦苟有殭石亦已磨碎故也又砂礫之燥者雨水時時滲下故生物之質每易朽爛不能變成殭石

地面水道

人久云江河之水道非現在之水力所能衝成其意若謂今之水力小於古時或古之水道無今之寬故其流急此說非是

今以地形高低之故解之譬如有一大江衆水歸之均由此江入海如其上流之地漸低則水之趨下其勢亦必漸緩而江水中泥砂不能流入海故江底日高如其上流之地漸高則衆水之來勢如奔赴而江流亦速不特水中之泥砂不能沉積且能洗刷其底之砂礫而使江身日深故江之兩岸脚下必有斜坡其形畧如海岸之臺其陡岸之下必有砂礫石子其坡岸之泥中每有淡水内生物之迹

及地上獸骨或古或今新者在上舊者在下此爲淡水層之據

陽湖趙宏繪圖

長洲沁英校樣

地學淺釋卷八目錄

地學淺釋卷八

英國雷俠兒撰
美國瑪高溫口譯
金匱華蘅芳筆述

此卷論各類石皆有先後之期

石之造化不同

第一卷中曾言石有四大類，一爲水層石，二爲火山石，三爲鎔結石，四爲熱變石，此四種石其形質及造化之法各不同，而其成石之期每種各有新舊，

如水層石其形爲疊層，其質或爲泥石，或爲灰石，或爲砂石，或爲合子石，或爲淡水造化，或爲鹹水造化，互相間疊

其中載有生物之迹今欲學者悉心攷察能分別某種某類之石成於某期

欲定石之古今以疊石分別之爲最便蓋水層石之新舊定而火山石鎔結石熱變石之新舊亦可因之而定矣此種分別之法不特便於識別並能知其石爲何期所成蓋石之有疊層者最易辨別因其中之各種生物形迹各有盛衰生滅之期故易見也

初時地學家以爲鎔結石與結成之昔斯脫熱變石皆古於火山石及水層石此理今雖已知其非然應解釋之使學者知新理之所從來及名目之有所本也

理曼以次數名石

百年前有地學之士名理曼者分石爲三類一爲一次石如鎔結者熱變者皆歸此類二爲二次石如水層石三爲三次石如新層及哀盧維恩皆歸此類其意以一次石爲最古二次石爲稍新三次石爲最新故以次數名之

其所謂一次石者如合拉尼脫尼斯其石中絕無生物之形迹亦絕無他石𡄵碎而成之據其造化之法從化學來故謂其成石之時必比生物早疑初有地球時已有此石故以爲一次石

其所謂二次石者因其中屢有砂及石子及生物之殭石

其造化之法皆非化合所成乃他物糜碎和合而成以爲其成石之時必在有生物之後故謂之二次石其在二次石之上而新於二次石者則謂之三次石

此乃百年前舊說也其後皆宗此說而稍爲增改之

爲納兒之說

理曼之後五十年有爲納兒者以金類之形分別石之種類以爲理曼所分一次二次之間尚有一種石應列入之此一種石遇之於普魯斯其質似一次石亦似二次石當在一次二次之間故名之曰間石

間石之形質其中有結成之枚格而又偶有生物之迹此

種石大約即是今之所謂泥斯里脫及泥砂石合羅滑克與結成之灰石等類

爲納兒偶於一處見一次石及間石均爲斜層而其二次石爲平層故又改二次石之名曰平地石

平地石最上之層爲紊而刻其上之新壤哀盧維恩爲納兒以爲洪水時所成之土

及爲納兒之弟子又於別處見一次石間石二次石其層皆斜方知爲納兒所見二次石之平乃是偶然非一定如是也所以又分石爲四種一次石間石二次石哀盧維恩

脫拉潑石無人不以爲火中所成而爲納兒獨以爲水中

所成謂是二次石之最下層此說當時亦有人信之者爲納兒之意恆專主於水以爲地球之皮面初時四面是海其海水內有各種石質消化於中而合拉尼脫尼斯及他種結成之石乃先從水中降而爲石自有此數種石結成之後其水中更無消化之合拉尼脫及尼斯等石之質而後來他質復凝結下沈則爲間石　間石之質非全爲化合所成以爲此時已有波浪能碎蝕古石爲石子泥砂雜和其中並有太古生物湮沒焉間石既成之後水中之質復有和合而沈下者則爲二次石而其水質始與現今海水無異假令再經混沌而地球之面變成洪水水中之

質復降而爲脫拉潑等石亦與前次無異此皆爲納兒之偏見也

爲納兒之偏見因其不講火造化而獨講水造化故凡見火造化之石皆以爲其事甚細無關於地學變化之理又以爲火山吐火流石乃偶然之變非亘古至今所恆有此其說所以多窒礙也

赫敦之說

爲納兒同時英吉利有地學士名赫敦者其解合拉尼脫及脫拉潑以爲皆從火造化來其論地球本爲火鍊而成初成地球時地面俱是火　又言合拉尼脫走入他石罅

層能使其石質因熱而變　又論一次石爲非從水中沈積凝結或者因火熱所變化而成此說已開新說熱變石之萌芽

主火之說漸勝

自爲納兒之說專主水赫敦之說專主火格不相入於是兩家之弟子各立門戶互相標榜者數十年後則人人漸信赫敦之說而不宗爲納兒矣

論舊名宜改

石之從火造化者雖其石亦有新舊之分而其名則仍承舊名謂之一次石大約結成石之有疊層如尼斯無疊層

如合拉尼脫者皆爲一次石。

合拉尼脫其名雖爲一次。而其實亦有比二次石更新者。故一次之名似未確當。

間石之名。乃爲納兒偶於普魯斯見一次石之後。二次石之前。中間偶有此種石。故謂之間石。惟其後又有人於別處亦見此種石。並非在一次石二次石之間。似尚在二次石之後。　如阿兒不斯山有一種石層。若照爲納兒之例。亦應名爲間石。其實則比二次石更新。似間石之名。亦未確當。

一次石及間石其名既未確當。若仍用其舊名。則不應入之別先後時代而但以之記石之形狀亦可然其名中仍有時代及先後之意存焉顧名思義恐學者不能無疑凡有新獲之理而仍用舊名有時必致矛盾況既已心知其義而復仍沿襲其訛何爲也哉

主火之說亦未盡善

人欲以古物與新理對則必別有一說以變通之如舊說以合拉尼脫爲成於水今若改其說以爲初自火中鍊出由漸而冷其質凝結而堅爲地球之皮當甚熱之時其上不能有一滴水及其稍冷則天空氣結而爲雨雨落於地面而成海斯時之海水亦熱如沸湯其中不能有生物所

以水中消化之質沈下爲石其石中不但無生物形迹而并能結成因而有結成之疊層如枚格如尼斯其後合拉尼脫之皮有處破碎而有山從水中高出所以有陸地又因雨水流爲江河消磨洗蝕其質流至海中沈積於海底成新石所以海底之石能成疊層斯時地球皮面之熱仍未退盡能助海水消化惟其熱勢已漸殺於前而漸有生物出焉此時海中仍有沈下之質則成爲納兒所謂間石故其質半似化合半似和合而其中已有數種殭石

前說雖比舊說稍通然仍有數事不合一因仍有結成石之時無生物之意一因半結成有殭石之石是成於一時

一因以土壤爲最後所成

又有來本之者其論不過謂地球之質初是火所鍊成而不言合拉尼脫是一時所成今觀合拉尼脫石常有非一時一處鍊成之據亦並無地球初成時四周均有合拉尼脫爲皮殼之據往往有老合拉尼脫裂開又有新合拉尼脫走入其中爲脈者又合拉尼脫有比有殭石之石老者有比有殭石之石新而在二次石之後者總之地球皮面可以處處皆有海而非同時皆是海亦可以古今皆有新成之石而其石非一種造化則其說通矣

四大類之石能同時並成

水層石火山石鎔結石熱變石此四大類石可作四箇年表譬如四箇碑其上各記其成石之年代則觀之可知此四類石有異地同時並成又因有水火二種造化故地面與地中能上下同時各成新石其成石之功夫皆無限久譬如今之湖海中沈積而爲水層石有火山之處其灰燼石汁噴流於地面而爲火山石又可知水層石火山石造化之時地中亦同時有鎔結石成焉而其地中之水層石亦必有同時經熱而成熱變石者所以此四大類石能同時並造其事與古無異

學者莫謂各種石層之成能使地球之皮面加厚蓋此有

所增必彼有所減所以地中於某時某處有新造化之石亦必是別處所銷爍而來

每類之石各有新舊難言某類爲最古

如欲問結成之石何者爲古於有殭石之石何者爲古於火山石則難言之譬如有一房屋驟視之不能知其何物是仍舊何物是新造也欲細攷之必先知其何處曾經朽爛而易換何處曾經修葺而加增方能知某物爲新某物爲舊故地球外皮與地中之石亦不能決其何者爲老何者爲新因不能知水中成石之力與火中成石之力孰大孰小孰先孰後故也所以學者須知舊說一次二次之名

全不足據，即有時仍用舊名，亦不可有專指某類之意存於胸中。

此書中以一切有殭石之石比第二迹層老者，即謂之一次石，猶言第一迹層也。與舊說以無殭石之鎔結石、熱變石爲一次石者，其意有別。　如有據能知某處火山石、某處鎔結石、熱變石比第二次之水層石老者，即亦謂之一次石。　二次水層石中如亦有火山石、鎔結石、熱變石同時並成，則亦謂之二次石。　如下卷言茶而刻之上更有新石，則爲第三次石。若考得火山石、鎔結石、熱變石在此層者，亦爲三次石。　有人言有處之熱變石、鎔結石，其成石之時比第一迹層古此事尚俟攷定今惟言四大類石之年表譬如四柱並未言此柱是一樣長亦未言其年從何時起因地學之事攷察尚未徧不敢謂已知最新之石爲某石最古之石爲某石也所以用四表分記之有一二三次之水層石亦有一二三次之火山石鎔結石熱變石亦不敢謂一次之前更無古石三次之後更無新石也

元和江衡校字

地學淺釋卷九目錄

地學淺釋卷九

英國雷俠兒撰
美國瑪高温口譯
金匱華蘅芳筆述

此卷論以殭石定水層石之期

辨水層石之新舊有四法

地學家大約有四法以辨別水層石之新舊，一辨其層之上下，二辨其金石和合之質，三辨其中生物之迹，四辨其中之古石塊，

辨上下法

水層石之諸層，可以此處之層與他處之層比較之，如其

層爲平則上層爲最新下層爲最古因其沉積之次第譬如一部史其史之每頁各紀其年代時日及其事迹積累成帙閱之可知其時之事也

地球皮面之石雖已層屢經變動每有斷裂彎斜直立反轉之形然反轉直立之層遇之不多算錯者少所以凡遇石層斷折彎卷而直立者則難以上下之法決其何面是新何面是舊須更求他處之或平或斜者決之

辨合質法

石層有數里寬廣或數百里寬廣其金石和合之質相同而每層之金石合質必各異如於地面作井而下必見其

每層石質有粗粒者細粒者和合者化合者灰者泥者砂者此因其沉積成層之時水中所有之物各不同故也此理地學家初以爲奇何以遠近數百里之面其合質同而深淺數尺則合質已各異驟思之得一解以爲地球之皮面水中消化沉結之各質如葱頭之皮層層相掩所以同層之質同異層之質異

然同質之層有大如歐羅巴之半洲者亦有相去不遠而卽漸薄至無者宛似沉積之質至此漸少以致於無亦有其層忽然斷截宛似在湖海之陡岸處沉積者又有遇一層中其金石之質遠而漸變者如遇灰石層往往至數百

里外石中漸有砂最遠則砂漸多而與砂石層連此可知其灰及砂同時於一水中兩處沈積故交界之處混和而不能分

辨殭石法

觀殭石以攷石層之先後其理與攷金石之質同如於石層中每見有一大層殭石與石層平行惟每遇一樣之殭石在數百里寬廣之面而從未遇有一樣之殭石在各石層中數千百尺淺深此事遍地球攷之皆然因此人方信一處之生物亦古今不同其古今之不同比同時兩地之物相異更甚由是而知從古至今時時有新生之物亦時

時有絶滅之物，每一種生物，其種類之綿延，其期各有長短，惟從未遇有已絶滅之種類，而更生於他層者。西人有古語云：造物之模已破，則故物不能再成。所以石層中各種生物之形迹，可爲古今時代之據。譬如金之在型，惟因模範之式古今不同，故其鑄成之器，埋沒於地中者，後人掘得之，亦可攷其形式，而知其爲某代之物也。

若以石之形色辨別古今，則遠不如觀其殭石之易別。因石之形色，每有多層重複者，即如紅麻兒與紅砂石，地中每有多層有之。若照金石之例，則不能辨別其何層爲新，何層爲舊。惟其中之殭石則各異，故可爲新舊之據。

新紅砂石層舊紅砂石層雖在各處所遇者未必即是一層然若遇同層之紅砂石則其中之殭石必無二致故可以之别石層之期

殭石分界

前已言每一種生物其殭石所在之地不能極其寬廣此理人能思得之因今時動植之物亦各產於土性相宜之處不能遍布寰區也如識其性之所宜則可知其所生之處各有地界迹甚分明

辨生物之土宜不但南北分界即東西亦能分界因地面之山川湖海有古今異形之處則其間之生物必不同所

以地中所沈埋之殭石亦必各異

若欲求處處皆有之生物則除非其物住在水陸寒暖之地俱能生不然則必遍地球之燥濕寒暑皆同方足以遂其物之生而種類遍布否則不能也所以同時之生物不能處處相同而同層之殭石亦不能處處一律假使處處能一律則以殭石別時代豈不更易哉

生物之種類形式雖不能處處皆有亦不能處處相同而其所在之地則有甚寬廣者如海中之生物是也

生物之性各有水土之所宜其例古與今同因屢次於相去甚遠之地見其殭石之種類相同又有一片極廣大之

石層其中俱有一種殭石此因其土宜同也

此例可以現在之地中海明之設地中海爲一生物之藪澤其水中之生物遍地中海俱有者居多其獨生於一隅者少假令此海變爲陸地則水族之殭石其地界之寬廣大如半箇歐羅巴洲

譬如地中海有入海之水從四邊之山上來其水中流來之物各異則其沉積之質亦各異其近火山之處有火山灰落至海中其火山流石亦流至海中火焰熄時砂磨水洗之後火山復出火又有灰及流石入海又如有處有熱泉在海中其水中消化之灰流至他處而凝結爲灰石凡

此諸類雖同在一海之中而其金石之質必各異而海中之螺蛤珊瑚魚骨之類沉埋於中者後爲殭石地學家即謂之某時某生物之層其地界如何此因同在一海之中所成故也

生物羅佈之迹有時其界限甚分明而其所在甚偪窄者所以相近之石層中每有各異之殭石　如紅海中之螺蛤珊瑚及魚與地中海所生者其形各異以兩處之輭肉類論之其雙殼者只有五分之一相同獨殼者只有百分之十八相同譬如今紅海內灰石新層中有現在紅海之生物而入地中海之奈爾江其泥砂沉積之新層中又有

現在地中海之生物則此二處之新層將來變爲陸地地學家觀其殭石難知此二處之層爲同時所成將毋以彼此之不同誤作古今之漸變耶

攷殭石之地界勿忘卻兩水之間中有陸地如紅海之邊及紅海與地中海交界處均有陸地其土中生物自有一疆界若其地有水流入地中海則水中能帶紅海邊陸地之生物如草根獸骨之類流入地中海所以有兩處石層其金石之質不同其水中之生物亦不同而亦能知其層爲同時所成者因其中有陸地之生物相同故可辨認也水能帶陸地之生物至兩邊之海中則兩海中水族之各

異者可觀其中之陸地生物而知其同時若數處之陸地生物各異而被水帶至一海中則又可觀其水中之生物相同而知其陸地各異之生物爲同時如陸地獸骨及土中螺類之殼在歐羅巴南亞非利加北亞細亞西北等處各異者多而觀其流至地中海內者亦可知其同時之生物也

觀今時地球之面其生物之所在亦有分界之處此因冷熱之故如海從温道至南或從温道至北其處之生物每逐漸而變無絕然各異之形地學家查各層之殭石能作古今動植生物之地圖此因其石層金石之質不爲冷熱

所變而生物每能因冷熱而漸變故也如有一大江其江水中能帶其陸地之紅泥至海中又爲海中流水盪開則能爲數百千里之平層從熱海至溫海皆遍若此海後變爲陸則觀其紅泥層中之殭石知某物生於熱處某物生於溫處

動植各物所生之處其地界若能寬廣於沉積之石層則殭石之據比金石質之據更爲緊要惟其不能有如此寬廣所以金石之質與殭石之形必須兼攷不可偏廢所幸者彼此能互爲證據耳

辨石塊法

石層新舊之期可觀其層中之古石碎塊而辨之此據每有大用處如有時忽遇石層直立或僅見一小塊其中無殭石難知其時代者則可用此法辨之又因此每能知新石爲舊石所爛泐而成如茶而刻層之新舊不一其層每爲泥砂石子相間其中每有火石塊若火石塊中之殭石與茶而刻中之殭石相同則此茶而刻層爲古時造化所成

殭石分類

石層中生物之殭石地學家能區分類別之其有數法任用何法皆便因所遇之殭石皆不在一處故也

前已言石層能漸薄至無故有處多一層有處少一層譬如石層之形如圖之一二三四五六七各層其各層中各有一種殭石則可用以解七種殭石如於

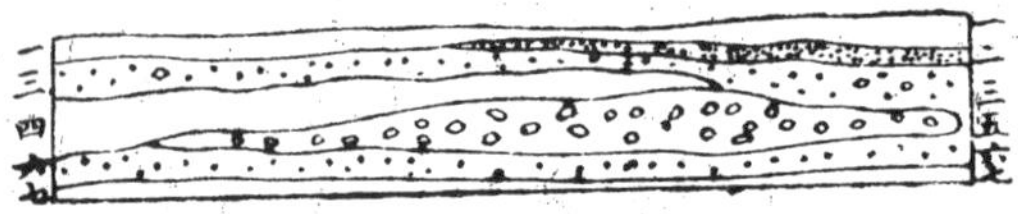

圖之中央處觀之則其石層共有七層惟有數層甚厚數層甚薄若觀圖之左邊則無第二第五層若觀圖之右邊則無第四層故欲知殭石之次第必數處參看不可拘於一隅也

又如英吉利地方有一處新層如圖其一二三四層與五

六兩層不平行在左邊則見其第三層新紅砂石卽在第

六層之上在稍北之小山處則見六層皆全在右邊則其一二層皆已被水蝕去故亦不見　圖自北至南共十二里甲乙爲海面線其各層之石一爲下烏來脫二爲來約斯三爲新紅砂石四爲美養灰石合子石五爲煤六爲炭灰石七爲老紅砂石

在水底所成之石層每有漸薄至無其故不關水蝕乃其

沈積之時此處本漸少至無也譬如湖海之中漸漸沈積成新層則其湖邊之陸地上必無此層而其海邊離海較遠之處亦必無此層

所以地學家欲知石層先後新舊之期則於其處攷其石之上下諸層辨各層金石之質及各層中生物之殭石而各命以名於他處亦如之各以攷得之物列之爲表今普魯斯法蘭西英吉利各國之地學家已用此法定歐羅巴洲各處石層之新舊及上下次第爲十七層此十七石層惟英吉利之地各層皆全他國或缺少數層

歐羅巴各殭石分層表

一　後沛育新

二　沛育新

三　埋育新

四　痓育新

五　曹魯灰石

六　為爾滕　又名綠砂

七　上烏來脫

八　中烏來脫

九　下烏來脫

十　來約斯

十一　脫來約斯

十二　潑而彌安

十三　碟層　又名卡蒲業非拉斯

十四　提符尼安

十五　上西羅里安

十六　下西羅里安

十七　堪孛里安

以上十七殭石層從第一至第四爲第三迹層其石謂之三次石。第五至第十一爲第二迹層爲二次石。第十二至第十七爲第一迹層爲一次石。

又第三第二三迹層皆謂之新殭石層。第一迹層爲古殭石層。

此表之一二三次諸石層。不能謂其各層俱有大用處。亦不能言其某層之期閱幾何時。惟能言此十七種殭石層。其成石之時各有一期。其古期所成者在下。其新期所成者在上。其每期之生物與別期中者各異。其每層之石質亦各異。

如專以殭石之種類分之爲表。則僅有八類。比前表更簡。惟因現今所知之殭石攷察尚未遍。故此表不過暫時可用耳。

八種殭石分層表

一　新層殭石　從今至瘞育新

二　茶而刻殭石　從普魯灰石至爲爾滕

三　烏來脫殭石　從上烏來脫至來約斯

四　脫來約斯殭石　石膏麻兒　灰白砂石　灰色灰石　䭾羅美脫　石膏　石鹽　紅砂石　合子石

五　潑而彌安碟層殭石　美養灰石　碟炭　灰石

六　老紅砂石殭石　黃砂石

七　西羅里安殭石　上勒羅石　倍拉灰石　筆昔斯脫

八　堪孛里安殭石　林求來至太古殭石

殭石分層又表

又有殭石分層表最便於用列之如左

一　今時新層

二　後沛育新

三　沛育新

四　前沛育新

五　上埋育新

六　下埋育新

七　上瘗育新

八　中瘗育新

九　下瘞育新

十　普魯灰石

十一　白茶而刻

十二　上絲砂層

十三　藍麻兒灰石

十四　下絲砂層

十五　泥砂灰石含兒

十六　淡水泥灰石

十七　蚌砂石

十八　泥層

十九　老珊瑚殭石層

二十　淡青泥石

二十一　上魚子灰石

二十二　下魚子灰石

二十三　頁灰石即來約斯

二十四　上脫來約斯石膏舍兒

二十五　中脫來約斯䭾羅美脫石膏石鹽

二十六　下脫來約斯各色砂石䭾羅美脫紅泥

二十七　潑而彌安即新紅砂石

二十八　可兒美什碟層也

二十九　炭灰石

三十　上提符尼安

三十一　中提符尼安

三十二　下提符尼安

三十三　上西羅里安

三十四　中西羅里安

三十五　下西羅里安

三十六　上堪孛里安

三十七　下堪孛里安

三十八　上落冷須安

三十九　下落冷須安

以下十八卷論各期迹層俱照此三表分類

陽湖趙宏繪圖

長洲沙英校樣

地學淺釋卷十目錄

歐羅巴古獸
奈兒江澄泥
瑞西湖臺
撒頂鹹水層
法蘭西大鹿期
後沛育新期獸骨
後沛育新期氣候冷暵
乳哺類與軟肉類比較
後沛育新乳哺類之牙

地學淺釋卷十

英國雷俠兒撰　美國瑪高温口譯

金匱華蘅芳筆述

此卷論今時新疊層及後沛育新疊層

現在新層

地面之石或因流水或因雨水漸漸消蝕其被蝕之處有多少遲速之不同如地爲平面或斜坡上有草木護之者則不爲雨水所蝕而其低窪之處僅能稍闊或漸深而成川澤故上游之泥砂土石被流水帶至下游沈積於湖海之底者甚多而人不覺其多者因在水中不見故也

新沉積之層雖在水中不能見而數百年之內必能見之，無論湖海皆然此因地球之皮面每有變動有此處漸漸高彼處漸漸低百年之中高低數寸或數尺不等所以有先爲陸地者後窪而爲湖海先在水中者後高而爲陸地，所以能見現在沉積之新層，

現今新層之高出者如恰始彌見地方其處因遇地震而湖中之新層高起爲陸今其高起之陸地上已又有河渠矣於此新層中遇古人所用之器及淡水中生物之殼均埋於土中，

以大里古桯英吉利古船，

以大里那不爾斯海邊有古殿之石柱植立於老岸之土中此殿名西來必斯攷古者尚能稽其湮沒之年惟有時所遇古蹟亦竟有不能攷其何代之物者如英吉利江口新層中得古時小艇及艇上所用之器則不能知其爲何代之物不過知其必是人功所造之物而已

又有一處於鹹水新層中五十三尺深處得古人頭骨及鯨魚之骨並陸地獸骨其形皆與現在生物之屬無異所以知其層爲今時之新層

太尼皮脫中古刀

有時於地中得古器能知其物尚在未有文字之前如攷

古者言太尼皮脫中所得古器是也

太尼地方有一皮脫厚層皮脫者草木於北方之地枯而不朽所積之層也其中有淤水殭石及陸地獸骨其形皆與現今本處之生物無異其皮脫之下層二十至三十尺深處得古時石刀在松樹根中而其上層皮脫中則有古時銅刀在栗樹根中攷之古史知其處並不宜松所以知此刀此樹尚在未有文字之先意其處先有松後有栗故松樹之皮脫在下栗樹之皮脫在上均能積成厚層其有松之時古人以石爲刀未知用銅及有栗樹時其人已知以銅爲刀而尚不知用鐵今則其地並無松栗而有榆林甚茂其榆樹皮脫中遇

有鐵刀故知其地有榆樹之時人已能用鐵矣

太尼蛤蚌堆

太尼海邊之島每有螺蛤之殼積高爲堆其堆之高三尺至十尺不等其堆之長一百尺至一千尺不等觀其螺蛤之殼知並不是螺蛤之自能成堆宛若有人食螺蛤而棄殼於此故積成堆今時花旗之野人所食螺蛤其棄殼亦成堆好古之士每掘此堆以蒐求古器見其中並無金類之物其刀斧之屬皆以骨角木石爲之又見其中已有最粗之瓦器及木炭灰燼並有獸類之骨觀其骨知皆爲野獸之骨絕無馬牛羊豕之骨而有狗骨知其時之古人已知火食而畜狗矣

以刀紀期

因螺蛤堆中之古器無一金類之物所以考古者謂成此堆之時爲石刀期石刀期之後爲銅刀期銅刀期之人智於石刀期之人而强於石刀期之人故銅刀能逐去石刀其銅刀期之後則爲鐵刀期此皆因太古之世荒遠無稽苟有一事之可徵不得不以之爲證此其所以以刀名世歟

瑞西湖中古屋

瑞西國有今時新層爲湖水中所成其層中有古人所居之屋如村落然一百五十餘所最深者已入地十五尺其

土中古物甚多可與石刀銅刀鐵刀之說相證其屋之下脚皆有樁柱如水閣然想是居於水中意古人造屋於湖水中或是防外侮而以水自衛或是畏野獸故巢居不可得而知也

論各處之刀期亦有先後

銅刀期後於石刀期而鐵刀期又後於銅刀期可見人之智慧日開故能易石刀以銅易銅刀以鐵然其石刀銅刀鐵刀非各處同時變易其間亦有先後焉所以卽一處攷之可言其銅刀期後於石刀期而前於鐵刀期若合數處攷之不可謂此處之銅刀期必後於各處之石刀期及必

前於各處之鐵刀期如瑞西湖層古屋中有一處尚是石刀而其相近之處已有用銅刀者又於其石刀之處得古物二千餘件無一物是五金所爲而其別處則得古銅器甚多幾於無復有石器知風氣之所開大有先後也

石刀期銅刀期可與生物之骨比較之以攷定曠古之事爲如於其處得古人食棄之物爲野牛野猪及鹿等骨又見有石刀則知其處之古人以打獵爲生如於銅刀之處見有畜類之骨爲馬牛羊豕犬則知銅刀期之人已解以畜牧爲生又有時遇新石刀期知其時之人已習於古石刀期因見其處有麥麵食物之類及麻草編織之布則知

其時之人已能耕織矣又見銅刀期中之古器知其器非但可以適用而且兼有文飾焉如兵器農器漁鈎手鐲等類皆有花飾而其中亦間有石刀諒是時石刀尚未廢也又見銅刀期處古屋之瓦比石刀期處古屋之瓦較爲精美

近此湖層之處其地中已有古人所用之鐵器惟其形與銅刀期中之器式樣已大異意銅刀期之人必已解貿易因見其銅刀中已攙有錫錫非其本處所有當自遠處貿易而來

用銅刀之時亦已有能用鐵器者惟其時雖已知以鐵爲

器尚不知以鐵與炭相合爲鋼，故其所用之刀尚以銅和錫爲之。至能以鋼爲刀，而銅刀廢，則爲鐵刀期。攷西國紀年七十九年間，其時已有鐵器，惟其農器、炊器、兵器尚用銅。又有處石刀期、銅刀期之間，有一古銅刀期，其刀是純銅所爲，則尚未知用錫也。

古人頭顱

太尼皮脫中及瑞西湖層古房中，皆有古時所用之器及人食棄之獸骨，而絕不見有人骨，意銅刀期之人已知火葬，故不見其遺骨也。

惟於北方之地石刀期處得古石槨，其中有古人頭骨，觀

其形式知古人之頭骨與今人不同其頭小而圓量其腦骨之角度多於今

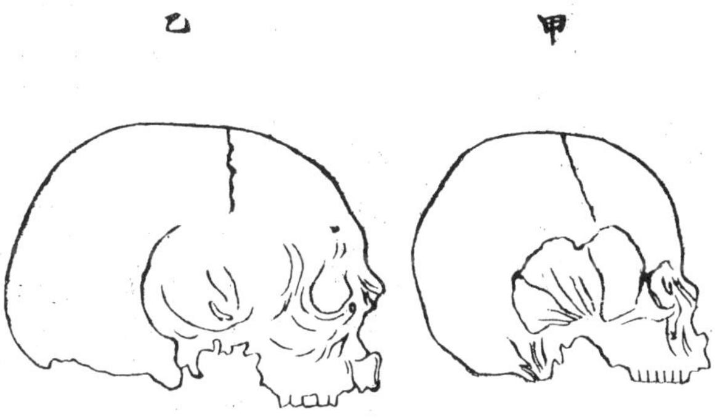

如圖甲爲古人頭骨

如圖乙爲今人頭骨

古頭骨畧近渾圓今頭骨則前後長而左右窄畧近橢圓其所異以此

此種古頭骨得之於法蘭西及英吉利之北方其形與現

在拉不闌地方之人頭骨相同想其時拉不闌之人本居於英法附近後爲他處之人逐之而北故至拉不闌也拉不闌人爲蒙古最遠之分支故今蒙古人頭骨亦圓此所得頭骨是石刀期之人其銅刀期之人不能知其頭骨爲何形因不得其骨無可攷證也鐵刀期之人其頭骨與今人同

以上論今時新層以下論後沛育新

後沛育新

從以上諸說能知鐵刀期之前有銅刀期銅刀期之前有石刀期此三期之層其生物之形皆與今同故皆爲今時

新層、其石刀期、為今新層與後沛育新之交界。後沛育新層中所遇之物、比今時新層之物更古、令人知歐羅巴洲有古象之時已有人。歐羅巴洲初有人時、其地形與今不同、至有螺蛤堆及湖房時、則地形與今不甚異、然此說亦偶有不合處、因近海之處、其地顯然有變動之形、如古海岸已有二十餘尺高者、又他處有陷下之茂林、水落時猶能見其樹枝、因離海較遠之處、不能與海面比較高低、故不知其已變動也、大約因極寬廣之地同上同落、故不覺其甚異耳。

攷後沛育新之殭石、知其時有一種乳哺類之生物、今已

絕種其地形與今大不相同其陵谷已變遷其水道之方向亦更改於近海處可見之

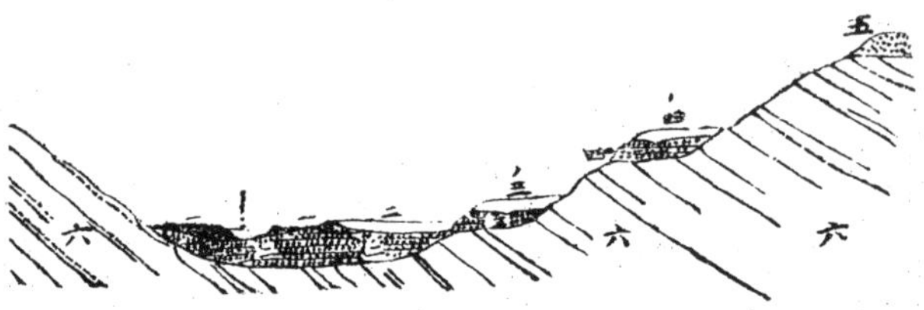

如圖一爲皮脫　二爲現今合子石層　二爲澄泥　三爲粗砂其坳爲下平坳　三爲其同時澄下之泥　四爲上平坳粗砂　四爲其同時澄下之泥　五爲近上之粗砂雜層　六爲古石　虛線處爲江

觀上圖知其深處有皮脫層皮脫之下爲粗砂合子石合子石之上有泥其泥是江水中所澄　觀下平坳之粗砂及小石子知成此層時其江無今時之深其層中之淡水內殭石與現今螺蛤之形無異而陸地之乳哺類殭石其種類有現所有者亦有已絶種者每有古象類及蝌蚪之骨在砂中其砂之上面亦有江水所澄之泥

其上平坳層造化之時必比下平坳爲古其中之殭石與下平坳中者畧同所以此兩平坳之層皆爲後湎首新

此江坳之平層形如臺坡有處一層有處兩三層每層之高自十尺至百尺不等有在江之此岸者有在江之彼岸

者若有兩岸俱有臺坡者則其形迹不甚分明

歐羅巴古獸

歐羅巴後沛育新之殭石屢遇象犀海馬虎狼等獸類之骨其形皆與今所有者不同蓋其種已絕也如前圖之一二層皮脫及粗砑爲新石期及古銅期其中亦有此等古獸骨而其稍古之層中已遇有粗石器所以知其時已有人

百年前已有地學家攷合子石中之古獸骨言有此獸時地面已有人然未有實據故人不之信二十年前有人於法蘭西壚壤中得已滅乳哺類生物之骨與火石之刃在

一處所以知其時已有人　其火石刀遇之於粗砂礫中大約是兵器惟其刃尚非磨成不過是敲碎而有鋒稜耳若今新層中所得之石刀則是磨琢而成非敲成者矣後沛育新之殭石不見有人骨然已有人所用之器即可爲有人之據西人舊說人生以來不過五六千年由今以觀當不止五六千年矣

奈見江澄泥

江水中沈積之物如前圖之二三四層其下皆爲粗砂其上皆有細泥蓋之此因水道漸從當其急流處祇有粗砂能沈其細者皆隨流而去及其流漸緩則其細泥亦能沈

而蓋於粗砂之上

如埃及國之奈兒江每年水發時亦有新沈之泥計百年中可厚五寸雖每年所積如此之薄而其處已有積至六十尺厚者知其泥沈積之年亦久遠矣此處沈積之泥絕無層疊之痕惟於近砂漠處有風中吹來細砂間於泥面則可見其每年積疊之痕

奈兒江之澄泥無疊層之故因每年所積之層極薄其地熱而燥風捲揚之則新積者與舊積者糅雜而無層累之形

歐羅巴半邊後沛育新層中每有大塊稜角之石子此是

冰中移來之石也詳見下卷

奈兒江之在歐羅巴者其江底有沉積之黃灰色奈兒亦無層疊之痕其中每有小塊之灰石其合質中有六分之一爲炭酸灰亦微有科子砂枚格砂

此江所沈之泥雖未凝結成石而其水蝕之陡岸處見有土中生物及淡水中生物如圖

布力克斯潑里比耶

色克西尼耶以郎蓋達

剖罷莫斯个倫

色克西尼耶以郎蓋達水陸皆能活　剖罷莫斯个倫及希力克斯潑里比耶皆土中生物

此數種螺類之殼皆薄而易碎今奈兒中有之此是平水中沈積之據也若在流水中則必磨碎而成粉矣

有處奈兒層數十尺厚離此江甚遠有土山高數百尺處其土中之殭石與奈兒層中之殭石形類相同所以知其先之奈兒層本是甚厚因被水蝕而薄其存者爲山

此層之變遷因其地先漸低後又漸高其低時或因離岸

遠處之地所低更多故水中沈下之泥此處較厚及其高起之時此處之高又比他處多所以水之蝕去者亦多而其搏結稍緊者則未蝕盡故留而爲山

瑞西湖臺

瑞西國湖邊有湖水造化之層其形如臺於其粗砂中得巨鹿之骨及別種已滅之乳哺類與現今之螺蛤類

瑞西之奇尼五之湖其入湖之水離湖一百五十尺處有古時湖口之形所以知古時之湖比今較大 此處因造鐵路而開其土臺見其中有三層浮泥知每層皆曾爲湖灣息其上層之浮泥比地面深五尺於其中得羅馬國古瓦及

古錢攷其錢文知是一千七百年前之物也其中層浮泥比地面深十尺厚六尺於其中得粗甆及古銅器大約爲三千年以前之物其下層浮泥比地面深十九尺其層厚半尺於其中得粗甆器木炭及人全身之骨其頭骨渾圓大約爲石刀期之人距今約六七千年統計成此三層之時約有一萬年

又有處之老臺攷其層約十萬年中所積成因其中有已滅巨鹿類之骨及火石刀故也如此攷其年代亦不過約畧之辭未能一定也此臺之時雖比有文字以來之時較古然畢竟尚在冰期之後

撒頂鹹水層

歐羅巴最高之鹹水層亦爲後沛育新如撒頂國海邊有鹹水層其層爲合子石灰石其中有螺蛤殭石形與現今地中海內之屬同其殼已兩片相合不復能分於其處亦得粗磁瓦片故知成此層時必已有人矣後沛育新層中遇人所造之物以此爲最古其上層中亦有磁片則已是羅馬時之物矣　其層之裂縫處中有合子石滿之其合子石中有已滅之古獸骨　又歐羅巴他處之鹹水層中有海中生物者比此多惟此處則有磁瓦片　又於英吉利法蘭西等處灰石洞中得人骨及人所用之物與已滅

大鹿之骨在一處所以知後沛育新期已有人迹

法蘭西大鹿期

石刀期之後瑞西湖房銅刀期之前有一大鹿期其時之人已比石刀期聰明已能以骨爲針其針孔亦甚端正此針在法蘭西之南邊得之與大鹿之骨在一處故謂之大鹿期

後沛育新期獸骨

合子石中有生物之骨不但歐羅巴有之即如新荷蘭石洞內之合子石中亦有生物之骨其形與地中海邊所得者大畧相同其小石子有紅土膠固之而成合子石中所

得之骨如圖爲馬克羅白斯鴨脫拉斯之下牙牀骨此獸爲腹袋類今此種已滅惟有他種腹袋之獸名馬克羅白斯美查則現今尚有生者其牙牀骨之式如下圖

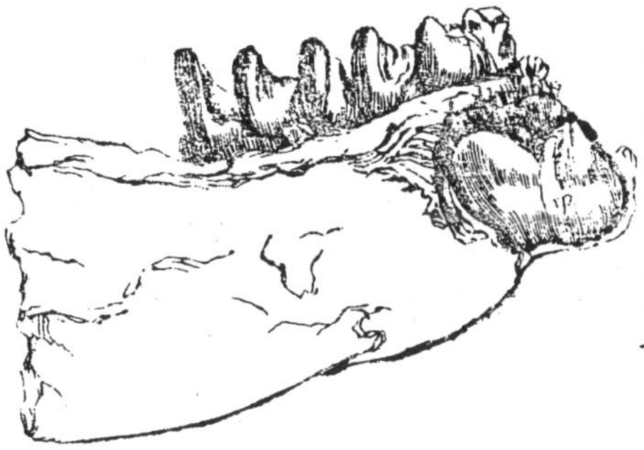

馬克羅白斯鴨脫拉斯

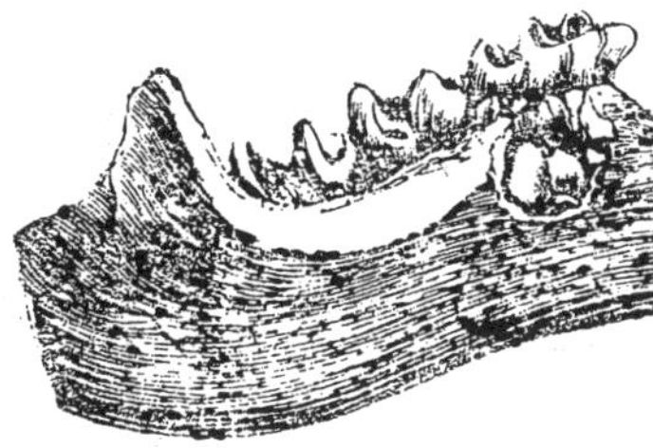

馬克羅白斯美查

凡獸之齒有一齒特出不在羣牙之列者名曰多牙亦謂之假牙觀此牙可知其獸之年齒如觀前圖之甲其牙尚未大則知此獸之年尚小

此圖爲馬克羅白斯之門牙觀此殭石之牙與現今腹袋獸之牙相同故知其亦爲袋獸類

腹袋之獸惟新荷蘭有之他處皆無此種想古時亦然所以有一大約之例凡前一期中之生物與現今之生物無論有脊骨無脊骨之類其所在之處大約無甚大異

有博物士名阿俓者言歐羅巴亞細亞等處之獸骨與新

荷蘭美里哥南者不同。如於歐亞二洲之殭石未見有腹袋獸及犰狳。而有象馬熊海騾兔田鼠等類其形皆與現今之生物相同。而美里哥南所遇之獸骨雖其類已滅亦與今之生者彷彿。此可爲前例之證。

走獸之類亦有處處皆有者。如馬是也。然雖如是其他種獸類則非處處皆有。所以可定一例。凡後沛育新期其禽獸所居之地皆與今同。

後沛育新期及沛育新期其層雖與今時新層相近。而其時之生物有大獸甚多。如彌呆希里恩。今見其骨在赤道南北三十九度內皆有之。又如哀里發斯古象類。今見其

骨從美里哥之北至亞細亞之北皆有之此兩種大獸今已絕種有人謂因其物龐然大人易殺之故自地面生人以來其物即滅也

有人於美里哥南之灰石洞中得大獸之骨與小獸之骨在一處其種類今皆已無若謂大獸爲人所滅豈獸之小如鼠者亦能爲人所剿絕耶又其螺蛤之屬至今如故所以知生物之絕種者皆其自然不生不關乎有人無人也蓋地面之風土漸變與其生性不相宜則生者漸稀老者易死以至於漸滅

有一生物之例凡有脊骨之生物今之種類與古之種類

大畧相同，不獨乳哺類然也。如新荷蘭之地，雖離歐羅巴不甚遠，而歐羅巴人初至新荷蘭時，不見其處有四足之獸，惟有無翼之鳥，形如駱駝。而其後沛育新層中，亦無獸骨，而有大鳥之骨，長十一尺，所以知其處古時亦無乳哺類生物。

有人攷知英吉利之地，古時有大鹿及厚皮食肉之獸類生在冰期之後，今已無此種類矣。

後沛育新氣候冷暖

或問觀後沛育新期陸地之生物及水中生物之形，能知當時之氣候比今較冷否。　曰：其種類之已絕者，不能知。

惟卽其種類之與今相同者觀之則現在生於北地者昔在溫帶此因冰期之後氣候漸暖則其走獸之類能遷徙而就寒暖相宜之地以居焉所以每期有大變遷而每年亦有小變遷如大鹿及獐麝今遇其骨有在英吉利者有在法蘭西者有在普魯斯者　於普魯斯又遇古象與雙角犀之骨在一處而俄羅斯粗砂中亦有古象及雙角犀皮肉尚存則今之必生於熱地者古時反在冷地其理莫解

於英吉利遇古象之骨與厚皮獸類之骨在淡水殭石層皆今本處所無而亞細亞之南則有之是古時英地似暖

於今。然人可云。此種古象。其種已絶。其性情未必與今時之象同。或者不比今之象。必生於熱地。而在冷地亦相適。未可知也。惟千百年中。其天時氣候或漸漸和暖。則熱地之獸能走而向北。若天時氣候或漸寒冷。則冷地之獸能走向南。則一定之理也。

又於法蘭西後沛育新層中。見厚皮獸之骨及石刀。知其地於後沛育新期。比前期稍暖。

乳哺類與輭肉類比較。

以後沛育新層中輭肉類生物。與已滅之四足乳哺類生物比較。知輭肉類之生物。其時久遠。此非謂以此物之年壽比他物之年壽也謂其種類之綿延於世孰爲久遠也有一例凡生物之筋骸臟腑愈繁者其種類之綿延於世愈短若生物之筋骸臟腑愈簡者其種類之綿延於世愈長。如兩足乳哺類筋骸臟腑最多四足乳哺類次之禽鳥之類次之蛇魚之類又次之輭肉之類又次之至珊瑚之類則蠢然一物幾於無筋骸臟腑矣所以珊瑚之種類亘古至今皆有之而輭肉類亦不甚變易不如他物之倐生倐滅也。

後沛育新乳哺類之牙

博物者徧察各生物之形體而比較之知其骨節之式各

有不同故得其一骨即可知其為某物之骨今有一事最易攷究凡乳哺類之物其牙之形式各不同故見其一牙即可知之

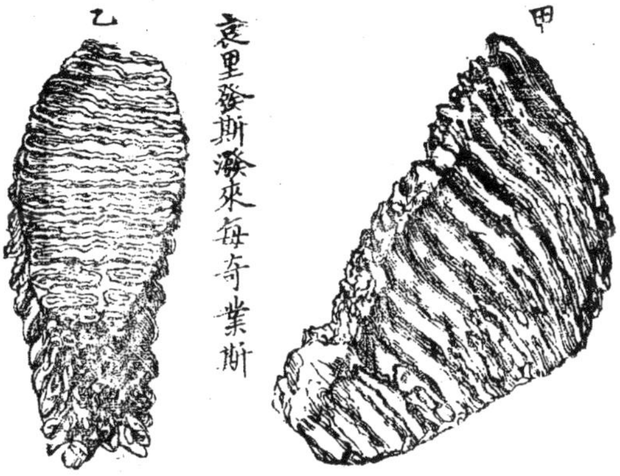

哀里發斯滌來每奇業斯

此為後沛育新期古象類右上之磨牙　圖得原形三分之一　甲為側形乙為磨面形

上圖爲後沛育新及沛育新期象類之磨牙

下圖爲今南方生象之牙

圖俱得原形三分之一

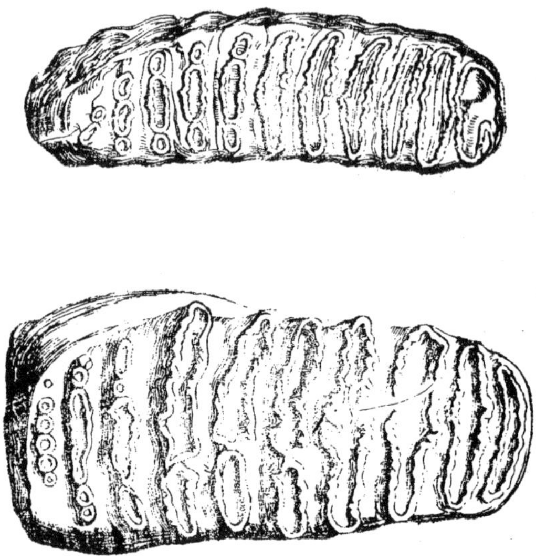

觀以上三種象類之磨牙知其時愈古其牙上之磨面摺紋愈多

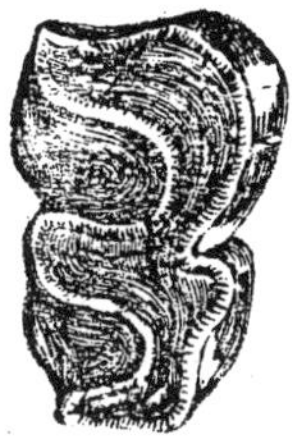
來諾西奴斯
力必都弗捺斯

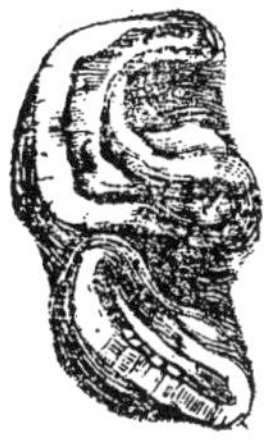
來諾西奴斯
帖克霍耳布捺斯

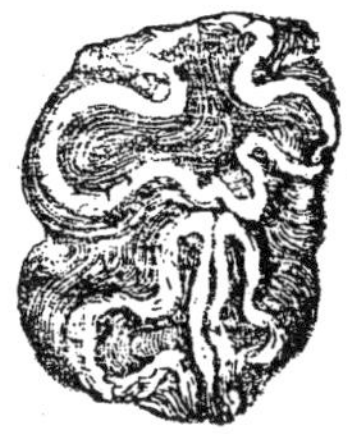
布不卜得末斯

此爲古時犀類之牙圖得原形三分之二。

此爲近今犀類之牙圖得原形三分之二。

此爲亞非里加今時厚皮犀類之牙圖得原形三分之二。

觀以上三種犀類之牙。知其磨紋有寬窄多少之不同。可別古今。

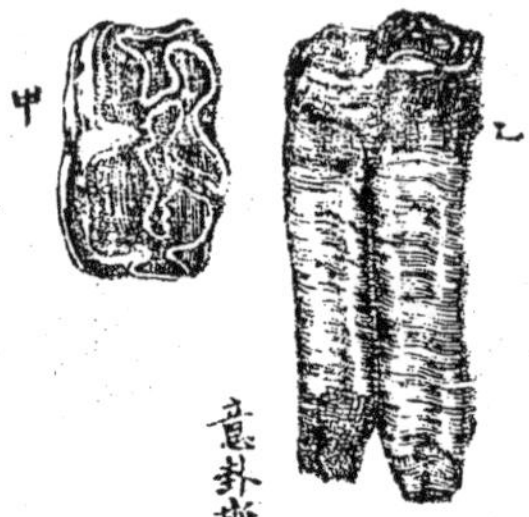

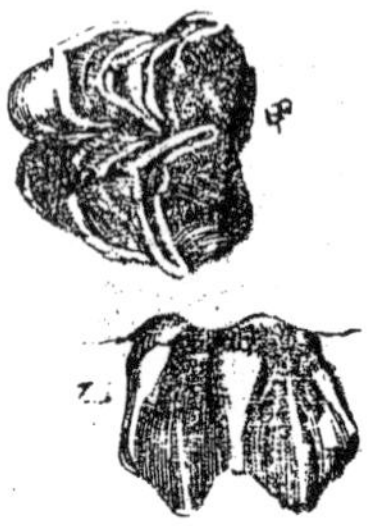

此即尋常之猪牙在螺蛤麻兒中變爲殭石故不甚分明

此爲馬之磨牙　甲爲平形乙爲側形　甲得原形三分之二　乙得原形二分之一

此爲北方大鹿之上磨牙其殭石在麻兒中　圖得原形三分之二

悪克斯

兩色斯思背里約斯

非力斯太合里斯

此爲牛之上磨牙其殭石在麻兒中 圖得原形三分之二 甲爲牙根 乙爲磨面

此爲後沛育新期熊類之牙 甲爲右邊撩牙 乙爲磨牙之面 圖得原形三分之一

此爲虎牙之形 甲爲撩牙 乙爲磨牙 圖得原形三分之二

此爲後沛育新期海亦那獸之下牙骸形　圖得原形三分之一

此爲海亦那獸之左下第二磨牙　圖之大小同原形

阿維科拉

彌呆希里恩

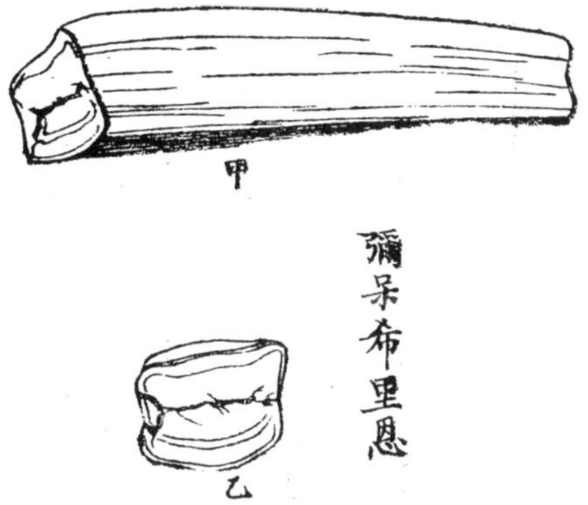

此爲後沛育新期田鼠之牙。甲爲平形。乙爲側形。丙爲原形之大。

此爲彌呆希里恩大獸之右邊磨牙。甲爲側形。乙爲平面形。圖得原形三分之一。

陽湖趙宏繪圖

長洲沙英校樣

地學淺釋卷十一目錄

地學淺釋卷十一

英國雷俠兒撰
美國瑪高温口譯
金匱華蘅芳筆述

此卷論冰遷石

冰中移來之石

七卷中曾言砂礫中每有大塊之石爲冰中移來此種冰遷之石塊在歐羅巴洲赤道之北五十度外遇之甚多在美里哥赤道北四十度赤道南四五十度以外亦然而其近赤道之地則無之其砂礫之質爲砂及泥有處亦有積疊層累之痕惟無層累痕之處居多有積厚至五十尺或

一百尺者其中有磨圓之石子亦有稜角之石子又有大石塊或一面有磨平之痕或數面有磨平之痕其面上之磨痕皆平行亦有幾次磨痕者此皆冰中遷來之石也凡有冰遷石之砂礫中大約無殭石者居多卽有亦是別處移來非其本處之物也有時其中遇有螺蛤碎殼爲冰海中生物

此種有磨痕之石塊其石質非一種紅色者爲紅砂石白色者爲茶而刻灰石褐黑色者爲碟炭爲舍兒皆從其相近之山移來亦有極大石塊從其本山移至數百里外者其石之常形大約每有磨痕

冰遷石有極

冰中之石磨擦而過於山其石若爲合拉尼脫及尼斯等石則其石質硬而石上被擦之磨痕不易消滅能見其痕恆平行並可知其來去之方向

石塊造化人初攷之以爲與現今之事不合因有時見其中有鹹水中螺蛤大都皆與現今之生物同故疑其移來之時非甚古又疑此遷徙之變動或比現今之變動較大此說非是

後來地學家攷之知石塊之下其本處之山石上亦有磨擦之痕其痕之方向皆有一極其石塊愈大者離極愈近

石塊愈小者離極愈遠如於北帶海邊與地中海邊兩處查攷冰移之石則見磨痕之石在北帶海邊者甚多在地中海邊者甚少惟阿兒不斯山之冰遷石似與此例不符此因其山高而冷故亦有冰雪也

冰能移石之據

阿兒不斯山高八千五百尺處終年常有積雪此雪若不漸漸卸下則每年必堆積而加高惟其重而能向低處走故至山凹中融而凝爲冰溪冰溪之邊每有碎砂石子之堆其石子均有稜角其冰溪之中亦有石子之小堆高三尺至十尺不等又有數十丈

天之冰雪塊半融半凝漸漸流下其冰雪塊中亦有石塊在焉凡冰溪中冰塊之流下或一日移數寸或一日移數尺蓋隨天時之寒暖冰塊之大小爲所移之遲速也觀此冰塊中之石塊知不但小石子及泥砂能隨冰而移即極大之石若在冰塊中數百年亦能被冰移至數十里外又其石塊若在冰塊之中四面有冰包之則移至他處其石上絕無一點磨痕宛若從山中氈包席裹而來者亦奇事也

冰溪之冰面或有高低不平及裂縫處則冰塊至此而阻夏日天暖冰溪之中水流涓涓其冰塊亦融而石子在冰

溪之底爲流水衝激磨去鋒稜則其石子之形與尋常水中磨圓之石子無異其冰塊之大者一時不能消盡亦自漸漸流下一日移數寸其下面磨於溪底之石上則冰塊中石子及冰溪之底皆有磨痕其磨力之大如金剛之劃玻璃如砂石之磨銅鐵幾於無堅不靡其磨擦之痕亦恆平行

冰溪中之冰塊夏時微消秋冬又凍明年又消如是微消屢凍其冰塊或能因偏輕偏重而轉身故其石子之磨痕或能換面或能變易方向而其下面溪底石上之磨痕則常與溪流平行惟冰溪中有時冰多有時冰少則其流勢

亦能稍變，故溪底之磨痕亦微有變。

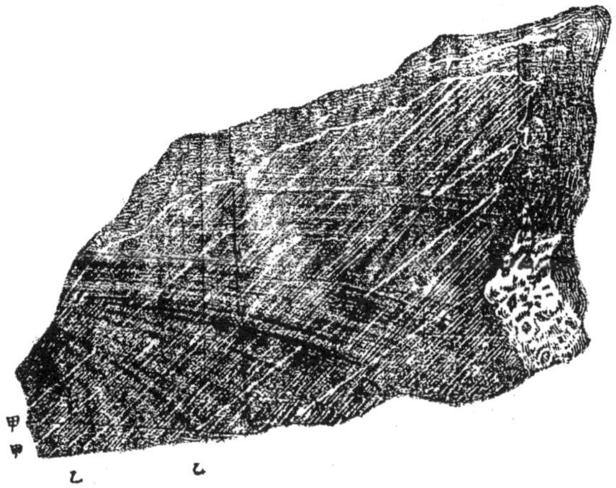

如圖爲一灰石之小塊，其面在冰溪中磨擦而光。甲甲爲磨擦之細痕，乙乙爲粗痕。其粗痕因磨時遇一粒粗砂，其細痕因磨時遇一粒細科子，故擦成痕。其平面則遇細砂磨光也。

冰流所抵之處

冰山在三五千尺高處，夏天消化，冰漸流下，其流冰所抵之處每年不同因天時之寒暖亦非年年相同故也有處冰流每年約行四里如瑞西冰山之冰四百年中漸漸流下其所至之處無論樹林房屋街路當其流者無不皆被摧滅近年來冰流已不能至其處此是天時比前較暖故也觀其古時流冰所至之地尚有冰中移來之石子碎砂成堆其堆中之石子有磨光者磨平者亦有未經磨擦者此視其石子之在冰塊之內外上下而異也惟其處之石子堆亦不甚多此因前次之堆已被後次之大冰塊行過而摧破也

冰中移來之石年代久遠亦有遇天空氣而剝蝕不見磨

痕者惟埋於土中者則其磨痕永不消滅如阿見不斯山相近之處其地中常有冰移之石故知古時此山之冰流比今遠

冰水霤穿之石

於瑞西之山見山坳中有水霤所穿之石今其處並無泉水知亦是古時冰水所穿

又於瑞典國北方尼斯石上有水霤所穿之孔深十尺今其處亦無水

於阿見不斯山及求拉山見冰水霤穿之石其孔非圓形而爲長形此因冰溪有裂縫水至其處而滴下其水中有

砂故能磨石成孔又因冰溪之冰每年必稍流向下則其裂縫之處亦稍移故成長形

山巔獨異之石

有處小山之巔戴一塊石或數塊石其石質獨異與本山之石質不同如小山之石爲尼斯而所戴之石爲科子此因流冰至此而阻及冰消而冰中之石畱於此山也

阿兒不斯山之石移至求拉山

於阿兒不斯山高於今之冰流處見其石每有磨痕又於此山過一谷至五十里外又一高山名求拉山其山上亦有冰移之石堆夫求拉山之高比阿兒不斯山之高爲三

分之一今觀求拉山並無冰溪何以其山上處處有冰移之石且有冰水溜穿之石此理殊不易解

五十年前地學家言求拉山之質是灰石其冰移之石爲合拉尼脫及尼斯與阿兒不斯山之石質相同此必是從阿兒不斯山移來惟何以能過最深最濶之谷而至此山之頂又其石塊甚大稜角完好絶無磨痕有一塊最大之尼斯石九百尺高四十尺大意古時之冰溪必直流至求拉山其深谷亦被冰塡滿故冰移之石直流至求拉山也又有人謂古時阿兒不斯之冰山比今高二三千尺云

冰期生物

砂礫中有冰移之石者在近極之地最多如歐羅巴之北方英吉利島等處不特其石有冰移之形且有冰期時海中生物之殭石因此知冰期之際其地尚在海水中其高起爲陸已在冰期之後

冰期地形變遷

冰移之石有離其本山極遠而中間又有山川湖海隔之何以能至諒當時之地形至今已變遷矣　觀山上之磨迹可知冰期之地形有無變遷蓋地形不變遷則其磨迹必一轍惟磨迹往往非一轍所以知地形已有變遷

南北冰海浮冰山

今時北冰海之處東西八百里南北千餘里徑有冰塊大如山四面流向海中其冰地之山爲層冰所裹不能見惟峯巒尖矗之處則稍露石焉

冰山之處高於海面二千尺冰之裂處成冰江濶十二里每有大冰之塊如山自此流出浮於海中爲浮冰山浮冰山之厚千餘尺遇淺則磨於海底其冰若消化則冰中之石沈於海底而其上又有水族居之

又有大塊之冰滑行於冰地之上不由冰江則其遇石磨擦之迹非一定方向

古時冰地之冰厚於今其地亦高於今今則其地漸漸低

故其海中之山有磨迹處其上又積新石子矣六十年前有人於北冰地攷其浮冰山有大三里者高出水面一百尺浸於水中約三百尺其冰上亦有砂泥及石子等物

南冰海之浮冰山亦有離岸數百里浮行於海中有一冰塊四十里長二三百尺高其旁如懸崖陡壁

凡浮冰山之在海中其高出水面上之尺寸與浸在水中之尺寸其比例若一與六或一與八大約中有石塊者居多

欲知冰磨之迹其痕必直須知冰山大而極重其身大半

在水中不能被風搖蕩故其行常一向直去

觀南北冰海之冰山能知其處冬夏常有冰其冰常能移其地之石至海中亦能知冰地四處之石皆被冰山擦過而有磨迹

冰地之石被冰移至海中非有一定之處因水流有不同海底亦有深淺在海水深處則浮冰無阻礙而行速遇淺處則磨擦而過其行遲曾見有一浮冰山在一千五百尺深處擱淺於海底不動即在其處漸漸消化其冰中土石即沈於其處如其後又遇一冰山浮至此而擱淺則亦如之故其處海底之石堆積如山皆冰所移來也

海底有不平處或有山在海底屢被冰山磨擦而過能使之漸漸而平所以能定見凡山之在海底而有冰磨過者其後變而爲陸其山頂必圓或有磨擦痕迹

又攷得浮冰山磨於海底或擱淺不動後暖而稍消融則體輕而又能浮至他處其消融時沉下之土石無層累之形亦無生物之迹惟有時因海中流水亦能衝激其石至他處爲疊層

南海中之浮冰山離其本處甚遠其冰中亦有石塊及冰消融時其石沉於海底與其處海底之土石絕不相同此處若後變爲陸地則其地面之石塊與其山之石質逈異

其石塊亦離其本山極遠，不過攷其石質，知與某處某山之石相同，故即以爲自此移來，

長洲沙英繪

地學淺釋卷十二目錄

地學淺釋卷十二

英國雷俠兒撰　美國瑪高温口譯
金匱華蘅芳筆述

此卷論後沛育新冰期

歐羅巴俄羅斯北方冰山

拿威瑞典二處近今數千年中其地無冰山、今攷知其古時、亦有冰山高千尺、因見其處之石塊、有磨光之面、而其處之山、亦有磨過之迹故也、其磨之痕迹、大約與山之大坳大谷對、又有自高處四面而下之形、所以知古時其處必是冰山、

今攷冰移之石北至於極北南至於太尼西南至英吉利東南至普魯斯俄羅斯其石塊有大者有細碎者

冰移之石在俄羅斯地方者其石質如拉不蘭山腓蘭山在太尼拿威瑞典者其石質爲尼斯雖約奈脫巴弗里脫拉潑

攷俄羅斯之冰移石大約大石塊移至近小石塊移至遠有離其本處二千餘里或三千里者其方向從西北而至東南或從瑞典過海過北冰地而至俄羅斯惟何以知此石是後沛育新期中移來此因其層中有現今之水中生物故也

俄羅斯之西界有平層一千八百里中有今時冰海中生物之迹而其上層砂礫中有冰移之石塊

於瑞西遇一帶小山其山爲粗砂疊層外有麻兒滿之其麻兒爲蚌殼及泥所成麻兒中有淡水殭石甚多在高於海面一百尺處其山頂上有大尼斯石塊大十六尺至九尺山之下層中其殭石與其海邊之殭石同所以知尼斯移來時必在此種生物以後

俄羅斯瑞典拿威太尼等處之冰遷石其塊愈小者移至之地愈遠蓋大石塊須大冰塊方能移之小石塊則小冰塊已能移之大塊浮冰易於擱淺故不能至遠小塊浮冰

則無所阻礙故至遠處也
觀北英吉利之冰移石其山上四處之磨迹亦有輻輳之
形則其冰遷之石亦有極其極即古冰山也
觀以上諸說知此數處古時俱有冰山其冰山必甚高後
被浮冰移其石於他處如英吉利之地古時與歐羅巴洲
連後其地漸低故其高處孤懸於海中爲島

冰海中生物

冰海之內九千尺深處熱三十二至三十三度其中亦有
生物焉如圖

甲　乙
衣斯大的蒲里衣力斯

里特悉白郎蓋

撒克雖開勿羅過雖

必克登衣斯闊特克斯

奈特蓋克羅才

胱羅放克拉斯里登

以上六種有在冰中移至他處爲殭石者以下兩種亦

甲　乙
里特胺倫隔特

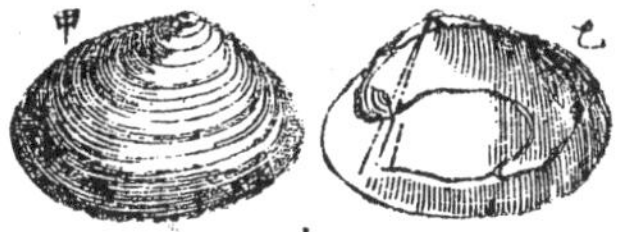
甲　乙
太里那白落克西馬

今冰海中生物

甲爲外形乙爲内

形

彎曲之冰遷層

英吉利北有冰遷之泥砂石子爲疉層其層有厚至數尺者如圖甲至丙二十五尺丙至丁二十尺甲爲面上之粗

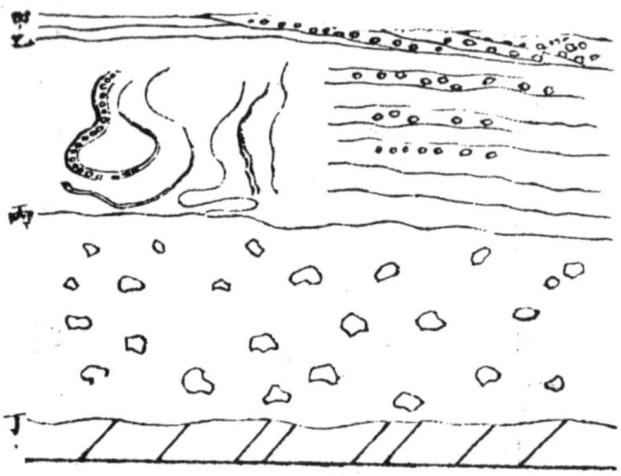

砂及石子層乙丙爲彎層其旁有粗砂石塊平層亦爲冰移石丙丁爲無疉層之紅砂石蓋從老紅砂石移來其中有大塊之合拉尼脫及尼斯科子丁下爲老紅砂斜層

此種彎曲之冰遷層，今尚未攷知其故，惟有時於無彎層之泥砂層，亦見有彎形，諒是有雪在大塊冰上，而雪中之土石成此彎形也。

或以爲有北流之江，江水中泥砂流至冰海積雪之地，故雪中有泥砂，後因雪塊冰山浮至他處，漸漸消化，其消化有先後遲速之不同，所以其泥砂之層彎，不然則因泥砂平層之上，有大塊之冰，研之而過，故成彎形，或者因兩旁有重力擠之，亦能彎，此皆意度之辭，並未有實據也。

北美里哥冰遷石

美里哥赤道北三十八度處，已有冰移之大石塊在砂礫中其砂礫無層累之形砂礫下之山石有磨光者磨成粗痕者此皆有冰遷石磨過之據也此冰遷層中大約無甚殭石即間遇殭石亦與今北冰海中之生物相同以比歐羅巴冰遷層中之殭石約有一半相同

美里哥冰移之石遠於歐羅巴此專與冷熱之故相合因寒暑同度之線在美里哥之地比歐羅巴較南

於美里哥及歐羅巴其冰移之層有螺蛤殭石處皆不甚高大約高於海面一百尺至七百尺而已惟其移來之石塊及山石上磨迹有在數千尺高處者

北美里哥有一處其層累之形如圖之子處爲房屋　甲

處爲泥砂其中有撒克雖開勿等物之礓石。乙爲粗砂石塊之層厚二十尺中有礓石同前。丁爲壚坶砂其中有他種礓石。戊又爲冰移之層中有雖約奈脫石塊。己爲黃砂石層。庚爲泥層。亥爲西羅里安之老石平層。丑處爲掘深之谷。

觀前圖其有礓石之處高於海面二百尺至四百尺其層中有大塊之合拉尼脫爲撒開形此撒開之石塊不能言

其是流水中衝激而來因其中有薄殼之殭石未磨碎故也薄殼殭石皆現今北冰海中生物如圖

哀斯大的岡潑里雖

甲爲外形　乙爲右殼內形　丙爲左殼內形

地學家言北美里哥古時之地高於今觀其山上之磨迹皆自北而南此因浮冰山自北而來凡近海之地漸低於海面者皆被其磨如是漸低低至不能磨而冰塊中融出之泥砂沉積於其上後漸高起而爲陸故成今形其未爲

陸時水中有浪及流動盪之則有層疊之紋及爲陸後其處又有水道則其間又有新積之泥故從上面視之先見壚埴砂有礓石之層而其下則爲無層累無礓石之層其中每有冰移之石塊而其最下之老石上有冰石磨過之迹

冰中古象

冰中移來之物如湖中所得巨獸之全骨長二十五尺高十二尺其腹中有泥泥中尚有松樹之枝知其獸之所食也先是已有人於別處得一巨牙有博物者觀之言此獸當是象類其肋骨當有二十條人未之深信後得其全身

之骨驗之果然

查歐羅巴北方美里哥北方其生物從沛育新期至後沛育新期中間有一冰期當冰期之際螺蛤之屬及乳哺之類皆未絕滅蓋北地嚴寒在冰期之際爲尤寒然非遍地球皆然其別處之地亦有較暖者故物得遂其生也

冰期之湖

凡湖中每有冰移之石及磨擦之迹者如美里哥北方歐羅巴北方皆有之有些湖中尚有冰移之石成堆

巨湖中之磨迹恆與湖身之長及湖底之凹平行蓋其湖底之凹若因地之低下所成則其湖底之石層必斷或彎

今則如掘去數層者。然攷其掘去之故。或因流水。抑因冰流。

有人謂瀑布從高處奔流而下。其下之石。必成潭。則冰從高處流下。亦應剷掘其地成潭。夫湖即潭之大者耳。冰能剷地成湖。其實據難得。攷古時冰流所至之處。今祗有砂堆。石堆。未見有潭。況熱地之湖。亦每有如剷削之痕者。不可謂之俱是冰也。　如法蘭西之湖。其成湖之時。比冰期早。此因地之低窪而成。

氣候改變。

地面山川陵谷之形漸變。則其水土氣候亦漸變。如古時南冰海之地無今之高亦無今之大而北冰海之地高於今時大於今時想其時之氣候冷熱必與今各異譬如地球之南北二極兩處均爲海則遍地球之氣候皆能變暖如兩極之處均有高大之陸地則遍地球之氣候皆能變寒

此說有人疑之以爲冰期之寒冷不可以地形改變之故解之然細考沛育新與後沛育新之層而比較之知其地形實有不同者考其動植之物知其氣候亦有與今不同之據

海變爲陸陸變爲海平原變爲高山海中熱泉之流變其

方向皆能使遍地之氣候改變如亞作利加之砂漠其地在冰期之際爲海底故中有海中生物之殭石其砂漠附近之處南風則漠北熱北風則漠南熱此因數百里砂漠之地其熱氣皆傳於風故也想其地爲海時南風過之得海中濕氣吹過地中海又得地中海之濕氣至遇阿兒不斯山阻之氣至高處而遇冷則爲雪所以古時之南風能使阿兒不斯之山成冰山而今之南風能使阿兒不斯山之冰消融豈非地形改變之故歟

隕星石附

在亞細亞北方新得一隕星石於金砂中深三十一尺其

石如一塊鐵重十七磅半鋼灰色硬於常鐵其質爲鐵及臬客爾不知是後沛育新期中所隕抑爲沛育新期所隕如此塊星石初隕於海中後高起爲陸則鐵遇鹹水應銹蝕試觀今時之砲沈落海中則四旁之石子皆得其消化之鐵而變爲合子石而此隕星之石獨不銹蝕者因其中有臬客爾故也

陽湖趙宏繪圖

長洲沈[illegible]校樣

国家出版基金项目
NATIONAL PUBLICATION FOUNDATION

海上絲綢之路文獻集成

總主編 陳支平 陳春聲

科技與文化編 42

主編 王揚宗 葉農

海峽出版發行集團
THE STRAITS PUBLISHING & DISTRIBUTING GROUP
福建人民出版社

本册目次

地學淺釋三十八卷（卷一三至卷二八）

〔英〕雷俠兒撰　〔美〕瑪高温口譯　〔清〕華蘅芳筆述

地學淺釋卷十三目錄

沛育新

前沛育新

地學淺釋卷十三

英國雷俠兒撰
美國瑪高溫口譯
金匱華蘅芳筆述

此卷論殭石層下半卷論沛育新

論十四期中殭石表

水層石之諸層從落冷須安至今時新層每層之成各有時代則此諸層之名即可爲時之名如此層爲落冷須安層即落冷須安期中所成之石也此諸期之層乃從各處測驗而得若據一處觀之則或有缺少數層從未遇一處諸層俱全者今特作十四期石層之全圖以明各期中所

成之石層。

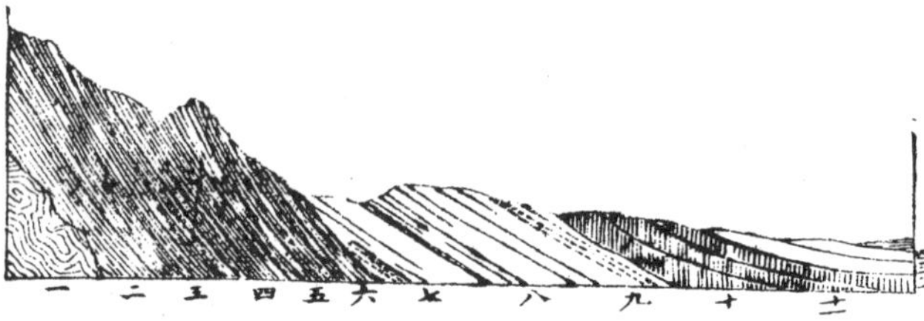

如圖一爲落冷須安。二爲堪孛里安。三爲西羅里安。四爲提符尼安。五爲卡蒲拉斯。六爲潑而彌安以上爲一次石。七爲脫來約斯。八爲求拉昔克。九爲克里兌書以上爲二次石。十爲瘞育新。十一爲埋育新。十二爲沛育新。十三爲後沛育新。十四爲今時新層以上爲第三次石。

此十四期中之層從未於一處遇其諸層皆全者此有二故一因沉積成石時各在一方不能遍地球皆有故此處有此層彼處無此層一因沉積成石之層每有被水蝕去所以不能諸層俱全惟任在何處遇石層其某層應在某層之上某層應在某層之下則有一定不移之次第惟中間遇缺少一二層者則常有之雖有時亦偶遇有不合理之層此因斜直反轉之故總不能古上於新也

有時石層之次序有缺少一大層者如潑而彌安及脫來約斯或克里兒書及堊育新屢遇缺少一層或遇此兩期之層不平行

同期中之石層亦有自不相合者如上西羅里安與下西羅里安之層不平行上潑而彌安與下潑而彌安之層不平行是也

此種不合理之層攷其中之殭石可知之所以必須造殭石表如於一處見某殭石與某殭石為上下兩層後又於他處見其上層之下或下層之上又有一種殭石則必列入兩層之閒為上中下三層

石層之不平行不過因後層沉積之時其前層之地形已變動所以知其閒歷時已甚久遠若平行之層則後層沉積之時其前層尚未變動故無高低凹突之差若前後之

兩石層雖平行而前層之上面或已有碎蝕消磨之迹則其兩層之間亦必歷時甚久遠其間或有缺少之層　或兩層之形雖平行而地形變動之時兩層同上同下雖未凹突折斷亦能水變爲陸陸變爲水則其前層之面上亦能被蝕而其上亦能沉積成新層故前後之疊層雖平行而其中間已不知隔幾萬萬年矣

生物漸變

造疊層殭石表因愈造愈密其中間每有新得之物添入人視之宛似每期之物皆由漸而變非有絕然各異之形所以古時地學家以爲地球上之生物每滅一世界再生

一世界而今之地學家疑古說不確以爲從古至今各生物之形皆由漸而變其視之絶然大異者必其中間之時相去甚久人未尋得其漸變之迹故也蓋今人所已攷得之古生物不過萬萬分之一耳

石層現露之處愈古愈高

於歐羅巴洲查石層升高斜露之處知古期之石層必高於新期之石層如一次石必高於二次石而二次石必高於三次石　又如瘞育新之石高於埋育新而埋育新之石高於沛育新沛育新之石又高於後沛育新是也

石層愈古形質愈異

凡石層之期愈新，其金石之質愈近於現今湖海中新層之質；石層之期愈古，其質愈與今異。蓋石層初沈積時，或本是輭，後因壓實而堅；或本是鬆，後因得金而結；又有因熱而變，或收縮而空，或能結成；又其石層或因地震而折，或高低斜直卷曲反轉；其中生物之質，或已消滅，或其本質已化去而他質代之，如灰變爲夕里開。

又攷得石層之期愈古，其中之生物形迹愈與今異，如於新層中偶遇一二種生物爲現在所無，而於近古期之層，則見有數種生物今并無其相似之類；若最古之期，其石層中之物，無一爲現在所有，惟無脊骨之生物如螺蛤石珊瑚之類現今尚有然形式亦大不同矣所以攷究各石層之期如攷人之世代愈古則愈無稽攷因各處之石造化不同故欲攷其先後之期爲甚難所以只能言某期而不言某期爲若干年惟言某期爲新某期爲古某期爲更古從已知者至不能知者一一記之而已凡攷別種學問皆先從古者入手而攷地理之學則宜從新者起以漸及於古又須記得其最小最近之期其中瑣屑之事如後沛育新沛育新埋育新瘞育新論此數期之事書籍甚多學者須遍觀之夫以攷新期之事比攷古期之事如攷今之國史比攷古之逸史其繁簡之不同有如

此者

殭石分層法

前卷論今之新層尤言歐羅巴各處之土壤其地若何大若何厚爲何金石之質因其層不甚大皆撒開在各處或爲淡水造化或爲鹹水造化意其在歐羅巴洲初有之時沈積於湖海之灣

第三迹層之石遇之於法蘭西之巴黎斯其疊層淡鹹二造化相間其中之螺蛤珊瑚殭石皆今本處所無其相似之類今惟熱地海中有之又此層中陸地生物之骨有四種與今不同

英吉利倫敦亦有此層雖其層之石質與法蘭西者不同而其殭石則與法蘭西層中者相同所以知兩處之層爲同時所成以此法攷石層知法蘭西之南及以大里之北其石層亦爲同時所成　歐羅巴之第三迹層其下爲來而刻

地學家初以爲此數處之層皆同時中所成後知其成石之期亦有先後有在法蘭西層之前者有在法蘭西層之後者

此種誤會之事時或有之其後因仔細攷究其中之殭石知鹹淡相間之層有比倫敦之層更新者

英吉利之層名刻來合其層至遠處有在藍泥之上者查刻來合中之殭石與藍泥層中之殭石各異而比之現今之生物有今英海中所無者有英海中所有者

以大里阿比闌山之旁有泥砂層其中殭石爲鹹水中生物此層之期比英法二處之層較新

法蘭西之南有石層其質與法京及以大里之層不同觀其中之殭石知此層在法京及以大里之間

觀以上諸說可知地理之學愈究愈精亦愈分愈細又有專攷地中生物之家其法先分生物爲數類其類乎某物者即謂之某物之屬如先定甲與丙爲二類後又見此二

類之間更有一類則定爲乙列入甲丙之間爲甲乙丙三類其餘類推所以凡遇石層必攷其各層中動植生物之形迹列之爲表如於別處層中更遇他物則可比較而知其期其同者卽爲同時之生物卽定其層爲同時中所成如此列表以攷之則可知某期之造化如何或爲水中沈積或爲火山噴吐其時某生物繁盛某生物衰息其殭石之形如何如其後又遇別物介於某某之間則又必列入之勿憚繁瑣

專攷殭石之家凡遇新得之物欲列入表中其位置次序之法有時甚難蓋其物之少者寥寥不過數種故易分別

若種類多者，其形千奇萬變，如連環之結，欲分開之甚難。以爲類乎此，則又似彼；以爲類乎彼，則又似此。每有似是而非，彼此淆混，諸家互相聚訟，迄無定論者。又每有先得二物，其形式絕然各異，則以爲二類；及後又得一物，其形又在二者之間，方知此三物實爲一物之形所遞變，則又不得不改歸一類。故殭石分類之事，亦甚勉强，其表必時時更改，不能有一定之法。此書中所引用者，惟據現在所分之類言之耳。

第三迹層撒開在歐羅巴

第三次石層之在歐羅巴者，非能處處相連，在在皆有也。

不過見其撒開於各處耳其各處之層石質又各異欲分別其先後時代爲甚難如以爲各處之層皆與英法兩京之層同時則其金石之質又不相同如以殭石之同異爲時之同異亦有不通之處譬如地中海與紅海今之生物亦有各異者則安可以殭石之不同遽謂其非一期所成哉

攷殭石與生物異同之數

凡第三次石層中之殭石其各異之形有因生物之形漸變而異者則變前之形與變後之形不同而其時愈近今則其形亦愈似今其時距今愈遠則其形亦去今愈遠所

以凡遇難定見之層，可以此法定之。

如紅海邊四十尺高處遇白灰層，其中有數百種螺蛤殭石，其形與奈不爾斯火山灰層中之殭石形式各異。又瑞典第三迹層中遇螺蛤殭石，其形亦與奈不爾斯中者各異。此三處之螺蛤殭石形雖各異，要皆爲後沛育新期無疑，因其殭石之形皆與現今近處海中之螺蛤相似故也。

又如亦得奈斯火山與英吉利江口及昔斯里此三處之螺蛤殭石，其形皆四分之三與今同，其四分之一今已無此種類，所以謂此三處之層是同時所成，其成石之期古

於後沛育新因其當時之生物至今已變去四分之一故也

以此法定石層之期雖其中生物之迹形式不同而石層金石之質亦不同亦可以殭石異同之多寡定其期之遠近無論何期俱可以此法攷之

以此法定石層之期其時愈古則其中生物之形今無其種類者愈多所以此法無甚大用又况水土氣候各處異宜往往能使此處之物其形大變彼處之物其形小變有處此類之物已絕有處彼類之物不生故同時中各處之生物亦有不同所以用此比較之法未可爲十分確據惟

近今之石。如第三迹層。則亟用此法。以分別古今生物之形漸變。不獨古時爲然。卽攷現今動植之物。亦有漸變之據。其每物每類之漸變。各有其故。非偶然也。此事另有專家攷之。觀其書。能知某處之物。因其地形水土漸改變。故某物之屬漸繁盛。某物之屬漸衰息。蓋地面任有一處。其地形改變。則遍地球之動植物。必因之而漸變。如謂一處之地形變遷。而各處之生物不爲之掣動而漸變。則必各處之水土氣候不變方能然。一處之冷熱燥濕無有不傳遍於各處者。是以知各處之物。必微有變動。

攷殭石以定石層之期。應以螺蛤類爲主。

凡以殭石別石層之古今。惟攷其軟肉類生物最易明。因其物各處皆有。亦古今皆有。故易於攷究也。

凡石層中殭石。其稀奇罕遇之類。無甚大用。不能以之辨別古今。故須擇多而易見者攷之。如於層中。遇草木形迹。又於他層。見獸類之骨。皆不能據之以定見其期。以其少故也。雖石珊瑚之類。比草木鳥獸蟲魚等物較多。而亦不及螺蛤之多。所以凡攷石層之期。必以螺蛤殭石爲主。

螺蛤之屬。有生於陸地者。有生於水中者。有爲鹹水中生物。有爲淡水中生物。如江流入海之處。每有土中。及淡水中螺蛤流至其處。遇鹹水而死。此處若沈積成層。則觀其殭石可知其爲淡水層所以地學家能知某期中其淡水鹹水陸地之螺蛤有某種某類生焉因此能辨別淡水鹹水內同時沉積之層如是則方能再進一步而攷究其中之草木鳥獸蟲魚等生物之形而知其時並生並育之物有某某種則任舉一物任見一斑即可知其何期矣

以螺蛤殭石定石層之期有二便處一因其所生之處甚寬廣一因其種類之綿延爲時甚久攷螺蛤類之生於世比魚類更爲久遠此亦因其所生之處寬廣而孳生又多故不易絕種也　譬如某生物其所生之處不甚寬廣或其處世不久則其殭石不能以之定石層之期

以螺蛤殭石定三次石之期

有地學家分歐羅巴第三次石層爲上中下三等以英法二京之層爲下以法蘭西南方之層爲中凡新於中者爲上此一說也

此書分第三次石層爲四等每等皆以其中之殭石與現今之生物比較其異同多少之數而定之試以之核以大里法蘭西等處之層其數皆合所以可造一表以明第三次石層中螺蛤殭石與今時螺蛤之比例數

統計第三次石層中所見之螺蛤類約有三千種現今地面水陸所生之螺蛤類約有五千種以三次石最下之層

中螺蛤與現今生者比較每百種中今尚生者只有三種半其上一層百種中今有十七種再上一層百種中今有三十五至五十種不等其最上之層如以大里昔斯里其層甚厚而高於海面故其中殭石之類每百種中今尚有九十至九十五種生者故此層爲更新

此四等石層之期須各立一名以紀之其最下之層名之曰瘞育新此希臘語謂曰初出也其上爲埋育新希臘語微新也其上爲前沛育新謂新者多也其上爲沛育新謂更新也

有人謂如此分層尚未盡善因用顯微鏡視之見其各層

中有極細之殭石其形與茶而刻中者同又埋育新與前沛育新層中每有乳哺類及蛇類今皆無此種類故以為此分層之法未善然此法本專指輭肉類而言之其他物固不違計也

以上總論第三迹層以下分論其各期之層

沛育新

有火山拓發石在意斯介海島此亦為水中沈積之層其島高於海面二千尺於一千六百尺高處遇一層螺蛤殭石其中有二十八種現今尚有生者　又此層中有一螺殭石名牟力克斯肥其奈脫斯謂其口有長唇形如刀鞘

也其形如圖

牟力克斯肥其奈脫斯

維蘇維耶斯之古火山硬灰拓發壘層與意斯介海島之層為同時在海中所成其中只有一種螺蛤類與地中海內者同

昔斯里海島曷得奈火山層高一千尺大二百七十里計成此層時不知幾萬年攷其中螺蛤殭石知其為沛育新

期所成　曷得奈火山積漸而大因其吐出之灰燼積漸而厚亦因其火山之本身漸升而高比海面已高一千五百尺

歐羅巴洲沛育新之層莫如昔斯里之大亦莫如其高其高於海面三百尺其上爲黄白色灰石其下爲泥石

歐羅巴洲之北半邊其沛育新之層皆甚低其質皆鬆而未結實惟在昔斯里者則已堅結爲石此石之最新者也其中生物之迹或仍爲其本物之原形或其本身已化去而爲空模

昔斯里之灰石其色黄白亦有處黄白成文其形與法蘭

西巴黎之灰石同其灰石之層厚七八尺其面常平行亦有處有凹谷或大孔亦有斷層其灰石中之螺蛤形狀不一有顏色如生者有本質已化去而石中有空模者此處灰石之層其遠處有漸變至與砂石及合子石相連其下面之泥層爲藍色之麻兒麻兒中有螺蛤珊瑚礨石甚多有處之麻兒層與黃砂層相間

昔斯里相近之處克退尼地方其第三迹層有處與火山石相連此火山石是從海底所出者想其時泥與黃灰砂沈積於海底而海底之火山亦有石吐出與之間疊成層也

克退尼相近之處有一層合子石其中有率比來殭石想古時其處有一小火山後消磨碎沏而爲石子水徙至他處而率比來生焉後有灰質固結之而爲合子石

克退尼相近處又有一層蠣殼殭石厚二十餘尺其形與今之蠣殼無異其下層爲火山石其上爲又一層火山石其中有一珊瑚層厚一尺六寸皆立如植而有枝剖視之見其枝之紋理與本身之紋理不相連蓋非本身之分支乃子母之屬體也所以知成此層之時必極久其石珊瑚之形如圖

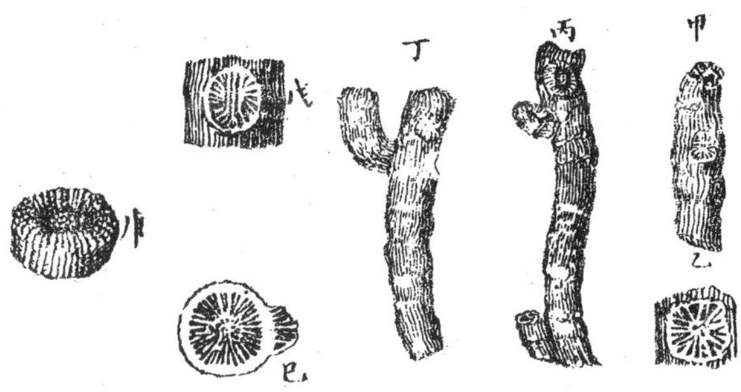

開落非來雖斯肯都斯

甲爲本身其生枝之處有紋。丙丁爲有枝之形。乙戊皆爲生枝處顯大之形。己爲橫截之形。庚爲橫截側視之形。

昔斯里灰石層中，及克退尼火山灰層中，有一種殭石最多。此種生物，現今尚有之。其名曰必克登蒲過皮約斯。言其形如梳也。

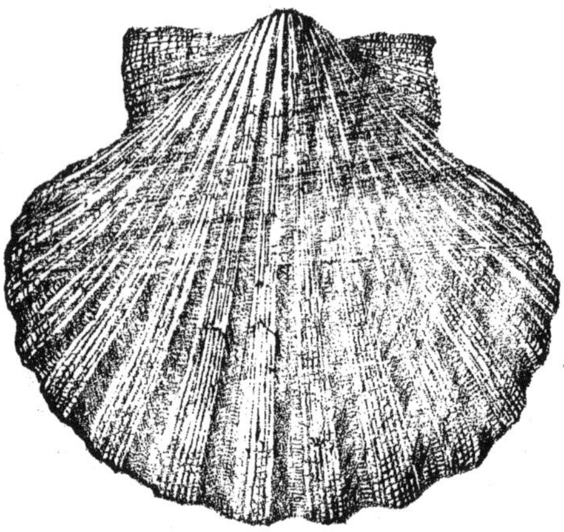

必克登茄過皮約斯

圖得原形二分之一

殭石之理人愈思之覺愈奇其殼積成之層如此厚一奇也變而爲石二奇也比海面高三奇也蓋從其生長之時至成石之時其海底已升爲高山當其在海底未出水面時其面上常有水與砂泥故螺蛤之類能生焉而其殼積成如此厚其時不知若何久遠又攷其每層中見螺蛤珊瑚與火山灰合于石層層相間知其從海底高起之時極遲極久自有文字以來不能紀其年也

凡石層之成其時之久遠遥遥莫計有人所意想不到者即如昔斯里海島中之殭石比其島之石更古非但未有此島之前海中已有此種螺蛤即其層未沈積之前海中

亦已有此種螺蛤然則此種螺蛤之生於地中海從未有此島之前至石已成島之後其種類之孳生尚未絕滅故地形雖改變而此種生物仍存

螺蛤之種類其綿延於世如是久長令人知一切生物之性於燥濕寒暖各有性之所相宜不能遂其性則不能全其生其處世甚久者必其更諸變而不滅者也其更諸變而不滅者必其孳生之地甚廣者也蓋生物中每有遷徙水土而仍生者如水中之物有在陸地亦能生者冰地之物有至暖處仍不死者此必其物能兼具燥濕寒暖相宜之性故能族類繁盛歷諸變而其種不絕此造化之理也

前論之意若謂造化生物之時其某物之形體性情各有一定不能改變亦不能變此物爲彼物此舊說也後有勒馬克者言生物之種類皆能漸變可自此物變至彼物亦可自此形變至彼形此說人未信之近又有兌兒平者言生物能各擇其所宜之地而生焉其性情亦時能改變此論亦未定姑兩存之

以大里之阿戩谷亦有沛育新期之層其層厚七百五十尺上面二百尺爲沛育新期下五百五十尺爲前沛育新期其沛育新期之層爲砂及合子石其乳哺類殭石有象犀熊虎之類又有松類之葉及子其形與今北方之松無

異此樹自下埋育新期已有之

沛育新層之在英吉利者謂之克來合即蚌殼砂也克來合有白色者有紅色者如圖

子爲海面線　甲爲紅白克來合　乙爲倫敦泥　丙爲茶而刻

紅白克來合爲前沛育新期者居多惟在英吉利者則又似沛育新期所成其疊層之砂及石子中有海中土中淡水中螺蛤殭石及乳哺生物之骨故知爲江流入海處沈積之層其層之厚從二尺至二十尺不等中有蠃蛤殭石形與今之生者無異又有數種最多之殭石其形如圖

牛求來酷湳提良

台里那寫白里朋

內待盖希來可迭斯

有處克來合中遇螺蛤類殭石六十種中有三十種與今時北冰海之螺蛤同可見冰期之冷亦由漸而來從成此克來合時初冷起至歐羅巴沛育新層成時爲最冷

前沛育新

克來合之在英吉利者其上層爲紅下層爲白查其中之螺蛤殭石知成此層時水非極深不過九十尺至一百五十尺深而已惟不可謂是在海邊所成因其螺蛤殭石之處有四五十里寬故也其紅克來合爲科子砂及蚌殼粉其紅非因鐵銹乃砂與蚌殼之色也其白克來合是珊瑚之粉所成此兩層紅白克來合不甚厚其紅者厚四十尺

白者厚二十尺雖其地不甚寬廣亦爲地學中緊要之層因觀其中之殭石可知歐羅巴前沛育新生物之形也

紅白克來合在倫敦泥之上前圖已解之又有處遇其層之形如圖

虛線處爲江 甲爲紅克來合 乙爲白克來合 丙爲倫敦泥

觀前圖分明見白克來合被蝕之時比紅克來合沉積之時早於子處有一古岸高八十尺上有紅克來合掩之其白克來合岸邊有蠔蛤之孔中有砂滿之所以知其在淺水中所成又紅克來合沉積時因水中有波浪衝激所以其上面不能平

紅克來合中殭石其形如圖

圖比原形小一倍

紅克來合中殭石又有鯊魚之齒及他種魚齒或爲今英海所無之魚

紅克來合中之殭石非皆爲成此層時之物亦有從下層倫敦泥中洗蝕而來者如蟹殭石與塊形之燐酸灰在磨圓之石子間又有鯨魚耳骨之印迹其形如圖

不爾剖來脫脫來過奈

捺雞合拉牛畧脫

恚不里耶歐羅皮耶

白克來合之層不過六十里長十里濶其質爲灰及麻兒所合成中有珊瑚類殭石甚多如圖

倍里耶以馬茄条脫

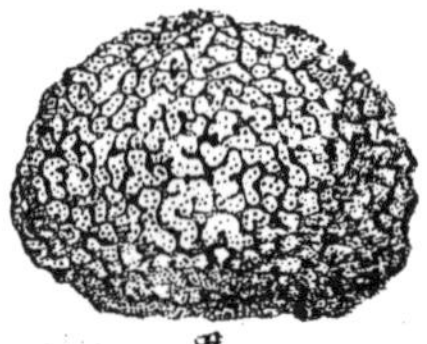

甲

乙

發昔九流里耶　哇闌西恩

甲爲發昔九流里耶之形

乙爲其顯大之形

丙

丁

丙爲發昔九流里耶之丙形　丁爲其顯大之形

此種珊瑚類性畏冷每生於暖處故知當時之氣候必非寒冷又有一種珊瑚今生在近冰海處而白克來合中亦有之故知其時之氣候亦非大熱

白克來合中之螺蛤殭石如泉斯大的今北海有之如伏盧對今南海中尚有相似之種如倍羅累今天竺海中有

之如圖

哀斯大的
哇每里恩

伏盧對闌孛爾對

倍羅累里鈌求能太

棉慢九末斯
哀克斯闊維秕斯

攷英吉利克來合。前沛育新期之螺蛤殭石。與今英海中所生之螺蛤相比較。知成此克來合時。距今之時。冰期適在中間。自克來合成時至冰期。與自冰期至今。其時相等。蓋冰期之際。其螺蛤畏冷而就溫。漸徙而南。及過冰期之後。天時氣候又漸暖。其螺蛤畏熱。又漸徙而北。還其故處。故克來合中有五十種螺蛤。與今北冰海之螺蛤同。又此五十種螺蛤。昔斯里沛育新層中亦有之。諒昔斯里之地當冰期時。亦不炎熱。故能生焉。

觀英吉利之前沛育新層。知自成白克來合時。至成紅克來合時。其氣候漸寒。至最冷之時。則爲冰期。

荷蘭之克來合層與英地之克來合層爲同時所成因其中俱有林求來殭石及鯨魚之骨故也林求來今地中海尙有生者其形如圖

林求來馱莫的離

又法蘭西亦有克來合層

以大里阿比闌山之石爲第二次石若自其山坡邊向海而行則遇第三次石層爲一帶小山山勢與大山相接故名下阿比闌山其石爲淡黑藍色之麻兒其上爲黃灰砂及石子此層爲前沛育新

於以大里前沛育新層中遇有草木之形迹知是熱地所生如圖

甲爲葉乙爲葉紋之顯大形丙爲子丁爲花實甲比原形小一倍

觀此兩種植物花葉之形與今美里哥所生者大畧相近其子形與悉里耶地方所生者相近惟稍小耳或此兩處之種皆從茲所變歟　又爪哇地方亦有此種樹木其形大不同遇其迹於沛育新中而現今歐羅巴無此植物波斯國裏海地方亦有前沛育新層其質爲灰與砂疊成層其砂層爲半鹹淡水造化其中之螺蛤殭石今裏海中尚有生者其灰層高於海數百尺

陽湖趙宏繪圖

長洲沙英校樣

地學淺釋卷十四目錄

地學淺釋卷十四

英國雷俠兒撰　美國瑪高溫口譯　金匱華蘅芳筆述

此卷論埋育新

埋育新

沛育新之下其層名埋育新埋育新之層又分上下為上埋育新下埋育新今先論上埋育新諸層

法蘭西法倫

上埋育新之在法蘭西者名曰法倫法蘭西之法倫其形署與英吉利之克來合相同故人亦呼之為法蘭西克來

合其層厚五十尺有處在尼斯石之上亦有處在泥石之上亦有處在淡水灰石之上其中之螺蛤殭石有鐵紅色大約鹹水造化者居多亦有土中及淡水中生物又有四足乳哺類之骨名待怒希里恩才强的恩言此獸之形狀可畏也又有大牙獸獨角獸鯨魚等物之骨其形與今所有者不同蓋其種已絕矣

待怒希里恩本强的恩

攷法蘭西克來合中之螺蛤殭石知其生於水中不甚深不比英吉利克來合中之螺蛤生於深海也觀其中動植生物之迹知成此層時氣候較熱以法倫中螺蛤與英克來合中螺蛤比每三百○二種中只有四十二種相同其珊瑚類則四十二種中有七種與英克來合中者相同現今尚生者只有一種　以地中海現生之螺蛤二百八十種與英海中現生之螺蛤六百種相比有一百六十種相同即百分之五十七也所以較英法二克來合中螺蛤相同之數其比例爲四倍雖英地距地中海遠法地距地中海近而英克來合成於前沛育新期法克來合成於上埋

育新期其時有先後之不同故物形亦異
英克來合中之螺蛤類今生於近處之海中者多其已滅
之類亦在歐羅巴見其殭石而法蘭西克來合中之殭石
則反是其螺蛤之類生於今者少即有生者亦在遠海中
不在本處矣因其就熱而南徙之故所以知其時之地形
氣候與今大不相同
法蘭西克來合中之螺殭石與英吉利克來合中之螺殭
石有同爲一物而形式稍異者如法克來合中之伏盧對
其殼厚而重其形短而肥其螺旋之紋角度少英克來合
中之伏盧對其殼輕而薄其形長而瘦其螺旋之紋角度

多如圖。

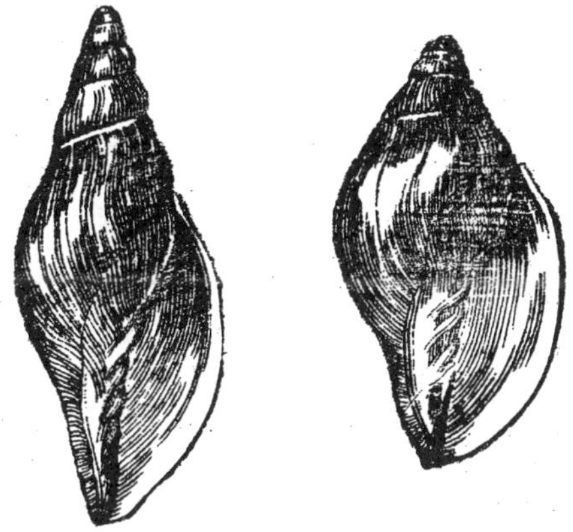

此爲法蘭西克來合中之伏盧對殭石。

此爲英吉利克來合中之伏盧對殭石。

法蘭西淡水灰石爲下埋育新

法蘭西克來合之下。有處有淡水灰石層。其層在埋育新期爲海濱。故有磨圓之灰石子。及蛭孔之石。在克來合中。

想是成克來合時蠹蝕者。其灰石在兩江之間爲一高層。其質爲灰麻兒。是湖水中所成也。灰石中有火石塊成層。又有水草子殼之迹。及淡水中螺蛤。凡相近法蘭西之山。大抵皆是此層灰石也。　淡水灰石之下有鹹水砂石層。此砂石有花紋。其中螺蛤殭石與克來合中者異。砂石層之下有綠泥層。泥中有小蠣殼。綠泥之下有石膏層。此石膏層爲埋育新與瘞育新之交界也。蓋砂石層與綠泥層。爲埋育新之底。而石膏層爲瘞育新之面也。

法蘭西下埋育新

法蘭西之阿勿倫地方。堪泰爾地方。維來地方。此三處均

有埋育新之湖水疊層，

如圖斜劃處爲湖層密點處爲火山石，

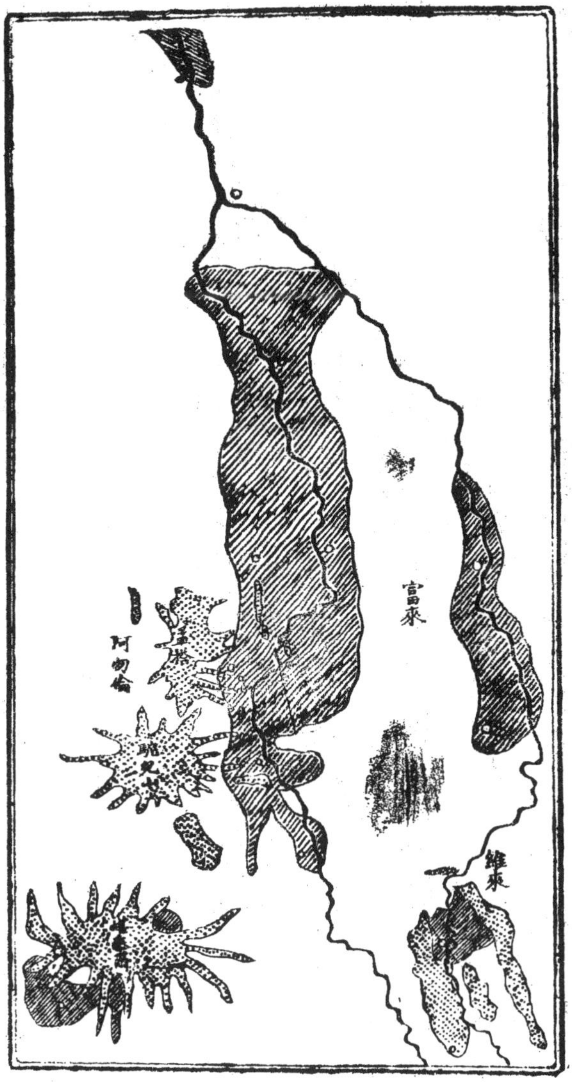

此湖水層有處在合拉尼脫之上有處在二次石之上其近處有火山石大約皆新於湖水層因其石有蓋於湖水層之上故也

阿勿倫地方因古時有火山其地形之變遷甚多湖水變而爲陸地陸地變而爲火山火山吐灰流石噴落遠近後又低而爲湖被水衝蝕而凹其凹處又有火山墳起後又低陷爲湖如是者數次均在瘞育新埋育新二期故每層中所有動植物之形迹各異地學家臆度其古時地形初有一大湖在山下其入湖之江水中流來泥砂沈積於湖底而成麻兒砂層厚數百尺其灰及砂從金水中流來亦

至此沈積而凝故螺蛤龜魚以及水鳥之骨陸地獸骨皆埋於其中此皆埋育新期之物也其後湖水涸而火山出噴吐灰燼積而爲山上生草木此在埋育新期將盡前沛育新之初其生物有象及大牙之獸犀牛大鹿種類皆與今異其骨均埋於火山灰中及火山流石中變成殭石此種獸類已滅之後又生新獸則與今時之形無異蓋阿勿倫之地爲湖水火山造化非成於海底也

阿勿倫之湖水層乃砂及砂石灰麻兒泥灰石層疊相間並無一定次序惟視其近邊之合拉尼脫古石尚可彷彿其湖形

此湖水層大約可分爲四層。一爲粒砂石及合子石其中有紅麻兒及紅砂石。二爲綠白色頁麻兒。三爲魚子灰石。四爲石膏麻兒。

粒砂石及合子石。在古湖之邊。膠結爲石。其石子爲古時近處之山石。如合拉尼脫尼斯枚格昔斯脫巴弗里惟無一點倍素爾及別種火山石。此砂石合子石之層。不能徧滿於湖層。死如其入湖之支港中沈積者。其砂石中之石子。有科子石泥石紅砂石木殭石。有處之砂石與合拉尼脫相連無截然界限。

其紅麻兒及紅砂石。形與英吉利之紅麻兒相同。此石是尼斯與枚格昔斯脫縻碎更結而成其中尚有尼斯枚格昔斯脫之石子及科子之石子所以知從此而來雖此紅砂石中不見有殭石而辨其金石之質亦能知其爲湖水造化蓋阿勿倫之合拉尼脫因碎沕爲細粉則其中之非而斯罷與枚格及霍恆白倫均變爲泥如有炭酸灰合之則成灰麻兒因灰麻兒之質輕故能隨水流至湖中沈積鋪徧於湖底而其未縻碎之石子則因重而不能流遠故祗在湖邊

綠白色頁麻兒其層厚薄不一薄處有七八尺色白而帶

綠其質中灰多其所以成頁之故因水中有無數小蚌雖不里斯之類其殼上年年脫皮其皮沈於水底隔開其麻兒故能成頁因知成此層時湖水波浪恬平此麻兒沈積之時其粗砂石子亦同時於湖邊沈積成層

綠白頁麻兒有處離合拉尼脫甚近此因合拉尼脫之兩邊有水入湖此處不當其流之衝水勢甚靜粗砂石子不至此處故其麻兒與合拉尼脫相接

如圖甲爲合拉尼脫乙爲白麻兒丙爲綠麻兒其層或直或斜如丙如丁

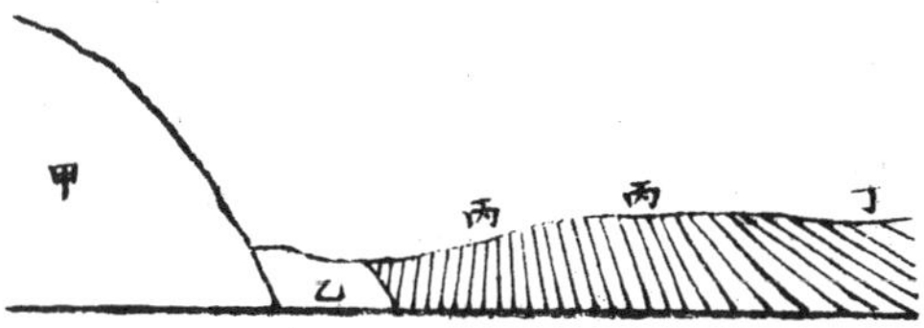

粒砂石與麻兒有處與灰石相接不分界限其灰石有粒如魚子故名魚子灰石又有一種灰石名蟲灰石乃是一種蟲蛻為炭酸灰膠結之而成石蟲灰石在麻兒中或為

層或爲塊其質或爲淨灰或微有砂

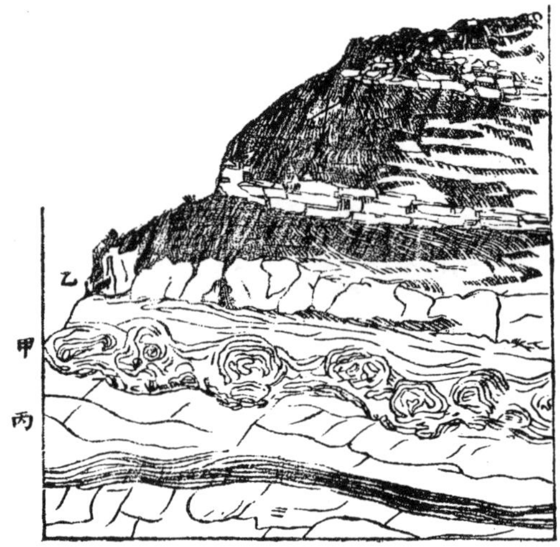

甲爲蟲灰石　乙丙皆爲麻兒

此蟲名弗來呆尼耶其形畧如蠶今亦有之每於池塘中見其死者其身上有小螺如潑來奴比斯之類攢集而食

之想當時阿勿倫湖水中浮此蟲甚多又有剖盧提那等螺攢食之其後沈而爲殭石其蟲身變爲空管徑十二分寸之一其蟲如此小而能積成六尺厚之石可見其蟲之多此當是水中流來也

丙爲今見之蟲甲爲蟲殭石乙爲剖盧提那殭石

阿勿倫湖層中綠白麻兒之下爲石膏麻兒厚約五十尺

此阿勿倫之湖水層其層累之法若但觀一處不能知之因有處粒砂石與麻兒灰石相間積疊故也其實粒砂石只在湖邊而白綠頁麻兒在湖心其灰石層大約比砂石及麻兒新故砂石及麻兒之上面皆有灰石亦從未見其灰石之上更有砂石及綠白麻兒其灰石之灰諒自泉水中來今其處之泉水中亦有灰

想此古湖層沈積之時其火山尚未出所以湖層中之石子無火山石迨砂石麻兒層積厚之後方有火山出焉其火山流石火山灰積成層而與灰石相間想此時熱水中消化之金石比前更多所以有炭酸灰硫酸灰夕里開後

其地升高而湖水涸則成陸地。

阿勿倫湖層之理可舉一近事以明之。如美里哥有大湖四周均有水道歸之。其沈積之泥砂石子。亦粗者近邊細者鋪滿湖心。如此處忽有火山吐燼則其湖層與火山灰亦相間成層。而其熱水中亦必有消化之金石。如古湖層之質。

阿勿倫湖水層雖畧近平行。然亦稍有不平之處。所以知其地形時有變遷也。其東西南三面均有合拉尼脫爲湖邊。其北面稍低於古。

阿勿倫湖層之石。其老者因中無生物之迹。不能知其何

期大約爲瘗育新期所成其上層稍新之石中有生物形迹故知爲下埋育新已得其乳哺類殭石一百餘種又有鱷魚龜蛇等物之骨

堪泰爾之下埋育新層與阿勿倫湖層不同其灰石麻兒中砂較多其下層之石子砂泥究如合拉尼脫昔斯脫等石碎下之層其上層爲砂灰麻兒亦有石膏砂灰石

堪泰爾淡水砂灰石其中亦有火石之塊故驟視之畧如英吉利之茶而刻其金石之質亦畧相同故但觀其金石之質不能定其時代

堪泰爾淡水層中砂灰石火石塊何以如此多諒因其地

久有火山、其熱水中消化之金石甚多、故凝結者亦多、譬如今之冰地火山、熱泉中、有消化之夕里開、又如汽爐之熱水中、能微消化科子、蓋夕里開消化於熱泉中、遇冷則凝爲火石。

堪泰爾之白灰石及火石塊、人若未之深究、必以爲卽歐羅巴之茶而刻、因其金石之質相同故也、若細攷其中之殭石、則灰石中有潑來奴比斯等類、爲淡水中生物、而火石塊中、又有扯拉草子形迹、亦爲淡水中生物、不比茶而刻中、有海中生物殭石、其火石塊中、有海棉、爲鹹水生物也。

堪泰爾之頁麻兒有沈積極遲之據其灰砂麻兒層其有六十尺厚而其每頁之厚只有三十分寸之一其每頁中印有扯拉草及淡水中生物形迹每積頁至一寸半厚其石之形色質性稍異有處中有火山灰厚寸許間之或有泥及白麻兒間之試思其每頁之間有無數草木生物而其頁積成如此厚須幾何年又試思其火山灰火山流石不知幾何年始一發而亦與此麻兒層間積壘則其年必甚久遠矣蓋其山雖高其層雖厚亦不過火山中所出之灰砂與水中所沈之泥砂於無限久遠時中積成如此厚耳

法蘭西南方埋育新

法蘭西之南方亦有埋育新之疊層其上層海陸相間亦有半鹹淡層而無淡水層其下層爲下埋育新下埋育新層中殭石其形與上埋育新者稍異因歷時甚久其生物之形必漸變故也

法蘭西劈立尼山之坡有上埋育新之層其中殭石有大獸大牙獸又有四手類生物之骨此歐羅巴熊類之最古者也遇之於淡水灰石砂麻兒中此熊體大如人能上樹食果其牙骸骨比猴類更近於人如今之狒狒類其頭骨亦圓其噬牙亦小其肋骨亦十二皆與人同而他種食肉

之四手類則有十三肋骨者

比里阦荷蘭普魯斯

荷蘭上埋育新層中殭石與英吉利哀幾地方之殭石同所以知爲同時所成

普魯斯近京之地有泥石層厚四十尺淡藍色可用以作屋背其中有里特殭石故知爲下埋育新

比里阦上埋育新層中有螺殭石名窩里凡都弗累斯其下埋育新層中有蛤殭石名里特提雖亦西那此爲上下埋育新之別

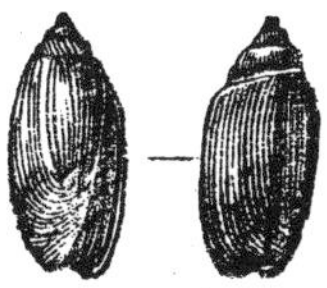

窩里凡都弗累斯

里特提雖亦西那

比里朕國近都有灰砂層中有牛牟來脫殭石故疑爲上瘞育新而又有雖里那西立雖恩立蘇見夸比來等物之殭石則與英吉利下埋育新之殭石同

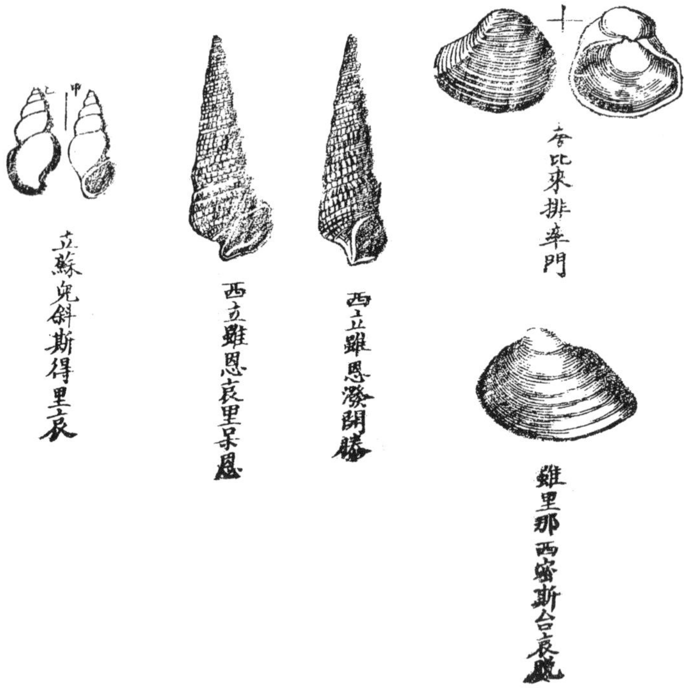
考比來排卒門
雖里那西密斯台哀彪
西立雖恩潑開滕
西立雖恩哀里呆恩
甲
乙
立蘇兒斜斯得里哀

英吉利下埋育新

英吉利有下埋育新之層厚一百七十尺其中殭石甚多其上層爲鹹水砂泥層此層中有伏盧對殭石夸比來殭石雖里那殭石西立雖恩殭石凡遇伏盧對殭石必在下埋育新若夸比來則塍育新亦有之

其鹹水砂泥層之下爲淡水麻兒層煤炭層泥層其中有西立雖恩立蘇兒皆半鹹淡水中殭石也又有淡水殭石剖盧提那潑來奴比斯由尼由立母尼耶等物

剖盧提那倫對

其下爲中淡水麻兒層，其中有彌立尼耶殭石、剖盧提那殭石、雖不里斯殭石、雖里那殭石、西立雖恩殭石。其最下爲下淡水麻兒層，中有彌立尼耶殭石、立蘇兒殭石，又有猪類之骨及數種草木形迹。

英吉利之南有泥層，中多木殭石，其四周皆有合拉尼脫。其泥層之下，有下埋育新層，厚三百尺，中有二十六層木石泥砂相間，其下則爲鐵科子砂二十七尺厚，再下則又有木石泥砂相間四十五層，其中無螺蛤殭石。此處之木殭石，其有十四層，有一層爲松樹之類，又有無花果橡櫟之屬。

普魯斯奧地里以大里希臘。

普魯斯之埋育新麻兒灰石層厚十五尺至三十尺其中滿剖盧提那殭石。

剖盧提那

奧地里之上埋育新層中有希力克斯殭石最多又有安非斯的其那殭石又有草木形迹甚多其下埋育新中有蟲類殭石甚多如白蟻蜻蛉促織蝴蝶等類此皆輭而易爛之蟲亦能變爲殭石亦奇矣哉

以大里之埋育新與他處者畧同希臘亦有上埋育新攷

其地今爲高山深海者在埋育新時皆爲平原亦觀其殭

安非斯的其那

悉末里那

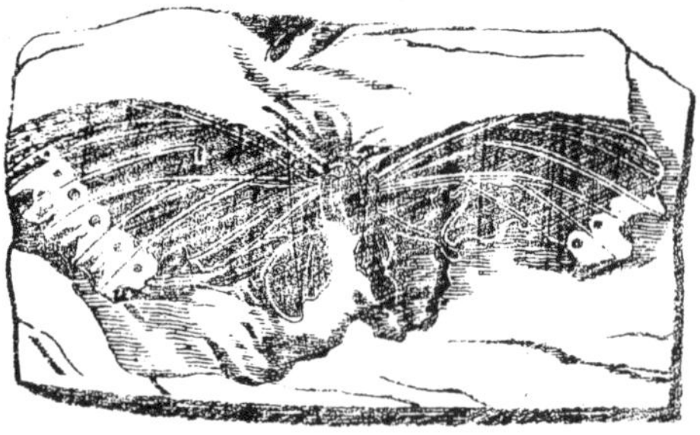

之納斯發羅都

石而知之。

陽湖趙宏繪圖

長洲沙英校樣

地學淺釋卷十五目錄

地學淺釋卷十五

英國雷俠兒撰　美國瑪高温口譯　金匱華蘅芳筆述

此卷仍論埋育新

瑞西埋育新

歐羅巴之埋育新以法蘭西克來合爲王而法蘭西克來合中殭石只有動物而無植物惟瑞西之埋育新層則中有草木之形迹甚多曾有人作一書專論其草木之形有九百餘種前此植物家不信草木殭石及見其書則咸信之其分別草木之法以顯微鏡視其莖葉花果之迹而分

別之爲某種某類

瑞西阿兒不斯山與求拉山之間有鬆層其中層爲鹹水層其上下之層爲淡水層上層中層與法蘭西之克來合畧同故爲上埋育新其下層爲下埋育新

其上淡水層爲薄頁之麻兒灰石諒其沉積於湖中甚遲其層之寬廣約三十里於取石之處見此層中又分二十一小層最上厚七尺爲藍麻兒此麻兒中無殭石其下爲灰石中有數種草木枝葉之形及數種蟲殭石又有大牙獸骨其下一層中有魚及蜻蛉之形又有榆樹之葉再下一層中有龜魚及淡水螺蛤又有水草之形再下則有狐

類獸骨再下有乳哺類及蛇又有楓樹核桃之迹下至第十九小層亦有蟲魚草木形最下亦爲藍麻兒於又一取石處見其灰石有十一小層中有木殭石甚多又有數寸厚之層分之其頁薄如紙映日視之皆有蟲形如生其下亦爲藍麻兒再下爲黃麻兒三十尺厚

此種灰石層其沈積之時極遲雖其層不甚厚而觀其中所載生物形迹能知上埋有新期中九百餘種草木及其蟲類之形諒其時江水入湖浮有飛蟲木葉等物沈積於湖底又因湖水中有炭酸灰所以生物之形沈埋凝結於其中觀其每頁中草木之葉可分別其四時如於一頁中

見某草之葉方芽又於上頁見其花又於上頁見其子則可知某草之葉若何花若何子若何又如見某蟲在某草某花之間亦可知其四時其頁之薄每二寸厚可分二百五十頁

普度過尼恩
奴里衣

如圖爲普度過尼恩之形甲爲枝間已有花其時尚無葉乙爲其葉及子圖得原形二分之一

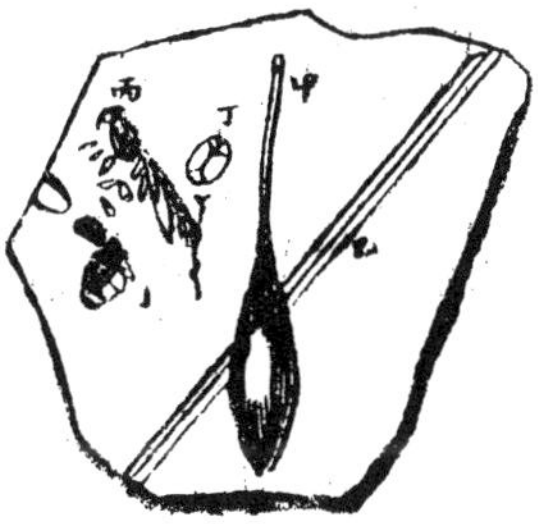

此圖爲普度過尼恩之子，與一飛蟲，甲爲子，乙爲草葉，丙爲飛蟲，丁爲甲蟲之不全者，

蓋端西古湖之四邊，皆有普度過尼恩之樹，其樹爲楊柳之類，其花時尚未有葉，其有葉之時已結子，其有子之時已有飛蟲，所以知其花開在春，子結於夏，

上埋有新期之樹，木除柳類之外，又有楓樹之類十九種，

楓樹西名愛斯爾茲，釋其數種如圖，

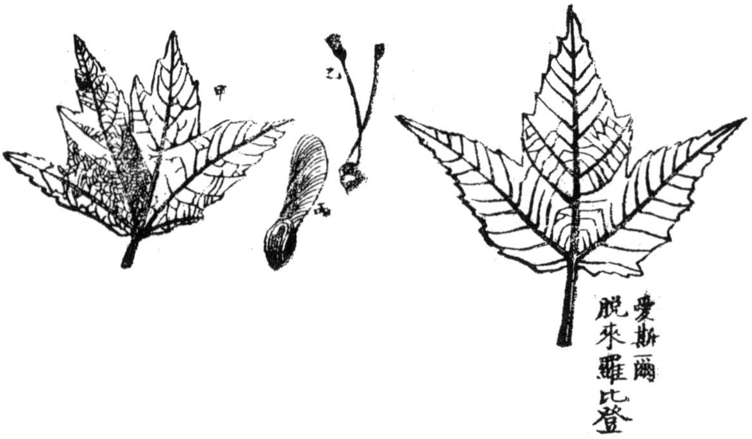

其葉為三叉形圖得原形二分之一

此亦為愛斯爾脫來羅比登甲為其葉不合理故有四大叉二小叉，乙為花及莖，丙為子苞，

潑來對搽斯

此爲今時紅愛斯爾之形
甲爲子苞，乙爲抱花之葉，
丙爲花。

此與今美里哥所有者畧同
甲爲葉，乙爲子苞，丙
爲子。圖得原形三分之一。

悉立磨萌

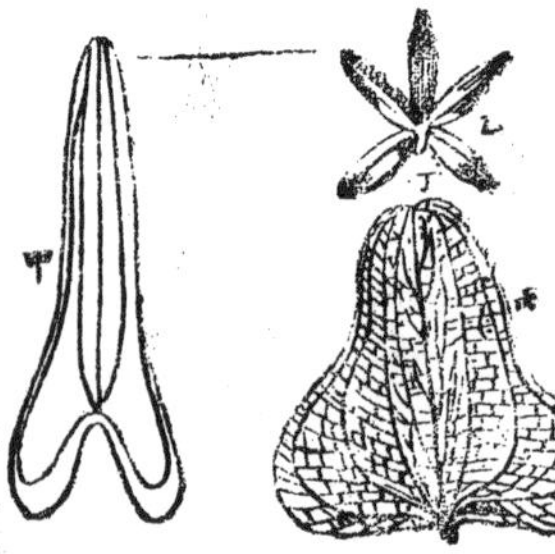

斯美來克斯

此卽肉桂之類也，甲爲葉，乙爲花，丙爲子，丁爲今之子，其蒂較古爲大。

甲爲葉，乙爲花，丁處缺去一瓣，丙爲又一種之葉。

喝幾耶

舍立別多斯脫羅孛斯

此爲喝幾耶之形，甲爲葉，乙爲子苞，丙爲子，丁爲今荷蘭所生者，戊爲今之子，

此柏樹之類也圖爲其子葉之形，

法蘭西克來合中有大牙獸骨瑞西鬆層中亦有大牙獸骨所以定此層為上埋育新期

瑞西埋育新層中草木形迹與今美里哥所生之草木大半相合與歐羅巴所生者次之亞細亞者又次之亞非里加又次之與新荷蘭合者最少

觀瑞西上埋育新層中草木昆蟲之迹知其時氣候溫暖惟尚不如下埋育新之熱亦不如今美里哥南之熱已攷知其中之蟲類有一千三百二十二種凡今時所有之蟲類大約當時皆有之其蝕木之蟲比今多其樹木亦比今多

此爲一種飛蟲之殭石

瑞西下埋育新

瑞西之下埋育新皆淡水造化其上層爲砂麻兒下層爲合子石其合子石有處厚二千尺有處厚七千尺想其處古時有入湖之江其湖底之地漸低故石子積久而極深至低而爲海故其上有鹹水層蓋之此處地形漸低之故

前人未能解之，其合子石之石子，有尼斯，有巴弗里，有合拉尼脫，令其近處之阿兒不斯山無此種石，諒當時必有此石之山高千餘尺，皆已糜碎矣。

瑞西之下埋有新層，中草木形迹甚多，與今北美里哥之草木有相似者，如圖。

羅來高田奈樹
剖盧過開西奈

胡得胡而提那
落師居來哀那

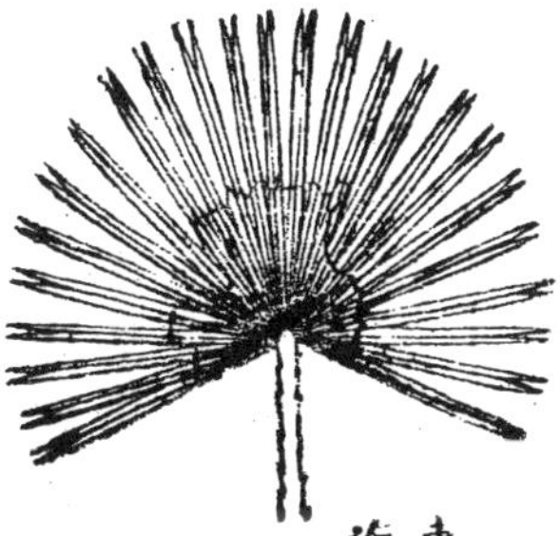

車彌落不斯
海兒勿對爾

雕拔爾海其

甲爲枝葉之形、乙爲葉之顯大形、其葉背有胞、

此皆椶櫚之類也、

此喝殘耶之類也甲得原形三分之一乙爲顯大之形

此亦潑羅多西耶之別種也潑羅多西耶惟埋育新有之喝殘耶今亞非利加最多

西卦耶蘭度非

甲爲枝葉。乙爲子苞。

圖得原形二分之一。

普魯斯褐碟層中。亦有此種形迹。

此爲美里哥西卦殭石。

甲爲枝葉。乙爲葉背顯大之形。丙爲雄花。丁爲子房。戊爲子。

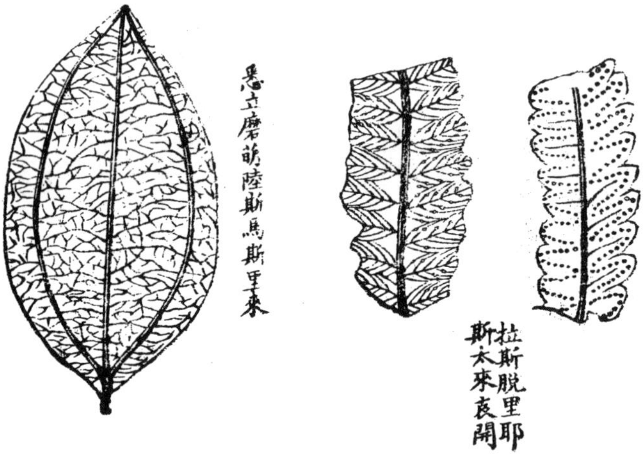

圖得原形二分之一

此爲肉桂之屬凡肉桂之葉最易識別因葉背之筋有三箇總管故也

此爲橡樹之類，

此爲楓樹之類其葉上有泡乙爲泡之顯大形

觀瑞西埋育新層中草木知古時歐羅巴之草木與今美里哥之草木其種類大畧相同有人疑曷得闊對海當時爲陸地自歐羅巴至美里哥叢木茂草之區相接或有人言其陸地自亞細亞過北冰海至北美里哥此皆臆度之辭惟瑞西埋育新之草木其形迹相同之處東以地中海爲界西以日本爲界連爲一片而亞細亞之地形在埋育新期變動甚多

天竺上埋育新

希美來耶山之南有山高二千尺爲泥麻兒斜層其麻兒砂石中有乳哺類蛇類淡水螺蛤等殭石其比例之數與

法蘭西之克來合同所以亦爲上埋育新於此山之高處得駝鳥之骨知當時曾爲平原又有大龜之殼長十八尺高七尺

美里哥埋育新

從阿里恰逆山至海邊有灰砂麻兒層其南與壢育新之層相接此灰砂麻兒層與英之克來合相同諒是埋育新期至前沛育新期所成之層也其中得一百四十種螺蛤殭石與今生者比較有六分之一相同與歐羅巴者有十三種相同其珊瑚之類與今之生者相似知當時氣候比今地中海熱惟其熱尚不如法蘭西之埋育新期

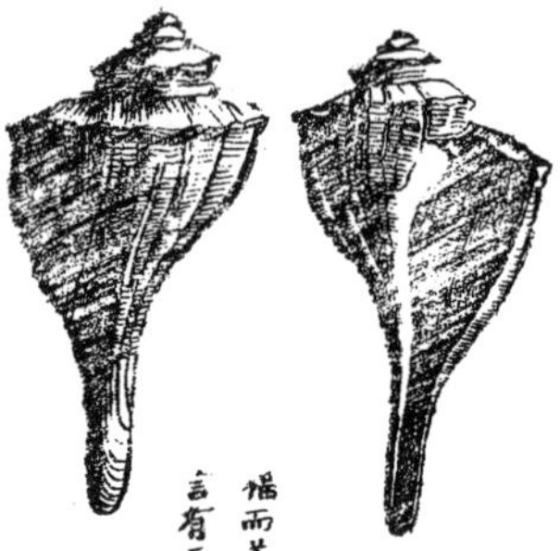

福而盖堪那力來拉搭斯
言有長口如河也

番李斯可得來可斯尌得甚
言口有四釘也

哀斯得開迦叢
立尼哀虎

北美里哥有白灰石麻兒砂泥層爲下埋育新其中有淡水殭石此層比法京之石膏層新

陽湖趙宏繪圖

長洲沙英校樣

地學淺釋卷十六目錄

地學淺釋卷十六

英國雷俠兒撰
美國瑪高溫口譯
金匱華蘅芳筆述

此卷論瘞育新

埋育新之下爲瘞育新如圖甲爲英吉利乙爲法蘭西丙爲荷蘭斜畫處爲瘞育新密點處爲古於提符尼安之鎔結石空白處爲提符尼安老紅砂石茶而刻

英吉利上瘞育新

英吉利之爲脱烏其上層一百七十尺爲下埋育新其下七百尺爲上瘞育新其下三百五十尺至五百尺爲中瘞育新其下一百尺爲下瘞育新

其上瘞育新之第一層爲麻兒泥石灰石相間或成於淡水或成於鹹水或成於半鹹淡水故大層中又分小層有上麻兒下麻兒綠麻兒黃灰石白灰石含兒麻兒諸層其中之殭石有剖盧提那倫對最多此種生物惟下埋育新期及上瘞育新期有之又有他種螺類殭石草子獸骨等殭石其形如圖

彌立尼耶土累的雞每

脫來可尼克斯
蓋骨殼也

蒲里末斯
以立別待過斯
圖得二分之一

希刀克斯
恐克羅雖

剖盧提耶哇別求來勒斯

莢來奴比斯迭斯葛斯

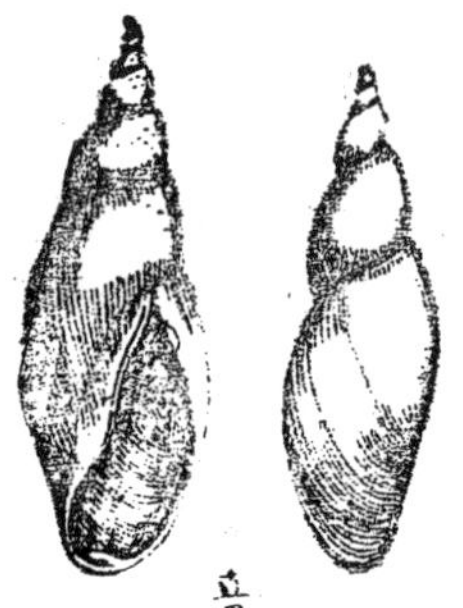

立母尼耶邪其斯盖台

杜杜圭孛爾表蒙塔
草子也

長奴不羅西里恩
康牟能
獸之下牙

其第二層爲半鹹淡水中所成其中有海草及剖盧提那殭石亦有扯拉草子其石有波浪紋

剖利何西里恩昧葛能

其第三層上下俱爲淡水層而中間有鹹水及半鹹淡水層於其淡水層中遇潑來奴比斯由益非拉斯知爲半鹹淡水中之生物又有他種螺類殭石如博帶美地及希力克斯等類如圖

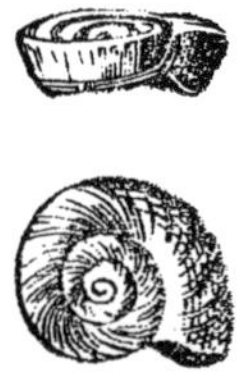

潑來奴比斯
由益非拉斯
圖得二分之一

立毋尼耶
可待脫

奈立的那
康開之

西力雖恩
康開文

布力克斯來倍里脫來蓋

綠白麻兒及灰石其金石之質皆如法蘭西之瘞育新諒是同時中一片沈積也其中有西力雖恩潑開滕殭石故又似上埋育新

其第四層砂石中有車麻斯貴母撒殭石泥中遇每脫拉斯蓋別爾等殭石如圖

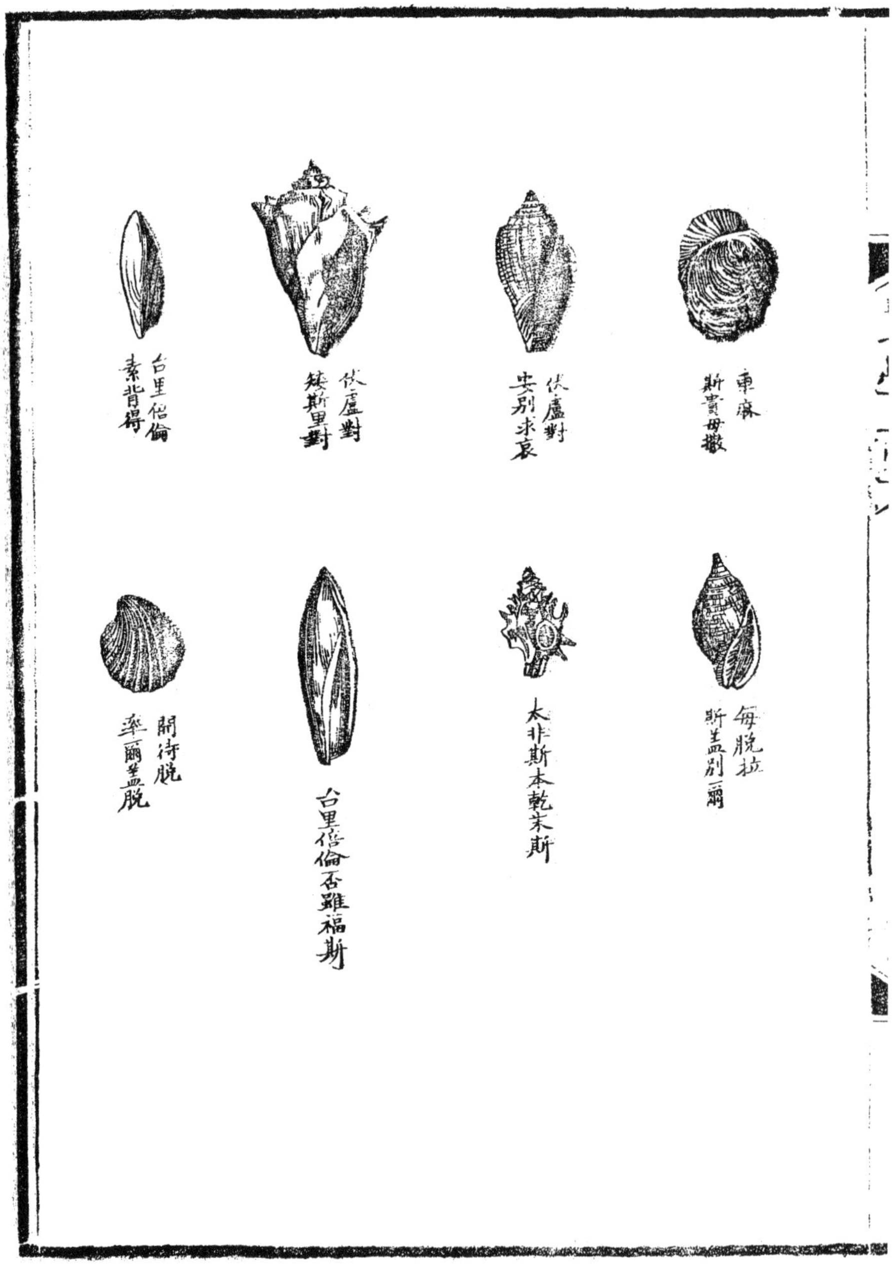
東麻斯賣母撒
伏盧對安別求哀
伏盧對棱斯里對
台里倍倫素背得
每脱拉斯盖别爾
太非斯本乾末斯
台里倍倫否雖福斯
開待脱傘爾盖脱

英吉利中瘞育新

英吉利上瘞育新之下有砂層爲中瘞育新其上下爲淡黃色砂層中間爲暗綠色之砂及黑泥層皆在倫敦泥層之上

此處中瘞育新層中之草木形迹畧與今新荷蘭草木之形相同其螺蛤殭石有伏盧對及勿尼來卡提恩又有海蛇之骨海魚鬐骨等類如圖

勿尼來開提恩
潑里奈可使登

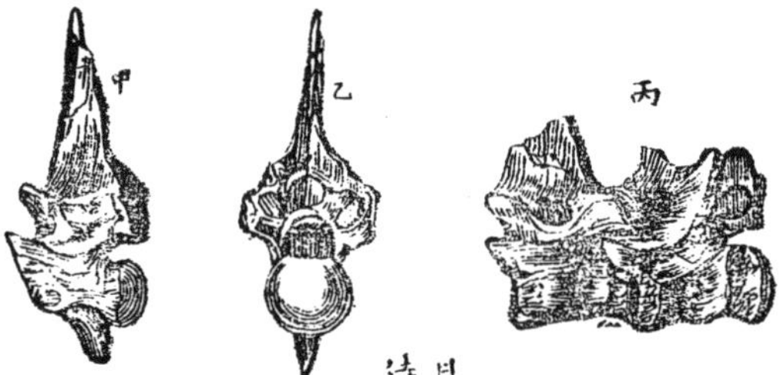

貝來阿非斯
待富以約斯

培里斯的繑

須里阿背的斯
美突大爲突雖

牟辛來脫
星孔蓋脫

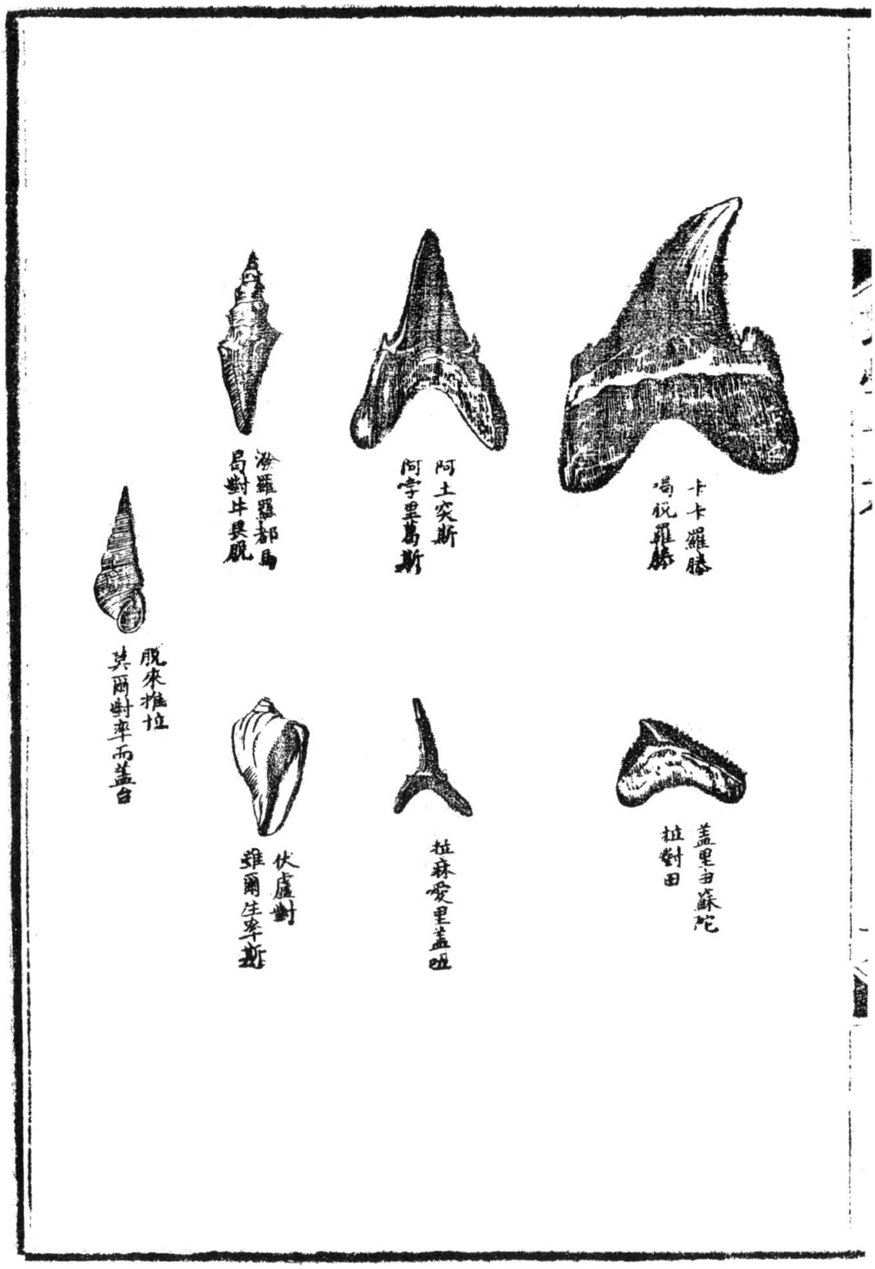

卡卡羅滕
喝祝羅滕
阿土突斯
阿孛里葛斯
滄羅羅都馬
邑對牛畏觥
觥來推拉
共爾對率而蓋台
蓋里由蘇陀
拉對田
拉麻愛里蓋呾
伏盧對
雖爾生率斯

十

羅西那西來對

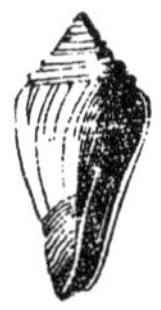

果未斯
提潑爾對的斯

英吉利下瘞育新

英吉利之下瘞育新，卽倫敦泥。其泥色藍而靭，有處在茶而刻之上，故爲瘞育新最下之層。其中有殭石甚多。

奈布待的斯
伊力別的蓋斯

如圖爲蕉果類之殭石，此種蕉果今惟南海之地有之。

伏盧對
奴陀雖

富勒斯
昌克斯登撒斯

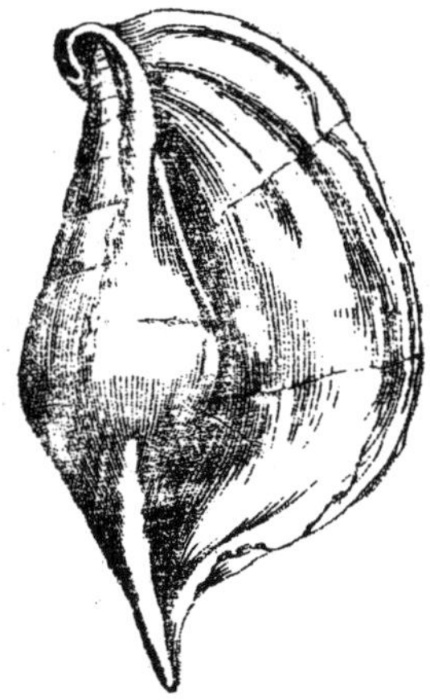

落斯得里耶海發來
圖得三分之一

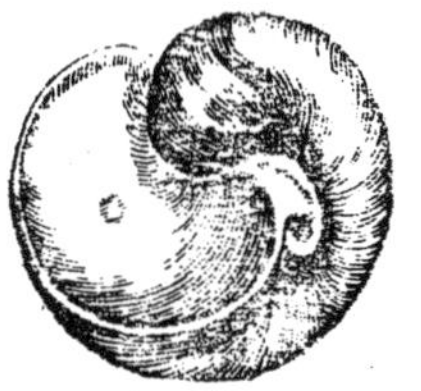

奴待立斯
生脫來立斯

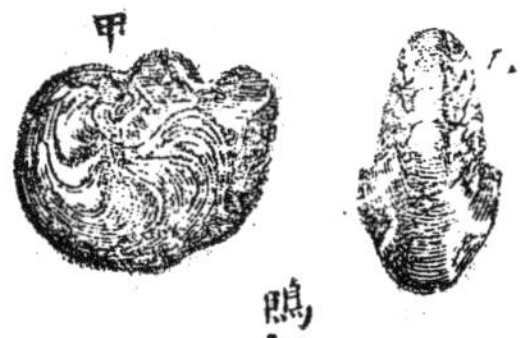

鵙邱里耶絶克斯愛脱

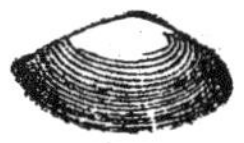

里特袁彌突來迭斯

克里必都勝
安求立登

比羅西比耶
西扑提耶

袁斯奪羅斯必登
克里斯背得斯

待突耳非

蝙蝠齒

海來戈西里恩

此為顯大之形

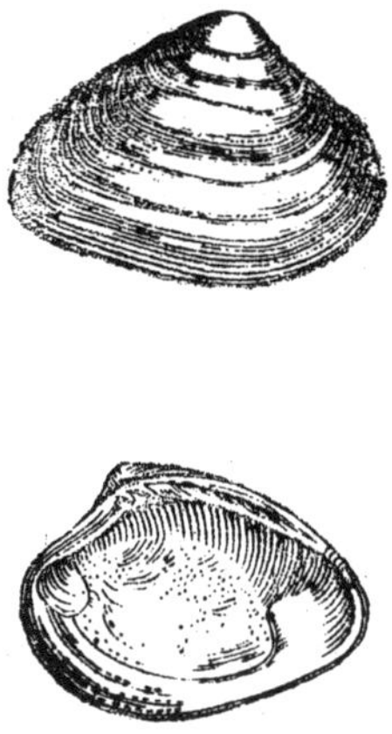

此兩種爲半鹹淡水中生物

法蘭西瘞青新

法蘭西之巴黎斯有瘞育新疊層其層鹹淡相間在茶而刻之凹處如物之在器皿中故亦謂之皿其地東西二百七十里南北五百四十里

其上瘞育新第一層爲石膏麻兒第二層爲砂灰石第三層爲砂其中瘞育新爲大灰石螺蛤殭石層其下瘞育新第一層爲藍泥第二層爲輭泥第三層爲砂

其石膏麻兒有石膏在麻兒中結成塊形此層之殭石有土中淡水中螺蛤及禽鳥蛇魚等骨又有欆椙類之葉其乳哺類獸骨皆完全宛似全身沈於水即時埋沒者其螺

蛤之類皆輕而能浮游於水面者居多想古時有一江流入湖其湖中有硫酸灰故結爲石膏也　如今之昔斯里江水中亦有硫酸灰　今爪哇洲亦有小江從火山處來流至海其水色白如乳中有硫磺　今美里哥北亦有水從火山七百五十尺高處流下土人謂之酸江其水中有硫酸綠輕酸及養氣鐵此種水流入海海中之物皆畏而避之故其中無鹹水內生物

此石膏麻兒層中無小石子及砂其中獸骨殭石有食肉之獸腹袋之獸及有翼之蛇又有鳥骨十餘種皆今之所無其魚蛇之類亦與今異

石膏麻兒層中四足乳哺類殭石皆獸之生於沮澤者有食草之獸名絶夫滕葛來西耳譯言文獸也謂其獸無爪牙蹄角不能與他獸爭鬥也如圖

絶夫滕葛來西耳

西歷紀歲一千八百年間有博物士名九微埃者始攷法蘭西石膏層中之獸殭石見其一骨即可知其爲某獸之

骨其議論以爲萬物之生皆各有種類惟天時地理水土氣候古今各有不同故其物有時繁盛有時衰微有時絕滅故古今之獸形狀種類不同

石膏層中又有數種獸類之足迹印在石膏麻兒之上想其石膏凝而未硬之時其上已有一層薄麻兒故走獸過之印成足迹也獸迹之外又有水陸之鼉鱷魚大蟾蜍大鳥等足迹諒其處是古時湖濱沮澤之地爲鳥獸之淵藪其食肉之獸能食他獸故絕大膝之骨每有嚼碎之形觀此石膏麻兒層中殭石可知當時生物之繁盛今所攷知者不及其千百分之一耳

法蘭西之瘞育新、與英吉利之瘞育新、今雖以爲同時所成、其實或尚相去數萬年、亦未可知、譬如天上之星、自人視之遠近如一、其實不知相去幾何也、

其砂灰石之形、如金水中凝結而成、其石之紋理屈曲宛轉、其中殭石甚少、間遇有淡水中生物、絕無一鹹水中生物、諒是火山金泉所造化也、

其第三爲砂層、其中有海中螺蛤殭石、及平螺殭石、

法蘭西之中瘞育新、上層爲結實之脆灰石、及緜麻兒、其中有西里雖恩剖盧提那、及乳哺類、蛇類等殭石、其粗砂石變至下層爲砂、其殭石均在磨碎之蚌殼粉及灰砂中、

有土中者淡水中者鹹水中者想其地本為海故鹹水中螺蛤生焉其他種則是江水中流來之物也因西里雖恩每生於半鹹淡水中故知其地是當時海灣

法蘭西之大灰石堅固可作房屋其石雖一細粒石屑以顯微鏡視之亦為螺蛤之類如圖

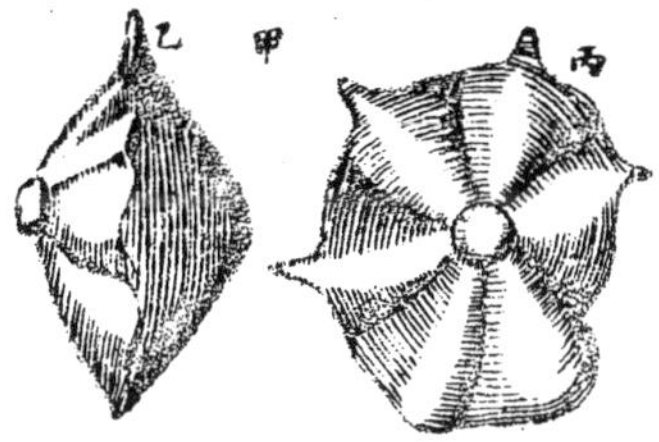

卡虬開里那來立斯比那

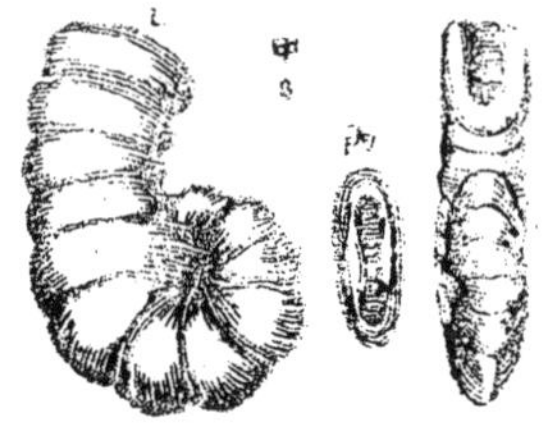

斯背羅里那
斯尉奴斯都馬

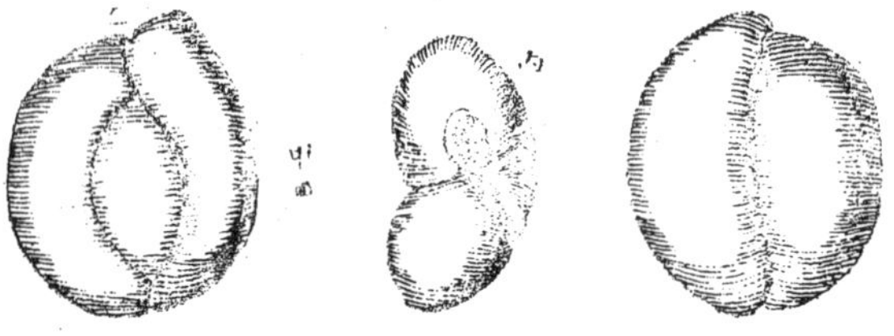

推羅來里那
音弗來登

甲一

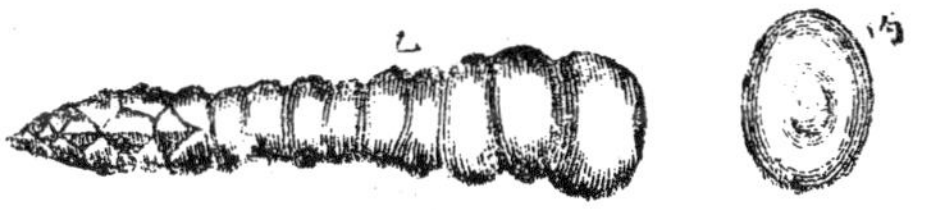

克來浮里那
未由盖脈

因此種灰石從未遇之於克來合及上埋育新所以此種灰石可爲瘞育新之表記其中亦有絶夫滕之骨故知灰石沈積之時已有此獸其大灰石之下層以平旋螺爲表記

大灰石之下爲螺蛤灰石層甚厚其中得殭石三百餘種最多者爲尼來脫可奴提耶及卡提恩如圖

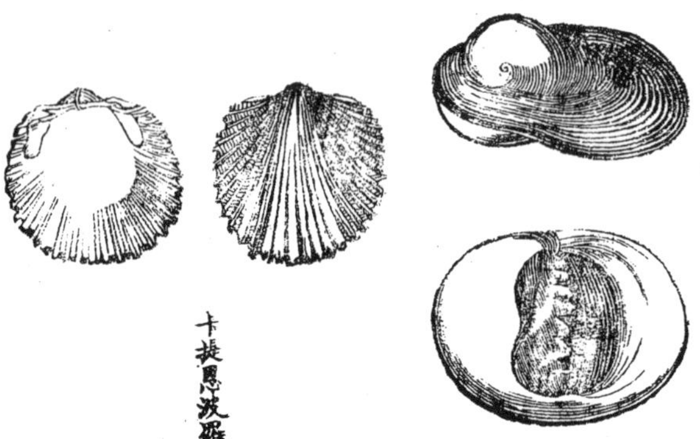

尼來脫可奴提耶

卡提恩波羅羅生

此物之生處甚廣自歐羅巴至天竺皆有其殭石

卡提恩之在他層者大小與此異

法蘭西之下瘞育新爲軟泥層及砂層其中殭石有蠣殼及雖里那彌立尼耶又有木殭石其下有一層合子石其石子之質爲火山石或有稜角或磨圓有夕里開膠結之其中得大鳥足骨此鳥骨之僅見者也

又其砂層中得熊類之頭骨昔人以此爲最古之乳哺生物

又有一種平旋之螺西名牛牟來脫言其形平圓如錢也亦謂之錢石

此種牛牟來脫殭石歐羅巴亞細亞皆有之其形有三等可分下瘞育新爲三層上層者其形小中層者大而多下

層者小而尖　此種殭石阿兒不斯山灰石厚層中亦有之攷歐羅巴亞細亞亞非里加之第三迹層均以牛牟來脫殭石為最要其所在之層數千尺厚從阿兒不斯山至歐羅巴之東亞非里加之北皆有之其殭石之形如圖

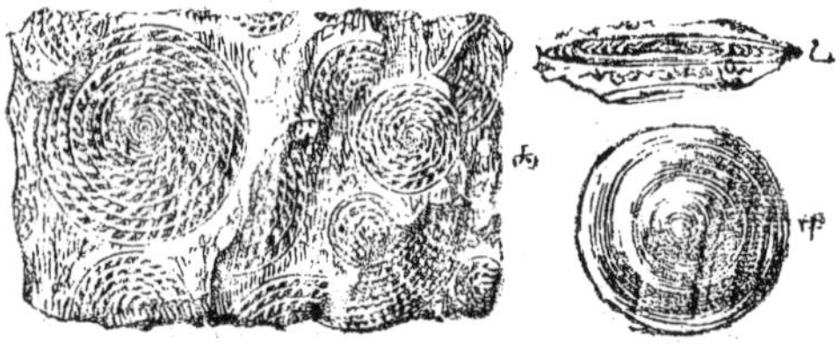

牛牟來脫普雖

牛牟來脫袁克斯波能斯

觀錢螺殭石可定見瘮育新期自阿兒不斯山至亞細亞當中瘮育新期其地俱爲海其螺爲海中生物及海變爲陸時歐羅巴之西已有數種四足厚皮食草之獸及腹袋獸自此之後火山之變甚多故阿兒不斯山之半牟來脫灰石層變爲結成之灰石枚格尼斯科子

美里哥瘮育新

北美里哥有瘮育新之大層在海邊其中已得殭石四百餘種大半與歐羅巴瘮育新之殭石合諒是與法蘭西大灰石同時所成其瘮育新層之形如圖

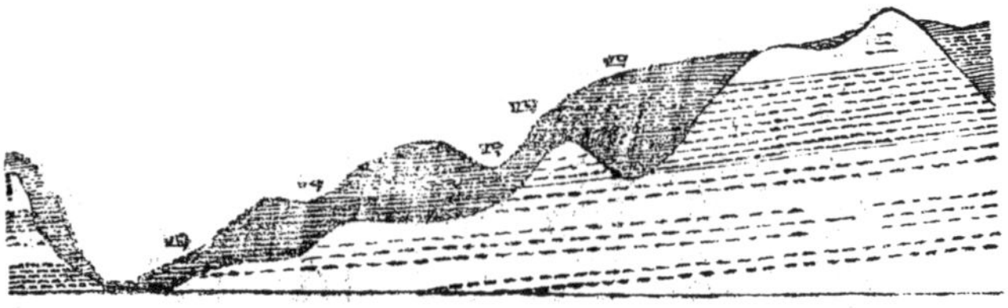

一爲砂麻兒，二爲泐爛之白灰石，三爲錢螺灰石，四爲無殭石之泥砂層，虛線處爲江。

此一、二、三層皆爲瘞育新。

其砂麻兒之層厚一百尺，其中殭石如勿尼來卡提恩倍里斯的待皆與他處之瘞育新同。

其白灰石之層有處鬆如砂有處硬如石此層中殭石鯨魚之骨最多有七十尺長者

初得此鯨骨殭石時人皆以爲蛇骨後有博物之士名阿恆者辨別其殭石見其齒有雙根與蛇齒不類故知其爲鯨

助苟羅滕西多迭斯

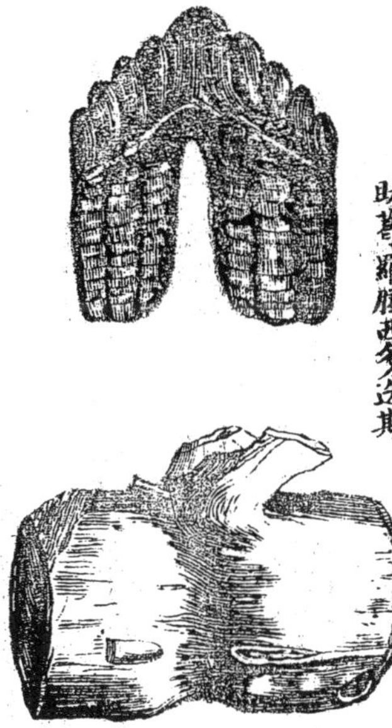

上圖爲鯨魚之齒

下圖爲鯨魚脊骨

其第三層之有錢螺殭石者，亦爲白灰石，其灰石輙如白茶而刻，夫茶而刻爲殭石，朽爛而成此白灰石，亦然，其中草木形迹，僅見松類而已。灰石上之砂泥層，至今未能定其爲何層，因尚未遇見其中之殭石故也。又南美里哥有磨石層，觀其中之殭石，知是下瘞育新，其層與科子砂、紅壚埆相間。

陽湖趙宏繪圖

長洲沙英校字

地學淺釋卷十七目錄

上克里兒書期殭石

上綠砂

夸而脫

上克里兒書期草木

翕比爾來脫灰石

美里哥上克里兒書

地學淺釋卷十七

英國雷俠兒撰　美國瑪高温口譯
金匱華蘅芳筆述

此卷論第二迹層克里兌書

克里兌書

在歐羅巴遇一種白色之土其名曰茶而刻此爲第二迹層最上之層此層中所有殭石與第三迹層者絕然各異所以地學家謂無窮世界中有無窮生物蓋克里兌書中之殭石與瘞育新之殭石異亦猶瘞育新之殭石異於沛育新之殭石也

與瘞育新交界之層

有數處遇小塊之土層，在白茶而刻之上，倫敦泥之下，此種土層，雖無大塊，地學家亦不能置之不論，因此零星小塊之層，在瘞育新克里兌書之間，故不能不先論及之。如太尼之砂，比里朕之闌地尼法蘭西之別蘇來脫，皆在此零星小塊之律。

比里朕之闌地尼地方，有綠色之土，名合羅過奈脫，此土可以至宮室，其中有夫來度彌耶殭石，不甚多，其形與太尼砂中者同，惟其哀斯大的殭石，則與他層不同。

有別處之麻兒及合羅過奈脫，較比里朕者爲古，有人謂

此上即茶而刻之類然其中之殭石大來度彌耶比茶而刻之殭石新而絕無茶而刻內之殭石所以定此爲第三迹層之下

法蘭西別蘇來脫灰石

地學家攷法蘭西之別蘇來脫灰石比太尼之砂蘭地尼之土更覺不合於理其黃白色灰石層之寬廣東西四百里南北三百里厚一百尺在茶而刻之上其面不與茶而刻平行昔人以爲是克里兒書期中所成其被水破碎時尚在瘞育新之前

有人以其中五十四種殭石攷之以爲當是第三迹層非

第二迹層又有人見其中有必克登殭石爲第二迹層中之殭石又定別蘇來脫爲克里兒書之上層又有人因其中有奴的來斯待迷葛斯殭石而從未遇哀末奈脫海每脫拔九來的斯釜廢脫土累來的斯海剖來的斯等類茶而刻中之殭石所以定之爲第二第三之間

觀合羅過奈脫及別蘇來脫知白茶而刻之後有石層爲水蝕所餘恐第二迹層第三迹層之間本尚有多少石層皆已被水蝕去也

以上論瘞育新之下克里兒書之上有零星石層以下方論克里兒書

克里兌書分層之法

地學家大約分克里兌書為上下二總層。總層中又有分層。其分層之法，或因各有其本層之殭石，或因其合質不同。

上克里兌書。

一為美斯迭克。　二為白茶而刻。

三為茶而刻麻兒或灰茶而刻。

四為上綠砂。其中每有小石子或綠麻兒。

五為夸而脫。

下克里兌書。又名尼阿可彌。

一爲下綠砂其中每有鐵砂泥灰石

二爲韋兒滕泥及海斯頂砂

美斯迭克灰石

日耳曼有江名美斯其處白茶而刻之上有灰石層厚一百尺其中之殭石與第三次石中者不同與茶而刻中者有同有異如扳九來脫海每脫皆新層中所無如倍里每脫牟克羅奈得斯必克登可斯待得斯皆與茶而刻中同惟伏盧對則他層及此層皆有之

美斯迭克灰石二十尺深處有珊瑚類名字來阿珊其下五十尺爲黃色嫩灰石可作宮室再下則石色漸白其中

之小石子。爲開而西駄能。
美斯迭克之下。有茶而刻層厚四寸。中有綠色之土。及哀背下克來奈的殭石。此層茶而刻之下。爲白茶而刻。故此茶而刻爲美斯迭克與白茶而刻分界之層。其下之白茶而刻中。因有火石塊及台里扳求來。卡尼耶殭石。爲他層所無。惟海蛇之骨。則其上下之層亦有之。其蛇長二十四尺。
又有一種殭石。美斯迭克及白茶而刻中俱有之。如希美牛提斯。

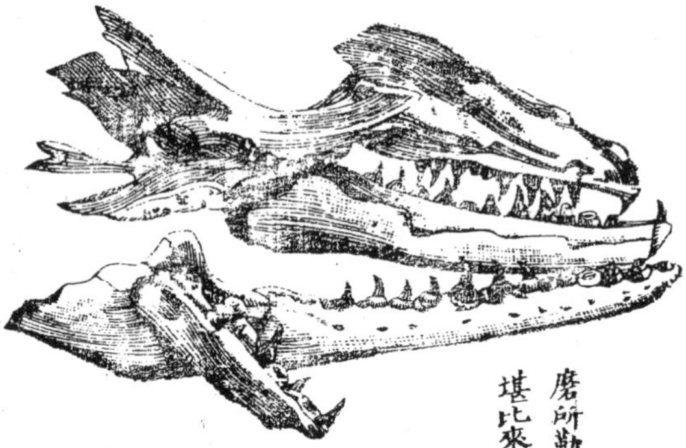

磨所勒斯
堪比來

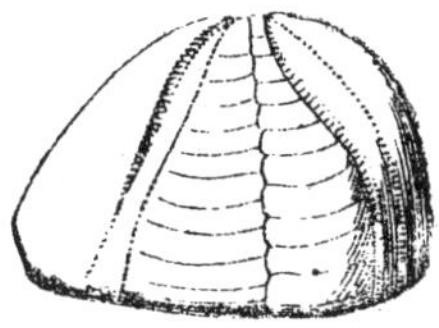

希羕牛提斯
里特良得斯

此巨蛇之頭骨也長三尺有餘計其身應長二十四尺

又於他處之近美斯迭克處見其白茶而刻亦有水蝕之形其上有新於美斯迭克之層其層爲小火石子中有殭石甚多

法克蘇灰石

於太尼國法克蘇地方遇最新之茶而刻爲黃色之灰石其灰石爲珊瑚糜爛所成此黃灰石之下爲白茶而刻及火石已開至四十尺深其下尚未知

法克蘇黃灰石中有蟹殭石撒開於層中又有珊瑚碎爛處其形甚似白茶而刻因此黃灰石爲珊瑚碎爛所成所以知白茶而刻亦爲珊瑚碎爛所成想古時海底遍滿珊

瑚後因腐爛而爲白茶而刻也

法克蘇黃灰石中又有奴的立斯殭石此種殭石於法蘭西別蘇來脫中亦遇之

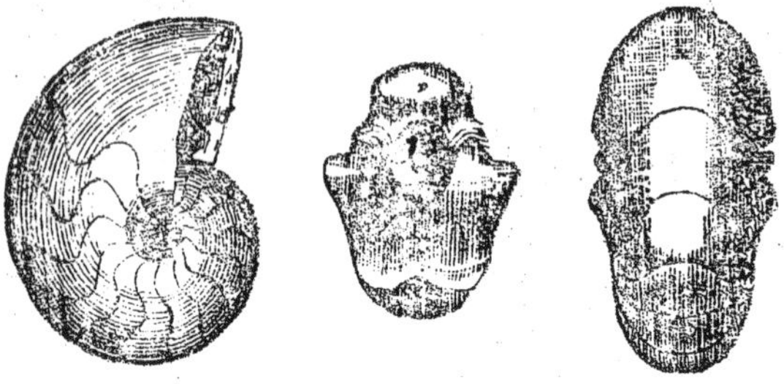

奴的立斯待彌葛斯

白茶而刻

白茶而刻層，英吉利、法蘭西皆有之，此爲最好之白灰，可用以堊宮室，其質爲最淨之炭酸灰，其層疊之形不甚分明，惟中有火石層厚數寸間之，其火石有窩而疊成層者，亦有行列甚疎每塊相距數尺者。

白茶而刻之上層中，有火石塊，其下層中，則無火石塊，再下則爲茶而刻麻兒，與泥層相連。

英吉利之茶而刻層，與法蘭西之茶而刻層，雖隔一海，實爲當時一片所成，以圖明之。

如圖黑處爲倫敦泥其下爲白茶而刻層再下爲綠砂層兩虛線之間爲海單虛線處爲山脊其右爲法蘭西之京城海之左爲倫敦

白茶而刻之層如此寬廣地學家謂他新期之層從未有如此廣大者其層從歐羅巴洲之西北至俄羅斯之南從瑞典至法蘭西地中海皆有之其金石之合質俱同其中之殭石如倍里每脫哇斯得里耶京奴西里末斯形亦相同

白茶而刻之層雖如此寬廣然學者莫謂其層處處皆有蓋中間亦或有空缺之地也　查今太平洋之珊瑚島有三千六百里長二千里闊其珊瑚若後來腐爛爲海流盪開則亦能鋪徧於太平洋海底而成新層則其層之寬廣當不亞於茶而刻

白堊而刻爲生物所成昔時亦有人言之因其質爲炭酸灰與螺蛤之殼及珊瑚同質故謂螺蛤珊瑚若腐爛當亦能成堊而刻此不過意想之辭未有實據故地學家初不信之今已求得實據於數處海島見其島之四旁有珊瑚處見其海底新泥亦爲白灰形

此白灰形之泥不獨因珊瑚腐爛而成亦因其近處之螺蛤蟲魚之屬有食此珊瑚者其糞亦白故能成此白灰形之泥如美里哥曷得闢對海中每有巨螺其糞如丸亦爲白灰形又於水清之處見魚時食珊瑚取此魚剖視之腹中亦有白灰形

初時地學家於白茶而刻中遇一種殭石以爲松實之苞後有人攷知是魚糞其質爲燐酸灰如圖

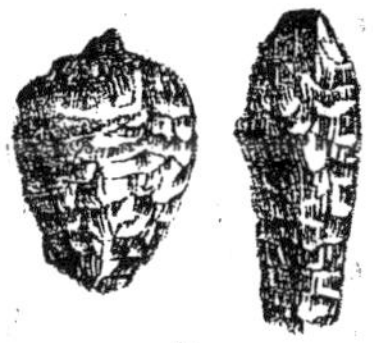

魚糞殭石

白灰泥從珊瑚魚糞而來有時於海灣之地見之如取此泥壓堅之則其形亦甚似白茶而刻

於檀香山有珊瑚已高出水面爲石其硬如灰石其色如茶而刻又其處有新成之茶而刻其形亦與老茶而刻無異

珊瑚腐爛之灰性輕於砂而粒細於砂故能在水中流至遠處沉積成層又螺蛤殼碎爛其泥亦輕故亦能流至遠處成層所以茶而刻之層甚寬廣近時因造電線通標測易得關對海底各處深淺其測時每探出海底之泥有人取此泥用顯微鏡察之雖深於六里之處其泥亦每二十分中有十九分爲生物又有地學家專門遍測海底之泥而辨別其質知每百分中有九十五分爲炭酸灰其浮泥之下有稍粗之泥可用顯微鏡察之見其粒各有形式其上每有細孔皆極細微之生物也其某物爲某質一視卽知

合羅背其里奈

待哀得每西耶

待哀得每西耶

待哀得每西耶

斯本其耶

此形之物其質爲炭酸灰

此皆爲海中極細之草其物之本質爲夕里開

此爲海棉中之細管其質爲夕里開

觀以上諸說可知白茶而刻之層甚厚而其中不見有大殭石亦無砂想其當時之造化必甚似今之易得闌對海也

白茶而刻中火石

火石在白茶而刻中成層此理地學家初難解之因今之有珊瑚島處不見有夕里開故也近因測海底之泥知北海中有數小處其泥絕無合羅背其里奈之形想其物在海中熱處能生冷處不能生所以無之而待哀得每西耶其硬筋細管均是夕里開　又有人測北冰海之底其泥中之質夕里開多炭酸灰少

此種有夕里開之物腐爛其夕里開不盡消化於水其質點互相結聚遇物則膠固包結之所以火石中亦能有殭石。又有處其合羅背其里奈有夕里開代其灰。

學者如問此種微細之生物其夕里開從何而來則須記非而斯罷泐開每有消化之夕里開至水中所以凡水中總微有消化之夕里開。又泉水中每微有夕里開則海底之泉眼其水中亦必有夕里開。

有人解白茶而刻中之火石層火石塊因夕里開與炭酸灰同時在水中凝結而夕里開之質重而下沈故多則成層少則成塊然白茶而刻之層甚厚何以火石不在其下

層而在上層之中央則沈下之說非確論也
欲解火石成層之故必水中有時有灰沈積有時有夕里開沈積其說方通蓋海中流水有時能改變方向若其流水從有灰之處來則海底有沈積之灰而無夕里開若其流忽從有夕里開之處來則海水中有夕里開而無灰如是海流更迭則炭酸灰與夕里開各自能沈積成層
地學家所最難解者英吉利之白茶而刻中每有大塊之火石其排列之面不似小塊火石之與茶而刻平行其石塊之形畧如酒罎高約三尺徑約一尺累累如貫珠每行相距自二十尺至三十尺不等碎其塊見火石之中心各

有一小塊茶而刻此小塊之茶而刻包結於火石塊之中如卵之有黃其質比火石外之茶而刻硬

如圖爲大塊火石在茶而刻中之形

今蘇門搭喇海中有海棉草其每顆之大小與英吉利大火石塊之形相同如謂其大火石塊為海棉所成則此處之海棉被炭酸灰沈積埋沒而變為夕里開其每顆之上必又生出新海棉如是子母相繼則其海棉之行列形式究如英吉利白茶而刻中之大火石塊

白茶而刻中單塊石子

白茶而刻中除火石塊之外並無泥沙雜石然亦偶有遇單塊石子者其石子之質或為科子或為綠色昔斯脫若云此石子是海水中流來何以其中又無砂泥若以為是冰中移來則克里兒書期氣候溫暖故珊瑚螺蛤蟲蛇之

屬繁生此時不當有冰況冰期去今甚近此尚在冰期之前不當有冰移之石

有人於今之太平洋某處珊瑚島上亦見一小塊綠石亦不知此石從何處來或言其石是在大樹根中被海水漂流至此樹已朽腐而石留也

此說有人疑之因荼而刻中木殭石最少然雖如此亦間有遇木殭石在火石相近之處其木殭石亦有水中浮來之據其上有蠹蛤之孔

白茶而刻中單塊石子惟有一說可解之如今時爲得闌對海之北海中有海菜生於水底高十尺枝莖叢生其葉

上有泡泡大則能浮若其草在水底時叢枝之間抱有小塊石子則浮時亦能移其石至遠處　又於一處見海菜高三百餘尺至七百尺亦能浮於海中離其本處數百里每有螺蛤之屬附而食之其根間亦有尚帶土石者故灰石層中亦有海菜殭石惟無如此之大或其石子亦是海菜中浮來歟

單塊石子雖在茶而刻中不多見然學者莫謂茶而刻沈積之時其同時無他種石及砂在他處成層如日耳曼砂石其質為夕里開其層在茶而刻之上其茶而刻之質及其中之殭石皆如英吉利之麻兒而其砂石中之殭石則

與英吉利之白茶而刻同此蓋與茶而刻同時所成也其砂石層厚六百尺。

上克里兌書期殭石

上克里兌書之殭石以厄幾那之類爲最多此種生物有一總名曰克里奴哀提斯譯言形如蓮花也如哀奴開的斯及麻蘇偣脫窩里累皆此類也此期中螺蛤之屬如哀末奈脫偣里每脫斯蓋廢脫拔九來的土累來的斯等物皆與他期之殭石不同。

敢克里兌書之殭石以哀累西里末斯爲最要因其殼有絲紋遇其碎塊卽可知之。

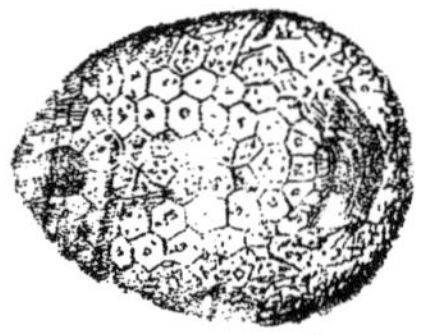

哀奴開的斯阿肥得

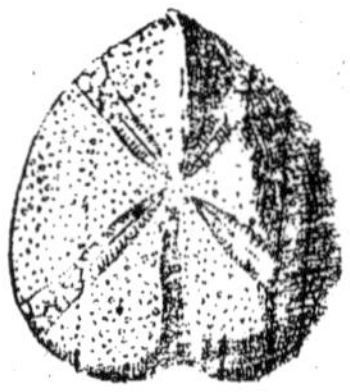

每克來斯得可兒安葛尼恩

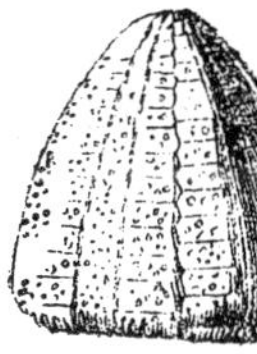

茄里累得斯
鴨兒蒲盖里拉斯

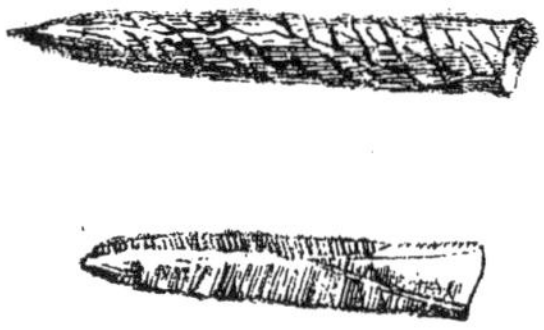

倍里每脫
牟克羅奈得斯

拔丸來的
安雖不斯

拔九來的
付其雖

麻蘇倍脫密里墨

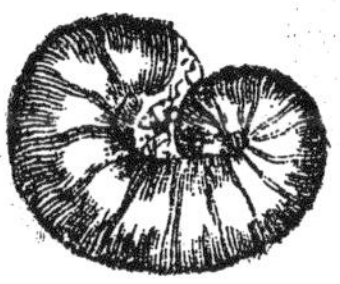

斯蓋發脫以快里斯

台里拔求來斯脫來衣脫

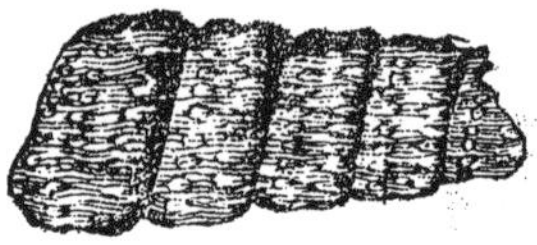

土累來的斯爾斯對的趀

云可納拉崖克土滃來闌脫

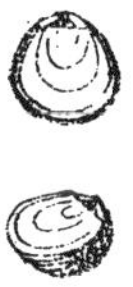

乍呆斯拘密拉

台里陂求來卡尼耶

台里拔求來倍沴克里得

克里尼耶倍來生昔斯

必克登比爬來
圖得三分之一

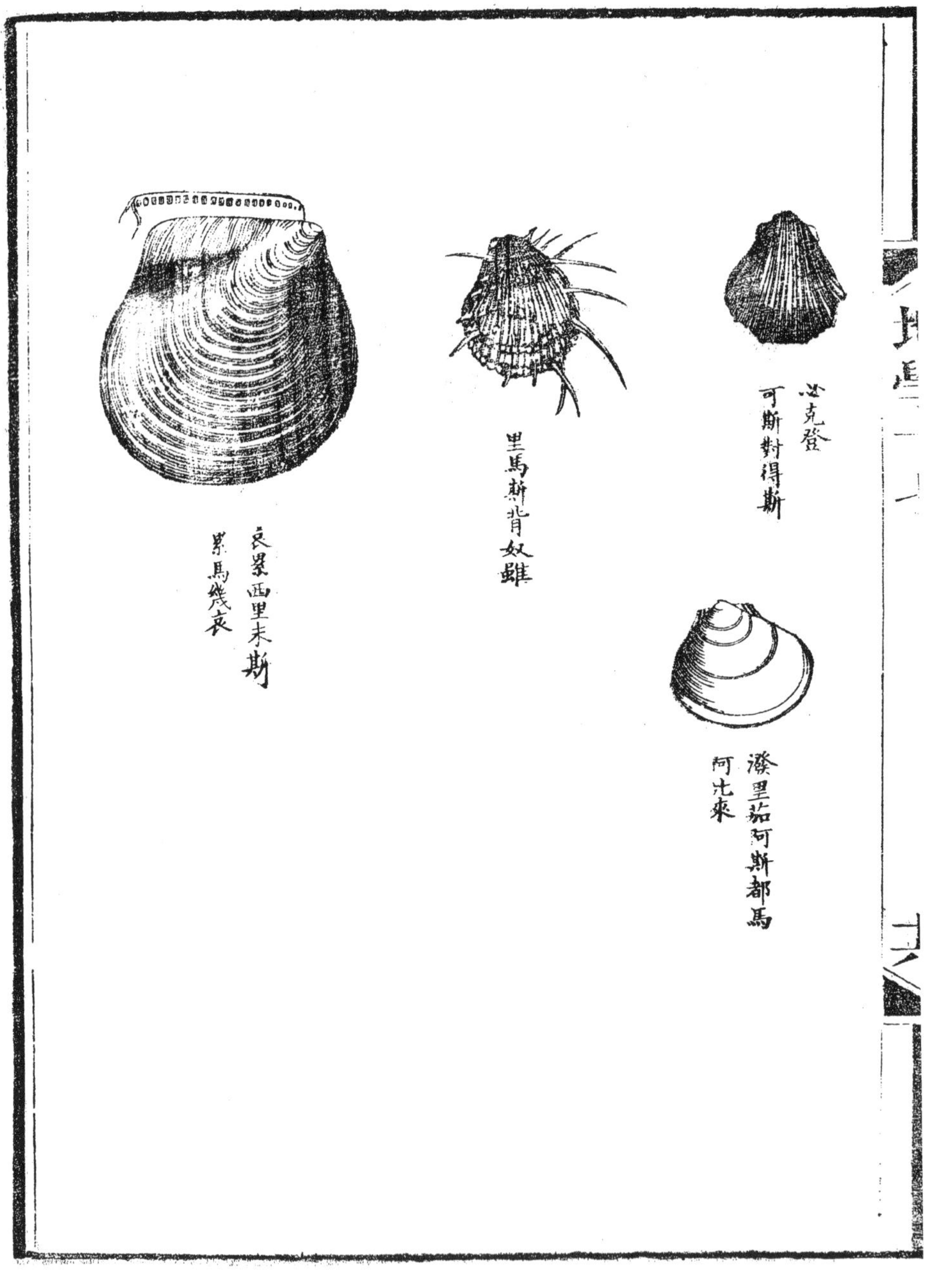
心克登
可斯對得斯
里馬斯背奴雖
良累西里末斯
累馬幾良
潑里茄阿斯都馬
阿尢來

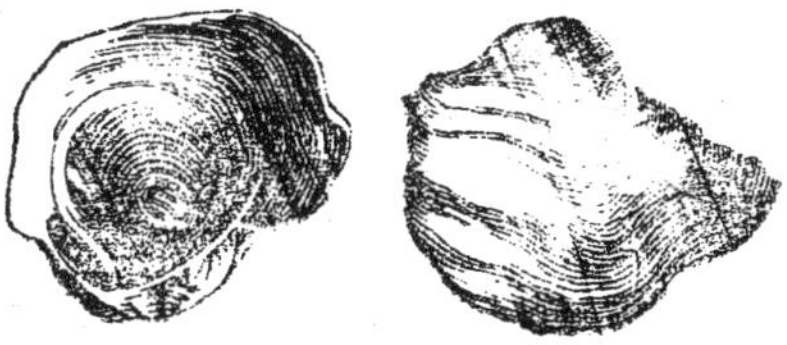

哇斯得里耶
勿昔累里耶

哇斯得里耶
開來奈得

哇斯得里耶
可綸倍

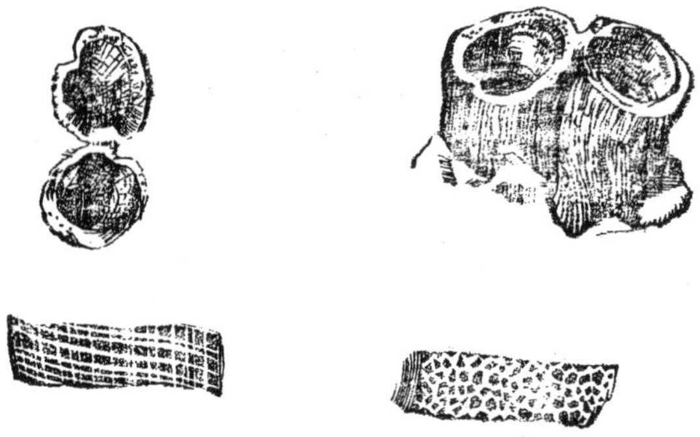

來待阿累的斯莫都奈

又有一種植物爲海棉之類遇其殭石於白茶而刻中及火石中凡火石之塊其形磈磊不正者皆隨其中之海棉形式而爲凹凸觀圖自明

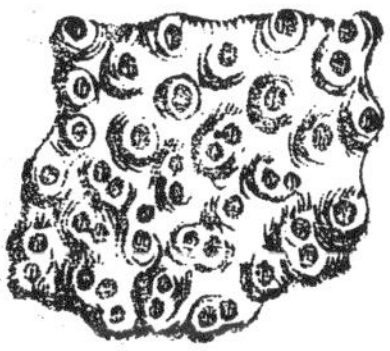

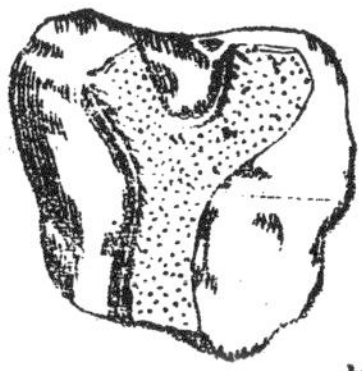

哀斯盖勒迭斯對開

乙爲顯大之形

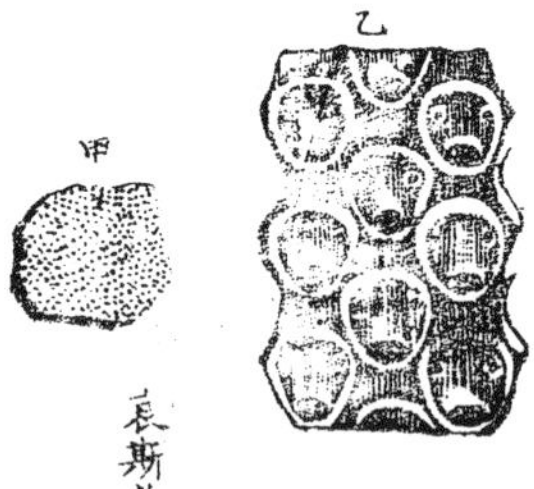

袞斯盖勒阿西以那

墳昔九來脫來待袞單

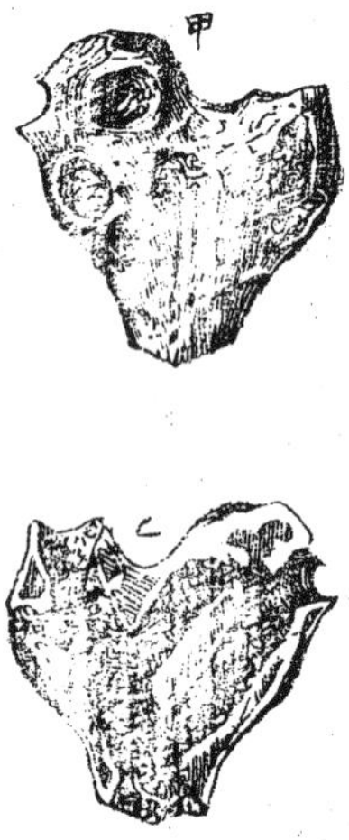

此爲火石中海棉之形

乙爲顯大之形

克里兌書中之魚殭石，如鯊魚之類甚多，有只在克里兌書層中遇之者，如圖。

雖付尼安倍來福督斯

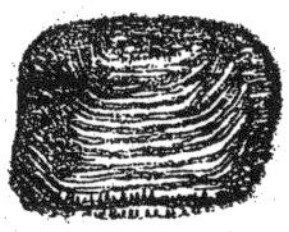

待可突斯
提可崙斯

此爲鯊魚齒之殭石。

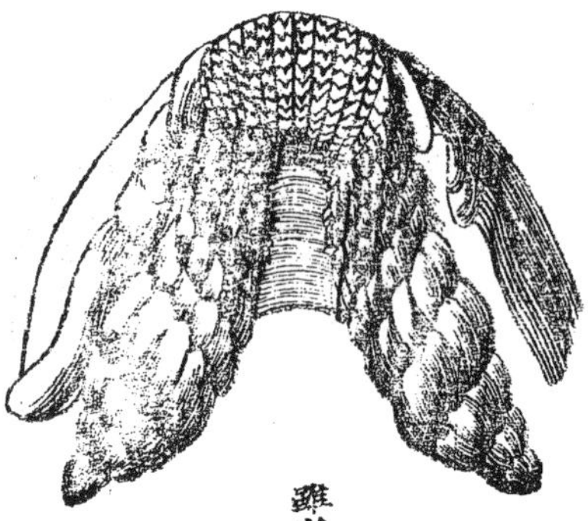

雖斯脫里身非里鐺

此為魚之上腭

克里兒書迹層中但未遇陸地生物形迹亦未遇土中淡水中生物形迹又除海菜及浮木之外亦未遇草木之類所以知白茶而刻必是在大海中所成

惟於英吉利白茶而刻中遇龜殼及有翼四足之蛇骨知此處之白茶而刻離陸地不遠或當時有小島在大海之

中其島上有此生物也惟今時海中之島其上每有草木想古時島上草木只有椶梠之類故白茶而刻中亦偶遇有椶梠類樹葉之迹

古期中有翼四足之蛇長十六尺初得其骨以爲鳥類今知其爲蛇類　又茶而刻中亦不見有鳥骨惟上綠砂中有之

上綠砂

無火石塊之下茶而刻其下漸變爲灰石此灰石名茶而刻麻兒其中遇哀未奈脫及數種螺蛤殭石爲上層之所無　茶而刻麻兒之下漸變至上綠砂其灰石中微有綠

色之粒故名綠砂
有處上綠砂層厚一百尺有砂灰石有灰砂石又有小圓
石子名豈而脫各成層疊之形
上綠砂層是在海邊沈積與茶而刻麻兒及白茶而刻俱
爲同時所成因其濱海之地漸低海漸大則海邊之綠砂
與海中之茶而刻層皆漸大故雖同時沈積而茶而刻能
蓋於綠砂層之上所以其綠砂層能在茶而刻麻兒之下
也

夸而脫

上克里兒書最下之層名夸而脫即黑藍色之麻兒也有

處與綠砂相連不分層

旁而脫之層雖不甚厚而所有之地則甚寬其中殭石有

斯蓋廢脫哀末奈脫台里孛來落斯登海每脫等物

台里孛來落斯登
東拉

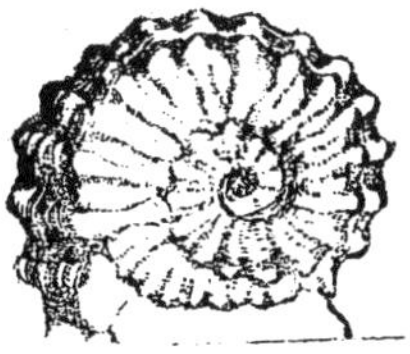
哀末奈脫
羅陀美沂苛斯

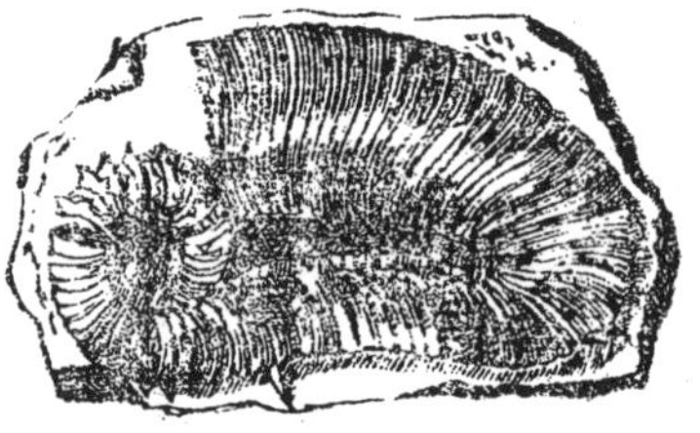

安蛇羅西圭斯斯北背來其倫又名海蒔甦

於英吉利上綠砂中遇燐酸灰可用以肥田想是魚蛇等物之糞積成層也其中遇一殭石爲水鳥之骨

上克里兒書期草木

歐羅巴洲在上克里兒書期其地爲大海其層皆在海中造化而成故草木形迹少惟於法蘭西哀來式彼兒地方

遇白砂層四百尺厚，其中有草木之迹甚多，亦甚分明。有人細攷之，言瘞育新之前植物之形，惟此層有內長外長之類，與今之草木相似。

於此白砂層中遇二百餘種植物形迹，有六十七種為子在葉背者，然能見其子者只有二十種。又見背陰草之枝上皆有疤痕，知古時背陰草能成大樹，內有三種今時尚有生者，一種在日本，一種在北美里哥，一種在新荷蘭者。

此層中有明子類植物，如松實之類甚多，亦有與今相同

此層中之植物，獨仁之子類少，而雙仁之子類如櫟、核桃

無花果之類其子及葉皆成殭石其葉之形迹印於細泥中用顯微鏡察之見微筋細縷紋理如生於一處遇一松已變爲砂石其外長之紋有二百層知其爲二百年之樹也有處遇海菜及海中生物知爲鹹水中所成又得蟲殭石十餘種

地學家久未能定法蘭西之白砂爲何期初以爲瘞育新後以爲下克里兌書今已攷定之爲上克里兌書雖其白砂之上亦有綠砂要亦與白茶而刻爲同時中所成在法蘭西從茱斯迭克地方往哀來式彼兒必先經過白茶而刻再經過綠砂方至哀來式彼兒見哀來式彼兒之

白黃砂層厚四百尺。在提符尼安層之上。其提符尼安之層甚斜。與白黃砂層不平行。其白砂層之深處有結爲砂石者。

哀來式彼兒砂層中。有數層細泥。及碟。又有數層黃褐色灰石。其細泥層印有草木之迹。其碟中有蛀孔浮木。其灰石中有海中生物殭石。因此能知其爲上克里兒書時海灣中所成。其提符尼安爲當時海灣之山。其山石爲科子。及昔斯脫。故其靡碎之科子。成白砂層。靡碎之昔斯脫成細泥層。想海灣之處。必有一江。故江水中浮有草木之葉沈埋於泥中。江水之源漸竭。則海水入。而海中生物。亦至

江中故有鹹水層
　翕比爾來脫灰石
上克里兒書之在歐羅巴南與在歐羅巴北者各異地學家因有辨石之法所以能言其皆爲上克里兒書譬如人從英吉利法蘭西行至地中海能見茶而刻層綠砂層均爲一大片其海不過是其稍缺之處耳
如圖爲從巴黎至卜哀的斯之地圖斜畫處爲茶而刻甲爲一片茶而刻之分處其處有烏來脫及他種古於茶而刻之石諒是當時海中之山也在甲之南又遇一層因辨其金石之質知其亦爲茶而刻層其乙處有第

三次石在面上非在深處不能見上克里兒書之石層惟其水蝕之處能見茶而刻之下亦仍爲綠砂

歐羅巴南方之茶而刻亦名翕比爾來脫其中之殭石有與法蘭西茶而刻殭石相同者如斯背單葛斯哀捺蓋的哇斯得里耶必克登哀累西里末斯台里报求來等類俱多

翕比爾來脫灰石中有一種生物之形迹最多此種生物

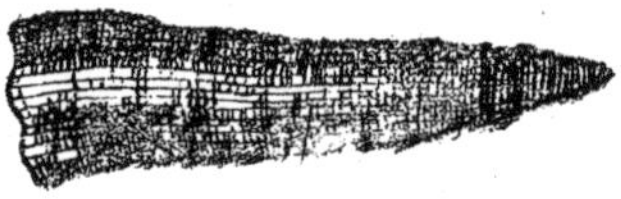

乙

里特惡來脫里特阿雖

里特惡來脫付景良撒斯

名海剖來的斯其殭石不多見恆見其印迹之空模地學家細察其模之內形與其殼之外形如圖

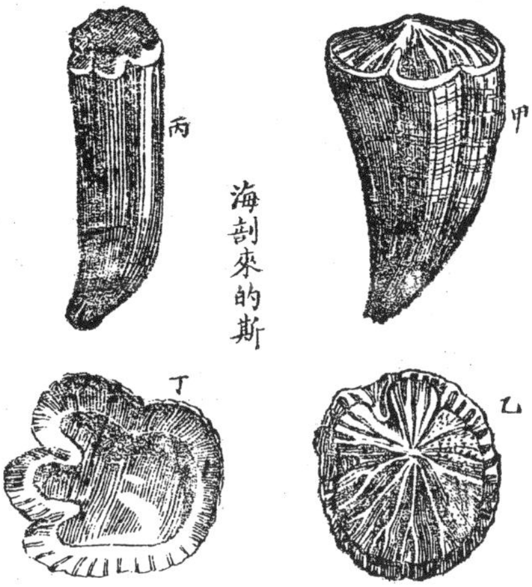

甲爲殭石形乙爲平截其上半節之形其紋縷因磨光而見

丙爲模形丁爲平截模形

美里哥上克里兒書

美里哥牛加斯地方有砂泥疊層其金石之合質與歐羅巴之上克里兒書各異因其中有殭石故識其是上克里兒書且知其與歐羅巴之茶而刻綠砂爲同時所成

牛加斯之砂泥疊層上爲淡黃色珊瑚灰石下爲綠砂與綠麻兒砂其中已得殭石六十種內有十五種與歐羅巴者同

從歐羅巴至美里哥其地甚遠而其殭石六十種中有十五種相同已爲極多因知當時之生物如哇斯得里耶葛里非耶必克登裒累西里末斯其所生之地俱極寬廣又

中有數種蛇魚之骨其形亦與歐羅巴茶而刻中者相同

從牛加斯南行數百里見此層現露於地面計此層之寬廣不亞於歐羅巴之茶而刻其金石之質各異者因歐羅巴灰石多而美里哥則灰石少故美里哥所有之殭石惟此層爲多

美里哥南亦有上克里兌書之層其中殭石有哀末奈脫哀累西里末斯

亞細亞南天竺地方亦有上克里兌書層

觀上克里兌書之層幾於遍地球之四周俱有之不知當時成此層之力何以如是普遍均勻想其時海中生物之

盛有莫可名言者。

陽湖趙宏繪圖

長洲沙英校樣

地學淺釋卷十八目錄

地學淺釋卷十八

英國雷俠兒撰
美國瑪高温口譯
金匱華蘅芳筆述

此卷論下克里兒書

下綠砂

克里兒書之層其老於夸而脫者爲下綠砂下綠砂之名不甚便因其石不盡是砂其色未必皆綠又因上克里兒書中已有綠砂故不得不以上下別之又每以上下二綠砂爲相對殊不知下綠砂之名所該甚廣幾如美斯迭克至夸而脫而上綠砂祇敵其一分耳因此諸不便處故

地學家改下綠砂之名爲尼阿可彌因瑞西之求拉山亦有下綠砂之層而其地名尼阿可彌故也因而英吉利之韋兒滕有人亦謂之下尼阿可彌

英吉利下克里兒書

英吉利堪脫地方有下克里兒書其層爲綠砂造化其分爲三層一爲白黃鐵色之砂變至結實如灰石及石子七十尺厚二爲綠色之砂七十尺至一百尺厚三爲灰石六十尺至八十尺厚

於英吉利韋脫島見此下克里兒書之層無第三層之灰石

有地學家名富密士者、查葦脫島之下、克里兒書迹層、其厚八百四十尺、中有六十三疊層、其疊層中殭石、有諸層俱有者、有獨在數層者、因悟得其故、凡同期中所成之諸層、其石層之造化同者、其殭石亦同、石層之造化異者、其殭石亦異、如海底從深變至淺、或有灰、或無灰、有養鐵無養鐵、有泥無泥、有砂無砂、有石子無石子、其每變之際、則生物之性、與其水土不相宜者、能死、而其相宜者、能繁多、所以其疊層中之殭石、每有異同、然此不過因水中金石之質變換、而某物不生、其處不甚大、不比因氣候寒暖、海陸變遷、其生物之變較大也、所以地學家有一例凡欲定某期有某生物必取普天下某物之類皆大同小異者言之如某物或專遇之於鬆砂中或專遇於軟泥中或專遇之於砂石中灰石中或但在深海或但在淺海則其生物之期皆短而不足據必其物從古至今其類同而其形已變者方足爲新期之生物雖其後天時水土金石之質事事皆復古而其生物之形不能復初因其不能使古物復生故也

從下綠砂至今而脫其中生物之形皆絕然各異疑中間缺去許大期之層此缺期之層或後來能於他處遇之亦未可知

下克里兒書中之殭石，與上克里兒書中之殭石，大約各異者多。如潑耳奈莫力對安雖羅西立斯有紋之奴的立斯台過尼耶待西勒斯皆可為下綠砂之表記。

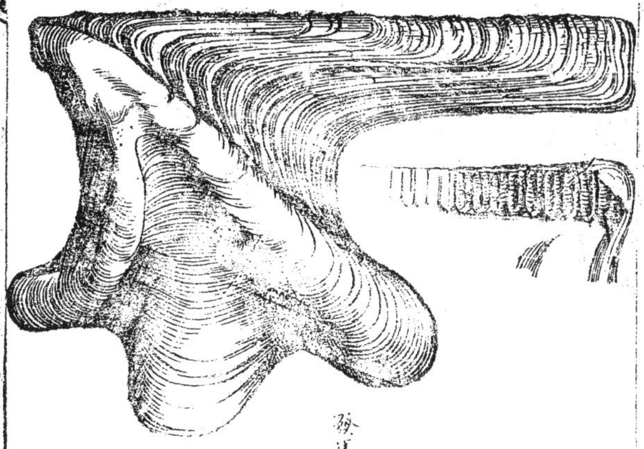

潑耳奈莫力對

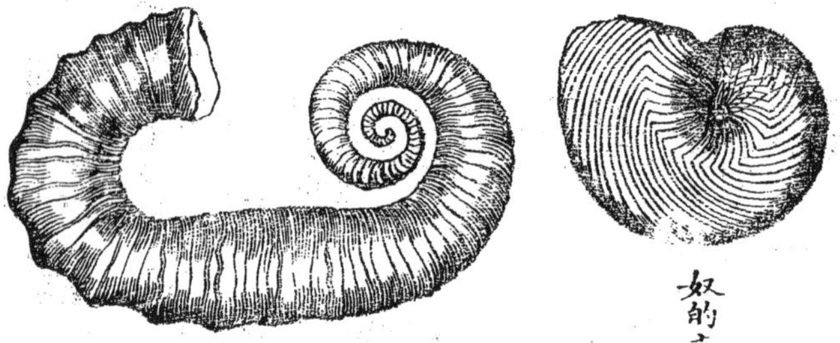

此爲斯蓋廢脫之類其形
如哀末奈脫未捲之形

台里拔求來寧拉

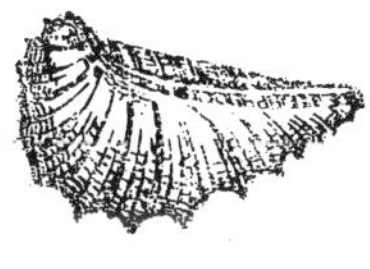

台過尼耶可待脫

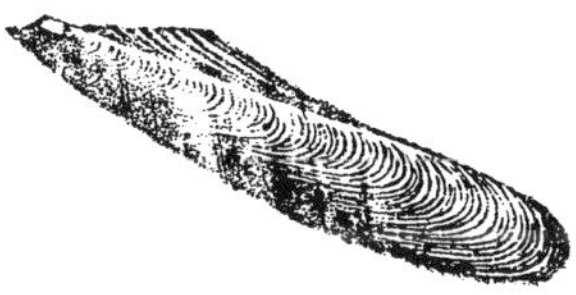

及爾維來安雖小斯

詩西勒斯倫斯詩來

英吉利下綠砂層沈積之時其海底漸低從尼阿可彌淡水層至夸而脫皆有海底日低之據

下綠砂中之小石子或爲科子或爲噌斯不爾或爲泥石

又有枚格及客羅愛脫之砂皆其本石糜碎而成也其糜碎之時俱在茶而刻未成之前及茶而刻沈積之時其海

較大，而水亦較清

克里兒書中之殭石，其形多各自相異，而與在他期者亦相異，前不與烏來脫中者同，後不與瘞育新中者同，故易於辨別。

英吉利上克里兒書中，得殭石五百餘種，惟茶而刻中之台里抜求來，及數種珊瑚類，他新層尚有之，其餘皆瘞育新期已無矣。

韋脫島之克里兒書層中殭石，比烏來脫中殭石皆絕然各異，不見有漸變之形，蓋其生物變易之時，即尼阿可彌泥積成五百尺厚之時也。

下尼阿可彌

英吉利東南、下綠砂之下、有淡水層、名葦兒滕、又名下尼阿可彌、此層之在歐羅巴、不甚寬廣、而亦爲地學中緊要之事、因觀其中之殭石、能知下克里兒書期之草木生物故也、

下尼阿可彌之層、爲江水所成、其中殭石、不見有哀未奈脫倍里每脫台里扳求來、厄幾那珊瑚等海水中生物、而有剖盧提那彌立尼耶等淡水中生物、並有陸地之蛇骨及草木、

下尼阿可彌爲淡水層、此說人初疑之、以爲其上下俱爲

鹹水層何以中間忽有一淡水層今已攷知其層有處走入綠砂之下又有處穿出綠砂之上

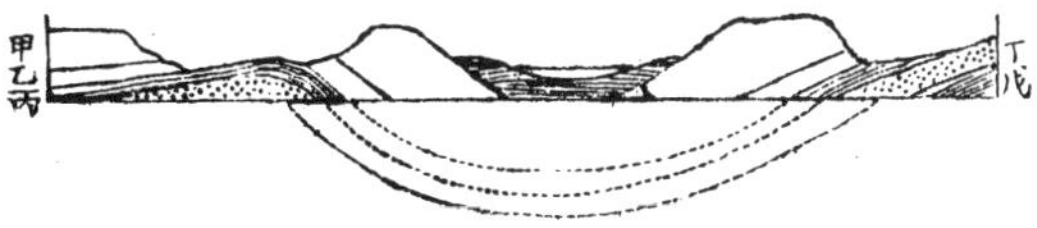

如圖甲爲茶而刻　乙爲綠砂　丙爲尼阿可彌泥　丁爲海斯頂砂　戊爲不爾倍克　圖中虛線是意料其彎層如此形狀也

下尼阿可彌分爲二層一尼阿可彌泥一海斯頂砂

下尼阿可爾之泥爲藍黑色泥及含兒有處中有薄砂及灰石間之此層之最厚處有六百尺其殭石有剖盧提那其海斯頂砂大約爲粗砂其中亦有泥及粗灰石此層厚七百尺

英吉利南方下尼阿可爾之下又有淡水層名不爾倍克其層爲數種灰石及麻兒中有數種殭石如雖不里斯等類甚近烏來脫中之形

韋兒滕

下尼阿可爾又分上下其上層即韋兒滕泥爲淡水中所成不但其面與下緣砂平行即其金石之合質亦相同蓋

古時大江之水分數派入海其近海之處地漸低海漸侵江地而江水仍由此出故水中之泥沈積成層其殭石有陸地大蛇之骨在韋兒滕泥與綠砂相近處此是江口之地低而爲海所以此種蛇骨能在鹹水層之底亦能在淡水層之中見此蛇骨殭石可定見其爲下尼阿可彌

此蛇名以怪奴滕在韋兒滕中遇其殭石甚多有九微哀者辨其齒有鋸鋒與他物之齒異而今時美里哥之以怪奴滕大蛇其齒亦有鋸鋒所以知其爲蛇殭石

攷今時之蛇類其食物皆是囫嚥不能磨嚼而觀蛇殭石其齒尖有磨平之形有人得七十一具蛇殭石從極小至

極大六十尺長者二一放其齒見蛇大者其齒之磨平處多蛇小者齒之磨平處少疑此是食草之蛇

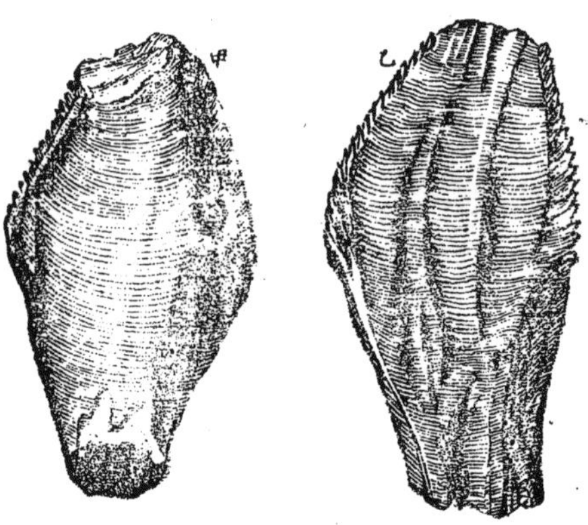

以怪奴滕慢脫拉

以怪奴滕慢脫拉

有處之下尼阿可彌爲花灰石其質幾大半是剖盧提那

又有雖不里斯殭石最多有凝結成塊形如枚格者

雖不里斯斯背勒其榆

雖不里斯之爾滕昔斯

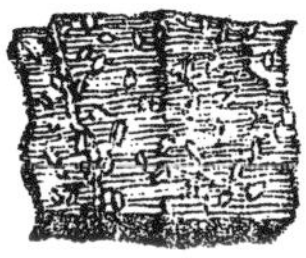

此爲石中有雖不里斯殭石之圖

海斯頂砂

下尼阿可彌之下層爲海斯頂砂其質爲砂石粗灰石泥舍兒此層雖名爲砂其泥層實多於砂層

海斯頂砂層中有魚殭石二種一種爲皮鱗之魚一種爲片鱗之魚其片鱗之魚爲江水中之魚其殭石最多

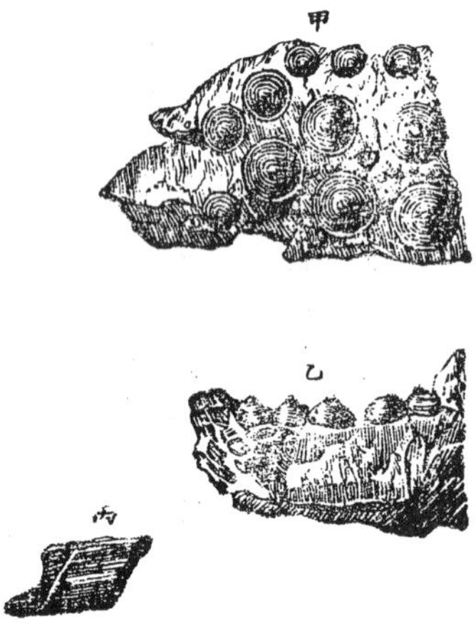

離半度的斯慢脫拉

如圖甲爲魚之上腭及齒之平形乙爲側形丙爲鱗之一片其鱗有玻璃光

海斯項砂中螺蛤殭石，有剖盧提那雖不里那、由尼由台果尼耶，皆淡水中生物也。惟有處遇台里扳求來，又爲半鹹半淡水中生物，所以又有半鹹淡層。其半鹹淡層有處變至鹹水層，則中有鹹水中生物，而其殭石之形與下綠砂中者同，因此知此層亦爲下克里兒書期所成。

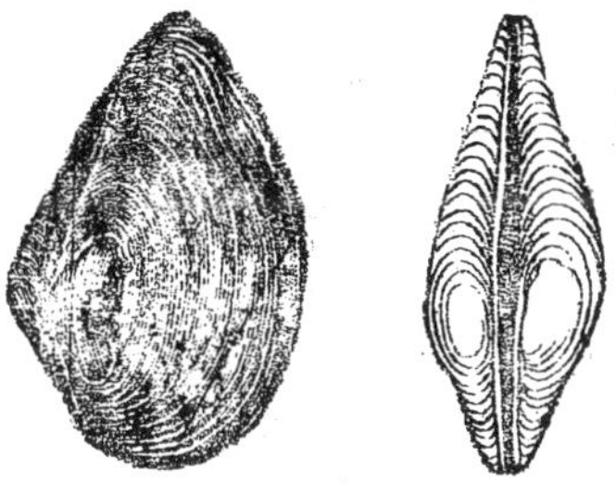

由尼由之爾滕昔斯

可剖累鴨畱滕

海斯頂砂石中每有浪紋之形又有泥層其泥之上面有燥而坼裂之紋其迹印於砂石之下面成陽紋又有處有石子成層其石子有磨圓之形亦有砂與石子相膠結爲合子石者

又有紅色砂層中有草木殭石甚多根株枝葉俱全直立如植宛似其生時已埋沒於砂中者然

此爲泥面坼裂之形

此爲砂中埋沒之樹葉乙爲顯大之形

觀以上諸說知下尼阿可彌之層雖甚厚要皆爲淺水中

所成初聞此說人必不信惟其地在江流入海之處本爲淺水設其地漸漸低水中沈積之物漸漸厚地低下一尺水加深一尺其泥亦積起一尺則仍爲淺水也惟其爲淺水所以水落時水底之泥能燥而坼裂其沮濡處亦能生草木

下尼阿可彌層之寬廣未能攷知因其在鹹水層之凹下處不知其下有無也其現露者自西北至東南六百里又新荷蘭亦有此層

陽湖趙宏繪圖

長洲沙英校樣

地學淺釋卷十九目錄

地學淺釋卷十九

英國雷俠兒撰
美國瑪高温口譯
金匱華蘅芳筆述

此卷論茶而刻及尼阿可爾水蝕之形

英法茶而刻水蝕

凡攷水層石之形，有二法，一於一處自上而下，攷其金石之質，及其各層生物之迹，如前卷所言是也，一於各處所見之層，攷其古時曾爲山川湖海，或爲平地，或爲高原，今用此法，以攷英吉利法蘭西之茶而刻。

茶而刻之山，在英之東南者，其峯巒圓而平坦，因牧羊者多。故童禿無樹木。其山谷皆顯露。猶能見古時水道之形。今雖其山已爲陸地。要爲古時水蝕所餘。蓋是茶而刻層從海底高起時被蝕也。又茶而刻山。今雖離海甚遠。其處尚有陡壁。爲古海岸形。

法蘭西之巴黎斯。有江過茶而刻層中。其江之兩岸皆爲茶而刻之山。其山坡不甚陡。皆圓而平坦。亦如英吉利之茶而刻山。於此茶而刻岸坡。可見其江水洗蝕之處。二三百尺深。其茶而刻層之上。有砂泥石子層三十尺至一百尺厚。其茶而刻岸坡中。有多層火石塊。皆平行。今作圖以明之。

如圖凹處爲江甲乙爲岸坡其窄處二里寬處四里丙爲一大塊茶而刻乃水蝕所餘也圖中細圈爲火塊

又於一處江岸間有一大塊茶而刻圓如人頭土人謂之人頭石其石徑三十六尺又有處有茶而刻墩其中俱有火石塊與坡岸中之火石塊層層皆相對平行

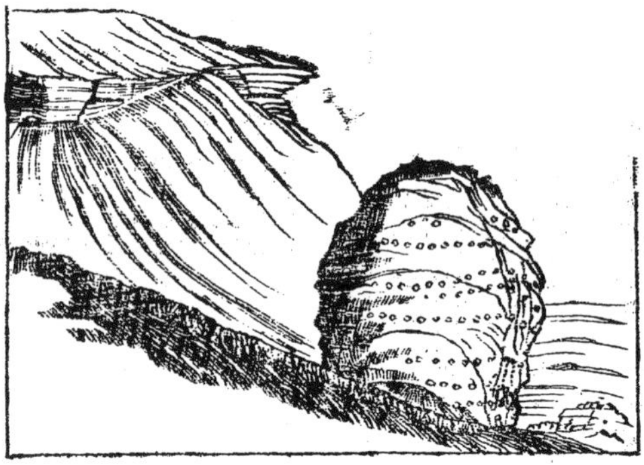

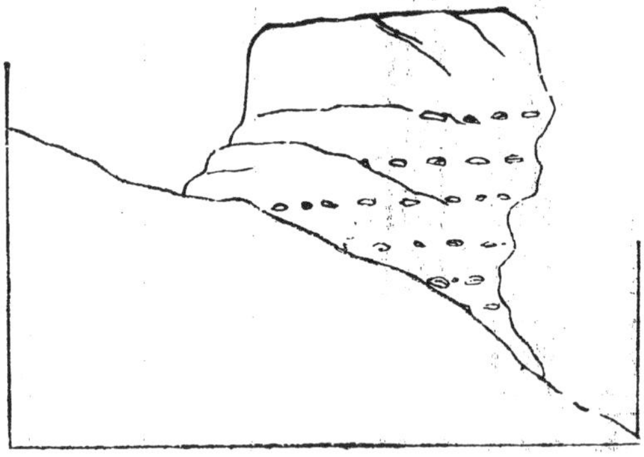

又有處茶而刻山有古海岸之形甚分明其岸下有臺坡
每級約高四尺其形與昔斯里之古海岸相似
法蘭西茶而刻蝕餘之塊有直立如柱者有俯瞰如懸崖

者高數十尺至數百尺不等

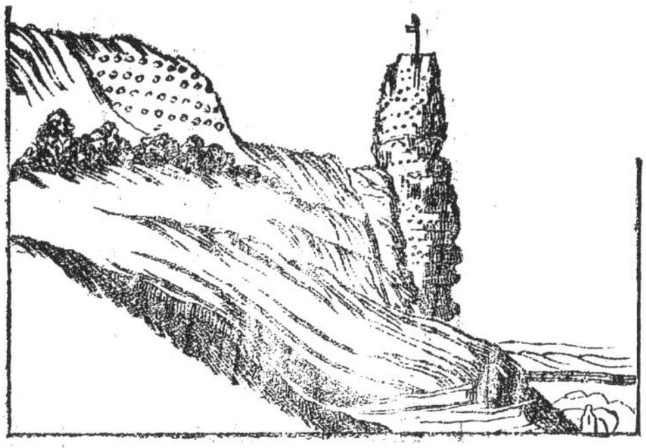

法蘭西茶而刻古海岸形只有數里其他處則爲斜坡而非陡岸矣然須知其石層從海底高起時其變動之大小同惟因海中波浪有處力大有處力小故被蝕有多少其石若成塊碎下則成陡壁或因其碎下之小塊埋沒其大塊則不見海岸形迹矣

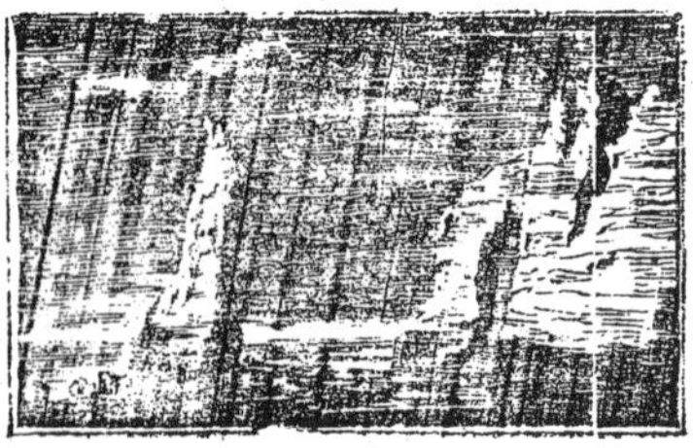

如圖亦爲茶而刻古海岸形

觀以上諸圖，可知法蘭西茶而刻水蝕之形，然何以英吉利之茶而刻水蝕之形，與此不同，蓋因英吉利之茶而刻不如法蘭西之茶而刻硬故也。

英尼阿可彌谷

地學家於英吉利東南沓尼阿可彌之谷，有大層被蝕之形，其石層之造化，比白茶而刻老，從夸而脫至海斯頂砂，共有四層，蓋其高起之處，曾被水蝕，而上有茶而刻蓋之，後又高起，而茶而刻亦碎蝕而去，故其層現露在茶而刻中，其大半在英吉利之東南，而跨海至法蘭西之西北一角，如後圖。

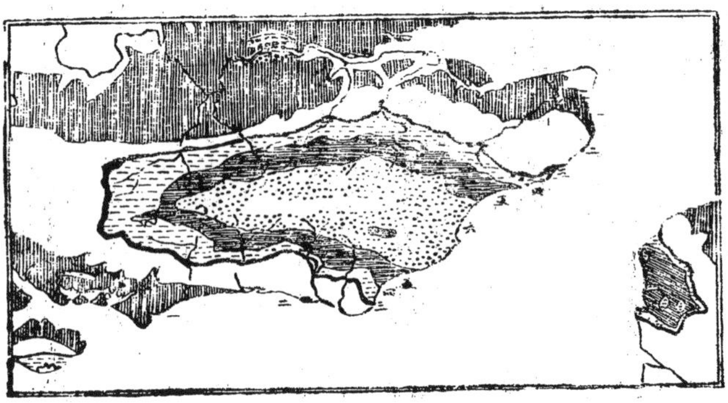

一爲三次石、二爲荼而刻、三爲夸而脫、四爲下綠砂、五爲尼阿可彌泥、六爲海斯頂砂、七爲不爾倍克、八爲烏來脫、空白處爲海、左爲英吉利、右爲法蘭西、

觀前圖、知各層在英吉利東南、與在法蘭西之西北者連爲一片、又可知其被蝕之谷、諸層均有支港之形、如六爲

海斯頂砂其上有五之尼阿可彌泥盞之又有四之綠砂盞之其上又有三之旁而脫盞之而二之茶而刻又似全盞諸層被蝕處之上所以地學家思之作一圖

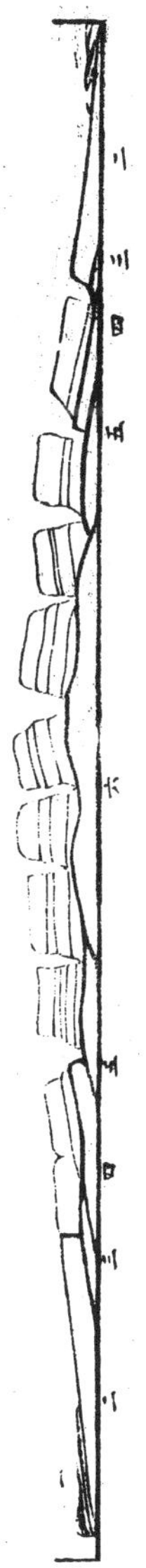

右圖之粗線爲現存之石層其細線爲蝕去之石層一二三四五六七八爲各層與前圖同

此圖之形不過以顯其蝕去之迹耳其高低尺寸非能眞合地形也若欲知其處之地形須觀後圖自東至西五十

里左高八百尺右高八百八十尺虛線處為最高

觀以上二圖知兩邊低處均有三次石而中間則是尼阿可彌高起為山其山頂被蝕其海斯頂砂之層有破碎折斷處約高低三四百尺成陡絕之形

尼阿可彌層除此處高起被蝕之外又有平坦之山谷諒因其高起變動之力大小不同力大則其層斷折力小則

其層彎曲也

後圖爲茶而刻之谷今之谷則古之江也其江斷層之形

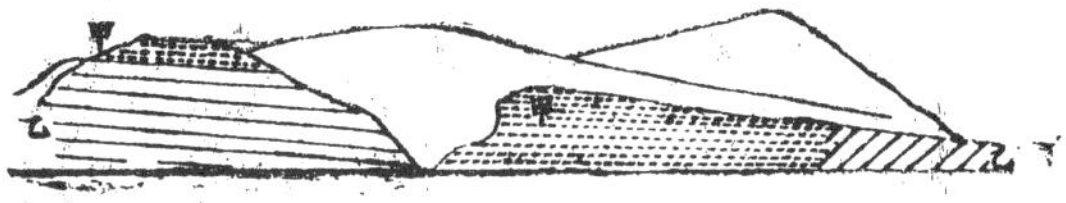

如下圖甲爲有火石之茶而刻乙爲下茶而刻中間凹處今爲谷

尼阿可彌之被蝕人思之譬如其各層當時平疊在海底因下有力升起之故凸而爲山其山脊處折斷而被水蝕所蝕去之處極大此說人初聞之必以爲怪惟細思之其每期中有處漸漸高有處漸漸低其歷時甚久而海流及雨水皆能蝕之故所蝕極大

又有一水蝕之據凡深濶長大之谷其谷底之石必嫩而其山之石必較硬假如有茶而刻及綠砂在一面爲陡壁下臨深谷其谷爲夸而脫輭泥

有處之上綠砂層鬆者則其綠砂被蝕成谷如其處之綠砂硬於茶而刻則蝕成臺形爲茶而刻山之下坡遇茶而

刻山委宛處綠砂坡亦曲折隨之

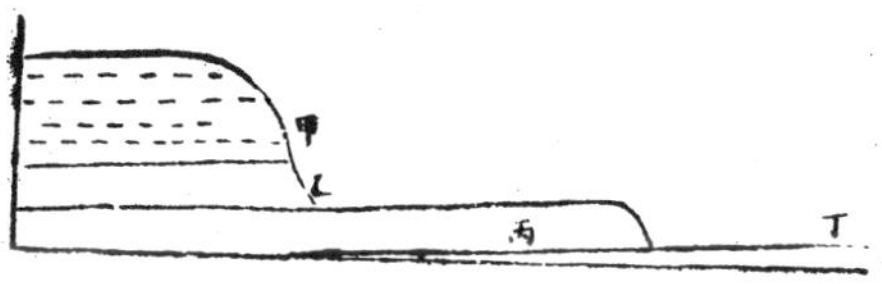

如圖甲為有火石之茶而刻
乙為下茶而刻　丙為上綠砂
丁為旁而脫
丙之寬窄從四分三里之一至
九里不等

石層被蝕成臺坡形惟此為最分明前於第六卷中已解昔斯里被蝕成臺之故然下層之臺坡亦有被後次水蝕而去者所以此種形迹不能多見

雨水蝕石

攷輭硬石層被水蝕成山谷臺坡之形莫忘雨水亦能蝕石如觀茶而刻山下見有碎火石層有稜角無磨圓之形宛如洗去白茶而刻者然此因雨水之故也於大雨時觀其山上流下之水色亦白　此種雨水洗出之細火石層積至一百年不過厚十分寸之一惟其時若無限久則亦能成一淨火石子層

有時見白茶而刻上有一小潭中滿細泥此必因近處有哀盧彌那之石雨水中有草木腐爛之炭酸水消化其石質而沈積於潭中也

又炭酸水能蝕茶而刻成孔甚深已詳茶而刻泥管

攷尼阿可彌破碎之期

查尼阿可彌於何時碎而被蝕知其比歐羅巴之牛牟來脫生物早所以亦比有牛牟來脫殭石之山早故阿兒不斯山劈立尼山在海底未沈積之時尼阿可彌已碎蝕有人謂瘞育新期之海島卽尼阿可彌

欲解尼阿可彌破蝕之時比下瘞育新沈積之時早觀英吉利東南之茶而刻可知之因其茶而刻高起被蝕之處有瘞育新之泥砂蓋之所以見白茶而刻之上有第三迹層者卽是瘞育新期之海底也如圖

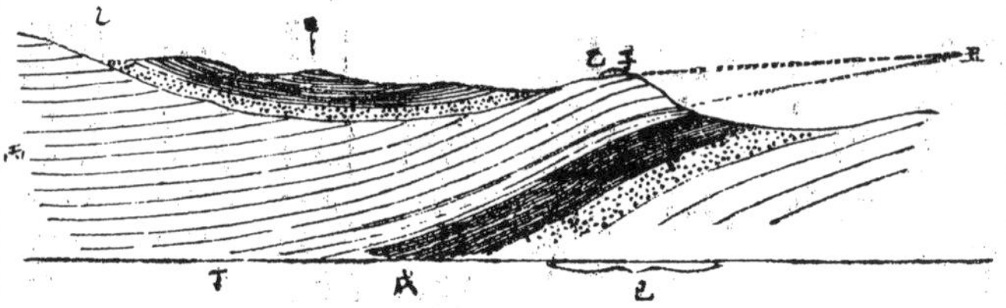

甲爲倫敦泥。乙爲下瘞育新
丙爲白茶而刻。丁爲上綠砂。
戊爲夸而脫。已爲下綠砂及
尼阿可彌。乙爲白茶而刻上
尚有瘞育新之砂堆。子丑虛
線。謂白茶而刻未蝕去時。至此
亦漸薄至無。

地學家思瘞育新時尼阿可彌爲海島故作一設想之圖
如左。

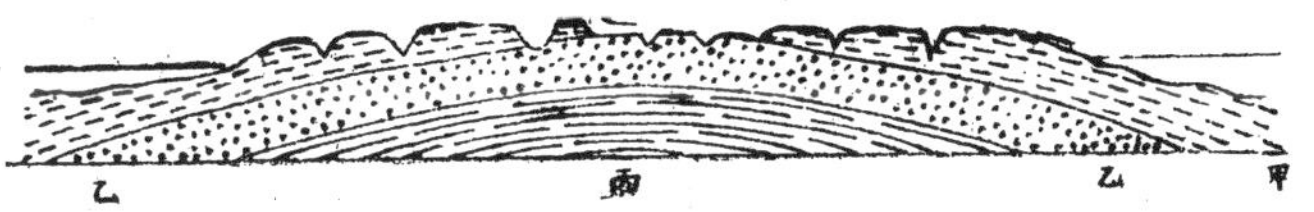

甲為茶而刻上綠砂夸而脫。乙為下綠砂。丙為下尼阿可彌。平線為海面。

學者問何以要算茶而刻層遍蓋尼阿可彌之上。而後有處被水蝕去何不設想尼阿可彌爲灰海之底後海邊升高故其上無沈積之灰、若作如此解必其中之殭石皆爲淺水中生物其說方通今則皆爲深海中之物況尼阿可彌之層與下綠砂之層平行所以知其非因海邊高起之故

白茶面刻層在尼阿可彌之上其碎蝕之期不必皆在克里兒書之後或者美斯迭克沈積之時已碎蝕亦未可知因美斯迭克之下每有磨圓之火石子或是當時茶面刻在海中高起而其面被水蝕也

英吉利茶面刻古海岸之形如圖甲爲有火石塊之茶面

刻其層稍斜乙爲古海岸邊沈積之細砂一尺至四尺厚

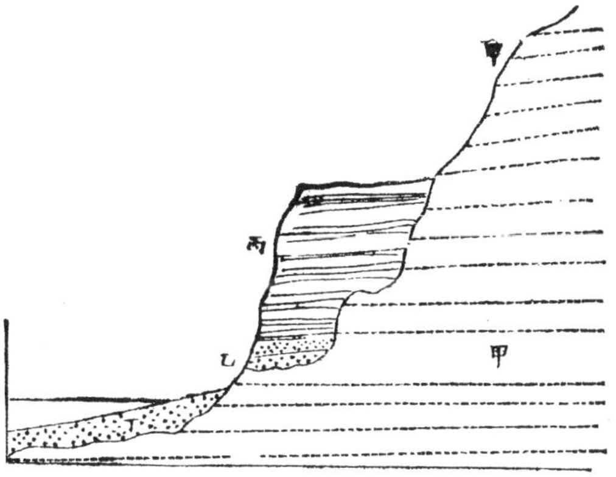

其上有石子五尺至八尺厚其石子爲火石科子合拉尼脫及磨碎之新蛤殼鯨魚骨丙爲象殭石層其中有魚骨之殭石其層厚五十尺大約亦爲白茶而刻及碎火石子其中亦有牛鹿馬之骨丁爲今海邊新沈之砂

觀此圖知老岸被蝕之後而乙丙之新層沈積故其中之

殭石皆爲新期之生物。

如以生物漸變之數推之，則知從美斯迭克之至太尼砂，

其時之久，如太尼砂之至冰期。

陽湖趙宏繪圖

長洲沙英校樣

地學淺釋卷二十目錄

印板灰石

中烏來脫

珊灰石

屋克斯弗爾泥

下烏來脫

大烏來脫

斯里脫石塊

肥皂土

下烏來脫之底

論烏來脫中殭石

地學淺釋卷二十

英國雷俠兒撰
美國瑪高溫口譯
金匱華蘅芳筆述

此卷論求拉昔克之不爾倍克層及烏來脫

不爾倍克

前卷言海斯頂砂為尼阿可彌最下之層再下則有一種淡水造化之石層名曰不爾倍克層此層昔人亦以為下尼阿可彌今因得數種殭石辨別之知其為烏來脫之最上層

英吉利及歐羅巴諸處大都不遇下尼阿可彌及不爾倍

克層其克里兒書之下。即爲求拉昔克。

求拉昔克即烏來脫及來約斯之總名。因遇之於求拉山故即以其地名之。昔克語助辭也。　烏來脫魚子也。因初遇一種灰石有細粒如魚子。故以烏來脫名之。其實此層之石非皆有粒如魚子也。

英吉利烏來脫

求拉昔克之在英吉利者。自東北至西南一帶寬九十里。其金石之合質非處處相同。

英吉利之烏來脫分爲上中下。

上烏來脫　一爲不爾倍克　二爲波得蘭石及砂

三爲急未里其泥

中烏來脫　一爲珊瑚灰石　三爲屋克斯弗爾泥

下烏來脫　一爲林灰石　二爲大烏來脫及筆石

三爲肥皂土　下附來約斯

英吉利法蘭西之烏來脫地理圖

有泥層與灰石大層相間積疊爲一總層甚分明名之曰烏來脫凡英吉利法蘭西二處之山大都皆是此層其泥層現露之處爲二帶深澗之谷其谷大抵平行而兩谷之間則爲灰石之山凡泥層現露於灰石山之下脚者其灰石山皆爲陡坡。

英吉利烏來脫之地形如圖

右爲東左爲西　從東起第一虛線處爲倫敦泥　第二虛線處爲茶而刻　第三虛線處爲上烏來脫　第四虛線處爲中烏來脫　第五虛線處爲下烏來脫　其茶而刻之下爲夸而脫　上烏來脫之下爲急未里其泥　中烏來脫之下爲屋克斯弗爾泥　下烏來脫之下爲來約斯

觀上圖能見山之陡處皆在西面於茶而刻陡壁之下見夸而脫爲谷於上烏來脫陡壁之下見急末里其泥爲谷於中烏來脫陡壁之下見屋克斯弗爾泥爲谷於下烏來脫陡壁之下見來約斯爲谷

法蘭西之求拉昔克其山谷之形亦與英吉利大畧相同惟其山之陡處皆在東面而平坦處皆在西面與英吉利相反因其層之斜勢相反故也

觀英法二處之求拉昔克其山皆分明有水蝕之形其泥層因輭而被蝕多故成谷其灰石層硬於泥故被蝕少而爲山

上烏來脫

上烏來脫之最上一層爲不爾倍克在歐羅巴遇此層雖不甚寬廣然亦爲地學中緊要之事因其中之殭石有三大變所以知成此層之期歷時甚久今分不爾倍克爲上中下三層每層各有其本層之殭石其殭石不但各層不同亦與其上之海斯項砂下尼阿可彌中之殭石不同所以爲定在之殭石

上不爾倍克

上不爾倍克爲淨淡水灰石層厚五十尺其中殭石有剖盧提那非雖立姆尼耶潑來奴比斯之兒肥脫雖葛拉斯

雖不里斯由尼由及魚骨殭石其形皆與他層者各異其
最多者為雖不里斯如圖

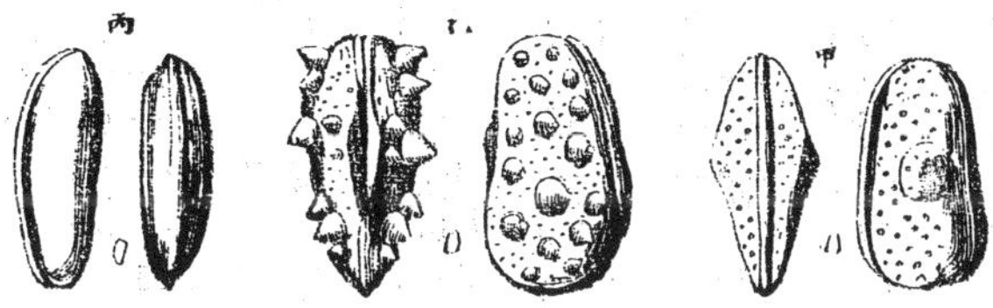

甲為雖不里斯及蒲雖
乙為雖不里斯士孛求來脫
丙為雖不里斯力求門奈脫

中不爾倍克

中不爾倍克層三十尺厚其上爲淡水灰石其中之雖不里斯及脊骨之殭石皆與上不爾倍克中者各異其淡水灰石之下有半鹹淡灰石層其中滿雖里那可剖來彌立尼耶殭石再下則有鹹水灰石層其中殭石有必克登哀別求來再下則有灰石含見其中殭石有半鹹淡水中生物亦有淡水中生物又有魚類名利背度的斯又有彌立尼耶及匍行類生物之脊骨其下又有一層十二尺厚其殭石有哇斯得里耶迭斯都得及希美雖豆立斯不爾倍克昔斯此種殭石定在烏來脫

哇斯得里那
造斯都得

希蔑雖豆立斯
不爾倍克替斯

此十二尺之下再遇淡水層其中殭石有剖盧提那潑來奴比斯立姆尼耶非雖雖蔦拉斯等類皆與上不爾倍克者各異又有雖不里斯殭石雖甚小而甚多其形有三種其在此層中之多幾如枚格之在枚格砂石中所以易於

辨別

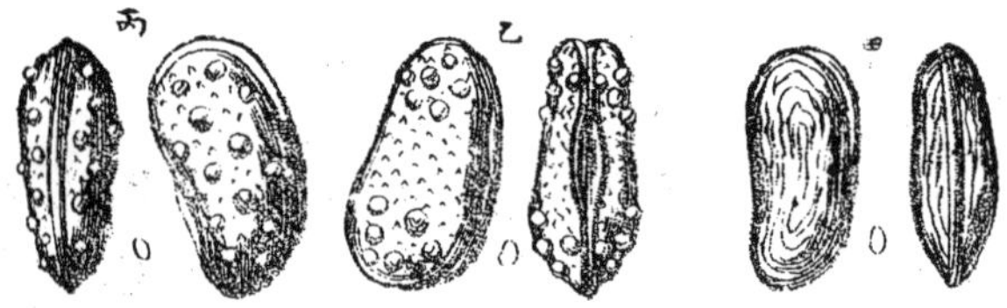

甲　雖不里斯悉得來哀都碰搭待

乙　雖不里斯發昔九累脫

丙　雖不里斯合拉牛累脫

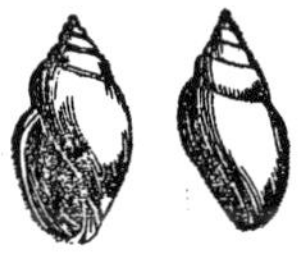

非雖別里斯都來

此中不爾倍克層亦有厚砂石石子層其中亦有雖不里斯殭石有已變爲開而西馱能者

今攷知中不爾倍克層中已有乳哺類之骨其獸與今之新荷蘭所產之袋鼠相類因其齒甚奇與他物之齒各異故也其齒之異因其磨牙之前門牙之後月有數齒其齒之上面有線紋今之袋鼠亦有此齒惟紋之斜直與古稍異耳如圖爲潑來求來克斯倍葛里雖之右下牙骨其迹

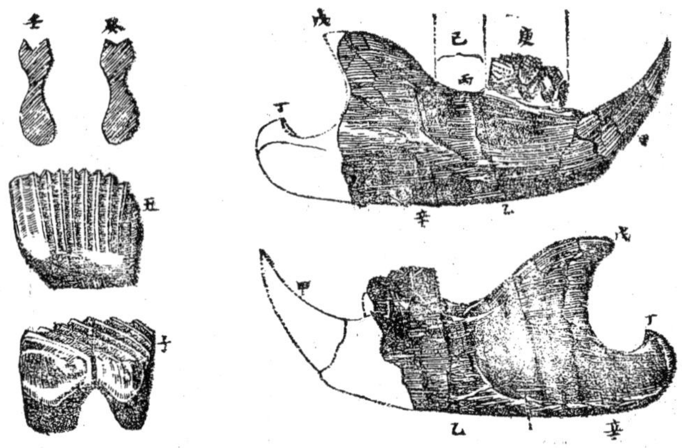

印於石中剖出之圖比原形大一倍甲乙丙印迹在石之左邊乙丙丁戊印迹在右邊其剖碎處乙丙在線紋牙之後壬爲剖處側形癸爲剖處稍後之側形己處本缺去兩磨牙庚爲三箇線紋牙子爲殭石線紋牙丑爲今袋鼠線紋牙皆顯大之形

今新荷蘭袋鼠之牙骨、其形如圖、

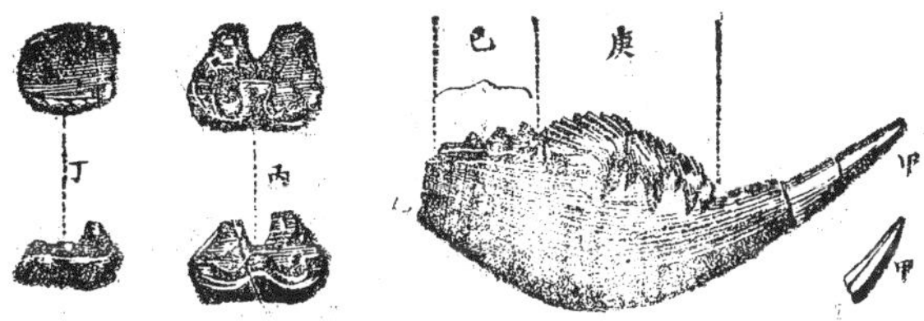

圖比原形大四倍、甲乙爲右下牙骨、其牙俱全、惟甲之尖牙已斷去一節、甲爲其印出之陰文、可見其牙爲扁形、乙之近牙骸處亦截斷、己爲二箇磨牙、庚爲四箇線紋牙、丙爲第一箇磨牙顯大之形、丁爲第二箇磨牙顯大之形、上爲平面、下爲側面、

觀上圖知曠古之時蟲蛇世界已有乳哺類之物生焉其草木從脫來約斯至克里兌書時松樹之類甚茂

下不爾倍克

中不爾倍克之下爲下不爾倍克其厚八十尺上爲淡水麻兒其中之雖不里斯殭石如圖

雖不里斯不爾倍克昔斯
石並搭待

淡水麻兒之下有古土層十二寸至十八寸厚其色褐黑每有石子之塊大三寸至九寸此古土中每有松實之殭石如圖.

雖開提肖待彌茉羅非拉

才彌耶斯背來立斯

此爲松實殭石其松大約與今之才彌耶斯背來立斯爲一類如後圖.

古土層內又有松樹之類其幹三尺餘至四尺高如植於土中者然此殭石必在其所生之處非他處流來也

如圖上爲淡水麻兒中爲古土林下爲下不爾倍克淡水層

古土林中除植立之樹根外亦有臥倒之樹枝已變至成火石長三四尺以其枝之大小合其根之大小知其樹當高二十三尺下徑一尺　此古土層沉積之時凡遇樹根

之處其土高故土之上面不平
過英吉利至法蘭西過古土林爲斜層其斜度畧近於四
十五度如圖

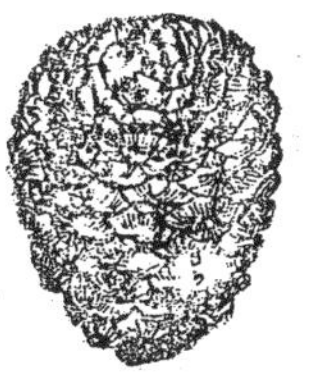

從以上諸說能推知數事一能知上古烏來脫波得蘭石滿
海水中螺蛤後其上因沉積江泥而爲陸地而生樹二能

知其土後又漸低沈於淡水中而有沈積之泥故又有淡水中螺蛤三能知此薄土層從陸變至水其水波浪恬靜故不洗去其樹根及泥

從波得闌至下綠砂其海陸鹹淡變遷有表以明之

一波得闌海水層　二淡水層土層淡水層土層淡水層古土林又淡水層土層半鹹淡水層以上皆爲下不爾倍克

三海水層淡水層海水層半鹹淡水層海水層半鹹淡水層淡水層此爲中不爾倍克　四淡水層爲上不爾倍克　五淡水層半鹹淡水層淡水層此爲海斯頂砂　六淡水層爲下尼阿可彌

七海水層爲下綠砂

觀上表令學者知從鳥來脫期至克里兌書期其間地形之變故甚多從海變至江從水變至陸從陸變至江海如是迭變多次故其中螺蛤生物從不爾倍克至下尼阿可爾其形亦有四變

學者須知不爾倍克之層分爲上中下皆因其殭石之異而分之如除殭石之外則其層之形並無可分也即如雖不里斯在不爾倍克之上中下各層滅一種又生一種故其形有三變此種變故不特因水陸變遷亦因其歷時甚久每一土層爲一世界少或數千萬年觀現今赤道下之茂林數千年以來其土不過能積高數寸耳

不爾倍克中之草木大約葉背有子之類多又松類亦多以種類之異同比其年之遠近知其距中烏來脫近於克里兒書其動物無論有脊骨無脊骨其種類亦近於中烏來脫而遠於克里兒書故以不爾倍克層爲上烏來脫之上

波得蘭石及砂

不爾倍克之下爲波得蘭層其上層之石可作房屋之用其下層爲砂其石層及砂中皆有海中生物之殭石如珊瑚之類哀撒得里耶悪白郎蓋海蛤類替過尼耶及蒲雖等物

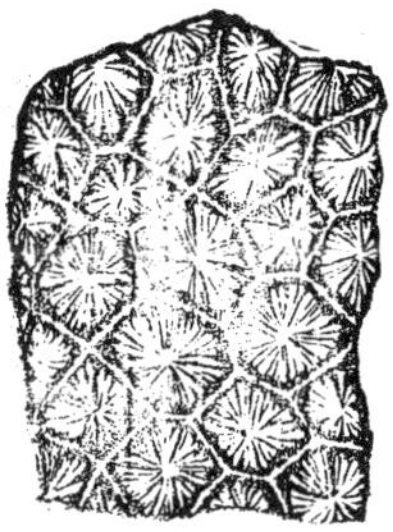

哀撒得里耶
孫白郎蓋

替過尼耶及蒲雖

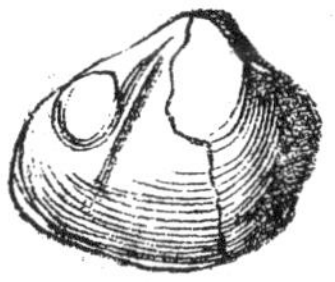

卡提恩迭昔密兜
圖得四分之一

此三種皆在石中

哇斯得里耶
咼克斯班埃

此在波得闌砂中

急末里其泥

波得闌砂之下爲急末里其泥此泥爲石油之含見或爲無用之碟炭其層厚數百尺其石油諒因草木腐爛而成然其中草木殭石少而有哀末奈脫及蠣或其油從生物來亦未可知

急未里其泥中有定在之殭石其殭石爲他層所無惟此層中有之故謂之定在殭石如圖

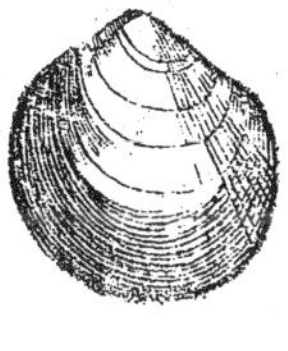

卡提恩昔脫來哀求倫

哇斯得里耶投而土哀棋

葛里非耶勿爾求來

葛里非耶殭石在法蘭西急末里其泥中。遇之甚多。故又名急末里其爲葛里非耶。

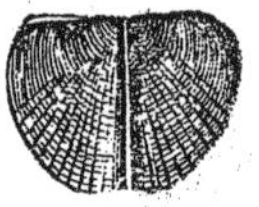

脫里過尼累脫來得斯

烏來脫中。此種殭石多。因其殼有粗紋可磨物。故又名鷄肫蛤。

印板灰石

目耳曼上烏來脫中。有石層名蘇倫荷分石。其石不用雕刻。可以藥物畫圖。摩於石上。即可作印板。故謂之印板灰石。其灰石之粒極細。故其中有最小之殭石。形迹甚分明。此石爲鹹水造化。雖其中螺蛤草木之形迹不多。已有人尋得二百三十餘種，其七種爲蝎虎蝙蝠之類，六種爲蛇類，三種爲龜類，六十種爲魚類，四十六種爲螺蛤類，其餘爲飛蟲之類。想是飛蟲被風飄至海中，故沈積於灰中也。

透羅踏脫來斯
台羅雖羅斯得里斯

蘇倫苛分灰石中，遇一飛禽類形迹，其尾之羽形俱全，其形與今之鳥類不同。如圖爲古鳥尾之形與今鳥尾之形

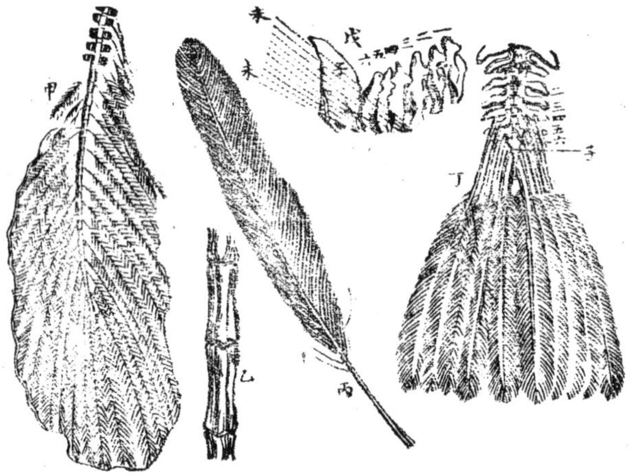

相比此古禽名矮几悪不的立斯馬克羅倫、

甲爲其尾脊及毛之印迹圖得原形五分之一、乙爲尾脊原大之形、其脊無横骨、　丙爲其一羽、　丁爲今水鳥之尾形圖得四分之一、　戊爲側視形、　子爲尾骨之末節、此骨名犁骨、凡今時所有之禽類其尾之脊骨皆大又脊之每節皆有橫骨如圖之一二三四五六其子子虛線爲毛管之方向其毛管皆連屬於每節橫骨之肉上故尾能張而石中古禽之尾骨節及生羽之形皆與此異又其翼骨有歧如二指然　又今之一切鳥類其尾毛與尾之橫骨相連而尾骨皆數節連爲一骨而此古鳥之尾骨有二十節無橫骨每節有一層大毛如前圖之甲至二十一節方有橫骨又今鳥胎之未出卵時其骨節之形畧與此同

中鳥來脫

上鳥來脫之下爲中鳥來脫此層分爲二層一爲珊灰石

一為屋克斯弗爾泥

珊灰石

中鳥來脫有數種灰石其一種名珊灰石其層十五尺厚其中殭石多珊瑚之類如圖

西過士密倫
俺牛來立斯

其蜂窩之形，一邊淺一邊深，其深者蓋末長滿也。

珊灰石中又有螺蛤數種，皆為定在之殭石，如圖。

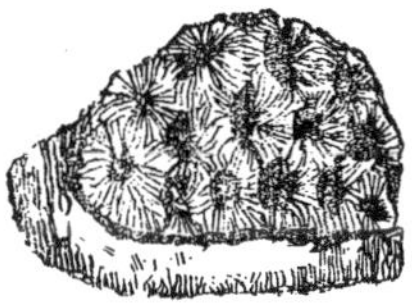
撒末乃斯脫里耶

哇斯得里耶　葛里呆里耶

納里尼耶海羅葛里非克

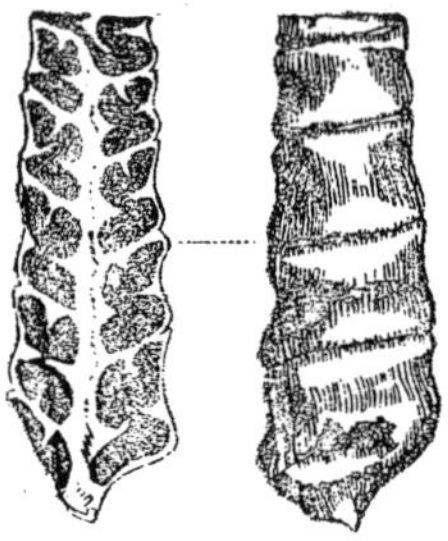

納里尼耶故太里耶圖得四分之一

中烏來脫之在阿兒不斯山者有一層名待西勒斯灰石因其中有待西勒斯殭石多故有此名

待西勒斯哀里葛低奈

雖豆立斯可羅奈登

屋克斯弗爾泥

珊灰石之下有泥層厚五百尺名曰屋克斯弗爾泥其泥中無珊瑚而有哀末奈脫倍里每脫殭石甚多

倍里每脫

海斯對得斯

倍里每脫剖蘇西袞㨂斯

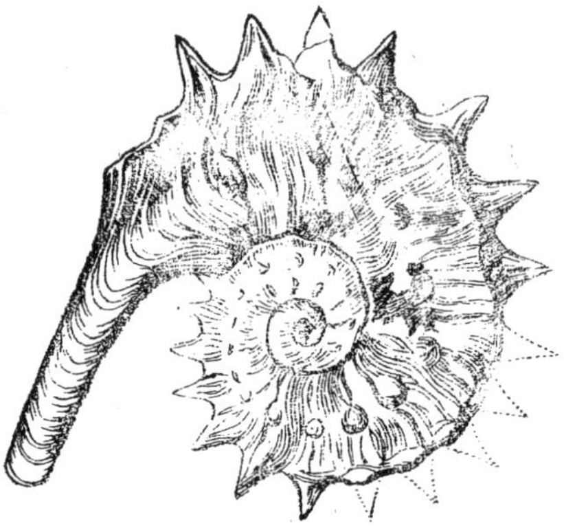

袞末奈脫離㨂蓋

上圖爲倍里每脫之全形甲爲近頭處之殼乙丙爲身其殭石有剝蝕碎痕丙處有一孔丙丁爲尾骨尖如錐惟鋒

常所得倍里每脫之殭石往往不全故有專指丙丁一段而言者

哀末奈脫殭石其口有長唇倍里每脫殭石其口亦多半片此皆在此層中獨異之形其在他層者無此形也按倍里每脫即烏澤也

屋克斯弗爾泥之下有一層名克勒灰石其石為砂灰石

下烏來脫

下烏來脫之中有泥層灰砂石林灰石紋灰石其林灰石之質即泥灰石有處之石有水波紋及碎塊之螺蛤殼及水漂之木故知其為海邊所成

又泥灰石中每有薄泥間之故能分開成片可作屋背之用

泥灰石之面有凹凸起伏之形其泥層亦隨之爲凹凸其泥之上面有生物足迹之印其石中每有破碎之蟹殭石

大烏來脫

中烏來脫中因有珊瑚類殭石多故名珊灰石今見下烏來脫中亦有珊灰石其珊瑚類殭石亦多加某處之大烏來脫是也

大烏來脫中之珊瑚殭石如圖

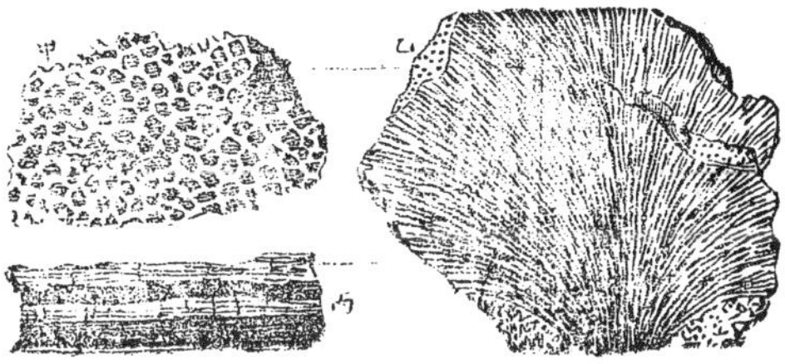

由奴彌耶里待哀得

甲爲對其孔視之之形

乙爲劈其孔之形

丙爲剖其一孔顯大之形

此殭石有數尺大者

大烏來脫中珊瑚類殭石有名石蓮或名石梨者其生於石面甚堅牢如植此種殭石在灰石中常遇之惟有處石蓮生於灰石之上面如植而其碎者埋於泥層中蓋因海

流急時忽有濁泥故此物不能生而斷折也

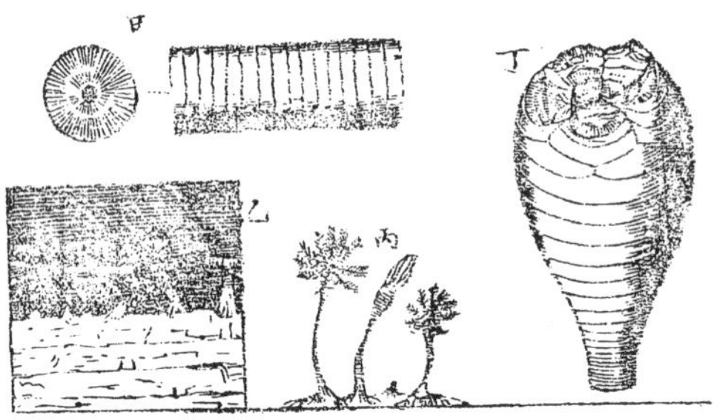

哀拜耶克來奈的
羅登突斯

甲為其莖之平視側視之形大同真　乙為其在大烏來脫中之形　丙為其莖葉果植立之形　丁為一顆石蓮之形

大烏來脫中又每有恩克奈脫殭石其上又每有卒比來及字來阿助此為沈積極遲之據

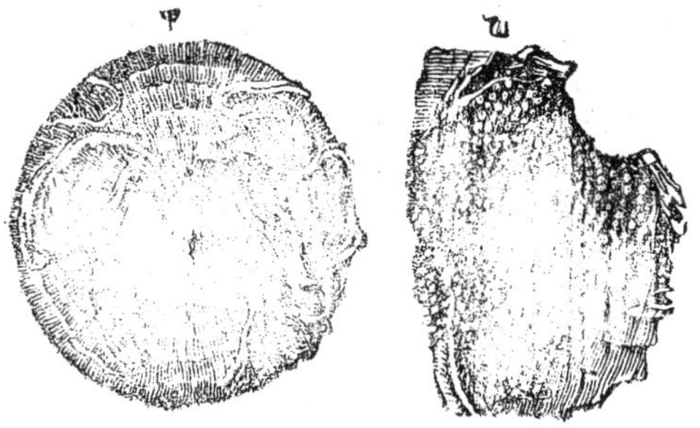

甲爲一塊恩克奈脫其上有辛比來及晢形之物名字來阿助

乙爲字來阿助及辛比來之顯大形

觀恩克奈脫殭石上有辛比來又有字來阿助知恩克奈脫死而後有辛比來至辛比來死而後有晢形之物字來阿助生焉至字來阿助長成而後埋沒此必久遠在清水

中其沈積必極遲也

大烏來脫上之泥層有處厚六十尺

大烏來脫之質爲數種螺蛤灰石其石亦可作房屋之用攷其沈積之據知其成於淺海中故石中浪紋有因風改易方向之形又有碎石子及碎螺蛤殼在石中有處曾被蝕而有泥代之

大烏來脫中之螺蛤類大抵食肉者多食草者少昔人以爲古時無食肉之螺蛤觀此知其說不足信矣其中殭石有剖搭拉尼來脫立牟來等物而俗里每脫等足在頭之物少如圖

昔令求來的斯
衣九得斯

不爾剖來提耶
那求來脫
圖得四分之一

台里波求來
提過捺

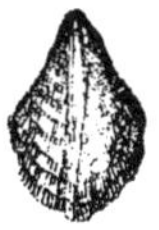

立乍來以馬近來

尼來脫可斯求累得

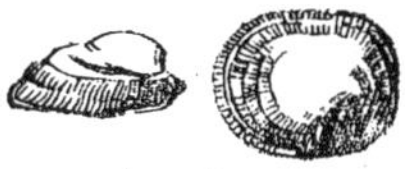

剖塔拉孛羅過生

斯里脫石塊

大烏來脫之下有一層斯里脫石塊其質爲烏來脫蚌蛤灰石遇其大塊累疊於砂中爲層亦有小塊者質與大塊相同想是古層碎蝕而成石塊故沈埋於砂中也

斯里脫之蚌蛤灰石塊其石可作筆而寫字於石板爲兒童習書之用故又名筆石

斯里脫中之殭石有倍里每脫台過尼耶等海中生物又有碎塊之末又有背陰草之印迹及蟲又有骨殭石尚未能攷知其爲何物之骨或云是蛀類之骨未知何據而云然

蒲潞來皆斯虫之硬翼也

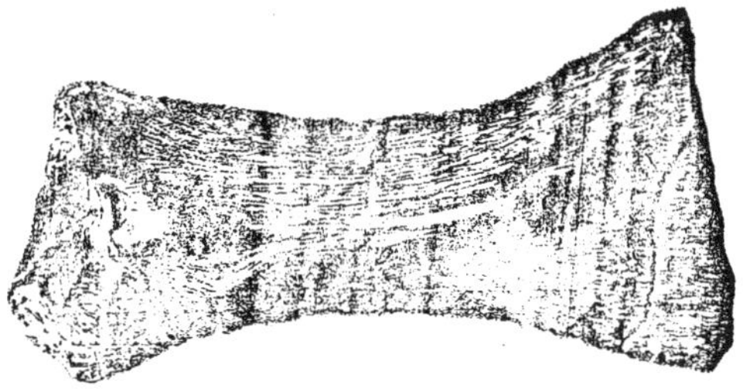

此爲鯨骨

昔時地學家每以爲壄育新之前尚未有乳哺類生物因未得其殭石故也今於大烏來脫斯里脫中實遇乳哺生

物之骨其形如圖

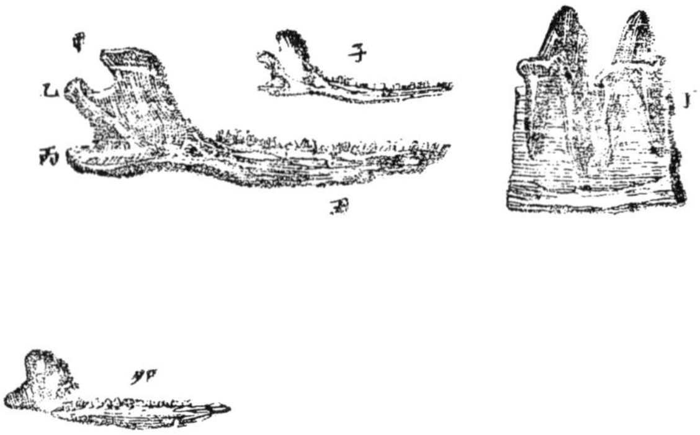

子爲安非西里恩濮里伏斯對之下牙牀骨殭石　卯與子同　丑爲子之顯大形甲爲肉筋所附着之骨所以使口開闔也　乙爲骸杵丙爲腮骨　丁爲其磨牙顯大之形

此殭石之形與今蘇門搭喇之處土酡耶台捺獸爲一類土酡耶台捺其獸胎生乳哺而食蟲其牙骨如圖

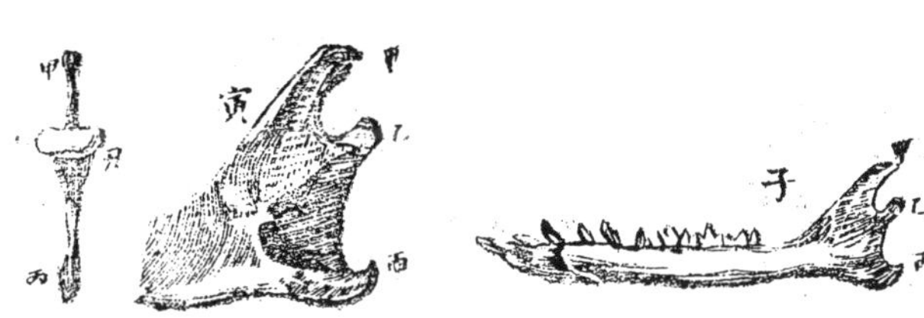

子爲土酡耶獸之下牙牀骨側視之形

丑爲其直視之形

寅爲其顯大之形

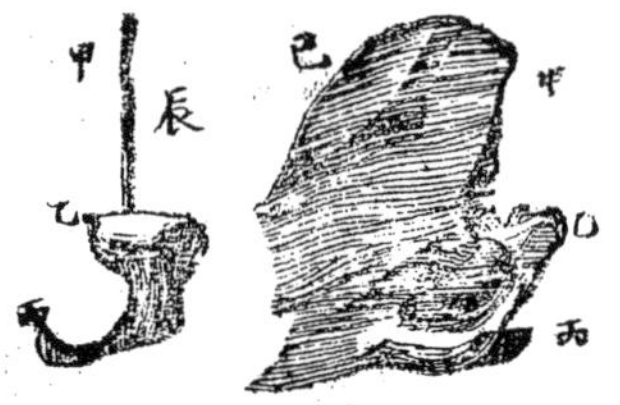

此二圖爲今袋鼠之下牙牀骨　已爲側視　辰爲直視之形其腮骨丙彎轉之度多

凡得骨殭石未知其骨爲獸類爲魚類爲蛇類博物者能攷之如安非西里恩之牙骨殭石其牙骨爲獨塊長成不如魚類蛇類之牙骨爲數塊湊合長連也又觀其甲乙丙三叉骨其乙處圓凸如杵亦與魚蛇之骨異又魚蛇之類

其牙脉骨之三叉骨其甲處甚小或無今則甲處大所以知其非魚非蛇 又觀殭石之兩磨牙皆有雙根而其牙亦稜角峭厲所以知爲乳哺類

凡乳哺類之物均爲胎生然胎生之物又分二類一有胞一無胞無胞者其腹外有袋如今之袋鼠之類是也今欲攷定乳哺類殭石之有胞無胞亦可觀其骨之形而知之查今袋鼠之類其下牙脉骨如前圖之辰巳其腿骨內彎如鉤而有胞之獸其下牙脉骨如前圖之子丑寅其腿骨內幾無彎轉處而大鳥來脫斯里脫中所得之牙骨殭石其腿骨內亦無彎轉所以知其爲有胞之乳哺類與今蘇

門搭喇之土酟耶台捺署同

斯理脫中亦有袋鼠類之殭石其牙亦有線紋

甲爲袋獸之下牙牀骨殭石　乙爲其線紋牙顯大之形

今新荷蘭海中有輭骨之魚其口之上腭有一塊硬骨斯里脫中有殭石亦如此骨之形

斯里脫中之草木殭石有內長類之子及松實之類如圖

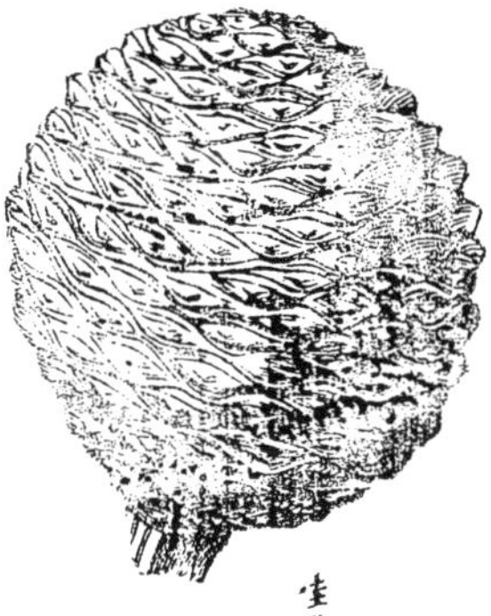
哇羅調里耶

布麼開亦

大烏來脫之在英吉利北者其層不甚分明其變形幾似

煤炭其中有草木形迹如圖

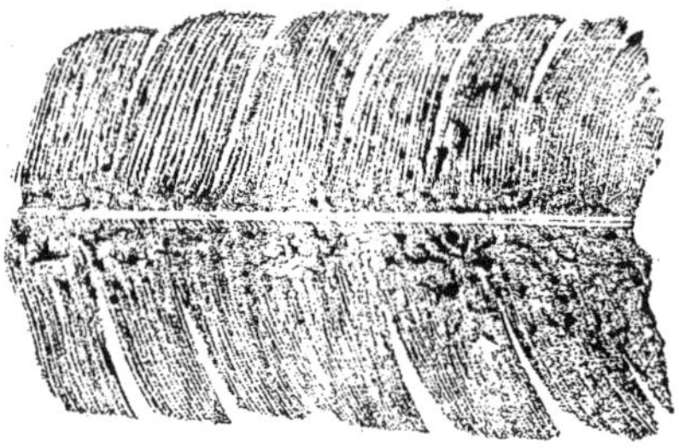

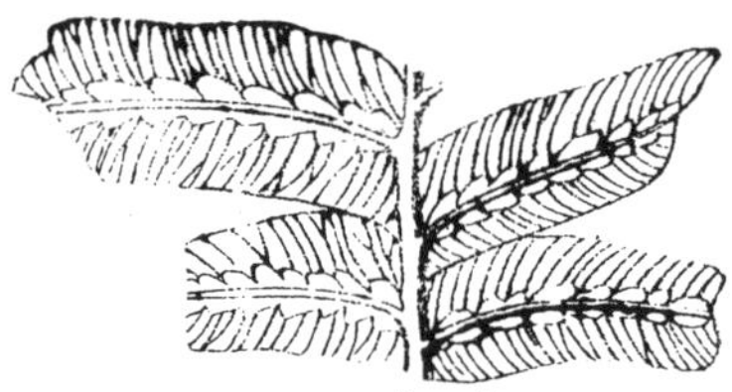

肥皂土

大烏來脫之下有土層其土可以浣衣故俗名謂之肥皂土其中殭石有哇斯得里耶如圖

哇斯得里耶
哀九奈脫

下烏來脫之底

其石爲灰砂石不甚厚有處之灰砂石在黃砂層之上有處無黃砂層而有灰砂石代之此爲下烏來脫之最下層其下則爲來約斯矣

烏來脫之最下層中有定在之殭石凡見此種殭石則爲烏來脫之底如圖

台里拔求來
訓孛羅耶

林叮納拉
斯絆奴雖

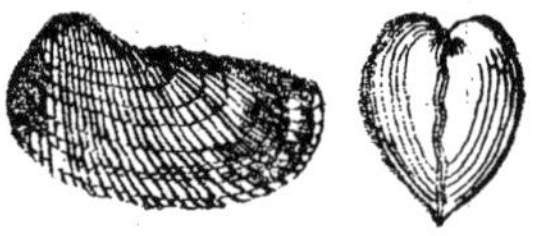

富來度爾耶
非迭來來

下烏來脱之底又有潑羅羅都牟利耶如圖

潑羅羅都牟利耶
合拉牛累脱

潑羅羅都牟利耶與今生之脫羅葛斯相似惟其口皆有深鈌如甲故不類

於法蘭西下烏來脫之底遇殭石如圖

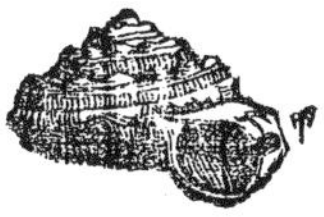

潑羅羅都牟利耶屋恒奈脫

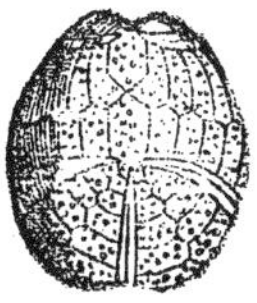

克里來脫林近

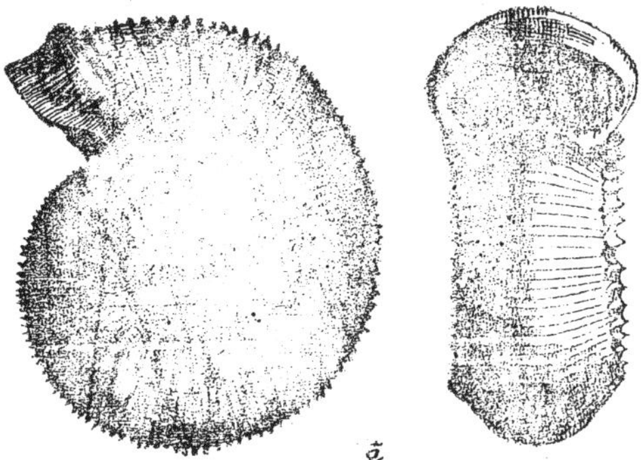

哀夫奈脫洪弗里雖哀捺斯

哇斯得里耶馬雖

良未奈脫孛里肯乙其來

此在中烏來脫大烏來脫

論烏來脫中殭石

烏來脫中生物之形與克里兌書中生物之形絕然各異又烏來脫之上中下三層其中生物之形亦絕然各異惟下烏來脫有來約斯碎蝕之石塊雜焉然與來約斯之殭

石。二百二十種相比。內只有十種在烏來脫。攷螺蛤殭石有二法。一攷其所在之地界寬廣若何。一攷其在上下諸層中。幾何深淺。經歷幾期。今知英吉利烏來脫中。螺蛤殭石。祇有四種。從下至上皆有之。英吉利之屋克斯弗爾泥。及大烏來脫中。有哀末奈脫甚多。其形亦與求拉山之哀末奈脫同。如圖

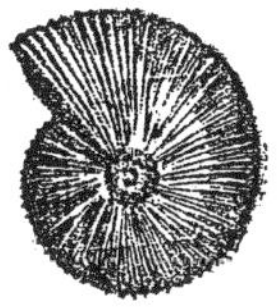

哀末奈脫
馬耆羅昔非拉斯

圖得原形二分之一

凡攷螺蛤殭石。至上一層。見忽無此種。此非皆由絕滅或

因天時地氣不合，故漸徙往他處也。亦有其後復還故處者，故有時於其上隔數層又遇之。惟滅一種又生一種者亦多。

陽湖趙宏繪圖

長洲沙英校鐫

地學淺釋卷二十一目錄

地學淺釋卷二十一

英國雷俠兒撰　美國瑪高温口譯
金匱華蘅芳筆述

此卷論求拉昔克之來約斯

來約斯

英吉利之來約斯爲泥灰石及麻兒泥此爲烏來脱之下一層有地學家亦以爲烏來脱者因有處之烏來脱變至來約斯故也有時遇其中之殭石亦同如圖

衣別求來因里快肥勒斯

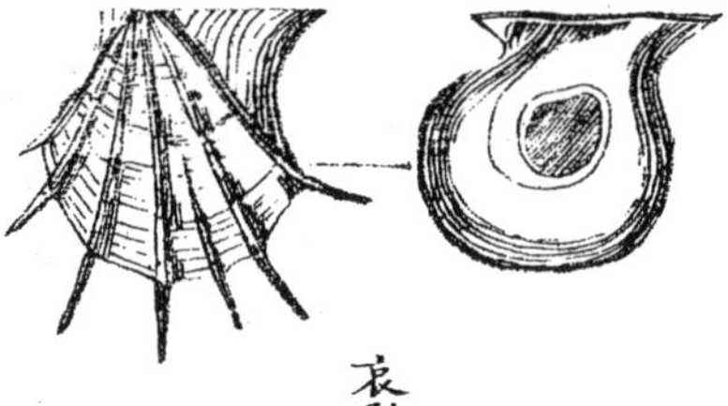

哀別求來普克奈比斯

來約斯之層雖在英吉利者所見不多又與烏來脫難十分辨別然在歐羅巴他處則有分明之層厚五百尺至一千尺其金石之質各處俱同其中各有其本層之殭石來約斯與烏來脫雖爲尋常所遇之層其面皆平行而於求拉山之來約斯則與烏來脫不平行其差角有多至四十

五度者。

來約斯之在英吉利法蘭西日耳曼等處者其層疊之形爲薄層藍色灰石或灰色灰石相間其灰石見天空氣則變淡褐色其藍灰石灰色灰石之間有褐色泥層間之故穿礦時易作橫路。

來約斯可分爲上中下三層上來約斯爲砂層此砂昔以爲烏來脫之底今攷定爲來約斯之面砂之下爲泥舍兒再下爲薄層灰石此皆爲上來約斯。

中來約斯爲麻兒灰石可分爲三下來約斯可分爲六因各有其定在之殭石故也下來約斯之厚六百尺至九百

尺。

於英吉利來約斯諸層中。見其殭石。有二百四十三類。四百六十七種。其分層之法。因其中哀未奈脫之形各異而分之。雖他種螺蛤殭石。有數十種相同。而其哀未奈脫則各異。此分層之法。不特於英吉利如此。即歐羅巴諸處亦莫不然。

凡石層不平行。而其中之殭石各異。此無足為怪。惟來約斯諸層。則從上至下。大約皆相與平行。而其金石之質亦大畧相同。何以其中生物之形。上下各異。此理莫解。豈其天時氣候。漸與其新者相宜。而舊者漸滅耶。不然則是其

每層沉積之際，歷年甚久，故生物漸變也，

法蘭西之符蓋山有來約斯層，其中有定在之殭石，如圖

潑來其肯斯都馬
才強的恩

法蘭西之來約斯，其下變至砂，曰耳曼之來約斯亦有漸

變至砂石者，其砂石可作房屋之用，

來約斯有時人亦呼爲葛里非耶灰石因其中有蠣殭石葛里非耶甚多故也

葛里非耶音克爾勿

希卜頗提恩胖地羅生

第二迹層中有數種殭石於來約斯始遇之如圖

此種輭肉類殭石二次石中遇之甚多惟皆在脫來約斯之前今知此種生物來約斯期尚有之而新於來約斯諸層則無此物矣

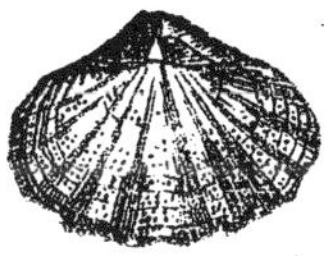

斯背勿弗爾獲兜可特

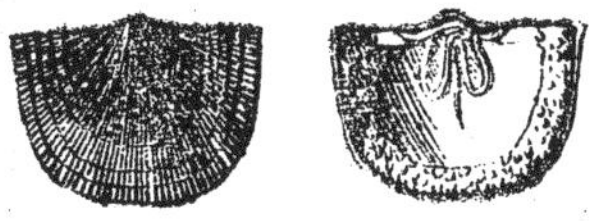

亞必低那磨秦

來約斯層中海中生物之殭石有螺類甚多如圖

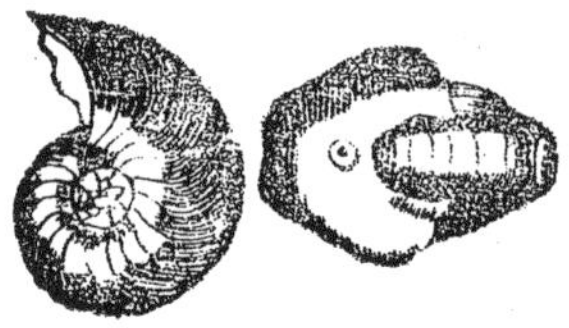

奴待立斯才開得斯

哀末奈脫奴度推哀篩斯

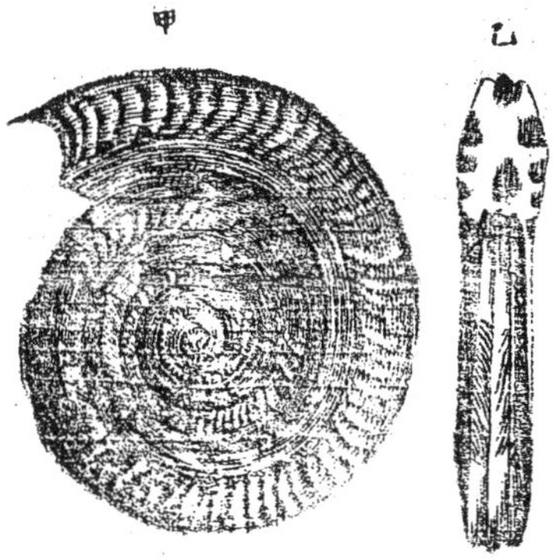

哀末奈脫[illegible]弗倫

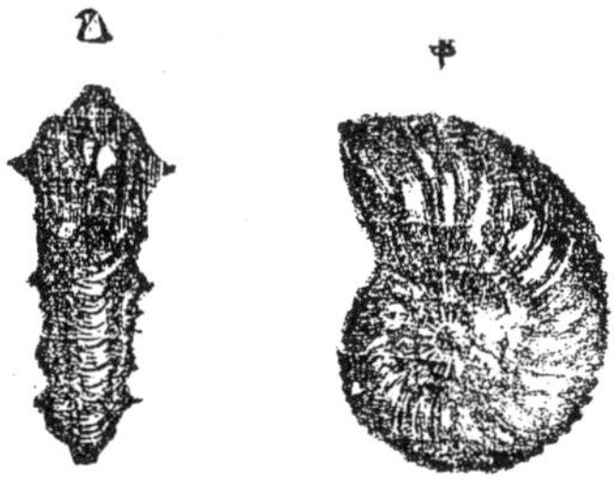

哀末奈脫麻蓋來對得斯

裒來奈脫斯脫來裒得斯

圖得原形三分之一

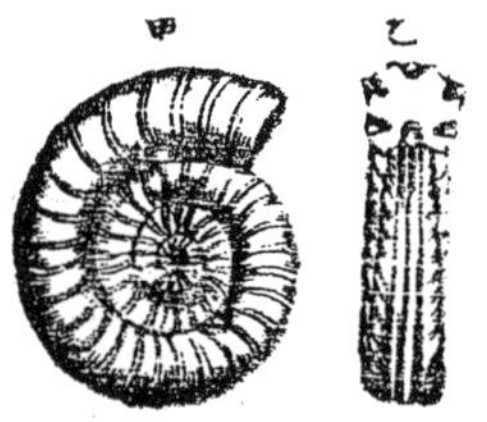

裒來奈脫蔞莿闕特

圖得原形八分之一

裒來奈脫潑來奴比斯

圖得原形三分之一

來約斯因其中哀末奈脫之形各異而分層如下來約斯有兩層厚四十尺至八十尺其上層中有哀末奈脫薄刻闌待下層中有哀末奈脫潑來奴比斯在日耳曼來約斯中遇之甚多

來約斯中有石蓮類其根株甚多糾結如亂髮其中每有倍來的斯鐵又有石蓮之根如帶形者

哀克斯脫里克來納斯
孛來哀里約斯

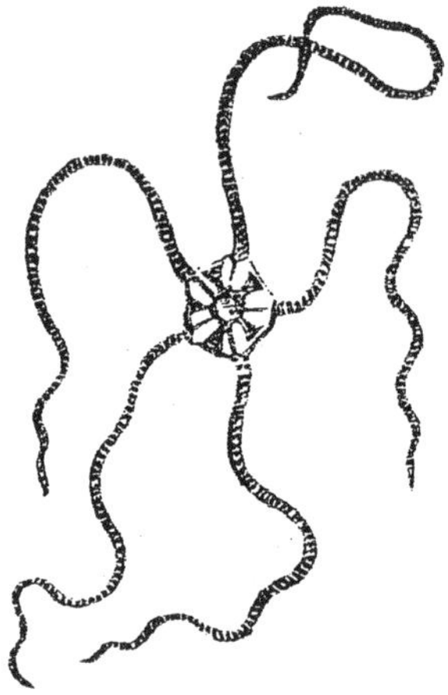

阿非度馬伊其爾都奈

來約斯中之魚殭石大約與烏來脫中者同與克里兌書中者異皆已滅之類也

乙

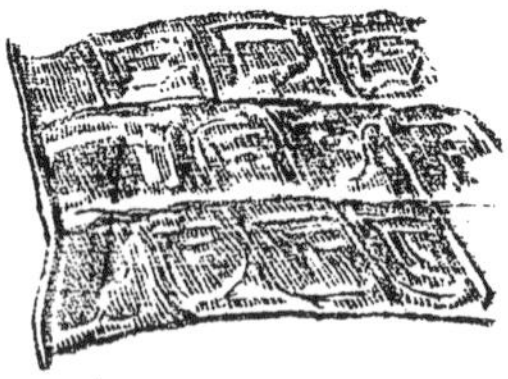

甲

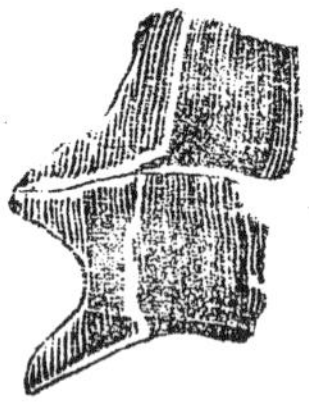

雛卑度的斯才蓋斯

此種魚鱗殭石爲硬明之鱗類甲爲去其兩片之形遇之於英吉利法蘭西白耳曼

又有一種魚鱗殭石祇在來約斯中遇之博物者因其鱗之形而意料其魚之形作圖

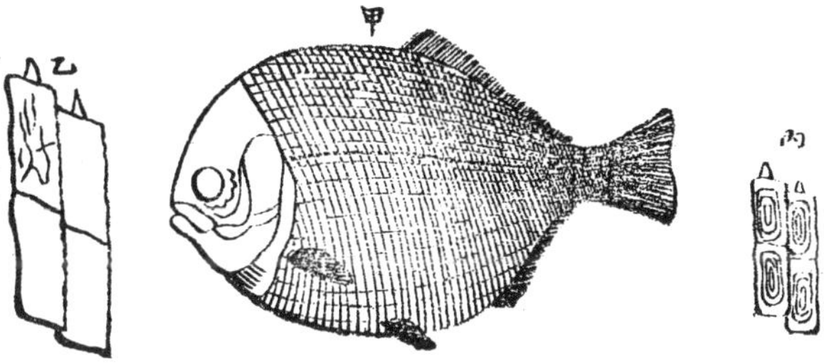

哀既磨突斯

乙丙皆爲魚鱗殭石

甲爲設想其魚之全形

來約斯中有魚齒殭石如圖

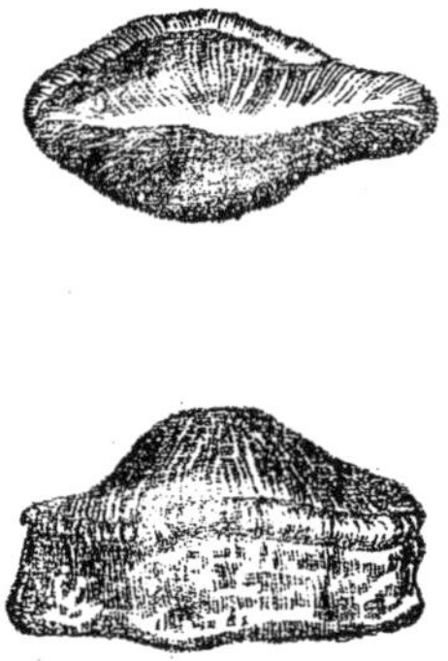

哀克羅突斯奴倍立斯

魚骨殭石攷究甚多有初以爲魚之尖唇後知爲鬐骨者

海藻得斯里鎮求畧得斯

甲爲鬐骨乙爲其齒

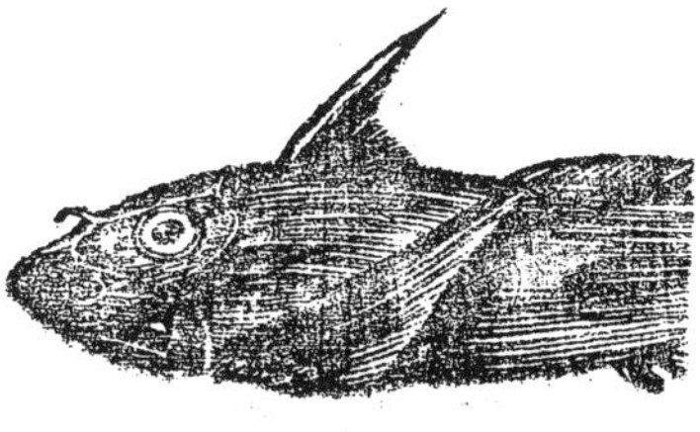

閼偏來約斯脫羅雖

此爲今時魚形其兩翅之硬骨亦有倒勾之刺形與殭石畧同

來約斯蟲蛇殭石

來約斯中有四足類殭石甚大其骨似蛇亦似魚亦似鱷魚其形甚可畏此種殭石不特在來約斯中遇之上至白堊而刻下至脫來約斯中皆有之惟在來約斯者大而多其形如圖

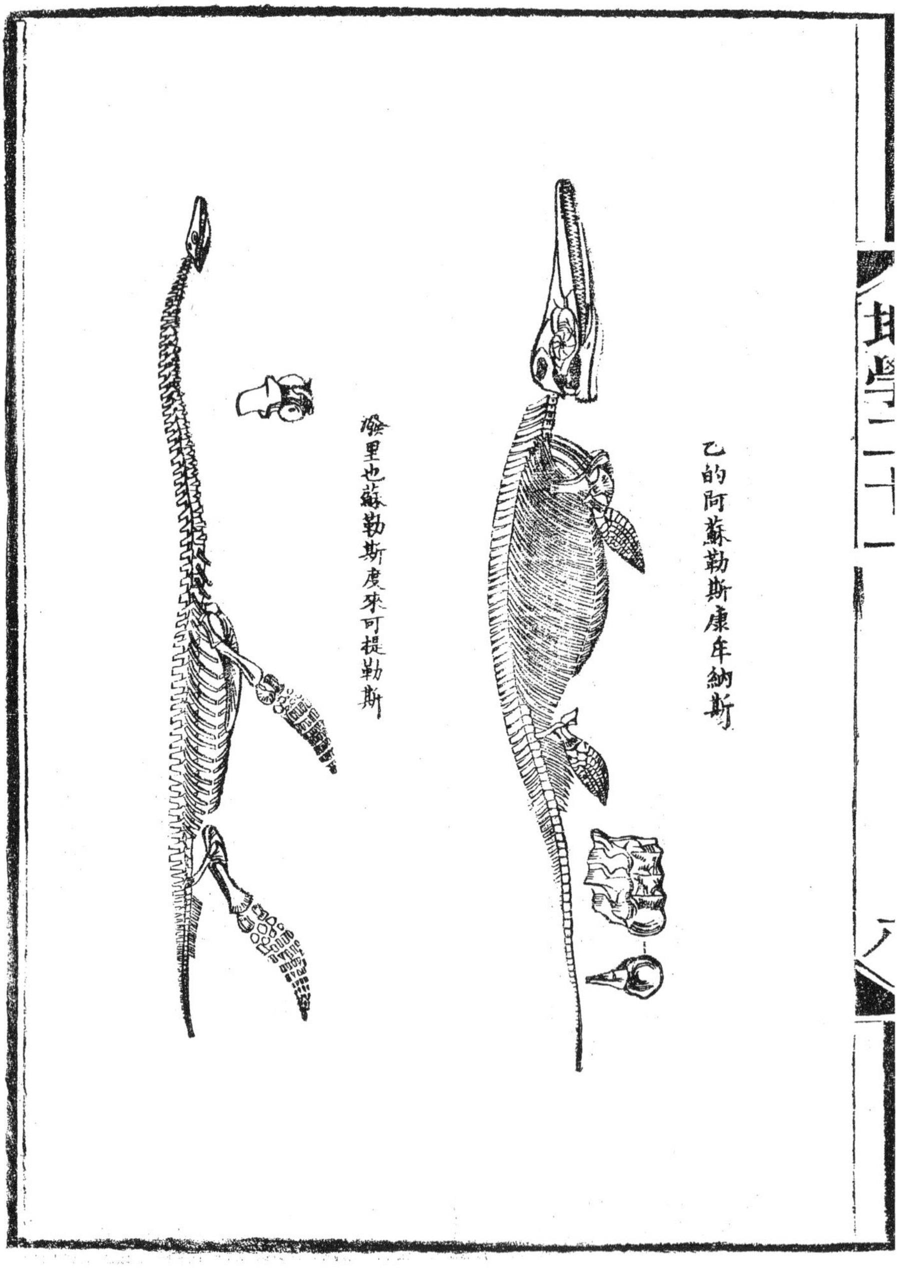
乙的阿蘇勒斯康年納斯
潑里也蘇勒斯度來可提勒斯

觀上圖之形分明知其骨似魚其足亦似魚翅若能匐匍而行想是生於淺水之濱又視其齒知其食肉又其腹中每有所食半消化之他魚亦變殭石視其足骨知其爲連掌之類其全身之長二十四尺

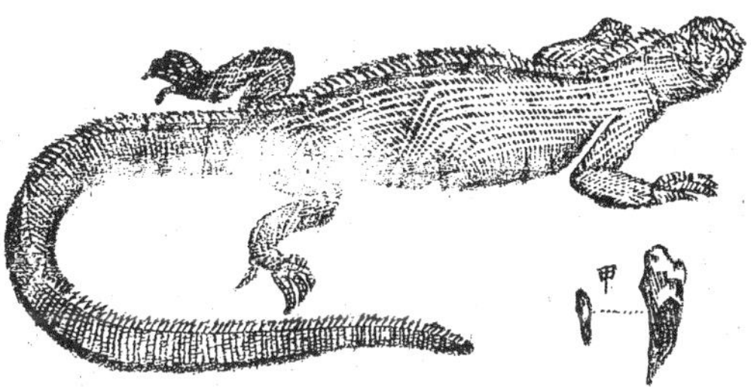

俺白來立嵩納斯
克里斯搭對斯

此爲現今海中之蛇類其牙與前殭石相似如甲

除此之外更無他物有此種牙

來約斯中每遇魚蛇類殭石其殭石皆有忽然而死倏焉沈埋之據因有時見其骨節鱗片及腹中所食之物絕無缺少腐爛之迹故也有時於來約斯中遇其糞成層然與其骨殭石又不在一處

來約斯中有墨魚殭石其腹中之墨尚為炭質惟微有炭酸灰此殭石中之墨亦可用以描繪與今墨魚之墨無異所以知其理沒時必甚速不然則易腐爛也

今江中發水時其魚每有因水濁泥多閉塞其竅而死者因知來約斯海中之魚當亦如此

從以上諸說學者能知來約斯之層大約皆成於海水中

惟有處爲半鹹淡水中所成想其地是古時江流入海處也故其殭石兼有草木蟲魚諸類

又有處來約斯灰石中有蟲殭石甚多故亦謂之蟲灰石其硬殼之蟲有二類一爲食木之蟲一爲食草之蟲又有蚱蜢蜻蜓之類

半落不低來

此爲蟲翼之形

來約斯草木

從烏來脫至來約斯其中之草木未遇雙仁子外有肉之

類而克里兒書及第三迹層中則有之蓋第二迹層之時葉背有子之草木甚繁故他物不植也來約斯中遇一塊木已變灰石中有哀末奈脫殭石嵌焉想其木本是硬因水漬而輭故哀末奈脫入焉後則俱化為石如圖

論烏來脫及來約斯造化之法

學者欲知烏來脫來約斯斯歐羅巴之地形如何則當先

思其爲一片大海，其海中生物，如珊瑚螺蛤之屬甚多，其老者遞死，新者迭生，不知經歷幾何年，後海流中忽有濁水，其濁水中之泥砂沉積於海底，而珊瑚螺蛤之屬俱被埋沒，不得孳生，其泥沉積亦不知閱幾何年，而始積至數百尺厚，後其水復清，而又有珊瑚螺蛤生焉，復爲灰石，後復有泥沉而爲泥層，如是泥灰二質於海底相間積疊而成多層。

欲解海中有泥水之故，先思來約斯時陸地有江，其江水中有細泥流下，至海流忽緩處而泥沉焉，後因其有江之處，地漸低，其江流漸平，不能衝其泥至海中，故海水清，海

水清而後有珊瑚螺蛤生焉又因其殼與石子磨碎而有灰砂有時但有砂此因其細灰爲水洗去流向他處故粗砂留也

如欲解屋克斯弗爾泥何以在珊灰石之上試觀今美里哥南有處珊瑚之島其地漸低其相近之陸地江水中若有泥流至海中則其珊瑚島必爲洗泥所埋如其地形低而復高高而又低如是上落數次則灰與泥積疊亦如古之屋克斯弗爾矣

凡地形之漸高漸低其變動極遲其歷年甚久試觀今之太平洋珊瑚島須數百年方能長成數尺厚一層珊瑚而

從上鳥來脫至來約斯其珊瑚灰石有多層此非其時甚久遠不能如是也所以生物之屬遞滅遞生歷年久遠而形狀漸變故其每層各有定在之殭石

陽湖趙宏繪圖

長洲沙英校樣

[illegible]學二十一　三

地學淺釋卷二十二目錄

美里哥勿爾其尼碌炭

美里哥葛納造各脫新紅砂

地學淺釋卷二十二

英國雷俠兒撰　美國瑪高溫口譯
金匱華蘅芳筆述

此卷論脫來約斯

新紅砂石辨

從來約斯之下至可見美什之上有一種曡層其石爲紅壚坶舍兒砂石等土石此皆新紅砂造化也名之曰新者所以別於老紅砂也

新紅砂造化爲砂石舍兒與紅壚坶爲曡層在可見美什之上來約斯之下如圖

甲爲新紅砂。　乙爲碟層。

丙爲老紅砂。

新紅砂層中之紅泥層人每呼爲紅硫兒此名是誤蓋硫兒者專指有灰之土言之此泥中並無灰不應有硫兒之名故謂之紅壚坶。

紅壚埴與求拉昔克中之泥層其易別者有三一因其中無炭酸灰二因其中之殭石少一因其土石大約紅色者居多

英吉利之新紅砂上下層初未攷知其殭石時便於用一總名以括來約斯之下可兒美什之上諸壘層因其石每有斑點花紋故名之曰破塊立迭克此名今不恆用而用脫來約斯及潑而彌安凡遇新紅砂大層未得其中之殭石者皆以此名名之故名新紅砂之上層爲脫來約斯一層爲潑而彌安

脫來約斯

脫來約斯卽上新紅砂此層英吉利法蘭西日耳曼等處皆有之其在日耳曼者最分明

日耳曼地學家分別其脫來約斯爲三層

一爲葛拔　二爲未斯果克　三爲盆突砂石

上脫來約斯葛拔

前卷已言近下來約斯處有數層其中有哀未奈脫殭石甚多其在上層者爲哀未奈脫薄克闌待在下層者爲哀未奈脫潑來奴比斯此在英吉利之層也

其在日耳曼者比此哀未奈脫石層之下遇一奇層其石爲鹹水造化之合子石其中之殭石與來約斯中者各異

又有魚蛇等物之殭石甚多，其種類皆與下脫來約斯中者相近，此卽上脫來約斯之葛拔也。在脫來約斯最上之層遇齒殭石如圖。

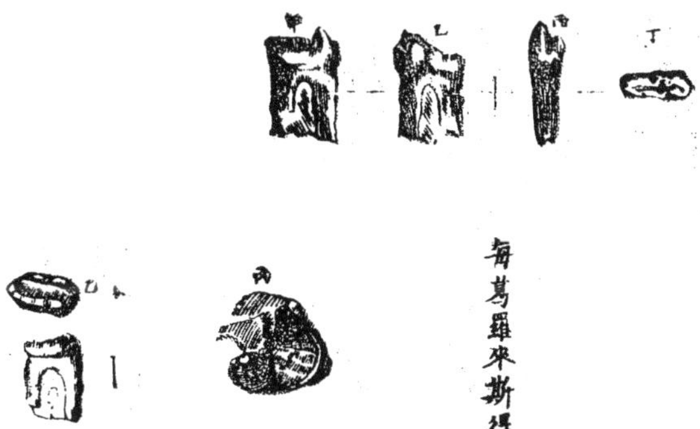

毎葛羅來斯得斯

甲爲內面形　乙爲外面形　丙爲側面形　丁爲上面形　I爲原齒形之長短。

毎葛羅來斯得斯

甲爲內面　乙爲上面　丙爲上面顯大之形。

每葛羅來斯得斯

圖比原形大四倍

此種齒殭石人初遇之見其齒有雙根而磨面不平以爲是食肉之類故名之曰每葛羅來斯得斯猶言小野獸也後於六里之外又得二齒亦爲一類今已有人攷定之知爲食草之腹袋獸

凡脫來約斯中遇有此每葛羅殭石者其層爲葛拔其下有蛇魚殭石者比此層老幾近於未斯果克矣

有每葛羅殭石之合子石名曰葛拔此層約厚一千尺中

有砂石石膏碟斯里脫泥諸小層其泥中遇蟲蛇殭石亦
有魚齒殭石
葛拔層中之草木形迹大約與來約斯烏來脫中者相近
有數種如圖

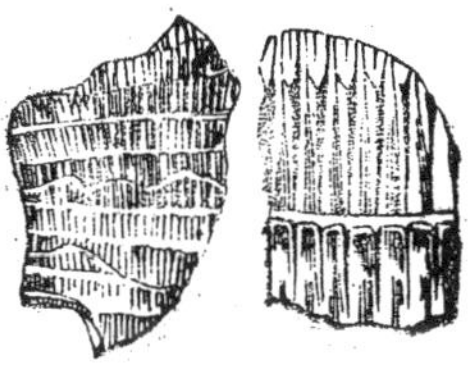

以乖西待的斯
可倫乍里斯

石爲顯大之形
此草木形迹在葛拔亦
在烏來脫

恰西恩及霍爾斯得層
葛拔砂石層葛拔泥層皆似成於淺海中近陸地江口處

其在日耳曼西北及在英法二處者其中殭石不過間有海中生物爲鹹水之據惟思其成此層時陸地之生物既多則其海中之生物亦必多特未遇之耳

歐羅巴南有一帶連山其總名曰阿兒不斯山其山綿亘於法蘭西以大里瑞西奥地里等處其在奥地里之阿兒不斯山有上脫來約斯層處地名恰西恩中有一層有海中生物之殭石甚多乃知在英法等處之上脫來約斯因爲半鹹淡水或淡水中所成故海中生物之殭石少也奥地里阿兒不斯山之上脫來約斯層在求拉昔克來約斯之下其石爲褐色灰石中有哀未奈脫薄克蘭待等殭

石。

與地里阿兒不斯山之上脫來約斯其石層從上至下可分別之爲四層。

一曰上恰西恩層其石爲黑灰石及麻兒厚約五百尺其中殭石有裒別求來必克登卡提恩斯背立弗爾。

二曰達克斯登層其石爲白色或灰色之灰石每小層三四尺厚相間疊其厚二千尺其上層有珊瑚殭石下層無殭石。

三曰霍爾斯得層亦曰下恰西恩層其石爲淡紅色或白色之紋灰石厚八百尺至一千尺中有海中生物殭石

八百餘種，其螺蛤類，有哇蘇西勒斯哀末奈脫西立待的斯等物，而倍里每脫少。

四曰葛登斯得層，獲爾得層，此兩層有人以爲上脫來約斯之底，亦有人以爲下脫來約斯之面。葛登斯得層爲黑灰石及灰色灰石，厚一百五十尺。獲爾得層爲紅綠含兒及砂石、石鹽、石膏，其殭石有西立待的斯等物。

恰西恩霍爾斯得層中，已得殭石八百餘種，有新得之物尚未攷定者，如圖。

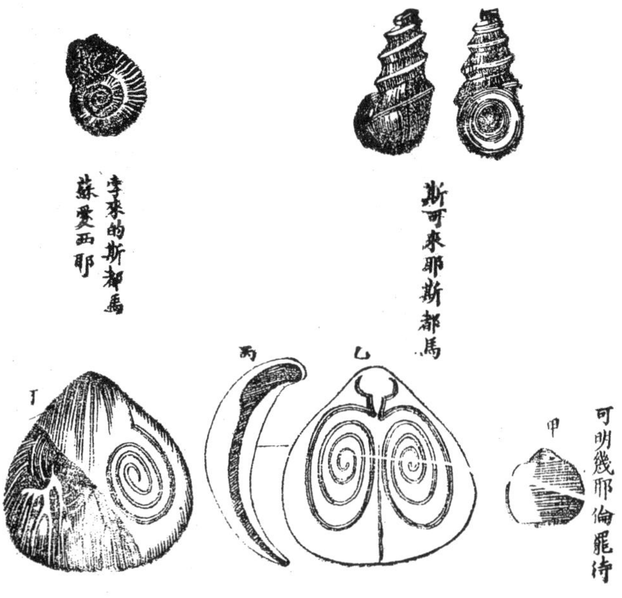

甲爲背形、乙爲顯大之腹形、丙爲其掩口之門、丁爲內形

末斯果克

日耳曼之末斯果克大約爲搏結之灰石或駄羅美脫亦有石膏石鹽其中殭石有末斯果克甚多故有是名又其中無倍里每脫而哀末奈脫之形亦異

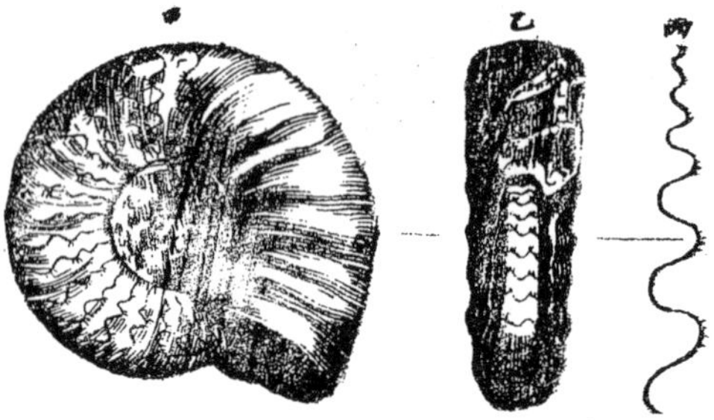

西立特的斯
奴陀雖斯

甲爲平形　乙爲側形　丙爲其凹凸之剖面線

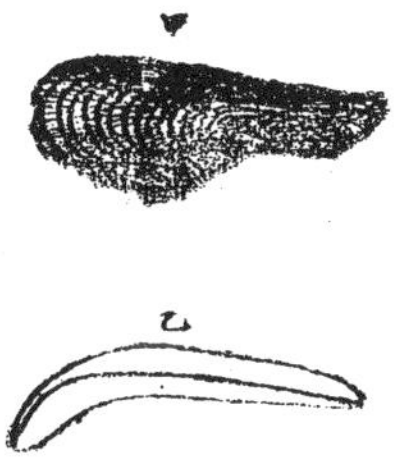

又有石蓮之類甚多，故知此層成於淸水中甚遲。

甲爲平形，乙爲側形。

甲爲平截之內紋。

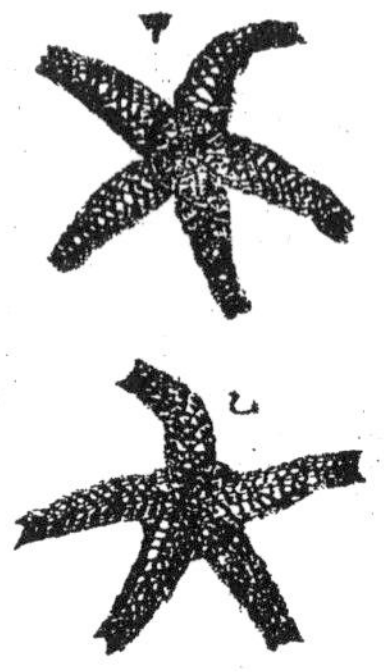

哀斯拜求墨羅來蓋脫

此爲星形之物言其四出如星光也、甲爲上面乙爲下面、

此層中亦遇有足生物之殭石如圖、

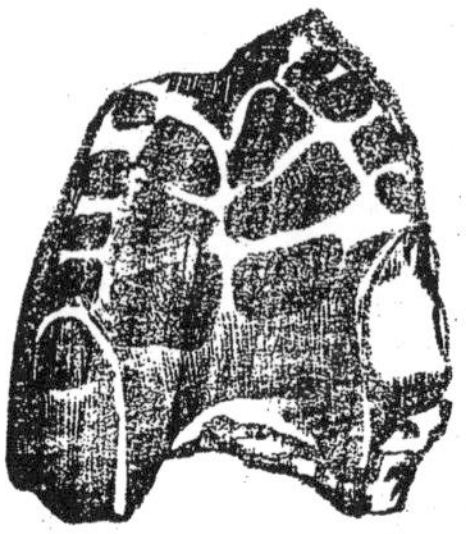

潑來可塞斯才蓋斯

此爲上腭之骨、

盆突砂石

日耳曼之盆突砂石其石有數色亦有馱羅美脫紅泥或倍蘇來脫魚子灰石其層其厚一千尺其中有松實之殭

石又有草木形迹如圖

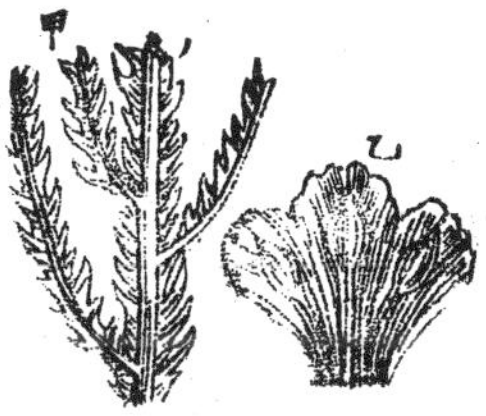

伏乞太西耶赫的屋非來

甲爲原大之形乙爲顯大之形

其紅泥之上有蟲蛇之行迹反印於上層之砂石上則成陽紋此種足迹及坼裂之紋波浪紋皆在忽乾忽濕之地故爲成於淺水之據

英吉利脫來約斯

上脫來約斯之在英吉利者祇有葛拔及盆突砂石層而

無末斯果克其葛拔之上層中殭石有哀別求來康吐對其中層新紅麻兒中有薄層砂石間之其下層爲白色褐色之砂石及麻兒其盆突之上層爲數色花紋之砂石下爲合子石再下爲花紋灰石

英吉利脫來約斯有處在堪孛里安之上有處在西羅里安之上亦有處在提符尼安可兒美什潑而彌安之上蓋其下之古石各處高低碎蝕之時皆比新紅砂沈積之時早

其脫來約斯與上層之來約斯分界處有乳黃色灰石有時於其中遇殭石與日耳曼法蘭西之恰西恩層中殭石

相同亦有哀別求來康吐對故亦名此層爲哀別求來層
此層之殭石如圖

哀別求來康吐斛

必克登維耶奈生蓋蛤

長提恩里特康母

海蓮傳斯

字來盖太里突斯

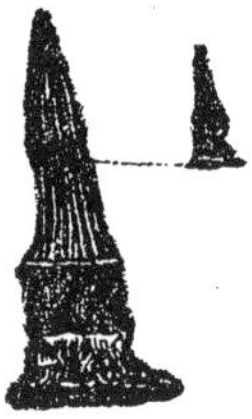

綠力的斯阿背開里斯

闗畢里別斯

英吉利之脫來約斯其厚一千尺至一千五百尺中有石膏石鹽紅舍兒泥其石鹽有碎塊如豆在泥層之上者

英吉利之盆突砂石層厚六百尺其石爲紅舍兒綠舍兒紅砂石白科子鬆砂石

於白科子砂石中遇一樹已變爲夕里開其徑尺許長丈許其樹殭石有外長之紋知其爲松樹之類

又科子砂石之下面每於紅泥上印有獸迹爲陽文其形如圖

奇路布里恩

長八寸　濶五寸

此獸迹之印有平行兩行相距十四寸每一大足印之前必有一小足印其大足印約八寸長五寸濶其小足印四寸長三寸濶每印有五指之形其大拇指每步相反如圖

奇路希里風

此足迹之印有平行兩行圖祇繪其一行耳

因在日耳曼及英吉利，但見此種足印，未遇其獸骨殭石及齒，故不知其爲何物之足迹，有人謂是袋獸之足迹，因今之袋獸，有大如狗者，其前足短而小，後足長而大，其拇指亦側，而不與四指平行，故以爲砂石之印迹，或是古時袋獸之足迹，又有人以爲是古時大蟾蜍之足迹。

葛拔砂石中，有齒殭石，初時人以爲是四足蛇類之齒，有博物之士阿恆者，用顯微鏡察之，知其爲蛙類之齒，因蛇類獸類之齒，截其一片，用顯微鏡察之，無甚花紋，今見其殭石之花紋，如腦髓，攷今之生物，惟蛙類之齒，亦有此形，故知其爲蛙齒殭石。

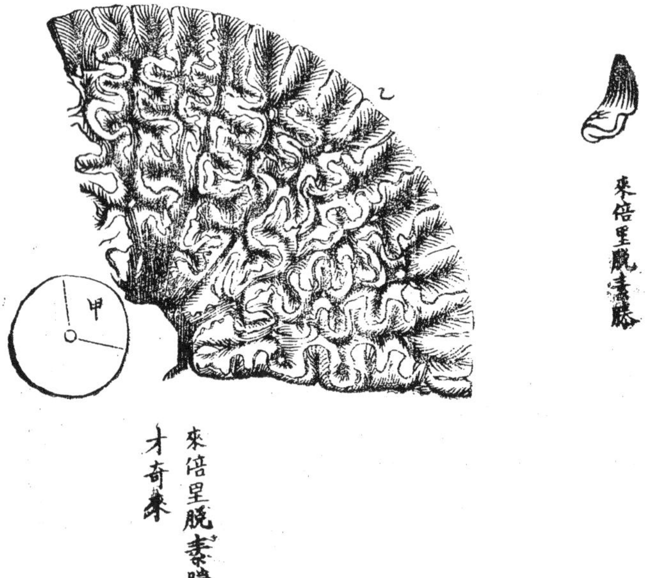

此爲葛拔砂中蛙齒殭石之圖殭石之長三寸半其徑一寸半

甲爲原截一片之形乙爲顯大之形

阿恆攷知。新紅砂期。有三種大蛙。其後足皆大於前足。故疑前所得科子砂石中之足迹。即是此蛙。又以石上足迹之形。與今蛙類之足迹相比。其形最近於蟾蜍。又以其頭骨及牙。比例其足迹之大小。數亦相符。　又觀其殭石之鼻骨。知其是呼吸天空氣之屬。非水中之蛙。故爲蟾蜍無疑。

馱羅美脫合子石

英吉利碟層之上有馱羅美脫合子石層。其面不與碟層平行。其石子爲古石之碎塊。有馱羅美脫膠結之。故成合子石。其層非相連爲一片。乃零星小層。撒開在老紅砂石及炭灰石之凹處其石子有磨圓者有稜角者最大之塊有一千噸重者其石子之質與其本處之石相同如其下爲炭灰石則合子石之石子亦爲炭灰石如其下爲碟舍兒則合子石之石子亦爲碟舍兒又石子若爲炭灰石則其中亦有炭灰石中之殭石有破碎之鱷魚骨及牙其牙根之骨有埋根之孔甚深不比蛙類之牙根連排不作孔也

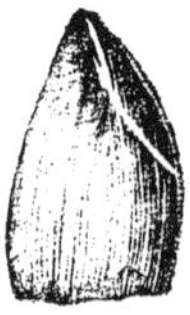

貝來阿所力斯
潑來低阿滕

圖得原形三分之一

論紅砂石及石鹽造化之法

脫來約斯中有紅色及雜色斑點花紋之砂石及雜色之泥其中每有石鹽石膏及美養灰石此必有故而能然然學者莫忘亦有大厚層之紅砂石花砂石泥層其中無鹽及石膏者又石膏石鹽亦有在昔斯里之藍泥中並不在紅砂紅泥中者

欲解紅砂石層紅泥之沈積不過是尋常結成之昔斯脫朽爛或變形之昔斯脫朽爛而成如英吉利北方有山其

石爲尼斯枚格昔斯脫泥斯里脫其山上之泥數尺厚皆是其山石泐爛而成其泥色之紅與紅砂石之紅色無異亦因中有養氣鐵故也如有水洗刷其泥砂流至湖海中則沈積成紅砂及紅壚坶其造化與新舊紅砂石無異紅砂石之紅色皆因霍怋白倫及枚格泐爛所成蓋其中之養氣鐵多也

有一事尚未解釋之凡石層中養鐵多者大抵殭石少如於英吉利新舊紅砂疊層中遇殭石皆在灰色砂石及灰砂石中而不在紅砂石中

石膏石鹽有處在紅砂紅泥中相與成疊層有地學家以

爲其鹽及石膏從火山中來因今時海陸諸處遇地震時每有氣從地中出而近火山之處亦有氣從地中出此氣中每有硫磺及綠氣若其氣降落於水中則能結成石膏石鹽及馱羅美脫此不過意想其如此未能有實據也

石鹽每有極厚之層此是近海之湖中所成如有處上脫來約斯爲拔中有兩層石鹽厚九十尺至一百尺其上一層石鹽上面最不平有處凸如山其兩層石鹽之中有泥硬如石其硬泥中亦有鹽脉走入之其上層石鹽至西南數里外薄十五尺其層之寬廣尚未詳知惟其處之鹽泥鹽砂石寬廣四百五十里此處之脫來約斯厚一千七百

尺其砂石中有浪紋蛙迹在上下諸層因此能知其層於紅砂造化時地形漸漸低故能漸漸沈積成厚層

今天竺有一大江其入海之處有數口分流其分流處之地六萬三千方里其地非海亦非陸每年江水小時有數月乾涸遇時風從海來則有海水至其處燥則成鹽故積成鹽層後因江水大則其處又有江水又遇地震而升高則其處無水而見鹽層厚一寸

蓋海水中之常有鹽猶太陽之常有光無時或已也如近海之處有淺湖海水入於湖則能爲鹽如其地形漸漸低則其鹽能漸漸積起以成厚鹽層其在湖心者爲淨鹽近

湖邊者，有泥砂雜之，故其鹽不淨。如近海之湖，地低太速，則其深處不能結鹽，惟淺處有結鹽。如近海之湖，地漸高，則成沮澤，而有獸迹及浪紋作。如是解，則鹽之自來，其理易明矣。

亞細亞之西邊有數處之湖，夏時湖水之面每有結成之鹽，厚寸許，土人取之爲食鹽。

亞非利加有湖與海相連，後因有火山灰塞其流通之處，其湖中之海水燥而爲鹽。又有處湖海相通之地，有砂漲起而高，故水不能通流，而漫入之海水亦燥而成鹽。

凡海邊能成鹽之湖，其湖大抵皆無支港，若有他水入湖者。不能成鹽。

鹽層中。不見有殭石。此理可以一小事明之。譬如以一淺盤盛鹽水。使其味鹹於海水。試以海中生物入之則死。故死海中無生物。如死海之地漸低。能有他處之水流入則淡而能有物生。準此理以解鹹水厚層。如鹽泥層。其中無殭石。而其上每有淡水鹹水層。則有多殭石。

紅海之邊。周圍皆為砂土。並無入紅海之江。而紅海與大海相通處。其口又甚窄。故紅海之水。鹹於海水十分之一。計紅海之水。遇日而燥。若無他水益之。每年可乾去八尺。而紅海之深。其折中之數八百尺。即燥去百分之一也。如是算之則紅海之水每年應加鹹百分之一。又水與鹽之比例，以輕重論之爲一百分之四，以大小論之爲三與一。紅海之水深八百尺，則三千年能變成一鹽層，亦厚八百尺。

然今測紅海之水，每年並不加鹹，故博物家欲問其處有無入紅海之水足補其日之所耗，又問其與大海相通之口有無鹹水重而下沈，從下面流出。如無此二事，則其水應每年加鹹，何以恆鹹於海水十分之一。

美里哥勿爾其尼碟炭

在俄羅斯及美里哥海邊從未遇有烏來脫層於美里哥

勿爾其尼地方遇硬碟在合拉尼脫尼斯之上其碟層之寬廣南北七十八里東西十二里至三十六里昔時地學家以此碟爲求拉昔克之下層今細攷其中之草木形迹甚近於日耳曼之葛拔故定此碟爲脫來約斯其草木之形在舍兒藍色泥中皆立如植不作臥倒之形故非他處流來蓋其生時有舍兒泥砂沈積而埋之也如圖

甲爲合拉尼脫或尼斯　乙爲三次石　丙爲硬碟層丁爲古時流來之泥砂　戊爲勿爾其尼省城在江邊

其舍兒藍泥中有硬鱗類魚殭石其螺蛤殭石少凡遇礫層相近大抵螺蛤殭石皆甚少惟此礫層中有一種殭石

甚多其在舍兒層幾如枚格之在泥石其殭石之形如圖

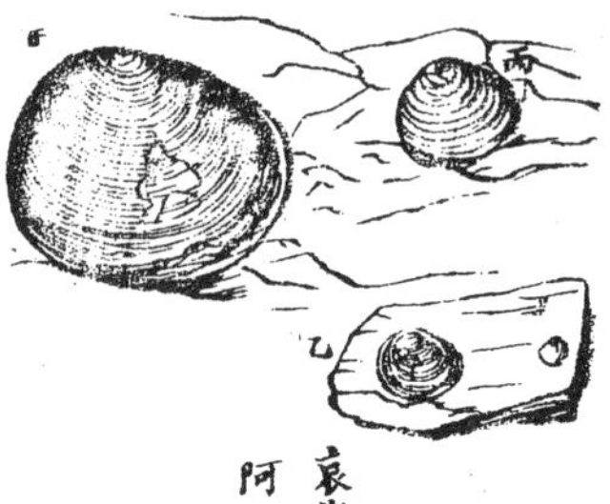

哀斯的里耶阿肥得

甲爲其殭石之大者

乙丙爲小者

勿爾其尼碟層之石爲磨石砂石及舍兒與歐羅巴各處碟層之石同其碟厚於歐羅巴各處之碟最厚者三十尺至四十尺深於地面八百尺其碟與英吉利上等之碟同

美里哥葛納迭各脫新紅砂

葛納迭各脫地方有新紅砂含兒合子石在合拉尼脫石之凹處其寬廣南北四百五十里東西十五里至三十里其層斜向東其斜度從五度至五十度不等其斜至五十度者不多見惟於脫拉潑走出之處遇之其脫拉潑之走出尚在新紅砂沈積之先

此新紅砂爲淺水中所成亦有其砂高於海面而他處方沈積者因其薄層砂石每有波浪之紋又有印其下層之紅綠含兒面上之坼裂紋而成陽文者蓋其紅綠含兒在淺水易涸之處燥而坼裂成紋後有水而紅砂沈積其上故印成陽文也又紅綠含兒之上面每有雨點之迹亦印

於紅砂石之下面成雨點陽文.

此處紅綠舍皃之上.紅砂石之下.曾有地學家得三十二種鳥迹十二種四足之迹於二百四十里中.凡遇二十餘處皆在紅綠舍皃之上面爲陰文.而印於紅砂石之下面爲陽文.其足迹之行列.皆平行.而每步之迹.相距亦恆相等.

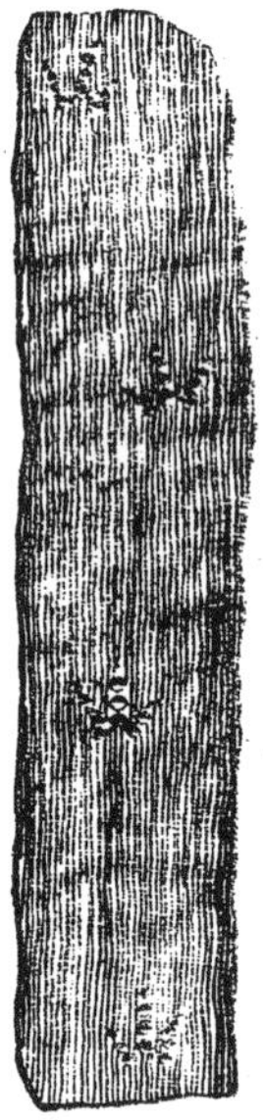

此爲鳥迹之圖.

觀紅綠舍皃及紅砂石之鳥迹.見其左右足之大小同.又

足迹大者、其步之相距亦大故知其物亦大足迹小者其步之相距亦小、知其物亦小、最小之迹每步相距半寸、最大之迹其迹大二十寸、其步之相距四尺六寸、有處足迹之形甚分明并其爪指之皮紋亦究肖、有阿恆者攷之知此爲駝鳥之類惟此處之迹比今之駝鳥足迹大四倍、所以人未之信近於新荷蘭之南得古駝鳥之骨、大與此等人遂信之、

凡足迹之陰文恆大於原物之足、故凡攷足迹當以印出之陽文爲主、

葛納迭各脫層中、尚未遇見骨殭石、惟見有古時生物之

糞化學家攷之其質爲炭酸灰或燐酸灰知其爲鳥類之糞也

此紅綠舍見及紅砂石中但見有足迹而未得草木形迹及鳥獸螺蛤等物之殭石故未能定其爲何期又其中雖有魚骨殭石甚多亦甚分明惟其形與他處之魚殭石不類故亦不能比較

此處有魚殭石之砂石諒比勿爾其尼及葛拔之石古因其魚皆爲正尾非偏尾所以知其比潑而彌安層較新勿爾其尼之南有與勿爾其尼同時所成之層其中遇食蟲之乳哺類殭石如歐羅巴之美葛羅來斯得斯觀此可

知腹外有袋之獸其有生以來處世已久而其所在之地亦甚寬廣

陽湖趙宏繪圖
長洲沙英校樣

地學淺釋卷二十三目錄

地學淺釋卷二十三

英國雷俠兒撰　美國瑪高温口譯　金匱華蘅芳筆述

此卷論潑而彌安

下新紅砂

前已言英吉利之紅𪎭兒砂石層，未攷明其殭石時，因其石每有斑點花紋，故名之曰破塊立迭克。以英吉利來約斯至碟層中間之石層與俄羅斯日耳曼諸國之來約斯碟層中間之石層比較，則能分別之，且能知其下層之殭石比脫來約斯更近於碟層，所以如欲作一線以分第一迹層第二迹層之交界處則破塊立迭克即是分界之線故上新紅砂猶爲第二迹層之底而下新紅砂則爲第一迹層之面又第一迹層西名胚里助哀克猶言古生物也

潑而彌安說

破塊立迭克之下爲下新紅砂造化或名美養灰石惟此等之名皆偏指一種石而言之故不甚便而便於用一總名故名之曰潑而彌安其取名之意因俄羅斯有一大省名潑而彌安其處之下新紅砂層最大故即以地名名之

潑而彌安分層

英吉利之潑而爾安以殭石分之爲六層

一爲結成及未結成之灰石　二爲合子石灰石

三爲苔殭石之灰石　四爲結實之灰石

五爲厤兒斯里脫　六爲雜色下砂石

結成之灰石在常灰石中其結成之粒如魚子或大如葡萄塊有時石中有藍綠之紋因其中無珊瑚殭石故知爲淺海中所成其中有蛤殭石如圖

蜼助得斯雞羅比每

羅勒得斯脫倫謂得斯

每立的斯龜蚣發

有處之灰石未曾結成則如尋常之灰石惟其金石之合質有四十四分養氣美合尼西與炭酸灰相連有處之炭酸灰結為球形從櫻桃大至徑尺破其球見有從中心四出之紋又有處或如土或如粉漸變至結實而硬為駄羅美脫其疊層不甚分明

合于灰石即潑而彌安層之灰石破碎有駄羅美脫膠結

粘合而成，其石子俱有稜角，絕無磨圓之形，
苔殭石灰石，諒為深水中所成，因其中有無數苔形之殭石，故有此名，俄羅斯之潑而彌安，亦有此種殭石，

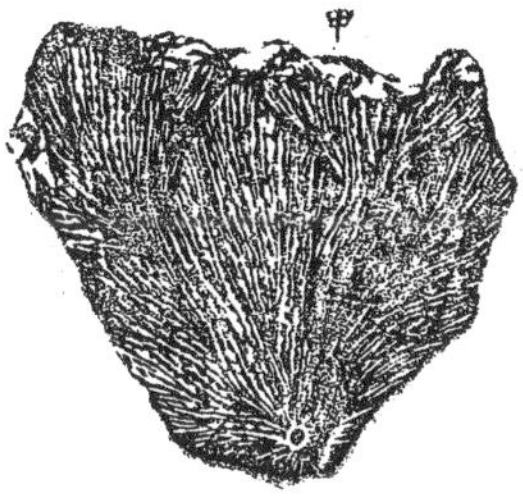

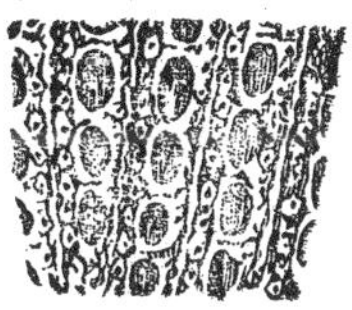

非拉斯塔搭
力克代福恒斯

甲為苔形之殭石，大七八寸，
乙為顯大之形，

合子灰石卽美合尼西養灰石其黃色之合子石中有殭石甚多此種皆爲古殭石從未遇之於新于潑而彌安之石中

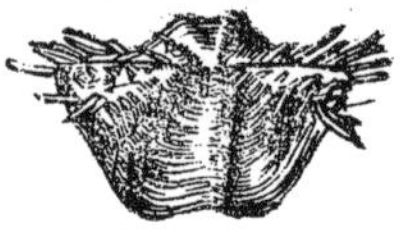

潑羅突克得斯霍里安斯

林求來克里尼來

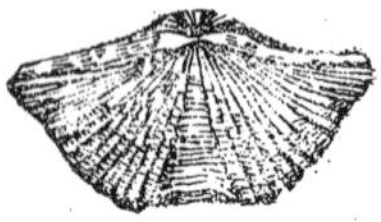

斯背立弗爾安求界得斯

結實灰石。其粒非結成。如摶之而結實者。然其中亦有苔形殭石。其下爲麻兒斯里脫。

麻兒斯里脫及薄灰石。其中有魚殭石。此種魚殭石。潑而彌安及可見美什皆有之。

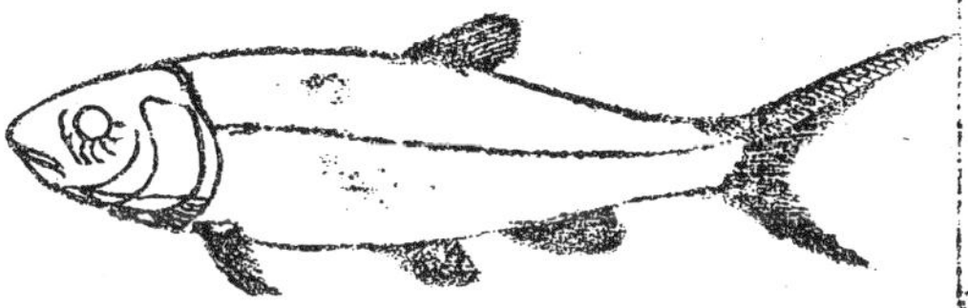

雁里寒斯萬蕩

此魚之尾偏。其脊骨直至其長尾之中。今惟鯊魚之類有此種尾。

今時所有之魚已攷知者約有九千種其魚尾之形有尖而不分者有濶而分開者其分尾之形又有二種一其尾分開而正其脊骨不透至尾中而脊末有骨如扇一其尾分開而偏其脊骨直至其長尾之中而不作扇形其短尾中無脊骨

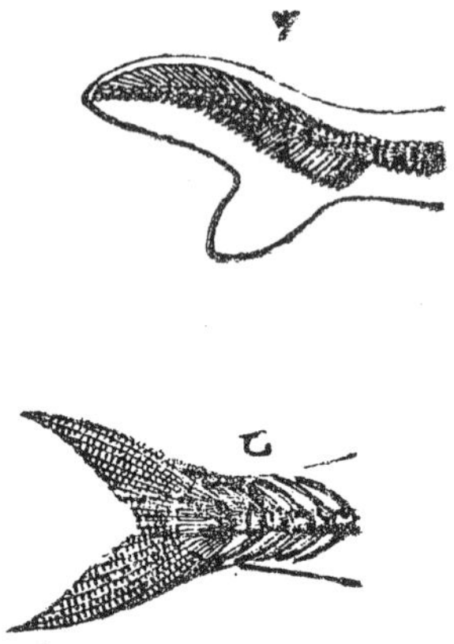

甲爲偏尾之形其脊骨直透至長尾中

乙爲正尾之形其脊骨不透至尾而末有扇形之骨

魚殭石之尾形有一奇據凡從美養灰石以下諸層其魚皆爲偏尾而新於美養灰石諸層中其魚之尾皆正者多偏者少

麻兒斯里脫中之魚殭石甚分明得其一鱗即可知其爲某類之魚如圖

胚里歐斯萬斯稟列得斯

胚里歐斯萬斯哀里蓋伍斯

此爲魚鱗顯大之形

此爲鱗之反面顯大形

脫里[illegible]斯葛斯合拉乎[illegible]斯

[illegible]

[illegible]的[illegible]斯[illegible]此阿米[illegible]

此亦爲鱗背顯大之形

此爲皮鱗之面有粒形

甲爲鱗之正面顯大形

乙爲背面顯大形

衰克羅且別斯雖其聿蓋

此亦爲鱗面顯大之形

下等砂石在麻兒斯里脫之下其石爲砂石及砂有時過此層之下即爲可兒美什有時與紅麻兒石膏層相連有人言此層中草木形迹與可兒美什相同若果如是則此層應歸可兒美什因潑而彌安之草木與可兒美什各異故也

俄羅斯之潑而彌安其石爲白灰石石膏石鹽紅綠磨石及銅礦

日耳曼之潑而彌安層甚分明其上層亦爲結成及未結成之灰石其下即爲麻兒斯里脫此麻兒斯里脫中有銅礦甚多。

潑而彌安草木

於日耳曼潑而彌安層遇草木形迹六十種其四十種爲他處所未遇其二十種內有遇之於俄羅斯潑而彌安者有遇之於可兒美什者如圖

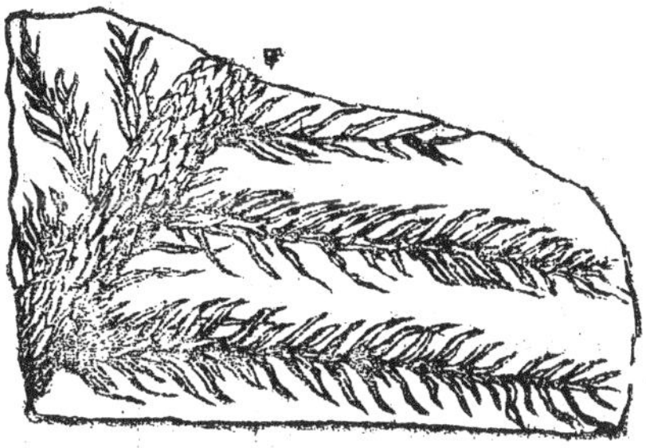

甲爲大榦及枝、乙爲小枝、丙爲葉顯大之形、

搽其異非耶九尾福異那

於日耳曼潑而彌安之最下層遇鳳尾樹已變爲砂石此種殭石於法蘭西美里哥皆遇之於可兒美什之上層蓋此種樹木生於可兒美什與潑而彌安交際之時最繁盛故屢遇其殭石如以潑而彌安之生物與脫來約斯及可兒美什比則與可兒美什爲近

陽湖趙宏繪圖

長洲沙英校樣

地學淺釋卷二十四目錄

斯的克牟里耶
論㻟層草木
㻟之從來
㻟層植立之樹
美里哥㻟層
㻟期氣候
論淨㻟成層之故
半鹹半淡水之㻟
泥鐵砂

地學淺釋卷二十四

英國雷俠兒撰
美國瑪高溫口譯
金匱華蘅芳筆述

此卷論卡蒲業非拉斯之可兒美什

碟層

潑而彌安之下爲卡蒲業非拉斯此層分爲上下二層上爲可兒美什下爲炭灰石

可兒美什譯言碟層也因其層中有碟故名碟層其層中之碟或淨或不淨每與灰石舍兒相疊成厚層

碟層雖以碟名其層然其中之碟與他石之比碟爲甚小

如英吉利北方可見美什三千尺厚其中之碟疊層統計不過厚六十尺耳

卡蒲拉斯之造化各處比較之各異卽於一處比較之亦各異如英吉利之可見美什亦各處互異也大約卡蒲拉斯可分之爲二層甚分明一鹹水或淡水土石及碟之疊層卽可見美什一鹹水炭灰石疊層此層亦名山灰石其中有珊瑚石蓮最多

英吉利卡蒲

卡蒲之在英吉利西南者可分爲三

一爲可見美什其層厚六百尺至一千二百尺其石爲含

兒及粗砂石疊層，其中每有一層或幾層煤炭，

二爲磨石層，有處厚六百尺，其石爲粗科子砂石，變至合子石，有時有疊層之含兒，此層中常無煤，

三爲炭灰石，其層厚薄不一，最厚處一千五百尺，其石爲灰石，其中有海中螺蛤及珊瑚殭石，此層中亦無煤，

磨石之質比尋常煤層之砂石粗，或與含兒相連爲疊層，其含兒中，時有草木形迹，於英吉利北之磨石層中，遇一帶灰石，其中殭石，有海中生物，必克登及蠣宼似可兒美什，及炭灰石中之殭石，所以卡蒲拉斯只可分爲二層，一爲可兒美什，一爲炭灰石，

於英吉利之南遇炭灰石在老紅砂石之上而炭灰石之在英吉利北者則與可兒美什相間疊其厚一千尺其下又有厚層之炭灰石獨成層

英吉利之北愛而倫海島其可兒美什分上下二層其厚一千尺至二千二百尺其下有磨石層厚三百五十尺至一千八百尺再下爲炭灰石厚一千尺至六千四百尺再下爲炭斯里脫郎炭泥石厚七百尺至一千二百尺最下爲黃砂石及舍兒灰石厚四百尺至二千尺

英西可兒美什

在英吉利之西爲爾斯地方可兒美什層厚一萬二千尺

此層中，除碟炭之外，其石皆爲不淺不深之水中所成，蓋其造化之時，地漸低，低久而停息，息久而又低，其陸地上游之水中，有泥砂流來，漸漸沈積而成諸層，其爲陸地時，有叢樹茂林生焉，譬如今之熱地江口，亦每有林木甚茂，其地若低而有水，則其林木亦能成碟，

爲爾斯之可兒美什，有處厚三千二百四十六尺，中有砂石十層，其最厚之砂石層厚十尺至十五尺，中有十六層碟炭，厚自一尺至五尺，有一層最厚之碟，厚九尺，又有處可兒美什中，遇舍兒疊層多，

碟炭之在可兒美什中，其層之多少厚薄及寬廣大小皆

無一定惟有一事是一定其煤之下面必有泥其泥之質爲砂舍兒如以此泥作磚雖猛火燒之不壞可爲火爐之用故亦名火磚泥煤下之泥或厚數寸或厚數尺至十尺俗名又謂之煤底泥有時泥中亦微有煤而色黑

煤底泥中每有草木殭石名之曰斯的克辛利耶此種殭石只在煤底泥中有之如煤面上之舍兒中雖亦有鳳尾樹之類而絕不見有斯的克辛利耶所以爲奇又煤上舍兒中之草木每有壓倒之形而煤下之斯的克辛利耶則在煤底泥中如植其細根條分縷析與生時之形無異

煤層草木

學者欲知煤炭之故須攷其底泥中之斯的克年利耶欲攷斯的克年利耶須遍攷煤中之各種草木形迹蓋煤中之草木形迹比他石層中爲多任何草木之類凡可兒美什中所有者煤中皆有之所以地學家以攷煤中之草木爲一要事

煤層之草木雖已攷得者不過五百餘種然觀之已知其時草木之形與今之草木有絶然各異者又有二事甚奇一其葉背有子之草名弗兒又有松樹之類皆與今時生者幾同一除弗兒及松樹之外其他種草木皆與今異更無一相似者

弗兒

磔層中有一種草木甚多其草不花而有子其子在葉之背面卽令背陰草之類西名謂之弗兒其形迹與今之生者幾無差別惟其同時之草木與今比較除此及松類之外不但不能別其種並不能識其爲何類矣

此各不的斯郎切特開

磔層中之弗兒草形不能怪見其葉背之子既不能見其子則用何法以識別之蓋觀其枝間生葉之法及葉上筋管之形而識之其草之大小亦如今歐羅巴所生之弗兒惟今之弗兒無有成大樹者而磔層之弗兒則有極大之樹其樹皮之形斑剝如鱗其殭石之形如圖

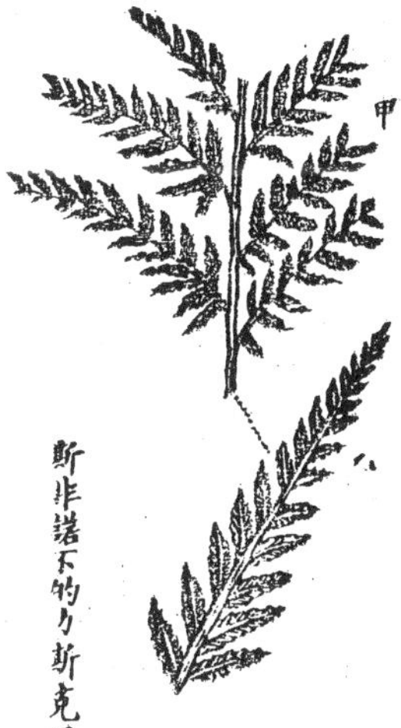

斯非諾不的力斯克里奈搭

今弗兒草之能成樹者不過數種其樹本之皮亦有節斑其節斑之形宛如前圖殭石之形

磥層中弗兒之類已過二百五十種有六十種今歐羅巴尙有生者

睢度非耶

里背度滕

碟層草木有名里背度滕者已得其形迹四十種其榦爲圓管形其皮滿剝落之斑節其枝之分歧恆以二其形如圖

里背度滕

此爲里背度滕之形遇之於舍兒中其樹長四十九尺

又有遇其碎塊之木其皮上飾斑更大

里背度滕之類今有二百種生於熱地惟皆爲蔓生無有成木本者祇有一種名末可頗地恩則植立如樹形然亦高不過三尺而已如圖

末可頗地凰

甲爲全形、乙爲其枝葉之形、丙爲枝葉顯大之形、

於某處磔層中遇一種殭石形如松實而長其質已變爲泥鐵石其外面有斑如鱗有人思之以爲此卽里背度滕之子因於磔層中遇此殭石甚多每與里背度滕在一處故也、

甲爲里背度滕之子苞殭石。圖得原形二分之一。乙爲其斑鱗顯大之形。丙爲再顯大見其子。

開拉每的

碟層草木。有名衣乖西待的斯。言其形如馬尾也。又有一種樹。名開拉每的。昔以爲衣乖西待的斯之類。其殭石爲管形。而外有紋。如圖。

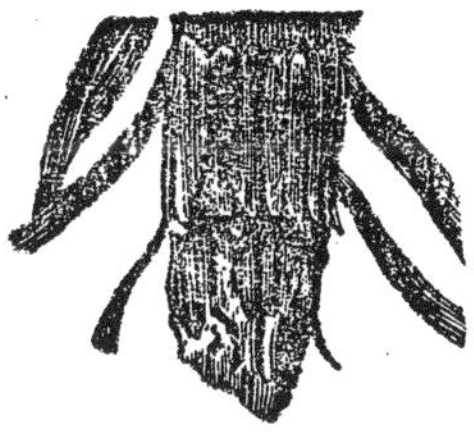

開拉每的開奈福密斯

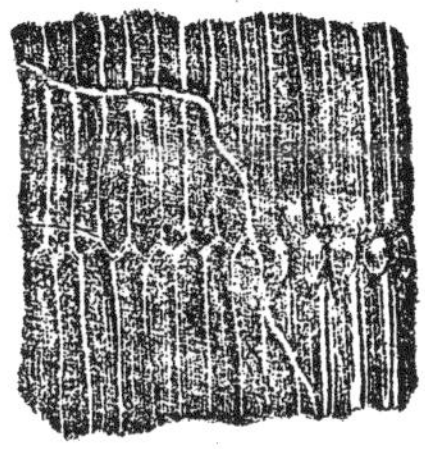

開拉每的蘇可為

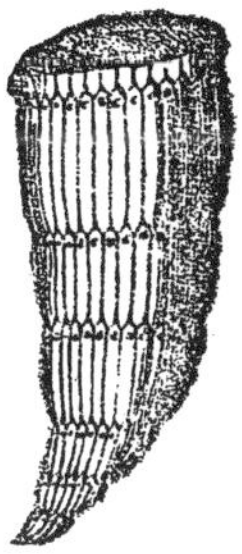

開拉每的之根

然觀其管中似有輭木之心又似雙仁子外有肉之類與

子外無肉之類異故另爲一類。

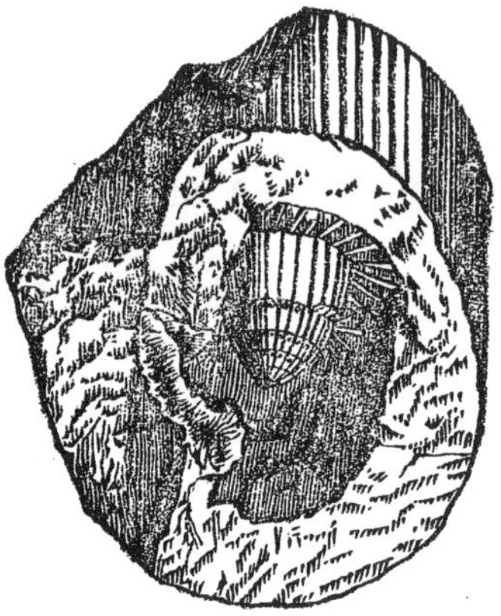

此圖爲剖視開拉每的近根之處見其有外長之圓紋。

哀斯得落非來脫

此亦爲雙仁子外有肉之類與昔其來里耶相類其榦有節如竹其生枝處節節相對其葉亦甚似竹茲繪其枝葉之形如圖。

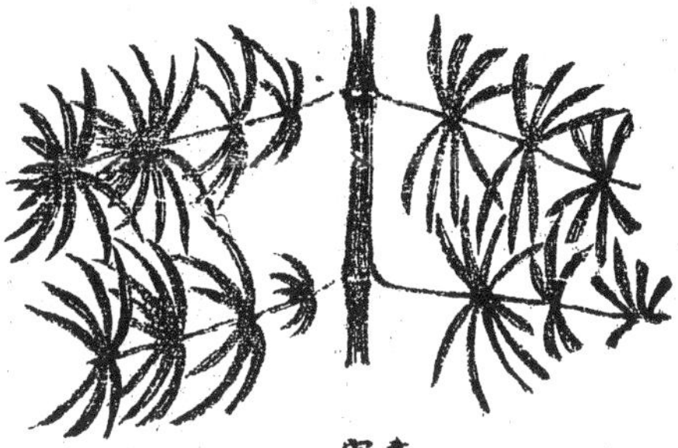

袞斯得落非來臘
富來阿昔斯

昔其來里耶

煤層之草木以昔其來里耶爲最多已攷知者有三十五種其形皆與今之昔其來里耶異其木皮之斑形微似弗兒故疑爲暗子類然其形又如椶櫚則又當爲明子類故

昔其來里耶之究竟爲明子暗子，尚未能攷知，其樹高三十尺至七十尺，其木身圓而無枝，亦偶遇有近杪處分爲二枝者，其徑自二尺至五尺，其殭石如圖

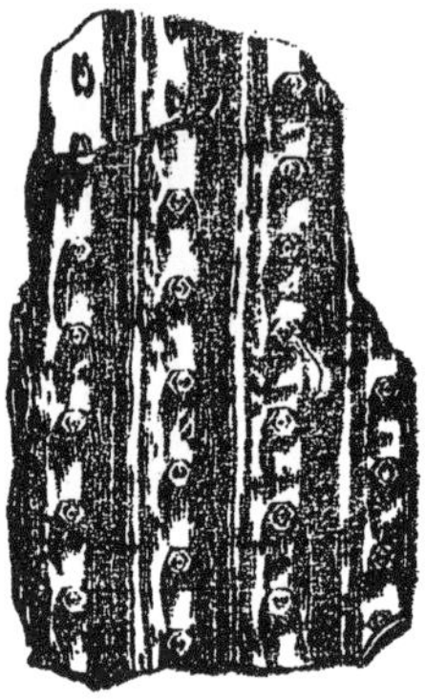

昔其來里耶里之盖戕

觀昔其來里耶之殭石，知其中心之木，比外皮易朽爛，蓋其生時，已有腐而中空者，故其木倒於泥中，能壓而扁，其外皮之木，變爲光明之煤，大約半寸厚，亦有遇其木殭石

或直或斜未壓扁者則其中空之處有砂滿之今草木家以昔其來里耶爲暗子類

斯的克牟利耶

煤底泥中之斯的克牟利耶昔以爲水中之草今已攷知其即爲昔其來里耶之樹根其根長十六尺大根之上又有小根昔以小根爲葉故誤爲另是一種草木今已攷得實據甚分明因見其大根中之筋管與小根之筋管相連其殭石不見小根惟見其小根之脫處有節斑之形耳蓋昔時於煤底泥中遇其碎塊未見全形故以爲另一種草木後於一處煤底泥中見其全形分明是一樹根故知其

卽爲昔其來里耶之根如圖

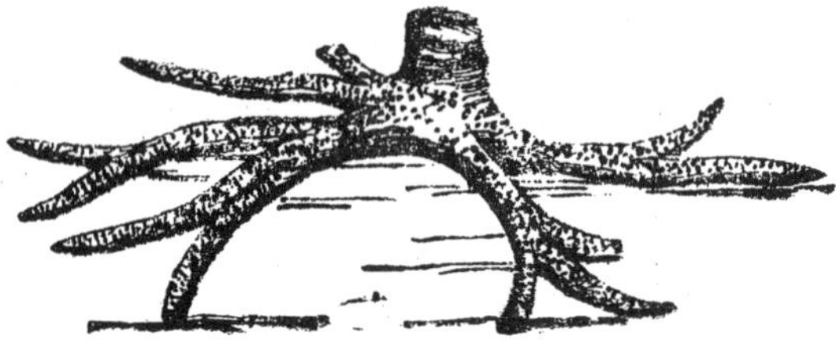

此爲斯的克牟里耶之全形卽昔其來里耶之根也其根盤寬廣十六尺大根之上尚有小根圖之有點處卽生小根之處也

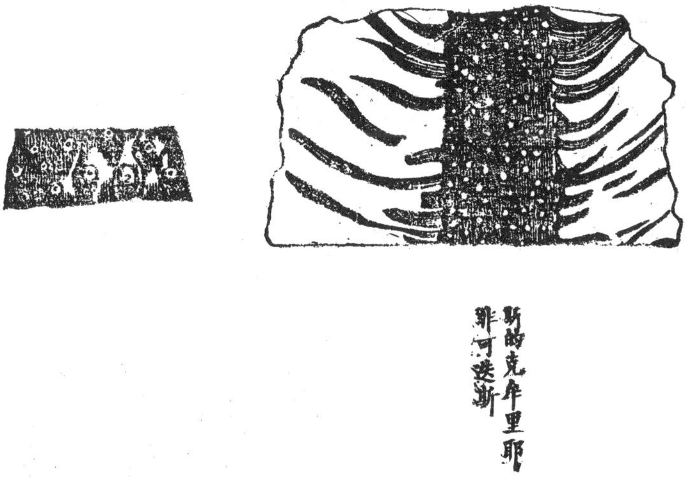

圖得原形四分之一

論磲層草木

攷磲期之草木有子房者有五類，其木較今歐羅巴之松樹，與生於南方者相近，此種松類之木，生於磲期，高四五十尺，細核之，與今之松又不同，因其中心每有輭木，如燈草故也，昔時遇其殭石，另與之名，今知其即爲此松類之木心，或其心之輭木已化去，而有他物代之，故成殭石，如圖，

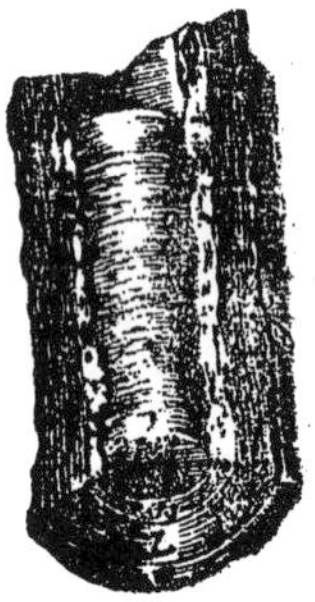

特厚支篤倫

此爲直截之形　甲爲外皮，乙爲硬木，丙爲輭木，丁爲中空而

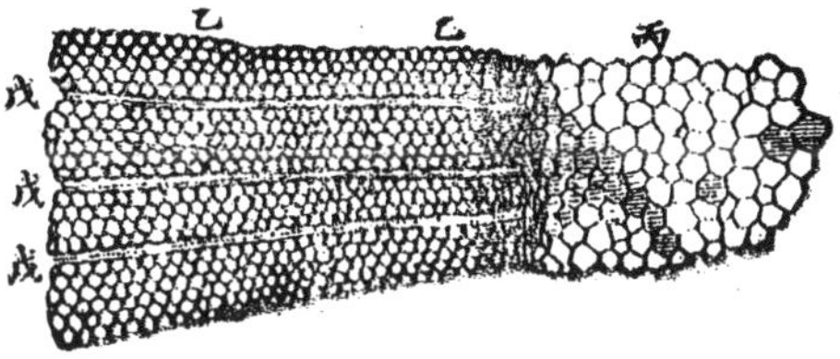

有他物代之，

此爲平截顯大之形，
乙爲硬木，丙爲輭木，
戊爲從心四出之線，

煤層中又有一種殭石甚多，昔以爲欆梠之子，今攷知爲子殼外有肉之物，如今銀杏之類。此種殭石於地學中爲要物，因於可見美什中，除灰及泥中，無處無之，如砂石中，

鐵石中碟中皆有此殭石其物之多幾可車載斗量今於泥鐵石中得數顆甚分明如圖

脫來可奴卡本阿肥瑩

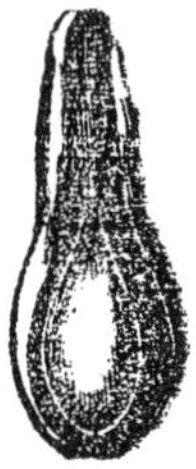

脫來可奴卡本阿里肥福恒

碟期草木之理雖未能盡知惟知其形類有與今各異者因其子無論單仁雙仁而子殼外有肉者皆少子殼外無肉而有子房者多其啃子類亦多

昔其來里耶及開拉每的皆與今之生者不相似惟弗兒之類今亦有之大抵皆生於陰濕之處碟層中此種植物甚多知其期之地氣必濕惟松類則燥濕寒暑之地皆相宜今天下之樹以新齊蘭之松為多其與他樹之比得六十二分之一而亞非里加南之松與他樹比僅得一千六百分之一　又新齊蘭不特有茂松亦有弗兒草長成為樹又有來可頗地恩若以今之草木與古相比惟新齊蘭之地更似於碟期

碟層中有一種草木之葉其葉長而筋管平行略如草葉有人謂其是獨仁之子類然不足據因恐其即里背度滕

之葉也又有一種草木如圖

或以爲葉或以爲花
尚未攷定

煤之從來

地學家察煤炭之形知爲草木所變今攷草木何以能積疊成層及何以能變爲煤炭之理

在日耳曼煤層中攷草木形迹凡可見美什之草木煤中皆有之有些煤中有靑其來里耶與背度滕斯的克牟里耶皆甚多又有處之煤大半是斯的克牟里耶有處之煤

或全是開拉每的或全是弗兒

在英吉利䃳層中攷草木形迹凡可見美什之草木皆在砂石舍兒中蓋草木生於泥砂之上其泥砂變爲砂石或舍兒而草木變爲䃳亦有數處之䃳非其本處樹木所變則是他處之樹木從水中漂流而來積於此處變成䃳也此種漂流樹木所成之䃳或在砂石中爲疊層或與舍兒成疊層其舍兒中每有魚殭石

䃳層植立之樹

英吉利某處有一層䃳厚十寸中有樹木植立之形其樹榦與䃳畧成直角其樹之根俱在䃳下之輭泥中又輭泥

中。每有里背度斯蘇白斯之子殭石。

碟中樹木。其質已變爲碟。其樹皮所變之碟。最易破碎。其樹之徑。有大十五尺者。

又於他處碟中。遇昔其來里耶。其樹之中心。變爲砂石。而外皮變爲碟。取碟者謂之碟管。亦有樹之中心變爲灰石者。其灰石若截爲薄片。映明視之。尚有木之紋縷在焉。凡碟礦中。遇碟管。每爲險事。因其木皮所變之碟易於碎裂而傾頽也。

取碟之時。如不從碟之下而挖掘。而從上面之碟取下。則碟中樹木之形易見。如圖

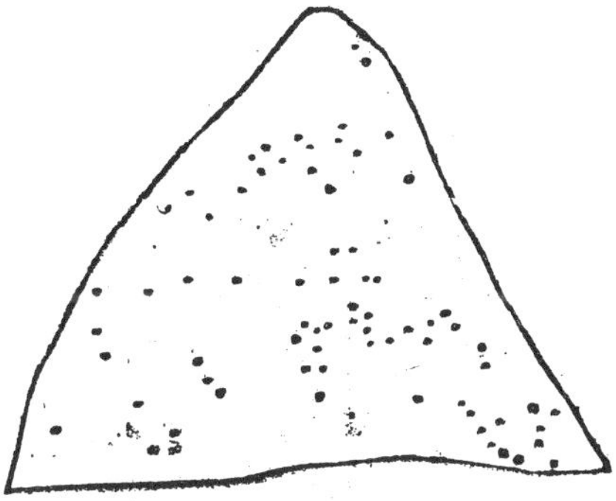

此爲一層磔大畝許其中共有樹七十三本其樹身皆倒而壓扁變爲磔厚二寸其樹根亦變爲一層磔厚十寸其下有泥厚二寸再下則另有他種樹林變爲磔厚二尺其下有泥厚五尺再下又有他種樹林之磔

於法蘭西有一處之磔在枚格砂石中爲疊層其磔中植立之樹林爲單仁之子類其形有節如竹其樹殭石每有

中斷而上下不相對者蓋樹之埋沒於砂中時其砂尚未結實及砂結爲砂石時必收縮故使樹身斷而移過也觀圖自明

觀碟中植立之樹形，知其碟皆爲古林埋沒而成，蓋林木生於砂土，其地形或漸低而有水，則爲湖，湖水中有泥砂沈積，故埋沒其木，歷多年而不朽，則變爲碟。

於英吉利北方碟層中，遇有樹殭石，長六十尺，上徑七寸，下徑二尺及五尺，斜在層中，亦有壓扁之形，其樹之中心變爲灰石，而外皮變爲最好之碟，在白科子砂石中，此砂石之質爲淨夕里開，故色白，每一寸厚有十四疊層，有處其砂石之色稍黑，且有碟質雜焉，其砂石之下爲泥，其碟木之色黑，而砂石之色白，故其樹殭石之形更爲顯明，如圖。

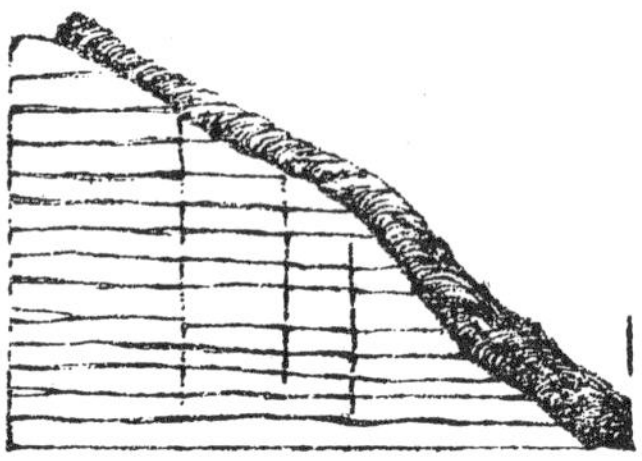

右邊之砂石已取去其左邊尚有砂石疊層

觀此砂石中之樹其外皮變爲碟而中心變爲砂石莫謂其樹身本是中空因觀其中所成之灰石有木之紋縷故知其埋沒之時樹心本不空其灰石之灰質非從樹旁之砂中來蓋自樹之上半截處來

凡橋梁房屋之木樁常在水中不易朽腐故樹木在水中

有砂埋之，亦不易朽腐，故能變爲碟，觀其砂石之疊層，知其沈積之際，歷時甚久。

美里哥碟層

美里哥北邊奴勿斯果什地方，有碟層如圖。

左爲北，右爲南。　子之左爲紅砂石。　甲爲灰石。　乙爲石膏麻兒。　丙爲粗砂石。　丙丁之間有九里不甚分明之紅砂石紅麻兒。　己爲一層碟，厚四尺。辛壬爲舍兒。　其從丙至壬，諸

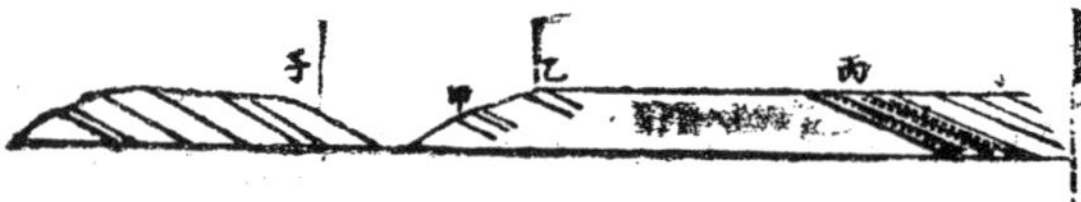

層之斜度皆平行向西南斜下二十四度.

此圖爲諸斜層於海邊露之形高五十尺至二百尺. 自丁至庚見有十七顆樹形其樹身與石層之斜略成直角其[illegible]其有十九層從二寸厚至四尺水落時能見之. 又自丁至庚約二千五百尺厚其中之木殭石大約爲昔其來里耶.

攷奴勿斯果什之煤層厚約一萬四千五百尺其中從未遇有海中生物之形迹亦從未見其木殭石能透過煤炭其樹木之形在砂石中者除開拉每的之外無別種所以知此處之煤皆爲開拉每的所變

此處之煤層曾有人細攷之其有六十八層煤因其現露之處爲海水所洗蝕故煤及輭泥舍兒皆被蝕而砂石之間有縫

美里哥北煤層中之草木形迹大約與歐羅巴畧同其煤管內之砂石中常遇弗兒之葉及碎塊之斯的克牟里耶蓋其樹木沒於水中時本已中空故砂及他物走入其中

也如圖

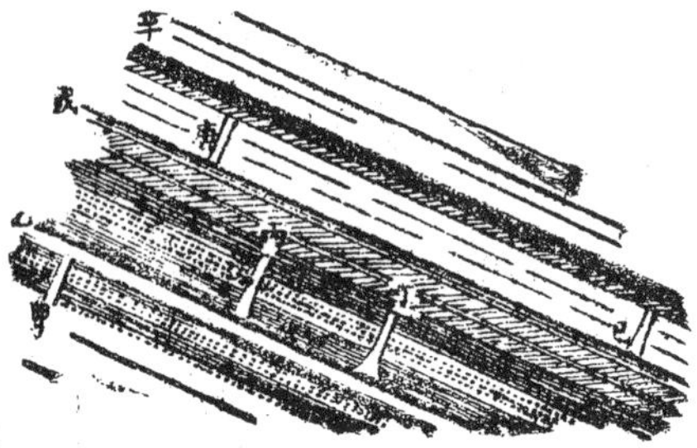

甲為樹殭石長八尺五寸其過三疊層其上白處為二尺厚之泥　乙為一層磔厚一尺　丙丁亦為樹殭石　戊為又一層磔己庚又為樹殭石　其上又有泥其上又有一層磔四尺厚

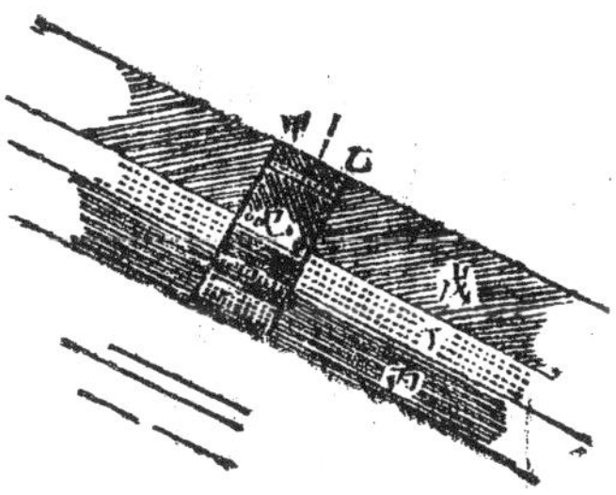

此為前圖之甲處顯大之形　甲乙為樹　丙為泥層　丁為砂石　戊為舍兒　巳為樹中之疊層

放碟管中心之石其疊層每比樹外之石疊層多此不獨在美里哥如此即他處亦莫不然常遇空樹殭石過舍兒砂石中其樹中之層每與樹外之層各異此理本非難解因其外面沈積之時其樹尚未空及空而後有物入其中

則外面之疊層已久成矣故中外之疊層不同又有處之木殭石其外面之石層有沈積極遲之據如於昔其來里耶埋沒一半處見有開拉每的自此層生出是也

凡大樹木殭石皆有中心之木易朽外皮之木難朽之據即如今北方之樹木亦有中心已朽蠹而其外皮未死仍生枝葉者

奴勿斯果什其碟層現露之處海水長落六十尺故每年水蝕甚大能見其中樹木殭石之形其有樹木殭石處自東至西約十里

攷美北之可兒美什其中之殭石無一與炭灰石中者同

惟有時遇率比來爲半鹹淡水中生物，此亦無足爲異。蓋從陸變至海，從水變至土，如是變遷多次，則其地中必有數層有草木形迹，及水中生物之殭石。

凡地從水變至陸，從陸變至水，其間必有爲沮澤之時，則其濕泥之上，必有日曬坼裂之紋，及雨點滴深之痕，並有蟲行之迹。觀今之海邊濕泥上，每有此種形，故碟層中綠含兒上亦有此形，其形印於上層砂石之下面，則成凸起之陽文，迹更分明。

圖

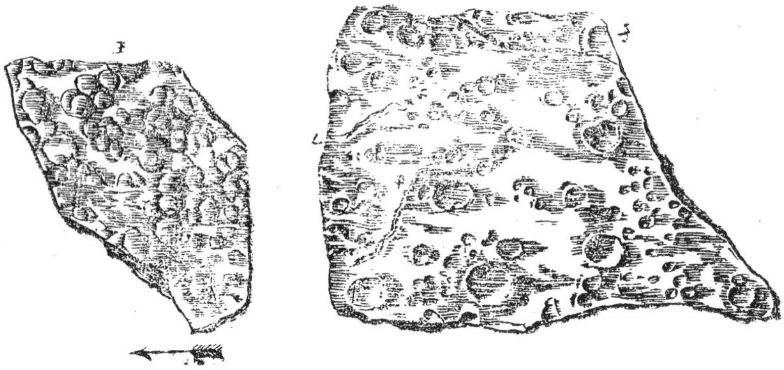

子為綠含兒上雨點之形
甲乙丙為蟲行之迹
矢為雨點斜勢之方向
丑為印於上面之砂石成
雨點陽文

此亦爲碟期雨點石之印迹
甲爲坼裂之紋

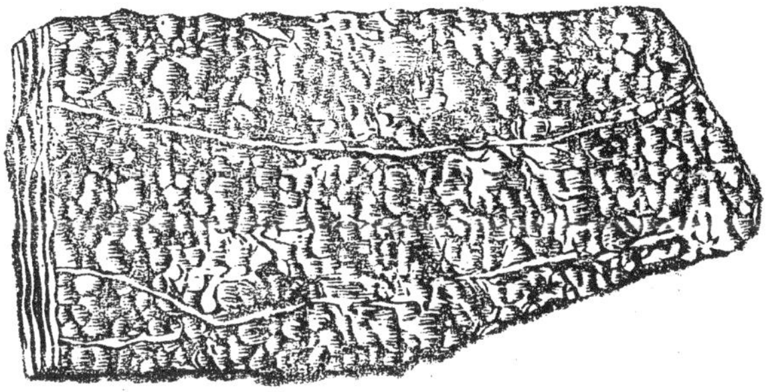

碟期氣候

攷碟期之天空氣其濕氣必比今多蓋觀其草木而知之

又觀石中雨點之形知其時亦有雨

古時地形

煤層中有煤之處其當時之地形畧如今之江流入海處其江口之地每有厚層之泥砂而無石子其泥砂中每有草木之根甚多而無海中生物有時亦偶有半鹹淡水中生物

論淨煤成層之故

凡煤之淨者其中絕無一點泥砂土石雜之有人疑樹木枝葉如漂流至他處積成層煤何以其水中絕無泥若其煤為本處樹木所成則其根必在泥中其枝葉皮脫落於

地上亦有泥蓋之何以後來其泥變為泥舍兒而其木變為碟碟中絕無泥雜焉此何以故

此理觀今之密些西比江可明之其江口之地蘆葦甚多水流過之如濾而清絕無一點泥砂由此知碟層之造化亦為清水中所成其水清之故亦因草木多也

今天竺有大江其江邊之上掘深四百八十尺低於海面三百尺處遇一古林其壘層中有今時生物之殭石此即今之碟層也

半鹹淡水之碟

於英吉利可見美什遇半鹹淡水層與碟甚近其近潑而

彌安者爲舍兒砂石層厚一百五十尺其中有磼磼上亦有草木之印迹又有一層灰石厚二尺至九尺其灰石滿細孔署如日耳曼之湖灰石其灰石層寬廣九十里其中有定在之殭石如圖

每苔臘康篤斯
卡蒲犇利的斯

鄰不里斯
因弗里勒

甲爲原形之大小乙爲顯大之形　丙爲其同類之物大小如其原形

又於別層遇砂石漸變至泥，泥層漸變至砂，其層至遠處漸薄而無，於七八尺厚處遇陸地草木之形及數種魚殭石，又有殼蟲立牢勒斯殭石，其形亦與鳥來脫中及今之立牢勒斯相似，如圖。

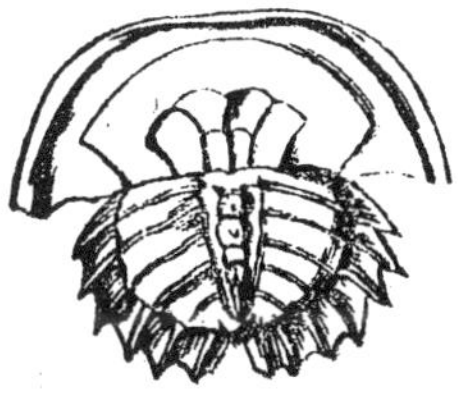

立牢勒斯羅登特得斯

立非度比耶

此蟲本有長尾，　此爲其殭石之形，其尾已斷去，故視之如不類，此殭石在鐵砂中遇之。

又遇螺蛤殭石四十種有爲鹹水中者有爲淡水中者諒其地爲古之海灣又見有硬翼飛蟲之迹及蚱蜢類如圖

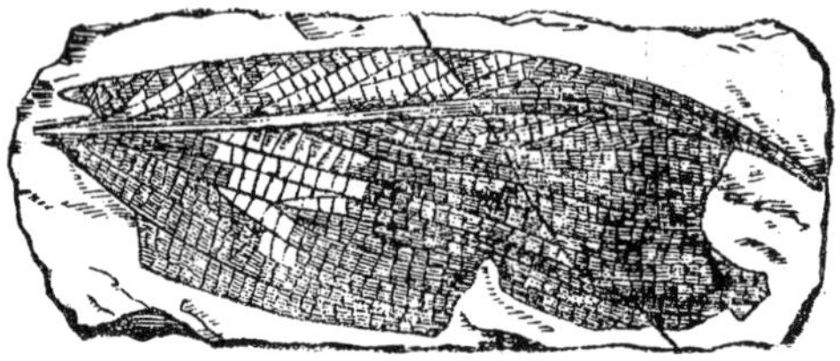

葛里味葛里斯
立山蘇克來

可奈良對的斯立斯的來

良別求密八比來西

此皆海中生物今於可兒美什遇其殭石所以爲奇

泥鐵石

在歐羅巴可兒美什中屢有一帶泥鐵砂石其質爲炭酸鐵及泥砂和合而成其形畧如舍兒有人言碟層草木腐爛能使一股養氣鐵不至變爲多養鐵因草木中之炭氣

能收取鐵之養氣爲炭酸，而炭酸又能與一股養氣鐵相連，作炭酸鐵，又與泥砂和合，則其炭酸去，而成泥鐵石。

陽湖趙宏繪圖

長洲沙英校字

地學淺釋卷二十五目錄

美里哥炭灰石

地學淺釋卷二十五

英國雷俠兒撰　美國瑪高温口譯
金匱華蘅芳筆述

此卷論可兒美什及炭灰石

美里哥碟田

前卷已言北美里哥碟層中草木之形與歐羅巴大畧相同攷北美里哥碟層中草木有五分之四與歐羅巴同所以有人謂曷得蘭對海在碟期時洲島相連又另有一據知曷得蘭對海當時有一古洲因觀阿里恰逆山東邊之石層與西邊之石層比較之而知有一古洲在今曷得蘭

對海中

此圖爲曷得闌對海至密些西比江地形右爲東左爲西自東至西八百五十里。甲至乙爲曷得闌對海邊平層　乙至丙爲斜層　丙至丁爲阿里恰逆山。丁至戊爲阿里恰逆碟田。戊至己爲古於碟層之石其中間虛線處爲阿海窩江。己至庚爲伊里奴哀碟田　子爲鍇結石與新層相遇處　丑寅卯爲阿里恰逆山之脊其彎層至西漸平

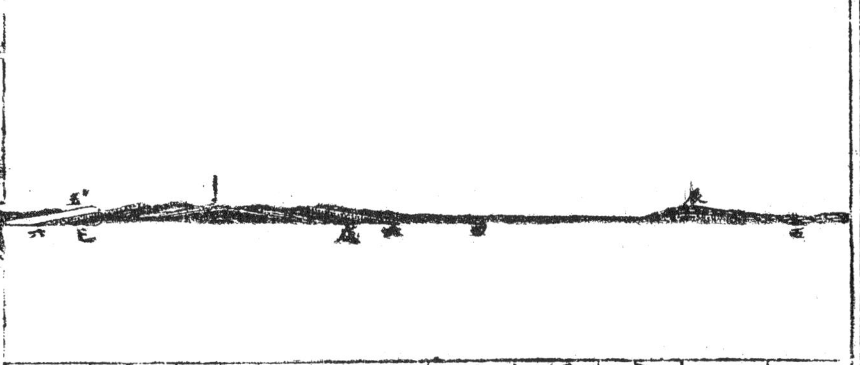

一爲埋育新　二爲瘞育新　三爲克里兌書　四爲新紅砂此處有脫拉潑走出　五爲可兒美什中有輭碟　五爲可兒美什中有硬碟　並爲炭灰石此炭灰石惟伊里奴哀碟田有之阿里恰逆碟田無此　六爲提符尼安老紅砂石　七爲西羅里安　八爲鎔結石或尼斯枚格泥石中有科子脉　丑寅處虛線指被水蝕去之石

此圖不過畧得概梗耳因有零星小層

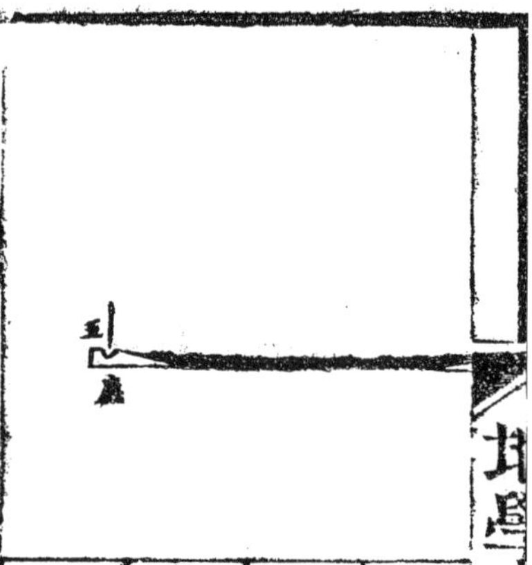

之石及峯巒之小凹突圖中不能備見又其高低遠近尺寸亦與眞數不合學者不可因此拘泥也

如從曷得闌對海邊向西行則先見平層甲乙其石爲三次石灰石其層畧近平行次從乙至丙見其石爲合拉尼脫尼斯枚格昔斯脫居多有處其上有不平行之紅砂石如圖之四此新紅砂石中有足迹之印有處新紅砂石在一次石之上此處之小山皆不如阿里恰逆山之高其形大約如圓阜不似阿里恰逆山之有平行之脊也自此又

向西行則爲阿里恰逆山，阿里恰逆山，其石層彎曲凹凸，其山頂俱有脊，其脊相與平行，又其最彎之山脊，有被蝕之處，能見下層之古石，此山凹凸之形，不如劈立尼山之有凹極凸極，惟其凸處之脊與凹下之谷，俱數帶平行，長三千餘里，闊一百五十至四百五十里，高二千尺至六千尺，其山脊平行直去，一百五十里，又平行灣轉二三十度，阿里恰逆山之石層彎曲碎蝕最大者，大約在近易得闌對海之一邊，向西則彎漸少，至碟田則漸平，攷阿里恰逆山之諸層，其高低彎曲變動之時，必在可見

美什之後老紅砂石之前其變動之力在東南爲大故有鎔結石及脫拉潑兒克其兒克有處長數里亦與阿里恰逆山之脊平行

阿里恰逆山之可兒美什在丙處者爲最厚向西則漸薄所以知古時必有陸地在阿里恰逆之東又如可兒美什之底爲合子石在丙者厚一千五百尺向西三十里不過厚五百尺再向西則更薄而可兒美什中之灰石則反是愈向西愈厚又其提符尼安之紅砂石亦向西漸薄而其灰石亦向西漸厚所以分明知當時之陸地必在今曷得闌對海中而其古海之有珊瑚者必在阿里恰逆之西窩

些西比江等處

可見美什最厚處如前圖之丙其中有十三層𥑮最厚之𥑮厚六尺餘皆與白色磨石粗砂石間疊離丙而西數里其粗砂之層漸薄至無而十三層𥑮并而爲七層最厚之𥑮厚四十餘尺其上之砂石層厚四十尺

此處之硬𥑮厚四十餘尺想其未壓緊未出輕氣時必有二三百尺厚如此厚層之𥑮爲草木所成而絶無泥砂土石在其内只有一說能解之其當時之樹木如弗兒之類積爲皮脫不知經幾千萬年故能積成如此厚層今於其𥑮下得斯的克卑利耶尚有植立之形故知此𥑮爲本處

之草木所成。若云此碟是他處流來之草木所成。則其中應有泥砂石子雜之。且其根安得作植立之形。

學者問十三層之碟。何以能并爲七層。故作圖以明之。如後圖。乙爲草木皮脫層。甲爲碟底泥。中有樹木之根。末爲樹林。此樹林本自末至子。直接至寅。亦如下圖之末子寅。後因子之右邊其地低陷。故成甲申乙乙形。其低處有水則爲湖。故子乙之林。斜倒於水中。而有泥砂沈積其上。如丑。若泥砂積滿湖底日高。則能復成陸地。而末子樹林亦能復生出。如下圖之末子寅。而其皮脫能成丙丙層。所以在乙丙處能成兩層碟。而在子處則兩層相并。如丙乙。

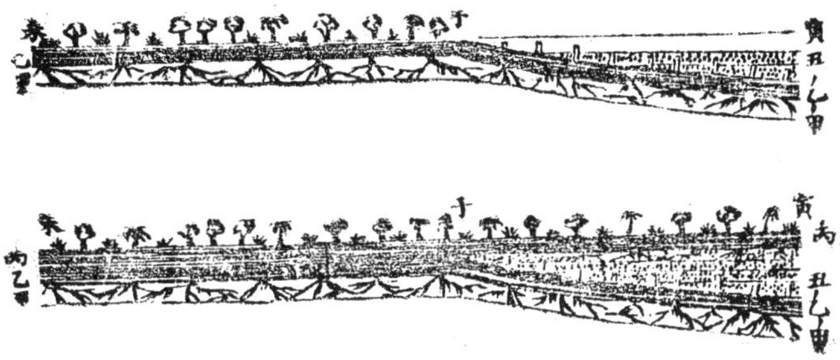

所以在圖之右有丙乙兩層碟各厚三尺而中有砂石舍兒厚二十五尺如丑而有樹殭石出於下層碟中若在乙丙處則并爲六尺厚一層碟而無砂石舍兒間隔之

有人謂乙丙之并層應比乙丙兩分層之相并者厚此論極是蓋子寅之低爲湖必歷多年而後湖底沈積泥砂復成陸地又必歷多年而後未子之林能復生至寅故丙處之礫必薄於丙惟乙等於乙而丙薄於丙故乙丙之和必厚於乙丙之和此一定之理也

從阿里恰逆山復向西行則遇阿里恰逆礫田其可見美什之層畧平其處有三條大江在江岸邊便於見其中之礫壘層有處之礫十五尺厚一百五十里長其上爲炭含兒再上爲枚格砂石此處之礫取之甚便因能使其礦中之水自流入江其運礫之車亦能自高向下運至船中故

工力俱省也。其碟之下爲火磚泥。再下有數層灰石。再下爲另一層碟。

阿里恰逆碟田之長。從東北至西南二千一百六十里。最寬廣處五百四十里。約計有碟五十五萬七千方里。此碟田如無碎蝕之處。應有二千七百里長。六百里寬。

觀阿里恰逆碟田。其東邊之層。尙有高低。向西則甚平。以化學之理攷之。知其東邊之碟較硬。平處之碟。輭而易燃。其在阿里恰逆山之碟最硬。

自阿里恰逆碟田。復向西行。則過提衍尼安紅砂石層。過阿海窩江。復西則至伊里奴哀碟田。再西則至密些西比江。
阿海窩煤田之煤。其中可升之質。四十至五十分。而阿里
恰逆山硬煤。可升之質只有二十分。在其五處有最硬之
煤。其中可升之質只有六分至十二分。則幾爲淨炭矣。
有化學家試知草木之質在地中遇濕。則其中之氣有一
股或數股升出。故朽爛極遲。又漸漸生出炭酸氣。則其本
來之養氣亦去。而漸變至爲木煤。此木煤中之輕氣比木
中輕氣多。後其輕氣漸出。則漸變至爲尋常之輭煤。凡湖
水中每有炭輕氣出。亦因其下層之草木質所化也。又
輭煤中亦時有炭酸炭輕硝酸等氣化出。所以煤窟中每

易燃燒如此氣漸大則漸變至爲硬煤攷阿里恰逆煤中可升之氣各有多少其多少視其所在之處而異實與變動之事相合諒因其變動而有彎曲因彎曲而有碎蝕因碎蝕而水易入而生熱其氣亦易從碎處出故其處之煤最硬而氣最少

煤之寬廣

學者問煤田如是之寬廣豈古時有如此大之茂林耶此蓋不然觀今時沮澤之處亦每有大樹林其樹林或大數十里至數百里而他處江口亦有此種大樹林如此林後來皆變爲煤則地學家攷之知其爲同時所成亦名其層

爲𥔲田然則𥔲田之𥔲不過同時所成之𥔲並非一片相接處處有𥔲也

𥔲期天氣

初時植物家言𥔲期之草木其天空氣必熱於今其熱皆如今熱道之處此說地學家難解之因熱則草木之死者易朽腐不能成皮脫即如今之北方冷地其沮澤之處每有皮脫而南方熱地則無故不信其說也今攷𥔲期之草木知其天空氣並非熱於今

如觀弗兒及來可頗地恩二種草木惟知其所生之處必在四時和暖無大冷亦無大熱之地又其地氣必潮濕否

則不能茂盛又觀他種草木如昔其來里耶之類則與今之草木大異無可比擬故不知其性之所宜不足以資攷究

攷炭灰石中之珊瑚類及螺類之殭石皆與今之生物不同故亦不能知其性之所宜惟以理度之碟期北海之地其天氣亦必温和然如今之易得蘭對海中有流水從熱地流向北故北海中有一道温水故其中亦有熱地之水族亦不能謂北海之地盡是暖也

碟層魚蛇殭石

有一處碟田中有數十處古林或百餘處古林其林木已

變爲疊層之碟其樹之根本皆如植然何以其草木如此之多而絕不遇一呼吸天空氣之生物形迹其殭石之中有脊骨之類惟有水族而無陸地乳哺之獸亦無禽鳥龜蛇蛙黽之類於歐羅巴碟田雖曾遇飛蟲及甲蟲之迹而至今亦未遇土中螺類之殭石

有博物士愛蓋西者作一書專論魚殭石其論碟層之水族有一百五十種其中九十四種爲蛇之似魚者五十四種爲硬明鱗之魚其水族之形狀有與今絕異者大抵皆大而能食他魚之魚也愛蓋西攷其骨與今有足之蛇類相似因見其牙牀骨非獨塊皆爲數塊湊合長連故知其

爲蛇類又其牙每有直紋

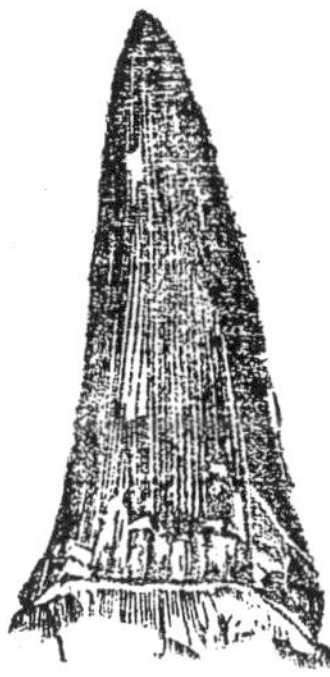

火落不對几約斯痾比立斯

此爲今時有足大蛇之牙

此種魚蛇之類其牙骨及牙雖似蛇而其全身之形又眞似魚比今之魚生得更巧

一千八百四十四年間於日耳曼碟層中遇殭石則實是有足之蛇其殭石在泥鐵沙中頭足皮骨俱全惟觀其足之形知其非眞能攫拿鷹踔也不過能游行於水濱耳

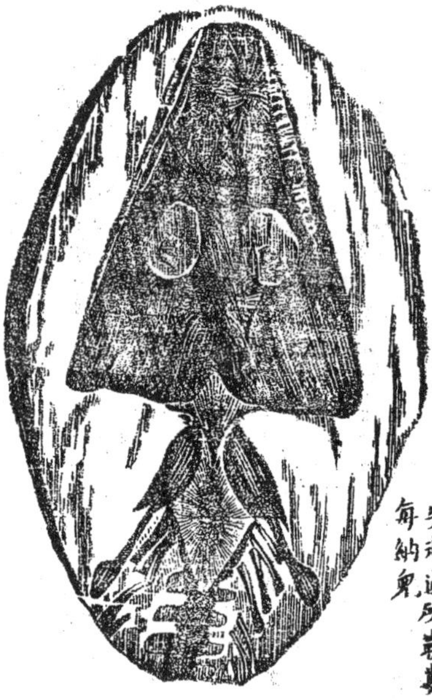

安斐遐所勒斯每納鼻

安斐遐所勒斯彌提的斯

此爲日耳曼泥鐵砂中蛇魚之形，

此爲蛇魚之皮鱗相比之形，其鱗尖長而質如角，

奇路希里恩足迹

奇路希里恩，譯言大足獸也，在美里哥北，可兒美什砂石層中，遇大足獸迹之形，如圖。

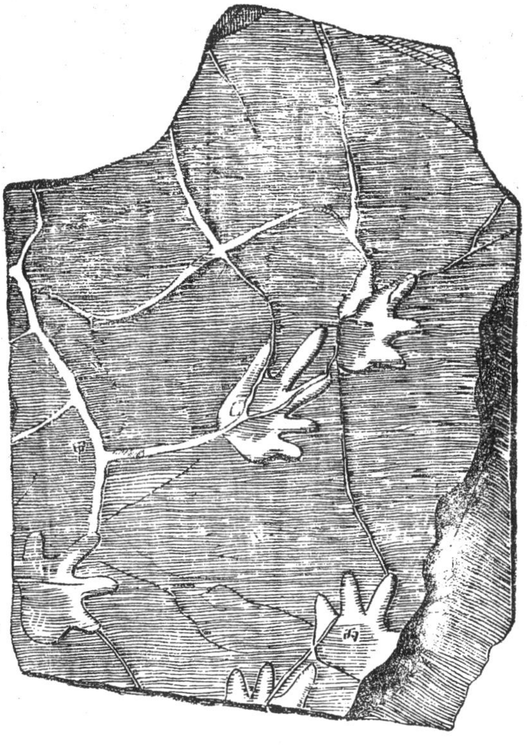

甲乙丙爲坼裂之紋，此紋及足迹，皆在輭泥之上，而印於上層之砂石下面，成陽文。

圖得原形六分之一。

觀前圖見其足迹有過坼裂紋者其處坼紋稍變形知其泥因日曬而坼裂雖坼裂而尚輭故有獸迹又於一處得二十三箇足迹其兩行

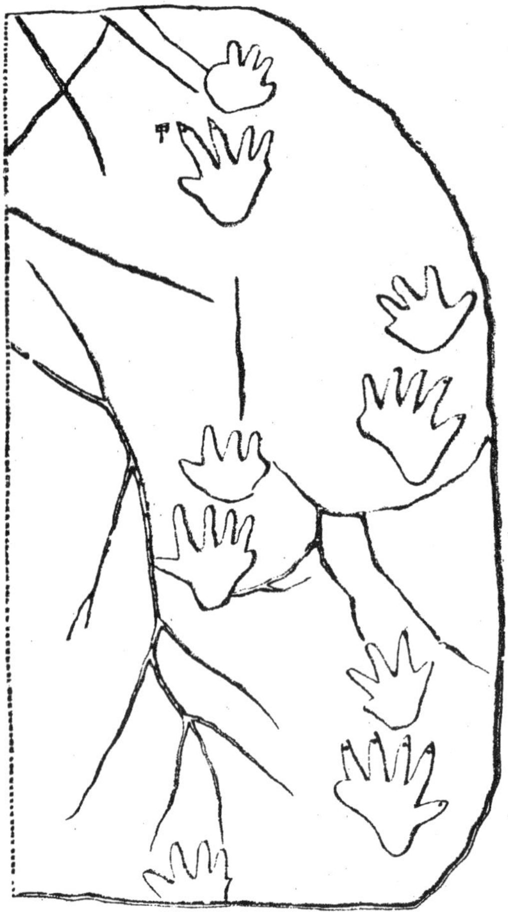

如圖後足大於前足不及兩倍其前足之指四後足之指五甲爲其爪此與歐羅巴脫來約

斯中之印迹不同

觀可見美什中之足迹能定其物爲呼吸天空氣之物非水族也因物在水中不能有足迹印於水底之泥且水中之泥不能有坼裂紋是必無水而後泥燥泥燥而後坼裂旣坼裂而其下尚軟則獸過之而有足迹後其上又有砂故其迹能印於砂而砂石之下面有足底之形　觀此砂石之印迹不能疑其物非生於碟期因其砂石之上有一層碟而砂石之下亦有一層碟故爲可見美什無疑

在美里哥北昔其來里耶碟甞砂石中遇四足蛇類之殭石及剖攞　案剖攞爲土中螺類此種殭石於第三迹層

中多第二迹層中少惟此則在可兒美什中遇之如圖

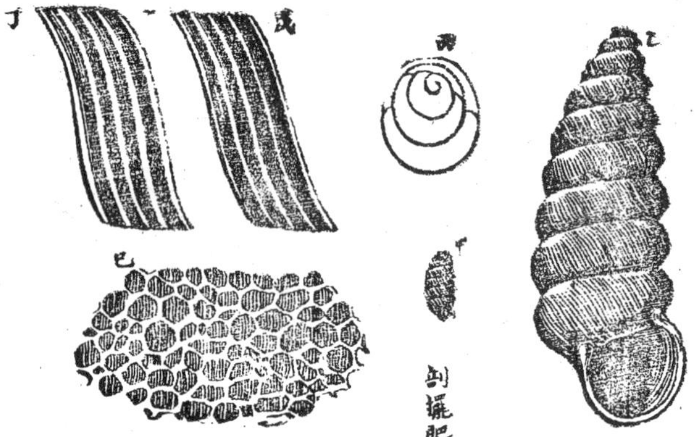

剖攞肥搭斯對

甲爲原大之形　乙爲顯大之形　丙爲從尾俯視之形　丁爲殼外之紋縷顯大五十倍　戊爲今時生剖攞之紋縷亦顯大五十倍　已爲碎而覩其殼中之紋顯大五百倍與今之生者無二故不另作圖

他處磦質砂石中又遇節蟲之殭石用顯微鏡視之其頭足口眼俱備此種蟲類初不過遇之於烏來脫今知可見美什中已有之如圖

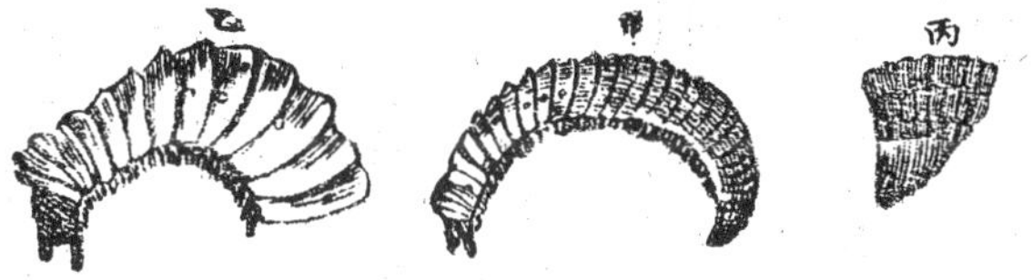

才羅比耶斯
為其流里耶

甲爲原大之形　乙爲頭之顯大形　丙爲尾之顯大形

呼吸於天空氣之生物無論有脊骨無脊骨在𥓅期

者俱甚少

地學家每言無脊骨之生物無有比潑而爾安再古者今雖已於可見美什遇之然所見者亦甚少況其物皆是水陸咸宜之物非專在陸地呼吸於天空中者也美里哥北之𥓅田每年約取得𥓅五百萬噸而至今亦未遇一殭石之蟲惟於歐羅巴𥓅層中則遇之然亦未遇希力克斯蒲來窩斯立姆尼耶潑來奴比斯等物然亦無人言此等生物皆生於𥓅期之後

𥓅期之生物呼吸於天空氣中者少此事實奇因其層爲

陸地之草木所成則陸地之生物亦應多不比他層之成於海中故陸地生物少也如此便於攷究而竟無之豈不奇哉

炭灰石

炭灰石又名山灰石英吉利北可見美什之下爲炭灰石而在英吉利南者則炭灰石與可見美什成層疊而其下復有炭灰石自成厚層

炭灰石中草木之形迹少而海中生物之形迹多大約珊瑚石蓮之類俱多

炭灰石中之珊瑚類應專攷之凡珊瑚有二類一爲盃形

之類，一爲星紋之類。此二類珊瑚，在潑而彌安以前，與脫來約斯以後者，其形各異，故可識別之。從脫來約斯以後爲新，從脫來約斯以前爲古，此二類珊瑚，惟精於識別者方知之，然亦爲地學家當知之事。

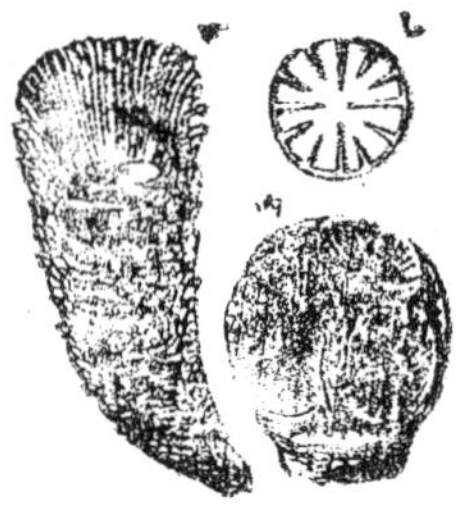

此爲盃形古珊瑚。甲爲直剖之形，見中有橫紋。乙爲平截之形，見其頁之分，每以四。丙爲其合形。圖得原形三分之一。

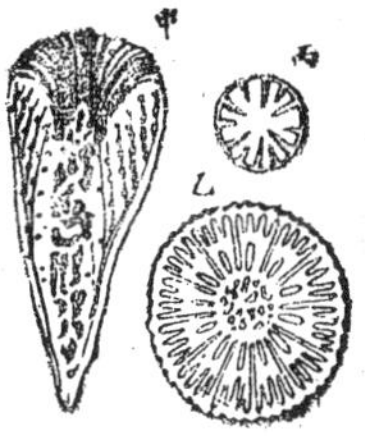

此爲盃形新珊瑚。甲爲直剖之形，中無橫紋。乙丙爲平截之形，其直之分每以六。

觀前圖，可知盃形珊瑚之類古今不同。攷新珊瑚之似古盃形者只有一種，古珊瑚之似新盃形者亦只有一種。除此二種之外，皆歸一例，所以易於辨別。

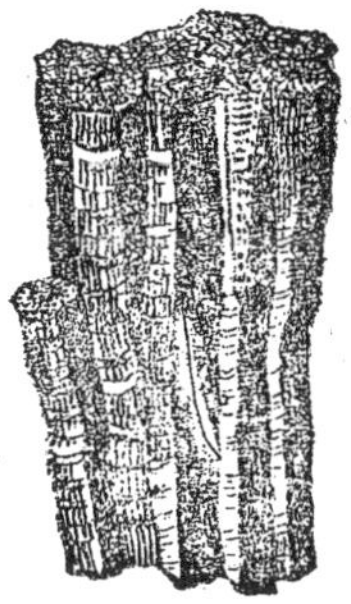

此爲星紋古珊瑚。

此爲星紋新珊瑚

甲爲小者　乙爲大者

凡珊瑚之頁從中心四面向外如星光之四出者爲星紋若其頁從外向內而不凑至心者爲盃形

炭灰石中石蓮之類亦多其殭石有有枝者有無枝者

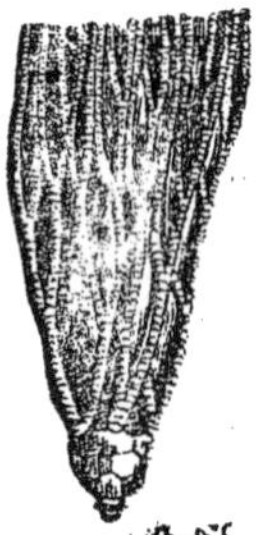

心土脫來奈的斯
潑來掎斯

此爲有枝之石蓮

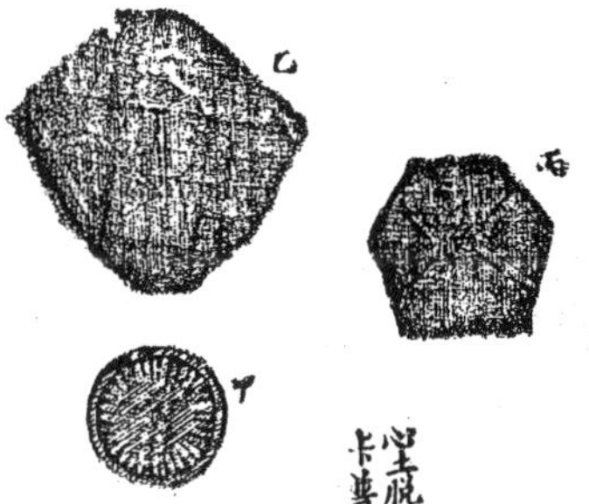

空脫來奈的斯
卡普克來叔斯

此爲無枝之石蓮，甲爲平截其莖，乙爲其本身，丙爲剖視其本身之紋，

炭灰石中之殭石，除珊瑚石蓮之外，亦有厄幾那蠣蛤等物，皆可爲定在之殭石，

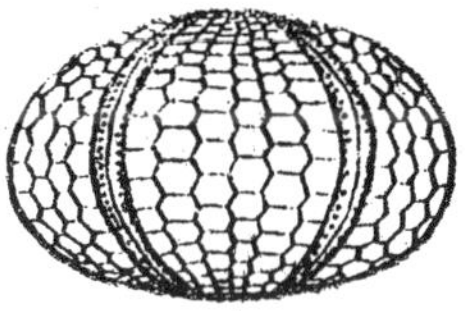
倍來幾納斯才蓋斯

潑羅待播斯
西每色爾求來得斯

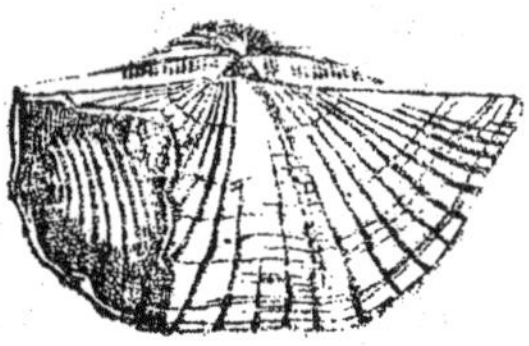

斯卑立弗爾
脫來遜奈立斯

斯背立弗爾
蔦來亭爾

又有數種螺蛤殭石其殼外尚有顏色花紋奇其已變爲殭石而生時之顏色仍在也如圖

潑羅羅都牟里耶卡里來得

裒別求來必克發

台里淺求來合西尼耶

觀此有色之殭石知炭灰石之造化並非在深海中其所生之處水深多不過三百尺因今之海中螺蛤其殼外有顏色花紋者皆生在淺海中無有在三百尺以下者如於英吉利近處之深海中得螺蛤其殼外無色而其在淺海者雖種類無二而殼有花紋之色

有數種磔期之生物至今尙有其種類者如哀別求來牛求來等類是也又有螺類名以諸姆弗拉斯其殼中節節有隔死如其肉漸大則漸移而出累棄其後半截之殼而生隔層以閉塞之今之螺類雖無其平旋之形而殼中有隔者尙有一種名由盎非拉斯其形畧與以諸姆弗拉斯

相似

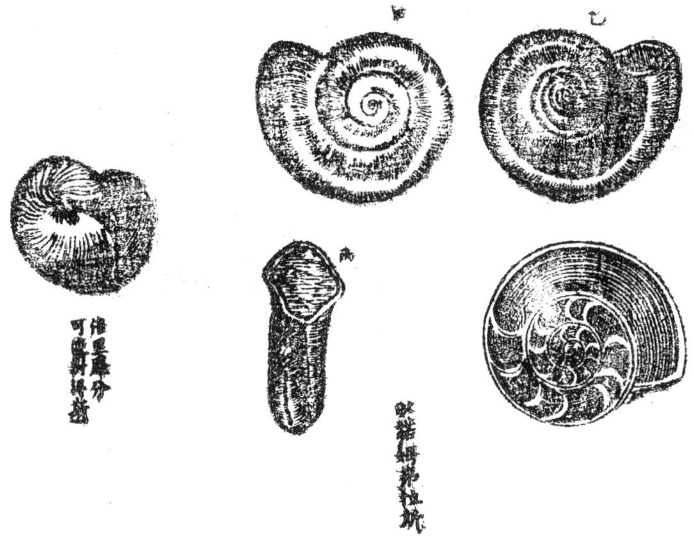

此爲以諸姆弗拉斯殭石之形，甲爲尾形，乙爲仰形，丙爲側形，其口畧近五邊形，丁爲剖視其中之格形，

此螺殼中無格與今之生者同，

此殭石有時遇有數尺長者。

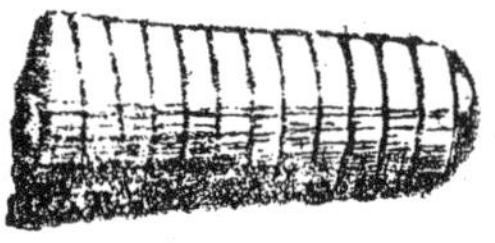

噠蘇西勒𡁠
雖埃咸

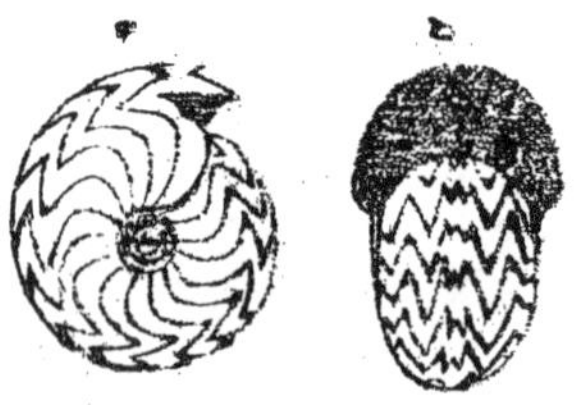

退每良對的斯
兒皇嗟嘶得涅耶

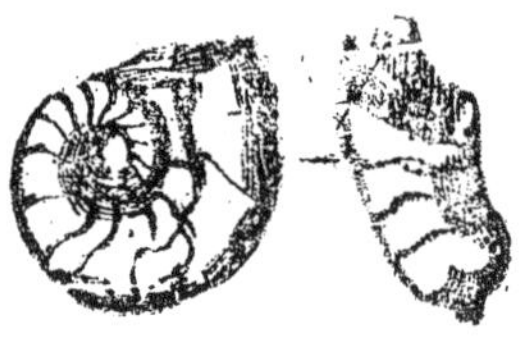

退每良對的斯
良扶羅的斯

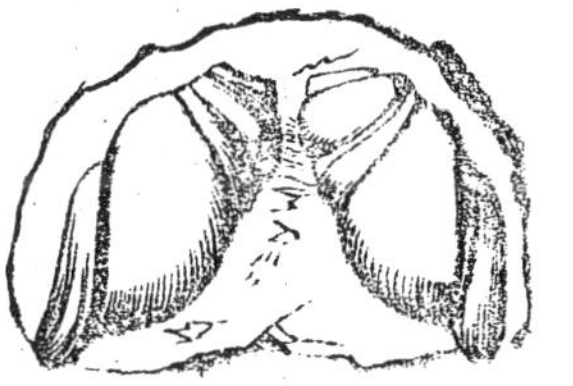

可克來何突斯
康可突斯

炭灰石中之魚殭石法蘭西幾無之惟英吉利炭灰石中有一魚骨層已攷得七十餘種魚殭石其魚齒殭石最多此爲魚齒殭石其齒光而細如今鯊魚之類

雖摩突斯
脊羅水斯

炭灰石中用顯微鏡察之有微細生物之殭石如圖

此為微生物之殭石

英吉利以大里俄羅

斯皆有之

肥蘇里耶顆林侍腮

與炭灰石同時之石層

可見美什之下有處非炭灰石而為泥石砂石是與炭灰石同時所成之石層也其中有定在之殭石如過每哀對的斯克里逆斯得里耶此圖已見前又有普雖虔奴彌耶如圖

魯排度彌耶
比儀來

美里哥炭灰石

美里哥之可見美什前卷已論之其可見美什之下有疊層之石膏及數層鹹水灰石其灰石之質幾全是石蓮所成有時其中亦有螺蛤殭石畧如歐羅巴之珊灰石

炭灰石之層在阿里恰逆山者薄在近密些西比江處厚至四百尺其殭石亦畧如歐羅巴之珊灰石

陽湖趙宏繪圖
長洲沙英校樣

地學淺釋卷二十六目錄

俄羅斯提符尼安
美里哥提符尼安
亞非里加提符尼安
提符尼安草木

地學淺釋卷二十六

英國雷俠兒撰　美國瑪高溫口譯
金匱華蘅芳筆述

此卷論提符尼安老紅砂石

老紅砂石

前已言碟層之上爲新紅砂碟層之下爲老紅砂此因初攷究時見一處碟層之下有紅砂舍兒合子石故名之曰老紅砂後因紅砂之名用之不便故改其名曰提符尼安其命名之故俟後解之

昔時以爲此層中之殭石甚少蓋有處實在如此如其石

中無灰而紅色因養氣鐵者則其中殭石少

英吉利提符尼安

提符尼安之在英吉利者厚八千尺至一萬尺分爲四層一合子石　二褐色石大約爲紅綠舍兒及褐色砂石其中有草木形迹　三爲角砂石其石質爲紅綠花點之麻兒其中有不淨之灰石合子石俗名謂此合子石曰角石有處亦有白砂石此角石灰石麻兒中若灰質多者則有魚殭石　四爲淡綠色頁舍兒在厚層麻兒中此層之魚殭石與西羅里安者各異

斯各得倫愛而倫提符尼安

提符尼安之在英屬地斯各得倫及愛而倫等處者則分爲三層　一黃砂石　二紅含兒砂石及角石其底脚爲合子石如五卷中斯各得倫石層圖之一二三其三爲屋背路石其質爲枚格昔斯脫及炭酸灰如圖之四此三層其厚三千尺至四千尺

其黃砂石在炭灰石之下中有數種魚殭石名台里蔼的斯在愛而倫黃砂石中有定在之魚殭石又有草木形迹與可見美什者種異而類同

此黃砂石中遇螺蛤殭石大約爲淡水中生物所以有些地學家謂此層當爲碟層之底惟因其魚殭石及草木之

形各異則當歸老紅砂層。

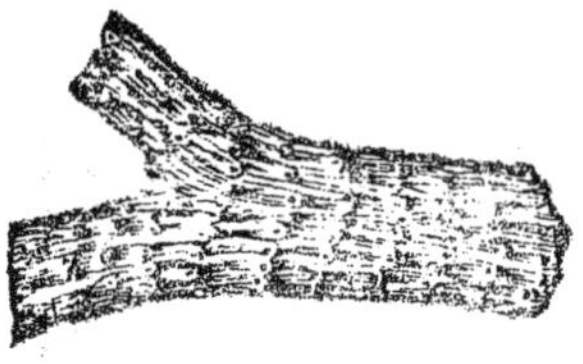

里背度滕之類

羅脫录不的立斯海孛爾納克

此樹之本畧有五邊形圖不能顯故不見

此樹之枝榦相接處有兩皮如甲乙故知其爲弗兒之類。

斯各得倫黃砂石之下有紅灰石含兒砂石角石合子石於其含兒中遇大魚之硬鱗殭石後又得全身如圖

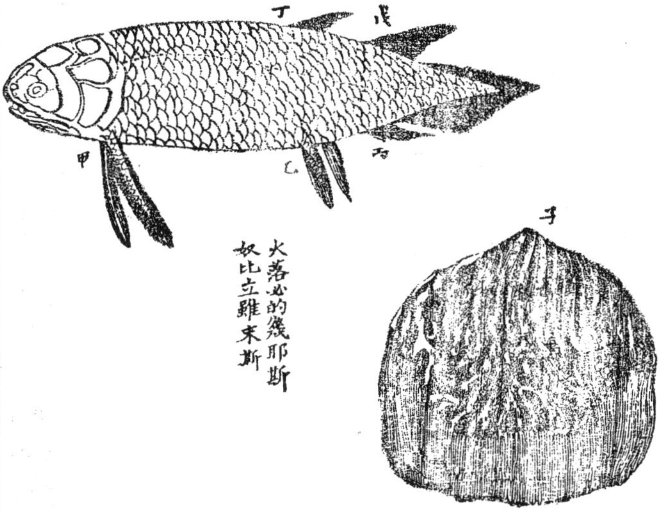

火落必的幾耶斯奴比立雖來斯

甲爲前翅乙爲後翅丙爲尾翅丁爲背鬐戊爲尾鬐子爲鱗之一片

其第三層為屋背泥石。及填路灰石。其層中。亦每有紅綠舍兒。其下有厚層合子石。於其灰石層中。得魚殭石。如圖。

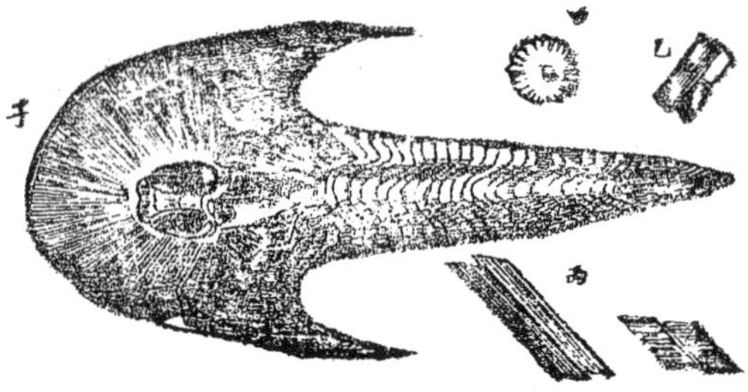

西發勒斯辟斯
來易來尼

子為魚殭石。其頭上之鱗。已脫落於他處如甲。

乙丙為身尾之鱗

全身長六寸四分寸之三。

又遇紅灰石中有殭石如圖

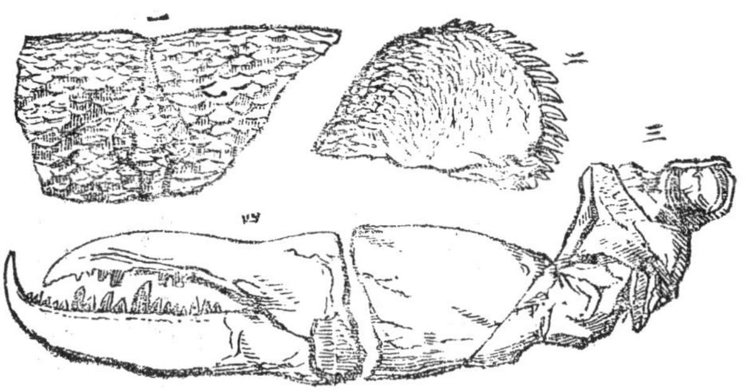

台里過得斯安葛林蓋斯

一爲其腦後之殼有紋如鱗二爲其足翅之末有鱗如爪三爲其螯之根四爲其螯之末一二之大同原形三四得二分之一

此蠆石之全身長五尺至六尺亦有長七尺者此類今生於中國及日本海中者爲最大兩螯其長四尺體積二十五方尺胸寬一尺半身長三尺西人謂之蝦王然比之蠆石猶小一半

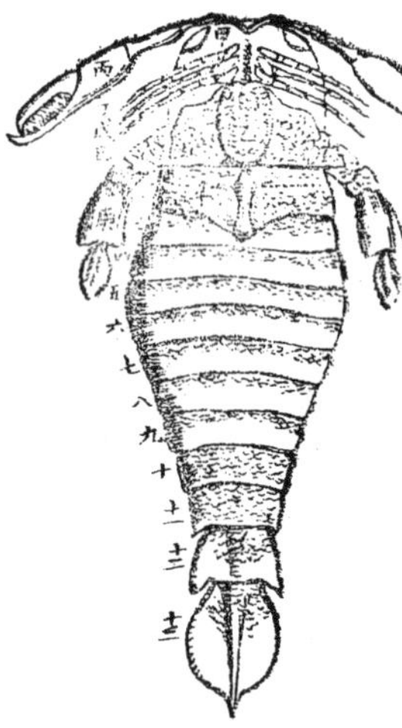

台里過得斯安葛來盖斯

甲爲眼乙爲脣下之甲丙爲螯丁戊己爲撩取食物之足庚爲游水之足辛爲胸甲一至十二爲其胸腹之節十三爲尾

於塡路灰石屋背泥石中得一種定在之殭石其形如果尚未攷知爲何物如圖

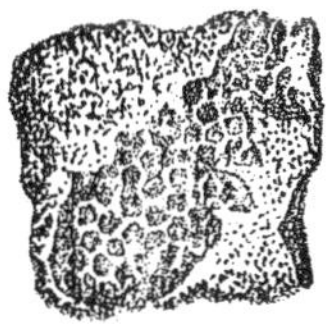

攷今水中蛤蚌之子亦有此形如圖

又有水陸俱能生之物如蛙黽蝦蟆之類其卵形亦畧與此殭石同如圖

甲爲今蝦蟆之子

乙爲剖之見其孔

因此所以有人疑果形之殭石亦爲此種卵類又有已攷定之卵殭石其迹印於石如圖

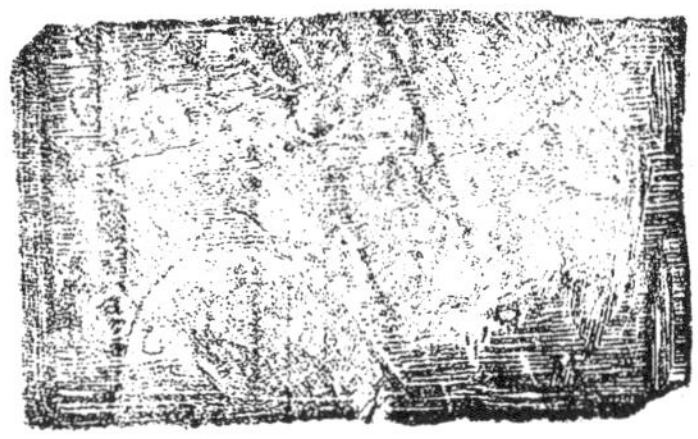

甲爲數卵在一處
乙爲數卵離開之形
此亦水陸俱生之物也

老紅砂石在斯各得倫之北

斯各得倫之北有合拉尼脫及尼斯等類深造之石宛如嵌於紅砂石中者然諒其未有深造之石時俱是紅砂石

及其後方有深造之石突起其間爲山。

老紅砂中殭石之品

老紅砂中有最古有脊骨之殭石。因蛇類之殭石。至今尚未遇之於碟層之下。雖西羅里安中。亦有魚殭石。然甚少。不足以資攷究。故以此層之有脊骨之物爲最古。

老紅砂石中魚殭石。其皮鱗魚類。雖間亦遇之。然未得其全身。惟遇其翅及牙。其硬明鱗之魚。除西弗來斯別斯之外。又有一種魚殭石。名哇斯的何里必斯。其形與今亞非里加之生者畧同。如圖。

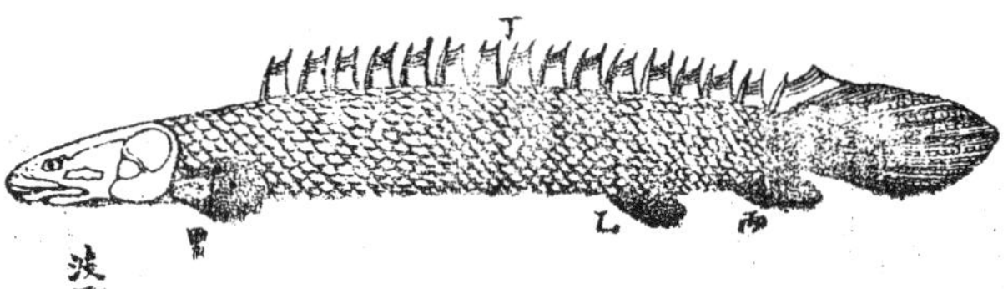

波里別的來斯

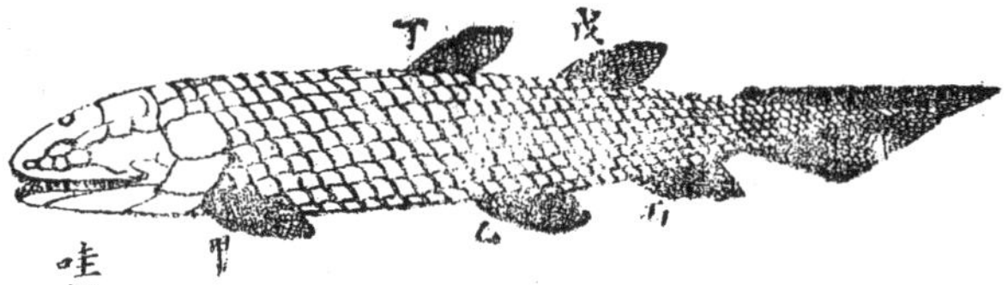

哇斯的何里必斯

上圖爲今亞非利加之魚，下圖爲紅砂石中魚殭石，甲爲前翅，乙爲腹翅，丙爲尾翅，丁戊爲背鬐。

觀前圖魚殭石，不特其翅之形與生者同，其翅之所生之處及鱗之斜方形式皆同，惟其尾則有偏正之異，其背鬐

亦不同大約今之魚類除亞非利加此種魚其背鬐如鋸齒外其他尋常之魚皆只有一背鬐無兩鬐者

又斯各得倫紅砂石中有硬鱗魚殭石長二十尺至三十尺此種魚殭石東至俄羅斯西至美里哥皆有之其身有粒鱗如星而其骨爲輭骨此魚名曰哀斯得的何里必斯與哇斯的何里必斯異

老紅砂石中魚殭石除數種皮鱗之外皆爲硬鱗之魚大約第一第二迹層中之魚硬鱗者多其尾亦偏者多而第三迹層中之魚則正尾者多今之魚類亦正尾者多已攷知者約有九千種英吉利博物院中已有六千種其偏尾

之魚只有二十七種耳

斯各得倫紅砂石中又有魚殭石如圖

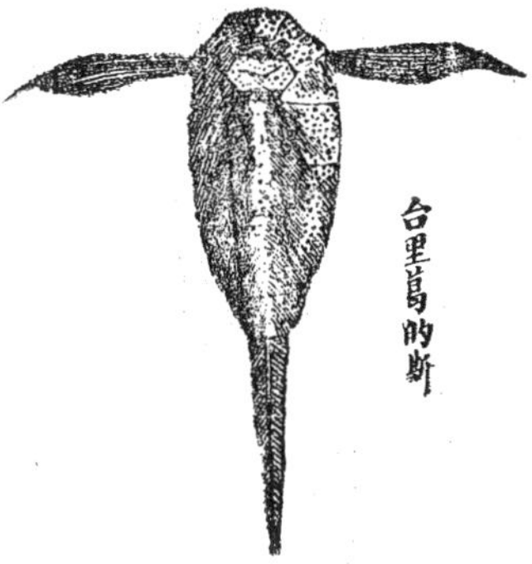

台里葛的斯

提符尼安在英南

英吉利之南地名造墳其處有老紅砂層其中殭石甚多因其石層之色或綠或白或爲含兒故老紅砂之名不便於用而必另取一名名之曰提符尼安蓋提符即造墳之

轉音而尼安爲語助辭也此層中之殭石上與碟層相連
下與西羅里安相連
於迭墳之南見提符尼安之石爲綠泥石科子泥石與砂
石相疊有處有灰石泥石有處遇藍色之結成灰石有處
爲合子石漸變至紅砂石其層累之形甚雜亂因有科子
石及他種鎔結石從下突起石層爲其熱氣所變故也
提符尼安在迭墳之北者則無此種變形故其層及其上
之碟層皆甚分明此處之提符尼安可分爲上中下三層
其上層又分爲二　一爲灰褐色泥石其殭石有定在此
層者有與碟層相同者　二爲褐黃色砂石其中有海

中螺蛤陸地草木如斯的克牟利耶之類

其中層亦分爲二　一爲灰色硬砂石及枚格塡路石中無殭石其下爲綠色嫩泥石　二爲灰泥石內有八九層灰石中滿珊瑚殭石

其下層亦分爲二　一爲紅綠紫色硬砂石有時遇斯背立弗爾殭石　二爲綠色軟泥石及數種砂石亦有斯背立弗爾及珊瑚殭石

因覩此處提符尼安之殭石而於法蘭西俄羅斯日耳曼美里哥等處之提符尼安皆可以殭石識別之

上提符尼安殭石

上提符尼安之殭石大約百分中有二十分與碟層之底相同此層中之定在殭石如圖

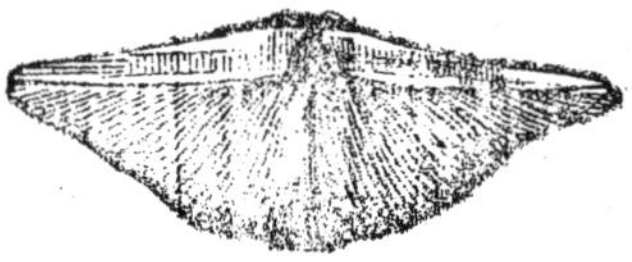

斯背立弗爾法斯郁得斯

又有一種蟲殭石幾普天下之上提符尼安層中皆有之如圖

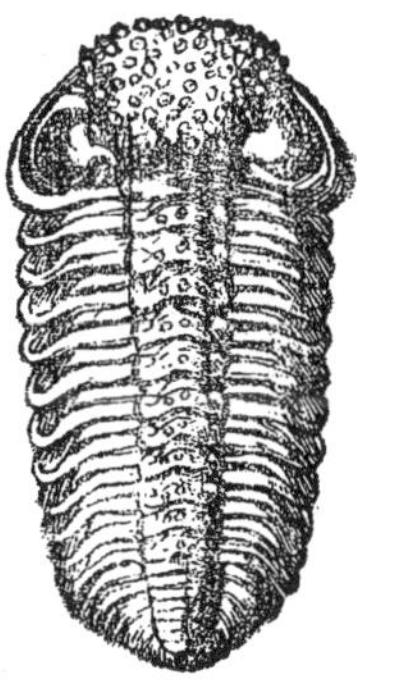

非過孛拉的偪倫

此類之蟲有一總名因其背有三面形故謂之三合蟲

又有螺蛤類殭石如圖

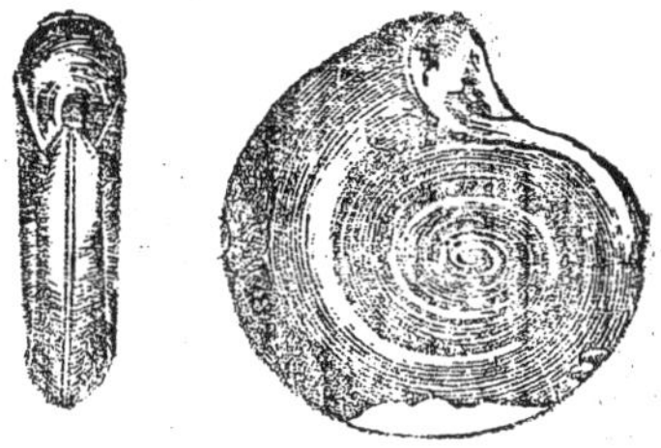

克來福尼耶立尼來斯

此遇之於日耳曼

上提符尼安、

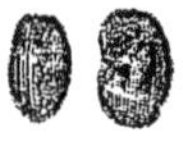

雖不里提棨

中提符尼安殭石

此層中之珊瑚石蓮之類、與炭灰石中者各異、如圖

甲為顯大之形、

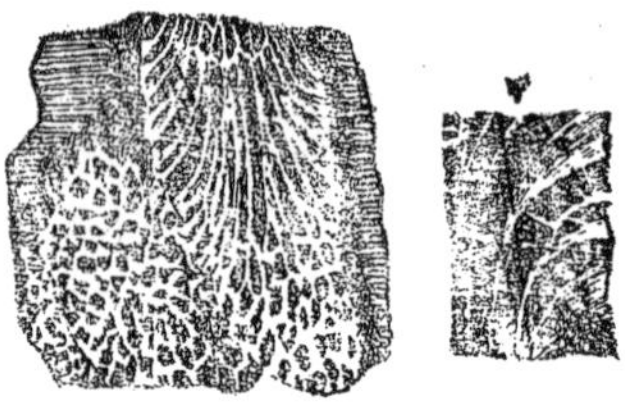

非符雖對卜立莫非

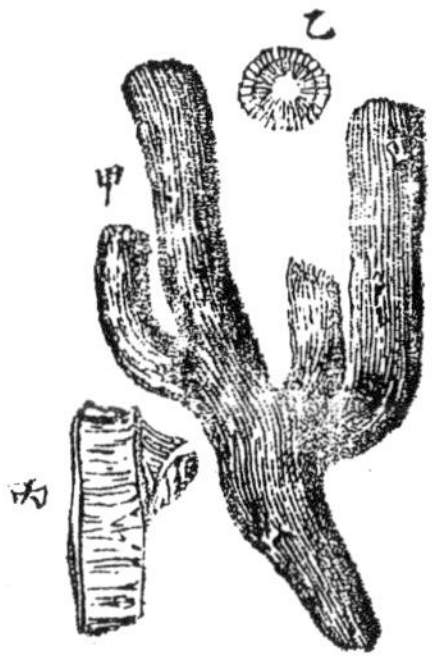

星脫羅非倫
雞斯倂都生

希來何來的斯
普羅雖

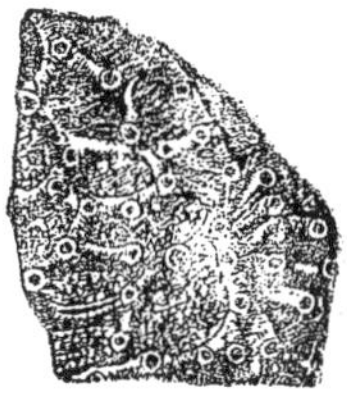

哇羅普拉色爾并

甲爲全形　乙爲平截之形　丙爲直截之形　此殭石定在此層

此殭石從亞細亞至美里哥皆有之蓋皆生於西羅里安時之海中者也

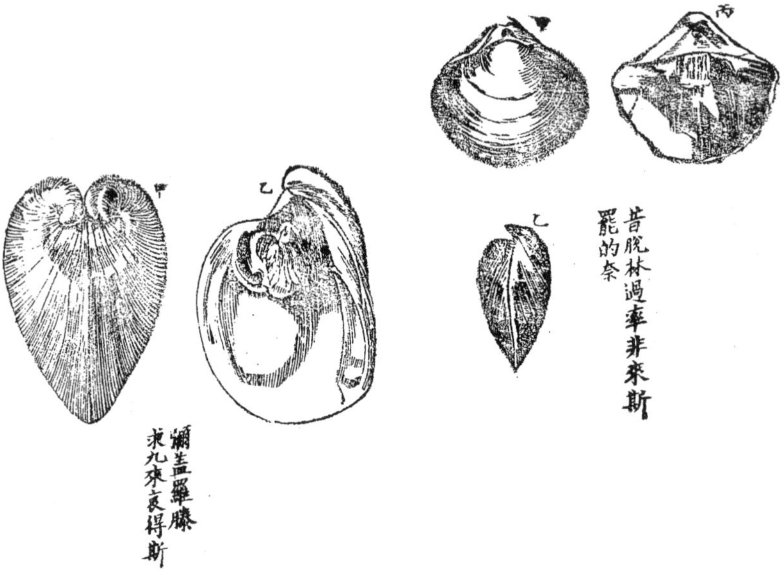

甲爲合形、乙爲側形、丙爲內形。

此亦爲定在之殭石。

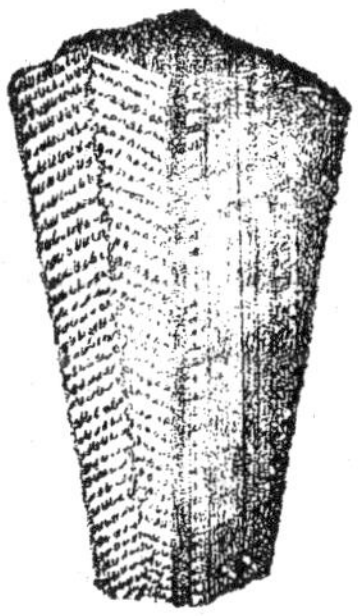

康有來立斯哇恆奈得

孛郎對斯弗累倍立法

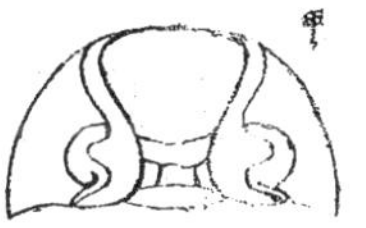

此亦爲三合蟲之類。惟其三合之處少。而有尾如扇。此殭石之頭不全。度其頭之形。當如甲。

於日耳曼中提符尼安遇一奇形之殭石，久不知其爲何類，今已攷知是珊瑚類，如圖，

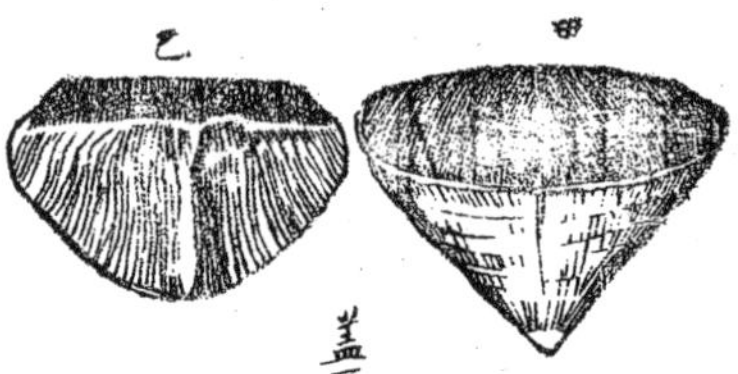

盖爾西何粟刪待里那

甲爲全形，乙爲直截之形，此物諒與盃形珊瑚類相近，

下提符尼安殭石

日耳曼下提符尼安之層，甚分明，初謂此層爲斯背立弗爾砂石，因其中有斯背立弗爾殭石甚多故也，其殭石之

形與美里哥者同如圖

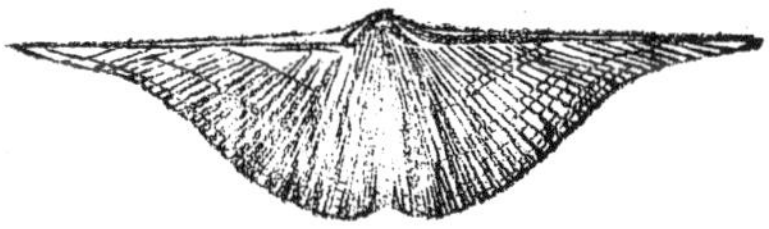

斯背立弗爾弁克羅奈待斯

三合蟲之在西羅里安層者多惟在提符尼安者其合處

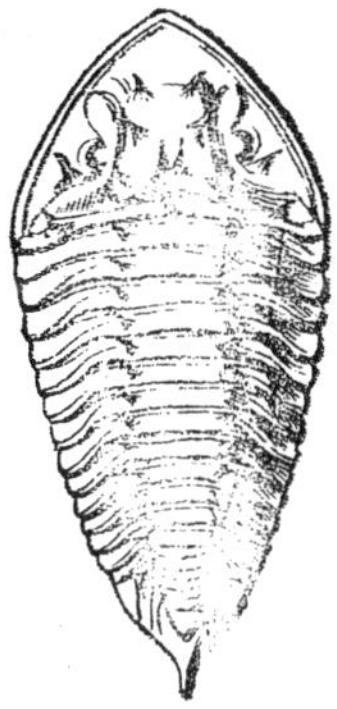

苛每來羅得斯阿奈得斯

有脊遇之於英吉利歐羅巴亞非里加之下提符尼安

又有奇形之珊瑚殭石其上有卒比來如圖

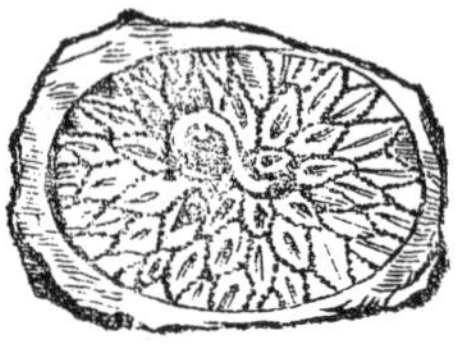

潑羅羅迭克的耶

俄羅斯提符尼安

提符尼安之在俄羅斯者比英吉利之提符尼安層寬廣有處之殭石亦如斯各得倫有處有灰石層如英吉利之南

美里哥提符尼安

西羅里安之上炭灰石之下普天下之石層從未有如美里哥之分明者如美里哥牛約克地方之提符尼安其層俱互相平行無彎曲斷折故易攷究其層可分爲十二惟其下與西羅里安交界處則不甚分明難於辨別

牛約克之提符尼安中有一珊瑚古礁甚大其現露之處如阿海窩江自高流下處水之所激洗蝕其泥砂見珊瑚林立如植其徑有五尺大者亦有石蓮及斯背立弗爾殭石形亦與歐羅巴者同惟其同者不多所以難謂其卽與歐羅巴之提符尼安爲一片

美里哥北有砂石合子石含兒觀其中之殭石可定其爲

提符尼安其合子石之層厚五百六十尺其石子之質爲白科子黑灰石及數色之嚼斯不爾又有巴弗里及結成灰石其膠固之者爲砂石死如砂石輭時石子入焉其砂石每有水浪紋此提符尼安之上有一層煤炭厚三寸其煤之底亦有泥其泥中有草木之根而其枝梗及葉遇之於煤之上層舍兒中

亞非利加提符尼安

亞非利加好望角等處亦有提符尼安層其殭石與北方者相似亦有石蓮三合蟲等物殭石

提符尼安草木

於日耳曼之提符尼安中攷草木形迹畧與可見美什同在美里哥者亦然大約其草木亦爲子殼外無肉之雙仁類及陪子類多

有一種植物獨在提符尼安而未遇之於碟層者如後圖

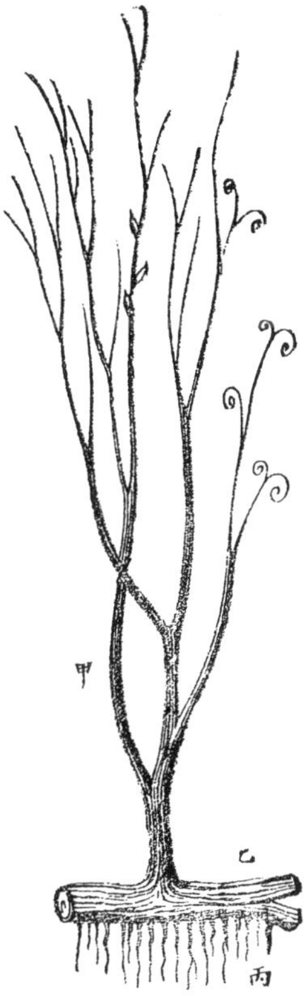

雌落非登發里昔克

甲爲樹之全形　乙爲橫根　丙爲細根

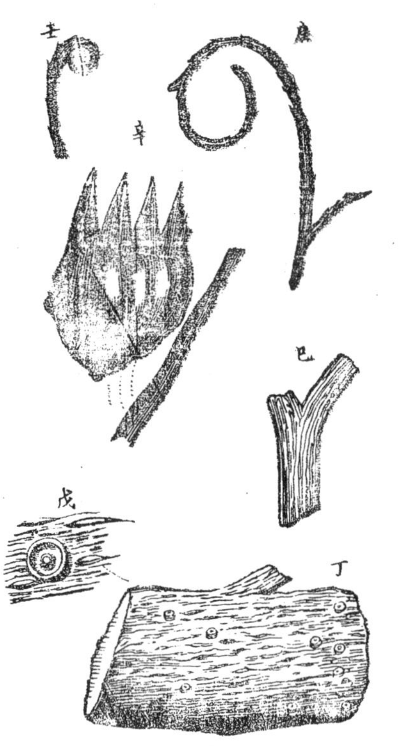

丁戊爲橫根顯大見節斑如斯的葛牟里耶。己爲幹。庚爲枝之末。辛爲子。壬爲葉。

提符尼安中末遇陸地之蟲及土中之螺後來攷究之處多或能得之。

陽湖趙宏繪圖

長洲沙英校樣

地學淺釋卷二十七目錄

落冷須安

論上西羅里安之下未遇有脊骨之物

地學淺釋卷二十七

英國雷俠兒撰
美國瑪高温口譯
金匱華蘅芳筆述

此卷論西羅里安堪孛里安落冷須安

西羅里安之初名

提符尼安再下遇最古殭石之石層，初時地學家名此層爲變層，曰耳曼名之曰合羅滑克。曰耳曼之合羅滑克爲砂石之類，其石質爲小塊碎科子及硬如火石之泥石子，有泥膠固之，惟此種石形不能定爲西羅里安，因亦遇之於老紅砂層及可見美什磨石中。

又阿兒不斯山之克里兌書及痊育新亦有之故其金石之質不足為古今之據也

西羅里安分層

西羅里安分上中下三層　上層又分為二一曰勒羅二曰渾落克　中層曰闊度比　下層亦分為二一曰開大克二曰闊提羅　再細分之每層中又分各小層列之如左

上西羅里安

一為勒羅層　上勒羅之石　上為細粒黃色之硬砂石其粒微帶紅色其下有魚骨殭石此層其厚八十

尺。下爲灰色砂石。及泥石。厚七百尺。以上爲上勒羅 其下勒羅之石。一爲泥灰石。厚五十尺。二爲舍兒有灰膠結之。有厚至千尺者。

勒羅層中之殭石。有海中螺蛤珊瑚。石蓮節蟲。平鱗硬鱗之魚。又有合拉必都來脫。及殼蟲海草。

二爲渾落克層。 上渾落克之石。爲結實之灰石。其下爲泥舍兒。此舍兒劈之易開。可作塡路之用。其下爲泥灰石舍兒。有時有非而斯罷砂石。及磨石代之。渾落克之諸層。厚三千餘尺。其殭石。有海中螺蛤。星紋珊瑚。三合之蟲。及合拉必都來脫。

中西羅里安

闌度比層。上爲淡紫色之舍兒，厚一千尺。又有合子灰石，暗色舍兒及灰砂石。其下有紅色之粗砂石，厚八百尺。下爲硬砂石，及泥石，屢有合子石在焉，厚六百尺至一千尺。

闌度比諸層中之殭石，有珊瑚石，蓮最多。又有伻對彌勒斯殭石亦多。

下西羅里安

一爲開大克層。上爲蛤蚌砂石，合子石，舍兒。下爲砂灰石，及泥石，砂石。又有脫拉潑，共厚一萬二千尺。

其殭石蛤類多亦有螺類及三合蟲又有合拉必都來脫

二爲闌提羅層　其上層爲暗色之泥石灰石之路石及砂石　下層爲科子砂石及泥石　此二層中有同時之火山石諸層其厚一千尺至一千五百尺上闌提羅之殭石以頭行者大而多又合拉必都來脫亦多其三合蟲最大下闌提羅之殭石與上層者類同而種異有數種三合蟲及合拉必都來脫其同時之火山石疊層其厚三千三百尺其石質爲非而斯罷巴弗里其中之殭石與闌提羅中者同

西羅里安命名之意因此層之在英吉利西者其處之古地名曰西羅里安

上西羅里安勒羅

勒羅之層因其殭石而分爲上下二層上勒羅之一其砂石可作房屋之用因其中有魚殭石層凡古殭石之魚於此層遇之多故爲緊要之層常有一二層褐色石中滿碎塊魚骨此魚殭石層寬二百二十五里厚從一寸至一尺不等有處比其層之上遇細粒圓形之殭石今知爲暗子類草木之子其魚平鱗者多又有魚骨魚齒殭石均有磨圓之形

上勒羅之二三其石爲灰石及枚格其枚格屢有爛如輭泥者其中之殭石同前又有林求來及定在之殭石哇昔斯

益葛斯吞由良斯脫來愛得齒

西里突斯魚鱗也

潑里克都突斯每拉別立斯

其泥中有裒雖里斯

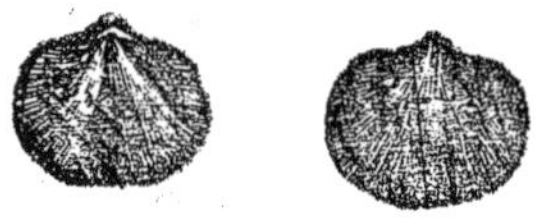

哇昔斯裒里蓋求滕

裒雖里斯奈羽求泰

上勒羅之砂石有處有波浪紋此為漸漸沈積之據又有

一種石俗名亦謂之泥石即細細之泥含兒其頁厚於含兒於此泥含兒中遇有石蓮如植此含兒遇天空氣易變泥故亦以泥石名之

下勒羅之一其石爲半結實之泥灰石其中之殭石如圖

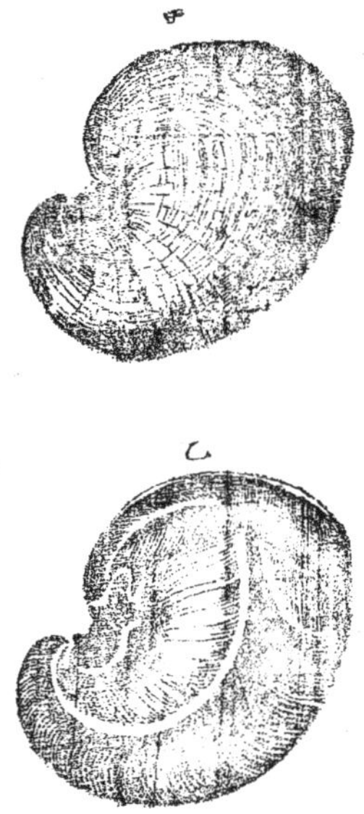

伻對彌勒斯奈搭

甲爲合形　乙爲剖視其內之形因其中分五格故名之曰伻對彌勒斯伻對者五也

此種蛤類中分爲五格今無生者其殭石俄羅斯白灰石

中亦有之又有殭石其所在之地甚大從中西羅里安至上西羅里安皆有之

林求來羅聿蹤

林可納拉武爾蘇奈

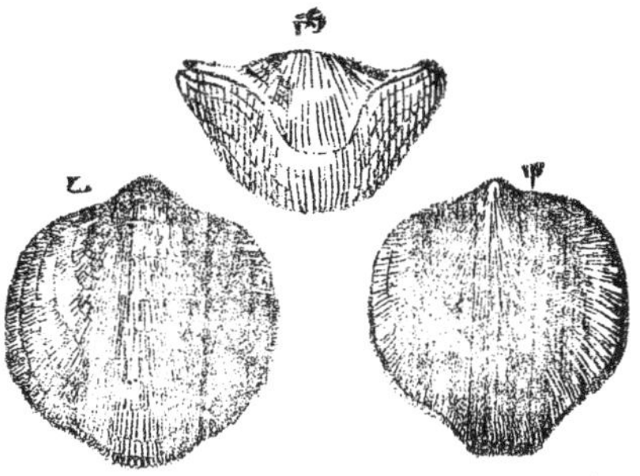

良脫來潑
雖迭來來立斯

下勒羅之二有數種石爲暗色灰泥所成其殭石有以上諸層所無者如哇蘇西勒斯弗來葛摩西勒斯又如合拉必都來脫至今尚未遇其在下勒羅之上又有星形之殭石

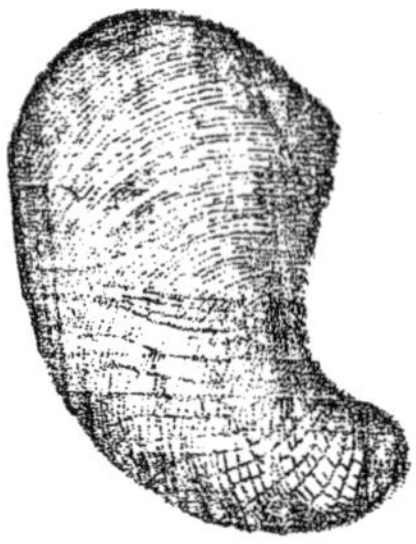

弗來葛摩西勒斯

圖得原形四分之一

脱羅過西勒斯才强的恩

圖得原形四分之一

圭蘇西勒斯羅滕西

近時於下勒羅層中遇魚殭石名之曰脫兒阿斯別非下品之魚也此爲所遇最古之魚殭石

渾落克

渾落克層上爲灰石中滿珊瑚其灰石有結爲八十尺之大塊在泥石中其質爲淨炭酸灰其珊瑚之形如圖

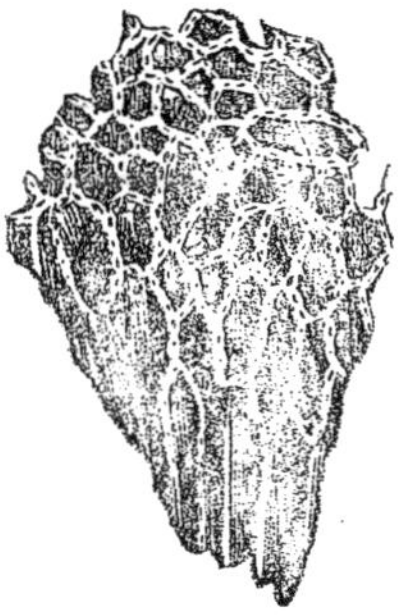

衰累雖的斯

此種珊瑚殭石遇之於歐羅巴

剖析之有稜角甲爲多稜合形圖比原形稍小乙爲剖析顯大之形

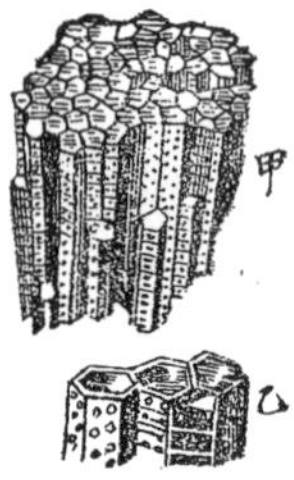

非符雖的可司勵符盖

盎非馬脫厲比奈登

凡西羅里安之盃形珊瑚類其頁皆以四分又有石蓮與炭灰石中者類同而種異

渾落克中之螺蛤殭石與下勒羅之一同又有數種如圖

蘇度克來奈的斯

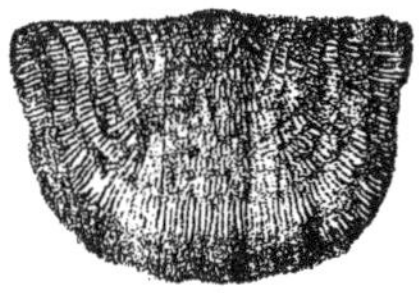

昔耽羅冨彌奈

其下品生物之殭石，幾全是三合蟲，有時遇其卷曲之形，

如今時木中之蟲，

閼里彌尼孛羅門拔的耶

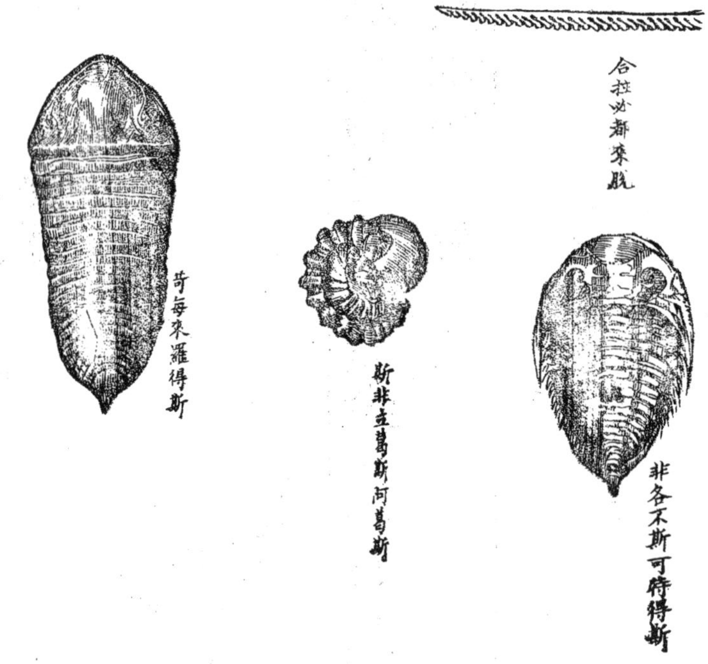

此爲三合蟲卷曲之殭石。

此種三合蟲爲此層定在之殭石。

下渾落克之一。其殭石有數種。名合拉必都來脫言其形

如羽毛之筆也此殭石惟在西羅里安下渾落克之二為塊形之灰石亦有粗砂石為山其山不生草木

中西羅里安

中西羅里安上關度比之石為紫色之泥石可作寫字之板其中殭石少即有亦與渾落克同再上遇一種砂石層亦名併對彌勒斯層因其中有併對彌勒斯之殭石多也此殭石所在之地甚大美里哥俄羅斯等處皆有之其形如後圖

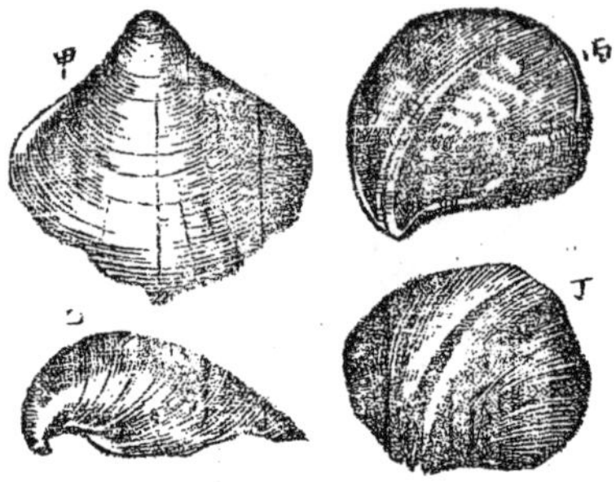

怦對彌勒斯里迭斯

甲乙爲外形。丙爲有丐而刻斯罷代其內形。丁亦爲內形。其縫因殼開。

上闊度比之石。有時有合子石。最多者灰石舍見其殭石亦多。有節蟲爲卒比來之類。如圖。

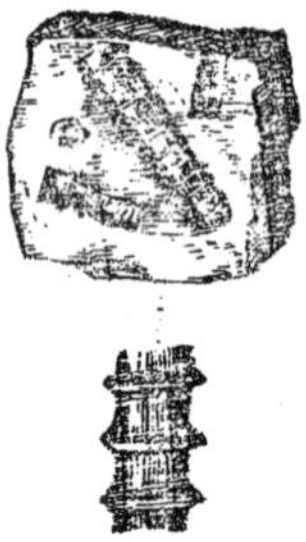

吞台究來迭斯

下闕度比之石，為硬泥石，及砂石，其中殭石少，

下西羅里安

下西羅里安開大克層之石，一為蛤蚌砂石，亦屢有灰石，其中殭石，如圖

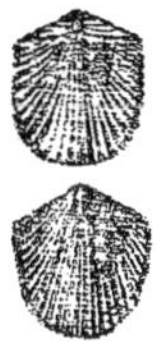

哇昔斯脫來西奈里耶

哇昔斯勿司不爾的里耶

昔厩羅夫彌柰

曾有人作一書專解三合蟲之殭石以爲此蟲能在水面游行其形從少至老大小有二十餘等如圖

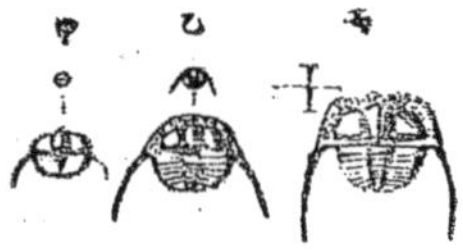

上爲殭石之大小下爲顯大之形甲最小未有橫紋乙稍大丙又大於乙

歐羅巴美里哥皆有之

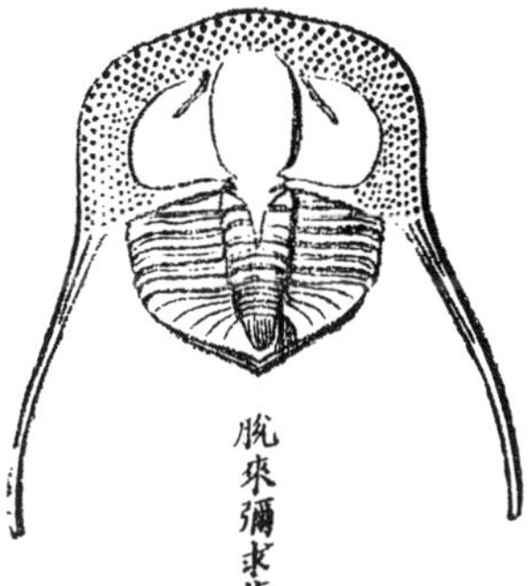

胱來彌求落師

開大克之二其石爲灰石中有星形之物如圖

此英吉利瑞典俄羅斯開大克層之定在殭石　甲爲口　乙爲末

尼幾那斯非倫奈的

闌提羅之一其石爲枚格塡路石及灰褐色之厚舍兒又

有黑色炭泥石屢有硫酸哀盧彌那亦有硬磔一層有人謂此種硬磔爲動物之質所成因其泥石中有合拉必都來脫殭石多故疑硬磔即此所變也

迭拔符合拉必雖斯

迭不羅合拉必雖斯
末爾究蘇奈

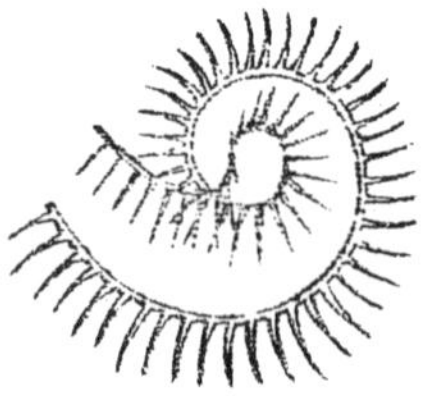

拉斯脫來的斯

迭不羅合拉必雖斯
夫里恒

闕提羅之在歐羅巴者其定在之殭石如圖

哇蘇西立斯求別來克斯

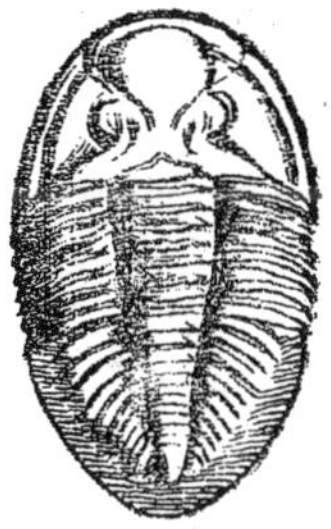
良雖發斯
低來捺斯

三合蟲在西羅里安時海中其種類之多亦如今海中之蝦蟹

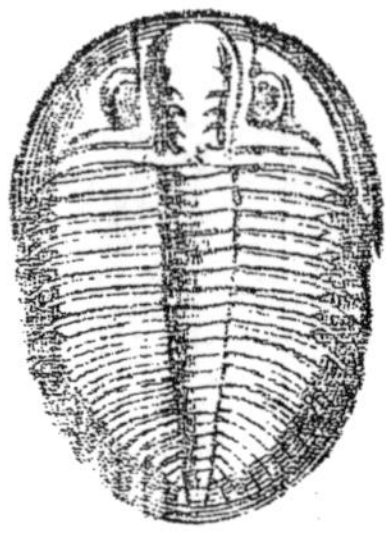

阿奇其耶蒲的耶

上闌提羅褐色泥石之下、仍遇合拉必都來脫、及三合蟲等類殭石、在厚舍兒中、其舍兒中、有火山石脫拉潑層、究如火山從海中出而所吐之石汁流而平鋪於海底所成其脫拉潑之質、或爲非而斯罷、或爲巴弗里、

下闌提羅之石、爲舍兒砂石、及科子石、有人謂此層應歸堪孛里安、亦未爲定論也、此層中有定在之殭石、其形如圖、

迭提符合拉必雖斯
其海奈斯

在今海中火山羣島能見水火二力能同時於一處造成新層其火山之流石數次流出凝於海底而其噴吐之灰燼或落於地或落於海其鬆砂硬灰在水中磨汰沈積不久能成一厚層此層雖厚而其上下所埋沒之生物種類不變因其時不甚久故也然雖如此其所成之層厚必有

限因孜英西之第三迹層二萬五千尺至四萬尺厚不能得生物不變之據故也因英吉利西羅里安之底爲火山石故附及之

歐羅巴西羅里安

在歐羅巴見西羅里安之層甚寬濶但未有極厚之層其在拿威瑞典者不過厚一千尺在俄羅斯者更薄於俄羅斯之西羅里安層遇定在之殭石如圖

雖夫奴幾得

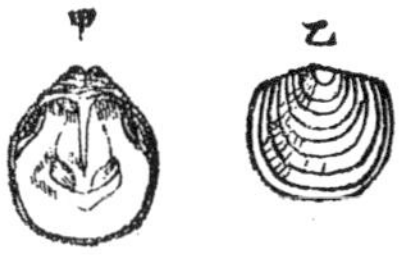

阿滿拉斯衰普里納斯

又俄羅斯有綠砂層亦爲西羅里安

美里哥西羅里安

觀阿里恰逆山圖其西羅里安層彎曲不平而其在西邊者漸平

在牛約克遇西羅里安平層便於攷究其上西羅里安可分爲七下西羅里安可分爲八其中殭石之種類與歐羅巴者大同小異

西羅里安之殭石以北美里哥者與歐羅巴者比較每百種中有三十至四十種相同

甲

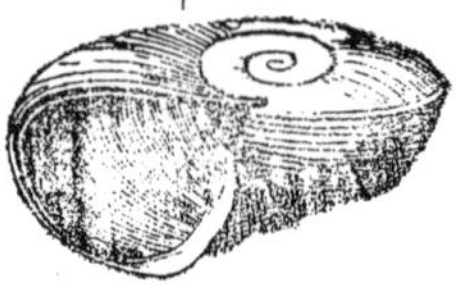

乙

每克羅里耶羅蓋奈

末爾幾蘇里耶

美里哥之南及新荷蘭天竺國皆有西羅里安層觀其殭石之類能知其爲同時所成惟細別之則其種各異所以昔人謂有一種生物在古海中各處皆有此說非是

或問西羅里安爲深水中所成乎此言是也蓋其造化於海底必比四百二十尺深一因其蛤類之形小二因海螄之類少三因其能浮游之物多四因深海之生物多五因魚殭石少因此五據故知爲深水中所成

堪孛里安

西羅里安之下爲堪孛里安此層亦分爲上下二層

上堪孛里安之石上爲泥石其中有定在之殭石其泥石

之下爲枚格昔斯脫可作塡路之用其中有殭石如圖

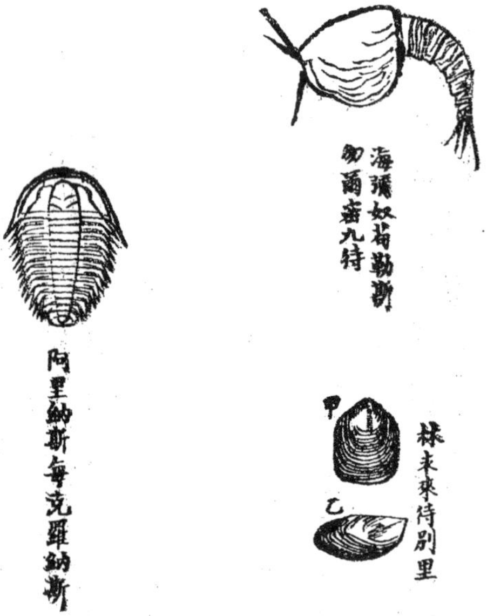

圖俱得原形二分之一

下堪亭里安之石爲砂石有處厚六千尺其中有節蟲之殭石其砂石每有波浪紋又有雨點之迹甚分明其下有泥石及砂爲疊層厚約三千尺其中有歐羅巴最古之殭石

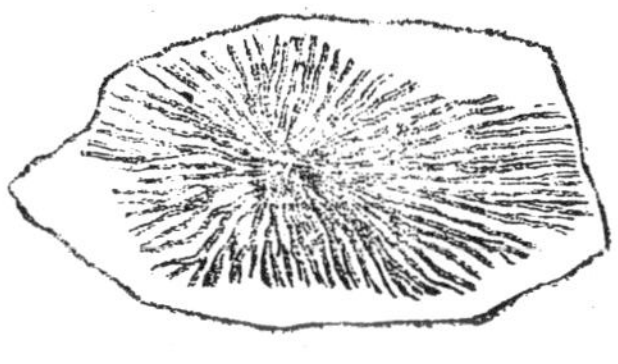

阿里海彌耶來特哀得

阿里海彌耶安的蓋

在日耳曼之𡎺孛里安遇三合蟲殭石如圖

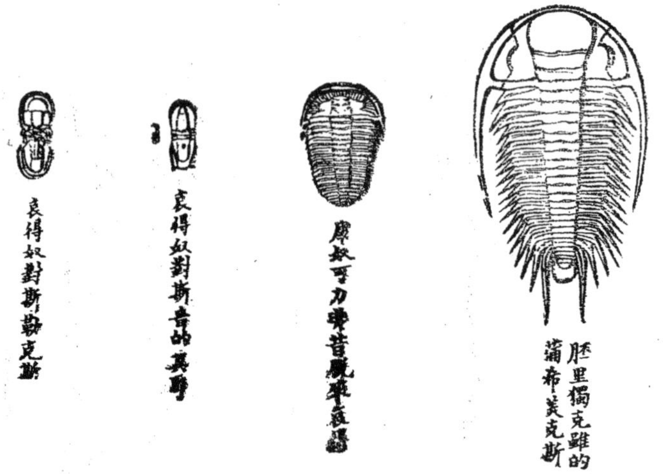

圖得原形二分之一

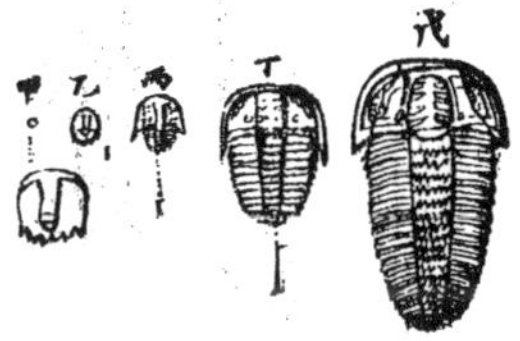

此爲三合蟲自小至大之形　甲最小身無節紋　乙丙漸有節　丁有眼　戊爲二分之一大　工爲蟲之長

瑞典拿威之堪字里安其石爲礬泥石其中亦有三合蟲殭石

美里哥剎子旦地方之砂石亦爲堪字里安其砂石之質爲白科子細粒合成其石因有波浪紋故可辨之成片如枚格有處厚六百尺其中遇殭石如圖

又其砂石中有海萊殭石滿小孔諒因有節蟲蝕之故成細孔。於此浪紋砂石中遇足迹印阿恆攷之云是海蝦之迹此砂石之下爲科子合子石

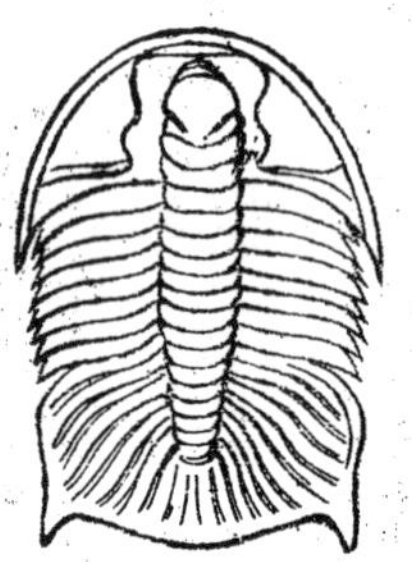

待問羅色非拉斯密尼蘇登昔斯

美里哥休倫地方有下堪孛里安層厚一萬八千尺其石質大約爲科子綠泥石其中每有落冷須安之石子

又休倫有一帶灰石層至今未見有殭石故不知此灰石是下堪孛里安抑比下堪孛里安老惟其層與下之落冷

須安層不平行故附之於下堪孛里安

落冷須安

美里哥落冷斯江之北有大層之結成石其石爲尼斯校格昔斯脫科子灰石厚三萬餘尺其層之寬廣約有二十萬方里此石不但比有殭石之堪孛里安古亦比休倫之層古其層之上下亦不自平行故有上落冷須安層下落冷須安層

上落冷須安厚一萬餘尺其石爲疊層之結成石至今未遇其殭石其石以非而斯罷爲多其非而斯罷之質各異從愛奴雖脫至伊里阿來脫皆有之其中之卜對斯素特

從不滿一分至多至七分其素特每比卜對斯多此種非而斯罷之石有處爲極大之山而無他種金石惟有處亦有倍落客西能變至海不思低能又有處有合拉尼脫之山

有人言斯各得倫北邊之島其金石之質亦與上落冷須安同

下落冷須安厚三萬尺與上層之非而斯罷不平行其石大約尼斯居多其色微紅又有哇蘇克里斯非而斯罷有處亦遇淨科子厚四百尺至八百尺其疊層爲霍啞白倫及枚格昔斯脫又有結成之灰石

於一處灰石中遇一殭石用顯微鏡視之略如牛牟來脫其紋縷又如珊瑚名之曰伊阿助呱開捺滕斯猶言第一生物也計此層之距上堪孛里安如上堪孛里安之距牛牟來脫灰石其期之久遠如此

下落冷須安之石有變動破碎之處其時上落冷須安尚未沈積

斯各得倫之古尼斯有人謂其與美北之落冷須安同

論上西羅里安之下未遇有脊骨之物

上西羅里安之魚骨層惟在下勒羅之下遇之此爲所遇有脊骨殭石之最古者也自此以下至今尚未攷得有脊

骨之殭石。然學者勿因此遂謂自此以前其生物皆無脊骨。因所遇之無脊骨之物亦不多。尚未遇陸地之蟲。土中之螺陸地之草木。在西羅里安之下。或者因今之所攷處離其陸地遠。故不遇也。

下西羅里安中。只於一層遇魚殭石。其魚骨魚牙之殭石。皆有磨圓之形。此是水中流來之據也。又遇有陸地之草。想亦是水中流來。今知凡江流入海之處。其魚骨及草多。今之捕取螺蛤者。於海中離岸一百二十里處見其海底所沈之魚骨甚少。惟得星形之物及螺蛤節蟲甚多。夫海之多魚。猶山之多獸。而探於海不得魚骨。猶觀於山不見獸骨也，因不見其骨，而遂謂海無魚，山無獸，可乎哉。

又於海濱水淺魚多之處，亦不見有魚骨，雖掘其泥砂，見泥中亦有生魚，而無死魚，惟北海中，有數處魚骨甚多，其處寬廣約九里，水深四十五拓至二百三十拓，此處魚骨之多，可比古之勒羅魚骨層，蓋今時海中魚骨，亦有處甚多，有處甚少，每有極大之處，其泥中竟無魚骨者，想西羅里安時之海亦然。

海中魚最多之處，魚骨每少，其故易知，因海中有流水，能流其骨至他處故也，如今之陸地生物，其骨或爲他物食去，或腐爛而化去，或漂流至水中，故其物多之處，其骨亦少。如後數千萬年。有人查今之新層。則其骨殭石。必不在其生長之處。而在水流所抵止之處。

地學家記某年遇某脊骨之屬於某層列爲表觀之。知殭石之事。愈攷愈深。亦愈求愈得古物。

乳哺類

一千七百九十八年。遇之於上瘗育新。

一千八百一十八年。遇之於下烏來脫

一千八百四十七年。遇之於脫來約斯

禽鳥類

一千七百八十二年。遇之於上瘗育新。

一千八百三十九年。遇之於下瘗育新。

一千八百五十四年。遇之於下瘗育新。

一千八百五十八年遇之於上綠砂
一千八百六十三年遇之於上烏來脫

蛙蛇類

一千七百十年遇之於潑而彌安
一千八百四十四年遇之於碟層

魚類

一千七百〇九年遇之於潑而彌安
一千七百九十三年遇之於炭灰石
一千八百二十八年遇之於提符尼安
一千八百四十年遇之於上勒羅
一千八百五十九年遇之於下勒羅

昔曾有人著書言蛇蛙之類其生於世未有比潑而彌安

早者後十九年於炭灰石中得之始知前說之非

從一千八百十八年以前人皆謂上瘞育新時地上始有熱血類之走獸後於烏來脫中遇其骨人皆不信遂疑其石非古文疑其殭石非乳哺生物之骨不決者久之後攷究者日多始信之

如普天下之地皆如英法二國之攷究地學其所得之殭石當必比今更深更古或者下西羅里安中能得魚提符尼安中能得蛇中烏來脫中能得禽下脫來約斯中能得獸下堪孛里安中能得三合蟲及螺而珊瑚石蓮之類能見其在下落冷須安

然雖如此設想，卽使所見果如此，其比例仍同，如乳哺類仍後於禽鳥，而禽鳥仍後於蛙蛇，而蛙蛇仍後於魚，今知人之生也甚後，故於稍古之新層，已不能得人骨，而見人所造之物，卽知其時已有人，又有處瘞育新之大層中，螺蛤殭石甚多，而無一乳哺類之獸骨，又普天下攷灰石層之殭石，惟於鳥來脫中得二鳥骨，豈其品愈上者，其生愈晚耶，抑其品愈上者，其物愈難得耶，

魚殭石之在各層中，遇之比他種有脊骨之物多，亦比他種脊骨之殭石深，故可藉以攷海水層

今淡水之處，恆不易見鳥骨，所以古層中鳥骨亦最少，

陽湖趙宏繪圖

長洲沙英校槧

地學淺釋卷二十八目錄

礜石

綠石

論石中各質之多少及輕重

巴弗里

哀彌奪羅愛脫

拉之

硬灰浮石

拓發

沛里果奈脫拓發

哀藹郎牟來脫

地學淺釋卷二十八

英國雷俠兒撰　美國瑪高溫口譯
金匱華蘅芳筆述

此卷論火山石

脫拉潑

水層石之有疊石者，前已言之。今解火山石脫拉潑之名。地學家初於歐羅巴之西北攷究石質，尚未明火山石之故，因遇數種無疊層之石，其金石之質有一定，故以脫拉潑為倍素爾、綠石、巴弗里合子石之總名。脫拉潑者，言其石形有階級如梯也，因遇其石塊累如臺

堦故此名便於用

如圖甲爲結成石之山乙爲有殭石之水層石丙爲火山石脫拉潑

火山石走出於他石之破碎處能上於甲乙亦能與乙之水層石成間疊或能走入結成石而出於其巔

脫拉潑之形有二一火山中流出鎔化之石汁至平地而凝則成臺形無論在海底在陸地皆然二因其石之臺級

形層有嶄巖之狀，其中間每有一層或多層火山灰，其灰因雨水洗蝕，每成坡形。

如圖甲乙丙爲脫拉潑，其形俱嶄巖。其坡處爲火山灰之層。

臺級形之石，雖不獨脫拉潑爲然，因大層灰石及他種堅硬之石亦有此形，惟不甚多，亦不如火山石之能成極大之山。又火山石之質，與其附近之石必各異，故可識別。

識別脫拉潑之形質

脫拉潑石其形質與他石各異學者易學其與水層石辨別之法

有時遇其爲大方塊之石無橫紋可分有時爲一帶連山其山頂皆尖有時壁立如墻垣透過殭石層有時如無數柱攢束之形其碎蝕之塊形如圓球從徑寸至徑數尺不等其球之皮面每有鐵鏽之色因其中之鐵遇養氣故也

凡脫拉潑之質爲鴉呆脫或霍恆白倫者此二種脫拉潑中鐵多故碎蝕之處恆有鐵鏽

脫拉潑中有非而斯罷多則其碎蝕之處有白粉形

故任何火山石如其石尚未沕蝕者恆能見其中有結成

之金石有時遇脫拉潑中滿泡孔或有炭酸灰及水中能消化之金石結滿於空孔中

火山石泐爛而爲土能作極肥之田因其石中之夕里開爲砂哀盧彌那爲泥又有灰及卜對斯與鐵其配合之劑適能使草木茂盛也此種火山石所變之土因入酸不發泡作沸形人每疑其中之灰甚少然除合子石之外其中之炭酸灰雖少而其鴉呆脫及霍恆白倫中皆有灰特非炭酸灰故不甚發泡也

火山之形

陸地之火山未遇大水碎蝕者其山之頂皆有一窪形如

孟法蘭西有處有羣山之峯數百雖自有文字以來不知其處有火山而觀其山上有流石之形從其峯頂之窪口下至低處宛如今之火山流石形此峯頂窪形之故觀今之火山可見之凡火山初出時其地迸裂有水氣從裂口出其氣之力能使石碎裂而爲砂又有鎔流之石汁亦從裂口噴出其石汁雖重而有氣之猛力推之故亦噴出宛如熱氣能使沸湯噴流也其流石噴至空中遇天空氣而凝則滿細孔作浮石或爲硬灰其細者如塵灰其石塊及灰落於地積起爲山成一山峯如火山出久而息息久而又出如是多次則其灰燼及流石相疊成層而其峯頂仍

有孔通於地中，則其口爲窪形，有時其流石不噴至空中，而從峯頂之口流下，則使灰中成渠形，有時流石不從峯頂之口流出，而自山旁爿裂一口流出，亦有離火山遠處，亦忽有流石從石中溢出者。

觀此諸說，知今時火山之形，與法蘭西之古火山形相同，所以知其數百峯巒，皆爲古時火山，其羣山之形，如圖。

火山石之質及石名

欲解今之火山石與脫拉潑爲一類應先論其石之形及其在地球皮面之形最便者莫如先論其石之質及石名火山石之名如倍素爾　塔克愛脫　度里來脫　綠石　響石　等類是也其石之多名又有因其形色而異者如巴弗里　合子石　流石　浮石　硬灰

火山石之質大約爲二種金石合成一爲非而斯罷一爲霍恆白倫惟其非而斯罷每多於霍恆白倫即其石之形色甚肖霍恆白倫者其中亦有非而斯罷在焉

此二種金石在火山石中可分爲二類　如非而斯罷有

為哇蘇克里斯者，卽名卜對斯非而斯罷，其中卜對斯多，有為鴨兒倍脫者，卽名素特非而斯罷，其中素特多，又有阿里哥刻來斯，其素特比卜對斯多，而其夕里開比鴨倍脫中少，　又如辣白里馱來脫，不特其形色不同，其質亦異，其夕里開少於鴨兒倍，而有灰為底，　如愛奴雖脫其名因其結成之式為斜方形，其質與辣白里馱來脫畧同，　又有玻璃非而斯罷，與搏結之非而斯罷，其屬非甚緊要，因常非而斯罷，又鴨兒倍脫，每遇結成如玻璃形，故有是名而搏結之非而斯罷其金石之質多少無一定，有素特多者，有卜對斯多者，今化學中，新有分開其質之

法知一切非而斯罷之屬皆有卜對斯及素特惟二物互有多少耳

如霍恆白倫大約不過二種一爲霍恆白倫一爲鴉呆脫昔時以爲其石有多種今有高明者辨之知其並無多種其結成形式之異不過如硫磺之有二形耳　倍落客西能爲鴉呆脫及待約來其與海不思低能之總名　而安非蒲兒爲霍恆白倫及阿克低摩兒愛脫之總名

辨別火山石之法

地學家初學識別時須先認得五種金石如　非而斯罷科子　枚格　霍恆白倫　炭酸灰　此五種金石須

有人指示目辨而得不能從書卷中認識也以此五種石日以養大鏡視之練慣目力則見一細粒卽可知之

第一事應知辨別科子與非而斯罷大約非而斯罷用刀能刻之科子則刀不能刻　此二物如爲結成則非而斯罷有頁片之形可認而科子之碎口如玻璃　如遇其粒形如砂石未曾結成大塊學者勿畏之可用吹火筩試之非而斯罷之粒經火之後其鋒稜能稍圓而科子則火不能動也　欲辨非而斯罷爲某種及欲辨霍俓白倫與鴉呆脫須量其結成之角度方能別之　非而斯罷之屬其

外形內質與鵶呆脫及霍恆白倫大都各異所以火山石中如有霍恆白倫或鵶呆脫多者易於認之惟遇霍恆白倫與鵶呆脫及非而斯罷相雜者則其質互有多少其此多彼少有無數等級然其等級雖多而有數種石之形質與他種石絕然各異者所以地學家便於當作各異之石而各以一名名之如倍素爾　綠石　塔克愛脫等石是也

倍素爾脫

倍素爾脫即脫拉潑之一種或言倍素爾或言倍素脫或單言倍素皆可　倍素之名地學家常用之比言脫拉潑

多其命名之意已忘其本原惟現今習用其名恆以之指脫拉潑之色黑或藍或鉛灰色碎之無雜色而性硬者則皆謂之倍素爾蓋火山石中鴉呆脫多者莫如倍素爾惟仔細論之其質爲非而斯龍與鴉呆脫及鐵和合極勻而成其中每有屋劣維恆之細塊其鐵常爲吸鐵石而鐵中每有替脫尼恩與之相連

如倍素爾中之非而斯龍爲辣白里駄來脫則又名度里來脫此種倍素爾今曷得那火山有之

再細論之如倍素爾爲鴉呆脫與齊河來脫十分相連此因辣白里駄遇水所變蓋任何齊河來脫用吹火筩試之

皆作泡形如沸此因其中有水故也今有化學分法知倍素爾中之鴉呆脫非緊要之物惟脫拉潑中之有鴉呆脫者則與塔克愛脫有別

塔克愛脫

塔克愛脫其名專指脫拉潑之粗粒而有細孔者言之其石之底子爲鴨兒倍脫而中有結成之玻璃非而斯罷及枚格有時亦有科子及霍恆白倫　惟中有科子者不應謂之塔克愛脫

塔克愛脫中之非而斯罷其質夕里開三衰盧彌那一

塔克愛脫巴弗里

其石之底子、爲尋常之塔克愛脫、而中有科子、則名塔克愛脫巴弗里。此石中無替脫尼恩之鐵、

安提斯愛脫

亦塔克愛脫之屬、從美里哥南安提山得之、故有是名。其石中有非而斯龍之屬名安地西能、安提斯愛脫中、亦有玻璃非而斯龍名哇蘇刻里斯、又每有霍恆白倫、安提斯愛脫其石之底子、爲暗色之石、而中有安地西能哇蘇刻里斯霍恆白倫之結成撒閉在其中。

響石

火山造化之非而斯羅石。有一種名響石。其石劈之易成片。可作屋背。敲之聲音響亮所以謂之響石。響石之質堅而結實藍灰色或褐色其合質無一定大抵皆為非而斯羅者居多。有時中有彌蘇得愛脫　如中有撒開之非而斯羅結成者。則謂之響石巴弗里。

緑石

火山造化之石。在倍素爾及塔克愛脫之中間者。以緑石為最多。石之任何粒形相合。如霍恆白倫與非而斯羅或鴉呆脫與非而斯羅其總名曰緑石。　如止有霍恆白倫及非而斯羅者。則另有一名。曰待阿來脫綠石之以綠色爲名，非因中有霍恆白倫，亦非因鴉呆脫因其中有綠夕里開砂爲底子，故名。綠石中之綠砂多少無一定，惟待阿来脫之色，則因中有霍恆白倫小塊撒開。

論石中各質之多少及輕重

以上諸石，如以倍素爾與塔克愛脫比，則倍素中之夕里開比塔克愛脫中之夕里開少，而灰及美合尼西多，所以此二種石中，除鐵不計外，其倍素爾亦較重於塔克愛脫而倍素中之鐵，又比塔克中多，所以不用化學法分別，亦可權其輕重而知之，因倍素爾較重故也。

如倍素爾之屬度里來脫其中有夕里開五十三其重二·八六而尋常之塔克愛脫其中有夕里開六十而其重不過二·六八　又如塔克愛脫巴弗里有夕里開六十九而其重不過二·五八　惟某處有一種石名塔克度里來脫則其夕里開五十八而其重二·七八此石雖比塔克愛脫重而比倍素爾尙輕

倍素爾脫之屬其石大約皆暗色或幾近於黑惟塔克愛脫其色爲灰色或近於白

以倍素爾及塔克愛脫與合拉尼脫比則倍素塔克中之素特多而合拉尼脫中之卜對斯非而斯罷多　又火山

石。無論倍素爾及塔克愛脫。其夕里開恡比合拉尼脫中者少。合拉尼脫中之夕里開爲科子。其科子爲合拉尼脫中緊要之物。視之甚分明。在尋常之火山石。每無科子。即有亦不多。

凡火造化之石。燒之比他石易鍊。因其中之灰及素特卜對斯等物多。能自作一弗拉克斯。故易鎔也。如夕里開之質若無灰及素特卜對斯等物和之。則不能鍊。

今可論他種火造化之石。其形色易分別。有不必論其中之原質者。如巴弗里等類是也。

巴弗里

火山造化之石如其中有一種或數種金石明明結成撒開在土形或結實之石中則此石名巴弗里

如圖爲白色結成之非而斯罷在暗色霍恆白倫非而斯罷中此種石形皆謂之巴弗里

又如塔克愛脫亦可爲巴弗里之屬因其中有結成之非而斯罷故也今之火山流石有此種之形甚多

惟有些巴弗里其中結成之物有爲鴉呆脫屋劣維恆或他種金石者　如巴弗里之底子爲綠石或倍素爾或别

溪多能等石。則謂之某巴弗里石。

巴弗里石之出於哀及國者。最美觀。其底子爲紅非而斯罷。而中有血紅色之非而斯罷結成撒開。又有黑色之霍恆白倫結成。亦撒開在其中。又有粒形之養鐵細點。此巴弗里中有夕里開六十二分。　紅科子巴弗里其夕里開多至七十八十分。

哀彌奪羅愛脫

哀彌奪羅愛脫譯言果仁石也。其合質有多種。凡任何火山之石中有空泡者。其空泡中有他金石凝結而滿之。形如杏仁。故謂果仁石。　如鴨呆脫。　開而西馱能丐而刻

斯罷等類金石撒開在脫拉潑倍素爾或綠石中皆謂之哀彌奪羅愛脫

其造化之故不必疑之因於今之火山見流石中每有小泡中空其中空之故因中有氣而成或因有水而成又因石質未堅凝時有流動之勢故其空孔恆扁而微帶長形

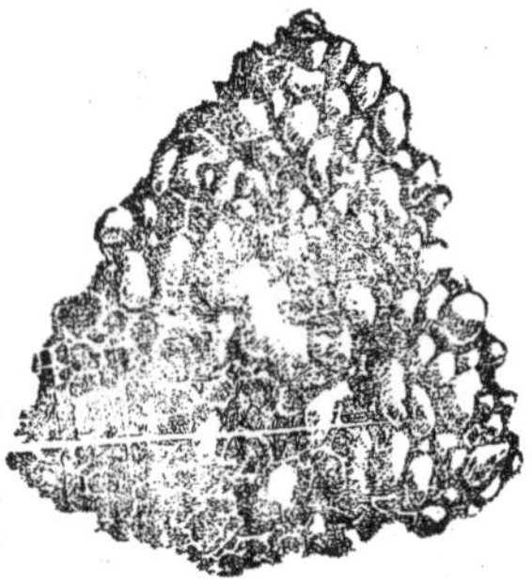

其孔之內面有玻璃之形其底子或如硬灰形

如圖爲法蘭西古火山之石其左下爲有空泡之形其右上有他金石滿之爲果仁形其仁滿

於石之空孔。其色白。其質爲炭酸灰。

拉乏

拉乏者。火山流石之總名也。任何石汁。從火山流出者。皆謂之拉乏。其凝結於天空氣中者。外面形如硬灰。其中則愈似石。而硬因其在內者。冷遲。而又爲上之重力所壓擠。所以比外面者更爲結實。然雖如此。而拉乏之下面之底。亦爲硬灰形。因初流出時。爲一薄層。易冷故也。

拉乏之最結實者。每爲巴弗里。其鬆如硬灰。而有空孔者。其中亦每有結成之金石。此結成之金石。蓋從老石而來。因老石中之結成。有不爲火熱所鎔者。則與鎔流之石汁俱流出而結於其中也。

凡從火山中流出之石汁。無論在天空氣中。或水中。皆謂之拉乏。如其石汁已鎔而未流出地面。卽凝。不見天空氣者。則不應謂之拉乏。應謂之脫拉潑。

拉乏之質有多種。有些是塔克愛脫。而最多者爲倍素爾。亦有爲安提斯愛脫爲綠鴉杲脫爲黑鴉杲脫。及辣白里駃來脫與非而斯罷。

硬灰浮石

火山中所吐之灰燼。有硬灰及浮石。　硬灰之常色爲紅褐色或黑色其質爲倍素爾或鴉杲脫。

浮石之形。滿細孔而輕如海棉。因有氣在塔克愛脫拉之中。故成此形。其何以中有氣之故。尚未知之。惟知辣白里馱非而斯罷之拉之不作浮石。

拓發

任何火山中。噴出之物。其硬灰。及浮石落於地面。無論在水。在陸。其所積之層名曰拓發

拓發之在水底。則與螺蛤等水中生物成壘層。有時有灰質膠固之。則成石。若灰少或無灰。亦自能摶結而為石。

拓發砂石。與尋常砂石之別。因其粒之稜角。無磨圓之形。仔細論之。拓發之質。為非而斯罷之合質。即浮石之類也。

其倍素爾之拓發又名不比里奴惟不比里奴之拓發常爲褐色而尋常之拓發其色或灰或白
有時遇最結硬之火山石層與水層石成疊層其石亦爲拓發者雖其石硬而重形如脫拉潑而實即拓發也如一千八百三十一年間有火山出於地中海邊有褐色之泥吐出數月方已其凝而爲石比合拉尼脫尙重有處之火山灰其重與尋常之脫拉潑同其質亦同

沛里果奈脫拓發

火山之拓發其金石之質隨其所出之處而異即一處之拓發亦因時而異

沛里果奈脫之拓發，其質與尋常之拓發異，大約爲水夕里開哀盧彌那，亦有養鐵及灰，與美合尼西，其色褐或褐黑，其重二·四三，大約任何火山石，如哀彌奪羅愛脫中，或拓發中，皆有沛里果奈脫，諒是拓發爲水氣所變也。

哀葛郎牟來脫

無論何種石之石塊，其稜角未磨圓者，謂之哀葛郎牟來脫，猶言稜角石子也。

稜角石子，在火山裂縫之旁，屢遇之，此因地中水氣遇熱驟漲，而石層爲之碎裂，故其碎塊之石，飛落於遠近也。此種稜角石子，其質或爲尋常硬灰及拉之，惟有時亦有合拉尼脫及有殭石之灰石在焉蓋熱水之氣所發之處其石無不碎裂也其撒開之方向及遠近或因風之大小縫之斜直而異或因天雨之水衝之而遠若爲流水或海流流其石塊使遠去則其稜角必有磨圓之形

磨圓之石子謂之康葛郎牟來脫

火山中吐出之石塊有時落於地面積至數十尺厚或厚百餘尺而絕無壘層之形者此爲一次吐落所積也

如拓發中有小塊稜角之石者可名火山勃里舍

拉之流成渠時其皮面冷而凝亦自能碎裂爲稜角石塊或能立起五六尺其形甚似康葛郎牟來脫

拉底兒愛脫

其色土紅，其質爲夕里開哀盧彌那養鐵，有時爲土形，在拉之中，有時拉之流至拉底兒愛脫處，而分開，諒必拉底兒愛脫爲古土遇熱所變，其紅色因養鐵。

火山石名表

火中造化之石，其名甚多，今取尋常習見者，列爲表，以便學者。

哀葛郎牟來脫。　即大塊之勃里舍，　其石塊從火山裂縫處噴出，稜角鋒利，絕無水中磨圓之形，如有磨圓之形者，則名康葛郎牟來脫。

哀葛奈脫。即可尼。

安非蒲見來脫。即霍恆白倫之類。

哀彌奪羅愛脫。火山石之孔泡中。有他金石滿之。形如果仁。

鴉呆脫石。爲倍素爾之類。其質爲非而斯罷與鴉呆脫相合。

鴉呆脫巴弗里。爲辣白里馱非而斯罷與鴉呆脫結成在綠石中。或在暗色之火山石中。

倍素爾脫。爲非而斯罷與鴉呆脫。及吸鐵屋劣維恆等物。細細結合。

倍雖奈脫。其石如倍素爾。而中有結成之鴉呆脫。

勃里舍。合子石之總名也。

泥石。爲土形結實之石。形如硬泥。其常色紫。變至霍啞斯駄能。

泥石巴弗里。泥石中有非而斯罷之結成。或科子之結成。

結實非而斯罷。此與響石相連。惟更結硬而半透明。以化學法分之。質無一定。

可尼。亦名哀葛奈脫。言其靭如角也。其石任於何處碎之。絕無一點結成之形。其碎口平如結實之倍素爾脫其質爲霍恆白倫科子非而斯罷。十分和合。

待約來其石。　爲非而斯罷與待約來其相合。

待阿來脫　爲綠石之屬。其質爲非而斯罷霍恆白倫粒形相合。其色之暗。因霍恆白倫。

度里來脫。　其質爲黑鴉呆脫與辣白里駃非而斯罷相合。或云中有吸鐵。

度每脫。　塔克愛脫之類。　土形。

由富得愛脫。　爲辣白里駃非而斯罷與待約來其之粒相合。　或云鴉呆脫與霍恆白倫相合。

非而斯駃能。　即結實之非而斯罷。

綠石。爲非而斯罷與霍恆白倫相合。

灰色火山石。鉛灰色之綠石也。其質爲七十五分非而斯罷與鴉呆脫合。

灰拉乏。即拉乏其質在倍素爾拉乏之塔克愛脫拉乏之之間。

霍恆白倫石。即安非浦兒愛脫中有霍恆白倫多故名。綠石中之常非而斯罷多少無一定變而至爲倍素爾或變至綠石可尼。

霍恆斯馱能巴弗里。爲非而斯罷之類其底子爲霍恆斯馱能其硬如火石其與結實非而斯罷之別因火不能鍊.

海不思低能石. 爲辣白里馱非而斯罷與海不思低能之粒和合屢遇之於脫拉潑其石性韌. 有人以爲即綠石之類有海不思低能代其霍俹白倫而成因海不思低能之結成每有霍俹白倫包之故也.

辣的兒愛脫. 土紅色之石其質爲夕里閼哀盧彌那養鐵有時爲土形.

彌勒非耶. 黑色之巴弗里也其質爲辣白里馱非而斯罷微有鴉呆脫其色有時綠變至如色爾并台能.

沸里果奈脫. 火山拓發中皆有之因拓發爲水氣所變

而成。

潑兒石。火山石團塊色如珠光與屋不洗提恩相連。

不比里奴。火山拓發其質爲倍素爾硬灰。

比脫羅雖里克斯。覩夫奴兒來脫。又爲硬非而斯罷之名。

夫奴兒來脫。亦名克里斯多能即響石也。灰藍色劈之易成片。性硬碎之面光擊之其音響亮其質大約爲非而斯罷有時有彌蘇得愛脫。

別溪多能。法蘭西謂之立的奈脫即玻璃形之拉乏也其玻璃光不如屋不洗提恩。黑綠色玻璃形松香光。

其質爲玻璃非而斯罷、微有科子枚格霍伲白倫、有處於砂石中作夾膜三十尺厚。

剥密斯。　卽浮石。　爲輕如海棉形之塔克愛脫

倍落客西能巴弗里。　形如鴉呆脫巴弗里。

斯可里耶。　火山硬灰也。　卽紅黑褐色之拉乏。

色爾并台能。　綠石中有美合尼西多、其質詳見另表。

鐵弗林。　與拉乏之同。

都滋多能。　滑克之别名。

塔克愛脫。　非而斯罷之類、摸之粗糙。

脫拉潑拓發。　火山硬灰與他物合而爲石

脫拉斯。火山中吐出之泥。

滑克。輭如土之脫拉潑。其硬如泥。劃之能入。

渾斯多能。綠石及他種硬脫拉潑之總名

各種火造化之金石表

火所造化之石。如火山石。深造石。其中俱有各種金石。茲取其元質之數列爲表。

鴨克低摩兒愛脫。夕里開六四。美合養二二。養鐵三。

黑鴉呆脫。夕里開四八。哀盧彌那五。美合養八。七五。灰二四。養鐵一〇。八。孟葛尼斯一。

炭酸灰。灰五六三三。炭酸四三〇五。
才哀斯多兒愛脫。夕里開六八五〇。哀盧彌那三〇。
一一。美合養一二三。水〇二七。
客羅愛脫。夕里開三二四。哀那一七二四。美合
養三四四。養鐵三八五。孟葛尼斯〇五三。水一
二三。
又　夕里開三一〇七　哀盧彌那一五四七　美合養
一九二四　灰〇四六　養鐵一九九九　孟葛尼斯
微　水一一五五
又　夕里開二五三七　哀盧彌那二八七九　美合養

一七〇九　養鐵二八·七九　水八·九六

待約來期由富得愛脫·　夕里開四九·三　哀盧彌那五

五　美合養一七·六一　灰一五四三　養鐵九四三

孟葛尼斯〇·五一　水〇·八五　雜氣客羅彌〇·三

待約來其白郎自愛脫　夕里開五〇·八一　哀盧彌那

二〇七　美合養二九·六八　灰二三　養鐵八四六

孟葛尼斯〇·六二　水〇·三三

曷碑度地　夕里開三七·　哀盧彌那二一·　灰一五·

養鐵二四　孟葛尼斯一·五

常非而斯罷　夕里開六六·七五　哀盧彌那一七·五

灰一・二五　卜對斯一二　養鐵○・七五
又　夕里開六四・九一　哀盧彌那一九・二六　美合養
○・六五　灰○・七八　卜對斯一一・○七　素特二・四
九　養鐵微
鴨兒倍脫非而斯罷　夕里開五八・八四　哀盧彌那一
○・五三　灰微　素特九・二三
巴弗里非而斯罷　夕里開七一・五　哀盧彌那一五・五
美合養○・五　灰一・七三　卜對斯三・二六　素時五・
九四　養鐵微
安地西能非而斯罷　夕里開五八・九一　哀盧彌那二

四·五九　美合養○·四　灰四·○一　卜對斯二五三
素特七·五九　養鐵○·九九
辣白里駃非而斯罷　夕里開五五·七五　哀盧彌那二
六·五　灰一·一　素特四·　養鐵一·二五　水○·五
辣白里駃愛脫之似玉者　夕里開五三·三　哀盧彌那
二七·三一　美合養一·○一　灰八·○二　卜對斯三·
四　素特三·五二　養鐵一·○三
阿里哥刻來斯非而斯罷　夕里開六三·二五　哀盧彌
那二三·九二　美合養○·三二　灰三·二三　卜對斯
二·三一　素特六·八八　鐵微

又　夕里開六二·八七　哀盧彌那二三·九一　美合養
微　灰三·六一　卜對斯一·三九　素特八·二六　養
鐵一·八九
茄納　夕里開三五·七五　哀盧彌那二七·二五　養鐵
三·六　孟葛尼斯〇·二五
又　夕里開四三·　哀盧彌那一六·　灰二〇·　養鐵一
六
霍恆白倫　夕里開四二·　哀盧彌那一二·　美合養二·
二五　灰一一·　卜對斯微　養鐵三〇·　孟葛尼斯
〇·二五

又　夕里開四五·六九　哀盧彌那一二·一八　美合養
一八七九　灰一三·八五　養鐵七·三二　孟葛尼斯
○·二三　夫羅而林酸一·五
霍恆白倫待阿來脫　夕里開四七八八　哀盧彌那八·
二三　美合養一八·四　灰七○五　卜對斯○·一四
素特○·六五　養鐵一六·二五　孟葛尼斯微
海不思低能　夕里開五四·二五　哀盧彌那二二·五
美合養一四·　灰一·五　養鐵二四五　孟葛尼斯微
水一
抹里哥來脫　夕里開五三·四二　哀盧彌那一·三八

美合養一四九五　灰二一·七二　養鐵八·五三

羅雖脫　夕里開五三·七五　哀盧彌那二四·六二　卜

對斯二一·三五　養鐵八·五三

彌蘇得變脫　夕里開五四·六四　哀盧彌那一六·七

灰一·六一　素特一五·九　水九·八三

又　夕里開四六·八　哀盧彌那二六·五　灰九·八七

素特五四　水一二·三

枚格　夕里開四二·五　哀盧彌那一一·五　美合養九

卜對斯一○　養鐵二三·　孟葛尼斯二·

又　夕里開五○·　哀盧彌那三五　灰一·三三　養鐵

一〇

黑枚格　夕里開四〇·　哀盧彌那一二六七　美合養

〇·六三　卜對斯五·六一　養鐵一九·〇三　孟葛尼

斯一五·七　替脫尼養一·六三　夫羅而林酸二·

綠枚格　夕里開四一·二三　哀盧彌那一三·九二　美

合養四·七　灰二·五八　卜對斯六·〇五　素特一·四

養鐵二六·三四　孟葛尼斯一

紅枚格　夕里開三七·五四　哀盧彌那一九·八〇　美

合養三〇·三二　灰〇·七　卜對斯七·一七　素特一·

養鐵一·六一　孟葛尼斯〇·一　夫羅而林酸〇·二二

淡紅枚格　夕里開四九·○六　哀盧彌那三三·六一
美合養○·四一　卜對斯四·一九　孟葛尼斯一·四
劣非養三五九　夫羅而林酸三·二八　燐酸○·一一
白枚格　夕里開四六·二三　哀盧彌那三一·○三　美
合養二·二　卜對斯八·八七　素特一四五　養鐵三
四八　孟葛尼斯微　雜四·一二
屋劣維恆　夕里開四○·八六　美合養四七·三五　養
鐵一一·七二　孟葛尼斯○·四三
又　夕里開五○·　美合養三八·五　灰○·一五　養鐵
一二·

隕星石中屋劣維恆　夕里開四一·　美合養三八·五
養鐵一八·五
色爾并合能　夕里開四三·○七　哀盧彌那○·二五
美合養四○·三七　灰○·五　養鐵一·二七　水一·二
四五
色爾并合能哀斯倍斯得斯　夕里開四一·五八　哀盧
彌那○·四二　美合養四二·六一　養鐵一·六九　水
一三·七
常色爾并合能　夕里開四○·八三　哀盧彌那○·九二
美合養三七·九八　灰一·五　養鐵七·三九　孟葛尼

斯微　水一〇·七
斯底哀得愛脫　夕里開六四四·八五　美合養二八·五三
養鐵一·四　水五·二二
又　夕里開六四　美合養二二·　養鐵三·　水五·
台而客　夕里開六一·七五　美合養三一·六八　養鐵
一·七　水三八三
又　夕里開六一·七五　美合養三〇·五　卜對斯二·七
五　養鐵二五
曾墨林　夕里開三七·　哀盧彌那三三·〇九　美合養
二·五八　灰〇·五　卜對斯〇·六五　素特一·三九

養鐵一五·五二　燐酸○·三　布而倫酸七·六六　夫羅而林酸一·四九

紅普壟林　夕里開四一·一六　哀盧彌那四八·八三　美合養○·六一　卜對斯三·二七　素特一·三二　孟葛尼斯○·九七　燐酸○·二二　布而倫酸三·五六　夫羅而林酸二·七　劣非養○·四一

常普壟林　夕里開三五·四八　哀盧彌那三四·七五　美合養四·六八　卜對斯○·四八　素特一·七五　養鐵一七四四　孟葛尼斯一·八九　布而倫酸四○二

地學二十八　音

陽湖趙宏繪

長洲沙英校

国家出版基金项目
NATIONAL PUBLICATION FOUNDATION

海上絲綢之路文獻集成

總主編 陳支平 陳春聲

科技與文化編 43

主編 王揚宗 葉農

海峽出版發行集團
THE STRAITS PUBLISHING & DISTRIBUTING GROUP
福建人民出版社

本册目次

地學淺釋三十八卷（卷二九至卷三八）

〔英〕雷俠兒撰　〔美〕瑪高温口譯　〔清〕華蘅芳筆述

地學淺釋卷二十九目錄

地學二十九

地學淺釋卷二十九

英國雷俠兒撰
美國瑪高溫口譯
金匱華蘅芳筆述

此卷論火山石之形

脫拉潑爲兌克

前卷已解火山石之質，今解此種石何以遇之於地球之面，及其形狀如何，其緊要之屬，無論倍素爾塔克愛脫綠石，有時爲兌克走入他石層，或走出於地面。

兌克之形

前曾言水層石若有斷折之處，常有泥砂石子滿其縫中爲合子石。今言其斷縫中。如無泥砂石子等物自上落下。而有鎔流之石汁。自地中溢出而滿之。冷則凝結爲石成夾膜。此石名曰兌克。言其形如墻壁也。

有時於鬆輭之石。如拓發硬灰。或舍兒中。每有兌克現露而出。其形一片如墻。此因其石比兌克之石嫩易被水蝕。而兌克因硬而不易蝕。故得巋然獨存焉。

如圖爲火山石兌克露出於他石層之面。

斯各得倫之北有海島、其島有砂石及圓石子疊層、有兌克過之、其兌克不透出、而反縮進、故石層爲縫形、此因兌克之石被蝕去故也、惟此處之兌克、其綠石比砂石爲硬、何以綠石能蝕去、而砂石反存、蓋因綠石中有鐵質、鐵遇水則易鏽、故其石因此而泐也、

如圖爲兌克在砂石中被蝕之形、

斯各得倫之疊層、有兌克處、其石遇熱而變硬、故其石層

現露之處、每有高低、如有一帶疊層石、在兩兒克之間者、必比他處獨高、因硬而不易蝕也、

有時石層之裂縫、或有分支及彎曲處、則其兒克爲脉、但此種形狀之脉、在脫拉潑石少、而合拉尼脫多、

在斯各得倫海邊、見脫拉潑走入灰石層中、爲分支之形、另有他脫拉潑之脉、復穿過其老脉、

如圖、丙爲灰石疊層、乙爲脫拉潑、有脉走入灰石、甲爲他脫拉潑之脉、穿過前脉、

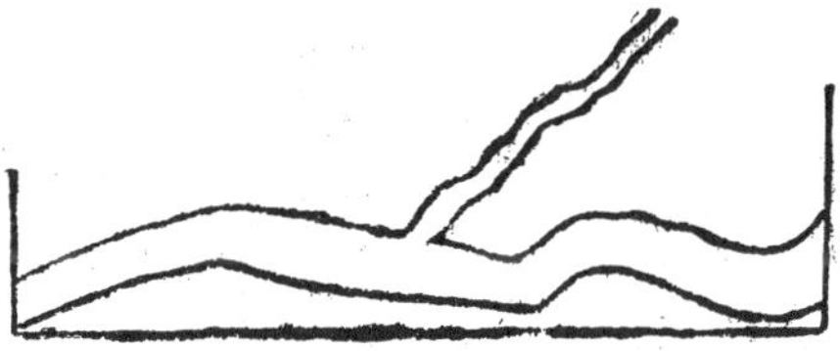

此圖爲有綠石之脉在砂石中澗六尺

斯各得倫之山有其下爲水層石其上有火山石葢之故不見水層石惟其在海邊水蝕之處則見水層石之疊層中有兒克過之其最厚之兒克厚一百尺諒其水層石之下當有他種火山石因在水中不能見

如圖爲斯各得倫之山在海邊水蝕處見火山石之下有水層石其疊層中有火山兒克過之

任何脫拉潑之石皆有爲兒克者如倍素爾綠石非而斯龍巴弗里塔克愛脫皆能爲兒克有時有哀爾奪羅愛脫及拓發勃里舍亦爲兒克蓋拓發及勃里舍能流入水底之石縫中或陸地有裂縫而火山灰及石塊落而滿其中

也。

論兌克中結成之形

大約脱拉潑在兌克之皮面者，因其凝太速，故不能結成。其在中間者冷遲，故有結成之形，然亦間有與此理相反者。如有處脱拉潑兌克厚一尺，其兩邊爲硬倍素爾，而中間滿細孔。

在維蘇維約斯火山有古兌克，其皮面有處之拉之，如玻璃形。有處之兌克爲綠砂，其遇灰石處兩邊有色爾并台能。

在拿威見一奇形之兌克，其石爲雖約奈脱及綠石，循此兌克而行見其過西羅里安層至近海處入枚格昔斯脫中其綠石與雖約奈脫爲兌克澗八步其雖約奈脫在兌克之中間結成如合拉尼脫而色紫中有枚格之細結成而兌克之兩面各有一條暗色之綠石宛如雖約奈脫之鑲邊

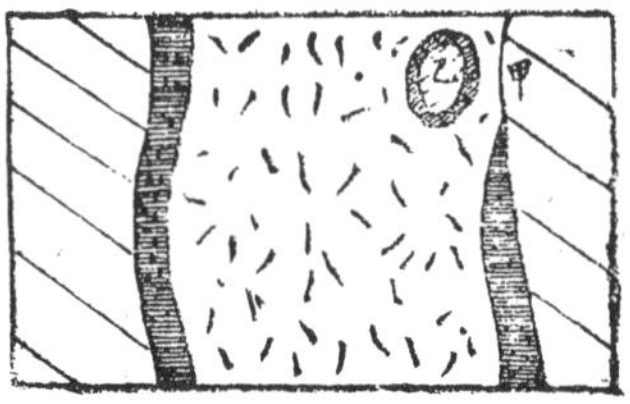

如圖爲雖約奈脫綠石兌克在枚格昔斯脫中　圖中亂點者爲雖約奈脫　密畫中有細點者爲綠石　斜畫甚疎者爲枚格昔斯脫

觀前圖之甲處無綠石在邊而有一石塊在乙其中心之石形如尼斯而質似霍恆白倫非而斯罷其外則有細粒之綠石包之其綠石之質畧與兩邊之綠石同觀此可知合拉尼脫之類近於火山石　或云乙之小塊脫拉潑因爲綠石所包故冷遲而爲雖約奈脫

某處有綠石兌克過舍兒層中觀舍兒層中之殭石知其舍兒爲西羅里安於此綠石兌克中見有塊形或圓或稜角之尼斯有白色者有淡肉紅色者或有頁形或無頁形其有頁者形如尼斯無頁者形如合拉尼脫其石塊撒開在綠石之中縱橫斜直無一定方向其塊之大小從一寸

至八寸。

如圖爲綠石兌克中有尼斯石塊之形。

近兌克之水層石經熱變形

欲論兌克之熱能變其兩邊之石須先知其石汁鎔流之時其熱極甚

在英吉利西有一兌克厚一百三十四尺其石爲非而斯

罷及鴉呆脫其兌克走出於泥灰石舍兒層中壁立如墻其舍兒泥灰石之近兌克兩邊三十尺處皆爲其熱所變其舍兒愈近脫拉潑處愈硬而失其頁形有處之舍兒變至如瓦嚼斯不爾其最硬之處殭石已化去僅存空模而遠處之殭石無恙　其泥灰石之變亦然其土形已變爲粒形或爲結成其中每有鴨捺而西姆及茄納在近兌克處結成其茄納中之灰質多諒是得之於殭石也

愛而倫之北茶而刻斷層中有倍素爾兌克其兩邊之茶而刻近兌克八九尺處俱變爲結成之灰石漸遠則其變漸少最近兌克之茶而刻變爲褐暗色之結成灰石其粒

甚粗。稍遠者變爲潔如白糖之灰石。再遠則爲細粒之灰石。再遠則爲結實之灰石。其色微藍。再遠則爲黄白色。最遠則仍爲茶而刻　茶而刻中之黑火石塊變爲灰黄色。仍爲火石　其最近兌克之結成灰石中。絕無一點殭石之迹。

愛而倫之東北。有兌克在紅砂石中。近兌克之紅砂石。變至霍愜斯馱能。　又有處兌克過可兒美什舍兒。變其舍兒爲硬如火石之泥石　又有來約斯泥石。遇兌克處變爲硬泥石。其中之哀末奈脫殭石。亦化去。惟尙有其空模在焉

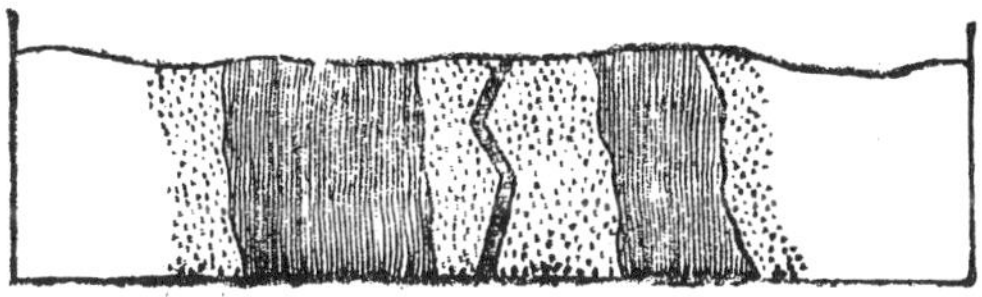

此圖爲三箇倍素爾兌克過桼而刻層其密點之處爲變成灰石

準此理思之如地中有煤炭之層若遇兌克之熱則能燒燃使其熱更甚　此種事亦曾遇之如愛而倫之綠石兌

克走出於碟層處變其碟爲硬灰每邊九尺
英吉利某處有脫拉潑兌克過碟層離兌克九十尺之外
其碟如常而碟之近兌克處變爲硬灰最近兌克處變爲
細鬆之碟烟
斯各得倫之灰砂石因其下有綠石兌克故碎而突起其
近兌克之灰砂石變爲霍恆斯馱能亦有變爲噌斯不爾
者
斯各得倫又有砂石遇脫拉潑處變爲科子一層此亦因
熱而變也
石層之近兌克者俱能爲其熱所變如含兒變爲硬泥石

或嚼斯不爾，灰石茶而刻，變爲結成灰石。砂石變爲科子。碟炭變爲硬灰。其殭石或泯然無迹，或僅存其空模

火山石之能變化他石，一因其熱極甚，一因其中有氣如今之火山拉乏，從其流出之處，及其流至之處，測其熱度及其中所出之氣，各不同。蓋石之傳熱，因其金石之質而殊，亦因其堅嫩鬆實而異，亦因其燥濕之性各不同，故同一砂石也，而有遇兒克而變爲結成者，亦有不甚變者。又學者須知石層之裂縫中，有滿拉乏而即凝者，亦有拉乏之長流日久者，故石之受熱，各有多少，又有拉乏之熱與

水氣之熱相并而熱度更多者

脫拉潑走入疊層石中

脫拉潑之鎔流時有力能走入水層石之疊層而劈開之

如圖甲爲倍素爾脫拉潑之山高六十尺至八十尺　乙爲灰石　丙爲舍兒　丁亦爲灰石舍兒　乙丙本與丁相疊爲灰石舍兒疊層被倍素爾流入其疊層之夾縫中而劈開故成此形

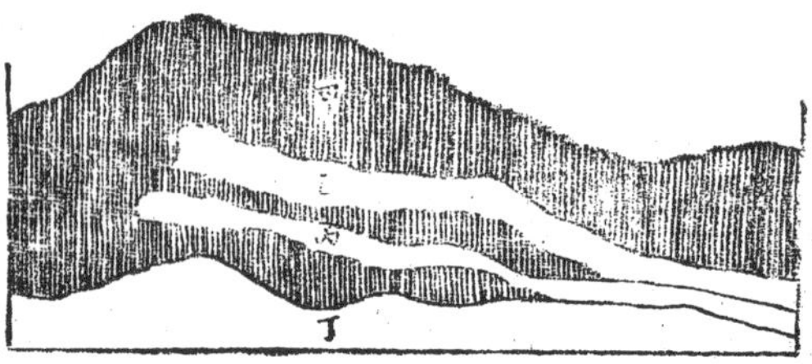

此舍兒灰石被倍素脫拉潑劈開故其舍兒在倍素爾之中遇熱而變爲硬泥石其灰石遇熱變至白色粒形之硬灰石而無殭石其未遇熱之灰石色藍而有珊瑚殭石有時遇脫拉潑走入疊層而分間之則脫拉潑亦有疊層之形幾與水層石之寬廣相爲終始

脫拉潑結成柱形球形

火山石之結成恆有爲柱形者若其石爲倍素爾脫則柱形更多　其柱有稜從三稜至十二稜者皆有之而最多者五稜至七稜　又其柱形屢有節而柱之長短圍徑無一定其徑從一寸起至九尺其長從一寸起至數百尺皆

有之、其柱大約直者居多、亦有微彎者、其柱之長每與脫拉潑之扁面成直角、如其脫拉潑爲平、則其結成之柱形爲直、如其脫拉潑爲兌克而直立、則其結成之柱形爲橫、其各柱大約平行、

如合里那海島有脫拉潑之柱疊爲六十四尺高之峯、蓋其先爲兌克、因其旁之石被蝕、故露出也、

如圖爲合里那之脫拉潑兌克之峯、

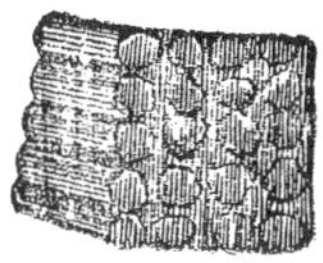

此圖爲其柱之層累之形

柱形之石因石汁從流至凝之時各點互相湊合故能結成其柱之長常與受冷之面成直角如其受冷之面非平面則其結成之柱形各隨其所遇之面爲直角

如法蘭西之南有一山其石爲尼斯山之坳處有一河河旁有古拉之蓋拉之流於其山之坳亦如河後冷而凝又爲河水所洗蝕故河邊能見拉之被蝕之處其中有結成之柱形其柱之方向不平行在坳之邊者橫在坳之底者直各隨其坳之凹形爲直角

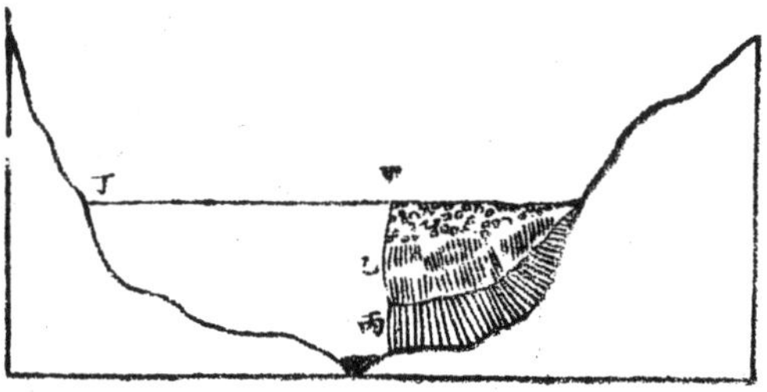

如圖、爲尼斯石坳中古拉乏之形。甲爲硬灰、乙爲不整齊之柱形。丙爲整齊之柱形、其柱均與尼斯之面成直角。觀此圖、分明知拉乏之本滿此坳如甲丁、今則僅存甲乙丙、其左半皆被水蝕去。

以大里有一處脫拉潑、其柱形彎斜不整、其石爲倍素爾。此倍素爾爲海中火山所成、其所在之石因水蝕而不平、故柱形亦不整齊。

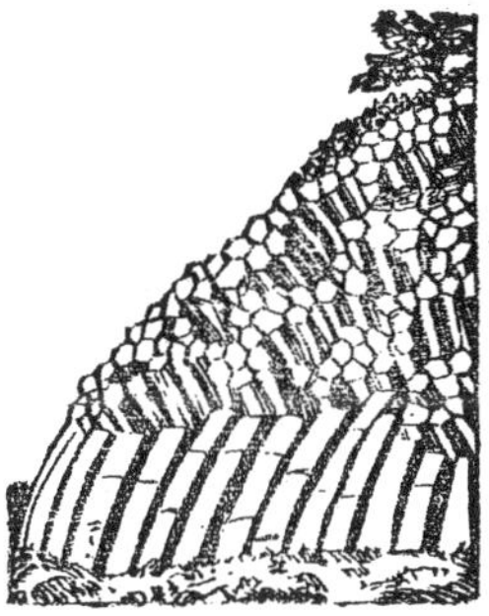

如圖爲以大里倍素爾之柱形。其柱不整齊。

柱形之結成，不特有鴉呆脫之脫拉潑石能如是，卽他種火山石，如礬石、塔克愛脫、非而斯罷之石，亦有柱形，惟其柱形不如倍素爾之分明。

前已言倍素爾結成之柱形，每有節，其節若大而密，則圓而累累如球。　如日耳曼有倍素爾，厚三四十尺，爲拉乏之從山頂流下所成，其石署有球形。

此爲日耳曼之倍素爾之圖.

其石畧有球形.

球形之石每爲脫拉潑之柱泐爛所成如綠石倍素爾水蝕而碎則其碎塊之形圓如球有人謂其初結成時本從球之中心一點而起故有球形數球相續則成柱故其柱形每有節.

以大里近地中海處有一島其石爲別溪多能巴弗里其

沕蝕之碎塊每塊爲球形其球微帶長其徑從數尺至數寸不等蓋球形之外皮遇天空氣則漸漸剝蝕故大者能漸小也

如圖爲以大里脫拉瀿沕蝕成長球形

有時遇響石及他種脫拉瀿每有頁形所以可劈之成片作屋背有時於一脫拉瀿遇有處爲柱形有處爲頁形者其故尚未明諒因冷熱之各異而變

脫拉潑與火山石爲一類

前言水層石近脫拉潑兌克處每有熱變之形準此理思之脫拉潑與今之火山拉乏當爲一類五十年前人常疑之惟其疑亦有一故因脫拉潑之質與今火山所出之物各異故也蓋昔時惟在日耳曼法蘭西拿威斯各得倫等處查攷脫拉潑而此數處之脫拉潑或爲海底之火山所成或有在地中所成皆未遇天空氣所以其脫拉潑與今維蘇維約斯島得那等處火山所出之硬灰拓發拉乏其形不類所以久未能攷明其故譬如樹木其根生於地中而枝葉在天空氣中若以樹根比其枝葉雖同爲一樹之

物而其形已大不同矣豈非以其所生之處有上下之故歟火山石之形其成於地中者與成於地面者不同亦猶此耳

六卷中曾言極大之疊層亦能被水蝕去準此理思之知古火山之形亦有被水蝕而泯其迹者因火山之石水亦易蝕故也有時於疊層中遇脫拉潑忽然斷絕而上有脫拉潑之碎塊圓石子此即火山石被蝕之據也所以脫拉潑相近之處無硬灰拓發等物蓋亦被水蝕去也

如後圖上層爲砂礫中有脫拉潑之圓石子下爲水層石其中有脫拉潑見克截斷之形

讀者觀後文易知地球之皮面從古至今俱有火山造化之石在水層石之間觀其海中生物之殭石知每期中均有火山出焉惟此種拓發及脫拉潑莫以今之火山拉乏硬灰與之相比須以今時海中新火山所出之物與之相比

或言若必欲得海底之新火山石與脫拉潑比此恐甚難答之曰此亦非難因海陸變遷之事亦近今所有如於昔

斯理海島攷其火山石有海中所成之據其脫拉潑之形亦與歐羅巴各處之脫拉潑相似此即最新之海底火山石也

昔斯里之脫拉潑及斯各得倫之脫拉潑其形皆與陸地之火山石異因其石結實而重每與水層石相間疊有時遇其碎塊圓石子與他層相間疊而其處並無硬灰拓發等物積爲山形

想昔斯里之火山古時亦有峯巒後因水蝕而平則其從海底高起爲陸之處不過是其兒克耳今見其拉之有平流之形而有兒克穿透之又其拓發亦撒開沈積爲疊層

其石子及脫拉潑之小石子均有水中磨圓之形亦爲疊層。

脫拉潑之石實而不空不如火山拉乏浮石之滿細孔惟其實而不空亦非其本形如哀彌奪羅愛脫其初本有空泡後因有他金石如夕里開炭酸灰等物走入其空孔而滿之故實如有處哀彌奪羅愛脫其中有碣斯罷滿之其粒扁圓如果仁於其水蝕之處見其孔之內面亦有玻璃之形與今之火山拉乏同又其空泡亦有至今尚空而無他金石走入者則其形甚似今之拉乏之所以脫拉潑今定爲古時海底之火山石。

陸地火山之拉之其金石之質雖與古之脫拉潑同其結成之桯形球形亦同而有些脫拉潑石其形爲今之火山拉之所無如綠石與結成之巴弗里及脫拉潑中之有科子結成者觀今時火山之拉之不見有此種石或有脫拉潑爲火山石鎔結石兩可之間故其形甚近於鎔結石歟俟三十三卷再詳論之

論今時各處火山之形

今時陸地之火山人所習見其形不一故須詳論之如維蘇維約斯之火山其古者自有文字以來未見其出火其山形亦與今出火之火山同其古火山之石有多種

有在海中所成者有在陸地所成者其拉之有自一縫或數縫流出者其金石之質亦爲夕里開哀盧彌那卜對斯素特及灰其各質亦互有多少

檀香山之火山其峯甚多有兩處之峯巒最大其山形平坦而高四千尺其峯頂之窪口中滿拉之若凝則爲兒克又有拉之從高處向低處流形如河長七十八里闊六里其流之斜度不等有時山邊裂爲縫後有拉之流過而滿之則亦爲兒克其峯頂之窪口徑七八里測其深約一千尺俯瞰之如深井見其井底之拉之倘有滾沸之形其拉之有時滿有時淺惟其滿時亦不自其口中溢出蓋有旁

通之孔能流出也於離此窪口十八里見拉之從旁孔中流出於地而七十八里遠又伏流於山中再一百二十里流入海其伏流之處有時地爲之墳起

爪哇之火山其有四十六峯高自四千尺至一萬二千尺其峯形自東至西一帶相連

蘇門答剌之火山名扱爾麻其兩峯之間有凹處故遠望之如兩山

包羅島亦有古火山

曷得蘭對海中有台尼立斯島亦爲古火山有火山石兌克拉之

宻待勒海島高六千尺寬三十六里亦爲古火山有硬灰拓發拉之拓發疊層又有拉之兒克紅泥古土並有赤殭石。

宻待勒火山石之最老者爲上埋育新期海中所成其石爲拓發灰石中有海中螺蛤珊瑚之殭石又有磨圓之石子與上層之稜角石子不同蓋此處因有火山其地漸高故觀其上層之石子知其石已在陸地所成故有稜角也其地東西九十里南北三百六十里於一高處有兒克甚多其旁有硬灰層離高處之兩邊則兒克漸少其硬灰拓發石子與拉之相間疊成層離此處三里其石外面俱爲

倍素爾，而其中有分明之紅泥古土，厚數寸至數尺，其古土即爛腐之拉之所成，其變紅而硬，亦因有新拉之流過而受其熱也。其拉之之質亦爲倍素爾，中有空泡，或多或少，有處爲塔克愛脫，亦有斯果利耶，稜角石塊與之間雜。

窩待勒火山諸峯巒相連，形甚壯麗，又有兒克兩旁之石已爛泐，而兒克尚壁立者，觀其有未殭石之處，知其成此層時已在陸地。攷窩待勒及葛牟利之火山，知其昔自海中積漸而高，故今爲海島

陽湖趙宏繪圖
長洲沙英校樣

地學淺釋卷三十目錄

地學三　一

地學淺釋卷三十

英國雷俠兒撰
美國瑪高溫口譯
金匱華蘅芳筆述

此卷論各期中火山石

辨別火山石之新舊

前已言水層石之沈積其層之新舊各有其期，今試分火山石之新舊，亦如水層石之各期，其法有四。一因其疊層有上下及其走出於他石之層，他石遇之或變形或不變形。二因其疊層中亦有殭石。三因其金石之質。四因其中有石子可知其爲某期之石。

辨上下法

如火山石在水層石之上、則其石必新於其水層石。如有水層石在火山石之上、則不能謂其必古於水層石、因鎔流之石汁、每能灌入水層石夾層之中故也。

如圖、乙爲火山石、甲丙俱爲水層石。其乙層在左邊、則蓋於甲丙之上、在右邊、則在甲層之下、乙層之上。

觀前圖之右邊究如其石古於甲而新於丙及觀其左邊則知其新於甲丙所以執上下之法以辨火山石之新舊無甚大用惟以之攷火山中噴出積疊之物則可用之若其石爲流注所成者不可用此法

惟有時亦有以同時積疊之層誤爲流注者因一層拉乏於海底平流不能恆在一種石層之上而其上之水層石亦有舊者被蝕而新者補之又每有漸薄至無之處如拉乏過其處則視之究如拉乏走入其層

鎔流之拉乏在輭泥層或砂層之上流成渠亦能割入他層

如圖子爲拉乏之渠割入水層石之甲乙丙層至凝而爲石之後又有丁戊之水層石沈積而蓋之則其形究如走入丙丁之間

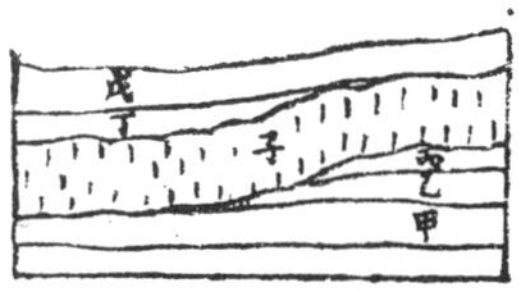

所以凡見此種之形莫以爲卽是走入惟見其兩面之石皆爲熱變者方是走入

辨上下之法以之辨别疊層之火山拓發則有用其例如第九卷

辨殭石法

已見今之火山發時每有硬灰浮石細砂碎石噴至空中

如雨而落其落於地面及湖海之底均能積累而厚爲拓發層每有水陸之生物堙埋於其中則觀其中之殭石亦能定其爲某期之火山所成

今之維蘇維約斯島得奈等處之火山拓發落於海中其層中亦必有海中之生物埋沒焉如此層後變爲陸則後人攷其殭石能知其爲今期之火山因此可以殭石定火山石之期與水層石之期相合

拓發中之有殭石者亦不必定在海中即在陸地者其中亦能有淡水中及陸地之物

一千八百三十五年間美里哥火山出火時噴出細細之

硬灰積至十尺厚。七十餘里寬。飛禽走獸。遇其火氣者。皆死而埋沒其中。離其處三千六百里處。尚有細灰飛落。其灰之能及遠。非因地面上風之方向。因其噴至極高。遇天空流行之氣。故能至遠處也。　於海中離其火山三千三百里處。船經過之。見海面一百二十里中。皆有浮石之塊。所以此火山之拓發中。必兼有水陸生物之殭石。

辨金石法

水中沉積之物。其金石之質。能數千里中相同。今知火山吐出之物。亦能爲寬廣之層。其金石之質相同。

如一千七百八十三年間。冰地之火山。其拉之兩向分流。

至數百里外厚一百尺至六百尺此拉乏之雖不在一處然爲同時中所流出其金石之質必同

金石之質其試法雖有用然學者不能常靠之因拉乏之流出雖於同時中其金石之質必同然每有一帶拉乏之流成渠而相距數里之外其金石之質已各異者

於法蘭西日耳曼等處古火山遇塔克愛脫及倍素爾因見其塔克拉乏之中每有倍素拉乏之透過之而蓋於其面故知其塔克愛脫大約比倍素爾老所以不能言火山之拉乏之有處爲塔克愛脫有處爲倍素爾脫

火山拉乏之其質雖無一定而有一事則易明惟知其火山

發時必是非而斯罷之拉乏先流出而鵶杲脫之拉乏後流出蓋倍素之拉乏之重於非而斯罷之拉乏之重者居下故後出也　如霍恆白倫及鵶杲脫與屋劣維恆皆比水重三倍而常非而斯罷鴨兒倍脫辣白里駄來脫皆不過比水重兩倍半　又倍素爾及綠石中其鐵比塔克愛脫及非而斯罷中多

譬如有極大之石在地中燒鍊而鎔爲汁則其中金石之質重者必在下輕者必在上故其溢出之時必在上者先出在下者後出而其至地面也則後來居上故重者每在上

辨石子法

有時於兩種脫拉潑中，或水層中，遇脫拉潑之圓石子，在殭石疊層，而與其大脫拉潑每相近，如其石子之質與大脫拉潑同，則知其圓石子爲某期。

如曷得那火山之海邊每有砂及脫拉潑之石子，此卽今時之康葛郎牟來脫也。

論各期俱有火山石

以上論辨別火山石新舊之法，大畧已明，今取已辨明某期中之火山石列之，以明火山造化之物，各期中俱有之，其證據甚確，並可知火山所發之處亦古今不同，非恆在

一處

後沛育新之火山石

維蘇維約斯及曷得奈火山其拉乏之拓發脫拉潑兌克有一股於有文字以後造出其另一股尚在其前其時地中海已有今時螺蛤而今所已滅之古象其時方生又有一股在後沛育新期之末其時之螺蛤有十分之一與今異曷得奈火山後沛育新期之拉乏遇之於克退尼地方而其拉乏之老者尚是沛育新

相近曷得奈有壁立之島於此島能見前沛育新之泥與拓發拉乏之爲疊層又能見古火山所出之拓發勃里舍其

中有塊形稜角之石、及疊層之泥、皆有因熱而變之形、

如圖、上層爲層疊之泥砂、下層有柱形之脫拉潑拉之其柱形已因天空氣而稍泐、又有一相近之島、其上層之泥砂、有因熱而變爲彎層、如後圖、

其島有裂開之處能見石之内形

如圖甲爲拉之　乙爲泥

丙爲遇熱變形

其泥砂層遇熱處皆變硬爲夕里開昔斯脫其拉之見天空氣處滿細孔空泡中有齊河來脫鴨掭兒西姆滿之又於熱變之泥石縫中亦見有齊河來脫所以知齊河來脫或由氣中結聚或由水中沁入其理相同

以大里維蘇維耶斯火山二千年以來之事人能記之其火山之峯新生出者多其拉之流至地中海其細砂硬灰浮石噴落於地有羅馬之古城堙沒其中又有在海中積起爲礁者又有江水流其噴落之拓發至海中計二千年中其地時有變動有高低至二十尺處所以於其水蝕之坳中每見古人所造之物及海中螺蛤其拓發疊層比有

文字以來。早積至五百尺或二千尺高。其中所有海中螺蛤殭石。皆與現海中生物無異。惟有些疊層中之殭石。每百種中。有一二種爲已滅之物。

有一處老火山之峯。比今有火之峯。大而高。其兒克甚多。以老峯之物與今峯比。知有各異之事。如於老峯見有熱變之石。碎塊甚多。知其火山初出之時。熱力比今尤烈。故能使石層碎裂。石塊噴落。既有裂縫之後。則其所出之物。不過鎔流之拉乏及細砂硬灰。或偶有石塊噴出。亦不如初時之多。

在維蘇維約斯老峯。見拓發勃里舍中。其熱變石之碎塊。

有駄羅美脫色白如糖諒是尋常之灰石經熱所變也老峯火山石中之金石有炭酸灰多諒其下層之石爲灰石故有炭酸灰噴出

論維蘇維約斯火山老峯兌克

老峯之兌克大約直者居多每穿透拉乏之硬灰勃里舍之疊層因兌克之石硬於疊層故疊層被蝕而低而兌克仍壁立高自數丈至五十丈厚自一尺至十二尺不等有自下直透而上洞穿諸層者有自半腰中穿出者其兌克之質亦如其拉乏其石中有羅雖脫鴉呆脫之大結成又有此兌克穿過彼兌克而彼兌克因此有斷層相差之處

有處之兌克現露於疊層之上作四分五裂之形如圖

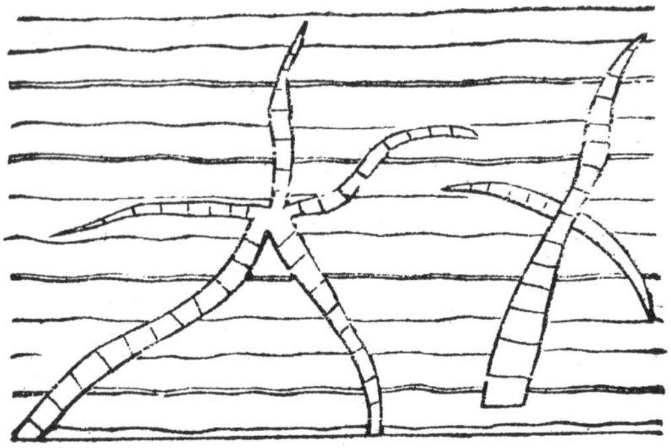

此種奇形之兌克爲不合理之形亦不恆遇之大約兌克之形兩面平行者多

凡石層斷裂其裂縫之兩面恆粗而不平而觀於兌克之兩面則大抵光平此何以故　此事有人解之因拉之流於山邊割入疊層成渠其渠中之拉之時滿時淺其凝而爲石形如兌克厚二尺至六尺深七尺至八尺有處因爲硬灰所蓋故不能見過數十步又能見之行入其渠細視之見其渠兩邊之岸皆光平如墻壁此蓋因拉之流時有動力故能磨爍其兩旁之石而使之平也因是知兌克之兩面光平亦因其流時能磨爍其兩旁之石故兩旁之石能平及拉之凝時以兩旁之石爲模範故兌克之兩面亦恆爲平面

老峯兒克之石其粒在中央者粗糙如結成近兩面者細而有玻璃形其兒克之兩面形似別溪多能有人言凡金石之物從鎔流而至凝結其遇冷若速則成玻璃之形遇冷遲而有重力壓之則爲結成

拉乏之在石縫中自然是其兩面先冷而中央遲冷惟其遇冷遲速之比以中央與兩面比較不如上下比較之差更多故上面之遇天空氣者其拉乏常爲硬灰及滿空泡之玻璃形稍深之處則結實爲石再深之石用養大鏡視之能見結成再深之石則目力能見其鴉呆脫羅雖脫之結成　假如於拉乏之流時汲取一勺冷而凝則其外形如

玻璃。而中間如石。

惟於別處之火山石兌克見其兩面有松香玻璃形者多。而於維蘇維約斯火山則不恆遇之。誠因其拉乏多而鎔流之日久。故其兩旁之石亦熱極。而兌克之兩面。冷亦甚遲。故不爲玻璃松香形。

維蘇維約斯火山。無論老峯新峯。其兌克之石質皆堅於拉乏之蓋兌克。在縫中。窄而深。其遇天空氣之面少。而上之壓力重。熱氣不易散。故能結實。而拉乏平鋪於地。其遇天空氣之面大。而上之壓力輕。其熱氣易散。故其石鬆於兌克之石。

地學三十

陽湖趙宏繪圖

長洲沙英校樣

地學淺釋卷三十一目錄

地學三十一

地學淺釋卷三十一

英國雷俠兒撰　美國瑪高溫口譯
金匱華蘅芳筆述

此卷仍論各期中火山石

後沛育新之火山石

昔斯里之南地名奴都有海水層灰砂石其中有火山造化此後沛育新期之火山石也有大層蠣蛤珊瑚殭石在拉乏之上末爲熱變有處有兒克走入殭石層變其泥砂爲夕里開昔斯脫有處之層因兒克而破碎或彎曲

於奴都之坳有火山造化其石爲尋常之倍素爾有時有

屋劣維恆。其倍素有處結實。有處有孔泡。其泡或滿或空。或在兌克。或在拉乏之。有時其孔泡中。滿丐而刻斯罷。哀來果奈脫齊河來脫其倍素爾結成之形。或如球。或如柱。有處之兌克爲哀彌奪羅愛脫爲滑克爲倍素爾脫其倍素兌克有走入灰石者。

昔斯里兌克

於昔斯里遇兌克。爲哀彌奪羅愛脫。其兌克過海中所成之拓發。或不比里奴之層。其空泡中有已滿炭酸灰者。其不比里奴諒因海底之火山所成。後因變動而有裂縫。縫中有拉乏之走出。

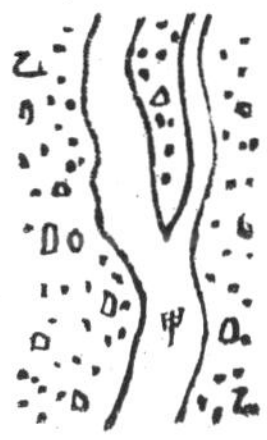

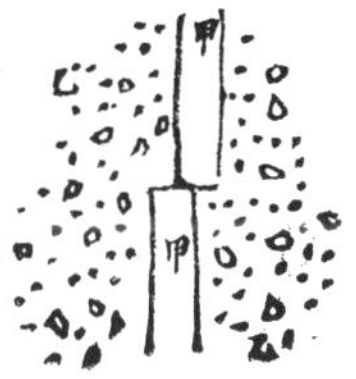

如圖甲為兌克乙為不比里奴其兌克因變動而折甲亦為兌克此兌克有脉形

此二圖皆地面平視之形

西班牙火山

地學家至今尚未能定見歐羅巴之火山造化為三次石之何期今言一處之火山造化從沛育新期至後沛育新期如西班牙之火山石是也

西班牙之古火山南北四十五里東西十八里其裂口之處有一帶黑色之石分爲兩支其拉乏經過厚層之牛牟來脫灰石爲灰色綠色之砂石其已磨圓爲石子者有科子石灰石力田石

西班牙之古火山有十四峯其火山灰不特積高爲山峯亦有因風而至平地或坳中者

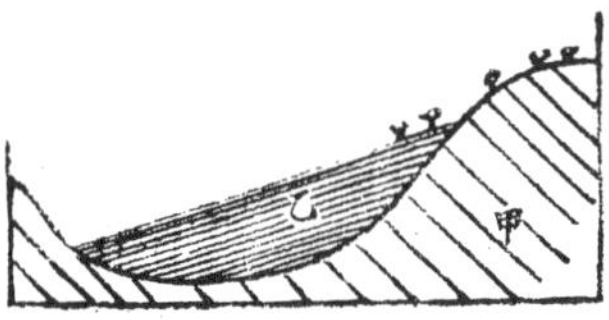

如圖甲爲圓石子合子石層乙爲古火山灰之疊層此坳中因無水流過故灰層無被蝕之形

拉乏之流於凹處必厚而深在平處必寬而薄如有江水流於拉乏之之上成渠則在拉乏之之平處其渠亦淺而在斜下處其渠亦深

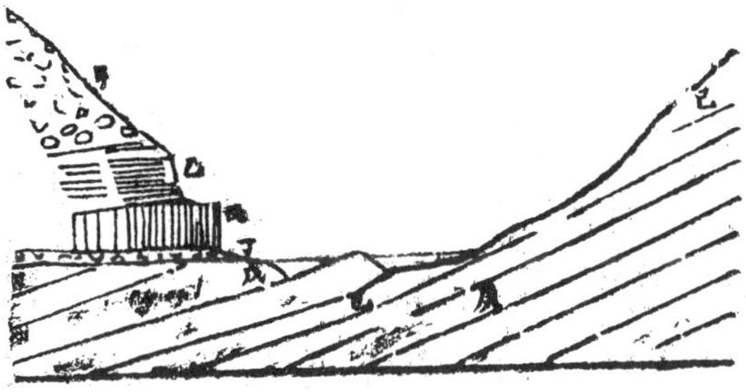

如圖江之左岸爲火山石右岸爲水層石　甲爲硬灰拉乏之　乙爲昔斯脫倍素　丙爲桂形倍素　丁爲硬灰砂礫　戊爲牛伞來脫灰石　已爲枚格灰砂石

如前圖江之左岸其拉乏之最上層爲硬灰形下有球形再下爲平疊結實之石再下爲柸形倍素厚五尺其下有處有薄層硬灰有處無硬灰層而柸形倍素卽在水層石之上此因其下之硬灰鬆層水蝕而去而倍素落下也其硬灰中每有圓形或稜角之石子及古土有處灰砂層中遇拉乏在疊層石之上有小江蝕深其拉乏之下十八尺見灰石有處見古哀盧維恩中有磨圓之科子石而不見拉乏之圓石子若今之江邊則已有拉乏之圓石子矣

小江蝕深之處又有深至一百尺者其形如圖

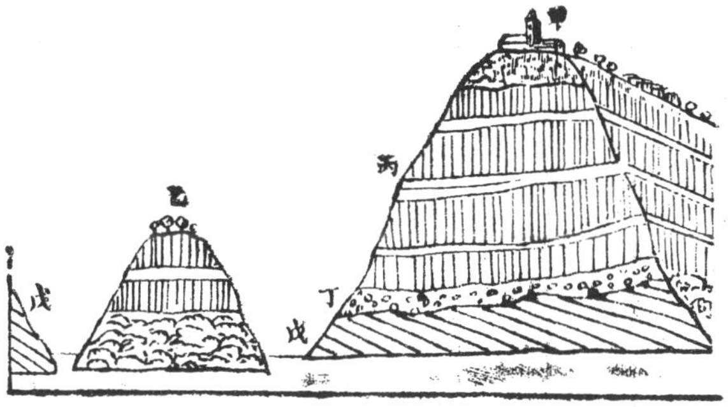

甲爲禮拜堂、乙爲小山其兩邊有水來故成島形、丙爲柱形之倍素爾厚一百三十尺、丁爲古泉盧維恩、戊爲斜層之砂石、

乙之小山固因江水蝕之而小而非因江水蝕之而低蓋拉之從高流下至此本低也

此處禮拜堂下見拉之硬灰之下變至球形之倍素爾球徑六尺再下則倍素爾愈結成其中有屋劣維恆之結成、

此處共有五層倍素爾其中有二層未結成非一時一次所出也

西班牙之火山石屢有大洞如曷得奈火山石因其中空故人行其上覺足底有聲如空鐘其洞口夏天有冷氣出冬時則無此因外面空氣遇熱而薄故洞內之冷氣推出以補之也

有人言西班牙之古火山自未有文字之時其火已熄然空言不足爲據故必須實攷之如後圖甲爲牛牟來脫灰石及砂石斜層乙爲古哀盧維恩其中無火山石之圓石子丙爲硬灰拉之丁爲新哀盧維恩其新哀盧維恩不過

數處非各處皆有此因水蝕拉之所成而古哀盧維恩則蓋於灰石砂石之上大而寬廣於拉之其中未見殭石所以不過能言其火山石造化之時必在牛牟來脫灰石及古哀盧維恩之後若謂其山形無變動故疑爲新此不過未經地震及大水耳

於其處海邊遇三次之水層石高五百尺其殭石與下阿比闌山者對諒其層從海中高出時即是西班牙火山初

出之時準此則其火山從沛育新期起至後沛育新期止也

前沛育新之火山石

以大里塔斯蓋尼地方有火山拓發與前沛育新之水層石成疊層此爲海中火山所成其水層石與下阿比闢山之石同蓋下阿比闢山之石在海底沈積之時其火山石亦同時造化故其拓發與水層石相疊也

從塔斯蓋尼至羅馬古城其拓發與蚌蛤麻兒層皆平行攷其中之殭石可知羅馬古城湮沒之期以此處之殭石一百六十種與英吉利珊瑚克來合中之殭石比之皆相

合所以知此處之火山石為前沛育新

上埋育新之火山石

密待勒海島其火山拓發皆爲沛育新期其在深海中所成者稍老故爲上埋育新因有殭石在拓發中故知之其山今高於海面一千三百尺離其處一百二十里另有一島其水層石亦高其上有陸地之火山拓發諒此處之火山自出火之後復停息其停息之時海中有螺蛤生焉後火山又發故螺蛤埋於拓發之中蓋火山發於海中時其海中之生物亦能被其噴出與拓發同落故其殭石能雜於拓發之中　此處拓發層中之殭石有卡尼里恩及厄

幾那等物，已得螺蛤殭石，一百種內有三分之一，其種類末絕。

前論水層石，曾言上埋育新之在歐羅巴者，其螺蛤殭石，與今南方之種類同，今攷密待勒火山拓發中之殭石，亦與熱地之生物合。

葛牢利海島，亦有上埋育新期海中之火山造化，其拓發與圓石子爲壘層，今已高於海面三百尺，其中之殭石有安西流利耶等類，已得其殭石六十二種，內有十種未遇其生於相近之海。

葛牢利火山拓發中，有上埋育新之殭石者，其石質與葛牟利最高處之火山石同其石爲泥石礬石塔克愛脫其上有陸地之火山拉乏爲塔克愛脫倍素爾厚四千尺至五千尺有處拉乏之形甚新其從火山流出時其處之山已有坳此處火山拓發中遇殭石五十種爲今時海中所有之物惟非生於相近之處或在數百尺之深水中哀蘇里海島有灰石層在圓石子倍素爾拉乏硬灰之層中蓋火山熄後海中有灰沈積爲灰石後火山又出故灰石能在火山石之中其圓石子有灰膠結之如合子石其中螺蛤殭石二十三種中有八種與今同有十二種爲歐羅巴第三迹層之殭石大約爲上埋育新

大抵密待勒葛牟利哀蘇里三處之火山其初發之時皆在上埋育新期有至後沛育新期尚未熄者此三處之火山羣峯皆有上埋育新期發於海中之據後其地漸漸高起而其流出拉之又能增其高至變爲陸地後仍有拉之流出此與維蘇維約斯曷得那之老火山石成於後沛育新期理同

葛牟利島有古海岸之臺此爲其地漸高之據

下埋育新之火山石

愛斯倫地方有火山石爲下埋育新期所成與日耳曼之褐色碟爲同時其江邊有三次石與提符尼安西羅里安

之層不平行。

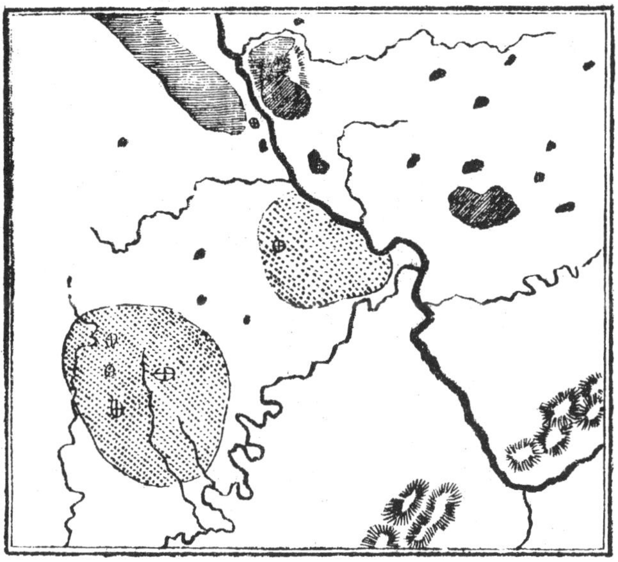

如圖爲愛斯倫之地圖。密點者爲火山石。斜畫者爲塔克愛脫。田字形者爲火山之口。大黑點者爲倍素爾。橫畫者爲褐色之磔。空白處爲西羅里安提符尼安水層石。其水道爲來恆江。

此處之褐碟層造化爲鬆砂及砂石合子石與泥曡層其泥層中每有塊形之泥鐵石及夕里開有時遇淡褐色黑色之木碟碟中亦有草木形迹此碟亦可用

有數處遇塔克愛脫拓發與褐碟層相疊其間亦有草木葉之印迹所以知其碟與火山石爲同時所造化其殭石有草木及淡水生物

褐碟層中有石油舍兒其舍兒爲頁形中有魚殭石而種類少又有蟾蜍骨之殭石及蟲殭石

褐碟層之上有一大層圓石子及粗砂其質爲白科子石及他石此層厚薄不等有厚一百尺之處此層之石子與

來恆江邊之石子異。此層之上。有處亦有火山造化之物。此處之地形。變動甚多。因觀其石子所在之處。與今之水道不合。故知之。其江之成渠及火山吐石。皆在粗砂石子層之後。

其火山石之新層。硬灰。細砂。浮石之中。有一層古土。中滿淡水殭石。爲後沛育新期之生物。

愛斯倫之火山石。一種爲倍素爾拉乏。一種爲塔克愛脫拉乏。其塔克拉乏比倍素拉乏早。其塔克愛脫有些是結成形如粗粒之合拉尼脫。而中有大結成之非而斯罷。

此處又有塔克愛脫之拓發甚多。

蓋愛斯倫之火山造化其古者與褐煤同時其最新之火山石造化時地形已與今同

愛斯倫之新火山石

愛斯倫火山石之新者其下之水層石爲紅砂石舍石及灰石其殭石爲提符尼安之生物其火山石造化時地形已與今同其出火之口有處在山上有處在谷中平地如行其山中於時門地方見有一水流向深谷其谷之石爲砂石舍兒層行過此處遇一壁立之山其石亦爲砂石舍兒其石層斜向山內在此山之高處遇撒開之硬灰行至其山之頂忽見窪谷如盂中有積水如湖

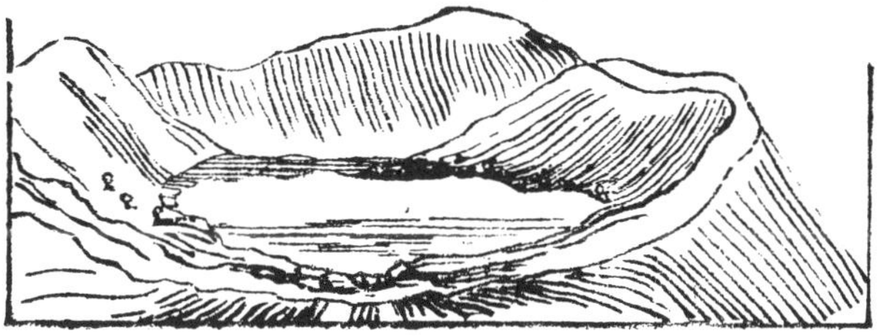

如圖爲山頂湖形。觀此湖。知其爲古火山之口。故其四面相近之處均有火山所出之硬灰。惟其湖邊之石。則爲砂石。絕無拉之流出之形。

過此。又過一高處。又見一湖。形如前。其窪口之內。四面皆有拉之硬灰細砂文有熱變之硬含兒石塊其南數里又有一湖其湖邊之山石爲破碎之砂石含兒高一百五十尺其坡向內斜四十五度向外斜三十五度其碎石塊中微有火山石在紅砂石之上

如圖爲愛斯倫三處古火山之口今皆爲山上之湖湖邊之碎石塊中有球形之屋劣維恆此爲火山石之據

其東數里有一山山坡之石爲紅砂石含兒上有二箇峯巒其石有拉乏之流下之形而山頂之窪口其邊皆彎向外諒其拉乏之流出時已將凝而稠故作此形

此處火山窪口之奇因其旁之砂石含兒未爲其熱所變分明知其初時因氣而裂蓋此處火山所出之物氣多而拉乏少故只見硬灰

愛斯倫之古火山石又有一處觀其石知塔克愛脫拉乏先出後有倍素拉乏之流如江其塔克愛脫出時有浮石多其浮石今已朽爛變爲拓發哀爐維恩

閔呆里火山石

閱呆里平地有五處火山峯諒爲古海中之火山島也其金石之質與今地中海之火山石同有阿背爾開而西馱能屋不洗提恩別溪多能

閱呆里古火山之拉乏大約爲非而斯罷及數種塔克愛脫其石有滿細孔而粗糙可磨物者此種火山石爲天空氣中所成又有浮石勃里含其石爲碎塊之塔克愛脫而有浮石拓發膠結之或夕里開膠結之故成合子石諒其碎塊在熱水中而水中有消化之夕里開及水氣已出則夕里開降落而凝結之也

熱水中每有消化之夕里開或熱水之氣中亦有消化之

夕里開故有樹枝在拓發中者皆變爲夕里開木。凡任何火山之拓發層中每遇木殭石其質已變爲阿背爾或夕里開攷此處之殭石知其火山爲理育新期所成。

陽湖趙宏繪圖
長洲沙英校様

地學淺釋卷三十二目錄

落冷須安之火山石

地學淺釋卷三十二

英國雷俠兒撰
美國瑪高温口譯
金匱華蘅芳筆述

此卷仍論各期火山石

法蘭西古火山

法蘭西阿勿倫地方之古火山，其出火之時，尚是從下埋育新期起，過上埋育新期，至沛育新期止，至今久未出火。其火山石之下，爲最古之第三次水層石，厚層，其下層之圓石子，爲科子枚格昔斯脱合拉尼脱等石，其處各種石層累之形，如後圖。

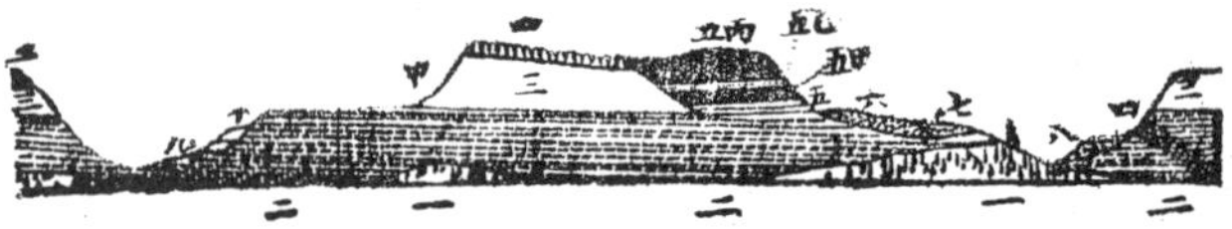

一爲科子石。二爲湖水造化之紅泥綠砂。三爲淡水灰石麻兒石膏層。四爲倍素兒克。五爲紅泥粗砂。下骨殭石層。五甲爲浮石勃里舍塔克愛脫科子。五乙爲上骨殭石粗砂。五丙爲塔克愛脫勃里舍。六爲哀盧維恩。七爲新哀壚維恩。八爲骨殭石層。九爲紅砂泥層。十爲拉之左凹處爲江。右凹處爲谷。

此處最古之三次石湖水厚層，如前圖之二。其最下層有科子枚格昔斯脫合拉尼脫之圓石子，絕無一火山石之石子。如前圖之一。其湖層之上，有灰石層，如前圖之三。其石爲泥灰石麻兒，中有下埋育新之殭石，有處泥灰石麻兒之上層，與火山拓發相間疊，知其爲同時所成。此層造化於湖水中，後其湖水涸，則有塔克雯脫倍素爾勃里合積疊至數千尺厚。其拉乏有處在合拉尼脫之上。此層火山石之造化，大約自上埋育新至沛育新期，有已滅四足獸類，埋於粗砂哀墟維恩中。因上有拉乏蓋之，如玻璃封固，故久未腐爛。

阿勿倫最古最高之火山石名馱兒山其火山石在合拉尼脫之上其山形高數千尺而勢平坦其石爲硬灰拓發與塔克愛脫倍素爾爲疊層其中每有稜角之石子此山之疊層有四面瀉下之形

馱兒山其有七八箇峯巒絶不見火山窪口之形蓋其先必有窪口後或因地震水蝕而泯其迹也

有地學家謂馱兒山及今之大火山其山形非因拉之積累所成因其地漸漸高起故坦而平其山坡之斜八度六分其形亦如今檀香山之火山惟觀其倍素爾脫則無地漸升高之據

駃兒山之火山造化、不能知其爲何期、因其拓發中、除樹葉印迹之外、未見他殭石故也、想其初出之時、必在其淡水圓石子層之後、以至湖水已涸之時、其時之淡水石層已被水蝕成谷、

阿勿倫地形之變動、觀其水蝕之處而知之、但其水蝕並非因海水、觀其三灰石、可知其爲湖水、其有湖之時、比成谷之時早、　於此湖水層中、遇下埋育新之殭石、又有倍素兒克走入此層、其兒克爲埋育新及沛育新期所成、其兒克之上半、今已斷蝕、惟其當時之拉乏必流至地面、或能成一臺、

倍素爾之下有處有粗砂所以知三次之水層石在最下有流水處　又其倍素爾碎蝕之處有紅泥粗砂其中有獸骨殭石再後有浮石勃里舍圓石子其石子之質有塔克變脫及科子

於其谷中能見古洪水之時拉乏之石子蝕去二三四諸層而後再有五之一層及五甲成後又水蝕而成六七二層

法蘭西之古火山以阿勿倫者爲最大其小者其有數百峯巒今舉其一處之小火山言之

小火山在合拉尼脫之上其山坡斜三十餘度上有兩箇窪口其一徑二百五十尺有一帶拉乏非從窪口出而自

其旁流出，過合拉尼脫至一古江之渠，而滿之，其江水有改道旁流之形，今其江之兩岸，一面爲拉乏，一面爲合拉尼脫，其拉乏之水蝕之處，有壁立之倍素爾高五十尺，冬時江水落，則見江濱淺灘，有倍素爾之碎塊，

惟其高岸上面之鬆砂，硬灰等物，絕無水蝕之形，因上有樹木蔽之，又無他處比此高，故無水從上流下也，

離此江數里，又遇一小火山之峯，其石爲紅黑色之硬灰拆發，其西有一火山窪口，其形已變動，從此處有一道拉乏，亦流入一江，其江水亦改道從其旁流，江水蝕其拉乏及尼斯，爲四百尺高壁立之岸，於此岸見紅黑色之拉乏，

其石愈下愈結成如柱形

如圖爲岸邊所見之形　甲爲硬灰拉之　乙爲倍素爾柱形　丙爲粗砂　子爲鉛礦之洞　丑爲岸旁之路　丁爲尼斯

柱形拉之之下有一層粗砂此爲古江之底今高於水面二十五尺其粗砂層之下爲尼斯石昔時曾於此處開鉛礦故有礦眼　此處之古火山石其旁爲江水洗蝕成懸

崖峭壁而其上之峯巒無恙。

又有處一小火山峯，其窪口之邊甚銳，幾於不能立足，其不爲水蝕之故，因其石有孔如浮石，能漏水，故水不能積也。此火山形雖如新，然亦非有文字以來之事。

論阿勿倫駄兒山火山石之期，不過能言其在上埋育新湖水層之後，而堪泰爾之火山石，則爲上瘞育新及下埋育新。其石爲塔克愛脫倍素爾嚮石等拉之拓發勃里含層層積疊而爲山，高約一千尺，有嚮石塔克愛脫倍素爾兌克多。

蓋法蘭西阿勿倫湖水層中，只有砂石之圓石子而無火

山石之圓石子其地雖有火山而湖水層沉積之時火山尚未出

阿勿倫克爾孟相近處有一古火山雖無拉乏與淡水石層間疊而觀其拓發中之物有據與湖水層同時

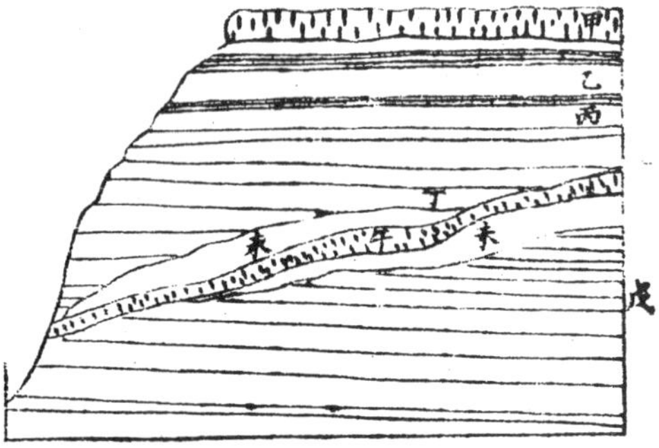

如圖甲為倍素爾　乙為黃白麻兒　丙為藍麻兒　丁為灰石及不比里奴　戊為綠白麻兒　午為兌克　未為熱變之麻兒

其山之下層爲綠白色之麻兒。三百餘尺厚。其層微斜。中有倍素爾兒克過之。與麻兒不平行。白綠麻兒之上有數層灰石麻兒。其中有淡水殭石。此層與火山拓發間疊。其上有浮石麻兒。與頁形之拓發。名不比里奴。又有塊形之灰石。再上則有厚層之拓發。再上另有麻兒疊層中。亦有火山所出之物雜焉。此層之殭石。有彌立尼耶由尼由等物。惟此種殭石。不能定爲某期。

於阿勿倫有處遇火山石。從下走入泥麻兒灰石層中。擾亂之爲勃里舍。於其中遇碎石子。爲開而西馱能及結成之彌蘇得愛脫斯底兒倍脫脫。哀來果奈脫。

瘞育新之火山石

以大里之符蓋山有頁灰石其中魚殭石甚多已知者一百三十三種又有牛牟來脫殭石所以此水層石為瘞育新期所成有處有火山石與此灰石相間疊大約為不比里奴倍素爾拓發則此火山石亦為瘞育新期所成也每有海中之火山石分明有瘞育新期所成之據因其中有魚殭石多也諒其火山發於海底時必有熱氣毒氣或泥噴出羣魚遇之齊死故其魚殭石多究如地中海之火山發時海面有紅泥及死魚

符蓋山之麻兒灰石中有時遇一層木碟含兒中有草木

之形此草木與英吉利之中瘞育新期石層中之草木形迹同以之比下瘞育新之草木知上瘞育新時其地已熱故無冷地之樹而無花果之類多

符薀山之魚殭石未於歐羅巴他處遇之人每思瘞育新期地學之事其螺蛤殭石從太尼砂至法蘭西巴黎之石膏大約已全惟魚殭石甚少然莫謂其時之魚眞少如符薀山之火山造化其魚殭石甚多已致知者有七十五種有二十種惟在此處遇之有八種亦遇之於克里兌書其四十七種爲瘞育新以前所無

克里兌書之火山石

在英吉利茶而刻綠砂層中雖不見有火山石然莫謂克里兒書期天下皆無火山查希臘地方卽有脫拉潑與克里兒書灰石綠砂爲疊層其石大約爲待約來其色爾并台能哀彌奪羅愛脫

希臘之火山造化爲克里兒書期有二據焉一因其印板灰石爲克里兒書而中有脫拉潑迬入之一因灰石中之殭石與茶而刻綠砂中之殭石同而其中每有脫拉撥之圓石子

烏來脫來約斯火山石

希臘之綠石及色爾并台能雖大約爲克里兒書然亦有

一樣之脫拉潑在烏來脫期之石層中者此即烏來脫期之火山石也

斯各得倫之古火山亦有爲來約斯期所出者因其脫拉潑入於烏來脫石層之中而出於其面故也

新紅砂期之火山石

在英吉利之南有脫拉潑石與新紅砂造化相連其脫拉潑非走入新紅砂乃與新紅砂同時相積

此處新紅砂層中每有磨石與紅麻皃此磨石死似火山砂所成　又於圓石子層中每遇塊形稜角之塔克愛脫巴弗里其大塊有數千斤重者此必是其時之火山石也

碟期之火山石

斯各得倫之碟層處有兩類石與可見美什相連　其一類爲倍素爾脫屋劣維恆哀彌奪羅愛脫綠石滑克拓發其造化之時可見美什層尙平於地平因其彎而破碎之處與可見美什相同故知之其同時破碎之石不止爲灰石舍兒　泥石砂石亦有碟炭　其又一類石爲綠石及土形之哀彌奪羅愛脫與下可見美什之砂石舍兒泥鐵石相疊有處與炭灰石相疊

此處之脫拉潑大約爲疊層之拓發其彎曲破碎與相連之可見美什同於此拓發中見炭舍兒灰石有綠石爲脈

而過之有處爲海水所蝕猶有危石嵬然獨存

如圖甲爲無疊層之拓發乙處有桎形之綠石丙爲有疊層之拓發

此石土人謂之紡車石因其桎形之綠石自中心四出而

圓如輪而拓發高立於一邊畧如紡綫之具故謂紡車石其輪徑十二尺　其綠石蓋因走入拓發中故結成柱形其柱從中心四出者因四面遇冷故也若從輪之側面視其綠石柱形之底其紋縷如圖

斯各得倫又有脫拉潑兒克過灰色砂石含兒此砂石含兒爲老紅砂之最下層其兒克長數里又過他種火山石哀彌奪羅愛脫見此脫拉潑變至如深造石結成石此脫

拉潑之質爲度里來脫及綠黑色之鴉呆脫與辣白里馱非而斯罷其中微有養鐵及晢脫尼恩此與曷得奈之拉之同

老紅砂期之火山石

在斯谷得倫合闌比山有圓石子層在老紅砂石中其石子之質有合拉尼脫科子及數種脫拉潑此處亦有脫拉潑走入其上之殭石層或與殭石層間疊觀此可知其老紅砂期有拉之多

此處之脫拉潑大約爲非而斯罷巴弗里及哀彌奪羅愛脫其哀彌奪羅愛脫中每有炭酸灰及開而西馱能或爲

鴨呆脫.又其脫拉潑.亦有泥石.礬石.綠石.及結實之非而斯羅拓發有些古拉乏流在海底.膠結其科子之石子.爲合子石

於合闢比之息特羅山.兩旁有合子石層.其中有厚層之脫拉潑.拓發.細砂.硬灰.爲疊層.其層斜向西北.與含見砂石平行

又攷其他處.見火山造化之石.有在提符尼安之始者.其老紅砂石之山.高一千九百尺.有合子石.在磨石泥石之上.不與下層平行.其同時之層.有非而斯羅拉乏.及拓發硬灰.與紅砂.爲疊層.其拉乏有些本是結實.有些有空泡.

變至哀彌奪羅愛脫其拉乏之質爲結實之非而斯罷所以能知斯各得倫之東南於老紅砂期有一極大之火山其拉乏流如江硬灰拓發落如雨直至碟期將盡之時方息

西羅里安之火山石

攷英吉利下西羅里安之造化知屢有火山從海底出其硬灰細砂爲一拓發砂石與他處西羅里安之水層石各異此拓發砂石不過遇之於有雖約奈脫及他脫拉潑走出之處其拓發砂石中每有西羅里安殭石如石蓮三合蟲之類

拓發砂石。其形似砂泥石。亦脫拉潑之類也。其層有處薄數寸。與下西羅里安之水層石爲疊層。其石爲泥石之巴弗里。其中有非而斯罷結成之塊。

在英吉利之西。其山幾全是火山拓發。其古拓發與灰石泥有相間疊有非而斯罷之拉乏。爲下西羅里安。其拉乏在泥石疊層之中。其下層之泥石。有熱變之形。而其上層之泥石。絕無熱變之形。蓋其下層之泥石。有熱拉乏流於其上。故受熱而變。而其上層之泥石。沈積之時。拉乏已凝。無復熱氣。故不變也。惟此層中。雖亦有綠石之脫拉潑與泥石平行。然實是後來走入。因其上下之泥石。皆有熱變之形故也。

堪孛里安火山石

前論水層石曾言英吉利之西有林求來殭石之水層石。厚七千尺今攷知此層中亦有火山拓發硬灰與其水層石相間疊有時遇有厚層之非而斯罷拉之又有綠石之脫拉潑走入其疊層中。

此層中之火山造化諒是陸地之火山故有硬灰想是海中火山島也。

落冷須安之火山石

在美里哥北落冷須安之石層中遇最古之火山石其兒

克爲細粒暗色之綠石或度里來脘其石之底子爲非而斯罷倍落客西能其中微有頁形之枚格粒形之倍來底斯其兌克之澗從數尺至數千尺不等其結成之柱形與兌克之面成直角

此處之兌克有分支如脉者因有雖約奈脘走入其度里來脘之間故也其雖約奈脘中又有非而斯罷巴弗里走入之其非而斯罷巴弗里之底子爲哇蘇克里斯而中有科子

此處之各種脫拉潑皆爲落冷須安期所成因於最古之殭石層堪孛里安中已遇此種脫拉潑爲圓石子故也

又落冷須安之石，亦每有疊層之形甚微，而甚似火山石者。

陽湖趙宏繪圖

長洲沙英校様

地學淺釋卷三十三目錄

刷兒石
由來脫
鎔結石與火山石有漸變之形
合拉尼脫之脉
脉之石質與其本石不同
礦脉
合拉尼脫撒開之塊
攷鎔結石有蓋於他石之上否
鎔結石現露於地面因水蝕之故

地學淺釋卷三十三

英國雷俠兒撰　美國瑪高温口譯　金匱華蘅芳筆述

此卷論鎔結石

合拉尼脫

有一類火造化之石，與火山石相似而不同，即所謂鎔結石是也。鎔結之石，爲深造之結成石，其與水層石之異，因其石無疊層，其與火山石之異，因其石中多結成之金石而無拓發勃里舍，蓋拓發勃里舍爲火山在地面吐出之物所成也。

鎔結石與火山石之別、又因其石無空泡細孔、蓋火山石之有空泡細孔、因拉之中有氣而成、因此諸異、諒其石必是造化於地中深處、其冷必極遲、而上面之壓力必極重、其漲力不足以轟發、故即在地中凝而爲石、所以知合拉尼脫必在地中所成、學者思之、易知地中之熱力愈下愈甚、若在數十里深處、其消鎔之物必與近地面者異、所以火山石與鎔結石、其形狀亦各異、故雖同爲火造化、而能同時於地面及地中各成一種石、

合拉尼脫、即花崗石也、嘗有地學家欲以合拉尼脫爲一

切深造石之總名因合拉尼脫石每有在極遠之處其形狀相同又常爲圓頂之山巒而其上草木甚少合拉尼脫之形其皮面大約常有碎泐剝蝕之痕所以驟視之宛如有疊層

如圖爲合拉尼脫剝蝕之形其面畧近長方形而稜角之處微帶圓 亦有畧近球形者

合拉尼脫泐碎之塊每畧近球形此猶倍素爾脫拉潑之泐蝕爲球形也其所以成球形之故尚未能攷知其理合拉尼脫雖無十分定形有時遇其泐開之紋大約爲六面方形如英吉利最南之處有合拉尼脫如圖

鎔結石與火山石之異同

鎔結石之造化與火山石之造化其相同之事一因其亦能走入他石之中爲脈一因其貼近之石亦有熱變之形一因其中亦無殭石其與火山石各異之處因其形質時常相同無論在何處見合拉尼脫之山形石形均歸一律宛如一時一處一樣熱力所成又其石亦絕無硬灰形亦絕無空泡形亦不與未結成之石爲巴弗里亦不與拓發成疊層雖有時遇有一塊細粒合拉尼脫在粗粒合拉尼脫之中然亦不能算其是合子石

論鎔結石金石之質

合拉尼脫怪爲三種金石合成一爲科子二爲非而斯罷三爲枚格論三者之多少則其非而斯罷每多於科子其科子每多於枚格此三種金石各自結成雜亂無章不如尼斯之結成位置整齊也

文合拉尼脫

有一種名文合拉尼脫其結成之形稍整齊其科子及非而斯罷微有層疊之形諒其非而斯罷先結成而科子又在其孔中結成也因其石若橫截其結成則面紋如希白來古篆故名文合拉尼脫

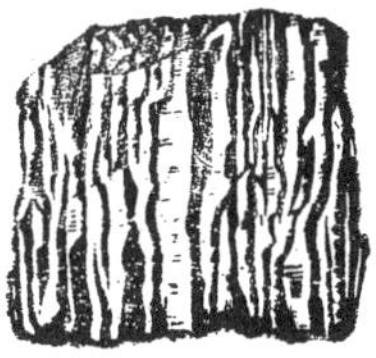

如上圖爲文合拉尼脫直截之形　下圖爲其橫截之形

有一種合拉尼脫其質爲科子非而斯罷與白色如銀之枚格此一種石每有變至文合拉尼脫者

常合拉尼脫

平常之合拉尼脫及雖約奈脫與由來脫其非而斯罷每有二種一爲常非而斯罷即哇蘇克里斯其中之卜對斯多

哇蘇克里斯非而斯罷每爲大結成色白或肉紅色

一爲小結成之鴨兒倍脫非而斯罷其中素特多其結成爲白色之點或紋

合拉尼脫中之科子大約非結成卽摶結如玻璃形爲石之底子而有非而斯罷及枚格之結成嵌於其中雖非而斯罷及枚格比夕里開易鎔鍊而其科子中每有非而斯罷枚格結成之印迹此不合理之故有多說可解之如先算其玻璃形之科子有一股夕里開先凝而數種非而斯罷及流納曾罷林等易鍊之金石後凝此自然之理也

大約合拉尼脫之合質其從流至定時易鍊之金石結成

每有透明硬如玻璃之科子。抱之如模若以顯微鏡視之。見科子上印有普墨林結成之小紋。

有人試以科子燒鍊之。知夕里開凝時每能爲輭形。而哀盧彌那之金石則不然。

此輭而如膏之科子。可名之曰火石膏。想合拉尼脫之科子。雖比他金石先凝而其凝時仍爲輭形。他金石雖後凝而其結成硬。故能印其科子。使爲模形。

或言因電氣能使此輭如膏之夕里開常久不硬。所以科子上能有他金石之印迹。然有時亦見有科子與非而斯罷互相爲模印。此又似同時結成之據。

又有人試知科子之重爲二六，如水中消化之夕里開降落其重亦爲二六，惟鎔鍊而凝者，則其重爲二三，因疑其體質之輕，因減熱太速之故，所以疑合拉尼脫之鎔而凝結，與拉乏之流而凝結，其遇冷之遲速必異，準此理以論合拉尼脫造化之時，且不必言其猛熱，須先思其夕里開，能否如化學鎔鍊之法凝結，此事已試而知其能，

又夕里開之凝結，有不特如化學鎔鍊者，因有人從某塔克愛脫遇有玻璃形之孔，宛如中有結成之金石，因此十分有據，知科子之鎔鍊凝結，如屋不洗提愍，蓋塔克愛脫

中玻璃形之孔，因其鎔而凝時，先爲膏，後爲硬，而不結成，亦無變動，則爲玻璃形之孔。

屢用顯微鏡視合拉尼脫中之金石，見其空隙之處，或滿氣，或滿流質，因其成孔之形各不同，故能辨其孔中爲氣，爲水，爲夕里開等物。

有人言合拉尼脫之空隙中，每有水，又拉乏之中亦然。四十年前有人攷知火山石中之水，爲要緊之物，今已人知拉乏之流出之後，每有水氣出，或數月，或數年方已。

合拉尼脫與火山石造化相同，皆可算其有火鎔鍊，有水消化，有氣凝結，蓋合拉尼脫中有水之據，與因火而成之

據無異

石質鎔鍊於地中深處總有水在焉此有二故一因尋常之金石中每有水而哀盧彌那之金石其水尤多一因天雨之水及河海泉水時沁入地中故其鎔鍊之處必有水惟雖有水而因爲重力壓之故其水不能化氣而出所以不必言其不是猛熱

有人思合拉尼脫在地中鎔鍊之時必熱至白色如但知幾何熱度合拉尼脫能結成或凝則尚不能助人知合拉尼脫熱若干能成流質俟三十五卷再詳論之

巴弗里合拉尼脫

有大結成之常非而斯罷。在合拉尼脫中。其結成之最長者三寸。此種之合拉尼脫。名曰巴弗里合拉尼脫。

如圖。爲巴弗里合拉尼脫。兩長方形者。爲常非而斯罷結成之最大者。餘爲小者。

於此種合拉尼脫中。亦有小塊結成六面形之黑枚格。其餘爲半透明之科子。其半透明之科子。與白色不透明之非而斯罷、及黑色之枚格、形色各異。此種合拉尼脫、每有在極大之處、其金石之質相同、諒其造化必同、惟有時亦每有他種金石、結成於其中、如普墨林、阿克底摩兒愛脫、入爾康茄納夫羅而斯罷等物、其物皆獨自結成、不變合拉尼脫之形、然石中既有此、則可知其造化之時、其質非各處相同、蓋合拉尼脫之質、雖不外乎非而斯罷科子、枚格、而各處之石中、此三種金石、亦或互有多少。

雖約奈脫

如合拉尼脫中、有霍恆白倫代其枚格、則名雖約奈脫、因

埃及國雖約地方、有此種石、故名雖約奈脫、雖約奈脫之石形、與合拉尼脫無異、而其金石之質則各異、故此石爲合拉尼脫之別派、

有處見雖約奈脫、形與合拉尼脫相同、而漸遠則其形漸變、變至爲脫拉潑之類、故名雖約奈脫綠石、有金石家言雖約奈脫之質、乃非而斯罷與霍恆白倫相合、其科子不過偶然在其中耳、

雖約合拉尼脫

有一種石、名雖約合拉尼脫、其金石之質、爲非而斯罷科子、枚格霍恆白倫

台而客科子

法蘭西有一種石名潑羅多其因其質爲科子非而斯罷與台而客。

此種石於阿兒不斯山遇之多。英吉利南亦有之。此石泐爛則爲高陵泥。可作磁器。卽作碗之砂也。

刷兒石

刷兒者。曾罷林之別名也。此石因有曾罷林與科子相合。故名刷兒石。有時中有非而斯罷枚格者。則謂之刷兒合拉尼脫。此種石不多見。

由來脫

由來脫之合質，與合拉尼脫同，惟爲細粒和合而成，有時亦能見科子及枚格之結成，而不見非而斯罷之結成，如其中或無枚格，而有常非而斯罷多，則石色白，其石名非而斯罷合拉尼脫，法蘭西人呼之曰立底奈脫，須用顯微鏡視之，屢見中有茄納之細結成。

鎔結石與火山石有漸變之形

合拉尼脫之屬，能漸變至某種脫拉潑，此爲從火而成之據，如以結成之合拉尼脫，與泥形之脫拉潑相比，原是絶然各異，惟每種火山石，皆能爲巴弗里，而巴弗里之石，能見其結成之形，如合拉尼脫，所以可勿疑其不是一本而

來

合拉尼脫金石之質與火山石大畧相同皆不過爲七種元質合成一爲夕里開二爲哀盧彌那三爲美合尼西四爲灰五爲卜對斯六爲素特七爲鐵

有時遇細孔之拉乏凝結之脫拉潑結成之合拉尼脫其合質之分兩相同夫某幾種元質以某多寡相合能成某石其數尚未攷知惟知其合質之股劑相同亦能爲各異之石如同一拉乏也而能爲玻璃形亦能爲硬灰形能爲純石形亦能爲巴弗里形其成石之時各照其冷熱凝結之遲速緩急而成各形又有些搭克愛脫及雖約奈脫綠

石其冷緩而結成，則能爲合拉尼脫，亦能爲雖約奈脫。有人以爲合拉尼脫之形質，因其鎔結時，其中之水氣不洩，所以其成石之形有一定，而火山石則因拉乏之中之水氣走洩有多少，故石形各異者多，此事曾有人試之，以任何金石，鍊至八百度熱，則其中之水，不能化氣而出，因是知拉乏之水氣走出，反因熱度減少故也，如不用此種試法，亦不足以明鎔結石之造化，今可知合拉尼脫與火山石之造化各異，其深淺異，其冷熱異，其壓力之輕重亦異。合拉尼脫之漸變至脫拉潑，有信而可徵者，如拿威地方，有脫拉潑之處甚大，大約爲綠石，巴弗里，及雖約奈脫綠

石其南方有一處有大雖約奈脫如入一路從脫拉潑處行向雖約奈脫處則見其逐漸而變不能言何處是脫拉潑與雖約奈脫分界之處

斯各得倫之合拉尼脫其金石之質亦與他處同亦有霍愜白倫代其枚格者惟有處另有一種合拉尼脫其合質不過爲霍愜白倫與非而斯罷一路視之見二物攙合之粒有處極細漸變至與綠石幾無分別又有處漸變至倍素爾脫或變至嫩昔斯脫與斯各得倫之脫拉潑無異又有合拉尼脫其合質爲非而斯罷科子枚格霍愜白倫其石漸變至倍素爾脫案斯各得倫卽蘇格蘭

閉米里有數種塔克愛脫其中不止有杖格之結成亦有科子之結成多亦遇非而斯罷及霍伍白倫觀此易推知火山中最深若干尺則其塔克愛脫卽能爲合拉尼脫

合拉尼脫之脉

合拉尼脫之支脉能走入他石中與脫拉潑相似有時見水層石小有合拉尼脫走入之處其水層石亦有熱變之形與遇火山石兒克處無異

如於斯各得倫有灰石與泥昔斯脫壘層與合拉尼脫相遇如以爲其下本有合拉尼脫而後他石沈積焉則應如甲圖今則如乙圖

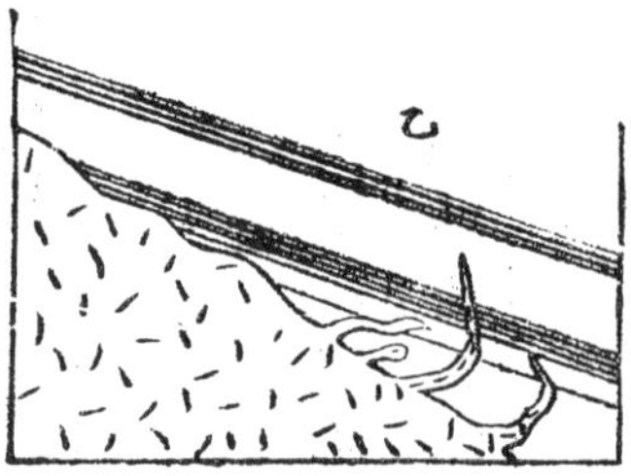

其合拉尼脫之面凹凸不平而經過數種疊層又有支脉走入其上之疊層泥石灰石中脉旁之灰石有處變硬形如霍極斯馱能及豈而脫之形此熱變之石碎之口如玻璃入酸易發泡

斯各得倫又有一處其合拉尼脫之脉如圖

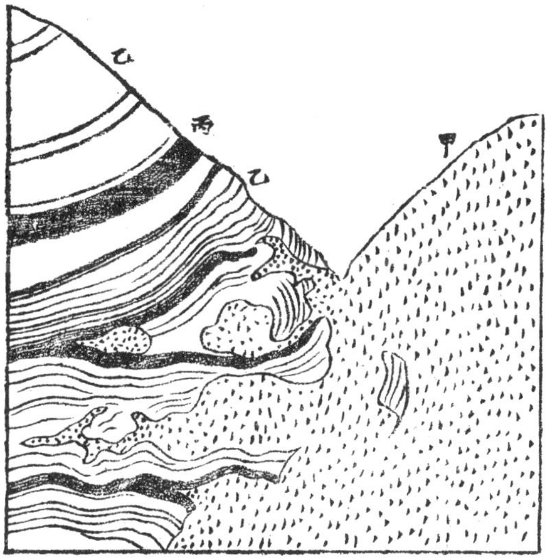

甲爲合拉尼脫。乙爲灰石。丙爲藍泥昔斯脫。

此處之合拉尼脫之脉甚多。其走入疊層中。交結如網。其脉形近其大合拉尼脫處甚厚而大。漸遠則漸小。至薄如紙細如線，又有時見一塊合拉尼脫，與其大者不相連屬此處之灰石，尋常爲鉛灰色之粗粒灰石，其粒爲結成，而其遇合拉尼脫處，及有脉走入處，則其灰石無粒形，而變至如霍怄斯馱，能其與灰石疊層之泥昔斯脫遇合拉尼脫處變至爲霍怄白倫昔斯脫。

霍怄斯馱能爲夕里開之金石，而灰石所變之霍怄斯馱能則遇酸微發泡，如不先知此灰石本非淨灰，則其理甚難解之，蓋其結成之灰石，本有粒科子，枝格非而斯罷撒開在其中，此三物之質於灰石遇熱時，亦能鎔，鎔則流而相并，所以有處能變至夕里開。

鎔結石之走入他石。其形從彎曲微細之筋脈至厚如兌克者皆有之。究如火山石之過拉乏拓發也。如合闌比山。即有合拉尼脫之兌克。其兩面亦平行。大約普天下合拉尼脫之脈。皆彎於脫拉潑之脈。其爲兌克之形者不多見。

合拉尼脫之脈形各處畧同。

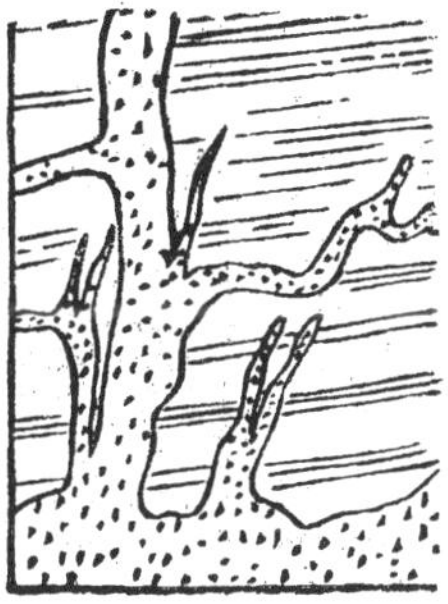

此圖爲好望角有合拉尼脫之脈。入昔斯脫中。

此爲斯各得倫北方合拉尼脫脉在尼斯中

有時數種合拉尼脫之脉彼此相過如日耳曼江邊有三種合拉尼脫形色各異其合質亦各異見其二次之脉經過前次之脉又有三次之脉走入二次之脉

於斯各得倫北島有二種合拉尼脫一爲雖約合拉尼脫其石在尼斯之下有脉走入尼斯一爲紅色之合拉尼脫其脉走入暗色之合拉尼脫中

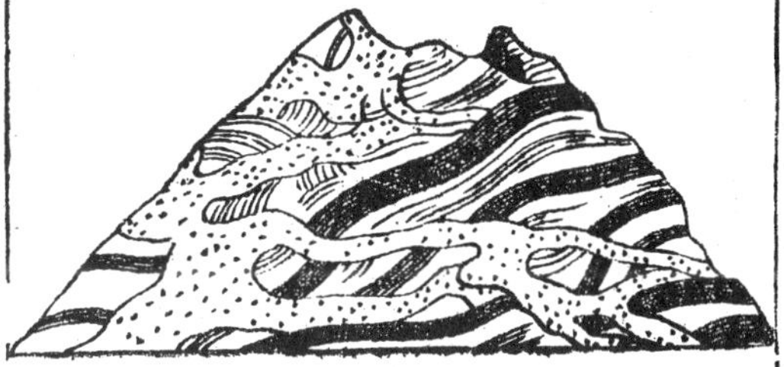

此爲雖約合拉尼脫之脉走入尼斯之圖。脉之石色白而明。尼斯之色黑而暗。故易見。

脉之石質與其本石不同

合拉尼脫走入他石而爲脉。其脉之形質與其根本之石不同。其粗粒每變爲細粒。其金石之質亦各異。如英吉利之南。其合拉尼脫之質爲非而斯罷科子校格。

而其脉則爲非而斯罷科子。細粒相合。而無枚格。又有處合拉尼脫之脉。幾全是科子。而非而斯罷枚格甚少。亦有枚格科子俱無。而爲白色粒形之非而斯罷者。英南之合拉尼脫其本石之形。畧如巴弗里其中有非而斯罷之大塊結成。而其羣脉則皆爲細粒而無大結成。

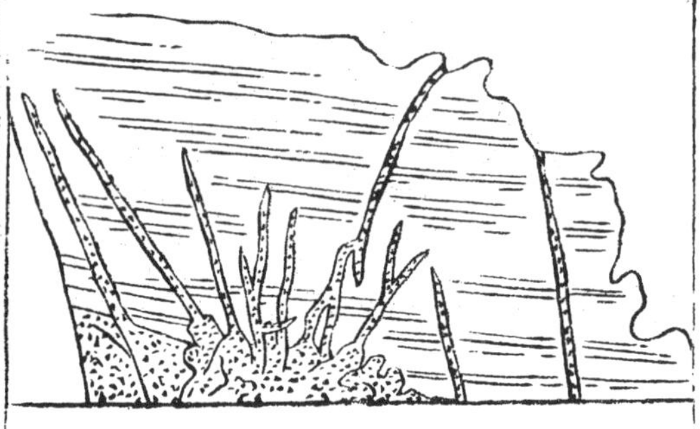

如圖爲英吉利南合拉尼脫之脉形。　其脉之長從十六尺至二十三尺。亦有再長之處。

法蘭西阿兒不斯山之下有一常合拉尼脫其質爲非而斯龍科子枚格其脈走入台而客尼斯其脈愈小者其粒亦愈細有處之脈斷於尼斯之中而獨成一塊

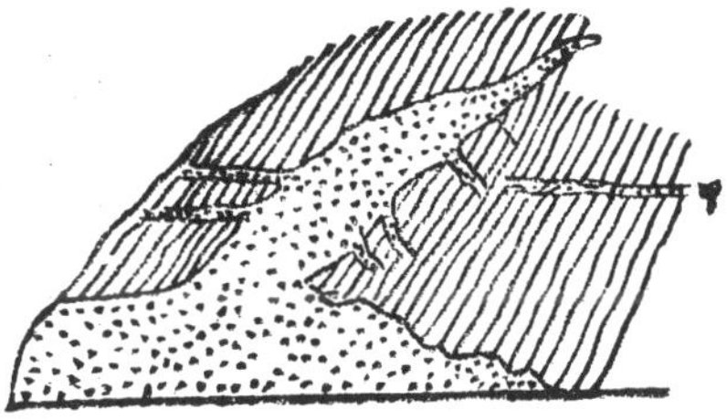

如圖爲阿兒不斯山尼斯中有合拉尼脫脈　甲爲其脈斷於尼斯中

此處之台而客尼斯遇合拉尼脫處有互相變化之形其合拉尼脫仍無疊紋而變爲綠色其台而客尼斯變形如

合拉尼脫而仍有疊紋。

在拿威有數處之尼斯石。遇新合拉尼脫而變其尼斯仍有頁形。而有非而斯罷多。其色比常非而斯罷紅。

礦脉

合拉尼脫雖約奈脫。以及一切深造之鎔結石。皆有金類其礦恆在相近之疊層中。或脉之所過所入處。

凡脉之走入疊層者。其疊層中之金類。大約比脉中多。所以地學家思之。以爲鎔結石鎔鍊之時。其熱極大。金類在其流質中。皆化爲氣。其遇他石之冷熱各異處。及有裂縫處。則金氣易從此洩。或遇冷而凝。

如拿威之合拉尼脫其上之疊層石遇合拉尼脫脈走入之處疊層石之斜度不變因此地學家疑合拉尼脫非有突起之力其所以能走入他石者必有他故使然惟無人疑脫拉潑兒克其流而走入疊層無突起之力

合拉尼脫撒開之塊

合拉尼脫有實在撒開之塊及貌似撒開之塊在他石中如圖甲乙爲撒開之塊

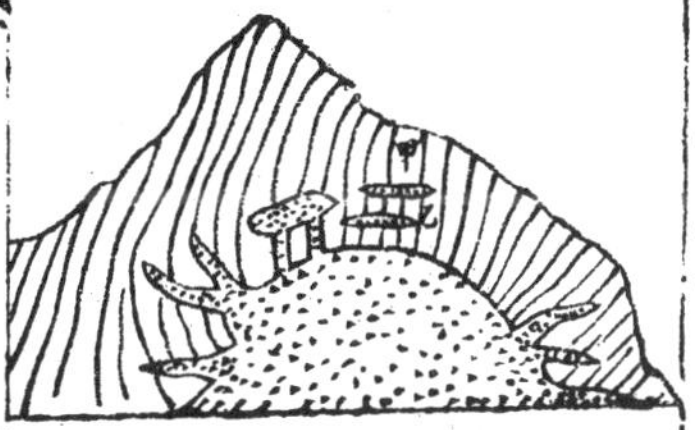

有人思此形。以爲與常理不合。雖有些撒開形。亦有所見之處似與其本石不相連。而其中仍有彎轉相通之處者。然亦有實在不相連屬者。蓋其支脉鎔流在他石中。易凝結而獨成一塊。或他石中有質經熱亦能鎔結而變爲合拉尼脫故也。

科子之脉

每有淨科子之脉。在合拉尼脫中。或在疊層石中。此脉循之不能至其大塊之本石。蓋其先因石中有一縫。而水中消化之多里開沁入其中而凝結也。

石中之科子脉。有據能知其先有一裂縫而後有科子入

其中爲脈者如拿威海邊有科子脈過尼斯綠石如圖

甲乙爲科子脈　斜紋者爲尼斯　疎點者爲黑霍慍白倫橫紋而直者爲綠石兒克

如前圖疊層之石有形如合拉尼脫之白色尼斯與霍慍白倫昔斯脫相間疊其斜層中先已有綠石兒克走入之而後有甲乙之縫其科子脈在此縫中近兩面之處爲透明之白科子中間爲白而不透明之常科子

攷鎔結石有蓋於他石之上否

火山造化之石每有平鋪橫亘甚寬廣者此因不特能自下走出亦因其能流開而葢於他石之上故也而鎔結石之形則與此異所以有人言可名合拉尼脫爲內蘊之火山石

拿威之合拉尼脫昔時以爲其石在一次石之上爲山其山葢於灰石含兒之面上此舊說也惟合拉尼脫雖有脉走入水層石爲新期中所成之據然非實在在水層石之上雖有幾處小地方其由來脫巴弗里壘層有十餘尺厚變至合拉尼脫諒此石必比脫拉潑更近於鎔結石所以其石能與水層石相疊而亦與合拉尼脫相連

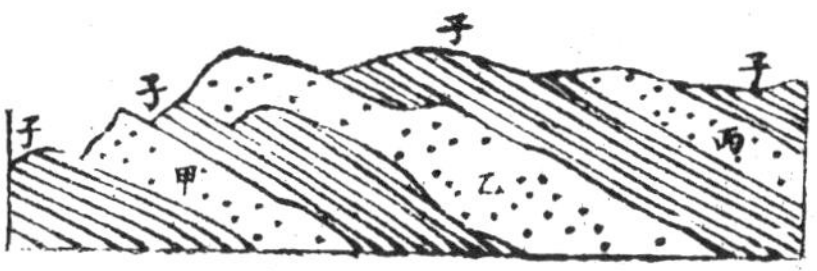

如圖爲由來脫巴弗里與一次之水層石相疊之形。甲乙丙爲由來脫巴弗里，子爲石油舍兒泥灰石。

觀前圖，知由來脫巴弗里甲丙二層之面，俱與舍兒泥灰石之層平行，而乙層微有不平行處，因此人疑其有力走入子層之縫中而成。

此處巴弗里之石，有些是科子多，有些是非而斯罷多，其結成之塊愈大，則石形愈似合拉尼脫，而愈與疊層不平行亦愈有支脈走入疊層石中。

觀此形分明可解釋火山石與鎔結石相連之故。不特爲其石之形質相同。亦爲其與他石相遇之處其形亦偶有相同。如欲言鎔結石亦有蓋與他石之上面處。不過謂此處之鎔結石。亦有火山石之行爲而已。

地學家已有一意謂任何火山。其熱至無限深處其鎔鍊之物。必與近地面者各異。惟不能測知其若干尺深熱度幾何大壓力幾何重其結成之形。比地面若何。但知其造化於深處之石。其形必多各異。學者執此說。自能推火山石之造化於地中者則爲鎔結石。此理是否。

有人言若如此說。則合拉尼脫與火山石。不過同一根本而有支分派別耳。則應能遇一極大之火山石皃克變而漸上。則形如拉乏變而漸下。則爲合拉尼脫。何以從未遇有此種形狀之山。

答之曰。一山之高能有幾許。其從上至下。不過數千尺耳。路之相去尙近。故不能有此形。須合數山觀之自明。如於一處遇脫拉潑變至有空泡之拉乏。又於別處見合拉尼脫。變至爲脫拉潑。卽其據也。

鎔結石現露於地面因水蝕之故

已言古期之石。被水蝕去者甚多。因此不難信鎔結之石

造化於地中深處其所以能現於地面者因其上面之石被水蝕去故也

鎔結石之古者亦有比海面極高之山此與水層石能高出於海面之故同所以鎔結石亦有新舊之期下卷詳論之

陽湖趙宏繪圖

長洲沙英校字

地學淺釋卷三十四目錄

烏來脫及來約斯期之鎔結石
可兒美什之鎔結石
西羅里安之鎔結石
論古於迹層之鎔結石不能得
合拉尼脫硬塊突起
攷哀闌島合拉尼脫之期

地學淺釋卷三十四

英國雷俠兒撰　美國瑪高温口
金匱華蘅芳筆述

此卷論各期之鎔結石

鎔結石一定之期難知

如定以鎔結石爲從火造化則一切鎔結石之現露於地面者亦有新舊之期欲攷其爲某期之造化則比水層石

火山石難定

學者今須記得每期中皆有火山石或拉乏從火山中流出於水陸之地或從拓發及稜角石子疊層攷其所在之

石見其疊層中有某期之殭石則可定其火山石爲某期惟深造之鎔結石則無此種實據故此法不能用

今有四種試法以定鎔結石之期　一觀其上面之石　二攷其走入他石或變他石　三攷其金石之質　四攷其中之石塊

攷上面之石

任何水層石在合拉尼脫之上每有未爲熱變者如拿威之後沛育新迹層在合拉尼脫之上阿勿倫淡水埋育新迹層在新紅砂石及合拉尼脫之上是也此種上下比較之法有據知其鎔結石必古於其上之層因其合拉尼脫

已鎔結之後，而後其上有沈積之層，所以不爲其熱所變，而其水層石中，必有鎔結石碎塊之石子。

攷走入他石及變他石

每遇有鎔結之石，其脉走入他石中，而他石遇之有熱變之形，則其鎔結石造化之期，必比其所入所變之石新，因他石已先成，而後鎔而走入以變之故也。

攷金石之質

鎔結石之質，雖大畧相同，而亦有數種稍異者，如雖約奈脫及台而客，合拉尼脫等類是也。

每有極大地方，專遇一種鎔結石，如於一處得其某期之

據則其相近之處亦必同期故每有因一塊石而知極大之山爲何期所成者

如於拿威之雖約合拉尼脫中見有一種金石名入爾康又見其遇西羅里安水層石而變之則不必疑其南邊之雖約合拉尼脫不是同時鎔結因其中亦有入爾康之金石故也

有人以爲鎔結石之期可以金石之質定之如合拉尼脫之有霍恆白倫者比有枚格者新　此說近有人攷之知其言不足爲據如雖約合拉尼脫在拿威者則走入西羅里安而變之而英吉利某處之合拉尼脫其質爲非而斯

罷科子校格、而其石新於可兒美什所以此說非是、

攷其石塊

此法亦無甚大用處、因他石之碎塊、在合拉尼脫中、每為其熱所變、不能言其一定從某種石來故也、惟於美里哥有一合拉尼脫、其脉走入他種合拉尼脫中、而脉中有泥石脫拉潑之碎塊、蓋其古合拉尼脫裂開為縫之時、有泥石脫拉潑之石塊落於縫中、而後有新合拉尼脫走入為脉、故石塊能在其脉中也、觀此則知其脉中有石塊之合拉尼脫、必新於其近處之泥石脫拉潑、

沛育新之鎔結石不能見

何以知沛育新期能有鎔結石成焉如讀二十九卷至三十三卷已知火山石之造化與鎔結之造化有連屬之理學者試思之某期中既有火山石造化於地面則亦必有鎔結石同時造化於地中特不過尚未升出於地面之上故不能見耳

有時見火山之拉之流出十餘年方冷如其來源愈深則其冷愈緩如墨息哥之火山其拉之流出五百餘尺厚至五十年之後尚有熱氣由是思之地中鎔而未流出之拉之大如湖海其熱必極大其冷亦必極遲又其漸冷之時亦能因他物增其熱而不冷者如地中海之火山二千年

以來，恆見其拉之在穴中滾沸，諒必其下有火鍊之。又如蒲盆島火山，其拉之兩年一流出，諒其下必時能增熱。統計每百年中，遍地球之火山其拉之流出二千次，則今之地中深處，其造化之石必不少，惟因其造化於地中，人不能見，必至其漸漸升起，而其上之石被水蝕去，方能見之。如某期中，其石鎔結於地中，至某期而升起於地面，其時已不知隔幾萬萬年，所以莫望有新期之鎔結石見於地面，除非再過數期，方能見之。所以水層石、火山石每有甚新者，而鎔結石必比其古。

美里哥火山之地漸高

人令知美里哥之南其火山拉乏之地漸高因此知古鎔結石之能升起由於有新鎔結石造化於下也所以鎔結石之造化舊者恆在上新者恆在下猶之水層石之造化舊者恆在下新者恆在上也

地學家意欲解水火二種造化同時各成新石有相背而馳之理特作一圖以明之

如圖一·二·三·四爲水層石　〡〢〣〤爲鎔結石　一〡爲一次石　二〢爲二次石　三〣爲三次石　四〤爲後沛育新

觀圖之〡爲最古之鎔結石其後每有後一次之鎔結

石成於下，則其上之老石，升高一次，如是屢次升高，以至高出海面，則爲陸地之山，其一、二、三、四次之水層石，亦因下之鎔結石升起，故其現露之處，一高於二，而二高於三，而一、二、三遞高於四。

學者於前圖能見四與IIII相去最遠雖一二三四與I II III IIII各為同時中所成惟一則從上增高一則自下繼長準此變動之理推之其第三次之鎔結石必再過數期方能升為山頂

瘞育新之鎔結石

十六卷中已言阿兒不斯山劈立尼山之牛牟來脫灰石為瘞育新期其升出地面為埋育新期從此可知其時必有大變動故能使三次之水層石升高所以在此處如遇合拉尼脫必為瘞育新期所成

於瑞西之阿兒不斯山見其牛牟來脫灰石有處有合拉

尼脫走入而變之爲結成之昔斯脫。阿見不斯山最高之處其石爲台而客合拉尼脫其鎔結之時。幾一定是牛牟來脫灰石沈積之時。美里哥南安提山之石層於三新期中。有大變動因此而思安提山之石層開裂處必能見第三次之鎔結石。今攷知有處與此言合。

有兩帶連山之脊其開裂之處能見數新期之水層石。在鎔結石之上而有熱變之形。

於西邊一山脊見有黑色之泥石層。高於海面一萬四千尺。其中之螺蛤殭石有葛里非耶台里扳求來哀未奈脫

此諒與歐羅巴之三次石爲同時其石因與鎔結石之山相遇故有熱變之處其鎔結石之山爲常合拉尼脫每有鴨兒倍脫霍恆白倫而科子少

其東邊一帶連山大約爲砂石及合子石之厚層其石蓋從西邊高山之石沏爛而來其圓石子大約爲有殭石之泥石破碎之塊因其處與冰地相近故與冰地之三次石同不特其金石之質同其中之殭石如夕里開木亦同又因其殭石與太平海邊三次石之殭石亦同所以亦爲第三次石

又此處之合拉尼脫或爲兌克過變層其縣中每有金銀

銅鐵砒硫等礦，循其脉，皆能至其合拉尼脫之本石，因此有人思之，以爲安提山之鎔結石，比某處之三次石尚新，此書中專指鎔結石爲從地中深處造出，如有人疑此說非是，則應遇三次之鎔結石多，今則所遇之處甚少，故爲深處所造無疑，蓋鎔結石熱變石，從其造化之時，至其升出於地面之時，總須甚久，因其變動亦極遲，故必極久而後能升高，又必其上面之石裂開處被蝕，而後能現露所以新期之鎔結石不能見。

今知近數十年中，美里哥南及天竺，其地形有高低變動，其變動之時，火山中有拉巴流出，因此能知地面高低，以致水陸變遷，亦是地中有火鎔鍊之故，蓋熱則漲，冷則縮，故地形爲之變動也。又火之行，爲能使水氣熱而漲大，而石層爲之開裂，故其鎔流之石，能走入上層之石縫中，歐羅巴之高山，除數處小地方之外，大抵皆瘞育新期從海中高出者居多，即當時已爲陸地者，亦一同高起。又歐羅巴有大低之處，亦是瘞育新期低下，蓋地中之石因鎔流至他處，則中空，而上面能低下以補之，而他處則因有鎔流之石多，而地面爲之突起。

昔時地學家言地面之變動，在古時愈大，今試問古時之變動，有更大於瘞育新之變動否，則無以對矣，所以古說非是。

鎔結石之升出於地面。大約以三新期之變動爲最大。其所突起之石。有比碟期之造化更老者。後來其突起之力若不衰。又能使第二次之鎔結石。熱變石。現露。如其力仍不衰。則又能使第三次之鎔結石。熱變石。亦現露。此突起之力。能使今時沉積之新層。有大碎蝕。斯時地中。又另有熱變石。鍊至爲火山石。鎔結石。而地面亦同時中有沉積之大層。俟三十七卷再論之。

克里兒書之鎔結石

劈立尼山之水層石。其熱變之茶而刻來約斯與合拉尼

脫相遇此合拉尼脫之期或爲克里兌書或爲三新期地學家一時尚未能定見也

如圖乙丙丁皆爲克里兌書期之水層石甲爲合拉尼脫其乙層遇甲之熱而變丙之最下層亦有微變

地學家遇此形罕能言合拉尼脫之熱變乙層之時丁層方沈積因其上更有三次石安知其不在三次石已成之後而其熱之力僅能變至丙層所以地學家不敢遽定其何期

烏來脫及來約斯期之鎔結石

於法蘭西之阿兒不斯山有黑色泥灰石其中有倍里每脫之殭石其層與合拉尼脫相近處數里中得細粒灰石再近則爲灰色粒灰石

阿兒不斯山之合拉尼脫其質爲淡紅色之非而斯罷與黑色之枚格其石有處微蓋於二次水層石之上而水層石因其熱而變者三十尺深

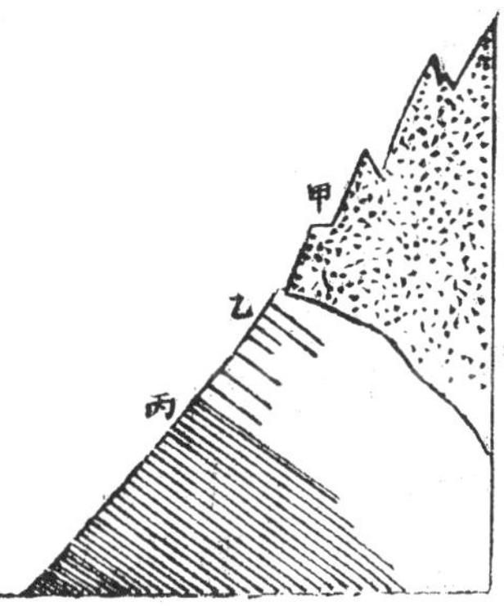

如圖甲爲合拉尼脫　乙爲熱變石　丙爲烏來脫水層石

其烏來脫之熱變處泥石變爲硬昔斯脫而灰石變爲結成之粒灰石其粒如糖其磨石變至科子又有一薄層變至形如合拉尼脫

此處之合拉尼脫與二次水層石相遇處每有金類之礦或爲藏或爲脉如白鉛白倫脫呆里那鐵礦銅倍來底斯其處之熱變石硬而結成而合拉尼脫嫩而無結成

如前圖之合拉尼脫雖在二次石之上然不能言其是鎔流而蓋於其上因此處之石層變動甚大或有反轉之處亦未可知

在斯各得倫之北有一大雖約奈脫入灰石舍兒壘層其

灰石舍兒、爲來約斯期所成、其灰石與鎔結石相遠之處則有殭石、其相近之處、則變爲結成之灰石而絕無殭石、以大里有烏來脫灰石、亦遇鎔結石、而變其鎔結石爲鵶呆脫巴弗里、漸變至合拉尼脫、其灰石變至結成之粒灰石、最近之處、變爲綠石、

可兒美什之鎔結石

於英吉利之南、有合拉尼脫、昔人以爲是最古之石、今知其在可兒美什之後、因其所遇之水層石、有磔期草木之形故也、　此處之合拉尼脫、亦如拿威之雖約奈脫、其走入水層石中者、水層石之斜度、未爲之變動、

惟此處之西有可兒美什層遇合拉尼脫而變又有合拉尼脫之兌克及脉走入之

西羅里安之鎔結石

地學家久已知拿威之合拉尼脫比其西羅里安之水層石新因見其石有處在有三合蟲殭石之灰石舍兒層中故也惟此人所攷亦有誤處因其意以爲灰石與合拉尼脫成疊層不知其合拉尼脫之入灰石舍兒層中爲脉其本石非與灰石舍兒層成疊層而其脉亦非處處皆與灰石舍兒平行

如圖中央爲合拉尼脫　兩旁爲灰石舍兒斜疊層

甲處之合拉尼脫脉走入含兒灰石幾與其層平行昔人以爲其左邊之脉亦必與其斜層平行故誤今知乙處之脉並非與斜層平行所以知其實是走入也

夫此合拉尼脫比西羅里安新故其脉能走入西羅里安之疊層而西羅里安之下有古造化之尼斯亦有合拉尼脫脉走入之則此新合拉尼脫與古尼斯其年之相去不

知幾何.

因何而知兩石之年相去甚久因見其西羅里安在尼斯石層之上而不與尼斯平行其尼斯之層被蝕尚在西羅里安未沉積之先.

如圖爲拿威之合拉尼脫脉走入西羅里安及尼斯. 右上平者爲西羅里安. 右下斜者爲尼斯. 左邊斜者爲尼斯. 中間高者爲合拉尼脫.

其西羅里安沉積於尼斯已蝕之後有二據焉。一因於西羅里安之下。見尼斯斜層之側面。有磨光之形。一因西羅里安石層中。有尼斯之圓石子。因此二據。所以知尼斯水蝕之時。其西羅里安未沉積。則從尼斯造化之時。至尼斯被蝕。從尼斯被蝕之時。至西羅里安沉積。從西羅里安成石之時。至合拉尼脫造化。而其脉走入尼斯及西羅里安。其期之久遠。有不可以數計者。

西羅里安尼斯之期。與其合拉尼脫之期。相去如是久遠。而其相遇之處。變至幾不能分。惟其脉走入尼斯處。則不甚變。

於此處不過見尼斯中亦有合拉尼脫之脉走入之惟究不知其尼斯爲何期所成亦不知其合拉尼脫於何期走入或其走入之時尚在尼斯未結成之時亦未可知因此斯各得倫之合拉尼脫及其走入之尼斯究不能言其一定爲某期惟因其脉亦有走入西羅里安處所以只能言其合拉尼脫鎔結之期不能在西羅里安之前

論古於迹層之鎔結石不能得

五十年以前地學家皆以合拉尼脫無有比水層石新者所以謂鎔結石爲一次石今已攷知鎔結之石亦有新舊故舊說已不用惟難言何處之合拉尼脫一定比一切有

殭石之水層石古。

如遇有下堪孛里安及落冷須安層在合拉尼脫之上，而無熱變之形，亦無合拉尼脫之脉走入之，則能言其合拉尼脫造化之時，比一切有殭石之水層石早。

然謂堪孛里安落冷須安一定爲最古之迹層石，其言亦太鹵莽，因今之所知者，不過地球之一角耳。如遇鎔結石在堪孛里安落冷須安之前，安知其鎔結石之前更無有殭石之水層石。

如於下堪孛里安中遇合拉尼脫之圓石子，則能知此合拉尼脫之造化比下堪孛里安早，若僅於上堪孛里安或

西羅里安中遇合拉尼脫之圓石子則其石雖古或者尚在古殭石之後

合拉尼脫硬塊突起

英吉利有一處合拉尼脫其質爲非而斯罷科子枚格與烏來脫期之水層石相遇其相遇之處水層石無熱變之形而有含兒砂石灰石之碎塊有灰色之物膠固之爲合子石觀此形知其合拉尼脫鎔鍊之時本不與烏來脫相遇及已結成爲堅石方自下突上而至烏來脫層故其烏來脫層遇此堅石大塊突起而含兒砂石灰石皆被縻碎所以其處之二次石層甚亂漸遠則漸平

如定以此合拉尼脫爲已成堅石，而後突出於烏來脫疊層中，則有一說以解之。如日耳曼有一處爲克里兌書烏來脫石層，方數百里，有一大塊合拉尼脫倚之，有入於此合拉尼脫。入此層時，已爲堅石，因其相遇之處絕無脉走入迹層，而迹層石亦絕無熱變之形，而有迸裂糜碎之石塊爲合于石。又其合拉尼脫有處微蓋於茶而刻之面，此蓋是反轉之層，猶來約斯之石層能蓋於克里兌書石層之上也。

攷哀闌烏合拉尼脫之期

在斯各得倫地方有一烏，名克闌烏，其烏南北六十里，中

能見四大類之石俱全故便於攷究如圖右爲北左爲南　一爲熱變石昔斯脫爲此處最古之石　二爲粗粒合拉尼脫其脉有走入一層處　三爲老紅砂石中有一之碎石爲合子石　四爲磔含兒灰石紅砂石　五爲細粒合粒尼脫其脉有走入粗粒合拉尼脫處　甲乙丙丁爲脫拉潑兒克其遇細粒合拉尼脫處俱絕　子丑爲另一種脫拉潑兒克此兒克貫於二種合拉尼脫而不斷　五亦爲細粒合拉尼脫　六爲脫拉潑

於此島之北邊見有粗細二種合拉尼脫其粗粒者與昔斯脫相遇又粗粒合拉尼脫中有倍素爾別溪多能火山石兒克其兒克遇細粒合拉尼脫處皆斷如圖之甲乙丙丁又有倍素爾緣石兒克通貫於粗細二合拉尼脫中如圖之子丑而於南則其合拉尼脫無粗粒者只有細粒者如圖之五此諒與北邊細粒合拉尼脫爲同時所成而此處則與昔斯脫相遇　又有火山石脫拉潑流而平鋪於碟舍兒灰石紅砂石之上其質爲非而斯罷倍素爾緣石又有別溪多能之兒克貫之如卯

其粗粒合拉尼脫之山高三千尺其山坡有昔斯脫藍泥

石及他種熱變之石蓋之其熱變石中有粗粒合拉尼脫之脉走入之所以此粗粒合拉尼脫新於昔斯脫

於昔斯脫之坡下有老紅砂石及合子石層蓋之其坡下又有碟層之含見灰石蓋之又有新紅砂石合子石蓋之觀以上諸形自然除昔斯脫之外皆比粗粒合拉尼脫新然此說猶有人疑之因其相近之新舊紅砂石中有合子石層厚數百尺而不見其合拉尼脫之石子故也大凡合子石之石子皆從其相近之山來今合拉尼脫之山與合子石處甚相近而無其碎石子所以爲奇有人仔細查之亦不能得但見其合子石之圓石子或爲科子或爲昔斯

脫及他種熱變之石。

或問新舊合子石中。既不見有粗細二種合拉尼脫之石子。則可言此二種鎔結石。皆新於他石乎。　曰是不能惟能作一曲解。言其砂石合子石之層成時。其合拉尼脫尚未升至現露。或已現露而尚未碎蝕。則理亦未嘗不通。蓋其一之昔斯脫。上層已被蝕爲砂及石子。成老紅砂層合子石時。尚未蝕至結成昔斯脫之有合拉尼脫脈處。如是說法。可不必以昔斯脫之碎蝕爲在合拉尼脫脈未走入之時。

此種曲解。人雖不能言其錯。然其證據尚不足。不如言老

紅砂層造化時其變層之昔斯脫爲其時之海島如圖子爲合拉尼脫甲爲昔斯脫丙爲老紅砂石平線爲海面

則其昔斯脫被蝕之時其下已早有合拉尼脫之脉在其深處特水蝕所未及耳

欲攷粗粒合拉尼脫於何時高起則其變動必在細粒合拉方造之時或在脫拉潑兒克流出之時其地中之熱力

皆能使之升高總之其高起無論於何時惟總在昔斯脫已有之後

此處之合拉尼脫亦有已成堅石方升起之據因其昔斯脫及紅砂石層皆在合拉尼脫之山坡如蓋於其石之上者然惟在他處則其層之斜不與合拉尼脫之山坡相順而與之相逆此因非一次變動之故也

陽湖趙宏繪圖

長洲沙英校樣

地學淺釋卷三十五目錄

客羅愛脫昔斯脫

結成灰石

熱變石中金石表

論熱變石之自來

熱變石之疊層

熱變之據

論熱之行爲

駁論解釋

地學淺釋卷三十五

英國雷俠兒撰
美國瑪高溫口譯
金匱華蘅芳筆述

此卷論熱變石

熱變之意

熱變石之名有一命名之意因其石先爲水層石後受地中之熱而變爲半結成之形故以熱變名之人若不信此說不肯用熱變之名則可呼爲深造之疊層石或者呼爲深造之石斯脫亦通

熱變石之形

熱變石之形其中絕無殭石亦絕無他石之碎塊及稜角磨圓之石子此其恆形也其石之在地面有時爲一帶狹脊之連山其山中有現露之層亦有爲極大之層者如拿威瑞典美里哥南等處皆有熱變石爲山或有現露於平地者又如斯各得倫亦有尼斯板格昔斯脫霍恆白倫昔斯脫此數種熱變之石其形甚近於合拉尼脫

熱變石其結成之形雖多然不似合拉尼脫之有脈走入他石無論新舊昔斯脫俱無脈走入合拉尼脫亦無脈走入水層石因此知其熱變之時未至鎔流

熱變石之新舊不關其金石之質

地學家欲辨別熱變石之新舊屢推測之忽於一處得一據如泥昔斯脫常比校格昔斯脫高而校格昔斯脫常在尼斯之上此層累之法雖偶於一處如此非能處處皆然俟三十七卷詳論之

熱變石之名

今先言熱變石之大種類如尼斯　校格昔斯脫　霍恆白倫昔斯脫　泥昔斯脫　客羅愛脫昔斯脫　結成灰石　又有數種科子石名科子愛脫

尼斯

尼斯之石亦有疊層而地學家不謂之疊層而謂之頁形

亦有人呼爲頁形合拉尼脫其金石之合質與合拉尼脫同亦爲非而斯罷科子枚格惟其結成之形有頁

如圖爲尼斯頁形側視之形頁之厚薄與眞石同　其白色處爲非而斯罷之粒而中有撒開之科子枚格　其暗色處爲灰色之科子與黑枚格有時亦微有非而斯罷之粒

尼斯石於其暗色之頁劈之能開其劈開之面光亮如烏金蓋枚格之面也　尼斯中之質科子爲多而暗色之頁

則枚格多，故易劈開。

尼斯之頁亦有不如前圖之薄，而爲厚層，則其厚層之頁每多斜形，不如薄頁之畧近平行。

地學家名此種石爲尼斯，不過是一總名耳，其實此種之石亦不止一種，如霍恆白倫與尼斯間疊者，亦爲尼斯之類。

與尼斯相連之石，有非而斯罷者居多，假如霍恆白倫與枚格科子，非而斯罷爲一，雖約奈脫之尼斯，而有台而客代其枚格，則爲台而客尼斯，其合質爲非而斯罷科子台而客，每物皆有分明之結成。

霍恆白倫昔斯脫

其石常爲黑色其合質爲霍恆白倫與非而斯罷而二物之多少無一定之數有時亦有科子之粒在其中如霍恆白倫與非而斯罷均分而石形不類泥石則與綠石脫拉潑爲一類

霍恆白倫昔斯脫亦名霍恆白倫石有爲極大之層其先爲火山石後變而至結成者

枚格昔斯脫

熱變之石以尼斯爲最多其次則枚格昔斯脫爲多其形如斯里脫即字板石其合質爲枚格與科子有時視之如全爲

枚格，亦有淨科子在其層中。其石有時漸變至泥斯里脫。有處之枚格昔斯脫中有茄納結成十二面形。

泥斯里脫

泥斯里脫亦名泥昔斯脫，此石形如硬泥，亦如舍兒劈之最易成片，可作屋背之用，故亦名屋背泥石。泥斯里脫劈開之面有時甚光明，或有絲光，因其中有枚格故也。其石之顏色從藍綠至鉛灰色皆有。

熱變石之昔斯脫其合質與水層石之昔斯脫（卽泥石）同，不過經熱變硬耳。

科子愛脫

亦名科子石其石爲粒科子搏結而成其細粒或爲結成或爲圓粒遇其疊層與尼斯及他種熱變石相連又有凝結之科子在他石中爲脉者此種亦與粒形之科子愛脫相連

此二種科子每有與尼斯枚格昔斯脫相間疊或因枚格漸多或因非而斯罷枚格漸多則漸變至爲尼斯及枚格昔斯脫

客羅愛脫昔斯脫

綠色之斯里脫中有厚片之客羅愛脫多故名客羅愛脫昔斯脫其中常有細粒之科子及非而斯罷枚格之結成

屢有漸變至泥斯里脫及尼斯斯之處

結成灰石

亦名熱變之灰石昔人名之曰第一灰石有時爲白色結成之粒灰石如遇厚層可取之作房屋之用

此石大約薄層者居多其石亦有頁如尼斯枚格昔斯脫有時與尼斯枚格昔斯脫相間疊則其中每有結成之枚格亦有科子非而斯罷霍恆白倫台而客客羅愛脫茄納等金石結成於其中

此石在拿威瑞典斯各得倫等處不恆遇之於阿兒不斯山最多

熱變石中金石表

今欲解熱變石之所從來先用一表以解其各種金石之名。

鴨克低摩兒愛脫昔斯脫。頁形。其質大約爲鴨克低摩兒愛脫。綠色之金石。形似霍恆白倫。其中微有茄納科子及枚格。

安比來脫。此石即泥斯里脫之別名。

安非蒲兒愛脫。即霍恆白倫之別名。霍恆白倫中之非而斯龍或多或少。則以此名之遇之於火山石及熱變石。

泥昔斯脫。亦名泥斯里脫。亦名泥石。

阿過斯。其形質與合拉尼脫同，即合拉尼脫與他石相遇處之變形也。其中每有結成之非而斯罷科子，有時亦有結成之枚格。其非而斯罷已與合拉尼脫之本石相離，而泐後有夕里開膠凹之屢有科子之脈走入其中。

才哀斯得奈脫斯里脫。質與泥斯里脫略同，惟其中有才哀斯得奈脫斜方形之長結成。

客羅愛脫昔斯脫。綠色之石，形如斯里脫而中有客羅愛脫多，故有是名。客羅愛脫為一種綠色片形之金石。

泥斯里脫。即泥昔斯脫。解已見前。

由來脫。前於鎔結石中已解之。惟遇其石質相同者在尼斯或枚格斯里脫中。故又爲熱變石之類。

尼斯。疊層或頁形。其石之合質與合拉尼脫同。解已見前。

霍恆白倫石。已見於火山石表中。惟其合質與霍恆白倫昔斯脫同。而其頁不脆。

霍恆白倫昔斯脫。俗名斯里脫。其石之合質爲霍恆白倫與非而斯罷。

霍恆白倫尼斯。別名雖約奈脫尼斯。其石之合質爲非

而斯罷及科子與霍愜白倫

海不其音灰石　海不其音譯言深造石也因其灰石於深處結成故有是名

厤勃耳　卽結成之灰石也任何熱變之灰石硬而磨之能光者皆名厤勃耳

枝格昔斯脫　卽枝格斯里脫其石之合質爲枝格與科子和合而成故二物之多少無一定之數

枝格斯里脫　卽枝格昔斯脫　解見前條

非來脫　泥斯里脫之別名希臘語謂樹木多葉之貌曰非來脫因其石多頁故也

第一灰石。卽海不其音灰石。解已見前。

潑羅多其因。卽台而客尼斯。其無頁形者。謂之台而客

合拉尼脫。

科子石。別名科子愛脫。其石爲科子之粒結合而成疊

層。解已見前。

色爾并台能。已詳火山石表。因熱變之石。亦有此種。故

復列之。

台而客尼斯。其合質與台而客合拉尼脫同。惟有頁形

如尼斯。

台而客昔斯脫。其石之合質。大約爲台而客與科子。或

台而客與非而斯罷劈之亦能成片如泥斯里脫。

論熱變石之自來

已解熱變石之質。再論其造化之故因何而成此石。惟須先爲學者言凡以前所論者。皆是實有證據之事。而以後所論者。不過人推測之姑作如是觀。莫以爲已有一定不易之理也。

地學家有一舊說。今時尚有人信之。其說以爲凡石之多結成而無和合之形。亦無生物之迹者。其造化之時必有一非常之變。非尋常造化之法所能成。此說今已知其非。蓋其石亦各期俱有新者。其變化之故亦由漸而然。非有

格外之事也

如尼斯與枚格昔斯脫泥斯里脫及海不其音灰石其變成此形不止在古殭石時亦有在生物遞變之際者故變之一字不過言其石本爲沈積之層而後來漸變爲結成之石也

今試問其石之形爲有疊層無疊層則無人不云有疊層惟因其有疊層故其質本是從水中沈積而來今地學家大約呼其名爲疊紋石因其層疊之形亦與有殭之水層石同又其石之形不特因其層疊之形與水層石同除無殭石無泥砂無碎石無圓石子無砂浪紋之外皆與水層

石之形同蓋其殭石砂泥等形皆為火之熱力所變去矣故謂之熱變石

熱變石之疊層

水層石之疊層其形色各層不同而熱變石之疊層其形色亦各層互異如尼斯與霍恆白倫昔斯脫相疊或尼斯與客羅愛脫昔斯脫相疊或尼斯客羅愛脫昔斯脫與粒科子灰石相疊其從下至上能有多層又如枚格昔斯脫與客羅愛脫昔斯脫或與淨科子粒灰石相間疊

熱變之據

前已論合拉尼脫火山石兒克與水層相遇處其水層石

均有因熱而變之形如與合拉尼脫相遇者其變更甚除此之外另有一據凡有殭石之石層與熱變石之石層每有不能分界之處

拿威之南有合拉尼脫或雖約奈脫之山與水層石相遇亦有脉走入叠層石中其含皃灰石或砂石叠層中本有螺蛤石蓮殭石甚多而近鎔結石一百五十尺至一千二百尺處其泥含皃變硬如火石有處變至如嚼斯不爾之形其綠色與褐色之泥石變至如帶嚼斯不爾其本來之叠層仍甚分明愈近鎔結石則其昔斯脫中屢有霍恆白倫之結成又屢於合拉尼脫與霍恆白倫昔斯脫之間有

枚格及非而斯罷之結成因此其石形漸似尼斯及枚格昔斯脫而其中之殭石亦漸少至近合拉尼脫處則絕無殭石矣其砂石變至粒科子而霍恆白倫枚格之昔斯脫又變至如合拉尼脫而無疊紋其灰石之離鎔結石遠處爲土形藍色其中每有珊瑚殭石而近鎔結石處則變爲白色結成之粒灰石愈近則其結成之粒愈粗如砂此灰石層離合拉尼脫一千二百尺處其中之殭石幾無不過見一二處而已

此處變形之灰石中及硬昔斯脫中每有茄納之結成又有銅鐵銀鉛等礦

如圖爲拿威合拉尼脫變其灰石昔斯脫之形　黑暈處爲熱變之石中有各種金礦矢指其疊層之直角　十字線指其地之南北

此圖爲地面平視之形

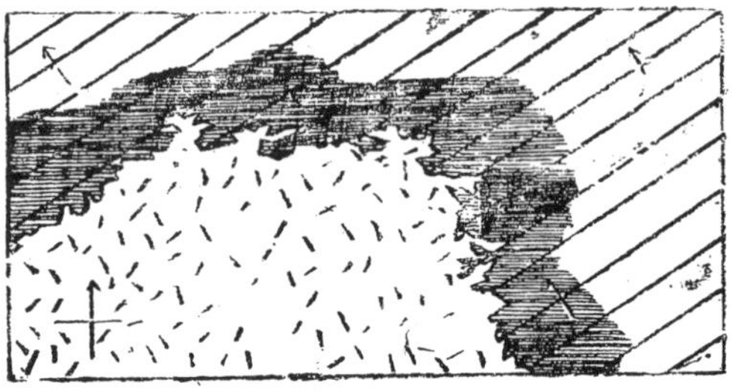

此處合拉尼脫之脈走入疊層中脈之方向或與疊層之面平行或與疊層之面成直角觀前圖自明

英吉利之南有合拉尼脫脈走入粗泥昔斯脫中其近脈之昔斯脫變至如霍恆白倫石

又他處有合拉尼脫走入斯里脫砂石使其疊層彎曲其斯里脫變至校格斯里脫有尼斯之形又有變硬之處中有非而斯罷

劈立尼山之合拉尼脫新於其處之來約斯層及茶而刻層其層之近合拉尼脫者結成之粒如白糖而其中之殭石不見　案此處亦有鐵礦

有處灰石變至馱羅美脫其中滿細脉之炭酸鐵又有撒開之鐵礦其來約斯近合拉尼脫脉處不止有鐵礦又有倍來底斯低摩兒愛脫及茄納又有一種新金石名苦齊兒愛脫

夫水層石之近火山兒克及合拉尼脫處其石既均有變形則明明有一種能力能變其水層石爲結成之層又其力能使變成新金石與尼斯枚格昔斯脫等類深造之石毫無二形故此種之石便於呼之曰熱變石其熱之所以能變之故尚未能詳知惟其實在是爲熱所變則其據顯然如定見以合拉尼脫爲熱而鎔結則此石之變形亦由於熱此熱變石之所由名也

論熱之行爲

有人以石燒煉之得一據知凡石不必熱至鎔流但使其退熱極緩則其中之質點已能結成爲粒所以知任何水

層石經熱，則其殭石之迹能消，而石中之各質能從新化合而爲别種金石，惟其熱力尚不至於使石鎔流，故其疊層之痕迹不滅。

然學者莫謂其熱之行爲皆是火，因地中之熱或有與地面之熱各異者，譬如火山出時，不止有流出之拉乏，亦有沸泉熱氣自其中出，歷久不衰，而拉乏凝時其中仍有熱氣發出，又每見火山發火已久，其力漸衰，不復出火，則有熱水從其山來，而地震之處亦曾有熱水從地中出，其水蓋從石層之裂縫處來，此種熱泉之中每有數種金石之質消化於水中，又其熱水之熱度大約數百年間不減而

水中消化之物亦數百年不變

凡泉水無論冷熱其水中每有炭酸故其力能使他石消化若其水中有夫羅而林酸者其消石之力更大

如法蘭西某處有熱泉其熱一百六十度比其處平常之泉熱一百〇九度其水中每有䢶味之物二千年前羅馬國人每引其水至遠處作浴池其浴池之底爲磚及砂石或灰所作久經熱水所浸而水中䢶味之物與其池底之泥砂雜質化合成他種金石今見其浴池之底尚有存者其中每有齊河來脫丐而刻斯羅哀來果奈脫夫羅而斯羅能等類金石又有夕里開金石如阿背爾觀此可知水之

熱度雖不大，而熱至二千年之久，則其變化之力亦極大。從以上所見之事及試知之事，思之能信地中能有極熱而鎔鍊之質在壓力極重之處，有水過之則分去其熱而爲熱水，有氣遇之則分去其熱而爲熱氣，其鎔鍊之物亦因其熱爲水氣所分，而熱度漸減，則其鎔鍊之質漸凝，惟其處尚未遇天空之氣，其濕氣亦未能散，想其凝成之物必輭如海棉而中滿水。

有人以壓水之器使其壓力與九十六尺高之水等重，則所壓之水能蝕炭酸氣比尋常多三倍，其蝕他氣之比例亦然，雖氣在水中因壓力擠小其氣之體，故氣中之熱傳於水又因其水之蝕氣多故後來之氣其熱又能傳於水所以壓力重處能使其水常熱亦能使近水之石常熱水之行爲不但有熱其性每喜與夕里開合故能走入石中而消化之而爲非而斯罷科子枚格等金石

論科子之造化能因熱水而成若熱水中有辞味之物則能消化夕里開而爲科子如古溶池中金石是也

若照某人之試法則知金石不必有多水即能變化如用水化學法造夕里開不過熱至微紅即能成

有人作一書專解阿勿倫尼斯中金類之造化言其尼斯之真紋細縫中滿流行之炭酸氣其近尼斯之土中亦有

炭酸氣蓋土中之炭酸氣自尼斯中來，而尼斯中之炭酸氣從地中來，地中之炭酸氣源源而來，經過於尼斯之中，故其尼斯之質除科子之外，皆與炭酸氣化合，而為炭酸灰、炭酸鐵、炭酸孟葛尼斯等物，為新合之質。

又有據，知地中之氣，有成物之力，如地中海邊立剖來島，有平疊層之拓發，十二里，大二百尺高，有氣從下而出，至石屯石之遇其氣者，顏色漸變，能使黑色變至黃，黃色變至白，或為雜色之點，或漸為紅筋，此因地中養氣之鐵隨氣而升，遇石而凝聚其中為脈也。　其脈中又有開而西駄能及阿背爾，亦有絲紋之石膏，皆其氣中之質與石中

之質化合而成也

希臘地方有處有硬如火石之嚼斯不爾因遇地中流出之氣而蝕　以大里有塔克愛脫因遇地中之硫輕氣緣氣流出而泐爛

氣之行爲皆有造化之能然人不過攷究其事於地面耳意地中之氣亦必能走入石之空隙中而變化之又想地中必有容氣之處其大如海其氣每從石隙中走洩故其氣能至地面所以地面之石數千尺厚能有熱氣以變化之

法蘭西有熱泉其熱度不過一百三十三度至一百六十

七度能變黑色之結成灰石使其皮面輭如膏因此思地腹中之氣能比鎔流之拉乏更熱其熱力能使地中之石銷鎔

駁論解釋

觀以上諸說凡一切疑難不通之說皆可以此解釋之如有人疑石之傳熱比金類爲極遲而火山兒克兩旁之石變形不過數尺今謂極大極遠之石皆因熱而變說恐難通

夫前已言合拉尼腕雖約奈腕之近水層處能變其水層石至四分三里之一其變不循疊層而依鎔結石之四至

此固格外之事。惟人可思之同一熱變之故何以此處之變獨多。且熱變之意並不言必須與鎔結石比隣者方變所謂熱變者。不過言有一種行爲在地中或火熱或水熱或氣熱要總不外乎熱。其熱之力。能使石變形其行爲與合拉尼脫無異。其熱於無限久時。生出無窮之力。能使數千百尺之石。變至將鎔未鎔。迨熱力漸衰。則其石漸冷。而結成爲尼斯。

蓋水氣之行爲甚大。能使其熱傳遍於甚厚之石層。又能變其金石之質。或爲流。或爲氣。走入他層。因此不必算其熱度極大。惟須其時甚久。則其所變之處能極大。譬如有疊紋頁形之石。一邊與水層石相連。一邊與鎔結石相連。其遇鎔結石處必變所以能定見尼斯與枚格昔斯脫。不過爲枚格砂石與泥砂石之變形。粒科子。爲夕里開砂石之變形。泥斯里脫爲舍兒之變形。粒灰石麻勃耳。爲螺蛤珊瑚灰石之變形。而灰砂及麻兒能變爲不淨之結成灰石。

霍惬白倫昔斯脫。有人謂其卽是尋常之泥所變。因泥舍兒遇脫拉潑處能變至力田石。其合質與霍惬白倫昔斯脫無異。特未結成耳。又斯各得倫之尼昔斯脫其遇合拉尼脫處亦有變至霍惬白倫昔斯脫者。

安得里雖脫硬碟與筆鉛之質同所以開府愛脫或為碟炭所變在美里哥有處一層不淨之硬碟與開府愛脫及枚格昔斯脫為疊層攷此處能定見其炭含兒或斯里脫屢有變至枚格昔斯脫十分結成之處其硬碟有變至純炭質及開府愛脫之處

照法蘭西金石家某人之說凡石中之金石各視灰石之變形多少而異其灰石之變形多者其中之金石種類亦多其灰石變形少者其中之金石種類亦少如其灰石變至微結成則每有台而客客羅愛脫色而并台能安尊羅斯愛脫開約奈脫譬如其灰石結成再多則每有茄納霍

恆白倫胡拉斯得奈脫迭配耶啓齊兒愛脫如灰石變至全結成則有各種金石同前而更有非而斯罷之金石及猝味之金石多又有枚格結成　此人亦言灰石層之沈積時常有哀盧彌那及泥砂所以結成之灰石中能有夕里開哀盧彌那之金石可倫滕

美里哥金石家代那言結成灰石中每遇夫羅而林酸灰及燐酸灰其燐酸及夫羅而林酸或從生物之質而來又開府愛脫中有時或有哀盧彌那灰鐵等雜質有時或無此亦從生物之質而來

熱變之石中因不見有殭石所以有人疑此石造化之時

宇宙間尚未有生物，雖明知其殭石亦能爲熱消化，然如某處之斯里脫中尚有圓石子未消化，如其時已有生物，則其殭石亦應有未消化處，何以無之。

爲此說者，大約已忘記甚厚之水層石疊層，其上下各層皆有殭石，而中間每有絕無殭石之層，蓋其生物之形迹有或因水或因氣或因酸與其質化合而去，所以水層石之古者，雖未遇熱變，而其中之殭石亦愈少，況更有熱力以變化之耶。

又有人嘗熱變之意，因見二次之水層石，其化學之元質與結成之昔斯脫各異者多，其言謂結成之昔斯脫中常有卜對斯及素特多而二次之泥石舍兒中無卜對斯及素特故疑其石從非而斯罷泐爛之時其中之卜對斯素特等粹味之質皆已化去故石中無此二物

此論之誤處因其根源已看錯卽如泥麻兒泥舍兒等石其中亦何嘗無素特卜對斯等物所以有處之泥燒之不能成磚又如斯各得倫老紅砂層之泥舍兒其石因從非而斯罷泐爛而來故其中有粹味之質多試以此泥舍兒燒之亦不能成磚而爲玻璃形此卽其中有卜對斯素特之據此處之泥舍兒中無灰故燒硬之後宛如合拉尼脫之細粉搏結細視之能見其粒如合拉尼脫之細粒假如

此頁舍兒遇熱結成則其石亦如結成之昔斯脫.
又如草木殭石中.每有卜對斯.而美里哥南之二次水層石中.有素特此且勿試.今有據知化學分法.試英吉利之碟層.美里哥北之上下西羅里安層.或落冷須安層之石其中辞味之物.多少之數.皆與熱變石中之數同.
又有人因變形之石.每有明明結成之層.與不甚結成之層間疊.故疑同一熱力.其熱必從下至上.而何以先遇之昔斯脫.不過微變.而其上之石結成反多.
故應之曰.如疊層之石.其質同.其性之燥濕堅嫩同.而所遇之熱力.大小亦同.則其變形亦同.如其疊層之石質多

各異或燥濕輭硬不同則雖同遇一樣之熱力其變必有多少所以有其層雖在上而反比其下之石易消化者如石中本有素特卜對斯等物則自能作一弗拉克斯以助其消化如無素特卜對斯等物則雖得熱同而不甚變又不應忘記變形之石大抵上層微結成下層全結成者居多其反是者不過偶見耳況熱之行爲已在石層變動不平之後其熱之來處或能與新石近而與古石遠則其變新石之力或能較大

如阿兒不斯山有斜層變至尼斯其斯里脫在牛牟來脫灰石之上而斯里脫中有灰層砂層與尼斯形之合拉尼

脫相疊此蓋因熱水或熱氣能過其易入之層而變之使其結成之形獨多而其比隣之層或因水氣不能走入或因其質不易分化故其變形偏少也總之無論如何解法惟有一事是一定何見不斯山之三次石其熱變之多少各歸各層各循其本層之路平行

陽湖趙宏繪圖

長洲沙英校樣

地學淺釋卷三十六目錄

地學淺釋卷三十六

英國雷俠兒撰　美國瑪高溫口譯
金匱華蘅芳筆述

此卷論熱變石之紋理

熱變石有四種紋理

觀前卷已明石之經熱而變爲結成者其變化之力極大今可論熱變石之質點互相湊合其結成之紋理如何或其紋理與沈積之層累平行抑其結成之後自有紋理

凡熱變之石大約有四種紋理　一曰疊紋卽沈積時層疊之紋　二曰裂紋爲結成時裂開之紋　三曰劈紋循其紋劈之能分開　四曰頁紋

分之可成細片薄頁

此四種紋理雖有時甚難分別然大約總不外乎此

裂紋與劈紋之別因裂紋之間再平行劈之不能開而劈紋則再可平行劈之

有時遇彎層之石則其疊紋亦彎而劈紋則不彎如英吉利韋爾斯地方之書板斯里脫其疊紋彎曲不平而劈紋則直而平行故劈紋與疊紋之交角無一定之度數其斯里脫之石色綠而質硬因觀石色之明暗處各分層及其中殭石之迹亦分層故知其爲疊紋觀疊紋中每層客羅愛脫之結成其粒各有粗細各自分層且有彎曲凹凸之

形故知其疊紋彎曲然劈之則其粗細粒之各層能在一片之上惟其細粒之處則劈開之面光粗粒之處則不光故知劈紋不與疊紋平行

如圖爲斯里脫疊紋劈紋之形　粗線爲疊紋　細線爲劈紋

劈紋與疊紋之方向相反者多一順者少如疊紋向南北則劈紋向東西其交角之大者約三四十度大約有一例凡粗層與細層相疊則其細粒之層劈紋甚分明而粗粒之層不過微能劈耳無論其劈紋之方向與疊紋相順相逆皆歸一例

裂紋之經過石中有分明之線因此石工便於取之其裂紋之面大約比疊紋之面平而整齊蓋石之各點於此處本自相離如裂故謂之裂紋

裂紋不特能透過數疊層即遇灰石結如球形之處裂紋亦能透過而破之所以知其成此裂紋時已在結成之後

矣.

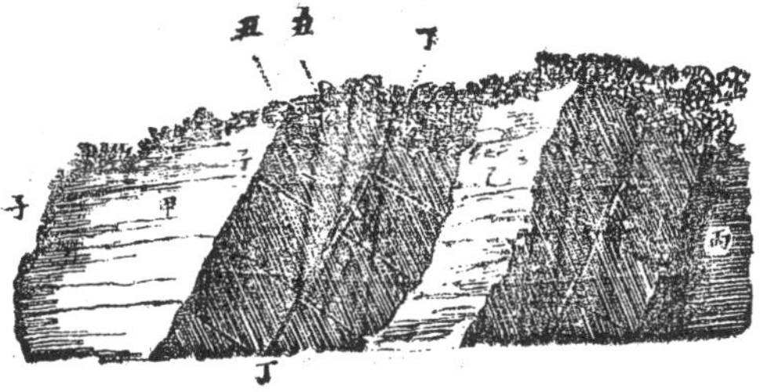

如圖甲乙丙爲裂紋之面.丁丁爲裂紋在石中.不能見其與裂面平行. 子子爲在裂面所見之疊紋 丑丑爲石中之劈紋

於阿見不斯山.有大灰石.其裂紋從上至下甚平直.而比疊紋分明.人不看慣.每易誤認爲疊紋直立.諒其所以能

成裂紋之故。與火山石結成柱形梯形之理同。試以一小事明之。如用泥或粉濕而搏之作一餅。及其燥而收縮。則坼裂成紋。所以知成裂紋之故。每因其中之水遇熱而去。則其物收縮而成裂紋。人皆知任何砂石。遇熱皆能漲大。遇冷皆能收縮。則地上之石層。其遇冷遇熱。亦必漲縮無疑。因此漲縮之故。能助其石成裂紋。

日耳曼有倍素爾脫拉潑。在砂石之上。其倍素爾結成柱形。而其下之砂石。亦有柱形。與脫拉潑同。此即裂紋能過疊層之據。　有時見火爐中之石。其熱雖未至於鎔。亦能結成柱形。又有些結成之物。因遇熱而質點變動。雖其形仍完好。若擊而碎之。其碎口之面一樣方向。此亦裂紋也。

某人言昔斯脫之成劈紋。不能以冷熱漲縮之理解之。其故或因結成之力。有一箇方向。或其各質之點均有極線其質點變動時。皆與極線平行。

侯失勒言劈紋之故。因其石遇熱之時。石中各質之點必能動。動時各循其本點之極而行。冷則各得其位置相宜之處而止。則能結成諒各點之極。必各對其熱去之方向故其熱若從一箇方向而去。則衆點之位置亦均一箇方向所以其劈紋常平行如用硫酸貝而養調於水中以顯微鏡視之見其將結成時細粒流行於水中其面之絲光一樣方向又如以肥皂中不能消化之油酸置水中調之亦見其顆粒一向則石之諸質點亦當如是

有人致知斯里脫中之輭殼類殭石（如三合蟲之類）其長短斜直之形比原形稍變其變之方向在數十里中相同最大之差至四分寸之一此亦因其中之質點依一箇方向走動故也

斯里脫成劈紋因兩旁有擠力

有人用重學之理解某處斯里脫言其成石之時兩旁有

力擠之、如圖爲一塊斯里脫因其石色有深淡粒形有粗細故能見其疊紋　甲乙丙戊爲細粒處　己庚爲暗色處、丁辛爲最粗而色淡之處、其縱線爲劈紋、圖之一寸當石之一尺、

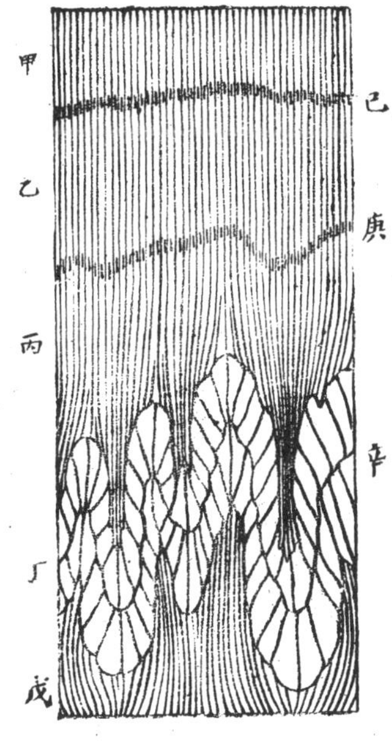

觀前圖知其成石時兩旁有力擠之故其粒之最粗處丁

辛因不肯讓而變爲彎曲，而其細粒之處，因能讓而不至於大彎。　觀丁辛彎曲之形，知其未彎曲時，比今寬四倍，及其遇擠而彎，故丁距辛近四倍，想其先大約亦厚四倍。量其彎中線之直角可知之。　其丙處之疊層亦爲之微彎，至乙則彎更少，而甲處則幾不彎矣。其劈紋之線亦因疊紋之彎而有處微彎。

然此粗細粒之諸層，其所受之擠力同，何以或爲甚彎或不甚彎，蓋細粒之層，其體積能小，此有二故。一　因其各點能相湊而近，二　因其各點能照劈紋之方向而行，其點行之方向與擠力之方向成直角。　譬如以一紙夾於濕粉

中而兩旁用力擠之則紙因不能縮而彎紛則因能讓而不覺其彎則量其彎紙之長可知其擠窄多少量其紛之高可知其變厚多少

學者易思之凡殭石之形或某金石之結成或球形之物若兩面有重力擠之皆能變形其所變之形各照其擠力之方向而扁其裂紋劈紋或與擠力之方向相順或與擠力之方向相交

某人攷斯里脫知其結實之體比未結實時小一半此或因質點之間有空隙故各點凑緊也

枚格昔斯脫其中枚格之片每與劈紋之面平行有時遇

斯里脫劈之不能開者因其中枚格之片其面非一箇方向故也凡任何能劈之石其中結成之面必與劈紋之面平行

然則劈面之平行是否因擠力之故試以打鐵時飛下之細鐵片與白泥搏和而壓之使其厚變扁一半烘硬之磨其旁使磨面與壓面成直角則皆見養鐵之細片為側面如側而劈之亦能開此理與斯里脫同

或言若試劈紋之理不必用數物任用一物壓之皆能成劈紋即如用白蜜臘用力壓之亦能成劈紋　以顯微鏡視細泥見泥中之細枚格片非平行若用重力壓之則泥

中之細枚格片片平行若數面有力擠之則枚格之片其側面俓向力小之方向凡尋常之泥重壓之皆能成頁紋其頁亦可分開.

如是推之則倍素爾枚格尼斯以及頁形之合拉尼脫皆因擠力而成片或其結成之後更遇擠力則成劈紋亦未可知.

某人解閧呆里之塔克愛脫成橫紋之形因其將凝之時自山流下爲上流之重力所擠故成橫紋彼他處火山石之塔克愛脫其頁紋各照其流勢而扁其中之空泡亦有扁形.

質點結成之力在劈紋之方向爲大在擠力之方向爲小或因其質點之動力恆向其不擠之處而行故易於相合也他故尚未攷知

論頁

凡尼斯枚格昔斯脫其結成之形可名之爲頁頁者視之若不見其縫而分之則能成平行之薄片是也因尼斯與熱變之昔斯脫其金石之間疊亦有頁形故亦以頁紋名之

如美里哥南有泥斯里脫其劈紋與頁紋在數百里中皆相與平行而與疊紋不平行又其處之枚格昔斯脫尼斯

其頁紋亦與劈紋平行。因此忽思得成劈紋頁紋之故。必有一力與沈積之事不相關。

結成之昔斯脫。在拿威者。其頁紋與疊紋平行。在斯各得倫者。頁紋亦與疊紋平行。

任何造化之疊層。或有一層砂。或有一層枚格。或有一層泥。與他雜物相間疊。因此有人思之。其非而斯罷枚格科子之質點。本相親。故於其沈積之時。能相結。則其所結之形。其面與疊紋平行。無甚大差角。

因此可否言。凡無劈紋之石。其頁紋常與疊紋平行。因有劈紋之石。其頁紋亦有與劈紋平行故也。

某人言石之結成時，先成劈紋，至成頁紋而止，因其結成之力，於劈紋之方向爲大，故成頁紋，有一據可以助人信之。

好望角有一泥斯里脫，其頁紋經過疊紋，因此亦可算其即是劈紋，其每頁兼有各異之色，因其結成之質亦各異之故，又有頁比他頁更似嚼斯不爾者，觀此可知其成頁之力，亦能微變其金石之質。

英吉利之西，有斯里脫，其劈紋變至頁紋，因斯里脫之上有一層客羅愛脫，其結成有平行之劈紋，其劈紋不特在客羅愛脫，亦透入斯里脫，故與斯里脫之頁平行。

美里哥南有曷碑度地結成及枚格結成在斯里脫之面其劈紋與頁紋亦平行

論劈紋疊紋難辨之處

頁之平面或與本來沈積之面平行則與疊紋平行或與擠扁之面平行則與劈紋平行此理並非難解而地學家所以如此紛紛聚訟者以有時遇形色相同之石甚難定其何者爲劈紋何者爲疊紋每因劈紋之形甚分明疊紋之形不甚分明遂誤以疊紋爲劈紋劈紋爲疊紋蓋斯里脫變至結成爲尼斯與霍恆白倫昔斯脫則其劈紋能比疊紋分明亦有人言石之未成劈紋時其頁諒與疊紋平

行及既成劈紋則頁與劈紋平行

折中之說莫如信頁與疊紋平行如斯各得倫之尼斯校格昔斯脫其頁俱與本來沉積之疊紋平行其中有一層淨科子一二尺厚寬廣數里其頁亦與疊紋平行又有灰石層及客羅愛脫昔斯脫鴨克低摩兒愛脫霍恆白倫昔斯脫其頁亦皆與本來沉積之疊紋平行

人因已知沉積之層能因漸變結實而收縮故思其頁本來與沉積之疊紋平行者或能變爲不平行此不過意想如此其實事甚難求蓋其疊紋亦有因水之流勢改變不能相與平行者如查結成之石見有疊紋莫以爲其疊紋

處處平行每有粗砂石子層其上下兩面本不平行又有假疊紋彎疊紋浪形疊紋以及彎亂之層其斷層之縫寬窄不一或有兒克走入之處皆能使其疊紋與沈積之面不平行如無此種不便之處則又將疑其非變形之石矣有些結成石中之頁其頁紋與疊紋不平行宛如有假疊層雖枚格科子非而斯罷等類金石自有層累甚分明而其中亦有斜頁

在斯各得倫之枚格昔斯脫見其疊紋有波浪之形又有西班牙之劈立尼山之粗泥昔斯脫亦有波浪疊紋之處如圖

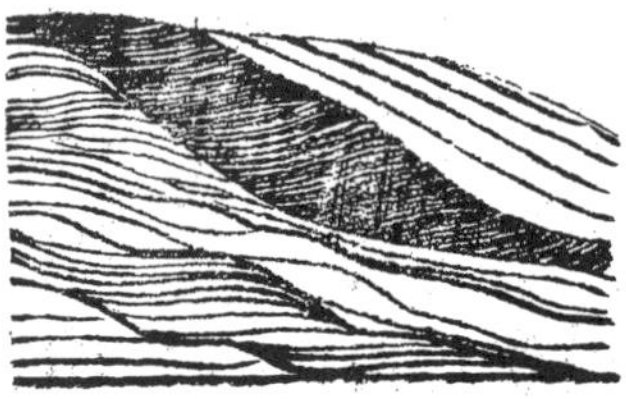

圖之厚爲三尺。其石爲藍綠色之屋背泥石。及細科子其下漸變至枚格昔斯脫。其頁之薄五十分寸之一。中有淨科子之頁。其疊紋爲波浪形。

法蘭西地學家言阿見不斯山之尼斯枚格昔斯脫。本爲沈積之層而遇鎔結石變之。亦有火山所出之處其合拉尼脫變至如塔克愛脫。亦有頁形。

如石中有枚格台而客等已結成之金石者若有重力擠

壓之能使其結成之物於某方向扁想其扁面亦必一順平行

大約有一例凡結成之昔斯脫因其所得之熱力未能使其質點成流質故不能如合拉尼脫之有脉走入他石

陽湖趙宏繪圖

長洲沙英校樣

地學淺釋卷三十七目錄

結成之石中無殭石

地學淺釋卷三十七

英國雷俠兒撰　美國瑪高溫口譯
金匱華蘅芳筆述

此卷論熱變石之期

熱變石之期有二

熱變之石既爲水層石所變則其石有二期焉一爲其沈積之期一爲其結成之期此二期之分明有確據者甚少因其中生物之形迹已爲熱力化去而其金石之質又大抵相同故其沈積之期難定若欲知其結成之期則其上下層累之次序無一定故辨其上下之法亦無用

如阿兒不斯山之石層爲來約斯期沉積又知其爲克里兒書期熱變而結成則其二期皆可定焉

來約斯之水層石可在克里兒書期遇熱亦能在瘞育新期結成如爲瘞育新期結成則應呼之爲瘞育新之熱變石而來約斯爲其沉積之期準此例則有茶而刻在其上層亦能爲瘞育新之熱變石惟其沉積之期則爲克里兒書

水層石變至結成因熱之力

前論鎔結石已言一二三次之水層石其近合拉尼脫之處均有熱變之形則水層石之能爲熱變不必復以爲疑

當其沈積之時，先爲粗細之砂，或碎塊石子，或泥廠兒，含兒灰石與螺蛤珊瑚等物相間積疊，或厚數十尺，或厚數百尺，遇熱而漸變，至爲尼斯爲枚格霍恆白倫客羅愛脫等昔斯脫，及結成之粒灰石等石。

惟此熱變之行，爲能於極大之處變去其昔時之形，有時易認作兩種石，假如一處之石，其與鎔結石相近處則已變爲結成之灰石，或霍恆白倫昔斯脫，而稍遠則爲未變形之水層石，其中之殭石無恙，則可言其結成之某處，卽是此層所變，惟若遇一帶連山，石層甚亂，則雖精於地學者，亦有時易誤，今擇熱變之大者，爲學者言之，使知極大之水層石能因熱力而盡變爲結成石。

以大里阿比闌山

阿比闌山之結成石。其總名曰克喇拉。昔時因其灰石有結成之形。與尋常之灰石異。又其中無殭石。故名之曰第一灰石。言其最古也。其層高於海面六千尺。從上至下。變至台而客茄納枚格昔斯脫。再下。變至尼斯。而遇合拉尼脫之脉。

克喇拉灰石。昔人謂是最古之灰石。以爲其造化之時。地面尚未有生物。故其中無殭石。今攷知其上層結成之粒灰石。是烏來脫期之灰石。其下層結成之昔斯脫。乃是二次之砂石舍否兒不過皆遇熱而變其形耳準此說以攷其相近之灰石中有烏來脫殭石者其質甚近於克喇拉灰石其有脫拉潑深造石走入處則其烏來脫灰石之形愈近於克喇拉　此處之脫拉潑深造石爲待阿來脫由富得愛脫色爾并台能合拉尼脫

後又攷知其相近之二次石亦有未變之處其上層爲阿比闌山灰石中有火石之塊其中層爲舍否兒下層爲泥夕里開砂石於此二次之灰石中見殭石多而舍否兒及泥砂石中殭石少其遇熱變形之處則上層爲白色結成之灰石其中絕無殭石亦幾無疊紋亦不見有塊形之火石有

夕里開代其火石撒開於灰石中結成桂形之科子其中層之舍兒變爲台而客昔斯脫嚼斯不爾霍啞斯馱能其下層有科子愛脫及尼斯代其泥砂石

阿比關山之二次石如處處俱如此變則不能知其爲何期之水層石惟因有處變有處未變所以尚有端倪可尋昔人因未得其變形之據故以爲最古而以第一灰石名之若其石果爲宇宙間第一先成之石則應比堪孛里安落冷須安阜今已攷定其爲烏來脫之水層石所變則其熱變之期必更在烏來脫期之後

瑞西阿兒不斯山

阿兒不斯山綿亘至東邊者其山石有處是一次石及二次石烏來脫俱甚分明亦有三次新層惟其山之在瑞西者古水層石不見而有克里兌書烏來脫來約斯亦有瘞育新此諸期之水層石皆連至熱變石

其熱變之石爲粒灰石台而客昔斯脫台而客尼斯枚格昔斯脫等石此處之熱變石其其有若干期之水層石爲熱所變不能知惟知其上層之石爲二次水層石之新者連至瘞育新而已然不能不疑其下有二次水層石之古者連至一次石亦變爲結成之昔斯脫

人不至阿兒不斯山視其石層不能了然於心若見之即

能知有處之烏來脫克里兒書瘞育新等層其近合拉尼脫者變爲結成灰石尼斯及各種昔斯脫見此據者必不能言其不是熱變蓋此處熱之行爲甚久連至中瘞育新期有牛牟來脫殭石之層人若觀此易信其下層之石得熱更甚其變形亦當愈多

又於阿兒不斯山見大層之二次石連至三次石變爲半結成之形此卽爲納兒所謂間石也所以其弟子以其石之質與他石不同又以爲其石比二次石古夫此石之變至半結成諒亦因熱惟此處之變形不如他處之多蓋阿兒不斯山之石不止離合拉尼脫近處有熱變之形卽遠

處亦微有變形。

阿兒不斯山之合拉尼脫及深造熱變之石。其現露於面上者本不多。其在他石層之下者。雖於山之深洞中。亦不能見。惟觀其合拉尼脫脈。走入二次水層石處。其石變爲尼斯。則不能不信他處亦爲熱變。

攷熱變之石。於阿兒不斯山。比別處更便。因此山之石。熱力之變動甚大。每有數千尺厚之疊層。因下有突起之力而彎曲反轉者。其烏來脫克里兌青期之石。高於海一萬二千尺。其瘞育新。亦有處高於海面一萬尺。其埋育新。高於海面四五千尺。

學者攷阿見不斯山之結成石皆以熱變之說爲是又有某地學家言其山有二次水層石與尼斯及他種熱變石爲疊層今至其處攷之見其近合拉尼脫處皆爲熱變石不見有二次石與熱變結成之石爲疊層惟於冰雪綫處見有尼斯一千尺高一萬五千尺寬不止在烏來脫之上亦有烏來脫在其上此種不合理之事有一說以解之因其石層已變動不平故死如其尼斯之大層走入烏來脫中想是彎曲反轉而成此形也總之阿見不斯山之石層甚亂任用何說解之皆可通

落冷須安熱變石

美里哥北落冷須安層之石有尼斯科子愛脫灰石皆可謂之熱變石因於其灰石中遇有殭石之形迹故知其先本是水層石

其上落冷須安之尼斯及辣白里馱非而斯罷與非而斯馱能其厚一萬二千尺其結成之故不能疑其非熱之行爲因其層與下落冷須安已不平行故也

此處之落冷須安變至尼斯等石其時甚古因其碎塊磨圓之石子每遇之於休倫所以知其熱變之期必比堪孛里安早

每期皆有熱變之石

古期熱變之石。如英吉利之結成昔斯脫。爲下西羅里安美里哥之尼斯。古於堪孛里安。新期熱變之石。如瑞西之灰石昔斯脫。爲瘞育新。因思新舊各期中。必皆有熱變之石。惟最新之熱變石。今時尚未升出地面。故不能見之耳。

熱變石疊層

每種熱變之石。自爲一律之疊層者。惟於一處遇之。此因其水層石之疊層。亦各歸一律故也。如於阿比闌山。攷熱變石。其上之疊層。爲冰糖形之粒灰石。中之疊層。爲台而客尼斯。下之疊層。爲科子石。及尼斯。其未變之水層石。上爲灰石之疊層。中爲舍兒之疊層。下爲泥砂石之疊層。

假如遇數帶連山，見其熱變之石，有尼斯，有枚格昔斯脫，有霍恆白倫昔斯脫，有客羅愛脫昔斯脫，有結成之粒灰石，此多種石互相間疊，無一定之法，而其上有泥斯里脫，所以人疑結成之石，其上常有泥斯里脫，此說非是，泥斯里脫有與熱變之石相疊者，亦有與未熱變之水層石相疊者，所以其石介於水火二造化之間，諒泥斯里脫若所得熱力多，則能變為霍恆白倫昔斯脫，頁形客羅愛脫片形之台，而客與枚格昔斯脫，

熱變石之質

有日耳曼地學家言，凡地上一切動植之生物，其在東西

兩半球或南北兩半球者其形大抵各異者多而天文星座南北兩半球之形亦各異惟於深造之石如合拉尼脫尼斯枚格昔斯脫科子等石無論在何處遇之其形質恆相同

普天下之深造石鎔結熱變之總名無論新舊亦無論在何處其形質大約無不相同所以欲知其各異之處莫攷其金石之質須攷其成此石時從何者變化而來蓋水層石之所以不同者因其中縻碎和合之物多故形色不一如熱之則各物之質皆依化學之法而變爲結成所以任在何處皆同

有人以爲深造之石亦因地而異者誤也如言尼斯枚格昔斯脫之在斯各得倫者英吉利西南之熱變石無此種又言阿兒不斯山之尼斯合拉尼脫中有台而客而斯各得倫之尼斯合拉尼脫中無台而客而有枚格又如斯各得倫之合拉尼脫中有霍啞白倫多而英南之合拉尼脫中有㓿兒多美里哥南之鎔結石有鴨兒倍脫而歐羅巴之鎔結石有常非而斯罷斯各得倫某處之枚格昔斯脫中有茄納而他處枚格昔斯脫中無茄納美里哥南之茄納則在尼斯中此種議論不過因各處之石種類不一各有有無多少之殊或其中結成之金石合質微異或元質

同而配合之法不同。要無關於地之南北東西期之占今遠近也。

熱變石中灰質少

熱變石及鎔結石，其合質中之灰，每比水層石中之灰少，如結成之昔斯脫在斯各得倫者，其石爲尼斯枚格霍恆白倫昔斯脫，厚數千尺，其中之灰石層少，雖有處亦有結成之灰石，與尼斯枚格昔斯脫相連者，然亦不多。任在何處遇灰石，必在他種熱變石之上面，如阿兒不斯山之克喇菈灰石多，則其灰石亦在台而客尼斯科子之上是也。惟美里哥北下落冷須安中，有數層灰石甚厚，似

與此例不合惟其中之鵶呆脫色爾并台能等類金石亦多非專為灰石也

於深造石中不恆遇炭酸灰此必有一大緣故舊說以為此石之成比迹層早其時無螺蛤珊瑚等生物則其無灰之故甚易言之惟今之新說已定結成之石因熱而變則必究其熱力之行為果能化去其石中之炭酸灰否如果能之則結成石中灰少之故可解

地中甚熱之處人雖不能見之而觀古火山之處如阿勿倫地方有泉水數百或冷或熱從石隙流出其泉水中有消化之炭酸灰此泉自地中之熱處來至地面源源不絕

其時必無限久。

如其泉中有夕里開哀盧彌那亦多則人能云此因地中有金石泐爛故其質自水中流出惟今攷泉水中消化之質炭酸灰甚多而夕里開哀盧彌那甚少若水之流出歷年甚久則地中之灰質必因之而減。

水層石之灰質多亦因地中之灰能消化於泉水中流出之故如湖海中有泉水江水從上流來則其水中亦有炭酸灰所以珊瑚螺蛤之屬能得其灰而生長所以湖海之底能有沈積之新灰石則水層石之多灰未始非因地中之炭酸灰能隨熱水流出之故。

地中熱變之處不特有炭酸灰自泉水中出亦有炭酸氣從火山中出無論新舊火山皆有炭酸氣出焉因此知地中之水層石其生物中之炭酸能遇熱化氣而出則其石漸變至霍恆白倫鴉呆脫茄納等結成金石

又殭石中之灰質亦能走出故每有夕里開或他種金石代其灰有時又有其灰走出而無他物走入則爲空模此皆炭酸能走出之據也

結成之石中無殭石

於熱變結成之石不見有殭石莫以爲奇蓋新層之殭石已有腐爛而化去者何況於古故每有大層之砂石含見

厚數千尺其中絕無殭石者。

又如落冷須安層其殭石已化去。而其石變爲半結成。且熱變之石其遇熱亦有不止一次者故其殭石無不化去矣。

元和江衡校字

地學淺釋卷三十八目錄

裂縫成礦脈之故
脉中礦金多少
礦脉之金因電氣而凝聚
各金先後之期
黄金之礦
鉛錫之礦
結論

地學淺釋卷三十八

英國雷俠兒撰

英國瑪高温口譯

金匱華蘅芳筆述

此卷論五金藏脉

爲納兒論金類之脉成於裂縫

金類撒開於地球之皮面或爲碎塊或爲藏脉凡有用之金皆在是焉故地學家以攷五金之所萃爲最要之事以其於取礦之人最有益也

金類之脉百年前曾有人論之其說與今相反後有日耳曼地學家爲納兒者爲金石博物院之主合以前諸說推

得其理以爲金類之爲脈因石中本有裂縫若金類入其中而凝結焉則爲脈有時成脈之後復能裂開又有金類入焉蓋金類之脈非一期中所能成

前論之意雖昔人已言之惟爲納兒之前無人信之及爲納兒言之地學家始攷古說知爲納兒之說亦有所本而來也又其同時之赫敦論合拉尼脫爲火造化比爲納兒之說是

照爲納兒之說凡火造化及結成之昔斯脫皆爲洪水橫流中所沈積或於初有地球之時或於地面大變動之際所成所以謂金類之在鎔結石昔斯脫中者其造化之法

亦同。

爲納兒解脫拉潑石。亦爲水成。謂巳那里綠石。倍素爾脫等石之爲冗克皆因他石中本有縫。故有物自上而下沈積凝聚於其中。所以其論脈中之金類。本消化於水。而降落於石縫中。非自地中升出也。

爲納兒之說。後來漸改之。今時地學家。只有本火成之說以化學熱力電氣等事。以解金脈之理。今先論各處礦脈之形。

數種金類之脈

地學家皆知有科子之脈。結成於深造之石中。或撒開成塊在他石中。有時亦遇之於砂石含兒中。又有炭酸灰之脈。在水層石中。及各種灰石中。

此種之脈。以人所見者言之。宛如本來是一小縫或小孔而有鎔化消化之物。自熱漸冷。如夕里開灰類金類等物走入其中而成。或因石質鎔而未凝時。熱水熱氣中有消化之金類。滲入其中。亦能凝結成藏脈。

脈之常形

尋常之礦脈。大約從地面直至地中。此分明其兩旁之石本有裂縫。而脈在其裂縫中。能過諸種石層。至任幾何深不能窮。此種裂縫中之脈。厚或數寸。或三四尺。

熟於開礦者，言有時見脉形與裂縫之事不合，此可以斷層之理解之。

任於何處遇礦脉，忽斷，則其脉必在斷層對面之石中，而其新斷之裂縫中，或又有他脉。

如英吉利之南，有錫礦之脉，遇銅礦之脉而斷，如圖，

甲爲錫礦之脉，厚三寸。

乙爲銅礦之脉，厚與錫礦之脉等。

觀此圖，分明知第一次裂縫時，先成錫礦之脉甲，甲後又

裂開而成乙乙銅礦脈故其錫礦脈之斷處相差
其錫礦之脈在第一次裂縫中其金石之質有從化合而成者如科子夫羅而斯罷多養錫硫磺銅砒礦別斯末斯硫臬客爾等物有從變動而來者如泥砂石子
其金類塊形之礦與科子有處排列各成層與脈之兩面平行又有處礦與科子分開有泥砂等物間隔之有處之礦撒開於脈中
其第二次裂縫中之銅脈其金石之質有與第一次之脈相同者如夫羅而斯罷及科子有與第一次之脈相異者如銅礦多錫礦少

今設此銅錫二脉又有第三次裂縫斷之其縫中或有他物滿之則能使其第一第二之脉皆有斷層之差如圖

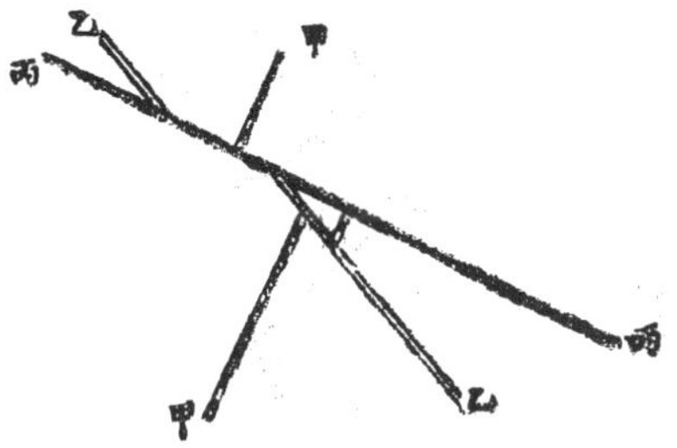

甲爲第一次裂縫所成之錫脉　乙爲第二次裂縫所成之銅脉　丙爲第三次裂縫其中滿泥

觀上圖知錫脉最老故旣爲二次之銅脉所斷又爲三次之裂縫而斷其二次之銅脉亦爲三次之裂縫所斷所以

均有斷差.

設此脈又有第四次裂縫斷之則又多一斷差如圖.

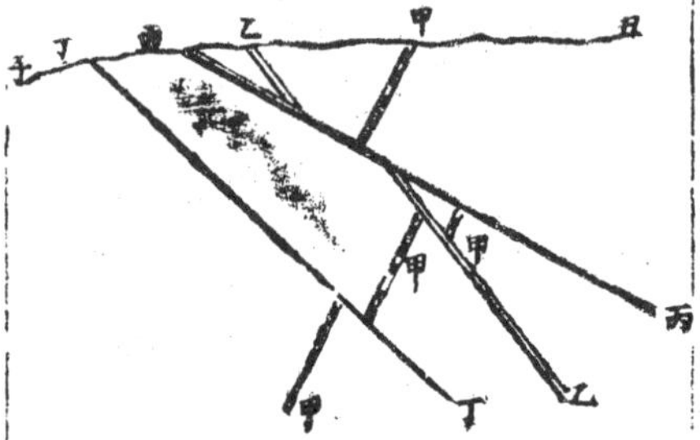

甲爲第一次之錫脈. 乙爲第二次之銅脈. 丙爲第三次之裂縫中滿泥. 丁爲第四次之裂縫中亦滿泥.

此種斷形之脈非皆爲設想之形實於開錫礦處見之其斷脈相差之數如前圖之丙縫處最大斷差八十四尺然於其脈縫之現露於地面處如子丑線上之甲乙丙丁初

不知其下之有斷差，亦不能知其斷差之數有多少也。查英吉利之錫礦斷脉，其斷之最多有八次者，日耳曼之礦脉亦然。

脉之兩面有磨痕

脉成於斷裂之縫中，又有一解，凡脉之兩面，大抵皆平而光，或有磨擦之痕，宛如輭石磨於硬石，又如冰移之石，磨於他石而有紋痕，又脉之斷處，亦有磨痕，其斷口兩邊之磨痕亦相對，諒此種平行之磨痕，因斷縫兩邊之石，上下變動所磨擦也。如近年來美里哥南地震時，牆壁裂開爲縫，後於其縫下見有磨下之灰。

某處炭灰石中有鉛脉其脉中自有一線界開之故分爲二其分開之兩面亦光平而有磨紋如取去其一邊之礦則一邊之礦自碎裂或鑽之作孔亦能自碎裂所以取礦者每相去六尺作一四尺深之孔則歇半日自碎此諒是電氣之故尚未考明

脉中石子

凡脉之爲裂縫時若曾經爲地面或在海底者則有一據其脉中或脉之斷處每有泥砂石子

日耳曼蒲希彌地方一千零八十尺深處之脉中有水中磨圓之石子

英吉利錫礦之脈。六百尺深處。亦有科子斯里脫之圓石子。有養鐵硫磺銅結之。又其中亦有海中生物之殭石。諒其裂開之處。曾爲海底也。

於法蘭西鉛礦中。遇葛里非耶殭石。於閔呆里惜納拔水銀礦中。曾遇珊瑚殭石。

多脉平行

有多脉在一處。其脉之方向平行。若其脉中金石之質相同。則爲同時所成。

如英南之錫脉銅脉。皆自東向西。而鉛脉則南北。此不過於一處偶見其如是。過數里則又不然。非有一定之法也。

多脉皆平行一向亦可算其脉不過是尋常之裂縫所成此理與脫拉潑兒克走出石縫中爲脉同因脫拉潑亦每有平行之兒克故也

脉有數次開裂所成

學者如不信脉爲裂縫所成則亦不必論之如已定見脉不過爲裂縫因縫中有物入而凝結焉故成脉則可準此理以攷其裂縫之中漸漸有物滿之後其縫又裂開又有物滿之如泥與科子在脉中各爲平行之面是也爲納兒曾於某處見十三路礦在一箇脉中其位置之法甚整齊中間一路爲丐而刻斯罷兩面甚平其兩邊又有

夫羅而斯罷呆里那等類金石各爲一路兩兩相對疊附於丙而克斯罷之兩面合成一總脉此種脉形其中間之一路金石爲最新而最近兩邊之金石爲最古 如其金石爲化合結成之物則可算其縫每次裂開時地中升出之物各異

如某脉中有金石之結成其結成之長樞常向脉之中央蓋先從裂縫之兩面結起故也所以結成之金石自兩面而向中央先後有層累排比而兩邊恆相對及中間最後之結成則兩邊相遇故成犬牙相錯之形

如英南合拉尼脫中有銅礦之脉脉中之結成其有六路

知其脈爲六次裂開所成如圖

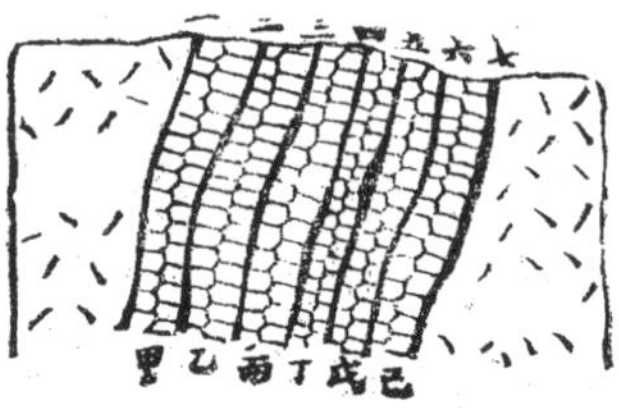

甲乙丙丁戊己各爲一次結成之脈各有兩排結成其尖相錯　其每路脈有一二三四五六七之紅泥隔開之合成一總脈

觀此脈形知其裂縫本無如此濶蓋因漸生結成之脈撐裂其縫故縫漸大而成總脈　其每路之礦因各有紅泥隔開之所以取時易分開

有時脈中有泥砂土石與礦相間亦各爲一路形與上圖

相同試設想有一裂縫在火山之處其縫中有熱氣熱水過之則其中升出消化之水勻里開等物遇冷能附於縫之兩面石上各爲結成後有泥砂土石入其中而滿之則兩邊之結成爲泥砂石子分開如後又遇他變動則能復從有泥砂之處開裂而氣水中升出之物又能附於兩面結成後或又有泥砂塞之其泥砂或又能因變動而裂開則又有金石結成其中所以能成總脈如氣水中有消化之金類則凝結而爲金類礦脈

此種意想之事往往與實見之形合如某人言阿勿倫礦眼遇合拉尼脫脈走入合拉尼脫中其石裂開之縫過合

拉尼脫亦過合拉尼脫之脈其縫中有科子硫礦鐵砒信來底斯結成其中爲礦脈再有震動仍依原縫裂開所以其新縫中不特有稜角碎塊之石子亦有老金脈碎塊之礦其老礦脈之裂處有兩面相磨之紋其二次裂縫中有硫礦錫及霍怄斯馱能科子等金石與老礦之碎塊相膠結如合子石後或因震動再裂開則又有他金石滿之而膠結其碎塊如前至最後裂開有倍素兩拉之之圓石子滿之諒從水底流入也　此說雖不甚詳細然有大用處因觀此即能知礦金之脈非一次之變動所能成也

如已信脈之成由於裂縫則固易知其原縫再能裂開蓋

縫中之脈結成充滿者少而空處與鬆處多每遇震動其處最易裂開此與脫拉潑兌克之在縫中其理相反因兌克鎔流而凝結及有重力壓之故能彌滿於縫中而膠固之使後次震動不易開裂如某處之兌克能使鬆石反堅固後遇震動他處裂開而有兌克之處反不裂

脈形忽厚忽薄

凡礦脈之兩面大抵平行而厚薄一例者多如日耳曼之礦脈深一千五百尺長二百尺厚三尺兩面皆平厚薄均勻而英南之礦脈其兩面非平行故有處厚僅數寸過數丈則厚七八寸再深又漸薄其忽厚忽薄之故今應解之

有人言裂縫之面，本非平直，若縫邊之石，有高低相差，則其縫有處寬有處窄，脉成於縫中，故亦有處厚有處薄，此理可以紙剪開爲縫以明之，譬如紙剪開之縫，如一圖之甲乙，則其縫之寬窄處處均勻，如移其紙使如二圖之甲申乙乙，則一二三四五等處之縫最窄，丁處之縫最寬，丙處畧近平行而長，如移其紙使如三圖之甲申乙乙，則其縫形又不同，其戊處寬而長，

此種譬喻之形，實與礦脉厚薄之形合，

觀此圖，知其紙不過稍移，而縫形已大異矣，故知礦脉厚薄之故，亦因縫旁兩面之石移動所致，

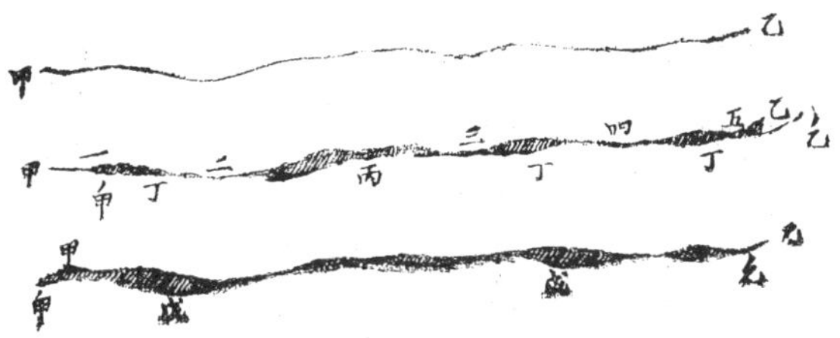

礦脈彎曲

礦脈之形直下者居多亦有斜至四十五度者礦脈之路

大約爲直亦有稍彎曲者其彎曲之處每有泥砂石子阻塞之故其處之礦少如圖

甲爲脉之彎曲處因有泥砂土石碎而下落積於彎處故其處之礦少

如循脉取礦遇脉中數十尺皆爲碎石泥砂所塞其泥砂中亦有碎塊之礦撒開於中有時遇脉之彎曲處有分支此因裂處成歧縫故也

裂縫成礦脉之故

今論裂縫中何以能凝結而成礦脉之理如石之斷裂處

其縫未爲泥砂石子塞滿而有熱泉從地中出過其縫中則其縫通於地中甚熱之處此固易知又攷知礦脉在火山石熱變石之中則金類愈多若有鎔結石之脉走入熱變石處其金尤多因此思之謂必礦脉之根源恆在鎔結熱變之石

人皆知金水熱泉雖離火山極遠之處亦有之其水每從石層有裂縫之處流出

任何熱泉中消化之質每與火山熱氣中消化之質相對又熱氣熱水中消化之物有能凝結於經過之石縫中而爲結成者如夕里開炭酸灰硫礦夫羅而斯罷硫酸倍來

底斯美養鐵等類金石是也

譬如脈之滿由於有熱氣從鎔鍊之處來則消化之物漸漸遇冷能依化學之法變爲結成

石之自鎔流而至堅凝其體必收縮如合拉尼脫之結成時能收縮十分之一所以地中之石自熱而冷漸漸結成時其收縮之力極大不特能裂空上面之石亦能使地球皮面之石低陷而爲斷折

從上說能知熱泉中消化之金石其事與礦脈之故相關惟學者莫謂熱泉中消化之質定與礦脈中之質同亦有熱水最難消化之物礦脈中有之者

無論元質合質在熱水中從地之深處流向地面其難消化者必易與水離故未至地面已先凝結而其易消化者則在水中能流至地面故尋常所見熱泉中不過有卜對斯素特之類因其在微熱之水即能消化故也所以素特卜對斯雖在佮拉尼脫中爲多而從未遇之於礦脈中亦因其易消化故也

脈中礦金多少

準此理以論礦金之形或聚或散或撒開皆尋常化學之力所成或消化於水因水之冷熱而凝結有先後惟猶有所遇之事其理殊不易解者如英吉利之鉛礦脈其中有

鉛銅與白鉛而鉛爲多其脉經過灰石綠石中其過灰石之處脉中礦多過綠石之處脉中之礦不過一線耳此非因其裂縫之獨窄乃因水過此石處降結之金少也

礦脉之金因電氣而凝聚

有人攷英南之礦脉知其礦金之多少各視其脉之所過之石而異如其脉過合拉尼脫者礦金多其脉過泥斯里脫者礦金少又如一樣之脉其過合拉尼脫處有銅而過泥斯里脫處則有錫或有相反者於合拉尼脫處有錫而於泥斯里脫處有銅此蓋因電氣流行之故也

因思脉中礦金之理諒必硫磺銅錫鉛鐵白鉛綠氣消化

於熱水中，而有電氣之力，使之凝聚於脈也。因英南之礦脈，從東至西，與吸鐵之極直交，故以爲電氣橫流之力所成。

此論雖是，然脈之交錯者甚多，大約皆因裂縫而成，未必盡與吸鐵之極直交。惟各種之石，有各種之電氣，其電氣能使金類凝聚於石縫中，則其理可信。

化學家，以消化之綠氣錫，置於水電氣器中，見其二極，各有多養錫凝焉。此與英南錫礦之理合。此種試法，可解錫礦何以與銅礦相近，及與銅礦相合，亦可解他處之錫礦與銅礦不相連。

各金先後之期

前論四大類石各有新舊皆可知其成於某期又如合拉尼脫之脉走入舊石亦有其期準此論思之則石之裂縫中所成礦脉亦必有新舊之期惟其期愈難攷定因其縫不知幾時裂開且有裂開數次成數種礦脉者故難定也

地學家舊說亦有言某金爲新造化某金爲古造化者如言錫比銅爲古銅比銀鉛爲古任何金皆比黃金古惟黃金之成最晚

今先論昔時以爲可據而後來更攷之而知其不合者如攷地中每種金類之礦是否各有其期

如言英吉利之錫礦脈爲最老者，此說非也。查愛而倫銅鉛之礦脈，皆比英吉利之錫脈更古，蓋愛而倫銅鉛之脈比提符尼安早，而英吉利錫脈，成於碟期之後。

脈之在愛而倫者，有新合拉尼脫之脈，過老合拉尼脫而入西羅里安，此西羅里安之石，及其中之脈，已蝕於提符尼安未沈積之前，又見有巴弗里合拉尼脫兒克過西羅里安而未走入提符尼安，後有銅鉛之脈造化焉，其銅鉛脈之成時，當在提符尼安之前，故其脈未走入提符尼安

又有一據更明，其提符尼安近西羅里安銅礦處，有磨圓之碎塊銅礦，故其銅鉛礦脈，雖不能仔細言其與某石

同時惟總可言其脉之結滿時約在西羅里安之末提符尼安之始此處之脉中除銅鉛銀之外亦微有黃金其碎蝕之砂礫中亦微有錫

脉之在英吉利者有細粒合拉尼脫之彎脉走入老合拉尼脫中又走入第一迹層連至可兒美什又有火山兒克過合拉尼脫亦過合拉尼脫之脉亦過斯里脫水層石其錫礦脉尚比火山石兒克新此處之錫礦脉即前所言中分八路者是也

所以可言英南之錫礦脉比可兒美什新故比愛而倫之銅礦脉爲更新其所新幾何期則難言諒必不能比潑而

彌安後因於其碟層之上尙未遇有錫礦之脉在紅砂石破塊立迭克中故也。

英吉利他處有鉛脉過炭灰石入潑而彌安䭾羅美脫合子石及來約斯有處入下烏來脫層

在蒲希彌耶地方有多銀鉛之脉過倍素爾脫其倍素爾脫中有屋劣維恆結成倍素爾脫之下為第三迹層其中有無用之石碟所以知此銀鉛之脉為三新期中所成

黃金之礦

俄羅斯及美里哥金山之金大約從砂礫中淘汰而得後遇有科子脉在合拉尼脫中及昔斯脫中其科子脉中有

黃金。此處有黃金之科子脉。諒比其處之雖約奈脫合拉尼脫新。故可謂之三次石時所成。至今於其山之潑而彌安合子石中。雖遇銅鐵之礦多。而尚未遇有黃金。所以知此科子脉中之黃金成於潑而彌安期之後。或者其時已成脉。而尚未碎蝕。亦未可知。

於俄羅斯美里哥金山之金砂中。遇陸地大野獸之骨。於新荷蘭金砂中。遇袋獸之骨。其大如犀。

美里哥南之黃金。遇之於銅倍來底斯中。其脉過克里兒書烏來脫其石中之殭石。半似烏來脫。半似克里兒書。

美里哥之東。遇金銀之脉。在西羅里安中。亦在砂中得碎塊之礦。蓋從西羅里安碎蝕而來也。

黃金之在各種石中。如科子愛脫斯里脫。砂石。灰石合拉尼脫色而并台能此諸種石中。皆曾遇黃金在脉中。有時於近脉之石中。有粒形撒開之金。

新荷蘭之黃金。不特在哀盧維恩砂礫中。亦在近脉之石中。其金非在脉。而在有脉之斯里脫。其石大約是西羅里安之含兒。其有金之處。寬廣經九度。緯十二度。於一千八百五十三年取起。每年取得之黃金。其數與花旗金山相仿。絕無每年漸少之據。

鉛錫之脉

法蘭西某人言倍素爾綠石兒克中亦遇鉛及他金又見有金脉與脫拉潑相連惟錫脉則遇之合拉尼脫或與合拉尼脫相連之石此論若果是則可算錫比鉛老蓋錫之造化深於鉛亦猶合拉尼脫之造化深於脫拉潑也

假如數處之裂縫爲同時變動所成其縫淺深不一有些與火山連有處與深造石連其縫中各有金類結成爲脉則自然其脉愈深者其升起至地面愈在後其經歷之變動亦愈多

結論

深造化之石各期中皆有之即今時地中亦有新成之石

惟尙未現於地面耳此種新說近年來漸有人信之蓋人之所以不能速信者因其證據非甚分明又因有些地學家不肯信逆層石能變爲結成故常欲尋得一最古之石比地面有生物之時早

人雖不能知天地造化之始然能攷比人生以來更古之事並能知何期爲人生之初亦能知一切生物無論今古各有其元始之時

地學之事能令人知地面之物其變不知幾何次高山變爲深谷深谷變爲高山海變爲陸陸變爲海凡地形有更變則天空氣之冷熱亦必因之而變而動植之物遞生遞

滅於其間其種類之異或因漸變或由特生每物各有族類其所生之處天時地氣必與其性情相適否則不能孳生

地球繞日而行亦爲行星之類天文家雖不能見諸行星上動植之物然言行星上亦各有生物人咸信之惟不知地球上古今之生物有與某行星上之生物相合否其同耶異耶不可得而知之也

昔時地學家有言古期之生物簡陋新期之生物愈近今愈精巧今細攷生物漸變之據知已滅之物與新生之物其化工之奇皆莫可名言非有古拙今巧之分也然今所

知者不過於無窮世界之無量數生物中得其一二端而已造物之奇曷可限量耶

陽湖趙宏繪圖

長洲沙英校

地勢略解不分卷

〔美〕李安德著

《地勢略解》不分卷，美國李安德著。李安德（Leander William Pilcher，一八四八—一八九三），美國美以美會傳教士，曾任教於北京匯文書院，撰有《天文略解》等。李氏以爲西方地理學約分二端，曰地理、地勢學，而地勢一學尤與諸學相表裏，故於清光緒十五年（一八八九）授此學於匯文書院。初以英文口述，諸生筆録成帙，復與書院教習參互考訂，輯爲此書。又繪圖五十餘幅，以相參證。全書共二十章，依次論述地球懸空、地殼、陸地、山與高平二原、海島、磁氣、火山、地震、水氣涵空、泉源與湖、江河、冰川、洋海、海潮、海溜、空氣、颶旋等風、天氣、生物分佈、金類分佈，章下又别爲若干小目，循序有則。各章末附摘問，設若干問，以揭示要領。全書論説簡潔，頗便入門，爲學習近代西方自然地理學與氣象學之優良讀本。據中國國家圖書館藏清光緒十九年京都匯文書院排印本影印。

地勢略解

耶穌降世一千八百九十三年

地勢畧解

光緒癸巳

美國李安德著

京都滙文
書院校訂

地勢畧解序

吾人寄身大地之上，而飲食日用之間，其取資於地者，良非淺鮮，特人習而不察耳，西國講求是學者，大端有二，一曰地理，所論者，山川形勢，國都疆域，以及人民分族，政教土產等類，一曰地勢，所論者，洋海陸地，風雨時令，以及火山氷川，物類分佈等類，地理者指陳其事，地勢者究察其理，學者必先習地理，次習地勢，蓋由近及遠，由淺入深也，且地勢一學，更與諸學相表裏，其論地球懸空也，則關乎天文，論石之層累也，則關乎地學，論原質則與化學相貫通，論磁機則與電學相維繫，學者苟探索其理，默會潛通，及其習諸學也，自不難觸類引伸，相悅以解矣，己丑秋，余以是學授諸生，因其未繹漢文，但以原文口述，俾諸生筆錄之、寸累銖積、漸成篇帙、復與院中諸教習、參互考訂、增簡删繁、輯成一書、名曰地勢畧解、叉因讀是書者、須與圖參核、方能以了然於目者、了然與心、乃繪圖五十餘幅、郵寄日本鐫刻、幷付剞劂、以公同好、庶於留心是學者、不無小補云耳、

美國教士李安德自序於北京滙文書院

地勢畧解目錄

第一章論地球懸空

星　行星　恒星　日會　彗星　流星　行星軌道
地之體質　日　地球之形式　地球之里數　地球之
輕重　地球之運動　近遠二點　地球斜而不正

第二章論地殼

地球原質　地中體質　地球形勢　石　層累石之次
序　無物跡層　古跡　中跡　新跡

第三章論陸地

地面　大洲　沿海之地勢　大洲之地勢　亞西亞之
地勢　歐羅巴之地勢　亞非利加之地勢　北亞美利

目錄終

北

行星圖

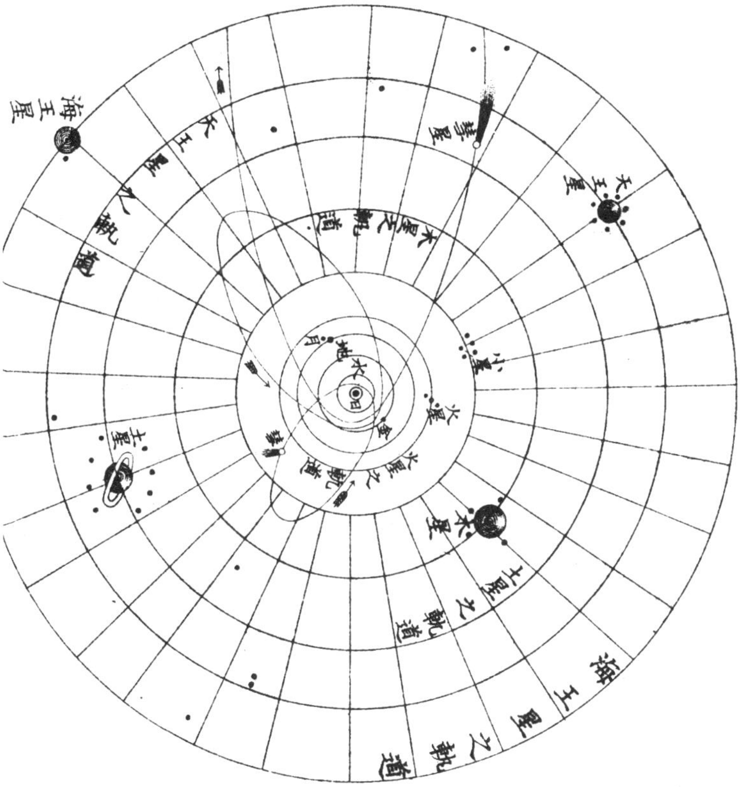

以光考諸星之遠近

星體極熱

行星藉日之光

地勢畧解

第一章〇論地球懸空

星〇日落之後、見天上有無數光點、乃爲極大有形體之球、皆離地甚遠、欲知其遠近、可用其光之飛行考之、按格物家所講、一秒鐘、光能飛行五十五萬八千里、以此核算、星光須數年之久、始能射至地球之上。按天文家所講諸恒星離地球最近者亦須三年半其光始能射到亦有數千年之久方能射到者而衆星多半極熱、倍於窰內烈火、故其體有流質或氣質而成者。凡有體質之物因熱力之多寡即能變其形或爲堅質或爲流質或爲氣質比如鐵其質本堅若以火燒煉即化成濃汁久即成爲金色之氣消散又如水減其體內之熱變爲冰加其體內之熱變爲水氣若呼吸之氣受極大之壓力即變爲流質

地球圖

行星〇星中有常遷移其地位者、其體本皆無光、然而能見者、因有日光照於其上、又反照於地球之故、名爲行星、因其永久

繞日之星 月

繞日而行、吾人所居之地球、亦列於行星之內、

恒星○繞日之衆星、因日光之射乃有光、並暖氣、此外之衆星、皆名恒星、日亦列於其中、憑人之意度、想恒星亦有行星圍繞、與日無異。

日會○繞日之行星有八、月二十、小星三百有餘、外有彗星流星

流星大約一秒鐘能行一百二十里因其飛行甚速入於空氣即因磨擊之熱力消散或有經熱而未消盡者從天墜落其體質似鐵亦似石名曰隕石天文家考察繞日之彗星確知其中之一爲許多流星攢聚而成

日會表

星名	距日之遠近	繞日之時刻	直徑之里數	月
日			二百五十八萬	無
水星	一億零七百二十五萬里	八十八日	八千九百七十六	無
金星	一億零零二十五萬里	二百二十四日	二萬二千九百八十	無
地球	一億七千六百九十萬里	一年	二萬三千七百五十四	一
火星	四億二千三百萬里	一年零十分之九	一萬二千六百三十三	二
小星				
木星	十四億四千萬里	十一年零十分之八	二十五萬八千	四
土星	二十六億四千三百萬里	二十九年零十分之五	二十一萬一千五百	八
天王	五十三億一千三百萬里	八十四年	九萬五千一百	四
海王	八十三億二千五百萬里	一百六十四年零十分之八	十萬三千五百	一

彗星之行動不同

軌道皆橢圓方向皆自西而東

火木二星之間、約有小行星三百有餘、名曰小星、其體甚微、最大者、直徑不過九百里、

彗星◯天文家察考彗星、自耶穌降生後一千六百年（即明朝萬曆二十八年）至今、所見者約二百有餘、有繞日而行、似行星不離軌道者、有忽來於衆行星之外、繞日而過、永不再見者、

流星◯俗名賊星、當夜靜天清之時、人常見之、似火球從天飛過、

行星軌道◯按諸行星繞日之層次、最近者水星、其次者金星、地球、火星、小星、木星、土星、天王星、海王星、其繞日之方向、皆自西而東、其所行之軌道、皆爲橢圓、日所居之處、在橢圓中之一中心、（見下圖）衆行星依樞自轉、亦自西而東、除水金二星外、餘皆有

行星之形體不同

月圍繞、然多寡不同、月之軌道亦成橢圓之形、自西而東。

地之體質〇地球原質、與日無殊、約與諸行星亦無異、行星之

土星圖

原質雖同、而形體郤異、有極熱幾成汁漿者、有極冷而堅硬者、察木星之形體、似有火發光、又有雲環繞如帶、土星有數層平扁之環、形如車輪、以旋繞之、測其理、似此行星漸成堅硬之體、尚未盡其功、火星頗與地球相仿、其殼已硬、上有大洋海島海灣海股、土股、土腰、土角、大洲等類、若以上好之窺天鏡察之、卽見其南北極之氷雪、亦分五道、溫道亦分

四季、與地球無異、月則內外皆涼故無水、亦無空氣、其面有已熄之火山、山口之大小不一、有寬一百五十里者、因與日相向、故亦分晝夜、晝則極熱、其度幾等於化鉛、夜則其冷無比、

日之形狀

日○日之體較地球約大一百三十萬倍、以分光鏡窺之、則知與地球並諸行星相類、因其體熱極、外面或化成流質、或化成氣質、飄浮於其上、若力大之窺天鏡窺察、卽能見熱氣由日面上冲、約六十萬里、其氣上升甚速、一秒鐘能升七百五十里、有時其面現有黑斑、形如漏危、此黑斑之直徑、有四十二萬里者、觀其外形、如五金被烈火鎔煉成汁、有冲動騰沸之狀。

地球之形式○地球微有扁圓之象、兩極稍扁、赤道稍凸、論其圓而不平、可畧引數證、一、如人乘船前行、久則復歸原處、一、人

地勢扁圓

若立於海濱、觀船遠來、始見桅頂、繼見船篷、終則全船皆見、一、月蝕之時、在月面上、可見地影之圓、

地球之里數○南北極之直徑里數、少於赤道直徑里數、因二極微扁、赤道里數、多於南北極里數、因其微凸、南北極之直徑、二萬三千六百九十七里有奇、

觀船證地圓圖

赤道之直徑、二萬三千七百七十六里有奇、赤道之緯線、七萬四千六百九十七里、地面共十七億七千三百萬方里、地球之

地球較水重五倍但論地殼只重二倍有半

每日自轉一次每年繞日一次

體積七兆零二百億立方里、

地球之輕重◯格物家論物之輕重、皆以水之輕重爲率、設有一球、皆水所成、地球之分量、即重於此球五倍、故以五數爲地球之疏密率、若但論地殼之分量、約重於水不過兩倍有半、有人因地殼輕於全球揣測其理、以爲地內受最大之擠力、其質極密、或因地內之質、爲金類所成、故其分量較重。考察地上諸石愈得確據知地球起初乃一團烈火現今地內之熱足能將極堅硬之物鎔化成汁近有天文家考察日與地球相吸之勢想地心必非流質應是硬質

地球之運動◯宇宙之間。無一不動之物、即如日月星、各按其軌道、循行於空中、永不止息。地之行動有二、一、每日自轉一次、分爲晝夜、因便於計算將地球一週分爲十二時赤道之緯線約七萬五千里但愈近兩極其緯線愈短故赤道之轉動最速愈近兩極愈緩比如在赤道一點鐘能轉三千一百二十里若離赤道三十度一點鐘只轉二千六百八十八里五十度只轉一千九百九十五里七十度只轉一千零六十二里八十度只轉五百四十里及至兩極乃靜而不動二、每年繞日一週、即三百六

地球離日至近乃冬至至遠乃夏至

十五日零一日之四分之一、（地球之軌道約長十七億四千萬里一點鐘能行十九萬八千里一秒鐘能行四十七里）遠近二點○地球之軌道乃爲橢圓、故有二中心（見下圖）而日居其一、一年之中、有時地球居日較近、有時較遠、距日至近之處名近日點、（亦名最卑點）乃冬至

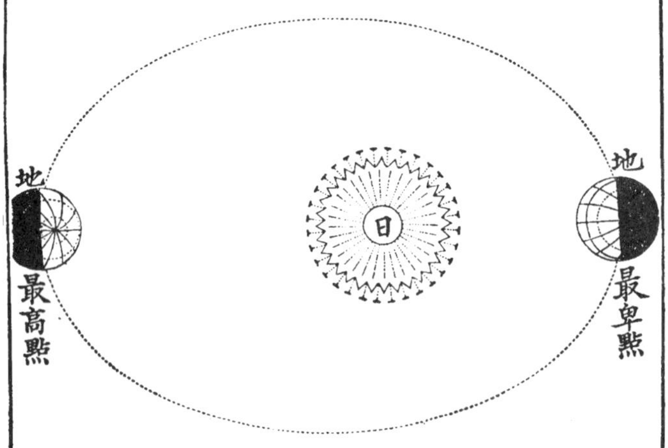

觀圖式樣係表明地軌道爲橢圓形中有二心而太陽居於一心但此圖橢形較地之眞軌道不能恰合圖中之式樣乃特放大使人易曉地球在最高點較最卑點距日相差九百萬里其間正差六月之久

北半球之時令尤爲合宜

之時、至遠之處、名遠日點、（亦名最高點） 乃夏至之時、其間相距六個月、在最卑點之時、地球之行較速、

地球斜而不正○地球之軸、與軌道之平面、約斜二十三度有半、觀圖可知多有陸地之北半球、於冬季微近於日、故其冷較輕。於夏季微遠於日、故其熱較輕、統觀地球距日之遠近、行動之遲速、與其軸之斜向於日、可知吾人居於其上、較他行星尤爲合宜。

第一章摘問

何爲行星、 何爲恒星、 繞日之行星有幾、此外尚有何星、 諸行星繞日之層次若何、方向若何、 日居於何所、 地球之體質若何、 諸行星之形體若何、 月之形體若何、 日比地

因冷成殼但其厚薄尚未考察確實

地中極熱之據

球大幾倍、其形狀若何、　地球之直徑若干里、　赤道之緯線若干里、　地球每日之行動如何、一年之行動如何

第二章○論地殼

地球原質○地學家揣地球之初、乃一團極熱之氣旋於天空、久之外層漸冷、而結硬殼。或謂地球中間爲流質却未查考確實但有一據使人想其自中至外必爲一堅實之物有算學家計算因地由外至內有極大之擠力故雖中心極熱亦因擠力而凝結堅硬　核計地殼之厚薄、其說不一、約一百五十里至七百五十里不等、至今未能得其確據。

地中體質○或謂地中極熱有數據可證、茲引其四、一、地球之形狀兩極微扁、可知爲半堅半柔之物、自轉於本軸、二、各洲皆有火山噴出烈火、與極熱之濃汁、三、於煤窰或金銀礦中、漸深即漸熱、如人鑽井之數百丈、亦愈深愈熱、每至五丈三尺、約熱

地形屢經改變物類天氣亦然

一度、四、各洲各方皆有溫泉、或沸泉、乃水從地殼之縫中下滲因成熱水、後又翻上、有熱至滾水度者、

地球形勢○細查地殼、便知此球必歷時最久、方成現今之形勢、今之陸地、於極古時、必數次被海水淹沒、今之洋海、亦必數次成爲陸地、有時植物生長繁盛、其形亦甚奇異、後乃被水淹沒、有甚大之動物、滋生繁多、卽如鼉鼉之類、生長葦塘、或潮溼之地、後乃滅沒、久之又生育他類活物、後亦滅沒、然有踪跡、尚留石土之中。天氣亦屢經改變、極古之時、所生之植物、如現今熱道櫻樹之類者、後經數百年、因天氣變更、卽被埋於冰雪之下、有大冰川自山頂下流、久之、卽將山峰磨圓、亦將山中磐石、開成深澗、因地震之故、有水地凸起、漸成平原、或有平地塌下、

石分數類

漸爲水澤。又有火山噴吐濃汁、將大地淹沒其下、後因水衝刷、日久成爲河道、有深至三里者、（在美國西北新金山有大地一段甚覺希奇古時被火山之濃汁淹蓋寬約一百八十萬方里後有大河名哥倫比亞流入其地年深日久即將濃汁所成之石衝成河道愈衝愈深即顯出其石約四百丈之厚）亦有塵沙被風吹入海中、久之成爲陸地、亦有將海股與大洋隔斷、而成小海、或使陸地伸入海中、地球之改變如此、若論年數、則不能計算、

石○石者、乃包括沙土、膠泥、石子、花剛石、灰石、泥片石、以及地殼內所有之物、地學家將石分爲火成石、（即無層累石）水成石、（即有層累石）其中亦有蘊藏物跡石、化形石等類、火成石、係石質經烈火煉成、除火山噴吐濃汁凝聚之石外、多半階形、亦有填滿石縫形如脈絡者、多是光潤可愛、此等石俱無層累。水成石、係水含帶之渣滓淤積而成、體質柔輭、狀若膠泥、即如沙石、灰石、泥片石、泥

有層累石圖

板石、俱有層累、或可擘爲薄片。又有石似火成石、大約受水火交并之力而成、如花剛片石、泥片石、漢白玉等類、多是積立而成、亦有似被火未練成之形。（花剛石亦可歸爲此類其本質與花剛片石相同皆爲白石英瓷石英金精石粘合而成但花剛石體質渾成花剛片石可分層數）凡蘊藏物跡者、俱爲層累石、灰石所含帶之物跡、乃在將成石時、已有此物、後漸朽爛消沒、石汁遂浸彌其隙、物跡即宛留於石內、蘊藏於沙石內者、多係印跡、中有鼉類和飛禽之足跡、或有大獸之骸骨、變而爲石、亦有樹葉與小虫之印跡、如巧匠所畫者。除火成石冲於地面之上者、其餘皆爲層累石、乃水所淤積而成、初皆平鋪於地、後因地殼漸凉漸縮、有將石拱起者、有似疊摺一處者、亦有

考查地殼如讀史書

縮縱而折斷者、或有豎立、後有橫覆於上者、亦有因水衝激、或因他物刷磨、遂有層累石顯露於外者、○由此觀之、地殼可比史書、任人展讀、每一層如一章、欲讀此書、須由極下層讀起、然各處之層累石相隔甚遠、若欲定其成石之先後、固難得其確據、地學家現已稍得其次序、雖所知無多、然已用多年考查體驗之工、

層累石疊摺形圖

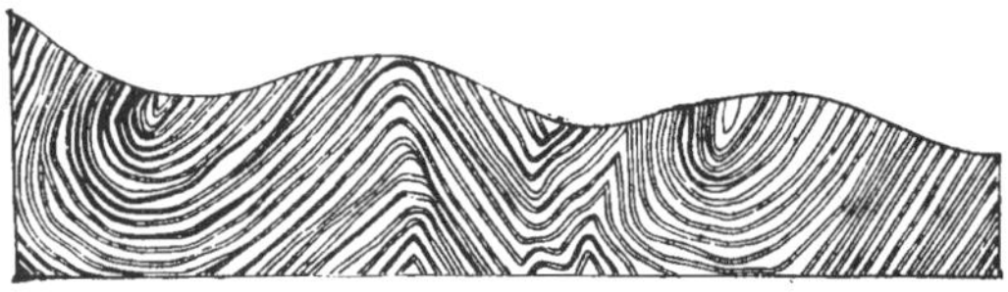

層累石分三大層最下者名無物跡層

層累石之次序○考察層累石之次序、皆以石中所蓄藏者分別之、地學家因其蓄藏動植各物之跡而命名、如最下之一層、因無物跡、即名爲無物跡層、○層累石分爲上中下三大層、下層爲古跡、中層爲中跡、上層爲新跡、新跡之上、即世

人所居之地　地學家考查天下各處皆有層累石但不能如上所言之定序然考其蘊藏之物跡卽知其次序之先後

地殼石段表

植物	石段		動物
開花包子與棕櫚之樹類	第一段石	新跡	人與獸類
	第二段石		
鐵樹與松杉樹之類	第三段石	中跡	龜鼈鼉蛟之類
	第四段石		
	第五段石		蛙與魚類
鳳尾樹鱗樹印樹之類	第六段石	古跡	
	第七段石		
	第八段石		蛤螺珊瑚蝦蟹之類
海草	第九段石		
	第十段石		碎孔蟲
	第十一段石		

無物跡層約無活物

無物跡層〇無物跡層成石之時、大約無活物、然或有或無、未能得其確據、或思有卑微之植物、因地極熱、其形跡遂爲烏有、

古跡時所生之物類

古跡〇古跡成石之時、有數種卑微之動物、無一定之形、但有

身體柔如凝粉、無頭、無四肢、無臟腑。此段以上、有蛤螺珊瑚蝦蟹之類、植物中但有青苔。再上一段、有蛙魚之類、此乃始生有脊骨之動物、仍有蛤螺等物、然不至如下段之卑微、亦有珊瑚、然無下段之多、樹木花草亦極茂盛、始有至小之飛蟲、此一段、與上產煤之段相連之處微混。在產煤叚時、初生成煤之植物、與水陸二性之動物、亦有鳳尾樹鱗樹印樹之類、且甚繁盛、後漸消滅、爲淤積之泥沙淹沒、當時亦初生鼉類、並魚蛤螺珊瑚小蟲等類、且甚多、此時天氣極熱、地氣極潮。

中跡時所生之物類

中跡○產煤叚以上、卽爲中跡、有極大龜鼈鼉蛟之類、此段之末、初生袋鼠之類、並飛鳥、能喙中生牙、

新跡時所生之物類

新跡○中跡以上、卽爲新跡、此層驟生胎產之獸、且生育繁多、

新跡之末始生人

○在美國西方哥羅𡵄多省、或他處多有磽薄之地、幾如獸類之叢塚、內有象、犀、馬、牛、狼、鹿、等獸之骨、已變爲石、當時極大之鼉類、已盡消滅、只有較小之鱷魚、龜、蛟、蛇、海馬、等物、此時北溫道全地、終年如夏季之熱、亦有熱道所生長動植之物、並皆繁盛、有人於新跡之石內、覓得小蟲之類、一千五百餘種、如蟻、蜂、蝴蝶、等類。○在新跡之中、天氣大相改變、北半球之酷熱、變爲酷寒、斯時歐美二洲、有冰川下流、且汎濫於各處、其力如錯、將山尖磨圓、在磐石內、衝成深溝、並將所含帶之泥沙土石、淤積於平原、極其深厚、故許多獸類、因而滅絕、其存留者、但熊、獅、馬、羱羊之類、○在新跡之末、始有人生於世、乃活物中最爲尊貴者、聖經云、主按己像造人、賜以永生之靈、掌理世上各類活物、查考地球之跡、可見一層尊於一層、乃爲造天地之定例、因此愈顯造天地萬物之大主、榮耀權柄無有窮盡。

第二章摘問

何以成爲地殼、　有何憑據能知地中極熱、　地球地勢與物類天氣、有何改變、　石分幾類、皆何名、　各石皆因何而成、其形體若何、　最下一層何名、　下層何名、分幾段、　其所藴藏者皆何物、　中層何名、藴藏何物、　上層何名藴藏何物、　新跡之末有何始生、　造物之定例若何、

第三章論陸地

陸地之里數形勢

地面◯地之全面、約十七億七千三百萬方里、其中約有十二億九千六百萬方里之水、餘者只有四億七千七百萬方里爲

大洲形勢

六洲地面相較圖

洲名	地面
亞西亞	一億五千三百萬方里
亞非利加	一億零八百萬方里
北亞美利加	七千五百六十萬方里
南亞美利加	五千八百五十萬方里
歐洲	三千三百三十萬方里
奧洲	二千七百萬方里

以上乃按各洲地面之方里衡量其大小

陸地、此陸地乃數叚無定形之大地、名爲大洲、即亞西亞、歐羅巴、亞非利加、南北亞美利加、與奧斯達利亞、外有海島、合計各海島之地、約九百萬方里、大洲之形勢、畧成三角、寬面向北、其尖向南、見圖

大洲○有三大洲圍繞北極、且以北極爲中、其勢三分而向南、北三大洲之陸地、多在北溫道、南三大洲約在熱道。若以大環

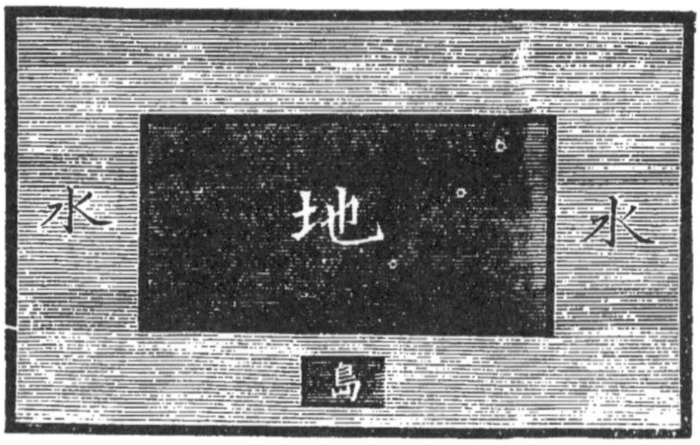

此圖特將地面之水陸島三者之方里相較大長方面爲水第二長方面爲陸地小方面爲島

洲有三角形圖

將地球分有兩半、以英京爲中、則陸地多在偏北之一半、洋海多在偏南之一半。地球又可分爲東西兩半、東半球內、約有陸地三分之二、即亞歐非奧四洲、與衆海島、西半球之陸地、即南北美洲、

沿海形勢於人大有關係

與數處海島。

沿海之地勢、○北三大洲之沿海、勢甚彎曲、故多有海灣、海股、土股、此等形勢、於人大有關係、因其多有海口、通商貿易、且能拓人見聞、使國興盛、並使國內之天氣清爽、愜人性情、更可使

六洲地面方里並海邊里數表

洲名	地面方里	邊線里數	邊線一里與地均合
亞西亞	一億五千三百萬	十萬五千	四千五百方里
亞非利加	一億零八百萬	四萬八千	六千七百五十方里
北亞美利加	七千五百六十萬	六萬八千四百	三千三百一十二方里
南亞美利加	五千八百五十萬	四萬三千五百	四千零四十一方里
歐羅巴	三千三百三十萬	五萬八千五百	一千七百一十方里
奧斯達利亞	二千七百萬	三萬	二千七百方里

地面形勢於人有關

東半球之三洲實爲一大洲

田地肥美、多有出產。

按表所載、以地之邊線、與地面比較、當以歐洲爲首、非洲爲末、可知各洲邊線長短、與人之貿易興盛、心性聰敏、甚有關涉。

大洲之地勢○大洲之地面、並非平坦而無高低之勢、有高山、岡陵、山谷、平原、高原、並崎嶇之小山、亦有舊日之湖底、山溝、並曲彎之江河、高山多是重峯複嶺、若數山連絡、即爲山帶、各洲最大之山帶、大率離海不遠。○高原乃一片大地、高而且平、若平坦之地比海面高二百丈、即稱高原、二百丈以下稱平原地面之高平凹下、有山無山、不但與水之下流有關、尤關乎天氣與交易之事、並田地之出產、故地面之形勢、人當細加考察、○東半球之陸地、名爲三洲、究爲一大洲、其長直線、自西南之斐德角、至東北之比令海腰、歐亞雖係二洲、却連

此特按各洲地面方里與邊線相較圖之中較黑者爲各州地面之大小外大圈爲邊線之長短學者可將

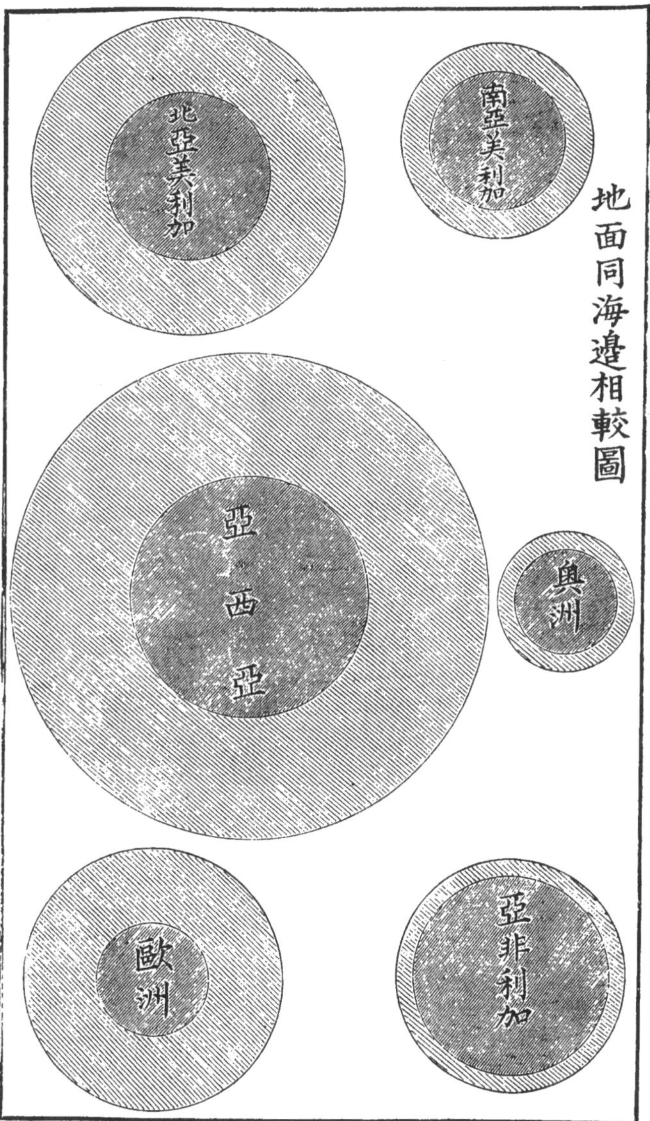

上表與此圖參觀自然明曉。

西半球之陸地分二大段

六洲以亞洲爲最大而以希瑪拉山爲一洲之鎮

成一片。非洲如一大土股、與亞洲相連、最要之山帶高原、大約從西南通至東北、向北則由高漸低、以至於海、向南則下低之勢甚陡、○西半球陸地之長直線、從南向北而迤西、分爲二大段、皆三角形、中有土腰相連、○西半球之大山、從赫倫角向北、至比令海腰、向西則陡、向東漸低、臨近大西洋亦有山帶、然不甚高、

亞西亞之地勢、○六大洲之中、亞洲最大、有希瑪拉山與他山帶相連、如本洲之脊骨、最高者、乃希馬拉山之哀斐勒斯峯（此峯高於海面約二千九百丈）洲內之高原、在此數帶大山之間、亞拉伯與印度西方、亦爲高原。洲內之大平原、多在此數帶山以北、而漸漸低下、直至北冰洋、依近嘎斯卞海、與中國東方、印度西方、亦有平原。此洲

歐洲與亞洲相連而以烏拉山爲界

每年之雨水、皆由山坡下流、滙於江河而入海。洲之西方、有嘎斯卞海、阿拉海、死海、其面皆低於洋面。其東南二方、有山嶺、或高原、伸入海中、成六大土股。猶有數羣海島、附近此洲之東、或東南、亦係山帶、其根浸沒海中、其峯露出海面。

歐羅巴之地勢。◯歐洲與亞洲相連、但有烏拉山從南向北、將二洲隔開。本洲四圍多有山嶺、最大者乃東方之烏拉山、南方之阿拉伯山、西方之基額倫山。亦有山嶺伸入地中海、成爲大土股、即土耳基與希利尼之地、亦有阿笨年山嶺、成義大利之土股、基額倫山將瑞典哪威二國成一土股。阿勒伯山最高之峯、即伯耶革約一千五百八十丈。凡言山之高低皆以海面爲准高嘎色斯山最高之峯、即哀勒伯魯斯約一千七百丈。本洲之大高原、即日斯巴尼

俄羅斯大平原幾有歐洲之半

非洲乃一大高原其形勢隨乎沿海之山帶

亞土股洲之中鏡及南鏡多有高原被山谷隔開並江河流過。平原皆在北鏡及東北鏡內有俄羅斯大平原幾有歐洲之半、其中包括德國北方和蘭全國法國西方與比利士國土地一段、和蘭國有土地一段微低於海面國人築堤以防水災俄羅斯大平原所有之江河或從法勒代山發源或從烏拉山發源其餘之江河大約皆從阿勒伯山與基額倫山發源。

亞非利加之地勢○非洲乃寬大之高原其地之形勢隨乎沿海山帶之形勢其最大之山帶在東方西方有庚山成帶北方有阿德拉斯山庚山嘎美倫山革利斯達山與摩干比山雖其名不一然皆成為一帶在此洲之西其勢彎曲而成基尼海股最高之山峯有二、一名革尼亞約二千丈二名基立滿乍羅約一千八百五十丈。洲內之高原南方通計約高五百丈北方通計約高一百五十

北美洲乃一大平原以羅基山爲一洲之鎮

丈、內有一段、在洲中間、稍向東南、約高六百丈、中有數大湖、洲內江河之大者、多從此數湖發源、撒被西河庚哥河與奈遮河此三河之水皆將山衝成河道方能順流入海北方有撒哈拉大沙漠地、內有一段、低於海面、自十丈至三十丈不等、

北亞美利加之地勢○北美洲乃一大平原、東有阿巴拉基按山、西與西南有羅基山、羅基山如本洲之脊、亦有他帶山與之並列、即些拉內法達革斯革德等山、通計約高八百丈、其峯之最高者有二、一名散伊來亞約高一千九百五十丈、一名波波嘎達備德約高一千八百五十丈、此大山帶有山峯四十、俱高一千餘丈、東方之阿巴拉基按山帶、卻不甚高○此洲大高原、皆在羅基山帶之間、最寬大者有二、一名美希哥高原、一美國西方之大高原。大平原在東西二山帶之間、其最高之地、臨近

美國北界洲內之江河、多從此處發源、流入四海、其間亦有小山、皆不甚高大、視之不啻平地。此大平原之高處、有五大湖、乃天下湖水之最大者、其水却清而不鹹。臨近太

南美洲亦一大平原東西有山帶爲界而以安第斯山爲本洲之鎮

平洋之高原、有數處奇異之凹地、大者有二、有名死谷者、比海面約低四十二丈、有名謀哈非河谷者、比海面約低三十五丈。

南亞美利加之地勢○南美洲乃三角形、寬面向北、與北美洲相同、此洲乃一大平原、西有高山帶、東有小山帶、其中最高之地、向東北而漸低、高平之處有一小河、因地面甚平、南北分流、向北者、流入俄利挪哥河、向南者、流入阿瑪森河、○西方有安第斯山帶、與羅基山相連、可爲本洲之脊、此山帶有山峯十五、皆高一千六百餘丈、其中最大之山嶺有二、內有大高原數處。本洲之東、有巴西國之山嶺。洲內之大平原、分爲三段、北名俄利挪哥平原、東北名阿瑪森平原、東南名拉伯拉達平原。

奧斯達利亞之地勢○奧洲之形勢、大概與非洲相似、其山嶺

奥洲形勢與非洲相似

亦皆近海、近海之山、亦陡面向海、其最大之山、即附近東界與東南界之鹽山。本洲寬大之高原、在於中境、有小山嶺數處、縱橫其間、此高原向南下低。洲內之平原、多在南方、或東南、北方亦有大平原、圍繞嘎笨德利亞海股。南方有數大湖、西方有數小湖。

地之成形惟定理不變

地球成形之定理○按以上所言、再考查地圖、可知成此地球、有一定之理、雖稍有難明之處、畧叙數端開列於下、

各洲皆中低而邊高其形如盆、

最高之山帶、皆隨本洲之長線、

各洲皆係三角形、其尖向南、

最高大之山、皆靠近洋海、

最高之處皆在熱道、
現今大洲之形狀、並非與太古相同、地之高低大小皆屢經改變、惟成形之定理未變、

第三章摘問

地面約若干方里、　內有水若干方里、　所餘之陸地約若干方里、　共有幾洲、皆何名、　合計衆海島、約若干方里、　大洲之形勢若何、　沿海邊線、以何者爲美、於人有何關係、　六洲究爲幾大洲、　六洲之中、何洲最大、　以何山峯爲最高、　六洲之中、何洲最小、　以邊線與地面相較、比他洲大小如何、非洲之地勢如何、　北美洲之地勢如何、　有何高大之山帶爲本洲之脊、　大高原在於何處、皆何名、　南美洲之地勢如何、

有何山帶、與羅基大山相連、為本洲之脊、　奧洲之地勢、如何、

第四章論山與高平二原

成山之定理

側觀山嶺圖

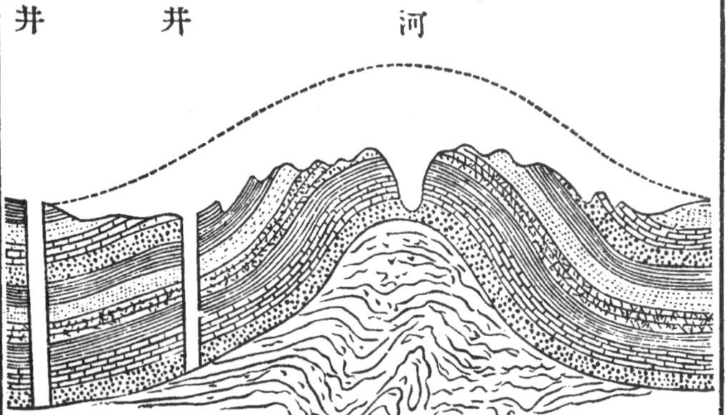

此圖乃割一山面指明層累石顯露之故當初層累石皆係平鋪後因地震或地縮並他故使火成石由下凸起成為山後山之高處為風雨或別故刷磨漸平石層現出觀圖當中有河刷之深溝並所開之井與參差之層累皆顯露於外使人可知矣

山嶺○論山成形之理、今有地學家揣測、因地原為極熱之流質、從外皮漸涼而成殼、殼內亦漸涼而縮、其間遂有空隙、以致地殼

塌下、而有擠力、故地殼有凹下之處、亦有凸起之處、地面乃多有摺紋、有寬數百里者、亦有長數千里者。又有可證者因有時地殼崩裂有火成石化形石由下上湧彌縫其缺 山嶺又各不同、有聳然孤立者、有數嶺相連者、俱係水所淤積之泥沙而成、或謂層累石而成、多處有火成石從地內冲出地面 可奇者、成山之層累石、厚於本層他處之石、在美國阿巴拉基安山帶之層累石厚四千餘丈靠近米西西比河之層累石雖與之同層但厚四百丈山帶與水內淤積之泥沙、大有相關、因江河下流、或遇風浪海潮、將泥沙淤積於海邊、而海邊之地殼、漸成摺紋、久之即爲山帶、有數山帶得確實之據可知衆山帶非一時而成先成者近於靠海之內地後成者近於海再後成者更近於海

側觀山嶺圖

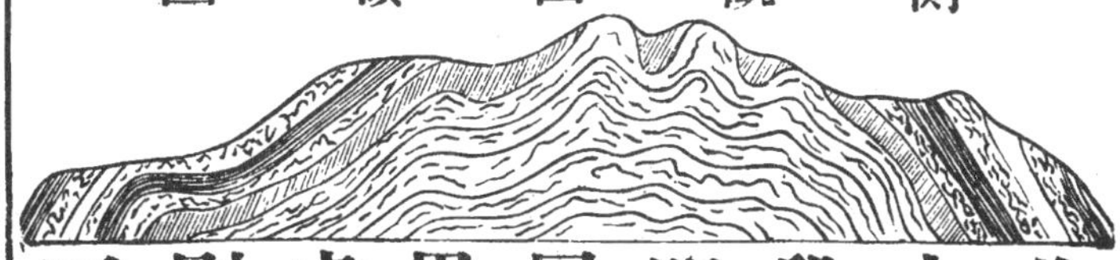

此圖係舊金山靠海之一段山式亦證明層累石之層次較前圖畧異因將高處石層業已刷盡而火成石露於外矣

山爲海底之據

○山嶺原爲海底、其據有三、一、俱爲水成石而成、二、層累石蘊藏之踪跡、多係洋海中生長之物、三、有數處山嶺高過海面數十丈、乃沙石所成、仍蘊藏海中蛤螺之殼、

山帶之部位

○細察地圖、可知山帶之部位、定理有三、一、最高之山峯、俱在最大之洲內、二、最長大之山帶、亦在最大之洲內、三、山帶愈近南北兩極愈矮、愈近赤道愈高、

山帶關乎全洲之形勢亦與時令雨水相關

山爲各洲之脊○各洲最大之山帶、卽爲本洲之脊、若人之有骨架然、因其能關係全洲之形勢、在亞歐二洲、各有參差不齊之山帶、自西南至東北、爲此二洲之大脊、又有旁脊伸入海中、成爲大土股、非奧二洲、週圍有山帶爲界、內有大平原。北美洲有羅基與阿巴拉基安二山帶、關係全洲之形勢、其間亦有大

高原在山帶之間

平原。南美洲有巴西與安第斯二山帶、○山嶺之於大洲、不但關係本洲之時令、亦關係雨水之多寡、並使之流入四海。最長大之山帶、即羅基與安第斯二山、自巴達革尼亞直通至阿拉斯嘎、長約三萬三千里、在美國西方、此山帶內、約有山嶺五十連絡。最高之山峯、乃亞洲希瑪拉之哀斐勒斯峯、高二千九百丈、

高原○地球之高處、並非皆係山嶺、多有高平之地、在山帶之間、名爲高原、如西藏在希瑪拉與崑崙二山中間、美國之大高原、在羅基與些拉內法達二山中間、南美洲波利斐亞高原、在安第斯二山嶺中間、○高原非皆平坦、亦有山嶺山谷、然皆不甚高大。統論地球之高處、約有全陸地之半、地土多半繞薄、居

民甚爲不便、然五金寶石等類、多產於其中、○東大洲之高原、較西大洲尤爲高大、最大者多在亞洲、卽西藏、其次澣海、波斯、亞拉伯、非洲亦爲一大高原、高約二百五十丈、至八百丈不等、

高原同平原相較圖

圖內黑色卽高原白色卽平原

撒哈拉沙漠均言約高一百五十丈、歐洲最著名之高原、卽奥斯馬加、並日斯巴尼亞、奥洲東西二方、亦有高原、均言約高二百丈、西半球最著名之高原、乃北美洲西境之大高原、並美希哥、南美洲有、波利斐亞、與第第嘎嘎、

著名高原數目表

高原名目	地面方里	其高若干
亞非利加（下隰之地不在其內）	八千五百五十萬	三百至六百丈
亞拉伯（亞洲）	六百三十萬	四百至五百丈
澣海（亞洲）	三百六十萬	四百五十至五百五十丈
波斯（亞洲）	二百七十萬	三百至四百丈
日斯巴尼亞（歐洲）	二百零二萬五千	二百五十至四百丈
美西哥（北美洲）	一百六十二萬	六百至八百丈
西藏（亞洲）	一百四十四萬	一千一百至一千二百五十丈
波利斐亞（南美洲）	一百零八萬	一千至一千三百丈
美國大高原（北美洲）	一百零八萬	四百五十至六百丈

平原與下隰○除高原之外、所餘之陸地、即平原與下隰之地、

平原二等一爲淤積之泥沙而成一爲洋海所成

其高於海面、不過一百丈、察其原由並地勢、可分二等、一爲淤積之泥沙而成、乃江河自山下流、含帶泥沙、至緩流之處、漸而淤積、其地多在河口、或離河口不遠、如中國之平原、與印度斯之平原皆是、美國之大平原、多係米西西比河所成、南美洲之平原、乃阿瑪森俄利挪哥拉伯撒達三河所成。二爲洋海所成、乃海底漸漸凸起高過水面、嘎斯下海週圍之平原、與歐洲保勒第海週圍之平原、並美國米西西比平原之北段皆是、大凡臨近大洋之平原、皆爲海底所成、多係沙土、並極磽薄、新成者更甚、其土脈率皆含帶鹽鹻等類。在美國舊金山西南境內有此類平原常有江海之蛤螺毫無損壞深於坳數尺又有大鯨魚之骨架其地高於海面數十丈俄羅斯與西比利亞之平原亦爲海底所成、有數處因江河下流、其所經之地、被淤積之泥沙掩蓋、後漸高起、而成平原、大

亞洲之平原在東南者土地肥美

歐亞二洲依近北冰洋之太平原地勢相同

非洲但有小平原數處惟依近尼勒河者著名

約平原愈高其地之小山愈多。

亞西亞歐羅巴之平原○亞洲東南二境之平原、地多肥美、少有樹林、並能生長五穀百果。西比利亞之北方、依近北冰洋之平原、約半年有餘地凍甚厚、一物不能生長、至夏季地面微化、又因北方有堅冰堵塞、河水不能通流入洋、卽漲發岸外、凡淹沒者、皆成下隰之地、不過微小之植物生長、如靑苔之類、惟中境尚有可耕之處、南境多有樹林叢雜、歐洲俄羅斯之地、其地勢與此相同、中有烏拉山相隔、乃在平原最高之處。

亞非利加之平原○非洲無寬大之平原、但依近洋海江河、與撒哈拉沙漠之地、有數處小平原、皆爲泥沙淤積而成、惟依近尼勒河者、最爲著名、因河水有時漲發岸外、滋潤田地、並有新

撒哈拉之沙漠

奧洲之平原爲臨近末雷達令二河者肥美內地之大平原少有出產

泥淤積田間、使地尤爲肥美、生長五穀、極其茂盛、不然伊及全地、必極磽薄、人亦不能居住。在撒哈拉大沙漠內、有沙漠田數處、終年有水浸潤、常久肥美、故與四圍之沙漠迥不相同、其田下有灰石、邊高而中凹、上覆膠泥沙土、四圍之水流至於此、不能前進、浸潤其地、使之肥美。撒哈拉沙漠內之沙漠田約三十餘處有人居住者約二十處內有一處約二萬七千餘方里其間有十餘村落

奧斯達利亞平原○奧洲臨近末雷河與達令河之平原、乃泥沙淤積而成、故甚肥美、多有出產、其他之大平原、皆在內地、於濕季稍有出產、然多寡不同、乾季則無出產。又有沙土平原、內有鹹水湖、其地但生長莖之草、亦有數處潮濕之地、因奧洲內地、天氣炎熱、雨水稀少、人不能居住。若按法倫寒暑表算計其天氣每天均言熱至一百一十度

北亞美利加之平原○北美洲之大平原、在二山帶之間、高處

北美洲中南二境之平原出產饒多

多有茂林、產生材木、於人有益、但北境磽薄、不產一物、南境多下濕之地、比海面微高、中境與南境所產之麥並玉米、約有天下所產者三分之一、棉花約有天下所產之半、

南亞美利加之平原○南美洲之平原、亦在二山帶之間、臨近俄利挪哥河之平原、乃泥沙淤積而成、乾季時、因日光極熱、曬於地面、其地極乾、如沙漠、濕季雨水甚多、以至河水漲發、除數處高平之地外、盡皆淹沒。每至濕季淋雨之時其地之牛馬羣逃避水災到小山或高處有不及脫逃者即被淹沒當水災之時人常見高處有野獸避水擁擠其上此時鱷魚與各種鼉類甚爲繁多　臨近阿瑪森河之平原、有極密之樹林、內無人徑、須藉水路往來、但樹林之中、可得各類物料、或爲妝飾、或爲染料、並有抹紙膠之樹、亦極茂盛。其地所居之土人率皆鄙陋　臨近拉伯拉達河之平原、約一百五十七萬五千方里、因雨水調潤、故其地肥美、蒭草茂盛、

牛羣甚多、若將地上所有之牛羣與之較比、亦不如此處之多、每年宰牛約數百萬、爲得其皮角、在濕乾二季、天氣均和、其地乃南美洲最美之處。雖將南美洲之平原分爲三段、然無定界、仍如一大平原、

第四章摘問

山嶺因何而成、所成之山、有何等形狀、山帶與水淤積之泥沙、有何關涉、大山帶於本洲有何關係、如人身之有何處、山嶺與本洲關何緊要、何爲高原、皆在何處、東半球有何著名高原、西半球有何著名高原、平原因何而成、亞洲之大平原在何方、其景況若何、亞歐二洲最大之平原在何處、非洲著名之平原在何處、撒哈拉大沙漠內、有何等

田、其形狀若何、　奧洲之平原、景況若何、　北美洲中南二境之平原、出產若何、　南美洲雖係一大平原、却分幾段、那一段地土豊美、

第五章◯論海島

連洲島之成形與附近之大洲無異

島分二類◯地面之陸地、約十七分之一爲海島、總計衆島、約二千七百萬方里、查其成形之定理、並其地位、可分二類、一爲連洲島、一爲海中島、

連洲島◯連洲島臨於附近之洲、多係窄而長者、其成形與大洲無異、若將各島之層累石、與附近大洲之層累石、一同考驗、卽見相同之跡、揣測衆島之成、可知各洲之山嶺、伸入水中、低處被水淹蓋、高處出於海面、卽爲海島。假如在東半球畫一直

海島圖

線、自干乍德嘎土股起、經過古利勒羣島、日本羣島、琉球羣島、臺灣島、與斐利賓羣島、即知其爲一大山帶、並列於亞洲東界。亞洲南方之蘇門達臘島、與加拉巴島、並東方之諸島、乃皆山嶺相連、與麻喇甲土股之山嶺並列、直通至伊拉瓦第河、及恒河之間。阿拉斯嘎大土股之西、有一羣島、名阿魯森、形如長鍊、幾通至亞洲、實與羅基山連爲一帶。若在西半球畫一直線、自猶嘎旦土股起、經過西印度、並安第勒羣島、直至俄利挪哥河口、此數島、亦與羅基山連爲一帶。以上所

羣島之火山約有全地火山二十分之十九

海中島距大洲甚遠乃火山噴吐之物而成或灰石所成

記之羣島、不但是大山嶺亦有火山、約有全地之火山二十分之十九、更有數處海島、爲火山之尖。○又有一類連洲羣島、上無山嶺、亦非由火山而成、在北美洲東北、北冰洋內、（俄國有一名人進入革林蘭內地約三百里觀其地乃一高原地土極其磽薄常被冰雪淹蓋其人想革林蘭必是數島因終年有冰雪相連如成一島）此等島、本爲海底所成之平原、低處被水淹蓋、觀其形勢、似與北美洲之大平原相屬、雖無山嶺、地面仍有凸起不平之形、

海中島○海中島多在太平洋內、距大洲甚遠、總名波利尼希亞、其成形之故、與連洲島迴異、因連洲島之形勢、與臨近之洲相同、而海中島乃火山噴吐之物而成、或爲灰石所成、火山噴吐而成者最高、灰石之島、乃珊瑚蟲所成、名珊瑚島、但比海面微高、

珊瑚島係珊瑚虫作巢積累而成

珊瑚島◯珊瑚島分數類、最爲新奇者、形如缺環、但高於海面數尺、西名阿頭勤、其內之水似湖、西名拉滾（卽湖或有水凹下之意）湖內之水、皆不甚深、約不過三十丈、島外之水、則深如無底、島上之植物、其類無多、然皆茂盛。（植物約不過四五十種內有椰子樹把拉瑪樹與芭蕉之類）島中之湖、多有火山高出水面、觀其形狀、卽可知其成島之原、此等島皆灰石所成、因有珊瑚蟲、漸從水內吸取灰汁、以成其巢、久之其巢層層積累、其形如樹、又生許多旁枝、按此蟲身體極小、輭如凝粉、其巢如殼、有時口伸巢外、與巢孔翕合無間、口旁生有髭鬚、顏色鮮豔、蕩漾於水中、有如花瓣。論其生長、如樹之發芽、新者自舊者巢中生出、新者生、舊者卽死、新舊生生不已、故其如樹之巢、愈長愈大、有獨根而生者、亦有多根叢生者、彼此糾連、日久卽團聚一處、其硬如石、年深日久、即成如圜形之墻壁、環繞其中之火山。

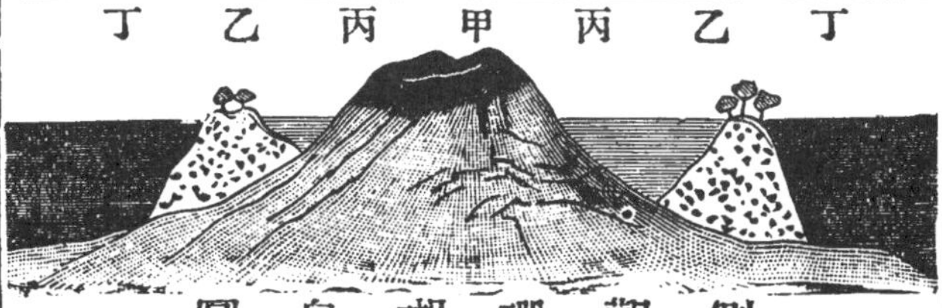

側觀珊瑚島圖

甲乃島中之火山　乙乃珊瑚積切面　丙乃島內之湖　丁乃洋海

○此蟲亦有卵生者、其卵細小如蟣、皆被風浪衝至海邊、其生長與上所言者畧同、○按珊瑚蟲在水内十二丈以下、即不能生活、然深數百丈亦有之、人多不解其故、近有英國格物名家、追求其理、或因海底漸下、其中之山亦沉、山邊水淺之處、有珊瑚結巢、其山愈沉、而其巢層累愈上、却未高出水面、然其巢被波浪衝蕩、其碎塊漸積於巢上、久則高出於海面、後有他島之各種子粒、被風浪衝至其上、或因雀鳥遺落之子粒、遂生長各種花草樹木、後又有人

羣島似大高原如有次序排列

珊瑚磧亦珊瑚蟲所成多係環繞洲邊或海島

居住、◯島內之火山、有出於海面甚高者、亦有微高於海面者、亦有仍在水內、上有珊瑚掩蓋者、波利尼布亞之諸羣島、形似大高原、長約一萬八千里、寬約六千里、大半被水淹蓋、所餘無多、若查看俄西亞尼嘎全圖、卽能見其內之羣島、如有次序排列、假如西藏之高原塌下、平處被水淹沒、惟最高之山峯露於水面、其形勢亦必如此、

珊瑚積◯猶有珊瑚蟲所成者、臨近洲邊、似島非島、名爲珊瑚磧、其形似隄、又名保嶂磧、不皆出於水面、最寬者不過十餘里、然多有長千餘里者、奧洲之東北、有珊瑚磧一道、寬數百丈、長約三千七百五十里、西印度羣島、沿邊皆有珊瑚磧圍繞、美國弗羅利達土股、亦係如此、太平洋熱道內所有之高海島皆有珊瑚磧環繞從水底向外平鋪水面亦有高出水面形如墻壁者又有離島約三十里至一百五十里不等仍

有珊瑚磧圍繞但不如近島者之高常低於水內人不得見但看大浪衝激之處有白沫上翻如雪旋繞如環即知有珊瑚磧在內其島上生花草樹木形如綠寶石在白環之內其間之水深約六丈至九丈亦能行船人欲乘船入內須由環口而進環外雖狂風大起波浪翻騰環內卻極平靜○每見一成環之珊瑚島即知先時曾有火山高於海面成島後乃漸漸塌下

第五章摘問

衆海島約佔陸地幾何、約有若干方里、可分幾類、何名、　連洲島皆在何處、其成形之理、與附近之洲、有何相關、　若以直長線考查、可知此羣島爲何、　其中之火山、約有若干座、　海中島多在何處、因何而成、　灰石所成者何名、其形狀若何、　畧述珊瑚蟲成島之事、　海中羣島、其形何似、約有若干方里、其形勢若何、　珊瑚磧因何而成、皆在何處、　其形狀若何、附近大洲、猶有何島、因何而成、

第六章論磁氣

作磁機之法

磁機之性○論磁機之常式乃一直鋼條、有吸鐵之力、如以繩繫於條之當中、平懸空際、兩端必指一定之方向、而不轉移。若欲作一磁機、可用鋼條一枚、以絨包裹銅絲纏繞鋼條百餘遍、將銅絲之兩端、與電池之陰陽二極接連、電氣卽順銅絲傳繞鋼條、磁氣遂生於條中、而成磁機、或以磁機與他鋼條相搓磨、而磁氣之性力、卽附於鋼條之上、亦可稱爲磁機。然常見者、皆用鋼或鈮、卽鈮克勒屬鐵類因此二金之性堅剛、其中所生之磁氣、方能久存、若用輭鐵、其生磁氣雖易、而失之亦速。若將一直條磁機放於紙下、以鐵屑撒於上、所撒之屑、必聚於磁機之兩端、顯出層層紋理、如地球徑線之式、可知磁氣之力、兩端大於當中、此兩端力大之處、名爲陰陽二極。

若將有磁機之鋼條平懸必指南北

航海指南針尤關緊要

磁機之吸力○若以磁機兩條、令其陰陽錯對、卽彼此相吸、若陰陽相對、卽必相驅、若以無磁氣之鐵、與磁機相對、兩端皆吸之。設用細鋼條一枚、以絲線繫其中、懸於空際、卽無一定之方向、若將條之兩端、與磁機之一端相搓磨、必指南北、而有定向、雖動之使偏、終必歸此定向、然在赤道以南、其條之陽端必漸下垂、在赤道以北、其條之陰端、亦漸下垂。此理詳見下文指南針○羅盤內之指南針、乃一小磁機、平放於樞軸之上、可隨意轉動。航海所用之指南針、乃用一圓形堅厚之紙、周圍書明八方之方位、將磁針安於紙下、其下有軸、此紙隨針轉動、以定方向。無論何方何地、或陸地、或水面、其針常指南北、人憑指南針不至失迷路徑、故航海者視爲要物。

惟正徑線以內磁針正向南北以東陰極偏西以西則陰極偏東

地球之力與磁機相感應

磁針之偏差○指南針非永指南北、毫無偏差、大約全地之上、不過數處、所指準向南北、即此數處日久也必稍有變更、格致家考查磁氣、於南北畫一徑線、環繞地球、若將指南針安於此線之內、即正向南北、稍無偏差、然在此線之東、則陰端偏西、在此線之西、則陰端偏東、故此線名爲磁氣正徑線、此線以外、尚有若干線、然不能正向南北、但所偏者、有多少之不同、各線俱向北會於一處、即爲磁氣之北極、（即陽極）乃北美洲東北境、布第亞島之西境、（北半球磁氣之陽極若細究查乃在赤道以北七十度零八分若自中國北京之徑線向東一百二十六度有餘即至通於磁氣之徑線至於地球磁氣之南極即陰極仍未得其確據）

磁針下垂之理○假如指南針在赤道之內、其針必平懸、若離赤道向北、則針之陰端必下垂、愈北則愈垂、移至磁氣之北極、針即豎立、若自赤道向南、則反是○由是觀之可知地球有諸

磁針偏差之故

般磁機之力、亦如磁機有陰陽二極、此二極感應磁針之理與磁機感應磁針之理無分、

指南針改方向之圖

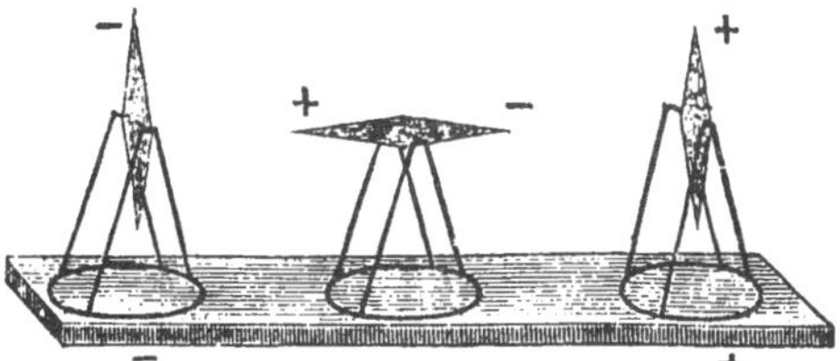

磁針之紊亂○更有他故使指南針亂而不準、有一日一見者、有一月一見者、亦有一年一見者、不過使針微動生差、亦有一定之時刻、揣測其故、大約因日月轉動所致、更有偶然之間、磁氣甚動於天空、忽厚忽薄、約十一年一次、指南針卽甚動搖、約與日面之黑斑相關、若斑形變幻無常、其針必加紊亂、若黑斑平靜、其針卽毫無妨礙、然磁氣令針搖動、所差不過一二度、當此時多有天笑俗名天開眼之象、亦有時電報不通、○由此可知指南針時時皆動、幸

其動甚微、於用之者少有妨礙。或問何爲磁氣、無人能解其理、不過就見於外者、畧講數端、其餘則非人之智慧所能揣測、

第六章摘問

磁機之性若何、　若欲作一磁機、當用何法、　宜用何等金類、有何益處、　兩端力大之處何名、　航海之指南針如何作法、在正經線以內、磁機如何、以東或以西則如何、　磁機之北極在何處、　在赤道之內、磁針如何、向北如何、向南如何、移至磁機之北極或南極皆如何、　地球磁機之力、與磁機有何相關、　磁針有三類微偏、於何時見出、　約若干年磁針有一次大相搖動、多在何時、

第七章論火山

地殼綻裂之口爲火山其上凹處爲火山口

發火之景象

火山○火山乃地殼綻裂之口、湧出水氣、並他類之氣、或石塊與火汁、（地內存留火山所噴吐之物並非由於極深之處雖指明地心極熱然與地心之或爲滾汁或爲堅硬無關）火山所噴吐之物、皆堆積於口旁而成山峯、其上凹處名火山口。

火山口○火山口大小不同、有寬數丈者、亦有三里有餘者、最深者不過四五十丈、（義大利國有一火山名斐蘇斐俄有時其口寬一百丈或數百丈不等哈歪伊島亦有火山其口約長九里寬三里天文家察看月面之火山口寬約一百五十里）火山口之底、乃火汁凝聚成石、如一厚塞、其厚若干、無法揣測、每發火之時、必將此塞衝爲碎石噴出。○往往火山口內開裂小口、堆成小峯、常有水氣與火汁噴出、火山每發火之時、不但改其口之形勢、與其大小、亦因火汁與渣滓並灰塵等物、飛落山坡之上、山亦因之改其形勢。○火山噴吐之渣滓、如爐內燒殘之煤炸。以上所言之灰塵、乃石因熱力冲擢成末、名曰石燼。

發火之力

發火之由○火山發火之由、仍未得其確據、按地學家揣測、大約因地面之水、漸漸滲入有火汁之處、卽成水氣、終必發洩、卽將其塞衝破、並將所蓄積之物、噴吐而出、蓋水熱至滾水度、則變水氣、而水氣愈熱、其發漲之力愈大。南美洲有一著名火山、名革多巴西峯、其中之火汁、若衝激於外、每方寸須有一萬九千斤之力。歐洲斐蘇斐俄火山、一次將山石塊與水氣噴出、約高十餘里、若論其力、比如自火山口直至其底、凡存留火汁之處、實以火藥燃之、其力亦未必有如此之大○地內雖有如此衝激之力、亦必藉地殼柔輭之處湧出、但最柔輭者、乃在山嶺之巓、因該處地殼已有摺紋、多所綻裂、故火山皆在山帶最高之線○多有火山相離不過數里、皆在一山帶之上、且在摺紋

狂一山帶內之火山皆於地內相通

常發火之火山不如不常發火者之勢兇猛

之一道線上。蘇門達臘島長不過三千里其上之火山口約一百有餘阿魯森羣島之長線不過二千五百里上有發火之山三十一處伊斯蘭島有十三座發旺之火山干作德嘎士股上有十三座火山皆有發旺之勢

數火山連開一線圖

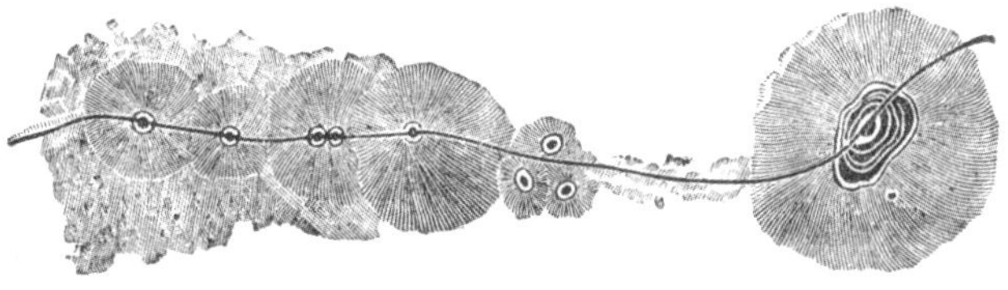

地學家已得其確據、知數處火山、皆於地內相通、距斐蘇斐俄火山數里、有一島、名伊斯基阿內有一火山、若斐蘇斐俄發火之時、此山之火必息、此火山發火之時、斐蘇斐俄之火亦息、此發彼息、此息彼發者、約二千年之久。在義大利國那波利海灣之北、有火山口二十五處、於今雖息、尚可辨認、中有二處、成爲水湖。○有數處火山、常常騰烟與氣、雖噴吐之火汁無多、然水氣和他類之氣不少。更有火山、百年之久、不騰烟發火、倏爾發旺、勢其兇猛、如斐蘇斐俄、與西西利島內之哀第那火山、皆是此類。

西西利島之北、有一小羣島、內有火山、終年噴吐火汁與熱氣、但力不甚大、人可在數丈外、隨意觀望、○論時發時息之火山、每當發火之時、先將其口之底衝碎、噴至空中、連帶許多水氣、並他類之氣、如降熱雨、紛紛落地、其爲害較火汁尤甚、因火汁始雖驟然流出、後則緩緩長流、將內所蓄積者流盡則止、（火山所噴吐之氣除水氣以外多是硫磺與綠氣）○火山發火之時、常藉所裂之壘、以開新口、比如斐蘇斐俄火山、在耶穌後七十九年、（即東漢章帝四年）於舊火山旁、復開新口、上有堆成之山尖、比舊山之尖更高、○永不息之火山、每十分鐘至二十分鐘、即噴出水

火山開新口圖

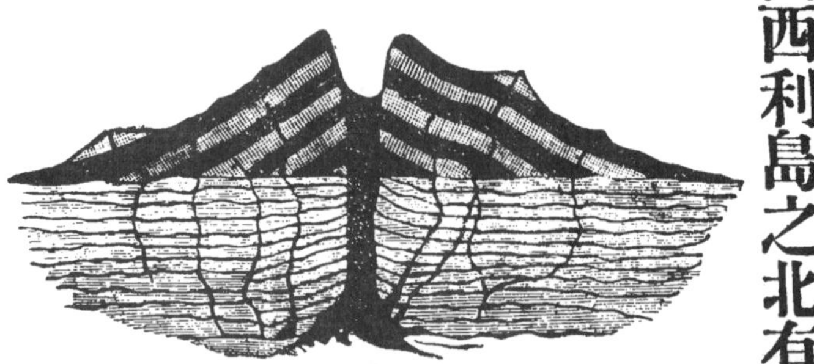

定理有四

氣與他類之氣、若向口內觀之、其火汁漸騰成泡、倏然而破、噴於空際、

發火之定理○格物諸家、詳考發火之定理、約有四端、

一、若年遠未發、至發時、或湧力甚大、或歷時甚久、

一、若發火之時、相隔不久、其湧力較小、歷時亦不甚久、

一、永不息之火山、其力尤小、

一、發火之故、乃因水氣與他類之氣、聚於一處、受極大之壓力擠力、故爾衝出、

地面之火山○地面所有之火山、約一千餘座、而常發旺者、三百五十座、其中一百十七座在大洲、餘者皆在海島、統計衆火山有二十分之十九在臨近太平洋之洲邊、或在太平洋內之

火山成帶最著名者乃沿太平洋並圍繞俄西亞尼嘎之火山帶

海島。若細看地圖、可知火山所成之山嶺、乃自南美洲之南境起、向北與安第斯羅基二山帶並列、北方順阿拉斯嘎土股、與阿魯森羣島、通至亞洲、循洲內之大山帶向南、至奧洲以北、◯另有一火山成帶、附近奧洲、與此山帶會合一處、乃從蘇門達臘、加拉巴二島而來。以上所言之火山、與火山帶、將俄西亞尼嘎島圍繞內中之諸島、約皆火山所成、◯在大西洋中、亦有兩帶火山、一與西印度羣島並列、內有火山口之舊跡五十、尚易辨認、一從革林蘭島向東、通過伊斯蘭向南、又通過瑪德拉嘎那利與德角羣島、另有一岔向東、通過地中海。

火山之功用◯有人稱火山爲平安合頁、如機器之平安合頁、備放其中之氣、以保機器無虞、倘無火山、地內之火與氣、無處

最著名之火山以斐蘇斐俄爲首

發洩地殼必屢相震動往往火山將發火之時地或震動如先報信於人地學家揣測地震與火山發火原是一理相通◯最著名之火山乃臨近地中海與加拉巴島內之火山其中尤爲著名者乃臨近地中海之斐蘇斐俄火山。

斐蘇斐俄山發火圖

考西國鑑書記載斐蘇斐俄火山之事曩時山根有三座大城一名司達必哀一名黑耳古雷尼恩一名判坡伊且山坡之上盡是園圃直至火山口邊耶穌後六十三年卽東漢明帝六年其處地震多有房屋塌倒器具破壞並傷害數人此事以後十六年之久平安無險有人仍住其地至耶穌後七十九年卽章帝四年夏季西曆八月二十四日有黑雲如柱自山頂而出日落以後從山坡發火有許多石燼石塊並熱雨下淋至次日日出時其黑如夜亦有石燼含帶硫磺氣下淋及黑雲消散此三座大城

與名園皆彼石燼淹蓋此後一千六百餘年毫無踪跡耶穌後一千七百五十三年卽乾隆八年有人於此處掘井見地內有破壞房舍後有人細加考查乃大戲場一座從此多有人掘挖其地尋得三大城與其中之古跡且有人之骸骨已變爲石並各類器具察其形勢似當時之人絕無法逃脫此災者後百年之久始發火一次又後均言每二十年約發火一次在同治十一年乃其末次有著名天文士當發火之時登觀象臺察視言如滿山有竅向外出火如汗

耶穌後一千五百三十八年、卽嘉靖十七年離斐蘇斐俄火山不遠又開一火山口、其所噴吐之各物堆積約高五十餘丈土人名爲新山。當年臨近西西利島有一火山出於海面成爲一島、發火之時、極其兇猛將火汁上噴高二十餘丈息後、此島遂漸塌下、越二年、卽不露於水面、◯加拉巴島內之火山有數次發火、皆甚兇猛、其力不可勝言、按土人傳言、蘇門達臘與加拉巴原係一島、宋朝時、因屢有地震、並火山發火之故、卽將此島分爲兩段其間遂有森達海腰使兩邊之海水相連然此二島分隔之時當中仍有一小火山存留名克拉嘎度時常發火但其輕猛不同。耶穌後一千八百八十三年卽光緒九年克拉嘎度火山忽從山頂噴出霧雲如柱少時全地黑暗先有石燼與細塵淋下又過數分鐘卽將田地人烟盡皆淹沒又有極大之衝力將山內之物噴出至數里之遙亦將山坡仆於海中全島漸塌明晨其島僅於一半露於水面當時約傷十萬餘人○伊斯蘭島中有火山十三座在耶穌後一千八百七十三年卽同治十一年島內之一火山噴吐許多濃汁下流如河至一百五十里其寬均言約四十五里西西利島內之哀第那火山有數次發火最重之一次在耶穌後一千六百六十九年卽康熙八年彼時有一城名嘎答尼亞被其淹沒南美洲最著名之火山名革多巴西峯在哈歪伊羣島內亦有一著名火山名及勞伊阿耶穌後一千八百八十三年卽光緒九年阿魯森羣島內有一島被火山衝毀下沉幾與水面相平阿拉斯嘎以南有一小島亦因火山發火衝爲二島

沸泉之理與火山相同

著名之沸泉以美國歪俄明省內者爲最

沸泉與噴泥泉○尚有與火山相類者、其噴吐之物、或熱水、或泥蓋因地內之熱氣上衝、其理與火山相同、而其力較輕、沸泉（西名該色耳）皆在火山境內、其流動噴吐、皆有定時、初則緩緩湧出、繼則夭矯如柱、直至空中、後乃放出水氣、聲聞數里。若究沸泉之故、約因該處地中之石甚熱、且有直上開裂之竅、依近地面之水、藉四圍石隙下浸、至深處則極熱、然因上水下壓、未能立變爲氣、乃漸熱至上、如釜中之水然、上面之水、熱至滾水度、卽上騰、其壓力則輕、而深處之水、卽變氣上噴。至水噴盡方止、後地面之水、仍由石隙浸入、熱則復噴、故其時噴而時止。沸泉多在大西洋以北、伊斯蘭島內、並太平洋東南、牛西蘭島內、與美國西方、歪俄明省內、此數處沸泉、以歪俄明省內者爲最大、亦最

著名、此省噴泥泉、並沸泉、溫泉、共計約一萬餘處、又有一河名

伊斯蘭島沸泉圖

火溪、臨近有沸泉、乃天下第一著名者、境內滿蓋鹻質砂質、其地潔白如雪、而成最美之景、亦有地堆積砂質約厚三四寸然仍鬆輭不硬若將樹之枝幹拋於此地之水內不久即變爲石　此境內有沸泉七十一處、內有六處、能湧水高十五丈有餘。在伊斯蘭島一帶之地、約有沸泉一百餘處、最大者、名大該色耳、每一點半鐘、必騰沸一次、其

噴吐之水柱、直徑約一丈八尺、高約十丈、其口約寬五丈、周圍堆積砂質、約高三丈、其深入地內之竅約寬一丈八尺、深約八丈。

第七章摘問

何爲火山、何爲火山口、發火之景象如何、火山發火約因何故、必藉地球何處湧出、在一山帶之火山、地學家以爲如何、不常發火之火山、發火時如何、常發火之火山如何、常發旺之火山、約有若干座、內有若干座在大洲、若干座在海島、最著名之火山帶在何處、有何火山最爲著名、沸泉與火山之理如何、其力如何、噴吐何物、何時噴吐、畧言沸泉噴吐之故、最著名之沸泉在何處、

地震與火山乃一理相通

距火山最遠之地震或因地殼上升下降之故

第八章○論地震

地震○地面有時搖動、岌岌可畏、名曰地震、火山發火之先、大半臨近之地震動、有人揣測、地震與火山發火、皆出於地中之一力、若火山發火、地震必息、亦有火山止息、屢有地震、比如南美洲之革多巴西火山、若不騰烟、臨近奎多城之居民、必然驚懼、惟恐地震、義大利之斐蘇斐俄與伊波米歐二火山止息之時、四圍之地、多有震動。有離火山最遠之處、地亦震動、蓋因地殼上升或下降之故。耶穌後一千八百三十五年卽道光十五年南美洲支利國有一次地震彼時海岸高起二尺至一丈不等印度國亦有一次地震將近印度斯河口之一片大地約一萬八千方里全然塌陷被海水淹蓋耶穌後一千八百十一年卽嘉慶十六年美國臨近歐亥歐河流入米西西比河之處有一次極重之地震將數片大地塌陷至今成爲大淀按以上所言、地震之故有二、其一、約因地殼內極熱之處、有水氣並他類之氣衝動、比如人將許多火藥聚於一處、以火燃之、周圍之地、必然震

地震之搖盪如水之波紋分立形平形兼立平二形

動、其勢與地震相仿、但其力較輕、其二、約因地心漸涼而縮、假如地之外殼與地心同縮、人即不覺、若地心涼縮較速、地殼不能隨之而縮、其間必有空隙之處、日久必然塌下、因塌下之力甚大、即能成爲地震。

石層錯落圖

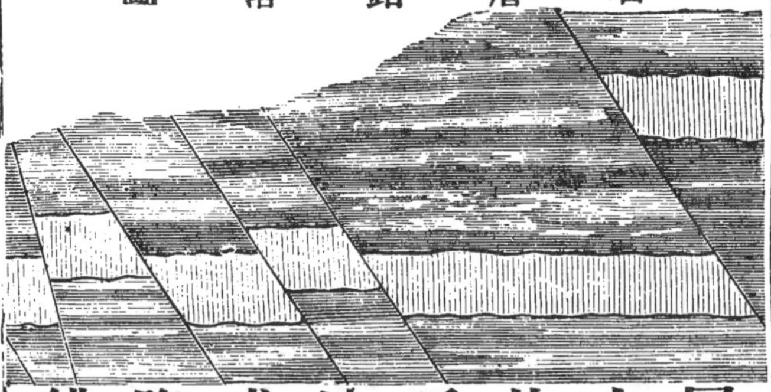

層累石乃由水而成其原式皆平但因經地之震動或地縮下陷故層累錯落

地震之形勢○若將一石子投於水內、水面必成圜形之波紋、而石子所落之處、必有忽上忽下之勢、四圍遂成波紋、互相環套、愈遠而愈緩、此可比地震之搖盪、看圖中甲字、乃地震之中心、起於地

地石堅硬較脆軟者行動尤速

面之下、若自下而上、直至於乙、則爲立形、其災甚大、若至己庚辛、則爲平形、其災尚輕、惟至於丙丁戊者、則兼立平二形、其災

地震波汶圖

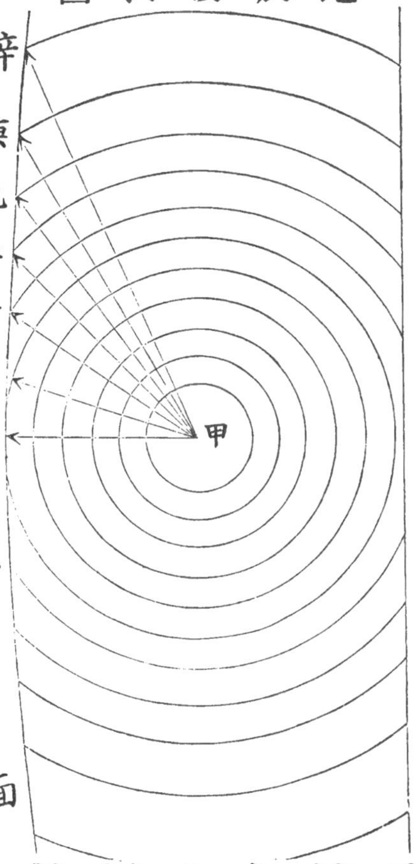

爲尤大、或有地面轉動、房屋改其方向、名爲旋震、然不多見。地如波紋之行動、遲速不同、若其地之石堅硬、較石之輭脆者、行動爲尤速、地學家細考行動之遲速、均言每一分鐘、約行五十七里。地震之先、往往地內有聲、或如重車行於石道、或如連發大

冬季月望地震多於平時

火山境內並後成之山嶺地震多於他處

炮、或如大石相搓磨。計算全地之地震、每年約六百次、可知地球常有搖動之時、而多在冬季、或月望、約因日月之吸力、吸引地殼、故易震動。

地震之處○雖各處皆有地震、然最多者、乃在有火山之處、並後成之山嶺臨近之處、因後成者、不如先成者之堅固、最大之地震可略題數處耶穌後一千七百九十七年卽嘉慶二年在南美洲略班巴城有一次地震其搖盪之勢卽前所言兼立平二形者此城正當地震之中心所成之波紋高起約一丈二尺其處之人物房舍震騰於空有高約十餘丈者分落於河外論此震動其時不過數秒卽將華美之城變爲石堆約四萬人隕命○耶穌後一千七百五十五年卽順治十年葡萄牙國京都利斯波阿有一次地震傷損無數人民其地甫震城內之房屋立卽坍倒此日恰當羅馬敎之聖日衆民在各會堂聚集皆被傷損亦有多人逃至海濱不料潮浪大至高約九丈所有之人民皆被淹沒其處有一漢白玉埠頭亦有多人逃於其上以爲堅固可恃孰意埠頭塌下其上之人皆沉於海此次地震共傷人六萬有餘○耶穌後一千八百六十八年卽同治六年太平洋臨近火山之處亦有數處震動南美洲之西界與哈歪伊羣島並美國之舊金山皆屢

地勢上升下降非日久不能考核

有地震然輕重不同南美洲之秘魯國近海有大城三座皆被淹沒哀瓜多國亦有一城並其臨近之地盡被塌陷現今成一大湖○義大利國有許多村鎮塌陷亦有一處地忽開口將一段地塌陷深約三十餘丈當時亦有山嶺塌陷又有數片大地開口有地改其形勢成爲噴泥泉並溫泉猶有數處地面塌下後竟成爲溪沼○耶穌後一千八百十九年卽嘉慶二十三年臨近印度斯河口有一處大地約一萬八千方里因地震立成爲內地之海其處有一鄉村與一營寨名森得利盡皆塌陷被水淹沒惟有房頂樹稍露於水面○耶穌後一千八百八十三年卽光緒九年夏季義大利國之那波利海灣內以斯加島有一次地震此島之東半段原爲火山噴吐之濃汁所成因地震之故有三城受害內有一城全行塌陷隕命者七千餘人此外之地震各國皆有不勝其數

地勢之升降○因地心縮小而有地殼之擠力以至數處地勢、漸漸上升、亦或漸漸下降、若欲考驗此事、非年久不能知其詳、且卽現今所考核之數處畧言之、一、革林蘭之東境漸漸下降、二、北美洲東北境拉伯拉多之地勢漸漸上升、三、歐洲之西北境哪威瑞典二國之地勢漸漸上升、約百年之間高起六尺、四、

近洋海或海底震後必有潮浪之害

美國之東南、弗羅利達土股、漸漸下降、五、俄西亞尼嘎內、太平洋之底、漸漸下降、因地殼之上升下降、無形無聲、若非詳細考查、未易明曉、亦可依海岸查看潮水之蹤跡、可知新跡高於舊跡、或舊跡高於新跡。

地震後之潮浪○若地震近於洋海之處、或於海底、震後必有潮浪、湧至岸上、與每日漲落之潮、毫無相關、在利斯波河地震後、所起之潮浪高約九丈、其湧至之處、皆受損傷、秘魯國阿利嘎城地震時、所起之潮浪、約高六丈、在數點鐘內、將地震所蹋陷之餘地、盡皆衝壞、當時有美國之鐵甲船、在此停泊、被潮浪湧於岸上、約六里之遙、此外亦常有船因潮浪之故、湧於岸上損壞。論此潮浪、大約在地震中心之上、而成立形之故。在秘魯

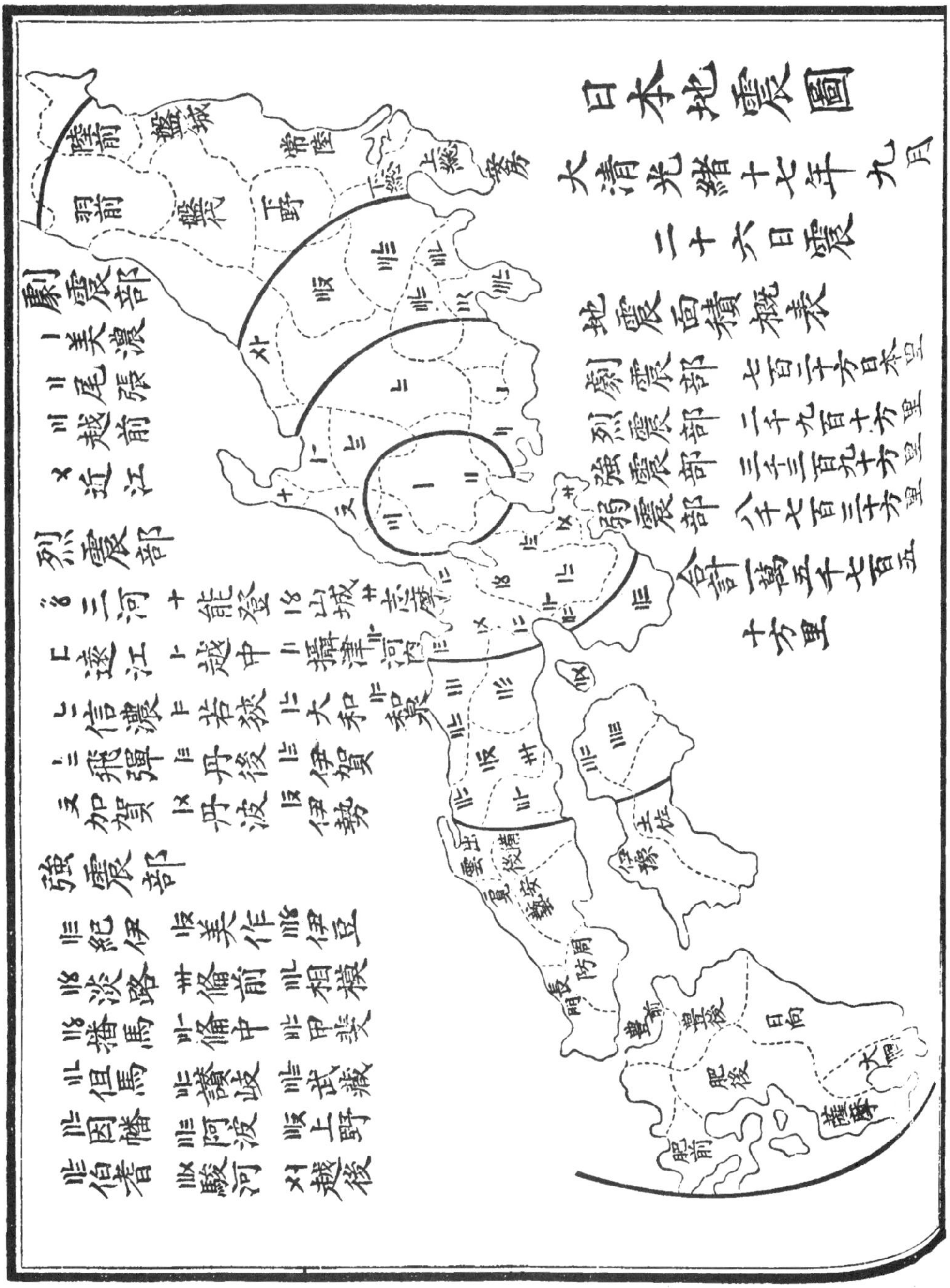

日本地震圖
大清光緒十七年九月二十六日震
地震面積概表
劇震部 七百二十方日本里
烈震部 二千九百十方里
強震部 三千三百九十方里
弱震部 八千七百三十方里
合計一萬五千七百五十方里
劇震部
美濃 尾張 越前 近江
烈震部
三河 遠江 信濃 飛彈 加賀
能登 越中 若狹 丹後 丹波
山城 攝津 大和 伊賀 伊勢
志摩 河内 和泉
強震部
紀伊 淡路 播馬 但馬 因幡 伯耆
美作 備前 備中 讚岐 阿波 駿河
伊豆 相模 甲斐 武藏 上野 越後
陸前 羽前 盤城 盤代 下野 常陸 下總 上總 安房
出雲 備後 石見 安藝 長門 周防
伊豫 土佐
豐前 豐後 肥前 肥後 日向 薩摩 大隅

日本震原及震烈波動線路圖
揖斐　北方　青知
垂井　竹鼻　関
高田　高富　弟鳥沼
大垣　岐阜　大田
高須　笠松
越前
美濃
尾張
第一次
第二次
第三次
長良川
木曾川
震原
陷落地
震烈波動線
境界
村
城

國阿利隁所起之潮浪直流過太平洋歷十四點鐘至於日本國約行三萬里。

第八章摘問

何爲地震、地震之事、與何事相關、離火山最遠處之地震、約因何故、地震之搖盪、與何相似、地震之形勢有幾樣、皆係何形、此外尚有何形、其行動之遲速、均言一分鐘、能行若干里、何時多有地震、何處多有地震、地勢之上升下降、何以考核而知、臨近洋海、或海底、震後必有何害、

附日本地震

耶穌後一千八百九十一年、（即光緒十七年）日本東西兩京之間、地大震動、按其國三十七年之久、未曾有此劇震、國人因國中常有

地震、故歷代記載其事甚詳、於未震之先、考查記錄之書、其中雖未載明何時當有劇震、然於未震之九日前、國人咸臆應有一次地震、度其時、或當於十月初四前後、孰意未及所臆之時、而於九月二十六日、即西十月二十八日早六點半鐘、倏然臨到、並無先兆、亦無預音、忽然虐震、一連三次、每次爲時不久、約不過七秒鐘、因震重、故每次地面現出震之波紋、三次皆然、當欲動搖之時、忽聞如大風吹過之聲、轉瞬變成巨災、田山坡之大道、綻裂深縫、並有多處、由裂縫中湧出混濁之熱水、即日本著名之福希山、同時陷落半崖、且岐府之山變爲火山、吐發焰火、並有別地山嶺、冲出水氣、更有一山、名爲白山、而山下裂成寬深之口、甚虐之所、乃歧府縣、又名美濃想震原殆由乎此考縣中

地勢改變多因平水

約三百方里之地、倏然蹋陷、其中之村落悉爲所毀、有一城房屋有四萬餘所、當震時、倒蹋者僅數千、只因各處燈火同焚、延繞至三萬六千餘所、其城卽變爲焦土、更有一城、房屋倒蹋五百五十餘所、按日本人因常患震事、故造房屋之基石、不使堅牢、屋頂輕鬆、以木爲之、取乎遇震不易歪蹋、然遭此一震、卽皆墜落、統計斃人約六千五百餘、受傷者九千餘、房屋倒蹋者約七萬五千餘、損傷者一萬二千餘、此外更有電桿、橋梁、鐵路、悉行坍毀損壞、

第九章〇論水氣涵空

水能更變地勢〇地面之形勢、多因水之刷磨衝激、使之改變、如山尖被水刷磨、而成圓形、平原山谷、淤成平形、大約各國之

水爲輕養二氣交合而成

冷至三十二度則結冰熱至二百十二度即化氣

平原皆因水自山下流、將所含帶之各物、淤積凹下之地、填平而成。地上所有之層累石、雖極寬厚、皆昔時之磐石、被水刷磨、衝於他處、而漸成此石、○水乃輕養二氣所成、輕氣又名淡氣三分之二、養氣三分之一、水能涵蓄空氣並他類之氣、且能融化數樣金類、養氣重於輕氣八倍

水之形質○水在天氣清和之時、若不含帶他質、乃無色無味流動之物、以法倫寒暑表測之、人常用之寒暑表有三而其度數不同西人多用法倫所作者名法倫表其表下至三十二度水即結冰故名結冰度升至二百十二度其熱可使水滾沸故名滾水度在五十五度爲温和之時七十六度爲夏季之熱九十八度爲人血之熱本書所用度數皆仿此表若天氣冷至三十二度、水即凝結而堅硬、熱至二百十二度、即變爲氣、消散於空中、天氣無論冷熱水總有些須消散成氣之勢即雪在地天氣乾燥之時亦有消散之勢

水之漲縮○水有漲縮之性、其漲縮之故、乃關乎冷熱、若在三

凍必忽漲
愈熱愈漲

十九度、其所佔之地最小、自此度而下、將至三十二度、水但微漲、約四百分之一、若至三十二度、即凝結成冰之度、必忽漲十四分之一、且其凍漲之力極大、不能抵拒、若有一寸厚之空鐵球、內盈以水、至冰凍之時、能使此球破裂。若在三十九度以上、愈熱而愈漲、此如在三十九度時、有百瓶之水、使之開滾、即可盛一百十瓶、即此可明水漲之理。水凝結成冰之時、較在三十九度時、漸漲而漸輕、由此可知江河凝結成冰、非自下而上、實自上而下。在結冰之時惟水之上層凝結其下之水仍是三十九度設若冰重於水

水破鐵球圖

鐵球破一圓孔中實以水以塞塞堅或以繩縛住冷至結冰度其中之水漲或將繩漲斷而將塞閧出矣

水收熱甚緩發散亦甚緩

人物無水俱不能生

則必下沉其下之水勢必十翻至三十二度亦成爲冰層層冰沉江河湖之凍必絕底雖在夏季亦不能融化將使温道之景況有似寒道可知翻只凝結於水面未嘗凍至於底

水能含熱〇地上諸物、能含熱者、莫過於水、水之收熱甚緩、發散亦甚緩、故湖海之水、於夏季多蘊蓄日之煖氣、至冬季、乃漸散出、使夏季不至過熱、冬季不至過冷。若有水一斤、自三十二度、熱至一百十二度、其所用之熱氣、足能使九斤之鐵、熱至其度數。冰必受熱、方能化水、比如冰一釜、置於火上、在冰未化盡之時、其所化之水、仍不過三十二度、至已化盡、始能增其度數、可知必用許多熱氣、令冰化水、假若此水再結爲冰、其所含之熱、仍必發洩於外。水滚之時其下之火不拘多旺水之度數終不過二百十二度若過此度水即化而爲氣其氣若再成水其所隱之熱仍必放出

水爲必需之物〇水乃人物所不可少者、若無水、凡生活之物、必皆滅盡、且人之身體、約四分之三爲水、凡人所食之物、約五

陸地之水由於洋海

空氣冷則不能多含水氣即將所餘者或爲雨雪等物

雨乃空氣遇山峯寒冷其熱驟減而成

分之四爲水所成、諸類果品約十分之九爲水所成

空氣含帶之水○陸地所有之水、如井泉江河湖之類、皆本於洋海、因洋海之水、受日蒸晒、復被風吹、而成水氣、升至天空、爲凉所縮、卽成雲降雨於四方、○空氣能含帶水氣、比如降雨以後、地面之潮濕、或溝壑之水、不久皆涸、此乃因空氣能吸之故、卽成不能見之水氣、含帶於空氣之中、○空氣所含帶之水、皆憑其冷熱之度、空氣愈熱、所含之水氣愈多、空氣愈冷、所含之水氣愈少、若天氣至結露之度、卽含足不能再含、自此度以下、其所餘之水氣、遂成爲雨、雪、雹、露、霜、霧、雲、

雨○若空氣熱至一百度、從水面經過、必吸若干水氣、及遇大洲內之高山、因山峯寒冷、其熱驟減、或退至六十餘度、但空氣

雪乃水氣凍結而成

在六十五度、所能含帶之水氣與在一百度所含帶者、不過三分之一、其不能存之水氣仍復爲水而成雨、以潤地土、以雨尺度量、中國北方所降之雨、每年均言一尺五寸、南方較多、美國三尺有餘、歐洲三尺、雨水最多之處、乃西瑪拉山帶以內、其地有數處、一年所降之雨、足五十餘尺、

雪花圖

雪○水氣凝結堅實、降而爲雪、故可謂爲凍結之水氣、非天氣冷至三十二度、不能成雪、人以

雹乃雨於高空凝結而成

露乃附地之空氣漸涼而成

顯微鏡觀看雪花之形始知片雪之中、各具花樣精微奇異、雖形狀不一、然俱六面六角、而其角之大小如一、

雹○雨於空中極高之處、凝結成雹、大如雨點、亦有時大如鷄卵、其徑二寸、降雹時、常有狂風雷電、所降之時刻不長、或十分鐘、或一刻不等、但甚猛急、假若將雹剖開觀其形跡乃如數層氷雪更迭而成但其理尚未確知

露○水氣於晴靜之夜、結爲水點、成露、落於樹葉、或花草之上、觀上文所講空氣能含水氣多寡、乃憑其冷熱、卽可知結露之理、比天氣於白晝八十度、能含水氣較多、至日降落地面與空氣漸涼、但地面較空氣稍涼、附於地面之空氣、或涼至六十度、其所含之水氣僅存八十度時之半、而所餘之水氣、卽結成露、至次日日出、地面微熱、附於地面之空氣亦微熱、復能多含水

不降露之故

氣卽將露吸於其中、○夜間亦有不降露之時、或遇天陰露卽不降、因天空被雲遮蔽、地面不能放自晝所受之熱、或遇大風、亦不降露、因空氣運行甚速、附近地面之時刻短促、不能受地之涼氣。依近大洋、或多有清水之處、降露最多。洲之內地或有永不見露者、卽有亦稀少。附地之空氣所降者、較多於高處空氣所降、因離地愈高、而空氣愈涼。

霜乃露凍結而成

霜○露結爲冰而成霜、天氣若冷至結冰點、所降者並非水點、乃極微小之冰錐、霜於山谷與凹下之地比山坡尤多故人栽種果品多種於高處因高處下霜晚於凹下之處

霧乃空氣幾成水者浮於空不甚高

霧○附近地面之水氣、幾成爲水、卽謂之霧、有人想霧爲極小之氣泡、亦有人想係極微小之水點、若空氣之冷、微下於結露度、其未能含之水氣、卽縮而成霧、俟天氣畧熱、卽皆消散、因空

雲分四類

氣已熱、便能多含水氣。霧浮於空不甚高、最高者不過四五十丈、亦有時不過二十餘丈、若有人於高山下觀、見全地皆濃霧掩蓋、其上仍是晴天。

雲○雲與霧原無區別、不過高者爲雲、低者爲霧、察雲之形狀、可分四類、一爲浮雲、其形輕如羽毛、浮於高空、西國船工稱爲貓尾、約係極微細之冰塊而成、二爲疊雲、因其形狀有層疊之式、惟夏季有之、且因熱氣由地面上升、將彼托住、故日出時尚少、至午則多、日落則無、三爲層雲、乃層層而出、微高於地平界、多見於日暮之時、至夜或有、日出則無、四爲烏雲、即降雨之雲、無一定之形、其色烏暗、能蔽天日、然不甚高、其下爲雨點、中爲細雨、上乃露、或濛雨、○上所言之疊層二雲、亦能變爲降雨之

空氣含帶水氣能使晝不甚熱夜不過冷

雲因與烏雲相差之處、不過在於形色、亦有二類共見、即如浮層二雲、或疊層二雲、或浮疊二雲、並有相兼之狀、且將降大雨之時、屢有浮雲先出、因此泛海之人、每見此雲、較見他雲更為驚心、

水氣之功用〇水氣之用不一、若無水氣、晝之熱夜之凉、人即不能支持、空氣雖含水氣百分之一、然足可預防白晝之炎熱、且於夜間、能將白晝所受之熱氣放出、使人得暖。論其蔽日之熱、或含日之熱、水氣之力、較空氣之力、約大七十倍、於非洲北大沙漠地、空氣格外乾燥、雖晝之熱至一百四十餘度、而夜之凉、或能凍冰。

第九章摘要

雨水滲入地內後復湧出卽爲泉源

地勢改變多因何物　水因何而成、水至何度結冰至何度化氣、　水之收熱如何、發散如何、　陸地之水、由何而來、　空氣愈熱、所含水氣如何、愈冷如何、　雲分幾類、其形狀皆如何、霧因何而成、　雨因而成何、　何故降雹、　露因何而成、爲何有不降露之時、　露因何結爲霜、　何故降雪、

第十章◯論泉源與湖

泉源之來由◯洋海之水、化氣升空、又被風吹至洲內、後結成雨、降於地面、或復成水氣、或滲入地內、或流行於地面、其滲入地內者、或聚於存水之處、或成爲水泉、其流行於地面者、則成溪沼、歸入江河、◯泉之來由、乃滲入地內之水、有幾分滲至膠泥、或磐石之處、卽不能再滲、亦有幾分仍存於土中鬆輭石孔

內、○若於土內存水之處掘一坑因上面水之壓力、和周圍水

井內蓄水圖

此圖指明有井之處割觀其地內之式證明井內蓄水之理、甲為地面之水下浸、丁為硬石、或膠泥等不浸水之物、將水阻止、丙為鬆石等類、能蓄水之物、乙為水之高、因鬆石等之高如此、故水之高亦不能過此、

之擠力、即可使水入於坑內、以至盈滿、掘井之理、與此無異、倘

若地內有空虛之處水亦必盈滿若存水之孔在偏坡之處因

山中泉源圖

欲講明山坡成泉之理、可將此等山坡直劃側觀、卽見其內之式如何、亦卽明其成泉之理、圖中甲爲鬆土、丙爲硬石、或膠泥等物、水由地面下滲、經過甲處至乙、過乙不能再滲、故成一水道、由山坡洩出

上面之水力下壓、必使其水從低處上湧、卽名爲泉。水或存於

地內空虛之處、或鬆輭之土中、漸漸浸成水路、亦卽成泉。若存水之處、高於泉源、其流必涓涓不斷、但每至乾旱、亦或止息。亦

自流井圖

此圖指明自流井之理、可觀圖中所誌三甲字、皆爲硬石層、乙字皆爲鬆石、水藏蓄於其中、丁丁二處、乃人以大鑽穿破硬石、入鬆石中、故鬆石中之水、因四圍之擠力、直冲向上、自躍不止、

以機器鑽入堅石之下而得水名自流井

溫泉之熱或因二故

水入石內將其中之金類消化即含帶其質於水中

有小河之水、滲入地中、成一水路、仍從他處湧出、大平原常有此等之泉○地內存水之處、若在堅石之下、人欲取用、須用機器鑽至其處、因四圍水之擠力、即必驟然湧出、名爲自流井、美國舊金山之南境靠近太平洋有數千此等之井而深淺不同或十丈至百二十丈不等初鑽之時水則湧出其口後因鑽者漸多故湧出之力漸小但仍有數處能湧出口外人以此水澆灌田地磽薄者亦能使之肥美今有法人於非洲大沙漠地內多鑽此等之井其井有深至二百三十餘丈者、但雖如此之深、亦能湧出其口、或亦有將及井口者、

溫泉○常見之水泉、其熱約五六十度不等、而溫泉之熱亦不同、有極熱至滾水度者、其熱或因存水之處有石朽爛而生、按化學家所講凡物朽爛將欲變化其質必然生熱或因在火山境內、熱氣使然、

含帶金質之泉○泉水有含帶金類之質者、乃因水滲入鬆軟之石內、將石內金類之質、凡能消化者盡消化之、如鹽堿灰硫

礦等質、此等泉多半發熱、然亦有數處著明之泉、涼而不熱、水內若含帶灰質、即灰和炭養二氣相和化學家命爲灰炭三養 水向前流、必將灰汁留積於泉旁、若在石洞之內、水從上滴下、必有灰質留於其上、下垂如冰錐、名爲石鍾乳、其積於地上者、漸漸高起、名爲石牀。若將小樹枝或錢或玩物置於此泉之旁、久之其所濺之灰汁必將所置之物包裹、猶有一類石名苦變石乃植物極微小之根鬚連絡一處而成

石油泉〇美國舊金山與笨西斐尼亞省中、並敘利亞國、西域多有出石油之泉、中國四川省亦有之、在南美洲北方俄利挪哥河口外、有一島、名德林伊達、內有一湖、乃石油所成、

時流時止泉圖

時流時止之故

時流時止之泉〇猶有泉水、時流時止、揣測其理、約因出水之

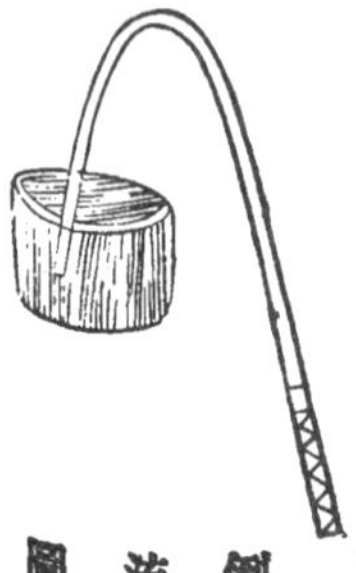

倒流圖

小島亦多清水

滙聚之水多於化氣之水即成湖

島中蓄清水圖

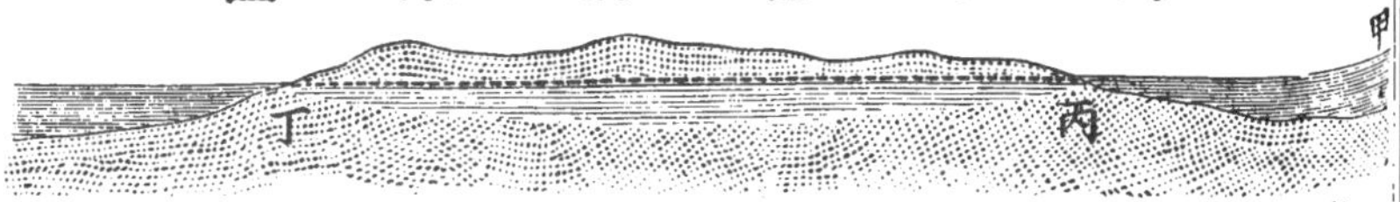

孔形如曲筒之故、此等泉約因四圍之水滲入於孔水入漸多而孔內之氣漸縮及水流入曲筒氣復漸充而有擠力使水湧出其口以至流盡此曲筒如人所用之倒流然看以上之圖可畧明其理

海島內之清水○清水不但在大地有之、即小島亦多有之、而珊瑚島中尤多、若於島上掘井、雖井水與海水面平、其水仍清而非鹹、其理似奇然易明、每逢淋雨、雨水必滲入沙土、其水輕於海水、故浮於其上、看以上之圖甲乙乃指明海面丙丁乃指明清水便曉其理

成湖之故○雨水淋於地面、有化成水氣消散者、有滲入地內者、亦有滙聚於凹下之處者、設滙聚之水多於化氣之水、即成爲湖、日愈久、滙聚之水愈多、以至滿盈、或流於他處、亦有汎濫於地面者、因水面寬散、化氣必

湖分二類

亞洲著名之清水湖有二以西比利亞之貝加湖爲最大

歐洲境內多高原湖

速、以至所匯聚者、與化氣消散者、相等而止。由此可知湖分二類、一爲有放水之口者、其水澄澈、二爲無放水之口者、其水鹹澁、無口之湖、皆在洲內之大平原、其水不能流向他處、西名高原湖、各洲皆有、然多寡不同、惟北美洲尤多。

亞西亞之湖○亞洲之湖、最大者乃西比利亞之貝加湖、其水甚清、每半年結冰、半年融化。西域境內亦有一清水湖、名西利客勒、較海面約高一千五百六十丈。

歐羅巴之湖○歐洲之清水湖、乃分兩境、一、臨近阿勒伯山、其景極佳、亦最著名、二、在俄國西化境內、其最大者名拉多嘎、此境內之湖、多係高原湖、其東南亦有一著名小湖、名伊拉灘、其水約百分之二十九爲鹽質、以外更有許多小高原湖、每至夏

非洲多著名天湖其水皆藉尼勒庚哥二河入海

南美洲之大湖有二

時水涸、遂有鹹鹽一層、留於湖底、人多賴此養生、
亞非利加之湖○非洲著名之湖、多在東境、水勢充滿、較海面高三百丈至五百丈不等。內地之湖、尚未考查確實、但知該處湖水、皆藉尼勒庚哥二河、流入於海、最大者、名斐多利亞尼安撒、其湖之大、甲於天下、又有阿勒伯尼安撒湖、曰干亦嘎湖、亦皆著名。在蘇日境內、有一大清水湖、名乍德、其所佔之地、於乾旱時、約十三萬五千方里、若汎濫之時、約四十五萬方里。
奧斯達利亞之湖○奧洲之湖、皆高原湖、多在南方、並西南境內、
南亞美利加之湖○南美洲有二大湖、一名瑪拉該波、在北方分額稅拉國、一名第第嘎嘎、在西方秘魯國南境安第斯山之

高處、較海面高一千二百丈、

北美洲之五大湖

北亞美利加之湖○北美洲之五大湖、所佔之地、共計九十萬方里、較全地之清水湖所佔者、約有其半、且其蓄水境較湖微大、並無大河流入、只有數條小河、其中之水、多係雨雪之水、每年雨雪、足深三尺、故使湖水盈滿、所餘之水、皆藉散勞連斯河以達於海。此五湖之地勢、遞次高起、形如階級、其間有小河、小湖、瀑布、激湍、其景佳美、如將五湖連絡、最深者、一名蘇比利耳湖、深百餘丈、其底較海面約低四十餘丈、一名湖倫湖、深七十餘丈、最淺者、乃伊利湖、均言深十二丈、每遇巨風、波浪翻騰、夾板船甚有危險、五湖之西北、猶有數小湖、形如貫珠、每當漲發、可用小艇由蘇比利耳直通赫德森海灣。

東半球最著名之鹽水湖乃嗄斯卞阿拉死三海西半球乃在美國西境猶達省內者

鹹水湖○鹹水湖最著名者、乃亞洲之嗄斯卞阿拉死三海死海又名鹽海並美國西境猶達省內之鹹水湖、惟此湖高於海面、餘皆低於海面嗄斯卞海因烏拉與弗勒嘎二河、並他河之水、流入其中、以補其化氣消散之水、臨近多有石油泉、其面與海面相較、約低八丈有餘、時有石油浮於水面、○死海乃最奇異者、其面低於海面一百三十餘丈、在耶路撒冷東五十四里、所佔之此湖又名加利利海、乃在亞洲西方猶太國、當耶穌在世時講道並所留之神蹟、多靠近此湖、湖之形長圓、南北長三十九里、東西寬約十八里、其面低於海面七十餘丈、有約但河由北方發源穿過此湖、復向南流入死海、學者多觀聖經自然知其著名之故、地約三千六百方里、此處多係火成石至今常有地震、更

革尼撒勒湖

有他故、使人揣測、於上古有大地震、此海即因此而成、按聖經所載死海即西亭谷乃

亞伯拉罕與羅得分業羅得所得之地當時天氣與現今大不相同此處有兩大城一名所多瑪一名俄摩拉按創世記十九章所言此二城毀滅大槪因地震之故有一小城名鎖耳乃羅得逃避之地因年代久遠無人能知其處近有人於此海之東得其蹤跡除約但河之外、無水流入其中、水亦不外流、其蓄水境並周圍之平原、皆甚窄狹、寬不過七十五里、然甚長、其水於濕季較乾季約高一丈、至乾季仍必化氣消散、或謂敘利亞國、二千年間之雨水、一年較一年稀少、若果如此、死海之水、終必乾涸、其附近之地、多有石膏硫磺石油等物、水內多含帶鹹鹽、約有百分之二十六、除俄國伊拉貪湖以外、惟此含鹽最多、○美國猶達省內之大鹹水湖、乃爲高原湖、考查周圍之蹤跡、大約當初所佔之地、高而且寬、水面高於現今約九十餘丈、但近來二十五年間、亦覺微長、有數條河流入其內、其湖周圍之地土、含帶灰鹻等質、因雨水衝激、即帶其質入於湖內、愈使其水鹹苦、○

鹹水湖之故、明而易解、設無出水之口、水不克外流、若化氣消散、即將諸質存留於內、日久水則愈加鹹苦、能外流之湖不然、因將水內諸質皆含帶流入洋海、泉水井水皆含數質但因稀少人則不覺

第十章摘問

何以成爲泉源、　何爲自流井、　溫泉之熱、由於何故、　泉內因何含帶金質、　含帶灰質之水如何、　時流時止之泉、約因何故、　海島之內、因何多有清水、　湖因何而成、　可分幾類、其水如何、　非洲之湖、多藉何河入海、有何大湖甲於天下、北美洲有何著名之清水湖、其形勢如何、　亞洲著名之鹹水湖有幾、皆何名、較海面如何、　美國之大鹹水湖如何、　無口湖之水、因何鹹苦、

雨雪約三分之一藉江河仍歸洋海

水聚而下流爲江河

第十一章◯論江河

雨雪成爲江河◯若將終年之雨雪、均鋪於地面、足深三尺、內有三分之二、化氣消散、餘者流於江河、仍歸洋海、

江河之來由◯江河發源之所、多在山地、因其地多有雨雪、尤多泉源、或有微泉下滴、與山間積雪所化之水、合流而下、後與他水相會、順澗奔馳、以至山根下之平原、遂成小河、仍有支河匯流、同歸於海。水至平原、其勢大變、因自山下流、勢猛而力大、或將大石衝刷、成爲深澗、或將石塊石子、擁至一旁、亦必衝動泥沙碎石等物、運帶前往、若至平原則不然、必將所運帶之重物、沉於水底、若遇大石、水必繞石而流、急流時、尚能運帶泥沙、緩流卽將泥沙淤積於河底、日久而成沙灘。

江河下段因潮浪抵拒遂將泥沙盡淤積於河口

江河可分三段○江河流至平原、必趨底下之處、仍將泥沙等物、運帶而行、試看中國之揚子江黃河、皆運帶泥沙等物、或淤積於兩旁、及至於海交際之處、因潮浪抵拒、即將其餘者、淤積於河口、久之漸成陸地。如此、江河可分上

山水下流圖

中下三段、上段其流甚急、搓磨之力亦大、中段較上段稍緩、亦能運帶泥沙等物、下段即於海交際之處、將上中二段所含帶

江河運帶之力視水流之緩急

河因淤積而改故道乃常有之事

因河口淤積高起故多曲

者盡淤積於河口。

江河含帶各物○若江河之水、每點鐘流十二里者、較每點鐘流六里者、所運帶之物、約多六十四倍、故水流之急緩、與狹帶之多寡、大有關聯、有人計算若水每一分鐘能流一丈五尺其力即能衝動細膠泥流三丈即衝動細沙土流四丈可衝動粗沙流六丈可衝動石子流十二丈即衝動如卵之石子

河改故道○因淤積日久、河底並兩岸、必高過兩邊之田地、若遇水潦之年、其水漲發、必將附近之田地淹沒、水落之後、河不能仍循舊道、必從低處另開新道、其後亦必漸漸增高、若再漲發、仍從他處開新道而流、此乃各國常有之事、於數千年間黃河屢改故道其故道之河口與新道之河口相隔數百里平原之小河亦常如此

江河下叚多曲○江河之下叚、多是灣曲不直、若流過平原、更是如此、比如美國之米西西比河、自散魯伊斯城由陸路直至

河口僅二千一百里、若由水路、則足三千九百里、其水若一直下流、每三里應低五寸五分、今因灣曲、每三里但低三寸有餘、按其不直急流之故、乃因水流甚緩、其運帶之力較小、必將所運帶者、淤積於河底、日久漸漸高起、水流至此、必須繞流、○可知江河之上段多直、下段多曲、自高原所運帶之泥沙等物甚多、有淤積一百丈之厚者、

尼勒河口圖

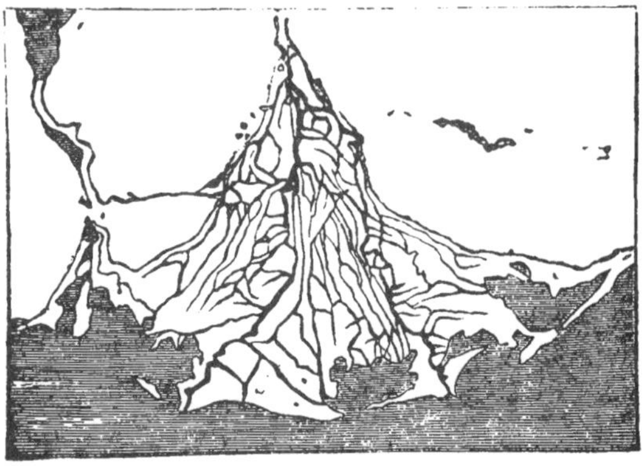

河口之淤積○海潮若直衝江河之口、必於其處、成一沙灘、此乃因江河所運帶之物、至與海交際之處、偶遇海潮、阻其前進之故。若沙灘在大洲之西、更有危險、比如

泥沙淤積之故

美國之西境哥倫比亞河口，並散凡西斯哥海股之沙灘，引水之人，於此處甚爲警懼。若潮浪橫衝江河之口，必將所運帶之泥沙等物，多半衝散；若其力不甚猛大，必將所餘者淤積，而成摺扇形之河口。河水至此，必將所帶之物，盡行淤積。其所成之沙灘，即日漸增大，而河水必從其上分衝水道，其形似網，並因每日海潮二次，少有泥沙衝入於海。米西西比河摺扇形之河口約十二萬六千方里伊及國之尼勒河並印度國之恒河其河口皆大十八萬方里

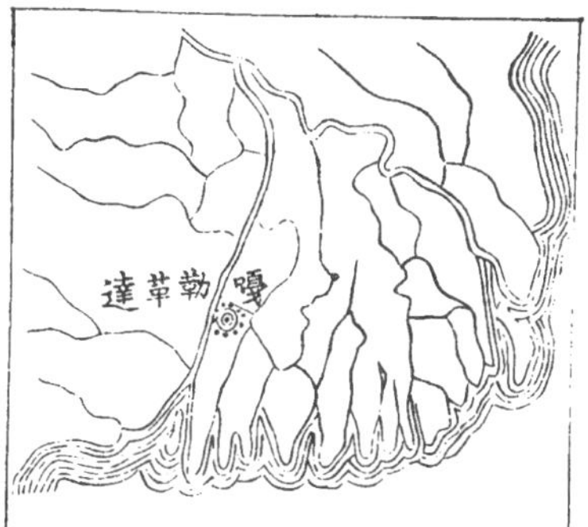

恒河口圖

○有人核算黃河、揚子江之水，每兩點鐘淤積於東海之泥沙，約四萬立方尺之多，一年之間，即有一百七十五億二千萬立方尺。方輿輯要云秦始皇時山東蒲台縣城距海邊黃河口僅止一里至本朝乾隆年間則離海約一百四十里可見一千九百年間黃河淤出新地如此之大分而言之一年可淤十丈　美國之

米西西比河、每一年所淤積之泥沙等物、約七十五萬萬立方尺、足成九方里二十七丈厚之大地、義大利北方之波河、其摺扇形之河口、成形甚速、自耶蘇降生時即漢朝平帝時至今、陸地佔入海內者約六十里、民懼河水漲發、即於下段築堤以防之、其所含帶之物漸而淤積於河底、今已高過兩岸之田地、其後仍必漲發、另開新道、在美國之舊金山省內有一河、名撒革拉門多、亦是如此、但在米西西比河之下段、另有一防之之法、其堤能使水急流而下、將河底所淤積者冲帶而行、並使運帶之物不能淤積、

瀑布圖

水自高下流成爲瀑布激湍

瀑布激湍之水○水自高下流、有二、一爲瀑布、一爲激湍、比如高處之河、其底之石堅硬、水自懸厓下衝、即爲瀑布、若其柔輭、而易刷磨、即爲激湍、最著名之大瀑布、即美國北方之尼阿嘎拉、其地有佳美之景、多有遊人往觀、此瀑布分爲兩道、中隔一小島、島西之一道、臨近干阿達、形似馬掌、寬一百八十餘丈、高約十五丈、島東之一道、臨近美國、寬六十丈、高十六丈有餘、其水下湧之聲、遠聽如雷、上約三分之二、平靜如晶、下則激成浪花、並噴水沫如霧、日光映射、則光怪陸離、令人賞心悅目

美

蓄水境之河入藉江水均海其邊境稱分水界

國舊金山省內、亦有一奇異之瀑布、名約色米第、其水流過山厓內有一段、一直下流、高於一百六十丈、自頂至下、共二百三十餘丈。○非洲東南境散貝西河之大瀑布、爲第二著名者、高三十六丈。論瀑布各國均有、但大小不同、其景亦多有可觀者。

江河刷磨之力○江河刷磨之力極大、有出人意想之外者、揚子江流過四川湖北二省、所衝之山道、深三百餘丈。美國西方革拉德河所刷磨之道、有數處深三里、視兩岸如懸崖峭壁、奇險異常。

蓄水境與分水界○江河有蓄水之境、其水均藉江河流入洋海、其邊境稱爲分水界、且分水界多係山嶺、或平原內微高之處、美國之米西西比河、並五大湖之蓄水境、均在平原之內、中

亞洲最要之分水界

有微高之分水界、今開運河一道、將五大湖之水、與米西西比河相通、因分水界高於水面、乃以火輪機器使水上行五尺、遂得通流、○亞洲內有外興安嶺、阿爾太山、與希瑪拉山、爲最要之分水界、中有高原、原內多湖、皆無外流之口、其中之水、多化氣消散、洲之東南二境、俱漸漸坡下、東至太平洋、南至印度洋、有大江河數道、自坡上發源、著名者卽黑龍江、黃河、揚子江、瀾滄江、伊拉瓦第河、阿魯倉布江、恒河與印度斯河、○黑龍江並其蓄水境、與俄國屬地大有關聯禆益、能使其地土肥美、多產五穀、亦可從此江口、運船通行四千五百里、該處只有此江以便運貨貿易、行客往來、○本洲最大之江、卽揚子江、大輪船可入其口、行七百五十餘里、中等輪船可行一千三百餘里、小舟

歐洲之蓄水境並最最要之分水界

非歐大蓄水境皆藉尼革等河入海

南美洲之大蓄水境有二

船自不具論○印度之恒河、舟船可從其口行四千五百里、此河之船、亦多於他河、其水均藉摺扇形之河口、流入於海、恒河又名干基斯河該處之人稱爲聖河兩岸之地土肥美甲於天下出產甚多歐洲之蓄水境雖多、然皆不甚大、最大者只有兩處、其水均藉弗勒嘎多瑙兩河入海、最有關係之蓄水境、乃在本洲西方、其水藉倫河與來因河流入於海。此洲大平原內之法勒代山、乃最要之分水界、除多瑙河外、凡本洲之河、多從此山發源、○非洲之大蓄水境、皆依近尼勒庚哥散貝西奈遮數河、尼勒河將斐德利亞與哀勒伯二湖之水、帶流入海、此二湖皆高於海面三百八十餘丈、尼勒河之水、於每年濕季、必漲發岸外、水落後、地面必掛新泥一層、因伊及國雨水稀少、多就漲發時、播種五穀、○南美洲之大蓄水境有三、即依近拉伯拉

北美洲最要之蓄水境藉米西西比河入海最奇異之分水界在羅基山帶之間

分水界圖

達阿瑪森俄利挪哥三河、於濕季、阿瑪森與俄利挪哥之河道、不足運行支河之水、必漲發岸外、淹沒平原、安第斯山之西面、其勢陡然、而無長河、故無一定之蓄水境○北美洲有數處大蓄水境、最要者、乃藉米西西比河流入於海、所佔之地、約一百十二億五千萬方里、東以阿巴拉基山爲界、西有羅基帶山、阿巴拉基山東坡所蓄之水、均藉小河流入大西洋、羅基山之西坡、亦藉小河流入太平洋、洲中最奇異之分水界、在美國之西北境、羅基山帶

間有四大河從此發源、皆相離不遠、一名米蘇利河、其水南流至美希哥海股、一名撒西嘎基安河、其水東流、入赫德森海灣、一名阿達巴斯嘎河、其水北流入北冰洋、一名哥倫比亞河、其水西流入太平洋、○江河乃天然通行之路、人可隨意往來、其所以富國益民者、筆難悉述、

第十一章摘問

終年之雨雪、均深若干、內有若干化氣消散、餘者如何、　因何成爲江河、　江河之上中二段如何、　下段如何、因何多有灣曲、　水流之或緩或急、其運帶之力若何、　河改故道、却因何故、　何爲瀑布、何爲激湍、　最著名之大瀑布在何處、其景如何、　何爲蓄水境、其邊境何名、　亞洲最要之分水界在何處、

有何著名江河從此發源、歐洲最大之蓄水境均藉何河流入何處最大之分水界在何處、非洲之大蓄水境皆藉何河入海、南美洲之大蓄水境有幾皆藉何河入海、北美洲之大蓄水境在何處最奇異之分水界在何處、

第十二章○論冰川

高處堆積之雪

冰雪之堆積○自海面至四百丈之高堆積之雪少自六百丈至九百丈則甚多至一千一百丈以上則更少以上所論乃指温道而言若塞熱二道則不然於熱道凡高過一千六百丈之處終年有雪即爲永雪界若於寒道雖平地亦必終年有雪永不消化歐洲之阿勒伯山終年之雪均厚六丈、美國西方嘎斯革德山每年堆積之雪尤多有時足厚六丈○

不加高大之故

除高峯之雪餘皆被炎日融化但北方山地永被雪掩蓋或云如此堆積其雪必一年厚於一年至終所堆積者必較此山更

阿勒伯山多有崒崩之事

加高大、然因數故、必不至此、一係壓力、其所積之雪、因上之壓力甚大、能令自下消化、二係化氣之理、因上面之雪、被風吹過、則必化氣消散、冰雪化氣、不能如水之速、惟山之高處、空氣之壓力較輕、故較山下者化氣稍速、此理乃易證驗比如潮濕之衣晒於外面雖堅凍如板不久必乾有時街道泥濘雖凍結不化然有乾而起土之時三係乎風、山之高處、風之鼓蕩甚急、其行甚速、每一點鐘、足行三百餘里、故將上層之雪、吹落集於澗壑之內、

冰雪崒崩◯山上之冰雪、多崒崩於山下、流至平原、歐洲之阿勒伯山峯、多陡然下低、若其上之雪堆積甚多、上之壓力必大、勢必不能久存於上、始則開裂、繼則倏然崩墜、在阿勒伯山常有此事、或一日數次、亦有時將山下城村盡行掩覆、美國之羅基山、亦偶有此事、但因山不甚陡、故不多見、

成冰川之故

冰川○間有高山峻嶺、積厚雪於隆冬、被風吹落於山澗、加以崇崩之雪、並山下所降之雪、至夏未能化盡、逾年已久、成爲冰

阿勒伯山圖

山上積雪不化層疊下壓漸至山腰變爲冰川

川、緩流似河、每日不過能運行數寸、或二尺不等、但浮面稍速、兩傍與底稍遲、其急緩之故有三、一因冰中之冷、多寡不同、二因山之坡陡不同、三因冰之厚薄不同、但

運行急緩之理

其流動、均言每日行一尺有餘、冰川之上段、爲堅實之雪、亦有

氷川運帶石塊隨勢成行積於盡處

歐亞二洲之河多由氷川發源

時疎鬆如甫落之雪、向下則因晝稍融化、夜復凍結、卽成粒形之氷塊、後因上之壓力、將內含之空氣擠盡、遂成堅硬之氷、○因氷川所經之地曲灣不直、且高底不平、流動之急緩亦不均、每有裂縫甚寬、其深至底、氷川之流動中速於旁上速於底夏速於冬晝速於夜其路愈坡其行愈速

氷川運帶之石○氷川流動之時、常將兩旁之石塊衝下、亦有山坡自落之石、墜於其上、卽隨之下流、因其流動之勢、堆積成行、亦有成行於兩旁似墻壁者、或有他處氷川與之匯流、其所帶之石、必於當中成行、但其成行之石塊亦隨氷川運行、終至下流之盡處、全行堆積、或有佔地三里見方、高十餘丈者、

氷川盡處成河○氷川之下流、有因氷化而成河者、歐洲之來因波倫三河、其發源之由、皆係此類、亦有多瑙之數條支河、多

希瑪拉山與美國西北境多有大冰川最大者在革林蘭阿拉斯嘎

冰川至海分裂大塊浮於海面

自阿勒伯山之冰川發源。阿勒伯山之冰川皆起於永雪界以上其盡處皆在永雪界以下五百餘丈永雪界較海面總高九百餘丈凡有冰川之處其山必高於永雪界亦因凍化迭次之故冰川之盡處、水所含帶之泥沙、乃從山澗之旁、或澗底衝來。

冰川之大者○亞洲之希瑪拉山、多有大冰川、然無人考察確實、不過僅知其大畧、美國之西北境、亦有數大冰川、若論天下之最大者、乃在革林蘭阿拉斯嘎二處、傳言革林蘭有一冰川、寬一百八十里、

海中之大冰塊○洋海中之大冰塊、乃冰川自山澗流至海岸、因其斤兩極重、分裂大塊、落於海中、浮於海面、因海水微暖、則漸爲消化。革林蘭之大冰塊、皆隨北冰洋之寒水溜南流、經過巴分海灣、至牛分德蘭之北、與溫水溜相遇、兩溜抵拒、冰塊進

古冰川所留之跡其地或滿蓋石沙或形如鋸齒

湖多之處必多冰川之跡

退不得即於此間消化、人揣測、散勞連斯海股以東之沙灘海渚、乃因大冰塊化後、其所帶之大小石沙、沉落而成。大冰塊飄浮於海、其露於水面者、約九分之一、高或十丈至二十丈不等、亦或有高百餘丈者、然人所罕見。

冰川之遺跡○冰川運動沙石等物、最爲奇異、於歐洲之保勒第海與黑海之間、有一大地、滿蓋石塊泥沙、此乃古冰川自瑞典哪威而來者。英革蘭與蘇格蘭亦有滿鋪石塊泥沙之處、知其自遠方而來、此等石塊、其面甚平、上有搓磨之痕、故較他石易於辨認。○瑞哪之土股、與英國諸島、其西岸皆參差不齊、形如鋸齒、方因古時冰川搓磨之故、北美洲冰川之跡尤多、考其形跡、皆自北而南、至俄亥俄河、細查本洲有湖之處、冰川之跡

必多、無此跡者、其地必少湖、

第十二章摘問

高處堆積之雪、若干丈則多、若干丈則少、　年年堆積、其不加高大者何故、　冰雪崒崩之事、何山最多、其故爲何、　冰川因何而成、　冰川運行、何以有急有緩、　其上段之光景如何、　冰川運帶之石塊如何、至下流盡處如何、　冰川盡處、其冰如何、　有何河多由冰川發源、　何處多有大冰川、最大者在何處、　洋海中何以有大冰塊、　革林蘭之大冰塊、由何而來、至於何處、因何消化、　何處有冰川遺跡、其地勢若何、　冰川遺跡、何洲尤多、其形跡若何、　北美洲北境之湖、大約係何而成、

第十三章〇論洋海

洋海之水五分之三在赤道南餘在赤道以北

二極之水未能測其多寡

大洋之名目並里數

洋海所佔之地◯洋海之水、共佔地面十二億九千六百萬方里、五分之三約在赤道以南、餘者皆在赤道以北、其中有七千二百萬方里圍繞南極、二千八百萬方里圍繞北極、此二極杳無人跡、其地之冰、或在陸地、或在海面、人尚未能確知、

水分五大洲◯地面之水、共分五大洋、名太平洋、大西洋、印度洋、南氷洋、北氷洋、其所佔之地大小不同、特錄於下、

太平洋約六億三千萬方里

大西洋約三億一千五百萬方里

印度洋約二億五千二百萬方里

南氷洋約七千二百萬方里

北氷洋約一千八百萬方里

大洋形勢不同

內地之海共九百萬方里

以上雖分五大洋、因無准界分隔、却仍爲一大洋、除北氷洋以外、皆無陸地環繞、

諸洋之形勢○太平洋微有橢圓之形、南至南寒道、東至南北美洲、又環繞俄西亞尼嘎洲、並衆島○大西洋在東西兩半球之間、如寬大之海岔、兩邊之海岸、自南而北、雖有曲折、其寬却不甚相懸、北段多有海股海灣、伸入陸地、○印度洋如一大海灣、東至奧洲、北至亞洲、西至非洲、其邊多參差不齊、因有數處著名之土股、○南北氷洋、乃人所罕知者、因其地幾被氷雪滿蓋、故人跡罕至、考查此二洋之內、於冬令其氷約凍七尺、夏令始皆消化、此外尚有數千萬方里滿蓋堅氷、永不消化、近來揣測南極其間或有島島

上結冰一年厚於一年如兩極之冰帽然欲考其氷之厚薄尙不能推測而知

大西洋地勢圖

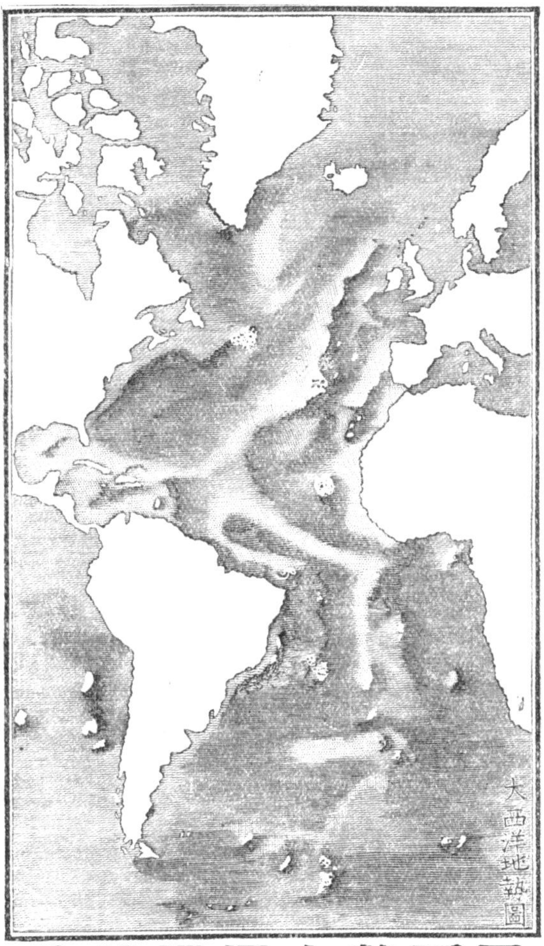

圖中指明大西洋底之地勢如何觀圖中黑者爲凹深處暗者較淺白者尤淺純白者爲陸地

洋海之色不同因水之深淺鹹質多寡而然

洋海之色○洋海之色、各有不同、凡深過三十六丈者、其色深藍、淺於三十六丈者、其色淺綠、至含帶鹽質之多寡、亦與其色相關、比如其水稍清、其綠色尤淺、鹽質多者、其色愈藍、紅海與阿勒伯海並嘎勒弗尼亞海股其色微紅波斯海股水常發綠亦有時大片洋海其白如乳印度洋更是如此其成爲紅白之色者乃因水內有無數動植之微物於溫熱二道、有時海水發起白光、如夜間以洋火搓於手內所發者、蓋因水內有微小動物、其身發光之故、化學家謂此光爲燐與俗名魚爛並螢火之光皆係一質

洋海之底〇洋海之底、亦如陸地之有高平二原、並有山嶺、均與海岸順次排列、且離大洲不遠、海沿並淺水之處、多滿鋪細沙、

測觀海底

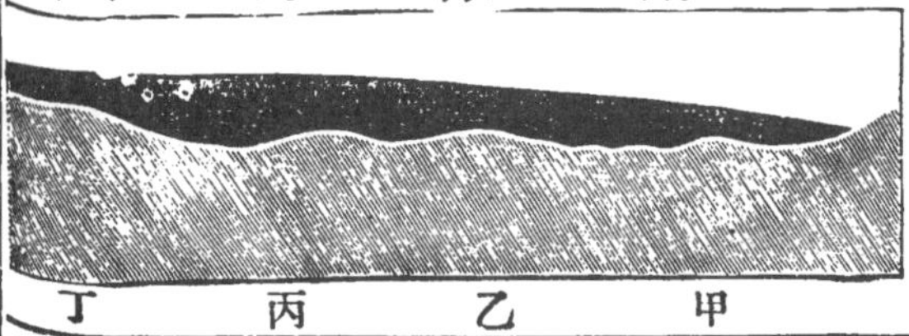

英美二國、中爲大西洋所隔、數十年前、二國欲設電纜、由洋底經過、故丈量各處洋底之深淺、始知洋底亦有高原、由英之哀耳蘭島、直至美之牛分德蘭、乃洋底之一帶高原、故將電纜放

洋海之底亦分高平二原溜浪不到之處皆滿泥濘

洋海寒熱之度

置其中，至今業有數條，皆由此經過，故人呼爲電纜道，觀圖甲深六百丈，乙深一千二百丈，丙深一千四百四十丈，丁深九百丈，戊深一千四百丈，巳深九百丈，庚深二百四十丈，辛六十丈，

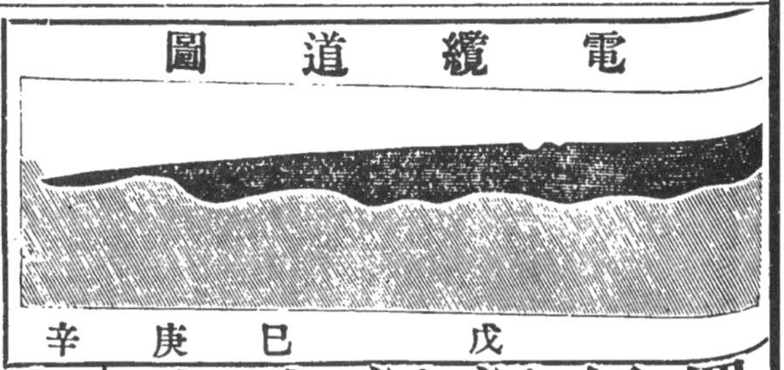

○洋海之底，凡海溜波浪不能衝至之處，皆滿泥濘，其泥濘之由，乃蛤螺殼與動物之骸骨，並海中不能消化微小之物所成，多有甚厚者，

洋海之寒熱○洋海寒熱之不同，俱憑距赤道遠近，與水之深淺而分，熱道內之洋海，其水面之熱，按法倫表約至八十度，寒道內之洋海，其水面之寒，約至二十八度。（此在結冰點以下四度）水若深過六

洋海鹹質多寡不同均言約百分之三

洋海深淺不同均言約一千六百丈

十丈日之煖氣卽不能至、其寒熱便與日無關、除海溜所至之處、均言皆約三十五度、（此乃結冰點以上三度）

洋海之鹹質○洋海含帶之鹹質、均言約百分之三、最多者卽人所常用之鹽、其含帶之多寡不同、南北氷洋其水微鹹、歐洲北境保勒第海之鹹質、約百分之二、但非洲東北紅海之水、約百分之四。凡江河流入洋海、常將陸地之鹹質運入海中、故皆聚積於海。鹹質中微有灰質、此灰質被蛤螺、並海中他類之動物吸以爲巢爲骨、故不存留於海。

洋海之深淺○均言大洋之水、約深一千六百丈、有較此更深者、然皆不甚寬大、除依近陸地之處、其餘之深淺、皆不相逕庭。（算學家視波浪之緩急高矮寬窄、卽能算其深淺、若干近來有人乘船用細鋼絲試探深淺、所探者與算學家所算者無異）太平印度二洋、約深一千六百

內地之海與陸地環繞之海皆不甚深

惟似近大洲東岸洋海極深

丈。南北氷洋、亦曾有人試探、皆不甚深、而北氷洋較南氷洋稍淺。大西洋之深淺不同、惟西方最深、足一千九百餘丈、且於東西兩大洲之間、俗名電纜高原、（因兩洲所達之電線皆由此處通過）其深淺均言一千丈、依近美洲之海底、乃係階形、第一層寬約三百里、深只百丈、過此則海底陡坡、足深九百餘丈、其下漸坡、則深一千六百丈。內地之海、與陸地環繞之海、皆不甚深、地中海並美希哥海股、其深自七百丈至一千丈不等、紅海約深三百丈、歐洲西北之保勒第海與北海約深六十丈、亞美二洲之間比令海腰、深不過十五丈。洋海極深之處、皆依近大洲之東岸、亞洲之東北羣島名古利勒、其東約深二千七百九十三丈、北美洲之東牛分德蘭島、其東南有深約二千七百四十八丈者、傳言尙有比此更

海面無一時平靜然水不與波浪俱進

波浪之高底大小並其行動

深之處、然無確據。昔時有人探水之深淺用鐵錘繫於繩端今人以爲不準乃以細鋼絲繫錘且有法能取海底之泥沙並能考其內之寒熱

波浪○海面無一時不動、雖無風亦有岩漾、波浪多因風而起、忽上忽下、水淺之處、因波浪自水底翻騰、故水底緩而水面急、且因浪頭衝激、散成水沫、水深之處、波浪前湧、而水不與之俱進、遂有上下搖動之形、似風吹麥田、前者偃後者起、層層不斷、○波浪之高底不等、然浪之大小、多憑水之深淺、凡不過二十丈之水、即不能湧起大浪、在深海中、平日之風浪、自浪尾至浪頭高約六尺、寬約六丈、均言一點鐘行二十七里、若遇飆風、即行七十五里有餘、浪頭速於其尾、故激成水沫、形如白帽、風息以後、其浪尤高、有時深水處約高四五丈、亦或六丈、或寬四十餘丈、此乃人所罕見者。

波浪衝岸之力

波浪之力○浪波之衝岸、實有令人堪異者、平日衝岸之力、每方尺有四百五十餘斤之力、若遇飆風、其衝激之力或多十倍、美國東北距波斯盾城不遠海中有磐石、其上有一燈塔、被波浪衝壞三次、其末次在耶穌後一千八百五十七年、即咸豐七年雖建於徑寬八寸之鐵柱、此係木尺亦被風浪衝沒無跡、

波浪衝激燈塔圖

第十三章摘問

洋海之水、共佔地面若干方里、　在赤道以南者若干、以北者若干　其中圍繞南北二極者若干、　五大洋皆何名、所佔之地幾何、　五大洋惟何洋最大、其形勢如何、　大西洋之形勢

海潮每日二次自起至落歷十二點鐘之久

潮水漲落因乎日月之攝力

如何、印度洋形勢如何、南北氷洋之景况如何、洋海之色因何而分、洋海之底若何、其寒熱因何不同、請言其寒熱之度、所含帶之鹹質幾何、最多者係何物、洋海之深淺若何、何處之海皆不甚深、極深者皆在何處、波浪因何而起、其高低若何、行動若何、衝岸之力若干、

第十四章○論海潮

洋海之行動○洋海之行動、定而有常者有二、一海潮、一海溜、海潮乃海中之大浪、高約三尺、寬數萬里、人若立於海邊、必見海面時有高低、每日兩次、歷六點鐘之久、漸漸增長、謂之上潮、後漸下退、亦歷六點鐘之久、謂之下潮、後復增長、如此迭更、

日月之攝力○海水如此漲落、乃因日月攝力之故、或謂全地

皆受日月攝力、何獨海水漲起、不知地殼堅凝、故不隨之而上凸、水乃流動之物、卽隨之而漲起。形勢如圖潮水極高之

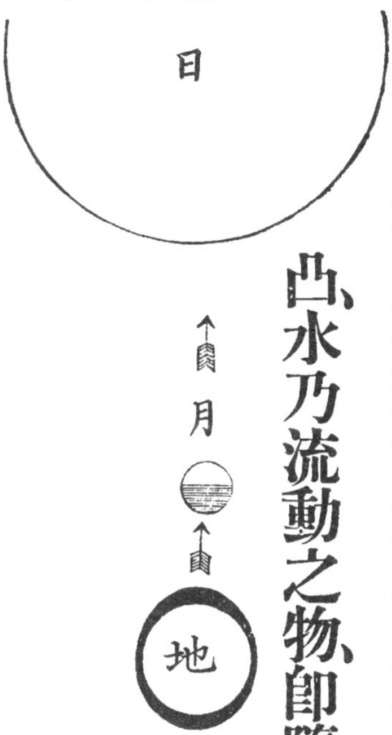

月望潮盛圖

月弦潮微圖

時、非與月正向、乃晚數點鐘、其故因水體甚重、受月之攝力乃緩。熱道之潮、高於他處、除高岸之阻激、愈向南北二極、其潮愈低。不但海水受攝、卽全地亦被吸、故地球對面之水、雖不與日月相對、因地球受攝、亦有漲起之勢、設有人以手攝人之衣不但前

月之朔望潮必高於平時

潮隨月之攝力約二十八日一次因地球自轉故一日二潮

因陸地阻隔故潮屢改方向

地勢略解　第十四章論海潮　一百三十二

襟因攝力而前身體亦必隨之而稍前衣之後襟雖未動亦必有凸起之勢此喻雖未盡合亦可稍會其理

海潮之高低不同◯設日月皆在均之一面、因其攝力并行、大於獨行之力、潮必高大、時謂月朔。若日月分行於地之兩面、因均受攝力、所起之潮、仍與月朔無異、時謂月望。若在上弦下弦之時、攝力獨行、則一日四潮、二次因日之攝力、高不過數寸、二次因月之攝力、卽平日人所共見之潮、但不如日月并行分行時之高大◯上云地之兩面、一時並起之潮、乃隨月之攝力、圍繞地球、約二十八日一次、月雖繞地球而行、地球亦於本軸自轉一次、不然一月必只二潮、其一日二潮者、乃因地球轉動之故、上潮之時、每日遞晚五十分鐘。以上所講、似全地面皆被水覆、然有大洲海島、故潮之行動方向、屢有更改、北半球爲尤甚、

內地之海其潮較低

蓋因陸地較多之故、均言洋海之潮高二尺五至三尺不等、惟北溫道大洋之潮、約高四尺、亦或高六丈有餘者、但人所罕見、○美國東北分底海灣之潮甚高、由五丈至八丈不等、因其海岸係長三角形、寬處向南、其潮故向北甚急、其聲亦甚大、及被高岸所阻、故激起甚高、凡此等形之海股海灣、其潮皆係如此、有時高至二三丈、一點鐘行四十五里、印度之恒河口、並入印度洋之他河所起之潮、常高四丈有餘、○內地之海、其潮皆低、高者不過數處、地中海之潮極低、幾不能見、義大利東阿德利亞之海潮、約高一二尺、紅海偶有高六尺之時、在巴那瑪土腰、便見諸處之潮高低不等、東望大西洋之潮、其勢甚低、幾不能見、西望太平洋之潮、自二丈五尺至三丈不等。海潮擦搓之力

甚大、亦常衝出海股海灣、並將水底之泥沙等物、衝至他處、

第十四章摘問

海潮一日幾次、自起至落歷時幾何、　因何有潮、　地球對面、因何亦有漲落之勢、　朔望之潮、何故高於他時、　上下弦之時、一日幾潮、其景像如何、　潮隨月之攝力、約二十八日一次、因何一日二潮、　上潮之時、每日若何、　潮之行動方向、因何屢有改變、　均言洋海之潮、約高幾何、　惟北溫道大洋之潮如何、　何等形之海岸、起潮甚高、　內地之海、其潮若何、　何海之潮最低、何海較高、

第十五章論海溜

海溜有益於人物、而塞熱顏色與溜旁之水有別

洋海之行動〇洋海之水、猶有一類行動、最係乎人物生活之

道卽洋海中如江河之分佈流動其易於顯明者乃依近海岸之處、蓋因其溜急於他處之故。海溜之寒熱與溜旁之水不同、其色亦異、如有分隔之界。海中之水、亦有因風流動者、然爲時不久、無風卽息、故不列於海溜之數。

海溜之要故約因受日之熱

海溜之要故○海溜之故、其說不同、仍有數端尙未明徹、其最要之故、約因日之暖氣、按法倫表、熱道之水、自八十至八十六度、南北氷洋之水、自二十八至三十五度、設將一器盛水使滿、以火燒之、熱至八十五度、不但氷化成水、亦必漲流於外。淸水冷至三十二度則結氷洋海之水含帶鹹質其冷必下於三十二度方能結氷上云水熱至八十五度、卽漲於外、可證熱道之

赤道之水浮流向二極二極之水伏流向赤道

水、因暖而漲起、流向南北二極、而二極之水、冷則縮、流至赤道又復發暖流回、暖水較輕、浮流於上、寒水較重、伏流於下、如此

海溜之故倘有數端

海溜分二類然亦有無溜之處

往來、更迭不已。

海溜之他故○外有多故、使水流動不已、一、因熱道之水、多化氣消散、故二極之寒水、遂有伏流而來之勢、二、因依近北冰洋之處、多有江河之水、流入洋內、但其水質輕浮、流於海面、致使其下之水、因而流動、三、因地球旋轉、亦使洋水流動、人知天氣之行動、憑乎日之暖氣、亦可想水行動之理、與此無異、四、距赤道南北二十八度之水、高於兩極之水四丈、比赤道之水高五尺、亦能助其流動、五、風於海溜、大有相關、因所流之方向、皆憑風而定。大洲之形勢亦於海溜之方向有關

海溜分類○海溜可總分爲二、一溫水溜、皆向二極溜去、一寒水溜、皆由二極流來、大洋中亦有數處並無海溜、亦無風鼓蕩、

海溜之方向行動不同

大西洋之巨溜

故有海藻海菜若干浮於水面、

海溜之方向並其遲速◯統觀以上所講、可知海溜行動之方向、如下所書、赤道內之溜多向西、溫道內之溜多向東、但赤道北之溜、或東或西、皆微偏北、赤道南之溜、皆微偏南、凡赤道內之大溜、一日約行三十里。

大西洋之海溜◯最著名之巨溜、（俗名海股溜因昔人誤以爲從美希哥海股而起）乃在大西洋、此溜從赤道起、西流至南美洲之北、又折向西北、越嘎利比海、即漸漸向北、繞印度羣島、過弗羅利達土股、與從美希哥海股流來之溫溜匯合、於兩溜匯合之處、一點鐘約行十五里、其溜愈北、其行愈遲、直至哈得拉斯土角、一點鐘只行六里、至乍勒斯盾城、此溜不惟海面流動、海底亦皆流動、因其力洪大、或將海

歐洲西方與西北方天氣溫和乃藉平溫溜之暖氣

太平洋之巨溜

底刷淨、更有處將嘎利比海運來之蛤螺殼、散淤於海底、以此可知海溜從何處而來、距赤道北三十五或四十度、此溜卽散流如摺扇、不但偏北至歐洲西岸、亦有流至非洲之西北岸者、然在赤道北五十度、因其溜甚緩、遂與他水難分、

海溜與天氣有關○前言大西洋之巨溜、並自赤道而來之他溜、實與歐洲西方與西北方之天氣有關、因海面之時令風（又名貿易風）將溫溜之暖氣、吹至歐洲之西、並西北方、使天氣溫和、故瑞哪二國、雖北距美國東北境十餘度之遠、而天氣較勝、（哪威北方有一海口雖在寒道內亦終年與地國通商貿易）

太平洋之海溜○太平洋之巨溜、西人稱爲日本溜、（日人稱爲黑潮）亦起於熱道、西流至亞洲、沿岸折向北流、比大西洋巨溜較小、而水

最大之寒溜有二終匯爲一

亦微寒、赤道北三十五度海溜之水按法倫表冬日暖至六十三度夏日足至七十度至日本之南、冬日有自東北而來之時令風、因其力大、遏阻此溜、使其流甚緩、但於夏日有自西南而來之時令風、鼓動其溜、即過日本之北、又折而東、然於四季內、皆有散流之勢、形如摺扇、向東直至北美洲、

寒水溜○寒溜之最大者、起於北氷洋、越巴分海灣、又有寒溜自革林蘭東而來、向南與之匯合、共流至牛分德蘭島、此溜即潛沈海底而行、有著名之士、考察革林蘭東之寒溜、下有溫溜向北而流、於北美洲之拉伯拉多以東、乃溫寒二溜相遇之處、溫溜之空氣較暖、固能多含水氣、因遇寒溜之空氣冷、其度則下、即將所餘之水氣放出、故於此處常有密霧。自北氷洋浮來之大氷塊、至此則漸漸消化。南氷洋之海溜、卻無准界、然知其

皆偏東北而流。

印度洋之溜並他溜

洋內之他溜○印度洋之溜、最大者卽臨近赤道之溜、向西而北折、依印度南岸則東流、或速或遲、亦因時令風而改變。南半球之大西洋內、猶有一溜、其界亦易分辨、西流至巴西國、卽依南美洲而南流、又有一溜依近非洲之東南。

海溜與臨近之洲有益

海溜之功用○凡溫寒之溜、皆與臨近之洲關係甚重、試觀大西洋之巨溜、與歐洲西北二境大有裨益、使該處之天氣和暖出產蕃多、人烟稠密、美洲之拉伯拉多、雖與之同度、因依近寒溜之故、其氣候寒冷、居民稀少、

颶風每隨乎溫溜

颶風隨溫溜而行○凡溫溜之處、颶風每隨之而行、中國東海、與美國東南之海、更是如此、○且內地之雨水、皆因溫溜之熱

海溜至要之益

氣上騰遇風則縮而成雨。若是觀之、大洋實非無益於人、若細加考查、可知凡地上之生物、皆賴此而存、其最要之益有二、一、所有之淸水、皆由洋海而得、二、熱道之熱氣、因海溜能傳至極冷之地、使之微和、故生物得以長養、

第十五章摘問

海溜之寒熱、與溜旁之水如何、　海溜之由、最要者約因何故熱道之水、熱至若干度、則如何、　二極之水如何、　海溜尙有何故、　海溜可分幾類、　無海溜之處、海面之景象若何、　請言海溜之方向、　赤道內之大溜、一日約行若干里、　大西洋之巨溜、從何而起、向何方而流、　至何處與何溜匯合、其行動之遲速若何、　至乍勒斯盾城、此溜如何、　太平洋之巨溜、較

大西洋之巨溜如何、從何而起、向何方而流、寒溜有幾、皆起於何處、於何處匯合、溫寒二溜相遇之處、景象如何、印度洋之溜如何、海溜之功用如何、

第十六章論空氣

空氣之質輕於水八有倍

空氣之疏密○空氣者、乃圍繞地面之氣、其質較輕、設如一立方尺空氣、則重一兩四錢有奇、以一立方尺水較之、則重於空氣五百倍、

空氣高於地面其說不同

空氣之高低○自地面上核計空氣、或云高一百五十里、或云高六百里、若以風雨表試之、僅察之高一百五十里而止、然以流星入氣、即化爲氣之理、並北方天笑之事察之、即揣其或有高六百里者、

空氣係諸氣所成內含水氣然皆多寡不同

空氣長縮而有壓力

作風雨表以試空氣之壓力並其輕重

空氣係何而成○空氣乃數樣氣攙合而成譬如百分空氣中有七十七分有餘之硝氣、二十餘分炭養氣、外皆水氣、但空氣內所含之水氣、多寡不同、炭養氣亦不同、於人烟稠密之處炭養氣則多、空氣中亦含細塵若干、並有自地內所生之諸氣、亦或有流星消化之氣、於同治末年光緒元年此二年間每黃昏時紅光滿天有天文士用顯微鏡考查見天氣中所含者有類乎火山所吐之灰塵乃想此紅光或因流星消化之氣而發有著名之英人想空氣之藍色乃因內帶極微之物使其如此

空氣之性體○空氣有長縮之性、比如自下而上之空氣縱橫一寸、其壓力則有二十三斤、設用十二斤有零之物以壓之足能使之縮去一半、壓力愈少則愈長、

風雨表○欲試空氣之壓力、並其分量、可用風雨表乃一玻璃管、一頭封閉、以水銀滿之、倒轉安於一盆水銀之內、於海面等

以表內水銀之升降即知空氣之疏密

平之處試之、筒內之水銀、則必下沉、降之高二尺一寸三分而止、（即四尺三十寸）其不再降之故、乃因空氣之壓力、等於管內水銀之分量、若將管內水銀取出、以天平平之、即知托此水銀之空氣輕重若何、（於海面等平之處若有二尺一寸三分高之水銀仍在管內每方寸即有二三斤之壓力）

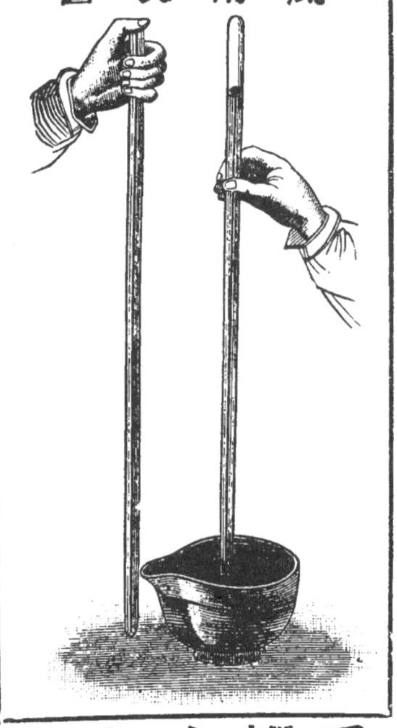

風雨表圖

◯表內水銀之升降、常有改變、可知空氣之分量、亦常改變、若水銀上升二尺半有餘、即知在上之空氣較密、若降於二尺半以下、即知其較疏、人於海面等平之地、試驗空氣之疏密同否、可確知其不同、因疏密之不同、故其壓力亦時有不同、畧如水之在海、潮汛長退、波浪起伏之勢、故表內水銀隨

攜風雨表登山即知空氣愈高而愈薄

之而升降。空氣極高之地、在赤道南北二十八至三十五度、此外漸遠漸低、直至南北二極、雖所差無多、亦能考驗而知。人若攜風雨表登山、其上愈高、表內之水銀愈下、乃因高處空氣愈薄之故。若細加考驗、則知每高九丈、水銀約下降一分。○始發明此理者、乃順治年間義大利人德瑞、其理但彼時之人皆不信之、惟法人巴色嘎勒獨以爲然、且欲自驗、乃攜風雨表登山、先在山下將管中水銀量準若干、及至山巔又量之、因而確信不疑、蓋愈高則水銀愈降、愈低則愈升。自彼時作風雨表者愈作愈精然人未改其理於海面等平之處每高九里零十分之四表中水銀必下降一半設有人乘氣球上騰十八里零十分之八表中水銀愈降但餘半尺今人欲知山之高低莫善於用風雨表較量　用此法考驗、亦可知空氣之輕重、常有改變。

空氣流動如洋海之水靜則爲氣動則爲風

空氣之運動○空氣亦如海水運動而有溜、並有無定向之行

風之鼓動與洋海之流動一理貫通

動、而又大於海溜、動則爲風、有一定之方向、有按時之風、更有無定時之風、多起於海面、或洲邊、其有定時之風、卽貿易風、時令風。風之緣由○洋海流動之故、大都因日之熱、風之鼓動、亦由乎此、乃爲一理所貫。海溜自熱道而起、風亦自熱道而起、蓋日光直射地面、使地氣發熱則漲、漲則輕、輕則上騰、熱氣旣上騰、故週圍之涼氣隨機而來、以彌其缺、人欲證此理、可於爐火之上、用一小片紙試之紙爲火氣所噓、必飄飄而直上、熱氣上升、週圍之涼氣聚而

空氣運動圖

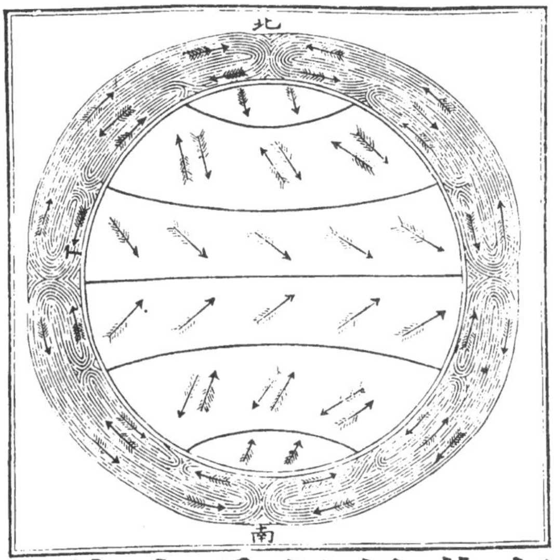

空氣行動定例有三然亦有他故使之稍改方向

貿易風

無定風

補之風起之故亦然。

風之方向◯細察空氣之行動、其定例有三、一、熱道上升之氣、由空向兩極而去、二、他方之氣隨機而來、以補其缺、三、內極之氣由下返回赤道、雖有如此定例、但因地球於本樞自轉、或陸地之阻隔、亦常改其方向、蓋地球自西向東、其赤道較兩極運轉尤速、即將由兩極向赤道吹去之風、稍改其方向、在赤道北者向西南、赤道南者向西北、

風分三類◯風可分爲三類、曰貿易風、曰無定風、曰二極之風、貿易風者、與商船有往來之益、故名、終年不斷、遲速亦均、此風在北半球、於夏日較冬日稍北、夏日向赤道二十四度、冬日不過五度有餘。無定風之空氣在熱道因熱上騰、及至兩溫道、又

二極之風

風有定向但因地勢而有改變

海岸向南向西者風皆有定名時令風

漸涼、而下浮於地面、因地球轉動之故、在北半球多向東北、南半球多向東南、然亦有與此相背之時、因其方向無常、故名無定風。二極之風、乃由二極而來之涼風、因地球自轉、其方向故皆偏西、然總向赤道而吹、在赤道南北七十度之外、常有此風、風之總例○海水與空氣之運動方向皆同、總之、熱道之風向西、溫道之風向東、但在陸地、因地勢高低不平、多有阻隔、故風之方向順勢遷變、而無定則。○凡大洲之海岸、向南或向西者、必有一定之風、乃六越月一順、六越月一逆、名曰時令風、在印度洋、此風於冬日、由東北向西南、夏日由西南向東北、但由東北來者、因經過陸地、故乾燥、所經之地亦乾旱、由西南來者、因經過海面、故暖而潤澤、吹至洲內、遇涼風而成雨、於乾旱之地、

熱道內有終年無風若數處偶有亦無多

陸地之風皆無定向

使之沃潤。西半球之時令風易見之處、乃在美希哥海股若自美希哥西岸、北至比令海腰、更易察驗。

無風帶○有窄而長之數處、終年無風、偶或有之亦無定時、故名無風帶、然其界隨日徙改、或北或南數度之遠。其無風之故、未能確知、但揣測其理、蓋近赤道無風之處、乃因日光直射、使氣漸熱而上騰、南北二帶、亦有無風之處、其理亦同。設有夾板船入於無風帶、必不能前進、或數日、或數月、待風至船始得行。近赤道之無風帶、皆在赤道以北、無在南者。

無定時之風○在大洲內之陸地、大洋有定向之風、或盡息或變易、遠於海沿者、更是如此、溫道內之東岸、與熱道內之西岸、皆無之、緣二處之風、皆由陸地吹向海面。凡內地之風、皆不能

海濱之風晝由海面吹向陸地夜由陸地吹向海面

及遠、亦無定時、蓋因由陸地發散之熱氣而起、故隨地勢、可改其方向、亦可立時止息◯猶有一類風、似有定時、乃在海濱溫和之處、因白晝陸地所受之熱氣、較海水尤多、故浮於地面之氣上騰、遂有由海面而來之氣、以補其缺、名曰海風、至夜陸地即將白晝所受之熱氣放出、較水尤涼、復吹至海、以補海氣上騰之缺、名曰陸地風、究察其理乃因陸地受熱較速而發散亦速海水受熱較遲而發散亦遲故白晝風由海面向岸而吹夜則反是

第十六章摘問

何爲空氣、其質之輕重如何、較水之輕重如何、　約高於地面若干里、　空氣係何氣而成、　若自上而下縱横一寸之空氣、約有壓力若干、　欲試空氣之壓力、當用何物、若何試驗、　何以知空氣之疏密、　高處之空氣、較低處若何、何以試驗而知、

氣輕上升必有四圍之氣來補其缺

因何有風、與何理相貫通、　風之行動有何定例、　既有定例、因何常改方向、　風分幾類、　何爲貿易風、　何爲無定風、　二極之風如何、　凡海岸向南向西者、必有何等之風、　在印度洋此風如何、　畧言無風帶之理、　大洋有定之風、在大洲之陸地則如何、　其故惟何、　海濱溫和之處、猶有何等之風、

第十七章論颶旋等風

無定風之原○風雨表中之水銀、苟下降極低、必有風從四面吹來、此理亦不難考核、蓋因該處之氣、輕於四周之氣、故壓力亦輕、其氣輕之故有二、一因氣熱上升、一因多含水氣、（水氣輕於地氣十分之六）皆足使四周之氣、鼓蕩而來、以補其缺。設若有雨、亦必有風、因

空氣所含之水氣、醞釀成雨、必將其中之隱熱、散放於外、使空氣亦熱空氣因熱而輕、必上騰、周圍之凉氣、即驟然而至、以補其缺、遂成大風。在第九章所論水氣成水時放出隱勢水化氣之時熱藏於內故名隱熱但此氣若仍成水其所有之熱

沙漠颶風圖

氣熱上騰多半有雨

旋風起於陸地乃涼熱二氣一升一降之故

必須放出比如一斤重之水氣仍成爲水其所放之熱能將五斤有餘之水由結冰度熱至滾水度或謂足能使九百六十七斤重之水上增一度

風雨表下降與雨何關◯表中之水銀下降、多半有雨、亦有時不准者、乃在乎空氣所含之水氣多寡、設若上騰之氣、按法倫表熱至八十度、每立方尺卽能含二分重之水、但空氣上升十八丈有餘、其熱必減一度、若上至一百八十三丈、其熱必下降至七十度、此時空氣中之水、每立方尺、只能含一分五釐、餘者卽降而爲雨、

陸地之旋風◯旱燥之沙地、常有旋風自地而起、旋轉於空中、多在日出之後、氣淸風淨之時、此風非謂於十字路口二風相遇所謂羊角風者蓋因在下之空氣、受地面之薰蒸、已熱至九十度、但離地高三百丈之空氣、其熱不過七十五度、在下之氣、既因熱而輕、勢欲上升、在上之氣、因

颶風之理與旋風無異而其勢較大

涼而重、勢必下壓、兩氣偶一淆亂、在下者卽奮力上升、其間逐成一圓隙、而在上之涼氣、卽由四圍下降、以補其缺、一升一降、

旋風圖

其機甚速、故多帶塵沙上騰、高數十丈、旋轉不停。沙漠地之旋風、必起於日出以後、亦有數旋風一時并起者、旁午漸起微風、將涼熱二氣融和、卽不能再有此風。

海中之颶風○印度洋之颶風、中國東海之大風、西印度洋之狂風、其理與上所言之旋風無異、亦可稱爲旋風、但較起於陸地者、分外狂大、甚至將海水旋起、又因旋轉甚速、幾至

能助颶風之勢其故有二

前進之方向

中心空而無氣。四圍之水、即隨勢上升、高至十餘尺、而成水氣水沫、

氣熱地轉皆助風勢○能使颶風愈加狂暴者、其故有二、一因空氣所含之水氣縮少、將熱放出、風之方向多涉乎此二因地球自轉於本軸、

颶風經行之道、形如半環、徑寬六百至一千五百里、其行六千至九千里、必近溫道而後止、蓋因溫道之氣、較熱道之氣、少帶水氣、既無熱氣鼓動、則上下之氣均平、風自平息。前言空氣含帶之水氣縮少、而放其熱、使旋風愈猛、與火上加油相似、

颶風之方向○颶風之方向、與他風無異、熱道內者向西、溫道內者向東、且皆自無風帶而起、然在赤道南北十度以外、其理與陸地之旋風無異、皆因無風而有地氣之熱○凡北半球之

旋轉之方向

颶風之先兆

察颶風之定例航海者乃能預防

颶風、皆自右轉而向左、在南半球者、皆自左轉而向右、其旋轉極速、一點鐘自一百五十至三百七十五里不等、其前進、一點鐘自三十至一百五十里不等、將起颶風之前數日必天氣甚暖無微風亦無片雲風雨表中之水銀有搖蕩之形後有數片猫尾雲在南或東南其尖直向天頂少時表中水銀下降先緩後急又後即起微風自北方陣陣吹來天色變紫海中波浪微起見此數兆舟師即知必有颶風不敢待此數兆全顯必先做準備不久颶風驟起轉向東北倘舟師末核准其方向不使船頭向南以迎之船必隨風而去搖簸於洪濤巨浪之中但聞風聲如雷索斷桅傾險己極後忽如風平息乃因入於風之中心但見天黑海暗令人可畏片時出於中心卻被颶風之後環捲去情狀又復如前危險如此其船少有不沉沒者

颶風方向圖

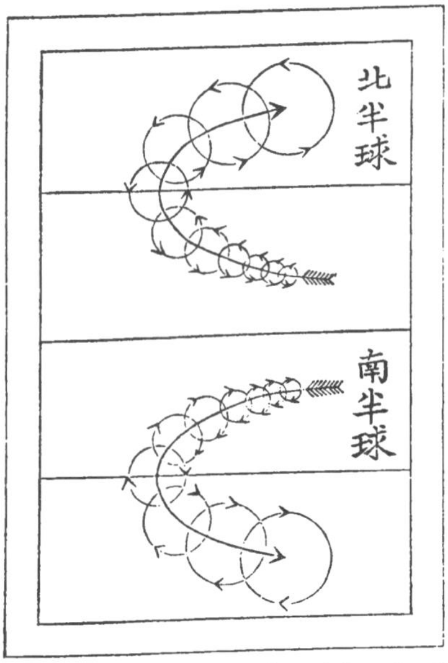

颶風之定例○察此風之定例、即能知其方向、故舟師使船按合宜之方向而行、或可保全。每船皆有航海圖、上畫各處水之深淺、並海溜之道、大小海島、以及海中所有、無不備繪於

圖、又有颶風方向單與航海圖核對、即知其船所行之道、能遇

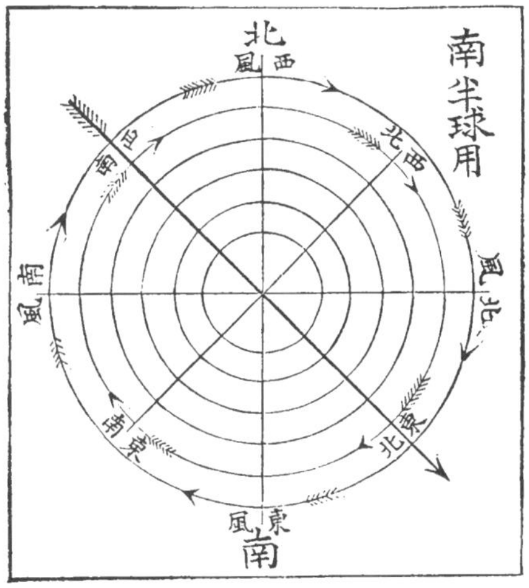

風否、並知其風、從何而來、中心在於何處、必令船偏風之右、方保無虞、其定例總無更改。比如於赤道北三十度有一船見此颶風之兆方向東北又用颶風單航海圖對之即知其中心何在須使船頭向南微偏西方脫此患海中颶風、多半順大西洋之巨溜、太平洋之日本溜、又名黑潮印度洋之巨溜、並奧洲東之海溜、惟前二溜爲最準、但無論順何溜而起者、皆令人可懼。印度洋之颶風常向東岸若遇潮漲時水即湧過埠

狂風小於颶風而其力甚大

狂風之形狀

頭淹沒千餘方里近來二百年間遇此害被淹沒者有五十餘萬人

陸地之狂風◯美國依近米西西比河之地常驟起狂風形如颶風而小其旋轉之道少有寬逾一里半者其中心不過數丈然其力有時遠勝於颶風始起時與旋風畧同先則無風氣清日暖風雨表之水銀忽降即爲狂風之兆夏季多挾有冰雹暴雨然在四周而不在中心其方向與他風無異溫道內者皆向東或東北◯遠望此風如一朶黑雲形似漏戶其下垂之處稍曲而搖動自上而下其落甚速亦常落至平地貼地面而行因旋轉甚急故中心幾空而無氣若遇房屋即挾之上升向四外崩裂其聲極大此風使房屋向四外崩裂實爲奇異然究其理不爲難解房外之空氣每方寸亦有二三斤之擠力而房內之氣每方寸亦有二三斤之托力兩氣相稱其力相敵故無坍倒之虞若被旋風捲入中心房外之氣輕薄擠力則少而房內之氣立漲將其房向四外崩裂因其旋轉損害之力甚大故有出人意想之外者有時將重載之車旋帶於空中並將車瓦擰折亦有時將鐵釘反釘於板木之上其尖向外大樹連根拔出極大之木板被吹

颶風亦類乎颶風而其力較小

於數里之外人所用之器具亦有時全行吹去美國某處有一次將直徑三尺之大橡樹折斷並有極大之楊樹被捽成繩該處有一板屋內有母子二人並其兒媳被風捲至空中高六十餘丈房屋崩炸人皆捽死又有一牡牛亦被捲起從樹杪經過至二百餘丈後墜於泥濘之處牛尚未傷亦有時將小雞之毛羽全然吹去卻尚有不死者有時其旋帶之物、遠望之依稀可見。

平日之飊風○所有之飊風、皆畧有旋轉之性、所經之地面、亦極寬大、但其力較小。西國有專司察驗風雨之員、其屬下之人、分駐諸處、每日三次達電於總管、報知其地之風雨如何、並詳言風起自何方、吹向何方、遲速如何、有災害否、雨之大小、並有雹否、總管將所得之報、加以參對、繪畫成圖、以定風之方向遲速、並如何結局、美國立此專司、已數十年之久、因知平日之颷風、亦有中心、其處之風雨表、總低於四周、四周之風、皆向中心而吹。美國中境所起之颷風、多自羅基山、或太平洋、向東而吹。東方之颷風、多自美西哥海股、或嘎利比海、向北偏東而吹。其所經之地面、約寬數百至三千里不等、自羅基山所起之颶風、有時吹繞地球一半方息、太平洋之風、每順美希哥西岸而向東南。

第十七章摘問

風雨表中水銀極低、是何預兆、　設若有雨、因何亦有風、　陸地之旋風、因何而起、　海中之颶風、其理如何、較旋風如何、其景象如何、　有何二故、能助颶風之勢、　其前進之方向如何、　旋轉之方向如何、　畧述颶風之先兆、　颶風之定例如何、　航海者當用何法、庶可脫離此患、　陸地之狂風、較颶風如何、　其景象如何、　平日之颸風、其性如何、其力如何、　西國細加察驗、已知其景象如何、

天氣不同之故

第十八章論天氣

熱道圖

天氣之別○天氣二字、乃指寒暑陰晴而言、各國之冷熱並風雨、與地之形勢、皆足使各方不同、其故甚多、茲擇最要者、畧言數端、一距赤道之遠近、二日照之偏正、三風之方向若何、四臨近之海溜若何、五地面較海面高低若何、六距海之遠近、七山帶之高低並其地勢若何、

熱之原由皆本於日

氣熱之由○地上所有之熱、或

地勢愈高天氣愈涼

寒道圖

乾燥之熱、或爐內之熱、或燃火之熱、究其熱之根原、莫不由日而得、或日之熱、直射於地、或先蘊藏能燒著之物內、

火燒者乃炭養氣相合之意、煤木內所含之炭氣若與空中之養氣相遇即生大熱、按化學家所論、既成炭養不能自分、惟日光之熱能使之分、必須在植物葉上、因植物吸取炭氣、仍將養氣放於空中

地勢與天氣相關

濱海之處較內地之天氣清爽溫潤

○設地面高於海面、於本處之天氣、甚有相關、前論空氣上升高十八丈、卽減熱一度、其驗易顯、大凡熱道內之永雪界比海面總高一千四百至一千六百丈等而下之、至與海面等平之處、皆憑地勢之高低、以定天氣之冷熱。永雪界之高低在乎距赤道之遠近比如南美洲之巴達哥尼亞國之永雪界比海面高三百丈稍北支利國之永雪界比海面高八百六十丈再北波利斐亞國之永雪界高一千六百丈至美國些拉內法達山之永雪界高一千丈歐洲哪威國北之北角其地之永雪界卽較海面高二百四十丈可知永雪界之高低實憑距赤道之遠近而分

南美洲之數座大城、皆在熱道內、卽如基多古期哥等城、比海面高九百五十至一千二百丈不等、雖在熱道內、其天氣涼爽、居民暢遂、美希哥之京城、較海面高七百四十丈、其天氣溫和、天下諸國、少有能及者、若國內之斐拉革魯斯城、距赤道之遠近、與美希哥相同、而該處炎熱、且有瘴氣、使人易生疾病。

距洋海遠近與天氣相關○凡海風吹到之處、率皆和暖、各處

天氣皆憑距海遠近而有別、距海愈遠、天氣愈無準則、且少雨、亦少溫潤之氣、近海之地天氣清爽、蓋因海水受日蒸晒多化成氣、被風吹去、將熱移至他處、而成霖雨、使其地溫暖、亦將他

南北高低氣候相同圖

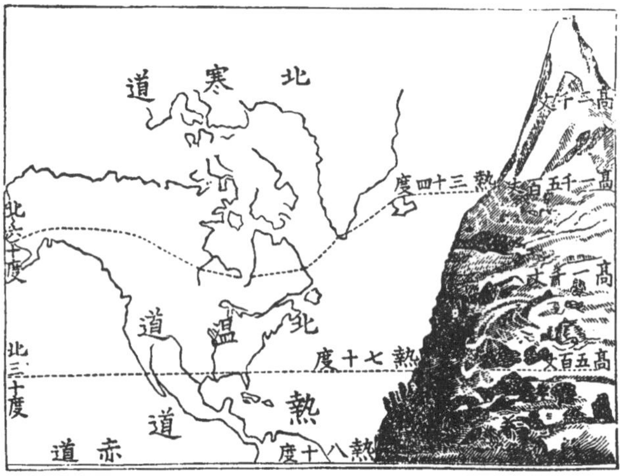

觀圖可知地勢高下、與天氣冷熱大有關係、按赤道平地之熱應八十度、設其地勢高起五百丈或一千丈、如此、其地雖居赤道、而天氣迴異、與溫道無異、其熱不過五十餘度、設其高二千、又即與寒道無異、

温道內之暖風俱自西而果

海中温溜能令天氣和暖

處之凉風吹來、前章已悉言之、每年所降之雨雪共計約二百七十萬立方里之水皆因熱成氣運於天下各處仍成雨雪降之於地比如其氣四分之一帶至温道或寒道其所發之熱足使三百四十一萬立方里水由結冰度熱至滾水度總之水氣被風運至何處與何處之天氣何關難以述盡○由此觀之若温潤之氣蘊結成雨、必放許多隱熱、所起之風、皆爲暖風、在温道內者、俱由西向東、可知凡大洲西沿、總暖於東沿、

海溜與天氣相關○凡使天氣和暖、莫過於海中之温溜、即如英國與拉伯拉多、在美國東北雖距赤道遠近相同、英國則少雪、且其海口、終年無冰、可與他處通商、而拉伯拉多、則一年之中、約八月之久、地上有雪、或夏日海濱仍有堅冰。歐洲之哪威國、與革林蘭島之南境、雖距赤道相同、哪威國則天氣温和、且在寒道有一海口、終年不凍、與他國通商無礙、與革林蘭則終年有冰、如無夏令、除依近南岸之地、從古至今、無一時不被冰雪滿蓋。

各處雨雪多寡不同

雨水最多之處乃在熱道近乎赤道者尤甚

前言各處天氣不同、在溫道內者、皆憑風與水氣中之隱熱、並海內之溫溜、且大洲東西兩岸之天氣、與內地更有不同。溫道內大洲之西岸、皆按時令風降雨、凡此風所吹到之處皆然、

雨雪分佈○若將全地終年之雨雪均計、能平補地面三尺、但各處多寡不同、有終年不斷者、亦有稀少者、且有終年不見者、○降雨之時、亦有不同、有四季皆有雨者、亦有冬令有雨者、若溫熱二道之雨○熱道之雨、幾至終年不斷、近赤道爲尤甚、然近南北二帶之雨、各按時令而降、亦有雨水甚多之處、名曰雨帶、然其界總不過赤道以南、故赤道南之雨、較赤道以北、多按時令。熱道之雨、皆由海風而降、與他道內者相同、試看南美洲

溫道之暖風多自西而東故西岸雨多

日光射地有直斜之殊故熱道炎熱愈近二極則愈冷

東北境、因有含帶水氣之風、向之而吹、幾至終年有雨、然其西境之安第斯山、高過於雲、故西坡雨少。溫道內含帶水氣之風、多自西或西南而起、故溫道內之西岸、雨水頗多、然越高山而東、雨則稀少。

光射一圖

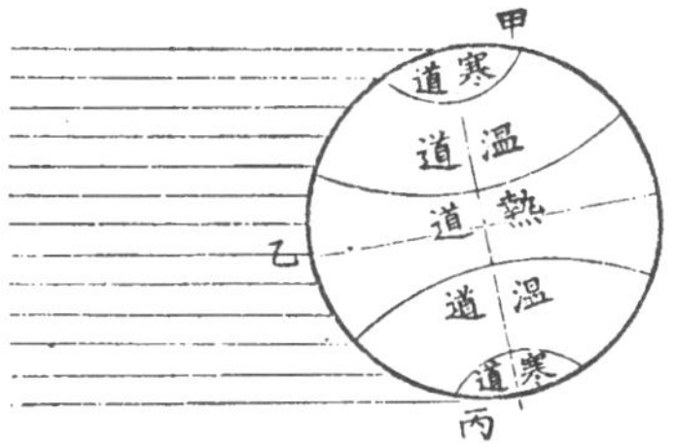

日光相射與天氣相關〇天氣各處不同、多因日光射於地面、有斜正之分、因地球向日、斜而不正、雖離日極遠、其光并射、但

光射二圖

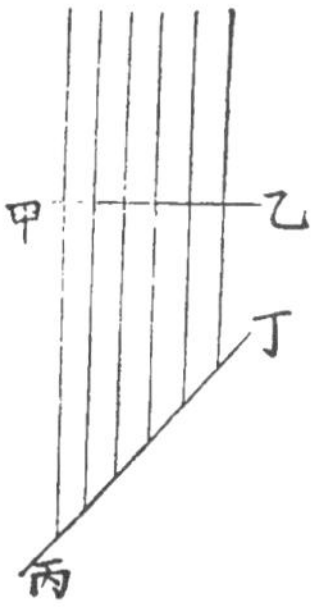

因地係圓形、故日光之射、有直斜之殊、如第一圖、光至乙、乃直射、至甲丙則斜、蓋地面愈斜、所得之光愈少、斜射則少受其熱、猶有使斜射少熱之故、因斜照之地面、較直射之面寬大、見第

各處分季不同乃地球向日斜而不正之故

二圖、比如日光射至甲乙、乃直射、至丙丁便係斜射、其所照之

分四季圖

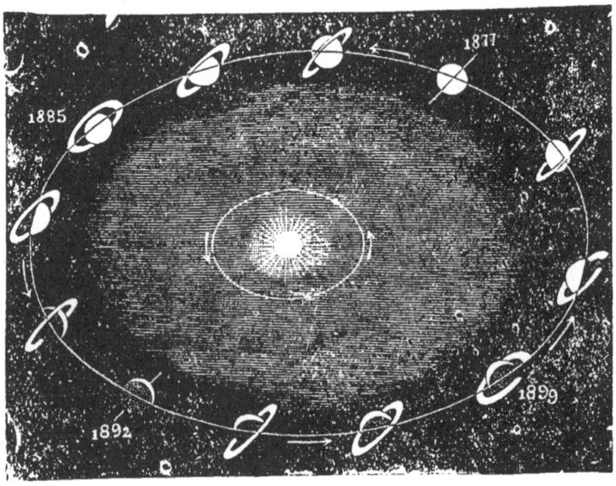

地面寬於甲乙、由此觀之天氣之冷熱、多憑距赤道之遠近、熱道因日光直照、故永久炎熱、然漸遠漸涼、直至南北二極則愈涼、以及其冷如冰、天氣分季○若地球向日、正而不斜、各處之天氣、必終年相同、然有多處、天氣屢更而分季、可知地球之向日、誠斜而不正、亦能確知其斜約二十三度有半、夏至時、日光直射於北帶、而北溫道內、即微斜、且過北極二十三度有半、以至北圓線、此

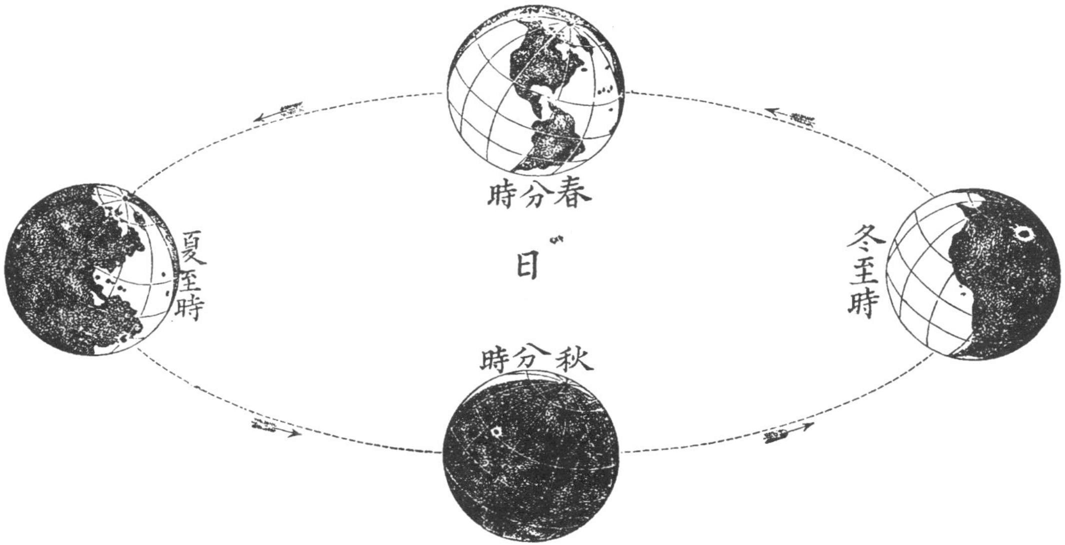

地在冬至時、日光射過南極二十三度半、故當此時、南溫道爲夏季、北溫道爲冬季、南極永晝、北極永夜。地在春分時、日光恰射南北二極、故在北溫道爲春季、南溫道爲秋季。地在秋分時、日光亦恰射南北二極、但在南半爲春季、在北半爲秋季、地在夏至時、日光射過北極二十三度半、故當此時、北溫道乃夏季、南溫道乃冬季、北極永晝、南極永夜、

熱道只爲一季寒道分晝夜二時

時北溫道爲夏季、北寒道即永晝、爲夏、然南半球未能射至南極、日光尙缺二十三度有半、故此時南溫道爲冬季、南寒道即永夜、爲冬、逾三月之久、地球所行之軌道、即至秋分、日光僅至二極、而不能越過、是時北半球爲秋、南半球爲春、再逾三月、即冬至、日光直射於南帶、且北溫道內之光尤斜、此時南半球爲夏季、北半球爲冬季、且南寒道日光常照、而北寒道則寸光不見、見上圖

氣候分時○溫道內雖分四季、但亦有不甚分淸之處、溫道之西岸、可分濕乾二季、濕季爲冬、乾季爲夏、其寒暑則不甚懸殊○熱道內衹爲一季、然少有不同之處、蓋有地多雨、亦有地較少、寒道可分晝夜二時、晝則爲夏、夜則爲冬、俱六月之久、其界

同熱之度與溫熱等道界線不同

同度熱道

不過南北二圓線、但北圓線內所有之地、冬至則終日不見日光、然於夏至、日則終日不落、其極低之處、卽地平界、或微低過、由此日愈低愈甚、直至春秋二季、卽有半日之久、高於天邊、半日之久、低於天邊、及至冬令、其高不過天邊、故一日之久爲夜、在南北二極、日如旋繞於天、日漸高於天邊、至夏至、卽高於天邊二十三度有半、至春分、卽與天邊等平、但於冬至、卽低於天邊二十三度有半、若距二極數度之遙以觀日、或高或低、則不相同。

同度熱線◯因溫道西岸、皆有寒雨之暖風、可知同熱之度、與溫熱寒等道之界線不同、且地雖分溫熱寒等道、其關乎天氣並雨雪者、不盡在乎此、看圖上曲線、每線所經之地、氣候皆同、

樹木稀少之處屬有水患土地磽薄且少雨

故名同度熱線、二線中間之地、名同度熱道、其曲彎之形、乃指明風吹、山帶海溜與陸地何關、按溫熱寒三道皆當以同度熱線爲界、溫道內之同度熱線經過大洲、至於西岸、則畧曲而向南、在有山之處、其曲尤甚、然在洋海中者、則無甚彎曲、

樹林與天氣相關◯國中樹林、與天氣有關、設將大小樹林、盡行砍伐、其地不久卽變爲磽薄、其理易明、因植物之根鬚、能使水蓄存於地內、且糾牽縈繞、能使地土堅固、凡堤岸山坡、不至有傾圮之患、常見各處河決成災、多因其地樹少、其根鬚應蓄之水、皆聚於河、兩岸雖不堅固、易於沖決。猶有可畏者、樹林既少、雨水亦少、考先年敘利亞國、因樹木叢生、故其地肥美、甲於天下、今則砍伐殆盡、田地遂皆磽薄、伊及國自來少雨、近五十

年間、在尼勒河兩岸、栽種樹木、雨遂多於先年。

第十八章摘問

各方天氣因何不同、　請畧言最要之數端、　地上所有之熱、因何而得、　地勢之高低、與天氣冷熱何關、　濱海之地、天氣如何、却因何故、　海溜與天氣何關、有何證驗、　何處雨水最多、近於南北二帶之雨如何、　溫道內之雨如何、　日光射於地面、有何分別、　熱道因何炎熱、愈近二極、因何愈冷、　天氣因何分季、　夏至時、日光如何、　南北溫道如何分季、冬至時若何、　春秋二分時、日光如何、　南北二半球之時令如何、熱道如何分季、　南北二寒道如何分季、　何爲同度熱線、何爲同度熱道、　北溫道內之線如何、　樹林有何益處、

植物所需之各質

第十九章論生物分佈

熱道草木圖

植物○地上所生之物、植物爲最先、古昔所有、今或無之、然有與之相類者、而愈美盛。植物與他生物之別、乃因直從土氣水三者之中、取其應用之汁、（雖動物中極賤者其取用之法與植物相似究竟所取用者與植物迥異）察其體質、可

成子粒之各質

知四分之三至十分之九爲水、其餘卽輕養炭硝等氣、並灰燐砂等質、然使之挺立而有形者、總由炭質、使之發榮光潤者、却因砂質、如竹、粱、穀、麥、黍等類、且能使之堅實、不易損傷、又有灰鹼二質、因其汁漿周流於物之全體、終則至於子粒、除極卑之植物、皆有使之發綠之料。

子粒○子粒乃粉汁與些微油質攙和而成、又有一汁、名阿羅不敏、（卽卵清之類）外有燐質、與灰鹼二質、且燐質與植物尤關緊要、設無燐質、雖然含包、必不能結成子粒、卽如田地久種、必然磽薄、須容其歇息、所以然者、乃因燐質缺少之故。且植物生長、亦賴暖氣、按法倫表、若降至四十度以下、植物卽不能生活、且有在六十度以下、亦不能生活者。除極卑之植物、又須日光煦育、否

植物分佈之故

榕樹圖

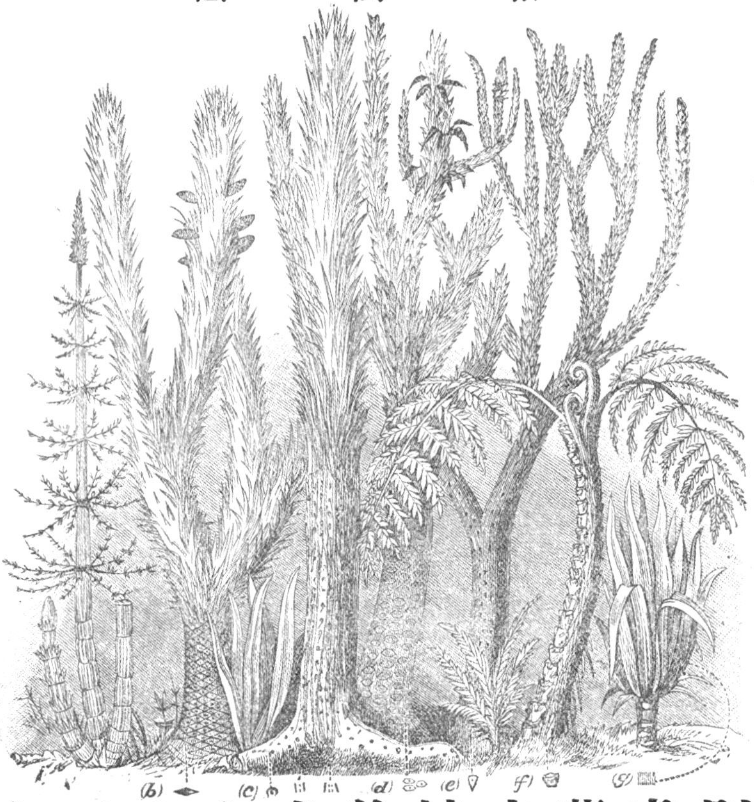

則必死、其在幽暗之處、而能生活者、惟蘑菇、木耳、與無綠色料之各物。

植物分佈溯原◯植物佈散大地、其故甚多、大者乃因風、或流水、並人與禽獸昆蟲之故、有子粒被風吹至他處者、如蒲公英、大小薊、其子甚小、外

各處植物不同在乎氣候土脈並所得之日光

有細絨微風即可吹去、若椿榆等樹、其子微大、而周圍生有毛刺如羽、亦可被風吹去、猶有植物之子、外包尖刺、以拒動物之吞食。更有數類果品、食其果而棄其核。若柳椽等樹、其子多因流水而佈散。讀植物學者、皆知花內之浮粉、非落於花心使之受感、不能成純全之子粒、或有蜂蝶等類、採取花蕊並將浮粉携去、再落於他花之上、其身所帶之浮粉、即與他花相感而成子。雀鳥啄食子粒、或飛翔於海上、將子粒遺於海島之上、可知珊瑚島之植物、皆由於是而有。亦有人將此處之子粒、携至彼處者。

天氣與植物相關◯地上之植物、各國不同、其不同之故、乃在乎氣候之冷暖、土脈之溼乾、並所得日光之多寡熱道氣暖地

可食之植物皆歸草類各有所產之地後則散佈各處

地勢略解 ▨ 第十九章論生物分佈　一百七十八

植物愈近赤道愈茂盛圖

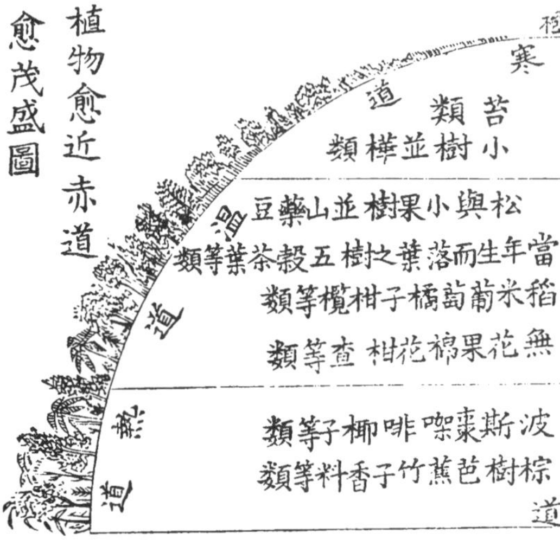

氣候冷熱之度	赤道南北之度	
結冰點以下	近二極	苔類 小樹並樺類
四十至五十五度	四十五至六十五	松與小果樹並山藥豆
四十五至六十	四十至四十八	當年生而落葉之樹五穀茶葉等類
五十五至七十	三十至四十五	稻米葡萄橘子柑欖等類
六十八至七十五	二十至三十二	無花果棉花柑查等類
七十三至七十八	十五至二十五	波斯棗咖啡椰子等類
七十三度以上	近赤道	棕樹芭蕉竹子香料等類

潮、故植物極爲茂盛、至沙漠之地、雖天氣與熱道相同、因地脉乾燥、故植物稀少、不過如仙人掌等類。寒道之平原、雖地脉滋潤、然天氣甚寒、其熱少有過結冰度者、故植物愈少、不過靑苔石花等類。猶有數道、爲植物定界、但其界隨乎同度熱線。數道內最要之植物見圖

可食之植物○可食之植物、佈散最廣者、皆歸草類、除近二極之地、到處皆有、玆所謂草類、卽包括穀類、並許多棕類。○秋麥、大麥、稻米、苡米、本出

於亞洲後有人帶至各國、或謂穀類中、本無野類、玉米出於美

甘蔗田圖

洲、食物最要者爲秋麥、次卽玉米、山藥、山藥豆、與葉烟等物、亦出於美洲、後有人帶至各國、甘蔗出於中國、（或謂出於印度國）現今凡溫暖之國、皆有之、故所造之糖、逐年增多、卽如哈歪伊島、西印度羣島、巴西國、美國之南境、產糖最多、更有紅蘿蔔、（西國多有之）做糖甚美、茶葉出於中國、並日本印度、可分二類、但憑人製造、卽有高下之分、其實乃係一類、㗎啡乃西人好飲之物、係一類樹子、出於非洲東北境之阿比辛伊亞國、今上好之㗎啡、却產於阿勒伯國、以及亞洲、南之加拉巴島、南美洲之巴西國、並西印度羣

島中亞美利加皆有之香料出於南海之瑪雷西亞羣島藥材

採茶圖

中最要之品名金鷄納本出於南美洲金鷄納皮桂拿等藥皆由其樹而得鴉片乃罌粟花子房內之白汁以刀剖取者本出於中國印度並亞洲南方之國他國亦或有之熱道內可食之植物其類無多太平洋內之島有一種果品可食以充饑若某地不生可食之植物其動物亦必不能生

存、前言植物、皆賴粉汁養育其子、且含燐質並油類動物食之最爲合宜。

布料中最要之物

布料之植物○布料之植物雖多、最要者惟木棉其來原難以查考、或謂出於印度、今雖各國皆有、而中美印三國爲最多、紵麻出於歐洲、今他國亦不少、麤蔴出於印度、可用以績繩、或織粗蔴布。

各大洲獨有之動物

動物分佈○各國所有之動物、亦憑乎冷熱潮乾、光照與植物無異、各大洲內皆有他洲所無之動物、倘由本地遷至他處、卽不能生、亞歐二洲多有倒嚼之獸、北美洲有隨陽之鳥、南美洲有無齒之獸、奧洲多有袋鼠之類、地學家考察石內蘊藏之跡、有數類動物、乃昔有今無著、然現今之動物、亦有古時所無者、

各道中有益於人之動物

其類雖無大差別、卻較古時爲美盛、

羱羊圖

動物之用○動物之類、雖有數千、而有益於人者、不過數類、或食其肉、或取其皮、或用以載物、東半球寒道內有羱羊、其形似鹿、可用之以曳雪牀、西半球寒道內亦有之、且有犬一種、亦可隨人調用、北美洲極北濱海之處、皆賴海豬並魚以養生、溫道內之動物、最益於人者、卽馬、牛、羊、豕、等類、約皆產於亞洲、後乃携至

蠶蜂二物尤益於人

各處動物不同

各地生育繁多、且皆健壯有力、有草之地、卽可生活、熱道內有象駝等類、可用以負載、至於諸道內之禽類、可畜養者無多、不過雞鴨、鴕鳥等類、凡獸之皮毛可取用者、皆在寒冷之地、其性俱野、如海龍、貂鼠、銀鼠、海騾等類、其中最貴者乃海龍、○蟲類中惟蠶蜂二物、於人尤爲有益、故散佈遠方者最多、各國皆擬定章程、加意調護、今中法日義等國、皆以養蠶爲大宗。

捕牛圖

動物之別○東西二半球之動物、多有不同、如美洲無獅、虎、豹、

等獸、但有數類兇猛之獸、與之相似、西半球食肉之獸類、少於東半球、象產於亞非二洲之熱道內、雖係一類、而形狀多有不同、西半球並無與象相類者。兕牛惟產於亞非二洲、河馬產於非洲之尼勒河旁。北冰洋有水駝、白熊等類、水駝有水陸

獨鞍駱駝圖

二性、白熊善於泅水、皆居於洋面堅冰之上。溫道內有數種熊類、皆居於山、但在東西二半球、其形稍有不同。犬狼各處皆有、

奥洲禽獸圖

且無甚區別。鼉蛇二類、多產於熱道潮濕之處、距熱道愈遠則愈少。猨類亦出於熱道、且分數類、在東西二半球各有不同、在東半球者、大而無尾、在西半球者、微小、多似獸類。奧洲之動物、少有與他洲相類者、其同類者、不過禽鳥數種、若獸則多半袋鼠之類、而形狀又各有不同、皆他洲所無者、禽類有鷹、鷄、鴞、鸚

世人之數口分居於各洲

鴕鳥等類、又有獸名鴨嘴獺、其形似獺而鴨嘴、亦爲他洲所無。

世人之族類○統計世人之數、約十五萬萬、除寒道極冷之處、各地皆有居民、論其分居各洲、畧列於下、

洲民分居表

洲名	居民若干	每方里居民若干
亞西亞洲	八億三千五百萬	四十七
歐羅巴洲	三億一千八百萬	八十六
亞非利加洲	二億零六百萬	十六
北亞美利加洲	七千三百萬	八
南亞美利加洲	二千五百萬	四
奧斯達利亞與俄西亞尼嘎	四百萬	一

分五大族

因便於講論、將世人分爲五大族、名蒙古利亞、高嘎西亞、瑪雷、內革羅、印第安、

蒙古利亞

五大族之別○蒙古利亞族、面色微黃、目黑而髮直、中國、日本、蒙古、緬甸、暹羅、安南、土耳基、俱係此族、皆居於亞洲、猶有歐洲北境拉伯蘭、分蘭、並美洲北方哀斯基摩人、亦係此族○

高嘎西亞

高嘎西亞族、分居最廣、面色粉白、目淺櫻色、或微藍、髮櫻色、顱楕額高、本居於亞洲西方、後因佔據歐美二洲、並非洲北方、故此族散居於各處○

瑪雷

瑪雷與蒙古利亞人相仿、但面色如櫻、多居於太平洋之羣島、與印度、並麻拉加土股○

內革羅

內革羅族、面目皆黑、髮黑而鬈、唇厚顴高、多居於非洲、亦有居於南美洲、與瑪雷西亞羣島者、今有九百萬居於美國、並西印度羣島、皆先年爲奴、

印第安

惟北溫道之天氣能使人健强有謀

後被釋放者、○印第安族、與蒙古利亞人少異、面若紅銅、髮黑而直、初皆居於南北美洲、在北美洲者、今漸衰落、在南美洲內者、有高嘎西亞人侵居其地與之結親、亦成有權之族。

印第安人圖

分族之故○世人之別、多因飲食風土之不同、但各國風俗、皆憑天氣而定、比如其地炎熱所食之物、皆可不勞而得、該地人民、必至逸居無教、卽難望其盛興。若其國之氣候、不甚愜合人心、必須勞心勞力、耕種作工、方

能度日、或日後能成有權之國、其人旣如此操作、備歷艱辛、不但習練其身、使之强健而有力、亦能磨練其心、使之沈毅而有謀、且能一志同心、彼此保護、惟居於北溫道者、爲能若是、因其不如此勤勞、卽無以爲養、倘有人力所不及者、則創製機器以成之。

初世之人○人初生之事跡、無可考究、因彼時無鑑書記載、雖地學家考察古跡、亦不過稍知一二、不能實指其如何居處、如何景况、但揣其居於石洞、多憑獵獸爲生、亦有軍器妝飾、且能以法取火、後全智之神、加以變化引領、漸能出暗就光。在創造天地萬物之初、其次第乃由卑而尊、但極尊者莫如人、可知由無靈之體、漸臻極高之地、且有靈敏之心、掌管萬物。要之、上主創造地球、本爲人之居所、分晝夜、水陸、風雲、能耕種、並能收取地利、使人多所裨益、以增才智。

第十九章摘問

植物之體質如何、子粒因何而成、外有何質、因何佈散於各方、地上之植物、爲何各處不同、畧述可食之植物、出於何方、佈散何處、各洲內有何他洲所無之動物、畧述各道內於人有益之動物、蟲類中有何物、尤爲有益於人、其散佈如何、現今各國、皆如何辦理、畧述各處之動物、有何不同、約計世人約有若干、共分幾族、皆何名、蒙古利亞人如何、高暖西亞人如何、內革羅人如何、瑪雷人如何、印第安人如何、各國風俗、因何而定、北溫道之居民若何、

金石二類有關於國計民生

除煤之外金類多產於山或高原

第二十章金類分佈

金石有益於人○金石散佈、與國計民生、關係甚重、能使國家富强、人民才智而有禮。考察古跡、即知古時之軍器、與各類器具、皆爲金類所作。

金石所產之處○金類最要者、多產於山、或高原、煤則產於窪下之處、（本章所言金石等類乃包括五金各礦或所燒之煤或建房之石並寶石等類）○鐵雖不爲貴重、而其用甚大、佈散亦廣、出鐵之處、亦甚多、最多者莫過於山嶺。鋼亦由鐵造成。紅銅乃人先得之金類、大約高阜之處皆產之。產錫之地無多、最多者即英國、奧洲、與麻拉加土股、並美國之舊金山、美西哥等處。鏤鉛多產於歐美二洲、鉛礦則平原高原皆有、其內多含硫礦、亞歐美三洲皆有之。

金之佈散雖廣究少於銀

金之遠貴於他金

鑄鐵圖

金銀○金銀佈散於各地、但金總不如銀之多、各洲山帶、率皆產銀、均與鉛相混、亦或有與硫磺、或紅銅、或信石、參互者。金雖佈散最廣、或於各種土沙內、或花鋼石內、或海水內、然究稀少、其最多之處、乃在石縫中之石英內、並古昔之河道內、美國西方多有之、非奧二洲亦不少、多半與銀並他等金類相混。金之貴於他類者、不但因其罕少、更因其功用、足可爲寶、若以五金

金類係極熱之水鎔化而成

鑲嵌物件、惟金能使之極薄如紙、却不開裂、若以五金作線、惟金能使之其細如髮、却不折斷、再者、若將五金置强水之內、惟金不被其鎔化、金有如此奇異、故遠貴於他金。近來地學家考驗聚於石縫石英內之金銀、卽揣測係當初熱水、由火成石鎔化而出、其蘊於石內之水、雖被燒已過滾水數百度、因受極大之壓力、不能化氣消散、故能鎔化許多金類、後積於石縫中而凉、故不能仍含其所化者、卽將砂質聚於石縫內、而成石英、內帶數樣金類、最要者、卽金、銀、銅、鐵、終則滿於石縫。

鎳克勒○先時以鎳質爲最罕之物、今得之者極多、故用之者亦不少、其體質堅硬如鐵、亦不生銹、比銀更加光亮、今在西國鑲嵌之物、多以鎳鍍之、因其價廉而華美、歐洲之瑞日德三國、

金剛石乃純一炭質所成爲寶石中最貴者

紅藍綠寶石並璧璽雖有不同而原質最要者皆釩質

並美國東西二方皆產之。

水銀○金類中惟水銀爲流質、其礦甚少、出於歐洲日國、與美國之嘎利佛尼亞土股二處者、約十之八、其礦內多含硫礦。（俗名銀硃）猶有數等金類、佈散亦廣、但人少有知者、故不必縷述。

炭質之寶石○寶石中最寶貴者、即金鋼石、無物能及其堅硬、其原質、乃純一之炭質、其形多有稜角、極精明、能反光、多出於非洲南方、與南美洲之巴西國、

釩質之寶石○紅藍寶石之原質、乃釩質與養氣相雜而成、其成色之故、乃因含帶他等金類、若能純潔無疵、幾與金鋼石等貴。綠寶石水蒼石之原質、最要者亦爲釩質、其美色因內微含鉻養質。按綠寶石與紅寶石、皆出於花鋼石、與泥板石之內。璧

由石英所出之寶石惟貓眼最貴次有紫品瑪瑙等類

成煤之故有二

璺之原質、最要者亦爲釠質、其色不一、人以紅色者爲貴、多出於亞洲之西比利亞、與南美洲之巴西國。

砂質之寶石◯由石英所出之寶石、較由他而出者尤多、最貴者卽貓眼紫晶乃因石英內微含錳養二質、故成紫色。更有諸色瑪瑙、亦由石英而出。猶有寶石一種、其原質最要者爲銅。

煤類◯煤雖植物朽爛而成、然亦歸於金類論其成形及部位、與層累石無別、其成形之理、乃太古之時、植物生長於有水之處、後因淤積朽爛而成煤、若層累石乃泥沙等物淤積而成者。然朽爛之植物成煤、可分兩層、一、植物被水運至他處、愈積愈厚而成、或植物於其生長之地、葉落於水內、淤積而成。二、乃葉落於水、後漸被泥沙掩蓋、多有厚數十尺者、因其下壓、其內生成熱、使易朽爛、又因潮濕熱氣相感而成煤。欲試驗其理可用潮濕之鋸末上加壓力又蒸之以熱後即成煤 覆泥沙如此更疊積累、故其地有層層之煤。

煤類之不同

煤分等次○煤之樣式、與其成形之物、各有不同、分而言之、有石油、即煤油 石腦油、木煤、烟煤、硬煤、筆鉛等。筆鉛並非鉛其原質乃炭但不能燃 揣測煤之不同、約因所受之熱氣、多寡不同、若所受之壓力極大、熱氣即能將化氣之油質散去、烟煤遂變爲硬煤、於極古之時、所受之壓力熱氣尤大、故多變爲筆鉛、

產煤最多之地

煤之分佈○地學家所分之層累石、有名煤層者、蓋於此時初有煤、但現時歐洲與北美洲有煤之地、約六十萬方理、亞洲所產者亦不少、最多之處、莫過於中國北方、並日本、

石油亦朽爛之植物所成

以石建房最佳者乃花剛石

砂石乃沙在水中因帶養氣之鐵質或灰質粘合而成

石油○石油即人燃燈之油、亦由朽爛之植物所出與成煤之理無異、大概植物落於鹹水之葦塘內而成、多出於美俄二國、中國四川等處亦有之、但未設法取用、

建房之石○平日建房所用之石、多係花鋼石、沙石、灰石、此三者又分多種、用者取其質堅、不易朽壞、最佳者乃花鋼石。(京師俗名豆渣石蘇省名天池石) 花鋼石即火成石、(亦稱無層累石) 各山嶺皆有之、本在水成石、(又稱有層累石) 以下、後被擁出、多灰色者、但有數類、或紅色或他色者、

砂石○砂石乃水成石之類、係沙在水內淤積而成、內有使沙粒粘合爲一之物、多係帶養氣之鐵質、或灰質、若灰質其色必白、若帶養氣之鐵質、其色發紅、多有此二質者、其石必堅、否則輭而不固、此等石各地皆有、然多在山嶺之岡陵內、向大洋之

山坡尤多、

奧國鹽礦圖

灰石分三類

灰石○石灰亦爲水成石、平日所用者、其類有三、卽白粉石、青石、漢白玉。漢白玉之原質、與青石無異、其色純白、或其上有花紋可觀、稱爲大理石、桃花石。按地學家所講、漢白玉乃灰石受極大之壓力、並潮熱薰蒸、卽變爲化形石、雖各地皆有、而尤爲細好者、則出於歐洲之義國。

成石鹽之故

石鹽○各國皆產石鹽、然其成形多在極古之時、有海股海灣、因波浪衝激、卽成爲沙灘、日久漸加寬大、與海隔絕、成一窪下之處、其後水涸鹽質仍留、又有泥沙淤積其上、卽變爲石類。今有開鹽礦者、卽得石鹽、歐洲奧國之北方、有城名革拉高、該處有著名鹽礦、深約百丈、長六里、寬四里有半、掘用其鹽已七百年之久、不知何時掘盡、美國亦有數處產石鹽之地、

第二十章摘問

金石二類、能使國計民生如何、　考察古跡、知上古之人如何、除煤之外、金類多產於何處、　銅鐵二類如何、　錫鉛鋖鉛等類、多產於何處、　金多產於何處、因何貴於他金、　石縫石英內之金銀、因何而成、　鎳克勒之爲物如何、　水銀之質如何、多產於何處、　寶石中何物最貴、係何質所成、多出於何處、釩質之寶石、皆何名、因何成色、　砂質之寶石、皆何名、出於

何處、因何成色、　煤因何而成、　共有幾類、因何不同、　何處產煤最多、　建房之石、多係何石、以何者爲佳、　砂石因何而成、　灰石最佳者分幾類、皆何名、漢白玉因何而成、　石鹽因何而成、

地勢畧解終

圖書在版編目（CIP）數據

海上絲綢之路文獻集成．科技與文化編．第五輯 / 王揚宗，葉農主編．-- 福州：福建人民出版社，2024.7. -- ISBN 978-7-211-09490-5

Ⅰ. K203

中國國家版本館CIP數據核字第20243Z5W57號

海上絲綢之路文獻集成·科技與文化編（第五輯）

主　　編　王揚宗　葉　農
科技卷主編　王揚宗
責任編輯　張輝蘭
美術編輯　白　玫
出版發行　福建人民出版社
電　　話　0591-87533169（發行部）
電子郵箱　fjpph7221@126.com
地　　址　福建省福州市東水路76號
經　　銷　福建新華發行（集團）有限責任公司
印刷裝訂　上海中華印刷有限公司
地　　址　上海市青浦區匯金路889號
電　　話　021-69213456
開　　本　787毫米×1092毫米　1/16
印　　張　211.5
版　　次　2024年7月第1版第1次印刷
書　　號　ISBN 978-7-211-09490-5
定　　價　2400.00元（共6冊）